编辑说明

《四川农村年鉴》是四川省人民政府主管主办的记载全省农村经济社会发展、工作经验和研究成果的大型综合性年刊；是省委、省政府决策"三农"工作、深化农村改革、开展脱贫攻坚、实施乡村振兴、推进绿色发展、建设美丽繁荣和谐四川的重要参考书；是帮助国内外人士了解、认识、研究、投资四川的重要工具书，具有资政、存史的重要作用，2005年创刊，截至2018年，已连续编纂出版14卷。

《四川农村年鉴》(2018年卷)编纂出版工作坚持以马克思列宁主义、毛泽东思想、邓小平理论、"三个代表"重要思想、科学发展观和习近平新时代中国特色社会主义思想为指导，深入贯彻落实党的十九大和中央、省委农村工作会议以及习近平总书记对四川工作系列重要指示精神，围绕农业增效、农民增收、农村增绿，以绿色发展理念引领农业供给侧结构性改革为主线，以优化结构、保障供给、强化支撑、深化改革、补齐短板，加快培育优势特色产业，推进农村一二三次产业融合发展为出发点和立足点，大量汇集了2017年度四川"三农"各个方面发展状况的文献资料、图片、研究成果以及工作经验；如实反映了全省农村经济社会的新发展、新成果、新情况、新问题。为全省各级党委、政府决策"三农"工作提供科学依据，为广大科研和教学工作者、国内外各界人士研究四川"三农"提供丰富、翔实的资料，促进了四川农村经济社会发展；增进了各省、市、自治区及世界各国与四川在农业农村方面的交流合作。

《四川农村年鉴》(2018年卷)为大16开精装版本，入编资料主要由省委、省政府各部、委、办、厅、局、科研院所和各市(州)、县(市、区)政府及相关部门编写组提供，分篇目、章目、类分目及条目编辑，图文并茂专题介绍全省农村经济社会发展。为保持相关篇章的完整性和连贯性，对部分内容作了适当回顾，对一些篇章涉及2018年的内容亦作了相应保留。所登载的数据以统计局的统计口径为准，辅以行业主管部门提供的数据，由于统计口径和使用方法的不同，个别数据稍有出入。

《四川农村年鉴》的组稿、编辑、出版、发行等工作得到各级各部门领导和社会各界的大力支持，在此，向所有关心、支持、帮助《四川农村年鉴》编纂工作的单位和个人致以诚挚的谢意。由于本年鉴的入编单位较多，涉及面较广，工作量较大，书中难免存在一些瑕疵，恳请读者尤其是供稿单位及撰稿人批评指正，以便我们更好地改进工作，提高质量，服务发展。

《四川农村年鉴》专家评审指导委员会

（按姓氏拼音排序）

陈一农　中共四川省委政研室原副巡视员
邓良基　四川农业大学原党委书记
杜受祜　四川省社科院原副院长
　　　　四川省委省政府决策咨询委员会委员、研究员
冯久先　国家统计局四川调查总队原副总队长
郭晓鸣　四川省社科院副院长、研究员
黄　丽　四川省交通运输厅交通史志总编室总编辑（编审）
李洪仁　四川省人大常委会原副主任
李仁霖　四川省农科院原常务副院长
李泽民　四川省财政厅党组成员、财监局局长
李兆权　原四川省文化厅副厅长
刘建军　四川省农科院原副院长
刘茂才　四川省社科院原院长、研究员
刘诗白　四川省社科联原主席
孟俊修　四川省人大常委会原副主任
彭大鹏　中共四川省委党校新农村建设研究中心副主任、副教授
舒维双　四川省人大农委原主任委员
唐建军　四川省人民政府原副秘书长
万崇实　四川省政协农委副主任
文心田　四川省委省政府决策咨询委员会农业组副组长
　　　　四川农业大学原校长、教授、博士生导师
谢学峰　中国民主建国会四川省委员会调研处处长
杨继瑞　成都市社科联主席
杨忠好　原中共四川省委农村工作委员会巡视员
张田义　四川省人民政府办公厅副巡视员
赵文欣　四川省委省政府决策咨询委员会副主任

《四川农村年鉴》编辑部

名誉总编辑

张作哈

执行总编辑

刘　洁

副总编辑

文心田　王德才　廖亚兰

编　审

刘金明

编辑部主任

汤金丹

责任编辑

屈杉杉　林　毅

美　编

刘　佳

编　辑

陈　静　谢秋燕

专栏负责人

王利主　车忠其　罗　斌　吴小楼　吴华忠

胡　鑫　樊晓东　尤绍良　赵　健　赵建生

李兴贵　李祥发　余　刚

发行部主任、副主任

梁　蓉　贺易彬

《四川农村年鉴》协办单位

（排名不分先后）

四川省教育厅
泸州市人民政府
雅安市人民政府
甘孜藏族自治州人民政府
成都市双流区人民政府
金堂县人民政府
自贡市沿滩区人民政府
泸县人民政府
德阳市旌阳区人民政府
绵阳市游仙区人民政府
广元市昭化区人民政府
青川县人民政府
犍为县人民政府
达州市通川区人民政府
宣汉县人民政府
巴中市恩阳区人民政府
通江县人民政府
雅安市名山区人民政府
眉山市彭山区人民政府
九寨沟县人民政府
康定市人民政府
西昌市人民政府
甘洛县人民政府
雷波县人民政府

成都市人民政府
达州市人民政府
阿坝藏族羌族自治州人民政府
成都市温江区人民政府
崇州市人民政府
自贡市大安区人民政府
荣县人民政府
合江县人民政府
中江县人民政府
绵阳市安州区人民政府
剑阁县人民政府
苍溪县人民政府
西充县人民政府
达州市达川区人民政府
巴中市巴州区人民政府
南江县人民政府
雅安市雨城区人民政府
汉源县人民政府
洪雅县人民政府
壤塘县人民政府
九龙县人民政府
木里藏族自治县人民政府
美姑县人民政府

目　　录

特　　载

大事记

四川概况

农业发展概况

现代农业建设

农村基础设施建设与管理

农村环境保护与乡村旅游

农村社会事业与民主法制建设

农村财政、金融与市场监管

扶贫和移民工作

统筹城乡与新型城镇化

市(州)、县(市、区)农村工作概况

调查与研究

附　　录

彩色图片

Contents

Feature

Memorabilia

Overview of Sichuan

Overview of Agricultural Development

Modern Agricultural Construction

Rural Infrastructure Construction and Management

Rural Environmental Protection and Rural Tourism

Rural Social Undertakings and Democracy and Legal System Building

Rural Financial and Market Regulation

Poverty Relief and Migration

Urban-rural Balance and New-type Urbanization

Overview of Municipal (Prefecture) and County (Cities and Districts) Rural Works

Investigations and Researches

Appendixes

Color Pictures

深入贯彻落实党的十九大精神 奋力推进新时代“三农”工作跨越式发展

党的十八大以来，省委省政府坚定以习近平新时代中国特色社会主义思想统揽四川“三农”工作，把“三农”工作作为全省工作重中之重，鲜明提出“住上好房子、过上好日子、养成好习惯、形成好风气”目标，认真践行新发展理念，把农业供给侧结构性改革作为主线，统筹推动各项重点工作，全省农业农村改革发展取得重大成就。

当前和今后一个时期，全省实施乡村振兴战略的总体要求是：以习近平新时代中国特色社会主义思想为指导，全面贯彻党的十九大、中央农村工作会议和省第十一次党代会、省委十一届二次全会精神，加强党对“三农”工作的领导，坚持稳中求进工作总基调，牢固树立新发展理念，落实高质量发展的要求，统筹推进“五位一体”总体布局和协调推进“四个全面”战略布局，坚持把解决好“三农”问题作为工作重中之重，坚持农业农村优先发展，坚持把实施乡村振兴战略作为新时代“三农”工作的总抓手，按照“产业兴旺、生态宜居、乡风文明、治理有效、生活富裕”的总要求，围绕住上好房子、过上好日子、养成好习惯、形成好风气“四个好”目标，建立健全城乡融合发展体制机制和政策体系，统筹推进农村经济建设、政治建设、文化建设、社会建设、生态文明建设和党的建设，加快推进乡村治理体系和治理能力现代化，加快推进农业农村现代化，加快由农业大省向农业强省跨越，走中国特色社会主义乡村振兴道路，让农业成为有奔头的产业、让农民成为有吸引力的职业、让农村成为安居乐业的美丽家园。与省委十一届二次全会作出的全面建成美丽繁荣和谐四川战略安排相衔接，到2020年乡村振兴取得重要进展，到2035年乡村振兴取得决定性进展，到2050年实现乡村全面振兴。

办好农村的事情，实现乡村振兴，关键在党。要加强和改善党委对“三农”工作的领导，落实党委统一领导、政府负责、党委农村工作综合部门统筹协调的领导体制，实行省负总责、市（县）抓落实的乡村振兴战略工作机制，坚持党政“一把手”是第一责任人，省、市、县、乡、村五级书记抓乡村振兴，县委书记是一线总指挥，建立完善有关考核制度，为全省乡村振兴发展提供坚强政治保障。要加快编制省、市、县各级乡村振兴规划，强化规划约束力执行力，加快形成城乡融合、区域一体、多规合一的规划体系。各级干部要始终胸怀农民群众安危冷暖，保持旺盛革命精神革命斗志，以实实在在的工作业绩换来乡村全面振兴、换来农民群众美好生活。

2018年1月16日，省委农村工作会议在成都市召开。会议贯彻落实党的十九大、中央农村工作会议精神，总结党的十八大以来全省“三农”工作取得的成绩、积累的经验，查找短板不足，分析面临的形势，以实施乡村振兴战略为重点，对今后一个时期全省“三农”工作作出全面部署。省长尹力主持会议并就贯彻会议精神提出要求。省委副书记邓小刚作总结讲话。

2018年5月2日—4日，省委书记彭清华（中）到甘孜州调研，检查了解州、县、乡、村各级贯彻落实习近平总书记对四川工作重要指示精神以及开展“大学习、大讨论、大调研”活动有关情况，进村入户看望基层干部群众，研究部署经济社会发展、脱贫攻坚、依法治理等工作。

彭清华强调，面对新时代新形势新要求，甘孜州要坚定以习近平新时代中国特色社会主义思想为指导，认真贯彻习近平总书记对四川工作特别是对四川藏区工作的重要指示精神，全面落实党中央大政方针和省委决策部署，以高度的政治责任感和使命感，扎实做好发展民生稳定各方面工作，加快推动经济社会繁荣发展和长治久安。藏区发展民生稳定各方面任务艰巨繁重，各级领导班子和党员干部要恪尽职守、担当担责，迎难而上、克难奋进，解放思想、提升能力，求真务实、埋头苦干，心往一处想、劲往一处使，努力创造无愧于党、无愧于人民、无愧于时代的业绩。

2018年11月13日—14日，省委副书记、省长尹力（中）到阿坝州和广元市调研，强调要坚定践行习近平总书记生态文明思想，严守生态环境保护红线，以高度的责任感使命感扎实推进生态文明建设和生态环境保护，努力提升自然保护区生态环境、物种资源和生物多样性保护水平。尹力先后前往卧龙自然保护区、唐家河自然保护区，调研以大熊猫为核心的生物多样性保护和科研工作开展情况。

2018年2月7日，省政协主席柯尊平（中）到阆中市天林乡五龙村开展节前慰问活动。柯尊平指出，党的十九大提出了实施乡村振兴战略的目标任务，为农村和农业的发展带去了重大历史机遇，阆中市一定要认真贯彻落实好党的部署要求，持续抓好产业发展、基础设施管控等后续指导工作。

2018年3月8日—9日，省委常委、省委农工委主任曲木史哈（中）到古蔺县调研脱贫攻坚工作。曲木史哈指出，党的十九大提出实施乡村振兴战略，这是解决城乡差距、实现共同富裕的重大决策部署，要实现产业兴旺、生态宜居、乡风文明、治理有效、生活富裕的目标，让农业成为有奔头的产业，让农民成为有吸引力的职业，让农村成为安居乐业的美丽家园。

2018年10月30日，副省长尧斯丹（中）出席四川省2018·市（州）长农产品品牌推介活动并致辞。全省21个市（州）领导当起“推销员”，逐一上台展示本地特色农产品及品牌。这是全省第二年举办该活动，人数超过上届，达到1000余人。活动旨在发挥品牌农业引领作用，推动四川农产品向“四川品牌农产品”转变。

第九届乡村文化旅游节

2018年4月12日，以“美丽乡村·好享纳溪”为主题的四川省第九届乡村文化旅游节(春季)在泸州市纳溪区开幕。该次活动由中共四川省委农村工作委员会、四川省旅游发展委员会、四川省农业厅、四川省旅游协会、泸州市人民政府主办，泸州市外事侨务和旅游局、泸州市纳溪区人民政府承办。该届乡村文化旅游节包括第三届美酒音乐·欢乐季、健康旅游产品推介以及农耕文化体验、美食展、摄影展、风筝节等系列活动，集中展示了纳溪的秀美风光、乡土人情、民风民俗和特色产业，为游客提供了视觉和味觉盛宴。

2018年5月17日，由四川省旅游发展委员会、中共四川省委农村工作委员会、四川省农业厅、四川省旅游协会、宜宾市人民政府主办的“品竹海风情　促乡村振兴”四川省第九届乡村文化旅游节（夏季）暨2018年中国旅游日四川省分会场活动在长宁县开幕。该次乡村文化旅游节处处展示着竹文化元素的魅力，更是彰显区域人文特色、呈现长宁和谐稳定、干部群众团结奋进的旅游盛会。

春

秋

夏

冬

2018年10月18日，以“圣洁冰川·多彩黑水”为主题的2018四川红叶生态旅游节暨黑水县第六届冰川彩林·生态文化旅游季、四川省第九届乡村文化旅游节(秋季)在黑水县开幕。该次旅游节由四川省林业厅、四川省旅游发展委员会、中共四川省委农村工作委员会、四川省农业厅、阿坝藏族羌族自治州人民政府主办，中共黑水县委、黑水县人民政府、达古冰川管理局、阿坝州大九旅集团承办。近万名游客相聚黑水，畅游冰川彩林。同时，金秋祈福、乡村乐章、“非遗”盛宴、幸福久长四个篇章精彩的文艺表演将开幕式推向高潮，着力展现黑水县悠久深厚的历史、文化、艺术，展示出新时代黑水人蓬勃进取、积极向上的精神风貌，也进一步坚定了黑水加快建设冰川彩林国际旅游目的地的信心和决心。

2018年12月19日，以“三新简阳　美食天堂”为主题的四川省第九届乡村文化旅游节（冬季）暨简阳第十五届羊肉美食旅游节在简阳市雄州广场开幕。该届羊肉美食旅游节由成都市人民政府、四川省文化和旅游厅、四川省农业农村厅、四川省旅游协会主办，成都市旅游局、中共简阳市委、简阳市人民政府承办。该次羊肉美食旅游节以“美食”为主线，打造“美食天堂”城市名片，共有五大主题活动、八项配套活动，共计23个系列活动。

第六届四川农业博览会
The 6th Sichuan Agricultural Expo

2018年9月20日，由四川省人民政府主办，中共四川省委农村工作委员会、四川省经济和信息化委员会、四川省农业厅、四川省林业厅、四川省商务厅、四川省投资促进局、四川博览事务局承办的第六届四川农业合作发展大会暨农博会开幕式在成都市举行。

该届大会以“全面开放合作，助力乡村振兴”为主题，旨在进一步深化农业交流合作，不断扩大农业对外开放，推动现代农业发展，助力乡村振兴，推动四川省由农业大省向农业强省跨越发展。

会议现场还举行了农业投资合作项目和农产品采购贸易项目集中签约，并发布该届大会农业投资合作成果。经过前期的深入对接和友好洽谈，该届合作发展大会共签订农业投资合作项目280个，合同金额918.67亿元。9月20日，参加现场集中签约的农业投资合作项目25个，合同金额201.8亿元；农产品采购贸易项目22个，合同金额18.45亿元。中国天府农业博览园投资建设项目、乌干达咖啡产业链建设合作项目、共建中越水稻新品种联合实验中心项目、泰国吉祥如意公司投资建设广元市朝天区转斗乡电商小镇项目、香港生计栈公司投资四川鲜切加工果蔬项目、四川康源水果销往法国等欧洲国家采购项目、自贡茶叶出口香港项目等7个项目进行现场签约。

该届农博会从9月20日开始一直持续到24日，包含展览展示、重大活动和配套活动等三部分，展览总面积约3.5万平方米，设农产品精品展区和“一带一路”合作展区。重大活动包括第六届四川农业合作发展大会暨农博会开幕式外，还有四川农业对外开放合作专题报告会、农产品加工园区与农业基地对接会等3项，配套活动包括农产品线上展销、最受欢迎农产品评选等2项。通过农博会期间系列重要活动、专项活动的举办，搭建交流平台，加强农业对外交流合作，展示农业农村新面貌，探索农业农村发展新路径，推动农村一二三产业融合发展，加快推进农业农村现代化，助力全省乡村振兴。

特 载

关于以绿色发展理念引领农业供给侧结构性改革切实增强农业农村发展新动力的意见

（川委发〔2017〕1号 2017年1月13日）

各市（州）党委和人民政府，省直各部门：

2016年，各地、各部门全面落实党中央、国务院和省委、省政府“三农”工作决策部署，农村经济稳中有进、稳中向好，农民收入持续较快增长，农村改革取得突破性进展，精准脱贫首战告捷，农村社会保持和谐稳定，农业农村工作实现了“十三五”良好开局。

当前，农业农村发展进入新阶段，农业的主要矛盾由总量不足转变为结构性矛盾，突出表现为阶段性供过于求和供给不足并存，矛盾的主要方面在供给侧。必须顺应新形势和新要求，以推进农业供给侧结构性改革为主线，以农业绿色发展为方向，以市场需求变化为导向，通过体制机制创新，调整优化农业产品结构、产业结构、经营结构，增强农业农村发展新动力，不断提升农业供给效率和竞争力，促进农业农村发展由过度依赖资源消耗、主要满足量的需求，向追求绿色生态可持续、更加注重满足质的需求转变。

2017年，要深入贯彻落实中央农村工作会议、中央“一号文件”和省委十届六次、七次、八次、九次全会精神，围绕农业增效、农民增收、农村增绿，坚持以绿色发展理念引领农业供给侧结构性改革，优化结构、保障供给、强化支撑、深化改革、补齐短板，加快培育优势特色产业，推进农村一二三产业融合发展，加快以“四个好”为目标的幸福美丽新村建设，改善农业农村生产生活条件，全力推进脱贫攻坚，激发农村各类资源要素潜能，推动农业供给侧结构性改革取得新进展、农业农村发展迈上新台阶。全省实现农林牧渔增加值增长3.5%，农民人均可支配收入增长9%。

一、优化产品结构，培育“川字号”特色农产品品牌

（一）有效提供安全农产品

围绕“米袋子”和“菜篮子”农产品安全供给，大力开展园艺作物标准园、畜禽标准化示范场、水产健康养殖示范场建设。鼓励有条件的地方整建制推进农业标准化生产，建设一批农业、林业、畜牧（水产）业标准化示范基地和安全食品生产基地，建设一批国家级、省级有机农产品认证示范区。加快制定保障农产品质量安全的生产规范和标准，推动实施绿色产品标准、认证、标识体系，开展标准评价试点工作，建立和完善涵盖农业生产、农业管理和农业服务的标准体系。

（二）大力发展优质专用农产品

粮食等大宗农产品生产在优质专用上着力，重点发展国标二级以上优质稻和加工专用马铃薯、酿酒专用粮、饲草饲料、加工蔬菜、森林食品等专用农产品。以省内口粮基本自给为导向，确保粮食种植面积稳定在9000万亩，在90个粮食生产重点县集中连片建设一批粮食生产功能区，打造500个粮油绿色高产高效示范区。推动藏粮于地、藏粮于技，继续实施粮食生产能力提升工程、粮食丰产科技工程和“川米优化”工程，加快川南、川东北地区高粱等酿酒专用粮发展。积极推动粮改饲，以养定种发展青贮玉米300万亩以上。巩固提升川猪产业，优化品种品质，推进川中地区控量提质，山区和“三州”地区加快发展，其他地区稳量提质，确保生猪出栏量稳定在7000万头左右。加快发展优质经济林、木竹工业原料林、木本油料林等特色林产业，建成“万亩林亿元钱”示范面积70万亩。继续实施农畜育种攻关计划和现代种业提升工程，构建育繁推一体化现代种业体系，大力推广水稻、小

麦、高粱、玉米、畜禽等优质专用品种,推进马铃薯品种更新换代。

(三)积极发展特色个性农产品

立足生态环境、气候特点和区域经济发展定位,积极发展川菜、川果、川茶、川药等“川字号”特色个性农产品。成都平原重点发展都市现代农业,着力发展蔬菜、水果、茶叶、花卉苗木等产业,打造城市居民休闲旅游和民宿度假区。川南地区着力建设农产品优质原料基地,重点发展名优茶叶、特色水果、蔬菜、竹笋、草食牲畜等产业。川东北地区重点发展绿色生态农产品,做强绿色经济作物、富硒茶叶、林下种养、中药材、草食牲畜等产业。攀西地区重点发展亚热带特色农业和立体农业,积极发展特色水果、早春蔬菜、优质烟叶等产业,提供错季特色农产品。川西北地区重点发展高原生态旅游业和特色农牧业,大力发展牦牛、藏羊、乳制品等绿色生态有机农产品。实施园艺产品提质增效工程,发展“一村一品”专业村镇。大力发展草食牲畜和水产健康养殖,推动畜牧业非猪产值比重提高1个百分点。实施“区域公用品牌+企业自主品牌”发展战略,支持重要产品品牌、重点企业品牌做大做强,扩大“天府龙芽”“四川泡菜”“圣洁甘孜”“净土阿坝”“大凉山”等优势区域公用品牌影响力。

(四)探索开发功能农产品

加强现代生物和营养强化技术研究,大力支持培育生产具有健康改善功能的农产品。鼓励农业高等学校、科研院所、龙头企业建立产业联盟,研究区域性优势品种及生产规范,促进功能农产品创新链与产业链互动发展。按照药食同源理念,着力培育优质富硒茶、富硒大米等产品,开发食用菌、薯类、柠檬、苦荞、核桃、油橄榄等功能农产品,逐步实现普通农产品功能化,功能农产品常态化。加快制定功能农产品地方标准及认证制度。研究支持农业产业化龙头企业等市场主体发展功能农产品的政策,鼓励建设功能农产品示范园区和生产基地。

(五)加强农产品质量安全监管

贯彻落实“四个最严”要求,坚持“产出来”和“管出来”两手抓、两手硬,落实党委和政府的领导责任、相关部门的监管责任和企业的主体责任,确保不发生重大食品安全和农产品质量安全事件、区域性重大动物疫情。深入开展国家食品安全城市、国家农产品质量安全县、省级食品安全示范县和农产品质量安全监管示范市县创建。落实动物疫病防控政策,提升屠宰监管能力,强化人畜共患病防治。建立农产品生产、加工和流通企业诚信制度,推行“红黑名单”制度,加强农产品“互联网+”质量追溯体系建设、从田间到餐桌的全过程全链条信息化监管。加大食品安全执法检查力度,开展突出问题专项整治和农村食品安全综合治理,严惩各类违法犯罪,主要农产品质量安全例行监测合格率高于全国平均水平。

(六)强化水生态保护和污染治理

实施最严格水资源、水环境监管制度和水污染防治行动计划,划定水功能区限制纳污红线。加快推进江河湖库关键生态节点、湿地公园、湿地保护小区建设。加强小流域和湖库生态环境保护,加快污染严重江河湖泊水环境治理。积极推进国家水资源监控能力建设二期项目。开展饮用水源保护区划定工作,禁止在保护区内设置排污口。全面开展农村集中式饮用水源地水质达标建设,在全面消除劣Ⅴ类水质的基础上,其余不达标水源水质逐步达到Ⅲ类水质标准。健全突发性水污染事件应急处理机制。

(七)实施土壤污染治理与修复

加快开展土壤污染状况详查,建立土壤环境基础数据库。实施耕地质量保护与提升行动,推进土壤改良、地力培肥与治理修复。推进建设占用耕地耕作层剥离再利用。推进土壤污染治理与修复,逐步扩大重金属污染耕地修复及种植结构调整试点。启动受污染区域土地修复,加强工矿废弃地和自然灾害损毁土地复垦利用。探索建立将城乡土地增减挂钩收益按一定比例用于土壤修复机制。严防工业“三废”和城市生活垃圾下乡。启动省级耕地轮作休耕制度试点,积极争取纳入国家试点范围。

(八)推行农业绿色生产方式

探索建立农业资源有效保护、高效利用的政策和技术支撑体系,创建农业绿色生产试验示范区。实施种养结合循环农业示范工程,推广“生态养殖+沼气+绿色种植”“林—草(沼)—畜(禽)”、林下种养殖等循环发展模式和技术。加强农业面源污染防治,制订实施“一控两减三基本”年度方案,开展化肥农药“两减量”活动,推进单质化肥和化学农药产业转型升级,推广高效低毒低残留农药,实施种植业有机肥替代化肥计划,强化废旧地膜、秸秆、畜禽粪便综合利用。加快建设农作物病虫害绿色防控体系。深入开展国家畜牧业绿色发展示范县创建和国家农业可持续发展试验示范区建设,扩大畜禽粪污综合利用试点范围。

二、优化产业结构,全面拓展农业供给多种功能

(九)加快发展休闲农业和乡村旅游

加快建设休闲农业与乡村旅游强省,推动乡村资源景观化、现代农业产业基地景区化。依托现代农业产业基地和示范区,建设现代农业庄园、农业主题公园、农业嘉年华、农业风情小镇、农业科普园和农业全产业链展示区。深入实施乡村旅游提升行动计划,建设20个省级乡村旅游提升示范项目,培育一批国家A级旅游景区和四川特色乡村旅游景区。全面实施乡村旅游富民工程和“千村万户”“千村万景”旅游富民计划。大力发展乡村旅游合作社,鼓励农村集体经济组织创办乡村旅游合作社,或与社会资本联办乡村旅游企业,培育“一县一品”乡村旅游商品。继续创建全国休闲农业和乡村旅游示范县、中国美丽休闲乡村等品牌,加快培育省级示范休闲农庄、示范农业主题公园等品牌,培育休闲农业专业村100个。举办乡村文化旅游节、乡村旅游博览会、花卉(果类)节等节会活动。

(十)支持发展森林康养产业

以森林公园、国有林场、林业产业基地、森林康养基地和森林康养示范园区为载体,加快建设全国森林康养目的地和森林康养产业大省。优化森林康养产业布局,形成环成都平原、秦巴山区、攀西地区、乌蒙山区森林康养集聚区。推进森林康养林道、林带、林网、林区建设,营建康养林200万亩,建设康养步道1000千米。研发森林浴、森林养生、森林食疗、森林医疗、森林温泉疗养等康养产品,打造森林康养地域品牌。加强康养基地标准化建设和运营管理,全年新增森林康养基地50处、森林康养人家2000户,林业生态旅游和森林康养人数突破3.6亿人次。

(十一)积极发展创意农业

依托农业文化遗产、传统村落民居、民族村寨等资源,鼓励文化创意和设计服务企业发展农田艺术景观、阳台农艺、农事节庆活动等创意农业,打造具有农耕文化、历史记忆、地域特点、民族风情的特色小镇、美丽村庄。加快开发农村特色创意民族民俗文化产品,支持发展蜀锦、蜀绣、彝绣、羌绣、丝绸工艺品、漆器、根雕、竹编、植物编艺、年画、唐卡等特色文化旅游商品。深入开展全省农业文化遗产资源普

查，积极申报创建第四批中国重要农业文化遗产。加快建设具有区域特征、民族文化的农耕文化博物馆。探索发展工厂化、立体化高科技农业和订制农业、会展农业、农业众筹等新型业态。

（十二）加快发展农村电子商务

加快推进农业信息化建设，大力实施"互联网+"现代农业示范行动。积极打造"线上农业"，带动"线下农业"提质增效、转型升级，实现线上线下融合发展。推动商贸、供销、商业银行、邮政、电商互联互通，建立和完善县、乡、村三级电子商务运营服务网络，带动农村"全企入网""全民触网"。支持农村电子商务创新创业，加强电子商务人才培训，培育一批农村电子商务创业带头人。推进电子商务进农村综合示范县建设，新增示范县10个以上。

（十三）大力发展农产品加工业

实施农产品产地初加工惠民工程，重点围绕特色优势农产品，开展原产地清洗、挑选、榨汁、烘干、保鲜、包装、贴牌、储藏等商品化处理和加工，推动农产品及加工副产物综合利用，让农民分享增值收益。加快实施农产品产地初加工项目，加大对农产品产地加工扶持力度，重点支持同区域、同产业的新型农业经营主体在农产品原产地联合建设加工商品化处理设施。鼓励使用农产品加工新设备、新技术、新工艺、新材料，优化设施配套。推进农产品初加工和精深加工协调发展，提高加工转化率和附加值，加快培育农产品精深加工领军企业。

（十四）支持发展农产品冷链物流业

支持新型农业经营主体通过改建、扩建、新建一批农产品冷藏设施、组装式冷藏库。鼓励和引导生产主体将农产品入库，实现错季销售。实施农产品产区预冷工程，规划建设农产品产地运输通道、冷链物流配送中心和配送站，集中完成肉类和水产品分割、果蔬分拣及包装、配载等处理流程，建成一批鲜活农产品产地集配中心。加强冷链运输能力建设，加快信息化集成改造，推广"产地集配+销地分拨""电商+冷链快递+智能菜柜"农产品直销模式。加快推进"快递下乡"工程。开展国家冷链物流发展试点、农产品冷链流通标准化示范。

（十五）加快建设现代农业示范园区

开展农民增收新产业新业态示范县创建和全国农村一二三产业融合发展试点县建设。加快现代农业（林业、畜牧业）重点县和现代农业示范市、县及国家现代农业示范区建设。推动农业重点项目建设，采取政府引导、龙头带动、农民参与、股份合作等形式，建设基地生产水平高、种养结合紧密、景区化设施配套、产地初加工能力强、社会服务完善、利益联结紧密、社会资本参与、金融支持有力的现代农业产业融合示范园区200个。以发展贮藏加工、良种繁育、农业科技、物流配送、现代服务业、电子商务、旅游休闲观光等企业为重点，着力培育园区龙头。强化园区科技支撑，探索科技创新模式，每个园区至少与一家高等学校、科研院所建立合作关系。推动优势特色农业产业"走出去、引进来"，推进川台农业合作示范基地、中法农业科技合作园建设，加强乌干达、缅甸、俄罗斯楚瓦什等境外农业园区建设。

（十六）推动农村劳动力转移就业和返乡创业

稳步扩大农民外出务工规模，引导农村劳动力转移就业。保护外出务工经商农民的土地承包经营权、宅基地使用权、集体收益分配权等财产权利，统筹推进农业转移人口社保、住房、子女教育等改革。有序推进符合条件的农业转移人口进城落户，建立农业转移人口市民化奖励机制。开展返乡农民工初创培训、创业辅导、创业提升培训。实施农民创新创业行动、农村青年创业富民行动、农民工等人员返乡创业三年行动计划，支持返乡农民工发展新产业新业态。完善财政支持、金融支持、创业投资引导等扶持政策。鼓励有条件的市（州）、县（市、区）设立农民工返乡创业扶持基金。依托现代农业产业融合示范园区、工业园区等，盘活闲置土地、厂房等资产资源，建设农民工和农民企业家返乡创新创业基地。

三、强化农业供给物质支撑，加强农业农村基础设施建设

（十七）加强农业物质装备建设

加快先进适用农机具研发推广，强化农机关键零部件和重点产品研发，大力发展设施农业、畜牧水产养殖、病虫防治等机械设备，研发、筛选、集成、推广一批成熟适用的农产品加工技术、工艺和关键装备。以水稻、小麦、油菜、马铃薯为重点，推进农业生产全程机械化试点示范，建设一批农业生产全程机械化示范县。以大数据、云计算和物联网等现代信息技术为支撑，大力推进农田水利设施、畜禽水产养殖、农产品加工储运、农机装备等基础设施信息化改造，推进农业信息进村入户工作。完善农业遥感监测应用体系、农村固定观察点调查体系和畜禽屠宰监测统计抽样调查系统等大数据工程，加快建立全省统一的信息平台。开展农机购置补贴政策改革试点，扩大农机补贴品种范围。落实支持农机化发展的税费优惠政策，鼓励新型经营主体购置大中型农机具。

（十八）加快建设高标准农田

全面完成永久基本农田划定，实施特殊保护。完善高标准农田建设规划，统一建设标准、统一监管考核、统一上图入库。整合新增粮食产能、农业综合开发、土地整治、节水灌溉等高标准农田建设资金，加快高标准农田建设绿色转型，建成高标准农田387万亩。按照"谁使用、谁管护，谁使用、谁负责"的原则，加强高标准农田后期管护。大力实施土地整治，加强耕地数量、质量、生态"三位一体"保护。严格执行耕地占补平衡制度，允许通过土地整治增加的耕地作为占补平衡补充耕地的指标在省域内调剂，按规定或合同约定取得指标调剂收益。

（十九）大力推进水利建设

围绕"再造一个都江堰灌区"核心目标，加快完善水利基础设施网络，新增有效灌溉面积100万亩，新增高效节水灌面40万亩。推进武引二期灌区等72个大中型工程建设，争取开工建设向家坝灌区一期、大桥灌区二期2处大型水利工程。加快实施都江堰、升钟等5个大型灌区续建配套与节水改造，推进16个中型灌区配套改造项目。加快小型农田水利设施建设，因地制宜发展低压管道输水、喷灌、滴灌、微灌等高效节水灌溉技术。全面推进第二批40个节水型社会重点县建设。加快推进病险水库水闸除险加固、中小河流治理、重点山洪沟防洪治理、烟区水源援建工程建设等。健全水利工程运行管护机制。

（二十）加强农村公路建设

把通乡通村公路建设作为农村公路建设重点，加快通乡油路、通村硬化路工程建设，建成通乡油路和通村硬化路1.1万千米，实现所有乡（镇）通油路，新增通硬化路建制村2000个以上。继续实施县乡道改善提升工程、撤并建制村通硬化路和村道窄路面加宽工程，改造提升县乡道和村道完善工程6000千米，启动一批资源路、旅游路、产业路建设，畅通农村交通"毛细血管"。推进农村渡改桥工程。大力推进农村公路安全生命防护工程，逐步将公路安保工程向村道公路延伸。推动落实农村客运车辆补贴政策。推进"四好农村路"示范县和

示范路创建。加快制定四川省农村公路条例。

(二十一)加快推进生态建设

划定并严守生态保护红线。根据长江经济带发展"共抓大保护,不搞大开发"基调,加快实施森林、湿地、生物多样性修复"三大行动"。深入开展大规模绿化全川行动,启动实施长江上游干旱河谷生态治理工程,筑牢长江上游生态屏障。全面推进长江廊道造林、荒漠生态治理、国家储备林、森林城市、绿色家园、多彩通道建设,完成营造林1000万亩,森林覆盖率提高0.8个百分点。继续实施天然林保护二期、退牧还草、草原防灾减灾等工程和草原生态补助奖励政策。加快新一轮退耕还林还牧还草工程实施进度。上一轮退耕还林补助政策期满后,将符合条件的退耕还生态林纳入地方森林生态效益补偿范围。推进农田林网、"四旁"、山体、水系造林绿化。积极创建森林城市、森林县(区)、森林乡(镇)、森林村寨和绿化模范单位,推动森林城市群建设。规范改造低产低效林,有序改造退化防护林,大力培育混交林、复层林,精准提升森林质量和生态系统功能。积极建设国家级和省级自然保护区、森林公园、湿地公园、大熊猫国家公园。推进湿地生态补偿试点,启动森林草原湿地生态屏障重点县建设。推进江河湖库水系连通建设项目,综合治理水土流失面积2000平方千米。加快推进生态省建设和生态环保领域立法。

(二十二)着力改善农村生活条件

实施新一轮农村电网改造升级工程。推动天然气向农村覆盖,因地制宜发展规模化沼气和集中供气。实施农村安全饮水巩固提升工程,解决50万建档立卡贫困人口饮水问题。加快实施广播电视户户通工程,完成22个县级应急广播平台、1933个行政村广播"村村响"、140万户农村电视"户户通"建设。推进农村公益电影放映民生工程,加强乡(镇)固定放映点标准化建设。推动"宽带中国"战略在农村深入实施。

(二十三)提升农村公共服务水平

全面落实"三免一补"政策。继续实施"9+3"免费职业教育、农村贫困地区定向招生等专项计划及119个县(市、区)农村义务教育学生营养改善计划。改善提升大小凉山彝区"一村一幼"办学条件,逐步将覆盖范围扩大到民族地区。加强边远贫困地区和民族地区农村教师周转房建设。提高职业教育办学水平,办好职业学校涉农专业,推动职业教育省际协作。引导城乡居民积极参加基本养老保险,建立统一的城乡居民基本医疗保险制度,完善大病医疗保险和医疗救助制度,提升农村基层医疗卫生服务水平。推进现代公共文化服务体系示范县创建,开展"畅享院坝"农民群众文化惠民演出活动,建设贫困村文化室3700个,补充更新4.6万个农家书屋。加强对农村留守老人、妇女、儿童、残疾人的关爱力度,开展农村妇女"两癌"免费检查。大力提升农村气象服务水平。

四、持续深化农村改革,激发农业农村发展内在活力

(二十四)多种形式放活土地经营权发展适度规模经营

坚持主攻方向不动摇,以放活土地经营权为重点,落实农村土地集体所有权、农户承包权、土地经营权"三权分置"办法。引导农村土地经营权规范有序流转,支持农民在自愿基础上在村组内互换并地连片耕种,推广股份合作、经营权流转、土地托管等多种形式适度规模经营。大力发展土地股份合作社,推动土地股份合作成为土地规模经营的主流模式,探索发展稳定农户承包权、经营权股份化的家庭联产承包股权制。探索农村土地集体所有权的有效实现形式。发挥好农技推广机构、供销合作社、农垦企业等农业服务组织的引领作用,扶持和培育专业化经营服务主体,推广托管服务、代耕代种、联耕联种等多元服务模式。完善政府购买农业公益性服务机制,大力支持新型农业经营主体开展农业社会化服务。健全农村产权流转交易市场体系,完善配套措施、工作机制和交易制度。

(二十五)深化产权制度改革发展壮大新型集体经济

全面推进农村产权"多权同确",建设省、市(州)、县(市、区)互联互通的土地承包管理信息系统。全面开展"房地一体"的农村宅基地和集体建设用地使用权确权登记颁证工作。总结农村宅基地制度改革试点经验,在充分保障农户宅基地用益物权、防止外部资本侵占控制的前提下,落实宅基地集体所有权,维护农户依法取得的宅基地占有权和使用权,探索农村集体组织以出租、合作等方式盘活利用空闲农房及宅基地。允许地方依法依规多渠道筹集资金,按规定用于村集体对进城落户农民自愿退出承包地、宅基地补偿。深化集体林权制度改革,扎实推进国有林场、国有林区改革。稳妥推进草原确权登记试点。全面开展农村集体资产清产核资,分类登记经营性资产、公益性资产和资源性资产。合理界定农村集体资产范围和成员资格,建立农村集体经济组织及相应治理结构。稳步推进农村集体经营性资产股份合作制改革试点,将经营性资产折股量化到集体经济组织成员。推动制定四川省农村集体经济组织条例,制定农村集体经济组织注册登记办法。推广资源变资产、资金变股金、农民变股东模式,支持和鼓励发展农业规模经营、农村服务业、物业经济、合作经营等多种形式的村级集体经济,有计划逐步消除"空壳村"。

(二十六)创新财政投入方式

坚持把农业农村作为各级财政支出的优先保障领域,建立支农投入稳定增长机制。加大盘活存量资金力度,建立农业专项资金结转结余定期清理机制。继续加大贫困县财政专项资金投入,确保每年投向贫困县的项目资金达到50%以上。加大涉农资金整合力度,在贫困县开展统筹整合使用财政涉农资金试点。拓展资产收益扶贫试点范围,支持农民合作社或有条件的集体经济组织开展资产收益扶贫试点。创新财政投入农业社会化服务机制,采取政府购买、奖励补助等方式,拓展全程社会化服务和政府购买农业社会化服务范围。探索财政资金支持新型农业经营主体培育,以直接奖补为主向贷款贴息、担保扶持转变。创新投融资机制,支持农业项目通过PPP模式,引导社会资本投入农业农村。拓宽农业农村基础设施投融资渠道,支持社会资本以特许经营、参股控股等方式参与农村水利、农垦等项目建设运营。对以民办公助方式推进的农村各类小型项目,优先安排农村集体经济组织、农民合作组织等作为建设管护主体。

(二十七)推进农村金融服务创新

加强支付惠农示范工程和农村信用体系建设,推进信用户、信用村、信用乡(镇)创建,深入推进农村地区普惠金融发展。落实涉农贷款增量奖励政策。推动国家开发银行、农业发展银行、农业银行加大对国家重点水利工程金融服务,推动农业发展银行、农业银行加大对省内农业和农村基础设施、国家战略储备林金融服务。强化涉农商业银行支农服务能力,激发农业银行"三农"金融事业部经营活力,增加邮政储蓄银行农村地区信贷投放,发挥农村合作金融机构支农主力军作用,引导村镇银行专注做好"三农"金融服务。支持金融机构开展适合新型农业经营主体的订单融资和应收账款融资业务。进一步落实新型农业经营主体金融服务主办行制度。扩大农村资金互助组织试

2018 SICHUAN NONGCUN NIANJIAN

四川農村年鑒

四川省人民政府　主管主办

电子科技大学出版社

图书在版编目(CIP)数据

四川农村年鉴. 2018年卷 / 四川省人民政府主管主办. --成都：电子科技大学出版社，2018.12

ISBN 978-7-5647-6703-7

Ⅰ.①四… Ⅱ.①四… Ⅲ.①农村经济－四川－2018－年鉴 Ⅳ.①F327.71-54

中国版本图书馆CIP数据核字(2018)第299651号

四川农村年鉴　2018年卷

四川省人民政府　主管主办

策划编辑　谢应成
责任编辑　谢应成
出版发行　电子科技大学出版社
成都市一环路东一段159号电子信息产业大厦九楼　邮编 610051
主　　页　www.uestcp.com.cn
服务电话　028-83203399
邮购电话　028-86691186,83201495

印　　刷　成都紫星印务有限公司
成品尺寸　210mm×285mm
印　　张　52　　彩页29
字　　数　2000千字
版　　次　2018年12月一版
印　　次　2018年12月第一次印刷
书　　号　ISBN 978-7-5647-6703-7
定　　价　400.00元

版权所有　侵权必究

点。支持做大农业政策性担保公司,落实资本金注入、以奖代补、风险补助等财政支持政策,扩大行业覆盖和区域覆盖。鼓励市(州)、县(市、区)建立农业贷款担保基金。推进农村"两权"抵押贷款试点,全面推广农村土地流转收益保证贷款,探索集体建设用地使用权、大型农机具、农业生产设施抵押贷款业务。在巩固政策性农业保险、森林保险基础上,探索推进农业保险"扩面、提标、增品",稳步扩大目标价格指数保险、制种保险覆盖面,落实特色农业保险奖补政策。在有条件的地方探索"险资直贷""保险+期货""农产品质量保证保险"试点。

(二十八)推进农业科技体制创新和产业化

强化农业科技原始创新,创制一批优良新品种、新技术。实施农业重大产业链创新工程,加强农业产业技术研发,推进农产品精深加工和产业链延伸,培育农业高新技术企业。创新农业科技成果转化机制,构建农业科技成果转化对接平台。推进创新资源和区域规模化生产紧密结合。完善国家现代农业产业技术体系四川创新团队建设,加快组建一批农业科技协同创新和产业技术创新联盟,构建一批产业技术研究院。推行科技特派员创业制度,继续实施"三区"科技人员专项计划,推进农业科技园区、新农村发展研究院等新型农业社会化科技服务体系建设。大力实施科普惠农兴村计划。落实《四川省激励科技人员创新创业十六条政策》,全面推广农业科技人员创新创业专项改革试点经验。

(二十九)落实农业农村用地保障政策

合理安排农业农村各业各类用地,新增建设用地计划优先满足农业农村发展需求,将年度新增建设用地计划指标确定一定比例用于支持农村新产业新业态发展。创新设施农用地管理政策,将农产品冷链烘干设施、农产品初加工设施、农产品贮藏流通设施、休闲采摘设施等纳入农业附属设施范围,落实一定比例的新型农业经营主体辅助设施建设用地。建立县域农村建设用地总量控制制度,在控制农村建设用地总量、不占用永久基本农田的前提下,加大盘活农村存量建设用地力度。允许村庄整治、宅基地整理等节约的建设用地,通过入股、联营等方式,重点支持乡村休闲旅游养老等产业和农村三产融合发展,严禁违法违规开发房地产或建私人庄园会所。依法统筹协调推进农村土地征收、集体经营性建设用地入市、宅基地制度改革试点工作。

(三十)培育新型农业经营主体

落实扶持新型农业经营主体发展的各项政策举措。加快培育农业产业化排头兵企业,设立农业产业发展投资引导基金,建好省级农业区域投资平台,支持农业龙头企业通过兼并、重组、收购、控股等方式做大做强。加强农民合作组织规范化和农民合作社示范社建设,提高专合组织运行监测工作质量,推进省级示范社建设。健全家庭农(林)场服务管理制度,建立家庭农(林)场名录,完善工商注册登记办法。推广"企业+合作组织+农户"发展模式,构建更加紧密的利益联结机制。把发展农业经营主体与培育新型职业农民结合起来,建立职业农民遴选机制、培养机制、认定机制、服务机制,新培育职业农民4万人。鼓励有条件的地方允许符合条件的新型职业农民以个体身份参加城镇职工养老保险。

(三十一)统筹推进农村综合改革

统筹推进农村改革试点试验,继续抓好全国第二批农村改革试验区和省级农村改革综合试验区建设。研究制定农村改革督查考核办法。落实稻谷、小麦最低收购价政策和玉米市场定价、价补分离改革措施。全面推进供销合作社综合改革,创新联合社治理机制,加快建设县级供销合作组织体系和农村综合服务平台,大力实施基层示范社建设工程,建立健全乡(镇)农村综合服务站和村级综合服务社,积极发展生产合作、供销合作、消费合作、信用合作,探索开展新型农村合作经济组织联合会试点;大力推广农资服务、土地托管、股份合作等规模化服务,依托特色产业加快构建区域性为农服务企业群;重组省供销企业集团,做大做强社有企业,坚持政事分开、社企分开,加快构建行业指导体系和经营服务体系双线运行的供销联合合作体制机制。全面推进农业水价综合改革,建立健全农业用水精准补贴和节水奖励机制。全面落实河长制,加强河湖管理保护,维护河湖健康生命。推进农垦、农场改革发展。

五、毫不松懈打赢脱贫攻坚战,全面推进以"四个好"为目标的幸福美丽新村建设

(三十二)巩固深化脱贫成果

严格脱贫对象认定、退出和痕迹管理,建立完善脱贫对象跟踪监测、动态管理机制。保持脱贫攻坚政策的延续性,全面落实国家对脱贫对象的后续扶持政策。着力解决脱贫户持续增收和因病、因灾、因学、因智返贫等问题,进一步完善长效增收机制,提高社会救助、医疗等农村社会保障水平。增强退出贫困村自我发展能力,实施贫困村提升工程,推动产业培育和集体经济发展。继续对"摘帽"贫困县进行扶持,进一步强化财政、国土、税收等政策支持。系统总结脱贫攻坚经验,推广首批"摘帽"贫困县、退出贫困村的做法和各地脱贫攻坚的创新模式,规范有序推动全省脱贫攻坚工作。

(三十三)聚焦脱贫攻坚任务

深入贯彻落实"3+10"脱贫攻坚政策和"六个精准"要求,实现16个贫困县"摘帽"、3700个贫困村退出、105万贫困人口脱贫。严格对照脱贫退出标准,精准制订实施"10+N"扶贫专项年度工作计划和实施方案,深入推进"五个一批"计划。大力实施科技扶贫专项行动和产业就业扶贫,开展村企对接活动,推广龙头带动、入股分红、合作经营、资产收益等脱贫增收新模式,全面落实农业产业化龙头企业(工商资本)带动脱贫攻坚支持政策。做好贫困户技能培训和转移就业,确保每个贫困家庭至少有1个增收产业或1人实现就业。建立贫困户收入和支出记账制度。扎实抓好易地扶贫搬迁,完成33万贫困人口搬迁任务。全省农村最低生活保障标准达到按年度动态调整后的国家扶贫标准,实现"两线合一"。深入推进健康扶贫行动,落实县域内基层医疗就诊贫困患者个人医疗费用支出控制在10%以内等卫生扶贫政策。深化教育扶贫,落实好贫困家庭学生助学政策。管好用好县级教育和卫生扶贫救助基金、贫困村产业扶持基金、扶贫小额信贷分险基金。推广"扶贫再贷款+扶贫小额信贷""扶贫再贷款+产业带动贷款"模式。促进产业扶贫与生态扶贫结合,完善生态护林员办法,大力开发贫困人口生态扶贫公益岗位。聚焦"四大片区"主战场,推进藏区"六项民生工程计划"和大小凉山彝区"十项扶贫工程"、17条政策措施年度计划落地落实,集中精力解决极度贫困问题。统筹抓好片区外小区域贫困和"插花"贫困问题。

(三十四)科学配置脱贫资源

全面落实《脱贫攻坚责任制实施办法》,深化落实脱贫攻坚领导小组"双组长"领导机制和领导干部、机关单位联系指导精准扶贫制度。强化市、县主体责任,突出部门分类推动,加强贫困村"五个一"驻村帮扶,完善一线指挥调度、推动落实的工作体系,严格督查、严格考核、严肃问责。深入开展23个中央和国家机关、249个省直部门(单位)定点

扶贫。实施"携手奔小康"行动，推进广东浙江扶贫协作和省内对口帮扶贫困县工作，深入开展"扶贫日""万企帮万村""国企入凉"等活动。广泛宣传脱贫致富先进典型和文明新风，增强贫困群众内生动力。

（三十五）全面推进"四好村"创建

围绕全面建成小康社会和脱贫攻坚目标任务，结合各地实际，深入开展以住上好房子、过上好日子、养成好习惯、形成好风气为主要内容的"四好村"创建活动。开展"感恩奋进"主题教育，引导群众自力更生、艰苦奋斗，促进养成好习惯，形成好风气。落实党委、政府主要负责同志第一责任人制度，构建整体联动的工作责任体系。省财政在安排农村综合改革转移支付资金时，对省级"四好村"给予一次性奖励补助。建立健全"四好村"考评体系，加大督促检查力度，建立创建通报制度。全省15%以上的村创建成为省级"四好村"，25%以上的村创建成为市级或县级"四好村"。

（三十六）加快农民夜校建设

坚持把办好农民夜校作为实现"四个好"目标的有效举措，鼓励和引导在行政村全面开办农民夜校，力戒形式主义，建成宣传党的政策、普及致富技能、传播文明新风、促进社会和谐的重要阵地。发挥"1+6"村级公共服务设施作用，加快落实办学场地和教学设备，确保每所夜校有一个相对固定的教学活动场地、一套运转正常的远程课件收视系统、一套满足正常教学活动需要的教学用具、一批开展文体活动必需的设施装备。抓紧研究制定教育培训规划和年度计划，开发编制本土教材，教育引导群众学文化、学技术、学政策、学法律、学健康知识。配齐配强管理班子、师资队伍，建立各级党员教育师资库，定期开展送教下基层活动。每所夜校对当地群众实现培训全覆盖，确保贫困村有条件的贫困户普遍掌握1～2项实用技能。

（三十七）提升幸福美丽新村建设水平

坚持分类指导与分层次指导相结合，实施扶贫解困、产业提升、旧村改造、环境整治、文化传承"五大行动"，推行"小规模、组团式、微田园、生态化"建设模式，建设幸福美丽新村5000个。把"百镇建设行动"和幸福美丽新村建设结合起来，实施第三轮幸福美丽新村示范县建设。加快推进扶贫新村建设，完成13万户建档立卡贫困群众农村危房改造。加快水利支持新农村建设。继续开展新农村建设"回头看"，坚决防止在新农村建设过程中漏掉贫困户，坚决防止非贫困户因建房负债成为贫困户。加大新村人居环境综合治理力度，推进农村垃圾治理专项行动，完善农村生活污水处理设施，开展以"三建四改"为主要内容的院落整治。实施农村清洁工程，集中开展清河清淤清渠行动。启动村庄绿化工程，普遍建立村庄保洁制度，新增完成环境综合整治的建制村2000个。支持有条件的村发挥优势，自立自强，做出特色，做出精品。

各地党委、政府要坚持把"三农"工作作为重中之重，强化党委统一领导、党政齐抓共管、党委农村工作综合部门统筹协调、其他部门各负其责的农村工作领导体制和工作机制。加强农村工作综合部门建设，在规定的机构限额内，根据工作需要可将其纳入党委工作部门，配强班子、充实人员，充分发挥统筹协调、调查研究、督促检查职能作用。举办市（州）分管负责人和新任县（市、区）党委、政府主要负责人和分管负责人培训，提高领导"三农"工作能力和水平。继续实施农民增收工作县（市、区）委书记、县（市、区）长负责制。将全面从严治党的要求落实到农村基层，强化农村基层党组织领导核心地位，严格落实"四议两公开"和村务联席会、村民委员会定期向村党组织报告工作等制度。健全市县乡党委书记抓党建工作述职评议考核问责机制。严肃农村基层党内政治生活，严格"三会一课"、民主评议党员、固定党员活动日等组织生活制度。健全农村依法治理体系，推进农村"雪亮工程"建设，完善农村社会治安防控体系，深化农村社区网格化服务管理，建立完善村级人民调解委员会，完善村规民约、院坝公约等制度，积极引导村民共同参与村级事务。加大对中央和省委关于强农惠农富农政策落实的督查力度，加强农村土地征收、涉农资金、扶贫开发、"三资"管理等领域的审计监督。加强换届后农村党组织建设和干部队伍建设，构建"一核多元、合作共治"村级治理体系，推进农村新型经营主体和农业产业园区党建工作，确保农村社会稳定和谐，为实现同步建成全面小康社会做出新的贡献。

2017年四川省农业农村经济和社会发展报告

中共四川省委农村工作委员会

2017年，四川省农口系统以习近平新时代中国特色社会主义思想为指导，深入学习贯彻党的十九大精神，认真贯彻落实省委省政府"三农"工作决策部署，聚焦脱贫攻坚头等大事，以农业供给侧结构性改革为主线，突出建基地、搞加工、创品牌，现代农业产业体系、生产体系、经营体系加快构建，农业农村改革取得新突破，以"四好村"为目标的幸福美丽新村建设扎实推进，精准扶贫精准脱贫取得新成绩，农民收入持续稳定增长，呈现出稳中有进、稳中向好的良好态势。2017年，实现第一产业增加值增长3.8%，农村居民年人均可支配收入12227元，增加1024元，增长9.1%，高于全国和全省城镇居民收入增幅。

一、深入推进农业供给侧结构性改革，着力推动四川由农业大省向农业强省跨越

（一）突出建基地，加快培育特色优势农业

一是抓好粮食生产。划定都江堰灌区30个县（市、区）1060万亩粮食生产功能区、重要农产品生产保护区，深入推进90个粮食生产重点县、80个现代农业（畜牧业）示范市县（重点县）。坚持"稳粮、优经、扩饲"，实施"川迷优化工程""优质粮食工程"，发展国标三级以上优质稻2232.5万亩、青贮玉米320万亩，油菜籽产量连续16年创历史新高。2017年，全省粮食产量达3498.4万吨，比上年增加14.9万吨，增长0.4%，在全国各省（市、区）中居第7位。二是建设标准化生产基地。加快推进雅安茶叶、攀枝花热带水果、安岳柠檬等10个特色农产品优势区创建工作，全省累计认定无公害农产品产地5715.6万亩，占全省耕地面积的56.7%。建设绿色食品原料标准化生产基地876万亩，新建蔬菜、水果、茶叶、中药材等现代经作产业标准化基地192万亩，建设国家级制种基地9个、省级农作物种子优势基地11个，新建国家级重点基地8670万亩。全省有机农产品基地167万亩，优质果、名优茶、道地药材占比分别提高2个百分点，名特优水产品比重达28%，渔业

经济总产值增长6.5%。巩固提升川猪产业,全省生猪出栏6579.1万头,牛、羊出栏数量基本稳定。全省林业产业基地1亿亩,现代林业产业基地2650万亩,林下种植基地1100万亩。三是推行农业绿色生产。加强耕地保护与质量提升,全面完成174个农业县农产品产地土壤重金属污染防治普查及成果整理。实施全域秸秆综合利用示范工程,推动畜牧大县种养业循环一体化示范工程,探索粪污资源化利用、有机肥替代化肥、治理农业面源污染模式,在22个地区开展农业可持续发展试验示范区创建、PPP模式畜禽粪污综合利用试点和畜牧业绿色发展示范县创建。化肥、农药使用量继续保持负增长,减少农药使用1500吨,秸秆和畜禽粪污综合利用率分别提高2.5个和2个百分点。严格水资源管理,全省重要水功能区水质达标率88.72%。

(二)突出搞加工,做大做强农产品加工业

一是发展农产品产地初加工。在40个县(市、区)开展产地初加工设施和农村农业融合发展试点惠民工程,13个市(州)、18个扩权县开展冷链物流标准化的产地预冷集配、低温加工仓储配送等设施和信息化体系建设,新建农产品初加工设施1230座,新增储藏保鲜烘干能力80万吨,达440万吨,培育各类农产品加工龙头企业8873家,农产品产地初加工率达51%,比上年增加2个百分点。二是推进农产品精深加工。加快农产品加工业发展,积极推进马铃薯主食化开发、果蔬加工和肉类精深加工。建成郫都区川菜调味品、川西川南茶叶加工等一批精深加工产业集群。推进农产品加工生产设备的智能化,重点推进核桃、精制茶、粮油、泡菜和复合调味品等优势行业中的6个投资1亿元以上重大技术改造项目,支持农产品加工技改项目34个。全年农产品加工业突破1.3万亿元,实现食品加工业产值8600亿元,分别增长14%左右。三是加快建设现代农业园区。巩固国家现代农业示范区发展,13个国家现代农业示范区实现农林牧渔业总产值2653.6亿元,粮食总产量1322.77万吨,土地规模化经营面积1257.96万亩,农作物耕种综合机械化水平达59.98%。申报眉山中国泡菜城、峨眉山茶、蒲江特色水果3个产业园创建国家现代农业产业园,推进30个省级现代林业示范园区建设。眉山中国泡菜城在全国首批11个现代农业产业园中排名首位。

(三)突出创品牌,着力打造"川字号"特色农产品品牌

一是培育壮大品牌。发展川菜、川果、川茶、川药等"川字号"特色农产品,全省有"三品一标"农产品5124个,稳居全国前列。实施农产品品牌孵化、提升、创新、整合、信息"五大工程",天府龙芽、四川泡菜等区域品牌,竹叶青、郫县豆瓣等企业品牌知名度、效力提升,实现农产品品牌总产值1580亿元。实施"一村一品"品牌项目建设试点,推荐上报全国"一村一品"示范村镇19个、"一村一品"品牌建设试点项目7个,全省"一村一品"专业村镇达5657个、主导产业从业农户304.1万户,人均可支配收入达1.13万元。二是拓展品牌市场。创新开展"惠民购物全川行动"和"川货全国行"活动,推动"四川造"农产品扩大知名度和市场占有率。开展四川美食全球行活动,实施"川菜走出去"行动计划,推进"川字号"品牌国际化,实施促进食品农产品扩大出口"一号工程",开展"一市一特产"品牌创建行动。在中国台湾省新北市举办第四届川台农业合作论坛,举办第六届茶博会、全省贫困地区优质农产品品牌推介活动,在成都市举办主题为"全面开放合作,助推农业供给侧结构性改革"的第五届四川农业博览会。农博会期间共签订农业投资促进项目356个,合同金额1088.99亿元;全省21个市(州)新推介农业合作项目1048个,投资需求4548.05亿元。三是保护监管品牌。完善农产品质量安全追溯体系,12个县创建国家农产品质量安全县,累计3654家生产经营主体、5052个产品入驻省级追溯平台。持续开展农产品质量安全专项整治行动7次,省级农产品质量安全例行监测合格率达99.2%。金阳县青花椒白魔芋、都江堰市猕猴桃和三台县麦冬3个示范区获评国家食品农产品质量安全示范区,建成省级农产品质量安全监管示范市6个、省级农产品质量安全监管示范县92个。

(四)突出物质支撑,夯实现代农业发展基础

全省实现耕地保有量10103万亩,划定永久基本农田7805万亩,落实占补平衡指标9.91万亩,占补平衡率100%。实施土地综合整治项目198个,规模204.71万亩,新增耕地17.52万亩。实施高标准农田建设项目235个,建成高标准农田410万亩。实施农机装备发展行动,建设全程机械化核心示范区12个。推进低温绿色储粮项目建设,在全国率先大规模推进低温绿色储粮技术运用。已建成低温绿色储备库58个,低温绿色储粮技术可为企业每吨粮食增加100元以上的收益。实施"智慧川粮"行动,建设粮食信息化省级平台1个、市级平台23个、县级终端183个、智能粮库469个。加快大中型水利工程建设,强力推进7处拟建国家重大水利工程前期工作,新增和恢复蓄引提水能力1亿立方米,新增有效灌面100万亩、高效节水灌面45万亩。培育农作物及畜禽新品种83个,实施10大全产业链科技创新示范项目,攻克优势特色产业发展关键共性技术100余项,示范推广新品种、新技术、新模式、新工艺、新装备300余项,农业科技进步贡献率达58%,高于全国平均水平。

二、培育新产业新业态,加快构建农村一二三产业融合发展体系

(一)促进农村产业融合

全省命名首批23个农民增收新产业新业态示范县,启动第二批28个示范县创建工作。申报创建3个国家现代农业产业园,全省分层分级建成现代农业产业融合示范园区230个,园区覆盖面积近600万亩。省级财政投入资金2.8亿元,支持建设省级现代农业产业融合示范园区30个、省级现代农业示范园区40个、省级现代农业产业园5个。市、县两级整合、撬动资金超过300亿元,集中投入园区建设。

(二)发展休闲农业和乡村旅游

印发《四川省"十三五"乡村民宿旅游规划及行动计划》,全面实施乡村旅游富民工程和"千村万户""千村万景"旅游富民计划。累计建成农业主题公园440个,打造休闲农业专业村1400个,认定首批省级示范休闲农庄100个、省级示范农业主题公园80个,休闲农业规模保持全国首位。累计创建全国休闲农业和乡村旅游示范市(县)16个,获评"中国美丽休闲乡村"19个,入选"中国重要农业文化遗产"5个。全省有5000个行政村发展乡村旅游,休闲农业经营单位3.1万家。2017年,全省实现乡村旅游收入2283亿元,增长13.3%。

(三)发展生态康养产业

优化森林康养产业布局,建设环成都平原、秦巴山区、攀西地区等森林康养集聚区,打造康养洪雅、康养汶川、阳光康养和秦巴山森林康养等康养基地品牌,林业生态旅游和森林康养等新产业新业态蓬勃发展,创建全国森林旅游示范市(县)2个、四川林业生态旅游示范县12个、省级森林小镇32个,举办大熊猫、红叶、湿地和花卉果类生态旅游节会300场次,成立森林康养产业联盟,新增森林康养基地84个。加快发展农村养老服务,建成农村幸福院5070个,全省农村社区居家养老服务覆盖率达50%。

(四)发展农村文化创意产业

推进以文化创意产品为依托,发展订单文化创意农业和产业链,建设一批文化产业融合先导区和文化创意农业示范基地,引导文化创

意产业向县域重点乡(镇)及文化产业园区集中,推动农村文化创意产业发展与新型城镇化相结合。打造具有历史记忆、地域特点、民族风情的特色小镇、美丽村庄、文化院坝,深化拓展"百镇建设行动",全省重点打造300个特色小镇,就近吸纳农业转移人口93.8万人,其中7个入选首批中国特色小镇,数量居全国第二位。

(五)发展农村电子商务

实施"互联网+"现代农业示范行动,建立和完善县、乡、村三级电子商务运营服务网络。推进电子商务进农村综合示范县建设,新增国家级电子商务进农村综合示范县25个,全省国家级、省级示范县累计达113个,实现全省21个市(州)全覆盖;累计建成县级电商综合服务中心157个、乡(镇)电商综合服务站2384个、村级电商服务站点8670个,覆盖率分别达88.2%、54.8%、18.2%。加强农村电商主体培育,全省累计培育涉农电商企业1300余家,开设农村电商网店(微店)3.3万家,增加1.3万家。建立农产品流通发展基金强化资金支持,设立10亿元四川省农产品流通发展基金。通过开展电子商务进农村,累计帮助2万余人开设网店创业,农村电商产业链直接创造就业岗位13.9万个。

(六)促进农村劳动力转移就业和返乡创业

出台了《关于支持返乡下乡人员创业创新、促进农村一二三产业融合发展的实施意见》,实施农民工返乡创业专项培训计划,对返乡农民工给予创业培训补贴。创建全国农村创业创新园区(基地)83个,入选数量居全国第二位。推介4名农村"双创"代表入选全国优秀带头人,新希望集团作为全省唯一的国家级农业产业化龙头企业入选第二批国家级"双创"示范基地。全年全省转移输出农村劳动力2501.5万人,增长0.4%。其中,省内转移1370.4万人、省外输出1131.1万人;实现劳务收入4072.2亿元,增长6.8%;农民工工资性收入6597.1元,增加340.5元;新增农民工返乡创业人员6.5万人,新增返乡创办企业1.3万家,吸纳就业20.6万人,实现创业总产值192.7亿元。

三、统筹城乡融合发展,农村生产生活条件切实改善

(一)全面推进以"四个好"为目标的幸福美丽新村建设

编制完成《四川省幸福美丽新村建设总体规划(2017—2020)》和巴山新居、乌蒙新村两个分规,落实幸福美丽新村建设专项资金35.88亿元,全面推进彝家新寨、藏区新居、巴山新居、乌蒙新村建设,2017年建成幸福美丽新村5000个,累计建成21282个,惠及678.7万户、2220余万名农村人口。落实专项资金19.6亿元,全面实施3700个贫困村的扶贫新村建设,落实专项资金5.8亿元,推进63个幸福美丽新村示范县建设。扎实抓好"四好村"创建,明确市、县级"四好村"累计达到全省行政村总数的25%,创建省级"四好村"2000个。完成首批省级"四好村"评定工作,1481个村被命名为2016年省级"四好村",落实奖补资金1.48亿元。坚持"拆、保、改、建"相结合,启动农村土坯房改造整治,印发《四川省"农村土坯房改造行动"实施方案》。

(二)精准扶贫精准脱贫取得重大阶段性成效

坚持把脱贫攻坚作为头等大事,聚焦"四大片区"特别是藏区、彝区深度贫困县,锁定"两不愁、三保障"和"四个好"目标,严格落实"六个精准""五个一批"和驻村帮扶机制,开展脱贫攻坚全覆盖督导检查,坚决打赢脱贫攻坚战。截至2017年年底,全省有农村贫困人口212万人,贫困发生率下降至3.1%;3700个计划退出贫困村,实际退出3769个,完成率102%;15个计划"摘帽"贫困县已完成县级申请、市级初审、省级达标验收,综合贫困发生率县均下降至3%以下,脱贫人口错退率、贫困人口漏评率均低于2%,群众认可度均高于90%以上。

(三)农村基础设施条件显著提升

推动农村道路、供电、供水、通信、物流、信息等方面基础设施建设,农民群众生产生活条件显著改善。加快推进农村公路专项工程建设,截至2017年11月底,全省新(改)建农村公路2.7万千米,新增54个乡(镇)、2000个建制村通硬化路,乡(镇)和建制村通硬化路比例分别达98.4%、95.8%。结合产业发展和农业设施项目,推动"三建四改"和"1+6"公共服务设施建设,优先实施水、电、路、通信、广播和路灯等基础设施建设,完善贫困村社区服务用房建设。实施农村安全饮水巩固提升工程,解决30.35万人安全饮水问题。

(四)农村基本公共服务水平显著提高

围绕城乡基本公共服务均等化目标,推动义务教育、医疗卫生、社会保障等基本公共服务。完善农村学前教育公共服务体系,深入推进农村义务教育均衡发展,全年全省有31个县(市、区)通过县域义务教育基本均衡发展国家认定,安排"三免一补"中央、省级补助资金82.05亿元。制订《四川省高中阶段教育普及攻坚计划(2017—2020年)》,推动贫困地区、民族地区、边远地区、革命老区高中阶段教育毛入学率显著提升。发展面向农村的职业教育与成人教育,深入推进"9+3"免费教育计划,全省中职招生38.36万人,其中农村生源占80%左右。实施高校定向招收农村和贫困地区学生的专项计划,推进卓越农村人才培养计划,推动高校与农林有关部门建立协调育人机制,培养应用型、复合型涉农人才。实施农村义务教育阶段学校教师特设岗位计划,提高农村教师生活补助,中央奖补和省级专项资金共计投入9.1亿元,惠及农村教师19万人。加强农村基本卫生服务,在全省推广全民健康预防保健工作,国家基本公共卫生服务项目人均补助标准提高到50元,服务项目扩大到14类、47项,居民健康档案建档率达95.63%。提高全省农村低保标准低限,全省保障农村低保对象360万人,下拨困难群众救助补助资金92.25亿元。加强农村特困人员供养工作,全省保障农村特困人员46.7万人,农村对象分散和集中供养分别为400元/月、500元/月,分别提高25%、20%。在贫困地区建成2346个村综合文化服务中心,完成"送文化下乡"演出3400余场。建成全国文明村镇157个、省级文明村镇525个、市级文明村镇2318个、县级文明村镇9167个、"新家园·新生活·新风尚"示范点20个。

(五)农村人居环境持续改善

推进农村生态建设,抓好"绿化全川"行动,启动森林小镇创建工作,森林覆盖率提高1个百分点以上,突破38%。启动实施长江上游干旱河谷生态治理工程,完成干旱河谷生态治理1万亩。实施天然林资源保护,有效管护森林资源2.6亿亩,建设公益林45万亩。实施新一轮退耕还林24.31万亩、退牧还草5.7万亩,新增治理沙化土地33.7万亩、岩溶土地400平方千米,6个县开展川西高原生态脆弱区综合治理。稳步推进农村生活垃圾治理,全省90%以上行政村生活垃圾得到有效处理,全省14个村被评为"国家级改善农村人居环境示范村"。开展农村生活垃圾分类和资源化利用试点工作,丹棱县、德阳市罗江区等7个县(区)申报为示范县(区)。加速推进农村生活污水治理,完善污水垃圾处理设施建设,省财政安排2.1亿元省级专项资金支持"百镇建设行动"试点镇基础设施建设,落实省级专项债券资金支持民生工程300个镇污水垃圾处理设施建设。推进"厕所革命",全年新建乡村公厕1088座、改建377座。

四、坚持农村改革主攻方向不动摇,农业农村发展新动力进一步增强

(一)全面推进农村集体产权制度改革

农村土地承包经营权确权登记颁证2016年年底已基本完成,比

中央要求提前一年。总结推广"多权同确"做法,集体土地所有权、集体建设用地使用权、宅基地使用权等确权工作基本完成。覆盖全省的农村产权流转交易服务体系基本形成。全面推进农村集体资产股份合作制改革,53个县、3700个村开展试点,50个县启动扶持村级集体经济发展试点。盘活农村资源要素,推广资源变资产、资金变股金、农民变股东,推动村庄整治、宅基地整理等节约的建设用地通过入股、联营等方式发展新产业新业态。

(二)加快发展农业适度规模经营

落实"三权分置",放活土地经营权,通过经营权流转、土地股份合作、代耕代种、土地托管、农业共营制等多种形式发展适度规模经营,土地股份合作社发展到近4000家,探索出了"租金保底+分红"等收益模式,形成了"大园区+小业主"、农业BOT等经营模式。全省耕地流转总面积达2088.7万亩,流转率为34.9%。扶持新型农业经营主体发展,培育家庭农场7006家、龙头企业1万家以上、农民专业合作社1.5万个,5年分别增加2.8万家、1000余家、4.6万个。在179个县累计培训新型职业农民14万人。

(三)不断完善农业社会化服务体系

深化供销社综合改革,探索开展"农合联"试点,发展基层社2820家,基层社乡(镇)覆盖率提高到65%,有农民合作社7644个,农民合作社联合社89个,农村综合服务社1.6万个,庄稼医院1.2万所,行业协会1133家。完善公益性服务,稳定公益性农技推广人员队伍,建成覆盖全省的公益性农技推广体系,已建立推广机构1746个。把农业服务纳入政府向社会力量购买服务内容,在49个县(市、区)开展以农业生产托管服务为主的农业社会化服务。搭建农业公益性与经营性服务结合平台,全省主要农作物耕种收综合机械化水平达到53%。推广土地股份合作、代耕代种、土地托管等模式,全省51个县(市、区)开展了土地托管服务,土地股份合作社已达5400余家,建成为农服务中心24个,全托管和半托管面积93.9万亩。深入推进农业补贴三项改革,安排省财政资金2.4亿元用于扶持粮食适度规模经营,其中8000万元用于种粮大户现金补贴,1.6亿元用于支持代耕、代种、托管等。

(四)强化"人、地、钱"要素投入保障

一是培养"三类人"。实施新型职业农民培育工程,5年在179个县累计培训新型职业农民14万人。激励农业科技人员创新创业,农业科技人员创新创业改革试点范围扩大到21个科研院所和62个县。落实农民工返乡创业支持政策,新增返乡创业农民工40.7万人、创办企业5.1万家。二是激活"三块地"。落实"三权分置",放活承包地经营权,大力发展土地股份合作社,已发展到近4000家。盘活农村建设用地和宅基地,推动村庄整治、宅基地整理等节约的建设用地。深入开展农村"两权"抵押贷款试点,截至2017年11月,12个试点县已发放"两权"抵押贷款40.37亿元,支持4500余户新型农业经营主体和农户。在全省16个市(州)推广土地流转收益保证贷款,贷款金额9.4亿元。三是用好"三个钱"。推广补助改股份、改基金、改购买服务、改担保、改贴息的财政资金"五补五改"模式。19个市(州)注册成立了亿元以上的农业担保机构。撬动金融投入,为3977个新型农业经营主体确定金融服务主办行,贷款余额突破200亿元。开展资金互助试点,全省39家试点社股本总额达1.6亿元,社员总数1.12万户,累计发放借款4000余笔,总额3亿余元。除中央补贴的12种农险险种外,开办了62种特色农险产业。2017年1月—10月,全省农业保险实现保费收入23.4亿元,为1655.9万户农户提供风险保障金额1041.3亿元;支付农业保险赔款15.72亿元,受益农户202.5万户次。

五、突出乡村治理,全面促进农村社会和谐稳定

(一)加强农村基层党建工作

统筹推进农村基层党组织规范化建设、软弱涣散基层党组织集中整顿、乡村基层治理体系建设、基层党组织带头人队伍建设、大学生村干部队伍建设等五项重点工作,创新实施3年10万名后备干部培养工程,在全国率先构建起市、县、乡、村四级贯通的领导班子规范运行机制,向建档立卡贫困村和辖20户以上建档立卡贫困户的非贫困村全覆盖选派"第一书记",回引1.85万余名外出务工经商能人进入村党组织班子,为全省4.6万个村培养后备干部12.6万人。

(二)全面提升农村社会治理水平

全面构建县、乡、村、网格四级联动体系,全省划分为11万余个网格,配备23.1万名专(兼)职网格管理员和50余万名网格协管员,建立流动人口、特殊人群等"9+X"基础信息库。截至2017年11月底,全省网格化服务管理平台办理各类事件1050万件,其中民生服务332万件,矛盾劝解35.7万件,协助上报流动人口信息762万条、特殊人群信息946万条,发现治安隐患42.7万条,基本实现"小问题不出网格、一般问题不出社区、突出问题不出街道"。推进县、乡、村三级综治中心规范化建设,优化乡(镇、街道)综治中心和村(社区)综治工作站,整合基层综治、维稳、大调解、司法、信访、防邪、公安等力量,全省已建成规范化的乡(镇、街道)综治中心1387个、村(社区)综治工作站9535个。

(三)完善农村社会治安防控体系建设

全面推进农村"雪亮工程"建设,截至2017年11月底,全省已完成6993个村建设任务,全省农村地区"雪亮工程"累计完成11408个村(社区),"雪亮工程"接入了108个县级综治中心、132个县级公安指挥中心、1502个公安派出所,实施"雪亮工程"的农村地区,可防性案件下降30%~45%、破案率提高50%左右,部分村(社区)实现了"零发案"。集中开展农村突出治安问题专项整治,强化盗窃、强奸、故意伤害以及伤害社会风气的系列违法犯罪惩处力度,全面加强特殊人群服务管理。强化群防群治力量响应,吸纳网格员、村(居)民、平安志愿者、治安积极分子、快寄员等加入群防群治队伍,全省组建88万余人的"红袖标"队伍,建立完善等级响应制度和奖励机制,发动社会组织、人民群众积极参与重大敏感时节、大型安保活动及日常治安防范。

(四)健全完善矛盾纠纷多元化解机制

深化调解、仲裁、行政裁决、诉讼等多元化解机制在农村乡(镇)、村(社区)落地,建立调处化解农村矛盾纠纷综合机制,有效预防、就地化解矛盾纠纷。全省建立乡(镇)人民调解组织4636个,覆盖率100%;建立村级调解组织44302个,覆盖率83.5%;27万余名调解员在基层参与矛盾纠纷化解,化解矛盾纠纷2510721件。加强农村土地承包经营纠纷调解仲裁体系建设,化解农村土地承包经营纠纷53957件。强化专业调解,建立专业调解室2093个,联动调解涉及农村征地及其房屋拆迁、土地承包租赁、农民工劳动争议、环境污染等农村重点、疑难矛盾纠纷。加强农村地区乡(镇)"多元化解协调中心"和村(社区)调解室,建立"农村中心户"调解室62026个。加强村级人民调解员队伍建设,全省共有村(社区)人民调委会调解员28.12万人,占全省人民调解员总数的80.2%。

大事记

一　月

【1月3日】 四川省人民政府办公厅下发《关于支持农业产业化龙头企业(工商资本)带动脱贫攻坚的意见》。《意见》明确,鼓励和引导龙头企业到有脱贫攻坚任务的160个县(市、区)开展精准扶贫,力争到2020年,全省11501个建档立卡贫困村均有1家以上的龙头企业结对帮扶,实现60%以上的扶持生产和就业发展一批贫困人口的脱贫目标。

【1月4日】 截至2016年年底,四川省144个县(市、区)易地扶贫搬迁工作建成住房97686套,建成率达133.1%;完成投资165.5亿元,年度投资完成率达109.6%,2016年易地扶贫搬迁住房建设任务全面完成。

【1月5日】 浙川东西扶贫协作和深化合作座谈会在成都市召开。中共四川省委书记王东明主持会议并讲话,省长尹力、浙江省代省长车俊分别讲话。

△2016年四川省财政共投入教育扶贫资金6.5亿元,比年度规划投入增加0.6亿元。

△四川省人民政府印发《关于实施支持农业转移人口市民化若干财政政策的通知》,明确整合城乡居民基本医疗保险制度,对于居住证持有人选择参加城镇居民医保的,个人按城镇居民相同标准缴费,各级财政按照参保城镇居民相同标准给予补助,避免重复参保、重复补助;居住证持有人与用工单位签订劳动合同的,随用人单位参加职工医保;居住证持有人灵活就业的,可以灵活就业人员身份参加职工医保。《通知》还推出了一系列财政政策,涉及教育、社保、就业等方面。

【1月7日】 四川省农产品质量安全暨品牌建设工作现场会在都江堰市召开。会上要求,全省年度主要农产品例行监测合格率稳定在97%以上,确保不发生重大农产品质量安全事件,到"十三五"末,全面建成农产品质量安全监管、检测、执法工作体系,力争分别培育省级、市(县)级区域公用品牌5个以上、150个以上,认定四川名牌农产品200个以上,"三品一标"农产品数量达5600个以上。

【1月9日】 四川省人民政府办公厅印发《四川省林业综合行政执法改革方案》,3月1日起,省、市、县(市、区)林业部门五类行政案件的行政处罚权及有关的行政强制措施执行权将移交同级森林公安行使,这是时隔35年后,四川省再次启动林业行政执法改革。

【1月10日】 四川省首届"互联网+精准扶贫"峰会在成都市举行。

【1月12日】 四川省2016年十项民生工程涉及的120个小项和20件民生大事全面完成,且多数超额完成年度目标任务,其中"为贫困残疾人适配亟需的基本型辅助器具"完成目标任务的318.26%,连续两年成为超额完成比例最高的任务。

【1月13日】 中共四川省委、四川省人民政府印发《关于以绿色发展理念引领农业供给侧结构性改革切实增强农业农村发展新动力的意见》,这是自2004年以来,省委省政府连续第14年以省委"一号文件"形式部署"三农"工作。

【1月16日】 四川省十二届人大五次会议在成都市召开。5个贫困县"摘帽"、2437个贫困村退出、107.8万名贫困人口脱贫,全省2016年年初确定的脱贫攻坚目标全面完成。

【1月22日】 四川省委农村工作会议在成都市召开。会议贯彻落实中央经济工作会议、中央农村工作会议、全国扶贫开发工作会议和省委经济工作会议精神,会议传达了省委书记王东明在省委常委会上审议省委"一号文件"时的重要讲话和省长尹力关于做好"三农"工作的指示,总结2016年全省"三农"工作,部署2017年农业农村和脱贫攻坚工作。

△成都市龙泉驿区同安街道阳光村等1481个村被命名为省级"四好村"。这是四川省首批获得命名的省级"四好村",也是2005年新农村建设启动以来,全省首次以省委省政府名义对村一级进行命名。

△成都市郫都区正式挂牌。

【1月23日】 遂宁市气象科普教育基地被评选为第五批全国气象科普教育基地,这是四川省唯一被评选上的气象科普教育基地。

△四川省扶贫移民局长(主任)会议在成都市举行,2017年全省计划实施彝家新寨建设17377户,拟全部瞄准建档立卡贫困户。2017年脱贫攻坚要实现16个贫困县“摘帽”、3700个贫困村退出、105万名贫困人口脱贫。

【1月24日】 四川省林业工作会议在成都市召开,2017年全省将组织申报并实施新一轮退耕还林33333.33公顷,同时严禁天然林商业性采伐,探索健全天然起源商品林经营管护措施,实现天然林保护全覆盖。

二 月

【2月5日】 《四川省“农民夜校”教育培训大纲(试行)》正式出台。

【2月10日】 四川省出台《四川省农村住房建设管理办法》。《管理办法》从规划选址、勘察设计、建设施工等方面对农村住房建设进行了规范,将于3月1日正式实施。

【2月16日】 四川省优秀农民工暨返乡创业先进集体和个人表彰大会在成都市召开。大会表彰了100名省优秀农民工、100名省返乡创业明星、50家省返乡创业示范企业、50个省农民工工作先进集体。

【2月17日】 2017年全省教育工作会议在成都市召开,2017年实施的“藏区千人支教计划”将选派700名优秀教师到32个藏区县支教,藏区县也将选送300名教师到内地跟岗学习,内地近千所学校也将同步开展结对帮扶。

【2月20日】 四川省财政厅、中共四川省委农村工作委员会印发通知,明确从2017年起全省拟择优选择50个县启动开展扶持村级集体经济发展试点,并每年安排5亿元支持资金。

【2月22日】 中共四川省委、四川省人民政府印发《四川省贯彻落实〈关于全面推行河长制的意见〉实施方案》,提出到2018年年底前全面建立河长制,为河湖功能永续利用提供制度保障。

【2月27日】 海螺沟景区获得国家5A级旅游景区牌匾。至此,全省5A级旅游景区数量上升至12个。

三 月

【3月5日—6日】 四川省2017年贫困县退出现场推进会在广安市广安区、南部县召开。省委常委、省委农工委主任曲木史哈出席会议并讲话。

【3月6日】 四川省农业产业扶贫春季攻势行动启动仪式在遂宁市船山区唐家乡东山村举行,“四大片区”12个市(州)88个贫困县同步开展启动活动。

【3月7日】 四川省春耕生产暨高标准农田建设现场会在岳池县召开,全省将大力提升攀西20万亩粳稻品质,确保川南再生稻有收面积稳定在350万亩以上,力争全省优质稻面积达1600万亩以上(其中国标二级以上优质水稻700万亩),并着力宣传推介四川十大稻米品牌(品种),重塑“川粮”形象。

【3月9日】 四川省就业创业服务工作会议在成都市召开,2017年全省将在“四大片区”贫困县打造10个就业扶贫样板村,研究形成就业扶贫样板村评估指标体系。

【3月16日】 四川省移民工作会议在成都市召开。“十三五”期间,全省在建、拟建大型水利水电工程37座,将实现移民8万人。全省全年计划投入移民安置资金44.95亿元,完成移民搬迁安置3000人。

【3月17日】 四川省人民政府办公厅印发《关于进一步做好贫困县统筹整合使用财政涉农资金试点工作的通知》,明确在2016年70个贫困县开展统筹涉农资金试点的基础上再扩大试点范围,新增18个试点县(广元市利州区、南充市高坪区、营山县、岳池县、武胜县、邻水县、达州市通川区、达州市达川区、开江县、大竹县、渠县、合江县、兴文县、筠连县、高县、珙县、乐山市金口河区、峨边彝族自治县)。

【3月20日】 四川省农业厅印发《四川省农机装备发展行动方案(2016—2025)》,正式启动农机装备发展行动。

【3月23日】 截至2016年年底,四川省家庭承包耕地流转总面积达1970.3万亩,增长21.6%;耕地流转率达33.8%,提高6.1个百分点。

【3月24日】 四川省全面落实河长制工作领导小组召开第一次会议。省委书记、领导小组组长王东明主持会议并讲话,省长、领导小组副组长尹力出席。

【3月26日】 中共四川省委办公厅、四川省人民政府办公厅联合印发2017年度22个扶贫专项实施方案。其中,《四川省生态建设扶贫专项2017年实施方案》提出,2017年四川省将安排生态扶贫专项计划资金36.76亿元,并继续执行从贫困户中选聘生态护林员政策,规模从上年的2.5万人扩大至3万人,预计每个岗位年工资可突破5000元。

【3月27日】 四川省农村改革工作推进会暨农业供给侧结构性改革专题培训会在眉山市彭山区启动,这是全省2017年实施的第一个省重点培训项目。省委常委、省委农工委主任曲木史哈出席会议并讲话。

【3月28日】 四川省第八届乡村文化旅游节(春季)暨第三届乡村旅游文化节在武胜县开幕。活动期间将开展三大展示活动、五大主题活动、十大配套活动。

△全国首条全自动清洁化藏茶生产线在雅安市雨城区藏茶村正式启用。这标志着雅安藏茶向大规模标准化生产迈进了一大步,将助力雅安藏茶品牌的打造和品质的提升。

【3月29日】 四川省农业厅、四川省发展改革委员会等七部门联合下发《四川省高标准农田绿色示范区推进方案》,计划5年建成高标准农田绿色示范区400万亩,2017年50万亩建设目标已完成32万亩。

四 月

【4月1日】 四川省省长尹力主持召开省政府第145次常务会议,研究部署推进供给侧结构性改革有关工作,会议原则通过《四川省2017年推进供给侧结构性改革工作方案》和“十三五”农业农村发展、生态保护与建设、人口发展等规划。

【4月4日】 国务院发布第九批国家级风景名胜区名单,四川米仓山大峡谷风景名胜区入选,成为此次全省唯一入选的景区。至此,全省已有15处国家级风景名胜区。

【4月8日】 四川贫困地区绿色产品走进北京推介活动在北京玉渊潭公园启幕。

【4月10日】 松潘县人民政府与中国金融租赁有限公司在成都签订战略合作框架协议,该公司将累计投资100亿元,把川主寺镇打造成中国独具魅力的特色小镇,建成“产、城、人、文”四位一体的全域旅游大景区,形成全国首个藏文化“景+秀”旅游特色业态。

【4月11日】 加快推进河长制暨防汛减灾工作电视电话会议在成都

市召开。省委书记王东明对全面推行河长制和防汛减灾工作作出指示。省长尹力出席会议并讲话。

【4月19日】 四川省人民政府办公厅印发《2017年藏区六项民生工程计划总体工作方案》和扶贫解困行动、就业社保促进、教育发展振兴、医疗卫生提升、文化发展繁荣、藏区新居建设6个实施方案(简称"'1+6'方案")。2017年预计各项民生工程将投入资金约66.69亿元。

△2017年四川省金融精准扶贫工作推进电视电话会议在成都市召开,截至2017年3月底,全省金融精准扶贫贷款余额已超过2700亿元,居全国前列,比2017年年初增加近139亿元。

【4月21日】 四川省人民政府办公厅印发《关于支持返乡下乡人员创业创新促进农村一二三产业融合发展的实施意见》,鼓励支持农民工、农民企业家、大中专毕业生、未计划安置军人(含军官、士官、士兵)、科技人员、留学回国人员、青年、妇女等返乡下乡人员到农村创业创新,加快推进农村一二三产业融合发展。

△国务院副总理汪洋在四川藏区调研脱贫攻坚工作。汪洋强调,藏区等深度贫困地区是脱贫攻坚的重点、难点和关键点,要认真贯彻落实习近平总书记新时期扶贫开发重要战略思想,坚持稳中求进工作总基调,加大攻坚力度,用"绣花"功夫深化精准扶贫、精准脱贫,真抓实干、求真务实,坚决打赢深度贫困地区脱贫攻坚战。

【4月25日】 四川省儿童关爱保护保障工作电视电话会议在成都市召开,会议要求将扎实抓好儿童关爱保护重点工作,7月底前实现农村留守儿童有效监护全覆盖。

【4月26日】 四川省森林康养产业联盟在洪雅县成立。

△四川保监局与财政厅、省扶贫和移民局联合下发《四川省"扶贫保"工作实施方案》,在全省21个市(州)、160个有扶贫开发工作任务的县(市、区)推广"扶贫保"产品,建立和完善防止贫困人口因意外或疾病致贫返贫的长效机制。

五　月

【5月3日】 四川省印发《关于发布2017年全省城乡居民最低生活保障标准低限的通知》。经省政府同意,明确2017年全省城乡居民最低生活保障标准低限为:城市居民460元/月,较上年提高40元/月,增幅为9.5%;农村居民275元/月,较上年提高35元/月,增幅为14.6%。新标准从2017年1月1日起执行。

【5月5日】 中共四川省委办公厅、四川省人民政府办公厅印发《四川省幸福美丽新村建设总体规划(2017—2020年)》。《规划》提出,到2020年,全省普遍建成市级或县级"四好村",60%以上的行政村建成省级"四好村";建成幸福美丽新村3万个,力争突破3.5万个,占全省行政村总数的80%左右。

【5月9日】 四川省财政厅等部门印发教育扶贫救助基金、卫生扶贫救助基金、扶贫小额信贷分险基金、贫困村产业扶持基金四项扶贫基金的使用管理办法。

【5月9日—11日】 全国政协调研组在川开展扶贫监督性调研并在成都市召开全省部分贫困县非贫困村扶贫工作座谈会和省直部门非贫困村扶贫工作座谈会。中共中央书记处书记、全国政协副主席杜青林出席座谈会并讲话,省委书记王东明、省长尹力出席座谈会,全国政协委员、国务院扶贫办原主任范小建主持座谈会。

【5月15日—17日】 以"乡村大舞台·幸福新农村"为主题的第六届全国新农村文化艺术展演在达州市举行。近千名群众现场观看了开幕式及开幕演出。

【5月18日】 四川省2017年贫困县"摘帽"工作现场推进会在广元市召开。省委书记王东明、省长尹力分别对进一步做好2017年贫困县"摘帽"、贫困村退出、贫困户脱贫工作作出批示。省委副书记邓小刚出席会议并讲话。

△中共四川省委办公厅、四川省人民政府办公厅联合下发《四川省全面落实河长制工作方案》,明确了全省推进落实河长制的"路线图"。

【5月20日】 首届中国国际茶叶博览会在浙江省杭州市落幕。蒙顶山茶作为四川省唯一品牌入选2017年中国十大最具影响力的茶叶区域公用品牌名单。

【5月22日】 2017年四川省16个计划"摘帽"县金融精准扶贫工作暨融资对接会在仪陇县召开,来自全省数十家金融机构与2017年计划"摘帽"的16个贫困县进行了金融扶贫精准对接,向建档立卡贫困户、带动脱贫主体授信572.33亿元,签订贷款意向协议146.67亿元,受益贫困人口7.85万人。

【5月29日】 四川省183个县级永久基本农田划定数据库成果已完成省级技术检查并在全国率先报送国土资源部复核,这标志着全省永久基本农田划定工作基本完成,519.53万公顷基本农田被划入"红线"。

六　月

【6月6日】 四川省大小凉山彝区就业扶贫推进会在越西县召开,会议对彝区就业扶贫工作进行了再动员、再部署。

【6月8日】 全国健康扶贫工作现场推进会在成都市召开。中共中央政治局委员、国务院副总理刘延东对会议作出重要批示。

△"圣洁甘孜·走进广东"投资推介暨特色农产品展示展销对接会签约仪式在广东省广州市举行,甘孜州与融捷投资控股集团有限公司、福泉投资管理有限公司、广州盛柘文化传媒有限公司等企业签订多项协议,投资总额达81亿元。

【6月9日】 全国农村集体产权制度改革试点工作部署推进会在成都市召开。会议深入贯彻习近平总书记重要讲话精神,落实《中共中央国务院关于稳步推进农村集体产权制度改革的意见》要求,部署扩大农村集体产权制度改革试点工作。农业部部长韩长赋出席会议并讲话。

【6月13日】 农业部向社会公布1096个全国农村创业创新园区(基地)目录,成都市锦江区七彩田野创新创业孵化园区、眉山市东坡区"中国泡菜城"创业基地、雅江县中国松茸产业园、西昌市礼州片区现代花卉产业园区等83个园区(基地)入围,总数在各省(区、市)中位居第二。

【6月13日—14日】 中央国家机关工委常务副书记李智勇一行到广安市调研中央国家机关对口定点扶贫工作并召开挂职干部和"第一书记"座谈会。李智勇强调,挂职干部、"第一书记"要珍惜到农村基层工作的机会,坚定信心、真抓实干,推动脱贫攻坚取得新成绩。

【6月14日】 国家住房城乡建设部公布2016年列入中央财政支持范围的750个中国传统村落名单,涉及23个省(区、市),其中四川省共有19个村落入选。

【6月15日】 国家农业部下发《关于开展信息进村入户工程整省推进示范的通知》,四川和辽宁、浙江等10省(市)被确定为信息进村入户工程整省推进示范省。

【6月16日】 四川省"千村文化扶贫行动"推进会在广元市召开,标志着全省正式启动"文化扶贫示范村"创建工作。

【6月17日】 四川省人民政府办公厅印发《关于加强农产品品牌建设的意见》。全省将以推进农业供给侧结构性改革为主线,全面实施农产品品牌孵化、提升、创新、整合、信息"五大工程",培育壮大"川字号"农产品品牌体系。

【6月18日】 四川省人民政府正式批复设立5处省级森林公园,分别是巴布纳省级森林公园、三奥雪山省级森林公园、梭磨河省级森林公园、梦笔山省级森林公园、热务沟省级森林公园。这5处省级森林公园均位于阿坝州境内,总面积近46.9万公顷。

【6月24日】 茂县叠溪镇新磨村新村组富贵山山体突发高位垮塌。

△受总书记习近平、总理李克强委派,国务委员王勇代表党中央、国务院,率国务院工作组紧急赶赴茂县,指导"6·24"特大山体滑坡灾害应急救援和善后处置工作。

【6月25日】 中共四川省委书记王东明在茂县叠溪镇新磨村高位垮塌灾害现场主持召开会议,研究部署抢险救灾工作。

【6月30日】 第五届成都国际都市现代农业博览会在成都世纪城新国际会展中心开幕。省委常委、省委农工委主任曲木史哈出席开幕式。

七 月

【7月6日】 第二届中国茶乡峨眉山国际茶文化博览交易会在峨眉山市开幕。全国政协文史和学习委副主任、中国国际茶文化研究会会长周国富出席开幕式并致辞。省委副书记邓小刚出席开幕式并宣布开幕。开幕式上,陈宗懋院士(专家)工作站正式揭牌成立。

【7月7日】 全国产业扶贫(四川广元)现场观摩会在苍溪县举行,来自四川、陕西、甘肃、江西、河北、辽宁等省的113个贫困县(市、区)的200余名代表对四川省以苍溪县为代表的"一县一品"产业扶贫成效纷纷"点赞"。

【7月9日】 国家农业部、财政部下发通知,明确2017年中央财政将安排资金支持开展畜禽粪污资源化利用工作,并在全国确定51个2017年畜禽粪污资源化利用重点县,宣汉县、三台县、泸县入围。

【7月10日】 《推进农业供给侧结构性改革加快由农业大省向农业强省跨越十大行动方案》正式印发。《方案》既是贯彻习近平总书记关于深入推进农业供给侧结构性改革重要指示的具体体现,也是落实省第十一次党代会精神在"三农"工作上的具体抓手,必须强化责任、抓好落实,加快推进四川省由农业大省向农业强省跨越。

【7月11日】 经国务院批准,四川省人民政府根据民政部批复同意撤销隆昌县,设立县级隆昌市,由四川省直辖,内江市代管。隆昌成为国家解冻撤县改市审批后全国首批、四川省第一个获批的县级市,也是川南四市中诞生的首个县级市。

【7月19日】 四川省贫困地区投资推介会暨项目签约仪式在南充市举行,来自全国近20个省(区、市)的150余家企业、商(协)会代表参加。这是全省首次为"四大片区"统一推介投资项目。活动共签约投资合作项目185个,签约总金额390.26亿元,涉及农业、食品饮料、纺织、现代物流、节能环保、文化旅游等产业。

【7月24日—27日】 中央纪委副秘书长兼办公厅主任张春生率中央纪委调研组深入中央纪委和省纪委扶贫联系点——马边彝族自治县和雷波县,调研扶贫领域监督执纪问责和定点帮扶工作情况。省委常委、省纪委书记王雁飞陪同调研。

【7月26日】 由四川省人民政府、中国投资协会、国际投资促进会主办,四川省旅游发展委员会、四川省投资促进局承办的第三届中国(四川)国际旅游投资大会在成都市启幕。会上除了推出2017年四川"10+30+100"优选旅游招商项目外,还发布了《四川旅游业投资展望》和《2017年四川旅游业投资白皮书》。各市(州)、省级相关部门与境内外知名投资机构和企业签订了旅游投资合作协议。

【7月26日—27日】 国家粮食局在眉山市召开全国粮食"两个安全"暨粮食仓储工作会议。会议总结交流了各地仓储工作实践中积累的好做法、新经验。国家粮食局党组成员、副局长徐鸣出席会议并讲话。

【7月28日】 四川省第八届乡村文化旅游节(夏季版)在沐川县开幕。旅游节以"六大主题活动""三大现场展示活动"和"八大配套活动"为载体向嘉宾和游客展示了沐川及乐山丰富的乡村旅游资源和特色民俗文化。同时进行了乡村旅游扶贫成果展示。

八 月

【8月2日】 中华全国工商业联合会在凉山州召开"万企帮万村"向西部深度贫困地区倾斜座谈会。中央统战部副部长、全国工商联党组书记、常务副主席徐乐江出席会议并讲话。

【8月4日】 以"凝聚民企力量,建设美丽凉山"为主题的中国光彩事业凉山行大会在西昌市举行。省委书记王东明在成都市会见了来川出席大会的中央统战部副部长、全国工商联党组书记、常务副主席徐乐江一行,省长尹力出席大会。

【8月4日—6日】 四川省贫困地区品牌农产品展示暨厅、市(州)长农产品品牌推介活动在成都市举行。省委常委、省委农工委主任曲木史哈,副省长王铭晖出席活动并巡馆。

【8月6日】 四川黄荆老林国家森林公园创建工作获得国家林业局批复,全省再增1处国家森林公园。

【8月8日】 九寨沟县发生7.0级地震。地震发生后,中共中央总书记、国家主席、中央军委主席习近平高度重视,立即作出重要指示,要求抓紧了解核实九寨沟7.0级地震灾情,迅速组织力量救灾,全力以赴抢救伤员,疏散安置好游客和受灾群众,最大限度减少人员伤亡。中共中央政治局常委、国务院总理李克强作出批示,要求抓紧核实灾情,全力组织抢险救援,最大程度减少人员伤亡,妥善转移安置受灾群众,加强震情监测,防范次生灾害发生。

【8月9日】 中共四川省委书记、"8·8"九寨沟地震抗震救灾应急指挥部指挥长王东明在九寨沟机场主持召开省抗震救灾指挥部第一次会议,传达贯彻习近平总书记、李克强总理重要指示批示精神,研究部署抗震救灾工作。

△ 国家旅游局副局长李世宏率工作组赶赴平武县现场指导游客疏散工作。

△中央及省级财政安排资金1.5亿元,用于九寨沟县7.0级地震抗震救灾工作;中央财政紧急拨付灾区自然灾害生活救助资金1亿元,主要用于受灾群众紧急转移安置、过渡期生活救助、倒损民房恢复重

建和向因灾遇难人员家属发放抚慰金,支持做好受灾群众基本生活救助工作;省级财政安排应急抢险专项资金5000万元,与中央资金同步下达灾区,主要用于灾区群众临时生活救助、紧急转移安置、受伤人员救治、设施等相关支出,全力保障应急救灾工作。

【8月11日】 中共四川省委书记、省抗震救灾指挥部指挥长王东明,省长、省抗震救灾指挥部指挥长尹力前往九寨沟县第一小学安置点检查指导应急安置和过渡安置有关工作,并前往平武县、江油市看望慰问参与九寨沟地震游客转运疏散的客运站工作人员、公安民警、民兵预备役人员、医护人员、志愿者和基层干部群众。

【8月15日】 四川省深度贫困县脱贫攻坚工作会议在成都市召开。会议进一步传达学习习近平总书记在深度贫困地区脱贫攻坚座谈会上的重要讲话精神,贯彻全国扶贫办主任座谈会议精神,对加快推进全省深度贫困县脱贫攻坚工作进行全面部署。省委书记、省脱贫攻坚领导小组组长王东明出席会议并讲话。省长、领导小组组长尹力主持并就贯彻落实会议精神提出要求,省委副书记、领导小组副组长邓小刚出席会议。

【8月18日】 四川省家政服务助推脱贫攻坚劳务对接签约仪式在成都市举行,成都、绵阳、德阳、达州与宣汉、叙永、泸定等9个贫困县(市、区)签订了劳务合作框架协议。

【8月22日】 第二届四川生态旅游博览会在广元市朝天区曾家山开幕。该届博览会以"发展生态康养旅游、全力助推脱贫攻坚"为主题,旨在全面集中推介全省最具示范价值的高品质生态旅游资源和生态农产品。

【8月24日】 中共四川省委、四川省人民政府出台《关于深化拓展"百镇建设行动"培育创建特色镇的意见》,提出到2020年,将300个"百镇建设行动"试点镇数量拓展至600个。在试点镇中培育创建100个左右生态宜居、文化创意、科技教育、现代农业、旅游休闲、商贸物流、特色工业7种主要发展模式的特色镇;从试点镇中选取10个左右经济发达镇进行扩权赋能的新型行政管理体制改革。

【8月29日】 四川省国资委系统脱贫攻坚工作座谈会在成都市召开,确定全省省属企业在扶贫"四大片区"新增项目36个,计划投资1203亿元。

九　月

【9月12日】 四川省教育厅、四川省发展改革委员会、四川省民政厅、四川省财政厅、四川省人力资源社会保障厅、四川省扶贫移民工作局联合印发《四川教育脱贫攻坚(2017—2020年)实施方案》,提出到2020年,全省贫困地区教育总体发展水平显著提升,基本公共教育服务水平接近全省平均水平,实现建档立卡等贫困人口教育基本公共服务全覆盖。

【9月16日】 国务院副总理、国务院扶贫开发领导小组组长汪洋在省委书记王东明的陪同下到渠县渠南乡大山村考察易地扶贫搬迁集中安置点建设和产业脱贫情况。

【9月16日—17日】 全国易地扶贫搬迁现场会在达州市召开。中共中央政治局常委、国务院总理李克强作出重要批示。

【9月17日】 交通运输部副部长戴东昌在达州市调研农村公路建设和交通扶贫工作。

【9月21日】 中共攀枝花市委、攀枝花市人民政府在上海市举行"阳光的味道·等待·值得"攀枝花芒果品牌发布推介会,以"攀芒"为媒邀各界人士到攀枝花旅游、投资、创业,并重点推介投资总额超过700亿元的58个"康养+"项目。

【9月23日】 首届四川村长论坛暨村社发展大会在成都市郫都区举行。会上发布了2017四川百强名村及四川集体经济十强村榜单,这是全省首次开展这一评选活动。

【9月25日—27日】 四川省召开深度贫困县脱贫攻坚暨省内对口帮扶工作推进会。会议深入贯彻习近平总书记在深度贫困地区脱贫攻坚座谈会上的重要讲话精神,认真落实省委书记王东明有关部署要求,检查对口帮扶工作落实情况。会议分片在西昌市、康定市和茂县召开,省委副书记邓小刚,省委常委、省委农工委主任曲木史哈,省委常委、组织部部长黄建发分别在三地出席会议并讲话。

【9月28日】 农业部、财政部对第二批申请创建国家现代农业产业园的创建方案和建设规划进行复核,四川省峨眉山市现代农业产业园和蒲江县现代农业产业园入选第二批30个国家现代农业产业园创建名单。

十　月

【10月2日】 中共四川省委、四川省人民政府印发《关于稳步推进农村集体产权制度改革的实施意见》。《意见》提出,从2017年开始,按照时间服从质量的要求,用3年左右时间基本完成集体资产清产核资,用5年左右时间基本完成以经营性资产股份合作制改革为主的农村集体产权制度改革,逐步构建起归属清晰、权能完整、流转顺畅、保护严格的中国特色社会主义农村集体产权制度。

【10月4日】 以"中国泡菜·味连世界"为主题的第九届"东坡泡菜"中国泡菜博览会在眉山市收官。该届西博会现场参观人数达38万人次。

【10月13日】 四川省2017年脱贫攻坚奖表彰暨社会扶贫工作推进会在广元市召开。省委书记王东明、省长尹力对深入贯彻落实习近平总书记新时期扶贫开发重要战略思想、继续扎实抓好精准扶贫精准脱贫各项工作、集中力量打赢脱贫攻坚战作出指示。

【10月16日—17日】 四川省"四好农村路"建设现场会在宜宾市召开,成都市郫都区等首批14个"四好农村路"省级示范县正式授牌。副省长杨洪波出席会议并讲话。

【10月19日】 四川省民政厅确定在绵阳市、眉山市所有区(县),邛崃市、金堂县、剑阁县、遂宁市安居区、蓬安县、华蓥市、平昌县等22个县(市、区)开展农村养老服务体系建设试点。

【10月22日】 中共四川省委办公厅、四川省人民政府办公厅印发《关于完善农村土地所有权承包权经营权分置办法的实施意见》,拉开了全省农村土地"三权分置"全面启动的大幕。

【10月24日】 四川省人民政府办公厅印发《关于加快发展现代水产产业的意见》,瞄准农业供给侧结构性改革发力,加快建设现代水产产业强省。《意见》提出,到2020年,全省水产养殖面积达25万公顷,稻渔综合种养面积达20万公顷,水产品总产量达180万吨,渔业经济总产值达560亿元,农民人均渔业收入达840元以上,渔民人均纯收入达21550元,比2010年翻一番以上。

【10月25日】 中共四川省委农村工作委员会正式印发《四川省大力发展生态康养产业实施方案(2018—2022)》。《方案》首次提出要加快

建成全国生态康养目的地和生态康养产业强省。

【10月30日】 四川省人民政府发布《关于批准南部县等5个县退出贫困县的通知》。南部县、广安市广安区2个国家级贫困县正式通过“国考”评估。

【10月31日】 四川省“巾帼脱贫行动”现场推进会在巴中市召开，全省已累计建成省级巾帼示范专合组织、家政、电商等居家灵活就业示范基地99个。

十一月

【11月1日】 第八届中国·四川（彭州）蔬菜博览会在彭州市濛阳镇蔬菜主题公园启幕。省委常委、省委农工委主任曲木史哈出席开幕式并宣布开幕。省政协副主席陈放、中国绿色食品协会会长陈晓华出席开幕式。

【11月4日】 2017品牌农业发展国际研讨会在蒲江县开幕。农业部党组成员、副部长屈冬玉出席会议并致辞。

【11月8日】 “8·8”九寨沟地震灾后恢复重建工作会议在成都市召开，会议全面部署和启动灾后恢复重建工作。省委书记、省重建委主任王东明出席并讲话，省长、省重建委副主任尹力主持会议并就贯彻落实会议精神提出要求。

【11月10日】 德阳市罗江区正式挂牌。德阳市行政区划由原来的1区3市2县变为2区3市1县。

△民族地区旅游人才培养引进五年行动暨九寨沟地震灾后恢复重建紧缺专业人才支持四大行动工作推进会在成都市召开，全省民族地区旅游人才培养引进五年行动首批项目获批。

【11月17日】 以“全面开放合作，助推农业供给侧结构性改革”为主题的第五届四川农业合作发展大会暨农博会在成都市举行。省长尹力宣布开幕，省委副书记邓小刚、国务院发展研究中心副主任张军扩、中国优质农产品开发服务协会会长朱保成、马来西亚科技创新部副部长拿督阿布巴卡分别致辞。该届农博会首次设置主题省，来自全国14个省（区、市）以及马来西亚、意大利等30个国家和地区的1500余家企业参展。

【11月20日】 四川省22个扶贫专项已到位资金1100.52亿元，占计划的102.4%；105万名计划脱贫人口“一超六有”、3700个计划退出贫困村“一低五有”达标率均超过99%；15个计划“摘帽”贫困县“一低三有”均100%达标，年度脱贫任务有望超额完成。

【11月23日】 大熊猫“八喜”“映雪”在雅安栗子坪国家级自然保护区成功放归。这是全球首次同时放归两只异性大熊猫。

△四川省医疗保障已覆盖625万名贫困人口，集中救治贫困人群中重大疾病患者39.68万人次。同时，88个贫困县县级综合医院均达到二级水平并实现远程诊疗服务全覆盖。

【11月28日】 《四川省河长制工作省级考核办法（试行）》及《四川省全面建立河长制工作验收办法》印发，标志着全省全面启动河长制考核验收工作。

【11月29日】 天府源·成都农产品中欧班列（蓉欧快铁）首发仪式在成都市青白江区成都铁路集装箱中心站举行。标志着成都特色优质农产品首次通过铁路口岸出口欧洲。

△四川省绿化委员会、四川省林业厅联合印发《四川省森林城市群发展规划（2017—2020年）》，标志着全省正式启动四大森林城市群建设。

【11月30日】 四川省农业科技与信息进村入户冬季大行动在理县甘堡乡甘堡藏寨启动，全省21个市（州）160个有扶贫任务的县同步开展，标志着四川农业产业扶贫冬季冲刺冲锋号全面吹响。

十二月

【12月4日】 秦巴山区一名“85后”村支书受邀在世界互联网大会“共享红利：互联网精准扶贫”分论坛上作主旨发言。绵阳市安州区晓坝镇在互联网之光博览会上展示了该镇农民从贫困户到网络创客的蝶变之路。

【12月10日】 四川省人民政府召开全省拖欠农民工工资问题专项整治行动电视电话会议。会议对在全省开展拖欠农民工工资问题专项整治行动进行了部署。副省长叶壮出席会议并讲话。

【12月11日】 四川省深度贫困地区脱贫攻坚推进会议在成都市召开。会议深入贯彻党的十九大精神，对全省打赢深度贫困地区脱贫攻坚战进行了再动员再部署再推动。会议在成都市设立主会场，在乐山市、阿坝州、甘孜州、凉山州和45个深度贫困县设立分会场，全省共计约5500人参加该次会议。省委书记王东明出席会议并讲话。省长尹力主持会议并就贯彻落实会议精神提出要求。省委副书记邓小刚出席会议。

【12月18日】 四川省已创建15个旅游扶贫示范区、164个旅游扶贫示范村，完成率分别达136%、146%；新增乡村民宿达标户702户、乡村旅游特色业态经营点500余家，带动3.7万户、12.6万名贫困人口实现就业增收。

△四川省将从省直定点扶贫单位、省内对口帮扶地以及藏区彝区州县统筹选派422名干部挂任深度贫困乡（镇）党委副书记，确保全省深度贫困乡（镇）全覆盖。

【12月20日】 中共四川省委办公厅、四川省人民政府办公厅印发《关于进一步加强深度贫困县脱贫帮扶工作的意见》，明确在45个深度贫困县现有帮扶力量的基础上新增24名省级领导同志负责联系指导新增15个省直部门（单位）、76所高校、18家医院、17家国有企业和金融机构参与深度贫困县定点扶贫工作。

【12月24日】 中共四川省委办公厅、四川省人民政府办公厅联合印发《关于进一步加快飞地园区建设发展助推藏区彝区脱贫攻坚的意见》，要求做强做大成都—阿坝、甘孜—眉山、成都—甘孜、德阳—阿坝等现有飞地园区，加快推进佛山—凉山农业产业园和成都—凉山飞地园区建设，探索建设多种合作模式的飞地园区，发展多种形式的“飞地经济”，助推藏区彝区脱贫攻坚。

△《四川省旅游扶贫专项2018年度实施方案》出炉。《方案》聚焦全省脱贫攻坚目标任务，将实施乡村旅游富民工程、旅游产业带动工程、旅游新业态新产品培育工程、旅游公共服务建设工程、旅游人才引进和培养工程、旅游宣传推介工程“六大工程”。2018年计划完成投资1.7亿元（深度贫困县1.6亿元），重点推动全省创建旅游扶贫示范区5个、旅游扶贫示范村108个、乡村民宿达标户1000户，带动贫困地区旅游服务配套设施改善、乡村环境美化、乡村旅游产业规模和效益进一步提升。

四川概况

基本情况

自然资源

【气候资源】 四川省气候复杂多样，且地带性和垂直变化十分明显。总体特点：季风气候明显，雨热同季；区域间气候差异显著，东部冬暖、春早、夏热、秋雨、多云雾、少日照、生长季长，西部寒冷、冬长、基本无夏、日照充足、降水集中、干雨季分明；气候垂直变化大，气候类型多；气象灾害种类多，发生频率高且范围大，主要为干旱，其次是暴雨、洪涝和低温等。根据水热条件和光照条件的差异，全省分为三大气候区。

四川盆地中亚热带湿润气候区。该区热量条件好，全年温暖湿润，年平均气温16℃～18℃，积温4000℃～6000℃，气温日较差小，年较差较大，冬暖夏热，无霜期230～340天。盆地云量多，晴天少，全年日照时间较短，年日照时间仅1000～1400小时，比同纬度的长江流域下游地区少600～800小时。雨量充沛，年降水量为1000～1200毫米，50%以上集中在夏季，多夜雨。

川西南山地亚热带半湿润气候区。该区全年气温较高，年均温12℃～20℃，气温日较差大，年较差小，早寒午暖，四季不明显。云量少，晴天多，日照时间长，年日照时间为2000～2600小时。降水量较少，干湿季分明，全年有7个月为旱季，年降水量为900～1200毫米，90%集中在5—10月。河谷地区受焚风影响形成典型的干热河谷气候，山地形成显著的立体气候。

川西北高山高原高寒气候区。该区海拔高差大，气候立体变化明显，从河谷到山脊依次出现亚热带、暖温带、中温带、寒温带、亚寒带、寒带和永冻带。总体上以寒温带气候为主，河谷干暖，山地冷湿，冬寒夏凉，水热不足，年均温4℃～12℃，年降水量500～900毫米。天气晴朗，日照充足，年日照时数为1600～2600小时。

【水资源】 四川省水资源丰富，居全国前列。全省多年平均降水量约为4889.75亿立方米。水资源以河川径流最为丰富，境内共有大小河流近1400条，号称“千河之省”。全省水资源总量共计约为3489.7亿立方米，其中多年平均天然河川径流量为2547.5亿立方米，占水资源总量的73%；上游入境水942.2亿立方米，占水资源总量的27%；地下水资源量为546.9亿立方米，可开采量为115亿立方米。境内遍布湖泊、冰川，有湖泊1000余个、冰川200余条，在川西北和川西南还分布有一定面积的沼泽；湖泊总蓄水量约15亿立方米，加上沼泽蓄水量，共计约35亿立方米。

四川水资源总体特点：总量丰富，人均水资源占有量高于全国，但时空分布不均，形成区域性缺水和季节性缺水；水资源以河川径流最为丰富，但径流量的季节分布不均，大多集中在6—10月，洪水、干旱灾害时有发生；河道迂回曲折，利于农业灌溉；天然水质良好，但部分地区也有污染。

【生物资源】 四川省生物资源十分丰富，保存有许多珍稀、古老的动植物种类，是中国乃至世界的生物基因库之一。

四川野生植物资源种类繁多，有高等植物1万余种，约占全国总数的1/3，仅次于云南，居全国第二位。其中苔藓植物500余种；维管束植物230余科、1620余属；蕨类植物708种；裸子植物100余种（含变种）；被子植物8500余种；松、杉、柏类植物87种，居全国之首。被列入国家珍稀濒危保护植物的有84种，占全国的21.6%。有各类野生经济植物5500余种，其中药用植物4600余种，全省中药材产量占全国药材总产量的1/3，是全国最大的中药材基地；芳香及芳香类植物300余种，是全国最大的芳香油产地；野生果类植物达100余种，其中以猕猴

桃资源最为丰富，居全国之首，并在国际上享有一定声誉；菌类资源十分丰富，野生菌类资源达1291种，占全国野生菌资源总数的95%。截至2017年年底，森林覆盖率达38.03%，提高1.15个百分点。

动物资源丰富，全省有脊椎动物近1300种，占全国脊椎动物总数的45%以上；兽类和鸟类约占全国总数的53%。其中兽类217种、鸟类625种、爬行类84种、两栖类90种、鱼类230种。有国家重点保护野生动物145种，占全国野生动物总数的39.6%，居全国之首。据第四次全国大熊猫调查结果显示，四川省野生大熊猫数量达1387只，占全国野生大熊猫总数的74.4%，其中种群数量居全国第一位。全省动物中可供经济利用的种类占50%以上，其中毛皮、革、羽用动物200余种，药用动物340余种。四川雉类资源极为丰富，雉科鸟类达20种，占全国雉科总数的40%，素有"雉类的乐园"之称，其中有许多珍稀濒危雉类，如国家一类保护动物雉鹑、四川山鹧鸪和绿尾虹雉等。

【土地资源】 四川省土地总面积48.61万平方千米，占全国国土总面积的5.1%，居全国第5位。但由于人口众多，人均国土面积低于全国平均水平，人多地少的矛盾十分突出。四川省地貌复杂多样，主要有山地、丘陵、平原和高原4种类型，分别占全省总面积的77.1%、12.9%、5.3%和4.7%。

土壤类型丰富。全省土地利用类型共分8个一级利用类型（如表1所示）、45个二级利用类型和62个三级利用类型。除橡胶园以外，其他省的一、二级土地利用类型四川省均有，在全国极富代表性。土地利用以林牧业为主，林草地集中分布于盆周山地和西部高山高原，占全省土地总面积的70.68%；耕地集中分布于东部盆地和低山丘陵区，占全省耕地总面积的85%以上；园地集中分布于盆地丘陵和西南山地，占全省园地总面积的70%以上；交通用地和建设用地集中分布在经济较发达的平原区和丘陵区。

表1 四川省土地资源利用现状

土地利用类型	辖区	耕地	园地	林地	草地	城镇村及工矿用地	交通运输用地	水域及水利设施用地	其他用地
面积（万公顷）	4861.16	673.074	72.76	2214.89	1221.13	157.15	36.28	103.74	382.14
比例（%）	100	13.85	1.5	45.56	25.12	3.23	0.75	2.13	7.86

【矿产资源】 四川省地质构造复杂，成矿条件有利，矿产资源丰富且种类齐全。2017年，四川省具有查明资源储量的矿种92种（亚矿种123种），有33种矿产排位进入全国同类矿产查明资源储量的前三位。

作为四川省优势矿产的天然气、钒、钛、二氧化碳气、锂矿（Li_2O）等共14种矿产在全国查明资源储量中排名第一位。铁矿、铂族金属、稀土矿（稀土氧化物）等共10种矿产在全国查明资源储量中排名第二位。

表2 2017年四川省主要矿产查明资源储量

矿种	单位	查明资源储量	矿种	单位	查明资源储量
钛矿	TiO_2万吨	62290.2	煤矿	亿吨	125.7
钒矿	V_2O_5万吨	1748.36	铁矿	矿石亿吨	96.38
锂矿	Li_2O万吨	189.25	铜矿	铜万吨	259.45
芒硝	矿石亿吨	187.47	铅矿	铅万吨	372.87
盐矿	矿石亿吨	176.09	锌矿	锌万吨	633.43
天然气	亿立方米	29009.61	金矿	金千克	400464
硫铁矿	矿石万吨	95626.02	银矿	银吨	5285.79
磷矿	矿石万吨	278859.84	铂族金属	金属千克	50714.66

四川矿产资源的特点。一是矿种齐全，总量丰富，但部分矿产人均资源占有量低。能源、黑色、有色、稀有、贵金属、化工、建材矿产均有分布，其中天然气、钛矿、钒矿、硫铁矿、芒硝、盐矿等资源储量巨大；煤、铜、铅、锌、镍、汞6种主要有色金属及贵金属人均占有量低于全国平均水平；石油、铝、铜、钾等查明资源储量明显不足。二是大型、特大型矿床分布集中，有利于形成综合性的矿物原料基地。矿产资源多分布在三大资源集中区，交通方便，配套程度较高，有利于开发建设。如攀西的铁、钒、钛、轻稀土、铜、铅、锌，川南的盐、无烟煤、磷，成都及相邻地区的芒硝、磷、石材，川西高原的有色、稀有金属，四川盆地的天然气等，为建立各具特色的区域经济提供了资源条件。三是共、伴生矿产多，有综合利用价值，但采、选、冶有一定难度。黑色、有色、稀有、贵金属矿床60%以上伴生有多种有益元素或共生矿产，如攀西地区的钒钛磁铁矿，川西高原的银多金属矿，川南的煤、硫、高岭土、粘土矿共生等。综合开发利用这些矿产将大大提升矿产业的经济效益，但也增加了采、选、冶工艺难度与生产成本。四是重要矿产富矿不足，但具有良好的找矿前景。部分重要矿产富矿查明资源储量占总量的比例分别为富铁矿0.79%、富锰矿15.17%、富硫铁矿（$S\geq35\%$）0.08%、富磷矿（$P_2O_5>30\%$）6.35%，低硫煤及炼焦用煤仅占煤查明资源储量的1/4。但四川成矿地质条件优越，有关单位对省内煤、天然气、铁、铜、铅锌、金等20种重要矿产的研究预测认为，这些矿产具有良好的找矿潜力。

【能源资源】 四川省能源资源十分丰富，主要以水能、煤炭和天然气为主，水能资源约占全省能源总量的75%，煤炭资源约占全省能源总量的23.5%，天然气及石油资源约占全省能源总量的1.5%。

全省水能资源理论蕴藏量达1.43亿千瓦，占全国水能资源蕴藏总量的21.2%，仅次于西藏，其中技术可开发量为1.03亿千瓦，占全国水能资源蕴藏总量的27.2%；经济可开发量7611.2万千瓦，占全国水能资源蕴藏总量的31.9%，均居全国首位，是全国最大的水电开发和西电东送基地。全省水能资源集中分布于川西南山地的大渡河、金沙江、雅砻江三大水系，约占全省水能资源蕴藏量的2/3，也是全国最大的水电"富矿区"，其技术可开发量占理论蕴藏量的79.2%以上，占全省技术开发量的80%。雅砻江上的二滩水电站总装机容量达330万千瓦，是全国已建成的最大水电工程，也是目前亚洲最大的水电站。

全省现保有煤炭资源量122.7亿吨，主要分布在川南，位于泸州市和宜宾市的川南煤田赋存了全省70%以上的探明储量。四川省的煤炭种类比较齐全，有无烟煤、贫煤、瘦煤、烟煤、褐煤、泥炭。

油、气资源以天然气为主，石油资源储量很小。四川盆地天然气资源十分丰富，是国内主要的含油气盆地之一，已发现天然气资源储量达7万余亿立方米，约占全国天然气资源总量的19%，主要分布在川南片区、川西北片区、川中片区、川东北片区。四川生物能源比较丰

富，每年有可开发利用的人畜粪便3148.53万吨、薪柴1189.03万吨、秸秆4212.24万吨、沼气约10亿立方米。此外，太阳能、风能、地热资源也较为丰富，有待开发利用。

【旅游资源】 四川省是著名的旅游资源大省，旅游资源极其丰富，拥有美丽的自然风景、悠久的历史文化和独特的民族风情，具有数量多、类型全、分布广、品位高的特点，其资源数量和品位均在全国名列前茅。拥有世界遗产5处，其中世界自然遗产3处（九寨沟、黄龙、大熊猫栖息地）、世界文化与自然遗产1处（峨眉山—乐山大佛）、世界文化遗产1处（青城山—都江堰）；列入“世界人与生物圈保护网络”的保护区有4处（九寨沟、黄龙、卧龙、稻城亚丁）；有“中国旅游胜地40佳”5处（峨眉山、九寨沟—黄龙、蜀南竹海、乐山大佛、自贡恐龙博物馆）。全省已建立了国家级风景名胜区15处、省级风景名胜区79处。全省有5A级景区12个，在全国排名第四位；有中国优秀旅游城市21座；有自然保护区167个，面积8.3万平方千米，占全省土地面积的17.1%，其中国家级自然保护区31个；湿地公园64个，其中国家级湿地公园29个、省级湿地公园35个。全省森林公园数量达137处，总面积232.48万公顷，占全省辖区面积的4.78%，其中国家级森林公园44处，森林公园总数位列全国前十。四川省地质构造复杂、地质地貌景观丰富、地质遗迹类型多样，已发现地质遗迹220余处，有世界级地质公园3处、国家级地质公园18处，其数量居全国前列；有国家历史文化名城8座。四川省是文物大省，截至2017年年底，全省共有博物馆252个、全国重点文物保护单位230处、省级文物保护单位969处；有国家级非物质文化遗产139项、省级非物质文化遗产522项（四川省主要资源类型及其地位见表3）。

表3 四川省主要资源类型及其地位

资源类型		地位
土地资源	国土面积	全国第5位，西部第4位
	耕地面积	全国第6位，西部第1位
	林地面积	全国第2位，西部第1位
	牧草面积	全国第5位，西部第4位
森林资源	森林面积	全国第4位
	森林蓄积	全国第3位
生物资源	高等植物种类	全国第2位
	蕨类植物种类	全国第2位
	裸子植物种类	全国第1位
	被子植物种类	全国第2位
	药用植物种类	全国第2位
	芳香油植物	全国第1位
	野生果类植物	全国第1位
	菌类资源	全国第1位
	国家重点保护野生动物种类	全国第1位
	陆生野生动物种类	全国第2位
	野生大熊猫种群数量	全国第1位
	鸟类	全国第2位
水能资源	理论蕴藏量	全国第2位
	技术可开发量	全国第1位
	经济可开发量	全国第1位
旅游资源	世界自然文化遗产数量	全国第2位
	5A级旅游景区数量	全国第4位
	地质公园数量	全国第1位
矿产资源	天然气等14种矿产查明资源储量	全国第1位
	铁矿、铂族金属等10种矿产查明资源储量	全国第2位

四川省国土资源厅编写组、四川省自然资源科学研究院编写组

气候状况

【基本情况】 2017年，四川省平均气温15.6℃，较常年偏高0.7℃，排历史第5高位（从1961年起计算）；全省平均降水量947.5毫米，较常年偏少9.3毫米，偏少1%。年内暴雨偏少偏弱，多局地分散性暴雨，区域性暴雨少，暴雨总体偏轻但局地引发的山洪地质灾害损失重。全省气象干旱总体不明显，春旱弱于常年，夏旱较重，伏旱偏轻。夏季高温天气范围广，部分地方高温极端性强，属高温偏重年份。秋雨开始期提前1天，结束期与常年相同，秋雨日偏多8.3天，秋雨量偏多14.9毫米，属秋雨一般年份。部分地方大风冰雹危害重；全省平均雾日数和霾日数均偏多，冬季盆地雾或霾天气覆盖范围广，对交通运输和人民生活影响大。

【暴雨】 2017年，四川省暴雨偏少偏弱，多局地分散性暴雨，区域性暴雨少，属暴雨总体偏轻年。全省共计发生暴雨356站次，比常年少54站次，暴雨站次数列历史第18少位，其中大暴雨45站次，比常年少18站次。有2站出现特大暴雨，分别出现在绵阳站（266.7毫米）和蓬溪站（250.3毫米）。阿坝州西北部、盆地中部和凉山州北部暴雨日较少，在1～2天之间；盆地北部和西南部、川西高原西部暴雨日数较多，在3～4天之间，其中盆地东北局部4～8天。与常年相比，盆地大部和甘孜州大部暴雨日数偏少1～3天。盆地东北部、阿坝州东北部以及凉山州南部偏多1～2天。

全省最大日降水量为266.7毫米，发生在7月4日20时～5日20时绵阳市。成都市温江区7月17日出现了大暴雨天气，过程降水量达318.5毫米，为全省最大。

多局地性分散暴雨，区域性暴雨少，全年发生区域性暴雨2次，比常年少2次，与常年比较，2017年区域性暴雨次数明显偏少、强度偏弱。

【干旱】 2017年，四川省气象干旱总体不明显，春旱弱于常年，夏旱较重，伏旱偏轻。

春旱。全省有40个县（盆地16个县）发生春旱，其中轻旱14个县（盆地8个县）、中旱12个县（盆地6个县）、重旱12个县（盆地2个县）、特旱2个县（盆地无）。主要分布在甘孜州西南部、盆地中部和南部地区，4月中旬降水量和降水日数开始偏多，旱情大多于4月下旬缓解或解除。与常年比较，春旱县数偏少33个县，整体上全省春旱属偏轻年份。

夏旱。全省有80个县（盆地58个县）发生夏旱，其中轻旱36个县

(盆地28个县)、中旱12个县(盆地9个县)、重旱11个县(盆地4个县)、特旱21个县(盆地17个县)。中度以上旱区主要分布在盆地西部、中部和南部以及攀西地区西部和甘孜州西南部。与常年比较,夏旱县数偏少9个县,但重特旱县站数较多。整体上全省夏旱属偏重年份。

伏旱。全省有63个县(盆地40个县)发生伏旱,其中轻旱37个县(盆地25个县)、中旱9个县(盆地6个县)、重旱11个县(盆地7个县)、特旱6个县(盆地2个县)。中度以上旱区主要分布在川西高原北部和盆地中部。与常年相比,伏旱县数偏多8个县,重特旱县站数少,整体上全省伏旱属偏轻年份。

【高温】 2017年,四川省有116站出现日最高气温在35℃以上的高温天气,有67站的日最高气温在38℃以上,21站的日最高气温超过40℃(主要在盆东北、盆中和盆东南地区),叙永县最高气温达42.2℃,为全省最高值,全年有7个县站的日最高气温突破历史纪录。全省平均高温日数为15.9天,列1961年以来第3多位,盆地东北部、盆中、盆东南和攀西地区西南部高温日数在20天以上,其中有39站高温日数在30天以上、10站高温日数在40天以上,渠县和叙永县高温日数达45天,为全省最多。有3站高温日数(芦山县10天、雅安市名山区7天和青川县7天)破历史记录。整体上夏季高温为偏重年份。

【秋绵雨】 2017年,四川省秋绵雨开始于8月29日,11月2日结束,秋雨期(开始至结束)为65天,秋雨期内共出现44个秋雨日,秋雨量233.4毫米。与常年比较,开始期提前1天,结束期与常年相同,秋雨日偏多8.3天,秋雨量偏多14.9毫米,综合强度指数为0.13,强度等级为3级(正常)。整体上秋绵雨属一般年份。

【大风冰雹】 2017年,四川省大风冰雹天气较常年偏少偏轻,局地灾情较重。4月19日,攀西地区部分地方遭受大风、短时强降雨、冰雹袭击,造成蔬菜、花椒、西瓜、大樱桃、芒果、苹果等作物受灾。攀枝花市仁和区、冕宁县近5600人受灾,农作物受灾面积近300公顷,造成直接经济损失300余万元。

4月30日—5月1日,小金县、金川县遭受风雹灾害,造成玉米、油菜、豌豆、马铃薯、胡豆等作物受灾。截至5月2日9时,有6500余人受灾;农作物受灾面积近600公顷,其中绝收近100公顷;造成直接经济损失近1000万元。

5月17日—18日,受强对流天气影响,马尔康、茂县、金川等6个县(市)遭受短时强降雨、大风、冰雹袭击,冰雹最大直径2厘米,导致冬小麦、玉米、胡麻等作物受灾。近9400人受灾;农作物受灾面积500余公顷,其中绝收近100公顷;造成直接经济损失1000余万元。

【霾】 2017年,四川省平均霾日数为31.3天,比近4年平均值偏多3.5天。春、夏、秋三季(3—10月)除5月霾日数偏多外其余月份均偏少,冬季(11—2月)霾日数均多于近4年平均值。范围超过50站的区域性霾日全年共出现29天,其中超过60站的有19天,超过70站的12天,超过90站的3天。

【雾】 2017年,四川省平均雾日数为33.5天,比常年多5.1天。除1月、8月比常年略偏少,11月与常年持平外,其余各月均多于常年,尤其是后冬到初夏(2—6月)较常年多0.6~1.6天。全年范围超过50站的大雾天气共出现10天,其中1月2日有60站出现大雾,12月28日大雾范围达78站。

四川省气象局编写组

行政区划及变更

【基本情况】 截至2017年年底,四川省辖21个市(州),其中地级市18个、自治州3个;183个县(市、区),其中市辖区53个、县级市17个、县109个、自治县4个;共有乡(镇)级行政区划单位4610个,其中乡2064个、镇2196个、街道350个。全省办理、实施符合条件的乡(镇)行政区划调整事项28件,设立镇和街道98个,其中撤销乡118个,设立镇94个;撤销镇4个,设立街道4个。全省镇和街道数量达乡(镇)级行政区划单位总数的55.2%,比上年提高2.3个百分点。隆昌县撤县设市和罗江县撤县设区已分别于2017年4月9日、7月18日获国务院正式批准。

【县以上变更】 内江市:撤销隆昌县,设立县级隆昌市,以原隆昌县的行政区域为隆昌市的行政区域,隆昌市人民政府驻古湖街道大东街64号。隆昌市由四川省直辖,内江市代管(2017年4月9日,民函〔2017〕72号;2017年4月17日,川府函〔2017〕66号)。

德阳市:撤销罗江县,设立罗江区,以原罗江县的行政区域为罗江区的行政区域,罗江区人民政府驻万安镇景乐北路88号(2017年7月18日,国函〔2017〕106号;2017年8月18日,川府函〔2017〕150号)。

【乡(镇)变更】 泸州市:合江县撤销密溪乡,设立真龙镇,辖原密溪乡所属行政区域,镇人民政府驻荔园街新区6号(2017年3月29日,川府民政〔2017〕7号)。龙马潭区撤销石洞镇,设立石洞街道办事处。叙永县撤销大石乡,设立大石镇;撤销黄坭乡,设立黄坭镇;将石坝彝族乡更名为"石厢子彝族乡"(2017年4月29日,川府民政〔2017〕9号)。

绵阳市:三台县撤销凯河镇,设立跃进镇,辖原凯河镇翻水堰村、老龙观村、马房楼村、高桥寺村、马家观村、川祖庙村、圆潭子村、王长沟村和跃进场镇社区所属行政区域,镇人民政府驻金马街33号;将原凯河镇李家嘴村、白庙嘴村、橙子梁村、徐家堰村、高碾房村、风吹树村、三元坝村、石包堰村和凯河场镇社区所属行政区域划归西平镇管辖,西平镇人民政府驻北街45号。撤销建中乡,设立建中镇;撤销争胜乡,设立争胜镇;撤销玉林乡,设立玉林镇;撤销幸福乡,设立幸福镇;撤销老马乡,设立老马镇(2017年8月28日,川府民政〔2017〕11号)。三台县撤销北坝镇,设立北坝街道办事处;撤销双胜乡,设立双胜镇;撤销里程乡,设立里程镇;撤销金鼓乡,设立金鼓镇;撤销菊河乡,设立菊河镇(2017年11月13日,川府民政〔2017〕15号)。

广元市:朝天区撤销宣河乡,设立宣河镇;撤销转斗乡,设立转斗镇;撤销东溪河乡,设立东溪河镇(2017年8月28日,川府民政〔2017〕12号)。旺苍县撤销鼓城乡,设立米仓山镇,辖原鼓城乡所属行政区域,镇人民政府驻鼓城山社区平安大道9号(2017年11月13日,川府民政〔2017〕16号)。

遂宁市:船山区将龙凤镇凉水井、金家沟、金桃、金桂4个社区所辖达翔路和玫瑰大道(国道318线)以东行政区域,保升乡所辖玫瑰大道(国道318线)以东和遂渝高速公路以东北行政区域,西宁乡所辖达翔路以东和西宁大道以南行政区域划归富源路街道办事处管辖;将龙凤镇金家沟社区、金桃社区所辖达翔路以西南和玫瑰大道(国道318线)以西行政区域,保升乡所辖玫瑰大道(国道318线)以西和遂渝高速路以东北行政区域划归西宁乡管辖(2017年12月27日,川府民政

〔2017〕29号）。

乐山市：峨眉山市撤销黄湾乡，设立黄湾镇；撤销川主乡，设立川主镇；撤销新平乡，设立新平镇（2017年12月23日，川府民政〔2017〕22号）。

南充市：嘉陵区撤销木老乡，设立木老镇；撤销华兴乡，设立华兴镇（2017年1月16日，川府民政〔2017〕2号）。将顺庆区东南街道办事处下中坝社区所属行政区域和嘉陵区火花街道办事处镇庆寺社区所属部分行政区域划归高坪区管辖（2017年11月13日，川府民政〔2017〕17号）。南部县撤销大堰乡，设立八尔湖镇，辖原大堰乡所属行政区域，镇人民政府驻穿井沟村（2017年12月23日，川府民政〔2017〕24号）。

宜宾市：翠屏区撤销思坡乡，设立思坡镇；撤销明威乡，设立明威镇；撤销凉姜乡，设立凉姜镇（2017年3月23日，川府民政〔2017〕6号）。

广安市：前锋区撤销新桥乡，设立新桥街道办事处（2017年6月12日，川府民政〔2017〕10号）。

达州市：宣汉县撤销红峰乡，设立红峰镇；撤销七里乡，设立七里镇；撤销白马乡，设立白马镇；撤销桃花乡，设立桃花镇（2017年4月11日，川府民政〔2017〕8号）。达川区撤销木子乡，设立木子镇；撤销大堰乡，设立大堰镇；撤销五四乡，设立五四镇；撤销罐子乡，设立罐子镇；撤销九岭乡，设立九岭镇。万源市撤销铁矿乡，设立铁矿镇；撤销大沙乡，设立大沙镇；撤销魏家乡，设立魏家镇；撤销白果乡，设立白果镇（2017年8月28日，川府民政〔2017〕13号）。大竹县撤销永胜乡，设立永胜镇；撤销白坝乡，设立白坝镇（2017年11月13日，川府民政〔2017〕18号）。渠县撤销卷硐乡，设立卷硐镇；撤销望溪乡，设立望溪镇；撤销板桥乡，设立板桥镇；撤销龙凤乡，设立龙凤镇；撤销新市乡，设立新市镇（2017年12月23日，川府民政〔2017〕23号）。

巴中市：通江县撤销龙凤场乡，设立龙凤场镇；撤销空山乡，设立空山镇；撤销三溪乡，设立三溪镇；撤销春在乡，设立春在镇；撤销杨柏乡，设立杨柏镇。南江县撤销仁和乡，设立仁和镇；撤销和平乡，设立和平镇；撤销侯家乡，设立侯家镇；撤销桥亭乡，设立桥亭镇（2017年11月13日，川府民政〔2017〕19号）。

雅安市：荥经县撤销三合乡，设立牛背山镇，辖原三合乡所属行政区域，镇人民政府驻楠林村2组18号（2017年2月14日，川府民政〔2017〕3号）。芦山县撤销芦阳镇，设立芦阳街道办事处；撤销龙门乡，设立龙门镇；撤销思延乡，设立思延镇（2017年12月23日，川府民政〔2017〕25号）。

眉山市：东坡区撤销三苏乡，设立三苏镇。仁寿县撤销元通乡，设立元通镇；撤销里仁乡，设立里仁镇；撤销农旺乡，设立农旺镇（2017年2月20日，川府民政〔2017〕4号）。洪雅县撤销桃源乡，设立七里坪镇，并将高庙镇七里村、鲜湾村和花溪源社区2组、3组所属行政区域划归七里坪镇管辖，七里坪镇政府驻七里村峨邛路215号（2017年12月23日，川府民政〔2017〕26号）。

资阳市：安岳县撤销思贤乡，设立思贤镇；撤销人和乡，设立人和镇；撤销协和乡，设立协和镇；撤销清流乡，设立清流镇；撤销朝阳乡，设立朝阳镇（2017年2月20日，川府民政〔2017〕5号）。

阿坝藏族羌族自治州：茂县撤销太平乡，设立太平镇；撤销土门乡，设立土门镇。松潘县撤销上八寨乡，设立毛儿盖镇，辖原上八寨乡所属行政区域，镇人民政府驻克藏村；撤销青云乡，设立青云镇。阿坝县撤销麦尔玛乡，设立麦尔玛镇（2017年11月13日，川府民政〔2017〕20号）。

甘孜藏族自治州：石渠县撤销阿日扎乡，设立阿日扎镇；稻城县撤销吉呷乡，设立吉呷镇（2017年11月13日，川府民政〔2017〕21号）。

凉山彝族自治州：德昌县撤销老碾乡，设立老碾镇；撤销锦川乡，设立锦川镇；撤销铁炉乡，设立铁炉镇；撤销马安乡、大湾乡、热河乡、大山乡，设立黑龙潭镇和热河镇。黑龙潭镇辖原马安乡和大湾乡石流村、大湾村所属行政区域，镇人民政府驻三岔湾村；热河镇辖原热河乡、大山乡和大湾乡马米村所属行政区域，镇人民政府驻棉花村。越西县撤销竹阿觉乡、古二乡，设立竹阿觉镇，辖原竹阿觉乡和古二乡所属行政区域，镇人民政府驻布什觉村；撤销书古乡，设立书古镇；撤销依洛地坝乡，设立依洛地坝镇；撤销南箐乡，设立南箐镇；撤销瓦里觉乡、瓦曲乃乌乡，将原瓦里觉乡和瓦曲乃乌乡所属行政区域划归拉吉乡管辖，拉吉乡人民政府驻团结村。宁南县撤销景星乡，设立景星镇；撤销大同乡，设立大同镇；撤销骑骡沟乡，设立骑骡沟镇；撤销跑马乡，设立跑马镇；撤销幸福乡，设立幸福镇（2017年1月3日，川府民政〔2017〕1号）。会理县撤销小黑箐乡、白鸡乡、矮郎乡，设立小黑箐镇，辖原小黑箐乡、白鸡乡和矮郎乡所属行政区域，镇人民政府驻茶花村。撤销爱国乡、凤营乡，将原爱国乡和凤营乡所属行政区域划归鹿厂镇管辖，鹿厂镇人民政府驻鹿厂街155号。撤销河口乡、鱼鲊乡、中厂乡，将原河口乡、鱼鲊乡和中厂乡青龙村所属行政区域划归黎溪镇管辖，黎溪镇人民政府驻新光路68号；将原中厂乡新海村、中厂村、毛菇坝村、绿坪村所属行政区域划归关河镇管辖，关河镇人民政府驻关河村。撤销江竹乡、金雨乡，将原金雨乡和江竹乡云盘村所属行政区域划归黎洪乡管辖，黎洪乡人民政府驻黎马村；将原江竹乡石可莫村、竹鲊村、姜驿村所属行政区域划归树堡乡管辖，树堡乡人民政府驻树堡村。撤销普隆乡，将原普隆乡所属行政区域划归新安傣族乡管辖，新安傣族乡人民政府驻新开田村。撤销海潮乡，将原海潮乡打吉塘村、海草洼村所属行政区域划归富乐镇管辖，富乐镇人民政府驻富乐村；将原海潮乡石板沟村、繁荣村、新民村所属行政区域划归通安镇管辖，通安镇人民政府驻通安街。撤销芭蕉乡，将原芭蕉乡所属行政区域划归竹箐乡管辖，竹箐乡人民政府驻酸水河村。撤销江普乡，将原江普乡智力村、船房村、丰隆村、新建村所属行政区域划归新发镇管辖，新发镇人民政府驻新铺子村；将原江普乡坪镇村、二坪村所属行政区域划归杨家坝乡管辖，杨家坝乡人民政府驻新桂村。撤销马宗乡，将原马宗乡所属行政区域划归太平镇管辖，太平镇人民政府驻太平村。撤销法坪乡、黄柏乡，将原法坪乡和黄柏乡所属行政区域划归槽元乡管辖，槽元乡人民政府驻偏桥村。撤销六民乡，将原六民乡所属行政区域划归下村乡管辖，下村乡人民政府驻下村街。撤销龙泉乡，将原龙泉乡所属行政区域划归白果湾乡管辖，白果湾乡人民政府驻白果湾村。宁南县撤销石梨乡，设立石梨镇；撤销六铁乡，设立六铁镇；撤销松林乡，设立松林镇；撤销新华乡，设立新华镇（2017年8月28日，川府民政〔2017〕14号）。盐源县撤销梅子坪乡，设立梅子坪镇，并将洼里乡手爬村、官地镇马丝骡村和巴折村所属行政区域划归梅子坪镇管辖，梅子坪镇辖原梅子坪乡、原洼里乡手爬村、原官地镇马丝骡村和巴折村所属行政区域，镇人民政府驻甘家沟村；将平川镇灰折村所属行政区域划归官地镇管辖（2017年12月25日，川府民政〔2017〕27号）。

四川省行政区划统计表

单位(个)

序号	市(州)	县(市、区)					乡(镇、街道)				
		合计	市辖区	县级市	县	自治县	合计	乡		镇	街道
								小计	其中民族乡		
1	成都市	20	11	5	4	0	375	52	0	206	117
2	自贡市	6	4	0	2	0	108	21	0	75	12
3	攀枝花市	5	3	0	2	0	60	23	13	21	16
4	泸州市	7	3	0	4	0	144	12	8	110	22
5	德阳市	6	2	3	1	0	129	20	0	99	10
6	绵阳市	9	3	1	4	1	292	97	15	172	23
7	广元市	7	3	0	4	0	239	127	2	103	9
8	遂宁市	5	2	0	3	0	130	38	0	74	18
9	内江市	5	2	1	2	0	121	4	0	103	14
10	乐山市	11	4	1	4	2	218	109	2	102	7
11	南充市	9	3	1	5	0	424	213	1	180	31
12	宜宾市	10	2	0	8	0	185	49	13	123	13
13	广安市	6	2	1	3	0	182	79	0	91	12
14	达州市	7	2	1	4	0	315	144	4	163	8
15	巴中市	5	2	0	3	0	200	79	0	108	13
16	雅安市	8	2	0	6	0	143	90	18	47	6
17	眉山市	6	2	0	4	0	131	41	0	85	5
18	资阳市	3	1	0	2	0	120	47	0	69	4
19	阿坝藏族羌族自治州	13	0	1	12	0	219	160	2	59	0
20	甘孜藏族自治州	18	0	1	17	0	325	255	7	68	2
21	凉山彝族自治州	17	0	1	15	1	550	404	13	138	8
合计		183	53	17	109	4	4610	2064	98	2196	350

四川省民政厅编写组

人口情况

【基本情况】 2017年，四川省共有32490005户、91133828人。总人口中，男性46777748人、女性44356080人；18岁以下的17062272人，18～34岁的20742414人，35～59岁的35134410人，60岁以上的18194732人；少数民族人口583万人，占全省总人口的6.4%，其中彝族人口321.5万人、藏族人口161万人、羌族人口34万人。有全国第二大藏族聚居区、最大的彝族聚居区和唯一的羌族聚居区。

截至2017年年底，全省总户数增长0.43%，总人口减少0.26%，其中城镇人口31162811人，增长3.81%；乡村人口59971017人，减少2.38%；男女比例为1.05∶1，与上年基本持平。年内新出生人口男女比例为1.03∶1；人口出生率为1.46%，增加0.29个百分点；人口死亡率为1.68%，增加0.95个百分点。总人口最多的5个市分别是：成都市1435.33万人，南充市732.69万人，达州市671.67万人，宜宾市555.37万人，绵阳市536.82万人。

【人口总数和户均人数均趋于稳定】 2013—2017年，四川省年末总人口增长率分别为0.39%、0.67%、-0.68%、0.44%、-0.26%，人口总数趋于稳定。2013—2017年全省户均人数均呈稳定趋势，分别为2.85人、2.82人、2.81人、2.82人、2.8人。可以看出，全省社会中家庭各成员在户籍上的关联性相对稳定。

【老龄化加剧，少子化趋于平稳，社会治理仍面临挑战】 2013—2017年，四川省年末总人口中60岁以上的人口占比分别为18.1%、

18.89%、19.63%、20.02%、19.96%，前四年呈逐年上升趋势，人口老龄化不断加剧，2017年占比有所下降；2013—2017年，全省年末总人口中18岁以下的人口占比分别为18.94%、18.6%、18.43%、18.43%、18.72%，前四年呈逐年下降趋势并趋于平稳。这种老龄人口持续增长，年轻人口缓慢增长，对全省经济社会发展带来的影响和冲击仍值得关注。

【人口迁移以省内流动为主，人口外流趋势放缓】 2017年，四川省人口变动中，在外省与全省之间迁移的为42.48万人，占25.25%；在省内各地之间迁移的为125.78万人，占74.75%，近四年均维持在70%以上；在跨省迁移的人口中，迁入省内的为18.98万人，迁出省外的为23.5万人，迁出比迁入的多23%，较上年的20%略微增加，人口迁移仍呈外流趋势。

【"农转非"成效显著】 2017年，四川省由于新型城镇化建设的推动，"农转非"成效显著。全省乡村人口转城镇人口139.9万人，减少34.37万人，减少19.72%。2016—2017年，新型城镇化建设中以"城乡统筹、城乡一体"的政策为指引，多地实行区域调整，并调整了人口统计方式，仅"城乡属性调整"一项中"农转非"人员分别为113.73万人、58.17万人，分别占总数的65.26%、41.58%，全省在新型城镇化建设中迈出了一大步。

四川省公安厅编写组

四川农业和农村经济主要统计数据

综　　述

【基本情况】 2017年，四川省各地认真贯彻落实习近平总书记对四川省提出的带头推进农业供给侧结构性改革，加快由农业大省向强省跨越指示精神和党中央、国务院及省委省政府关于"三农"工作的重大决策部署，围绕农产品有效供给和农民持续稳定增收核心目标，以推进农业供给侧结构性改革为主线，全面落实各项强农惠农政策，加快培育新经济，脱贫攻坚工作强力推进，全省农业农村经济持续稳步发展，农民增收工作取得明显成效。

【农民收入稳步增长，增收呈现"三高"特征】 2017年，四川省各地认真贯彻落实农民增收书记、县长负责制，把农民增收工作放在各项工作的重要位置，在一手抓脱贫攻坚，一手抓粮食安全和"菜篮子"工程的同时，进一步完善促进农民增收的工作机制，狠抓责任落实，农民增收继续保持较快增长势头，增收特点呈现出"三高"特征。全省全年农村居民人均可支配收入12227元，增加1200元，增长9.1%，比同期城镇居民增收高0.7个百分点，比全年目标任务高0.1个百分点，比GDP增速高1个百分点。

从收入的四大构成看，财产性净收入增幅最大，2017年农村居民财产性净收入323元，增长20.1%；对农民增收的贡献率为5.3%，增加0.6个百分点。转移性净收入3067元，增加395元，增长14.8%；对农民增收的贡献率为38.7%，增加6.5个百分点，成为增收亮点。工资性收入4016元，增加278元，增长7.5%，对农民增收的贡献率为27.1%，减少1.7个百分点。经营性净收入4821元，增加204元，增长6.6%，对农民增收的贡献率为28.9%，减少5.4个百分点。

四川省统计局编写组

农业经济超额完成年度目标任务

【基本情况】 2017年，四川省农业经济在粮食产量稳中略增、主要经济作物生产发展形势良好和林业、渔业生产稳步发展以及主要农产品价格保持稳定的推动下，农业经济总量继续扩大，增速超额完成全年目标任务。全省全年实现农林牧渔业增加值4369.2亿元，增长3.9%（按可比价格计算，下同）。其中，第一产业增加值4282.8亿元，增长3.8%，高于全年目标任务0.3个百分点。分行业看，除畜牧业增加值增速减缓0.6个百分点外，农业、林业、渔业和农林牧渔服务业增速均比上年有所加快（见表1）。

表1　2015—2017年农林牧渔业增加值及增长情况

	2015年		2016年		2017年	
	绝对量（亿元）	增速（%）	绝对量（亿元）	增速	绝对量（亿元）	增速（%）
农林牧渔业合计	3745.3	3.9	4002.2	4	4369.2	3.9
（一）农业	2296.7	3.7	2390.7	4.8	2823.6	5
（二）林业	131.7	10.7	139.7	4.9	152.7	5.3
（三）牧业	1121.9	3.3	1260.7	1.6	1162	1
（四）渔业	127	1.9	134.9	4.8	144.5	5.2
（五）服务业	68	15.3	76.1	10.4	86.4	10.8
第一产业	3677.3	3.8	3926.1	3.9	4282.8	3.8

【农业生产全面丰收，推动农业增速加快0.2个百分点】 2017年，四川省各级党政领导高度重视农业生产，以脱贫攻坚工作为核心，以"建基地、创品牌、搞加工"为引领，以抓好农产品有效供给为重点，在努力稳定农作物面积的同时，大力开展高产创建和良种良法的推广应用，并提前做好对病虫害的防控，加之整体气候条件好于上年，为农作物单产提高创造了有利条件，确保了2017年农业生产全面丰收。

粮食生产形势好于全国，粮食面积和产量均完成考核目标任务。一是粮食生产形势好于全国。据国家统计局核定，2017年全省粮食作物播种面积9662.1万亩，减少18.8万亩，减少0.2%，减幅比全国（-0.7%）低0.5个百分点，比西部12省（区、市）低0.8个百分点；亩产362.2千克，增加2.2千克，增长0.6%，比全国低0.4个百分点，但比西部地区高0.3个百分点；粮食总产量3498.4万吨，增产14.9万吨，增长0.4%，比全国高0.1个百分点，比西部地区高1.2个百分点。二是粮食面积和产量均完成年度考核目标任务。对照国家有关部门考核对粮

食播种面积和粮食产量提出的评分标准，四川省2017年粮食播种面积比2007—2016年平均水平高1.9万亩，比2012—2016年平均水平仅低4.8万亩，基本持平。2017年，四川省粮食面积和产量均全面完成了年度目标任务

特色效益农业稳步发展。全省主要经济作物中的油料、蔬菜、药材、茶叶、水果等五大种类继续保持稳步增长的良好态势。全省油料播种面积2005.1万亩，增长2.3%；油料产量323.5万吨，增长3.9%，增加2.7个百分点。蔬菜播种面积2106.4万亩，增长1.8%，蔬菜及食用菌产量4513.4万吨，增长2.8%。中草药材播种面积193.5万亩，增长10.4%；中草药材产量50.5万吨，增长9.7%，增加4.8个百分点。水果产量1023.2万吨，增长4.5%，增加0.3个百分点；茶叶产量28.3万吨，增长7.2%，增加0.7个百分点。

在粮食产量稳中略增和特色效益农业发展加快的推动下，全省全年实现农业增加值2823.6亿元，增长5%，增加0.2个百分点，增速为党的十八大以来最快的一年。

【“绿化全川行动”扎实推进，带动林业增速加快0.4个百分点】 2017年，四川省林业生产积极践行“绿水青山就是金山银山”的理念，各地以重点工程为抓手，开展了形式多样的造林绿化和义务植树活动，深入推进“治蜀兴川、绿化全川”行动，林业生产发展平稳有序。全年完成营造林1050万亩，超额完成年度1000万亩目标任务；认定授予省级森林小镇32个。新增现代林业产业基地175万亩，采收经济林产品700万吨；举办生态旅游节会91场次，新增森林康养基地84处，接待林业生态旅游和森林康养2.6亿人次。“绿化全川行动”的实施，推动全省林业实现增加值152.7亿元，增长5.3%，增速增加0.4个百分点。

【主要畜禽产量下降，影响畜牧业增速减缓0.6个百分点】 2017年，随着环保要求的提高，畜牧业生产发展压力增大，由于四川省畜牧业养殖以中小型规模为主，而中小型养殖户（场）畜禽排污达标率低，符合环保要求的大型养殖场引进受限和H7N9禽流感疫情等因素影响，2017年四川省主要畜禽产量有所下降。

草食牲畜发展相对稳定，牛奶产量增速加快。全年全省出栏牛267.3万头，减少0.5%；出栏羊1780.4万只，增长1.4%；牛奶产量63.7万吨，增长1.5%，增速增加8.5个百分点。

生猪生产降幅扩大，产能进一步萎缩。四川生猪生产在经历2015年价格大幅下滑，产能进入低谷后，随着价格的回升，从2016年下半年开始产能逐渐恢复，至2017年上半年，生猪产能出现明显回升，但从2017年下半年开始，许多中小型养殖场关停和整改，生猪出栏由前3季度的增长0.2%变为明显下降。据国家统计局核定，2017年全省出栏肉猪6579.1万头，减少346.3万头，减少5%，降幅比上年增加0.7个百分点。

家禽及禽蛋产量有所下降。2017年，四川省家禽生产上半年受H7N9疫情影响，出现较大幅度下降，随着H7N9疫情影响的消失，下半年生产情况开始好转，但恢复步伐较慢，全年家禽出栏及禽蛋产量均出现下滑。据国家统计局核定，2017年全省家禽出栏65259.8万只，减少3.7%；禽蛋产量144.5万吨，减少2.4%。

2017年，生猪、牛生产降幅扩大，羊养殖增幅减缓和家禽及禽蛋生产下降，受此影响，全省畜牧业实现增加值1162亿元，增长1%，增速减缓0.6个百分点，影响全省第一产业增加值少增0.2个百分点。

【渔业生产稳步发展，渔业增速有所加快】 2017年，四川省为提高粮食优质化率，加大了对稻田养鱼的扶持力度，加之市场价格一直稳中略升，养殖户的养殖效益也保持稳定，全省渔业生产继续保持良好发展势头。全省全年水产品产量154.5万吨，增长6.2%；全省渔业实现增加值144.5亿元，增长5.2%，增加0.4个百分点。

【现代农业加快发展，农林牧渔服务业实现较快增长】 2017年，四川省随着农业产业化发展的深入推进，土地流转规模不断扩大，农业生产规模化集约化程度进一步提高，全省农林牧渔服务业加快发展势头明显。全省农林牧渔服务业实现增加值86.4亿元，增长10.8%，增速增加0.4个百分点。

四川省统计局编写组

农业农村经济发展的主要推动力量

【财政投入力度加大，为“三农”稳步发展夯实基础】 2017年，四川省为确保农业持续增产、农民持续增收、脱贫攻坚任务如期完成和农村经济稳步发展，全省进一步加大财政对农业的投入力度。截至2017年年底，全省共下达中央和省级农业专项资金417亿元，增加52.4亿元，增长14.3%；安排农业信贷担保补助资金9.2亿元，用于健全农业担保体系，并引导农业担保贷款72亿元；安排农业产业化银行贷款贴息资金3500万元，吸引固定资产贷款5.3亿元、流动资金贷款5.7亿元。下达贫困县均衡性转移支付单列单算补助资金和贫困县基本财力保障奖补资金120.6亿元；安排森林生态效益补偿金13.9亿元，筹集绿化全川资金32.3亿元、新一轮草原生态保护补助奖励资金8.8亿元、水资源节约保护和水土流失综合治理资金8.3亿元。财政投入力度的加大，为2017年农村经济稳步发展、农民持续增收和脱贫攻坚任务的如期完成提供了基础保障。

【民生工程投入增大，促进农民转移性收入加快增长】 2017年，四川省为确保到2020年全省农村脱贫攻坚任务的全面完成和与全国同步建成全面小康社会，下拨困难群众救助补助资金92.25亿元，累计发放补贴资金5.39亿元，为102万名重度残疾人发放护理补贴6.25亿元。一是进一步提高了360万农村低保对象的补助标准低限，由上年的2880元/年提高到3300元/年，每年提高420元，增长14.6%，部分市（州）实际达3600元/年，农村低保标准全面高于同期国家标准。二是提高了对农村特困人员供养标准，对全省46.7万特困人员中分散和集中供养补贴分别达400元/月、500元/月，分别增长25%和20%。三是进一步提高73.84万农村困难残疾人员生活补助标准。农村困难残疾人生活补贴由上年的60元/月/人提高至70元/月/人。

【脱贫攻坚促农发展、助农增收效果明显】 2017年，四川省委省政府高度重视脱贫攻坚工作，认真贯彻落实习近平总书记扶贫开发战略思想和党中央决策部署，把脱贫攻坚作为头等大事，先后发起春季攻势、夏季战役、秋季攻坚和冬季冲刺，动员全省上下、各方力量下足绣花功夫，脱贫攻坚各项工作推进有力，助力农业生产稳步发展和贫困农户增收效果明显。全年安排交通、产业、水利、易地扶贫搬迁等22个扶贫专项资金1423亿元，为年初计划的103.2%。108.5万贫困人口人均纯收入超过脱贫标准，完成103.3%；3769个贫困村贫困发生率降至3%以下，完成101.9%，2017年达标退出的贫困村几乎都有了产业支撑，脱贫的贫困户中有劳动能力的家庭大部分有了持续稳定增收的产业或就业依托。

【农村基础设施建设力度加大，固定资产投资大幅增加】 2017年，四川省随着新农村建设的深入推进和脱贫攻坚力度的加大，以脱贫攻坚引领"三农"带动第一产业投资出现快速增长。全省第一产业固定资产投资完成投资1345.9亿元，增长20.7%，比全省全社会固定资产投资增速快10.5个百分点；第一产业投资占比创近年来新高，达4.2%，比上年提高0.4个百分点。

【农村电子商务发展势头强劲，助力"三农"发展支撑显现】 2017年，四川省随着支付宝、微信支付的越来越普及，电子商务对农产品价格稳定、农民增收和脱贫攻坚的推动作用日益加强，各级党委、政府依托电商促进农业供给侧结构性改革、带动农业转型发展思路更加清晰，对发展电商的扶持力度也不断加大，推动了农村电商的快速发展。全省获国家级电商进农村综合示范县25个，省级电商示范县和电商脱贫奔康示范县31个；县、乡、村电商覆盖率分别达91%、61.8%、23.2%，分别提高11.8个、7.6个、8.4个百分点。全省累计帮助农村3万余人开设网点实现创业，农村电商产业链创造直接就业岗位15万个，帮助了大批农村劳动力实现就业。电商的快速发展，为农产品产地销售和价格的稳定以及农民增收的支撑作用显现。

四川省统计局编写组

农村经济运行中面临的困难和存在的主要问题

【农民持续较快增收压力增大】 2017年，四川省随着中国经济由高速增长转为高质量增长的新常态，农民收入增长也从2012年起开始逐渐放缓，由2011年的增长20.5%下滑至2014年的11.5%；特别是2015年后增速更是放慢至个位数，近3年继续逐年放缓。随着国家惠农、扶农、助农政策的逐步全面实施，农民转移性收入也将由大幅度增长转入稳步增长，2017年转移性收入增长成为了增收亮点；工资性收入增速放缓趋势短期也将难以得到根本性扭转；经营性净收入增长受市场价格波动、疫病等不确定因素影响较大。

【畜牧业生产稳定发展难度增加】 2017年，四川省畜牧业表现出不稳定的发展趋势，特别是四川畜牧业养殖的规模化程度偏低，排污达标率低。从四川省第三次全国农业普查的结果看，四川畜牧业生产仍然主要为传统模式，规模养殖所占比率仅有35%左右，比河南省低32个百分点，随着畜禽污染治理快速深入推进，大批中小型养殖场、散养户不断关闭退出，产能恢复步伐放缓，短期内全省主要畜禽特别是生猪生产仍将继续维持稳中略降的态势。

【农村新型经营主体发展较慢，带动力较弱】 2017年，四川省新型经营主体是农业农村现代化的主力军，农业生产规模化、集约化发展离不开新型经营主体。但从四川省目前的状况看，新型经营主体依然较为缺乏，农业经营规模户和经营单位偏少，特别是真正能促进农业农村发展、农民增收的更少。第三次全国农业普查结果显示，四川省以农业生产经营或服务为主的农民合作社3.7万个，仅占在省工商局注册的农民合作社的48.9%和全国工商部门注册的农民合作社的4%。各地对新型经营主体发展的奖补、信贷、基础建设等方面扶持较少；农业产业化龙头企业数量不多、规模不大、品牌不响，领军龙头企业更少。

四川省统计局编写组

农业发展概况

农业资源区划

【基本情况】 2017年,四川省农业资源区划工作按照全国农业资源区划办公室提出的工作重点,结合全省农业工作实际,认真贯彻党的十九大精神,深入贯彻落实全国和全省农业工作会议精神,以习近平新时代中国特色社会主义思想为指导,以实施乡村振兴战略为总抓手,牢固树立新发展理念,坚持质量兴农、绿色兴农,坚持品牌强农、科技强农,坚持市场导向、效益优先,深入推进农业供给侧结构性改革,统筹产业扶贫,加快构建现代农业产业体系、生产体系和经营体系,充分发挥农业资源区划在农业和农村经济工作中的基础性、前瞻性、综合性作用。以课题为引导,带动全省特别是市、县级农业资源区划工作自主、有序、持续深入开展,努力推动全省由农业大省向农业强省跨越。

【科学规划现代农业发展】 2017年,四川省农业厅以省政府名义印发了《四川省"十三五"农业和农村经济发展规划》。为贯彻落实《全国农业现代规划(2016—2020)》和《四川省"十三五"农业和农村经济发展规划》,以省政府名义印发了《全国农业现代化规划(2016—2020年)四川实施方案》,细化工作任务,压实工作责任,全面落实规划内容。印发了《四川民族地区"十三五"农业发展规划》、五大经济区农业区域布局规划等22个专项规划,指导全省农业部门围绕农业供给侧结构性改革、农业产业扶贫等重点内容,扎实推进现代农业工作。成立了四川省农业厅决策咨询委员会,充分发挥专家在行政决策中的重要作用,确保农业农村工作决策的科学性、客观性、可行性和权威性。

【推进农业供给侧结构性改革】 2017年,四川省农业厅根据各地资源禀赋、气候条件及区域实际情况,在每个县精准选择2~3个适合本地区发展、群众普遍认可、有市场开拓潜力的优势特色产业,科学规划布局,集中力量,重点攻坚,加快建设一批规模化、标准化的现代农业特色产业基地,逐步形成优势特色产业带和集中发展区,基本形成与市场需求相适应、与资源禀赋相匹配的现代农业生产结构和区域布局,提高农业综合效益,带动农户增收致富。进一步提升各地产业适度规模经营水平,充分利用各地特有的自然资源优势,调整优化产业结构、品种结构和品质结构,促进一二三产业融合,发展多种形式的适度规模经营。积极壮大休闲农业和乡村旅游业。立足各地丰富的自然资源、独特的地域文化和浓郁的民族风情,做足做深山水、冰雪、草原、民俗、古迹等文章,做精做大农家乐、牧家乐、渔家乐等品牌,力争把休闲农业和乡村旅游业打造成农牧民增收致富的重要产业。

【开展农业资源区划课题研究】 2017年,四川省农业资源区划办公室积极争取省级财政安排专项资金80万元,组织全省4个科研院所、5个市(县)级农业资源区划办公室分别对农业供给侧结构性改革、农业一二三产业融合发展、绿色农业发展、农业产业扶贫等四个方面的9个课题进行了研究。同时,按照全国农业资源区划办公室的要求,积极指导荣县农业资源区划办公室开展了农业资源台账制度建设试点工作。

【组织实施网点县监测工作】 2017年,四川省8个网点县按照全国农业资源区划办公室要求,认真做好农业遥感监测工作。通过开展定期监测、按时报告实测数据,为综合评价主要农作物长势、土壤墒情、农业自然灾害、农作物单产和总产量、农业生态环境等提供了可靠依据。一是组织召开了有关监测网点县及协助单位会议,安排布置年度工作任务,并组织相关人员深入监测网点县进行现场检查、指导。二是由省区划办相关人员带队,组织全省网点县技术人员参加国家地面样方网点监测县培训。三是收集、汇总田间土壤墒情测量数据,按时上报有关数据和信息,并对田间农作物长势进行了等级评价。通过实施8个县农业信息预警地面样方网点县监测项目,强化了信息采集整理,提高了数据的准确性、时效性和科学性;强化了对信息的分析研判,提高了农业信息的监测预警水平;强化了信息的发布与服务,提高了信息发布的规范化和制度化水平。

【编制完成《四川省农业资源状况报告(2016)》】 2017年,四川省

农业厅为充分发挥四川省农业资源优势，实现农业资源可持续利用，为政府对农业和农村经济发展进行宏观调控提供科学依据，以可持续发展的思想和理论为指导，以农业资源的可持续利用为中心，根据“理论和实际相结合、定性研究和定量研究相结合”的原则，采用系统、综合分析法编制完成了《四川省农业资源状况报告（2016）》。《报告》全面分析评价了四川省农业资源开发利用动态变化特征和生态环境质量现状，提出了实现农业资源可持续利用的对策措施，对全省如何切实保护和改善农业生态环境，合理、持续利用农业资源，保持农业生产稳定增长提供了强有力的理论依据。

四川省农业厅编写组

种植业

综述

【粮食产业基本情况】 2017年，四川省各地扎实开展“两区”划定，推进农业供给侧结构性改革，着力转变农业发展方式，积极引导粮食适度规模经营发展，全面深化绿色高产高效创建工作，努力推进粮食产业稳定发展。全省粮食总产量达349.85亿千克，增长0.4%（如下表所示）。

2017年四川省主要粮食作物生产情况表

	2017年			2017年比2016年增减（绝对数）		
	面积（万亩）	亩产（千克）	总产量（亿千克）	面积（万亩）	亩产（千克）	总产量（亿千克）
全年粮食作物合计	9662.1	362.1	349.85	–18.8	2.3	1.5
小春粮食作物	2586.5	231.4	59.85	–34.1	2	–0.25
大春粮食作物	7075.7	409.8	290	15.3	1.6	1.75
稻谷	2986.5	524	156.5	1.5	2	0.7
小麦	1557	257	40.01	–75	3.7	–1.35
玉米	2096.3	382	80.1	–2.3	4	0.8
红薯	711.6	290.1	20.65	–3.6	–1.8	–0.25
马铃薯	1236.9	267	33.05	26.4	0.7	0.8
大豆	367.4	154.9	5.7	18.8	1.3	0.35
高粱	119.1	361.9	4.3	5.7	2.1	0.2

【粮食作物生产】 2017年，四川省粮食总产量达349.85亿千克，增加1.5亿千克。从季节看，小春粮食产量59.85亿千克，减少0.25亿千克；大春粮食产量290亿千克，增加1.75亿千克。从作物看，除小麦、红薯外，主要粮食作物均增产，为全年粮食产量基本稳定增长发挥了决定性作用，其中大豆产量增幅最大，增长6.4%，玉米、马铃薯产量均增加0.8亿千克。

【水稻生产】 2017年，四川省水稻种植面积2986.5万亩，增加1.5万亩；亩产524千克，增加2千克；总产量156.49亿千克，增加0.99亿千克。全省国标三级以上优质稻种植面积达2246万亩，占水稻种植面积的75.2%；水稻旱育秧面积2195亩，抛秧610万亩，水稻超高产强化栽培技术示范推广面积达385万亩，超级稻示范推广面积达802万亩，配套集成高产栽培技术进一步完善。

【小麦生产】 2017年，四川省小麦播种面积1557万亩，比上年减少75万亩；亩产257千克，增加3.7千克；总产量40.01亿千克，减少1.35亿千克。推广以“绵阳”“川麦”等系列为主的小麦良种面积1415万亩，占小麦播种面积的90.9%；稻茬麦免耕栽培面积230万亩。

【玉米生产】 2017年，四川省玉米播种面积2096.3万亩，比上年减少2.3万亩；亩产382千克，增加4千克；总产量80.1亿千克，增加0.8亿千克。玉米良种推广面积约1850万亩，约占玉米播栽面积的88%；育苗移栽824万亩，占玉米播栽面积的39%，呈下降趋势；玉米地膜覆盖栽培面积475万亩，占玉米播栽面积的23%，呈下降趋势。

【红薯生产】 2017年，四川省红薯种植面积711.6万亩，减少3.6万亩；亩产290.1千克，减少1.8千克；总产量20.65亿千克，减少0.25亿千克。红薯良种推广面积534万亩，其中脱毒薯推广面积约87万亩，地膜育苗移栽面积676万亩。

【马铃薯生产】 四川省农业厅坚持“抓质量带效益、抓良繁带基地、抓大户带营销、抓企业带加工、抓凉山带全省”的工作思路，谋划和推进马铃薯产业发展和主食化进程。全省马铃薯种植面积、总产量再创历史新高。全省马铃薯种植面积1236.9万亩，增加26.4万亩；单产267千克，增加0.7千克；总产量33.05亿千克，增加0.8亿千克。脱毒种薯推广面积达380万亩以上，推广率约为31%；地膜覆盖面积达167万亩。

【高粱生产】 2017年，四川省高粱种植面积119.1万亩，增加5.7万亩；亩产361.9千克，增加2.1千克；总产量4.3亿千克，增加0.2亿千克。重点推广“金糯粱1号”“泸糯12号”“川糯粱1号”等杂交高粱新品种和“国窖红1号”“泸州红1号”“宜糯红2号”等常规高粱优良品种，全省优质高粱品种覆盖率达90%以上。

【大豆生产】 2017年，四川省大豆播种面积367.4万亩，增加18.8万亩；亩产154.9千克，增加1.3千克；总产量5.7亿千克，增加0.35亿千克。玉米—大豆带状复合种植配套技术研究不断深化，高产高效种植模式不断发展。在全国大豆面积不断萎缩的情况下，全省大豆生产形成了以川中丘陵为核心、以套作食用高蛋白非转基因大豆为显著特色的大豆产业优势区。

四川省农业厅编写组

粮油绿色高产高效创建

基本情况

【油料生产再创历史新高】 2017年，四川省按照农业部统一安排部署，在19个县（市、区）开展水稻、玉米、马铃薯、油菜等主要粮油作物整建制绿色高产高效创建。全省油料作物种植面积2005.2万亩，增长

2.3%，其中油菜种植面积1591.7万亩，增长3.4%；单产158.5千克/亩，增长0.9%；总产量252.2万吨，增长4.2%。总产量和总面积实现了"十六连增"，分别居全国第一位、第三位。通过推广新品种、新技术，集成绿色高产高效技术模式，开展关键技术瓶颈攻关，绿色高产高效创建已成为当前全省粮油产业发展的有效途径和重要抓手，有效促进了全省粮食生产持续稳定发展，油料生产再创历史新高。

【品种技术加快示范】 2017年，四川省农业厅以绿色高产高效创建为平台，示范推广"宜香优2115""德优4727" "川优6203"等优质品种，示范区优质品种推广率达100%，其中水稻国标二级以上优质稻推广率达50%。建立优质水稻、油菜订单基地136万亩。围绕节水、节肥、节药、节种和增产增效，集中示范推广水稻集中育秧、水稻机插秧、玉米增密高产栽培、全程机械化等区域性标准化绿色高产高效技术，加快新品种新技术配套和农机农艺融合。万亩示范片新品种供种率、新技术到田率均达100%，示范区大力推广太阳能杀虫灯、性诱剂诱杀等绿色防控技术，高效低毒农药使用全覆盖，药剂拌(浸)率达90%；实施病虫害统防统治，病虫绿色防控覆盖率达80%，绿色高产高效技术覆盖率达85.6%。组织召开了全省玉米—大豆复合种植机收现场观摩及绿色高产高效栽培技术培训会、全省优质水稻品种观摩现场会、全省旱地新两熟绿色高产高效模式技术培训会，集中展示和培训了农业生产新模式、新技术。

【模式机制不断创新】 2017年，四川省农业厅围绕绿色发展、高效发展，因地制宜示范推广"稻—渔""稻—鸭""稻—鳅"生态种养、玉/豆/草/畜种养模式、油菜间套马铃薯以及"菜—稻—菜"、"水稻—蘑菇"、玉米套种大豆(蘑菇)等粮经高效种养模式。依托新型农业经营主体和服务主体，通过购买服务的方式在项目区大力开展集中育秧、病虫害统防统治，示范推广耕、种、收、烘干一体化，秸秆资源化利用，减少化肥、农药使用量，提升农产品品质。构建政技结合的组织领导体系和农科教结合的技术指导体系，充分发挥行政部门、科研推广、基层干部在组织协调、模式集成、技术推广等方面的积极作用，形成助推创建的合力。

【产量效益全面提升】 2017年，四川省农业厅通过绿色高产高效创建，粮油单产水平普遍得到提高，增产增收效果明显。测产验收结果显示，万亩示范区水稻、玉米、小麦、油菜、马铃薯、高粱平均亩产635.6千克、594千克、385.2千克、205.9千克、1642.4千克、381千克，比非示范区分别增产81.5千克、150.1千克、118.9千克、27.9千克、272.4千克、19千克，带动农民亩均增收150元左右。由于采用配方施肥、生物防治等措施控制化肥、农药用量，亩均可实现节本35元以上，每亩可节本增收185元。同时，围绕乡村旅游，通过发展稻田美化栽培、打造稻香旅游环线、举办油菜花节等措施，实现农旅结合，提升农业综合效益。

四川省农业厅编写组

油料绿色高产高效创建

【整合政策项目，保障产能稳定提升】 2017年，四川省农业厅突出油料标准化产业基地建设，结合高标准农田建设，重点整合产油大县和部(省)级绿色高产高效创建项目，夯实产能基础。全省统筹产油大县资金2亿元，集中用于油料基地、仓储加工设施配套、高产高效技术推广等方面，其中通过竞争立项，引入第三方考评机构，在20个县(市、区)全面推进产油大县示范县建设。

【推广优良品种，提升产业发展能力】 2017年，四川省农业厅充分发挥全省油菜育种优势，大力培育示范宜机播机收、产量品质稳定、抗逆性强的油菜新品种。全年全省推广主要油菜品种10余个，主推品种在平原、丘陵、山地等不同区域试验示范展示实现了全覆盖，其中"川油""德油""蓉油""南油""蜀杂油"等系列品种在盆地不同区域得到大面积推广。

【落实轻简实用技术，增强产业竞争优势】 2017年，四川省农业厅针对全省农业机械化发展相对滞后、农村劳动力缺乏等问题，按照"集中突破、分类推进"的思路，大力推广油菜轻简实用技术。在成都平原区集中推进以大型农机具为主导的机播机收全程一体化发展；在盆中丘陵区大力推进以中型机具机耕、病虫害统防统治为主导的机械化分段式发展；在盆周山区突出小型农机具推广，提高机械化水平。

【探索创新体制机制，培育产业支撑新极点】 2017年，四川省农业厅积极培育新型农业经营主体、社会化服务主体，引导农民群众采取租赁、转包、托管等方式流转经营权，探索合作社、股份制等形式发展适度规模经营。抓好公益性服务机构建设，引导懂农业技术、有生产要素、懂市场经营的农民创办、领办经营性服务机构，扩大政府购买公益性服务机制创新试点，加快发展产前、产中、产后的农业全程社会化服务。

四川省农业厅编写组

种子管理

【现代种业提升工程】 2017年，四川省农业厅继续实施现代种业提升工程，省财政投入专项资金2500万元，主要用于种子生产基地建设、新品种区域试验、种子质量监管、救灾备荒种子储备等工作。其中，制种基地建设项目资金1300万元，农作物新品种试验项目资金500万元，种子质量监督抽查资金500万元，救灾备荒种子储备资金200万元。

【国家级杂交水稻制种基地建设】 2017年，四川省国家杂交水稻制种基地(四川)建设项目获国家发展改革委批复，项目总投资36927.5万元，拟在全省6市11县建设现代化杂交水稻制种基地27万亩。投入21334万元建设东坡等9个国家级杂交水稻制种基地18.45万亩；全省共9个县获国家制种大县奖励2.7亿元，居全国第一位。省财政追加预算2800万元开展制种基地建设，全年共投入4100万元建设11个种子生产基地，其中杂交水稻基地3个，马铃薯基地4个，玉米基地、小麦基地、蔬菜基地、茶叶基地各1个。

【新品种推广应用】 2017年，四川省农业厅组织水稻、玉米等九项农作物新品种试验2358个。共审定主要农作物品种45个、引种备案品种106个，非主要农作物品种登记完成初审报农业部121个(农业部公告品种43个)。分别设置新品种展示点和示范点5个，展示品种49个，展示面积14亩；示范品种22个，示范面积743亩。

【种子生产】 2017年，四川省农业厅杂交水稻制种面积29.5万亩，占全国杂交水稻制种面积的20%；产种5780万千克，增加148万千克，占全国水稻种子产量的20%左右，均位居全国第二。杂交玉米制种11.6万亩，产种3340万千克，增加1060万千克。冬油菜种子生产面积3.7万亩，实际收储数量407万千克。冬小麦种子生产面积14.2万亩，收储数量为5012万千克。

【种子市场监管】 2017年，四川省农业部门出动人员近3万人次，检

查种子企业和经营门市21000余家，各级农业部门查处各类种子案件499起，查获假劣种子47238千克，罚没金额178万元，挽回经济损失1250万元。

【种子质量监测】 2017年，四川省农业厅开展种子样品转基因检测共计585份，市场抽检及制种基地样品转基因检测共计1326份，均未检测出转基因成分；开展种子企业监督抽查检测种子样品395份；开展种子生产基地巡查检测种子样品664份；开展种子市场监督抽查检测种子样品802份。全年抽检各类种子样品7454个，样品合格率97.5%，提高0.8个百分点。

四川省农业厅编写组

农药监管

【加强农药监管制度建设】 2017年，四川省农业厅将《四川省农药管理条例》修订列入2018年省政府立法调研计划和省人大下一个五年立法规划。启动了《四川省农药行政处罚裁量标准》修订工作，形成初稿并广泛征求了市（州）、县农业部门、基层执法机构、厅属有关单位意见，促进全省各级农业部门依法行政、合理行政。

【农药减量控害】 2017年，四川省农业厅印发《四川省到2020年农药减量控害行动方案》，打造"一园四区"绿色防控示范基地（以IPM绿色防控示范园为平台，成片建设蜜蜂授粉、稻鸭共作、稻渔共栖、统防统治与绿色防控融合示范区），推广高效低毒低残留农药和高效植保机械。全省低毒、微毒农药使用量占比超过60%，增加3.4个百分点。2015—2017年，省财政每年安排4000万元用于政府购买病虫灾害防治公共服务，将水稻全程绿色防控纳入政府购买范畴。2015—2017年，争取中央财政农业生产救灾（农作物重大病虫害防治）资金4600万元，在60余个县开展麦稻果菜茶绿色防控示范。

四川省农业厅编写组

林　业

综　述

【基本情况】 2017年，四川省林业部门自觉践行绿色发展理念，深化供给侧结构性改革，稳中求进推进林业发展，圆满完成了年度目标任务。全年全省落实省级以上财政投入98亿元，完成营造林1294万亩，增长16%；森林蓄积量达18.61亿立方米，森林覆盖率提高到38.03%，比上年提高1.1个百分点；实现林业总产值3402亿元，增长11%；林业生态服务价值达1.72万亿元，实现林业有害生物成灾率0.26‰、森林火灾受害率0.065‰、涉林案件综合查处率96.68%。

【生态保护治理】 2017年，四川省人民政府办公厅印发了《四川省"十三五"生态保护与建设规划》，林业厅印发了《四川省沙化土地封禁保护修复制度方案》《四川省干旱半干旱地区生态修复综合治理"十三五"规划》。天保二期工程扎实推进，有效管护森林2.6亿亩，集体和个人天然商品林停伐管护补助政策得到落实。巩固前一轮退耕还林成果1336.4万亩，完成新一轮退耕还林44.1万亩，申报2018年退耕还林任务39.41万亩。完成沙化土地治理和巩固成果35.1万亩，治理岩溶土地400平方千米。长江上游干旱河谷生态治理工程启动实施，治理干旱河谷4.8万亩。川西高原生态脆弱区综合治理、20个生态屏障重点县启动建设。省政府出台了《四川省湿地保护修复制度实施方案》，批建省级湿地公园7个，对若尔盖、理塘等县启动了省级湿地生态补偿。省政府印发了《"8·8"九寨沟地震灾后恢复重建生态环境修复保护专项实施方案》，规划林业项目51个，估算投资5.31亿元。开展迎接中央环保督察各项工作，锁定以自然保护区为重点的林业生态环境问题986个，分类建立问题清单，层层落实整改责任，完成整改900个，整改完成率91.3%。

【林业脱贫攻坚】 2017年，四川省林业厅制订了《扶贫工作考核办法（试行）》《四川省深度贫困县林业扶贫攻坚实施方案（2018—2020年）》，出台了林业助推深度贫困县脱贫攻坚"七条措施"，召开了全省林业科技与产业助推脱贫攻坚大会、林业生态扶贫现场会。推进生态建设专项扶贫，制订了贫困县和深度贫困县2017年度、2018年度生态建设扶贫具体实施方案，安排贫困县2017年省级以上林业财政资金65亿元，占全省的66%。争取和统筹各类资金2.68亿元，为贫困群众提供生态护林员岗位5万余个，带动7.8万名贫困人口稳定脱贫。贫困县新培育木质原料林、竹林、木本油料林等产业扶贫基地115万亩，建设森林康养基地37处、森林康养人家97家。林业扶贫百千万科技春风行动、林业生态旅游扶贫千村万景行动有序实施。

【林业产业发展】 2017年，四川省现代林业基地达2700万亩，"万亩林亿元钱"示范片超过100万亩，林下种植基地达1100万亩，林下畜禽养殖突破3000万头（只）。人造板、竹浆造纸和木竹家具制造企稳回升，全年生产人造板800万立方米、木质家具600万件，加工转化率达60%。评定四川林业生态旅游示范县12个、星级森林人家512家，各地举办林业生态旅游节会活动90余场次，广元市、洪雅县创建为国家级森林旅游示范市（县），绵竹市创建了国家玫瑰公园。全省创建森林体验基地2个，新增森林康养基地84处（其中国家级示范基地19家），森林康养人家达500家，社会资本投入森林康养产业突破1000亿元。命名森林自然教育实践示范基地32家，创建"森林图书馆"，洪雅县成为全国三个森林康养试点县之一。40个新一轮现代林业重点县加快建设，首批25个木本油料重点县、30个重点培育现代林业产业园区建设顺利实施，申报国家级示范园区2个，新认定省级园区8个，新认定森林食品基地30个。国家级林业产业化重点龙头企业新增7家，省级林业专业示范合作社新增26个，林业新型经营主体突破1.5万个。

【林业重点改革】 2017年，四川省加快推进大熊猫国家公园体制试点，成立了四川省大熊猫国家公园试点专家组，编制了《大熊猫国家公园体制试点实施方案（2017—2020）》。开展国家公园边界及功能区划边界实地勘察，完成勘界落图。严格控制国家公园内建设项目审批，暂停林地使用、林木采伐等行政许可，自然资源登记试点有序实施。组织开展了各类保护地管理机构详查工作。80%的国有林场主体改革任务基本完成，初步实现了精准定性核编，理顺了管理体制。省委省政府印发了《四川省国有林区改革实施方案》，省政府召开工作会

议，全省国有林区改革全面推开。省政府出台了《关于进一步完善集体林权制度的实施意见》，完成了"两证一社"抵押贷款改革试点。新增林权交易网点23个，新颁发经济林木（果）权证2177本、林地经营权流转证555本，新增贷款12亿元。成都市、巴中市巴州区初步探索出全国集体林业综合改革试验区的"成都经验""巴州做法"，得到国家林业局肯定并在四川省召开了全国集体林业综合改革试验示范区建设推进会。

【林业发展基础】 2017年，四川省林业厅、四川省财政厅出台了《中央财政林业改革发展资金管理办法实施细则》等资金管理办法，开展了中央、省级财政林业专项资金绩效评价、退耕还林突出问题专项整治。稽查并督促整改10个县（市、区）林业项目资金，内部审计12个直属单位。培育重大科技创新成果20项，推荐进入国家林业成果库30项，全省林业科技成果转化率达62%、标准采用率65%、科技进步贡献率49%。开展国家标准化林业站和整县推进林业站建设，65.6%的县设立基层林业站，林业站总数达1462个。新建县级林业质检站4个。推进"一带一路"林业行动，与国家林业局国际合作司、日本山梨县、台湾森林保健协会等达成7项合作协议，德贷及WWF非政府组织等多边、双边国际合作资金落地2849万元，开展培训2064人次。中央、省级媒体刊播四川林业新闻2000余篇（条、部），国家林业局门户网站采用并发布信息3000余条，林业厅网站发布信息5000余条。林业厅网站建设在省政府年度绩效考核中获省级部门第一名，获得"全国林业信息化建设十佳省级单位"称号。甘孜州、达州市获全国林业系统"十佳市级单位"称号，雅安市雨城区、邛崃市入选第三批全国林业信息化示范县，江油市、成都市温江区、卧龙、攀枝花苏铁保护区入选"中国智慧林业最佳实践50强"。

四川省林业厅编写组

森林资源保护与管理

【森林资源保护发展目标责任制】 2017年，四川省贯彻落实国务院关于"各级人民政府要健全领导干部森林资源保护发展目标责任制"的要求，全面建立市（州）、县（市、区）人民政府保护发展森林资源任期目标责任制，乡（镇）人民政府及县（市、区）林业主管部门保护发展森林资源年度目标责任制。按照《四川省保护发展森林资源目标责任制对市（州）人民政府考核办法》，四川省林业厅对各市（州）人民政府2012—2016年保护发展森林资源任期目标责任制完成情况进行了考核（其中成都市为2016年度），由四川省人民政府办公厅进行了通报，14个市（州）人民政府被考核为优秀，7个市（州）人民政府被考核为良好。同时，将保护发展森林资源目标责任制落实情况监督检查纳入森林资源管理监督检查和"双增"目标考核中，推进了各地保护发展森林资源目标责任制的建立和落实。四川省林业厅制定出台了《关于办理涉林生态环境损害责任追究案件调查和材料移送的责任分工和程序规定（试行）》。

【第九次森林资源清查】 2017年，四川省林业厅根据第九次全国森林资源清查工作安排，下发通知、召开会议、开展培训，全面推进第九次森林资源清查工作。11个调查单位的400余名专业技术人员和辅助人员，贯彻落实中央"八项规定"和国家林业局森林资源管理检查"十项纪律"等规定，克服公车改革带来的困难，应对高温酷暑、高山陡坡、暴雨泥石流以及"6·24"茂县山体高位垮塌、"8·8"九寨沟地震灾害影响，会同地方各级林业主管部门、经营单位，历时7个半月合计2.8万工日，全面完成了9963个固定样地的调查和质量检查。其中，地面实测目测样地达7346个（其中实测样地6686个），增加244个（其中实测样地213个）；遥感判读样地2617个，减少244个。配合国家林业局西南森林资源监测中心完成内业相关工作。整个外业工作中，有26人因公负伤、62人次遭受马蜂、毒蛇等袭击，有137人次露宿野外。

【森林资源监测体系建设】 2017年，四川省林业厅按照林业资源"一张图"管理、林业生产"全过程"记录、林业数据"精细化"提供等要求，印发了《四川省森林资源监测体系及决策支持系统建设方案（2016—2018年）》，争取到建设资金近700万元。基本建成了以遥感影像为底图的四川省森林资源信息系统，运用到了相关森林资源管理工作当中，完成了21个市（州）以及183个县（市、区）2016年度森林面积、森林覆盖率、森林蓄积量等主要森林资源数据核查统计出数工作，测算提出了各市（州）2017年度以及新一届任期（到2021年）森林面积、森林覆盖率、森林蓄积量增长等主要森林资源指标。同时，贯彻落实新出台的《国家级公益林区划界定办法》和《国家级公益林管理办法》，推进四川省国家级和省级公益林的纠错调整和更新。

【森林资源管理制度执行】 2017年，四川省林业厅执行林地用途管制和林地使用审核审批及定额管理制度、林木凭证采伐和限额采伐制度、木材凭证运输制度，审核和上报国家林业局审核长期使用林地1000宗11600余公顷，严格控制在国家下达的年度定额之内（其中按规定使用国家备用定额1宗3398公顷）。各市（州）、县（市、区）林业主管部门审批临时使用林地和林业生产服务使用林地1150宗1885公顷；审核发放林木采伐许可证13.15万份，批准消耗蓄积273.97万立方米（其中占用森林采伐限额消耗蓄积222.48万立方米）；审核发放木材运输证18.05万份248万立方米。针对"木材经营加工行政许可"被取消的实际，四川省林业厅下发了《关于做好新形势下加强森林资源经营加工管理的通知》，强调加强源头预防、事中服务、事后监督和违法查处。

【林地占用征收】 2017年，四川省林业厅印发了《关于扎实做好林地林木要素保障切实服务全省"项目年"工作的通知》，按照"提前介入、高效服务、服管结合、依法加快"的要求，全力服务"项目年"建设，依法做好了森林资源管理政策和林地林木要素保障。深入凉山、巴中等10余市（州），主动对接林业服务"项目年"建设，第一时间审查乌东德水电站、土溪口水库、成资渝高速公路成都天府国际机场至潼南段等45个项目使用林地可行性报告，第一时间审核批准或者转报遂宁南坝机场迁建工程、仁寿至屏山新市公路、攀钢钒钛资源综合利用及产业结构调整等数百个项目的使用林地申请。争取到国家备用林地定额3398公顷，占国家林业局年初下达四川省全年定额的53%，专项用于金沙江白鹤滩水电站建设。成功争取到国家林业局增加四川省"十三五"期间年均定额2000余公顷。白鹤滩水电站、李家岩水库、天府国际机场高速、宜宾机场等一批重点项目和民生工程及时获得国家和省使用林地审核同意。

【森林资源管理培训】 2017年，四川省林业厅举办了两期全省森林资源管理培训班，参训人员260人，覆盖全省21个市（州）、全部县（市、区）、绝大部分重点森工企业（造林局）以及卧龙、唐家河自然保护区。四川省林业生态环境监测中心针对公益林管理，举办了全省森林资源技术培训班，参加学习人员320人。四川省林学会组织森林资源调查

资质单位举办了2017年森林资源调查业务培训班。甘孜州林业局将森林资源管理纳入对县(市)政府分管负责人、林业局主要负责人的培训内容。

四川省林业厅编写组

野生动植物保护

【野生动植物保护教育】 2017年,四川省林业厅把加强未成年人生态道德教育作为提升全民生态文明素质重要举措,组织开展了"生态科普教育进校园""熊猫爸爸进校园""动物医生进校园"等系列主题宣传活动。指导成都动物园在19所中小学开展了"鸟儿知多少""滚滚成长记"等20余场生态教育主题活动,吸引近万名学生和家长参加。指导小寨沟国家级自然保护区以现场教学的形式,举办青少年自然教育科普班20余期。指导成都大熊猫基地在熊猫路小学开展以植物、动物、生态为主题的环境教育课程研发,成都市教育局拟在全市推广经验。指导攀枝花苏铁国家级自然保护区举办主题为"攀枝花苏铁乐园"的自然教育学堂,被评为"四川省十佳志愿服务项目"。在绵阳市举办主题为"聆听青年的声音,依法保护野生动植物"的第4个"世界野生动植物日"和主题为"依法保护候鸟、守护绿色家园"的第36届"爱鸟周"宣传活动,发放各类宣传资料2万余份。组织编辑153种游禽、涉禽和148种猛禽、攀禽、陆禽的漫画图片与文字,出版《野鸟漫画图鉴》2册,已再版3次。出资6万元支持出版《动物大家园》儿童科普图册,获四川省优质科普资源奖。指导成都动物园编辑出版《寻找蓝星下的熊猫王国》1万册,分送20余个学校和保护区,首次实现以科普的形式宣传中国大熊猫第四次调查成果。在南充市召开中国·四川第二届森林自然教育大会,林业厅联合省关工委向王朗国家级自然保护区等首批20家"青少年森林教育实践示范基地"授牌,四川省野生动植物保护协会对42个获得2016年科普宣传的先进集体、先进个人、优秀案例进行了表彰颁奖。在成都市举办四川省首期森林自然教育骨干人员培训班,编制了《四川省森林自然教育基地建设标准》,申请列入2018年地方行业标准计划,争取作为正式标准颁布实施。

【大熊猫繁育】 2017年,四川省推动大熊猫人工繁育从"数量创新高"向"丰富遗传多样性"转变,全年繁育大熊猫38胎56仔,存活38胎53仔。中国大熊猫保护研究中心开展圈养大熊猫野外引种试验,提高了人工圈养种群的基因多样性。

【大熊猫保护研究】 2017年,四川省大相岭野化放归基地建设基本完成,启动建设龙溪—虹口放归基地。成都大熊猫基地与荥经县签订合作协议,探索大熊猫孤立小种群复壮新机制;采用"人工辅助软放归"的方式野化训练子代圈养个体,取得阶段性成果。继续追踪监测"淘淘"等放归大熊猫,大熊猫"八喜""映雪"放归栗子坪自然保护区。王朗等10个自然保护区启动重点区域大熊猫种群动态监测,通过DNA法检测出野生大熊猫个体124只。编写和印发林业行业标准《大熊猫遗传档案技术规程》,统一了全省大熊猫个体识别技术。印发四川省地方标准《大熊猫廊道建设技术规程》,利用国际合作资金,开展了岷山山系土地岭和黄土梁廊道恢复管理。

【大熊猫对外交流合作】 2017年,"梦梦"等6只大熊猫分别送抵德国、印度尼西亚、荷兰,"暖暖"等5只合作繁育幼崽从马来西亚、日本、西班牙归国。四川省林业厅继续与香港海洋公园联合举办"四川自然保护周",以大熊猫为媒介,深化四川、香港在自然保护、文化教育、生态旅游等方面的交流合作。组织参加第五届"两岸四地"大熊猫保育教育研讨会,展示四川大熊猫野外科研保护成绩。

【野生动植物保护管理】 2017年,四川省林业厅学习贯彻新修订实施的《中华人民共和国野生动物保护法》,会同省人大农委开展修订野保法四川省实施办法的立法调研。按照新《野保法》相关规定,对行政处罚事项和自由裁量权进行梳理和调整,把涉及野生动植物保护、自然保护区以及湿地公园的行政处罚及相关行政强制执法权移交森林公安行使。执行国家行政审批"放管服"要求,"中国参加的国际公约限制进出口的野生动/植物初审""采集国家一级保护野生植物初审""外来陆生野生动物物种野外放生初审""建立固定狩猎场所审批"等将不再列为林业厅行政许可事项,并研究制定了加强监管的措施。加强物种保护,对濒临灭绝的峨眉拟单性木兰、距瓣尾囊草、攀枝花苏铁等极小种群实施野外保护、人工培育和种群回归。持续开展猫科动物监测,在《中国国家地理》发布监测情况,启动了云豹专项调查。召开横断山雪豹保护行动研讨会,卧龙自然保护区和北京大学签订了《雪豹调查战略框架协议》。履行国际公约,研究制订《停止商业性加工销售象牙及制品工作方案》,将打击违法加工销售、运输象牙及制品的违法犯罪活动纳入"守护绿川行动"。组织成都市林业和工商部门,监督全省唯一一家定点销售场所按时停止象牙及制品销售活动,并完成工商变更登记手续。

四川省林业厅编写组

森林防火

【基本情况】 2017年,四川省大部分地区气温回升较快,降雨偏少,高火险时段持续偏长,川西高原、攀西地区森林火灾集中高发。面对严峻形势,各地采取了一系列超常规举措,实现了火灾次数和人员伤亡数量"双下降"。全省共发生森林火灾172起,较上年同期下降32%,其中一般火灾153起、较大火灾18起、重大火灾1起,过火面积1606公顷,受害森林面积1015公顷,损失林木蓄积10.87万立方米,因灾死亡1人,森林火灾受害率0.065‰,低于1‰的控制指标。

【森林防火责任】 2017年,四川省人民政府与各市(州)政府、四川省林业厅与各市(州)林业部门分别签订了森林防火责任书,全省逐级签订责任书65万余份。针对3月12日雅江县、3月17日木里县等地相继发生的森林(草原)火灾,3月19日,省政府办公厅印发《关于切实做好当前森林(草原)防火工作的紧急通知》。四川省森林草原防火指挥部制定出台了《森林防火工作约谈制度(试行)》《四川省森林火灾信息报告规定》。先后组织召开全省森林草原防火工作电视电话会议3次,安排部署阶段性森林草原防火工作。各地落实行政首长负责制,推行森林防火党政同责,市(州)"一把手"检查森林防火103人次,"一把手"责任、部门责任、单位责任、户主责任、经营主体责任层层压紧压实。

【森林火灾预防】 2017年,四川省林业厅落实"预防为主"的方针,部署开展了主题为"助力绿化全川,严防森林火灾"的森林防火宣传月活动,通过四川电视台公共频道、康巴卫视播放森林防火公益宣传教育短片83次,利用短信平台适时向市、州党政负责人传达国家和省委省政府领导的指示并传递交流各地工作动态1万余条。指导各地开展森林防火宣传进林区、进社区、进校区等系列宣传教育活动2万余次,

发放宣传资料74万份，发送防火短信800余万条，宣传教育面达95%以上。林业厅与四川省气象局先后3次专题会商森林防火气象趋势，转发国家高森林火险天气警报52期、高森林火险警报21期，发布高森林火险红色警报5期、橙色警报13期。扑救雅江"3·12"森林火灾期间，坚持每天集中会商一次火情动态并提出扑救指导方案。各地针对阶段性气候特点和森林防火形势，会商气象部门共发布高森林火险警报448期、红色警报168期、橙色警报273期，利用手机向公众发送高火险天气警示短信230余万条。调整充实四川省森林防火指挥部力量，部署26个成员单位分赴相应联系片区开展了历时近5个月的森林防火检查，发现并督促整改隐患130余处。春节前后，林业厅厅级干部带队7个工作组深入重点防火区乡（镇）进行督导检查。武警森林部队多次派出骨干培训地方队伍、协助实施林政勤务。西昌和成都航空护林站利用航护直升机在日常巡护中实施旋空警示并制止违规用火行为13次，森林公安机关及时曝光典型火灾案例。针对严峻的森林防火形势，联合森林公安组成6个暗访组到高火险区和火灾多发区进行暗访督查，梳理通报了7个方面的问题并督促限期完成整改。全省实施计划烧除113.9万亩，清除坟边杂草1万余吨，开设隔离带近40千米，排查整治森林火灾隐患3700余处，因火灾处理117人，极大地降低了火灾发生率。

【森林火灾扑救】 2017年，四川省森林防火指挥部按规定启动森林火灾应急预案，实施相应层级的应急响应，24小时扑灭率达94%。先后派出8人次随工作组到火场一线指导、6次派员指导重点地区联防联保工作。定期开展视频值守汇报和演练，调拨了100余万元防扑火物资提升基层能力建设。部署了包括米-26等8架飞机以西昌、九寨沟、盐源、达州为作业基地开展森林航空消防作业，先后3次召开航空护林协调会，完成川东地区夏季森林航空消防任务。督促各级执行24小时值班、领导带班和火情逐级归口上报制度，采取防火期加强培训演练、高火险时段集中驻防、重点区域前置扑火力量、主要领导第一时间靠前指挥等措施，成功处置了雅江"3·12"重大森林火灾和木里"3·17"森林火灾。武警森林部队累计出动兵力10566人次，先后多次实施跨区增援、靠前驻防。在甘孜州探索并实施了高海拔地区移动加油、机群灭火的新机制、新战法。

【森林防火基础建设】 2017年，《四川省森林防火规划（2016—2025）》编制基本完成。下达中央投资项目7个，到位中央投资7354万元。批复森林防火建设项目初步设计5个，涉及投资1.18亿元。组织申报国家森林防火项目11个，计划投资3.3亿余元。争取到中央财政航空护林补助经费3700万元，增长107%。省级财政提前下达森林防火专项经费3000万元，并追加航空护林补助经费540余万元。组织3个工作组进行项目建设进度和新投资项目及时开工督查9次，全省森林防火信息系统、通讯系统培训任务按计划完成。金川直升机场工程正式启动建设，盐源直升机场升级改造前期工作顺利推进。安排部署在全省开展航空护林直升机临时起降点和取水点的选设、森林防火区划定工作。省级森林防火预警监测中心经批复成立，甘孜州等地开展了专业扑火队伍建设。依托国家林业局培训中心举办了一期森林防火指挥员培训，举办了一期针对基层防火骨干的业务培训，举办了"中航安盟保险杯"全省森林消防技能竞赛。

四川省林业厅编写组

森林病虫害防治

【基本情况】 2017年，四川省林业有害生物灾害仍处于高发阶段，发生林业有害生物灾害面积1021.97万亩，其中虫害838.36万亩、病害120.79万亩、鼠害62.74万亩、有害植物0.08万亩。部分突发、危险性林业有害生物危害呈蔓延扩散趋势，全省测报准确率95.51%，成灾面积9.06万亩，成灾率0.26‰。全省共计防治679.61万亩，无公害防治率达95.96%，产地检疫实现全覆盖。争取到国家、省级林业有害生物防治补助资金4904万元，其中中央防治补助资金1850万元，省级防治补助资金2554万元，省级森林生态效益补偿资金500万元。

【防治目标管理】 2017年，四川省人民政府办公厅印发通知，成立了四川省重大林业有害生物防控工作指挥部，负责统一组织全省重大林业有害生物预防、除治、控制和扑灭，协调解决防控工作中出现的重大问题。林业厅与各市（州）林业主管部门签订了《2017年度林业有害生物防治目标责任书》，代表省政府向各市（州）政府通报了上年度防治目标完成情况，同时将考核情况上报国家林业局。在有害生物防治关键节点，林业厅多次派出督导组深入疫区及重点防控区，对松材线虫病等重大林业有害生物防治开展专项督导20余次。

【监测预警】 2017年，四川省林业厅实行对基层森防站年初有计划、年中有月报、年底有考核的全过程管理，跟踪开展技术指导。统一管理全省90个国家、省级中心测报点，年终考核安排补助资金；对不达标的测报点亮黄牌警示，督促限期整改。加强突发性、检疫性林业有害生物监测，及时发现突发、新发林业有害生物并采取措施进行处置。开展松材线虫病春秋季普查，与四川测绘局合作在疫区开展无人机监测、定位枯死松树，全年实施无人机监测松林84.54万亩。尝试利用直升机航空护林同步监测异常枯死松树。在西昌等7个中心测报点开展松材线虫媒介昆虫松墨天牛基础研究，在都江堰等15个中心测报点开展美国白蛾动态监测。全省各级测报机构发布林业有害生物预报、警报1200余条。与省农业气象中心合作，会商全年林业有害生物发生态势，并在四川电视台发布年度发生趋势及防治对策等信息。国家发展改革委和国家林业局安排落实22个国家级中心测报点基础设施建设经费1000万元，提升全省林业有害生物监测预警能力。

【检疫监管】 2017年，四川省林业厅先后对绵阳、宜宾等市检疫违法案件进行查处，多次到广安、遂宁等市指导基层检疫执法，部署开展松木包装材料检疫执法专项行动，打击非法加工运输松疫木的违法行为，省森防总站办结行政处罚案1件。梳理林业植物检疫和病虫害防治方面的行政权力和公共服务事项，规范各项权利、责任清单目录，统一制定办事指南及审查细则，录入行权平台行政检查11件。开展森防检疫新系统使用培训，正式启动和运行该系统。加强与指挥部成员单位全方位、多渠道的沟通合作，林业厅与省出入境检验检疫局、公安厅、省检察院等部门先后开展"林安行动"、检疫刑事案件查处、检疫执法专题调研；深入指挥部成员单位及有关企业，宣传松材线虫病防控相关法律法规；联合通信、交通、铁路、邮政等部门加强检疫协作，从源头上控制疫情入侵。深化川滇、川黔合作，制订2017年川滇两省重大林业有害生物联防联检联治工作方案，成立了省、市、县三级工作联络、协调小组；签署了《川黔联防联治框架协议》，建立了联防联治机制和信息沟通平台；建立了云、贵、川、渝、陕5省（市）松材线虫病联防联治机制。

【灾害防治】 2017年，四川省林业厅加强松材线虫病、蜀柏毒蛾等重

大林业有害生物灾情防控，遏制全省松材线虫病疫情的蔓延。根据2016年秋季普查结果，编制全省2017年松材线虫病防治实施方案，审核批复21个市(州)和疫区县年度防治实施方案。开展飞机防治蜀柏毒蛾、媒介昆虫松褐天牛80余万亩。松材线虫病疫区共择伐除治枯死松树17万余株，皆伐染疫松林近3000亩，采取综合措施防治媒介昆虫51万亩次。组织专家论证并报国家林业局审批2家松疫木加工板材企业。建立疫情除治月报及定期督导制度，加强疫情防治工作常态化管理。派出督导组深入疫区及重点防控区专项督导，发放《限期除治通知书》11份，通报疫情防治进度8期。加强国际交流，与日本山梨县互访，开展国际合作交流，引进先进的松材线虫病防治理念和技术措施。在全省范围内开展林用农药安全使用综合治理暨“两减三基本”专项行动，宣传绿色防治理念，停、减量使用化学农药。

【疫病监测】 2017年，四川省国家、省级野生动物疫源疫病监测点在抓好日常监测基础上，加强法定节假日、党的十九大等重要时段监测工作，上报疫情信息，发布预警信息，全年发出2个H7N9疫情紧急通知，在疫区及时启动应急预案。开展野生大熊猫疫病本底调查和峨眉山野生藏酋猴结核病等专项调查，举办全省应急演练，培训基层骨干54名。正式启动国家新版野生动物疫病监测和预警管理系统。全省未发生重大野生动物疫情。

【森防宣传】 2017年，四川省林业厅在省级林业和森防宣传平台发布信息1272条，中国森防信息网采用588条。编印《四川省松材线虫病防治宣传手册》1万册，核桃、青花椒、竹子、油橄榄等经济林木病虫害防治技术手册4.4万册，摄制了《没有硝烟的战役——防控松材线虫病四川在行动》专题宣传片，面向林业行业及全社会广泛宣传。

四川省林业厅编写组

林业法制与执法

【林业法制建设】 2017年，《四川省集体林权流转管理条例》被列入四川省人民政府2017年立法计划的调研论证项目。林业厅印发了《2017年度推进依法治省建设法治林业工作安排意见》，召开了全省林业系统推进依法治省建设法治林业电视电话会，总结了2016年以来全省法治林业建设工作情况，安排部署了下一阶段推进依法治省、建设法治林业重点工作。四川省林业厅与各市(州)林业部门和有行政职能的厅直属事业单位逐一签订了年度《林业依法行政责任书》。开展规范性文件清理，拟修改5部地方性法规、省政府规章，拟废止6件以省政府(办公厅)名义制发的涉林规范性文件，废止四川省林业厅制定的规范性文件18件，宣布失效12件，修改4件。建立健全行政许可和行政处罚相关制度，修改完善《四川省林业行政处罚裁量标准》，制定了《四川省林业行政执法公示实施办法》《四川省林业行政执法全过程记录实施办法》《四川省重大林业行政执法决定法制审核办法》。完成13件规范性文件合法性审查和备案。举办2017年度四川省本级林业行政执法人员执法资格培训班，68人培训考试合格并办理了执法资格证。

【专项执法行动】 2017年，四川省林业厅、四川省森林公安局连续开展“守护绿川”“2017利剑”“防范和打击一条龙”“森林火案侦破查处”“飓风1号”等专项行动。为贯彻落实省委省政府大规模“绿化全川”行动部署，开展了为期6个月的“守护绿川”行动，侦破查处涉林案件5000余起。结合日常打击，全年共受理各类涉林案件10105起，侦破查处9769起，案件综合查处率96%；立刑事案件1280起，破获1103起；立特大刑事案件114起，破获98起。全省抓获犯罪嫌疑人1173人，移送审查起诉895人；收缴木材81959.9立方米、野生动物及制品12757只(头、件)，挽回经济损失1.9亿余元。侦破宜宾市非法采伐楠木99株专案、眉山市瓦屋山非法采伐红豆杉59株系列案等一批大要案件。

【执法规范化建设】 2017年，四川省森林公安局加强民警法治素养提升，引导广大森林公安民警树立以人民为中心、执法为民的思想，通过培训、考试和岗位任职要求，调动全警学法积极性。组织执法资格等级考试，森林公安民警纳入地方公安机关统一组织考试。加强执法质量考评，制定办法和标准，集中考评300余名法制业务骨干。全面探索推行法制审核“痕迹化”管理模式，实现执法全程记录，全方位监管。加强法制对口帮扶，整合优势力量，定期开展服务工作。指派6个执法示范单位对口帮扶藏区6个县(市)级森林公安机关，保障全省执法水平协调发展。加强法治森林公安建设，全面部署建设内容，试点10个单位，形成可复制、可推广的经验，打造升级版执法示范单位。

【平安林区建设】 2017年，四川省林业厅做好全国“两会”、省第十一次党代会、党的十九大等重大会议期间林区稳定工作。强化跨区域警务合作，落实常态化警务合作会议，健全省际、市际、县际合作机制，织密跨区域警务合作网络。组织开展缉枪治爆专项行动，共收缴各类枪支51支、子弹244发，立刑事案件13起。做好林区种植毒品原植物踏查铲毒暨堵源截流工作，四川省林业厅领导带队开展包片督导，加大巡逻、踏查、铲除的密度和力度，共踏勘毒品原植物地块2215处，踏查面积56.4万平方米，查处案件44起，依法收缴、铲除毒品原植物4362株。落实枪弹管理监管责任，组织开展为期3个月的全省森林公安公务用枪大检查，派出9个工作组检查各市(州)共83个单位。

【森林公安改革】 2017年，四川省人民政府办公厅印发了《四川省林业综合行政执法改革方案的通知》，四川省林业厅印发《关于积极稳妥推进林业综合行政执法改革工作的通知》，3月1日起，在全省范围内推行以森林公安为主的林业综合行政执法改革。16个市(州)政府印发了林业行政综合执法改革实施方案，多地按照“编随事走、人随编走”的原则增设森林公安事业机构，增加领导职数、批给事业编制、安排办案经费、补充执法力量。改革后，四川涉林行政案件办案数量同比增长65.6%，累计查处自然保护区内林业行政案件127起。建立森林公安民警补充机制，统一面向公安院校公安专业招录应届毕业生15人，面向社会公开招录100余人。全省实有森林公安民警2525人，增加155人，空编数减少到275人。森林公安警务辅助人员纳入公安机关用人额度管理，公安厅、省编办、财政厅、人力资源社会保障厅联合印发公安机关警务辅助人员用人额度管理办法，明确森林公安机关招录辅警参照地方公安标准执行，2017年度招录森林公安辅警441人。

【警务保障】 2017年，四川省林业厅推动森林公安信息化建设，公安网接入率超过95%，民警数字身份证书及执法记录仪配备率分别达91%和78%。10个市(州)建成执法记录仪工作站62个，7个市(州)开展警用无人机试点，5个市(州)配备移动警务终端175台。提升信息化服务实战效能，建设办公、办案场所视频监控系统平台，整合45个单位的211个监控点位，实现远程执法监督。启动警用地理信息系统加载森林资源数据图层试点，强化信息研判。部分市(县)接入公安天网系统，结合林区视频监控点位，利用图侦手段屡破大要案件。新命名二级森林公安派出所12个、三级森林公安派出所8个、森林公安示范所6个。

四川省林业厅编写组

畜 牧 业

综 述

【基本情况】 2017年,四川省畜牧工作紧扣现代农业发展和养殖污染治理工作主线,着力提升畜牧业发展质量,增强畜产品市场竞争力,加快推进现代畜牧业建设。全年实现畜牧业产值2326.7亿元,减少8.8%;肉类总产量662.5万吨,减少4.2%;生猪出栏6579.1万头,减少5%。全省出售和自宰肉用牛、羊、禽、兔分别为267.3万头、1780.4万只、65259.8万羽和21609.6万只,分别减少0.5%、增长1.4%、减少3.7%和减少8%;猪肉产量472.2万吨,减少4.5%;牛肉、羊肉、禽肉产量分别为33.3万吨、27.2万吨、102万吨,分别增长2.7%、1.3%和减少2.9%。禽蛋产量144.5万吨,减少2.4%;生鲜乳产量63.7万吨,增长1.5%。全省存栏蜜蜂150万群,生产蜂蜜3.95万吨、蜂王浆485吨、蜂花粉710吨,分别减少8.5%、1.3%、2%和5.3%。全省农民人均牧业经营净收入1035.84元,减少0.54%。

【畜禽养殖污染防治】 2017年,四川省农业厅以中央环保督察为契机,全面推进畜禽养殖污染防治工作。开展了禁养区划定、畜禽养殖场全面清理普查,对年出栏生猪10头、肉牛5头、肉羊50只、肉禽1000羽以上,存栏奶牛3头、蛋禽500羽、种兔50只以上的养殖场进行了登记,全省有各类畜禽养殖场(户)214621家(户),其中规模养殖场9313家、养殖专业户67670户。加强养殖场污染治理,采取明察暗访等形式督促重点地区养殖污染治理工作,全年共处理中央环保督察组交办件312项;对禁养区内有污染的养殖场实施了关闭、搬迁,全年禁养区内共关闭、搬迁规模养殖场和养殖专业户16272家(户),其中规模养殖场2428家、养殖专业户13844户,涉及存栏生猪308.7万头、能繁母猪18.9万头,分别占全省存栏生猪和能繁母猪的6.6%和4.1%。全省禁养区内关闭的牛、羊、家禽、兔规模养殖场占比分别达0.5%、0.8%、5.3%和0.8%。2017年年底基本完成了禁养区内确需关闭养殖场的关闭、搬迁工作。同时,编制发布了全省10大主要河流畜禽养殖污染防治河长制工作方案。

【畜禽养殖标准化示范创建】 2017年,四川省农业厅为加快转变畜牧业生产方式,提升畜禽养殖标准化水平,从源头上保障畜产品质量安全,继续开展畜禽养殖标准化示范创建活动,按照农业部"五化"要求,打造了一批标准化程度高、无养殖污染物排放、示范效果好的畜禽养殖标准化示范场。全省创建部级示范场20个、省级示范场114个。截至2017年年底,全省部、省级畜禽养殖标准化示范场共有1040个,其中部级223个、省级817个。全省畜禽养殖规模化率为42%。

【现代畜牧业重点县建设】 2017年,四川省农业厅深入推进全省现代畜牧业重点县建设。省财政投入现代畜牧业发展专项资金2.9亿元,推进全省现代畜牧业建设。全省27个建设重点县出栏生猪、肉牛、肉羊、肉鸡、水禽、肉兔分别为683.81万头、34.11万头、246.54万只、398636万只、2524.6万只、2035.8万只,分别增长7%、6.9%、5.6%、6.2%、5.6%、1.6%;存栏蛋鸡、毛兔分别为2053.4万只、882.42万只,分别增长3.8%、3.2%;肉、蛋产量分别为72.29万吨、15.2万吨,分别增长4.36%、1.73%;奶产量为2.7万吨,减少4.46%。实现畜牧业产值328.2亿元,占农业总产值比重达50.97%,增加26.37亿元,提高1.32个百分点。重点县主导产业产值年增长率为10.1%,适度规模经营水平比2015年提高7个百分点,农业科技进步贡献率提高2.41个百分点。农民人均牧业可支配收入1898元,增长6.14个百分点。重点县主导产业规模化、标准化、良种化水平大幅提升。年出栏生猪规模养殖比重达44.47%,提高3.55个百分点,高于全省平均水平10.8个百分点。新(改、扩)建畜禽标准化养殖场(小区)2531个,总数达11148个,其中部、省级标准化养殖场186个,占全省部、省级标准化养殖场总数的20.53%。主导产业生猪良种面达79.38%,提高1个百分点。无公害畜产品、产地、畜产品地理标志分别达237个、247个、22个,分别增加26个、23个、1个,农产品质量安全合格率达92%以上。初步构建了与现代畜牧业发展相适应的"育、繁、推"一体化良种生产供应体系。各类产业化经营主体快速发展,初步形成"牧工贸紧密衔接、产加销融为一体"的产业化经营体系。龙头企业、养殖专业合作社、现代家庭农场分别发展到406家、5328家、3532家。畜牧主导产业形成大型龙头企业带动、专业合作社组织、生产性服务体系配套的发展格局。

【畜禽粪污资源化利用】 2017年,四川省政府出台了《推进畜牧业转型升级绿色发展的意见》《关于加快推进畜禽养殖废弃物资源化利用的实施意见》等文件,加快种养结合循环农业发展。通过推广"果沼畜""菜沼畜""茶沼畜"等畜禽粪污综合利用、种养循环的技术模式,探索符合全省省情的畜禽粪污资源化利用路子,在蒲江等县PPP模式推进畜禽粪污资源化利用试点取得成功,初步建立受益者付费、可持续运行的粪污资源化利用市场机制经验的基础上,进一步扩大了畜禽粪污资源化利用推广范围。苍溪等10个县继续开展国家畜牧业绿色发展示范县创建活动,苍溪、蒲江、南江3县经农业部审定批准取得第一批畜牧业绿色发展示范县认定;泸县、三台、苍溪、宣汉、南江等5县被确定为国家级畜禽粪污资源化利用整县推进项目县,井研、阆中、射洪、武胜、宜宾、资中6县入选"2018年度国家畜禽粪污资源化利用整县推进项目县"。全年全省畜禽粪污资源化利用率达62%,规模养殖场粪污处理实施装备配套率达77.8%。

四川省农业厅编写组

草原保护建设

【基本情况】 2017年,四川省省级草原工作机构是"一处两站一院",分别是农业厅草原处、农业厅草原监理站、省草原总站、省草原科学研究院,在编人员分别有8名、10名、24名、118名。草原处主要职能是组织编制并实施草原保护、利用、建设和草原畜牧业发展规划、计划,组织落实草原基本制度,负责草原保护、利用和建设管理工作,组织和督导草原草业政策、重点项目实施,草原雨雪冰冻灾害防御等防灾减灾工作;草原监理站负责草原行政执法工作、组织指导草原防火、草原确权登记;省草原总站负责草地资源调查、牧草种子资源管理、草原(地)建设、草原鼠虫害防治;省草原科学研究院负责草地改良与利用、

牧草的选育与栽培技术、草食家畜品种选育与改良及家畜饲料饲养、盆周山区种草养畜的技术研究。近年来,农业厅认真贯彻落实省委省政府两次全省现代草原畜牧业会议精神,开拓创新,在转型升级、提质增效、减畜增收上下功夫,促进农业供给侧结构性改革、农牧民增收脱贫和草原生态环境改善。

四川草原面积共有3.13亿亩,占全省辖区面积的43%。可利用天然草原面积2.65亿亩,占全省草原总面积的84.7%。全省天然草原有2.46亿亩,集中连片分布在甘孜、阿坝、凉山3个民族自治州,属全国五大牧区之一。四川草原类型多样,共有11类35组126种,海拔270～5500米均有分布。草原面积最大的前三类依次是高寒草甸草地类、高寒灌丛草地类、山地灌草丛草地类,分别占全省草原总面积的49%、15%、9%。天然草原牧草构成以禾本科、豆科、莎草科和杂类草为主,其中禾本科植被107属355种,豆科植物64属213种。全省草原分布在海拔2800～4500米的地带,平均海拔4000米左右,地势开阔、气候严寒、日照强烈,80%的降水集中在5—8月,草原以高寒草甸草地、高寒灌丛草地为主,高原东南部以山地草甸草地、山地灌草丛草地为主,川西南自高而低分别有亚高山草甸、山地草甸、山地灌草丛、干旱河谷灌丛草地,盆地内地主要分布有农隙地草地和零星的灌草丛草地。

【主要成效】 2017年,四川省草原和草原畜牧业工作取得了明显成效,实现了国家“减畜不减收”的生态发展要求。一是草原生态环境持续改善。通过落实草原保护制度,全年实施退化草地改良与治理1337万亩次,并强化执法,初步监测全省天然草原综合植被盖度可达84.8%,增加0.1个百分点,比全国主要牧区高30.2个百分点;牲畜超载率控制在9.1%左右。二是畜牧业发展后劲不断增强。农牧民的观念发生了很大改变,从以前不种草发展到现在积极种草和贮草,初步统计全省全年人工种草共38.2万亩,并已涌现出种草大户、种草专业合作社。建设牲畜棚圈11529户(个),生产水平及防灾减灾能力较大提高。同时牧业机具得到了积极推广应用。三是生产方式开始转变。积极培育家庭牧场、集体牧场、农民合作社和龙头企业等适度规模新型经营主体。甘孜、阿坝2州发展牦牛标准化养殖场(小区)138个。推广异地育肥技术取得实效,牦牛从6～7岁出栏缩短至4岁半左右出栏,饲养周期长的问题将得到逐步解决。四是畜牧业对人均纯收入起到支撑作用。预计石渠、理塘、色达、阿坝、红原、若尔盖等纯牧区县,畜牧业产业占农业总产值的84%以上,甘孜、阿坝2州草原生态补奖人均收入505元,对增收脱贫起到了重要作用。

【草原保护与建设】 2017年,四川省在国家农业部等有关部委和省委省政府的大力支持下,草原保护与建设落实资金14.57亿元,开展草原生态保护补助奖励政策禁牧补助7000万亩,草畜平衡奖励14200万亩,划区轮牧草原围栏235万亩,毒害草治理2万亩,黑土滩治理2万亩;建设现代家庭牧场171家,牲畜棚圈11241户、89.9万平方米,牲畜多功能巷道圈288个;草种基地建设3000亩,人工草地建植33.4万亩,天然草地改良103万亩,草产品加工试点33个。

【草原生态保护补助奖励政策】 2017年,四川省落实补奖资金8.8亿元,实施2017年草原生态保护补助奖励政策,开展草原禁牧补助7000万亩、草畜平衡奖励14200万亩。补奖工作得到农业部、财政部评定的优秀等次,获得中央绩效奖励资金2.65亿元。

【退牧还草工程】 2017年,四川省落实中央投资16208万元,开展划区轮牧草原围栏235万亩,退化草原改良30万亩,人工饲草地建设20万亩,舍饲棚圈建设0.4万户。

【岩溶地区石漠化综合治理工程】 2017年,四川省落实中央资金193.5万元,开展草地建设0.55万亩、青贮窖1360立方米。

【草原行政许可】 2017年,四川省针对农业部下放涉及草原行政审批事项,及时制定、完善行政审批办事指南、办理流程,并纳入省政务中心统一受理办理。全年办理草种生产许可4个、经营许可10个;办理临时占用草原审批手续37件,征(占)用草原审核手续55件,依法征收草原植被恢复费2590.75万元,按规定全部上缴省级国库。

【存在的主要问题】 生态环境仍然脆弱,草原保护建设任务重。2017年,四川省牧区草原退化面积14286万亩,占牧区草原总面积的58.3%。其中,有沙化草原337.4万亩、部分丧失或已丧失生态功能和生产能力的鼠荒地(黑土滩)1201万亩。

设施设备仍然较差,抗御风险能力不强。一是畜牧业基础设施薄弱,牧区畜牧生产设施建设滞后;二是牧业机械普及率低。

生产方式仍然落后,经营主体带动力不足。县城周边、公路沿线、景点区域畜牧业发展方式转变较快,而大多数地区数量型传统畜牧业仍占主导地位,新型经营主体管理方式粗放。

畜草改良仍然滞后,科技支撑能力薄弱。牲畜良种繁育体系不健全,供种能力弱,牦牛、藏绵羊退化明显,牦牛日均产奶量1.2～1.5千克,屠宰体重平均220千克左右。优质牧草种子基地少,年提供的牧草种子只能满足实际需要的10%,人工草地优良牧草品种推广面为60%～65%。川西北牧区畜牧业科技贡献率不足30%。

四川省农业厅编写组

畜产品质量安全监管

【动物卫生执法监督】 2017年,四川省“四川智慧动监”继续在全省推广使用。全省建成电子联网出证点4498个,出具检疫合格证1406.1万张,产地检疫畜禽3.33亿头(只、羽),屠宰检疫畜禽1.04亿头(只、羽),检疫率达100%,养殖环节共无害化处理病死猪85.12万头,补助发放监督与到位率100%。开展老化陈旧及废弃动物标识集中回收处理工作和电子耳标试点,重点查处动物标识违法案件229起,共办理动物卫生行政处罚案件530件,罚款98.95万元,其中5件移送公安机关。

【生猪屠宰行业监管】 2017年,四川省于3月、8月两次召开全省屠宰监管工作会议,印发《关于加强生猪屠宰监管的紧急通知》《2017年屠宰行业安全生产月活动实施方案》《关于落实生猪屠宰企业飞行检查工作的通知》等,开展屠宰行业“扫雷行动”“百日行动”“安全生产月”活动。全省共关闭、取缔小型屠宰场(点)185个,捣毁私屠滥宰窝点数105个,完成屠宰环节“瘦肉精”抽检82.57万余份,开展飞行检查近100次,接到举报142起,查实121起。出动执法人员3.81万人次,开展专项执法8494次、联合执法1374次,立案查处案件38件,货值106.7万元,罚没50万元,重点查处遂宁南大食品有限公司“3·15”曝光案等5件案件,向公安机关移送案件3件,追究刑事责任人8人。

【兽药残留监控】 2017年,四川省完成畜产品兽药残留监控抽样1811批,涉及品种包括猪肉、牛肉、羊肉、禽蛋、禽肉、牛奶等动物性产品6种,检测兽药残留物37种,畜产品总体合格率达99.94%;广安查

处养鸡场违规使用金刚烷胺行为，涉及鸡场2个，共无害化处理肉鸡5万余只。

四川省农业厅编写组

生猪价格波动体系建设

【基本情况】 2017年，四川省生猪出栏总量有所下降，猪肉供需总体平衡，产能恢复性提高；生猪价格走势"先跌后稳"，虽然整体低于上年，但走势基本符合供需规律，在近10年中仍处于中高位运行；饲料成本有所下降，猪粮比、猪料比都在均衡线之上，养猪头均盈利在230~550元之间，盈利空间趋于更加合理的范围。

【生猪价格基本情况】 育肥猪价格。2017年1月，四川省育肥猪出栏均价稳定在18.6元/千克左右，自2月开始连续下跌17周至6月上旬，盘整8周后在7月底创下全年最低价位12.98元/千克，之后连续拉升8周到9月下旬的19.2元/千克，第4季度总体稳定，小幅震荡至2017年年底的15.42元/千克，全年均价15.42元/千克。

仔猪价格。仔猪均价开年承接上年度末的上扬态势一路上行至3月上旬的全年最高价34.11元/千克后，连续下跌近5个月到8月初的24.33元/千克，跌幅达28.67%。之后虽然连续6周小幅回升但仍难改下跌趋势，第4季度缓慢下跌到2017年年底的22.85元/千克，全年均价27.89元/千克。

后备母猪价格。后备母猪开年小幅震荡上行至3月初创下全年最高1503元/头并企稳运行6周后，连续陡降15周到8月初的1386元/头，创下年度最低价。之后连续拉升6周到1439元/头，直至稳定运行到2017年年底的1432元/头，全年均价1447元/头。

猪肉价格。全年猪肉零售均价与育肥猪价格走势类似。开年在28.8元/千克左右稳定运行1个月，于2月中旬开始逐周下跌到8月初，创下全年最低价21.73元/千克，跌幅达24.63%；在连续拉升7周后于国庆前回升到24.81元/千克后，小幅震荡运行至2017年年底以24.94元/千克收官，全年均价25.09元/千克。

【生猪价格走势特点】 生猪价格先跌后稳，总体处于中高位。2017年，四川省生猪价格与全国走势相同——上半年猪价从高位震荡回调，下半年小幅拉升后小幅震荡趋稳。其中，出栏肥猪、猪肉两项指标全年均价处于自2008年监测以来的第4位；母猪全年均价仅次于2008年"地震年"和2016年"金猪年"；仔猪全年均价则仅次于2016年。

饲料原料及配合料价格小幅震荡，在近年中低位运行。全年饲料原料及配合料价格总体较为稳定、小幅震荡略降，在猪价大幅回调的情况下保证了养殖效益。特别是国家粮食收储政策促使玉米价格的下降，为生猪养殖业降低饲料成本起到了促进作用。

养殖效益更加合理。虽然猪粮比、猪料比均较上年出现回落，但全年都在均衡线之上（仅猪料比有2个月时间处于保本期）。养殖生猪头均盈利维持在230~550元之间，既保护了养殖者的积极性，也让广大消费者能够接受，从而更加有利于产业的发展。

环保治理与"量价背离"。2015年以来，生猪养殖业的环保政策不断加码、环保整顿力度不断加强，一方面使不符合规定的小型养殖户逐渐退出行业，另一方面又为具有资金、技术等优势的规模企业抢占市场份额创造了机会。这些企业规模化扩张更为理性，在8月出现了罕见的"量价背离"现象：生猪存栏量环、同比分别下降5.3%和11%，出栏量环、同比分别增长9.3%和7.3%，而此时猪价已连续上涨7周，累计上涨16.7%。

【依据调控预案，准确研判市场】 2017年，四川省严格落实《四川省缓解生猪市场价格周期性波动调控预案》，按照"菜篮子"市长负责制要求，各地主动引导养殖场（户）要多渠道实时关心国家农业政策，关注生猪市场供需动态，准确研判生猪价格走势，强化生猪价格指数保险意识。同时，根据消费季节、冻猪肉收储及进口猪肉数量等变化调整猪群结构，提前谋划母猪配种、仔猪和育肥猪补栏，做到理性地不压栏适时出栏，探索错峰销售和农业电商销售的新路子。

【加强监测分析，防止价格大起大落】 2017年，四川省不断完善生猪价格监测体系，扩大监测覆盖范围，加强与专业咨询机构的横向合作，组建适应国际化发展需要的分析预警团队。努力提高监测预警质量，依托全国及全省生猪监测历史数据库，开展大数据挖掘试点，加强生猪价格周期波动规律研究。强化信息发布预警，定期通过电视、门户网站、手机短信、微博和微信公众号等渠道，向产业链经营主体发布高质量监测预警信息。

【加强调查研究，充分掌握一手资料】 2017年，四川省各级价格主管部门高度关注生猪市场价格走势，针对生猪市场价格持续走强、淡季不淡并在高位震荡运行的情况，省发展改革委牵头组织相关部门到成都、绵阳等养殖大市，通过听取汇报、座谈了解、实地查看等方式开展生猪生产及价格运行情况专项调查，形成生猪市场价格运行情况的专题调研报告，并提出政策措施建议上报省政府。

【坚持改革创新，不断完善价格调控的机制手段】 2017年，四川省积极推进生猪价格保险试点，引导养殖户强化生猪价格指数保险意识。全省共计投保生猪80余万头、保费5868万元，有效减轻了重大自然灾害、重大疫情对广大养殖户养殖利益的影响。同时，鼓励广大养殖户（场）在标准化、规模化、无害化、智能化、产业化和品牌化方面狠下功夫，实现生猪养殖业节本增效和可持续发展。

四川省发展改革委员会编写组

兽医、兽药管理

【动物疫病防控】 2017年，四川省印发《关于加强2017年重大动物疫病防控工作的通知》，召开全省重大动物疫病防控工作会议、动物疫病监测与疫情信息分析评估会商。春、秋防期间共集中免疫口蹄疫牲畜1.31亿头（只）、高致病性禽流感家禽9.76亿羽、鸡新城疫3.66亿羽、猪瘟9292.38万头、高致病性猪蓝耳病8653.69万头、小反刍兽疫羊1811.46万只；使用消毒药794吨，消毒面积2.81亿平方米；开展畜禽血清样品监测40.22万份，免疫抗体合格率89.54%，对21个市（州）进行了全面督查。

【人畜共患病防控】 包虫病防治。2017年，四川省继续深入实施石渠县包虫病综合防治试点，在石渠县开展了环境包虫病虫卵药物杀灭新技术的试点和家畜包虫病胶体金快速检测技术的应用；11月，石渠县包虫病综合防控试点工作通过国家中期评估验收。全省35个包虫病流行县（市）共开展犬只驱虫435.36万只次、羊只包虫病免疫543.23万只次、牛（羊）包虫病专项抽检4.08万头（只），监测犬粪抗原样品8704份、包虫病免疫抗体血清样本3500份、家畜包虫病感染抗体样本7000份；举办培训班119期，培训人员达19716人次；开展宣传活动204次，发放培训资料58270份。

血吸虫病防治。全省共检查家畜11.32万头，治疗和扩大化治疗

家畜4.98万头。9月，通过国家开展的省级血吸虫病阻断达标考核评估，全省63个血吸虫病疫区县全部比规划提前3年达到阻断达标标准，其中16个县达到血吸虫病消除标准，共有29个县达到血吸虫病消除标准，占全部疫区县达到血吸虫病消除标准的46%。

【动物防疫等补助政策】 2017年，四川省省、市、县三级共落实疫苗经费3.34亿元，监测流调经费4310.38万元，应急物资储备经费3888.26万元。全年共有14个县44个规模场开展疫苗直补试点，涉及口蹄疫、高致病性禽流感、小反刍兽疫疫苗现金直补，直补金额390余万元。

【动物保护能力提升工程】 2017年，四川省落实项目资金2200万元，改(扩)建广元市、泸州市陆生动物疫病病原学监测实验室2个、省级动物源细菌耐药性监测实验室1个，新建阿坝州、甘孜州、凉山州木里县牧区动物防疫专用设施300套。

【兽药质量监管】 2017年，四川省印发《关于加强兽用抗菌药生产经营使用监管工作的通知》，派出4个工作组应急督查65家饲料兽药生产经营企业和养殖场，排查抽检兽用阿维菌素粉中非法添加非泼罗尼72批次样品，未检出非泼罗尼。共完成兽药监督抽检912批，其中合格879批、不合格20批，假兽药16批。对农业部通报的假劣兽药产品进行了清查，共检查兽药生产、经营企业及养殖场(户)11.26万个(户)次、立案203件，罚没金额78.41万元，其中移交司法案件5件，吊销《兽药生产许可证》案件1件，责令企业整改问题1086个，取缔无证经营户28户，发放资料41.2万余份，指导培训人员9.21万人次。

【动物源性细菌耐药性监测】 2017年，四川省制订《四川省遏制动物源细菌耐药行动工作方案(2017—2020年)》，印发《兽药使用告知书》3万份在全省养殖场张贴；在成都等9个市(州)以及福建省、吉林省共40余个养殖场开展动物细菌耐药性监测抽样，共抽取样本5220个，分离、鉴定沙门氏菌、大肠杆菌和金黄色葡萄球菌菌株共计1195株，并对780株动物细菌进行16种药物的耐药性监测。

【兽医队伍建设】 2017年，四川省举办培训班18期，培训人员2100余人，发放防控宣传资料1万余份；共清理、变更官方兽医1190人；10月，组织2420名考生完成全国执业兽医资格考试。

【无规定动物疫病区建设】 2017年，四川省开展“动物移动严管年行动”，投入432万元省级资金用于全省无规定动物疫病区指定通道检查站建设。11月，在广元市召开省际间公路动物卫生监督检查站规范化建设及管理现场会。

【应急管理】 2017年，四川省修订了《省级重大动物疫情应急储备物资管理办法》，11月11日在绵阳市涪城区举办了四川省2017年突发重大动物疫情应急培训及演练，省级储备消毒药140.42吨、防护服240套、消毒用具35台(套)、注射器等2871台(套)。成都、德阳等地发生人感染H7N9流感事件，省级组织调运疫苗、消毒药等应急物资，在重点地区建立H7N9流感免疫隔离带；开展禽间H7N9病毒监测，全省共抽检禽类养殖场(户)1135家(户)，检测病原学样品3.19万份、血清学样品3.1万份，均未从活禽中检出H7N9病毒。

【兽药产业】 2017年，四川省开展兽药产品批准文号现场核查申报2400余批，印发《关于加快推进全省兽药经营追溯工作的通知》《关于注册兽药追溯系统的紧急通知》，组织全省兽用生物制品经营企业和50%以上的化学药品经营企业开展二维码追溯体系建设，印制《兽药追溯体系培训使用教程》2000册。

四川省农业厅编写组

水 产 业

【基本情况】 2017年，四川省水产企业认真贯彻落实中央、省委省政府“三农”工作决策部署，牢牢把握稳中求进的工作总基调，坚持以“创新、协调、绿色、开放、共享”发展理念为引领，紧紧围绕推进供给侧结构性改革这条主线，以“保障供给、提质增效、农民增收、维护生态”为目标，以绿色发展为导向，以改革创新为动力，以结构调整为重点，发展适度规模经营，培育新型经营主体，强化渔政执法监督，完善发展体制机制，不断增强发展动能，夯实产业发展基础，促进了水产业平稳较快发展。

【水产养殖】 2017年，四川省水产养殖面积达18.84万公顷(不含稻田养鱼面积)，增加0.73万公顷，增长4.03%，其中池塘9.57万公顷、水库7.05万公顷、河沟1.73万公顷、湖泊及其他0.49万公顷。稻田养鱼面积30.96万公顷，增加1.11万公顷，增长3.72%。全省水产品总产量150.74万吨，其中养殖产量达145.36万吨，增加8.58万吨，增长6.04%，占总产量的96.43%；捕捞产量5.38万吨。养殖产量中，池塘76.05万吨，水库22.57万吨，河沟8.03万吨，稻田37.78万吨，湖泊及其他0.93万吨。草鱼、鲢鱼、鳙鱼、鲤鱼、鲫鱼等常规品种产量稳中有增，产量110.22万吨，增加7.13万吨，增长6.92%，占总产量的73.12%。名特优水产品养殖稳步增长，产量35.14万吨，增加1.76万吨，增长5.28%，占总产量的26.88%。

【绿色发展】 2017年，四川省共创建全国水产品质量安全示范县1个、农业部渔业健康养殖示范县1个；新增农业部健康养殖示范场54家，总计达334家。全省无公害水产品产地达281个，面积3.1万公顷。获得农业部认证的无公害水产品896个、地理标志水产品9个、绿色水产品8个、有机水产品23个。新增大水面生态养殖20万亩，全省水库生态养殖面积达105万亩，占整个水库面积的85%。全省“稻渔”综合种养蓬勃发展，新增23.94万亩，总计达145万亩，占稻田养鱼面积的31.22%；产量17.81万吨，占稻田养鱼产量的47.14%。创建省级稻渔综合种养示范区24个，创建国家级稻渔综合种养示范区3个。新增池塘标准化改造面积2.6万亩，新增省级原良种场2个。

【水产产业化经营】 2017年，四川省水产企业达1900余家，其中国家级龙头企业2家、省级龙头企业7家。全省新增水产专业合作社728个，总数达4017个，其中国家级水产示范合作社14个、省级水产示范合作社83个(新增10个)。家庭渔场达1412个，水产养殖专业大户10694户。全省各类休闲渔业基地超过1390家，其中全国休闲渔业示范基地20家、省级示范农庄4个。

【渔政管理和资源保护】 2017年，四川省扎实开展禁渔管理。认真落实春季禁渔制度和赤水河流域十年全面禁渔制度，积极推进长江流域自然保护区禁捕工作。全省共组织统一检查行动4014次，出动检查车4965辆次，出动检查船艇2469艘次，参加执法人员28228人次，查获违禁捕捞渔船302艘，取缔违禁渔具24041件，查处电鱼器523台

（套），查处毒鱼案件4起，没收违法捕捞渔获物5426.3千克，查处违法销售渔获物1392.5千克，没收"三无"渔船127艘，行政处罚327人，刑事处罚81人，罚款35.895万元。规范行政许可，共办理水生野生动物经营利用许可证108个、驯养繁殖许可证124个、捕捉证2个。办理影响评价审查及补救措施审批18件。大力开展鱼类人工增殖放流，全省放流水产苗种超过1亿尾。抓好保护区管理，以中央环保督察为契机，加强对鱼类自然保护区、水产种质资源保护区的管理，认真整改涉渔环保问题，积极发挥保护功能。组织开展捕捞限额调整工作，省政府公布了新的捕捞限额。

【水产科技】 2017年，四川省获得省、部级科技进步奖3项，其中一等奖2项。组建并启动国家现代农业产业技术体系四川淡水鱼创新团队。完成水产地方标准的编制和初审工作15项。发布渔业主推技术2大类9项。实施农业部渔业节能减排项目2个。在全省19个市（州）106个测报点开展水产养殖动物病害测报，在全省88个县设置了水生动物检疫申报点，启动了水生动物检疫合格证明联网电子出证工作。开展水产苗种产地检疫联网电子出证培训和官方兽医（水生动物）培训，提高基层检疫水平。加强渔业实用人才和带头人培养，全省培训农渔民12万人次以上。

【安全生产】 2017年，四川省认真落实中央、省级安全生产工作要求，以渔业生产及船舶生产安全为重点，开展平安渔业示范县创建工作，组织全省渔业安全生产大检查，排查整改隐患，防患于未然。完成全省渔船"三证合一"数据导入工作并启动"新证书"发放工作。全省渔业主管部门出动渔业安全生产宣传车1647台次，开展渔业执法巡查、走村入户、江边走访渔民等安全宣传8549次，张贴宣传标语2983条。全省渔业船舶登记数为11292艘，渔船登记总功率为75533.08千瓦，实检渔船10980艘，实检总功率72222.88千瓦，受检率达97.2%。全省未发生重大渔业安全责任事故。

【水产业扶贫】 2017年，四川省认真落实中央、省产业扶贫和脱贫攻坚的系列决策部署，积极发挥水产业优势，推进水产产业扶贫，贫困地区水产养殖面积达264万亩。安排21个有扶贫任务的县推进水产养殖基地建设资金共计2100万元。5位同志坚持在阿坝州蹲点开展技术扶贫，助力贫困地区脱贫攻坚。积极开展各类养殖技能培训，对养殖模式选择、品种选择、苗种投放、鱼病预防等做了精准指导。

【政策创设】 2017年，四川省人民政府出台了《关于加快发展现代水产产业的意见》，明确了加快发展现代水产产业的指导思想、基本原则、主要目标、重点任务和保障措施；农业厅制定了《关于加快发展稻渔综合种养的指导意见》，对加快发展稻渔综合种养作出了全面部署，掀起了发展稻渔综合种养新热潮。

四川省农业厅编写组

特色效益农业

综　　述

【基本情况】 2017年，四川省经作系统扎实推进供给侧改革，践行绿色发展理念，着力培育川菜、川果、川茶、川药"新四川"产业，创新"建基地、搞加工、创品牌、拓市场"全产业链营运机制，经作产业质量效益不断提升。

【产业规模持续增长】 2017年，四川省经济作物总面积达4335.2万亩，增长3.1%。其中，水果、蔬菜、茶园、中药材、桑园面积分别为1015万亩、2083万亩、534.4万亩、200万亩、190万亩，分别增长2%、1.2%、4.1%、22.9%、1.6%，水果面积首次突破1000万亩。全省经济作物总产量达5674.1万吨，增长3.2%。其中，水果、蔬菜、茶叶、中药材、蚕茧产量分别为920万吨、4560万吨、28.3万吨、50万吨、7.8万吨，分别增长8.2%、1.6%、6.9%、8.7%、1.3%。

【产业效益稳步攀升】 2017年，四川省经济作物产值达2731.9亿元，增长4.1%，实现农民人均增收123.1元。其中，茶叶产值210亿元，增长10.5%，实现农民人均增收22.8元；水果产值达630亿元，增长3.6%，实现农民人均增收40元；蚕桑产值72亿元，增长9.9%，实现农民人均增收7.4元；中药材产值75亿元，增长19.1%，实现农民人均增收13.7元；蔬菜价格较上年略有降低，产值达1613亿元，实现农民人均增收31.1元。泡菜产值将突破400亿元，四川省已成为全国泡菜产业第一大省。

【产业质量不断提高】 2017年，四川省围绕市场需求，加力调整、优化品种、品质结构，"新四川"产业质量不断提升。全省优质晚熟柑橘（不含晚采）面积已达30%，增加5个百分点；红、黄、绿肉猕猴桃比例达8:1:1，四川省已建成全国最大的优质红肉猕猴桃生产区。茶叶"一主三辅"产品结构调整持续加力，名优茶占比达61.4%，增长5.1%。特色蔬菜占蔬菜总产量28.6%，蔬菜周年均衡供应能力全线提升，建成了全国最大的冬春喜凉蔬菜生产基地和泡菜加工基地，"南菜北运"地位得到进一步提升。川产道地药材面积占道地药材总面积的60%以上。

【产业品牌持续擦亮】 2017年，四川省全力打造"天府龙芽""四川泡菜"等省级区域品牌，"新四川"特色品牌在全省、全国影响力与日俱增。一是川茶品牌刷新历史。"蒙顶山茶""宜宾早茶"分别获得"中国十大茶叶区域公共品牌"和"中国茶叶优秀区域品牌"，终结四川茶叶没有全国大品牌历史，开启川茶品牌文化新篇章。全省茶叶拥有中国驰名商标14个、著名商标68件、地理保护标志产品28个，有11个品牌入围"全国区域品牌价值排行榜"。二是川菜品牌锃亮呈现。"阳光米易""江之阳""曾家山"等已成为时令蔬菜佼佼者；"吉香居""味聚特""李记"等已成为"四川泡菜"领头羊；"四川泡菜"被列入首批中欧地理标志产品互认互保名单。三是川果品牌异彩纷呈。苍溪红心猕猴桃、攀西芒果、丹棱桔橙、汶川甜樱桃、会理石榴、盐源苹果、合江荔枝、安岳柠檬等特色水果品牌已成为各地对外宣传的靓丽名片。

【产业市场强力拓展】 2017年，四川省各级经作部门切实加大"新四川"产品展示、展销与宣传推介力度，不断开拓国内外市场，持续推进"新四川"产业走向全国，进军全球。川菜、川果、川茶、川药已出口到全球47个国家和地区；蔬菜已出口日本、韩国、美国、澳大利亚等38个国家和地区；水果已出口俄罗斯、新加坡、印度尼西亚、土耳其等30个国家和地区；茶叶已出口蒙古、马里、比利时、越南等17个国家和地

区;药材已出口日本、印度尼西亚、意大利、澳大利亚等21个国家和地区。其中,川菜、川茶出口额分别是46022万元、26931万元,分别增长29.4%、69%。

【产业布局日益优化】 2017年,四川省以产业区域优势县为重点,坚持连片规划、规模建设,大力推进特色产业优势产业带和集中发展区建设,全年新建和改造现代经作产业标准化基地213万亩,完成计划的106.5%;不断优化和巩固川西600万亩"稻菜"轮作产业带,盆周山区200万亩高山蔬菜产业带,川南300万亩早春蔬菜产业带,川西南盆周300万亩名优绿茶产业带,川东北200万亩优质富硒茶产业带,龙门山脉60万亩优质猕猴桃产业带,川西盆地100万亩晚熟柑橘产业带,川中100万亩柠檬产业集中发展区。

【启动特优区创建工作】 2017年,四川省农业厅根据农业部等九部委《关于开展特色农产品优势区创建工作的通知》要求,扎实推进创建工作。一是开展特优区典型案例筛选报送。及时向农业部、国家发展改革委上报含"新四川"产业在内,在全国优势突出、排位靠前的典型案例17个。二是组织开展特优区认定申报推荐工作。报经省政府主要领导审定同意,向农业部、国家林业局推荐"中国特色农产品优势区"候选名单,攀枝花芒果、苍溪猕猴桃、宜宾油樟等被认定为国家首批特色农产品优势区。三是开展特优区创建培训。在攀枝花市举行全省特色水果特优区创建培训,普及特优区相关政策,示范引领全省特优区创建工作。四是拟定五年创建计划。明确提出到2022年要打造一批全国最大的"新四川"产业优势区。

【特色水产养殖】 2017年,四川省利用各类水域资源大力发展鲶鱼、鮰鱼、长吻鮠、黄颡鱼、鲈鱼、鲟鱼、大鲵等名特优水产品养殖,产量35.14万吨,增加1.76万吨,增长5.28%,占总产量的26.88%。其中,鲶鱼、鮰鱼、长吻鮠产量居全国第一位;黄颡鱼、鲈鱼、乌鳢产量居西部第1位,分别位列全国第5、第5和第9。已认证无公害水产品896个、绿色食品水产品8个、有机水产品23个,登记水产品地理标志9个。

四川省农业厅编写组

水果产业

【基本情况】 2017年,四川省水果总面积1015万亩,产量920万吨,分别增长2.03%和8.17%。其中,柑橘面积440万亩,产量430万吨;梨、桃、葡萄、樱桃等伏季水果面积575万亩,产量490万吨。

【结构调整成效显著】 2017年,四川省在柑橘上着力推广"双晚"(晚熟品种和晚采技术)战略,不知火、清见、春见、塔罗科血橙新系等晚熟柑橘发展迅速,全省晚熟柑橘面积达160万亩,占柑橘总面积的36.4%。在猕猴桃上,着力推广以红阳为主的红肉型猕猴桃优新品种,保持全球最大红肉猕猴桃生产基地优势;因地制宜适当搭配海沃特、徐香、贵长、金艳等黄肉、绿肉优良品种,红、黄、绿三色猕猴桃比例为8:1:1。在芒果上,形成了以晚熟芒果凯特为主,吉禄、金煌、椰香等23个品种搭配的"早、中、晚熟"品种结构。在石榴上,逐步推广突尼斯软籽等优良品种,青皮软籽单价由原来的4元/千克提高到20元/千克。

【特色产业优势突出】 2017年,四川省1—6月成熟的晚熟柑橘是全国最大的晚熟柑橘生产基地;丹棱县仅桔橙一项,带动全县果农3万余户、8万余人,人均增收9000元以上,作为农业供给侧改革的先进典型先后被《人民日报》、新华社等中央媒体专题报道。以"红阳"为主的红心猕猴桃占全省猕猴桃生产总量的80%左右,是世界红心猕猴桃原产地、全球最大的红心猕猴桃生产基地。全省芒果是全国纬度最北、海拔最高、品质最优、最晚熟的芒果生产基地,上市时间为9—10月,无芒果与之竞争。全省柠檬产能占全国的80%以上,是全国独一无二的柠檬生产大省。晚熟荔枝、龙眼是全国最内陆、同纬度、低海拔最晚熟的生产基地,产品熟期晚、品质优,特色十分明显,市场发展空间大。

【聚集程度更加明显】 2017年,四川省初步形成了以眉山、成都等为重点的川西晚熟柑橘产业带,以成都、德阳、广元、雅安等为重点的龙门山脉优质猕猴桃产业带,以安岳、遂宁、南充等为重点的川中柠檬产业带,以攀枝花市仁和区、米易等为重点的攀西优质晚熟芒果产业带,以阿坝、甘孜等为重点的高海拔民族地区优质甜樱桃生产区,以攀西早熟、成都平原中熟、石棉晚熟、茂县晚熟为重点的优质枇杷生产区,以会理、西昌等为重点的优质石榴生产区,以盐源、茂县、小金、越西等为重点的优质苹果生产区,以成都市龙泉驿区、简阳、西充等为重点的优质桃生产区,以合江、泸州市江阳区、泸州市龙马潭区等为重点的晚熟荔枝龙眼生产区。

【生产销售总体顺畅】 2017年,四川省水果产量增幅较大,主要原因:一是全年风调雨顺,没有大的自然灾害;二是投产面积增加,前几年加速扩量阶段建设的基地陆续进入盛果期。重点果类中,晚熟柑橘面积、产量仍然保持增长态势,市场销售顺畅,重点产区产地价格较上年上涨30%左右,春见均价8元/千克,不知火开采价格10元/千克。枇杷面积与上年基本持平,攀西早春枇杷单价60元/千克,较上年增长20%~30%;仁寿、成都市龙泉驿区等地中熟枇杷10元/千克左右。甜樱桃产量增长20%~30%,由于产量增加、道路不通、外地甜樱桃大量入川等因素影响,单价略有下滑,汉源产地均价30~40元/千克,汶川开采价格60~80元/千克。芒果投产面积增加、产量增加,前期产地价格4元/千克左右,较上年略有下降,后期单价上扬。晚熟龙眼、荔枝产量增加30%左右,单价略降。猕猴桃销售前抑后扬,重点产区红心猕猴桃前期产地价格10~16元/千克,9月下旬后上涨到16~20元/千克。

【抓好扶贫攻坚工作】 2017年,四川省农业厅认真贯彻执行省委省政府扶贫攻坚决策部署,派遣专业技术人员进驻古蔺县大寨苗族乡富民村当好驻村农技员,指导产业发展。深入南江、金川、汶川、昭化、蓬溪等贫困县、村,为地方政府和企业、种植户提供产业发展、技术咨询和现场指导。参与柑橘、梨、桃、苹果、李等主要果类技术培训工作,为贫困地区果农提供简单易懂的技术指导。

【加快特色产业发展】 2017年,四川省农业厅为充分利用攀西地区光热资源,培育助农增收全新产业,先后2次召集省农科院和攀枝花、凉山州农牧业局等相关单位进行专题研究,9月组织相关人员到广西、云南考察,对国内奶油果产业发展有了更清晰了认识和定位,一致认为全省攀西地区发展奶油果产业切实可行。组织重点产业、重点产区积极申报国家级特色农产品优势区,攀枝花芒果、苍溪猕猴桃成功上榜首批全国特色农产品优势区名单。

【强化业务技术培训】 2017年9月,四川省农业厅在攀枝花市举办了全省特色水果优势区创建培训,全省21个市(州)、部分重点县,省农科院、四川农业大学等科研院校参加培训100余人。4月与省农科院合作召开了柑橘供给侧改革研讨暨培训会,邀请华中农大邓秀新院士和彭抒昂教授作了专题讲授,展示了晚熟柑橘新品种和新技术。组织相关区(县)业务骨干到山东青岛、云南、武汉等地参加业务培训,学习省外先进经验和理念。

【加快品种技术推广】 2017年,四川省农业厅加大了品种技术在生

产上的推广力度。1—5月相继成熟的塔罗科血橙新品种，品质和红色素均优于“红阳”的红肉猕猴桃新品种和“羌脆李”等优新品种。高厢深沟起垄稀植、水肥一体化、葡萄避雨栽培、猕猴桃早结丰产、果园综合利用“果—菜”模式、合理种植密度、简易修剪、留树保鲜延后采收等优新技术得到推广应用。

四川省农业厅编写组

蔬菜产业

【基本情况】 2017年，四川省以全面贯彻创新、协调、绿色、开放、共享发展理念，以推进农业供给侧结构性改革为主线，以绿色发展为导向，以优化供给、提质增效、农民增收为目标，扎实推进现代蔬菜产业发展。

【规模效益持续稳定增长】 2017年，四川省蔬菜种植面积2083万亩，增加24.4万亩，增长1.19%；产量4350万吨，增加59万吨，增长1.37%。全省蔬菜种植面积居全国第六位，产量居全国第五位。蔬菜产值1537亿元，增加20亿元，增长1.32%，实现人均增收22.68元。

【保障供给能力进一步提升】 2017年，四川省形成了攀西冬春喜温蔬菜区、川南早春蔬菜区、盆地外销加工蔬菜区和盆周山区高山蔬菜产业带即“三区一带”的蔬菜产业布局，缓解了蔬菜季节性品种短缺，实现了蔬菜周年均衡供应，建成了全国最大的冬春喜凉蔬菜基地和“南菜北运”蔬菜基地，不仅保障了全省城乡居民蔬菜基本需求，还常年外销鲜菜600余万吨到重庆、西藏、宁夏等周边省（市）及“三北”地区，调剂了全国蔬菜市场供给。

【高质量发展进一步提升】 2017年，四川省在达州市达川区实施农业部蔬菜绿色高产高效创建项目，投入项目专项资金400万元，创建了蔬菜生产面积10.55万亩，推广了一批优质品种和水肥一体化、太阳能杀虫灯等绿色防控技术，开展了有机肥替代化肥行动。在成都、乐山等市（州）共建成备案出口蔬菜基地38家，出口韭菜、羊肚菌等蔬菜到日本、韩国等国家，并直供鲜菜到香港和澳门。制定了芫荽生产技术规程、辣椒生产技术规程省级生产技术标准。依托绿色高产高效创建项目和出口蔬菜备案基地，示范推动全省蔬菜规模化、标准化、专业化发展水平，构建了蔬菜优质安全生产体系。2017年，全省蔬菜质量安全例行监测合格率保持在99%以上，高于全国平均值1.2个百分点，保障了市民“舌尖上”的安全。

【优势特色产品做优做强】 2017年，四川省按照农业部关于《开展全国特色农产品优势区建设的通知》要求，结合全省蔬菜生产实情和蔬菜供给侧结构性改革需求，为发挥全省蔬菜“南菜北运”和加工优势特色蔬菜的态势，提出在全省创建冬春喜凉蔬菜优势蔬菜区、加工原料优势蔬菜区、特色蔬菜优势区、特色食用菌优势区等特色优势区4个，做大做强莴笋、紫皮大蒜、辣椒、芥菜等传统大宗蔬菜产品和黄花、山葵、加工魔芋等特色蔬菜产品，以及羊肚菌、毛木耳、银耳等特色食用菌产品。

【蔬菜生产信息监测有序推进】 2017年，四川省继续在全省45个蔬菜生产重点县实施农业部蔬菜生产信息监测项目，指导全省45个项目县编制项目实施方案，对30大类主要蔬菜的月底在田蔬菜面积、当月产量、每旬地头批发价等多项指标开展监测，按时上报各种监测数据及监测分析材料，全年完成旬度报表36次、月度报表12次、季报表4次、年报1次。指导农民合理安排生产，引导产品有序流通，增强调控的主动性。

【蔬菜加工能力进一步提升】 2017年，四川省建设了一批采后分级包装商品化处理、冷藏设施，带动了全省采后商品化处理率的提升，降低了蔬菜损耗，延长了货架期，提升了蔬菜商品性，扩大了销售半径。建成了全国第一的泡菜加工原料生产基地，年加工鲜菜1200余万吨，泡菜加工工艺居国际领先水平，实现了区域化、专业化、标准化、规模化、集约化、品牌化发展。2017年泡菜产量、产值分别达390万吨、330亿元。

【川菜品牌进一步擦亮】 2017年4月，四川省在泸州市江阳区召开了四川（泸州）第二届江之阳蔬菜品赏会。8月，在广元市朝天区曾家山举办了首个生食蔬菜品鉴活动。11月，在彭州市召开了第八届中国·四川（彭州）蔬菜博览会。同时，组织各地参加国际国内各种展示、展销、博览活动，开展四川蔬菜产品宣传推介，提升“四川蔬菜，天然生态”的整体形象。叫响一批如“中国莴笋之乡”“中国黄花之乡”“中国洋葱之乡”等“国字号”优质蔬菜品牌。做响一批“巴食巴适”“天府源”“甜城味”“大凉山”“阳光米易”“曾家山”等区域公共品牌和“五洲农业”“川菇部落”“长宁竹荪”等企业品牌，引领蔬菜产业升级。

四川省农业厅编写组

油料作物

【基本情况】 2017年，四川省油料作物种植面积2005.2万亩，增长2.3%。其中，油菜种植面积1591.7万亩，增长3.4%；单产158.5千克/亩，增长0.9%；总产量252.2万吨，增长4.2%，总产量和总面积实现了“十六连增”，分别位居全国第一和第三。

【以整合集中政策项目，保障产能稳定提升】 2017年，四川省农业厅突出油料标准化产业基地建设，结合高标准农田建设，重点整合产油大县和部省级绿色高产高效创建项目，夯实产能基础。全省全年统筹产油大县资金2亿元，集中用于油料基地、仓储加工设施配套、高产高效技术推广等方面。其中，通过竞争立项，引入第三方考评机构，在20个县（市、区）全面推进产油大县示范县建设。

【以推广应用优良品种，提升产业发展能力】 2017年，四川省农业厅充分发挥全省油菜育种优势，大力培育示范宜机播机收、产量品质稳定、抗逆性强的油菜新品种。全省推广主要油菜品种10余个，主推品种在平原、丘陵、山地等不同区域试验示范展示实现了全覆盖。“川油”“德油”“蓉油”“南油”“蜀杂油”等系列品种在盆地不同区域得到大面积推广。

【以落实轻简实用技术，增强产业竞争优势】 2017年，四川省农业厅针对全省农业机械化发展相对滞后、农村劳动力缺乏等问题。按照集中突破、分类推进的思路，大力推广油菜轻简实用技术。在成都平原区，集中推进以大型农机具为主导的机播机收全程一体化发展；在盆中丘陵区，大力推进中型机具机耕、病虫害统防统治为主导的机械化分段式发展；在盆周山区，突出小型农机具推广，提高机械化水平。

【以探索创新体制机制，培育产业支撑新极点】 2017年，四川省农业厅积极培育新型经营主体、社会化服务主体，引导农民群众采取租赁、转包、托管等方式流转经营权，探索合作社、股份制等形式发展适度规模经营。抓好公益性服务机构建设，引导会农业技术、有生产要素、懂市场经营的农民创办领办经营性服务机构，扩大政府购买公益性服务机制创新试点，加快发展产前、产中、产后的农业全程社会化服务。

四川省农业厅编写组

茶产业

【基本情况】 2017年,四川省茶产业发展坚持"调结构、降成本、提质量、促融合、可持续"的发展理念,呈现生产稳步增长、产品结构优化、品牌影响力扩大、市场产销两旺的良好局面。全省茶园总面积534.4万亩,增加21.1万亩,增长4.1%;干毛茶产量28.3万吨,增加1.5万吨,增长5.7%;毛茶实现产值210亿元,增加20亿元,增长10.53%,全省500万茶农实现人均收入4200元。茶产业综合产值达630亿元以上,全国茶产业发展综合实力排名第二位。

【持续重视产业发展】 2017年,四川省委省政府高度重视茶产业的发展,多位省领导对产业发展做出重要批示,其中省委书记王东明的批示达4次。6月28日,省政府在旺苍县召开了全省川茶产业发展助推产业扶贫工作会议,川茶产业发展省级联席会议成员单位、11个茶产业主产市的分管负责人及32个茶叶优势县的主要负责人、农业局局长及部分省级龙头企业负责人参加了会议,省委常委、省委农工委主任曲木史哈到会并作了重要讲话。会后各地认真贯彻会议精神,泸州市、荣县、夹江县等市、县编制茶产业发展方案,落实茶产业发展资金,全力推进区域茶产业发展。7月20日,副省长王铭晖主持召开了川茶产业发展推进会,川茶产业发展省级联席会议成员单位分管负责人参加了会议,并对下一步茶产业发展进行了部署。加大资金支持力度,全年省级财政支持机采基地建设3000万元,"天府龙芽"省级区域品牌打造3497.84万元;通江县茶叶投入1.5亿元,其中政府投入9000万元、企业自筹6000万元,用于无性系良种、"三推双减"、机采、清洁化加工等关键技术的推广和市场的拓展。

【持续重视基地建设】 2017年,四川省农业厅按照区域化、专业化、集约化和标准化的要求,发挥产地集中优势,稳步推进"两带两区"优势产业带建设("两带",即300万亩川西南名优绿茶产业带、200万亩川东北优质富硒茶产业带;"两区",即10万亩川中茉莉花茶集中发展区和工夫红茶集中发展区),已形成300万亩川西南名优绿茶产业带和200万亩川东北优质富硒茶产业带。宜宾市全面推进"233"发展战略,即"两区"——优势名优早茶区和中高山优质生态茶区,"三基地"——100万亩优质早茶生产基地、绿色茶叶原料生产基地、茶叶生态康养基地,"三市"——中国优质早茶强市、中国优质工夫红茶大市、国家级出口茶叶质量安全示范市。围绕推进茶产业绿色发展的要求,稳步扩大基地建设规模,全面推进茶叶良种化、规模化、安全化高效茶园建设。全年全省新建、改造无性系良种茶园面积398.41万亩,低产改造茶园面积100万亩,机采茶园面积60万亩,建立茶叶追溯体系的茶园面积113.8万亩;全省绿色防控面积387.9万亩;荣县新建改造机采基地11.2万亩,机采率达70%以上,降低劳动力投入70%以上。

【持续重视品牌打造】 2017年,四川省茶品牌建设已形成以"天府龙芽"为主,市(县)级地方品牌为支撑,企业品牌为主体的百花齐放的川茶产业新形象。在第六届四川国际茶博会上,省委常委、省委农工委主任曲木史哈出席茶博会并为川茶产业发展作主旨演讲,向世界宣传省级区域品牌"天府龙芽"。在首届中国茶业博览会上,"天府龙芽"率领川茶企业抱团参展并举办"天府龙芽"品牌推介会,向全国、全球展示宣传,其品牌形象和川茶系列产品受到韩长赋等领导及国际友人的一致好评;在英国、俄罗斯、中国香港等国家和地区销售区设立办事处和直销店,成为中央电视台二套《对话》栏目2017年度合作伙伴。各茶叶主产市(县)积极开展形式多样的地方区域品牌宣传活动,举办了第二届峨眉山茶文化节、第十届宜宾早茶节、第十三届蒙顶山茶文化旅游节、第六届特早茶采摘周等节会,提高了品牌影响力,大幅提升地域优势和产品特色的知名度,其中"蒙顶山茶""宜宾早茶"分别被评为中国十大茶叶区域公用品牌和中国优势茶叶区域公用品牌;"天府龙芽"于2017年年底取得农产品地理保护标志产品称号,川茶地标产品达29个。各茶叶重点龙头企业积极推进品牌建设,提升企业知名度和产品市场占有率。米仓山茶叶连续6年在西北、东北等销区城市开展品牌推介会,在银川市举办了"米仓山茶"品牌推介会并设立专卖店,为川茶出川再设窗口;在2017年中国茶叶企业产品品牌价值评估中,前100位茶企中四川有9家企业;有中国驰名商标14个、著名商标68件。

【持续重视技术服务】 2017年,四川省农业厅按照农业部绿色发展要求,广泛开展良种、"双减"、机器代人、绿色防控等关键技术的推广,积极配合农业部在夹江县举办全国暨全省茶叶病虫害绿色防控技术培训班,在高县组织举办全省机采技术培训会,全省的农业推广部门和龙头企业参加了培训,参训人数达500人次;各市(县)积极举办培训会,推广关键技术,累计培训人数2000人次。组织茶技人员到村(组)、田间地头、茶场对农户采取集中培训、分散培训、现场指导、现场示范等多种形式相结合的方式,举办培训班近100次,培训人数达1万人以上,实现了先进实用技术全覆盖。加快推进川茶产业快速健康发展,农业厅牵头制定《安全高效茶园建设技术规程》等涉及茶园、加工的四川省地方标准9个,让茶农、茶企生产加工有标可依,监管部门规范茶叶管理有标可查,全面提高产业标准化水平。峨眉雪芽茶业公司设立了陈宗懋院士工作站。

【加大扶贫攻坚力度】 2017年,四川省70%以上的茶园分布在盆周山区、丘陵地区,也是革命老区和扶贫攻坚的重要地区,省、市、县各级派出茶叶技术人员驻村开展技术扶贫。按照"一次规划、分布实施、突出重点、统筹兼顾"的要求,农业厅派出农技员驻叙永县西溪村开展技术扶贫,帮扶西溪村制定产业发展规划,制订产业发展方案,引进省级茶叶龙头企业建基地建厂发展茶产业,推动旅游业与茶产业融合发展,带动全村流转土地200亩、贫困户28户参与茶叶生产,建立帮扶和紧密的利益机制,发挥了茶产业在精准扶贫中的带动作用。各市(县)级驻村农技员为帮扶贫困户掌握茶叶种植、加工、绿色防控等技术,结合各地特点,开展技术培训和示范引领、带动,发放技术资料1万余册,带动贫困户不断增强自我发展能力,加快实现脱贫致富。

四川省农业厅编写组

食(药)用菌产业

【基本情况】 2017年,四川省食用菌总产量210万吨,增加10万吨,增长5%;实现产值76亿元,位居全国第六、西部第一。

【区域布局更加优化】 2017年,四川省支持建设工厂化、设施化栽培食用菌和袋料栽培食用菌、传统名特优食用菌、野生珍稀食用菌特色优势产区4个,形成了以双孢蘑菇、姬菇、平菇、香菇、鸡腿菇、金针菇和毛木耳、黑木耳、银耳等"六菇三耳"为主,高档珍稀菌类多品种发展的格局。

【建成全国最大的羊肚菌生产基地】 2012年,四川省在全国率先实现珍稀菌类羊肚菌大田商业化栽培,经过5年发展,已建成全国最大的生产基地,种植面积达1.5万亩,占全国的羊肚菌种植总面积的60%~

全年深入有改革任务的20个市(州)召开国有林场改革座谈会20余次,听取基层意见建议,实地指导编制改革实施方案,帮助解决改革中出现的矛盾和问题,建立完善了国有林场改革"半月报"制度。协调财政部门累计下达中央国有林场改革补助资金3亿余元、省级改革补助资金8400万元,并指导资金使用管理,开展了国有林场债务调查摸底工作。与省委编办、人力资源社会保障厅、省发展改革委、财政厅、交通运输厅等省级相关部门沟通,先后制定出台了四川省《国有林场基础设施建设规划》《国有林场扶贫发展规划》《国有林场岗位设置管理的指导意见》等配套文件。开展国有林场生态护林员统计上报、危旧房调查摸底和数据库更新。在全省组织开展"学习原山林场""学习塞罕坝林场"活动,在《林业要情》等刊物上宣传邻水、达州、叙永等地的林场改革典型。全省20个市(州)的《国有林场改革实施方案》均以当地党委、政府名义印发,94个县(市、区)改革方案和110个林场方案通过审批,并按方案组织实施。一是整合优化林场机构和管护范围。广元、广安、巴中、泸州、雅安、凉山等6个市(州)林场数量减少,广元市利州区将原有的3个林场整合为2个,邻水县将原有的7个林场整合为5个,通江县将原有的9个林场整合为5个,叙永县、合江县通过改革将县内的多个林场整合为1个。超过30个林场对其管护范围进行了调整,沐川、大竹、开江等地将县属零星国有林和苗圃全部划为国有林场管理;安岳、荣县等地将林场之外无人管、没管好的森林资源移交林场管理。二是坚持改革的公益导向。各地落实定性、定编、资金保障、社会保障等主体改革任务。除木里县3个国有林场定性为公益性企业外,其余177个林场全部定性为公益性事业单位,其中119个林场已确定为全额拨款的公益一类事业单位,占全省总数的66%,行政和专项经费全部纳入财政综合预算管理;林场职工实现了"五险""两金"全覆盖。截至2017年11月底,全省国有林场已明确公益性事业编制6000人,占林场在职职工总数的80%,其中公益一类事业编制4323人,占在职职工总数的57%。三是创新经营管护机制。全省所有市(州)国有林场改革都实行政事分开,场长的法人主体地位得到强化。实行了管办分离,林场日常管护以"向社会购买服务"为主,交由林场富余职工和当地群众管护,全省已有超过1000名贫困群众被当地国有林场聘为生态护林员。实行事企分开,成都、眉山、泸州等地将经营性业务从林场剥离,实行市场化运作。建立林场森林资源有偿使用制度,社会资本利用林场资源开展的森林旅游等经营项目,与国有林场明确收益分配方式。林场及其职工利用森林资源发展生态产业,实行收支两条线,收入主要用于国有林场生态保护和基础设施建设。

【国有林场资源管理】 2017年,四川省林业厅建立完善归属清晰、责任明确、分级管理的国有森林资源监管体制,加强了林场森林资源制度监测考核体系建设和档案管理建设。在改革中保持国有林场林地范围和用途的稳定,严禁将国有林场林地转为非林地,禁止国有林场林地流转,及时处理违法违规占用林地现象,确保监管不缺位。对批准占用国有林场林地的,按规定足额支付林地林木补偿费、安置补偿费、植被恢复费和职工社会保障费用。围绕"到2020年将全省亟待抚育的中幼林抚育一遍"的目标,督促指导全省国有林场开展国有林场森林经营方案编制工作,按照经营方案进行采伐,确保国有林场森林资源得到科学有效管理。全省27个国有林场纳入全国木材战略储备生产基地建设,建设面积7.3万亩,投入资金3000万元。

【国有林场生产生活】 2017年,四川省国有林场坚持一边开展改革,一边开展各类生产经营活动,通过争取政策和资金扶持,加大产业发展力度,加强技术革新和产业指导,扶持职工自营经济。鼓励和支持国有林场开展内部管理机制创新,利用好林场的资源优势,把林场资源转化为林场发展的资本,采取多种方式扩大经营范围,发展森林体验及养生、森林旅游和林下经济,促进职工增收,壮大林场规模,增强林场活力。通过开展种苗培育,发展花卉苗木、林下种养业、林产品加工、森林旅游等多种经营,1800户职工参与种养殖、旅游服务等林下经济发展,平均增加年收入近万元。2017年,全省国有林场扶贫工作取得新突破,全年累计安排扶贫资金2667万元,对29个国有林场的危房改造、道路建设、林下经济发展等给予支持。全年建设林区道路300千米,解决459人饮水安全和饮水困难问题,建设电力设施70千米。继邛崃市国有林场荣获2016年度全国"十佳林场"后,林业厅指导峨眉山市国有林场申报2017年度全国"十佳林场",组织广元市天曌山国有林场和南江县魏家坝国有林场申报全国"国有林场森林特色小镇"。加强林场干部职工能力建设,组织15名国有林场场长参加国家林业局林干学院培训,选派6名场长到山东、江西等地挂职锻炼。组织什邡国有林场职工参加国家林业局、中国就业培训技术指导中心和中国农林水利气象工会全国委员会联合举办的2017年中国技能大赛——全国国有林场职业技能竞赛,获得"精神风尚奖"。

四川省林业厅编写组

农资工业

综述

【兽药工业】 2017年,四川省农业厅对全省兽药生产、经营、使用环节进行了全覆盖抽检,共抽检兽药5153批次;对广元、内江等地7个省级防疫物资储备库开展消毒剂专项抽检,对甘孜、阿坝、凉山等地的驱虫药开展专项抽检,检测合格率达98%以上;配合农业部开展氟虫腈专项抽检,涉及企业50家,检测样品72个,检测结果全部合格。完成畜产品兽药残留监控抽样1811批,总体合格率99.4%;在全省9个市(州)以及福建省、吉林省共40余个养殖场进行了动物细菌耐药性监测抽样,共抽取样本5220个,分离、鉴定菌株1212株,并对853株细菌进行了16种药物的耐药性监测,完成农业部下达的动物源细菌耐药性监测任务,为科学合理指导畜牧养殖用药提供了有力的技术支撑;完成生物制品批签发1405批次;协助各地在全省范围内开展假冒兽药的清缴工作12次,开展不合格兽药的查处工作3次,有效净化了市场;选派专人对15家兽药生产企业进行了GMP现场考核验收。

【下发《关于切实加强农药兽药管理保障食品安全的通知》】 2017年，四川省人民政府办公厅以明电形式下发《关于切实加强农药兽药管理保障食品安全的通知》，及时贯彻落实国务院办公厅关于进一步加强农药兽药管理保障食品安全的通知精神，提出6个方面的工作要求，采取切实有效措施，进一步加强全省农药兽药管理，保障食用农产品质量安全和食品安全。

四川省农业厅编写组

饲料工业

【基本情况】 2017年，四川省共有饲料和饲料添加剂生产企业542家，其中饲料加工企业363家，加工能力达6003.5吨/小时。在全省饲料和饲料添加剂企业中，取得添加剂预混合饲料生产许可证的企业有97家，取得饲料添加剂生产许可证的企业有62家，取得混合型饲料添加剂生产许可证的企业有40家，取得配合饲料、浓缩饲料、精料补充料生产许可证的企业有288家，取得单一饲料生产许可证的企业有117家。

2017年，全省工业饲料总产量达1105.2万吨，增长3.3%；饲料工业总产值467亿元，增长6.1%，产量产值呈现全面增长的良好态势。从饲料种类来看，配合饲料产量为1008.1万吨，增长3%；浓缩饲料产量为67.6万吨，增长8%；添加剂预混合饲料产量为29.5万吨，增长3.5%。从饲料品种来看，猪饲料产量为737.7万吨，增长12.4%；禽饲料产量为269.4万吨，减少15.5%；水产料产量为67.7万吨，增长3.7%；反刍饲料产量为11.4万吨，减少8.1%。

【饲料质量安全水平稳步提升】 2017年，四川省共监督抽检饲料样品2859批次，产品合格率99.5%，提高0.1个百分点，产品合格率连续8年稳定在98%以上。未检出"瘦肉精"、三聚氰胺、苏丹红等违禁物质，氟苯尼考、氟喹诺酮类等违禁药品以及反刍动物饲料中牛（羊）源性成分等。

【饲料生产许可审核】 2017年，四川省严把行业准入关，从产前、源头入手加强饲料质量安全监管，把《饲料质量安全管理规范》要求纳入许可技术评审审核内容。全年共开展饲料生产许可书面评审169个次，现场审核69个次，合格率分别为83.4%和78.3%。加强许可后续监管，对监督检查和年度备案中发现的问题，及时进行通报，开展跟踪检查，实行分类处理。2017年共注销30家企业生产许可证。

【安全管理】 2017年，四川省根据国务院安委会制定的《涉及危险化学品安全风险的行业品种目录》，及时制订《饲料行业危化品安全综合治理实施方案》，明确工作目标、治理任务、治理内容和工作要求。结合全省《规范》推进年活动、饲料行业管理调研工作和饲料企业许可现场评审等，加大相关法律法规和标准规范的宣传力度，督促各级管理部门进一步明确监管责任，督促生产企业增强安全生产法治意识。将饲料添加剂亚硒酸钠和混合型饲料添加剂亚硒酸钠生产企业作为重点监控企业，将亚硒酸钠等危险化学品生产经营、储存使用、废弃处置作为重点环节，加强监督检查。按照"谁产生、谁处置"的原则，督促生产亚硒酸钠的饲料企业及时处置废弃危险化学品，消除安全隐患。督促使用亚硒酸钠的饲料企业，切实加强内部管理，严格按照《饲料质量安全管理规范》的要求组织生产，实现从原料入厂到成品出厂的全程质量安全控制，确保在亚硒酸钠等危化品使用过程中能及时发现问题和处置问题，确保饲料行业生产安全。

【深入推进《饲料质量安全管理规范》实施】 2017年，四川省在深化《饲料质量安全管理规范》示范创建工作的基础上，在全国率先启动了《规范》推进年活动，印发《〈规范〉推进年活动方案》，印制《〈规范〉推进现场检查表》，分宣传动员实施、摸底自查指导和监督执法推进三个阶段，全力推进《规范》贯彻实施，实现饲料企业质量安全管理制度化、标准化、规范化，全面提升饲料质量安全保障能力。全年申报5家创建企业均通过农业部组织的专家验收。全省国家级示范企业达14家，省级示范企业达26家。

【坚持开展检打联动】 2017年，四川省制订下达《2017年全省饲料质量安全监督抽检计划》，举办全省饲料质量安全监管培训班，对开展全省饲料"全覆盖"监测工作进行周密安排，并严格监督实施。农业厅专门发文对监测出的14批不合格饲料产品及其生产经营单位进行通报批评，并对所在地饲料管理部门提出具体的处理要求；已全部结案，罚没金额13万元。

【着力强化行业监管】 2017年，四川省开展行业管理督导调研，促进监管责任落实。组织调研组对成都、德阳、宜宾、内江、自贡、绵阳等6市进行了督导调研，查阅监管执法档案，延伸检查生产和经营单位，加强监管工作指导，促进监管责任落实。积极应对环保督察，认真梳理行业环保问题，履职尽责，将行业环境保护工作和危化品管理等安全工作融入到饲料质量安全日常监管工作中。

【积极应对突发事件】 2017年，四川省针对中央电视台"3·15"晚会曝光山东、江苏等地非法添加药物案件，牵头及时印发《关于加强兽用抗菌药生产经营使用监管工作的通知》，对全省各地应急监管工作提出明确要求。组织开展应急督查，抽取38批次饲料样品和14批次兔肉样品开展应急检测，检测样品全部合格。针对欧洲和韩国发生的氟虫腈污染鸡蛋事件，牵头及时转发农业部办公厅文件，提出加强宣传教育、加强监督检查、开展风险排查的贯彻意见；派出检查组到成都、眉山等地检查饲料企业26家；抽取鸡蛋样品20批次开展风险监测，监测样品全部合格。

【饲料资源开发】 2017年，四川省组织对在建的国家级秸秆养畜项目和农副资源饲料化利用项目开展监督检查和服务指导；组织完成万源市秸秆养畜项目省级验收；组织开展农作物秸秆饲料化利用调研，形成了《全省农作物秸秆饲料化利用现状及对策措施调研报告》，获得农业厅一等奖。

四川省农业厅编写组

农业合作与交流

农业国际合作与交流

【基本情况】 2017年，四川省在推动建设对外经贸交流合作机制、搭建合作平台工作中，大力推进与农业互补性强的国家及地区的交流对话，如澳大利亚、新西兰等国以及中国台湾地区等，进而推动全省与有关国家及地区在农业方面的交流合作。同时，充分利用经贸交流活动之契机，大力宣传和推荐全省优势农产品有关情况，加强境外机构及

人员对四川产品的了解。

【对外经济技术援助】 2017年,四川省农业科学院沼气研究所承办援外国际培训班12期,为加纳、毛里塔尼亚、阿根廷、越南、老挝等60个发展中国家培训了497名学员。通过培训,为广大发展中国家解决能源问题提供了一条重要途径,对改善发展中国家的环境卫生状况,推动生态农业建设等发挥了重要的作用。

【境外投资】 2017年,四川省已备案农业种植、加工及林业企业对外投资项目72个,对外投资额8.5亿美元,涉及饲料生产、制糖、种植、农机装配、林业砍伐加工等领域。主要包括新希望六和股份有限公司、新希望集团、通威集团、四川特驱有限公司投资的饲料生产项目,四川非亚的非洲国家制糖项目,成都八益家具有限公司、四川北大荒物流集团有限公司、四川友豪恒远农业开发有限公司、四川蜀兴种业有限责任公司、安吉瑞公司等在乌干达、老挝、柬埔寨、缅甸的粮食种植加工、养殖、木材加工项目。

四川省商务厅编写组

农业对台合作与交流

【基本情况】 2017年,四川省农业对台交流合作面对民进党当局收紧两岸交流的不利条件,主动出击、克难奋进,取得新实效。重大涉台农业活动成效突出,川台农业合作基地建设加快,台商投资农业稳步增长,全年新增16家台资农业企业,新增投资总额6742.58万美元。川台农业合作已成为四川省对台经贸交流合作新的增长点和亮点,为全省推进农业供给侧结构性改革、全面实施乡村振兴战略做出了积极贡献。

【举办多场涉台农业交流活动】 2017年3月8日,由四川省现代农业促进中心、四川省海峡两岸交流促进会和台湾旺旺中时媒体集团举办的第四届川台农业合作论坛在台湾新北市举行,省委常委、省委农工委主任曲木史哈率团赴台出席并致辞,成为2017年大陆首位省部级领导赴台开展交流的首场活动,受到了台湾各界的高度关注。成都、内江、宜宾、广元、乐山、巴中和凉山等地组织农业企业、乡村组织和农民合作组织代表130余人赴台参会,台湾海基会前董事长、“三三会”会长江丙坤,中国国民党前副主席、旺旺集团副董事长胡志强应邀出席并致辞。论坛以“农村一二三产业融合与新产业新业态发展”为主题,川台农业专家学者、农业从业者和农业部门有关负责人围绕乡村旅游与创意农业、休闲农业与生态旅游、生产生活生态模式、农民组织与培育农业新产业新业态等议题展开深入交流探讨,达成加强“森林疗愈”合作、联手培养农业职业经理人和携手开发川茶健康产品3项协议。

6月25日—27日,海峡两岸农村社区发展交流会在新津县举办,农业部办公厅副主任雷刘功,台湾农业事务主管部门前负责人、台湾农村发展基金会理事长胡兴华出席活动并致辞,两岸农村社区、农业协会代表围绕特色产业发展、传统文化挖掘及创意包装、一二三产业融合及社区营造等议题展开交流。

7月7日,第五届两岸茶文化论坛在峨眉山市举行,海协会副会长李亚飞出席论坛并致辞,两岸茶产业专家、茶企负责人160余人参加论坛,签署了《乐山—台湾两岸茶文化合作框架协议》,实现乐山与台湾茶产业交流合作的深度对接。

10—12月,四川省旅游发展委员会、中共四川省委台湾工作办公室联合举办了2017四川乡村旅游产业带头人赴台学习交流活动,组织21个市(州)乡村旅游景区、乡村旅游开发企业、农民合作社、示范家庭农场负责人和部分村支书近500人分10批次先后到台湾考察现代休闲农业、精致农业和旅游社区发展情况,学习借鉴台湾发展理念和经验做法,同台湾业者交流探讨两岸休闲农业发展,着力培养一批领军者和带头人。

11月17日—20日,在第五届四川农业博览会期间举办了川台农业合作成果展,新津县和盐边县2个台湾农民创业园以及旺旺集团、洪雅圣地莲花、逸品敲冰巧克力庄园等23家台资农业企业亮相成果展,带来农业投资项目、特色新鲜农副产品和先进农业技术。省委常委、省委农工委主任曲木史哈视察了参展的台湾农创园和台资企业的展品情况。

【川台农业交流合作密切频繁】 2017年4月11日—17日,中共四川省委台湾工作办公室主任周敏谦率队赴台考察,深入乡村基层农会、农田水利会,与村民代表们广泛交流,宣传四川省得天独厚的农业资源以及支持和鼓励台胞来川发展现代农业的优惠政策和具体措施。成都、绵阳、广元、内江、乐山、宜宾、达州、巴中和凉山等市(州)以及部分区(县)分别组织农业、农旅文融合考察团和农业协会等多个农业交流团组赴台学习、展销,分享各自农业发展经验和农业成果,推介农业投资项目,达成多项交流合作共识。

台湾海基会前董事长、“三三会”会长江丙坤到凉山州考察特色花卉、油橄榄种植情况,推动凉山州与台湾在农业领域的交流。台湾经济事务主管部门前负责人、两岸企业家峰会台湾方秘书长陈瑞隆率团考察眉山市泡菜产业,了解眉山市现代农业发展。台湾高雄、屏东、彰化、南投、云林、新竹等县(市)的农会、农田水利会、农业协会、农业科技协会、乡村旅游协会、美丽乡村发展协会等农业代表团组纷纷到成都、自贡、广元、乐山、宜宾、达州、眉山、资阳等地参访交流,与全省近10个乡村结成“姊妹村镇”,签订加强交流合作的协议。台资企业晴天绿色科技与西充县签订“宝岛庄园”项目投资协议,台资企业四川藏宝虫草生物科技公司与峨眉山日升生态农业科技公司签订“峨眉·阿里山农庄”合作项目。台湾民宿协会联合会总会长刘玲玲、品牌农业推广协会理事长张玉成等台湾农业专家分别前往成都、广元、宜宾、达州等地,向当地农业企业负责人、农民开展农业有关技术、乡村旅游开发和现代农业园区打造等的指导和培训工作,促进两地农业交流。

【涉台农业园区和基地加快建设】 2017年12月26日,国务院台湾事务办公室主任张志军到新津县台湾农民创业园调研,全面了解园区发展布局、经营发展的最新情况,推动农创园发展。新津农创园借助平台优势,邀请台湾农业专家近100人次就永商镇九莲环线设计打造、文井乡李柏村幸福美丽新村建设等开展培训和指导,组织40余位台湾大学生开展了为期1个月的农村服务研习活动。编制《四川新津台湾农民创业园发展专项资金管理办法》,积极发挥每年3000万元发展资金的引导和杠杆作用,加快“台湾之窗”项目建设。建立健全工作会商机制,为台商入驻提供“保姆式”服务,协调解决入驻企业遇到的困难和问题。盐边县台湾农民创业园已引进台湾芒果、莲雾、杨桃、释迦、番石榴等数十个水果品种,加快核心区内农业高新技术孵化园、农产品深加工和运销企业创业园、特色农产品种养殖示范园以及农业科技信息服务中心、农民专业合作组织辅导中心的“三园两中心”建设,推进产业区内特色农业基地、阳光生态旅游度假区、新农村建设连片推进示范基地等建设,努力提升园区承载能力。全省首批10个川台农业合

作示范基地发展势头良好，综合示范效应明显，辐射带动能力强，持续带领当地农民增产增收、助力脱贫攻坚，促进了当地农业现代化建设。

【提升对台资农业企业的服务水平】 2017年，中共四川省委台湾工作办公室继续深入开展全省“服务台商大走访”活动，省委台办主任周敏谦、副主任张军、副巡视员杨志学先后走访成都、南充、资阳和凉山等地的台资农业企业，攀枝花、南充、凉山等市（州）相关负责人调研了本地的多家台资农业企业；21个市（州）台办积极走访本地台资农业企业，全面协调解决了一批企业反映的问题和困难。召开全省对台经济和台胞权益保护工作座谈会，加大对包括台资农业企业在内的台企服务力度，着力提升服务水平，依法维护其合法权益，为企业转型升级和发展壮大营造良好的发展环境，坚定其扎根四川发展的信心。

中共四川省委台湾工作办公室编写组

涉农招商引资

【基本情况】 2017年，四川省投资促进局认真落实“分层分类、定向定点”要求，强化“2017—精准招商年”工作主题，攻坚克难，奋发有为，全省投资促进工作实现量质齐升。举行了“中外知名企业四川行”、2017中国西部（四川）国际投资大会等重大投资促进活动，签约投资额1.26万亿元，签约项目数量和质量均较往年明显提升。推进重点产业转型升级，针对性举办境外世界500强企业对接会、四川·珠三角高新技术企业座谈会、四川—意大利产业合作与投资对接会以及汽车、医药健康、军民融合、石墨烯、金融、通用航空等专题活动，有力促进了海内外企业进一步看好四川、投资四川。全年引进到位国内省外资金9977亿元，增长3.8%。重点推进的50个重大招商引资项目已签约项目26个，投资额达4239.4亿元。成功引进了投资90亿美元的格罗方德12英寸晶圆、投资2000亿元的紫光IC城、投资112亿元的一汽大众SUV、投资100亿元的药明康德生命健康产业园等一批重大产业项目，有力推动了经济社会发展和产业转型升级。在川落户世界500强企业新增10家，总数达331家。

【2017中外知名企业四川行活动】 2017年4月6日—8日，“2017中外知名企业四川行”活动在成都市举行。该次活动以“深化合作·共谋发展”为主题，共有600余家境内外知名企业和知名商协会、机构的近千位嘉宾出席活动。省委书记、省人大常委会主任王东明，省长尹力等领导出席活动。2017中外知名企业四川行投资推介会暨项目合作协议签署仪式全方位展示四川发展机遇，集中签约一批重大投资合作项目；四川军民融合深度发展专题推进会、2017年川商返乡发展大会、2017四川—意大利产业合作与投资对接会、医药健康产业深度合作和创新发展座谈会等4场专题投资促进活动特色突出，针对性强，进一步深化了全省与多领域的投资合作与交流，推动四川省与各大军工单位建立更加紧密的战略合作关系，与中粮集团、中国葛洲坝集团签署战略合作框架协议。活动期间，各市（州）自主对接，开展了系列专题推介会，邀请了一批客商实地考察。该次活动共签订投资额3000万元以上的正式合同项目750个，投资总额5663.26亿元。其中，国内省外投资项目726个，投资额4892.28亿元；国（境）外投资项目24个，投资额770.98亿元；有针对性地推出投资合作项目2611个，涉及投资总额30235.31亿元。

【第二届中国西部国际博览会进出口商品展暨中国西部（四川）国际投资大会】 2017年9月14日—16日，第二届中国西部国际博览会进出口商品展暨中国西部（四川）国际投资大会在成都市西博城举行，来自75个国家和地区超过2万名嘉宾参加该届大会，8.2万人次观众观展。共签订投资额2000万元以上的正式合同项目692个，投资总额6329.81亿元。该届大会融展览展示、贸易洽谈与投资合作于一体，首次在西博城展出。在展览展示方面，共1300余家企业参展。积极展示四川对外开放合作新机遇，大力推介四川自贸试验区、中欧班列（蓉欧快铁）及进出口口岸建设；重点突出“一带一路”建设，专设“一带一路”沿线国家和地区馆，重点展示全省“走出去”与“一带一路”沿线国家和地区开展的合作项目。在投资促进方面，参会客商层次高。包括73家世界500强、56家中国500强在内的900余家中外知名企业参加省级层面相关投资促进活动。在签订的投资总额中，全省“双七双五”产业项目投资额占比超过50%。各市（州）举行了特色鲜明的专题投资推介活动26场，组织参会企业赴市（州）、园区实地考察和深度对接，达成一批新的投资合作意向。成功举办2017中国西部（四川）国际投资大会。900余家中外知名企业负责人来川参加活动，其中，300余家外资企业及商协会、机构参会，境外客商比上届增加50%以上，签订投资额2000万元以上的正式合同项目692个，投资总额6329.81亿元。省政府与中信集团签署了战略合作协议。

【签约项目落实】 2017年，四川省切实加强省级平台活动签约项目的督查督办和重大引进项目的跟踪服务。一是深入开展“进千企”活动。在前期扎实跟踪服务已入川企业的基础上，在全系统创新开展“进千企、解难题、搞服务、促发展”活动，推进“五问五帮”工作，在100天左右时间累计走访调研企业4496家，帮助企业解决困难问题1284个；获取增资意向418个，其中已签约286个，签约金额1114亿元。通过该项活动的开展，企业在川发展的信心决心进一步提振。二是强化项目跟踪服务。截至2017年年底，成功举办2017年二季度四川省重大招商引资项目集中开工仪式，集中开工项目503个，总投资额4831.91亿元。开展3轮抽查督导，每月通报进展情况，纳入督办的2015年、2016年省级重大及专题投资促进活动签约项目履约率、开工率、投产率、资金到位率分别达94.45%、88.07%、46.63%、47.64%和94.32%、88.07%、37.23%、41.19%；全省重点推进的1000个签约项目已履约996个，开工975个，投产467个，累计到位资金5383.7亿元。京东方成都6代柔性OLED面板生产线、吉利南充新能源商用车、绵阳宝马王子发动机等项目正式量产或投产。三是大力破解难题瓶颈。建立局领导联系“五大经济区”投资促进工作机制，分片召开投资促进座谈会，在推动产业优化布局等方面进行了有益探索。加强招商引资重大问题研究，进一步找准了投资促进的目标路径。

【聚焦产业招商扶贫】 2017年，四川省投资促进局统筹推进精准帮扶和产业扶贫，制定年度脱贫攻坚规划，举办了四川省贫困地区投资推介会，集中宣传“四大片区”投资环境和发展机遇，签约投资合作项目185个，签约总金额390.26亿元。下足“绣花功夫”精准帮扶，选派优秀干部到彝区驻点帮扶，发动省内外商会、爱心企业等捐款1528万元，让贫困群众充分感受社会大家庭的温暖。

四川省投资促进局编写组

涉农会展

【基本情况】 2017年，四川省会展业保持健康发展态势，发展规模再

施“川米优化提质增效示范工程”,向全省发布川米优化绿色发展成果新品种7个、技术模式6套,并建立稻田稻渔高效种养模式核心示范区30余个、面积0.8万亩,辐射面积20余万亩。在核心示范区,化肥和农药使用量分别减少24%和68%,优质水稻率大幅提升,水生动物增产20%~30%,每亩增加综合效益350~5530元。

【重大科技事件】 2017年,为填补四川省优质厚皮甜瓜生产空白,四川省农业科学院在成都市青白江区示范耐高湿寡照甜瓜优质新品种和避雨栽培技术,示范亩产值2.1万元。在新都区示范“林—花”模式,支撑建立全国最大紫藤花海和省内品种最多杜鹃观赏园。在成都市郫都区创新形成“实体化运作、制度化管理、无缝化对接”院地合作的“三化模式”得到成都市委常委谢瑞武批示,要求全市参照学习。

四川省农业科学院茶叶研究所集成创新了“茶叶优质安全高效种植技术”“名优茶机制生产技术”“茶园病虫害全程绿色防控技术”等3套制定茶叶新工艺新技术,达到国内领先水平,为推动全省打造1000亿川茶产业提供技术支撑。

阿坝县持续两年示范夏秋季草莓种植,夏秋季都连续正常开花结果,丰产稳产,亩产250千克,实现产值1.5万元,对助力乡村振兴,民族贫困地区特色产业精准扶贫、精准脱贫起到了促进作用,结束阿坝县不产水果的历史。

为响应国家“一带一路”建设倡议,四川省农业科学院与罗马尼亚博斯克马—阿米哥有限公司开展羊肚菌高效栽培技术合作,派员到罗马尼亚首次完成羊肚菌在国外的商业化栽培系统培训,示范面积30亩,为羊肚菌科技成果“走出去”奠定了坚实的基础。在云南省昆明市召开的“南亚东南亚农业科技创新研讨会”上,省农科院加入“南亚东南亚农业科技创新联盟”。

四川省农业科学院编写组

科普惠农

【基层科普行动计划】 2017年,四川省科学技术学会持续深入实施“基层科普行动计划”,共争取中央和省级财政投入资金5195万元。共有66个农村专业技术协会、42个农村科普示范基地、28个科普示范社区、20个农村科普带头人获得中央财政奖补资金1400.6万元;市(州)组织科普信息化建设、科普培训、科普资源开发等获中央财政支持1974.4万元,共计获得中央财政资金3195万元。共有100个农村专业技术协会、40个农村科普示范基地、50个科普示范社区和50个农村科普带头人获得省级财政奖补资金2000万元。“基层科普行动计划”有效服务了全省科普工作,尤其是农村科普工作,为乡村振兴战略的实施奠定了基础。

【四川省第二届农村乡土人才创新创业大赛】 四川省第二届农村乡土人才创新创业大赛于2017年8月正式启动,以“创业成就梦想,奋斗致富奔康”为主题,由四川省科学技术学会、中共四川省委农村工作委员会、四川省农业厅、四川省扶贫和移民工作局、中国邮储银行四川省分行共同主办。大赛组织动员近2000名农村创新创业者参与到初赛,经各市(州)初赛选拔推荐出127名选手进入省级决赛。参加决赛的选手一半来自贫困地区,31名来自深度贫困县。选手涵盖了企业家、海归人才、返乡创业者以及农村技术协会、合作社、农村科普示范基地领办人和农村致富带头人等多类农村创业精英。大赛决赛于2018年1月10日—12日在成都市新都区举行,来自党政机关、高等院校、科研院所、创业团队、投资公司等机构的20名专家组成的评审委员会经过严格打分和复议,共评选出金奖10名、银奖20名、铜奖30名,并增设脱贫攻坚特别奖15名鼓励贫困地区农民积极参与创新创业。决赛期间搭建展位80个,通过实物、图片和视频等方式,全面展示参赛选手在脱贫攻坚、科学普及、技术推广等方面的创新创业成果。

【“银会合作”】 2017年12月,四川省首轮“银会合作”已完成。经过5年探索与发展,“银会合作”已成为科协服务经济发展的切入点、银行拓展金融业务的突破口、协会及会员群众增收致富的助推器。该工作在不断深化省科协科普惠农新途径和践行银行普惠金融新理念的同时,服务“三农”经济发展的成效也在逐步显现。截至2017年12月,四川“银会合作”项目累计发放贷款33622笔,金额62.95亿元,其中2017年当年发放贷款10025笔,金额20.32亿元;结余14245笔,金额28.86亿元。“银会合作”的发展模式得到社会的高度关注和认可,通过银行“送金融下乡”、省科协“送新兴技术上门”,发挥各自优势,联合开展培训,助农脱贫奔小康。

【农村专业技术协会】 2017年3月,四川省农村专业技术协会第四届二次理事会在夹江县召开。来自全省各地的省农村技术协会理事、代表60余人参加了会议。大会审议并通过了工作报告和财务报告,并对因工作变动不能履行职责的部分第四届理事会理事、常务理事进行了调整。截至2017年年底,全省农村技术协会总数为7599个,减少600余个;会员总数260万户,减少20万户;带动农户680万户,与上年持平。全省农村技术协会联合会1045个,增长近9倍,其中市级农村技术协会联合会12个,与上年持平;县级农村技术协会联合会485个,增长10倍;乡(镇)级农村技术协会联合会548个,增长近9倍。全省农村技术协会总产值606亿元,减少23亿元,实现总销售收入513亿元,增长20亿元。销售收入亿元以上的协会有138个。销售收入在1亿~2亿元的协会有86个,与上年持平。销售收入在2亿元以上的协会有33个,减少19个。全省基层农村技术协会中,“公司+协会”的有2251个,增加141个;“协会+合作社”3619个,增加85个。协会建支部的1722个,减少293个;经济技术实体类3357个,与上年基本持平;技术服务类2874个,减少370个;技术交流类1182个,减少300个;其他类型186个。各级农村技术协会在农技推广服务、农村改革发展、社会主义新农村建设和扶贫攻坚等各项工作中发挥了积极作用。

9月,省科协和省扶贫移民局在都江堰市翰海博雅培训基地共同举办四川省科协系统扶贫暨全省农村技术协会培训班。培训班学员为全省88个贫困县科协负责人、农村技术协会领办人和部分市(州)分管农村技术协会工作的同志共40余人。培训“聚焦科协系统扶贫”这一主题,针对农村技术协会骨干这一主体,邀请了中国农村技术协会、西南财经大学、四川农业大学、四川省农业科学院、中国联通、通江县巴山生态牧业科技有限公司、成都渔耕农业科技有限公司等单位的专家学者及“创业明星”进行集中授课,从全局的高度、专业的角度、立体的维度深入解读如何做好新时期的科协系统扶贫和农村技术协会工作。主要课程包括“精准扶贫‘4+1’模式”“农业发展的现状与农业供给侧结构性改革的发展方向”“电子商务助推农业产业化发展”“环保型、节约型、功能型农业项目的发展”“农业大数据及物联网在农业产业化中的应用与发展”“乡村人才创新创业大赛金奖获得者案例分享”等。

四川省科学技术协会编写组

涉农科研院所选介

四川省畜牧科学研究院

【基本情况】 四川省畜牧科学研究院是一所具有80余年历史的公益性研究机构，是西南区域畜牧科技创新中心和人才培养基地。承担了国家重大科技支撑计划、863计划、国家自然科学基金、国家农业产业技术体系、省畜禽育种攻关等基础和应用研究课题，在遗传育种、生物技术、饲料营养、疫病防控、健康养殖、生产系统等领域开展畜牧兽医新技术、新产品研究，培养畜牧兽医技术人才，推广现代畜牧生产技术。先后培育出大恒699肉鸡配套系、蜀宣花牛、川藏黑猪、简州大耳羊、南江黄羊、凉山州半细毛羊国家审定的畜禽新品种（配套系）6个。取得249项科技成果，其中获部省级二等以上成果奖励76项。研发的畜禽新品种、新产品、新成果、新工艺推广覆盖全国20余个省（区），为发展畜牧经济和促进农民增收提供科技支撑。

【科研队伍】 2017年，四川省畜牧科学研究院在保持原有省学术和技术带头人11人的基础上新增2人，新当选省有突出贡献的优秀专家2人。获得四川省青年科技奖1人。全院有70位高级职称专家，在科技人员中占比46%，其中正高级职称专家37名；硕士以上学位的有89人，在科技人员中占比59%，其中博士25人，顶尖人才和高学历人员占比在全省科研单位中名列前茅。在四川省农作物及畜禽育种攻关领导小组通报表扬的“十二五”省农作物及畜禽育种攻关成效显著的攻关单位（团队）和个人名单中获得“成效显著攻关单位”称号，院领衔的优质风味猪新品系创制与育种新方法研究攻关团队、肉鸡新品系选育攻关团队、养殖设备和环境控制技术集成与示范攻关团队获得“成效显著攻关团队”称号，1位专家荣获“贡献突出科研人员”称号，6位专家获得“成效显著科研人员”称号。

【科研项目】 2017年，四川省畜牧科学研究院申报各类项目78项，在研项目200项，完成项目验收48项。基础研究方面：鉴定出对猪肥育、胴体和肉质性能具有重要调控作用的功能基因40个；开展藏鸡、沐川乌骨鸡等地方鸡种资源评价及其特色基因的发掘，验证生物来源黑色素具有更好的生物学活性；牛无角性状相关编码区段的筛选及验证研究，首次证明P219ID序列具有牛角性状的控制作用；开展肉兔耐热性候选指标及关键调控基因HSF1的研究，得出直肠温度与耐热时间的关系。品种（配套系）培育方面：优质肉鸡选育筛选出性能优良的杂交组合2个，“大恒799”肉鸡配套系已批准中试，并开始第三方性能测定工作。优质风味黑猪开展新品系S06系的持续世代选育工作，黑色专门化父本新品系取得突破性进展。牛（羊）新品种选育，肥羔型黑山羊选育进入四世代；蜀宣花牛肉用性能开发，实现大理石花纹等级达到中国的5级，胴体等级达到日本的A4级。优质肉兔配套系已进入高世代选育阶段，完成性能测定点测定1个。牧草新品种培育，创制出菊苣牧草新种质1份、杂交狼尾草新种质5份，申报牧草新品种2个。产业技术研究方面：集成化研发了优质肉鸡育种信息智能化管理与分析系统、猪场设计手机APP系统、饲用苎麻鲜喂仔幼兔和繁殖兔的饲喂技术和不同阶段肉兔饲喂技术方案、安全高效肉猪养殖经济效益动态评价评估方法；研发组装鸡传染性喉气管炎病毒诊断试剂盒；建立肉牛全产业链信息资源共享平台；获得国家三类新兽药证书；猪、鸡、兔全环控技术研究，监测畜禽舍内环境参数的时空分布规律，提出全省规模养殖场舍内环境控制指标，为全省乃至全国设施畜牧业的发展提供了基础参数。

【科研成果及转化】 2017年，四川省畜牧科学研究院推荐申报科技成果奖励5项，获得成果奖励8项。其中作为第一完成单位获得成果奖励6项，作为第二完成单位获得成果奖励2项。领衔的“优质肉鸡遗传育种创新团队”获得2016—2017年度神农中华农业科技奖优秀创新团队奖。主持完成的“蜀宣花牛新品种培育及配套生产技术”“饲用有机微量元素产品创新研制与应用”成果分别获得2016—2017年度神农中华农业科技奖一等奖、三等奖。全年获授权专利17件，其中发明专利7件、实用新型专利9件、外观设计专利1件；获软件著作权13项。发表论文121篇，其中SCI论文39篇、中文核心期刊论文46篇。制定地方标准7项。

以科研基地、专家服务站和贫困村科技帮扶点为载体，着力构建以科研院所为依托，集技术培训、服务、示范、推广于一体的公益性畜牧科技推广新模式，加快科技成果转化和应用。优质肉鸡研究基地，全年扩繁12个优质肉鸡品系4.5万套，在省内外推广父母代种鸡30万套。养猪科研基地，存栏科研种猪570余头，60日龄成活率84.37%，销售各类猪7300头；新增粪污处理设施设备，污水排放达到城市A级标准。养兔科研基地，面对商品肉兔市场行情较差，种兔场销售受到影响的不利局面，加大种兔推广力度，全年推广种兔4700余只。

【条件平台建设】 2017年，四川省畜牧科学研究院完成国家级肉鸡核心育种场现代种业提升改造建设，优质肉兔育种基地兔笼、兔舍、污道分离维修改造；启动四川省种猪性能测定中心和四川省级种公猪站建设、简阳科研实验基地迁建工作。获批成立了“成都饲用微量元素工程技术研究中心”。有国家及省级创新平台23个、科研基地8个（含在建2个和院属科技企业3家），“1中心（院本部为科技研发中心）+8基地”的科技创新布局逐步形成。科研基地规模、设施设备的领先性和创新转化能力位居全国前列。

【科技交流】 2017年，四川省畜牧科学研究院参加国内外学术交流会约500余人次，应邀作大会学术报告25人次。举办了四川省畜牧兽医学会第十次会员代表大会、“畜科杯”首届天府畜牧兽医科技奖颁奖大会，完成了四川省畜牧兽医学会第十届理事会换届工作。邀请3名国内外著名专家来院作学术报告。

【科技扶贫】 2017年，四川省畜牧科学研究院采用精准扶贫与研发、培训、转化、培养相结合驱动农业产业扶贫，通过解决产业切入点、技术原始落后、启动资金问题的扶贫路径，使贫困村农业基础条件改善、农业生产技术提高、农业产业收入提升。一是精准扶贫与科技研发相结合。设立扶贫专项资金、主持扶贫地区产业支撑技术研发和示范项目、协助地方申报省级科技项目三类，共立26项。二是精准扶贫与科技培训相结合。采用集中培训、现场示范、入户指导等方式，开展技术培训150余次，培训农牧民及基层技术员7200余人次，发放技术资料12000余册，现场讲解、入户指导约300场次，覆盖全省“四大贫困地区”，重点放在深度贫困县。三是精准扶贫与成果转化相结合。通过贫困地区科技示范、成果推广应用，辐射带动、转化应用院自主研发的新品种、新产品、新技术；种植业方面与农科院、林科院自主联合、成果互用、专家互帮。在雅江县、喜德县、丹巴县、道孚县等深度贫困县推广大恒肉鸡、川藏黑猪和蜀宣花牛，助力贫困地区农民脱贫增收。四是精准扶贫与人才培养相结合。培养

新型职业农民和科技示范户，重点培养致富带头人，发挥示范带动作用。

【科技产业】 2017年，四川省畜牧科学研究院聚焦畜牧业难点、热点问题，开展调研咨询。一是为迎接中央环保督查，派出10名专家，到德阳市、绵阳市、眉山市和凉山州28个县（区），采用明察暗访、查阅资料、座谈交流等方式进行了为期1个月的畜禽养殖粪污资源化利用督查工作。重点聚焦省畜禽养殖粪污处理和利用中存在的关键问题，提方案，补漏洞，完成农业厅交办任务。二是为应对中央环境保护督察组提出的四川岷江、沱江等10大河流域畜禽养殖是否超载等问题，协助相关部门科学回答了岷江、沱江等10大河流域畜禽养殖量及耕地畜禽粪便消纳能力。提出的不同种植模式单位面积耕地适宜承载力，被农业厅、环境保护厅采纳，为现代畜牧业绿色发展提供了科技支撑。

四川省农业厅编写组

绵阳市农业科学研究院

【基本情况】 绵阳市农业科学研究院是从事作物及畜禽新品种培育、新技术研究与推广的公益性一类事业单位，始建于1962年。有在职职工100人、专业技术人员84人。其中，具有享受国务院政府特殊津贴专家、省优专家、市级拔尖人才等17人，研究员20人，副研及副高48人，中级21人，博士10人，硕士33人。单位距绵阳市城区约10千米，全院占地1000余亩，建有办公及各类科研用房10000平方米，拥有高标准试验田800余亩、先进科研仪器设备100余台（套），另在绵阳市游仙区和海南省陵水县分别建有蔬菜研发中心、畜牧研发中心和南繁试验基地。有小麦、水稻、玉米、油菜、薯类、蔬菜、果树、中药材、土肥、植保、食用菌、水产、生物技术、畜牧等研究方向，其中杂交小麦、高芥酸油菜研究处于全国领先水平。常年承担国家现代农业产业技术体系、重点研发计划、科技成果转化等科研项目60余项，是国家小麦改良分中心，国家小麦、水稻、油菜原原种基地，国家现代农业产业技术体系、国家区域试验站，国家、省、市农业科技攻关项目骨干承担单位。拥有国家科研基地1个，国家中试基地5个，国家现代农业产业技术体系综合试验站6个，四川省创新团队8个，四川国际科技合作基地1个，四川省中试基地3个，四川省创新、培训基地2个，国家、省、市改革示范基地（机构）4个。

截至2017年年底，累计育成新品种237个，获品种权115项，获国家、省、市级科研成果奖215项（其中国家发明一等奖2项、国家科技进步二等奖1项）。坚持以服务“三农”为宗旨，以国家现代农业产业技术体系综合试验站、省创新团队、科技入户、“三大行动”、高产创建等项目为平台，常年建有试验、示范基地50余个，培训基层农技干部3000余人次，培训农户及新型农民30000余人次，仅“十二五”以来，在全国近20个省（市）示范推广新品种、新技术3亿亩以上，新增社会经济效益120亿元。连续二十年被评为全国农业科研单位综合科研能力“百强研究所”，2015年被评为“全国文明单位”，2017年被评为“全国农业先进集体”。

【项目实施】 2017年，绵阳市农业科学研究院共实施国家重点研发计划、国家现代农业产业体系、四川省科技计划、四川省创新团队等国家、省、市级科研项目122项，增长31.18%，其中国家级项目数为上年的2.4倍，新增实施国家中药材产业技术体系绵阳综合试验站、国家重点研发计划等国家项目10项。

【科研创新】 2017年，绵阳市农业科学研究院共获得科技成果奖5项，其中《国审高产抗病优质弱筋小麦品种绵麦367和绵麦51选育及产业化》获得绵阳市科技进步特等奖；通过国家审定新品种2个，通过省级审定新品种3个；获得国家植物新品种权7项，授权专利4项，发表科研论文64篇，参与编写专著4部。

【国际科技合作】 2017年，绵阳市农业科学研究院依托四川省国际科技合作基地、四川省博士后创新实践基地等平台共实施国家外专局引智项目及四川省国际科技合作项目4项，邀请以色列植物保护专家Shimon Pivonia博士、蔬菜生产专家Amikam Madoal到绵阳开展了技术指导、专题讲座；1名博士成功申请到赴美访问学习的机会，组织科研人员参加了2017“海科会”海外高新科技人才走进中国（绵阳）科技城推介会。

【科技改革】 2017年，绵阳市农业科学研究院深化落实绵阳市委市政府批准实施的《绵阳市农业科学研究院激励科技人员创新创业专项改革实施方案》，成立6个深化改革调研小组前往全国20个科研院所开展了创新创业改革专项调研，制定了《绵阳市农业科学研究院创新创业激励奖励办法（试行）》《绵阳市农业科学研究院关于科技人员创新创业人事管理办法（试行）》《绵阳市农业科学研究院科研项目经费管理办法》《绵阳市农业科学研究院对外合作管理办法》等创新创业实施文件，为全面调动全体科技人员创新活力提供了制度保障。

【成果转化】 2017年，绵阳市农业科学研究院与垦丰长江种业公司、四川国豪种业公司、四川群策种业公司、河南金博士种业公司等农业企业签订成果转让协议，共转让“绵单1273”“花优357”“绵麦39”“金博士866”“群策180”等新品种8个。育成新品种、新技术在全国累计推广应用800余万亩。

【科研服务】 2017年，绵阳市农业科学研究院在全省共创建示范基地62个，召开西南及南方区2017年玉米田间开放交流日活动、油菜机械化播种、附子/水稻套作栽培新模式示范等省级以上现场会10余次，示范展示“绵单1256”“绵麦367”“绵紫薯9号”小麦/玉米免耕机播机收、麦（油）后水稻直播、紫山药轻简化栽培、猕猴桃溃疡病综合防控等新品种、新技术50余项，科研人员深入生产一线开展科技服务500余人次，培训、指导种植户、农技人员等26000余人次，示范推广新品种、新技术60余万亩。

【科技扶贫】 2017年，绵阳市农业科学研究院积极支持援藏工作，共选派2名干部对口援助阿坝州；与红原县、壤塘县签订援藏合作协议，成立农业专家服务团以牧区农业生态、中低温食用菌等产业为重点开展技术指导、培训；1名援藏干部被壤塘县委评为“优秀共产党员”，5名科研人员被红原县科技局授予“优秀工作者”称号。积极开展全省2017年度农业专家服务团产业扶贫春季服务行动，负责秦巴山区第一专家小组科技扶贫的组织、协调工作，先后派出技术专家300余人次深入秦巴山贫困地区开展科技扶贫，建立川西高原错季蔬菜栽培技术、马铃薯高效栽培技术等科技扶贫示范基地6个，组织技术培训50余次，培训新型经营主体负责人、种养大户、贫困户共10000余人次，发放技术培训资料8000余本（份）；作为科技支撑单位与壤塘县企业成功申报药旅综合示范项目1个，总投资150万元。被绵阳市人民政府授予“脱贫攻坚和社会事业优秀团队”称号。

四川省农业厅编写组

农业机械化

【基本情况】 2017年，四川省有农机化管理机构3411个、6366人，农机化教育培训机构88个、486人，农机化科研机构7个、174人，农机试验鉴定机构1个、56人，农机化技术推广机构144个、748人，农机安全监理机构192个、1035人，农机化作业服务组织17763个、81548人。全省农机总动力4420万千瓦（不含农用运输车）。

农机化作业水平继续提高。全省完成机耕7979万亩、机播（插）2048万亩、机收3939万亩，均较上年有所增长。

农机合作社服务能力不断提升。全省农机合作社数量达1399个，增加132个。全年机械化作业服务面积达1200万亩，增长14.69%。

农机化作业条件持续改善。积极争取省财政专项资金3000万元，用于50个县开展农机化生产道路建设200千米。全省各地通过争取当地财政支持、整合相关项目资金共建设农机化生产道路24540千米。

首次开展省级主要农作物全程机械化核心示范区建设。省级财政现代农业发展工程安排专项资金1500万元，用于在15个县建设15个水稻、油菜全程机械化示范区，其中3个县整合项目资金用于脱贫攻坚。

【农机购置补贴】 2017年，四川省农机购置补贴机具种类范围为11大类35小类92个品目，对所有补贴产品实行“敞开补贴，应补尽补”。中央未下达全省农机购置补贴资金，农业厅与财政厅密切配合，盘活结存资金用于2017年政策实施。全年实施补贴资金1.98亿元，补贴各类机具11.95万台（套），总受益农户数10.27万户。省级财政安排藏区累加补贴资金500万元。

【农机推广】 2017年，四川省农机推广工作紧紧围绕全省农业中心工作和农机化发展需要，聚焦主要粮食作物生产全程机械化，着力提升耕整地、种植、植保、收获、烘干、秸秆处理等主要环节机械化水平。重点开展了水稻工厂化育秧、油菜毯状苗移栽、马铃薯种植收获等技术试验示范，积极探索茶叶、果蔬等经济作物生产机械化技术。建成水稻、油菜生产全程机械化核心示范区12个，示范水稻、油菜面积24万余亩。邛崃市、遂宁市安居区承担了农业部主要农作物生产全程机械化示范项目。

【农机安全监管】 2017年，四川省农机安全生产形势持续稳定，农机事故起数、死亡人数连续3年实现双下降，农业厅被省政府评为安全生产先进单位，被省政府安委会办公室评为“安全生产月优秀组织单位”。2017年新增注册拖拉机、联合收割机7千台，注册拖拉机、联合收割机驾驶人1.4万人。突出抓好农机专合社等新型经营服务主体为重点的管理服务对象农机安全监管，切实提高拖拉机、联合收割机“三率”水平，全省拖拉机“年检率”提高5个百分点，合格率提高2个百分点。积极参加四川省道路交通安全综合整治工作，扎实开展变型拖拉机专项整治，存量变型拖拉机3年累计减少7万余台，农机安全事故隐患大大降低。投入800万元启动实施全省农机安全监理装备建设第一批项目。加强农机安全监管人员培训，全省共计培训3000余人次。认真组织开展农业行业百日安全生产、安全生产月、安全生产大检查、安全生产打非治违等活动。创建全国“平安农机”示范县3个、全国示范岗位8个，省级“平安农机”示范县5个、省级示范岗位8个、省级示范乡（镇）39个。修订完善《四川省农业机械事故应急预案》，在仁寿县组织开展了全省农机事故应急处置演练。

【农机科研】 2017年，四川省以农业供给侧结构性改革为引导，强化农机农艺融合，结合全省现代农业装备发展需求，大力研发适宜全省丘陵地区优势特色农业所急需的新技术、新装备，推动特色农业产业生产全程全面机械化发展。积极参与申报和承担国家、部省级科研项目，参与申报或实施国家智能农机专项“丘陵山地拖拉机关键技术及整机开发”“茶叶精制智能化技术装备研发”等项目，实施“主要农作物生产全程机械化试验示范”“丘区田园作业机械传动系统转矩载荷试验平台”“蚕棚机械化装备技术”等省、部级科研项目40余项。组建了“洋葱收获机”“养蚕机械化”“川牛膝药材收获机”“水果套袋机”攻关团队，开展四川特色产业机械化技术与装备研发。“农业部丘陵山地农业装备技术重点实验室”研发平台通过竣工验收，农机科研条件与能力显著提升。取得专利13项，其中发明专利1项，四川省地方标准5项，论文18篇，“太阳能提灌技术及装置”项目获得2017年度四川省科技进步三等奖。

【农机鉴定与质量监督】 2017年，四川省农机鉴定站积极做好农机鉴定与质量监督相关工作，主持制定的《蛋鸡机械化成套设备质量评价规范》《畜禽粪便固液分离机技术条件》《农业机械化生产道路通用技术条件》《小型培土机作业质量》《一体式养殖废水处理设备》5个四川省地方标准经省技术监督局正式发布实施，修订了19项《四川省农业机械推广鉴定大纲》，举办了四川省首届农机职业技能大赛暨第四届“吉峰杯”农机服务技能竞赛（决赛）。

四川省农业厅编写组

农业设施建设

高标准农田建设

【基本情况】 2017年，四川省高标准农田建设成效显著。各地认真贯彻落实全省农田水利基本建设、春耕生产暨高标准农田建设现场会议精神，牢固树立“创新、协调、绿色、开放、共享”发展理念，加强涉农项目整合，加大高标准农田绿色示范区建设力度，统筹推进高标准农田建设。

【落实年度目标任务】 2017年，四川省根据总体规划，经成员单位议定，征求市（州）意见，联席会议办公室已将2017—2018年度高标准农田建设任务落实到市（州）、县（市、区）。其中，整合试点县163万

亩、非整合试点县238万亩。整合试点县根据扶贫工作需要，自主确定建设规模，年度工作完成后，按照验收认定面积上报，不纳入年度高标准农田建设目标考核。非整合试点县将年度任务落实到片区、到乡（镇）、到村社、到项目，加强整合，统筹规划，成片推进。

【加大绿色示范区建设】 2017年，四川省农业厅会同成员单位联合下发了《四川省高标准农田绿色示范区建设推进方案》，"十三五"期间全省将建成高标准农田绿色示范区400万亩，其中2017—2018年每年50万亩。各地围绕"五大工程"，科学制订绿色示范区建设实施方案，以生态田埂、种养循环、果肥套作为重点，选择2～3项措施，省上重点支持20个省级重点项目县，各市（州）抓一个市级重点县，探索总结不同区域绿色示范区建设模式。将高位沼液池、输送管网、固埂植物、绿肥种植等生态治理措施纳入重点支持范围，加大项目财政资金投资力度。

【围绕产业扶贫夯实基础】 2017年，四川省高标准农田建设与产业扶贫相结合，根据不同产业发展需求，针对性开展高标准农田建设，优先解决引水灌溉、排涝排湿、产业道路等突出问题，及早打通制约瓶颈，建成一批小庭园、小菜园、小果园，串点连片，组团式发展，增强产业对贫困农户的带动作用。各地在编制产业扶贫实施方案时，安排一定比例资金用于基础设施建设。

【突出建设管理机制创新】 2017年，四川省农业厅为确保高标准农田建设持续发力，坚持创新投融资机制，认真落实省政府与国家开发银行战略协议要求，将高标准农田建设纳入国家专项基金支持范围，各市（州）相关部门主动与发改、农发行对接。鼓励社会资本、金融资本、新型经营主体加入高标准农田建设，破解资金投入不足的问题。与省农发行合作，开发金融资本支持高标准农田试点，在20个县开展项目申报工作，成都市已落实贷款13亿元。

【严格工作绩效考核评价】 2017年，四川省农业厅将高标准农田建设与省农建综合示范片考核结合，各成员单位共同参与，对各市（州）年度高标准农田建设工作的组织保障、整合投入、规模质量、开发利用、验收认定五个方面工作进行综合考评；建立更加科学、更加完善的考核评价指标体系，减少人为评判因素，实现可测算、可量化考核，对重点工作、重点环节实行一票否决；建立层层考核评价通报制度，省上将考核评价结果向省委省政府领导进行专题汇报，通报到市（州）人民政府，市（州）要将考核评价结果通报到县（市、区）人民政府，进行工作排位，作为项目资金安排依据。

四川省农业厅编写组

机电提水灌溉

【基本情况】 2017年，四川省累计投资3.9亿元，累计投工115万个，修复改造提水设备7.2万台，新增提水设备1.5万台，其中新建和改造提灌站3038座。全省农村机电提灌设施达57万台（套）、总动力440万千瓦，为推进绿色发展、实施美丽乡村生态农业建设奠定了坚实基础。

【各项重点工作亮点突出】 一是太阳能提灌站建设深入推进。2017年，四川省共投入2500万元，新建太阳能提灌站30座，灌溉面积达1.5万亩。全省累计建成太阳能提灌站180余座，受益人口13.6万人，年新增经济效益5168万元。2017年，太阳能提灌技术获四川省政府科技进步奖，太阳能提灌技术被列入农业厅主推技术。机电提灌管理信息化建设成效明显，全省机电灌溉信息化平台已录入超过3.4万座泵站的基本信息和5000余座泵站的坐标数据，35个信息化提灌站接入系统运行。提灌站经营管理体制机制进一步完善，全省已经颁证的机电提灌站达2.1万座，颁证率达56%。二是提灌设施作用进一步凸显。为确保春耕生产顺利开展，全省提灌机械出勤81万台次，提水2.5亿立方米，其中提灌站提水1.8亿立方米。灌溉面积达2517万亩，其中提灌站灌溉面积1700万亩。

【全力促进农业产业扶贫】 2017年，四川省安排贫困地区补助资金4650万元，占省级财政补助资金总量的55%，共新建和改造提灌站765座，进一步夯实了贫困地区农业水利基础。

【提灌设施提质增效迈出新步伐】 2017年，四川省探索研究农业智慧灌溉新课题，针对过去职能作用发挥不够、灌溉方式较为粗放等问题，积极探索新思路、新途径，在深入调研的基础上提出"农业智慧灌溉"的新课题。积极争取增加财政投入，通过积极争取落实，2018年省级财政补助资金新增5000万元，贫困地区、干旱河谷地区提灌建设力度进一步加大，标准化站建设得以顺利实施。

四川省农业厅编写组

农业重大工程项目建设

【基本情况】 2017年，四川省各级农业部门在重点项目建设中，以习近平新时代中国特色社会主义思想为引领，自觉践行新发展理念，加快农业转型升级步伐，努力适应和满足群众对农产品有效供给和农业功能拓展的多样化需要，持续擦亮农业大省金字招牌，形成了农业农村经济加快发展、加速转型、推动跨越的新局面。全省第一产业增加值增长3.8%。农业重点项目支撑作用明显，引领作用较强。2017年列入省重点的农业项目有2个，计划投资2.85亿元。全年累计完成投资3.02亿元，占计划投资额的106.07%。累计到位省级资金2.98亿元。

【项目进展】 现代农业发展工程。2017年，四川省计划投资2.15亿元，全年完成投资2.36亿元，占年度计划投资额的109%；到位资金2.31亿元。高标准农田建设，非整合县已动工面积4.5万亩，开展田型调整1.6万亩，整改田间道路68千米，开挖土渠75千米，修改渠道14.6千米。农村机电提灌建设，新增提水设备1.72万台（套）（新建提灌站716座），维修改造提水设备7.53万台（套），提水26.99亿立方米，新增提水控灌面积87.52万亩。建设完成机耕便民道120千米。

农业公共安全与生态资源保护利用工程。2017年计划投资0.7亿元，全年完成投资0.66亿元，占年度计划投资额的94.31%；到位资金0.67亿元。146个农村沼气集中供气单项工程已全部开工，其中69个已完工，18个已完成县级验收。

【认真履职，主动服务】 2017年，四川省农业厅高度重视农业重点项目工作，按照责任分工和工作要求，精心组织，主动搞好工作配合和沟通衔接，确保农业重点项目顺利推进。在项目前期、审批和实施等各

个阶段做到咨询服务到位、业务指导到位，及时帮助解决项目建设中存在的相关问题。

【专人专管，跟踪进展】 2017年，四川省农业厅指定负责人专门负责重点项目的组织协调，指定专人具体承办，明确职责，分清责任，落实任务。主动与项目业主单位沟通衔接，掌握项目的内容、时间安排、投资完成情况，跟踪项目进展。

【积极协调，注重效率】 2017年，四川省农业厅主动与省发展改革委等部门积极沟通，互通情况，将本地农业重点项目建设内容、前期工作计划与进度等情况及时进行通报，及时协调解决重点项目在推进过程中的困难和问题。采用书面或口头等多种形式向上级主管部门反映重点项目中出现的问题，提出解决意见和建议。采取现场办公、召开会议等方式协调解决相关问题，提高工作效率。

【加强监管，着力整改】 2017年，四川省农业厅定期派出督促检查小组，由厅领导带队对重点项目进行检查指导。检查小组深入重点项目实施单位开展调研和分析，掌握重点项目实施动态，及时提出对策建议。对检查中发现的问题，制定出具体整改办法，按时按要求及时解决。

四川省农业厅编写组

农业产业化基地建设

林业产业化建设

【基本情况】 2017年，四川省林业产业基地达1.05亿亩，其中新增现代基地175万亩，建成森林食品基地76个、面积18.1万亩，林茶、林菌等林下种植基地达1100万亩，林下养禽养畜突破3000万头（只）。实现林业总产值3402亿元，增长10%，排名全国第10位。农民人均林业收入达1280元，增加80元。

【林板家具一体化】 2017年，四川省木质原料林基地达3631万亩，其中以桤木、桉树、柳杉、杉木为主的现代速生丰产用材林和以桢楠、香椿、红椿、香樟等为主的珍贵树种用材林基地达1065万亩。木质人造板产能达1085万立方米，木质地板产能达2190万平方米，木质家具产能达3281万件（套）。成都平原林板家具产业集群初步建成，区内成都市林业总产值达748.17亿元、乐山市林业总产值达239.95亿元、眉山市林业总产值达229.64亿元、绵阳市林业总产值达189.7亿元、德阳市林业总产值达58.77亿元。

【竹浆纸一体化】 2017年，四川省竹林面积达1752万亩，居全国第一位，其中现代竹产业基地面积达755万亩。20个市（州）126个县（市、区）有竹林分布，叙永县竹林面积突破100万亩。以竹浆、竹人造板、竹家具、竹编、竹笋等为主的竹产品加工体系基本形成，竹浆产能达180万吨/年，居全国第一位，永丰纸业集团竹浆产能突破50万吨/年，成为全国最大的竹浆纸一体化企业。竹人造板产能达248万立方米/年，竹家具产能达718万件（套）/年，竹笋加工产能达46.9万吨/年。有竹加工企业328家，其中规模以上企业101家、省级龙头企业16家、国家级龙头企业2家。川南竹产业集群初步建成，区内泸州市竹产业综合产值超过100亿元。

【林油一体化】 2017年，四川省特色经济林面积5042万亩，其中特色干果种植面积756万亩、木本油料种植面积1992万亩，特色经济林产品年加工能力达170万吨。全省核桃种植面积1889万亩，产量53.75万吨，核桃综合产值187亿元；核桃种植面积居全国第2位，产量居全国第3位。全省油橄榄栽培区由传统的绵阳、西昌、广元、达州4大主产区扩大到包括成都、南充、眉山等在内的8个市（州）21个县（市、区），种植面积达41.7万亩，年产鲜果1.33万吨，初榨油1669吨，实现产值5.52亿元。全省油茶种植面积47.7万亩，选育出油茶良种37个，年培育油茶良种苗木1000余万株，荣县被确定为全国油茶科技示范基地；全省茶油产量744.5吨、茶籽产量4339吨，产值达1.6亿余元。全省花椒栽植面积达494.4万亩，其中现代基地132万亩，干果产量8.36万吨，实现产值62.7亿元，面积、产量均居全国第1位；培育了“汉源花椒”“茂县花椒”“越西贡椒”“金阳青花椒”“洪雅藤椒”“蓬溪青花椒”“广安青花椒”等知名品牌。

【林业三产融合发展】 2017年，四川省以新一轮现代林业重点县、现代农（林）业园区、现代林业产业园区建设为抓手，探索“新六产”“一三融合”“园区+”“林业互联网+”“生态旅游+”“森林康养+”等林业产业融合发展模式。全省搭建省级专业林产品电商平台1个，建设省级综合改革试验区1个、省级现代农（林）业示范园区16个，认定省级“林业双创示范基地”14个，评定林业生态旅游示范县12个、森林小镇32个、星级森林人家512个、森林康养基地147个、国家森林康养示范基地19处、森林康养新业态示范县14个、森林自然教育青少年实践示范基地32家、林业生态旅游重点村1000个。林业生态旅游年接待游客2.9亿人次，实现直接收入961.4亿元。

四川省林业厅编写组

现代农业重点县建设

【基本情况】 2017年，四川省农业厅深入贯彻落实省政府《关于扎实推进新一轮现代农业林业畜牧业重点县建设的意见》，指导编制年度建设实施方案，召开现代农业建设工作推进会，开展现代农业建设工作督查，省级财政下达资金3.44亿元，专项支持21个现代农业示范市（县）、60个现代农业畜牧业重点县建设，示范市（县）、重点县建设工作顺利推进。

【推进产业基地建设】 2017年，四川省农业厅依托自然资源优势全域规划，培育畜牧业集中发展区，打造特色鲜明的种养业产业带，推动产业基地由点状、散状向带状、块状聚集，向现代农业畜牧业重点县集中。2017年，示范市（县）、重点县新建种植业标准化基地100万亩、标准化畜禽养殖场1000个、科技示范园区391个、物联网示范基地317个。

【实施全产业链打造】 2017年，四川省农业厅依托特色农产品区位优势，大力发展农产品产地初加工，不断提升休闲农业发展层次，着力培育农村电商等新产业新业态，实现了产业链、价值链的有效拓展，加速了一二三产业融合发展。2017年，示范市（县）、重点县新建初加工

设施601座，初加工率达60%，高出全省平均水平9个百分点，新建休闲农业景区313个、休闲农业专业村276个、主题公园93个，打造现代农业产业融合示范园区184个，培育各类企业品牌近1000个。

【推进农业绿色发展】 2017年，四川省农业厅深入推进省政府《关于加快推进畜禽养殖废弃物资源化利用的实施意见》落地落实，坚持以种定养、以养促种的发展方式，重点建设粪污干湿处理、沼气池、沼液储运等设施，发展专业化、社会化服务组织，推广水肥一体化等生态友好技术。示范市(县)、重点县畜禽粪污综合利用率达80%，秸秆综合利用率达90%以上，化肥、农药使用量年增长率低于0.4%。

【发展农业适度规模经营】 2017年，四川省农业厅深入贯彻省政府《关于支持新型农业经营主体开展农业社会化服务的指导意见》，注重强化政策扶持，完善人才培训。示范市(县)、重点县70%以上建设任务投向了新型经营主体，新发展家庭农场、农民合作社等各类主体9920个。通过创新租赁、转包、入股等土地流转方式，推广股份合作、收益分成、合同订单、托养寄养等合作模式，发展适度规模经营，土地规模经营率达30%，高于全省8个百分点。

四川省农业厅编写组

现代林业重点县建设

【财政投入】 2017年，四川省40个新一轮现代林业重点培育县人民政府贯彻省委省政府决策部署，把新一轮现代林业示范县重点县建设作为践行绿色发展理念、促进广大林农脱贫攻坚增收致富的重要抓手。分解下达省级财政林业产业补助资金1.25亿元，统筹安排新一轮退耕还林、森林抚育、木材储备林、造林绿化、农业综合开发、林业贷款贴息和造林补贴等林业项目资金1.75亿元。各重点县加大县级财政投入，整合新农村、农村公路、扶贫开发等涉林资金支持重点县建设。眉山市财政安排1200万元专项资金用于竹编产业发展；巴中市恩阳区投入资金1840万元，新建、改造核桃基地1.17万亩；南江县安排县级财政资金500万元，整合涉林资金1200万元，专项支持核桃产业发展。

【现代林业产业基地】 2017年，四川省40个重点县累计建成林业产业基地3199万亩，其中新增193万亩；建成现代林业产业基地1055万亩，其中新增136万亩。泸州市纳溪区在国道546线沿线布局经果林，打造国道546线纳溪段沿线旅游经济走廊。宜宾市翠屏区在象鼻、明威、邱场培育以林茶、林花、林畜等为主要模式的“万亩林亿元钱”立体高效林业产业示范片1万亩。绵竹市大马士革玫瑰标准化种植示范基地种植玫瑰15420亩。

【现代林业产品加工】 2017年，叙永县20万吨竹浆造纸项目建成投产，带动周边地区竹资源加工转化。广元市利州区以广元菇菇香菌业公司为龙头，带动乡(镇)全境发展木质食用菌示范点25个，全区木质食用菌产量达4788万椴(袋)、5600吨，实现综合产值3.53亿元。南部县坚持以龙头企业为引领，推进以速生林基地为“原料库”的建材家具产业集群发展；建成“建材家具产业园”，集聚建材家具类企业41家，2017年生产纤维板超过27万立方米、实木地板12万平方米、木竹人造板30万立方米，实现年销售收入85亿余元，“产+销”链条更加紧密。

【现代服务业】 2017年，青神县利用“互联网+”，推进产业与信息化融合，发展竹编电商运营，全县现有竹制品网店400余家，销售额近1亿元。朝天区推行“互联网+林业”，发展农村电商在京东、天猫、优品四川等国内知名电商平台上网销“朝天核桃”。

【林业重点县林业产值】 2017年，四川省40个重点县实现林业总产值1152亿元，占全省林业总产值的32%，增长17.6%；都江堰等10个现代林业示范县实现林业总产值475亿元，其中都江堰市、泸州市纳溪区、广元市朝天区、沐川县、南部县和青神县等6个县(市、区)超过50亿元；金堂县等30个现代林业重点县实现林业总产值677亿元，其中崇州市等13个县(市、区)超过20亿元，崇州市和峨眉山市超过50亿元。

【助农增收】 2017年，四川省各重点县通过近几年重点县建设和林业产业发展、林业重点项目建设等，促进了花椒、核桃等特色林业产业的快速发展。汉源县约有8万余人从事种植、加工和生产等相关工作，带动农民长期稳定就业。广元市朝天区通过发展核桃产业，农民人均林业收入达6178元；沐川县通过发展竹产业，农民人均林业收入达4820元；黑水县等深度贫困县通过重点县建设，农民人均林业收入超过1600元，比2015年重点县建设初期增长33%。

四川省林业厅编写组

先进农业园区选介

攀枝花市仁和区大河现代农业产业融合示范园区

【基本情况】 攀枝花市仁和区大河现代农业产业融合示范园区覆盖6个乡(镇)34个村，建成晚熟芒果基地13.49万亩，2017年生产芒果15万吨，实现产值24亿元，芒果产品加工业产值与农业总产值比重达2.5∶1。建成幸福美丽新村9个、省级“四好村”2个、新农村综合体2个、旅游示范村4个，年接待游客200万人，实现休闲农业与乡村旅游综合收入4亿元。

【推广优良品种】 2017年，攀枝花市仁和区大河现代农业产业融合示范园区引进保存芒果种质资源200余份，主栽品种20余个，筛选出凯特、吉禄、红象牙主栽晚熟品种3个，良种化水平达98%以上。建成万亩优质晚熟芒果基地5个、部省级芒果标准化示范基地7个。

【强化科技支撑】 2017年，攀枝花市仁和区大河现代农业产业融合示范园区与中国热科院、中国农科院、海南大学、四川攀西特色水果创新团队等开展“校地”“院地”合作，建成芒果标准化示范基地3个、芒果科普示范基地3个、节水灌溉和绿色防控示范基地3个、测土配方施肥示范基地3个，培育科技示范户300余户，辐射带动园区发展。

【坚持绿色发展】 2017年，攀枝花市仁和区大河现代农业产业融合示范园区建成有机肥厂4个，形成了以有机肥为主的肥料施用模式。建立了果园生产档案、药肥施用台账。全面推广果实套袋和杀虫灯、色板、食诱剂、性诱剂诱杀等绿色防控技术。示范推广林下种草养羊、林下养鸡、林下种植中药材、废弃芒果枝栽培灵芝和凤尾菇等生态循环农业模式，推动资源综合利用。

四川省农业厅编写组

绵阳市涪城区千鹤桑田现代农业产业融合示范园区

【基本情况】 绵阳市涪城区千鹤桑田现代农业产业融合示范园区以

桑产业为主导产业，围绕桑产品实施多元开发，推动桑产业融合发展、延伸发展，已成为全国闻名的优质茧丝生产基地、绵阳市民向往的休闲盛地。园区有标准桑园3万余亩、养蚕农户万余户，2017年养蚕7万张，生产鲜蚕茧2900余吨、生丝品质超6A，实现工农业总产值2.6亿元，农民养蚕收入2000余万元。

【大力发展适度规模经营】 2014年以来，绵阳市涪城区千鹤桑田现代农业产业融合示范园区在原有22000亩桑园基础上，集中统一流转8000亩承包地，新建标准桑园和标准蚕棚，按照户营规模30～50亩标准，返包给养蚕能手、返乡农民、大学生，从土地、资金、技术上大力扶持，培育家庭农场220家。

【大力推广科学种养技术】 2017年，绵阳市涪城区千鹤桑田现代农业产业融合示范园区坚持以科技创新、服务生产为主线，研发和推广室外蚕棚、省力蚕台、回转方格蔟等多项新装备、新技术，引进推广"夏芳×秋白"、雄蚕品种、"强桑1号"桑品种、"粤蚕一号"等新品种，发挥共育户带动作用，大力普及标准化生产技术，推动蚕桑提质增效。

【大力推进蚕桑多元化发展】 2017年，绵阳市涪城区千鹤桑田现代农业产业融合示范园区坚持绿色、循环、多元发展理念，开发桑枝食用菌，推广果叶兼用桑，建设蚕桑文化展示体验园，打造"涪城蚕茧"、"八倍蚕"蛹虫草、"桑之玉"桑叶茶、"七彩之虹"精品蚕丝被等产品品牌，举办"桑果采摘节""桑菇采摘节"，延伸产业链，提升价值链。

四川省农业厅编写组

井研县百里环线现代农业产业融合示范园区

【基本情况】 井研县百里环线现代农业产业融合示范园区覆盖井研县西北部10个乡（镇）49个村，园区面积300平方千米，围绕"建基地、创品牌、搞加工、促融合"工作思路，着力打造"粮经旅统筹、农牧渔结合、种养加一体、一二三融合发展"的现代农业全产业链。园区内已发展优质晚熟柑橘8.6万亩、标准化规模畜禽养殖场81个、健康水产4万亩，建成高标准农田7.4万亩，柑橘标准化科技示范基地、柑橘苗木繁育基地、国家级核心育种场、物联网示范基地、种养循环基地、渔业主题公园等示范基地45个。2017年，园区实现农业产值22亿元，农民年人均可支配收入达16215元。

【强化科技支撑，做好引领示范】 2017年，井研县百里环线现代农业产业融合示范园区与中国农业科学院柑橘研究所、四川农业大学、乐山新希望农牧公司等科研院所、企业开展合作，打造集柑橘新品种试验示范、新技术新模式展示、休闲观光于一体的百里产业环线标准化柑橘科技示范基地。建设柑橘无病毒良种苗木繁育基地，年出圃无病毒良种容器苗120万株。建设生猪良种扩繁场，年出栏优质仔猪12万头。

【推进绿色发展，实现高效循环】 2017年，井研县百里环线现代农业产业融合示范园区通过实施畜禽粪污资源化利用整县推进项目，在园区内建设规模化大型沼气工程1个，年新增处理畜禽粪污27.7万吨，年产固体有机肥2.5万吨、沼液肥25万吨。畜禽粪污、农作物秸秆综合利用率达95%以上，园区内规模化养殖场粪污处理设备配套率达100%。

【拓展农业功能，延伸产业链条】 2017年，井研县百里环线现代农业产业融合示范园区引进农业产业化重点龙头企业26家，储藏能力5422吨，年烘干能力达0.3万吨以上。大力发展休闲农业，建成磨池镇三青台国家级垂钓观光园、集益乡长山湖度假村等农旅精品园，建设农旅融合示范点19个。实施"双品牌"战略，积极打造"井研柑橘"区域公用品牌，唱响了"千丘藏一果，一果尝千秋"的品牌口号；对创建驰名商标等名牌称号的企业给予奖励，已培育"超果""顺溜""团山""蓝雁"等知名企业品牌。

四川省农业厅编写组

宜宾国家农业科技园区

【基本情况】 宜宾国家农业科技园区于2013年9月由国家科技部批准，正式成为国家级农业科技园区。园区地处"中国酒都""中国早茶之乡"宜宾市，是川南、黔北、滇东北地区的地理交汇点，是南丝绸之路的起点和茶马古道的重要驿站，是国家战略规划的长江经济带、成渝经济区的核心区域，中国白酒金三角区域的中心。园区规划的核心区位于宜宾市翠屏区东北郊环金秋湖区域，距宜宾市中心城区14千米，距宜宾机场20千米，距宜宾火车站10千米，距宜宾港集装箱码头19千米，与规划的岷江新区接壤，内宜高速公路穿境而过，交通便利。金秋湖水面约2平方千米，以丹霞地貌特征的山地丘陵为主，属亚热带湿润季风气候区，是宜宾早茶的主要产区，湖光山色，生态环境十分优越，2004年被列入国家级生态示范区，具备国际化生态农业科技园建设的最佳条件。

园区总体定位为西部一流，以茶为特色，带动其他产业发展的国家农业科技园区。在具体实施上以"全力推进园区三产融合和绿色发展"的思路，采取"推进政（园）产学研、贸工农结合，重点抓特色产业，带动康养、休闲观光"的措施，明确了通过三年努力，达到"一年初见成效、两年显著成效、三年大见成效"的目标。同时，积极争创"国家现代农业产业园"和"国家农业科技高新技术开发区"，实现三年建设"百亿农业科技园区"的目标。

【规划建设】 完善园区控制性规划。2017年，宜宾国家农业科技园区管委会根据市委市政府"市区共建，以区为主"的建设原则，按照市领导调研的具体要求，积极协助翠屏区政府开展园区《概念性规划》《控制性详细规划及城市设计》规划修编工作。已形成规划修编初步方案，方案中明确了"削减精深加工区，减少建筑物体量近400万平方米，增加相应产业示范面积，调整产业功能布局结构"等。

基础设施建设。2017年，园区基础设施建设项目继续纳入了省、市重点建设项目。核心区规划总面积4.2万亩，示范区7.5万亩，辐射区涉及全市区（县）部分农业特色乡（镇）。环湖路已全线交地，完成全线8.5千米基础工程；金秋大道已完成约11千米土地交付工作，已完成基础路基工程8千米，完成核心区产业道路40千米，全年累计完成基础设施建设固定投资约3亿元。完成了渝昆高速252千米人行天桥排危项目建设工作，有力地保障了金秋湖社区区域人民群众出行安全问题。

园区环境保护。为保障园区核心区在保护的基础上综合利用，确保"保护性开发建设"原则，园区管委会协同市（区）行业主管部门，厘清了金秋湖饮用水水源地保护和开发原则，多举措力保金秋湖水源环境不受污染，既解决了当地居民的饮用水安全问题，又使金秋湖水源得到了有效的保护利用。

【科技创新】 科技创新带动。2017年，宜宾国家农业科技园区核心区实现生产总值22.5亿元，增长7.5%；主导产业带动农民人均增收

5180元。园区入驻企业共18家,核心区实施各类科技项目59项,取得成果29项、专利93项,累计孵化培育农业企业12家,培育乡土科技人才1.8万人次,培育农村合作经济组织16个,引进新品种191个,农业科技进步贡献率达56%。

科技创业能力。2017年园区科技项目资金累计达1936万元,省、市科技项目不断向园区聚集,园区企业抓紧实施省、市重大科技项目10余项。建成众创茶空间、"叙府农科"星创天地、产业孵化器、科技园区信息共享服务等平台,促进就业人数4.6万人,农业科技创新创业服务成效显著。

科技平台支撑。核心区已经建成国家级龙头企业2家、省级龙头企业3家、市级龙头企业7家,建成固态发酵资源省级重点实验室1个、国家白酒类检测重点实验室1个及宜宾市竹类工程技术研究中心。实验室总面积2000平方米,拥有仪器设备200余台(套)。通过平台带动,示范区增产增效15%,辐射区增产增效7%;核心区土地产出率为0.9万元/亩,示范区土地产出率为0.53万元/亩;核心区利润率为28%,示范区为18%,园区投入产出率达70.01%,园区社会、经济、生态效益明显。已按照"三年内创建国家级孵化器"的建设目标,当期推进孵化器建设面积4000平方米。

产业示范优势。截至2017年年底,园区建成早茶科技园面积18146亩,获得国家授权专利53项,引进新品种68个,选育"乌蒙早"等茶树良种4个。开发新型茶产品和衍生品20余个。建成酿酒专用粮科技园面积1804亩,育成水稻新品种4个,筛选地方常规品种6个,推广、应用酿酒专用水稻品种2个,推广糯红高粱品种5个;建成林竹科技园面积5680亩,开展重大研究项目11个;获得发明专利3个;建成花卉及珍稀苗木科技园面积7180亩,引进花卉和珍稀苗木品种50余个;建成高效立体林业科技园及大果红花油茶基地8300余亩,良种苗繁育300亩,新建茶油精深加工厂1个。

【招商引资】 2017年,宜宾国家农业科技园区共完成新签约项目7个,其中"金秋湖农业旅游科技开发"投资额度达35亿元。全年累计完成招商引资协议资金41.34亿元,其中引进1亿元以上项目1个、5亿元以上项目1个、10亿元以上项目1个。包装推荐重点项目,共筛选、策划、包装、推出了包括"智慧农业综合示范园""田园农业综合体""油樟香料提取及研发综合利用项目"等在内的园区包装项目13个,包装项目总投资达83.8亿元。园区积极参加各类招商会议活动和展会,包括2017中国西部国际博览会进出口商品展暨中国西部(四川)国际投资大会等会议,精心组织并挑选了园区具有代表性的茶叶、精油、茶油等产品参加展会活动,累计制作并发放园区《宣传册》500本、《招商引资项目册》300本,推出重点招商项目13个,成功签约正式项目1个。

【安全生产】 2017年,宜宾国家农业科技园区管委会成立了安全生产和监督管理局并积极履行职责,对园区日常生产安全工作做了职能划分。协同区级相关部门多次召集园区企业、乡(镇)负责人研究安全生产工作。结合园区实际,第一时间印发了园区《关于加强园区安全生产工作的通知》,建立健全园区有关部门和单位安全生产责任制,推动园区依法依规履职尽责。通过不定期巡查、协同办公、督促整改的方式规范园区企业和单位安全生产。全年组织涉及安全问题的专题培训累计培训人员1000人次以上,会同乡(镇)发放安全资料2000余份。协调相关部门在道路边、公共设施区域设立安全警示标牌100处以上。成功消除2处挂牌隐患,其中1处属省级挂牌隐患。乡(镇)及相关部门累计投入资金15万元,有力地保障了园区的安全生产。全年园区未发生安全生产重大事故。

【企业服务】 企业聚集情况。2017年,宜宾国家农业科技园区为带动产业发展,通过引进、孵化、培育、创办等方式集聚了一大批科技含量高的企业。新增入园企业15家,园区企业增长率达83%,企业集聚度达16%,带动了园区产业发展能力上新台阶。

企业发展能力。一是宜宾市人民政府下发了《中共宜宾市委 宜宾市政府关于加快建设现代特色农业强市的实施意见》《中共宜宾市委宜宾市人民政府关于加强产业园区党的建设推动产业园区科学发展加快发展的意见》,为入园企业提供了良好的政策环境。二是园区与省内外多个大专院校、科研单位签订了科技合作协议,为入园企业的发展提供了科技支撑。三是园区基础设施建设正在改善,为入园企业降低成本、开拓更加广阔的市场提供了方便。

产业融合发展。2017年,园区农业产业化显著加快,农民科技素质明显提高,形成3条现代产业链和一条现代农业科技创新服务链:一条集茶叶科技创新、良种繁育、规范化种植、茶叶精深加工到物流于一体的茶叶产业链;一条集良种苗木繁育、现代化林竹生产基地、现代化林产品加工于一体的林竹产业链;一条集酿酒专用粮良种繁育、种植、精深加工、产品销售于一体的产业链;一条集农业科技研发、技术创新、技术成果转化、科技服务于一体的现代农业科技创新服务链。产业链和服务链的建立和完善,有效地促进了三产相融。

【国检验收】 2017年,宜宾国家农业科技园区管委会迎接了科技部对园区的验收工作。先后于7月下旬、8月下旬接待了科技厅、国家科技部组织的现场初验和现场复检。9月25日,在科技厅顺利完成了科技部远程视频答辩。12月,根据《科技部办公厅关于公布第五批国家农业科技园区验收结果的通知》文件,宜宾国家农业科技园区在该次全国45个农业科技园区的验收排序中位列全国第五、西部第一。

【党建引领】 自身建设情况。2017年,宜宾国家农业科技园区认真学习习近平总书记系列重要讲话和党的十九大精神,严守党的政治纪律和政治规矩,在思想上、政治上、行动上始终同中央、省委和市委保持高度一致。通过强化政治学习和思想武装,不断增强政治意识、大局意识、核心意识和看齐意识,执行"三重一大"制度,全年共召开党工委会议15次、管委会主任办公会14次,组织中心组学习12次、机关干部职工会议6次,党的十九大召开后,组织党的十九大精神专题学习会5次。就中央、省委、市委重要会议和重大决策部署进行及时传达、集中学习、全面领会、广泛宣传和认真贯彻,确保中央、省委、市委的重大决策部署在园区得到落实。

党建服务情况。园区按照"两个覆盖"工作要求开展党组织建设工作。园区制定了《进一步发挥党组织政治引领作用的通知》《关于创新园区党组织活动载体的通知》《关于选派园区企业党建指导员的通知》《关于园区领导班子成员联系企业的通知》等相关制度文件。坚持组织建设工作与企业服务工作相结合的原则,对入驻园区企业全面进行调查摸底、台账管理、对口服务、积极帮助,新增非公基层党组织2个,实现了园区党建工作100%覆盖。

专题教育情况。园区制发了《"两学一做"学习教育2017年工作要点》《关于推进"两学一做"学习教育常态化制度化工作方案》。各党支部按照要求认真开展"三会一课"、组织生活会、批评与自我批评,并依托"党员活动日",结合本单位、个人工作实际创新形式,认真开展各项活动。

党风廉洁建设。园区认真落实"一岗双责"制度，层层签订了《党风廉洁责任书》，认真落实党风廉洁建设责任事项，党工委负责人开展集体谈话提醒2次，各分管领导在各分管领域开展了廉洁教育。在园区各部门、各企业、各党组织开展了干部作风集中整顿"六大专项行动"，园区干部作风明显好转。组织干部职工学习了《宜宾市加强党内监督十项措施》，细化了园区党工委各层级党内监督责任清单，并各自认领清单履行监督职责。

四川省科学技术厅编写组

丹棱县桔橙现代农业产业融合示范园区

【基本情况】 丹棱县桔橙现代农业产业融合示范园区位于丹棱县城西南，规划范围覆盖丹棱镇、双桥镇、顺龙乡的8个村9724户23200人，园区面积约40.96平方千米。园区发展以不知火为主的优质晚熟桔橙面积共5.1万亩，示范带动全县桔橙产业发展。"丹棱桔橙"销往全国30余个省、市并远销俄罗斯、东南亚等国家和地区，品牌价值达40.61亿元。2017年实现水果产业总产值达11.22亿元，人均桔橙产业纯收入超过10000元。

【坚持整合项目，集中流转土地】 2017年，丹棱县桔橙现代农业产业融合示范园区依托国有投资平台公司，整合各类项目资金4.5亿元投入园区基地建设，打造"三网"配套的标准化基地3万亩，园区全域获无公害和绿色认证，辐射带动种植桔橙16万亩。成立土地流转服务总公司，指导园区规模化流转经营土地17643亩，培育家庭农场、专业合作社、种植大户等新型经营主体1220家(户)。

【强化利益联结，有效助农增收】 2017年，丹棱县桔橙现代农业产业融合示范园区采取"种植户+合作社+企业"模式，将所有桔橙种植户纳入合作社进行统一管理，打通"农超对接"销售渠道，与家乐福、京东自营、百果园等线上线下商超、水果经销商建立合作关系，实行"订单生产、标准供货"。全年园区内订单签约率达90%。园区农民通过进基地、进园区、进工厂和田间务工等方式，实现年人均可支配收入2万元以上，比全县平均水平高出22%。

【发展新产业新业态，延伸产业链条】 2017年，丹棱县桔橙现代农业产业融合示范园区与中国农科院柑桔研究所、四川省农科院联合举办中国柑橘产业发展高峰论坛，与中国国际电子商务中心联合举办中国西部农特产品微电商峰会，连续6届举办"不知火"桔橙节、丹棱县不知火种植技术大比武。以园区内石子埂桔橙产业园、瑞泽园艺、十里桃花红、桔橙博览馆广场、梅湾万亩不知火桔橙标准化示范基地、幸福古村为核心，穿点成线，积极发展休闲农业和乡村旅游，培育各式农家乐、休闲农庄共25家，打造休闲农业专业村3个。建设电子商务创新创业孵化园，免费为创业者提供场地，引导发展涉农电商企业15家、网店300余家、微店700余家，园区内全年实现农产品电商销售额超过1亿元。

四川省农业厅编写组

会理县南阁现代农业产业融合示范园区

【基本情况】 会理县南阁现代农业产业融合示范园区坐落于会理县南阁乡大卷村4组，主导产业石榴种植面积10万亩，其中会理青皮软籽石榴8万亩、突尼斯软籽石榴2万亩。园区先后取得了无公害农产品、绿色食品、有机产品和地理保护性标志等"三品一标"认证。建成石榴组装式机械冷藏保鲜库217座，燃煤加热式热风烘房5座，石榴包装、整理、分级初加工中心1个，石榴精深加工厂1个，实现农民人均收入5000元。

【发展生态农业】 2017年，会理县南阁现代农业产业融合示范园区使用蓝板、黄板、性诱剂、生物性农药等绿色防控技术，做到化肥、农药"零增长"，产品全部达到无公害和绿色标准。园区石榴、蔬菜及菌类生产全程可追溯，打造"互联网+生态农业"新业态，实现了线上下单购买，线下配送到家。

【研发新产品】 2017年，会理县南阁现代农业产业融合示范园区开发蓝莓饮品、草莓醋、石榴酒、石榴浓缩汁、石榴面膜等系列产品。从包装设计、LOGO设计到宣传、销售，精心培育园区产品品牌。从生产到加工再到营销，实行全产业链打造。

【弘扬农耕文化】 2017年，会理县南阁现代农业产业融合示范园区建有农耕历史文化博物馆，收纳各个时代展品上百件，全面展示会理县农耕历史发展痕迹和演变过程。以此为平台，开展青少年农业科普教育活动，普及农业科技知识，弘扬农耕文化，开展农业生产体验。

四川省农业厅编写组

有机农业

【产品开发保持稳定】 2017年，四川省在严格标准、规范程序的前提下，引导企业结合产业特点、资源优势等因地制宜发展有机产品。全年发展有机食品企业35家、产品110个，基地面积167万亩。主要分布在雅安市、广元市、巴中市、成都市、泸州市和阿坝州等市(州)；产品包括茶叶、水果、牦牛、核桃、蔬菜、白酒和奶粉等。通过北京中绿华夏有机食品认证中心的有机生产投入品评估证明的企业5家、产品5个，分别是：成都绿金生物科技有限责任公司生产的金楝有机肥料、成都市龙泉驿区十陵禽业合作社生产的诺美佳有机肥料、四川七环猪种改良有限公司生产的东环绿宝有机肥、成都正富生物科技有限公司生产的有机肥料、成都双流牛牛生物科技有限公司生产的有机肥料，产量共计3.9万吨。

【基地建设稳步推进】 2017年，四川省建成全国有机农业示范基地4个、面积28.62万亩，分别是四川省新津县全国有机农业(蔬菜)示范基地，面积0.14万亩；四川芦山县全国有机农业(茶叶)示范基地，面积2.7万亩；四川省宝兴县全国有机农业(牦牛)示范基地，面积25.48万亩；石棉县全国有机农业(黄果柑、枇杷、核桃)示范基地，面积0.3万亩。

【产品质量稳定可靠】 2017年，四川省加强产品监督检验，全年抽检有机产品79个(占有机产品总数的72%)，合格率100%，产品质量保持稳定。

【市场营销成效显著】 2017年5月，四川省农业厅组织41家企业130种特色产品参加第11届中国国际有机食品博览会，参展规模超过往

【编制完成《四川省白酒产业“十三五”发展指南》】 2017年，四川省经济和信息化委员会为更好地指导“十三五”期间全省白酒产业发展，推进白酒产业转变发展方式和实现产业结构优化升级，进一步发挥白酒产业对工业经济的支撑作用，指导省食研院组织编制完成《四川省白酒产业“十三五”发展指南》。该《指南》经过大量调研，讨论修改，历时8个月完成，通过专家评审结题并正式印发。《指南》明确提出“十三五”期间，川酒品牌知名度和市场占有率进一步提高，基本形成具有国际竞争力的四川现代白酒产业发展体系，全省规模以上企业白酒产量年均复合增长率6.2%，销售收入年均复合增长率13%，利税年均复合增长率13.7%，利润年均复合增长率13.6%。该《指南》的主要内容包括强化传承创新，优化产能结构；强化企业主体培育，夯实产业发展基础；加强品牌建设，提升川酒价值；加强核心产能区建设，提升产业发展支撑力；实施国际化战略，拓展发展空间；优化产业布局，推动产城融合联动发展；加强风险管控，实现绿色发展。

【推动川贵白酒产业合作】 2017年，四川省经济和信息化委员会按照2016年5月川贵两省经信委签署的《川贵两省白酒产业合作会谈备忘录》的要求，坚持着力推动两省之间白酒行业的深度合作，共同打造“中国白酒金三角”区域品牌。2月，全省成立以原四川省委常委、四川中国白酒金三角酒业协会理事长王少雄，四川经济与信息化委员会主任陈新有和五大名酒企业负责人为成员的白酒产业代表团访问了贵州茅台集团，在全国白酒行业引起震动。3月20日，茅台集团公司由书记李保芳带队回访五粮液集团公司，双方就政府、协会等层面深入合作、共同打造“中国白酒金三角”区域品牌进行了讨论和交流。国内酱香和浓香两大白酒领袖企业历史性会面，并达成“宜宾共识”，即共同呼吁国家支持白酒产业发展，携手走出国门，积极推进白酒百年老字号发展，打造“中国白酒金三角”，担当起民族品牌的责任。双方由竞争走向竞合，传递了行业发展的正能量，引起全国行业极大反响。3月21日，四川中国白酒金三角酒业协会与贵州省酒业协会主要负责人及重点企业负责人在成都共同见证并签订《川黔两省白酒产业战略合作协议》，双方秉持“携手合作，创新发展，深入推进酒业供给侧结构性改革”的总基调，就共同打造“中国白酒金三角”区域品牌、开展白酒海外市场拓展联合行动、开展中国白酒金三角高峰论坛和共同加强人才培养达成共识。

【与贵州省共同进行市场拓展活动】 2017年9月9日，四川省组织历年参展规模最大、参与企业最多的政府及经贸代表团参加贵州省酒类博览会，共有成都、德阳、泸州、宜宾四大主产区70余家企业参加。9月中下旬，由贵州茅台集团公司和四川省五粮液集团公司、泸州老窖集团公司、郎酒集团公司联手举办的“川黔名酒·情系东北”活动在沈阳市举行。该次活动进一步深化两省白酒产业合作，推动行业由竞争转向竞合，共同促进白酒产业健康发展。4家名酒企业共同发布《沈阳宣言》，提出将共同为消费者提供优质产品和极致服务，提升用户消费品质和生活品位，传播中华民族精品文化底蕴和价值理念。将一如既往坚守传统工艺，尊崇社会诚信，遵守商业道德，严守质量底线，筑牢品质基础，让消费者享用高品质的健康白酒，树立行业标杆。将以酒为媒，构建良性互动关系，求同存异、凝聚共识，以更开放的胸怀、更团结的姿态、更务实的举措，共融共促、共创共赢，努力营造行业发展新生态新环境，推动行业持续、稳定、健康发展。将引领和带动全国白酒产业良性发展，提高中国白酒品牌国际影响力，助推中国民族品牌国际化进程，协力打造中国白酒国际市场。将更加注重传递正能量，履行社会责任，助力社会发展，打造良心企业，塑造担当品牌，树立良好形象，在新常态下实现新发展，为中华民族伟大复兴做出行业贡献。

【启动并举办“川酒全国行”活动】 2017年，四川省经济和信息化委员会为贯彻落实《关于推进白酒产业供给侧结构改革加快转型升级的指导意见》，引导川酒企业“抱团”发展，不断拓展川酒消费市场，扩大提升川酒品牌影响力和美誉度。10月27日—29日，省经济和信息化委联合省政府驻沈阳办事处在吉林省长春市欧亚卖场举办“四川造”优质产品进吉林暨川酒全国行·长春站对接促销活动，正式拉开了“川酒全国行”活动序幕。泸州、宜宾、成都、德阳四大白酒主产区40余家生产企业共携带300余款白酒产品参加此次活动，是近年来全省白酒企业参加最多、品种最齐、展示面积最大的一次川酒省外商贸对接活动，积极展示了四川白酒产业推进供给侧结构性改革的成果，也为“川酒全国行”迈出了第一步。

【指导泸州市、宜宾市办好酒博会和名酒文化节等活动】 2017年3月18日—22日，2017中国国际酒业博览会在泸州市国际会展中心举行，全国政协副主席刘晓峰、省长尹力出席了开幕式。该届酒博会以“举杯中国　品味世界”为主题，共有36个国家和地区的企业代表参加，展会开设了中国名酒馆、国际精品馆、国内综合馆、国际综合馆等5大专业展馆，展会的举办极大地提升了全省白酒的知名度和美誉度。

11月10日—15日，泸州市政府联合多家单位举办国际诗酒文化节。该次活动以“中国诗酒文化”为主题，把中国的酒文化与文学、艺术搭载到同一个平台，用全世界听得到、听得懂的语言，讲述中国白酒故事和中国文化精神，以中国白酒为载体开展中国诗歌与国际诗歌的交流对话，显示出全省“诗酒名城”泸州、名酒企业积极弘扬诗歌与酒文化的创新之举。

12月16日—19日，由四川省人民政府指导，中国酒业协会主办，中国轻工业联合会特别支持，省经济和信息化委和省国资委等部门共同承办了2017中国国际名酒文化节。该届国际名酒文化节以“中国酒都、诚邀天下”为主题，分别举办了“一带一路”中国名酒文化高峰论坛、中国酒业新时代新消费新趋势论坛、中国浓香型白酒文化高峰论坛等系列活动，还有中国国际名酒文化节投资推介会、重大合作项目签约仪式等多个投资促进活动，体现了该届名酒文化节更具国际化、多元化、特色化。

【深化白酒产业与互联网融合】 2017年3月，四川省经济和信息化委员会指导腾讯网、四川省文化品牌发展促进会及四川中国白酒金三角酒业协会在成都联合召开“四川智造·川酒问道——2017川酒企业家高峰论坛”。会上围绕川酒整体品牌和集群优势、川酒品质提升及川酒文化在“互联网+”背景下的创新之道等进行深入探讨，建立并启动“四川智造”酒类行业平台。多次与阿里巴巴、京东等互联网平台进行沟通，积极探索各大电商平台与川酒产业在品牌营销、大数据平台应用以及企业信息化改造等方面展开深度合作，期望利用阿里巴巴、京东等与川酒产业在品牌及营销模式创新、白酒大数据平台建设等方面开展务实合作，提升川酒市场竞争力，实现合作共赢。6月初，省经济和信息化委领导率队对成都白酒市场销售及营销工作进行调研，实地考察川商集团投下属省酒科所及糖酒公司连锁门店和“1919”公司总部及旗舰店，推动川酒市场销售、营销网络、渠道建设。要求川商投集团充分发挥渠道销售优势，深化与生产厂家合作，

创新营销模式，搭建线上线下交易平台，提升川酒市场占有率；引导川酒生产企业与“1919”等电商平台加强合作，营造“喝好酒、选川酒”的品牌营销思路，推动川酒与餐饮等其他产业跨界融合，提升川酒整体品牌形象。

【抓好行业安全管理及环保督察整改落实工作】 2017年，四川省经济和信息化委员会按照管行业管安全的总体要求，认真履行行业管理部门法定职责，定期研究分析行业的安全生产监管工作，在调研中将安全生产督察作为重点，会同当地政府和相关职能部门，深入企业检查安全生产情况。2017年年初，分别在宜宾、邛崃等酒业集中区开展了专题调研及安全生产检查工作，深入企业生产一线，检查生产车间、储酒区、锅炉房等重点安全隐患区域，并督促企业负责人落实安全生产管理责任，对企业安全生产隐患提出整改意见。同时，指导市（州）特别是相关重点产区认真落实环保督查整改工作，加强动态监测监管，堵住污染源头；加强生产企业周边环境整治及环保设施建设；强化环保设施运行监管，督促企业稳定达标排放。通过安全生产及监管，进一步提升全省白酒产业安全生产能力，提高清洁生产、绿色生产、循环发展水平。

【完成白酒产业基础课题研究】 2017年，四川省经济和信息化委员会共组织开展了“川酒与省外名酒发展对比研究”“四川白酒产业发展年度报告”等课题研究工作。通过研究，进一步明确了四川白酒产业的优势和劣势，进而扬长补短、综合施策，推动全省白酒产业持续健康发展；同时积累了川酒历史资料，掌握川酒发展的状况，理清川酒发展思路，为提高指导川酒发展决策的科学性、合理性提供依据。协助完成《四川自贸区白酒产销体制创新实施指导意见》起草及征求意见等工作。5月，按照省委省政府关于制定四川自贸区白酒产销体制创新实施方案统一部署和工作安排，为落实推进供给侧结构性改革，加快白酒产业转型升级，探索白酒产业产销新体制建设，组织成都、泸州的行业主管部门及相关人员开展基础调研、征求意见，及时完成省经济和信息化委牵头的白酒产销体制创新及实施方案的起草和修订工作。

【强化人才培养模式】 2017年，四川省经济和信息化委员会为贯彻落实《关于推进白酒产业供给侧结构性改革加快转型升级的指导意见》，积极寻求创新发展，努力推进白酒产业国际化，加快白酒产业转型升级和可持续发展，指导四川中国白酒金三角酒业协会组织了“五粮液杯”2017中国白酒新生代酒品超级调酒大赛。该次大赛以“新生代、新品味”为主题，经过近一年的初赛、预赛及总决赛三轮角逐，最终决出专业英式调酒组冠、亚、季军及全国十强，专业花式调酒组冠、亚、季军及全国十强，及企业创意组的一、二、三等奖。大赛打破了新生代酒品调制只以国外烈性酒做基酒的惯例，采用白酒做基酒，将传统白酒与西式调酒相结合，致力于将川酒打造成为全球主流市场认可的“世界白酒”。

6月11日，省经济和信息化委指导四川中国白酒金三角酒业协会、省财贸轻化纺工会共同举办2017年四川省白酒勾调职业技能培训以及调酒大赛，共有全省白酒企业的84名技术人员参加了培训及竞赛。竞赛第一名选手将由省总工会申报授予“四川省五一劳动奖章”；竞赛前5名选手将被纳入全省工会技能标兵管理；竞赛前10名选手的参赛作品（调酒样品）将由协会推荐给选手所在企业优先使用到生产中，争取转化为企业产品推向市场；竞赛前20名选手，将作为全省白酒行业的优秀人才免试直接聘任为2020届四川省白酒省级评委。

6月，省经济和信息化委指导省食品发酵工业研究设计院、《酿酒科技》杂志社、国家固态酿造工程技术研究中心等联合主办了“2017年全国酒类生产技术高级研讨班”，共有近200名来自全省白酒企业的技术人员参加培训。培训班专门为开江县、稻城县、宣汉县等贫困地区白酒企业免费培训技术人员30余名。

12月5日—8日，由省经济和信息化委指导，省食品发酵工业研究设计院组织了四川省果酒产业技术扶贫及新产品开发培训班，共有来自全省9个市（州）、50余家果酒企业的技术人员共60余名学员参加。该次培训是落实委领导的指示精神、加大对贫困山区特别是少数民族地区特色水果深加工的扶持、加强贫困地区专业人才培养、实施产业精准扶贫的一项具体行动。

为贯彻落实四川省省长尹力在宜宾市主持召开的全省白酒产业座谈会精神及四川省副省长刘捷按照一流标准规划建设白酒学院的要求，省经济和信息化委积极主动加强与四川理工学院、宜宾市政府等相关单位协调，积极引导并做好筹建白酒学院的相关准备工作。8月下旬，四川理工学院白酒学院第一期工程顺利完成并交付使用，二期建设稳步推进中。12月14日，五粮液集团公司与四川理工学院合作共建五粮液白酒学院工作正式启动，助推名酒企业与院校产学研结合。12月18日，中国酒业协会、五粮液集团、四川理工学院三方签署协议，共同组建中国白酒学院。

四川省经济和信息化委员会编写组

泡菜加工业

【基本情况】 2017年，四川省泡菜产量390万吨，实现产值330亿元，分别增加20万吨、30亿元，产业规模约占全国泡菜产量的70%。全省泡菜销售产值上亿元的企业超过30家，产业从业人员超过60万人。

【第九届泡菜博览会】 2017年9月28日—10月6日，以“中国泡菜·味连世界”为主题的第九届中国泡菜博览会在眉山市举行。省政府副省长彭宇行宣布开幕，农业部原党组成员、中国农产品市场协会会长张玉香，中国食品工业协会副会长兼秘书长沈篪出席开幕式并致辞。农业厅厅长祝春秀主持开幕式。国内外客商及省内蔬菜主产市（州）县农业部门负责人代表共计1200余人参会。该届泡博会突出国际化、专业化和市场化。在240余家参会参展企业中，国际客商占比25%以上。韩、日、俄、美、法等10个国家300名外国友人在Facebook、Twitter等国际社交平台上进行全球推广，点击量达2500万次。50名海外华文媒体记者走进眉山，世界环保小姐到现场宣传“东坡泡菜”。开展了“中国泡菜·味连世界”高峰对话，邀请到中、日、韩泡菜知名专家进行专题演讲。期间，还举行了“中国川厨之乡”“中国传统营养健康食品产业保护区”“四川泡菜品牌十强企业”授牌仪式，开展了东坡美食与川菜发展高峰对话、“东坡味道”推介签约仪式、眉山泡菜采购商恳谈会、“东坡味道”美食展、知名侨商走进眉山、群众文化展演活动等18项活动。

【“四川泡菜”纳入中欧互认公示清单】 2017年6月，欧盟发布公告，四川省有2个地理标志农产品列入首批中欧地理标志产品互认互保“100+100”中方地理标志产品清单，“四川泡菜”成为其中之一。

【创建国家级农产品地理标志示范样板】 2017年，四川省泡菜协会牵头，完成了“四川泡菜”国家级农产品地理标志示范样板创建申报工作。12月，国家质检总局下发《关于公布2017年国家级农产品地理标志示范样板创建资格名单的通知》，正式启动创建工作。

【标准化生产水平提升】 2017年7月6日—8日，四川省泡菜协会联合四川省食品发酵研究院在眉山市东坡区召开了全省泡菜产业技术培训班。围绕乳酸菌的研究与应用，泡菜标准化生产、现代泡菜企业管理等开展培训，助推泡菜产业标准化水平提升，省泡菜协会会员单位约150余人参训。

四川省农业厅编写组

农产品市场安全监管

【基本情况】 2017年，四川省食品药品监督管理局继续按照《食用农产品市场销售质量安全监督管理办法》有关要求，集中力量推进以批发市场为重点的全省市场销售食用农产品质量安全监管工作。全省全年共有食用农产品批发市场75个，建筑面积最小的约1000平方米，最大的约66万平方米，摊位数量约3.6万个，从业人员6万余人。

【严把市场准入，主责意识增强】 2017年，四川省食品药品监督管理局督促市场开办方落实食品安全主体责任，批发市场开办者建立了各项食品安全管理制度，完善了入场销售者档案，签署了《质量安全协议》，开展自检，加强风险防控。督促食用农产品销售者建立了进货查验记录等制度，对于不能提供各种证明文件的食用农产品必须经抽检合格后方可入市销售。督促市场开办者印制使用统一格式的销售凭证，分发并监督入场销售者使用。

【加强监督抽检，风险隐患可控】 2017年，四川省食品药品监督管理局不断提高市场销售食用农产品抽检频次和覆盖面，全省以畜禽肉、水产品等为重点品种，以农产品批发市场、农贸市场、超市等为重点区域，以农兽药残留等为重点指标，在全省183个县（市、区）抽检食用农产品52074批次，不合格及问题批次373批次，问题发现率0.72%。全年组织开展经营环节水产品专项抽检2次，共抽检鲜活水产品150批次，不合格5批。

【强化快检建设，提升快检能力】 2016—2017年，四川省食品药品监督管理局共安排省级专项工作经费650万元用于支持全省75个食用农产品批发市场提升快检能力，2017年度全省已完成食用农产品批发市场食品快检室规范化建设75个。同时，在2017年试点推动国家食品安全示范创建城市及省级示范创建县（市、区）的87个城区大型农贸市场食品快检室规范化建设，开展上市销售食用农产品质量自检自控，提升市场销售食用农产品质量安全水平。

【建立追溯机制，实现信息化监管】 2017年，四川省食品药品监督管理局在各地探索推进电子追溯体系。成都市按照"智慧食安"体系建设的统一部署，探索建立全市统一的食用农产品市场销售溯源体系标准规范，以经营户为主体，利用二维码技术推进食用农产品集中交易市场信息化平台建设与应用，打造食用农产品市场"入、检、销、管"全程信息生态链条。广安市临港大市场按照"源头可溯、全程可控、风险可防、责任可究、公众可查"的基本要求，以二维码为产品标识，依托农产品质量安全追溯信息平台，建立农产品经营主体信息库，并落实索证索票、进货查验记录等制度，逐步建成了从批发到零售的质量安全追溯体系。

【推进示范创建，带动效应显现】 2017年，四川省食品药品监督管理局推进"放心肉菜示范超市"创建及责任落实。按照国务院食安办有关要求，四川省食安办、省食品药品监管局制定并印发了工作方案和创建标准，在国家食品安全示范创建城市成都和泸州的14家超市开展创建活动。两地迅速行动，明确目标，分解任务，落实措施，加强调研，稳步推进活动实施。两地共计完成蔬菜、水果、食用菌、水产品等重点品种抽检322批次。

【开展专项治理，消除重点隐患】 2017年，四川省食品药品监督管理局开展畜禽水产品专项整治，共检查集中交易市场1707个，检查畜禽水产品销售者10508个，开展畜禽水产品销售环节监督抽检4671批次，查处违法案件20件，受理和处理消费者投诉举报890件。开展猪（牛、羊）肉质量安全专项治理。抓住集贸市场、批发市场、肉类冷库、肉食店等重点，严厉查处购买、使用、销售注水、病死或死因不明、未经检验检疫或检验检疫不合格等问题肉类的违法行为。配合做好人感染H7N9疫情联防联控工作，部署活禽交易市场及禽类产品经营环节监管工作，加强与相关部门协作，开展联防联控。和农业部门联合部署开展严厉打击危害肉品质量安全违法违规行为的"百日行动"，召开了全省专项行动视频会，加强齐抓共管，部署联合专项督查。全省全年食品药品监管系统共办理食品药品案件19324件，捣毁制假售假窝点26个，移交司法机关254件，配合公安机关抓获犯罪嫌疑人77人。

【加强宣传教育，推进社会共治】 2017年，四川省食品药品监督管理局深入各地对市场开办者、入场销售者大力开展《食用农产品市场销售质量安全监督管理办法》的宣讲，明确批发市场建设工作的重要性和必要性，增强主体责任意识，并收集工作意见和建议。积极采取群众喜闻乐见的形式广泛宣传，为批发市场落实《办法》推进工作营造良好氛围，同时采取丰富举措推进社会共治。多地开展"你抽我检"的"阳光抽检"，让群众亲身参与到对食用农产品的监管当中。

四川省食品药品监督管理局编写组

农村市场体系建设

农产品现代流通体系建设

【大力发展农村电商】 2017年，四川省农村电子商务呈现健康发展的良好态势。一是农村电商交易规模逐年上升。通过引导农村居民消费、拓展农产品上行、实施农村创新创业等措施，促进一二三产业融合发展，全省农村电商交易量逐年攀升。2017年，全省农村实现网络零售额710.04亿元，增长52.49%，较全国农村网络零售额高

出13.37个百分点；农产品网络交易额116.29亿元，增长27.28%。二是农产品上行渠道不断拓宽。全省以产业带动和创业扶贫为抓手、质量溯源与品牌打造为保证，立足资源禀赋和市场需求，搭建农村产品产销对接平台，打造农村电商多元化供应链，因地制宜，挖掘农村特别是贫困地区产业、人文、生态等资源潜力，不断拓宽农产品上行渠道，加快了特色产品网销，形成了电商创业新风，释放电子商务对农村经济发展的放大、叠加作用。截至2017年年底，全省累计培育涉农电商企业3475家，开设农村网店3.15万家，创造就业岗位12.4万个。三是县、乡（镇）、村三级农村电商服务体系初步建立。建立了以县域电商公共服务中心为引擎，乡（镇）、村电商服务站点为基础，县、乡（镇）、村三级物流快递为支撑的农村现代流通服务体系框架。在逐步完善农民网络购物功能的基础上，积极推进"工业品下乡、农产品进城"双向流通，突破农村电商物流"最后一公里"瓶颈，为农村居民提供电商培训、农特产品展示、消费品代购及社会化便民服务。截至2017年年底，全省共建成县级电商综合服务中心（不含物流中心）146个、乡（镇）电商综合服务站2994个、村级电商服务站（点）12941个，县、乡（镇）、村级电商服务覆盖率分别达82%、69.9%、27.4%。

【农产品批发市场建设情况】 2017年，四川省有上亿元农产品批发市场121个，成交总量5475万吨，成交总额2494亿元，分别增长38.2%、13%。一是综合类农产品批发市场占据主导地位，综合类批发市场60家，占比49.6%。二是带动就业作用明显。全省上亿元农产品批发市场就业人数达13万人，其中综合类农产品批发市场就业人数超过9万人。三是市场交易额持续增长。2015—2017年，全省批发市场交易额分别增长27%、23.2%、13%。四是冷链基础设施较快增长。全年农产品批发市场冷冻冷藏冻库64万吨，冷库总面积60万平方米，分别增长19.3%、27.2%。五是行业现代化程度不断提高。农产品批发市场中，拥有电子结算中心的市场占38%，拥有检验检测中心的市场占57%。六是大型市场分布相对集中。交易额在100亿元以上的农产品批发市场有5个，均分布在成都市。交易额在50亿～100亿元的农产品批发市场有8个，集中分布在省内经济发展较好的自贡、绵阳、遂宁、乐山等地。

四川省商务厅编写组

"互联网+农业"

综　　述

【制定政策文件，强化引领带动】 2017年，商务厅印发了《四川省"十三五"电子商务发展规划》《2017年全省电子商务工作要点》，做好各项电商产业发展的安排部署，扎实推进政策落实。印发了《2017年省电子商务重点地区示范项目建设实施的指导意见》，进一步明确示范项目建设相关要求，促进有效规范管理。召开了四川省"农村电商+精准扶贫"现场会，传达贯彻省委省政府有关电商扶贫工作的重要指示。

【推进示范项目，突出先行先试】 2017年，四川省大力推进国家级电子商务进农村综合示范、电商脱贫奔康示范县和电商产业发展示范县项目建设，开展了电子商务服务中心建设升级、电商服务平台打造、电商服务站点建设、物流体系建设、农产品电子商务基地建设等工作，奠定了促进当地农村电商发展的基础，初步形成了"项目带动、政府重视、企业参与、群众受益"的县域电商发展机制，示范项目实施所探索的创新模式和宝贵经验为其他县推动电商发展、提升产业活力提供了借鉴和参考。

【政府企业互动，增强扶贫力量】 2017年，由四川省商务厅、四川省经济和信息化委员会、四川省扶贫和移民工作局共同主办，天府网交会、春熙汇联合承办，以"茶香世界，韵在四川"为主题的"2017川茶网购节"囊括了贫困地区在内的全省主要产茶区，宜宾、达州、广元、乐山、巴中、雅安等市（州）500余家茶叶企业参加，涉及绿、红、青、黄、白、黑六大茶类的1000余个品种，开展线下体验活动、电商对接沙龙10余场次，带动川茶线上线下销售超过5亿元。举办了"2017四川电商优质资源市（州）对接会宜宾专场"，苏宁易购、春熙汇、优品云商、快健康、蜀品天下、鲜农纷享等18家成都市优质电商企业和宜宾市50家参会企业进行了面对面的深度对接，与传承燃面、川茶集团、春熙汇等40余家企业达成了初步合作意向，共达成签约项目46个，意向签约金额2400万元。京东、苏宁、淘宝、菜鸟网络、阳光绿源等电商企业纷纷进驻贫困地区，帮助贫困县建设线上特色馆、销售特色产品、打造特色品牌、培训贫困人员、帮助贫困人员就地就业等，开拓"电商+扶贫"发展新天地。天猫四川原产地商品官方旗舰店宣布启动上线，天猫聚划算开启的小聚寻农页面也开始主推一系列农产品——青川黑木耳、竹荪、椴木香菇等，通过聚焦一系列具有地标意义的原生态农产品，帮助四川地震重灾区农民增收，完成灾后重建工作。四川省扶贫特产馆累计实现销售额超过3400万元，实现贫困户户均增收590元，部分地区户均增收2900元，对推动电商精准扶贫起到了示范推动作用。

【电商进农村综合示范工作得以加快推进】 2017年，四川省开展电商进农村综合示范工作的国家级和省级示范贫困县由上年的28个增加到53个，占88个贫困县的比重由31.8%提高到60.2%。全省累计开展电商培训8万余人次，培训贫困人口近3万人次，吸纳贫困人口就业2.07万人，帮助贫困户开设网店2000余家。

【特色品牌农产品线上推广步伐加快】 2017年，全国首家省级专馆——四川扶贫特产馆在京东上线，覆盖贫困县1500余种农村特色产品。"大凉山""巴食巴适""圣洁甘孜""净土阿坝"等一批区域品牌，"渠县柑橘""松潘藏香猪""九寨记忆""马边绿茶""理县车厘子"等一批县域品牌脱颖而出。通过建立线上线下融合的产销对接机制，带动一大批农特产品走出大山深闺，受到省内外消费者青睐。

【增强农业系统网络安全防护】 2017年，四川省增强全省农业信息系统网络安全防御能力，助推全省"互联网+"农业快速发展，在省本级更新了一批网络安全设备，完成省厅本级网络安全设备、防护系统和防护策略升级换代的工作任务。

【助农就业增收效果初显】 2017年，四川省累计帮助农村3万余人开设网店实现创业，农村电商产业链创造直接就业岗位15万个，帮助大批农村青年、返乡农民工、留守妇女、残障人士实现就地就业；农村电商从业人员人均增收超过1500元，增长10%左右。

【电商扶贫模式不断创新】 2017年，四川省各地按照电商精准扶贫工作的要求，积极探索"电商+产业基地""电商+龙头企业""电商+贫困户"等新模式。3月，省政府在仪陇县召开了电商精准扶贫工作现场会，有力促进了好的经验和模式在全省推广。

【创新发展，打造“互联网+”移动办公暨廉政风控网络监管平台】 2017年，四川省充分运用现代信息技术手段，提高党政工作效能，规范审批流程和审批工作。探索对廉政风险实时预警和动态监管，全面实现廉政风险防控管理信息化。不断拓展和完善机关办公业务网，逐步实现机关内部公文、信息、值班、会议、督查等主要办公业务的数字化和网络化，逐步实现廉政风险实时预警和动态监管。

四川省农业厅编写组、四川省商务厅编写组

整省推进“信息进村入户”工程

【基本情况】 2017年，四川省被农业部、财政部确定为全国5个整省推进“信息进村入户”工程示范省之一，按照省政府整省推进“信息进村入户”工程动员部署电视电话会议精神，通过实施整省推进“信息进村入户”工程，着力建设村级益农信息社，搭建现代农业综合信息服务网络体系，为广大农民群众提供公益、便民、电商、培训体验四类服务，让农民足不出村享受便捷的农业生产、农村生活信息服务，提升农民群众运用信息发展生产、改善生活、增收致富的能力，实现网络全覆盖、服务无盲区、运营可持续。

【组织领导有力】 2017年，四川省省委省政府十分重视整省推进“信息进村入户”工作。1月，省政府成立了由分管副省长任组长的“四川省信息进村入户工程领导小组”，各市（州）也相继成立了由分管副市（州）长任组长，市政府联系副秘书长、市农业局局长、四川电信市级分公司总经理担任副组长，相关单位为成员的信息进村入户工程领导小组，下设领导小组办公室，加强组织领导和统筹协调，搭建强有力的工作班子，抓好工程推进和管理工作，形成省、市、县上下联动、涉农部门共同推动的良好工作局面。

【制度保障到位】 2017年，四川省人民政府办公厅印发了《关于整省推进信息进村入户工程的实施意见》，省领导小组办公室组织制定并印发了《四川省信息进村入户工程领导小组工作推进方案》《四川省整省推进信息进村入户工程实施方案》和《四川省整省推进信息进村入户工程验收办法（试行）》，制定益农信息社管理、信息员选聘等制度办法工作有序推进，保障“信息进村入户”工程规范实施。

【科学规划布局】 2017年，四川省围绕整省推进“信息进村入户”工程总体要求和重点任务，扎实做好顶层设计和规划布局，指导工程实施。省、市、县层层组织编制实施方案，明确建设目标和任务，制定工作进度和步骤，细化建设标准和措施，提高方案的操作性和指导性。同时，做好选址选员工作，结合农村服务半径、交通状况、农业生产发展、信息化建设基础等因素，科学做好益农信息社选址布局工作，按照有关标准和要求，认真遴选益农信息社信息员。

【如期完成任务】 2017年，四川省紧盯省政府提出的“2017年底建成2万个以上村级益农信息社，2018年上半年全部建成并运营3.7万个村级益农信息社，覆盖惠及全省80%的行政村”的目标任务和时间节点，细化、实化本级方案，把益农信息社建设计划任务分解到乡（镇）、落实到村（社）。建设运营商与农业部门紧密配合，按照“六有”标准和建设规范，倒排工期、大干快上，加快推进益农信息社建设。2017年共完成20745个益农信息社建设和验收工作，全面完成省政府提出的2017年年底建成2万个以上村级益农信息社目标任务，为2018年上半年建成并运营3.7万个村级益农信息社、覆盖全省80%的行政村奠定了扎实的基础。苍溪县白驿镇岫云村益农信息社等全省5个益农信息社，成功入选农业部评选的全国百佳益农信息社。

四川省农业厅编写组

“互联网+”现代农业发展

【开展“互联网+”现代农业示范行动】 2017年，四川省为推进全省“互联网+”现代农业发展，加快提升农业生产、经营、管理和服务信息化水平，印发了《四川省“互联网+”现代农业行动方案》和《贯彻全省“互联网+”现代农业工作推进会精神的工作任务清单》等，大力开展“互联网+”现代农业示范行动，加快推进全省信息化新技术在农业农村全领域的示范引领，助推农业大省向农业强省跨越。

【加强物联网技术应用推广】 2017年，四川省在国家现代农业示范区、省级现代农业示范市（县）、现代农业（畜牧业）重点县等有条件的地区，建设认定了一批大田种植、设施园艺、畜禽水产养殖、农产品初加工等农业物联网试验省级示范基地。四川微牧现代农业有限公司等4个部门和单位获得农业部全国物联网示范基地认定；大邑县大田种植数字农业建设项目、南充市嘉陵区畜禽养殖数字农业试点建设获批农业部2018年度全国数字农业建设试点。

【培育农业电商经营主体】 2017年，四川省通过农博会、农交会、品牌推介会、知名电商平台等，积极培育新型经营主体，拓展农村电商，加强政策和信息引导，大力培育专业大户、家庭农场、农民合作社等主动融入农业电商，扶持经营主体对接各类电商平台和电商信息公共服务平台，不断提升新型农业经营主体电商应用能力，构建“农户+新型农业经营主体+电商平台”电商模式，有效衔接产需信息，促进农产品网上销售，推动农业电商发展。

【加强“互联网+农业”知识培训】 2017年，四川省掀起了“互联网+农业”培训高潮，各级农业部门和农广校加大了培训力度，通过政府购买服务的方式，由社会第三方培训机构竞争参与培训，各型培训班将“互联网+农业”知识、信息技术技能纳入各级农村信息员、基层农技人员、种养专合社、大学生村干部科技知识更新的培训课程。截至2017年年底，全省已开展信息技术、农民智能手机应用等“互联网+农业”专题培训班160余次、640学时，受众达2万余人，班次及受众数均较前两年大幅增长。

四川省农业厅编写组

农产品贸易

【基本情况】 2017年，国际市场上，由于农产品的生产消费周期较长，价格波动弹性较小，四川省农产品进出口近年来总体规模不断扩大，进口增长逐步加快。全年农产品进出口总额为13.3亿美元，增长22.5%，其中出口金额为6.6亿美元，增长2.8%；进口金额为6.7亿美元，增长51%。

【出口方面】 2017年，四川省蜂蜜出口金额为147万美元，下降60.7%；茶产品出口金额为2161万美元，下降45.7%；中药出口金额为1690万美元，下降55.7%；调味品出口金额为2331万美元，下降41%；其他猪肉、动物油脂等都有数百万美元出口。出口市场主要集中在日本、东南亚、中国香港等国家和地区。

【进口方面】 2017年，四川省冻猪肉进口上千万美元，主要进口国家有丹麦、加拿大、西班牙、德国和法国。冻牛肉进口超过千万美元，同

比暴增，主要进口来源国是拉美地区的阿根廷、乌拉圭、巴西。大豆是四川省主要进口产品，主要进口国家集中在美洲，分别是阿根廷、巴西、加拿大和美国。奶粉进口5000万美元以上，进口来源国是新西兰和澳大利亚。

四川省商务厅编写组

农产品进出口概况及年度特点

【基本情况】 2017年，四川省农产品进出口总额实现双增长。全省实现农产品进出口总额89.9亿元人民币，增长26%，其中出口44.7亿元，增长5.7%；进口45.2亿元，增长55.5%。

【四川省农产品进出口的主要特点】 2017年，四川省农产品进出口整体呈现先扬后抑的走势，前9个月除了4月外(6.6亿元)，进出口规模均在7亿～9亿元的较高区间运行，其中3月进出口创下了8.6亿元的历史月度新高。而年末三个月震荡走低，进出口规模在10月仅为5.7亿元，11月有所回升后12月再度回落，进出口值仅为5.9亿元，下降14.8%，其中出口3.7亿元，下降25.4%；进口2.2亿元，增长11.5%。

一般贸易占绝对主导，保税监管场所进出境货物激增，加工贸易方式下降。2017年，四川省以一般贸易方式实现农产品进出口金额88亿元，增长26.4%，占全年全省农产品进出口总额的98%，仍保持第一大贸易方式地位，其中出口金额为43.8亿元，增长5.9%；进口金额为44.2亿元，快速增长56.5%。同期，保税监管场所取代加工贸易成为第二大贸易方式，其进出口总额为9471万元，激增1.5倍，占全省农产品进出口总值的1.1%；加工贸易进出口总额为4990万元，下降15.4%。

东盟、美国、澳大利亚、欧盟、中国香港为前五大出口市场。2017年，东盟取代中国香港成为全省农产品第一大出口市场，全年对其出口13.1亿元，增长14.1%，其中对菲律宾出口3亿元，下降6.5%；对越南出口2.6亿元，增长46%。同期，对中国香港、欧盟、日本和美国分别出口8.5亿元、7.1亿元、3.9亿元和2.9亿元，分别下降26.6%、增长52.1%、增长8.4%和增长10%，前五大出口市场合计出口值占同期全省农产品出口总值的79.3%。此外，四川省对"一带一路"沿线国家共出口农产品16.7亿元，增长18.5%，占全省农产品出口总值的37.4%(见表1)。

表1 2017年四川省对主要"一带一路"沿线国家出口农产品出口值统计表

国别	出口值(万元)	同比(%)
菲律宾	30167	20.1
越南	25532	-1.9
新加坡	22323	6
马来西亚	19743	19.6
印度尼西亚	18781	23.4
印度	11478	13.3
泰国	10705	-0.4
阿联酋	4307	19.3
罗马尼亚	3339	5.9
俄罗斯	2967	5.6

四川省农产品进口市场更趋多元，美国市场仍保持第一大进口来源地地位，新西兰则由过去长期的保持第二位下滑至第六位。2017年，四川省自美国、巴西、澳大利亚、秘鲁、欧盟和新西兰分别进口农产品11.9亿元、5.7亿元、5.3亿元、4.8亿元、4.3亿元和4.2亿元，分别增长80.8%、1.3倍、44.9%、45倍、13.4%和下降16.6%，自上述前六大进口来源地合计进口值占全年农产品进口总值的80.1%。此外，四川省自"一带一路"沿线国家进口农产品3.9亿元，增长57.7%，占全年四川省农产品进口总值的8.6%(见表2)。

白酒仍为主要出口品种，蔬菜、烤烟和茶叶等出口快速增长。2017年，四川省出口白酒144.8万升，减少10.4%；价值7.5亿元，下降10.3%，占全年四川省农产品出口总值的16.8%。出口蔬菜3.4万吨，激增1.5倍；价值4.6亿元，增长29.4%，占全年四川省农产品出口总值的10.3%。出口植物汁液、果胶、琼脂及其他胶液4803.7吨，减少10.2%；价值4.4亿元，增长8.4%，占全年四川省农产品出口总值的9.8%。出口烤烟1.3万吨，增长59.5%；价值3亿元，增长42%，占全年四川省农产品出口总值的6.8%。出口肉及杂碎1.2万吨，减少12.9%；价值2.8亿元，增长5.2%，占全年四川省农产品出口总值的6.3%。出口茶叶1万吨，增长11.6%；价值2.7亿元，增长69%，占全年四川省农产品出口总值的6%。出口中药材及中式成药2186.7吨，减少77.9%；价值2.6亿元，下降38.5%，占全年四川省农产品出口总值的5.8%。此外，出口天然蜂蜜1638.3吨，增长91.2%；价值2.5亿元，增长71%。

以大豆为主的粮食为主要进口品种，饲料用鱼粉进口激增。2017年，四川省进口粮食62.4万吨，增长69.2%；价值16.6亿元，增长67.9%。进口饲料用鱼粉7.4万吨，激增5.3倍；价值7亿元，激增5.8倍。进口乳制品2.4万吨，减少35.1%；价值4.9亿元，下降18.8%(见表3)。

表2 2017年四川省主要出口农产品出口值统计表

商品名称	出口值(亿元)	同比(%)
白酒	7.5	-10.3
蔬菜	4.6	29.4
植物汁液、果胶、琼脂及其他胶液	4.4	8.4
烤烟	3	42
肉及杂碎	2.8	5.2
茶叶	2.7	69
中药材及中式成药	2.6	-38.5
生丝	1.2	31.1
猪肉罐头	1.1	10.7
肠衣	0.6	30.7

表3 2017年四川省主要进口农产品进口值统计表

商品名称	进口值(亿元)	同比(%)
粮食	16.6	67.9
大豆	15.2	60.8
饲料用鱼粉	7	567.3
乳品	4.9	-18.8
肉及杂碎	1.8	38.9
酒类	1.5	12
葡萄酒	1.4	19.9

续表

水海产品	0.6	7.6
棉花	0.2	204.1
鲜(干)水果及坚果	0.1	-60.6

【四川省农产品进出口增长的主要原因】 全球粮食供应充沛,水产养殖对饲料需求巨大,共同拉动四川省农产品进口快速增长。2017年,全球粮食主产区天气情况较好,粮食生产基本正常,供应仍然充裕,国际粮价总体稳定。反映国际农产品价格水平的CRB粮食期货指数环比略升0.65%,CRB粮食现货指数略升0.12%。四川省粮食进口量增长69.2%,其中占四川省粮食进口总量86.1%的大豆进口量增幅明显,促进大豆进口值增长60.8%,对四川省农产品进口值增长的贡献度为36.6%。此外,四川省大力发展水产养殖,部分龙头企业如通威集团打造"渔光一体"现代渔业产业园,加快多元化战略布局,推动渔业行业转型升级发展,助推鱼粉饲料进口爆发式增长。

四川省农产品出口市场多元化拓展成为推动出口增长的主要动力。随着"一带一路"倡议的持续推进,出口企业不断开拓新兴市场并取得成效。2017年,四川省农产品除了对传统出口市场东盟、欧盟、日本和美国等继续保持稳定增长外,对部分新兴市场的表现成为新的增长点,其中对"一带一路"沿线国家出口增长18.5%,对中国澳门特别行政区、加拿大、白俄罗斯和埃及等国家和地区均呈2位数甚至成倍增长,分别为11.3倍、52.5倍、3.6倍和6.5倍。

【部分农产品品种进出口主要特点】 茶叶。2017年,四川省茶叶单月出口量整体呈现前高后低的走势,3月当月出口量创下历史新高后震荡下滑,年末几个月出口下滑幅度较大,其中10月、11月、12月分别下滑58.7%、26.7%和38.6%。从出口市场来看,摩洛哥、贝宁和加纳等北非国家仍为主要出口市场,对上述3国出口量分别为5442吨、1165.1吨和600.4吨,分别增长8.6%、下降35.5%和激增1.4倍,上述3者合计出口量占全年四川省茶叶出口总量的71%。此外,对阿富汗、斯里兰卡和马里等国家出口从无到有,对提升全省茶叶出口增长做出了较大贡献。从出口具体商品来看,绿茶仍是主要出口品种,出口量达9649.3吨,占全年全省出口量的94.9%,但出口增速较慢,仅增长8.4%;红茶由于出口基数较小,增速达1.6倍,成为四川茶叶出口的又一重要增长点。茶叶出口虽然出现大幅度增长,但占全国出口总量的比重仅为2.8%,主要因素有以下几个方面:一是缺少龙头企业,出口品种单一。2017年全省茶叶出口企业只有12家,且以中小民营企业为主,大部分企业出口值均为几十万元以下。同时,全省茶叶出口以绿茶为主,而世界茶叶消费主要以红茶为主,全省茶叶出口的品种与国际市场需求存在一定差异。二是质量标准和环境认证制度落后。从整体上看,四川省茶叶生产厂商拿到市场准入证的不多。欧盟、日本对中国采取新的质量标准和检验标准,使全省茶叶出口贸易面临较大阻碍,而面对国际上日益严苛的质量标准和检验标准,全省茶叶质量标准及环境认证制度的落后,已经对四川省茶叶出口造成了一定的影响。三是品牌建设有待加强。面对国内茶产业的迅猛发展,传统名茶和诸多后起之秀展开了强烈的竞争,四川省虽然是传统的产茶大省,但传统名茶产品和新兴茶品牌的发展良莠不齐,还没有形成整个四川省茶产业的均衡良性发展模式。虽然各类茶文化节举办的如火如荼,但合力不够,"川茶"还远没有上升到诸如"川菜"这样的区域文化定义水平。

白酒。2017年,全省出口白酒144.8万升,减少10.4%;价值7.5亿元,下降10.3%。白酒出口出现减少,主要原因有以下方面:一是四川省白酒主要出口至中国香港和其他周边华人聚居区,四川省对上述地区出口大幅减少。全年四川省对中国香港和新加坡出口白酒分别减少了20.4%和18.2%。二是国内主要白酒企业纷纷调整经营策略,纷纷推出更适合国内消费的大众白酒品种,五粮液、泸州老窖等知名白酒企业又再次将市场推广重心放到国内,国内白酒消费的提升抑制了白酒出口的快速增长。

大豆。2017年,四川省进口大豆53.7万吨,增长54.6%;进口价值15.2亿元,增长60.8%;进口均价为每吨2828.3元人民币,增长4.1%。全部为外商投资企业以一般贸易进口。四川省大豆进口市场高度集中,其中52.3%的进口量和36.1%的进口量分别来自美国和巴西。

【当前影响四川省农产品进出口的主要因素】 近年来,虽然在四川省委省政府的大力支持下,四川省农业取得了较快发展,并且白酒、茶叶、蔬菜等一大批特色农产品更好地走向了世界,但受四川省农产品产业化程度不高、现代规模化经营不足等因素的影响,四川省大部分农产品的加工程度较低,果品加工率、肉类加工率等均低于全国平均水平,导致了四川省农产品的附加值较低,在国际市场上的竞争优势较弱。与此同时,对大豆的进口过度依赖于美国、巴西等少数几个市场,较容易受市场波动的影响,导致四川省农产品抗击市场风险的能力较弱。

部分涉农产品进口税率调整,或促进农产品进口贸易。根据国务院关税税则委员会通知,自2017年12月1日起,对部分消费品的关税税率进行调整,该次调整涉及187个8位税号,平均关税税率由17.3%下降至7.7%,其中涉农产品以干果、海鲜类为主。此外,2017年11月19日,《国务院关于废止〈中华人民共和国营业税暂行条例〉和修改〈中华人民共和国增值税暂行条例〉的决定》正式通过,其中明确了进口粮食等增值税税率由13%降为11%。随着四川省对相关产品需求的增加,部分产品进口关税税率、增值税税率的下调,将降低企业的进口成本,刺激农产品进口持续增长。

"三权分置"制度将助力农业供给侧改革、推进农业现代化。当前国内农业的主要矛盾已经由总量不足转变为结构性矛盾,主要表现为阶段性的供过于求和供给不足并存。在此背景下,土地制度改革有序推进并取得突破。2016年中办、国办印发《关于完善农村土地所有权承包权经营权分置办法的意见》,农村土地所有权、承包权和经营权分置(简称"三权分置")改革正式提到政策层面;党的十九大报告也提出未来五年将继续巩固和完善农村基本经营制度,深化农村土地制度改革,完善承包地"三权分置"制度。农村土地"三权分置"为推进四川农业现代化带来了制度绩效,将有利于资本进入涉农产业,促进涉农产业灵活化、规模化、正规化、品牌化发展,提高农业的综合效益和竞争力,优化农产品供给结构。

中华人民共和国成都海关编写组

农村基础设施建设与管理

水 利 建 设

综 述

【基本情况】 2017年，四川省实施“十三五”水利发展规划，构建与全面建成小康社会相适应的现代水安全保障体系。全年落实投资267亿元，新增和恢复蓄引提水能力1亿立方米，新增有效灌面100万亩、高效节水灌面45万亩，助推105万人脱贫。

【骨干水利工程建设加快推进】 2017年，四川省水利厅加快编制都江堰供水区水资源配置等规划，制订《“再造一个都江堰灌区”大提升行动实施方案》。推进以“172”为重点的武引二期灌区等75处大中型水利工程建设，纳入“172”的项目已开工建设10处；完成金堂东风水库扩建和什邡八角水库、雅安铜头引水主体工程，水利基础设施网络不断完善。年度中央投资计划完成率89%，其中重大水利工程完成率92%，其他工程完成率87%。

【水生态文明建设迈出坚实步伐】 2017年，四川省水利厅高位推进河长制，做到工作方案到位、组织体系和责任落实到位、相关制度和政策措施到位、监督检查和考核评估到位。设立河(段)长8.19万名，实现省、市、县、乡全覆盖，河(段)长巡河、清河、护岸、净水、保水行动深入开展。落实最严格水资源管理制度，强化“三条红线”刚性约束，开展水资源消耗总量和强度双控行动，加强入河排污口审批监管和重要水功能区监测，水质达标率达89.1%。治理水土流失2000平方千米。节水型社会重点县建设工作加快推进，水利风景区生态补偿和河湖公园试点项目全面启动，成都市水生态文明城市建设通过验收，水生态环境明显改善。

【防汛抗旱减灾取得新进展】 2017年，四川省水利厅防汛方面坚持超前部署，加强预警预报，强化应急抢险，成功应对20次明显降雨过程，组织转移群众5.6万人次，最大程度保障了人民生命财产安全。抗旱方面，出动送水车347辆次、机具近8300台(套)，抗旱浇地43万亩，临时解决21万人因旱造成的饮水困难。应急减灾方面，配合做好“6·24”茂县特大山体高位垮塌、“8·8”普格县山洪泥石流、“8·8”九寨沟地震等灾害处置工作。

【水利地灾隐患排查防治】 2017年，四川省农水局牵头全省水利地灾隐患排查防治工作。从7月1日开始，经过全省水利系统为期1个月的专项行动，共排查水利工程47.1万余处，共排查核实水利工程地质灾害隐患1630处，截至7月31日，已消除隐患1258处，其余隐患点已落实监测、防护等防治措施。

【治水兴水管水取得新进展】 2017年，四川省水利厅全面启动农业水价综合改革工作，新安装计量设施11054套，完成382万亩灌面改革任务。水资源费改税试点稳步推进，小型水利工程确权登记颁证100万余处。引导和鼓励社会参与水利建设，45个项目进入财政部PPP项目库。开展社会力量购买农村水利工程维护服务试点工作，成立用水户协会5096个，管理灌面1699万亩。颁布实施《四川省水利工程管理条例》。

【水利脱贫攻坚取得新成效】 2017年，四川省水利厅抓好脱贫攻坚“五项行动”，统筹推进水利扶贫和支持幸福美丽新村建设。解决了78.67万贫困人口饮水问题，打造787个有“水”特色的新村。开展长江上游干旱河谷生态治理产业脱贫工程试点工作。落实深度贫困县特殊扶持政策，实施水利扶贫专项行动。发展区域规模化高效节水灌溉，推进都江堰等11处大中型灌区续建配套改造，建成农建综合示范区134个、275万亩。

四川省水利厅编写组

水利政策

【基本情况】 2017年，四川省水利厅政策法规处（行政审批处）在水利厅党组的领导和支持下，积极践行可持续发展治水思路，坚持依法治水、科学管水，在建立健全水法规体系、全面推进依法行政、深化行政审批制度改革、加强水法规宣传等方面均取得了显著成效，圆满完成了各项目标任务，保障了四川省水利事业的持续健康发展。

【水利法制建设取得新进展】 2017年，四川省水利厅完成了《四川省水利工程管理条例》的立法修订工作并颁布实施；完成《四川省〈农田水利条例〉实施办法》的立法调研工作，形成了调研报告并报省政府法制办，争取纳入2018年省政府立法计划。审查了《四川省人民政府办公厅关于实施长江上游干旱河谷生态治理产业脱贫工程的意见》（代拟稿）和《清水河及府河部分河段委托管理协议》等重要文件。

【依法行政工作开创新局面】 2017年，四川省水利厅继续以依法治水为主题，紧扣推进依法治水最根本的问题，针对干部群众最关注的事情，抓住落实工作最关键的环节，扎实推进相关重点工作，深入推进依法治水工作，全面完成了依法治省的各项目标任务，为推动“两个跨越”提供坚实的法治保障。一是制定了依法治水工作要点。根据党的十九大关于依法治国的要求，成立了以厅长为组长的四川省水利厅依法治水领导小组；水利厅根据近年来推进依法治水工作的成绩和需要重点推进的内容，制定了《依法治水2018—2022年规划》，完善相关内容工作有序推进。二是法律顾问发挥了积极作用。自2014年水利厅聘用法律顾问以来，在建立法律顾问制度的基础上，继续完善法律顾问在依法行政方面的制度建设，多方面发挥法律顾问的作用；2017年，涉及水利厅行政复议、行政诉讼、水利工程招投标投诉、执法人员培训等方面，法律顾问主动参与并发挥了积极作用。三是积极办理行政复议案件。办理了申请人李洪川不服水利厅信息公开行为而向省政府申请行政复议的案件。水利厅认真研究案件相关材料，多次召集有关部门和法律顾问研究案情，在充足的证据和法律法规依据基础上，得到了省政府的维持，该案已进入成都市中级人民法院行政诉讼一审程序。协助省水保局办理征收水土保持补偿费的行政复议案件1件。四是深入开展征求意见办理工作。根据省政府要求，再次对行政权力进行了优化和规范。根据中编办和省编办要求，制发了《四川省水利厅关于核实确认行政许可事项清单的函》，明确了水利厅行使的18项行政许可事项；制发了《四川省水利厅关于清理规范公共服务事项的函》，明确了水利厅行使的4项公共服务事项，并将行政许可和行政处罚、行政征收、行政强制、行政检查、行政奖励和公共服务事项等上传到省政务一体化平台，同时在平台上设置了流程和办事指南等内容，便于群众办事，利于监督管理。五是深入开展立法意见征求办理工作。水利厅积极办理有关立法意见征求工作，完成了水利部、省人大、省政府、省直部门等单位的各类立法意见征求工作40余件；开展了职业资格许可和认定事项的清理、投资项目行政审批前置中介服务事项的清理以及公共服务事项的清理。六是开展双随机、双公示工作。为进一步规范水利系统日常监管行为，提高事中事后执法监管效能，根据《国务院办公厅关于推广随机抽查规范事中事后监管的通知》和《四川省推广随机抽查机制规范事中事后监管实施方案》相关要求，印发了四川省水利厅关于《“双随机”抽查工作细则（暂行）》的通知，根据随机抽查事项清单确定抽查对象名录，建立抽查对象名录库，确定了抽查比例和频次等要求，明确各职能部门抽查职责。

【涉水行政审批工作取得新进展】 2017年，四川省水利厅根据国务院的决定，取消了坝、堤、闸兼做公路审批，水利水电建设项目环境影响报告书（表）预审，生产建设项目水土保持设施验收3项行政许可事项。省政务中心水利厅窗口办理行政许可项目时，均无超时办结现象，现场办结率100%，按时办结率100%，办件群众满意率100%。进一步加强水利工程质量检测单位资质审批工作，严格按照法律法规的规定开展相关工作，通过现场核查、向社会公示、公告等方式，全年新办理和延续水利工程质量检测乙级资质共15家。

【水法规宣传活动取得新成效】 2017年3月20日，四川省水利厅组织开展了纪念“世界水日”“中国水周”相关活动。在成都市主城区设立宣传点，邀请四川广播电视台、《四川日报》等多家媒体参加宣传活动。印制水利部“世界水日”“中国水周”宣传画8000余套发放给21个市（州）和厅直属单位，印发宣传资料5000份。各市（州）水务局及厅直属单位按照安排和部署在当地开展了丰富多彩的宣传活动，不但采取传统宣传方式，更结合新形势采用现代方式做好宣传工作，扩大了宣传面，提升了宣传效果。水利厅和中国邮政集团公司四川省分公司决定在全省范围内联合开展节水、护水、水法规宣传活动。充分利用邮政营业厅LCD信息联播网、宣传海报（展架）、校园书信活动平台、明信片调查卡、邮政编码牌、报刊亭、爱心包裹慈善活动等邮政媒体渠道，多渠道、广覆盖发布各地保护水资源的先进做法和节约用水知识，弘扬“节约水、保护水、爱护水”的社会风尚，让节水意识深入人心，真正成为全社会的自觉行动，促进节水型社会建设深入开展，为四川省和谐、快速发展提供保障。深入开展“七五”普法工作，举办了依法治水培训班。全省水务系统政策法规、执法方面的工作人员共150余人参加了培训，就地方性立法、执法管理、法治政府建设等大家关心的热点、难点问题进行了交流。

四川省水利厅编写组

水利规划

【基本情况】 2017年，四川省水利厅按照省委省政府和水利部要求，在厅党组的正确领导下，水利厅规计处积极组织开展水利规划工作，为全省水利发展打下坚实基础。

【编制完成《都江堰供水区水资源配置专题》】 都江堰水利工程是四川省“五横六纵”引水补水连通网络的重要组成部分，其供水区是全省经济社会发展的核心区域。随着成都平原经济区和天府新区的规划建设，都江堰供水区经济、人口快速增长，需水量刚性增加，供需水矛盾日益突出，需要进一步研究水资源配置情况。水利厅在深入调查研究的基础上，组织编制完成了《都江堰供水区水资源配置专题》，提出了都江堰供水区水资源配置方案和水源工程布局方案等。

【研究制订《推进农业供给侧结构性改革十大行动水利实施方案》】 2017年，四川省水利厅根据省委省政府印发的《推进农业供给侧结构性改革加快由农业大省向农业强省跨越十大行动方案》，研究制订了《推进农业供给侧结构性改革十大行动水利实施方案》，提出了到2022年新增供水能力、新增有效灌溉面积、新增高效节水灌溉面积、灌溉水有效利用系数、新增治理水土流失面积等目标任务。

【研究制订《“再造一个都江堰灌区”大提升行动实施方案》】 2017年，四川省水利厅根据省委省政府印发的《推进农业供给侧结构性改

革加快由农业大省向农业强省跨越十大行动方案》《关于全面深入贯彻落实党的十九大精神推动治蜀兴川再上新台阶加快建设美丽繁荣和谐四川的决定》,研究制订了《“再造一个都江堰灌区”大提升行动实施方案(初步成果)》,包括总体要求、工作目标、工作任务、工作措施等方面内容。

【四川省启动第三次水资源调查评价工作】 2017年,四川省水利厅根据水利部、国家发展改革委《关于开展第三次水资源调查评价工作的通知》,启动第三次水资源调查评价工作,于9月成立了四川省第三次水资源调查评价工作领导小组,落实了技术承担单位,加快开展调查评价工作。

四川省水利厅编写组

水资源管理

【以考核促进管理工作不断提升】 2017年,四川省水利厅印发实施《四川省“十三五”实行最严格水资源管理制度考核工作实施方案》和《四川省实行最严格水资源管理制度考核工作领导小组办公室联络员工作制度(试行)》,提出政府各职能部门主要工作任务,明晰联络员工作制度、会议制度和考核工作程序,有序推进考核工作,完成“三条红线”控制指标,年度考核结果向市(州)政府通报并向社会公告,省级水利发展资金依据考核结果进行安排。针对考核存在的问题,印发了《关于进一步加强和规范取水许可管理工作的通知》《关于进一步加强全省水功能区水质监测与管理工作的通知》《进一步加强入河排污口监督管理工作方案》等规范性文件,进一步建立健全了相关监督管理制度。考核推动了地方各级政府整合部门力量,形成合力,推动水资源管理各项政策措施有效落地。

【以河长制推动保护工作不断加强】 2017年,四川省水利厅按照人与水和谐共生的理念,坚持保护优先,推进水生态文明建设。一是强化水功能区监测。2017年,四川省全国重要水功能区实现全覆盖监测,水质达标率92.57%,超过79.4%的年度控制目标。超额完成2017年度水质监测与评价工作,共完成常规水质监测断面650个,监测评价范围覆盖国控水资源监控能力建设重要水功能区322个,重要省界、市(州)界水质监测断面40余个(部分断面与水功能区断面相同),大、中型和人饮功能小型水库160余座及地下水监测站点13个。二是深入开展入河排污口专项检查行动,大力推行“边查边改”。把入河排污口有关内容纳入“一河一策”管理保护方案,推动整改落实。截至2017年年底,全省共有入河排污口9508个,其中规模以上1651个、规模以下7857个。位于饮用水水源保护区的5个规模以上入河排污口已完成整改,位于自然保护区的14个规模以上入河排污口计划在2018年6月底前完成整改,已补办登记手续的规模以上入河排污口630个,已补办设置同意手续的规模以上入河排污口314个。完成了《长江经济带沿江取水口排污口和应急水源布局规划四川省实施方案》2017年度整治任务。三是完成全国重要饮用水水源地安全保障达标建设。指导相关市(州)水务局按照水量保证、水质合格、监控完备、制度健全的要求,做好了成都市三道堰等50个列入全国重要饮用水水源地名录的水源地安全保障达标建设。四是推进水生态文明城市试点建设。第一批试点市成都市、泸州市通过水利部技术评估和行政验收,第二批试点市遂宁市、乐山市试点建设工作加快推进。

【以双控行动推进节约工作不断深化】 2017年,四川省人民政府办公厅将水利厅、省发展改革委联合起草的《四川省“十三五”水资源消耗总量和强度双控行动实施方案》印发各市(州)人民政府,明确了各地2020年用水强度控制目标,健全了水资源消耗总量和强度双控指标体系。印发实施《关于全面推进节水型社会建设的意见》,提出从2011年起分批启动开展100个节水型社会重点县(市、区)建设任务。截至2017年年底,已启动70个节水型社会重点县(市、区)建设,投入资金20.53亿元。结合县域节水型社会达标建设工作,对第二批40个节水重点县(市、区)的节水型社会达标建设实施方案进行技术审查,印发审查意见,要求各县级人民政府批复该实施方案。充分利用广播、电视、报刊等传统媒体,灵活运用微博、微信、客户端等新媒体宣传渠道,增强全社会节水意识;累计发放宣传资料3万余份,张贴宣传标语1000余条,出动宣传车辆500余次。

【不断完善水资源税改革】 四川省作为全国水资源税改革第二批试点省,于2017年12月顺利实施水资源税改革。会同财政、地税等部门出台了《四川省水资源税改革试点实施办法》等8个文件,建立“季度认可、年度核定”的水量核定模式,创新“政府购买服务核定水量”的工作方式,破解县级水利部门“事多人少”难题,平稳有效推进水资源税改革;开展取用水户清理,实施“水资源税改革零点行动”,水务部门交接税务部门8613套资料,圆满完成首个征期的水资源税征收工作。举办3期到县的动员部署、培训、政策宣讲视频会。12月,全省征收水资源税1.38亿元。

【不断巩固水资源监控能力建设】 2017年,四川省水利厅印发实施《四川省取用水计量在线监控系统建设技术指导意见(试行)》,明确了未纳入国家水资源监控系统范围的取水户接入水资源监控系统相关规约,并在取水验收过程中作为重点验收内容,已有43个取水户监测点主动接入四川省水资源监控系统。完成国控一期项目建设任务,完成国控二期项目建设方案编制和财政评审,督促2017年建设进度,提前做好2018年资金下达工作。截至2017年年底,四川省2017年度项目中央预算完成2284.7万元,占比达64.6%;省级预算完成73.61万元。

四川省水利厅编写组

水利工程建设与管理

水利工程建设

【基本情况】 2017年,四川省水利厅负责管理的项目共下达投资计划97.74亿元(其中中央资金48.68亿元、地方资金49.06亿元),涉及重大水利工程8处、中型水库14处、小型水库2处、主要支流治理22处、大中型病险水库(闸)除险加固1处、中小河流治理100处等共6类147处项目。已下达投资计划完成率为68%,其中中型水库和重大水利工程投资完成率分别为78%和72%,小型水库、主要支流治理、大中型病险水库(闸)除险加固和中小河流治理完成率均低于50%。

【开展已完工程验收工作】 2017年,小井沟水库加快推进正常蓄水位阶段验收工作,四川省水利厅已发文督办;亭子口水利枢纽基本完工,水利厅已衔接专家帮助项目法人开展竣工验收资料准备工作;武都水库和紫坪铺水利枢纽2处工程竣工验收工作紧张开展,年初分别发函再次督办,5月配合水利部对该2处大型水库进行了竣工验收督

导。强化了对二郎庙、大海子、黄桷坝、白岩滩、王家沟、金王寺、双桥、刘家拱桥、解元、九龙潭、寨子河、开茂、东风水库扩建、天星桥、锁口、倒流河、马鞍山、龚家堰水库扩建、梅子箐水库扩建、三仙湖、八角、油房沟、祥凤寨、楼房湾等20余处枢纽基本完工中型项目蓄水验收相关工作的督导,督促指导各项目及早开展蓄水安全鉴定有关工作并按验收规程要求完成水库下闸蓄水验收各项要件准备,及时完成蓄水阶段验收工作。持续推进龙潭水库、玛依河水利工程等一批已完中型工程竣工验收工作。3月底组织完成了峨眉山市观音水库工程竣工验收,8月初委派专家组对得荣县白松茨巫水利工程竣工技术预验收进行了现场指导。通过现场督导、电话督促、地方汇报工作等多种方式持续督导其余已完工中型项目竣工验收相关工作。

【水利稽察】 2017年,四川省水利厅已完成对19个各类水利工程项目开展的稽察工作,另外有5个项目稽察工作有序推进,6个项目已列入稽察计划。

【安全生产】 2017年,四川省水利厅制定并印发了《四川省水利厅安全生产工作责任暂行制度》和《四川省水利厅安委会工作制度》,健全安全生产制度体系;开展了全省水行业涉及危险化学品安全生产综合治理、汛期安全生产检查、安全隐患排查整治专项活动等10余个安全生产专项活动。组织开展水利工程施工企业"三类人员"培训,完成培训5批次1500余人;完成"三类人员"继续教育等工作3批次700余人。积极推进安全生产标准化工作,完成2017年第一批水利水电工程施工企业安全生产标准化建设、申报、现场复核、专家评审等相关工作。9月完成了第一批25家水利水电工程施工企业标准化的评定工作。

四川省水利厅编写组

水利工程管理

【全面完成水库大坝注册登记和复查换证】 2017年,四川省水利厅在全国率先、保质保量完成了全省水利部门主管的7814座水库大坝注册登记和复查换证工作,获得了水利部建管司、水利部大坝安全管理中心领导的好评。

【有序开展水库大坝安全鉴定及复核】 2017年,四川省水利厅按照分级负责的原则,开展全省新一轮水库大坝安全鉴定,其中大中型水库21座;雷波县马湖水库、南溪区马耳岩水库通过水利部大坝安全管理中心组织的安全鉴定现场复核。

【完成新出险小型病险水库除险加固】 2017年,四川省789座新出险小型病险水库除险加固项目按水利部目标已经全部完工,加快进行验收扫尾工作。除险加固后的水库共恢复蓄水量1.2亿立方米,恢复和改善灌面89万亩,为下游直接受影响的277万人口、238万亩耕地、11座县城、189个乡(镇)及各类工矿企业和基础设施提供了安全保障。

【纳入《加快灾后水利薄弱环节建设实施方案》的新出现小型病险水库除险加固申报立项工作】 2017年,四川省水利厅在组织市、县全面排查、认真复核及鉴定评价基础上,以《四川省加快灾后水利薄弱环节建设实施方案》将2172座新出现小型病险水库除险加固项目上报水利部,据此编制完成了《四川省新出现小型病险水库除险加固"十三五"规划》。水利部、国家发展改革委、财政部于5月正式印发《加快灾后水利薄弱环节建设实施方案》,四川省上报的2172座水库全部纳入,其中2072座中央计划投资项目规划总投资36.9亿元,病险水库总数、中央计划投资项目数及总投资规模均居全国第一位;其余100座需由地方自筹资金2.43亿元实施。抓紧组织市(县)开展并完成除险加固初步设计等前期工作,为中央资金下达后及时组织实施奠定了坚实基础。

四川省水利厅编写组

农田水利建设

【基本情况】 2017年,四川省水利厅全面完成基层水利服务机构能力建设任务,已安排各地开展验收评估工作。配合省发展改革委形成了《2016年度粮食安全省长责任制考核工作农田水利单项行动方案》,2017年上半年完成了对21个市(州)农田水利建设成效的部门考核评分,参与了乐山、眉山等市(州)的现场抽查考核,配合省粮食局完成了《2017年度粮食安全省长责任制考核评分表》的修订。配合农业厅等单位开展高标准农田建设工作,牵头完成对泸州市、宜宾市、凉山州、攀枝花市高标准农田建设2016—2017年度考核工作。

【高效节水灌溉】 2017年,四川省水利厅推动省政府建立四川省高效节水灌溉建设工作联席会议制度,督促各市(州)比照落实,加强组织领导;推动《四川省"十三五"高效节水灌溉实施方案》通过了省政府批复,起草出台《关于做好2017年中央和省级水利发展专项资金农田水利建设及农业水价综合改革有关工作的通知》《关于下达2017年高效节水灌溉建设任务的通知》《关于建立高效节水灌溉项目"六个一"工作责任制度的通知》《关于发布全省高效节水灌溉2017年度专家库名单的通知》等文件,完善政策体系,优化管理效率,提升管理水平,完成新增高效节水灌溉面积45万亩,新增灌溉面积41.64万亩,超额完成省政府2017年度目标任务。

【农田水利改革】 2017年,四川省水利厅统筹推进年度4项改革任务,推进农田水利的转型发展和依法治水。深化小型水利工程管理体制改革工作,依据小型水利工程管理体制改革27步操作程序,围绕"三有五落实"改革任务,指导各地全面推进改革工作,全面启动对19个省级试点县改革试点的验收工作。全省农村小型水利工程确权登记颁证工作已全面完成,104万余处小型水利工程实现"确两权、颁两证"。按照国家有关部委统一部署,会同财政厅、省发展改革委,已安排22个国家和省级农田水利设施产权制度改革和创新运行管护机制试点改革试点开展验收工作,加快改革成效向改革经验的转变,为面上推广提供改革模板。推进《四川省〈农田水利条例〉实施办法》立法调研报告和立法草案顺利通过省政府法制办审查,并纳入2018年度省政府部门规章制定类立法计划。

【冬春农田水利基本建设】 2017年,四川省农田水利基本建设坚持政府主导、狠抓脱贫攻坚、突出示范引领、深化改革创新、强化宣传考核,全年累计完成投资315.1亿元,增长11.75%。引导农民投工投劳4.52亿个工日,投放机械台班524.23万台(套),完成土石方量5.56亿立方米。新增恢复改善灌溉面积479.49万亩,新增节水灌溉面积148.45万亩。圆满完成水利部下达四川省"力争总投资较上年增长10%以上,投放机械台班、完成工程量及主要效益指标较上年稳定增长,农民投工投劳基本稳定"的任务。

【农田水利基本建设综合示范区建设】 2017年,四川省水利厅按照省农田水利基本建设指挥部印发的《"十三五"千万亩农田水利基本建设综合示范区建设意见》中关于"十三五"期间,每年在全省建成200万亩,五年建成1000万亩农建综合示范区目标任务,全年建成山水田林路湖草系统治理、一二三产业融合发展的农建综合示范区134个,

总面积275万亩(核心区119万亩),占年度计划的137.5%。带动发展“一村一品”“一村一色”品牌农业37.73万亩,培育新型农业经营主体2065个,促进土地流转52.12万亩,发展乡村旅游项目250个,助推建设幸福美丽新村787个,带动农民工就业近30万人,示范区内年人均可支配收入增加400元以上。

四川省水利厅编写组

水文工作

【水情预警、预报水平明显提升,努力做到精准服务】 2017年,四川省委省政府高度重视四川省水情预警、预报工作,省水文局按照汛期“每天一会商,三天一调度”要求,做到了情报及时、预报精准,及时跟踪研判气象水文信息及河道过水情况,为全省防灾减灾工作提供技术支撑。汛期中发布洪水预警29次,其中红色预警1次、橙色预警2次、黄色预警17次、蓝色预警9次。汛前,省水文局发布了17站、各市(州)水文局发布了107站汛期洪水趋势预报。汛期,短期预报河段34处,全省各水文局为各级政府防汛服务发布主要江河重点河段短期洪水预报16站次,预报合格率达94%。汛期,省水文局水情预报中心接收水情信息1570万条,向国家防汛办、长江委、下游省份以及省内防汛部门报送水情信息2342万条。落实专人进行质量检查、考核并发布“水情报汛质量通报”,2017年汛期全省平均30分钟到报率为98.6%,15分钟到报率为97.2%,遥测站8/20时来报率为98.4%,各项指标均达到了考核目标的要求。

【地质灾害应急服务】 2017年,四川省地质灾害频发。6月24日,茂县叠溪镇新磨村发生山体高位垮塌,灾情发生后,四川省水文局立即启动应急预案,成立“6·24”茂县特大滑坡水文应急监测指挥部。由省水文局局长刘祥海任指挥长,党委书记向琴、副局长向玉林及蒋吉发为副指挥长,省水情预报中心全员在岗,第一时间根据松坪沟流域情况进行水文分析,计算出松坪沟设计暴雨和设计洪水成果。及时向国家防汛办、省内防汛部门及相关指挥人员发送松坪沟灾区水情快报或简讯59份,向相关人员短信报送水(雨)情达300余条,通过微信、QQ等方式及时报送灾情最新情况。

8月8日21时19分,九寨沟县发生7.0级地震,震源深度20千米。灾情发生后,省水文局第一时间启动应急响应,成立防汛抢险应急指挥部,由局长刘祥海任组长,局领导班子任副组长,机关业务科室负责人及阿坝州水文局局长杨小波为成员立即展开应急测报工作,组织水情预报人员,24小时追踪地震灾区各监测站点的水位过程线变化情况并及时分析是否存在堰塞湖影响。应急监测小组及九寨沟县水文站在余震中坚持观测对比、汇总数据,及时向相关应急抢险部门提供材料70余份,为科学抢险救灾提供了依据。

【援藏服务工作】 2017年,西藏自治区水文局向水利部提出《关于水情工作人员短期援藏的申请》,水利部水文局要求四川省水文局派经验丰富的技术专家前往支援,水利厅先后派出三位高级工程师到西藏自治区水文局水情信息中心开展援藏工作,同时还派出3名专家、技术骨干到西藏自治区林芝市水文局进行水文技术交流和指导。援藏工作组在西藏3个月内参加西藏自治区水文局水文信息中心水情值班工作,对自治区和各地区局开展了水情业务技术培训;编制雅鲁藏布江左岸一级支流拉萨河(唐加—拉萨)多种洪水预报方案、一级支流年楚河江孜—日喀则水文站简易洪峰预报方案;分析了拉萨河唐加—拉萨水文站低水流量反曲成因;编写《波曲流域樟木镇水文站建设情况对尼报汛准备工作报告》;统计并分析西藏水文局7个分中心中小河流站点建站以来日雨量数据;24个主要报汛站建站以来水文极值;统计并分析康布麻曲流域水文特性基本情况;援藏工作组所做的工作和取得的成绩受到西藏自治区水文局充分肯定,圆满完成援藏工作任务。

【常规水质监测服务】 2017年,四川省完成650个常规水质监测断面水质监测与评价工作,监测评价范围覆盖国控水资源监控能力建设重要水功能区322个,重要省界、市(州)界水质监测断面40余个(部分断面与水功能区断面相同),大、中型和人饮功能小型水库160余座及地下水监测站点13个。每月按时向水利部、长江委、黄委报送《全国水环境状况通报》《长江省界水体水环境质量状况通报》等相关资料,报送率达100%;每月向省政府报送四川水情、水资源信息中水质信息情况;编制《四川省水资源质量月报》《四川省水资源质量季报》,刊布率达100%。

【应急监测服务】 2017年5月初,陕西省宁强县发生嘉陵江铊污染事件,波及广元市。省水文局启动应急响应,统一安排,绵阳市、广元市分中心积极开展铊污染应急监测,从5月8日—20日,从朝天水文站、广元水文站、龙转弯断面共采集分析水样100余组,水位、流量观测成果100余份,向水利厅、省水文局和当地水务部门发布应急监测报告10余期。在8月8日九寨沟县7.0级地震应急抢险监测工作中,以阿坝州水文局为主体组成的应急抢险队奔赴九寨沟县彰扎镇地震灾区应急抢险。选取了白河的九寨沟水文站断面、树正沟的双龙海断面和九寨沟沟口断面,利用便携式分析仪,进行水质应急监测,监测一共持续3天。从九寨沟水文站、双龙海和沟口3个断面的11个项目监测结果来看均未发现水体异常。

【做好“三条红线”国家考核技术支撑服务工作】 2017年,四川省实行最严格水资源管理制度,国家实施“三条红线”考核,水利厅是唯一的技术支撑单位,已很好地完成了“三条红线”国家考核及市(州)考核的数据分析、复核、校对,并协助完成市(州)考核。考核成绩已由省政府公布。

【完成水资源承载能力评价成果】 2017年,四川省水利厅完成了全省21个市(州)183个县(市、区)及水资源承载能力水资源现状分析初步成果并已通过长江委审查。积极与省统计局、省经济和信息化委对相关数据进行对比分析并编制《2016年四川省水资源公报》。完成了长江经济带水资源承载能力评价相关工作,配合省发展改革委完成资源承载能力中的水资源部分评价。

【为加快推进国家水资源监控能力二期项目建设服务】 2017年,四川省水资源监控能力一期建设任务已基本完成,积极完成水资源监控二期的年度任务并对一期建设进行升级提高。截至2017年年底,重点水功能区(含水源地)水质实时监测40万余条。所有监测数据全部传入中央平台。

四川省水利厅编写组

防汛抗旱工作

防汛工作

【基本情况】 2017年3月中旬,国家防汛抗旱总指挥部、水利部派出

检查组检查指导备汛工作，汛期先后20次派出工作组指导四川省抢险救灾。省委省政府高度重视，省委书记王东明、省长尹力等省领导多次作出重要批示，并先后到重点区域督导检查。省委书记王东明数次主持召开省委常委会会议听取防汛减灾工作汇报，并就相关工作进行强调部署；省长尹力2次到省防汛指挥中心督战；省委常委王铭晖到省防汛指挥中心督导、调度近10次，并到紫坪铺、溪洛渡等重点工程进行检查。全省上下按照“两个坚持、三个转变”要求，认真贯彻落实习近平总书记、李克强总理等中央领导关于防汛减灾的重要讲话和指示批示精神，立足“防”、全面“守”，高规格、非常举措推进防汛减灾工作，最大限度减轻了灾害损失，保障了人民群众生命财产安全，夺取了防汛抗旱减灾工作的全面胜利。

【提前安排部署】 2017年4月11日，四川省人民政府召开全省防汛减灾工作电视电话会议，从隐患排查、监测预警、抢险避险、责任落实等方面进行了动员部署；主汛前召开全省地质灾害隐患排查与防治工作电视电话会议，对全省地质灾害隐患排查与防治、防汛减灾工作进行全面安排部署；8月9日，有针对性地召开全省防汛和地质灾害防治工作调度会议，对相关工作进行安排。省防指2月即召开全省防汛抗旱工作会议，4月初提前组织分析研判防汛抗旱趋势，提出防御对策。全省各级提前安排、强化部署，将各项工作举措落到了实处。

【全面落实责任】 2017年，四川省水利厅坚持依法防汛，全面落实以行政首长负责制为核心的防汛责任制度，建立健全了省、市、县、乡、村、组、点七级责任体系。省政府与21个市(州)政府签订了《四川省2017年防汛抗旱工作清单责任书》。各地分级、分类进行了防汛责任人公示，接受社会监督，省防指汛前在《四川日报》上公示了大江大河、大型和重点中型水库水电站、重点城市和受威胁人口在2000人以上的山洪灾害危险区责任人名单。针对换届情况，全省先后组织防汛抗旱行政责任人培训300个班次、培训2万余人，其中省防指对市(县)200名新任指挥长进行了为期2天的专门培训。督促水库水电站管理单位全面落实“两个预案”和“三个责任”，逐级逐库签订了安全管理责任书。

【开展集中排查】 2017年，“6·24”茂县特大山体高位垮塌灾害发生后，省委书记王东明主持召开全省万人大会，发出“打一场防灾减灾的人民战争”的有力号召，成立以省长尹力为组长的全省地质灾害和防汛安全隐患排查防治工作领导小组，从7月1日起在全省范围内首次集中开展为期1个月的地质灾害和防汛安全隐患排查防治，全面筑牢防御屏障。全省共召开防汛安全隐患排查专题会议3042场，累计出动排查队伍24703组次、99210人次，先后排查山洪灾害易发区、水库水电站、江河防洪工程、重要城镇、在建涉水工程等防汛重点部位86433处，发现山洪灾害易发区监测预警设施设备不足或损坏、在建涉水工程施工管理不规范等隐患9525处。对排查发现的隐患100%分类建立台账，100%列出问题清单、措施清单和责任清单，100%移交给责任部门进行整改。同时，及时下发《关于完善防汛减灾责任体系实现全域覆盖的通知》，同步做好已划定的山洪灾害危险区外其他区域、部位的防汛减灾工作，实现责任落实、措施部署全覆盖。

【实行督导暗访】 2017年，四川省常态化、多轮次、高密度组织覆盖全省的防汛工作督导暗访。省领导亲自带队到市(州)开展全覆盖督导2轮。8月中旬至10月下旬，省委省政府从省直部门抽调精干力量76人组建21个督导工作组，由厅级干部带队常驻各市(州)开展全覆盖蹲守督导，同时派出由水利、地质专家和纪检干部组成的暗访组对各地及督导组工作情况进行暗访。省政府4次召开专题会议听取督导组汇报，有针对性部署督导暗访工作。省防指扎实开展对督导暗访工作的统筹协调，确保信息上传下达。省防汛办专门开发了督导实时动态报送系统，每天定时跟踪21个督导组及市(州)工作开展情况。督导组累计督导了172个县(市、区)的4543处点位，发现问题1929处。针对发现的问题，分层级、分批次向责任人、责任单位、市(州)政府移交，督促整改落实。省防指、水利厅先后组织2轮共20个检查组到21个市(州)开展汛前督导检查、现场突访督查，并向相关市(州)“点球式”发出整改通知，各地整改率均达100%。

【加强调度会商】 2017年，“8·8”普格县山洪泥石流发生后，按照省委书记王东明作出的“加强全省主汛期防汛减灾调度指挥”重要批示，省防指立即部署调度会商，省长尹力2次、省委常委王铭晖6次、副省长尧斯丹3次到省防汛指挥中心现场调度，省防指坚持每日一调度、每晚一抽查。省长尹力在调度时对水利厅、省防办应对处置和市(州)快速互动的反应能力给予了充分肯定。省防指制定了《防汛调度会工作规程》等文件，完善了调度会机制，明确了调度会的内容、形式与成果运用，推进了调度指挥制度化、规范化。各级均严格实行汛期防汛调度机制，政府主要领导三天一调度、分管领导每天一调度，遇气象预警加密调度会商，强化汛情综合研判，及时科学调度防御力量，切实保障重点地区、重点部位安全度汛。

【强化过程应对】 2017年，针对每次强降雨过程，四川省防汛抗旱指挥部提前谋划，强化应对举措。一是提前会商研判。及时组织防汛、气象、水文等部门专题分析降雨趋势，明确降雨时段、覆盖范围和强度，为指挥决策提供有力支撑。全年共组织现场或视频会商60余次。二是加强值班抽查。每次降雨过程前、过程中，均组织对降雨覆盖区域的防汛部门值班、带班情况和山洪灾害危险区、水库水电站等重点部位防汛责任人在岗履职情况进行抽查。三是及时启动响应。根据汛情发展，启动省级Ⅲ级应急响应1次、Ⅳ级应急响应2次，甘孜等15个市(州)也先后启动了相应级别的防汛应急响应。四是深入一线指导。由水利厅厅级领导带队、相关处局业务骨干和省水利院专家组成的抗洪抢险工作组汛期轮流值守、无缝衔接，第一时间奔赴受灾地区指导，汛期出动近20次，积极配合做好了“6·24”茂县特大山体高位垮塌、“8·8”普格县山洪泥石流、“8·8”九寨沟地震等灾害处置。

【注重科学防灾】 2017年，四川省水利厅进一步强化山洪灾害防治项目建设和运行管理，切实发挥山洪灾害监测预警系统作用。泸州、广元、乐山、巴中、甘孜5个市(州)48个县组织实施2017年度山洪灾害防治项目，175个县根据调查评价成果对非工程措施系统软件平台进行了升级完善。地方财政落实系统运维费用5858万元，增长57%。进一步推进国家防汛抗旱指挥系统二期工程建设，完成四川省建设任务的11个子项目竣工验收。全省汛期共发布山洪预警10859次，发送预警短信310万条，启动预警广播11035站次，转移5540个危险区群众5.6万余人次，有效避免了人员伤亡。其中，阿坝州、甘孜州运用山洪灾害预警系统，强化监测预警，及时主动转移，实现汛期“零伤亡”。

【落实保障措施】 一是抓好水毁工程修复。2017年，四川省水利厅采取有力针对性措施，紧盯水毁修复进度，按水利部要求在汛前修复了21个市(州)109个县(市、区)涉及的2865个水毁工程，完成投资3.1亿元。二是及时下达防汛经费。共向各地下达中央、省防汛经费1.45亿元，用于各地抢险救灾和应急修复。三是备齐物资队伍。全省共储

备防汛物资总值4.86亿元(其中省级4200余万元),组建抢险队伍1.68万支、近42万人。省防汛办汛期及时调拨冲锋舟、钢丝网箱等价值近200万元物资支援各地抢险救灾。四是完善预案方案。建立健全应急体系,完成《四川省防汛抗旱应急预案》修订和全省30余座大型水库水电站应急抢险预案、度汛方案批复。五是强化科学调度。通过调度紫坪铺、武都、亭子口、江口等工程,为下游防洪抢险提供了保障。在"6·15"大渡河洪水过程中,有效调度猴子岩等电站,将泸定河段洪水重现期由100年一遇降到10年一遇,沿岸普遍减淹0.3~1.3米。六是开展培训演练。汛前组织开展了洪涝灾情统计、冲锋舟操作、防汛物资管理、非工程措施系统运用等业务培训,持续开展山洪灾害防御培训、演练,全省大部分危险区至少开展1次演练。七是加强信息报送。汛前及时升级完善了灾情统计系统,健全了灾情统计报送制度。针对防汛减灾信息报送中的问题,专题强调部署,并加强对迟报、瞒报、漏报的追究问责力度。广元市制定了《洪涝灾害统计办法》,进一步规范全市灾情报送。八是加强宣传教育。组织新华社四川分社、《四川日报》等媒体深入阿坝州、凉山州等地采访,全面、准确、多角度反映四川省防汛减灾工作。精心组织开展"全国防汛抗旱知识大赛"宣传发动工作,全省466515人参赛,为全国参与人数最多的省份,有力提升了社会公众防灾避险意识和能力。

四川省水利厅编写组

抗旱工作

【基本情况】 2017年属一般干旱年,四川省主要发生了区域性的轻度冬干、春旱以及局部地区轻度伏旱,干旱呈受旱时间短、受旱区域小、作物受灾轻、局地人饮困难重的特点。

【旱情灾情】 2017年,四川省干旱范围涉及11个市,全省全年有21.7万人、12.6万头牲畜因旱饮水困难,87.3万亩作物受旱,其中轻旱77万亩、重旱8.2万亩、干枯2.1万亩,因旱粮食损失4.62万吨,经济损失2.41亿元。

冬干。全省11.4万人、9.9万头牲畜因旱饮水困难,52万亩作物受旱(均为轻旱),旱区主要分布在川东北的平昌、通江、苍溪、广元市昭化区等县(区)的22个高山场镇及营山县城。

春旱。全省7.2万人、2.7万头牲畜因旱饮水困难,26.8万亩作物受旱,其中轻旱16.5万亩、重旱8.2万亩、干枯2.1万亩,旱区主要分布在龙泉山脉、荣威山脉的荣县、富顺、威远、资阳市雁江区、青神、井研、犍为、金堂、简阳及川南的宜宾市翠屏区、古蔺等11个县(市、区)。

伏旱。全省有3.1万人因旱饮水困难,8.5万亩作物轻度受旱,至9月上旬,全省普降中到大雨,饮水困难现象得到普遍缓解,但川东个别高山场镇供水水源补充不足,供水隐患依然存在。

【抗旱投入及效益】 2017年,四川省投入抗旱人数12.3万人次,投入抗旱资金2亿元,机动抗旱设备0.83万台(套),新打应急井156口,新建应急供水工程13处,出动送水车347辆次;抗旱浇地面积42.9万亩,挽回农业经济损失约0.43亿元;结合限时、分片供水等措施临时解决21.4万人、12.4万头牲畜饮水困难问题,保证了旱区群众生产生活和社会秩序稳定。同时,2014—2016年建成的抗旱应急水源工程在抗旱中发挥了明显效益,各受旱县2017年共启动127处抗旱应急水源工程,保障了约46.5万人的生活用水。

四川省水利厅编写组

城乡供水工程建设

【基本情况】 2017年,在水利部、国家发展改革委等有关部委的关心支持下,四川省农村集中供水率达79.55%,农村自来水普及率达73.36%,城镇自来水管网覆盖行政村的比例达42.39%,全省农村水质合格率较上年增加2.26个百分点,巩固提升受益人口295.5万人,解决了78.67万建卡贫困人口饮水安全问题,超额完成2017年农村饮水安全巩固提升建设任务。

【强化落实主体责任】 2017年,四川省水利厅以文件《关于下达2017年农村饮水安全巩固提升工程建设任务指标的通知》将各项任务指标下达各市(州),并在任务完成后及时进行考核,将任务、责任层层压实。

【加强水源保护与水质保障】 2017年,四川省水利厅下发了《关于协同做好四川省村镇供水工程水源地和水质保护工作的通知》,要求各市(州)政府高度重视,统一安排和部署,会同环境保护厅对水源地保护区进行了详细的调查和统计,全面完善隔离设施、标识标牌,确保水源保护从硬件上满足要求。加强水质检测中心运行管理,印发了《关于报送全省农村饮水安全工程区域水质检测中心运行情况的通知》,对各县自检水质检测情况实行季报,强化水质管理。

【强化运行管理工作】 2017年,四川省共有156个县成立了县级农村饮水安全专管机构,并落实专人管理;有52个县建立了农村供水工程维修养护基金,有106个县落实了维修养护经费,年财政补贴金额3518万元。

四川省水利厅编写组

水利科技

【科技项目】 2017年,四川省水利行业直属单位全年新增立项和正在执行的省部级计划水利科研项目7项,组织申报科技计划项目10项,均进入项目储备库;水利部"948"项目"都江堰灌区重要水源地水质水体监测自动化系统"通过验收;省水利科学研究院"水利工程质量隐患雷达探测应用研究"等3个项目通过科技厅验收。都江堰灌区水利信息化三期第一批项目建设工作启动。

【科研试点示范】 2017年,营山县金鸡沟水库工程设计由省水利科学研究院与中国水利科学研究院合作,将胶凝砂砾石混凝土和新的施工生产工艺应用于金鸡沟水库坝体建设;仪陇县七一水库采用了清华大学堆石混凝土筑坝技术;通江县方田坝、会东县马头山2座水库尝试在坝体内"插入"混凝土作为防渗体的新结构进行建设。"一体化测控智能闸门"新技术在省都江堰人民渠第一管理处新繁站同心堰洞洞沟分水洞推广使用,性能安全良好,为地点偏僻、条件较差的分水洞的远程监控计量提供了一种高效、经济、可行的解决方案。省水利科学研究院组织开展技术创新和技术难题攻关,解决了"高土石坝全断面利用软岩及极软岩填筑坝体设计技术"难题,在国家"172"重点水利项目武都引水第二期灌区工程中进行运用。"灌区明渠边坡衬砌挂网抹面技术研究及应用"在都江堰市灌区续建配套与节水改造工程和人民渠第二管理处五、七期干渠整治工程中应用。

【应用推广】 2017年,四川省水利厅印发《四川水利先进实用技术推广指导目录》300余本、《四川水利先进实用技术推广简报》3期,推广

先进适用技术100余项；组织参加水利部第十四届国际水利先进技术(产品)推介会。省农田水利局完成安装水库预警系统2400余套，安装系统水库座数占全省已建水库总数的32%。人民渠二处建设GSM远程高水位报警装置26处，开工五期、七期干渠渠道及渠系建筑物整治工程。省水文局小型一体化水雨情应急监测设备在“6·24”茂县山体高位垮塌及“8·8”九寨沟地震中应急水文监测工作中应用。成都市建立海绵城市的展示、科研和科普三大平台，在展示海绵城市的形成要素、为科研机构和学校提供科研数据支持、向市民科普海绵城市理念等方面发挥作用；采用MP-MBR工艺对成都市第三、四、五、八污水处理厂进行扩能提标改造。新都区用以生物膜为核心的组合生物处理工艺、净化水槽和生态处理工艺进行农村生活污水治理试点，并运用物联网技术和3G技术对各站点进行远程监控；新津县采用四川清和科技有限责任公司的EPSB系列工程菌专利产品，用于龙溪河金华镇回龙村尾段池塘生态项目；双流区采用上海太和水环境科技发展有限责任公司的食藻虫引导的水生态修复技术，用于棠湖公园水生态修复项目；温江区采用江阴嘉润石墨烯催化技术有限责任公司的石墨烯光催化自然净化法，用于安贤排水沟黑臭水体治理项目。

【技术标准】 2017年，四川省水利科学研究院参编的《水闸设计规范》(SL265-2016)于2月28日正式实施；成都市水务局组织编写了《成都市排水管道非开挖修复技术指南》(刊号：ISBN978-7-5364-9001-7)；攀枝花市对桃、梨和花椒等蔬果开展高效节水灌溉制度试验研究，总结出作物的高效节水灌溉制度，为区域农业生产提供了科学的灌水标准；水利厅主办《工程建设标准强制性条文》宣贯培训班1期，培训人员120余人；举办全省高效节水灌溉暨农村水利改革工作培训班1期，培训人员200余人。

四川省水利厅编写组

水土保持

【目标考核取得重大突破】 2017年12月，四川省人民政府办公厅出台了《四川省水土保持目标责任制考核办法》，明确对地方政府水保工作进行目标考核，考核不合格的将被要求整改，整改不合格的将由省政府组织约谈。四川省成为全国第一个出台水土保持目标责任制考核办法的省份，受到水利部高度肯定。省政府目标办同意2018年起将水土保持工作纳入省政府综合目标考核。《考核办法》的出台和实施将有力助推四川省水土保持工作。

【水土流失治理步伐加快】 2017年，四川省完成水土流失综合治理面积4766平方千米，水利行业完成水土流失治理面积2460平方千米，开展清洁小流域建设13条，完成总投资5.27亿元。为加快建设进度，发督办信函41份，对7个进度滞后的县级单位进行了约谈，形成了“县级每日一督、市级十日一查”的工作机制，有力地推进了水保工程建设的进度，全省水保工程建设进度在全国排名比上年度提升21名。

【水土保持信息化建设大力推进】 2017年，四川省印发了《信息化工作实施方案》，开展了坡耕地项目、革命老区水保项目、农发水保项目和“十二五”以来生产建设项目历史数据录入，全省录入实施方案和水土保持方案达7500个，从全国最后几位跃居全国第一。利用无人机、移动终端和高分辨率卫星影像抽查省级项目外业，对8个在建项目、16个竣工验收项目进行效果评价。启动了成都市、眉山市、遂宁市和18个县水土保持“天地一体化”监管工作。

【监测评价工作实现重大突破】 2017年，四川省大力推动已建监测站点恢复、重建和升级改造工作，加强对监测点建设技术指导。通过召开推进会、下发责任清单、分片指导等方式，落实了重建责任，并将这项工作作为水土保持资金安排的重要因素。全年所有监测点(43个点)已全部落实资金，启动恢复重建，全部恢复正常运行。南部县升钟镇、盐亭县、遂宁市安居镇、攀枝花市、宜宾市翠屏区和宁南县6个监测点继续纳入全国水土流失动态监测与公告项目(2013—2017年)。

【补偿费征收和使用取得新进展】 2017年，四川省水利厅抢抓环保督察契机，借环保督察之力，对水土保持补偿费缴纳情况进行了全面清理。向230余个项目发出限期缴款通知，向498个项目发出水土保持补偿费征收函。全年征收水土保持补偿费3.78亿元，比上年增长50%，其中省级1.21亿元，增长53%。有15个市级地区较上年有增加，其中有10个市级地区增幅较大；有115个县级地区较上年有增加，增加在10倍以上的有19个，增加在5~9倍的有19个。四川省水土流失治理资金缺口较大，通过与财政厅反复协调，最终确定将省级征收经费全部用于水土保持工作。四川省成为全国极少数水土保持补偿费能全额用于水土保持工作的省份。

【查处违法行为力度大大加强】 2017年，四川省共查处水土保持违法案件96起(2016年仅1起，且不是以水土保持法执法处罚的)，其中省级查处5起。有近30个县(市、区)开展了水土保持违法案件的查处，处罚了一大批违法企业，其中天全县查处10起、江油市查处8起，取得了“查处一案、震慑一片”的效果。同时，推进人大执法检查。乐山市人大对每个县进行水土保持法专项执法检查，梳理问题，要求各县政府限期整改；广元市人大执法检查要求水利部门制定征收管理办法。

【国家水土保持科技示范园建设实现零的突破】 2017年，简阳市南冲堰水土保持科技示范园于11月底通过了水利部组织的“国家水土保持科技示范园”验收并受到水利部专家的好评，填补了四川省空白(全国已有127个示范园)。成功创建彭州市宝山村龙漕沟3个国家水土保持生态文明工程。同时，完成水土保持科技示范园区建设规划批复3个，创建省级水土保持科技示范园区3个。

【预防监督管理扎实推进】 2017年，四川省完成生产建设项目水土保持方案审批72项，水土保持重大措施变更15项。监督检查生产建设项目6343个，其中省级15个。开展水土保持设施验收1269个，其中省级99个。组织各级水行政主管部门对辖区内1500余个部、省级生产建设项目进行了拉网式全方位的水土保持核查，其中省级核查110个；对项目中水土流失安全隐患等10余个细项逐一进行核查，做到全面登记，建立台账，专人管理，比对销号。开展违规弃渣专项排查整治工作，对存在渣场未采取拦挡措施或水土保持措施不完善的11个项目发出了限期整改通知书，对5个存在水土保持措施重大变更的项目发文要求有关县(市、区)进行查处，对跨市(州)的2个项目直接发出停止违法行为通知书。

【扎实推进和探索水土保持改革】 2017年，四川省水利厅按照“放管服”要求，进一步落实简政放权，按照事权划分，明确市、县级水土保持部门审批监管职责，做到放管结合，监管责任不缺位、不越位。建立逐级督查工作机制，确保权限下放后能够接得住、管得好。

【对口帮扶硕果累累】 2017年，四川省水土保持扶贫成效显著，对贫困县下达省级水保资金共2.03亿元，治理水土流失面积477平方千

米。水利厅水土保持方面支持德格县1100万元,其中支持对口帮扶村龚垭乡血呷村200万元。开展"走基层送温暖""助学送温暖"活动,资助精准扶贫户25户、残疾人5名、孤寡老人4名、在校贫困师生70余名。龚垭乡血呷村贫困户人均纯收入达3180元,人均增收300元以上。

四川省水利厅编写组

电力建设

地方电力建设

【基本情况】 2017年,四川省地方电力坚持治水与办电结合,开发与保护统一,新建与改造统筹,建设与管理并重,以农村水电增效扩容、小水电代燃料和水电新农村电气化项目为载体,以农村水电安全生产标准化建设为重要抓手,积极推进"民生水电""平安水电""和谐水电""绿色水电"4个水电建设项目,农村水电行业得到稳步发展。

【着力夯实农村能源基础,有效促进地方经济发展】 截至2017年年底,四川省已建农村水电总装机超过1179万千瓦,年发电量426.08亿千瓦时,累计完成投资47.6亿元,其中全省农村水电新增装机容量16.42万千瓦(5万以下装机12.39万千瓦)。

【积极促进一水多用,有效实现资源综合利用】 2017年,四川省水利厅通过农村小水电建设与水利工程紧密结合,有效防御洪旱灾害,合理调配水资源,实现了调蓄洪水、农业灌溉、城乡用水的综合利用,通过小水电的有序开发,缓解了水利工程维护经费紧张问题,充分体现了水电开发与水资源综合利用协调发展的良好格局。

【全力消除公共安全隐患,有效维护河流健康生命】 2017年,通过对四川省已建老旧电站进行农村水电增效扩容改造,采取工程和非工程措施,优化生态流量,有效起到了恢复河道生态流量、修复自然生态、维护河流健康生命的作用。同时,进一步消除电站机电设备、金属结构、水工建筑物等部位存在的安全隐患,提高了四川省已建农村小水电的运行管理水平,有力保障了电站职工和人民群众生命财产安全。

全省增效扩容改造项目共涉及河流79条,实施河流生态改造项目126个,修复减脱水河段302千米,增效扩容改造项目120个,扩容10.51万千瓦,改造总投资15.96亿元,其中申请中央财政奖励资金6.73亿元。截至2017年年底,全省247个项目已完成或不需要招投标175个,已动工实施项目102个,已完工项目16个,其中5个为增效扩容改造电站项目、11个为生态修复项目。增效扩容改造已到位资金9.9亿元,其中中央资金3.93亿元,已支付资金5.36亿元(中央资金支付1.95亿元)。

【全力构建安全生产体系,确保农村水电有序发展】 2017年,四川省水利厅对水利系统管理水电站进行了梳理,由市、县水利部门负责安全监管的有704座,其中包含协助管理和行使水电站业主的安全生产管理职责占50%左右;仅有4个市(州)具有小水电行业安全管理职能,安全监管数量390余座,其余由地方发改、经信部门,地方政府、安监、林业、国资部门管理。通过深入组织开展年度各项安全生产监督检查,加强政府强制性质量监督,积极推进水电站大坝注册管理,加大源头治理力度,落实安全生产监管责任和企业安全生产主体责任,关口前移,中心下移,有效遏制了重特大安全事故的发生。在此基础上,四川省以政府为主导,以项目为抓手,以协会为平台,结合新颁布的《安全生产法》,推进农村水电站安全生产标准化创建工作。推进绿色小水电发展,更好地发挥小水电在保护生态环境、促进节能减排、改善民生福祉、推动脱贫攻坚等方面的作用。

【农村水电监管】 2017年,四川省狠抓农村水电安全生产运行。按照水利部、省政府和水利厅的部署和安排,水利厅延伸工作重心,注重抓源头、严规章,认真开展汛前安全生产大检查等安全生产活动,由局领导带队组成督查组对各市(州)地方电力安全生产大检查情况进行了督查,全年地方电力行业未发生重特大安全事故,各项安全生产指标均在控制指标以内。全年共实地检查农村水电站525座(处),排查治理隐患数582个,截至2017年年底,已落实整改数量536项。

【地方电力工程质量监督】 2017年,四川省水利厅在省水利地方电力建筑质检中心站和省地方电力机电质检站的大力配合和支持下,采取检查施工现场、查阅质量记录资料、听取现场工作人员介绍的方法,对地方电力工程开展严格的质量监督,并提出意见和建议。共对16座水电站实施政府质量监督巡视检查;与13个增效扩容水电站签订了质量监督书,并进行了巡视检查;数次对农网改造项目的32座变电站进行了质量监督巡视检查。

【农网升级改造建设】 2017年,四川省水利厅完成地方电力农网改造升级项目2018年度建议计划编制和审查工作,协调组织相关部门对四川省在建地方电力农网升级改造工程进行了督导检查。地方电力农网改造升级工程下达计划投资69226万元,实际完成工程投资43939万元,占下达计划的63.47%。

【绿色小水电站摸底及创建工作】 2017年,四川省水利厅完成了全省"小水电站绿色发展调查摸底"工作,经复核,全省共有5个市、15个县44座电站基本符合创建条件。根据企业自愿申报的原则,开展绿色小水电创建试点工作,全省选择了数个小水电站,按照绿色小水电典型环境、社会、经济和管理4个方面的要求开展培育绿色小水电工作。截至2017年年底,绵阳市开元电站已完成省级初验、现场检查和公示,已正式上报水利部审查。

四川省水利厅编写组

农村电网改造

【基本情况】 2017年,国网四川省电力公司认真履行服务"三农"的社会责任,攻坚克难,奋力推进农网改造升级和小城镇(中心村)、机井通电、村村通动力电、贫困村电网改造升级项目建设,服务社会主义新农村建设取得突出成效。

【提前完成新一轮农网改造升级"两年攻坚战"工程建设】 2017年,国网四川省电力公司投资99.18亿元,进行2016—2017年新一轮农网改造升级"两年攻坚战"工程建设(含小城镇、中心村、机井通电、村村通动力电项目),并于9月完成全部建设任务。共计新建及改造110千

伏变电站12座、变电容量799兆千伏安,线路163.3千米;新建和改造35千伏变电站35座、变电容量367兆千伏安,线路631.1千米;10千伏线路15750.9千米,配变19198台,容量2856.26兆千伏安;低压线路54221.2千米,户表29.8万户。

【全面完成2017年贫困村专项批次农网改造升级工程】 2017年,国网四川省电力公司完成贫困村农网改造升级专项工程总投资3.19亿元,新建及改造10千伏线路399.943千米,配变926台、106.13兆伏安,低压线路1825.032千米,改造农户0.4399万户。

全年各批次农网工程建设共计完成投资50.84亿元,新建及改造110千伏变电站2座、变电容量70兆千伏安,线路1.2千米;35千伏变电站9座、变电容量53兆千伏安,线路73.78千米;10千伏线路8468.603千米,配变11250台,容量1577.75兆千伏安,低压线路31175.295千米,户表17.4189万户。国网四川电力农网供电能力持续增强,大面积消除线路对地距离不够、电杆强度不足等安全隐患,降损节能效果显著,提高农网的安全经济运行水平,极大提高农村供电保障能力。农网供电可靠率由上年的99.76%提高到99.78%,综合供电电压合格率由99.5%提高到99.85%。降损节能效果显著,公司综合线损率由9.15%降低到8.66%,城乡居民生活用电量由393亿千瓦时提高到423亿千瓦时。

【电力助推扶贫攻坚】 2017年,国网四川省电力公司按照省委省政府脱贫攻坚总体部署,始终把电力助推脱贫攻坚作为重大政治任务,摆在突出位置,以“电力助推扶贫攻坚”十大行动计划为抓手,以电网建设改造为重点,以精准帮扶为补充,服务全面建成小康社会。四川电力把电网建设作为扶贫工作的关键点和着力点,高标准、高质量、高效率推进贫困地区电网基础设施建设。“十三五”以来,国网四川省电力公司累计投资近100亿元,其中53.44亿元用于精准改善供区内3473个贫困村电网状况。截至2017年年底,6732个贫困村已满足居民生活水平提升和产业发展的用电需求,为供区内169万人脱贫提供电力保障,确保无一人一户因电力原因影响脱贫。国网四川省电力公司始终坚持“扶真贫、真扶贫、真脱贫”,通过“建档案、抓培训、搞竞赛、搭平台、建联盟”为核心的“五步走”工作法,深入打造“产业、智力、爱心”三位一体“造血式”扶贫,本部参与马边县和喜德县精准扶贫工作,并定点帮扶2个深度贫困乡和5个贫困村,其中已有4个贫困村实现脱贫“摘帽”。公司系统各基层单位按照各级党委政府工作要求帮扶康定市、乡城县等节(县)内上百个贫困村,共派出驻村干部159名;选派2名工作人员到深度贫困乡(镇)挂职,持续做好定点帮扶工作,继续加大帮扶力度,落实帮扶措施,确保稳定脱贫、同步奔康。

国网四川省电力公司编写组

交通建设与管理

综　述

【基本情况】 2017年,四川省交通运输系统以习近平新时代中国特色社会主义思想为指导,认真践行新发展理念,坚持稳中求进工作总基调,持续深化供给侧结构性改革,始终保持专注发展定力,统筹推进稳增长、促改革、调结构、惠民生、防风险等各项工作,推动全省交通运输持续快速转型发展,实现了四个“重大突破”和四个“显著提升”。推动实现“蜀道难”到“蜀道通”向“蜀道畅”的跨越转变,全省交通总体发展水平西部领先,迈入大省行列。

【突出抓项目促投资,“项目年”交通建设取得重大突破】 2017年,四川省交通运输厅坚持抓大项目、大抓项目,充分发挥多元主体作用,充分调动多个积极性,加快续建一批,加紧开工一批,加力储备一批,全年公路水路建设完成投资1499亿元,创历史新高,增长14.4%,连续8年超千亿元高位增长。高速公路实现市(州)全通达。雅康高速雅泸段等7个项目(路段)、301千米建成通车,全省高速公路通车总里程达6820千米,甘孜藏区结束了不通高速的历史。成都至宜宾等12个项目、1396千米开工建设,总投资2391亿元,年度新开工项目里程和投资规模均创历史之最。宜攀高速单体投资(886亿元)创全国之最。全省高速公路建成和在建总里程达9785千米。普通国省干线公路建设成就超级工程。世界海拔最高的特长公路隧道国道317线雀儿山隧道建成通车,打通了川藏北线的最大瓶颈,央视以“超级工程”向世界展示。新改建普通国省干线公路1996千米,实施大中修工程1537千米。国省干线公路服务保障水平持续提升。水运建设积极推进。岷江港航电犍为枢纽实现右岸截流,龙溪口等4个航电枢纽开工建设。嘉陵江亭子口枢纽以下达到四级航道标准。枢纽建设加快实施。综合客运枢纽建成和在建项目达39个,覆盖90%的高铁站。纳入部规划的9个货运枢纽(物流园区)已建成3个,其余6个货运枢纽(物流园区)全部开工建设。

【突出抓扶贫补短板,交通精准脱贫取得重大突破】 2017年,四川省交通运输厅聚焦“四大片区”,特别是藏区、彝区深度贫困县,锁定通乡畅村“两个100%”目标和年度脱贫任务,坚持早谋划、早布置、早启动,强化资金倾斜,强化技术帮扶,强化督导推进,全力办好脱贫攻坚“头等大事”。一是脱贫基础更加牢固。全省新(改)建农村公路2.7万千米,新增通油路的乡(镇)71个、通硬化路的建制村2547个,乡(镇)和建制村通畅率分别达99%和97.3%。新增通客车的建制村3820个,全省乡(镇)和建制村通客车率分别达97%和83%。年度计划脱贫“摘帽”的16个县和3700个村实现交通高水平脱贫。二是内生动力显著增强。旅游路、资源路、产业路建设加快推进,“交通+特色产业”“交通+旅游”扶贫蓬勃发展,《人民日报》、中央电视台《新闻联播》栏目头版头条报道。三是定点扶贫扎实有效。坚持“面上整体推进”与“点上解决难题”相结合,统筹交通行业力量,定点精准扶贫创造新经验、取得新成效,赢得群众广泛赞誉。省委省政府授予交通运输厅“五个一”帮扶力量先进帮扶单位,定点帮扶沐川县实现高水平脱贫。四是“四好农村路”成果丰硕。坚持党政主导、示范引领,在全省掀起“四好农村路”建设热潮,成功创建全国示范县3个、省级示范县14个。圆满完成省委省政府民生工程和交通运输部更贴近民生实事目标。新建成渡改桥110座。县、乡、村三级物流体系不断健全,涌现出平昌“货运班车”、攀枝花“客车附搭与邮政合作”等农村物流发展新模式。

【突出抓服务促转型,运输服务提质增效取得重大突破】 2017年,四

川省交通运输厅坚持把物流降本增效、客运转型升级、服务优质高效作为主攻方向，优化供给体系，提高供给质量，推进运输服务高品质发展。货运组织优化整合。出台鼓励多式联运发展专项意见，成都铁路口岸多式联运“一单制”在全国推行。推进无车承运人试点，整合车辆5万辆。成立长江上游航运联盟，建立航运资源共建共享共商平台。全年累计完成公路货运量15.8亿吨、货物周转量1677亿吨千米，分别增长8.3%和7.1%；完成水路货物周转量254亿吨千米、集装箱吞吐量93万标箱，分别增长13.9%、15.9%。道路客运创新转型。出台促进道路客运转型升级实施意见，发展铁路接续接驳客运班线821条，建立全省汽车客运站共享发展联盟。犍为县、绵阳市涪城区成为全国首批城乡交通运输一体化示范县（区）创建城市。成都、自贡等4市入选全国首批“公交都市”创建城市。服务保障品质提升。启动实施“交通+旅游”融合发展专项行动计划，国道318线康定至雅江段等2个“交通+旅游”示范项目加快建设。创建“五好”高速公路9条、全国百佳示范服务区5对、全国优秀服务区22对。认真落实节假日、绿色通道和货车通行费优惠政策，减免高速公路通行费逾70亿元。高速公路实现“营改增”电子发票开具。按照“推进厕所革命，交通绝不掉队”原则，制订推进方案，落实支持政策，全行业新（改）建厕所210座，提升了交通服务形象。

【突出抓改革强动力，重点领域改革取得重大突破】 2017年，四川交通投资基金成功设立。创新实施高速公路打捆招商模式，有效推动了全省高速公路“一盘棋”协调发展。全年招商项目4个、541千米，吸引社会投资1018亿元。依法确定成南扩容、成乐扩容项目投资人，推动总投资540亿元项目落地。积极推进综合交通管理体制改革。省政府成立综合交通运输协调领导小组，组织开展综合交通管理体制改革调研。增加地方铁路质量安全监管职责，正式对川南城际等3个地方铁路项目实施监管。纵深推进行政审批制度改革。加大简政放权力度，省、市、县三级行权事项分别精简78%、43%、31%。服务四川自贸区建设，授权下放许可事项13项。跨省大件运输并联许可走在全国前列，“放管服”改革得到交通运输部肯定。推进综合执法改革试点。攀枝花、宜宾、德阳等市组建成立综合执法机构，有效整合执法力量，交通基层执法能力建设得到加强。

【突出抓创新增活力，行业发展新动能显著提升】 2017年，四川省交通运输厅坚持创新引领、科技支撑、智慧驱动，推动行业新技术、新产业、新业态、新模式蓬勃发展。智慧交通建设收获新成果。建成全省交通运输网上行政审批服务平台，实现“一网通办”。实现交通、公安、旅游信息资源跨行业整合、共享应用。高速公路ETC用户数量突破300万。全省224个三级以上客运站实现联网售票，20个市（州）政府所在地城市实现交通“一卡通”全国互联互通。雅西等12条高速公路建成雨雾天气行车诱导系统。成都市双流区创新实施“互联网+养护”，开启智慧公路管理新模式。绿色交通发展取得新进展。出台绿色交通发展指导意见、工作方案和系列技术指南，绿色交通发展顶层设计更加完善。以中央环保督察为契机，攻坚突破污染防治“三大战役”，基本淘汰营运“黄标车”，取缔长江非法码头50座，机动车维修和港口船舶污染防治进一步加强。科技创新引领实现新提升。成功创建“公路建养技术”“建筑信息模型（BIM）”两个国家级行业研发中心。BIM技术在交通项目设计、施工和抢险救灾中得到广泛应用。仁沐新、天府机场高速等品质工程示范项目建设取得明显成效。编制出台行业标准10项，创历年之最。全年获省部级科技奖9个。

【突出抓法治强管理，行业治理能力显著提升】 2017年，四川省交通运输厅坚持用法治思维和法治方式规范引领行业发展，抓立法保障、抓制度规范、抓规则约束，行业治理体系和治理能力现代化基础更牢。《四川省农村公路条例》颁布实施，为农村公路发展提供了法治保障。《四川省航道条例》提交省人大常委会审议；《四川省机动车驾驶员培训管理办法》修订出台。着力推进文明规范执法，在全国交通运输执法评议考核中迈入前三名。全面完成行政处罚、行政检查和涉企收费事项的清理规范及排查整治，取消涉企收费2项，为企业减负776万元。构建行业管理正面清单，116件规范性文件挂网公示。坚持规则先行，完善建设管理规范体系，制定出台了项目招商引资、工程招投标、市场信用评价、施工分包管理等制度20项。规范高速公路投资模式选择，鼓励社会资本参与高速公路项目建设运营。规范高速公路管理，“一路四方”联动工作机制实现市（州）全覆盖，全面实现“一路一大队”执法管理和“一片一分队”应急处置。信用体系建设稳步推进。在全国率先出台《四川省高速公路投资人信用管理办法》，强化对高速公路项目投资人的全过程信用评价管理。制订了《“信用交通省”创建工作实施方案》，建成交通建设和运输市场信用管理系统，覆盖建设单位5237家、客货运及驾培维修企业8万家。

【突出抓安全促和谐，行业维稳保安能力显著提升】 2017年，四川省交通运输厅牢固树立安全发展理念，坚守安全红线，落实监管责任，筑牢安全防线，交通运输安全稳定形势持续向好。出台公路、水路行业安全生产领域改革发展实施意见，推动安全生产工作系统化、规范化、标准化。深入开展安全隐患大排查、大整治，建成安全隐患“两库一图”。在全国率先出台道路营运驾驶员记分管理办法。创新引进保险机构对营运车辆实施第三方监管。持续深化道路交通安全综合整治，高速公路基本实现违法超限货车“零驶入”，国、省干线公路平均超限率有效控制在3%以内。实施水上交通安全监测巡航救助一体化专项工程，推进水上安全监管标准化管理，水上交通死亡人数连续11年控制在个位数。应急抢险迅速有力。成功应对茂县“6·24”叠溪特大山体滑坡、“8·6”石大关山体崩塌、“8·8”九寨沟7.0级地震等重大自然灾害，第一时间圆满完成抢通保通保运任务，赢得省、部级领导的充分肯定和社会各界的广泛好评。制定完善了地震危险区应急预案和行业各领域危化品处置应急预案。圆满完成交通战备任务，行业保持和谐稳定。坚持属地管理、“一岗双责”、依法处理，一批“老大难”信访问题得到有效解决。开展交通运输危机治理能力研究，出台《全省一、二级汽车客运站反恐怖防范标准》，行业反恐防范能力不断增强。

四川省交通运输厅编写组

农村公路建设

【基本情况】 2017年，四川省新（改）建农村公路27108千米，其中县（乡）道改造6276千米、村道改造20764千米、专用公路改造68千米；新增通硬化路的乡（镇）71个，其中凉山州41个、甘孜州30个；新增通硬化路的建制村2547个，其中内地1136个、“三州”1411个（甘孜州457个、阿坝州85个、凉山州869个），超额完成既定目标。全省乡（镇）和建制村通硬化路率分别达99%和97.3%，农村公路总里程28.2万千米，其中县（乡）道7.5万千米、村道20.7万千米。

【农村公路渡口改桥】 2017年，四川省交通运输厅根据省政府办公厅《渡口改桥2016—2020年建设推进方案》，全省2016—2020年计划实施渡口改公路桥223座，估算总投资91.9亿元。项目涉及泸州、南充、达

州、巴中、广安等17个市(州)、62个县(市、区)。截至2017年年底,全省共建成渡口改公路桥45座,完成投资20亿元。

【农村公路溜索改桥】 2017年,四川省交通运输厅根据溜索改桥规划,下达全省共77座溜索改桥任务,其中车行桥76座、人行桥1座,主要分布在凉山、甘孜、阿坝、绵阳、广元5个市(州)。截至2017年年底,除北川县曲山镇楼房坪村溜索改桥、布拖县龙潭镇冯家坪村溜索改桥、金阳县对坪镇一村西营组溜索改桥3座特大桥未完工外,其余74座溜索改桥项目全部建成。

【农村公路安保工程】 2017年,四川省交通运输厅根据《四川省2016年农村公路安保工程(路侧护栏)建设实施方案》,计划实施6261千米。截至2017年年底,农村公路安保工程(路侧护栏)建成6361千米,超额完成建设任务。

【交通脱贫攻坚】 截至2017年年底,全省普通公路精准扶贫完成投资281亿元。合江县、沐川县、北川县、广元市利州区、宜宾市高坪区、南充市嘉陵区、仪陇县、达州市通川区、巴中市巴州区、巴中市恩阳区、汶川县、理县、茂县、马尔康市、泸定县等15个脱贫"摘帽"县(区)实现"乡乡通油路,村村通硬化路",3700个退出贫困村实现100%通硬化路。全省88个贫困县中有64个实现乡(镇)建制村100%通硬化路,11501个贫困村通畅率达95.5%。在脱贫攻坚精准扶贫过程中,全省公路交通部门坚持"三个优先",脱贫攻坚取得显著成效。一是工作优先安排。省委省政府专门印发《交通精准扶贫脱贫专项方案》,明确目标,压实责任。对标交通扶贫任务和年度"摘帽"安排,建立通村硬化路建设清单,形成工作台账,挂图作战,推进扶贫项目落地落实。以项目为单位,分别建立脱贫"摘帽"贫困村通村硬化路、通乡(镇)油路、县(乡)道改善提升等建设管理台账,逐月跟踪、通报和专报项目建设进展。二是资金优先保障。在逐县逐村全面梳理掌握情况基础上,资金安排重点倾斜、优先保障,将2017年通村硬化路建设任务和资金计划在一季度全部分解下达。部分项目在车购税资金到位前,调度省级财政资金支持先期启动。按照国家和省关于做好涉农资金整合的要求,指导各地积极主动向党委政府汇报争取,整合更多资金投入交通扶贫项目建设。三是措施优先落实。简化前期工作审批程序,普通省道审批下放到市(州),农村公路采取打捆方式进行审批。推广国、省干线代建制和农村公路打捆招标建设模式,确保实施效果。创新督导机制,建立主要领导带队、多部门参与的督导工作机制,对重点地区实行重点督导、蹲点督导和实施"负面名单"管理等多种监管方式,督促各县切实落实交通脱贫攻坚工作任务,确保年度目标顺利实现。

【"四好农村路"建设】 2017年,四川省以"四好农村路"示范县创建为抓手,全面推动"四好农村路"建设扎实开展,全年共创建以成都市郫都区、泸州市江阳区、南充市顺庆区、江安县、犍为县、遂宁市安居区、平昌县、大邑县、达州市达川区、岳池县、剑阁县、德阳市罗江区、西充县、绵阳市安州区14个第一批省级示范县(区),其中成都市郫都区、平昌县和江安县成功创建为全国示范县(区)。四川省是创建全国示范县最多的省份之一,在全国"四好农村路"养护现场会上作经验交流发言。一是强化政策保障。省委把"四好农村路"建设和示范县创建纳入"一号文件"安排部署,省政府出台推进农村公路建管养运协调发展、农村客运发展、建制村联网路和通组路建设等指导意见,专门制定"四好农村路"示范县创建评定办法,对创建达标的示范县由省政府命名,一次性给予1000万元专项补助资金,并在年度计划安排上给予倾斜支持。二是强化机制保障。以落实部省协议为契机,建立厅市联动推进机制,主动与市(州)签订合作协议,明确示范县创建目标和保障措施。省、市、县分别建立交通建设联席会议制度,加强同级部门协调联动,及时解决"四好农村路"工作推进、资金筹集、项目实施、监督管理等问题。建立群众广泛参与机制,大力推行"七公开"等制度,将群众满意度作为示范县评定的重要指标,充分激发群众参与热情。三是强化财政保障。基本建立以公共财政投入为主并逐年增长的资金保障机制,全力保障"四好农村路"建设资金需求。党的十八大以来,累计落实到位国家和省级财政补助资金超过600亿元,各地整合涉农资金超过120亿元,平昌、仪陇等贫困县每年整合涉农资金超过2亿元用于农村公路建设。组建500亿元省级交通投资基金,把农村公路建设作为重点投放领域。四是科学制定标准。制订"四好农村路"建设工作方案、技术指南和示范县评定实施细则,落实工作责任、明确建设标准、规范评定程序,细化考评指标39项,其中20项为"一票否决"、5项体现地区差异和阶段目标。按照"县自愿申请、市择优推荐、省调研挖掘"的机制,从183个县(市、区)中选出32个进行重点培育,通过交叉督导、培训帮扶、片区座谈等方式,搭建交流平台,总结好做法好经验,帮助指导各地查漏补缺、相互学习、共同提高,激发示范县创建积极性和主动性。五是实行动态管理。建立示范县复核和督导考评机制,每两年开展一次资格复核,不定期开展督导考评;对不达标的限期整改,对整改不到位的撤销命名、收回专项补助资金,并纳入"负面名单"管理,暂停或减少交通建设计划安排。制订"四好农村路"示范县巩固提升方案、对省级考核发现的问题,各示范县建立"落实情况档案",全程跟踪、定时督察、动态销账,直至落实为止。召开全省"四好农村路"建设现场会,通过各类媒体主动宣传报道,总结推广可复制、可借鉴的典型经验,营造"学示范、创示范"的良好氛围。六是完善农村公路发展政策制度。配合省法制办和交通运输厅开展《四川省农村公路条例》起草、立法前评估和立法调研论证工作,《四川省农村公路条例》已于7月27日四川省第十二届人民代表大会常务委员会第三十五次会议通过,10月1日起施行;编制了《四川省农村公路养护管理办法》《四川省农村公路养护管理考核办法》和《四川省农村公路建设养护技术管理指导意见》等初稿,开展《村道公路简易招标程序》等课题研究和农村公路设计网上审批制度的制定。

四川省交通运输厅编写组

农村能源建设

【基本情况】 2017年,四川省着力推进规模化大型沼气工程、新村集中供气工程、种养循环示范基地和民族地区户用沼气建设,积极抓好农村能源建设扶贫,抓实农村能源安全生产工作,确保农村能源工作再上台阶。全省全年新建规模化大型沼气工程78处,新建集中供气工程146处,集中供气农户12852户,占目标任务的100%;新建民族地区户用沼气池3667口,占目标任务的231%;打造出以沼气为纽带的循环农业示范基地50处,占目标任务的100%。年度目标任务全面完成。

【扎实推进沼气工程建设】 2017年，四川省继续加强沼气工程项目建设管理，加大规模化生物天然气试点工程督导力度；强化项目信息化管理水平提升，打造农村沼气远程智能化监控平台；修订了沼气工程项目管理及验收办法；组织开展市(州)交叉检查，有力地推动了项目建设。

【着力打造以沼气工程为纽带的循环农业】 2017年，四川省大力推进沼渣沼液综合利用，结合沼气工程建设，打造"果(菜)、沼、畜"种养循环农业示范基地50处、面积2.1万亩。因地制宜在全省推广庭院经济微循环模式、家庭农场小循环模式、产业园区中循环模式、一二三产业融合大循环模式，促进循环农业发展。

【继续强化户用沼气建设管理】 2017年，四川省积极推动凉山州民族地区户用沼气建设，解决民族地区农村生活用能、环境卫生等民生问题。继续开展政府购买沼气服务和户用沼气保险试点，提高农村沼气正常使用率。主动、稳妥、有序地推进沼气池报废工作。

【积极做好迎接中央环保督查工作】 2017年，四川省积极做好农村能源行业环境保护工作，主动加强"三沼"综合利用，印发《关于再次强调做好沼气工程项目沼渣沼液利用工作的通知》，并召开市(州)农能办主任专题会议，安排部署相关工作，防止造成二次污染。作为联络员单位，认真开展了岷江流域农业部门河长制和资阳市农业生态环保督查工作，整理完善生态环保工作措施及资料，配合做好中央环保督查迎检工作，得到了厅领导认可。

【抓实抓牢安全生产工作】 2017年年初，四川省农业厅专门下文，全面部署农村沼气安全生产工作。进一步落实了安全生产责任，制订了《四川省农村能源办公室农村沼气安全生产责任落实方案》，确保沼气安全生产有人抓，出了问题能问责。针对夏季高温气候，专门下发通知，指导各地有针对性地做好高温气候沼气安全管理工作；针对冬季尤其是春节临近期间等安全事故易发时段，在广元全省大会上重点进行强调部署。2017年，全省共发放安全资料50.8万份，张贴安全挂图27.5万份；检查各类沼气工程1100多处，走访农户16.8万户，排查安全隐患9073件；开展培训866期，培训11.1万人次；参加各级应急演练活动8000余人次，有效地保障了农民生命财产安全，全年无沼气安全责任事故发生。

【主动开展《四川省农村能源条例》修正工作】 2017年，四川省针对实际工作需要，主动开展了《四川省农村能源条例》修正工作，取消和下放了部分行政权力事项，增加了信用监督管理制度。同时，及时召开市州农能办主任专题会议，及时开展《条例》宣贯。

【逆市推动农村沼气碳排放国际交易】 2017年，四川省在当前国际碳减排市场疲软的情况下，继续推动农村沼气碳排放国际交易并获得成功，共交易碳减排量60.12万吨，获得减排收益750余万元，33.3万农户受益。同时，起草了《四川省农村能源碳交易项目开发管理办法》，规范项目开发。

【扎实推进农村能源建设扶贫】 2017年，四川省农村能源建设扶贫专项新建大型沼气工程23处，新村集中供气工程94处，分别占目标任务的100%、125%；在凉山州新建户用沼气池1900口，占年度目标任务的950%。积极打造"果(菜)、沼、畜"种养循环农业示范基地50处、面积21000亩，占目标任务的100%。一是高质量编制了2017年农村能源建设扶贫工作计划和实施方案，进一步明确工作目标，细化工作任务，层层抓好落实。二是成立了扶贫工作领导小组，指定专人负责农村能源建设扶贫日常工作，每月定期召开办务会专题分析研究农村能源扶贫，将工作落到实处。三是强化安排部署。3月，在全省农村能源工作会上对全省农村能源建设扶贫工作进行专题部署；8月再次召开专题会议，对专项扶贫工作再强调、再安排、再部署。四是实行建设进度月报制度，确定专人每月定期收集建设进展情况，并建立工作台账，按季度和月梳理工作任务，及时掌握建设进度。五是开展督查检查，多次组织开展贫困地区农村能源扶贫专题调研、检查指导工作，针对目标任务完成情况、档案资料归档、"六有"大数据平台录入、项目资金使用等方面进行全覆盖实地督查，建立问题限期整改台账，督促各地及时整改落实，加快工程建设进度，提高工程建设质量，确保年度目标顺利完成。

四川省农业厅编写组

农村信息化建设

农村网络建设

【基本情况】 2017年，四川省克服茂县特大山体滑坡、九寨沟地震、凉山特大暴雨等自然灾害，完成了3700个年度脱贫村网络覆盖、"三州"地区810个民生工程行政村通光纤以及第一和第二批5567个行政村通光纤宽带的电信普遍服务试点。同时，继续申请国家电信普遍服务政策支持，将3893个行政村(其中建档立卡贫困村1812个)纳入第三批试点，争取中央财政资金5.6亿元，带动企业投资约13亿元。加大对深度贫困地区和民族地区的支持力度，利用1.5亿元电信普遍服务招标结余资金，组织开展深度贫困县通信基础设施完善及光纤网络向自然村延伸试点项目。

【全省电话及互联网接入】 2017年，四川省电话用户新增545万户，总数达9330万户，全国排名第4位，电话普及率达113%。其中，固定电话用户1636万户，全国排名第2位，普及率为19.8%；移动电话用户7694万户，全国排名第5位，普及率为93.1%。移动4G用户新增1339万户，达到5464万户，全国排名第6位，渗透率71%；移动互联网用户净增540万户，总数达6899万户，全国排名第6位；固定宽带用户数新增316万户，总数达2168万户，全国排名第5位，其中50Mbps及以上宽带用户1109万户，占比51%。全省光缆线路长度221万千米；移动基站32万个，其中4G基站18万个；互联网宽带接入端口4703万个。

【行政村通光纤】 2017年，四川省农村地区已通光纤行政村42711个，行政村通光纤的比例提高15个百分点，达到91.5%，全国排名第23位，由于多数省份已完成行政村通光纤任务，四川省行政村光纤通达率排名下降11名。农村地区4G网络覆盖行政村达43730个，行政村4G网络覆盖率达93.6%，全国排名第25位。农村宽带网络覆盖水平和服务能力显著提升，为农村网络扶贫、扶贫攻坚夯实了基础。

四川省经济和信息化委员会编写组

四川农村信息网建设

【基本情况】 2017年，四川省气象局完成四川农村信息网主站旧版到新版的过渡，迁移各类信息69228条。组织发布农业科技、涉农法律政策和市场分析等各类农经信息34383条；通过价格供求信息系统采编发农产品价格信息121072条、供求信息18485条。制作并发布《农产品价格供求情况分析》10期。链接中国兴农网、中国天气网四川站和四川省公共气象服务网等相关网站及专题。

【乡村信息员队伍建设】 2017年，四川省气象局持续组织开展乡村信息员队伍建设，从事基层农村经济和气象综合信息服务的乡村信息员人数总数达56564人，全省累计培训乡村信息员超过90%。全国智慧气象信息员管理平台（阿里钉钉）稳步持续推广。

【农产品气候品质认证】 2017年，四川省农产品气候品质认证与溯源平台通过四川省气象学会的科技成果评价，并获得2017年四川省气象科技进步成果奖二等奖。沐川县、夹江县茶叶和会理县石榴3家企业通过该平台完成农产品气候品质认证，发放认证和溯源标签各3万枚。

四川省气象局编写组

农村通信工作

【基本情况】 2017年，四川省电话用户迈上9000万户台阶，达到9290万户，普及率达112部/百人，其中4G用户5413万户；固定互联网宽带接入用户2148万户，20Mbps以上接入速率占比87%，基本实现了“1000兆引领、100兆普及、20兆起步”的格局。全年完成电信业务总量1178亿元，增长63%；实现电信业务收入614亿元，增长6.6%。光纤网络覆盖范围进一步扩大，城镇地区全面具备百兆以上宽带接入能力，全省光缆线路长度239万千米，移动基站32万个，其中4G基站18万个，互联网宽带接入端口4619万个，实现城区和乡（镇）4G全覆盖，行政村4G通达比例达93%。全年完成3700个贫困村通信网络覆盖任务、“三州”地区810个行政村通光纤任务，全面完成了一、二批普遍服务试点项目，全省行政村通光纤比例同比提升15个百分点，达89%。

【行业管理】 持续优化行业发展环境。2017年，《四川省电信设施建设和保护条例》立法工作取得阶段性进展。首次发布《四川信息通信发展报告》。落实省级财政支持通信业发展专项资金1亿元，落实成都骨干直联点省市财政扶持补贴资金4000余万元，3年累计落实财政补贴资金1.87亿元。专项督查《四川省推进宽带基础设施建设重点工作方案（2016—2017年）》。推动19个市（州）通信发展办公室纳入当地规委会成员单位，信息通信行业发展环境进一步优化。

注重加强行业规划指导。加快推进城市通信基础设施规划，落实450万元专项经费补贴规划编制，20个市（州）完成规划编制。完成《九寨沟地震灾后通信恢复重建规划》编制。指导企业编制各项发展滚动规划。完成“因地制宜、攻坚克难、打好信息扶贫攻坚战”课题研究。

坚持提升网络运行质量。一是充分发挥成都骨干直联点作用，完成年度扩容100G，总带宽达540G，在全国新增10个直联点中排名第二。二是加强网间通信质量管理，加强互联互通管理，加大网间扩容力度，确保网间业务畅通。治理网间不规范主叫号码，全省网间主叫号码传送不规范次数减少90%。三是确保网络运行安全，组织基础电信企业开展风险隐患排查和整改，加强网络运行监督、检查，全年无电信网络运行事故发生。

全面落实简政放权要求。一是简政“放”权，提升行政审批效率，鼓励民营资本参与电信业务经营，积极做好审批服务，平均缩短行政审批时限30%。新审批电信经营许可463家次，总数达2009家。二是优化流程，支持新兴业务发展，积极配合相关部门做好网约车上线审核等工作。三是放“管”结合，促进业务健康发展，深入开展互联网网络接入市场清理整顿工作，规范外资经营电信业务行为，指导宽带接入网试点企业规范服务。

狠抓行风纠风工作。聚焦热点难点，全力维护用户权益。及时处理化解用户申诉纠纷，杜绝群访群诉、不良事件发生，前三个季度全省电信百万用户申诉率为26.2人次，减少15.6人次；不明扣费百万用户申诉率为0.58人次，减少3.12人次。处理用户信访举报119人次，受理用户申诉475人次，调解争议427人次，解答用户咨询6013人次。

大力推进提速降费。推动实现成德资费一体化，全面取消手机国内长途和漫游费，大幅降低国际长途和漫游费，最高下降90%，中小企业互联网专线资费降幅超过40%，移动手机流量资费下降53%，固定家庭宽带资费下降至28元/户/月。4G用户平均下载速度较上年同期提高30%，固定家庭宽带20Mbps以上接入速率占比87%。

规范建设市场秩序。加强招（投）标监管，强化基于信息化管理的日常监督和检查，推动招（投）标信息公开、透明，及时处理纠正20起招（投）标违规行为。积极推进共建共享。建立健全市州共建共享协调机制，加强跨行业共享，推动重点工程共建，全年共建铁塔410座、杆路1883千米，共享铁塔19695座、杆路1202千米，节约投资约30亿元。加强通信设施保护，对恶意破坏通信设施事件涉事企业相关领导和直接责任人进行严厉问责，全年实现盗窃破坏发案率和经济损失双下降。

【电信普遍服务】 2017年，四川省通信管理局结合脱贫攻坚任务、民生工程统筹推进电信普遍服务试点，争取全省3893个行政村纳入第三批电信普遍服务项目。摸清全省4.7万个行政村通信覆盖情况，新建省级农村通信管理系统，精确验证试点行政村网络开通情况和开通速率；推动深度贫困县信息通信网络扶贫，利用1.5亿元招标结余资金，解决深度贫困县2000千米道路移动通信网络覆盖和400个自然村光纤通达问题。全年完成3700个贫困村通信网络覆盖任务、“三州”地区810个行政村通光纤任务，全面完成了一、二批普遍服务试点项目，全省行政村通光纤比例同比提升15个百分点，达到89%。

【不断夯实信息基础设施】 2017年，四川省通信管理局加快信息基础设施建设，多形式、多手段推动光纤到户国家标准和地方标准贯彻落实，加快推动光纤到户改造，全省光纤到户新建住宅项目5919个、老旧小区改造项目11861个。光纤网络覆盖范围进一步扩大，城镇地区全面具备百兆以上宽带接入能力，全省光缆线路长度234万千米，移动基站32万个，其中4G基站18万个，互联网宽带接入端口4519万个，实现城区和乡（镇）4G全覆盖，行政村4G通达比例达93%。

【项目管理】 服务中心，聚焦重点，统筹推进各项工作。2017年，四川省普遍服务项目实施以来，省通信管理局加大了项目和资源的整合力度，将电信普遍服务与全省脱贫攻坚、民生工程相统筹。同时，按照《电信普遍服务补助资金管理试点办法》，利用普遍服务招标结余资金，服务全省深度贫困县扶贫和民族地区全域旅游，组织开展了民族

地区国道、省道、县道移动通信网络覆盖和贫困县光纤向自然村延伸试点，进一步满足了贫困地区群众的通信需求。

严把数据关，突出精准识别，提升财政资金使用绩效。为确保电信普遍服务资金的使用绩效，省通信管理局高度重视对数据的审查，建立了全国数据审查机制。在申报前期，历时半年建立了全省4.7万个行政村网络覆盖情况台账，为项目精准实施提供了基础保障。申报期间，严格审查地方政府项目申报方案，并结合宽带统计数据，指导地方政府剔除了部分重复或明显不符合申报条件的行政村；项目验收过程，充分发挥基层党政作用，以书面证明的方式，逐一清查目标行政村工程完成情况。同时，对建设过程中因行政区划等原因减少的行政村及时进行调整，并扣除相应补助资金，确保了中央财政资金使用绩效。

不断完善，优化流程，合法合规地提高工作效率。始终遵循以工业和信息化部、财政部《关于组织实施电信普遍服务试点工作的指导意见》《开展电信普遍服务试点工作的通知》《电信普遍服务试点项目竣工验收办法（试行）》和《电信普遍服务补助资金管理试点办法》等文件精神，在框架范围内不断优化调整流程，提高工作效率。

建立日常沟通检查机制，全过程管理项目进度和质量。为加强日常协调督促，省通信管理局组织建立日常工作机制，通过召开月度部门督促会、季度分管领导联席会等，实现了管局、企业各个层级的定期交流。2017年，共召开了月度部门督促会6次，并由分管局领导主持召开了企业季度分管领导联席会3次，督促企业保障项目设备材料供应、落实农村通信资费方案、协调共建共享等问题，要求企业对进度滞后的市（州）进行专项督办，集中力量推进项目实施。

强化验收能力，丰富验收手段，确保项目交付成果。一方面，为完善全省行政村基础数据、丰富监管内容，省通信管理局自筹资金建设了省级农村通信管理系统，通过技术手段，精确验证试点行政村网络开通情况和开通速率，同时实现了脱贫攻坚、民生工程项目的分类管理和贫困类型的分级精细化管理；另一方面，委托第三方机构，对项目建设资料、现场进行了检查，实现了系统验收覆盖面100%、资料验收覆盖面100%、现场抽查覆盖面4%（工业和信息化部要求实地抽验比例为3%）的目标。充分发挥地方政府、社会各界的监督作用，采用实施企业自验、行政村盖章证明、地方通发办带队检查、第三方抽查、验收结果社会公示等多种手段，最大程度保证项目的交付成果。

四川省通信管理局编写组

农村邮政事业

综　　述

【基本情况】 2017年，中国邮政集团公司四川省分公司坚持以党的建设为统领，以“人民邮政为人民”为宗旨，努力发挥线上线下平台及产品多元化的行业优势，积极响应国家号召，助力“精准扶贫”“乡村振兴”战略，以实际行动践行党和人民赋予的政治责任、社会责任和经济责任。以实现邮政普遍服务均等化、便捷化为目标，认真落实新《邮政普遍服务标准》，按要求开办业务种类，持续推进普惠金融服务，满足边远地区群众用邮需求；以促进电子商务与农村实体经济深度融合为重点，投入资金解决末端投递瓶颈问题，通过构建双向物流渠道、搭建创业致富平台、拉动农村市场消费，服务“三农”更具新内涵。

【农村邮政能力建设】 2017年，中国邮政集团公司四川省分公司共开设农村邮路1315条，里程73464千米；对12个市（州）95个县（区）共计108条支线邮路，以及广安、内江等15个市（州）共计175条县下农村邮路进行优化调整。设立农村营业局（所）5357处，其中农村邮政支局1060处、邮政所1157处、邮政代办所3140处。设在农村乡（镇）政府所在地网点4649个，非政府所在地网点708个，网点平均服务半径4.48千米，平均服务人口1.5万人，农村乡（镇）局（所）覆盖率100%；农村局（所）共设置10668个营业台席，配置营业人员11518人；局（所）每周平均营业5.84天，每天平均营业6.8小时；开办四项普遍服务业务网点5228个，开办三项普遍服务业务网点129个，开办代理金融业务网点2062个。全年新增营业局（所）10处，撤销4处，改制13处，购置7处，重建3处，整修33处，翻建18处。代理金融网点转型升级改造92个、迁址69个，建设离行式自助银行6个，填补金融空白乡（镇）3个；669个网点实行定时定点服务，ATM、CRS总量达3902台。全省邮政农村投递上线机构2320个，投递段道4741条。乡（镇）地区由专（兼）职投递人员负责场镇投递，乡（镇）以下地区结合实际，采取多种模式落实建制村直接通邮。截至2017年年底，全省有建制村46143个，其中邮政企业直接投递到户4962个、投递到村邮站12752个、投递到其他接转点16135个、委托投递9851个，直接通邮率达94.71%。

【普遍服务】 2017年3月1日，中国邮政集团公司四川省分公司正式实施新的《邮政普遍服务标准》，通过开展广泛宣传动员、开展达标情况专项检查、发现问题立即督促整改等手段，努力将新标准落实为具体行动。加大网运投递能力投入，以提升时限为目标优化作业流程，主要党报党刊县级当日见报率持续提升。全面推进建制村直接通邮，加强与各级邮政管理局和政府部门的协调配合，保证非边远地区建制村投递频次达到每周三班，并实事求是划定交通不便边远地区的范围，保证边远地区建制村投递频次稳定。机要通信连续24年保持质量全红。“悬崖村”开通了无人机邮路，除了运送报纸，还便利山上村民将农产品外销。

【普惠金融服务】 2017年，中国邮政集团公司四川省分公司为更好地服务“三农”，在已拥有遍布城乡的物理网点优势基础上，投入资金建设扶贫金融服务站，开辟绿色金融通道，推出“邮你贷、邮你花、邮你购”“掌柜贷”等小额信贷产品，常态化开展“送金融知识下乡”等活动，积极为乡村振兴战略贡献邮政金融力量。

【农村邮政工作创新】 2017年，中国邮政集团公司四川省分公司将农村作为邮政业务的主战场，在服务农村、繁荣地方经济的过程中，始终坚持以问题为导向，深入推进工作创新。一是在“工业品下乡”和“农产品进城”方面，着力解决物流瓶颈问题。搭建农产品进城绿色通道，提供推广宣传、打包封装、仓储、运输、分拣、投递等一条龙服务，有力解决了进城“最初一公里”难题。同时，加大农村投递投入力度，以“自办+委代办+外包”的方式，畅通县、乡、村三级物流通道，有效解决

物流“最后一公里”的问题，全省基本上实现农产品当日递；加强与品牌化大型农资企业合作，从源头上确保农资产品品质。二是在服务地方社会经济发展方面，依托地方特色做好“邮政文章”。积极参与电子商务进农村示范项目，27个电商产业示范县与邮政开展了战略合作，省政府牵头推广南充市仪陇县“农村电商+精准扶贫”工作模式；依托特有的邮票资源，积极向集团公司申请，发行了恐龙特种邮票，一些承载地方自然、人文风光的明信片通过主题邮局实现了“心与心”的连接。三是在渠道能力建设方面，打造综合便民服务平台，建成“邮乐购”站点，实现水、电、气等30余项便民业务一站式办理；基于农产品季节性特征，按“四个一部分”原则建设仓储，部分区域建立气调库，有效延长农产品的销售期限。线上依托邮乐网平台注册邮乐小店16.8万个，21个市(州)、175个县(市、区)均在邮乐网开设特色地方馆，可实现特色农产品面向国内外销售。四是在发展农村旅游经济方面，积极探索和打造乡村旅游项目。泸州市合江县依托荔枝项目完成打造乡村旅游线路2条——“荔城合江一日游”“荔城合江花田酒地二日游”。五是在繁荣乡土文化方面，启动实施大美乡村项目。“大美乡村”作为乡村推广平台，有助于乡村实现“文化+经济”的双推动，并且通过各种公益渠道(公益活动、大美公益基金等)为乡村需要帮助的群体提供全方位帮扶服务。截至2017年年底，已与全省352个村签订合作协议。

【邮政农村电商工作】 2017年，中国邮政集团公司四川省分公司深入贯彻实施“一体两翼”经营发展战略，将农村电商平台运营工作作为三个“一把手”工程之一强力推进。着力缓解人民群众“买难、卖难、送难、贷难”等突出问题，先后与德阳市旌阳区、平武县、峨眉山市、阆中市等8个国家级、省级示范县开展对接，从便民服务、电商培训、农产品上行、精准扶贫等多方面深入推进农村电子商务示范县建设工作，仪陇县邮政分公司主导实施的“一中心、两通道、三基地、四体系”建设项目，有效推动农村电商融入精准脱贫工作，邮政“农村电商+精准扶贫”模式获得省委肯定，得到时任省委书记王东明的高度评价。3月，全省电商扶贫现场工作会在仪陇县召开，省分公司主要负责人作专题发言。截至2017年年底，邮政主导或参与建设农村电商示范县27个，邮政渠道实现农产品销售5532万元。“8·8”九寨沟地震发生后，省公司策划组织了“牵手灾区大爱邮李”九寨沟灾区脆红李销售项目，帮助灾区销售脆红李3.48万件，约8.355万千克，实现销售收入167万元。

中国邮政集团公司四川省分公司编写组

农村邮政综合服务体系建设

【基本情况】 2017年，中国邮政集团公司四川省分公司加大渠道资源整合力度，全力打造线上线下相结合的O2O综合便民服务平台。截至2017年12月，全省累计建成“邮乐购”站点2.32万个，可实现水、电、气等30余项便民业务一站式办理，全年“邮掌柜”系统实现交易额74亿元，邮掌柜活跃度96.6%。累计实现批销订单11.7万笔、批销额2.63亿元；零售订单89万笔，增长1303%，交易额2313.7万元。发展邮掌柜及掌柜会员53.8万户，会员资产规模131.42亿元，带动发送包裹快递825.7万件。建成省级批销仓1个、面积5327平方米，13家省签供应商入驻；市、县级批销仓43个，累计面积2.49万平方米；引入批销商家727家、零售商家1695家，商品SKU数达4万件，品类涵盖酒水、饮料、食品、家电、纸类、调味品、洗化及居家用品等，能够基本满足农村日常生活需求。搭建省级农村电商微信公众平台“e邮到家”，粉丝2.3万人；持续推动邮乐网地方馆深化运营，完成以农产品销售为主的省级农村电商微信公众平台“易邮铺”(后更名为“e邮到家”)建设并投入运营，发展邮乐小店16.8万个，“双11”活动期间，全省邮乐小店订单量突破16万单；21个市(州)和175个县(市、区)均在邮乐网开设特色地方馆，实现特色农产品网上销售。完成邮掌柜及掌柜会员信息库建设，录入会员信息25.24万条。初步形成了以线下“邮乐购”站点为基础、线上邮乐网为平台、移动端邮乐小店及微信平台为支撑点的多渠道运营体系。

【线下“邮乐购”站点建设】 2017年，中国邮政集团公司四川省分公司依托“邮掌柜”系统，持续推进“邮乐购”站点建设，通过业务叠加、系统扩能、形象升级等多维度，不断提升“邮乐购”站点的综合服务能力和运营效益，充分调动“邮掌柜”积极性。全年建成的“邮乐购”站点覆盖了全省所有乡(镇)和近50%的行政村；发展A类掌柜7022个，占“邮乐购”站点总数的30.53%。

【丰富体系服务功能】 2017年，中国邮政集团公司四川省分公司全面打造农村电商服务体系、物流仓配服务体系、普惠金融体系，进一步发挥信息流、实物流、资金流“三流合一”的优势，为农村用户提供更加优质完善的服务。农村电商服务体系方面，积极参与国家级和省级电子商务进农村项目，助推“工业品下乡、农产品进城”，助推“三农”发展、精准扶贫、乡村振兴。发挥邮政优势，快速反应，主导了“牵手灾区大爱邮李”九寨灾区脆红李销售项目，帮助震区果农拓展了销售渠道，实现了特色农产品的品牌推广，以实际行动擦亮了百年邮政品牌。物流仓配服务体系方面，全省邮政累计建成仓储面积达8.16万平方米，34个批销重点县建成县级仓储。全年共优化调整县下邮路67条，工业品下乡“最后一公里”和农产品进城“最初一公里”的服务能力得到增强。农村投递网络持续优化，“双11”期间，邮件投递量峰值达到上年同期的2.2倍，农村及时妥投率达90.8%。普惠金融服务体系方面，深度融入农村地区经济发展大局，发挥邮政金融资金优势，解决农村创业贷款难的问题，为电商服务站业主、专业合作社和农村创业青年提供“邮乐贷”“掌柜贷”等小额信贷业务，实现了“造血式”帮扶。

【助力精准扶贫】 2017年，中国邮政集团公司四川省分公司充分发挥邮政普遍服务、普惠金融和服务“三农”的行业优势，积极探索和实践邮政“农村电商+精准扶贫”的扶贫工作模式，受到省委省政府的充分肯定和大力推广。由省分公司主导或参与建设的国家级、省级农村电商示范县项目达到了27个，选取重点脱贫区域建成精准扶贫站点783个。省直机关工委在给中国邮政集团公司的扶贫通报中，对四川省邮政分公司以促进电子商务与农村实体经济深度融合为重点，打通信息物流“最后一公里”，利用邮乐网推广当地特色农产品，引导当地群众运用电子商务创业增收、脱贫致富，助力产业脱贫给予充分肯定。截至2017年年底，四川邮政共计收(寄)农产品邮件850万件，总重量约5000万千克，通过邮政线上平台累计实现农产品销售收入3061万元，其中邮乐网平台销售收入2304万元，邮乐小店销售收入654万元；邮政线下渠道累计实现农产品销售收入6185万元，向合作社及农户结算金额6104万元。盐源苹果、雷波脐橙、安岳柠檬、雅安猕猴桃等特色农产品销往全国各地，受到广大消费者的欢迎。

中国邮政集团公司四川省分公司编写组

农村环境保护与乡村旅游

生态建设

综　　述

【修订完善生态保护红线方案】 2017年，四川省环境保护厅按照中共中央办公厅和国务院办公厅印发的《关于划定并严守生态保护红线的若干意见》和环境保护部要求，在原《四川省生态保护红线方案》基础上重新组织修订了《四川省生态保护红线方案》，经广泛征求各级各部门意见、报省政府第160次常务会议审议通过，于11月上报国务院。四川省初步上报的生态保护红线面积为15.01万平方千米，占全省国土面积的30.89%，主要分布在川西高原与山地、盆周山地区域，呈"四轴九核"空间分布格局，涵盖了国家级和省级禁止开发区域，以及其他有必要严格保护的各类保护地。

【加强自然保护区监督管理】 2017年，四川省环境保护厅按照《自然保护区条例》规定和省委省政府安排部署，认真履行综合管理职能，会同省级有关行业主管部门加强对自然保护区的监督管理。省委省政府组织开展了全省自然保护区专项督察，共排查出采探矿、小水电、旅游开发等生态环境损害问题1252个；省委省政府出台了《四川省自然保护区专项督察突出问题整改总体推进方案》，要求强力推进各类突出问题整改，对矿业权、小水电、旅游开发等违法违规问题提出了分类处置意见；省委省政府出台了《做好中央环保督察后续工作进一步加强生态环境保护总体安排》，要求加强自然保护区综合治理，依法关停取缔一批、有序退出一批、整改完成一批，确保到2017年年底前得到有效治理。省级各相关自然保护区行业主管部门均制订出台了《自然保护区专项督察问题整改方案》，省环保督察办每周对各地生态环境问题整改情况进行调度并上报省委省政府，环境保护厅牵头每季度召开省直相关部门自然保护区专项督察问题整改联席会议，对各地生态环境问题整改工作加强监督指导。同时，按照环境保护部等七部委《关于联合开展"绿盾2017"国家级自然保护区监督检查专项行动的通知》，配合开展了31个国家级自然保护区专项检查，对发现的问题一事一策依法依规严肃处理。截至2018年1月12日，全省自然保护区1252个生态环境问题已整改完成961个，整改完成率77%。其中，国家级自然保护区问题整改完成率70%，省级自然保护区问题整改完成率83%，市（州）级自然保护区问题整改完成率71%，县级自然保护区问题整改完成率85%。分问题类型看，矿业权问题整改完成率91%，小水电问题整改完成率69%，旅游问题整改完成率58%，其他生产经营问题整改完成率88%，非生产经营问题整改完成率70%。分市（州）看，整改完成率较高的有自贡市100%、雅安市99%、广元市98%、绵阳市97%、达州市94%、攀枝花市92%、德阳市92%。

【推进生物多样性保护】 2017年，四川省环境保护厅认真落实《生物多样性保护公约》，加强生物多样性保护，切实维护生态环境安全。一是加强生物多样性保护宣传。利用"国际生物多样性日"，印发《关于做好2017年"国际生物多样性日"专题宣传活动的通知》，省、市、县三级环境保护部门紧紧围绕"生物多样性与可持续旅游"主题开展了专题宣传活动，倡议可持续发展和保护生物多样性。二是开展《四川省生物多样性优先区保护规划》编制工作。继续开展羌塘—三江源、横断山南段、岷山—横断山北段、武陵山、大巴山等5个生物多样性保护优先区域（四川区域）保护规划编制工作。三是开展县级层面生物多样性保护行动计划。实施生物多样性保护行动计划，推动各县（市、区）开展生物多样性保护行动计划的制订。四是积极争取国家资金和项目支持。积极争取环境保护部支持平武县、青川县申报生物多样性

减贫示范项目获得环境保护部批准。五是配合开展大熊猫国家公园体制试点工作。积极配合省发展改革委、林业厅做好大熊猫国家公园体制试点有关工作，切实加强试点区域生态环境保护监管，配合编制了《大熊猫国家公园总体规划》。

【继续推进生态文明建设试点示范】 2017年，四川省环境保护厅按照省委省政府《关于建设生态省的决定》和环境保护部《关于大力推进生态文明建设示范区工作的意见》，继续开展生态文明建设示范创建工作，全省共建成国家级生态县15个、国家级生态乡镇297个、国家级环保模范城市2个；建成省级生态县51个、省级生态乡镇648个、省级环保模范城市34个，另有9个省级环保模范城市待省政府命名；蒲江县已于9月被环境保护部命名为首批国家生态文明建设示范县；有15个县（市、区）已向环境保护厅申请开展省级生态县考核验收，成都、巴中等市、县、乡（镇）已向环境保护部和环境保护厅申请开展国家生态文明建设示范区规划审查。

四川省环境保护厅编写组

“绿化全川”行动

【谋划组织】 2017年，四川省绿化委员会、四川省林业厅先后印发了《关于做好2017年造林绿化工作的通知》《关于深入学习贯彻习近平总书记等领导关于国土绿化重要指示批示和讲话精神的通知》《四川省森林小镇建设方案》《干旱半干旱地区生态修复综合治理规划》《四川省森林城市群发展规划》《关于加快推进江河流域造林绿化的指导意见》等文件，组织召开了四川省绿化委员会第21次全体成员会议，研究部署“绿化全川”年度工作。推动落实重点工程造林、森林质量提升、草原生态修复、荒漠生态治理、森林城市建设、绿色家园建设、多彩通道建设、生态成果保护等“绿化全川”具体行动9项。将1000万亩年度营造林任务分解落实到全省21个市（州）183个县（市、区），实行营造林进度月报（半月报）和统计台账制度，实行任务挂图、上墙，确保落地落实。住房城乡建设、国土资源、交通运输、教育、铁路、农业、水利等绿化委员会成员单位履职尽责，按照有关部署要求，结合自身职能和实际，制订了部门行动方案，明确了目标任务，谋划推动绿化工作。按照部署和要求，各地谋划开展“花重锦官城”“绿化绵州”“绿色广元”“绿满遂州”“樱漫眉山”“绿美雅安”“五彩巴中”“绿润甘孜”等主题植树活动。

【植树造林】 2017年，四川省组织开展2017年省和成都市党政军领导义务植树活动，开展绿化全川2017年春季、秋冬季行动以及“我为绿化全川植棵树”“6·17生态脆弱区治理植绿惠民”活动等一系列大型行动（活动）。筹备成立了四川省绿化基金会，政府与社会资本合作的PPP造林模式、政策性银行参与的造林绿化模式取得进展。各地谋划启动了一批绿化工程项目，开展了系列造林绿化活动。成都市启动龙泉山城市森林公园建设，打造世界品质城市绿心、国际化城市会客厅。广元市实施剑门蜀道增花添彩工程，在剑门蜀道沿线增花添彩200千米，实现花卉彩叶植物覆盖率30%以上。广安市开展山地生态修复和江河湖库生态防护工程建设，重点推进境内华蓥山绿化美化和彩化，完成生态修复4.5万亩。眉山市实施集镇拥翠、城市绿肺、园区绿化等43个国土绿化工程项目，完成投资11.5亿元。甘孜州组织实施“山植树、路种花、河变湖”工程，打造优美景观通道1000千米。全省全年完成营造林1294.3万亩，增长16.2%；参与义务植树3470.8万人次，植树1.38亿株。全省森林覆盖率达38.03%，增加1.15个百分点；绿化覆盖率达67%，增加1个百分点。

【部门绿化】 2017年，四川省绿化委员会各成员单位组织实施部门绿化规划或行动方案，推进部门绿化工作。住房城乡建设部门开展全省园林城镇及园林细胞创建活动，推进城市生态修复“双百工程”行动。教育部门开展“我为绿化校园植棵树”活动。国土资源部门组织实施矿山地质环境修复行动。交通运输、铁路等部门坚持“三同步”，推进公路、铁路绿化美化。水利、农业部门推进水系绿化、草原建设与绿化，并与林业等部门联合实施长江上游干旱河谷生态治理和产业脱贫工程。驻川解放军、武警推进营区绿化，支持地方绿化和森林草原火灾扑救。发展改革、财政等部门为“绿化全川”提供规划和项目、资金保障支撑，新设川西高原生态脆弱区综合治理、干旱河谷生态治理产业脱贫工程等专项。工会、妇联、团委等组织广大职工、妇女、青少年投身“绿化全川”行动。宣传、环保、旅游发展、新闻出版广电等部门，结合实际组织开展“绿化全川”有关活动。全省城市建成区绿地率达35.51%，绿化覆盖率39.9%，城市人均公园绿地12.47平方米。

【森林城市及绿化模范创建】 2017年，四川省人民政府办公厅出台《加快推进森林城市建设的意见》，有关市、县开展森林城市和绿化模范创建活动。攀枝花、宜宾、巴中3个市创建为国家森林城市，成都市温江区、大英、大竹、汉源、通江、炉霍等7个县（区）创建为全国、省绿化模范县（区），井研县林业局等9个单位荣获“全国绿化先进集体”称号。全省国家、省森林城市及全国绿化模范城市达17个，全国及省绿化模范县（区）达76个，创建评选省级森林小镇32个、省绿化模范单位和绿化示范村62个。印发了《四川省森林城市群发展规划（2017—2020年）》，制作了四川省森林城市群总体布局图及4个森林城市群具体布局图。

【宣传动员】 2017年，四川省绿化委员会印发通知，组织学习贯彻习近平总书记、李克强总理和省委书记王东明、省长尹力等中央和省领导重要讲话精神，发布《2016年四川省国土绿化状况公报》。林业厅联合省委宣传部等持续开展“大规模绿化全川”“美丽中国·四川林业在行动”等宣传活动。《四川日报》、四川电视台、中国新闻网、《中国绿色时报》、绿色天府等媒体开设“我为绿化全川植棵树”等专栏。四川省绿化委员会办公室及达州、南充等地开通绿化工作动态手机短信播报平台。林业厅、省绿委办负责人多次接受媒体采访、参加省政府网站以“大规模绿化全川”为主题的在线访谈。全年各类媒体报道“绿化全川”2000余条次，带动社会各界广泛参与。大自然家居企业联合中国绿化基金会在新津县开展了大型植树活动，投资绿化公益事业200余万元；希望职业技术学院等单位组织开展认种认养树木活动；社区网友坚持开展“我为汶川种棵树”等活动。

四川省林业厅编写组

水利风景区建设

【规模不断扩大】 随着遂宁市观音湖、雅安市陇西河上里古镇、南江县玉湖3个景区2017年成功申报国家水利风景区，四川省已成功创建国家水利风景区39个，规划面积达7200余平方千米，数量位居全国第七、西部第一；同时加强省级水利风景区建设与管理工作，共有省级水利风景区69个，规划面积2400余平方千米。

【质量稳步提高】 2017年，四川省经过层层筛选，确定了18个精品景

区、60个重点景区进行重点建设，形成品牌。仙海、邛海、青竹江、化湖、观音湖等国家水利风景区发挥示范带动作用，有效提升了四川省水利风景区的质量档次。2017年，中央电视台、黄河水利委员会新闻中心、《四川日报》等多家媒体深入青川县青竹江、绵阳市仙海、苍溪县白鹭湖等景区拍摄制作水利风景区专题片，已在中央电视台十套《地理中国》等栏目播出。四川省水利风景区已成为构建"长江上游生态屏障"、建设"美丽四川"的重要窗口。

【拓宽发展空间】 2017年，四川省以水利厅、省发展改革委、环境保护厅、省旅游发展委四部门文件联合印发《四川省水利风景区（河湖公园）建设发展规划（2016—2025年）》，并通过省政府网站、《四川日报》、《腾讯大成网》等宣传平台进行规划宣传贯彻。同时，绵阳、雅安等地编制了全市《水利风景区建设发展规划（2016—2025年）》，在邀请省、市有关专家和部门审查的基础上，由市政府批准印发，营造了良好的发展氛围，提高了水利风景区（河湖公园）品牌的社会美誉度。

四川省水利厅编写组

生态县建设

【基本情况】 2017年，四川省环境保护厅按照省委省政府《关于建设生态省的决定》、环境保护部《关于大力推进生态文明建设示范区工作的意见》和环境保护部办公厅《关于加强环保系列创建监督管理工作的通知》要求，将创建质量与后续创建工作、相关资金安排等政策挂钩，继续开展生态文明建设示范创建工作。加强省级生态县建设，组织完成了巴中市巴州区、南充市阆中市2个省级生态县建设技术评估工作。

【积极推进生态文明示范县建设】 2017年，四川省环境保护厅按照环境保护部生态文明示范建设新要求，积极支持有条件的地区创建国家生态文明建设示范区。成都、巴中等市（州）编制完成《国家生态文明建设示范区规划》。9月，蒲江县被环境保护部命名为首批"国家生态文明建设示范县"，九寨沟县被命名为"国家首批绿水青山就是金山银山实践创新基地"。

【探索开展生态文明建设评价研究】 2017年，四川省环境保护厅针对全省生态环境现状、问题，结合主体功能定位、经济社会发展水平，研究符合四川区域特点的生态文明评价体系，配合省统计局、省发展改革委、省委组织部等对全省生态文明建设进展情况进行评价。

四川省环境保护厅编写组

自然保护区管理

【基本情况】 2017年，四川省有林业自然保护区123个（其中国家级24个、省级50个），保护面积725万公顷。从类型上分，森林和野生动植物类型自然保护区82个、湿地类型自然保护区41个。近90%在四川省有分布的国家重点保护野生动植物物种和近50%的自然湿地在自然保护区内得到有效保护。

【自然保护区专项督察】 2017年年初，四川省林业厅在已开展国家级自然保护区清理整顿活动的基础上，按照省委省政府和省环保督察工作的要求，组织全省123个林业自然保护区对区内开发建设活动进行全面清理排查，对已批建项目的建设和运营情况进行专项检查。6月1日，中办、国办通报甘肃祁连山事件和环境保护部、国家林业局等七部门印发联合开展"绿盾2017"专项行动的通知后，林业厅把"绿盾2017"专项行动融入中央和省环保督察工作要求，成立了林业厅迎接环保督察领导小组，组建了环保督察工作领导小组，下设综合协调、档案资料、文稿材料、案件督办、政策研究、宣传报道、信访维稳、追责问责8个专项工作小组，全面梳理林业自然保护区内问题，通过市（州）组织各县（区）自查、结合卫星遥感监测结果，通过"天上看、地上查、图上比"的技术筛查、召开会议与问题突出的市（州）当面核查等形式，全面梳理123个林业自然保护区内存在的突出生态环境问题，主动与环境保护厅对接问题清单，查漏补缺，锁定林业自然保护区内的生态环境问题986个。在锁定问题后，组织开展全面督查督办。由林业厅领导分别带队深入自然保护区内生态环境问题突出的项目点位进行现场督导，实现2批次21个市（州）现场督办全覆盖。针对部分地方的突出问题，先后下发督办通知16份，督促限期整改到位；实行厅领导跟踪督办，重点督办15个方面的突出问题。对问题严重的自然保护区，林业厅领导先后约谈了保护区所在地市（州）林业主管部门和县政府以及相关自然保护区管理机构负责人20余名，督促其提高思想认识、增强责任意识、加快问题整改，做到了"当面约谈一批"。将督察发现的一些重大涉林违法案件纳入"守护绿川行动"，移交省森林公安局挂牌督办，166件涉林案件已结案118件，结案率71%，做到了"案件查处一批"。锁定问题后，率先开展全面自查自纠。对党的十八大以来林业厅批复的林业系统自然保护区内建立机构和修筑设施行政许可开展自查，共清理许可事项79项，未发现有违法违规审核审批事项。对林业部门履行生态建设保护"党政同责、一岗双责"情况进行自查，分类收集汇总相关支撑文件材料87盒、750余份，近30000页。对自然保护区档案管理情况开展自查，系统整理了123个林业自然保护区批建及级别晋升批复文件、保护区总体规划批复文件、保护区范围边界和功能分区的电子矢量图层。印发《关于加强自然保护区内生态环境问题整改和调整周报告制度的通知》，对各地自然保护区内生态问题整改实行周报制，督促各地加快整改进度，对各地问题整改情况进行分析，发布了3期林业自然保护区内生态环境问题整改情况通报，对整改不力的市（州）和自然保护区提出了针对性的改进要求。印发《关于进一步做好自然保护区内生态环境问题整改工作的通知》，对林业自然保护区尚未制订整改方案、整改工作进展缓慢、整改无进展或整改措施不符合省上规定的部分生态环境问题进行督办。印发《关于依法处置环保部门卫星遥感发现国家级自然保护区内违法活动的督办通知》，持续加大督察督办力度。在环保督察整改阶段，全面构建机制，借势借力，以整改生态环境问题为契机，推进林业自然保护区管理长效机制建设。启动林业自然保护区监督管理系统省级平台建设，组织搭建地方级自然保护区卫星遥感监测平台，构建实时动态监测机制，利用卫星遥感影像对保护区内人为活动情况进行解译对比、分析判读，发现疑似人为活动5055处，责成相关市（州）调查核实。印发《贯彻执行国家林业局关于进一步加强林业自然保护区监督管理工作的通知》，规范林业自然保护区调整和区内建设项目管理，原则上不再受理因矿产资源、水电、风电、光电、旅游等资源开发类项目对自然保护区范围和功能区划调整的申请，严格执行建设项目负面清单制度，除国家林业局禁止在自然保护区内新建风电、光电开发等各类项目外，把国家和四川省重大战略项目外的水电站项目列入全省负面清单。严格和优化林业自然保护区调整和建设项目行政许可审查程序，规范申报要件，新增专家实地查验论证和在《四川日报》、自然保护区

所在市(州)报纸以及林业厅官方网站公示的环节,新建集体会审制度,坚持分级分段审查制度,充分征求社会公众和利益相关者意见,提高了审查的科学性和公开性。完善技术标准体系。草拟了《四川省自然保护小区管理办法》,推进平武县关坝沟自然保护小区建设试点,探索自然保护与经济社会协调发展的新模式。截至2017年年底,林业自然保护区生态环境问题完成整改847个,整改完成率85.9%。

四川省林业厅编写组

森林公园建设

【基本情况】 2017年,四川省已建立森林公园137处,总面积为232.48万公顷,其中国家级森林公园44处,经营面积为173.2万公顷;省级森林公园62处,经营面积为58.14万公顷;市(县)级森林公园31处,经营面积为1.14万公顷。此外,建有一处四川江油国家百合公园。2017年,四川省国家级、省级森林公园总收入88.43亿元,其中门票收入7.23亿元、食宿收入37.51亿元、游乐收入15.32亿元、其他收入28.37亿元。全年接待游客3752.49万人次,其中海外游客12.79万人次。全年全省国家级、省级森林公园共筹集建设资金29.61亿元,其中国家投入3.48亿元、自筹14.31亿元、引资11.82亿元。全年投入生态建设资金3.7亿元。全年在森林公园内植树造林2212.25公顷,改造林相7235公顷,森林公园车船总数881台,游步道长2711.7千米,接待床位59809张,餐位总数134424个。共有职工5881人、导游434人,森林公园旅游发展带动社会旅游从业人员71498人。

【城郊森林公园】 2017年,四川省林业厅贯彻落实《国家林业局关于加快推进城郊森林公园发展的指导意见》,印发了《关于转发加快推进城郊森林公园发展指导意见的通知》,要求各市(州)结合各地实际,大力推进城郊森林公园发展。按照国家、省的意见和要求,自贡、泸州、德阳、遂宁、南充等地高度重视,积极谋划城郊森林公园建设工作。

【森林公园创建】 2017年,四川省新创建国家级森林公园6处,分别为沙鲁里山国家森林公园、金川国家森林公园、黄荆老林国家森林公园、蓬安国家森林公园、太蓬山国家森林公园、賨人谷国家森林公园,面积共66.12万公顷;新创建省级森林公园8处,分别为万峰山森林公园、姑姑山森林公园、黑龙海子森林公园、巴布纳森林公园、三奥雪山森林公园、梭磨河森林公园、梦笔山森林公园、热务沟森林公园,面积共47.38万公顷。

【森林公园总体规划编制】 2017年,四川省执行《森林公园管理办法》和《四川省森林公园管理条例》等有关规定,有关地方、单位和森林公园按照国家林业局、林业厅的有关部署和要求,开展森林公园总体规划编报工作。全年有千佛山国家森林公园、米仓山国家森林公园、高山国家森林公园、宜汉国家森林公园4个国家森林公园总体规划获得国家林业局批复,曾家山鸳鸯池森林公园、黑石坡森林公园2个省级森林公园的总体规划通过林业厅批复。

【森林公园人才培训】 2017年,四川省林业厅组织各级森林公园管理者参加国家林业局组织的2017年国家级森林公园主任、副主任岗位建设与能力提升培训班、国家级森林公园总体规划培训班、森林公园建设与管理研讨班(第3期)等各类会议培训,了解和掌握国家林业局对森林公园各项工作的要求和规定。5月,在四川省林业干部学校举办全省森林公园建设管理培训班,各市(州)林业局森林公园管理部门负责人、全省国家级森林公园和部分省级森林公园负责人共100人参加了培训。12月26日,在广元市组织召开全省森林公园工作会议,要求各地准确把握森林公园的性质、功能和作用,进一步做好森林公园建设及管理各项工作,努力推进全省森林公园健康持续发展。

四川省林业厅编写组

湿 地 建 设

【基本情况】 2017年,四川省有湿地总面积174.78万公顷(不计水稻田),占全省国土面积的3.6%。其中,自然湿地(包括湖泊湿地、河流湿地、沼泽湿地)面积166.56万公顷,占全省湿地总面积的95.29%;人工湿地面积8.22万公顷,占全省湿地总面积的4.71%。四川省湿地面积在全国排名第8位。四川省湿地脊椎动物达570种,隶属5纲29目78科。其中,鱼类9目21科239种,两栖类2目10科105种,爬行类2目8科25种,鸟类11目22科147种,哺乳类5目17科54种。四川现有湿地高等植物114科376属1008种(含种下单位)。其中,苔藓植物20科26属37种,蕨类植物15科17属24种,裸子植物1科2属2种,被子植物78科331属945种。截至2017年年底,全省有国际重要湿地1处、国家重要湿地3处,有湿地自然保护区52个、湿地公园64个、湿地保护小区1个。申报四川长沙贡玛国家级自然保护区进入国际重要湿地名录。

【湿地公园建设】 2017年,四川省林业厅按照“上山、顺江、进城”的工作方向,全省继续在城市周边、大江大河、重要库区、生态节点上积极推进湿地公园建设,新建省级湿地公园8处,保护湿地面积13560公顷。建成国家湿地公园2处(犍为桫椤湖国家湿地公园、西充青龙湖国家湿地公园)。

【湿地保护与恢复】 2017年,四川省林业厅联合财政厅统筹安排下达湿地保护与恢复资金4300万元,用于安排14个国家湿地公园及1个湿地保护区加强退化湿地恢复、巡护监测设施维护、购买监测设备和湿地管巡护。

【湿地生态补偿】 2017年,四川省林业厅利用中央财政补助资金2000万元在若尔盖湿地国家级自然保护区及其周边地区持续开展湿地生态补偿工作。省级湿地生态补偿方面,在上年红原县、理塘县试点工作继续开展的基础上增加了稻城县和松潘县,投入省级湿地生态效益补偿资金2205万元。

【湿地宣传】 2017年,四川省林业厅结合“世界湿地日”“爱鸟周”等节庆开展湿地保护宣传,提升民众湿地保护意识。1月25日—26日举办了世界湿地日“湿地减少灾害风险”宣传活动。开展国内外合作,汲取国际国内湿地保护先进经验。扩大和增强中国四川省湿地保护地覆盖和管理能力项目获得全球环境基金(GEF)资助实施。

四川省林业厅编写组

大熊猫国家公园管理

【组织领导】 2017年1月,中共中央办公厅、国务院办公厅正式印发《大熊猫国家公园体制试点方案》,省委省政府赓即安排部署,先后成立了由省领导挂帅、多部门参与的四川省大熊猫国家公园体制试点工作推进领导小组(以下简称“领导小组”)和四川省大熊猫国家公园管理机构筹备委员会,抽调人员集中办公,省级财政足额保障工作经费。成立由6位院士领衔,涵盖生态、环保、地质、交通、经济、规划等20余

个学科的大熊猫国家公园体制试点专家咨询委员会，承担在管理机构尚未建立之前对进入公园项目的生态安全风险评价职能，并提供决策咨询和技术指导。

【实施方案】 2017年，四川省林业厅按照厅字〔2017〕6号文件要求和省委省政府工作部署，在认真研究论证、充分沟通协商、广泛征求意见的基础上，编制印发《大熊猫国家公园体制试点实施方案（2017—2020年）》，明确试点期间23大项、56分项工作的路线图、时间表和责任单位。牵头协调陕、甘两省同步开展试点区机构、资产人员情况复核，在厘清家底的基础上，研究提出大熊猫国家公园机构整合设置的建议方案，并按要求上报中央编办和国家林业局。

【总体规划】 2017年，四川省林业厅以中办、国办6号、55号文件和党的十九大精神为统领，由省发展改革委牵头，相关科研院所参加，编制完成《大熊猫国家公园（四川）总体规划》，已通过专家审查，待审定后上报国家有关部委。

【勘界落图】 2017年，四川省林业厅制订大熊猫国家公园四川园区勘界工作方案，从林业厅、国土资源厅、省测绘局等部门抽调23人组成5个勘界落图工作组，分赴大熊猫国家公园（四川）所在的19个县（市、区），通过实地勘察、相关部门座谈、卫星图像比对等方式和技术手段，历时近5个月完成公园边界及功能区划边界实地勘察工作。

【自然资源确权登记】 2017年，四川省林业厅制订《大熊猫国家公园自然资源统一确权登记工作方案》，开展自然资源确权登记试点，调查核实资源利用现状，厘清土地性质及边界范围，启动建设省大熊猫国家公园自然资源登记数据库、信息平台。

【生态保护修复】 2017年，四川省林业厅加强生态保护，结合中央环保督察的要求，进一步清理各类自然保护地内矿业权、小水电、旅游设施等生态环境突出问题。全面停止新建项目审批，暂停核心保护区及生态修复区内林地征（占）用、采伐等审批事项，保护好国家公园内生态系统的原真性和完整性。实施生态修复工程，整合资金加快实施植树造林、地质灾害治理等生态修复工程。开展大熊猫野化放归、易地救护、DNA档案建立、生态廊道建设，推进野外小种群复壮和野外种群精细化管理。

【学习调研】 2017年，四川省林业厅接受和配合中央财经领导小组办公室、中央编办、国家发展改革委、国家林业局等部门组织开展的调研督导活动，承办国家林业局在四川省举行的体制试点工作培训会、会商会，邀请陕、甘两省有关人员到成都会商体制试点工作。先后接待福建武夷山、浙江钱江源、北京长城等国家公园交流考察团，派出相关单位负责人前往三江源国家公园等地学习考察，省人大和省政协也先后前往东北虎豹国家公园、三江源国家公园进行考察学习，并在省内多个市（州）调研。

四川省林业厅编写组

荒漠治理

【防沙治沙重点工程任务】 2017年，四川省重点围绕川西藏区生态保护与建设工程沙化土地治理、省级财政林业防沙治沙等工程项目，重点在川西北草地沙化严重的区域集中实施沙化土地防治及治理成果保护工作，完成中重度沙化治理40.7万亩、成果巩固23.1万亩次。通过国家水土保持重点治理工程，完成轻度沙化治理23.7万亩。

【川西高原生态脆弱区综合治理】 2017年，四川省级财政利用重点生态功能区转移支付资金，探索启动了川西高原生态脆弱区综合治理工程，落实年度投资1.5亿元，在阿坝、若尔盖、红原、壤塘、色达、炉霍等6个县开展以沙化土地治理、湿地修复、沙源治理等为主要内容的生态综合治理，旨在解决区域性的突出生态问题，积累可复制可推广的生态治理模式和经验，以点带面和示范引领整个川西地区生态修复。

【防沙治沙工作管理】 2017年，四川省林业厅印发《川西藏区沙化土地治理项目验收技术细则（试行）》，对各项目县治沙工程验收提供技术依据。印发《四川省沙化土地封禁保护修复制度方案》，提出在借鉴国内试点经验的基础上，探索划定、建设沙化土地封禁保护区。按照国家林业局统一部署，开展了防沙治沙执法工作专项督查，未发现沙区违法违规开发建设或者破坏生态环境的情况。林业厅向沙区林业主管部门下发《关于加强川西北沙化土地治理生物材料使用管理的通知》，规范高山柳等治沙生物材料的利用和管理。

【生态治理宣传】 2017年，四川省林业厅结合“6·17”世界防治荒漠化和干旱日，以米易县为主会场，以若尔盖县、兴文县、炉霍县为分会场，组织开展了“大规模绿化全川暨生态脆弱区植绿惠民行动”。在理塘县、雅江县召开了川西北防沙治沙现场会，总结、宣传了全省防沙治沙成效经验，引起社会广泛关注。

【石漠化监测】 2017年，四川省林业厅按照国家林业局统一部署，于2016年5月正式启动岩溶地区第三次石漠化监测工作，由林业厅负责组织实施，具体任务由省林业调查规划院承担。该次监测范围涉及10个市（州）46个县（市、区），监测内容包括石漠化土地的面积、程度和分布，石漠化土地动态变化、石漠化土地演变状况等。7月，监测工作全面完成，省级监测成果报送国家林业局。

【石漠化综合治理】 2017年3月2日，四川省发展改革委员会会同林业厅、农业厅、水利厅下达四川2017年石漠化综合治理工程建设任务：治理岩溶面积400平方千米，项目投资12046万元（其中中央预算内投资10000万元、地方配套2046万元），建设内容为封山育林2137.5公顷、人工造林3012.9公顷、草地建设367.1公顷等。

【国家石漠公园】 2017年，四川省林业厅按照国家沙漠公园（含石漠公园）组织申报有关要求，指导兴文县依托境内类型多样且独特的喀斯特地貌和丰富的生物多样性，筹建兴文峰岩国家石漠公园。12月28日，国家林业局批复同意建设兴文峰岩国家石漠公园。国家石漠公园的建设旨在保护峰岩及周边良好的生态环境与脆弱的喀斯特生态系统，发挥保护、科研、教育、旅游、文化审美等多重价值，促进区域生态、经济和社会协调发展。

【干旱半干旱地区生态综合治理】 2017年，四川省人民政府办公厅印发《关于实施长江上游干旱河谷生态治理产业脱贫工程的意见》。省级财政下达资金1.5亿元，在18个项目县（市、区）开展工程建设试点。6月，林业厅印发《四川省干旱半干旱地区生态修复综合治理规划（2016—2020年）》，明确了治理原则、治理重点、治理方法、保障措施等关键内容，推进全省干旱半干旱地区生态综合治理。截至2017年年底，通过两年10个县的综合治理试点，全省集中治理不同类型旱区面积1万亩，积累了一批可行的技术措施和生物、工程治理模式。

四川省林业厅编写组

农业生态建设

【基本情况】 2017年，四川省坚持以绿色发展理念引领农业供给侧

结构性改革，深入推进农业绿色发展转型，在农业产地环境治理、农业生态系统保护、农业资源环境管控、农业环保突出问题整改等方面取得明显成效。全省化肥使用量和农药使用量连续3年负增长，畜禽粪污综合利用率达62%，农作物秸秆综合利用率达86.9%，农膜回收利用率达69.2%，天然草原综合植被盖度达84.8%，长江流域禁渔期制度和赤水河流域10年禁渔制度全面落实，养殖污染、病死畜禽等涉农环保问题得到有效治理，进一步夯实了农业可持续发展基础。

【把农业投入品“减”下去】 推动化肥减量增效。2017年，四川省印发《四川省到2020年化肥使用量零增长行动总体方案》，在果菜茶大县主推有机肥替代化肥技术，在粮油大县主推测土配方施肥技术，在农业园区主推水肥一体化技术，实施果菜茶有机肥替代化肥行动，建立化肥减量增效示范区。

推动农药减量控害。印发《四川省到2020年农药减量控害行动方案》，打造“一园四区”绿色防控示范基地（以IPM绿色防控示范园为平台，成片建设蜜蜂授粉、稻鸭共作、稻渔共栖、统防统治与绿色防控融合示范区），推广高效低毒低残留农药和高效植保机械。2017年，全省低毒微毒农药使用量占比超过60%，比上年提高3.4个百分点。

推动兽用抗菌药物减量使用。印发《四川省兽药（抗菌药）综合治理五年行动实施方案（2015—2019年）》《四川省兽用抗菌药专项整治行动实施方案》《四川省遏制动物源细菌耐药行动工作方案（2017—2020年）》，严厉打击兽用抗菌药和禁用化合物的生产、经营、使用环节的违法行为。实施抗菌药减种减量行动，组织开展兽用抗菌药使用减量化示范创建活动，持续开展遏制动物源细菌耐药专项治理，8种抗菌药已禁止使用于食品动物中。

【加强畜禽养殖废弃物资源化利用】 2017年，四川省人民政府印发《关于加快推进畜禽养殖废弃物资源化利用的实施意见》，大力发展种养循环农业，以种带养，以养促种，推广“生态养殖+沼气+绿色种植”农牧结合生态治理模式，全省各类沼气工程达6686余处、户用沼气607.6万口，规模养殖场（小区）畜禽养殖粪污处理利用设施配套比例达79.4%，粪污综合利用量约1.57亿吨，畜禽粪污综合利用率达62%。在18个县开展PPP模式推进畜禽粪污综合利用试点。

【加强农作物秸秆资源化利用】 2017年，四川省人民政府印发《四川省秸秆综合利用工作推进方案》《四川省支持推进秸秆综合利用政策措施》，提出了深化推进秸秆综合利用7条工作措施，从财政、税收、土地等6个方面提出14条“真金白银”举措，相关部门印发《四川省秸秆综合利用规划（2016—2020年）》及配套实施方案，启动秸秆综合利用整县推进和全域利用试点，全省初步形成农用为主、多元利用的秸秆综合利用格局，全年全省农作物秸秆综合利用率达86.9%，比2012年提高10个百分点。

【加强农膜和农药包装废弃物回收处置】 2017年，四川省农业厅印发《四川省“十三五”农药包装废弃物回收体系建设规划》《关于加强农膜科学使用促进农田残膜回收利用的指导意见》《关于切实抓好农药包装废弃物回收处置工作的通知》，农膜回收利用率达69.2%，比2012年提高16.2个百分点；农药包装废弃物回收率达38%。

【草原资源保护】 2013—2017年，四川省每年在甘孜、阿坝、凉山三州牧区48个县草原禁牧补助7000万亩、草畜平衡奖励14200万亩。实施退牧还草工程，开展天然草原退牧还草围栏建设2623万亩，改良草地757万亩，草原禁牧休牧、草畜平衡制度得到了较好的落实。推进基本草原划定工作，5年来在牧区划定基本草原2.13亿亩，占牧区草原总面积的86.7%。加强草原保护监管执法力度，2013年以来，全省立案查处草原违法案件1336起，其中将4起涉嫌犯罪的移送司法机关处理，拆除和清理整顿在草原上乱搭乱建的设施330个。制订《四川“大美草原守护行动”实施方案》，启动“大美草原守护行动”。加强草原改良和人工草地建设，2013年以来，累计改良天然草地3905万亩，建设人工草地960万亩，全省天然草原平均产草量325千克/亩（川西北牧区天然草原平均产草量293千克/亩，比2012年提高20千克/亩）。2017年，全省天然草原综合植被盖度达84.8%，比全国主要牧区高30.2个百分点，牲畜超载率控制在9.1%以下。

【水生生物资源保护】 2017年，四川省严格执行春季禁渔期制度和赤水河流域10年全面禁渔制度，积极推进长江流域水生生物自然保护区全面禁捕工作，监督水下工程涉渔影响评价及补救措施的落实。持续开展人工增殖放流，2017年水产品捕捞产量占总产量比重降低到4.5%以下。加强鱼类自然保护区、水产种质资源保护区管理，依法查处保护区内违法违规捕捞、违建工程、挖沙采石等行为，2013年以来共查处涉保护区违法案件179件。

【耕地质量保护】 “十二五”以来，四川省以高标准农田规划为引导，以县级政府为责任主体，以部门项目统筹整合为手段，全省建设高标准农田面积2992万亩，建成高标准农田绿色示范区160个70万亩。全面完成176个涉农县农产品产地土壤重金属污染防治普查工作，共在19个县（市、区）开展农产品产地土壤重金属污染综合防治试点，在石亭江流域建设集中连片综合治理示范区2万亩。

【加强病死畜禽无害化处理监管】 2017年，四川省人民政府印发《关于建立病死畜禽无害化处理机制的实施意见》，全省建成集中无害化处理场6家，处理能力覆盖成都、内江等11个市，日处理能力418吨。另有6个市（州）已启动专业无害化处理场建设。严格执行“五不准、一处理”制度，因地制宜推广“统一收集处理、委托收集处理、养殖场自行按技术规程处理”模式。推行生猪死亡保险理赔和无害化处理联接机制，探索形成病死动物分散处理与养殖险相结合的“四川模式”。全省全年养殖环节共无害化处理病死猪85.12万头，屠宰环节5.45万头。

【加强畜禽养殖污染突出问题整改】 2017年，四川省根据中央、省环保督察及农业系统自查发现的问题，全省位于禁养区内确需关闭或搬迁的规模养殖场（小区）2428个，截至2017年年底，已全部关闭或搬迁。农业厅、环境保护厅印发《关于进一步调整完善畜禽养殖禁养区划定工作的通知》，建立农业、环境保护部门牵头，国土、住建、水务、林业、规划等多部门共同参与划定工作的联动机制，对进一步调整完善畜禽养殖禁养区划定范围提出具体要求，重点解决划定不科学、不规范、边界不清等问题，做到该禁的坚决禁，能养的科学规范地养。

【加强水生生态保护突出问题整改】 2017年，四川省根据中央、省环保督察及农业系统自查发现的问题，全省应拆除水产养殖网箱1.92万口（其中省级挂牌督办凉山州水产养殖污染整治应取缔10712口超限网箱养殖），已全部拆除完毕。查摆水生生物自然保护区环保问题135个，已完成整改66个。尚未完成整改的问题，均制订了整改方案、明确了整改责任和时限要求。会同发改、水务、环保等部门全力推进整改工作。

【推进农业绿色发展】 2017年，四川省在推进农业绿色发展中，分产业确立绿色工作重点，促进产业发展绿色转型。一是种植业方面，以绿色高产高效为目标，以新型农业经营主体为依托，以农机农艺相结合、良种良法相配套为手段，以整建制打造成片连线的粮油绿色高产

高效示范区为载体，集成组装节种、节水、节肥、节药技术模式，实现产量、质量、效益、环境协同可持续发展，全省全年建设粮油绿色高产高效示范区200万亩。二是畜牧业方面，以实现转型升级绿色发展为目标，以资源环境承载力为基准，大力发展适应性畜牧业、生态畜牧业、清洁畜牧业、循环畜牧业，不断提高规模化和标准化养殖水平，加强畜禽粪污贮存、处理、利用设施建设，强化畜禽养殖污染监管，持续提高畜牧业绿色发展水平。省政府印发《关于推进畜牧业转型升级绿色发展的意见》，推进畜牧业生产方式全面升级。在10个县启动国家畜牧业绿色发展示范县创建，全年创建部省级标准化示范场100个，选择10个县（市、区）开展省级畜禽粪污资源化利用重点县整县推进试点。三是水产业方面，以严格保护渔业资源和水域生态环境为目标，大力实施现代渔业水生生物养护工程，因地制宜发展池塘健康养殖、稻渔综合种养、流水养殖、水库生态养殖、池塘工程化循环水养殖和陆基集装箱式健康养殖。全年新增稻渔综合种养20万亩，新增池塘标准化改造2万亩，新增大水面生态养殖10万亩。

四川省农业厅编写组

矿区环境治理

【矿产资源规划审批】 2017年，四川省国土资源厅会同省发展改革委等6部门联合印发《四川省矿产资源总体规划（2016—2020年）》，完成21个市级和矿业活动较频繁的130个县级矿产资源规划审批工作并进一步规范矿产资源勘查、开发利用与保护活动。

【规范矿产资源开发交易秩序】 2017年，四川省国土资源厅扎实推进藏区矿业权筛查评估工作，督促“三州”严格按照“一矿一案”要求处置矿业权。严格执行矿业权人勘查开采信息公示制度，实际公示探矿权1448宗、采矿权4613宗，分别占应公示总数的88.45%和94.2%，其中43个油气勘查项目全部公示。促进省级矿业权进入公共资源交易中心集中交易。全省招拍挂出让探矿权4宗，金额524万元；出让采矿权51宗，金额1.05亿元。省级审批登记探矿权证330个，采矿权证229个。强化矿产资源安全勘查开采专项督查，被省政府评为“安全生产目标管理优秀单位”。

【绿色矿山建设】 2017年，四川省国土资源厅出台了《四川省人民政府关于矿产资源开发的意见》，印发了《四川省绿色矿山建设工作方案》《关于加强生态文明建设促进矿产资源绿色勘查开发的通知》《关于推进矿产资源全面节约和高效利用的实施意见》，推动建设绿色矿业发展。落实省财政专项资金启动全省矿山地质环境恢复治理详细调查，组织编制四川省矿山地质环境详细调查技术要求及工作方案，推动矿山地质环境保护。

【环保督察发现问题整改】 2017年，四川省国土资源厅深入调查摸清全省涉及自然保护区的探矿权197宗、采矿权137宗。下发《关于加快推进自然保护区矿业权整改工作的通知》及《专项督察矿业权问题整改工作方案》，分立即整改、短期整改、限期整改三类，“一矿一策”全面开展自然保护区矿业权退出整改工作。建立整改台账及“两日一报”制度，开展保护区违法勘探、开采、用地专项执法行动。按照“一矿一策”要求完成整改299宗，完成率90%。在广泛征求意见的基础上，拟定了《四川省大熊猫国家公园暨自然保护区矿业权退出方案（征求意见稿）》，明确了退出原则、范围、方式、时限、补偿原则及程序。

【矿山地质环境保护】 2017年，四川省国土资源厅按照报送国土资源部备案的《四川省矿山地质环境恢复和综合治理工作方案》有关工作要求，积极落实省财政矿山地质环境保护及治理恢复专项资金5000万元，积极筹备，加强联动，及时启动全省矿山地质环境恢复治理详细调查，组织编制《四川省矿山地质环境详细调查技术要求》及《矿山地质环境详细调查工作方案》并通过公开招投标确定技术实力强的专业地勘队伍负责具体实施，全力保障调查工作规范开展。在全面调查的基础上，强力推动全省矿山地质环境保护规划编制报备。协调配合财政厅、环境保护厅指导相关市（州）编制《山水林田湖重点生态区综合治理实施方案》，全力争取中央财政资金支持。

四川省国土资源厅编写组

水污染防治

【水环境质量稳中趋好】 2017年1月—11月，四川省地表水水质优良（I～III类）水体比例为75.9%，增加4.6个百分点，与国家指定的目标任务差2.3个百分点；丧失使用功能（劣于V类）水体比例为3.4%，减少2.3个百分点，达到国考考核要求。41个地级及以上城市集中式水源地中，40个达标，达标率为97.56%。全省水环境质量持续改善。

从水环境主要污染物平均浓度来看，1—11月COD浓度为12.9毫克/升，氨氮浓度为0.405毫克/升，总磷浓度为0.153毫克/升，分别减少0.05%、0.6%、0.58%；与基准年2014年相比，分别减少1.35%、5.14%、4.95%。

从考核断面类别变化来看，全省87个国家考核断面中，水质改善的考核断面有17个，占比19.5%；水质减少的考核断面有3个，占比3.4%；水质保持稳定的考核断面有67个，占比77.1%。

【河长制基本建立】 2017年，四川省环境保护厅配合省总河长办公室对全省流域面积50平方千米及以上的2861条河流和常年水面面积1平方千米以上的29个湖泊建档造册，形成了《四川河湖名录库》。按照“全面提速、提前建立”的总体要求，强化河长设置，共设立河长62783名，基本实现省、市、县、乡、村五级河长全覆盖。配合制定出台了省级领导小组工作规则、联络员单位、考核办法、验收制度等相关制度，并推动各项制度实施。

【强力推进河长制工作】 2017年，四川省环境保护厅建立河长制体系下的水环境管理流域调度制度。对全省实行省级河长的10条主要河流定期开展水质及目标完成情况调度并进行通报，定期向省委书记王东明、省长尹力和各省级河长进行报告。加强河长制工作指导培训。会同总河长办组织了全省“一河一策”管理保护方案编制工作培训和河长制工作专题培训，实现全省183个县（市、区）全覆盖。在省环科院、监测总站等直属单位抽调数名专业人员开展河长制工作，实现“一河一人盯，重点河流多人盯”。会同水利等部门起草了《四川省全面落实河长制工作方案》，并印发实施。强化规划引领，会同水利部门印发了《“一河一策”方案编制大纲》，组织编制评审了沱江、涪江、雅砻江、青衣江、安宁河“一河一策”管理保护方案。督导河长制工作落实，牵头组织沱江流域河长制调研督导，积极参与岷江、雅砻江、长江（金沙江）、大渡河、嘉陵江、渠江、涪江、安宁河、青衣江9条河流河长制现场督导，针对各流域污染防治现状提出工作建议，有力推动了各流域污染防治工作。加强宣传引导，借助“6·5”世界环境日系列宣传活动，大力宣传全省依托河长制助推水污染防治工作，新华社题为“四川实现河长制全覆盖着力破解水污染困局”的报道引起社会的广泛关

区内的规模化畜禽养殖场(小区)和养殖专业户,对禁养区外无污染治理设施的规模化畜禽养殖场(小区)和养殖专业户进行规范化整治。要对已经整改完成或关闭搬迁的畜禽养殖场加大监督巡查力度,防止死灰复燃。

【水产养殖环境治理】 切实做好养殖水域滩涂规划编制工作。2017年,四川省农业厅下发《四川省农业厅关于开展养殖水域滩涂规划编制工作的通知》,要求各地按照农业部相关要求,科学编制养殖水域滩涂规划,划定禁养区、限养区和养殖区,切实保护好水产养殖业的发展空间和养殖水域的生态环境。将各地养殖水域滩涂规划编制工作纳入目标考核,多次督察各地工作进度。全省达到独立编制养殖水域滩涂规划要求的县(市、区)109个,县(市、区)级已颁布34个,已送审23个。

深入开展水产健康养殖。积极开展健康养殖示范场和健康养殖示范县建设,引导有条件的单位参与农业部和市县开展的创建工作,指导督促开展养殖基础设施改造配套,加强投入品管理,完善内部质量安全管理机制,定期进行养殖用水水质监测,发挥示范引领作用,推动水产健康养殖向深度和广度发展。截至2017年年底,全省农业部水产健康养殖示范场已达334家;认证无公害水产基地299个、面积67.28万亩,认证无公害水产品950个。

大力发展湖库生态养殖。依托水利水电工程形成的大水面资源,发展生态渔业,以鱼洁水,全省水库生态养殖面积达105万亩,占整个水库面积的85%。

大力开展稻渔综合种养。稻渔综合种养是在传统稻田养鱼基础上逐步发展起来的一种现代生态循环农业新模式,既保证了水稻稳产,又减少农药、化肥的使用量和农业面源污染,提升稻米和水产品品质,对改善稻田生态环境具有重要意义。农业厅因势利导,印发了《四川省农业厅关于加快发展稻渔综合种养的指导意见》,推动全省稻渔综合种养快速健康发展。全省稻渔综合种养面积达150万亩。

加强养殖基础设施和装备提升。以现代农业发展工程等项目为抓手,大力实施老旧池塘改造升级,加强养殖基础设施和装备提升,为推动健康养殖和确保水产品质量安全创造了条件,提高了综合生产和持续发展能力。到2020年,全省每年标准化改造老旧池塘2万亩。

【农作物秸秆综合利用】 2017年,国家农业部、财政部首次将四川省纳入全国农作物秸秆综合利用试点省份,落实资金8815万元,在10个县启动农作物秸秆综合利用试点。全省秸秆综合利用率达86.9%,成都平原区秸秆综合利用达90%以上。从利用方向看,秸秆肥料化利用量占秸秆已利用量的61.5%,饲料化利用量占17.6%,能源化利用量占15.1%,基料化利用量占4.1%;原料化利用量占1.7%。

【农膜科学使用和残膜回收利用处置】 农膜科学使用水平有提高。2017年,四川省在应用农膜特别是地膜的主要粮油作物和经济作物上,不断加强绿色高产高效栽培技术研究集成和示范推广,农膜科学使用水平提高。一是加强对市、县农技人员技术培训,提高农膜科学使用技术指导和服务能力。从2014年以来,农业厅与省农科院有关专家一道,通过举办技术培训会、培训班等形式,连续对玉米生产技术进行专题培训,重点对玉米地膜覆盖栽培,从地膜用量、厚度选择、清除残膜等关键环节进行系统强化。二是编制技术规程上提出相关要求,对涉及农膜使用的技术进行标准编制。三是依托农业部"西南干旱地区玉米覆膜"等项目,在项目区专门强调搞好残膜回收,各项目县大力宣传残膜回收的重要意义,采购使用厚度0.01毫米的地膜,严禁使用0.008毫米以下的地膜。

农膜使用数量减少。依托部、省级粮油高产高效创建、集中育秧、农业防灾减灾稳产增产关键技术补助等项目,推广玉米集雨节水侧膜栽培、旱地新两熟耕作模式、水稻集中育秧、水稻直播、水稻苗床免(少)耕旱育秧、产业设施栽培等关键实用技术,引导规范选膜用膜,科学合理减少农膜使用量,累计减少农膜用量2300万千克以上。一是推广玉米集雨节水侧膜栽培技术,比全膜覆盖节约地膜1.2千克/亩,已累计推广达500万亩以上,节约地膜600万千克。二是推广旱地新两熟耕作模式,将需地膜覆盖栽培的套作春玉米种植改为不需地膜覆盖的净作夏玉米种植,可节省地膜2.5千克/亩,已累计推广50万亩以上,节约地膜125万千克。三是推广水稻旱育秧和机插秧集中育秧,比传统分散育秧节约秧田267万亩,节约育秧用膜1600万千克以上。四是推广水稻直播技术,取代传统的育秧移栽,全省水稻直播面积约20万亩,可节省秧田2万亩,节约育秧用膜约12万千克。同时,逐步废弃水稻全程地膜覆盖栽培技术,减少因稻田覆膜栽培地膜回收难度大、残膜回收不净而导致的稻田残膜污染。

农民捡拾残膜意识增强。近年来,随着农村农民环境保护意识的不断提高,加之各级农业部门在粮油高产高效创建、经济作物标准园创建等各类农业项目区加强宣传和培训,及时组织农民搞好残膜回收,项目区广大农民在生产季节结束后将可捡拾的废旧农膜加以回收或再利用的意识也不断增强,项目区残膜回收一般都可达80%以上。

【推进节水工作】 2017年,四川省优化种植结构,重点发展马铃薯、玉米、红薯、高粱等旱作作物。推广节水技术,重点推广水稻旱育秧、水稻控制性节水高效灌溉、水稻直播技、玉米集雨节水侧膜栽培、秸秆覆盖等技术。建设集雨补灌工程。在成都平原推进灌区续建配套与节水改造,丘陵地区建设一批抗旱水源和提蓄设施,山区大力修建小山坪塘、小水库、小泵站、小水池、小水窖等"五小水利"工程。建设太阳能提灌站工程。全年已有16个市(州)兴建太阳能提灌站,新建太阳能提灌站30座,装机功率758千瓦,灌溉面积达1.5万亩,年新增经济效益740万元。

四川省农业厅编写组

乡村旅游

综　述

【基本情况】 2017年,四川省旅游发展委员会坚持把发展乡村旅游作为助推脱贫攻坚和推进农业供给侧结构性改革的重要抓手,按照"改革创新、突出特色、丰富业态、提升品质"的总体思路,深入实施"乡村旅游提升发展行动计划",使乡村旅游成为全省农村经济发展中最具活力的增长点。全年乡村旅游总收入2283亿元,增长268亿元,相

当于为全省6646万农民人均增收贡献403元（毛利润）。

【推进综合改革，激发市场活力】 2017年，四川省旅游发展委员会抓住农业供给侧结构性改革契机，找准制约乡村旅游发展因素，解决理论与制度的供给，在补短板上下功夫，制定印发了《四川省乡村旅游合作社创建指南》《四川省乡村旅游合作社示范县、示范社创建标准和评定办法》《四川省乡村旅游提升发展示范项目管理办法》《四川省旅游扶贫督查巡查工作办法》等一批有利于乡村旅游发展的政策文件，进一步激发了乡村旅游的市场活力。

【强化产品供给，促进市场增长】 2017年，四川省旅游发展委员会以“旅游+”为突破口，依托农业农村资源，培育发展农业旅游、生态旅游、民俗旅游、文化旅游、休闲旅游，推进农村一二三产业融合发展。全年新增全国休闲农业与乡村旅游示范县3个，中国乡村旅游创客示范基地2个，四川省乡村旅游强县12个、特色乡镇39个、精品村寨61个、乡村旅游创客示范基地3个、示范休闲农庄200个，省级乡村旅游提升示范项目26个，乡村旅游特色业态经营点348个、星级农家乐（乡村酒店）481家、四星级森林人家18个，有效扩大了产品供给。

【强化要素保障，夯实乡村旅游发展基础】 2017年，四川省旅游发展委员会深入推进“厕所革命”向乡村延伸，大力改善乡村旅游基础设施和公共服务设施，推动实施“六小工程”，确保每个乡村旅游扶贫重点村建好停车场、旅游厕所、垃圾集中收集站、医疗急救站、农副土特产品商品和旅游标识标牌，为发展乡村旅游提供必备条件。全年新建旅游服务中心（咨询点）81个、旅游厕所136座、停车场121个、旅游标识标牌703个、垃圾收集及处理设施140个、观景平台5个。组织相关市（州）和企业代表到浙江省开展四川旅游优选项目路演推介活动，推介“10+30+100”（全省10个重大旅游项目，30个重点旅游新业态项目，100个精品旅游项目）优选旅游招商项目；推荐10个旅游项目纳入全国金融支持旅游扶贫备选项目库；实施省级乡村旅游提升示范项目26个。实施“乡村旅游领军人才培养计划”和“乡村旅游实用人才培训工程”，组织24位乡（镇）干部到浙江省学习调研特色小镇和乡村旅游发展，组织全省480名乡村旅游带头人到台湾学习交流，组织54名贫困村干部参加国家旅游局举办的全国旅游扶贫培训班。

【加大乡村旅游合作社培育，壮大乡村旅游经营主体】 2017年，四川省旅游发展委员会深入贯彻落实《四川省人民政府办公厅关于大力发展乡村旅游合作社的指导意见》，引导各地乡村旅游合作社规范化、特色化发展，有效促进了全省乡村旅游发展过程中农业产业要素集约化、生产规模化，有力助推由单一农业生产转变到农旅融合发展的模式再转变到农旅、林旅、文旅等多产业融合发展的新型业态。同时，从根本上改变了乡村旅游原有的分散经营模式，有效整合了乡村旅游资源，杜绝粗放式的盲目开发和浅层次的重复建设。全省经工商注册登记的乡村旅游合作社总数达5759家（其中乡村旅游专业合作社817家，涉及旅游的综合合作社4942家），入社农户21518户，10家乡村旅游合作社获评为省级农民合作社示范社，有力促进了全省农村集体经济发展。

【加大旅游商品开发，扩大旅游消费】 2017年，四川省旅游发展委员会重点抓好熊猫旅游商品开发营销工作，支持四川无边界文化传播有限公司系统开发熊猫旅游商品。整合商务、经信等部门力量和企业资源，大力培育以熊猫旅游商品为代表的品牌体系，提高全省旅游商品的研发设计水平。研究制定《加快全省旅游商品企业和品牌培育的意见》。积极指导支持泸州市围绕酒、肉、果、蔬、茶、菌、药、水、粮、油等20余个“名、特、精、优”系列旅游商品，创新“现金+固定资产+无形资产”“资产股权量化+按股分红”多种模式，助力群众脱贫增收。立足“集中展示、市场开拓、交流合作”三大主体功能，积极组织参加中国（义乌）旅游商品博览会，着力培育、推出一批四川旅游特色商品，实现订单签约600余万元。支持各大电商平台开展旅游电商扶贫行动，组织实施贫困地区“一村一店”“旅游淘宝村”立体扶贫。

【加大宣传营销，提升市场影响力】 2017年，四川省旅游发展委员会分别在武胜县、沐川县、乡城县、平武县举办了四川省第八届乡村文化旅游节四季版，在乐山市举办了第四届四川国际旅游博览会，在雅安市举办了2017年四川国际文化旅游节等活动。各地也纷纷举办了各类乡村旅游节庆活动，并利用各类新媒体渠道，把乡野赏花、田园采摘、农家美食、养生休闲、康体运动、民宿风情作为主要吸引点，努力将乡村旅游产品推向市场，对农业和服务业均产生积极效应。

【实施旅游扶贫工程，助推脱贫攻坚】 2017年，四川省旅游发展委员会加大资金投入，全年安排下达旅游扶贫资金1.205亿元，重点支持86个县实施旅游产业扶贫，占全省160个有扶贫任务县的54%，其中支持计划“摘帽”县14个，占全部16个计划“摘帽”县的88%；带动509个旅游扶贫重点村退出，占全省3769个退出贫困村的13.5%；带动17.3万贫困人口参与旅游业，其中12.6万人实现脱贫，占全省108.5万脱贫人口的11.6%，带动贫困群众人均增收2093元；支持各地成功创建8个乡村旅游扶贫示范区、112个乡村旅游扶贫示范村。制订《四川省旅游企业帮扶脱贫专项行动方案》，组织动员全省旅游景区、旅行社、旅游饭店、旅游规划设计单位等企业，对全省1443个旅游扶贫重点村开展帮扶，探索形成了结对帮扶、安置就业、项目开发、宣传营销、定点采购、培训指导六大主流帮扶模式。持续开展旅游规划公益扶贫行动，通过奖补政策引导旅游规划设计单位为45个贫困村编制乡村旅游规划，并统一组织规划评审。强化景区带村脱贫，制定出台《四川省A级旅游景区带动精准脱贫加分办法》，明确提出在四川省A级旅游景区评定、复核检查工作中，将增加旅游景区对本地精准脱贫的带动效益作为加分条件。

四川省旅游发展委员会编写组

生态旅游

【基本情况】 2017年，四川省林业推进实施“生态旅游+”工程，探索林业生态旅游与教育、文艺、康养、运动等产业的融合发展，推进发展自然生态教育、森林马拉松、森林文化体验等新业态，规范举办大熊猫、花卉（果类）、红叶、湿地等生态旅游节会，全省林业生态旅游直接收入达961.4亿元，接待游客2.9亿人次，带动社会收入2300亿元。

【生态旅游节】 2017年，经四川省人民政府批准，全省举办涵盖14个市（州）、45个县（区、市）的25种花15种果78场次花卉（果类）节会，主会场举办地眉山市结合首届眉山樱花节，举办了“樱花与生活品质之城高峰对话”论坛。全省举办红叶节8处，主会场举办地天全县结合二郎山红叶节，推出了“生态体验教育大课堂”公开课。全省举办大熊猫节4处，主会场举办地平武县推动成立了“大熊猫生态旅游联盟”，发布了首批大熊猫生态旅游精品线路，推出了大熊猫溯源之旅、大熊猫科普之旅和大熊猫寻踪之旅三大优质大熊猫生态旅游产品。四川辞书出版社启动了《大熊猫百科全书》的编撰工程。壤塘县举办了首届四川湿地生态旅游节。

【第二届四川生态旅游博览会】 2017年，四川省林业厅会同四川省旅游发展委员会、四川省扶贫和移民工作局、广元市人民政府在广元市朝天区曾家山举办了第二届四川生态旅游博览会。该届博览会共有39个生态旅游商品参展团组织的700余种商品、17家签约项目代表参展，推介生态旅游康养项目181个，计划总投资1024.17亿元；签约生态旅游项目17个，计划总投资35.12亿元。

【生态旅游示范创建】 2017年，四川省创建全国森林旅游示范市1个（广元市）、全国森林旅游示范县2个（九寨沟县和洪雅县）。雅安、眉山、德阳、绵阳、广元、广安、巴中、宜宾、攀枝花等地申报的天全县等12个单位获得“全省林业生态旅游示范县”称号。经过市（州）林业主管部门推荐，林业厅组织专家按照《森林人家等级划分与评定》（中华人民共和国林业行业标准LY/T2086-2013）核查评审，命名广元、雅安、眉山、甘孜等地申报的曾家山响水寨等18家单位为首批四星级森林人家，全省森林人家达512家。

【生态旅游营销宣传】 2017年，四川省生态旅游协会通过四川林业网和四川生态旅游网发布四川花卉观赏指数42期、四川红叶观赏指数9期，引导公众生态旅游出行。加强四川生态旅游网和微信公众号生态旅游全搜索等平台宣传工作，支持生态旅游协会围绕建设“生态旅游经济强省”，构建生态旅游新媒体集群，形成了网络、刊物、微信平台、电视栏目全覆盖的生态旅游宣传营销格局。承办第五届四川农业博览会“四川林业生态旅游馆”，集中展示四川省户外旅游设施、亲子自然手工制作，推介以大熊猫国际生态旅游为龙头，森林生态旅游、湿地生态旅游、乡村生态旅游、康养生态旅游为骨干的四川林业生态旅游体系以及特色森林小镇、自然生态体验教育、乐跑四川森林马拉松等新业态。博览会期间，省委常委、省委农工委主任曲木史哈到四川林业生态旅游馆为获得“全省林业生态旅游示范县（市、区）”和“全国森林旅游示范市（县）”称号的单位授牌。组织参加在上海举办的2017中国森林旅游节，四川省获得优秀组织奖、优秀协作奖、优秀宣传奖、优秀文艺节目组织奖、优秀洽谈签约奖5个奖项。

【生态旅游扶贫攻坚】 2017年，四川省林业厅在都江堰市召开“打造生态旅游节会品牌，助推脱贫攻坚”经验交流会，会议达成“绿色惠民助农增收——四川省林业生态旅游千村万景脱贫攻坚行动（都江堰）”共识。在壤塘县召开四川省湿地保护与生态旅游发展高峰对话暨湿地生态旅游助推脱贫攻坚座谈会，达成了“发挥资源优势、助推脱贫攻坚、创新绿色发展”的壤塘共识；在广元召开全省生态旅游全域发展与脱贫攻坚推进会，通过高峰对话、主旨演讲和典型发言等形式，凝聚了践行绿色发展理念、发展生态康养旅游、助推精准脱贫共识。以“四大片区”12个市（州）和88个贫困县为重点，在全省8650余个贫困村中遴选1000个林业生态资源丰富、生态景观优美、原生文化底蕴深厚、道路通达、适宜发展林业生态旅游的重点村，组织了8支专家服务团前往阿坝、甘孜、德阳等8个市（州）调查研究、采风摄影，在四川第二届生态旅游博览会上进行了乡村摄影成果展示。

四川省林业厅编写组

森林康养

【基本情况】 2017年，四川省森林康养产业化推进取得重大进展，“四梁八柱”体系初步形成。各类资本投入四川森林康养超过1000亿元，森林康养年产值超过300亿元。峨眉半山七里坪、玉屏山、攀西阳光康养、药王谷等森林康养地理品牌在全国打响知名度。全国90%以上省（市、区）借鉴四川经验发展森林康养，由四川发端并辐射带动全国的产业布局基本成形。

【政策出台】 2017年，四川省森林康养作为农业供给侧结构性改革新业态写入《中共中央国务院关于深入推进农业供给侧结构性改革加快培育农业农村发展新动能的若干意见》《中共四川省委四川省人民政府关于以绿色发展理念引领农业供给侧结构性改革切实增强农业农村发展新动力的意见》和中共四川省委、四川省人民政府印发的《关于推进农业供给侧结构性改革加快由农业大省向农业强省跨越十大行动方案》。

【标准制定】 2017年，四川省林业厅印发《四川省森林康养基地评定办法（试行）》《四川省森林康养人家评定办法（试行）》，制定并经省质量技术监督局发布《森林康养基地建设康养林评价》（DB51/T2411-2017）。洪雅县制定了玉屏山森林康养标准体系。

【规划建设】 2017年，四川省森林康养被融入相继出台的《四川省中医药大健康产业“十三五”发展规划》《四川省“十三五”服务业发展规划》。林业厅牵头编制并经省农村工作领导小组办公室印发《四川省大力发展生态康养实施方案（2018—2022）》。《实施方案》明确了生态康养的概念和发展的总体要求，提出未来五年重点任务包括：加快生态康养基础构建，加强主体培育、提升市场动能，强化科研实证、开发产品服务，培育铸造品牌、打响四川康养，发掘培育典型、强化示范带动，深化宣传普及、培育康养文化，加快人才培养、建设康养队伍等七大任务和支持政策，加快建设全国森林康养目的地和生态康养产业强省。乐山、凉山、宜宾、广元等市（州）以及洪雅县和一部分森林康养基地相继完成森林康养发展规划或总体规划。

【理念推广】 2017年，四川省林业厅组织举办中国·四川第三届森林康养（冬季）年会、全省森林康养产业发展推进会、中国·四川第二届森林自然教育大会、四川省“森林自然教育100+1计划”推进会。林业厅与省政府台办等单位联合组织举办了以“交流合作　共享共赢”为主题、以“互联网+康养产业发展”为重点的2017中国西部海峡两岸经贸合作交流会，与省机关事务管理局等单位联合开展“森林康养节能有我”大型公益活动，与川报观察等联合发起了“森林康养360行动”，倡导市民积极参与森林康养，共享健康生活方式。

【示范引领】 2017年，四川省继续组织开展省级和国家级森林康养示范基地申报，新评定84家森林康养基地，新增森林康养步道900余千米、康养林230余万亩，其中22家四川省级森林康养基地被中国林产联合会评定为“国家森林康养基地试点单位”，洪雅县被纳入全国“森林康养试点县”。省委农工委开展了森林康养新业态示范县创建。启动“森林康养美林员与森林康养人家千万计划”，启动省级森林康养人家申报评定，绵阳、泸州、广元、巴中等市（州）及汶川等县开展市级森林康养人家评定。全省评定森林康养人家达500家，其中省级森林康养人家269家。林业厅与省关工委联合确定命名“森林自然教育青少年实践示范基地”32家。

【合作交流】 2017年，森林康养被纳入四川省林业厅与国家林业局国际合作司、建设银行、国开金融、农发行以及广东省林业厅等战略合作内容；四川省林学会、四川峨眉山森林康养学院（筹备组）分别与台湾森林保健学会签署《森林康养发展合作协议》。截至2017年年底，国内外到四川省考察、交流、洽谈合作的团组超过300批次，总人数超过3000人次。省林业中心医院与七曲山森林康养基地合作实施森林

康养科研实证。

【平台建设】 2017年,四川省森林康养产业联盟在洪雅县峨眉半山七里坪宣布成立,四川森林康养步入产业化发展阶段。联盟由19家四川本土企业共同发起,整合川内金融、科研院所等资源,解决森林康养产业发展过程中遇到的融资、技术、营销等领域的难题,联盟企业达到24家。

【以森林康养产业助力脱贫攻坚】 2017年,四川省林业厅以培育森林康养产业基础为抓手,持续推进脱贫攻坚工作,配合省委农工委开展2017年度14个县创建森林康养新业态示范。在重点贫困地区新确定森林康养示范基地37处、省级森林自然教育青少年实践示范基地12处、省级森林康养人家97家。调研指导巴中(恩阳、通江)、广元、绵阳、乐山、阿坝等市(州)森林康养发展工作,全省实现重点贫困地区森林康养项目签约10个,签约金额95.2亿元。

【资本投入】 2017年,四川省林业厅开展森林康养的农户数近3万户,开展森林康养的单位1000余个,参与企业继续增加。全年各级财政投入森林康养产业发展超过2亿元,PPP"农旅+康养"15亿元项目落户洪雅县,参与森林康养产业发展的社会资本新增300余亿元。

四川省林业厅编写组

休闲(观光)旅游

【基本情况】 2017年,四川省农业厅以"五大发展理念"和习近平总书记关于"绿水青山就是金山银山"的科学论断为引领,以市场为导向,以推动休闲农业提档升级、促进农民就业增收、满足居民休闲消费升级需求、建设全国农业休闲养生示范区为目标,加快推进休闲农业提升发展。全省全年休闲农业与乡村旅游综合经营性收入达1320亿元,接待游客量达3.52亿人次,带动1290万农民就业增收,全省农民人均增收94元,规模效益位居全国前列。休闲农业已成为推动农业农村经济发展的新动能,促进农民就业增收的大产业。

【科学制定发展规划】 2017年,四川省农业厅编制出台了《四川省休闲农业发展"十三五"规划》,提出到2020年,全省休闲农业综合经营性收入2000亿元,带动2000万农民就业增收,着力打造"五大休闲农业发展区",重点实施休闲农业和乡村旅游提升工程。全省各地在《规划》引领下,立足自身资源禀赋,因地制宜地制定当地休闲农业发展规划。

【建设休闲农业景区】 2017年,四川省农业厅按照"产业基地为基础、创意农业为手段、农耕文化为灵魂"要求,大力推进现代农业产业基地景区化建设,加快建设休闲农业景区,打造以花卉、水果、蔬菜、茶叶、中药材、水产等为主题的各类农业主题公园120个,全省累计建成440个。

【打造美丽休闲乡村】 2017年,四川省农业厅以农业产业扶贫、乡村旅游扶贫为抓手,结合幸福美丽新村建设、古村落改造、民族民俗文化建设,多层次开发乡村生产生态生活功能,多维度策划创意创新创造形态,打造农旅融合集聚发展的美丽休闲乡村。全年新建美丽休闲乡村100个,全省累计建成1400个。

【培育休闲农业品牌】 2017年,四川省农业厅组织创建国家级品牌,德阳市罗江区、高县、遂宁市船山区3个县(区)获评为"2017年全国休闲农业和乡村旅游示范县(市)",全省示范县(市)总数达19个,其中示范市2个。武胜县观音桥村、平昌县龙尾村、平武县桅杆村、阿坝县神座村、彭州市宝山村、雅安市名山区红草村6个村获评为"2017年中国美丽休闲乡村",全省总数达19个。盐亭嫘祖蚕桑生产系统和名山蒙顶山茶文化系统被认定为第四批中国重要农业文化遗产,全省共有5项被认定为中国重要农业文化遗产。评选认定了第二批省级示范休闲农庄200家。

【开展宣传推介活动】 2017年,四川省农业厅举办了"2017四川美丽田园欢乐游"系列活动,其中省级大型活动5个,带动地方举办特色节庆活动350余个,吸引游客上亿人次。农业厅和省委农工委、省旅游发展委联合举办了全省第八届乡村文化旅游节(四季版),分别在春夏秋冬四个时节选定不同的主题举办大型宣传活动,并利用主流报刊、电视台、网络等媒体力量全方位扩大休闲农业影响。编辑发行了《休闲农业》季刊,提供行业资讯、政策解读、经典案例分享等服务,年发行量1.8万册以上。

四川省农业厅编写组

农村社会事业与民主法制建设

农村教育事业

综　　述

【基本情况】 2017年，四川省有农村幼儿园9781所，在园幼儿180.71万人，专任教师（含园长）7.37万人。农村小学4883所，校舍面积（含教学点）2873.78万平方米；在校学生408.07万人（含在读农村留守儿童110.4万人），专任教师24.9万人，生师比为16.39∶1。农村初中3264所，校舍面积2746.37万平方米；在校学生179.92万人（含在读农村留守儿童52.28万人），专任教师14.9万人，生师比为12.07∶1（农村指镇区和乡村）。

【印发《四川教育脱贫攻坚（2017—2020年）实施方案》】 2017年9月12日，四川省教育厅、四川省发展和改革委员会、四川省民政厅、四川省财政厅、四川省人力资源社会保障厅、四川省扶贫和移民工作局印发《四川教育脱贫攻坚（2017—2020年）实施方案》（简称《实施方案》）。《实施方案》明确：到2020年，全省贫困地区教育总体发展水平显著提升，基本公共教育服务水平接近全省平均水平，实现建档立卡等贫困人口教育基本公共服务全覆盖。各教育阶段贫困家庭孩子全程全覆盖资助，保障建档立卡贫困家庭孩子都能上学，不让一个学生因家庭贫困而失学。每个人都有机会通过职业教育、高等教育或职业培训掌握一门技能，助推家庭脱贫，教育服务区域经济社会发展的能力显著增强。实施地区为秦巴山区、乌蒙山区、大小凉山彝区、高原藏区的88个贫困县以及“四大片区”外72个县建档立卡贫困家庭受教育的53万适龄少年儿童以及各级各类薄弱学校。《实施方案》提出：巩固提升基础教育；推动发展高中阶段教育；大力发展民族地区教育；加强乡村教师队伍建设；健全贫困学生资助体系；充分发挥高校优势，深度参与扶贫；集聚教育脱贫力量。

【实施农村教师生活补助政策】 2017年，按照四川省《乡村教师支持计划实施办法（2015—2020年）》精神，实施“四大片区”贫困县农村教师生活补助政策。2月、6月，财政厅、教育厅分别印发《关于下达2017年城乡义务教育省级补助资金预算的通知》《关于下达2017年城乡义务教育补助经费预算的通知》，下拨中央综合奖补资金和省级专项资金共计91387万元，惠及农村教师17万余人。

【特岗教师招聘】 2017年4月，四川省教育厅、中共四川省委机构编制委员会办公室、四川省财政厅、四川省人力资源社会保障厅印发《关于做好2017年农村义务教育阶段学校教师特设岗位计划实施工作的通知》（简称《通知》）；6月，教育厅印发《关于做好2017年特岗教师招聘工作的通知》，明确了2017年四川省农村义务教育阶段学校教师特设岗位计划的实施范围、招聘数量、招聘条件、财政支持和工作重点等，要求各地做好特设岗位需求的调研与申报工作。《通知》明确，特岗教师招聘由教育厅、人力资源社会保障厅统一组织报名和笔试工作，并确定面试人选。教育厅发布招聘简章，向社会公布招聘要求和招聘岗位。2017年，全省共有14个市（州）67个县（区）计划招聘特岗教师4000名，有51929人报名，实际招聘上岗特岗教师3785名，增长6.7%，为农村中小学校补充了一批急需师资。

【免费师范生培养及安置】 2017年，根据四川省《乡村教师支持计划实施办法（2015—2020）》，教育厅、省委编办、财政厅、人力资源社会保障厅印发《关于申报2017年四川省免费师范生定向培养需求计划的通知》；5月，教育厅印发《关于下达2016年四川省免费师范生培养计划的通知》，全省计划2017年招录培养免费师范生3000名，核定下达各市（州）、各有关高校培养招生计划。培养任务分别由四川师范大

学、西华师范大学、成都师范学院、乐山师范学院、内江师范学院、四川文理学院、四川民族学院、阿坝师范学院、西昌学院等10所院校承担。2017年，实施范围由原来的119个县扩大至包括“四大片区”贫困县（市、区）在内的143个县（市、区）。6月，教育厅组织各地做好部属师范大学及省级免费师范毕业生就业安置工作，全年签约免费师范毕业生2000余人。

【乡村学校少年宫中央项目建设】 2017年4月27日，四川省教育厅在古蔺县召开2017年全省乡村学校少年宫建设工作推进会暨项目负责人培训班，会议要求，2017年新一批191个乡村学校少年宫中央项目必须在9月秋季开学前建成投入使用。9月秋季开学前，新一批191个乡村学校少年宫中央项目已建成并投入使用。

“十二五”期间，中央在四川省投入资金3.8亿元，建成乡村学校少年宫中央项目1334个。“十三五”时期，中央继续组织实施乡村学校少年宫项目建设并重点向国家级贫困县倾斜。截至2017年年底，全省共承建乡村学校少年宫中央项目1720个，中央专项资金累计投入5.4393亿元，是全国乡村学校少年宫中央项目资金及项目数最多的省份。

【高校系统推进教育精准扶贫】 2017年，四川省高校系统充分发挥优势，大力推进教育精准扶贫。10月25日、11月27日，省委组织部、省委教育工委、教育厅、省扶贫移民局分别印发《关于发挥高校优势助推脱贫攻坚的实施意见》《四川省高校对口帮扶深度贫困县实施方案》，在75所公办高校对口帮扶88个贫困县的基础上及时扩大范围，调整为117所高校全面参与深度贫困县对口帮扶，采取“1+1+1”对口帮扶形式，即每县由1所公办本科、1所公办高职、1所民办或成人高校组合实施对口帮扶，实现高校帮扶深度贫困县全面覆盖。全省公办高校共选派108名干部到贫困村挂职，697个党组织、近万名党员参与精准扶贫，帮扶贫困村119个；738名大学生志愿者参与支教、支医、支农等志愿服务，开展志愿服务55次，建立实践基地18个。各高校围绕特色优势产业找准契合点，共帮扶项目463个，培育村集体经济528万元，人均增收986元。帮扶贫困户1695户开展养殖业、1722户开展种植业，帮助就业（劳务输出）2680人次，开发就业岗位400余个；帮助对口帮扶县制定产业发展规划22个，引进、打造并推广脱贫致富重点项目30余个，对口帮扶县产业发展水平明显提升。为返乡农民工创业提供技术服务，选派1500余名科技特派员到贫困县开展技术推广和品种改良，帮助对口帮扶县孵化企业27家，建立村级电子商务平台10个，农产品销售渠道进一步拓展。全省高校自筹或协调投入资金1.7亿元，争取社会资金1.09亿元，用于帮助对口帮扶县加强基本道路、水利设施、村（社区）活动场所、学校等建设和贫困学生专项资助，极大地改善了群众学习、生产生活条件。全年共资助学生2655人次，帮助病患2846人次，慰问贫困户及困难群众3056户，慰问现金物资折合5727万元，其中衣物1500余件、文具图书9600余套（册）、粮油等生活物资11500余千克。

【农村留守儿童全部落实监护责任】 2017年，四川省教育厅认真贯彻落实党中央和国务院关于农村留守儿童关爱保护和困境儿童保障工作决策部署，创新体制机制，细化政策措施，整合社会力量，开展农村留守儿童“合力监护、相伴成长”关爱保护专项行动，从落实监护责任、履行强制报告、强化控辍保学、依法打击遗弃行为等方面着力，切实解决监护责任缺失、安全教育缺位等问题。全省排查出的9.5万余名农村留守儿童全部落实了监护责任，1.4万余名无户籍的农村留守儿童全部登记了户口。

【《留守儿童服务工作手册》蓝皮书发布】 2017年6月1日，四川省科技扶贫基金会编撰的《留守儿童服务工作手册》蓝皮书在成都市发布。《留守儿童服务工作手册》蓝皮书从分析留守儿童存在的学习、安全、情感、心理、道德等问题入手，从留守儿童的心理卫生、安全防范、卫生保健、犯罪预防、家庭教育等方面对留守儿童监护人、学校和老师进行指导。

【民族自治地方十五年免费教育政策落实】 2017年，继续在四川省民族自治地方51个县实施十五年免费教育计划，在实施义务教育“三免一补”政策和中职免费教育的基础上，免除3年幼儿保教费，免除3年普通高中学生学费并免费提供教科书，惠及民族学生155万余名。

【开展民族地区对口帮扶】 2017年，四川省教育厅按照省委省政府办公厅印发的《四川省省内对口帮扶藏区彝区贫困县工作方案的通知》精神，理顺结对关系，省委组织部、教育厅等五部门印发《关于调整藏区千人支教十年计划帮扶关系的通知》，按计划选派700余名优秀教师到藏区支教，并接受藏区校（园）长、骨干教师590余人次到内地跟岗学习。11月，教育厅、省扶贫移民局印发《省内优质学校对口帮扶深度贫困县中小学校实施方案的通知》，内地1000余所优质学校与深度贫困县1000余所学校形成结对帮扶关系。继续实施“三区”教师专项计划，全年共选派1411名优秀教师到“三区”开展支教工作。

四川省教育厅编写组

农村基础教育

幼儿教育

【发展农村学前教育】 2017年，四川省各地把发展农村学前教育作为保障、改善民生的重要内容。通过实施第三期学前教育三年行动计划新建公办幼儿园、利用农村闲置校舍改建幼儿园、依托村小举办幼儿园（班）等，推动农村学前教育事业发展。8月，教育厅、省发展改革委、财政厅、人力资源社会保障厅印发《四川省第三期学前教育行动计划（2017—2020年）》，明确要求完善农村公办幼儿园体系，继续办好公办乡（镇）中心幼儿园，充分发挥辐射指导作用，大村独立办园，小村联合办园，优先利用中小学闲置校舍进行改建。加快集中连片贫困地区乡村幼儿园建设。加快民族地区学前教育发展，根据民族地区实际，因地制宜，实施民族自治地区“一村一幼”计划，采取“一村一幼、一村多幼、多村一幼”形式，建设村级幼教点（幼儿园）。

【51个民族自治县（市、区）实施“一村一幼”计划】 2017年，为加快发展四川省民族自治地方学前教育，提升学前教育普惠水平，从源头上阻断贫困代际传递，省委省政府决定从2017年起，将“一村一幼”计划支持范围由彝区13县扩展到民族自治地方51个县（市、区）。4月13日，教育厅在喜德县召开全省民族地区“一村一幼”工作现场会，现场学习彝区“一村一幼”的做法，分析研判当前民族教育形势，研究部署2017年工作。会议要求，民族地区要落实工作责任，在州（市）党委、政府的领导下，以县（市、区）为主组织实施。各县（市、区）要建立政府主导，县（市、区）级有关部门、乡（镇）政府和村社各

司其职，充分发挥乡（镇）政府和村社联系群众紧密、熟悉基层情况的优势，以乡（镇）、村为主做好村级幼教点（幼儿园）的管理工作。截至2017年12月，民族地区开办村级幼教点4803个，招收幼儿19万名，聘请辅导员13033名。

四川省教育厅编写组

义务教育

【印发《四川省人民政府关于统筹推进县域内城乡义务教育一体化改革发展的实施意见》】 2017年3月19日，四川省人民政府印发《四川省人民政府关于统筹推进县域内城乡义务教育一体化改革发展的实施意见》（以下简称《意见》）。《意见》明确加快推进县域内城乡义务教育学校建设标准统一、教师编制标准统一、生均公用经费基准定额统一、基本装备配置标准统一和三免一补政策城乡全覆盖；到2020年，大班额基本消除，学校标准化建设取得显著进展，乡村小规模学校（含教学点）达到相应要求，城乡师资配置基本均衡，乡村教育质量明显提升，教育脱贫任务全面完成，九年义务教育巩固率达95%，实现县域义务教育基本均衡发展，义务教育与城镇化发展基本协调，城乡基本公共教育服务均等化基本实现。《意见》提出，统筹配置城乡教育资源，促进优质均衡发展；统筹校际教育资源配置，引导学生合理流动；统筹城乡教师资源配置，保障乡村教师待遇；推进教育治理体系改革，提升办学治校水平；完善学生就学保学体系，保障平等接受教育权利。

【印发《四川省实施消除义务教育学校大班额专项规划（2017—2020年）》】 2017年6月21日，四川省教育厅、四川省发展和改革委员会、四川省财政厅印发《四川省实施消除义务教育学校大班额专项规划（2017—2020年）》（以下简称《专项规划》）。《专项规划》明确确保全省到2017年秋季学期起不再新产生56人以上大班额；到2018年基本消除66人以上超大班额，超大班额的比例控制在2%以内，到2020年全部消除；到2020年基本消除56人以上大班额，大班额的比例控制在3%以内，2020年之后大班额比例逐年降低。《专项规划》提出扩容增量，合理配置资源；缩小差距，推进均衡发展；加强管理，规范办学行为；落实责任，强化督导考核。

【召开农村义务教育学生营养改善计划试点工作培训会】 2017年12月12日，四川省学生营养办在成都市召开2017年全省农村义务教育学生营养改善计划试点工作培训会，对市（州）、试点县（市、区）管理人员进行专题培训。会议指出，全省从2012年春季学期起启动实施农村义务教育学生营养改善计划试点工作。截至2017年年底，全省有试点县119个，其中国家级试点县61个、省级试点县58个，覆盖学校10859所，受益学生354.26万人。全省农村义务教育学生营养改善计划试点工作实施以来，各试点地区农村学生营养健康状况明显改善，学生卫生、行为习惯明显好转，学生感恩意识明显提高，学生辍学率和流失率明显降低，特别是在生长发育迟缓率与消瘦率方面，呈现逐年下降的趋势。

会议强调，各试点县（区）要狠抓食品安全健康不放松。要加大食品安全监管力度，加强营养指导和监测，坚持阳光操作。要抓好应急事件处置；绷紧资金安全这根弦。足额落实营养膳食补助和食堂工勤人员工资等配套资金，并按规定及时拨付和结算，绝不能出现因为资金拨付不到位而让学生吃不上营养餐的事件。要足额保障每天吃够4元的补助标准。加强结余资金管理。要按照国家和省的统一要求，建好、用好实名制学籍信息系统，为营养改善计划资金结算提供依据。还未全部实施“食堂供餐模式”的国家和地方试点县（区）要制定出时间节点，尽快由“蛋奶模式”向“食堂供餐模式”转变。

四川省教育厅编写组

农村职业教育及成人教育

【开展国家级农村职业教育和成人教育示范县创建工作】 2017年1月10日—18日，四川省教育厅在申报县（市、区）自评、自查的基础上，组织相关专家，根据教育部《国家级农村职业教育和成人教育示范县工作要求》和《四川省国家级农村职业教育和成人教育示范县评估标准》，通过听取汇报、参阅档案材料、实地察看点位等形式，对彭州市、合江县、南江县、宜宾市南溪区申报县（市、区）的创建工作进行了现场评估。根据专家建议，教育厅向教育部职成司推荐彭州市、合江县、南江县、宜宾市南溪区为国家级农村职业教育和成人教育示范县备选单位。

【农业职业教育】 2017年，四川省中职学校涉农类专业招收学生1.58万人，在校学生3.32万人，毕业生1.89万人。全省各地根据地方产业发展布局，通过整合资源、政策扶持、资金支持等方式，建设了一批培养农业技能型人才的重要基地，举办各类针对农村剩余劳动力的技能培训。支持和引导高等农业院校帮助中等农业职业学校，省内优质中职学校与偏远地区涉农专业学校加强合作，在师资、设备、教学、实习、就业等方面实现资源共享、互利共赢。

【推进“9+3”免费职业教育计划】 2017年，四川省教育厅坚持以推动藏区、彝区社会经济发展为导向，进一步完善“9+3”人才培养机制，调整优化内地招生学校和专业，组织内地“9+3”学校深入藏区和大小凉山彝区开展招生宣传。全年内地“9+3”学校共招录藏彝区“9+3”学生近万人，圆满完成招生任务。2014级藏彝区“9+3”毕业生初次就业率达98.3%，圆满完成就业目标任务，其中高职单招录取1302人。出台就业促进政策措施，通过学生自主择业、学校推荐就业、企业吸纳就业、继续升学深造及选征优秀学生入伍和藏区基层机关事业单位招考等多种途径，实现“9+3”学生“就业有出路、创业有帮扶、升学有渠道”。

【1302名“9+3”应届毕业生圆大学梦】 2017年，四川省教育厅针对民族地区学生的实际情况，采取“单列计划、单独命题、单独考试、单独录取”的办法，选择13所教学质量高、就业好的国家和省骨干高职学院单独招收“9+3”毕业生。教育厅优化调整了招生院校、专业和计划，制发藏区和大小凉山彝区“9+3”高职单招工作实施方案，重新编制了文化笔试考试大纲，完善了“知识+技能”的考核办法。全年1491名藏区和大小凉山彝区的“9+3”应届毕业生参加考试，1302名学生实现升学深造的梦想，录取比例占到实际参考人数的87.3%。

【中等职业学校参与脱贫攻坚工作】 2017年，四川省教育厅切实改善贫困地区中职学校办学条件，在中职基础能力建设专项资金分配上，按120%的比例给予贫困地区倾斜。下达连片特困地区29县中职学校三年级学生生活补助资金1537万元。建立健全以县级职教中心为主，乡（镇）成人学校为支干，延伸辐射到村的县、乡、村三级农村职教培训网络体系。加强督导，集中连片贫困地区中职学校招生9万余人，全面完成2017年贫困地区中职学校招生任务。

四川省教育厅编写组

农村文化、体育工作

综 述

【基本情况】 2017年，四川省宣传思想文化战线以习近平新时代中国特色社会主义思想为指引，牢固树立“四个意识”，切实增强“四个自信”，紧紧围绕学习宣传贯彻党的十九大精神和省第十一次党代会部署这条主线，牢牢把握稳中求进工作总基调，坚定围绕中心、服务大局，用更响亮的主旋律、更强劲的正能量，为决胜全面小康、建设经济强省提供了有力的思想舆论保障和良好的精神文化条件。

【加强宣传教育】 2017年，中共四川省委宣传部坚持把学习贯彻习近平新时代中国特色社会主义思想和党的十九大精神作为首要政治任务，把学习省第十一次党代会、省委十一届二次全会精神作为重要内容，以村(社区)党支部为学习龙头，组织引导广大农村党员干部读原著、学原文、悟原理，增强“四个意识”，坚定“四个自信”。全面覆盖开展社会宣传教育，扎实推动党的十九大精神进企业、进农村、进机关、进校园、进社区、进军营、进网站、进寺庙，组建省委宣讲团分赴市(州)、基层开展宣讲活动300余场次，直接受众25万人次；组织各地各部门(单位)开展宣讲活动7500余场次，覆盖受众350余万人次；在藏彝区组建“马背宣讲”、“摩托服务”、汉藏双语宣讲团，开展多语种宣讲活动1500余场次；在贫困地区广泛开展“感恩奋进教育”。

【巩固壮大主流思想舆论】 2017年，中共四川省委宣传部始终坚持以团结稳定鼓劲、正面宣传为主，围绕全省中心工作，把握正确导向，积极创新新闻传播方式，大力开展重要会议、重大主题、重要活动、重大典型事例宣传。精心组织编制迎接学习宣传贯彻党的十九大、“砥砺奋进的五年”、全国“两会”、省第十一次党代会和省委十一届二次全会等重大主题宣传、执法宣传报道方案140余个；协调中央主要媒体推出涉川报道9800余篇(条)；组织省内主要媒体持续推出系列报道，突出展示治蜀兴川亮点成效；着眼营造治蜀兴川良好舆论氛围、凝聚干部群众信心力量，有力有效开展舆论引导，有效应对“6·24”茂县特大山体滑坡灾害、“8·8”九寨沟县地震灾害等突发事件。

【持续抓好核心价值引领】 2017年，中共四川省委宣传部强化教育引导、实践养成、制度保障，坚持在贯穿融入、落细落小落实上下功夫，厚植培育和广泛践行社会主义核心价值观，深化拓展群众性精神文明创建，人民文明素养和社会文明程度不断提高。一是德法相济协同发力。推进7个省级综合社会主义核心价值观试点县建设。精心组织开展建军90周年等爱国主义教育活动。制定加强和改进全省革命历史类纪念设施、遗址和爱国主义教育基地工作的实施意见，组织开展省级以上爱国主义教育基地考核。二是广泛开展道德实践。选树全国道德模范2名，提名道德模范8名、“中国好人”61名及一批省级道德模范、“四川好人”，开展基层巡讲2000余场。加强道德领域突出问题专项教育和治理，大力弘扬诚信文化。推动学雷锋志愿服务活动制度化常态化，出台《关于公共文化设施开展学雷锋志愿服务的实施意见》，评选表扬岗位学雷锋“双争”活动先进集体144个、敬业标兵220个。组织开展“天府好家规”评选活动，评选出“天府十佳好家规”10个。三是深化文明创建。创建全国文明单位64个、文明村镇77个，命名表彰一批省级文明城市、文明村镇(社区)、文明单位、文明家庭、文明校园和未成年人思想道德建设先进县(市、区)、先进单位、先进个人。建成乡村(城市)学校少年宫4614个、未成年人心理成长指导中心145个。扎实推进“四好村”创建，引导养成好习惯、形成好风气。

【农村文化事业蓬勃发展】 2017年，中共四川省委宣传部出台《关于传承发展中华优秀传统文化的实施意见》，着力构建优秀传统文化研究阐发、保护传承、宣传普及、创新发展、传播交流等“六大传承发展体系”。结合四川实际，组织实施古蜀文明保护传承、三国蜀文化研究传承、藏羌彝文化保护发展等17项工程，有序推动重点工程、重点项目落地落细落实。广泛开展“深入生活 扎根人民”主题实践活动，组织全省各级文艺工作者深入脱贫攻坚和生产一线开展裁缝创作、开展结对帮扶活动，培训文艺骨干和文艺爱好者4000余人。启动为期四年的“万千百十”文学扶贫活动，全面记录全省脱贫攻坚伟大实践，塑造脱贫攻坚“四川典型”。组织开展“三下乡”、“我们的中国梦”——文化进万家、“送欢乐下基层”等文艺惠民演出活动5000余场，组织藏区“乌兰牧骑”演出队开展演出1000余场。纵深推进“书香天府·全民阅读”活动。加快推进公共文化服务体系建设，大力实施农村综合文化服务中心(幸福美丽新村文化院坝)、农家书屋、广播“村村响”、电视“户户通”等重点文化惠民工程，扎实推进文化扶贫专项计划，全面实施“千村文化扶贫行动”工程，基本建立起省、市、县、乡、村共建共享的工作格局。

中共四川省委宣传部编写组

涉农广播与电视工作

【基本情况】 2017年，四川省各级广播电视播出机构坚持正确舆论导向，认真开展对农广播电视节目的宣传报道，因地制宜开设对农涉农节目栏目，大力宣传国家的对农政策，充分报道四川省农业农村农民的生产生活情况，取得了显著成效。完成了140万户电视户户通工程(其中25万户为贫困户)、1933个行政村广播“村村响”工程、22个县的应急广播平台建设以及46240个农家书屋补充更新工作；完成了2000个贫困村阅报栏建设任务；完成了41个高山无线广播电视发射台站设施设备改造工作，改善了高山无线广播电视发射台站的工作生活条件，提供基本广播电视服务。

【涉农频道开播】 2017年，乐山广播电视台公共频道于2月5日正式开播，是全国市(州)台第一家专业对农频道。频道以“真情实意为农民服务”为定位，秉承“节目做给谁看，怎么做?”的采制理念，聚焦“三农”办出特色，节目质量得到了明显提升，步入良性循环、和谐发展的道路。

公共频道有1档专业对农民生新闻日播栏目《七彩城乡》和1档方言脱口秀日播栏目《非常冲壳子》。其中，《七彩城乡》以“说城乡事、帮百姓忙”为主题，重点讲述发生在城乡百姓身边的新闻故事，聚焦反映城乡群众的喜怒哀乐。《非常冲壳子》栏目以“乐山方言讲故事，幽默犀利说新闻”为定位，采用电视杂志编排手法，在节目中穿插采用打油诗、顺口溜等方式，使节目生动、活泼、幽默、风趣。

2017年4月—2018年4月，公共频道市场份额为5.5%，在乐山地

区落地的80余个频道中排名第5位。频道到达率为49.5%；自办栏目平均收视率达到4.5%，黄金时段的三档主要自办栏目同时段排名均为第一。

【涉农广播电视台获奖评选】 2017年，由四川广播电视台创作的《不当外交官当“村官”——青春无悔的选择》等新闻访谈节目、现场直播节目、新闻编排和新闻专栏脱颖而出，被推荐参加中广联合会组织的“第27届中国新闻奖广播电视新闻访谈节目、新闻现场直播、新闻节目编排、新闻专刊初评”。由四川广播电视台创作的《乡土四川变形记》等作品被推荐参评“2015—2016年度中国广播影视大奖”评选。

四川省新闻出版广电局编写组

涉农报刊、出版物及农家书屋

【基本情况】 2017年，四川省图书出版社认真贯彻落实党的十九大精神和习近平新时代中国特色社会主义思想，以满足农村群众阅读需求为出发点，认真把握出版发展趋势，优化调整图书出版结构，着力提高图书出版质量，组织出版体现农村文化建设、服务农村经济社会发展、提升农村群众科学文化素质的图书33种、101415册。从出版类别来看，出版的图书主要涉及农村经济、文化、教育等方面，其中，涉及农村经济类的图书种类占85%，涉及农村教育类的图书种类占9%，涉及农村文化类的图书种类占6%。《安全用电读本(藏汉双语版)》《退化草地治理技术(藏汉双语版)》2本图书被《新版〈中国农村文库〉藏汉双语读物》收录，该读物入选2014年中央少数民族文字出版专项资金项目。全年各类报刊刊发关注“三农”的热点难点问题、宣传报道脱贫攻坚工程、引导农民致富奔小康、建设和谐新农村的新闻报道文章达11万余篇。

【充分发挥报刊宣传主阵地作用】 2017年，四川省充分发挥《四川农村日报》《四川经济日报》《西南商报》《四川科技报》和《四川党的建设(农村版)》等报刊宣传主阵地作用，以服务“三农”为宗旨，坚持面向农业、农村和农民，宣传党的方针政策，推广适用先进科技，传递市场经济信息，弘扬农村精神文明，丰富农村文化生活，服务农村经济社会发展。全年《四川农村日报》共出版297期，发行22.2万份；《四川党的建设(农村版)》共出版12期，期发行量36万册；《四川经济日报》共出版347期，期发行量4.88万份；《西南商报》共出版142期，期发行量4万份；《四川科技报》共出版104期，期发行量0.54万份。

【积极开展基层活动】 2017年，四川省积极组织报刊单位开展“全民阅读·报刊行”活动，开展向藏区农牧区中小学生赠送藏汉双语读物系列活动，组织向藏区农牧区基层党组织、群众和寺庙免费赠阅《四川日报》270余万份、《四川党的建设(藏文版)》13200册、《多彩哈达(藏文版)》90000册、《民族(藏文版)》32000册。

【农家书屋补充更新】 2017年，四川省46240个农家书屋补充更新工作全面完成，每个书屋补充配备图书60余种，同时配备了《党的十九大报告(单行本)》《中国共产党党章》《文件汇编》《辅导读本》等四种十九大读物共计49.5万余册。

四川省新闻出版广电局编写组

农村有线、无线电视网络建设

【基本情况】 2017年，四川省农村共有广播电视用户649.5万户，其中有线电视用户447万户左右。对居住在地理位置分散、偏僻，有线网络覆盖非常困难区域的用户，采用无线数字电视、直播卫星等方式进行覆盖，确保每一个农村用户都能接收到电视信号，倾听到党和政府的广播宣传声音。截至2017年年底，全省有地面无线数字电视用户120万户、直播卫星用户82.5万户。

【有线网络建设】 2017年，四川省新增有线网络覆盖的农村用户达447万余户，双向化改造农村用户超过57.6万余户。截至2017年年底，全省农村数字电视覆盖用户600余万户；双向网络覆盖用户420余万户，双向化率达70%，已开展双向业务的用户达180余万户。

【无线网络建设】 2017年，四川省新闻出版广电局按照“政府主导、公共服务、统筹资源、适应市场”的发展思路开展工作。建立“财政投入为主、有偿服务补充、拓展增值业务”的运行模式，在有线网络未通达的农村区域，确保基本公共服务免费，核定网络运行成本、服务成本和财政承担能力，确定受益用户应当承担的运行维护费标准。截至2017年年底，全省已建成地面无线数字电视发射台站177座，安装发射机400余台，21个市(州)全部开通地面无线数字电视信号，用户超过120万户，其中2017年新增用户20万户。对农村用户较多、居住分散、地面无线覆盖较广的地区，采用直播卫星方式覆盖。截至2017年年底，全省申请直播卫星户户通工号及设立专营网点332个，农村地区完成安装82.5万户。

【“网络扶贫”工程建设】 2017年，四川省新闻出版广电局积极参与新闻出版广播影视精准扶贫工作，发挥省广电网络公司在管理、资金、技术、市场、人力资源等方面的综合性优势，统筹有线、无线和卫星融合覆盖，保障全省贫困群众收听收看广播电视的基本文化权益。

新闻出版广播影视扶贫涉及全省广电网络区域内16个市、91个县(区、市)、7022个贫困村、88万户贫困电视盲户，其中省级财政负担的88个贫困县中广电网络扶贫涉及46个县(市、区)、5269个贫困村、51万户贫困电视盲户。按计划、分阶段统筹实施网络扶贫工程，确保2020年全面完成目标任务。

【“雪亮工程”】 2017年，作为四川省广电“十三五”规划重点项目的“雪亮工程”，将实时图像送至用户的电视机顶盒，让广大群众在家中均能看到附近所关心的监控视频，并能通过电视机顶盒进行预警。通过广大群众监看视频、报警等手段，让群众参与到社会治理中，有效推动综治维稳工作向基层末端延伸，切实解决农村地区治安力量不足的问题，促进农村社会持续平安稳定，实现长治久安。截至2017年年底，各市(州)已全面启动此项工程，已建设1787个镇级、9164个村级平台，安装摄像头50190个，机顶盒入户数133172户。

【村级WiFi工程建设】 2017年，四川省新闻出版广电局为了进一步满足农村老百姓的综合信息需求，巩固农村地区的舆论宣传阵地，强化主流意识形态的传播，提升农村视听及信息服务的公共服务水平，广电网络公司积极承接村级综合文化活动中心免费WiFi工程建设试点。截至2017年年底，全省已完成1000个村级WiFi工程建设任务。

【员工素质技能培训】 2017年，四川省新闻出版广电局以“用户至上、用心服务”为理念，以提升用户满意度为指引，以关键服务环节为切入点，以感知测评为手段，强化对农村用户的维护服务。积极参与当地政风行风建设，不断规范市场、资费及收费行为，加强用户信息安全、网络安全和信息化建设。组织各级从事农网的运行维护人员进行宽带与互动业务开通安装维护技能培训，培训场次179场，培训人员达7539人。

四川省新闻出版广电局编写组

农村精神文明建设

【创新方式方法，群众学习宣传教育日趋常态化】 一是按照规定常态学。2017年，中共四川省委宣传部结合深入推进"两学一做"学习教育，严格执行"三会一课"制度，通过群众大会、院坝会、农民夜校等方式定期组织农村干部群众学习会议精神、上级文件、报刊杂志、政策法规、实用技术、卫生健康知识等内容。二是创新方式融入学。通过广播、电视、网络等收集整理下发最新学习内容，依托互联网远程教育平台、微信群、QQ群等阵地，采取集中学习与分散学习相结合，"走出去"与"请进来"相结合，理论学习与实地考察相结合，贫困户自己讲与先进模范、致富能人、专家学者讲相结合等方式不断加强党员干部及普通群众学习教育。三是通过主题活动实践学。针对农民关注的热点、难点问题，开展感恩奋进教育、百姓基层宣讲、群众宣讲团、大学生村干部服务队和"三下乡"等活动，运用群众喜闻乐见的方式开展宣讲。组织专家学者深入田间地头、农家院坝与农户面对面交流，在活动中对广大农民进行形势政策宣传教育和感恩奋进教育，及时宣讲党的最新政策，排解农民群众的急难困苦。通过学习活动，党员干部理论水平得到提升，群众感恩意识不断增强，农民获得感幸福感不断增强，干部和群众之间联系更加紧密，思想更加统一，农村干部群众感党恩、爱祖国、团结奋进的思想共识不断凝聚。

【不断拓展阵地，群众性文化活动形式多样化】 一是拓展文化活动阵地。2017年，中共四川省委宣传部加大基础设施投入，整合各类资源，在基层党组织阵地积极打造综合服务中心，涵盖文化室、图书室、农民夜校、广播室、卫生室等村级文化活动场所，以此为依托开展各类文化活动，群众生产生活更加方便，极大地满足了农村群众日益增长的精神文化需求，提高了基层党组织的凝聚力。二是强化社会宣传阵地。利用村务公开栏、宣传橱窗、黑板报、阅报栏、宣传文化墙、宣传标语等宣传党的方针政策、传统礼仪道德、法律法规和乡风民俗，农村干部群众精神面貌得到显著改善。三是丰富群众性文化活动。在重大节日和农闲时节充分利用综合文化站、文化院坝等场所，组织开展广场舞、扭秧歌、打腰鼓、书画展览、篮球联谊赛、农民趣味运动会等文体活动。结合地方文化，打造地域文化品牌，组建乐器、舞蹈、戏剧、曲艺等群众文化队伍，创造了一批具有地方特色的文化节目。达州市连续举办六届全国新农村文化艺术展演，将优秀文艺作品送进乡村（社区），成为全国独有的"文化品牌"。在传统节日进村入户开展演出活动，用群众节目和语言传递社会正能量，用群众"坐得住、悟得到"的文化活动让社会主义核心价值观入脑入心。

【广泛开展道德实践活动，社会主义核心价值观不断深入人心】 2017年，中共四川省委宣传部紧扣时代脉搏，围绕脱贫攻坚等中心工作选树宣传先进典型，积极组织开展道德模范评选表彰、"身边好人"、最美人物和时代楷模等推选宣传学习活动，挖掘选树全国道德模范2名，提名模范8名、省级道德模范57名、"中国好人"58名、"四川好人"360名；持续开展岗位学雷锋"双争"活动，评选表扬先进集体144个和敬业标兵220个。开展道德模范和身边典型基层巡讲2000余场；编创励志音乐剧《你好·青春》，并在北京市、成都市等地巡演50余场，观众达3万余人次，获得了2017大学生戏剧节唯一大奖"金刺猬奖"；举办"中国好人榜"发布仪式暨全国道德模范与"身边好人"现场交流活动；编辑出版《好人龙门阵》杂志，加强典型示范引领，让人们从身边凡人小事中看到不平凡的精神境界，近距离感受榜样的力量，更好地发挥先进典型在培育和践行社会主义核心价值观中的示范引领作用。

【大力弘扬优秀传统文化，群众的家国情怀和民族认同感不断增强】 2017年，中共四川省委宣传部充分挖掘自贡农民漫画、绵竹年画和沿滩版画等乡村本土优秀文化蕴含的人文精神，带动中华优秀传统文化传承，涵养核心价值观的源头活水。眉山市以东坡文化为核心，利用"新农民·快乐新农村"群众文化品牌活动丰富农村文化生活，引领社会新风尚；宜宾市南溪区刘家镇编纂完成宜宾市第一部特色村志；绵阳市安州区每年举办"踩桥盛会"民俗活动，表达了人民对美好生活的祈求。围绕"忘不了的节日·记得住的乡愁"主题，组织全省各地持续开展"我们的节日"活动，组织开展传统节日知识竞答，推出"吟诗解秋思·月圆人团圆""安逸的四川·敬老的重阳"等宣传、培育节日文化活动。组织北川县传统节日舞蹈《瓦尔俄足》参加中央文明办"爱我国家·圆梦中华——我们的节日·端午"展演，受到好评；阆中市"游百病"习俗活动吸引了20余万名市民登高望远，成都市及各县（市、区）开展"成都文化四季风·民俗闹春"等活动近1000场，让人们感受到传统文化的魅力；持续加强制度化建设，学雷锋志愿服务常态化逐渐形成；制定出台公共文化设施开展学雷锋志愿服务、支持和发展志愿服务组织等规范性文件，志愿服务制度不断完善。全省注册志愿者达663万人，有志愿服务队伍35600支、志愿服务项目68699个。广泛开展"四川志愿·携手圆梦"等志愿服务活动，募集资金200余万元，向贫困地区乡村学校捐赠图书18.6万余册、电脑176台；组织开展应急志愿服务，向茂县和九寨沟县各捐赠应急救灾志愿服务经费5万元。

【精心组织部署，有序推进文明家庭评选和家庭文明建设】 2017年，中共四川省委宣传部评选省级文明家庭100户并进行大力宣传。充分发挥家风家训对规范人们言行、纯化社会风气的重要作用，开展"传家风、立家规、树新风"活动，推出十佳"天府好家规"，评选60户四川省"最美家庭"，让中华传统文化基因在群众中生根发芽，逐步形成"注重家庭、注重家教、注重家风"的良好社会氛围，家庭文明建设取得新进展。金堂县创新探索"孝善+"工作理念，将其有效融入社会主义核心价值观建设"1560"工作思路和"五大行动"，积极倡导"在家当孝子，在外做善人"的核心价值理念，在全社会营造出孝亲敬老、崇德向善的良好社会风尚；泸县"龙城好家风"主题道德实践活动以家风建设为着力点，塑造积极向善的家庭文化，营造和谐美好的社会环境，涵养文明和谐的时代新风。

【着眼基层实际，深化拓展文明村镇创建和文明乡风建设】 2017年，四川省创建全国文明村镇77个、省级文明村镇100个，新增县级及以上文明村2152个，带动农村精神文明创建活动蓬勃开展。拟定"养成好习惯、形成好风气"具体考评指标，新打造"新家园、新生活、新风尚"示范点15个。大力推进社会主义核心价值观进村入户、"星级文明户"等细胞创建，推动制定完善乡规民约，引导和推动形成农村社会文明新风尚。充分发挥村民议事会、红白理事会、道德评议会、禁毒禁赌会等自治组织作用，引导民间舆论和群众评议力量褒扬社会新风、批评不良现象，坚决反对和有效遏制封建迷信、黄赌毒和婚丧嫁娶大操大办、铺张浪费、高额礼金、乱办酒席、比阔斗富等陋俗恶习，有效推动移风易俗。泸州市扎实推进"四礼新风进万家"主题活动，把成人礼"爱国·感恩"、婚礼"忠诚·和睦"、寿礼"孝老·爱亲"、葬礼"重生·简朴"等主流价值观推广到千家万户，创作推广《四礼新风进万家》主题曲，

编印并公开发行“四礼新风进万家”系列丛书。在大小凉山彝区开展破陋习、树新风行动，开展移风易俗教育，社会风尚明显转变。广元市大力推进农村道德积分激励机制，以“十个好”标准引领风尚，以“十颗星”展示和鼓励农户，将10%的集体经济收益用于长效激励。南江县关坝镇小田村创新探索出“党政引导、村社实施、群众主体、活动引领、常态推进”的“道德银行”积分管理机制让道德有价、德者有得，推动形成崇德向善、见贤思齐、向上向好的新风尚。

【强化示范带动，深入实施文明风尚系列活动】 2017年，中共四川省委宣传部组织开展“图说我们的价值观”公益广告作品征集活动，评选优秀作品300幅。发挥典型的示范引领作用，督促指导争创全国文明城市城区每300米至少有1幅公益公告、每个路口有文明劝导员、每个单位注册志愿者比例达60%以上，100个全国文明村（镇）建成了一批“勤俭节约”公益广告，文明交通、文明旅游、文明餐桌等活动深入开展。大力推进“四好村”创建，农村环境更加优美，农民生活条件得到改善，农村文化整体提升，文明家风乡风积极培育，农村群众思想道德素质逐步提升。持续开展农村“脱贫致富”“孝敬父母、关爱子女”“好媳妇、好公婆、好妯娌”“文明家庭”“最美家庭”“星级农户”等先进典型评选活动，建立“善行义举榜”“孝道红黑榜”“功德录”等名录，切实把评选过程转化为宣传教育过程，让群众在参与评选中互评互议、互比互看、互学互助。

中共四川省委宣传部编写组

非物质文化遗产保护与传承

【全省非遗立法保护取得重大成果】 自2011年6月《非遗法》颁布实施以来，四川省持续推动非遗立法工作。继凉山州、阿坝州、甘孜州相继出台地方非遗条例之后，2017年6月3日，四川省第十二届人民代表大会常务委员会第三十三次会议高票通过《四川省非物质文化遗产条例》（以下简称《条例》）并于2017年9月1日起施行。《条例》将全省非遗保护工作经验上升为政府意志和责任，纳入了法制化保障。《条例》立足全省非遗保护工作实际，充分体现了《公约》理念和《非遗法》精神，体现了中央大政方针和国家发展战略，与国家扶贫开发工作相结合，与中国传统工艺振兴计划相结合，与国家公共文化服务体系建设相衔接，在有效保护的基础上突出非遗合理利用，突出非遗走进生活，实现可持续发展，体现了四川的特色和亮点。以贯彻落实《条例》为契机，促进全省非遗保护工作。文化厅面向社会加大对《条例》的宣传力度，及时下发了《关于组织开展学习宣传、贯彻落实〈四川省非物质文化遗产条例〉活动的通知》，分片区对全省21个市（州）非遗保护管理干部进行专题培训，组织省非遗专家到市（州）开展《条例》解读活动，在全省掀起了学习宣传、贯彻落实《条例》的热潮。

【第六届中国成都国际非遗节成功举办】 2017年6月10日—18日，第六届中国成都国际非遗节在成都市举行。作为主要承办单位的成都市人民政府、四川省文化厅超前谋划、精心组织、创新创意，确保了非遗节各项筹备工作顺利推进实施。该届非遗节以“传承发展的生动实践”为主题，遵循“走进生活、活态活力”的理念，以“世界风、中国节、中国戏、中国艺”为主线，策划了开幕式、非遗国际会议等一系列活动。来自112个国家和地区的300余名外宾、34个省（区、市）的5800余名代表、300余万名游客和群众参与了非遗节各项节会活动。第六届非遗节突出文化惠民，设立9个分会场及326个社区活动，实现非遗产品销售和意向性订单金额8100余万元。非遗节期间，组织了国内外、省内外优秀传统文化进社区演出，与群众零距离接触，让广大群众在家门口就能欣赏到优秀的非遗传统音乐、传统舞蹈等节目和传统技艺展示，展现了推动优秀传统文化创造性转化创新性发展的显著成就，促进了非遗的传承与弘扬。文化部部长雒树刚对第六届非遗节作出重要批示，给予了高度评价。省政府发文对第六届非遗节四川省组织工作先进集体、先进个人予以通报表扬。

【推动优秀传统文化保护传承】 大力开展非遗进校园活动。2017年，四川省各级文化、教育部门主动担当起弘扬民族优秀传统文化的责任，在各大中小学结合当地非遗资源和特色，推动民间文学、传统音乐、传统舞蹈、传统戏剧、传统曲艺、传统技艺等非遗项目进校园、编入教材、纳入公共课，丰富拓展了校园文化，根植了优秀传统文化民族文化沃土，培养了青少年的民族文化自信，提升了文化艺术素质。一些地方还编写了《蜀绣》《青城武术》《羌绣》《唐卡》等非遗职业技能培训教材。为做好中华优秀文化的深度挖掘和传播，全省持续开展“川剧校园工程”，推进中小学川剧传习展演活动常态化，开展了四川省第三届中小学川剧传习普及及展演活动，成为展示和推广中小学在非遗保护及校园文化建设方面的新举措和新成果。阿坝州通过深入持久地开展“藏羌戏曲进校园”活动，“藏羌戏曲进校园”被文化部列入全国第四批现代公共文化服务体系示范创建项目。绵阳市遴选有条件的学校命名为非遗传习基地并挂牌，形成非遗传承传习的长效机制。

加强非遗交流展示活动。11月，在南充市举办的四川省第二届农民艺术节期间，组织部分非遗传统手工技艺类项目和代表性传承人参加展览展示活动，宣传政府的保护成果，展示非物质文化遗产的独特魅力。组织川剧、绵竹木版年画、道明竹编等非遗项目走进蒙古首都乌兰巴托，为当地民众带去“四川故事”的展览展示，成为中蒙两国文化交流合作的新亮点。组织羌绣、羌族银饰及传统歌舞参加曼谷“天涯共此时，月满暹罗”活动，促进中泰文化交流，受到中外媒体的广泛关注。

【增强非遗传承活力和生命力】 振兴传统工艺，推动非遗融入生活。2017年，四川省大力实施传统工艺振兴计划，推动制订《四川省传统工艺振兴实施计划》。践行非遗保护“见人见物见生活”的理念，在第六届中国成都国际非遗节上举办传统工艺大展和传统技艺大赛，举办巴蜀工匠·非遗精品展。承办全国竹编、刺绣等传统工艺技艺大赛，支持各级非遗代表性传承人带徒授艺，加强四川非遗新生代传承人的培养，支持省内外高校和文化创意品牌企业依托全省非遗项目开展传统工艺设计研发，使四川省非遗成为创新、创意和创业的源泉。

发挥资源优势，实施精准扶贫。全省各地把振兴传统工艺、乡村振兴战略与扶贫攻坚、文化产业、文化旅游、地方经济发展结合起来，在有效保护的基础上，充分发挥蜀绣、羌绣、竹编、唐卡等非遗项目的资源优势，在贫困地区和乡村开展成规模的非遗传承人培训，不断提升非遗产品的设计创意能力，带动当地群众居家就业、增收致富，非遗助推文化精准扶贫已形成良好态势。

提升传承能力，增强发展后劲。全省大力实施文化部、教育部“中国非物质文化遗产传承人群研修研习培训计划”，2016—2017年，文化厅与四川大学、西南民族大学、成都纺织高等专科学校等省内3所高校联合举办非遗传承人培训班17期，培训学员740余人。同时，向

省外高校选送了30余名优秀非遗新生代传承人参加培训,提高了非遗传承人的传承实践能力,增强了非遗项目发展后劲。通过开展研培计划,促进非遗保护成果转化,四川大学成立非遗研究中心,成都纺织高等专科学校开设"刺绣设计与工艺"新专业,为四川非遗保护传承提供了理论和人才支撑。

【大力推进羌族文化生态保护实验区建设】 2017年4月,四川省国家级羌族文化生态保护实验区建设接受文化部委托的第三方评估组评估检查,获得优秀等级。为贯彻落实文化部在青海省黄南州召开的国家级文化生态保护实验区建设座谈会精神,探索非物质文化遗产区域性整体保护新模式,文化厅切实与羌族文化生态保护区各级政府及文化部门共同研究保护区的建设发展。11月12日—18日,四川省文化厅、阿坝藏族羌族自治州人民政府在羌族文化生态保护区核心区茂县举办四川省首届国家级羌族文化生态保护实验区建设成果展暨羌历年庆祝活动,组织优秀的羌族非遗项目集中在茂县展演展览展示,包括联合国非遗项目羌历年庆祝活动、大型原生态羌族传统歌舞展演、羌族传统技艺活态展示、羌族大型原生态歌舞剧《羌魂》展演、羌族优秀传统文化进校园展示展演、羌语言传习班和羌族口传史诗传习班等,整体宣传推广羌族文化。省、市(州)建立起生态保护区建设的长效机制,确定由核心区的茂县、北川、汶川、理县4个县每年轮流在羌历年期间举办大型羌文化展演活动,充分体现保护区建设"遗产丰富、氛围浓厚、特色鲜明、民众受益"的目标。

四川省文化厅编写组

农村医疗卫生事业

综　　述

【全民医保制度】 2017年,四川省城乡居民基本医保制度整合,城乡居民基本医保财政补助由每人每年420元提高到450元。积极推进按病种付费为主的复合型医保支付方式改革,初步实现全国范围内异地住院联网即时结算。新增达州、乐山、巴中等市30家医院为跨省定点医疗机构。7个市(州)结算省内异地住院患者24084人次,补偿1.41亿元。

【药械供应保障】 2017年,四川省在全国率先实现"五位一体"药械集中采购监管,先后4次在全国会议上作交流发言。全面完成新一轮药品集中分类采购,药品价格下降10.59%。公立医院全面执行药品采购"两票制"。高值医用耗材挂网达10大类45个亚类,平均价格下降9.35%;与陕西、甘肃等省建立10省高值医用耗材采购联盟,实现数据共建共享。医用设备实现37大类全覆盖备案采购。完成第二类疫苗全部30个品种、127个产品挂网采购并执行省级谈判价格。实现体外诊断试剂6.83万个产品挂网阳光采购。强化药械采购监管,将省药械采购监管平台纳入省公共资源交易电子服务平台,全年共有68家企业被列入一般不良记录,取消220个违规品种上网资格。

【疾病预防控制】 2017年,四川省卫生和计划生育委员会修订完善了《四川省疾病预防控制机构等级评审管理办法》及评审细则,123家疾控机构通过评审,成功建成三级甲等7家、三级乙等10家、二级甲等48家、二级乙等57家、一级1家。完成全省传染病报告信息管理系统数字认证,全年甲乙丙类传染病报告发病率为353.33/10万,较全国同期低32.9%,居全国第27位。印发《关于进一步加强疫苗流通和预防接种管理工作的实施意见》,各类疫苗报告接种率达95%以上,免疫规划信息化覆盖93.1%的县(市、区)和92.9%的乡(镇、街道)。

【慢性病防治和卫生监测】 2017年,四川省卫生和计划生育委员会全面推广全民预防保健,实施健康管理。国家基本公共卫生服务项目人均补助经费提高到50元,居民健康档案建档率达95.45%,在国家2016年度绩效考核中名列第九,获得奖励经费238万元。出台《四川省防治慢性病中长期规划(2017—2025年)》,成都市双流区、南江县等4个县(区)新创为国家慢性病综合防控示范区,共建成国家级示范区21个、省级示范区48个。组织召开西部6省(区、市)慢病峰会,在10个市(州)开展慢性病防控健康巡讲,全民健康生活方式行动覆盖率达100%。省精神卫生研究院正式成立运行,完成省严重精神障碍管理信息平台建设,国家精神卫生综合管理试点工作取得显著成效。全省登记在册的严重精神障碍患者37.9万例,在册率为4.28‰、管理率为90.95%。印发《四川省职业病防治规划(2017—2020年)》,重点职业病监测县覆盖率达86%,放射卫生技术服务质控中心正式投入运行。饮用水卫生监测连续3年保持乡(镇)全覆盖,新创建饮用水卫生监测示范区10个。持续推进农村环境卫生、雾霾健康影响、中小学生常见病和教学与生活环境卫生监测。

【爱国卫生】 2017年,四川省卫生和计划生育委员会组织开展纪念爱国卫生运动65周年和第29个爱国卫生月系列宣传活动,评选表彰100个爱国卫生先进集体和297名先进个人。全省新创建国家级卫生城市4个、卫生县城17个、卫生乡镇105个,省级卫生城市、县城、乡(镇)、村覆盖率分别达100%、81%、41%、33%,创建数量居西部前列。18个市实现省级以上卫生县城全覆盖,民族地区卫生创建进入快速发展期。成都市、泸州市被纳入全国健康城市建设首批试点城市。确定52个省级健康城市、健康村镇建设试点。

【妇幼健康服务】 2017年,四川省卫生和计划生育委员会实施妇幼健康保障工程,支持对20个市(县)级妇幼保健机构进行新(改、扩)建,建成3个省级、258个市(县)级危重孕产妇救治中心和2个省级、233个市(县)级危重新生儿救治中心。为50.29万对拟婚当事人提供免费婚检服务、61.89万对夫妇提供免费孕前优生健康检查服务。加强服务体系标准化建设,推动妇幼保健与计划生育技术服务资源深度融合,修订《四川省妇幼保健机构评审实施办法》。发布四川省妇幼健康事业发展年度报告。进一步加强预防艾滋病、梅毒和乙肝母婴传播工作。全省孕产妇死亡率为18.63/10万、婴儿死亡率为5.58‰、5岁以下儿童死亡率为7.62‰。

【地方病防治成果有效巩固】 2017年,四川省卫生和计划生育委员会印发《"十三五"四川省地方病防治规划》,不断强化监测、调查、健康教育等综合防控,积极开展地方病控制与消除评价,全力推进消除重

点地方病危害进程。全省碘缺乏病监测覆盖所有县(市、区),生活饮用水水碘调查覆盖所有乡(镇),调查显示全省外环境普遍缺碘,未发现高水碘地区,持续保持碘缺乏病消除状态;加强地氟病监测,大力开展改炉改灶工程,实施"改变生活方式、防治饮茶型地氟病"健康教育,在壤塘县蒲西乡尤日村、斯跃武村和吾依乡壤古村开展换茶行动试点工作,最大限度减少地氟病危害,23个燃煤污染型氟中毒病区县中有21个达到消除或控制标准;加强克山病监测和外环境硒水平及影响因素调查工作,54个克山病病区县有50个达到消除标准;持续巩固大骨节病防控成效,自2012年起,全省已无新发病例,32个大骨节病区县均保持持续消除状态,通过阿坝州扶贫开发和综合防治大骨节病试点及巩固提升工作,探索出了将综合防治大骨节病与扶贫开发相结合的新模式;8个耙子病病区县持续达到消除标准。

【中医服务】 2017年,四川省卫生和计划生育委员会全面贯彻实施《中医药法》,启动《四川省中医药条例》修订工作。召开全省中医药发展大会,出台《四川省贯彻落实〈中医药发展战略规划纲要(2016—2030)〉实施方案》和《四川省中医药大健康产业"十三五"发展规划》,与国家中医药管理局签署推进四川中医药发展合作框架协议。4部门印发《四川省基层中医药服务能力提升工程"十三五"行动计划实施意见》。基层医疗卫生机构建成中医馆403个、中医角2000个。全省19个县(市、区)创建全国基层中医药先进单位。印发《四川省中医药人才发展"十三五"规划》,新增国医大师1名、全国名中医3名。加强中医住院医师规范化培训基地建设,备案中医规范化培训学员1238名。

【综合监督执法】 2017年,四川省卫生和计划生育委员会建成医疗机构、医务人员、医疗行为信息监管平台,联通医院HIS系统,对3大类26个核心指标进行动态监测、风险分析和分级预警,基本形成集数据采集、分析、整改、核查、裁定、处罚于一体的综合监管体系。推动医师、医疗机构注册和卫生监督等系统整合,对8万余家医疗卫生机构实施动态监测。编制《四川省医疗机构监督执法工作指南》,首次采用"双随机"方式开展监督抽检工作。开展《传染病防治法》等法律法规落实情况监督检查,开展打击非法医疗美容和违法违规应用人类辅助生殖技术专项行动。出台《四川省卫生计生涉嫌犯罪案件移送标准》,完善行政执法与刑事司法衔接机制。全省共监督145492家医疗机构,作出行政处罚案件7061件,罚款1470万元。

【民族卫生】 2017年,四川省卫生和计划生育委员会深入实施民族卫生"十年行动"计划,下达专项资金1.5亿元,涉及人才队伍、服务体系等项目31个。加强13个县的乡(镇)卫生院能力建设,为阿坝州、甘孜州配备卫生监督执法车,对藏区8个包虫病重点县防控实验室建设给予资金配套。扎实抓好藏区"六项民生工程"医疗卫生提升计划、彝区"十项扶贫工程"健康改善工程,投入资金3.33亿元,实施项目18个。积极对接广东、浙江2省援藏工作,督促落实援藏项目,省卫生计生委在全国卫生计生系统支援四省藏区工作会上作交流发言。统筹推进省内对口帮扶,派出对口支援医务人员3291人次,诊疗惠及群众18.46万人次。持续开展民族地区基层卫生"三个行动",基层医疗卫生机构技术大练兵56546人次,设备使用率达90.78%。全力支持壤塘县脱贫攻坚,扎实抓好普格县、壤塘县干部驻村帮扶工作。

【信息化建设】 2017年,四川省156个县(区)、3984个乡(镇)卫生院、316个社区卫生服务中心(站)、19182个村卫生室使用基层医疗卫生机构管理信息系统。制定《四川省区域卫生信息交换及互操作指南》等29个相关制度和标准。完善省全民健康信息平台功能,与国家平台实现互联互通。全省累计发放居民健康卡1300余万张,绵阳市率先实现居民健康卡全覆盖。超过90%的二级以下医疗机构建立了HIS、LIS、PACS等信息系统和相关便民应用系统,369家医院通过数字化医院评审。"互联网+健康医疗"创新发展,初步形成以"健康四川"为龙头,各级医疗机构为主体的"互联网+医疗健康"服务格局。8家依托三级医疗机构建设的互联网医院投入运行。建立"巴蜀快医"省级移动医疗健康服务云平台,并在成都市、德阳市、绵阳市进行试点。全省网上预约挂号1892.9万人次,检查检验结果查询3005.5万人。组织开展四川省全民健康信息化技能大赛。

四川省卫生和计划生育委员会编写组

农村医疗卫生服务体系建设

【基本情况】 2017年,四川省认真贯彻党的十九大报告提出的乡村振兴战略,坚持"保基本、强基层、建机制",持续加强乡村医疗卫生服务体系建设,基层服务能力进一步增强。

【体系建设得到加强】 2017年,中央和四川省级财政累计投入24.5亿元,支持县级医院、县级妇幼保健机构和疾病预防控制机构的基础设施建设,实施建设项目100个。编制"8·8"九寨沟地震灾后重建规划,争取资金1.873亿元,实施建设项目10个,建筑面积4.8万平方米,重点支持九寨沟县、松潘县、平武县区域内县医院、县级专业公共卫生机构、乡(镇)卫生院和村卫生室共31个机构建设。加强基层卫生人才队伍培养与建设,深入贯彻对口支援"传帮带"意见精神,通过帮扶提高基层医疗机构医疗技术水平和人才队伍建设。印发《关于开展乡村卫生计生人员一体化管理试点的指导意见》,加快推进全科医生规范化培训,实施农村定向免费培养医学生项目。

【健康扶贫扎实推进】 2017年,四川省聚焦基本医疗有保障,持续优化完善政策,全面推进"五大行动",整体提升贫困地区医疗服务能力和水平。印发《四川省"十三五"健康扶贫规划》、"先诊疗后付费"和大病专项救治实施方案。优化健康扶贫信息系统,调整医疗保障范围等八项政策措施。贫困地区累计减免(补助)各类费用10.77亿元,集中救治重大疾病患者46.6万人次,贫困患者县域内就诊率达97.98%,免疫规划疫苗接种率达99.27%,完成贫困人口健康体检300.52万人。88个贫困县远程诊疗服务实现全覆盖,县级综合医院、乡(镇)卫生院、贫困村卫生室达标率分别达98.86%、99.23%、90.77%,卫生计生人员增长3.52%。27个生育秩序整治重点县政策外多孩率减少5.33个百分点。省委领导带队深入各市(州)开展"大宣讲、大调研、大督导",将健康扶贫作为重点督导内容。申报创建国家级健康扶贫示范县4个、省级健康扶贫示范县9个。

【分级诊疗有序推进】 2017年,四川省落实基层首诊,推动医疗卫生资源下沉、服务重心下移。印发《关于推进医疗联合体建设和发展的实施意见》,在内江、南充、绵阳3市开展分级诊疗实施与监管平台试点。提升县级医院服务能力,实施第五批25个县级医院临床重点专科和88个贫困县、240个县级医院主要临床专科建设项目。鼓励医师多机构执业备案。开展急、慢分治试点,探索慢病管理"四川模式"。县级医疗机构门(急)诊诊疗量增长5.28%。国务院医改办宣传四川省分级诊疗经验。

【运行机制不断完善】 2017年,四川省投入财政资金对基层医疗卫生机构经常性收支差额予以专项补助,全面实施基层医疗卫生机构一般诊疗费及医保倾斜支付政策,保障基层医疗卫生机构医疗服务收入。进一步完善基层药品配备配套政策,解决基层用药品种不足的问题。稳步推进基层医疗卫生机构的编制改革,大力推进人事制度改革,基层医疗卫生机构普遍实行全员聘用和岗位管理。推动建立绩效考核激励机制,调整绩效分配制度,部分县(区)奖励绩效工资占比提高到60%~70%,基层积极性逐步提高。

【服务能力持续提升】 2017年,四川省以建设群众满意的乡(镇)卫生院和优质服务示范社区卫生服务中心为抓手,助推基层服务能力提升。开展民族地区基层医疗卫生机构"技术大练兵、设备使用大提升、健康管理全覆盖"三大行动,组织基层人员参加全国"基层卫生岗位练兵和技能竞赛"并获得农村全科医疗个人组一等奖。会同多部门印发《四川省基层中医药服务能力提升工程"十三五"行动计划实施意见》。基层医疗卫生机构建成中医馆403个、中医角2000个。全省19个县(市、区)创建全国基层中医药先进单位。基层诊疗量逐步走出低谷,乡(镇)卫生院诊疗人次增长3.54%,实现连续4年增长。

【签约服务加快推进】 2017年,四川省坚持将家庭医生签约服务作为分级诊疗制度建设的重要抓手,加大工作力度,出台《四川省推进家庭医生签约服务实施意见》和《签约服务包指南》,明确签约服务费由医保基金、基本公卫经费和签约居民三方共同分担,鼓励推行个性化签约服务。农村居民主动签约量持续增加,家庭医生团队在群众中的信任度逐步提升。全年家庭医生门诊量达3402.5万人次,占基层机构就诊量的1/3;签约居民就诊通过家庭医生向上转诊达34.6万人次,对重点人群健康管理服务达1.327亿人次。

四川省卫生和计划生育委员会编写组

农村卫生防疫工作

【重大传染病防控】 2017年,四川省卫生和计划生育委员会深化重大传染病防控工作机制,召开重大传染病工作会议。全面完成各类重大传染病防控目标任务,疫情总体得到有效控制。完善结核病医防协作机制,在全省24个县(区)启动第三轮示范区创建工作,在自贡市开展分级诊疗和综合防治模式试点,全省71%的市(州)设有耐多药肺结核定点医疗机构;85%的县(区)已将结核病门诊诊治移交至定点医疗机构;加强全省结核菌实验室检测能力建设,省参比室收集菌株2468株,完成药敏工作2326株;有序推进结核病综合防治工作,登记治疗活动性肺结核患者36561例,新涂阳患者治愈率91.74%,全程管理率97.73%,在15个市(州)推进耐多药结核病综合防治工作,在21个县(区)开展TB/HIV双重感染监测工作。在寄生虫病防控方面,全省血吸虫病传播阻断达标工作通过国家专家组评估,实现传播阻断目标,10个一般防治县全部达到消除血吸虫病标准;全面开展血吸虫病风险监测、63个监测点监测和7个重点市(州)哨鼠监测工作;血吸虫病防治督导和技术指导工作,完成了蒲江、广汉、夹江、眉山市东坡区、西昌等5个示范区经验总结,新增中江县为血防综合防治示范区;包虫病防治力度继续加大,石渠县综合防治试点经验得到推广,全省包虫病B超查病479173人,新发现病人172例,病人达13441例;药物治疗13305例,手术治疗574例,检查家畜4711头,检测犬粪样31709份。全省消除疟疾工作、土源性线虫病防治工作和媒介生物防治工作有序开展。对鼠疫、霍乱、炭疽、布病、禽流感、手足口病等重点急性传染病下发了指导文件、进行了现场指导、组织了风险评估、开展了业务培训和专题调查研究、完善了应急决策支撑信息系统,高质量完成了传染病与突发公共卫生事件监测周报、月报、专题分析、舆情分析等工作。全省共报告法定传染病33种,报告发病218527例,死亡1743人,报告发病率266.37/10万,较全国同期(397.48/10万)低32.99%,居全国第25位。严防寨卡病毒病、黄热病等疫情输入,疫区回川人员跟踪医学观察和监测管理覆盖率达100%。

【应急处置】 2017年,四川省卫生和计划生育委员会以全面谋划卫生应急"十三五"规划,大力推进卫生应急体系建设和卫生应急队伍建设;以深入贯彻落实卫生应急"两个规范",大力推进医疗机构和疾病预防控制机构规范化建设;全面抓好卫生应急队伍培训和演练,大力提升卫生应急处置能力,实现了规范、高效、有序地应对处置各类突发公共事件,迅速处置成都、德阳、广安、遂宁、资阳、眉山等地人感染H7N9禽流感疫情,深入开展"6·24"茂县叠溪镇山体高位垮塌和"8·8"九寨沟7.0级地震自然灾害的灾后疾病防控工作。全年组织协调各类应急检测58批次,处置突发公共卫生事件74次。

【计划免疫】 2017年,四川省麻疹风疹疫苗查漏补种工作全面完成。疫苗相关疾病监测工作有序开展,全省免疫规划疫苗累计接种率均在96.72%以上。继续开展乙肝项目管理工作,收集血清标本1150份。全省免疫规划信息化县(区)、乡(镇)和接种单位实施率分别达93.05%、92.97%和93.64%。做好第一类疫苗分发与管理工作,共发放常规免疫接种疫苗885.62万余支(粒)。完成第二轮二类疫苗挂网阳光采购准入工作,准入43家、品种124个,基本覆盖了所有第二类疫苗,全省183个县(区)均在网上采购,无网外和违价采购,所有疫苗生产企业全部配送到位。

【危害因素监测与防控】 2017年,四川省城市饮水监测县(区)覆盖率达100%、农村饮水监测乡(镇)覆盖率为99.96%,监测城市水样4108个、农村水样5978个。组织开展空气污染对人群健康影响、农村环境卫生、学校中小学生常见病及教学与生活环境、公共场所健康危害因素、学生健康危险因素及常见病、人体生物、消毒灭菌效果等监测工作。制定2017年食品安全风险监测实施方案和工作手册,开展人员培训、风险监测工作;继续开展人群合理膳食指导、学生营养健康、乳母与儿童营养监测等工作;做好保健食品注册试验样品以及普通食品常规样品的受理、评价等工作。职业卫生方面,顺利通过《职业卫生技术服务机构甲级资质证书》的延续换证工作,继续开展重点职业病监测与职业健康风险评估、医疗卫生机构医用辐射防护监测等工作。完成职业卫生评价4项、职业卫生检测13项、放射评价36项、能谱140项、总放97项、个人剂量36554人次、性能检测221台、非医用放射工作场所防护检测6个。

【健康促进与健康教育】 2017年,四川省卫生和计划生育委员会继续组织开展居民健康素养监测、烟草流行监测、健康促进医院、戒烟门诊、健康促进县(区)等健康素养促进行动项目工作,成都市成华区、双流区、金牛区和新津县顺利通过国家健康促进县(区)评估验收。与《四川日报》、四川电视台等主流媒体合作,完成中心"十二五"疾病预防控制工作成绩系列报道,组织完成《李伯清话健康》节目制作相关工作,开展"3·24世界防结核病日""4·25全国儿童预防接种日""5·31世

界无烟日"等主题宣传活动，与康巴卫视在木里县开展"走基层"系列科普活动。利用微信公众号和政务微博等新媒体，定期发布疾病防控知识，与网友进行互动交流，共推送微信75条，联合各类媒体共开展宣传报道55次。

四川省卫生和计划生育委员会编写组

艾滋病和重大疾病防治

【艾滋病防治不断取得突破】 2017年，四川省委省政府专题研究部署艾滋病防治工作，主要领导多次深入凉山州疫情严重地区指导督查，出席省级"世界艾滋病日"主题宣传活动，并召开全省禁毒防艾座谈会，强力推进全省艾滋病防治工作。省政府印发《四川省遏制与防治艾滋病"十三五"行动计划》，将艾滋病防治纳入民生大事，与各市(州)政府签订年度目标责任书，开展2017年艾滋病防治目标检查。进一步健全目标管理、部门履职、联席会议、对口帮扶等长效机制。各地、各部门将艾滋病防治与禁毒、扶贫、社会综合治理等紧密结合、统筹推进，全面落实各项综合防治措施。基本建立覆盖省、市、县、乡、村五级的预防干预、治疗管理、预防母婴传播体系。全省全年检测量达1288万人次，增长24%；感染者和病人发现率提高到76.7%，增加8.7个百分点；免费抗病毒治疗艾滋病感染者和病人7.8万人，增长22%，治疗覆盖率提高到70.6%，增加7个百分点；治疗成功率达86.3%，增加2.8个百分点；随访检测比例93%，配偶检测比例92.2%。美沙酮维持治疗累计4.4万人次，增加5个百分点；母婴传播率降至6.01%，减少1.8个百分点。公共场所安全套摆放率和无偿提供率分别达98.06%和99.17%。启动凉山州艾滋病防治和健康扶贫攻坚行动，成立攻坚行动领导小组，印发攻坚行动方案和进一步加强凉山州禁毒防艾助推脱贫攻坚的意见，组建省级专家组，设立凉山州防艾攻坚行动驻凉山工作站，强力推进凉山州4个重点县全民健康体检建档签约等各项攻坚工作。

【结核病防治服务体系不断完善】 2017年，四川省政府印发《"十三五"四川省结核病防治规划》，加强部门配合，健全工作机制和防治服务体系，提升防治能力，大力推进结核病综合防治及示范区创建，深入开展健康教育促进，加大结核病病人发现和治疗管理力度，突出耐多药、学校结核病防控等重点领域工作，取得明显成效，耐多药结核病防治工作覆盖所有市(州)。全省肺结核报告发病率63.12/10万，连续10年保持下降；全省共治疗肺结核患者5万余例，治愈率保持在92%以上，涂阳肺结核患者密切接触者筛查率保持在98%以上。全省21个市级实验室具备开展药敏能力，183个县(市、区)级实验室均具备痰培养能力，实验室能力进一步提升。重点加强了农村贫困人口的筛查力度，并对经济困难的农村结核病患者进行检查、治疗、给予营养和交通补助，患者得到及时有效的救治救助。

【包虫病防治取得显著成效】 2017年，中央高度重视四川省藏区包虫病防治工作，省委省政府坚持把包虫病防治作为民族地区的大事来抓，连续多年将包虫病防治纳入民生工程或民生大事，加大防治专项经费投入和防治力度，大批患者得到及时发现和有效治疗。自2015年11月石渠县包虫病防治试点启动以来，探索出"两抓四管六结合"的"石渠模式"，得到中央领导、国家部委和社会各界充分肯定，并在西藏、四川、青海3省(区)复制推广。中期评估结果显示，石渠县6～12岁儿童检出率为0.28%，犬感染率为3.08%，家畜感染率为32.58%，均超额完成试点中期目标任务，顺利通过国家多部委组织的中期评估验收。省政府成立四川藏区包虫病综合防治工作领导小组，建立"党政主导、部门配合、全民参与"的防控机制，明确成员单位职责分工，围绕目标任务和工作措施，推动成员单位各司其职、配合协作。制发并认真落实《四川省包虫病等重点寄生虫病防治规划(2016—2020年)》，突出工作重点，大力开展犬只规范管理、人群查治、健康教育、环境改善等重点工作，"石渠模式"在全省其他流行县(市)推广复制。全年筛查67.4万人次，发现患者276人，患者总数达1.35万人；药物治疗在治1.33万人，手术治疗702例。

【血吸虫病防治取得历史性进展】 2017年，四川省各级政府高度重视血防工作，加强部门协作，按照《"十三五"四川省血吸虫病防治规划》要求，紧紧围绕血吸虫病消除目标和以控制传染源为主的防治策略，将血防工作与发展地方经济、城镇一体化建设、实施民生工程紧密结合，积极落实各项防控措施，强化综合治理，全力开展血吸虫病消除达标工作。全省血防工作取得积极进展和明显成效，人畜感染率得到显著控制，历史钉螺面积大幅压缩，城乡环境得到改善，群众自我防护意识不断提高。全年累计完成查螺4.72亿平方米，药物灭螺2.75亿平方米；开展人群血检220.43万人，粪检17.4万人；扩大化疗45.29万人次，救治晚血病人685人。全省血吸虫病人数降至1689人（全部为既往存活的晚期血吸虫病人），较2004年减少95.82%；连续6年无本地感染的病人和病畜，连续11年无本地感染的急感病例，未查见感染性钉螺；63个流行县全部以县为单位实现传播阻断标准，已有29个流行县达到消除标准。8月，经国家卫生健康委等五部委综合评审，率先在全国7个重流行省中以省为单位达到血吸虫病传播阻断标准。

四川省卫生和计划生育委员会编写组

农村档案工作

【基本情况】 2017年，四川省各级档案部门深入学习宣传贯彻落实习近平新时代中国特色社会主义思想和党的十九大精神，认真学习贯彻省第十一次党代会精神，紧紧围绕"五位一体"总体布局和"四个全面"战略布局，自觉践行新发展理念，认真贯彻落实省委省政府决策部署，以推进全省档案事业科学发展为主线，围绕中心、服务大局，主动担当、积极作为，各项工作取得了新的进展，为推动"治蜀兴川"再上新台阶做出了积极贡献。

【中西部地区县级档案馆建设项目扎实推进】 2017年，四川省档案局进一步加强与省发展改革委联系配合，以监督指导和功能审核为重点，做好已下达投资计划的中西部地区县级综合档案馆建设项目等的开工和完工工作。印发《关于进一步做好中西部地区县级综合档案馆建设项目工作的通知》，召开全省国家中西部地区县级综合档案馆建设项目推进会，总结经验，安排工作，切实做好已下达投资计划的中西部地区县级综合档案馆建设项目的业务指导工作。2017年，国家下

达全省县级综合档案馆建设项目15个，中央预算内投资计划6618万元，省预算内基本建设投资计划县级综合档案馆项目补助3390万元。

【档案资源体系建设持续加强】 2017年，四川省档案局认真实施“存量数字化、增量电子化”战略，深入贯彻国家档案局8号令、9号令精神，依法开展档案接收工作，着力加大对重大活动档案形成、收集和管理的监督力度，完善突发事件档案形成和管理应对机制，馆藏档案资源不断丰富，馆藏档案结构不断优化。省档案馆制定了《四川省档案馆档案资料捐赠工作管理细则》，召开省级机关“双套制”档案接收进馆工作现场会，初步形成了纸质档案规范整理、数字副本安全有效、涉密文件依法管理、鉴定工作常态开展的接收工作新模式。开展“我的档案记忆”大型图片档案资料网络征集活动，着力强化档案资源建设；主动介入重大活动，派员参与活动全过程，对重大活动档案形成、积累、归档、整理、移交及数字化、涉密件清理、鉴定开放进行监督指导，有力保障了重大活动档案收集齐全、整理规范。

【档案安全保障能力全面提升】 2017年，四川省档案局认真落实全国档案安全工作会议精神，印发《关于加强汛期档案安全工作的通知》等，召开全省档案安全工作会议，开展全省档案安全风险隐患情况专项督查，并将档案安全融入档案收集、保管、保护、利用及档案数字化全过程，确保档案安全责任真正落到实处。强化防范措施，建立健全人防、物防、技防“三位一体”的档案安全防范体系，完善档案行业网络与信息安全通报机制，加强档案实体和档案信息系统、网站、数字化加工、信息存储、数据异地备份等的安全检查与管理。强化风险治理，构建风险分级管控和隐患排查治理双重预防机制，对影响档案安全的各类风险进行全面排查，定期开展例行性排查治理，对隐患治理实行登记销号制度，严防因风险发酵演变、隐患累积叠加而导致档案安全事故。全省全年档案系统实现“零事故”“零泄密”“零丢失”，确保了档案实体和信息安全。

【国家重点档案保护与开发工作有序开展】 2017年，四川省档案局印发《四川省国家重点档案保护与开发项目验收工作实施方案》《国家重点档案文件级目录数据验收办法（试行）》等，举办全省国家重点档案保护与开发项目暨档案馆基础业务工作培训会，做好已下达开发类项目和国家重点档案基础体系建设项目的组织实施工作，督促做好2016年、2017年已下达的国家重点档案目录基础体系建设项目和开发类项目的实施工作，完成2018年国家重点档案保护与开发项目申报工作。涉及已下达国家重点档案目录基础体系建设项目的57个市（州）、县（市、区）综合档案馆中51个已全部完成，共完成文件级著录200万余条，占全年计划的74.7%。“邓小平等党和国家领导人视察攀枝花重要档案征集与开发”“羌族《刷勒日》图经研究出版图集文集”等开发类项目进展顺利，重点档案抢救工作稳妥推进，首次开展全省档案文献遗产申评工作，成都市档案馆申报的《人声》创刊号等14件（组）档案入选《四川省档案文献遗产名录》。

【主动服务党委、政府中心工作】 2017年，四川省档案局积极服务脱贫攻坚工作，印发《关于进一步规范脱贫攻坚档案工作的意见》，深入贯彻落实《关于进一步加强精准扶贫档案工作的意见》《四川省扶贫开发项目档案管理细则》，做好脱贫攻坚档案工作和扶贫开发项目档案工作，确保脱贫攻坚档案收集齐全、准确真实、整理规范。积极服务供给侧结构性改革，继续做好土地确权颁证档案工作指导、检查和验收，开展农村集体产权制度改革档案工作调研，着力做好农业农村档案工作。

【积极服务全省经济建设】 2017年，四川省档案局围绕“项目年”，继续实施项目档案工作提升行动，重点推进产业、基础设施、生态环保、扶贫开发、灾后恢复重建等重大建设项目档案工作。联合8部门出台《四川省产业园区档案管理办法（试行）》，印发《关于进一步加强重点建设项目档案管理服务“项目年”工作的通知》《关于认真贯彻实施〈建设项目电子文件归档和电子档案管理暂行办法〉的通知》等，举办宣传贯彻《建设项目档案监督指导工作指南》《四川省产业园区档案管理办法（试行）》培训班，连续7年联合省发展改革委开展重大建设项目档案工作专项督查。围绕经济强省建设，宣传贯彻《企业数字档案馆（室）建设指南》，联合财政厅印发《关于贯彻实施〈会计档案管理办法〉的意见》等；开展国有企业资产与产权变动中档案处置情况调查，明确兼并、重组、破产企业档案的归属和流向；审定省属国有重要骨干企业文件材料归档范围和档案保管期限表，加强企业档案资源体系建设；积极引导和规范民营企业档案工作，送档案指导服务到企业。围绕创新驱动发展，强化专业档案工作，加强军民融合高技术产业档案工作指导；贯彻落实《关于进一步加强新形势下卫生计生档案工作的意见》，对四川大学华西医院等开展档案工作调研指导。2017年，全省各级档案行政管理部门对606个重点建设项目进行了档案登记，登记率达86.52%；指导、检查重点建设项目5767个，对895个重点建设项目进行档案专项验收；对4978家企事业单位档案工作进行业务指导，开展企事业单位档案工作规范化管理认定和复查711家；举办经济科技档案业务培训426期次，培训人员22610人次。

【扎实做好服务民生工作】 2017年，四川省档案局加大民生档案收集整理与开放利用力度，加快民生档案资源整合，开展民生档案异地查档跨馆服务工作调研，深化民生档案异地查档跨馆服务，完善利用制度，简化利用手续，增添便民措施，严格执行关于取消利用档案收费有关规定，不断完善档案利用服务机制，充分发挥档案社会服务功能。省档案馆全年接待利用者4389人次，提供档案47611卷（件）次。

【加强爱国主义教育基地建设】 2017年，四川省档案局与省委宣传部联合印发《关于加强全省国家档案馆爱国主义教育基地建设的意见》，并认真贯彻落实。举办全省国家档案馆爱国主义教育基地建设培训班，进一步加强对全省档案馆爱国主义教育基地建设的指导，攀枝花市档案馆、德阳市档案馆、宜宾市档案馆被省委省政府命名为“四川省第七批爱国主义教育基地”。省档案馆常设“百年四川”“四川名人”“四川馆藏档案精品”三项展览，充分发挥爱国主义教育基地作用。紧抓重要宣传节点开展档案专题展览，让全社会了解、关注、重视档案和档案工作。

【深入推进档案法治建设】 2017年，四川省档案局按照简政放权、放管结合、优化服务和转变政府职能要求，依法公开并修改完善行政权力事项名称、运行流程、法律依据和责任清单，并进行动态调整，完成全省一体化政务服务平台上线有关工作，进一步规范行政权力运行，强化行政权力监督和制约。积极做好未开放档案行政审批工作，严格执行未开放档案利用审核程序，不断提高服务效能。印发《四川省档案局党政主要负责人法治建设第一责任人职责清单》《四川省档案局行政执法公示办法》《四川省档案局行政执法全过程记

录办法》《四川省档案局重大行政执法决定法制审核办法》《四川省档案局“双随机”抽查实施方案》，加强依法治档相关制度建设。认真实施《四川省档案法治宣传教育第七个五年规划》，通过会前学法、网站、微博微信等，加大档案普法力度，采取举办法治宣传专题讲座、联合《四川法制报》开展“档案法制知识竞赛”活动、召开专题座谈会等形式纪念《档案法》颁布30周年，编印《四川省档案“七五”普法读本》，提高全社会档案法治意识。

【加强档案工作标准化建设】 2017年，四川省档案局坚持标准化监督审查，发布规范性文件、组织学习培训，引导档案系统紧抓标准化建设要求。不断推进档案馆标准化建设，对新建成的档案馆进行评估，深度参与未开工的项目，做好已下达投资计划的中西部县级综合档案馆项目的标准化实施，加强对设计方案、施工方案、施工过程的审核监督。加强对基层档案单位标准化管理的指导，健全制度，加大投入力度，完善基础设施，推进档案安全、资源体系、信息化建设，为档案工作标准化奠定基础。同时，通过组织培训、业务指导等方式，不断提高基层档案管理人员专业化水平，推动档案管理标准化落地落实。

【加快数字档案馆（室）建设】 2017年，四川省档案局主动融入全省信息化建设，进一步强化统筹规划、监督指导和业务培训，突出抓好档案资源建设，以省级政务云平台建设为契机，积极推进资源整合和信息共享。深入学习贯彻国家数字档案室评价工作现场会精神，认真贯彻实施《数字档案馆建设指南》《数字档案室建设指南》《数字档案馆系统测试办法》《数字档案室建设评价办法》，继续深化数字档案馆（室）试点单位业务指导，举办数字档案馆（室）建设业务培训，到广东省开展数字档案室建设调研，有序推进全省数字档案馆（室）建设和档案信息化建设。

【加强干部人才队伍建设】 2017年，四川省档案局采取“走出去、请进来、沉下去”等多种方式，结合各时期、各领域的客观需求，组织开展行业培训、专题培训，扎实抓好档案人才队伍培训工作。通过开展学习先进、“主题党日”等活动，切实加强机关文化建设，激励广大干部职工不忘初心、牢记使命，内强素质、外树形象，自信坚定、奋发有为。加大干部学习、培训教育力度，组织档案干部参加“天府大讲堂”“公务员大讲堂”等各类培训，举办全省县（市、区）档案局长研讨班，全省各市（州）、县（市、区）档案局局长，省档案局机关各处（室）、各直属单位主要负责同志200余人参加研讨。坚持实施“科教兴档”战略，扎实做好档案人员岗位培训工作，不断强化档案科研和职业教育。实施四川档案人才“283工程”，大力推进档案人才队伍建设，通过自下而上、层层推荐，选拔了在全省档案领域业务水平高、实践能力强、创新成果多的档案领军人才18人、档案高级人才78人、档案优秀人才219人，并择优向国家档案局推荐10名全国档案候选专家。

四川省档案局编写组

农村基层政权建设

【着眼风清气正，圆满完成全省第十届村（居）民委员会换届选举工作】 2017年，四川省民政厅认真履行省村（居）民委员会换届选举指导小组办公室职责，先后派出20个督导组进行6轮检查督导，会同省委组织部先后2轮组建联合督导组，对工作进度较慢、信访问题突出的市（州）开展一对一实地督导。推动全省建立了组织、纪检、民政、公安、农业、审计等部门联动机制，指导督促各地签订《遵守换届纪律承诺书》70余万份，设立民情直报员36万名，排查建立村（社区）风险台账6万余条，化解矛盾隐患2万个。坚持把按时完成换届选举作为重要政治任务，倒排工期、挂图作战，圆满完成了全省第十届村（居）民委员会换届选举，一次性选举成功率分别达98.18%和99.56%，社区直接选举率达92.57%，创历史新高。

【着力改革创新，抓好“两个”中央文件贯彻意见起草工作】 2017年，《中共中央办公厅 国务院办公厅关于加强乡（镇）政府服务能力建设的意见》和《中共中央国务院关于加强和完善城乡社区治理的意见》出台后，四川省民政厅根据省委省政府任务安排，在深入攀枝花市、凉山州、资阳市等19个市（州）、30余个县（市、区）、80个乡（镇）、130余个村（社区）进行调研的基础上，组织起草了《中共四川省委办公厅四川省人民政府办公厅关于加强乡（镇）政府服务能力的实施意见》（代拟稿）和《中共四川省委四川省人民政府关于进一步加强和完善城乡社区治理的实施意见》（代拟稿），并分别经省委深改组第23次、第25次会议审议通过后，于12月4日提交省政府第161次常务会议审定通过。

【突出服务导向，务实推进城乡社区建设与治理工作】 2017年，四川省民政厅大力推进城乡社区建设，制发了《四川省城乡社区服务体系建设“十三五”规划》，累计下拨省财政和省级福彩公益金3900万元，支持全省21个市（州）实施270个社区项目的建设，社区公共服务综合信息平台建设试点继续推进，完善提升了城乡社区公共服务设施及功能。积极推动城乡社区治理创新方面，认真做好基层群众性自治组织特别法人社会信用代码赋码工作，完成全省53012个村（居）基础数据录入工作，实现了进度、效率、质量“三同步”。鼓励各地争创国家级实验示范单位，建成全国街道服务管理创新实验区1个、全国农村社区治理实验区3个、全国社区治理和服务创新实验区4个、全国村民小组自治试点单位2个、全国农村社区建设示范单位5个、全国民主法治示范村（社区）55个。

【夯实基层基础，扎实推进加强基层民政能力建设试点工作】 2017年，四川省民政厅着力解决基层民政工作力量薄弱问题，推动出台了《四川省民政厅关于开展引导社会组织社会工作者参与基层民政公共服务试点工作的通知》《四川省民政厅关于确定攀枝花市仁和区等8个县（市、区）为加强基层民政力量工作试点单位的通知》，开展了引导社会组织、社会工作者参与基层民政公共服务试点，搭建基层民政“1+N”服务平台。组织召开了全省基层民政工作推进会议、引导社会组织社会工作者参与基层民政公共服务试点工作座谈会，总结推广加强基层民政工作成效和经验，切实把加强基层民政能力试点工作引向了深入。加强与财政部门的沟通协调，推动建立政府购买服务机制，努力将民政部门做不了、做不好，且适合由社会组织提供的辅助性、服务性、专业性工作纳入省、市、县三级政府购买服务目录。

四川省民政厅编写组

农村民主法制建设

农村检察工作

【基本情况】 2017年，四川省检察机关紧紧围绕全省“一个愿景、两个跨越、三大发展战略、四项重点工程”战略布局，认真落实省委城乡统筹、打赢精准脱贫攻坚战等重大部署，充分发挥检察职能作用，积极推动农村社会治理和法治建设，有力维护农村群众合法权益，为全省农村社会和谐稳定和改革发展提供了有力的司法保障。

【立足职能推进精准扶贫工作】 2017年，四川省人民检察院制定《关于立足检察职能服务和保障精准扶贫的工作意见》，健全检察机关调研督导、结对帮扶、驻村帮扶等工作机制，促进扶贫项目、政策、资金精准落实。全省三级检察机关对口联系帮扶498个贫困村，积极开展基层组织建设、基础设施建设、产业发展等帮扶工作，贫困村和贫困群众产业发展能力和收入明显提升。持续开展集中整治和加强预防扶贫领域职务犯罪专项工作，查办挪用、截留、冒领扶贫资金等职务犯罪95件。对省内5个重点易地扶贫搬迁预防监督项目实行挂牌督办。就扶贫领域职务犯罪典型案件与省纪委、省扶贫移民局联合召开案例剖析会。联合扶贫部门共建预防机制，加强实地走访、预防宣讲和干部约谈，帮助完善村务、财务制度，防范基层干部犯罪风险。成都市锦江区检察院制作藏汉、彝汉双语预防职务犯罪读本，发放到对口帮扶的炉霍县党政机关和村社图书室，提高干部群众廉洁扶贫意识。推进精准扶贫与重点地区禁毒防艾相结合，解决农村刑事被害人因案、因毒致贫，因案、因毒返贫等问题。

【加强农村生态环境司法保护】 2017年，四川省人民检察院建立与林业、环保、国土、水利等部门执法司法协作机制，形成生态司法保护合力。开展打击破坏环境资源违法犯罪专项活动，批捕污染环境、危害珍贵濒危野生动植物、盗伐滥伐林木、非法采矿等破坏农村环境资源犯罪327人，起诉1151人，眉山市人民检察院办理了全省首例污染大气案。坚持惩治和预防并举，利用在案发地公开庭审、发表公诉意见等形式开展法制教育，提升农村群众环保意识。针对林区贫困群众因经济和生活原因实施破坏环境资源犯罪时有发生的情况，结合生态检察工作开展生态扶贫试点，旺苍县人民检察院申请专项资金145万元，在精准扶贫户中选聘生态护林员362名，实现人口脱贫、犯罪预防、资源保护的有机统一。与省法制办、环境保护厅等6部门会签加强危险废物监督管理的意见。不断强化农村生态环境权益救济，努力提高办案专业化水平，联合省高级人民法院在宜宾市、乐山市、雅安市开展部分重大生态环境资源犯罪案件提级管辖试点。

【严厉打击涉农领域违法犯罪活动】 2017年，四川省人民检察院依法严厉打击“两抢一盗”、杀人、绑架、拐卖妇女儿童等严重影响农村社会治安和农民群众安全感的犯罪，坚决打击破坏农村电力设备、水利设施的犯罪，维护农民正常生产、生活秩序。积极参与农村禁毒整治活动，加大对毒品犯罪特别是教唆未成年人贩毒，走私、制造、大宗贩卖毒品犯罪的打击力度。聚焦群众生产生活紧密相关的领域，开展打击治理通信网络新型违法犯罪专项行动，依法打击制售有毒有害食品药品，制售假种子、假农药等坑农、害农犯罪。深入开展惩治“村霸”和宗族恶势力犯罪专项工作，积极参与藏区依法常态化治理和重点寺庙整治、治安复杂地区和突出问题综合整治，加大藏汉、彝汉双语等特殊人才引进力度，切实维护农村治安稳定。

【积极延伸检察职能促进社会治理】 2017年，四川省检察机关依托乡（镇）检察室深入开展涉农职务犯罪惩防、矛盾纠纷化解、法治宣传教育等工作，有效促进基层社会和谐稳定。宝兴县检察院选派检察人员担任贫困村法律顾问，引导群众依法化解矛盾、解决纠纷、维护权益。进一步畅通农村群众诉求渠道，推进“信、访、网、电、视频”全面融合，全省近100个市（县）检察院建成“一站式”检察服务大厅，通过加强远程视频接访宣传和应用，引导农村群众依法就地表达诉求。积极推进律师参与化解和代理涉法涉诉信访案件工作，80个检察院牵头与当地司法行政机关、律师协会会签文件，73个地区建立了律师人才库，84个检察院在信访接待场所设立了律师工作室，采取律师到信访场所值班、信访人自由选择律师、检察机关主动邀请参与接访、邀请律师事务所评析、邀请律师参与公开听证、引导信访人接受法律援助六种模式，依法妥善化解涉农涉法涉诉矛盾纠纷。

【营造农村法治文化氛围】 2017年，四川省人民检察院在依法惩治犯罪的同时，加强法律宣传教育，培植农村法治文化。各地检察机关深入贫困地区，重点针对群众迫切需要了解的惠农扶贫政策和法律知识开展宣传教育。成都市高新区检察院、简阳市检察院、新津县检察院、崇州市检察院通过开设法治广播站、组建法治宣传队、“检察官茶馆说法”等贴近群众的方式开展法治宣传教育。泸州市检察机关在古蔺县大寨苗族乡富民村、东新镇姚家村、桂花乡香楠村村委会设立精准扶贫检察联络站，开设检察园地，强化宣传效果。结合未检部门开展“送法进校园”活动，重点加强对贫困地区未成年人的教育、熏陶，通过“小手牵大手”，将“法”带入每一个农村家庭，营造农村良好法治文化氛围。

【切实保障农村妇女、儿童合法权益】 2017年，四川省人民检察院制订《全省检察机关妇女权益保护工作计划》，批捕强奸、猥亵、强迫妇女卖淫等犯罪876人，起诉925人。开展女性不堪忍受家庭暴力反施暴的“恶逆变”案件调研，促进健全反家庭暴力社会干预模式。加强农村未成年人司法保护。持续加强与教育、民政、妇儿工委、关工委、共青团等部门的协调与配合，推动完善党委领导、政府支持、社会协同、公众参与的未成年人犯罪帮教社会化体系。依法严惩性侵、拐卖农村未成年人，利用未成年人贩毒等犯罪。泸州纳爱、成都亮晶晶等108个特色办理未成年人案件检察团队深入农村地区开展“法治进校园”巡讲，结合办案实际研发了以“预防毒品犯罪、防止性侵、防范校园暴力和抵制未成年人常见犯罪”为主题的精品法治课，加强农村未成年人犯罪预防，利用未成年人普法教育基地等检察资源推广“开放日”“法制课”等未成年人法治宣传教育新模式。向社会公开发布《四川省未成年人检察工作白皮书》。资阳市检察院为全国第二个被最高检授予“未成年人检察工作创新实践基地”的单位。省检察院未检处被省政府妇女儿童工作委员会授予“四川省实施妇女儿童发展纲要先进集体”称号。

【着力维护农民工群体合法权益】 2017年，四川省各地检察机关通

过与同级司法局、法院、劳动保障部门共建工作机制，开展维权宣传、专项行动等方式，不断加大维权力度，办理支持农民工起诉拖欠工资案件296件，增长10.9%。绵阳市涪城区检察院与该区法律援助中心共建贫弱群体帮扶机制，通过建立信息互通线索移送机制、支持起诉协作机制和联络员工作制度，共同维护社会贫弱群体的合法权益。

【深入推进国家司法救助工作】 2017年，四川省人民检察院找准结合点，推动国家司法救助与精准扶贫深度融合，防止农村刑事被害人因案返贫、因案致贫。省检察院积极联合省扶贫移民局会签《关于检察机关国家司法救助融入脱贫攻坚工作的实施办法（试行）》，结合四川省实际对国家司法救助融入脱贫攻坚工作机制进行全面规范。全省检察机关积极与本级政府相关职能部门协调沟通，建立国家司法救助与社会救助衔接工作机制，整合多方力量增强救助实效。积极协调建立国家司法救助与社会救助相衔接模式，实现"多位一体救助+扶贫"的效果。仪陇县检察院积极解决因财政资金匮乏而导致国家司法救助资金不足的问题，募集社会爱心企业及爱心人士资金60余万元，利用此救助资金和协调国家D级危房改造资金，帮助困难被害人改造危房、修建房屋。

四川省人民检察院编写组

农村政法工作

【基本情况】 2017年，四川省政法部门坚持以习近平新时代中国特色社会主义思想为指引，坚决贯彻省委省政府农村工作大局，充分发挥职能作用，把防控风险、服务发展和破解难题短板摆在更加突出的位置，持续深化"平安四川""法治四川"建设，创新转变农村社会治理方式，进一步提升群众安全感和满意度，有力维护了全省农村治安大局平稳和社会稳定，确保了治安秩序良好、群众安居乐业，为全省决胜全面建成小康社会创造了良好的社会环境和法治环境。紧紧围绕省委省政府农村工作大局，充分发挥政法职能优势，服务保障全省农村经济平稳健康发展。以提高社会治理社会化、法治化、智能化、专业化水平为方向，"平安四川"建设迈上新台阶，人民群众安全感和满意度保持在91%以上。在全国综治表彰中，全省3个市获得"优秀市"称号、9个县被表彰为"先进县"、4个市（县）夺得全国综治最高奖"长安杯"，荣誉总数位列全国第二。

【主动保障服务经济发展】 2017年，中共四川省委政法委员会围绕金融风险防控，严厉打击非法经济组织，积极推动经济金融领域风险排查整治。围绕供给侧结构性改革，稳妥有序推进"执转破"工作，中国二重司法重整案被评为推进供给侧结构性改革全国十大典型案例之一。围绕重大战略和项目，深化社会稳定风险评估，有效防范化解了一批重大发展风险。围绕助推创新发展，在全国率先挂牌设立成都知识产权审判庭，建立和完善知识产权刑事、民事、行政案件"三合一"审判机制。

【深度参与精准扶贫】 2017年，中共四川省委政法委员会出台《四川省政法机关聚焦法治扶贫 助力脱贫攻坚的指导意见》，明确七大类24条具体举措，指导推动全省政法机关助推脱贫攻坚。开展打击脱贫攻坚领域职务犯罪专项行动，依法惩治涉扶贫政策、项目资金等"小官巨贪"和"微腐败"行为。组织开展"同心法律服务团"工作，为脱贫攻坚工作提供法律援助和法律咨询。

【积极服务绿色发展】 2017年，中共四川省委政法委员会深入贯彻落实《四川省政法机关保障服务绿色发展的意见》，加强环境公益诉讼案件配合协作，加大破坏生态违法犯罪打击力度，全省专业化环境资源审判机构增至68个，成功审理全省首例大气污染环境犯罪案件。配合中央环保督察，积极开展环境行政执法监督检查等相关工作。

【积极开展重特大自然灾害事故抢险救援】 2017年，中共四川省委政法委员会高效组织"6·24"茂县山体高位垮塌、"8·8"九寨沟地震、"8·8"普格泥石流等重特大自然灾害事故和全省防汛应急抢险救援。特别是在"8·8"九寨沟地震发生后，24小时内疏散6万余名游客，创造了四川抢险救灾史上又一个奇迹。

【健全社会治安防控和公共安全体系】 2017年，中共四川省委政法委员会严厉打击黄、赌、毒、黑、拐、抢等突出违法犯罪，全省刑事案件立案数同比大幅下降，命案破案率再创新高，毒品犯罪案件破案数同比大幅上升，缉毒执法综合成效居全国前列。深入开展公共安全隐患排查整治，突出道路交通、消防安全、危爆物品等专项整治，落实寄递物流行业三个"100%"要求，全省连续4年未发生一次性死亡10人以上交通事故、连续15年未发生群死群伤重特大火灾事故。

【完善矛盾纠纷多元化解机制】 2017年，中共四川省委政法委员会深入开展矛盾纠纷滚动排查，成功化解矛盾纠纷74.3万件，成功化解率达97.5%。及时排查化解"8·8"九寨沟地震等灾区涉灾矛盾纠纷，确保灾后重建秩序稳定。建立专业性、行业性人民调解组织2696个，87.7%的城区派出所实现人民调解组织常态化入驻，打造"和合智解"e调解等一批新型互联网在线调解平台，矛盾纠纷多元化解工作格局初步形成。

【夯实社会治理基础】 2017年，中共四川省委政法委员会大力实施"七五"普法规划，深入推进"法律七进"和基层法治示范创建，评选命名首批50家省级法治教育示范基地。加强群众合法权益保护，办理法律援助案件56194件，开展法律服务51万余人次。全面推进网格化服务管理，累计办理各类事项946.3万余件，服务管理实效大为提升。全省已建成乡（镇、街道）、村（社区）规范化综治中心8714个，累计完成11408个乡村公共安全视频监控建设联网任务并投入使用，基层社会治理水平和治安环境有效提高。

【全力推进司法体制改革】 2017年，中共四川省委政法委员会出台规范性文件26件，司法责任制改革全面落地，法官、检察官员额制顺利实施，6项工作经验在全国交流推广。深入推进以审判为中心的刑事诉讼制度改革，深化刑事诉讼庭审实质化，得到中央领导肯定。统筹推动公安、司法行政改革，公安实战指挥体系等取得重要进展，"一标三实"经验在全国推广，人民监督员选任管理、社区矫正等方面形成一批创新发展的制度规范。

【大力解决执法司法突出问题】 2017年，中共四川省委政法委员会拟定《关于加快推进失信被执行人信用监督、警示和惩戒机制建设的实施意见》，以省委省政府名义印发，全省法院共受理执行案件33.75万件，结案25.82万件，增长30%。出台了《四川省关于办理刑事案件的基本证据规范》，进一步明确和统一证据标准，提升刑事案件办理质效。深化刑事诉讼涉案财物管理处置，优化涉案财物信息集中管理系统，完成中央省级信息平台建设。建立定期执法巡查机制，加强执法质量考核评议和执法过错责任追究，促进执法司法活动更加规范公正。

【切实加强科技信息化应用】 2017年，中共四川省委政法委员会建成并在全省推广应用大数据智能辅助办案系统，有效防止因证据适用

不统一、办案行为不规范导致冤假错案。强化信息资源整合，依托政法专网，实现政法部门之间网络横向贯通，大调解、网格化、110指挥平台等系统有机对接，整合各类数据480类、416亿条，着力构建政法系统“信息化高速公路”。

中共四川省委政法委员会编写组

农村信访工作

【基本情况】 2017年，四川省信访系统认真贯彻落实党的十九大和省第十一次党代会精神，坚持稳中求进工作总基调，紧紧围绕做好党的十九大信访工作，不断深化信访工作制度改革和信访法治化建设，持续推进“五个信访”，全省信访工作呈现“五降一升、结构更优、持续向好”态势。全年信访总量减少5.6%，其中农业农村类信访问题2.61万余件，减少3.3%。

【法治建设进一步彰显】 2017年，四川省信访局严格落实访诉分离制度，强力推行依法逐级走访，研究制定《四川省依法分类处理信访诉求工作规程(试行)》《四川省网上投诉事项办理规程》《四川省信访事项办理群众满意度评价工作实施办法》等办法、措施26项，初步形成系统完备、配套齐全的信访工作制度体系。在省、市、县三级信访部门推行律师和法律顾问参与信访工作，建立公职律师制度。认真落实“法律七进”，加强信访法治宣传教育，信访法治良序进一步形成，全省依法分类处理信访诉求工作经验在全国交流。全年信访案件及时受理率95%，按期办结率92%，群众满意度96%，信访公信力大幅提升。

【网上信访进一步便捷】 2017年，四川省信访局创新信访工作方式，积极拓宽办信、接访、网上投诉、热线电话“四位一体”诉求表达渠道，开通短信、APP、微博、微信，提升服务群众能力，持续推进“阳光信访”。成功开展省、市、县三级视频系统联调工作，率先做好与国家信访局视频系统对接准备。积极升级改造全省信访信息系统，开发档案管理、知识库等模块，拓展积案筛查、情况统计等新功能，进一步完善“省长信箱”受理办理、答复公开等环节处理流程。充分发挥12345为民服务热线作用，有效解决了一大批群众身边的困难和问题。

【信访责任进一步落实】 2017年，四川省委常委会、省政府常务会、省政府专题会议、省信访工作联席会议15次专题听取信访工作汇报，对做好重要时段、重点领域、重点群体、重点问题信访工作进行安排部署。各市(州)党委、政府把信访工作摆在重要位置，全面推进领导接访，1158名市(州)党政领导接访群众3560人次。持续开展信访工作“责任落实年”“三无”创建、信访基础业务规范化检查等活动，以“两办”名义印发《四川省信访工作责任制实施细则》，推动市、县领导力量进一步下沉、亲自办案，既落实了工作责任，又回应了群众关切。

【涉农信访进一步好转】 2017年，四川省信访局持续开展“走基层”信访工作，扎实做好矛盾纠纷排查化解工作，大力开展“大下访、大化解、大治理”行动，各级领导干部接访下访4.4万人次，解决突出问题21.5万件次。注重发挥信访工作本职功能，通过“走出去”“请进来”等方式，多批次培训基层干部，着力提升就地解决群众信访问题的能力，省、市、县涉农信访形成1:3:6的正金字塔结构。重点抓好农村贫困群众信访问题，对扶贫领域信访突出问题，从快从严受理办理，加强对易地搬迁、医疗救助、教育保障等重点政策的解读，疏导情绪，消除群众的攀比心态和“等靠要”思想，扶贫开发领域信访问题减少12.9%。

【脱贫攻坚进一步夯实】 2017年，四川省信访局牵头联系珙县脱贫攻坚工作并将珙泉镇高罗村确定为定点帮扶村，确定该村16户贫困户开展结对帮扶工作；继续参与小金县脱贫攻坚工作，继续定点帮扶日尔乡董马村，确定该村14户贫困户开展结对帮扶工作。为扎实做好扶贫帮困工作，省信访局领导到脱贫攻坚一线开展帮扶、调研、督导工作14人次，处级及以下干部参与脱贫攻坚工作58人次。选派1名副处级干部挂职任小金县委副书记，安排1名干部任高罗村“第一书记”、2名干部任董马村驻村干部。全年共捐款3.5万元，衣物若干，为珙县协调的宜威高速公路复线建设，将珙县工业园区纳入川南经济区电镀功能区等项目，为小金县协调的林业虫害防治项目，美兴镇安全饮水及灌溉用水项目，日尔乡道路基础建设项目均取得实质性进展，群众的获得感进一步增强。

四川省信访局编写组

农村社会治安综合治理

【基本情况】 2017年，四川省农村地区刑事案件立案83218起，下降17.01%，占全省刑事案件总数的29.67%；全省查处农村地区违反治安处罚案件101624起，下降2.75%，占全省查处违反治安处罚案件总数的29.65%。从总体看，全省农村地区社区治安平稳。

【侵财性案件仍然是农村刑事案件的主要构成】 2017年，四川省农村地区全年侵财性案件立案下降19.86%，但侵财性案件占到农村刑事案件立案总数的81.85%。在侵财性案件中，盗窃案件占83.02%，诈骗案件占12.5%。从侵财性案件的发案类型上看，主要以入室盗窃为主；从发案区域来看，集中在乡(镇)沿公路一带民房或偏远地区散居的居民户；从侵犯客体上看，主要是现金、农用物资、摩托车等物品；从作案方式上看，呈现流窜作案和跨区域作案的新趋势。

【新型诈骗类犯罪从城市向农村蔓延】 2017年，四川省随着农村经济的快速发展，农村居民的经济条件得到了极大改善，加之城区预防各类诈骗犯罪的宣传越来越普及，打击力度不断加大，越来越多的犯罪分子将犯罪目标转移到了农村。利用农村居民信息较为闭塞、自我防范意识差、法律和维权意识淡漠等弱点，采取以婚骗财、代办参军教育、网络电信虚假信息等新型诈骗方式实施犯罪，其中又以电信诈骗为主。

【黄赌毒、封建迷信等现象屡禁不止】 2017年，四川省农村经济基础薄弱、人员聚集度低，文化、体育设施建设相比城市明显滞后，广大农村居民在农闲时间难以开展和参加各类有益的娱乐活动，黄、赌、毒等不良现象乘虚而入。一些不法分子将涉黄涉赌场所例如洗浴按摩、电子赌博机、涉赌棋牌室转到了农村茶馆，甚至隐蔽性更强的村民院落。同时，传播封建迷信活动现象依然存在。农村地区由于受教育条件的限制，村民文化水平普遍偏低，一些封建迷信势力和“门徒会”“法轮功”等邪教组织借机蛊惑群众，传播迷信思想和反动言论。农村地区反迷信、反邪教工作依然任重道远。

【各类矛盾纠纷易发难调】 2017年，四川省农村地区村民文化程度普遍较低，法制意识淡薄，邻里之间因宅基地、路基边界、债务纠纷、农田水利、收种农作物引发的矛盾纠纷较为常见。由于农村民间纠纷琐碎复杂，公安机关的调解很难做到让双方满意，完全化解矛盾。矛盾纠纷常常会累积发酵，形成安全隐患，遇到突发诱因，极易演变成治

安、刑事案件，甚至造成严重的财产损失和人员伤害。

【未成年人违法犯罪呈上升趋势】 在改革开放过程中，四川省作为全国的人口大省，输出了大量青壮年劳动力，农村实有人口出现年龄断档，未成年人隔代监护、教育的现象十分普遍。处于人生重要可塑期的未成年人缺乏有效监护管理，易受到社会阴暗面的影响和一些不法分子的引诱教唆，从事违法犯罪活动。2017年，全省农村未成年人违法犯罪案件数量逐年上升，并呈现低龄化、团伙化的特点。

【空巢老人、留守儿童亟待关注】 2017年，四川省农村地区大量人员外出务工产生了空巢老人和留守儿童问题。老少两部分群体由于自立、自防、自卫能力弱，常常成为不法分子的侵害目标。老少独居还容易引发火灾、煤气中毒等安全事故。同时，在空巢老人和留守儿童身上发生的治安刑事案件往往会成为媒体、社会关注的焦点，给当地公安工作带来巨大的舆情压力。

【深化公安改革，全面加强农村派出所建设】 2017年，四川省公安厅先后出台《四川省公安厅关于进一步加强农村公安派出所基础防控工作的通知》《四川省公安厅关于改革和加强公安派出所工作的实施意见》2个加强派出所工作的文件，从明确派出所职能定位、加强派出所基础防控工作、改革派出所勤务运行机制、改革派出所考核评价机制、强化公安派出所自身建设、加强派出所工作组织领导等6个方面入手，细化25点内容，推动农村派出所"明责、减负、增效"。一方面着力推动农村派出所力量整合。针对部分边远地区任务不饱和、人员不到位的农村派出所，努力进行整合和补充警力。另一方面改革农村社区警务工作机制。全面落实社区民警专职化要求，配齐配强社区民警队伍，实行"一区一警"或"一区多警"，并按照"1+2+N"模式配备警务区民警、辅警和其他协管力量。农村（责任区）民警不承担破案打处任务，不被抽调从事非本责任区的大型活动安保、突发事件处置和专案侦查，每周不少于3天（24小时）在警务区工作的要求。鼓励偏远农村推行"夫妻警务室"模式，探索对协助民警从事社区警务工作、符合条件的民警配偶解决辅警身份或给予辅警待遇。

【完善多元化解机制，有效防范化解农村矛盾纠纷】 2017年，四川省排查受理各类矛盾纠纷85.9万件，化解矛盾纠纷84.7万件，成功率98.6%。矛盾纠纷多元化解工作受到中央政法委、中央综治办领导充分肯定。一是健全矛盾纠纷多元化解机制。省多元化解办、省综治办在绵阳市召开全省矛盾纠纷多元化解创新工作推进会议，推动矛盾纠纷"大调解"向多元化解转型升级。省人大内司委加快《四川省多元化解纠纷促进条例》立法进程。各地深入推进"诉非衔接"，探索开展"公调对接"，加强专业调解、行业调解工作。截至2017年年底，全省已有801个派出所进驻人民调解员，在实现城区派出所全覆盖的基础上，还提前完成了150个复杂乡（镇）派出所的入驻。共进驻专职人民调解员804人，兼职调解员2065人。全省公安机关派出所委托和移交纠纷数23660件，人民调解员调解结案数22505件，调解成功率达95.11%。二是跟踪督导重大矛盾纠纷化解。落实省委办公厅、省政府办公厅通知要求和全省"创平安、迎盛会"专项行动部署，全面深入开展矛盾纠纷排查化解，为党的十九大和省第十一次党代会顺利召开创造了良好的社会环境。全省共挂牌督办重点区域涉群体性边际纠纷隐患49个，重大隐患纠纷140个，落实了包案责任，实现了全部稳控化解。三是排查化解重点领域矛盾纠纷。紧紧围绕征地拆迁、移民安置、环境保护、民间借贷、房产物业等重点领域的涉众型矛盾纠纷，逐一落实排查化解措施，将大量矛盾纠纷化解在当地和源头。除环境污染纠纷外，上述重点领域的矛盾纠纷均呈下降趋势。加强专业调解，大力化解与民生息息相关的婚姻家庭、邻里关系、交通事故、劳动人事、医疗卫生等领域的矛盾纠纷。省综治办会同省妇联召开"民转刑"命案防控工作视频会议，推动全省健全可防性命案责任倒查机制。省妇联与公安厅等6部门联合制定《婚姻家庭纠纷预防化解工作实施意见》，明确各部门预防化解婚姻家庭纠纷的职责任务。宜宾市构建"4434"医疗纠纷人民调解机制，探索建立"第三方调解+第三方理赔"医疗纠纷人民调解模式。

【强化科技信息应用，不断提升平安农村建设水平】 2017年，四川省坚持以科技信息为引擎和动力，持续加强农村社会治安综合治理基层基础建设，提升工作整体效能。一是强力推进综治中心规范化建设。省综治委研究制发加强综治中心规范化建设的指导意见，省综治办在茂县召开全省加强综治基层基础工作暨综治中心规范化建设试点推进会议，组织以34个试点县（市、区）为重点开展综治中心规范化建设。截至2017年年底，省综治中心已建成并运行，成都、自贡、绵阳、内江、乐山、泸州、宜宾、巴中等市（州）基本建成市级综治中心，100个县（市、区）、1583个乡（镇、街道）、10313个村（社区）已建成规范化的综治中心，初步实现五级综治中心互联互通，为进一步整合资源、运用信息化手段加强社会治理奠定了基础。二是持续加强"雪亮工程"建设联网应用。加快农村视频监控覆盖工作进度，在新津县召开全省"雪亮工程"建设推进会议。省综治办、公安厅联合下发《关于进一步加强和规范"雪亮工程"建设的意见》，制发考核办法，每月通报督促推动。各地有序高效推进建设，全省9356个村完成年度建设任务，超额完成80%；两年累计14087个村完成建设任务，超额完成40%。全省农村"雪亮工程"有15486路接入省平台，4244路接入公安视频专网。"雪亮工程"在案件侦破、治安防范、隐患发现、服务民生等方面发挥了积极作用，群众安全感、满意度显著提升。三是推行"一标三实"，抓好实有人口服务管理。各地以"一标三实"工作为载体，全面采集、掌握农村实有人口基础的信息，以深入推进户籍制度改革，大力实施居住证制度，制定落实相关配套政策，推进"以房管人、以业管人"的人口管理新模式，不断完善对农村实有人口的管理服务措施。截至2017年年底，全省共采集农村实有人口信息4426.13万条、实有房屋信息1848.1万条、实有单位信息40.6万条。

【坚持问题导向攻难题，重拳整治农村治安突出问题】 2017年，四川省坚持问题导向，以常态运行机制建设为抓手，组织对农村重点问题开展专项整治。全省群众安全感测评达92.69%。一是组织开展危爆物品专项整治。各地组织危爆物品专项整治行动，督促部门落实监管责任，促进企业落实安全管理措施，探索构建从生产、存储、运输、销售到作业的危爆物品源头控制、过程跟踪、全程管控的治理体系。泸州市在全市推广应用危爆物品综合管理信息平台，实现"信息全采集、视频全监控和监管全流程"。宜宾市推广使用射钉器材业务管理信息系统，采取"一物一码"和"实名制登记"的方式，对射钉器材进行全环节动态管控。乐山推进民爆储存库远程视频监控系统建设，在爆破作业单位安装远程视频监控。二是深入推进毒品问题专项整治。各地探索推进社区戒毒、社区康复、社区关爱相结合新模式，全省吸毒人员社区戒毒、社区康复执行率达94%，增长27%。加大对毒品问题突出地区的挂牌整治，省禁毒委、省综治委联合下发《关于在全省开展吸毒

人员网格化服务管理工作的实施意见》，推动工作制度化、规范化、常态化，进一步加大了动态管控力度，有效遏制了全省毒品问题蔓延势头。2017年，被外省抓获川籍外流贩毒人员下降15.15%；2个县被国家禁毒委取消重点关注，1个县被降低关注等级。宜宾市设立驻京打击外流贩毒工作站，破获一批目标案件。眉山市投入1000余万元建成标准化社区戒毒(康复)工作站131个，招聘工作人员专门负责，建立社区戒毒(康复)工作大数据平台，实现吸毒人员精准管控。凉山深入推进"毒品治理·凉山行动"，绿色家园完成一期建设，收治容量达到千人规模，西昌市阳光戒毒康复中心、昭觉县早珏社区、越西县戒毒康复矫正中心等百人以上规模型戒治康复场所投入运行。三是严厉打击突出违法犯罪。始终保持对严重影响人民群众安全感的涉枪涉爆、严重暴力等突出违法犯罪的高压态势。加大对盗、抢、骗等多发性侵财类民生案件的侦破力度，着力整治黄、赌、毒等社会顽疾，加强对金融诈骗、电信网络新型违法犯罪的防范打击力度，切实维护了人民群众切身利益。各地织密社会治安防控网，完善群防群治机制，组织专业力量和群防群治队伍加强对重点单位、要害部位、人员密集场所的安全防控，严防发生重大公共安全案事件，切实维护了全省面上治安大局稳定。成都市充分运用自主研发的"鹰眼"大数据平台等，提升防范打击违法犯罪能力。泸州市、宜宾市、遂宁市、绵阳市、资阳市借助技防手段，加强对盗抢"两车"的防范打击力度。

四川省公安厅编写组

农村居民家庭生活

【**基本情况**】 2017年，四川省各级各部门紧紧围绕农业增效和农民增收，坚持以推进农业供给侧结构性改革为主线，大力发展现代农业，着力深化农村改革，扎实推进扶贫攻坚，实现了全年农村居民收入的稳定增长和消费结构的转型升级。全省农村居民年人均可支配收入12227元，增加1024元，增长9.1%；生活消费支出11397元，增加1205元，增长11.8%。

【**农村居民收入增长呈现"三高"特征**】 2017年，四川省农村居民人均可支配收入增速虽较上年略有下降，但仍高于同期城镇居民人均可支配收入增速0.7个百分点，高于全年政府农村居民人均增收目标任务0.1个百分点，高于同期全省GDP增速1个百分点。

【**四大类收入全面增长**】 工资性收入稳定增长。2017年，四川省农民人均工资性收入4016元，增加278元，增长7.5%，增幅略低于上年同期。其中，工资收入为3753元，增加404元，增长12.1%，增幅高于上年2.3个百分点。住房公积金、辞退金、股票期权等其他工资性收入228元，减少131元，拉低整体工资性收入增幅。

经营净收入增幅回落。农民人均经营净收入4821元，增加296元，增长6.5%，增幅较上年同期下降1.3个百分点。其中，第一产业经营净收入3394元，增加167元，增长5.2%；第二产业经营净收入180元，增加17元，增长10.4%；第三产业经营净收入1247元，增加113元，增长9.9%。

财产净收入增长最快。随着农村供给侧结构性改革稳步推进，农村土地流转步伐进一步加快，流转价格呈现逐步攀升态势，乡村旅游的发展与房价推升共同带动房租收入稳定增加。2017年，农民人均财产净收入延续2016年高速增长态势，较上年同期增加54元，达323元，增长20.1%，其中转让承包土地经营权租金收入115元，增加20元，增长21.6%；出租房屋等财产性收入72元，增加19元，增长36.4%。

转移净收入呈增收亮点。全省各项民生政策持续推进，退休人员基本养老金标准、最低工资标准不断上调，22个扶贫专项工作总体推进顺利，各类资金共计投入1224.42亿元，助农增收效果明显。农民人均转移净收入3067元，增加396元，增幅14.8%，较上年同期增加1.7个百分点。其中，养老金或离退休金1030元，增加254元，增长32.7%；社会救济和补助197元，增加43元，增长28.2%；外出人员寄(带)回收入1369元，增加106元，增长8.4%。

【**从收入占比看，呈现"两升两降"特征**】 2017年，四川省农村居民人均工资性收入占可支配收入的32.9%，下降0.5个百分点；经营净收入占可支配收入的39.4%，下降1个百分点；财产净收入占可支配收入的2.6%，提高0.2个百分点；转移净收入占可支配收入的25.1%，提高1.3个百分点。工资及经营性收入占比虽有所下降，但仍然是农村居民收入的主要构成和增长的主要来源，财产、转移净收入占比不断提升，表明农村居民收入来源、渠道和构成更加多元化(如图1所示)。

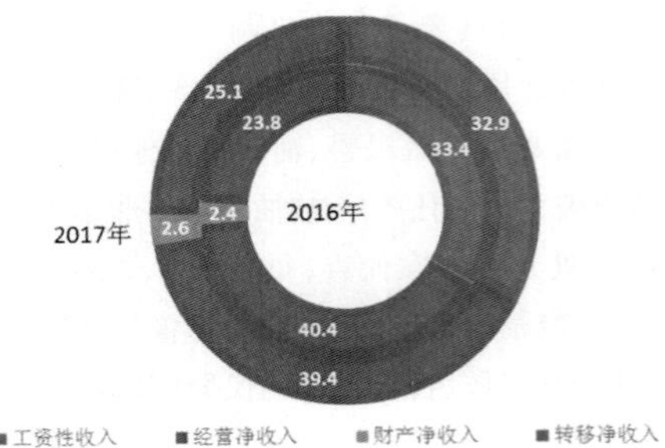

图1 2016—2017年四川农村常住居民收入结构对比图

【**从增收贡献看，呈"两升两降"特点**】 2017年，四川省农村居民财产、转移净收入对可支配收入增长的贡献率有所提高，工资性收入、经营净收入的贡献率则明显下降。其中，财产净收入贡献率为5.3%，提高0.6个百分点；转移净收入贡献率为38.7%，提高6.4个百分点；工资性收入贡献率为27.1%，下降1.6个百分点；经营净收入贡献率为28.9%，下降5.4个百分点。各项社会保障措施的实施力度加大，转移净收入项已经成为农村居民增收的重要动力(如表1所示)。

表1 2017年四川省农村居民人均可支配收入情况统计表

指标	2017年(元)	2016年(元)	增额(元)	增速(%)	贡献率(%)
人均可支配收入	12227	11203	1024	9.1	100
工资性收入	4016	3738	278	7.5	27.1
经营净收入	4821	4525	296	6.5	28.9
财产净收入	323	269	54	20.1	5.3
转移净收入	3067	2671	396	14.8	38.7

【**收入增速呈回落态势**】 从近三年农民可支配收入增速比较看，2015年增长9.6%，2016年增长9.3%，2017年分别较2015年和2016年回落

0.5个和0.2个百分点。2017年一季度增长9.4%，上半年增长9.3%，前三季度增长9.3%，全年增长9.1%。由此可见，近年来农民收入增速回落放缓态势比较明显，且年内四川农村居民人均可支配收入增长呈现高开低走态势（如表2所示）。

表2　2015—2017年四川农村居民人均可支配收入分季度增长情况统计表

年度	一季度（%）	上半年（%）	前三季度（%）	全年（%）
2015	11.3	10.3	10	9.6
2016	10.3	10.2	9.9	9.3
2017	9.4	9.3	9.3	9.1

【横向比较，增速居全国和西部前列】 2017年，四川省农村居民人均可支配收入比全国高0.5个百分点，在全国31个省（区、市）及西部12个省（区、市）中均排第8位。四川省占全国平均水平的比重为91%，比上年同期提高0.4个百分点，表明四川农民人均可支配收入总量与全国水平不断接近。

【农村居民消费支出变动的主要特点】 2017年，四川省农村居民家庭消费支出稳定增长，消费结构有所优化。

消费增速快于收入，快于城镇。全年农村居民生活消费支出增长11.8%，较同期农民收入增幅高2.7个百分点，比同期城镇居民消费增幅高5.4个百分点。

消费水平居全国中游，增速居全国前列。全年农村居民消费支出11397元，绝对额高于全国平均水平442元，在全国31个省（区、市）中居第11位；增长11.8%，高于全国平均增速3.7个百分点，居全国第2位，仅次于广西壮族自治区。

八大类支出全面增长，教育文化娱乐和交通通信增长迅速。从构成上看，四川省农村居民人均八大类消费支出呈现全面增长态势，其中增长最快的是教育文化娱乐和交通通信支出，分别增长19.9%和17.4%；生活用品及服务、居住、医疗保健、其他用品和服务、食品烟酒、衣着消费支出分别增长12.9%、12.4%、12.4%、10.1%、9%、6.6%。

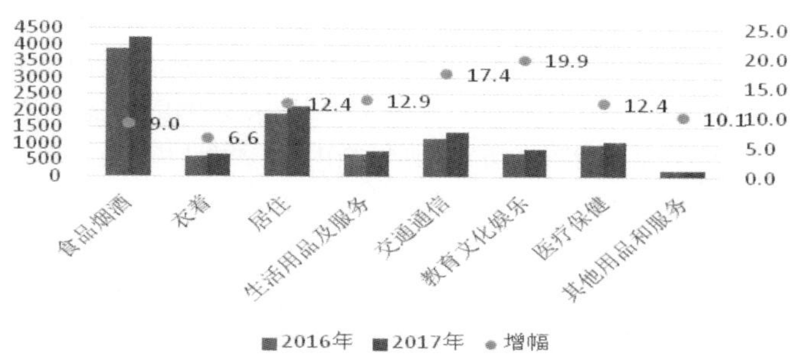

图2　2017年四川省农村居民人均生活消费情况

三大消费亮点，教育文化娱乐最为突出。近年来，教育文化娱乐、交通通信、生活用品及服务是农村居民的三大消费亮点。

教育娱乐意识增强，文化娱乐消费呈现最大亮点。近年来，随着农村居民生活水平不断提高，农村居民在日常生活中更倾向于增加文化娱乐类商品和服务型消费支出。2017年，农村居民教育文化娱乐支出达848元，增长19.9%，占消费总支出的比重为7.4%，对消费增长的贡献率为11.7%，较上年增加10.9个百分点。

出行通信不断升级，交通通信消费稳定。在农村交通、通信基础设施得到逐步改善后，农民出行意愿普遍增强，交通通信支出持续稳定增长。近3年，交通通信支出居农村居民消费支出增速前列，并呈现稳定持续增长态势。2015—2017年农村居民人均交通通信支出分别增长15.2%、15.1%和17.4%，2017年交通通信人均消费支出达1378元，对消费增长的贡献率为17%，较上年增加0.6个百分点。

生活品质不断提升，生活用品及服务消费呈现新亮点。随着四川农村"四好新村"建设不断推进，农村居民在家具及室内装饰品、日用品消费及家庭服务等项目上支出增多，生活用品及服务消费上由简单满足日常需求转向更加注重商品质量、更多注重服务品质，2017年生活用品及服务支出达782元，增长12.9%，占消费总支出的比重为6.9%，对消费增长的贡献率为7.4%，较上年同期增加3.9个百分点（如图2、表3所示）。

表3　2015—2017年农村居民生活消费支出情况统计表

指标	2017年		2016年		2015年	
	支出（元）	增速（%）	支出（元）	增速（%）	支出（元）	增速（%）
生活性消费	11397	11.8	10192	10.2	9251	11.4
食品烟酒	4235	9	3887	7.4	3618	9.7
衣着	683	6.6	641	10.4	580	5.9
居住	2157	12.4	1919	14.5	1675	12.7
生活用品及服务	782	12.9	693	5	660	4.8
交通通信	1378	17.4	1174	15.1	1020	15.2
教育文化娱乐	848	19.9	707	1.1	699	16.6
医疗保健	1094	12.4	973	15.8	840	16
其他用品和服务	220	10.1	199	26.6	158	22

国家统计局四川调查总队编写组

农村居民社会保障

综　　述

【基本情况】 2017年，四川省民政厅认真学习贯彻党的十九大精神和省第十一次党代会、省委十一届二次全会精神，以习近平新时代中国特色社会主义思想为指导，认真践行"民政为民、民政爱民"工作理念，紧扣社会主要矛盾变化，始终保持专注发展定力，跳出民政思民政、站位民生看民政、立足民政为全局，以党的建设统揽队伍建设和事业发展，大力推进"五个民政"建设和年度重点工作，大力优化民政事业发展环境，新时代民政事业展现出新气象、新作为。

【坚持以“大思路”引领事业发展】 2017年，四川省民政厅组织开展“民政为民 民政爱民”大调研，提出建设民生民政、创新民政、智慧民政、法治民政、文化民政的“五个民政”工作思路；提出了今后一个时期“2+3+N”老龄事业和产业发展重点工作；确立了推动敬老院“四个转变”、试点推进农村养老服务的工作思路；明确了“惠民殡葬”“绿色殡葬”“人文殡葬”“标准殡葬”殡葬事业发展理念等等，为民政事业的长远发展提供了路径选择和方向指引。

【坚持“大融入”提升民政站位】 2017年，四川省民政厅积极主动向省委省政府汇报，站位全省工作大局履行民政职能，推动出台了加强低保制度和扶贫政策有效衔接的政策文件，让更多困难群体享受到了低保保障和扶贫政策。大力推进社会救助规范化建设工作，进一步贯彻落实《四川省社会救助实施办法》要求，健全完善社会救助制度，率先在全国省级层面制定了《四川省最低生活保障工作规程》《四川省特困人员救助供养工作规程》《四川省城乡医疗救助工作规程》《四川省临时救助工作规程》等四项工作规程，从11月起执行，以制度化方式不断促进全省最低生活保障、特困人员救助供养、医疗救助、临时救助工作规范化建设。进一步提升兜底保障水平，强化兜底保障力度。儿童关爱保护保障工作深入推进，深入开展“合力监护、相伴成长”农村留守儿童关爱保护行动，基本实现农村留守儿童监护责任全覆盖，无户籍儿童上户率达95%以上。提高孤儿基本生活最低养育标准，全省机构和散居孤儿基本生活费分别达到每人每月1300元和810元。开展全省殡葬行业突出问题专项整治活动，全年火化遗体近23万具，比去年增加2万余具，火化遗体数量居全国前列；清明节期间各殡葬服务单位共接待祭扫群众852万人次、车辆103万台次，向社会免费赠送2500余个节地生态安葬墓（格）位。救助流浪乞讨人员近15万人次。全省办理国内居民婚姻登记132万余对，办理国内居民、华侨及港澳台居民收养登记947例，补录婚姻登记历史数据1250万条，居全国第一；办理涉外、涉港澳台居民及华侨婚姻登记1681对，办理涉外收养登记43例，登记合格率100%。

【大力推进慈善事业发展】 2017年，四川省民政厅建立省级慈善表彰制度，完成首届“四川慈善奖”评选，74名拟表彰对象报省政府审定。推动慈善助力脱贫攻坚，在6个贫困县的200个村合作建立村级邮政慈善服务网点。稳步推进慈善信托，4支慈善信托在成都备案成立，主要涉及医疗、儿童、体育、环保、扶贫等领域，信托财产总规模370万元。持续开展邮善合作，与中国邮政集团公司四川省分公司联合制发《关于联合开展“邮善促民生”助力精准脱贫试点工作的通知》，签订《“邮善促民生”助力精准脱贫工作合作备忘录》，全年安排省本级福彩公益金100万元，在全省6个贫困县的200个村合作建立村级邮政慈善服务网点。

【脱贫攻坚兜底保障】 2017年，四川省民政厅加强农村低保制度与扶贫政策的有效衔接，正确处理低保对象与建档贫困人口重合、低保覆盖面与贫困发生率、低保标准与扶贫标准、政策兜底与激发内生动力“四个关系”，牵头制订了《四川省社会保障扶贫专项方案2017年工作计划》和《四川省社会保障扶贫专项2017年实施方案》。制定下发《关于开展建档立卡贫困人口中低保兜底对象复核认定工作的通知》和《关于正确处理农村最低生活保障制度与扶贫开发政策衔接有关问题的通知》，对进一步加强农村低保制度与扶贫开发政策的政策、对象、标准、管理有效衔接作出了部署安排。经省政府同意，从1月起，将全省农村最低生活保障标准低限由上年的2880元/年提高到3300元/年，实际达3600元/年，超过国家扶贫标准，提前实现“两线合一”。联合省扶贫移民局，召开社会组织扶贫经验交流会，支持和引导社会组织参与精准脱贫，4600余个社会组织投入资金10.7亿元，实施扶贫项目2200余个，受益群众达110余万人。

四川省民政厅编写组

社会救助

【扎实做好最低生活保障工作】 2017年，四川省民政厅根据农村居民消费支出等因素，结合低保线与扶贫线“两线合一”目标，会同省发展改革委、财政厅、省统计局、国家统计局四川调查总队发布了2017年全省城乡居民最低生活保障标准低限，分别为460元/月、3300元/年，提高9.5%、14.6%，从1月1日起执行。各市（州）人民政府据此调整2017年当地城乡居民最低生活保障标准，全省城乡低保标准实际达480元/月、3600元/年。为确保完全或部分丧失劳动能力的贫困人口实现社会保障政策兜底脱贫，制发《低保兜底“回头看”专项行动实施方案》，利用3个月的时间，全面核查农村低保政策落实、低保工作服务管理、农村低保制度与扶贫开发政策有效衔接等环节工作，进一步提升农村低保工作科学化、规范化、精细化水平。先后对全省625万建档立卡贫困人口中低保兜底对象进行复核认定，确定低保兜底对象146万人，其中45个深度贫困县34.2万人。强化资金保障，及时下拨补助资金。全年累计下拨各地低保、特困人员救助供养、临时救助补助资金92.25亿元。全省全年低保对象480万人，其中城市120万人、农村360万人。

【全面推进民政医疗救助工作】 2017年，四川省民政厅认真贯彻落实民政部等6部委《关于进一步加强医疗救助与城乡居民大病保险有效衔接的通知》精神，会同财政厅、人力资源社会保障厅、省卫生计生委、省扶贫移民局、四川保监局等部门出台了《关于进一步加强医疗救助与城乡居民大病保险有效衔接的实施方案》，明确了重点救助对象经各类保险报销后年度救助限额内救助比例不低于70%、重点救助对象大病保险分段报销比例上调5~10个百分点、救助对象就医用药范围应在医保目录范围内等关键指标。会同省级相关部门出台了《四川省农村贫困人口大病专项救治工作方案》《四川省贫困住院患者县域内“先诊疗，后付费”实施方案》《四川省卫生扶贫救助基金使用管理办法》。督促各地全面资助城乡最低生活保障家庭成员、特困供养人员等重点救助对象参加基本医疗保险，有序推进医疗救助与基本医保“一站式”结算机制，方便困难群众及时快捷获得基本医疗保障。全省全年医疗救助544万人次（其中资助参合参保388万人次、直接救助156万人次），医疗救助重点对象政策范围内住院自付费用经各类保险报销后在年度救助限额内救助比例达71%，完成省政府“民生工程”目标任务的101%。

【切实加强特困人员救助供养工作】 2017年，四川省民政厅组织开展特困人员摸底排查和重新认定工作，从2月开始，对照新的《特困人员认定办法》，对特困人员进行了全面摸底排查和身份重新认定，将符合条件的对象全部纳入救助供养范围，对不符合条件的对象进行了及时清退，实现了应救尽救、应养尽养、全员覆盖。结合四川省养老服务质量建设专项行动，从4月开始，以“五查五改、对标达标”为主要内容，在全省组织开展了敬老院服务质量大检查、大整治行动，及时发现和纠正了存在的一些主要问题，推进了养老服务质量的转变。5月、

11月，组织对全省特困人员救助供养政策落实情况开展排查，对排查出的问题和不足进行了全面纠治，确保了政策落地。

进一步提高特困人员救助供养水平，会同省财政厅制定下发了《关于提高特困人员供养标准的通知》，将特困人员基本生活标准调整为：城市特困人员分散和集中供养月基本生活标准低限分别为500元和600元，提高20%、16.7%；农村特困人员分散和集中供养月基本生活标准低限分别为400元和500元，提高25%、20%，从7月1日起执行。全省全年特困人员救助供养对象共51万人，其中城市特困人员4.3万人、农村特困人员46.7万人。

【不断加强临时救助工作】 2017年，四川省民政厅出台了《关于做好困难群众基本生活保障有关工作的通知》，在增强责任意识、着力保障民生、强化资金投入、健全组织机制方面提出了具体要求。全省183个县（市、区）人民政府均建立了政府相关负责同志牵头，民政部门负责，发展改革、教育、财政、人力资源社会保障、住房城乡建设、卫生计生、扶贫、残联等部门和单位参加的困难群众基本生活保障工作协调机制。切实秉持"托底线、救急难、可持续"的原则，重点以"托底线"为工作思路，继续在托住底线方面下功夫，做好临时救助工作。全省全年共救助临时救助对象35.2万人次，人均救助817元，提高23%。

四川省民政厅编写组

社会福利

【突出"2+3+N"思路加快推动老龄事业产业发展】 2017年，四川省民政厅结合全省工作实际，提出了今后一个时期"2+3+N"老龄事业和产业发展重点工作（"2"即出台"一规划""一条例"，编制《"十三五"四川省老龄事业发展和养老服务体系建设规划》，修订《四川省老年人合法权益保护条例》；"3"即举办"三个会"：一是召开养老服务体系建设系列现场会，二是召开全省第三次老龄工作暨养老服务业发展推进会，三是举办中国（四川）老龄事业暨养老服务业博览会；"N"即突破制约全省老龄事业产业发展的"N个瓶颈"），统筹推进全省老龄事业产业发展。

【加强老龄事业和养老产业发展宏观指导】 2017年，四川省民政厅推动出台《四川省"十三五"老龄事业发展和养老体系建设规划》《关于加快康复辅助器具产业发展的实施意见》《关于全面放开养老服务市场提升养老服务质量的实施意见》《关于制定和实施老年人照顾服务项目的意见》，《四川省老年人权益保障条例》（修订案）已通过省人大常委会第一次审议。建立完善养老服务补贴制度，推动各地建立和完善了"80周岁以上低收入老年人高龄津贴"制度，建立居家养老服务补贴制度，为全省200万名困难家庭失能老人和80周岁以上老人提供居家养老服务补贴。全年新增养老机构床位5.35万张，改造公办床位3.06万张，新增城乡社区日间照料中心2508个。截至2017年年底，全省建成农村社区日间照料中心3400个、农村互助幸福院5070个。举办首届中国（四川）老龄事业暨养老服务业博览会，31个国家和地区、国内11个省（区、市）、省内21个市（州）和300余家境内外企业机构参展参会，与以色列、日本、瑞士等国家知名企业和机构签署了战略合作协议。扎实开展养老院服务质量建设专项行动，先后对全省3456家养老院进行全面排查，对2774家养老院下达整治通知，涉及整改问题23829个，整治合格1909家，继续整治643家，予以关停222家，整治率100%。将养老服务体系建设重点任务的督导纳入全厅检查、目标绩效督查、大调研等全局工作中，先后近10次派出工作组到有关市（州）调研养老服务体系建设工作，先后分3次对2014—2016年和2017年养老服务体系建设重点任务完成情况和资金拨付情况开展了重点督查。

【扎实抓好农村养老服务体系建设试点工作】 2017年，四川省民政厅全面贯彻落实省委省政府关于养老服务体系建设和养老服务业发展的决策部署，及时、科学、综合应对人口老龄化，在反复调研和征求各试点地区意见的基础上，制定下发了《四川省民政厅关于开展农村养老服务体系建设试点工作的指导意见》，确定在2个市和7个县（市、区）开展试点工作，推进农村中心敬老院实现"四个转变"，即发展定位向区域养老服务综合体转变，运营方式向公建民营、合作经营、购买服务等转变，服务对象向农村所有老年人全覆盖转变，服务内容向生活照顾、医疗护理、文体娱乐、精神慰藉等全方位发展转变。

【深入推进养老服务改革试点，着力破解养老瓶颈】 2017年，四川省民政厅继续推进国家级各项养老服务改革试点，确定了居家和社区养老服务改革、养老服务标准化规范化建设、养老服务人才队伍建设、农村养老服务体系建设、构建老龄工作大格局五大省级试点。继续推进运用新型民办公助机制支持社会资本建设非营利性养老机构试点，安排538万元资助3个试点项目，省级试点项目已达24个。完成国家级养老服务和社区服务信息惠民工程试点14个，推进国家级公办养老机构改革试点66个，推进国家级养老服务业综合改革试点1个，开展国家级居家和社区养老服务改革试点3个，被国家确定为"互联网+养老"应用试点示范基地或项目17个，大力推进雅安、攀枝花、德阳、广元等4个国家级和自贡、遂宁、内江、乐山、南充等5个省级医养结合城市试点；继续推进省级"PPP"项目试点24个。成功举办了首届全省养老护理员职业技能竞赛，启动了"百千万养老人才骨干队伍建设工程"。

【实施困难残疾人生活补贴】 2017年，四川省民政厅继续实施困难残疾人生活补贴和重度残疾人护理补贴政策，困难残疾人生活补贴标准为70元/月/人，全年共为70余万人发放困难残疾人生活补贴5亿余元；重度残疾人护理补贴标准，一级为80元/月/人，二级为50元/月/人，全年共为100余万人发放重度残疾人护理补贴7亿余元。印发《四川省民政厅办公室关于进一步落实好困难残疾人生活补贴的通知》《关于开展困难残疾人生活补贴制度落实情况自查工作的通知》等文件，会同财政厅及时下达补助资金，加强督查指导，确保及时足额发放困难残疾人生活补贴。实施"晚晴行动"，为攀枝花市、广安市、巴中市、甘孜州以及万源市的2396名特困人员配置康复器具4119件。确定宜宾市社会福利院为"福康工程"示范福利机构。开展"温暖万家行"活动，积极走访慰问困难残疾人。

【拓展民政精神卫生福利服务】 2017年，四川省民政厅积极争取中央预算内资金2160万元新建市级民政精神卫生机构1个，争取中央福彩公益金1970万元和省级福彩公益金3237万元用于支持12个民政精神卫生福利机构购置设施设备。在成都、资阳、雅安、泸州、达州、宜宾、凉山7个市（州），依托民政精神卫生社会福利机构开展精神障碍社区康复服务试点工作。积极配合卫生、公安等部门做好重性精神病患者的救治和管理工作。

【强化福彩公益金使用管理监督】 2017年，四川省民政厅加强福利彩票的日常发行监管，督促发行机构规范管理。加强落实福彩公益金项目信息公开，完善福彩公益金制度建设，制定了《四川省本级福利彩票公益金使用管理办法（试行）》《四川省福利彩票公益金省本级项目立项和评审办法（试行）》《四川省福利彩票公益金预算操作规程（试行）》《四川省福利彩票公益金项目督查办法（试行）》《四川省福利彩票

公益金使用管理信息公开办法（试行）》等文件，规范福彩公益金使用管理监督。

慈善事业

【基本情况】 2017年，四川省慈善总会深入贯彻《国务院关于促进慈善事业健康发展的指导意见》和《四川省人民政府关于促进慈善事业健康发展的实施意见》，进一步加强行业规范和行业自律，持续加快推进灾后重建项目建设，大力实施慈善公益项目，充分发挥慈善在打赢脱贫攻坚战和建成小康社会中的重要补充作用。截至2017年年底，共募集资金、物资5.67亿元，增长15.11%，其中捐赠资金1.55亿元，增长6.89%；物资折合人民币4.12亿元，增长15.32%。组织开展各类慈善交流活动30余场。

【助力精准扶贫】 2017年，四川省民政厅实施"百企扶贫"项目，动员全省60余家国有、民营企业参与脱贫攻坚。募集和安排资金180.8万元，先后在巴塘县党巴村等贫困村实施基础设施改善、产业帮扶、危（旧）房改造等项目。对万源市茶垭乡老洼坪村进行结对帮扶，安排慈善资金290.5万元，为当地维修改造联户公路、改造河道和治理地质灾害，帮助精准扶贫对象进行危（旧）房改造，扶持发展黑鸡养殖产业。与省烟草公司共同开展"诚志诚爱心基金"扶贫项目，先后在广元市、乐山市、资阳市、广安市和凉山州开展扶贫项目41个，投入资金6471.81万元，已有22个项目投入使用，普格县特补乡特补乃乌村通过慈善扶贫修新房、通新路，已成为具有一定影响力和代表性的幸福美丽新村；接收浙江商会捐赠100万元，定向用于平武县、越西县精准扶贫项目。

【持续实施品牌项目】 2017年，四川省民政厅开展了"四川慈善情暖万家·新年关爱慰问活动"，全省慈善会系统共募集资金、物资3598.34万元，其中省慈善总会募集资金555万元，共看望慰问困难群众16万余人次，帮助困难群众安全温暖过冬、欢乐祥和过年。组织实施"四川慈善·福彩帮困助学活动"，全省慈善会系统共募集资金3054.028万元，资助贫困学生1万余名，其中省慈善总会募集资金900万元，资助全省贫困大学生、高中新生共2100名。开展四川慈善"诚至诚·乐天使"音乐夏令营项目。省烟草专卖局（公司）捐赠资金77万元，在凉山州对40名贫困家庭儿童开展了为期1个月的夏令营活动。

【积极推进灾后重建项目】 2017年，四川省民政厅共审查灾后重建项目资料180余份，实地检查灾后重建项目80余个，下拨项目资金9917.78万元。加快推进茂县叠溪镇特大山体滑坡、九寨沟地震灾区受灾群众困难救助和灾后恢复重建项目的落实工作。

【稳步开展助医和药品援助项目】 2017年，四川省民政厅在继续开展格列卫、多吉美、易瑞沙3个药品援助项目的基础上，新增维全特、捷恪卫药品援助项目2个，全年慈善援助药品发放折合人民币3.72亿元，受益患者14000余人次。继续实施"微笑列车"项目，为全省1571名唇腭裂患者提供免费矫治手术。实施"血友病"患者救助项目，为126名患者提供资金援助89.3万元；接收美国LDS慈善协会捐赠轮椅375辆、助行器50个。

四川省民政厅编写组

农村防灾减灾工作

综　述

【高效有序应对各类自然灾害】 2017年是近几年四川省自然灾害较为严重的年份，先后发生"1·28"筠连县地震、"6·24"茂县特大滑坡、"8·8"普格县泥石流和"8·8"九寨沟7.0级地震等重特大自然灾害。灾害发生后，民政厅及时收集上报灾情，提出启动响应建议，及时调配救灾物资，深入一线指导救灾工作，全力应对了一系列重大自然灾害。下拨自然灾害生活救助资金2.61亿元（其中中央资金1.8亿元，省级资金0.81亿元），调拨棉被13.35万床、大衣5.5万件、棉衣裤3.2万套、帐篷3708顶、折叠床1500张、电热毯1.9万床、场地照明设备20台、防潮垫1000床、简易厕所60个等救灾物资，受灾群众基本生活得到妥善保障。科学、客观、严谨、高效完成灾损评估，为灾后恢复重建提供了重要依据，"6·24"茂县特大滑坡灾损评估获得省政府肯定，"8·8"九寨沟地震灾损评估工作得到国家减灾委专家指导组和省委省政府认可，开启了我国重特大自然灾害影响（间接损失）评估的先河，为全国灾损评估提供了四川经验。完成了2.5米分辨率卫星遥感影像收集整理，建成了地震灾害风险与损失评估快速评估分系统。按时完成2016年全省受灾地区3098户因灾倒塌民房重建和45690户因灾损坏民房维修加固等灾后恢复重建工作，实现了受灾群众次年能搬新家目标。

【深入推进防灾减灾救灾体制机制改革】 2017年，四川省民政厅认真贯彻落实《中共中央、国务院印发关于推进防灾减灾救灾体制机制改革的意见》，在组织力量深入部分市、县（区）、乡（镇）及省级相关单位调研座谈的基础上，历时8个月，研究制定了《中共四川省委、四川省人民政府关于推进防灾减灾救灾体制机制改革的实施意见》，经省委深改组第22次会议审议后，于9月7日以省委省政府名义印发。《实施意见》的出台，标志着全省防灾减灾救灾体制机制改革进入实质性阶段。认真落实习近平总书记关于防灾减灾救灾的指示精神，牵头形成了《贯彻落实中央领导同志批示精神情况的报告》，对近年来全省防灾减灾救灾建设成就进行了全面梳理和总结。9月8日，在全国率先成立了四川省社会力量参与防灾减灾救灾统筹中心，搭建了社会力量参与平台，从体制上破解了社会组织无序参与的难题，社会力量参与防灾减灾救灾日常协调、信息沟通和资源统筹等工作有序推进。

【不断深化防灾减灾救灾宣传教育演练】 2017年，四川省民政厅围绕"防灾减灾日"和"国际减灾日"主题，深入扎实地开展形式多样的宣传活动和防灾减灾应急演练活动，大力普及防灾减灾知识和技能，开展防震减灾救灾演练。全省举办防灾减灾演练4.3万次，播发新闻稿件2626条，制作下载公益广告32条，播放公益广告3426次，发放宣传资料343.58万份，摆放各类展板402.55万幅，举办了首届"减灾兴川文化月"活动。深入推进全国综合减灾示范社区创建工作，向民政部推荐上报71个社区。制定出台了《四川省综合防灾减灾示范社区标准》，拉开了全省减灾示范社区创建的大幕。

【扎实做好受灾群众温暖过冬工作】 2017年，四川省民政厅指导各地摸清和掌握困难群众家庭缺粮、缺御寒物资、缺生活必备物品等情况，建立健全受灾群众冬春生活救助台账，妥善安排全省受灾困难群众冬春基本生活，帮助受灾困难群众安全温暖过冬。根据全省受灾困难群众生产生活状况，组织棉被11.55万床、棉大衣5.2万件、棉衣裤2.3万套和电热毯1.8万床等共计近100车、价值2000余万元的御寒物资发送各地。各级民政部门累计发放棉被33万床、棉大衣19万件、棉衣裤3万套、防寒服5万件、电热毯1.9万床及米、面、粮油等物资60余吨。扎实做好受灾群众冬春救助工作，下拨中央、省级救助资金4.09亿元（其中中央自然灾害生活补助资金38900万元、省财政安排2000万元），受灾群众"平时吃得饱，过节吃得好，穿盖有保障，医疗有救助，安全无隐患"的目标得到保障。进一步规范救灾资金和物资规范化管理，联合财政厅出台了《关于进一步加强冬春生活救助资金规范管理使用的通知》，并派出10余个工作组到各地开展救灾资金、物资管理使用情况专项检查，救灾资金和物资管理水平逐年提高。

【全力提升灾害信息员业务能力】 2017年，四川省民政厅切实深化防灾减灾救灾法治化意识，提升灾情管理工作能力，对全省21个市（州）、183个县（市、区）的200余名分管领导和400余名灾害信息员、仓库管理员和减灾中心工作人员进行了防灾减灾救灾法规政策及业务管理培训，全省各地共培训各类灾害信息员32536名。灾情报送及时性、准确性和规范性各项指标均居于全国前列，其中灾害续报次数位居全国第一。

四川省民政厅编写组

农业气象服务

【农村气象防灾减灾标准化建设】 2017年，四川省气象局开展乡（镇）气象防灾减灾标准化建设，制订2017—2019年四川省乡（镇）气象防灾减灾标准化建设计划，对被中国气象局认定为标准化气象灾害防御乡（镇）的31个乡（镇）按照标准开展了自查，在470个重点乡（镇）进行气象防灾减灾现状调研，开展防灾减灾标准化建设工作。组织细化《基层突发灾害性天气预警服务基本标准规范》并在全省执行。开展基层气象灾害风险预警标准化工作，其中马边县、沐川县、绵竹市为示范建设试点，防御责任人数726人，均已应用由省气象台牵头研发的一体化风险预警平台，83个县制定了相关业务流程和规章制度。四川省突发公共事件预警信息发布系统向乡（镇）延伸，实现了与三大通信运营商及短信、广播、电视、显示屏、"村村响"等终端的无缝对接。系统预警短信峰值速率可达每秒3000条。有74个县成立了突发事件预警信息发布工作机构，实现向1245个乡（镇）的延伸。

【特色农业气象服务】 2017年，四川省气象局以用户为核心、需求为牵引，针对特色农业产业开展智慧农业气象服务示范建设。精细化农业气象服务已率先在成都、遂宁、广安、乐山等地的22个试点县开展运行。在崇州市10万亩国家级水稻试验示范基地开展水稻全生育期跟踪式气象服务，在射洪等地发展精细化为农服务信息员和微信用户。已建成农业气象示范田38块，其中2017年新建24块，推广农业气象适用技术26项，制作农用天气预报、关键农时气象服务等服务产品3474期。组织开展优质、高产、高效作物品种及特色作物或设施农业等精细化农业气候区划和农业气象灾害风险区划，共完成县级精细化农业气候区划110个、气象灾害风险区划108个。

【智慧农业气象服务】 2017年，四川省气象局完成全省智慧农业气象数据库建设。主要包括常规气象观测数据子库、农业气象观测数据子库、特色农田小气候观测数据子库、县（区）级农业经济数据子库和直通式农业气象服务对象子库等。完善智慧农业气象业务服务平台。完成集农业气象数据分析、农业气象业务、农业气象专家支撑和农业气象科研支撑等4大模块为一体的省、市、县三级共用的智慧农业气象业务平台一期建设。同时，四川省农业生态遥感综合业务平台建设顺利推进。完成"四川e农"APP建设，与"四川气象"微信公众号、公共气象服务平台共同开展针对不同用户需求的精细化、智能化农业气象服务。

【气象为农服务长效机制】 2017年，四川省有148个县建立了县级农村气象灾害防御领导小组（机构），明确有气象灾害防御分管副镇长的乡（镇）3259个；自建或共建乡（镇）信息服务站4661个，乡（镇）覆盖率100%；143个县级政府出台气象灾害应急预案，3187个乡（镇）政府制定实施乡（镇）气象灾害应急预案，8586个村制订气象灾害应急计划。

【中央财政"三农"服务专项】 2017年，四川省气象局争取中央财政支持"三农"服务专项资金4040万元并在102个县实施，覆盖国家级贫困县66个、22个省级贫困县中的9个。"三农"项目主要内容为强化基层气象防灾减灾标准化建设和智慧农业气象服务系统建设，创新气象为农服务体制机制，推动突发事件预警信息发布系统向基层延伸，提高气象为农服务的针对性、有效性及精细化水平。通过"三农"项目，建成农田小气候站25个、气象站28个、防灾减灾预警信息发布终端181套；在470个乡（镇）开展气象防灾减灾标准化建设，建成气象灾害隐患点监测站2252个，突发事件预警信息发布系统延伸覆盖1245个乡（镇）。自建县气象信息服务站1412个，联合共建555个。有信息员队伍33973人、协理员6014人。重点开展阿里钉钉手机APP的落地与运行，该平台已成为全省基层气象预警信息发布和灾情收集上传的重要手段之一。截至2017年12月，四川阿里钉钉APP平台使用的活跃度总分为16465分，全国排名第13位，预警浏览8401条，预警分发量736条，培训查看156次，累计登陆7110次，灾情上报62条。

【人工影响天气服务】 飞机作业。2017年，四川省气象局在空军、民航、通航公司等相关部门和单位的大力支持下，分别使用"夏延""空中国王"和"新舟60"飞机开展人工增雨，实施飞机增雨抗旱作业27架次，作业范围覆盖四川盆地，航时77小时16分，航程21574千米，影响面积17.65万平方千米，增加降水3.5亿立方米。为缓解盆地旱情和增加蓄水、减少雾霾天气、降低森林火险等级、重大活动保障发挥了重要作用。成都市实施飞机增雨，为改善空气质量发挥了应有的作用。

地面作业。全省各地积极开展地面各项人影作业服务，在抗旱、防雹减灾、森林防（灭）火、生态环境保护以及重大活动保障等方面取得显著成效。全省开展增雨（雪）作业348次，影响面积8.14万平方千米，使用炮弹1669枚、火箭弹968枚；开展防雹作业4047次，影响面积21.36万平方千米，使用炮弹59994枚、火箭弹2911枚。凉山州、甘孜州开展森林灭火作业10次，影响面积0.14万平方千米，使用火箭弹46枚；成都、眉山、乐山、宜宾等市开展服务生态文明建设，改善空气质量

作业21次，影响面积0.65万平方千米，使用高炮弹106枚、火箭弹48枚；德阳、宜宾、泸州、眉山等市开展重大活动保障作业27次，影响面积0.35万平方千米，使用高炮弹207枚、火箭弹80枚。眉山、广元、自贡等市积极开展瓦屋山流域、白龙湖流域、嘉陵江流域和双溪水库人工增雨蓄水，取得显著成效。

人影科研工作取得新进展。省人影办完成的西南区域重点科研项目“西南地区空中云水资源评估和开发利用研究”获得四川省科技进步三等奖，“四川人工影响天气电子沙盘系统”进入项目验收阶段，组建省、市两级共同参加的业务技术团队，联合开展技术研究和业务应用工作；开展云分析产品本地化释用，作为作业条件判别业务应用；发布西南地区空中水资源评估报告；初步建立飞机增雨作业可播性宏微观判别、云水资源增雨潜力、防雹作业等作业指标。

四川省气象局编写组

地质灾害防治

【会商研判趋势】 2017年，四川省国土资源厅多次会同省气象局、水利厅等省级部门开展趋势会商，结合全省地质灾害防治工作实际，科学研判防灾形势，为全省有针对性地部署落实地质灾害防范工作提供重要参考。

【提前安排部署】 2017年，四川省国土资源厅为切实做好汛前各项准备，及时发文向全省国土资源系统部署2017年度地质灾害防治汛前检查工作。要求各地在开展汛前检查工作的基础上，抓紧组织编制《年度地质灾害防治工作方案》并及时报送同级人民政府审批实施。同时，为认真落实地质灾害防治责任和措施，5月3日，经省政府同意，省地质灾害应急指挥部办公室向全省各地印发了《四川省2017年度地质灾害防治方案》。在省政府、国土资源部召开防汛减灾电视电话会议和汛期地质灾害防治视频会后，及时全面部署汛期地质灾害防治工作。

【落实防灾责任】 2017年，四川省国土资源厅按照地质灾害隐患动态管理的有关工作要求，在各市(州)申报的基础上，汛前及时更新全省地质灾害隐患防灾责任落实数据库，将全省排查发现的3.8万余处地质灾害隐患点的防灾责任落实到县、乡政府具体领导，明确具体的责任人和监测人。在全省防汛抗旱减灾工作会议上，省政府分管领导还与各市(州)人民政府签订《地质灾害防治责任书》，进一步压实政府主导的防灾责任体系。

【全面督导检查】 2017年2月，四川省国土资源厅组织8个工作组对全省21个市(州)汛前防灾准备工作进行了督导检查。3月，省地质灾害应急指挥部组织27个成员单位组成7个省级检查工作组对各市(州)地质灾害防治工作进行全面检查。5月，按照副省长王铭晖的要求，省地质灾害应急指挥部办公室又组织20余人组成5个突访组，对重点市(州)、重点县(市、区)防灾工作进行了突访，对在基层地质灾害防治情况突访工作中发现的问题，以“发点球”形式督促各地认真整改，确保整改实效。8月，按照省委省政府统一安排部署及时抽调1名厅级领导、21名处级干部和35名业务骨干积极参与省级督导并及时梳理各督导组反馈的意见建议，针对地灾防治方面存在的问题，以省地质灾害应急指挥部办公室名义向相关市(州)政府印发整改通知，要求限期整改到位。

【地灾隐患排查】 2017年，四川省国土资源厅按照省委省政府统一部署，全省在7月集中开展历时30天的地质灾害隐患排查评估和防治工作。一是排查全覆盖。组织省内外60家专业单位2556名专业技术人员对21个市(州)开展全域排查核实，共排查核实地质灾害隐患点42226处。二是边排查边移交。当日将排查成果移交到相关部门，确保防灾措施落实到位，并对险情紧迫的672处隐患点涉及30242人进行转移避让。三是排查整治同步推进。在排查期间，对处置措施相对简单的1539处隐患点采取避险搬迁、排危除险等应急处置措施，及时消除隐患威胁。

【地灾隐患监测预警】 2017年，四川省国土资源厅牢牢把握地质灾害监测预警的关键环节，严格做好重要时段的信息发布和重点领域的监测预警。一是动态发布预警。坚持每天面向全省发布地质灾害气象风险预警，累计发布3级及以上风险预警137次，发布预警短信105.8万条，其中向防灾责任人及监测人发布预警短信100余万条。二是强化专业监测。在2100处重点隐患点安装雨量计、裂缝伸缩仪、滑坡报警器等，推进基层科技化防灾。向各市(州)印发简易自动监测技术指南，帮助各地提升群测群防监测能力。三是提升监测效能。将专职监测员的补助标准由3000元/处上调到3600元/处，充分调动了专职监测人员工作积极性，有效提升了群测群防专职监测效能。

【防灾培训演练】 2017年，四川省国土资源厅利用全年有利时机分三阶段大范围持续深入开展宣传培训，提升群众防灾能力。一是汛前及时启动宣传培训。开展了历年来覆盖对象最广、参与人数最多的培训活动，共开展专题培训1775场，培训人数达207861人。二是应急排查同步宣传培训。在全省开展地质灾害隐患排查过程中，按照“谁排查、谁宣讲”的原则，在全省大范围开展宣传培训。排查期间，开展宣传培训30672场，培训群众达685129人。三是汛期督导强化宣传培训。在汛期驻守督导过程中，督导组结合各地地质灾害发育特点组织受威胁群众开展地质灾害防治知识宣讲，宣传培训人数达171994人。同时，全省全年开展地质灾害应急演练25561场次，参与演练人员达108万人。

【汛期督导抽查】 2017年，四川省国土资源厅着力从常态化防灾制度层面找准切入点，持续完善各类防灾制度，确保各项防灾措施落实落地。一是强化汛期驻守督导。对全省所有的地质灾害易发县(市、区)进行逐个梳理对接，组织61家专业地勘单位的712名专业技术人员驻守督导，实现了全省地质灾害易发县全覆盖。二是实行汛期省级督导。汛期实行省级督导常态化，由21名厅级干部带队组成省级督导组汛期驻守21个市(州)，对全省地灾防治工作进行全面督导，省级督导组坚持每天报送督导工作进展情况。三是严格片区抽查机制。在坚持每天面向全省防灾人员进行电话抽查的基础上，实现对所有专职监测员电话4天一循环的抽查机制。省级累计开展电话抽查12780次，市(县)级累计开展电话抽查628730次。

【主动避险】 2017年，四川省国土资源厅集中力量抓好降雨前的提前预防避让，先后24次向各(州)下发关于做好地质灾害防治工作的文件，要求各地切实抓好主动避让工作，全省各地共组织了8.4万余名受地质灾害威胁群众提前疏散撤离。在“8·8”九寨沟地震抢险救灾期间，对安置点附近险情紧迫的7处隐患点涉及的88户314人进行了转移避让，有力地保障了人民群众的生命财产安全。

【重大灾害应急抢险】 2017年，“6·24”茂县山体垮塌和“8·8”九寨沟地震发生后，四川省国土资源厅厅长杨冬生高度重视，第一时间到达灾区，迅速组织开展抢险救灾。一是紧急启动隐患排查。组织专业地

勘单位和科研院所专家教授,携带专业装备紧急赶赴灾区开展次生地质灾害排查。二是及时共享信息。将隐患排查成果与当地政府及相关部门共享,为抢险救灾提供决策依据。三是开展地灾评估。紧密围绕抢险救援阶段工作部署,积极开展地灾评估工作,为安全选址提供有力支撑。通过科学高效的抢险救灾工作,两次突发灾害都没有发生因次生地质灾害造成的人员伤亡事件。

【地质灾害防治成效】 2017年,四川省国土资源厅成功避险56起,提前避让8.4万余人,避免因灾伤亡1869人,避免直接经济损失1.33亿元。全省地质灾害灾(险)情5389起,有3起造成因灾死亡,在建工地、地震灾区、19个市(州)实现"零死亡"。

四川省国土资源厅编写组

农村消防工作

【基本情况】 2017年,四川省农村消防工作进一步得到加强,农村火灾形势持续稳定。全省全年共发生农村火灾7410起,死亡52人,受伤32人,直接经济损失6951.3万元,分别占总量的36.1%、61.9%、43.8%和48.9%。

【严格落实消防安全责任】 2017年,四川省严格落实消防安全责任。一是健全组织机构。按照中央关于"三农"工作党政一把手是第一责任人、五级书记抓乡村振兴、县委书记当好乡村振兴"一线总指挥"的部署要求,明确县级党委政府以及乡(镇)、村委会的农村消防工作责任。全省各地成立市、县(区)、乡(镇)三级消防安全委员会,并实体化运行,解决乡(镇)级政府消防组织"缺位"问题。同时,依托各乡(镇)公安派出所,成立日常农村消防工作办公室和消防工作警务室,统筹协调农村消防工作,全面提升基层火灾防控能力。二是明确各方责任。全省各县分别召开本地区消防工作会议,以逐级签订目标责任书的形式,将农村消防工作纳入政府年度消防工作目标任务,进一步明确乡(镇)、村委会的消防安全职责。三是强化消防工作考核。完善工作考核机制,加大农村消防工作考核力度,将考核结果与年度表彰、年度安全工作认定、年度乡(镇)主要领导干部工作排名相挂钩,督促落实工作职责。

【有效夯实群防群治工作】 2017年,四川省推进消防"网格化"管理。以网格化管理工作为切入点强化农村消防安全管理。联合综治部门将消防网格化管理纳入社会治安综合治理平台并作为重要组成内容,狠抓基层消防管理工作,提请省综治办、公安厅出台《关于组织网格员协助开展消防工作的通知》,组织全省10万余名网格管理员全面开展网格内的防火巡查和消防宣传工作,切实发挥一线网格管理员入户巡查和宣传的"主力军"作用,最大限度地延伸消防工作末端触角。组织研发四川省消防网格化管理服务信息平台,实现记录工作情况、上传隐患影像、记载劝改流程、逐级上报解决等功能,指导全省7万名手持终端网格员群体上线运用,利用信息化手段推动消防网格化管理工作常态化、实体化运行。制定各级"以奖代补"实施办法,争取网格员以奖代补资金并纳入预算,采用省、市、县(区)三级财政出资以奖代补的方式对消防网格化管理先进基层单位、优秀消防网格管理员进行补贴奖励,最大限度地激发基层组织和网格管理员开展消防工作的积极性和主动性,为打牢基层消防工作基础注入新的活力。二是完善派出所监管体系。充分利用基层公安派出所点多面广、熟悉民情、深入群众的优势,大力推行"户户联防",责任到户,由乡(镇)派出所民警负责督促村民执行防火制度,组织防火巡查看护,及时发现、整改火灾隐患,并定期开展火灾隐患自查和互查,形成"户户参与、人人关心"的良好氛围,有效缓解了基层消防警力不足的局面。以成都市为试点,协调市公安局探索成立社会火灾防控办公室,强化公安派出所三级消防安全管理,建立"警种互动、上下联动、社会协同、结构优化、责任共担"的火灾防控模式。同时,强化培训指导,编发《四川省公安派出所消防监督工作手册》,在住宅小区、"三合一"场所、"九小场所"等方面充分发挥其监管作用。三是强化隐患排查整治。针对"三合一"、"多合一"、"九小场所"、独居老人居住场所等农村火灾防控重点,各地消防部门联合行业主管部门、派出所、基层管理人员,逐一进行排查,制定针对性整改措施,建立隐患排查整改台账,坚决消除火灾隐患。各村委会通过高音喇叭、"农信通"手机APP等方式在不同时段提醒群众注意防火,并督促村民针对家庭用火、用电、用油、用气,焚香点烛、柴草堆放等行为开展自查自纠,及时清理易燃可燃物品,消除不安全因素。四是开展专项活动。联合省老龄办、民政、公安、住建、残联等部门成立领导小组,各地相关部门依托街道、社区、村(居)委会、派出所等基层力量,充分借力"一标三实""综治网格""五保救助""志愿者服务"等渠道,对全省近200万独居老人居住场所开展消防安全排查和宣传,建立结对帮扶机制;提请政府依托精准扶贫集中购买配置独立式烟感报警器、灭火器、呼救器等设备,围绕独居老人相对密集区域,集中开展宣传教育、灭火演练和逃生自救训练。

【大力提升基层基础建设】 2017年,四川省完善城乡消防规划。为筑牢农村防灾减灾能力,保障社会公众利益和公共安全,各地借助新农村建设等工作,研究乡村消防专项规划或意见,将消防安全布局、消防水源等纳入乡(镇)总体规划和村庄建设规划,推动城乡消防规划修编实施。提升消防基础设施建设。各地积极提请政府加大经费投入,针对消防车难以停靠取水的农村小河、池塘等问题,配备了手抬、推车式消防泵,水带、水枪等基本消防设施器材。同时,还针对电气线路老化严重、乡村道路狭窄等情况,组织更换电气线路,实施穿管保护并配备消防摩托车。加强灭火救援力量建设。各地结合辖区农村消防工作实际,因地制宜推动建设乡(镇)专职消防队、志愿消防队和微型消防站,全面填补乡(镇)消防力量空白。同时,加强农村消防队伍的业务指导,推动建立定期培训演练的常态机制,提高农村初起火灾扑救技战术水平,将火灾救早、救小。

【全面提高消防安全意识】 2017年,四川省强化弱势群体消防宣传教育。各地积极借助"11·9"消防宣传日、"安全生产月"、"12·4"法制宣传日等活动,针对农村群众,联合乡(镇)志愿消防队、老年人协会等组织,采取"划区分块、进家入户"的措施,对空巢老人、留守妇女儿童等弱势群体制定针对性强的培训课件,采用图文并茂、通俗易懂的内容开展集中培训。强化校园消防宣传教育,邀请乡(镇)、农村学校师生参观消防队,近距离了解消防,提高青少年的消防意识,努力实现"教育一个学生,带动一个家庭,影响整个社会"的良好社会效应。强化重要时段重点部位消防宣传教育,在"11·9"消防日、春节、农忙季节等重要时段,通过广播、电视、板报、传单、举办图片展览和防火灭火知识竞赛等群众喜闻乐见的形式,深入开展农村防火宣传教育;清明节期间联合林业、民政等部门广泛开展文明祭扫、护林防火的专题宣传教育;在村头、路口等显眼位置普遍设置消防宣传栏、防火标语和警示标记,形成了浓厚的群防氛围。

四川省公安厅编写组

农村危房改造

【基本情况】 2017年，四川省继续按照“两不愁、三保障”和“四个好”要求，牢牢锁定住房安全有保障目标，持续推进农村危房改造等脱贫攻坚农房建设。中央安排全省农村危房改造年度任务24.23万户、29.33亿元，省级安排配套资金13.5亿元。截至2018年4月底，2017年农村危房改造已全部开工，竣工23.1万户，竣工率95.3%。

【强化农房建设制度保障】 2017年，四川省为加强各级政府对农村危房改造等农房建设的监管，确保质量安全，在系统总结近年来农房建设管理的典型做法和成功经验的基础上，出台了《四川省农村住房建设管理办法》，各级政府部门对农村危房改造等农房建设进行监管有了法律依据，从根本上破解“谁来管”“怎么管”的难题。在深化《四川省农村住房建设管理办法》贯彻落实的同时，配套出台了《四川省农村建筑工匠管理办法》，对农村建筑工匠实施规范化管理。积极研究出台加强乡(镇)农房建设机构建设的相关措施，确保农房建设管理落实全面到位。

【统筹协调各类农房建设】 2017年，四川省有农村危房改造、易地扶贫搬迁、藏区新居、彝家新寨、地灾避险搬迁等农房建设政策10项，各项政策分别由不同的部门牵头实施，在执行中存在着政策分口管理、市(县)多头申报、对象交叉重叠、补助标准不统一等突出问题，影响了政府公共服务均等化水平的整体提升。为解决该现状问题，建立了农房建设统筹管理联席会议机制，以省委常委曲木史哈、副省长杨洪波为召集人，办公室设在住房城乡建设厅，省委农工委、省发展改革委、省扶贫移民局、国土资源厅、财政厅作为成员单位，对农村危房改造等10项农房建设政策的对象、进度、质量安全实行统筹管理，按季度召开联席会议，研究解决问题，定期通报情况。同时，督促市、县两级建立相应机制，初步形成了信息畅通、工作规范的农房建设统筹管理机制。研发了《四川省农村住房建设统筹管理信息系统》，对各项农房建设补助政策实现交叉重复比对，发现多头申报的按照“就前不就后、就高不就低”的原则，收回相应补助资金，充分发挥财政资金的使用效益。各市(县)也参照建立了相应机制。

【强化农房质量安全监管】 2017年，四川省坚持把农房建设质量安全纳入政府监管范围，落实监管指导职责和分工。省级层面多次组织专项检查，对发现问题责令限期整改。在秦巴山区和乌蒙山区召开危房改造质量安全现场会，交流经验，示范引领，压紧压实了各地和相关部门的责任，确保质量安全落地落实。研究制定《脱贫攻坚住房安全达标认定表》，指导各地开展脱贫攻坚住房达标认定工作。针对凉山彝区专业技术人员缺乏、施工期短、农房抗震设防要求高的实际，从省内知名建筑企业抽调技术骨干45名，派驻现场开展农村危房改造等脱贫攻坚技术帮扶指导工作。市、县各部门各司其职，加强对新建房屋地基、主体结构、屋面工程、抗震构造等关键部位和环节的监管，严格工序管理、建材管控和竣工验收，全面提高农村危房改造质量。鼓励有条件地区，通过政府购买第三方技术服务加强监管力量。

【完善农房功能和设施配套】 2017年，四川省按照农村人居环境改善工作要求，结合实际在推进农村危房改造过程中同步实施“三建四改”(建庭院、建入户路、建沼气池，改水、改厕、改厨、改圈)项目，完善农房户型布局和配套设施，满足农村居民生产生活需求。结合藏区新居、彝家新寨、巴山新居、乌蒙新村等幸福美丽新村建设推进农村危房改造，按照“缺啥补啥”和“适当留有余地”原则，加大基础设施和公共服务设施投入，统筹农村生产生活设施建设，提升了农村综合承载能力，推进了基础设施向农村延伸，公共服务向农村覆盖。

【努力减轻建房农户负担】 2017年，四川省积极推广低成本维修加固技术，确定南充市高坪区为加固改造试点县，选择10户、三种结构类型的C级危房开展加固试点工作，已全面竣工，得到改造农户广泛好评，收到了良好的社会效益。在加固试点的基础上，出台了《四川省农村C级危房加固技术指南》，在全省积极推广。鼓励运用当地建材，协调组织主要建材的采购与运输，引导农户投工投劳和互助，降低危房改造户建房成本。鼓励各地结合实际，通过统建农村集体公租房及幸福大院、修缮加固现有闲置公房、置换或长期租赁村内闲置农房等方式，兜底解决自筹资金和投工投料能力极弱深度贫困户的住房安全问题。

【自主推进农村土坯房改造】 2017年，四川省为消除土坯房安全隐患，改善农村人居环境，省委省政府在开展前期数据摸底和调查研究的基础上，于11月印发《四川省“农村土坯房改造行动”实施方案》，配套召开“全省农村土坯房改造行动”现场会，正式启动了“农村土坯房改造行动”，计划用5年时间，采取“拆、保、改、建”相结合的方式，基本完成全省农村土坯房的改造任务。全省农村土坯房改造的重点是85.7万户唯一常住土坯房，但不属于4类重点对象，无法纳入农村危房改造等现行农房建设补助政策的“夹心层”农户，通过综合运用土地增减挂钩政策、政府贴息贷款和金融风险共担等措施，积极推进这部分对象的土坯房改造工作，消除安全隐患。

四川省住房和城乡建设厅编写组

农村群团工作

农村青少年工作

【深化拓展主题活动】 2017年，中共四川省委宣传部推出了“砥砺奋进的五年——童心向党”歌咏节目展播等教育实践活动，举办了“童眼看四川 最美是家乡”全省未成年人优秀文艺作品展。组织开展“我的中国梦”“向国旗敬礼”等网上网下系列活动，参与学生2610余万人次。聚焦四川首批十大历史名人，举办全省中华经典诵读会。以“弘扬优秀传统文化培育四川乡土文脉”为主题，举办了四川省第三届中小学川剧传习普及展演。推动成立校园武术推广委员会，在三台县等

地试点建立青少年武术传承普及基地。深化“学习和争做美德少年”活动，组织开展“美德少年四川行”夏令营活动。在全国“2017年寻找最美孝心少年”大型公益活动中，杨小婷荣获“十佳孝心少年”称号，黄青青等3人获得“媒体特别关注孝心少年”称号，充分展示了四川美德少年的优秀品质和良好形象。

【着力筑牢基础工作】 2017年，中共四川省委宣传部成功争取中央乡村学校少年宫新建项目和运转资金8498万元，在国贫县乡（镇）新建项目191个并保障已建项目常态运转，同时举办工作推进会暨项目负责人培训班以及辅导员骨干培训班。创新考评机制，通过项目自查、市（州）互查、省级督查等方式，对全省中央项目和自建项目进行摸底调研，督促各地履职担责，更好地发挥项目作用。打造省、市、县三级未成年人心理成长服务体系，支持理县等10个精准扶贫县（市）新建县级指导中心，组织21个市级中心开展普及、咨询、干预等活动；以传播文明旅游理念为重点，广泛开展“最美四川人 文明游天下”系列宣传活动；中央文明办在《提升中国公民出境旅游文明素质专报》（2017年第69期）上介绍了四川省经验。委托省统计局对全省未成年人思想道德建设工作进行第三方测评，提供客观实事数据，为准确研判面临形势、科学规划工作部署、制定相关政策措施提供了参考。

【不断打造工作亮点】 2017年，中共四川省委宣传部不断打造工作亮点，一是开展“千校示范万校联动”文明校园创建活动，制定四川省中小学校文明校园评价细则，表彰首届四川省文明校园800个。全省21所大中小学校获得第一届“全国文明校园”称号，在全省树立了典型标杆。在四川电视台推出了电视专题节目《起立敬礼》40期，生动展示了文明校园特色文化和育人成果。二是研发“全国乡村学校少年宫项目管理平台”，为全国1.5万所乡村学校少年宫项目建立了网上数据库，提高了乡村学校少年宫数字化、精细化、科学化管理水平。三是树立一批全国、全省先进新典型。遂宁市获评为第五届全国未成年人思想道德建设工作先进城市，8个单位、4名同志分别获评为第四届“全国先进单位”和“先进工作者”；评选表彰全省先进县（市、区）30个、先进单位100个和先进工作者100名，充分展示了党的十八大以来四川省未成年人思想道德建设的丰硕成果。

【农村青年思想引导】 2017年，共青团四川省委紧紧围绕团省委脱贫攻坚工作大局，充分调动全省各级团组织的积极性、主动性，积极利用各类团属新媒体平台踊跃发声，大力宣传国家就“三农”问题出台的系列重大方针、政策，深入报道在脱贫攻坚一线涌现出的先进青年典型，引导动员广大团员青年在脱贫攻坚主战场中发挥生力军作用。在话题引导上，除重点报道“逐梦计划”、“童伴计划”、志愿服务、农村致富带头人培训班、农村电商培训班等具体工作外，还在节能宣传周、全民禁毒宣传月、世界艾滋病日、国家宪法日等重要时间节点大力开展相关宣传工作，广泛汇聚社会力量助力脱贫攻坚工作。截至2017年年底，四川共青团官方微博、微信公众号发布有关农业、农村、农民专题的帖文累计100余条，阅读总量超过300万次。在专栏搭建上，微博专题开设“青春扶贫”话题，阅读量已达166万次。在微信和今日头条、网易上设立“乡村振兴·青年秀”专栏，推出一批诸如赵海伶、李君、洛古有格等奋战在乡村振兴一线优秀青年的先进故事，相关帖文阅读量近2万，在广大青年中引发强烈反响。

【农村基层团组织建设】 截至2017年年底，四川省建成农村团委1088个、团工委19个、团总支343个、团支部34499个，有团员643975人、专职团干部1727人、兼职团干部34485人。

【留守儿童关爱】 2017年，共青团四川省委联合民政厅、中国扶贫基金会和北京师范大学中国公益研究院实施“童伴计划”项目试点工作。项目以“一个人、一个家、一套工作体系”为基本模式切实搭建了留守儿童关爱新模式。“一个人”指在试点村选拔招聘1名19～55岁在本地工作和生活且具备初中及以上学历的妇女担任“童伴妈妈”，在村“两委”指导下履行登记建档、定期走访、指导督促监护人履行监护责任、收集需求并及时回应、争取政策落实等职责。“一个家”即每个试点村按照“标准化配置+个性化设计”原则，打造一个“童伴之家”作为实体活动阵地。“一套工作体系”即搭建纵向包括县、乡、村三级递送机制，以及涵盖团委、民政、教育等职能部门的横向联动机制。截至2017年年底，项目整合资金500余万元，累计走访儿童9.2万人次，帮助解决儿童福利需求3.1万余例，包括协助儿童返校781例，协助儿童户籍登记1425例，协助大病儿童救助410例，协助申请临时救助儿童841例，协助服刑人员子女帮扶873例。

【青少年思想道德教育工作呈现新亮点】 2017年，四川省各级关工委坚持把立德树人、培育和践行社会主义核心价值观、老少共筑中国梦作为根本任务和永恒主题，有针对性地深入开展青少年思想道德教育。省关工委联合省级有关部门，以“绿色发展，健康成长”为主题，组织全省2.4万名青少年免费参加夏令营活动，引导青少年从小树立绿色发展理念，增强建设“绿色家园、绿色校园、绿色田园、绿色草原”的自觉性。创新开展了“汉藏学生手拉手”“阳光童行心连心”“携手放飞少年梦”“航天科技助成长”四个特色分营，组织阿坝、甘孜、凉山等民族地区和广元、达州、雅安等革命老区、边远乡村的1300余名优秀学生、困境青少年分别到北京、成都、西昌参加夏令营活动，深受社会好评。配合学校充分发挥教育“主渠道、主阵地、主课堂”作用，在办学育人工作中取得了新的成效。省关工委组织宣讲团专家撰写“三爱”教育、党史国史宣讲提纲，形成《青少年教育宣讲资料汇编》并印发基层关工委。各级关工委宣讲团深入学校、乡村、社区、企业开展党的十九大、“三爱”、党史国史、绿色发展等宣讲报告1.3万余场次，有440余万人次青少年听讲。全省2万余名“五老”志愿者常年义务监督网吧，为青少年健康成长做出了积极贡献。完善关爱阵地深入开展社会教育实践活动。省关工委会同有关单位在“朱德同志故居纪念馆”“邓小平故居陈列馆”“三线建设博物馆”等地命名了33个“四川省青少年社会教育实践基地”。联合林业厅命名了32个“四川省青少年森林自然教育实践示范基地”，充分发挥教育实践基地、家长学校、关爱活动室等作用开展“两史”、“三爱”、绿色发展等社会教育实践活动。各级关工委广泛发动政法战线老同志开展“关爱明天、普法先行”法治宣传教育，帮教失足青少年转好率达60%以上。8月，省关工委和全省22个关工委组织被中国关工委、司法部、中央综治委评为“关爱明天、普法先行”青少年普法教育活动先进单位，彭州市、营山县等9个县（市、区）被评为“青少年普法教育示范区”。在省财政支持下，省关工委配合有关部门在平昌、汉源、德昌等11个县启动了农村青年新型职业农民培训试点工作，对5300余名农村青年开展职业技术培训。

【关心下一代基金会稳定发展】 2017年，四川省各级关工委进一步争取党委、政府加强领导，重视支持关心下一代基金会建设。全省已建有省、市（州）、县（市、区）关心下一代基金会21家，累计资金超过4亿元。11月16日，召开省关工委关爱基金工作座谈会，传达中国关工委关心下一代公益基金座谈会精神，交流各地基金会发展管理经验，对基金会工作作出部署。全省关心下一代基金会进一步完善管理制

度，培训工作人员，提高工作水平。省关心下一代基金会联合成都西南儿童医院发起“一路童行”特殊疾病儿童救助项目，投入资金93万元救助423名有特殊疾病的儿童。省关工委、省关心下一代基金会争取中国航天基金会支持，向民族地区边远学校捐赠价值520万元的图书。省关工委、省关心下一代基金会继2017年年初在凉山州启动“老少牵手，温暖童心”暖冬行动后，12月在泸州市开展了2017暖冬行动。各地基金会支持实施了“五助一帮行动”、栋梁工程、朝阳工程、雨露计划、暖冬行动等关爱项目，为关爱事业提供了有力支撑。省关心下一代基金会获得省政府首届四川“最具影响力慈善组织”称号。

【关心下一代大宣传格局巩固提高】 2017年，四川省关心下一代工作委员会主动争取省委宣传部支持，继续加强与部分中央媒体、省级主流媒体和多家海外媒体的沟通交流，巩固提高大宣传工作格局。省关工委、省委老干部局、省文明办、团省委、四川日报报业集团、四川广播电视台、四川党建期刊集团联合举办了第五届四川关爱明天“十佳五老”评选活动。五年来评选全省关爱明天“十佳五老”50名、“十佳五老”提名奖64名，“五老”关爱事迹和“五老”精神广泛传颂，受到社会普遍好评。省关工委开展了“第三届宣传关心下一代新闻佳作”评选活动，共评选出95件优秀新闻作品和15个优秀组织奖。四川日报报业集团、四川广播电视台、四川党建期刊集团进一步加大宣传力度，所办的关爱专版、专栏、专题节目提升到新水平。《华西都市报》从2016年下半年开始，开辟专版“同心筑梦——关爱进行中”专题系列报道，用21个整版篇幅报道了21个市（州）关心下一代工作的显著成绩和宝贵经验。《关爱明天》杂志和网站特色鲜明、图文并茂、刊网互动，受到读者普遍好评，杂志发行量超过5万份。各地充分运用主流媒体、新兴媒体创新宣传形式，大力宣传“五老”典型，弘扬主旋律，传递正能量，营造了全社会关心下一代的良好氛围。在3月召开的全国关心下一代宣传工作会议上，四川省创新机制构建大宣传工作格局的经验，受到中国关工委和与会代表的高度评价。

中共四川省委宣传部编写组、共青团四川省委编写组、
四川省关心下一代工作委员会编写组

农村妇女儿童工作

【基本情况】 2017年，四川省妇联改革、维权、妇女创新创业等工作在全国作交流发言，得到了国家领导和全国妇联领导的肯定。全国妇联巾帼脱贫工作、全国城乡社区儿童之家建设等在四川召开现场会，安全生产工作得到省政府表彰。全年中央、省委、全国妇联领导对省妇联工作批示15次，新华通讯社、《国内动态清样》、《瞭望》、《四川信息专报》、《每日要情》、《妇工要情》、《全国妇联简报》等宣传妇联工作18次。

【推进基层妇联区域化建设改革】 2017年，四川省4000个乡（镇、街道）完成区域化建设改革，覆盖率86.7%；有52048个村（社区）完成“会改联”，覆盖率99.3%。基层妇联工作队伍不断壮大，乡（镇）妇联执委数82343个，比改革前提高近10倍，村（社区）妇联执委达485500个，通过各种形式直接联系妇女群众9564419人，基层妇联工作队伍不断壮大，形成了妇女工作妇女群众做的可喜局面。加强了妇女儿童之家建设，全省5万余个“妇女之家”和35424个“儿童之家”为城乡社区妇女儿童提供了社区服务。推动出台了《四川省妇女儿童工作专项行动计划（2017—2020年）》，在川召开了全国城乡社区“儿童之家”建设推进会，推动全省“儿童之家”建设纳入了2018年省政府民生工程。《中国妇运》《调查与决策》等刊登了妇联改革等特色亮点工作。

【维护妇女儿童权益】 2017年，结合当前维权工作难点、热点问题和妇女儿童现实需求，四川省各级妇联及人大女代表、政协女委员深入基层一线向各级党委、人大、政府、政协提交调研报告、提案议案近200余篇，为党委政府提供决策参考，加强源头维权。推动省人大常委会将《四川省家庭教育促进条例》纳入2017年立法调研计划。利用“3·8”维权周等重要时间节点多形式广泛开展普法宣传活动，开展线下巾帼维权大讲堂1万余次，在省妇联官方微信开办“天府小妹微普法”专栏，已录制11期，阅读量60余万次。在四川妇联网建立服务大厅，打造集法律政策咨询、投诉、婚姻关系调适于一体的妇女儿童网上互动平台，率先在全国妇联系统实现网上咨询服务。

推动相关部门建立妇女儿童维权（家事）法庭325个，在四川妇联网和官方微信建立覆盖全省的妇女儿童“维权地图”。截至2017年年底，联合相关部门建立各类妇女儿童维权站点3万余个，成立“法律援助队”“爱心调解队”“普法宣传队”28332支，“巾帼维权智囊团”和“巾帼维权服务团”2910个，183个县（市、区）全部开通12338维权热线。抓点示范，以点带面，指导建设一批基层维权服务示范点，成都、南充、广元、攀枝花、资阳、巴中、眉山、泸州、德阳等市（州）立足社区，依托妇女儿童维权阵地，开展特色化的维权服务，及时疏导化解婚姻家庭及妇女儿童权益矛盾纠纷。

【引领农村妇女创业就业】 2017年，四川省妇女联合会开展了“天府创女”云课堂、“天府创女”贫困县专场问诊室等，为贫困县有创业意愿的妇女提供智力支持。截至2017年年底，全省建立妇女行业性合作组织（协会、促进会、互助会）等105个，居家灵活就业帮扶站点10573个。推动蜀绣、羌绣、彝绣和藏绣与当代文创产业的结合，形成了“母亲艺术”等特色品牌和绣织缘等企业品牌；争取到省委宣传部资金的支持，实施了“母亲艺术贫困地区妇女手工扶持计划”；争取文化厅在“藏羌彝文化走廊”建设中把发展民族特色妇女手工艺作为重要内容。初步构建了全省妇女手工产业多点支撑的版图。

牵头出台了家政服务质量规范、居家养老服务质量规范、早期教育行业等三个省级标准，进一步推进家政标准化进程。引导和推动全省巾帼家政服务业发展，“甜城妹子”等品牌家政纷纷发展壮大。与商务厅等部门联合启动“百城万村”家政扶贫试点，四川8个贫困县纳入试点。在计划脱贫“摘帽”县打造巾帼电商扶贫基地8个，积极推进京东四川公司等知名网商和红旗超市等川内大型连锁超市与全球十佳网商等负责的巾帼电商企业的对接，拓展特色优质农畜产品的线上线下销售渠道。

【加大特殊群体关爱力度】 2017年，四川省妇女联合会积极争取资金在“三州”开展妇女常见病防治工作。争取“两癌”救助专项基金1819万元，对全省建档立卡贫困家庭的“两癌”患病妇女救助实现全覆盖。继续执行春蕾助学、安康助学、母亲健康快车、母亲邮包等9个品牌公益项目，为全省妇女儿童提供各类帮扶。

大力开展普法宣传，在全社会发动巾帼志愿者、大学生志愿者与留守、困境儿童结对子，长期提供关爱帮扶。利用元旦、春节、六一儿童节，对孤残、困境、留守儿童加大关爱慰问力度。继续打造儿童公益学院，倡导“孩子帮助孩子”，带动了全省8万余个家庭参与到公益活动中。9月，“儿童公益学院”子项目“小小公益慈善+”获得第六届中国公益慈善项目大赛金奖及“百强项目”称号。

【家庭建设】 2017年,四川省妇女联合会多渠道开展家庭教育工作,新建"家风家教"公益微课堂群300余个,覆盖省内外家长25万余人;采取购买社会组织服务的方式,为家长特别是边远地区留守儿童家长提供答疑、辅导等服务,打造手机上的"家长学校"。分片区开展"科学家教进万家"巡回讲座,为少数民族地区和经济欠发达地区家长提供公益家庭教育指导服务。创新开展寻找"最美家庭"、廉政文化进家庭、"天府好家规"等活动13万余场次,吸引1300余万个家庭参与。打造"幸福使者"团队,举办"幸福使者·母亲课堂""幸福使者·家庭教育"骨干培训班,全省各级妇联共培训各级"幸福使者"16000余名,通过他们向全省广大家庭宣讲好家风好家教10余万场次。继续打造"儿童公益学院",举办了"儿童公益街"等儿童公益实践活动335场,新培养、发展儿童公益志愿者3000余名,带动了全省68000余个家庭参与到公益活动中,得到了儿童、家庭与社会的普遍认同。

四川省妇女联合会编写组

劳务开发、农民创业与就业

农村青年就业与创业

【开展滴灌式培训,培养农村致富"领头雁"】 2017年,共青团四川省委进一步聚焦青年电商创业群体个性化、差异化需求,围绕农产品电商服务、电商创业服务等方面内容,推动省、市、县三级联合开展多元多样培训。加强与省内开设电商专业高校合作,通过"西部计划"志愿者服务等基层项目,引导和支持毕业生到基层从事农村电商创业。发挥"政校企"联动效应,开展青年农场主培训,依托县域电商服务商,对接联系涉农企业及科技机构专家特别是涉农电子商务方面专家与农村电商创业青年开展结对帮扶,全面提高电商创业实操技能。开发农村电商创业微信"网络公开课"系统,建立手机端电商培训平台,搭建线上线下相融合的培训交流体系。联合高校、政府相关部门、知名电商企业专家组成青年电商创业导师团,采取"1+1""1+N"结对模式,从技术提升、产品品控、市场营销、资源对接等方面长期精准帮扶农村电商创业青年。截至2017年年底,全省各级团组织共举办省、市、县三级农村青年电商培训班300余期,培训电商创业青年29550余人。

【开展农村信用、信贷支持】 2017年,共青团四川省委联合四川银监局实施"银团挂职"行动,在每个县区安排一名金融机构业务骨干到团县委挂职,增强各级团组织专业工作力量,搭建农村电商创业青年与金融机构有效对接平台。依托各地电商创业服务平台,与邮储银行等涉农金融机构合作开发"蜀青邮贷""贷动青春"等"青字号"金融产品,加大电商创业金融扶持力度。团省委加强与京东、阿里等电商行业渠道企业、终端平台的战略合作,打造农村青年电商网络展销平台或网络集市,畅通当地农特产品整体上行渠道,加强地域性产品品牌推广。团省委先后直接联合京东集团、腾讯公司等对甘孜巴塘雪菊、广元苍溪猕猴桃等贫困地区农特产品进行推广,取得良好成效。截至2017年年底,全省累计发放农村青年创业小额贷款5000余万元,支持农村电商创业企业做大做强。

【实施四川青年创业促进计划(SYE)】 2017年,共青团四川省委联合财政厅、人力资源社会保障厅在全省范围共同发起四川青年创业促进计划(以下简称"SYE"),致力于帮助农村青年实现创业梦想。2017年,SYE进一步加大了对农村电商项目的支持和孵化力度,培育出了更多农村电商企业主体。截至2017年年底,SYE在全省招募创业导师1900余人,为创业青年累计提供评审、辅导志愿服务时间2.4万余小时;接受创业青年咨询90000余人次,接收项目申报4086个;开展项目复审15次,经交行征信及SYE评审委员会复审通过项目1304个,累计发放创业扶持资金10681.5万元,带动就业人数12432人次。

【开展专项行动】 2017年,共青团四川省委联合相关部门举办四川省电子商务青年创新创业大赛,搭建资源对接、市场推广、经验交流、社会宣传的平台,特别是协调优秀电商企业与项目落户各地农业产业园区、电商产业园区,推动农村电商创业项目规模化、品牌化发展。组织开展农村青年电商创业"领头雁"评选,吸纳各地优秀农村电商创业青年组建省、市级农村青年电商创业联盟,争取政府相关部门对优秀农村电商企业和项目的支持力度,营造各部门协同支持农村电商发展生态,充分利用传统媒体及新媒体平台,广泛宣传优秀农村电商创业青年。截至2017年年底,全省范围推选出200余个优秀农村青年电商项目,"一品一家""丈母娘"等农村电商品牌已获得较高的市场知名度和美誉度。

共青团四川省委编写组

农村妇女就业与创业

【基本情况】 2017年,四川省各级妇联一手抓妇女发展,一手抓贫困妇女帮扶,在巩固和深化妇女居家灵活就业工作成果的基础上,创新开展了巾帼创业创新行动和巾帼脱贫行动。

【农村妇女就业创业】 2017年,四川省妇女联合会开展"天府创女"云课堂、"天府创女"贫困县专场问诊室等,为贫困县有创业意愿的妇女提供智力支持。省妇联编制了《全省妇女居家灵活就业发展总体规划》和《妇女手工产业发展专项规划》,带动市(州)和区(县)共同规划了267个项目资源库;推动蜀绣、羌绣、彝绣和藏绣与当代文创产业的结合,形成了"母亲艺术"等特色品牌和"绣织缘"等企业品牌;争取省委宣传部资金支持,实施"母亲艺术"贫困地区妇女手工扶持计划;争取文化厅在"藏羌彝文化走廊"建设中把发展民族特色妇女手工艺作为重要内容。初步构建了全省妇女手工产业多点支撑的版图。

省妇联牵头制定了《四川省家政服务质量规范》《四川省居家养老服务质量规范》《四川省早期教育行业标准》3个省级标准,进一步推进家政服务标准化进程。引导和推动全省巾帼家政服务业发展,"甜城妹子"等品牌家政纷纷发展壮大。与商务厅等部门联合启动"百城万村"家政扶贫试点,四川8个贫困县纳入试点。

在绵阳、德阳、遂宁等地培育了"巾帼创客·乡村咖啡小镇"等双创工作品牌,在广安、眉山建立妇女特色产品电子商务展示平台和竹编创业展示园;在泸州、内江等地建设女大学生创业示范基地、女大学生创业实践基地206个。省妇联在计划脱贫"摘帽"县打造巾帼电商扶

贫基地8个。积极推进京东四川公司等知名网商和红旗超市等川内大型连锁超市与全球“十佳”网商等负责的巾帼电商企业的对接，拓展特色优质农畜产品的线上线下销售渠道。

【巾帼脱贫】 2017年，四川省妇女联合会制订了《组织动员妇女参与经济社会发展贡献“半边天”力量实施方案》，深化创新“巾帼建新功·共筑中国梦”主题实践活动，组织动员妇女为经济社会发展贡献力量。大力发展妇女手工、种养业、巾帼家政三大贫困妇女就业平台，全年争取全国妇联认定全国巾帼脱贫示范基地10个，累计建成全国现代农业巾帼科技示范基地73个，省级巾帼示范专合组织、巾帼家政、电商等居家灵活就业示范基地109个。在88个贫困县扶持创建“妇字号”脱贫基地145个、手工龙头企业38家，开展实用技术培训916期，培训建档立卡贫困妇女59474人次，带动贫困妇女就业增收2738.03万元。各级妇联推荐获得扶贫小额贷款的贫困妇女847人，获得小额贷款4040万元。通过巾帼家政转移就业贫困妇女8161人，通过巾帼电商带动贫困妇女就业6726人。

全年建立妇女行业协会(促进会、互助会)36个，进入妇女行业性合作组织的妇女人数达15130人。巴中市贫困妇女的“双轮持股、二次分红、脱贫退股、集体增收”模式，青川县巾帼脱贫促进会的“三资入股分红+按劳获酬强技”模式，青神县以“小额循环金”为纽带的“农村妇女互助合作”模式，乐至县通过“借钱购羊、送羊—送保险—还钱(或返羊)”的“幸福喜羊羊”循环帮扶模式，南充市高坪区妇联将竹编骨干、合作社与贫困户捆绑建立的“合作社+农户(贫困户)”合作脱贫模式等有效帮助贫困妇女脱贫增收。在四川幸福女性微信、川报观察专门开设了巾帼脱贫专栏，专题宣传一批脱贫致富先进典型，引领广大贫困妇女形成“一个女人一个家，自力更生脱贫兴家”的共识。

四川省妇女联合会编写组

民族地区社会事业

【基本情况】 2017年，四川省民族宗教事务委员会坚定以习近平新时代中国特色社会主义思想为统领，在省委的坚强领导下，聚焦省委决策部署和中心工作，认真学习宣传贯彻党的十九大和省第十一次党代会精神，持续深入贯彻中央和省委民族工作会议精神，坚定不移抓发展、民生、稳定三件大事，坚定不移推动民族团结奋斗和共同繁荣发展，坚定不移推进民族地区长治久安，全省民族工作不断开创新局面。

【民族区域自治工作】 2017年，四川省民族宗教事务委员会全面贯彻《四川省依法治省纲要》，制订了《关于健全机关事业单位干部学法用法制度的实施方案》，全面实施《民族区域自治法》，启动了《四川省清真食品管理条例》《阿坝藏族羌族自治州语言文字条例》修订等立法工作。完成政务服务事项梳理，清理公共服务事项64项、行政权力事项62项，完善工作流程，完成民族宗教工作系统省、市(州)、县三级“四川省一体化政务服务平台”建设。完成省民族宗教委门户网站“以案说法”栏目建设并运行，让“互联网+法治”工作得到拓展；组织参加“喜迎十九大共筑中国梦”民族法律知识有奖竞答；持久开展“法律七进”等活动。

【民族地区经济工作】 2017年，四川省民族宗教事务委员会参与起草《深度贫困县脱贫攻坚专项年度实施方案》《四川省深入推进农业供给侧结构性改革加快农业大省向农业强省跨越行动方案》等，制定下发《四川省2017年支援不发达地区发展资金预算指标的通知》并狠抓推进落实。全面落实中央和省委省政府脱贫攻坚重大决策部署，把民族地区脱贫攻坚作为重点任务来抓，协同财政部门在15个市(州)安排“三州”开发资金、支援不发达地区资金及少数民族发展资金52136万元，全部按渠道精准扶持到贫困民族县、乡、村、贫困户。按照统一部署，省民族宗教委牵头组织开展对色达、炉霍2县的脱贫攻坚全覆盖和扶贫资金项目专项督查工作，对10余个贫困村、200余户农牧民家庭开展全覆盖督导检查。省民族宗教委领导多次带队，共计20余人次深入色达县协调督导脱贫攻坚工作，带头宣讲党的十九大和省第十一次党代会精神，宣讲党的脱贫攻坚政策，激发干部群众感恩奋进、脱贫攻坚的内生动力，做好扶贫与扶志、扶智的结合。统筹协调项目资金1200万元，重点投入到基础设施、民生保障、环境整治、教育培训等方面，推动脱贫攻坚各项工作向纵深发展。加快产业培育，支持色达县建成藏香猪养殖基地、中藏药种植基地和乡村主题文化酒店，因地制宜培育青稞、紫皮大蒜、马铃薯、大棚有机蔬菜基地等一批绿色产业基地。帮助色达县开展缝纫、唐卡制作、摩托车维修、酒店服务等方面的职业技能培训，拓展群众增收渠道。统筹整合各类项目资金642.53万元，投入农牧产业发展等项目30个。不断壮大集体经济，通过土地流转等举措实现集体经济收益30万元并分红。联系爱心人士捐赠资金5万元、文体器材800余件、消防水泵3台。举办农民夜校20余期，培训群众800余人次。按照“六件套”2017年度实施方案，对大小凉山彝区相关工作分别进行跟踪指导和督查，已完成“六件套”中钢制家具类“四件套”的发放工作，“五选二”工作已超额完成年度目标任务，其中发放电视机18726台、太阳能20131台、电冰箱3213台、洗衣机3722台、钢架床416张。乐山市完成太阳能热水器4281台、彩电2646台采购任务；全实木餐桌凳、衣柜、橱柜4281套，洗衣机4281台，彩电1901台招标工作基本结束。安排“三州”开发资金3274万元，实施民族地区现代农牧业增收工程项目45个，其中养殖项目3个、种植项目8个、中藏药项目2个、加工项目3个、创业带头人培训项目21个、乡村旅游项目8个。项目已全部启动，覆盖带动少数民族群众1.8万余户7.7万人，人均增收1300余元。安排“小路”项目54个2397万元，修建环村路、入户路等170余千米；安排“小桥”项目595万元，修建人行便桥14座，有效解决了群众行路难问题。安排“小水”项目9个440万元，重点解决集中连片区域农田灌溉和田间渠系配套建设。安排“小能源”项目17个1098万元，扶持边远农村5100余户农牧民安装了太阳能热水器，并配套进行厨房、卫生间等生活设施改造。安排“三州”开发资金786万元，以特色农牧业种养技能、电工、焊工、农机驾驶技能、特色旅游管理等为核心内容，培训增收创业带头人和特色行业初级人才4500人，有效解决民族群众增收渠道单一、劳动技能较低、劳动收入低、维权难等问题，为增收致富创造条件。

【民族地区科技工作】 2017年，四川省民族宗教事务委员会实施《全民科学素质行动计划纲要》，以全国科普日、科技活动周为载体，在民

族地区、少数民族群众中持续深入开展卫生健康、环境保护、食品安全等科普知识宣传，对民族地区执行纲要情况进行督查。配合做好科普进彝家、进农民夜校工作，推动“科普进寺庙”活动，捐赠科普书籍1500本、体育用品30余套，藏区3个县10余个寺庙600余名僧尼参加科普教育，为现场每名僧众发放了日常备用药品。

【民族地区教育工作】 2017年，四川省民族宗教事务委员会全面实施《四川省民族地区教育发展十年行动计划》2017年度方案，安排“三州”开发资金3130万元，用于解决甘孜州、阿坝州、凉山州、攀枝花市、乐山市4万名寄宿制学生生活困难问题。牵头检查甘孜州3县15个乡（镇）20所中小学校的教育工作。推动“9+3”、内地民族班、中央民族大学附属中学招生10000余人（其中“9+3”学生9000余人），协助完成2014级“9+3”藏彝区学生5262人就业，初次就业率98.3%。将“一村一幼”支持范围由彝区13县扩展到民族自治地方51个县。将四川省藏文学校、四川省彝文学校纳入国家“十三五”职业教育产教融合2018年投资建设规划，争取中央预算内资金2000万元用于教育实训基地建设。

【民族地区文化工作】 2017年，四川省民族宗教事务委员会全面实施《国家语言文字事业“十三五”发展规划》，起草《关于推进四川省民族地区干部双语学习工作的实施意见》并组织实施，促进少数民族语言文字规范标准建设和信息化工作。修订完善《川滇黔桂四省区彝语文工作联席会议办法》，做好少数民族进城务工人员民族语言服务工作。选派4名学员参加第三期民族语文应用研究中青年学者高级研修班。推荐凉山州两河口村为全国双语和谐乡村建设候选单位，组织21人开展申报少数民族语言文字翻译系列高级职称工作，启动《汉彝词典》修订再版工作。完成国家重点出版项目《中化民族文化大系·雪域之光—藏族卷（上、下）》《中国少数民族古籍总目提要—藏族卷》《凉山彝族古籍定级资料汇编》《羌族萨朗》《珙县苗族蜡染图谱》等系列书籍。民族研究取得较大进展，全年申报国家社会基金、国家民委等各类课题32项，其中12项课题已完结，7项11人次获得一等奖1项，二、三等奖各3项。以凉山彝区脱贫攻坚为背景，献礼党的十九大电视剧《索玛花开》群众反响强烈，首部羌族红色题材电影《红色土司》开机拍摄，《民族》《四川民族宗教》杂志发行量稳步提升。

【民族地区卫生工作】 2017年，四川省民族宗教事务委员会充分发挥成员单位职能职责，参与《健康四川十三项行动计划》《传染病和地方病防治“十三五”规划》等10余项涉及民族地区卫生事业发展的规划。参与年度艾滋病防治和爱国卫生目标检查工作，从民宗工作渠道筹措资金910万元，支持禁毒防艾、血防等民族地区卫生防疫工作。推荐上报全国少数民族医药工作先进单位4个、先进个人16名、民族医药专家45名。

【民族地区宗教工作】 2017年，四川省民族宗教事务委员会开展“学习宣传全国全省宗教工作会议精神”等系列主题教育，邀请国宗局司长作《解读全国宗教工作会议精神》专题讲座等，持续深入贯彻落实全国全省宗教工作会议精神。在全省宗教领域深入培育和践行社会主义核心价值观，用中华传统文化浸润宗教、引领教义教规阐释，潜移默化地赋予各宗教符合时代进步、社会和谐、文明健康的新理念新内容。开展新修订《宗教事务条例》宣讲工作。持续深入开展以“规范”为主题的和谐寺观教堂创建活动，推动法律进寺。完善207座寺庙用地审批手续，查处非法宗教设施113起。确定喇荣寺五明佛学院、格尔登寺等10处宗教场所开展财税监管试点，印发汉藏双语《法律进寺庙财税法律知识读本》。为545座寺庙开设银行结算账户，完成302座寺庙财务审计。有序推进《不动产权证》办理工作。迅速应对“8·8”九寨沟地震，深入九寨沟、松潘、若尔盖等县灾区了解灾损情况，及时统计受灾数据，与省重建委对接协调，将23处受损宗教活动场所纳入灾后恢复重建规划（总预算规模3773万元）。全面完成康定市地震受损宗教场所恢复重建任务27个。

四川省民族宗教事务委员会编写组

农村财政、金融与市场监管

农村财政与金融

财政支农工作

【基本情况】 2017年，四川省财政部门按照“十三五”“1155”财政支农工作思路，围绕主要农产品有效供给和农民持续稳定增收核心目标，全面落实各项强农惠农政策。投入中央和省级财政农业专项资金424.3亿元，增长15.4%。创新财政支农机制，提升农业财政管理水平，推动农产品供给质量不断提升，农业基础更加扎实，农村面貌有效改善，脱贫攻坚再战再胜，农业农村发展呈现持续向好态势。

【深入推进农业专项资金分配管理改革，财政资金使用绩效明显提升】 2017年，四川省财政厅坚持把农业专项资金分配管理改革作为财政支农工作的主线，认真落实统筹整合、简政放权、转变方式、绩效管理的要求，将省级财政农业专项预算压缩到11个，充分体现了集中财力办大事。坚持放权赋能，实行资金、任务、权力、责任“四到县”，充分发挥基层的主体作用。

用好用活财政支农资金，扎实开展“五补五改”，促进财政资金由“直接投”向“间接引”转变，引导资金要素“留在农村、流向农村”。加强农业信贷担保体系建设，初步构建省级农业信贷担保为龙头、市(州)农业信贷担保为纽带、县级农业信贷担保为基石的农业信贷担保体系，引导撬动农业担保贷款82亿元。广安市、内江市组建了农业产业投资引导基金，吸引社会、金融资本投入农业农村。加强绩效预算管理，扎实开展绩效评价，健全激励约束机制，“花钱必问效、无效必问责”的理念逐步形成。

【深入推进精准扶贫精准脱贫，脱贫攻坚取得重大成效】 2017年，四川省财政厅始终把脱贫攻坚作为头等大事。围绕2017年度22个扶贫专项工作计划，全省全年各级财政投入扶贫资金749亿元，实现支出717亿元，执行进度达95.7%，为108.5万贫困人口脱贫、3769个贫困村退出、15个贫困县“摘帽”提供了财政保障。省级财政下达贫困县均衡性转移支付单列单算补助资金34.2亿元，落实贫困县基本财力保障奖补资金86.4亿元，切实增强贫困县落实基本保障、提供公共服务和改善民生的能力。

扩大贫困县涉农资金统筹整合试点范围，支持营山县、岳池县等18个省定贫困县开展试点工作，实现了贫困县全覆盖。始终把贫困县统筹整合预算调整报经同级人大审批或备案作为合规标准，严格方案审查和预算科目调整。注重整合方式创新，“蓄水统配”“截长补短”“引流归口”三大模式初步形成。全年88个贫困县统筹整合涉农资金271亿元，集中推进脱贫攻坚重点项目建设。

创新帮扶方式，省财政安排资金2.3亿元，开展资产收益扶贫试点，将财政支农资金形成资产股权量化给贫困户，实行按股分红、收益保底。全省全年财政支农资金覆盖7.3万贫困户，实现户均分红500元以上。省农担公司在广元市和宜宾县探索实践了“政担银企户”联动扶贫试点。获得农业担保贷款的新型农业经营主体，通过提供就业、定点收购、代耕代种等方式，直接联结贫困户，开辟了产业扶贫新路子。开发乡村公益性岗位，省财政下达资金2.8亿元，通过政府购买服务方式聘请了5.7万名贫困群众为生态护林(草)员，实现就地就近就业。

规范四项扶贫基金管理使用，截至2017年年底，全省“四项扶贫基金”累计筹资110亿元。其中，教育扶贫救助基金8.3亿元，支出3.1亿元，资助贫困家庭学生41万名；卫生扶贫救助基金8.2亿元，支出1.9亿元，资助贫困人口55.7万人；扶贫小额信贷分险基金规模33.2亿

元，引导57万贫困户借用扶贫小额信用贷款176亿元；贫困村产业扶持基金规模60.3亿元，38.7万贫困户借用产业扶持基金33.3亿元，有效解决了贫困群众就学、就医方面的现实困难和产业发展方面的长远生计，从制度层面丰富和完善了脱贫攻坚政策体系，推动“两不愁、三保障”落实落地。

【深入推进农业供给侧结构性改革，农业生产经营方式发生重大变化】 2017年，四川省财政厅制定了《财政支持农业供给侧结构性改革的实施意见》，推动33条政策措施落实落地。围绕建基地，筹集资金70.6亿元，加强农田水利基础设施建设，加快农业科技推广，提高主要农产品供给保障能力。全省新建高标准农田410万亩，创建现代农业产业融合示范园区230个，国家级现代农业产业园3个、省级现代农业产业园5个，国家级特色农产品优势区3个。全省粮食总产量达3498.4万吨，增产0.4%。

围绕创品牌筹集资金5.9亿元，培育壮大新型农业生产经营主体，推进信息进村入户示范，建成益农信息社20745个。加强区域品牌建设，引导创建“三品一标”、著名商标、四川名牌、老字号等品牌，提升本土产品品牌、企业品牌、区域品牌知名度和美誉度，“川字号”农产品品牌影响力不断扩大。截至2017年年底，全省累计有效期内“三品一标”品牌达5142个，比2012年增加931个。

围绕搞加工筹集资金12亿元，发展农产品初加工和冷链物流，推广“产地集配+销地分拨”等直销模式，实现生产、加工、流通、消费有效衔接。通过贷款贴息、农业担保等政策，支持龙头企业和农民合作社提高精深加工能力，全省农产品加工业总产值达1.13万亿元。

【深入推进山水林田湖草系统治理，农业农村绿色发展不断加快】 2017年，四川省财政厅牢固树立“山水林田湖草是一个生命共同体”的理念，围绕大规模绿化全川行动方案，筹集资金59.2亿元，支持退耕还林、天然林保护、防沙治沙等林业生态工程建设，启动实施川西高原生态脆弱区综合治理“三年计划”，探索生态综合治理新模式。筹集资金8.8亿元，落实草原生态保护补偿奖励政策，建立退化草场禁牧补偿和科学轮牧机制。全省森林覆盖率达38.03%，川西北牧区天然草原综合植被盖度85.2%。

全面落实“一控两减三基本”要求，筹集资金21.6亿元，扎实开展水资源节约保护、水土流失综合治理和中小河流治理，实施长江上游干旱河谷生态治理产业脱贫工程，全面推进农业水价综合改革，控制农业用水总量，修复水生态，改善水环境。筹集资金1亿元，支持开展国家和省级农产品质量安全县（市）创建，提升农产品监测、追溯、监管体系建设水平。推进国家大熊猫公园体制改革试点，全面落实河长制，创新建立渠江流域河流保护治理重大项目库，通过抓项目带动形成渠江流域有效治理和保护的长效机制，打响“蓝天、碧水、净土保卫战”，逐步实现资源休养生息、永续利用和农业农村可持续发展。

【深入推进“四好村”创建，幸福美丽新村建设迈上新台阶】 2017年，四川省财政厅围绕业兴、家富、人和、村美“四项标准”和住上好房子、过上好日子、养成好习惯、形成好风气的“四个好目标”筹集资金41.8亿元，支持63个省级幸福美丽新村示范县和3700个扶贫新村建设，分类推进藏区新居、彝家新寨、巴山新居、乌蒙新村建设，整体提升幸福美丽新村建设水平。筹集资金4.4亿元，深入推进美丽乡村建设，开展田园综合体试点，推进农村一二三产业深度融合，打造集循环农业、创意农业、农事体验于一体的田园综合体。全省累计建成幸福美丽新村21282个，占全省行政村总数的42%；创建省级“四好村”3481个，省财政按照每村10万元的标准对省级“四好村”给予奖励补助。

【深入推进农村改革创新，农业农村发展动力显著增强】 2017年，四川省财政厅以放活土地经营权为重点，开展土地股份合作、土地托管、农业共营制等多种形式的适度规模经营，新型农业经营主体蓬勃发展，家庭农场达4.4万家，农民合作社达8.8万个，龙头企业超过1万家，培育新型职业农民14万人。启动扶持村集体经济发展试点，筹集资金5亿元，支持500个试点村发展农业规模经营、农村服务业、物业经济、合作经营等多种形式的村级集体经济，有计划地逐步消除“空壳村”。

实施“一事一议”财政奖补，推广民办公助机制，让农民自己“说事、议事、主事”，做到“村里的事情村民商量着办”。深入推进财政支农项目形成资产股权量化改革，支持推广“资源变资产、资金变股金、农民变股东”模式，拓宽农民群众增收渠道。全省农民人均可支配收入达12227元，增长9.1%，农民收入增速高于城镇居民收入增速、高于全国收入增速平均水平，群众获得感、幸福感显著增强。

四川省财政厅编写组

农村金融工作

【不断加大信贷支持力度】 2017年，中国银监会四川监管局在年度监管工作会议及条线监管工作会议中专题部署“三农”金融服务工作，加强涉农贷款投放情况的监测分析，及时对涉农贷款投放不积极的银行业机构进行窗口指导。同时，四川银监局强化监管考核引领，按照涉农与非涉农机构分类，首次组织对辖内202家银行业机构的农村金融服务工作开展机构自评和监管评价，从地区、机构类别、单家机构三个维度按季对辖内银行业机构涉农贷款投放情况开展考核，并将考核结果与银行业机构监管评级、高管履职评价、市场准入挂钩，以此督促全省银行业机构积极支持四川省农业供给侧结构性改革，不断加大涉农信贷投放力度，提升农村金融服务质效。截至2017年年底，全省银行业机构涉农贷款余额合计16407.56亿元，较年初增加1406.12亿元，增长9.6%，实现连续3年持续增长。

【有序开展“三农”金融服务创新】 2017年，中国银监会四川监管局稳步推进“三权”抵押贷款试点。全省共有12个县（市、区）被纳入农村承包土地的经营权、农民住房财产权、农村集体经营性建设用地使用权抵押贷款试点。四川银监局加强与相关部门沟通协作，积极推动试点配套政策和设施的完善，深入试点地区开展现场调研，了解工作推进情况，对业务发展提出意见和建议，并及时召开“三权”抵押贷款试点情况交流座谈会，总结试点经验和成效，分析试点工作难点，对银行业机构进一步深化“三权”抵押贷款试点达成共识，引导银行业机构稳健试点、总结经验、创新服务。截至2017年年底，12个试点县（市、区）“三权”抵押贷款余额共计30.76亿元。持续引导加强“双基”合作，四川银监局将“双基合作”惠农贷款模式推广情况纳入对涉农银行业机构农村金融服务工作的考评，促进涉农银行业机构提升支农惠农工作主动性，该项工作得到银监会主席郭树清肯定性批示。截至2017年年底，全省涉农银行业机构已与3056个乡（镇）开展“双基”合作，成立村级信贷工作室9603个，贷款余额达401亿元。不断总结推广“三农”金融服务典型经验，四川银监局及时召开“三农”金融服务情况交流座谈会，为交流工作经验和推广可借鉴、可复制的创新成果搭建平台，引导银行业机构聚焦“三农”金融服务工作难点和焦点，明确工作

方向与重心，形成全力推进“三农”金融服务的工作合力。并对成都农村金融服务综合改革的情况开展专题调研，提炼总结有益做法，引导银行业机构不断加大支持力度。

【着力完善农村普惠金融服务体系】 2017年，中国银监会四川监管局重点抓好金融空白乡（镇）覆盖工作。四川银监局召开金融机构空白乡（镇）2017年度实施规划推进工作会，明确年度发展规划任务，对工作进展实施按月监测、按季通报，全年在31个金融机构空白乡（镇）实现了网点覆盖，超过年度规划任务5个。持续推动农村基础金融“村村通”工作。四川银监局推动银行业机构提高农村基础金融服务深度与广度，进一步明确农村基础金融服务“村村通”统计口径，增设乡（镇）及行政村统计明细，确保基础信息的真实、全面和准确。截至2017年年底，全省银行业机构服务覆盖行政村46469个，行政村覆盖率达96.39%；建档（评级）农户数1536.43万户，授信农户数1060.4万户。持续推进“三大工程”，四川银监局以推进解决金融机构空白乡（镇）、加强“双基”合作、加大金融创新等为抓手，引导农村中小金融机构深入实施金融服务进村入社、阳光信贷和富民惠农金融创新“三大工程”，不断提升农村普惠金融的便利性、可获得性和满意度。不断强化惠民惠农服务，四川银监局督促银行业机构按照省委省政府工作部署，加大各项惠民惠农工程支持力度，持续做好凉山彝家新寨新居、巴山新居建设、牧民定居计划的金融服务。截至2017年年底，巴山新居建设累计发放贷款14.17亿元，支持23786户，贷款余额7.78亿元；彝家新寨建设贷款余额1.42亿元，惠及彝族群众6330户；安宁河谷新村建设贷款余额2.35亿元，扶持农村居民建新房8681户；凉山地区产村相融贷款余额126.78亿元，惠及彝族群众255033户。

中国银监会四川监管局编写组

中国农业发展银行四川省分行涉农工作

【基本情况】 2017年，中国农业发展银行四川省分行深入贯彻党的十九大精神，认真落实习近平总书记对四川工作系列重要指示精神，坚持稳中求进总基调，以服务脱贫攻坚统揽业务发展全局，结合四川实际，全面履行农业政策性银行职能，金融扶贫和信贷支农作用持续增强。全年累计投放信贷资金677亿元，增加208亿元，增长44.35%，贷款投放量创历史新高。在农发行定向发债置换地方政府贷款158亿元的基础上，年末贷款余额仍达1716.73亿元，比年初增加214.25亿元，增长14.3%；资产总额达2371.61亿元，比年初增加466.99亿元，增长24.52%。农发行重点建设基金投资438.46亿元，投资金额和投资项目均列全国农发行系统首位。2017年，农发行四川省分行被四川银监局评为“2017年度金融扶贫工作先进单位”“2017年度四川银行业服务实体经济先进单位”，获得“《四川银行业》通联工作先进单位”“第五届四川金融业传媒大奖——服务实体经济奖”称号。

【保障国家粮食安全】 2017年，中国农业发展银行四川省分行积极配合做好国家政策性粮油“去库存”工作，全年累计“去库存”油脂3.435亿千克、粮食9.32亿千克，销售货款到账即收贷款42.98亿元，切实做到了应收尽收。积极做好地方储备粮油信贷管理工作，全年累计投放地方储备粮油贷款8.31亿元，累计收回3.04亿元，年末地方储备粮油贷款余额73.89亿元，比年初增加5.27亿元。积极顺应粮食收储制度市场化改革的大趋势，切实保障了夏秋两季收购工作顺利推进。全年累计投放收购类信贷资金33.92亿元，增加0.25亿元，支持企业收购入库粮食21.71亿千克，增加2.405亿千克，占全社会企业收购量的41.2%，提高11.7个百分点。

【全力服务脱贫攻坚】 2017年，中国农业发展银行四川省分行紧紧围绕省委省政府脱贫攻坚决策部署，聚焦全省16个贫困县“摘帽”、3700个贫困村退出、105.1万贫困人口脱贫的年度目标任务，以支持贫困村提升为重点，围绕“住房改善、设施完善、产业发展”等多个维度，加大扶贫贷款精准投放力度。全年累计投放精准扶贫贷款340.91亿元，增加191.09亿元；年末精准扶贫贷款余额680.96亿元，占全部贷款余额的39.66%，比年初提高10.28个百分点。全力支持易地扶贫搬迁，全年投放易地扶贫搬迁贷款108.03亿元，惠及全省易地扶贫搬迁任务县144个、易地扶贫搬迁人口77万人。在全省易地扶贫搬迁贷款中占比近60%，成为名副其实的易地扶贫搬迁贷款主办行。积极支持基础设施扶贫。以农村公路建设、土坯房改造、农田水利建设、农业园区建设等为支持重点，投放贷款198.08亿元，为省道454线甘孜段改造，三台县、射洪县土坯房改造，广元市贫困村路网建设等上百个基础设施扶贫项目建设提供了有力支持。大力支持扶贫产业发展，支持贫困地区粮棉油收储，农业产业化经营和康养、旅游等特色产业，促进“一二三”产业融合发展，全年投放产业精准扶贫贷款34.8亿元，以南充中法农业科技园农业开发及旅游项目为代表的一批扶贫产业项目获得了支持。

【重点支持“三农”发展】 2017年，中国农业发展银行四川省分行以服务农业供给侧结构性改革为主线，积极支持城乡一体化、农业现代化发展。一是大力支持涉农棚户区改造。全年审批涉农棚改贷款项目92个，审批金额436.32亿元，投放棚改贷款216.9亿元，年末棚改贷款余额达239.08亿元，比年初增加212.08亿元，为威远县严陵镇杨家坝和威玻片区棚改、西昌市航天大道东延线棚改项目等提供了支持。二是着力支持补齐农业农村基础建设短板。以城镇基础设施、水利工程、农村路网、土地整理等为重点，累计投放农业农村基础设施建设贷款113.99亿元，为遂宁市农村环线公路、泸州市长江湿地新城、资阳市毗河引水等工程建设提供了支持。三是积极促进农业产业化发展。巩固好对原有农业企业客户的支持，及时满足其合理需求。同时加大对涉农优质产业实体企业的营销力度，稳步增加客户数量，不断改善客户结构。全年投放农业产业化贷款34.12亿元。

【创新探索发展新路】 2017年，中国农业发展银行四川省分行积极适应地方政府债务从严管控的新形势和新要求，探索支持信贷新模式和发展新路径。积极推行扶贫过桥贷款业务。对除易地扶贫搬迁贷款外的其他扶贫项目，按照国务院和银监会“对有确定、稳定资金来源保障的扶贫项目，可以采用过桥贷款方式”的要求，通过扶贫过桥贷款予以支持。全年审批扶贫过桥贷款项目78个，审批金额168.9亿元，已有68个项目113亿元实现投放。扶贫过桥贷款业务在全国农发行系统处于领先地位。积极探索支持自营性涉农项目建设。及时转变思路，加大了对通江县乡村旅游示范带建设、宣汉县巴山大峡谷旅游扶贫开发、内江市黄雀湖生态旅游度假区、遂宁市安居区琼江流域林业开发与生态保护等一批实体公司建设运营、现金流充足的经营性项目的支持。积极支持“万企帮万村”行动。将扶贫理念融入对实体企业的支持，采取“万企帮万村”等形式，实现支持实体与服务脱贫融合发展。四川省茶业集团、四川铁骑力士集团和四川东柳醪糟等15户参与“万企帮万村”行动的产业化龙头企业获得了贷款支持。积极争

取总行支持，在全系统率先完成专项基金投资省级担保公司试点工作，向四川省能源投资集团旗下的四川省金玉融资担保有限公司注资20亿元，使其注册资金增加到50亿元，大大提升了其对全省脱贫攻坚和中小企业的融资担保能力。

【积极开展扶贫捐赠】 2017年，中国农业发展银行四川省分行加大对口帮扶力度。继续做好广元市利州区及其辖内三堆镇龙池村、白朝乡观音村精准扶贫帮扶工作，在投放贷款5.32亿元支持利州区加强农村基础设施建设的同时，捐赠现金及物资共计43.6万元，为利州区整体脱贫提供了积极的融资、融智支持。省分行机关开展自愿捐助活动，向凉山州昭觉县"悬崖村"勒尔小学捐资助学2.35万元。全年累计向贫困地区捐赠115万元。

中国农业发展银行四川省分行编写组

中国农业银行四川省分行涉农工作

【基本情况】 2017年，中国农业银行四川省分行牢记支持实体经济使命、不忘服务"三农"工作初心，紧扣全省强农富农惠农工作部署，勇担服务"三农"和金融扶贫责任，始终聚焦全省"三农"重点项目、重点客户、重点业务持续发力、久久用功、一抓到底，用心用情用力开展"三农"金融服务，放好放足放优各项涉农贷款，确保"三农"和扶贫工作取得了阶段性成效，有力推动全省农村经济更好更快发展。

【支持"三农"重点项目建设】 2017年，中国农业银行四川省分行新发放"三农"贷款506亿元，"三农"贷款余额达2200亿元，净增212亿元，支持"三农"重点项目建设113个。农田水利、农村电网、农村基础设施、新型城镇化、休闲旅游贷款余额居全国农行系统和全省金融同业第一位，实现新开工国家172水库、高标准农田、城镇化项目和5A级景区金融服务全覆盖。

【支持金融扶贫攻坚】 2017年，中国农业银行四川省分行全面落实省委扶贫工作部署，全力响应省委书记王东明扶贫工作指示，紧密对接政府规划、紧盯政府主导项目、紧扣政府增信机制，明确"四重点、四着力、四到位"金融扶贫方略，省、市、县三级农行共同发力，全面开展产业扶贫、项目扶贫和定点扶贫。新发放扶贫贷款202亿元，88个贫困县贷款余额达1051亿元，净增104亿元，连续两年贷款增量超百亿元；45个深度贫困县贷款余额401亿元，净增46亿元；精准扶贫贷款余额752.7亿元，比年初增加95亿元，增长14.5%，直接带动和支持28.3万户贫困户拔"穷根"、摘"贫帽"，金融精准扶贫贷款在全省农行系统和同业排名"双第一"，其中产业扶贫贷款余额127亿元、项目扶贫贷款余额597亿元、建档立卡贫困户贷款余额10亿元，均居"四行"第一位。

【支持农业现代化发展】 2017年，中国农业银行四川省分行紧扣农业供给侧结构性改革主线，以农业新主体为重点，全面开展大服务、扶持大龙头、支持大产业、打造大品牌。全年新增贷款和融资104亿元，支持460家龙头企业、2546户专业大户规模化集约化经营，全行农业产业化贷款余额居全国农行系统第二位、全省四大行第一位。

【支持农民创业置业】 2017年，中国农业银行四川省分行围绕农村一二三产业化融合发展，跟进农村产权改革进程，创新抵押担保，助力农村大众创业、万众创新。创新推广农民"安家贷、安置贷、养老贷、移民贷、惠农贷、烟农贷、粮易贷"等特色农户贷款产品23个，创记录投放农户贷款101亿元，支持31.6万农户增收创收，鼓起"钱袋子"。

【拓宽农村服务渠道】 2017年，中国农业银行四川省分行坚持财力、人员、资源优先投向"三农"，加快互联网金融产品在农村的应用，独家推出"银讯通"支付服务，有效打通农村金融服务"最后一公里"。投入"三农"成本31亿元，发行惠农卡931万张，设立惠农服务点5.3万个，布放自助机具12.6万台，让全省老百姓生产生活"足不出村、足不出户"就享受到现代金融服务。

【服务支持农村基础设施建设】 2017年，中国农业银行四川省分行创新运用政府购买、特许经营权质押等模式，支持农村基础设施项目36个。独家审批贷款62亿元支持全省农村电网建设。创新"供水收入+折旧基金+水利基金"模式，审批发放贷款11亿元，支持红鱼洞水库、全省重点水利工程达60%。率先采取"政府购买+补贴补助"模式审批贷款14亿元，投放贷款5亿元，支持138万亩高标准农田建设，占全省规划总量的1/3。

【服务支持农业产业化】 2017年，中国农业银行四川省分行开展"十亿百家"服务行动，创新运用"贷投债租"组合模式，满足460家农业产业化龙头企业多元融资需求，支持10家龙头企业"走出去"办理跨境融资、涉外保函、国际结算68亿元，拓展"一带一路"业务。截至2017年年底，农业产业化龙头企业用信余额232亿元，覆盖90%的国家级龙头企业、70%的省级龙头企业。

【服务支持农产品流通】 2017年，中国农业银行四川省分行开展"百强市场"服务行动，聚焦全川农业部定点市场、商务部双百市场，以特色农产品产地批发、冷链物流、追溯体系建设为重点，开展"1+N"全节点服务，领跑同业贷款32亿元，支持农产品流通市场建设29个，发放商铺按揭贷款11亿元，上线商户农银e管家8万个，助力"川字号"特色农产品进城入市、跨省出国。

【服务支持民生事业】 2017年，中国农业银行四川省分行开展"一县一医院、一县一学校"服务行动，贷款17亿元支持县域医院和中学34所，创新"银医通"特色产品服务县域医院50个。领跑同业发放贷款35亿元，支持县农房拆迁和城镇棚户区改造项目21个，首创"农民安置贷"产品，发放贷款12亿元，支持彭州、仁寿、渠县3个县(市)2.6万农民安居乐业。

【服务支持农村新主体】 2017年，中国农业银行四川省分行开展"百社千户"服务行动，举办新主体培训122期4575户，与政府基金、农业担保、保证保险、妇联团委多方合作，创新推广惠农贷、财补贷、兴业贷等23个特色产品，发放贷款105亿元支持农民合作社139户、专业大户2546户和新型职业农民16.8万人，实现农民合作社贷款各市(州)全覆盖、专业大户贷款各县(市、区)全办理。

【服务支持农地改革】 2017年，中国农业银行四川省分行积极开展农村产权改革服务创新，领先同业在郫都支行发放贷款1.6亿元支持集体建设用地入市改革，率先在泸县支行探索发放3.2亿元作为农民宅基地退出土地整理贷款，成为全国宅基地改革试点土地整治贷款首单。全省13个国务院"两权"改革试点县中，在具备条件的12个县实现农地信贷突破，为同业最多。

【服务支持城镇化建设】 2017年，中国农业银行四川省分行开展"十城百镇"服务行动，采取政府购买、PPP项目、特许经营权质押服务模式，全面支持国资平台、国企央企、大型民企、集体企业打造特色城镇121个和美丽新村18个，实现全省各市(州)城镇化信贷全开办，支持建设中国特色小镇5个，发放农民"安家贷"121亿元，支持7.8万户农民进城购房。

【服务支持特色旅游】 2017年，中国农业银行四川省分行开展“十县百景”服务行动，创造性运用旅游设施贷、置换贷、景区商户经营权抵押等模式，领跑同业投放旅游贷款87亿元，对县域10家5A级景区“一网打尽”、对195家4A级景区覆盖64%。首次运用高等级景区双倍授权政策，投放贷款8亿元支持都江堰景区升级。

【服务支持特色农业】 2017年，中国农业银行四川省分行针对全川12个特色农业细分产业、42个特色农产品产区制订全产业链金融服务方案，提供上下游集成服务。对“川字号”特色农业各类主体授信162亿元，打造竹叶青茶叶、郫县豆瓣等农业类中国驰名商标78个，培育四川泡菜、巴山富硒茶等四川省农业特色品牌347个，全省“三品一标”农产品支持率超过50%。

【抓触网】 2017年，为增强农村群众对现代金融服务的获得感，中国农业银行四川省分行咬定“县县有涉农代理、村村有惠农通、户户有惠农卡、人人享农行金融服务”奋斗目标，持续用力构建“物理网点+自助银行+惠农通+互联网金融”渠道体系，切实让农行现代金融产品和服务走进千家万户。运用互联网、大数据、人工智能等金融科技手段，创新“三e”齐发，提高互联网金融服务“三农”水平。稳步推进“惠农e贷”。创新设计特色产业、信用村信用户、政府增信、惠农卡便捷贷、惠农通服务点业主5种互联网融资模式，解决农民贷款抵押难问题，全年首批在会东县、会理县、三台县、富顺县、广元市昭化区试点均实现突破，建立“白名单”农户981户，给予信贷授信2528万元。大力推进“惠农e付”。全年在遍及各个村镇的18250个惠农服务点新上线“农银e管家”，使2300万农村群众“足不出村”就可缴付水电气等公共事业费用。加速推进“惠农e商”。为加快农村商品融通，全年在农村推广农银e管家商户9.5万元，实现交易26.5万笔31亿元，创历史新高，为农产品进城、农资下乡插上“科技翅膀”。

【优布点】 2017年，中国农业银行四川省分行按照服务点不减、乡村覆盖率不降原则，采取增加有效点、撤并低效点模式，依托移动服务点、供销社服务点、农村医疗服务点、龙头企业农资店、农村小超市五大有效门店，优化惠农服务点布局。重点与四川移动强强联合，创新打造基于手机和移动网络的“银讯通”产品，实现哪里有移动信号哪里就有农行服务。截至2017年年底，共在农村布放惠农服务点5.3万个，实现交易1538万笔342亿元。该产品荣获国家专利权、全省专利二等奖，被中国银行协会评为全国“服务‘三农’50佳金融产品”。

【建平台】 2017年，中国农业银行四川省分行全面充实惠农服务点支付结算、项目代理、农贷催收、客户推荐、电商交易、产品营销六大平台功能，努力打造成农村社区银行。全年涌现出全省银行业农村综合服务优质点244个。同时，按照网点智能化、轻型化、综合化转型方向，积极在县域增设物理网点18个、自助网点39个，提高人口大镇、经济强镇、空白乡镇金融服务覆盖率，进一步扩大农民享受农行现代金融服务的可获性。

【建立考核动力机制】 2017年，中国农业银行四川省分行严格将“三农”金融事业部考评结果纳入各级农行综合绩效考核和领导班子年度考核，通报慢作为，问责不作为。引导督促各县支行立足本地资源优势、产业特色，加大信贷投放力度，全力支持地方经济发展。

【建立挂点帮扶机制】 2017年，四川省各级农行领导班子及机关部门带头挂点重点县1个、贫困县1个开展工作帮扶指导，做到每年至少深入挂点县所在分支机构开展工作调研1次、协调党政关系1次、帮助营销项目1个、解决困难问题1个，并把帮扶机构贷款投放纳入帮扶领导和部门绩效考评，做到上下同欲，找准支持地方经济发展的有效路径。

【建立资源保障机制】 2017年，中国农业银行四川省分行优先满足县支行支持地方经济信贷规模、财务费用、劳动用工等经营资源合理需求，全年校园招聘计划56%以上用于县域支行，并且单列一定战略工资和费用激励县支行积极支持当地重点项目建设、骨干企业发展、特色产业培育。

【建立分类指导机制】 2017年，中国农业银行四川省分行开展县支行支持地方经济信贷投放“比学赶超”竞赛，分类制定经济强县支行、百万人口大县支行、深度贫困县支行支持地方经济发展指导意见，疏通政策堵点、靶向治疗痛点，推动各县支行因地制宜、特色发展。全年压降贷存比10%以下支行10家，涌现出贷款规模超百亿元县支行3家、超50亿元县支行16家。

【建立队伍培育机制】 2017年，中国农业银行四川省分行抓住“县支行班子建设”这个中心，调整优化县支行领导干部168人次，培育县域青年英才314名，确保服务“三农”战略落地实施。紧扣基层党建这根支柱，制定营业网点党建工作意见，县支行网点独立支部建立率达90%，服务“三农”战斗堡垒不断夯实。聚焦“三农”人才这支队伍，全行动员开展“大新特‘三农’”知识大赛，在每个县支行打造1支懂“三农”、爱农村、爱农民的专业队伍。

中国农业银行四川省分行编写组

新型农村金融机构

综　　述

【稳妥培育新型农村金融机构】 2017年，中国银监会四川监管局引导村镇银行优化网点布局，进一步下沉服务重心。推动青白江、阆中、中江融兴等3家新设立村镇银行顺利开业，促进村镇银行规模发展壮大；推进国家开发银行整体转让辖内3家村镇银行股权，实现中银富登集约化管理村镇银行。截至2017年年底，四川省有新型农村金融机构56家，其中村镇银行53家、贷款公司2家、农村资金互助社1家；共设立网点265个，其中新设网点26个，已覆盖除攀枝花、甘孜和阿坝以外的18个市（州）、76个县（市、区），其中国定贫困县17个、地震灾区27个、革命老区34个。

【支农支小市场定位不断增强】 2017年，四川省新型农村金融机构围绕“三农”和小微企业，积极做好“小额分散”信贷服务，探索特色化、差异化服务，不断提升自身发展实力。全年全省新型农村金融机构资产总额723.37亿元，负债总额647.26亿元，分别较年初增长4.83%、4.95%；各项贷款余额383.78亿元，各项存款551.13亿元，分别较年初增长9.74%、8.93%。涉农贷款余额321.96亿元，较年初增加15.09亿元，完成涉农贷款增长任务。小微企业贷款余额303.49亿元，较年初增加17.43亿元。农户和小微企业贷款合计占比达93.68%，户均贷款余额仅为43.21万元，较年初下降4.6万元，单户500万元以下贷款占比为80.73%。

【合规经营意识与水平逐步提高】 2017年，中国银监会四川监管局积极引导辖内新型农村金融机构坚持市场定位，健全公司治理，强化内控风管，坚守风险底线，进一步提升服务实体经济质效。一是印发

《关于加强四川村镇银行风险管控的通知》,督促村镇银行坚守市场定位,加大对县域经济和"三农"服务力度,加大对村镇银行的监管力度。二是严把行政许可准入关,强化股东股权管理,督促村镇银行不断完善内控制度,加强公司治理。三是强化重点风险防控,推动信用风险化解,非支农支小业务压降成效明显。四是加强监管宣传培训,编印《四川村镇银行监管十年纪实》,在京召开"村镇银行培育发展十周年"新闻发布会,有力宣传四川村镇银行监管历程、工作措施和经验。全省全年村镇银行资产质量整体较好,主要监管指标达标。截至2017年年底,全省村镇银行资本充足率19.98%,较年初增加0.08个百分点;贷款拨备率为5.29%,较年初增加0.86个百分点。已有13家村镇银行缴纳了流动性互助基金,11家村镇银行共归集互助资金1.73亿元。开业两年以上的50家村镇银行参加银监会2017年度监管评级,其中2级机构7家、3级机构30家、4级机构12家、6级机构1家。

中国银监会四川监管局编写组

农村资金互助合作组织试点工作

【基本情况】 2017年,四川省金融工作局围绕省委省政府关于全省农村金融改革发展的有关部署,积极稳妥推进农村资金互助合作组织试点工作。截至2017年年底,共有自贡市大安区三绿、射洪县众旺、青川县众鑫、彭州市旭力、内江市市中区江龙、大竹县汇鑫等6家试点社获得有关市(州)金融局(办)监管注册证书并开业运营。6家试点社共有社员877户,其中自然人社员863户、法人社员14户,股金总额2727.58万元,贷款余额2570.55万元。全年累计发放贷款180笔,累计金额2217.15万元,实现净利润147.87万元,基本实现保本微利。

【审慎有序推进试点工作】 2017年,四川省金融工作局为推动试点社规范运行、有效防控风险,国家五部委联合发文暂停新设农村资金互助合作组织。在此背景下,省金融工作局严格按照《四川省试点农村资金互助合作组织监督管理暂行办法》及配套工作指引,指导各试点社进一步完善试点社有关规章制度和组织架构,落实各项监管要求,有序开展经营活动。从试点情况看,各试点社能按照入股自愿、社员管理、服务社员、审慎经营等原则开展经营活动,资金在社员内部封闭运行,整体运营情况良好、风险可控。截至2017年年底,结合日常监管和市(州)情况反馈,未发现6家试点社有超社员范围发放贷款、以固定回报招揽股金、参与对外投资、违规吸收新社员或增资、明显侵犯普通社员合法权益等禁止性行为。

【较为便捷地满足社员融资需求】 2017年,四川省农村资金互助合作组织试点社向社员发放贷款普遍采用信用贷款、保证贷款以及不太容易被银行类金融机构接受的农产品抵质押贷款等较为灵活的方式进行,具备"小、短、平、快"等特点,社员的资金需求能够在较短时间内得到满足,达到了"小额分散、应急补充"的基本要求,得到社员的广泛认可。

【促进资金互助与农业生产有效融合】 2017年,四川省各农村资金互助合作组织试点社充分利用本地资源,以农民专业合作社为依托,发挥资金聚集的优势作用,积极开展各具特色的资金运营管理活动,实现了资金互助与农业生产经营的有机融合,更好地促进社员增收致富和产业健康发展。青川县众鑫农村资金互助合作社利用当地特有的黑木耳、天麻等优势农产品,以专合社为基础搭建统一平台,实现了试点社、养殖户、专合社的有机统一、紧密合作,使得社员能够全身心投入种植,不必分心融资、销售等问题,进而更好地保障了产品的品质和价格。大竹县汇鑫农村资金互助合作组织以当地特色的秦王桃为主要载体,推动开展资金互助合作,并以社员的家庭资产、个人信用、股本金出资情况及为互助社做出的贡献为主要指标,按照"3331"的比例对社员进行星级评定,并最终由社员大会对星级进行确定,有效提升该社的风控能力和社员的积极性,为推动当地特色产业可持续发展做出了应有贡献。

四川省金融工作局编写组

涉农保险

【基本情况】 2017年,四川省共有保险公司94家,其中法人机构4家(中航安盟、锦泰财险、和谐健康、国宝人寿),保险公司数量排名全国第4位、中西部第1位;有外资省级分公司24家,居中西部第1位;各级保险分支机构5089家,专业保险中介法人机构87家。全省保险公司总资产达3561.9亿元。全省全年保费收入1939.4亿元,增长13.3%,保费规模全国排名第6位;赔付支出583.3亿元,增长5.2%;提供风险保障68.6万亿元。

【多措并举助力精准脱贫攻坚】 凝聚行业,形成扶贫合力。2017年,中国保险监督管理委员会四川监管局积极推动各市(州)政府将保险纳入扶贫规划及政策体系,形成"共同参与、整体推进、经验共享、优势互补"的良好格局。助推公益事业,引导行业积极履行社会责任,积极开展对口帮扶,设立四川保险业爱心公益基金,募集资金超过200万元。

多措并举,构建保障网络。加强医疗救助与城乡居民大病保险有效衔接,在深度贫困地区建立各有侧重的补充医疗保险制度,防止因病致贫。全省全年大病保险为47.4万名贫困病患支付赔款4.94亿元,增长49.7%。全面推开城乡居民住宅地震保险,防止因灾致贫,已在18个市(州)落地,"三州"深度贫困地区全部纳入,开办以来已有116万贫困人口受益。鼓励保险公司创新特色农险产品,助力贫困地区产业升级,全省88个贫困县实现中央补贴政策性农业保险全覆盖。创新开展扶贫小额贷款保证保险,全年签单4789笔,撬动扶贫小额贷款1.29亿元,有效提升贫困地区"造血"能力。

因需施策,消除致贫痛点。在全省推广"扶贫保",一张保单提供多重保障,为120.6万户建档立卡贫困户提供风险保障资金1857.1亿元。大力发展藏区"牦牛保"、彝区"惠农保"等扶贫产品。

【农业保险经营规模不断扩大】 2017年,四川省农业保险共实现保费收入34.8亿元,规模在全国排名第3位。全年共为2622.7万户农户提供风险保障资金2314.1亿元,占四川省农业生产总值的62.4%;参保农户数2622.7万户次。种植业(含林木)保险承保面积80.7亿亩,增长21%;养殖业保险承保数量1.05亿头,增长8%。

【农险赔付能力不断提升】 2017年,四川省农业保险共支付赔款23.1亿元,全国排名第4位。全年受益农户319.5万户次,增加59.8万户,户均赔款722.7元。2017年下半年,凉山州陆续遭受大规模冰雹灾害,农户的烟叶损失严重,保险机构及时查勘定损,确定受损烟叶11.6万亩,向1.4万户次烟农支付赔款金额1.22亿元,成为全省政策性农险开办10年以来的最大单项赔款。

【保险标的不断丰富】 2017年,中国保险监督管理委员会四川监管

局持续推进地方特色农险产品，开办了水果、蔬菜、烟叶、茶叶、中药材、肉牛羊、水产养殖、鸡鸭鹅兔小家禽、花卉等特色农险。创新开办了养驴、草珊瑚、中华蜜蜂、冬春草场火灾等成本损失补偿保险，地方特色农险品种已达64种。全省全年共承担地方特色农险风险保障资金163.3亿元，实现保费收入8.2亿元，向21.7万户次参保农户支付赔款6.5亿元，赔款增长近1倍。

【价格收入类保险不断增多】 2017年，中国保险监督管理委员会四川监管局积极支持农业保险大力提升服务能力，逐步将价格风险、气象风险、收入风险等纳入保障范围，价格类保险产品迅速发展。全省共开展育肥猪价格指数保险、水果综合价格保险、蔬菜价格指数保险等7大类16小类价格指数及收入类保险品种，全年价格收入类农业保险实现保费收入1.9亿元，共为1.28万户次农户提供风险保障资金32.03亿元，支付赔款6745.9万元。

【服务领域不断拓宽】 2017年，中国保险监督管理委员会四川监管局加大对农村基础服务能力的建设支持力度，解决农业生产“融资难、融资贵”问题，不断扩大小额贷款保证保险覆盖范围，全年为3142户农户提供9919万元的贷款风险保障；推进农村土地经营权流转，创新开办土地流转履约保证保险，共为成都、宜宾等地17.1万户次农户的32.1万亩土地提供履约保证金额2.3亿元的风险保障，并支付赔款51.4万元。开展“支农融资”项目，将保险资金直接投放给农户，切实服务实体经济帮助农户生产经营，共为140户农户和涉农企业提供1.32亿元支农融资，融资款项全国排名第一位。

【健全完善农业保险保障机制】 2017年，中国保险监督管理委员会四川监管局强化与财政、农业、林业、畜牧等各部门之间的联系，不断完善农业保险政策措施，建立健全农业保险的规范发展机制。出台了《四川省农业保险保险费补贴管理办法》《关于调整农业保险部分保费补贴品种保险费率的通知》等文件，在中央财政补贴政策的基础上结合实际开展了特色农业保险奖补工作。

【着力推动农业大灾保险试点】 2017年，中国保险监督管理委员会四川监管局全面推动农业大灾保险试点工作。加大对新型农业经营主体保险需求的调研力度，向中央农村工作领导小组进行“将农业直补改为保险间接补贴”的专题汇报，得到了中央农办领导的充分肯定。积极争取农业大灾保险试点工作，与财政厅、农业厅等部门共同制订试点方案，联合下发《关于开展农业大灾保险试点工作有关事项的通知》，将水稻、玉米、小麦三大粮食作物“种植成本+地租”全覆盖，确定邛崃市、旌阳区、泸县等14个粮食主产县（市、区）作为试点地区。全省全年保险机构共承保适度规模经营农户三大粮食作物种植面积达138.9万亩，其中14个大灾保险试点县承保111.8万亩，共提供风险保障金额9.4亿元，支付赔款743.5万元。

【加大农业保险专项整治力度】 2017年，中国保险监督管理委员会四川监管局严格规范农业保险承保理赔，坚决遏制违法违规行为。开展农业保险承保理赔专项现场检查，共派出15名检查人员，对农险经营规模最大的人保财险、中华联合、中航安盟3家省公司及南充、乐山、资阳等9个地市分支机构开展农业保险专项现场检查。全年现场检查天数超过78天，投入检查人力870人/天，翻阅承保理赔档案7517份，依法对相关机构和责任人进行了严肃处理，有力地打击了农险经营中的违法违规行为。

中国保险监督管理委员会四川监管局编写组

管理与监督

涉农工商管理

【强化农资市场监管，切实维护农民合法权益】 2017年，四川省工商行政管理局为最大化发挥抽检经费使用效能，按照先计划统筹、后靶向部署的原则，以“打假、护农、增收”为目标，根据全省春耕、夏种等时节肥料用量大和区域用肥种类差异的实际和特点，扎实开展2017年“红盾护农工作”。重点对农资经营门店、农作物主产区、农资案件多发区、区域交界处以及农资批发市场等流通领域974批次的化肥和70批次的农膜组织开展了省级农资商品质量抽检。全省工商系统查处农资案件773件，罚没378.88万元。为充分利用和提高招标选定承检机构的服务质量，提高农资抽检工作的规范化、程序化、标准化水平。初拟了《农资抽检规程》。规程将农资抽检从确定抽检计划到分析总结的18个步骤进行了细化、完善和规范。以结果为导向、过程为监督的方式，探索对公开招标确定的5家承检机构进行考评，较好规范和提高了承检机构的服务质量。

【创新实践，探索四川省农资市场监管工作协商机制】 2017年3月，四川省工商行政管理局联合省委统战部承办了四川省农资市场监管工作协商座谈会。与各民主党派省委共同围绕农资市场监管中的重点、难点问题开展座谈、争取支持帮助、寻求解决办法，增进共识。5月，为落实座谈会议定内容，制发了《四川省工商行政管理局关于贯彻落实四川省农资市场监管协商座谈会精神情况的函》。

【全面推进治理土壤污染防治行动计划相关工作】 2017年，四川省工商行政管理局按照省局统一安排部署，市场处承担了“三大战役”中14大项中的7项工作，其中牵头工作6项。4月，在充分厘清部门职责和协调沟通的基础上，由省工商局牵头，与经信、公安、农业、质检等6个部门联合下发了《关于加强农资市场监管与执法的通知》，就全省加强部门协同配合、明确部门职责、推进落实土壤污染防治工作、强化农资市场监管与执法、提高农资商品质量、改善农业投入品质量等相关工作进行专门部署。通过加强农资市场监管和执法七大措施，有效执行省政府土壤污染防治工作。确定以肥料、农膜、成品油、煤炭、石油焦等10类有关商品的抽检为主开展土壤污染防治工作，明确工作推进三步骤和阶段目标。同时，为贯彻落实省政府《关于印发土壤污染防治行动计划四川省工作方案》文件要求，由省工商局牵头，联合省发展改革委、省经济和信息化委、公安厅、环境保护厅、农业厅、质监局、供销社等8家单位，从7个方面对全省农资市场监管与执法情况进行了全面督导，掌握农资市场监管与执法阶段性工作开展情况，推动土壤污染防治工作的开展。

【全面推进商标战略工作，促进四川经济发展】 2017年4月21日，四川省工商行政管理局在成都市召开2017年商标专用权保护行政与司

法衔接座谈会，进一步促进商标工作发展。5月9日，省工商局下发《关于开展“红盾助农工程”服务农业供给侧结构性改革的实施意见》，决定在全省范围内开展“红盾助农工程”，服务四川农业供给侧结构性改革。2017年5月11日，上报省政府《四川高端白酒品牌及竞争力调研的报告》，受到省长尹力、副省长刘捷和副省长朱鹤新的肯定性批示。5月23日，下发《关于印发2017年省局党组十五项重点工作方案的通知》，《开展商标品牌提升行动（2017—2020年）工作方案》为其中重点工作之一。6月15日，下发《关于开展“商标助企大走访”活动的通知》，决定在全省范围内开展“商标助企大走访”活动。6月29日，国家工商总局与世界知识产权组织联合在江苏省扬州市举办世界地理标志大会，省工商局局长万鹏龙参会并作为中方工商系统唯一代表以“明珠耀天府 地标促发展”为题交流发言，四川省“郫县豆瓣”和“龙泉驿水蜜桃”2件地理标志商标受邀参与了产品展览展示活动。来自美国、欧盟、韩国、印度、南非等近60个国家和地区及国际组织的代表，最高人民法院、公安部、农业部、商务部、海关总署、质检总局、食品药品监督管理总局、北京市高级人民法院、江苏省政府的有关领导，以及来自全国各省（区、市）工商局及部分县（市）人民政府，地理标志企业或协会的代表约300人出席大会。9月1日—4日，中华商标协会在广西壮族自治区桂林市举行“2017中国国际商标品牌节·中华品牌博览会”，省工商局依托“商标节”设立“川货全国行·桂林站”四川专馆，组织全省62家知名企业（其中涉农企业54家）开展品牌展示和产品展销。四川省工商管理局等单位被中华商标协会授予“贡献奖”，15家参展企业获得金奖，20家企业获得银奖。9月20日，省工商局在苍溪县召开全省工商和市场监管部门地理标志商标精准扶贫经验交流会，省工商局党组书记、局长出席会议并作重要讲话，明确提出要运用地理标志商标助力精准扶贫。国家工商总局商标局副局长闫实出席会议并讲话，农业厅、省扶贫移民局、商务厅相关人员和全省21个市（州）工商局局长及部分地理标志企业或协会的代表约120余人出席大会。9月30日，依托四川国际商贸城电商平台，四川商标品牌网电子商务平台上线。11月2日，省工商局在成都市举办商标国际注册与保护实务培训班，各市（州）工商局商标广告科科长、商标工作人员、相关商标代理机构、部分企业公司负责人100余人参加培训，国家工商总局商标局国际处处长徐志松、世界知识产权组织中国办事处项目官员张俊琴授课。11月2日，省工商局在成都市举办商标国际注册与保护预警座谈交流会，首次委托专业机构针对全省已认定的驰名商标企业，开展商标国际抢注分析预警工作，邀请30家驰名企业召开商标国际抢注预警座谈会。

四川省工商行政管理局编写组

涉农物价管理

【加强粮食及农资价格监管】 认真落实粮食价格政策。2017年，四川省及时公布了国家稻谷、小麦最低收购价格政策，生产的早籼稻（三等，下同）、中晚籼稻和粳稻最低收购价格分别为每50千克130元、136元、150元，分别下调3元、2元、5元；小麦最低收购价格仍为每50千克118元，与上年价格持平。在粮食市场价格疲软的情况下，粮食最低收购保护价的下调，对进一步完善最低收购价政策，增强政策的灵活性和弹性，促进优质优价起到一定的积极作用。

强化农资价格监管。受化肥生产行业开工率不足、政策性储备减少、污染治理等多重因素影响，2017年春耕期间，全省局部地区化肥价格出现上涨。为保护农民的种粮积极性，省发展改革委下发了《关于做好2017年春耕期间化肥等农资供应工作的通知》，要求相关部门和地区积极采取措施扩大化肥生产，加强运输调运，切实保障春耕期间化肥供应充足和价格稳定。

加强粮食价格及相关情况的调查研究。开展了稻谷、小麦价格及相关情况调研，按照国家安排，对全省稻谷、小麦生产、储备、销售以及价格等相关情况开展了多次调研，并在调研基础上，针对粮食生产、储备、消费等粮食运行方面出现的新问题、新情况，向国家提出了小幅降低粮食最低收购价、促进粮食价格良性运行的工作建议。

【提升农产品成本调查工作水平】 高质量完成农产品成本调查主要任务。2017年，四川省发展改革委员会按时完成生猪、蔬菜流通环节调查和月报工作。组织全省各市（州）开展了特色农产品成本调查。贯彻国家《农产品成本调查管理办法》，举办了农产品调查培训班，解读新《办法》重要内容、新指标体系的应用等。同时，完成了生猪生产、屠宰、批发、零售环节成本、收益情况调查。

深入开展“农产品成本调查数据质量建设年”活动。在全省开展了以建设“四级”数据质量控制体系、提升调查分析质量为主要内容的“农产品成本调查数据质量建设年”活动。全力推进活动开展，严格把关登记和上报调查数据质量。

【强化农产品价格监测预警】 价格应急监测常态化。2017年，四川省发展改革委员会重点做好全省主副食品应急价格监测周报，春耕期间的农资价格，夏季汛期、春节假日期间主副食品和旅游相关商品及服务价格应急监测工作。“8·8”九寨沟地震发生后，第一时间启动应急预案，及时指导地震灾区开展市场价格应急监测。全省各级价格监测人员采集、汇总、上报价格9850余人次，向省委省政府领导和国家发展改革委上报全省主副食品价格监测周报38期、全省生猪及饲料价格监测周报38期、地震灾区相关商品应急价格监测日（周）报15期、农资价格应急监测周报12期。

加强市场巡视和专题调研。全年分赴15个市（州）就生猪、蔬菜、鸡蛋、特色农产品等价格开展了市场巡视、调研和业务指导工作，完成市场调查和巡视报告16篇。同时，按照国家的统一部署，相继对全省部分地方的生猪、家禽养殖、批发、零售各环节进行了调查，并形成专项调查报告上报国家发展改革委。

认真做好常规价格监测工作。积极做好《全国价格监测报告制度》确定的16个行业价格专项监测报告制度规定的工作任务、居民消费价格指数报送和《全省重要商品和服务价格监测报告制度》规定的工作任务以及特色农产品价格信息报送等工作。全年累计完成国家制度报表486期次、省制度报表123期次；挂网公布价格监测数据及分析、价格公报共358条，上报信息512条。

四川省发展改革委员会编写组

涉农审计工作

【基本情况】 2017年，四川省审计厅继续把扶贫审计摆在首要位置，继续推进“立体化、大格局”的扶贫审计模式，对81个贫困县以及72个“插花”扶贫县和5个脱贫“摘帽”县共158个县进行审计，实现扶贫审计全覆盖（全省共160个县有脱贫攻坚任务，审计署直接审计2个县），在服务和保障全省脱贫攻坚重大决策部署落实上发挥了积极作用。

【围绕中心抓实扶贫审计首位任务】 2017年，四川省审计厅为深入贯彻四川省委《关于集中力量打赢扶贫开发攻坚战、确保同步全面建成小康社会的决定》，推动精准扶贫、精准脱贫政策措施落实，切实加强扶贫资金项目的监督管理，提高资金使用效益，于3月印发了《四川省审计厅关于加强扶贫审计促进精准扶贫精准脱贫的意见》《四川省2017年扶贫审计工作方案》，组织召开了全省2017年扶贫审计视频培训会，强化了对该项工作的统一部署和指导。于8月会同财政厅、监察厅、省扶贫移民局联合印发了《关于进一步加强扶贫资金监督检查确保精准扶贫政策落实到位的意见》，完善了全省扶贫资金监管制度。按计划组织指导了全省2017年扶贫审计，实现全省扶贫审计全覆盖。

【查处揭露扶贫领域主要问题】 2017年，四川省审计厅扶贫审计共投入审计人员968人，抽查省扶贫移民局、省发展改革委、财政厅等主管部门(单位)1996个，抽审资金326.27亿元、项目5755个，入户调查走访贫困家庭10871户。从审计情况来看，全省各地各部门能够积极贯彻落实中央扶贫攻坚决策部署和省委省政府具体安排，加大扶贫投入力度，引导产业发展，推动项目落地，严格目标考核，脱贫攻坚取得重大阶段性成效，扶贫资金的管理使用和项目推进总体情况良好。但审计也发现一些问题，主要表现为：一是部分扶贫政策措施落实不到位。有57个县存在贫困人口基本信息不准确、不完整或未及时更新的情况；43个县未严格实行阳光化管理，部分扶贫政策、资金使用、项目建设等情况未按要求公开公示；20个县的涉农资金统筹整合不规范，存在未严格履行报批程序以及纳入整合范围的资金未进行实质性整合的问题，涉及资金17.77亿元。二是部分资金使用和监管不够有效。36个县由于项目计划与实际脱节无法实施、存量资金未及时清理，形成闲置两年以上资金3.54亿元；110个县因相关部门信息不共享、审核把关不严等原因，违规安排和发放扶贫资金及小额信贷资金8589.35万元；42个县将8696.57万元扶贫资金用于市政建设、平衡预算和工作经费等与扶贫无关的事项。三是部分扶贫项目实施管理薄弱。53个县将本应公开招投标或比选的项目以“一事一议”、违规拆分项目等方式代替和规避公开招投标或比选，涉及资金13.49亿元；25个县部分项目因安排脱离实际、技术缺乏、管护不力等原因，未达到预期效果或造成毁损。四是个别地方还存在违纪违规的典型问题。25个县少数基层单位或有关人员通过虚报工程量、使用虚假发票、伪造贫困户身份等方式套取骗取、侵占挪用扶贫资金596.64万元；8个县部分单位及村组干部以各种名目违规向贫困户收取费用29.94万元。针对扶贫审计查出的问题，相关地方按审计要求积极采取措施，落实整改，已统筹整合涉农资金9.9亿元，收回、盘活或调整使用闲置扶贫资金3.6亿元，收回超标准、超范围支出的扶贫资金6583万元，促进归还原资金渠道2.47亿元，资金拨付到位3.09亿元，追回违规贷款借款1660.16万元，避免和挽回损失381.58万元，完善更新3046名建档立卡贫困人员信息。

【督促整改推进扶贫制度健全完善】 2017年，四川省审计厅坚持把查问题和抓整改有机结合，切实增强审计监督的严肃性、权威性和震慑力。针对审计查出的问题，督促各相关部门和单位积极进行整改落实，不能立即整改的，要求制订详细的整改方案，建立整改问题清单台账，明确完成的时限和具体责任人，强化工作措施，确保整改到位，并加强与扶贫主管部门的沟通和协调，审计结束后及时反馈存在的问题，推动其强化日常监管力度，努力构建齐抓共管的工作格局，促进问题及时整改到位，为实现脱贫攻坚目标保驾护航。在整改具体问题的同时，还注重推进审计查出问题整改长效机制的建立健全，促进相关部门和单位举一反三，认真查找管理漏洞和薄弱环节，加强制度建设和规范管理，制定完善各项扶贫制度70余件。

【曝光典型案例强化法纪震慑】 2017年，四川省审计厅聚焦群众身边的腐败，在审计中坚决查处虚报冒领、骗取套取扶贫资金，利用职权优亲厚友违规分配扶贫资金，违反中央八项规定、国务院“约法三章”精神和省委省政府十项规定将扶贫资金用于吃喝接待、公款旅游、奖金福利等问题，对扶贫资金管理使用中以权谋私、钱权交易、失职渎职等始终坚持“零容忍”，推动形成高压态势，以严查严处促进扶贫资金的严管严用。全省全年审计机关向纪检、监察等部门移送扶贫领域的违法违纪问题线索和案件130余件，涉及资金8.99亿元，已追究刑事责任4人，党纪政纪处分112人，诫勉谈话50人。通过曝光扶贫领域典型案例，强化威慑，2017年组织的扶贫审计中发现的“四川省叙永县民政局工作人员篡改五保户、低保户补贴名单，涉嫌贪污社会救助资金”典型案例被中央纪委作为扶贫领域8起典型案例之一在《人民日报》公开曝光，并被新华社、人民网等主流媒体转载。《我省加强扶贫审计促进精准扶贫精准脱贫，监督资金运用，对以权谋私“零容忍”》被《四川日报》作为头版刊登。

四川省审计厅编写组

农业行政执法及农资监管

【推进行政权力依法规范公开运行】 2017年，四川省农业厅完善行政权力“三张清单”制度，加强行政权力清单动态调整，9月、11月两次开展公共服务事项等行政权力事项核实清理，2014年以来，取消、下放、调整行政权力事项147项，减少27%。积极推动“放管服”改革，推进行政权力事项网上运行，省本级64项行政许可、22项公共服务全部进驻网上大厅和实体大厅，311项行政处罚等行政权力事项在“四川省一体化政务服务平台”上运行。

【深入推进农业综合行政执法体制改革】 2017年，四川省农业厅按照省政府办公厅《关于开展综合行政执法体制改革试点工作的指导意见》，不断深化农业综合执法改革，成都、泸州、巴中、自贡市大安区、乐山市沙湾区等市、区已实现全面综合执法。全省市、县两级均成立了农业行政综合执法机构，其中经编制部门批准设立的机构182个、行政机关内设机构44个、参公管理机构108个、全额拨款事业单位52个。

【加强综合执法机构规范化建设】 2017年，四川省农业厅在30个市(县)实施省级财政农业综合执法机构执法能力提升项目，通过购置执法取证设备，销毁收缴的伪劣、高毒投入品，开展农业执法信息化建设，带动全省农业综合执法机构规范运行、全面履职。组织开展农业综合执法示范窗口创建活动，通过择优推荐，达州市达川区、资中县农业行政执法大队被农业部命名为“2017年全国农业综合执法示范窗口”。

【提高农业执法人员素质】 2017年，四川省农业厅采取分级培训办法，加大执法人员培训力度。农业厅重点抓执法骨干培训，举办执法人员培训班2期，对全省200余名执法骨干进行具有针对性的培训，提高全省执法人员的法律素质和执法办案水平。组织20名基层农业执法人员参加全国农业执法培训。

【加强农业法制宣传教育】 2017年，四川省农业厅结合“12·4”国家宪法日活动，在大竹县石河镇举办“农业法治宣传教育月”现场培训，

以实际行动贯彻落实党的十九大报告的法治精神。全省21个市(州)农业部门结合当地实际,均积极开展各具特色的宣传活动,掀起了全省“七五”农业法治宣传教育热潮,展示了农业执法系统良好的精神面貌。

【规范农业行政执法行为】 2017年10月,四川省按照市(州)推荐与农业厅抽查相结合的方式,组织全省农业系统开展了行政处罚案卷现场评查活动,通过集中分组评查案卷近200卷,评出2017年全省农业行政处罚优秀案卷50卷,农业行政处罚优秀文书11卷,其中2件卷获评“全国优秀案卷”。通过评查,规范了调查取证行为、案卷制作及归档管理,针对案卷评查中存在的共性和突出问题进行了通报,督促基层农业执法机构提高农业执法案件办理质量。及时修订《四川省农业行政处罚裁量标准(种子、食用菌)》,进一步规范农业行政执法行为,推进全省各级农业部门依法行政、合理行政。

【加大违法案件查办力度】 2017年,四川省农业厅推进执法重心下移,聚焦执法办案“主业”,全省农业系统2017年共查办各类违法案件2988件,其中重大案件55件,移送司法机关37件,有效遏制了农业投入品和农产品质量安全违法行为的发生,维护了广大人民群众的合法权益。

四川省农业厅编写组

农产品标准化体系建设

【基本情况】 2017年,四川省承担了崇州市“国家农业综合标准化示范市”等第九批国家级农业标准化示范区项目5个,立项了天全县高山生态茶叶等第十二批省级农业标准化示范区项目32个。在各示范区项目工作开展的第一年,省质监局坚持以“标准化工作”作为农业现代化的重要助手,助推农业供给侧结构性改革,强化组织领导,健全创建体系,聚力顶层设计,创新工作模式,示范区建设工作有序推进,取得了较好的成效。

【强化组织领导,创新工作模式】 2017年,四川省成立第九批国家级农业标准化示范区和第十二批省级农业标准化示范区示范工作领导小组,设立领导小组办公室,建立部门联动、统筹协调、相互配合的示范区管理体系。各示范项目承担单位制定了详实的《目标任务分解书》,并将示范区建设纳入“十三五”规划和各部门年度考核计划,出台工作细则,拟订工作计划,制定工作措施,明确工作进度,确保了示范区建设的各项工作顺利推进。同时,各示范区结合项目实际,聘请有关专家成立专家工作小组,尝试购买专业技术咨询服务,鼓励项目相关企业加入,建立主管部门牵头,多方全面参与的“1+N”工作模式,实现术业专攻,确保示范区创建工作的高效顺利实施。

【结合地方规划,确保顶层设计】 2017年,四川省质量技术监督局根据《农业综合标准化工作指南》的指导思想,各示范区结合地方“十三五”规划和地方产业规划进行规划编制,总共编制专项规划30余项。确保了示范区建设的科学性、合理性、长期性、有效性、落地性,推动了农业产业健康和可持续发展。同时,实行“挂图作战”,严格按照规划进行示范区创建工作。

【加大投入力度,做好经费保障】 2017年,四川省农业综合标准化示范区工作经费来源主要有三个渠道:一是国家标准委下拨的项目补助经费切实保证专款专用;二是各示范项目所在市(州)、县(市、区)政府的配套经费,各级政府对第八批示范区建设方面均有不同程度的配套经费投入;三是鼓励示范区企业自筹资金。同时,各示范区出台了一系列政策推动农业标准化工作,以泸定县国家级羊肚菌栽培标准化示范区创建工作为例,对成功获批“国家级农业标准化示范区”的项目给予8万元的奖励,并加大政府财政资金投入,对按照标准化要求种植的农户实施以奖代补,新建羊肚菌标准化大棚补助6500元/亩,旧棚每年给予种植补助2000元/亩。

【健全创建体系,制定关键标准】 2017年,四川省结合示范项目实际,加快关键农业标准的制定,建立和完善了标准体系。各示范区均形成了覆盖示范项目产前、产中和产后的标准体系,很多地方还制定了与示范工作相适应的基础建设、管理服务和产业文旅等配套标准。全年各农业综合标准化示范区共建立专项标准体系30余个,制定标准近300余个,其中产业关键标准30余个。

【强化工作措施,树立推广理念】 2017年,四川省各示范区切实加强对相关标准的宣贯培训。全年共举办各种培训班、现场会400余场次,编印发放各类技术资料、技术“百宝书”30余万册(份),培训各类标准化技术人员及农户40余万人次。同时,各示范区还切实加强了对标准贯彻实施和农业投入品使用的监督检查,完善了相关记录记载,建立了质量追溯系统,有效保证了标准的贯彻实施和落实落地。各示范区坚持“以示范为带动,以试点为辐射,以点带面”的工作模式进行示范区创建工作。全省30余个农业标准化示范区建设项目总共已建设项目示范点近60余个,示范效果明显。

四川省质量技术监督局编写组

农产品进出口检验检疫

【基本情况】 2017年,四川出入境检验检疫局把扩大食品农产品出口作为服务全省农业供给侧结构性改革的切入点,积极推动四川资源优势转化为出口经济优势,加快推进四川从农业大省向农业强省跨越。全年共检验检疫监管出入境货物28.54万批次,总货值434.26亿美元,分别增长21.32%、4.4%。检验检疫不合格货物2044批,货值1.55亿美元;全年签发原产地证书2.55万份,签证金额15.26亿美元,分别增长4.08%和1.88%,企业可享受进口国关税减免约6040.47万美元。其中,签发自贸协定原产地优惠证书1.44万份,签证金额8.28亿美元,数量增长1.84%,金额下降6.91%。截获进境植物有害生物246种、2188次,其中检疫性进境植物有害生物15种、262次。四川口岸首次检出检疫性有害生物4种,首次在远海梭子蟹检出白斑综合征病毒(WSSV)。查验进境旅客528.89万人次,截获禁止携带、邮寄进境物7313批次、11.96吨,截获禁止进境物品昆虫标本413只。全年共检疫查验出入境飞机31994架次,增长6.19%;四川口岸共查验出入境人员5359075人次,增长11.74%,检出有传染病症状者2082例,确诊517例。全年共检疫出入境大熊猫7批、12只。其中,为落实国家主席习近平访荷成果,大熊猫“星雅”“武雯”顺利前往荷兰。国家主席习近平和德国总理默克尔在德国柏林动物园为“梦梦”“娇庆”熊猫馆揭牌剪彩。

【出入境动植物及产品检验检疫监管】 2017年,四川出入境检验检疫局共检验检疫进出境动植物及其产品5988批,货值38005.4万美元,分别增长19.24%、22.22%。其中,出境动植物及其产品3072批,货值20860万美元,批次下降11.67%、货值增长5.85%(见表1、表2)。检验检疫进境动植物及其产品2916批,货值19254.3万美元,批次、货值分别增长89.1%、34.1%(见表3、表4)。检出不合格出境动物产品1

批、4.472吨，货值1.5万美元(见表5)，禁止出境；检出不合格进境动植物及产品55批，货值710.67万美元，分别下降50.89%、32.07%(见表6、表7)，其中42批粮食监管加工，其余13批全部退运或销毁。

表1　2017年四川省主要出境动物及其产品情况统计表

商品名称	批次	数(重)量(吨/只)	金额(万美元)
犬	9	0.7	0.2
大熊猫	3	6	70
猴	11	9.3	285.1
大鳌虾	9	1.6	1.4
蚕	3	0.5	15.8
冻猪肉	194	4662	2377.1
猪肠衣	47	709.4	1285
猪肝	2	8	3.6
添加剂预混合饲料	38	1970.3	262.8
猪鬃	169	1072.1	1545.4
未列出的禽鸟羽毛	34	60.7	196.8
猪全血	4	0.4	3
动物白蛋白	27	5.5	138.4
兽医诊断用试剂及试剂盒	102	0	18.1

表2　2017年四川省主要出境植物及产品情况统计表

商品类别	批次	数(重)量(吨/株)	金额(万美元)
苗木	9	4733	1.27
种子	165	45901.35	1918.63
中药材	194	1000.62	2261.77
竹木草制品	744	7685.48	3119.31
烟草	74	1952.58	824.31
水果	95	557.36	113.71
合计	1281	—	8239

表3　2017年四川省主要进境动物及其产品情况统计表

商品名称	批次	数(重)量(吨/匹/只)	金额(万美元)
马	1	50	117.5
犬	43	687	0.2
猫	9	49	0.1
大熊猫	4	6	150
海豚	1	2	30.4
鸡	1	405	25.5
鳖(甲鱼、团鱼)	35	10.385	3.2
黄鳝	22	22	8.9
石斑鱼	30	1.6	3.2

续表1

商品名称	批次	数(重)量(吨/匹/只)	金额(万美元)
其他观赏鱼	8	0.8	0.3
其他鱼	1	0	8.4
对虾	601	535.4	381.7
大鳌虾	17	5.2	11.8
龙虾	57	21.2	47.1
青蟹	1	0.1	0.1
梭子蟹	245	40	23.1
其他海水虾蟹	10	0.8	0.5
虾蛄	52	34	27.4
其他甲壳动物	1	0	0
牡蛎(蚝)	30	8.9	8.2
缢蛏	1	0	0
其他海水贝	2	0.2	0
海胆	2	0	0
猪精液	1	0	9.6
鸡种蛋	1	0.2	1.5
虹鳟鱼卵	11	1.3	46.3
其他受精卵	1	0	1.9
其他动物卵细胞	2	0	0.4
猪肠衣	12	247.4	87.1
猪心	1	25.9	3.5
猪脂肪(食用)	1	26.2	2.3
未列出的其他动物内脏及杂碎制品	1	0	0
鲜、冷、冻鲑鱼	549	2146.8	1971.8
未列出的鲜、冷、冻海水鱼产品	9	188	27.5
鲜、冷、冻养殖对虾	4	69.3	47.2
未列出的鲜、冷、冻海水虾产品	6	74.9	46.4
未列出的鲜、冷、冻海水蟹产品	3	32.3	9.6
野生双壳贝	1	13.3	2.4
未列出的鲜、冷、冻海水贝产品	3	0.3	1.1
鲜、冷、冻鱿鱼	3	42.7	7.5
未列出的其他鲜、冷、冻的海水产品	3	0.1	0
养殖头足	1	0.2	0.1
养殖棘皮	2	0	0
未列出的其他动物油脂(非食用)	1	0.3	1.3
象牙	1	0.1	0.3
未列出的其他动物骨、蹄、角	18	3201.9	130
添加剂预混合饲料	1	7.5	0.7
乳粉、蛋粉、乳清粉(非食用)	11	2799	232.8
未列出的其他动物粉及动物源性饲料	1	0.3	0

续表

蜂产品	吨	48	2037.4	515.8	0	0	0
食用油	吨	681	31787.1	5052.6	1	0.4	0.6
干(坚)果、炒货类制品	吨	86	544.6	160.4	0	0	0
蔬菜水果制品	吨	820	9280.1	3886.7	2	15	1.3
保鲜蔬菜类	吨	1262	6730	2112.6	12	2	1.2
水产制品	吨	109	111.4	537.4	0	0	0
饮料	吨	91	2562.1	558.3	1	0.6	0.1
酒类	吨	296	1325.4	9722.1	1	900	1.1
糖与糖果、巧克力和可可制品类	吨	59	314.9	123.9	1	0.2	0.1
茶叶	吨	71	1033.3	1904.1	0	0	0
调味品	吨	1144	28746	4374.5	5	23.5	3.2
食品添加剂	吨	973	16769.1	6242.8	0	0	0
糕点饼干类	吨	130	406.6	120.8	0	0	0
粮食制品类	吨	465	3082.6	727.3	1	0.6	0.8
蜜饯类	吨	13	10.5	5	0	0	0
特殊食品	吨	2	1.1	0.3	0	0	0
卷烟	吨	29	40.6	150.8	0	0	0
其他食品	吨	323	3203.7	2291.3	0	0	0
化妆品及化妆品原料	吨	8	110.7	36.3	0	0	0
总计	吨	7527	139113.6	45860.7	17	979.5	12.6

表15　2017年四川省进口食品化妆品检验检疫情况统计表

食品分类	计量单位	检验检疫总量			不合格		
		批次	数(重)量(吨/千支)	金额(万美元)	批次	数(重)量(吨/千支)	金额(万美元)
罐头	吨	11	7.9	4.8	6	0	0
熟肉制品(非罐头包装)	吨	2	0	0	2	0	0
乳与乳制品	吨	136	2693.1	2114.3	9	5.4	2.2
蜂产品	吨	13	20.4	51.6	3	10	12.1
食用油	吨	32	546.8	458.9	0	0	0
干(坚)果、炒货类(熟制)	吨	18	7.4	3.2	2	0	0
水产制品	吨	7	26.1	10.3	3	0.1	0.1
饮料	吨	54	6793.9	155	14	48.3	2.1
酒类	吨	462	11830.2	1910.2	111	140	47.1
糖与糖果、巧克力和可可制品类	吨	68	291.2	101.2	10	123.2	11.4
茶叶	吨	11	1.4	4.6	2	0	0.1
调味品	吨	18	280.9	13.2	4	0.2	0.3

续表

食品添加剂	吨	10	1944	112.3	0	0	0
糕点饼干类	吨	28	142.6	46.1	8	0	0
粮食制品类	吨	24	73	18.1	4	0	0
蜜饯类	吨	10	0.9	0.4	0	0	0
特殊食品	吨	6	125.9	61.4	1	0	0
卷烟	千支	10	2578	13.9	0	0	0
其他食品	吨	12	30.7	538.6	2	0	0.1
化妆品及化妆品原料	吨	150	56.3	573.5	3	0	0
合计	—	989	24872.7吨/2578(千支)	6191.6	171	327.1	75.5

值分别占全川出口酒类货值的86.8%、7.3%，其余为成都市、德阳市、达州市。产品出口至中国香港、新加坡、马来西亚、中国澳门、澳大利亚等30个国家和地区，其中排名前5个国家和地区的出口货值占全川出口酒类货值的81.6%。

出口罐头品种主要有肉禽类罐头(主要有午餐肉罐头、猪肉罐头、禽肉罐头等)，出口货值占出口罐头货值的82.9%；蔬菜类罐头(主要有食用菌罐头、清水蔬菜类罐头)，出口货值占出口罐头货值的17.1%。罐头生产地主要有绵阳市、成都市、遂宁市、南充市，货值分别占出口罐头货值的55.1%、17.5%、16.2%、5.3%。产品主要出口至菲律宾、日本、中国香港、马来西亚、印度尼西亚等47个国家和地区，其中排名前5个国家和地区的货值占全川出口罐头货值的87%。

出口调味品主要有混合调味料、鲜味剂等，货值分别占出口调味品货值的58.4%、28.1%。调味品生产地主要有成都市、攀枝花市，货值分别占出口货值的69.8%、27.7%。产品出口至菲律宾、美国、日本、加拿大、中国香港等34个国家和地区，其中排名前5个国家和地区的货值占全川出口调味品货值的89.9%。

出口食用油主要有鱼油、植物调和油等，分别占出口食用油货值的93.3%、1.9%。其生产地主要有德阳市、成都市，货值分别占出口食用油货值的57%、41.8%。产品出口至荷兰、印度、加拿大、美国、西班牙等39个国家和地区，其中排名前5个国家和地区的货值占全川出口食用油货值的78.1%。

出口蔬菜水果制品主要有冷冻蔬菜、脱水蔬菜、盐渍蔬菜等，分别占出口果蔬制品类货值的38.3%、31.7%、28.9%。其生产地主要有成都市、泸州市、乐山市，货值分别占出口果蔬制品类总货值的49.3%、29.2%、7.1%。产品出口至日本、韩国、越南、中国台湾、法国等31个国家和地区，其中排名前5个国家和地区货值占全川出口果蔬制品类总货值的88.8%。

出口保鲜蔬菜主要有食用菌、百合科蔬菜、十字花科蔬菜等，分别占出口保鲜蔬菜货值的88.1%、7.6%、2%。其生产地主要有成都市、南充市、德阳市，货值分别占出口保鲜蔬菜货值的80.8%、11.2%、2.9%。产品主要出口至日本、泰国、韩国、法国、美国等18个国家和地区，其中排名前5个国家和地区的货值占全川出口保鲜蔬菜货值的85.5%。

出口食品添加剂生产地主要有成都市、南充市、泸州市、德阳市，货值分别占出口食品添加剂货值的53.9%、16.4%、16.3%、12.7%。产品出口至印度、印度尼西亚、中国台湾、韩国、美国等66个国家和地区，其中排名前5个国家和地区的货值占全川出口食品添加剂货值的47.2%。

2017年，四川进口货值1000万美元以上的产品有乳与乳制品、酒类。进口乳与乳制品包括婴幼儿配方乳和乳粉，分别占进口乳及乳制品货值的94.6%、1.2%。进口地域集中在成都市辖区。产品来自新西兰、丹麦、荷兰、澳大利亚、法国等8个国家和地区，其中排名前5个国家的货值占全川进口乳及乳制品货值的99.5%。

进口酒主要有葡萄酒、啤酒等品种，分别占进口酒类货值的67.7%、31.8%。进口地域包括成都市、南充市、泸州市，货值分别占进口酒类货值的86.3%、8.9%、3.1%。产品来自法国、比利时、德国、美国、澳大利亚等21个国家和地区，其中排名前5个国家和地区的货值占全川进口酒类货值的88.4%。

【促进农业供给侧结构性改革】 2017年2月13日，四川出入境检验检疫局向省委省政府报送《关于扩大农产品出口 助推四川农业供给侧结构性改革的建议》，得到省长尹力的肯定性批示。全年完成各类产品调研报告7篇，其中3篇得到省委省政府领导批示。

开展“一市一特产”和“三个一”帮扶行动。印发《关于印发“一市一特产”品牌创建行动实施方案的通知》，培育苍溪猕猴桃、安岳柠檬、涪城麦冬、攀枝花芒果等一批特色产品品牌，带动特色产品在国内外市场销量持续增加。攀枝花市芒果出口总额208.2万元，增长34%，并首次进入俄罗斯、中国香港等高端市场。下发《关于印发“三个一”企业培育行动方案的通知》，在全川选定50家重点企业，“一地一策、一厂一策、一品一策”帮扶，出台工作措施近70条。

与农业厅、商务厅等单位和部门共同举办四川农产品对俄出口推广活动，全川系统10个分支机构、65家进出口企业280人参加活动，现场达成芒果、猕猴桃、鱼籽酱等意向性外贸合同总额5800万元。主办了“口岸航空直通泰国海产品成都推广周”等活动，宣传输华食用水生动物的法律法规和检验检疫流程。

【国门生物安全保障】 2017年，四川出入境检验检疫局按照质检总局部署，印发了《四川检验检疫局办公室关于做好2017年国门生物安全监测工作的通知》，在全川设立实蝇监测点342个，共诱捕到各类实蝇标本45053头。开展杂草、黄瓜绿斑驳花叶病毒等监测工作，根据泸州市发现百籽草、遂宁市发现加拿大一枝黄花、成都市综保区发现红棕象甲等疫情，及时联合当地林业部门采取措施有效防控疫情。组织开展对进境水产品的疫病监测，抽取46个样品、108项次病原物进行检测，销毁处理病毒性传染病水生动物2批次。

按照质检总局《关于印发2017年度进出口食用农产品和饲料安

全风险监控计划的通知》要求，印发了《2017年度进出口食用农产品和饲料安全风险监控实施方案的通知》，全年共抽取进出口饲料和出口食用农产品样品163个，其中进出口饲料及添加剂样品92个，进口食用水生动物样品39个，出口水果样品32个。对抽取样品实施兽残、农残、重金属、添加剂、微生物等安全项目风险监控，共获得监控数据1244个，未检出不合格产品。

印发了《四川检验检疫局关于2017年开展"绿蕾3"专项行动工作方案的通知》，在全川开展"绿蕾3"专项行动。3—10月，四川进出境旅检、邮检和快件监管部门共截获非法邮寄和携带进境的种子种苗513批次、145.15千克。其中，从韩国邮寄进境原产国为危地马拉的3.5千克生咖啡豆中发现咖啡果小蠹（Hypothenemus hampei）活体；查获从德国邮寄进境的96株根部带有泥土多肉植物种苗；一次性截获近800株违规携带入境的种苗，合计29.4千克，为单批截获违规携带进境种苗数量最多。质检总局动植司根据四川检验检疫局邮检口岸截获413只昆虫标本的情况，印发《关于严防活动物、动物尸体、动物标本非法邮寄入境的警示通报》。

印发了《四川检验检疫局关于2017年国门生物安全全民宣传教育活动方案的通知》，在全川系统组织开展纪念《中华人民共和国进出境动植物检疫法》实施25周年和全民国家安全日宣传教育活动，重点开展12项活动，人民网、新华网、《四川日报》等媒体对活动进行宣传报道。

5月25日，四川检验检疫局宜宾办事处从越南入境的集装箱内截获3只蚊类成虫和1只蜘蛛，发现时3只蚊类成虫和蜘蛛均已死亡（入境前已熏蒸处理），经鉴定，3只蚊类成虫均为致倦库蚊。确认该批集装箱货物无疫情传播风险后放行。7月20日，四川检验检疫局遂宁办事处从日本入境的集装箱内及货物木质包装表面截获大量昆虫尸体、虫卵、活虫，工作人员立即封闭该批货物、集装箱，并对所有虫体、虫卵进行采样送检，对集装箱、木质包装实施检疫处理。经鉴定发现厉螨、穴蔓螨2种病媒生物。10月19日，宜宾办事处从澳大利亚入境的装载有高粱的集装箱箱门附近截获大量昆虫，工作人员立即封闭该批集装箱，对所有虫体进行采样送检，对集装箱实施卫生处理。经鉴定发现德国小蠊、家蝇、粘虫长须寄蝇、厉螨等4种病媒生物。

【合作交流】 2017年6月19日，四川出入境检验检疫局与农业厅共同签署《关于服务农业供给侧结构性改革共促农产品扩大出口合作备忘录》，建立合作机制，明确合作事项。德阳、达州、内江、遂宁检验检疫机构分别与当地农业、林业部门签订合作备忘录，推动无疫区、质量安全示范区、示范企业建设。5月16日，受农业厅邀请四川检验检疫局参加四川—乌干达农业交流合作座谈会；9月6日，参加"农业走出去"政策宣讲会。12月，受香港农林渔业署邀请，四川检验检疫局局长孙颖杰到中国香港参加"2017兽医公共卫生工作坊"学术活动，受到香港特别行政区行政长官林郑月娥接见。全年，四川检验检疫局动植物检验检疫专业8人次受质检总局委派，先后到阿拉伯联合酋长国、澳大利亚、日本、美国、中国香港等国家和地区执行境外预检任务。派员2人次协助林业厅共同开展松材线虫防控情况调查。派员1人次参加四川省粮食安全省长责任制考核工作。

【精准扶贫】 2017年，四川出入境检验检疫局持续帮扶金阳县丙底乡布洛村，共直接投入和协调资金95.7万元用于支持布洛村脱贫攻坚。发挥检验检疫职能优势，帮助金阳县发展县域经济、扶持布洛村集体经济、结对帮扶贫困户精准脱贫。帮扶金阳县成功创建为青花椒白魔芋"生态原产地产品保护示范区"和青花椒白魔芋"国家级出口食品农产品质量安全示范区"。12月，金阳县首批青花椒（810千克，货值16899美元）出口澳大利亚，金阳县自营出口和自主品牌出口均实现历史突破。追加投入55万元用于布洛村集体高山二代生态野猪养殖场建设，帮助县、乡有关人员联系考察川内标准化养殖场，并对养殖场的建设提出指导和建议。截至2017年年底，养殖场主体基本完工，初步投入运营。组织机关全体党员开展"以购代捐"活动，筹集资金12.3万元购买贫困户自产猪肉和0.5万千克马铃薯。11月，四川检验检疫局帮扶点布洛村通过凉山州脱贫攻坚考核组验收，并于年底先后通过四川省第三方评估组验收和省直机关工委检查。

四川出入境检验检疫局编写组

扶贫和移民工作

综　　述

【基本情况】 2017年，四川省扶贫和移民工作局牢固树立“四个意识”，始终聚焦“两不愁、三保障”目标和“四个好”要求，精细推动扶贫移民工作取得新成效。全年全省实现减贫108.5万人，完成率为103%；实际退出贫困村3769个，完成率为102%；15个计划“摘帽”县贫困发生率均下降至3%以下。通过省级验收，这些贫困人口、贫困村、贫困县全面达到脱贫“摘帽”标准，脱贫攻坚工作实现再战再胜。水库移民生产和搬迁安置6591人，持续兑现后扶政策110万人，全省库区和移民安置区保持总体稳定，实现加快发展。

【攻坚态势更加强劲】 2017年，四川省委常委会、省政府常务会数十次专题研究，省委书记王东明亲自主持召开深度贫困县脱贫攻坚电视电话会议等全省性大会4次、省脱贫攻坚领导小组会9次，坚持高位部署推动脱贫攻坚。各级党委政府一以贯之，先后打响“春季攻势”“夏季战役”“秋季攻坚”“冬季冲刺”四场战役，“党政一把手负总责、五级书记一起抓”的作战指挥体系高效运转。

【分线出击、协同联动】 2017年，四川省22个扶贫专项投入各类资金1263.35亿元，其中财政资金748.87亿元。各个扶贫专项牵头部门和责任单位集团作战、精准发力，先后召开行业扶贫现场会20余场、片区推进会4场，派出专业力量前线指导，分行业分区域各个击破、全线开花。全国易地扶贫搬迁、产业扶贫、健康扶贫等重要会议在四川省召开，四川扶贫经验不断地推向全国。

【内外使劲、援受互动】 2017年，四川省深化23个中央国家部门和383个省级部门定点扶贫，全年共投(引)资98亿元，实施项目2.4万个。“扶贫攻坚——人大代表在行动”、政协委员“我为扶贫攻坚做件事”等扶贫品牌活动深入开展。“万企帮万村”行动投资66亿元，实施项目7700个。第4个扶贫日四川系列活动募集资金18.7亿元。评选表彰省级脱贫攻坚奖40名，2人获得国家年度脱贫攻坚奖；开展“中国社会扶贫网”试点，注册用户突破180万人，社会扶贫“密码”有效激活；广泛开展感恩奋进教育，全省创建省、市、县三级“四好村”3.94万个、省级文化扶贫示范村236个。4.5万所“农民夜校”累计培训1462万人次。积极推广扶贫“歇帮机制”“劳动收入奖励计划”“村民积分制管理”“星级贫困户评定”等精神扶贫模式，贫困群众主动脱贫意识不断增强。

【政策措施更加精准】 2017年，四川省在产业就业扶贫上制定出台产业扶贫促进精准脱贫意见，新培育农民合作社、家庭农场1.4万个，带动19.6万贫困人口增收；创建省级旅游扶贫示范区15个、示范村164个；新增国家级电商进农村综合示范县25个，位居西部第一。打造就业扶贫车间387个，吸纳贫困劳动力7900人；全年培训贫困群众18.4万人次，贫困劳动力转移就业规模达85.2万人，公益性岗位安置特困劳动力8.3万人。在社会保障扶贫上，对完全或部分丧失劳动能力的121万贫困人口，加大省级统筹保障力度。全省农村低保标准低限提高到3300元/年。在住房安全上，严格执行住房建设政策，超额完成国家下达的29万人易地扶贫搬迁建设任务；完成农村危房改造18.6万户。在教育扶贫上，贫困学生资助体系不断健全，累计减免80余万名在园幼儿保教费，为136.82万名高中生、中职学生免除学费、提供助学金；民族地区累计开办“一村一幼”幼教点4736个、惠及18.6万名儿童。在健康扶贫上，贫困患者县域内住院个人支付占比控制在10%以内，累计为363.74万名贫困群众提供免费健康体检。在基础设施扶贫上，不断加强基础设施建设，全年新(改)建农村公路2万千米，新增通油路的乡(镇)71个、通硬化路的建制村2000个。解决63.04万贫困人口的饮水问题和1.24万户贫困

户的安全用电问题。开发生态公益岗位4.6万个。

【主攻重点更加聚焦】 2017年，中共四川省委、四川省人民政府科学确定全省深度贫困县45个、深度贫困村2550个，在全国率先出台《关于进一步加快推进深度贫困县脱贫攻坚的意见》，明确提出“三增一免”总体要求和住房、产业、生态扶贫等“七个聚力攻坚”。全面加强帮扶，向深度贫困县新增帮扶力量，做到42位省级领导同志联系指导，92个省直部门（单位）、117所高校、39家医院、65家国有企业和金融机构参与深度贫困县定点扶贫。选派422名优秀年轻干部到藏区彝区重点贫困乡（镇）挂任乡（镇）党委副书记。扎实开展藏区“六项民生工程计划”，年度投入资金70.1亿元，建成藏区新居1.73万户，惠及农牧民6.1万人。深入实施彝区“十项扶贫工程”和17条特殊政策，投入资金156.45亿元，建成彝家新寨250个，惠及彝区群众7万人。强化省内对口帮扶，全年到位资金11.65亿元，实施帮扶项目673个。加大东西部扶贫协作，落实无偿援助资金5.38亿元，实施项目216个，启动佛山—凉山扶贫协作示范建设。

【扶贫机制更加完善】 2017年，四川省在全国率先启动脱贫攻坚“回头看”“回头帮”。各地对照2016年脱贫标准，对2014—2016年已脱贫的353万人逐一开展了“回头看”，并将发现的脱贫不稳定对象17万人次纳入帮扶计划，逐户开展了“回头帮”，确保已脱贫对象在攻坚期内保持政策不变、帮扶力度不减。出台“四项扶贫基金”使用管理办法，总规模达108.17亿元，扶持和救助效益明显。落实扶贫“四到县”制度，在88个贫困县全面开展财政涉农资金整合，整合资金达225亿元。稳妥推进扶贫小额信贷，全省23.3万户贫困户获得支持，扶贫小额信贷余额达158.7亿元。在加强贫困村“五个一”帮扶的基础上，创新建立非贫困村“三个一”帮扶机制，共向有贫困户20户以上的非贫困村选派“第一书记”8274名，向所有非贫困村选派农业技术巡回服务小组2732个，为49.3万户“插花式”贫困户落实帮扶责任人26.7万人。实行激励约束机制，出台关心爱护脱贫攻坚一线干部措施22条，全省累计提拔一线扶贫干部2万人，表扬记功1.7万人，调整召回“第一书记”2975人，“尖兵连”作用发挥得越来越好。

【督查考评更加严格】 2017年，四川省扶贫和移民工作局落实扶贫“删繁就简”措施，统筹各类检查督导。全年省级领导带队，省、市、县三级联动开展全覆盖调研督导3轮，实施《四川省农村扶贫开发条例》执法检查2次、综合暗访1次、15个计划“摘帽”县专项督战1次，有力推动了年度任务的落实。强化执纪问责，对2016年扶贫工作任务完成较差、扶贫资金审计发现问题的23个县党政负责人进行了约谈。同时，省委省政府对42个脱贫攻坚先进市（县）、200个帮扶先进单位、700名驻村帮扶先进干部给予通报表扬，树立起“奖优罚劣”的鲜明导向。南部县、广安市广安区2个国家级贫困县通过国家评估核查，蓬安县、广安市前锋区、华蓥市3个省定贫困县通过省级验收，共5个贫困县正式“摘帽”，全省贫困县首次实现总量减少。建立起市、县党委政府脱贫攻坚成效和省内对口帮扶、定点扶贫、扶贫专项“1+3”考评体系。

【规划安置更加科学】 2017年，四川省扶贫和移民工作局加强清单管理，建立43座拟建大型工程移民规划工作台账、74座大型工程移民规划问题清单。修订完善停建通告、规划大纲清核、规划调整等规划设计（设代）工作模板70个。落实移民安置计划和责任管理，严格执行安置工作规程规范。省本级拨付使用移民资金30.5亿元，完成29座大型工程移民安置任务259项，较好地完成了年度投资计划。编制完成29座大型在建工程移民安置项目台账。开展移民安置项目验收13个，审批安置项目变更立项、设计变更报告18个。

【后期扶持更加务实】 2017年，四川省核增移民后扶人口1.14万人、核减1.05万人，直发直补资金按时足额兑现。安排移民后扶项目资金16亿元，改善移民生产生活条件，推进地方经济发展。投入中央、省级资金5.73亿元，第一批避险解困试点项目形象进度达80%，第二批形象进度达40%。

【依法治理更加有效】 2017年，四川省加强对《移民条例》的宣传解读，出版发行《移民条例释义》读本，免费发放1万册。《移民条例》配套法规修订工作加快推进，“放管服”改革不断深化。对7个市（州）39个县10.62亿元的后扶资金、1个大型水利工程7.63亿元的征地补偿和移民安置资金开展了稽察；对13个大型工程2013—2015年度210.95亿元的移民资金进行了财务收支内部审计，资金使用更加安全。

【“10·17”扶贫日】 2017年，四川省根据《国务院扶贫办关于印发〈2017年扶贫日活动方案〉的通知》精神，印发了《四川省脱贫攻坚领导小组关于开展四川省2017年扶贫日系列活动的通知》，安排部署“扶贫日”系列活动。活动期间，移动、电信、联通三大手机运营商向全川手机用户普发公益短信2635.38万条，《四川日报》、四川电视台、四川新闻网、四川在线等媒体发布相关报道1000余条，做到了电视有画面、广播有声音、报纸有文章、网络有新闻、手机有信息、社区有海报、乡村有标语，充分调动了社会各界参与脱贫攻坚的积极性，确保“扶贫日”活动家喻户晓。印发《2017年全省脱贫攻坚奖评选表彰活动方案》，设立全省脱贫攻坚“奋进奖”“创新奖”“奉献奖”“贡献奖”，成立由省委组织部、省委宣传部等部门组成的评选办公室，邀请省人大代表、省政协委员、专家学者、基层代表、新闻媒体和社会组织等6方面32人组成评选委员会，从全省自下而上推荐的188名获奖候选人中，通过层层筛选、考察审核、公示公告，最终评选出“奋进奖”“创新奖”“奉献奖”“贡献奖”各10名，涵盖基层干部、爱心企业家等各个领域，充分调动了全社会参与扶贫攻坚的热情和干劲。10月13日，省脱贫攻坚领导小组在广元市组织召开了“四川省2017年脱贫攻坚奖表彰暨社会扶贫工作推进会”和“脱贫奔康·携手前行——四川省2017年扶贫日公益晚会”，推进会通报了四川省2016年扶贫日公募资金使用情况，交流了先进经验和做法，表彰了40名脱贫攻坚奖获得者，省委常委、省脱贫攻坚领导小组副组长曲木史哈就下一步社会扶贫工作作了安排部署，20余家中央驻川媒体、省级和成都市主流媒体、知名门户网站的新闻记者对会议进行了跟踪报道。积极开展自愿捐赠活动。各地各部门通过多种形式动员社会各界广泛参与，捐赠款物方面比上年大幅增加，共募集资金186972万元（其中捐赠资金173606万元，捐赠物资折款13366万元），比上年增长18.4%。

四川省扶贫和移民工作局编写组

扶贫开发工作

专项扶贫

产业扶贫

【基本情况】 2017年，四川省坚持三产融合，以实现稳定脱贫为核心，发展特色农业促增收，切实提升贫困群众自我“造血”能力，全年全省落实产业扶贫项目资金11.61亿元。加强政策指导，出台了《关于加强产业扶贫工作促进精准脱贫的意见》，统筹安排部署产业扶贫重点工作。承办了全国产业扶贫现场观摩会，联合召开了全省农业产业扶贫工作会、全省深度贫困地区农业产业扶贫现场推进会等会议。指导全省88个贫困县、11501个贫困村制订了省、市、县、村四级产业扶贫年度计划和年度实施方案。编制了深度贫困地区农业产业扶贫三年规划和年度实施方案。

【加强资金投入】 2017年，四川省加大资金整合力度，指导贫困县统筹整合使用财政涉农资金，撬动金融资本和社会资本投入扶贫开发。按照每个贫困村不低于30万元的规模设立了贫困村产业扶持基金，主要用于贫困户发展产业和支持村集体经济发展，累计筹集资金34.6亿元。

【加强科技支撑】 2017年，四川省实施科技扶贫项目357项，启动建设省级科技扶贫产业示范基地34个，“四川科技扶贫在线”覆盖88个贫困县。深入开展万名农业科技人员进万村技术扶贫行动，全省选派驻村农技员12720人，组建农业综合技术专家服务团990个、农技巡回服务小组2732个，开展巡回服务17991次，解决技术瓶颈问题7238个。建立各类农业科技试验示范基地1500余个、20余万亩，培育科技示范户16.5万户，农技推广信息化达70%以上，推广主推技术52项，农业适用技术推广率达90%以上。

【做优特色农业】 2017年，四川省贫困地区新建高标准农田166万亩，新(改)建现代农业产业基地400万亩，建成现代林业产业基地1300万亩，新建省级畜禽标准化养殖场(小区)134个，水产养殖面积达265万亩，带动贫困群众人均增收603元。建设现代农业产业融合示范园区15个，创建省级休闲农庄30个、农业主题公园50个、休闲农业专业村40个，53.4%的贫困县被纳入国家和省级农村电商示范县创建。

【做强优势工业】 2017年，四川省安排资金3.49亿元用于支持贫困地区工业产业发展，新增小微企业1290余家，新增解决贫困人口就业1.79万人。

【做活旅游产业】 2017年，四川省实施旅游扶贫项目160个，创建省级旅游扶贫示范区15个、旅游扶贫示范村164个，推动364个旅游扶贫重点村发展乡村旅游。

【创建特色品牌】 2017年，四川省大力实施品牌孵化、提升、创新、整合、信息“五大工程”，带动贫困村2100余个、贫困户超过18万户，人均增收480元。全省贫困地区推出优质品牌农产品18个，培育优秀区域品牌4个，2017年有效期内“三品一标”农产品达4422个，增长14.41%。

【发展经营主体】 2017年，四川省新培育农民合作社7878个、家庭农场6236家，全省贫困地区共发展家庭农场32474家、农民合作社67487个，其中国家及省级示范社1646个、省级示范农场758家。新型农业经营主体在贫困地区建设产业基地213万亩，带动贫困村11501个、贫困户39.3万户，贫困人口人均增收1640元；带动29.3万户贫困户务工，人均收入约2160元。建设益农信息社9255个，举办市(州)品牌农产品推介等活动，贫困地区农产品销路有效打开。

【搭建流通平台】 2017年，四川省大力发展“农村电商+精准扶贫”，全国首家省级专馆“四川扶贫特产馆”在京东上线；创建电子商务脱贫奔康示范县20个、商贸流通脱贫奔康示范县10个，新增国家级电商进农村综合示范县25个，总数达到62个，居全国第一位。

四川省扶贫和移民工作局编写组

就业扶贫

【基本情况】 2017年，四川省实现贫困劳动力转移就业规模85.2万人，其中公益性岗位托底安置贫困劳动力8.3万人；培训贫困劳动力18.4万人。

【实施“扶贫专班”集中培训】 2017年，四川省在职业院校、培训机构开设“扶贫专班”，对贫困劳动力开展汽修装配、电子商务等20余个门类的培训，定向组织贫困劳动力参加培训，仅省职业培训指导中心就组织全省26所技工院校开设跨市(州)“扶贫专班”24期，培训651人。

【开展“送培训下乡”活动】 2017年，四川省通过政府购买服务等方式，调动院校机构、专家能人、企业等社会力量，采取到“农民夜校”授课、“送培训到村头院坝”等形式，抓好农村实用技术和移风易俗等培训。

【抓好返乡创业培训】 2017年，四川省共安排资金2000万元重点用于农民工返乡创业提升培训，已举办培训班40期，培训2400人。全省新增返乡下乡创业人员4.9万人，新增创办企业1.2万个，通过扶持创业，有效带动了贫困劳动力就业。

【依托产业发展带动就业】 2017年，四川省结合现代农业、乡村旅游等产业发展，吸纳贫困群众就业增收，大力发展羌绣、彝绣、唐卡等居家灵活就业，推动产业与就业融合互动。鼓励和引导当地企业、园区、农业新型经营主体吸纳就业。对吸纳贫困劳动力就业并签订一年以上劳动合同的，给予企业1000元/人的奖补，按照企业吸纳城镇就业困难人员标准落实岗位补贴和社保补贴。

【强化就业扶贫载体建设促进就业】 2017年，四川省打造就业扶贫车间387个，创建省级就业扶贫示范村100个、国家级就业扶贫基地72个。

【依托劳务协作促进就业】 2017年，四川省持续组织成都、德阳、绵阳等市与甘孜、阿坝、凉山三州开展就业结对帮扶。在屏山县、峨边县举办了“浙江—四川”劳务专场招聘会。针对九寨沟地震导致的数万名失业群众，举办就业援助招聘会，促成598名贫困群众易地转移就业。与扶贫移民部门、工会、妇联联合在全省范围开展以“促进转移就业·助力脱贫攻坚”为主题的“春风行动”，促进2.5万名贫困劳动力实现跨地区转移就业。全年全省共举办劳务用工专场招聘会近2000场次，组织“送岗位信息下乡入村”约35万条。继续对特困人员实施公

益性岗位托底安置，已安置贫困劳动力6.6万名。

【加强返乡创业基地建设】 2017年，四川省抓住国家结合新型城镇化开展支持返乡创业试点契机，推动富顺县等11个县（市、区）成为试点地区，平昌县被认定为“全国双创示范基地”。建立了“全省返乡创业明星和示范企业名录库”，入库“返乡创业明星”809名、示范企业512家。

四川省扶贫和移民工作局编写组

教育扶贫

【基本情况】 2017年，四川省计划投入资金82.17亿元，实际投入资金123.14亿元，超过计划的49.86%。先后制发《脱贫攻坚2017年度教育扶贫专项方案》《大小凉山彝区十项民生工程实施方案》《教育扶贫工作进校园》《四川教育脱贫攻坚（2017—2020年）实施方案》《四川省深度贫困县脱贫攻坚教育专项2018年度实施方案》《关于发挥高校优势助推脱贫攻坚的实施意见》《关于省内优质学校对口帮扶深度贫困县中小学校实施方案》等文件，明确了工作目标任务、时间进度和资金来源。

【建立完善数据库】 2017年，四川省摸准全省112万建档立卡家庭学生情况和贫困地区特别是民族地区教育发展存在的问题，建起义务教育阶段适龄儿童少年、建档立卡贫困家庭学生、贫困地区教育需求等数据库，实现“精准建档、精准入户、精准录入、精准施策”。

【加强业务培训】 2017年，四川省先后举办培训班5期，对各市（州）、县（市、区）政府分管领导，县教育局分管领导、具体工作人员，“第一书记”等开展业务培训800余人次。组织召开“教育脱贫攻坚十三五规划”宣讲会，邀请教育部专家到会指导市（州）、高校做好教育扶贫规划。

【强化控辍保学】 2017年，四川省出台关于加强控辍保学的工作通知，督促各地进一步落实“五长”责任制，加强适龄儿童排查，建立县、乡、村、学校四本适龄学生台账，并通过建立行政督导、联控联保、动态监测等制度，形成控辍保学长效机制。

【强化硬件建设】 2017年，四川省改薄项目累计开工建设校舍1081.66万平方米，竣工校舍977.97万平方米，完成设备购置47.91亿元，完成国家2017年目标任务。

【强化学生资助】 2017年，四川省以集中连片特困地区和贫困人口为重点，建立起涵盖各级各类教育的贫困学生资助体系。据实免除74万名在园幼儿保教费；为122万名贫困家庭寄宿学生发放生活补助；为44万名高中生、81万名中职学生免除学费、提供国家助学金。为3.86万名普通高校优秀学生、4.55万人次研究生提供国家奖学金、学业奖学金和国家助学金，16.8万名学生办理国家助学贷款12.49亿元；对8292名建档立卡贫困家庭本专科生、1.6万名中职学生分别给予4000元、1000元资助。累计筹集教育扶贫救助基金7.8亿元，救助贫困学生17.9万人次。

【强化中职发展】 2017年，四川省完成贫困地区8万名中职学生招生任务。优化调整“9+3”招生学校和专业，通过推荐就业、到高职院校就读等方式，帮助“9+3”毕业生初次就业率达98.93%。将“9+3”免费教育资助政策扩展到集中连片特困地区29个县，为三年级中职学生发放生活补助1537万元。推动广东、浙江职教集团分别对口援建甘孜、阿坝职校，2省已到四川联系帮扶事宜。协助办好农民夜校，采取“送教下乡”等方式，开展劳动力转移培训、实用技术培训和新型职业农民培训。

【强化短板建设】 2017年，四川省大小凉山彝区“教育扶贫提升工程”跨年度校舍建设项目开工建设83个，完工37个，建设校舍、教师周转宿舍11万平方米。实施“一村一幼”计划，开办村级幼教点4736个，招收幼儿18.6万人，实现51个民族自治县、8381个村全覆盖。推进实施十五年免费教育计划，免除51个民族自治县幼儿园保教费和高中学费，为高中生免费提供教科书，惠及150余万名民族学生。

【强化教师培养培训】 2017年，四川省完成3000名免费师范生招生任务，为贫困地区招聘特岗教师3785名。通过职称向农村倾斜、向18.9万名农村教师发放生活补助等方式，引导优秀校长、教师向农村流动。实施藏区千人支教十年计划和“三区”人才支持计划教师专项计划，落实好支教教师生活、车费等补贴政策。

【加强教育信息化建设】 2017年，四川省实现中小学校互联网接入率达95%，10.8万个班实现优质资源“班班通”，538.5万名学生实现“人人通”。

【强化高校优势扶贫】 2017年，四川省组织省内75所公办高校对口帮扶88个贫困县，向帮扶县派出驻村干部120余名。高校681个党组织、9148名党员参与精准扶贫。强化高校人才、智力、技术扶贫，帮助扶贫对象推动产业转型升级，引导科技人员和毕业生到贫困地区创业。开展“暑期千名大学生调研脱贫攻坚活动”，全省75所公办高校1300余名师生明察暗访900余个村。为2万名家庭经济困难和就业困难应届毕业生发放就业补贴8万元。

【明确落实责任】 2017年，四川省指导各地教育部门健全教育脱贫攻坚机构，落实专（兼）职人员，签订教育脱贫工作责任书，并纳入考核体系。建立定期督查、定期通报的工作机制，推进教育脱贫攻坚工作。

【加强督查督办】 2017年，四川省开展控辍保学专项督查活动，3月、9月、11月，对凉山州等4个市（州）、29个县的入学情况进行督查。开展教育脱贫工作专项督查活动，120余个督查组深入160个县的1000余所学校督查，通报市（州）项目实施进度滞后地区；约谈项目进度严重滞后或未完成阶段性目标任务的16个县。开展“摘帽”县专项督导活动，组织10个督查组深入15个“摘帽”县开展教育扶贫专项督导，共形成督查报告22份。积极开展风险点排查，指导各地各校严格按照下达项目内容和资金组织项目实施，履行招投标程序，明确资助项目申请、公示、审批制度化。收到群众来电来信来访65件次，收到《阳光政务》投诉反映87件，已全部办结；共发现各类问题131个，提出整改意见20余条。

四川省扶贫和移民工作局编写组

医疗扶贫

【基本情况】 2017年，四川省实施了医疗救助扶持、公共卫生保障、医疗能力提升、卫生人才培植和生育秩序整治“五大行动”，全方位、系统化解决“因病致贫返贫”问题。在贫困人群中全覆盖落实精准识别的医疗扶持、全民预防保健、基本医疗保险、六项补充医保扶持等“八个100%”。创新推行“十免四补助”，免费开展一般诊疗、院内会诊、白内障手术等10项卫生服务；对符合条件的包虫病、残疾儿童、晚期血吸虫病、重症大骨节病患者补助700～3万元不等的治疗费用。在基本医保和大病保险基础上，建立起“三救助”和“医药爱心扶贫”“卫生扶贫救助”“重大疾病慈善救助”三项基金，对医保政策无法覆盖的医疗费用实施兜底救助。

【因病致贫返贫有效遏制】 2017年，四川省医疗扶持到位，落实贫困患者“先诊疗后结算”和“一站式”结算服务。88个贫困县免费开展各

类医疗及基本公共卫生服务累计1236.12万人次，减免（补助）各类费用累计57762.2万元。大病救治到位，结合省情将国家确定的9种大病扩展至29种，对患有大病的贫困人口实行集中救治。兜底保障到位，财政全额代缴贫困人口基本医保个人缴费部分，贫困人口参保率达100%。全年通过“两保三救助三基金”，为588.5万人次报销住院医疗费用416886.24万元，大幅减轻了病患家庭医疗费用支出压力。

【医疗卫生服务体系更加完善】 2017年，四川省医疗卫生服务能力显著提升，贫困地区三级医疗卫生服务网络不断健全，88个贫困县中87个县级综合医院达二级及以上水平，乡（镇）卫生院、村卫生室达标率分别为99.23%、90.77%。通过巡回医疗、远程医疗、城乡对口支援，促进优质医疗资源下沉到贫困地区。卫生人才增量提质，在贫困地区大力开展“3+3”定向医学生培养、藏区“9+3”、在职专科学历教育等项目，贫困地区卫生人力资源配置得到提升。分级诊疗制度初步建立，贫困人口中的常住人口家庭医生签约服务覆盖率达100%。严格落实基层首诊，加强医疗联合体内双向转诊管理。全年88个贫困县县域内就诊率达92.5%。

【公共卫生得到强化】 2017年，四川省基本公共卫生服务能力增强，国家基本公共卫生服务项目人均补助提高到50元，贫困人口健康档案电子建档率达100%，贫困地区孕产妇住院分娩率99.16%，增长0.74%，与全省住院分娩率差距缩小到0.46个百分点。全民预防保健有序推进，多地逐步构建起全民预防保健服务体系。截至2017年年底，已为363.74万贫困人口开展免费健康体检。重大疾病防控成效显著，石渠县包虫病防控试点工作取得阶段性成效，凉山州艾滋病防治和健康扶贫攻坚行动顺利推进，大骨节病、克山病、碘缺乏病等重点地方病继续保持消除状态。健康教育、健康促进成效凸显，“三减三健”“五进五讲”教育广泛开展，贫困人口健康意识不强、生活方式不当、防病理念缺乏等现象逐步改善。

【生育秩序整治初见成效】 2017年，四川省建立起计划生育目标管理责任制，省、州、市（县）卫生计生干部联系制度，乡村干部“包村包户”责任制，长效节育奖励制度等，构建起涵盖各级党委政府、行政主管部门、技术服务机构的工作制度体系。全年27个生育秩序整治工作重点县政策外多孩率较2015年下降11.69%。

【示范效应充分显现】 2017年，四川省创建国家级健康扶贫示范县4个、省级健康扶贫示范县9个，探索出多项诸如叙永县“全民预防保健全覆盖”、广元市昭化区“三个一站式”等健康扶贫经验。全国健康扶贫工作会议、国家卫生计生委新闻发布会、国家健康扶贫工程政策培训班邀请四川省做经验交流发言，全国健康扶贫工作现场推进会在四川省召开，“四川经验”广受赞誉。2016年、2017年国家健康扶贫考核中四川省均获得奖励和通报表扬。

四川省扶贫和移民工作局编写组

易地扶贫搬迁

【基本情况】 2017年，国家下达四川省易地扶贫搬迁任务29万人，涉及19个市（州）、132个项目县（市、区），截至2017年年底，全省易地扶贫搬迁落实年度资金183.2亿元，完成投资198亿元，超额完成国家下达的搬迁建设任务，搬迁入住9.65万户、33万人，搬迁入住率达113.8%。全省危房改造年度计划13万户、52万人（包括藏区新居、彝家新寨、巴山新居、乌蒙新村及其他地区农村危房改造），截至2017年年底，全面完成13万户、52万人的项目建设任务，完成率100%。5月，四川省顺利通过国家2016年易地扶贫搬迁成效考核，作为易地扶贫搬迁工作积极主动、成效明显的4个省份之一得到国务院通报表扬。

【强化督导抓好监管防范】 2017年，四川省定期开展易地扶贫搬迁全覆盖专项督导检查，对搬迁对象精准识别、项目工程实施等情况进行重点督导。定期开展农村危房改造专项检查，对发现问题责令限期整改。督促指导各地各部门各司其职，落实对新建房屋地基基础、主体结构、屋面工程、抗震构造措施等关键部位和环节的监管。研究制定《脱贫攻坚住房安全达标认定表》，指导各地开展脱贫攻坚住房达标认定工作。开发了《四川省农村住房建设统筹管理信息系统》，对各项农房建设补助政策实现交叉重复比对，发现多头申报的按照“就前不就后、就高不就低”的原则，收回相应补助资金，充分发挥财政资金的使用效益。印发《四川省“农村土坯房改造行动”实施方案》，配套召开全省农村土坯房改造行动现场会，正式启动农村土坯房改造行动，计划用5年时间，采取“拆、保、改、建”相结合的方式，基本完成全省农村土坯房的改造任务。

四川省扶贫和移民工作局编写组

定点扶贫

【基本情况】 2017年，参与四川省定点扶贫的中央单位和省直部门（单位），严格按照党中央、国务院和省委省政府的部署要求，把定点扶贫工作作为一项重大政治任务扛在肩上，带着感情和责任开展定点帮扶，中央单位定点扶贫工作卓有成效，省直部门（单位）定点扶贫工作扎实推进，深度贫困县定点扶贫工作全面加强，有力地助推了受扶县的脱贫攻坚工作。

【中央单位定点扶贫工作卓有成效】 2017年3月3日，中共中央办公厅、国务院办公厅印发了《关于进一步加强中央单位定点扶贫工作的指导意见》，明确了中央单位定点扶贫工作的主要任务和工作要求。为贯彻落实中央文件精神，省脱贫办印发了《关于贯彻落实中共中央办公厅 国务院办公厅〈关于进一步加强中央单位定点扶贫工作的指导意见〉精神的通知》，对抓好中央单位在川定点扶贫工作进行了安排部署，要求全省各相关市（州）、县（市、区）高度重视中央单位在川定点扶贫工作，主要领导要及时带队到在川定点扶贫的中央单位开展对接活动，汇报当地脱贫攻坚情况，争取最大支持，达到最大帮扶效果；23家中央国家机关在川定点扶贫部门（单位）充分发挥自身优势，积极为受扶县出主意、想办法、解难题、办实事，做了大量富有成效的工作。2017年，中央单位直接投入资金2.38亿元，帮助引进各类帮扶资金11.89亿元，实施帮扶项目345个，带队到定点扶贫县考察调研的部门（单位）领导达580人次，其中部级领导66人次，选派挂职干部45人；举办各类培训班458期，培训各级干部、各类技术人才1.15万人次，实现劳务就业0.88万人次，定点扶贫工作取得了较好成效。

【省直部门定点扶贫工作扎实推进】 2017年，四川省结合全省脱贫攻坚工作情况，及时对省直部门（单位）定点扶贫力量进行了统筹整合。6月8日，省委办公厅、省政府办公厅印发了《关于印发省级领导同志联系指导市（州）、联系指导片区贫困县、联系指导“五大经济区”分工及省直部门（单位）联系指导片区贫困县分工的通知》，对省直部门（单位）定点扶贫力量进行了调整，省直部门（单位）定点扶贫力量全部调整为牵头不超过1个县、牵头和参与不超过2个县，定点扶贫力量

的部门(单位)由249个增加到322个,定点扶贫帮扶力量安排更合理、高效;为更有针对性地开展好省直部门(单位)定点扶贫工作,省脱贫办印发了《关于进一步加强省直部门(单位)定点扶贫工作的指导意见》,明确了省直部门(单位)定点扶贫的主要任务,要求各省直部门加强组织领导,做好工作对接,明确工作重心,严格目标考核,加大宣传力度,确保帮扶效果;各省直部门(单位)充分发挥自身职能和资源优势,督促指导受扶县聚焦年度减贫计划精准扶贫精准脱贫,针对问题及时纠偏,有力助推受扶县打好脱贫攻坚战。2017年,省直部门(单位)直接投入资金62.6亿元,帮助引进各类帮扶资金21.68亿元,实施帮扶项目2.4万个,带队深入受扶县调研的领导达6777人次;举办各类培训班4.32万期,培训各类专业人才139.9万人次,实现劳务就业0.59万人次,帮助贫困群众转移就业、稳定增收。

【深度贫困县定点扶贫工作全面加强】 2017年,四川省为深入贯彻党中央关于深度贫困地区脱贫攻坚决策部署,加大力度推进全省深度贫困县脱贫攻坚,省委及时召开了脱贫攻坚领导小组第十七次会议,省委书记王东明指示:全面梳理深度贫困县现有帮扶力量,并有针对性加强联系领导、联系部门和高校、企业、医院参与帮扶。中共四川省委办公厅、四川省人民政府办公厅印发了《关于进一步加强深度贫困县脱贫帮扶工作的意见》,在45个深度贫困县原有帮扶力量的基础上,新增24名省级领导联系指导,由原来的19名增加到43名;新增15个省直部门(单位)定点扶贫深度贫困县,由原来的77个增加到92个;新增76所高校定点扶贫深度贫困县,由原来的41所增加到117所;新增18家医院定点扶贫深度贫困县,由原来的21家增加到39家;新增17家国有企业和金融机构定点扶贫深度贫困县,由原来的48户增加到65户。确保了每个深度贫困县都有1位省级领导同志联系指导,1个以上省直部门(单位)、高校医院、国有企业和金融机构联系帮扶。对深度贫困县帮扶工作进行了安排部署,明确了省级领导同志、省直部门(单位)、高校、医院、国有企业和金融机构帮扶重点,要求扎实抓好深度贫困县帮扶工作,加强统筹协调,精心制订方案,完善工作机制,强化主体责任,严格督查考核,确保高水平高标准完成帮扶任务。为推动深度贫困县定点扶贫各项工作落到实处,省脱贫办及时向省级领导同志报送了《联系指导深度贫困县工作的报告》,向省直牵头部门(单位)印发了《关于认真做好深度贫困县定点扶贫工作有关事项的通知》。2017年年底,省级领导同志主持召开了联系指导的深度贫困县脱贫攻坚专题会议,部署安排了脱贫攻坚工作。省直牵头部门(单位)及时组织召开定点扶贫深度贫困县脱贫攻坚专题会议,并深入贫困县开展调研督导,深度贫困县定点扶贫工作得到了全面加强。

四川省扶贫和移民工作局编写组

对口帮扶

省内对口帮扶

【基本情况】 2017年1月20日,四川省召开了全省对口帮扶藏区彝区贫困县工作座谈会,省长尹力出席并作了重要讲话。9月26日,分大小凉山彝区、甘孜藏区和阿坝藏区3个深度贫困片区,分别召开了深度贫困县脱贫攻坚暨省内对口帮扶工作推进会议,组织帮受双方主要负责同志深入开展了帮扶专班对接、政策专项培训和工作经验交流,进一步压紧压实了藏区彝区州县主要负责人、帮扶地和帮扶部门主要责任人、对口帮扶前线指挥部三方责任,采取项目清单、问题清单、责任清单“三个清单”模式,现场督导,限期整改。为进一步强化对口帮扶工作领导指挥,成立了四川省脱贫攻坚领导小组对口帮扶藏区彝区贫困县专项工作组,由分管省委副书记担任组长、分管省领导担任副组长、有关省级部门以及13个市(州)党委或政府主要负责同志为成员,专项工作组办公室设在省委组织部,省委组织部、省委藏区办、省扶贫移民局三部门采取统筹推进、分工负责的办法协同开展工作。建立省内对口帮扶工作台账,进一步强化对帮受双方的日常管理。深入开展省内对口帮扶藏区彝区工作督导,全面评估了帮扶工作推进情况、存在问题,督促帮受双方查漏补缺、整改到位。研究制定了《四川省省内对口帮扶藏区彝区贫困县工作年度考核办法(试行)》,采取帮扶地与受扶地双向评价、同步打分的办法,建立帮受双方共同担责的考核评价体系,充分发挥考核指挥棒作用,在组织机构运行、项目帮扶、产业就业帮扶、智力支撑等方面明确考核要求,压紧压实了帮受双方的责任,确保对口帮扶各项任务全面完成。研究出台了《四川省省内对口帮扶援藏援彝干部人才管理办法(试行)》,对干部人才选派轮换、管理服务、待遇保障、考核激励等作出明确规定,同时统筹考虑了政法、教育、卫生、交通、农牧科技等行业部门选派到藏区彝区的干部人才,进一步完善统筹选派、规范管理和联动考核机制,充分发挥援藏援彝干部人才在推进藏区彝区脱贫攻坚和社会发展中的重要作用,确保对口帮扶人员到位、管理到位、作用发挥到位。2017年,帮扶双方聚焦受扶地“两不愁、三保障”“四个好”目标,明确帮扶重点和建设项目,投入帮扶资金11.64亿元、实施帮扶项目660个,分别完成年度计划的110.86%、100%。

【实施住房安全攻坚】 2017年,四川省投入资金1.85亿元,实施藏区新居建设1335户、彝家新寨建设879户、危房或功能改造6572户。

【实施产业和就业帮扶】 2017年,四川省帮助建成现代农业产业园区25个,各类农产品基地4.77万亩;实施乡村旅游项目42个,引进产业项目56个。举办就业扶贫招聘会110余场,提供就业岗位5.5万个,以援助项目带动8万余人实现就近就地就业,近1.8万人实现转移就业。

【实施教育和医疗帮扶】 2017年,四川省选派1600余名教师、医生到藏区开展组团式支教、支医,帮扶地458所学校、203家医院与受扶地学校、医院结成对子,帮助162个乡(镇)卫生院、448个村卫生室达标升级。

【实施人才智力帮扶】 2017年,四川省选派422名优秀机关干部挂任深度贫困地区重点乡(镇)党委副书记。帮扶地接收近991名干部人才挂职或顶岗培训,举办专题培训班775期,培训6.64万人次。

【实施社会帮扶】 2017年,四川省深入实施“万企帮万村”“千企帮千户”精准扶贫行动,引导企业、社会组织、个人等无偿捐款捐合计1.28亿元;开展招商引资活动162次,签订投资协议138个,协议投资49.8亿元,到位资金3.8亿元。

四川省扶贫和移民工作局编写组

东西部扶贫协作

【基本情况】 2017年,四川省与浙江、广东2省高度重视东西部扶贫协作工作。1月5日,浙川东西扶贫协作和深化合作座谈会在成都市召开,2省签署了《浙川东西扶贫协作和合作框架协议》。10月、11月,广东省常务副省长林少春、省委常委曾志权分别到四川省商议东西部

扶贫协作有关事宜。省委书记王东明、省长尹力多次召开会议研究部署，常务副省长王宁和副省长尧斯丹具体分管此项工作，积极推动各项任务落实。制订出台《携手共建佛山—凉山扶贫协作示范工作方案》，佛山市会同凉山州共同出台了《共建佛山—凉山东西部扶贫协作示范实施细则》。12月，四川省出台《关于进一步加快飞地园区建设发展助推藏区彝区脱贫攻坚的意见》，在财税、金融、土地、电力和环保等8个方面明确优惠政策，吸引浙江、广东2省企业落户飞地园区。屏山县、马边县分别出台《关于加快工业发展若干政策措施意见》《马边彝族自治县招商引资暂行办法》，大力吸引帮扶方优质企业到受扶地投资兴业。宜宾市依靠茶叶、农产品、纺织等特色优势资源，打造农副产品标准化种养殖、加工基地等，与浙江省茶业研究院签署《共同促进川茶产业融合发展战略合作协议》，与浙江中大集团等企业签署金融服务、纺纱织布产业化项目投资合作协议。凉山州在广东省佛山市举行"爱不停步·五彩凉山之旅"主题招商引资活动，凉山州与广东省佛山市179家企业实现交流合作，实施扶贫项目28个，企业实际投资1.1亿元。

【切实做好劳务协作工作】 2017年，四川省切实做好劳务协作工作，积极与浙江、广东2省沟通联系，双方商定定期举行现场劳务招聘会，共享用人单位招聘信息。凉山州与广东省佛山市签订《佛山市·凉山州劳务合作协议书》，建立凉山州驻佛山市农民工工作组服务站，帮助贫困人口通过劳务输出实现就业增收。凉山州11个贫困县与佛山市5个区，乐山市、宜宾市4个县(区)与浙江省4个县(区)开展"携手奔小康"行动。佛山市11个镇(街道)和11个村(社区)分别与凉山州11个乡(镇)和11个村签订《结对帮扶协议书》，双方乡(镇)、行政村之间结对帮扶关系已经建立，实现精准对接。2017年，广东省、浙江省、佛山市共投入帮扶资金5.27亿元，实施项目205个。凉山州受扶资金全部用于47个安置点、2923户贫困户住房建设，为12031名贫困群众解决了住房问题。广东、浙江2省60余家企业与藏区彝区签订合作协议，引资额超过800亿元。

四川省扶贫和移民工作局编写组

移民工作

移民安置规划工作

【管理更加规范】 2017年，四川省建立了大中型水利水电工程规划设计管理工作收文要件清单，对不符合政策法规和缺件等方面的请示文件及时作出退文处理。建立了16个"摘帽"贫困县涉及大中型水利水电项目移民工作清单，做到优化流程、加快审批，成熟一个办理一个，以实际行动支持和助推脱贫攻坚工作。

【工作机制更加完善】 2017年，四川省修改和完善了停建通告、实物调查细则及工作方案、移民安置规划大纲、移民安置规划报告、移民安置规划调整报告、施工图设计合同、综合设计(设代)合同等工作模板70个。建立了拟建大中型水利水电工程移民安置规划工作台账和在建、拟建大中型水利水电工程移民安置规划问题清单。

【条例落实更加严格】 2017年，四川省组织21个市(州)扶贫移民干部开展了全省移民政策法规和管理工作培训。修改和编制了《四川省大中型水利水电工程移民安置规划工作管理办法》《四川省大中型水利水电工程建设征地补偿和移民安置社会稳定风险分析评估办法》等规范性文件3个。根据《四川省移民工作条例》，中型水利水电和大型不跨市(州)水利项目变更由市级移民管理机构审查后，省扶贫移民工作局出具审核意见。

【工作更加优质高效】 2017年，四川省签订《苏洼龙水电站施工设计合同》《金沙水电站施工设计合同》。对大渡河、雅砻江、金沙江等流域的27座大型水利水电工程的27个综合设计(设代)单位进行了2016年度移民安置综合设计(设代)工作的考核。完成了细则征求意见，停建通告、规划大纲清核办理，移民安置规划、规划调整等工作107项。

四川省扶贫和移民工作局编写组

移民安置实施工作

【基本情况】 2017年，四川省下达《四川省2017年度大中型水利水电工程移民工作目标责任书》，完成计划任务259项，省本级拨付使用资金29.64亿元，市、县级完成移民投资22.42亿元。

【建立29座在建大型水利水电工程台账清单】 2017年，四川省通过实施台账清单管理模式，进一步查清了移民安置现状，查明了各项目存在的问题，为下一步针对性解决问题、建立问题预防机制、制定2018年工作目标奠定了坚实的基础。为提升工作质量，安置处研究完善了多项内部工作制度，如移民安置验收选择专家制度、监督评估单位申请拨款制度、项目联系人书面审核监督评估费拨付制度等。同时根据上位法变化，结合全省实际，按程序及时提出了修订完善监督评估招标文件的请示，最大限度地保障了招标人利益、降低了风险隐患。

四川省扶贫和移民工作局编写组

移民安置后期扶持工作

【基本情况】 2017年，四川省按照中央和省委省政府关于打赢脱贫攻坚战的总体要求，针对水库移民工作面临的新形势、新情况和新问题，积极整合项目资金，加强后期扶持项目计划、实施及资金管理，出台《四川省大中型水库移民后期扶持资金管理办法》，全年共计投入项目资金171000万元。

【大力解决水库移民突出问题】 2017年，四川省为进一步提高移民后期扶持政策的针对性和实效性，安排后期扶持项目资金160000万元，主要用于解决基础设施、产业发展、公共服务和移民培训等方面的突出问题，其中为助推全省16个脱贫攻坚"摘帽"县水库移民脱贫攻坚工作，采取分档定额的方式补助720万元，助力水库移民脱贫攻坚工作。2017年完成贫困移民脱贫15833人，截至2017年年底，累计贫困移民脱贫49502人。

【有序推进水库移民美丽家园建设】 2017年，四川省各市(州)、县(市、区)根据各地的实际，因地制宜、因情施策，宜农则农、宜牧则牧、宜工则工、宜旅游则旅游，加大投入力度，整合部门资金，结合脱贫攻坚，有序推进水库移民美丽家园建设，全省权保部建成美丽移民新村

220个，整合投入资金25000万元。

【积极加强移民培训，开展移民增收计划】 2017年，四川省积极开展移民培训工作，增强移民就业能力，促进移民增收。全年市（州）、县（市、区）从省级下达的后期扶持项目资金中投入培训资金950余万元，通过培训，移民劳务输出达到13万余人。同时，市（州）、县（市、区）加大产业发展资金投入，建成特色产业移民村165个，通过产业培育和发展，使移民平均增收200余元，个别地方增收达1000余元。

【积极探索移民增收机制】 2017年，四川省为进一步解决水库移民增收难问题，促进移民区和移民安置区实现全面建成小康社会目标，在后期扶持移民人数在10000人以上的县选择41个试点村开展大中型水库移民产业增收机制试点工作。试点工作投入专项资金11000万元，做好产业发展提档升级，以培育库区移民安置区特色种养殖业、观光旅游业等产业发展，积极探索建立移民增收机制，支持农村合作社、农业龙头企业牵头发展移民产业，通过入股分红、就近务工，最大限度增加移民收入，探索建立后期扶持促增收机制。

四川省扶贫和移民工作局编写组

扶贫和移民资金监管

扶贫资金监管

【基本情况】 2017年，四川省细化完善资金管理政策。认真落实财政部、国务院扶贫办《中央财政专项扶贫资金管理办法》和《财政专项扶贫资金绩效评价办法》，配套出台《中央和省级财政专项扶贫资金管理办法》和《四川省财政专项扶贫资金绩效评价办法》。结合精准扶贫精准脱贫新要求和扶贫资金监管中出现的新情况、新问题，研究印发了《关于进一步加强扶贫资金监督检查确保精准扶贫政策落实到位的意见》。

【建立完善问题整改制度】 2017年，四川省扶贫和移民工作局会同省发展改革委、财政厅印发《关于对2016年扶贫资金审计发现问题整改的函》，财政厅下发《关于下达财政扶贫资金专项检查问题处理有关工作的通知》，要求问题县及时做好问题整改。相关问题县高度重视，按要求及时开展了整改，形成了整改报告，并根据问题建立完善了资金监管工作制度。

【开展专项检查】 2017年，四川省根据财政部、国务院扶贫办开展财政扶贫资金专项检查的要求和电视电话会议工作部署，印发了专项检查的通知和检查方案，采取“上下联动”的方式，对160个有扶贫任务的县（市、区）进行了全覆盖检查。财政厅、省扶贫移民局组成6个检查组，在县级自查的基础上，重点检查了旺苍县、马边县、岳池县、泸定县、黑水县、巴中市巴州区等12个贫困县（区）扶贫资金管理使用情况，指导相关市（州）对所辖县（市、区）扶贫资金管理使用情况进行了专项检查。

【开展专项核查】 2017年，四川省根据国务院第三次大督查核查问责工作方案，国务院扶贫办、财政部、四川专员办、省政府督查室、省纪委、财政厅、省扶贫移民局组成联合核查组，实地核查了壤塘县整改落实审计署反馈财政专项扶贫资金闲置问题情况，确保了每一项问题都能得到有效整改。省扶贫移民局、省发展改革委、财政厅印发《关于对2016年扶贫资金审计发现问题整改的函》，组成工作组到叙永县、万源市等7个县（市、区）进行了实地核查，保障了整改成果的真实性。

【强化扶贫资金监督结果运用】 2017年，四川省建立完善了资金分配与资金监管考评结果挂钩工作机制，进一步强化资金监管结果运用在推动资金监管改革创新落实中的作用。省扶贫移民局按照省委省政府《关于表扬2016年脱贫攻坚先进市（县）的决定》和省脱贫攻坚领导小组第十四次会议精神，安排奖励资金17200万元，按1000万元、500万元、300万元三个等次分别对2016年5个“摘帽”县、片区内先进县及片区外先进县实行奖励；安排奖励资金10000万元，对贫困县统筹整合使用财政涉农资金工作开展较好、成效明显的30个县给予了奖励。同时，对扶贫资金管理使用问题较多的县进行了通报批评或约谈，使资金真正投向能够管好、用好资金的地方。购买《强化监督执纪保障精准扶贫——全国扶贫领域腐败案件警示录》，加大宣传教育，从源头上不断提高扶贫干部拒腐防变能力。

四川省扶贫和移民工作局编写组

移民资金监管

【基本情况】 2017年，四川省强化移民资金检查监督工作。组织对资金量大、有代表性的电站开展移民资金管理使用督查，通过对电站2017年资金计划执行情况的督查，找出移民资金计划执行过程中存在的普遍性、突出性问题，明确改进措施，提高移民资金使用绩效。

【强化移民资金财务基础工作】 2017年，四川省加强会计基础工作，精心核算，完成移民账务资金核算管理和决算工作，编制《2016年度大型水利水电工程财务决算报表》，确保财务信息真实可靠。

【强化移民资金财务管理培训工作】 2017年，四川省为进一步提高各级移民管理机构财务人员业务水平，贯彻落实移民资金管理办法和财务核算办法，各级依法依规管理使用移民资金，确保资金安全，充分发挥移民资金效益，分3批次开展移民资金财务管理培训工作。

【开展资金管理信息化建设工作】 2017年，四川省建立全省大型水利水电工程移民资金管理信息系统，通过对全省在建大型水利水电工程项目移民资金管理使用的全覆盖，达到全省在建大型水利水电工程项目移民资金计划申报、审批、下达、资金拨付的信息化在线管理，实时掌握有关业务的进展情况，使移民资金使用及监管更规范、更透明，实现移民资金的精准化、痕迹化管理，确保移民资金安全、高效、科学运行。

四川省扶贫和移民工作局编写组

统筹城乡与新型城镇化

统筹城乡发展

综　　述

【基本情况】 2017年是四川省实施“十三五”规划的重要之年，是供给测结构性改革的深化之年。全省积极适应把握引领经济发展新常态，扎实推进统筹城乡改革发展工作，重点推动“五个统筹”和“五项改革”，城乡一体化发展进一步推进，城乡居民收入差距进一步缩小。

【统筹城乡规划】 2017年，四川省发展改革委员会为进一步提高城乡规划水平，加强城乡规划空间统筹衔接，把新农村建设纳入城乡全域规划，推广“小组微生”乡村规划模式，推行乡村规划全覆盖；编制印发了《四川省城镇体系规划实施办法》，研究形成了《四川省省级空间规划技术导则》；完成了全省资源环境承载能力基础评价，制订了《四川省生态保护红线修订工作方案》。

【统筹城乡基础设施建设】 2017年，四川省新增71个乡（镇）和2547个建制村通硬化路，建成渡改桥93座。新增和恢复蓄引提水能力1.1亿立方米，新增有效灌面107万亩。深化“百万安居工程建设”行动，新开工改造城镇危旧房棚户区25.3万套，续建安置住房和政府投资公租房46万套，货币化安置19.5万套。新开工建设综合管廊项目165千米，启动实施城镇污水和城乡垃圾处理设施建设三年推进行动。

【统筹城乡产业发展】 2017年，四川省共认定40个工业强县示范县（市、区），完成地区生产总值超过300亿元的目标任务；全省累计培育国家级小型微型企业创业创新示范基地9家、省级示范基地122家，其中新增示范基地4家、省级示范基地20家。积极培育新型农业经营主体，新增省级农民合作示范社200家、示范家庭农场300家。推动了10个本土行业垂直平台发展，设立跨境电商产业园区6个，聚集本土澳美优品、米兰网等电商企业100余家。加快农业科技创新，全年培育农作物及畜禽新品种83个，攻克优势特色产业发展关键共性技术100余项，推广新品种、新技术等300余项，支持产学研共建省级产业技术研究院、工程技术研究中心5个，建设国家级星创天地71家，培育农业高新技术企业150余家。

【统筹城乡基本公共服务】 2017年，四川省共扶持大学生创业7840名，新增返乡创业人员6.7万人。开展第三批支持农民工等人员返乡创业试点，启动了开发性金融和农业政策性金融支持返乡创业、促进脱贫攻坚工作。省、市、县三级公立医院已全面取消药品加成，城乡居民健康档案电子建档率达95.6%。全省202个图书馆、206个文化馆、4318个乡（镇）综合文化站、260个城市社区（街道）文化中心实现免费开放，2017年计划退出的3700个贫困村文化室全面建成。

【统筹城乡社会治理】 2017年，四川省积极提升网格化管理服务质效，印发了《进一步加强和完善网格化服务管理的指导意见》，全省网格化服务管理平台办理各类事件1050万件。成都市综治交换共享平台已建成，已接入视频监控36000个。扎实推进农村“雪亮工程”建设，全省累计完成11408个村（社区）建设任务，接入了108个县级综治中心、132个县级公安指挥中心、1502个公安派出所。

【户籍制度改革】 2017年，四川省农业转移人口市民化进程明显加快。成都市全面放宽市内迁移条件，推进户籍管理城乡一体化，实现全域城乡户籍自由迁移。全面启动户口迁移“省内一站式”服务，不再要求申请人到迁出地办理户口迁移证。

【农村产权制度改革】 2017年，四川省农村产权制度改革试验试点成效显著，广元市利州区等5个县（市、区）被纳入全国第二批农村集体产权制度改革试点单位。积极探索“三权分置”实现形式，开展农村

土地经营权抵押贷款试点，成都市温江区等10个县（市、区）发放抵押贷款35.8亿元，18个县（市、区）建立了土地流转履约保证保险制度。全省127个县（市、区）基本完成清产核资，在53个县开展股份合作制改革试点，1/3以上的县启动改革并完成试点任务，集体产权制度得到逐步完善。

【城乡社会保障制度改革】 2017年，四川省启动实施全民参保登记，分批开展全民参保登记工作试点。异地就医即时结算范围继续扩大，开通省内异地就医联网医院570家、跨省异地就医联网医院330家，新农合异地就医结算累计达9.4万余人次。及时调整全省城乡居民最低生活保障标准低限，分别为460元/月和275元/月，分别提高40元/月和35元/月。

【用地制度改革】 2017年，四川省稳步推进土地制度改革试点。成都市郫都区和泸县探索形成了符合本地实际的土地征收制度。人地挂钩政策措施基本落实，制定了省级人地挂钩实施细则，提高农业转移人口市民化用地保障水平。推动增减挂钩节余指标流转使用，省内相对发达地区签约承接贫困地区增减挂钩节余指标共计2.7万亩，协议总金额80.6亿元。

【农村金融改革】 2017年，四川省推进农村土地流转收益保证贷款和“两权”抵押贷款试点。在16个市（州）推广土地流转收益保证贷款，累计发放贷款金额9.4亿元；在12个试点县（市、区）累计发放农村“两权”抵押贷款40.4亿元。开展支农再贷款惠农创业示范基地建设，累计向法人金融机构发放支农再贷款161.8亿元，办理涉农票据再贴现32.9亿元，创建粮食生产、特色种养、乡村休闲等支农再贷款示范基地272个。实施新型农业经营主体金融服务主办行制度。全省银行业金融机构已与7096家新型农业经营主体建立主办行关系，重点支持新型农业经营主体贷款余额207.5亿元。

【综合配套改革】 成都市国家级试验区建设取得新进展。2017年，四川省深化农村集体产权制度改革，扩大农村集体资产股份合作制改革试点范围，新增160个村（社区）开展改革试点。加快建立农村产权大数据平台，累计实现与全省10个市（州）、99个县（市、区）联网运行，实现交易1.5万余宗，交易额达763亿元。深化农村金融改革，积极搭建“农贷通”融资平台，成都市累计受理贷款金额达16.5亿元。全市农村产权抵押贷款累计发放176.3亿元，农业保险提供风险保障金227亿元。成片成带推进“小组微生”建设，出台了《关于成片成带推进“小规模组团式微田园生态化”新农村综合体建设的意见》，累计建成“小组微生”新农村综合体217个。加快培育新型农业经营主体，重点推广“农业共营制”“生产全托管、服务大包干”“大园区+小农场”等适度规模经营模式，规模经营率达60.3%。完善社会化服务体系，成都市社会化服务组织发展到5061家，建成标准化农业综合服务站146个。

省级试点取得新成效。自贡市加快推进农村金融改革，创新开展“政银保”信用贷款保证保险，建立完善贷款风险补偿机制，西南联合产权交易所自贡分所和自贡农商银行、富顺农商银行挂牌营业，航空产业发展基金等8支基金相继组建，96家企业在天府联合股权交易中心挂牌，与18家金融机构开展战略合作，获得授信2800亿元。德阳市深入推进国家级、省级“多规合一”试点工作，建立健全德阳市“十三五”规划体系，编制完成《德阳市市域城镇体系规划和德阳市城市总体规划（2016—2030）》。全面启动农村集体产权制度改革，德阳市产投集团与成都农村产权交易所共同出资组建的成都农村产权交易所德阳所已正式挂牌成立，成为全省继成都市外首个成立市级农村产权流转交易平台的市。广元市设立了统筹城乡发展专项资金，用于统筹城乡发展改革创新奖补，全域推开农村集体资产股份合作制改革，利州区被列为农村集体产权制度改革全国试点单位，深入推进剑阁县、朝天区“两证一社”抵押贷款改革省级试点，积极推动城乡建设用地增减挂钩节余指标流转，与成都市签订近4500亩挂钩节余指标流转协议。

【综合示范项目建设】 自2015年年底四川省统筹城乡发展综合示范项目启动以来，6个试点地区分别制订了实施方案和年度计划，2017年安排省级预算内资金对示范项目继续予以支持，各示范项目严格按照实施方案，有序推进项目建设进程，顺利完成了主要建设任务和改革目标。

四川省发展改革委员会编写组

成都市统筹城乡发展

【基本情况】 成都市自2007年获批全国统筹城乡综合配套改革试验区以来，根据统筹城乡综合配套改革试验的要求，以健全城乡融合发展体制机制为核心，系统性、综合性、整体性推进统筹城乡改革发展，初步呈现出城乡经济社会一体化发展新格局。截至2017年年底，成都市农村居民年人均可支配收入达20298元，绝对数比全国平均水平高出6866元，城乡居民收入比下降到1.92∶1，城镇化率达71.85%。

【农村集体产权制度改革】 2017年，成都市扩大农村集体资产股份合作制改革试点范围，新增村（社区）开展改革试点160个，盘活农村集体资产，构建集体经济治理体系，建立符合市场经济要求的农村集体经济运营新机制。完善承包地“三权分置”制度，引导符合条件的农户自愿有偿退出土地承包经营权，全市耕地流转面积481.4万亩，退出承包地86.6亩。完善农村产权交易服务体系，推动区（市、县）分（子）公司开展农村产权交易业务，增强成都农交所辐射带动作用10个市（州）和99个县（市、区）正式联网运行，实现交易1.5万余宗。承办了全国农村集体产权制度改革试点工作部署推进会议、全国集体林业综合改革试验示范工作推进会和全省农村集体产权制度改革动员部署会议，并在会议上作交流发言。

【构建新型农业经营体系】 2017年，成都市加快培育新型农业经营主体，全市培育农业龙头企业513家、农民合作社10715家、家庭农场5330家。重点推广“农业共营制”“生产全托管、服务大包干”“大园区+小农场”等适度规模经营模式，规模经营率达60.3%。完善社会化服务体系，全市社会化服务组织发展到5061家，全面建成146个标准化农业综合服务站。中央改革办《改革案例选编》以“四川崇州：‘农业共营制’破解三大难题”为题刊发并全国推广。

【深化农村土地制度改革】 2017年，成都市深入推进成都市郫都区农村集体经营性建设用地入市试点，围绕基础管理、入市管理、配套管理共出台了配套办法21个，探索出就地入市、调整入市、零星整理集中入市等入市途径。截至2017年年底，总共入市宗地33宗、399亩，成交总额达2.5亿元，收取土地增值收益调节金0.5亿元。积极探索农村宅基地使用权退出机制，温江区、郫都区等9个试点县（市、区）农村宅基地使用权自愿有偿退出共计1565户、1463亩。

【深化农村金融改革】 2017年，成都市创新建立“风险分担、快捷高效、应贷尽贷”的“农贷通”融资平台，整体提升农业融资能力，全市累计受理贷款金额达16.4亿元，实现放款2099笔、金额14.1亿元，申贷成功率高达86%。大力培育发展农村金融服务主体，加快推进农村金

融服务网点全覆盖，实现农村普惠金融综合服务延伸到村，村镇银行发展到14家。建立健全农村信用体系，全市建设信用乡（镇）117个、信用村1398个、信用户5.1万户。全市农村产权抵押贷款累计发放176.3亿元，农业保险提供风险保障金227亿元。

【户籍制度改革】 2017年，成都市出台了《成都市关于推进户籍制度改革的实施意见》及配套文件《成都市居住证积分入户管理办法（试行）》《成都市户籍迁入登记管理办法（试行）》，建立市外人员条件入户和积分入户"双轨并行"的户口迁移政策体系，实行市内农业转移人口进城"零门槛"，引导农村人口向城镇有序梯度转移。

【"小组微生"新农村综合体建设】 2017年，成都市建立健全幸福美丽新村规划、民主决策、产村融合、投融资、建设管理、公共服务、乡村治理"七大机制"，制定出台《关于成片成带推进"小规模组团式微田园生态化"新农村综合体建设的意见》，全市共建设形态优美、配套完善、产村相融的"小组微生"新农村综合体217个，超过3万户、约10万人入住新居。"小组微生"已经成为成都市统筹城乡改革的新载体和新农村建设的重要标志，得到了国家部委的充分肯定和中央、省级媒体的广泛宣传，并获得首届"中国'三农'十大创新榜样"第3名。

【城乡社区发展治理体制机制创新】 2017年，成都市出台《关于深入推进城乡社区发展治理建设高品质和谐宜居生活社区的意见》，提出"城乡社区发展治理30条"，积极探索符合特大城市治理规律的社区治理新路子。充分发挥法治的保障作用，实现村（社区）法律服务全覆盖；充分发挥德治的教化作用，以"道德讲堂"活动为载体，在城乡社区开展道德教育和道德评议；充分发挥自治的基础作用，完善村级民主管理机制，推进城乡社区公共服务和社会管理改革。统筹推进农民合作社、家庭农场、龙头企业、农业园区等农村新型经营主体党组织建设，建立党组织1000余个、党小组3000余个。全年市、县两级财政共拨付村公专项资金12.9亿元，民主议决实施项目26996个，形成"有钱办事"和"民主议事"的常态化推进机制。

【农商文旅融合】 2017年，成都市实施"农业+"系列行动，加快推动农业与工业、旅游、文创、康养、会展等产业跨界融合，都江堰田园综合体项目获批成为全国首批试点项目之一。全市农产品加工产值突破1400亿元；实现休闲农业与乡村旅游收入327.7亿元，增长22.6%。连续举办五届成都国际农业博览会、七届全国蔬菜博览会。崇州市、蒲江县入选全国农村产业融合发展试点示范县，新津县创建为首批国家农村产业融合发展示范园，蒲江县特色水果产业园创建为国家现代农业产业园。

【深化农业农村改革】 2017年，成都市作为全国第二批农村改革试验区共承担9项试验任务。集体土地所有权、农户承包经营权确权颁证率达100%，业主土地经营权依申请实现应颁尽颁；发展适度规模经营，全市土地流转面积481.4万亩，规模经营率达60.8%；建立了承包经营权价值评估体系，印发了《成都市规范农村土地承包经营权退出的指导意见（试行）》；深化集体林权制度改革，探索形成经营"共营制"、承包"退出制"、流转"入场制"、财政补贴"普惠制"、流转风险"防控制"、花木融资"多元制"6个方面经验；探索建立财政补贴改股份、改基金、改购买服务、改担保、改贴息"五补五改"财政投入机制；探索猪粮比和生猪绝对价格两种保险方案开展生猪价格指数保险工作；探索"把党组织建在产业链、聚集区"的模式，有效破解农村新型领域基层党建中组织覆盖难、作用发挥难、常态运行难"三大难题"；深化以农村社区、村民小组为单位的村民自治试点，形成"有钱办事"和"民主议事"的常态化推进机制；将经营性服务组织参与公益性服务纳入政府采购体系的实现方式，建立政府购买农业公益性服务运作机制；探索建立农业用水水权回购和转让机制，健全农业水价形成机制，农业水价综合改革涉及面达57.4万亩。

【完善城乡一体化公共服务体系】 2017年，成都市城乡教育一体化达成度提高到87.6%，名校和优质学校跨区域领办、托管学校49所，4万余名农村学生享受到城市优质教育资源；率先建立基层公益性医疗卫生服务体系，基本建成"15分钟健康服务圈"，实施"十三五"基层卫生硬件提升工程；加强农民体育健身工程建设，行政村体育健身设施标准化配置覆盖率达100%，累计培训社会体育指导员2300名；建立全市统一的城镇职工基本养老保险制度和城乡居民基本养老保险制度，农村居民参保登记率和入库率均达100%，城乡居民养老保险待遇领取人员的月人均养老金上调至485.5元；进一步整合并轨基本医保制度，实现制度覆盖范围、筹资政策等"六统一"，实现医疗保险关系在城乡间、地区间顺畅转移接续，城乡居民基本医疗保险参保覆盖率达98%；构建完善广覆盖、保基本、多层次的农村居家和社区养老服务供给体系，全市建成农村敬老院170个、农村居家养老服务中心150个、农村日间照料中心936个、农村区域性养老服务中心36个；开展"农村地区中心化"试点，基层综合性文化服务中心覆盖率达80%。

四川省发展改革委员会编写组

德阳市统筹城乡发展

【基本情况】 2017年，德阳市统筹城乡发展工作全面贯彻落实中央和省委、市委有关统筹城乡发展的决策部署，紧紧围绕协调推进"四个全面"战略布局、奋力实现"五个走在前列"目标。努力做好城乡规划、基础设施、产业发展、公共服务、生态文明、社会治理等"六大统筹"，深入推进户籍制度、农村产权制度、社会保障制度、用地制度、投融资体制等"五项改革"，着力统筹城乡发展试点示范建设，促进和推动了经济社会全面发展。全市实现GDP1960.6亿元，城镇居民年人均可支配收入达31609元，增长8.4%；农村居民年人均可支配收入达15207元，增长9%；农村居民收入增速比城镇高0.6个百分点。城乡居民收入比进一步缩小为2.08∶1。

【加快构建"四位一体"全域城镇体系】 2017年，德阳市《德阳市市域城镇体系规划和德阳市城市总体规划（2016—2030）》获省政府批复，德阳市旧城区控制性详细规划成果通过专家评审，《"四好"幸福美丽新村示范带规划》编制完成。全面完成德阳市生态保护红线划定工作。建立健全"十三五"规划体系，深入推进国家级、省级"多规合一"试点。《成德同城化空间发展战略规划》不断修订完善。

【有力推进城乡基础设施建设】 2017年，德阳市全面构建"五环多轴"综合道路交通体系，有序实施以"1+N"为重点的一批重大交通项目，农村公路建设累计完成投资4.05亿元，累计完成里程382千米。全年新（改）建4G基站863个，实现全市行政村全覆盖，农村行政村宽带覆盖率达90%。加快推进骨干水源工程建设，全面完成八角水库主体工程，华强沟水库建设有序推进。积极推进饮水安全巩固提升，全年共建成各类供水工程3758处，全市农村自来水普及率达82.7%，集中供水率达82.7%。建成农田水利基本建设综合示范区6个，面积达9.94万亩（其中核心示范区5.47万亩）。全市危（旧）房棚户区开工建设8549套（户），其中货币化安置8139套（户）；基本建成危（旧）房棚户

区改造、公共租赁住房14109套(户),竣工10299套(户)。

【全面提升城乡基本公共服务均等化水平】 2017年,德阳市城镇新增就业44713人,城镇登记失业率控制在3.91%以内。全面改善义务教育薄弱学校基本办学条件,全年投入4958万元完成义务教育薄弱学校校舍改造及新建3.9万平方米,投入教育装备类项目资金1276万元。全市进城务工随迁子女义务教育阶段入学人数达42251人,有效保障进城务工随迁子女平等享有受教育权利。全市城乡居民健康档案电子建档率达95%,健康档案规范率达71.7%,动态使用率达64.15%。加快推进家庭医生签约服务工作,家庭医生签约率达51.8%。全市累计建成乡(镇)文化站119个、文化院坝331个、城市社区文化活动室110个、村文化活动室610个,实现7个图书馆、7个文化馆、8个博物馆(纪念馆)、119个乡(镇)文化站、8个社区文化站免费开放。新建农民体育健身工程32个,新建农村体育中心30个。

【统筹推进城乡产业发展】 2017年,德阳市工业园区建成面积超过163平方千米。成德工业园建成区面积达7平方千米,投产规模以上企业38家,全年实现工业总产值73.1亿元。德阿共建"飞地"园区取得新突破,德阿生态产业园规划面积20平方千米,已签约投资总额33亿元。国际合作园区建设迈出新步伐,川捷(捷克)中小企业产业园预计实现融资100亿元建设基础设施。加快农民合作社规范化建设,全年新增规范化合作社80个,工商注册登记的农民合作社达2638个,全市累计建成国家级示范社17个、省级示范社85个。大力发展现代农业,分区建设粮食主产功能区10个、优质粮油示范区50个,建成八大优势农业产业基地240万亩。全市建成省级示范园24个、国际合作园15个,面积达15万余亩,总产值达40亿元。

【统筹推进城乡生态环境建设】 2017年,德阳市切实做好迎接国家环保督查工作,扎实推进国家节能减排财政政策综合示范城市建设,强化水污染防治工作和大气污染防治。有序推进地下综合管廊、乡(镇)污水处理厂、环保垃圾发电等项目建设。加大水土流失和水环境治理,完成水土流失治理面积100平方千米。以全市100个村生活垃圾无害化处理民生工程项目建设、"四好村"创建、非正规垃圾堆放点排查、农村生活污水治理试点项目等为抓手,持续深入推进城乡环境治理,全市87个村庄的生活垃圾得到有效治理,申报省级绿色村庄40个。

【统筹推进城乡社会治理】 2017年,德阳市罗江县撤县设区获批并正式挂牌。全年投入资金180万余元,改(扩)建农村社区服务中心12个。做精做细网格化服务管理工作,建立县(市、区)网格化监管中心7个、乡(镇、街道)网格化服务管理中心127个、村(社区)网格化服务管理工作站1710个。

【深化农村产权制度改革】 2017年,德阳市全面启动农村集体产权制度改革,广汉市和旌阳区分别被确定为全国和全省农村集体产权制度改革试点市(区)。广汉市三水镇友谊村开展集体经济组织成员股权有偿退出及抵押、担保、继承试点经验逐步推广。德阳市产投集团与成都农村产权交易所共同出资组建的成都农村产权交易所德阳所正式挂牌成立,成为全省继成都市外首个成立市级农村产权流转交易平台的市。进一步完善农村土地"三权分置"办法,全面完成全市农村土地承包经营权确权登记颁证工作,确权工作进度位居全省前列。

【深化社会保障制度改革】 2017年,德阳市新增民办机构养老床位1750张,维修改造公办机构床位1800张,新建城乡社区日间照料中心100个,为10.3万名困难家庭的失能、独居和80周岁以上高龄老人提供居家养老服务。全市企业职工养老保险、基本医疗保险、失业保险、工伤保险、生育保险参保人数分别达66.09万人、359.15万人、32.81万人、37.67万人、38.37万人,城乡居民养老保险参保人数138.78万人,超额完成全年目标任务。1月1日起正式实施城乡一体的居民基本医疗保险制度,全市城乡居民基本医疗保险参保人数达287万人。

【深化投融资体制改革】 2017年,德阳市深入推进涉农金融机构改革发展,全年涉农银行机构累计发放贷款8706万元,余额2834万元,共支持55家专业合作社和种养殖大户。省联社德阳办事处和旌阳联社合并组建德阳农商银行获得筹建批复,村镇银行实现各县(市)全覆盖。加大"三农"领域信贷投放力度,坚持做好金融支持扶贫攻坚工作,深入开展"支付惠农示范工程"创建活动,在行政村建立2773个助农取款服务点,全面消除金融服务空白村。

【加快重点镇、特色镇建设】 2017年,德阳市13个"百镇建设行动"试点镇全年完成基础设施建设投资5.3亿元,公共服务设施建设投资0.218亿元,就近就地吸纳转移农业人口1.35万人,带动全市小城镇完成基础设施建设投资11.51亿元,就近就地吸纳转移农业人口2.15万人。罗江区金山军民融合小镇入选"第二批全国特色小镇",白马关镇入选"全国首批运动休闲特色小镇"。中江县仓山中国音乐小镇、什邡市师古中国雪茄风情小镇、罗江区金山军民融合小镇入选"第一批省级特色小镇。"

【有序推进新村建设】 2017年,德阳市制定出台《深化"四好"示范创建、加快"四好"幸福美丽新村示范带建设的指导意见》,全市共计投入资金11.2亿元,完成幸福美丽新村建设269个,启动示范点建设16个。推进全市"四好村"创建工作,申报省级"四好村"119个,创建市级"四好村"211个。

四川省发展改革委员会编写组

自贡市统筹城乡发展

【基本情况】 2017年是自贡市承担省级统筹城乡综合配套改革试点任务的收官之年,全市继续加大统筹城乡综合配套改革力度,深入实施"五个统筹",全面深化"五项改革",圆满完成十年试点任务。

【统筹城乡规划发展】 2017年,自贡市坚持统筹城乡、镇村一体,编制完成全域自贡空间发展战略规划、城镇体系规划、综合交通枢纽规划、镇村一体建设总体规划等规划,实施"小组微生"乡村规划模式,编制完成《自贡市农村风貌提升规划导则》。按照"全域规划、圈层管理"的要求,下放"1+2+9+23"城镇体系外的临时建设工程规划许可、乡村建设规划许可审批权至乡(镇),规划跟踪管理实现全覆盖。划定生态保护红线,构建生态功能保障基线、环境质量安全底线、自然资源利用线三大红线保障机制。

【统筹城乡基础设施建设】 2017年,自贡市新(改)建农村公路600千米,牛佛、赵化2座渡改桥建成通车。狸狐洞等3座水库大坝主体完工,向家坝灌区一期基础工程开工,80条河流全部落实"河长",启动"一河一策"流域综合治理,沱江、釜溪河出境断面水质稳定在Ⅳ类。实施保障性安居工程,推进保障性住房建设、城市危(旧)房棚户区改造和农村危房改造,新增公共租赁住房3915套,改造城市危(旧)房棚户区4.9万户、245万平方米,改造农村危房6482户。地下综合管廊建设、海绵城市建设和城市"双修"稳步推进,城乡生活污水集中处理率分别达92%、70%,生活垃圾无害化处理率分别达96%、92%,建成地

下综合管廊5千米。

【统筹城乡产业发展】 2017年,自贡市沿滩区、富顺县创建为省工业强县示范县,建立小升规重点培育数据库,新增规上企业40家,新增园区承载能力5平方千米,实现营业收入达2000亿元,高新区创建为国家知识产权示范园区,沿滩工业园区通过省级高新区评审,自贡市入选"全国首批老工业城市产业转型升级示范区"。积极推进农业供给侧结构性改革,坚持产业向园区集中,"一区六园"启动建设,新发展特色产业10万亩,实施"区域品牌+特色品牌+企业品牌"培育计划,"自然贡品"区域品牌培育取得积极进展,新增四川名牌产品5个、"三品一标"农产品25个,农产品加工园区入驻企业35家,新培育省级重点龙头企业5家、省级专业合作社19个、新型经营主体1024个,6个乡(镇)被评选为全国"一村一品"示范镇,荣县被列为全国首批农业可持续发展试验示范区。电子商务快速发展,新培育电商企业和创客个体65家,阿里巴巴自贡服务中心跨境电商累计增长量居全省第一位。创建"自然贡品"区域品牌,首批18家企业和合作社使用公共商标。

【统筹城乡基本公共服务】 2017年,自贡市出台就业创业补助资金管理办法、促进大学生就业创业的意见、创业担保贷款实施办法等文件支持创业就业,推广"龙头企业(专合社)+基地+贫困户"模式助力就业扶贫,城镇失业人员实现再就业11015人,就业困难人员实现就业3484人,转移输出农村劳动力90万人,安排大学生公益性岗位人员300余人。九年义务教育巩固率达97.2%,统筹解决进城务工人员及流动人口子女在城区学校平等接受义务教育问题。荣县、富顺县、贡井区顺利通过义务教育发展基本均衡县国家认定,成为川南首个全域通过义务教育发展基本均衡县国家认定的市(州)。推进公立医院改革,药品采购"两票制"全面实施。通过政府购买服务为7.9万名困难家庭的失能老人和80周岁以上高龄老人提供居家养老服务支持,分别新增公办、民办养老机构床位100张、1950张,新建城乡社区日间照料中心113个。大型体育场馆免费开放服务累计总人数达247.1万人,开展体育赛事115次,参与人数110万人次;举办了国际马拉松赛事。

【统筹城乡社会管理】 2017年,自贡市把脱贫攻坚作为头等大事,强化目标导向,压实工作责任,全覆盖开展驻村帮扶。整合资金42亿元,实施六大重点扶贫工程和22个扶贫专项,实现60个贫困村退出、20522名贫困人口脱贫,所有贫困村、贫困人口达到脱贫退出标准,提前3年完成易地扶贫搬迁任务。特色镇村建设成效初显,仲权镇、赵化镇分别创建为国家、省级特色小镇,80个村创建为省级"四好村",170个村建成幸福美丽新村,百胜村创建为国家美丽乡村示范村。

【全面深化户籍制度改革】 2017年,自贡市全面启动跨省、市(州)、区县籍群众居民身份证异地受理互办和居住证工作,本市户籍外地办证审核1610人次、外地户籍全市办证210人次。全面实施居住证制度,流动非户籍人口凭《居住证》与当地居民享受平等社保、医疗卫生、计生服务、子女就学、法律援助等待遇,已办理居住证1378人次。全面放开城镇落户条件,积极推行农业人口就地"农转非"的"一转四不变"政策,建立了市财政对区县农业转移人口市民化奖励机制,适当分担农业转移人口市民化成本。建立市级财政性建设资金安排与农业转移人口市民化挂钩机制,对吸纳非户籍人口落户较多的区在安排城市基本设施和公共服务设施、保障性住房建设运行和维护等相关专项资金时给予倾斜,新增城镇居民2.3万余人。

【继续深化农村产权制度改革】 2017年,自贡市推进土地承包权、经营权和使用权"三权分置",土地承包经营权确权登记工作已全面完成,已颁证1.5万本,土地流转率达30.5%;林权确权颁证55.4万户、146.4万亩,登记颁证率98.5%;全面完成农村集体土地确权登记发证工作,累计颁发集体土地所有权证19278个、集体建设用地使用权证2442个、宅基地使用权证655344个;累计完成农村小型水利工程确权颁证32867处,探索实施了农业用水水权分配、水价形成和节水奖励制度等。形成了市、区(县)、乡(镇)三级交易平台和延伸到村的四级农村产权信息服务体系,农村产权流转交易6宗、759.7亩,成交金额约617.7万元。41个村开展了集体资产股份制改革试点,为56个省、市级扶持村集体经济发展试点村注入启动资金3220万元,成立43个村集体资产经营管理公司,政经实现有效分离。2017年,实现村均集体经济收入4万元,增长1.3万元,贫困村年人均集体经济收入全部达到6元"摘帽"标准。

【不断完善城乡社会保障制度】 2017年,自贡市居民基本医疗保险实现市级统筹,建立实施病残津贴制度,实现居民基本医疗保险门诊特殊疾病联网结算、跨省异地就医住院费用持社保卡即时结算,建设"医保直通系统"平台,开展村医通APP联网结算工作,全市社会保险覆盖521万人次,制发社保卡100万张,开通异地住院联网结算医院13家。制订《自贡市全民参保登记计划实施方案》,全民参保登记提前完成。公立医院综合改革深入推进,重点人群家庭医生签约率达80%,异地住院费用即时结算积极推进,医疗责任统一保险制度全面建立,省级医养结合试点启动实施。继续巩固贫困标准线和农村低保线"两线合一"成果,城乡低保实现"应保尽保、应退尽退、应救尽救",全市城乡低保累计分别保障80.1万人次、125.5万人次,月人均补助分别达268.4元、150.2元。

【深入探索用地制度改革】 2017年,自贡市科学编制土地利用计划分配方案,按不低于年度新增建设用地计划总量的8%,支持农村新产业新业态发展,保障城镇发展用地需求,推进城乡统筹发展和镇村一体化建设。实施深化城乡建设用地增减挂钩改革试点,将挂钩试点增值收益返还农村,项目区通过建设配套公共服务、基础设施,改善农民生产生活条件,让农民"不离土不离村"过上城镇生活,为实现城乡居民生活同质化奠定了坚实基础,全市累计完成拆旧复垦8180亩,节余挂钩周转指标5566亩。

【推进农村金融创新】 2017年,自贡市创新开展具有自贡特色的"政银保"等信用贷款保证保险,建立完善贷款风险补偿机制,西南联合产权交易所自贡分所和自贡农商银行、富顺农商银行挂牌营业,航空产业发展基金等8支基金相继组建,96户企业在天府联合股权交易中心挂牌,与18家金融机构开展战略合作,获得授信2800亿元,累计发放农村产权抵押融资贷款535笔、49331万元。组建4家农村资金互助合作社,入社社员1094户,入社社员股金共计1520万元,提供贷款149笔共计3225.7万元,无一笔不良贷款。

四川省发展改革委员会编写组

广元市统筹城乡发展

【集智聚力建设三江新区统筹城乡示范区】 2017年,广元市出台加快三江新区创新发展的纲领性文件,优化组织架构,健全项目投资、产业发展、统计监测等工作制度,保障三江新区加快发展。全年完成固定资产投资119.6亿元,新增规上工业企业11家,规上工业实现总产

值317.8亿元。年内共实施重大项目59个，滨江西路、红岩嘉陵江大桥等项目已投入使用，压力管道制造与混凝土预制构件工业化生产项目、青岛利康源无菌纱布生产项目建成投产，新区骨架基本形成，统筹城乡发展示范引领作用初步显现。

【积极推进赤化镇省级统筹城乡综合示范项目】 2017年，广元市示范项目以新型农村社区、文化旅游园区、清江石羊工业园建设为载体，加快城乡产业发展、基础设施、公共服务、社会管理“四个统筹”，取得了实质性进展，发挥了典型示范带动作用。基础设施不断完善，全年完成9个村22口山坪塘的整治，新铺设饮水管道12千米，解决700人安全饮水问题。重大项目加快推进，军民融合产业园基础设施建设PPP项目列入省重点项目，其中石羊市政道路及桥梁横向主干道完成地面附着物清点，赤化大桥、石羊工业园滨河路工程加快推进。赤化镇公共服务中心已投入使用。国道108线赤化至剑阁段公路改建全线完工。改革工作取得重大突破，“培育农村集体经济发展新动能”工作经验在秦巴山片区发展农村集体经济助推脱贫攻坚座谈会上交流。赤化镇泥窝社区入围“首批全国农村幸福社区建设示范单位”。

【全面推进市级统筹城乡综合示范镇建设】 2017年，广元市6个市级统筹城乡发展综合示范镇依托项目建设促进统筹城乡发展，取得明显成效。特色产业发展提质增效，基础设施进一步完善，公共服务水平有新提升，有力带动城乡融合发展。昭化镇、清溪镇入选“四川省首批特色小镇”。五龙镇三会国家3A级旅游景区建设通过评审，武连镇觉苑城市公园已完成新概念游人接待中心及城市公园田间作业道硬化，昭化镇完成天雄关农业观光旅游度假区建设，中子镇经济林木（果）抵押贷款试点工作为全市提供了经验。

【新型工业园区承载能力明显增强】 2017年，广元市稳步推进广元机电产业园、朝天七盘关国际石材城二期、剑阁普安工业园、昭化元柳工业园等园区建设，新增园区开发面积4500亩，完成基础设施建设投入18亿元。利州区建成全省第二批工业强县示范县，广元经济技术开发区获批全国园区循环化改造示范试点园区。大力推行以PPP模式建设园区基础设施，全市工业园区基础设施建设类PPP项目累计达5个，总投资20.3亿元。将园区建设和行业扶贫有机结合，利州区、朝天区扩建农产品加工园各1个，确保农产品资源就近转化。6个创新创业基地基本建成，其中，青川县“双创”空间被命名为“全省第六批省级小企业创业示范基地”，新入驻小微企业30余家。

【现代农业园区综合建设全面提升】 2017年，广元市坚持“三园联动”建基地，新建现代农业园区7个、村特色产业示范园782个、户办产业小庭院7万个。推动产业延链加工，建成农产品产地初加工处理中心50个，发展规模农产品加工企业169家，培育各类新型农业经营主体1698家。一大批新型农业经营主体推动农业适度规模经营和农产品加工业发展，全市土地规模经营比率达40%，农产品加工率达48%，全市60%以上的农户进入农产品加工链。

【文化旅游园区带动作用更加凸显】 2017年，广元市大力推进国家全域旅游示范区创建和中国生态康养旅游名市建设工作，建成全国森林旅游示范市，新增国家级农业公园1个、省级旅游度假区2个、省级生态旅游示范区2个，中青城投昭化古城等一批30亿元以上的重点旅游项目加快推进；举办了生态康养旅游高峰论坛，主办了生态康养旅游产业培育分论坛。旺苍中国红军城、木门寺，昭化柏林沟古镇积极创建国家4A级旅游景区。全年旅游接待游客4400万人次，实现旅游总收入330亿元，分别增长16%、25%。

【城乡新型社区服务功能日趋完备】 2017年，广元市建成城市社区315个、新型农村社区363个，城市社区综合服务覆盖率92.8%。全年完成22个农村社区建设试点工作。加快完善农村社区服务体系，大力推动基本公共服务项目向农村社区延伸，促进城乡公共服务均等化。推进社会养老服务体系建设，新增民办机构床位1950张，维修改造公办机构床位1050张，建设城乡社区日间照料中心69个，为84540名困难家庭失能老人和80周岁以上高龄老人提供居家养老服务。

【农村产权制度改革继续深化】 2017年，广元市全域推开农村集体资产股份合作制改革，全市已完成1579个村、7744个组的清产核资和成员认定工作。利州区被列为农村集体产权制度改革全国试点单位，其集体资产股份合作制改革“三统两分5x5”工作法受到省领导肯定。健全农村产权交易市场体系，广元市农村产权交易中心与省级农村产权交易平台（成都农村产权交易所）合作对接，省、市、县、乡四级互联互通农村产权交易体系基本形成。积极引导农村土地流转，全市流转土地经营权124万亩，流转林权面积195万亩。

【持续推进金融服务改革创新】 2017年，广元市积极推动金融机构向县域和农村延伸服务，引导国有银行恢复部分县域分支机构，鼓励信用社、邮储银行、农行等机构在空白乡（镇）设立网点。全市共有银行业金融机构网点573个，金融机构网点空白乡（镇）仅剩7个。剑阁农商银行和广元农商银行即将挂牌开业。加大对城乡基础设施建设、“三农”、小微企业等重点领域和薄弱环节的信贷投放及直接融资支持力度，推动华朴农业、青川唯鸿、百夫长清真饮品、剑门关旅游等7家企业在新三板挂牌，实现直接融资近3亿元。加快推进中小企业和农村信用体系建设，加大信用农户、信用村、信用乡（镇）、“诚信企业”评定力度，打造“诚信广元”，发挥信用信息对城乡经济主体融资增信作用。

【城乡社会保障体系不断完善】 2017年，广元市整合原新农合与城镇居民医保制度，统一医保经办机构和经办系统，建立不分城乡户籍身份的城乡居民基本医疗保险制度。在全省率先实现省基层医疗机构管理信息系统与市级医保报销金保系统中心对接，有效促进卫生、医保信息资源的互联互通和深度融合。构建了资助参保参合、普通门诊救助、普通住院救助、重特大病救助多层次的医疗救助模式，加强医疗救助与城乡居民大病保险有效衔接。城乡居民基本医疗保险参保率达97.5%，参保城乡居民住院医疗费用政策范围内报销比例达75%。

【有序推进用地制度、户籍制度等其他综合配套改革】 2017年，广元市全面取消农业户口和非农业户口性质区分，统一登记为居民户口。全面开展居住证办理，确保居住证制度改革各项政策措施落实到位。加快研究制定土地、财政、教育、就业、医疗、养老、住房保障等方面的配套政策措施，推动新型城镇化建设和市民化进程，全市户籍人口城镇化率明显提升。

【城乡规划体系进一步健全】 2017年，广元市积极推进“多规合一”，市、县、乡三级规划管理体系逐步完善，完成城市总规大纲方案和控规维护论证报告评审，完成了历史文化名城保护、黑石坡森林公园、川陕苏区红军文化园、蜀道植物园、三江新区核心区宝轮片区等15项重大规划编制和各项专业规划的审查及报批工作。完成了市级7个特色小镇和7个特色传统村落保护规划编制，全市乡（镇）总规覆盖率达93%、城镇控详规覆盖率达60%。加快推进三江新区等城市新区建设，全市新增建成区面积5.5平方千米，城镇化率提高1.5个百分点。

【城乡基础设施进一步完善】 2017年，广元市城乡客运一体化步伐加快，年内开工建设乡镇客运站6个、农村招呼站572个，建成县乡公路235千米、通村公路1088千米，开工建设渡改桥12座，已经完工8座。加快实施小农水、"五小水利"、引提水工程建设，全市新建（整治）田间渠道34千米，整治病险水库5座，整治塘堰528口。开工建设各类饮水工程1900余处，修复水毁工程611处，解决225个贫困村、3.9万名贫困人口安全饮水问题，农村水利基础得到进一步夯实。持续推进宽带乡村建设，全市已通宽带的行政村达2089个，占总数的86.1%。

【城乡公共服务水平进一步提升】 2017年，广元市全力推进实施义务教育"四均一强"市级重点改革项目，全市5个县（区）通过国家义务教育均衡发展督导验收，2个县（区）通过省检验收，学前教育三年毛入园率达86%，高于全省平均水平。创新家庭医生签约服务模式，全市共组建家庭医生签约服务团队1161个，签约128.3万人，签约率48.8%，建档立卡贫困人口签约率达100%。全市城乡居民健康档案电子建档率96%，其中贫困人口健康档案电子建档率为100%。实施"视听乡村"工程，新建成县（区）应急广播平台2个、百县万村综合文化服务中心示范工程115个、贫困村文化室255个，广播电视综合覆盖率达98.8%。

四川省发展改革委员会编写组

新型城镇化建设

小城镇建设

【基本情况】 2017年，四川省"百镇建设行动"300个试点镇不断加快基础设施建设、提高公共服务水平、改善人居环境、强化特色发展，累计投入省级财政专项资金35.5亿元，市（县）配套资金84.2亿元，带动社会资本投入上千亿元；累计完成基础设施建设投资727.4亿元，就地就近吸纳农业转移人口119.4万人，300个镇镇区平均常住人口达1.62万人，是建制镇平均水平的2.7倍。通过示范引领，辐射带动全省小城镇健康发展。通过实施"百镇建设行动"，一大批独具发展特色的小城镇迅速崛起，成为全省新型城镇化建设的亮点。

【坚持以小城镇为抓手，促进就地就近城镇化】 2017年，四川省充分结合四川小城镇数量多、吸纳人口潜力巨大、符合农民城镇化意愿的省情实际，将小城镇建设作为推进新型城镇化、促进农村人口就地就近转移的重要抓手，促进农业人口有序向小城镇转移，实现家门口就业创业，切实落实中央"引导约1亿人在中西部地区就近城镇化"战略部署。

【坚持科学规划引领，塑造城镇特色】 2017年，四川省统筹优化土地、城建、产业和基础设施配套等资源配置，提升规划的针对性和实效性，做到"多规合一"，并实行动态调控，严格贯彻实施。根据各镇产业优势、人口集聚、人居环境、空间布局、地域风貌的不同情况，按照"宜工则工，宜旅则旅，宜商则商"的原则，定位最佳的发展方向和路径，推行"一镇一规"。利用四川独特的山、水、林生态优势，以原有城镇自然风貌为基，依山顺水，顺势而为进行空间布局，最大程度减少生态环境破坏，创建山水相依、自然和谐的宜居小城镇，实现"绿色优先"。

【坚持强化产业支撑，推动"家门口"实现就业创业】 2017年，四川省全面提升各类小城镇的产业基础，着力打造一批工业强镇、商贸重镇和旅游名镇。工业镇主要依托小城镇工业园区、发挥传统产业优势、承接工业转移等方式发展特色工业，着重提高对工业园区的支撑和服务配套能力建设。商贸镇主要依托小城镇区位和交通优势、立足为农业农村服务发展现代服务业，着重加强商业街区、集贸市场和仓储物流设施建设。旅游镇主要依托小城镇历史文化资源、风景名胜资源和观光体验农业，着重塑造文化风貌特色、提升服务接待能力建设，大力发展特色旅游。此外，生态宜居、现代农业、创新创业等特色小城镇则需要积极利用各自的特色资源，做精做强支柱产业。

【坚持机制体制改革，保障要素供给】 2017年，四川省全面放开特大城市以外的城镇落户限制，清理并废除不利于农业转移人口落户的限制条件，促进农业转移人口落户城镇，破解"农民市民化"的障碍。通过充分发挥省级财政资金撬动作用，探索PPP、BT等市场融资方式，充分吸引社会资本参与基础设施建设，破解"钱从哪里来"的问题，有效加快试点镇项目建设。通过大力推进扩权强镇，依法赋予或行政委托试点镇建设管理、市场服务、民生管理等县级经济社会管理权限，在试点镇设立部门分局，强化镇级政府的执法能力，破解"城镇如何建设、怎样管"的问题。鼓励试点镇因地制宜盘活利用存量土地，用好增减挂钩、土地综合整治、集体建设用地流转、工矿废弃地复垦整理、城镇低效用地再开发等政策，破解"地从哪里来"的问题。

【坚持补足短板，避免出现"宜业不宜居"的问题】 2017年，四川省绝大多数小城镇的基础设施及公共服务设施建设还相对滞后，因此，"补足短板"是需要重点加强的工作。一方面，补基础设施短板，省级部门要整合各类专项资金，重点推进小城镇水、电、路、气、垃圾污水处理等基础设施建设；另一方面，补公共服务设施短板，加大医疗、教育等方面的投入，将农业转移人口随迁子女义务教育纳入教育发展规划和财政保障范畴，公办学校对农业转移人口随迁子女普遍开放。

四川省住房和城乡建设厅编写组

重点乡（镇）选介

自贡市自流井区仲权镇

【基本情况】 仲权镇是秋收起义总指挥卢德铭革命烈士的故乡，距自贡市区12千米。全镇辖区面积35.33平方千米，有耕地面积16253亩。辖11个行政村1个社区130个村民小组。全镇常住人口3.2万人，其中集镇实际居住人口1.2万余人（含外来经商务工人口）。有小（2）型水库12座。自古以来，仲权镇是比邻乡镇的中心城镇和商贸集散中

心，商贸流通十分活跃。

近年来，仲权镇始终坚持以红色文化为主旋律，挖掘彩灯资源为着力点，以“两带两片多园”产业建设为核心，以小城镇建设和产业转型升级为抓手，以旅游快速通道、丹阳大道延伸线等重大基础设施为依托，以开发开放加快转变经济增长方式，全方位提升镇域旅游经济吸引力，打造文旅结合、农旅结合、底蕴深厚、独具特色的川南休憩旅游示范镇。仲权镇是全国重点城镇、四川省百镇建设试点镇、自贡市扩权强镇试点镇，获得“四川最美乡镇”等称号，被文化厅命名为“四川彩灯文化产业园”。

【休闲旅游产业初具规模】 2017年，仲权镇坚持“两带两片多园”产业布局，依托旅游快速通道、荣永路，建成档次高、有特色的乡村旅游带，逐步实现一产向三产转型。“两带”，即自宜路观光农业带和快速通道度假、休闲带；“两片”，即自然风光休闲度假片区和生态农业观光体验片区；“多园”，即红色文化游览园、彩灯文化产业园、时尚活动体验园、花卉苗木观赏园、休闲垂钓园、生态蔬菜实践园、民俗文化产业园几个特色区域。已培育生态火鸡、特种泥鳅现代农业产业基地，彩灯文化园项目建设稳步推进。直接转移劳动力4000余人，新增就业岗位1000余个，促农增收1500万元以上。

四川省住房和城乡建设厅编写组

德阳市罗江区金山镇

【基本情况】 金山镇距德阳市罗江区城区15千米，全镇辖区面积77.15平方千米，其中场镇规模10平方千米。辖16个村和2个社区，总人口4.8万人，常住人口1.6万人。金山镇区位优势明显，是德阳市的北大门，与绵阳市高新技术开发区接壤，处于成德绵高新技术产业带黄金分割点上，辖区内成绵乐高铁、宝成铁路、成绵高速、成什绵高速、国道108线南北纵贯全镇，距成都双流国际机场98千米、绵阳南山机场25千米。金山镇是全国区域重点镇、中国金花梨之乡、四川省百镇试点示范镇、省级生态示范镇、四川省质量强市示范镇、德阳市统筹城乡示范镇、省级经济开发区所在地。

近年来，金山镇抢抓“同城德绵、协作发展”的战略机遇，依托德阳重装之都的配套优势和绵阳科技城的科研实力，园区建成面积10.5平方千米，入驻企业150家，其中规模以上企业116家、上市企业3家、科技型企业19家；申报国家专利700余项，其中发明专利近100项；有院士工作站2个、省级企业技术中心2个、市级企业技术中心5个。配套完善集镇商业中心，推进春花秋月、香山鹭岛、彭家坝水库等旅游资源整合升级，打造以工业发展为主，配套旅游观光、康养度假于一体的特色工业小镇。

【军民融合产业发展势头强劲】 2017年，金山镇将军民融合上升为国家战略，被作为四川省全面创新改革实验核心任务的背景下，及时调整发展思路，确立了走军民融合发展道路，主动承接绵阳科技城产业辐射，奋力打造绵阳科技城产业协作区和全省军民融合产业示范基地。已落实军民融合项目18个，规划总投资34.4亿元，其中2个项目建成投产；2个项目已开工建设；2个项目已签订投资协议；12个项目洽谈具体投资协议。依托久华信4G/5G项目、帛汉电子、艾华电子、致达等16个项目，与清华大学微波与数字通信技术国家重点实验室建立紧密合作关系，发展电子信息产业，填补德阳市产业空白；依托四川玻纤、迪弗电工等28个项目，组建院士工作站，做强新材料产业；依托荷斐斯3D打印等22个项目，大力培育装备制造产业。

四川省住房和城乡建设厅编写组

广元市昭化区昭化镇

【基本情况】 昭化镇位于广元市三江新区核心区，距广元市中心城区25千米、广元盘龙机场12千米、广元港16千米。辖区面积41.95平方千米，辖8个村和2个社区，总人口2.03万人，昭化古城景区常住人口9680人。昭化古城景区规划面积3.8平方千米，已建成核心区面积0.8平方千米。昭化镇域内形成了铁路、高速公路、水运港口和空运“五位一体”的交通体系，京昆高速、兰海高速、国道108线穿境而过，京昆高速设有昭化出口，附近罗家沟设有京昆高速、兰海高速互通立交；广元机场已营运多年，开通北上广等航线多条。西成高铁、广元港即将投入营运。昭化古城景区、昭化镇先后荣获剑门蜀道国家重点风景名胜区、国家历史文化名镇、全国重点文物保护单位、国家4A级风景旅游区、全国环境优美乡镇、最具人文底蕴古城古镇、全国百镇建设行动重点镇、全国文明村镇、全国卫生镇等14项国家荣誉称号，先后荣获省、市、区安全生产先进单位并成功创建为省级安全社区。

近三年来，昭化镇以蜀道文化和三国历史文化为切入点，以加大古城景区设施配套、业态提升为抓手，先后投入近3亿元，实施了古城景区游客中心、古城景区堤防工程、古城马站项目、古城背街小巷、古城光亮工程等工程，强力推进了古城景区周边新业态新产业发展。打造了天雄关生态农庄、观光农业体验园等项目，提升了全镇旅游配套设施水平，努力完善旅游服务功能，提升承载能力，丰富旅游业态，推动全域旅游发展。昭化古城景区共接待游客224万人次，实现门票收入700万元、旅游综合收入5.9亿元。

【旅游产业引领昭化发展】 2017年，旅游带动了昭化镇的特设餐饮、客栈和农家乐的快速发展。以古城景区为龙头，大力发展休闲餐饮。古城李老三鱼庄、三江鱼庄、古渡人家、凉亭子农家乐、逍遥居食府、春秋苑客栈、汉寿客栈等一大批特色餐饮生意兴隆，其中获得省（市）“金盘”“银盘”奖称号13家。蘭苑购物中心项目如期竣工，辜家大院重新开业，“昭化造”特产馆“尚斌商行”建成运营，古城景区业态进一步丰富。发展了陈家大院、春秋苑等古色古香星级客栈10余家；古城野生鱼、费公麻花、牛皮糖、手磨豆腐干等“昭化六特”成为游客首选馈赠礼品。景区有特色商铺342家、客栈100余家。被省政府授予“昭化古城特色旅游商品示范基地”“昭化古城特色旅游商品示范基地”称号。积极开发观光农业、家庭农场、农事体验等项目。全镇已形成了韭黄、大棚蔬菜、露地蔬菜种植及草莓采摘等多样化的农旅结合新业态。全年新培育星级农家乐4家，新发展家庭农场2家。天雄关生态农庄顺利通过了省、市新产业新业态项目现场会考评验收，基本形成全域旅游新格局。先后发展“天雄村蔬菜基地”和“石盘村猕猴桃基地”现代生态农业园区2个，成立了“天雄关”和“苴国”蔬菜合作社，实现了“农超对接”，“昭化韭黄”获得国家地理标志产品认证。

四川省住房和城乡建设厅编写组

安岳县龙台镇

【基本情况】 龙台镇位于安岳县县城东部，距县城25千米，国道319

线横贯全镇,资潼高速在龙台设出口,毗邻重庆市的潼南区、大足区。辖区面积48.15平方千米,城镇建成区面积4.1平方千米。辖21个行政村193个村民小组4个社区39个居民小组,总人口8.1万人,场镇常住人口5.6万人,户籍人口城镇化率57%。

龙台镇围绕建成"中国第一柠檬集镇"的总体目标,依托成资潼高速路及高速路连接线,重点打造城市居民宜居区、商贸物流流通区、工业加工销售贮存区,形成集生产、加工、销售、物流、研发于一体的柠檬集散中心。2004年被列为首批国家级重点小城镇,2013年被四川省确定为"百镇建设试点镇",2014年被住房城乡建设部确定为全国重点镇;2015年被确定为"扩权强镇"试点镇。

【"中国柠檬之乡"建设】 "中国柠檬看安岳,安岳柠檬看龙台"。龙台镇是中国柠檬发源地和主产区,有"中国柠檬之乡"的美誉。龙台柠檬经过近100年的发展,其种植、加工、销售、物流、研发技术已经成熟,曾获得泰国国际博览会金奖、绿色食品论证和中国原产地标示等荣誉;全国最大的柠檬产销合作社——安岳县龙台镇新世纪绿色柠檬产销合作社于2008年荣获"全国优秀农民专业合作经济组织"称号;龙台镇石笋村于2014年8月获得农业部颁发的"全国一村一品"示范村证书;2013年通过国家级出口柠檬质量安全示范区检查验收。

四川省住房和城乡建设厅编写组

稻城县香格里拉镇

【基本情况】 香格里拉镇位于稻城县南部,距离稻城县城南73千米,距离亚丁景区37千米,扼守亚丁国家级自然保护区门户,是四川省"北有九寨黄龙,南有稻城亚丁"旅游发展战略的核心支撑点和旅游主接待中心,区位优势明显。全镇辖区面积756平方千米,辖1个社区14个行政村,镇域常住人口389人,镇区常住人口2930人,镇区户籍人口286人。交通较为便捷,连接贯通有理亚路、亚三路,距离稻城亚丁机场112千米,市政道路较为完善。近年来,全镇新建、续建政府类大小项目80余个,水、电、路、通信、市政等基础设施得到极大改善。

【全域旅游促发展】 2017年,香格里拉镇的产业发展定位"旅游全域化、镇村特色化、产业融合化"。香格里拉镇旅游发展辐射带动作用十分明显,全域旅游发展势头强劲。旅游发展新兴产业成长较快,传统产业改造升级稳步推进。充分利用"电商"等新兴手段,探索推进野生菌产销合作、牦牛奶制品深加工等,推动产业链向营销延伸。同时,注重其他产业尤其是农牧基础产业发展。结合各村村情实际,巩固和发展农牧业,推进科学种养、良种培育、产业合作、科技运用进程,积极引导传统农牧业向现代农牧业转型。全镇旅游产业发展持续向好,小镇业态逐渐丰富(主要业态为餐饮、休闲、娱乐),吸引了深圳市金沙江投资有限公司等大小企业140余家在镇投资。通过旅游核心产业发展,结合脱贫攻坚"扶持生产和就业发展一批",小镇吸纳周边农村剩余劳动力就业的能力明显增强,带动农村发展效果明显。

【环境和谐美丽宜居】 2017年,香格里拉镇严格按照《稻城县香格里拉镇控制性详细规划》,按照"一轴、二带、五区、多点"合理发展镇区。镇区空间布局与周边自然环境相协调,具有浓郁的"藏区特色、稻城特点"。路网较为合理,建设高度和密度适宜。镇区群众居住区贯穿核心镇区,镇区核心所有建筑为稻城本土黑门黑窗灰红色系建筑,彰显本地传统文化特色。镇区内环境优美,干净整洁。近年来启动实施了城镇亮化疏通整治建设(包括道路节点绿化、建筑亮化、九子一线整治等)、公共厕所建设、林草植被恢复、镇区周边绿化等项目。近年来,实施了仁村幸福美丽新村项目建设,藏区新居、C级危房、D级危房改造100户。

四川省住房和城乡建设厅编写组

特色小城镇建设

【基本情况】 四川的特色小城镇培育创建工作是在四川省"百镇建设行动"成果基础上,以"小而美""特而优"为目标,培育创建特色镇。从四川本地实际出发,因地制宜,结合四川小镇良好的生态基础、丰富的民族历史文化和独特的天府小镇生活,凸显四川特色,突出"小而美",切实保护和传承四川小镇文化、生态、宜居等特征,要让小镇真正"看得见山水、记得住乡愁"。截至2017年年底,全省已评选首批省级特色小城镇42个,其中20个镇被国家认定为"中国特色小城镇",居全国前列、中西部省份第一位。在成都市洛带镇举办了首届中国(西部)特色小城镇创新发展论坛,特色小城镇建设"四川模式"受到国家部委领导及与会代表高度认同和充分肯定。

【坚持尊重特色小城镇发展规律,避免照搬照套城市模式】 2017年,四川省坚持"小而美"的理念,研究建立有别于城市的小城镇规划建设标准规范,科学确定小城镇发展规模,统筹安排城镇生产、生活、生态三大空间,避免照搬照套城市模式。一方面,在布局上尊重小镇现有格局,不搞大拆大建,尊重小镇现有路网、空间格局和生产生活方式,在此基础上,下功夫解决老街区功能不完善、环境脏乱差等风貌特色缺失问题。严禁盲目拉直道路,严禁对老街区进行大拆大建或简单粗暴地推倒重建,避免采取将现有居民整体迁出的开发模式,防止过度商业化,按照小规模渐进式的方式,遵循有机更新理念,科学推进小城镇建设。另一方面,在空间上维系小镇宜居尺度,不盲目建高层建筑,避免照搬城市居住小区模式。注重营造宜人街巷空间,保持和修复传统街区。绿地以建设贴近生活、贴近工作的街头绿地为主,营造小镇居民易于交往的公共空间。严禁建设不便民、造价高、图形象的宽马路、大广场、大公园。注重保持适宜的建筑高度和体量,避免建设与整体环境不协调的高层或大体量建筑。

【坚持突出自然生态,发挥小城镇宜居优势】 2017年,四川省针对过去小城镇建设中存在的贪大求洋、盲目发展工业园区、破坏生态、忽视环境保护等问题进行了深刻反思,坚持将自然生态理念贯穿小城镇规划建设全过程,在具体工作中特别突出"四个注重":一是注重保护山水格局,强调"显山露水",严禁挖山填湖,真正让小城镇"看得见山、望得见水";二是注重营造绿色空间,将森林、农田、水系、湿地与城镇有机结合,因地制宜建设农业公园、生态湿地、绿廊绿道等具有小城镇特色的生态绿地系统;三是注重塑造生态景观,鼓励使用乡土材料与生态作法,提倡"微田园""庭院经济"等特色城镇绿化景观;四是注重发展绿色产业,严格控制落后淘汰产业向小城镇转移。

【坚持传承优秀历史文化,彰显小城镇特色】 2017年,四川省将历史记忆、文化脉络、地域风貌、民族特色融入小城镇规划建设,一是保护耕读文化,保留田园生活、营造乡土景观、传承耕读文化,系统保护小

城镇山水林田湖、街巷格局和建筑风貌，避免走“毁古镇建新镇、毁老街建新街”的老路，真正让小城镇成为充满诗意的美丽家园。二是传承历史文化，加强对四川24个国家级、56个省级历史文化名镇及历史文化景观要素的保护利用，活态保护非物质文化遗产和民俗风情，将历史记忆、文化脉络、地域风貌、民族特色融入特色小城镇规划、建设，塑造了成都洛带客家文化小镇、安仁“中国博物馆小镇”、宜宾李庄抗战文化小镇、绵阳青莲李白诗词小镇等一大批历史文化小镇，真正让小城镇成为中华文明的稳固根基。三是弘扬民族文化，通过挖掘文化资源、凝练主题特色，培育了一批以民族文化和非遗民俗等精品文化为主题的特色小城镇，真正让小城镇成为民族文化传承的鲜活载体。

【坚持补足小城镇基础设施服务短板】 2017年，四川省大力推行“9+N”基础设施和公共服务设施标准化配套工程，补齐小城镇道路交通、基础设施和公共服务短板，促进“小城镇”实现“大服务”。按照统一规划、适度超前、综合配套、集约利用的原则，全面提升特色小城镇建设水平和群众生活质量。统筹布局各类公共服务设施，引导高质量的公共服务特别是教育、医疗资源向小城镇倾斜，构建便捷完善的“生活圈”“服务圈”“商业圈”，形成小城镇的公共服务“大平台”。开展小城镇污水、垃圾处理、设施建设专项行动，多渠道整合资金，重点推进城乡垃圾、城镇污水处理设施建设，大力提升镇村人居环境。构建绿色、低碳、便捷的小城镇交通体系，加强步行和自行车等慢行交通设施建设，推进公共停车场建设。加强小城镇信息基础设施建设，加速光纤入户进程，实现公共WiFi和数字化管理全覆盖。

【坚持创新体制机制，增强发展内生动力】 2017年，四川省充分利用小镇创业创新成本低、进入门槛低、束缚少、生态环境好的优势，打造大众创业、万众创新的高效平台和载体。深化简政放权、放管结合、优化服务改革，加快转变政府职能、提高政府效能，破除体制机制障碍，增强创新能力，激发内生动力。处理好政府和市场的关系，使市场在资源配置中起决定性作用和更好发挥政府作用。充分发挥社会力量的作用，调动各方面的积极性和创造性，最大限度地激发市场主体活力和企业家创造力，鼓励企业、其他社会组织和市民积极参与特色小城镇投资、建设、运营和管理。各地可结合地方实际，在国家法律法规允许的范围内创造性地开展工作，制定灵活的管理办法和运作机制。

四川省住房和城乡建设厅编写组

农村综合配套改革

【基本情况】 2017年，四川省以农业供给侧结构性改革为主线，坚持主攻方向不动摇，全面构建农村改革试点探索、经验推广、督查考核工作机制，扎实推进农村集体产权制度、农村金融、农村用地保障机制等重大改革任务落实落地，农业农村改革持续向纵深推进。

【主攻方向改革】 2017年，四川省推进农村土地“三权分置”，出台《关于完善农村土地所有权承包权经营权分置办法的实施意见》。加快推进土地承包经营权确权颁证，农户签字确认面积9394.7万亩，占应确权面积的92.9%，颁证率达90%以上。进一步加大对新型农业经营主体的扶持力度，新培育省级示范家庭农场300家、省级示范农民合作社200个，土地股份合作社发展到5400余家。总结推广“农业共营制”“小集中”“土地信托”“委托流转”等模式，发展多种形式适度规模经营。22个县建立了土地流转风险保证金制度，18个县建立了土地流转履约保证保险制度。全省家庭承包耕地流转总面积达2136.36万亩，土地流转率达36.7%。在66个县开展政府购买农业社会化服务试点，制定出台《关于支持新型农业经营主体开展农业社会化服务的指导意见》，支持符合条件的新型农业经营主体参与农业社会化服务和承担农业公益性服务项目。

【农村集体产权制度改革】 2017年，四川省召开全省农村集体产权制度改革动员部署会议，印发《关于稳定推进农村集体产权制度改革的实施意见》，明确提出用3年左右时间基本完成集体资产清产核资，用5年左右时间基本完成以经营性资产股份合作制改革为主的农村集体产权制度改革。全省127个县（市、区）启动农村集体资产清产核资，1/3的县（市、区）开展农村集体资产股份合作制改革试点。全国农村集体产权制度改革试点工作部署推进会议在全省召开。深入推进农村产权流转交易市场体系建设，全省建成市级平台11个、县级平台152个，累计完成交易700余亿元，成都农交所交易总规模居全国同类交易所第一位。印发《关于深化农村集体产权制度改革发展农村新型集体经济的试行意见》，分片区召开全省发展农村新型集体经济现场推进会，交流经验做法，进一步部署推动集体经济发展。启动扶持村级集体经济发展试点，中央和省级财政共安排专项资金5亿元，在全省选择50个县（市、区）开展试点。研究制定贫困村退出有关集体经济发展指标的考核办法。印发《关于推进农垦（农场）改革发展的实施意见》，召开全省推进农垦（农场）改革发展电视电话会议，部署全省农垦（农场）改革工作。进一步完善集体林权制度，扎实推进集体林业综合改革试验示范区建设。国有林场改革取得阶段性重大进展，林场机构和管护范围得到合理整合和优化，经营管护机制不断创新。出台《国有林区改革实施方案》，召开全省国有林区改革工作电视电话会议，部署全省国有林区改革工作。

【财政支农方式】 2017年，四川省深入推进涉农资金分配管理改革，将省级财政支农专项预算从上年的28个减少到12个，突出集中财力办大事。改革资金管理模式，实行目标、任务、资金、权责“四到县”，充分赋予县级自主权。深入推进支农资金使用“五补五改”，促进财政资金由“直接投”向“间接引”方式转变，引导金融资本、社会资本进入农业农村领域。深入开展资产收益扶贫试点。在全省所有贫困村分别建立了资金规模50万元左右的村级产业扶持基金。深入推进贫困县涉农资金统筹整合，在深化70个贫困县财政涉农资金整合试点基础上，支持18个省定贫困县对省级及以下涉农资金进行统筹整合使用试点。制订《四川省以绿色生态为导向的农业补贴制度改革实施方案》，推动建立以绿色为导向的补贴制度。

【农村金融服务】 2017年，四川省创新实施“三农”专项信贷政策，全

省新增涉农贷款占各项新增贷款的1/4左右。推行主办行制度，金融机构已与7000余家新型农业经营主体建立主办行关系，新型农业经营主体贷款余额超过200亿元。深入开展“两权”抵押贷款试点，累计发放农村“两权”抵押贷款突破40亿元。稳步推进农村金融机构改革，持续开展农业银行县域分支机构“三农金融事业部”改革试点，推动农村信用社深化改革。持续开展支付惠农示范工程创建工作，消除金融服务空白村863个。全面实施信用户、村、乡“三信”评定，已为574.17万户农户、2357家农村新型经营主体建立信用档案。持续推进成都市农村金融服务综合改革试点。推动农业保险规模稳步提升，农业主要粮食作物水稻承保覆盖面达70%，玉米承保覆盖面达84.6%，油菜承保覆盖面达66.2%，林木承保覆盖面达90%。大力发展地方特色农险产品，有特色农险产品62种，承担地方特色农险风险保障160余亿元。在全国率先开展农产品价格指数保险、气象指数保险、收入保险等试点。

【农村用地保障】 2017年，四川省印发《关于服务保障农业供给侧结构性改革加快培育农业农村发展新动能的意见》，推动完善农业农村用地保障机制。推动建立县域农村建设用地总量控制制度，统筹农村各项土地利用活动，合理安排各项用地。完善农业农村新增建设用地保障机制，要求各地按不低于省上下达年度新增建设用地计划总量的8%予以单列，支持新产业新业态发展。允许在同一乡（镇）范围内通过村庄整治、宅基地和农村空闲建设用地整理，调整村庄建设用地布局。创新新型农业经营主体配套用地管理，对直接用于或者服务于农业、林业生产的生产设施用地、辅助设施用地以及配套设施用地按农用地管理，不办理农用地专用审批手续。将农产品冷链烘干设施、农产品初加工设施、农产品储藏流通设施、休闲采摘设施纳入农业附属设施范围。探索农村集体组织以出租、合作等方式盘活利用空闲农房及宅基地。鼓励扶持利用农村荒山、荒沟、荒丘、荒滩等“四荒”资源发展多种经营。扎实推进农村土地征收、集体经营性建设用地入市、宅基地制度3项改革试点工作，3项改革试点顺利通过国家层面的专项督查。

【供销社改革】 2017年，四川省21个市（州）、137个县（市、区）制定了《深化供销社综合改革贯彻落实意见》，12个市（州）、53个县（市、区）建立了供销社综合改革及发展专项资金。扎实推进基层供销社新建和改造，在29个县整县推进基层社示范社创建，大力发展生产、供销、信用、消费“四位一体”综合合作。全省实现市（州）供销社全覆盖，县级社覆盖率达90%、乡（镇）基层社覆盖率达72%。承担“探索构建规范高效的双线运行机制”专项试点工作。重组省供销投资集团，构建“5+1”集团化发展新格局。探索建立新型农村合作经济组织联合会，在1市8县开展试点。推进市（县）供销社机构建设，11个市设立了理事会，11个市设立了监事会。

【水利改革】 2017年，四川省全面推行河长制，印发《四川省全面落实河长制工作方案》，构建了河湖、河长、制度、工作推进、技术支撑等“五大体系”，设立河（段）长8.19万人，实现省、市、县、乡四级河（段）长全覆盖。扎实推进农村小型水利设施确权登记颁证巩固提升工作，已完成确权农村小型水利设施100余万处。出台《四川省推进农业水价综合改革实施方案》。完成《四川省水利工程管理条例》修订工作。研究制定《四川省农林水利领域政府和社会资本合作的实施细则》，明确了农林水基础设施领域项目政府和社会资本合作的相关政策。

【户籍制度改革】 2017年，四川省成都市实行全国副省级城市中最宽松的落户政策，大学专科以上即可落户，其他大、中、小型城市全面放开落户限制。创新在城镇或者社区设立“公共集体户”，对暂无落户地址的进城农业转移人口，将户口落在“公共集体户”上，全省全年有50万农业转移人口在城市城区落户。全面实施居住证制度。将在省内务工的农民工全部纳入基本公共服务保障范围，简化农民工随迁子女在就业地接受义务教育的入学条件，新增1.2万套公租房定向提供给外来务工人员。

【乡村治理】 2017年，四川省研究制定《关于加强乡镇政府服务能力的实施意见》。持续整顿软弱涣散村党组织，选优配强乡镇党委和村党组织书记，从省、市、县、乡选派党员干部到农村任“第一书记”。加强农村党员队伍建设，注重在致富能手、农民合作社成员、农民工、大学生村干部、“9+3”毕业生等优秀人才中培养和发展党员。继续开展以农村社区、村民小组或自然村为单位的村民自治试点。在新村聚集点探索实行社区化管理服务，选择1000个村开展农村社区建设试点。研究制定支持农民工等人员返乡下乡创业的相关政策，强化公共服务、金融支持、税费减免，完善激励奖补机制。出台《推进基层综合性文化服务中心建设实施方案》，促进公共文化资源有效整合和统筹利用。

【工作推进机制】 2017年，四川省建立改革任务清单制，每年年初印发专项小组年度工作要点和台账，把改革任务分解落实到部门，年终对照检查。建立试点探索推动机制，承担国家层面部署的13项改革试点任务，谋划布局15项省级改革试点，在全国率先启动省级农村改革综合试验区建设。建立督查考核奖惩机制，把农村改革纳入对省直有关部门的绩效考核，纳入省委省政府效绩办对市（州）党委、政府的考核，把重大农村改革任务推进情况纳入市（州）对县（市、区）的目标考核。2017年，首次综合评定22个重大农村改革任务年度推进示范县（市、区），在省委农村工作会上予以表扬。

【农村金融体制改革持续推进】 2017年，邮储银行四川省分行加快资源整合，省、市、县三级同步挂牌成立“三农金融事业部”，构建专业化服务“三农”机构。农业银行四川省分行健全“三农”事业部组织架构和修订完善运作规程，农行省分行、二级分行的“三农”金融分部调整为“三农金融事业部”，农村产业与城镇化金融部变更为“三农对公业务部”，在电子银行部、个人金融部增设“三农互联网金融管理中心”“三农渠道管理中心”职能。农村中小金融机构作为服务“三农”和发展农村普惠金融的主力军，支农支小市场定位进一步增强，农信社产权制度改革得到有序推进。

在农信社产权制度改革中，四川银监局按照“先财务重组、后股份制改造”和“成熟一家、组建一家”的工作要求，积极稳妥推动符合条件的农村信用社改制组建农村商业银行，全年共批复同意14家农商行的开业申请和3家农商行的筹建申请。截至2017年年底，全省已获批开业农商行家数达63家，农商行数量居西部地区首位；已批准筹建机构11家，处于筹建过程的机构3家，已完成或处于改制进程中的机构家数合计77家，占全部103家法人机构的74.76%。改制过程中，四川银监局建立健全了行政许可委员会审批工作流程，严格了审查标准，强化了对改制机构资产质量、股东和高管资质的实质性审查，切实推动改制机构在夯实发展基础、转换经营机制等方面取得实效。

中共四川省委农村工作委员会编写组、中国银监会四川监管局编写组

土地管理与土地制度改革

基本农田保护

【落实耕地保护责任】 2017年年初，四川省国土资源厅与市（州）国土资源局签订耕地保护目标责任书，将全省耕地保有量9448万亩、永久基本农田保护面积7793万亩、高标准农田建设任务195.38万亩、补充耕地任务17.44万亩等耕地保护责任目标任务分解下达21个市（州），层层落实责任，纳入各级国土资源部门年度目标考核评价体系。

【耕地占补平衡】 2017年，四川省国土资源厅严格执行占一补一、占优补优、占水田补水田的耕地占补平衡制度，依法进行补充耕地方案审核，严格落实耕地占补平衡责任。所有补充耕地项目均在国土资源部农村土地整治监测监管系统备案并与建设用地项目一一挂钩确认。截至2017年年底，已完成建设用地项目占补平衡审查488宗，落实占补平衡指标12.63万亩。其中，城市批次219宗、乡（镇）批次148宗，落实占补平衡指标5.1万亩；圈外单独选址建设项目121个，落实占补平衡指标7.53万亩。

【农村土地综合整治】 2017年，四川省国土资源厅优选安排省级投资土地整治项目。优选确定2017年度省投资土地整治项目132个，建设规模158万亩，预计新增耕地12万亩，投资估算20亿元，该批项目已完成省财政部门资金评审。提前谋划2018年省投资土地整治项目优选工作，优选审核批复项目153个，建设规模172.07万亩，预计新增耕地13.3万亩，投资估算12.86亿元。积极推进土地整治项目实施和验收工作，截至12月中旬，全省共建设完成土地整治项目235个（其中已完工未验收项目123个、已验收112个），建设规模241.1万亩，新增耕地面积20.69万亩，总投资30.31亿元。其中，国土资源厅组织完成32个省投资土地整治项目验收工作，建设规模39.12万亩，新增耕地4.2万亩，总投资5.31亿元。对成都、绵阳、德阳、眉山、泸州、自贡、南充、遂宁、达州、广安、宜宾、乐山、雅安、凉山等14个市（州）的19个地方投资土地整治项目进行抽查，总体情况较好，并对抽查情况进行通报，发现问题的项目已按整改要求进行了整改。规范易地占补平衡指标流转，按照《四川省建设占用耕地易地占补平衡实施细则》要求，国土资源厅审核批复了跨市（州）耕地占补平衡指标易地流转38批次，将沐川县等地土地整治项目新增耕地指标5.5万亩用于成都市、自贡市、宜宾市、遂宁市、攀枝花市、广安市、德阳市建设占用耕地易地占补平衡，涉及交易金额10亿余元。其中，支持叙永县等9个贫困县跨市（州）交易29个批次，涉及指标4.7万亩、金额8.5亿元。

【高标准农田建设】 2017年，四川省国土资源厅按照《四川省高标准农田建设总体规划（2011—2020年）》和各市（州）上报备案的《高标准农田建设实施方案》，全省统筹安排国土资源系统高标准农田建设目标任务195.38万亩（对应土地整治项目235个）。在项目实施中，严格执行月报上报制度，要求各市（州）国土资源部门每月月底前汇总所辖县（市、区）进展情况后，在四川省土地整治网高标准农田进度填报系统进行填报，及时掌握项目建设进度。根据项目进展情况，强化中期检查和年终督查，推进项目建设进度。同时，完成在国土资源部农村土地整治监测监管系统项目计划、实施、验收阶段信息的备案工作。截至2017年年底，项目已全部建设完工，实际建成高标准农田205.08万亩，总投资31.82亿元。

【永久基本农田划定】 2017年，四川省国土资源厅按照国土资源部、农业部工作部署，牵头开展全省永久基本农田划定工作，优先将城镇周边、交通沿线易被占用的优质耕地和建成的高标准农田划定为永久基本农田，实行特殊保护。通过划定成果督导检查、召开划定成果汇交培训会、对疑似建设用地图斑的进一步核实，确保划定成果质量。截至6月底，全省21个市（州）永久基本农田划定成果在完成县级自验、市级初验、省级技术核查的基础上，全部通过两部复核和省级验收。全省实际划定永久基本农田7805万亩，超过7793万亩划定目标任务，实现“落地块、明责任、设标志、建表册、入图库”5项任务，四川省永久基本农田划定工作得到省委省政府主要领导的充分肯定。

【编制省级“十三五”土地整治规划】 2017年，四川省国土资源厅按照保护优先、城乡统筹、依法依规、民主决策的基本原则，以2015年为规划基期，以2020年为规划期，科学编制完成《四川省土地整治规划（2016—2020年）》，在专家审查通过后，经省政府川府函〔2017〕127号批复同意。《规划》提出“十三五”期间，全省通过土地整治，确保建成高标准农田1934万亩，力争建成2827万亩，整治后的基本农田质量将平均提高1个等级。

四川省国土资源厅编写组

家庭联产承包责任制

【基本完成农村土地承包经营权确权登记】 截至2017年年底，四川省共落实确权登记经费39.33亿元，其中争取中央补助10.04亿元、省级直接专项补助7347.4万元、市级落实3.37亿元、县级落实25.19亿元。全省完成外业调绘指界、农户签字确认的面积9394.7万亩，占应确认面积的92.9%，已完成142个县（市、区）确权登记数据库成果向农业部汇交。全省21个市（州）（除凉山州部分县外）确权登记工作完成良好，成果符合精度要求，归户表、承包合同、登记簿、承包经营权证书、数据库记载信息做到了真实、准确、完整、一致。4月6日，以省委省政府名义向中共中央、国务院作了关于基本完成农村土地承包经营权确权登记颁证试点工作情况的报告。时任国务院副总理汪洋作出肯定性批示，要求农业部在全国推广。同时，拓展了土地承包权能，截至2017年年底，成都、遂宁、眉山、巴中等地已试行颁发农村土地经营权证5000余本。出台《四川省农村土地流转收益抵押贷款试点工作方案》，在全国率先开展农村土地流转收益保证贷款试点，并在全省全面推开；出台《四川省农村承包土地的经营权和农民住房财产权抵押贷款试点实施方案》，指导成都市温江区等10个县（市、区）开展农村承包土地的经营权抵押贷款试点。截至2017年年底，10个试点县（市、区）已累计投放土地经营权抵押贷款38.76亿元。

【开展土地承包经营权确权数据成果应用】 2017年，四川省确权成果不仅在农业部门内部使用，在其他相关部门也得到了广泛应用；为金融部门开展土地经营权抵押贷款、城市建设规划（县际道路建设）和水务部门小型水利工程确权提供了基础数据；统计局利用确权登记成

果开展全国第三次农业普查，并得到了地理国情工作主管部门的认可。高精度影像资料在警用地理信息系统建设中发挥了极其重要的作用，提高了公安机关的建设、应用和管理水平；通过确权高精度地图的辅助，以采用先进PGIS技术对公安信息的基本要素（居住地、人员、案/事件、机构、物品、监控、应急装备人员、警员警车定位）进行管理，并通过“一标三实”中的居住人员信息精准定位，在公安管理中更加有效地利用了公安自有资源和公共社会资源打击和预防犯罪，保障了公共安全。

【推进农村土地经营权规范有序流转】 2017年，四川省以放活土地经营权为重点，加强农村土地流转管理与服务，引导农村土地向新型农业经营主体有序流转，积极发展农业适度规模经营。9月30日，省委办公厅、省政府办公厅联合印发《关于完善农村土地所有权承包权经营权分置办法的实施意见》，随后农业厅下发了《四川省农业厅贯彻落实省委办公厅省政府办公厅〈关于完善农村土地所有权承包权经营权分置办法的实施意见〉的通知》，各级各部门高度重视，认真贯彻，着力落实集体所有权、稳定农户承包权、放活土地经营权。截至2017年年底，全省家庭承包耕地流转总面积为2134.2万亩，增长8.3%，占耕地总面积的36.7%；转出耕地的农户数540.19万户，签订流转合同346.5万份，分别增长2.8%和8.3%；流转合同逐步规范，签订书面流转合同的规模流转面积1260.36万亩，占流转总面积的59.06%，其中单个经营主体流转30亩及以上流转面积1365.9万亩，规模经营率达23.5%，增加2.9个百分点。已有22个县（市、区）建立土地流转风险保证金制度。

【强化纠纷调解仲裁体系建设力度】 2017年，四川省农业厅认真抓好农村土地承包经营纠纷仲裁庭建设，不断完善仲裁制度和规范仲裁行为，依法调处农村土地经营纠纷。截至2017年年底，全省171个县（市、区）成立仲裁委员会，同时建立了民间协商、乡村调解、县区仲裁、司法保障的农村土地纠纷调处机制。省上继续指导102个县（市、区）仲裁委用好中央投入的5100万元西部地区农村土地承包经营纠纷仲裁基础设施建设项目资金，改善基础设施条件。加强仲裁调解人才队伍力量。农业厅先后组织仲裁员培训2次，培训仲裁员350余人次，近几年累计培训仲裁员2730人次，为农村土地承包纠纷调解仲裁工作提供了支撑。全省全年受理土地承包及流转纠纷数为56146件，减少3750件。

四川省农业厅编写组

土地流转

【基本情况】 2017年，四川省家庭承包耕地流转总面积为2134.2万亩，占耕地总面积的36.69%。耕地流转呈现以下特点：一是流转方式多样，以出租和转包为主，入股方式最具发展潜力；二是流转去向多元，以农户为主，流向农民合作社呈快速增长势头；三是规模经营凸显，流转行为不断规范，流转用途市场导向明显单个经营主体流转30亩及以上流转面积1365.9万亩，规模经营率达23.5%。

【制定承包地“三权分置”系列政策】 2017年，四川省制定出台《关于完善农村土地所有权承包权经营权分置办法的实施意见》《四川省农业厅贯彻落实省委办公厅省政府办公厅〈关于完善农村土地所有权承包权经营权分置办法的实施意见〉的通知》等系列文件，推进“三权”分置并行，落实好集体所有权，稳定农户承包权，引导和鼓励土地经营权向新型农业经营主体规范有序流转，推行由农民一次性出租让渡土地经营权向入股经营、合作经营等共享土地经营权方式转变，形成农村土地集体所有、家庭承包、多元适度规模经营的新型农业经营机制。

【建立流入方资格审查制】 2017年，四川省为降低流转双方风险，指导各地对土地流转实行县、乡分级审查，重点审查流入方的主体资格、征信情况、农业持续经营能力及拟经营项目是否符合本区域产业布局和现代农业产业发展规划等。对土地流转100亩以下的，由乡（镇）政府组织审查；100亩及以上500亩以下的，由县级农业（林业）行政主管部门组织审查；500亩及以上的，经县级农业（林业）行政主管部门、农工委、国土资源部门、工商部门会商后，报县级政府组织审查。未经审查或经审查不符合相应条件的租赁农地的工商企业不得享受相关产业扶持政策。

【建立健全风险防范机制】 2017年，四川省要求各地建立健全风险防范机制。鼓励有条件的县（市、区）按照因地制宜的原则，探索建立土地流转风险保障金制度等风险防控体系。135个县（市、区）建立分级审查备案制度，83个县（市、区）建立上限控制制度，60个县（市、区）建立土地流转风险保障金制度。积极指导各地开展土地入股组建土地股份合作社，按承包土地的股份享受经营收益等试点，通过这些措施来降低流转双方面临的风险。

【建立土地经营权流动动态监测制度】 2017年，四川省充分运用农村土地承包经营权确权登记成果，建设手持土地流转信息采集系统，开展利用手机等移动终端实地采集流转地块所有信息试点，通过农村土地承包管理信息系统自乡、县、市逐级汇总到省，逐步实现对流转土地的动态监测、实时监管，保障土地经营权流转规范有序。省上已经统一开发手持土地流转信息采集系统，在青神县进行试点，利用平板电脑等移动终端实地采集流转地块信息。同时，建立定期上报制度，每半年收集一次单个经营主体规模经营流转情况。

【主要成效】 一是推进土地适度规模经营。2017年，四川省土地经营权进一步放活，农村土地流转有序推进，土地适度规模经营比例逐步上升。通过土地经营权流转，推动适度规模经营，引导资源优化配置，为传统农业向现代农业发展转型提供了有效途径。截至2017年年底，全省家庭承包耕地流转总面积为2134.2万亩，占耕地总面积的36.69%；单个经营主体流转30亩以上的面积为1365.9万亩，规模经营率为23.5%。二是解决“谁来种地”“怎么种地”的问题。通过土地流转，引导种养大户、家庭农场、农民合作社和农业企业等新型农业经营主体发展现代农业，不但解决了“谁来种地”的问题，同时促进资本、技术、人才、管理等生产要素向农业集聚，提高了农业劳动生产率，解决了“怎么种地”的问题。三是“三权分置”实现形式得到有效探索。通过农村土地经营权有序流转，带动了技术、资金、人才等生产要素向农业集聚、向新型农业经营主体集中，加快了家庭农场、农民合作社的发展步伐。巴中市及所辖县（区）政府出台了《在外人士回乡创业扶持办法》《推进培育新型经营主体的意见》等一系列激励土地流转、支持回乡创业的扶持政策，金融部门出台了《巴中市农村产权抵押融资管理办法（试行）》，农业局鼓励对3年以上经济作物和产业园区设施设备，经业主自主申请，县（区）行政主管部门实地核查，资产评估单位核实评估，由县（区）人民政府颁发《农业特色产业所有权证》及《农业标准化基地用益物权证》。巴中市巴州区作为全国农村承包土地的经营权抵押贷款试点区，区政府已出台了试点方案，配套了《信贷支持农业产业化发展实施办法（试行）》，有效激活了确权登记成果。全市农业特

色产业所有权证、基地用益物权证颁证数量较上年增长50%以上，新增流转土地15万亩，增长30%以上，特色产权融资金额已达6亿元以上。

四川省农业厅编写组

农村集体产权制度改革

【基本情况】 2017年2月28日，四川省委省政府在成都市温江区召开全省农村集体产权制度改革动员部署会，正式启动全省农村集体产权制度改革，探索构建中国特色社会主义农村集体产权制度。截至2017年年底，全省67个县开展改革试点，其中国家试点县6个，覆盖所有市(州)。《四川省完善和深化集体林权制度改革方案》确定的7大项任务、20项子任务全面完成。四川省人民政府办公厅出台了《关于进一步完善集体林权制度的实施意见》，明确了下一步推进集体林权制度改革的主攻方向。

【建立改革领导机制】 2017年，四川省委办公厅、省政府办公厅下发《关于建立四川省农村集体产权制度改革工作联席会议制度的通知》，建立由省委常委曲木史哈、副省长尧斯丹为召集人，副秘书长严卫东为副召集人，农业厅、省委农工委、财政厅等16个省直有关部门为成员的农村集体产权制度改革联席会议制度。

【分类推进试点】 2017年，四川省指导全国首批改革试点单位成都市温江区总结三年试点经验做法，由省政府核报农业部；推荐确定并指导广元市利州区、广汉市、宜宾县、通江县、射洪县5个县(区)作为第二批全国改革试点单位开展试点，并于2018年10月完成试点任务；在首批10个省级试点县基础上扩大试点范围，新确定成都市郫都区等20个第二批省级试点县，分类推进改革试点工作。

【"两证一社"抵押贷款改革试点】 2017年，四川省林业厅建立了月通报制度，每月通报46个试点县推进"两证一社"抵押贷款的改革情况。印发了《关于开展"两证一社"改革试点工作总结评估的通知》，对参与主体进行了问卷调查，各试点县完成了总结评估，收集问卷300份。截至2017年年底，46个试点县(市、区)共颁发经济林木(果)权证2360本、林地经营权流转证775本，合计抵押融资14.7亿元。

【集体林业综合改革试验示范区建设】 2017年，成都市和巴中市巴州区是国家确定的集体林业综合改革试验试验区。林业厅指导成都市、巴中市巴州区围绕主攻方向，结合区位特点，推进试验示范区建设，发挥试验示范作用。指导成都市围绕现代都市林业发展，初步探索形成了以财政补助"普惠制"、林地经营"共营制"、林地承包"退出制"、林权交易"入场制"、林权流转"保险制"、"花木融资多模式"为主的"成都经验"。指导巴中市巴州区结合扶贫攻坚，推进"两证一社"改革，强化林农权益保护，初步探索形成了以"林地基准价形成机制、自留山流转退出机制、森林保险再保险制度"为主的"巴州经验"。11月，国家林业局在崇州市召开了全国集体林业综合改革试验示范区建设推进会，学习以"林业共营制"为主的"成都经验"。

【集体林权管理】 2017年1月，四川省林业厅印发了《关于组织开展林权管理情况专项检查的通知》，要求各地在6月30日前，采取县级自查、市级督察方式，对林权日常管理工作进行全面检查，建立完善相关制度，加强林权基础管理。林业厅先后赴达州、南充等地进行了抽查。通过专项检查，摸清管理现状，强化基层管理责任，加强林权管理工作。协调省综治办将集体林地承包经营纠纷纳入综治考核内容，印发了《关于开展集体林地承包经营纠纷调处考评工作的通知》，强化了林地纠纷调处主体责任。

四川省农业厅编写组、四川省林业厅编写组

天府新区建设

【基本情况】 近年来，四川省把天府新区作为关系全省经济社会发展全局的百年大计和重大战略性工程，科学有序推进建设发展，先后出台了《关于加快推进四川天府新区建设的指导意见》和《支持四川天府新区建设发展若干政策的通知》，加快推动重点功能区开发、基础设施建设、产业集聚发展、改革开放，新区建设发展呈现快速起步、重点突破的良好态势，新区基本实现"快速起步、重点突破"目标，迈入全面加速、提升发展新阶段。截至2017年年底，天府新区实现地区生产总值2384.9亿元，总量在19个国家级新区中排名第5位，在西部6个国家级新区中排名第2位；完成固定资产投资2301.3亿元，增长42.3%，总量在国家级新区中排名第3位，增速排名第1位。

总体定位。天府新区按照省政府批复的《四川天府新区总体规划(2010—2030年)》(2015年版)，总体定位是全国西部地区的核心增长极与科技创新高地，以现代制造业和高端服务业为主，宜业宜商宜居的国际化现代新区。四川天府新区的产业发展原则是"双轮驱动、高端高效、创新发展"，即强调现代制造业和高端服务业并重发展，强调发展高端产业和产业价值链分工的高效环节，强调大力支持科技创新、生产和商业模式创新，大力发展新产业、新产品、新业态。

发展目标。按照国务院《关于同意设立四川天府新区的批复》和国家发展改革委《关于印发四川天府新区总体方案的通知》要求，四川省天府新区发展目标是按照"近期快速起步、重点突破，中期全面铺开、形成框架，远期优化提升、持续发展"的要求，确定"三个阶段"的发展目标。近期到2017年，基础设施网络框架基本形成，重点功能区初具规模，一批国际国内知名企业成功入驻，战略性新兴产业、现代制造业和高端服务业集聚效益明显。中期到2020年，"一带两翼、一城六区"城市形态基本形成，现代高端产业集聚区、内陆开放经济高地和统筹城乡一体化发展示范区建设取得明显成效，辐射带动力明显增强。远期到2025年，实现"再造一个产业成都"，综合经济实力、创新发展能力和人民生活水平大幅提升，现代产业体系基本形成，城乡一体化关系更加和谐，基本建成以现代制造业为主、高端服务业集聚、宜业宜商宜居的国际化现代新区。核心目标是"再造一个产业成都"，打造成为成渝经济区最具活力的新兴增长极。人口规模预测，规划总人口2020年为350万人，2030年为500万人。其中，城镇人口2020年为320万人，2030年为480万人。

核心功能。四川省天府新区的核心功能是全面创新改革试验区、现代高端产业集聚区、内陆开放经济高地、宜业宜商宜居城市、统筹城乡一体化发展示范区等五大功能。一是全面创新改革试验区是紧扣

创新驱动发展目标，以推动科技创新为核心，以破除体制机制障碍为主攻方向，开展系统性、整体性、协同性改革的先行先试，统筹推进科技、管理、品牌、组织、商业模式创新，统筹推进“引进来”和“走出去”合作创新，提升劳动、信息、知识、技术、管理、资本的效率和效益，形成四川省创新驱动发展的新引擎，为建设创新型国家提供强有力的支撑。二是现代高端产业集聚区是积极实行更加有利于实体经济发展的政策措施，提升科技创新对产业转型升级的助推力，大力推进战略性新兴产业、现代制造业以及高端服务业集聚发展，建设具有国际竞争力的现代制造业基地，以金融商务、商贸物流、文化创意、会议博览等为重点的高端服务业中心。三是内陆开放经济高地是努力探索深化改革、扩大开放的新途径，积极融入世界经济格局，构建内陆开放型经济体系。参与全球经济技术合作，建设丝绸之路经济带、长江经济带的重要支点，承接国际国内产业转移的重要平台。四是宜业宜商宜居城市是突出以人为本、产城融合，推动产业布局、生活宜居、生态文明、公共服务等城市功能有机融合，推进城市管理体制机制创新，高起点、高标准规划建设现代城市，努力打造国际化现代新区，实现现代产业、现代生活、现代都市协调发展。五是统筹城乡一体化发展示范区是推动统筹城乡综合配套改革试验向纵深拓展，努力实现城乡要素平等交换和公共资源均衡配置，构建现代城市与现代农村和谐共生的新型城乡形态，在建立健全以工促农、以城带乡、工农互惠、城乡一体的新型工农城乡关系上为全省做出示范。

空间结构。四川天府新区的空间结构是“一带两翼、一城六区”。“一带”是居中的高端服务功能集聚带。天府中轴向南延续，并向东延伸至龙泉山边，沿线主要布局金融商务、科技研发、行政文化等高端服务功能集聚带。“两翼”是东西两翼的产业功能带。以成眉乐产业走廊为基础，打造成眉高技术和战略新兴产业集聚带；以成都经济技术开发区为基础，打造高端制造产业功能带。“一城”是天府新城。集聚发展中央商务、总部办公、文化行政等高端服务功能，建设成区域的生产组织和生活服务的主中心，为六个专业功能区乃至更大的区域提供完善的生产生活配套服务。“六区”是依据主导产业和生态隔离划定的六个产城综合功能区，集聚新型高端产业功能，并独立配备完善的生活服务功能。“六区”分别是成眉战略新兴产业功能区、双流高技术产业功能区、龙泉高端制造产业功能区、成都科学城、南部特色优势产业功能区、两湖一山国际旅游文化功能区，各功能区内按照产城一体的模式，强化城市功能复合，生活区安排与产业区布局相适应，形成产业用地、居住用地和公共设施用地组合布局、功能完善的功能单元。

产业导向。天府新区围绕“再造一个产业成都”核心目标，突出发展五大高端成长型产业、五大新兴先导型服务业，大力推进战略性新兴产业、现代制造业以及高端服务业集聚发展，建设具有国际竞争力的现代制造业基地和以金融商务、商贸物流、文化创意、会议博览等为重点的高端服务业中心，重点依托“两湖一山”等旅游资源，积极发展休闲度假旅游和现代都市农业。

管理体制。天府新区实行“省统筹、市实施”的管理体制，可简单概括为“1+2+8”管理架构。“1”指四川省天府新区建设领导小组及其办公室，负责天府新区的统筹协调和调研督导工作；“2”指成都、眉山2市分别设立管委会，负责各自片区的开发建设；“8”指成都直管区、高新、龙泉、双流、新津、简阳和眉山青龙、视高片区。

【突出改革和创新“双轮驱动”，增强创新发展新动能】 2017年，四川省天府新区深入推进全面创新改革“一号工程”，聚焦重点改革任务，落实“9张清单”部署，着力打通军民融合、科技与经济、科技与金融“三个通道”。依托成都科学城建设，创新要素加快聚集，清华四川能源互联网研究院、北大、北航、中科院、斯坦福研究院等国内外知名院校和科研机构落户天府新区，天府新区被列为国家级双创示范基地，天府创新中心（孵化园）和天府菁蓉中心升级为国家级科技企业孵化器。知识产权综合管理体制改革取得新进展，跨区域知识产权审判庭挂牌成立，“一窗通办”改革全面推行。“天府英才计划”全面实施，创新人才加快聚集。吉利沃尔沃、IBM、西门子、思科、紫光集团、启明星辰等国内外知名创新型企业落户新区，带动汽车制造、电子信息、新能源、新材料等产业不断壮大，加快形成千亿级、百亿级产业集群。

【突出全域规划和建设，构筑协调发展新格局】 2017年，四川省天府新区围绕打造“千年天府、山水智城”，重点开展以城市总体设计为主导的规划编制，初步形成“一带引领、双轴拓展、三川交融”的全域城乡空间结构和“1775”全域城乡功能布局。积极推进重点功能区建设，西部国际博览城正式投用，成都科学城、天府商务区、新川创新科技园、“两湖一山”国际旅游文化功能区等重点区域开发建设加快，基本形成承载能力。天府新区与天府国际机场和国际空港新城建设、自由贸易试验区建设相衔接，与成都建设国家中心城市相协调，引领带动区域经济多点多极协同共兴，成为四川省参与“一带一路”建设和长江经济带发展的重要平台。

【突出美丽天府建设，打造绿色发展新名片】 2017年，四川省天府新区加快构建绿色发展体系，集约集成利用山水林田多元要素汇聚的生态本底，以水定人、以地定城、以能定业、以气定形，构建“川字三河并流、一山连接两廊”的全域生态格局。从自然保护、景观打造和功能需求等多个维度，持续提升兴隆湖生态湖区、锦江生态带等生态景观，大力推进北部组团生态绿隔带、鹿溪智谷生态带等重大生态项目建设。沿鹿溪河、东风渠、龙泉山和主干道路等城市脉络，规划建设多级绿道和慢行系统。强力实施污染防治攻坚战，空气质量和水环境质量持续改善。

【突出发展开放型经济，实现开放发展新突破】 2017年，四川省天府新区坚持对内靠改革、对外靠开放，加快推进国家自由贸易试验区、临空经济示范区、国别合作园区等开放合作平台建设，基本形成全方位、宽领域、多层次对外开放格局。天府国际机场全面开工建设，双流机场旅客吞吐量达5000万人次，居全国第4位；国际和地区航线达104条，新机场航站楼、高铁、地铁实现无缝衔接、同步建设，打造国家级国际性综合交通枢纽。国际班列年开行突破1000列，居全国第一位。自贸试验区高点起步，紧扣制度创新核心任务推出159项改革措施，新登记内外资企业2.2万家，实际利用外资位居中西部国家级新区前列。

【突出公共服务质量提升，迈上共享发展新台阶】 2017年，四川省天府新区坚持以人民为中心发展理念，大力实施民生工程，适度超前布局教育、卫生、体育和文化等公共服务设施，努力提供高质量的公共服务，多措并举解决“入学难”“就医难”等问题。在注重保护乡村原始风貌和生态肌理的同时，依托特色小镇和幸福美丽新村建设，补齐农村基础设施等发展“短板”，增强人民群众的获得感、幸福感。围绕解决老百姓“出行难”问题，超前规划并高标准建设综合交通体系，推动成都平原铁路公交化运营，密织便捷快速交通网络，“两横六纵”高速路网和“四横六纵”快速路网基本形成。

四川省发展改革委员会编写组

市(州)、县(市、区)农村工作概况

成 都 市

【基本情况】 2017年,成都市辖11区4县5市,辖区面积1.24万平方千米。

【年度农业和农村经济运行】 2017年,成都市实现农林牧渔生产总值878.87亿元,增长3.9%,其中农业(种植业)总产值490.18亿元,增长5.9%;林业总产值18.94亿元,增长9.3%;牧业总产值315.67亿元,增长0.4%;渔业总产值29.73亿元,增长10.2%;农林牧渔服务业总产值24.35亿元,增长4.3%。农业增加值519.01亿元,增长3.9%。农村居民年人均可支配收入20298元,增长9.1%。启动“信息进村入户”工程,建成村级“益农信息社”1723个。有乡村从业人员427.61万人,年末农业机械总动力403.86万千瓦;农村用电量36.65亿千瓦时;农用化肥施用量(折纯)18.36万吨。

农业产业化发展。全市市级以上农业产业化龙头企业发展到513家,其中国家级重点龙头企业26家、省级重点龙头企业129家、市级重点龙头企业358家(新增21家)。全市市级以上农业产业化龙头企业销售收入(或交易额)突破2400亿元,增长3%。有销售收入(或交易额)过亿元企业160家,其中1亿～10亿元企业137家、10亿～50亿元企业16家、50亿～100亿元企业2家、100亿元以上企业5家。新希望集团有限公司、四川川野食品有限公司、四川省天保果业有限公司、四川黑洋洋农业有限公司获得“四川省带动脱贫攻坚明星农业产业化龙头企业”称号。全市发展家庭农场5330家,市级及以上示范家庭农场达231家,其中省级示范家庭农场47家;发展农民合作社10715个,市级及以上示范合作社527个,其中国家级示范合作社53个、省级示范合作社178个。

农用地土地制度改革。成都市积极推进承包地“三权分置”,在落实集体所有权、稳定农户承包权的基础上,进一步放活土地经营权,发展农业适度规模经营。鼓励和引导土地经营权进入农村产权交易公开市场,实现规范有序流转,积极引导农村土地经营权向种养大户、家庭农场、合作社、农业企业等新型农业经营主体集中。重点推广“农业共营制”“土地预流转+履约保证保险”等规模经营方式。全市耕地流转面积485.3万亩,规模经营率达60.8%。

农产品品牌战略实施。成都市不断加大对区域公用品牌和企业自主品牌的培育力度。积极推进市级“天府源”品牌建设,开展了品牌战略规划制定、品牌形象设计、拍摄形象宣传片、建设天府源“两微一站一端”平台等工作,并争取到省财政给予四川省优秀农产品区域公用品牌“天府源”宣传补助资金25万元,“天府源”品牌建设体系逐步完善。积极创建县级区域公用品牌,截至2017年年底,成都市已注册商标并投入使用的县级区域品牌有金堂县“田岭涧”、青白江区“青溯”、崇州市“稻虾藕遇”、新都区“蠡都味”、彭州市“龙门山”、温江区“鱼凫尚品”、都江堰市“大青城”。全市第一产业累计获得中国驰名商标30个、四川省著名商标167个、四川省名牌产品121个、成都市著名商标202个、地理标志保护产品46个、地理标志证明商标17个、农产品地理标志16个;全市“三品一标”产品达1327个,其中无公害农产品485个、绿色食品224个、有机农产品601个,新增“三品一标”产品66个。积极培育企业自主品牌,按照《成都市人民政府关于加强农业标准化品牌化建设的意见》,开展了龙头企业品牌宣传奖补资金的申报、审核等工作,全市共有除锦江区、成华区、天府新区、高新区外的18个县(市、区)、122家单位(或生产经营主体)申报了奖补项目228个,经审核,有90个申报主体的159个项目符合奖补条件和标准,市级财政共给予奖补金额2471.88万元。积极开展农业“天府品牌”打造。

【种植业】 2017年,成都市农作物播种面积84.47万公顷,其中粮食

作物播种面积47.21万公顷(稻谷播种面积18.31万公顷、小麦播种面积7.3万公顷),油菜籽播种面积12.73万公顷,蔬菜种植面积18.5万公顷;粮食产量273.09万吨,其中稻谷产量150.93万吨、小麦产量32.55万吨、豆类产量10.57万吨、薯类产量29.73万吨、油菜籽产量31.36万吨、甘蔗产量1.08万吨、蔬菜产量635.79万吨、茶叶产量2.24万吨、水果产量157.95万吨。全市共安排新品种试验点位26个,引进新品种288个,其中水稻30个、玉米21个、小麦14个、油菜23个、蔬菜200个。高端种业发展。成都种业园区经省、市编办特批设立了全省唯一的都市现代农业园区管委会,是省、市规划布局的都市现代农业"一心、六园、十基地"重点农业产业园区之一,落户于邛崃市境内成温邛快速路以东、南河以北、天邛产业园区以外的区域,规划面积91.98平方千米,涵盖前进、固驿、高埂、冉义4个镇,配套种子生产科研、育种、制种试验示范核心基地1万亩,高端种业生产推广示范基地10万亩,是四川省第一个规模化、标准化种子生产加工园区,成都市唯一的农作物种子加工基地和专业化园区。全年完成了《邛崃现代农业种业产业园发展规划》编制,园区及辐射区域已聚集成都金卓、四川嘉禾、安徽丰大等种业企业10家,发展高端种业基地面积达3万亩,占成都市种业基地总面积的50%以上。

菜粮基地高标准农田建设。全市100万亩菜粮基地高标准农田建设项目静态总投资57.9亿元,项目建设区域涉及15个县(市、区)和成都天府新区,共167个乡(镇、街道)820个村(社区),总建设规模116.02万亩。全年共有14个县(市、区)、31个标段的实施方案通过专家评审,涉及面积达32.3万亩,总投资21.3亿元;整合项目222个,整合资金166.3亿元;撬动项目182个,撬动资金279.7亿元。建成3.45万亩稻田综合种养模式高标准农田,"粮稳产""渔增收"等稻田综合种养工作已初显成效。推动县(市、区)整合资金启动试点项目建设,试点区域总面积达4万亩以上。全年通过农发行贷审会审批贷款7.8亿元,已发放1.9亿元。

粮食工厂化育秧。组织开展粮食工厂化育秧补贴项目的申报工作,对符合补贴条件的12个育秧场进行审核,育秧场占地面积272.4亩,设施面积245.4亩,实际育秧面积185.7亩,共计补贴资金910.21万元。其中,单体薄膜温室3个,实际育秧面积63.2亩,补贴资金126.46万元;连栋薄膜温室6个,实际育秧面积99.7亩,补贴资金498.25万元;智能温室3个,实际育秧面积22.8亩,补贴资金285.5万元。

种粮大户培育。全市小麦、水稻、玉米、油菜50亩及以上的适度规模化种植面积达882062.24亩,其中小麦适度规模化生产面积329161.13亩、水稻适度规模化生产面积499225.41亩、玉米适度规模化生产面积22841.4亩、油菜适度规模化生产面积30840.3亩,累计发放粮食适度规模经营奖补资金176861202.96元,其中中级以上职业经理人追加补贴金额10122175.76元。

【畜牧业】 2017年,成都市存栏大牲畜9.48万头,其中牛存栏9.46万头;羊存栏58.73万只;生猪存栏390.68万头,出栏763.94万头;能繁母猪存栏41.51万头。肉类总产量73.64万吨,其中牛(羊)肉产量3.26万吨、禽肉产量13.92万吨;禽蛋产量18.78万吨;牛奶产量8.63万吨;蜂蜜产量0.54万吨。

畜禽种业发展。成都市积极发展高端种业,开展地方品种资源保护。成都市级财政投入奖补资金1455万元,支持地方品种资源保种场、扩繁场以及简州大耳羊开展品种保种、选育、扩繁、新品系培育及利用开发等工作。新建金堂黑山羊规模养殖场12家、简州大耳羊规模养殖场16家。全市生猪三元杂交面达87%以上,肉羊良种杂交面达68%以上,蛋鸡、肉鸡良种面达96%以上。

畜禽标准化示范创建。大力开展部级、省级、市级畜禽养殖标准化示范创建活动,全市畜牧业部、省、市级标准化场分别新增2家、18家、21家;部、省和市级标准化场总数分别达22家、68家和149家。

畜禽养殖污染综合治理。科学划定畜禽养殖禁养区,积极优化畜牧业结构布局,确保养殖业发展与环境承载能力相适应。深入推进标准化示范创建,实现养殖污染源头控制;参加部、省、市三级示范场创建的养殖场分别有22家、68家和144家。切实开展养殖污染专项治理和产业有序转移,全市禁养区关闭、搬迁养殖场(户)3100余家(户),整治养殖场(户)5200余家(户)。中央环保督查组进驻四川期间,全市共收到转办的养殖污染信访举报件29件,其中牵头办理17件、协助办理12件,全部在规定期限内办理完结。扎实推进养殖废弃物资源化利用,全市畜禽养殖粪污综合利用率达80%。

动物疫病防控。全年共免疫牲畜口蹄疫1188.78万头次,其中猪1091.74万头次、牛19.28万头次、羊77.76万只次;免疫禽流感10515.77万羽,其中鸡6967.17万羽、水禽1998.1万羽、其他禽1550.5万羽;免疫猪瘟984.15万头;免疫高致病性猪蓝耳病1009.69万头;免疫鸡新城疫6024.027万羽;免疫小反刍兽疫54.71万只,重大动物疫病应免畜禽免疫密度达100%。在动物疫病监测方面,全市共监测猪瘟抗体3100份,合格率88%;监测高致病性猪蓝耳病抗体3044份,合格率88%;监测猪O型口蹄疫抗体3100份,合格率87%;分别监测牛羊O型、A型、亚洲I型口蹄疫抗体500份,合格率分别为88%、80%、86%;监测小反刍兽疫抗体400份,合格率95%;分别监测H5亚型高致病性禽流感-6、-7、-8株抗体2861份、853份、2173份,合格率分别为96%、98%、98%;监测H9亚型禽流感抗体986份,合格率100%。抗体合格率均超过农业部规定要求。上半年监测非免疫H7N9血清学样品4526份,阳性率为零。检测H7N9病原学样品4659份,检测新城疫病原学样品1345份;检测H5禽流感病原学样品1450份,检测猪瘟、猪口蹄疫、高致病性猪蓝耳病病原学样品各760份,检测结果均为阴性。在犬只狂犬病防控方面,全年共免疫犬只狂犬病94.01万只,免疫密度97.3%。病原学检测4400只,血清学抗体监测250只,病原学检测未发现阳性,血清学免疫抗体监测合格率超过农业部规定要求。血吸虫病防治。全市全年共监测家畜血吸虫病8240头,阳性率为零,扩大化疗4334头(只)次,全面完成了年初下达的家畜查治任务,温江区、郫都区、都江堰市、金堂县、崇州市、新都区、青白江区通过了全省血吸虫病消除达标评估和考核。布病、结核病防控净化。全市全年共监测羊布病404场群,22977头次,个体阳性率0.02%;监测奶牛布病130场群,11200头次,个体阳性率0.38%;共监测牛结核病5000头次。复检阳性畜已按相关要求全部扑杀和进行无害化处理,并对同群家畜进行了全群监测。

动物卫生监管。全年产地检疫生猪384.86万头、牛4.01万头、羊2.78万只、禽类6158.43万羽、其他动物3.21万头(只),检出病害禽3.21万羽。全年指导全市完成屠宰检疫生猪583.96万头,检出病害猪0.43万头;牛(羊)6.98万头(只)、禽类2065.86万羽、其他动物0.28万头(只),检出病害禽5.62万羽。

病死畜禽集中无害化处理。全年共检查畜禽养殖场(户)1042家(户)次,屠宰企业92家次,并多次检查专业无害化处理场。养殖环节集中无害化处理病死猪21.8359万头、牛127头、羊1608只、禽44.1166

万千克、兔0.192万千克、鱼25.5619万千克;屠宰环节无害化处理病死猪约1.2万头。

【水产业】 2017年,成都市级财政安排3200万元专项资金对现代渔业发展项目进行奖补,新发展稻渔综合种养5万亩;新建标准化鱼塘1235亩、虾塘2129亩、全流水鱼池5325平方米、全流水虾池2600平方米、苗种繁育车间12982平方米;按标准改造鱼塘285亩;新建休闲渔业项目1个;完成渔业现代化水平提升项目2个。全年发放《成都市农村养殖水面经营权证》79本。全年开展稻渔综合种养技术集中培训6期,培训人员近500人次。编制了《中华鳖稻田生态养殖技术规程》《中华绒螯蟹稻田生态养殖技术规程》《泥鳅稻田生态养殖技术规程》《克氏原螯虾稻田生态养殖技术规程》4项四川省(区域性)地方标准技术规程,指导成都地区中华绒螯蟹、泥鳅、克氏原螯虾、中华鳖的稻田生态养殖。积极开展池塘精养技术推广,重点推广池塘底排污技术、物联网等技术,提升了水产养殖科技含量。3月7日、5月24日、6月6日、6月15日在岷江实施鱼类增殖放流,放流花骨鱼65.637万尾、鳙鱼67万尾、鲫鱼33万尾、鲢鱼96万尾、草鱼2万尾、鲤鱼1万尾,补充淡水经济鱼类种群,修复水域生态环境。加大水生野生动物保护救助工作力度,积极开展水生野生动物保护宣传,印发宣传资料400余份,救助大鲵5尾,查处未取得人工繁育许可繁育国家重点保护水生野生动物案2件。与新津县政府签署了《合作共建成都市水生野生动物保护基地框架协议书》,拟在新津县白鹤滩国家湿地公园内建设成都市水生野生动物保护基地,已完成成都市水生野生动物保护基地的勘察、设计、预算,及时启动了招(投)标有关工作。举办全市水生野生动物保护座谈会,营造全社会共同参与水生野生动物保护良好氛围。制订《成都市水生生物资源保护行动方案》,保护全市水生生物资源。春季禁渔期全市开展检查巡查1500余次,出动执法车600余台次、执法快艇40余艘次、执法人员5000余人次,处理投诉举报150余起,收缴地笼网、罾网等非法渔具2000余套,扣押非法渔船10艘,缴获并放生非法渔获物5000余尾,销毁电捕鱼工具50余套、鱼竿500余根、"三无"渔船7艘,向公安机关移交6起涉嫌非法捕捞水产品犯罪案件。

【新村建设】 截至2017年年底,成都市累计建成幸福美丽新村2772个,占应建行政村(涉农社区)的87.22%,提前3年完成省上确定的到2020年80%以上行政村建成幸福美丽新村的目标任务。新建成幸福美丽新村793个。除成都高新区(代管简阳市的12个乡、镇)和简阳市外,其他15个二、三圈层县(市、区)(含成都天府新区)全域建成省定标准幸福美丽新村。全市创建省级"四好村"252个、市级"四好村"795个、县级"四好村"887个.截至2017年年底,累计创建省级"四好村"510个,占应建行政村的16.2%;市级"四好村"1301个,占应建行政村的41.4%;县级"四好村"1630个,占应建行政村的52%。彭州市龙门山镇宝山村、蒲江县西来镇两河村被评为"四川十大幸福美丽新村"。

"小组微生"新农村综合体建设。制定出台《关于成片成带推进"小规模组团式微田园生态化"新农村综合体建设的意见》,全市共建设形态优美、配套完善、产村相融的"小组微生"新农村综合体217个,超过3万户、约10万人入住新居。"小组微生"已经成为成都市统筹城乡改革的新载体和新农村建设的重要标志,得到了国家部委的充分肯定和中央、省级媒体的广泛宣传,称"小组微生"模式是"新农村建设的4.0版本",并获得首届"中国'三农'十大创新榜样"第3名。

【农村扶贫和移民工作】 2017年,成都市实现100个市级相对贫困村、24938名相对贫困人口达标退出,全市第三轮第二批扶贫开发任务圆满完成;如期实现85个省定贫困村退出、29878名国家标准贫困人口脱贫。全市累计实现116个贫困村、76813名贫困人口脱贫退出,全面消除了绝对贫困,为2020年全市实现高标准全面小康打下坚实基础。围绕全市第三轮第二批100个相对贫困村和8153户贫困户、24938名相对贫困人口,深入推进基础设施和产业发展。截至2017年年底,100个相对贫困村农民年人均可支配收入达16395元,达到全市同期水平的80%;相对贫困户农民年人均可支配收入达16032元,稳定超过当地区(县)同期水平的70%以上。市、县两级成立扶贫开发领导小组,实行县(市、区)党政一把手负总责的扶贫工作责任制。层层签订《扶贫攻坚责任书》,认真落实责任、权力、资金、任务"四到县"制度。开展"五个一"驻村帮扶,落实42位市级领导、197位县级领导挂点联系100个相对贫困村,安排120个市级部门(单位)和中心城区131个县级部门(单位)对相对贫困村进行定点帮扶,并落实100名"第一书记"和106名农技员开展驻村帮扶。15个涉农县(市、区)共确定本级帮扶部门172个,落实帮扶责任人1400余人,对辖区内相对贫困对象开展帮扶,形成了多方联动、齐抓共推的新合力。进一步完善相对贫困村道路、水利等基础设施和新农村建设,100个相对贫困村累计修缮建设村组道路、桥梁490千米,投入资金2.99亿元。新建蓄水池75口,沟渠、管网150千米,整治山坪塘146处,投入资金1.36亿元。新建集中居住点12个,新建住房587户;新修、改建村级卫生室、文化室193个,投入帮扶资金6396万元。按照"一村一品"产业发展规划,培育打造柑橘、猕猴桃、生猪养殖等主导产业,全年累计投入产业发展扶持资金3800万元,各村主导产业累计规模达15.3万亩。扎实开展相对贫困户技能培训,全年市、县两级相关部门组织开展农业生产技术、就业技能、致富带头人等各类培训班近700余期,累计培训人员2.6万人次。

截至2017年年底,成都市共安置大中型水利水电工程移民108848人,其中市内大中型水利水电工程94084人、市外大中型水利水电工程14764人。市内大型水库4座,移民65271人;中型水库11座,移民28813人。市外水库移民14764人。全市有移民后期扶持人口80335人(直发直补61984人、项目扶持18351人)。直发直补移民人口分布在全市20个县(市、区)及高新区、天府新区,项目扶持移民人口分布在龙泉驿区、简阳市、都江堰市、彭州市、崇州市、金堂县、蒲江县。已建成大中型水利工程12座,在建水利工程2座,拟建水利工程2座。全年移民后扶项目资金9633万元,涉及省级库区基金8032万元、指标项目资金1101万元、市级财政移民专项资金500万元;发放移民后扶直补资金3795.58万元。

李家岩水库工程移民安置。四川省李家岩水库工程是成都市主城区供水第二水源项目。截至2017年年底,李家岩水库导流隧洞工程掘进402米。全年签订安置协议1056份(1044户,3640人);签订临时土地征用协议22份(1052.2437亩)。累计实施生产安置总人数2050人,其中社会保障安置1774人、自谋职业276人;累计搬迁安置实施3640人,其中集中安置点安置840人,货币安置2800人;安置点建设调整为枫楠村和富丽村2个安置点;签订《企事业单位补偿合同》16家,完成投资12217.12万元。截至2017年10月底,等级公路涉及乡(镇)基本完成实物量清登、复核和公示;完成通信设施投资2.82万元,完成库底清理中房屋拆除费用35.5万元。移民安置资金完成投资

112006.36万元，其中农村移民补偿33754.96万元，缴纳社保预存款43425.24万元（含地方配套26584.67万元）。

毗河供水一期工程（成都段）移民安置。毗河供水一期工程是四川省重点水利工程建设项目。截至2017年年底，全市累计完成开工点210个，当年移交开工点土地56个；累计永久征地4757.21亩；累计临时用地3153.18亩。累计专项设施复建405处，其中复建电力设施217处、广播线路69处、通信线路132处、天燃气管道21处。累计完成移民投资64951.677万元。

移民后期扶持。全市开展了2011—2016年移民后期扶持项目及资金使用情况自查工作，完成7个瀑电移民安置县2015—2017年移民后期扶持资金稽查工作。举办移民干部及农村移民技术技能培训62期，培训干部490人次，培训移民1540人，其中就业技能培训80人，就业60人，培训就业转移率75%。

【农业机械化】 2017年，成都市主要农作物耕种收综合机械化水平达71%，增长3%。全年完成机耕面积761.2万亩、机播面积322.5万亩、机收面积502.67万亩。其中，水稻机械化种植面积145万亩；油菜机播面积77.6万亩、机收面积101.68万亩，分别增长12.43%、16.61%；马铃薯全程机械化生产试验示范面积1000余亩。全市农机合作社总数达188个，作业服务面积达181.4万亩。

农机安全监理。严格落实安全生产责任制，共签订《安全生产责任书》7767份。全年共注册登记标准拖拉机575台、联合收割机128台，办理驾驶证1166本，检验拖拉机、联合收割机6545台，年检率54.12%。加大农机安全宣传培训力度，组织开展了春耕期间农机安全生产月及"安全生产月咨询日"等活动，开展农机安全培训58次，其中农机安全监管培训17次，农机从业人员培训41次，共培训人员4000余人次，发放各类农机安全宣传资料4万余份。全年开展农机安全执法检查156次，查找整改安全隐患87起，查处农机违法案件3起。

农村机电提灌及农机化生产道路建设。全年共计投入省级现代农业发展工程项目资金200万元、市级农机化专项资金686万元，新建（改造、提升）提灌站50余座。投入省级现代农业发展工程项目资金50万元，新建农机化生产道路3.3千米。全市常年提水保灌面积达160万亩。

农机购置补贴。全年共发放农机购置补贴资金3556.56万元，其中国家购机补贴资金2749万元、市级累加补贴资金807.56万元。新增农机5000余台（套），全市农业机械总量达34万台（套）以上。

【农村科技】 2017年，成都市开展农民实用技术培训52.3万人次、新型职业农民培训5724人、产业培训25500人次，开展农业职业经理人新增培训2700人、知识更新培训2500人，共举办培训班4528期，发放技术资料68.1万余份，建立农业科技示范户10040户。

国家现代农业产业科技创新中心创建。11月21日，农业部正式批准同意成都市创建国家现代农业产业科技创新中心（以下简称"科创中心"）。11月28日，中国农科院与成都天府新区签订了具体实施协议，将按照"三年基本建成、五年全面投入使用"的要求，共建国家成都农业科技中心，以此作为科创中心的核心组成部分和重要载体。科创中心选址成都天府新区科学城鹿溪智谷及周边生态农业区域，规划总面积203平方千米，将通过围绕"特色生物育种、精深加工智造、生态休闲农业"三大领域，构建"一核心一基地"格局，建成集农业科研、国际交流、产业孵化、综合服务四大功能区于一体，引领四川、带动西南、服务全国、国际水准的特色生态农业硅谷。

农业产业培训。都江堰市、彭州市、邛崃市、崇州市、金堂县、大邑县、蒲江县在成都市农村扶贫开发第三轮第二批100个相对贫困村全面开展产业培训工作，增强贫困村"造血"功能。全年开展产业培训510场，培训产业农民25500人次以上。

农业职业经理人培育。成都市通过招标确定了四川农业大学、成都农职学院、成都大学、成都电大为2017年农业职业经理人培训机构，全市全年开展农业职业经理人新增培训2700人、知识更新培训2500人；8—10月，组织800名农业职业经理人到市内实训基地培训；6月和8月组织两批农业职业经理人分别到中国农业大学和中国农业科学院进行为期5天的提升培训，共培训100人；组织36名农业职业经理人到贵州省、江西省、宁夏回族自治区等先进产业基地培训；开展2016年初级、中级、高级农业职业经理人评价认定工作，新评定农业职业经理人2008人，其中初级418人、中级1498人、高级92人。全市持证农业职业经理人达9142人，其中初级3798人、中级5104人、高级240人。开展2017年"十佳""优秀"农业职业经理人评选工作，评选出"十佳"农业职业经理人10人、"优秀"农业职业经理人20人；建设乡镇农业职业经理人服务中心16个。全市农业职业经理人培育工作得到了农业部、农业厅等上级部门的充分肯定，受到中央主流媒体的高度关注，被誉为新型职业农民培育的"成都模式"。2017年，农业部继续将成都市确定为"全国新型职业农民培育整市推进示范市"。

农民实用技术培训。全市开展农民实用技术培训52.3万人次，其中开展种植业培训40.5万人次、养殖业培训6.77万人次、农机培训2.3万人次，农村妇女参加培训17.8万人次；在扶贫村开展培训29010人次；举办培训班4528期，组织"科技赶场"193场，发放培训资料68.1万余份。开展新型职业农民培训5724人。

农业科技推广。全市共组织"科技下乡"170余次，现场咨询40余万人次，发放各类技术资料60万余份；积极组织农业专家服务团开展农业产业技术扶贫行动，助力简阳市扶贫工作。开展贫困村巡回服务218次，解决技术瓶颈104个，举办培训班610期，培训驻村农技员、村"两委"负责人、贫困户等17896人次。

【农村生态建设及环境保护】 农业面源污染综合治理。2017年，成都市共完成养殖场清理整治6941家，完成进度91.39%，参加部、省、市三级示范场创建的分别有20家、51家和138家，全市划定禁养区面积6123.667平方千米，截至2017年年底，已关闭禁养区养殖场2878家。简阳、邛崃、金堂、崇州、蒲江等市（县）建立了IPM绿色防控示范区17.26万亩，带动全市绿色防控面积136.85万亩。先后制定《成都市畜牧水产业十三五发展规划》《关于加快生猪产业发展的意见》等畜牧业发展文件；推进标准化示范创建，实现源头控制，制订《成都市畜禽养殖标准化示范创建活动工作方案》，开展标准化示范创建活动，不断提升畜禽标准化规模养殖水平，达到养殖污染源头控制效果；强化技术指导，实现畜禽粪污综合利用，因地制宜推广"生态养殖+沼气+绿色种植""一座猪场+一片粮田（菜地、果园）"等畜禽粪污综合利用技术；开展养殖污染专项治理和产业有序转移，确定了关闭、转移、整治三措并举思路。全面落实农药、化肥减量控害总体方案，持续推进化肥、农药减量控害工作；针对水源保护区，研究制定了《成都市水源保护地农业生产指导意见》，要求饮用水水源一级保护区内禁止使用农药、化肥以及进行畜禽养殖等活动。

农作物秸秆综合利用与禁烧。全市秸秆综合利用率达97.54%，

其中秸秆肥料化、饲料化、基料化、原料化、能源化"五化"利用率分别为69.4%、7.53%、0.97%、4.27%、15.37%。全市24个秸秆规模化利用企业秸秆利用能力达到6.2万吨以上,实际收购利用5.78万吨,创收2312万元。全面完成了"不见烟雾,不见火光,不见黑斑"的禁烧任务。

农村沼气建设。市财政安排农村沼气专项资金2000万元,连同中央预算内投资420万元、省财政补助115.76万元、县(市、区)财政配套231.24万元、农户和业主自筹3280.55万元,共计投入农村沼气建设资金6047.55万元。全市新建农村户用沼气池100口,养殖场大中型沼气工程126座、21800立方米,种养结合农业循环经济示范工程22个,实施完成畜禽粪污异地综合利用试点项目3个。除中央和省级项目外,市级项目对砖混、预制大板、现浇等普通结构沼气池建设再次进行补助。大力推广"畜—沼—果""畜—沼—菜""畜—沼—茶"等种养结合农业循环经济发展模式,推进畜禽粪便的沼气转化和沼液、沼渣还田利用。

【农业信息化发展】 2017年,成都市积极组织数字农业项目申报工作。邛崃市嘉林农场、蒲江县阳光味道、大邑县数字农业等3个申报项目上报农业厅研究后专报农业部。大邑县数字农业项目已获批农业部2018年数字农业试点项目,这是成都市争取的农业部信息化第1个重大项目。出台了《成都市农业信息化发展规划(2016—2025)》,进一步明确成都农业信息化工作的指导思想、总体定位与发展目标,确定农业信息化工作的"五大任务"(构建智慧农业生产新体系、创建跨界融合发展新业态、构建都市现代农业治理新体系、探索农业信息化的服务新模式、培育农业信息产业新优势)和"五大工程"(成都市农业大数据中心建设工程、成都市农业物联网云平台建设工程、"互联网+"都市现代农业示范工程、农业信息进村入户工程、都市现代农业信息化工程技术中心建设工程),制定了成都农业信息化工作的路线图、时间表。

【智慧农业示范区建设】 2017年,成都市采取"备案制"方式,着力推进智慧农业示范区项目建设。下达智慧农业示范区项目14个,下拨财政局专项补助资金1599万元。已建设完成金堂县四川晗晟现代农业发展有限公司、都江堰市凯达绿色开发有限公司、郫都区成都韭乡唐元韭黄专业合作社联社等12个智慧农业示范区项目任务,完成投资2846万元。

【农业金融保险】 2017年,成都市持续稳步推进21个政策性农业保险险种(其中由中央和省级财政给予保费补贴的传统险种10个,由成都市、县两级财政承担保费补贴的特色险种11个),并在全国首创农业生产经营主体用工意外伤害保险,同时在各县(市、区)全面试点。截至2017年年底,全市共有1363家农业经营用工主体参保,实现保费收入755.13万元,承担风险保障资金220.9亿元。全市22个政策性农业保险累计实现保费收入36.72亿元,其中财政承担保费补贴28.56亿元(市级财政11.66亿元),为农业生产提供风险保障资金2876.7亿元,赔付19.82亿元,赔付率53.98%;全市政策性农业保险保费收入6.4亿元,其中财政承担保费补贴4.84亿元(市级财政2.51亿元),提供风险保障资金1104亿元,赔付3.94亿元,赔付率61.56%,成为中西部地区农业保险品种最多、覆盖面最广、保障水平最高的城市。

【"农贷通"平台建设】 2017年7月,成都市"农贷通"线上平台正式上线运行,具备"政策超市""金融超市""信用超市""风险分担"等融资对接核心功能,以及"大数据成果展示""信息采集""村务信息发布""便民综合服务"等增值功能。截至2017年年底,平台累计注册新型经营主体4112家,受理贷款16.54亿元,放款2112笔、14.19亿元;累计入驻金融机构217家(其中一级金融机构67家),发布金融产品407个,入库涉农主体信息5605户、区(县)重点项目861个。"农贷通"线下站点按统一规范建设,覆盖乡、村两级。截至2017年年底,全市规划的282个乡(镇)服务中心和2679个村级服务站全部建成,按统一要求配置硬、软件和服务人员,实现"金融、产权、电商"三合一挂牌运营,提供信用信息采集、金融知识宣传、平台操作辅导、产权交易引导等服务。

【休闲农业发展】 2017年,成都市发展集生产、生态、观光、科普等多种功能于一体的休闲农业示范园区440余个,重点建设18类、25个赏花基地,覆盖全市16个县(市、区),面积近200万亩。新引进各类观赏性植物22.4万株、鲜花约130万株。培育全市各类休闲农业和乡村旅游经营主体超过1.6万家,其中省级休闲农业主题公园10个、省级示范休闲农庄40个、省级家庭农场和合作社205个、星级农家乐和乡村酒店422家,评选了"50佳休闲农业和乡村旅游目的地"。组织策划了145个以踏青赏花、采果品茗、农耕体验、运动休闲等为主题的休闲农业乡村旅游节庆活动,其中龙泉国际桃花节、成都采茶节、都江堰放水节等重大休闲农业节庆活动成为成都市一张张靓丽的名片。

【农民负担监管和权益维护】 2017年,成都市开展了涉农乱收费乱摊派专项治理行动,重点围绕农村义务教育、农民建房、农业用水用电、殡葬服务、计划生育等涉农收费领域开展涉农价格和收费问题治理,杜绝乱收费乱摊派和任何违规违纪行为;组织开展"一事一议"项目实施情况的专项检查和审计,加强"一事一议"财政奖补资金监管;严格执行涉农收费和价格"公示制",及时更新公示内容,增强农村村级村务、财务公开透明度;开展贫困地区农民负担专项治理,开展中央、省关于各项强农惠农政策落实到村到户情况专项检查,进一步将强农惠农政策落到实处,切实维护农民合法权益,确保农村社会稳定。

【农业对外交流与合作】 2017年,成都市积极搭建成都农业企业与非洲、欧洲、西亚、南美等地区的交流平台。组织农业产业化重点龙头企业参加非洲国家驻华大使巡讲企业交流会、澳大利亚农业投资考察团来蓉交流会、意大利西西里成都农业交流研讨会、欧洽会投资论坛等活动。鼓励企业到境外发展,成都市农业产业化龙头企业和其他行业企业在境外建有农业园区15个、项目28个。其中,农业园区建成2个、在建7个、筹建6个,项目建成19个、在建3个、筹建6个。农业园区和项目主要集中在俄罗斯、波兰和非洲、东南亚等国家和地区。农业园区以种业研发和制种、规模种养殖业、饲料、农机推广和综合性物流等产业为主,项目主要以饲料加工生产为主。

【农村集体资产股份化改革】 2017年,成都市深化农村集体资产股份化改革,在全市范围内新增160个农村集体资产股份化改革试点村(社区),其中锦江区、青羊区、武侯区、金牛区、成华区各1个,高新区2个,简阳市3个,其他县(市、区)各10个;规范管理农村集体经济组织,完成160个试点村(社区)集体经济组织备案登记;引导试点村采取发展规模经营、盘活闲置资产、开展土地整治、发展农村服务、运用财政扶持等模式,结合本村(社区)实际因地制宜发展特色现代产业,发展壮大集体经济。全市农村集体资产总额为103.3亿元,其中货币资产34.5亿元、固定资产36.6亿元、其他资产8.9亿元,负债44.3亿元。全市村、组集体经济组织完成集体资产股份量化到户到人覆盖面达

98.4%，登记颁发股权证185万余本。

【支农惠农政策落实】 2017年，成都市全面贯彻执行耕地地力保护补贴、畜牧业标准提升补贴、农机具购置补贴、农村沼气建设补贴和农民实用技术培训补贴、新型农业经营主体培育等各项中央和省级支农惠农政策，深入落实推进粮食适度规模化经营、"菜篮子"工程建设、现代农业产业园区、农业政策性保险、农村扶贫开发、农业品牌培育、幸福美丽新村建设等地方性支农惠农政策，促进了农业增效、农民增收和农村繁荣。各级财政对全市"三农"的投入达4944324万元，按来源可分为中央省级财政1155775万元、市本级财政738432万元、县（市、区）级财政3050117万元；按投入类别可分为农业投入799205万元、农村投入2537170万元、农民投入1607949万元。

【农村集体"三资"监管】 2017年，成都市指导各县（市、区）完善农村财务收支、财务审批、财务公开、票据管理等财务制度。推动农村集体财务管理制度化、规范化、信息化建设，强化农村村级党务、村务、财务公开；完成农村集体"三资"监管系统升级，新增农村集体经济组织管理、集体经济组织成员管理、集体资产股权管理、股份经济合作社成员（股东）管理四大板块，全市258个乡（镇）安装了监管系统，实现对农村集体资金、资产、资源的有效管理。

【耕地地力保护补贴】 2017年，成都市发放支持耕地地力保护补贴62193.3万元，补贴面积6491599.582亩，补贴村数3102个，补贴社数37101个，补贴农户数1962875户，补贴人口数6283084人。

【农产品质量安全监管】 国家农产品质量安全市创建。2017年，成都市组织各县（市、区）按照农业部国家农产品质量安全市"五化""五率先"要求，深化示范创建，进一步健全县、乡、村三级农产品质量安全监管全覆盖网络体系。积极推进村级职业化监管，金堂县率先通过政府购买服务的方式建立专职协管员队伍、筑牢村级监管基础阵地，青白江区、郫都区等开展职业化监管试点工作。新都区、温江区、双流区、郫都区、蒲江县5个区（县）顺利通过四川省农产品质量安全监管示范县的资格复审。

农产品质量安全检测体系建设。全市已建立市级农业质量监测中心1个、县级检测站（中心）15个（11个通过"双认证"）、乡（镇）和村级检测室1033个，构建形成市、县、镇、村四级农产品质量安全检测体系。

农产品质量安全监测体系建设。充分运用现代信息技术，整合产前、产中、产后信息，推动数据统计分析、信息传递和应急指挥智能化，建设集产地环境管理、投入品使用、产品检验检测与产地证明于一体的农产品质量安全溯源平台，推动农产品从田间生产到进入市场全程可追溯。同时，积极与国家级、省级溯源平台对接。截至2017年年底，全市有69家企业和专合组织入驻国家溯源平台、389家入驻省级溯源平台、2714家入驻市级溯源平台。市级溯源平台专设市级公共品牌"天府源"模块，启动带有农产品质量防伪追溯二维码的产地证明，为政府监管、市场管理、消费者追溯和信息查询等提供全方位服务。创新建设"成都智慧动监"管理系统，通过物联网和大数据技术，实现了生猪生产数据与监管平台实时对接、视频监控、智慧管理。

农产品质量安全专项整治。全年重点开展农药、"瘦肉精"、生鲜乳、兽用抗生素、生猪屠宰监管"扫雷行动"、"三鱼两药"、农资打假等7个专项整治行动；实施高毒农药定点经营、实名购买、台账记录制度，持续推进化肥、农药使用量零增长行动。加强对农残兽残、高毒农药管理的监管，严厉打击使用国家禁（限）用物质或农兽药残留超标等行为。全年共开展农产品质量安全监管执法行动11061次，出动检查人员60537人次，检查生产经营企业35851家次；媒体宣传3431次，指导培训269场次、13579人次；查处各类行政执法案件308件，结案308件，涉案金额215.41万元；移送司法机关案件9件；捣毁窝点2个，案件信息公开308件。

【"菜篮子"工程建设与产品供应】 2017年，成都市以332万亩国家级粮食生产功能区和重要农产品生产保护区为依托，以"西控"区域为重点，建成40万亩常年基本菜地和110万亩轮作蔬菜基地，同时在攀西、阿坝州等地合作建有20万亩"菜篮子"生产补充基地，全面保障"菜篮子"产品生产能力。全市已形成以四川国际农产品交易中心（彭州濛阳）、成都农产品中心批发市场（双流白家）"一北一南"2个大型批发市场为核心，17个产地批发市场为枢纽，中心城区近230个标准化菜市场、5000余家零售及超市门店、500余家生鲜便民菜店为支撑的农产品市场流通体系，以市场流通体系建设保障农产品质量安全监管水平的不断提高，强化"菜篮子"产品的调控保障能力。全年免征"绿色通道"车辆55万余辆，免征通行费4032万元。政策性农业保险实现保费收入6.2亿元，提供农险保障1000亿元，投保户数134.5万户，为超过29万户农户支付赔款3.6亿元。向全市低收入人群发放一次性春节补贴1.33亿元，惠及全市城乡低保对象、农村"五保"对象、城乡重点优抚对象等低收入人员共44万余人。

【返乡创业】 2017年，成都市搭建农业农村创新创业平台，支持引导涉农高校院所及企业联合县（市、区）在全市规划的现代农业综合示范基地（精品园区、示范带）建设现代农业创新创业孵化基地，全市建成全国农村创业创新园区（基地）20个、市级现代农业创新创业孵化基地10个。成都农业创新创业联盟已累计加入团体和个人成员近500个，举办"互联网+农业双创"高峰论坛、智慧农业应用与创新发展高峰论坛以及主题创客沙龙等各类活动40余场，吸引农业创客1500余人，对接导师资源150余人次，现场解决问题65项；开展2017年成都市"十佳""优秀"农业创新创业项目评选活动，评选出"十佳"项目10个、"优秀"项目10个，并给予项目建设资金支持；推动16个县（市、区）开展农业科技体制改革试点工作，围绕科技成果转化收益、科技人员兼职取酬、保留人事关系离岗转化科技成果和领办创办科技型企业改革等政策，激励农业科技人员创新创业，增强创新创业活力。全市参与离岗创业、兼职取酬等改革试点的农业科技人员有25人。

【乡村振兴战略实施】 2017年11月13日，成都市召开实施乡村振兴战略推进城乡融合发展大会，对实施乡村振兴战略进行全面部署，开启了实现乡村全面振兴的新航程。12月4日，市委市政府出台《关于实施乡村振兴战略建立健全城乡融合发展体制机制加快推进农业农村现代化的意见》，提出用五年左右的时间，努力实现农村产业兴旺发达、美丽乡村宜居宜业、天府文化充分彰显、基层治理有序有效、农民生活富足美好，让农业成为有奔头的产业，让农民成为体面的职业，让农村成为安居乐业的美好家园。12月29日，市委办公厅、市政府办公厅印发《成都市实施乡村振兴战略若干政策措施（试行）》和《成都市实施乡村振兴战略推进城乡融合发展"十大重点工程"和"五项重点改革"总体方案》，出台了创新财政支持方式、促进城乡空间形态重塑等10个方面、32条乡村振兴支持政策，明确了未来五年实施全域乡村规划提升工程、特色镇（街区）建设工程等"十大重点工程"和"五项

重点改革”的具体举措。“十大重点工程”包括:全域乡村规划提升工程,特色镇(街区)建设工程,川西林盘保护修护工程,大地景观再造工程,农村人居环境整治工程,农业品牌建设工程,乡村人才培育集聚工程,农民增收促进工程,农村文化现代化建设工程,城乡社区发展治理工程。“五项重点改革”包括:深化农业供给侧结构性改革,深化农村集体产权制度改革,深化农村金融服务综合改革,深化公共产品服务生产供给机制改革,深化农村行政管理体制改革。

【全国统筹城乡综合配套改革试验区建设】 2017年,成都市根据统筹城乡综合配套改革试验的要求,以集体资产股份化改革为重点,深化集体产权制度改革。扩大农村集体资产股份合作制改革试点范围,新增160个村(社区)开展改革试点,盘活农村集体资产,构建集体经济治理体系,建立符合市场经济要求的农村集体经济运营新机制。完善承包地“三权分置”制度,引导符合条件的农户自愿有偿退出土地承包经营权,全市耕地流转面积481.4万亩,退出承包地86.55亩。完善农村产权交易服务体系,推动县(市、区)分(子)公司开展农村产权交易业务,增强成都农交所辐射带动作用,与省内10个市(州)和99个县(市、区)正式联网运行,实现交易1.5万余宗,交易额达763亿元。承办了全国农村集体产权制度改革试点工作部署推进会议和全省农村集体产权制度改革动员部署会议,并在会议上作交流发言。以放活土地经营权为重点,加快构建新型农业经营体系。加快培育新型农业经营主体,全市培育农业龙头企业514家、农民合作社10715家、家庭农场5330家。重点推广“农业共营制”“生产全托管、服务大包干”“大园区+小农场”等适度规模经营模式,规模经营率达60.8%。完善社会化服务体系,全市社会化服务组织发展到5061家,全面建成146个标准化农业综合服务站。中央改革办《改革案例选编》(2017年4月)以“四川崇州:‘农业共营制’破解三大难题”为题刊发并全国推广。以集体经营性建设用地入市试点为重点,深化农村土地制度改革。深入推进郫都区农村集体经营性建设用地入市试点,围绕“基础管理、入市管理、配套管理”三个方面共出台了21个配套办法,探索出就地入市、调整入市、零星整理集中入市等入市途径,截至2017年年底,共入市宗地33宗、399亩,成交总额达2.54亿元,收取土地增值收益调节金0.5亿元。积极探索农村宅基地使用权退出机制,温江区、郫都区等9个试点县(市、区)农村宅基地使用权自愿有偿退出共计1565户、1463亩。以“农贷通”建设为重点,深化农村金融改革。创新建立风险分担、快捷高效、应贷尽贷的“农贷通”融资平台,整体提升农业融资能力,全市累计受理贷款金额达16.54亿元,放款2112笔,金额14.19亿元,申贷成功率达86%。大力培育发展农村金融服务主体,加快推进农村金融服务网点全覆盖,实现农村普惠金融综合服务延伸到村,村镇银行发展到14家。建立健全农村信用体系,全市建设信用乡(镇)117个、信用村1398个、信用户5.1万户。以户籍制度改革和幸福美丽新村建设为重点,推进以人为核心的新型城镇化建设。出台了《成都市关于推进户籍制度改革的实施意见》及配套文件《成都市居住证积分入户管理办法(试行)》《成都市户籍迁入登记管理办法(试行)》,建立市外人员条件入户和积分入户“双轨并行”的户口迁移政策体系,实行市内农业转移人口进城“零门槛”,引导农村人口向城镇有序梯度转移。建立健全幸福美丽新村规划、民主决策、产村融合、投融资、建设管理、公共服务、乡村治理“七大机制”,累计建成“小组微生”幸福美丽新村217个。“小组微生”幸福美丽新村模式被《人民日报》宣传推广,并被《农民日报》评为“中国‘三农’十大创新榜样”。出台《关于深入推进城乡社区发展治理建设高品质和谐宜居生活社区的意见》,提出“城乡社区发展治理30条”,积极探索符合特大城市治理规律的社区治理新路子。充分发挥法治的保障作用,实现村(社区)法律服务全覆盖;充分发挥德治的教化作用,以“道德讲堂”活动为载体,在城乡社区开展道德教育和道德评议;充分发挥自治的基础作用,完善村级民主管理机制,推进城乡社区公共服务和社会管理改革。全年市、县两级财政共拨付村公专项资金12.87亿元,民主决议实施项目26996个,形成“有钱办事”和“民主议事”的常态化推进机制。

【节会活动】 2017年,成都市组织开展万人以上规模休闲农业节庆活动143个,实现休闲农业与乡村旅游收入327.7亿元。

第六届中国·四川国际茶业博览会。2017年5月5日—8日,成都市组织蒲江县、邛崃市、都江堰市20家企业参加第六届中国(四川)国际茶业博览会暨天府龙芽茶文化节。该届茶博会成都馆设置了成都茶叶序馆、蒲江展区、邛崃展区、都江堰展区和茶文化体验区等五个展区,重点展示展销茶产业、茶产品和茶文化。现场销售总金额36万元,签订合同金额433万元,达成意向协议金额5424.4万元。

第五届成都国际都市现代农业博览会。2017年6月30日—7月3日,由成都市人民政府主办的第五届成都国际都市现代农业博览会在成都世纪城新国际会展中心举办。本届成都农博会围绕“新供给、新动能、新发展”主题,重点突出农业供给侧结构性改革和“一带一路”沿线国家农业交流合作,集中展示和宣传了成都市都市现代农业发展新成果新成效,突出了构筑都市现代农业新高地的发展理念、思路和举措。展场共设农业主题馆、成都农业馆、城市合作馆、加工贸易馆、农业信息馆五大展馆,展览面积5.5万平方米,吸引国内外参展商1300余家,观展群众达8万余人次,现场实现销售额2600万元,达成农产品购销协议金额8.06亿元;全市签约现代农业招商引资项目17个,总金额达170.82亿元。

第八届中国·四川(彭州)蔬菜博览会。2017年11月1日—5日,第八届中国·四川(彭州)蔬菜博览会在彭州市举行。该届菜博会围绕“产业、融合、共享”主题,突出蔬菜全产业链、产业跨界融合等特色,有机融入“水旱轮作、种养循环、林盘民居”等天府农耕文化元素,有效呈现四川省蔬菜产业现代化水平,得到部、省、市领导高度肯定及业内专家与广大群众的一致好评。会议期间,举行了重大项目推介暨签约仪式、蔬菜产销对接会、中国蔬菜流通协会“一带一路”暨南菜北运分会成立大会、菜博会专场推介会等配套活动。参会参观总人数超过35万人次。在重大项目推介暨签约仪式上,现场共签订中国川芎特色小镇投资项目等农业投资项目8个,协议资金49.16亿元;北京新发地、苏州南环桥、重庆双福等多家国内知名大型农产品批发市场分别与彭州市蔬菜产销协会及成员实现产销对接签约,达成73.3万吨蔬菜购销协议,协议金额达12.7亿元。

第五届四川农业博览会。2017年11月17日—20日,第五届四川农业博览会在成都西部博览城举行。开幕式上,彭州市湔江会灵谷和金堂县“淮州·橄榄风情”田园综合体两个共计32.6亿元农业投资项目、蒲江县甜美滋黄心猕猴桃出口欧洲33万美元采购贸易项目参加了现场集中签约。首次与成都天府绿道公司合作,植入川西林盘、锦城绿道、竹林花卉元素,诠释绿满蓉城、花重锦官、水润天府的意境;天府农博园概念性总规沙盘亮相成都展区;新希望乳业、天府源、多利农庄等参展企业以形象展示为主,充分推广企业品牌,取得了良好的社

会效益和经济效益。

【主要领导人】 市委书记:范锐平;市人大常委会主任:于伟;市长:罗强;市政协主席:唐川平;分管农业副市长:刘宏葆。

成都市编写组

锦 江 区

【基本情况】 2017年,锦江区辖16个乡(街道),辖区面积62.12平方千米。

【统筹城乡】 2017年,锦江区全面完成农村集体资产股份化改革试点。组织实施了清产核资、成员界定、股份量化、股权管理、股权继承、完善制度,进行备案登记,下发了备案通知书,组织发展了新的经营项目。全力推进农村土地承包经营权图斑入库汇交,已通过农业部的质检验收,汇交工作全面完成。积极推进配套经营性用房管理体制改革,探索建立经济合作社,11家新型集体经济组织报送了组建筹备组成员名单,并召开了农锦公司董事会,各项工作均按时间节点有序推进。

【扎实推进锦城绿道锦江段建设】 2017年,锦江区为推进锦城绿道锦江段建设,全力推进拆迁腾地,保障锦城绿道锦江段建设首期用地需要。一是建立锦城绿道锦江段建设工作推进机制。为推进锦城绿道锦江段建设工作的落实,建立了工作例会制度、信息报送制度、督查通报制度。环城办先后组织召开工作例会8次,下发督查通报3次,协调解决万福废品站、高威停车场等50余个问题。二是全力配合做好锦城绿道锦江段规划工作。积极参与锦城绿道锦江段的规划设计工作,会同区规划分局、国土分局、街道办事处、城乡公司等相关单位对在锦江区范围内的绿道、林盘院落等规划提出意见。环城办先后8次对接省、市规划设计单位,先后组织区规划分局、国土分局、街道办事处等单位现场勘查10余次,协调修改优化规划5次、6处。三是积极开展拆迁腾地和土地移交工作。根据锦城绿道锦江段建设首期用地需要,完成一次流转土地15.66亩、置换土地3.8亩、收回二次流转土地40亩、迁坟300余座、清理捡种土地300余亩,向天府绿道投资公司移交生态用地共计7785亩。

【主要领导人】 区委书记:陈历章;区人大常委会主任:何立祥;区长:王乾;区政协主席:张松;分管农业副区长:王庆。

锦江区编写组

青 羊 区

【基本情况】 2017年,青羊区辖14个街道79个社区(其中涉农街道3个、社区25个),辖区面积66平方千米(其中永久基本农田面积2820.15亩)。年末有常住人口113.4万人,户籍人口69.03万人;人口出生率13.85‰,人口自然增长率8.18‰,较上年增加1.6个百分点。全区人均公共绿地面积9.81平方米,绿化覆盖率达41.33%。

2017年,全区GDP1056.9亿元,增长7.7%,首次突破千亿元大关,其中第一产业增加值0.04亿元,增长13.1%;第二产业增加值174.3亿元,增长5.1%;第三产业增加值882.49亿元,增长8.2%;三次产业结构比为0:16.5:83.5。全年完成全口径财政收入244.01亿元,增长23.78%;一般公共预算收入完成55.98亿元,增长8%;一般公共预算支出59.71亿元,增长4.6%;社会固定资产投资431.66亿元,增长20.8%。社会消费品零售总额856.03亿元,增长10.6%。

有区属各类学校53所,在校学生96001人,其中普通中等专业学校6所,在校学生24369人;普通中学15所,在校学生22103人;普通小学32所,在校学生49529人;学龄儿童入学率100%。获得国家级、省级、市级科技项目立项95项,扶持资金2858万元;申请年度专利5138件,促进企业达成技术合同交易额29亿元。有区属图书馆、文化馆、有线电视台各1个,有省、市图书馆,美术馆,博物馆,剧场,体育中心等公共文化设施12个。有国家三级医疗机构4家。城乡居民基本养老保险覆盖率、基本医疗保险参保率分别保持在90%、98%以上。

【年度农业和农村经济运行】 2017年,青羊区农林牧渔业总产值0.06亿元,增长9.4%。涉农富余劳动力向非农产业转移就业253人,新增大学生创业154人、就业4560人。

农业产业化发展。推荐成都天地网信息科技有限公司获批为成都市农业产业化重点龙头企业。全区5家农业龙头企业"入统申报"的7个农业固定资产投资项目计划总投资3.55亿元,已完成年度投资1.38亿元;鹏瑞利"坊田·天空农场"提供一站式城市生态农业服务,受到农业部相关领导的肯定并入选"成都市50佳休闲农业乡村旅游目的地"。全年全区5家市级以上重点龙头企业实现销售总收入30余亿元,创利税1.2亿元,带动省内外5万户农户增收,吸纳0.2万人稳定就业。

农产品品牌战略实施。青羊区组织区内农业类企业参加"2017年第十五届中国国际农产品交易会""第九届全国优质农产品(北京)展销周""2017年第九届成都国际都市现代农业博览会"等展会活动,提升了企业的知名度和影响力。引导支持成都尚作农业科技有限公司、四川菊乐食品股份有限公司申报贷款贴息补助、农产品品牌创建奖励宣传活动补助等财政补贴70万元。

【种植业】 2017年,青羊区农作物播种面积1545亩,其中蔬菜播种面积1140亩,总产量1225吨;粮食作物种植面积150亩,总产量79吨。

【动物疫病防控及防疫监管】 2017年,青羊区全面完成市农委关于春、秋两季动物疫病防控工作的总体要求和年度畜牧兽医工作目标,免疫猪口蹄疫、猪瘟、高致病性猪蓝耳病2076针次,牛口蹄疫28头,禽类禽流感6127只(羽),犬只狂犬病预防免疫12951只,做到了应免尽免。开展H7N9流感紧急防控工作,每天对活禽交易市场和家禽养殖户进行家禽H7N9巡查排查,并免费发放消毒药及开展消毒技术指导,共为活禽经营户和养殖户讲解和发放宣传H7N9流感防控家禽资料2000余份。做好疫病监测工作,在生猪养殖环节抽检生猪尿样"瘦肉精"检测120头(份),检测结果均为阴性;活禽交易市场和散养户抽样送检60份,H7N9检测结果均为阴性;奶牛布病、结核病检测采样送检23头(份),检测结果均为阴性。

【青羊新城建设】 2017年,青羊区加快青羊新城基础设施建设,全年建设基础设施项目35个,建成市政道路约20千米(其中建成万花路等4条市政道路约6.4千米)、三环路电力隧道约3千米,改建河渠约5千米,完成光华大道整治工程(二期),日月大道改造和成都西站、地铁9号线等轨道交通项目加快建设。加速公建配套建设,全年建设公建配套项目25个,总建筑面积31万平方米,其中建成青苏职业中学新校区、草堂小学子美校区、天府幼儿园黄土园区和红碾子消防站等5个公建配套项目,逐步实现公共服务设施供需平衡。苏坡街道黄土社区10组、文家街道红碾社区7组等4个安置房项目建设加快推进。推进生态环境建设,新开工文家街道黄土社区六组市政公园和马厂社区七里沟片区城市绿地建设(总占地面积约120亩),建成蜀清园、厚德园

等3个微绿地、小游园和金沙滨河公园一期,完成熊猫绿道建设7千米。推动新城重点项目征地拆迁工作,拆迁农户1822户、企业521家,整理土地6000余亩,安置4749人;推进总部经济集聚区建设,总部基地拓展区、创新设计产业园、绿地跨贸港产业园等园区规划建设全面实施。青羊新城全年完成固定资产投资235亿元。城镇居民年人均可支配收入41250元,增长8.3%。

绿化建设与管理。青羊区着力改善人居环境,提升绿化建设管理水平,抓好区属公园管理工作,完成东城根下街东下4栋等15个小游园、微绿地建设,总面积约4.4万平方米;全面启动青羊区"宜居水岸"工程50%滨水段绿化工程及磨底河区级示范段等6条河渠宜居水岸绿化改造项目;编制完成《青羊区道路绿化规划》、"五大绿化体系"建设等专项方案;按照"全面增绿、应栽则栽、见缝插绿"的原则,制定行道树增量布局规划,完成少城片区、金沙遗址片区、草堂浣花溪片区等六大片区、10余条道路行道树增量提质工作,栽植行道树1万余株、芙蓉5000余株、格桑花4000平方米,实现绿化有"色相"、有"季相"、有"林相";完成3处拆围增绿或破墙透绿示范项目,指导辖区街道办事处新增立体绿化面积3000平方米;打造具有青羊特色的花境2个,提升浣花南路、商业街绿化水准,完成彩叶植物覆盖15%以上的目标任务;加强绿化日常管护工作,全年修枝7万余次、涂白树木2万余株,累计开展裸土补栽补种17万平方米。纵深推进园林绿化管护改革,建立横向到边、纵向到底的网格化园林绿化监管体系,构建覆盖全域、定岗定责、权责明晰的园林绿化监管机制,全面促进园林绿化管护水平上新台阶。

【涉农社区公共服务和社会管理改革】 2017年,青羊区建立重点保障优先项目和严格控制禁止项目名单,在议决和实施过程中严格按照名单要求执行,各涉农社区严格按照"三个清单"要求,细化完善"四项制度",认真落实"重点环节操作规范",做好公服项目的收集和实施;着力开展公服项目"微腐败"治理,落实各项标识化管理措施,群众满意度和知晓率均达97%。全年实施涉农社区公共服务和社会管理改革项目216个(含重点优先保障项目140个,配套资金947.72万元),配套资金1220.42万元(含2016年剩余资金340.42万元),其中农村环境综合治理类项目24个,配套资金186.0411万元;农村社会治安维护类项目20个,配套资金284.414856万元;村(组)道、农毛渠等明确不属政府责任的基础设施建设类项目13个,配套资金94万元;明确社区为管护主体的公共设施管护类项目30个,配套资金250.117463万元;社区总体营造和社会公益性项目43个,配套资金112.05万元;群团和党建项目10个,配套资金48.1万元;文体项目69个,配套资金208.197477万元;其他项目7个,配套资金37.5万元。

【农村集体"三资"管理】 2017年,青羊区印发了《青羊区农村集体"三资"监管系统管理制度》《关于加强农村集体经济组织成员备案登记管理的通知》等文件,进一步建立健全管理制度;从集体"三资"数据公示情况检查、加强业务指导和重点检查、安排布置债权催收问题整改等方面着手,开展集体"三资"管理微腐败专项治理工作,堵住管理制度上的"漏洞"。全区共有1200余万元应收未收土地流转费纳入应收款账户进行核算,整改工作开展以来共收回资金241.37万元,确保了群众和集体的合法权益,维护了农村社会的稳定。

【农村集体资产股份化改革试点】 2017年,青羊区制订了《青羊区2017年农村集体资产股份化改革试点工作方案》,对工作进行了具体的安排部署,组织文家街道和董家坝社区开展清产核资、成员界定、量化资产、章程制定、民主选举等改革工作,清理核实了集体所有的资产,界定集体经济组织成员2318人,民主选举了理事会、监事会成员和理事长、监事长,建立了领导机构和运行管理制度;成立以股份经济合作联社为形式的农村集体经济组织。区统筹局对文家街道办事处董家坝股份经济合作联社颁发《成都市青羊区农村集体经济组织证明书》正副本,明确集体经济组织的市场主体地位,该联社全年实现集体收入320万元以上,促进了集体经济组织成员增收。全年制作颁发农村集体资产股权证633本,涉及农户633户、居民2318人。

【对口帮扶工作】 对口帮扶得荣县。2017年,青羊区审定通过《成都市青羊区对口支援甘孜州得荣县规划(2017—2021年)》,全年实施规划内六大方面对口帮扶项目12个,完成项目资金投入3291万元(其中规划项目资金2570万元、干部周转房资金686万元、购买专家用车资金35万元)并实行"资金管理责任分级"制度;投入规划外援助资金572.46万元;帮助受援地开展干部人才培养培训,落实党政"一把手"互访制度。青羊区援藏工作经验获得副省长杨兴平的肯定性批示,区援藏办获得省委藏区工作领导小组办公室关于2017年对口帮扶藏区脱贫攻坚案例优秀推荐单位表彰。

定点帮扶蒲江县。青羊区拨付蒲江县专项帮扶财政资金150万元,联合各帮扶单位深入蒲江县10个相对贫困村开展实地调研,协助制定涉及道路硬化、便民桥建设等帮扶项目10个;区房管局出资18万元用于寿安镇金家村电商平台建设,打破了该村农产品销售瓶颈。截至2017年年底,青羊区对口帮扶蒲江县10个相对贫困村人均收入达到成都市居民人均收入的70%,已完成相对贫困村退出。

结对帮扶简阳市。青羊区对口帮扶简阳市贾家镇快乐村、武庙乡团堡村和壮溪乡高产村,区委区政府成立扶贫攻坚工作领导小组,制定了《关于切实做好2017年青羊区帮扶简阳市脱贫攻坚工作的意见》。全年安排落实对口帮扶简阳市专项财政资金800万元,实施塘堰整治、道路改造、产业升级等帮扶项目10个;区主要领导和分管领导到简阳市开展帮扶调研。截至2017年年底,武庙乡团堡村、贾家镇快乐村2个省定贫困村已通过省、市两级验收,顺利退出贫困村序列,待国家抽查验收。

【防汛救灾】 2017年,青羊区开展防汛准备工作,做好防汛预案修订,适时安排防汛演练,购买储备防汛物资,排查隐患点位,完善指挥通信体系,建设应急队伍,确保汛前各项准备工作有力、到位;做好水毁工程建设,对日月大道河渠、苏坡支渠等河道进行清淤疏浚,对文家、黄田坝等水毁河堤工程进行加固修复,确保汛期排洪顺畅,汛期无重大事故发生;全面开展风险隐患点位排查,开展辖区在建工地、低洼易淹区、江河险工险段、地下车库、下穿隧道、危旧院落、公园等点位专项督查100余次,清淤河道80余千米、8.6万立方米,拆除行洪障碍21处,疏掏管网76.3千米,修复井盖284座,更换水篦子659个;完成了清水河万寿桥至东坡南一路等河堤整治工程,新建河堤1400米,拓宽河底至40米,新建青石栏杆1586米,改变了河堤的"土坡"面貌,实现河堤的"提档升级",将其防洪标准提升至200年一遇,总体上完善该河道防洪安全保障体系、提升了河堤防洪功能。

【水环境治理】 2017年,青羊区贯彻落实市委"中优"战略部署,制订"'宜居水岸·活水成都'三年计划",将于2016年8月—2019年7月分三个阶段对辖区内清水河、江安河、磨底河、苏坡支渠、苏坡排水渠、肖家河、饮马河7条、42.9千米河道实施"宜居水岸"综合整治,其中磨底河、西郊河—饮马河示范段改造工程有序推进;整治黑臭水体、梳理排

查下河排污口87个；建立治理台账，严格执行市河道水质出境断面扣缴属地管理制度，建立四级河长制，压实相关部门、街道属地监管主体责任，落实治理措施；实施市政管网病害治理，推行管网纠错，改造排水管道180米；完成清水河西苑半岛段等11条、20段河道清淤6万立方米；实施老旧院落雨污分流改造工程22个，减少污水对水体的污染；加强行政执法，全年河道卫生问题督查整改率达100%。截至2017年年底，全区完成下河排口治理85个，主要污染物氨氧浓度比2016年下降64.96%，总磷下降68.08%，化学需氧量下降11.43%，水质断面达到Ⅰ～Ⅲ类的比例达54%，稳定实现非黑臭水体排污标准。

【农产品质量安全监管】 2017年，青羊区强化农产品质量安全监督管理，将农产品质量安全纳入政府工作目标绩效考核，建立部门、街道联动协作制度，形成监管合力、齐抓共管的格局，切实贯彻落实监管责任。全年共抽检蔬菜样品1200个，所检测样品全部合格；对农药、兽药、饲料等投入品依法进行抽样，采样送检9个批次，合格率达100%。

【主要领导人】 区委书记：戴志勇；区人大常委会主任：蔡祯文；区长：詹庆；区政协主席：沈萍；分管统筹城乡工作副区长：张宇。

青羊区编写组

金　牛　区

【基本情况】 2017年，金牛区辖15个街道110个社区1个省级开发园区，辖区面积108平方千米，其中建成区面积58.14平方千米。年末户籍户数30.53万户、户籍人口76.14万人，人口出生率9.95‰，人口自然增长率4.89‰，人口密度11244人/平方千米。

2017年，全区GDP1061亿元，增长7.7%，其中第一产业增加值853万元，减少0.5%；第二产业增加值221.2亿元，增长6.5%；第三产业增加值839.77亿元，增长8%。人均GDP87487元，增长7.2%。三次产业结构比由上年的0.01∶20.61∶79.38调整为0.01∶20.85∶79.14。社会消费品零售总额824.88亿元，增长10.4%。地方一般公共预算收入完成56.8亿元，增长9.3%，其中税收收入33.7亿元，增长12.7%。全年接待游客1684.56万人次，增长9.5%；实现旅游总收入225.22亿元，增长11.9%。

有中小学校79所，在校学生10.79万人，教职工7625人（其中专任教师6575人），其中有小学46所，在校学生6.86万人；普通中学27所，在校学生3.28万人；职业中学4所，在校学生6327人；特殊教育学校2所，在校学生192人。有幼儿园129所，在园幼儿3.43万人，学龄儿童入学率100%。有公共文化馆1个，公共图书馆1个，体育场1个，文物管理所1个。申报国家、省、市科技创新项目、重大科技成果转化项目立项128个，获得无偿资助资金4432万元；申报区级专利转化资金项目立项43个，资助金额149万元。完成专利申请量5505件，其中发明专利2206件。

【农业产业化发展】 2017年，金牛区有市级以上农业产业化龙头企业3家，其中国家级1家（四川徽记食品股份有限公司）、市级2家（成都孔师傅食品有限公司、成都市农副产品批发中心）。四川徽记食品股份有限公司年销售收入在1亿元以上，成都孔师傅食品有限公司、成都市农副产品批发中心年销售收入均在5000万元以上。获得中国驰名商标认证农业产业化企业1家（四川徽记食品股份有限公司），有"中国驰名商标"2个（徽记、好巴食）。

【对口帮扶】 定点帮扶邛崃市。2017年，金牛区投入财政帮扶资金200万元，从发展种养殖业、实施经果林建设、修缮联村道路、整治沟渠、改善村容村貌等方面，助推邛崃市10个相对贫困村"摘帽"，90户相对困难家庭、210名贫困群众实现脱贫。结合回龙镇榆树社区丘陵地形和土壤特质，采取"高校+合作社+农户"模式，携手四川农业大学建立四川农业大学教学实验基地，创立独具回龙特色的"石头柑橘"品牌，为农户增收200余万元。开展就业帮扶技能培训，协助邛崃市举办创业分享会，参加金牛区创业大赛。6月，召开金邛教育联盟托管学校评估会，成都市茶店子小学校托管邛崃市十方堂小学校接受评估，完成为期三年的托管任务，金牛区—邛崃市教育联盟获评"成都市2017年区域教育互动工作综合评定优秀联盟"，成都市茶店子小学校—邛崃市十方堂小学校、成都市锦西外国语实验小学校—邛崃市高何小学校被评为"领办托管"优秀学校。7月12日，区卫计局组织医疗队到邛崃市水口镇陈沟村进行医疗扶贫下乡帮扶活动。

结对帮扶简阳市。金牛区投入财政帮扶资金800万元，帮扶简阳市3个乡打造农业产业项目6个，助推简阳市3个乡的10个贫困村"摘帽"，754户困难家庭、2134名贫困群众实现脱贫。开展就业创业帮扶工作，在简阳市周家、宏缘、灵仙3个乡举办"轻骑式"就业创业帮扶专场活动，邀请创业导师现场进行电商创业培训，50余家企业到会，提供岗位2000余个，达成意向性协议近200人。坚持每周向简阳市推送用工信息1次，全年提供涉及56个工种的1268个岗位用工信息。开展简阳市教育帮扶工作，"金简教育联盟"新增领办学校1所，由成都市人民北路小学校领办简阳市贾家镇中心小学校，金牛区教育局派出4名优秀干部组成管理团队到简阳市贾家镇中心小学校进行管理，接收1名简阳干部到成都市人民北路小学校进行跟岗培训。

对口支援石渠县。金牛区派出援藏工作队干部人才28人，投入财政帮扶资金2519万元，撬动社会帮扶资金近550万元，完成帮扶项目20个，助推石渠县33个贫困村"摘帽"，1314户贫困家庭、5358名贫困群众实现脱贫。引进成都市天地网信息科技有限公司与石渠县签订战略合作协议，打造中藏药材基地，打破石渠县无支柱产业的历史。开展就业创业对口支援工作，区人社部门与成都市就业局联合组成对口帮扶石渠县就业扶贫工作组，于7月到石渠县实地开展就业扶贫工作。全年开展摩托车维修、大棚蔬菜种植、民族服装缝纫等专业的培训班13个，共培训721人。推进教育对口支援工作，选派5名教师到甘孜州长期支教，其中4名教师到石渠县支教，成都市铁路中学府河学校副校长张礼洪完成为期2年的甘孜藏族自治州高级中学党委书记、校长挂职任务。选派12名优秀教师到石渠县开展"名师闪耀"支教活动，接收17名石渠籍学生到金牛区学校就读。开展医疗对口支援工作，金牛区第四批援藏医疗队分别于7月、9月和10月先后到石渠县开展妇科疾病、包虫病筛查，疾病防治宣传及诊疗，免费送药及用药指导和健康教育等工作。

【农产品质量安全监管】 2017年，金牛区加强农产品输出检查，组织312人开展食用农产品检查，对全区2家饲料生产企业、3家兽药生产经营企业、2家农资门市部、五块石蔬菜种子市场等拉网排查4次，从源头上防止高毒高残留农（兽）药和其他有毒有害物质流入农产品生产领域。加强农产品市场监管，每月按照抽检农药残留检测样品数不少于200个的检测要求，对市场内经营的水果、蔬菜、食用菌等农产品进行农药残留抽样检测，区域内农产品农药残留快速检测合格率达99.5%以上。

【动物疫病防控体系建设】 2017年，金牛区有动物防疫检疫监督机构3个，负责全区动物防疫检疫监督管理、动物疫情调查、动物疫病扑

灭、畜牧业执法等工作,其中成都市金牛区动物卫生监督所为参公事业单位,有工作人员7人;沙河源动物防疫检疫工作站、金泉动物防疫检疫工作站为差额拨款事业单位,有工作人员7人。全区全年累计免疫猪口蹄疫658头、猪瘟351头、猪高致病性蓝耳病331头、禽流感2.1万羽、犬只狂犬病1.3万只,应免畜禽免疫密度100%,犬只免疫率90%,无重大动物疫病疫情发生。

【农村市场体系建设】 2017年,金牛区依托"互联网+农业",促进农业产业、农业供给、农业加工和销售方式变革,以生鲜农产品电子商务配送进社区为重点,以扩大农产品电商销售覆盖面、方便市民购买为要求,推动成都三加六信息技术股份有限公司完成12个生鲜农产品电商配送示范点建设。

【耕地保护】 2017年,金牛区耕地保有量为600公顷,划定永久基本农田保护面积5052.99亩,数据库通过国土资源部审核。完成永久基本农田"落地块、明责任、设标志、建表册、入图库"五项工作;相关街道、社区及涉农居民小组落实永久基本农田保护目标任务,全年签订《保护目标责任书》83份,发放保护卡2203张;设立基本农田保护牌2块、保护界桩100个。

【土地征后实施】 2017年,金牛区开展征后实施项目52个,完成13个组"一公告"(即征收土地公告)程序、39个组"二公告"(即征收土地补偿安置方案)程序,编制33个组的补偿安置方案。推进43个征后项目的实施,茶花片区、五块石3组城中村、大湾片区等项目均按照征后实施程序相继开展拆迁补偿安置工作。在跃进城中村拆迁改造项目中,跃进5组、10组100%签约;支付28个村(组)土地补偿费,为8454人购买社保。44个项目的土地业主为被征地农民缴费参保,共涉及金额15.19亿元、被征地农民7210人。

【村级公共服务】 2017年,金牛区推进村公资金"微腐败"专项治理,各街道、社区宣传村公资金"微腐败"治理工作,区统筹局对相关街道和社区进行检查。全年召开深化村公改革专题培训会议1次,组织5个街道56个社区190余人进行专题培训。推进议事会成员直接联系村(居)民制度,完善议事决策制度、村公项目发包和评议验收制度及村公全过程公开制度。

【村公专项资金管理】 2017年,金牛区有村公资金项目343个,涉及重点保障优先项目238个,拨付专项资金2010万元,其中涉农社区资金1680万元。9月30日前,各街道将专项资金按标准全部拨付到各社区账户。完成2016年村公资金项目实施情况、资金决算情况以及群众满意度测评结果公示,并在居民代表大会上通报。

【涉农集中居住区建设安置】 2017年,金牛区完成红豆华庭,五福2组、5组,万圣家园(A、B、D区)3个项目的安置工作,安置住房5471套,安置6066人。凤凰山街道安置凤凰山三期住房2324套,安置人员1523户。

【主要领导人】 区委书记:刘玉泉;区人大常委会主任:周道富;区长:唐华;区政协主席:岳李;分管统筹城乡工作副区长:任继斌。

金牛区编写组

武侯区

【基本情况】 2017年,武侯区辖13个街道87个社区,辖区面积75.36平方千米。有常住人口108.6万人,户籍人口64.71万人。武侯区先后获得"国家科技进步示范县(市)""全国教育改革示范区""全国社区卫生服务改革示范区""全国和谐社区建设示范城区""全国行政服务标准化示范区""智慧健康养老示范基地"等称号。

2017年,全区GDP972.35亿元,增长8%,其中第一产业增加值70万元,增长7.5%;第二产业增加值196.19亿元,增长7.4%(工业增加值142.2亿元,增长3.4%);第三产业增加值776.16亿元,增长8.2%。人均GDP89544元,增长8%。

社会消费品零售总额892.5亿元,增长11.1%。全社会固定资产投资总额479亿元,增长15.9%。引进到位内资总额346.86亿元,增长15.6%;引进到位外资总额91535万美元,增长16.1%。外贸进出口总额82.1亿元,增长8%。地方财政收入65.24亿元,增长8.4%;地方财政支出78.06亿元,增长9.46%。

有中小学校75所,在校学生109613人,减少0.4%。有卫生机构219个,增长148.9%;病床位17795张,增长4.1%;卫生技术人员25255人,增长15.5%。

【农业产业化发展】 2017年,武侯区按照第三次全国农业普查工作要求,对全区土地承包、确权等情况进行全面清查摸底,为全区涉农民营企业提供高效服务奠定基础。推进农村集体资产股份化改革试点。通过市场牵头、基地带头、基地联结农户方式,企业带动省内外农民发展现代农业,促进农民就业、增收。全年全区龙头企业实现农产品加工产值500亿元,农业资产投资1.38亿元。辖区新希望集团有限公司、四川隆生集团有限公司、成都香香嘴食品有限公司、四川省开元集团有限公司等4家农业产业化龙头企业全年累计销售收入748.8亿元。

【林业】 2017年,武侯区植树1.67万株,新增森林蓄积1400立方米,实现林业产业总产值37.42亿元。其中,以永康森林公园、清水河公园为主的农家乐旅游与休闲服务产业产值约850万元。区统筹局加大林政管理执法力度,先后对800余家涉木企业开展林政监管检查,进行企业回访和木材复检12次,维护辖区涉林市场秩序。区统筹局被市林业和园林管理局评为"2016年度全市林业有害生物防治检疫工作目标管理责任制考核优秀单位""全市森林资源保护管理和深化集体林权制度改革工作先进单位"。

林木病虫害防治和森林植物检疫。全年开展有害生物监测巡查55次,共监测"菟丝子"等有害生物4处。对武侯区种苗生产经营企业四川彩乐园林绿化工程有限公司进行检疫登记和建档;加大对"加拿大一枝黄花"、松材线虫等检疫对象的监控力度;开展林业有害生物普查,未发现林业有害生物调运,普查期间对微量林业有害生物监控消除3次。

野生动物保护。完善辖区13个野鸟疫情监测点,健全野鸟疫情监测机制,严防鸟类疫情发生。对农贸市场和餐饮企业开展野生动物驯养繁殖和经营利用的清理整顿,在罗马假日广场古玩市场开展野生动物保护宣传。全年检查农贸市场13个、餐饮企业210余家、大型超市6家,发放宣传资料8000余份,未发现违规驯养繁殖和经营利用野生动物的现象。

"爱鸟周"活动。组织全区13个街道开展"爱鸟周"集中宣传活动,活动共设置宣传点位14个,悬挂横幅50余条,张贴海报650余份,发放环保宣传袋4000余个、宣传资料10000余份,通过"武侯统筹城乡"官方微博和微信公众号等平台开展"爱鸟周"公益宣传。

【畜牧业】 动物重大疫病防控。2017年,武侯区统筹局加强对高致病性禽流感等动物重大疫病的防控,无动物重大疫情发生。开展春秋两季动物集中免疫,累计接种犬猫狂犬病疫苗3.62万只,犬猫免疫率

98%;免疫禽流感31068羽,免疫率100%;实施消毒1.5万平方米。强化狂犬病监测,送检样品病原无阳性。

动物卫生监督。加强动物产地检疫监管,加快提升兽医卫生监督管理信息化水平。加强动物检疫报检点建设,实现武侯区动物检疫合格证明联网电子出证。加强动物卫生监督,定期抽检动物产品,检测兽药残留,严防不合格动物产品流入市场。通过告知书、承诺书、友情提示,明确经营户的质量安全主体责任。

动物诊疗管理。规范动物诊疗许可办证条件,农村动物诊疗机构须取得乡村兽医资格。定期对全区51个动物诊疗场所进行检查。加强执业兽医场所的管理,检查动物诊疗场所80次,注册备案执业兽医183人次,责令整改1家,关闭无证行医场所3家。

【城乡统筹发展】 2017年,武侯区深化村级公共服务和社会管理改革,制定了《武侯区关于进一步深化村级公共服务和社会管理改革工作的实施意见》;加强社有资产管理和处置。区统筹局按照每个社区40万元年度村改专项资金的标准,一次性拨付村级专项资金1040万元到全区5个涉农街道26个社区。建立巡查制度,开展村级公共服务和社会管理改革的宣传和培训。

【新居安置补贴】 2017年,武侯区按照区政府农民新居安置工作要求,加强与区环城管委会、武侯新城管委会等相关项目业主单位以及簇桥、金花桥等街道办事处协调衔接,确定江安河新居一期配套30%的经营性资产不足部分采用货币化方式进行补贴,按年度采用其他新居点位分配补贴的平均值,对江安河新居一期符合补贴条件的入住村民846人(簇桥街道549人、金花桥街道297人,涉及簇桥街道双凤社区、七里社区,金花桥街道江安河社区、金花村等4个社区)进行补贴。相关资料和数据报送区财政局后,再通过街道办事处拨付给入住村民,补贴费用共计178.21万元。

【对口帮扶与移民工作】 对口帮扶白玉县。2017年,武侯区按照省委藏区办和省发展改革委有关新一轮规划修编的要求,编制完成《成都市武侯区对口帮扶甘孜州白玉县规划(2017—2021)》,报省委藏区办、省发展改革委及市委援藏办备案,并由两地政府批准实施。按照规划,武侯区计划五年内投入援藏资金1.57亿元,在住房安全保障、义务教育保障、基本医疗保障、产业发展、人才培育和基层政权建设等6个方面实施援藏项目13个。按照地方公共财政预算收入0.5%的拨付标准,2017年足额拨付2842万元,全年开工8个项目,竣工4个项目。8月,区长林丽带队,区委常委潘永革,副区长吴影梦、潘虹及区发改局、区财政局等8个部门的负责人到白玉县开展工作对接,召开工作推进会,实地查看项目推进情况,专访慰问贫困藏民,并看望慰问第四批援藏工作队队员28人。

定点扶贫崇州市、邛崃市。根据市委市政府关于开展第三轮第二批农村扶贫开发工作的通知要求和市扶贫办的具体部署,武侯区承担崇州市、邛崃市10个相对贫困村定点帮扶任务。全区制订了《第三轮第二批农村扶贫开发工作方案》,统筹安排新一轮定点扶贫工作,确定10个区级部门结对帮扶崇州市4个乡(镇)、邛崃市2个乡(镇)共10个相对贫困村,并明确总体目标、帮扶方式、工作重点和工作要求,根据各个受扶村的实际情况,因地制宜确定帮扶项目。针对9个帮扶村交通不便、沟渠年久失修的状况,投入109万余元修建沟渠、道路、村户互通等基础设施;投入21万元,针对相对贫困户量身定制产业扶贫、民生扶贫、就业扶贫、就学扶贫和医疗扶贫等项目,实施"一对一"精准帮扶;组织慰问贫困群众、残疾人、留守儿童和党员等149户,发放慰问金66950元。全年落实帮扶项目14个,开展各类慰问活动15次,共投入资金151万余元。

对口帮扶简阳市。区相关部门、街道办事处倾力推动对口帮扶简阳市工作,桐麻岭、平江、双桂、秀阳、柑子等5个村脱贫"摘帽"。全年拨付各类帮扶资金1955万余元,实施帮扶项目31个。帮助受扶乡(镇)完善农业产业园区规划;对8个村288户309人实施因病因残救助帮扶;启动8个贫困村的水利设施项目、优质水蜜桃种植等3个农业产业项目。为同合乡、新星乡共78户233人实施危旧房屋改造及集中居住点建设。借鉴武侯区对外招商经验,帮助简阳市3个乡(镇)包装重点项目,通过召开招商引资推介会等方式,先后邀请涉农、金融、餐饮等领域22家企业、2家商会、2家院校到受扶乡(镇)考察,明确投资意向。实施就业帮扶增收行动,通过扶贫专场招聘会,48家企业提供就业岗位770个,达成意向125人。通过多种方式培训当地干部150余人次。动员社会力量参与脱贫攻坚,区属中小微企业捐赠27万元,为200户贫困户"送温暖";四川首座投资集团捐资120万元,为贫困学生"解难";成都大蓉和餐饮公司采购当地滞销马铃薯5000余千克,为贫困户"救急"。

医疗对口帮扶。区卫计局选派临床、护理、疾控、监督、妇幼等专业的17名卫生专业技术人才到甘孜州白玉县开展医疗帮扶。通过开展卫生管理、提供医疗服务、加强人才培养等方式帮助受援地区提高医疗卫生工作水平。援藏专业技术人员面向白玉县卫生人员开展专业技术讲座8期,受众近500人次。开展"送医送药送健康知识下乡"活动,到白玉县各乡(镇)开展义诊、健康咨询、健康体检等诊疗,服务群众5200人次,发放各类宣传资料5000余册。援助白玉县专家组与白玉县医院共同组织"白玉县第一届'5·12'临床技能大比拼"活动,并购买价值1000余元的各类专业用书,赠给白玉县医院各科室。对口帮扶安岳县,双方在人才队伍培养、学术交流及重点学科建设方面开展合作,提升当地医疗机构整体服务能力和卫生计生业务技术水平。3月,区卫计局副局长带队前往安岳县进行实地考察,并就两地医疗卫生合作模式与安岳县卫计局磋商。10月,安岳县卫计局局长带队到武侯区开展座谈交流,确定安岳县每年选派5名专业技术人员到武侯区进修学习、依托武侯区三级医院力量帮助安岳县提升医疗卫生能力和医疗水平建设等事项。

移民工作。全区根据核定的移民人口,在银行开设移民后扶资金专户,委托银行将移民后扶资金发放到移民个人账户,确保移民后扶资金按时到户。协助市农委移民处做好库区移民维稳工作,及时反馈信息。按照相关政策规定,及时足额发放后期扶持资金,保障水库移民的合法权益,维护社会稳定。对全区大中型水库移民后期扶持人口进行动态管理,建立人口台账,及时进行核减,2017年度大中型水库移民后期扶持53人。

【公共文化服务体系建设】 2017年,武侯区建成区图书馆分馆13个、各类文化服务示范点21个,免费开放公共文化服务设施102个,全年组织群众文化活动1600余场,开展全民阅读推广系列活动680场。

【农业综合管理与服务】 2017年,武侯区农业系统实行安全生产、产业发展和质量监管的大监管模式,做好农产品质量安全、农资供应服务、动物卫生监督等农业综合管理与服务。做好农业投入品质量的监管、动物重大疫病防控以及动物诊疗的管理,全年农产品投入合格率100%。加强对全区兽药经营企业的监管;强化动物重大疫病的防控,特别是宠物防疫,春防、秋防工作人员进驻社区实施有

计划的集中防疫和定点防疫,提高动物重大疫病防控有效率。全区有动物诊疗机构40余家。全年严格落实动物诊疗的管理,无重大动物疫病发生。

【农业投入品质量安全监管】 2017年,武侯区开展饲料添加剂专项整治活动,对区内2家饲料生产企业实施年度备案及监督抽检。按照《兽药经营质量管理规范》要求规范兽药经营企业。区内农业投入品生产经营企业无违法添加、经营、使用违禁兽药和药物添加剂等行为。累计验收合格20家兽药经营企业,抽检饲料及饲料添加剂样品43个,抽检兽药、农药样品39个,合格率100%。

【农资供应与服务】 2017年,武侯区通过成都市邦绿达农业生产资料有限公司农资"放心店"直接服务"三农",供应放心农资商品。成都市邦绿达农业生产资料有限公司旗下通江农资放心店"庄稼医院"、簇桥人民路农资放心店"庄稼医院"、机投农资放心店"庄稼医院"等3家"庄稼医院"为农民提供农作物和花木病虫害防治咨询服务1000余人次,提供农作物科学用肥、用药服务指导1100余人次,提供免费农具维修服务800余人次,发放农技知识宣传单2000份以上。全年农资销售额165万元。

【卫生保障体系完善】 2017年,武侯区"互联网+"智慧医疗系统平台试点运行;在全市率先建立医保智能监控分中心,实施社保体系标准化,并开展相互制长期护理保险试点;"颐居通"居家养老信息平台投入运行,社区养老院和日间照料中心遍布每个街道。

【村级公共服务和社会管理】 2017年,武侯区议定村改项目523项,其中优先项目509项(含农村环境综合治理类79项、农村社会治安维护类62项、基础设施建设类79项、社区总体营造和社会公益类218项、公共设施管护类24项、群团和党建类47项),其他类项目14项,全面完成年度实施项目。结合"微腐败"专项整治,全覆盖开展村级公共服务和社会管理年度审计检查,各社区按照制度建设、民主管理、项目实施、公开公示、年度测评等规范项目实施,提高专项资金使用绩效,资金落实情况总体良好,群众知晓度、参与度、满意率均有提升。

【供销社资产管理和处置】 2017年,武侯区供销联社建立租赁社有房屋通过第三方评估价格机制,房屋租金价格交由市场决定,规避人情因素影响房租调整。修缮未拆迁房屋,能租尽租。房屋租金收益比上年增加85.5万元。落实安全生产职责,坚持对社有房屋消防安全管理工作进行日常巡查和重点督查,及时发现和消除安全隐患,并严格房屋维修审批程序和施工过程管理。推进供销社综合改革,建立和完善社员代表大会、理事会、监事会等制度,成立资产管理公司,促进社有资产保值增值。

【秸秆禁烧和综合利用】 2017年,武侯区开展春季农作物秸秆综合利用和禁烧工作,防治大气污染,保障航空安全。禁烧期间,出动执法宣传车辆650车次、执法人员1900人次,发放宣传资料9000余份。区统筹局、区环保局成立督查组,对隐患进行疏理,查处焚烧垃圾行为4起。同时探索市场化运作模式,推动建立秸秆收集储运服务体系。秸秆综合利用120亩,利用率98%。

【园林绿化】 2017年,武侯区围绕"花重锦官城"行动和"宜居水岸"工程,按照"品质武侯"建设要求,实施"增花添彩"和园林特色街区打造工程,创建珑熙郡小区为市级园林式居住小区。完成义务植树10563株(折合乔木数),实施屋顶绿化18000余平方米,打造提升玉林东路、高升桥路等特色景观街巷14条。全区园林绿地面积2282.4万平方米,新增66.88万平方米;园林绿地覆盖面积2624.8万平方米,新增70万平方米;公园绿地面积961.86万平方米,绿地率38.9%,绿化覆盖率44.8%,人均公共绿地面积16.45平方米。

义务植树。全区参与义务植树3000余人,栽植树木5000余株。区"四大班子"领导与300余名机关干部在天府芙蓉园参加义务植树,栽种芙蓉树350株。全区400余人参与"认建认养认捐"活动,认养树木500余株;800余人参与管护树木1800余株,700余人参与绿化宣传活动。

"花重锦官城—增花添彩"工程。按照全市"花重锦官城—增花添彩"工作要求,打造高升桥路分车带景观提升、广福桥小游园"增花添彩"示范项目2个;完成行道树增量提质街道10条,共植树14117株;在全域重要节点、出入城通道栽植时令鲜花约55300平方米;建成小游园微绿地12块,新增绿地面积约40000平方米;建成立体绿化3000平方米以及拆墙透绿、围墙增绿或绿化景观提升项目3处(衣冠庙干休所、碧云天小区、燃灯寺1号);建成天府芙蓉园(一期)36万平方米,栽植乔木9601株、大灌木1983株、球形灌木2231株、地被植物11500平方米;市花芙蓉增量提质8207株。

园林绿化管理。对全区180余条街道进行绿植维护,共修剪树枝16000株,修剪绿篱、草坪18万平方米。开展缺株少苗补植补栽,补栽樱花、紫薇、栾树、小叶榕共689棵;为裸露草坪播草种约4500平方米,为游园、花箱、吊盆等补栽、更换鲜花45万盆。开展绿化设施维护,生态治理行道树树池1750个。

园林绿化市政管理设施提升。加强公园精细化管理,提升簇锦公园大门景观,栽种、补植花卉和麦冬等地被植物3170平方米,园内池塘种植荷花3720株;清理池塘、湖面淤污37立方米,清理死树81株、绿化垃圾2701立方米,补植香樟、樱花、芙蓉等乔木137株,维修地坪720平方米。安排零星绿地专项整治资金460万元,改造提升裸土严重、植被老化、硬件设施损坏严重的红牌楼北街、少陵路等处7个游园、绿地。在清水河公园、簇锦公园等处维修园椅园凳、果屑箱97个,更新座椅17张,增设游园导示牌6块。

"园林式居住小区"创建。将创建"园林式居住小区"作为建设宜居武侯的重要组成部分,利用小区居住环境建设示范引领作用,动员更多的市民自觉参与"园林式居住小区"创建。创建小区院落全年治理绿地25700平方米,珑熙郡小区创建为"成都市园林式居住小区"。珑熙郡小区面积43725平方米,其中绿地面积15263平方米,绿化覆盖面积10126平方米,垂直绿化面积5136平方米,采用完全人车分流设计,小区设置银杏景观大道、水杉艺术森林等,各项指标均符合市级"园林式居住小区"创建标准。

【城乡水环境综合整治】 2017年,武侯区贯彻落实国务院"水十条"工作要求和岷江、沱江流域水污染防治会议精神,组织开展全区黑臭水体治理和水污染防治攻坚行动。开展"宜居水岸"工程建设,对江安河、清水河等主要河道武侯段进行综合整治;建立起在区级总河长领导下的区、街道、社区三级河长管理体系,共确定各级河长239名、河道警长84名。

"宜居水岸"建设。全区制订《"宜居水岸"工程总体工作实施方案》,对江安河、清水河等主要河道武侯段进行综合整治,打造开敞宜人的水景观,提升城市环境品质,彰显城市历史文化。区统筹局牵头开展"宜居水岸"工程建设,工程采用PPP模式,计划分两期实施,预计总投资40.79亿元。该工程完成立项,涉及的土地拆迁工作全面启动,

初步方案设计编制基本完成，PPP项目“两评一案”编制完成。其中，《物有所值评价报告》及《财政承受能力论证报告》通过区财政局批复，项目实施方案经七届区委第50次常委会、区政府第28次常务会审议通过。

水污染防治攻坚行动。加大水污染防治力度，区统筹局牵头制订《武侯区水污染防治攻坚行动工作方案》《2017年水污染防治工作实施方案》，计划投入3.9亿元，改善辖区水环境质量。武侯区河道水污染防治攻坚工程于12月29日正式取得可行性研究批复，全面完成项目立项等前期工作，并同步启动后续施工图设计、清单编制等招标前工作。河道生态修复工程于12月28日完成招标，确定具体实施单位。红九方沟和簇桥排洪渠治理已制订具体方案。

黑臭水体综合治理。加大黑臭水体治理力度，制订《武侯区重点挂牌督办的黑臭水体整治方案》，重点整治鸡公堰、围机东沟、围机西沟三条中央环保督察组挂牌督办的黑臭水体。7月，区统筹局牵头，投入资金近5000万元，启动黑臭水体“剿灭行动”，历时1个月，辖区12条14段黑臭水体的黑臭现象全面消除。治理工程完工后，区统筹局继续加强对上述水体的后续常态管护和治理，确保水质持续达标。同时，按照黑臭水体治理要求，区统筹局委托第三方专业机构，开展黑臭水体治理效果第三方公众评议，编制《武侯区12条14段黑臭水体调查统计分析与评议结果》，并于12月上报市水务局。

河长制管理实施。制定《贯彻落实“成都治水十条”推进重拳治水工作方案》《全面实行河长制管理工作任务分工方案》《关于实行河道警长制管理工作的实施方案》《河长制管理工作2017年度目标绩效考核细则》等，建立工作会议、信息通报、巡查督办、工作考核、督导检查、联系部门工作等六大工作制度，完成“一河一策”的编制，加强部门间沟通协作、河道信息发布和重点问题督办，提高河长制管理实效。截至2017年年底，下发《武侯区河道问题整改督办通知》62期，督办整改排污问题268处、违建侵占河道11处、河道淤积问题12个、沿河环境卫生问题22个，辖区河道水环境质量得到持续改善。

防汛工作。全区提前做好汛前准备，及时召开防汛会议，修订防汛预案；开展防汛演练，成立防汛应急抢险队伍46支、730余人。全区防汛物资储备种类基本齐全，提前备有麻袋1.2万条、编织袋3.44万条、照明设备260套、钢丝网兜100个、铅丝4.25吨、铅丝笼460条、桩木1.25吨、块石1500立方米、砂石1700立方米、人头石200方、橡皮舟7艘、救生衣311件、救生圈190个、排涝设备80套、机动船只2艘、汽油抽水机4台、一体式自吸泵站1台、拖车式移动泵站1台。严格执行24小时防汛应急值守制度，加强全区84处防汛隐患点位常态化巡检，重点监控大悦城下穿隧道、首长路片区、江安河原马家寺大桥上下游防洪堤段、江安河蚂蝗堰段、清水河公园河堤段、清水河中央花园段、黄堰河原三河村一二组、黄堰河原文昌村二组、金花堰云母厂等9处重点隐患点位。防汛期间无人员伤亡。

【电商配送示范点建设】 2017年，武侯区推动“互联网+”农产品电子商务体系建设，创新农产品市场流通模式，发挥电子商务在拓展农产品销售渠道方面的作用，推进城市社区生鲜农产品电商配送示范点建设，提升示范点所在小区品质和社区功能，促进生鲜农产品便利进城入社，减少流通环节，降低流通费用，提高流通效率，服务群众生活。全年新设长益街3号（丽都帝景）、晋阳路169号（互盛佳苑）、紫藤路3号（紫藤花园）等电商社区示范点15个，全部验收合格。

【主要领导人】 区委书记：巫敏；区人大常委会主任：王力平；区长：林丽；区政协主席：伍本康；分管统筹城乡工作副区长：潘永革。

武侯区编写组

成 华 区

【基本情况】 2017年，成华区辖4个涉农街道25个涉农社区，有农用地面积29176亩、农业人口45368人，村级集体经济总资产达17568万元。

【农业产业化发展】 2017年，成华区加大对成都光明乳业公司的指导服务。根据企业需求开展人才需求调查和企业发展需求调查，并积极给予支持和帮助；组织公司参加成都市农业博览会和国内国际展示展销活动。企业全年实现主营业务收入17136万元。继续推进农民专合组织扶持工作，帮助民合鱼腥草农民专合组织做好技术服务、销售服务与品牌建设工作，主动邀请市技术推广总站专家对专合组织开展技术指导，切实为其分忧解难。

【种植业】 2017年，成华区农作物总播种面积170公顷，减少39.72%。其中，粮食作物播种面积21公顷，减少46.15%；总产量166吨，减少45.93%（水稻种植面积315亩，减少270亩；总产量166吨，减少141吨）。蔬菜播种面积149公顷，减少38.68%；总产量4067吨，减少38.9%。

【都市现代农业发展】 2017年，成华区深入外环片区开展调研，结合社区干部与农户反映的困难与问题，在与区财政局、国土局、北郊管委会等部门及青龙、白莲池、龙潭街道多次衔接沟通的基础上，开展区环城生态区都市现代农业发展工作和支持环城生态区都市生态观光农业发展工作。督促鑫华农业公司和龙潭街道办积极引进企业种植青贮饲料、苗木，鼓励专业合作社做好种植管理，动员支持当地农户种植蔬菜等，做到“种满种尽”。

【对口帮扶工作】 2017年，成华区多次召开区委常委会、政府常务会等专题研究帮扶工作。印发了《中共成都市成华区委 成都市成华区人民政府关于全力打赢精准扶贫攻坚战的实施意见》，明确了打赢扶贫攻坚战的总体要求、工作重点、责任分工。成华区对口援建和帮扶工作主要分为三个板块。一是由区统筹局牵头的对口支援丹巴县工作。二是由区统筹局牵头的对口帮扶简阳市9个贫困村工作。三是由区统筹局牵头的对口帮扶大邑县10个相对贫困村工作。

对口帮扶丹巴县。成华区锁定“两不愁、三保障、四个好”目标，力促丹巴县在甘孜州如期实现整县脱贫，对口帮扶工作成效明显。建立了“区主要领导亲自挂帅、牵头单位总负责、责任单位密切协作”的工作机制，实行“日常定期联系+重大工作协商”机制和援建项目双审制度。全年区主要领导赴丹巴县2次，指挥部召开专题会议15次。制定社会力量参与帮扶结对共建机制，组织社会组织、民营企业、辖区内公民等社会力量开展扶贫活动10次，引进社会资金1700余万元参与帮扶工作。坚持“精准式”“造血式”“内生式”脱贫做法，整合全域力量创新打造的“全域帮扶”模式得到省、市领导的高度关注，3次在省级会议上代表成都市做经验交流发言并于5月8日成功承办省内对口帮扶藏区贫困县就业扶贫现场会，得到了时任省委常委、统战部部长崔保华和时任成都市委书记唐良智等领导的肯定。编制完成《成都市成华区对口帮扶甘孜州丹巴县规划（2017—2021）》和年度计划，全年投入规划内帮扶资金2666万元，启动实施规划内帮扶项目14个，涉及住房

播种面积0.52万公顷,含菜用瓜)。复种指数达232.8%。

【林业】 2017年,青白江区森林资源总面积9359.17公顷(包括非林地上的林地资源),其中乔木林面积8350.64公顷、竹林面积892.88公顷、疏林面积18.75公顷、灌木林面积96.9公顷。森林覆盖率24.6%,林木绿化率32.74%。全区活立木总蓄积量50.8万立方米,其中乔木林35.4万立方米、四旁树15万立方米、散生木0.4万立方米。全区林地活立木总蓄积量17.88万立方米,其中乔木林17.8万立方米、散生木836立方米。继续巩固退耕还林成果1万亩,补偿集体公益林3.82万亩,建设现代林业产业基地0.14万亩,完成社会主义新农村绿色家园福洪镇先锋村新农村综合体绿化建设项目。

【畜牧业】 2017年,青白江区肉类总产量14394吨,减少5.04%;奶类总产量8714吨,增长2.45%;禽蛋总产量6319吨,增长18.71%。生猪出栏18.39万头,减少8.6%;牛出栏487头,增长41.98%;羊出栏1.48万只,减少4.52%;家禽出栏133.31万只,增长7.96%。

【水产业】 2017年,青白江区共发展稻渔综合种养7000余亩。协助完成市级监督抽样13个,合格率100%。水产品产量达4970吨,其中克氏螯虾养殖面积达1300余亩(含“稻—虾”共生),产量210吨。

【统筹城乡与新型城镇化】 2017年,青白江区累计颁发农村土地经营权、农业生产设施所有权、农村养殖水面经营权证745宗,经济林木(果)所有权确权2192.5亩,印发《青白江区农村集体资产股份合作制改革二十问》5000册。建成区级“农贷通”服务平台1个、乡(镇、街道)“农贷通”服务中心11个、村(社区)服务站87个,创建农村金融综合服务示范站1个,青白江融兴村镇银行正式营业,成都农村产权交易所青白江分公司正式运行,“农贷通”平台发放贷款1600万元,涉农专业大户小额贷款425万元,土地流转履行保证保险覆盖率达9.9%。启动4万亩菜粮基地高标准农田建设,完成人和乡东风村、新民村和姚渡镇凉水村的节水灌溉工程4000亩,实施村公配套项目894个,建成村(组)道路29.4千米。完成龙王、姚渡场镇改造设计工作。扎实推进小城市和特色镇示范建设,城厢镇、祥福镇被列为全国重点镇,城厢镇、祥福镇和清泉镇被列为全省“百镇建设行动”示范镇,城厢镇加入成都市“天府古镇联盟”。城厢镇、福洪镇经遴选被评为全市重点支持建设特色镇,城厢镇被评为省级特色镇。实施林盘打造4个,获得上级补助资金300万元,其中龙王镇杨家花龙门林盘、福洪镇钟家林盘已完成,清泉镇红岩村野李子林盘、城厢镇前锋村曾家寨子林盘施工工作有序推进。

【新村建设】 2017年,青白江区新启动人和乡车站村、姚渡镇芦稿村等幸福美丽新村建设28个,实现新村建设与产村相融优势产业发展同步推进,农民就地创业就业。人和乡车站村等17个村被评定为省级“四好村”、城厢镇联兴村等38个村被评定为市级“四好村”、清泉镇五桂村等35个村被评定为区级“四好村”,累计建成省级“四好村”39个、市级“四好村”74个、区级“四好村”75个。坚持“全域规划、镇村一体、产村相融、改革集成”的总体思路,以福洪镇为试点示范,争取市级财政资金660万元,着力打造“现代农业园区+特色小镇”的田园综合体。福洪镇杏花村“杏福”田园综合体、人和乡三元村田园综合体、姚渡镇凉水村“水韵桃源”田园综合体被命名为“成都市首批50个田园综合体示范单位”;城厢镇十八湾村、福洪镇杏花村被评选为“四川百强名村”。

【农村扶贫和移民工作】 2017年,青白江区10个区级相对贫困村、163户精准扶贫户509名贫困人口和30户“插花”帮扶户86名贫困人口顺利通过区级脱贫退出验收,完成了全区第三轮第二批农村扶贫开发工作任务。整合落实各类资金1140万元,实施基础设施类、产业类、精准扶贫、“插花”帮扶等项目9个。开展扶贫日宣传募捐活动,募捐款物合计64.54万元。开展“走基层、送温暖”活动,慰问困难群众161户,发放价值3.58万元的慰问物资。发布扶贫工作信息50余条,编发《农业快讯》(扶贫专刊)4期、《督查专报》4期。开展对口简阳市安乐乡、飞龙乡帮扶工作,安乐乡悦乐村、三合村、兴隆村,飞龙乡龙王村、方家村等5个村均通过成都市脱贫退出验收。落实帮扶资金800万元用于安乐乡、飞龙乡2个5000亩农业园区建设和基础设施配套,巩固提升2015年退出待验收的安乐乡三合村、兴隆村基础设施水平。提升脱贫攻坚能力,开展培训8期,组织帮扶地乡级干部3人、村级党组织书记12人分别参加全区举办的专题示范培训班;扶持产业发展,指导做好安乐乡、飞龙乡2个农业产业园区建设,编制完成《园区建设发展规划》,指导2个乡高标准农田和土地双挂钩、“小组微生”田园综合体、稻渔综合种养等项目建设。促进就业脱贫,推送企业招工信息30期,共计岗位13500余个;举办专场招聘会4场,共有100余家次用人单位进场招聘,累计提供就业岗位3000余个,参加招聘会人数2000人次,与用人单位达成就业意向100余人,有效促进转移就业,切实帮助贫困户增加工资性收入。

编制了《移民后期扶持“十三五”规划》,明确了“十三五”期间移民扶持项目及年度实施计划。按时足额发放移民直发直补资金61.1万元、移民养老保障金41.4万元,完成移民后扶系统省级分中心建设维护。实行移民动态管理,全年核减后扶人口49人(其中农转非核减44人、死亡核减5人),婚迁核增1人。完成2015年跨年度实施的城厢镇前锋村移民安置区连接清泉大道道路工程、大同镇界牌村移民安置区排污管网建设工程、大同镇青龙村安置区沟渠疏掏U型槽整治工程,完成2016年全区移民安置区(点)太阳能路灯安装项目和2017年项目申报工作。适时开展移民安置遗留问题处理,追缴移民建房欠款7.156万元;代发汉源县瀑布沟水电站移民零星林木补偿款52.903万元。做好困难移民救助工作,对乡(镇)申报的10户困难移民家庭发放困难救助金2.26万元。积极化解矛盾纠纷,接待处理移民(含毗河工程)来访80余人次、信访6件。

【乡村旅游】 2017年,青白江区举办第八届樱花旅游文化节、第十届杏花(果)节、第27届桃花节等乡村旅游节会22个,接待游客400万人次,实现乡村旅游收入5.25亿元。组织开展特色小镇及乡村旅游新业态专题培训、村(社区)乡村旅游发展培训等培训10余次,培训旅游从业人员700余人次。凤凰湖生态湿地旅游度假区、福洪镇客家杏花村3A级景区被评为“成都50佳休闲农业与乡村旅游目的地”;西江月、贵和农业公园、维维果园分别被评为“四川省精品农家乐园”“精品花果人家”等;天骁马术俱乐部被评为“成都市主题旅游目的地”。

【农村水利】 2017年,青白江区新增市级财政农田水利项目4个,投入资金4224.49万元。在清泉镇、福洪镇、姚渡镇、人和乡整治渠道41.21千米,整治及新建山坪塘、蓄水池57座,新建管道节水灌面10678亩,渠道防渗工程改善灌面37182亩;完成2016年节水型社会重点县建设项目及青白江区2015年水资源节约和保护弥牟镇曙光村末级渠系整治项目,投入省级资金710万元,整治渠道64.767千米。

【农业机械化】 2017年,青白江区区、乡两级拥有农机管理人员12人,其中农机专业技术人员8人;有农机专业大户15个、农机专业合作社5个,有农机维修网点60个、农机经营网点25个。全年共推广各类

先进适用新型农机具55台，其中拖拉机19台、旋耕机14台、秸秆粉碎还田机6台、简易保鲜储藏设备9套、碾米机4台、高性能轮式自走式植保机械1台、插秧机1台、粮食清选机1台。新（改）建农村机电提灌站6座，总装机功率153千瓦。

【农村科技】 2017年，青白江区深入镇、村（社区）开展科普知识讲座，邀请专家讲授农村实用技术，培训近1000人次。积极组织和动员广大科技人员进村入户开展技术培训、技术讲座、技术咨询、成果展示推广等科技服务，进一步普及推广种养殖业生产和加工技术，1000余人参加培训，发放各类技术资料2000余份。成都胡杨树生态农业产业园科普基地被中国科协命名为"'基层科普行动计划'农村科普示范基地"，获得国家级"科普惠农兴村"项目资金10万元；青白江区龙王水产协会被省科协确定为四川省"基层科普行动计划"项目，获得省级"科普惠农兴村"项目资金10万元；青白江区好农福食用菌科普基地被成都市科协命名为"科普惠农兴村"农村科普示范基地，获得项目资金10万元。深入实施"互联网+科普+产业联盟+科普中国e站"传播体系建设，配套建设电子科普阅览屏，将科普与乡村振兴战略有机结合，加快推进城乡融合发展。加强科普中国e站建设工作，在区现代农业信息化服务平台建立乡村e站，推动乡村e站落地应用，定向、精准地将科普信息送达目标人群。

【农村教育】 2017年，青白江区完成投资24416万元实施新（改、扩）建中小学、幼儿园共18所，新增校舍面积4.35万平方米；公办幼儿园标准化提升工程完成情况被市教育局考核为"成效显著"。全面完成各项教育资助，涉及资金约1483.29万元，惠及学生10828人次。创建市级优质社区教育学校1所、市级示范社区教育工作站2个、市级学习型示范社区2个、市级学习型社区4个，获评成都市第四届"能者为师——寻找社区好教师"优秀组织奖。整合区域内教育资源，开展"最成都·市民课堂"130余场次、"社区雏鹰"系列公益活动200余场次、社区教育微课制作培训6次。

【农村文化】 2017年，青白江区11个乡（镇、街道）综合文化站（中心）图书总藏量3.3万册，121个村（社区）图书室总藏量24万册。全区120个农家（社区）书屋总藏量23万册，按照每周不少于5天、每天不少于4小时标准免费开放；利用农家（社区）书屋平台，开展读书、讲座等阅读活动50余次。组织开展"百村"文艺大联动、百姓才艺秀、文化惠民演出及"文化四季风"等文化活动1000余场次。完成33个基建工地的文物勘探工作，勘探面积2983.45亩，发掘面积20681.5平方米，完成出土器物修复170余件。

【农村卫生】 2017年，青白江区免费建立健康档案累计38.11万份，规范化电子建档率95.46%。启动祥福镇公立中心卫生院、人和乡卫生院迁建项目，红阳社区卫生院改（扩）建项目，大弯社区卫生服务中心、龙王镇卫生院改造项目以及村卫生室标准化、规范化建设项目。全区共有在岗乡村医生146人，并按照执业注册范围在注册村卫生室开展工作。按照《关于建立乡村医生准入和退出机制落实乡村医生保障性待遇的指导意见》，落实保障性待遇101人，为年满60岁的4名乡村医生按规定办理退出手续。全区全年无甲类传染病报告，累计报告乙丙类传染病15种1909例，发病率368.77/10万。

【农村法制建设】 2017年，青白江区结合"民主法治示范村（社区）"创建，指导村（社区）依法完善村规民约、居民公约。进一步深化"法律进乡村、进社区"活动，积极开展《农业法》《农村土地承包法》《农民专业合作社法》等法律法规的宣传教育工作，加强食品安全、环境保护、禁毒、防范非法集资等与群众生产生活、工作密切相关的法律知识的宣传普及；以落实法治大讲堂进村（社区）"7+3"计划为契机，乡（镇、街道）完善了村（社区）法治宣传栏、法治图书角、法治报架等7项基础设施，充实了普法志愿者、法治文艺演出小分队等3支队伍，根据基层干部群众法治需求制定内容丰富的普法"菜单"，组织普法宣传志愿者和法律服务社工，每月深入村（社区）进行"菜单式"普法，开展法治夜谈、法治电影放映、法治文艺演出等普法活动267场次，促进了社区治理和乡村振兴战略实施。城厢镇十八湾村被推荐申报"全国民主法治示范村"。

【农村社会保障】 2017年，青白江区充分发挥乡（镇、街道）宣传引导作用，积极推进"社银合作"，实施城乡居民养老保险费银行代扣代缴，扩大参保规模，截至12月，全区城乡居民养老保险参保人数达152241人，城乡居民养老保险参保覆盖率达95%以上，为57619名被征地农民办理了参保缴费手续。城乡居民基本医疗保险参保人数233546人，参保率达98%以上。城乡居民基本医疗保险各级财政补助标准提高到460元/人/年。

【农村生态建设及环境保护】 2017年，青白江区实行全域禁烧，构建区、乡（镇、街道）、村（组）、农户（业主）四级联防联控和网格化属地管理体制，严格执行领导值班和24小时巡查值班制度；悬挂秸秆综合利用和禁烧宣传标语655幅，张贴禁烧公告1766张，发放宣传资料18万份，致全区中、小学生倡议书10万份，印发禁烧专刊3期，通过区电视台"田园风"播放秸秆综合利用和禁烧专题宣传片。禁烧期间，平均每天出动巡查车121辆次、摩托车582辆次、巡查人员1510人次，全区未发生露天焚烧秸秆行为，主要农作物秸秆综合利用率达99.06%。推行"生态养殖+沼气+绿色养殖"模式，申报实施市级大中型沼气工程建设项目1000立方米和种养循环示范项目1个；实施现代渔业稻田综合种养项目，建成稻渔综合种养示范基地1万亩。加强畜禽养殖污染防治工作，禁养区养殖场（户）全部关闭。建设绿色防控基地7个，建立农业投入品废弃物监测点7个。实施龙泉山植被恢复增绿，继续实施3.8万亩天然林资源保护工程和1万亩退耕还林工程，新增人工造林0.6412万亩，提升森林质量0.2万亩，实施清泉镇、福洪镇600亩廊道绿化和景观提升项目，推进龙泉山城市森林公园青白江片区建设工作，完成分区实施、道路交通和水利设施专项规划，启动福洪镇杏花村森林公园、人和乡车站村彩林公园示范点建设。与市、乡（镇）签订《保护发展森林资源目标责任书》，完成森林资源规划设计调查（林木覆盖率按技术标准核定为32.74%）、森林资源"双增长"现地核查和数据上报，新增森林面积2144亩。

【农产品质量安全监管】 2017年，青白江区将22家市级以上农业企业、"三品一标"经营主体纳入溯源体系，区、乡（镇）、村三级监管网络共上传移动监管信息4438条，完成农残快检12403个，农产品质量安全监测合格率达99.99%；建设绿色防控示范基地6个。成都红旗油脂有限公司的菜籽油获绿色食品认证；四川省锦巨畜牧科技有限公司的榆黄菇、猴头菇，青白江五爱家庭农场的鸡获有机食品认证；成都市青白江区红树山顶种植农民专业合作社的金针菇、平菇、猴头菇，青白江绿园家庭农场的普通白菜、莴苣，成都市玉虹水产养殖农民专业合作社的大米获无公害农产品认证。完成无公害农产品复查换证8个，截至2017年年底，有效期内的无公害农产品28个、有机产品31个、地理标志登记产品2个；全区"三品一标"认证面积35.75万亩，占全区种植面积的68%。在清泉镇、姚渡镇开展村级农产品质量安全监管队伍职

业化建设试点,建设集农业技术推广、动植物疫病防控、农产品质量监管等于一体的村级农产品质量安全监管队伍,初步形成了"网络完善、职能明确、制度健全、保障有力"的运行管理模式。

【农村市场体系建设】 2017年,青白江区分别借助嘉泰公司和众合乐创网络科技公司充分利用微店和买趣网商务平台进行"青溯"品牌推广宣传活动。新建成福洪农产品电子商务示范镇,全区农产品电子商务销售额达3.1亿元。组织开展了为期2天的农业农村电子商务人才培训,培训人数100人。全年开展传统农业保险9个(水稻、玉米、油菜、马铃薯、能繁母猪、商品猪、奶牛、森林、小麦),特色农业保险8个(猕猴桃、食用菌、水产养殖业、蔬菜、水果、蔬菜价格、农村住房、小家禽);共完成承保保费1806万元,申请政策性农业保险补助专项资金153.36万元。

【农村留守儿童帮扶】 2017年,青白江区充分利用春节、儿童节等节日开展走访慰问、心理辅导、义务帮扶等关爱帮扶活动。以"公益创投"项目为抓手,以"农村留守儿童关爱保护"为主题,在福洪镇实施"快乐童年—SGS品格教育督导课程"项目,在人和乡实施"'七色花'关爱留守儿童"项目。启动关于农村留守儿童"合力监护、相伴成长"关爱保护专项行动,及时协调解决了个别农村留守儿童面临的无人监护、父母一方外出另一方无监护能力、失学辍学、无户籍等现实问题,确保留守儿童得到妥善的监护照料。全区共有农村留守儿童1249人,都明确了监护人,保障其生活、学习及安全。

【劳务开发与返乡创业】 2017年,青白江区劳务转移输出104898人,实现劳务收入224084万元;农村富余劳动力向非农产业转移就业新增4522人,动态清除"零就业家庭"。全年举办现场招聘会111场次,提供就业岗位19793个次;深入到全区11个乡(镇、街道)及贫困村开展就业巡回服务29场次,累计提供就业岗位11575个次。开展技能培训58期、2346人,直补个人培训82人,省级劳务品牌初、中级培训5期、200人;开展创业培训12期、390人,其中返乡农民工60人。举办了以"创业青白江 圆梦自贸区"为主题的青白江区2017年创业之星大赛,评选出包括返乡农民工在内的创业先进典型20个,其中青白江快乐怡家家庭农场"守望咖啡"荣获现代农业组一等奖。

【主要领导人】 区委书记:刘筱柳(6月止),张胜(6月始);区人大常委会主任:张丽;区长:陈晓霖(4月止),池勇(4月提名);区政协主席:范维;分管农业副区长:冉晓晞。

青白江区编写组

新 都 区

【基本情况】 2017年,新都区辖13个镇(街道)255个村(社区),辖区面积497平方千米。有人口120余万人,是成都市八大新型卫星城之一。

2017年,全区GDP722.67亿元,增长8.9%,增速与青白江区、彭州市并列第8位(不含两个开发区,下同),超市级目标1个百分点,增速提高0.9个百分点。其中,第一产业实现增加值27.88亿元,增长3.8%,对GDP的贡献率为1.7%;第二产业实现增加值429.95亿元,增长7.6%,对GDP的贡献率为51.9%(工业实现增加值403.29亿元,增长8.6%);第三产业实现增加值264.84亿元,增长11.5%,对GDP的贡献率为46.4%。三次产业结构比为3.9∶59.5∶36.6,分别拉动GDP增长0.2、4.6、4.1个百分点。

【年度农业和农村经济运行】 2017年,新都区实现农业总产值47.91亿元,增长4.7%;农业增加值28.99亿元,增长3.8%,增幅在成都市排名第13位。其中,种植业增加值18.3亿元,增长6.8%;畜牧业增加值减少2%;林业增加值0.11亿元,增长6.5%;渔业增加值0.48亿元,增长0.8%;农林牧渔服务业增加值1.11亿元,增长3.8%。

【乡村旅游】 2017年,新都区接待游客1445.45万人次,增长11.61%,其中乡村旅游接待游客833.4万人次,增长19.41%。实现旅游总收入32.17亿元,增长21.44%,其中乡村旅游收入8.59亿元,增长22.54%。截至2017年年底,全区有旅行社1家(鹏程旅行社);星级酒店3家,分别为保利皇冠假日酒店(五星级)、桂湖国际大酒店(四星级)、川视宾馆(二星级)。新都区在第三届"全国百佳生态文明城市与景区"大型评选活动中获得"中国十佳特色文化名区"称号;清流镇"泉映梨花"景区被评定为国家3A级旅游景区。全区做好旅游安全工作,常态化开展旅游安全检查,重点在节前、节日期间开展旅游安全巡查,全年无重大旅游安全事故发生。及时准确传达安全会议、文件精神,加大文明旅游、防艾意识、法律法规的宣传力度,营造良好的社会氛围。加强开展旅游从业人员培训,组织200余人参加旅游技能培训,组织乡村旅游优秀代表到台湾参加培训。顺利完成新建旅游厕所3处、改建1处的任务。完成制订《农家乐排污治理工作方案》,进一步完善农家乐信息与管理台账。截至2017年年底,全区有农家乐264家,排污达标202家。

【主要领导人】 区委书记:许兴国;区人大常委会主任:戴军;区长:李云;区政协主席:方正行;分管农业副区长:张文豪。

新都区编写组

温 江 区

【基本情况】 2017年,温江区辖6镇4个街道,辖区面积277平方千米,其中耕地面积20.13万亩。年末总人口45.51万人(户籍人口),增长2.52%;人口出生率14.2‰,减少1.1个千分点;人口自然增长率7.11‰,减少0.57个千分点。本地水资源总量1.77亿立方米,人均占有水资源量388.93立方米。有林业用地37.46公顷,有林地面积35.49公顷,活立木总蓄积量38.74万立方米,森林覆盖率20.18%。

2017年,全区GDP487.97亿元,增长9.1%,其中第一产业产值18.79亿元,增长3.5%,农、林、牧、渔及农林牧渔服务业之比为94.28∶0.12∶2.72∶1.21∶1.67;第二产业产值246.08亿元,增长8.7%;第三产业产值223.1亿元,增长10.1%。三次产业对经济增长的贡献率分别为1.6%、48.4%和50.1%。全年接待游客1495.45万人次,实现旅游综合收入75.34亿元。

全区公路通车里程810.8千米(其中乡村公路766.34千米),密度2930米/平方千米。社会消费品零售总额110.57亿元,增长13%。一般公共预算收入完成36.91亿元,增长8.72%;一般预算支出51.21亿元,增长24.01%,其中农业投入27379.25万元,占一般预算支出的5.35%。金融机构各项存款余额642.82亿元,比年初增长8.09%。全年农业保费收入0.0136亿元,增长3%,处理各项赔款和给付金额26.5万元,增长1%。农业项目完成固定资产投资10.81万元。有农业产业化重点龙头企业国家级1家、省级7家、市级15家,带动面达80%以上。

有幼儿园124所(教育部门办20所、国有企业办1所、民办公益14所、民办82所),中小学30所(公办25所、民办5所),普通高中3所,中

等职业学校8所(区属公办1所、省属公办1所、民办6所),社区教育学院1所、镇(街道)社区教育分校10所;在园幼儿23457人,义务教育阶段在校学生47171人,普通高中在校学生7119人,中职在校学生14455人;驻温高校(含高职)11所,在校学生112664人,增长9%;有中小学(幼儿园)公、民办教职工8142人,其中公办学校编内教职工2964人、编外聘任教职工1445人、民办学校教职工3733人;学龄儿童入学率100%。有艺术表演团体67个,文化馆1个,公共图书馆1个,博物馆1个。有无线广播电台1座,节目1套;电视台1座,节目1套。有各级各类医疗机构460家,开放病床位6165张,有专业技术人员6463人。新型农村社会养老保险参保人数98522人,参保率95%以上;被征地农民养老保险参保人数70617人。

【年度农业和农村经济运行】 2017年,温江区实现农业总产值30.47亿元,增长4.55%;农业增加值达18.79亿元,增长3.5%。农民年人均可支配收入达25437元,增长8.7%。全区农产品质量抽检合格率继续保持100%。

2017年温江区主要农产品产量

主要农产品	单位	产量	同比(%)
粮食	万吨	0.8504	4.28
稻谷	万吨	0.8025	2.12
小麦	万吨	0.0027	−79.69
油菜籽	万吨	0.0608	−56.5
蔬菜	万吨	5.2369	−10.35
肉类	万吨	0.2543	−61.38
猪肉	万吨	0.2108	−61.47
禽蛋	万吨	0.1162	−0.1
水产品	万吨	0.1158	1.04

2017年温江区市级农业产业化重点龙头企业名单

合作组织名称	注册资金(万元)	法人代表	示范等级	主营产品
成都市温江区绿禾水稻种植专业合作社	65	骆茂贵	市级	水稻
成都市温江区天星编艺合作社	200	刘纪东	市级	花木
成都市温江区花乡农盟花卉苗木专业合作社	3000	王琦	市级	花木
成都市温江区马坝河水稻种植专业合作社	60	肖季彬	市级	水稻
成都市温江区渡桥益佳蔬菜专业合作社	10	叶修全	市级	蔬菜
成都市温江区新升桂花专业合作社	1502.81	肖茂兰	市级	花木

农用地产权制度改革。全区全面完成农村集体股份权能改革和农村承包土地的经营权抵押贷款试点2个国家级改革任务,这些改革实践得到了中央、省、市的充分肯定,2017年全国和全省农村集体产权制度改革推进会先后在温江区召开,央视“新闻联播”、《辉煌中国》等节目先后多次对全区改革工作和成效进行了系列报道。

农产品品牌战略实施。全区培育了“鱼凫尚品”温江农产品公共品牌以及“温江花木”“温江花工”等一批知名品牌。其中,“鱼凫尚品”温江农产品公共品牌已被区域内多个农业企业、协会认可并广泛运用于全区农产品生产、销售等环节,有效整合了区域优势农产品资源,增强了区域农产品市场竞争力。在第五届成都国际农博会上,鱼凫尚品“温江造”特色农产品、植物编艺产品塑造了温江农产品品牌新形象。

【种植业】 2017年,温江区推进有机农业基地规模发展,共引进、示范、推广新品种72个、农业新技术10项,实施推广配方施肥面积36万亩,实施农作物绿色防控技术面积2万亩,向全区农业龙头企业、种植大户、专合社、家庭农场、职业经理人和农户印发水稻、大蒜、有机蔬菜、无公害蔬菜等生产技术规程16.5万份,生产技术规程入户率达100%。以现代农业园区建设为重点,抓好基地建设。以“鱼凫田园·天府原乡”市级产村相融园区为核心区域,依托万亩标准化稻蒜高产基地、省市水稻高产创建、新优品种示范基地等项目,实施大田改造、田型调整、有机废弃物循环利用、地力培肥、土壤改良等举措,促进全区耕地地力提升,着力打造成都平原大田景观农业示范区。以制标升标贯标建设为重点,抓好标准化建设。修订完善覆盖全区的水稻、大蒜、蔬菜等无公害农产品《标准化生产技术规程》《产品质量标准》《有机农产品(水稻)生产技术规程》。

【林业】 2017年,温江区持续推进植树造林、产业发展、森林检疫等重点工作,全年实现苗木销售收入19.618亿元。建成社会主义新农村绿色家园示范点位1个,建设点位为友庆兰亭安置区、面积6.4亩,全年投入建设资金31万元。在鲁家滩补植补栽树木300余株,全年新(补)植树木69万株(含管护);巩固天保工程建设成果,明确75宗林地图斑,制定新的全区林地一张图,对128亩国有林、90亩集体公益林、92株名木古树等森林资源进行有效管护;全年未办理森林采伐,未发

2017年温江区示范农民专业合作经济组织名单

企业名称	注册资金(万元)	法人代表	示范等级	年度产值(万元)	行业分类	主营产品
四川强劲奥林食品饮料有限公司	4700	李光灿	省级	5804	加工业	苦荞茶、米
四川想真企业有限公司	3200	海东博之	省级	3380	加工业	有机食品
四川金宫川派味业有限公司	5360	龚永泽	省级	27000	加工业	鸡精、味精、半固态复合调味料
四川万花环美生态环境建设有限公司	1500	匡艳	省级	1658	种养殖业	苗木
成都柯帮药业有限公司	1000	肖兰	省级	7800	加工业	氯威复合亚氯酸钠、氨基酸培藻精、生态鱼壮、生态鱼康等
四川金土地中药种植集团有限公司	40000	何新友	省级	1422	加工业	黄柏、川芎、麦冬、茯苓等
成都巨龙生物科技有限公司	1000	刘继勇	省级	8812	加工业	窝窝醪糟、巨龙料酒、醉香田米酒
四川华侨凤凰集团股份有限公司	2000	成甦	国家级	210966	加工业	饲料、养殖、水产品

现破坏林木及林地的违法行为,全区森林资源实现稳定增长,森林覆盖率达20.18%,林业有害生物成灾率为零,测报准确率达99%,无公害防治率100%,产地检疫率100%;全年组织开展执法检查行动47次,检查苗木基地和涉木企业112家。

【畜牧业】 2017年,温江区养殖污染治理按照成都市大气、水、土壤"三大战役"工作要求和中央环境保护督察工作要求,对区内超标准养殖场(户)进行关闭,引导规模养殖场外迁,全年共关闭养殖场(户)87家(户);对中央第五环境保护督察组转交的群众来电来信举报件按要求进行办理,建立了"一案一档",健全长效监管机制,对发现的问题进行了切实整改。

【水产业】 2017年,温江区在永宁镇、万春镇2个水稻主产区完成1265亩稻田综合种养基地续建项目工作;强化观赏鱼养殖基地建设,巩固提升了发展规模和品质。以万春镇红专富霞观赏渔场、幸福观赏渔场为基础,进行高端精品观赏鱼养殖;以和盛镇临江村鱼凫观赏鱼家庭农场100亩普通观赏鱼养殖区为主体,加强休闲渔业基地建设。

【统筹城乡发展】 2017年,温江区继续深化农村产权制度改革,率先在区级建立了成都农交所温江分公司,镇、村分别建立农村金融综合服务、农业农村电商服务和农村产权交易服务"三中心""三站",健全完善农村产权三级流转服务体系,"农贷通"平台全面上线运营。全面推进农村集体股份权能改革,制定出台农村集体股权抵押融资、继承、有偿退出3个办法,率先探索集体股权抵押和继承,实现集体资产股权抵押融资2笔、金额20万元,股权继承15宗。全省、全国农村集体产权制度改革推进会先后在温江区召开,万春镇天乡路社区集体资产股份权能改革试点被确定为全市实施乡村振兴战略、推进城乡融合发展的4个参观点位之一。在全市创新推进村公项目管理,制定出台《关于进一步推进村级公共服务和社会管理改革规范村公项目发包的指导意见》,将村公项目分为物资采购、工程建设和公益服务三大类,以民主议决询价、评议发包、比选、竞价谈判、招(投)标等5种发包方式,鼓励进站交易和自主发包实施村公项目。"小组微生"项目已全部按照市上要求开工建设。

【幸福美丽新村建设】 2017年,温江区按照"净美、秀美、富美、和美"幸福美丽新村建设温江标准,结合全市"四改六治理""五大行动"专项工作,统筹实施新型社区建设、产业提升、基础设施与公共服务配套、环境整治、文化传承、管理创新等工程,新建公平街办太极社区、金马镇金泉社区等幸福美丽新村10个,全区涉农村(社区)实现幸福美丽新村全覆盖,联合区委宣传部、区文明办命名万春镇天乡路社区、寿安镇清水村等33个村(社区)为区级"四好村",创建市级"四好村"36个(以2016年、2017年区级"四好村"为基础)、省级"四好村"6个。编制《成都市温江区2017年市级财政幸福美丽新村建设专项资金项目实施方案》,争取市级专项资金200万元,用于2个镇2个村(社区)的道路建设。

【脱贫攻坚】 2017年,温江区构建了"3+1+6"区内精准扶贫工作机制,组织全区12家区级帮扶单位、9名就业创业指导员、7名农技服务员以及19家区内各类工商企业参与,投身驻村入户帮扶工作。抓扶贫工作规范。认真落实《温江区城乡扶贫开发资金管理办法》《扶贫开发资金使用实施细则》,扎实开展以"三查三促"为主要内容的专项督察5次,聘请第三方开展扶贫开发工作专项测评2次,对梳理出的问题已全部整改到位。抓帮扶措施落实。各帮扶单位和镇(街道)结合相对贫困户的实际情况,精准施策,通过实施生产帮扶、创业脱困帮扶、就业帮扶、助学帮扶等形式,落实帮扶措施。全年共落实区级扶贫专项资金23万余元,帮扶单位落实帮扶资金20余万元。截至2017年年底,全区207户562名相对贫困人口(其中农村居民173户485人)全部达到脱贫标准并通过验收,由区政府通告脱贫。

区外定点帮扶着力做好"三个结合"。在定点帮扶崇州市、金堂县以及简阳市三地8个镇、15个村(社区)的工作中,强化领导与工作重点相结合,落实27个区级部门、3个镇组建15个联合驻村帮扶工作组,每个工作组定点帮扶1个贫困村,建立健全定点帮扶工作机制;突出优化镇村发展规划、建设现代农业园区等帮扶工作重点。截至2017年年底,全区共投入资金2380余万元用于简阳市、金堂县、崇州市脱贫攻坚,其中区级财政投入1630万元、各包村帮扶部门投入150余万元、社会投入20余万元。坚持规划引领与产业发展相结合,简阳市禾丰镇、三合镇的被帮扶村村庄规划以及现代农业园区规划基本编制完成。聘请专业团队帮助2个镇编制了《都市现代农业招商引资指南》,并组织开展定点帮扶招商引资推介会。禾丰镇现代农业产业园已引进19家业主入驻园区,基本形成"一园、二心、三区"功能分区格局;三合镇现代农业产业园区以"村级集体经济组织+专业合作社+农户"的形式助推产业扶贫和贫困户持续增收。坚持资金项目帮扶与扶志、扶智相结合,在基础设施、公共服务设施建设、劳动就业等方面加大帮扶力度的同时,通过组织村组干部参观考察、干部挂职等方式,促进了温江区与简阳市在基层党建、基层治理、产业发展等方面的交流学习。截至2017年年底,定点帮扶金堂县和崇州市的7个相对贫困村(社区)顺利通过成都市的脱贫验收。定点帮扶简阳市禾丰镇丙灵村等4个村、三合镇塘坝村顺利通过省、市级验收组的验收。

【农村经济信息服务】 2017年,温江区积极构建区、镇(街道)、村(社区)三级联动农业信息化管理服务架构,充分应用各类服务平台,积极开展涉农信息服务。一是在运营维护智慧农业平台的基础上,扩展手机端服务能力。二是组织各镇(街道)、农业企业、农业产业化生产基地信息员50人;农业农村电商企业、电商意向创业人员100人,开展农业信息化培训及农业农村电子商务人才培训。三是借势传统佳节、社会热点对全区农产品公共品牌"鱼凫尚品"文化形象进行宣传。设计制作"鱼凫尚品"精致农产品礼盒,通过多种手段线上线下推广"温江造"农产品。四是建设村级益农信息社36个,其中一类社21个、二类社10个、三类社5个。五是协助寿安镇申报为成都市农产品电子商务示范镇建设项目。六是组织全区农产品加工企业参加成都市优质特色农产品网购嘉年华活动。七是加强在互联网上对"三农"工作的宣传,通过温江智慧农业信息网、温江区公众信息网、成都市政府网站区农发局分站等网站发布各类涉农信息1200余条,有效助推农业技术、信息、金融等服务更加及时、准确、高效。八是充分利用微博、微信等新媒体的宣传优势,发布工作动态、政策法规、宣传新农村建设等信息890余条。

【农业机械化】 2017年,温江区完成机耕面积2.8万亩、机收面积2.41万亩、机插面积0.8万亩,农机综合水平达85.21%,农机总动力达16.8万千瓦。设施农业存量总面积2万亩,实施农机购置补贴资金16.477万元,其中中央农机购置补贴资金12.477万元、市级资金4万元,农机购置补贴政策成为民生工程、惠民工程。拖拉机、联合收割机年检率50%,全年未发生农机安全事故。全年参与区交警大队的农机安全执法活动4次,纠正农机违规违章行为16起。对全区农机专业合作社、农机生产企业、农机经营门市进行安全检查,出动检查人员267人次,

检查农机专业合作社、农机生产企业、农机经营门市125个次。开展农机安全培训400人次、农机安全宣传14次，发放宣传资料4万余份。

【农村科技】 2017年，温江区继续发挥全区农村科普活动平台、科普服务平台和科普教育平台三大平台作用，努力全面提升农村公众科学素养。依托省、市科技优势资源，按照“全国科普活动日”“科技活动周”“科普宣传月”等法定科技活动时段，广泛开展“送科技下乡”“科教进社区”“崇尚科学、反对邪教”等大型科普活动。举办了2017年温江区第22届“科技之春”科普活动月暨温江区第三届青少年科技创新大赛启动仪式；举办了2017年四川省暨成都市全国科普活动日活动·温江区科技创新和新经济成果展，以“创新驱动发展，科学破除愚昧”为主题，设立展位60余个，连展4天，共接待观众5万余人次。温江区政府获得科技部、中国科协、教育部、中科院四部委颁发的全国优秀组织奖。全年举办科普进社区活动15场、农村实用技术培训班10期，参训群众近万人。实现推广转化新工艺、新品种等科技成果12项。投入资金100万元，推进科普阵地建设，天府镇家园社区获得省级科普社区资助资金20万元，金马镇温泉社区、万春镇裕丰水稻专业合作社科普示范基地各获得资助资金10万元。寿安镇天星花木编艺公园示范基地、万春镇花木生产营销协会、永盛镇尚合社区、涌泉街道凤凰社区、万春镇等5家获得“市级科普示范单位”称号。成都农业科技职业学院“小农夫”体验活动中心等2家单位申报2017年国家级基层科普项目已获得复审，和盛镇紫薇种植协会等3家单位申报省级项目。开展科普进校区活动7场次、科普报告会12场、科普展览5场、教师科普培训11期。国家农业高新技术产业开发区创建工作进展顺利。编制完成《温江区创建国家农业高新技术产业开发区实施方案》《成都国家农业高新技术产业开发区核心区发展战略规划》《成都台商投资工业园区发展情况汇报》《成都台商投资工业园区发展规划》等申报材料，同步启动了省级高新技术产业园区创建工作，相关请示已通过市政府审批并上报省政府。

【农村教育】 幼儿教育。2017年，温江区完成3年新建24所公办幼儿园任务，截至2017年年底，开园12所，准备开园7所，完工5所，新增幼儿园学位2497个。贯彻落实《3～6岁儿童学习与发展指南》，深入推进《指南》市级实验区建设，率先实施幼儿园标准化管理并在全市推广经验。深化幼儿园联盟发展，常态化开展联盟组教研、“学指南、用指南”送教下乡等活动。全区等级幼儿园达94所，新认定公益性幼儿园7所，公办及公益性幼儿园达44所，覆盖率为85.2%。落实公益性幼儿园财政补贴，全年补助金额达1994.052万元。完善公益性幼儿园管理机制，严格公益性幼儿园质量考核，不断提升公益性幼儿园办园品质。严格开展师德师风专项检查，不断规范幼儿园办园行为。

义务教育。全面促进义务教育高位均衡，加大中小学“一校一品”特色培育，组织和盛中学、永盛学校申报成都市“新优质学校”，稳步推进教育集团、网校建设、温崇联盟委托管理、名校领办试验项目等工作。深化教育领域综合改革，积极推进中小学学区制管理改革，统筹推进班改课改、“两自一包”、绿色教育质量监测评价等改革项目。规范民办学校办学行为，切实贯彻义务教育阶段“划片招生、就近入学”政策，稳妥安置外来务工人员子女入学1801人，严格执行指标到校生政策。2014级94名藏区“9+3”毕业生全部就业。

社区教育。围绕温江区“三医两养一高地”产业定位，推动形成“康养到温江、游学到温江、创业到温江”三大行动。创建公平分校、和盛分校市级优质社区教育学校2所，寿安镇岷江村、万春镇黄石社区、天府街道金府社区市级示范社区教育工作站3个，加快建设农村社区学习中心(CLC)(万春分校)能力建设项目点。加强社区教育人才培养，完成专(兼)职教师培训、志愿者培训40次，共计培训800余人次。深化新市民教育，推进社区教育“双五进”，开展“4·23”世界读书日等教育活动，开展生态旅游、花工、家政等服务技能培训，培训22.6万余人次。分别于4月20日、21日接待邻水县、达州市达川区教育考察团考察学习“国家级农村职业教育和成人教育示范县”创建工作。评选区级学习型社区24个、学习型家庭868户；永宁街道城武社区、寿安镇团结桥社区被评为成都市“学习型示范社区”；涌泉街道凤凰社区、天府街道金府社区、和盛镇广水社区、金马镇新春社区被评为成都市“学习型社区”。

【农村文化】 2017年，温江区高标准推进“两项试点”工作和“两化”示范建设工作，完成14个“两项试点”建设点位、3个“两化”示范建设点位。科学编制《温江区文化设施布局专项规划(2017—2040年)》。启动公共服务设施“三年攻坚”建设。牵头区文体中心项目建设，规划方案于12月20日通过区规委会审查。全区有镇(街道)广播站10个、行政村(社区)广播室107个、农家(社区)书屋114个。对全区114个农家(社区)书屋每个按2000元码洋标准补充更新图书，共采购图书10370册。

进一步加强基层文化队伍建设，镇(街道)文化站(活动中心)配备文化站长10人、文化助理26人、村(社区)文化辅导员116人，全区35个行政村通过政府购买公益性岗位，聘用35名文化志愿者。开展镇(街道)文化助理、文艺骨干和村(社区)文化辅导员培训2期。广播室、农家(社区)书屋管理员培训各1期。鼓励和支持农村文化队伍发展，建成镇(街道)文体队伍334支、特色文化队伍79支，有会员6396人。

全年组织开展全民阅读活动、“走基层”文化惠民巡演、“送文化下乡”、“我们的节日”等系列文化活动1000余场次，放映农村公益电影1420场，群众覆盖面达90%以上。农村图书流转点共接待读者近7万人次，流转图书4万册。全年共开设各类培训班200余个，培训2.5万余人。

文化遗产保护。建立完善非遗传承人档案，推进非遗进校园活动，组织非遗传承人进行志愿者传承手工技动；组织川派盆景盘扎技艺参加2017第六届中国成都国际非物质文化遗产中国传统工艺传承新生代竞技成果展“安龙杯”川派盆景盘扎技艺大赛并获三等奖，组织温江区非遗项目酥糖和滴窝油参加第六届非遗节展览；在第六届非遗节上组织开展中国传统表演艺术(社区)展演活动共计10场。

【农村卫生】 2017年，温江区加大传染病防治力度。全年未发现人感染H7N9疑似或确诊病例，无甲类传染病报告、无狂犬病发生，法定传染病准确报告率100%，急性传染病(甲乙类)发病率147.51/10万，高分通过全省血防达标评估验收工作。制订《健康到温江三年行动计划》，细化“健康城市”推进指标。开展城乡居民健康档案管理、健康教育、慢性病管理等12类基本公共卫生服务，城乡居民健康档案电子建档率达95.06%。免费救助严重精神障碍患者171人，社区管理率100%。开展妇女儿童管理，城乡孕产妇住院分娩补助率100%，免费计划生育基本技术服务落实率100%，为364对流动人口夫妇开展免费孕前优生健康检查，计划怀孕夫妇检查覆盖率达100%。大力开展爱国卫生运动，制订创卫工作实施方案，组织相关人员外出学习创卫先进经验。开展全区春季灭鼠、夏季灭蚊蝇、灭蟑工作。定期开展无烟主题宣传等活动。

【农村法制建设】 法制宣传。2017年，温江区制定出台“七五”普法

规划,出台了《成都市温江区法治宣传教育第七个五年规划(2016—2020年)》。着力法治文化建设,完善全区"名片+全景"型法治文化设施群,新建法律服务双创文化基地、党员干部法治教育基地、寿安镇法治文化编艺公园等大型法治文化阵地。推进"法律七进"。利用法律宣传月、法律宣传周、法律宣传日及重大节假日等时间节点,开展各类宣传活动287场次,受教育人数累计达15万人次。

法律服务。一是实施法律服务扩面增效工程。启动了区、镇(街道)、村(社区)三级公共法律服务实体平台建设工程,为域内群众构筑起15分钟公共法律服务圈。二是完善"一村(社区)一律师"管理考核。优化管理考核机制,细化服务内容,驻村(社区)律师解答村(社区)及群众的法律咨询2856人次,开展法律宣传培训96场次,到村(社区)坐班1183次。三是法律援助贴心服务城乡困难群众。共办理各类法律援助案件318件,接待群众咨询2600人次,为城乡困难群众提供法律援助服务3236人次。四是规范公证法律服务。实行"阳光办证",共办理各类公证案件4187件,无假证错证。

法制保障。一是加强社区矫正监管。以提高教育矫正质量为核心,对社区服刑人员进行动态监管;继续推进"1+1+N"社区矫正"双8"工作模式,全区在册社区服刑人员无脱管、漏管和重新犯罪。二是强化安置帮教工作。依托成都黄大姐保洁服务有限公司,开展各类教育培训15场次,安置刑释人员及社区服刑人员7人。三是深入开展矛盾纠纷排查化解。坚持日常排查调处和专项行动相结合,全区各级调委会共调解案件2402件,成功调解2361件,调解率达98.3%。

【农村交通】 2017年,温江区为全面实施"交通先行"战略,加快构建城乡一体的农村公路网络,按照《2013—2017年温江区统筹城乡村组道路建设规划》,实施统筹城乡村(组)道路建设目标里程28.6千米。

【涉农招商引资】 2017年,温江区签约四川温江花木物流港园艺中心项目,协议投资额5.1亿元。到位省外内资4.3亿元。策划包装项目5个,投资规模11.7亿元。充分运用成都第五届国际农博会平台开展招商引资和区域推介工作,重点推介"鱼凫尚品"温江造特色农产品、寿安编艺公园的植物编艺产品,会上签约大嘉汇生态养生园、宏美·田园综合体2个农业产业化项目,协议总投资8.5亿元。组织企业参加昆明国际农博会,推介全区农业产业投资环境、发展成果等。

【农村社会保障】 2017年,温江区借助"全民参保登记"强化社保政策宣传引导,利用宣传车、宣传册、社区电话单、社区水站卡以及微博、微信等宣传城乡居民养老保险政策,让政策深入人心。全年城乡居民养老保险参保人数98522人,占全区应参加城乡居民养老保险人数的95%以上。及时调整城乡居民养老保险待遇,严格落实城乡居民基础养老金80元/月中央财政补贴及省、市调资政策。强化基层公共服务,全区126个基层点位各项专用设施设备配备到位。持续推进办理被征地失地农民参保手续,全区失地农民参保人数70617人,已退休失地农民的养老金人均达1700元/月。城乡居民基本医疗保险参保人数321258人,占全区应参加城乡居民基本医疗保险人数的98%。及时调整城乡居民基本医疗保险补贴,460元/人的中央、省、市、区四级财政补贴及时到位。针对性提供就业援助。通过开展农村劳动力调查摸底,进一步完善"8+N"本劳动力台账,分类造册制订帮扶计划,为劳动者提供"一对一""一条龙"的职业指导、职业介绍、就业培训等个性化服务;依托"就业政策入企""春风行动""就业巡回服务"等就业活动,加强就业创业政策宣传,积极搭建企业与劳动者对接平台,助推就业,稳定岗位;积极开展"散乱污"企业失业人员"三进""四送"活动,"散乱污"企业失业人员转岗就业率达97%。全年失业人员再就业2772人,就业困难对象就业819人,农村富余劳动力向非农产业转移就业新增3714人,动态消除零就业家庭。

【农村生态建设及环境保护】 2017年,温江区大力实施农村环境综合整治。为有效解决农村面源污染问题,启动了农村环境连片整治结余资金项目,涉及万春、寿安、和盛等7个镇(街道),建设内容主要包括截污截流工程、污水管网建设工程以及11套一体化污水处理设施建设工程,各项工程于2017年年底全面完成。通过各项治理工程的实施,实现生活污水达标排放,农村区域地表水环境质量得到提升。

加大生活垃圾的分类和清运力度。通过农村环境连片整治项目,购置农村区域垃圾收集和清运设施,充实了运力量,调整清运时间,增加清运次数,做到垃圾日产日清。

加强农村生态环境监管。建立农村生活污水治理日常环境监督机制,加强排放水质监测。印发《成都市温江区农村污水一体化处理设施运营维护工作方案》。

【农产品质量安全监管】 2017年,温江区强化属地监管,深化农产品质量安全网格化监管体系建设,巩固完善"432"农产品质量安全网格化长效监管机制,开展溯源平台系统培训,全面实施移动监管,全区有农产品质量安全监管员、协管员80人,实行挂牌上岗和手机平台移动监管,对区域内30余个种养殖基地、95个农资经营门市开展监管工作,实时上传监管信息1000余条,实现对基层关键环节和点位的全覆盖巡查、零距离监控。围绕重点时段蒜薹、草莓等高风险农产品,积极开展质量安全专项整治,出动检查人员120余人次,开展专项检查40余次,抽取蒜薹、草莓样品320余批次,移送省农科院样品3个,合格率100%。稳步推进"三品一标"品牌发展,新申报无公害农产品认证1个,无公害复查换证农产品7个,截至2017年年底,共认证无公害农产品20个、有机农产品6个、国家地理保护标志农产品2个、有机认证基地面积195亩、无公害基地面积16106亩。全区共抽检农产品样品12035个,合格率100%,全年未发生重大农产品质量安全事件,农产品质量安全水平稳定、可控。10月17日,温江区顺利通过四川省农产品质量安全监管示范县资格复审。以建设国家农产品质量安全县为核心抓好标准化生产,建立健全农产品产地环境监测网络,在全区设立大气、灌溉水、土壤监测点261个,开发应用畜禽养殖监管平台,推进畜禽养殖全域禁养和农村面源污染防控,扎实开展秸秆综合利用和禁烧工作,为农业标准化生产、安全生产提供了良好的生态环境。

【重点项目建设】 2017年,温江区成都都市现代农业高新技术产业园是全市重点发展的6个农业园区之一,产业生态圈总体定位为国家级农业高新区核心区;功能定位为全国都市现代农业科技创新中心,现代农业创业服务中心,农业科技国际合作交流中心,现代农业先导技术、产业融合发展示范基地。园区发展模式为"农—养—旅"融合发展,发展品质化都市农业、特色化生态旅游、高端化医养健康。空间布局上,核心区规划"一圈、三区、多体、N林盘"。"一圈"是环四川农业大学知识经济圈;"三区"是农高技术双创园区、涉农产业智造园区、产业融合示范园区;"多体"是多个农康创旅融合发展型田园综合体;"N林盘"是农养型、农创型、农旅型等多种创新型产业林盘。产业链上,沿"都市现代农业+高科技"型产业方向和"都市现代农业+新服务"型产业方向,从产业上、中、下游进行梳理,重点进行产业强链、补链。

大嘉汇生态养生园。该项目由广西桂嘉汇房地产集团有限公司投

资建设。项目位于和盛镇友庆社区，面积约307亩（其中商业用地约80亩）。计划投资8亿元，建设集高端康养酒店、国医馆、健康养生会馆、健康管理中心、银发颐养社区、田园养生基地、亲子萌宠乐园、民宿体验区、药用植物景观园、配套设施等于一体的大健康产业基地。项目已开工并启动景观建设，按照“五同时+”任务书（时间表）有序推进各项工作。

九坊宿墅。该项目由成都金蕊农业观光旅游有限公司投资建设，计划投资8000万元。项目位于温江区寿安镇岷江村一组，建设周期为2年，总占地面积50余亩，涉及该区域17个院落改造和周边基础配套建设，最终打造完成家族祠堂1个、乐活社区2个、配套中心2个、大师名宅3个、匠人工坊9个。项目于12月开工，预计2019年12月全部投运。一期手工匠艺作坊、民宿等部分项目施工工作有序推进。

临江花海。该项目由成都三联花木投资有限责任公司投资建设，计划投资1.119亿元。项目位于和盛镇，总占地面积约450亩，打造集生产、休闲、科普、展览、商业于一体的现代农业产业区。建设内容主要包括422亩花卉种植区（主题花海）、20亩13400平方米荷兰玻璃温室大棚、约3亩服务中心等。游客中心建设有序推进。

花木（农产品）进出口贸易园区。该项目由成都三联花木投资有限责任公司投资建设，计划投资2.8亿元。项目位于万春镇，总规划面积647亩，分两期建设。其中，一期用地约234亩，包含检验检疫中心、植物隔离区、气调库、冷冻库、植物温室大棚、行政办公中心及配套设施等；二期建设内容为交易中心、博览中心、园林总部经济区、生态观光区、仓储区、配套服务设施等。

【劳务开发与返乡创业】 2017年，温江区分类实施职业技能提升行动。开展“自选公开课”活动、专项技能培训，提升职业技能。完善胡世勋技能大师工作室、技能培训基地和点位的平台建设。发挥专业教师、行业带头人的作用，对万春、和盛等农业合作社、农村家庭户开展新型职业农民培训，对温江花木合作社、花卉园艺农村劳动者开展现代花工培训，对万春绿道、幸福田园等景点周围农家乐和民宿经营户开展生态旅游人培训。以农村特色“九大碗”为主，开展“乡厨”技能提升培训。全年开展农作物病虫害防治、花木编艺、生态旅游经营、乡厨、手工编艺等培训2010人。

【主要领导人】 区委书记：王道明；区人大常委会主任：万雪梅；区长：陈志勇；区政协主席：艾志秋；分管农业副区长：景仁志。

温江区编写组

双 流 区

【基本情况】 2017年，双流区辖12个镇（街道）110个村（涉农社区），有耕地面积22万亩（其中基本农田12.72万亩）、农业人口27万人。

2017年，全区GDP743.79亿元，增长8.8%。规模以上工业总产值1383亿元，增长13.8%；规模以上工业增加值增长8.9%。全年接待游客1061.4万人次，实现旅游总收入30.65亿元。

财政总收入262.5亿元，均达到2013年全域双流水平；一般公共预算收入58.41亿元，增长15.4%。金融机构存款余额1497.15亿元，增长14.6%；金融机构贷款余额884.33亿元，增长10%。社会固定资产投资561.46亿元，增长3.6%。社会消费品零售总额197.83亿元，增长14.1%。经济综合实力全国百强区排名第38位，获评为全省县域经济发展先进县、县域经济发展模范县，获批为国家级临空经济示范区。

【年度农业和农村经济运行】 2017年，双流区实现农林牧渔业总产值15.63亿元，增长3.7%；农林牧渔业增加值15.24亿元，增长3.7%。农村居民年人均可支配收入达24772元，全市排名第7位。农业产业主要分布在成新蒲以西、锦江流域和牧马山片区3个承载区，主导产业有草莓1800亩、蓝莓600亩、葡萄6500亩、桃1000亩、蔬菜10.88万亩。年出栏生猪15万余头、小家禽300万余只。全区有农业经营主体442个，其中农业产业化企业42个、专业合作社252个、家庭农场（农庄）148个。有无公害、有机、绿色“三品”认证88个，双流冬草莓、双流二荆条辣椒、双流黄甲麻羊、双流永安葡萄地理标志产品4个。

【主要领导人】 区委书记：周先毅；区人大常委会主任：陈琳；区长：徐刚；区政协主席：李德龙；分管农业副区长：刘一阳。

双流区编写组

郫 都 区

【基本情况】 2017年，郫都区辖14个乡（镇、街道），辖区面积438平方千米，有耕地面积29.97万亩、农业总人口28.86万人。

【农业和农村经济运行】 2017年，郫都区实现农业总产值41.65亿元，增长4.6%；农业增加值24.53亿元，增长3.6%。农村居民年人均可支配收入达24060元，增长8.7%。

农业产业化发展。全区有市级以上农业产业化经营重点龙头企业35家，其中国家级重点龙头企业2家、省级重点龙头企业9家、市级重点龙头企业24家。市级以上龙头企业实现销售收入90.98亿元、利润4.41亿元、税收3.56亿元，出口创汇2304万美元。有农民专业合作社287个，其中种植业235个、畜牧业9个、服务业43个，农民专业合作社成员总数达1.58万户，带动农户2.89万户；有市级以上示范合作社26个，其中国家级示范合作社3个、省级示范合作社14个、市级示范合作社9个。新培育发展工商注册家庭农场31家，其中蔬菜种植家庭农场18家、水果种植家庭农场2家、花卉苗木休闲观光家庭农场11家；培育省级示范农场2家，全区市级以上示范农场共8家。截至2017年年底，全区工商注册家庭农场达121家。重点以2万亩唐元（安德）韭黄基地、1万亩云桥圆根萝卜基地、1万亩新民场永盛生菜基地、1万亩德源大蒜基地、中延榕珍菌业、汇菇源公司工厂化食用菌等集中成片示范基地为核心，辐射唐昌、唐元、新民场、安德等蔬菜（食用菌）生产重点区域10万余亩。继续做大做强唐昌镇青春村大棚蔬菜生产基地、唐元镇永安村生姜基地、唐昌镇星罗村冬瓜嫁接苗生产基地及唐昌、唐元、安德、新民场芥菜等基地。建成出口加工备案基地5个。

农产品精深加工业发展。围绕川菜原辅料、川菜工业化、农副产品精深加工等重点领域全力推进产业集群发展，构建以郫县豆瓣、复合调味品及川菜工业化产业为主的五大产业生态链。全年实现农产品加工产值144.35亿元，其中规模以上食品加工业产值126.54亿元，规模以下食品加工业产值12.68亿元，农产品初加工产值5.13亿元。

农用地产权制度改革。全区继续探索农村土地承包经营权“三权分置”，鼓励有条件的农民流转土地经营权，建立工商资本流转土地审查制度。制定“促进都市现代农业供给侧改革发展”的支持政策，大力培育家庭农场、农民专业合作社、农业企业等新型经营主体，推广出租、入股、托管、五统一带动经营等流转方式和经营模式。全区农用地流转面积累计达22.41万亩，约占全区耕地总面积的71.87%。

农产品品牌战略实施。区级、市级及以上农业产业化龙头企业有中国驰名商标6个，与上年持平；有四川省著名商标16个，有四川省名

牌产品16个。全区有无公害农产品企业6家,认证产品28个;绿色食品企业20家,认证产品69个;有机产品企业10家,认证产品138个;农产品地理标志产品1个,地理标志认证产品1个,地理标志保护产品2个,地理标志产品数量占全市总数的6%。"天府水源地"商标注册成功。依托"天府水源地"农产品公用品牌,加大对唐元韭黄、云桥圆根萝卜、永盛蔬菜等地理标识和优势农产品的包装和宣传力度,拓宽了"天府水源地"农产品公用品牌的影响力,促进全区农产品实现优价销售。组织区内企业参加各级展会,拓宽品牌营销宣传渠道;与四川电视台等媒体合作,推介全区知名品牌产品。依托中央、省、市等主流平面媒体、电视媒体和新媒体加大对新民场镇云桥村农产品品牌的宣传力度,与商报买购网合作完成品牌直播宣传1次,与四川电视台"田园四川"合作完成"天府水源地"电商品牌宣传1次。组织云桥圆根萝卜、丹丹豆瓣、唐元韭黄等企业参加"成都造中国行—北京站"、第十五届中国国际农产品交易会等展示展销活动;组织合作社参加"一带一路"海外展示展销会,组织郫县豆瓣公司、丹丹豆瓣等企业参加俄罗斯展会、澳大利亚涉农展会、新西兰涉农展会、哈萨克斯坦展会等。外销特色农副产品750吨(主要是豆瓣)。

现代农业园区建设。一是全国农业"双创"园区打造。郫都区以"五链相融"为抓手,构建以菁蓉镇成都现代农业"双创"空间为核心、现代农业产业园区多点支撑的"一核多园"农业双创服务大平台。空间已聚集天虎动力等孵化载体、科创中心14家,孵化创业项目276个,科技转化平台6个,科研成果转化项目22个,吸纳国际国内专家、科技人才、"双创"导师165名,聚集"双创"基金13.5亿元。举办了创天府·菁蓉创享会郫都区农业双创成果交易会,开展了郫都区孵化项目、孵化载体、农产品电商、金融等"寻找农创合伙人"相关活动7场次,吸引国内各类孵化载体代表、科研院校、科技型企业等546人参会,取得8.5亿元的交易成果。依托各街道特色示范街道建设、特色鲜明产业基地等资源打造了农创精品孵化园区(基地),全区创建区级现代农业创业创新孵化园区12个,其中列入农业部全国农业农村创业创新孵化园区(基地)目录的有7个,被命名为"市级现代农业创业创新孵化园区"2个;园区已引入各类孵化载体53家,建成农业科技转化平台16个,吸纳国际国内专家、科技人才、"双创"导师465人。二是农业精品示范园区建设。2014年以来,精品园区投入财政专项资金7690万元,其中市级财政资金3630万元、县级配套资金4060万元。园区已达到"基础设施完善、产业格局初显、农业经营主体多样、新村建设有提升、机制创新有突破"的精品园建设目标,初步展现出"村在绿中、房在田中、人在景中"的农业景观效果。

2017年郫都区主要畜禽产品产量

产品	肉类	猪肉	牛奶	禽蛋	蜂蜜	花粉	王浆
产量(万吨)	0.584	0.4751	0.3142	0.1155	0.1884	0.045	0.0013

2017年郫都区主要农作物产量

作物名称	播种面积(亩)	单产(千克/亩)	总产量(吨)
水稻	84544	550	46517
小麦	10662	348	3713
油菜	50024	170	8506
蔬菜	239488	2852	683010
食用菌	4640	因生产规格不一样,单产无法统计	25657.8

【种植业】 2017年,郫都区粮食作物播种面积111576亩,产量5.5626万吨,其中大春粮食作物播种面积94951亩,产量5.0188万吨;小春粮食作物播种面积16625亩,产量0.5438万吨。油菜播种面积50024亩,单产170千克/亩,产量0.8506万吨。蔬菜种植面积23.9488万亩(含复种),产量68.301万吨,实现产值18.95亿元;全年鲜销各类蔬菜65万余吨,其中外销重庆、上海、武汉等国内市场30万余吨。食用菌生产面积4640万袋(折合面积4640亩),产量25657.8吨,实现产值19111万元。水稻种植面积8.4544万亩,产量4.6517万吨,亩产550千克。结合粮食科技丰产工程、测土配方施肥、良种良法配套技术推广与服务、四川省水稻创新团队水稻"两新一高"示范等项目大力推动全区水稻生产,并在水稻核心示范片大力推广水稻专用配方肥、病虫害绿色防控技术等,有力促进了水稻丰产。全区小麦种植面积1.0662万亩,单产348千克/亩,产量0.3713万吨。花卉种植面积98565亩,实现产值14.7174亿元。

【林业】 2017年,郫都区土地总面积43454.97公顷,其中林地面积61.28公顷(林地保护Ⅲ等级林地10.43公顷,Ⅳ等级林地50.85公顷),占总面积的0.14%;非林地面积43393.69公顷,占总面积的99.86%。全区森林蓄积量25.6万立方米。

林地变更调查。《四川省成都市郫县林地变更调查成果报告》通过了四川省林业生态环境监测中心技术审查,审查结论为合格,已按照程序报区政府审批。

集体林权制度改革。郫都区健全了集体林权制度改革工作机构,形成了区政府、区林改办、镇政府、镇农林综合站4级工作体系。新颁发《成都市经济林木(果)权证》33本、面积2029亩。《经济林木(果)权证》颁证114本,确权面积10089亩,占全区20亩以上苗木种植大户面积的2/3。新增林权抵押贷款(含花木)0.751亿元。培育新型经营主体20个。完成了郫都区本轮深化集体林权制度改革工作阶段性材料的编制工作。

林地管理。郫都区林地管理以《郫县林地保护利用规划(2010—2020年)》为基础,按管理权限制定了《占用征收征用林地审核办事指南》。向全区相关单位转发《成都市林业和园林管理局关于转发〈四川省林业厅关于进一步规范和加强建设项目使用林地审核审批管理的通知〉的通知》《四川省人民政府办公厅关于进一步加强林地保护管理工作的通知》等通知,并将郫都区林保分布图(表)随文件一起下发,规范了林地使用的审核和审批,严格保护和合理利用林地。区政府与区农林局和各镇签订了《成都市郫都区保护发展森林资源目标责任书》。

【畜牧业】 2017年,郫都区实现畜牧业产值1.9612亿元,其中生猪常年存栏9720头,全年出栏66473头;家禽常年存栏31623羽,全年出栏587785羽,禽蛋产量1155吨;奶牛常年存栏116头,牛奶产量3142吨。有蜂农165户,共有蜂群3.85万群,其中西蜂3.04万群、中蜂0.81万群,蜂蜜产量1884吨,实现产值3200万元。

完善动物疫病预防控制、动物卫生监督执法、动物卫生检疫检验"三大体系"建设,共集中免疫注射猪瘟疫苗10.15万头次、牲畜口蹄疫强制免疫注射8.62万头次(其中牛/羊0.64万头/只次、生猪7.98万头次)、高致病性禽流感免疫62.14万羽次、高致病性猪蓝耳病免疫9.07万头次、散户禽新二联苗免疫19.5万羽次。通过资质认定指定18家宠物医院和14个镇(街道)畜牧兽医技术服务站为日常犬只狂犬病补免点,共免疫犬只4.85万只次。规范屠宰、产地检疫环节,加强动物卫

生监督，严厉打击非法生产经营者。

全区实施生猪产地检疫110021头，禽类检疫1137170羽，共完成猪肉(非屠宰场)产品检疫982.52吨，完成猪副产品检疫1026.41吨；禽类产品检疫26173.378吨；牛肉产品检疫309.597吨，牛副产品检疫179.9吨；羊肉检疫68吨，羊副产品检疫105.4吨。完成生猪屠宰检疫260000余头。宰前检疫率和屠宰检疫率均达100%。全区屠宰环节共完成无害化处理病死猪150头、三腺35110千克；养殖环节共完成无害化处理病死猪2616头、牛4头、禽类7946羽、犬37只，加强对全区18家动物诊疗场所的监督管理和违法行为的查处。查处动物诊疗机构违法行为为5起，罚款12800元。屠宰环节完成6500头生猪“瘦肉精”检测工作。

【水产业】 2017年，郫都区水产养殖面积1278亩，充分利用废弃砂石场开展水产养殖；新增稻田综合种养面积2000亩，新增稻田养鱼产量160吨，新增渔业产值200余万元，稻田综合种养面积达4000余亩。全年水产品总产量1450吨，增加20%，实现渔业总产值1987万元。制定《郫都区无公害养殖技术规程》并向全区水产养殖户发放，对无公害养殖进行规范宣传，在全区85公顷水产养殖面积中推广53公顷，占全区水产养殖面积的62%。对全区水产养殖场进行全方位水产品质量抽检80批次，其中常规抽检25批次、监督抽检25批次、风险抽检30批次，按农业部相关规定进行药物残留检测合格80批次，合格率100%，超目标任务60%。实行水产品市场准入制度，全年开展水产品隐患排查，先后出动230人次、58车次，累计检查点位105个，发放食品安全宣传资料1000余份。实行档案渔业制度，全区各水产养殖场所全部建立档案，建档率100%；完善生产记录和销售记录，对全区水产养殖生产、经营活动实行全程监管，促进水产食品安全意识，提高水产品质量，确保全区水产品质量安全。与全区水产养殖户签订了《郫都区水产食品安全生产责任制》《水产食品安全生产承诺制》，通过制度对养殖户的生产经营行为进行约束，从思想上重视水产食品安全工作。预防和控制水生动物疫病的传播和流行，确保水生动物食品安全；加强宣传，增强防疫检疫意识；举办水生动物防疫检疫相关技术培训，对全区重点养殖大户动物疫病的发生和传播相关知识进行详解，从而保障了渔业生产安全和人民身体健康。开展水产实用技术培训，采取集中培训与现场培训相结合、培训班与现场指导相结合等多种形式进行培训，开展稻田综合种养培训2次、健康养殖培训1次，培训100余人次，发放技术资料300余份。开展水产安全生产，按行业管理原则加强水产安全生产，检查渔场20余家。开展水产养殖环境类激素化学品专项整治，确保水源地安全。制定《禁止从事网箱养殖施肥养鱼工作措施》，开展禁止化肥网箱养殖，确保健康养殖。

【新村建设】 2017年，郫都区创建省级“四好村”10个、市级“四好村”28个。11月24日，全区在工业港大礼堂召开郫都区实施乡村振兴战略推进城乡融合发展大会。安排部署了全区大力实施乡村振兴战略，加快推进城乡融合发展，率先实现农业农村现代化的重点工作任务。通过实施城乡规划、产业融合、农业品牌、魅力乡村、城乡环境、公共服务提升“六大工程”，大力开展农村改革、农业“双创”、农民增收、乡村治理“四大行动”，在全市率先实现农业农村现代化。12月20日，印发了《关于大力实施乡村振兴战略加快推进城乡融合发展率先实现农业农村现代化的工作方案》。

【农村扶贫和移民工作】 2017年，郫都区以对口帮扶简阳市、定点帮扶邛崃市及崇州市、对口援藏、精准区内扶贫四大工作为重点，创新构建了双“五化”扶贫攻坚机制模式，打响了脱贫攻坚战。

对口帮扶崇州市、邛崃市。2013年以来，郫都区按照市扶贫办的要求，共确定了区地税局、红光街道等36个单位帮扶崇州市、邛崃市18个相对贫困村。共投入帮扶资金677.38万元，帮助18个相对贫困村完成党群服务中心、基础设施建设、林下养殖、建设文卫室、发展青藤椒产业等项目82个。18个相对贫困村均达到市第三轮第二批农村扶贫开发工作目标任务退出条件，已退出帮扶序列。

对口支援简阳市。郫都区按照《中共成都市委办公厅成都市人民政府办公厅关于加快推进简阳市脱贫攻坚的实施意见》文件精神要求，共投入对口帮扶资金2360万元，引导投入帮扶资金3500余万元，对口帮扶简阳市江源镇、老龙乡。帮扶江源镇、老龙乡建成现代农业产业园区2个、特色产业示范基地11个；援建道路约15千米，援建灌溉渠4.1千米；新建蓄水池14口，改善山坪塘2个，维修提灌站2座。2017年，全面完成对口帮扶简阳市目标任务。江源镇贫困村集体经济收入平均达3.8万元，3个贫困村退出帮扶序列；贫困户人均可支配收入达3300元，已有96户贫困户退出帮扶序列。老龙乡贫困村集体经济收入平均达5.6万元，已有5个贫困村退出帮扶序列；贫困户人均可支配收入达3300元，已有562户贫困户退出帮扶序列。

对口帮扶“五化模式”构建。一是创新“五化”协作机制，对口援藏成效显著。深挖厚植本土化特色资源，夯实产业协作发展基础；观摩体验样本化点位现场，提高产业协作参与能力；优化配置融合化发展要素，提升产业协作综合效益；宣传营销品牌化农副产品，激活产业协作内生动力；构建多元化利益联结机制，提升产业协作增收实效。二是创新“五化”帮扶模式，对口帮扶亮点凸显。以科学化规划为导向，确保帮扶落地性；以本土化产业升级为主线，实现扶贫持续性；以自主化方式参与为关键，增强扶贫支撑力；以制度化整合为重点，增强扶贫聚合力；以纵深化融入为保障，提升扶贫实效性。

移民安置。全区共有移民1347人，截至2017年年底，瀑布沟水电站移民973人、大中型水库自主外迁移民317人，共1290人，其中死亡58人。全年为1292名移民发放直发直补资金77.45万元；为119名养老保障安置人员发放养老保障金25.7万元。规范项目的申报、实施、验收，严格项目资金的拨付、监管、报账。完成2项2017年市级财政移民后期扶持项目的申报、备案。一是《2017年市级财政移民基础设施项目实施方案》，唐昌镇西北村11社新建c25混凝土道长0.8千米、宽3米、厚0.2米。申请2017年市级财政移民基础设施项目资金34万元。二是《2017年市级财政移民贫困救助项目实施方案》，申请2017年贫困移民救助项目资金6万元。

【休闲农业与乡村旅游】 2017年，郫都区围绕IT大道、新团路、沙西线3条现代农业与乡村旅游景观带以及现代农业园区、特色产业基地及幸福美丽新村建设推进农业与旅游的融合发展。全区有休闲农业经营主体613个，其中农家乐115个、休闲观光农园25个、家庭农场和合作社473个。青杠树、战旗、多利农庄有机小镇、云凌、友爱、韭香小镇6个单位被命名为“成都市田园综合体的示范单位”；蜀国鹃都、苗夫、多利农庄、妈妈农庄、青杠树村、农科村、春天花乐园、花乡玫瑰获得“成都休闲农业与乡村旅游目的地50佳”称号。全面建成友爱海棠花基地、新民场西部花乡苗夫赏花基地，项目累计完成投资1700余万元。全区休闲农业从业人员达54934人，农民就业人数达50195人，接待游客652万人次，实现休闲农业及乡村旅游收入22.78亿元，利润总额3.37亿元。

【农业文化遗产保护】 2017年7月14日—16日，郫都区委区政府邀请联合国粮农组织专家到全区调研、指导农业文化遗产保护与利用及遗产申报工作，并在研讨会上提出以“郫都灌区轮作系统与川西林盘景观保护”为名申报重要农业文化遗产。区农林局根据《重要农业文化遗产管理办法》，结合相关街道、区级部门及专家意见编写了《成都市郫都区申报重要农业文化遗产工作方案(送审稿)》，于8月8日通过郫都区政府第十八届21次常务会审定，并以区政府办文件印发实施。12月7日—9日，区委区政府再次邀请联合国粮农组织专家到郫都区指导农业文化遗产申报工作，并于12月8日在德源街道大蒜种植基地举行了郫都区申报中国重要农业文化遗产工作全面启动仪式。已完成农业文化遗产申报核心区域：三道堰街道秦家庙、青塔、炮通村；新民场街道云桥村，唐元街道临石、永安村，唐昌街道竹林、大云村，团结街道白马、仁义村，德源街道东林、永光、平城、和众共6个街道、14个村的基础数据调查工作。完成郫都区申报中国重要农业文化遗产项目《申报书》《保护与发展规划》编制、申遗技术指导等第三方合作单位招标工作；已完成《申报书》《保护与发展规划》编制前期所涉及的14个区级部门、6个街道资料收集工作。

【农村水利】 2017年，郫都区制订《郫县2017年春季重点渠道集中清淤工作方案》，指导各街道对重点渠道实施清掏，并组织对各街道完成重点渠道清淤考核验收，全区实际完成各级渠道清掏184.9千米，清淤量约19万立方米。实施都江堰续建配套与节水改造——柏木河整治项目、花园骨干渠系整治项目、安德镇东南片骨干渠整治项目等工程，并统筹指导农业综合开发项目、高标准农田整治项目的渠系建设，共计完成灌区渠系建设71.96千米，新增节水灌面0.29万亩，改善灌面1万亩，新增节水能力20万立方米。全年审批开发建设项目水土保持方案23个，征收水土保持补偿费277.53万元。

【农业机械化】 2017年，郫都区完成机耕面积16.7万亩，其中水稻8.6万亩、小麦1.2万亩、油菜6万亩、马铃薯0.9万亩；机播面积10.6万亩，其中小麦1.2万亩、水稻5.2万亩、油菜4.2万亩；机收面积14.51万亩，其中水稻8.5万亩、小麦1.2万亩、油菜4.8万亩、马铃薯0.01万亩；机械化秸秆还田面积14.24万亩。更新、改造、维修提灌机械21台次，提灌面积3.09万亩，设施农业存量总面积2.5万亩。完成农业生产设施确权颁证8个，年度农机综合机械化水平达85.11%。

农机购置补贴和新技术、新机具推广。根据国家农机购置补贴政策，制订了《郫都区2017年农业机械购置补贴政策实施方案》和《2017年农机购置累加补贴实施方案》，2017年度补贴农机具129台，受益农户49户，农机购置补贴资金321.441万元(其中中央资金243.893万元、市级资金77.548万元)。建设提灌站4座，投入资金60万元。举办水稻机插秧苗操作管理人员培训1期，培训40人；农机专业合作带头人培训15人，培训经费开支6万元。全县农机专业合作社达20家。在“精品园区”建设以蔬菜机械化为主的农机化示范园，蔬菜机械化试验示范投入资金30万元。

秸秆综合利用。2017年两季共完成机械化秸秆还田14.95万亩，秸秆收储1000余吨，其中享受补贴的机械化秸秆还田7220.78亩；享受秸秆收储补贴1165吨，其中4家农机专业合作社、绿山收储企业享受县级财政农机作业(秸秆还田、机插秧、收储)补贴48.9万元。

农机安全监理。全年开展安全检查36次，检查各类农(机)具171台次，纠正违章65起。实施农机安全培训360人次，层层签订《农机安全责任书》345份。全年完成上道路行驶拖拉机年检264台，农业机械年检率达51.16%。全年共办理监理业务430件，新车入户登记37台，新办驾驶证66本。

【农村科技】 2017年，郫都区引进水稻新品种3个、油菜新品种2个、玉米新品种1个，继续推广水稻新品种“宜香优2115”(国标二级米)面积10000余亩，大力推广水稻工厂化集中育苗技术及机插秧技术。依托金田种苗公司、四川德维蓝地公司等生产种苗龙头企业，开展优良蔬菜新品种引进试验示范，示范新品种500余个，筛选优势新品种8个，推广4个，推广面积2000余亩。全区累计推广应用各项技术20万余亩。试验示范了羊肚菌的菌种制种和羊肚菌、平菇林下(银杏树、桂花树等)栽培技术，工厂化栽培杏鲍菇、黄色金针菇、白玉菇、蟹味菇、海鲜菇，大棚自动喷雾新技术等5项。

“双创双建”项目实施。成都金田种苗有限公司“2017年蔬菜工厂化育苗技术集成应用与推广项目”(“双创双建”项目)计划总投资112万元，实际使用总投资122.810565万元。已在新民场镇兴旺村5组建设蔬菜新品种核心示范基地1个，建设面积50.89亩，集中展示名优蔬菜品种10余个种类、60余个品种，蔬菜新品种核心示范基地实际展示新引进试验示范新品种12个种类、92个品种。升级和完善现有工厂化育苗设施设备，已完成生产销售种苗1796万株。开展了冬瓜、早熟苦瓜等新品种田间展示推广培训会，冬瓜栽培示范指导、茄子栽培技术等培训会共7场，培训611人次。项目的实施降低了生产成本，实现了经济效益的集约式增长，辐射带动种植农户节本增效1800万元。公司常年解决100余人就业。

院县合作项目建设。区政府与省农科院的农业科技院地合作项目建设完成了“郫都区农业专家大院”申报国家级专家服务基地建设工作。由四川省农科院和郫都区农林局批准实施了8项院县科技合作项目。项目在郫都区共建立核心示范区275亩，推广应用8713亩。研发形成了一批新技术、新品种、新成果。修订完善《有机黄瓜生产技术规程》。开展专家坐诊等科技服务活动共443场次。专家团队先后撰写了反映院区科技合作项目进展的专题报道4篇，发放技术资料5000余份，发放种植等科普技术丛书12类、6000余册。“成都平原冬瓜轻简高效嫁接技术创新与应用”和“韭菜(韭黄)高产优质生产技术创新集成与示范”通过省级科技成果鉴定或评估，并获得2017年四川省科技登记成果；“冬瓜双断根嫁接育苗技术研究集成与示范”获得郫都区科技进步三等奖；植保所制定的《韭菜(韭黄)主要病虫害防治技术规程》DB51/T2324-2017经四川省质量技术监督局批准，于7月1日颁布实施。

“科技下乡”活动。全年利用赶场日、农民朝会日组织农业科技人员深入唐元街道、德源街道、红光街道、友爱街道、三道堰街道和古城街道等镇开展科技“三下乡”活动37次，出动宣传车辆41台次，参与农技人员达110余人次，送发技术资料约3.8万份。

农业服务体系建设。全年开展提升本土专家队伍水平建设工作，及时更新了农业服务土专家人才库，农林局已经和34名本土专家签订了《委托服务合同》，本土专家按照要求已经在基层开展农业科技服务工作，指导本区域农户应用农业新品种、新技术、新机具。开展科技培训等工作，以满足全区农民本土化技术需求。带动多方力量多渠道、多形式开展农业科技服务，促进农业主导品种和主推技术加速落地、推广应用。

农民实用技术培训。全年通过进村办班、技术指导等形式，开展培训193期，共计培训23413人次。其中，普及性培训、新型农民科技

培训31人，农业职业经理人培训250人，产业培训30场、1500人次，发放技术资料9万余份；新引进、试验、示范和推广农业新品种13个，推广农业先进实用技术7项。

高标准农田建设。全区高标准农田建设完成1.74万亩，总投资6025.8万元，其中改（扩）建沟渠29.787千米。完成区6万亩菜粮基地高标准农田建设项目2017年（1.8万亩）实施方案编制工作，其中完成一标段（三道堰）、二标段（古城、新民场）、三标段（唐元）的实施方案通过市级专家组评审；完成四标段（德源）、五标段（花园、安德、唐昌）、六标段（郫筒、红光）的实施方案通过区级项目建设领导小组审核。

国家粮食丰产工程项目实施。结合粮食科技丰产工程、测土配方施肥、粮食生产能力提升工程、良种良法配套技术推广与服务、四川省水稻创新团队等项目，在德源、三道堰、古城、唐昌、唐元等街道建立水稻高产示范片2万余亩，经专家验收示范片平均亩产达618.9千克，有效带动全区水稻生产。

袁隆平国际杂交水稻种业硅谷项目引入。袁隆平国际杂交水稻种业硅谷项目初步确定在德源街道东林村、平城村实施。该项目计划投资5000余万元，将建设硅谷研发中心、院士工作坊、杂交水稻展览馆、硅谷双创中心等功能区，同时建设水稻育苗中心以及日处理量30吨的水稻烘干加工中心。项目建成后以袁隆平国际杂交水稻种业硅谷项目为核心，将带动周边形成1900亩的农创产业园和4600亩的现代农业产业基地。

【城乡景观和绿化建设】 绿色家园建设。2017年，郫都区市级社会主义新农村绿色家园建设继续列入市委市政府民生工程目标。根据市局制定下发的《成都市林业和园林管理局关于2017年度市级社会主义新农村绿色家园建设有关事项的通知》文件要求，全区将安德镇广福村列为“2017年市级社会主义新农村绿色家园建设点位”。绿化建设的主要内容为朴树、小叶香樟等乔木和金禾女贞、西洋鹃等灌木。该工程共计绿化面积约1公顷，投入建设资金约50万元。11月20日，区农林局会同区财政局按照市林业和园林管理局审查认可的设计方案和下发的验收标准对安德镇广福村安置点绿化景观工程进行自查验收。

五大赏花基地（含成都市赏花基地）建设。全年完成西部花乡苗夫赏花基地和友爱农科村海棠花赏花基地两大赏花基地建设。西部花乡苗夫赏花基地位于新民场镇云凌村、金柏村，项目计划投资1328.29万元，实际完成投资1380.43万元。全年赏花基地接待游客5万人次，实现销售收入1600万元，提供农民就业岗位50余个。友爱镇农科村海棠花赏花基地项目计划投资400万元，实际完成投资433.29万元。全年农科村景区新增游客10万人次，增加旅游收入1500万元。

成都市田园综合体示范单位创建。按照《成都市农业委员会关于申报市级“田园综合体”通知》文件精神，全区推荐了7个项目申报市级“田园综合体”，其中青杠树村田园综合体、战旗村田园综合体、多利农庄有机小镇、云凌村田园综合体、韭香小镇田园综合体、农科村田园综合体6个项目被命名为“成都市田园综合体示范单位”。

【农产品质量安全监管】 2017年，郫都区抽样送上级部门检测蔬菜110个、水稻8个、食用菌2个，合格率100%；农残快速检测完成43400个样，自检蔬菜48359批次、瘦肉精8105批次，检测合格率100%。全年未发生一起农产品质量安全事件。

全年共出动执法人员1300余人次，开展种子、农药、肥料、兽药、饲料、动物卫生监督、农机、渔业等执法检查行动230余次，检查各类生产、经营企业257余家次，农业投入品和农产品执法监督抽样166批次；开展专项整治28次，立案查处农药行政处罚案件13起、兽药行政处罚案件1起、农产品质量安全案件10起（其中未经定点从事生猪屠宰活动案9起）、动物卫生监督案件11起、渔政处罚案件1起，实施行政处罚34人，罚款92万余元，没收违法所得、非法财物43万余元，移送公安机关案件3起，申请法院强制执行1起。

全区在百伦广场，唐昌、新民场等街道开展《中华人民共和国农产品质量安全法》《中华人民共和国种子法》《中华人民共和国动物防疫法》《农药管理条例》等法律法规宣传活动9次，发放宣传资料3500余份，接待群众现场咨询700余人次。针对农资经营、生猪屠宰、露天焚烧等易发违法行为领域，通过摸底调查、集中培训、上门告知等方式对相关人员进行宣讲。

非法生猪屠宰专项整治行动共出动执法人员600余人次，开展专项整治行动30余次，没收生猪、死猪、猪肉胴体362头（47077千克）、猪头46个、涉案工具若干，取缔未经定点屠宰生猪窝点23家次，立案查处行政处罚案件9起，罚款86万余元，实施行政处罚7人，移送公安机关案件3起，申请法院强制执行2起。

【农业项目引进】 2017年，郫都区共跟踪洽谈班纳利种业（成都）种苗繁育创新基地项目、成都水隐桑田生态农业有限公司水隐桑田田园综合体项目等项目18个，新签约引进福建中延榕珍食用菌智能化工厂项目、成都郫都区（安德广福）韭菜及其副产品研发加工项目等农业项目9个，项目协议总投资39亿元。

【“一村一品”示范村建设】 2017年，郫都区培育了以友爱镇农科村、唐元镇锦宁村为代表的一批专业示范村。全区有国家级“一村一品”示范村2个、市级“一村一品”示范村4个，推荐三道堰镇青杠树村申报全国“一村一品”专业示范村。全年“一村一品”主导产业从业农户3541户，从业人口6721人，示范村农民人均纯收入25390元。

【全国农村“双创”孵化基地建设】 2017年，郫都区创建了区级现代农业创业创新孵化园区12个，其中列入农业部全国农业农村创业创新孵化园区（基地）目录的有7个，被命名为“市级现代农业创业创新孵化园区”2个；园区内已引入各类孵化载体53家，建成农业科技转化平台16个，吸纳国际国内专家、科技人才、双创导师465人，开展创业辅导、“双创”项目对接服务、农产品销售渠道、“双创”融资等社会服务68场次，培育“双创”企业和新经济组织918家，培育返乡农民工、大学生、退伍军人、“蓉漂”、科研人员等创业人群4607人，带动当地新增就业28873人；为165家农业企业、合作社、家庭农场等提供“双创”融资服务，新增融资0.67亿元；整合项目资金1.41亿元，进一步完善“双创”园区道路、沟渠、农业信息化等基础设施建设，帮助55家农业企业、合作社、家庭农场完成“双创”扶持项目补助资金申报0.26亿元。

【首届四川村长论坛暨村社发展大会】 2017年9月22日—23日，首届四川村长论坛暨村社发展大会在成都市郫都区唐昌镇战旗村举行。该届论坛以“村级发展与乡村治理”为主题，发布了“2017四川百强名村”及“四川集体经济十强村”结果并授牌。唐昌镇战旗村、三道堰镇青杠树村、友爱镇农科村、唐元镇锦宁村被评为“四川省百强名村”，唐昌镇战旗村同时被评为“四川省集体经济十强村”。由省委农工委指导、四川村社发展促进会编印出版图书《2017四川百强名村发展报告》在论坛上正式发布，同时论坛上还收录了由四川村社发展促进会、四川农业大学经济学院共同完成的专项课题研究成果《四川农村新型集体经济发展研究报告》。

【主要领导人】 区委书记:杨东升;区人大常委会主任:王洁;区长:刘印勇;区政协主席:刘航;分管农业副区长:全钢。

郫都区编写组

都江堰市

【基本情况】 2017年,都江堰市辖13镇1乡1个经济开发区5个街道,辖区面积1208平方千米。年末总人口62.26万人(户籍人口),常住人口69.09万人。出生人口6633人,死亡人口4508人,人口自然增长率3.34‰,城镇化率58.97%。

2017年,全市GDP348.5亿元,增长8.7%,其中第一产业增加值50654元,增长7.9%;第二产业增加值127.58亿元,增长6.9%(工业增加值80.39亿元,增长9%);第三产业增加值193.75亿元,增长10.5%。人均GDP50654元,增长7.9%。

社会消费品零售总额135.07亿元,增长13.2%。全社会固定资产投资266.64亿元,增长12.3%。一般公共财政预算收入完成47.61亿元,增长7.6%;一般公共财政预算支出44.4亿元,增长8.8%。金融机构各项存款余额511.55亿元,减少4.8%。

全市适龄儿童入学率100%,初中毕业生升学率97.57%,普通高中毕业率98.52%。有卫生机构446个,卫生技术人员5828人,病床位6138张。

【年度农业和农村经济运行】 2017年,都江堰市实现农业增加值29.1亿元,增长5.1%,增速居成都市郊县(市、区)第二位。农民年人均可支配收入达19860元,增长9.5%。肉类总产量4.98万吨,增长4.4%。

农用地产权制度改革。深入推进农村产权制度改革,完成农村土地经营权确权颁证65宗、养殖水面经营权确权颁证6宗、农业生产设施所有权确权颁证12宗。深入推进集体林地"三权分置"改革,经济林木(果)确权颁证面积500.97亩,林地经营权确权颁证面积2452.01亩。深入推进集体林权制度改革,制订了《都江堰市完善和深化集体林权制度改革实施方案》;建成都江堰市集体林权流转交易服务平台,将相关信息植入"中国西部林权交易网",乡(镇)级林权流转信息采集站实现全覆盖。全市培育新型经营主体61个,其中林业专业合作社26个、家庭林场5家、林产企业7家,职业经理人23人;新增合作社信息网站2个、科技示范点2个,涉林贷款6800万元。深入推进集体资产股份化改革,全面开展农村集体"三资"清产核资和股权量化,实现股权量化到人、证书发放到户,出台《农村集体资产资源处置管理指导意见》,赋予集体经济组织成员对集体资产资源的占有收益和处置的权利;为全市187个村级集体经济组织、2103个组集体经济组织发放法人证书,赋予集体经济组织独立经营管理集体资产资源的权利,初步实现政经分离。

农业产品品牌战略实施。全市在持续优化农业生产体系、产业体系和经营体系的基础上,瞄准市场需求侧,紧紧围绕农业供给侧结构性改革这一主线,按照"政府政策支持、企业主导运营、各方共同参与"的原则,培育打造向心力足、影响力强的"大青城"区域公用品牌,着力构建以品质为支撑的农业品牌体系,让品牌引领全市特色优势产业和产品从市场突围,促进区域特色优势产品与城市形象同步发展。2017年,"大青城"品牌运营中心已基本建设完成,品牌移动形象窗口按照规划推动在城区、景区、小区落地。

【种植业】 2017年,都江堰市粮食作物播种面积26.79万亩,减少14.49%;油料作物播种面积14.56万亩,增长9.49%;蔬菜播种面积11.19万亩,增长10.3%。全年粮食产量12.92万吨,减少2%;油料产量2.39万吨,增长9.4%;蔬菜产量24.59万吨,增长10.49%。

【水稻高产示范片建设】 2017年,都江堰市依托高标准农田建设、农业综合开发土地治理、现代农业生产发展(水稻)等项目实施,在天马镇、崇义镇、胥家镇、石羊镇、柳街镇建设水稻高产示范区8万余亩。在示范区域内加大水稻高产集成技术应用,积极推广"6203"等高产优良水稻品种;推进绿色生产,积极落实化肥、农药零增长措施;推广测土配方施肥,逐步实现精准施肥,提高有机肥、生物菌肥的利用率,减少化肥施用量;实施病虫害绿色防控,大力推广绿色、有机种植技术,特别加大力度推广杀虫灯、黄板、性诱剂、生物农药等物理防治和生物防治措施;强化地力培肥措施,大力推广以秸秆还田为主的耕地质量提升综合技术,提高土壤有机质含量,达到改良土壤、培肥地力、少施化肥的目的;推进高标准农田沟渠、道路、田埂等基础设施建设,改善农业基础设施条件。

【农业产业发展规划】 2017年,都江堰市为明确全市"十三五"期间农业经济发展的战略部署和目标任务,编制了《都江堰市农业和农村经济发展"十三五"规划》。规划以习近平新时代中国特色社会主义思想为指导,围绕"建设国际生态旅游名城、推动农业农村现代化"任务,深入实施乡村振兴战略,按照产业兴旺、生态宜居、乡风文明、治理有效、生活富裕的总要求,落实成都市"西控"战略部署,以推进农业供给侧结构性改革为主线,大力发展猕猴桃、中药材、蔬菜、茶叶、休闲农业和乡村旅游等特色优势农业产业,全面推进农业农村现代化,促进农村一二三产业融合发展,打造都市现代农业典范区。

【农业示范区建设】 2017年,都江堰市突出组织保障、农业化学投入品控制、质量安全追溯等"八大体系",建立健全了以"一个平台、三大系统、六个数据库"(即"智慧农安"指挥平台,检测管理、"农资一卡通"和"生产一卡通"三大系统,监管人员、生产经营主体、农资数据、生产数据、环境监测数据和标准数据六个数据库)为核心的示范区信息监管"大数据"平台,并实现有效运转。新建猕猴桃核心示范基地16个,按照"分类对标、分步提升"的原则,大力培育猕猴桃出口龙头企业和出口贸易商。9月,都江堰市被国家质检总局正式命名为"国家级出口食品农产品质量安全示范区"。全年都江堰市猕猴桃转出口贸易额达1000余万元,并实现首单直接国际贸易。5月,财政部印发《关于开展田园综合体建设试点工作的通知》,决定从2017年起在四川省等18个省份开展田园综合体建设试点,都江堰市天府源田园综合体成为首批15个国家级试点项目之一。把国家级天府源田园综合体建设按照"一年有看点、两年显成效、三年成示范"的思路,健全政府、企业、集体经济、农民共同参与、共同受益的体制机制,重构城乡一体的新型空间形态,重塑城乡互动的经济地理,构建完善城乡融合发展的体制机制和政策体系,率先实现生产生活生态"三生同步"、农业文化旅游"三位一体"、一二三产业"三产融合"。田园综合体各类项目加紧建设中,力争到2020年将天府源田园综合体打造成为都市现代农业典范区。

【农村科技】 2017年,都江堰市积极组织人员参加"下乡送科技"惠民活动,深入乡(镇)、社区大力宣传和发放农林相关法律法规、方针政策、技术资料,共发送粮油、种子、猕猴桃、中药材、竹类及笋用竹、干果、林下种植(黄连、川明参、粉葛、牧草)、测土配方施肥、秸秆综合利用、森林防火、惠民手册等10余种宣传资料(手册)共8000余份,制定

《2017年都江堰市种植业主推技术指南》,指导农户绿色种植、科学发展。启动"都江堰川芎""都江堰厚朴"地理标志证明商标注册申报工作。完成可降解地膜试验示范1000亩。

【农副产品展销会】 2017年3月1日,都江堰市以展团形式组织全市农业企业并邀请康定市农业企业(合作社)在海棠花节上进行产品宣传展销和景区推介。组织相关农业企业参加了第六届中国(四川)国际茶业博览会暨天府龙芽茶文化节、第五届成都国际都市现代农业博览会、第十五届中国国际农产品交易会、农产品"五进"活动、第十三届昆明国际农业博览会、第五届四川农业博览会、深圳礼品展等展会活动,宣传推介都江堰茶叶、都江堰猕猴桃、绿色蔬菜等优质特色农产品。广泛宣传推介全市农业投资环境和发展商机,积极促成招商配对和项目对接,增强农业投资促进工作实效;全方位展示展销全市休闲农业及大青城优质农产品,延长农业产业发展链条,拓展农产品营销空间,促进"大青城"农产品走向国内外市场。

【新农村能源建设】 2017年,都江堰市高度重视沼气安全生产与安全使用管理工作,把沼气安全管理工作放在首位,纳入年度重点重要工作内容,确保沼气零安全事故。制定印发《关于岁末年初沼气安全生产大检查的通知》,切实做好2017年开年沼气安全隐患排查和防范工作。针对防汛等灾情,为防患沼气安全突发事件,及时进行沼气安全风险评估,制定应急措施和应急救援机制,补充了雨衣、雨靴、灭火器等救援装备。同时完善了《2017年安全生产工作方案》,建立健全了农村能源管理责任体系和管理工作制度,安全生产管理工作有序开展。自5月起,深入乡(镇)、村(组)、户进行沼气安全管理使用知识宣传,不定期组织随机查访排查沼气安全隐患等,共计发放《农村户用沼气池安全管理使用须知》《养殖场沼气工程安全管理使用须知》《沼气安全使用挂图》等资料3000余份。成立普查小组4个,对全市农村面源污染治理项目养殖场沼气工程安全使用情况进行了彻底调查,逐户深入现场排查与安全宣传告知,并指导用户及时现场消除隐患,及时摸清了养殖场沼气工程使用现状并备案。

【主要领导人】 市委书记:卢胜;市人大常委会主任:王聪;市长:何维楷;市政协主席:丁小平;分管农业副市长:陈丽娜。

都江堰市编写组

彭 州 市

【基本情况】 2017年,彭州市辖19镇4个街道,辖区面积1421平方千米。

2017年,全市GDP412.6亿元,增长8.9%。地方一般公共预算收入完成27.3亿元,增长29.4%。农村居民年人均可支配收入19549元,增长9%。实现社会消费品零售总额89.3亿元,增长13%。固定资产投资269.7亿元。市、镇、村公共文化服务阵地全部免费开放,354个农家(社区)书屋纳入全国书屋信息系统统一管理。

【都市现代农业迈向新高度】 2017年,彭州市依托"一带一路"国际大通道,四川国际农产品交易中心年交易量达760万吨,实现交易额430亿元。开展了以"产业·融合·共享"为主题的第八届蔬菜博览会,签约农业项目8个,协议金额49.2亿元。农业综合效益快速提升,土地适度规模经营率突破60%,主要农作物生产综合机械化水平达76.3%。濛阳、三界、九尺等镇大型冷链物流项目加快推进,实现农产品加工产值42亿元,增长39%。

【城乡发展格局日渐完善】 2017年,彭州市结合国家中心城市总体规划开展"规划大会战",高标准编制发展战略规划、城市总体规划等各类规划37项。对外交通更加优化,成彭高速、汉彭路入城段改造全面完工,成彭快铁公交化运营加快推进,同成都地铁实现安检互信、同台换乘。大力推动中心城区有机更新,启动"一环一片一岸一枢纽"建设,望蜀里商业综合体等项目加快推进,南部新城置信逸都城开业,西海西街、西海北街、永经堂西侧等断头路实现贯通,改造城中村390户、老旧院落25个,新(改)建公厕10座。镇村建设持续加强,启动省道106线葛仙山楠杨场、丹景山永定场改线及石化安置点外联道路二期工程,建成村(组)道路150.8千米,新(改)建旧(危)桥5座,新建幸福美丽新村148个,创建成都市级以上"四好村"56个,海窝子瞿上古街被评为"成都市特色商业街区"。城乡环境综合治理水平稳步提升,彭州市创建为国家卫生城市。开展行政村清扫保洁市场化试点,城乡生活垃圾分类覆盖3.3万户,完成"百村容貌整治"试点9个,创建散居院落示范点20个,宝山村入选"中国美丽休闲乡村"。

【民生保障水平稳步提升】 2017年,彭州市启动彭州一中南部新城校区等4所中小学学校新(改、扩)建任务,全市公益性幼儿园学位实现全覆盖。投入3500余万元实施基层医疗卫生机构硬件提升工程,完成88个村卫生站标准化建设,城乡居民医保参保率达99%。建成"一站式"服务医养结合项目5个、日间照料中心52个,向高龄老人发放津贴1700余万元,城乡居民养老保险参保率达98%。严格兑付购房补贴,通过"以购代建"方式安置搬迁群众3719人,保障低收入家庭住房近2500套。累计向9600余户困难家庭发放城乡低保金近7600万元。

【生态发展空间明显改善】 2017年,彭州市严格落实"河长制",持续推进黑臭水体治理和污水处理厂提标改造,创建为"四川省首批饮用水卫生监测示范区"。完成20个镇(街道)耕(园)地土壤重金属污染普查,探索开展废弃矿山生态修复。全面停止天然林商品性采伐,实施公益林管护和生态效益补偿57万亩,巩固退耕还林成果7.5万亩,新增森林面积3696亩、森林蓄积5.3万立方米,森林覆盖率提高到49.5%,白水河森林公园被评为"四川省首批国家级森林氧吧"。

【主要领导人】 市委书记:韩轶;市人大常委会主任:谢扬;市长:王锋君;市政协主席:吴石泉;分管农业副市长:徐苒鑫。

彭州市编写组

邛 崃 市

【基本情况】 2017年,邛崃市辖18镇4乡2个街道200个行政村71个社区(居委会),辖区面积1377平方千米,其中耕地面积44459公顷。年末总人口65.5万人(户籍人口),其中乡村人口40.48万人;全年出生人口7165人,出生率10.93‰;人口自然增长率-1.54‰。有林地面积5.44万公顷,森林总蓄积量384万立方米,森林覆盖率48.14%。

2017年,全市GDP264.39亿元,增长10.7%,其中第一产业增加值37.69亿元,增长4.5%;第二产业增加值126.24亿元,增长12.6%;第三产业增加值100.47亿元,增长10.9%。一二三产业产值结构比为14.3:47.7:38。人均GDP42761元。

公路通车里程3340.32千米,其中等级公路3206.99千米、高速公路47.86千米。社会消费品零售总额82.05亿元,增长14.1%。地方财政收入84.92亿元,增长352.35%。一般公共预算支出46.96亿元,增

长11.2%。年末金融机构各项存款余额392.18亿元,增长12.1%;金融机构各项贷款余额195.27亿元,增长2.8%。有成都市级以上重点投资项目4个,完成投资3.17亿元。

有普通中小学校62所,在校学生4.79万人,专任教师3277人;学龄儿童入学率100%,初中升学率116.04%。新上科技项目16项,新认定高新技术企业2家,共申请专利732件。有公共图书馆1个,馆藏图书50.5万册。有广播电台1座,电视台1座,广播电视综合覆盖率达100%。有各类卫生机构418个,病床位4197张,卫生技术人员3563人。

【年度农业和农村经济运行】 2017年,邛崃市印发《全力融入天府新区全面推进现代农业行动计划(2017—2021)》,科学规划全市现代农业发展方向;制定了《邛崃市农业科技体制改革试点激励农业科技人员创新创业工作实施办法》,增强农业科技创新能力;制订了《2017年邛崃市深入开展农村土地流转履约保证保险工作方案》,进一步巩固农村土地流转履约保证保险改革成果。全年实现农业总产值68.3477亿元,增长4.6%;农业增加值38.1698亿元,增长4.5%。农村居民年人均可支配收入达18611元,增长9.3%。有农村药品集中配送网点528个,全年农村药品集中配送额达3090万元。

2017年邛崃市主要农产品产量

主要农产品	面积(万亩)	产量(万吨)
水稻	31.5	17.73
小麦	10.6	3.6
玉米	10.8	4.4
油菜	14.08	2.5
茶叶	13	0.71
猕猴桃	6.5	5.46
柑橘	7.2	6.8
蔬菜	17.3	28.5
中药材	1	0.62

农产品品牌战略实施。邛崃市以创建国家农产品质量安全县为契机,实施“区域公共品牌+企业品牌”战略,推动农产品标准化、品牌化发展。健全市、镇、村三级农产品质量安全监管体系,推动72个农产品获得“三品一标”认证,培育中国驰名商标、国家生态原产地保护产品等共21个,邛崃黑茶、邛崃黑猪获得“天府农业品牌嘉年华消费者最喜爱的十大农产品品牌”称号。有国家地理标志保护产品3个(邛酒、邛崃黑猪、邛崃黑茶)、生态原产地保护产品3个(文君绿茶、宏扬猕猴桃、黑虎滩番茄)、中国驰名商标2个(文君、花秋)、四川省名牌产品12个、四川省著名商标10个、成都市著名商标4个;邛崃黑茶入选《2017年全国名特优新农产品目录》,新兴粮油获得“四川省优质品牌农产品”称号,“文君牌”邛崃黑茶获得第三届“四川十大名茶”称号。出台了《邛崃黑猪地理标志产品保护办法》《邛崃黑茶地理标志保护办法》《邛酒地理标志产品保护办法》,积极推动“邛崃黑茶”“邛崃黑猪”“邛酒”国家地理标志产品保护,引导文君茶业、碧涛茶业、花秋茶业、金川茶业使用邛崃黑茶国家地理标志保护产品专用标志。10月,经省茶叶学会、省特产协会、省农科院茶叶研究所、省优质农产品开发服务中心评委会公开评鉴,“文君牌”邛崃黑茶凭借优越的自然条件及独特的加工工艺脱颖而出,被评为“四川省第三届十大名茶”。

【种植业】 2017年,邛崃市粮食产量27.94万吨,增加1万吨,增长3.71%;粮食单产440.9千克/亩,较前三年平均单产增加19.4千克/亩,增长4.61%。全市50亩以上粮食规模化种植面积达20.28万亩,增加0.81万亩,增长4.16%。水稻种植面积31.5万亩,亩产541千克,产量17.73万吨;玉米种植面积10.8万亩,亩产363千克,产量4.4万吨;红薯种植面积约5.8万亩,产量1.1万吨;马铃薯种植面积约2.9万亩;小麦种植面积10.6万亩,亩产306千克,产量3.6万吨;油菜种植面积14.08万亩,产量2.5万吨。建成粮食烘储中心15家,日烘干能力达3200余吨。蔬菜种植面积约17.3万亩,产量28.5万吨;猕猴桃种植面积约6.5万亩、柑橘种植面积约7.2万亩;茶业种植面积13万亩,产量0.71万吨;中药材种植面积约1万亩,产量0.62万吨;食用菌种植面积约4500亩,产量约7000吨。

【林业】 2017年,邛崃市有森林面积81.6万亩,建成林下中药材基地800亩,新建珍稀林木基地1000亩,林茶套种600亩。组建林业专业合作社20余个,创建成都市森林人家1家、省级森林小镇1个。全年采伐蓄积量27139.8立方米,出材量17728.5立方米。全年开展综合防治4.19万亩,其中实施松墨天牛虫防治0.98万亩、鼠害防治1.09万亩、长足大竹象防治2.12万亩,确保林业有害生物成灾率控制在3‰以内,直接为山区林农挽回经济损失2000余万元;无公害防治率达100%。

【畜牧业】 2017年,邛崃市生猪出栏140.79万头,奶牛存栏8819头,家禽出栏914万羽。新增农村户用沼气池1400余口,大中型沼气工程100座、11600立方米,蓄粪池1000余座、18万立方米。培育沼肥利用主体150余个,使用沼肥26万立方米以上,覆盖种植面积8万余亩。配套完善就近循环管网养殖场40个,可覆盖种植基地面积2万余亩。创建成都市级以上畜禽标准化示范场43个,其中部级畜禽标准化示范场7个、省级畜禽标准化示范场11个、市级畜禽标准化示范场25个。累计开展生猪产地检疫71.321万头,生猪产品检疫80.2184万头;禽产地检疫870.3789万只,禽产品检疫705.9581万只;牛产地检疫0.2575万头;蜜蜂检疫0.8797万箱。加强对病死动物无害化处置监管工作,共集中无害化处理病死猪10.7176万头,检疫检验不合格及不可食用生猪产品22.5628万千克、病死禽4.1461万千克、病死牛0.0174万头。

【水产业】 2017年,邛崃市有水产养殖面积10665亩,其中池塘养殖面积8910亩,已建成具备一定规模的特色水产养殖基地32家。全市优质水产品达65%。全年水产品养殖产量达1.633万吨,产值达2.93亿元。全市发展稻鱼综合种养面积1.5万余亩(新增3000亩);打造牟礼、回龙稻鱼综合种养核心示范区,实现稻鱼产量500吨,产值达1200万元,高端稻鱼米亩收入可达上万元。争取成都市级财政补贴资金171万元,共计投入资金365万元,实施南宝山镇天池鲟鱼养殖基地建设项目、桑园镇虹波繁育基地建设项目等基础设施建设奖补类项目5个,建成全流水鲟鱼池2600余平方米,新建加州鲈、鲫鱼苗种繁育车间600平方米、标准化虾塘130余亩等。

【新农村建设】 2017年,邛崃市按照“业兴、家富、人和、村美”要求,综合运用统筹城乡的思路办法,坚持产城一体、产村相融,着力打造体现田园风光、地域特色、乡村情趣的幸福美丽新村。全市累计建成幸福美丽新村246个,涉及121428户425691人,实现幸福美丽新村全域覆盖。建成“小组微生”综合体28个,创建成都市级“四好村”149个、省级“四好村”56个。建成高标准农田23万亩,建立农产品产地土壤重金属污染数据库,促进农田灌溉保障率达90%以上,完成专业化植

保统防面积62万亩次，主要农作物专业化统防率达45%，病虫害绿色防控率达40%；建成种养循环示范基地7个，培育沼肥转运组织20个，促进畜禽粪便综合利用率达90%以上，秸秆综合利用率达96.5%；关闭禁养区养殖场18家。

【扶贫攻坚】 2017年，邛崃市编制完成18个相对贫困村的村级扶贫建设实施方案和11个部门扶贫专项方案，对全市1531户相对贫困户（2户退出）进行每户4000元的财政专项扶贫资金补贴全部到位，相对贫困户落实帮扶资金1143万元。全市相对贫困户农民年人均可支配收入达15470元，增加4593元，增长42%。18个相对贫困村实施2个产业项目和20个基础设施项目全部竣工，财政专项扶贫资金1080万元，18个相对贫困村落实各类资金1.6亿元。全市相对贫困村农民年人均可支配收入达15490元，增加2712元，增长21.2%。全年对精准扶贫户和相对贫困村进行农村实用技术和劳动力转移培训14期（共计1130人），市级领导对部门定点帮扶和相对贫困村开展工作督查8次，全市开展扶贫专项检查3次，在督查过程中未发现违纪违规问题。

【高标准农田建设】 2017年，邛崃市累计建成高标准农田18.3万亩，建成成新蒲都市现代农业示范带、邛州大道现代农业示范带、西部山丘区现代农业示范带高标准农田示范区3个，共计投入资金4000.6万元，其中财政资金3550.6万元，群众自筹450万元。工程效益显著，新增粮食产量190.3万千克，新增产值1431.92万元，实现高标准农田区域综合机械化水平达90%，农民人均增收389元。

成新蒲高标准农田建设示范区建设成效显著，提升了区域内观光农业旅游功能，促进一三产业互动和农旅融合发展，有效带动周边农民增收致富，促进项目区农业产业发展。8月，全省稻渔综合种养现场会在该示范区召开，该示范区建设成效图片成为四川省唯一代表高标准农田建设成果入选“砥砺奋进的五年”大型成就展，于9月25日在北京展览馆正式展出。

【农业机械化】 2017年，邛崃市在现代农业开发区大力宣传推广大马力拖拉机、高性能联合收割机、插秧机、油菜直播机、油菜收割机等农业机械，在丘陵山区推广耕整机、茶叶加工机械，通过农机补贴项目的实施，进一步提高农机装备水平，优化农机装备结构，拓展农机服务领域，推进城乡一体化、新农村、现代化农业示范区、现代化农业示范带建设。全年完成机耕作业面积64.9万亩、机播面积25.6万亩、机收面积53.1万亩，全市耕种收农业机械化综合水平达84.13%。完成提灌机械修复改造90座，常年提水保灌面积15万亩。创新农业生产经营新机制，培育农业生产经营新组织，提升农业生产规模化、组织化、集约化水平，全面实施全程社会化服务水稻机插秧、粮食烘干项目。邛崃市获批为“国家级主要农作物全程机械化示范县”。

【农村科技】 2017年，邛崃市出台了《农业科技体制改革试点激励农业科技人员创新创业工作实施办法》，引领农业向社会化组织化、标准化品牌化、产业化信息化、资本化市场化发展。先后与省农科院、成都市农林科学院、四川大学签订合作协议，省农科院作物研究所与成都市农林科学院合作在邛崃市开展新品种生态适应性试验，参试品种29个。加强粮油、茶叶、林果主导产业农产品品质改良和生产技术革新，建成脱毒马铃薯良种繁育中心，推进成都种业园区建设，聚集安徽丰大、四川嘉禾等种业企业7家，在前进、固驿、桑园等乡（镇）形成水稻制种核心示范基地3万亩，初步形成“育繁推”一体化、“产加销”一条龙的高端种业生产体系。开展麦（油）后直播稻技术集成与示范，加强开展育秧基质、田间操作农艺技术措施、盖种、保温、降温炼苗、病虫害防治等的技术指导，实现新技术覆盖增长率达10%以上。2017年，良种集中供给率达75%，种植业良种覆盖率达98%，生猪三元杂交面达85.4%，禽良种面达98%，兔良种面达100%，畜禽良种及杂交改良面均高于全省平均水平1个百分点以上。

【农村电子商务建设】 2017年，邛崃市建成电商示范镇2个、电商示范村8个。建成邛崃市农产品展销中心、牟礼红珊瑚特色优质农产品电商展销中心、邛崃市万兴果蔬种植专业合作社冷链物流店电子商务平台、邛崃市红珊瑚专业合作社电子商务平台和桑园京东—黑虎农村电子商务平台。

【主要领导人】 市委书记：曾洪扬；市人大常委会主任：刘忠；市长：惠朝旭；市政协主席：欧俊波；分管农业副市长：秦俊宁。

邛崃市编写组

崇　州　市

【基本情况】 2017年，崇州市辖25个乡（镇），辖区面积1090平方千米。《农民日报》授予崇州市“农‘业共营制’2017年中国‘三农’十大创新榜样”称号，中共四川省委办公厅四川省人民政府办公厅授予崇州市“2017年度全省‘三农’工作先进县（市、区）”“2017年度全省重大农村改革任务推进示范县（市、区）”称号，四川省人民政府授予崇州市“四川省建设长江上游生态屏障先进集体”称号。

【年度农业和农村经济运行】 2017年，崇州市农、林、牧、渔业和农林牧渔服务业总产值60.88亿元，增长4.4%。其中，农业总产值26.7亿元，增长4.5%；林业总产值0.97亿元，增长6.2%；牧业总产值29.44亿元，增长3.8%；渔业总产值1.58亿元，增长11.6%；农林牧渔服务业总产值2.19亿元，增长5.2%。农、林、牧、渔及农林牧渔服务业产值在农业总产值中的比重由上年的43.82∶1.56∶48.63∶2.42∶3.57调整为43.86∶1.59∶48.36∶2.59∶3.6。全市农业增加值36.5亿元，增长5.2%。其中，农业增加值20.14亿元，增长4.1%；林业增加值0.78亿元，增长6.1%；牧业增加值13.72亿元，增长6.5%；渔业增加值0.75亿元，增长11.6%；农业服务业增加值1.11亿元，增长5.2%。农、林、牧、渔业及农林牧渔服务业增加值在农林牧渔增加值中的比重由上年的55.74∶2.13∶37.15∶1.93∶3.05调整为55.18∶2.14∶37.59∶2.05∶3.04。全市一二三产业产值结构比由上年的13.2∶48.6∶38.2调整为12.05∶49.52∶38.43，第一产业产值比重比上年减少1.15个百分点。全市农村居民年人均可支配收入达19543元，增长9.2%。

农业产业化发展。崇州市工商注册农民合作社达812个，其中土地股份合作社259个（国家级示范农民合作社3个、省级示范农民合作社11个、成都市级示范农民合作社28个），增加66个。全市工商注册家庭农场达599家，增加136家，其中省级示范家庭农场6家、成都市级示范家庭农场30家。全市农业企业达89家，增加5家，其中成都市级以上农业产业化龙头企业30家、省级林业龙头企业4家。全市土地适度规模经营面积41.62万亩，土地适度规模经营率71%，增加5.68个百分点。

农用地产权制度改革。全市深化“农业共营制”新型农业经营体系，开展土地经营权入股发展农业产业化经营试点，探索实践形成折股联营、入股经营、合作联营等三种模式，全市开展“土地经营权+农业产业化企业”经营试点参与农业产业化企业4家、土地股份合作社23家，试点土地面积10946亩。开展农村产权多权同确，全市新增登

记颁发《成都市农村土地经营权证》21宗、《成都市农业生产设施所有权证》28宗、《林地经营权证》2宗、《经济林木竹(果)权证》7宗、《农村养殖水面经营权》3宗,农村产权多权同确实现按需所颁。开展农村集体产权制度改革试点,制定出台《崇州市深化农村集体产权制度改革发展农村新型集体经济的实施意见的通知》,组建村级股份经济合作社50个,发展壮大集体经济。推进农村金融服务创新,探索形成“1+3+7”农村金融服务模式,全市累计开展农村产权抵押融资1184笔、23.16亿元,其中开展农村土地经营权抵押贷款208笔、贷款3.02亿元。

【主要农产品生产供给】 2017年,崇州市紧扣保障粮食安全和“菜篮子”生产供给,提高农业综合生产能力,全市粮、油、猪、菜、果、肉、禽、蛋、奶和水产品等主要农产品产量实现稳定发展。全年粮食作物播种面积61.37万亩,减少0.95%;粮食产量27.4万吨、油菜籽产量2.54万吨、蔬菜产量32.91万吨、水果产量1.7万吨,分别增长0.29%、2.83%、6.44%、0.59%。全市出栏生猪86.74万头、肉牛2.33万头、肉羊2.22万只、家禽798.22万羽,分别增长2.19%、5.91%、8.29%、2.31%;肉类产量8.1万吨、禽蛋产量3.73万吨、水产品产量1.02万吨,分别增长2.79%、8.12%、15.91%。

【农业供给侧结构性改革】 2017年,崇州市紧扣推进农业供给侧结构性改革,制定出台《关于深化农业共营制推进农业供给侧结构性改革的实施意见》,优化农业产业、生产、经营“三大体系”,补齐要素供给、环境改善两个短板,以4A级景区标准推进“4+1”特色农业基地建设,形成南部10万亩粮食高产稳产高效综合示范基地、北部10万亩粮经高效综合示范基地、10万亩粮菜(食用菌)轮作综合示范基地、10万亩花果山生态观光农业旅游综合示范基地、中高山区生态森林旅游综合示范基地发展格局。推进农业由增产导向转向提质导向,2017年被国家标准委列为创建全国农业综合标准化示范市,制订出台《崇州市创建“国家农业综合标准化示范市”实施方案(2017—2019年)》,建立涵盖农业生产、管理、服务和产品安全的农业标准化体系,初步形成优质粮油、优质畜禽、优质水产、林下种植、特色经济、农产品加工、乡村旅游七大产业标准体系。

【现代农业示范区建设】 2017年,崇州市紧扣推进现代农业示范区建设,崇州南部10万亩粮食高产稳产高效综合示范基地被确定为成都崇州优质粮油产业园、四川省现代农业融合发展示范园。编制完成《崇州优质粮油产业生态圈研究及投资促进方案》《成都崇州优质粮油产业园建设规划(2017—2022年)》《崇州市粮食生产功能区和重要农产品生产保护区建设规划》《崇州市渔业发展规划》。制订出台产业园基地建设、科技创新、用地扶持、企业发展、品牌培育、电子商务、设施建设扶持政策,促进产业园加快建设,推进成都崇州优质粮油产业生态圈建设见成效。全市完成划定粮食生产功能区37万亩、油菜重要农产品生产保护区15万亩,建成优质水稻基地21.35万亩。

【现代林业产业建设】 2017年,崇州市紧扣发展现代林业产业,编制完成《崇州市现代林业发展规划》《大规模绿化全川成都行动崇州市实施方案(2016—2020年)》《李家岩环湖生态带现代林产业发展规划》。深化集体林权改革,探索形成“林业共营制”新型经营体系,组建林地(木)股份合作社53个,入社林地6.2万余亩,入社林农5300余户;培育职业林农623人、林业职业经理人108人;建成林业社会化服务总部2个;累计开展《林地经营权流转证》抵押贷款53宗、贷款11211万元,《经济林木(果)权证》抵押贷款23宗、贷款7781万元。全市新建牛尾竹笋基地5000亩、现代林业基地3000亩。

【产业融合发展】 2017年,崇州市紧扣全域推进全国农村产业融合发展试点示范县、四川省培育农民增收新产业新业态示范县建设,围绕农业供应链、价值链、产业链,发展农产品精深加工、初加工,农产品精深加工、初加工比重不断扩大。全市农产品加工业产值达58.42亿元,增长12%;农产品精深加工率达46.5%,比上年提高6.5个百分点;农产品初加工率达85%,提高7个百分点。制定出台《关于加快提升“农业+乡村旅游”发展的实施意见》,推进现代农业产业基地景区化建设,发展休闲观光农业和乡村旅游,建成省级桤木河湿地公园、凡朴家庭农场、缘道家庭农场等一批休闲农业景区,承办第五届“四川自驾赏花节”开幕式,举办油菜花节、樱花节、首届稻田小龙虾节、“稻虾藕遇·天府好米”推介会等活动。全市休闲农业与乡村旅游业年接待游客950万人次,实现休闲农业与旅游年收入26亿元,分别增长5.6%、18.2%。实施农业品牌建设工程,依托成都“天府源”公共品牌,推出“崇耕”区域品牌,做特“稻虾藕遇”“天健君”等一批农业品牌,形成“市级公用品牌+区域品牌+企业自主品牌”的品牌体系,崇州市被省委农工委、财政厅命名为“全省培育农民增收新产业新业态示范县”。

【幸福美丽新村建设】 2017年,崇州市新建幸福美丽新村38个,共建成幸福美丽新村231个,幸福美丽新村实现全市行政村全覆盖。全面开展以“住上好房子、过上好日子、养成好习惯、形成好风气”为主要内容的“四好村”创建活动,全市创建县级“四好村”54个、成都市级“四好村”54个、省级“四好村”19个。建成集贤徐家林盘、观胜严家湾林盘等川西林盘聚落,白头镇天府国际慢城等5个田园综合体被命名为“成都市田园综合体示范单位”。

【扶贫开发】 2017年,崇州市财政投入扶贫资金1095.4万元,其中成都市级财政568.4万元、本级财政配套527万元;对口帮扶单位投入扶贫资金200余万元;精准扶贫户每户财政和对口帮扶单位投入帮扶资金6000元以上。实施相对贫困村基础设施、产业发展项目18个,完成投资1340.2万元。全市16个相对贫困村人均可支配收入达18000元以上,达到成都市同期水平70%以上。239户精准扶贫对象人均可支配收入14000元以上,达到崇州市同期水平70%以上,实现精准脱贫“摘帽”。

【农业招商引资】 2017年,崇州市引进农业项目20个,引进重大项目2个,引进到位省外资金15亿元。引进四川发展集团投资100亿元建设天府国际慢城项目,引进江苏润恒集团投资150亿元建设崇州润恒城项目。开工建设农业重点项目29个,完成农业项目投资12.5亿元。建成北部10万亩粮经旅综合示范基地42千米环线等一批重大项目。全市完成农业固定资产投资18.28亿元,增长46.4%。

【农村科技】 2017年,崇州市加快农业科技成果转化应用,建成崇州市长江中下游水稻新品种展示示范基地、蜀州水稻研究所。全市建成高端种业基地5125亩,良种集中供给率达98%以上,种植业良种覆盖率达99%,养殖业良种及杂交改良面达98%以上。加快农业新技术推广应用,集成推广应用农业新技术11项、新品种18个,建成万亩水稻高产强化栽培示范;实施农业科技示范户441户,农业科技示范带动农户4410户;全市新技术覆盖率达98%以上。加快构建农业综合服务体系,采取政府引导、市场参与、多元合作方式,构建农业科技、品牌、金融和社会化相结合的农业综合服务体系。提升基层农业综合服务站、林业综合服务站综合服务能力,开展政府购买公益性服务试点,

建成农业社会化服务总部2个、农业服务超市10个，实现农业生产"一条龙"服务，社会化、科技服务覆盖率达90%以上。

【农业装备提升建设】 2017年，崇州市推进高标准农田建设，新建菜粮高标准农田3.44万亩。加快先进农业机械推广应用，集成推广稻麦油全程、农林牧副渔机具和农产品加工技术、工艺和装备，全市新增农机具201台（套），全市农机总动力达41.51万千瓦时。加快推进农业生产全程机械化，全市机耕作业面积72.4万亩、机电灌溉作业面积12.51万亩、机播面积50.5万亩、机收面积62.32万亩，农业综合机械化水平达86.16%。加快推进设施农业建设，采用新技术、新工艺、新设备发展设施农业，全市设施农业面积累计达5.52万亩。

【农村信息化建设】 2017年，崇州市紧扣推进"互联网+农业"行动，搭建农产品电商"公共平台+企业平台"双平台，建成"土而奇"农村公共电商平台，培育农产品电商品牌，发展"线上农业"，带动"线下农业"，实现线上线下融合发展。全市建成农村电商"四站合一"231个，实现农村电商行政村覆盖率达100%。推进信息"进村入户"，实施村级益农信息社建设，建成益农信息社107个。推进智慧农业建设，运用互联网、大数据，建成水稻、果蔬、药材等智能化、设施化、节水化、信息化农业示范基地10个，建成农业物联网信息化示范基地8个、农产品示范基地综合监控监管平台30个，农业科技化、机械化、信息化深度融合发展加快。

【农村生态建设及环境保护】 2017年，崇州市紧扣实施"三大战役"，推进农业面源污染治理，落实"一控两减三基本"措施，化肥、农药年施用量分别减少2.5%、1.5%。开展秸秆综合利用，实现秸秆禁烧"不见烟雾、不见火光、不见黑斑"，秸秆综合利用率达99%以上。开展畜禽粪污综合利用，清理整顿养殖场267家，关闭养殖场255家，畜禽粪污综合利用率达92%，增加7个百分点。推进种养循环农业绿色发展，实施土壤改良培肥行动，推广稻田种养实现以水净土，扩大绿肥作物种植实现以绿色固土，增施农家肥实现以肥培土，全市建成稻田综合种养基地2万亩。推进公园、滨水、城市道路、小区绿化与立体绿化、增花添彩、天府绿道、生态廊道、龙门山植被提升、生态管护与修复全域增绿工程建设，全市森林覆盖率达42.8%，森林蓄积量增长达4.2万立方米。

【重大动植物疫病防控】 2017年，崇州市紧扣实现重大动植物疫病防控"清净无疫"，全市开展免疫猪瘟103.7万头、猪蓝耳病102.3万头、猪口蹄疫103.8万头、牛口蹄疫2.26万头、羊口蹄疫1.72万只，强制免疫禽类禽流感939.25万羽，免疫鸡新城疫399.15万羽，猪瘟、口蹄疫、高致病性猪蓝耳病、禽流感、鸡新城疫群体免疫密度常年保持在90%以上，畜禽有效免疫抗体合格率达75%以上，实现"清净无疫"。开展植物调运检疫60批次，签发检疫证书60份，植物产地检疫合格率达100%。探索建设智慧森防监测预警体系平台，林业有害生物测报准确率达99%以上，有害生物成灾率控制在1.41‰以下，林业产地检疫率达100%。

【农产品质量安全监管】 2017年，崇州市深入开展"瘦肉精"等农产品质量安全专项监测工作，开展"瘦肉精"抽样监测42414份。强化动物产地检疫、屠宰检疫，开展生猪产地检疫14.08万头、家禽产地检疫1007.26万羽、生猪屠宰检疫78.73万头、家禽屠宰检疫267.73万羽。健全农产品质量安全检测体系，开展农产品检测8000组、定量检测1100余组、省级农产品监测项目100组。开展农产品执法监督抽样153个、农业投入品执法监督抽样331个，全市农产品质量安全抽检合格率达100%。强化农产品质量安全监管体系建设，落实乡（镇、街道）农产品质量安全监管员25人、村（社区）农产品质量安全协管员253人、组农产品质量安全信息员3586人，实行农产品质量监管网格化管理。

【农业综合行政执法】 2017年，崇州市紧扣深入开展农业综合执法规范化示范建设，开展农资专项治理行动，全年农业行政执法检查覆盖率达100%。深入开展农资专项治理行动，营造农业投入品"防、控、堵、打"氛围，全年开展种子、肥料、农药、兽药、饲料等农资打假和农产品质量安全专项整治以及春季禁渔、"绿剑护农"、生猪屠宰"扫雷"行动等专项治理行动。强化农业综合执法，依法严厉打击收购、屠宰、加工、冷藏、营销病死动物及动物产品行为，依法严厉查处农业、林业违法案件。全年出动农业执法人员7854人次、执法车辆1766车次，检查农业林业经营户、种养殖户和生产企业3215家（户）次，立案查处各类行政违法案件31起。规范行政审批（服务），全年受理行政审批（服务）事项20项，办结6310件，办结率100%。

【农业安全生产监管】 2017年，崇州市紧扣全面落实安全生产"一岗双责"主体责任，深入开展"百日安全"、"安全生产月"、安全生产大检查等活动，全年无涉农生产安全责任事故发生。强化农机安全生产，同农机生产企业签订《安全责任书》，同农机手签订《农机安全责任卡》，全年无农机安全责任事故发生。加强对木材加工经营企业的生产指导和安全检查，督促企业依法依规进行安全生产，全年无涉林生产安全责任事故发生。

【惠民政策与民生工程】 2017年，崇州市持续深化农作物良种补贴、种粮农民直接补贴、农资综合补贴合并为农业支持保护补贴改革，全市发放农业支持保护补贴资金3450.16万元、成都市2017年粮食规模种植奖补补贴资金3972.29万元，发放农机购置补贴资金609.73万元。培训农民实用技术4.4万人次、新型职业农民468人、农业职业经理人280人。

【主要领导人】 市委书记：赵浩宇；市人大常委会主任：易孔盛；市长：欧昭；市政协主席：杨火清；分管农业副市长：文国洪。

崇州市编写组

简　阳　市

【基本情况】 2017年，简阳市辖21乡21镇4个街道，辖区面积1739.747平方千米，其中耕地面积146.77万亩，比上年增长44.59%，人均耕地面积1.49亩。人口出生率11.75‰，减少0.11个千分点；人口自然增长率4.35‰，增加0.22个千分点。本地水资源总量3.4084亿立方米，人均占有水资源量227.37立方米。有林地面积3.54万公顷，活立木总蓄积量244.2万立方米，森林覆盖率35.6%。

2017年，全市GDP413.68亿元，增长8%，其中第一产业增加值6.22亿元，增长4%，农、林、牧、渔及农林牧渔服务业之比为0.43:0.03:0.49:0.03:0.02；第二产业增加值225.73亿元，增长7.4%（工业产值743.36亿元，增长3.8%）；第三产业增加值125.73亿元，增长11.3%。三次产业对经济增长的贡献率分别为7.6%、52.7%和39.7%。劳务输出40.81万人，收入64.87亿元。全年接待游客1212.63万人次，实现旅游收入50.7亿元，其中乡村旅游收入27.54亿元。

地方公共财政预算总收入完成21.44亿元，增长14.5%；公共财政预算总支出50.29亿元，增长11.93%，其中农业投入76377万元，占支

出的15.19%。农业产业化龙头企业国家级、省级、市级分别为1个、7个、18个。

有艺术表演团体3个,文化馆1个,公共图书馆1个,文物陈列室1个。有卫生机构981个,病床位6637张,卫生技术人员5743人。城乡居民医疗保险参保人数892261人,参合率98%;城乡居民养老保险参保人数437081人,参保率96.5%;被征地农民参加企业职工基本养老保险28393人,占全市企业职工基本养老保险覆盖人数的22.62%。

【年度农业和农村经济运行】 2017年,简阳市实现农业总产值107.37亿元,增长4.7%;农业增加值63亿元,增长4%;实现农业投资17.97亿元,超过成都市下达任务2.86亿元。农民年人均可支配收入达14884元,增长10%,收入增幅在成都市县(市、区)中位居第一,增幅及增量列全省类区县第一位。全市农产品质量抽检合格率达98%以上。

2017年简阳市主要农产品产量

主要农产品	单位	产量	同比(%)
粮食	万吨	45.3	-13.3
水稻	万吨	12.2	-11.9
小麦	万吨	3.2	-53.2
玉米	万吨	19.5	-6.8
马铃薯	万吨	1.9	-13.4
油菜籽	万吨	7	52.5
蔬菜	万吨	45.3	19.6
水果	万吨	11.4	26.1
肉类	万吨	9.4	2.9
猪肉	万吨	6.7	0.3
牛肉	万吨	0.1	10.1
羊肉	万吨	1.1	14.1
禽肉	万吨	1.2	7.7
兔肉	万吨	0.3	6.7
禽蛋	万吨	2.5	2.2
水产品	万吨	2.7	9
牛奶	万吨	0.5	-15

农业产业化发展。全市"3+43"农业产业园区体系加快构建,五合乡金秋砂糖橘、平息乡水蜜桃产业园、飞龙乡龙王村蔬菜基地等农业产业园初具规模。引进北京德青源、蓝剑集团等知名企业,签约项目14个,计划总投资731.6亿元。

农用地产权制度改革。全市颁发农村土地承包经营权证33.09万本,颁发小型农田水利工程所有权证7860本、使用权证31165本;完成全市集体土地所有权、集体建设用地使用权等"六权同确"测绘,数据处理、成果公示和批量入库加快推进。农村集体资产股份制改革和农村"三资"监管平台建设试点扎实推进,创新实施"四合一"(集体资产股份合作社+集体资产经营管理公司+土地股份合作社+专业合作社)改革试点,发展壮大集体经济。

农产品品牌战略实施。全市深入实施农业品牌建设工程,集中优势资源,推进农业规模化种养、标准化生产、品牌化经营、商品化销售,大力发展"三品一标"农产品,打响简阳晚白桃、柑橘、草莓、核桃、大耳羊、优质蔬菜六大农产品品牌。强化品牌农产品质量安全溯源建设,建立品牌农产品质量安全溯源平台使用准入机制和产品二维码质量追溯机制。实施品牌农产品线上线下营销活动,开展樱桃节、桃花节、梨花节、小龙虾节、羊肉美食节等农业节庆活动10次以上。

【种植业】 2017年,简阳市粮食作物播种面积160.01万亩,产量45.33万吨。油料作物播种面积52.78万亩,增加16.11万亩,增长43.95%;产量7.96万吨,增长48.05%。新建和改造提升粮食基地8.77万亩,新建和改造提升油料基地3万亩。完成粮油高产创建面积28万亩,小麦、油菜高产示范平均亩产分别达306.26千克、185.9千克,水稻平均亩产723.5千克,最高亩产达823.58千克。水果产量11.4万吨,其中冬草莓总产量1.54万吨。蔬菜种植面积26.2万亩,产量45.3万吨,实现产值7.8亿元。

【林业】 2017年,简阳市开展林权流转面积1.02万亩,林地经营权流转证办证率达100%;完成农贷通信息平台建设,实现林权抵押贷款8199万元,新增林权抵押贷款0.488亿元;经济林(果)权确权颁证面积达0.52万亩;实现林下经济产值(含景观利用)达5.2亿元。完成创新金融产品1个,开展林业经验应用3个。新建和改造提升林业产业(核桃、油用牡丹、果桑)基地面积11450亩。全市有林业专业合作社268个,新增21个;家庭农场56家,新增43家。

【畜牧业】 2017年,简阳市新(改、扩)建畜禽标准化养殖场(小区)59个,培育农民合作社或家庭农(牧)场、养殖大户72个(户),引进或培育龙头企业3家。年出栏生猪500头以上规模养殖比重达68%、100只肉羊以上规模养殖比重达66%。全市培育发展畜禽标准化规模养殖场(小区)和家庭牧场548个,入社农户3.62万户,占规模养殖农户的65%。"三品一标"农(畜)产品认证比例达到县域生产总量的35%。建立生猪三级良种繁育体系,生猪良种面达98%,肉牛良种面达90%,山羊良种面达98%,禽兔良种面达91%。全年生猪出栏105.5万头,山羊出栏69.57万只,实现畜牧业产值32亿元,畜牧业产值占农林牧渔业总产值比重达44.38%。简阳市已成为全国生猪生产大市(县)和全国生猪调出大市(县),山羊出栏数量位居全省第一,生猪出栏位居全省第三位。

【水产业】 2017年,简阳市水产品总产量2.733万吨,增长9%;实现产值5亿元,增长10%,居成都市第一位。完成稻鱼综合种养面积6000亩,争取成都市现代渔业项目资金536.8万元、本级水产发展项目资金300万元、整合社会资本3000万元进行渔业专业合作社基础设施改造、新品种引进、自身能力建设、技术创新等。

【新村建设】 2017年,简阳市扎实推进农村"884工程",全市乡(镇)就业服务中心提前完成5年任务,新建县、乡道路121千米、硬化村(组)道路1022千米,新增村级就业服务站331个、"村村通"光纤宽带440个村和4G基站建设397个;新建村级党群服务中心100个和村文化卫生室95个、污水处理厂15个,消除土坯房4036户。农村道路、水利、通信、住房等基础设施条件显著改善,公共服务水平全面提升。幸福美丽新村建设成效明显,成功创建成都市级"四好村"66个、省级"四好村"25个,成都市级"三美示范村"3个、简阳市级"三美示范村"26个。

【农村扶贫和移民工作】 2017年,简阳市全面完成"两年脱贫攻坚"任务,顺利实现77个省定贫困村退出、8179户贫困户23498名贫困人口脱贫,简阳市被省委省政府表彰为"片区外脱贫攻坚工作先进县"。一是全力推进基础建设。建成扶贫路638千米,新建菜粮基地高标准农田9.73万亩,完成土地整治5.5万亩,整治渠道390千米、山坪塘656口、河道10千米,新打机井1186口;高标准建设贫困村党群服务中心95个;投入资金5.39亿元,将7375户危房户和无房户全部纳入住房安全保障项目,全面实现贫困户住房安全有保障。二是有效实施产业扶

贫。推进5000亩农业产业园区规划建设，建成农业产业基地13.2万亩；发展壮大贫困村集体经济，实现收入159.7万元，人均10.69元。指导105个贫困村发展优质水果5.04万亩，优质蔬菜2.13万亩，优质粮油9.18万亩。三是全面落实政策保障。全面落实各项兜底政策，有效实施贫困户医疗、教育、就业和社会保障扶贫。

移民后扶工作。全面实施2016年移民后期扶持整体脱困国家补助资金2881万元项目，完成2017年移民后期扶持专项国家补助资金200万元项目。协助业主单位超额完成毗河一期工程移民征地拆迁工作。全年发放直补资金202897人次、1012.85万元，动态管理核减直补到人移民395人；拨付到乡（镇）指标项目资金7779个、金额466.74万元。

【乡村旅游】 2017年，简阳市注重"产田相融、城田相融、城乡一体"，高起点编制《简阳市全域乡村旅游规划》，全面推行"一乡一节"乡村旅游行动，围绕"春赏花、夏品果、秋钓鱼、冬喝汤"四季主题旅游，提档升级桃花节、龙舟赛、羊肉美食旅游节等核心旅游节会，做大做强"魅力天府、休闲简阳"旅游品牌。全年举办柑橘采摘、稻虾美食节等节会活动50余场次，包装推出含国际旅游、文化旅游等各类旅游项目22个，新开发推出永宁乡桑葚膏、盛地农庄葡萄酒、龙潭山庄腌腊新年伴手礼等旅游商品，"东来桃源"入选"成都市50佳休闲农业乡村旅游目的地"。全年接待游客1212.63万人次，实现旅游收入50.7亿元。

【农业机械化】 2017年，简阳市全面完成农机化发展任务。全市农机总动力达50万千瓦，完成机耕面积125.61万亩、机播面积17.41万亩、机收面积51.86万亩，主要农作物机械化综合水平达45.78%。建设机耕便民道140千米；建设机电提灌站44座，完成目标计划的110%。全市农机专合社总数达37个，新增农机专合社5个，培育重点农机专合社1个。成功申报"四川省农机合作社省级示范社(2017—2019)"5个。

【农村科技】 2017年，简阳市积极与科研院校合作，引进新技术、新品种。重点推广水稻旱育强化高产栽培、玉米增密矮化覆膜高产栽培、小麦带式机播机收、油菜撒播机收、测土配方技术、瓜类双断根嫁接育苗等精简集成技术。引进新品种33个，推广新技术、新模式14项，建设院市合作基地25个(其中果树8个、蔬菜7个、粮油9个、中药材1个)。推广旱地小麦带式机播面积1500亩，旱地带式机收面积400亩，玉米机播面积500亩，大豆机播面积1000余亩，油菜撒播机收面积500亩。推广测土配方技术68.3万亩，推广配方肥1.15万吨，开展水稻、玉米、小麦、油菜试验示范基地12个，建立蔬菜示范基地3个、测土配方技术田间试验基地7个、羊肚菌高产高效栽培技术试验示范基地3个，羊肚菌亩产达536.27千克，创四川丘区单产新纪录。

【农村文化】 2017年，简阳市加大对传统节日、传统村落、非物质文化遗产的保护力度。深入挖掘乡村优秀文化背后的故事和文化基因，保护好"乡愁记忆"，增进群众对传统文化和民族文化的认同，推动文化传承发展。高标准全面建成村党群服务中心(文化室)95个，组织开展文化惠民走进扶贫村文艺演出活动、简阳市脱贫攻坚"感恩奋进"脱贫村文化巡演活动等文化惠民演出活动100余场，开展2017年成都文化四季风"民俗闹春""音乐消夏""欢歌庆秋""劲舞暖冬"活动15场，完成简阳市第四届龙舟赛开幕式文体活动表演、第六届中国成都国际非遗节展演进社区活动10场，开展"共筑中国梦·喜迎十九大"群众歌咏赛48场。

【农村卫生】 2017年，简阳市制订了《简阳市基层医疗卫生机构家庭医生团队签约服务工作实施方案》；强化家庭医生团队中医药服务能力，提高基层中医药服务量，将建档立卡贫困户、残疾人纳入重点人群管理，要求各基层医疗机构为签约家庭提供连续协调、方便可及的基本医疗卫生服务。开展"健康直通车进企业、进社区、进市场、进学校"活动，关爱留守儿童，免费健康体检，建立健康档案，普及健康知识，培养留守儿童健康理念，提高健康素养，解除流出人口后顾之忧。确认农村部分计划生育家庭奖励扶助39345人，其中国奖36649人、省奖2696人；计划生育家庭特别扶助1685人，共发放奖励扶助金5007.648万元，连续14年"零误差"。

【农产品质量安全监管】 2017年，简阳市完成农产品定量监测1600个，其中畜产品200个、蔬菜1298个、水果148个、食用菌54个，合格率为98%；开展农产品快速检测7500个批次，合格率为99.3%；完成农业投入品(农药200个、肥料50个)的抽样送检；完成产地环境监测送检水样15个、土样30个。检测技术培训110人次，开展农产品质量安全检测工作巡查指导36次。完善农产品质量安全网格化监管体系，遴选出乡级监管员46人、村级协管员620人，制作县、乡、村网格化监管公示牌667块。完成简阳市农产品质量安全监管溯源系统建设，鼓励企业入驻系统，上传并实时更新生产记录、产销记录等信息。同时将农业投入品纳入农资信息化平台进行管理，10家经营主体入驻省级追溯平台，229家经营主体入驻成都市级溯源平台。

【主要领导人】 市委书记：赵春淦；市人大常委会主任：钟世全；市长：易恩弟；市政协主席：李崇喜；分管农业副市长：雷启峰。

简阳市编写组

金 堂 县

【基本情况】 2017年，金堂县辖2乡18镇1个街道，辖区面积1156平方千米，其中耕地面积85.36万亩，人均耕地面积0.95亩；基本农田76.78万亩。年末总人口90.3万人(户籍人口)，增长0.4%；人口出生率13.4‰，减少0.09‰；人口自然增长率6.36‰，增长0.76‰。本地水资源总量73.82亿立方米，人均占有水资源量8175立方米。林地面积2.0127万公顷，活立木总蓄积量222.61万立方米，森林覆盖率37.35%。

2017年，全县GDP375亿元，增长10.9%，其中第一产业增加值46.4亿元，增长5%(农、林、牧、渔及农林牧渔服务业之比为68.07∶1.28∶20.63∶2.80∶7.22)；第二产业增加值176.6亿元，增长12.2%(规模以上工业企业总产值283.5亿元，增长33.1%)；第三产业增加值152亿元，增长11.3%。三次产业对经济增长的贡献率分别为6.1%、52.3%和41.6%。劳务输出18.0256万人，收入64.89亿元。全年接待游客1117.99万人次，实现旅游收入162100万元，其中乡村旅游收入126400万元。

公路通车里程4081千米(其中乡村公路3688千米)，密度3530.277米/平方千米，45.395千米/万人。社会消费品零售总额79.6亿元，增长10.8%。地方财政一般公共预算收入完成30.7亿元，增长29.1%；地方财政一般公共预算支出54.亿元，增长15.6%。金融机构各项存款余额438.6亿元，比年初增长37.4%；各项贷款余额248.2亿元，比年初增长11.6%。全年保费收入9423.72万元，增长25.6%；处理各项赔款和给付金额4336.09万元，增长81.1%。完成农业产业化项

目148个，完成投资40.5万元。农业产业化龙头企业省级、市级分别为4个、31个。

有各类学校197所，在校学生123158人，教职工9164人，其中普通中学27所，在校学生32914人；小学49所，在校学生47654人；学龄儿童入学率100%。有普通高校3所。有艺术表演团体3个，文化馆1个，公共图书馆1个，民办博物馆2个。有卫生机构516个，病床位6654张，卫生技术人员4377人。新型农村合作医疗参合人数67.36万人，参合率98.4%；新型农村社会养老保险参保人数54.19万人，参保率98.8%。

【年度农业和农村经济运行】 2017年，金堂县出台了《金堂县关于促进产业发展的若干政策》《金堂县农业科技体制改革试点激励科技人员创新创业工作实施办法》等政策。实现农业总产值51.3亿元，增长5.1%；农业增加值34.05亿元，增长4.7%；食用菌、柑橘等特色优势农产品产量保持稳定增长。农村居民年人均可支配收入达17720元，增长9.3%。全县农产品质量抽检合格率99.1%；建成21个基层农业林业产业综合服务站。全年开展农村电商培训600人次，转龙镇创建为2017年成都市特色农产品电子商务示范镇。

2017年金堂县主要农产品产量

主要农产品	单位	产量	同比(%)
粮食	万吨	26.5	0.76
水稻	万吨	6.6	0
小麦	万吨	1.2	-7.69
玉米	万吨	11.1	0
马铃薯	万吨	2.5	4.17
油菜籽	万吨	4.12	29.19
蔬菜	万吨	86.98	-0.73
水果	万吨	25.71	2.05
肉类	万吨	7.11	-1.4
猪肉	万吨	4.55	-3.4
牛肉	万吨	0.44	0
羊肉	万吨	0.41	0
禽肉	万吨	1.21	5.22
兔肉	万吨	0.5	0
禽蛋	万吨	2.4	0.41
水产品	万吨	1.46	18.7
牛奶	万吨	1.01	-26.3

农业产业化发展。全县发展蔬菜、水果、优质粮油等特色经济作物3.6万亩，完成产业结构调整面积3万亩，提升和新建产业融合示范园区36个。全年新培育市级以上农业产业化龙头企业3家，以龙头企业引领和示范带动，带动就业创业农户93797户，帮助就业19241人，实现销售收入29亿元。

农用地产权制度改革。全县完善农村土地"三权分置"，完成农村"新四权"、林地经营权流转证、经济林木(果)权证应确尽确、应颁尽颁。开展农村土地承包经营权图斑入库及数据汇交工作，确保每户农户确权颁证信息准确、每个承包地块图斑数据规范。深化农业经营体制改革，鼓励发展适度规模经营，新增规模经营面积3.5万亩，累计达56.8万亩；土地规模经营率达63.2%，带动农户20万户，带户面达70%以上。推进农村产权规范交易和抵押融资，赋予权证所有者经营、处置、办理抵押贷款等权益，共办理农户土地承包经营权抵押贷款69宗、5586万元；为业主办理经营权证30宗，抵押贷款6宗、790万元。

农产品品牌战略实施。全县组织金堂羊肚菌、铁皮石斛、橄榄油、柑橘类水果、鲜花山谷文创产品等在港中旅铁人三项世界杯赛新闻发布会上展示推广；金堂明参推荐会暨高端优质食材品鉴会在上海虹桥"一间房·朴院"举办；金堂黑山羊、金堂明参在中央电视台第七套气象预告作宣传推广；举办金堂特色农产品品牌营销专题活动16场次；"田岭涧"获得四川省著名商标、2017中国国际商标品牌节银奖，品牌价值达2752万元，农产品远销新西兰、俄罗斯和匈牙利。在《农民日报》、新华网、《四川日报》、四川电视台等媒体宣传240余次；创建金堂农林微信公众号并发声500余次；拍摄油橄榄、清江稻米、玉皇山菊花、高板水产、官仓田园生活、"借羊换羊"模式、千亩柑橘林、红薯致富、归国华侨农业情怀等专题宣传片。全县有国家地标产品5个，创建省著名商标4个、市著名商标12个、四川名牌5个。

【种植业】 2017年，金堂县将原"4+N"现代特色农业产业体系重新定义为构建以食用菌、油橄榄、柑橘、金堂黑山羊为重点，以蔬菜、特色水果(青脆李等)、特色水产(小龙虾、大闸蟹、甲鱼)等优新特产业为补充的"4+N"现代特色农业产业体系。积极推广粮油、食用菌、蔬菜、水果新品种150个，试验示范新技术、新模式8万亩，新增蔬菜工厂化育苗700万株，基本建成农业部西南柑橘良繁中心。一是食用菌产业。全县食用菌规模达5.4亿袋，产量40万吨，其中姬菇种植近3亿袋，位居全国第一；羊肚菌种植面积1.5万亩。二是柑橘等水果产业。全县柑橘种植面积20万亩，产量19万吨。特色伏季水果种植面积30亩，产量26万吨。三是蔬菜产业。蔬菜种植面积50万亩，产量87万吨，良种普及率达95%。四是优质粮油产业。粮食种植面积88.2万亩，产量27万吨，大力发展金堂紫薯、金堂黑花生等"金字"牌特色杂粮经济。

【林业】 2017年，金堂县新栽植油橄榄0.8万亩，完成核桃高改10000亩，种植藤椒600亩，林下种植440亩，发展川皇菊等彩叶林600亩。管护国有林1514亩、集体公益林14.63万亩，续建封山育林5000亩；巩固退耕还林4.65万亩和龙泉山脉生态植被恢复工程14.09万亩；实施龙泉山生态提升工程0.15万亩；全年兑付林农各项补助资金约1143万元。推进龙泉山城市森林公园金堂片区建设，面积368平方千米，涉及9个乡(镇、街道)53个行政村(社区)，已制定完成龙泉山城市森林公园金堂段分区、旅游道路环线、水源工程(一期)、2017年度植被恢复和金堂县10万亩油橄榄产业发展行动方案等规划设计5个，包装策划项目23个，计划总投资近178.9亿元，先后启动生态植被恢复工程、金堂油橄榄主题园、玉皇养生谷、国家健身步道、五凤古镇二期等项目13个。

【畜牧业】 2017年，金堂县生猪存栏39.32万头，牛存栏2.504万头，羊存栏9.94万只，家禽存栏501.85万只；生猪出栏60.2万头，牛出栏1.5万头，羊出栏16.54万只，家禽出栏716.2万只，肉兔出栏284.4万只；实现畜牧业总产值23.5亿元。全年建成父母代种猪场3个、生猪标准化养殖场81个，父母代种蛋鸡场2个、蛋鸡标准化养殖场14个，金堂黑山羊原种场1个、黑山羊扩繁场5个、黑山羊示范户243户；在竹篙镇农产品加工园建成年屠宰加工20万只羊的屠宰加工厂1个；建有奶牛标准化养殖场1个、标准化奶站1个。有畜禽标准化示范场部级3个、省级7个、市级17个；畜牧龙头企业国家级1个、省级2个、市级9个；省级示范合作社2个；国家蛋鸡良种扩繁推广基地1个、市级放养鸡养殖示范基地2个；获有机转换认证1个、国家无

公害认证6个。

【水产业】 2017年,金堂县淡水养殖面积28830亩(未包括稻田养鱼面积),其中池塘养殖面积18750亩、河沟养殖面积5130亩、水库养殖面积4950亩。发展稻田综合种养4000亩,新修建现代渔业标准化养殖池塘1672亩、苗种繁育车间3560平方米。全县小龙虾养殖面积1400余亩,产量220余吨;大闸蟹养殖面积700余亩,产量100余吨;甲鱼养殖面积260余亩,产量100余吨。

【统筹城乡与新型城镇化】 2017年,金堂县按照"重点城镇城市化、一般场镇特色化、边界场镇商贸化、农村地区社区化"发展思路,落实市级专项补助资金2.5亿元,开展竹篙、五凤、白果、福兴、赵家、清江、土桥、高板等8个乡(镇)的特色小镇培育建设。全市特色小镇培育计划调整后,五凤镇申报为重点示范镇,白果通航小镇申报为重点培育小镇(非建制镇),土桥镇、官仓镇纳入全省"百镇建设行动"培育范围。2011—2017年,全县结合农村土地综合整治、幸福美丽新村建设、农村危房改造等涉农惠农项目,以打造"美好庭院""美好家园"为抓手,组织农户开展"四清"(清垃圾、清污水、清污泥、清杂物)、"三改"(改厨、改厕、改圈),美化庭院、栽植花木,改善林盘院落环境;通过成立业主委员会、订立"居民守则"和"文明公约"、设立院落整治意见箱等手段,加强林盘院落建后管护,积极推行林盘院落自主自治,建立健全长效管理机制;积极引导社会资本依托林盘生态资源和人文资源,大力发展以休闲观光、生态度假、人文教育、乡村体验为主的旅游产业,以贺麟故居林盘、广兴芍药园林盘、转龙鲜花山谷林盘、竹篙红枫樱花林盘为代表的一批林盘聚落逐步向乡村产业型林盘转型。截至2017年年底,全县完成林盘院落保护、整治工作69个,其中21个点位被授牌为"成都市林盘保护利用示范点"。

【新村建设】 2017年,金堂县建成"业兴、家富、村美、人和"幸福美丽新村66个,创建省级"四好村"18个。新建新农村综合体1个,改建林盘聚落5个。打造"一镇一线一片六村"的幸福美丽新村示范,完成37个村(社区)"三改四建一提升一整治"项目,涉及农户3135户,完成幸福美丽新村精品院落建设2个。启动金堂县田园综合体建设。

【农村扶贫和移民工作】 2017年,金堂县23个相对贫困村、2452户相对贫困户被纳入成都市第三轮第二批精准扶贫帮扶序列。在2016年开展精准扶贫基础上继续健全"9+1"帮扶工作格局,落实"双五个一"帮扶行动,推广"造血式"扶贫机制和"5+1"精准扶贫合作模式,市委常委谢瑞武等9位市领导挂点督查,25个市级部门、33个区级部门和全县5000余名党员干部对口帮扶相对贫困村和相对贫困户。落实各类帮扶资金3.4亿元,用于各相对贫困村和相对贫困户发展特色种植业、特色畜禽养殖及发展乡村旅游业,完善道路、水利等基础设施,相对贫困村人均可支配收入达15844元,23个相对贫困村、2452户相对贫困户全部脱贫。开展东风水库扩建工程移民安置、毗河供水一期工程征地拆迁专项设施迁复建,按时完成移民直发直补。

【乡村旅游】 2017年,金堂县乡村旅游接待游客872.03万人次,实现乡村旅游收入12.64亿元,分别增长11.46%、33.19%。完成五凤古镇、玉皇养生谷、转龙鲜花山谷等A级旅游景区提升工作,全面完成乡村食府、紫玉乡村酒店、玉皇养生谷乡村酒店、转龙鲜花山谷4家乡村旅游企业"四改一提升"工作;完成新增官仓、赵镇、广兴、云合、转龙等乡(镇)三级导视系统及毗河湾旅游度假区、玉皇养生谷、花田广兴、资水蜜乐园等景区标识标牌100余个。举办了成都金堂首届乡村旅游节暨"花田广兴"赏花季、2017全球华语爱情诗会暨四川金堂首届蜀葵花文化旅游节、四川省第八届乡村文化旅游节(秋季)分会场暨"云合水乡蟹果飘香"——2017乡村文化旅游节等特色乡村旅游节会活动14个,贯穿一年四季的特色旅游节会活动已成为全县旅游对外宣传的重要窗口。先后推出"花园水城·富美金堂"2017年金堂春、秋、冬季乡村旅游线路14条,线路串联起全县重要旅游景区(点)及不同种类旅游资源类型,游客多角度、全方位展现金堂之美。

【农村水利】 2017年,金堂县完成2015年市级财政农田水利第三批项目,建设高效节水管道灌溉7771亩;完成2016年市级财政农田水利第一批、第二批项目,涉及赵镇、平桥乡、福兴镇和赵家镇共4个乡(镇)的水利设施建设;完成2016年中央和省级财政农田水利工程维修养护项目,完成泵站7座、山坪塘42口、渠道49条、石河堰2处、机井2口的维修养护工作。完成2016年国家农业综合开发水土保持项目和黄水河小流域水土保持项目,治理双龙桥河小流域和黄水河小流域水土流失面积9.35平方千米;完成2016年度省级小型农田水利重点县建设项目,完成整治渠道12.33千米,整治山坪塘50口,新建蓄水池61口,新建泵站13座。新增灌面0.25万亩,改善灌面1.4万亩,新增节水能力47.52万立方米,新增蓄引提节水能力44.67万立方米,年增产粮食25万千克,年增经济作物产值482万元。

【农业机械化】 2017年,金堂县有各型农业机械96453台(套),农业机械总动力达232763千瓦。全年机耕面积14.7万公顷,机播面积2.11万公顷,机收面积2.84万公顷。全年累计落实农机购置补贴资金151.413万元,带动农民投入资金286万元,推广农业机械199台(套),新增动力3728千瓦。

【农村科技】 2017年,金堂县以"建设丘陵地区现代特色农业示范区"为总牵引,大力实施创新驱动发展战略,加大农业科技投入,建成了羊肚菌核心示范基地、四川柑橘母本园等创新创业载体,组织实施农业新品种引选育、新技术集成研究和示范推广项目。积极与四川农业大学、四川省农业科学院、成都市农林科学院等高校和科研院所合作,依托食用菌良种繁育中心、黑山羊原种场等良种繁育基地和大型种业企业积极开展羊肚菌、灵芝等珍惜高端新品种的优化改良和培育工作,其中野生羊肚菌人工驯化和规模化栽培为全省首创。支持企业与高校联合建立研发中心,已建成四川农业大学—正鑫农业、农科院—中菌川派、成都大学—天绿菌业等产学研研发机构10余家,开展食用菌工厂化栽培技术、蔬菜工厂化育苗技术、黑山羊高效养殖技术等技术攻关200余项,获得国家、省、市科技项目100余项,其中"食用菌菌渣快速腐熟关键技术研究与生物有机肥的应用示范"获得国家星火计划立项支持,"种鸡标准化生产关键技术集成研究及产业化示范"获得四川省科技支撑计划立项支持。形成了"黑山羊大型新品系选育及示范推广"等科技成果50余项,其中"优质蛋鸡标准化养殖技术研究与示范"等20余项成果获得省、市科技进步奖。开发了"资水河大闸蟹、油橄榄"等特优品种100余个。引进服务机构32家,孵化农业创业项目50余项,累计投入创业创新资金2.6亿元,带动就业6500人。建立产学研一体化发展体系,开展创业创新项目100余项,获得国家授权创业创新专利300余项、科技成果50余项,获得国家、省、市科技类表彰奖励120余项,近3年获科技计划项目立项35项。

【农村教育】 2017年,金堂县规划建设公办幼儿园34所,建筑面积125432平方米,建设规模339个班(新增学位10170个)。第一批次新建公办幼儿园9所全部竣工并正式开园招生;第二批次新建公办幼儿园15所全部竣工,其中9所正式开园招生;第三批次新建公办幼儿园

6所、改(扩)建3所全部完工,将于2018年投入使用。2017年度公办幼儿园标准化建设完成情况综合考核被成都市评为工作成效显著先进县。

社区教育。建立了金堂县学习型城市建设与社区教育联席会议制度,创建优质社区教育学校1所、示范社区教育工作站2个。开展社区教育专题培训3次;开展第二期"社区雏鹰"公益活动486场;开展第四届"能者为师寻找社区好教师"活动;开展沱江源文化讲坛9场;开展道德讲堂12场,开展市民课堂49场。2个社区获评"成都市学习型示范社区",3个社区获评"成都市学习型社区"。"紫萝布衣·市民自主学习团队"被纳入市级市民自主学习团队建设项目。

技术装备方面。全县完成教育城域专网第一批次89个接入点位,第二批次39个点位抓紧实施。完成移动视频会议系统和互动直播平台建设;建成数字化实验室20间。农村义务教育学校营养改善计划46个食堂建设项目全部完工并投入使用。开展学校教育技术装备和信息化建设,投入5534.3万元。

【农村文化】 2017年,金堂县21个乡(镇、街道)均建有综合文化站(中心),各行政村(社区)均建有文化活动室、农家书屋,并常年免费开放。全年新建公共文化服务标准化示范点10个、基层综合性文化服务中心建设示范点10个、基层综合文化服务中心2个、文化地标10个、公益性足球场3个。丰富农村文化生活,结合"走基层"文化惠民活动开展"百姓故事会"演出40余场、全民健身活动103场,放映公益电影2600余场。壮大农村文化队伍,全县21个乡(镇、街道)综合文化站配备1名专门文化站长和3名工作人员,各行政村均设立公共文化服务公益岗位,各社区设立1名宣传文化辅导员,成立特色文化队伍、文化协会,文化艺术骨干全部执证上岗。县(市)民文化艺术学校在21个乡(镇、街道)设立了辅导站,针对基层文化骨干开展专题文化培训2期,每期2个月,培训项目达5个以上。实施农村文化名片打造,深度挖掘农村名人名事、民俗民风等特色文化和名人故里、文化街区、古建筑等文化遗产,培育文化地标,形成农村文化。以五凤古镇"贺麟故居"为载体,举办中国青年哲学论坛,弘扬培育孝善文化,倡导"在家当孝子,在外做善人",举办了2017中国故事节·金堂故事会暨金堂县第二届孝善文化节,进一步强化农村文化品牌。

【农村卫生】 2017年,金堂县启动总投资为3亿元的"十三五"基层医疗卫生机构硬件提升工程,对23个基层医疗卫生机构进行基础设施提升改造、诊疗设备提档升级,对330个村卫生室进行公有化和标准化建设。全面推行居民健康档案三格化管理(即将居民健康档案按照流动人群、一般人群和重点人群分类管理),实现居民健康档案和七类重点人群档案动态、有效、规范管理,建立城乡居民健康档案694943份,建档率95.7%。全县严重精神障碍患者3557人,规范管理率89.65%,参保率100%,将145名符合条件的严重精神障碍患者纳入"阳光救助"。组建家庭医生服务团队157个,有效签约服务365677人,签约率达50.38%。高板中心卫生院、三溪镇卫生院、广兴镇卫生院、福兴中心卫生院4家乡(镇)卫生院被推荐评选为"全国2016—2017年度群众满意乡镇卫生院"。金堂县被四川省重大传染病防治工作委员会评为"2017年血吸虫病消除达标重点地区"。

全县基层医疗机构中医药服务465674人次,占全县基层医疗机构总医疗服务量的53.75%。淮口社区卫生服务中心、土桥中心卫生院、竹篙镇卫生院建成"成都市示范中医馆";高板中心卫生院"规范化中医馆建设项目"竣工开馆;淮口镇团结村卫生室等10家村卫生室及"健康小屋"完成"中医角"项目建设;赵镇社区卫生服务中心金堂赵镇怡康医疗养老中心建成并投入使用;金堂县赵镇第三幼儿园挂牌"成都市中医药进幼儿园示范单位"。全县中药材种植面积13000余亩,居西南地区之首。全县有中药材种植规模业主26家。中药材基地设施种植面积1000余亩,实现产值1140万元。

建立完善计生特殊家庭关怀扶助机制,实施救助、养老、安居、再生育关怀、发展五大工程关怀计生特殊家庭。兑现计划生育奖励扶助、特别扶助和独生子女父母奖励金2916.834万元,受益人群9.23万余人。

在高板镇、金龙镇、云合镇、转龙镇完成400户农村改厕项目任务。创建省级卫生镇2个、省级卫生村24个、省级卫生单位5个。新创建星级院落25个,原有星级院落复评合格率100%。新建成农村星级卫生院落75个。

【农村法制建设】 2017年,金堂县镇、村(社区)法律顾问工作机制实现常态化,对全县3个律所、53名执业律师,10个基层法律服务所、37名法律服务工作者开展年度考核,进一步规范镇、村法律顾问执业行为。建立乡(镇)规范化法律援助工作站4个,全年共办理法律援助案件674件,办理其他法律援助事项8847件,为受援群众提供法律援助10195人次,其中办理重大信访维稳案件10余起,涉案金额近5000万元,受援人数1000余人。继续发挥公证在服务重点工程建设、民生工程项目等领域的重要作用,公证业务窗口入驻淮州新城政务中心,在竹篙镇设立公证服务便民点,进一步提升公证工作服务基层、服务群众、服务农村经济发展的保障作用,全年办理公证案件4117件。

建立县人民调解员协会,推动乡(镇)、村(社区)人民调解委员会规范化建设。健全矛盾纠纷应急处置和排查调处全覆盖机制,完善春节、"两会"等重大敏感时期排查调处专项保障机制。出台了《关于全面推广"说事评理"调解工作机制的实施意见》,以土桥镇"说事评理"机制为示范引领,带动全县推广。结合村(社区)"两委"换届选举工作,在官仓镇、栖贤乡、福兴镇、广兴镇试点推行村(社区)人民调解委员会委员依法公开选举工作,进一步推动村级人民调解组织建设,选优配强基层人民调解队伍。全年共化解矛盾纠纷1383件,调解成功1346件,调解成功率97.3%,其中有效化解或稳控重大涉稳矛盾纠纷34件。

启动实施金堂县"七五"普法规划,印发了《关于建立完善普法任务清单加强基层法治宣传教育工作体系建设的实施意见》,建立法制宣传教育"一清单三公开两评价"制度,在"12·4"国家宪法日及其他12个重大时间节点集中开展"1+12"法制宣传教育主题活动,实现全县普法"一盘棋";在赵镇沱源社区、十里社区建立以社区法律服务便民微平台为载体、"互联网+法律服务"系统为枢纽、多元联动法律服务机制为核心的"社区法律之家",使公共法律服务在村居院落有阵地、有人员、有服务、有影响;开展以"弘扬法治精神·建设富美金堂"为主题的"法治邮路"活动,深化"法律进乡村"工作,将法制宣传与邮政通信服务融合,依托遍布城乡的邮政网点资源和邮政投递员向群众投放普法宣传资料;与中普法律学校合作,深入赵镇沱源社区、十里社区、清江镇新水碾村等村(社区)开展"普法专家社区行"活动,促进法制宣传工作科学化、精准化。2017年编印《"法润金堂"普法文艺作品选之二》、《法治金堂报》、《"法律七进"读本》、普法折页等5万余册(本)并免费向全县城乡群众发放。

【农村交通】 2017年,金堂县建成村(组)道路441.9千米,其中统筹城乡村(组)道路256.6千米、产业道路60.8千米、扶贫村道路124.5千

米，总投资61200万元；完善农村公路安保工程（路侧护栏）100.384千米，总投资3600万元；启动实施建制村提档升级工程项目，投资14300万元，改造道路36.983千米；实施县、乡道维修工程项目，维修道路约138千米（安全设施处理的道路未纳入统计），路面处理长度约35.5千米，投入资金2735万元；对全县资水河流域共计35座桥梁、1532米进行新（改）建，投入资金15461万元。

村（组）道路通村通畅工程。一是完工项目。盘龙寺大桥及连接线工程全长3.2千米，其中新建桥梁桥长约1.2千米；白果大桥桥梁及连接线全长1.1千米，其中桥长450米，桥两边引道长650米、宽20米；成金大道青白江段全长1.1千米。二是续建项目。金堂大道中段三星至赵家段全长9千米；金堂大道中段赵家至三溪段全长11.5千米；金堂大道中段三溪至高板全长3.8千米；中金快速通道赵家至淮口段全长8.8千米；转隆大道西延线全长2千米；观音山至云顶山旅游公路一期工程全长2.669千米；云合大道全长11.8千米；金堂山旅游道路全长约6.5千米。三是新开工项目。家珍大道上跨达成铁路桥及引桥工程全长550米（含上跨桥约274米），桥梁宽度23.5米；金旌快速通道全长8.307千米；观音山至云顶山旅游公路二期工程全长12.466千米（含隧道1.28千米）；福兴大道全长5千米；金简路北延线全长1.28千米；淮（口）金（龙）大道全长12.14千米；竹转路改造工程全长8.836千米；转龙镇红桂路新建工程全长5.18千米；隆盛大道全长3千米；三星白鹭岛至舒家湾天主教堂旅游公路全长11千米；金堂县白果通用机场西环线建设工程全长7.721千米；工农大桥全长0.461千米，其中桥长266米，引道长195米、宽30米；海泉湾大桥（北河四桥），新建桥梁及引道路线全长1.41千米（其中桥梁长420米、宽30米），起点引道宽30米，终端引道路基宽8.5米；云合镇二桥全长130米、宽12米；云合镇新改建2座桥梁，桥梁及引道全长1.468千米（其中云合三桥0.998千米、双流人民大桥0.471千米），桥梁宽12米。

【农村社会保障】 2017年，金堂县实现城乡居民医疗保险制度全覆盖。全年城乡居民基本医疗保险参保人数67.36万人，参保率98.4%；基金收入41682万元。政府加大投入，县级财政按照40元/人标准配套补助，共配套补助资金2485万元，资助救助对象32591人参保，共资助702万元；自愿参加大病医疗互助补充保险的资助保费的30%。医疗保险实行联网结算，县内共48家医疗机构为参保人员服务，全年77.33万人次享受基本医疗保险待遇，基金支出31574万元，住院补偿政策范围内报销比达78.46%，实际报销比达61%；1451人次享受城乡居民大病保险待遇，基金支出430万元；大病医疗互助补充保险基金支出2278万元。

【农村生态建设及环境保护】 2017年，金堂县推进农业生态环境持续改善，开展违规建设项目清理整顿活动，关闭“三无”企业150余家，整治企业900余家。北河、红旗水库、东风水库三大集中式饮用水水源实现水质预警自动监测，定期监测饮用水水源地供水水质。关闭禁养区畜禽养殖场（户）511家（户）。开展土壤重金属污染普查，送检土壤样品1675个、作物样品1675个。推广秸秆堆沤还田15.53万亩，秸秆综合利用率达96.7%。新建养殖场大中型沼气工程4000立方米。全县菌农使用燃煤锅炉120户，关停88户，改造32户，菌渣21.6万吨全部用于生产生物菌肥。回收废旧农膜290万千克，回收率达68%以上。在赵家镇和三溪镇10个农资经营店开展农药包装废弃物回收试点。全年建立农作物绿色防控示范基地115万余亩，专业化统防统治面积206.5万亩。加强林业有害生物防控体系建设，全面完成松材线虫病及重大林业有害生物防控任务，林业有害生物成灾率控制在3‰以下，无公害防治率达85%以上。

【农产品质量安全监管】 2017年，金堂县经质检总局年审合格继续保留“国家级出口食品农产品质量安全示范区”称号。全年新增有机、绿色食品和无公害农产品认证9家，“金堂羊肚菌”国家地理标志证明商标申报进入初审公告阶段。实施信息化监管，镇、村两级监管检测结果实时上传成都市农产品质量安全检测监管溯源平台，918家农产品生产经营主体信用信息录入该平台，30家主体入驻省级平台。村级监管职业化建设作为四川省农产品质量安全监管特色亮点工作之一参加了全国“双安双创”成果展。全县开展县级种植业农产品农药残留定量检测1400个、定性检测8400个，乡（镇）、村农产品定性检测15.12万个，主要农产品质量安全合格率达99.7%以上；开展县级水产品定量检测100个，合格率100%。开展农业植物检疫活动112次，查处非法调运案件2件。开展动物产地检疫工作，检疫牛2584头、羊1468只、生猪21.97万头、家禽236.91万只；开展生猪定点屠宰检疫工作，检疫生猪22.35万头；开展病死畜禽集中收集无害化处理工作，无害化处理牛138头、羊1746只、生猪3.67万头、家禽14.41万千克、兔1.46万千克、鱼1.11万千克、病害猪产品10.49万千克。查处农业案件39件（其中移送公安案件6件，评为“市优秀案件”1件）；开展农药、化肥、种子、兽药、饲料等知识宣传培训21期。

【农村市场体系建设】 2017年，金堂县推进“农贷通”等“互联网+”平台建设，按照“搭建一个平台、建设三个服务中心、建设三个服务站”的要求，已搭建“政银企”综合性融资服务平台，建设镇级“三合一”服务中心21个、村级“三合一”服务站148个，建立500万元规模的县农村产权抵押融资风险补偿资金，农行金堂县支行、建行金堂支行、金堂汇金村镇银行等金融机构进入“农贷通”平台系统，让金融机构与农户、新型经营主体信息对称，解决农村金融服务“最后一公里”问题。

推进金融服务改革，县内各金融机构积极拓宽“三农”融资渠道，扩大涉农贷款规模，全年涉农贷款192.94亿元，较年初增加14.82%，金堂县天宝毛叶山桐子专业合作社、四川中海茂农业开发有限公司、成都吉丰众鑫毛叶山桐子专业合作社在四板市场挂牌。开展农村信用体系三项评定工作，共评定信用乡（镇）11个、信用村130个、信用户7991户、信用新型农业经营主体12家。建立处理非法集资专班，深入农村宣传非法集资法律政策。促进金堂县新农担公司担保实力提升，完成增加注册资本金至5亿元，公司年末在保109笔、36028万元，其中涉农担保79笔、21888万元（含“支农再贷款”担保15笔、5000万元），涉农担保业务占比60.75%。

推进政策性农业保险工作，全年政策性农业保险总保费收入9423.72万元，对上争取补助资金6998.62万元；农户自缴2270.38万元，理赔支出4336.09万元，累计出险受灾28823户次。全县已推广政策性农业保险品种22个，新增农业生产经营主体用工意外伤害保险试点，投保用工意外伤害保险（种植业）139197.06亩，业主和农户自缴保费459350.37元；投保用工意外伤害保险（养殖业）91人，业主和农户自缴保费4368元。

【农村留守家庭（儿童、学生）帮扶】 2017年，金堂县留守儿童数量由5990人减少至5329人，减少11.03%。一是开展减少留守儿童存量试点。成立领导机构，将试点工作纳入全县农村留守儿童关爱保护工作联席会议工作机制同研究、同部署、同落实，纳入全县全面深化改革工作目标进行考核。二是摸清需求。着力提供优质高效服务，依托民政

和共青团系统留守儿童关爱服务数据系统，进一步对全县留守儿童档案进行补充完善，掌握全县留守儿童年龄分布、关爱需求、家庭基本情况等相关信息。三是分类服务。实施亲情回引，在全县“留守学生之家”、“寸草心”家园和“儿童之家”等248个关爱活动阵地，开展暑期高校“三下乡”“童伴计划”“4:30课堂”“七彩小屋”等项目，引导留守孩子与父母电话、视频交流，宣传家乡变化、返乡政策，细算“经济账”与“亲情账”，在孩子们与父母之间架起了一座亲情交流的桥梁，全年开展各类宣传回引政策、关爱留守活动350余场次，服务留守儿童7600余人次。助力随迁就读，协调当地团组织帮助，联动当地教育、流管等职能部门简化外出务工人员子女随迁就读手续，提供“一次性告知单”，为有条件随迁家庭提供便利；协调当地团组织积极开展流动儿童关爱工作，提升外出人员归属感、城市融入感，促进其当地市民化；协调简化县内“随迁就读”手续办理，开启县内各学校间的转学绿色通道，避免二次“留守”。

【劳务开发与返乡创业】 2017年，金堂县实施“回引工程”，鼓励返乡创业就业。由县领导带队到广东省东莞市看望慰问金堂籍在外创业就业人员，介绍家乡经济社会发展成就，宣传金堂县创业就业政策和工业园区建设情况，同时落实各项优惠政策，鼓励回乡创业就业。通过多年实施“回引工程”，在东莞市务工的金堂籍创业就业人员已有3万余人返乡发展，返乡比例近50%。创造返乡条件，开展“春风行动”“就业援助月”“返乡就业专场招聘”等就业活动，拓宽农民工创业者融资渠道，建立“银、政、企”三方联席机制，搭建以县邮政储蓄银行、农商银行为重点，市、县中小担保公司为支撑的融资服务平台，从贷款额度、还贷时间和抵押物范围上放宽限制，为返乡下乡创业创新提供小额担保贷款。以电话采访、入户走访等形式在全县范围开展问卷调查1100份，了解外出务工人员技能掌握情况、返乡就业创业意愿、返乡就业创业存在的困难等。

落实精准扶贫，开展新春促就业系列活动。开展金堂县2017年春季就业巡回招聘会暨就业精准扶贫活动，将人社政策、就业信息、就业岗位、现场招聘会等带到群众身边，搭建公共就业服务平台，共举办现场招聘会32场次，参加企业738家次，提供求职岗位1.49万余个，参加人数1.82万人，达成意向协议0.42万余人。积极做好藏区就业扶贫工作，组织四川鋈新能源科技有限公司等4家企业到红原县、康定市参加2017年四川省贫困县(康定专场)就业扶贫专场招聘活动，提供就业岗位200余个，初步达成意向协议150余人。多方收集金堂县内适合藏区劳动者就业的岗位，及时对接理塘县，多渠道发布用工信息，开展企业代招工作，初步反馈求职登记信息284条。

【主要领导人】 县委书记：金城；县人大常委会主任：陈文建；县长：杨晓涛；县政协主席：邓忠；分管农业副县长：易志坚。

金堂县编写组

大 邑 县

【基本情况】 2017年，大邑县辖16镇3乡，辖区面积1327平方千米。有人口51.15万人(户籍人口)，人口出生率9.92‰，人口死亡率7.82‰，人口自然增长率为2.11‰。有自然保护区1个，自然保护面积31790公顷。森林面积71826公顷，森林覆盖率56.03%。

2017年，全县GDP230.67亿元，增长8.4%，其中第一产业增加值35.29亿元，增长4.4%；第二产业增加值100.97亿元，增长9.9%(规模以上工业企业增加值增长11.3%)；第三产业增加值94.41亿元，增长8.3%。一二三产业结构比为15.3∶43.8∶40.9，三次产业对经济增长的贡献率分别为8.5%、51.1%、40.4%。人均GDP45212元。有社会从业人员35.62万人，其中第一产业从业人员7.16万人、第二产业从业人员14.26万人、第三产业从业人员14.2万人。城镇登记失业率为3.6%。全年接待国内游客1896.95万人次、境外游客8.12万人次，分别增长10%和5%；实现国内旅游综合收入49.58亿元、旅游创汇2892.21万美元，分别增长32%和60%。

全年固定资产投资257.59亿元，增长11.3%，其中文化旅游投资18.21亿元，增长122.5%。社会消费品零售总额60.13亿元，增长9.9%。地方一般公共预算收入完成12.36亿元，增长14.5%，其中税收收入8.35亿元，增长19.6%；地方一般公共预算支出32.82亿元，增长10.8%。年末金融机构各项存款余额309.87亿元，增长6.2%，其中居民储蓄存款余额226.74亿元，增长8.5%；金融机构各项贷款余额144.28亿元，减少2.6%。全年保费总收入3.85亿元，减少6.8%；处理各项赔款和给付金额3.36亿元。

全县公路总里程1540.6千米，其中国道17.7千米、省道16.7千米、县道220.3千米、乡道633.9千米、村道611.1千米、专用公路17千米；累计完成公路旅客运输2055万人次，客运周转量达31731万人/千米；完成公路货物运输355万吨，货运周转量31146万吨/年。

有中小学校36所(其中小学16所、普通中学20所)，中小学在校学生4.03万人，专任教师0.29万人；幼儿园68所，在园幼儿1.37万人，专任教师0.08万人；学龄儿童入学率100%，初中升学率97.6%，高中升学率99.6%。有高新技术企业23家，实现高新技术产业产值81亿元，增长10.9%。组织实施国家、省、市各类科技计划项目60余项，专利申请2189件，专利授权599项。实现邮电业务主营业务收入4.07亿元，增长17.3%。有公共图书馆1个(藏书量138000册)，文化馆1个，村(社区)综合文化室218个。有有线电视用户28.59万户。有固定电话用户11.75万户；移动电话用户58.61万户，增长16%；互联网用户18.32万户，增长46.2%。有卫生机构428个，其中医院、卫生院45个，医院、卫生院技术人员0.32万人，增长3.8%，其中执业(助理)医师0.11万人，增长11.6%；病床位4077张，其中医院有病床位2637张。

【年度农业和农村经济运行】 2017年，大邑县实现农业总产值61.31亿元，增长4.7%，其中种植业产值21.64亿元，增长9.2%；林业产值1.31亿元，增长5.6%；牧业产值34.86亿元，增长2.3%；渔业产值2.29亿元，增长5.6%；农林牧渔服务业产值1.21亿元，增长4%。农村居民年人均可支配收入达19743元，增加1647元，增长9.1%。全县有市级以上农业产业化重点龙头企业33家。有机认证主体30个，认证产品63个，有机认证基地12520亩，有机转换认证基地面积达8337亩。

2017年大邑县主要农产品产量

主要农产品	单位	产量	同比(%)
粮食	吨	200089	-0.5
油菜籽	吨	10263	-15
肉类	吨	65722	-10.2
出栏兔	万只	155	-12.7
禽蛋	吨	21730	-7.7
蔬菜	吨	271208	0.4
水果	吨	32873	33
水产品	吨	10780	10.5
出栏肉猪	万头	66.98	-9.8

【种植业】 2017年，大邑县粮食作物播种面积46.31万亩，产量20.01万吨，减少0.5%，其中小麦产量2.26万吨，减少7.4%；水稻产量12.93万吨，与上年持平。

【新型城镇化】 2017年，大邑县县城建成区面积24.27平方千米，建城区绿化覆盖面积8.42平方千米，公园绿地面积1.44平方千米。有城市道路面积165.38万平方米。全县环境空气质量有效监测天数365天，优良天数252天，优良率69%；集中式饮用水水源水质达标率100%。城镇居民年人均可支配收入达31552元，增加2631元，增长9.1%。

【农村文化】 2017年，大邑县新建公共文化服务标准化示范点10个、基层综合性文化服务中心建设示范点10个。全年免费放映农村公益电影1704场；开展"成都文化四季风"4场，文化惠民下乡演出40场。

【农村社会保障】 2017年，大邑县参加农村社会养老保险人数20.88万人，城乡居民医疗保险参保人数36.09万人。建成城乡社区日间照料中心50个。全县新增养老机构床位197张。有各种社会福利机构16个，床位4007张；救助站1个，救助135人次。

【主要领导人】 县委书记：李燎；县人大常委会主任：马良清；县长：廖瞰；县政协主席：张昌勇；分管农业副县长：李建康。

大邑县编写组

蒲 江 县

【基本情况】 2017年，蒲江县辖4乡7镇1个街道，辖区面积582.86平方千米。年末总人口26.7781万人（户籍人口），减少0.19%；人口出生率-1.86‰，人口自然增长率-0.95‰。本地水资源总量4.35亿立方米，人均占有水资源量1621立方米。有林业用地3.87万公顷，有林地面积1.14万公顷，活立木总蓄积量86.96万立方米，森林覆盖率53.1%。

2017年，全县GDP135.9525亿元，增长10.4%，其中第一产业增加值19.4273亿元，增长4.7%；第二产业增加值70.1873亿元，增长12.3%（工业产值63.205亿元，增长13%）；第三产业增加值46.3379亿元，增长10%。三次产业对经济增长的贡献率分别为7%、60.3%和32.7%。劳务输出53669人，收入191672万元。全年接待游客443.77万人次，实现旅游收入139700万元。

公路通车里程1542.95千米（其中乡村公路399.37千米），密度2647米/平方千米。社会消费品零售总额31.6204亿元，增长13.9%。金融机构各项存款余额180.1948亿元，比上年初增长2.9%；各项贷款余额89.6312亿元，比年初增长15.1%。完成农业产业化项目6个，完成投资68900万元。农业产业化龙头企业国家级、省级、市级、县级分别为2个、8个、10个、17个。

有各类学校57所，在校学生28335人，教职工2115人，其中普通中学11所，在校学生4681人；小学18所，在校学生11460人；学龄儿童入学率100%。有艺术表演团体1个，文化馆1个，公共图书馆1个，博物馆1个。有卫生机构181个，病床位1734张，卫生技术人员1874人。新型农村合作医疗参合人数18.37万人，参合率99.78%；城乡居民养老保险参保人数10.99万人，参保覆盖率保持在90%以上；被征地农民养老保险参保人数3.29万人，占符合参保条件总人数的100%。

【年度农业和农村经济运行】 2017年，蒲江县实现农业总产值33.2748亿元，增长4.29%；农业增加值19.4273亿元，增长4.7%。农村居民年人均可支配收入达19768元，增长9.1%。全县农作物播种面积39.8289万亩，减少6.29%

2017年蒲江县主要农产品产量

主要农产品	单位	产量	同比(%)
粮食	万吨	5.0742	-4.58
水稻	万吨	1.4332	-2.85
玉米	万吨	1.3729	-7.29
马铃薯	万吨	1.3095	-6.26
油菜籽	万吨	1.4679	-6.34
蔬菜	万吨	19.3269	-3.61
水果	万吨	34.0539	5.86
肉类	万吨	5.5946	-2.54
猪肉	万吨	4.6209	-2.72

农用地产权制度改革。全县以深化农村土地制度改革为重点，统筹推进农村集体产权制度改革，建立现代农村金融制度，结合"一平台、三中心、三服务站"服务体系建设，加强乡（镇）农村产权管理服务中心服务能力提升。截至2017年年底，全县土地规模流转面积22.67万亩。开展"新四权"确权颁证，颁发农村土地经营权证100本，办理抵押17宗，实现抵押融资7005万元；颁发农业生产设施所有权证11本，办理抵押7宗，实现抵押融资1422万元；颁发农村养殖水面经营权证5本；新增林权抵押贷款2620万元（利用新"两证"抵押贷款300万元）。

农产品品牌战略实施。全县统筹规划优质茶叶、柑橘、猕猴桃三大优势主导产业，已形成标准化茶叶种植面积10万亩、猕猴桃种植面积10万亩、柑橘种植面积25万亩，是国家级茶叶、猕猴桃标准化示范区、国家出口食品农产品质量安全示范区、国家地理标志保护产品示范区。全县绿色、有机和GAP认证面积达6.6万亩，认证有机产品80个，其中2017年新增有机认证面积1.25万亩、产品18个。"蒲江雀舌""蒲江猕猴桃""蒲江丑柑"三大公共品牌先后获得"国家地理标志保护产品"称号，并跻身中国区域公共品牌价值百强。全县构建了"公用+企业+产品"品牌体系，通过健全"蒲江雀舌""蒲江猕猴桃""蒲江丑柑"三大区域公共品牌管理机制，引导企业申报地标使用权，加强品牌维护与打假维权。举办了丑柑预售发布会、采茶节、猕猴桃节、品牌农业国际研讨会、中德农业企业论坛等农业重大节会活动近10个；组织企业参展成都农博会、中国国际茶博会、德国纽伦堡国际有机展、亚洲果蔬展、全国农交会等国际国内展会活动10余场；创新媒体宣传，通过电视台、报刊、新媒体、自媒体、网络直播等中央、省、市媒体进行广泛宣传，在成都双流机场、成都地铁、高速公路等户外开展区域品牌形象宣传，切实提高了全县三大区域公共品牌知名度与影响力。

现代农业园区建设。建设大基地，培育产业生态圈。积极探索农业规模化经营新机制，推动产业集中连片发展。一是调优产业发展结构。建立"管委会+平台公司"园区管理运营模式，编制产业园总体规划，规划1个农产品贸易物流产业新城、5个融合发展区及"一园、一城、一环、二基地"空间布局，集中发展柑橘、猕猴桃18万亩。引导新型经营主体以技术托管、授权种植、股份合作等形式和农民建立"企业+合伙人""企业+合作社+村集体"等紧密的利益联结机制，聚焦发展主导产业，园区内产业发展集中度超过90%。二是创新要素配置机制。制定《蒲江县促进现代农业发展的若干意见（试行）》《蒲江县关于进一步加强人才激励若干措施的意见》等扶持政策，新引进农业人才

216人,培育新型职业农民1000余人。完善土地“三权分置”配套办法,用活用好城乡建设用地增减挂钩政策,实现园区土地规模经营率达60%以上,保障建设用地1305亩实施蒲江水果现代农业物流中心、海升集团水果产业示范基地项目等重大项目8个,总投资32.9亿元,建立“农贷通”“政银担”等金融支农平台,实现抵押融资2亿元。三是集成服务平台建设。加快建设集规划展示、农业社会化服务、农产品质量安全监管、农业科技培训、就业指导和创业孵化等于一体的农业综合服务中心,为产业发展提供产销信息、创新创业孵化、质量检测认证、农业金融和农业法律等全程服务,组建主导产业行业协会等社会组织24个,培育发展专业化服务经营主体123个。集成大科技,提升辐射带动力。坚持在科技创新和转化运用上下功夫,抢占科技制高点。一是强化科技创新驱动。与中科院武汉植物园、中科院柑桔研究所等科研单位共同搭建产学研一体化平台,建成四川省猕猴桃工程技术中心,新建柑橘工程技术中心、四川农业大学科研试验示范基地,开展优质水果种质控制、水果后熟、精深加工等技术研究,近3年累计实现科技成果转化13项,储备优新品种25个,制定《蒲江猕猴桃标准化生产技术规程》等地方标准18个,鼓励新型职业农民带技术、资金、标准“走出去”,在眉山、南充等地流转土地10万余亩发展晚熟柑橘和猕猴桃。二是推动信息技术应用。以推动现代信息技术在农业生产、经营、管理、服务等领域的应用为主线,加快推进大数据、物联网和高端智能设备应用,建设绿色优质、高产高效的智慧农业。培育联想佳沃、橙海阳光等信息化示范基地2万亩,建成土壤环境大数据平台、县级农产品质量安全追溯平台。以“益农信息社”为载体,全域实施“信息进村入户”工程,获评全国农业信息化示范基地。三是健全科技服务体系。与北京嘉博文等社会主体合作,构建耕地质量提升“5+1”综合服务平台、健康植保8S服务体系等科技服务平台,启动新一轮耕地质量提升项目18万亩,推广水肥一体、绿色防控和有机肥替代化肥试点8.5万亩,耕地有机质含量年均提高0.2个百分点以上。“5+1”、8S等模式已推广应用到宜宾、自贡及山东省栖霞、湖北省郧阳等地,覆盖面积达100万亩以上。共创大市场,促进产业融合。树立全球化大市场意识,积极探索建立开放包容的区域合作、共同发展的市场开发体系。一是以农村电商为手段延伸产业链。建成电子商务产业园,创新设立“十大服务八免四补”扶持政策,构建县、乡、村三级电商服务体系,配套品牌策划、包装设计、艺术植入等服务,开展电商创业孵化培训,累计培育农村电商1000余家、市级电子商务示范村14个,实现电商年销售额5亿元;建成京东蒲江特产馆、苏宁蒲江特产馆、蒲江猕猴桃天猫官方旗舰店,每年带动销售凉山苦荞、攀枝花芒果、泸定羊肚菌等250余万千克。二是以物流配送为依托做强供应链。制定《蒲江县现代物流业规划》,建设优质水果产地物流中心,引进菜鸟网络、圆通、顺丰等物流公司20余家,新增冷藏保鲜库1.2万吨,农产品加工率达70%,建立北京新发地、浙江嘉兴等大型线上线下外销平台,实现农产品产供销“一站式”服务,初步形成川西南水果集散中心。三是以品牌培育为重点提升价值链。优化“区域+企业+产品”品牌体系,形成政府引导、企业主导、行业自律、市场运作的品牌建设模式,合力共建“蒲江猕猴桃”“蒲江丑柑”区域公共品牌,品牌价值均位列全国百强;培育阳光味道等企业品牌30个,孵化“水口红”等产品品牌40个。支持企业开展境外合作,举办品牌农业发展国际研讨会、中德农业论坛等节会活动,拓展欧洲、东南亚等国际市场,带动川西南农产品拓展国际国内市场,形成“买全川、卖全球”产供销一体化格局。建成农产品出口备案基地1.3万亩,培育新朝阳、阳光味道等外向型企业6家。

【林业】 2017年,蒲江县净增森林面积866.6亩,全县森林面积达581338.7亩,森林覆盖率66.81%,增长0.1%。全力推进深化集体林权制度改革,继续完善集体林权所有权、承包权、经营权“三权分置”,引导林农充分利用森林资源的优势发展“一三互动”林旅产业,促进林地流转和林业产业资源整合。进一步完善森林保险制度,扩大森林保险覆盖面。全县木材采伐执行限额和凭证采伐制度,全年办理木材采伐140宗,蓄积3675.6立方米,出材量材积1886.5立方米。开展自然保护区违法违规专项督察整改工作。

义务植树。扎实开展全民义务植树活动,全面完成义务植树3.4万株,组织宣传车10台次,发放宣传资料7000份,书写大小标语298幅。县级党政领导建成义务植树示范点1个、面积7亩,各乡(镇)党政领导建成义务植树示范点各1个。建立健全义务植树登记卡制度,义务植树建卡率达90%以上,尽责率达90%以上。从2017年开始,县绿委办对建立的党政领导干部义务植树示范点的树木均安排专业队伍进行管护,管护期为2年,确保树木成活率达95%以上。同时,加强对其他义务植树点位的栽种质量、成活率、保存率的检查验收,实施常态化监督,确保“栽植一片、成活一片、成林一片”。朝阳湖火车站义务植树示范点的树木实际成活率达98%。

天然林资源保护工程。全县森林管护面积36.35万亩,涉及12个乡(镇)109个村(社区)。全县纳入天然林保护工程管护面积4.5164万亩,其中国有林地面积0.0975万亩、国家级集体公益林面积4.4189万亩,主要分布在鹤山街道、寿安镇、成佳镇、朝阳湖镇、大兴镇、光明乡、白云乡和长秋乡等8个乡(镇)31个村(社区)。完成兑付全县4.4189万亩国家级集体公益林生态效益补偿金65.18万元(14.75元/亩/年),受益农户5793户。天保工程实行县政府、乡(镇)政府、村委会、管护点、管护人5级管护体系,逐级签订责任书;管护责任分为158个林班、1420个小班,聘请11名天保工程专职管护员,县财政出资为各乡(镇)聘请兼职森林管护员155人。形成“林农直管、村社监管、专职专管、部门协管”的互动、互责、互联的管护体系,并推行领导包片、驻村干部包村、村干部包社、社干部包户到林块的“四包”责任制;组、户建立健全森林资源保护管理档案,在每宗林地设立管护责任牌,明确责任人管护林木株数、面积,公开举报电话等。严格按照《蒲江县天然林管护员考核办法》等制度不定期对森林管护员进行检查、考核。加强木竹材经营加工、运输、市场管理,山区乡(镇)禁设木材交易市场。开展林区巡查、设卡,严禁违章用火、猎杀野生动物,预测预防森林病虫害。县农林局组成8个值班组,实行轮流值勤制,做到有警必出,有效保护森林资源。

退耕还林工程。截至2017年年底,全县累计完成退耕还林任务7.5万亩,其中退耕地造林4.5万亩、荒山造林2.8万亩、封山育林0.2万亩。全年落实退耕还林政策补助资金358.9万元(其中中央配套资金268.9万元、市级配套资金90万元),资金支出率100%。按照“检查—验收—公示”程序,通过“一卡通”将补助资金兑付各退耕户退耕还林补助资金358.9万元。

林业产业。全县积极争取成都市财政为蒲江县投资120万元,巩固和发展林下种植基地和林下生态养殖项目。全县林下套种魔芋5000余亩,产量5000余吨,实现产值2000万元。全年新建基地2000亩,在种植基地内改建生产便道1000米,改建排灌沟渠400米,树立示

范点位项目牌1个，培育新型经营主体35个；建设光明乡韩桥村韩桥小区一期社会主义新农村绿色家园1个。全年实现林业总产值18.53亿元，其中林业旅游与休闲服务产业13.97亿元，农民人均从林业获得收入3746元。

结合现代林业产业示范项目及精准扶贫工作，县农林局在西来镇发展相对贫困农户养殖林下生态鸡1万只，为保证存活率，鸡苗要求在40日龄以上，平均重量0.9千克，单只最低重量不低于0.75千克，并做好疫苗的接种工作，保证防疫条件达标。

全县雷竹产业在县农林局的引导下继续深化甘溪雷竹春笋品牌化发展战略，采取"合作社+专业公司"模式，同步发布线下品牌"远山物话"和线上品牌"中华春蕾"，其开发的产品参加了2017上海森林旅游节和第一届成都市林特产品展销会等重大节会。

林木种苗。全年常态化管理全县种苗基地、国营苗圃、社会苗圃88家、面积6667.97亩；新办《林木种子生产经营许可证》4家。全县林木种苗花卉产出310万株(盆)，实现产值1550万元。

名木古树保护。全县高度重视名木古树保护，落实专人管护，检查登记造册、挂牌管护。全县尚存的古树名木有105株。树龄在100～300年的有66株，树龄在300～400年的有38株，树龄在500年以上的有1株。全县积极探索建立后备古树名录，给树龄在50～100年之间的大树颁发"绿色身份证"，开展建档挂牌保护。

全域增绿和"增花添彩"工程。在县农林局设立蒲江全域增绿工作推进办公室，负责日常工作，建立全域增绿工作推进机制。启动全域增绿，实施"大规模绿化蒲江"行动，持续开展行道树增量提质，推进"花重锦官"增花添彩，新建双石村湿地公园，创建市级园林式居住小区1个，新增立体绿化面积600平方米，建成"花重锦官"点位2个(成佳镇七彩茶林项目和大塘镇双石新村湿地公园项目)，栽植芙蓉5000株，花卉彩叶植物覆盖率提升至15%以上，林木绿化率达70%，新增森林蓄积量2万立方米。完成新增植绿占宜绿地段总量10%的绿色生态廊道、多彩通道一期项目建设，新增1000平方米以上的公园绿地2个(复兴乡马河坝河滨绿地建设面积1200平方米、大塘镇双石新村湿地公园绿地建设面积3600平方米)。启动天府林盘保护利用建设项目2个，启动辖区内水网水系滨水生态绿化示范段建设，完成辖区内1公顷水网水系滨水生态绿化建设、生态管护与修复增绿，完成水土流失治理面积5平方千米。

林地管理。全县严格按照《森林法》《森林法实施条例》《建设项目使用林地审核审批管理办法》等有关法律法规的规定，切实加强森林资源的保护和管理。深入到蒲丹路、三绕(蒲江至都江堰段)、井试采地面集输工程、县第27批城镇建设、川藏铁路等项目建设单位进一步宣传林地保护方面的法律法规和征占用方面的相关规定，依法依规审核上报以上项目资料，并获得上级林业主管部门批准同意使用林地。

【畜牧业】 2017年，蒲江县创建为全国首批"畜牧业绿色发展示范县"。重点加强"龙头企业+生猪适度规模养殖场"标准化提升示范建设项目建设，不断完善养殖粪污处理设施建设和种养结合养殖模式，推进畜牧产业转型升级，形成以生猪养殖为主、种养协调发展的绿色生态畜牧产业。全年创建省级标准化示范场2个；出栏生猪64.5186万头、禽380.8万只、肉兔181万只，肉类总产量6.2612万吨，实现产值14.9219亿元。全县生猪规模化养殖场粪污处理设施配套率达100%，综合利用率达98%以上。

【水产业】 2017年，蒲江县水产养殖面积662公顷，其中池塘养殖面积409公顷、水库养殖面积247公顷、流水养殖面积6.12万立方米；水产品总产量7700吨，其中淡水捕捞产量17吨、淡水养殖产量7683吨；实现渔业经济总产值2.5316亿元，增长4.37%。全县有无公害水产品养殖基地11个、无公害水产品12个、水产养殖企业7家、个体工商户2户、渔业专业合作社3个、渔业家庭农场7家。全县大力发展水产电商，扶持水产企业，鼓励建立渔业专业合作社，不断深入到水产养殖单位，建立技术人员直接到户、良种良法直接到塘、技术要领直接到人的科技成果快速转化长效机制，促进养殖单位水产品增产。

【统筹城乡与新型城镇化】 2017年，蒲江县按照《成都市统筹城乡2025规划2017年度计划》《成都市2017年统筹城乡综合改革示范镇(片)建设实施方案》文件精神，全面落实"8+1+1"改革任务和示范建设项目，严格按照《蒲江县2017年度统筹城乡综合改革示范镇(片)"三个清单"》对10项改革事项和西北片区示范片14个建设项目进行管理，制订了《蒲江县2017年统筹城乡综合配套改革工作实施方案》，深化完善2016年50个重点点位，全面推进2017年44个重点点位。

全面落实"8+1+1"改革任务。进一步巩固农村产权制度改革成果，全面完成"新四权"确权颁证，实现"应确尽确"，农村产权确权颁证面积、颁证率均达99%以上。以优化空间布局、有效配置土地资源、提高政府空间管控水平和治理能力为目标，搭建"多规合一"规划信息平台，完善蒲江县"三基地一新城"规划体系。积极培育龙头企业、专合组织、家庭农场、种养殖大户等新型经营主体，构建新型农业经营体系，新培育市级以上示范家庭农(林)场4家、示范合作社2家。建立农村产权抵押融资风险基金，构建"农贷通"县、乡、村三级金融服务体系，开展农村土地经营权、农业生产设施所有权、林地经营权、经济林木(果)权等农村产权抵押融资工作。开展农村集体资产股份化改革试点，积极探索集体建设用地开发和农户自愿有偿退出宅基地的农村土地制度改革。研究鼓励跨村跨镇居住的农民在实际居住地登记户籍的户籍制度改革。坚持以提升群众知晓率和满意度为重点，全面落实村公资金使用正面清单、负面清单制度，建立县、乡、村三级问题台账和整改台账，深化村级公共服务和社会管理改革。指导村(社区)自治组织完善《村规民约》，健全"一核多元、合作共治"农村基层治理机制。全年新建"小组微生"新农村综合体29个，新启动建设13个。复兴乡陈坝村依托旧村改造建立"双承诺"共建共管机制。

【新村建设】 2017年，蒲江县新建幸福美丽新村34个，创建省级"四好村"16个、市级"四好村"41个、县级"四好村"41个。制订了《蒲江县2017年全域幸福美丽新村建设工作目标分解及方案》，统筹推进以"党建为引领、产业为支撑、新村为载体、文化为内涵、社会治理为保障、场镇改造为提升"的"六大工程"。坚持"小组微生""四态合一"理论，全面推进"建、改、保"。突出做好县域干道沿线新村示范建设，真正做到以点带面、串珠成线。成新蒲快速路沿线布局大漕新村、成雅高速沿线布局铁溪新村、成蒲铁路沿线布局两河新村等48个新村，均按照"1+8+N"标准完成村级公共服务中心建设。按照"谁受益、谁负担"原则和"一事一议"方式，全面完成126个村(社区)"雪亮工程"建设，实现"雪亮工程"全覆盖。围绕10万亩茶叶和10万亩猕猴桃产业基地、成新蒲都市现代农业示范带建设，突出高速公路和主干道沿线"小组微生"新农村综合体周边产业发展，形成了"三业并举、三品提升、三化促动"的良好局面。全年新启动建设"小组微生"新农村综合体13个，新建31个，完成新建29个及新启动13个的市级目标。挖掘、

开展监督检查工作,检查饲料生产企业80家次、饲料经营户140家次、兽药经营企业60家次、规模养殖场40家次;对全县21家饲料加工企业的执行情况进行全覆盖检查。

全年关停养殖场186家,完成治理335家,立案调查养殖场(户)12家(户),下达《责令改正违法行为决定书》12份,行政处罚12家并对其中8家养殖场(户)移交公安机关执行行政拘留。出具动物产地检疫证明2万余张,检疫动物322万余头(只)。对活禽屠宰企业进行不定期监督执法检查,全年未发现检测不合格动物。养殖环节无害化处理病死生猪1万余头,屠宰环节无害化处理死亡猪或不可食用产品折合294头,病死畜禽和不合格农产品无害化处理率100%。

【水产业】 2017年,新津县共有养殖水面8565亩,水产品产量达11768吨,增长2.7%;名、特、优养殖面积占全县养殖面积的35%。在花桥、新平、文井、永商、安西等乡(镇)推广黄颡鱼、鲈鱼、叉尾鮰、丁鱼岁、大鳞鱼巴、长吻鮠、虾、蛙等名特优水产品养殖3000亩。在安西、新平、方兴、花源、普兴等乡(镇)推广稻田综合种养1400亩,累计稻田综合种养面积达3000余亩;建有深能水产、中以津惠、新径农业等公司稻田综合种养示范点。以鲤鱼、鲫鱼、黄颡鱼、小龙虾、蛙为主养品种,实现水稻亩产400千克、水产品亩产100千克,实现综合产值300万元。以天乐渔业专业合作社、海飞种植专业合作社、茂辉家庭农场为示范基地,推广标准化生产、先进渔机渔具、节能减排和池塘内循环养殖技术700亩。完成水产品质量安全抽检156批次,合格率100%,未发现水产品质量安全隐患。

【统筹城乡与新型城镇化】 2017年,新津县制订了《关于进一步深化村级公共服务和社会管理改革的实施方案》,加快推进12个村公示范村创建工作。强化村公资金项目监督管理,完成2017年项目备案审查1992个,开展项目专项督查4次。围绕提高村公工作群众知晓率和满意度,进一步加强宣传和培训,组织专题培训;完成84个村级移动信息综合服务平台建设,累计发送村公信息35701条。制定了《关于进一步提升全县农民集中居住区治理水平的意见》,健全"1+2+1+N"治理机制,在39个农民集中居住区开展"一家人·一家亲"创建行动。按照"做优场镇、做美农村、做强产业、做好治理"的理念,落实"三个清单"管理,推进花源示范镇"8+1+N"改革,完成市级目标考核工作。建立健全保障外出务工人员子女接受义务教育的工作制度和机制。

【新村建设】 2017年,新津县完成幸福美丽新村规划10个、"强基新村"规划26个、林盘整治规划40余个,编制了新津县域村庄布局规划,完成初步方案。实施特色镇(街区)建设工程,兴义镇入围成都市重点支持"百镇建设行动"试点镇行列。启动并实施幸福美丽新村创建23个,永商镇烽火村被评为"四川十大幸福美丽新村"、光义镇张河村被评为"四川美丽水乡",永商镇九莲村被确定为成都市幸福美丽新村建设试点示范村。坚持"建改保"结合方式,完成传统村落保护2个,启动永商镇"九莲新村"土地综合整治、兴义镇张河村"小组微生"、花桥镇长乐村林盘整治3个"小组微生"新农村综合体建设项目。全年共创建市级"四好村"27个、省级"四好村"5个。成片成带推进"小组微生"建设,二绕沿线4个项目、兴义镇张河村林盘提升等3个新建项目均已立项开工,完成市级目标任务。加快推进永商镇九莲村幸福美丽新村市级示范试点建设,启动"九莲新村"土地整理项目立项和创新创业孵化基地建设,完成农创工作坊建设。围绕二绕幸福美丽新村走廊建设,完成沿线200余户农房风貌和林盘环境整治工作。深入推进永商镇朱山岭"小组微生"新农村综合体建设,完善集中居住区管理机制,完成农民集中居住区"微田园"建设。以"强基兴村"为抓手,全力推进项目建设,全县364个"强基兴村"专项资金项目已完工251个,实施项目84个,即将开工项目29个,完成投资5908.52万元,农村基础设施、产业配套设施等明显提升。

【农村扶贫和移民工作】 2017年,新津县有相对贫困户6户12人,为每户确定帮扶部门和帮扶责任人,因户制定帮扶措施,并对已脱贫贫困户、贫困村开展"回头看""回头帮"工作,截至2017年年底,相对贫困户6户11人(1人于6月死亡)全部脱贫退出。

对口帮扶简阳市五合乡。落实划拨对口帮扶资金485万元。编制完成相关发展规划2个,拓宽五合乡3段道路2220米,完成农业产业园旅游环线打造项目,完成五合乡农业产业园核心区500亩建设,示范扩大金秋沙糖橘种植1400亩,5000亩农业产业园初具规模;促成五合乡护民村和新津县永商镇九莲村"村村结对""村企结对",组织五合乡干部、群众9批185人次到新津县、蒲江县参观学习,全乡2017年67户贫困户185名贫困口已脱贫退出。

对口帮扶小金县。推进"金玫瑰"工程,打造小金县"金玫瑰"品牌;组织邀请台湾农业专家代表团到小金县开展产业培训,对水果产业品种改良、农产品精致加工和乡村民宿产业等方面提出发展建议;邀请小金县农业畜牧和水务局参加成都农博会,特设对口帮扶小金县特色农业展区,提升小金县农产品知名度。

移民工作。全县大中型水库移民兑现人数1053人,分布在12个乡(镇、街道)、62个村。每月按时足额发放移民直发直补资金,全年共发放直发直补资金63.29万元。加快推进移民后期扶持项目及困难移民救助项目实施,改善移民生产生活条件。

【乡村旅游】 2017年,新津县有中国乡村旅游模范村1个、省级乡村旅游示范镇2个(永商镇、兴义镇),中国乡村旅游金牌农家乐3家、省级精品乡村旅游特色业态经营点8个,三星级以上农家乐(乡村酒店)21家(其中五星级3家、四星级5家),新津县创建为四川省乡村旅游强县。全年乡村旅游接待游客985.8万人次,增长8.32%;实现乡村旅游收入24.3亿元,增长15.7%。举办了2017四川花卉(果类)生态旅游节分会场暨成都·新津第十八届梨花(杜鹃花)节、第十届花舞人间杜鹃花节,共接待游客646万人次,实现旅游综合收入12.5亿元,分别增长7.7%、13%。启动农家乐提档升级试点工作,以成新蒲都市现代农业示范带为重点,对厚院农庄、张大公馆、渔家小院、楠柏弯四家乡村旅游点位进行了提档升级,实现改厨房、改厕所、改餐饮、改客房、提升服务质量"四改一提升"。邀请台湾民宿专家对全县乡村旅游业主共30余人进行了民宿经营与管理等方面内容的培训;在成都职业技术学院举办旅游人才培训班2期,集中培训了全县100余家乡村酒店、农家乐和10余家宾馆饭店的旅游从业人员共计100余人。

【农村水利】 2017年,新津县在永商镇整治山坪塘28座,新建山坪塘1座,整治渠道1642米,整治提灌站2座,新建提灌站、蓄水池各1座,工程投资577万元,提升了永商镇九莲村的抗旱能力;在永商镇建设加压泵站1座、供水管道600米,工程投资350万元;对永商镇永兴社区3条总长度约3千米的排洪沟进行生态整治,投资300万元。完成新津县小型水利工程测量成果复核工作,接收测量成果。开展农田水利项目前期工作,完成花源镇牧马山社区高效节水灌溉工程、邓双镇罗山村高效节水改造工程的招标代理确定工作;开展永商镇王槽梯级湖工程的初步设计工作;开展新津县梨花沟藕塘湖改造工程施工招标工作;开展新津县中央预算内农村饮水安全结余资金续建工程施工图

设计工作及清单编制工作。加大水土保持工作宣传力度，利用“世界水周”等活动共发放宣传单3000张，制作宣传标语6处，开展水土保持巡查，参加“零审批”工作，开展“双随机”活动，参加水土保持方案评审会，征收水土保持费37.46万元。

【农业机械化】 2017年，新津县有各类农业机械22215余台（套），总动力16.5万千瓦，装备总值2.1亿元，综合机械化率79.4%。农业机耕25.6万亩，作业率98.5%；机械化收割21.72万亩，作业率83.5%；机播13万亩，作业率50%；机械化秸秆还田8万亩，作业率45%；机械化植保53.6万亩，作业率92%。引进高性能拖拉机、联合收割机等各类机具64台（套）。

全年完成农机购置补贴140万元，推广先进适用农业机械64台（套），受益农户38户，完成购机补贴资金结算进度100%；全年新增设施农业面积500亩，新增农机专业合作社4个，全县农机专业合作社达16个，农机合作社作业服务面积达30万亩。在永商镇举行了全县农机安全教育培训会。参加农机年检的拖拉机交强险参保率为100%，机主及农机驾驶（操作）人员均签订了《2017年度安全生产责任卡》《交通安全责任书》《农机安全承诺书》。农机安全监理上牌发证合法性抽查合格率达100%，全年拖拉机年检率61%。共派出农机安全监理员48人次深入乡（镇）田间、院坝，进行隐患排查和安全生产检查30余次，查出农机具安全技术事故隐患6起，驾驶（操作）人员证照不齐、违章作业5起，均进行了整改。全面开展变形拖拉机专项整治工作；农机跨区作业方面全年无安全事故和投诉案件发生。开展水稻、马铃薯生产全程机械化，完成土豆生产全程机械化50亩和水稻机直播试验示范项目10亩。

【农村科技】 2017年，新津县推广优质稻12.32万亩，占水稻播种面积的92.4%。全面实施“化肥零增量行动计划”，通过推广测土配方施肥、秸秆还田、施用有机肥、种植绿肥等技术措施，稳步提高化肥利用率，实现化肥使用量零增长，降低环境化肥输入量。积极推广病虫害绿色综合防控技术，推行专业化统防统治，全年推广种子消毒处理及带药移栽技术面积0.7万亩，开展生物农药防治10万亩，推广稻渔综合养殖面积0.25万亩，安装太阳能杀虫灯126盏，开展专业化统防统治水稻3.6万亩、小麦2.5万亩。县科协结合岷江社区需求，依托韭菜基地、四川开维农业发展有限公司、渔耕田鱼菜共生农场，通过联系省农科院、农研所专家，采用“人才+协会+基地+培训”的方式，助推产业发展。从6月起，县科协联合岷江社区开展每月一期的“科普大讲堂”农技培训，截至2017年年底，已开展相关农技培训11期，培训农民500余人。通过专家深入田间地头开展“面对面”“点对点”的讲解与指导，让培训效果更为显著，社区种植户的种植能力大大提高。

【农村教育】 2017年，新津县有农村公办幼儿园21所，在园幼儿4288人，有教职工477人；农村民办幼儿园6所，在园幼儿673人，有教职工70人。农村单设小学11所，在校学生5501人，教职工349人；单设初中5所，在校学生1191人，教职工215人；九年一贯制学校4所，在校学生2886人，教职工249人。农村普通高中1所（华润高中），在校学生1949人，教职工228人。农村职业高中1所（新津职高），在校学生1409人（含技工学校197人），教职工137人。有十二年一贯制学校1所，在校学生2079人，教职工278人。

【农村文化】 2017年，新津县按照“两项试点”建设要求，先后投入5000余万元对县文图两馆、乡（镇）综合文化站、基层综合文化服务中心（综合文化活动室）进行了提档升级，形成了县、乡（镇）、村（社区）公共文化服务三级网络全覆盖。全县106个村（社区）建立96个基层综合性文化服务中心、106个健身晨（晚）练点、102个农家书屋、90个村广播室、287套全民健身设施（覆盖率达100%），建筑面积100～500平方米，基本形成了具有“5+4+N+1”的基层公共文化服务模式。通过部门上下联动、整合资源、完善配套、增强功能、补齐短板，全县农村文化阵地得到了提档升级，60%的公共文化设施建设突破标准化指标，70%基层综合性文化服务中心（文化活动室）服务功能得到拓展，100%村（社区）文化活动室进行了图书更新补充，100%基层公共文化服务阵地实现了数字化服务。“激情颂新津”“百姓大舞台”等10余个品牌文化活动得到丰富，“一村一特色”建设有文化阵地，“火牛阵”“金华龙灯”等100余支基层文化队伍得到打造，“送文化”“种文化”的供给服务模式通过文宣队得到升华，社会力量参与农村基层文化建设得到促进，群众参与公共文化服务主体作用得到发挥。

【农村卫生】 2017年，新津县构建“健康+E”云平台，开发“健康新津导航图”，向群众开放个人电子健康档案查询功能，电子健康档案动态使用率达90%以上。创新部门联动模式，对200余名60岁社保审核对象进行健康管理服务，开展免费体检。启动“十三五”基层医疗机构能力建设，完成20家村卫生室公有化标准化建设。制订《“健康新津”建设三年行动实施方案（2017—2020年）》。推进健康“细胞”工程建设，打造健康镇1个、健康村（社区）2个和健康单位4个，新（改）建农村无害化卫生厕所337座。整合卫计资源开展“健康直通车十进”活动，提高流动人口健康服务的可及性，扩大覆盖面。

【农村法制建设】 2017年，新津县通过政府采购的方式，确定四川致高律师事务所、四川桦润律师事务所担任天府农业博览园常年法律顾问。在充分了解农博园法律事务需求前提下，法律顾问团加强对“新三农”和征地拆迁相关政策、法律法规的学习和研判，建立了农博园法律顾问微信群，及时与农博园“一室五部”沟通，积极参与企业谈判，促使项目在合法合规前提下得以顺利推进。已参与谈判3次、审查修改合同30份，出具法律意见书8份。深入推进城乡社区发展治理工作，巩固完善全县乡（镇）“一社区一法律顾问”工作，显著提升了社区自治管理水平；选址兴义镇纪碾社区、普兴镇天宫社区等3个点位打造“社区法律之家”，新建个人调解工作室3个，加快“15分钟公共法律服务圈”建设。共组织律师开展“法律诊所乡村行”活动18次，法治讲座2场，开展免费法律咨询300人次，各级人民调解组织共排查和预防矛盾纠纷89件，受理调处矛盾纠纷655件，调处成功率100%，共涉及当事人1445人，涉及金额87.58万元。

【农村交通】 2017年，新津县农村公路（是指纳入农村公路规划，按照国家、交通运输部和省制定的公路建设有关标准修建的县道、乡道、村道及其附属设施）里程达749.39千米，其中县道79.25千米、乡道131.54千米、村道538.6千米，路网密度为2.3千米/平方千米，等级公路里程为710.119千米，所占比例为94.8%，乡（镇）和建制村通达率100%。农村公路全面提档升级，按照“畅、安、洁、美、绿”标准，建设一批路面平整、线形优美、交安设施齐备的标美化道路。全年实施统筹城乡村组道路建设31.4千米。2017年成都市农村公路建设养护管理现场会在新津县召开，市交委公路处及各县（市、区）交通运输局相关领导实地参观了永商镇、邓双镇村道建设项目，新津县农村公路的建设管理工作及建设成效得到市交委及兄弟单位的一致好评。

【涉农招商引资】 2017年，新津县3000万元以上的农业招商引资重大项目5个，均为内资项目，分别增长0.8%和0.8%；项目总投资24.38

续表

荣县兴农农作物种植专业合作社	1101	丁朝冲	省级	2000	粮食
荣县沙溪土花生种植专业合作社	52.6	秦文杰	省级	215.49	花生
荣县双古茶叶专业合作社	516.66	朱永财	省级	1500	茶叶
荣县春兰茶叶专业合作社	168	黄革文	省级	343.5	茶叶
荣县绿食佳蔬菜专业合作社	100	杨际玉	省级	394.73	蔬菜
荣县华鑫养兔专业合作社	95.7	刘雪琴	省级	2340.2	兔
荣县佳诚农机服务专业合作社	160	李成富	省级	200	农机
荣县和牧山养殖专业合作社	1050	乔文霞	省级	138	山羊
荣县聚丰养蚕专业合作社	200	虞东	省级	2236	蚕
荣县雨林油茶种植专业合作社	456	张俊良	省级	415.96	油茶
荣县升茂林木种植专业合作社	509	曾莉	省级	417	林木
荣县家好养猪专业合作社	200	刘志宣	省级	1623	生猪
富顺县舒适水产专业合作社	500	胡明莉	国家级	300	四大家鱼
富顺县世英农牧专业合作社	1300	杜英	国家级	500	农产品
富顺县板桥镇柑竹湾村甜橙专业合作社	505	袁光才	省级	2851	柑橘
富顺县长滩镇蔬菜专业合作社	10	钟孝云	省级	3000	蔬菜
富顺县安溪镇马山村甜橙专业合作社	2.588	何峰	省级	2958	甜橙
富顺县福善镇油茶种植专业合作社	2000	黄世武	省级	410	油茶
富顺县天翔生态养殖专业合作社	1600	陈卫湘	省级	2800	鸡蛋
富顺县光大畜禽养殖专业合作社	1600	陈著	省级	810	生猪、肉鸡
富顺县东湖镇棬坝养鱼专业合作社	445	杨小东	省级	111	鱼苗
富顺县东湖镇同心村养植专业合作社	1090	侯新友	省级	350	生猪、生态鱼、水果

2017年自贡市家庭农场经营情况统计表(前8位)

家庭农场名称	注册资金(万元)	法人代表	年度产值(万元)	主营产品
自贡市必祥种养殖家庭农场	500	李必祥	1100	生猪、血橙
荣县鸿达家庭农场	20	钟树敏	200	淡水鱼、肉羊、中药材
荣县皓瀚家庭农场	50	邓兴才	400	生猪
荣县留佳镇繁荣家庭农场	45	白树全	150	生猪、柑橘
富顺县安溪镇马安甜橙种植家庭农场	660	何峰	220	金秋砂糖橘、甜橙晚熟
富顺县桑岭种养殖家庭农场	600	向书海	300	肉牛
富顺县旭光村养殖家庭农场	400	范国先	350	黑山羊
富顺县春哥黑山羊养殖家庭农场	200	张小春	150	黑山羊

持稳定。全年推进政策性种植业保险投保面积243万亩。

【畜牧业】 2017年,自贡市继续深入推进“种养结合、畜牧优先、集中连片、特色精品”的现代畜牧业发展战略,克服了生猪、鸡蛋和禽兔价格下滑的不利态势,全市畜牧经济总体保持了平稳健康发展。全年肉、蛋、奶产量分别为30.81万吨、5.62万吨和1.71万吨,分别增长4.51%、1.66%和0.78%。畜牧业产值、增加值占农业总产值及增加值比重提高、农民牧业人均可支配收入占农民可支配收入的比重提高均达0.8%。启动生猪价格指数保险承保理赔养猪户300余万元,有效防控H7N9等动植物疫病。

【水产业】 2017年,自贡市鱼种投放量1.68万吨,水产品产量7.36万吨,增长10.9%;实现产值16.93亿元,增长11.11%。全年渔政执法案件办结率100%,渔业船舶登记、检验率95%。渔业船舶“三证合一”管理工作有序推进,安全监管规范有力,未发生渔业船舶安全责任事故。

【统筹城乡与新型城镇化】 2017年,自贡市深入推进农业供给侧结构性改革和农村体制机制创新,突出产权激活、集体经济、“镇村一体”等重点改革。扩大农村产权确权覆盖面,完成小型水利工程确权2.5万处,探索农业用水水权分配、水价形成和节水奖励制度。完成国标委农村公共服务运行维护标准化试点,制定12项地方标准和78项内

控标准。不断壮大村集体经济实力。多渠道培育村集体经济增收，259个村集体经济收入达2万元以上；113个贫困村全部消除"空壳村"，省定2017年脱贫的60个贫困村集体经营性收入年人均达6元以上。顺应农业分工、农村分化、居住分级趋势，以"镇村一体"示范建设为突破口，突出特色小镇、中心村、新村聚居点、农家大院四级居住。全市7个特色小镇启动12.5亿元项目建设，开工项目364个，竣工153个，完成投资9.6亿元。

【新村建设】 2017年，自贡市按照"业兴、家富、人和、村美"的要求，加速推进幸福美丽新村建设和"四好村"创建，建成市级幸福美丽新村170个，建成省级"四好村"80个、市级"四好村"273个。实施扶贫解困、产业提升、旧村改造、环境整治、文化传承"五大行动"，突出打造特色小镇、中心村、新村聚居点、农家大院"四级居住"，统筹实施新村基础设施、易地扶贫搬迁、农村危旧房改造等项目，让1.3万户农户住上新房，新(改)建农村公路602千米。按照"以点示范、高标引领"的总体要求，以产业发展、基础设施建设、公共服务配套、农村社会治理为主要内容推进53个示范村建设，年度实施项目510个，完成投资21亿元以上。

【扶贫攻坚】 2017年，自贡市在确保省定标准不降低不缩水的前提下，进一步实化符合自贡市实际的工作标准，提高扶贫实效。贫困村通村硬化路路宽达4.5米以上，有旅游开发前景、纳入产业园区、建有中心村的道路路宽达5.5米以上，每个贫困村至少引进1家龙头企业或组建1个专合社，将70%的贫困户聚集到产业链上，对当年脱贫户的住房实施新建或改建全覆盖等。设立4亿元市级扶贫开发基金，首批投资1.54亿元、162个项目。市、县共安排财政专项扶贫资金6756万元，争取中央、省级财政专项扶贫资金7831万元，整合涉农资金42亿元，分别增长48.1%、27%、249%。22个扶贫专项共投入资金30亿元，超过年度目标任务的40%。易地扶贫搬迁完工2980户、7840人，提前完成"十三五"期建设任务。在全省率先建立非贫困村"三个一"帮扶机制，向非贫困村选派"第一书记"935人、农技巡回工作组95个，实现贫困村"六个一"帮扶、非贫困村"三个一"帮扶全覆盖。出台《关于支持农业产业化龙头企业带动脱贫攻坚的实施意见》，通过"企政银+贫困户""公司+家庭农场+贫困户+能人经营"等模式，全市176家龙头企业对接带动贫困户10641户。省定60个贫困村、20522名贫困人口全部高质量高标准退出。

【乡村旅游】 2017年，自贡市推进乡村旅游与一、三产业融合发展，旅游产品由单一型向集观光、运动、体验、科考、度假、休闲等多功能于一体的复合型产品转变。推出乡村旅游线路25条，成功创建国家4A级乡村旅游景区3个(尖山风景区、花香田园、仙市古镇)。构建"市、县、乡联动发展，政府社会多方参与"的旅游扶贫大格局，推进荣县度佳镇白坡村创建省级旅游扶贫示范村，培育旅游扶贫重点村2个(荣县长山镇双河村、度佳镇胡家巷村)，推动建设民宿达标户4户。

【农业机械化】 2017年，自贡市财政安排农村机电提灌站维修改造补助资金100万元，修复改造机电提灌设备3083台、23268千瓦，其中修复提灌站303处、307台、12465.5千瓦，改造提灌站114处、114台、3924千瓦，新增提水设备762台、4306千瓦，新增提灌站29处、31台、1064千瓦。全年新增控灌面积7.36万亩，组织提水7320.2万立方米，灌溉149.04万亩。

【农村科技】 2017年，自贡市有各类农业科技人员1409人、农业技术推广研究员22人、高级职称143人、中级职称505人、初级职称636人。"贡秋豆5号"通过国家新品种审定，"贡夏豆11号"通过四川省新品种审定，引进农业良种45个、推广技术28项，示范推广农业优质高产生产技术260万亩，建成"中稻+再生稻""高粱+再生高粱""玉米—大豆"带状复合种植、秋冬马铃薯四大优势特色粮油产业基地130万亩。川南黑山羊高繁系和肥羔系选育加快实施，建立濒临灭绝的四川麻鸭保种核心群，为进一步开发利用奠定基础。

【农村教育】 2017年，自贡市大力发展农村普惠性学前教育发展，推进乡(镇)中心幼儿园规范化建设，新(改、扩)建乡(镇)公办幼儿园15所，实现每个乡(镇)均有独立的公办乡镇中心园。努力推进县域义务教育均衡发展，加强控辍保学，严格督查考核，巩固普及程度，全市4区2县均通过国家义务教育均衡示范县评估验收。

【农村卫生】 2017年，自贡市财政累计投入3000余万元用于提升基层卫生服务能力，基层医疗卫生机构规范化标准化建设纳入年度重点工作内容，截至2017年年底，建成"两化"机构1163家，建成率73.42%。培养农村订单定向医学生254人，开展基层医疗机构培训30余次，培训人员2300余人。制订《农村贫困住院患者县域内"先诊疗，后付费"工作方案》，全面开展建档立卡贫困人口的免费建档、专家义诊、结对帮扶等活动，为全市13.77万名贫困人口免一般诊疗费、院内会诊费等费用782万元，免费体检81201人。贫困患者县域内住院和慢性病门诊维持治疗医疗费用个人支付占比均控制在10%以内。

【农村法制建设】 2017年，自贡市大力推进村规民约的制定和完善，切实发挥村规民约在增强基层干部群众法制观念、树立法治意识方面的积极作用，全市所有行政村均按规定制定村规民约，并在显著位置上墙公示。广泛宣传法律知识，推动"法律进乡村"，各区(县)积极创新，开展特色活动，以提高实效，如沿滩区深入农村开展以"学法律、讲权利、讲义务、讲责任"为主题的法制宣传教育活动，富顺县在琵琶镇开展村级"问政于民"活动，均受到广大群众的欢迎和认可。

【农村交通】 2017年，自贡市共建设农村公路602.3千米(其中加宽贫困村道路224.9千米)，累计投入资金4.3亿元，全市96个乡(镇)实现乡乡通油路(水泥路)、1140个行政村实现村村通硬化路。建成农村客运站154个，开通农村客运班线235条，投入客运车辆715辆。

【涉农招商引资】 2017年，自贡市5000万元以上的农业招商引资重大项目70个，均为内资项目，增长192%；项目总投资123.11亿元，增长25%。

【农村生态建设及环境保护】 2017年，自贡市合理划定集中式饮用水水源地空间布局，对全市乡(镇)集中式饮用水水源地进行调整，取缔了自流井区仲权镇王岩水库等41个乡(镇)集中式饮用水水源地，

2017年自贡市5000万元以上招商引资项目表(部分)

项目	总投资(万元)	投资内容	投资方	项目进度
陕西海升(富顺)苗仙湖现代标准化柑橘产业示范园项目(一期)	21000	建设3000亩柑橘基地，配套建设冷藏库及柑橘分选线	陕西海升果业发展股份有限公司	做前期准备工作
陕西省汉中意诚农业(自贡)葡萄园建设项目	16000	建设葡萄、蓝莓、火龙果等果蔬采摘及乡村旅游项目，占地450亩	陕西汉中意诚农业开发有限公司	做前期准备工作

续表1

河南省安阳明贵农牧(自贡)年出栏80000头生猪养殖项目	12000	建设生猪养殖项目,预计年出栏80000头	河南安阳明贵农牧有限公司	做前期准备工作
内江特驱生猪(自贡)自流井区五万头生猪养殖基地建设项目	5500	建设办公宿舍及配套用房,建设标准化圈养舍25栋,引进优良品种的良种种猪1200头,引进先进的设备,养殖基地周边及场内道路硬化修建,完善配套基础设施	胡伟	做前期准备工作
重庆科润农业(自贡)自贡市科润200万只肉蛋鸡育雏基地建设项目	6000	修建标准化育雏舍、生产便道、办公用房、无害化处理设施以及生产设备等	徐和金	做前期准备工作
广西客商(富顺)四川省农人果果品开发项目	12000	建设20000平方米厂房,创建现代先进的水果深加工基地;建设2000亩果园,发展农家观光旅游经济。创建农人果电子商务网销,打造线上线下万店营销规模	叶世华	做前期准备工作
北京客商(富顺)新建富南村生态农业项目	8000	实施600亩翠梨树和皇竹草种植及农产品加工	唐敬超	做前期准备工作
贵阳凤凰农业(自贡)年出栏133000头生猪养殖项目	20000	建设存栏133个单元、6650头种猪场和133个单元、133000头商品猪养殖场,配套建设场内道路、水、电、气、排污排水、仓储及管理用房	贵州贵阳凤凰农业	做前期准备工作
湖南客商(自贡)油茶观光项目	45000	打造“万亩”油茶林基地,建设油茶林达2.5万亩,配套油茶林种植及道路等基础设施建设,油茶果加工,有氧运动环线、油茶观光基地、草把龙民俗文化展示、“五宝传说”寻源及农家乐等景区旅游配套设施等建设项目	胡立文	建设工作有序推进
重庆鸿鹄农业(富顺)肉鸭养殖基地项目	8000	建设年产量260万只肉鸭养殖基地,新建标准化、智能化畜禽养殖、深加工基地	自贡市鸿鹄农业有限公司	建设工作有序推进
资中佳诚果业(富顺)甜橙高产科技示范园项目	6000	新修产业和便民路15千米,水池11个、药池35个,嫁接新品种“金秋砂糖橘”1000亩	富顺县佳诚果业有限公司	已投产
重庆维强养殖(富顺)辣椒高产科技示范园项目	5000	辣椒种植面积达400余亩,新建大棚110个及家禽家畜养殖	富顺县维强种养殖有限责任公司	已投产
广东圣果园(富顺)“圣果园”狮市镇循环农业观光项目	35000	建设1000亩甜橙示范园,2000平方米农业4.0植物工厂,滑草观光基地,1000亩百香果园区,台湾水果种植采摘园1000亩,高粱酒酿造基地,山顶阳光屋度假小木屋、露营基地、垂钓基地等	广东圣果园农产品有限公司	做前期准备工作
广西莱邦(自贡)漆树乡有机生物肥及生态种植绿色基地项目	20000	新建生产车间、办公大楼及综合楼,完善综合管网、环保、消防、道路、绿化等配套设施,打造百香果生态种植实验基地	广西莱邦科技有限公司	做前期准备工作
山西客商(自贡)新建农团乡猕猴桃产业园项目	6600	新建1100亩猕猴桃产业基地及猕猴桃框架,包括生产道路、大棚建设、办公建筑物、消防、绿化等配套设施	山西省	做前期准备工作
湖南客商(自贡)四月阳光生态休闲观光农业基地建设项目	10000	建设生态休闲观光农业基地,其中观光休闲区35000平方米、生态种植区70000平方米、垂钓区18000平方米、餐饮综合服务区10000平方米	钟玉淋	做前期准备工作
自贡市荣县春兰茶业改扩建项目	8700	扩建茶叶加工厂17840平方米,新增配套附属设施面积1800平方米,绿化2600平方米,购置茶叶加工设备136台	乐山市	做前期准备工作

续表2

生猪标准化示范场暨农业生态循环	12000	建设各类猪舍4500平方米,配套设施用房3800平方米;二期生物质燃气部分扩建,新增建筑面积约24000平方米;购置禽畜粪便快速化学预处理系统、沼渣贮存系统、生物气提纯系统及有机肥生产综合利用系统等设备281台(套)	四川皓禾生态农业有限责任公司	做前期准备工作
牛佛镇种鸡、蛋鸡养殖项目	10000	在群星村建设种鸡、蛋鸡养殖项目	王行奎	做前期准备工作
联合村种猪专业养殖示范基地项目	32000	建设种猪专业养殖示范基地,生猪年出栏量2万余头	福建大牧野畜牧养殖有限公司	做前期准备工作
金银湖标准化蛋鸡产业园	9000	建设存栏50万只的标准化养殖园区,蛋鸡饲料生产和肉鸡深加工基地	安徽荣达禽业开发有限公司	做前期准备工作
广西客商(富顺)黑竹坝生态五彩田园项目	15000	新建水果生产基地、水果采摘、樱花种植、水产养殖及其相关配套设施	四川子祥农业开发有限公司	做前期准备工作
贵州客商(富顺)浩安畜禽养殖项目	6500	建设9000平方米厂房和办公房,养殖生猪2100头,硬化厂区公路	富顺县浩安畜禽养殖专业合作社	做前期准备工作
贵州客商(富顺)赵化镇甜橙种植园建设项目	6500	硬化园区道路、种植优质甜橙果树320亩	富顺县夏兴农业综合开发有限公司	做前期准备工作
新疆客商(富顺)柑橘生产基地生态农业项目	8000	建设柑橘生产基地1000亩及其配套设施	四川润新农业开发有限公司	做前期准备工作
眉山松山(富顺)春见现代农业种植示范园项目	20000	建设2500亩黄金橘和春见示范园,9000平方米柑橘仓储加工厂、柑橘种植采摘园、农产品深加工等	眉山市彭山区松山家庭农场	做前期准备工作
现代农业花卉主题园及循环农业示范园建设项目	46500	新建道路8895米、排水沟渠50000米,安装各类灌溉管网240000米,安装水、电、气管网80000米,建设广场410000米,新建围墙2800米,绿化面积1000亩,新建循环农业示范园6000亩,新建总面积14220平方米的商用、公用及服务管理用房	重庆市	做前期准备工作
吉林客商(自贡)年产5万头标准化养猪场项目	13500	建设标准化养猪场20000平方米,新增母猪2500头,新建300亩标准化血橙种植基地,达到年产量5万头育肥猪规模	姜彦丞	做前期准备工作
重庆客商(自贡)银匠观光农业园项目	15000	建设集花卉基地、水产养殖、休闲娱乐、餐饮住宿于一体的现代农业观光园	李顺请	做前期准备工作
中农联控股有限公司(自贡)贡井区塔罗科血橙标准化建设项目	150000	建设现代化高标准塔罗科血橙示范基地及配套项目开发建设,并配套建设冷藏库及包装、分拣等现代化设施,积极推动苗木基地、果品加工和农旅结合项目开发	中农联控股有限公司(北京)	做前期准备工作
荣县大农和生态餐饮配送中心建设项目	12000	新建配送中心1栋,建筑面积14286平方米,完善给排水、消防、强弱电等安装工程以及其他配套工程投资;购置相应设施设备	胡胜利	做前期准备工作
北京返乡自然人(富顺)贤云居休闲农业观光生态园项目	20000	新建生态植物观光园、现代花木苗圃园、休闲垂钓区;新建1000亩有机蔬果种植、水产养殖、露营基地、垂钓基地等	四川贤云居生态农业开发有限公司	做前期准备工作
自贡葛产业综合循环产业园	106000	建设10万亩生产基地、100~300亩加工建设产业园,配套生态旅游和康养系统于一体的综合产业园,打造自贡特色"葛小镇"	重庆圣果树国际贸易有限公司	做前期准备工作

建设,在龙潭镇、桥头镇等6个乡(镇)着力打造贡井区农村产业融合发展示范园12万亩。已初步建成优质蔬菜基地2.5万亩、精品水果园2.8万亩、粮经复合园1.9万亩、休闲观光园0.3万亩。

【乡村旅游】 2017年,贡井区按照“乡村旅游带动特色农业发展,特色农业支撑乡村旅游升级”的思路,依托国道348沿线花卉园林、生态水产、果蔬等休闲观光农业及远郊生态林业,以花香田园、日月彩虹、五彩荷园、莲花—牛尾七彩森林生态公园等重点项目为载体,构建三大乡村旅游带:南北环线城市近郊乡村休闲旅游带、白庙—成佳—龙潭城市中郊蔬果采摘带和桥头—莲花—牛尾城市远郊休闲观光度假乡村旅游带,形成了以田园风光、园林花卉、民俗风情为主题的乡村旅游。

将重点旅游项目与农业产业相融合,着力推进国家4A级景区建设。一是整合以花香田园、七星湖为代表的南、北环路乡村旅游休闲带,打造花香田园旅游景区;二是以独特的天然林资源以及莲花湖、牛尾河的山水资源与四川七彩林业开发有限公司达成莲花牛尾彩色森林生态公园建设项目合作框架协议,拟建设川南独具特色的彩色生态文化旅游公园,已完成旅游景区总体规划初稿,核心区完成部分彩色苗木栽植。

坚持旅游供给侧改革理念,深化旅游节会活动,有市级乡村旅游节会活动5个(自贡市乡村旅游节、三台梨花节、金秋桂花节、龙都香柚采摘节、白庙镇血橙采摘月旅游活动节),建设镇作为乡村旅游发源地品牌效益不断释放,七星湖都市农业观光主题公园承办自贡市乡村旅游节的开幕式活动12次。策划了以“多彩贡井·乡韵之旅”为主题的第二届贡井乡村旅游年活动,先后举办了2017年四川美丽田园欢乐游启动仪式暨川南首届迎春花卉博览会、花香田园潍坊风筝节、艾叶古镇早糯玉米文化节、贡井荷花文化节、龙潭首届葡萄文化节等系列活动。

积极探索“互联网+乡村旅游”模式,与自贡在线、UU163旅游在线开展务实合作,逐步实现全区乡村旅游网上宣传、网上推荐、网上服务、网上营销、网下体验等模式。

提高旅游供给能力。乐自高速贯通贡井区,成渝高速、成自泸高速、川南城际高铁等快速交通出口抵达贡井区城区均在30分钟内,省道305线升格为国道348干线,莲花牛尾彩色生态公园道路网架基本成形等,全区完成主要旅游景区(点)公路建设200余千米,旅游交通线路及标识标牌基本全覆盖。建成一批高等级星级农家乐、乡村酒店。“村村通”工程实现了乡村旅游道路网格化。先后建成旅游厕所4座。形成粪扇、牛肉系列制品、兔肉制品、龙潭无公害蔬菜、五宝花生、成佳大头菜、桥头红茅烧、日月豆腐干等一批具有较高知名度的特色旅游商品。

【农村水利】 2017年,贡井区已建成各类蓄水工程1191处,其中小(1)型水库9座、小(2)型水库32座、山坪塘2859口、石河堰83道,工程设计蓄水5627万立方米,有效蓄水4515万立方米;设计灌面17.5万亩,有效灌面13.23万亩。建成灌溉渠道407.08千米,其中土渠197.21千米、石渠209.87千米;建成集中供水工程10处,其中乡(镇)水厂9处,设计供水能力1.12万吨/天;建成污水处理工程11处,其中乡(镇)污水处理设施9处,设计污水处理能力0.736万吨/天,配套截污管网11千米。

【农业机械化】 2017年,贡井区受理农户农业机械化补贴34户,补贴结算机具34台,补贴使用资金4.45万元;改造提灌站14处,维修19处。依法报废拖拉机4台,全年参加年检拖拉机3台,年检率100%。做好变型拖拉机专项整治工作,清理变型拖拉机128台,其中省外41台、省内87台;发放整改通知书53份。全年全区未发生农机安全事故。

【农村科技】 2017年,贡井区大力推进“大众创业、万众创新”,贡井区白庙镇果树协会会长陈仁贵、贡井区旭水河家禽养殖协会、天成蛋鸡养殖场场长杨承博获得四川省首届农村乡土人才创新创业大赛优胜奖。开展科技之春、科技活动周、科技工作者日等特色科普活动10场次,组织金融安全和种养殖技术培训讲座6次,参与科普活动的科技工作者达130人余次,接待群众达1.2万余人次,接受群众技术咨询5000余人次,发放科普宣传资料2.3万余份。加强科普阵地建设,新建科普画廊(宣传栏)12座,配送科普挂图400余套;新建科普e站6个,总数达8个,列全市首位。

【农村教育】 2017年,贡井区义务教育均衡发展工作顺利通过国家评估验收。一是加快推进农村中小学学校标准化建设工程、教师周转房、农村薄弱学校改造工程、中小学校舍维修改造工程等专项工程的建设,改善农村中小学办学条件。近三年来,贡井区投入资金20395万元,新建、改造、加固维修校舍4.89万平方米;投入4700万元用于配齐教学仪器设备和信息化建设。二是不断提高农村学校办公经费,绩效考核向农村教师、骨干教师倾斜,将绩效工资的10%用于农村学校教师补贴,一般农村教师补贴每月比城区教师多246元、偏远农村多386元;根据教师工龄长短和离城区的距离,实行乡(镇)工作补贴,给予300~450元的补贴。三是深入开展城乡结对,共结成14对、22所共同体学校;扎实开展“送教下乡”、薄弱学校和薄弱学科帮扶指导等活动,本年度组织送教下乡10余次,开展薄弱帮扶活动180余人次,近三年来,全区中小学教师交流轮岗358人次,通过互派干部教师、共建共享教育资源等方式促进教育均衡协调发展。四是合理配置教师编制数,加大农村教师公招力度,有力促进农村教师向年轻化、专业化发展。近三年来,公招农村教师82人,是同期城区公招教师的145%;“三支一扶”签约人员达60余名,全部安排至农村学校。五是全面落实“三免一补”、寄宿生生活补助等教育资助政策,资助25430人次,金额达2293万元。全年募资和对上争取款项42.8万元,资助贫困大学新生184名,为841名学生办理助学贷款670余万元。六是建立健全区、部门、乡(镇)、村、校联动帮扶制度。加快乡村少年宫建设步伐,已建成中央项目乡村学校少年宫5所、市级项目乡村少年宫8所、区级项目乡村少年宫12所。

【农村文化】 2017年,贡井区启动成佳镇、龙潭镇、五宝镇3个镇级综合文化站的升级改造,建成一批基层综合文化服务中心;“村村响”工程和农家书屋实现全区149个行政村全覆盖;完成“户户通”1000户建设任务。区、镇(街道)、村(社区)三级公共文化服务体系骨架已建成,为群众的文体活动提供更多便利。

“三馆一站”免费开放。组织开展系列重大文化活动和各类文化惠民活动175场。深入开展“结对子”“种文化”活动,149个行政村每个月各放映公益电影1~2场,截至10月,已放映1776场。区文化馆、美术馆、图书馆针对社区文化专干和社区文艺骨干及文艺爱好者开展了民族舞、秧歌、腰鼓等培训7次,开展“文化惠民 情系百姓”2017年送文化下基层文艺演出20次;春节期间开展“贡井区送春联下乡进社区活动”,共为广大群众书写春联4000余幅;区文化馆与艾叶滩小学和自贡八中结对,在学校开设了免费的舞蹈培训班和剪纸培训班,得到了学校领导和师生的好评;深化“传统文化进校园”,继续推进艾叶

龙灯、桥头狮灯、五宝草靶龙、剪纸等传统文化活动在校传习，推进传统文化进校园特色学校的创建。通过城乡"结对子、种文化"活动的开展，促进了城乡基本公共文化服务均等化。免费开放体育场馆，免费锻炼人数超5万人。向村（社区）发放农民健身路径健身器材7套，并定期维护。全年组织开展各类体育比赛、活动20场次。

【农村交通】 2017年，贡井区有乡道15条、84.9千米、村道273条、554.84千米。有乡（镇）客运站11个。全区11个乡（镇）客车通达率达100%，149个行政村中已有143个行政村开通客车；开通农村客运线路48条，投入运营车辆113台，客运周转量15375.9483万人次。实施贡芝路、建秀路、贡建路、荣宜路、长吉路、桥中路等农村公路改善工程47.1千米，超出目标任务157%，投入资金5680万元；建成白庙镇建设村、长土镇大坡村等村道16.7千米，投入资金500余万元；争取补助资金330万元用于桥头镇白房村、龙潭镇团结村、团山村等17千米通村公路建设；投入资金615万元，加快实施牛尾大桥、龙潭老大桥危桥改造工程和新建二堰滩渡改公路桥（麻柳树桥）工程。已申报村道窄路加宽209千米、高黎路等农村公路改善提升工程30千米、窄路加宽、县乡道路安全防护工程等项目15个，涉及资金2307万元。与农发行开展深度合作，争取扶贫过桥贷款2.96亿元，用于提前实施全区产业和基础设施扶贫项目。同时编制了交通银行4.5亿元农村公路项目清单和农业银行1亿元的农村公路项目清单，已上报市交通局。省道309线完成A、B段路基建设3.5千米，完成施工便道4千米，基建投资5000余万元；青苗补偿完成98%、道路红线内清表任务已完成98%；签订房屋动迁协议74户，搬迁并拆除58户，完成房屋动迁任务工作量的65%，发放青苗补偿费及房屋动迁补偿款3500万元。中石油输气管线搬迁工作已达成框架协议，711管道保护性施工已经完成；荣威水务输水管道搬迁设计方案在进一步优化，将在3月底完成管线搬迁，拨付杆管线动迁款200万元。自贡至泸州港公路已完成自贡至泸州港公路放线和勘界。

【农村社会保障】 2017年，贡井区救助建档立卡贫困户共计543人，救助支出67.97万元，其中住院救助234人，救助支出61.79万元；门诊救助309人，救助支出6.18万元。农村低保累计90387人次，月人均补差137.45元。争取到冬春救助资金138.22万元（含区匹配23.22万元），救助受灾人口9592人，发放越冬御寒棉被800床、大衣350件，区级采购救灾物资储备37.15万元，新建乡（镇）救灾物资储备点5个。冬春救助资金纳入"一卡（折）通"发放。民办新增许可养老服务机构2个（贡井区自贡市盐都生态养老服务有限公司、自贡市贡井区桥头永顺老年服务中心），增加床位181张；对4个养老服务机构进行了维修改造，改造床位190张。完成2017年农村城乡日间照料中心目标任务10个。完成新增农村五保户的审批工作，新增农村五保户247人，供养标准为集中供养400元/月、分散供养500元/月。

【农村生态建设及环境保护】 2017年，贡井区印发了《贡井区关于2017年秸秆综合利用实施方案》和《贡井区大气污染防治2017年目标任务分解表》。全力开展露天禁烧工作，实行部门包乡（镇），乡（镇、街道）包村（组、社区），积极宣传到位；实现区、镇、村、组四级联动防控；强化巡查督导，督促禁烧工作力度。共处罚焚烧现象25起，共计罚款6750元，约谈4个乡（镇）主要负责人，扣除乡（镇）的运转经费共计160000元。各乡（镇、街道）印发宣传资料5万余份，挂出宣传横幅50余条，并将《自贡市人民政府关于禁止露天焚烧秸秆的通告》印发至各家各户。

加强水污染防治。一是积极推进金鱼河污染防治工作。完成金鱼河人工湿地项目建设工作，启动金鱼河截污主管网维护工作，并实施贡井工业集中区污水截污管网接入金鱼河截污主管网，从而进一步解决金鱼河贡井区域污染源问题。二是开展乡（镇）集中式饮用水水源地检查，编制了《乡（镇）集中式饮用水源地规范化整治工作方案》，完成贡井区集中式饮用水水水源地环境保护规划。三是加强饮用水水源地监测，开展乡（镇）集中式饮用水水源地水质监测3次，建立完善了饮用水水源预警应急管理体系，规范设置饮用水水源保护区标识标牌，加强日常巡查，确保饮用水水源地水质达标。

【农产品质量安全监管】 2017年，贡井区对无公害农产品基地、农业标准化示范基地实施生产期间的产品监测，农残快速检测各类农畜产品样品108个，配合省、市抽检样品116个，农产品抽检合格率达100%，全年未发生重大农产品安全事故。

【创新发展新型供销】 2016年贡井区供销合作社被纳入全省供销合作社综合改革试点区，供销社围绕试点任务创新发展新型供销社，2017年7月，4个镇成立了新型基层联合社，吸纳农民近1000户、龙头企业8家、专业合作社21个加入基层供销社，全面完成省定任务。

【推进农村金融服务创新】 建立完善农业信贷担保体系。2017年，贡井区为更好地引导推动金融资本投入农业，解决农业"融资难""融资贵"问题，放大财政支农政策效应，提高财政支农资金使用效益，增加农担公司入股量从上年的1400万元新增450万元，达到1850万元，按贷款放大比例1:10，对新型农业经营主体及小微企业实施贷款，支持其发展，为主要新型农业经营主体和小微企业贷款担保达1.1亿元。

建立贷款风险补偿金制度。积极引导银行、保险等金融资本参与脱贫攻坚，认真开展小额扶贫贷款和新型经营主体贷款，撬动金融资本投入脱贫攻坚，破解融资瓶颈。创新制订了《扶贫贷款分贷统还工作方案》，解除贫困户贷款后顾之忧和金融贷款安全风险，同时启动贫困户意外风险保险，新发放小额扶贫贷款和新型经营主体贷款3800万元。

积极探索股权量化试点。将支农项目资金624.35万元进行股权量化，将100万元支农及扶贫资金投入龙潭镇先科农机专业合作社、成佳镇金子山果业专业合作社、五宝宏运花生专业合作社确保贫困户年收益大于5%的收益额分配；将产业扶贫资金224.35万元用于149个村发展集体经济，资金量化到4487户贫困户，保底收益按5%支付贫困户；将2017年美丽新村项目300万元形成资产后量化到成佳镇1024户贫困户，保底收益按5%支付。

【农村留守家庭（儿童、学生）帮扶】 2017年，贡井区建立农村留守（困境）儿童（学生）数据库2个。全区有农村留守儿童3321人。专项行动中排查出无户籍儿童19人、无人监护25人、父母无能力监护115人、失学辍学6人。排查出困境儿童797人，建立了困境儿童台账和数据库。狠抓家庭监护责任落实和临时监护责任的落实。2017年年初（春节期间），11个乡（镇）分别对3321名留守儿童签订了监护协议并保存在乡（镇）民政办。7月，对排查出来的无户籍儿童到区公安分局协调户口登记问题，得到区公安分局的高度重视和支持。为因超生等原因无户籍儿童办理了登记手续（少数需要做DNA的继续办理中）。11月起，对全区5名父母符合特困供养的、父母无能力监护的儿童通过入户调查、群众评议办理了特困人员供养。与教育部门开展辍学保学督查，与村（组）、乡（镇）建立了问责机制，依法打击遗弃儿童的行为，对失职家长开展批评教育34起，广泛宣传农村留守儿童关爱保护政策。与区妇儿工委、教育局、司法局、公安分局等相关部门配合做好

留守儿童保护工作。春节和六一儿童节期间,各乡(镇)、区级各部门广泛开展农村留守儿童、困境儿童救助行动,已救助农村留守(困境)儿童142人,支出资金19.74万元。全区"1+2+N"的留守儿童(困境)救助关爱保护机制已初步建立。

【主要领导人】 区委书记:黄劲;区人大常委会主任:林勇;区长:张洪涛;区政协主席:罗洪艳;分管农业副区长:吴正刚。

贡井区编写组

大 安 区

【基本情况】 2017年,大安区辖3乡9镇4个街道,辖区面积400平方千米,其中耕地面积21.23万亩,比上年增长0.24%,人均耕地面积0.7亩。年末总人口44万人,增长0.09%;人口出生率9.6‰,增加0.13个千分点;人口自然增长率3.58‰,增加0.2个千分点。本地水资源总量1.5亿立方米,人均占有水资源量341立方米。有林地面积0.65万公顷,活立木总蓄积量20.06万立方米,森林覆盖率26.35%。

2017年,全区GDP212.93亿元,增长7.6%,其中第一产业增加值14.56亿元,增长4.1%,农、林、牧、渔及农林牧渔服务业之比为52.83∶4.21∶36.35∶5.79∶0.82;第二产业增加值136.02亿元,增长7.9%(工业产值131.86亿元,增长7.9%);第三产业增加值62.35亿元,增长7.6%。三次产业对经济增长的贡献率分别为3.9%、68.3%和27.8%。全年接待游客945.4万人次,实现旅游收入53.98亿元,其中乡村旅游收入31.2亿元。

公路通车里程1150千米(其中乡村公路1100千米),密度2868米/平方千米,26.14千米/万人。社会消费品零售总额7.33亿元,增长13%。地方公共财政预算总收入完成3.63亿元,增长16.55%;公共财政预算总支出17.06亿元,增长11.77%,其中农业投入23519.66万元,占支出的17.78%。农业产业化龙头企业省级、市级、区级分别为2个、15个、2个。

有各类学校81所,在校学生31529人,教职工1880人,其中普通中学14所,在校学生11340人;小学67所,在校学生20189人;学龄儿童入学率100%。有艺术表演团体42个,文化馆1个,公共图书馆1个,博物馆1个。有卫生机构308个,病床位2508张,卫生技术人员2544人。新型农村合作医疗参合人数32.4万人,参合率97%;城乡居民养老保险参保人数111350人;被征地农民养老保险参保人数12055人,占总人数的18%。

【年度农业和农村经济运行】 2017年,大安区实现农业总产值24.25亿元,增长3.9%;农业增加值14.68亿元,增长309%;生猪、茶叶、猕猴桃、食用菌、伏季水果、蔬菜等特色优势农产品产量保持稳定增长。农民年人均可支配收入达14238.2元,增长8.9%。在粮食、生猪、蔬菜生产中,科技投入的占比或科技贡献率为54%。全区农产品质量抽检合格率比年初提高1个百分点;建成12个基层农业综合服务站。全年新建鸡棚266个,累计发展肉鸡代养365户,引进肉鸡887.9万羽。

2017年大安区主要农产品产量

主要农产品	单位	产量	同比(%)
粮食	万吨	11.04	3
水稻	万吨	5.31	2.26
小麦	万吨	0.74	0
玉米	万吨	2.31	0.57
马铃薯	万吨	1.59	25
油菜籽	万吨	0.7	7
蔬菜	万吨	24.9	3
水果	万吨	0.23	26
肉类	万吨	4.1	13.8
猪肉	万吨	1.8	2
牛肉	万吨	0.26	3
羊肉	万吨	0.14	1.4
禽肉	万吨	1.06	100
兔肉	万吨	0.84	0.1
禽蛋	万吨	0.7	2
水产品	万吨	0.78	5
牛奶	万吨	0.47	2

农业产业化发展。全区建成区级农业产业化示范基地7个,其中畜禽、水产养殖类基地4个,花卉苗木等种植类基地3个;规划面积16860.4亩,已建成8180.4亩。有农业产业化龙头企业19家,其中省级2家、市级15家、区级2家。全年企业营业总收入95816.86万元,其中种养殖产品销售收入20221.12万元,农产品加工产品销售收入54186.74万元,通过电子商务销售收入652.3万元。全年实现利润总额9877.82万元,上缴税金814.97万元。全年企业完成固定资产投资3975.89万元,年末固定资产总额72020.92万元;带动农户21670户,其中订单带动农户14886户,建档立卡贫困户385户。全区经工商登记在册的农民专业合作社156个,其中2017年新注册40个;注册资金19714万元,入社成员10600人,带动农户58000户,入社成员人均年增收1680元,带动农民人均纯收入增收600元。全年成立村集体资产经营管理有限公司10个。

农用地产权制度改革。全区农村土地承包经营权确权登记颁证工作进入颁证阶段。完成确权登记数据库省级检测汇交,完成信息管理平台设备建设(主要包括2台服务器、涉密单机、证书打印等10大类及机房装修),启动颁证工作。加强土地流转指导,引导土地规范化流转。开展大安区农村土地流转清理,全区土地流转面积67387亩,增加3257亩,增长5%,流转率31.91%。完成农村产权抵押贷款560万元。

农产品品牌战略实施。自贡市天花井食品有限公司的长明牌牛肉、长明牌冷吃兔、牛佛牌烘肘被授予"四川名牌"称号,长明、牛佛被授予"四川省著名商标"称号。组织开展无公害农产品产地认定工作,无公害生产面积达214890亩,占全区耕地总面积的99%。

现代农业园区建设。2017年4月,大安区现代农业示范园区管委会成立并正式启动园区建设。按照"三区共建、三产共融、三园共存"的理念,完成园区总规、产业发展规划和14平方千米核心区概念性规划;完成园区骨干道路20千米景观化改造和14千米黑化改造、道路节点景观绿化改造工程、农房风貌塑造和庭院整治98户、河岸整治及游步道建设工程1.5千米;高庙村党群服务中心建成使用,八甲村党群服务中心完成主体建设;签订招商引资协议,发展柑橘产业2550亩,流转土地2100亩,完成高标准农田建设250亩、设施示范大棚100亩。整合各方资源共推共建,累计投入7800余万元,基础设施建设、产业发展工作有序推进,大安区现代农业示范园区初具雏形,走在全市前列。

【种植业】 2017年,大安区完成17.5万余亩小春作物收割,产量1.15万吨;完成32万余亩大春作物收割,产量9.89万吨。全年粮食总产量11.04万吨。

【林业】 2017年,大安区林地保有量9.9856万亩,森林蓄积增加0.7426万立方米,森林覆盖率达26.35%,提高0.46个百分点。全年完成补偿集体和个人所有公益林0.58万亩,完成新造林0.71万亩。

【水产业】 2017年,大安区水产品产量8162吨,增长10%;渔业经济总产值1.9238亿元。有机动渔业船舶85艘,总功率673千瓦,非机动渔业船舶67艘。编制完成《自贡市大安区养殖水域滩涂规划》。

【新村建设】 2017年,大安区建成幸福美丽新村20个,争取省级财政资金1668万元,全面实施9个乡(镇)16个行政村省级幸福美丽新村示范县和省级财政幸福美丽新村(扶贫新村)项目建设。建成农民集中居住区12个,实施旧村落农户风貌整治500户。围绕“住上好房子、过上好日子、养成好习惯、形成好风气”标准,统筹推进“四好村”创建活动,创建区级“四好村”42个、市级“四好村”33个、省级“四好村”12个。大安区获得全省幸福美丽新村示范县绩效考核“优秀示范县”称号。

【农村扶贫和移民工作】 2017年,大安区统筹整合涉农项目61个、资金5.5亿元,深入实施六大重点脱贫工程和22个扶贫专项行动,确保将75%的贫困户聚集到产业链上。17个党群服务中心、1685户4314人易地扶贫搬迁住房竣工投用,14个贫困村“摘帽”、687户1724名贫困群众脱贫。开展“扶贫巾帼行”居家养老工作,举办家政服务培训班3期,为全区182名贫困妇女提供家政服务技能和养老服务技能培训,就近提供就业岗位182个,帮助贫困妇女就近就业。开展“百岗联百村·百企助百村”活动,积极动员辖区企业和“巾帼文明岗”结对帮扶贫困村,各巾帼文明岗和企业全年结对帮扶物资共计4万余元。对全区11100名农村妇女进行了免费“两癌”筛查,共救助贫困母亲142人(含两癌贫困母亲19人)、贫困儿童330人,发放价值26万元的慰问资金和物资。完成楼房湾水库淹没区236户移民房屋搬迁工作,移民房屋全部拆除。有序推进移民生产安置工作,签订了《移民生产安置协议》。召开省扶贫基金会“健康饮水扶贫工程”大安区捐赠捐助大会,成都宏华太阳能技术开发有限公司向大安区捐赠盛元阳光牌净水机80台,价值39.84万元。

【乡村旅游】 2017年,大安区被国际休闲经济促进会、中国休闲旅游文化研究中心、中国旅游媒体联盟联合授权为“中国最美文化休闲旅游名区”称号。全年举办大安乡村旅游节庆活动7场次。新店镇何院村被评选为四川省2017年“文化扶贫示范村”。桑海井景区、玫瑰海景区顺利通过创建国家4A级旅游景区景观资源与景观质量专家评审。

【农村水利】 2017年,大安区完成楼房湾水库枢纽及附属工程建设任务,并完成大坝等4个单位工程的验收、合同工程完工验收及相关验收的核备核定工作,通过了水库蓄水安全鉴定工作。完成全区2015—2016年度省级水资源费节水型社会重点县建设项目的合同完工验收,项目总投资1078.86万元。长滩河永和乡防洪治理工程和威远河新民镇防洪治理工程共争取到位中央资金2058万元,完成施工和监理单位招标工作。完成2015年度坡耕地水土流失综合治理工程的竣工验收工作;完成2016年水土流失综合治理项目主体工程建设;完成2017年度坡耕地水土流失综合质量工程的招(投)标工作。完成大安区东北部新城水厂工程(一期)建设,开工建设水厂二期工程,完成安装供水管网110余千米,覆盖三多寨镇长河村、狮子村,牛佛镇高店村、关刀村、关家村,回龙镇关帝村、优胜村,永嘉乡瓦高村、新房村等9个贫困村。完成2013—2014年度节水型社会重点县建设项目沱江提灌渠维修整治和春灌放水工作,保障永嘉乡和牛佛镇渠道灌区8000余亩农业生产。完成2015年水资源费节水社会重点县建设项目牛王山提灌渠维修整治和春灌放水工作,保障牛佛镇渠道灌区2000余亩农业生产。

【农业机械化】 2017年,大安区完成农机购置补贴242台(套),发放补贴资金28.66万元,涉及农户237户。自贡文豪农机专合社、自贡艾康农机专合社分别在永嘉乡、牛佛镇流转土地800余亩种植水稻和油菜,实行全程机械化操作,带动全区耕种收机械化面积达11.01万亩、机械化率为52.17%。

【农村科技】 2017年,大安区组织开展贫困人口科技培训650人次。年出栏3500万羽肉鸡一体化项目获得2017年省级科技扶贫专项支持资金100万元。

【农村教育】 2017年,大安区实施标准化工程,完成三多寨镇同春小学综合楼建设。实施学前教育行动计划,完成庙坝镇、新店镇中心幼儿园建设。实施提档升级工程,投入2230万元新建江姐中学综合楼、改(扩)建江姐中学运动场、装配教学仪器设备设施。庙坝镇中心学校获评为“2017年度省级防震减灾科普示范学校”,江姐中学创省二级示范性普通高中通过专家评审,江姐中学女足获卡尔美杯2017年省青少年校园足球联赛女子组冠军,牛佛镇中心校蝉联市中小学汉字听写大赛小学组冠军。资助经济困难学生及建档立卡学生14759人次,资助总金额780.19万元。开展“江姐家乡助你上大学”和“雨润计划”资助活动,为63名贫困大学新生发放资助资金10.9万元。为1446名特困学生发放资助金96.56万元。设立留守儿童视频通话教室23间。

【农村卫生】 2017年,大安区大山铺镇被全国爱卫会命名为“国家卫生乡镇”,庙坝镇被自贡市爱卫办命名为“自贡市卫生乡镇”,打造新民镇卫生院为全市唯一的医院党建示范点,打造牛佛马儿山“人口与健康”主题公园,打造大安区同春爱民学校为流动人口健康促进示范院校。出台《进一步明确乡村两级卫生机构职能职责》文件,明确乡、村两级卫生计生机构职能职责。全区乡(镇)卫生院均与本市三级医疗机构建立定向培训培养、远程影像诊断、专家对口帮扶等不同形式医联体合作模式,全面实现远程诊疗;按照“一站一特色”要求打造乡(镇)卫生院、社区卫生服务中心健康管理站5个,为辖区群众定制“个性化”医疗健康及公共卫生服务。创新推行贫困村卫生室“健康服务站”试点建设,完成回龙镇双柏村、牛佛镇关家村、三多寨镇狮子村、永嘉乡瓦高村4个村卫生室健康服务站建设,就近提供基本公共卫生服务,解决服务贫困群众“最后一公里”问题。创新推行健康扶贫“一站式”服务,优化“先诊疗、后结算”服务模式,开展“医院帮垫资、群众少跑腿”服务,为贫困患者住院提供“一站式”服务3175人次;将辖区贫困户申请卫生扶贫基金救助归口到乡(镇)卫生院,贫困户只需将申报资料交给卫生院,由卫生院负责资料的上报,资料审核通过后贫困户就能领到打卡直发的救助金。创新贫困群众医疗保障信息协调交换机制,乡(镇)、卫生院及村(组)、村医之间建立信息交换机制,落实专人,定期对贫困人口进行动态的、精细化的信息交换和跟踪服务,解决外出务工人员返乡后参加免费健康体检、协助报销医疗费用、申请民政医疗救助、卫生扶贫救助基金救助等问题。安排使用卫生扶贫基金救助2478人,支付卫生扶贫基金100.09万元;开展辖区建档立卡贫困

人口免费健康体检10438人,体检率103.77%。

【农村法制建设】 2017年,大安区出台《大安区法治宣传教育第七个五年规划(2016—2020年)》,召开全区"六五"普法总结暨"七五"普法动员推进会,印发《大安区2017年"法律七进"工作要点》。完成人民调解组织入驻公安、入驻信访,建立健全"公调对接""访调对接"机制,完成三多寨司法所、团结司法所、龙井司法所3个乡(镇、街道)司法所规范化建设,全区16个乡(镇、街道)均建立了公共法律服务工作站。

【农村交通】 2017年,大安区完成县、乡道改造26.4千米,实施县、乡道路安保工程15.088千米,完成村道改造47.5千米。加宽并黑化永嘉乡瓦高村、新店镇何院村、何市镇阮家村、何市镇黄桷村村道13.14千米,建成庙坝镇九房村、新民镇柏树村、三多寨镇狮子村、团结镇朝天村等贫困村产业发展道路23.2千米,累计实施贫困村道路改造提升工程85千米,建成贫困村渡改桥3座;26个贫困村通村公路硬化宽度均已达4.5米,共计里程42.3千米;实现20个贫困村通客运班车。利用新型沥青路面养护剂实施太大路(长滩河大桥至大梨树段)预防性养护工程。申报四川省"四好农村路"示范县,参加全省创建"四好农村公路"评比。完成沱江11个重点监控水域视频监控系统和海事监控中心建设,开展船载视频在客渡船舶、工程船、货船的试运行工作。

【涉农招商引资】 2017年,大安区3000万元以上的农业招商引资重大项目3个,项目总投资3.2亿元,协议资金3.2亿元;到位资金7930万元,完成年度任务的100%。

【农村社会保障】 2017年,大安区完成全民参保登记工作,登记覆盖率达100%。完成彩灯大世界等52个征地项目,共计12055人的征地养老保险参保工作。完善城乡居民基本养老保险的衔接,完成中老农保并轨2507人。在全市率先完成城乡居民养老保险兜底工作,为8617名建档立卡贫困人员缴纳养老保险86.17万元,实现符合城乡居民基本养老保险参保条件人员100%参保;筹集资金339.15万元(其中省级财政出资70.34万元、市级财政出资14.07万元、区级财政出资254.74万元),为全区19406名建档立卡贫困人口全额代缴2017年居民医保个人缴费部分,确保建档立卡贫困人口居民基本医疗保险参保全覆盖、大病保险参保全覆盖。全额报销贫困人口县域内政策范围内住院费用,建档立卡贫困人口县域内住院费用个人支付占比控制在10%以内。建档立卡贫困人口县域内慢性病门诊维持治疗医疗费用个人支付占比控制在10%以内。

【农村生态建设及环境保护】 2017年,大安区强化制度保障、宣传引导和督查力度,全覆盖签订《禁烧承诺书》,连续开展"白+黑"露天禁烧巡查工作模式,对发现火点的乡(镇)按规定通报;创新工作机制,制定《2017年露天禁烧分片包干责任分工表》,实行县级领导和部门包干制,健全三级责任体系,与各乡(镇、街道)和有关部门签订《露天禁烧目标责任书》,各(镇、街道)与村(社区)签订《露天禁烧目标责任书》。对辖区内31363户农户给予每户20元堆占费补贴。加大乡(镇)集中式饮用水水源地标准化整治工作力度,共设置标识标牌74块、隔离防护设施12150米。成立大安区网格化环境监管工作领导小组,明确各网格化环境监管成员单位的职能职责,建立16个以乡(镇、街道)为责任主体的三级网格和116个以村(居)委会为责任主体的四级网格,全面构建"横向到边、纵向到底、覆盖全区、责任到人、监管到位"的环境监管网络体系。

【农产品质量安全监管】 2017年,大安区在贫困地区发展"三品一标"产品5个,制定了《养殖水域滩涂规划》;发展绿色(有机)食品1个,复查换证无公害农产品4个。渔业船舶登记、检验率达100%,主要农作物良种覆盖率达96%,农作物种子质量抽检合格率93%;对种子苗木生产、经营、调入者检疫抽检率达45%,植物疫情防控处置率达100%,全区无公害农产品产地面积稳定在21.5万亩;省级农产品质量安全理性监测抽检任务完成率100%,省级农产品安全例行监测合格率99%,生产经营主体入驻省级追溯管理平台数增加5个。农业综合执法案件办件数17件,渔业执法案件办结率100%,动物卫生及兽药监督执法案件查处结案率100%。全年无重大农产品质量安全事件发生。

【农村留守家庭(儿童、学生)帮扶】 2017年,大安区募集"春蕾计划"助学金3.7万元,帮助贫困女学生完成学业。加大反家暴、儿童防性侵、就业维权等妇女儿童维权知识宣传力度,开展防女童性侵知识讲座2期、女童安全救助行动巡回讲座2期、校园暴力预防知识讲座1期、禁毒知识进校园活动1期、"让爱回家,守护成长"关爱留守儿童活动12期。争取自贡监狱、团市委等单位支持,为留守儿童、困境儿童赠送"暖冬礼包"近10万元。联合自贡市青少年宫开展"金色童年 梦想飞扬"公益活动走进大安区苏泊尔小学,为220名乡村学生发放募捐物品。

【劳务开发与返乡创业】 2017年,大安区组织"送岗位、送培训、送政策下基层"活动28场,达成意向的贫困家庭劳动力301人。开展彩灯制作、家政服务、中式餐饮等各类培训14场,共计培训1246人次。对玫瑰海景区开展在岗培训,培训景区员工50人。组织就业扶贫招聘会19场,提供岗位信息2558个;开展贫困户实用技术和技能培训573人,全区农村建档立卡贫困对象中适龄段有就业培训意愿劳动者培训率达100%;为157个贫困家庭提供创业贷款579.8万元。开展品牌培训57人,开发农村公益性岗位410个,扶持55名贫困群众实现创业;实现贫困家庭劳动力就业3090人,消除建档立卡贫困户"零就业"家庭。何市镇何院村被评为"四川省级就业扶贫村"。制定《公益性岗位管理办法》,定期实施监督检查。转移输出农村劳动力100015人。发放高校毕业生创业补贴38万元、补贴38人,创业担保贷款2人、贷款20万元。符合贫困户和返乡创业劳动者贴息条件的申报创业担保贷款受理率达100%。

【涉农节会会展】 2017年10月17日—20日,大安区组织自贡市天花井食品有限公司、自贡盐味源食品有限公司、自贡市国名食品有限公司共14人参加第五届四川农业博览会,布展"品贡然自"公共品牌展位3个、电商营销展位1个,展示展销"长明"牌火边子牛肉、牛佛烘肘、"道味源"鲜椒酱、"周二哥"冷吃兔等7类知名特色品牌产品38个,实现销售额约3.7万元;现场签订合作意向协议1份,涉及金额200万元;签订产品购销合同6份,涉及金额1.57亿元。

【主要领导人】 区委书记:张昭国;区人大常委会主任:钟淳;区长:杨斌;区政协主席:罗旭东;分管农业副区长:刘勇。

大安区编写组

沿滩区

【基本情况】 2017年,沿滩区辖2乡11镇,辖区面积469.99平方千米,其中耕地面积39.69万亩,比上年增长34.85%,人均耕地面积1.01亩;基本农田23.3万亩。年末总人口39.16万人(户籍人口),减少0.3%;人口出生率11.51‰,增加0.91个千分点;人口自然增长率-3.22‰,减少3.87个千分点。全区耕地有效灌面和保证灌面分别

达到耕地总面积的53.46%和42.5%；本地水资源总量1.7107亿立方米，人均占有水资源量436.85立方米。有林业用地6540万公顷，森林覆盖率19.36%。

2017年，全区GDP166.81亿元，增长9.9%，其中第一产业增加值17.73亿元，增长4.2%，农、林、牧、渔及农林牧渔服务业之比为1535:189:863:212:26；第二产业增加值115.81亿元，增长11.4%（工业产值172亿元，增长11.8%）；第三产业增加值33.28亿元，增长8%。三次产业对经济增长的贡献率分别为0.5%、7.7%和1.7%。全年接待游客322.3万人次，实现旅游收入296100万元，其中乡村旅游收入107600万元。

公路通车里程1375千米，其中乡道386千米、村道837千米。有客运车辆104辆，境内客运线路7条，跨线客运线路7条；河道里程67千米，有客运码头6个，渡口9道，船舶49艘。社会消费品零售总额70.25亿元，增长11.9%。地方公共财政预算总收入完成6.52亿元，增长8.7%；公共财政预算总支出16.42亿元，增长5.9%，其中农业水支投入2.3亿元。农业产业化龙头企业省级、市级分别为1个、24个。

有各类学校29所，在校学生34750人，教职工1866人，其中小学13所，在校学生20673人，专任教师1040人；普通中学13所，在校学生10055人，专任教师616人；中等职业学校2所，在校学生5469人，专任教师284人；特殊教育学校1所，在校学生106人，专任教师17人；学龄儿童入学率100%。完成省级以上科技成果38项，2项科技成果获得省级以上科技进步奖。有文化馆1个，公共图书馆1个。有卫生机构225个，其中医院3所，疾病预防控制机构1个，妇幼保健机构1个，卫生监督执法机构1个，乡（镇）卫生院13个，社区卫生服务中心（站）2个，村卫生室168个，个体诊所、医务室及卫生所36个；病床位1253张，卫生技术人员1630人，其中卫生院技术人员514人（执业医师/助理172人）。全区传染病发病率为305.5人次/10万人，孕产妇死亡率为0人/10万人，婴儿死亡率为2.66‰。新型农村合作医疗参合人数141096人，参合率97.85%；被征地农民养老保险参保人数8429人，占总人数的2.79%。

【年度农业和农村经济运行】 2017年，沿滩区实现农业总产值15.35亿元，增长11.96%；柑橘、花椒等特色优势农产品产量保持稳定增长。农村居民年人均可支配收入达14233元，增长8.16%。全年育种育苗311公顷，当年造林1128公顷，幼林、成林抚育管理1033公顷，零星植树173.92万株。

2017年沿滩区主要农产品产量

主要农产品	单位	产量	同比(%)
粮食	万吨	17.54	1.9
水稻	万吨	9.569	0.27
小麦	万吨	1.5186	-20.78
玉米	万吨	2.5804	10.17
马铃薯	万吨	0.5532	73.03
油菜籽	万吨	0.98	8.9
蔬菜	万吨	26.07	4.1
肉类	万吨	2.88	-2.7
猪(牛、羊)肉	万吨	1.87	-4
禽肉	万吨	0.42	-4.1
兔肉	万吨	0.57	3.3
禽蛋	万吨	0.86	-4.2
水产品	万吨	1.35	14.3
牛奶	万吨	0.11	-2.2

农用地产权制度改革。一是出台文件、推动实施。全区印发了《关于深化农村集体产权制度改革发展农村新型集体经济的意见》，为进一步理顺农村集体产权关系，做强农村集体经济，充分发挥农村集体经济作用提供了制度保障。二是召开壮大集体经济和发展集体经济业务培训会，在全区21个贫困村建立21个村集体资产管理公司，探索发展村集体经济。三是在4个村试点开展产权制度改革，为全区下一步全面开展清产核资、成员确认、资产量化工作，发展村集体经济，保障农民集体经济组织成员权利打下基础。

农产品品牌战略实施。全区实施“区域品牌+企业品牌”双品牌战略，加强“三品一标”农产品认定登记和地理标志产品保护，新增绿色农产品5个、无公害农产品15个。

现代农业园区建设。全区现代农业园区编制完成了年度实施方案，制定了柑橘、花椒两大产业园建设标准。开展招商引资，新增业主50个，建成标准园3个，推进产业联盟建设，新发展柑橘、花椒各4万亩。

【种植业】 2017年，沿滩区粮食作物播种面积2.92万公顷，增加354公顷，增长1.2%；油料作物播种面积0.39万公顷，增加352公顷，增长9.8%；蔬菜及食用菌种植面积1.01万公顷，增加200公顷，增长2%。全年粮食总产量17.54万吨，增加3278吨，增长1.9%；油料产量0.98万吨，增加802吨，增长8.9%；蔬菜及食用菌产量26.07万吨，增加10369吨，增长4.1%。

【畜牧业】 2017年，沿滩区肉类总产量2.88万吨，减少763吨，减少2.7%，其中猪（牛、羊）肉产量1.87万吨，减少781吨，减少4%。生猪出栏24.52万头，减少11710头，减少4.6%；肉牛出栏0.23万头，增加3头，增长0.1%；肉羊出栏9.1万只，减少12只，与上年基本持平；家禽出栏278.82万只，减少154464只，减少5.2%。

【水产业】 2017年，沿滩区水产养殖面积1269公顷，与上年持平，其中池塘养殖面积854公顷、水库养殖面积358公顷。水产品产量1.35万吨，增长14.3%。

【新村建设】 2017年，沿滩区启动建设幸福美丽新村20个，争取省级财政专项资金682万元，完成投资5432万元。推进8个领导抓点示范村建设，建立抓点示范工作台账，实行月督查、月通报，全年实施项目71个，完成投资2.19亿元。印发《2017年度“四好村”创建活动推进方案》，明确创建要求，逐村编制实施方案，健全推进机制。全年创建省级“四好村”8个、市级“四好村”47个。

【扶贫攻坚】 2017年，沿滩区召开脱贫攻坚领导小组会和现场推进会，相继打响“春季攻势”“夏季战役”“百日攻坚战”，力促各项工作落地落细落实。省定11个贫困村、2766名贫困人口和市定11个贫困村、5985名贫困人口年度“摘帽”脱贫任务全部完成。整合实施项目（政策）80个，完成投资4.5亿元。实施“百千万工程”，动员各方力量参与扶贫，撬动社会资本4亿元以上。

【乡村旅游】 2017年，沿滩区举办了郁金香乡村旅游节、刘山樱花

节、九洪西瓜节、仙市古镇金秋旅游节、刘山第二届草雕艺术节暨首届乡村音乐节、富全打谷文化节等乡村旅游系列活动21场,形成了"乡乡有特色、月月有活动、场场有亮点"的基本格局,"信步沿滩·美过周末"成为自贡市乡村旅游的重要名片。全区全年累计接待游客322.3万人次,实现旅游综合收入29.61亿元。

【农村水利】 2017年,沿滩区水资源总量达17107万立方米,年末蓄水量达3690万立方米。有自来水厂8个,各乡(镇)自来水用水户合计48950户,人均拥有水资源量543立方米。

【农业机械化】 2017年,沿滩区农业机械总动力达119826千瓦,共有农用车运输台数4台,农用车从业人员67人,机电井数29533眼;全年机收面积10327公顷。全区有农业专业合作经济组织农户成员户数4585户,农业技术服务单位26个。

【农村文化】 2017年,沿滩区投入415.53万元用于公共文化服务体系建设。开展以"文明新盐都·快乐自贡人"为主题的系列文化惠民活动,举办文化惠民演出和群众文化展演180余次,开展"送文化下乡"活动22次。全区有线广播电视用户65400户,互联网和广播电视网络实现全覆盖。

【涉农招商引资】 2017年,沿滩区3000万元以上的农业招商引资重大项目16个,均为内资项目,增长45.45%;项目总投资48.66亿元,增长328.72%。协议资金48.66万元,增长328.72%;到位资金20210万元。

【以创新服务模式为核心,着力打通服务农村金融"最后一公里"】 2015年以来,自贡市沿滩区坚持商业性金融、合作性金融、政策性金融相结合,创新金融服务模式,着力破解"三农"领域融资难、融资贵瓶颈,通过内挖外引激活农村金融"细胞",有力促进了新型经营主体从400余家增加到850家,带动70%以上贫困户参与产业发展项目和就近务工,助推了花椒、柑橘两个10万亩现代农业产业园区建设和"信步沿滩·美过周末"乡村旅游产业发展,成功探索出一条农村金融助力乡村振兴的新路子。

开展农村产权抵押融资,唤醒"沉睡资产",激发内在"钱力"。为破解大量农村产权闲置或低效利用与抵押物不足导致农村贷款难、融资贵难题,沿滩区积极开展农村产权抵押融资试点,以所有权、承包权、经营权"三权分置"引领农村产权制度改革,唤醒土地、林权等融资能力,让农村"沉睡资产"变成"活资本"。一是资产"确权变活"。对已确权颁证的农村房屋所有权等三项农村产权以产权证为据进行抵押登记;对暂未完成确权登记颁证的农村土地流转经营权等四项农村产权由相关行政主管部门出具权属证明办理抵押登记。邮储银行将产权证或权属证书作为抵押凭据,解决"抵押资产少"难题。二是手续"化繁为简"。实行"1+1"贷款程序,以10万元贷款额度为界划分一般程序和简易程序。一般程序设置贷款申请、资料审查、价值评估、联席会议、政府审批、抵押登记和发放贷款7个环节,办理不超过14个工作日;简易程序设置贷款申请、资料审查、征求意见、抵押登记、发放贷款5个环节,办理不超过5个工作日,解决"审批时间长"难题。三是风险"共担可控"。区政府与邮储银行签订合作协议,明确约定贷款人违约后,银行有权通过农村产权流转交易平台处置抵押农村产权弥补损失。设立600万元抵押融资补偿资金,发生损失后邮储银行、区政府按照3:7比例分担风险。对大额的抵押融资,以购买信用保证保险或引入市农担公司等方式共担风险,解决贷款风险高难题。全区累计受理农村产权抵押融资贷款申请151笔、14989万元,发放贷款112笔、7710万元,其中新型经营主体占80%以上,试点经验于2017年7月在全省农业农村改革经验交流暨工作推进会上现场交流。

深化农村资金互助试点,打造"草根银行",整用内部"散资"。针对农村金融机构网点覆盖率低、金融供给不足和农民贷款门槛高、手续多等问题,沿滩区探索开展省级农村资金互助合作组织试点,成立沿滩区立丰农村资金互助社,有效整合农村零散资金,激活民间资本内生动力。一是坚持封闭运营。严格按照封闭运行的要求规范操作,严格社员准入条件审批。建立社员、股金、财务等管理内控制度,严防互助资金外流。严禁对外吸储放贷、超社员揽股集资等行为,不片面追求社员发展速度和资金规模。运行至今未发生非社员借款和吸储存款。二是实行多重收益。以资金互助社和托管银行为平台,社员投入资金获取保底的存款利息,并可按入股金额比例参与盈余分红;社员贷款利率按照贷款金额分为月息6厘、7厘、8厘三梯次,比同种类贷款更低;社员享受"短平快"内部借款渠道,手续办妥当天可放款。三是确保风险可控。出台《沿滩区资金互助社监督管理办法》,实行风险准备金制,通过成立贷款审批小组,依托社员联保小组分散降低借款风险。遵循小额、分散、短期、逐步累积信用原则,单一社员贷款最高不得超过45万元,期限最长不得超过1年。四是建立奖惩机制。探索建立社员诚信激励和约束机制,对诚实守信社员给予增加授信额度的奖励;对违约借款社员按月利率的50%定期收取滞纳金,并通过追加借款担保、抵押和降低下一年度10%授信额度等方式予以惩罚,确保资金有借有还、有来有往。全区累计吸纳社员162名,募集资金550万元,发放贷款66笔、1125.6万元,还款38笔、615.3万元,2017年实现利润30万元,社员可分配盈余25万元,每股实现分红收益达50元。

创新四方合作贷款模式,构建"利益链条",吸引外来"金库"。为解决贫困户不想贷、企业不能贷、银行不敢贷的扶贫小额信贷难题,沿滩区积极探索"政府+银行+业主+贫困户"四方合作金融扶贫模式,着力撬动社会资金流向"三农"领域,推动金融机构、龙头企业、专业合作社、贫困户实现多赢局面。一是政府牵线搭台。政府依托贫困村特色产业,积极宣传发动金融机构、龙头企业与贫困户开展合作,定期召开政、银、企、群四方对接会,搭建"四方合作"平台,促进四方合作机制规范有序运行。二是银行授信放贷。农村信用社既对贫困户开展评级授信,又对合作企业开展担保评估,根据"双重评估"结果向贫困户发放不超过5万元的扶贫小额贷款,有效降低放贷风险,促进扶贫小额信贷快速投放。三是企业担保运营。企业为贫困户小额信贷提供特别反担保,贫困户将分散贷款入股企业开展合作经营,降低贫困户单家独户发展产业的风险,缓解龙头企业贷款难问题,有力促进了特色优势产业规模集中发展。四是贫困户长效增收。贫困户贷款小额扶贫信贷可享受政府全额贴息,将"零利息"贷款入股龙头企业可获"保底+分红"长效收益,依托龙头企业、专合社学习产业发展专业技术,促进贫困户在产业发展中持续增收。全区通过"四方合作"模式帮助799户贫困户获得贷款2900万元,带动贫困户实现户均年增收3000元以上,有效提高了金融扶贫的"造血"能力。

【主要领导人】 区委书记:邹天才;区人大常委会主任:黄翠梅;区长:黄雪智(9月止),易冬(10月始);区政协主席:王朝华;分管农业副区长:龙中杰(9月止),曾义刚(10月始)。

沿滩区编写组

荣　县

【基本情况】 2017年,荣县辖6乡21镇51个街道,辖区面积1609平方千米,其中耕地面积99.69万亩,比上年增长0.4%,人均耕地面积1.47亩;基本农田85.64万亩。年末总人口67.63万人(户籍人口),减少1%;人口出生率9.06‰,增加0.87个千分点;人口自然增长率-3.35‰,减少5.01个千分点。全县耕地有效灌面和保证灌面分别达到耕地总面积的57.9%和39.7%;本地水资源总量8.36亿立方米,人均占有水资源量1236立方米。有林业用地5.55万公顷,有林地面积4.97万公顷,活立木总蓄积量278.54万立方米,森林覆盖率42%。

2017年,全县GDP195.2亿元,增长8.8%,其中第一产业增加值45.3亿元,增长4.2%,农、林、牧、渔及农林牧渔服务业之比为60.4∶11∶25∶3.5∶0.8;第二产业增加值76.5亿元,增长10%(规上工业产值178亿元,增长22%);第三产业增加值73.3亿元,增长10%。三次产业对经济增长的贡献率分别为11.7%、45.4%和42.9%。劳务输出24.98万人,收入44.96亿元。全年接待游客384.6万人次,实现旅游综合收入63.19亿元,其中乡村旅游综合收入约25亿元。

公路通车里程2647.22千米(其中乡村公路2210.25千米),密度16452米/平方千米,39千米/万人。社会消费品零售总额89.7亿元,增长131%。地方公共财政预算总收入完成6.04亿元,增长15.6%;公共财政预算总支出42.6亿元,增长26%,其中农业投入75009万元,占支出的17.59%。金融机构各项存款余额236.7亿元,比年初增长7.6%;各项贷款余额132亿元,比年初增长27.6%。农业产业化龙头企业国家级、省级、市级、县级分别为1个、11个、45个、53个。

有各类学校60所,在校学生66476人,教职工4710人,其中普通中学28所,在校学生21097人;小学25所,在校学生30846人;学龄儿童入学率86.5%,提高1.2个百分点。有文化馆1个,公共图书馆1个。有卫生机构40个,病床位3060张,卫生技术人员2255人。新型农村社会养老保险参保人数274000人,参保率103.55%;被征地农民养老保险参保人数18250人,占总人数的12.74%。

【年度农业和农村经济运行】 2017年,荣县出台了《重大投资引智项目扶持政策》《推进供给侧结构性改革去产能实施方案》《农村产权抵押融资试点实施方案》等方案、政策。实现农业总产值72亿元,粮食、茶叶、水果、蔬菜等优势农产品产量保持稳定增长。农村居民年人均可支配收入达14240元,增长8.9%。全县农产品质量抽检合格率为100%;建成27个基层农业综合服务站。

2017年荣县主要农产品产量

主要农产品	单位	产量	同比(%)
粮食	万吨	43.3	1.8
水稻	万吨	21.99	1.5
小麦	万吨	4.6	-2
玉米	万吨	8.4	3.3
马铃薯	万吨	1.3	5.4
油菜籽	万吨	1.1	5
蔬菜	万吨	64.17	5.9
水果	万吨	14.98	1.7
肉类	万吨	7.84	-2.5
猪肉	万吨	4.4	-5
牛肉	万吨	0.09	0.1
羊肉	万吨	0.5	0.2
禽肉	万吨	0.97	-3.2
兔肉	万吨	1.9	3.5
禽蛋	万吨	1.22	-4.1
水产品	万吨	1.52	10
牛奶	万吨	0.0811	-0.5

新型经营主体培育。全县新增家庭农场193家,总数达815家,其中省级14家;新增专业合作社44个,总数449个,其中省级新增3个,总数达21个;培育农产品加工企业5家,新增龙头企业2家,总数达55家,其中国家级1家、省级11家、市级45家,新型经营主体数量规模稳居全市第一位。

农用地产权制度改革。全县农村土地承包经营权确权的宣传、动员、业务培训、调查摸底、历史资料收集、权属界定、登记造册、航空摄影测绘、外业调绘、成果公示、数据入库等基础工作已基本完成,第一次公示和第二次公示核实纠错,入户核实、签订合同进入尾声。确权数据库通过农业厅检测,进入成果运用和颁证阶段。全县农村土地承包经营权确权工作基本完成,进入颁证阶段,在观山镇、于佳乡、复兴乡进行了打证发证。

农产品品牌战略实施。全县创建为全省农民增收新产业新业态示范县。创建绿色农产品基地29万亩,巴尔猪肉、绿茗春花茶(绿茶)被评为"四川省名牌产品",申报农产品商标12个。创建省级标准化示范场3个、市级标准化示范场1个,复核部级标准化示范场1个、省级标准化示范场5个。认证无公害水产品8个,复查换证无公害畜产品3个,认证绿色食品1个、有机农产品1个,申报绿色食品农产品34个。

现代农业园区建设。按照"一环两廊十园区"的产业布局,进一步调整优化粮经饲结构,大力推广以菜稻轮作为主的粮经复合模式;启动了融合示范园区建设,划定园区选址及范围;加大草食牲畜的发展,积极推进稻鱼、藕鱼等复合健康养殖。加强基础设施建设,按照田地平整、土壤肥沃、生态协调的要求,配套建设沟、渠、路等基础设施,改善田间生产条件,加快高标准农田建设;发展高效节水农业,结合优势作物和特色农产品生产,积极推进水肥一体化应用,实施鼎新镇鲤鱼村蔬菜、望佳镇果园肥水一体化建设项目。

【种植业】 2017年,荣县农作物播种面积154.59万亩,其中粮食作物播种面积110.57万亩、经济作物播种面积12.87万亩、其他作物播种面积31.15万亩;新增及改造果园面积0.65万亩。粮食产量43.3万吨,油料产量1.53万吨(油菜籽1.01万吨、花生0.52万吨),蔬菜产量64.17万吨,水果产量14.98万吨(含西瓜),茶叶产量1.13万吨。开展玉米新品种试验示范38个、水稻新品种试验示范20个、大豆新品种试验示范3个;建立稻菜轮作示范区5万亩,"中稻+再生稻"核心示范区3万亩,茶叶标准化示范园区1.5万亩,水果提质增效示范片1.2万亩,"高粱+再生高粱"示范片1万亩,稻田综合种养示范片1500亩;全面推广"中稻+再生稻""高粱+再生高粱"优质丰产栽培技术、作物健康栽培技术等先进农业技术。

【林业】 2017年,荣县完成植树340万株,营造林面积4.9万亩,其中新造林面积3.2万亩,森林覆盖率达42%,增加0.5个百分点。管护国

有林2.21万亩，巩固退耕还林成果8.21万亩，补偿集体和个人所有公益林17.36万亩。办理使用林地6宗，使用林地面积6.5291公顷，征收森林植被恢复费68.1422万元。林业窗口办件4271件，办理采伐蓄积33250.29立方米、活立木数量1534株。实现林业总产值13.7164亿元，农民人均从林业获得收入1706元。

【畜牧业】 2017年，荣县实施国家级生猪调出大县奖励资金建设项目、肉羊标准化养殖场建设项目、羊基地县建设项目，国家财政投资587万元。全年生猪出栏62.37万头，肉羊出栏32.78万只，肉牛出栏7511头，小家禽出栏638.94万羽，肉兔出栏1536.37万只；肉类总产量7.84万吨，牛奶产量871吨，禽蛋产量1.22万吨。生猪等主要畜禽规模化养殖比重达75%，畜禽规模化养殖标准化生产面达70%。新增省级标准化畜禽养殖示范场3个、市级标准化畜禽示范场2个，新建生猪标准化规模养殖场(小区)6个。全县全年出栏生猪50头以上养殖场(户)812个(户)，其中1万头以上标准化养殖场(户)2个(户)；年出栏肉羊30只以上养殖场(户)733个(户)，其中出栏1000只以上规模养殖场(户)3个(户)；年出栏肉兔2000只以上养殖场(户)2132个(户)，其中出栏10万只以上规模养殖场3个(户)；年蛋鸡存栏500只以上养殖场(户)138个(户)，其中存栏10万只以上规模养殖场(户)2个(户)。全力防控H7N9流感，成立H7N9流感防控工作领导小组，组织发放消毒药物10吨，消毒场(户)24.27万个(户)，消毒面积1037.5万平方米，印刷发放H7N9防控宣传资料3万份。

【水产业】 2017年，荣县水域面积17.32万亩，其中养殖面积15.45万亩，已养面积12.04万亩(其中稻田8.67万亩)。水产品产量1.52万吨，增长10%；实现渔业产值3.3亿元。全年无重大水产食品安全事故、渔船安全事故发生。推广水产健康养殖技术，在长山、来牟、留佳、新桥开展池塘标准化升级改造400亩、稻田综合种养试验示范1500亩。

【新村建设】 2017年，荣县按照"四级"居住形态总要求，全年建设幸福美丽新村40个(含扶贫新村16个)、特色乡镇1个、中心村1个、新村聚居点2个、新农家大院3个，实现总体投资13524万元。全年新创建县级"四好村"105个、市级"四好村"79个、省级"四好村"20个，省级"四好村"新增数量居全市第一位。

【农村扶贫和移民工作】 2017年，荣县坚持把脱贫攻坚作为"第一民生工程"，整合资金8.2亿元，扎实推进专项扶贫计划22个。全面落实农房改建、产业培育、基础设施建设、公共服务工程、技能培训工程、生态环境保护工程等六大工程，完成省定16个贫困村退出、4335名贫困人口脱贫的目标。全力推进小井沟水利工程建设和移民工作，完成大坝填筑、溢洪道、泄洪洞、输水干渠等工程建设；完成搬迁安置8713人，下闸蓄水阶段规划生产安置9986人，完成库底清理工作，累计到位征地移民安置资金约17亿元。

【乡村旅游】 2017年，荣县以"田园荣州·美丽乡约"为主题，结合区域特点、产业规划、基础设施建设等做好全县乡村旅游发展规划，重点围绕地质公园、产业、民俗、历史遗迹等资源，突出产业特色，重点打造"乡土文化"，开展差异化主题活动带动地方经济发展，实现乡村旅游特色化、规模化、品牌化。全年乡村旅游接待游客150万余人次，实现乡村旅游综合收入约25亿元。

【农业机械化】 2017年，荣县拖拉机新上户7台，注销8台，年检合格67台，拖拉机在册数量85台，年检率78.8%。开展变型拖拉机专项整治活动，查证本地户籍外地牌证变型拖拉机458台，其中疑似假牌、套牌车29台(经发证地机构回函确认为假牌、套牌车24台)。实施2017年水稻、油菜全程机械化核心示范区项目，完成核心示范区建设2万亩，补助水稻育插秧2261.8亩，油菜全程机械化200亩，新建烘干设施2台(套)，召开全县现场培训会4次。开展马铃薯全程机械化示范500亩；召开全市马铃薯全程机械化现场培训会，并邀请省专家研究员授课。全县农机总量达21万余台(套)，农机总动力达37万千瓦，水稻综合机械化水平达55.14%，玉米综合机械化水平达39.93%，油菜综合机械化水平超过56.08%，主要农作物耕种收综合机械化水平达55.76%。

【农村科技】 2017年，荣县围绕油茶、茶叶、生猪养殖等主导产业，加快部署农业新品种、新技术、新机制和新模式的引进试验示范和推广工作，四川大农和农业开发有限公司与浙江大学农业生物环境工程研究所共同成立了技术研究中心，四川巴尔农牧集团有限公司成立了市级科学研究中心。围绕农业园区，着力引导创新要素向园区聚集，积极争取中央、省、市项目经费，提高园区产业层次，打造农业升级版。四川巴尔农牧集团有限公司承担的"乌蒙山特色名优生猪技术集成与产业化开发"项目争取到中央引导地方科技发展项目专项资金100万元；荣县七厢土花生有限公司、四川科原农业有限公司、四川绿食佳农业有限公司等获得2017年自贡市重点科技计划项目专项资金22.5万元。

【农村教育】 2017年，荣县不断加大农村学校投入，着力改善办学条件，投入1.24亿元，维修改造学校56所，新(改)建幼儿园7所，组建网络教室63间，采购12门学科仪器设备、食堂餐桌1890套。大力推进课堂教学改革，在玉章高中、双古中学、长山初中、乐德职中、高山镇学校、鼎新学校、新桥学校、黄大清学校等8所农村学校实施课堂教学改革。加强农村学校特色教育，鼎新学校学生梁俊伟获得"2017年全国中学生举重锦标赛94千克级挺举"金牌，抓举、挺举总成绩银牌；鼎新学校劳动实践，结合鼎新蔬菜基地，流转5亩土地建成学生种植蔬菜实践基地。留佳小学开展小学生篮球运动，女子篮球队连续8年获得全市冠军；双古学校、长山初中、黄大清学校、乐德职中获得"自贡市阳光体育示范学校"称号。

【农村文化】 2017年，荣县开展各类文化活动100余场，其中举办以"情暖荣州·文化惠民"及"喜迎十九大·共创文明城"为主题的"送文化下乡"演出活动28场次，演职人员近百人，观众达5万余人次。建成农家书屋296个和社区书屋49个，每个农家书屋藏书2000余册，每年补充更新图书60余种，每周开放48小时，实行免费借阅服务。建成村级综合文化室296个、社区文化活动室49个。招募296名乡村文化志愿者，开展了一系列文化志愿者活动。共投入各类免费开放资金300余万元，实现了公益性文化事业单位及乡(镇)综合文化站、村(社区)完全对社会免费开放。放映公益电影3552场次，实现每村、每月放映电影1场。

【农村卫生】 2017年，荣县实行免费"两癌"筛查、婚检、孕检。规范实施农村孕产妇住院分娩补助、农村妇女"两癌"筛查等妇幼重大公共卫生服务项目，为全县20052名农村妇女开展宫颈癌检查，为2080名农村妇女开展乳腺癌检查。扎实推进免费婚前体检，全县免费婚前体检3168.5对。完善城乡居民健康档案规范化电子建档率，2017年城乡居民健康档案规范化电子建档率达95.03%。巩固公立医院取消药品加成政策。全面实行基本药物制度，公立医疗机构配备使用、上网采购和"两票制"、零差率销售基药、使用基药占比等全面落实，医疗服务价格按照市上统一要求全面执行，群众药品费用负担有所减轻。为贫困白内障患者实施免费复明手术，全年完成贫困白内障手术75例，

为患者减免费用10.5万元。

【涉农招商引资】 2017年,荣县3000万元以上的农业招商引资重大项目30个,其中外资项目26个;项目总投资46.5022亿元,协议资金15.3545亿元,到位资金14.13373亿元。

【农村社会保障】 2017年,荣县城乡居民养老保险实际参保人数27.4万人,参保覆盖率100%;续缴、新增缴费人数9.7万人,征收保费1986万元,发放养老金10.5万人、9651万元。城乡居保向职工社保转移4576人次。中农保累计发放养老金468万元,老农保退保23.4万元。为全县27.4万名参保人员建立了个人账户,严格分类记账、规定计息、查询和反馈制度,账务日清月结。坚持乡(镇)待遇领取人员死亡月报制度,确保养老金每月按时、足额、准确发放。

【农产品质量安全监管】 2017年,荣县持续开展农资打假、"瘦肉精"、兽用抗菌药等农产品质量安全专项整治,以菜果茶生产基地为重点,严厉打击违禁超限量使用农药行为;严厉打击销售违禁抗菌药物、原料药拆零销售、超剂量超范围添加药物、人药兽用及非法使用"瘦肉精"行为;以水产养殖场(企业)、水产种苗生产单位为重点,严厉打击生产者违法使用硝基呋喃类药物、孔雀石绿等违禁物行为。共检查生产企业3082家次,出动执法人员6692人次,查处问题47起,涉及金额4.4万元,责令整改47起,发放宣传资料38290份,指导培训650场次,培训人员19354人。配合完成2017年部级、省级、市级监督抽检、例行抽检任务,完成全国绿色食品原料基地抽检6个(茶叶、枇杷、椪柑、番茄、辣椒、萝卜)。

【劳务开发与返乡创业】 2017年,荣县通过开展多种形式的创业带动就业活动,为创业者提供政策咨询、项目推介、创业培训、专家指导、创业补贴、创业贷款等服务。全县农村劳动力转移就业24.98万人,其中省外转移13.61万人,增长10.81%;省内转移11.37万人,减少2.49%,其中自主创业0.55万人、县内就地就近转移就业4.72万人。全县农民工劳务收入44.96亿元,农民工外出务工人均工资性年收入1.8万元,增长7.14%。农民工等返乡人员创业353人,创办企业(个体)等生产经营主体82个,吸纳就业人员2236人。就业创业主要集中在农产品加工及销售、机械加工、制造业、商品批发零售、餐饮服务等行业和家庭农场种养殖业。

【四川省农村改革综合试验区建设】 2016年2月,四川省在成都市、内江市市中区、巴中市巴州区、眉山市彭山区等4个地区列入全国第二批农村改革试验区的引领之下,推开全省农村改革综合试验工作,增加荣县、泸州市纳溪区、广汉市、安岳县等16个县(市、区)作为全省农村改革综合试验区。荣县按照"接续试点、全面探索、重点突破"的思路,从农村集体产权制度、构建新型农业经营体系、完善农业支持保护体系、健全城乡发展一体化体制机制、农村基层社会治理、创新扶贫攻坚体制机制六个方面开展积极试验探索,建立起农村产权要素活、经营方式新、增收途径广的农村经济社会发展新形态。

农村集体产权制度改革推进有序。农村产权确权颁证工作稳步推进,已基本完成新一轮农村土地承包经营权确权,获得省级验收好评;持续开展林权"回头看"工作成效显著,积极推进"两证一社"试点改革;农村小型水利管理体制改革已完成试点探索;村集体经济改革探索初见成效,完成双石镇金台村经营性资产和资源性资产股权量化到本集体成员改革,并成立村集体资产股份管理公司经营管理村集体资产,初步形成村集体经济持续增收新机制;农村土地资源合作社改革在复兴乡、正紫镇、保华镇等乡镇试点推进;城乡建设用地增减挂钩工作持续稳步推进。

新型农业经营体系构建有力。一是新型经营主体发展迅速。全县有农业企业220余家,县级以上龙头企业54家,其中国家级1家(全市唯一)、省级11家、市级48家;有农民专业合作社416个,家庭农场658户,种养大户8650户,新型职业农民2400余人。二是新产业新业态茁壮成长。农村电商发展乘势而为。展示荣县农特产品的"川汇味网"已于2016年1月正式开通;"供销E站"平台建设积极推进,基层供销社全面恢复重建;邮政服务网络全面覆盖,建成邮政服务网点40个、代理服务点17个、村邮站35个;省级电子商务进农村项目进展有序,建成电商中心形象店3个,镇、村站(点)58个,县城服务店20个,大农和"云平台"用户发展到1500个,全县电商平台交易额过亿元。乡村旅游精品路线初具规模。通过对全县文化资源数据进行摸底,着力打造"佛文化、红色文化、诗书文化、生态休闲文化"四大特色品牌,基本建成"荣县—望佳镇绿食佳(瓜果采摘、水上游乐园)—双石镇玉章故居、金台村农民漫画(荣国故事水上乐园、玉章故里红色旅游、温泉度假休闲)—鼎新镇上游水库(特色蔬果走廊采摘体验)"、"正紫(柑橘采摘)—新桥(枇杷采摘)—金花桫椤谷探秘"等10条乡村旅游精品路线。农村文化创意产业正在兴起。规划了基础设施体系、平台体系、创作体系、运行机制体系等四大体系的农民漫画工程,启动了"玉章故里、漫画小镇"项目。

农业支持保护体系日趋完善。一是农村金融体制改革创新推进。荣县通过不断创新举措、增加品种,深入推进农村金融体制改革,"三农"金融服务体系搭建成效明显。农村产权抵押融资试点取得成功,与农业银行合作推出无抵押融资品种"惠农贷",信用保证保险贷款试点和小微企业"助保贷"运行稳定,扶贫小额贷款基本完成授信额度,农村资金互助试点组织已挂牌运行。二是惠农政策全面落实。严格按照省、市要求全面推进农业"三项补贴"合并为"农业支持保护补贴"工作;惠农政策保险全面推进,通过提高财政承担生猪、肉牛、马铃薯、水稻、小麦、玉米等主要作物保险费率以及保持农户保费不变的政策措施,政策性保险的惠农力度不断加大。

农村基层社会治理机制探索有力。一是国家级试点项目——农村公共服务运行维护机制标准化建设试点结束。成功探索县、镇、村三级分层保障机制,取得"35186"工作法等重要农村基层社会治理工作经验。二是社区治理机制逐步形成。印发了《关于加强城乡社区协商工作的实施意见》,明确了协商人员的产生办法,规定了协商人员的任期,圈定了主要的协商事项,提出了多样的协商形式,制定了规范的协商程序,促进了全县农村基层协商民主建设。

扶贫攻坚体制机制不断创新。一是建立了扶贫小额信贷机制支持贫困户发展产业。由县政府向银行注入100万元风险补偿金,银行承诺按补偿金的10倍作为授信额度,通过成立风控小组对贫困户进行信用评级,按信用等级确定授信额度(2万~5万元)的扶贫小额信贷全面铺开。二是成功探索财政扶贫资金收益扶贫新机制。在过水镇夜合村与金台生猪养殖专业合作社,铁厂镇山王村、黑观音村与荣县山王茶叶专业合作社试点探索项目资产收益扶贫新机制。通过资产收益扶贫试点,实现了扶贫项目资金对贫困户的股权量化,通过参股经营、保息分红,形成了贫困户长期持续增收新机制。

具有的优势。一是经验优势。全县先后承担全省增加农民财产性收入、深化城乡建设用地增减挂钩、农村小型水利管理体制改革、农村产权抵押融资、农村改革综合试验区、农业科技人员创新创业试点

县、省级及国家级农村公共服务运行维护机制标准建设等农村改革试点，有扎实的农村改革探索经验。二是环境优势。荣县毗邻成都市国家级自贸区，与快速发展的国家级自由贸易区成都市天府新区毗邻，主打农村改革品牌的区位优势明显。三是资源优势。荣县是全国产粮大县、生猪调出大县，四川省现代农业示范县，四川省现代林业、现代畜牧业重点县，国家农业可持续发展试验示范区创建县，全县自然资源丰富，农业产业基础扎实。

存在的困难。一是财政投入不足。受本级财政支持不足的影响，农村产权确权颁证工作、农村小型水利管理改革、城乡建设用地增减挂钩、农村基础设施建设、科技支农惠农政策落实、基层社会治理等相关改革事项推进缓慢。农村产权抵押融资等农村金融体制改革虽然取得了较好的经验，但由于受财政风险补偿金不足的制约，总的授信额度还不能满足农户生产发展的融资需求。二是人才资源不足。“引人难、留人才难”成为制约农村电商发展及其他专业性较强行业改革推进的重要原因。农村养老服务、农村幼儿教育等农村基层服务类专业人才十分缺乏，农村土地流转交易服务中心、纠纷仲裁机构等也由于编制限制推进困难。三是权属重叠，细化难度大。当前农村集体产权制度改革中由于历史原因在一定范围内还存在权属重叠现象，这部分权属细化难度大。四是集体资产有限，村集体经济收入难突破。农村集体资产总量小、村均少、积累少、可利用的集体资产有限，农村经营能力较差，收入来源渠道较窄，全县“空壳村”“空壳社”较多，增加村组集体经济收入难度大，贫困村集体经济收入更加艰难。扶贫项目辐射面小，创新扶贫开发脱贫攻坚体制机制的监管措施有待探索完善。五是集体建设用地盘活受限。一方面受城乡建设用地增减挂钩推进力度的限制，实施项目数量有限；另一方面，受政策因素的制约，节约集体建设用地的规划调整所需时间较长，部分急需用地难以得到及时保障。六是体制障碍突破有限。土地和房屋是农民最大的资产，盘活这两大资产是农村改革取得突破、促进农民增收的重要途径。按照中央和省上的要求，本轮农村综合改革试验区对改革探索中涉及土地、房屋等敏感领域的改革事项，要求谨慎而为。因此关于“积极开展农村土地承包经营权有偿退出试点”和“宅基地的有偿取得和退出改革”两项重要改革，还一直处于停滞阶段。七是改革经验推广受限。全县改革探索取得了成功经验，但有些成功经验的复制推广受到限制。比如，“财政生产性项目资金折股量化为农民股份”等增加农民财产性收入经验，由于受项目管理办法等因素制约，难以全面推广；财政风险补偿金撬动银行及保险公司的资本投入“三农”发展机制，受风险补偿金总量不足的影响，放大效益还不能满足农户融资需求。

破解措施。一是持续深化农村集体产权制度改革，破解“增收难”的问题。尽快落实资金，全面完成农村土地确权登记颁证工作。整合财力物力，加快完善县、乡两级土地流转交易平台和县级纠纷仲裁庭建设，加强土地流转管理，推进适度规模经营。积极争取政策，通过试点先行、逐步推广的措施，加大农村集体资产股份制改革力度，增加农民财产性收入。积极推进土地承包经营权、林权、农村房屋产权抵押融资，盘活农村产权。加快探索农村土地承包经营权、农房(宅基地)退出机制，积极探索增加村级集体经济收入，形成农民退地、退房后持续稳定的收入保障机制。二是用活集体建设用地资源，破解“用地难”的问题。持续推行引导集中居住和货币化安置相结合的模式，加大城乡建设用地增减挂钩项目的实施力度，明晰宅基地所有权、占有权、使用权，探索农民异地取得宅基地的实现形式，形成农村宅基地有偿使用和退出机制。积极制定完善可行性政策，鼓励集体建设用地在法律不禁止的前提下合理调规，科学布局，探索节余建设用地参股发展农村公益事业的实现形式。探索易地扶贫搬迁与挂钩项目结合的程序和方法，用好用活挂钩政策，助推脱贫攻坚，促进幸福美丽新村建设和城乡统筹发展。三是深化农村金融体制改革，破解“用钱难”的问题。农业农村经济发展始终离不开大量的财力支持，其中业主自身投资能力总体有限，需要涉农金融持续有力的支持。一方面，要抓住农村产权抵押融资试点经验推广的契机，不断完善全县农村金融体制改革机制，持续增加财政风险补偿金投入，大幅提高金融部门支持农业农村发展的投入力度；另一方面，要积极引入更多金融部门、保险公司针对当前农村发展的实际需求，不断创新融资品种，推出更多切合农村经济发展的服务措施，形成金融支农服务的竞争机制。从风险防控、投入保障和提升服务质量等方面，构建起全新的农村金融体制。四是加强人才战略，破解“用人难”的问题。加大对职业农民的培育力度，加快推进农民职业化，从内生动力上解决农民素质不高的问题；认真梳理不同领域的人才需求空间，加强人才引进和储备，积极出台相关激励政策，吸引更多专业人才投身全县农村经济发展。同时，把握全省农业科技人员创新创业试点的机遇，制定出台相关政策，加快推进农业科技人员创新创业。五是发展壮大村集体经济，破解“空壳村”的问题。把握荣县被确定为省级开展扶持村级集体经济发展试点县的机遇，着力探索通过“资源开发增收、入股合作带动、借助项目带动、服务创收、盘活资产经营、用活产业周转金”六大方式，深入推进村集体经济改革，不断发展壮大村集体经济，逐步消除“空壳村”。六是完善督查考核机制，破解“推进难”的问题。建立完善农村改革综合试验区督查考核机制，形成“月有进度、季有报告、半年有督查考核”的推进机制，将打造全省农村改革综合示范区作为全县重点工作纳入各责任单位年度目标考核范围，对推进有力、成效显著的通报表扬，推进不力的通报扣分。

【主要领导人】 县委书记：韩明祝；县人大常委会主任：宋成文；县长：郑小清；县政协主席：邹崇霞；分管农业副县长：王茂莎(10月止)，刘纯忠(11月始)。

荣县编写组

富　顺　县

【基本情况】 2017年，富顺县辖4乡22镇，辖区面积1342平方千米，其中耕地面积7.18万公顷，基本农田5.45万公顷。年末总人口107.56万人(户籍人口)，其中农业人口67.16万人；人口出生率11.46‰；人口自然增长率4.96‰。全县耕地有效灌面和保证灌面分别达到耕地总面积的31.61%和21.86%；本地水资源总量4.5471亿立方米，人均占有水资源量417立方米。有林地面积31034公顷，活立木总蓄积量176万立方米，森林覆盖率35.8%。

2017年，全县GDP268.16亿元，增长9%，其中第一产业增加值43.55亿元，增长4.2%；第二产业增加值146.62亿元，增长9.8%(工业增加值96.81亿元，增长10.3%)；第三产业增加值99.99亿元，增长10.1%。三次产业对经济增长的贡献率分别为7.8%、50.1%和42.1%。乡(镇)中小企业增加值149.12亿元，增长9%。劳动力转移就业38万人，增长2.2%，收入69亿元，增长12.2%。全年接待游客546.8万人次，实现乡村旅游收入44.4亿元。

公路通车里程2313.38千米(其中等级公路1607.66千米、等外公路705.72千米),公路通达全县26个乡(镇)318个行政村,行政村客运班车通车率84.6%。全年完成公路客运周转量4.53亿人次千米,公路货运周转量2.99亿吨千米。社会消费品零售总额123.22亿元,增长13.1%。地方公共财政预算总收入完成8.5亿元,增长24.3%;公共财政预算总支出46.9亿元,增长23.36%,其中农业投入6.6万元,占支出的14.07%。金融机构各项存款余额320.5亿元,比上年末增长8.3%;各项贷款余额168亿元,比年初增长14.3%,其中支持农业产业化发展项目贷款10.1万元。全年农业保费收入6.71亿元,减少10.5%;农业产业化龙头企业省级、市级、县级分别为8个、25个、36个。

有各类学校238所,在校学生12.56万人,教职工7080人,其中普通中学56所,在校学生3.29万人;小学180所,在校学生6.34万人;学龄儿童入学率100%。全年组织、实施科技项目46项。有艺术表演团体8个,文化馆1个,公共图书馆1个,文物开发场所2个,体育馆2座。有卫生机构784个,病床位3900张,卫生技术人员2741人。城乡居民基本医疗参合人数891970人,参合率99.49%;新型农村社会养老保险参保人数37万人;被征地农民养老保险参保人数10205人。

【年度农业和农村经济运行】 2017年,富顺县出台了《富顺县现代农业园区产业发展扶持办法》(暂行)。实现农业总产值71.39亿元,增长4.2%;农业增加值43.55亿元,增长4.2%;"水稻+再生稻"、"高粱+再生高粱"、水果、蔬菜等特色优势农产品产量保持稳定增长。农村居民年人均可支配收入达14300元,增长9.1%。全县农产品质量抽检合格率比年初提高0.5个百分点;建成26个基层农业综合服务站。

2017年富顺县主要农产品产量

主要农产品	单位	产量	同比(%)
粮食	万吨	51.84	2.3
水稻	万吨	34.76	2.1
小麦	万吨	1.7	-36.3
玉米	万吨	3.99	-3
马铃薯	万吨	1.64	13.1
油菜籽	万吨	2.27	28.5
蔬菜	万吨	53.14	3.1
水果	万吨	8.88	9.6
肉类	万吨	8.63	-2.1
禽蛋	万吨	1.24	-4.2
水产品	万吨	1.97	4.1
牛奶	万吨	473	-1

农用地产权制度改革。全面完成12个乡(镇)204个村4477个村民小组集体土地确权登记发证,完成农村集体建设用地确权登记发证566宗,农村宅基地使用权确权率达96.89%。

农产品品牌战略实施。全县有"三品一标"农产品81个,其中无公害产品35个、绿色食品34个,创建绿色食品原料标准化生产基地4个、绿色食品企业5家、地理标志产品2个。"富顺再生稻"获得国家农业部农产品地理标志登记认证,"富顺香辣酱"品牌价值达62亿元,美乐食品打入美国市场。

现代农业园区建设。在全市率先组建正科级园区建设促进中心,建立"现代农业园区管委会+园区建设促进中心+农业发展有限公司"的推进体系,制定出台《富顺县现代农业产业发展总体规划》等4个规划;制定《现代农业园区产业发展扶持办法》《现代农业园区项目资金整合办法》《现代农业园区考核办法》等3个办法,投入财政资金2000万元,整合资金超过6000万元,撬动社会投资3亿元投入园区建设。全年引进海升集团、德康集团等龙头企业5家,建成海升1000亩标准化柑橘基地、德康4000头标准化养殖基地、世臻300亩产业融合发展贡醋产业园和圣果园滑草观光基地,带动全县新建标准化柑橘基地1万亩、德康标准化养殖场80个,融入种养循环、三产相接和"三区"同建思路,有力促进新产业新业态发展。

【种植业】 2017年,富顺县建成"中稻+再生稻"产业基地3.01万公顷、创吨粮工程6843.42公顷,建成"骑龙—代寺""中石—古佛—童寺""宝庆—万寿—龙万"水稻万亩示范片3个,再生稻有收面积2.82万公顷;建成"高粱+再生高粱"产业基地1万公顷。蔬菜种植面积1.15万公顷,产量53.14万吨,实现产值约6.8亿元;水果种植面积1.87万公顷,产量8.88万吨,实现产值5.17亿元。全年粮食播种面积7.09万公顷,总产量51.84万吨,连续第10次获得省政府粮食生产"丰收杯"奖。

【林业】 2017年,富顺县投资151.4万元,实施天保工程二期森林管护抚育2067.7公顷,实施新一轮退耕还林13.34公顷,兑现政策补助17.44万元;投入森林生态效益补偿基金78.43万元,补偿国家及省级重点公益林森林生态效益3148.5公顷。建设速生抗虫杨苗圃基地20.01公顷,育苗150万株;在公路、河道两边和撂荒地栽植速生杨树8万余株,面积100.5公顷。全年人工造林1830公顷,改造低效低产林220公顷,抚育森林面积9740公顷,"四旁"植树438.7万株。实施林业产业项目17个,投资3.01亿元,实现林业总产值21.62亿元,农民人均林业收入1648元。发生森林火灾148起,意外死亡1人,森林火灾损失率0.06‰。办理林木采伐许可134件,采伐蓄积1512.94立方米,出材957.7立方米。开展"林地行动""利剑行动""环保守护绿川行动"等行动,森林公安共接处警167起,破获森林案件27起。检查过往木材车辆2000余车次,查处违法运输案件9起。

【畜牧业】 2017年,富顺县全面推进30万头生猪产业化生态循环经济项目,完成10万头生猪产业化、南方现代草地畜牧业项目等重大项目建设,创建省级标准化示范场4个、市级标准化示范场6个。环保整治农业面源污染,排查畜禽养殖场771家,关闭搬迁203家,整改509家;排查屠宰企业31家,关闭6家,停业整改16家。免疫猪(牛、羊)口蹄疫105.93万头(只)次,免疫猪瘟、猪高致病性蓝耳病、小反刍兽疫120.97万头(只)次,免疫鸡、鸭、鹅禽流感、鸡新城疫等1017.63万羽次,狂犬病免疫犬2.95万只、扑犬1668只,消毒圈舍35万个次,消毒面达100%。全年出栏生猪60.64万头,减少4.8%;出栏肉羊48.24万只,减少0.1%;出栏肉牛1.18万头,减少0.6%;出栏肉兔1756.06万只,增长3.5%;出栏小家禽850万羽,减少5.3%(其中出栏白鹅134.04万只)。肉类总产量8.63万吨,减少2.1%;禽蛋产量1.24万吨,减少4.2%。

【水产业】 2017年,富顺县实施现代农业发展工程水产产业发展项目稻田综合种养及生态健康养殖、省级稻渔综合示范区创建等水产项目,开展基层水产技术推广工作,遴选水产技术指导人员12人,带动水产养殖1200户。推广异育银鲫"中科3号"、长丰鲢鱼、斑点叉尾鮰、泥鳅4个优良品种和水产养殖节能减排技术、稻田综合种养技术2项。新申报无公害水产基地1个、无公害水产品6个、无公害复查换证基地1个、水产品8个,从3月1日—6月30日执行春季禁渔期,加强禁渔期巡查和执法,严厉打击违法捕捞行为,切实保护江河渔业资源。在镇

达100%,到村(社)率达95%以上,收费公示面达100%。

全市严格按照《四川省人民政府办公厅关于进一步做好农民负担监管工作的意见》《攀枝花市村民一事一议筹资筹劳管理试行办法》和各县(区)《村级公益事业建设一事一议财政奖补资金管理办法》等文件要求,对全县(区)村级组织"一事一议"筹资筹劳议事原则、议事范围、议事程序、申报审批、资金管理、审计监督等做出明确规定。全年未发生一起涉农恶性案(事)及违纪违规行为。落实省《关于开展农业领域非法集资风险专项排查活动的通知》精神,全市农业领域无非法集资发生。全年接待农民上访197起。

【惠农政策】 2017年,攀枝花市根据《财政部关于调整完善农业三项补贴政策的指导意见》精神和农业厅、财政厅关于印发《四川省调整完善农业三项补贴政策实施方案》的通知文件精神要求,市农牧局会同市财政局研究制订详细的实施方案,经过登记、汇总、审核、公示等程序完成农业支持性保护补贴中的"耕地地力保护补贴"工作。补贴资金通过"一折通"全部发放到种粮农户手中。同时,市农牧局根据农业厅《关于做好强农惠农资金使用突出问题专项整治问题整改和阶段总结工作的通知》要求,重点检查攀枝花市2015—2016年中央财政补助补贴项目56个,资金约11544万元;省级财政预算安排机耕道、太阳能提灌站建设项目8个,资金1111万元;2013—2015年国家现代农业示范区高标准农田建设项目2个,资金1620万元;2015年农业综合开发农业部项目1个,资金316万元。共计项目67个,资金14591万元。经检查,未发现个人或集体违法违纪、政策落实不规范不到位、制度建设不匹配不完善问题。中央和省级财政安排全市农民培训补助资金共计149万元,其中米易县74万元、盐边县8万元、仁和区53万元、东区7万元、西区7万元,支持开展新型职业农民培育工作。

全年完成农机购置补贴79.331万元,补贴各类机具263台(套),受益农户262户,结算30.198万元,占完成资金的38.07%,补贴资金率达95%以上。

【农产品质量安全监管】 2017年,攀枝花市完成蔬菜、水果、茶叶、鱼4类农畜产品质量安全检测19批次、样品385个,检测参数8240个,其中检测蔬菜4批次、样品105个,检测参数4200个;检测特色水果7批次、样品90个,检测参数2820个;国胜茶专项检测样品20个,检测参数240个。

全年对水产品进行检测1批次,检测参数为水产品中磺胺类、孔雀石绿、氯霉素。检测样品30个,检测参数180个。全年抽检畜禽产品100个,其中猪肉样品40个、鸡蛋样品30个、鸡肉样品30个,猪肉监测项目为5种磺胺类药物及9种β-受体激动剂类药物,鸡蛋和鸡肉监测项目为4种氟喹诺酮类药物,共计完成检测参数800个。完成100个土壤样品的检测,检测参数700个。完成农业厅下达的各项农产品质量安全检测任务12批次,抽检样品1060个,完成检测参数20715个。

【农资市场管理】 2017年,攀枝花市开展兽用抗菌药、"三鱼两药"、生猪屠宰"扫雷"、瘦肉精、生鲜乳、农资打假等6个专项整治行动。全市农业部门查处问题19起,责令整改19起,取缔无证照企业10家。全市解决种子案件13起,均使用简易处罚程序办结,办结率达100%;出动执法车辆95车次、执法人员450人次,检查种子经营门市2194个次,查收非法种子27.14千克。全年委托和抽检种子样品252个,不合格样品8个,种子合格率达96.7%。对全市363家种子经营人员进行种子法律法规和农业基础知识培训及相关考试,实行种子经营培训合格上岗制度,发放资料2000余份,培训520人次,培训率达98.3%。

【农村大事记】 6月20日,农业部党组副书记、副部长余欣荣一行到攀枝花市调研现代特色农业。

8月24日—25日,安宁河省级联络员单位四川省农业厅副厅长朱万权率省河长制办公室、水利厅、省政协办公厅相关负责人深入安宁河流域就安宁河河长制工作推进情况、存在问题、整改落实等进行现场巡河督导,召开专题会议传达省"全面落实河长制工作领导小组第二次会议"精神,安排部署下一步工作。

8月28日—30日,四川省委常委、省委农工委主任曲木史哈在攀枝花市开展长江(金沙江段)巡河督导工作。

9月13日,四川省农业厅副厅长涂建华率领省农科院、攀枝花市农业局、攀枝花市农林科学院、农业厅经作处负责人考察攀枝花奶油果产业发展。

9月20日,由农业部主办、中国农业电影电视中心(CCTV-7农业节目)承办、《每日农经》栏目制作的"家乡的味道·我为品牌农产品代言"大型公益活动上,"攀枝花芒果"被评为"2017年全国百强农产品区域公用品牌"。

12月6日,农业部向全国公示了第一批中国特色农产品优势区名单,攀枝花芒果榜上有名,成为全国唯一的芒果上榜特色农产品。

12月9日—10日,以"康养攀枝花·东方太阳谷"为主题的第三届中国康养产业发展论坛在攀枝花举行,由市农牧局牵头承办的"康养+农业"分论坛成果丰硕。

【主要领导人】 市委书记:李建勤;市人大常委会主任:黄正富;市长:王波;市政协主席:李群林;分管农业副市长:李仁杰。

攀枝花市编写组

东　　区

【基本情况】 2017年,东区辖1镇9个街道,辖区面积166平方千米,其中耕地面积493.39万亩,人均耕地面积16.2亩。年末总人口29.7万人(户籍人口),人口出生率6.46‰,增加6个千分点;人口自然增长率2.06‰,增加2个千分点。

2017年,全区GDP462.18亿元,增长7.5%,其中第一产业增加值6804亿元,增长4.1%。社会消费品零售总额214.84亿元,增长11.1%。地方公共财政预算总收入完成7.88亿元,增长5%。

【年度农业和农村经济运行】 2017年,东区农业增加值达6804亿元,增长4.1%。

新型农业经营主体培育力度不断加大。东区扎实开展新型农业经营主体示范创建工作。推荐翔棋芒果专业合作社和佳镁好家庭农场纳入全市示范家庭农场、示范农民专业合作社培育工程名单;指导希望农业创建为农业部热作标准化生产示范园。鼓励和指导经营主体积极申报争取农业项目;指导辖区内两家农民专业合作社成功申报2016年农民专业合作社建设项目资金共计100万元。指导希望农业有限公司、26度果园编制方案争取现代农业示范项目资金共200万元;指导攀枝花市大祥果品开发公司、干热河谷生物工程有限公司申报农业部2017年热作技术推广项目。优化经营主体发展环境。为贯彻落实《东区促进都市现代农业发展奖励扶持办法》,制定了《东区促进都市现代农业发展奖励扶持办法实施细则》,指导符合条件的企业申报,共有6家新型经营主体提交材料申报2016年奖励,东区组织相

关部门对项目进行了现场核查，提交区政府常务会审定后兑付奖励。组织东区新型农业经营主体政策培训会，宣传各级惠农政策，指导包装项目，争取各级资金。贯彻落实《东区构建新型农业经营体系实施意见》，指导新型农业经营主体开展示范培育和特色农产品品牌打造。农产品品牌战略实施。做好“三品一标”申报指导工作。指导希望农业有限公司、干热河谷生物工程公司、翔棋芒果专业合作社筹备申报无公害及绿色食品认证；每个季度定期对立新养殖开发公司无公害产品开展例行检查。

【新村建设】 2017年，东区完成银江镇华山村幸福美丽新村建设任务，编制《东区2017年幸福美丽新村建设工作要点》《东区2017年幸福美丽新村基础设施建设项目实施方案》，投入资金70余万元，实施幸福美丽新村基础设施建设项目1个，主要涵盖人行道改造、路灯亮化等，各项目已全面完成。截至2017年年底，银江镇9个行政村全面完成幸福美丽新村建设任务，在全市率先完成幸福美丽新村建设全覆盖。

省级“四好村”创建。全区制订工作方案，落实责任，分解任务，按方案推进和考核。整合农田水利、扶贫交通、农业综合开发、新村建设等项目资金，完善农村基础设施。兑付惠农资金，加大农业实用技术培训力度，根据农事需要适时开展田间地头培训指导，提高农业产出率；加大农业产业结构调整力度，充分利用区位优势，鼓励发展附加值高的经济作物；拓宽农民增收渠道，实现多途径增收。银江镇双龙滩村、弄弄沟村、倮果社区、攀枝花村创建为省级“四好村”，银江镇阿署达村入选四川十大幸福美丽新村。

【扶贫攻坚】 2017年，东区多渠道筹集资金2777.9万元，实施农村道路硬化工程、节水灌溉设施工程建设等基础设施建设项目20个，惠及帮扶对象38户56人，已建成投入使用的基础设施项目18个，新增通村、通社公路里程10.4千米，新增节水灌溉面积7500余亩。投资53.45万元，开展农村低收入家庭“一户一策”帮扶37户。

【动物防疫及动物制品检疫】 2017年，东区采取法律宣传与市场监管并重的方式，确保了全区无动物疫情发生。一是通过加大动物防疫法律法规的宣传力度，让养殖户、经营户等动物防疫主体充分认识到动物防疫工作的重要性和后果的严重性，提高他们自觉履行防疫义务的自觉性。二是严格按照“五统一”和“五不漏”的原则及《免疫标识管理办法》，开展了免费强制免疫工作，免疫密度达100%。三是加强疫病监测及流行病学调查。截至10月24日，共免疫接种猪瘟、生猪口蹄疫疫苗1.9万头，猪蓝耳病1.85万头，牛口蹄疫0.033万头，羊口蹄疫0.73万只，鸡禽流感80万羽，鸭禽流感0.9万只，鹅禽流感0.23万只，鸡新城疫80万羽，小反刍兽疫0.73万只。共使用猪瘟疫苗4.24万头份，猪口蹄疫苗5.2万毫升，猪蓝耳病疫苗3.91万毫升，牛(羊)口蹄疫疫苗0.97万毫升，禽流感疫苗51万毫升，鸡新城疫苗89.7万羽份，小反刍兽疫疫苗1.13万毫升。

通过全程、全方位的跟踪检查，确保检疫全面到位，让百姓吃上放心肉。一是强化宰前检疫查证验物和健康检查，对检疫不合格的动物严禁入场屠宰，并及时进行隔离观察。二是屠宰环节实行同步检疫，做到该检部位必检，并留有检疫痕迹。三是加强市场监管。严禁无检疫证明、无检疫印章、无产品合格印章的动物及动物产品上市销售。四是积极开展市场复检工作，对上市销售的动物及其制品进行随机抽查检疫，确保百姓的“菜篮子”安全。全年共检疫生猪150647头、牛(马)3920头(匹)、羊5621只、活禽和白条禽2747556只、冻制品44714910千克、腌腊制品3089131千克、出境犬只11只、“瘦肉精”检测6120份，做到了产地检疫开展率100%，屠宰检疫率100%，耳标、证明回收率100%，对检疫出来的不合格畜禽产品无害化处理率100%。

【农产品质量安全】 2017年，东区强化农产品质量安全执法检查，重点检查立新养殖开发有限公司蛋鸡场4次，开展辖区农资市场专项整治4次。向各农资、兽药生产、经营、使用单位印发相关法律法规宣传资料150余份，签订辖区养殖户《畜产品质量安全生产承诺书》60余份。按进度完成农产品质量抽样监测工作。向省、市检测机构抽样送检水果、蔬菜样品10份、畜禽样品260余份、兽药80份；制订《东区2017年生猪“瘦肉精”专项监测计划》，开展屠宰环节“瘦肉精”抽样检测和养殖环节“瘦肉精”拉网式检测，共实施检6120头份，检测结果均为阴性，有力保障了群众的肉食品质量安全。省级检测机构在东区抽检蔬菜22份、食用菌样品20份、畜禽产品样品75份，其中鸡蛋样品27份，每份20枚；鸡肉样品3份；牛肉样品17份，每份5千克；猪肉样品17份，每份5千克；猪肝样品9份，每份5千克；羊肉样品2份。向省兽药监察所采送兽药样品3份。送检的蔬菜、食用菌、畜禽样品检测结果合格率达96.58%。

【主要领导人】 区委书记：罗军；区人大常委会主任：何先春；区长：杨礼文；区政协主席：张华凯；分管农业副区长：汪雪林(9月止)，吴玺(9月代理)。

东区编写组

西　　区

【基本情况】 2017年，西区辖1镇6个街道，辖区面积123.955平方千米，其中耕地面积952.17公顷，基本农田保有量297公顷。有农村人口11602人，其中农村劳动力7575人。

【年度农业和农村经济运行】 2017年，西区完成农业总产值19401万元，增长3.9%；完成农林牧渔增加值9929万元，增长4%。农村人饮安全工程全面完工。推动格里坪镇庄上村梅子箐芒果基地、丽新园艺花卉基地生产经营和旅游新村建设。推动村级公益事业“一事一议”财政奖补项目，争取财政奖补资金73.8万元、群众筹资1.54万元、其他资金4.543万元，建设机耕道1.42千米、灌溉水渠2.74千米。

农业产业化发展。全区有农业企业23家，其中市级龙头企业3家；农业专业合作社24家，其中省级专业合作社3家；家庭农场15家，新培育省级示范家庭农场1家。

农产品品牌战略实施。全区申报国家地理标志保护产品1个(噹噹鸡)。完成攀枝花市龙果果品有限公司芒果绿色产品认证申报工作。组织恒业现代、甲鸟牧业等企业参加四川省第五届农博会，苏铁山药参加了全省农特产品迎春展。

【种植业】 2017年，西区粮食种植面积602公顷，粮食产量2646吨，增长0.57%。蔬菜种植面积170公顷，产量10929吨，增长8.15%。其中，叶菜类面积42公顷，产量4385吨；黄瓜、南瓜等瓜果类面积25公顷，产量897吨；茄子、番茄、辣椒等茄果类面积28公顷，产量1111吨；大葱等葱蒜类面积4公顷，产量140吨；四季豆、豇豆等菜用豆类面积19公顷，产量698吨；瓜菜类、甘蓝类、豆类等种植面积52公顷，产量3698吨。水果种植面积889公顷，产量3514吨，增长1.12%，其中，芒果种植面积749.4公顷，与上年持平；产量2250吨，增加137吨。

实用技术培训。2月21日，区农林畜牧局邀请高级农艺师袁晓辉

在格里坪镇大水井村7社果芒种植基地开展芒果种植春季管理实用技术的现场培训。2月28日,邀请攀枝花市农林科学研究院专家到格里坪镇新庄村芒果种植示范基地开展春季芒果种植管理培训。3月9日—10日,邀请芒果专家到格里坪镇滥坝村、金家村开展芒果种植实用技术现场培训。4月13日,邀请芒果专家到滥坝村开展芒果种植实用技术培训。全年邀请攀枝花市农林科学研究院专家7批次到格里坪镇大水井村、新庄村、滥坝村、金家村等地开展芒果实用技术现场培训,培训果农200余户。组织20余户芒果种植户到米易县华森职业技术学校开展新型职业农民培训,解决芒果种植户关于芒果种植管理方面的疑难问题。

【林业】 2017年,西区实施天然林资源保护工程管护面积3172.67公顷,其中国有林48.14公顷、集体林3124.53公顷。森林覆盖率目标增长0.27%,实际增长0.36%,超目标任务33%;森林蓄积量目标增长0.09万立方米,实际增长0.11万立方米,超目标任务21%;林地保有量目标任务7200公顷,实际保有量7253公顷,超目标任务0.74%。完成2015年退耕还林后续产业检查验收和政策兑现,巩固退耕还林成果专项建设种养殖任务,顺利通过省级复查验收。全年实施森林管护面积4220公顷,生态效益补偿集体公益林3125公顷,兑现政策资金69.13万元,涉及1598户5189人。全区森林覆盖率达44.11%。

尖山生态脆弱区植被恢复。西区实施尖山生态脆弱区植被恢复二期项目,施工中标金额556万元,生态治理总面积33.51公顷,包含森林抚育面积1.89公顷、人工造林31.12公顷,主要营造乡土特色植物水土保持林。新建300立方米蓄水池1座,安装主要供水管道无缝钢管DN50总长2081米、无缝钢管DN40总长2786米、PEφ20管9704米,布设灌溉管网33.51公顷。开设防火隔离带3次共27.77公顷,建设期与管护期间全林除草3次共100.52公顷,堆石挡土86371米,安装柔性防护网508米。

苏铁国家级自然保护区突出环境问题整改。3月,西区农林畜牧局细化分工,落实责任,推进苏铁国家级自然保护区突出环境问题整改。截至2017年年底,完成松坪子非法寺庙建筑、周贵华养鸡场、金家村飞碟基地与农业设施大棚、村民自建关牛棚的拆除及植被恢复工作;参与格里坪采石场郭龙彬养牛场拆除工作;协调其他部门完成石灰石矿、巴关河渣场、格里坪采石场植被恢复工作。攀枝花市苏铁自然保护区内存在的10个环境问题整改完成8个,整改完成率80%。

林政执法。全年查处各类林业行政违法案件29起,行政处罚29人(单位),收缴林业行政罚款20.797万元,没收野生动物活体1只。其中,盗伐林木案件2起、滥伐林木案2起、毁坏林木案件8起、非法占用林地案件12起、违法运输木材1起、森林火案2起、擅自驯养野生动物案件2起。

义务植树。全年组织开展农村义务植树活动,使用森林植被恢复费,统一为街道办事处和格里坪镇采购蓝花楹和三角梅等6000余株,向格里坪镇大麦地村、竹林坡村提供青花椒苗10000余株。在西佛山景区西侧上部平台开展全民植树活动,活动有67个企(事)业单位200余人参加。活动种植蓝花楹400余株,栽植面积26.67公顷。

出台《森林防火工作约谈办法》。西区出台《森林防火工作约谈办法》。格里坪镇主要领导、分管领导,区森林防火指挥部成员单位及街道办主要领导、分管领导,各村党组织书记、村委会主任等为被约谈对象。《办法》规定,森林防火期内格里坪镇辖区内(苏铁自然保护区)发生较大以上森林火灾,发生2人及以上扑火人员死亡,有关单位(部门)履职不到位造成不良影响等,由区森林防火指挥部指挥长对有关单位主要领导进行约谈。森林防火期内格里坪镇辖区内(苏铁自然保护区)发生扑火人员重伤或1人死亡,森林防火责任落实不到位、森林防火宣传教育覆盖面存在明显盲区,未认真履行森林防火职责、影响森林防火工作开展或造成不良影响,格里坪镇辖区内(苏铁自然保护区)发生较大森林火灾等,由区森林防火指挥部常务副指挥长对有关单位分管领导进行约谈。森林防火期内格里坪镇各村行政区域内一个月之内发生火情2起,格里坪镇各村森林防火责任落实不到位、森林防火宣传教育覆盖面存在明显盲区、野外火源管理不力等,由格里坪镇主要领导对村党组织书记、村委会主任进行约谈。全年西区共约谈森林防火责任单位5家。

森林防火。全年办理野外用火审批14起。组织扑火队在村社省界、县(区)边界地段、集中坟场、重点企业、苏铁自然保护区等重点地段开设30米宽防火隔离带12条,割草53公顷,计划烧除防火隔离带200余公顷。全年辖区共计发生火情火警14起,其中森林火灾3起,出动车辆89台次,出动人员616人次,当日扑灭率100%,火情火警次数比上年同期下降53%,未发生较大及以上森林火灾,苏铁自然保护区、创森项目区及重要生态景观区未发生延烧6小时以上未有效控制的火灾,未发生扑救人员及群众伤亡事故。

森林防火宣传。区农林畜牧局联合市森林公安局西区分局组织人员进林区、进村庄、进社区开展森林防火集中宣传,采取流动宣传车播放《四川省森林防火条例》《四川省林区野外火源管理办法》等森林防火法律法规,向群众发放纸杯、挂历、宣传手册等森林防火宣传资料,在林区主要道口喷写宣传标语,向辖区干部群众发放森林防火宣传短信等多种形式进行防火宣传。全年出动宣传车辆20台次,喷写宣传标语200余条,发放宣传资料10000余份,发送宣传短信5000余条。

【畜牧业】 2017年,西区生猪出栏18125头,减少1.8%;生猪存栏11512头,减少3.9%;大家畜出栏213头,增加8.1%;羊出栏1841只,增加3%;家禽出栏578501只,增加0.9%。禽肉产量827吨,增加1.1%;禽蛋产量1469吨,增加1.2%;肉类产量2097吨,增加0.1%。实现畜牧业总产值8616万元,增加2%。

春、秋两季动物集中强制免疫及抗体监测。区农林畜牧局春、秋两季动物集中免疫,经省、市、区各级交叉检查,猪瘟、猪蓝耳病、牲畜口蹄疫、高致病性禽流感、鸡新城疫、山羊痘、小反刍兽疫等免疫密度达100%,牲畜免疫标识佩戴率达100%。春、秋两防季节,动物疫病预防控制中心分别在西区2个50头以上养猪场采集猪血清50份、2个蛋鸡场采集鸡血清250份,在格里坪镇新庄村、大麦地村、苦荞村、格里坪村、金家村采集猪血清85份、鸡血清200份、羊血清60份、水禽血清40份,共计735份血清样品。经实验室检测,735份血清样品中的猪瘟、牲畜口蹄疫、鸡新城疫、高致病性猪蓝耳病、高致病性禽流感、小反刍兽疫等重大动物疫病免疫抗体合格率均达到了农业部规定的70%以上的标准。

布病监测。4—5月,区农林畜牧局对辖区养羊大户开展布病监测。采集羊血清样品148份,经过实验室虎红平板凝集试验,检测结果均为阴性。西区山羊尚未携带布病(人畜共患病)病原,保持健康发展态势。

H7N9防控。3月,西区动物疫病预防控制中心在辖区养殖场和活禽交易市场采集血清学样品和病原学样品100份送省疫控中心实

验室监测，检测结果均为阴性。4月，制订《攀枝花市西区〈家禽H7N9流感剔除计划〉实施方案》《攀枝花市西区2017年H7N9监测方案》，拟通过监测、流行病学调查和市场链分析掌握家禽H7N9流感病毒时间、空间、群间分布状况，及时清除家禽养殖、市场流通等重点环节中家禽H7N9流感病毒。6月，制订《攀枝花市西区农林畜牧局H7N9流感防控实施方案》，拟开展补免和消毒灭源、实验室监测、剔除阳性禽群、流行病学调查、疫情监测和疫情报告、流通调运监管工作。方案制订后，西区动物疫病预防控制中心根据实施方案开展各项防控工作，紧急采集病原学样品159份、环境样品31份，样品采集覆盖西区主城区活禽交易市场8个、家禽集中屠宰场1个、蛋鸡场3个、肉鸡养殖户4户、农村散养户4户，190份样品经（禽流感H7抗原检测卡）初筛均为阴性。

狂犬病免疫。区农林畜牧局同宠爱动物诊所商定，将全区犬只狂犬病免疫工作交由宠爱动物诊所进行服务性免疫。为做好免疫工作，西区动物疫病预防控制中心编写《狂犬病防治知识宣传》资料，印刷6000余份，向辖区群众发放。秋季全区共免疫注射犬只620只。

动物疫病监测、流行病学调查。区农林畜牧局采集猪淋巴结155份，鸡咽喉拭子（泄殖腔拭子）30份，经省、市监测结果均为阴性。选取养猪大户2户、蛋鸡场2个、养羊大户1户、自然村1个和动物诊疗点1个为定点流行病学调查点，每月进行数据汇总1次，同时将汇总数据上报农业部和市疫控中心，及时掌握全区流行病学防控成效及风险。

屠宰监管。区农林畜牧局安排专人在河门口生猪定点屠宰场（A类屠宰场）驻点实行24小时动态监管。全年屠宰生猪55137头，销毁病害生猪及产品180.25头；定点检疫禽类27.6万羽，销毁死因不明禽类20羽；严格按照入场生猪3%的比例，外省生猪每车必检要求，在屠宰环节抽检“瘦肉精”7038份，检测结果全部为阴性；向屠宰户宣传法律法规知识50余次，突击检查62次，出动205人次，检查中未发现屠宰加工病死牛（羊）的情况。

畜禽污染防治。区农林畜牧局牵头修订《攀枝花市西区畜禽养殖禁养区限养区划分方案》，完成比例尺为1∶50000的《攀枝花市西区畜禽养殖禁养区和限养区范围图》；制订《攀枝花市西区禁养区畜禽养殖整治方案》，牵头组织区相关部门关闭禁养区范围内畜禽养殖场（户）35家（户），关闭限养区范围内畜禽养殖场1家，督导限养区内2家畜禽养殖场完成整改。同时将畜禽养殖污染整治纳入每年春秋“两防”工作，畜禽污染防治工作进入全覆盖和常态管理。

【水产渔政管理】 2017年2月，西区在通往金沙江边的路口、江边鱼馆、村委会宣传栏、农贸市场等处粘贴禁渔期通告21份，向村民发放宣传资料200余份。全年巡江执法23次，缴获电捕鱼器1台。对辖区渔业养殖企业进行检查6家次，未发现违规使用抗生素、激素类化学药品和违禁药物的行为。

【生态葡萄康养农庄建设】 2017年，西区加强生态葡萄农庄建设。3月10日，邀请攀枝花市农林科学研究院院长张洪祥、副院长罗照西及相关专家实地查看农庄，进行技术指导。6月12日，区委书记龙勇专题调研农庄建设推进情况，听取示范农庄基本情况、标准化葡萄园建设、农房改造进度及工期、周边风貌打造、葡萄销售等方面情况汇报并提出要求。全年西区生态葡萄康养农庄完成高效节水滴灌系统安装，建成半自动的水肥一体化系统；1号楼主体建设已基本完工；新建农房3栋，约2公顷标准化葡萄园改造已完成种苗种植工作，新增人行步道、廊道基本完成主体工作；对周边水环境进行改造，水环境打造工作基本完工；新建太阳能提灌站1个。葡萄农庄种植葡萄3.87公顷，项目带动周边农户种植葡萄面积6.67余公顷；农庄葡萄园开园接待游客6000余人，销售葡萄约1万千克，销售收入20余万元。

【农村科技】 2017年，西区通过示范应用、科学用药、清洁工程等措施，从源头上降低农业面污染。推广水肥一体化节水灌溉系统15.33公顷，配方肥200吨，秸秆还田技术200余公顷，病虫害专业化统防统治333.33公顷，优势农产品基地绿色防控技术普及率达80%以上，全区绿色防控技术普及率达30%以上、秸秆综合利用率达70%以上。4月13日，区农林畜牧局邀请芒果专家在格里坪镇滥坝村开展芒果种植实用技术培训。培训采取专家讲解、提问互动等方式，就芒果种植的病虫害综合防治、水肥管理、枝条修剪、疏花疏果、果实套袋等内容进行讲解和现场示范。全年共举办芒果种植技术、花椒种植技术培训班13期，印发技术资料1500份，培训农民1000余人次，完成新型职业农民培训28人。

【农业补贴】 2017年，西区及时将农业补贴发放到位。发放支持耕地地力保护补贴58.03万元；开展政策性农业保险和山羊保险共交保费21万余元，区级补贴4.51万元；开展芒果特色农业和芒果价格指数保险66.67公顷，区级补助15.8万元。

【农业面源污染整治】 2017年，西区下发《西区农药化肥废弃包装物回收处置实施方案》，对辖区内农药化肥废弃包装物进行摸底调查。设置农药化肥废弃包装物回收点位，采购30个大容量的农药化肥废弃包装物回收桶并喷以明显标识，购置1万个废弃物回收垃圾袋投放到各个点位。组织开展镇、村、社三级清理整治，对丢弃在田间地头的农业固体废弃物进行集中清理。推广测土配方施肥技术，调整化肥使用结构，改进施肥方式，开展有机肥替代化肥行动。推广应用生物农药、高效低毒低残留农药，禁止高毒高残留农药销售使用，推进绿色防控和统防统治，全年化肥、农药使用量“零增长”。

【农产品质量安全监管】 2017年，西区开展农资打假执法及农业投入品专项整治行动20余次，出动执法人员120余人次，检查农资店140余家次，未发现违法违规现象。全年完成农产品质量抽样检查120个，农药残留合格率达100%。开展蔬菜种植基地农药残留专项检查及蔬菜农药残留检测10次，采样200余份，检查合格率达100%。生猪屠宰检疫55137头，查处、监督销毁病、死猪及不合格产品180.25头。定点宰杀禽类27.6万余羽，监督销毁挤压致死禽类30羽。市场复检猪肉3480余吨，检疫牛（马）2190余头（匹）、羊4000余只、白条禽和活禽40万余只（羽）。

【农机安全监管】 2017年，西区开展农机安全生产检查6次，出动检查车辆6台次，未发现违法违规现象。对全区农用拖拉机进行年检，检验拖拉机10台，年检率达100%，合格率达100%。联合多部门开展变型拖拉机整治，检查农用拖拉机安全驾驶情况12次，出动车辆30台次，未发现违法违规现象。开展农机安全宣传40人次，发放宣传材料2000份。全年全区未发生一起农机交通安全事故。

【农业投入品监管】 2017年，西区加大农业投入品监管。开展农资打假执法及农业投入品专项整治行动10次，出动执法人员50余人次，检查农资店70余家次，未发现违法违规现象，共完成农产品质量抽样检查120个，农残合格率100%。对辖区的4家兽药店及5家饲料店进行检查，检查未发现有销售假冒、伪劣、过期和违禁兽药与饲料的行为。随机采集兽药2个批次8个样品和饲料2个批次4个样品送到农

业厅检测,检测结果均合格。完成兽药残留采样监测任务,共采样50份,其中禽肌肉样5份、猪肌肉样32份、禽蛋样5份、鱼样8份,检测结果均合格。

【"双联"和"走基层"活动】 2017年,西区农林畜牧局每月组织党员到格里坪镇庄上村开展"双报到"志愿服务1次,开展清扫保洁、政策宣传、农技服务、走访慰问等志愿服务,全年共计组织开展志愿服务12次。春节、"七一"等重要节日,走访慰问格里坪镇庄上村困难群众、党员11名。对帮扶户进行养殖技术指导,对格里坪镇庄上村的10户适度养殖户进行排查,逐户发放《家禽H7N9流感防控告知书》10份,督促指导消毒,并协助防疫员对300余羽家禽进行补免。购买价值2.4万元良种青花椒苗12300株,在格里坪镇竹林坡村、大麦地村按户平均分发,组织种植户栽植。

【主要领导人】 区委书记:龙勇;区人大常委会主任:叶勇;区长:卢瑜;区政协主席:袁大勇;分管农业副区长:张林。

西区编写组

仁 和 区

【基本情况】 2017年,仁和区辖8镇6乡1个街道,辖区面积1727.07平方千米,其中耕地面积15.3万亩。有人口27.09万人,其中农业人口14.36万人。全县GDP246.8亿元,增长8.1%。全社会固定资产投资完成196.8亿元,增长18%。

【年度农业和农村经济运行】 2017年,仁和区完成农业总产值18.9亿元,增长4.3%。农村居民年人均可支配收入达16032元,增长9.3%。2017年度被评为"四川省农民增收工作先进县(区)"。建成省级农业标准化示范项目8个,市级农业标准化示范项目18个,获得"四川省农产品质量安全监管示范区"称号。整合各类涉农资金、有力吸引社会资本投入"三农",共投入各级财政资金37017万元、社会资本2.5亿元。稳步推进2017年深化农业和农村体制改革涉及的5大项、23小项改革内容。总投资1.4亿元,新建、改造各类道路近200千米。

2017年仁和区主要农产品产量

主要农产品	单位	产量	同比(%)
粮食	万吨	6.64	0.5
蔬菜	万吨	26.4	4.6
水果	万吨	10.49	7.4
芒果	万吨	5.77	13.8
石榴	万吨	1.4	1.8
葡萄	万吨	0.5	13.5
肉类	万吨	1.78	2.3
猪肉	万吨	1.24	2.43
牛肉	万吨	0.13	1
羊肉	万吨	0.18	2.1
禽蛋	万吨	0.37	—

农业产业化发展。全区制定了《关于加快培育新型农业经营主体的指导意见》,并在工商登记方面进行了放宽注册资本登记条件、推行"先照后证"登记制度、放宽市场主体住所登记条件、有序推进"五证合一、三证整合"登记制度等几项改革。省、市投入资金431.5万元,对13家专合社、6家家庭农场帮扶基础设施建设。全年新增农民专业合作社20家、家庭农场7家、省级示范家庭农场3家、省级专业合作社1家,申报国家级专业合作社2家。全区有国家级、省级、市(州)级农业龙头企业21家,农民专业合作经济组织342个(其中国家级示范专业合作社3个、省级示范农村专业合作经济组织16家),龙头企业发展种植面积5.1万亩,带动农户1.7万户,年助农人均增收400元以上。以打造"山区型"特色现代农业示范县为抓手,在建基地、创品牌、搞加工、促营销上发力,已形成了七大优势产业基地,即15.2万亩优质芒果基地,0.94万亩优质青皮软籽石榴基地,1.53万亩优质酿酒葡萄基地,1.8万亩优质梨、桃、樱桃等小水果基地,4万亩优质板栗、核桃等干果基地,7.1万亩蔬菜基地以及种草养畜基地。

农用地产权制度改革。加快推进农村集体产权"多权同确",对土地承包经营权确权登记中的资料进行审核完善,完成土地所有权和使用权权籍调查,开展第三轮公示和农户签字工作,10月开始分批颁证。针对仁和区前期林改工作矛盾问题多、改革不彻底等问题,重组林改办,全面启动林改"回头看",已圆满完成"回头看"试点乡的外业调查,确权颁证工作有序推进。

农业水价综合改革试点工作。仁和区纳入全省农业水价综合改革工作试点,争取财政资金500万元,全面开展工程配套设施(计量设施)建设、农业水权制度建立、创新终端用水管理模式、建立健全农业水价形成机制、建立精准补贴和节水奖励机制、加强农业用水需求管理等水价改革六大任务,完成水价综合改革5.95万亩,超计划面积32.2%;完成沟渠整治55条2.411千米,计量设施安装986套;完成中型灌区源水水价核定工作,村级水价机制逐步建立,颁发村(社)用水户水权证179本。

农产品品牌战略实施。截至2017年年底,全区获得国家级、省级、市(区)级农产品品牌27个,其中著名商标6个、市知名商标3个、四川名牌产品1个、无公害农产品9个、绿色食品认证5个、有机产品认证6个、地理标志认证农产品3个。

【幸福美丽新村建设】 2017年,仁和区省级财政幸福美丽新村建设项目共投资599.64万元,在大田镇乌喇么村、平地镇辣子哨村、大龙潭乡大龙潭村、布德镇老村子村、啊喇乡啊喇村5个省级贫困村和布德镇中心村共计5个乡(镇)6个项目村实施。全区建成幸福美丽新村10个、"四好村"14个。

【扶贫攻坚】 2017年,仁和区各级扶贫干部立下"军令状",逐村逐户制定脱贫"作战图",高标准高质量完成了5个贫困村退出、615户2169人脱贫的目标任务,贫困发生率降至1.28%。认真落实"六个精准""五个一批"要求,打好政策"组合拳",产业扶贫"出真招",促农增收见实效,让贫困群众真正受益。创新财政投入方式,开展资产收益扶贫试点,安排资金27万元用于5个贫困村光伏发电,200万元用于"龙头企业+贫困村"资产收益扶贫,实施600万元"龙头企业+贫困户"金融扶贫项目。

探索多元化的产业扶贫模式。根据贫困对象不同情况,明确"种养结合、长短结合、以短养长"脱贫路径,按照"一村一品,一户一策"的产业发展要求和策略,着力解决缺产业、缺技术、缺资金、缺劳力等问题。围绕"缺产业",新(改)建芒果、石榴、红梨、火龙果等特色产业基地4.25万亩,发展种草养畜示范户500余户,打造稻菜轮作基地2万亩,贫困户短、中、长期相结合的产业发展体系基本形成,基本保证了有劳动能力的贫困户一户有一项或一项以上可持续的增收项目。围

绕“缺技术”，开展农技巡回培训和“土专家”指导机制，成立农业专家服务团，在10个省级贫困村各安排1名农技员，长期对贫困村进行农业技术指导；成立3个农业巡回小组，对11个非贫困村开展巡回培训；各村党员产业大户主动发挥“土专家”和“带头人”作用，“手把手”“面对面”在田间地头开展技术指导，切实解决贫困户缺技术问题。围绕“缺资金”，建立产业扶持周转金和产业扶持贷款制度，切实解决贫困户缺资金问题，经审核有需求的农户可申请1万元的产业周转金和3万～5万元的产业扶持贷款及2000～5000元的产业巩固提升贷款，助推产业发展。围绕“缺劳力”，实施种草养畜、家庭光伏、小规模养殖等产业，通过建立专合组织、农村淘宝、农产品节日营销等方式解决销售问题，确保土地少、缺劳动力的贫困户家庭有稳定产业收入。创造和推广了“仁和扶贫经验”，科技“精、准、快”脱贫成果转化新模式——“福田模式”，继上年央视新闻频道以其为典型案例，将中国精准扶贫工作推广出国门后，成功入选四川脱贫攻坚案例，得到省委组织部肯定并予以大力推广宣传。

创新多途径的收益模式。在9个贫困村实施光伏太阳能建设，每年为每个贫困村增加集体经济收入3万元以上；探索实施土地流转、场地出租、固定资产入股专合组织分红等方式，深挖集体资产效益，增加村集体财产性收入；向6个贫困村每个村投资100万元，入股农业龙头企业，由龙头企业代为发展种养殖业，企业每年按不低于8%的比例给贫困村分红，每年为贫困村增加8万元集体经济。引导企业参与扶贫，实施产业化扶贫，让龙头企业真正成为精准扶贫的主力军，带动广大贫困户摘“贫帽”，实现“富民又富企”的双赢发展。引导行远牧业、26度果园、邑度酒庄、伍阳生物公司等龙头企业参与脱贫攻坚。以贫困户自愿入股分红的方式带动1000余户贫困户参与种养基地建设，每年每户贫困户可获得分红资金1500元；向120户贫困户发放贷款600万元用于购置牛、羊等，并委托农业龙头企业代养，龙头企业每年发放不低于2500元的分红给贫困户，解决了120户建档立卡贫困户的“增收难”问题；开展“认养一棵芒果树，帮助一户贫困户”活动，由企业组织技术培训、全程指导贫困户进行管理，企业以每株果树抽取200元管理资金给贫困户，帮助贫困户掌握技术、增加贫困户收入；在大田镇、平地镇、啊喇乡等二半山区帮助400余户贫困户种植中药材500余亩，并由企业提供产前、产中、产后技术服务和购销服务，有效增加贫困户脱贫途径；探索实施家庭光伏发电项目，建设成本由企业在每年的收益中按比例收回，不需要贫困户投资，第一批50户贫困户家庭光伏已并网发电并产生收益，收益来源为并网供电和国家补助，每年为贫困户增加家庭纯收入3000元以上。

【助农增收】 2017年，仁和区认真落实区委书记、区长负责制。高度重视助农增收工作，成立了以区委书记和区长为组长的助农增收考核小组，纳入区委书记、区长重要议事日程，全年共进行专题安排和传达各级精神30余次，定期听取专责组汇报“三农”工作开展情况。以芒果产业为核心，大力发展优势特色产业，加强对芒果、石榴、葡萄、草莓、火龙果等品种优化，推进油梨等新产业试种示范。大力发展种草养畜，提高畜牧业非猪产值比重。围绕保障优质供给，稳定特色粮食作物生产，积极推进稻田综合种养，壮大优质蔬菜基地。积极推进花卉产业发展，大力支持松露、中草药等功能农产品开发。推动一二三产业互动发展，积极申报创建国家级现代农业芒果产业园，规划建设田园综合体。以总龙片为核心区，规划完善特色农产品加工、研发、销售链条。以特色水果、有机蔬菜为依托，大力发展“康养+农业”，组团打造乡村休闲示范带。择优发展芒果、葡萄酒、香米等加工企业，打造休闲食品加工业集中区，创客果蔬加工项目建成投产。深化农村土地制度改革，坚持和完善农村“三权分置”制度，探索建立农村产权流转交易平台，全力推动土地托管、土地入股，增加农民财产性收入。全区家庭承包耕地流转面积4945亩，增加390亩，增长9.9%。

【惠民政策落实】 2017年，仁和区实施财政奖补项目21个，财政奖补770.6187万元，全年无农民负担事件发生。认真落实各项惠农补贴，发放补贴1095.25万元，退耕还林补助593万元。农村学生公用经费、住宿制贫困学生生活补助、贫困住宿学生免费肉食补助、免收作业本费和营养改善计划等共计落实资金3860万元，增加1190万元，增长44.6%。落实涉农税收优惠政策，减免税款6万元。全年补贴农机具298台，完成中央农机购置补贴资金53.52万元。

【“康养+农业”】 2017年，仁和区在全市率先制定农文旅发展规划，以“一心一轴一环”打造为重点，全力融入康养要素建设。以农业产业发展为基础，以农业产业基地为依托，以品质提升为导向，逐步实现农业产业区的农业生产标准化、产业园区景区化、农业科技科普化。围绕“产区变景区”发展观光农业，建设农业景区6个、产业基地景区8个、全国农业旅游示范点1个，平地镇成功入围首批省级森林康养小镇。围绕“田园变公园”发展体验农业，形成集旅游度假、采摘体验、农耕文化、民俗体验于一体的新型业态。围绕“产品变商品”发展精致农业，芒果、石榴、松露、桑葚干等畅销国内外。坚持项目引领，打造“康养+农业”示范点。安排落实专项资金904万元，投入布德千亩莲藕观光基地、万宝营森林康养基地、月畔湾果香园农庄基础设施建设、啊喇乡啊喇村营盘山农家乐打造工程、柠檬庄园基础设施项目建设、中坝生态谷“果然之美”提档升级、大龙潭乡芒果示范园建设等项目，全面丰富康养元素。

【农村水利】 2017年，仁和区栗树湾水库已纳入国家“十三五”中型水库建设规划，节水型社会项目已开工，实施渠系工程100处、高效节水面积0.8万亩；中小河流防洪治理投资7000万元，新建堤防6.8千米。

河长制工作顺利推进。河湖、河长、制度、工作推进、技术支撑等“五大体系”建立健全，区、乡两级工作方案全部印发，河湖名录、组织体系七项制度全部到位；河长制“六大任务”、“清河、护岸、净水、保水”四项行动有力推进，整改河流突出环境问题152个，取缔“散、乱、污”企业59家。河道岸线管理取得初步成效，大河流域实施了岸线打桩定界，开展了乡（镇）境过水断面水质取样检测，乡（镇）落实河道保洁制度和措施；12条河流“一河一策”管理保护方案和“四张清单”全部编制完成；乡（镇）级河长制验收和“三考核”按时完成。全区河长制推进工作取得初步成效，流域生态环境和水环境质量明显提升。

【农村科技】 2017年，仁和区与中国热带农业科学院、四川省农业科学院、攀枝花市农林科学院、四川农业大学等科研院校建立了长期合作关系，并通过乡（镇）农业服务中心、新型农民培训学校、专业合作社及科技服务平台对新技术予以推广，形成了教学、科研、推广、生产“四位一体”，产学研紧密结合的特色农业科技创新和推广体系，促进科技成果的转化。同时，建立了良种繁育基地，大力培育芒果、石榴、火龙果等特色水果的优良品种，优良品种覆盖率达98%以上。强化农业

科技创新驱动,加强与科研院校的合作交流,推进中国热科院试验基地建设。加快特色产业基地建设,创建四川省有机产品认证示范区。

【农村市场体系建设】 2017年,仁和区申报为四川省现代传统商贸流通转型升级重点示范区,京东农资电子商务服务平台已与京东总部签订区域合作协议,落地仁和镇。电商农业加速培育,善果农业、阿里村淘、志强宏专合作社等电商企业实现入驻,农特产电子商务交易中心成功落地。

【主要领导人】 区委书记:任礁军;区人大常委会主任:谭进;区长:李春华;区政协主席:孙永发;分管农业副区长:罗雪明。

仁和区编写组

米 易 县

【基本情况】 2017年,米易县辖5乡7镇,辖区面积2152.7平方千米,其中耕地面积39.4万亩,比上年增长61%,人均耕地面积1.7亩;基本农田27.7485万亩。年末总人口22.17万人(户籍人口),增长0.14%;人口出生率16.32‰,增加0.37个千分点;人口自然增长率9.46‰,增加0.19个千分点。全县耕地有效灌面达到耕地总面积的53.3%;本地水资源总量11.95亿立方米,人均占有水资源量5131立方米。有林业用地15.3万公顷,有林地面积13万公顷,活立木总蓄积量1387.88万立方米,森林覆盖率64.16%。

2017年,全县GDP161.91亿元,增长7.7%,其中第一产业增加值14.13亿元,增长4.4%,农、林、牧、渔及农林牧渔服务业之比为57.8:1:34.9:5.2:1.1;第二产业增加值96.99亿元,增长8%(工业产值96.32亿元,增长8.2%);第三产业增加值50.8亿元,增长8%。三次产业对经济增长的贡献率分别为5%、63.8%和31.2%。乡(镇)中小企业(工业)增加值96.32亿元,增长8.2%;从业人员(第二产业)18300人。劳务输出31000人,收入25700万元。全年接待游客424.06万人,实现旅游收入46.01亿元,其中乡村旅游收入29.91亿元。

公路通车里程1287.035千米(其中乡村公路178.471千米),密度693.84米/平方千米,67.35千米/万人。社会消费品零售总额37.05亿元,增长11.5%。地方公共财政预算总收入完成9.3亿元,增长5.5%;公共财政预算总支出18.06亿元,增长9.33%,其中农业投入3.39万元,占支出的18.79%。金融机构各项存款余额83.51亿元,比上年初增长10.45%;各项贷款余额59.16亿元,比年初增长8.35%,其中支持农业产业化发展项目贷款28.32万元。全年农业保费收入2125.3亿元,增长57.02%。农业产业化龙头企业省级、市级、县级分别为4个、14个、22个。

有各类学校91所,在校学生24574人,教职工2089人,其中普通中学1所,在校学生3325人;小学30所,在校学生14041人;学龄儿童入学率100%。有艺术表演团体4个,文化馆1个,公共图书馆1个。有卫生机构254个,病床位1134张,卫生技术人员1264人。新型农村合作医疗参合人数175023人,参合率99.76%;新型农村社会养老保险参保人数97456人,参保率103.13%;被征地农民养老保险参保人数626人。

【年度农业和农村经济运行】 2017年,米易县实现农业总产值23.03亿元,增长4.6%;农业增加值14.25亿元,增长4.4%。农民年人均可支配收入达15776元,增长9.2%。全县农产品质量抽检合格率比年初提高0.05个百分点;建成12个基层农业综合服务站。

2017年米易县主要农产品产量

主要农产品	单位	产量	同比(%)
粮食	万吨	95589	5.8
水稻	万吨	63281	4.3
小麦	万吨	2344	-25.6
玉米	万吨	19994	15.5
马铃薯	万吨	1871	-7.5
油菜籽	万吨	1102	0.2
蔬菜	万吨	369992	6.4
水果	万吨	96025	15.5
肉类	万吨	14620	2.5
猪肉	万吨	10956	3.1
牛肉	万吨	1097	0.7
羊肉	万吨	1594	0.4
禽肉	万吨	931	2.3
兔肉	万吨	41	5.1
禽蛋	万吨	932	0.5
水产品	万吨	5850	-53.9
牛奶	万吨	96	-3

农业产业化发展。围绕"稳粮、优经"的产业发展思路,整合涉农项目资金投入,推进产业基地建设。一是重点培育提升9万亩特色效益蔬菜基地,全面部署落实标准化示范园创建、大棚设施栽培、高效节水灌溉示范、绿色栽培技术应用、增施有机肥、秸秆还田技术等绿色技术措施,促进9万亩稻菜粮经复合基地向绿色化、生态化、集约化生产方向提升转变,建成全省设施连片规模最大、现代气息较浓的早春喜温蔬菜基地。二是大力促进特色水果基地扩面增效,通过规范土地流转,大力引导特色水果适度规模发展,全县特色水果基地近20万亩,其中建成全国纬度最北、成熟最晚、品质最佳的晚熟芒果基地10万亩,建成全国成熟最早、口感最好、品相最优的早春枇杷基地3万亩。

农用地产权制度改革。一是完善用地保障机制。在米易县土地利用总体规划(2006—2020年)中期调整完善工作中,合理安排各业用地,将新农村建设、乡村旅游康养、农村水果交易市场、农产品包装等农业农村用地项目被列入全县土地利用总体规划调整完善成果,布置新增建设用地规划指标51.67公顷,全县土地利用总体规划(2006—2020年)中期调整完善成果已获得上级正式批复。同时,在2017年度新增建设用地计划指标中预留10%用于支持农村新产业新业态发展,已上报项目用地3.5188公顷。二是积极盘活农村建设存量用地。积极开展农村存量建设用地情况摸底工作,通过开展农村集体土地确权登记颁证工作,查清全县农村集体建设用地情况。全县通过转租的方式积极盘活长坡工业园区的存量建设用地400余亩;收回攀钢集团湾丘基地土地使用权,接收土地14105.67亩作为政府储备土地;收回普威林业局12宗地184.27余亩的土地使用权,为丙谷、普威城镇的开发建设和农业物流园项目提供了用地保障。创新设施农用地管理政策,将农产品冷链烘干设施、农产品初加工设施、农产品贮藏流通设施、休闲采摘设施等纳入农业附属设施范围,全年办理设施农用地8宗,主要为农产品的初加工以及贮藏流通设施用地。落实一定比例的新型农业经营主体辅助设施建设用地,重点培育适度规模的专业大户、家庭农场、农民合作社和龙头企业,合理安排农业农村各类用地。

三是探索农村产业融合发展用地机制。结合全县实际，制定了《米易县乡村酒店建设及运营管理办法》《米易县民宿管理办法》，积极支持利用农村存量建设用地进行乡村酒店建设，鼓励本村集体经济组织以自用、出租、入股、联营等方式使用集体土地参与乡村酒店建设。撒莲特色小镇、新山梯田康养中心、溢满达二期等产业融合发展项目加快推进，公开出让溢满达二期的白马镇挂榜红旗河坝地块，面积133.77亩。

农产品品牌战略实施。开展"阳光米易"区域公用品牌宣传推介活动，组织企业、专合社参加西博会、菜博会、农交会和品牌推介会，实现了"阳光米易"特色农产品进入省直机关食堂和大型企业，在成都市青羊区、锦江区、成华区开设直营店3家。"阳光米易"农产品区域公用品牌获得四川省"十大优秀农产品区域公用品牌"称号。培育"三品一标"农产品品牌61个，其中绿色食品5个、有效期内无公害农产品51个、国家地理标志认证产品3个、农产品地理标志登记产品2个。完善农产品冷链物流设施，巩固"阳光米易"农产品直销、电商、微店、农超对接新模式，运用"互联网+"，积极搭建电子商务平台，拓展电商销售渠道，基本形成了市场牵龙头、带基地、连农户、促产业的发展格局。

【种植业】 2017年，米易县各类蔬菜及食用菌种植面积9.03万亩，产量37万吨，其中早春蔬菜收获面积67440亩，增加2400亩，增长3.69%；外销27.82万吨，增加1.24万吨，增长4.67%；实现销售收入96553.57万元。全县水果种植面积19.88万亩，产量9.6万吨，其中芒果种植面积10.42万亩，产量3.63万吨；枇杷种植面积2.6万亩，产量8587吨；樱桃种植面积1.44万亩，产量3805吨；梨种植面积1.26万亩，产量14763吨；桃种植面积2.24万亩，产量9530吨；葡萄种植面积0.69万亩，产量9214吨。

【林业】 2017年，米易县抓好新一轮6.87平方千米退耕还林工程，继续巩固第一轮46.67平方千米退耕还林工程，兑现退耕还林资金1314.59万元。湿地保护方面已完成《米易县湿地保护总体规划》《米易梯田省级湿地公园总体规划》《芭蕉箐省级湿地公园总体规划》《米易县龙爪山森林湿地公园项目建议书》的编制工作。向市林业局争取200万元米易梯田湿地公园示范区建设资金，先行启动示范区建设0.2平方千米。实施退耕还林、天然林管护、现代林业产业和湿地保护等助农增收项目，投入助农增收资金2051万元，投入贫困村资金1047万元。米易梯田湿地公园申报为省级湿地公园。全县新造核桃林1.37平方千米，改造核桃低产低效林3.09平方千米。拓展林下产业，在草场乡仙山村、丙谷镇芭蕉箐村完成林下花卉示范种植面积0.47平方千米，米易县被授予"全省林业生态旅游示范县"称号。全年共发生森林火灾7起，均为一般森林火灾，过火总面积5.8公顷，受害森林面积0.79公顷；出动扑火人员368人次，出动扑火车辆119台次。森林防火"五率"均控制在任务数以下，当日扑灭率达100%，火灾扑救中未发生人员伤亡情况。全年安装松墨天牛诱捕器125台。对全县苗木、花卉生产基地进行产地检疫，检疫品种100种，检疫植物94.9697万株。全县林业有害生物防治面积5.2万亩，无公害防治面积4.1万亩，无公害防治率为100%。种苗产地检疫率100%，无公害防治率100%，测报准确率98%，成灾率为零。全年为全县社会经济发展征占用林地面积64.9883公顷，提供企业组织用地27宗，其中临时占用林地面积5.9852公顷、永久征占用林地面积44.3057公顷，用于森林防火通道等直接为林业生产服务设施建设14.6974公顷。发放林木采伐许可证239份、木材运输证107份，审批木材经营加工许可2件，核发植物检疫证书112份、产地检疫合格证16份、植物检疫登记证13份，办理驯养繁殖国家和省保护的有益的或有主要经济科学研究价值的野生动物审批4件，审核保护陆生野生动物及其产品经营许可审批30件，审批林木种子生产经营许可6件，办理森林防火区野外生产用火许可377件。全年森林公安出动警力1501人次、车辆558台次，查处林业行政案件164件。救助野生动物4只，林业行政罚款47万余元，依法为国家挽回经济损失约39万元。

【畜牧业】 2017年，米易县生猪存栏13.82万头（其中能繁母猪0.98万头），出栏16.23万头，生猪三元杂交改良面达80.5%；牛存栏4.27万头，出栏0.92万头；羊存栏14.53万只，肉羊出栏9.05万只；家禽存栏53.92万只，出栏51.96万只。实现畜牧业产值4.04亿元，占农业总产值的17.54%；畜牧业增加值2.06亿元，占农林牧渔业增加值的14.46%；农民牧业可支配收入占农民可支配收入的比重为10.58%。有畜禽标准化养殖场175个，建成种养循环示范片20个。全县修改完善了《米易县畜禽养殖禁养区限养区划分方案》，并通过米易县人民政府办公室下发（米府办〔2017〕74号），划定总面积66790.9公顷，其中禁养区面积36454.91公顷、限养区面积30335.99公顷。完成禁养区内28家（户）规模养殖场（户）关闭搬迁工作。实施肉牛标准化生产基地县建设项目、财政现代农业肉牛养殖等项目，深入开展草食牲畜标准化养殖示范，发展适度规模肉牛养殖户90户，建成肉牛标准化养殖场1个，建成肉牛标准化养殖小区6个。

【水产业】 2017年，米易县养殖水域面积达817公顷，其中池塘（包括山坪塘）342公顷、水库（含二滩库区）419公顷、溪河56公顷、稻田100亩（稻田养殖面积未计入养殖水域面积）。水产品产量达5850吨，减少54%；苗种生产20亿尾；实现渔业总产值1.15亿元，减少4.1%。

【统筹城乡与新型城镇化】 城乡规划。2017年，米易县坚持规划引领城乡建设，突出规划的龙头作用，加大城乡规划的编制和审查。全年召开规管会4次，审查规划（方案）21个。修编完善白马、丙谷等5个乡（镇）总体规划及控制性详细规划，完成龙潭风景区总体规划编制，启动麻陇、白坡、新山等5个乡（镇）总体规划及控制性详细规划。麻陇乡中心村传统村落保护规划通过住房城乡建设厅技术审查；完成南部新城、克朗新区、贤家新区等片区控规初稿，形成县城污水排水处理、县城水系治理、地下综合管网、海绵城市等9个专项规划初稿；完成县城及乡（镇）重要景观重点项目方案编制，包括一环路、大坪子康养度假区等方案20余个。

城市建设。全县完成迎宾大道人行天桥可研和方案编制，完成克朗D07地块滑坡治理工程、激情广场及育才路改造、迎宾大道滨河公厕改造等工程项目7个，加快推进米西路、规划八路等项目建设；扎实推进首批PPP建设项目。南部新城市政道路及生态湿地公园PPP项目已完成湿地公园和黑湾子大桥南桥方案编制，项目合同谈判双方已签署谈判备忘录；海棠蓝湾二期工程及山体公园、医疗中心建设项目有序推进，其中海棠蓝湾二期工程按进度建设施工，医疗中心项目完成建设，山体公园继续进行北段施工；确定了水街项目商住地块开发建设模式，温泉城项目方案完善工作有序推进，土地拍卖前技术经济指标初步确定，开展国有土地及附着物征收工作。米易县获得"国家园林城市"称号。

民生工程。争取国家开发银行4.7亿元贷款用于棚户区改造，其中已使用39167.4万元，使用率83.33%；推进铁建路片区等棚户区改造项目6个，改造1239户，其中实物安置400户、货币化安置839户；加

强公租房管理,完成"德福苑""海棠花语"212套公共租赁住房的装修和租赁分配,发放租赁补贴42户、8.85万元;推动农村居民住房保障,实施危房改造1050户,对2014—2015年912户已脱贫农户实行住房质量安全巩固提升。

村镇建设。继续推进3个省级试点镇、2个全国重点镇建设。完成丙谷、白马、普威集镇道路、绿化等市政设施建设。启动丙谷污水处理厂、白马鱼米阳光房地产、普威绿城水街项目,并通过住房城乡建设厅百镇试点第三方评估检查;争取将撒莲镇列入全市特色小镇建设行列中,特色小镇概念性方案和可行性研究报告已编制完成;启动葡萄农庄长廊、老街区域改造方案编制及省道214线连接桥施工图设计工作,确定了特色小镇近期实施项目库;完成现代建筑生土试点户建设;对贫困户土坯房进行全面摸排,推进"四好村"村庄规划编制。

【新村建设】 幸福美丽新村建设。2017年,米易县争取省、市幸福美丽新村(扶贫新村)建设专项资金1064万元,实施扶贫新村建设17个,配套完善贫困村产业基础设施和公共服务设施。强化政策扶持,推进产业转型升级。一是结合"四好村"建设,对全县87个村产业发展现状进行摸底调查,全面建立产业发展台账,逐村制订产业发展方案。二是对87个村的农民专合社逐一清理和规范,指导村"两委"牵头成立农民专合社,加快形成自有的管理体系和特色品牌。三是坚持村党支部牵头、新型经营主体带动、农户积极参与,探索推行"支部+公司+专合社+农户"产业发展模式。四是依托米易电子商务孵化中心,邀请农业龙头企业和专合社入驻,推进特色农产品线上销售;争取国家级和省级电子商务进农村综合示范县项目资金2500万元,健全农村电子商务服务站点,建成农村电子商务服务站(点)9个,开通"互联网"的村均有农户发展电子商务。强化环境整治,美化农村环境。结合"四好村"创建和环保专项整治活动,在农村扎实开展"七个好"创建活动。强化农村基层自治,推进农村良好风气的形成。结合"四好村"建设,在全县87个村组建成立了党务村务财务事务监督会、邻里互助会、红白理事会,积极引导农村群众自我教育、自我管理、自我服务、自我监督。

"四好村"创建。进一步深化"四好村"建设工作领导小组办公室组织"四个好"牵头单位,认真对2017年申报创建的62个县级"四好村"进行考评,通过考评初步确定2017年县级"四好村"对象52个,最终命名攀莲镇双沟村等46个村为县级"四好村",推荐申报市级"四好村"37个、省级"四好村"7个。整合"三大项目",加快农房新建和旧村改造,变"危房"为"良居"。对照"四好"建设标准,整合幸福美丽新村建设、农村危房改造、易地扶贫搬迁三大项目,加快推进贫困村农房建设和改造。一是实施幸福美丽新村建设。全年争取省、市幸福美丽新村建设专项资金1064万元,配套17个贫困村的产业基础设施和公共服务设施建设,已完成总工程量的90%以上。二是实施易地扶贫搬迁项目。全县已完成易地扶贫搬迁农房建设284户1183人。三是实施危房改造项目。开展农房摸底排查,建立农村危房台账,并邀请中介机构进行技术鉴定,分类制订解决方案,"一户一策"进行解决。完成D级危房新建475户、C级危房维修加固448户。

【农村扶贫和移民工作】 2017年,米易县争取到位资金6696.18万元。其中,扶贫资金3024.18万元(省级扶贫专项资金2604万元、市级扶贫专项资金420.18万元),移民资金3672万元(二滩库区地质滑坡治理资金1521万元、移民后期扶持直发直补资金380万元、移民后期扶持资金1771万元)。精准识别全县17个贫困村、4521名贫困人口脱贫退出的减贫任务,超额完成省级下达全县17个贫困村、4337名贫困人口的脱贫退出目标任务。坚持县乡党委、政府主要领导任组长的"双组长"责任制,调整充实各级脱贫攻坚机构,上下联动,形成合力。召开脱贫攻坚安排部署暨"四个好"建设工作大会6次,围绕22个专项扶贫、17个单项验收考核指标等召开各类专题会议40余次。责任落实到位。县委县政府与各乡(镇)、部门,乡(镇)与各行政村分别签订了目标责任书,制定"五个一"和"三个一"帮扶力量年度、季度"任务清单"和"责任清单"。帮扶部门在贫困村和非贫困村均设立1名工作督导员进一步完善帮扶工作管理考核体系,促进各帮扶力量规范有效开展工作。制订出台《米易县脱贫攻坚督查巡查工作方案》,成立以县人大主任、政协主席任组长,纪委书记、组织部长、检察院检察长任副组长的3个专项督查巡查领导小组和1个重点工作推进领导小组,累计开展督查巡查18次,出动督查巡查人员75人次,发现各类问题186个,制发整改通知80份,跟踪回访检查41次。制定出台《米易县脱贫攻坚工作年度考核办法》,对工作推进不力的7人进行谈话提醒并全县通报,对1名乡(镇)党委书记进行职务调整。聚焦目标任务,先后组织县、乡、村干部开展脱贫攻坚政策讲解、收入核算、住房建设等各类培训40余期。在省内主流媒体刊登经验文章60余篇,开设专栏宣传报道300余条,利用微信公众号推送脱贫攻坚信息80余条,编制印发《脱贫攻坚工作手册》《验收考核手册》《政策明白手册》各5000册。全县整合投入各级各类资金7.3亿元(其中部门整合资金4.82亿元、县级财政配套资金2.3亿元、群众自筹及其他资金0.18亿元),实施贫困户安全住房建设2671户,建设村道75.38千米、社道97.59千米;整治沟渠71.3千米,建设蓄水池139口、高效节水灌面8300亩、引水工程57.9千米,硬化二滩环湖路44.1千米;规范发展农民专合社17个,创建贫困村养羊示范基地2个、家庭农场15家,改造10千瓦线路175.62千米、低压线路274.8千米。马鞍山水库移民安置房已完成主体工程建设,进行户外装修;推进丙谷镇、新山乡拨款报账工作;配合做好库底清理,截流阶段、移民设计变更编制上报和下闸蓄水阶段性验收相关工作;完成南北干渠征地工作。实施桐子林电站公路塌岸工程项目建设,推进小得石移民安置点建设。

大中型水库移民避险解困项目。项目涉及白坡乡水路、南坝和姑表3个移民村,计划总投资13221.9万元,其中中央补助3288万元、省财政补助3288万元、县财政配套1000万元、乡(镇)自筹11.18万元、群众自筹和以劳折资5624.72万元;计划完成538户1644人移民搬迁安置(含外出购房),整治沟渠35千米,硬化村(社)道路16千米,新发展魔芋1848.4亩,新建芒果基地10126亩,改良芒果基地2641亩,新建核桃基地3361.5亩,改良核桃基地6951.2亩。项目建设已全面完工。

二滩库区滑坡塌岸治理项目。投入资金7000万元(其中移民后扶资金600万元、雅砻江公司投入资金5314万元、县财政资金1086万元),完成白坡乡水路村一社滑坡治理、9.5千米水毁路段恢复、5千米和11.2千米二滩环湖公路硬化项目,其中5千米和11.2千米二滩环湖公路硬化项目已完成县级验收。

【乡村旅游】 2017年,米易县接待游客424.06万人次,实现旅游总收入46.01亿元,分别增长9.2%和15.52%;完成固定资产投资申报4亿元,签约旅游重点项目3个,涉及投资76亿元。完成颛顼龙洞景区配套用房主体建设;米易梯田项目规划上报县规划管理委员会审查,施工图设计工作全面完成;完成旅游项目用地出让工作。米易太阳湖、观音温泉度假区签约投资协议,签约金额26亿元,其中四川艾丽格旅

游资源开发有限公司已完成太阳湖补充协议的草拟工作，观音温泉度假区按要求对原规划设计方案进行调整。完成新山云上梯田、普威绿野花乡、海塔世外桃源、芭蕉箐枇杷水乡等景区提升打造项目梳理、提升策划等工作。修订完善《米易县乡村酒店建设、民宿管理办法》，开展2个古村落打造工作；与大理等民宿发展较早地区相关企业沟通交流，邀请大理、丽江等地民宿企业到县考察投资。组织和参与市内外重大旅游宣传促销活动，先后到长江沿线、昆明、西昌等地宣传和推介米易县旅游资源。发放《米易之旅》《米易吃住行游购娱》宣传册15000余份。举办了米易县第八届灯会、傈僳族文化展演、郁金香花卉展、攀枝花欢乐阳光节闭幕式等活动。邀请第三届中国（四川）国际旅游投资大会项目考察团、环球国旅、四川万里行国旅、四川协合旅游资源开发公司等旅游企业到米易县进行旅游产品开发暨踩线考察，为下一步旅游产品开发和深入合作打下基础。依托省旅游协会、中国老年旅游联合体等营销平台，推介康养度假、乡村体验等个性化旅游产品；指导企业开展旅游产品网络销售功能，建立健全网络宣传和服务功能。举办了“灯会”、首届中国傈僳族文化旅游高峰论坛暨新山傈僳族约德节、米易县2017年“阳光之女”选拔大赛等系列活动，加大米易整体旅游形象宣传力度。通过网络宣传、媒体宣传、现场宣传、广告宣传等方式，抓好旅游市场宣传营销；深化与北京市西城区、成都市、青海省西宁市及周边市（县）的区域合作，不断拓展成都周边及北方城市群客源市场，打响“春赏花、夏避暑、秋品果、冬暖阳”旅游品牌。加强与市培训中心、市经贸旅游学校等旅游培训机构的联系，举办乡村旅游从业人员经营管理、餐饮服务培训班以及导游人才技能提升培训班。全年培训旅游从业人员620人次。开展日常检查10次、节前联合执法检查5次，查处发布“不合理低价游”信息案件1起。畅通12301旅游投诉渠道，受理旅游服务热线咨询服务40余起，受理投诉4起，旅游投诉处理率达100%

“智慧旅游”建设。推动智慧旅游平台项目建设，“米易智慧旅游”公众微信号上线，城区内布置55个“智慧米易”无线WIFI，日均联线人数超过3000人；在米易游客接待中心和合美壹家酒店投放米易智慧旅游触摸屏交互终端，增强人机互动体验。

旅游品牌创建。启动旅游强县、中国品牌节庆示范基地、特色乡（镇）、精品村寨、精品特色业态经营点、特色业态经营点、创客示范基地等创建工作。推荐评定四星级乡村酒店、农家乐4家（长林康养休闲中心、家之源康养中心、梅花园农家乐、新山华妍傈香苑）、三星级乡村酒店1家（新山海娃子康养农庄）。开展星级乡村酒店复核评定。完成全县四星级及以下23家星级乡村酒店（农家乐）星级复核评定公作。

【农村水利】 2017年，米易县完成固定资产投资29487万元，完成水利投资24705万元，其中争取到省级以上无偿资金13720万元。马鞍山水库工程已完成工程投资45774.4万元，占概算总投资的93.9%，大坝主体工程和溢洪洞工程已基本完工。麻晃引水工程累计完成投资12120万元，占计划投资的80%，共到位资金13807.375万元，到位率90%，其中援建资金到位10576.075万元、地方配套资金到位3231.3万元。工程总量累计完成约84.5%。

河长制工作。结合全县河流情况，将流域面积在50平方千米以上的14条河流纳入河长制；建立县、乡（镇、街道）、村三级河长制组织体系，县、乡（镇）级党委、政府主要领导担任辖区内第一总河长、总河长，分别兼任一条河流的河（段）长；在河流的显著位置安装了河（段）长公示牌，绘制完成了动态水系图。编制完成《米易县全面落实河长制工作方案》，印发了《信息报送制度》《会议制度》等。

高效节水灌溉工程。完成2015年省级小农水重点县建设结余资金项目建设总投资199.27万元，其中财政资金184.04万元、群众投劳折资15.23万元。完成米易县2016年省级小农水重点县绩效奖补专项资金总投资411.71万元，其中省级财政资金400万元、群众投劳折资11.71万元。完成2017年中央和省级水利发展资金项目高效节水项目建设，总投资1813.86万元，其中中央财政资金补助800万元、省级财政资金补助700万元、县级财政资金配套200万元、群众以物折资27.96万元、群众投劳折资85.9万元。编制和上报2018年中央和省级水利发展资金两个建设项目（高效节水）方案的市级部门审批工作，待省级部门审批。《米易县2018年中央水利发展资金高效节水灌溉项目实施方案》确定的项目总投资1101.52万元，其中中央财政资金补助800万元、县级财政资金补助200万元、群众集资57.51万元；《米易县2018年省级水利发展资金高效节水灌溉项目实施方案》确定的项目总投资1186.43万元，其中省级财政资金补助800万元、县级财政补助200万元、群众集资134.8万元。

农村饮水安全工程。2017年脱贫攻坚饮水安全项目在普威、麻陇、白坡等10个乡（镇）17个贫困村实施，计划解决8458人（其中贫困人口2631人）安全饮水问题，计划总投资443.83万元；项目于8月底完工，完成管道安装850千米，完成总投资404.53万元，竣工决算资料已完善。

小型农田水利工程。一是2016年维修养护项目完成总投资212.3万元，其中中央财政资金149.82万元、省级财政资金50万元、群众折劳投资12.37万元、其他资金0.11万元；项目完成维修养护水库6座、小塘坝（山坪塘）3座、小渠道25.4千米，改善灌面0.66万亩，恢复水方7600立方米。白马镇、撒莲镇农业综合开发项目水利措施涉及白马镇威龙村、撒莲镇摩挲村等2个镇5个村，已完成沟渠整治16千米，建成200立方米蓄水池16口，完成投资404万元。

【农业机械化】 2017年，米易县农机总动力达21.52万千瓦，其中拖拉机2185台、34288.1千瓦，耕整机7264台（套）、39525.6千瓦，排灌动力机械985台、11135.3千瓦；农业机械原值达24175.54万元，农业机械净值达19697万元。新建得石镇草坝村太阳能提灌站1座，维修机电提灌站7座；新建便民机耕道13千米，硬化便民机耕道28千米。

【农村科技】 2017年，米易县农村科技工作被中共四川省委农村工作领导小组表彰为“四川省‘十二五’以来农业科技创新先进集体”。国家、省级科技富民强县专项行动计划项目“早春蔬菜标准化生产技术集成示范与推广”通过双验收。引进蔬菜优良品种155个，筛选出15个在生产上推广应用；集成和示范推广稻菜轮作、集约化育苗、水肥一体化、病虫害综合防控、规范的田间管理、采后商品化处理技术6项；建立示范区5万亩，技术累计辐射面积达10万余亩。分别建立“菜—畜—沼”和秸秆还田生态循环技术应用示范点各1个。形成一套适合米易气候特点的“早春蔬菜标准化生产技术”规范，编印技术手册4套；培训菜农10185人次，发放技术资料2.5万余册，培养乡土人才100人；带动发展蔬菜面积5700余亩，实施项目区菜农年人均增收1409元。

科技扶贫。举办为期7天的科技扶贫专项农村实用技术集中脱产培训。培训全县25个贫困村的果树种植技术能人、村农技员及2016年未参加培训的贫困村“第一书记”共100人，投入扶贫专项资金

10万元;聘请攀枝花市农林科学研究院芒果、核桃、花椒、食用菌等领域专家、科技特派员到贫困村开展技术培训,免费发放芒果及病虫害图鉴书籍、核桃种植技术图册、花椒栽培技术手册等实用技术资料共3000余册,培训村民代表2800余人;派驻25名特派员进村581次,发放资料5168册;培训115次,培训3445人次。

产学研合作。先后与中国科学院、中国热带农业科学院、四川农业大学、成都中医药大学、四川农科院、攀枝花农林科学院、西昌学院等科研院所开展深度合作,重点在农业生态环境保护、生态农业、特色种养和作物病虫草害绿色防控等现代农业领域进行深度交流合作。组织实施大棚瓜菜蜜蜂授粉、特色蔬菜新品种新技术引种、果园种草养畜生态化管理项目,梨树蜜蜂授粉技术得到全面推广。

【农村教育】 2017年,米易县投入学校建设资金2.1亿元,完成湾丘热水小学、白马镇中心学校、第二小学等建设工程项目;启动民族中学、第四中小学校、城南幼儿园等新建工程项目。投入1200余万元,为学校购置设备设施;投入124万元,建设县第一小学、第一初级中学、米易中学的录播教室。"全面薄改"项目总建筑面积100152平方米,开工面积88052平方米,开工率达88%;竣工面积822652平方米,竣工率达82.5%,通过省督导小组检查。新建校舍4万余平方米、学校运动场3个,改善第二小学和白马镇中心学校学生食堂条件。

加强教育扶贫。全县为义务教育家庭经济困难寄宿学生25889人次发放"三补"资金1177.393万元;完成普通高中家庭经济困难学生资助5990人次,发放资助金404.6万元;为14154名在园幼儿减免保教费424.62万元;为471名建档立卡贫困家庭学生发放生活补助等资金55.22万元,为820名建档立卡贫困家庭学生发放教育扶贫救助基金99.25万元;发放普通高校生源地信用助学贷款989人、712.7万元;发放省属、市属高校毕业生艰苦边远地区基层单位就业学费奖补资金52.8万元;支付21809名义务教育学生、932名村小学生营养改善计划专项资金1511万元。劝返2017年精准扶贫辍学学生92人,确保建档立卡贫困户适龄子女不因贫困辍学。

以公办民助模式做强乡(镇)中心幼儿园。加大学前教育经费投入,实施米易县学前三年行动计划,先后投入4500余万元新建11所乡(镇)中心幼儿园。创新办园模式,公开招标确定了2个具有相关资质的教育公司经营两个集团(春华、秋实学前教育集团),政府鼓励其积极投入资金对幼儿园进行园舍装修、教学设备设施购买、环创等,乡(镇)中心幼儿园建成后充分利用各种资源,极大地改善了办园条件。

【农村文化】 2017年,米易县招募文化志愿者87人,组建20人以上的农村业余文艺演出队87支,利用春节、"五一"、"十一"等节假日开展节庆活动。全县12个社区、87个行政村、23所学校的公益电影放映工作稳步推进,全年共放映公益电影1280场。

贫困村文化建设。完成2017年退出的17个贫困村的文化建设任务,并通过省、市、县考核验收。为17个贫困村新建了综合文化服务中心和幸福美丽新村文化院坝,组建了业余文艺演出队。其中,傈僳族乡新山村傈僳族原生态舞蹈《傈僳情韵》被列入市委宣传部重点扶持项目。截至2017年9月,《傈僳情韵》演出达20场次,吸引游客10万人次以上。

文物保护工作。启动省级文保单位田坝清真寺修缮工作;积极向上争取划归省级文保单位"五七"干校旧址产权,策划开发利用方案;向白马镇划拨建设资金50万元,启动市级文保单位何家大院维修工作。开展文物安全大排查,重点对各文保单位汛期安全及消防安全进行拉网式检查;与13个文保单位所在乡(镇)签订了《文物安全保护责任书》。

广播电视基础设施建设。在白坡彝族乡姑表村投资30余万元,建成地面数字电视发射基站1座,解决了该村群众收看本地电视节目难的问题。实施广播电视脱贫攻坚工程,免费向未通电视信号的贫困群众发放"户户通"卫星电视地面接收设施1000套,解决了其看电视难的问题。投资60余万元,在白马镇高隆村、攀莲镇贤家村进行农村广播"社社响"试点建设。

【农村卫生】 2017年,米易县完善了25个贫困村卫生室设备配置,购置了办公用品和医疗设备371台(件),投入资金30.86万元。同时,为25个贫困村卫生室配备了31名具备合格资质的村医。推行家庭医生签约服务,全县家庭医生签约人数达13.19万人,签约覆盖率达57.7%。其中,重点人群签约89699人,贫困人口签约12269人,残疾人签约3050人,计划生育特殊家庭签约255人。基本公共卫生服务稳步推进,全县城乡居民健康档案电子建档率达96%。开展地质灾害和突发公共卫生事件等应急演练,重点抓好全县传染病网络直报质量管理及学校传染病防控,全县无疫情和突发公共卫生事件发生;免费治疗艾滋病、结核病等重大传染病和地方病病人371人;免费实施70岁及以上老年人健康体检9666人;实施35~64岁城乡妇女"两癌(乳腺癌、宫颈癌)免费筛查"项目,共检查5941人。

【农村法制建设】 2017年,米易县开展以"法律七进"为载体的法治宣传工作,组建了由16名普法志愿者组成的普法志愿服务队并健全人民调解分级负责制。全县有人民调解委员会167个、专(兼)职调解人员3797人。全县共排查调解各类矛盾纠纷1468件,调解成功1442件,调解成功率98%。全面开通县、乡(镇)社区矫正信息管理平台,对社区服刑人员实行GPS手机监控,并将所有在册社区服刑人员信息录入全国社区矫正信息管理系统。建立刑满释放人员无缝衔接机制,实行乡(镇)、村(居)、组、家属"四帮一"的工作格局,签订帮教责任书,落实帮教措施,做到"一对象一方案一档案",确保了刑满释放人员无漏管失控。全面完成司法行政平台建设,完成10个乡(镇)司法所规范化建设。在全县10个贫困村设立法律服务联络点,所在乡(镇)建立了法律服务工作站,各村配备法律顾问。县法律援助中心面向农村广泛开展法律援助工作,为生活贫困、缺乏支付能力的农民,特别是老、弱、病、残的农民和妇女、儿童提供免费法律服务。全县律师、基层法律服务工作者共担任法律顾问29家,办理诉讼代理278件,化解矛盾纠纷365件,参与信访接待1次,为当事人挽回经济损失326余万元,代写法律文书384份,解答法律咨询1926人次,办理法律援助案件167件,办理其他法律援助事项2341件(法律咨询),提供法律援助服务2675人次。公证处办理国内公证134件,未发生错证、假证现象。充实了硬件设施,规范了标识标牌、规章制度和工作流程,对部分司法所工作人员进行了调整和充实。

【农村交通】 2017年,米易县完成道路建设148.5千米,其中村道58.8千米;完成农村公路安保工程24.7千米。德盐路3个续建项目全部完工;环湖路28千米硬化工程已完成施工招标公示;克挂路、小白路33千米改善提升工程完成招标工作;盐米路大修工程已全面完成;新建县、乡道路路侧护栏22.09千米建设项目,已全面完成,并通过省、市验收考核;坊田大桥建设工程已完成立项工作;海事工作趸船建造已投入使用;159座桥梁的定期检测工作已全面完成;完成对17个2017年退出贫困村通村硬化路的维修改造。提高行政村通车率,于8月开行

了白马镇棕树湾彝族村农村客运。截至2017年年底，全县87个行政村已开通客车76个，行政村通车率达87.36%。

公路养护管理全面加强。积极开展公路养护巡查及辖区内的农村公路日常养护工作；持续推进桥梁检测工作，每月对辖区内的县、乡道桥梁进行一次常规性检查，加强对桥梁的病害整治及防治工作；组织对重点线路的桥梁、挡墙、护坡、塌方、危岩危石、安全防护等进行隐患排查，采取有效措施及时消除安全隐患；实施水毁恢复工作，完成2016年水毁工程的后续工作，积极组织汛期道路保通保畅应急抢险，对德盐路、白楠路、盐米路进行水毁损失调查及安全隐患排查，及时实施2017年水毁恢复工程。全年共出动应急抢险131次，抢通道路84次，全年累计疏通涵洞37道，疏通边沟78.8千米，清理坍方68510立方米，维修路面310平方米，整修路肩边坡2000平方米，维修道班房2个。

【涉农招商引资】 2017年，米易县3000万元以上的农业招商引资重大项目6个，均为内资项目，增长50%；项目累计完成投资2.85亿元，增长23.9%。协议资金226000万元，增长89.55%；到位资金40500万元，增长74.56%，完成年度任务的3.38%。

【农村社会保障】 2017年，米易县城乡居民基本养老保险参保人数97456人，完成目标任务的103.13%；参保缴费人数52674人，完成目标任务的114.5%。新型农村合作医疗参合人数175023人，参合率99.76%，完成了参合率99%以上的目标任务。出台《米易县整合城乡居民医疗保险工作的实施方案》，完成了新农合机构与人员的整体划转工作。持续推进社会保险扩面征缴，组织征地拆迁失地农民参加养老保险缴费626人，征收养老保险金6954.49万元；全县13363名建档立卡贫困人员已完成新农合参合，参合率达100%，符合参保条件的9262人已全部参加城乡居民社会养老保险。

【农村生态建设及环境保护】 2017年，米易县以"3·15"、安全生产月、应急知识宣传周等各种宣传活动为载体开展《环保法》《大气污染防治法》等新法的宣传活动。在"6·5"世界环境日，开展了以"绿水青山就是金山银山"为主题的宣传活动，共发放《农村环保手册》《污染防治手册》等各类宣传环保资料20000余份，环保袋、环保围裙20000余个（条）。全面落实中央"土十条"环保措施，以土壤安全利用和土壤风险管控为主线，加强土壤污染防治工作，促进土地资源的可持续利用。加强农村面源污染治理，建立"组集中、村收集、乡运转、县处理"的垃圾处理模式，农村人居环境不断改善；推进畜禽养殖总量减排，发展种养循环、稻菜轮作农业，推行"养殖—沼气—蔬果"循环生产模式；控制化肥、农药施用量，推广绿色防控、测土配方施肥等技术，无公害、绿色等生态农业不断壮大。加强农村饮用水源地保护工作，完成全县6个农村集中式饮用水水源地和1个千人以上饮用水水源地的调查更新，开展6个乡（镇）集中式饮用水水源地水质监测。加强水源地保护区的现场监管，要求乡（镇）按饮用水源地保护要求，规范设置各类标识标牌和隔离设施。启动新山乡、普威镇、撒莲镇水源地划定和调整技术报告编制工作。

【农产品质量安全监管】 2017年，米易县出台《米易县农产品质量安全监管实施意见》《关于成立米易县农产品质量安全工作领导小组的通知》，形成了齐抓共管、层层抓落实的局面。加强农资经营监管，共检查农资销售集（场）镇128次，出动执法人员216人次、执法车辆72台次，检查种子、农药、肥料、兽药和饲料等农资经营户4559户次，抽样送检农（兽）药、饲料、种子287个。深入生产基地、批发市场抽样检测农产品259人次，抽检样品4494份，抽检合格率达99.96%；对猪、牛、羊适度规模养殖场（户）开展盐酸克伦特罗、莱克多巴胺、沙丁胺醇等抽样检测，对生猪屠宰场开展"瘦肉精"抽样检测，检测结果均为阴性。对11家获得无公害农产品认证的农业企业和农民专业合作社实施生产管理、质量安全控制、标志使用等方面的监督检查；进一步完善农产品质量安全追溯平台，吸纳7家企业建立质量安全过程追溯、25家企业建立质量安全主体追溯。

【农村市场体系建设】 2017年，米易县国家级电子商务进农村综合示范县项目启动1个物流中心、3个分拨中心、58个村级服务站建设，电商公共服务中心建设工作有序推进，服务中心改建后可入驻企业（个体户）50家。阳光米易生态信息化网站、智慧米易商城相关页面开始运行，开展"国家级电子商务进农村综合示范县项目"县级专题培训会、贫困村干部培训。全年实现农产品电子商务交易额11000万元，增长22%。成立米易县兴民农业融资担保有限公司，开展农户小额贷款担保业务281笔，在保额度1405万元。依托米易县特色农产品基地，积极申报国家农业综合开发土地托管项目，建成米易县黄草农产品冷链、分拣配送中心；开展农超对接，与沃尔玛、伊藤洋华堂、红旗连锁等建立长期合作关系；积极发展"农产品直销"，已与成都市6个省直机关食堂建立合作关系。全省首家农民专业合作社会计服务中心建成投用，为56家农业企业和农民专业合作社提供服务，受到省供销社肯定并在全省推广。米易县山井市粮农业专业合作社联合社、华文斌枇杷专合社联合社组建完成并投入运行，2017年度脱贫的17个贫困村专合社的创办或规范任务全部完成。

【农村留守儿童帮扶】 2017年，米易县出台《关于印发米易县农村留守儿童关爱保护工作联席会议制度》的通知，进一步细化统筹协调全县农村留守儿童关爱保护工作，研究拟订农村留守儿童关爱保护工作政策措施和年度工作计划，明确各部门（单位）、各乡（镇）工作职责；加强政策衔接和工作对接，完善关爱服务体系，健全救助保护机制，督促、检查农村留守儿童关爱保护工作的贯彻落实。成立以民政局党组书记、局长任组长，局党组成员、纪检组长、社会事务股、救灾救助股负责人为成员的米易县农村留守儿童关爱保护保障工作领导小组，下设办公室负责日常工作。将任务分工细化到各股室，做到层层压实责任，责任落实到人头，确保农村留守儿童关爱保护保障工作有人抓有人管。建立健全由县人大法工委、县法院、县检察院等27个部门组成的米易县农村留守儿童关爱保护工作联席会议制度。明确县政府分管民政工作的领导担任联席会议召集人，县民政局主要负责人担任副召集人，各成员单位有关负责人为联席会议成员。根据工作需要，联席会议定期或不定期地邀请其他相关部门和乡（镇）参加。

"合力监护、相伴成长"专项行动有序推进。县民政局下发文件落实专项行动工作。各乡（镇）利用村民委员会换届选举，在召开的村、组干部会议上对留守儿童监护、关爱落实责任明确任务；乡（镇）、村级的老年人协会、村级儿童福利指导员主动参与"合力监护、相伴成长"专项行动，确保本乡（镇）、村、组的留守儿童基本信息数据真实。全县有不满16周岁农村户籍未成年人34928人，其中0～16岁的农村留守儿童有94人。将符合儿童福利保障政策的3名农村留守儿童纳入保障对象，及时发放基本生活费和帮扶补助资金。引导米易县乐阳社会工作者协会、米易县攀莲镇河西社区爱心物资援助中心等社会组织与农村留守儿童开展"一对一"帮扶，组建"一家人""庆六一"亲情活动；在湾丘彝族乡开设农村留守儿童"童伴之家"，为留守儿重提供关爱。全力做好留守儿重和困境儿重信息管理系统录入，已录入留守儿童和

困境儿童信息44条(其中留守儿童8人、困境儿童36人)。

加强基层人员力量配备。全县12个乡(镇)社会事务办配有专门的儿童福利督导员,指导乡(镇)儿童福利保障工作;12个城市社区和87个农村社区都设有村(居)儿童福利指导员;部分村(居)委会结合换届选举对儿童福利指导员进行调整充实。实现县、乡、村(居)三级层层有人负责儿童福利工作,确保工作无缝对接。

探索留守儿童关爱社会购买服务工作。全县在地方分成福利彩票公益金中安排10万元,向攀莲镇河西社区爱心物资援助中心购买服务,由爱心物资援助中心为留守儿童和困境儿童提供多种形式的爱心亲情服务。

【劳务开发与返乡创业】 2017年,米易县有农村劳动力10万余人,其中外出务工和创业人员3.5万余人。制定出台《米易县支持农民工和农民企业家返乡创业实施意见》,建立就业创业工作联席会议制度,由县农劳办统筹推进农民工和农民企业家返乡创业工作。县委县政府主要领导亲自部署,县人社部门牵头,发改、科知、经信、农牧、林业、商粮等部门和各乡(镇)政府协同配合。在白马镇黄草村建立返乡创业示范基地,通过返乡创业带动全村100户贫困户脱贫。重点依托各类园区,整合闲置土地、办公楼等资源,建立米易县农民工和农民企业家返乡创业园。组织3人参加四川省返乡创业培训。开发农业农村资源支持返乡创业。培育一批新型农业经营主体,发展特色产业,促进创业创新。全县共培育种养殖专业大户2211户,带动就业3754人;培育家庭农场111家,带动就业1860人;培育专合社268个,带动就业8914人;培育龙头企业13家,带动就业1780人。加强社会化服务组织建设,共培育农机专业服务队、果品销售服务队等社会化服务组织23个。加强新型职业农民培训,出台《米易县农村实用人才培训方案》。引导龙头企业、农民合作社、家庭农场、专业大户采取订单、股份合作、利润返还、"租金+干股"等形式,与农民建立紧密的利益联合机制。全县农户参股专合社、龙头企业累计达1246家。

【主要领导人】 县委书记:王飚;县人大常委会主任:董明远;县长:许军峰;县政协主席:王万华;分管农业副县长:熊玉兰。

米易县编写组

盐边县

【基本情况】 2017年,盐边县辖4镇12乡164个村826个村民小组7个居民委员会,辖区面积3269.45平方千米,其中耕地面积41.83万亩。年末总人口20.88万人(户籍人口),其中农业人口18.11万人,占总人口的86.7%。森林覆盖率62.96%。

2017年,全县GDP139.77亿元,增长7.2%,其中第一产业增加值10.55亿元,增长4.3%;第二产业增加值99.51亿元,增长7.3%;第三产业增加值29.7亿元,增长7.7%。

社会消费品零售总额18.56亿元,增长11.4%。一般公共预算收入完成5.15亿元,增长5.46%。农业产业化龙头企业省级、市级分别为7个、26个。

【年度农业和农村经济运行】 2017年,盐边县实现农业总产值20.72亿元,增长7.68%;农业增加值10.55亿元,增长4.33%。特色水果、现代畜牧、特色蚕桑、设施蔬菜、现代林业等五大主导产业持续健康发展。农民年人均可支配收入达14223元,增长9.2%。农产品质量安全抽检合格率达100%,乡(镇)农产品质量安全服务站挂牌覆盖率达100%。全面取消二滩库区网箱养鱼,水产品产量减少60%。

2017年盐边县主要农产品产量

主要农产品	单位	产量	同比(%)
粮食	万吨	6.94	0.49
水果	万吨	5.91	5.76
蔬菜	万吨	13.68	4.85
肉类	万吨	1.78	2.25
水产品	万吨	0.4	-60
蚕桑	吨	19801	4.57
茶叶	吨	83	1.22

农业产业化发展。全县发展农业公司98家,其中省级农业龙头企业7家、市级农业龙头企业28家;家庭农场110家,其中省级家庭农场8家;农民专业合作社463家,其中国家级专合社4家、省级专合社16家。截至2017年年底,全县已规模发展蚕桑基地10万亩、蔬菜基地5.96万亩、芒果基地23.8万亩、优质烤烟2.72万亩、茶叶基地1.08万亩。

农村土地承包经营权确权登记。经过实测,摸清了盐边县集体所有的耕地总面积实际情况,现阶段全县集体所有的耕地总面积为65.2万亩。该次确权完成调查登记地块总数74.81万块,其中家庭承包地地块数52.23万块,占总土地地块的69.8%;自留地地块数3.32万块,占总地块数的4.3%;机动地地块数1.69万块,占总地块总数的4.3%;开荒地地块数17.57万块,占总地块数的23.56%。本着以二轮土地承包为基础、据实确权登记的原则,该次确权登记农户39826户,共有权人143434人;因故暂缓确权登记农户1859户。省验收组对全县农村土地确权颁证登记工作进行了验收,评定结果为优秀。

农村集体经济组织规范发展。全面启动农村集体经济组织规范发展工作,每个乡(镇)选取1~2个行政村作为集体经济发展示范村,完善集体经济组织治理结构,建立资产管理和收益分配制度,35个贫困村实现全覆盖。启动集体资产股份制改革试点工作,完成9个村的试点任务;着力扶持壮大村集体经济组织,出台了《关于培育发展壮大村级集体经济若干政策措施的意见》,从项目、用地、税收等方面提出支持激励措施。积极引导土地流转发展适度规模经营,积极探索新型农业社会化服务试点,着力构建新型农业经营体系,加快农村金融创新服务。

农产品品牌战略实施。全县共取得农业"三品一标"产品认证24个,其中绿色食品13个、无公害农产品5个、无公害畜产品1个、有机食品1个、农产品地理标志4个。全省无公害农产品产地认证面积达163185亩。

【全省现代畜牧业重点县建设】 2017年,盐边县现代畜牧业重点县建设项目计划总投资996.918万元,其中省级财政补助300万元、项目户自筹696.918万元。在格萨拉乡、温泉乡等发展肉羊标准化养殖示范户66户,共建设标准化圈舍(包括产房)3960平方米,配套饲料(草)房660平方米,配套消毒室330平方米,配套粪污处理池330立方米;在国胜乡、惠民乡等发展肉牛标准化养殖示范户6户,共建设标准化圈舍780平方米,配套饲料(草)房60平方米,配套消毒室30平方米,配套干粪堆积场60平方米,配套粪污处理池60立方米。盐边县2017年肉羊标准化生产基地县建设项目计划总投资430万元,其中省级财政补助200万元、项目户自筹230万元;发展肉羊标准化养殖大户20户,共建设标准化圈舍(包括公羊舍、母羊舍、产羔舍、育肥舍及隔离舍

等)6000平方米,建设运动场3000平方米,建设沼气池(或化粪池)200立方米、干粪堆积场200平方米、消毒室100平方米、诊疗室100平方米、饲料(草)储存及加工房800平方米,引进购置优质种公羊40只。盐边县2017年畜牧标准化规模养殖场(小区)建设项目计划总投资130.7万元,其中中央财政补助45万元、项目户自筹85.7万元,改(扩)建标准化圈舍1500平方米,建设沼气池(或化粪池)120立方米、干粪堆积场130平方米,建设消毒室、兽医室、饲料房、草料房等配套设施350平方米,蓄水池100立方米,道路改造2千米。全县建设畜禽良种扩繁场3个,其中2个已取得省级扩繁场资格,引进了西门塔尔牛、安格斯牛等优良肉牛品种及建昌黑山羊、简阳大耳羊、川中黑山羊、杜泊羊等优良肉羊品种,通过人工授精或本交进行杂交改良、良种扩繁,养殖小区基本实现自繁自养和品种良种化。畜禽良种推广面猪、牛、羊、家禽分别达91.8%、65.8%、95%、91.2%,良种化率显著提高。完成畜牧兽医实用技术培训25000人次,带动贫困户110余户。

重大动物疫情防治。全县按照《盐边县防制重大动物疫病应急预案》《盐边县防制高致病性禽流感应急预案》《盐边县防制口蹄疫应急预案》要求,加强重大动物疫病防控组织管理体系建设,促进重大动物疫病防控工作的开展和落实。全年共免疫猪口蹄疫、猪瘟、猪蓝耳病33.5万头,免疫密度100%;牛口蹄疫5.4万头,免疫密度100%;羊口蹄疫54.9万只,免疫密度100%;禽流感159.7万羽,免疫密度100%;鸡新城疫153.9万羽,免疫密度100%。动物防疫密度达100%。6—7月为预防人畜共患禽流感高峰期,全县设立卡点10个,对禽类交易市场实行"1110"制度,昼夜严防,有效防范了禽流感在盐边县发生。全县免疫质量达70%以上,全年无重大动物疫情发生。

【"康养+农业"】 2017年,盐边县利用全县独特的自然生态资源和气候条件,纵深推进一三产业融合,大力发展休闲农业与农庄建设。全年主要建设5个"康养+农业"庄园,分别为沃尔森芒果农庄(已营业)、巧克力农庄(已营业)、老慢农庄、番茄农庄、和爱有机蔬菜体验园。

【农业机械化】 2017年,盐边县完成农机购置补贴资金47.858万元,补贴机具287台。争取省级项目资金250万元,在桐子林镇金河村、益民乡长坪村、国胜乡小坪村、渔门镇三岔口村和惠民乡三元村新建太阳能提灌站5座。开展全县农机安全生产大检查和农机打假专项治理行动,共检查农机经营单位21个次,整顿农机市场5次。做好年度检验工作,全年共检审拖拉机498台,办理农机保险498台,办理拖拉机报废32台,新注册登记56台。全县机械化水平达46%。全县全年无重大农机安全事故发生。

【农村能源建设】 2017年,盐边县实施全县首个集中供气建设项目,投入资金65万元,其中财政投资52万元、农户自筹13万元;在新九乡建设集中供气工程1个,新建集中供气站1个,供气户100户。

【农村科技】 2017年,盐边县完成测土配方施肥推广面积23600万平方米,新建高标准农田建设790万平方米(投入资金1900万元)。完成病虫害绿色防控22333万平方米。大力实施良种工程,加强良种的推广应用力度。全年共计推广应用水稻、玉米、马铃薯等主要农作物优良品种55个以上,全县主要农作物良种覆盖率达92%以上。加强种子(种苗)质量监管工作,种子质量抽检合格率达98%。积极聘请上级专家并充分利用专业技术力量,加大对特色种养殖业、农村能源、农业机械和测土配方施肥等实用技术培训力度,2017年完成农业实用技术培训20000余人次、新型职业农民培训28人。

【绿色发展工作】 2017年,盐边县围绕建设绿色精品农业和绿色农产品基地,着力在提升品质上下功夫,全面推广农业标准化建设。截至2017年年底,全县已制定农业种养殖技术标准23个,打造标准示范园28个。紧紧围绕绿色农业发展,扎实开展畜禽养殖粪污综合治理,科学划定禁养区和限养区,关停禁养区内25家养殖场(户),强力推行化肥和农药减量计划,加大秸秆综合利用和耕地污染治理,制定出台"三品一标"认证奖励政策。

【重大植物疫情防治】 2017年,盐边县认真贯彻"预防为主,综合防治"及"绿色植保、公共植保"的植保工作方针,重点抓好粮食和蔬菜、果树病虫防控和植物检疫工作。全县全年病虫害共发生29753万平方米次,防治38000万平方米次,挽回损失1382万千克;病虫害绿色防治面积22333万平方米次,机防面积14333.3万平方米次,其中专业化统防统治面积5666.6万平方米次。全县全年无重大植物疫情发生。

【创新营销模式】 2017年,盐边县依托国家级芒果质量安全示范区,在沃尔森芒果农庄开展芒果树认养可追溯营销体系建设试点,已完成销售认领芒果树360余株。认养人可通过网络全程查看了解所认养树木的生长及管理情况,果实用快递或送货上门等方式送至认养人手中。创新了农产品销售模式,拓宽了农产品营销理念。

【农业执法】 2017年,盐边县深入开展以农资为重点的执法打假工作,着力加强农资市场监管,严厉打击假冒、伪劣农资经营行为。对16个乡(镇)经营户开展监督检查,出动执法检查人员160次,检查(种子、农药、肥料、兽药和饲料)经营户700余户次。办结农药行政处罚案件1件,处罚没款0.6776万元。行政协调农业投入品使用纠纷数十起。抽样送检农药20个样品、兽药5个样品、农产品(蔬菜)12个样品,送至攀西无公害农产品监测中心检测,其中1个农药样品为假农药产品,已处罚完毕。行政调解农业投入品使用纠纷数十起,有效维护了农业生产安全和农民利益。

【"一事一议"项目】 2017年,盐边县利用"一事一议"、农业综合开发等项目资金2021万元,其中财政奖补资金1271.15万元,其他筹资筹劳、社会捐助等资金749.85万元,共计实施项目69个。项目涉及16个乡(镇)57个行政村,建设机耕便民道85.93千米,硬化道路52.64千米。

【主要领导人】 县委书记:王岩辞;县人大常委会主任:任平;县长:谭兴忠;县政协主席:肖方敏;分管农业副县长:朱林光。

盐边县编写组

泸 州 市

【基本情况】 2017年,泸州市辖12乡110镇22个街道,辖区面积12232平方千米,其中耕地面积618万亩,比上年增长0.266%,人均耕地面积1.21亩;基本农田486.6万亩。年末总人口509.58万人(户籍人口),增长0.26%;人口出生率10.08‰,增加0.85个千分点;人口自然

增长率4.26‰,增加0.29个千分点。全市耕地有效灌面达到耕地总面积的95.2%;本地水资源总量60.59亿立方米,人均占有水资源量3986立方米。有林业用地55.56万公顷,有林地面积53.5万公顷,活立木总蓄积量3037万立方米,森林覆盖率50.4%。

2017年,全市GDP1596.21亿元,增长9.1%,其中第一产业增加值183.19亿元,增长3.9%,农、林、牧、渔及农林牧渔服务业之比为60:4.7:29.9:3.8:1.6;第二产业增加值850.56亿元,增长10%(工业产值1650亿元,增长17%);第三产业增加值562.46亿元,增长9.5%。三次产业对经济增长的贡献率分别为5%、59.7%和35.3%。劳务输出162.98人,收入276.391亿元。全年接待游客4934.9万人,实现旅游收入441.88亿元,其中乡村旅游收入150亿元。

公路通车里程13799千米(其中乡村公路12461千米),密度1.13米/平方千米,27.08千米/万人。社会消费品零售总额722.07亿元,增长13.3%。地方公共财政预算总收入完成146.04亿元,增长7.2%;公共财政预算总支出368.71亿元,增长9.5%,其中农业投入56.67万元,占支出的15.36%。金融机构各项存款余额2479.29亿元,比上年初增长13.6%;各项贷款余额1451.54亿元,比年初增长13.23%,其中支持农业产业化发展项目贷款198.66亿元(全市银行机构涉农贷款650.66亿元,比年初增长13.06%)。全年农业保费收入1.77亿元,减少2.54%;处理各项赔款和给付金额9978.6万元,增长25.7%。完成农业产业化项目54个,完成投资56.9亿元。农业产业化龙头企业国家级、省级、市级、县级分别为1个、31个、230个、102个。

有各类学校1904所,在校学生928934人,教职工53696人,其中普通高校6所,在校本(专)科学生49019人,增长4.86%;普通中学190所,在校学生201245人;小学940所,在校学生380825人;学龄儿童入学率100%。完成省级以上科技成果110项,11项科技成果获省级及以上科技进步奖。有艺术表演团体138个,文化馆7个,公共图书馆7个,博物馆11个。有卫生机构4628个,病床位29256张,卫生技术人员25462人。城乡居民基本医疗保险农村户籍人员参保363.96万人,参保率稳定在98%以上;城乡居民基本养老保险参保人数163.11万人,参保率94.65%;被征地农民养老保险参保人数6.24万人,占总人数的100%。

【年度农业和农村经济运行】 2017年,泸州市实现农业总产值305.2亿元,增长3.81%;农业增加值186.24亿元,增长3.96%;粮食、生猪、茶叶、真龙柚、荔枝、伏季水果、高山蔬菜等特色优势农产品产量保持稳定增长。农民年人均可支配收入13670元,增长9.8%。全市农产品质量抽检合格率比年初提高1个百分点;建成137个农技推广服务中心。

2017年泸州市主要农产品产量

主要农产品	单位	产量	同比(%)
粮食	万吨	206.13	0.3
水稻	万吨	122.7	1.2
小麦	万吨	2.5	-70.4
玉米	万吨	28.16	5.2
马铃薯	万吨	23.1	21.9
油菜籽	万吨	5.85	37
蔬菜	万吨	256	4.8
水果	万吨	21.99	6.8
肉类	万吨	32.52	-3.1
猪肉	万吨	24.09	-4.2
牛肉	万吨	0.96	1.4
羊肉	万吨	0.79	2
禽肉	万吨	5.28	-1.3
兔肉	万吨	1.37	2.4
禽蛋	万吨	4.28	-1
水产品	万吨	8.3	5.6
牛奶	万吨	0.15	-9.1

农业产业化发展。全市新增农业产业化市级重点龙头企业25家,市级以上重点龙头企业230家,其中国家级1家、省级30家。全市龙头企业帮扶贫困村实现全覆盖。古蔺县大寨苗家农业科技有限公司在全省农业产业化龙头企业带动脱贫攻坚推进大会暨产业扶贫专题培训班交流带动脱贫攻坚经验;古蔺县大寨苗家农业科技有限公司、合江县天平真龙柚种植有限公司、泸州纳溪竹韵贸易有限公司、四川巨星企业集团有限公司4家企业被表彰为"四川省2017年带动脱贫攻坚明星农业产业化龙头企业"。

农用地产权制度改革。全市流转土地面积101.54万亩,土地流转率达33.34%。农村土地承包经营权确权登记工作基本完成,江阳区是全省第2个通过省上确权登记数据汇交质检,并成为农业部首批通过质检初查合格的5个县(区)之一。全市土地承包经营权颁证率达90%以上,农村集体土地所有权、农村房屋所有权、小型水利工程、集体林权确权登记全面完成。各县(区)逐步建立农村产权交易平台,全年累计完成交易额近6亿元。积极探索农村宅基地制度改革试点,已初步探索出乡村文化旅游、新农村综合体建设、易地扶贫、新社区建设、生态搬迁5条改革路径,农村住房抵押贷款改革试点、综合改革试验区试点等工作稳步推进。

农产品品牌战略实施。推行"公共品牌+企业商标"的双品牌发展模式,积极打造"江之阳""合江荔枝""赤水河甜橙"等区域品牌和农产品品牌。"江之阳"成为全省2017年重点培育的10个区域公用品牌之一,纳溪区瀚源有机茶、泸县刘氏泡菜、龙马潭区罗沙贡米、龙马潭区九狮柚、叙永县赤水河牌柑橘、古蔺赶黄草入选首批国家生态原产地产品保护目录,地理标志农产品"纳溪特早茶"列入首批中欧地理标志产品互认互保"100+100"中方地理标志产品公示清单;泸州桂圆、"江之阳"蔬菜直销港澳,合江真龙柚、赤水河牌甜橙出口加拿大。全市已获得"三品一标"认证产品219个,"三品一标"产地认证460.9万亩,纳溪区成为全国首个省级有机产品认证示范区。

现代农业园区建设。全市重点打造了江阳区董允坝、龙马潭区走马慈竹、纳溪区智慧三江、泸县潮河龙眼、合江长江村、叙永现代柑橘产业园、古蔺现代柑橘产业园、中国柑橘博览园等产业融合示范园区15个,其中4个园区被列入全国农村创业创新园区(基地),3个园区申报省级现代农业融合示范园区,3个园区获得"四川省现代农业示范园区"称号;泸州市江南现代农业产业园被列入四川省5个省级现代农业产业园之一,获得项目支持资金2000万元。

【种植业】 2017年,泸州市粮食作物播种面积542.5万亩,产量206.13万吨,增加0.54万吨;优质稻面积稳定在180万亩以上;酿酒高粱种植面积62.46万亩;油菜播栽面积44.2万亩,增加10.43万亩,增长30.9%;油菜籽产量5.85万吨,增加1.58万吨。建设水稻和高粱绿色

高产高效创建示范片30个、面积30万亩。优质蔬菜种植面积120万亩,增长13.4%。水果种植面积181万亩,增长0.4%;名优水果种植面积稳定在105万亩以上。茶叶种植面积达42万亩,增长1.7%。中药材种植面积达21.5万亩,实现产值达6.1亿元。特色蔬菜、优质柑橘、特早茶产业发展均处于四川省领先行列。

【林业】 2017年,泸州市完成营造林40.83万亩,实施森林管护373.73万亩,巩固退耕还林成果61.47万亩,实施新一轮退耕还林造林1万亩。采伐林木14.5万立方米,占全年下达采伐限额的23%。查处各类林业案件295件,打击违法犯罪315人次,挽回经济损失220余万元。全民义务植树1075.4万株,参加人数218.28万人次。新增森林面积5.62公顷、森林蓄积27.62万立方米,全市森林覆盖率达50.4%。实现林业社会总产值213亿元,农民人均从林业获得收入2184.6元。全年森林火灾损失率为零、林业有害生物成灾率为零。

【畜牧业】 2017年,泸州市出栏生猪390万头,增长4%;出栏肉牛8.6万头,增长6.2%;肉类总产量32.52万吨,减少3.1%。新建畜禽标准化规模养殖场62个,以生猪为主的主要畜禽适度规模养殖比例达74%,增长1.5%。创建部级畜禽养殖标准化示范场1家、省级畜禽养殖标准化示范场5家。

【水产业】 2017年,泸州市成鱼起水8.29万吨,增长5.6%;投放鱼种量1.1万吨,增长4.8%。引进先进水产养殖技术,建成流水养殖槽8个,年产成鱼16万千克以上。成功创建农业部健康养殖示范场1个。完成渔船"三证合一"工作,渔业船舶的年度检验率达100%。开展为期6个月的"亮剑2017"渔政专项执法行动,渔政部门开展执法检查215次,查处非法捕捞行为35起,行政处罚6人。全年无渔业安全生产事故和水产品质量安全事故发生。

【统筹城乡与新型城镇化】 2017年,泸州市按照"山水绿色、宜居宜业、区域中心、中国酒城"的定位推进城市发展,中心城区面积达153.88平方千米,总人口151.62万人。泸县撤县设泸川区和合江县、古蔺县撤县并市工作有序推进,泸县被列为省宜居县城行动计划县,古蔺县被列为全国县城基础设施投融资体制改革试点县,纳溪区大渡口镇、合江县九支镇被列入全国建制镇示范试点镇。泸州国家级新型城镇化综合试点通过国家第三方阶段性总结评估。大渡口镇、白节镇、江门镇创建为第一批省级特色小镇,龙马潭区双加镇大冲头村被评为"全国美丽乡村示范村",古蔺县双沙镇白马村被评为"四川省十大幸福美丽新村"。全年新建成幸福美丽新村250个,覆盖农户21.22万户、84.91万人;成功打造龙马潭区双加镇"十里渔湾"景区、金龙镇特色精品果园等新村示范片。创建省级"四好村"75个、市级"四好村"180个。

【农村扶贫和移民工作】 2017年,泸州市实现合江县"摘帽"、149个贫困村退出、82989名贫困人口脱贫。成立独立运行的脱贫攻坚指挥部,举办了四川省乌蒙山片区现场推进会、乌蒙片区脱贫攻坚农房建设质量安全现场会、省水利脱贫攻坚和支持幸福美丽新村建设工作会以及全省产业扶贫、医疗扶贫、四项扶贫基金工作现场推进会;健康扶贫、援藏援彝、文化扶贫、科技扶贫、教育扶贫、"插花"扶贫、外资项目建设等工作在全国全省会议上作经验交流。出台了《扎实抓好精准到户工作的意见》《关于加强贫困县农村住房安全保障的指导意见》,全年易地扶贫搬迁20008户、77474人;实施农村危房改造18650户。县(区)医疗救助基金均达500万元,全年免费体检178万人,县域内住院救助84716人。对全市7.9万名建档立卡贫困家庭学生进行资助,累计完成农村薄弱学校校舍改造81.6万平方米。贫困村产业扶持基金提高到50万元/村,开发公益性岗位8286个,安置贫困人口7886人,启动社会扶贫项目91个,精准锁定后期扶持移民20008人。

【乡村旅游】 2017年,泸州市乡村旅游接待游客达2000万人次,实现乡村旅游总收入150亿元。大力实施乡村旅游助力脱贫攻坚行动,划拨市级旅游扶贫专项资金295万元,创建省级旅游扶贫示范区1个、示范村9个、民宿达标户86户。打造了龙马潭区空港农业观光旅游示范园区、江阳区董允坝现代农业庄园、纳溪区大旺现代农业(林业)示范园区、合江县大桥梦幻水乡特色产业园区等乡村旅游示范项目建设。"寨水一方"农旅小镇、黄荆乡旅游开发项目在第三届中国(四川)国际旅游投资大会签约,合同金额达25亿元。全年共创建省级乡村旅游特色乡镇2个、精品村寨3个、省级乡村旅游特色业态14个、省级乡村旅游精品特色业态1个,纳溪区创建为"全省农民新产业新业态助农增收示范区"。

【农村水利】 2017年,泸州市将最严格水资源管理"三条红线"纳入法制化轨道,出台了《泸州市"十三五"最严格水资源管理"三条红线"考核工作方案》《泸州市"十三五"水资源消耗总量和强度双控行动工作方案》《泸州市十三五节水型社会建设规划》《泸州市节约用水管理办法》《泸州市地表水功能区划》,严格执行取水许可管理制度,全面推进节水型社会建设,严格控制用水总量红线、用水效率红线、水功能区限制纳污红线。全年水利项目完成投资19亿元。创建为全国首批41个水生态文明城市之一。泸县三星桥完成投资3700万元,古蔺县石梁子水库完成投资1.1亿元。水利扶贫专项工作解决了2.3877万名建档立卡贫困人口饮水困难问题,新增有效灌面1.18万亩,发展高效节水灌面3.47万亩,综合治理中小河流5.223千米。完成水土流失综合治理164平方千米,达省上下达目标任务的100%。创新PE管灌为主的高效节水灌溉模式、农业水价综合改革、水土保持清洁小流域建设、水利脱贫攻坚和支持幸福美丽新村建设等方面取得的成功经验在全省推广。

【农业机械化】 2017年,泸州市农机总动力达227万千瓦,增长8%,平均每百亩耕地拥有农机动力42千瓦;农业机械原值达15.74亿元,增长11.1%;主要农作物耕种收机械化水平达56.3%。全年农机化总投入2.16亿元,减少3.1%;农机化经营总收入16.16亿元,增长4.5%;农机化经营总利润1.9亿元,增长8.6%。有提灌站1040座,提水保灌面积111.11万亩。有农机化作业服务组织76个,从业人员3344人;农机化作业服务专业户4983户,乡村农机从业人员达14.9万人;农机维修点181个,农机经销企业和经销点166个。全年未发生农机较大以上事故。

【农村科技】 2017年,泸州市实施江阳区、泸县、合江县、纳溪区4个省级新农村示范片农业科技园区建设,建成核心区6542亩、示范区11.67万亩,辐射区16.51万亩,引进、示范推广新品种7个、新技术10项、新模式2种,开发新产品2个,培训农民达3.36万人次,年产值达17018万元,利润达3256万元。选派科技特派员236人,建立科技特派员创业示范基地3个,开展各类培训600余场次,参培农民达2.3万人次,发放技术资料4.95万份,引进新品种51种,推广新技术43项,建立利益共同体14个、立专合组织23个。实施科技开发项目22项,项目总投资2375万元,实现利润近863万元。选派"三区"科技人才38人到贫困地区开展科技扶贫工作,建立示范基地25个、示范面积16850亩,服务各类科技组织、科技型企业28个。实施省级科技扶贫

项目12项、科技扶贫服务平台建设项目4项。建立科技扶贫产业示范基地12个,示范面积8610亩,示范推广新品种6个、新技术10个,开发新产品4个,开展各类技术培训79场次,培训贫困群众5100余人次,直接带动建档立卡贫困户2005户,辐射带动项目区群众8436户。

【农村教育】 2017年,泸州市共计投入4.1538亿元,改善中小学、幼儿园143所,建设农村教师周转宿舍1110套。免除义务教育阶段58.42万名学生的学杂费、书本费和作业本费;补助家庭经济困难寄宿学生6.2万名;减免4.73万名民族待遇县在园幼儿保教费、1.3万名非民族地区贫困家庭在园幼儿的保教费;发放普通高中家庭经济困难学生国家助学金2.65万名,免除家庭经济困难高中学生学费2.52万名;发放中职学校一、二年级家庭经济困难学生生活补助1.56万名,为0.29万名普通高等学校家庭经济困难学生发放助学金。资助2016年及以后新入学建档立卡贫困家庭本(专)科学生1569名,资助建档立卡贫困家庭中职学生2347名。为国家和省级地方试点地区的叙永县、古蔺县、合江县29.9万名农村义务教育学生提供营养膳食补助。对所有建档立卡贫困家庭中职学生在发放中职助学金的基础上再给予1000元/年的资助。

【农村文化】 2017年,泸州市专题在合江县开展农村文化培训,培训农村文化专干1500余名。龙马潭区长安镇长安村,纳溪区大渡口镇太和村,泸县福集镇清华村,合江县参宝镇龙顶山村,叙永县两河镇太平山村、天池镇甲寨子村,古蔺县马蹄镇马岭村、箭竹苗族乡富强村、大寨苗族乡富民村9个村被评为"2017年全省文化扶贫示范村"。泸县成功获取四川省第一批现代公共文化服务体系示范县创建资格。"醉美泸州·百姓舞台"被文化部正式立项为全国文化信息资源共享工程2018年度"百姓大舞台"品牌项目。入围四川省第二届农民艺术节的音乐类、戏剧类、舞蹈类、曲艺类作品共80个,占入围总量的7.5%,高于全省市(州)平均水平(3.8%)的一倍。打造农民运动会、蔬菜马拉松、山地骑行马拉松等农村品牌体育活动。全年组织文会汇演520场次,惠及群众156000余人次。新建贫困村文化室149个,安装完成建档立卡贫困户广播电视45271户;全市有标准篮球场的行政村达80个,建设贫困村阅报栏200个,农家书屋出版物补充更新1346个,免费放映农村和社区公益电影16152场次,资助业务训练贫困学生运动员70人。

【农村卫生】 2017年,泸州市投入资金4亿元,启动实施中心乡(镇)卫生院建设23个、中心村卫生室建设232个。投资3150万元,实施覆盖市、县、乡、村的远程医疗系统建设,乡(镇)卫生院已具备远程会诊、远程影像诊断、远程心电诊断能力,村卫生室已具备远程健康管理和远程会诊能力。全年已完成全民体检178.13万人,免费健康体检建档立卡贫困人口33万人,为体检对象建档率100%。实行"2+1"精准管理,列入重点管理857448人,列入精准管理6.87万人,免收贫困人口一般诊疗费38.771万人次,免收贫困人口院内会诊费2.474万人次,集中救治建档立卡农村贫困人员食管癌、胃癌、结肠癌、直肠癌共1275人次,终末期肾病共1838人次,白血病和先天性心脏病共1450人次。组织开展"5+3"住院医师规范化培养16人、"3+2"助理全科规范化培养6人、农村订单定向医学本科生免费培养9人、贫困地区定向医学专科生引进36人。

【农村法制建设】 2017年,泸州市深入推进农村法制建设,开展"法律服务进千村"、法律人士"以案释法"、小纠纷"随手调"、"坝坝讲法"、"一村(社区)一法律顾问"等活动。实施乡村普法"六个一",累计开展法治文艺演出162场次,发放普法读物67万余册、便民法律服务卡7万余张,办理法律援助案件937件。开展农民工专项讨薪活动,受理21名农民工讨薪申请,涉案金额达200余万元。新建驻东莞法律援助工作站,累计建成驻贵阳、昆明、中山、东莞、北京、金华省外工作站6个。

【农村交通】 2017年,泸州市新(改)建农村公路2148.4千米,占年计划1800千米的119.4%,其中县、乡道改造237.4千米,占年计划200千米的118.7%,村道改造1911千米,占年计划1600千米的119.4%。江阳区、龙马潭区241个建制村通公交,纳溪区、泸县98个中心村村通公交,合江县、叙永县、古蔺县131个中心村村通客运。全市农村客运车辆1536辆、农村客运班线545条,全市143个乡(镇)、1343个建制村客车通达率分别达100%、92.19%。

【农村社会保障】 2017年,泸州市养老金实现13年连涨,实现精准扶贫对象县级以下看病就医个人"零支付"。成功接入全国异地联网即时结算平台,实现异地就医即时结算。成功推出"智慧泸州人社""智慧泸州社保"和"智慧泸州医保"平台,实现参保缴费网上办理,全市通办。创新开展全国全民参保登记试点工作,全面按期完成试点工作各项任务,相关工作经验获省评估小组高度肯定。新增失地农民参保6.24万人,征收养老保险基金72.87亿元,全年失地农民养老保险工作在全国经验交流。全市城乡居民基本医疗保险农村户籍人员参保363.96万人,参保率稳定在98%以上。

【农村社会生态建设及环境保护】 2017年,泸州市持续实施新一轮"绿化泸州"行动,组织开展造林增绿、绿色家园、水系绿化等八大绿化工程。建立保护森林资源责任体系,将森林面积、森林蓄积和森林覆盖率"三增长"列为保护发展森林资源总体目标,市、县、乡(镇)层层签订任期目标责任书。抓好重点林业有害生物防控和松材线虫防控体系建设,顺利通过省政府林业重大有害生物检查和H7N9禽流感专项督查。建立了部门联席会议制度,出台《关于禁止露天焚烧农作物秸秆、落叶、垃圾等废弃物的通告》《泸州市秸秆综合利用工作推进方案》《泸州市农作物秸秆(含杂草、生活垃圾等废弃物)禁烧和综合利用工作方案》,逐级传导压力,层层落实责任。积极探索秸秆收集、处置及综合利用工作,在全市900余辆公交车上滚动播放禁烧宣传短片。土壤环境安全形势总体平稳可控,未发生有涉土壤环境安全事故。河长制工作扎实推进,建立了《泸州市河湖名录库》,建立市、县、乡三级河长体系,设立河长746名;设立村、组级河段长4698名,实现所有河湖全覆盖。建设17处中小河流水文监测站,完成系统安装调试投用。扎实推进重点小流域水污染防治,以沱江、濑溪河及其支流为重点,编制实施《泸州市沱江水体达标方案》《沱江泸州段一河一策管理保护方案》《泸县濑溪河水体达标方案》等,加快推进畜禽养殖污染防治、流域综合治理等重点工程项目建设,完成项目54个,完成投资21.98亿元。建成投运6.5万吨/日的乡(镇)(含二级场镇)污水处理厂90个。完成95个乡(镇)111个集中式饮用水水源地水质监测工作,达标水源地86个,水质达标率77.5%。

【农产品质量安全监管】 2017年,泸州市农产品检测平均合格率99.6%,省级专项监测抽检样品390个,未发现农药残留超标,农产品质量安全省级例行抽检21个市(州)排名第一,成为全省3个国家级追溯平台建设城市之一,成功创建四川省农产品质量安全监管示范市。畜禽产地、屠宰检疫率达100%;日常"瘦肉精"检测13万头份,检测合格率100%;兽药规范化管理率100%,各环节饲料质量安全监测抽检合格率100%;无害化处理病(害)死生猪2861头。全年未发生农产品

质量安全事故。

【农村市场体系建设】 2017年，泸州市累计建成镇、村级电子商务网点1276个，其中镇级144个、村级1132个，村级网点覆盖率达84.2%。光纤村级覆盖率100%。古蔺县被评为“2017年省级电子商务脱贫奔康示范县”，泸县、叙永县被评为“2017四川县域电子商务十佳县”，泸州老窖电子商务股份有限公司、四川中爱网络科技有限公司、泸州江阳供销电子商务有限公司被评为“2017—2018年度四川省电子商务示范企业”。截至2017年年底，全市已建成农批市场6个、农贸市场180余个，农批市场和农贸市场交易额全年分别实现10.3亿元和80.05亿元。

【农村留守家庭(儿童)帮扶】 2017年，泸州市投入项目资金、慰问资金80余万元，新(改)建“儿童之家”140个。招募爱心家庭80户，走访慰问特殊儿童500余名，编印《中小学生安全口袋读本》《传世家风润泽长》200余万册，开展“关爱身体 预防性侵害”校园女童防性侵害主题系列活动，拍摄了全省首部反家暴法宣传微电影《不再沉默》，承办了全省反家暴《以案说法》现场会。成立了泸州市维护妇女儿童权益基地，设立了反家暴联络中心，在全市开通“12338妇女儿童维权热线”8条。纳溪区妇联代小雨起诉其父母抚养纠纷案获评“第二届四川省维护妇女儿童权益十大优秀案例”。培训母亲课堂骨干讲师、家庭教育骨干、巾帼志愿者骨干等各级幸福使者500余人，开展“幸福使者·父母大课堂”宣讲500余场。

【名优特新农产品】 合江荔枝。具有熟期晚、口感好、质地细腻、甜中带酸等特点，宜鲜食，主要名品有“带绿”“楠木叶”“陀缇”“绛沙南”等，通常于7月底8月上旬成熟，其中“带绿”为合江荔枝上品，母树生长在合江县园艺场榕山分厂，因缝合线明显、深阔、凹沟显且环绕果实，黄绿色似腰带而得名。合江县为“中国晚熟荔枝之乡”；合江荔枝为国家地理标志农产品，获得“2017全国十佳果品地标品牌”称号，为“首届中国果业品牌大会”公用区域品牌50强。

合江真龙柚。被列入《2017年度全国名特优新农产品名录》，是农业部“十三五”期间第一批南亚热带作物主导品种。

泸州桂圆。被列入《2017年度全国名特优新农产品名录》，是中华人民共和国农产品地理标志保护产品，泸州桂圆地理标志品牌获得中国果品流通协会“首届中国果业品牌大会”公用区域品牌50强。

泸州九狮柚。被列入《2017年度全国名特优新农产品名录》，被质检总局评定为“生态原产地产品保护产品”。

【劳务开发与返乡创业先进典型选介】 2017年，泸州市农村劳动力转移输出162.98万人，其中男性90.84万人、女性72.14万人；省外输出89.53万人；实现劳务总收入276.391亿元。新城镇新增农村劳动力转移就业5.8万人，藏区“9+3”毕业生就业率100%。全市返乡创业总人数1.4952万人，增加0.0873万人；共创办企业9495家，新增849家；实现总产值113.9014亿元，增加6.4718亿元；全市返创企业吸纳就业总人数7.2202万人，增加1.5877万人。

罗志刚，男，汉族，大专学历，1974年10月生于江阳区。1999年毕业于成都纺织高等专科学校产品设计与营销专业，同年就职于泸州恒昌装饰广告有限公司。2001年4月，创建泸州西部咨询策划广告有限公司。2004年，供职于西藏影视报社，担任编辑、记者。2012年3月返乡创业，成立了泸州市酒旗风文化传播有限公司，任法人。2015年2月，成立了四川一拍即合影视文化传播有限公司，任法人。2015年12月被江阳区认定为区级众创空间，2016年被泸州市认定为市级众创空间，并被推荐为省级众创空间的认定。一拍即合众创空间带动了近60人就业创业，营业额达1000余万元。2017年10月，被推荐评选“泸州市双创十佳人物”和“双创十佳单位”，罗志刚被聘为泸州市交通局政风行风监督员。

【农村大事记】 2月7日—10日，国家卫生和计划生育委员会基层卫生司副司长高光明到泸州市调研全民预防保健工作。

2月15日，四川省农业厅厅长祝春秀调研合江县现代农业示范园区。

2月16日，国家农业部副部长张桃林、四川省农业厅厅长祝春秀到泸州市调研现代农业发展。

3月18日—19日，四川省委副书记、省长尹力到叙永县调研推进卫生扶贫和全民预防保健工作开展情况。

4月21日，泸州市发展和改革委员会获得省委省政府脱贫攻坚“五个一”驻村帮扶先进集体表彰通报。

4月28日，以“绿色江阳·品牌生活”为主题的四川(泸州)第二届江之阳蔬菜品赏会在江阳区董允坝现代农业示范区开幕，农业部、省级有关部门领导及有关市领导出席开幕式。

5月6日—7日，四川省以工代赈办公室主任胡玉清到泸州市调研易地扶贫搬迁工作。

5月8日—10日，四川省发展和改革委员会副巡视员姚万顺到泸州市调研易地扶贫搬迁工作。

7月12日—15日，国家发展和改革委员会地区司副巡视员杨檠、军委政治工作部群众工作局副师职干事刘彬到泸州市开展扶贫工作成效考核。

7月19日—20日，四川省商务厅副厅长杨春轩到泸州市调研泸州农村电商和市场体系建设工作。

9月25日，江门古寨易地扶贫搬迁集中安置点参加“砥砺奋进的五年”大型成就展。

9月26日，四川省科技厅副厅长陈学华到泸州调研科技创新平台工作。

10月26日，泸州市获得“四川省2017年度农田水利基本建设绩效考核前3名通报表彰。

11月7日，四川省发展和改革委员会副主任邓长金到泸州市调研发展示范园创建工作。

11月28日，四川省科技厅机关党委书记吴成到泸州调研科技扶贫工作。

12月19日—22日，南充市副市长李在伟等一行工作组到泸州市开展易地扶贫搬迁交叉检查考核。

【主要领导人】 市委书记：蒋辅义；市人大常委会主任：曹建国；市长：刘强；市政协主席：田亚东；分管农业副市长：熊启权。

泸州市编写组

江 阳 区

【基本情况】 2017年，江阳区辖8镇10个街道，辖区面积649平方千米，其中耕地面积45.5万亩，比上年减少0.36%，人均耕地面积0.67亩；基本农田31.36万亩。年末总人口67.77万人(户籍人口)，增长0.5%；人口出生率11.27‰，增加1个千分点；人口自然增长率0.504‰，增加0.37个千分点。全区耕地有效灌面和保证灌面分别达到耕地总面积的36.46%和80%；本地水资源总量3.03亿立方米。有

林业用地7408万公顷,有林地面积7408万公顷,活立木总蓄积量41.86万立方米,森林覆盖率38.75%。

2017年,全区GDP467.83亿元,增长10%,其中第一产业增加值21.29亿元,增长3.5%,农、林、牧、渔及农林牧渔服务业之比为100:0.9:25.5:4.8:4.1;第二产业增加值254.71亿元,增长10.1%;第三产业增加值191.83亿元,增长10.6%。三次产业对经济增长的贡献率分别为1.6%、57.5%和40.9%。

公路通车里程992.278千米(其中乡村公路776.86千米),密度1197米/平方千米。地方公共财政预算总收入完成22.01亿元,增长14%;公共财政预算总支出38.56亿元,增长4.3%,其中农业投入23188万元,占支出的6%。金融机构各项存款余额829.41亿元,比上年初增长13.69%;各项贷款余额594.05亿元,比年初增长11.74%,其中支持农业产业化发展项目贷款2250万元。全年农业保费收入471.7万元,减少67.8%;处理各项赔款和给付金额402.87万元,增长27.6%。完成农业产业化项目35个,完成投资19000万元。农业产业化龙头企业国家级、省级、市级、区级分别为1个、3个、23个、16个。

有各类学校69所,在校学生99084人,教职工4331人,其中普通中学1所,在校学生2154人;小学22所,在校学生47359人;学龄儿童入学率100%。有艺术表演团体7个,文化馆1个,文管所1个。有卫生机构490个,病床位9445张,卫生技术人员9153人。新型农村合作医疗参合人数324538人,参合率98.1%;新型农村社会养老保险参保人数134604人,参保率86.02%;被征地农民养老保险参保人数19793人,占总人数的12.64%。

【年度农业和农村经济运行】 2017年,江阳区实现农业总产值24.02亿元,增加1.57亿元,增长6.54%,占农林牧渔业总产值的68.49%。农民年人均可支配收入达16686元,增长9.3%。在粮食、生猪、蔬菜生产中,科技投入的占比或科技贡献率56%。全区农产品质量抽检合格率比年初提高0.6个百分点;建成15个基层农业综合服务站。全年引导返乡农民工自主创业274人,带动就业957人。

2017年江阳区主要农产品产量

主要农产品	单位	产量	同比(%)
粮食	万吨	21.2576	0.1
水稻	万吨	14.0908	0.2
小麦	万吨	0.1773	-69.4
玉米	万吨	2.2217	0.6
马铃薯	万吨	1.1943	1.7
油菜籽	万吨	0.4598	6.5
蔬菜	万吨	65.67	0.705
水果	万吨	7.3	5.64
肉类	万吨	2.525	-0.77
猪肉	万吨	2.0577	-0.22
牛肉	万吨	0.0139	-2.11
羊肉	万吨	0.0553	0
禽肉	万吨	0.4066	-3.6
兔肉	万吨	0.039	0
禽蛋	万吨	0.1932	-1.13
水产品	万吨	1.1766	26.9
牛奶	万吨	0.083	-15.74

农业产业化发展。江阳区董允坝现代农业示范区项目建设稳步推进,中绿集团"寨水一方"农旅小镇项目、粮食产业园项目(总投资7000万元、高新区江南科技产业园内)、董允坝食用菌产业基地开工建设,加快推进8350亩高效节水灌溉、6000亩水稻产业基地建设。农产品检验检测中心建成投用,加大对新型农业经营主体和适度规模经营发展的扶持,有专业合作社283个、家庭农场129个,其中国家级农民专合社5个、省级农民专合社13个、市级农民专合社34个,形成"专合社+基地+农户""专合社+家庭农村+农户""超市+专合社+农户""龙头企业+专合社+基地+农户""龙头企业+基地+农户"等模式,订单覆盖面达70%,订单粮销售量达60%,专合社示范带动农户面达35%,龙头企业带动农户面达65%。鼓励各类经营主体与农户建立利益联结体,累计带动农户2.86万户,实现户均增收1650元。全区89个行政村全部成立村集体经济经营管理公司,每个村匹配启动经费2万元。扎实开展扶持村集体经济发展试点,在省级财政奖补1000万元扶持10个试点村的基础上,区财政再奖补500万元扶持10个试点村,支持发展壮大集体经济。

农用地产权制度改革。全区推进农村产权制度改革"多权同确",建成土地流转交易信息平台,推动农村承包土地经营权流转达9.7万亩,农民土地流转收入达5390万元。完成农村土地承包经营权确权制证1.1万份,数据库通过农业部汇交。

农产品品牌战略实施。全区建立农产品检验检测中心和覆盖全区的农产品质量安全追溯体系。"江之阳"创建为"四川省优秀农产品区域公共品牌",打造盛康宝、方山牌等知名农产品品牌16个;完成"三品一标"认证70个,其中无公害产品26个、绿色食品7个、有机食品34个、地理标志3个,形成"长江大地菜、绿色江之阳"无公害农产品体系。

【种植业】 2017年,江阳区粮食作物播种面积46.7万亩,与上年基本持平;产量21.2576万吨,增长0.09%。小春粮食作物播种面积6.93万亩,减少2.02%;产量1.15万吨,减少8.69%。大春粮食作物播种面积39.8万亩,增长0.42%;产量20.11万吨,增长0.6%。油菜、花生、芝麻种植面积4.16万亩,增长5.53%;产量0.56万吨,增长7.14%,其中油菜种植面积3.72万亩,增长5.91%;产量0.46万吨,增长6.52%。蔬菜种植面积23.7万亩,增长3.81%;产量65.67万吨,增长0.705%;实现总产值11.3亿元,增长0.89%。水果种植面积14.89万亩,增长0.07%;投产面积13.55万亩,增长0.22%;产量7.3万吨,增长5.64%;实现产值3.9亿元,增长5.41%。其中,龙眼种植面积6.01万亩,增长0.33%。

【林业】 2017年,江阳区实现林业总产值19亿元,其中旅游休闲服务产业产值10.5亿元,农民人均从林业获得收入1660元。全区有8个镇和7个涉林街道设立了林业工作站,有工作人员15人。全年实施国有林管护面积6200亩;集体公益林生态补偿7.08万亩,兑现生态补偿资金104.68万元;巩固退耕还林成果2万亩,完善退耕还林政策补助219.93万元,2015年退耕还林专项建设后续产业项目通过省级核查验收;完成成片造林0.0345万亩,全民义务植树52.2万株。完成古树名木普查工作。全面实施林木种子生产经营许可证"双证合一"。成功申报四川省首届森林康养人家2家,全面完成国有林场改革。因"泸州市2017年第16批城市建设用地"等26个项目建设共征(占)用林地94.24公顷。全年查处林业行政案件3起,收缴野生动物14只,罚款1100元;处置非正常来源鸟类22只并放归大自然。未发生行政复议和诉讼。全年共出警332人次,出动车辆175台次,共受理接处警84

起,办理林业刑事案件1起。全年未发生森林火灾。全区种苗产地检疫面积为11076亩,检疫苗木、活立木、花卉等省内67批次、377561株,省外70批次、747312株,产地检疫率100%;调运检疫省内外111849吨(立方米、件、把、株),主要是蓝田竹木批发市场和分水岭木材批发市场,均未发现违规调运事件、检疫性有害生物及其疑似对象;共计签发《植物产地检疫合格证》137份、《植物检疫证书》4998份。

【畜牧业】 2017年,江阳区生猪出栏27.5364万头,减少5.14%;家禽出栏262.8296万只,减少4.85%;肉羊出栏3.6315万只,增长0.26%;肉兔出栏25.9655万只,增长3.97%。实现畜牧业产值8.295562亿元。争取市级财政资产收益扶贫项目资金30万元用于丹林镇文罗村温氏扶贫猪场的打造;成功创建市级畜禽标准化示范场2家,引进并开始建设泸州万康畜禽屠宰厂。全面开展精准扶贫帮扶,做到每个镇(街道)有畜牧专家对口联系、每个村(社)有兽医技术人员指导。全年出动养殖技术人员约500余人次,免费发放禽苗3350羽,发放畜禽养殖资料2000余份。大力开展畜禽养殖场环保整治,督促3家养殖场按要求完成了整改、搬迁或关闭;针对自查发现问题需要整改的42家和位于禁养区内需要关闭搬迁的20家养殖场,按照"一场一策"的要求完成整改、搬迁或关闭;开展畜禽养殖污染治理指导服务工作。

全区共投入动物疫病防控经费130.89万元,主要用于疫苗采购、应急处置、病死动物无害化处理以及开展动物防疫工作等。在春、秋季集中免疫期间,共免疫注射猪瘟、猪蓝耳、猪口蹄疫各18.36万只,牛口蹄疫免疫0.39万头,羊口蹄疫免疫3.37万只,小反刍兽疫免疫3.33万只,家禽免疫高致病性禽流感H5亚型188.07万羽、H7亚型95.7万羽,新城疫免疫110.74万羽,全区应免畜禽免疫密度为100%。消毒畜禽圈舍37.4万个,消毒面积439万平方米。采集畜禽血清1160份进行实验室检测,免疫抗体合格率均超过农业部规定的"≥70%"的标准。开展以狂犬病为主的免疫监测净化工作,全区免费免疫犬只18450只,免疫率达98.67%。布病检测牛(羊)血清3470份,奶牛检测布病、结核病65份,检测结果均为阴性。开展H7N9防控工作,分别采集392份家禽血清及病原学样品进行实验室检测,检测结果均为阴性。产地和屠宰申报检疫率达100%。产地检疫方面,生猪申报检疫6.17万头,检疫6.17万头;家禽申报检疫12.3万只,检疫12.3万只。屠宰检疫方面,生猪申报屠宰检疫6.25万头,检疫6.25万头;家禽申报屠宰检疫62.8万只,检疫62.8万只;牛(羊)申报屠宰检疫0.94万头(只),检疫0.94万头(只)。对检出病害动物、不合格动物产品全部按照规定进行无害化处理,其中养殖环节无害化处理生猪2749头,屠宰检疫环节无害化处理不合格猪28头。

【水产业】 2017年,江阳区有水产专业合作社7个(其中市级示范片区3个、国家级示范专合社1个),有社员数351户,养殖规模1600亩,年产量达980吨,实现产值165万元。有水产养殖大户68户、水产龙头企业2家、国家级养殖基地2个。水产品总产量达9800吨,渔业经济总产值13191万元。全区发展稻田养鱼面积10万余亩、无公害养殖面积1.2万亩、名优特鱼类养殖面积5.6万亩,年产量5600吨。生产鱼苗2080万尾、鱼种1582万尾。水产品质量安全抽检30批次,抽检合格率100%,全区未发生水产品质量安全事故和渔业安全死亡事件。渔政立案办结率100%,渔业船舶年审率100%。

春季禁渔期召开专题动员会议4次,发放禁渔宣传资料2万余份。组织检查50次(江河巡查46次,涉渔餐饮检查4次),出动执法人员150人次、执法快艇46艘次、车船12辆次,制止非法捕捞人员30人次,劝说教育并驱离垂钓爱好者200人次,没收电渔船只6艘、电渔具6套,收缴销毁禁用的捕鱼工具地龙网80余付、草钩40余个、杠网30余副、大网10余副,没收并放生江河野生鱼40余千克。禁渔期间接到夜间电鱼举报15次,针对重点水域夜间蹲点10余次,联合长江航道公安、泸州市水产渔政局、龙马潭区水产渔政站等开展联合执法活动8次。

【统筹城乡与新型城镇化】 2017年,江阳区加快推进"十个全域"民生工程(全面小康、安全供水、同网同价、农村公交、燃气供应、安居乐业、均衡教育、文体服务、全民保健、综合治理),实现公共基础设施全域覆盖。全域安全供水稳步推进,改善水质3万余户,解决19万余人的安全饮水问题。开通农村公交线路42条,覆盖全区城乡人口40余万人。农网改造和跨区域农网改造全面完工,改造电网569.36千米,全域实现"同网同质同价"。

【新村建设】 2017年,江阳区编制完成《江阳区全域新农村建设总体规划》,整合资源提档升级幸福美丽新村6个,董允坝新村综合体一期竣工并投用,启动建设20个新农村聚居点污水处理设施。通过"建改保",累计建成新村综合体5个、幸福美丽新村35个、新村聚居点55个、"1+6"村级公共服务中心35个("1"即村党群服务中心,"6"即便民服务中心、卫生计生中心、农民培训中心、文化体育中心、综治调解中心、农家购物中心)。农民夜校实现全覆盖,科教文卫活动深入开展,已完成23个符合条件的村创建为省级、市级"四好村"申报工作。成功创建方山镇云峰村、通滩镇罗石桥村等省级"四好村"16个,丹林镇丹松村、江北镇干坝村等市级"四好村"20个。分水岭董允坝村被省委农工委命名为"四川百强名村"和"四川集体经济十强村"。

【扶贫攻坚】 2017年,江阳区有贫困对象4149户12256人,分布在13个镇(街道)、88个村,于2017年年底前全部脱贫。

扶贫措施。以发展产业为重点、促进就业为补充、低保兜底为保障,促进贫困对象收入持续达标。依托无公害蔬菜基地8.2万亩、优质水果种植6.6万亩、优质高粱高产示范片5.2万亩,带动贫困对象发展产业脱贫。建立产业扶持基金300万元和小额信贷分险基金200万元。组织精准扶贫招聘会15场推荐就业,并组织有就业愿望的贫困对象进行就业培训。全年安置保洁保绿、治安协管等公益性岗位1392人次(按季度),发放岗位补贴265.92万元。全面落实贫困线和低保线"两线合一"政策,将1743户贫困户3347名贫困对象纳入低保兜底,全年累计发放低保资金626.56万元。对1308户贫困对象实施广电"户户通"提升工程。

扶贫保障。以改善居住条件为重点,全面落实教育助学和医疗扶贫政策,确保贫困对象"住得安全、学有所教、病有所医、残有所托"。对795户贫困对象实施住房维修改造和"四改"、硬化院坝和入户路等,进一步改善贫困对象居住环境。建立教育扶贫专项基金500万元,持续减免幼儿保教费,减免小学至高中阶段学生保险、校服、教辅资料等服务性费用,全年共资助贫困学生2481人次,补助资金143.33万元。建立卫生扶贫救助基金500万元,持续落实贫困对象政府补助参保和县域内医保协议管理医院住院门诊"零支付"。全年分别有1950人次和3751人次的贫困对象享受了县域以下住院和门诊"零支付"政策。按1600元/月的标准,区财政全额出资对重度精神残疾贫困对象(一、二级)28人进行集中托养,实现"医养一体"。

对口帮扶。全年投入资金1000万元,实施帮扶项目18个,帮扶贫困村6个、贫困户745户、贫困人口3244人。

创新模式。一是探索推进"互联网+"扶贫智慧化模式。畅通市场流通体系,新建区级农村电商服务中心,打造农村电子商务服务店74个。依托江阳区省级电子商务示范基地,基本形成线上线下相结合的农产品销售网络,畅通贫困对象产品销售增收渠道。二是探索推进"新型主体+"扶贫组织化模式。与泸州老窖、邓氏桂圆、山东寿光等进行深度合作,采取"新型主体(龙头企业、专业合作社、家庭农场、种养大户)+基地+农户"模式实现产销一体化,促进就地就近就业,带动1000余户贫困对象增收致富。三是探索推进"近郊游+"扶贫效益化模式。打造蔬菜主题公园、华阳全国休闲农业与乡村旅游示范带、环方山景区休闲观光农业园等国家级生态观光农业景区,开展四川省蔬菜品赏会、梨花节、菜花节、荷花节等乡村旅游节会活动。四是探索推进"按股分红+"扶贫资产收益模式。坚持"股权量化、按股分红、收益保底"的总要求,探索推进分水岭镇泸南村、方山镇方山村等扶贫资产收益试点项目7个,项目建成后将有270余户贫困对象实现扶贫资产量股分红,获得稳定收益。

【乡村旅游】 2017年,江阳区全力推进江北特色农业名镇项目建设和"幸福美丽新村"暨咀阳村乡村旅游项目建设。分别启动了分水岭特色示范镇、丹林梨海小镇等农旅特色小镇建设项目。积极扶持发展新业态,新增的丹林樱花谷景点带动景点内新增农家乐2家,新增农旅结合旅游景点"忆家香"手工酿造作坊1家。全区新建乡村旅游公厕12座,开通农村公交线路42条,全区行政村实现农村公交全覆盖,解决了乡村旅游交通问题。组织开展"春漾酒城,花开江阳"媒体采风活动,专题宣传报道丹林梨花稿件达100余篇。举办了四川省第二届江之阳蔬菜品赏会、丹林梨花节、蔬菜马拉松等文旅活动。2017年开辟的"董允坝一日游"线路吸引游客54.38万人次。

【农村水利】 2017年,江阳区新建抗旱井9口、应急提水工程1处、泵站5座、水肥一体智能控制系统8套;新建灌溉管网1408千米,发展高效节水灌面8350亩,完成投资2500万元。治理水土流失面积13.3平方千米,其中坡改梯91.6公顷、经济果木林321.6公顷、水土保持林916.8公顷。新建小型水保工程85处,工程完工后每年可保土14.91万立方米,每年可保水33万立方米。

全域安全供水项目在石寨镇、通滩镇等11个镇(街道)实施,累计完成管道安装2113千米。康城路至游湾、游湾至通滩、通滩至石寨、游湾至况场、况场至丹林输水干管先后建成通水。华阳供水站、通滩供水站等5个供水站先后与南郊二水厂并网。全域安全供水项目累计完成投资2亿元,发展新用户15028户,改善原镇(街道)供水站用户水质25000余户,共解决19万余人的安全饮水问题。双河水库项目前期工作有序推进。

水土保持。组织执法人员上街宣传和法律咨询4次,累计发放宣传资料1500余份、宣传手册220份;对成渝高速、恒大御景湾等工程建设项目进行了水土保持设施监督检查360人次,发放《泸州市江阳区水务局关于落实生产建设项目水土保持工作的函》50余份。水土保持方案编报和审批率比往年有所提高,编(补)报水土保持方案30个,累计征缴水土保持设施补偿费30余万元。

河长制工作。按照上级的统一部署,开展了长江生态优先绿色发展工作,将常年洪水位线以上1000米范围划入流域生态保护区域,500米范围划入重点保护区域,制定差别化保护策略,实施分区精准治理。推进长江沱江河道砂石堆场整治工作,通过科学制订方案、严格行政执法、加强日常巡查等措施综合施策。全力加快水环境综合治理项目,加快石寨跳墩子河(天音河)水环境综合治理,预计2018年6月前全面完成项目建设内容。杨桥水库污染治理已投入人工1400余人,资金18.58万余元,打捞各类漂浮物243吨,清除岸边树枝、白色垃圾等杂物14吨,开展周边污染源调查工作4次,开展水生态环境整治宣传工作5次,向养殖户、经营户下发整改通知书5份,召开游览船业主协调会4次,开展杨桥水库游览船清理、取缔工作。强化江河流域水资源保护管理,组织对辖区内入河污染源进行全面清查,共计清查出入河排污口51个、餐饮船7艘、船型金属网箱养鱼设施12个,建立完整的入河污染源登记台账,健全行政执法和刑事司法衔接配合。积极开展"一河一策"管护方案编制工作,已完成了委托专业机构开展长江、沱江"一河一策"方案编制工作的送审稿并即将提交区政府常务会审议。加快推进大洞桥河等9条区管河流"一河一策"方案初稿修改完善工作。

防汛抗旱。与相关部门和镇(街道)签订了《防汛安全目标责任书》《山洪灾害防御目标责任书》。落实了64处山洪灾害危险区责任人、雨量监测设备管护员60人和水库管理员50人常年承担监测预警预报等任务。委托技术维护机构对全区23处自动雨量(水位)站、64处简易雨量(水位)站进行巡检维护16次。严格执行24小时双人值班制度,确保信息畅通。全年发布了气象预警通知49次,发送水(雨)情预警信息2.8万余条;投入排查队伍342支、1139人开展水库应急抢险、突发山洪地质灾害等综合性应急演练20余次,参演人数1800余人。健全完善汛期防洪和地灾防治调度会商机制;加强督查奖惩逗硬,成立了地质灾害防治和防汛减灾督查工作组,定期、不定期对镇(街道)的地灾防治和防汛减灾工作进行明察暗访。

【农业机械化】 2017年,江阳区有拖拉机25台、734千瓦,农用运输车1426辆、47058千瓦,农用排灌动力机械3131台、28805千瓦,节水灌溉机械158台(套),机动脱粒机械3366台、8141千瓦,联合收割机47台、1616千瓦,自走式插秧机23台、92千瓦,耕整机3544台、14176千瓦,农副产品加工动力机械34977台、53823千瓦,渔业机械740台、3557千瓦,温室53500公顷,农业机械总动力达23.5万千瓦。全年完成机耕30万亩次,机械植保2.4万公顷,水稻机插4933公顷、机收10.6万亩、机动脱粒18.16万吨,机电灌溉作业24.5万亩次,机械加工农副产品1.296万吨,农机运输3650万吨千米;新建乡村机耕便民道251千米。全区农机经营总收入17562万元,纯收入207.7万元。全区推广各类农机具927台,完成农业机械化购置补贴30.34万元。加强拖拉机年检审工作,拖拉机年审率70%。对全区农机市场进行清理整顿,检查农机产品经营户12家、农机维修网点8个。

【农村科技】 2017年,江阳区新增农业科技专家大院1个,选派科技特派员30名为农民进行"面对面、手把手"的科技宣传、指导、示范等服务。通过推广新品种、标准化集中育秧、宽窄行、机插秧、配方施肥、绿色防控等集成技术发展优质稻18万亩、万亩水稻基地10个、万亩高粱基地3个。投入资金4879.52万元,建成高标准农田2.014万亩,其中高标准农田建设绿色示范区建设0.6万亩。

【农产品质量安全监管】 2017年,江阳区抽检农产品1050个,合格1048个,合格率99.8%。其中,农业厅抽检80个,合格80个;市农业局抽检126个,合格124个;区本级抽检919个,合格919个。开展了生鲜乳、病害死畜禽、饲料兽药农资打假、兽用抗菌药经营使用、"瘦肉精"等违禁物质、生猪屠宰等6项专项整治行动。开展三聚氰胺监测36个样、"瘦肉精"检测尿样13942头份,检测结果均为阴性。对全区15个

涉农镇（街道）种子、农药、肥料、兽药、饲料、农机的生产者、经营者和使用者开展全覆盖执法监督检查。出动执法人员500余人次、执法车辆100余辆次，检查规模养殖场48家、屠宰场7家、种子门店92家、农药门店65家、肥料门店92家、饲料门店66家、兽药门店28家、农机门店31家、农机维修厂3家。全年农业执法案件16件。

【主要领导人】 区委书记：付小平；区人大常委会主任：张敏；区长：杨长缨；区政协主席：张旭光；分管农业副区长：陈波（9月止），夏国禄（9月始）。

江阳区编写组

龙马潭区

【基本情况】 2017年，龙马潭区辖5镇7个街道39个村50个社区，辖区面积333平方千米，其中中心城区面积173平方千米、集镇建设规划面积约20平方千米、耕地面积14万亩。总人口36.4万人，其中农村人口8.5万人。

2017年，全区GDP227.92亿元。完成全社会固定资产投资307.2亿元；实现社会消费品零售总额71.08亿元；地方财政一般公共预算收入累计完成15.29亿元。在全省175个县（区）级经济综合评价中排名第20位；在丘陵县（区）中排名第7位。

【年度农业和农村经济运行】 2017年，龙马潭区居民年人均可支配收入31897元，其中城镇居民人均可支配收入36214元、农村居民年人均可支配收入17704元。全区实现整体脱贫。完成水产品总产量7300吨，实现渔业经济总值8760万元。全年实现乡村旅游综合收入20.21亿元；农村电商网点实现全覆盖，实现农村电子商务收入2518万元，带动农户实现转移就业1000余人。开通农村公交线路19条，在3区4县中率先实现农村公交“村村通”。农网改造升级已实现全覆盖，有效解决农村居民生产生活用电问题。全区已实现广播电视、无线通信网络信号全覆盖；完成农村危房改造900余户，其中全面完成319户建档立卡贫困户土坯房改造，基本完成对全区农村危房的改造。大力推进农村义务教育均衡发展，适龄学生义务教育升学率达100%。开展低保兜底“回头看”暨城乡低保年审工作，农村低保、农村五保完成应保尽保，全年共发放农村低保金1568万元、五保供养金619万元。

农业产业化发展。全区建立区领导和区级部门联系农业龙头企业制度，协调解决企业发展中的困难和问题。新增市级农业龙头企业3家，全区农业龙头企业累计达24家。积极扶持示范性家庭农场发展，鼓励合作社联合与合作，创新机制，培育新型农业经营主体。全区累计发展农民合作社203个，其中国家级示范社3个、省级示范社12个、市级示范社31个；培育家庭农场58个，其中省级示范家庭农场3个、市级示范家庭农场3个。

农用地产权制度改革。全区已完成9个镇（街道）农村土地承包经营权确权资料的清理核实、验收和移交，及农村土地确权数据库成果的复检和汇交工作；全面完成农村房地合一不动产登记外业测绘和内业资料收集工作；完成农村小型水利工程确权颁证。建立起以乡（镇）为平台、村级为网点的土地流转服务体系，落实信息员负责各村（社）土地流转，进一步推动农村土地有序流转，截至2017年年底，全区农村土地流转总面积达4.5万亩。培育壮大村级集体经济，所有村（社）全部成立了村（社）集体资产经营管理有限公司，并完成集体经济发展“一村一策”的制定落实；创新探索出“以工哺农”、“一化三联动”、资产出租等5种集体经济创收模式；坚持“先行试点引路，以点带面推进”的思路，在安宁街道阳高村、特兴镇走马村开展农村集体资产股份合作制改革试点工作。

现代农业园区建设。全区按照“服务市民富农民、围绕市场调结构”思路大力发展农业产业园区，不断做大做强酿酒高粱、特色蔬菜、龙马乌鸡、健康水产四大优势产业。全区已建成走马慈竹国家现代农业示范园区，长春、曹坝新村示范园，金坝园区，空港农业观光旅游产业园等现代农业园区。以打造“空港生态农旅体验区”乡村旅游线为纽带，加快推动中国（泸州）柑橘文化博览园、十里渔湾、天一农庄等乡村示范园建设，有效带动土地有序流转1万余亩，解决就业岗位200余个，促进农户增收1500余元。

【种植业】 2017年，龙马潭区完成粮食播种面积16.1万亩，产量7.85万吨；发展水果面积6.2万亩，产量1.9万吨；完成优质蔬菜种植面积6.77万亩，产量15.6万吨；发展酿酒高粱7.15万亩。

【畜牧业】 2017年，龙马潭区出栏生猪23万头，出栏禽兔612万只，禽蛋产量6000吨，实现肉类总产量2.555万吨。

【新村建设】 2017年，龙马潭区以全省第三轮幸福美丽新村示范县建设为契机，按照“业兴、家富、人和、村美”的总体要求，有机结合各级“四好村”创建工作，全域规划、全程建设、全力推进省级幸福美丽新村示范县建设。长安镇幸福村市级“四好村”示范点建设有序推动，金龙镇曹坝村片区和双加镇大冲头片区基本完成建设。全区累计新建集中居住点20个，新（改）建民居2300户，风貌塑造6500户；建成幸福美丽新村44个，实现所有行政村幸福美丽新村全覆盖；创建省级“四好村”21个、市级“四好村”29个。建成新村聚居点污水处理站5个，开工建设10个，有效提高污水处理率和污水的回收再利用率。

【扶贫攻坚】 2017年，龙马潭区有建档立卡贫困户2711户8094人，有省级贫困村3个（金龙镇曹坝村、长安镇长春村、双加镇大冲头村）。2017年，165户469人脱贫（因死亡、农转非等原因动态调整，实际脱贫验收163户418人），双加镇大冲头村1个贫困村退出，全区实现全面脱贫。全区认真贯彻落实习近平总书记“撸起袖子加油干，下足绣花功夫”的扶贫战略思想和中央、省、市扶贫工作部署要求，把脱贫攻坚工作作为区委区政府重大政治任务和第一民生工程来抓，坚持一手抓退出、一手抓巩固，将2014—2016年已脱贫户全部纳入“回头看、回头帮”补短板，对2017年脱贫户进行重点帮扶，确保所有贫困村、贫困户脱贫退出指标全部实现，做到“全面小康路上不落下一个民族一个地区、不落下一村一户一人”。截至2017年年底，全区所有贫困户均达到脱贫标准，“一超六有”指标全部实现，没有一户贫困户出现返贫现象；长安镇长春村和金龙镇曹坝村两个贫困村得到巩固提升，双加镇大冲头村达到“一低五有”退出标准，贫困发生率为零，社社通有硬化路，有标准卫生室、文化室，有通信网络，村集体经济收入达到人均6元以上。

【农村水利】 2017年，龙马潭区完成投资1.8亿元，新建、改造水务管网27千米，有效解决20万余人饮水安全问题；三溪口水库渠系配套项目建设加快，新建和整治渠道12千米，实施高效节水灌溉1000余亩。

【农村卫生】 2017年，龙马潭区大力开展城乡医疗救助，累计支出救助资金891万元。建立统一的城乡居民养老保险、基本医疗保险制度，农村分级诊疗制度得到有效落实，农村医疗保险、贫困户救助实现全覆盖。

【惠农补贴】 2017年，龙马潭区累计发放农机具补贴7.7万元；发放

耕地地力保护补贴1936万余元;落实生猪保险补助370万元。

【主要领导人】 区委书记:刘光明;区人大常委会主任:吴文涛;区长:靳地胜;区政协主席:叶长青;分管农业副区长:唐栋良。

龙马潭区编写组

纳 溪 区

【基本情况】 2017年,纳溪区辖12镇3个街道175个村民委员会1838个村民小组26个社区,辖区面积1150.22平方千米,总人口50万人,有苗、回、彝、壮、满、水、白、仡佬、蒙古等18个少数民族。全年接待游客944.3万人次,增长44.36%;实现旅游收入79.94亿元,增长34.35%。

有公路里程3287千米(通车里程1287千米),其中高速和国道、省道155千米、县道306千米、乡道359千米、村道467千米、社道2000千米。

有中小学校32所,其中普通高中2所、职业高中3所、中心小学15所、初级中学9所、九年一贯制学校3所(其中民办1所)。村小校点59个(其中含19所完小),幼儿园60所(其中民办50所)。在校中小学生55293人(不含职业学校学生),其中小学32197人、初中16714人、普通高中5822人。幼儿园在园幼儿8524人,其中公办3378人、民办5146人。有医疗卫生机构551个,其中区级医疗卫生单位5个、社区卫生服务中心2个、镇卫生院12个、民营医疗机构(含企业医疗机构、个体诊所)96家、村卫生室436个;有从事医疗卫生工作人员1256人,平均每千人拥有卫生人员3人(包括驻纳企业职工医院)。

【年度农业和农村经济运行】 2017年,纳溪区第一产业实现总产值34.46亿元,增长3.7%,超全市平均增速0.1个百分点。农村居民年人均可支配收入15136元,增长9.5%,在全省58个同类县(区)中综合排名稳居前3位。推进区、镇、村(社区)三级公共服务平台标准化建设,下拨183个村级基层平台建设运行经费148.5万元。举办基层服务平台工作人员业务培训班3期,120余人参加了培训。纳溪区创建为“盘活农村资产资源助农增收新产业新业态示范县(区)”。上马镇杉树湾禽业养殖专业合作社的电商平台初具规模,“田园乐”优质畜产品配送中心已建成营业。

农业产业化发展。全区有省级农业产业化龙头企业9个、市级农业产业化龙头企业34个;新增农民专业合作社15个(其中省级示范社2个、市级示范社3个),全区累计注册登记农民专业合作社289个;新增家庭农场25个(其中省级示范场2个、市级示范场1个),全区累计注册登记家庭农场196个。有年出栏万头的大型养猪场3个、适度规模养猪户78户、肉鸡养殖户12户、蛋鸡养殖户2户、肉羊养殖户21户、肉牛养殖户5户、肉兔养殖户7户。建成省级生猪标准化养殖示范场7个、市级生猪标准化养殖示范场13个、市级肉羊标准化养殖示范场2个、市级中蜂标准化养殖示范场1个。有畜禽养殖家庭农场82个、畜禽养殖专业合作社106个、畜禽规模养殖场(小区)及适度规模养殖户168个(户),其中上马镇杉树湾禽业养殖专业合作社被评为“国家级示范专合社”,大渡口镇凤翎虫草鸡养殖专合社和牟新生猪养殖专业合作社被评为“省级示范专合社”,棉花坡镇文海土鸡养殖专合社等6个专合社被评为“市级示范专合社”。纳溪区被农业厅评为“新型农业经营主体培育工作突出单位”。

农用地产权制度改革。全区推进农村土地承包经营权确权登记颁证工作,鼓励农村土地经营权规范有序流转,全年新增土地流转面积0.5万亩,累计流转面积7.85万亩,其中30亩以上的规模化经营面积达4.45万亩。

农产品品牌战略实施。全区实施“区域品牌+企业品牌”双品牌发展战略,成立了四川泸州酒城特早茶实业有限公司,力促茶企抱团发展,打造泸州茶叶名片。持续拓展茶旅品牌建设,纳兴集团与天府龙芽集团签约合作,标志着“纳溪特早茶”区域品牌正式融入“天府龙芽”省级区域公共品牌,品牌价值跃升至26.73亿元。纳溪区获得“2017年度全国十大魅力茶乡”称号,“中国名茶之乡”续评成功;瀚源有机茶园获得“全国生态茶园示范基地”“四川省十大最美茶园”称号,瀚源牌“那溪那山”茶叶被评为第三届“四川名茶”。林下鸡养殖、茶叶栽培与茶庄经营获得国家标准委“第八批全国综合标准化示范项目”称号。全年新增“三品一标”农产品8个,其中绿色食品6个、无公害农产品2个,有效期内“三品一标”品牌总数达101个。成功创建全省首个“四川省有机产品认证示范区”。“国家级有机产品认证示范区”创建工作有力推进,成立了纳溪区有机产业发展协会,组织举办“纳溪区首届农耕文化节”“纳溪区首届有机生活体验周”活动,初步建成“纳溪有机产品馆”线上线下营销平台。全区有机产品认证企业从3家发展到9家,有机基地从4个发展到12个,有机认证已涵盖6大类53个产品,认证面积超过12万亩。成立以副区长为组长、相关部门参与的护国陈醋地理标志产品保护申报工作领导小组。省质监局已批复同意成立“护国陈醋”地理标志保护产品申报办公室。相关申报资料的整理和保护范围的划定等前期工作有序进行。

【种植业】 2017年,纳溪区粮油播种面积51.39万亩,其中优质稻种植面积26万亩,高粱种植面积7万亩,建成高标准农田3.653万亩,实现粮油总产量21.78万吨。

特早茶业。全年新建茶园0.5万亩,改造提升老茶园3万亩,打造高标准茶旅资源示范基地0.22万亩,全区特早茶基地总面积达30.5万亩,其中投产面积21万亩,茶叶总产量1.8万吨,实现茶业综合产值42亿元。启动建设集高标准茶园基地、茶叶加工厂、干(鲜)茶叶交易市场、茶博物馆、茶农新村等于一体的“中国纳溪　湿地茶谷”。通过举办“中国特早茶之乡·四川第五届茶叶开采活动周暨全民饮用茶日”、纳溪特早茶专家鉴评会以及各类参展参评等茶事活动,积极推动纳溪特早茶走出去,逐步扩大纳溪特早茶的市场知名度。“中国纳溪·湿地茶谷”启动建设。纳溪区获评为“2017年全国十大魅力茶乡”。

精品果业。全区优质水果种植面积7万亩,水果总产量11.25万吨,实现产值8.69亿元。引进“白肉贵妃”枇杷、蜂糖李等优新水果品种,积极发展草莓、蓝莓等近郊采摘体验式水果产业,开展护国柚酸化治理和品质提升试验示范工程,新建枇杷苗木繁育基地50亩。

绿色蔬菜。全年蔬菜种植面积11万亩,总产量23.2万吨,实现产值5.72亿元。在省级贫困村龙车镇鼓楼村建成纳溪区第一个高山蔬菜基地,推动当地脱贫攻坚工作。组织区内蔬菜企业参加四川省第二届蔬菜品赏会,展示纳溪区蔬菜产业发展成果。

【林业】 2017年,纳溪区有林业面积110万亩,森林绿化率达57%。有竹林面积93.6万亩,成片毛竹基地达12万亩,新建和改造低产林、竹基地4.5万亩,竹林基地规模达81.1万亩。杂竹蓄积487万吨,年可采伐60万吨。10万亩珍稀树木基地建设顺利推进,规模达9.6万亩。全年实现林业产值50亿元,其中竹业产值达34.56亿元。竹业产值中,竹产品加工产值17.95亿元;生态旅游(不仅含竹类)突破110万人次,实现产值11.87亿元;林地综合开发(不仅含竹类)产值达14.92亿

元。先后获得“中国特色竹乡”“中国林业产业突出贡献奖”“四川省现代林业产业示范县”“四川省建设长江上游生态屏障先进单位”“四川省林业产业工作先进集体”等称号。国家茶叶栽培与茶庄经营综合标准化示范区正式获批。泸州高新林竹产业园顺利开园，建成国际竹藤中心博士后科研工作站西南分站、国际竹藤中心西南科技培训基地。

全区有林下养殖规模户3400余户，已建成以林下鸡、林下茶、林下菌为主的林下种养殖基地23万亩。泸州竹产业园建设项目（一期）A区园区产品展示中心、林竹产品网上交易中心及博士后流动工作站已基本建成，4～8号标准化厂房已开展内装修，建成后将为入园企业提供1.9万平方米办公用房和2.3万平方米标准化厂房。B区已完成100亩建设用地场平，并启动园区内2条道路建设。

竹基地建设。积极配合泸州市开展竹产业规划，完成新建和低产林改造竹基地4.5万亩，已建成竹基地93.6万亩。白节镇万亩竹林示范基地完成低产竹林改造6000亩，新发展竹荪、林下鸡等林下种植基地1120亩。

珍稀树木基地建设。新发展珍稀树木基地0.5万亩，累计建成珍稀树木基地达9.6万亩，其中红豆杉基地0.5万亩，成为川南最大的红豆杉基地。指导蜀南名优珍稀树木研究所培植桢楠、“云溪1号”香樟、红豆苗等造林绿化用苗180余万袋（株），其中“云溪1号”香樟被省林木品种审定委员会认定为乡土名优珍稀树木良种。

天保工程。实施天保工程森林管护2.98万亩，落实上级下达2017年天保工程资金126万元，签订森林管护合同2975份，完成2.13万亩森林生态效益补偿，完成对天保工程一次性安置人员的社会保险补贴发放工作。

退耕还林工程。巩固退耕还林成果专项建设，加强对5.25万亩退耕还林、7.6万亩配套荒山造林（含封山育林）的管理。新一轮3700亩退耕还林全面完成。

资源林政管理。严格林政执法，确保森林资源安全，巩固“两大基地”建设成果，依法办理行政审批事项1688件，全年共立案查处林政案件12件，结案12件，有效规范了木材经营市场。全区未发生毁林开垦案件，无破坏生态环境建设事故发生。

林竹企业。全区拥有四川银鸽纸业、竹韵公司等为代表的10家规模以上和130余家个体经营竹加工企业，形成竹浆纸、竹炭、竹酒、竹纤维等产品30余个系列、80余个品种。其中，四川银鸽纸业被评为“中国竹业龙头企业”，竹韵公司被评为“四川省带动脱贫攻坚明星农业产业龙头企业”。

森林防火。全年召开有关森林防火的会议180次，与村民签订防火责任书88900份，播放森林防火广播电视宣传100次，出动宣传车550车次，张贴防火通告1000张，书写防火标语310幅，印发宣传单30余万张，制作发放森林防火宣传年历3.5万张。全区发生火情2起，过火面积11.5亩，损失面积8.5亩，无森林火灾刑事案件发生，连续50年无重特大森林火灾发生。

有害生物防控。全区主要林业有害生物发生面积为1.95万亩，发生率0.03%，成灾率为零；主要采取防治无公害无污染的生物防治和人工防治，无公害防治率达99%。成功完成全国第三次林业有害生物普查。

野生动植物保护。林业局对全区野生动植物进行了全面调查，发现了位于新乐镇三江村大中坝长江边的近1000株极度濒危野生植物——疏花水柏枝，并通过有关程序正式列入专项保护。

依法治林。全年森林公安共出动警力300余人次，出动警车100台次，发现、受理森林刑事案件16件，刑事拘留1人，追回逃犯1人，为国家、集体和林农挽回经济损失40余万元。1月10日，区林业局正式被人力资源社会保障厅、林业厅评为“四川省‘十二五’打击破坏生态资源违法犯罪工作先进集体”。

【畜牧业】 2017年，纳溪区出栏生猪51.6万头、家禽413.8126万只、兔245.9363万只、肉牛0.7017万头、肉羊3.0580万只，肉类总产量4.842万吨，禽蛋产量3404吨，实现畜牧业总产值15.86亿元。有养蜂户123户、养殖中蜂2010群、西蜂1005群，年产蜂蜜约24吨，年产值近180万元。国家林下鸡养殖综合标准化示范区正式获批。抢抓“全省农业循环经济试点区”，构建多层次循环的产业链体系，投资600余万元引进沼液处理循环系统，推进“猪—沼—粮”“猪—沼—茶”“猪—沼—果”循环农业模式建设，全区规模养殖场粪污处理率达70%。农业部副部长张桃林调研纳溪农业时，对纳溪区种养循环治理面源污染给予了高度评价。

项目建设。成功引进国家500强龙头企业——广东温氏集团股份食品有限公司西南养猪分公司，公司100万头优质生猪一体化产业项目进展顺利，护国大营种猪场一期工程已建设完成并投产；建成与温氏合作的家庭农场69个，在10个贫困村建设与温氏合作的养猪场22个，进行收益扶贫试点。“乐道子”林下鸡屠宰冷加工项目建成投产。推进省级生猪养殖一体化综合农业标准化示范区创建，开展种猪场标准化建设，建成大营种猪场560亩，年出栏猪苗20万头。

特色养殖。“乐道子”林下鸡产业稳步发展，上马镇杉树湾禽业养殖专业合作社、大渡口镇风翎虫草鸡养殖专合社、棉花坡文海土鸡养殖专业合作社等已建成标准化养殖示范区。“乐道子”林下鸡成为全区林下鸡地域品牌，“乐道子”鸡及鸡蛋分别获得“国家地理标志保护农产品”“四川省著名商标”“名牌产品”“无公害基地和产品认证”“泸州市知名商标”等称号。“乐道子”林下鸡标准化示范区已通过国家农业综合标准化示范区验收。

动物防疫与卫生监控。全年免疫猪瘟70.98万头次、高致病性猪蓝耳病39.56万头次、猪口蹄疫70.98万头次、牛口蹄疫3.85万头次、羊口蹄疫2.22万只次；高致病性鸡禽流感1589.56万羽、鸭禽流感113.56万羽、鹅禽流感5.31万羽、鸡新城疫1127.3羽次；注射小反刍兽疫3.12万头次、狂犬病疫苗3.8万只。免疫密度达100%，耳标佩带率达100%，畜禽圈舍消毒面积达1875.5万平方米。巩固区、镇、村三级疫情监测网络体系建设，完成奶牛“两病监测净化”、布病监测，完成畜产品“瘦肉精”、生鲜乳“三聚氰胺”、黄曲霉素监测，检测合格率均为100%。完成泸州市纳溪区2017年突发重大动物疫情（IV级）应急演练。

畜禽产品质量安全。全年查处违规违法行为26起，责令整改26起，立案查处5起。出动执法车辆1667台次、出动执法人员6588人次，共检查适度规模畜禽养殖场858个次，检查屠宰加工场（厂）点864人次，饲料、兽药生产经营企业（门市）6411家次，活畜禽贩运企业（个人、经纪人）7456人次，开展生猪屠宰“扫雷行动”、兽用抗菌药专项整治及“瘦肉精”专项整治，未发现使用瘦肉精、三聚氰胺等违禁物质的违法行为。全年未发生重大畜禽产品质量安全事故。

【现代渔业】 2017年，纳溪区采取网箱养殖、河沟生态养殖、稻田养殖等方式推动现代渔业发展。全年投放鱼种1652吨，其中稻田养鱼7.425万亩，生产大规格鱼种956吨，育苗3085万尾；水产品总产量

8252吨,渔业经济总产值达1.397亿元。

【统筹城乡与新型城镇化】 2017年,纳溪区"中国·竹镇"白节镇荣获2017中国年度十佳"魅力新农村"奖,被列入第一批省级特色小镇。启动清溪河流域"乡村振兴"综合治理示范项目。大渡口镇平桥村跻身"四川百强名村",获评"中国美丽乡村建设示范县""中国最美乡村旅游目的地县"称号。小城镇建设完成投资5.1亿元,其中小城镇基础设施投资3.52亿元,吸纳转移农业人口0.52万人。10月,大渡口镇、白节镇被列入"全省首批特色小镇",合面镇和天仙镇争创"百镇建设行动"试点镇。实施农村危房改造2881户,其中建档立卡贫困户2437户,兑付补助资金7113.81万元,代表省、市接受住房城乡建设部农村危房改造工作督查并顺利通过。

【扶贫攻坚】 2017年,纳溪区完成6个贫困村、2212户贫困户、6677名贫困人口如期脱贫的目标任务,顺利通过省脱贫攻坚成效交叉考核,实现全面脱贫。全面建成已"摘帽"的10个贫困村党群服务中心,全面配齐村卫生室、村文化室、村活动室等公共服务设施;新增硬化公路45千米,贫困村"最后一公里"扶贫路全面贯通;贫困村集体经济收入村均5.5万元、人均27.98元,远超村集体经济人均6元的脱贫标准;完成建档立卡贫困户危房改造2873户,医疗救助扶持政策惠及3.5万人次。

【乡村旅游】 2017年,纳溪区乡村旅游接待游客390万人次,实现乡村旅游总收入6.4亿元,带动农副产品及纪念品销售等收入近3.3亿元,从事乡村旅游的农户因旅游获得的收入占总收入的35%以上。纳溪区被评为"中国最美乡村旅游目的地县""中国生态旅游目的地",白节天竹苑、龙涸酒庄、棉花坡花果人家、梦里水乡田园度假农场、太山生态农业园等被评为"四川省乡村旅游特色业态经营点";纳溪旅游产品"纳溪特早茶"获得"中国最好绿茶"称号,龙涸庄园橡木桶白酒获得比利时布鲁塞尔国际烈性酒大赛金奖。中国酒镇酒庄旅游区创建国家5A级旅游景区项目2017年完成投资13200万元;凤凰湖成功创建为4A级景区;花田酒地七彩玻璃栈道竣工并运营;完成中国铁人三项赛道、凤凰湖宾馆建设,对接规划团队,加快5A级景区总体规划编制、创建方案和项目包装等工作。护国运动文化园区2017年完成投资7000万元,被国家旅游局纳入第三批全国旅游优选项目,已纳入了泸州市4个红色重点旅游项目之一。进一步推进中国商会文化园规划及招商工作,做好全国重点文物保护单位申报工作,编制完成《护国文化运动园区总体规划(初稿)》。天仙硐文化生态旅游园区完成投资52000万元,完善并维护景区内标识标牌、游步道、车行道、旅游厕所等相关基础设施。云溪温泉旅游区提档升级项目完成投资65000万元,开展山画山区域基础设施建设;加快温泉酒店内部提档升级改造,完成温泉酒店区域标识标牌的提档升级,开展对停车场等基础设施的维护提升工作。黄龙湖旅游区开发项目完成投资6600万元,编制完成《黄龙湖总体规划(初稿)》,加快项目包装工作,完成黄龙湖宾馆建设,启动土地平整、道路施工、管网铺设等基础设施建设工作。

推出以"好享纳溪·四季有约"为统揽的品牌节庆活动,成功举办了"四川省第五届茶叶开采活动周""太山农耕文化传承周""第三届启玉葡萄采摘季"等活动10余次。太山生态园等5家单位获得省级乡村旅游特色业态的殊荣;大渡口镇被评定为"省级乡村旅游特色乡镇"。

省级旅游扶贫示范村创建。打古镇普照村开展了规划编制、旅游通道、标识标牌、游客中心等项目,已通过省检查组现场验收。

星级品牌复核。开展了星级农家乐(乡村度假酒店)的评定和复核工作,通过评估定级,促进全区乡村旅游餐饮和住宿配套设施的提档升级。联合旅游、食药监、工商、消防、安监等部门开展涉旅专项大检查6次,出动检查人员80余人次,共检查星级饭店、A级景区、星级农家乐70余家。全区全年无涉旅安全事故发生。

【农村水利】 2017年,纳溪区总投资1.865亿元的《新建云回水库工程勘察设计报告》获得批复,完成"三通一平"及公开招标确定施工单位等工作。开工建设2017年度高效节水灌溉项目,总投资962.02万元,新建泵站2座,整治泵站1座,新增高效节水灌面4600亩。实施小农水项目,总投资951.14万元,整治提灌站2座、石河堰1处、山坪塘44座;新建100立方米蓄水池14口,新建50立方米小水窖7口,新建30立方米小水窖48口;铺设管道41.9千米,整治渠道1.02千米;新增高效节水灌面1500亩,新增有效灌面2600亩,改善灌面525亩。完成丰乐镇天台村市级水利建设基金专项资金项目工程,新建山坪塘1座、泵站1座,发展高效节水灌面200亩。全面完成2016年度小农水项目并投入运行。完成马庙水库灌区渠系配套改造省级试点项目主体工程,新建、整治渠道65千米,恢复灌面1.36万亩,水库有效灌面达3.16万亩。全面完成3座新增病险水库除险加固任务及蓄水验收工作,加强推进新增病险水库除险加固项目储备工作,已有13座水库被列入新增病险水库整治项目储备库。

水土保持。完成2016年省级下达的水土保持专项资金项目"水土保持科技示范园建设(一期)工程"的主体建设任务,完成投资219.9万元,治理水土流失面积10平方千米。开展2018年水土保持项目前期工作,全区累计治理水土流失面积25平方千米,投入治理资金1250万元。实施水土保持生态修复10平方千米。启动省级水利发展专项资金项目"生态清洁小流域治理试点建设项目",积极开展将纳溪区合面镇水土保持科技示范园争创为国家水土保持科技示范园区、全国中小学生水土保持教育社会实践基地等前期准备工作。全年水土保持方案申报率100%、审批率100%、执行率90%,征收水土保持补偿费203.14万元。

防汛抗旱。全区共组建各类防汛应急抢险队伍182支、成员5998人,储备发电机27台、各类机动车105辆、橡皮舟2条、冲锋舟2艘、机动船10艘、其他应急物资3091件,开展防洪演练和山洪灾害演练103次。开展山洪灾害危险区复核工作,复核危险区93处。在8月至汛期结束开展防汛减灾每日排查、会商、调度工作。全面完成上马沟防洪治理工程,总投资1400万元,新建堤防2120米,河道疏浚1500米。争取区2017年山洪灾害防治项目,总投资143万元。全区投入1000余万元,对灾后水毁工程进行及时整治修复。

7月以来,全区受伏旱天气影响,部分镇发生了不同程度的旱情。全区农作物受旱面积达2.83万亩,因旱造成0.734万人(农村居民)和0.064万头牲畜饮水困难。旱情发生后,在区防汛抗旱指挥部统一协调下,积极组织各镇开展抗旱救灾工作,共投入0.75万人参与抗旱工作,投入抗旱设施机电井120眼、泵站10处、机动抗旱设备30台(套)、机动送水车辆14架次,各级共投入抗旱资金106.17万元,浇灌受灾农作物面积1.71万亩,临时解决0.734万人(农村居民)和0.064万头牲畜的饮水困难问题。

水资源管理。全面完成全区入河排污口复核登记工作,共清理出排污口82个,其中规模以上9个、规模以下73个。制订入河排污口整改方案,落实整改措施,规模以上入河排污口完成标识标牌设置,已完

成11个入河排污口整改工作。落实最严格水资源管理制度，制订《泸州市纳溪区实行最严格水资源管理制度实施方案》，严格"三条红线"管理。12月1日前全面完成水资源费改税档案移交工作，与税务部门建立长期共享管理机制。委托第三方专业机构开展了饮用水源地水质监测及8个水功能区水质断面监测工作。顺利通过《泸州市纳溪区节水型社会重点县建设方案（2012—2016年度）》省级评估，争取省级节水型社会重点县建设专项资金2710万元，动员群众投劳折资近2000万元，整治末级渠系187.03千米，新增和改善灌面3.489万亩。纳溪区获得"2015年度全省水资源管理、节约和保护工作先进集体"称号，连续3年获得全市水资源管理、节约保护考核优秀奖。水生态文明城市试点工作通过国家级复核验收。

水行政执法。全面落实行政执法三项制度，加大行政权力依法规范公开运行工作力度，行权平台录入量达10000余件，每个月录入量均排在全区前列且未出现一起报（预）警情况。全年共办理行政许可和行政审批37件。依法开展河道采砂监督检查和采砂场扬尘专项治理，在砂石堆场专项治理工作中，全年共开展执法检查110余天次（其中开展联合执法检查12次），出动车辆300余台次，参与检查人员1300余人次。发放限期整改通知书33份，落实整改24处，发放限期补办行政许可手续通知书17处，办理水行政执法案件12起，处罚金额合计2.6万元。开展长江上游珍稀特有鱼类国家级自然保护区纳溪段砂石堆场综合规范整治工作，截至2017年年底，全区23个砂石堆场已完成砂石清运总量约736万立方米，其中17个堆场完成清运任务。加大禁采监控力度，严防各堆场借清场之机实施偷采。

河长制工作。全面建立52条河流（河库）的河湖名录，在纳溪区门户网站公示了区、镇（街）河长名单，根据《四川省河（段）长公示办法》共设立河长公示牌211块。建立河长制六项工作制度与河长巡河制度，开展"清河、护岸、净水、保水"四项行动，围绕河长制六大任务组织开展《"一河一策"管理保护方案》编制工作，完成18条河流的管理保护方案编制工作。

拟建重大水利项目。继续推进全国172个重点项目——长江上游干流防洪治理工程（纳溪段）立项申报工作，可研报告及水土保持方案、防洪评价报告、渔评报告等专题已通过相关部委审查，并上报国家发展改革委立项审批。启动白节玉水中型水库建设前期工作，成立泸州市纳溪区玉水水利工程开发有限责任公司及纳溪区玉水水利工程建设指挥部，落实编制单位开展可研报告编制工作，完成"正常蓄水位选择""坝址（渠线）选择"和"施工总布置"等3个专题报告并上报水利厅审查，同时开展可研报告及相关专题报告编制。开展了野鹿溪河—马庙水库河湖连通治理工程等项目前期工作。继续推进河坝水库、白节河防洪治理工程等前期工作，启动《新建护国龙凤水库规划》编制工作。

【农业机械化】 2017年，纳溪区完成机耕作业24800公顷，机电灌溉1500公顷，机械初加工农副产品24万吨，农机运输2600万吨每期。全区采（修）茶机、耕整机、植保机械、拖拉机、联合收割机、农产品加工作业机械等各类农业机械保有量5.8万台，农业机械装机总动力达到28万千瓦以上，农机化综合水平达60.6%。建成机耕道350千米、生产便道950千米，使生产便道、机耕道、乡（镇）干道与主要公路干线相互连接，形成交通网络，实现100%的基地通车、100%的村通水泥路。有农机专业合作社11个，入社人员730人，注册资本500余万元，拥有各类农业机械1000余台（套）。

农机购置补贴。积极做好农机购置补贴项目的实施，全年组织实施中央农机购置补贴资金96.902万元，推广联合收割机、插秧机、耕整机等农机具1307台（套），全区1176户农户直接受益。年新推广揉茶机8台、烘干机5台，年新增小型联合收割机2台、小型微耕机700余台。

安全生产。通过层层落实安全生产责任制，签订安全生产责任书，制定和落实安全措施，确保了农机作业安全。围绕"安全生产月""平安农机"创建活动，开展农机安全生产隐患"大排查、大整治"活动，对拖拉机运输作业、乡村机耕道、农机车队、提灌站、农机维修和经营网点、农机加工作业场所等进行全面检查和安全整治，并重点对拖拉机及其驾驶操作人员开展了年检审工作。全年共组织开展农机安全检查39次，全区共清理排查变型拖拉机193台、耕整机1000余台次，机耕道安全检查138人次，电灌站安全检查95人次，消除各类隐患2个。全年无重特大农机事故发生，农机死亡、重伤、火灾损失均为零。

【农村科技】 2017年，纳溪区依托各类农业试验示范项目，建设水稻绿色高产高效示范片1万亩、高粱高产示范片2万亩、玉米高产创建示范片1万亩、农作物病虫绿色防控示范区3.152万亩、茶叶规范化提质增效核心示范片0.5万亩。进一步深化完善乡（镇）农技推广体系改革，组织85名基层农技人员参加知识更新培训，完成科技示范户培育560人。全年开展各类农民培训3.5万余人次，其中指导性培训现代青年农场主2人、新型农业经营主体带头人69人。

【农村教育】 2017年，纳溪区"同步课堂"覆盖全区所有校点（含村完小）。12所乡（镇）初中全部被评为泸州市初中"优秀学校"，首次实现乡（镇）初中"满堂红"。全区12所农村初中学校（含九年义务制学校初中部）全部进入泸州市初中教育质量"优秀学校"行列（全市评40所），是全市唯一一个全部农村初中均进入初中教育质量"优秀学校"的县（区），标志着全区义务教育阶段质量在市级层面基本实现优质均衡。"四育合一"已成为区域素质教育特色品牌。依托国家级教育示范性综合实践基地·合面太山基地，全区已建成192个各类"四育合一"研学基地，每所学校（含村小学）配置不少于1亩的劳动实践基地。组织开展"四育合一"研学旅行活动，让学生体验家庭生活和农业生产，对学生进行挫折教育和生存训练，培养团队合作意识、环保意识和家国情怀等核心素养。中小学生综合素质评价改革获教育部肯定。创新构建了具有纳溪特色的中小学生"10A+"综合素质评价制度，将学生的品行发展、艺术素养、个性特长等纳入考评内容。8月29日，纳溪区的中小学生"10A+"综合素质评价改革工作代表市委接受省委深改督察组检查，并获得好评。

【农村文化】 2017年，纳溪区"户户通"直播卫星发展1080户、"村村响"应急广播安装1600户。全年完成丰乐镇天台村、白节镇来龙村、护国镇德红村、龙车镇金龙村、打古镇普照村和会龙村6个贫困村广播"村村响"扶贫工程，试播运行稳定；全年完成2512户2017年预脱贫贫困户电视"户户通"扶贫工程，顺利通过省脱贫攻坚检查组验收检查。完成应急广播"村村响"70个行政村民生工程建设任务，实现全区村民小组全覆盖；完成1000户电视"户户通"民生工程。

科技、文化、卫生"三下乡"文艺演出深入打古镇、上马镇等4个乡（镇），书写春联10000余幅，发放各类致富资料和科普法律资料信息共30000余份；歌舞、快板、小品、民俗展演等精彩节目吸引了近20000名观众进入现场观看演出。联合省曲艺研究院分别在云溪温泉、麒麟

广场和花田酒地开展“送曲艺下基层”活动。

配合市委宣传部完成了非遗进校园读本的编写工作；挖掘整理“杨师白马鸡”和“建工活水兔”传统制作技艺、民间传统戏曲“倮戏”及“桂花酒”传统酿制技艺4个项目申报泸州市非遗保护，市政府正式批准；完成“蝴蝶画”和“渠坝豆腐干”申报省级非遗前期挖掘整理工作；组织非遗项目“老卤匠肖鸭子”“桂花酒”“蝴蝶画”等5个项目参加成都国际非遗节展示展销。太山庙、天仙硐寺、华明酒窖池群、巴蜀液酒窖池群、康庆坊酒窖池群拟申报四川省第九批文物保护单位。天仙镇乐道古镇和打古镇古纯村申报为“拯救老屋行动”整县推进项目和特色村落保护项目。凤凰湖景区举办了泸州首届龙舟文化节暨龙舟大赛，将传统文化融入体育竞赛。特别引进中国铁人三项联赛，借助“体育+旅游”的全新营销模式为纳溪区打造一张“体育旅游”的城市新名片。

【农村卫生】 2017年，纳溪区有镇卫生院12个、村卫生室436个，其中一体化村管理卫生站267个。在全区形成以区级医疗单位为中心、镇卫生院为枢纽、村卫生站为基础的三级医疗防保网络。为城乡居民免费提供12类基本公共卫生服务。城乡居民健康档案规范化电子建档44.18万份，建档率达95.8%，完成率103%。实施农村孕产妇住院分娩补助项目，全区农村户籍孕产妇住院分娩率100%；补助1660人，补助资金82.98万元。初步建立区、镇、村三级健康管理责任体系。

【农村交通】 2017年，纳溪区有乡道359千米、村道467千米、社道2000千米。在建、续建农村公路37条共105千米，其中建成打普路等11条共32.2千米扶贫公路。乐道子渡改桥完成工程量的85%；双河口渡改桥已完工，进行连接线施工；河边上渡改桥、丝厂渡改桥因未交付施工图纸，未实质开工；梅子沟渡改桥因论证取消建设。按照全市“三区一县”2019年开行全域公交要求，结合全区地形地貌，采用“宜公交全公交”开行方式，按2017年、2018年、2019年三阶段实施，其中，2017年计划开行9条公交线路，实现所有中心村通公交；2018年计划开行34条公交线路，实现所有建制村通公交；2019年计划开行20条公交线路，实现所有自然村通公交。已开行公交线路18条，其中2017年新开行公交线路11条。

【农村社会保障】 2017年，纳溪区城乡居民基本医疗保险参保率达98.23%，城乡居民基本医疗保险参保居民住院政策范围内医疗费用报销比为75%，城乡居民基本医疗保险财政补助标准达420元。城乡居民养老保险参保人数136194人，减少531人(其中重度残疾人城乡居民养老保险参保率达100%)；缴费人数44571人，减少5595人。开展民工工资支付专项检查，在建项目和新开工项目支付民工工资达100%。建立低保保障标准与物价上涨挂钩联动机制，将因病返贫等边沿困难群体纳入保障，农村低保保障线从每年3200元提高到3400元。农村低保累计救助9.4万人次，发放救助金1707.4万元。结合低保复审复核工作，将3541名建档立卡贫困对象纳入农村低保予以兜底，占农村低保人数的44.8%。向困难残疾人发放生活补贴，累计发放补贴人数4.3万人，发放补贴资金300.1万元。完善临时救助实施细则，提高了救助标准和封顶线，救助困难群众487人次，发放临时救助金109.69万元。“一门受理，协同办理”救助深入推进，设立“一站式”医疗救助定点机构37家，落实医疗救助资金932.77万元，救助困难群众1.55万人。建立完善流浪乞讨人员救助部门联动、镇(街道)协作等4项制度，安置流浪乞讨人员73人，累计救助流浪乞讨人员612人次，支出流浪人员救助金49万余元。加强孤儿生活、慈善等救助力度，累计救助1183人次，发放孤儿生活补贴81.42万元。接收“慈善一日捐”“小城大爱”义卖捐款等各类定向、非定向捐款共计78.26万元，大病救助、贫困助学等支出共计99.63万元。故里情源养老项目、打古镇敬老院等项目建设抓紧推进，“旅游+养生”“医疗+护理”型养老模式深入发展。新增民办养老机构床位700张，维修改造公办养老机构床位240张，建设城乡社区日间照料中心11个，为失能、半失能和80周岁以上的老人提供居家养老服务12010人。

建立优抚对象抚恤补助标准自然增长机制，按时发放优抚对象抚恤补助金，扎实开展春节、“八一”走访慰问等系列活动，打造“阳光优抚”。累计发放各类优抚对象抚恤补助金604万余元，组织完成全区600余名优抚对象信息采集工作；将938名农村重点优抚对象纳入城乡医疗保险；医疗救助优抚对象525人次，落实资金23.5万元。按照“城乡一体”原则，接收安置自主就业退役士兵210人，发放补助金552.9万元。动员组织退役士兵积极参训、自愿参训退役士兵146人，实际参训146人，投入培训资金40.88万元，愿培参训率达100%，获取“两证”率100%，就业率达98%以上。

【农产品质量安全监管】 2017年，纳溪区农产品质量检测站全面建成，全年开展农产品定量检测223个，合格率达100%，实现了全年农产品“质量安全零事故”消费投诉。开展“两杂”种子备案工作，完成春季重大动物疫病集中免疫工作。开展“农资打假”专项整治和农产品质量安全执法等各类农业执法行动，保障农产品质量安全。全区已建成省级农产品质量安全监管示范区，获得“省级有机产品认证示范区”称号。

【村民自治】 2017年，纳溪区全面完成第十届村(居)民委员会换届选举，投入30余万元，联合区纪委、区委组织部、区委党校等部门，采取“专题教学+现场教学+互动教学”相结合的方式进行培训，培训新任村(居)干部400人次。按照“五步流程”的要求，规范村规民约(居民公约)200个村(社区)。联合区监察局、区农业局下发《关于进一步加强村(居)务、组务公开工作的通知》，强化村(居)务、组务公开，实行定期督查，及时通告，限期整改，全年共督查村(社区)100余个，村(居)民小组200余个，发现问题30余个，全部整改到位，整改率100%。按照“四项示范创建”要求，广泛开展依法治村(社区)标准化示范创建活动，其中永宁街道打渔山社区、大渡口镇平桥村等4个村(社区)积极申报市级示范点，安富街道火炬社区、东升街道五顶村等17个村(社区)申报区级示范点；征集上报新乐镇三江村等3个村的优秀村规民约。

【劳务开发】 2017年，纳溪区开展职业技能培训2394人，其中青年劳动者技能培训880人，建档立卡贫困劳动力技能培训313人；开展贫困户就业专场招聘，提供就业岗位2850余个，为150余名贫困家庭劳动者找到了工作。

【三产融合发展】 2017年，纳溪区推动农业与二、三产业融合，坚持打造融合示范农业园区，积极衍生发展农业生态、休闲、观光方面的重要功能，有力促进休闲农业和乡村旅游提档升级。全区特色“七子经济”(米袋子、菜篮子、果盘子、酒罐子、醋坛子、竹筒子、茶杯子)实现了集种植、加工、体验、销售于一体的多重产业融合格局，纳溪区被国家发展改革委、农业部等7个部门联合确立为国家农村产业融合发展示范园创建单位。“智慧三江”利用现代农业科技种植模式，将乡村民居、现代农业、生态旅游等有机结合，形成现代农业观光园区，被农业厅、林业厅、财政厅联合命名为“四川省智慧三江现代农业示范园区”。

【抗灾救灾】 2017年，纳溪区共发生自然灾害7起，其中暴雨洪涝灾害1起、地质灾害3起、森林火情2起、公路涵洞因边坡岩石崩塌损毁1起。自然灾害造成全区7个镇受灾。全区受灾人口7048人，累计紧急转移安置灾民27人；农作物受灾面积192公顷，成灾121公顷，绝收17公顷；房屋倒塌11户21间，严重损坏房屋12户22间，一般损坏房屋37户67间；直接经济损失650.4万元，其中农业经济损失77.8万元、基础设施损失453.5万元、家庭财产损失119.1万元。汛期前新投入4万余元充实救灾物资储备，累计储备救灾帐篷412顶、棉被974床、棉衣175件、棕垫50床、凉席50张及折叠床、蜡烛、雨鞋、应急照明灯等应急救灾物资。指导镇(街道)组建救灾应急队伍15支，联合大渡等镇(街道)开展救灾应急演练1次；举办镇(街道)灾害信息员培训1期，培训灾害信息员200余名。成功应对"8·25"暴雨等7次自然灾害，紧急转移安置27人，发放应急救灾资金53.84万元、救灾帐篷27顶，发放棉被1200床、棉大衣200件、棉衣裤400套和防寒服200套，解决受灾群众御寒问题。认真落实防汛抗旱行政首长负责制，修订了《纳溪区自然灾害救助应急预案》，编制了《2017年防汛抗旱救灾工作应急预案》，构建了纵向到底的区、镇、村三级灾害信息网。

【全力推进"全省农村综合改革试验区"建设】 2017年，纳溪区完成农村承包地确权数据库农业部汇交；制订《纳溪区清理整治农村集体"三资"管理工作方案》，全面开展农村集体资产资源清产核资，累计排查集体资金1.7亿元、资产3198项、资源1361项；田园乐资金互助社正式运营，设立扶贫小额信贷担保金500万元，累计发放小额贷款3500万元；开展"险资直投、支农融资"试点，成功发放全市首笔40万元农业保险"险资直投"。探索资产收益扶贫模式，已将3400余万元财政资金量化给贫困村、贫困户，助农增收效益凸显。纳溪区农村改革经验做法先后两次在全省农村改革工作会上作交流发言，获评"2017年全省重大农村改革任务年度推进示范县(区)"。

【主要领导人】 区委书记：徐利；区人大常委会主任：詹忠平；区长：谭荣兵；区政协主席：朱太成；分管农业副区长：邓小军。

纳溪区编写组

泸 县

【基本情况】 2017年，泸县辖19镇1个街道，辖区面积1532平方千米，其中耕地面积127.29万亩，增长0.01%，人均耕地面积1.37亩；基本农田111.36万亩。年末总人口107.4161万人(户籍人口)，增长0.12%；人口出生率10.92‰，增加1.29个千分点；人口自然增长率4.04‰，减少0.62个千分点。全县耕地有效灌面和保证灌面分别达到耕地总面积的86.59%和57.87%；本地水资源总量6.13亿立方米，人均占有水资源量569.17立方米。有林业用地2.38万公顷，有林地面积2.34万公顷，活立木总蓄积量104.71万立方米，森林覆盖率41%。

2017年，全县GDP300.4亿元，增长9.1%，其中第一产业增加值49.3亿元，增长4.1%，农、林、牧、渔及农林牧渔服务业之比为58.8∶2.7∶31.4∶6∶1.1；第二产业增加值166.5亿元，增长10.1%；第三产业增加值84.6亿元，增长10.1%。三次产业对经济增长的贡献率分别为7.6%、61.9%和30.5%。劳务输出406700人，收入569000万元。全年接待游客645.75万人，实现旅游收入517000万元，其中乡村旅游收入137500万元。

公路通车里程4815千米(其中乡村公路4575千米)，密度314.2米/平方千米，44.2千米/万人。社会消费品零售总额118.57亿元，增长13.4%。地方公共财政预算总收入完成58亿元，增长0.36%；公共财政预算总支出52.9亿元，增长20.76%，其中农业投入45562万元，占支出的8.6%。金融机构各项存款余额336.11亿元，比年初增长12.34%；各项贷款余额136.32亿元，比年初增长10.14%，其中支持农业产业化发展项目贷款36837万元。全年完成农业产业化项目39个，完成投资21212万元。农业产业化龙头企业省级、市级分别为5个、32个。

有各类学校223所，在校学生近18万人，教职工7000余人. 其中普通中学54所(含九年一贯制和高中)，在校学生61742人；小学63所(含九年一贯制学校)，在校学生77978人；学龄儿童三年入园率85.6%。有艺术表演团体101个(注册团体)，文化馆1个，公共图书馆1个，博物馆2个。有卫生机构1263个，病床位3656张，卫生技术人员4525人。新型农村合作医疗参合人数969910人，参合率98.39%；新型农村社会养老保险参保人数448312人，参保率94.65%；被征地农民养老保险参保人数20919人，占总人数的100%。

【年度农业和农村经济运行】 2017年，泸县实现农业总产值81.82亿元，增长2.3%；农业增加值49.3亿元，增长4.1%。农民年人均可支配收入达15146元，增长9.7%。在粮食、生猪、蔬菜生产中，科技贡献率占58.5%。全县农产品质量抽检合格率比年初提高2.5个百分点；建成1个基层农业综合服务站。泸县被评为"全省2017年度'三农'工作先进县""农民增收工作先进县"。

2017年泸县主要农产品产量

主要农产品	单位	产量	同比(%)
粮食	万吨	53.68	-1.53
水稻	万吨	40.42	2.1
小麦	万吨	0.14	-95.39
玉米	万吨	3.2	3.24
马铃薯	万吨	4.42	15.39
油菜籽	万吨	1.98	130.07
蔬菜	万吨	70.71	6.22
水果	万吨	7.02	14.74
肉类	万吨	10.1972	0.97
猪肉	万吨	7.2548	0.25
牛肉	万吨	0.0356	0.85
羊肉	万吨	0.2337	2.28
禽肉	万吨	1.9972	3.28
兔肉	万吨	0.6754	1.61
禽蛋	万吨	1.2916	1.6
水产品	万吨	3.63	5.5

农用地产权制度改革。全年在喻寺镇谭坝村、天兴镇田坝村、玉蟾街道玉蟾村和龙桥社区启动农村集体经济股份改革试点工作，确认农村集体成员身份13032人，向集体经济组织成员发放股权证书3590本。成功向农业部、农业厅汇交数据。完成了100个村的档案资料整理，颁证21.86万本，颁证率达90.52%。全年累计流转土地面积23.5万亩，新增土地流转面积2.17万亩，其中新增规模以上流转面积1.68万亩。在泸县农村产权流转交易服务中心基础上采购并完成安装农村产权流转交易平台，依托此平台，建立了有形的农村产权流转交易市场。

农产品品牌战略实施。泸县已建成青花椒、龙眼栽培、生猪养殖

国家级标准化示范区,省级农业标准化示范区4个,拥有中国驰名商标6件、四川省著名商标13件、泸州市知名商标21件,11个产品获得四川名牌评审认定,5家企业获得6张有机产品认证证书;龙眼认证面积和生姜、鲜橙、高粱等区域特色主导产品认证面积达9850亩,产量达10000吨以上。泸县、泸县龙眼分别荣获"中国晚熟龙眼之乡"和"中华名果"称号。刘氏泡菜、"熟龙"牌龙眼、"牛滩"牌生姜获得国家生态原产地产品保护,青花椒、牛滩生姜成为国家地理标志保护产品,实现了国家生态原产地产品和地理标志保护产品"零"的突破,成功创建为全省"农产品质量安全监管示范县",申报创建"四川省有机产品认证示范创建区"获得成功。全县通过无公害农产品产地整体认证面积42956.3公顷。全县共有"三品一标"农产品18个。泸州刘氏食品有限公司生产的泸县刘氏泡菜获得质检总局"生态原产地产品保护"标志。

现代农业园区建设。泸县现代农业产业融合示范园2017年完成投资1.62亿元,建成高标准农田1500亩,种植观赏油菜1000余亩、水果基地1000余亩、特色水产基地500余亩。村级企业集中区建设年内完成标准扶贫厂房建设11045平方米,包括建设冷藏库600吨、通风库100吨、烘干房2组。完成喻寺镇谭坝村山顶景观平台廊亭建设3个、栈道330米、步游廊道600米、广场3022平方米及绿化工程建设。在园区内建设完成了占地120亩,集生产、娱乐、休闲于一体的乐耕农场1个。建设内容包括旅游综合服务中心670平方米、乐耕家园房屋1400平方米以及生态停车场700平方米、生态鱼塘20余亩及沿河湿地景观、步游廊道、亭台等附属设施建设。

【种植业】 2017年,泸县粮食作物播种面积108.35万亩,产量53.68万吨,其中小春粮食作物播种面积21.76万亩,产量4.16万吨;大春粮食作物播种面积86.59万亩,产量50.34万吨,增长2.15%。各类种粮大户、专业合作社和家庭农场水稻规模化种植面积3.55万亩,增长7.9%。全县完成水稻、玉米、高粱规范化栽培面积68.2万亩,其中水稻56.7万亩。大力发展订单农业,与开源、金土地等公司签订优质稻订单收购合同面积21万亩。

【林业】 2017年,泸县实现林业总产值17.6亿元,其中林业旅游和休闲服务产业8.1亿元;农民人均从林业上获得收入1280元。新建短周期工业原料林0.2万亩,核桃、油茶木本油料林0.1万亩;新建枳壳、花椒等特色经果林0.3万亩、苗木花卉0.1万亩。引进落户项目市外方投资总额3000万元,引进林业项目2个。

【畜牧业】 2017年,泸县生猪存栏73万头,增长2.61%;牛存栏9893头,减少22.6%;羊存栏96152只,减少8.06%。生猪出栏106.2万头,增长3.9%;猪肉产量72548吨,增长0.25%。肉牛出栏2679头,减少0.8%。羊出栏13.6万只,增长0.07%。全年肉类总产量101972吨,增长0.97%。

【水产业】 2017年,泸县水产品总产量3.63万吨,增加1900吨,增长5.5%;实现渔业经济总产值5.01亿元,增长11.3%。全年生产水花鱼苗1.85亿尾,投放鱼种3430吨。全县有水库1.65万亩、山坪塘2.54万亩,稻田蓄水养鱼5.04万亩,新发展稻田蓄水养鱼2500亩,养鱼面积增长4.9%,农民人均渔业增收实现46.7元目标。培育50亩以上产业示范业主296个,养殖面积达2万亩;泥鳅、小龙虾、青蛙等特色水产养殖基地达14处,养殖规模近1万亩;以方洞镇稻鳅、立石镇稻虾、福集镇稻蛙稻田立体种养为典型,发展稻田立体种养面积2500亩。

【统筹城乡和新型城镇化】 2017年,泸县城镇建成区面积63平方千米,有城镇人口45.8万人,其中县城建成区面积18.5平方千米、人口18.5万人,城镇化率40.5%。全面实施重点项目19个,计划完成投资27亿元。酒香大道北段及玉龙隧道竣工通车,龙湖湿地公园一期建成开放,玉蟾温泉国际度假区、城西商务综合体、建设街棚户区改造等项目建设进展顺利,县城及港城大道三角梅景观绿化工程、踏水桥桥头公园建设顺利完成,县城城东、城西片区等骨干路网正有序推进,玄滩镇、云龙镇实现场镇全域"白+黑",太伏镇、云龙镇分别创建省级加工制造型、科技教育型特色小城镇。

民生工程建设投入资金16063万元,完成2017年农村危房改造4088户,超额完成1560户。投入资金6000万元,完成公租房500套;投入资金3.2亿元,完成市上下达建设街二期300套目标任务,全部实行货币化安置;发放公共租赁住房租赁补贴390户、40余万元。投资9000余万元,完成县城输水复线工程项目建设,彻底改善城区供水紧张的局面。投资约2000万元,完成城市地下管网提升工程;投资约5000万元,完成城西雨污管网提升工程;投资约4000万元,完成19个乡(镇)雨污混排口整治;投资约1800万元,启动30个农村污水处理设施点建设工作,场镇污水收集处理率达85%。

【新村建设】 2017年,泸县20个镇(街道)建成幸福美丽新村35个。新村实现道路硬化入户率、统一集中供水管网入户率、有线电视覆盖率、垃圾集中收集率均达100%。实施基础设施及公共服务设施建设,不断缩小城乡差距。推进基础设施、主导产业和城乡一体化综合配套服务,实现三产融合,已建成喻寺镇谭坝村三产融合发展、云龙镇未梅滩休闲度假、流滩坝乡村旅游等风格各异的新村14个。做好泸永路、泸荣路、福清路等公路干道沿线新村基础设施项目储备,构建"四横八纵"新农村示范带,为实现富民强县的发展目标奠定了坚实基础。成全年创建市级"四好村"36个、省级"四好村"13个。

【农村扶贫和移民工作】 2017年,泸县动态管理调整确认贫困户22010户59441人,目标任务为完成7255户19921名贫困人口脱贫、21个贫困村"摘帽"退出。全县确定18个专项扶贫计划、278个脱贫项目,投资36亿元,其中政府性投入8.06亿元。截至2017年年底,全年目标任务全部完成,退出的21个贫困村村集体经济收入远超退出标准。

移民后扶工作有三溪口、艾大桥水库、流滩坝电站大中型水利水电工程3座。核定登记水库移民人口为15131人,占泸州市移民总数的74.8%。分布在立石、毗卢、海潮等19个镇(街道)131个村,其中三溪口水库移民13547人、艾大桥水库移民557人、流滩坝电站移民686人、三峡移民300人、省外迁入移民18人、省内市外迁入移民28人、县外市内移民1人。截至2017年年底,全县移民14985人。

【乡村旅游】 2017年,泸县有全国休闲农业与乡村旅游示范点、中国美丽乡村、国家4A级乡村旅游景区1个(龙桥文化生态园),省级乡村旅游精品村寨1个(玉蟾街道龙桥社区),中国乡村旅游模范村1个(玉蟾街道龙桥社区),省级乡村旅游示范村3个(原福集镇小马滩村、潮河镇后湾村、立石镇玉龙村)。县域内有农家乐近70家,其中四星级乡村酒店、四川省精品乡村酒店、中国乡村旅游金牌农家乐、四川省精品农家乐园1家(玉蟾山庄),三星级农家乐9家,特色业态5家,民宿达标户3户,中国乡村旅游致富带头人6人。全年接待游客273.9万人次,增长33.6%;实现休闲农业与乡村旅游收入13.75亿元,增长34.2%。

【农村水利】 2017年,泸县积极推进重点项目前期工作,牛滩镇土公

庙水库前期工作完成水库规划建设范围内的实物调查，九曲河系统治理工程已立项。全年争取中央和省级资金1.7亿元。完成水利投入3亿余元，三星桥小(1)型水库工程、高效节水、水土保持等项目全面完成，三溪口水库杨九灌区、艾大桥水库灌区渠系配套工程、沱江流域江河治理和濑溪河牛滩堤防加快建设。泸县成功承办全省高效节水现场会暨农业水价综合改革工作推进会、全省水土保持现场工作会。推进村镇供水改造工程建设，16处饮用水源地环境监管全面加强，12万农村居民的饮水质量得到有效改善。

完成河长制体系建设，落实了县、镇两级河长和村级巡河员，编制了县内20条河流的《"一河一策"管理保护方案(送审稿)》，加强河道护岸保洁工作。加强水资源管理和水环境整治，取缔县城内濑溪河营业船只4艘；取缔砂石堆场1个，规范整治5个；新终止水库水产养殖承包合同8座，取缔三溪口水库网箱240口。深化水务体制改革，完成全国小型水利产权制度改革三年试点工作，在方洞、喻寺等5个镇31个小型灌区试点实施农业水价综合改革。

【农业机械化】 2017年，泸县新建、改造机耕便民道300千米，投资3920万元，完成计划的100%；维修各类提灌机械3160台次、16800千瓦，新增提水控灌设备584台、1488千瓦，新建、改造提灌站18座、642千瓦，全年提灌站建设投入资金360万元。新建"物联网+提灌站"8座，总计达21座。全年农机总动力达56.5万千瓦，增加2.2万千瓦。全县主要农作物耕种收全程机械化水平达58.4%，增长7.4%。

【农村科技】 2017年，泸县实施各级农业科技产业项目16项，共投入农业科技资金600余万元，其中财政资金210余万元。完成以四川省水稻高粱研究所为技术依托的国家粮食丰产科技三期工程。认定并巩固科技特派员创业示范基地3个，新认定泸县荣庆水果专家大院1个、市级科技型农业企业7家、县级农业类创新型科研机构3家。全县选派科技特派员40人，对口联系贫困村40个，建立50亩以上的丰产示范园21个，培育科技示范户168户，辐射带动1680户，建立百里示范长廊核心区3万亩，推广蔬菜优质高产技术10项，在12个贫困村推广生猪寄养等新型养殖模式，带动农民就业5万余人，帮助贫困村贫困户人均增收686元左右，实现贫困村良种应用率和实用技术普及率达70%以上。截至2017年年底，全县农业科技专家大院达9个。

【农村教育】 2017年，泸县义务教育均衡发展，农村九年义务教育巩固率达100%；农村义务教育残疾儿童入学率为95.03%，其中三残儿童入学率94.93%；农村转移人口随迁适龄子女义务教育入学率达100%。严格按照《消除义务教育阶段大班额专项规划》要求，逐步消除超大班额和大班额。

成人教育特别是社区教育突显了"一镇一品、一村一特色""非遗进社区"特色，健全了以县、社区教育学院为龙头、镇(街道)社区教育学校为骨干、村级社区教育工作站为基础的"三级模式"，实现了全县社区教育培训服务全覆盖。"百和莲枪""兆雅创客阁"获得四川省"终身学习品牌项目"称号。"国家级农村职成教育示范县"合格认定检查受到教育厅专家组的高度赞誉。

【农村文化】 2017年，泸县完善公共文化设施网络，累计投入经费近5亿元，县、镇、村三级文化设施网络基本形成，城市"五分钟文化圈"、乡村"十里文化长廊""五里文化院坝"的设施网络基本实现全覆盖。全民健身中心全年免费开放，镇(街道)、村文体设施全面覆盖。全县20个镇(街道)共投资1600余万元，分别建成综合文化站20个、文化广场50余个。村文化室、农家书屋、社区书屋全面覆盖，标准化推进基层综合性文化服务中心建设，覆盖率达80%以上。建成农村应急广播"村村响"工程，建成农民健身工程178个、健身路径78条，251个行政村体育健身器材覆盖率达70%以上。广泛发动社会力量参与阵地建设，红牡丹文化传媒公司等近20支农民演艺团队拥有自主阵地。

【农村法制建设】 2017年，泸县开展"法律进乡村(社区)"活动，利用农闲、赶集、节庆等时机发放普法读物和普法宣传用品1万余份。严格按照"五步工作法"分阶段修订完善村规民约和居民公约，并规范上墙，村规民约制定率、上墙率均达100%。深入开展利用村民自治推动移风易俗工作，制订移风易俗实施方案，通过村民院坝会、组民会等形式引导村(居)民将新风新俗相关要求拟入村规民约，积极修改完善村规民约内容，规范和简化了红白事操作流程。全面推进法治村(社区)标准化建设。积极推进法律进乡村进社区工作，随着法律文化建设的不断深入与加强，群众的监督意识不断增强，参与法律文化建设的积极性不断提高。开展法治村(社区)标准化建设示范创建工作，已创建省级示范单位3个、市级示范单位1个、县级示范单位6个。

【农村交通】 2017年，泸县实施"交通+"模式，大力推动乡村振兴战略。在全县实现"社社通"，推进"户户通"硬化路的基础上大力推进"四好"农村路建设，进一步完善公路干线路网规划，提升道路等级。完成县道、乡道改善提升工程37.9千米，建设通社水泥路1834千米。全力推进"村村通"公交，进一步完善公交、客运线路配套设施建设，彻底解决群众出行难"最后一公里"问题，提升群众的获得感和幸福感。

【涉农招商引资】 2017年，泸县3000万元以上的农业招商引资重大内资项目2个，增长100%；项目总投资5.5亿元，增长525%。到位资金1.43亿元，完成年度任务的125%。

【农村社会保障】 2017年，泸县城乡居民基本医疗保险参保人数96.9万人，参保率98.39%；城乡居民养老保险参保人数44.83万人，参保率94.65%。被征地农民参加企业职工养老保险2.09万人，占总人数的100%。

【农村生态建设及环境保护】 2017年，泸县建设农村户用沼气池3万口、大型沼气工程4个，提供清洁能源年总产气1050万立方米，减排二氧化碳4.5万吨。建成新村聚居点污水处理站46个，建成地埋式垃圾库43个，建成农村垃圾收集池1800余个，建成生活垃圾压缩中转站1个，所有垃圾转运泸州市焚烧发电。濑溪河禁养区17家养殖户全部关闭。濑溪河河长制工作全面推行，水生态逐步得到修复，濑溪河出境断面达Ⅲ类水质，完成了省政府交办的重大民生实事。加强面源污染防治，推广测土配方施肥面积105万亩。

【农产品质量安全监管】 2017年，泸县创建农产品质量安全监管示范县工作通过省级核查并通过验收，泸县农产品质量安全监督检验检测站通过了"双认证"考核。完成国家食品安全城市创建农产品样品抽检400个，通过招标委托第三方检测机构监督抽检，合格率99.5%。省、市各级农产品质量安全例行监测任务完成率100%，样品检测合格率99.8%。全年出动执法人员1200余人次，出动车辆180余辆次，立案20件，结案17件，确保无重大农产品安全事件发生。

【农村金融】 2017年7月，农村商业银行股份有限公司正式挂牌营业，元通村镇银行完成换届选举，县担保公司与省农业担保公司开展战略合作，南充美兴小额贷款公司在泸县设立办事处，部分农村金融网点实现升格。全年为270余家中小微企业发放贷款达18亿元，涉农贷款余额达2.73亿元。全县农民住房财产抵押贷款试点业务累计发放贷款1241万元，精准扶贫小额信贷累计发放贷款3866.35万元，无

还本续贷、应收账款质押、税金贷等创新性金融业务贷款达4.96亿元。全县金融生态环境持续向好。

【农村留守家庭(儿童、学生)帮扶】 2017年,泸县在各中小学(幼儿园)建家长学校109所,建家率100%;村(社区)建家长学校158所;建立泸县家长学校总校1所,常年开展对全县家庭教育的指导服务工作。面向教育系统、卫生系统,公、检、法、"五老"人员及妇联干部中征集和吸纳了集教育、心理咨询、法律服务及维权、妇幼卫生等方面"幸福使者·父母大课堂"骨干队伍50名,提供机会帮助学习家教、维权、养生保健等知识,进一步提高讲师授课水平。建家风家教微课群,线上线下抓家教,解决外出与留守家长教育的问题。通过微信群建立起泸县妇联"幸福使者·父母大课堂"微课堂5个,每个微课堂400余人,派出"幸福使者"30人深入15个镇开展现场公益讲座50场次,利用微课群邀请"幸福使者"22人在5个微信群实行每周日晚八点的线上讲课80堂,累计推出空中微课堂14期,通过线上线下两种渠道,听课人数达10万余人次。全县建立了"留守学生之家"57所,其中学校"留守学生之家"49所、村(社区)"留守学生之家"8所,为留守学生建起温馨的心灵家园。举办"奋斗的青春最美丽"青年典型事迹分享活动,引导激励困难留守学生崇尚自力更生、苦干实干精神。争取扶贫专项"西部计划"志愿者25名,全部下沉镇(街道),充实留守学生关爱力量。组织开展"心理健康·阳光成长"主题教育,高度关注特殊青少年群体的心理需求,大力宣传12355、预防蓝鲸、青春期健康知识等,全县1170余人参与志愿走访,走访青少年家庭1460户,涉及青少年对象3052人,解决青少年问题175个。整合18.75万元加大关爱力度,其中结合"暖冬关爱"行动,向全县400余名建档立卡贫困青少年发放3.75万元爱心书包等慰问物资;发起"9·9公益日·爱心衣橱"活动,通过互联网筹集资金15万余元,为全县700余名困难留守学生购买防寒服。调动泸县青年联合会、泸县青年企业家协会、泸县龙城义工、泸县义工等团属团体,在节假日开展"庆六一 献爱心""励志故事分享""暖冬慰问"等系列活动50余场次。通过政府购买服务方式,在全县13个群团工作站开展"快乐留守·大爱龙城"留守儿童暑期夏令营。专业社工入驻2个"5·2青空间",常态化开展"四点半课堂""留守关爱"主题活动。

【劳务开发与返乡创业】 2017年,泸县农村劳动力外出务工40.67万人,实现劳务收入56.9亿元,农村劳动力转移就业以省外就业为主。积极落实返乡创业扶持政策,全年新增返乡农民工创业385人。

【主要领导人】 县委书记:薛学深;县人大常委会主任:颜习林;县长:肖刚;县政协主席:李镇;分管农业副县长:杜作文。

泸县编写组

合 江 县

【基本情况】 2017年,合江县辖1乡26镇,辖区面积2414平方千米,其中耕地面积107.8万亩,人均耕地面积1.54亩;基本农田85.9万亩。年末总人口90.1万人(户籍人口),增长0.1%;人口出生率9.3‰,与上年持平;人口自然增长率2.6‰,与上年持平。全县耕地有效灌面达到耕地总面积的43.2%;本地水资源总量14.54亿立方米,人均占有水资源量1616立方米。有林业用地204万公顷,有林地面积147万公顷,活立木总蓄积量788.65万立方米,森林覆盖率56.76%。

2017年,全县GDP189.9亿元,增长8.6%,其中第一产业增加值35.8亿元,增长3.9%,农、林、牧、渔及农林牧渔服务业之比为57.2∶4.8∶31.8∶4.4∶1.7;第二产业增加值73.6亿元,增长10.2%(工业增加值59亿元,增长8.6%);第三产业增加值80.4亿元,增长9.2%。三次产业对经济增长的贡献率分别为9%、47.4%和43.6%。全年劳务输出27.8万人,劳务收入46.31亿元。全年接待游客665.3万人,实现乡村旅游收入55.8亿元。

公路通车里程2207千米(其中乡村公路1988千米),密度823米/平方千米,29.4千米/万人。社会消费品零售总额98.4亿元,增长13.1%。地方公共财政预算总收入完成29.6亿元,增长60.2%;公共财政预算总支出54.4亿元,增长23.8%,其中农业投入7.1亿元,占支出的13.1%。金融机构各项存款余额285.19亿元,比上年初增长11.6%;各项贷款余额129.72亿元,比上年增长11.6%,农业产业化龙头企业国家级、省级、市级、县级分别为1个、5个、28个、215个。

有各类学校232所,在校学生163074人,教职工7067人,其中普通高校1所,在校本(专)科学生5222人,增长154.3%;普通高中3所,在校学生12345人;小学75所,在校学生71806人;学龄儿童入学率100%。有文化馆1个,公共图书馆1个,博物馆1个。有卫生机构805个,编制病床3941张、开放病床4789张,卫生技术人员5018人。城乡居民医疗保险参保人数80.74万人,参保率99.01%;城乡居民社会养老保险参保人数32.09万人,参保率87.6%。

【年度农业和农村经济运行】 2017年,合江县出台了15个规划、政策等相关文件。实现农业总产值61.1亿元,增长3.6%;农业增加值36.4亿元,增长3.9%;荔枝、真龙柚、金钗石斛、蔬菜生猪等特色优势农产品产量保持稳定增长。农民年人均可支配收入达14472元,增长10%。全县农产品质量抽检合格率达98.5%,增加0.15个百分点;建成311个基层农业综合服务站。

2017年合江县主要农产品产量

主要农产品	单位	产量	同比(%)
粮食	万吨	52.1	0.7
水稻	万吨	32.75	0.46
小麦	万吨	0.85	-15.84
玉米	万吨	6.83	2.1
马铃薯	万吨	4.85	0.62
油菜籽	万吨	0.3	6.1
蔬菜	万吨	81.7	11.5
水果	万吨	11.82	18.72
肉类	万吨	70649	2.33
猪肉	万吨	53914	2.27
牛肉	万吨	356	7.88
羊肉	万吨	2479	4.64
禽肉	万吨	12826	1.6
兔肉	万吨	937	7.21
禽蛋	万吨	12236	-3.81
水产品	万吨	1.8	5.8

新型经营主体培育。一是培育新型农业经营主体。落实县级财政专项资金200万元用于新型主体培育,新培育国家级林业龙头企业1家、省级专合社3个、市级专合社9个、省级家庭农场3家。全县已注册农业企业249家、专合社647个、家庭农场250家,有国家级龙头企

业1家、省级龙头企业5家、市级头企业28家,国家级专合社2个、省级专合社21个、市级专合社71个,省级家庭农场3家、市级家庭农场8家。合江荔枝、四川威腾家具公司“宜品”被评为四川省著名商标,全年新增四川名牌产品5个、有机产品3个、有机转换产品2个、无公害农产品3个。二是探索创新经营方式。推进农村集体产权“多权同确”,因地制宜地创新农村土地流转模式,总结推广“黄谷保底、合作分利”“整体流转、按需转包”等农村土地流转新模式。全县新增土地流转面积6350亩,其中30亩以上规模化流转面积4410亩,规模化流转面积增长率提高2.3%,推动全县农村土地承包经营权流转达21.3万亩、林地10.1万亩。

农用地产权制度改革。合江县全县集体土地所有权、集体建设用地使用权、农村宅基地使用权、集体林权、农村小型水库、农村机电提灌站的确权颁证工作全面完成。农村土地承包经营权确权工作通过省专家组验收,完成数据汇交,确权颁证率达90%以上。农村房地合一不动产登记有序推进,在24个乡(镇)全面启动宣传培训会、信息调查核实等工作,外业测绘10.8万户。依托县政务中心和乡(镇)便民服务中心全面完成县、镇级农村产权流转交易平台建设。全面完成全县27个乡(镇)、284个村的清产核资工作。因地制宜地探索创新农村土地流转模式,总结推广真龙镇真龙柚基地“黄谷保底、合作分利”,大桥镇蔬菜基地“整体流转、按需转包”,凤鸣镇金钗石斛基地“林地入股、产品分成”,白沙镇荔枝基地“地树分离、买断经营”等农村土地流转新模式,实现农民与新型主体合作共赢,推动全县农村土地承包经营权流转达21.3万亩、林地10.1万亩,适度规模流转土地发展呈现出好势头。

【种植业】 2017年,合江县粮食产量52.1万吨,增加0.17万吨。其中,小春粮油作物播种面积19.7万亩,产量3.3万吨;大春粮食作物播种面积98.02万亩,产量48.61万吨。开展粮油高产创建工作,规划落实万亩粮油高产示范区17个,新增规模化经营面积0.1万亩。开展绿色高效示范,推广高产高效水稻直播2万亩、稻鸭共栖3300亩。抓好各项强农惠农富农政策,积极落实耕地地力保护补贴面积,发放补贴资金8068.8万元。

【林业】 2017年,合江县管护森林98.2万亩(其中国有林14.5万亩),改造低产低效林2.1万亩,巩固退耕还林成果10.45万亩。投入450万元发展贫困村林业产业,占林业产业项目资金总额的68.4%,涉及7个乡(镇)12个贫困村,建设林业产业基地3740亩、林区道路32千米。新建竹产业基地2万亩,改造3万亩;新建木质工业原料林基地0.705万亩,改造0.18万亩;新引进市外投资1亿元,新引进林业项目3个;新建竹区公路95千米;福宝国家森林公园建设全面推进。完成林权流转1件,新增林业专合社(家庭林场)13个;全面完成国有林场改革和林业综合行政执法改革。

【畜牧业】 2017年,合江县全力打造温氏养猪、正大养鸡等畜禽标准化养殖基地350个,完成合江温氏60万头生猪生产产业一体化项目年度建设工作,建成温氏合作家庭农场22个单元。完成正大—泸州3000万只肉鸡产业种鸡场选址工作,成立了平台公司。建成肉羊标准化养殖场2个、肉牛标准化养殖场2个,新(改、扩)建畜禽标准化养殖小区(场)100个。

【水产业】 2017年,合江县形成了以金鑫渔业专合社为代表的渔业产业体系,生产的水产品主销重庆市,远销越南、缅甸等国家,已销售名优水产品近200吨,销售额近800万元。建成尧坝小龙虾养殖场、健康养殖场各200亩,建成白米镇原农场、榕右乡低碳高效池塘循环水养殖场各100亩,真龙湖、天堂咀水库、金龙湖等结合休闲旅游发展的休闲水产业水质得到明显改善。全年完成水产品产量1.8万吨,增长5.8%;新增养殖面积0.1万亩。

【优势特色产业发展】 2017年,合江县加强荔枝、真龙柚、金钗石斛三大特色产业标准化管护,三大产业总面积分别达30.6万亩、30.8万亩、5万亩,荔枝、真龙柚产量创历史新高,分别达2000万千克、5000万千克;实现综合收入17.36亿元,增加0.78亿元,带动农民人均增收1860元。金钗石斛陆续投产,经济效益逐步显现,产量750万千克,综合收入4.5亿元,带动农民人均增收644元。

【统筹城乡与新型城镇化】 2017年,合江县完成城市基础设施建设投资4.6亿元,新增建成区面积1.2平方千米、城镇人口1.2万人,城镇化率达39.3%。高起点开展江北新城(一期)重点区域城市设计,编制笔架山风景名胜区控制性详规、地下综合管廊和海绵城市专项规划,修编尧坝、法王寺等8个乡(镇)总规。按照“建设新区、疏解老城”的理念,确保西扩2号线(二期)、新区中学片区配套路网(一期)、中医院后侧配套道路等7个项目建成投用,加快推进江北连接线、江南连接线(省道308A段)等10个重点项目建设,启动三江组团市政道路、景城一体化等8个项目前期工作;加快推进马街向化厂棚改安置房等项目,配套建设地下停车设施,努力缓解日益突出的停车难问题。着力培育一批工业、农业、商贸、旅游特色小城镇,全力支持九支镇申报全国和省级特色小镇,福宝镇申报省级特色小镇。注重城乡管理,完成数字化城管监督指挥大厅及城市管理信息平台建设,全面提升城市智慧管理水平;大力实施环卫市场化改革、“厕所革命”,全面提升城市形象和品位;强化环境治理,持续推进双违、农村燃气、商砼站三大专项整治,启动全国文明城市创建,深入推进爱国卫生运动,确保榕山镇、尧坝镇创建为国家卫生乡镇,先滩镇、石龙乡、神臂城、参宝乡创建为省级卫生乡镇。实施行政区划调整,完成榕右撤乡设镇,推进合江镇、榕山镇撤镇设街,稳妥实施“村改居”。

【幸福美丽新村建设】 2017年,合江县按照“产村相融、农旅结合”的理念,编制《合江县乌蒙新村总体规划》,高标准建设、高水平打造大桥镇长江村、榕山镇回洞桥村、白沙镇灵丹村、石龙镇太平村等精品村,全县已建成幸福美丽新村129个,其中省级“四好村”28个、市级“四好村”55个、县级“四好村”90个。统筹易地扶贫搬迁、农村危改、地质灾害搬迁和扶贫专项危改等住房保障类项目,突出川南民居风格、荔乡文化特色,重点打造五通镇李咀村、尧坝镇白村等集中安置示范点7个。

【扶贫攻坚】 2017年,合江县先后承办全省乌蒙山片区脱贫攻坚推进会、全省“四项基金”现场会、全省农房建设现场会。全年实现3万人脱贫、34个贫困村退出,贫困人口降至9756人,贫困发生率下降至1.28%,成功接受省级验收评估和成效考核。

“三个精准”扶贫。一是精准识别。按照“两公示一比对一公告”识别程序,坚持政策宣讲到位、业务培训到位、群众发动到位,结合“四看法”进行综合比对,全程公开透明评选。对象初步确定后,从公安、房管、财政、交管等职能部门和乡(镇)抽调精干力量,“户户上门、人人见面”,按照个别访谈、入户走访、分组核查、信息比对、分级会审等程序,进行多轮全覆盖排查,重点对疑似错评漏评、未整户识别等情况进行村、镇、县三级会审,确保“应纳尽纳、应扶尽扶”。二是精准扶贫。落实31名县级领导包镇、103个帮扶单位包村、380名领导干部包社、

5136名帮扶干部包户，落实"六包"责任(即包对标补短、包政策宣传、包环境卫生、包入户资料、包认可度、包脱贫退出)，充分发扬"5+2""白+黑"拼搏精神，全部下沉脱贫攻坚第一线扎实开展工作；村、镇、县三级逐级会审，分别对疑似错退、疑似漏评、未整户识别、国扶系统信息错漏等情况逐一审核，实行精准动态管理。按照省市"删繁就简"要求，规范贫困户入户档案资料，对贫困户对象实行建档立卡精准管理。三是精准退出。贫困县"摘帽"。统筹教育扶贫和义务教育均衡发展，投入资金7.2亿元，新(改)建校舍和运动场38.54万平方米，购置计算机5600台、图书78.6万册；建设农村教师周转房1255套，健全教师支教、轮岗交流制度，分类分地区补贴教师400～700元/月，27个乡(镇)中心学校5项指标全部达标；投入资金7679万元，新(改)建乡(镇)卫生院15个，其中提档升级中心卫生院5个；按人均1.8万～3.6万元4个等次，分类保障乡(镇)卫生院人员经费，27个乡(镇)卫生院均达到脱贫标准；投入资金6200万元，新(改、扩)建乡(镇)便民服务中心27个，3项指标全部达标。贫困村退出。村村成立村集体资产经营管理公司，积极多渠道创收，实现贫困村集体经营性收入人均6元以上；投资25.6亿元加快推进渡改桥12座，投资1.73亿元新(改)建农村公路277.8千米，实现所有村通硬化路；投资9亿元建设重点扶贫农村公路180千米；投入资金2325万元，新(改)建村卫生室271个。改(扩)建村文化室274个；新(改)建通信基站287个，已退出村贫困发生率均降至2%以下。贫困户脱贫。"一超""两不愁"方面，通过产业就业扶持、政策兜底保障，全年所有已脱贫户人均收入稳定在3400元以上。"三保障"方面，实施贫困户住房安全项目11325户、非贫困户住房安全项目11470户。全面兑现教育扶贫政策，为10.78万名学生减免奖补各类资金1.87亿元，严格落实"五长"责任制，确保无一名贫困学生失学、辍学。推行"预防+治疗+兜底"全方位医疗服务，实施全民预防保健，为贫困人口免费健康体检，县财政兜底保障贫困人口全覆盖，县内医保协议管理定点医疗机构就医"零自付"。"三有"方面，通过"三包制"延伸管网，保障2.5万贫困人口安全饮水；通过修建蓄水池、打水井、安装净水器、发放泡腾片等措施，让1万名散居群众喝上干净水；投入资金12.7亿元完成两轮农村电网改造，全面消除无电户；为13014户贫困户免费安装电视信号接收器，实现广播电视"户户通"。

社会力量扶贫。省总工会、省委编办、西南医科大学、泸州老窖集团定点帮扶合江县，为全县脱贫事业出谋划策、出资出力。发挥群团组织"党的助手、政府帮手"作用，大力开展"温暖荔乡·四季关怀""灵活居家就业""童伴计划"等行动，借力社会力量开展"结对联村帮户"活动，促成36家企业与36个贫困村结对。大力开展"人大代表在行动"活动，每名人大代表结对帮扶贫困户2户以上，深入开展"串一次门、谈一席话、讲一次课、献一份计、捐一笔资、出一份力"的"六个一"活动。全县1996名人大代表结对帮扶贫困户4000余户、资助贫困学生3000余人、捐款捐物合计500万元、争取协调帮扶资金1200万元。创新开展"荔城汇爱心·十送"社会扶贫活动，"送健康"64场次、为5万名在家贫困群众免费体检，捐赠医疗物资37万余元；"送文化"56场，覆盖53个村，惠及4.3万人；"送技术"82场，发放资料1.89万余册，惠及3.6万贫困人口；"送岗位"5200余个，转移就业1.7万人；"送温暖"捐资183.4万元，援助学生365人，捐赠图书1800余册；"送教育"64场次，募集捐款211万元，惠及贫困家庭学生1909人；"送法律"76场，惠及128个村8万余人；"送金融"举办金融服务活动218场次，发放宣传资料5.4万余份，惠及群众6.2万余人；社会捐赠产业发展物资39.5万元；社会捐赠项目建设资金251.8万元。

移民后扶工作。全县共有大中型水库后扶移民177人，其中三峡后扶移民167人(合江镇28人、佛荫镇35人、榕山镇100人、白鹿镇4人)，省内其他大中型水库后扶移民10人(参宝镇3人、大桥镇2人、凤鸣镇2人、白鹿镇2人、福宝镇1人)。全年发放大中型水库后扶移民直发直补资金共计10.62万元。完成了徐周电站、黄金坝电站、沙溪河电站、两岔河电站、刘道伦电站征收补偿工作；完成对《泸州市锁口水库工程建设征地移民安置规划调整报告(审定本)》的修订完善；九支集镇移民集中安置点项目完成了监理单位和施工单位招标工作。

【乡村旅游】 2017年，合江县举办了龙顶山古寺朝山节、五通苗族"踩山节"、尧坝"五一"民俗特色文化展演、法王寺佛诞节、大桥镇葡萄节、合江荔枝节等系列节庆活动，有效促进当地涉旅企业和周边农户增收。打造密溪中国真龙柚博览园、大桥镇长江村农旅结合示范园、合江镇百年荔枝林等乡村旅游景点。前三个季度全县休闲农业与乡村旅游实现综合收入33亿元、接待游客450万人次，分别增长25.5%、24.8%。鼓励农户兴办农家乐140家，实现收入1050万元。

【农村水利】 2017年，合江县创新"三包制"，县属国企包材料，乡(镇)、村(社区)包施工，水务部门包技术，整治山坪塘115口，新建蓄水池352口，新建管网316千米，解决贫困群众集中供水问题；采取免费安装净水器、发放泡腾片等方式，解决分散饮水问题。

【农村科技】 2017年，合江县对全县3800亩大红袍荔枝实施高换改良，嫁接带绿、绛沙兰、妃子笑等优质晚熟品种，逐步形成早中晚4:4:2搭配合理的产品结构；实施授粉技术攻关，推广脆香甜授粉，提升了4300亩真龙柚的产品品质。在长江、赤水河沿线乡(镇)建设种优质蔬菜基地5万亩。在南滩镇、参宝镇建设花椒种植基地7500亩。进一步完善农产品标准化生产技术规程和农产品质量标准，建立管护机制，对30.6万亩荔枝、30.8万亩真龙柚、5万亩金钗石斛实施标准化管护，推动三大特色产业发展由规模扩张向规模、质量、效益并重转变。大力开展绿色高效示范，推广水稻直播技术示范2万亩、马铃薯稻草覆盖免耕栽培1万亩。

【农村法制建设】 2017年，合江县"雪亮工程""智慧云·护城墙"项目有序推进，优化整合27个乡(镇)派出所为10个中心派出所，大桥、尧坝等4个派出所建成并投用，基层社会治理不断加强。深入开展"盗抢骗""三打击一整治"等专项行动，刑事案件发案率减少2.3%，破案率增长40.3%，群众安全感进一步提升。

【农村交通】 2017年，合江县以"交通大会战"为契机，建设脱贫"摘帽"农村公路277.8千米，实现全县284个行政村全部通油路或硬化路。133个农村客运招呼站建成并投用，实现全县30个中心村通客运。

【农村社会保障】 2017年，合江县农村居民最低生活保障人数28401人。启动全民参保登记试点；发放各类社会救助救济资金1.25亿元，法律援助3208人次。新建社区日间照料中心16个，新增乡(镇)敬老院床位200张、民办养老机构床位500张，购买居家养老服务3.6万人。

【农村生态建设及环境保护】 2017年，合江县加强生态文明建设，深入推进生态文明体制改革，持续开展国有林场改革，水生态文明城市建设试点工作通过国家验收。加强自然保护区保护，成立合江佛宝市级自然保护区和南滩白鹭林市级自然保护区管理办公室，科学调整自然保护区范围和功能分区，进一步规范自然保护区的建设和管理。严守生态红线底线，协助完成四川省生态红线优化调整工作，严格落实

生态保护红线制度。全面打响大气、水、土壤污染防治“三大战役”，环境质量明显提升。九支、白沙等20个乡（镇）污水处理厂，大桥镇长江村、榕山镇回洞桥村等20个农村污水处理点建成并投用。严厉查处和打击各类环境违法行为，巡查污染源285家次，转运非法堆场砂石1600万吨，拆除网箱渔船38艘，取缔非法养殖场12家、屠宰场6家、码头6座。承办全省环境应急管理工作会暨长江干流出川断面突发环境事件应急演练。立案查处各类环境违法行为为57起，处罚金额270万元，办结中央环保督察组信访交办件32件，追责问责党员干部19名。

【村集体经济发展】 2017年，合江县充分利用省财政村集体经济试点资金1000万元在10个村做试点示范。县财政安排300万元专项资金从财政奖补、资金投入、项目支撑、土地政策、税收金融扶持等5个方面扶持村集体经济发展。以村集体公司为平台，依托荔枝、真龙柚、金钗石斛等特色产业在64个贫困村分别规划建设脱贫奔康产业园1个、温氏养猪场1个和扶贫车间1个，通过自有资产租赁、承包劳务服务、合伙经营分红、入股公司收息等途径，村集体经济实力明显增强。全县284个村已完成集体资产清理，村（组）集体净资产达4.55亿元，村集体经济经营性总收入810万元，村均收入2.85万元，人均收入11.5元，全面完成总收入2万元、贫困村人均收入6元的目标任务，脱贫村集体经济达标率100%。

【涉农招商引资】 2017年，合江县向上争取资金3.43亿元，引进成都开元创展、广东温氏60万头生猪、台沃10万吨配方肥、正大60万羽肉鸡等项目落户合江县，已建成温氏生猪1000头规模养殖场22个单元。全年农业招商引资完成投资6亿元，完成目标任务的109.1%。

【主要领导人】 县委书记：张季頫；县人大常委会主任：李林（2月止），王炬麟（2月始）；县长：胥兴贵；县政协主席：王亚容；分管农业副县长：王波（9月止），刘本国（9月始）。

合江县编写组

叙 永 县

【基本情况】 2017年，叙永县辖25个乡（镇）230个行政村35个社区，辖区面积2977平方千米。年末总人口72.34万人（户籍人口），其中农业人口60.93万人。叙永县是国家扶贫开发工作重点县和乌蒙山连片特困地区县、全国造林绿化先进县、全国“平安农机”示范县、全国优质烟叶生产先进县、四川省林业经济十强县、四川省竹林基地建设重点县、四川省第二轮新农村建设成片推进示范县、四川省粮经复合产业基地重点县、四川省现代畜牧业建设重点县、第四批农产品质量安全监管示范县、四川省少数民族待遇县，也是省、市领导帮扶联系定点县，是全省首批历史文化名城之一。

【年度农业和农村经济运行】 2017年，叙永县实现农业总产值366118.47万元，增长3.66%；农业增加值226184.39万元，增长4%。农民年人均可支配收入达10897元，增长10%，增速位居泸州市第一。农村外出务工21.7985万人，增长6.02%；实现工资性收入48.418亿元，增长20.68%。新引进落户项目市外投资总额15.28亿元。全年生猪出栏50.38万头，水产品总产量2572吨。新（改、扩）建畜禽标准化养殖小区（场）8个。实施营造林面积13.3万亩，治理水土流失面积50平方千米；改造农村电网1460千米。新建通乡公路30.8千米、通村公路150千米。气象减灾责任明确到乡（镇、街道），气象信息发送到村（社区）全面按要求完成，区域自动气象站数据传输达99%。创建新兴产业新型业态助农增收示范点3个，乡（镇）、村级电商服务网点覆盖率达80%。

农业产业化发展。全年新增市级以上示范龙头企业7家，其中省级3家；新增市级以上示范专合组织17个，其中省级6个；新增市级以上示范性家庭农场9个，其中省级3个。全县市级以上农业产业化重点龙头企业达32家、市级规范化专合组织达45个、市级以上示范性家庭农场达15个。其中，泸州野植珍食品有限公司、四川乌蒙山雨阳生态农业发展有限公司、泸州市恒达农业科技发展有限公司被林业厅评为第四批省级林业产业化重点龙头企业；叙永县脆红水果种植专业合作社、叙永县后山金明乌骨鸡养殖专业合作社被农业厅、林业厅等部门评为四川省第九批农民合作社省级示范社。全县围绕赤水河流域特色经果带、南部高寒山区生态果蔬产业带、中部种植养殖产业带、北部乡村旅游产业带四大产业片区发展规划，推进东牛牧场肉牛养殖、赤水河流域柑橘示范园建设项目、年产1400万袋黑皮鸡枞菌产业扶贫项目、年出栏100万头生猪产业扶贫项目等现代农业产业重点项目建设，实现全县农业大产业发展格局。建成赤水河流域标准化柑橘示范园区柑橘示范基地5000亩，建成现代特色效益农业标准化基地1.65万亩。

农用地产权制度改革。土地承包经营权流转有序开展，创新土地流转管理和服务，建立健全土地承包经营权流转规范管理制度和工作规程，采取“公司+基地+农户”“公司+专合社+基地+农户”“龙头企业+专合组织+农户”等模式促进农村土地有序流转。全年农村土地承包经营权确权登记面积115.31万亩；集体建设用地使用权颁证100%，集体林权颁证99.9%。

农产品品牌战略实施。“清凉洞”牌水磨磕粉获得“四川省名牌产品”称号，“赤水河”品牌获评为四川省著名商标；叙永县水潦彝族乡（赤水河甜橙）被农业部认定为“第七批全国‘一村一品’示范乡（镇）”。

【种植业】 2017年，叙永县种植优质稻22.5万亩、优质蔬菜16.5万亩、名优水果12.16万亩、烤烟6万亩、茶叶6.46万亩；粮食总产量24.6万吨。建成高标准基本农田4.38万亩，新增耕地0.31万亩，主要农作物耕种收综合农机化水平达53.46%。

【新村建设】 2017年，叙永县建成幸福美丽新村50个、省级“四好村”33个、市级“四好村”41个、县级“四好村”44个。其中，叙永镇红岩村、叙永镇宝元村、叙永镇金桂村、水尾镇月明村、后山镇天元村、赤水镇海螺村、正东镇普市村、观兴镇普兴村、大石镇大石村、黄坭镇黄坭村、营山镇隆场村、两河镇太平山村、江门镇双莲村等13个村被省委省政府命名为“2017年度省级‘四好村’”；叙永镇红岩村、叙永镇宝元村、叙永镇金桂村、叙永镇大岭村、江门镇高家村、江门镇双莲村、马岭镇石龙村、天池镇凤江村、水尾镇月明村、两河镇太平山村、落卜镇红星村、后山镇后山村、后山镇天元村、分水镇终南村、摩尼镇田义村、摩尼镇东柴村、龙凤镇双桥村、正东镇林保村、观兴镇坝上村、向林镇元龙村、大石镇大石村、兴隆镇南坳村、黄坭镇黄坭村、营山镇营山村、麻城镇现榜村、合乐苗族乡石梁村、水潦彝族乡海涯村等27个村被市委市政府命名为“2017年度市级‘四好村’”。

【脱贫攻坚】 2017年，叙永县计划退出贫困村42个，精准脱贫13483人；完成退出贫困村42个，脱贫人口13535人。改造农村贫困户危房3685户。全县将发展村集体经济作为脱贫攻坚的重要举措来抓，配套出台扶持发展村集体经济五类30条措施推进村集体经济发展。截至2017年年底，全县村（社区）集体经济实现总收入1866.96万元，村

均7.07万元,人均25.59元;90个贫困村经营性收入总计806.36万元,村均8.96万元,人均37.15元;实施重点项目的42个,预脱贫村总收入639.5万元,村均15.23万元,人均61.13元。

水尾镇、江门镇、石厢子彝族乡被泸州市农村工作暨脱贫攻坚领导小组评为"2017年度全市农业农村工作先进乡(镇)";江门镇、龙凤镇、落卜镇、水尾镇、向林镇、营山镇被泸州市农村工作暨脱贫攻坚领导小组评为"2017年度全市脱贫攻坚工作先进乡(镇)";大石镇旺龙村、合乐苗族乡四美村、后山镇三斗米村、黄坭镇高坎村、两河镇鱼香坪村、麻城镇寨和村、马岭镇龙盘村、摩尼镇金榜村等28个村被泸州市农村工作暨脱贫攻坚领导小组评为"2017年度全市脱贫攻坚工作先进村"。叙永县马岭粮油食品有限公司、泸州永丰浆纸有限责任公司被泸州市农村工作暨脱贫攻坚领导小组评为"2017年度全市带动脱贫攻坚明星龙头企业";叙永县马岭粮油食品有限公司被泸州市农村工作暨脱贫攻坚领导小组评为"2017年度'百企联百村'先进单位";叙永县原野畜禽养殖专业合作社、叙永县昆能养殖专业合作社、叙永县邬高林下种植专业合作社被泸州市农村工作暨脱贫攻坚领导小组评为"2017年度全市先进农民合作组织";叙永县奉皇礼生态种植家庭农场被泸州市农村工作暨脱贫攻坚领导小组评为"2017年度全市先进家庭农场"。

【农村水利】 2017年,叙永县建成倒流河水库、纳坪水库、龙洞水库、高木顶水库等中小型水库枢纽工程,小农水项目不断推进。渠系供(引)水系统逐渐完善,缓解农业农村饮水、生产用水困难问题。建设新农村聚居点污水处理示范点10个,解决8419名贫困人口安全饮水问题。

【农业投入】 2017年,叙永县全年支农投入7918万元,增长12%;争取涉农项目资金4.48亿元,增长11.7%。落实财政支农资金形成资产股权量化试点,选择1个村集体经济组织、4个农民专业合作社开展财政支农资金形成资产股权量化资产收益扶贫试点项目,逐步扩大试点范围。整合农口项目资金14932万元,其中投入到重点区域8169万元;整合其他部门涉农项目资金21625万元,其中投入到重点区域14662.82万元。全年粮食适度规模经营担保贷款余额1000万元,占2015年财政厅下达粮食适度规模经营补贴金额1024万元的97.65%。

【主要领导人】 县委书记:陈景强;县人大常委会主任:张秋平;县长:唐杰;县政协主席:马刚;分管农业副县长:苏丹。

叙永县编写组

古蔺县

【基本情况】 2017年,古蔺县辖26个乡(镇、街道),有耕地面积133.07万亩、基本农田35.32万亩,有农业人口63.11万人。

【年度农业和农村经济运行】 2017年,古蔺县实现农业总产值38亿元,增长3.8%;农业增加值22.7亿元,增长3.8%。农民年人均可支配收入达11554元,增长9.9%。建成农村生产便道、入户便道、田间机耕道325千米;新建和改建提灌站7座,修复改造提灌机具1650台次、8500千瓦。建成通村公路350千米;全力推进赤水河环线农村扶贫通乡公路建设,已建成85千米。实施农网改造工程,改造高、低压线路1638千米。

农业产业化发展。全年新增市级以上龙头企业2家、市级以上农民合作社7个、市级以上家庭农场3家,申报省级农民专合社2个、家庭农场4家,新培育市级农民专业合作社示范社3家,发展种养大户149户,其中种植大户117户、养殖大户32户,发展种植规模30亩以上、养殖规模50头以上家庭农场20家。

农用地产权制度改革。土地承包经营权确权和颁证已完成航空摄影3184平方千米,占计划的100%。完成269个村、2225个村民小组的正射影像图、工作底图打印,占计划的100%。完成261个行政村确权农户15.38万户,指认地块178.99万块,确权面积145.65万亩。建立了覆盖全县26个乡(镇)的农村土地承包经营权管理信息系统。确权登记成果已经通过四川省农村土地承包经营权确权登记验收专家组验收,验收结果为优。成立县流转服务中心,启动筹建乡(镇)流转服务站和村级流转服务点。成立县农村土地承包仲裁委员会1个,选聘仲裁员16名,形成完备的县、乡、村"三位一体"、协同配合的流转服务体系;印发了《关于加快推进农村土地承包经营权流转工作的意见》和《农村土地承包经营权流转管理办法》,规范了流转双方的流转行为,防止和降低了流转风险,流转土地15.7923万亩。农村集体土地所有权确权通过清理查补,全部农村集体土地所有权确权工作已完成。全县成立了不动产登记中心,统一开展确权工作,在古蔺镇开展农村房地一体不动产登记示范点项目,已完成确权前所有工作。确定了全县纳入2017年度改革的小型水利工程改革5890处,已完成确权颁证工作。其中,水库24座、小型农田水利工程4600处、农村饮水安全工程141处、山坪塘297处、引水渠道934处。按照"谁投资、谁所有,谁受益、谁负担"的原则,全面落实管护主体,健全管护制度,落实管护责任,确保工程正常运行。依托公共资源交易中心共同组建农村产权流转交易平台。已完成人员和设备的整合并已挂牌。

农村集体产权制度改革。在大寨苗族乡富民村、箭竹苗族乡富强村、德耀镇红光村、马蹄镇马岭村、马嘶苗族乡茶园村5个村开展农村"三资"清理登记,共清理登记农村集体资产总额102.3万元、农村集体资源总面积287亩。根据《泸州市人民政府办公室下发关于做好农村集体资产股份合作制改革试点工作的通知》要求,在大村镇坳上村、箭竹苗族乡富强村启动了农村集体股份制改革试点工作。已完成清产核资和成员界定工作。按照中共泸州市委关于推进集体经济产权制度改革和实施公司化运管、股份化改造、多元化发展的"一改三化"要求,全县269个行政村均成立了集体资产经营管理公司。积极开展全省林权抵押融资贷款试点工作,建立健全林权贷款融资体制机制,2017年完成试点颁证2000亩,完成贷款730万元。

农产品品牌建设。全县打造甜橙、赶黄草、丫杈猪等农产品区域品牌、企业品牌,支持企业主动参与各类品牌农产品产销对接会、推介会,加强品牌农产品营销促销。全年新申报无公害产品6个,"古蔺牛皮茶"获得地理标志证明商标。

【种植业】 2017年,古蔺县粮食产量25.5万吨,其中小春粮食产量5.54万吨、大春粮食产量19.96万吨;油菜种植面积12万亩,产量1.5万吨;高粱种植面积5万亩,其中高产示范创建2万亩,产量1.5万吨。水稻生产建设万亩示范片1个、5000亩核心示范片1个,作为全市大春生产现场会参观点。

【林业】 2017年,古蔺县新增森林面积1.3万亩、森林蓄积15万立方米、森林覆盖率0.28%。退耕还林工程突出问题整改工作通过中纪委驻国家林业局专项督查,县政府保护发展森林资源目标责任制、征占用林地通过国家核查,被推荐上报为"四川省长江上游生态建设先进集体"。完成《黄荆老林国家森林公园可行性研究报告》编写和《黄荆

老林国家森林公园摄影集》《黄荆老林国家森林公园宣传片》制作，8月，申报获得国家批准命名。启动林业政策性投资争取工作，完成国家储备林基地建设(融资1.8亿元)项目的可行性研究，完成了立项、可研审查、选址论证、环评认证工作，市农发行将该项目作为市第1个成熟项目申报。发展林业碳汇经济，推进林业供给侧结构性改革，推进林业资源向资本转换。与广州市国碳资产管理有限公司相互考察，以笋子山林场10万亩国有森林资源为基础发展碳汇经济。古蔺县成为全省长江上游干旱河谷生态治理18个县之一，获得省级财政林业补助资金200万元用于开展长江上游干旱河谷生态治理，未来将长期持续获得项目支持。拓宽贫困农户就业渠道，落实建档立卡户生态护林员公益岗位370个，到位资金505万元，到位资金增长率为176%。改善贫困地区生态环境，完成天保二期工程投资2300万元，巩固第一轮退耕还林成果15.8万亩，实施新一轮退耕还林，新造1万亩，巩固3.63万亩，治理石漠化土地28.9平方千米，治理水土流失面积30平方米。增加贫困户林业政策性收入，兑现贫困户林业政策性资金354.52万元，惠及贫困户1.42万户，其中森林生态效益补偿金169.25万元，前一轮退耕还林政策补助资金135.27万元，新一轮退耕还林政策补助资金50万元。启动国有林场改革工作，认真学习周边县及省内经验，编制完成《古蔺县国有林场改革实施方案》。巩固退耕还林基本口粮田建设。完成2011—2015年度基本口粮田建设，建成基本口粮田7.47万亩；发放地力培肥物资2500余吨，完成结余资金1100万元整合使用，项目全面通过市级验收。

【特色产业大力提升】 2017年，古蔺县优质果蔬茶产业进一步做大。新栽特色水果面积8000亩，其中甜橙6000亩，脆红李、桃子等2000亩；改造水果基地1万亩，其中甜橙基地7000亩，脆红李基地、桃子基地等3000亩，新建猕猴桃生产基地3000亩，产量13.2万吨，实现产值9.26亿元。蔬菜种植面积22万亩，增长4.8%；产量55万吨，增长5.4%；实现产值6.6亿元，增长6.2%。其中，优质蔬菜种植面积16万亩，产量41.6万吨，实现产值5.8亿元。依托德耀牛皮茶、马嘶绿茶基地，新增茶叶种植面积2000亩，全县种植规模突破4万亩。

中药材产业进一步做实。大力打造以赶黄草为主，金银花、"三木"药材等为辅的百亿中药材产业，全县新建中药材基地0.33万亩，改造0.25万亩，总面积达10.08万亩，产量达0.58万吨，产值达22.4亿元。

全县出栏生猪56万头、肉牛6.8万头、肉羊8.5万只、禽120万羽，实现畜牧产值22.64亿元。推广鱼种10万尾，生产鱼苗300万尾，投放鱼种300余吨，鱼产量1205吨。

百亿肉牛产业进一步提升。投资3000万元建设护家镇生态畜牧业综合体项目工程，育肥场已完成牛棚钢架搭建、地面场地平整，占总工程量的60%；北欧家庭牧场已完成牛场牛棚、干粪棚、草料房搭建和地面硬化，占总工程量的75%。

【新村建设】 2017，古蔺县将幸福美丽新村建设与精准扶贫相结合，围绕"业兴、家富、人和、村美"的目标，着力扶贫解困、产业提升、旧村改造、环境整治、文化传承五大行动。以护家镇农场产村相融为示范引领，推进全县幸福美丽新村建设。

幸福美丽新村建设。截至2017年年底，全县整合交通、水利、农村危房改造、易地扶贫搬迁等涉农项目，投入20.75亿元，其中省级幸福美丽新村建设专项资金0.4亿元，农村危房改造0.55亿元，通村公路2.4亿元，安全饮水0.8亿元，易地扶贫搬迁13.4亿元，产业扶贫1.2亿元，招商引资2亿元。以黄荆乡原林村、桂花乡香楠村、大寨乡富民村、箭竹乡聚贤村等50个预脱贫村为重点，建成幸福美丽新村50个。

幸福美丽新村示范县建设。全县幸福美丽新村示范县建设完成投资5837万元，其中省级专项资金1100万元，县级投入资金450万元，整合相关项目资金2400万元，引进企业投入资金1600万元，群众投劳折资287万元。新(改)建4.5米宽泥结碎石路26700米，新建硬化机耕道9500米、入户便道17500米，新建蓄水池15口，安装供水管16000米，新建垃圾库(池)10个、沼气池2口，绿化2000平方米，新建党群服务中心1150平方米、文化广场400平方米；购置文化设施1套，实施村"雪亮工程"30个。实施旱鸭产业购置孵化设备1套，购置旱鸭苗15000只，新建10平方米木质加盖鸭棚192个。

农村危房改造。完成投入6434.8万元，改造农村危房2987户。

"四好村"创建。聚焦"两不愁三保障"和"四个好"目标，以"四好村"创建为抓手，深入实施"八倡导、八革除"助力"四个好"创建活动。通过开设农民夜校、评选勤劳致富典型、颁发脱贫"光荣证"(结合贫困户脱贫退出验收，由各乡(镇)向验收达标的贫困户颁发脱贫"光荣证")等方式，引导贫困群众摒除"等靠要"思想，靠勤劳双手实现脱贫致富奔小康。充分发挥群众的主观能动性，将新村建设和群众教育结合起来，实现乌蒙新村建设"要我参与"到"我要创建"的转变。全年创建省级"四好村"14个、市级"四好村"28个、县级"四好村"60个。

【扶贫攻坚】 2017年，古蔺县实施50个贫困村、27229名贫困人口的脱贫达标任务(省定任务为45个贫困村、14395名贫困人口脱贫达标)，通过整合资源、加大投入，实现了45个贫困村达标退出、14395名贫困人口脱贫退出，完成省下达年度脱贫攻坚计划。对照"一低五有""一超六有"标准，逐项补短、力促达标。构建"点线面"组织体系，已建立教育引导、痕迹管理、责任追究等制度机制，引导进行落实。自主研发"脱贫攻坚指挥控制平台""帮扶管理手机APP系统"，规范信息采集、达标分析、帮扶服务、数据统计、指挥管理等五步运作流程，实现精准帮扶可追溯、可查询、可评价，倒逼帮扶干部履职尽责。

精准着力聚资金，强保障。一是充分整合资金。深入对接省、市扶贫专项方案，编制完成《古蔺县23个扶贫专项2017年实施方案》，逐个明确项目资金需求、具体投向等；用好"统筹整合使用财政涉农资金试点县"政策，制订《古蔺县2017年财政涉农资金整合方案》，整合资金投入脱贫攻坚。全年计划实施22类58个扶贫项目，总投资38.7亿元；整合涉农资金3.75亿元，增长70%，全部投向预脱贫村、预脱贫户的基础设施及产业发展等项目建设。二是从严监管资金。严格落实县级财政报账制和项目质量保证金制度，扶贫资金专户存储、专账管理、专款专用。进一步完善扶贫资金分配、项目申报和审批机制，修订古蔺县《财政专项扶贫资金项目库建立制度》《扶贫开发项目公告公示制度》《财政专项扶贫资金项目后续管理制度》等7个制度，着力构建扶贫项目资金全过程、无死角的监管体系。充分发挥纪检监察机关职能作用，对扶贫资金的计划、划拨、使用等进行针对性、链条式监管，预防和查处职务犯罪，确保阳光扶贫、廉洁扶贫。

精准施策真扶贫、防返贫。一是精准用力抓产业、强支撑。坚持把发展产业作为保障贫困群众稳定脱贫的根本之策，围绕"三线三片"和"四大特色农业"("三线三片"，即赤水河环线、蔺郎路沿线、省道309线及中东部片、南部片、西部片；"四大特色农业"，即生态畜牧、山地烤烟、优质果蔬茶、道地中药材)，统筹乡(镇)产业规模，集中资源打造连片扶贫产业，切实增强产业发展的整体感和辐射带动力。对贫困

村和易地扶贫搬迁聚居点坚持“一村一策、一点一策”,逐村逐点规划落实配套产业,同步建立村集体、贫困户与产业发展主体利益联结机制,保障村集体和贫困户持续稳定增收。全县所有贫困村均实现集体经济收入,67%的贫困户通过产业扶持或带动实现增收。二是精准用力抓救助、强保障。落实教育助学政策,全县义务教育阶段适龄儿童无一人因贫辍学。落实医疗救助政策,县财政全额代缴贫困人口2017年基本医疗参保个人费用,贫困人口基本医疗保险参保率达100%;通过基本医保、大病保险、重大疾病扶贫基金、卫生扶贫救助基金等,实现贫困人口县内住院就诊“零自付”。落实“两线合一”,将农村低保标准提高到3400元,29829名贫困人口纳入低保范围。

高标准完成目标任务,顺利通过省、市达标验收。45个拟脱贫村集体经济收入、通村硬化路、文化室、卫生室、通信网络全部达标并通过省级验收达标退出;14395名拟脱贫人口义务教育、基本医疗、生活用电全部达标,人均纯收入达标人数占100%,安全住房达标户数占100%,安全饮水达标户数占100%,广播电视达标户数占100%,并顺利通过市级验收达标脱贫。

世行六期扶贫项目成效明显。全国世界银行六期扶贫项目现场会在古蔺县召开,全县世行六期项目获得认可。全年投资1200万元,完成建设合作社10个,栽培核桃4980亩、甜橙3810亩,成活率均达90%以上;建成村道公路7.5千米、生产便道10千米、灌溉蓄水池56口、灌溉渠道7千米、灌溉管道3千米;招聘合作社辅导员7名,开展各类培训2.6万人次。

财政专项扶贫资金项目如期完成。一是2017年累计下达财政专项扶贫资金7820万元,用于50个重点贫困村、建档立卡贫困户6524户实施小型基础设施、种养殖业、资产收益扶贫项目。完成新建机耕道46.3千米、生产便道442.28千米;帮助6524户贫困户发展种养殖业。项目资金报账比例达95%。二是审核发放全县扶贫小额贷款10141笔、3.79亿元,其中产业贷款10059笔、2.2亿元,建房贷款4042笔、1.59亿元。三是协助国家审计署完成了对全县2013—2017年财政专项扶贫资金和扶贫项目的审计工作,并完成对审计反馈问题的整改;协助市审计局完成了对全县2016年财政专项扶贫资金和扶贫项目的审计工作,并完成对审计反馈问题的整改。

移民安置工作有序推进。投资500万元,完成观文水库库区养猪场搬迁和通信线路迁改建、征地尾款支付等工作;完成截流阶段移民安置设计变更工作;启动椒园、白泥干渠的征地工作。

【乡村旅游】 2017年,古蔺县实施乡村旅游开发带动创业扶贫工程,引导贫困人口通过土地流转、房屋租赁、产业发展和进入农家乐务工等方式参与旅游开发、旅游创业;大力培养乡村旅游带头人,通过组建专合社发展农家乐、民宿客栈等乡村经济形态促进贫困户增收。全年新增星级农家乐(乡村酒店)11家、乡村民宿达标户11户。乡村旅游实现综合收入18亿元,接待游客382.3万人次,实现农家乐(乡村酒店)、民宿综合收入17650万元,发展旅游产业、举办旅游节事活动综合收入6.8亿元,农民群众因参与旅游开发、旅游创业人均增收1068元。

【农村水利】 2017年,古蔺县观文水库完成大坝主体工程、干渠工程建设,分干渠完成20%;朝门水库全面完成建设;刘家水库完成主体工程建设;石梁子水库大坝填筑至渡汛高程;龙洞沟水库完成初步设计及审批,积极争取烟草部门援建资金;观口水库完成大坝三专题审查工作,完成岩溶专题评审,完成可研阶段外业工作,开展可研阶段相关专题编制;二郎引水工程完成施工设计,招(投)标工作有序推进。农村安全饮水工程完成投资6461.68万元,建成集水井251口、蓄水池1281口,管道购置安装3415.22千米、泵站259处,解决50个贫困村21024名预脱贫人口饮水安全问题,解决5.4863万人饮水安全问题。

【高标准农田建设】 2017年,古蔺县完成2016—2017年度高标准农田建设任务,建成高标准农田2.6万亩,其中打造精品核心区2000亩,投入资金4680万元,涉及皇华镇、鱼化乡、大村镇、石宝镇、龙山镇、马蹄镇等6个乡(镇)13个村。

【涉农招商引资】 2017年,古蔺县着力外引项目,由泸州市兴泸集团提供金融担保贷款1300万元,马蹄甜橙专合社自筹资金500万元,农户自筹150万元,新建标准化生产示范基地2000亩;实施大寨优质蔬菜扶贫示范基地建设,引进四川百谷农业旅游开发有限责任公司在大寨乡富民村建高山蔬菜示范基地1000亩(业主规模经营500亩,带动农户种植500亩),实现年总产值1024.2万元;实施古蔺县蔬菜标准园项目创建,投资75万元在大寨乡富民村对原有基地进行提档升级;继续抓好2017年市农业重点项目,引进古蔺县源丰农业科技开发有限公司投资2600余万元建设大寨食用菌生产基地,10月,第一批食用菌上市;引进东懋农业发展有限公司与农户签订辣椒订单,种植面积4000亩,亩产值3000~4800元,全县收入达1600万元;引进富利来商贸有限公司在龙山镇阳坪村、鱼化镇老马村、双沙镇普庆村、永乐镇水落村、太平镇中坝村、东新镇兴文村等村示范种植大葱400亩,单季亩产达3000~4500千克,平均亩产3500千克,单季每亩收入8400元,全县收入达336万元;协助古蔺王氏凤妈农业发展有限公司回归建萝卜基地5000亩,农户利用冬闲地和冬闲劳动力种植萝卜,亩增收1500元,农民收入达750万元。

【农村生态建设及环境保护】 2017年,古蔺县推广测土配方施肥技术面积110万亩,配方肥施用面积40万亩,化肥使用减量增效明显;完成“十二五”期间测土配方项目省、市绩效考评工作。开展耕地地力保护与质量提升,完成2013—2015年地力培肥物资采购900余吨,建立试验示范片14个,完成示范面积2.4万亩;在古蔺镇、二郎镇、德跃镇等项目乡(镇)设立耕地质量监测点试验16个、示范片9个,完成示范面积3.3万亩。开展农产品产地土壤重金属污染普查,完成水稻重金属污染状况协同监测,采集、分析水稻样品60个;检测水稻样品中铅(Pb)、汞(Hg)、镉(Cd)、铬(Cr)等4种污染物总量,及无机砷(以As计)含量;结合土壤普查结果,开展产地安全评估及等级划分,划定重金属污染重点防控区域,完善产地环境质量档案。开展秸秆禁烧及循环利用。划定秸秆禁烧重点区域,加强秸秆禁烧巡查,有效禁止农村秸秆焚烧;秸秆肥料化、饲料化、燃料化、基料化、原料化综合利用技术水平明显提升,秸秆资源化利用率83%,农膜回收利用率提高2%。开展畜禽粪污综合治理,全力做好中央环保督察迎检工作,调查统计达标畜禽养殖场(户)1963个(户),其中存在问题养殖场(户)411个(户),完成整改369个(户)、关闭84个(户)。推广“雨污分离”“干湿分离”“沼气处理”“种养结合”“还田还土”等治污方式,全县畜禽规模养殖场转运粪污25万余吨,还田16.4万余亩。开展“十年全面禁渔”,把“十年全面禁渔”纳入赤水河沿河乡(镇)农业生态环保目标管理考核,全面落实监管责任,定期、不定期开展巡查执法,电炸毒鱼行为得到禁止。

【农产品质量安全监管】 2017年,古蔺县以创建四川省农产品质量安全监管示范县为载体,围绕蔬菜、水果、茶叶等产业,开展农产品农药残留例行安全抽检40批次,抽检样本756个,合格率100%;配合省、

市抽检20批次，抽检样品300余个；开展“三品”认证工作，新申报无公害农产品6个。抓畜产品质量安全，全县抽检“瘦肉精”样品3579份，合格率达98%；开展生猪定点屠宰“扫雷行动”，整治违法行为，快速办理违法案件17件。抓动物防疫安全，全县共免疫猪口蹄疫47.28万头、牛（羊）口蹄疫28万头（只）、猪瘟47.28万头、猪蓝耳病24万头、禽流感320万羽、新城疫275万羽、小反刍兽疫4.4万只，消毒面积750万平方米。全县各项动物强制免疫疫病病种抗体合格率均在70%以上，未发现一起禽感染疑似H7N9病毒病例。

【农村市场体系建设】 2017年，古蔺县积极推进“电子商务进农村”工作，已布点112个，乡（镇）、村级电商服务网点覆盖率达80%，通过乡（镇）、村终端服务网络建设，帮助农民实现了网上代卖产品、网上代买商品、代办快递业务、开展便民服务等公益性服务。

【供销联社建设】 2017年，古蔺县供销社拥有直属企业1个，加盟公司5个，经营服务总额6816万元，累计发展专合社1276个，其中种植专业合作社614个、养殖专业合作社640个、加工业专业合作社7个、植保专业合作社9个、农机专业合作社3个、联合社3个（脆红李联合社1个、烤烟联合社1个、肉牛联合社1个），有社员132716人，注册资金129232万元。其中，国家级龙头企业1家、国家级示范社2个、省级示范社10个、市级示范社46个。升级改造庄稼医院73家，新建规范农村社区综合服务社133个，其中农村社区综合服务中心48个。规范县级农村合作经济组织联合会1个；新发展农民专业合作社10个，培育市级专业合作社6个、农村电子商务站点36个，新组建基层供销社2个。

【主要领导人】 县委书记：李万忠；县人大常委会主任：孙克刚；县长：陈廷俊；县政协主席：孙应举；分管农业副县长：兰杰。

古蔺县编写组

德阳市

【基本情况】 2017年，德阳市辖99乡20镇10个街道，辖区面积5911.2平方千米，其中耕地面积373.4万亩，比上年减少0.4%，户籍人口人均耕地面积0.96亩、常住人口人均1.06亩。年末总人口387.7万人（户籍人口），减少1%；常住人口353.2万人；人口出生率10.4‰，增加1.7个千分点；人口自然增长率-6.7‰，减少11个千分点。全市耕地有效灌面154930公顷；本地水资源总量21.7亿立方米，人均占有水资源量615.2立方米。有林业用地18.1868万公顷，有林地面积16.6076万公顷，活立木总蓄积量1376万立方米，森林覆盖率24.71%。

2017年，全市GDP1960.6亿元，增长9%，其中第一产业增加值228.4亿元，增长3.9%，农、林、牧、渔及农林牧渔服务业之比为14.6∶0.7∶11.4∶0.7∶1；第二产业增加值941.8亿元，增长9.5%（工业增加值887.4亿元，增长9.7%）；第三产业增加值790.3亿元，增长10%。三次产业对经济增长的贡献率分别为5.3%、53.1%和41.6%。劳务输出119.1385万人，收入242.2049亿元。全年接待游客3317.6万人，实现旅游收入285亿元，其中乡村旅游收入199.5亿元。

公路通车里程8019.132千米，密度137.01米/平方千米，21.079千米/万人。社会消费品零售总额790.8亿元，增长13.2%。地方公共财政预算总收入完成106.2亿元，增长6.1%；公共财政预算总支出240.2亿元，增长5.8%，其中农业投入24.2亿元，占支出的10.1%。金融机构各项存款余额2484.2亿元，比上年初增长6.7%；各项贷款余额1310亿元，比年初增长9.29%，其中支持农业产业化发展项目贷款11.99亿元。全年农业保费收入1.55亿元，增长19.23%；处理各项赔款和给付金额9426万元，增长46.09%。农业产业化龙头企业国家级、省级、市级分别为1个、29个、277个。

有各类学校852所，在校学生536975人，教职工（专任教师）32157人，其中普通高校8所，在校本（专）科学生109492人，增长15.3%；普通中学147所，在校学生128726人；小学348所，在校学生180544人。有艺术表演团体112个，文化馆7个，公共图书馆7个，博物馆10个。有卫生机构2738个，病床位22570张，卫生技术人员22362人。新型农村合作医疗参合人数287.71万人，参合率98.62%；新型农村社会养老保险参保人数135.96万人，参保率92.83%；被征地农民养老保险参保人数48.05万人。

【年度农业和农村经济运行】 2017年，德阳市出台了20余项规划、政策。实现农业总产值402.07亿元，增长3.65%；农业增加值228.5亿元，增长3.9%。农民年人均可支配收入达15207元，增长9%。在粮食、生猪、蔬菜生产中，科技投入的占比或科技贡献率55%。建成253个基层农业综合服务站。

2017年德阳市主要农产品产量

主要农产品	单位	产量	同比(%)
粮食	万吨	195.5321	0.61
水稻	万吨	108.768	0.45
小麦	万吨	40.7692	1.45
玉米	万吨	30.4364	0.4
马铃薯	万吨	3.3894	2.62
油菜籽	万吨	16.8371	-0.62
蔬菜	万吨	225.9343	4.18
水果	万吨	19.1612	1.57
肉类	万吨	35.95	-3.21
猪肉	万吨	22.36	-3.87
牛肉	万吨	1.15	-0.81
羊肉	万吨	0.36	0.22
禽肉	万吨	9.61	-2.94
兔肉	万吨	2.41	0.35
禽蛋	万吨	11.74	-1.41
水产品	万吨	6.25	5.23
牛奶	万吨	1.09	-1.69

农业产业化发展。全市培育市级以上农业产业化重点龙头企业277家，其中新增35家；发展家庭农场785家、农民合作组织2261个（国家级示范社16个、省级示范社96个），培育新型职业农民5500人。龙头企业和农民合作组织带动农户超过65万户，带动农户面达76.3%，人均增收500元以上。

2017年德阳市省级(及以上)农业产业化重点龙头企业名单

企业名称	注册资金(万元)	法人代表	示范等级	年度产值(万元)
德阳市洪国种养殖业发展有限公司	2426.3	杨洪国	省级	1197.45
德阳民丰禽业有限责任公司	2616	赵远炳	省级	3113
四川省旌晶食品有限公司	5648	陈德长	省级	5530
四川在生源面粉有限公司	7356	刘家上	省级	12327
四川畜丰猪业有限公司	4800	左军	省级	4296
德阳市明润农业开发有限公司	2095	兰顺明	省级	3347.37
益海(广汉)粮油饲料有限公司	12600	吴会祥	省级	329246
四川米老头食品工业集团股份有限公司	4200	杨晓勇	省级	86670
四川省川粮米业股份有限公司	1000	毛金水	省级	15435
四川省广汉熊家婆食品有限责任公司	500	黄晓辉	省级	11249
四川盛龙食品有限公司	200	龙会建	省级	38520
广汉市康达食品有限公司	200	刘凤兴	省级	10598
四川蓝剑饮品集团有限公司	5000	郭一民	省级	144888
四川道泉老坛酸菜股份有限公司	5000	周后成	省级	13140
四川宇豪食品有限公司	500	曹勇	省级	5312
四川什邡但氏食品有限责任公司	800	但功禄	省级	5462
什邡市绿康源生态农业有限公司	300	官小榆	省级	3539
四川邦禾农业科技有限公司	16466	刘建	省级	14477
四川省绵竹市富王粮油有限公司	7528	王清富	省级	9156
绵竹三溪香茗茶叶有限责任公司	2460	范鸿儒	省级	3042
银谷玫瑰科技有限公司	6283	刘建忠	省级	852
四川省绵竹市恒丰粮油有限责任公司	8380	罗明元	省级	5844
四川逢春制药有限公司	10000	黎黎	国家级	77400
四川雄健实业有限公司	10080	陈明雄	省级	63730
四川省奉献农业有限公司	400	谢朝维	省级	4406
四川来金燕食品有限公司	3080	熊昌建	省级	6287
四川德阳市年丰食品有限公司	5000	王长严	省级	89947
四川万凤粮油有限公司	1000	胡泽万	省级	13549
四川御康农业科技有限公司	2000	田勇	省级	32560

2017年德阳市省级(及以上)示范农民专业合作经济组织名单

合作经济组织	注册资金(万元)	法人代表	示范等级	年度产值(万元)
罗江区大霍山枣子种植专业合作社	312.048	米运达	国家级	1100
中江县宝源蚕业专业合作社	300	王强	国家级	1704
什邡市六合家园种植专业合作社	1000	杨福善	国家级	63.9
德阳市旌阳区双东镇泉音花生专业合作社	370	王道明	省级	134.1
广汉绿丰蔬菜种植专业合作社	600	黄星晨	省级	5300
什邡市高景关种植专业合作社	600	施发荣	省级	126.6
中江县亿林核桃专业合作社	666	蒋承建	省级	574.26
罗江区御品果蔬种植专业合作社	300	舒德平	省级	150
罗江区新德水产专业合作社	126	李军	省级	3000

2017年德阳市家庭农场经营情况统计表(前10位)

家庭农场名称	注册资金(万元)	法人代表	年度产值(万元)	主营产品
绵竹市绿坤家庭农场	100	罗小英	800	粮食、蔬菜
广汉市金穗丰家庭农场	150	杨万锐	364	小麦、水稻
广汉市精粮家庭农场	300	周太华	320	小麦、水稻
中江县嗑吧一族家庭农场	200	王开东	320	瓜蒌
广汉市和兴金成家庭农场	200	刘汉成	310	小麦、水稻
广汉市宏悦家庭农场	50	尹燕刚	305	小麦、水稻
罗江区坤和家庭农场	600	王超	300	生猪
广汉市嘉农家庭农场	100	王朝通	280	生猪、蔬菜
广汉市金轮镇羽航家庭农场	50	王德超	275	鹅
绵竹市兴隆镇张盛娟家庭农场	50	张盛娟	268	粮食、秸秆

农用地产权制度改革。全市完成土地承包经营权确权登记颁证工作,发放农村土地承包经营权证93.08万本。全面启动农村集体产权制度改革,共有438个村已完成清产核资。广汉市和中江县被列为“省级扶持村级集体经济发展试点县(市)”,广汉市被确定为“全国农村集体产权制度改革试点县(市)”。12月12日,成都农村产权交易所德阳所正式挂牌成立,建成全省首个地市(州)农村产权交易有限公司(成都农交所德阳所),实现交易额近5.4亿元。全市119个乡(镇)均建立了土地流转服务中心,建成土地流转合作社150个,土地流转面积107万亩,占耕地面积的42.4%。积极开展农村产权抵押融资贷款、农村土地流转收益保证贷款等试点,共计发放贷款7277万元。

农产品品牌战略实施。加快打造“蜀道牌”农产品区域公共品牌,培育了川酒剑南春、川烟什邡雪茄、川菜统一老坛酸菜、川油金龙鱼等国家级、省级品牌100个;“三品一标”认证农产品483个,其中驰名商标10个。建成年批发5000万只的西南最大禽苗市场,德阳市成为青海最大的蔬菜供应基地,形成绵竹白酒、什邡烟草、广汉缠丝兔、罗江贵妃枣、中江芍药、旌阳食用菌等知名品牌,年产值达600亿元。

现代农业园区建设。按照国家建设粮食生产功能区和重要农产品保护区的要求,全市共划定功能区面积242万亩,6县(市、区)均列入全省第一年试点县,其中广汉市、旌阳区、罗江区列入全省10个重点县。全市建成现代经作产业标准化基地10.7万亩;建设现代农业产业融合示范园区11个,其中省级产业融合园区1个、市级融合园区10个。广汉市三水镇农业产业融合园区被农业厅确定为省级现代农业产业融合示范园区,广汉市现代蔬菜产业示范园区和什邡市湔氐镇现代农业产业园被认定为省级现代农业园区。

【种植业】 2017年,德阳市农作物总播种面积688.4万亩,其中粮食作物播种面积451.62万亩,减少1.88万亩;平均亩产431.8千克,亩增产2.8千克;粮食产量195.5321万吨,增加0.66万吨,增长0.61%。经济作物播种面积127.66万亩,减少1.37万亩。其他农作物播种面积

109.12万亩，增加2.73万亩。

【林业】 2017年，德阳市有国家级森林公园1个、省级森林公园3个、省级自然保护区1个、县级自然保护区1个、县级自然生态保护小区64个，保护面积6.8万公顷。全年完成营造林9.87万亩，实施国有林管护92.9万亩，补偿集体公益林41.8万亩，巩固退耕还林成果17.75万亩，完成城乡绿化新(改)建和养护总面积1.13万公顷。森林蓄积量增加17.86万立方米，森林面积增加1.2万亩，森林覆盖率达24.71%。森林火灾受害率控制在0.1‰以内，林业有害生物成灾率控制在3‰以内，涉林案件综合查处率90%以上。全年实现林业总产值58.7亿元，农民人均从林业获得收入1111.7元。争取大熊猫国家公园保护利用设施项目1个，总投资2300万元。深入推进经济林木(果)权证改革试点，完成林权流转项目4宗。完成森林质量精准提升面积5.5万亩；中国玫瑰谷建成大马士革玫瑰标准化种植示范基地1.2万亩，银谷集团成功创建四川省森林食品基地和四川省林业产业化龙头企业。完成天保工程投资2248万元，兑现补偿金616.8万元，惠及林权所有者约6万个。退耕还林成果后续产业项目顺利通过省和国家验收，兑现补助资金1114.96万元。

【畜牧业】 2017年，德阳市生猪出栏336万头，增长1%；小家禽出栏6555万只，增长0.5%；肉牛出栏9.88万头，增长2%；肉羊出栏25.47万只，增长0.3%。全市肉类总产量35.95万吨，减少3.21%；禽蛋产量11.74万吨，减少1.41%；奶类产量1.09万吨，减少1.69%。全市生猪外三元杂交面达69%；肉牛改良配种4.5万头，肉羊良种及杂交面达96%；肉鸡、肉鸭和肉鹅良种面分别达96%、97%、98%，肉兔良种面达95%。全市新创建国家级畜禽标准化规模养殖示范场1个、省级畜禽标准化规模养殖示范场8个，复核国家级畜禽标准化规模养殖示范场1个、省级畜禽标准化示范场4个。全市国家级畜禽标准化规模养殖示范场达7个，省级畜禽标准化规模养殖示范场达38个。全市畜禽标准化规模养殖面达60%。

【水产业】 2017年，德阳市水产品产量62508吨，增加3105吨，增长5.23%；实现渔业经济总产值18.9亿元，增加0.8亿元，增长4.41%。全年投放鱼种14760吨，增加300吨，增长2.6%。全市名特优新水产品产量达18166吨，占水产品总产量的29.06%。全年发展稻渔综合种养面积5191亩，亩均实现助农增收500～2000余元。

【统筹城乡与新型城镇化】 2017年，德阳市做优城市规划建设，转变城市发展方式，兼顾发展和民生，把城市规划建设从“速度和规模”的扩张转向“品质和内涵”的提升。加大城市公用民生投入，优化街区路网结构，打通“断头路”，合理配置停车设施，配套建设街区公园、菜市场以及社区养老、医疗卫生、文化服务设施，实施“棚改三年攻坚行动”，推进无障碍设施建设，把更多的城市资源向市民开放，让群众充分享受到城市改造升级带来的成果。推进城市“双修”试点，以生态修复、城市修补、建设领域环保问题治理为载体，做好东山的保护与利用，依托绵远河、石亭江等现有水系统筹推进水系生态保护(修复)和湿地公园建设，启动天府北湖等“湖区公园”建设，加快黑臭水体整治，打造生态廊道，增强城市宜居性。逐步探索绿色公园城市建设，实施城市“增绿添香工程”，加快德阳植物园、柳梢堰湿地公园建设，结合老旧小区改造、城市公园广场提升等打造城市“绿肺”；通过旌城绿道建设、城市干线增绿、环线新建(改造)等打造城市绿廊；开展城市设计工作，统筹城市建筑布局、协调景观风貌，通过拆墙透绿、拆违建绿、立体绿化、实施光“靓”工程、推广绿色建筑等措施，形成“出门见绿、移步见景”的城市绿色生态景观。

推进城乡融合发展，按照“十个一”标准推进小城镇道路、供水、供气、管网、通信、污水和垃圾处理等基础设施建设。落实好“百镇建设行动”扩面增量工作，增强试点镇综合承载能力和辐射带动作用，支持生态环境优良、功能设施齐备、产业特色鲜明、公共服务完善的重点镇成为县域经济副中心。加快推进城镇污水处理设施建设和提标改造工程，不断提高城镇污水管网覆盖面，增加污水处理收集量，提高污水处理率。

做优农村环境推动生态振兴，实施“旧村改造行动”，把旧村风貌改造与环境整治相结合，统筹推进农村住房条件改善和基础设施建设，既满足农民生产生活需要，又体现当地历史文化和建筑风貌。完善农村住房建设配套政策，强化农村建设技术帮扶，开展农村建筑工匠培训和推行农房质量安全巡查监督员制度，提高农村住房建设质量。把农村土坯房整治作为实施乡村振兴战略的重要任务，用好用足政策，多方筹资、多管齐下，确保2020年全面完成土坯房改造三年任务。以县为单位整体推进农村污水处理设施建设，首批选择沱江流域50个村民集聚区试点，形成可复制可推广经验。

【新村建设】 2017年，德阳市通过“编规划、制标准、抓试点”，全力推动“四好”幸福美丽新村示范带建设，深入开展“四好村”创建活动，已创建省级“四好村”173个、市级“四好村”387个。

【农村扶贫和移民工作】 2017年，德阳市筹集财政专项扶贫资金16777万元，其中中央、省级财政专项扶贫资金5109万元，市级财政专项扶贫资金6263万元，县级财政专项扶贫资金5405万元；行业扶贫资金8.1亿元；整合社会扶贫资金1774万元(含以物折资)。全市聚焦“两不愁、三保障”“四个好”，精准发力脱贫攻坚，贫困人口由上年的3.71万人减至2.12万人，贫困发生率由1.4%下降至0.77%。截至2017年年底，全市有大中型水利水电移民19056人，分别来自省内外47个不同库区，安置在全市6个县(市、区)115个乡(镇)748个村。

【乡村旅游】 2017年，德阳市有以“乡村旅游”为主题的国家4A级景区3个(绵竹年画村景区、九龙山—麓棠山乡村旅游景区、白马关三国蜀汉文化旅游区)，省级旅游度假区1个(红峡谷—钟鼎寺旅游度假区)，国家级农业旅游示范点1个(绵竹沿山乡村旅游观光带)，国家级休闲农业与乡村旅游示范点2个，省级旅游强县、省级乡村旅游强县1个(绵竹市)，省级乡村旅游示范县2个(什邡市、罗江区)，省级乡村旅游示范镇(村)16个，省级乡村旅游特色乡镇(精品村寨)7个。有星级农家乐93家，其中五星级2家、四星级35家、三星级42家、二星级14家；乡村酒店28家，其中五星级5家、四星级14家、三星级11家。积极实施“旅游+文化、农业、林业”等战略，着力打造岭上花开农业公园、红光印象农业主题公园旅游区、中国香山·寿香谷旅游区、易家河坝、中国玫瑰谷、高槐村乡村咖啡、中江芍药谷、太安桃花谷等特色乡村旅游产品。

【农村水利】 2017年，德阳市实施重点水利项目88个，其中省级重点项目3个；完成投资14.2亿元，其中省重点项目完成年度投资4.3亿元。稳步推进农田水利建设，共整治干支渠137.8千米、田间渠道411.1千米；建成农建示范区6个，总建设规模9.94万亩；新增恢复有效灌面3.43万亩，新增节水灌面4.08万亩；新建堤防8.4千米，治理水土流失面积45.6平方千米。完成农村饮水安全工程投资1847.17万元，建成各类供水工程3758处，解决6.24万农村居民特别是2.0838万建卡贫困人口的饮水安全问题，投资完成率100%，受益人口完成率112%。

【农业机械化】 2017年，德阳市农机总动力新增6万千瓦，达208万千瓦；新增农业机械7563台(套)。全市投入建设资金17732.98万元，建设农机化生产道路606.036千米。全年完成机械化耕作456万亩、

机械化收获347万亩、机械化播种180.4万亩，主要农作物耕种收综合机械化水平达72%，增加7个百分点，位居全省第一。全市新增工商注册农机合作社8个，累计达136个，农机化服务面积达150万亩。全市建成以广汉市连山和兴示范片、旌阳区扬嘉示范片为代表的万亩农机化生产机械化示范区8个。

【农村科技】 2017年，德阳市科技特派员及其团队共服务产业基地、企业67个(家)，领办企业3家，实施新项目133项，转化新成果80项，推广新技术135项，引进新品种259项，推广新农机67台(件、套)，创造知识产权80件，编写农技教材112份(件)，发放科普和培训资料4万余份(册)，培训农户超过3万人次。全市共有9项农业科技成果获得省科技进步奖，其中一等奖1项、二等奖5项。加快推动国家农业科技园区创建工作，《德阳国家农业科技园区总体规划》编制工作基本完成。国家级星创天地新增1家，总数达4家。

【农村教育】 2017年，德阳市完成全面改薄教育装备建设项目1004万元，项目涉及广汉、中江2县(市)，完成率100%。实现义务教育阶段学校教育装备条件达标全覆盖，为全市6个县(市、区)高质量通过国家及省义务教育基本均衡县验收工作打下坚实基础。截至2017年年底，全市已建成市级教育城域网1个和县级教育城域网6个(含经开区)，完成全市教育资源平台和教育管理平台建设并投入使用；加快推进农村学校互联网接入，全市接入互联网带宽10兆以上的中小学比例达100%，基本实现已通电及网络的乡(镇)学校网络教学环境全覆盖，市直属学校已完成无线校园成全覆盖。

全面落实国家教育资助政策，受助对象涵盖学前教育到高等教育的家庭经济困难学生。全年发放资金3.8286亿元，受助学生31.7万人次。为9190名普惠性幼儿园在园幼儿减免保教费，减免资金1020.3万元；为全市25万余名义务教育阶段学生实施“三免一补”共计2.8951亿元；为14784名高中家庭经济困难学生提供国家助学金2889.7万元，为9221名高中学校学生免学费776万元；为18918名中职学校学生免学费3789万元，为3393名家庭经济困难学生提供国家助学金578.3万元；为2145名建档立卡贫困家庭子女落实特别资助政策。开展“金秋圆梦·助你上大学”公益活动，筹集市级助学资金282.1万元，资助学生905名；为7451名大学新生办理贷款，贷款金额5638.62万元；补助242名大学新生路费17.3万元。

【农村文化】 2017年，德阳市开展“送文化下乡”等各类群众文艺演出300余场。市川剧团“送文化下基层”共计15场次，覆盖人群达7万人；市文化馆“送文化下基层”共计12场次，覆盖人群达5万人；广汉市“送文化下基层”共计70场次，覆盖人群达35万人；什邡市“送文化下基层”共计32场次，覆盖人群达3.5万人；绵竹市“送文化下基层”共计82场次，覆盖人群达10万人；中江县“送文化下基层”共计80余场次，覆盖人群达10万人；旌阳区“送文化下基层”共计10场次，覆盖人群达3万人；罗江区“送文化下基层”共计10场次，覆盖人群达7万人。

【农村卫生】 2017年，德阳市有乡(镇)卫生院121家、村卫生室1658家，农村卫生技术人员4736人。成功创建群众满意乡(镇)卫生院13家，群众满意乡(镇)卫生院总数达33家。国家基本公共卫生服务项目14类55项服务内容全面覆盖农村地区，人均经费达50元/人。全市农村无害化卫生厕所普及率80.56%。建成国家卫生镇3个、省级卫生镇11个、省级卫生村111个。

【农村法制建设】 2017年，德阳市深入开展“法律进乡村”活动，127个乡(镇、街道)全部设立了法律援助工作站和法治辅导站，1780个行政村(社区)实现了法律顾问全覆盖，全市243支法律服务小分队进入村(社区)开展法治宣传活动1200余场次，发放便民法律服务卡6万余张，组织村(社区)“三委”干部、村(居)民代表集中学法2000余场次，培养村(社区)“法律明白人”30871人，开展外出务工和经商人员集中法治宣传教育215次，开展“亲情帮教大走访”2399次，走访9596人次。全年村(社区)法律顾问累计走访村(社区)1670次，解答村(社区)及其居民法律咨询19208人次，提供专项法律服务1450次；开展法治宣讲、提供法律意见和建议3658次，法律咨询服务19208人次，提供法律意见和建议3600余次，开展村(社区)普法讲座3110次，帮助村(社区)调解纠纷756起，协助处理信访事项230件，提供法律援助1921件。

【农村交通】 2017年，德阳市农村公路里程7547.603千米，其中县道1363.907千米、乡道2524.743千米、村道3656.953千米。全年125个乡(镇)、1447个行政村实现100%乡(镇)通沥青(水泥)路和100%的建制村通水泥(沥青)路。农村公路建设累计完成投资4.05亿元，占省厅公路局投资目标4亿元的101.25%；累计完成农村公路建设382千米，占省公路局考核建设目标345千米的110.72%。安保工程(路侧护栏)累计完成投资0.1188亿元，完成里程51.77千米，占省公路局考核

2017年德阳市3000万元以上招商引资项目表

项目	总投资(万元)	投资内容	投资方	项目进度
德阳市旌丰蔬菜种植专业合作社	4400	在扬嘉镇新隆村18组租用土地300亩开工建设，总投资4400万元，新建蔬菜水果大棚种植(光伏)项目	何祖强	修建工作有序推进
天和高地——美丽乡村休闲体验产业基地项目	50000	新建13600平方米，打造设施农业。计划建成集观光、采摘、餐饮、休闲、旅游、园艺展示等于一体的休闲农业基地	石晓亮	修建工作有序推进
种猪养殖项目	3650	新建种猪养殖厂房、办公用房及配套设施6000平方米，购置安装消毒等设备。计划建成规模化的种猪养殖基地	李莉	完成投资
华阳休闲观光项目	4480	位于孝感镇红伏村11组，计划用地60亩新建生态游乐、餐饮配套基础设施2000平方米，总投资4480万元	陶锦聪	完成投资
智禾乡村旅游项目	15000	位于旌阳区孝感镇联合社区，计划总投资15000万元，项目总占地面积(或新征)200亩，建筑面积35000平方米，温室面积10000平方米，综合用房20000平方米	杨小慧	修建工作有序推进

续表

农业种植开发休闲观光项目	4380	位于旌阳区孝感镇红伏村9组,计划总投资4380万元,建苗木、花卉种植观赏场,温室大棚13340平方米;建餐饮、娱乐休闲场10000平方米;建儿童游乐场500平方米。达到日接待游客5000人次	孙治锡	修建工作有序推进
正邦集团循环农业产业园项目一期	40000	饲料生产、生猪养殖、食品加工	江西正农通网络科技有限公司罗江分公司	进行主体修建
生猪产业化生态循环经济园养殖项目	38500	公猪站、家庭农场建设	四川德康农牧科技有限公司	未动工
优质肉鸡育种场及肉鸡产业化项目	30000	肉鸡种鸡场、有机肥厂、家庭农场	四川德康农牧科技有限公司	未动工
罗江宝岛台湾现代农业休闲农庄	10000	花卉种植示范区、生态农业种植养殖示范区	梅河口市新农生物科技有限公司	未动工
台湾生态农业循环产业链建设项目	3000	高效牧草种植基地、微生物发酵饲草加工、生态畜禽养殖地	梅河口市新农生物科技有限公司	未动工
正邦集团循环农业产业园项目二期	6000	食品精深加工	江西正农通网络科技有限公司罗江分公司	未动工
海鲜菇种植加工基地二期项目	5000	厂房建设	创兴食品有限公司	主体已建成
回龙优质两种基础母牛繁养、肉牛育肥与屠宰加工项目	4400	建设圈舍、库房、管理用房、饲料棚、粪污处理设施等	四川西星智慧科技有限公司	已经建成投产
6000吨蔬菜种植及精加工	4000	蔬菜种植及深加工	略坪蔬菜种植合作社	已经建成投产
二酉村玉溪种养园	8900	主要以水产养殖和农业种植为主及其配套基础设施	孝楠农业科技有限公司	修建工作有序推进
年产8000万生态农业项目	4000	水上娱乐设施、餐饮设施等	四川山弯弯农村开发有限公司	修建工作有序推进
广东客商(德阳中江)三个种猪场粪污处理项目	4000	广东客商在中江县乡(镇)投资4000万元新建3个种猪场粪污处理项目	黄木森	已投入使用
浙江客商(德阳中江)永安柚种植基地项目	4600	浙江客商在中江县乡(镇)投资4600万元新建永安柚种植基地项目	方永明	项目进展顺利
广东客商(德阳中江)三个猪场换代种猪母猪3000头项目	4500	广东客商在中江县乡(镇)投资4500万元新建3个猪场换代种猪母猪3000头项目	黄木森	已投入使用
重庆客商(德阳中江)魔芋基地种植项目	3600	重庆客商在中江县乡(镇)投资3600万元新建魔芋基地种植项目	毛先林	已流转土地进行种植
绵阳客商(德阳中江)香菇基地扩建项目	6000	绵阳客商在中江县乡(镇)投资6000万元新建香菇基地扩建项目	雷浩川	项目已达产
绵阳客商(德阳中江)"菇语源"菌类采摘观光示范园项目	12000	绵阳客商在中江县乡(镇)投资12000万元新建"菇语源"菌类采摘观光示范园项目	雷浩川	项目顺利推进
成都客商(德阳中江)现代农业基地项目	18000	成都客商在中江县乡(镇)投资18000万元新建现代农业基地项目	王建祥	项目顺利推进

建设目标51千米的101.5%。

【涉农招商引资】 2017年,德阳市有3000万以上的农业招商引资重大项目24个,增长4.35%;项目总投资28.84亿元,增长24.63%;到位资金10.82亿元,减少37.7%,完成年度任务的1.5%。

【农村社会保障】 2017年,德阳市城乡居民参保人数1387802人,城乡居民享受待遇人数556920人。全市城乡居民基本养老保险基础养老金最低标准提高到每人每月75元,新增1500元、2000元、3000元3档缴费档次,分别对应政府补贴100元、120元、160元,进一步缩小企业职工基本养老保险和城乡居民基本养老保险待遇差距。

【农村生态建设及环境保护】 2017年,德阳市创建省级生态县(区)2个(罗江区、旌阳区)、省级生态工业园区1个(德阳经济技术开发区)、国家级生态乡镇14个、省级生态乡镇52个。结合农村安全饮水工程的实施,各地依法完善和划定农村饮用水水源地保护区,共完成45个乡(镇)的《集中式饮用水水源地划分技术报告》编制工作。以"清洁水源、清洁家园、清洁田园、清洁能源"为目标,结合社会主义新农村建设,开展场镇生活污水、生活垃圾等污染综合整治,着力改善镇村人居环境。完善镇村垃圾收集和处理系统,推进"户分类、组保洁、村收集、镇转运、县处理,分级负担"模式,提高垃圾无害化处理水平。积极推进畜禽养殖产业合理布局,指导制订污染治理计划,规范划定禁养区、限养区、宜养区。支持畜禽粪便无害化处理和综合利用,大力推广和发展循环种养业和养殖新技术,鼓励和支持采取种植和养殖相结合的方式消纳利用畜禽养殖废弃物,并与土地的消纳能力相适应,促进畜禽粪便、污水等废弃物就地就近利用。全年关闭或搬迁禁养区内畜禽养殖场1510个,完成率88.5%,其中规模场完成率100%。开展准养区内畜禽养殖污染整治工作,全市完成治理畜禽养殖场13572个,完成率94.3%。按照国务院及省"水十条"目标要求,全市在2016—2017年期间共完成118个建制村的农村环境综合整治工作。完成整治的村庄,四项指标达到国家考核要求,即生活污水处理率≥60%,生活垃圾

无害化处理率≥70%,畜禽粪便综合利用率≥70%,饮用水卫生合格率≥90%。督促九顶山自然保护区行政主管部门和协调相关部门落实九顶山自然保护区的管护责任,加大对自然保护区的综合监管和执法力度,进一步规范九顶山自然保护区的监督与管理。

【农产品质量安全监管】 2017年,德阳市先后开展了农资打假、禁(限)用农药专项整治、兽用抗菌药专项整治、"三鱼两药"专项整治、生猪屠宰"扫雷"行动、"瘦肉精"专项整治和生鲜乳专项整治等七大专项整治行动。全市共出动执法人员11521人次,检查生产经营单位7528家次,立案查处各类违法案件95件,罚(没)违法所得15.45万元。全市农药生产经营单位检查率达100%,高毒限用农药销售管控措施覆盖率达100%;有60家生产经营主体入驻省级农产品质量安全追溯管理平台;全市省级农产品质量安全例行监测合格率达98.5%,部级农产品质量安全例行监测合格率达100%,全年未发生重大农产品质量安全事件。

【农村市场体系建设】 2017年,德阳市加快构建城乡物流配送体系,合理布局农村物流配送网点和县级分拨中心,打通商贸物流配送"最后一公里"渠道。全市建有县级电商物流配送中心4个、快递乡(镇)网点466个,物流配送乡(镇)覆盖率达100%,行政村建设村级物流网点覆盖率达80%。加快推进"电子商务进农村"示范县项目和中央财政冷链物流发展资金项目的验收工作,进一步发挥项目的引领作用。全市建有农贸市场169个,占地面积1614.69亩;建成县级电商综合服务中心4个,乡(镇)电商服务站123个,农村电商服务站1026个,农村电商培训20638人次;培育成功并开设网店1328家,培育涉农电商企业52家。全年农村电商交易额达29.08亿元。

【农村留守儿童(学生)帮扶】 2017年,德阳市有农村留守学生14433人,其中旌阳区532人、广汉市275人、什邡市620人、绵竹市884人、中江县11157人、罗江区951人、开发区14人。市关爱农村留守学生工作领导小组各成员单位以阵地为依托,以活动为载体,以项目来推动,积极开展留守学生关爱工作。一是建立关爱工作长效机制。逐级建立全市留守学生(儿童)工作台账,定期完善留守学生(儿童)档案,重点对特殊困难留守学生(儿童)台账进行实时更新,发挥留守学生大数据作用实时管理。二是促进"留守学生之家"提档升级。全市已建成"留守学生之家"233所,其中"星级留守学生之家"97所,通过实时更新、动态管理,在已建的233家"留守学生之家"广泛开展"放学两小时""快乐周末""课业辅导"等各类关爱活动。三是常态化开展各类活动。持续开展留守学生(儿童)"圆梦"公益活动、"快乐留守·志愿行动"、德阳市关爱留守学生(儿童)夏令营、关爱留守学生(儿童)"暖冬行动"、"大手拉小手·关爱一帮一"、贫困留守学生(儿童)慰问活动等品牌项目,着力推动关爱工作常态化开展。四是不断壮大关爱队伍。建立青年志愿者、教师志愿者、"五老"志愿者、巾帼志愿者等志愿服务队130余支,建立留守学生(儿童)心理服务、志愿者车队等专业志愿服务队伍10余支,常年为偏远地区的留守学生(儿童)开展心理辅导服务和义务支教。

【劳务开发与返乡创业】 2017年,德阳市有农村劳动力174.4万人,转移就业119万人,其中省内转移91.3万人,占76.7%;省外转移27.7万人,占23.3%。全年劳务收入242.2亿元。农民工返乡创业累计达10316人,农民工创办企业达7698家,吸纳就业320360人,实现产值89.5281亿元。卢从军等5人获得"四川省优秀农民工"称号,罗江区就业服务管理局等2家单位获得"四川省农民工工作先进集体"称号,杨定权等5名返乡创业农民工获得"四川省返乡创业明星"称号,德阳市明润农业开发有限公司等2户企业获得"四川省返乡创业示范企业"称号。

【涉农节会会展】 2017年,德阳市组织开展各类展会、促销活动1000余场次,参展企业达3100余家,参展商品超过5000余种,吸引群众和游客300余万人次,促进消费增长80余亿元,占社会消费品零售总额比重达14.2%。旌阳月季旅游节、绵竹年画节、广汉宝宝节、广汉桃花节、中江芍药节、中江庙会、什邡马井元宵会、孝泉上九会等一系列节庆、民俗活动成为德阳旅游名片。为提高"德阳造"商品在省内外市场占有率和市场知名度,先后组织54家企业参加了"川货进京大拜年","川货全国行"上海站、广州站、长春站等系列活动。

第七届青海西宁—四川德阳农畜产品产销合作洽谈会。2017年8月17日—20日,由德阳市与青海省西宁市共同举办的第七届青海西宁—四川德阳农畜产品产销合作洽谈会在西宁市召开。德阳市共组织6个县(市、区)41家农产品生产基地、专合社、加工销售企业、电子商务平台企业负责人及农产品经纪人等70余人参会。会议对两地12名优秀经纪人和10家优秀生产基地进行了表彰,对德阳市"蜀道牌"农产品公共区域品牌和两市优质农畜产品进行展示推介。洽谈会共签订农产品销售、农业项目合作协议84份,产品购销40万吨,协议金额13.1亿元。两地达成农业投资项目3个,投资金额达2.8亿元。

2017四川美丽田园欢乐游暨罗江第十二届贵妃枣采摘节。2017年9月3日,由四川省休闲农业协会主办,罗江区宝峰山枣子专合社、大霍山枣子专合社承办的2017四川美丽田园欢乐游暨罗江第十二届贵妃枣采摘节在罗江区宝峰山贵妃广场举行。活动以"品贵妃美枣游白马雄关"为主题,开展了"调元牌贵妃枣"市场推介、"冠军枣"评比、品贵妃美枣游白马雄关民俗文化活动、罗江产业融合乡村旅游参观等主题活动。罗江区与四川国际农产品交易中心、省农产品流通协会签署了战略合作框架协议;大霍山枣子专合社与采购商签署了合作协议。

【重点乡镇选介】 罗江区金山镇。金山镇地处德阳市北大门,南距罗江区城区15千米,北距绵阳市科技城10千米,处于成德绵经济带核心发展区,省级经济开发区所在地,是罗江区的副中心,被誉为"中国金花梨之乡",拥有全国重点镇、四川省百镇试点示范镇、四川省质量强市示范镇、省级生态示范镇、省级环境优美示范镇、省级安全社区和德阳市统筹城乡示范镇等头衔,同时更是四川省批准的唯一一个军民融合示范基地,入选全国第二批特色小镇。

金山镇抢抓新型城镇化试点政策和军民融合产业建设机遇,紧密对接四川省军民融合的航空、航天、核技术、电子信息、新材料、机电设备等六大主导产业,与成都市、绵阳市错位发展,初步构建了集科技成果孵化器、加速器、产业园区和配套服务区于一体,链条式发展的军民融合产业集群,形成了以新材料为主、电子信息和装备制造为辅的军民融合产业体系。截至2017年年底,全镇共有29家军民融合企业落地,军民融合企业总产值达100亿元。

【主要领导人】 市委书记:赵世勇;市人大常委会主任:陈彬;市长:何礼;市政协主席:张万平;分管农业副市长:杨震。

德阳市编写组

旌 阳 区

【基本情况】 2017年,旌阳区辖18个乡(镇、街道),辖区面积648平方千米,其中耕地面积35.21万亩,与上年持平,人均耕地面积0.5亩;基本农田34.95951万亩。年末总人口69.73万人(户籍人口),与上年持平,其中乡村人口27.26万人;人口出生率11.24‰,增加1.8个千分

点；人口自然增长率0.11‰，增加5.4个千分点。全区耕地有效灌面和保证灌面分别达到耕地总面积的92%和90%；本地水资源总量1.87亿立方米，人均占有水资源量248立方米。有林业用地7448.48公顷，有林地面积7423.69公顷，活立木总蓄积量40.59万立方米，森林覆盖率21.9%。

2017年，全区GDP559.68亿元，增长8.5%，其中第一产业增加值32.45亿元，增长3.7%，农、林、牧、渔及农林牧渔服务业之比为47.32∶0.55∶43.62∶3.56∶4.95；第二产业增加值277.2亿元，增长9.3%（工业增加值267.71亿元，增长9.8%）；第三产业增加值250.02亿元，增长8%。三次产业对经济增长的贡献率分别为2.46%、58.55%和38.99%。农村劳动力转移就业11.7万人，农村劳动力转移收入22.78亿元。全年接待游客390万人，实现旅游收入38亿元，其中乡村旅游收入25.84亿元。

公路通车里程788.78千米，其中乡村公路491.63千米，密度758.69米/平方千米，7.05千米/万人。社会消费品零售总额227.89亿元，增长13%。地方公共财政预算总收入完成12.49亿元，增长1.13%；公共财政预算总支出23.82亿元，增长2.4%，其中农业投入19574万元，占支出的8.2%。金融机构各项存款余额355.48亿元，比上年初增长5.12%；各项贷款余额210.11亿元，比上年初增长4.05%，其中支持农业产业化发展项目贷款19.45亿元。全年农业保费收入2323.69万元，增长23.55%；处理各项赔款和给付金额1072.42万元，增长8.24%。农业产业化龙头企业省级、市级、区级分别为6个、63个、220个。

有各类公办学校48所，在校学生47780人，教职工3284人，其中普通中学18所，在校学生14289人；小学25所，在校学生25778人；学龄儿童入学率100%。有民办幼儿园51所，在园幼儿11108人，教职工1505人。公（民）办各类学校在校学生总数58888人。有艺术表演团体50个，文化馆1个，公共图书馆1个。有卫生机构463个，病床位1256张，卫生技术人员1967人。城乡居民基本养老保险参保人数8.2万人，参保率97%；被征地农民养老保险参保人数1.7万人，占总人数的17.96%。

【年度农业和农村经济运行】 2017年，旌阳区实现农林牧渔业总产值59.1亿元，增长3.5%；农林牧渔业增加值34.14亿元，增长4%，其中农业增加值32.45亿元，增长3.7%；生猪、食用菌、水果、蔬菜等特色优势农产品产量保持稳定增长。农民年人均可支配收入达16972元，增长9%。建成12个基层农业综合服务中心。农村地区移动电话用户总数达26.8万户，增长4.6%。

2017年旌阳区主要农产品产量

主要农产品	单位	产量	同比(%)
粮食	万吨	22.69	0.6
水稻	万吨	15.17	0.7
小麦	万吨	5.18	0.1
玉米	万吨	1.09	1.65
马铃薯	万吨	0.51	1.56
油菜籽	万吨	2.4	0.2
蔬菜	万吨	39.66	0.6
水果	万吨	2.1	1.2
肉类	万吨	5.9084	0.24
猪肉	万吨	3.2399	0.67
牛肉	万吨	0.0734	0.41
羊肉	万吨	0.009	1.12
禽肉	万吨	2.3322	–0.79
兔肉	万吨	0.2205	5.05
禽蛋	万吨	2.0876	–0.11
水产品	万吨	1.4119	0.28
牛奶	万吨	0.3761	10.26

农业产业化发展。全区有市级及以上农业产业化经营重点龙头企业63家，其中省级6家；规模以上农产品加工企业20家，实现产值43.94亿元。有农民专业合作经济组织600个，其中省级及以上示范社13个；家庭农场70家。龙头企业、专合组织、农村经纪人和农业生产大户带动农户11万户。在新中镇白河村新建特色春见、早熟梨采摘园300亩；在孝泉镇、扬嘉镇、德新镇、柏隆镇等镇采取"菜—稻—菜"的种植模式新建青菜盐渍加工基地11000亩。申报省级示范休闲农庄2个、农业主题公园1个、休闲农业专业村1个，市级现代农业产业融合示范园区2个。新注册农民专业合作社10个、家庭农场5家，新发展养殖大户5户。

农用地产权制度改革。全区下沉区级执法部门力量，调配充实基层执法力量。推进农村土地制度改革，落实土地"三权分置"，基本完成农村土地承包经营权确权颁证工作。11个乡（镇）1个街道共94个村1268个村民小组的农村土地承包经营权确权登记任务全面完成。确权登记农户78884户，完成调查登记农户家庭承包经营地块411613块，签订农村土地承包合同78884份，实测家庭承包耕地面积339976.47亩。全面展开农村集体股份合作制改革工作，全区11个乡（镇）1个街道共98个村、1184个村民小组全部完成清产核资和成员界定。新增农村土地流转面积2.95万亩，全区土地流转面积14.81万亩，占耕地总面积的42%。全区完成农村集体资产清产核资，创新"三资"监管平台信息化建设，被农业部认定为全国农村集体"三资"管理示范县。

农产品品牌战略实施。全区无公害农产品达59个，有绿色食品14个、有机农产品5个，新增涉农注册商标100件。建立了优质农产品品牌展示中心、旌阳区农业品牌专销店和旌阳区特色农产品体验馆以及扬嘉味道专销店等农产品展销平台，集中展销全区优质农产品。

【种植业】 2017年，旌阳区大、小春粮食作物播种面积49.78万亩，产量22.69万吨；大、小春油料作物播种面积14.44万亩，产量2.9万吨。在黄许、孝泉、双东3个乡（镇）完成粮油高产创建示范片8个、9万亩。引进优质水稻、玉米、小麦、油菜、花生、红薯品种（系）81个。发布病虫情报13期，拍摄主要病虫害电视预报6期，全年病虫害预测预报准确率95%，综合防治病虫草鼠害309.15万亩次；开展绿色防控60.5万亩次，病虫害损失率控制在3%以内。在和新、新中、黄许、双东等镇重点新建和提升改造特色蔬菜产业加工基地1200亩；在孝泉镇新建现代蔬菜产业标准化基地1.2万亩；新建食用菌产业基地300亩。划定粮食生产功能区面积24万亩，重要农产品生产保护区面积5万亩。

【林业】 2017年，旌阳区完成营造林面积1.1万亩，新增森林蓄积0.93万立方米，林木覆盖率达21.9%；全年实现林业产业总产值4.485亿元，农民人均从林业获得收入735元。印发《德阳市旌阳区大规模绿

化实施方案》《旌阳区林权抵押贷款管理实施办法(试行)》,与成都农村产权交易所德阳分所签订合作协议,成功搭建林权流转、交易平台,全年通过交易平台实现林权流转、交易5起。长城华西银行信贷中心和四川快乐农夫农场农业科技有限公司签订首笔经济林木(果)权抵押贷款合同,发放贷款100万元。完成生态效益补偿集体公益林1.79万亩,补偿资金26.38万元。完善退耕还林政策补助发放机制,共发放补助金额176万元。发放限额采伐证18份,采伐林木蓄积4283立方米,占市下达8243立方米采伐限额指标的52%。全年依法办理征占用林地3宗,征占用林地面积18.1662公顷。

【畜牧业】 2017年,旌阳区出栏生猪47.1万头、肉牛0.6274万头、肉羊0.8032万只、小家禽1813.7345万只,禽蛋总产量2.0876万吨;实现畜牧业总产值30.17亿元,占农业总产值比重的51.06%。新(改、扩)建畜禽养殖场76个,全区发展正大、新希望、正邦生猪代养模式养殖场10余户,新建温氏肉鸡养殖大棚40个,发展林下生态肉鸡养殖合作农户400余户,发展通威新太丰肉鸭网上平养1户。

【水产业】 2017年,旌阳区开展水产健康养殖示范创建和农业部健康养殖场创建,实施"菜篮子"工程、优势水产品健康养殖基地等项目,加强水产技术推广服务体系建设,促进旌阳区农民增收。全年水产品总产量1.4119万吨,增长0.28%,实现渔业经济总产值4.46亿元,完成增加农民收入73元/人的目标。稻渔综合种养殖规模已达2000余亩。

【统筹城乡与新型城镇化】 2017年,旌阳区抓好统筹城乡发展示范,推动孝泉镇、黄许镇、双东镇等区域重点镇建设,深化"百镇建设行动";促进产镇相融发展,大力发展农业观光、生态休闲、文化创意、农耕体验等新业态。黄许镇、孝泉镇"百镇建设行动"试点镇完成基础设施项目建设投资6019.7万元,产业发展建设投资34553万元,就地就近吸纳农业人口1710人;带动全区小城镇完成基础设施建设投资12264.4万元,就地就近吸纳农业人口2650人。总投资1048万元,建成处理规模400吨/日、配套主管网5.7千米、排放标准为一级A标的东湖乡高槐村生活污水和新中镇麻柳堰一体化污水处理设施。

【新村建设】 2017年,旌阳区编制完成《旌阳区"四好"幸福美丽新村示范带总体规划》和《旌阳区幸福美丽新村建设总体规划(2017—2020年)》。整合涉农资金1650万元,打造东湖乡高槐村"咖啡小镇"节点,进一步完善节点基础设施和公共服务设施建设,依托高槐村旅游协会和土地协会,加快区域内旅游经济发展,提升村级集体经济实力。全区持续开展以"住上好房子、过上好日子、养成好习惯、形成好风气"为目标的"四好村"创建活动,大力推进东湖乡"高槐咖啡"、孝感镇"红光印象"、和新镇"中国香山·寿香谷"、新中镇"荷韵龙居"、扬嘉镇"农垦公园"等现代都市农业引领区建设。整合环保、农业等涉农资金3700万元,加快推进新村"三建四改"配套工程和"1+6"公共服务设施建设;区委区政府安排专项资金522.7万元,解决农村危房户、无房户269户(含建档立卡户257户)住房问题。全年建成区级"四好村"30个、市级"四好村"13个、省级"四好村"7个,建成东湖乡大地村、双东镇青山村等幸福美丽新村10个。

【农村扶贫和移民工作】 2017年,旌阳区31名区领导、54个区级部门、88名"第一书记"、40名驻村农技员、3000余名干部与贫困村、贫困群众结成帮扶对子。全面完成全区年度脱贫任务1078户、2473人。2473名脱贫人口人均纯收入超过4200元,城乡居民医疗保险参保率达100%,区域内贫困户因病住院个人医疗费用支出比例控制在10%以内。统筹中央、省、市、区四级财政资金4308万元,重点实施农业产业、农村能源建设等12个领域的财政扶贫项目。构建"一库五名单"数据,开展专场招聘会10余场,提供岗位450余个,吸纳贫困人员350余人就业。兴建基础设施建设7处,向贫困人口捐款捐物合计300余万元。广电扶贫投入资金350万元,完成1079户(2473人)的建设任务,农村电视"户户通"完成目标任务。制订了《旌阳区激励贫困户做好清洁卫生的实施方案》,引导贫困户养成良好清洁卫生习惯,对获得优秀的贫困户家庭按每次每户20元实施奖励。开展"百企帮百村联千户"等活动,筹集社会资金280余万元,形成政府主导、社会参与的大扶贫格局。旌阳区移民后扶人口1292人,按时发放农村移民后期扶持直发直补资金。印发《关于进一步强化"五包"措施扎实做好当前瀑电移民稳定工作的通知》,走访收集"九大类"诉求共计1087个,已协调解决512个。

【乡村旅游】 2017年,旌阳区整合各类资金3700万元,重点推进乡村旅游景点基础设施建设。争取国家旅游发展基金17万元投入旅游厕所建设,进一步完善各项配套基础设施。结合齐家堰水域整治重点项目,完善东湖乡高槐村基础设施建设。东湖乡高槐村先后入选"第七批全国'一村一品'示范村镇""第四批全国美丽宜居村庄示范名单";原野牧场被农业部评为"第一批全国休闲观光牧场",成为四川省唯一的上榜牧场。红光印象、中国香山·寿香谷被评为国家3A级旅游景区,红光印象同时被评为"四川省省级示范农业主题公园"。在双东镇龙洞村举行2017国际高校建造大赛,22所国内外知名建筑院校对龙洞村22户农房院落进行设计打造,大幅提升旌阳旅游的知名度和美誉度。与驴妈妈、途牛等11家电商电媒和O2O巨头达成宣传营销协议,全年通过各电商电媒平台上报道160条,浏览量超过30万人次。与全国最大的在线服务交易平台猪八戒网签约,成立德阳产业共享服务中心,3年共投入900万元。在四川省"旅游产业10佳榜单"推选活动中,旌阳区荣获"十大全域旅游新生力"殊荣。

【农村水利】 2017年,旌阳区重点实施四川省第二批节水型社会重点县建设项目、中小河流治理工程、农村饮水安全工程等项目。水利投资7318.57万元,新建和整治渠道91.58千米,综合治理河长6.435千米;建设蓄水池25口,改造山坪塘15座,整治石河堰1处;新建供水站12座,改建供水站3座,解决2349人饮水问题。改善恢复灌面3万亩,新增节水能力822.3万立方米。全区农业灌溉用水工作科学、及时,全面完成泡田栽秧任务。以乡(镇、街道)为单位建立农民用水户协会18个,拥有会员112105人。全面推行河长制,完成"一河一策"保护方案编制,实现巡河常态化。严格水资源"三条红线"管理,全年用水总量3.7亿立方米,万元GDP(当年价)用水量66立方米,万元工业增加值用水量27立方米,全年征收水资源费66.6万元。

【农业机械化】 2017年,旌阳区农机具购置补贴总投入资金1513.4461万元,其中中央农机具购置补贴资金409.17万元,农户自筹资金1104.2761万元;受益农户161户,共补贴机具251台。推广水稻直播技术0.5万亩,小麦机播10万亩,油菜育苗免耕移栽技术10万亩,油菜分断机械化收割技术8万亩。全年完成提水保灌面积22万亩,农机合作社作业面积17万亩,主要农作物耕种收综合机械化水平为80%。组织检修各类农机具5400台,全年农机田间安全生产作业"零死亡",沼气使用安全"零死亡"。

【农村科技】 2017年,旌阳区建成专家大院9个,引进示范新品种15个,集成推广新技术、新成果15项。水稻高粱所选育的水稻新品种"德优4727"获四川省"稻香杯"优质米特等奖,"旌优127"和"旌3优

177"获得四川省"稻香杯"优质米一等奖,"旌优华珍"获得四川省"稻香杯"优质米奖。形成专家大院、产业技术服务中心和专项培训互为补充的培训体系,开展科普宣传活动20场次,发放各类实用技术资料10余万份;以现代农业科技培训示范工程项目为载体,9个农业专家大院、21名市(区)级科技特派员和专业技术人员组成科普志愿者队伍,在农业科技示范园区和示范基地举办了80余场次技术培训和"送科技下村入户"服务,受训人员6000余人次。新品种、新技术辐射带动农户3500余户、13000余亩,助农增收400余万元。

【农村教育】 2017年,旌阳区落实各类助学补助资金4363.904万元,义务教育阶段所有学生均享受"三免一补"政策。家庭经济困难幼儿减免保教费、高中及中职学生资助政策、生源地助学贷款、大学新生补助交通费等资助项目全面落实,学生资助体系实现从学前教育到高等教育全覆盖。开展"金秋圆梦——助你上大学"等公益助学项目,资助困难学生214人,发放助学金50万元。引进62名教师分配到农村学校任教,实现城市到农村轮岗交流干部、教师105人;表彰扎根乡(镇)优秀教师83人,表彰"最美乡村教师"1人。全年实施14所乡(镇)中小学校新(改、扩)建项目17个,总投资549.2万元。

【农村文化】 2017年,旌阳区稳步推进双向光纤网络改造,大力实施"高清旌阳、智慧广电"项目。投入20万元完善图书馆硬件设施,建立读书网点5个,举办培训活动9次,共接待读者近2万余人次;举办"旌阳文化大讲堂"活动12次。全年农村公益电影放映1344场,观影群众近20万人。黄河电影院免费放映公益电影35场,观影群众5000余人。社区公益电影放映186场。开展"电影进万家"活动3场,观影群众3000余人。培训乡(镇、街道)文艺骨干140人次,全区175支群众文化队伍开展各种文化活动800余场。举办书画、摄影讲座2场,全年创作文艺作品284件。完成了华强沟水库文物考古发掘,做好成都市"三绕"文物实地调查工作,首次发现明代"生基坟"和明代"夫妻合葬墓"。

【农村卫生】 2017年,旌阳区完成"贫困患者县域内住院和慢性病门诊维持治疗个人支付占比控制在10%以内"目标任务。在县域外住院的辖区建档立卡患病贫困人口申请区卫生扶贫救助基金448人,救助基金112.68万余元;申请四川省医药爱心扶贫基金17人,救助基金3.7万余元。建立贫困村签约服务团队,上门提供面对面公共卫生服务。开通绿色就医通道,100%建立"一站式"报账流程,认真落实"十免四补助"政策。推行分级诊疗制度,12家乡(镇)卫生院与旌阳区中医院、区妇幼保健院建立了医联体合作关系。在全区实施"取消药品加成"改革政策,财政补助133.18万元。14项基本公共卫生服务项目工作稳步推进,全面开展家庭医生签约服务。艾滋病、血吸虫病等重大传染病和地方病免费治疗935人;查(灭)螺共1350万平方米,其中灭螺750万平方米,捕获钉螺7.4万只,未发现阳性钉螺。旌阳区双东镇、黄许镇、德新镇3家卫生院获得"全国2016—2017年度群众满意的乡镇卫生院"称号,泰山社区卫生服务中心荣获全国"优质服务示范社区卫生服务中心"称号。

【农村法制建设】 2017年,旌阳区优化政务服务,各乡(镇、街道)便民(政务)服务中心受理各类审批、服务事项193089件,村(社区)代办服务事项242706件,按时办结率100%。

【农村交通】 2017年,旌阳区开展"四好农村路"省级示范县创建工作。配合市交通运输局加强成德交通网建设,开展成都市"三绕"协调工作和什德中、德绵、德罗干道等省、市重点公路建设项目的要素保障工作。由德阳市旌源建设发展有限公司担任项目业主,开工建设新连路(和新镇高治村至广汉界)改善提升工程,预算总投资919.16万元、总里程4.2千米;扬嘉—天元(扬嘉镇新隆村至天元镇王谊村)道路改善提升工程,预算总投资1108.16万元、总里程8.3千米。开展"旌阳区古什路(孝感镇—罗绵路)道路改建扶贫项目"和"旌阳区农村公路改造扶贫项目"过桥贷款项目工作。县道公路日常养护全面实现社会化养护,公路列养率达100%。

【涉农招商引资】 2017年,旌阳区3000万元以上的农业招商引资重大项目6个,其中内资项目6个;项目总投资8.19亿元,减少24.45%。协议资金8.19万元,增长24.45%;到位资金51272万元,增长87.01%。

【农村社会保障】 2017年,旌阳区城乡居民基本养老保险参保人数8.79万人,年征收保险费1633万元;领取待遇人数5.92万人,年支出养老待遇费5073万元。新型农村合作医疗保险和城镇居民基本医疗保险合并后,全区参保人员达37.2万人,参保率97%,基本实现了农村居民"病有所医"。全区13030名建档立卡贫困人员全部纳入基本医疗保险覆盖范围并实行了动态管理,确保建档立卡人员不因病致贫、因病返贫。

【农村生态建设及环境保护】 2017年,旌阳区结合《旌阳区农村饮水安全巩固提升工程"十三五"规划》要求,划定农村集中式饮用水水源地保护区15个。积极推进国家农业综合开发水土保持项目,综合治理水土流失面积15平方千米。依法查处盗采砂石案件15宗,共处罚金16.46万元。完成全区养殖区域划分工作,制订《德阳市旌阳区畜禽养殖污染综合治理行动实施方案(2017—2019年)》。关闭禁养区养殖场296个,完成任务数的100%;治理准养区养殖场1576个,完成任务数的90.63%。新建养殖场大中型沼气工程2处;新建省级集中供气站1处,新增沼气用户120户;完成贫困户户用沼气池检修1000余口。实现秸秆综合利用近20万吨,综合利用率达95%以上。整治西郊水厂等环境突出问题85个,全面淘汰禁燃区内燃煤锅炉,清理土壤污染风险企业12家,全面关停禁养区养殖场296家,整治黑臭水体24千米。

【农产品质量安全监管】 2017年,旌阳区定期召开水产品质量安全工作会议,与各乡(镇、街道)政府、水产养殖专业合作社、家庭农场和大户签订《水产品质量安全责任书》。发放各种水产品质量安全宣传资料5000余份,利用手机微信平台发送水产品质量安全宣传信息200余条。联合乡(镇、街道)累计出动检查人员100余人次,基地检查100余次,监督检查水产养殖场、育苗场4家,抽检样品70余批次,抽检合格率为100%。制订《旌阳区病死畜禽集中无害化处理工作实施方案(试行)》,启动病死畜禽集中无害化处理工作。实行管理相对人备案管理制度,建立屠宰检疫24小时电子网络监控平台,推进证章管理物联网建设,完成"瘦肉精"及药物残留监测任务,保障上市动物产品安全。全年完成蔬菜农药残留快速检测样品1500个,合格率99.5%。在节假日、农产品生产集中上市季节开展专项抽检8次,合格率100%;共抽检蔬菜、水果和食用菌样品260个,合格率100%。

【农村市场体系建设】 2017年,旌阳区作为四川省农村商务信息服务试点县,已建设农村商务信息服务站(点)15个,在全国农产品公共信息平台上传旌阳区农产品信息700余条,促成线下交易400余万元。构建区、乡、村三级电商服务网络体系和物流配送体系,依托B2B交易平台万达仓配系统,承担信息整合发布、运力统筹协调、货物定向配送、综合协调服务等功能。截至2017年年底,全区共有涉农企业738

家。按照“储备一批、联系一批、培育一批”的思路,对全区未注册的农产品商标进行梳理排队,逐一制订帮扶方案,有针对性地做好农产品商标的注册申请及保护工作。截至2017年年底,全区农产品商标达509件。深化打假维权,抽检种子、化肥、农膜等37组,立案查处涉农案件7件。深入推进“一会两站”及“12315五进”工作,全区各乡(镇)联合村(社区)基层组织设立消费维权服务站(点)84个。

【农村留守儿童(学生)帮扶】 2017年,旌阳区留守学生(儿童)依托24所“留守学生(儿童)之家”和28所乡村学校少年宫为主要阵地开展活动,利用“快乐留守志愿行动”“童伴计划”等项目开展以“一日陪伴”“留守学生圆梦”为主题的志愿服务活动50余期,聘请心理学、绘画、写作等领域专业人士为留守学生开办各类课程,投入经费8.4万元,活动累计覆盖人数1000余人次。开展“暖冬行”慰问活动,为100名留守学生送去慰问金6万元。

【劳务开发与返乡创业】 2017年,旌阳区通过“四川省就业服务管理系统”和“德阳公共招聘网”实现市、区、乡(镇、街道)、村(社区)四级就业信息的共享。组织“春风行动”“送岗位、送政策下乡”和“精准扶贫、促进就业”等各类招聘会9场,市内外用人单位进场637家,提供就业岗位1万余个,吸引城乡求职劳动者1.2万余人,达成意向性就业协议2800余份。开展中式烹调师、美容美发、电工、焊工等技能培训40余期,培训人员1100余人。农村劳动者通过有组织或“一带一”的方式,实现转移就业11.7万人,其中新增农村劳动力转移2700余人,实现农村劳动力转移就业收入22.78亿元。全年有1838名农民工实现返乡创业,其中创办各类企业100人,从事个体工商经营1500人,从事农、林、水、牧等创业经营238人;带动就业2000余人,投资规模共计8000万元,实现产值3亿元。旌阳区组织罗明等5名返乡农民工参加德阳市首届“千理眼”创业大赛决赛并获得返乡下乡创业组、创业创富组10强的成绩。

【主要领导人】 区委书记:邓平;区人大常委会主任:徐蓉;区长:陈天航;区政协主席:梁仕全;分管农业副区长:袁敏。

旌阳区编写组

罗 江 区

【基本情况】 2017年,罗江区辖10镇,辖区面积447.87平方千米,其中耕地面积37.24万亩,比上年减少0.465%,人均耕地面积1.7亩;基本农田28.32万亩。年末总人口24.63万人(户籍人口),减少1.51%;人口出生率10.94‰,增加2.1个千分点;人口自然增长率-11.18‰,减少13.23个千分点。全区耕地有效灌面和保证灌面分别达到耕地总面积的71.6%和67.4%;本地水资源总量1.31亿立方米,人均占有水资源量532立方米。有林业用地8028万公顷,有林地面积7896万公顷,活立木总蓄积量37.7万立方米,森林覆盖率40.03%。

2017年,全区GDP111.3亿元,增长9.5%,其中第一产业增加值20.89亿元,增长4%,农、林、牧、渔业之比为47.6∶1.1∶46.6∶4.7;第二产业增加值54.81亿元,增长11%(工业增加值46.53亿元,增长10.6%);第三产业增加值54.81亿元,增长11%。三次产业对经济增长的贡献率分别为12.3%、55%和32.7%。劳务输出73209人。全年接待游客370万人次,增长15.9%;实现旅游收入302000万元,增长63.5%,其中乡村旅游收入190000万元。

公路通车里程640.617千米(其中乡村公路431.464千米),密度1430米/平方千米,28.79千米/万人。社会消费品零售总额29.59亿元,增长13.4%。财政一般公共预算收入完成3.53亿元,增长8.5%;财政一般公共预算支出12.77亿元,减少6.1%,其中农业投入20448万元,占支出的16%。金融机构各项存款余额94.95亿元,比上年初增长3.1%;各项贷款余额52.19亿元,比年初增长6%。农业产业化龙头企业市级、区级分别为1个、26个。

有各类学校61所,在校学生41954人,教职工2543人,其中普通高校1所,在校本(专)科学生13096人,减少0.3%;普通中学8所,在校学生7502人;小学22所,在校学生10851人;幼儿园30所(2所公办、14所民办、14所学校附属),在园幼儿5954人,学龄儿童入学率100%。有文化馆1个,文化站10个,公共图书馆1个(藏书1592000册),博物馆2个,影剧院1个。有无线广播电台1座,电视台1座。有卫生机构198个,病床位1054张,卫生技术人员791人。新型农村合作医疗参合人数169076人,参合率99.05%;新型农村社会养老保险参保人数109968人,参保率65%;被征地农民养老保险参保人数19962人,占总人数的100%。

【年度农业和农村经济运行】 2017年,罗江区实现农业总产值21.59亿元,增长4.2%;农业增加值20.89亿元,增长4%;青花椒、晚熟柑橘等特色优势农产品产量保持稳定增长。农民年人均可支配收入达13552元,增长9%。全区农产品质量抽检合格率比年初提高0.1个百分点;建成10个基层农业综合服务站。农村公路改造升级完成投资1.3亿元,新(改)建农村公路116千米。

2017年罗江区主要农产品产量

主要农产品	单位	产量	同比(%)
粮食	万吨	12.81	0.63
稻谷	万吨	10.33	0.19
小麦	万吨	0.76	-1.3
油菜籽	万吨	3.62	1.69
蔬菜	万吨	15.32	1.19
水果	万吨	5.92	1.72
肉类	万吨	4	-2.64
禽蛋	万吨	510.7	-3.64
水产品	万吨	1.2048	1.84

农业产业化发展。全区印发了《罗江县家庭农场县级示范场评定及监测暂行办法》。全年新培育家庭农场45个,创建农民专业合作社省级示范社2个、省级家庭农场3个。新增规模化经营面积0.38万亩。金山镇省级现代农业园区荣获省级现代农业示范园区类2016年度考核第一名;罗江区宝峰山现代农业园区获批市级现代农业产业融合示范园区,同时推进省级现代农业产业融合示范园区创建工作。

农用地产权制度改革。全年完成土地确权颁证5.85万本,颁证率达92%。建成农村产权交易平台,完成土地规范流转、林权流转、宗农产品规范交易等10余项,成交金额8000余万元。

农村集体经济发展改革试点工作。全区印发了《罗江县农村集体经济发展改革试点工作实施方案》,全面开展农村集体资产清产核资,涉及102个村1196个村民小组,总资产5623.44万元,土地资源数量37221亩。18个村集体经济组织完成成员资格确认,确认成员1.54万人;成立村集体经济股份合作社1个。

农产品品牌战略实施。全区参加德阳市品牌农产品推介展示活

动并获得二等奖。鼓励企业和专合组织申报"三品一标",累计申报无公害农产品40个、绿色食品2个、有机食品5个,其中新申报无公害农产品19个、绿色食品1个、有机食品3个。

【农村科技】 2017年,罗江区新建高标准农田1.91万亩、测土配方施肥技术39万亩,建设现代特色效益农业标准化基地1万亩,建立"贵妃枣"标准化示范园1个。建成优质油菜核心示范区2.6万亩、优质稻核心示范区1万亩。建成农业示范基地5个、万亩农业基地7个,启动国家级良种繁育基地建设项目3万亩。鄢家镇蜜柚农业综合标准化示范区通过国家级农业综合标准化示范区建设认定。罗江区经济开发区被列入全国农村创业创新园区(基地)目录。

【种植业】 2017年,罗江区农作物播种面积56.77万亩。其中,粮食播种面积28.32万亩,平均亩产460千克,增加11千克;产量12.81万吨,增加0.08万吨。大小春农作物播种面积44.22万亩。油料作物播种面积21.28万亩,亩产190千克,增加12千克;产量3.86万吨,增加0.06万吨。经济作物播种面积21.4万亩。蔬菜播种面积6.3万亩,增加0.07万亩;产量15.32万吨,增加0.18万吨。引进果树新品种10个、蔬菜新品种4个,新培育贵妃枣200亩、优质梨450亩、优质柑橘3000亩、青花椒2000亩、优质稻15000亩、优质蔬菜7200亩、水产500亩。

【林业】 2017年,罗江区实现林业产值3.86亿元。创建省级康养基地2个,白马关镇建成第一批省级森林小镇并完成申报省级生态文明教育基地。实施各类营造林1.4万亩(含低效林改造),指导实施道路、渠系通道绿化提档升级700亩。巩固退耕还林成果2.55万亩,实施森林管护面积12.43万亩,补偿集体公益林4.22万亩,完成林下经济开发3000亩。植树51万株,建立镇级造林绿化示范点10处,林木覆盖率达39.78%。实施飞机防治病虫害撒药作业1.5万亩,林业有害生物成灾率控制在3‰以内。开展"守护绿川""利剑行动""亮剑行动"等打击涉林违法犯罪专项行动,办理各类行政处罚案件22起。森林资源保护巡查300余人次,救助野生动物4批次。完成名木古树资料普查326株。全年未发生规模火灾,森林火灾损失率为零。

【畜牧业】 2017年,罗江区生猪出栏37.3万头,减少4.97%;猪存栏25万头,与上年持平。牛出栏0.75万头,减少2.18%。家禽出栏510.7万只,减少3.64%。

【水产业】 2017年,罗江区有渔业生产经营户1680户,渔业人口16700人;实现渔业经济总产值32831.44万元,其中淡水养殖业产值19796.1万元、渔业工业和建筑业产值5566.12万元、渔业流通和服务业产值7469.22万元。全年养殖水产品总产量12048吨,养殖面积1242公顷,其中池塘养殖面积990公顷,产量7900吨;水库养殖面积252公顷,产量3198吨;稻渔综合种养产量950吨。有休闲渔业基地2个、水产养殖企业2家、水产专合组织10个、水产养殖家庭渔场10个、水产养殖专业大户232户、渔业协会组织6个。实施省级财政现代农业发展工程渔业标准化生态池塘改(扩)建项目,总投资210万元,其中财政资金100万元、社员自筹110万元。在调元镇双堰村山弯湾家庭农场基地改(扩)建标准化池塘201.3亩,建设"渔文化"体验中心1座。

【统筹城乡与新型城镇化】 2017年,罗江区启动城市主要规划10个,乡(镇)总体规划、行政村村庄简易规划编制工作有序推进。完成景乐路(北段)、麓峰路、罗蟠大道等重点项目23个,启动周家坝城市公园建设。完成陕西馆巷棚户区改造,西街口旧城改造工程有序推进,凯悦广场、1788商业街城市综合体建设进展顺利。基本完成鄢家、白马关场镇过境段改造。形成了以金山镇为代表的"军民融合"特色小镇。

【新农村建设】 2017年,罗江区创建省级"四好村"20个、市级"四好村"20个。鄢家镇星光村、调元镇顺河村、慧觉镇二龙村"四好村"建设3个案例入选《四川省"四好村"创建百例》。完成新村聚居点划定,鄢家镇星光村荣获"第五届全国文明村镇"称号。

【扶贫攻坚】 2017年,罗江区实现市级贫困村退出14个、农村贫困人口脱贫2145人。推广"园区+合作社+贫困户"等多种模式,巩固已建成的16个扶贫产业园发展成效,建成扶贫产业园11个。

【乡村旅游】 2017年,罗江区有农家乐40余家、家庭农场25家、乡村酒店1家、乡村古镇4个。建成以白马关镇倒湾古镇、五丁谷、万佛村,御营镇响石村为代表的中国传统村落;形成了以蟠龙镇宝峰村,金山镇大井村、千鱼欢村,鄢家镇星光村,调元镇双堰村,略坪镇建国村等一批乡村旅游景点。罗江区创建为"全国休闲农业和乡村旅游示范区"。

【农村水利】 2017年,罗江区农村水利工程建设总投资5214.23万元。完成秀水河、垄水河防洪治理工程,综合治理河长5.9千米,新建提防护岸12.567千米(秀水河7.934千米、垄水河4.633千米),疏浚河道2.32千米(秀水河0.52千米、垄水河1.8千米)。秀水河防洪治理工程建成后使观音岩河段堤防形成整体,实现防洪治理后保护区面积2.97平方千米,保护人口0.22万人,保护农田面积0.34万亩。垄水河防洪治理工程的实施完善了垄水河万安镇河段的防洪体系,保护人口2万人,保护农田面积0.3万亩。完成都江堰灌区续建配套43#支渠整治工程,整治渠道6.213千米;重建人行桥38座、机耕桥10座;新建管护道路1000米,新建泄洪闸、便民梯步、放水洞。完成罗江区水电堰水毁修复项目。

【农业机械化】 2017年,罗江区提水保灌面积25.1万亩,机耕面积43.4万亩、机播面积4.27万亩、机收面积28.3万亩,主要农作物耕种收综合机械化水平达61%。

【农村教育】 2017年,罗江区财政补助义务教育公用经费1196.86万元。完成学前教育资助650人,金额67.993万元。义务教育阶段完成学生全面免除学杂费、教科书费、作业本费1426.7万元;家庭经济困难寄宿学生补助3200人,金额338.75万元。完成普通高中助学金项目资助学生916人,金额180.6万元;免学费学生635人,金额48.62万元。完成中等职业学校助学金资助学生448人,金额86.7万元;免学费学生3338人,金额641.945万元。企业、社会团体及个人等面向师生设立奖学奖、助学金,资助1055人次,金额115.68万元。投入资金249万余元实施改薄项目工程,投资726万余元用于学前教育项目建设,投资315万元对全区中小学、幼儿园校舍进行维护。解决进城务工人员子女随迁就读问题,入学率达100%。

【农村科技】 2017年,罗江区组织10个乡(镇)开展"科技之春"、科普宣传月活动。组织各乡(镇)科技、文化"三下乡"活动30余次,发放宣传资料2万余册。

【农村社会保障】 2017年,罗江区发放城乡居民养老保险金4242.73万元,涉及41718人,人均月养老金水平达86.1元。城乡居民参保缴费20.62万人,参保率达99.88%,其中建档立卡贫困人员参保11221人,参保率达100%;筹集保险费13452.57万元,其中个人缴费部分为4126.86万元,财政补助资金为9325.71万元。城乡居民医疗

保险住院人员35770人次，支付金额7517.94万元，政策范围内报销比例为79.54%。

【农产品质量安全监管】 2017年，罗江区组织召开农资经营门市人员专题培训2次，农业种植业专合社、相关家庭农场、农业企业农产品质量安全培训3次，"互联网+农产品"质量安全培训1次，农残速测专项培训1次，科教培训3次，共培训人员1280余人次。组织大霍山枣子专业合作社等5个单位进行了农产品质量安全追溯体系建设。开展农产品质量安全"百日安全生产活动"及"农产品质量安全宣传周"活动，签订《农产品质量安全承诺书》85份。全年发放相关宣传资料6800余份。实施农产品抽样农药残留速测1052个，合格率达99.5%；接受省、市农产品农药残留抽样检查70个，合格率达100%。完成"三品一标"有机认证23个，省级农产品质量安全例行监测合格率达100%，主要作物绿色防控覆盖率达27.2%。

【农村生态建设及环境保护】 2017年，罗江区实施种养结合循环农业示范工程，推广"生态养殖+沼气+绿色种植"等循环发展模式和技术。农作物地膜覆盖膜回收利用178.2吨，农田残膜捡拾率达70%。农作物专业化统防统治面积达11.7万亩，绿色防控面积达17万亩。秸秆禁烧率达100%，"五化"利用量达15.7372万吨。推动金山镇安隆养殖场大型沼气工程和鄢家镇黑虎村、白马关镇三叉河村省级新村集中供气点项目建设。

【劳务开发与返乡创业】 2017年，罗江区提供就业岗位9500余个。农村劳动力转移就业6.8万人，实现劳务收入12.6亿元。全年组织返乡创业培训1350人，实现创业168人。

【主要领导人】 区委书记：曾长江；区人大常委会主任：白光裕；区长：李栋；区政协主席：张胜虎；分管农业副区长：胡勇。

罗江区编写组

广 汉 市

【基本情况】 2017年，广汉市辖2乡16镇，辖区面积538.3平方千米，其中耕地面积48.56万亩，人均耕地面积0.79亩；基本农田38.15万亩。年末总人口60.37万人(户籍人口)，减少1.15%；人口出生率8.53‰，减少0.42个千分点；人口自然增长率0.98‰，减少0.01个千分点。全市耕地有效灌面和保证灌面分别达到耕地总面积的92%和81%；本地水资源总量2.31亿立方米，人均占有水资源量389立方米。有林业用地0.33万公顷，有林地面积0.14万公顷，活立木总蓄积量40.38万立方米，森林覆盖率16.7%。

2017年，全市GDP400.1亿元，增长9%，其中第一产业增加值35亿元，增长4%，农、林、牧、渔及农林牧渔服务业之比为54.57:0.41:34.66:3.8:6.55；第二产业增加值204.9亿元，增长8.6%；第三产业增加值161.2亿元，增长10.6%。三次产业对经济增长的贡献率分别为3.8%、50.8%和45.4%。乡(镇)中小企业增加值33.05亿元。劳务输出5.23万人，收入33.05亿元。全年接待游客812.83万人次，实现旅游收入52.8亿元，其中乡村旅游收入13.464亿元。

公路通车里程1259.4千米(其中乡村公路1078.4千米)，密度2340米/平方千米，20.57千米/万人。社会消费品零售总额166.1亿元，增长13.4%。地方公共财政预算总收入完成17.03亿元，增长2.61%；公共财政预算总支出35.39亿元，增长10.08%，其中农业投入52300万元，占支出的14.78%。金融机构各项存款余额469.9亿元，比上年初增长5.76%；各项贷款余额284.24亿元，比年初增长13.2%。农业产业化龙头企业省级、市级分别为6个、48个。

有各类学校54所，在校学生59260人，教职工4037人，其中普通高校3所，在校本(专)科学生3.4万人；普通中学28所(含单设初中、一贯制学校、普通高中、职业学校)，在校学生18994人；小学31所(含单设小学、一贯制学校、特殊教育学校)，在校学生25720人；学龄儿童入学率93.24%，减少4.3个百分点。完成省级以上科技成果12项，3项科技成果获省级及以上科技进步奖。有艺术表演团体49个，文化馆1个，公共图书馆1个，博物馆1个。有卫生机构436个，病床位0.34万张，卫生技术人员0.48万人。城乡居民医疗参保人数440882人，参保率97.2%；城乡居民养老保险参保人数16.9万人，参保率97.5%。

【年度农业和农村经济运行】 2017年，广汉市实现农业总产值59.1亿元，增长3.7%；农业增加值35亿元，增长4%。农民年人均可支配收入达16915元，增长9.04%。科技投入的占比或科技贡献率达28%。全市农产品质量抽检合格率比年初提高0.1百分点；建成23个基层农业综合服务站。德阳市首家农村资金互助合作社——广汉市永和农村资金互助社成立并开业运行，已筹集股金375万元，为15户内部社员发放贷款290万元。11月29日，中央电视台《新闻直播间》栏目在题为"农村土地制度改革，土地确权，给农民带来了什么？"的报道中报道了广汉市土地确权颁证工作。广汉市被德阳市农业局评为"2016年度农业工作综合目标考核工作特等奖"，是德阳市唯一获此殊荣的县(市、区)；被省委农工委和财政厅命名为"农民增收新产业新业态示范县"。

2017年广汉市主要农产品产量

主要农产品	单位	产量	同比(%)
粮食	万吨	32.1558	0.87
水稻	万吨	22.8197	0.05
小麦	万吨	6.397	3.58
玉米	万吨	0.6445	1.5
马铃薯	万吨	1.0028	1.35
油菜籽	万吨	3.018	-0.07
蔬菜	万吨	44.14	2.6
水果	万吨	3.04	3.19
肉类	万吨	5.3006	-0.96
猪肉	万吨	2.7614	0.68
牛肉	万吨	0.1706	0.71
羊肉	万吨	0.01	2.04
禽肉	万吨	1.8348	-2.69
兔肉	万吨	0.5278	-3.81
禽蛋	万吨	1.4812	-3.02
水产品	万吨	1.2706	4.55
牛奶	万吨	0.2983	-0.37

农业产业化发展。全市制定了"三带四基地"的现代农业产业布局，以连山镇、松林镇水果产业为基础，建设丘区农旅融合示范带；以三水镇特色水产为基础，建设休闲渔业文化示范带；以兴隆镇、南丰镇、金轮镇等镇种养产业为基础，建设种养循环生态农业示范带。升级粮食、油菜、蔬菜、水果四大基地为四大园区。全市有畜牧业专业合作社42个、协会8个、家庭农场14个；全市出栏优质生猪9万头，出栏

优质牛(羊)7000头(只),出栏优质家禽60万羽,其中"稻鸭"6万羽;家庭农场户均增收2万余元,加入合作社、协会的农户户均增收2000元。广汉绿丰蔬菜种植专业合作社被评为四川省第九批农民合作社省级示范社。广汉市宇权生态农业专合社正式运营,该专合社主要从事畜禽粪污收集、运输、加工处理、农田灌溉等业务,是德阳市首家开展此项工作的专合社。

农村集体资产股权量化工作。广汉市完成申报农村集体资产股份合作制改革国家级试点县。在全面开展农村集体资产清产核资、厘清集体资产归属和集体经济组织成员身份确认工作的基础上,广汉市将集体经营性资产以股份或者份额形式量化到本集体成员,落实农村集体经济组织成员对集体资产股份的占有权和收益权,探索开展集体资产股权继承和抵押担保试点。全市17个乡(镇)144个村已完成清产核资工作,清理核实经营性资产6370万元、非经营性资产20902万元、资源性资产1358亩,确认成员35.94万人,16个村完成股权量化并通过工商或农业部门登记建立集体经济股份合作社。确定三水镇友谊村等12个村级集体经济组织开展扶持村级集体经济发展试点,分别给予50万~150万元的扶持专项资金。截至2017年年底,全市村级集体经济总资产达2.8亿元,集体经济总收入4108万元。

农产品品牌战略实施。大力支持农产品加工企业争创四川名牌,广汉市四川省川粮米业股份有限公司、四川广汉金雁酒业有限公司、广汉市迈德乐食品有限公司和四川米老头食品工业集团有限公司获得第十二届四川名牌称号,培育益海(广汉)粮油饲料有限公司和四川翠宏食品有限公司争创第十三届四川名牌。"广汉缠丝兔"通过项目验收并得到省级领导和评审专家的一致好评。12月23日,广汉市农旅项目暨品牌农产品推介活动在三星太极广场举行。广汉17个农业乡(镇)的80余家农业经营主体的200余种特色优质农产品集中亮相,让广汉市农产品区域公用品牌"雒禾禾"树立起较好的品牌形象,满多多、80耕夫、曾记虫虫蛋等一批本地农产品品牌发展迅速。

【种植业】 2017年,广汉市农作物播种面积109.9万亩,其中小春农作物播种面积45.1万亩、大春农作物播种面积64.8万亩。粮食作物播种面积70.5万亩(小春粮食作物播种面积22.2万亩、大春粮食作物播种面积48.3万亩),粮食总产量32.2万吨。其中,小麦播种面积19.5万亩,平均单产328千克/亩,增加11千克;水稻播种面积39.3万亩,与上年持平,平均单产585千克/亩,增加4千克。油菜播种面积16.65万亩,减少0.05万亩,平均单产181千克/亩。蔬菜种植面积24.4万亩,产量55.1万吨,对外销售蔬菜总产量36万吨,实现产值8.69亿元,增收5698万元。食用菌种植面积1308亩,产量1.5万吨,减少1300吨;收入6990万元,减少260万元。水果种植面积4.8万亩,增加1865亩;产量5万吨,增加1450余吨;实现销售收入12052万元,增加419万元。其中,西瓜种植面积8772.4亩,减少327.6亩;实现产值3470万元,减少130万元。花木种植面积12328亩,增加近100亩,实现产值12688万元。药材种植面积6350亩,增加220亩;实现产值812万元,增加28万元。新增粮食生产能力302.01万千克,新增经济作物产值515.49万元。

【林业】 2017年,广汉市新增森林面积0.06万亩,新增森林蓄积0.54万立方米,增加森林覆盖率0.08个百分点。实施2017年退耕还林工程,退耕还林0.5万亩。实施天保工程二期项目,管护国有林0.2万亩,补偿生态效益林2.22万亩。栽植北美枫香、墨西哥柏、桂花、天竺桂、水杉、香樟等苗木45万余株。

【畜牧业】 2017年,广汉市出栏生猪40.6万头、牛1.33万头、羊0.85万只、小家禽1181.8万只,分别增长1.75%、3.91%、2.9%、0.43%;肉类总产量52360吨、禽蛋产量15108吨,分别增长1.13%、1.64%。肉牛适度规模以上养殖比重达78.57%。全市有肉牛年出栏100头以上的规模养殖场29家,其中年出栏100~299头19家,年出栏300~499头4家,年出栏500~999头3家,年出栏1000头以上3家;有肉牛养殖专业户(出栏10~99头)226户;全年肉牛实现产值2亿元。1月16日,全市对向阳镇、小汉镇、北外乡等乡(镇)的2016年已关闭养殖场进行现场审核验收并完成全部验收工作,向市政府申请拨付关闭补偿资金,启动关闭补偿工作。1月17日,广汉市病死动物集中无害化处理动员会在广汉市农业局召开,标志着德阳市首个委托无害化处理病死动物模式正式启动。

【水产业】 2017年,广汉市水产品养殖面积12420亩,新增水产养殖面积386亩;水产品产量12706吨,增长4.55%;实现渔业总产值4.97亿元,增长1.2%。推介发布高产优质品种4个、新技术3项,培植渔业科技示范户20户,创建渔业科技示范基地2个,推广示范面积1500余亩。名特优水产品产量占德阳市水产品总产量的55%。高坪镇大鲵养殖专合社养殖大鲵苗种10000尾,产商品大鲵7500千克;小汉镇、金轮镇、南丰镇鲈鱼养殖面积1100亩,年产鲈鱼1000余吨;三水镇中华绒毛蟹养殖面积达250亩,年产中华绒毛蟹1.5万千克;小龙虾养殖从松林镇发展到南丰镇、南兴镇、新丰镇、三水镇,养殖面积增加1320亩;胭脂鱼、鲟鱼由小汉镇发展到新丰镇、南兴镇、连山镇、三水镇、西高镇,养殖面积新增200余亩,总养殖面积达1600亩,年增产胭脂鱼1.1万千克、鲟鱼4500千克。三水镇、西高镇引进乌兹别克斯坦大鳞鲃鱼苗2.1万尾,养殖面积200亩;高坪镇、连山镇引进观赏鱼养殖2.1万尾。三水镇友谊村被农业部评为27家全国"最美渔村"之一,是四川省唯一获此殊荣的村。

【统筹城乡与新型城镇化】 2017年,广汉市实施棚户区改造1881套,其中市中心城区城中村1036套、新丰片区城中村845套,完成年度目标任务的124.65%。对585户符合住房租赁补贴条件的城市低收入住房困难家庭发放租赁补贴。推进市政基础设施及城市新区建设,中山大道改造工程(雒城门—东西大街)有序推进,乡(镇)污水处理站及配套管网工程全面开展(其中已进入施工阶段的项目有31个、招标项目3个)。继续深化"百镇建设行动",完成向阳镇、小汉镇、三水镇3个试点镇基础设施建设投资1.53亿元,完成102%;公共服务设施建设投资0.104亿元,完成104%;产业发展投资2.34亿元,完成117%;吸纳转移人口3200人,完成128%。完成"百万安居工程建设行动"农房建设和建档立卡贫困户等四类重点对象农村危房改造231户(其中建档立卡贫困户218户),占全年目标任务的281.7%。促进建筑业转型升级发展,实现建筑业年度总产值99亿元,施工许可报建规模约151万平方米,增加约20万平方米。进行了成德同城化发展与合作相关方面的规划工作部署和研究工作,重点完善广汉市总体规划及位于成德同城前沿地区的向阳镇、小汉镇以及天星大道、旌江大道的重点城镇与周边城市的规划,以及周边其他县(市)的衔接与融合问题、城市总体规划、交通体系规划及城市生态环景保护规划等。围绕增强功能,推进城市提档升级项目75个,深圳路东段、北京大道等城市道路改造投用,金雁水苑、狮子堰公园等一批生态景观开放使用,龙井堰水闸水下工程、金雁泄洪闸除险加固主体工程完工。围绕内联外通,加快推进交通项目11个,改(扩)建县、乡道路107.6千米。深入开展"创文明城

市，建文明广汉”系列活动，成功创建第四届四川省文明城市并顺利通过省级卫生城市复查，向阳镇建成国家卫生城镇。完成广汉市高新技术产业园万福片两区共建项目—河道生态治理工程与河道景观工程，照明系统和导视系统完善工作有序推进；广汉市高新技术产业园万福片两区共建项目—马牧河湿地景观工程已完成施工图设计并准备施工招标。

【新村建设】 2017年，广汉市建成幸福美丽新村18个。争取到扶持村级集体经济发展试点项目资金1000万元，省、市“四好村”奖补资金169万元，新产业新业态发展项目资金100万元，德阳市2016年度统筹城乡发展专项补助资金50万元，合计1319万元。开展“四好村”创建，编制完成《广汉市“四好”幸福美丽新村示范带建设实施方案》并通过德阳市评审。三水镇友谊村易家河坝打造、和兴镇华严村“荷风禅月”、西高镇万柏村“上水领地”“西部花千谷”等“四好”幸福美丽新村示范带项目有序推进。建成新农村聚居点34个、“四好”幸福美丽新村18个；三水镇友谊村成为四川省唯一的全国“最美渔村”，被评选为“2017四川百强名村”及“四川集体经济十强村”。

【农村扶贫和移民工作】 2017年，广汉市全面完成省级下达的1500人年度脱贫任务及德阳市下达的2102人年度脱贫任务；聚焦脱贫攻坚任务的乡(镇)、重点环节和重点任务，制订实施交通、水利、电力、通信等扶贫专项年度工作计划21个；开展2014—2016年已脱贫贫困户“回头看、回头帮”工作，全面落实贫困户“一超六有”和贫困村“一低五有”各项指标。按照《关于全面完成建档立卡贫困人口精准识别工作的通知》要求，全市清退不合格贫困户614户、贫困人口1601人，新增贫困户435户、贫困人口1601人。进一步完善脱贫攻坚资料，大力开展痕迹管理、规范资料归档、帮扶手册填写、存档照片等；做好脱贫攻坚“五个一”实施方案，继续完善建档立卡贫困户动态管理系统。开展了2017年度扶贫对象动态管理工作。

【乡村旅游】 2017年，广汉市各乡(镇)15个农旅项目集中开工，建设面积4180.5亩，总投资3.8亿元。结合各乡(镇)特色资源，促进乡村旅游差异化发展，初步形成“多彩松林”“魅力连山”“水木西外”“风情西高”“渔游三水”“花木南兴”等重点区域品牌，其中西外乡以田园阳光生态园、雨菡农场、乡村音乐火锅等休闲旅游生态农庄为龙头，打造成都北延线特色中央美食公园。积极发挥美食对旅游市场的纽带作用和催化作用，缠丝兔、松林桃成为国家地理标志保护产品，向阳镇成为西南地区最鲜最地道的毛肚火锅集群地，连山回锅肉成为四川饮食文化中的一道名菜，三水大闸蟹成为引燃旅游市场的“爆款美食”。围绕三星堆大祭祀、三星堆国际飞行音乐节暨面具狂欢夜、德阳之夜商务活动、松林桃花节、三水垂钓比赛等活动，结合南丰草莓、新平农耕文化、西高油菜花、西外现代农业，着力打造节庆旅游，不断提升全市乡村旅游的知名度和参与度。以“深度体验游+网络富媒体”的传播模式，重点推进“为村”微信平台、农村电商和特色电商小镇三大项目，打造广汉乡村旅游热点产品。

【农村水利】 2017年，广汉市新增有效灌面0.24万亩，恢复灌面0.06万亩，改善灌面0.65万亩，新增高效节水面积0.82万亩，新增蓄引提水能力136.08万立方米。水利发展资金项目包括小型农田水利(其中新建渠道6.505千米，整治渠道8.148米，整治山坪塘8座，新建蓄水池20口、泵站5座，高效节水灌溉面积2278.53亩)、高效节水灌溉(高效节水灌面5315.25亩)和农业水价综合改革(其中整治渠道22.056千米，新建量水堰48处，高效节水灌面607.33亩)3项。

【农业机械化】 2017年，广汉市完成机耕作业面积86万亩，机播(机插)面积38万亩(其中机械插秧面积16万亩，机播油菜7万亩、小麦15万亩)。完成机收面积67.6万亩(其中机收水稻39.1万亩、机收油菜9万亩、机收小麦19.5万亩)，主要农作物农机化综合作业水平达79.6%；农机总动力达28.01万千瓦，增加0.61万千瓦，增长2.2%；实现农机总收入2.38亿元。完成农村机耕便民道建设108.4千米，投入资金3210万元。完成修复、改造提水设备1910台(套)、21890千瓦，其中完成修复提水设备1906台、21820千瓦，完成新建和改造提灌站5座、6台、144千瓦；新增提水设备105台、1670千瓦；全年完成提水5800万立方米，提水灌溉面积24.5万亩，全部完成下达的目标任务。

【农村教育】 2017年，广汉市投入义务教育经费3107万元，开展“名师乡校行”12次，城乡干部交流轮岗41人。制定完善《广汉市教育人才引进和培养管理暂行办法》《广汉市乡村教师支持计划实施细则(2015—2020)》，补充教师155人(含14名研究生)。新(改、扩)建普惠性幼儿园8所，新增学位1110个；建成南丰镇等乡(镇)中心幼儿园4所，提速推进广汉市“六幼”建设。新(改、扩)建中小学5所(其中中学3所)，完成北区小学地勘，推进广汉中学迁建工作。形成“校校有网络、班班通信息”的信息化格局。大力开展教育扶贫，设立规模教育扶贫救助基金500万元，落实“三免一补”等各项资助金4954.4万元；办理生源地助学贷款793.305万元，社会各界捐资助学300余万元。妥善安排居住证持有人、进城务工人员随迁子女全部就读公办学校，残疾儿童入学率达99.6%。派出支教教师12名，推动“三区”教育持续发展。教育系统帮扶联系村73个，参与教师超过95%，结对帮扶贫困家庭2548户，慰问物资折合资金13.6万元。开展学校安全大检查行动，排查校园隐患975项，落实整改资金209.27万元，开展应急演练192余校次。强化环保节能低碳工作，完成“明厨亮灶”工程73个，检查学校食堂及周边餐饮店259家次。调整建立校园督导责任区5个，新聘任校园兼职督导员53人。

【农村科技】 2017年，广汉市举办大小春技术培训各1场，小麦播种、田间管理、水稻集中育秧现场技术培训会3场，受训人员1800余人次。被省农业和农村体制改革专项小组确定为省新型职业农民制度试点县。

【农村文化】 2017年，广汉市建成乡(镇)文化广场1处、基层综合性文化服务中心118个、德阳市级贫困村文化室5个、“十五分钟健身圈”4处、健身路径8条、乒乓球健身苑1个、农民健身工程7个、农村小影厅1处和“馆校读书角”31个，完成新闻出版广播影视攻坚惠民工程电视“户户通”1500户目标任务。全市18个乡(镇)全部建有300平方米以上的综合文化站，平均配备有编制的文化专干3.2人；182个行政村和城乡社区均配备有享受财政补贴的文化管理员。每个行政村均建立了文化活动室，全国第一次乡(镇)文化站评估定级一级站6个、二级站10个、三级站2个，有“四川省文化先进镇”7个、省级示范性宣传文化服务中心2个。全市文化活动阵地面积达31670平方米，平均每万人拥有5280平方米，高于全省平均水平。建成广汉市文化信息资源共享工程支中心、18个乡(镇)服务站、182个村和39个社区服务点。全面建成18个乡(镇)广播站、182个村“村村响”(广播室)工程，实现两项工程全覆盖。全市建有乡(镇)综合文化站18个，乡(镇)文化广场10个，基层综合性文化服务中心150个，村文化活动室182个，行政村和社区书屋222个，幸福美丽新村文化院坝51个，移动数字图书馆1个，农民工文化驿站19个，“留守儿童文化之家”18个，文化培训演出

基地1个，书报亭、公共阅报栏49处，“馆校读书角”31个，形成了市、乡（镇）、村（社区）的三级公共文化服务网络。坚持“送文化”和“种文化”的新模式，组织市级文化工作者送戏、送书到乡（镇）、村（社区），每年在80场以上；组织专业人员深入到乡（镇）、村（社区）辅导培训文化骨干。各乡（镇）有业余文艺团队多支，每个村（社区）均有表演队伍。全年放映公益电影2300余场，其中社区、广场电影50场，观影人数达14万余人次，完成“一村一月放映一场电影”目标，覆盖率达100%。

【农村法制建设】 2017年，广汉市持续开展“法律进乡村”活动，不断巩固完善社区普法“六个一”工程，包括在各乡（镇）设立1个法治辅导站、1个法律援助工作站和组建1支专（兼）职相结合的法治宣传队伍，在每个社区设立1个法治宣传栏和1个法律图书室（角），在每个居民楼栋培养1名“法律明白人”，在社区每户发放1张便民法律服务联系卡。依托乡（镇）司法所，强化村（社区）干部学法用法，突出“法律明白人”培养培训，加强法律服务中心建设。向村（社区）选派律师、法律工作者221名担任法律顾问，续签《法律服务协议》221份，继续保持全市“一村（社区）一律师”和法律顾问全覆盖态势。全年向村民发放便民法律服务联系卡3994张。继续深入开展“法治基层行”活动，司法局副局长带队，率法宣传股、法律援助股、律公股、三水司法所、南兴司法所等工作人员和四川和创律师事务所律师等组成法治宣传队，利用赶集日在场镇开展法制宣传。各乡（镇）党委、政府积极配合开展广汉市、德阳市两级“民主法治示范村”创建活动，扎实开展“法治基层行”活动，组织“七五”普法宣讲团、司法局机关和各乡（镇）司法所及全市律师深入23个村（社）、55所学校、1座寺庙、18个场镇等开展法制宣传400余场次，普法受众达6万余人，发放宣传资料3万余份。全市共创建“民主法治示范村”53个，创建率达28.9%；创建“民主法治示范社区”19个，创建率达50%；创建“法治示范乡（镇）”7个，创建率达38.9%。指导北外乡丙灵社区沱水小区完成法治文化阵地建设；指导小汉镇抓好“小汉广场”法治文化阵地建设，拟将其打造为乡（镇）法治文化广场的代表并已完成规划设计工作。

【农村卫生】 2017年，广汉市完善分级诊疗制度，县级公立医院门（急）诊人次数增长5.03%，住院诊疗增长8.5%，床位使用率达95.35%，乡（镇）卫生院、村卫生室、社区卫生服务中心、社区服务站门诊、住院诊疗量增幅分别达5.1%、9.31%，县域内就诊率达92.84%；县级医院开展远程会诊占院外会诊率100%（会诊手术除外）。提升群众就医获得感，辖区内门诊、住院次均费用总增长率控制在4%以内，二级以上公立医院药占比降低到30%，个人卫生支出占卫生费用的比例控制在29.8%，全市家庭医生签约服务覆盖率达52.62%，重点人群签约服务覆盖率达85%。实施基层医疗卫生机构对口支援实效提升工程，选派10名医务人员对口支援阿坝县、稻城县、金阳县，组织30名医务人员在金阳县开展大型义诊活动、举办学术讲座、签订对口援建协议。

落实计划生育奖励扶助政策，全年录入确认奖励扶助42180人，特别扶助1876人（其中伤残611人、死亡1265人），全年发放奖扶（特扶）资金共计5417.48万元。落实计生特扶对象“四项保险”，做到“应保尽保”，特别扶助对象参加城乡居民医疗保险的个人出资部分和补充医疗保险费用由政府按二档标准给予全额补助，参保1578人，参保总金额52.07万元。高血压、糖尿病患者健康管理下达指标数分别为4.7万人和1.7万人，分别完成53791人、21677人，超额完成下达指标。结合国家健康促进县建设，开展健康村（社区）建设。加强传染病和突发公共卫生事件管理，全年无重大传染病疫情和突发公共卫生事件发生。新建金鱼卫生院项目已基本完工，西高、南兴2家卫生院中医馆建成并投入使用。

落实“十免四补助”政策，对贫困人口实施20种疾病的分类施治，对在市外救治的贫困人口通过四川省医药爱心基金（第二批）进行救助149人次，救助金额48万元；建立健康扶贫档案13352份，免费健康体检6780人，开展慢性病入户服务8000余人次；贫困孕产妇住院分娩“零支付”，兜底补偿9人；免费实施贫困人口白内障手术30例，免费药物治疗贫困艾滋病患者5名；贫困患者县域内住院和慢性病门诊维持治疗费用个人支付占比为9.6%，全市住院2108人，总费用1067.3万元，医保报销790.44万元，其他救助费用173.31万元，卫生扶贫救助1.06万元，个人支付费用102.49万元。

【农村交通】 2017年，广汉市完成农村公路建设投资3.2633亿元，建设公路118.4千米，其中农村公路改善提升工程49.9千米、撤并建制村42.4千米、村道窄路加宽7.3千米、自建道路18.8千米。

【农村社会保障】 2017年，广汉市城乡居民社会养老保险覆盖人数达16.9万人，完成目标任务的101.37%；续保85217人，完成104.31%；实现基金收入4369.95万元，完成127.76%；按时足额发放到龄符合条件人员养老待遇7807.58万元。强化与民政、卫计、公安、金融等部门间沟通协作，形成市、乡（镇）、村（社区）整体联动，实现资格认证、参保登记、缴纳保费、领取待遇、查询信息“五不出村”。建立上门服务机制，推行“互联网+养老金认证”QQ视频连线，破除了孤、寡、残疾、重病等行动不方便的人的年审障碍，解决服务群众“最后一公里”问题。

【农村生态建设及环境保护】 2017年，广汉市完成村道、沟渠绿化14.5千米，新农村聚居点、“四旁”绿化472亩。建立了比较完善的农作物秸秆综合利用体系，畜禽养殖废弃物资源化利用体系建设初见成效。一是实现秸秆全域禁烧和综合利用“两个100%”。全市新引进秸秆加工、使用企业2家，全年实现农作物秸秆机械打捆收集超过2万余吨，解决农村劳动力就业1000余人，助农增收1000万元，成为全省平原地区的示范典型。二是全力推进畜禽废弃物综合利用体系建设，加大养殖场治理和关闭力度，累计关闭养殖场613家，治理养殖场131家；加快废弃物综合利用体系建设，计划用三年时间建立粪污收集处理、转运和利用体系。200余户蔬菜粮食种植大户与养殖场签订消纳协议，成立畜禽粪肥收集转运专合社4家，已建成沼液田间利用系统65家。依托松林镇、连山镇等乡（镇）发展果树特色，发展“畜—沼—果”综合利用循环模式；依托西高镇、高坪镇、兴隆镇、金轮镇等乡（镇）蔬菜种植特色，发展“畜—沼—蔬”循环模式；依托水稻主产区域，在连山镇、小汉镇推广“稻鸭共作”模式；依托实力雄厚的龙头企业（慧强农牧有限公司），配套一定面积的综合性农、林、渔业生产区域，用于周边的种养殖业，实现局部区域内资源循环、生态平衡。三是扎实推进产地环境保护，推广生物和物理防控技术以减少农药用量，扩大测土配方施肥面积以减少化肥用量，鼓励规模种植户实施绿色防控和专业化统防统治。

【农产品质量安全监管】 2017年，广汉市应免动物重大疫病免疫率保持在100%，畜禽免疫密度保持在95%以上，免疫抗体保护水平维持在70%以上；通过购买社会服务，采用委托无害化处理病死动物模式，解决全市病死动物无害化处理难题；严格开展驻厂检疫工作，杜绝病死猪肉、注水猪肉流入市场。

【农村留守儿童帮扶】 2017年，广汉市团市委、市妇联、市关工委、市

妇儿工委以及检察院、法院等部门团组织均把留守儿童关爱作为工作的重点,建立了日常协作机制,常态化开展关爱活动。乡(镇)和村(社)也确定了专人负责留守儿童工作,形成了责任共担、信息共享、工作共进的良好局面。团市委、市关工委每年实施"童伴计划",组织专业社工志愿者陪伴留守儿童过暑假、组织补课学习等。开展"百老圆百梦"活动,圆留守儿童一个小梦想。市妇联、妇儿关工委实施了"爱满广汉"主题系列公益活动,联合专业化社会组织开展留守儿童社会实践、法治教育、户外拓展等。建立全市"留守儿童"信息库,掌握"留守儿童"现状,及时收集他们的需求。在"六一"、元旦、春节等节日以及开学期间,团市委、市妇联等部门组织开展慰问活动,为留守儿童发放助学金、学习用具等。

【劳务开发与返乡创业】 2017年,广汉市举行了首届新型职业农民年会,举行首批新型职业农民颁证仪式,全市160名新型职业农民将"持证"上岗。组织返乡农民工参加农民工返乡创业提升培训班和电子商务培训班3期,农民工劳务品牌培训248人,增长95%;返乡农民工创业培训89人,增长6%。建立了广汉市创业指导专家志愿团,专家达20余人。针对拥有本市户籍的就业困难人员、退役士兵、返乡农民工和享受失业保险待遇的失业人员等重点群体发放创业补贴,其中对6名返乡农民工发放首次补贴12000元。在四川省优秀农民工暨返乡创业先进集体和个人评选表彰活动中,南丰镇的廖晓燕被评为"全省返乡创业明星",小汉镇的王周艳被评为"全省优秀农民工",四川良木道门窗型材有限公司被评为"全省返乡创业示范企业"。

【主要领导人】 市委书记:苏刚(8月止),张俊懿(8月始);市人大常委会主任:蒲为;市长:张俊懿(9月止),杜尚武(10月始);市政协主席:林波;分管农业副市长:梁筱萍。

广汉市编写组

什 邡 市

【基本情况】 2017年,什邡市辖14镇2个街道,辖区面积820平方千米,其中耕地面积35.24万亩,比上年减少336亩,人均耕地面积0.82亩;基本农田29.35万亩。年末总人口42.97万人(户籍人口),减少1.4%;人口出生率8.38‰,减少0.84个千分点;人口自然增长率0.68‰,减少1.04个千分点。全市耕地有效灌面和保证灌面分别达到耕地总面积的88.218%和88.218%;本地水资源总量6.53亿立方米,人均占有水资源量1520立方米。有林业用地4.2897万公顷,有林地面积3.03355万公顷,活立木总蓄积量411.3万立方米,森林覆盖率37.1%。

2017年,全市GDP284.7亿元,增长9.7%,其中第一产业增加值29.1亿元,增长3.7%,农、林、牧、渔及农林牧渔服务业之比为67.3:1.1:26.6:1.7:3.3;第二产业增加值142.6亿元,增长10.3%(工业产值137.6亿元,增长10%);第三产业增加值113亿元,增长10.6%。三次产业对经济增长的贡献率分别为5.6%、52.7%和41.7%。全年接待游客480万人次,实现旅游收入48.04亿元,其中乡村旅游接待游客308.2万人次,实现乡村旅游收入23.28亿元,占全市旅游总收入的48.46%。

公路通车里程1265千米(其中乡村公路979千米),密度1510米/平方千米,29.44千米/万人。社会消费品零售总额90.9亿元,增长13%。地方公共财政预算总收入完成16.1亿元,增长4.5%;公共财政预算总支出28.6亿元,增长13.4%。金融机构各项存款余额259.6亿元,比上年初减少0.3%;各项贷款余额142.4亿元,比年初增长7.3%。农业产业化龙头企业省级、市级、县级分别为5个、46个、7个。

有各类学校77所,在校学生41315人,教职工5012人,其中普通中学16所,在校学生12709人;小学29所,在校学生8538人;学龄儿童入学率94%,增加0.5个百分点。有艺术表演团体11个,文化馆1个,公共图书馆1个,博物馆1个。有医疗卫生机构404个(其中卫生院15个,社区卫生服务中心2个,社区卫生服务站1个,村卫生室285个,门诊部、医务室、个体诊所83个),病床位2975张,卫生技术人员3056人。

【年度农业和农村经济运行】 2017年,什邡市实现农业总产值48.5亿元,增长3.5%;农业增加值30.06亿元,增长4%。农民年人均可支配收入达16867元,增长9%。

2017年什邡市主要农产品产量

主要农产品	单位	产量	同比(%)
粮食	万吨	18.87	-0.5
水稻	万吨	15.4	0.9
小麦	万吨	2.37	-5.6
玉米	万吨	0.36	-8.5
马铃薯	万吨	0.45	13.3
油菜籽	万吨	1.06	-15.1
蔬菜	万吨	44.7	15.3
水果	万吨	0.78	-4.6
肉类	万吨	3.73	-2.5
猪肉	万吨	2.68	-3.3
牛肉	万吨	0.07	-1.8
羊肉	万吨	0.03	2.2
禽肉	万吨	0.76	-2.3
兔肉	万吨	0.19	6.8
禽蛋	万吨	1.49	-1.2
水产品	万吨	0.55	4.7
牛奶	万吨	0.1	-5.5

农业产业化发展。全市有登记在册的涉农个体工商户337户,其中登记为家庭农场的个体户87户、养殖场103户、农资经营户56户、农副产品加工18户、食用菌生产7户;登记在册的农专社327家,其中农业类317家、批发零售类7家;登记在册的农业类企业161家,其中注册资本在100万元以下的有74家,100万~1000万元的有66家,1000万元以上的有21家。湔氐镇千融种植家庭农场被农业厅评为"省级示范家庭农场"。完成湔氐镇现代农业产业园和隐峰镇现代农业产业园设施完善工作。

农用地产权制度改革。全市全面完成农村土地承包经营权确权登记颁证工作,发放土地承包经营权证92552本,土地承包确权数据汇交工作通过农业部验收;全市15个镇已归档11673卷,其中9个镇已移交市档案局。全年农村土地承包经营权流转6033起、总面积6.86万亩。开展土地流转收益价值评估18次,评估总金额4529.6万元;发放土地流转收益保证贷款25笔、金额7577万元。

农产品品牌战略实施。全市有涉农商标81件、有机产品获证企业4家。完成"红白豆腐干"地理标志申报1个,但氏食品有限公司获批使用地理标志产品专用标志,5家化肥生产企业获得"第十二届四

川名牌产品”。什邡市六合家园种植专业合作社生产的“祖师井”牌系列产品被评为“中国名优产品”，并入选《中国名优产品》名录。

【种植业】 2017年，什邡市粮食作物播种面积40.6万亩，产量19.28万吨，增加0.32万吨。蔬菜种植面积31.8万亩，产量87.6万吨；实现产值17.15亿元，增加2.67亿元。食用菌种植2.3亿袋，其中黄背木耳2.2亿袋、其他菇类0.1亿袋；产量27.3万吨（鲜），实现销售收入11.1亿元，增加0.6亿元。水果种植面积11800亩，其中猕猴桃10000亩、早熟梨1000亩、葡萄800亩；产量10700吨，实现产值14900万元。西瓜种植面积1000亩，产量3800吨，实现产值1800万元。中药材种植面积6.9万亩，产量11750吨，实现产值3.11亿元，增加1.24亿元。茶叶采收面积5300亩，单产42.5千克/亩（干茶），总产量225吨；销售均价260元/千克，总收入5800万元，增收1100万元。

【林业】 2017年，什邡市实现林业总产值4.68亿元，农民人均获得林业收入914元。全年实施森林管护40.81万亩，完成营造林866.7公顷，义务植树55万株，巩固退耕还林成果3万亩（其中补助面积9994亩）。继续加强“天保工程”建设，管护国有森林22406公顷、集体国家级公益林724公顷。严格控制森林采伐，采伐林木蓄积量25842立方米，森林采伐未突破限额。全年未发生森林火灾，未发生较大林业有害生物灾害。

【畜牧业】 2017年，什邡市实现畜牧业总产值17亿元。全市实施养殖污染治理，推进养殖结构转型升级。推广“种鸭旱养”技术改造，推进种养结合生态养殖模式，促进资源与环境协调发展。强化动物疫病防控，全年无重大动物疫病发生。

【水产业】 2017年，什邡市水产养殖面积191公顷，其中池塘养殖184公顷、水库养殖7公顷；稻田养鱼面积1035亩。投放水产品苗种963吨，增加21吨；产量5502吨，增加289吨；实现渔业经济总产值21164万元。

【新村建设】 2017年，什邡市争取省级美丽乡村试点项目资金300万元、什邡市慈善会社会捐助资金1030万元、本级财政资金944.32万元，整合国土、农业、交通、林业等相关部门项目资金建成幸福美丽新村20个。截至2017年年底，全市建成幸福美丽新村89个，占全市行政村总数的78%。红白镇松林村、双盛镇白鱼河村等5个村被省委省政府授予省级“四好村”称号，湔氐镇下院村被省精神文明委评为“第四届省级文明村”，师古镇红豆村被中央精神文明建设指导委授予“全国文明村镇”称号。

【扶贫攻坚】 2017年，什邡市探索以“绣脱贫致富之花、结享发展之果”为主题的脱贫攻坚“什邡模式”，实现减贫7233户、13893人，贫困发生率从4.9%减少至0.8%，完成年度减贫任务。双盛镇“五个一+非公企业”扶贫机制入选省委组织部《四川省脱贫攻坚驻村帮扶工作资料汇编》并在全省推广扶贫经验。

【乡村旅游】 2017年，什邡市有星级农家乐（乡村酒店）32家，其中五星级4家、四星级13家、三星级15家；国家3A级景区1个（花信箭台）；乡村旅游直接（间接）从业人员约占全市就业人员总数的8%。

【农村水利】 2017年，什邡市依托《农田水利基本建设综合示范区规划》整合资源，建成农田水利基本建设示范区2.13万亩，其中核心区1.83万亩；计划总投资4985.65万元，超额完成年度目标任务的285%。建设高标准农田2.05万亩，改造渠道48.52千米，建设通村公路6.2千米、田间道路19.38千米，地力建设2.14万亩，地埂砌筑7.08千米，完成计划投资目标任务的122%。治理水土流失面积12平方千米，投资180.6万元。

【农业机械化】 2017年，什邡市有农副产品初加工机械523台0.46万千瓦，加工10.4万吨，农机化总投入0.54亿元。全年完成机耕3.9万公顷、机播1.1万公顷、机收2.7万公顷，水稻机插11万亩，机电灌溉面积1.3万公顷，农机跨区作业面积1.2万公顷，农机运输总量19180万吨/千米，农业机械总动力达17.22万千瓦。实施农机购置补贴资金333.039万元，受益农户136户，补贴机具299台。完成年检拖拉机258台、联合收割机42台，办理驾驶证44人；新注册拖拉机69台、联合收割机12台，更换驾驶证、行驶证231台次，新注册拖拉机驾驶员68人。

【农村科技】 2017年，什邡市建立产学研合作基地17个、农业专家大院1个。指导农业（涉农）企业申报实施各级各类科技项目6项，争取项目扶持资金160万元。有农业科技人才38人。推广应用“双低优质油菜品种选育及绿色（有机）双低优质菜油生产”“有机水稻生产技术”等新技术6项，培育引进东红猕猴桃和水稻“深两优0858”“雅三优118”“蓉三优907”等新品种12个，解决各类技术难题13项。

【农村文化】 2017年，什邡市16个镇（街道）文化站全部免费开放。建成社区文化活动室7个，推进2个文化创作室、5个村级公益电影放映点建设试点工作。组织“送文化下乡”演出50余场，开展全民广场舞大赛和幸福乡村（社区）文化节；开展文化遗产保护、宣传活动，发放宣传资料和书籍1000余份；开展国家公益电影放映活动1488场，观影人员达27万人次；开展“书香什邡”全民阅读活动，有各类赠书6000余册，基层农家书屋新增配书1万余册。完善广播电视“村村通”“村村响”工程和农村地面数字电视安装的运行和维护，完成2015年直播卫星“户户通”安装60户。

【农村卫生】 2017年，什邡市建立以市级医疗机构为龙头、镇卫生院为重点、村卫生室为基础的三级医疗卫生服务网络。全年基层医疗机构门（急）诊876181人次，住院26493人次。洛水中心卫生院建设成为“德阳中西医结合医院康复专科”；湔氐镇人民政府被省爱国卫生委评为“四川省卫生乡镇”，湔氐镇永安村、洛水镇银池村被评为“四川省卫生村”；师古镇被全国爱卫委授予“国家卫生镇”称号；皂角社区卫生服务中心被全国老龄委授予“全国敬老文明号”称号；马井镇、禾丰镇、元石镇3家镇（中心）卫生院被评为国家级“群众满意的乡镇卫生院”。

【农村法制建设】 2017年，什邡市开展“法治基层行”主题活动和“1+10”主题法治宣传活动，组织创作演出法治小品等节目8个。完成禾丰镇文顺村、方亭街道北外社区、洛水镇家灵村等法治文化阵地建设，完成元石镇箭台村、洛水镇家灵村2处村（社区）司法行政工作室创建工作。组织开展农村法治培训240场次，受教育人数24万人次；开展法治宣传活动370场次，受教育人数36.63万余人。发挥“法律明白人”带头模范作用，培训“法律明白人”3400余人次；发放便民法律服务联系卡1.2万张，发放普法读物209种、24.68万余册，发放普法宣传用品1.75万余件。

【农村交通】 2017年，什邡市完成民生工程、民生实事工程县、乡道改造及村道改造24.3千米，完成湔双路、竹溪路等31个农村公路项目工程量的90%。优化调整部分公交及农村客运线路，城市农村客运通村率100%。农村客运车辆运营政府补贴机制有序推进。

【农村社会保障】 2017年，什邡市完成改造敬老院公办养老机构床位300张，新增民办养老机构床位300张；建成城乡社区老年人日间照料中心11个，实施老人居家养老服务10420人。全年城乡居民养老保险参保人数196266人，新增参保人数1095人，缴费人数99188人；办

理新增注销3084人,办理养老保险关系转移985人,其中城乡居民养老保险向城镇职工养老保险转移965人,城镇职工养老保险向城乡居民养老保险转移9人,城乡居民养老保险系统内关系转移11人(转入6人、转出5人);办理新增退休人数4199人,待遇领取人员71546人。

【农村生态建设及环境保护】 2017年,什邡市启动农村集中式饮用水水源保护区划定工作。通过政府采购确定保护区划定方案的编制单位和标识标牌制作单位,划定方案通过了专家评审。农村集中式饮用水水源地划定按服务人口1000人以上的纳入,涉及11个镇,划定集中式饮用水水源保护区24个。钟鼎寺片区乡村旅游废水治理工作通过专家组验收,标志着全市乡村旅游废水治理工作试点全部完成。湔氐镇人民政府被省政府评为"四川省建设长江上游生态屏障先进集体"。

【农产品质量安全监管】 2017年,什邡市组织开展农资经销人员培训200余人次,抽检农药产品36个,完成种子市场执法监督检查30次,检查种子经销门市部236家,检查各类种子121个、农药54个、肥料20个;立案查处假劣农药案件10件,现场纠正违规广告18家;完成水稻品种市场质量抽检11个、玉米6个、小麦1个、油菜3个、蔬菜1个;农业综合执法案件12件,办结率达100%。对全市油菜转基因进行抽样检测6批次,未发现转基因成分。完成无公害农产品产地证书复查换证工作14个。全年未发生重大肉食品安全事故。

【农村市场体系建设】 2017年,什邡市建立农村益农信息社124家。组织农产品经营企业、行业协会、农民合作社等市场主体开展网上销售,全年电商销售农产品720万元。

【农村留守儿童帮扶】 2017年,什邡市有留守儿童3229人,其中单亲外出1538人、双亲外出1691人。开展全年性的"春、夏、秋、冬"四大留守儿童关爱品牌活动;开展大学生西部计划服务留守儿童活动,受益留守儿童900余人。

【劳务开发与返乡创业】 2017年,什邡市劳动力转移就业14.56万人,实现劳务收入23.13亿元。四川省源地中药材有限责任公司"中药材料种植及加工"项目在四川省第一届"天府怀"创业大赛中取得全省"十强"成绩,并获得2017年返乡下乡"创业典型"称号。回澜镇喻在军获得四川省首届农村乡土人才创新创业大赛铜奖。

【主要领导人】 市委书记:季涛;市人大常委会主任:鞠道志;市长:卿伟;市政协主席:殷萍;分管农业副市长:赖朋。

什邡市编写组

绵　竹　市

【基本情况】 2017年,绵竹市辖1乡20镇,辖区面积1246平方千米,其中耕地面积40.1万亩,比上年增长0.04%,人均耕地面积1.1亩;基本农田42.4万亩。年末总人口50.1万人(户籍人口),增长1.6%;人口出生率9.1‰,增加1.3个千分点;人口自然增长率-4.4‰,减少8.1个千分点。全市耕地有效灌面和保证灌面分别达到耕地总面积的90.5%和88.5%;本地水资源总量8.07亿立方米,人均占有水资源量1773立方米。有林业用地6.8287万公顷,有林地面积3.9544万公顷,活立木总蓄积量497.168万立方米,森林覆盖率32.24%。

2017年,全市GDP260.7亿元,增长8.1%,其中第一产业增加值30.9亿元,增长4.1%,农、林、牧、渔及农林牧渔服务业之比为56.3∶3∶32.5∶2.7∶5.5;第二产业增加值133.5亿元,增长7.6%(工业产值498.3亿元,增长17%);第三产业增加值98亿元,增长10.4%。三次产业对经济增长的贡献率分别为5.5%、52.6%和41.9%。劳务输出198898人,收入232865.1万元。全年接待游客526.4万人,实现旅游收入500300万元,其中乡村旅游收入32.06亿元。

公路通车里程1620千米(其中乡村公路1385千米),密度130.19千米/百平方千米,31.15千米/万人。社会消费品零售总额102.9亿元,增长13.3%。地方公共财政预算总收入完成16.18亿元,增长26.68%;公共财政预算总支出28亿元,减少3.1%,其中农业投入40676万元,占支出的14.52%。金融机构各项存款余额309.2亿元,比上年初增长5.5%;各项贷款余额124.1亿元,比年初增长4.4%。全年农业保费收入0.23亿元,增长15.86%;处理各项赔款和给付金额1258.4万元,增长69.69%。完成农业产业化项目7个,完成投资671.9万元。农业产业化龙头企业省级、市级、县级分别为5个、46个、49个。

有各类学校58所,在校学生56976人,教职工4835人,其中普通高校2所,在校本(专)科学生12190人,增长52.8%;普通中学14所,在校学生14395人;小学24所,在校学生18986人;学龄儿童入学率100%。完成省级以上科技成果20项。有艺术表演团体2个,文化馆1个,公共图书馆1个,博物馆2个。有卫生机构240个,病床位1286张,卫生技术人员755人。新型农村合作医疗参合人数287408人,参合率98%;新型农村社会养老保险参保人数189868人,参保率96%;被征地农民养老保险参保人数56517人,占总人数的97%。

【年度农业和农村经济运行】 2017年,绵竹市实现农业总产值50.9亿元,增长3.9%;农业增加值30.9亿元,增长4.1%。农民年人均可支配收入达16855元,增长9.1%。建成20个基层农业综合服务站。有休闲农业专业村、民俗村、休闲农业景区、农耕文化馆、农家乐等700余个,带动农民就业1.38万人,带动农副产品销售收入1.43亿元。

2017年绵竹市主要农产品产量

主要农产品	单位	产量	同比(%)
粮食	万吨	28.4	1
水稻	万吨	19.4	0.06
小麦	万吨	7.81	5.11
玉米	万吨	0.88	1.93
马铃薯	万吨	0.31	4.98
油菜籽	万吨	1.1	-4.4
蔬菜	万吨	35.5	3.5
水果	万吨	2.2	1.5
肉类	万吨	4.6	-3.3
猪肉	万吨	3.6	-3.8
牛肉	万吨	0.07	—
羊肉	万吨	—	—
禽肉	万吨	0.78	—
兔肉	万吨	0.2	—
禽蛋	万吨	1.06	—
水产品	万吨	0.7	5.7
牛奶	万吨	0.2	—

农业产业化发展。全市通过实施以富王粮油3个10万吨粮油加工厂为核心的绵竹市农产品深加工产业集聚区建设,建成农产品冷藏(冷冻)库、烘干库等初加工设施130座。发展农业新型经营主体,已培育农业龙头企业49家,其中省级龙头企业5家;新增家庭农场9家,

总数达115家，其中省级示范场4个；新增农民专合社67个，总数达1075个，其中国家级示范社1个、省级示范社8个；有种养专业大户1400余户。

农用地产权制度改革。全市全面完成农村土地确权登记工作，土地确权登记数据会交率实现100%，完成颁证工作17个乡(镇)，为农户发放新土地权证13.5万本。全年30亩以上规模流转土地816起，流转面积15.83万亩。

农产品品牌战略实施。全年新申报绿色食品1个产品(待批准)，申报无公害农产品6个产品(已批准)，复查换证无公害产品14个；全市农业经营主体申请注册商标5个，其中四川龙腾农业开发公司有限公司的申请已获通过，其余4个审批工作有序推进。组织全市企业参加各种农业博览会3次，其中参加成都农博会企业9家、西宁西博会企业13家、德阳市品牌农产品推介会企业20家。

现代农业园区建设。推进现代农业产业基地及示范园区建设，完成打造“万亩亿元示范区”6个，基本形成沿山、沿河、平坝特色农业产业带。建成省级现代农业园区1个、国家级农业创业创新园区1个、市级以上产业融合示范园区2个、县级产业融合示范园7个、休闲农庄2个、农业主题公园4个，建成经济作物产业标准化基地2个。猕猴桃标准化基地种植面积达1.5万亩，包括万亩核心示范区1个、千亩示范片3个。推进中国玫瑰谷基地建设，协助银谷公司协调流转土地近8000亩，新增玫瑰基地面积0.1万亩，玫瑰种植面积达1.2万亩。

【种植业】 2017年，绵竹市粮食总产量28.4万吨，增长1%；油料总产量1.1万吨，减少4.4%；蔬菜产量35.5万吨，增长3.5%；水果产量2.2万吨，增长1.5%；茶叶产量354吨，增长1.1%。全市种植早熟梨1万余亩，产量1.5万吨。发展特色蔬菜种植，蔬菜播种面积常年保持在15万亩左右，产量约33万吨，形成了广济大蒜、什地钢葱、玉泉镇农兴村三露等一批特色蔬菜种植专业镇(村)。全市主要农作物良种率保持在96%以上；全年抽检种子样品20个，其中水稻种子12个、玉米种子8个，农作物种子质量抽检合格率达90%。建成优质蔬菜基地5万亩、茶叶基地0.6万亩。

【林业】 2017年，绵竹市有自然保护区面积36799公顷。全年管护国有林24.11万亩，实施集体公益林生态效益补偿18.55万亩，巩固退耕还林成果3万亩，全年完成义务植树95.48万株、营造林1.3万亩，新增森林面积0.16万亩、森林蓄积8.6万立方米，增加森林覆盖率0.09个百分点。实现林业总产值23.76亿元，农民人均林业收入2650元。金花镇、九龙镇、天池乡、清平镇等乡(镇)发展竹子种植面积近5万亩，年可采摘鲜竹笋7500吨。全市全年无森林火灾发生。

【畜牧业】 2017年，绵竹市出栏生猪50.7万头，减少5%；出栏小家畜禽630.8万只，减少2.8%；出栏牛0.46万头，减少1.3%；出栏羊0.5万只，增长2%；肉类总产量4.6万吨，减少3.3%。畜牧业产值、增加值占农业总产值及增加值比重提高，农民畜牧业人均可支配收入占农民可支配收入中的比重提高1%。

【统筹城乡与新型城镇化】 2017年，绵竹市出台《2017年绵竹市统筹城乡改革发展工作要点》。投资0.6亿元完成“百镇试点行动”基础设施建设，吸纳转移农业人口0.17万人；投资1.5亿元带动全市小城镇完成基础设施建设，吸纳转移农业人口0.28万人。全市建成区面积达15.5平方千米，城市人口达14万人。全年实现城镇新增就业0.45万人。投入农村危房改造补助资金505.3万元，其中中央资金12.75万元、本级财政资金492.55万元，实施农村建档立卡贫困户危房改造299户。有序推进清平镇、土门镇申报省级“百镇建设行动”试点镇的申报准备工作；启动富新镇、玉泉镇、齐天镇、孝德镇、齐福场镇、新市镇、观鱼场镇、兴隆镇、金花镇、什地镇、清平镇、绵远镇等10个镇的城乡供排水一体化PPP项目(污水处理厂建设)。

【新村建设】 2017年，绵竹市完成“建改保”村28个，新建农房91户，改造农房199户，保护传统村落5个，保护传统民居30户。围绕玫瑰、猕猴桃等优势产业，建成金花镇云盖村乡村民宿、西南耕读园等一批创意农业典范。投入幸福美丽新村建设资金1.8亿元，加快文化娱乐、体育健身、医疗卫生、社会保障等公共服务设施建设，实现农村供水主管网基本全覆盖，文化院坝和农家书屋全域覆盖，通组道路硬化、通电、通宽带网络等基本实现，“年画上墙”面积达6458平方米。实施河岸水系、农村道路、镇村景观、村庄庭院等绿化和“微田园”建设，抓好荒山荒滩和四旁隙地造林，加强农村环境综合整治，有效改善农村脏乱差现象。全市创建省级环境优美示范镇2个、省级环境优美示范村4个。创建沿山党建示范带和年画—玫瑰大道党建示范线以及10个示范点，建立完善基层民主议事制度、村规民约等，开展“法律七进”活动，开办农民夜校，建立“邻里情”党建互助站，不断增强农民群众自治意识和能力，带动民风社风转变。全市创建绵竹本级“四好村”30个、德阳市级“四好村”19个、省级“四好村”12个。

【农村扶贫和移民工作】 2017年，绵竹市建档立卡贫困人口共计11720户19619人，其中2014—2017年依次脱贫3242户5809人、4108户5415人、2456户4670人、712户1500人，全市贫困发生率从5.38%降至0.61%。开展建档立卡贫困人口动态调整工作，其中新增贫困人口(含自然增加)244人，自然减少贫困人口1106人。全年开发农村公益性岗位926个，安置贫困劳动力718人；开发特殊农村公益性岗位200个，安置贫困劳动力191人。共建设扶贫奔康产业园6个，安装村级光伏发电设备8个村、240.89千瓦。

全年解决移民各种问题133件，与汉源县移民局对接后，解答个性问题400余件。市财政局安排“一事一议”项目资金400万元，专项用于移民生产生活改善、基础设施建设及环境整治。成立瀑电移民帮扶和稳定工作领导小组，专题研究部署瀑电移民稳定工作4次。派出包镇工作组9个、包村工作组28个、百余名干部深入移民家中开展工作。全市移民共有规模养猪户(300头以上)36户，兔养殖大户(1000只以上)3户，规模养鸡户2000只以上2户、5万只以上1户，养鸭(鹅)大户(3000只以上)3户。有特色多经种植户14户，其中土地流转100亩以上8户；42户运输专业户有运输车辆80余台。有加工企业1家、各类专合组织30个、合作联社1个。

【乡村旅游】 2017年，绵竹市乡村旅游接待342.2万人次，实现乡村旅游收入32.6亿元，超额完成全年目标任务，获得“四川省级旅游强县”称号。全年创建省级旅游度假区1个、国家3A级景区1个、省级精品村寨1个、四星级农家乐4家。争取德阳市级“厕所革命”专项资金600余万元，在孝德镇年画村、玫瑰大道沿线新建生态环保厕所7个；整合4A级景区监控视频及门禁系统，与2家省级平台进行数据对接并投入使用。利用官媒和自媒体、今日绵竹、畅游绵竹等平台对全市乡村旅游景区进行专题专刊报道。采用多渠道、多形式展开促销，制作旅游宣传手册，经过广泛宣传全市乡村旅游点，有效提高全市乡村旅游的知名度和影响力。

通过绵竹市年画节、梨花节、赏果节、玫瑰节、汉文化系列活动的举办，为旅游的长期发展融入文化灵魂。依托万亩玫瑰园、梨园、猕猴

桃、葡萄等农业资源,打造休闲观光农业与乡村旅游产业;利用玫瑰产品、山货、野菜、瓜果等农特产品的转化实现农旅融合发展。以清平童话小镇、九龙山地运动小镇、土门玫瑰温泉小镇、孝德年文化小镇为重心,打造"一镇一貌"的旅游特色小镇发展格局。通过各种体育赛事的举办,创建中国最适宜骑行游览线路,推动旅游体育融合发展。

发展乡村旅游,助推脱贫攻坚。全市旅游产业发展带动脱贫的户数和人数均超过60%。绵竹市旅游局发挥旅游行业优势,建立健全扶贫工作责任机制,根据旅游行业实际制订旅游产业扶贫方案,推广"三有"旅游扶贫模式。一是贫困户在旅游企业有岗位。绵竹市旅游局结合国家全域旅游示范区创建,依托"中国年画村""九龙山—麓棠山"2个国家4A级旅游景区,发展休闲农业与乡村旅游,培育农业主题公园1座、旅游企业6家,农家乐、民宿等500余家,解决贫困户就业800余人。二是贫困户在旅游专合社有收益。在山区、沿山区等人均耕地少但旅游资源丰富的地区,通过"旅游专合社+贫困户"的帮扶模式,贫困户除在专合社务工、出售农产品外,还可获得一定的分红收益。全市旅游专合社已带动300余户贫困户实现人均增收2000余元。三是贫困户自有农产品有销路。通过村"两委"搭桥,旅游企业、农家乐等与本村贫困户签订农产品定点采购协议,优先收购贫困户的畜禽、鸡蛋、蔬菜等农副产品,并通过寄养代养、提前预付等方式解决贫困户前期投入不足问题,已纳入定点收购的贫困户达167户。同时,通过举办乡村旅游培训班、南轩讲堂、农民夜校以及网络等多种培训方式全面提高从业人员的整体素质和服务技能水平,参加培训的人次达2000余人。

【农村水利】 2017年,绵竹市完成灌区支渠维修补烂160.9千米,疏掏支斗农毛渠2295.4千米。完成塘库蓄水1340万立方米,确保36.3万亩水稻灌溉用水。总投资1015.55万元,完成人民渠干渠绵孝、绵齐支渠整治,改善全市灌溉面积0.642万亩;整治绵孝渠道4213.5米,机耕桥9座、农耕桥7座、人行桥9座、梯步44座、分水闸5座等;整治绵齐支渠295米,修复护岸1450米、分水闸8座。工程项目实施后,孝德镇茶店村、毫照村、高兴村、苦葛村,齐天镇双坪村,什地镇红社村等群众直接受益9000人,渠道下游的德阳市旌阳区、广汉市用水条件也得到改善。

提升农村饮水安全。全市农村自来水普及率90%,集中供水率96%。加强全市农村集中供水工程管理,对各供水运营管理单位进行综合考核。使用农村供水维修养护基金发放奖补资金59.2万元,用于供水工程维修养护支出,减轻供水单位运营负担,提高供水保障率,确保农村群众饮水安全。发放中央农村饮水预算资金140万元和省级农村饮水巩固提升项目资金73万元,巩固提升金花镇金山社区、云盖村、文河村、三江村4746人饮水安全;安排精准扶贫到户扶持资金33万元,解决1602名贫困人口安全饮水问题,全年全市建档立卡贫困人口饮水安全问题全部得到解决。

【农业机械化】 2017年,绵竹市新建、整治农村机耕便民道29.9千米;新建机电提灌站5座,更新、改造机电提灌设备280余处,恢复机电提灌面积2万余亩,全市机电提灌保灌面积达30万亩。推广各类农机具575台(全市农机总动力达29万千瓦),受益农户(组织)357户(个),补贴中央项目资金972.286万元;全市机收面积达64.5万亩,其中农机合作社机械化作业面积达55万亩;水稻机插秧面积25.5万亩。在兴隆镇、齐天镇、板桥镇建成水稻机械化直播示范片3个,推广水稻机械化直播3500余亩,主要农作物耕种收综合机械化水平达83%。年检拖拉机324台,年检率达31%。与全市2318名农机驾驶员签订《农机安全生产责任书》,培训农机驾驶员653人;开展地毯式安全检查6次,纠正违章91人次,下达农机安全隐患告知书182份。

【农田水利基本建设示范区建设】 2017年,绵竹市农田水利基本建设示范区整合涉农部门资金4496万元,完成新建与整治渠道107.9千米,整治机耕道与田间作业便道34.9千米,建成高标准农田1.8万亩,建设高产高效水稻基地1.3万亩,田型调整0.7万亩,地力培肥1.6万亩。

【农村教育】 2017年,绵竹市严格把关学校直饮水设备的采购安装验收,启动实施学校安防系统升级工程,完成学校安防系统升级20所。扎实开展学生资助工作,减免资助学前教育、义务教育、高中教育阶段家庭经济困难学生38796人的生活补助及学费约3776万元,为915名大学生办理助学贷款705.33万元。扎实推进"管办评"分离,推进现代学校制度建设。加强对外交流,与暨南大学联合开展的留守儿童教育研究项目有序推进。做好绵竹市、甘洛县两地教育对口帮扶框架性协议签订及甘洛教育参观团到访工作,启动为甘洛县15名学生为期三年的代培工作。推进义务教育学校干部教师交流轮岗的实施,落实各项异地支教工作;开展"大手拉小手、暖心惠民行"教育帮扶关爱行动。全年系统无安全事故发生,涉校群体情况稳定。

【农村科技】 2017年,绵竹市加强与四川农业大学、四川省农业科学院等高校、科研院所产学研合作,建立科技成果与产业化对接服务机制,促进高校科研院所成果在绵竹市转移转化。进一步加强全市农业企业、专家大院、专合组织与有关高校、科研院所合作,在农副产品精深加工技术、动植物优良品种引进、选育和改良技术、绿色安全农产品生产技术等方面的研发、成果转化合作。推进科技精准扶贫、精准脱贫。组织有关部门技术骨干围绕新品种推广、种植技术、病虫害防治等方面开展信息咨询和技术服务12场次,组织市、镇、村三级农技人员及优秀乡土人才深入镇、村指导辖区内扶贫产业的技术培训工作,直接对农户进行实用技术培训。推广"技术人员直接到户,良种良法直接到田,技术要领直接到人"的科技服务模式。深入开展以"绿色发展,脱贫奔康"为主题的科普宣传及送文化科技卫生"三下乡"活动。在12个乡(镇)发放科普宣传资料3.6万余份,接待咨询1.2万余人次,开展文艺演出6场,接受宣传的群众5万余人次。推动汉旺地震遗址公园、银谷玫瑰"中国玫瑰谷"香氛产业科普基地申报认定省级科普基地工作。建成高标准农田3.41万亩、绿色示范区0.5万亩、

【农村文化】 2017年,绵竹市151个行政村村村有文化室,实现贫困村文化室全覆盖。完成应急广播"村村响"工程建设,包括市(县)级播控平台1个、乡(镇)级播控平台20个、村(社区)播控平台180个、收扩机1800个、喇叭3600只。超额完成1024户未通电视贫困户看电视问题,完成幸福美丽乡村文化院坝开放10处。

【农村卫生】 2017年,绵竹市实现每个乡(镇)均建有1所乡(镇)卫生院,共有乡(镇)卫生院25家;每个行政村均有1所或2所村卫生站,共有卫生站215所;在册乡村医生673名。开展基层医护人员培训、中医药人员培训、乡村医生培训8期、800余人次。

【农村法制建设】 2017年,绵竹市利用21支普法小分队、231支法律服务志愿者队伍广泛深入乡(镇)开展多种形式、多层次的"法律七进"活动;组织法治宣传活动30余场,发放宣传资料2万余份,解答群众法律咨询2千余人次。创建德阳法治示范乡(镇)2个、德阳"法律七进"示范点8个、省级"法律七进"示范点2个。借助"绵竹年画"品牌优势,创编"法律七进"年画释法系列读本。全年受理矛盾纠纷2869件,调

解2823件，调解率达98%。实施法律援助工程，不断完善"一小时法律援助服务圈"，扩大法律援助覆盖面，全年共办理法律援助案件246件，受援人数达2498人次，办理法律咨询等法律援助事项2990次。推行"一村（社区）一法律顾问"制度和社会治理法律小分队制度，实现"村村有法律明白人，人人享有基本法律服务"。

【农村交通】 2017年，绵竹市农村公路通车总里程1360千米，其中乡道430千米、村道686千米。自2015年以来，已投入6000余万元改善县、乡道200千米；市财政局每年投入专项资金约1500万元用于乡道、村道建设，在全省率先实现"村村通"。

【农村社会保障】 2017年，绵竹市城乡居民养老保险和城乡居民医疗保险实现全覆盖，基本实现"应保尽保、人人参保"。城乡居民养老保险参保人数194990人，其中农村居民参保人数189868人，参保率96%；城乡居民基本医疗保险参保人数374749人，其中农村居民参保人数287408人，参保率98%；被征地农民养老保险参保人数56517人，占总人数的97%。城乡居民养老保险个人缴费收入2504万元，全年支付养老金8424万元；城乡居民基本医疗保险个人缴费收入9668万元，全年支付医疗费22985万元。新增民办机构养老床位150张，维修改造公办机构床位300张，新建城乡社区日间照料中心12个。

【农村生态建设及环境保护】 2017年，绵竹市化肥使用量为2.36万吨，减少10吨，实现零增长；畜禽养殖粪污综合利用水平提高，关闭禁养区内规模养殖场236家，整改准养区内规模养殖场1587家，规模养殖场畜禽粪污综合利用率达75%。秸秆综合利用率继续增长，主要农作物产生秸秆31.33万吨，可收集资源量23.16万吨，综合利用总量22万吨，综合利用化率达95%。推广绿色防控技术14.75万亩，覆盖率27.61%；主要农作物专业化统防统治56.86万亩次，覆盖率42.39%。

【农产品质量安全监管】 2017年，绵竹市完成农产品追溯体系建设及全市所有绿色食品、无公害农产品在追溯平台的录入工作，新增进驻追溯平台的经营主体6家，总进驻数达34家。协助完成农业部、农业厅交叉检查抽检，检测合格率100%；完成例行抽检样品3446个，义务为学校检测样品413个，合格率100%；对6个饲料品牌的6个产品进行养殖和经营环节抽样检查，合格率100%。设立产地检疫申报点20个，依法向5个定点屠宰场派驻驻场检疫员，全年产地检疫猪18.71万头、牛0.12万头、小家禽（兔）296.27万只，屠宰检疫生猪10.11万头；在养殖环节进行"瘦肉精"检测15360头份，在屠宰环节进行"瘦肉精"检测7055头份，均呈阴性；生猪养殖环节无害化处理6604头，生猪屠宰环节无害化处理91头，无害化处理率达100%。

【农村市场体系建设】 2017年，绵竹市强化电商孵化园运营管理，新设立电商专干2名，加强电商集聚区运营管理。全年评选19家电商企业入驻园区孵化，组织电商资源对接会3次，组织电商企业参加各类电商交流和培训活动7次，开展电子商务培训2次。引导物流配送企业进镇入村开展设点，提高农村商品物流配送能力，构建效率高、损耗低的农村物流配送体系。建成村淘村级电商服务站43个（新增19个），新增邮政邮乐购服务站2个；建立和培养合伙人及淘帮手45名，规范邮乐购农村服务点186个；建成县级物流中转中心、运营中心、特色体验馆、电商集聚中心各1个，以菜鸟物流和邮政快递为主体的农村物流体系不断完善。

不断健全农贸市场网络。绵竹市农副产品流通已基本形成多种经济成分、多种经营方式共存与发展的体系格局，构建了以农产品批发市场为龙头、以城乡农贸市场为基础、以农村菜市点为补充的农贸市场网络。全市有蔬菜批发市场1个、水果批发市场1个、农贸市场25个。

推进服务业强县示范县建设。争取到省服务业强县示范县建设项目，获得省级商贸流通服务业发展促进资金500万元，完成金花镇特色民宿改造项目、清平镇特色民宿改造项目、商贸流通集聚区项目、现代物流业项目、智慧社区项目和文化创意产业园项目6个子项目建设。

【农村留守儿童（学生）帮扶】 2017年，绵竹市吸纳品德高尚、主动性强、有爱心、有专业性、有特长的社会人员作为志愿者加入留守学生工作，保障工作有序开展。采取财政专项资金和社会资金相结合的模式，年均投入留守学生工作资金23万元。同时，建立专门的财务管理、财务监督机制，保障经费的合法有效使用。利用"五四""六一"等节日开展座谈、游戏等活动，其中绵竹市新市学校实施了"真情相伴，以教养心"关爱留守儿童项目。由新市学校20名志愿者组建的"1+1志愿者服务队"结对关爱在心理和行为方面有一定困难或者问题的留守学生，共计服务留守儿童40余人。组织40名留守儿童到广汉市三星堆博物馆开展"圆梦留守儿童——探索长江文明之源，广汉三星堆博物馆之旅"活动；举办"暖童心迎新年"留守学生集体生日会暨慰问活动，10名2017届在绵服务西部计划志愿者与10名贫困家庭留守学生形成结对帮扶对子。开设心理教育课程，开展心理咨询、心理矫正活动，招募志愿者30名组成了关爱行动项目专员服务队，针对重点青少年群体开展亲情陪伴、心理抚慰、课业辅导、"圆梦行动"等活动；成立西部计划大学生志愿者关爱留守学生服务队，组织志愿者以"一帮一"结对帮扶的形式与留守学生结对。

【劳务开发与返乡创业】 2017年，绵竹市组织开展招聘会6场，其中就业扶贫专场招聘会4场，提供就业岗位10171个，达成就业意向3523人。采取发放宣传资料、互联网推送信息、召开返乡创业工作座谈会等方式全方位宣传就业创业信息。多形式收集创业者信息，广泛吸纳处于创业初期的"雏创者"和具有创新担当精神的创业者成立"创业者联盟"。

【主要领导人】 市委书记：陈万见；市人大常委会主任：冯军；市长：邹远骏；市政协主席：侯光辉；分管农业副市长：张丽珂。

绵竹市编写组

中 江 县

【基本情况】 2017年，中江县辖16乡29镇，辖区面积2200平方千米，其中耕地面积103万亩，减少0.08%，人均耕地面积0.73亩；基本农田138万亩。年末总人口139.92万人（户籍人口），减少1.36%。全县耕地有效灌溉面和保证灌面分别达到耕地总面积的62.8%和53.8%。本地水资源总量4.8亿立方米，人均占有水资源量365立方米。有林业用地5.96万公顷，有林地面积5.89万公顷，活立木总蓄积量420.55万立方米，森林覆盖率28.88%。

2017年，全县GDP344.1亿元，增长9%，其中第一产业增加值82.9亿元，增长3.9%，农、林、牧、渔及农林牧渔服务业之比为45∶4.5∶47.3∶1∶2.2；第二产业增加值128.8亿元，增长10.7%（工业产值112.9亿元，增长10.5%）；第三产业增加值132.4亿元，增长10.7%。三次产业对经济增长的贡献率分别为11.3%、46.1%和42.6%。农村劳动力转移就业49.76万人，实现劳务收入106200万元。全年接待游客530万人次，实现旅游收入40亿元，其中乡村旅游收入20亿元。

公路通车里程2752.364千米(其中乡村公路2213.488千米),密度133.416米/平方千米,19.22千米/万人。社会消费品零售总额173.4亿元,增长13.5%。地方一般公共预算收入10.0158亿元,增长14.11%;一般公共预算支出47.1122亿元,增长4.8%,其中农业投入70002万元,占支出的14.9%。金融机构各项存款余额388亿元,比上年初增长9.6%;各项贷款余额126亿元,比年初增长11.5%。全年农业保费收入0.5037亿元,增长26.7%;处理各项赔款和给付金额3601.2万元,增长25.5%。完成农业产业化项目1个,完成投资90万元。农业产业化龙头企业国家级、省级、市级分别为1个、6个、36个。

有各类学校376所,在校学生155386人,教职工12468人,其中普通中学57所,在校学生43787人;小学196所,在校学生67789人;学龄儿童入学率100%。有艺术表演团体2个,文化馆1个,公共图书馆1个,博物馆1个。有卫生机构1029个,病床位4820张,卫生技术人员3031人。新型农村合作医疗参合人数107.3万人,参合率98.3%;城乡居民养老保险参保人数56.85万人,参保率90.01%;被征地农民养老保险参保人数82258人,占总人数的57%。

【年度农业和农村经济运行】 2017年,中江县实现农业总产值147.2亿元,增长3.6%;农业增加值84.7亿元,增长4%。农民年人均可支配收入达13011元,增长8.9%。全县农产品质量抽检合格率99%;建成44个基层农业综合服务站。

2017年中江县主要农产品产量

主要农产品	单位	产量	同比(%)
粮食	万吨	80.57	0.67
水稻	万吨	25.66	0.79
小麦	万吨	19.5	1.04
玉米	万吨	26.14	0.28
马铃薯	万吨	3.62	0.84
油菜籽	万吨	5.62	1.44
蔬菜	万吨	45.5	0.79
水果	万吨	5.12	0
肉类	万吨	12.67	–3.9
猪肉	万吨	7.73	–5.1
牛肉	万吨	0.66	0.1
羊肉	万吨	0.3	0
禽肉	万吨	2.98	–2.5
兔肉	万吨	1.03	0.6
禽蛋	万吨	4.82	–1.5
水产品	万吨	0.91	—
牛奶	万吨	0.06	–0.2

农业产业化发展。全县新增现代农业产业基地面积0.47万亩,新增现代农业万亩示范区示范面积4.07万亩;新建现代农业产业融合示范园1个,新建物联网示范基地1个。

农用地产权制度改革。全县共完成44个乡(镇)706个村的农村土地确权颁证工作。调查承包方农户近34万户,实测地块338.79万块,确认家庭承包耕地面积136.2万亩,完善土地承包合同及建立健全土地承包经营权登记簿33.46万份。已完成证书打印并发放31.78万份,占应发证农户33.46万户的95%以上。完成农业部及农业厅农经总站要求的确权数据汇交工作。全年土地流转面积42.24万亩。

农产品品牌战略实施。全年新获无公害认证农产品24个,种植面积589.06公顷,实现产量13476.45吨,实现产值4442.93万元;新获绿色食品认证农产品1个(四川万凤粮油有限公司的凤朝阳长寿国泰香米),产量1443吨,实现产值839万元;新获有机认证农产品1个、有机转换认证农产品4个。截至2017年年底,全县共有无公害农产品68个,种植面积1974.05公顷,产量35102.04吨,实现无公害农产品产值15805.22万元;共有绿色食品2个,产量2225吨,实现产值2262.24万元;共获得有机认证农产品11个,获得有机转换认证农产品20个,种植面积1458.793公顷,总产量8606吨,实现总产值17656万元。

现代农业园区建设。全县园区有新型经营主体116家,其中医药企业6家、中药材专业合作社46家、家庭农场6家、专业大户58户。全年种植中药材4.82万亩,产量1.06万吨,实现产值26510万元。医药企业年营业收入419826万元,税收收入13740万元,利润总额32641万元。

【种植业】 2017年,中江县粮油作物播种面积238.14万亩,其中粮食作物播种面积199万亩,粮食产量80.57万吨;油料作物播种面积39.14万亩,油料产量7.71万吨。水稻最高亩产894.83千克,刷新2014年德阳水稻单产886.9千克最高纪录。种植桑园8.5万亩、中药材10.94万亩、食用菌3亿袋、蔬菜20.1万亩,中药材总产量2.5万吨、食用菌(干)产量3万吨、蔬菜产量45.86万吨、水果产量5.15万吨,实现中药材总收入6.51亿元、食用菌总收入7.11亿元、蔬菜总收入8.65亿元、水果总收入1.69亿元。全年耕地地力保护补贴面积94.35万亩,发放补贴资金14669.75万元。

【林业】 2017年,中江县发展特色经果林产业面积13.4万亩,林业产业收入14.5亿元,其中林业旅游与休闲服务产业3.5亿元。新增森林面积0.2万亩,新增森林蓄积6.2万立方米,森林覆盖率增加0.06个百分点。巩固退耕还林成果7万亩,管护零星国有林0.51万亩,管护国家级集体公益林5.5756万亩,管护省级集体公益林8.3727万亩;兑现补助和管护资金463.66万元,兑付森林生态效益补偿资金205.74万元。审核上报使用林地16起,审批面积93.4556公顷;办理林木采伐许可3399份,依法采伐林木蓄积12613立方米。全县林业有害生物发生面积245072亩,其中轻度发生135636亩、中度发生83761亩、重度发生26305亩,全年林业有害生物成灾率为零,无公害防治率100%。全年发生森林火情大约640起,森林火灾成灾率控制在0.1‰以下。

【畜牧业】 2017年,中江县出栏生猪108.06万头、牛5.72万头、羊20.57万只、禽1847.75万只、兔685.88万只;肉类总产量12.67万吨,禽蛋总产量4.8万吨;实现畜牧业产值80.42亿元,占农业总产值的54.62%。全县有年出栏生猪500头以上的标准化规模养殖场(小区)500余家,年出栏肉鸡2000只以上的规模养殖户近700户,已建成部级标准化示范场2个、省级畜禽标准化示范场6个。全年高致病性禽流感、高致病性猪蓝耳病、口蹄疫、猪瘟等4种动物疫病强制免疫的群体免疫密度保持在95%以上,免疫抗体合格率保持在70%以上,免疫合格率高于农业部规定标准。全年开展瘦肉精常态化检测,检测生猪、肉牛、肉羊共2.6812万头(只),检测结果均为阴性。

【水产业】 2017年,中江县水产业养殖面积2958公顷,产量9100吨,实现产值2亿元。新增农业部水产健康养殖示范场3家、无公害水产品产地认证1家、市级水产良种场1家、县级水产良种场1家。中江县长辉粮食专合社被授予“第一批省级稻渔综合种养示范基地”称号。

全县大型水产专合社、养殖场和苗种场监督抽样检测合格率100%。完成渔政执法和增殖放流活动，全面禁止网箱养殖。

【统筹城乡与新型城镇化】 2017年，中江县完成省级“多规合一”平台建设试点、《土地利用总体规划（2006—2020年）》调整和玉兴、冯店等22个乡（镇）总体规划修编及控制性详规编制。完成电力建设项目104个和10千伏配电网改造项目81个，更换智能电表16.5万只。

【新村建设】 2017年，中江县完成全部幸福美丽新村建设项目（140个），其中新建31个，改造和完善基础设施109个；共投入资金2300万元，已使用2070万元，占计划资金的90%。安排2017年“四好村”创建补助专项资金339万元。

【农村扶贫和移民工作】 2017年，中江县贫困人口从2014年的87394人减少到15309人，贫困发生率下降至1%。实现建档立卡贫困户7719人稳定脱贫，全面完成年度脱贫目标任务。建立贫困人口“一库五名单”，免费开展劳务技能培训320人，新增贫困人口就业3733人。投入资金3489万元，完成易地扶贫搬迁安置房建设240套，安置贫困人口652人；投入资金13500万元，完成贫困户危房改造4598户；投入资金600余万元，完成地质灾害避险搬迁300余户。

全县发展农民专合组织808个，建成扶贫产业园10个，投入财政专项资金890余万元扶持贫困户因户制宜发展“小微”产业项目3500余个，贫困户实现收入累计达5000余万元。财政代买贫困人口基本医疗保险，贫困户参保率达100%。落实幼儿保教费减免、“雨露计划”等各项资助政策，减免、补助各类教育费用824.9万元，教育救助基金救助建档立卡贫困家庭学生2145名。投入资金846万元，建成农村小型集中式供水站10处，改（扩）建4处，管网延伸11处，分散打井1800处，解决13925名贫困人口饮水问题。优惠特殊贫困人口电量427.27万千瓦时，折合金额222.93万元。有低保保障建档立卡贫困对象13884人，低保标准提高至4200元/人/年。大中型水库移民分布在全县42个乡（镇）427个村1336个组，2017年1月全县大中型水库移民后期扶持人数为11181人，其中直发直补8952人、项目扶持2229人；截至2017年年底，全县直发直补8823人，当年核减129人，全年发放移民直补资金532.11万元。

【乡村旅游】 2017年，中江县实现乡村旅游收入20亿元。黄继光纪念馆景区创建为国家3A级旅游景区，已完成塔城打造前期工作；普兴“四川盆底”游客接待中心、杰兴中国挂面村、中江芍药谷景区为核心的中医药健康示范区等项目建设有序推进。2017年四川花卉（果类）生态旅游节分会场暨中江第五届芍药赏花节共接待游客29.81万人次，拉动全县旅游收入3577.2万元。

【农村水利】 2017年，中江县有各类蓄水工程10680处，总蓄水量2.07亿立方米。新建渠道46.17千米，整治渠道117.82千米，整治山坪塘408座；新建泵站1处，改造泵站5处，新建蓄水池187口。新增灌面2.15万亩，水土流失综合治理面积6.82平方千米。全年征收水资源费81.54万元，完成年度任务的135.9%；征收水土保持补偿费190万元，完成年度任务的316.7%。

【农业机械化】 2017年，中江县农业机械原值4亿元，有农业机械机具10.7万台（套），农业机械总动力达68万千瓦。有农机跨区作业机械700台，完成水稻、玉米、油菜、小麦等机耕178万亩、机播62.5万亩、机收101万亩，主要农作物耕种收综合机械化水平达64%。全年完成农机购置补贴政策资金总投入1008.746万元，受益户数308户。新增农业机电提灌站23座0.069万千瓦（总数量达1535座），装机容量6.637万千瓦，常年提水0.9亿～1.3亿立方米，年度提水灌溉水稻28万亩、旱地17万亩。

【农村科技】 2017年，中江县组织实施农业科技项目15项，其中获得省、市资金支持项目8项。强化农业科技创新平台建设，建立中江县水产专家大院，推动中江县水产业发展。加强科技普及宣传，市、县级科普单位联动，在集凤镇开展德阳市第二十二届“科技之春”科普活动月启动仪式暨中江县2017年第二十二届科技、文化、卫生“三下乡”活动。

【农村文化】 2017年，中江县建成乡（镇）综合文化站45个、文化院坝79个、村（社区）综合文化活动室837个、农家（社区）书屋837家、“幸福书屋”3个、职工书屋4个、中心书屋1个、流动图书服务点3个、文化资源共享工程点810个，基本实现农村公共文化设施全覆盖。组建广播电视安装服务队45个，新安装广播电视信号设备3081户，新置电视机2585台。全县有省级非物质文化遗产保护项目仓山大乐（川中大乐）和中江手工空心挂面制作技艺2个，市级非物质文化遗产保护项目仓山太婆龙灯、中江花石制作技艺、积金火龙等5个，县级非物质文化遗产保护项目船工采莲船、兴隆金毛狮、广福桃花龙等14个及省级非物质文化传承人3人。

【农村卫生】 2017年，中江县家庭医生服务签约比为51.92%，贫困人口签约率达100%；贫困人口免费健康体检3.4万人，贫困人口县域内定点医疗机构住院费用个人支付占比控制在10%以内，为贫困户报销、减免、补助各类医疗费用8700余万元，惠及4989人次。完成农村妇女宫颈癌筛查31000例、乳腺癌筛查2165例；农村孕产妇叶酸补服率达96.4%；免费孕前优生健康检查7888人，免费婚检率达92.24%。全县计划生育奖励扶助对象28833人，发放奖扶金2767.968万元；计划生育特扶对象1090名，发放资金812.76万元。建立家庭医生签约服务全覆盖，县域内“先诊疗后付费”等机制，报销、减免、补助各类医疗费用8763万余元。

【农村法制建设】 2017年，中江县深化法制宣传，提升村民法治意识；深化法律服务，提升法律素质；深化依法治理，提升维护稳定能力。全县45个乡（镇）837个村（社区）均建立了人民调解委员会，共有人民调解员3937名；全年各级调委会共调解纠纷2830件，有效维护了社会和谐稳定。

【农村交通】 2017年，中江县继续推进完成交通运输厅《2015—2017年农村公路改善提升工程实施方案》，按照县、乡公路不低于四级公路技术标准，重要县道公路按三级公路技术标准进行建设并同步完善排水、安防等设施建设。全年建成农村公路531千米，其中农村公路改善提升工程37.2千米，窄路加宽和撤并建制村道路17.1千米，“一事一议”及部门整合建设村道及村内道路476.7千米。完成县、乡公路安保工程24.09千米，完成回龙大桥和东风桥危桥改造项目。

【涉农招商引资】 2017年，中江县实现3000万元以上的农业招商引资重大项目7个，均为内资项目，增长16.67%；项目总投资5.03亿元，增长33.6%。协议资金50300万元，增长33.6%；到位资金40200万元，增长16.02%。

【农村生态建设及环境保护】 2017年，中江县农村生态环境总体趋于稳定，但面源污染较严重。全县乡（镇）污水处理站及管网建设工作有序推进，减少生活废水直排对河流的影响。全面推进河长制工作，对水面垃圾、漂浮物进行打捞。完善饮用水水源保护区基础设施建设及各级保护区宣传牌、界标、交通警示牌的设置。完善生活垃圾“户分

类、村收集、乡(镇)转运、县处理”模式。禁止网箱养殖工作,高店、继光、双龙等9个乡(镇)网箱养殖288户、6639口网箱于7月31日全部拆除上岸;全面关停禁养区内的养殖场,对部分养殖场开展综合整治。实行全年全域秸秆禁烧。投入专项资金800万元开展环境综合整治。

【农产品质量安全监管】 2017年,中江县完成“四川省无公害粮油·蔬菜·水果产地”产地认定证书复查换证,产地规模68333公顷。全年抽检农畜产品样品数量423个,省级农产品质量安全例行监测合格率达99.67%;抽检种植业食用农产品农药残留样品数量2000个,样品检测合格1997个,检测合格率达99.85%。中江县获得“四川省农产品质量安全监管示范县”称号。

【农村市场体系建设】 2017年,中江县改造建设县级快递配送中心1个,乡(镇)仓储物流配送分中心42个,实现农村电商物流全覆盖;建成农村电子商务服务站675个,其中镇级75个、村级600个;培育农产品电子商务示范企业4家。建立实施农产品质量追溯体系,其中开通溯源账户企业18家,完成溯源身份认证单品25个。依托阳光盛源、益农电商、农信互联、京东、赶街、邮乐购、易田等电商平台建设线下展示展销馆、运营中心、服务站(点),畅通“中江造”特色农产品对外宣传推介、线上线下运营渠道,全县农产品电子商务交易额达2.88亿元,增长74.5%。

【农村留守儿童(学生)帮扶】 2017年,中江县开展“10元·微爱”行动帮扶农村留守儿童,共募集捐款53.5万元;开展关爱农村留守儿童“暖流”活动,帮助800名贫困留守儿童温暖过冬;选出400余名特别贫困留守儿童开展关爱“圆梦”活动,筹集资金24.1万元用于支持45名农村留守学生圆大学梦;开展“爱心食堂”活动,为8所偏远山区学校建立爱心食堂,改善留守学生学习环境。开展“绿色发展,健康成长”夏令营活动,带领100名农村留守儿童参观继光馆、空气动力实验室,参与应急救护培训,开展素质拓展训练。

【劳务开发与返乡创业】 2017年,中江县农村劳动力转移就业49.76万人,实现劳务收入106200万元。全年农民工累计返乡8953人,其中返乡创业177人。支持农民工和农民企业家返乡创业,落实了创业补贴、创业吸纳就业奖励、创业担保贷款等创业扶持政策,为16人提供创业担保贷款共计153万元。

【主要领导人】 县委书记:周新(4月止),苏刚(8月始);县人大常委会主任:陈立贵;县长:李霞;县政协主席:董易佳;分管农业副县长:唐静。

中江县编写组

绵 阳 市

【基本情况】 2017年,绵阳市辖5县3区1市,代管四川省政府科学城办事处,辖区面积2.02万平方千米。绵阳市是中国唯一的科技城,四川省第二大城市,国家系统推进全面创新改革试验先行先试区域,全国文明城市、国家卫生城市、国家森林城市、国家环保模范城市、中国优秀旅游城市、全国双拥模范城市、全国科技进步先进市、全国人民防空先进城市、全国创业先进城市、国家新型工业化产业示范基地、国家电子商务示范城市、国家知识产权示范城市、全国首批“三网融合”试点市、全国首批“促进科技和金融结合”试点地区、国家产城融合示范区、国家产融合作试点市、国家智慧城市试点市、国家信息消费试点市、国家新型城镇化综合试点市。

2017年,全市GDP2074.75亿元,增长9.1%,其中第一产业增加值291.66亿元,增长4%;第二产业增加值838.76亿元,增长9.2%;第三产业增加值944.33亿元,增长10.8%。人均GDP43015元,增长8.4%。三次产业结构比为14.1:40.4:45.5。民营经济全年实现增加值1269.53亿元,增长9.4%,占全市经济总量的比重为61.2%,比上年提高0.2个百分点。全年实现旅游总收入533.22亿元,增长26.4%,其中国内旅游收入533.14亿元,增长26.4%;旅游外汇收入118.23万美元,减少21.3%。接待游客总人数5292.76万人次,增长25.8%,其中国内游客5292.32万人次,增长25.8%;入境游客4447人次,减少12.5%。

全社会消费品零售总额1112.48亿元,增长12.5%。其中,批发业实现零售额202.61亿元,增长11.5%;零售业实现零售额726.24亿元,增长12.4%;住宿业实现零售额21.65亿元,增长14.1%;餐饮业实现零售额161.97亿元,增长14.3%。按经营地分:城镇市场实现零售额742.81亿元,增长12.5%;乡村市场实现零售额369.67亿元,增长12.7%。

公路通车里程20172千米,西成客专正式通车,铁路营业里程213千米,民航营运航线45条。全年公路客运周转量24.46亿人千米,减少17.2%;公路货运周转量77.17亿吨千米,增长8.6%;水运客运周转量177.52万人千米,减少2.9%;铁路旅客发送量783.74万人,增长8%;铁路货运发送量82.92万吨,增长1.4%;民用航空客运量354.34万人次,增长63.1%,成为近年来唯一一个用时不到1年实现旅客吞吐量从200万人次跨越到300万人次的机场;民用航空货邮行运量22270吨,增长31.6%。

全市有各级各类学校1402所(不含高校、技工学校及职业培训机构),在校学生69.9万人,教职工5.26万人(专任教师4.37万人)。其中,普通中学219所,招生7.82万人,在校学生23.56万人;中等职业教育学校23所,招生2.1万人,在校学生4.6万人;小学409所,招生4.69万人,在校学生27.11万人,小学学龄儿童入学率100%;学前教育在园幼儿14.56万人。

【年度农业和农村经济运行】 2017年,绵阳市实现农、林、牧、渔及农林牧渔服务业增加值298.24亿元,增长4.1%。其中,农业增加值174.2亿元,增长5.3%;林业增加值11.34亿元,增长7.7%;牧业增加值94.57亿元,增长1%;渔业增加值11.55亿元,增长7.7%;农林牧渔服务业增加值6.58亿元,增长10.2%。

农业产业化发展。全市以“做大规模、做优品质、做响品牌”为目标,围绕粮油、畜禽水产、中药材、林果、蔬菜、休闲农业六大重点产业,重点打造优质生猪、涪城麦冬、优质禽蛋、优质魔芋、平武天麻等十大主导产品,完成六大重点产业规划和十大主导产品分项行动方案,制定重点产业和主导产品扶持管理办法,引导“涪城麦冬”“三台藤椒”等农产品做成百亿产业。坚持政策引导、资金扶持与协调服务的原则,累计发展家庭农场2386家、农民合作社3455个、专业大户11840户。新增市级龙头企业26家,总数达471家,实现销售收入440亿元;农民

合作社国家级示范社29个、省级示范社129个、市级示范社190个；家庭农场省级示范场54家、市级示范场107个；培育新型职业农民8758人，认定4296人。全年招商引资签约项目71个，总投资230.9亿元。

【种植业】 2017年，绵阳市农作物播种面积66.88万公顷，增长0.6%。其中，粮食作物播种面积42.22万公顷，增长0.4%；油料作物播种面积14.17万公顷，增长0.5%。全年粮食总产量227.29万吨，增长1.6%，单产增长1.1%，其中大春粮食产量174.19万吨，增长1.4%；小春粮食产量53.1万吨，增长2%。稻谷产量101.63万吨，增长1.1%；小麦产量44.2万吨，增长2.7%；油料作物产量37.01万吨，增长1.7%；蔬菜及食用菌产量211.28万吨，增长2.1%。

【林业】 2017年，绵阳市完成造林面积36931公顷。全市有自然保护区11个，自然保护区面积32.82万公顷。森林面积108.54万公顷，森林覆盖率53.6%，增加0.6个百分点。

【畜牧业】 2017年，绵阳市生猪出栏348.24万头，减少3.7%。生猪存栏235.31万头，与上年持平。肉类总产量40.06万吨，减少2.3%，其中猪肉产量25.19万吨，减少2.9%；禽蛋产量14.12万吨，减少1.7%；牛奶产量1.85万吨，减少12.7%。

【幸福美丽新村建设】 2017年，绵阳市幸福美丽新村建设突出"新村建设与脱贫攻坚、整村推进与重点突破、新建改造与文化保护"三个结合，全面开展"四好村"创建活动。扎实推进北川、平武、梓潼省级幸福美丽新村示范县和扶贫新村项目建设3个，共整合资金25.9亿元，建成幸福美丽新村466个，完成省下达目标任务的116.5%，累计建成2012个，占行政村总数的61.7%；实施扶贫新村建设192个，完成目标任务的109%；培育命名市级"四好村"521个，创建省级"四好村"117个。农村基础设施得到明显改善，全市幸福美丽新村建设区域内实现100%的乡(镇)、村通油路、水泥路，100%的社通公路；完成农村环境整治村落92个；农村卫生厕所普及率达81.04%。江油市新安农业公园被评为"中国农业公园"创建单位，北川县桅杆村获得"中国美丽休闲乡村"称号，涪城区被列为"首批省级田园综合体建设试验区"。

【农村水利】 2017年，绵阳市有水利工程7.3万处，水利工程蓄引能力26.04亿立方米，实际供水15.11亿立方米。全市耕地有效灌溉面积达22.08万公顷。

【生态农业示范工程】 2017年，绵阳市大力实施"沃野绵州"现代生态循环农业工程，启动实施24个循环农业示范点，探索总结出了"家庭微循环、园场小循环、园区中循环、区域大循环"4种"效益驱动型"模式和"1+N"种养结合、稻、鸭、鱼共生共育、林经循环综合利用等"生态驱动型"模式，从不同层面破解了农牧业发展中的瓶颈，增加了绿色优质农产品供给，全市农作物绿色防控覆盖率达27.8%，专业化统防统治覆盖率达44.5%，创建的经验得到国家和省上认可和推广。三台县成为"全国首批畜禽养殖粪污资源化利用整县推进试点县"。

【都市农业建设】 2017年，绵阳市坚持"一二三产业相融发展"理念，推进休闲农业、乡村旅游、森林康养、农村电商等新产业新业态发展。以"畅游美丽绵阳，乐享幸福生活"为主题，推出安州区"花城果乡""幸福七里"，江油市"果语花溪""百合爱情"，游仙区"富乐花乡""东林牧歌"等30余个乡村旅游景区，接待游客600万人次以上，成为都市休闲体验的"热点"。以建成绵阳森林城市为抓手，打造"天府四川、康养绵州"森林康养品牌，发展市级森林康养示范基地10个、省级森林康养基地7个、国家级森林康养基地3个，实现林业生态产业收入30亿元以上；以"电商进农村"为载体，推动农村电商发展，村级电商服务店达1580家(村淘)，电商经营主体达4420家，农产品网络交易额达31.4亿元，农民人均增收350元以上。游仙区、盐亭县省级农民增收新产业新业态400万元项目资金使用规范，三台县、江油市省级农民增收新业态新产业示范县通过省级验收。

【主要领导人】 市委书记：彭宇行；市人大常委会主任：马华；市长：刘超；市政协主席：张锦明；分管农业副市长：经大忠。

绵阳市编写组

涪 城 区

【基本情况】 2017年，涪城区辖12个乡(镇)5个街道，辖区面积597平方千米，其中耕地面积11051.4公顷。有常住人口92.87万人；户籍人口73.15万人，增加0.14万人，增长1%，其中农业人口14.04万人、非农业人口59.11万人，城镇化率77.71%；人口出生率8‰，人口死亡率4‰，人口自然增长率4‰。

2017年，全区GDP774.91亿元，增长9.8%，其中第一产业增加值23.45亿元，增长3.9%；第二产业增加值377.95亿元，增长9%；第三产业增加值373.52亿元，增长11.1%。三次产业结构比为1.82∶38.16∶60.02。三次产业对经济增长的贡献率分别为0.54%、31.43%和68.03%。全年接待游客672.7万人次，增长23.7%；实现旅游总收入97.05亿元，增长17%，其中国内旅游收入96.97亿元，增长17%；实现旅游外汇收入118.23万美元，减少45%。有星级饭店7个、A级景区4个。

全社会固定资产投资507.6亿元，增长7.7%，其中农户投资12.8亿元，减少5.2%。社会消费品零售总额458.66亿元，增长12.7%。地方一般公共预算收入53.56亿元。金融机构各项存款余额2067.6亿元，增长15.2%，其中住户储蓄余额889.9亿元，增长9.7%；各项贷款余额1096.8亿元，增长10.6%。各类保险保费收入61.44亿元。全年进出口总额533.53万美元，其中进口总额140.23万美元、出口总额393.3万美元。

公路通车里程1274.11千米，其中高速公路65.5千米、等级外公路113.12千米；境内铁路通车里程25.11千米，铁路旅客运量(发送量)615.28万人次。邮政业务总量1.53亿元，电信业务总量27.83亿元。有固定电话用户39.54万户，移动电话用户192.47万户，互联网宽带用户51.62万户。

有小学43所，在校学生6.97万人，专任教师2173人，适龄儿童入学率100%，小学毕业生升学率123.4%；普通中学40所，在校学生9.13万人，专任教师6997人，初中入学率100%，初中升学率212.1%；中等职业教育学校9所，在校学生1.44万人，专任教师423人；普通高校12所(含成人教育)，在校学生131489人，专任教师6869人。有公共图书馆1个(藏书16.8万册)，剧场、影剧院16个，艺术馆、文化馆(站)26个，大型体育场馆5个，学校体育达标率95.3%。全区广播覆盖率100%，电视覆盖率100%，通光纤有线电视信号通村率100%。有医疗卫生机构(含诊所等)258个，其中医院、卫生院28个，疾病预防控制机构2个(含血吸虫病防治站1个)，妇幼保健机构2个；卫生机构人员9566人，执业医师及执业助理医师2634人，注册护士4057人，卫生防疫人员190人；病床位6549张。

【年度农业和农村经济运行】 2017年，涪城区实现农林牧渔业总产

值41.09亿元,增长3.8%;农林牧渔业增加值24.03亿元,增长4%。其中,农业增加值13.39亿元,增长5.1%;林业增加值0.7亿元,增长6.9%;畜牧业增加值7.46亿元,增长1.2%;渔业增加值0.98亿元,增长6.9%;农林牧渔服务业增加值0.51亿元,增长7%。农村居民年人均可支配收入达18052元,增长9%,其中工资性(务工报酬等)收入8177元,增长7.9%;经营性净收入6354元,增长10.2%;财产净收入(租金、利息、集体分配、土地转包等)681元,增长8.8%;转移收入2840元,增长9.3%。农村居民年人均生活消费支出14476元,增长9.5%,其中食品烟酒消费支出5073元,增长11.7%;农村居民恩格尔系数为35%。全年造林面积779公顷;有效灌面达2503公顷;机收10670公顷;化肥施用量(折纯)15708吨;农村用电量1344万千瓦时。

【种植业】 2017年,涪城区粮食作物播种面积1.42万公顷,增长0.5%;经济作物播种面积18845公顷,增加214公顷,其中蔬菜及食用菌播种面积11651公顷,增加188公顷。全年粮食产量8.6万吨,增长10.5%。

【农村社会保障】 2017年,涪城区城乡居民社会养老保险参保人数8.78万人,新型农村合作医疗参合人数23.21万人。农村居民最低生活保障人数7468人,农村"五保"供养人数911人。有各种社会福利收养性单位15个,床位2619张;社区公益性服务设施134处。

【主要领导人】 区委书记:郑志恒;区人大常委会主任:高峰;区长:姚永红;区政协主席:张晓丰;分管农业副区长:秦亚辉。

涪城区编写组

游 仙 区

【基本情况】 2017年,游仙区辖3乡19镇1个经济开发区2个街道,辖区面积1018平方千米,其中耕地面积59.18万亩,比上年减少1.8%,人均耕地面积1.04亩;基本农田53.84万亩。年末总人口55.77万人;人口出生率7.5‰,增加0.23个千分点;人口自然增长率2‰,增加0.09个千分点。全区耕地有效灌面达到耕地总面积的99%;本地水资源总量3.06亿立方米,人均占有水资源量546立方米。有林业用地2.69万公顷,有林地面积2.68万公顷,活立木总蓄积量129.48万立方米,森林覆盖率28.8%。

2017年,全区GDP219.54亿元,增长9.3%,其中第一产业增加值24.88亿元,增长3.9%,农、林、牧、渔及农林牧渔服务业之比为26.65:1.62:19.65:2.31:1.31;第二产业增加值83.82亿元,增长9%(工业产值443.54亿元,增长23.8%);第三产业增加值110.84亿元,增长10.9%。三次产业对经济增长的贡献率分别为4.8%、41.5%和53.7%。劳务输出12万人,收入60亿元。全年接待游客651.43万人次,实现旅游收入62.7亿元,其中乡村旅游收入6300万元。

公路通车里程2295.15千米,其中干线公路72.52千米、县道219.63千米、乡道368.07千米、专用公路16千米、村道1699.62千米;境内高速公路37.6千米,其中一级公路59.7千米 、三级公路87.62千米、四级公路2110.24千米;密度2182米/平方千米,2280千米/万人。社会消费品零售总额95.94亿元,增长12.8%。地方公共财政预算总收入完成8.46亿元,增长9.03%;公共财政预算总支出26.82亿元,增长20.43%,其中农业投入38655万元,占支出的14.41%。金融机构各项存款余额267.31亿元,比上年初增长9.8%;各项贷款余额215.30亿元,比年初增长8.3%。全年农业保费收入3075.4万元,增长33.5%;处理各项赔款和给付金额1760.6万元,增长67.5%。农业产业化龙头企业省级、市级分别为6个、55个。

有各类学校142所,在校学生83823人,教职工4711人,其中有普通高中4所,在校学生3446人,专任教师318人;职业高中5所,在校学生11832人,专任教师329人;初中15所,在校学生23253人,专任教师1525人;小学31所,在校学生28966人,专任教师1632人;幼儿园87所,在园幼儿16326人,专任教师907人;学龄儿童入学率100%,小学五年巩固率105.8%,小学毕业生升学率178.5%;普通初中学龄人口净入学率100%,初中三年巩固率100.7%,初中毕业生升学率64.4%。有文化馆1个,公共图书馆1个。有卫生机构401个,病床位2300张,卫生技术人员1140人。新型农村合作医疗参合人数338481人,参合率99.5%;新型农村社会养老保险参保人数191000人,参保率100%;被征地农民养老保险参保人数5328人,占总人数的100%。

【年度农业和农村经济运行】 2017年,游仙区实现农业总产值51.54亿元,增长3.9%;全区全年农业增加值达24.88亿元,增长3.9%。农民年人均可支配收入达15770元,增长9.2%。全区农产品质量抽检合格率比年初提高2个百分点;建成22个基层农业综合服务站。

2017年游仙区主要农产品产量

主要农产品	单位	产量	同比(%)
粮食	万吨	22.44	0.1
水稻	万吨	12.79	0.18
小麦	万吨	3.98	0.1
玉米	万吨	3.48	-0.06
马铃薯	万吨	0.05	-4.31
油菜籽	万吨	2.83	1.31
蔬菜	万吨	20.25	2.88
水果	万吨	3.34	5.49
肉类	万吨	3.59	-3.2
猪肉	万吨	2.19	-3.9
牛肉	万吨	0.09	2.7
羊肉	万吨	0.11	0.8
禽肉	万吨	1.08	-3
兔肉	万吨	0.1	-1.6
禽蛋	万吨	1	-1.8
水产品	万吨	1.25	7
牛奶	万吨	0.37	-7.2

农用地产权制度改革。全年投入改革经费1270余万元。完成农村承包地确权涉及农户90626户、51.58万亩;集体土地所有权测绘及调查登记3505宗、宅基地使用权89508宗、集体建设用地使用权1169宗完成数据入库交汇;集体林权制度改革共明晰产权面积44.3万亩,发放林权证9.71万本。争取四川省首批村集体经济发展试点县项目资金1000万元,区级配套425万元,在16个乡(镇)17个村开展试点。

【种植业】 2017年,游仙区农作物播种面积56867公顷,增长0.2%,其中粮食作物播种面积35530公顷,减少0.03%。全年粮食总产量22.44万吨,增长0.1%,其中小春粮食产量4.92万吨,减少0.02%;大春粮食产量17.52万吨,增长0.1%。主要农产品中小麦产量3.98万吨,增长0.1%;稻谷产量12.79万吨,增长0.18%;油料作物产量3.56万吨,

增长1.1%;蔬菜产量20.25万吨,增长2.88%。全年发放蚕种17.3万张,生产蚕茧680万吨,实现蚕茧产值29000万元,增长19.34%。蔬菜种植面积7200公顷,特色效益农业基地面积达1206.67公顷,蔬菜总产量达20.25万吨,综合产值近5.3亿元;优质水果种植面积达1333.33公顷,总产量1.8万吨,实现综合产值1.3亿元;花卉种植面积420公顷,实现综合产值1.2亿元。发展标准化中药材种植基地8个,标准化种植面积433.33公顷。

【林业】 2017年,游仙区依法对全区40.28万亩森林资源实施有效管护,继续有效保护了全区国有林1.23万亩、公益林8.11万亩;完成营造林4.23万亩,义务植树73万余株,巩固退耕还林成果2.58万亩。实现林业总产值16.02亿元,实现生态旅游收入5.01亿元,农民人均林业收入达1820元。

【畜牧业】 2017年,游仙区生猪出栏30.03万头,减少3.6%;牛出栏6814头,增长0.1%;羊出栏62999只,增长0.8%;禽出栏693.85万羽,减少3.2%。实现畜牧业产值约19亿元。全区生产蚕茧6788吨,实现蚕茧产值2.9亿元。全年共完成免疫高致病性禽流感鸡286.9万羽、鸭33.75万羽、鹅18万羽,免疫牲畜口蹄疫猪19.6万头、牛1.707万头、羊3.69万只,免疫高致病性猪蓝耳病18.79万头、猪瘟19.6万头、鸡新城疫231.2万羽、小反刍兽疫3.44万只。

【水产业】 2017年,游仙区水产养殖面积达3428公顷,水产品产量1250万千克,增长7%;淡水养殖面积达51420亩,淡水养殖12290吨,实现渔业经济总产值3.45亿元。

【统筹城乡与新型城镇化】 2017年,游仙区投入6.2亿元,完成九绵高速、绵西高速等重大项目的650户农户、23家企业拆迁,省道205线绕城改线一期、红色旅游快速通道建成通车,新(改)建农村公路222.1千米,安装护栏48.9千米,公交实现乡(镇)全覆盖。城建攻坚加速推进,科学城快速通道全线开工,一、二环路游仙段、624配套设施工程、美丽绵阳游仙景观提升工程、绵梓路照明工程等项目有序推进,游东路鹤林沟段基本完工,933大道投入使用。城市管理全面加强,整治违法建设8281平方米。投资5.8亿元完善农村山水田林路基础设施。特色小镇建设初具成效,石马电梯小镇、东林智能制造小镇被列为第一批市级特色小镇,徐家镇被评为省级森林小镇。

【新村建设】 2017年,游仙区建成幸福美丽新村30个,总数达172个。全年创建省级"四好村"10个、市级"四好村"42个、区级"四好村"80个。

【农村扶贫和移民工作】 2017年,游仙区确定2000名贫困人口脱贫、20个贫困村"摘帽"目标任务,实行区级部门联系贫困村方式,制订贫困村、贫困户帮扶计划,做到精准扶贫、精准脱贫。"扶贫日"共计捐款49.65万元,各帮扶单位直接或帮助引进各类资金8850万元,举办各类贫困户培训班25期,开展各类技能培训2313人次,帮助贫困户实现劳务就业442人次,实现劳务收入263万元。全年实现贫困人口脱贫2445人,24个贫困村全部"摘帽"。

全区享受后扶农村移民人口4551人、非农移民361人,全年核减115人。共计兑现移民后期扶持资金137.12万元、养老保障金27万元。完成石马镇百胜村提灌站,太平镇佛祖村道路、酒店村渠道路,忠兴镇明月村道路等项目建设。

【乡村旅游】 2017年,游仙区有A级景区4个,其中4A级景区3个、2A级景区1个;市级以上文物保护单位15处,其中国家级重点文物保护单位4处、省级文物保护单位8处、市级文物保护单位3处;全国休闲农业示范点1个,四川省乡村旅游示范乡1个。全年举办各类农旅主题活动23场、文艺表演76场次,策划民俗活动58个,接待游客296万人,实现乡村旅游收入2.59亿元。推出"七朵仙花"主题景观品牌;推出以魏城东乡饼子、玉河状元凉粉、街子豆腐等为代表的游仙区"八大名特小吃";打造乡村旅游景点30个,其中占地规模1万亩以上项目2个、3000亩以上项目2个、1000亩以上项目9个,多数乡村旅游景点由农业产业园区和农业龙头企业转型升级形成,分布在汉唐三国游、科技智慧游、乡村风情游、外围寻古游等4条旅游精品线路上,距绵阳市核心城区均在50千米内。

【农村水利】 2017年,游仙区农田水利基本建设投入资金7488.83万元。全年投入人工工日42万个、机械台班1.2万个,土石方开挖49.25万立方米,混凝土1.24万立方米,新建渠系建筑物226处,新建渠道8.28千米,整治渠道151.13千米,整治塘堰200口、石河堰4处,新建蓄水池43口、泵站7处,整治泵站9处,新建抗旱备用井14口,整治机耕52.728千米,整治排洪排涝渠8.44千米,整治田间作业道路30.048千米,改良蔬菜良种繁育基地12.98万亩。

【农村科技】 2017年,游仙区新建养羊、养鸡、养兔、水稻、小麦、水果、蔬菜等各类协会15个,建成农民技术学校和远程教育培训基地20个;建成产业特色的农业科技园近10个,主要有街子镇的富乐花乡、兰花国际主题公园,忠兴镇的万鸿农业,柏林镇的玫瑰、金银花、葡萄等珍稀经济作物种植基地,新桥镇的山水禾农庄、蓝莓研发种植基地,梓绵镇的桔梗、猪苓等名贵中药材研发种植基地,小枧沟镇的油牡丹研发种植基地,石马镇的新宇种业研发基地,魏城镇的佳昊葡萄园研发种植基地,以街子镇为核心已正式挂牌绵阳国家农业科技园区。

【农村文化】 2017年,游仙区建设完成乡(镇)综合文化站22个、村级文化活动室设施设备标准化建设230个,完成230家农家书屋和47家社区书屋补充更新工作,并全面对外免费开放。投入公共文化服务体系建设、农村文化建设、文化免费开放等项目资金500余万元。全区有线数字电视用户5.8万户,电视网络实现230个行政村全覆盖。有高音喇叭4300余只,形成覆盖全区230个行政村的区、乡(镇)、村三级联控同频共缆传输系统并对农广播。全年放映农村公益电影2760场。

【农村卫生】 2017年,游仙区开展网上、电话、微信等预约诊疗服务,优化挂号、诊疗结算等移动支付方案,开展"智慧养老",探索"医养结合"新模式。搭建"智慧养老云服务管理平台",通过智能穿戴设备和健康小屋等终端,及时进行指导、干预、救治。为深化医药卫生体制改革,加快游仙区中医药产业发展,成立了绵阳市游仙区涪翁中医药发展促进会。

家庭医生签约。全年完成电子化签约家庭20余万人,在线服务签约对象8000余人次。10月,四川省家庭医生签约服务现场推进会在绵阳市召开,游仙区忠兴镇卫生院、经济试验区社区卫生服务中心、忠兴镇双建村卫生站作为现场参观点,向全省200余名代表介绍游仙经验并获得高度好评。

国家智慧养老健康基地示范项目。全年争取国家卫生计生委家庭发展司项目扶持资金40万元、四川省健康产业办补充资金300万元建成游仙区智慧健康养老示范基地,在辖区内遴选了万鸿生态颐养院、富乐社区老年康复护理中心、经济试验区社区卫生服务中心作为机构、社区和居家3种养老模式的代表进行核心示范点建设。3个示范点均配备专业的医疗团队作为保障。根据老人年龄和健康状况,在3个示范点共征集100名老年志愿者进行智能穿戴的试用和健康数据

的动态监测和管理。10月30日,项目建设工作领导小组对项目进行了整体验收,硬件参数和软件平台功能均达到要求。智慧健康养老示范基地项目建设实现了智能监测和看护,通过数据的高效利用,使医疗模式实现由重病治疗向重病预防的转变。

【农村法制建设】 2017年,游仙区222个村普遍建立法律顾问,全年指导35个村(社区)修改完善了村规民约,参与“送法下乡”活动22次,接受法律咨询380余人次,发放法制宣传资料1000余份。

【农村交通】 2017年,游仙区公路养护总里程1850.37千米(不包括高速公路),其中县道219.63千米,县道优良率86%;互通公路的乡(镇)占乡(镇)总数的100%,259个村通达率100%,公路绿化率68%;全区县道养护里程达190千米。农村公路MQI值达78.5,农村公路优良路率达71.3%。共清扫路面100余万平方米,修复撞毁护栏260米,设置警示标牌27块,修补路面坑槽48处,修复水泥砼路面310平方米,完善交通标志410块,新划标线近3800米。全区以拓展乡(镇)支线公交为重点,加快推进扩大城市公交覆盖面工作,开通了覆盖玉河、白蝉、梓棉、刘家、石板、东宣、徐家、朝真、柏林、太平、凤凰、云凤12个乡(镇)的10条(其中新开8条、延伸2条)城市公交线路,实现了境内24个乡(镇)城市公交全覆盖。

【农村社会保障】 2017年,游仙区共征缴城乡养老保险费用2920.48万元,新型农村合作医疗基金总收入20294.55万元。全面落实社会保障扶助政策,代缴重度残疾及失独家庭等困难群体居民基本养老保险个人缴费840人、8.4万元。救助农村困难群众19283人次,发放医疗救助金590余万元,政策范围内住院自付费用救助比例全面完成目标任务。重病特大疾病救助1820人,救助金额160万元,困难群众重特大疾病医疗救助覆盖率达100%;临时生活救助困难群众4263人次,发放临时生活救助金165万元;全面完成农村低保提标,农村低保标准由原来的260元/月提高至275元/月,全年发放农村低保资金1592万元,救助困难群众7105次。推进特困供养人员认定和提标工作,全区有农村特困供养人员851人,其中集中供养特困对象471人,集中供养率55%,位居全市前列。

【农村生态建设及环境保护】 2017年,游仙区投入资金1.2亿元,完成仙鹤湖等饮用水源地规范化整治工程,乡(镇)生活垃圾处理率达94%。举办绵阳市生态文明建设高层研讨会,“人人关心环境、重视环境、参与环境保护”的良好氛围更加浓厚。开展秸秆禁烧和综合利用,综合利用率达96.19%,空气质量达标率为84.3%。积极整改中央、省环保督察反馈的问题,污染防治“三大战役”攻坚战取得阶段性成效,推广碳纳米矿化还原水体净化技术,全面落实河长制,芙蓉溪、魏城河等水环境质量持续改善;关停养殖场152家,整治197家,治理“散乱污”企业169家。

【农产品质量安全监管】 2017年,游仙区省级农产品质量安全示范区创建通过验收。为全区22个乡(镇)、50余家生产企业和专业合作社广泛宣传农产品质量安全知识。全年配合省、市例行监督抽检蔬菜、水果、畜产品、水产品6次,共计抽检样品42个,合格率达100%;饲料产品质量合格达标率100%;动物源性食品的兽药残留抽检合格达标率100%;重大动物疫病免疫抗体合格率70%,实际合格率72%;畜禽屠宰监管率达100%,兽药规范化管理率达50%,均完成既定目标;农药生产经营单位检查任务率90%,实际检查率100%;高毒限用农药销售管控措施覆盖率95%。

【农村市场体系建设】 2017年,游仙区实现互通互联,农村产权交易平台无缝衔接。建成对接全省、统一联网、互联互通、资源共享的市、区、乡(镇)、村四级农村产权流转交易平台,建成乡(镇)审核服务站22个,村(社区)级信息收集点234个。总结推广太平镇土地托管中心、绵阳农机“一站式”服务中心等社会化服务组织有效整合资源、高效服务“三农”的经验,鼓励社会资本参与提供农机、农资、农技、农能等多领域多行业社会化服务,新(改)建农业社会化服务中心站2个。全区共收集上报流转项目921宗,流转面积6.9万亩;收集上报意向流转项目59家,意向流转面积8000余亩。累计发放支持产业发展贷款近800万元。

大力发展“互联网+”现代农业。创新服务路径,转变销售方式,融入科技支撑。“川仙”牌生态鱼、八品猪肉、观太镇“稻珍香”、刘家土货馆等基层农产品已经联网电商营销。全区新建物联网基地1个,农产品网络销售额占农业总产值的5%;村级益农信息服务站(点)覆盖率达100%。

【农村留守家庭(儿童、学生)帮扶】 2017年,游仙区开展“特别的想念”“暖冬行”等关爱留守学生活动,深入朝真乡、白蝉镇看望慰问困难留守学生及贫困家庭,为他们送去书包等学习生活物资共计10000余元;联合“为乐公益”,开展“加油! 乡村夏令营”关爱青少年活动,在游仙镇、魏城镇等6个乡(镇)开展乡村夏令营活动;依托雷锋志愿服务中心,定期在小枧置信小学举办“点亮童心烛光”专项活动,惠及留守学生7000余人;联合九洲集团团委共同举办“携手同行爱暖童心”主题活动,前往白蝉镇看望慰问25名困难儿童。联合“一凡公益”开展关爱困难学生慰问活动。健全农村留守儿童关爱机制,招募儿童福利监督员24人、“儿童主任”278人,通过节日慰问、爱心支教、心理慰藉等方式关爱农村留守儿童1613人次。

【劳务开发与返乡创业】 2017年,游仙区劳务输出12万人,实现劳务总收入60亿元。强化劳务协作,依托在外川商企业在北京、上海、深圳、厦门、成都等重点城市设立劳务办事处或建立联络员队伍,加强与广东、福建、浙江、新疆等地的劳务协作,有序组织农村家庭劳动力转移输出。

返乡创业环境不断优化,充分利用现有的农业土地资源,推行“公司+农户”的运作模式,为返乡创业人员提供优质平台、优质服务,助力优秀返乡人才开展创业工作。因地制宜建设返乡农民工创业园、大学生创业园,组织开展创业服务主题活动,以创业带动就业。建立高校毕业生长期跟踪服务机制,对困难家庭高校毕业生实行“一对一”创业援助,指导富乐绵阳创客俱乐部入驻大学生(含休学创业)15人申报大学生创业补贴项目8个,为91名成功创业高校毕业生申领创业补贴91万元。

【主要领导人】 区委书记:江彬;区人大常委会主任:袁玉国;区长:陈华斌;区政协主席:姜曦;分管农业副区长:林檬。

游仙区编写组

安 州 区

【基本情况】 2017年,安州区辖18个乡(镇)230个行政村27个社区,辖区面积1189平方千米,有总人口44.3万人。森林覆盖率39.57%。安州区是全国文明城市、中国宜居宜业典范县、中国经济发展转型示范县、国家农产品质量安全县、国家级杂交水稻制种基地县、全国粮食生产先进单位、国家义务教育发展基本均衡县、全国基层中医药工作先进县、全国科技进步先进县、四川省县域经济发展先进县、四川省绿化模范县、四川省维护社会稳定先进县、四川省乡村旅游示范县、四川

省食品安全示范县、四川省"四好农村路"示范县。

2017年，全区GDP132.05亿元，增长9.2%。规模以上工业总产值262.05亿元，规模以上工业增加值增长11.3%。三次产业结构调整优化为22.5∶38.2∶39.3。全社会固定资产投资132.03亿元，增长15.5%。社会消费品零售总额73.17亿元，增长12.4%。地方一般公共预算收入5.69亿元，其中税收收入占比76.79%。

【年度农业和农村经济运行】 2017年，安州区实现农业总产值51.35亿元，增长3.85%。农村居民人年均可支配收入达15430元。全区有专合组织500个、家庭农场203个、市级以上农业龙头企业43家。全区认证"三品一标"农产品76个，"安县魔芋"获评为国家地理标志保护产品。全年建成市级幸福美丽新村158个，省级、市级"四好村"73个。安州区被评为"四川省2017县域电子商务十佳县"和"四川省电子商务产业发展示范县"，全年实现电商交易额71.02亿元，增长132.9%。

【统筹城乡与新型城镇化】 2017年，安州区城区面积达15平方千米，城区绿地率为36.51%。有城市人口9.27万人。全区加快构建河西主城区、河东新区和工业园区"一城三区"互动发展格局，城镇化率达48.39%。全区幼儿园、小学、中学、大学等教育体系一应俱全，医院、文化馆、体育馆、图书馆等优质公共服务设施完备，城市交通便捷通达，集贸市场布局科学，湿地公园、辽安公园镶嵌其中，整座城市呈现出"四季有花、水绕全城、绿树成荫、物阜民丰"的迷人景象。"宽带安州"建设加快推进，城镇光纤宽带覆盖率达98%。各乡（镇）因地制宜建设旅游观光镇、生态农业镇、新型工业镇和特色商贸镇，桑枣镇入选全国第四批美丽宜居小镇和第一批省级特色小镇，睢水镇入围国家"千企千镇工程"项目库，塔水镇获评为"四川环境优美示范乡镇"，界牌镇被列入全省"十三五"特色小城镇发展规划。

【乡村旅游】 2017年，安州区全力打造温泉旅游、乡村旅游和健康养老三大品牌，加快建设"国家全域旅游示范区"。安州区获得网民票选的"最美中国·生态旅游目的地"称号，"中国春社·睢水踩桥"获得中国最具特色民族节庆奖；"花城果乡""幸福七里""红花源"被评为国家3A级旅游景区，罗浮山景区创建国家4A级景区通过市级初评；罗浮山温泉康养小镇完成规划即将开工建设，乐乐世界项目建设加快推进。千佛山自然保护区升级为国家级自然保护区，大熊猫国家公园加快建设。全区实现旅游总收入66.7亿元，增长38.9%。

【主要领导人】 区委书记：廖雪梅；区人大常委会主任：梁建；区长：李昊天；区政协主席：赵奎；分管农业副区长：刘云相。

安州区编写组

江　油　市

【基本情况】 2017年，江油市辖39个乡（镇）3个街道，辖区面积2719平方千米，有人口88万人，是中国优秀旅游城市、全国卫生先进城市、国家现代农业示范区、全国休闲农业与乡村旅游示范县、四川省历史文化名城、首批"工业强县"示范市、环境优美示范城市、法治市、文明城市、双拥模范城、中国（绵阳）科技城经济社会发展"排头兵"。

2017年，全市GDP384.6亿元，增长9.2%，其中第一产业增加值45.73亿元，增长4%；第二产业增加值148.99亿元，增长9%（规模以上工业增加值增长11.2%）；第三产业增加值189.88亿元，增长10.6%。三次产业结构比由上年的12.7∶48.2∶39.1调整为11.9∶38.7∶49.4，第一产业、第二产业占比分别下降0.8和9.5个百分点，第三产业占比提高10.3个百分点。三次产业对GDP的贡献率分别为5.3%、40.3%、54.4%，分别拉动GDP增长0.5、3.7和5个百分点。

社会消费品零售总额184.46亿元，增长12.6%，其中乡村市场零售额80.11亿元，增长12.3%。实现财政总收入50.47亿元，增长10.2%，其中地方一般公共预算收入19.07亿元，增长8.1%；财政总支出65.28亿元，增长7.2%，其中一般公共预算支出44.17亿元，增长16%。全社会固定资产投资218.1亿元，增长19.1%。金融机构各项存款余额487亿元，增加30.52亿元，增长6.7%；各项贷款余额224.59亿元，增加29.49亿元，增长15.1%。

【年度农业和农村经济运行】 2017年，江油市实现农林牧渔业总产值80.53亿元，增长3.9%；农林牧渔业增加值46.76亿元，增长4.1%。农民年人均可支配收入达15642元，增加1338元，增长9.4%，其中农民工资性收入6361元，占可支配收入比重的40.7%，增长7.1%；财产净收入673元，增长17.4%。全年新增绵阳市级龙头企业2家，新发展家庭农场96个。江油市成为绵阳市唯一入选全省首批乡村振兴战略规划试点县，连续9年获得"全省'三农'工作先进县（市）"称号。

【种植业】 2017年，江油市全面落实粮食安全生产责任制，实现粮食产量30.81万吨，增长1.1%；油料产量4.73万吨，增长2.8%；蔬菜及食用菌产量42.33吨，与上年持平，是全国蔬菜产业重点县。辛夷花传统栽培体系被列为"中国重要农业文化遗产"。全市构建了以休闲农业与乡村旅游业为主导，蔬菜、生猪、粮油产业为优势，林果、花卉苗木、中药材、兔业、水产业为特色的"135"现代农业产业体系。

【乡村旅游】 2017年，江油市全域旅游建设稳步推进，全域文农林旅深度融合和现代服务业发展走在全省前列，获得"四川省旅游强县"称号。李白故里国家5A级风景区、国家全域旅游示范区创建工作全面启动，中华洞天一期顺利开放，乡村游、短途游持续火爆。全年接待游客736.41万人次，增长21.4%；实现旅游总收入97.96亿元，增长22.3%。

【主要领导人】 市委书记：周涛；市人大常委会主任：冯钢；市长：柳江；市政协主席：李平；分管农业副市长：李海。

江油市编写组

梓　潼　县

【基本情况】 2017年，梓潼县辖32个乡（镇），辖区面积1443.92平方千米，总人口37.8万人，森林覆盖率42.67%，是全国农产品加工创业基地、国家级水稻制种基地县、全国农村中医药工作先进单位、全国供销合作社电子商务示范县、国家义务教育发展基本均衡县、四川省文明城市、四川省卫生城市、四川省现代畜牧业重点县、四川省现代林业重点县、四川省农业产业化经营工作先进县、四川省水利工作先进县、四川省法治县、四川省双拥先进县。

2017年，全县GDP100.93亿元，增长8.1%。规模以上工业增加值增长10.1%。服务业增加值38.73亿元，增长10.6%。地方一般公共预算收入2.4亿元，增长8%。全社会固定资产投资90.05亿元，增长12.9%。社会消费品零售总额43.13亿元，增长12.3%。全县公路里程达2040千米。

【年度农业和农村经济运行】 2017年，梓潼县实现农业总产值49.37亿元，增长4.11%。农村居民年人均可支配收入达14209元，增长

9.1%。有现代农业基地85万亩,建成现代农业产业融合示范园区3个、省级示范家庭农场8个,蛋鸡、水稻制种、生猪、蜜柚四大优势农业产业实现全省"四个第一"。通乡通村公路硬化率达100%。

【深入实施"文旅兴县"】 2017年,梓潼县致力于推动文化旅游大融合、大发展,以"全域景区、全域美丽"为目标,高起点编制完善发展规划,逐步建立"县城—旅游景区—风情小镇—美丽乡村"的全域旅游格局,主动接受科技城辐射带动,着力打造绵阳市"后花园"。举办了三届海峡两岸文昌文化交流活动、文昌民俗文化旅游活动等多项大型活动,在海内外享有较高的知名度、美誉度。七曲山大庙积极创建国家5A级旅游景区,凤凰湖水库试蓄水成功,有山有水的精品旅游景区格局逐步形成。中国"两弹城"红色文化教育基地蜚声全国,川艺音乐风情小镇特色鲜明。

【主要领导人】 县委书记:周琳;县人大常委会主任:杜林平;县长:贺旺;县政协主席:敬友忠;分管农业副县长:汪敏。

梓潼县编写组

平 武 县

【基本情况】 2017年,平武县辖9镇16乡(其中8个藏族乡、5个羌族乡、3个羌族聚居镇)248个村6个社区1478个村民小组。总人口18.6万人,其中少数民族人口6.65万人,占全县总人口的35.8%。有常住人口178723人,其中城镇人口29246人,占总人口的16.37%;乡村人口149477人,占总人口的83.63%。全年出生人口1751人,死亡人口3396人。全县总人口减少2743人,总户数减少699户。

2017年,全县GDP41.53亿元,增长7.7%。一般公共预算收入2.62亿元,占年初预算的109%。农业增加值增长3.9%;规模以上工业增加值增长9.6%。社会消费品零售总额16.5亿元,增长11.5%。

【种植业】 2017年,平武县粮食作物播种面积51.07万亩,产量6.31万吨。绿茶、核桃、中药材、食用菌种植面积分别增加至13.46万亩、20.56万亩、32.88万亩、920万袋。

【畜牧业】 2017年,平武县出栏生猪15.5万头、牛1万头、羊4.21万只、禽类100.2万羽,畜牧业总产值达5.82亿元,增长9.22%。全年发展中蜂7.5万群,增长25%,平武县获得"中国中蜂之乡"称号。

【农产品品牌战略实施】 2017年,平武县大力推进农产品质量安全监管示范县、有机产品认证示范县、生态原产地产品保护示范区创建工作,厚朴栽植项目高标准通过省级验收,"大山老槽蜜"获得清真食品认证和欧盟认证,中药材、茶叶、高山蔬菜等特色生态农产品品牌影响力和市场占有率不断提升。

【统筹城乡发展】 2017年,平武县立足"千年古龙州·华夏报恩城"定位,有序推进县城总体规划修编和控制性详细规划编制工作。加快实施西城门等四片区棚户区改造工程,签订房屋征收补偿协议444户,兑付房屋征收补偿款397户、2.15亿元,货币化安置率100%。完成"大修厂""原建设局"2个老旧小区治理,荀家坪市政道路PPP项目、县城垃圾填埋场迁建工作有序推进,县城污水管网改造工程、"智慧平武"一期工程竣工投入使用,城市管理水平全面提升,平武县获得"第四届四川省文明城市示范城市""全国百佳深呼吸小城"称号,并被命名为"县域经济发展模范县";平通镇桅杆村被农业部授予"中国美丽休闲乡村"称号。全年新建幸福美丽新村30个。

【扶贫攻坚】 2017年,平武县累计投入脱贫资金7.66亿元,实现减贫1120户3115人,18个贫困村退出,贫困发生率下降至2.69%。一是聚力基础建设。完成县、乡道路黑化23千米,新建通村通社硬化路315千米。实施57个贫困村、81个非贫困村饮水安全巩固提升工程,解决3620名贫困人口安全饮水问题。新建贫困村公共服务中心3个、卫生室12个、文化室9个、通信网络7个,贫困村生产生活基础条件有效改善。二是聚力生活改善。实施易地扶贫搬迁31户100人,危旧房屋改造630户。建立教育扶贫基金500万元,为2096人发放金额392万元。建立卫生救助扶贫基金500万元,报销救助医疗费用2301万元,实现县内住院贫困病人报销比例达90%以上。贫困群众新型农村合作医疗参合率达100%,贫困家庭新型农村社会养老保险参保率100%。低保实现"应保尽保",落实"两线并轨",农村低保保障补差标准调整为每月275元。特困人员供养、临时生活救助等8项基本救助制度得到全面落实。三是聚力精准投入。筹集贫困村道路建设资金5.5亿元,整合涉农项目资金1.18亿元。建立73个贫困村产业扶持基金3650万元。建立扶贫小额信贷分险基金950万元,发放扶贫小额信贷4980笔、8739万元。新增产业扶贫精准贷款7471万元,贷款规模累计达94700万元。"扶贫日"募集社会扶贫捐赠资金460余万元,全年累计投入社会扶贫资金1100余万元。深入开展"百企帮百村"活动,72家企业对口帮扶58个贫困村。

【乡村旅游】 2017年,平武县编制完成《清漪江乡村旅游总体规划及重要节点控制性详细规划》,出台了《精品民宿建设管理办法》,推动全县615家乡村旅游接待户转型升级,豆叩堡子、白马部落等7个精品民宿示范点初见规模。引进了山东水发集团、龙田集团开发平南农旅小镇、平通森林康养小镇、报恩文旅小镇项目,北大青鸟集团打造大报恩城旅游项目。承办了2017中国·四川大熊猫国际生态旅游节、四川省第八届乡村文化旅游节(冬季版)暨首届平武冰瀑节等系列特色民俗文化旅游活动。全年接待游客370.56万人次,增长31.81%;实现旅游总收入33.35亿元,增长36.01%。平武县获得"全国百佳深呼吸小城"称号,入选"美丽中国国土气候旅居名片"。

四川省第八届乡村文化旅游节(冬季)暨首届平武冰瀑节。该届乡村文化旅游节(冬季)主体活动由平武县乡村旅游成果展示、开幕式、主题晚会、高峰论坛、美食文化品鉴等五大板块构成,各个环节均融入了平武民俗文化体验活动。12月20日晚,四川省第八届乡村文化旅游节(冬季)暨首届平武冰瀑节开幕式主题晚会在县城报恩寺广场精彩上演。整台晚会以"秘境平武·南国冰恋"为主题,共分《风情平武》《冰雪恋曲》《乡村振兴》三个篇章,通过中央电视台主持人韩乔生的主持,国家级、省级演员和团体以及平武本土演员的演绎,展现平武悠久厚重的历史民族文化和绚丽多彩的自然人文风情,为各位来宾、游客和广大群众献上一场难忘的视听盛宴。

【农村交通】 2017年,平武县九绵高速(平武段)全面进场施工,永久性征地签约率达95%,房屋拆迁签约率95%、拆迁率82%,杆管线迁改基本完成,临时用地征用、料场资源配置等工作有序推进。白马隧道控制性工程左洞掘进797米、右洞掘进372米;广平高速控制性工程启动建设。青平路(白草至青川交界)、响厚路改建工程启动建设,水坝路、木虎路加快建设,王坝楚至南一里大修工程、平豆路、平平路、古水路改建工程全面完工。全年共计建设各级道路454千米,新建桥梁4座,安装安保等防护设施150千米。"二高二横三纵两环"的交通骨架和通达村(社)的"毛细血管"路网初见雏形。

【主要领导人】 县委书记:李治平 ;县人大常委会主任:何充;县长:黄

骏；县政协主席：廖玉平；分管农业副县长：孟松林。

平武县编写组

北川羌族自治县

【基本情况】 2017年，北川羌族自治县辖10镇13乡，辖区面积3084平方千米，其中耕地面积11595公顷，山地面积占辖区面积的98.8%。有总人口23.53万余人。森林覆盖率63.22%。全年接待游客635.07万人次，实现旅游收入51.71亿元。

【年度农业和农村经济运行】 2017年，北川羌族自治县实现农林牧渔业增加值11.03亿元，增长4%。其中，农业增加值5.32亿元，增长5.5%；林业增加值1.63亿元，增长6.1%；牧业增加值3.72亿元，增长0.9%；渔业增加值0.13亿元，增长6.6%；农林牧渔服务业增加值0.23亿元，增长10.6%。

【种植业】 2017年，北川羌族自治县农作物播种面积2.99万公顷，其中粮食作物播种面积1.75万公顷，增长0.5%；油料作物播种面积0.44万公顷，增长0.1%；药材播种面积0.21万公顷，增长0.9%；蔬菜播种面积0.54万公顷，增长1%。粮食总产量4.78万吨，增长1.8%，其中大春粮食产量3.88万吨，增长1.6%；小春粮食产量0.9万吨，增长2.6%。主要农产品中稻谷产量0.65万吨，增长0.9%；小麦产量0.04万吨，减少19.6%；油料作物产量0.71万吨，增长0.6%；蔬菜产量7.96万吨，增长3.4%；茶叶产量0.08万吨，增长7.8%。

【畜牧业】 2017年，北川羌族自治县生猪出栏20.19万头，减少3.7%；羊出栏25.11万只，减少0.2%；牛出栏1.05万头，减少0.5%；家禽出栏102.75万只，减少0.8%；兔出栏6.98万只，减少17.4%。肉类总产量1.99万吨，减少0.7%。禽蛋产量0.23万吨，减少0.3%。

【林业】 2017年，北川羌族自治县有自然保护区3个，保护区面积54931公顷，其中国家级自然保护区2个，保护区面积46105公顷。全年完成造林2000公顷，"四旁"零星植树158.9万株。封山（沙）育林2133公顷，对森林实施有效管护面积99813公顷。全年出产林产品26038吨，其中水果4925吨、干果174吨。

【农村水利】 2017年，北川羌族自治县有已确权农田水利工程1269处，有效灌面达2290公顷，节水灌面达1560公顷，建成堤防73.02千米。有农村供水工程1452处，累计重点治理水土流失面积29108公顷。

【主要领导人】 县委书记：赖俊；县人大常委会主任：张周凯；县长：瞿永安；县政协主席：刘平安；分管农业副县长：李桂炳。

北川羌族自治县编写组

三 台 县

【基本情况】 2017年，三台县辖62个乡（镇）1个街道，辖区面积2659平方千米，有人口142万人。森林覆盖率33.74%，城市绿地率34.47%。是四川省首批27个扩权强县试点县之一，是全国文化先进县、全国体育先进县、全国文明县城、全国科技工作先进县、全国粮食生产先进县、四川省县域经济发展先进县、全省"三农"工作先进县、全省文明城市示范城市。

2017年，全县GDP245.66亿元，增长8.5%。规模以上工业增加值增长11.2%。社会消费品零售总额158.85亿元，增长12.3%。全社会固定资产投资120.03亿元，增长17.2%。地方一般公共预算收入9.2亿元，增长10.6%。县内公路通乡率、通村率和硬化率均达100%。

有各类学校427所，其中国家级重点职业中学1所、省级示范性普通高中3所；46所学校为"全国青少年校园足球特色学校"，三台中学被命名为"全国学校体育工作示范学校"。有医疗机构93家，其中三级医院2家、二级医院8家、专科医院2家，是全国基层中医药工作先进单位。

【年度农业和农村经济运行】 2017年，三台县城乡居民年人均可支配收入分别为29573元、14294元，分别增长8.3%、9.1%。农业总产值和主要农副产品总量居全省前列、全国百强，是"中国米枣之乡""中国麦冬之乡"，全国粮食、生猪、油料、油橄榄生产基地。已形成以麦冬、生猪、藤椒和优质粮油、蔬菜为主导的"3+2"现代农业产业体系，其中麦冬产量占全国的70%以上，出口量占全国的80%以上。举办了两届农民节，是中国农民丰收节的倡议地之一。全县脱贫攻坚取得显著成效，中国国际电视台连续3年面向全球直播脱贫攻坚"三台经验"。以现代智慧物流为核心、特色文化旅游和全域电子商务为支撑的"1+2"现代服务业产业体系初具规模。建有区域性养老服务中心4个、社区日间照料中心212个。文化馆、图书馆、博物馆、体育馆、体育场以及社区书屋等公共文化设施全部免费开放。

【主要领导人】 县委书记：马辉；县人大常委会主任：杨增辉；县长：吴明禹；县政协主席：贺强华；分管农业副县长：敬勇。

三台县编写组

盐 亭 县

【基本情况】 2017年，盐亭县辖33个乡（镇）2个街道，辖区面积1645平方千米，有总人口62万人，是首批全国绿化模范县、全国产粮大县、全国生猪调出大县、全国农村中医药工作先进县、全国生态建设百佳县、四川省现代畜牧业重点县、省级新农村建设成片推进示范县、四川省扩权强县试点县。

2017年，全县GDP103.83亿元。固定资产投资累计完成77.11亿元，社会消费品零售总额实现61.68亿元，财政总收入10.86亿元。城乡居民年人均可支配收入分别达29212元、14086元。

【农业产业化发展】 2017年，盐亭县建成优质水果基地4万亩、优质核桃基地13万亩、优质花椒基地3500亩、特色水产标准化基地5000亩、中药材基地1.5万亩。回族烧馍、缸泡酸菜、手工挂面、酸辣粉、野生"母猪壳"等特色餐饮享誉川内外。

【乡村旅游】 2017年，盐亭县实现旅游总收入9.66亿元，同比增长34.7%，高于市下达目标任务的9.73%。全县规划建设旅游厕所8座，其中花千谷、凤凰山各新建1座，嫘祖陵景区新建3座，已全面竣工；佽禄山1座、龙凤谷2座建设工作有序推进。完成年初下达的旅游厕所建设计划分配额。全县创建精品特色村寨1个（新农乡鳌鱼村）、4A级乡村酒店1家（中华龙凤谷乡村酒店）、二星级农家乐3家（高老庄农家乐、乡下农家、碧月春风家庭农庄）、旅游扶贫省级示范村1个（安家镇鹅溪村）和民宿达标户10户。麻秧乡天水村被评为"第三季'绵阳最美乡村'"。完成具有嫘祖文化特色的旅游商品和旅游纪念品——嫘祖文化茶具、嫘祖文化创意摆件2个系列的旅游商品研发。

【主要领导人】 县委书记：袁明；县人大常委会主任：何光明；县长：向赟；县政协主席：黄加伦；分管农业副县长：衡洪志。

盐亭县编写组

广 元 市

【基本情况】 2017年,广元市辖3区4县,辖区面积1.63万平方千米。

2017年,全市GDP732.12亿元,增长8.1%,其中第一产业增加值113.16亿元,增长3.8%;第二产业增加值327.01亿元,增长8.2%;第三产业增加值291.95亿元,增长9.6%。一二三产业对经济增长的贡献率分别为7.4%、46.9%、45.7%,分别拉动经济增长0.6、3.8、3.7个百分点。人均GDP27653元,增长7.4%。三次产业结构比由上年的16.1:46.6:37.3调整为15.4:44.7:39.9。城镇与农村居民收入差距由上年的2.62:1缩小为2.6:1。

全年居民消费价格(CPI)增长1.6%,其中教育文化和娱乐类、其他用品和服务类、医疗保健类、生活用品及服务类、居住类、交通和通信类、食品烟酒类价格分别增长4.1%、3.6%、2.5%、2.3%、1.9%、1.4%、0.8%。

【年度农业和农村经济运行】 2017年,广元市总投资270亿元的中青城投昭化古城旅游度假区和投资142亿元的广平高速公路开工建设,是全市建市以来投资额最大的单体项目和交通项目。全市农村"两权"抵押贷款、山区农业供给侧结构性改革等改革经验在全省推广。全年化肥施用量(折纯)10.74万吨,减少2.6%。失业人员再就业1.27万人,就业困难人员就业0.35万人。

【种植业】 2017年,广元市粮食作物播种面积26.67万公顷,增长0.8%;产量144.96万吨,增长1.6%。其中,小春粮食产量35.76万吨,增长2.2%;大春粮食产量109.2万吨,增长1.4%。油料产量22.16万吨,增长1.8%。

【林业】 2017年,广元市完成营造林面积36123公顷,其中造林面积11367公顷。森林覆盖率56.18%,增加0.4个百分点。

【畜牧业】 2017年,广元市出栏生猪333.97万头,减少4.4%;出栏牛7.22万头,减少0.4%;出栏羊34.89万只,增长3.4%;出栏小家禽1799.96万只,减少0.9%。肉类总产量27.92万吨,减少2.2%,其中猪肉产量23.82万吨,减少2.8%。

【扶贫攻坚】 2017年,广元市利州区通过脱贫"摘帽"验收,255个贫困村退出,6.78万名贫困人口脱贫,贫困发生率下降至4.1%。多项工作经验在全国、全省交流,全国易地扶贫搬迁现场会、产业扶贫现场会、全省贫困县"摘帽"现场会、社会扶贫推进会等会议在广元市召开。

【农业机械化】 2017年,广元市新增农田有效灌面1990公顷,改善灌面1390公顷,发展节水灌面2170公顷,综合治理水土流失面积27000公顷。全市农机总动力达279.76万千瓦,增长2.7%。

【主要领导人】 市委书记:王菲;市人大常委会主任:邓光志;市长:邹自景;市政协主席:杨凯;分管农业副市长:杨浩。

广元市编写组

利 州 区

【基本情况】 2017年,利州区辖9个乡(镇),辖区面积1 538.53平方千米。

2017年,全区实现GDP249.35亿元,增长8.7%。全社会固定资产投资88.96亿元,增长19.1%。规模以上工业增加值增长13.2%。社会消费品零售总额154.73亿元,增长12.6%。地方一般公共预算收入6.29亿元,增长13.2%。

【年度农业和农村经济运行】 2017年,利州区农村居民年人均可支配收入达11172元,增长10.3%,增速位居全市第二,是近12年以来首次进入全市前列。农村居民年人均生活消费9214元,增长10.4%,其中生活用品类增长最快,增长18.1%。

【扶贫攻坚】 2017年,利州区整合投入资金23.4亿元,相继发起"春季攻势""夏季会战""秋季决战"和"百日攻坚",累计减贫17860人,退出贫困村55个,贫困发生率下降至0.13%,高质量通过省、市考核验收和第三方评估。全区通乡路、通村路硬化率均达100%,通组路硬化率达90%以上,入户路硬化率达85%以上;贫困村宽带网络通达率达100%;解决123个村4.8万人饮水安全问题;完成2642户农村危(旧)房改造、1384户易地扶贫搬迁任务;落实低保兜底"两线合一"、教育、医疗等扶贫政策。提升9个万亩产业园,建成脱贫示范园100个、户办小庭园9820个。大力推进"百企进百村",62家民营企业、6个基层商会与贫困村实现结对帮扶全覆盖,9232名贫困劳动力实现稳定就业。金洞乡站湾村等5个村被评为省级旅游扶贫示范村,龙潭乡柏佛村被评为省级就业扶贫示范村。《农村产权制度改革助力脱贫攻坚》《"两扶一树"激发群众内生动力》等得到省委主要领导肯定性批示;《"一村一领头羊"计划带动脱贫攻坚》《利州实践:以农业发展引领脱贫奔康的基层实践》等得到省委省政府的充分肯定;就业扶贫、安居扶贫、旅游扶贫等多项利州经验在全省推广。

【主要领导人】 区委书记:刘襄渝;区人大常委会主任:陈内召;区长:唐文辉;区政协主席:陈蕾;分管农业副区长:张磊。

利州区编写组

昭 化 区

【基本情况】 2017年,昭化区辖17乡11镇1个街道,辖区面积1433.47平方千米,其中耕地面积45.71万亩、基本农田30万亩。年末总户数76009户、总人口23.3万人(户籍人口),人口出生率12.04‰,人口自然增长率5.01‰。全区水域面积14400公顷,水资源年平均总量113亿立方米,年工程蓄水量7100万立方米,常年蓄水5500万立方米,年末有效灌面13.8万亩。有林业用地8.5239万公顷,有林地面积8.0645万公顷,活立木总蓄积量672万立方米,森林覆盖率57.03%。

2017年,全区GDP50.01亿元,增长8.9%,其中第一产业增加值12.16亿元,增长3.8%;第二产业增加值22.67亿元,增长11.5%;第三产业增加值15.23亿元,增长9.1%。三次产业对经济增长的贡献率分别为10.7%、59.4%和29.9%。农村劳务输出10.2万人,收入20.5亿元。全年接待游客645.53万人次,实现旅游收入38.7亿元。

公路通车里程3580千米。社会消费品零售总额219024万元,增长13%。地方公共财政预算总收入完成20001万元,增长17.9%;公共财政预算总支出19.71亿元,减少3.9%。金融机构各项存款余额783422万元,比上年初增长2.5%;各项贷款余额412880元,比年初增长10.7%。农业产业化龙头企业省级、市级分别为2个、15个。

有各类学校50所，在校学生11964人，教职工15400人，其中普通高中1所，在校学生2600人，专任教师193人；初级中学12所（含九年一贯制学校6所），在校学生2081人，专任教师420人；小学36所（含村级教学点11所），在校学生6275人，专任教师877人。有文化馆1个，公共图书馆3个，博物馆1个。有卫生机构34个，病床位898张，卫生技术人员726人。

【年度农业和农村经济运行】 2017年，昭化区出台了《关于深化推进农业供给侧结构性改革不断增强农业农村发展新动力的意见》及一系列配套文件。全年实现农牧渔业总产值22.47亿元；农业增加值121620万元，增长3.8%；优质畜禽、特色果蔬、高效林业、生态渔业、休闲农业"五大产业集群"农产品产量保持稳定增长。农民年人均可支配收入达10621元，增长10%。在粮食、生猪、蔬菜生产中，科技贡献率为58%，提高1个百分点。全区农产品质量抽检合格率达98%；建成29个基层农业综合服务站。全年共放映农村公益电影2540场次，放映校园爱国主义电影300场次。开展"留守儿童亲情团聚工程"，惠及家庭816个。

2017年昭化区主要农产品产量

主要农产品	单位	产量	同比(%)
粮食	吨	131341	1.6
水稻	吨	60100	-0.6
小麦	吨	14197	1.3
玉米	吨	26800	3.7
薯类	吨	27694	4.2
油料	吨	20262	1.8
蔬菜及食用菌	吨	375451	2.7
肉类	吨	43656	-2.5
禽蛋	吨	1731	15.4
生猪出栏	头	563577	-4.2
牛出栏	头	7406	-3
羊出栏	只	25588	-3.6
家禽出栏	只	1573223	-1.7

农业产业化发展。坚持"抓规划、建基地、创品牌、搞加工、促增收"的工作思路，着力构建新型农业产业体系、生产体系、经营体系。一是优化农业产业结构。提出了"稳量提质生猪产业，做优做靓蔬菜产业"，着力发展特色水果、优质畜禽、高效林业、有机渔业、休闲农业五大产业集群，打造畜禽水产和果蔬林药2个百亿全产业链现代农业产业发展思路，完善农业产业发展的目标和定位，完成昭化区"十三五"农业重点产业规划可视化平台制作。二是发展农村新产业新业态。持续巩固全省农民增收新产业新业态示范县（市、区）创建成果，结合现代农业园区、幸福美丽新村建设，发展农产品产地初加工、休闲农业和乡村旅游、农村电子商务，指导新建的以产地分选、包装、冷藏、清洗、贴牌等为主要内容的紫云猕猴桃集配中心投入正常运转，临港园区（含朝阳、沙坝、红岩）新建休闲农业示范村2个、农业主题公园1个，指导发展村级电商服务站（点）4个。三是着力提升农业产业化经营水平。重视新增重点龙头企业培育引进，独立完成招商引资签约资金2.6亿元。完成省级农民合作组织监测和推荐，新增省级专合组织2家，累计达8家。完成第八批市级重点龙头企业监测和第九批市级重点龙头企业申报工作，新增市级农业产业化龙头企业5家，累计达15家。推动"千企千村"村企对接落地见效，全区29家农业企业对接联系63个贫困村。探索并建立农业企业与农民多种模式的利益联结机制，全区有48家农业企业与农户建立了利益联结关系，联结农户31056户，占农户总数的60%，助农户均增收3684元。

农用地产权制度改革。一是分解落实目标任务。坚持以放活土地经营权为重点，按照"清单制+责任制"要求，编制印发了《2017年农村改革工作台账》，将37项年内落地的农村改革事项落实到责任单位、责任人。二是围绕重点突破。以放活土地经营权为重点，落实农村土地"三权分置"（所有权、承包权、经营权），健全农村产权流转交易体系，出台农村土地经营权流转办法，创新土地流转项目式管理，流转土地15.27万亩。推进农房建新拆旧和城乡建设用地增减挂钩。推进农村集体产权制度改革，盘活农村集体资产资源，发展壮大村级集体经济，初步形成"五化联动"（产权明晰化、运营市场化、发展多元化、收益股权化、监督全程化）农村集体资产股份制改造模式，推动农村集体资产由"共同共有"转变为"按份共有"。

新型集体经济组织创建。围绕农村集体经济发展编制实施方案，提供人力和资源保障，细化全过程跟踪督导。全市第1个村集体资产管理有限责任公司在紫云乡云雾村挂牌营运，全区210个村实现"一司一社"（村集体资产经营管理有限责任公司、村股份经济联合社）新型村级集体经济组织全覆盖；2016年80%以上的村无集体经营收入，2017年年底全域消除"空壳村"；贫困村省定人均6元验收标准，全区退出贫困村人均达30.49元。截至2017年年底，全区村级集体经济总收入5170万元，村集体经济累计达554万元，农村人均集体经济经营性收入16.2元。

农产品品牌战略实施。"昭化茯苓"获得国家地理标志商标认定，并获第二届四川生态旅游博览会商品展银奖。广元市佳瑞农业开发有限公司生产的南瓜、甜玉米等6个产品获得无公害农产品证书，生产的花椰菜、辣椒、南瓜被认定为绿色食品A级产品，紫云猕猴桃专合社生产的紫云猕猴桃被认定为绿色食品A级产品，广元市卫丰蔬菜专合社生产的番茄、茄子等10个产品获得无公害农产品证书，广元市邱杨牧业肉羊产品获得无公害农产品认证，晋贤镇熨斗村水产品获得无公害认证。"女皇贡米"被农业厅在党的十九大作为唯一特优农产品进行推介。截至2017年年底，全区累计获得"三品一标"认证农产品79个，其中"元坝生猪""紫云猕猴桃""昭化茯苓"等7个产品获得国家地理标志证书。

【种植业】 2017年，昭化区粮食作物播种面积25418公顷，增加399公顷；油料作物播种面积8075公顷，增加120公顷；蔬菜种植面积11188公顷，增加389公顷。全年粮食产量131341吨，增加2121吨，增长1.6%。油料产量20262吨，增长1.8%。完成全区特色水果区域布局，在猕猴桃适生区域按海拔高低布局全部绿、红、黄肉品种，在不适宜的区域，补充发展脆桃、李子、枇杷等特色水果。全年新栽植猕猴桃1.03万亩，改造提升低产园0.58万亩，新增桃李等特色水果产业面积7800余亩，种植蔬菜15万亩，在紫云乡和卫子镇建猕猴桃IPM绿色防控示范园1万亩，在元坝、石井铺等乡（镇）实施猕猴桃、蔬菜病虫害绿色防控示范面积1万亩，在朝阳、红岩、沙坝等3个乡（镇）建成总面积为5380亩的标准化特色示范产业园区。全区猕猴桃种植面积4.8万亩，实现产量1.8万吨；烟叶产量1494吨，减少1.5%；蔬菜及食用菌产量375451吨，增长2.7%。

【林业】 2017年,昭化区营造林5.5万亩,完成退耕还林0.6万亩。年末实有森林管护面积127.9万亩、国家级湿地公园1个、省级森林公园1个、省级自然保护区1个。森林覆盖率57.3%,增加3.5个百分点。着力打造巩固朝阳乡南马村、清水乡龙凤村1000亩核桃丰产示范基地2个,新建梅树乡1000亩核桃标准化示范园区1个;完成剑门蜀道(昭化段)增花添彩建设6千米,栽植桃、梨等赏花采果经济林37.05公顷,公路节点绿化彩化2.39公顷,建设赏花经济示范园区1000亩;有序推进临港市级园区(朝阳—沙坝片区)建设以及国家园林城市创建年度任务,承接了全市助农增收现场会现场参观学习点。

林改"回头看"工作。林改"回头看"工作持续开展,累计纠正"错漏重"林权133本,调处林权纠纷82件,完善林改档案立档归卷18卷,林权权益保护进一步加强,经营管理机制不断创新,社会服务体系日趋完善。林改工作持续推进,出台了《昭化区完善和深化集体林权制度改革方案》,为巩固和扩大集体林改成果、实现改革总体目标夯实制度基础;印发《昭化区经济林木(果)确权登记暨抵押贷款改革试点工作方案》,启动"两证一社"抵押贷款。引导金融资本、社会资本投身林业产业建设。新流转林地0.18万亩,全区累计流转林地9.48万亩,确保了林业产业发展和生态旅游建设有序推进。成立了集体林地承包经营纠纷调处领导小组。在区政府常务会上集中学习《国务院办公厅关于完善集体林权制度的意见》,并提出了昭化区的贯彻意见。将集体林地承包经营纠纷调处纳入地方农村土地承包纠纷调解、仲裁范围,确保了林权纠纷调处工作快速开展,见到实效。森林保险成效。引入竞争机制,调动中国财保和中航安盟等保险公司参与全区森林保险工作的积极性,全区森林资源参保率明显提高。

【畜牧业】 2017年,昭化区生猪出栏563577头,减少4.2%;牛出栏7406头,减少3%;羊出栏25588只,减少3.6%;家禽出栏157.3223万羽,减少1.7%。肉类总产量43656吨,减少2.5%,其中猪肉产量41700吨,增长2%。新(改、扩)建优质畜禽标准化养殖小区11个,培育明觉吞口坝、华忠等5家企业,年销售土鸡30万羽以上,在省、市城市建立剑门关土鸡专卖店6家,大朝拓腾农业建成腊肉加工厂1个,年产"大朝腊肉"200吨以上。

【水产业】 2017年,昭化区水产品总产量达1.86万吨,创建为全省稻渔综合种养示范县。中国西部海洋馆、青树水产苗种繁育基地、广昭钓鱼城、五一稻鱼工程休闲观光园区等4大骨干项目基本建成,在磨滩、文村、梅树、晋贤等乡(镇)的15个贫困村新建稻渔生态种养示范基地5000余亩,新建池塘精养基地5000余亩。在明觉镇、白果乡等6个乡(镇)发展山坪塘山区种草养鱼1.5万余亩;推广"一草带三鲢"新型模式,规划布局1口塘1亩牧草种植,合理搭配花鲢、白鲢与鲤鱼、鲫鱼,部分山坪塘年收钓鱼费5000元以上。

【统筹城乡与新型城镇化】 2017年,昭化区集镇建设步伐加快,完成石井铺、晋贤等14个乡(镇)总体规划编制,红岩、射箭等17个乡(镇)集镇基础配套上档升级。扎实推进中心集镇建设,将卫子镇等3个镇纳入四川省"百镇建设行动"试点镇,柏林沟镇等纳入全国重点镇,昭化镇入选国家级特色小镇。

【新村建设】 2017年,昭化区坚持以安居工程为统揽推进扶贫新村建设。统筹推进安居扶贫、危旧房改造、易地扶贫搬迁,持续实施"旧村改造行动""万户土坯房改造工程""自力更生、美化家园"行动,推广小组微建设模式建设聚居点和坚持"建、改、保"结合建设新民居。出台《昭化区安居工程建设施工技术指南》《昭化区安居工程建设管理办法》,严把质量关。以幸福美丽新村建设和文明村镇创建为抓手,推进"四好村"创建;实施"六化行动",推进"四好村"创建。以产村融合为支撑,打牢群众增收基础。围绕新村、聚居点配套发展产业,促进农民增收致富。全年建成扶贫新村23个、新村聚居点48个(新建22个、改造26个),新建幸福美丽新村37个,创建区级"四好村"32个、市级"四好村"28个、省级"四好村"9个。

【扶贫攻坚】 2017年,昭化区共争取到位财政专项扶贫资金4625.3万元、移民后期扶持资金3821.86万元,移民专项投资10517.2万元。完成固定资产投资9900万元。全区有建卡贫困村63个,建卡贫困人口8818户29592人,贫困发生率14.07%。按照贫困村脱贫退出程序和标准,全年计划退出的23个贫困村通过区级初验收、市级验收,已全部达到"一低五有"脱贫退出标准,已公告退出;按照贫困户(人口)脱贫退出程序和标准,通过乡(镇)和帮扶部门(单位)初验、区级验收核查,全区有2429户8504名贫困人口达到脱贫退出标准,已公告脱贫退出,贫困发生率下降至3.2%,完成省、市下达的目标任务。

【乡村旅游】 2017年,昭化区有国家4A级景区3个。全年共接待游客645.53万人次,增长24.1%;实现旅游总收入38.7亿元,增长27.9%,其中门票收入942.17万元,增长15.3%。

【农村水利】 2017年,昭化区有效灌面达13.8万亩。新建堤防2.25千米,治理水土流失面积30平方千米。全年完成固定资产投资3.13亿元,完成项目储备6个11.12亿元,争取到位资金3572万元;整治山坪塘287口、渠系69.6千米;新建微水池274口,新增有效灌面5200亩,新增蓄水能力68万立方米;解决59376人安全饮水问题,解决32个贫困村、87个非贫困村群众的安全饮水和32个贫困村生产用水问题。

【农村科技】 2017年,昭化区达成产学研合作协议6项,实施省、市科技计划项目立项7个(其中省级3个、市级4个)。争取到省、市科技项目资金138万元,实现科技成果转化产值10亿元。科技进步贡献率达45%,提高1个百分点。

【农村卫生】 2017年,昭化区城乡居民医疗保险参保人数20万人,参保率99%,区内住院政策范围内报销比例达78.8%;财政代缴建档立卡贫困人口城乡居民医疗保险3万余人,贫困患者住院自付费用比例控制在10%以内。各类保险基金支出达3.2亿元。

【农村法制建设】 2017年,昭化区创新农村治安防控"三建三防三送"("三建"即建警务室、建天网、建卡口;"三防"即防止群众因发生案件返贫、因发生交通火灾事故致贫、因发生治安案事件阻碍脱贫;"三送"即送法律、送服务、送温暖)模式在全省推广,获得"全国社会治安综合治理先进集体"称号,平安建设群众满意度测评连续4年位居全省前列。"七五"普法开局良好,人民群众合法权益得到切实维护。

【涉农招商引资】 2017年,昭化区有3000万元以上的农业招商引资重大项目10个,均为内资项目,增长66.6%;项目总投资6.3亿元,增长82.2%。协议资金9.5亿元,增长90%;到位资金7.52万元,增长93.9%,完成年度目标任务的101.2%。

【农村社会保障】 2017年,昭化区建立健全覆盖城乡的基本养老保险制度,实施全民参保计划,城乡居民养老保险参保覆盖11.78万人,缴费6.39万人,其中财政代缴17966名建档立卡贫困人口城乡居民养老保险费用179.66万元。推进城乡居民医保制度改革,2016年6月根据广元市人民政府文件要求,区政府办公室制订了《广元市昭化区整合城乡居民基本医疗保险制度实施方案》,整合城乡居民基本医疗保险,建立统一的城乡居民医保制度,将原来的区新型农村合作医疗保

险整体移交到区人社局，与原来区人社局的城镇居民基本医疗保险及城镇职工基本医疗保险合并，"一制两档"（一个制度，180元/人/年和240元/人/年两个缴费档次）。该项工作于2017年4月全面完成。

【农村生态建设及环境保护】 2017年，昭化区实施退耕还林工程。抓住春季植树造林有利时机，开展退耕还林抚育补植，全区7.87万亩退耕还林得到有效巩固，兑现退耕还林政策性补助资金529.95万元；完成新一轮退耕还林还草工程建设，在柳桥乡普子村、磨滩镇工农村、沙坝乡照壁村、红岩镇坪林村、朝阳乡柏杨村等15个乡（镇）实施新一轮退耕还林0.61万亩，兑现退耕还林政策性补助资金283万元。推进天保工程二期，加强29个天保管护站建设，聘请246名护林员全部培训并到岗到位，常年依法管护全区120万亩森林资源。完成2016年度集体公益林生态效益补偿57.36万亩，完成833.86万元集体公益林生态效益补偿兑现。组织义务植树活动，广泛宣传"共建绿色家园，共促生态文明"理念，新建大朝乡五堆村、梅树乡梅树村植树基地2个，组织全区义务植树活动植树120万株，义务植树建卡率达100%。

【农产品质量安全监管】 2017年，昭化区在元坝、紫云、卫子等重点乡（镇）配备移动巡检箱13套；在卫子、太公、明觉等乡（镇）重点农资销售门店配置农资条码销售终端23套；56个乡（镇）农药残留快检室、瘦肉精检测室累计农产品质量安全监测入网数据6072条，农资条码销售入网数据16341条，移动巡查入网数据365条。新建规范化乡（镇）3个、规范化村3个，抽检蔬菜、水果和肉蛋奶等158批次，累计抽检样品5908个，农产品质量安全、饲料产品、种子质量抽检合格率均达98%以上，实现了"瘦肉精""孔雀石绿"等违禁物零检出，病死畜禽无害化处理率100%，全年无重大农产品质量安全事故发生。

【农村市场体系建设】 2017年，昭化区农村金融机构各类存款余额783422万元，增长2.5%；金融机构各类贷款余额412880元，增长10.7%。农村保险全年保费收入14358万元，增长11%，其中财产保费收入5021万元，增长2.1%；人寿保费收入9337万元，增长16.6%。财产保险赔付金额2510万元，增长4.7%；人寿保险赔给付金额1539万元，增长50%。实施"互联网+农业"，创建农产品电商示范基地、微商城昭化特色馆等，培育农村电商经营主体34个，农产品上行同比增长275%，创建为全国电子商务进农村示范县（区）。

【劳务开发与返乡创业】 2017年，昭化区转移输出农村劳动力10.2万人，实现劳务收入20.5亿元。招考各类人才197名。劳动监察举报投诉到期结案率、劳动人事争议仲裁结案率达100%。

【主要领导人】 区委书记：陈正永；区人大常委会主任：贾小玲；区长：龙兆学；区政协主席：石含玖；分管农业副区长：付健。

昭化区编写组

朝 天 区

【基本情况】 2017年，朝天区辖16乡9镇，辖区面积1613平方千米，其中耕地面积49.04万亩，人均耕地面积2.4亩。年末总人口20.3万人（户籍人口），人口出生率9.42‰，人口自然增长率2.36‰。全区本地水资源总量10亿立方米，有林业用地10.425万公顷，有林地面积9.223万公顷，活立木总蓄积量589万立方米，森林覆盖率61.2%。

2017年，全区GDP44.6亿元，增长9.1%，其中第一产业增加值8.4亿元，增长4.1%；第二产业增加值22.9亿元，增长11.1%；第三产业增加值13.3亿元，增长9%。三次产业对经济增长的贡献率分别为18.8%、51.3%和29.9%。乡（镇）中小企业增加值23.9亿元，增长9.4%。劳务输出8.72万人，实现劳务收入14.18亿元。全年接待游客400万人次，实现旅游总收入39亿元。

公路通车里程2247千米（其中乡村公路1667千米），密度1393米/平方千米，111千米/万人。社会消费品零售总额18.2亿元，增长12.4%。地方公共财政预算总收入完成21.2亿元，减少13.7%；公共财政预算总支出17.5亿元，增长3.5%，其中民生支出115609万元，占支出的67%。金融机构各项存款余额51.4亿元，比上年初减少2.1%；各项贷款余额37.9亿元，比年初增长13.8%，其中支持农业产业化发展项目贷款68700万元。全年各类保费收入1.03亿元。

有各类学校52所，在校学生18662人，教职工758人，学前三年入园率达88.9%，适龄儿童入学率和巩固率分别达100%、99%。建成创新创业平台6个，申请专利80件，取得重大科技成果3项，实施科技成果转化项目10个，"广元灰鸡"遗传资源保护获市级科技进步一等奖。区图书馆升级为国家二级馆，新建标准化综合文化服务中心25个。建成乡（镇）广播电视服务网点25个，全年发展有线电视1500户。有卫生机构260个，病床位931张，卫生技术人员717人，执业（助理）医师223人，孕产妇住院分娩率达100%，5岁以下儿童死亡率为6.92‰，婴儿死亡率为5.38‰。全区新型农村合作医疗参合率为99%，基本实现全民医保。

【年度农业和农村经济运行】 2017年，朝天区实现农林牧渔业总产值174742万元，增长10.5%；农业增加值84107万元，增长4.1%。农村居民年人均可支配收入达10568元，增长10.4%。全年水产品产量224吨，实现渔业产值302万元，增长1.9%。累计治理水土流失面积757.4平方千米，新增有效灌面320公顷，解决农村18.26万人安全饮水问题。全区农业机械总动力达17.2万千瓦。创建全国国防教育特色学校1所、市级"最美乡村学校"3所，义务教育发展基本均衡县（区）创建工作通过省级评估。新建标准化综合文化服务中心25个，安装"村村响"27个、"户户通"1633户。朝天区被评为中国美丽乡村示范区、全国乡村振兴先行区、全省首批林业生态旅游示范县。

2017年朝天区主要农产品产量

主要农产品	单位	产量	同比(%)
粮食	万吨	10.4545	0.3
水稻	万吨	0.9112	-0.3
小麦	万吨	1.5866	0.2
玉米	万吨	5.1208	0.1
油料	万吨	0.6605	1.9
油菜籽	万吨	0.3337	2.6
蔬菜	万吨	71.6202	3.4
核桃	万吨	4.1039	20.8
食用菌（干鲜混合）	万吨	0.8899	7.6
香菇（干品）	万吨	0.6639	5.1
肉类	万吨	1.7737	-0.7
猪肉	万吨	1.4288	-1.3
家禽出栏	万只	155.17	-1.5
肉猪出栏	万头	19.88	4.6
牛出栏	万头	0.4221	-0.3
羊出栏	万只	4.96	4
蚕茧	吨	747	-15.6

农村用地产权制度改革。全区全面完成农村土地承包经营权确权工作,全域推开农村集体资产股份合作制改革。农村集体产权制度改革走在全市前列,全区214个村农村集体产权制度改革基本完成,所有村均建立了集体经济组织。

农产品品牌战略实施。全年完成无公害农产品认证2个、无公害畜产品认证2个、绿色食品A级认证2个、有机产品认证4个、有机转化认证2个,“曾家山蔬菜”创建为中国驰名商标,10个农产品地理标志证明商标申报创建工作已进入公示颁证阶段,粮油、蔬菜、水果获得四川省无公害农产品产地认定。

现代农业园区建设。全区投资1.1亿元,在羊木镇金笔村、蒲家乡罗圈岩村、汶溪村等村,按照“一园两片”规划布局,围绕打造高山产村相融示范区,以肉羊养殖为主导产业,配套发展水产养殖和乡村旅游,建成了核心区达1万亩的金罗现代农业园区。同时,巩固提升已建现代农业园区1个。

【种植业】 2017年,朝天区粮食作物播种面积25697公顷,产量10.45万吨,增长0.3%。油料作物播种面积3992公顷,增长0.3%;产量6005吨,增长1.94%。

【“5+N”农业特色产业】 2017年,朝天区新栽核桃面积2.66万亩,产量达4.1万吨,连续九年排名全省第一位。蔬菜种植面积17403公顷,产量71.62万吨;建成供港澳蔬菜基地1万亩,曾家山蔬菜实现由“高山菜”向“高端菜”迈进。食用菌产业稳步提升,香菇(干品)、木耳产量分别达6639吨、860吨。全年出栏生猪19.88万头、土鸡155.17万只、肉羊4.96万只、肉牛0.4221万头。蚕桑产业实现专业化、多元化发展,养蚕21245张,产茧1.5万担。农业企业紧密利益联结机制面达80%。培育过亿龙头企业1家,培育和规范专业合作社66个、家庭农场77家。

【林业】 2017年,朝天区开展大规模“绿化全川广元行动朝天实践”,完成造林绿化面积2万亩,新增森林面积3.39万亩,森林覆盖率达61.2%。曾家镇创建为省级“森林小镇”,朝天区创建为全省林业生态旅游示范区。全年实现林业产值1507万元,增长8.4%。

【畜牧业】 2017年,朝天区新建肉羊、土鸡标准化养殖小区7个。全年出栏土鸡155.17万只、生猪19.88万头;实现畜牧业产值49084万元,增长3.5%。

【统筹城乡与新型城镇化】 2017年,朝天区完成城市规划体制改革,各专项规划和项目规划有序推进。城市建设提质扩容,陵江西路建成投用,大羊快速通道竣工通车,“二专线”取消收费,朝天城区与东西“两翼”、广元市主城区实现了快速通达。特色集镇加快发展,曾家镇入选全国第一批运动休闲特色小镇,宣河、转斗、东溪河完成撤乡设镇。完成城市管理体制改革,顺利通过国家卫生城市复审。

【新村建设】 2017年,朝天区完成覆盖4个乡(镇)10个村51个组1791户的“朝—羊—蒲”幸福美丽新村示范片和年度拟脱贫的23个扶贫新村建设。同时,建设了覆盖4个乡(镇)6个村30个组908户的朝天镇军师村、重岩村—文安乡将军村—宣河乡红梁村、竹坝村—中子镇印坪村的新村扶贫示范片。建成幸福美丽新村15个、扶贫新村23个、新村聚居点42个,完成“建、改、保”3120户、“一建三改”(建沼气、改厨、改厕、改圈)1106户。创建省级“四好村”10个、市级“四好村”25个。

【扶贫攻坚】 2017年,朝天区严格按照贫困村“一低五有”退出标准和贫困户“一超六有”脱贫标准,全面实施“1+1+26”年度脱贫攻坚计划,全面落实教育、医疗、兜底保障方面的扶持政策。全区拟退出的23个贫困村全部顺利通过市级验收,拟脱贫的6511名贫困人口全面达到退出标准。承办了全国易地扶贫搬迁现场会、全市经济建设“三大主场”流动现场会、全市脱贫攻坚流动现场会等重大会议。

【乡村旅游】 2017年,朝天区被评为“2017年十佳田园美邑”“2017百佳深呼吸小城”。朝天区曾家山创建为中国农业公园、省级生态旅游示范区,入选2017年中国十大避暑名山、全国十佳红叶观赏地。举办了第二届四川生态旅游博览会、四川省第八届乡村文化旅游节、避暑节等系列活动。全年接待游客400万人次,实现旅游总收入39亿元。

【农村卫生】 2017年,朝天区医药卫生体制改革纵深推进,基本药物制度、分级诊疗制度全域实施,乡村医生签约服务扎实推进。“全面两孩”政策稳步实施,实行孕(产)妇住院分娩基本医疗免费。

【农村法制】 2017年,朝天区创新推动“七五”普法和“法律七进”,“川陕文明走廊”被命名为“四川省级法治教育示范基地”,全国法治县(区)创建活动先进单位通过验收,获得“全国社会治安综合治理创新优秀县(区)”称号。

【涉农招商引资】 2017年,朝天区深入开展“招商攻坚年”活动,完善招商引资优惠政策,全区新签约农业项目17个,签约资金26.53亿元;引进到位资金8.31亿元。

【农村社会保障】 2017年,朝天区全面完成十大类78个民生项目和23件民生实事。完成易地扶贫搬迁3644人、农村危(旧)房改造1356户。“五险”整合试点全面推开,新农合与城镇居民医疗保险并轨运行,城乡居民基本养老保险覆盖面、基本医疗保险参保率均达99%。全区共收缴农村小额人身保险26400户、264万元,综合参保率达60%,其中7515户建卡贫困户实现100%参保,为其提供风险保障资金4.96亿元。

【农村生态建设及环境保护】 2017年,朝天区积极发展绿色循环经济,启动实施海创固废处理、久鹏石材尾矿利用等一批环保项目。积极推广城镇清洁能源,新增天然气用户1170户。实施大气、水、土壤污染防治“三大战役”,开展大气污染防治专项行动。全面落实“河长制”,深入开展土壤污染防治行动,加大农作物秸秆禁烧管控力度;主要流域水质达国家Ⅱ类标准,城乡集中式饮用水水源地水质达标率100%。加强农村面源污染治理,依法关闭、搬迁、整治养殖场(户)311家(户)。扎实推进矿业秩序清理整顿,依法关闭涉矿企业11家。加强城乡环境综合治理,新建乡(镇)污水处理站7座。

【农产品质量安全监管】 2017年,朝天区积极开展国家农产品质量安全县创建工作,通过省级农产品质量安全监管示范县资格复审。农产品质量安全追溯体系建设深入推进,质量监管水平有效提升。

【农村市场体系建设】 2017年,朝天区建成“互联网+农业”示范点1个(平溪乡大竹村),配套建设农业综合监控平台,实现手机远程APP控制、实时监控,运用物联网技术检测温光水肥等。建成“互联网+林业”示范点3个(青林乡银光村、沙河镇唐家电商、宣河乡创客驿站)。全区共设立金融网点48个、助农服务站300个,实现25个乡(镇)、村全覆盖,手机银行、网上银行覆盖面达65%以上;累计完成贫困村金融服务站(点)64个,金融精准扶贫贷款余额10.83亿元,全年累计投放6.87亿元,增加2.7亿元,增长64.7%。

【主要领导人】 区委书记:蔡邦银;区人大常委会主任:梁黎;区长:伏

玉琼；区政协主席：张晓春；分管农业副区长：苏科年。

朝天区编写组

旺 苍 县

【基本情况】 2017年，旺苍县辖17镇18乡3个街道40个社区141个居民小组2475个村民小组，辖区面积2987平方千米，其中耕地面积46401公顷。城镇化率40.88%，提高1.8个百分点。有自然保护区面积2.34万公顷，森林面积21.18万公顷，森林覆盖率58.1%，提高0.7个百分点。

2017年，全县GDP102.56亿元，增长4.5%，其中第一产业增加值17亿元，增长4%；第二产业增加值54.08亿元，增长2.4%；第三产业增加值31.49亿元，增长9.1%。三次产业对经济增长的贡献率分别为14.4%、28.8%、56.8%，分别拉动经济增长0.6、1.3、2.6个百分点。一二三产业结构比由上年的16.5∶54.6∶28.9调整为16.6∶52.7∶30.7，第一产业和第三产业比重分别提高0.1、1.8个百分点，第二产业比重下降1.9个百分点。

【年度农业和农村经济运行】 2017年，旺苍县实现农业总产值29.86亿元，增长5.5%。全年农村用电量3891万千瓦时，农用化肥施用量（折纯）1.19万吨。全县有乡村劳动力资源21.76万人、乡村从业人员20.03万人。

2017年旺苍县主要农产品产量

主要农产品	单位	产量	同比(%)
稻谷	吨	66938	0.1
小麦	吨	36591	-0.2
玉米	吨	57613	0.2
豆类	吨	5771	2.3
薯类(折粮)	吨	42165	1.8
花生	吨	4052	2.3
油菜籽	吨	11350	0.9
烟叶	吨	290	6.6
药材类	吨	11673	2
蔬菜	吨	207675	2.4
茶叶	吨	4204	12.5
水果	吨	39291	5

【种植业】 2017年，旺苍县农作物播种面积5.45万公顷，增长0.7%，其中粮食作物播种面积3.58万公顷，增长0.3%。产量20.93万吨，增长0.5%，其中小春粮食产量6.65万吨，增长0.9%；大春粮食产量14.28万吨，增长0.3%。油料产量1.58万吨，增长1.2%。蔬菜产量20.7675万吨，增长2.4%。

【畜牧业】 2017年，旺苍县出栏生猪40.8万头，减少4.6%；出栏肉牛0.91万头，减少0.4%；出栏肉羊5.44万只，增长5.3%；出栏家禽176.8万只，减少1.8%。生猪存栏29.3万头，牛存栏3.65万头，羊存栏6.75万只。肉类总产量3.35万吨，减少2.7%，其中猪肉产量2.9万吨、牛肉产量0.12万吨、羊肉产量870吨。禽蛋产量3948吨。

【农业机械化】 2017年，旺苍县有效溉面达8790公顷，新增有效灌面120公顷，新增节水灌面2600亩，恢复和改善灌面11200亩。新建、整治渠道86.8千米，整治山坪塘25座，新建蓄水池311口。年末农业机械总动力达30.7万千瓦，增长2.9%。

【主要领导人】 县委书记：刘亚洲；县人大常委会主任：朱桂桦；县长：余飞宇；县政协主席：赵俊科；分管农业副县长：谭江。

旺苍县编写组

剑 阁 县

【基本情况】 2017年，剑阁县辖27镇30乡，辖区面积3204平方千米。有人口65.77万人（户籍人口），减少0.9%，其中乡村人口56.84万人、城镇人口8.92万人；全县符合政策生育率99.72%，人口出生率10.88‰，人口死亡率6.62‰，人口自然增长率4.27‰。

2017年，全县GDP110.15亿元，增长8.5%，增加0.4个百分点，超全省、全市0.4个百分点。其中，第一产业增加值26.98亿元，增长4%；第二产业增加值41.93亿元，增长9.9%；第三产业增加值41.24亿元，增长10%。一二三产业对经济增长的贡献率分别为12%、45.3%和42.7%，分别拉动经济增长1个、3.9个、3.6个百分点。人均GDP22534元，增长7%。三次产业结构比由上年的25.8∶37.5∶36.7调整为24.5∶38.1∶37.4。社会消费品零售总额50.61亿元，增长12.4%。

有各类学校123所（不含小学教学点），在校学生68198人，专任教师4452人，其中普通高中5所，在校学生8432人，专任教师856人；普通初中17所，在校学生10750人，专任教师949人；中等职业教育学校3所，在校学生4161人，专任教师279人；小学63所，在校学生29529人，专任教师2080人；幼儿园33所，在园幼儿14180人，幼儿教师220人；特殊教育学校1所，在校学生94人，专任教师24人；职业培训机构1所，在校学生1052人，专任教师44人。义务教育发展基本均衡县创建工作通过省级督导评估。学龄儿童净入学率100%，小学毕业生升学率101.4%，初中毕业生升学率117.9%。全年专利申请量179件，其中发明专利申请量63件。新建产业技术研究院1个，孵化民营科技型企业3家，国家认定高新技术企业1家，2项科技成果获得市科技进步奖。有文化馆1个，美术馆1个，公共图书馆1个，博物馆（纪念馆）1个，乡（镇）综合文化站57个。新建乡（镇）图书分馆25个，公共图书馆总藏书120千册。广播覆盖率99.8%。有有线电视用户7.9万户，直播卫星用户3.3万户，电视覆盖率99.9%，广播电视综合覆盖率99.8%。有乡（镇）农村公益固定放映点57个，放映公益性电影6528场。有医疗卫生机构（含村卫生室、民营医疗机构）667个，病床位2952张，每千人拥有病床6.08张；卫生技术人员3450人，每千人拥有卫生技术人员7.11人。

【年度农业和农村经济运行】 2017年，剑阁县实现农林牧渔业总产值52.33亿元，增长4.8%。农村居民年人均可支配收入达10664元，增加948元，增长9.8%，人均生活消费支出8847元，增长10.2%。全年水产品产量7357吨，增长5.1%，其中淡水养殖面积2386公顷。全年整治农村土地9.4万亩，新增耕地面积0.69万亩，新建高标准农田2.21万亩。全县农机总动力87.76 万千瓦，增长2.8%。全年化肥施用量（折纯）3.13万吨，减少2.8%。全年开展“送文化下乡”活动104场次，开展大型广场文艺演出5场次，开展各类艺术展览24场次。

【种植业】 2017年，剑阁县粮食作物播种面积111.59万亩，增长0.7%；产量42.98万吨，增长2.1%。其中，小春粮食产量9.9万吨，增长2.5%；大春粮食产量33.08万吨，增长2%。经济作物中，油料产量10.88万吨，增长1.2%，其中油菜产量5.99万吨，增长1.8%；蔬菜产量34.09万吨，增长3%；烟叶产量0.57万吨，减少2.6%。

【林业】 2017年，剑阁县完成营造林面积4600公顷，其中造林1200

公顷。新增森林面积1.4万亩,新增森林蓄积14.9万立方米,森林覆盖率达51.55%。有自然保护区2个,保护面积5.02万公顷(翠云廊1.54万公顷、西河湿地3.48万公顷)。巩固提升林果产业,新栽核桃1.5万亩,总面积达20万亩,产量1.2万吨。新建林下种养殖基地3.1万亩。

【畜牧业】 2017年,剑阁县肉类总产量7.29万吨,减少2%,其中猪肉产量6.1万吨,减少2.8%。全年生猪出栏85.95万头,减少4.3%;牛出栏1.58万头,增长1.2%;羊出栏12.18万只,增长3.5%;小家禽出栏565.36万只,增长0.3%。

【乡村旅游】 2017年,剑阁县推进中国生态康养旅游名县建设,签约华侨城剑门关旅游区、通航产业园、国际自驾车康乐小镇等重大旅游项目,签约金额达90亿元。举办了第七届剑门蜀道文化旅游节、《中国诗词大会》走进剑门关、2017华侨城剑门关蜀道半程国际马拉松大赛等节会活动,剑门关景区知名度、美誉度进一步提升。获得2017年最美中国"国际知名旅游度假城市"和"大众休闲·健康养生旅游城市"两项称号。全年接待游客780.4万人次,增长18%;实现旅游综合收入90.1亿元,增长25%,其中景区接待游客386万人次,实现票务综合收入2.11亿元,增长2%。

【农村水利】 2017年,剑阁县新增农田有效灌面530公顷,新增综合治理水土流失面积5000公顷,实施小农水项目83个;新建山坪塘186口、石河堰15道,新建供水工程998处,解决1.82万人安全饮水问题。

【农村社会保障】 2017年,剑阁县城乡居民养老保险覆盖28.92万人,缴费人数13.2万人。农村基本医疗保障制度进一步健全,新型农村合作医疗实际参保54.21万人。全县享受农村最低生活保障4.15万人,发放保障金7991万元。全年救助困难群众9.92万人(含资助参保参合),发放救助资金1228.98万元。城乡医疗救助4.09万人次,发放救助金1836.17万元。养老服务事业取得新进展,城乡社区居家养老服务覆盖率分别达65%和70%,农村"五保户"集中供养率达50%,发放"五保"供养金1251.3万元。

【返乡创业与就业】 2017年,剑阁县实现就业困难人员再就业482人。全年开展劳动者技能培训1389人、劳务品牌培训420人;引领大学生创业61人,发放创业补贴61万元,小额担保贷款1190万元。拓展输出渠道,转移输出劳动力27.28万人,实现劳务收入43.61亿元。

【主要领导人】 县委书记:向永东;县人大常委会主任:侯宏;县长:张世忠;县政协主席:孔金山;分管农业副县长:张晓军。

剑阁县编写组

青 川 县

【基本情况】 2017年,青川县辖25乡11镇,辖区面积3216平方千米,其中耕地面积50.3万亩,比上年减少0.02%,人均耕地面积10.43亩;基本农田50.3万亩。年末总人口23.09万人(户籍人口),减少0.07%;人口出生率7.95‰,增加0.19个千分点;人口自然增长率1.35‰,减少0.1个千分点。全县耕地有效灌面和保证灌面分别达到耕地总面积的14.9%和8%;本地水资源总量27.18亿立方米,人均占有水资源量10801立方米。有林业用地27.47万公顷,有林地面积23.23万公顷,活立木总蓄积量1839万立方米,森林覆盖率72.99%

2017年,全县GDP35.76亿元,增长8.9%,其中第一产业增加值7.86亿元,增长3.8%,农、林、牧、渔及农林牧渔服务业之比为50.3∶3.3∶32.6∶12.4∶1.4;第二产业增加值14.98亿元,增长12.2%(工业产值40.85亿元,增长12.3%);第三产业增加值12.92亿元,增长8.3%。三次产业对经济增长的贡献率分别为9.9%、57.2%和32.9%。劳务输出75300人,收入12.87亿元。全年接待游客618.4万人次,实现旅游收入27.8亿元,其中乡村旅游收入23亿元。

公路通车里程4233千米(其中乡村公路3500千米),密度1316米/平方千米,169.32千米/万人。社会消费品零售总额19.8亿元,增长12%。地方公共财政预算总收入完成1.82亿元,增长8.3%;公共财政预算总支出22.5亿元,下降13.8%,其中农业投入45045万元,占支出的20.9%。金融机构各项存款余额91.145亿元,比上年初增长1.02%;各项贷款余额59.3493亿元,比年初增长13.98%,其中支持农业产业化发展项目贷款32.5974亿元。全年农业保费收入708.25万元,增长11%;处理各项赔款和给付金额962.95万元,增长20.5%。农业产业化龙头企业国家级、省级、市级、县级分别为1个、6个、21个、29个。

有各类学校67所,在校学生21683人,教职工2344人,其中普通中学19所,在校学生3456人;小学38所,在校学生9330人;学龄儿童入学率100%,提高10个百分点。完成省级以上科技成果5项。有艺术表演团体1个,文化馆1个,公共图书馆1个,博物馆2个。有卫生机构337个,病床位846张,卫生技术人员1150人。新型农村合作医疗参合人数171420人,参合率95%;城乡居民社会养老保险参保人数96965人,参保率54%;被征地农民养老保险参保人数16132人,占总人数的98.8%。

【年度农业和农村经济运行】 2017年,青川县实现农业总产值17.8亿元,增长2.3%;农业增加值7.5亿元,增长4.1%;名优茶叶、绿色山珍、木本油料、道地药材等特色优势农产品产量保持稳定增长。农民年人均可支配收入达10583元,增长10.4%。在粮食、生猪、蔬菜生产中,科技投入的占比或科技贡献率95%。全县农产品质量抽检合格率99.6%,比年初提高0.7个百分点;建成36个基层农业综合服务站。全年新建创业示范基地2个,培育返乡创业实体408个,发放各类创业担保贷款762万元。

2017年青川县主要农产品产量

主要农产品	单位	产量	同比(%)
粮食	万吨	10.9423	1
水稻	万吨	0.5552	-22.3
小麦	万吨	1.1055	-13.9
玉米	万吨	6.3403	1.4
马铃薯	万吨	1.294	1.1
油菜籽	万吨	0.7841	6.3
蔬菜	万吨	8.8306	4.5
水果	万吨	2.2483	10.3
肉类	万吨	1.806	-2
猪肉	万吨	1.3698	-3.4
牛肉	万吨	0.0975	19.3
羊肉	万吨	0.0734	3.7
禽肉	万吨	0.2472	-3.4
禽蛋	万吨	0.2941	0.1
蜂蜜	万吨	0.0332	4.1
水产品	万吨	0.65	-1
茶叶	万吨	0.663	12.4

农业产业化发展。全县有县级以上农业产业化龙头企业57家，登记注册家庭农场117家（累计达426家），新建农业社会化服务超市8家（累计35家），登记注册农民专业合作社49家（累计达425家）；培育省级、市级示范农业新型经营主体5家、9家，评定县级示范农业新型经营主体23家。登记注册新型集体经济组织246个。

农用地产权制度改革。全县全面完成承包地50.3万亩、林地292.15万亩、集体建设用地352宗、农村宅基地使用权证6.2万宗、小型水利工程设施所有权3898处的确权登记颁证工作，全面启动农村集体产权制度改革，登记注册股份经济联合社81家、经济联合社164家、集体资产管理公司1家，完成全县村集体经济组织挂牌。县、乡（镇）两级农村产权交易服务平台基本建成，累计流转耕地和林地18.2万亩。

农产品品牌战略实施。积极鼓励企业申报“三品一标”认证，申报茶叶、蜂蜜、猕猴桃等农产品绿色食品认证15个、有机食品12个、无公害食品19个。积极组织白龙茶叶公司、强林土特产、川珍实业等特色农产品生产企业参加第九届中国国际茶博会、第六届四川国际茶博会、“川货全国行”上海站、第五届四川农博会等大型展示展销活动，“七佛贡茶”荣获第三届亚太茶茗大赛金奖、第六届四川国际茶博会金奖，“七佛贡茶”被中国茶叶区域公用品牌价值评估课题组评估价值为10.23亿元。仙雾茶海成功入选“全国最美茶园”，青川获得中国食用菌协会颁发的“中国食用菌之乡”称号，青川黑木耳、竹荪、七佛贡茶列入农业部全国名特优新农产品名录。

现代农业园区建设。全县按照“园区连片，产业连片，新村连片”的发展思路，新建三谷现代农业园区，建成现代农业园区9个。2017年，三谷现代农业园区累计投入资金13535万元，建设高标准农田910亩，道路扩建摊铺19.7千米，新建桥梁7座、生态河堤1.5千米，建排水渠9.3千米、防洪渠6.1千米，新建壅水工程8处、旅游厕所4座、文化广场3个（1000平方米），建设场镇日处理50吨污水处理站1座、茶园雾灌及配套设施150亩、观景平台2处，基础设施得到完善。依托生态优势，发展名优绿茶1.8万亩，实现产量585吨，实现产值5846万元，增长10.3%。园区有农家乐22家，床位300余张；有龙头企业6家、专合社25个、家庭农场10家。建成党群服务中心1处、游客接待中心1处、旅游公厕4座，实现了高音喇叭和无线WiFi全覆盖。全年投入资金2457万元用于巩固提升红旗现代农业园区。管种改良核桃4000亩，改（扩）建茶园1000亩，培育段木木耳50万棒、羊肚菌200亩、竹荪100亩，规划建设月季观光园100亩。建成生态农业科技示范园1500亩（孔溪乡红林村200亩核桃基地、孔溪乡遥林村300亩茶叶基地、孔溪乡三盘村300亩果蔬基地、孔溪乡碓坪村300亩晚秋黄梨基地、孔溪乡花园社区200亩绿色蔬菜基地、孔溪乡青锋村腊烛台200亩有机茶园）。共建成水果种植基地0.1万亩、干果0.3万亩；打造农家乐示范户2户，带动发展农家乐3家；成片成带种植特色水果600亩、1.2万株，发展食用菌种植130亩；新培育农村电商网点1个。红旗现代农业园区创新“飞地扶贫”模式，有效解决了脱贫攻坚工作中“怎么扶”的问题。园区内建立完善领导干部联系企业制度，10家企业实现了“一对一”服务，共发展规模以上企业7家，企业全年运转有序，实现工业总产值6亿元，电子商务线上销售额突破5000万元。

【种植业】 2017年，青川县农作物播种面积40234公顷，增加275公顷。其中，粮食作物播种面积26981公顷，减少50公顷；产量109423吨，增产1115吨，增长1%。粮食作物中，小春粮食作物播种面积10455公顷，产量23959吨，增长2.6%；大春粮食作物播种面积16526公顷，产量85464吨，增长0.6%。油料作物播种面积7007公顷，增加317公顷；产量10475吨，增长5.2%。蔬菜种植面积3948公顷，增加25公顷；产量88306吨，增长4.5%，其中食用菌产量7871吨，增长13.7%。药材种植面积2119公顷，产量5777吨，增长8.4%。茶叶产量6630吨，增长12.4%。

【林业】 2017年，青川县林业用地面积412万亩，有林地348.4万亩，森林蓄积1839万立方米，森林覆盖率达72.99%，位居全省第五。全县新增森林面积1.35万亩、森林蓄积18万立方米，林业双增长目标圆满实现。始终坚持生态建设和林业产业助推脱贫攻坚，全年实现林业总产值26.2亿元，人均从林业获得收入3757元。林业产业基地初具规模，核桃产业基地达30.23万亩、油橄榄9.1万亩、银杏风景林18.8万亩、山桐子3.2万亩。全面推动“绿化全川青川绿色崛起行动”，绿化造林4.39万亩，加快推进城镇园林绿化及新村绿化，助推了全域生态旅游发展。

【畜牧业】 2017年，青川县存栏生猪14.2万头、能繁母猪1.73万头、牛3.8万头、羊7.5万只、土鸡151万只、兔29.8万只，养蜂7万箱。出栏生猪22.5万头；出栏肉牛1.1万头，增长49.2%；出栏肉羊6万只，增长34.9%；出栏土鸡220万只，增长20.9%；兔出栏17万只，增长9.7%。实现畜牧业产值7.66亿元。畜禽群体免疫密度均达100%。全年设立县级定点监测点10个，在36个乡（镇）分别设立规模场1个和自然村定点流调点1个，设置动物检疫申报点37个。屠宰畜禽受检率、病害动物及产品无害化处理率、上市肉品持证率均达100%。严格执行动物产地检疫，检疫生猪17839头、肉牛1528头、羊1020只、鸡686768羽。查处各类违法案件6件，结案6件，上缴罚款62560元。

【水产业】 2017年，青川县推广鲟鱼、大鲵、雅鱼、瓦氏雅罗鱼等名特优品种；发展生态养殖，促进休闲渔业发展，青溪、木鱼、板桥、黄坪等河道附近已建设垂钓休闲渔家乐；新（改）建水产养殖示范基地2个，新建水产养殖基地20000平方米，其中兴江水产养殖专业合作社获得农业部健康水产养殖示范基地认证，新引进曲河养殖观光园区项目，一期工程建设已完成总投资的70%。全县增殖放流投放鱼苗800余万尾，水产品总产量6500吨，实现产值1.734亿元。

【统筹城乡与新型城镇化】 2017年，青川县按照“一城一区六重点多节点”的县域村镇空间布局，根据“美化县城，开发竹园，活乡强镇，全域新村”的城镇化建设总体要求，统筹规划建设了28个居民小区、7个行政办公中心，县机关事业单位项目比震前节约用地10万平方米，民生项目和居民住房用地比震前增加25万平方米，县城实现了居住小区化、办公集约化、城市景区化、环境生态化、管理社会化。大力发掘感恩文化、木牍文化、三国文化、生态文化资源，建设了一批有文化特色的建筑设施，县城3条断裂带建成了文化特色鲜明的主题公园，县城品位得到极大提升。统筹城乡发展，争取各级专项资金，依托项目建设，有效实施乡（镇）公共基础设施建设。青溪镇入选“四川省第一批省级特色小镇”；观音店乡两河村获得“第四批国家级传统村落”称号，并获得国家专项保护发展资金300万元；青溪镇、沙州镇列入四川省“百镇建设行动”试点镇，获得项目资金1500万元。

【新村建设】 2017年，青川县新建幸福美丽新村38个、新村聚居点60个、扶贫新村32个，创建省级“四好村”10个、市级“四好村”30个，新建村级文化活动室32个、幸福美丽新村文化院坝32个，建成乔庄镇张家村、大坝乡大坝村田园综合体2个。新建高标准农田1.76万亩，新增

节水灌面4200亩、灌溉渠道23.1千米、蓄水池85口。实施防洪治理及生态治理6.8千米,行政村通光纤比例达100%。乔庄镇大沟村获得"全国文明村"称号,青溪镇阴平村被评为"四川百强名村""2017年四川十大幸福美丽新村",青溪镇东方村、大院回族乡花果村、蒿溪回族乡青光村入选"第二批中国少数民族特色村寨"。农村精神文明建设"道德积分"激励机制在全省推广,乔家镇张家村"养成好习惯"典型经验被编入《四川省"四好村"创建百例》。

【扶贫攻坚】 2017年,青川县探索总结了"飞地扶贫""电商扶贫""乡村助劳""三资入股"等模式,承办了全省共青团助力"四个好"青春扶贫行动推进会、全省农村贫困监测工作培训会、全市党建扶贫现场会、秦巴山区驻村干部示范培训班等重要会议。通过县自查,省、市验收和国家考核,全年计划减贫的32个贫困村、2083户贫困户、6284名贫困人口全部达到脱贫退出标准。省、市十大民生工程全面完成,县定"十件民生实事"基本完成,财政用于民生支出占比达70%。深入实施"十大救助制度",发放救助资金1227.8万元,惠及困难群众2.1万人次。新建创业示范基地2个,培育返乡创业实体408个,发放各类创业担保贷款762万元。扎实开展"健康青川"建设,成功创建省级免疫规划示范县。对建档立卡贫困人口开展全覆盖免费体检并建立健康档案,青川县被列入"全省首批健康县城、健康村镇建设单位",县城创建为国家级卫生县城,沙州镇、木鱼镇创建为国家级卫生乡镇。

【乡村旅游】 2017年,青川县以国家全域旅游示范区创建为统领,加快推进中国生态康养旅游名县建设。积极谋划涉旅项目128个,累计投资302.53亿元。建设了初心谷·田缘张家、大坝·凌霄花谷国家3A级特色乡村旅游景区。举办了2017国际自然保护区联盟年会、唐家河青溪古城音乐节等系列活动。全年共接待国内外游客618.5万人次,增长23.2%;实现旅游综合收入27.8亿元,增长26.9%。省级旅游扶贫示范区通过初步验收,青川县获得中国国家旅游最佳生态旅游目的地奖。

【农村水利】 2017年,青川县投入项目资金19656万元。曲河水库工程完成投资16000万元;东阳水库项目完成新坝址(铧厂坝坝址)及库区测量工作,初设报告完成上报审查。在水利扶贫方面,"产水配套项目"新建节水灌面1383.7亩,新建蓄水池85口,灌溉渠道和管道17.33千米,整治山坪塘3座,项目总投资1298.5055万元;农村饮水解决全县1.1334万人饮水安全问题,其中贫困人口0.6284万人。新建竹园镇、乔庄河、桥楼乡防洪治理工程,项目总投资3728万元。完成红光乡、金子山乡、桥楼乡、观音店乡等25个乡(镇)的河道疏浚和水毁修复工作,疏通河道11.8千米,总投资170万元。完成青溪镇、凉水镇、茶坝乡、瓦砾乡等8个乡(镇)的生态治理工程,治理总长度2千米,总投资400余万元。农发水保三堆沟小流域水土保持项目通过市级验收;争取到2017年第二批中央水利发展资金水土保持项目,该项目中央投资204万元,治理水土流失面积6.8平方千米;争取到2017年度省级财政水保专项资金生态清洁型小流域项目。开展水土保护专项执法监督检查40余次,征收水土保持补偿费23.34万元。完成市级河长累计巡河8次,县级河(段)长累计巡河50次;完成5条市级河流"一河一策"保护方案编制工作;完成67块河(段)长公示牌和"河流污染问题意见箱"的设立工作;全面取缔白龙湖网箱养殖8646口。3月,水利部原副部长、中国生态文明研究与促进会首席专家翟浩辉在青竹江景区调研时,对全县积极推进青竹江河湖公园建设的举措给予充分肯定。6月,青竹江被列为"四川省首批开展河湖公园建设试点"。

【农业机械化】 2017年,青川县主要农作物耕种收综合机械化水平达40%。完成新建和改造提灌站10座,完成机电提灌保灌面积3万亩,农机总动力保有量9.3万千瓦,完成农机合作社机械化作业面积增长率7%;新建农机化生产道路2千米,农机购置补贴中央资金结算进度达100%。全县有农用拖拉机449辆,其中新上户38台。年检拖拉机382辆,年检率达83%;有拖拉机驾驶员1328人,机手注销1人,满期换证27本。全年考核拖拉机驾驶员3期共55人,拖拉机驾驶员持证率达93%,完成拖拉机驾驶员培训。全年签订安全责任书418份。

【农村科技】 2017年,青川县通过"科技下乡"、"科技赶场"、"科技之春"、科普活动月等活动,开展粮油作物种植、食用菌栽培、茶叶种植管护、畜禽养殖和木本油料管护等农业技术培训班200余期,累计培训人数达3.6万余人次,培训新型职业农民425人。充分发挥农业科技示范引领和带动作用,全县落实科技示范户1200户,示范面积1.2万亩,其中高效示范片0.4万亩。在全县遴选1200户种养殖大户进行入户指导,辐射带动农户18900户。在全县36个乡(镇)落实科技示范户1200户,示范面积12360亩。

【农村教育】 2017年,青川县乔庄镇幼儿园竣工并投入使用,新建骑马、板桥幼儿园,改建瓦砾小学、曲河小学附设幼儿园,完成乔庄幼儿园升级;投入资金338万元维修凉水九年制学校、竹园初中等13所学校校舍;在6所学校新建"智慧教室"9个,在10所学校新建"专递课堂""同步课堂"5对。学前教育普惠发展,办园水平全市领先,3~6岁幼儿毛入园率达90%。全县基础教育质量获得全市二等奖,取得历史性突破。开展课堂教学改革研讨30课次、省级课题5项、市级课题21项、县级课题40项,推荐教育科研成果参加省、市评选16项;在第六届全国中小学英语电视大赛和广元市教师大比武中,有27名教师获奖。教育惠民工程争取社会资助资金290余万元、省属高校毕业生艰苦边远地区基层单位就业学费奖补110万元,累计惠及师生1800余人次;发放生源地助学贷款790余万元,惠及贫困大学生1039人。

【农村文化】 2017年,青川县在全省88个贫困县中率先实现行政村光纤宽带全覆盖,率先启动自然村通光纤试点工作,实现了"数字电视户户通、有线广播村村响、宽带网络村村联"。推进"两室"建设,退出贫困村卫生室、文化室全面达标。大力推进文化基础设施建设,建成文化标志工程——青川县文化中心,集图书馆、文化馆、美术馆、文管所、影剧院为一体,建筑面积12880平方米。全县36个乡(镇)全部建立综合文化室,建立村(社区)文化活动室、文化休闲广场,农家书屋、社区书屋统一配备了音响、图书、书架、桌椅等文化体育设施。完成申报创建国家级非物质文化遗产"川北薅草锣鼓",成立了川北薅草锣鼓艺术团,负责传承演绎"川北薅草锣鼓",在浙江省和四川省内演出"薅草锣鼓"近200场。深入实施文化惠民行动,开展"送文化下乡"活动216场,放映农村公益电影2352场,建成村级文化活动室32个。举办了2017中国·白龙湖搏鱼大赛、欧美国际职业男篮对抗赛、国际半程马拉松赛、国际职业拳击赛等重要体育赛事。

【农村卫生】 2017年,青川县有村卫生站268个、乡(镇)卫生院36个。全年发布疫情月分析12期、周分析52期,夏秋季、秋冬季发病趋势和专题分析各1期,舆情分析12期,及时规范处理传染病预警23条。传染病发病率较2008年下降126.49%,县、乡、村三级疾病预防控制体系逐步形成。

【农村法制建设】 2017年,青川县开展"百场法治文化进基层"大型巡演12场次,法治文艺演出进贫困村32场次;落实"1+12"法治宣传

教育主题活动12场次；开展“百场法治讲座进村社”法治讲座活动120余场次。在全县乡村（社区）共计播放“清凉之夏”法治电影32场次。集中开展“1+12”法治宣传教育主题活动100余场次；开展免费法律服务活动累计服务152人次，针对留守老人、妇女、少年儿童等六类人群开展法治宣传活动50余次。全年免费办理易地搬迁公证事项100余件；办理法律援助案件121件，其他法律援助事项1346件，为受援人群提供法律援助1588人次；建成蒿溪乡和观音店乡法律援助工作站2个。全年发放“随手调”手册1000余本，调解案件1422件，调解成功1409件，成功率达99%；县医患纠纷调解中心调解医患纠纷案件9起。全年获评县级法治示范乡（镇）5个、县级民主法治示范村（社区）40个，市依法治市领导小组命名青川县市级法治示范乡（镇）5个、市级依法治村（社区）示范村（社区）8个、市级学法用法示范机关（单位）3个。

【农村交通】 2017年，青川县以创建“四好农村路”示范县为契机，累计投入资金2.06亿元硬化贫困村通村道路431千米，提前实现全县36个乡（镇）286个建制村全部通硬化路。按照“公路围着产业转、产业围着公路建”原则，配套建成产业路110余千米，乡（镇）物流配送点覆盖率、通客车率均达100%，实现农村产业物流网络全覆盖。按照“一条农村公路就是一条乡村旅游精品走廊”思路，以国家全域旅游示范区创建为契机，精心打造了旅游路线21条，实现“车在山中行，人在画中游”。

【涉农招商引资】 2017年，青川农业项目总投资12.03亿元，增长23%。招商引资协议资金7.2亿元，增长17%，完成全年任务的112%；到位资金5.6亿元，增长15%，完成年度任务的123%。

【农村生态建设及环境保护】 2017年，青川县深入开展“大规模绿化全川”青川行动，森林覆盖率达72.99%。持续推进污染防治“三大战役”“五大行动”，县城区环境空气质量优良天数达98%以上。扎实推进河长制工作，全县河流均达到国家Ⅱ类以上水质，白龙湖长期保持国家Ⅰ类水质。加强农村面源污染整治工作，依法关闭或搬迁禁养区（养殖场、养殖户）24个（家、户）。建成废弃农膜收集体系，全年回收废（旧）农膜48.9吨。全面推进秸秆综合利用。深入开展城乡环境综合治理，国家卫生县城正式授牌，沙州镇、木鱼镇创建为国家卫生镇。

【农产品质量安全监管】 2017年，青川县全面加强种子、农药、饲料、兽药、鱼药等农业投入品监管，累计检查种子、农药经营网店（点）231个次，兽药、饲料经营户154户次，规模养殖场（户）110家（户）次，对入市的97个品种主要农作物种子依法备案，兽药经营GSP复查换证20家。国家级农产品质量安全示范县创建通过省级评审，全面建成县级农产品质量安全监管信息平台并投入使用。认真落实农产品质量安全例行抽检制度，农业部、省、市、县累计抽检农（畜、水）产品14批次、658个，合格率达99.8%；乡（镇）完成5700个次的农残速测，合格率达97%。依法查处农资打假相关案件5件、涉农产品质量安全案件4件、渔业违法案件5件（移交1件），依法取缔兽药经营资格22家。

【主要领导人】 县委书记：罗云；县人大常委会主任：殷扶炯；县长：刘自强；县政协主席：杨政国；分管农业副县长：范正勇。

青川县编写组

苍 溪 县

【基本情况】 2017年，苍溪县辖39个乡（镇）805个村（社区），辖区面积2330平方千米。有总人口80万人，其中农业人口66万人，是革命老区、贫困山区、基本实现现代化的国家现代农业示范区、全国猕猴桃特色农产品优势区、世界红心猕猴桃原产地。

2017年，全县GDP139.61亿元，增长8.7%。全社会固定资产投资104.57亿元（不含亭子口），增长19.3%。地方一般公共预算收入4.91亿元，增长11.6%。社会消费品零售总额63.5亿元，增长11.9%。城乡居民年人均可支配收入分别达27231元、10929元，分别增长9.4%、10%。

【年度农业和农村经济运行】 2017年，苍溪县建成寻乐书岩、三会现代农业园区，启动建设黄猫垭现代农业园区。完成低效林改造3万亩。猕猴桃、中药材、健康养殖“三个百亿产业”分别实现综合产值40亿元、7亿元、39.5亿元。入选首批中国特色农产品优势区、农业现代化基本实现阶段示范区，创建为国家畜牧业绿色发展示范县、国家农产品质量安全县，并被纳入国家农业全产业链开发创新示范县、国家农村产业融合发展示范园创建县。投资19.85亿元，完成省、市83项民生工程和20项民生实事。全县“三权”确权登记覆盖面达100%，农村“两权”抵押贷款试点通过省级评估。

【统筹城乡发展】 2017年，苍溪县基本完成县城总体规划和火车站、红军渡·西武当山、江北老城区一期控详规编制。数字化城管平台建设有序推进，省级园林县城创建通过评审验收。歧坪镇入选全省首批特色小镇。全年改造农村危旧房3797户，新建新村聚居点59个，建成省级“四好村”53个，全县新农村覆盖面达60%。

【扶贫攻坚】 2017年，苍溪县66个贫困村高标准退出、16491名贫困人口高质量脱贫，贫困发生率从6%下降至3.5%，顺利通过省、市考核评估。2017年苍溪红心猕猴桃产业扶贫被评为“全国十大产业扶贫优秀范例”。

【主要领导人】 县委书记：张寿于；县人大常委会主任：冯明；县长：杨祖斌；县政协主席：王天会；分管农业副县长：谢龙飞。

苍溪县编写组

遂 宁 市

【基本情况】 2017年，遂宁市辖105个乡（镇），辖区面积5300平方千米，其中耕地面积231万亩，比上年增长0.1%，人均耕地面积0.82亩。年末总户数140.14万户，总人口369.48万人（户籍人口），其中城镇人口101.66万人、乡村人口267.82万人；常住人口323.59万人，其中乡村人口166.58万人。全年出生人口38019人，人口出生率9.9‰；死亡人口19896人，人口死亡率5.5‰；人口自然增长率4.4‰。有林业用地13.84万公顷，有林地面积13.83万公顷，活立木总蓄积量920万立方米，森林覆盖率31.6%。

2017年，全市GDP1138.06亿元，增长8.3%（按可比价格计算），其中第一产业增加值160.41亿元，增长3.6%，对经济增长的贡献率为6.3%，拉动经济增长0.5个百分点；第二产业增加值548.6亿元，增长8.6%，对经济增长的贡献率为52.1%，拉动经济增长4.3个百分点；第

三产业增加值429.05亿元,增长10%,对经济增长的贡献率为41.6%,拉动经济增长3.5个百分点。三次产业结构比由上年的15.2∶52.6∶32.2调整为14.1∶48.2∶37.7。人均GDP34835元,增长9.2%。工业实现增加值445.27亿元,增长8.2%,对经济增长的贡献率为41.6%,拉动经济增长3.5个百分点(规模以上工业增加值增长9.7%)。全年接待游客4356.51万人次,增长10.8%;实现旅游总收入385.99亿元,增长24.4%。接待国内游客4356.51万人次,增长10.8%;实现国内旅游收入385.99亿元,增长24.4%。全市纳入统计的A级景区接待总人数为2377.46万人次,增长9.7%;实现营业收入10.02亿元,增长21%。

全市完成交通固定资产投资36.5亿元;干线公路联网畅通工程投资完成19.2亿元,县、乡道、农村公路改善工程完成137.4千米,通村公路建设完成136.9千米。公路运输客运周转量14.94亿人千米,减少13.9%;货运周转量51.4亿吨千米,增长8.3%。公路运输总周转量52.9亿吨千米,增长7.6%。全社会固定资产投资1257.63亿元,增长11.7%。社会消费品零售总额526.97亿元,增长12%。全市居民消费价格总水平(CPI)上涨1.4%。全年保险保费收入37.64亿元,增长8%;支付各项赔款和给付金额14.4亿元,增长5.7%。

有各级各类学校866所,在校学生41.87万人,教职工3.46万人(专任教师2.95万人),其中小学198所,在校学生17.22万人,学龄儿童入学率99.8%;初中131所,在校学生7.18万人;特殊教育学校5所,在校学生0.25万人;普通高中28所,在校学生5.66万人;中等职业教育学校14所,在校学生2.26万人;普通高校1所,在校学生1.37万人。48项科技成果获得国家、省科技项目支持,项目经费共计2400万元;组织鉴定市级科技成果20项,推荐申报省级科技进步奖5项,获得四川省科技进步三等奖3项。全市专利申请总量2232件,增长22.8%。实施科技成果转化项目22项,其中农业科技成果10项。有艺术表演团体1个,艺术表演场所2个,文化馆6个,文化站113个,公共图书馆6个,公共美术馆3个,国家级文化产业示范基地1个,省级文化产业示范基地4个,博物馆5个,文物保护管理机构6个,全国重点文物保护单位9处,省级文物保护单位28处,市、县级文物保护单位228处。国家级非物质文化遗产名录3项,省级非物质文化遗产名录14项。全市固定电话用户34.24万户,增长7.8%;移动电话用户246.14万户,增长11.1%。有广电网络有线电视用户33万户,地面数字电视用户2.5万户。有医疗卫生机构3822个,其中医院72个(民营医院60个)、基层医疗卫生机构3723个,病床位1.95万张,卫生技术人员1.68万人(执业/助理医师6546人,注册护士6881人),其中乡(镇)卫生院104个,执业(助理)医师1094人,注册护士1119人。

【年度农业和农村经济运行】 2017年,遂宁市实现农林牧渔业总产值281.23亿元,增长3.5%,其中农业总产值129.63亿元,增长4.5%;林业总产值10.21亿元,增长4.8%;牧业总产值125.11亿元,增长1.7%;渔业总产值10.42亿元,增长6.6%;农林牧渔服务业总产值5.85亿元,增长13.6%。农村居民年人均可支配收入达13579元,增长9.3%。其中,工资性收入4300元,增长5.4%;经营净收入4786元,增长11.3%;财产净收入287元,增长27.8%;转移净收入4206元,增长10%。农村居民年人均生活消费支出11342元,增长8.4%。其中,居住消费支出增长11.9%,生活用品及服务消费支出减少0.4%,交通和通信支出增长27.4%,医疗保健消费支出增长23.1%。农村居民恩格尔系数为40.1%。全年完成营造林1.23万公顷,实有森林管护面积7.16万公顷。全市农业机械总动力达127.1万千瓦,增长39.5%。全年农村用电量37174万千瓦时,增长0.5%。全市有各类休闲农业经营主体600余家,建成重点乡村旅游点25个。

新型经营主体规范发展。围绕特色优势产业基地建设,大力发展主体多元、形式多样的新型经营主体,全市培育农民合作社2543个、家庭农场1306家,新培育省级示范社6个、省级示范场15个、市级示范社19个。

农用地产权制度改革。一是农村土地适度规模经营有序推进。土地承包经营权确权登记颁证基本完成,颁证74.4万本,占应发证的97.4%,市级权证信息平台系统已开始建设,确权红利不断释放。探索制定土地流转风险防范机制,全市农村土地流转面积达101.06万亩,占耕地总面积的44.5%。按照"三权"分离原则,探索土地经营权证抵押贷款试点,已向232户土地流转经营主体颁发《农村土地经营权证》,获得抵押贷款1.9亿余元。二是农村集体产权制度改革稳步推进。全市60个村启动开展农村集体资产股份合作制改革试点,53个试点单位初步完成了清产核资、成员确认、股权量化工作,进入了法人治理阶段,初步实现了集体资产变"股权"、村民变"股东",落实了农民财产权利。三是农村集体资产管理不断强化。全市村级集体资产总额11.16亿元,全部成立双代管中心,全面实现"村财乡代理"的统一管理模式,健全了监督机制。

农产品品牌战略实施。一是品牌建设有效推进。大力实施"区域品牌+企业品牌"战略,做优做强"遂宁鲜"公用品牌,已有70家会员单位授权使用"遂宁鲜"标识,被评为"全省十大优秀农产品区域公用品牌",商标注册工作顺利推进,品牌效应凸显。二是营销市场不断拓展。充分利用新闻媒体、展会、电子商务、直销网点、户外广告、第三届"荷花仙子"暨"遂宁鲜"形象代言人评选等平台,开展了一系列"遂宁鲜"品牌宣传推介活动,开拓境内农产品市场8次,参与企业120家。完善"遂宁鲜"线上特色馆和遂宁市农产品电商服务平台建设,大力推进"馆、网、站、点"建设,已建成"遂宁鲜"营销网点10个、"遂宁鲜"旗舰店1个,实现"遂宁鲜"1000个品牌产品线上线下的有机融合,销售总量增长50%以上。三是农业投资扎实开展。切实履行农业行业招商引资主体责任,全市农业系统上下联动,积极开展农业项目的策划、包装、推介,围绕产业链开展招商引资活动。引进协议投资项目58个,计划投资52.5亿元。

现代农业园区建设。全市以现代农业园区建设为抓手,优化区域布局,分区建设5个粮食主产功能区、10个粮油绿色高产万亩示范区,带动形成优质柑橘、绿色菌菜、精品粮油、道地药材、现代养殖等优势产业示范带。建成国家级现代农业园区1个、省级现代农业产业融合示范园区1个、省级现代农业示范园区5个,射洪县成为全省现代农业示范县,大英等3个县(区)被评为"全省现代农业(畜牧业)重点县"。

【种植业】 2017年,遂宁市农作物播种面积41.65万公顷,增加0.08万公顷,增长0.2%,其中粮食作物播种面积30.23万公顷,增长0.4%。全年粮食产量162.45万吨,增加1.6万吨,增长1%,其中水稻产量47.66万吨,增长1.2%。

【畜牧业】 2017年,遂宁市出栏生猪338.45万头,减少5.9%;出栏牛6.6万头,减少0.4%;出栏羊49.41万只,增长0.4%;出栏家禽2072.19万只,减少3.7%。肉类总产量30.46万吨,减少3.6%,其中猪肉产量24.02万吨,减少4.3%;牛肉产量1.06万吨,增长0.3%;羊肉产量1.18万吨,增长0.4%;禽肉产量3.38万吨,减少2.1%。禽蛋产量9.13万吨,减少4.4%。生猪存栏206.8万头,减少2.6%。新建畜禽标准化养殖小

区66个，创建部级畜禽标准化示范场1个、省级示范场6个。积极培育新型经营主体带动产业发展，新发展畜禽养殖专业大户96户、畜牧专业合作社20个、畜牧业家庭农场41个。

【水产业】 2017年，遂宁市水产养殖面积0.85万公顷，增长3.3%；水产品产量5.66万吨，增长5.8%。大力发展休闲健康养殖、稻田综合种养、生态循环低碳高效渔业，认证无公害水产品养殖基地27个、农业部水产健康养殖示范场24个，成功打造"红田鱼""弯哥鱼米""有机鳖"等品牌。着力培育新型渔业生产经营主体，发展家庭渔场13个、水产专合组织21个、省级水产示范农民合作组织5个、省级家庭农场2家。

【统筹城乡与新型城镇化】 2017年，遂宁市完成市政基础建设投资46.4亿元，建成区面积146.29平方千米。建成区绿地率达35.1%，建成区绿化覆盖率40%，人均公园绿地面积10.03平方米。8个国家、省控地表水监测断面达标率为75%，5个市（县）级集中式饮用水水源地监测断面达标率为100%。新建农民体育健身工程（行政村项目）56个，农民体育健身工程（乡、镇项目）2个，社区多功能运动场项目1个。全年城镇居民年人均可支配收入达29308元，增长8.7%。其中，工资性收入15620元，增长5.6%；经营净收入5914元，增长8%；财产净收入2561元，增长15.3%；转移净收入5213元，增长16.5%。人均消费性支出20796元，增长11.4%。其中，居住支出增长6.5%，生活用品及服务支出减少2.5%，交通和通信支出增长23.9%。城镇居民恩格尔系数为33%。

【农村水利】 2017年，遂宁市水利建设完成投资26.55亿元，实现新增、恢复和改善灌面18.96万亩，发展节水灌面5.14万亩，整治病险水库8座，新建、整治各类渠道769.88千米。新增农村饮水安全巩固提升受益人口19.53万人。建设农田水利基本建设综合示范片13.05万亩，完成综合治理水土流失面积100平方千米，其中重点治理30.3平方千米。

【农村社会保障】 2017年，遂宁市参加城乡居民基本医疗保险人数310.58万人，增加6.84万人。12.27万人享受农村居民最低生活保障，保障标准为260元/月，累计月人均补差水平157.1元。全年农村特困人员2.24万人，月供养标准400元；集中供养率达55%。全市有农村敬老院106所，养老服务设施总床位数2.59万张。建立社区服务机构1052个。

【主要领导人】 市委书记：赵世勇；市人大常委会主任：刘云；市长：杨自力；市政协主席：刘德福；分管农业副市长：雷云。

遂宁市编写组

船山区

【基本情况】 2017年，船山区辖5乡6镇14个街道，辖区面积616平方千米，其中耕地面积23.09万亩，人均耕地面积0.73亩。年末总人口70.62万人（户籍人口），减少1.95%；人口出生率12.77‰，增加2.56个千分点；人口自然增长率-17.79‰，减少21.98个千分点；人口密度1146人/平方千米。全区耕地有效灌面和保证灌面分别达到耕地总面积的81.16%和60.02%；本地水资源总量2.35亿立方米，人均占有水资源量332.76立方米。有林地面积15万亩，活立木总蓄积量52万立方米，森林覆盖率20.99%。

2017年，全区GDP322.08亿元，增长12.5%，其中第一产业增加值24.96亿元，增长17.59%，农、林、牧、渔及农林牧渔服务业之比为29.4∶1.77∶25.9∶1.8∶1；第二产业增加值157.03亿元，增长0.49%；第三产业增加值140.1亿元，增长28.7%。三次产业对经济增长的贡献率分别为7.75%、48.75%和43.5%。全年接待游客980万人，实现旅游收入760000万元，其中乡村旅游收入189700万元。

公路通车里程1078.8千米（其中乡村公路1015千米），密度175.13米/平方千米，15.28千米/万人。社会消费品零售总额182.75亿元，增长10.5%。地方公共财政预算总收入完成16.97亿元，增长10.25%；公共财政预算总支出56.21亿元，增长40.21%，其中农业投入51148万元，占支出的9.1%。金融机构各项存款余额685.66亿元，比上年初增长17.24%；各项贷款余额458.12亿元，比年初增长11.26%，其中支持农业产业化发展项目贷款18000万元。完成农业产业化项目78个，完成投资300000万元。农业产业化龙头企业国家级、省级、市级、区级分别为3个、13个、36个、121个。

有各类学校71所，在校学生96286人，教职工6088人，其中普通高校3所，在校本（专）科学生7580人，减少8.04%；普通中学31所，在校学生39507人；小学36所，在校学生49199人。完成省级以上科技成果7项。有艺术表演团体95个，文化馆1个，公共图书馆1个。有卫生机构634个，病床位7967张，卫生技术人员6854人。

【年度农业和农村经济运行】 2017年，船山区出台了《船山区乡村旅游全域规划》《关于深化供销合作社综合改革的实施意见》《遂宁市船山区电子商务进农村实施方案》等规划、政策。实现农业总产值36.56亿元，增长4.28%；农业增加值24.96亿元，增长17.59%；生猪、食用菌、柑橘、田藕等特色优势农产品产量保持稳定增长。农民年人均可支配收入达14015元，增长9.2%。在粮食、生猪、蔬菜生产中，科技投入占比4.2%。全区农产品质量抽检合格率达99.5%；建成24个基层农业综合服务站。

2017年船山区主要农产品产量

主要农产品	单位	产量
粮食	万吨	13.2641
水稻	万吨	4.2435
小麦	万吨	1.7448
玉米	万吨	3.181
红薯	万吨	2.275
油菜籽	万吨	2.2953
蔬菜	万吨	26.1286
肉类	万吨	4.6674
猪肉	万吨	4.0401
牛肉	万吨	0.1131
羊肉	万吨	0.1071
禽肉	万吨	0.4071
禽蛋	万吨	1.371
水产品	万吨	0.61

农业产业化发展。船山区先后出台了《船山区深化农村改革创新农业农村发展机制实施方案》和《关于加快构建新型农业经营体系的意见》《关于规范管理新型农业经营主体名录库的通知》。新发展农民专业合作社51个、种养殖家庭农场17家、专业大户23户，创建省级农业产业化龙头企业1家、市级农业产业化龙头企业4家，新培育省级示

范农民专业合作社1个、省级示范家庭农场2家、市级示范家庭农场2家。截至2017年年底,船山区成功培育市级以上重点龙头企业36家,其中国家级3家、省级10家;有农民专业合作社269个,其中国家级示范合作社3个、省级示范合作社17个、市级示范合作社11个;家庭农场98家,其中省级示范家庭农场5家;专业大户1082户。兑现2015年、2016年新型经营主体奖励资金共计65万元。累计发展蔬菜基地14.2万亩、水果基地10.3万亩、花卉苗木基地2万亩、高效经济林基地5.5万亩;建立国家级健康水产养殖示范场4家,面积150公顷;新(改、扩)建畜禽标准化养殖小区10个,新发展适度规模牛(羊)养殖场(户)42家(户)、禽兔场(户)15家(户),畜禽适度规模养殖面提高2.3个百分点。

农用地产权制度改革。船山区农村集体土地所有权、集体建设用地使用权、林权、农村土地承包经营权、农村房屋产权、农村宅基地使用权、农村小型水利设施所有权和使用权的确权登记工作已全面完成,建立"产权明晰、交易顺畅"的农村产权交易制度,基本实现农村产权交易体系全覆盖。依托市、区、乡(镇)、村(社区)四级农村产权交易网络,建立"三级交易、四级服务"农村产权交易平台,实现11个乡(镇)农村产权流转交易服务联络办公室和农村产权流转交易服务站全覆盖。全年办理不动产登记证书7078件、不动产登记证明14300个(累计办理不动产登记证书10380个、不动产登记证明14184个),完成产权交易26宗,流转土地8087.97亩(已累计完成产权交易60宗,流转土地25242.82亩)。

农产品品牌战略实施。船山区坚持走以企业为主体、市场为导向、技术引进为支撑、政府推动与社会参与相结合的自主品牌发展道路,鼓励和扶持有自主知名品牌的企业建立企业技术中心,强化对农产品的品牌塑造、营销推介和宣传保护的过程服务,加大对自主品牌的宣传,扩大自主知名品牌的国内外影响,形成"生产—加工—销售"链式发展。辖区内23.6万亩耕地被农业厅整体认定为"无公害农产品产地",10万亩玉米、7万亩红薯基地被中国绿色食品发展中心认证为"全国绿色食品原料标准化生产基地",创建高金、齐全、颐康等10个省(部)级标准化畜禽养殖示范场,成功创建国家级出口猪肉质量安全示范区。全区认证河梓田藕、龙腾水产、翔泰肉兔等无公害农产品54个,开创果蔬、齐全活体生猪等绿色食品10个,颐康肉鸡、祥禄水果有机农产品3个;有"高金""美宁"驰名商标2个,"回春堂""齐全""颐康"等"四川省著名商标"11个。出台《关于加快构建新型农业经营体系的意见》,明确对新发展并取得经营执照、运行规范、经济效益好的家庭农场,当年给予一次性奖励5000元;对新获得无公害、绿色、有机产品及产地认证的经营主体,国家地理标志产品保护的经营主体,当年分别给予一次性奖励2万元、5万元、7万元、10万元。2017年,船山区新吸纳"遂宁鲜"协会会员企业5家,完成绿色、无公害产品复查12个,认证无公害水产品17个,实施追溯管理生产经营主体17个,广泛使用"遂宁鲜"标志,有效提高全区农产品知名度和美誉度。组织农民专业合作社、家庭农场等新型农业经营主体参加每年的农博会;4月,组织12家企业到北京参加第八届中国国际现代农业博览会;9月,分别组织10家名优特企业参加第十七届西部国际博览会、10家"三品一标"企业参加第十七届中国绿色食品博览会,进一步提高农民专业合作社、家庭农场等生产的农产品市场竞争力和经济效益。积极开展商标注册和名牌创建,提高产品质量和影响力。依托高金、美宁、齐全等龙头企业全产业链开发绿色生猪产业,引导企业参与《猪肉糜类罐头》等3项国家推荐标准的制定工作,生产企业HACCP认证率达100%。

现代农业园区建设。船山区永河产业园规划区域总面积为160平方千米,涵盖永兴镇、河沙镇、仁里镇全域55个行政村,总耕地面积6.24万亩,总人口6.55万人。已逐步形成"一心、一核、三带、三单元"功能布局,按照三级建设标准建成"两路两环五纵多支线"的路网框架。截至2017年年底,园区共投入资金30亿元,整合各类涉农项目78个,整合资金7.416亿元,新建骨干路网35.7千米、产业道路66千米、生产便道74.7千米;先后实施大型土地整理项目3个,完成中央财政小型农田水利重点县项目建设,新建整治渠系13.7千米,整治、新建山坪塘180座、蓄水池71口、提灌站12处。自2014年全面开工建设以来,已实现土地规模流转4万余亩,成功引进"十里荷画"、菌绿海鲜菇等现代农旅项目66个,累计完成投资30亿元,建成台湾牛樟、惠丰莲藕等特色产业基地3万亩,建成区总面积达65平方千米,成功创建省级现代农业示范园区。推进以老池乡、龙凤镇、复桥镇3个乡(镇)为重点的"龙老复"现代农业园区规划建设,涵盖33个行政村、118平方千米,辐射带动保升乡、西宁乡13个行政村。结合"临港创业园""中国白芷小镇"规划设计,以茶博园、兰博园、夏曾巴蜀红提园为核心规划设计"巴蜀现代农业园"。完善龙凤镇、老池乡、复桥镇、保升乡道路、水利基础设施建设,促进互联互通互融,加快推进兰博园、茶博园、西部康养城等项目建设。已建设果蔬基地3.5万亩,发展生态养殖小区12个。按照"基地建设园区化"思路,着力推动10个乡(镇)特色小园区建设,截至2017年年底,永兴牛樟、河沙田藕、复桥蓝莓、桂花连片柑橘、老池红提、仁里特色果蔬基地六大乡(镇)特色小园区已初具规模,种植面积1.2万亩,有效带动贫困户脱贫、贫困村增收;其他乡(镇)特色小园区规划工作有序推进。永河产业园通过特色园区项目建设,实现6个贫困村退出、5866人脱贫,农民户均收入1.5万元。

【种植业】 2017年,船山区有优质水稻基地3万亩、双低油菜基地6万亩、优质红薯基地5万亩、绿色玉米基地10万亩,粮食总产量13.2641万吨,增长0.7%。建成以老池乡、唐家乡、新桥镇、永兴镇等涪江沿岸乡(镇)为重点的优质蔬菜基地14万亩次,总产量30万吨,其中设施栽培面积2万亩,外向型商品蔬菜基地面积5万亩、绿色蔬菜基地面积3万亩;100亩以上规模种植业主18家、面积1.5万亩,在全省及全国取得较高知名度。以遂回、成南、遂渝高速公路、国道318线、省道205线为核心建成优质经果林基地5万亩,其中柑橘4万亩,产量22万吨。可士可公司在唐家乡建成全省最大柑橘无病毒容器苗繁育中心,年供苗500万株,在全区建成四川省首家年加工能力30万吨的橙汁加工厂。引进福建客商在永河现代农业园区投资2亿元,建成食用菌生产车间1.8万平方米(川渝地区最大的海鲜菇工厂化生产基地),年产量5000吨,占全省总量的60%。建成以桂花镇、永兴镇、河沙镇为重点的优质中药材生产基地1.5万亩,其中白芷1.1万亩,遂宁川白芷已通过国家GAP认证。

【林业】 2017年,船山区实现林业总产值16.1亿元,其中生态旅游5.2亿元,农民人均林业收入增收76元。争取生态效益补偿专项资金39.54万元,补助桂花镇金井村、河沙镇梓桐村等16个村集体公益林26810亩。争取完善退耕还林政策补助资金36.7万元,补助永兴镇孟桥村、仁里镇倒碑垭村等11个村退耕还林2936亩。投入资金14.25万元,在复桥镇棕树村、桂花镇三圣村、老池乡学田村实施森林抚育1500亩;投入资金90万元,在唐家乡周家沟村、牌坊村、花果村发展清脆李1500亩;投入资金80万元,在桂花镇燕窝村和复桥镇定宝村发展

蓝花楹、红枫、桑树共1600亩。

【畜牧业】 2017年,船山区出台《遂宁市船山区畜禽养殖污染治理工作实施方案》《遂宁市船山区畜禽养殖区域划分方案》等文件,积极实施"稳生猪、兴牛羊、扩禽兔"发展战略,全年出栏生猪55万头,新(改、扩)建畜禽养殖化养殖小区9个。重点推广"生态养殖+沼气处理+管网输送+绿色种植"模式,合力打造桂花镇齐全生猪养殖场、复桥镇红盈猪场、老池乡川珂蛋鸡等种养循环生态园区4个,铺设粪污灌溉管网2万米,覆盖种植基地3000余亩。

【水产业】 2017年,船山区有水产养殖面积1.22万亩,水产养殖大户163户,水产品年产量6100吨,实现产值1.68亿元,其中规模养殖场17家,面积4100亩;大鲵、江团、匙吻鲟等名特优水产品养殖面积1500亩,占全区水产养殖面积的13%;有国家级养殖示范场4家,面积2000亩;大鲵驯养规模在全省名列前茅,繁殖基地达11处,养殖近9万尾,年销售3万尾。打造国家级健康水产养殖示范园区,计划用3年时间实现健康养殖面积2万亩、产量8000吨、产值2.5亿元。

【统筹城乡与新型城镇化】 2017年,船山区坚持"一核两带"的城镇空间布局结构,以中心城区为核心,把握"沿城南高速城镇发展带"和"涪江沿岸城镇发展带"空间结构,西南片充分利用船山区交通枢纽优势,打造中国西部现代物流港,涉及保升乡、西宁乡,总体规划面积61.66平方千米;东北片发展永河现代都市农业园(含永兴镇、河沙镇、仁里镇),进一步深化圣莲岛世界荷花博览园主题文化,依托"十里荷画"主题景区大力发展休闲农业型、旅游型特色小镇;向西北坚持以生态涵养为发展理念,打造唐家乡、桂花镇现代农业园和吉祥组团生态组团,该片区位于临近中心城区的位置,承担着中心城区生态保护与协调的功能,严格坚持环境准入关;向南以"观音文化"为主题的龙凤古镇为基础,挖掘地域环境优势,带动老池乡、复桥镇,发展涪江流域休闲养老产业和老池乡临港产业。坚持规划引领,完善了区、乡(镇)(园区)、村(社区)三级规划编制管理体系;坚持"以城带乡、产城一体"发展思路,统筹推进新型城镇化建设,城乡体系建设不断完善。

【新村建设】 2017年,船山区完成扶贫新村建设10个,建成幸福美丽新村18个,完成危房改建350户,累计编制幸福美丽新村规划118个,建成"十里荷画"乡村旅游景区,带动河沙镇梓桐村、板桥村、栖凤村等7个新村综合体建设,全区第一批、第二批共720户2123名易地搬迁群众已全部搬迁入住,第三批305户886名搬迁群众安置房于2017年年底完成主体建设,2018年春节前实现搬迁入住。

唐桂片作为全省新农村建设示范片之一,涵盖唐家乡、桂花镇27个行政村,辖区面积72平方千米。已形成以可士可公司柑橘、金绿农牧生猪养殖基地、高金丹育猪场、唐家乡蔬菜种植基地为核心的"绿色蔬菜、优质生猪、特色中药材、名优水果"四大骨干产业板块,总投资超过13亿元,带动周边2000余户农户适度规模发展种养结合立体循环经济。已建成优质蔬菜基地4万亩、特色水果基地2万亩、优质中药材基地2万亩、高效经济林1万亩,建成标准化生态养殖小区28个。成功创建省级"四好村"8个、市级"四好村"29个、区级"四好村"55个。将风貌整治与景区建设结合,优化居住环境,提高生活品质,全区完成风貌改造21000余户。结合河沙镇"十里荷画"景区打造,对区域内2000余户农房实施风貌提升工程,通过庭院整治、道路硬化、房屋美化升级等,让景区与农村融为一体。通过危房改造解决贫困户住房困难712户,整治土坯房及土坯混合房1612户。

【扶贫攻坚】 2017年,船山区扶贫对象识别精准度达99.99%,贫困人口为6995户18705人。印发《扶贫手册》2万余册、政策掌上通0.5万余本、政策宣传册(卡)2万余份,为贫困户家庭张贴宣传画8000余张。开展以"扶贫济困、奉献爱心"为主题的扶贫日主题活动,扶贫捐赠累计达259.93万元,其中现金180.73万元,捐赠物资折款79.2万元。建立健全农业产业化龙头企业带动脱贫攻坚领导机制,制订出台《遂宁市船山区农业产业扶贫专项2017年实施方案》,全区33家企业与33个贫困村进行结对帮扶,签订《村企结对帮扶及共建协议书》,实现了贫困村企业结对帮扶全覆盖。全年有农业产业扶贫项目37个,涉及贫困户750户,建设基地面积14263亩,总补助资金2834.3万元。引导百绿盛、可士可、川菌绿等龙头企业积极对接贫困村,通过土地流转、农房租赁、股份合作等多种利益联结模式建设产业基地,实现"一村一产业",积极创新推广"高金双保寄养模式""齐全四六分成零风险模式""倒包返租模式""劳务承包模式",带动贫困户脱贫致富。积极推进2018年产业扶贫项目30个,确保每个贫困家庭至少有1个增收产业,增加贫困户财产性收入,带动贫困户脱贫致富。

创新财政投入机制,助推脱贫攻坚。船山区创新"涉农资金打捆""股权量化"等多种财政支农模式,加大财政投入,有力地保障了脱贫攻坚工作的顺利推进。积极实行涉农资金股权量化,将政府向新型农业经营主体补助的生产性项目资金的40%部分量化到农民,特别是贫困户,折资入股参与龙头企业进行合作经营,以此放大财政资金使用效益,在脱贫致富的同时发展壮大村集体经济。打捆整合涉农项目,促进财政资金和金融资金良性互动,按照"一村一主业、一园一特色"的思路,多渠道筹措资金发展扶贫产业。已建成永兴镇台湾牛樟、桂花镇可士可四季橘香、河沙镇万亩莲藕等脱贫攻坚示范园区6个,实现"村村入园、户户入社"。截至2017年年底,全区贫困村"摘帽"10个、贫困人口脱贫1336人。

【乡村旅游】 2017年,船山区发挥近郊优势,着力打造乡村旅游、休闲体验农业等新业态,建成乡村旅游景点17个,田园生态观光游、乡村休闲康体游、农家生活体验游三大精品旅游线路基本形成。以"景区+节会+产业"联动发展模式,丰富观光体验、运动休闲、民宿康养新兴业态,全面推动"三生天地"、茶博园康养、巴蜀农业公园等农旅项目建设10余个,举办了老池乡春茶采摘节、仁里镇罗家桥村桃花节、永兴镇五间村桑葚采摘节等乡村旅游节庆活动,已建成十里荷画、茶博园等乡村旅游基地和旅游景点16个。船山区申报为"全国休闲农业和乡村旅游示范区",观音湖获得国家级水利景区授牌。

【农村水利】 2017年,船山区启动各类水利建设项目68个,整治裸露明井789口,新建及整治渠道34.26千米。新建分散供水工程31个,解决6个乡(镇)26个村33处易地扶贫搬迁集中安置点9000人饮水安全问题。创新"河长+警长"管理机制,逐级落实河道警长职能职责,开展集中行动46次,巡河438人次,办理河道采砂、畜禽养殖、污水排放等行政案件30余起,依法处理60余人。船山区"河长+警长"管理机制被中央电视台《新闻联播》《朝闻天下》《新闻直播间》报道。率先在全省县级层面设立"美丽船山区河长制"微信公众号,建立区级河流微信群、QQ群12个,并计划与四川移动、广电网络公司合作推出"河长制信息管理平台"。

【农村科技】 2017年,船山区推进"1个示范镇、2个示范村、20户示范户、2个农业龙头企业"为整体的科技扶贫示范体系建设。已建成仁里镇罗家桥村、永兴镇孟桥村2个市级科技扶贫示范点,共争取市级科技扶贫项目3个、资金20万元。组织实施农业科技现场培训33场,

乡(镇)农技人员专业培训5次;出动市、区专家60余名,培训各类人员1200余人次,其中农村劳动力670余人、致富带头人120余人、农技人员70人次、涉农干部63人次,发放农技宣传手册5000余份,受益群众30000余人。

【农村教育】 2017年,船山区主动融入"加快中西部教育发展"战略部署和共建"一带一路"教育行动,纵深推进教育优质均衡发展,逐渐消除城乡二元结构壁垒,推进城乡教育一体化建设。加大对农村义务教育的投入力度,推进信息技术与教育融合创新发展,继续推进农村学校标准化建设,全面改善农村学校办学条件。出台《遂宁市船山区深入推进乡村教师支持计划实施方案》,加强农村教师素质提升培训,建好建强农村教师队伍,进一步探索"区管校聘"及集团化办学模式下的干部教师交流机制,完善农村教师交流机制;加强农村学校寄宿制建设,健全农村学生资助制度,加快农村学前教育普惠发展;切实完善留守儿童、"三残"儿童关爱体系,深入实施品格教育、艺体教育、职业教育,促进农村学生全面发展,尤其注重农村学生艺体素养、综合社会实践能力和职业技术能力的培养。

【农村文化】 2017年,船山区全面提升村级文化娱乐基础设施建设,加强村级文化阵地建设。完成8个贫困村的"幸福美丽新村文化院坝"提升建设及设施设备采买配送工作;完成提升改造精品书屋20家;建成电影固定放映室9个、阅报栏(室)28个。所有行政村全部实现广播电视"户户通"。深入32个贫困村开展精准扶贫专场文艺巡回演出32场,开展文化下基层演出200余场次。完成"书香船山 农民读书月"活动12次。向8个贫困村的农家书屋配送科普、文学、法律、地情乡土、文化等类别图书800余册。按照每月每村1场标准,放映农村公益电影384场次。完成"永兴大龙舞""河沙荷花龙"的建设及花园节孝坊保护维修工程。

【涉农招商引资】 2017年,船山区有3000万元以上的农业招商引资重大项目6个,均为内资项目,增长200%;项目总投资5.56亿元,增长152%。协议资金523000万元,增长137%,完成全年任务的185%;到位资金24090万元,增长230%,完成年度任务的133%。

【农产品质量安全监管】 2017年,船山区建立健全农业投入品监管体系、农产品生产标准化、农产品质量安全追溯"三大体系",认真开展乡(镇)种植大户、农民专业合作社、家庭农场的农产品质量安全监管工作,协助部、省、市三级监管部门完成例行抽检8次,对检测中存在的问题产品进行了追溯和整治。累计出动车辆46台次,出动人员150余人次,先后组织监督抽检果蔬农产品农药残留275个样,合格率100%;抽检苗种基地15个,40个成品样品无一例阳性样品;对检查中发现的部分生产经营单位存在的质量安全管理制度不健全、索证索票和生产记录不完善等问题及时提出整改要求,落实整改措施,有效规范生产经营行为,增强从业人员的质量安全和责任意识,确保了全区农产品质量无安全事故发生。

【农村市场体系建设】 2017年,船山区以"惠民兴村""扶微助小""农业设施贷款"为主要内容,完善农村金融服务体系建设。先后出台了《关于加快构建新型农业经营体系的意见》《遂宁市船山区电子商务进农村实施方案》等文件。促进纵横冷链、中海鹤汇等物流企业与"红涪菜乡""遂宁鲜"等农业品牌抱团发展,建设交易中心6个,培育本土农村电商站点84个。船山区加强农产品流通交易集散地建设,建成北大荒粮食电子交易市场、纵横大宗农产品交易市场。引进顺意通、阿里巴巴等知名电商品牌建设基层服务站点,培育农村电商营销队伍,"电商+城乡"共同配送体系逐步完善。

【围绕特色乡(镇)建设,积极推进"一村一品"】 2017年,船山区先后制定出台关于特色乡(镇)建设、农村集体经济发展等系列文件,结合永河现代农业园建设,对"一村一品"建设工作进行安排和部署,明确目标,落实责任,将其作为农业产业化经营工作的重要组成部分。全区特色乡(镇)规划已全面完成,顺利启动农业特色乡(镇)建设3个(唐家乡、桂花镇、河沙镇)、旅游文化乡(镇)建设1个(龙凤镇)。共计建成"一村一品"专业村31个,"一村一品"专业村建成绿色蔬菜、柑橘、田藕等种植基地5.2万亩,生猪、肉牛、羊、家禽等年出栏量分别为32万头、0.62万头、4.8万只、320万羽,主导产业总收入实现1.55亿元,经济总收入实现3亿元。

【深化农村集体产权制度改革】 2017年,船山区出台《关于促进贫困村增加集体经济收入的实施意见》等文件,全面开展村集体资产清产核资工作,建立"三资"管理中心,规范监督管理。鼓励农村集体组织利用"三资"以承包、租赁和入股等方式盘活利用空闲土地及农房,发展农业产业化经营,积极探索发展多种模式的村级集体经济。全年累计流转集体塘堰水面0.3万余亩、林地荒山1万余亩、耕地1.2万亩。全年将821.77万元财政资金量化为集体股权,实现集体投资收入33.46万元。

【创新"土坯房整治+"模式试点用地调整】 2017年,船山区坚持"政府引导、群众自愿、适当补偿"的原则,着力解决老百姓的住房安全问题。推行土坯房整治工程,致力打造幸福美丽新村,助力打赢脱贫攻坚战。按照"统一拆除、统一规划、统一建设"的模式,多渠道筹集资金,采取拆旧留权、拆旧退权、拆旧建新等方式实施土坯房整治工作。整合涉农项目建设,发挥土地增减挂钩整体效益,有效整合项目资金。探索村庄建设用地布局调整试点,将腾退的宅基地、农村闲置建设用地复垦后,整合形成节余集体建设用地指标,通过农村产权交易平台在本镇内流转,用于支持乡村旅游、健康养老及农村"三产"融合项目。通过与农村制度改革试点融合,实施土坯房整治从单纯的房屋结构改变向居住环境更优美、用地结构更优化、村庄布局更合理、集体经济更壮大、产业发展更兴旺、增收结构更多元的方向纵深发展。成功举办全省土坯房整治现场会,土坯房整治经验获得省委领导高度评价,并在全省推广。

【主要领导人】 区委书记:曹斌;区人大常委会主任:蒲体德;区长:韩麟;区政协主席:卢赐义;分管农业副区长:郑良。

船山区编写组

安 居 区

【基本情况】 2017年,安居区辖4乡17镇2个街道,辖区面积1258平方千米。年末总人口78.36万人(户籍人口),减少2.1%;人口出生率9‰,增加0.17个千分点;人口自然增长率3.96‰,增加0.88个千分点。有林地面积3.74万公顷,森林覆盖率30.44%。

2017年,全区GDP148.25亿元,增长9.1%,其中第一产业增加值38.07亿元,增长3.6%;第二产业增加值58.34亿元,增长12.9%;第三产业增加值51.84亿元,增长10.5%。三次产业对经济增长的贡献率分别为12.9%、51.3%和35.8%。全年接待游客242万人次,实现旅游收入20.1亿元。

社会消费品零售总额63.34亿元,增长13.3%。金融机构各项存款余额167.33亿元,各项贷款余额80.56亿元。农业产业化龙头企业

省级、市级、区级分别为3个、24个、55个。

有各类学校120所，在校学生6.72万人，其中普通中学27所，在校学生2.22万人；小学43所，在校学生2.85万人。有文化馆22个，公共图书馆1个。有卫生机构788个，病床位2809张，卫生技术人员1654人。

2017年安居区主要农产品产量

主要农产品	单位	产量	同比(%)
粮食	万吨	43.57	0.68
水稻	万吨	14.5	1.48
小麦	万吨	7.76	1.6
玉米	万吨	10.14	1.5
马铃薯	万吨	2.74	1.5
油菜籽	万吨	1.92	-0.19
蔬菜	万吨	36.47	4.5
水果	万吨	7.14	11.74
肉类	万吨	8.5265	-3.98
猪肉	万吨	7.2324	-4.6
牛肉	万吨	0.1797	-0.28
羊肉	万吨	0.1888	0.05
禽肉	万吨	0.7861	-1.23
兔肉	万吨	0.1345	4.51
禽蛋	万吨	2.0492	-4.52
水产品	万吨	1.74	1

【种植业】 2017年，安居区粮食总产量43.57万吨，增加0.36万吨，增长0.68%；新建水果基地1.8万亩，全区水果基地达17.7万亩；在三家、安居、大安等乡(镇)新建绿色蔬菜基地1万亩，蔬菜基地达13.4万亩；在磨溪、白马、步云、莲花等乡(镇)新建中药材基地0.2万亩，全区中药材基地1.15万亩。开展粮油高产创建，建立优质粮油基地50万亩。落实耕地地力保护补贴等强农惠农政策资金7800.93万元。建成农业部园艺作物标准园1个。推进特色农业保险，将柠檬纳入特色农业保险范畴。

【林业】 2017年，安居区大力开展绿色惠民工程建设，强化基础设施保障。全年营造林3.25万亩，完成零星植树100万株；实现林业总产值13.8亿元。全年森林火警电话76起，处置76起，减少56%。全年森林火灾损失率严格控制在0.1‰以内，森林火灾案件发生次数较上年大幅降低。

【畜牧业】 2017年，安居区出栏生猪100.5万头、肉牛1.18万头、肉羊8.27万只、家禽489.65万羽、肉兔110.57万只，肉类总产量8.5265万吨，实现畜牧业产值2.72亿元。建成标准化规模养殖场(小区)104个。全年在防控H7N9禽流感工作中有效杀灭病源，控制重大动物疫病发生，在全区全面开展消毒灭源工作，全年共使用消毒药31吨，对养殖场、屠宰场(厂)、畜禽交易市场进行全面消毒，消毒面积520万平方米，消毒面达100%。普查鸡112.74万羽、鸭59.56万羽、鹅9.61万羽。做好春、秋季重大动物疫病防控工作。重点抓好高致病性禽流感、牲畜口蹄疫、高致病性猪蓝耳病、猪瘟、小反刍兽疫、狂犬病等重大动物疫病的强制免疫工作，建立重大动物疫病防疫目标责任制，层层签订防疫目标责任书。

【新村建设】 2017年，安居区紧紧围绕"都市农业新典范、有机食品示范区"的总体目标，以"业兴、家富、人和、村美"为主要建设内容，全面加快幸福美丽新村建设步伐。出台了《2017年幸福美丽新村建设和"四好村"创建工作的意见》，全区建成幸福美丽新村43个，创建省级"四好村"30个、市级"四好村"94个、区级"四好村"117个。完成2016年和2017年省级财政幸福美丽新村建设项目竣工验收并移送审计。召开了全市和全区"四好村"创建工作现场会。

【农村扶贫和移民工作】 2017年，安居区实现7493名贫困户脱贫、22个贫困村退出、3332名贫困人口易地扶贫搬迁任务，省、市、区投入扶贫专项项目资金6028万元。截至2017年年底，完成永久征地972.939亩，发放移民直发直补补助资金776.07万元。安居区获得"四川省都江堰灌区毗河供水一期工程建设征地移民安置工作先进单位"称号。

【农村教育】 2017年，安居区投入资金约3000万元，对全区义务教育阶段62所学校的校舍、校园文化、绿化等进行了改造，全区通过义务教育均衡发展省级督导评估。启动聚贤幼儿园扩建项目、磨溪幼儿园、保石幼儿园、石洞幼儿园、观音幼儿园等建设项目，大力发展农村学前教育。建成乡村学校少年宫20所、留守儿童寄宿托管学校5所、法治教育基地2所。西眉中学、横山中学、横山小学等8所农村学校创建为省、市阳光体育示范校，磨溪初中等5所农村学校入选"2017年全国青少年科学调查体验活动推广示范校"。制订《2017年教育扶贫专项计划》，救助建档立卡贫困学生1042名，发放救助资金109.846万元；开展生源地助学贷款484人，发放贷款383万元；完成学生资助6类、15项，资助学生14681人，发放资助资金2029万元。采取"手拉手助教""交流轮岗""城区考调""新教师招聘"等措施，从量和质上均衡师资，解决城乡教师布局失衡和结构性缺员问题。强化乡村教师待遇保障机制，根据学校地理位置的远近，给予了相应教师每月50元、100元、150元不等的农村补贴，在农村教师晋升岗位、评聘高一级教师职称上实施政策倾斜。

【农产品质量安全监管】 2017年，安居区创建为省级农产品质量安全监管示范区，建成乡(镇)农产品质量安全监管站16个、标准化村级农产品质量检测室5个、企业检测室11个，区、乡(镇)、村、企业四级农产品质量安全监管监测体系框架初步形成。在"五一"、国庆、中秋等重要节假日期间，严格落实监管责任，全年共出动执法人员272人，检查农资经营户467户、兽药经营店13家、饲料经销点93个、规模养殖场438个，责令整改农资门市63家，查处农资案件8起；抽检农产品650个。建立健全农产品质量监管体系。遂宁市安居区农产品质量监督检验检测站扩建检验检测用房700平方米，购置原子吸收分光光度计等农产品质量安全监督检验检测设备85台(套)，项目全部竣工，已通过市级主管部门验收，预计在2018年通过双认证。新增报"三品一标"7个，累计达97个，成功进入"遂宁鲜"协会17家。种植业"三品一标"生产面积占食用农产品生产总面积的63.6%，畜牧业"三品一标"生产量占生产总量的60.3%，水产业"三品一标"生产量占生产总量的50.56%。

【主要领导人】 区委书记：雷云；区人大常委会主任：邓立；区长：管昭；区政协主席：李劲；分管农业副区长：舒玉明。

安居区编写组

射洪县

【基本情况】 2017年，射洪县辖30个乡(镇)2个街道，辖区面积1496.0556平方千米，其中耕地面积105.54672万亩、基本农田92.0529万亩。本地水资源总量3.79亿立方米，人均占有水资源量366立方

米。新增有效灌面0.96万亩，新增保证灌面0.44万亩。有林业用地5.0255万公顷，有林地面积4.9796万公顷，活立木总蓄积量4304833万立方米，森林覆盖率35.96%。

2017年，全县第一产业增加值44.89亿元，增长3.6%。农村公路总里程3120千米，公路密度以国土面积计算为2.159米/平方千米，以人口数量计算为32.127千米/万人。农业产业化龙头企业国家级、省级、市级分别为1个、8个、47个。

【年度农业和农村经济运行】 2017年，射洪县实现农业总产值34.02亿元，增长4.5%；农业增加值1.53亿元，增长4.5%。农民年人均可支配收入达14370元，增长10.9%。全县农产品质量抽检合格率100%；建成33个基层农业综合服务站。推广"农事服务超市"、整合农业科技110和科技特派员等资源。

2017年射洪县主要农产品产量

主要农产品	单位	产量	同比(%)
粮食	万吨	44.365	0.99
水稻	万吨	10.538	0.27
小麦	万吨	9.978	2.71
玉米	万吨	11.874	-2.12
马铃薯	万吨	1.1514	0.72
油菜籽	万吨	2.009	0.63
蔬菜	万吨	10.107	0.55
水果	万吨	4.5	12.5
肉类	万吨	7.8303	-3.92
猪肉	万吨	5.8282	-4.42
牛肉	万吨	0.5376	4.85
羊肉	万吨	0.2479	-0.04
禽肉	万吨	1.0402	2.31
兔肉	万吨	0.1764	-23.12
禽蛋	万吨	2.3402	-4.22
水产品	万吨	1.09	3.2
牛奶	万吨	0.0429	-9.11

农用地产权制度改革。全县完成了农村土地承包经营权、集体建设用地使用权等农村产权确权登记颁证扫尾工作。启动了小型水利设施确权登记颁证工作。建设县林权信息管理系统。推进农村承包地"三权分置"，建立健全土地流转服务平台和土地流转监测体系，完善以县乡(镇)为主的农村土地流转分级备案制度。健全完善农村资产评估体系，研究制定评估办法，完善农村产权基准价格体系，建立农村集体产权信息系统。

农产品品牌战略实施。全县依托优势主导产业，采取抓组织领导，层层压实责任；抓项目整合，强化基地基础设施建设；抓标准化生产，引领绿色品牌提档升级抓证后监管；严查违法违规行为抓品牌营销，产品销售市场不断拓展等措施，累计认证"三品一标"农产品81个，其中无公害产品38个、绿色食品23个、有机食品18个、地标农产品2个。组织杰源家庭农场等3家企业申报认证绿色食品5个，3家企业4个产品申报有机食品认证。射洪县获得国家级生态原产地产品保护示范区认证。组织金柠、峻原农业等6家企业参加中国西部(重庆)国际农交会，现场销售280万元，签订合作协议和订单1.5亿元。组织蜀珍柠檬、射洪桔橙"金华清见牌、不知火牌"参加四川出口示范区食品农产品对俄罗斯贸易推介会，意向签约600余万元。组织金柠农业等6家企业参加第五届成都国际都市现代农博会。

【种植业】 2017年，射洪县农作物播种面积10.76万公顷，增长0.3%，其中粮食作物播种面积8.46万公顷，增长0.6%；粮食产量44.365万吨，增加0.43万吨，增长0.99%，其中水稻产量10.538万吨，增长0.27%。油料播种面积16.17万亩，增长0.3%；产量2.83万吨，增长0.7%，其中油菜播种面积11.11万亩，产量2.009万吨，增长0.63%。蔬菜播种面积9.65万亩，减少0.6%；产量10.107万吨，增加0.55%。水果种植面积14.96万亩，产量4.5万吨，增长12.5%。棉花产量0.35万吨，减少2.8%。药材种植面积0.7万亩，减少1.4%；产量0.188万吨，减少1.05%。

【林业】 2017年，射洪县深入推进现代林业重点县建设。全县营造林5.08万亩，其中人工造林2.1万亩、中幼林抚育2.38万亩、低产低效林改造0.6万亩。全年植树200余万株，6.22万亩退耕地还林成果得到巩固。新发展核桃、香桂、青花椒等高效经济林1.2万亩，其中青花椒基地0.2万亩、核桃基地0.4万亩、香桂基地0.5万亩、构树基地0.1万亩。共培育各类花卉苗木1800余亩，其中经济林苗木600余亩、珍贵树种500余亩、速生树种100余亩、花卉苗木600余亩；培育本地核桃良种"平灵1号"嫁接苗42万余株。全年培育省级林业龙头企业5家，发展组建林业专业合作社22家。

【畜牧业】 2017年，射洪县出栏生猪91.3万头，减少5.7%；出栏牛3.33万头，减少0.49%；出栏羊10.27万只，减少5.7%；出栏家禽627.14万只，减少3.49%。肉类总产量7.8303万吨，减少3.92%，其中猪肉产量5.83万吨，减少4.42%；牛肉产量0.54万吨，增长0.49%；羊肉产量0.25万吨，减少0.01%；禽肉产量1.04万吨，增长0.23%。禽蛋产量2.34万吨，增长0.01%。生猪存栏57.4万头，增长4.48%；牛存栏4.11万头，减少2.1%；羊存栏6.33万只，减少3.45%；禽存栏656.57万只，增长11.81%；兔存栏67.32万只，增长5.36%。

【水产业】 2017年，射洪县成立水产技术推广站31个、水产科技试验示范基地1个，水产养殖示范户62户，示范带动辐射户512户，新增水产养殖基地2000亩，申报省级无公害水产品基地5个、农业部健康养殖场5个，创建水产品牌3个。全年水产养殖面积0.116万顷，水产品产量1.09万吨，增长3.2%；实现渔业总产值2.44亿元，增长6.7%。

【新村建设】 2017年，射洪县建成幸福美丽新村58个、村邮站133个，保质保量完成扶贫新村建设目标任务。全县幸福美丽新村建设项目总投入1531万元(其中省级财政专项资金1302万元)，项目涉及10个乡(镇)、21个贫困村。县新村办提早做好项目规划、专家评审、市级审批、省级备案、项目招标等工作，在5月初施工企业全部进场施工，工程已全部完工并进行验收结算。全面推进"四好村""四好户"创建工作。先后组织召开"四好村""四好户"创建工作推进会及业务培训会5次，对全县30个乡(镇)2个街道开展"四好村"创建督查1次，验收检查1次；各乡(镇)开展"四好户"评比6.5万户。全年创建省级"四好村"24个、市级"四好村"91个、县级"四好村"108个。

【扶贫攻坚】 2017年，射洪县全力实施春季攻势、夏季战役、秋季攻坚、冬季冲刺"四大行动"，实现了21个贫困村退出和5172名贫困人口脱贫。全县脱贫攻坚工作被《人民日报》、中央电视台、新华网、《四川日报》、四川电视台等中央、省级媒体先后报道22次，被《每日要情》及《省脱贫攻坚工作简报》刊载4次。四川锦天福泽农业有限公司被评为"全国就业扶贫基地"。全县发展安全优质增收农业产业工作在全国"双安双创"现场会上交流发言，受到中共中央政治局常委、国务院

副总理汪洋的充分肯定。创新开展"六手印记"工作法。在全省率先探索"互联网+脱贫攻坚"精准监督新模式，被省脱贫办、省纪委予以宣传推广。

【乡村旅游】 2017年，射洪县乡村旅游接待游客380万人次，实现旅游收入26.82亿元，分别增长28.25%、28.33%。一是旅游节会丰富多彩。射洪县乡村旅游文化节暨第十九届桃花节、金华山"三月三"庙会、官升荷花节、玉太洋姜花节、双溪芍药花节等独具地方特色的节庆活动的开展带动了全县乡村旅游的发展。举办首届射洪·中华侏罗纪时空之旅国际焰火灯会、螺湖半岛迎新春大型灯展暨美食嘉年华活动、各类祈福活动，万象农庄、龙泉山庄等星级农家乐引进了真人CS、小型晚会等活动。二是品牌创建取得实效。射洪县被评为"四川省乡村旅游强县"。全县建成省级乡村旅游示范镇5个、示范村6个、星级农家乐30家。太和镇、太和镇磨嘴村分别创建为省级乡村旅游特色乡镇和精品村寨。三是旅游扶贫工作有序开展。拟定《射洪县旅游扶贫专项2017年实施方案》，并根据工作计划有序推进各项工作。完成玉太乡改板沟村旅游扶贫示范村申报工作，申报民宿达标户2户；完成玉太乡改板沟村、文升乡广龙村、双溪乡青杠林村乡村旅游规划编制工作；完成文升乡广龙村旅游道路建设方案、报批手续，已进入招拍挂程序。

【农村交通】 项目建设持续发力。2017年，射洪县稳步推进遂德高速公路射洪段项目、省道101线射洪段改建工程前期工作；乌木桩、马家渡渡改桥建成并通车；持续推进农环线、旅环线建设，农环线预计2018年3月完工；大力推进农村公路建设，完成县、乡、村公路70千米，建成县、乡、村公路安保护栏185千米。

脱贫攻坚强势推进。贫困村通村硬化路100%达标。提升村道公路通行能力，制定通村公路增设错车道及加宽改建工程通用图设计文件，由建设村根据自身道路实际情况因地制宜采用。全年投入1309.57万元用于全县11个乡（镇）27个贫困村村道公路建设，新（改）建村道公路33.078千米、错车道140处。

【农产品质量安全监管】 2017年，射洪县落实农产品质量安全部门监管责任。制定了2017年农产品质量安全监管工作要点；完善了农产品产地环境监管等相关制度和服务体系，完成共731页国创工作指南撰写编印。开展农残日常抽检监测，制订农产品（农畜水）定量监测实施方案600个，对农产品例行抽检120个；农安股与县质检站开展定量监测抽检（农畜水）产品240个；农安股、乡（镇）与村级开展种植业农产品农残速测抽样4600个，送样抽检"三品一标"农产品样、水样、土样国家绿色食品原料标准化生产基地（辣椒、榨菜）产品26个，检测合格率均达100%。射洪县创建为全省农产品质量安全监管示范县，并召开全省农产品质量安全监管现场会。

【创新财政支农投入方式，推进财政支农资金股权量化试点】 2017年，射洪县启动部分农民合作社参与财政支农项目资金申报和实施，推动财政支农项目资金投入股份合作社，折股量化到成员，增加农民财产性收入。通过直接补贴、产业基金、农业保险、贷款贴息和股权量化等方式，赋予农户更加充分而有保障的财产权，拓宽农村贫困户持续稳定的增收渠道。

【农村市场体系建设】 2017年，射洪县起草了《关于深化供销合作社综合改革的实施意见》。重点开展"遂宁鲜·射洪造"优质农产品、时令生鲜果蔬和地方特色休闲食品等经营服务。健全质量追溯体系和物流配送体系，成立射洪赶场网线上商城、线下体验店并同步启动运营。

【主要领导人】 县委书记：蒲丛双；县人大常委会主任：税清亮；县长：张韬；县政协主席：李晓曦；分管农业副县长：何小江。

射洪县编写组

蓬 溪 县

【基本情况】 2017年，蓬溪县辖15乡16镇30个街道，辖区面积1251平方千米，其中耕地面积89.4925万亩。年末总人口692657人（户籍人口），人口出生率10.19‰，人口自然增长率4.37‰。森林覆盖率32.94%。是"中国革命老区"、丘区产粮大县、优质油料基地县、生猪调出大县、全省现代农业产业（食用菌）基地强县，是省级文化先进县和省级平安县、全省第二批扩权强县试点县，有"中国书画之乡""五史之乡""古壁画艺术之乡"等美誉。

2017年，全县GDP147.57亿元，增长7.5%，其中第一产业增加值27.17亿元，增长3.5%；第二产业增加值65.29亿元，增长8.5%；第三产业增加值55.11亿元，增长9.1%。一二三产业对全县经济增长的贡献率分别为18.4%、44.2%、37.4%。劳务输出25.7万人，收入36.03亿元。

社会消费品零售总额67.58亿元，增长11.1%。公共财政预算收入完成5.099亿元，增长14.4%；公共财政预算支出38.47亿元，增长21.8%。金融机构各项存款余额190.15亿元，增长6.4%；各项贷款余额95.11亿元，增长8.2%。

【年度农业和农村经济运行】 2017年，蓬溪县实现农业总产值54.79亿元，增长3.5%，其中种植业实现产值24.41亿元，增长4.4%；林业实现产值2.34亿元，增长4.8%；畜牧业实现产值24.47亿元，增长1.7%；渔业实现产值2.32亿元，增长6.6%；农林牧渔服务业实现产值1.25亿元，增长13.5%。生猪、食用菌、伏季水果、蔬菜等特色优势农产品产量保持稳定增长。全县农村居民年人均可支配收入达13175元，增长9.5%。全县农产品质量抽检合格率比年初提高3个百分点；建成31个基层农业综合服务站。出栏生猪55.8万头，减少0.4%；肉类总产量5.05万吨，减少4.1%。全县全年出栏肉牛9968头、肉羊21万只、禽兔480万只。

2017年蓬溪县主要农产品产量

主要农产品	单位	产量	同比（%）
粮食	万吨	35.425	1.6
稻谷	万吨	12	0.8
小麦	万吨	7.1	2.2
油菜	万吨	3.5	1.1
蔬菜	万吨	22.94	1.9
水果	万吨	3.1	0.1
肉类	万吨	5.05	−4.1
猪肉	万吨	3.76	−4.2
禽蛋	万吨	1.68	−4.7
水产品	万吨	1.02	1.5
牛奶	万吨	0.01	−2.9

农业产业化发展。截至2017年年底，全县培育农业产业化省级龙头企业4家、市级27家、县级100家，总数达131家，增长4%；发展农民专合组织414个；发展家庭农场（已进行工商登记注册）295个、专业大户8800户，分别增长13%、1%。带动全县69%以上农户，增长2个

百分点。全县规模化特色优势产业基地累计达56个，增加3个。

农用地产权制度改革。全县国家级试点开展土地承包经营权抵押贷款试点，累计贷款128笔、金额2.38亿元，不良贷款率为零。省级试点林权抵押贷款改革，累计放款46笔、金额6619万元。

现代农业园区建设。全县以全市现代农业一体化大环线建设为载体，围绕天福红江、大石宝梵、任隆高升3个10万亩现代农业园区，逐步形成功能清晰、创新引领、梯次有序、特色鲜明的"1+3+N"全域现代农业园区发展格局。全面提升园区基础设施、旅游环线配套设施等建设，完成投资6亿元(其中各级财政资金0.73亿元、社会资金5.27亿元)，新建各类道路30千米，实施河道整治3千米、渠系建设20千米，实施节水灌溉0.2万亩，完成旅游环线配套设施以及鑫中宇、红鑫福、可士可等项目基础设施建设，基本形成路水田"三网"配套体系。巩固提升核桃经果林产业带2.6万亩、食用菌产业园0.85万亩、航天水稻产业园1万亩、绿色蔬菜产业园1万亩、花卉中药材基地0.55万亩。生猪产业园存栏种猪0.8万头、仔猪15万头。实现土地规模流转4.2万余亩，新增土地流转3000亩，园区土地流转率达80%。引进和培育企业业主22个、专业合作社20个、家庭农场32个、农家乐12家、种植大户211户，其中培育国家级示范性专业合作社1个、省级示范性专业合作社8个、省级示范性家庭农场5个、市级产业化重点龙头企业5个，带动核心示范区新增农民就业3500余人，农民参与率达90%。

【种植业】 2017年，蓬溪县粮食产量35.425万吨，增长1.6%；油料作物产量4.9255万吨，增长1%；水果产量3.1万吨，增长0.1%；蔬菜产量22.94万吨，增长1.9%。新增蔬菜、柑橘特色产业基地各1万亩，发展食用菌3.5万亩；新建现代特色农业产业化基地2万亩；建设高效经济林3.9万亩，其中核桃2.7万亩、青花椒0.7万亩、香桂0.5万亩。种养殖业良种覆盖面达85%，无公害农产品覆盖面达74%，订单农业覆盖面达62%。全年累计认证无公害农产品59个、绿色食品4个、有机农产品9个、地理标志产品4个，培育特色农产品品牌40个，建成省级粮油高产创建示范区3个、食用菌万亩示范区2个、省级蔬菜万亩示范区3个、省级柑橘万亩示范区2个、农业部健康水产养殖示范场1个。

【新村建设】 2017年，蓬溪县新建新村聚居点35个，打造新村综合体1个、省级幸福美丽新村43个。完成"雪亮工程"50个，新建村邮递站192个；新建农房857户，改造农房2163户。全年创建省级"四好村"25个、市级"四好村"98个、县级"四好村"123个。

【扶贫攻坚】 2017年，蓬溪县脱贫攻坚纵深拓展，新建通村硬化路43千米，贫困村文化室新建8个、改建12个，卫生室新建9个、改建11个，新建4G基站150个，实现贫困村移动、电信、联通信号全覆盖。着力打造天福红江、宝梵大石、任隆三凤3个10万亩现代农业园区，构建"1+2+3+10+N"产业发展格局，惠及全县15个乡(镇)106个村11万户46万人；完成易地扶贫搬迁940户2776人，其中集中安置35个聚居点、510户1481人、分散安置430户1295人，实施C、D级危房改造2109户。

【乡村旅游】 2017年，蓬溪县大力推行"现代农业+旅游+新村+文化+农村电商"融合发展模式，建成了全国最大的千叶佛莲基地、天福万象现代农业博览园、绿然现代农业有机富硒体验园、千叶佛莲文化产业园、任隆桃花观光园、红鑫福四季水果采摘园、可士可葡萄采摘园、高坪蓝莓采摘园、金果子精品水果采摘园等休闲农业重点园区。相继举办了天福万象郁金香花海观赏节、金色花海音乐节、千叶佛莲文化艺术节、智慧农庄果蔬采摘节、可士可葡萄采摘节等各类乡村旅游节庆活动20场次，接待游客60万人次，实现旅游收入6000万元，带动农民增收5000万元。

【农村环境治理】 2017年，蓬溪县全面优化乡村环境，制定了长效机制管理办法，加强了"五乱"治理。全年投入416万元配置清扫车等设备设施，累计建成垃圾池12000余口，设置居民垃圾箱116800个，规划设置再生资源回收点494个，购置各类垃圾车750辆，落实村(社区)保洁人员2370人。

【农村市场体系建设】 2017年，蓬溪县省级试点农村电商，整合、包装、上线"遂宁鲜"品牌农特产品80余个。统筹供销社、商务、邮政资源在荷叶乡平桥村等41个贫困村规划建立村级电商服务网点。引进四川东雨农业开发有限公司，通过定制开发APP、创新使用F2C电子商务模式，带动全县有规模、有平台的企业、专合组织5家。

【主要领导人】 县委书记：邓斌；县人大常委会主任：黄元章；县长：肖霞；县政协主席：张璋；分管农业副县长：唐志强。

蓬溪县编写组

大 英 县

【基本情况】 2017年，大英县辖2乡9镇37个街道，辖区面积703平方千米，其中耕地面积31.87万亩，比上年增长0.54%，人均耕地面积0.586亩；基本农田31.87万亩。年末总人口54.4万人(户籍人口)，增长4.37%；人口出生率10.37‰，增加1.75个千分点；人口自然增长率4.22‰，增加1.05个千分点。全县耕地有效灌面和保证灌面分别达到耕地总面积的31%和25.7%；本地水资源总量1.61亿立方米，人均占有水资源量292立方米。有林业用地1.58万公顷，有林地面积1.26万公顷，活立木总蓄积量92.64万立方米，森林覆盖率25.93%。

2017年，全县GDP159.66亿元，增长8.3%，其中第一产业增加值25.32亿元，增长3.6%，农、林、牧、渔及农林牧渔服务业之比为52.9∶4.3∶36.3∶4.1∶2.4；第二产业增加值81.8亿元，增长8.8%(工业产值252.9亿元，增长22.1%)；第三产业增加值52.54亿元，增长10.1%。三次产业对经济增长的贡献率分别为6.8%、63.7%和29.5%。乡(镇)中小企业增加值100.58亿元，增长8.5%；从业人员6464人。劳务输出20.17万人，收入287000万元。全年接待游客1119.6万人次，实现旅游收入886700万元，其中乡村旅游收入177340万元。

公路通车里程1445千米(其中乡村公路1418千米，通乡、通村率均达100%)，密度2055米/平方千米，26.56千米/万人；公路运输货运周转量60198万吨千米，增长8.6%；公路运输客运周转量22519万人千米，减少14.9%。

社会消费品零售总额63.58亿元，增长12.9%。地方公共财政预算总收入完成6.3亿元，增长12.5%；公共财政预算总支出28.9亿元，增长0.5%，其中农业投入250000万元，占支出的8.6%。金融机构各项存款余额161.65亿元，比上年初增长6.22%；各项贷款余额109.57亿元，比年初增长10.28%，其中支持农业产业化发展项目贷款349700万元。全年农业保费收入0.1473亿元，增长14%；处理各项赔款和给付金额1056.17万元，增长1.8%。完成农业产业化项目103个，完成投资568256万元。

有各类学校72所，在校学生46518人，教职工3260人，其中普通高中2所、职业技术学校1所，在校学生3317人；特殊教育学校1所、九

年一贯制学校11所,普通中学14所,在校学生16228人;小学29所,在校学生26973人;学龄儿童入学率100%。完成省级以上科技成果2项,1项科技成果获得省级及科技进步奖。有艺术表演团体18个,文化馆1个,公共图书馆1个,博物馆1个。有卫生机构610个,病床位1958张,卫生技术人员2058人。新型农村合作医疗参合人数44.4万人,参合率99.9%;新型农村社会养老保险参保人数15.7万人,参保率35.36%;被征地农民养老保险参保人数45983人。

【年度农业和农村经济运行】 2017年,大英县实现农业总产值43.5692亿元,增长3.5%;农业增加值25.32亿元,增长3.6%;优质粮油、优质蔬菜、特色水果、道地中药材、高效经果林等特色优势农产品产量保持稳定增长。农民年人均可支配收入达13450元,增长9.3%。在粮食、生猪、蔬菜生产中,科技贡献率为65%。全县农产品质量抽检合格率比年初提高1个百分点;省级安全例行监测抽检任务完成率100%,合格率100%;高毒高残农药管控覆盖率达100%;建成11个基层农业综合服务站。维修改造机电提灌站16台(套),机电提灌保灌面积达14.21万亩,全县主要农作物耕种收机械化水平达57.5%。建设"信息进村入户"益农合作社100个、农村电商服务网点24个,村级信息服务站覆盖率达51%。

2017年大英县主要农产品产量

主要农产品	单位	产量	同比(%)
粮食	万吨	25.85	0.4
水稻	万吨	6.16	0.2
小麦	万吨	4.67	–0.8
玉米	万吨	7.96	0.11
马铃薯	万吨	1.39	2.2
油菜籽	万吨	2.42	–0.4
蔬菜	万吨	10.77	0.1
水果	万吨	0.84	0
肉类	万吨	4.82	0
猪肉	万吨	3.53	–3.8
牛肉	万吨	0.09	0
羊肉	万吨	0.17	0
禽肉	万吨	0.61	0.16
兔肉	万吨	0.26	0
禽蛋	万吨	1.74	–4.4
水产品	万吨	0.93	6.9
牛奶	万吨	0.003	0

农业产业化发展。巩固优质粮油、道地中药材、特色经果林、优质甜橙等特色优势产业基地5万亩,建成现代经济作物产业标准化基地2.2万亩。建设油菜高产高效示范片1个、1.5万亩,水稻绿色高产高效示范片1万亩。培育农业产业化龙头企业17家,新增市级农业产业化龙头企业2家;培育省级示范社1个、省级示范家庭农场2家,在贫困村发展家庭农场12家、农民合作社36个。

农用地产权制度改革。全县农村土地承包经营权确权颁证率达97%,数据汇交率达100%。在蓬莱镇七桥村、玉峰镇玉印村开展农村集体资产股改试点。积极探索农村土地"三权分置"改革。产联式合作社在《人民日报》、中央媒体CRTV中国报道网络电视《专题联播》、CRTV中国报道网络电视《魅力四川》、四川电视台等多家媒体和栏目播出。实施农业项目55个,流转农用地15.7万亩。

农产品品牌战略实施。全年新建农产品产地初加工设施3个,成功申报绿色食品6个,复查换证无公害农产品2个,新认证无公害农产品23个,培育农产品品牌6个。大英魁山菜籽油入选四川省50个优质品牌农产品,被农业厅授予"四川省优质品牌农产品"称号。

现代农业园区建设。全县创建四川省现代农业示范园区,新建现代农业产业融合示范园1个、休闲农业专业村1个、主题公园1个。积极构建"1+2+24+45"现代农业园区发展格局,通过1个市级园区带动2个县级园区,辐射24个乡(镇)特色园区,实现全县45个贫困村"村村入园,户户入社"。园区依托农业产业化龙头企业,按照"产联式合作社"的发展模式,实行大园区、小业主、多业主抱团式发展,规模化经营。新建柠檬种植基地2300亩,发展瓜蒌、益母草等中药材8160亩,高换嫁接柑橘新品种3300亩,种植蔬菜、西瓜、草莓、火龙果等特色果蔬2160亩,带动隆盛镇驼柳村等贫困村6个,受益农户2万余户。统筹整合建设项目,新建各类道路20千米,改造灌溉渠系10千米,建成蓄水池15口。

【种植业】 2017年,大英县农作物总播种面积95.3万亩,减少0.4万亩。其中,粮食作物播种面积69.33万亩,减少0.1%;油料作物播种面积13.86万亩,增长0.1%;蔬菜播种面积3635公顷,增长0.1%。新增蔬菜1.58万亩,新发展中药材0.21万亩、优质柑橘0.25万亩、优质桃0.14万亩。全年粮食总产量25.85万吨,增长0.4%;油料产量2.56万吨,与上年持平;蔬菜产量10.77万吨,增长0.1%。

【林业】 2017年,大英县实现林业产值15661万元,增长4.8%;实现林业增加值1.12万元,增长4.8%。着力推进林业重点工程建设,完成2016年度中央财政森林抚育9000亩,后续产业补植补造2500亩;完成2017年度中央财政造林补贴3000亩。开展"大规模绿化全川大英行动",完成宜林地造林绿化1.8万亩,封育管护0.8万亩,森林质量精准提升1.5万亩,小流域治理8.7千米,栽植经果林309亩,封山育林2327亩。32万人义务植树130万株。着力开展环境保护,全年新增森林面积0.2万亩,森林覆盖率增长0.11%,新增森林蓄积量增加2万立方米。

【畜牧业】 2017年,大英县严把从业准入关,拆除未批先建养殖场2处。严把日常监管关,建立了"辖区政府—畜牧部门—环保执法"多方联动机制,并率先在全市建立网格化驻场督导制度,结合中央、省、市环境保护专项督察,落实环保畜禽养殖污染防治问责制度。严把生态保护关,始终坚持走"生态优先、绿色发展"之路,治污模式创新、医废物处置、无害化集中处理等方面走在了全市前列。全年生猪出栏52.9万头,减少0.1%;牛出栏5645头,增长2.2%;羊出栏73233只,增长2.2%;家禽出栏379.93万只,减少0.1%;肉类总产量4.82万吨,与上年持平。实现畜牧业产值196947万元,增长1.7%;畜牧业增加值9.42亿元,增长1%。

【水产业】 2017年,大英县实现渔业产值15987万元,增长6.7%;渔业增加值1.05亿元,增长6.6%。完成养殖水域滩涂规划制定,水产品总量达9300吨。

【统筹城乡发展】 2017年,大英县坚持城乡统筹,开展"多规融合"规划编制,扩展控规覆盖面,加快"多规融合"步伐。启动城市发展战略规划暨创意文化产业园区概念规划编制,完成海绵城市、综合管廊及旧城综合管线等专项规划编制工作。以旅发大会为契机,完成滨江北

路、滨江南路、天星大道、环城路、采和大道快捷通道等14条城市道路绿化环境、文化设施、景观升级改造。深入挖掘新城文化特色,启动核心区城市设计;修补旧城功能,开展风貌专项整治;着重生态环境修复,重要街区、街景以及河道沿线环境整治提升,启动中心城区风貌整治规划和小溪河沿线环境提升景观设计。

【新村建设】 2017年,大英县按照"业兴、家富、人和、村美"八字方针,协同推进幸福美丽新村建设。建成农民新村聚居点10个。新建村社道路20.46千米,改造提升骨干道路20.05千米,村社道路和入户路硬化率达90%以上。新建整治塘堰34口、蓄水池63口,新建整治渠道26.3千米,改造电力提灌站2处、30千瓦,新增蓄水能力5万立方米,建成高标准农田1.1万亩。实施农村面源污染治理、水污染治理、大气污染治理"三大工程",共新建垃圾池45座、污水处理池19个,污水处理率、垃圾收集率达90%以上。建成文化活动室、卫生室等"1+6"公共服务中心9个,群众文化活动每月开展1次以上。以农民夜校为载体,累计培训新型农民2000余人次。将文明联创、卫生联洁、治安联防、应急联动、困难联帮、致富联带"六联机制"和法治、德治、自治"三治"融合,基层自治不断加强。开展"四好村""四好户"评选活动,验收合格县级"四好村"75个、市级"四好村"60个、省级"四好村"22个,共评选出"四好户"42381户,"四好户"评选率达90%,村民对"两委"班子满意率达98%以上,对村务公开的满意率达98%以上,村民对治安状况的满意率达98%以上。

【农村扶贫和移民工作】 2017年,大英县清退贫困对象2111人,增补未整户识别家庭成员1247人,重新整户识别贫困对象864人。精准识别建档立卡贫困户14630户33373人,建档立卡贫困人口更加精准。争取省级财政专项扶贫资金1593万元、市级财政专项扶贫资金809万元、县级财政专项扶贫资金1294万元,财政专项扶贫资金总额共计3696万元,增长65.37%。新增扶贫小额信贷风险基金100万元,累计贷款7700万元,兑现扶贫小额信贷贴息约430万元。集中开展扶贫开发宣传培训3期、620人次,专家讲座1次、330人次,"送法律下乡"活动33场次。全县达到脱贫标准4168人,达到退出标准14个村,2280人依靠产业脱贫。发展薄壳核桃2800亩、花椒200亩、油牡丹250亩,发展血橙、杏等特色水果770亩,发展稻田养虾200亩,发展三七、瓜蒌等中药材1000亩,带动487户贫困户、1180名贫困人口实现脱贫,实现6个贫困村"摘帽"。

移民后期扶持稳步推进。排查核减移民后期扶持人口181人。兑现移民后期扶持直发直补资金479.07万元,兑现移民后期扶持项目补助资金69.39万元。实施移民后期项目,总投资2835万元,其中群众自筹约300万元。在3个行政村围绕水库移民生产生活发展变化、项目实施及资金管理、移民安置区社会稳定、移民后期扶持政策的落实等情况开展移民后期评估,群众满意度较高。及时高效处理库区和移民安置区12345政府热线咨询13件、移民群众代表来访信2件,全年无违法违规上访案件发生。

社会扶贫工作取得新突破。组织46家民营企业结对帮扶贫困村45个,实施产业帮扶项目13个,解决405人的就业问题,打造"万企帮万村"精准扶贫行动示范村2个;全面加强"五个一"驻村结对帮扶,轮换贫困村"第一书记"15名,救助贫困农民工生活177人、救助资金13.2万元,设置公益性贫困户就业岗位450个,救助扶持"两癌"贫困妇女31名,维修公路3.5千米。围绕"互联网+精准扶贫",完成农村电商、网络扶智、信息服务四大网络扶贫工程网络覆盖100%。举办"让爱在阳光下传递"脱贫攻坚主题活动,设立宣传点13个,出动宣传车40余台次,接受捐款捐物351万元。开展脱贫攻坚奖评选表扬活动,媒体宣传"寻找扶贫好人"9名。注册爱心人士2532名、贫困用户5562人,发起贫困需求和爱心捐赠1665条,对接成功率27.92%,其中爱心捐赠对接成功率59.7%,居全市第一位。组织互助资金459.65万元在23个村、8148户(贫困户2891户)、396个互助小组开展试点工作,发放借款30534万元,有效缓解贫困群众生产生活临时资金短缺问题。

【乡村旅游】 2017年,大英县旅游产业成为拉动大英经济的新亮点。策划举办第二届桃花美食节,带动乡村旅游增收100万余元;组织贵阳旅游专列游大英活动2次,发送旅客1600余人次。加快推进中国死海提升工程,实现中国死海转型升级;加快推进浪漫地中海项目建设,加快卓筒井大遗址公园规划落地,完成了卓筒井大遗址公园规划。全年接待游客1119.6万人次,增长28.4%;实现旅游总收入88.67亿元,增长20.1%。

【农村水利】 2017年,大英县争取中央、省级水利到位资金1.12亿元,综合治理水土流失面积11.83平方千米;解决和改善农村2.28万人饮水安全问题;新建整治各类渠道89.5千米,整治山坪塘37口、石河堰12节、蓄水池88口,改造泵站9处。全县新增灌面0.3万亩,发展节水灌面5.82万亩。完成水利扶贫项目投资2.71亿元。

【农村科技】 2017年,大英县化肥、农药零增长,化肥、农药使用量实现负增长,主要作物绿色防控覆盖面达30.64%,秸秆综合利用率达86.07%,农膜回收利用率达89%(增长2%),良种覆盖率达96%。新型职业农民培训完成100%,专业技术岗位落实率100%。完成"信息进村入户益农合作社"建设100个,村级信息服务站覆盖率达51%。新建和改造农机化生产道路63千米,推广耕种收农业机械233台(套),推广测土配方施肥技术面积70万亩,配方肥推广50万亩,有机肥施用面积11万亩。建成高标准农田3.46万亩。

【农村教育】 2017年,大英县为做好教育扶贫,免教科书资金435.57万元,免作业本费119.35万元,制订了公用经费分配方案,按标准拨付公用经费2718万元,政策落实了贫困寄宿生生活补助,补助学生7994人次、资金469万元。拨付教育扶贫救助基金250万元,救助建档立卡贫困家庭学生2950人。

【农村文化】 2017年,大英县组织"我们的节日"元旦春节川剧专场、街道游演、义赠春联、广场音乐会等活动20余场;组织"庆国庆、迎十九大"全民共舞、经典诵读、全民健身、音乐会等系列文艺演出30余场。完成全市第二届乡村文化旅游节暨大英县首届桃花美食节、全市旅游发展产业大会、遂宁市第六届全民健身运动会开幕式以及"大众创业、万众创新"文艺演出任务。组织大家跳、大家唱、太极拳展示等广场文化活动100余场次。县体育中心、图书馆、文化馆、美术馆、博物馆免费开放,全年接待群众21.7万余人次。完成基层服务点资源平台建设23个。

【农村卫生】 2017年,大英县争取项目资金1.45亿元,完成目标任务的100%。创建省级中医重点专科1个,建立中医诊疗服务区和标准化中医科10个,村卫生室各配备0.5万余元的中医诊疗设备1套,打造中医角15个;培训中医药适宜技术5期、100名,评选名中医10名,遴选中医师承教育指导老师6人,培养学术继承人12名。

【涉农招商引资】 2017年,大英县3000万元以上的农业招商引资重大项目57个,均为内资项目,增长54%;项目总投资65亿元,增长

25%。协议资金450000万元，增长34%，完成全年任务的100%；到位资金450000万元，增长34%，完成年度任务的100%。

【农村社会保障】 2017年，大英县基本养老保险参保人数达34257人，总参保人数达73673人，征收基本养老保险费31019.95万元（其中当期征缴收入14765.57万元，补缴16043.22万元，清欠211.16万元），基本养老金支出68048.43万元（其中离退休费待遇支出66380.87万元，死亡丧葬费支出1042.56万元，代发森工费用625万元）；城乡居民养老保险参保人数达157000人，征收居民养老保险费4780.24万元；失业保险参保人数达9358人，征收失业保险费452.32万元；城乡居民医疗保险参保人数487392人，征收居民医疗保险费7613.7万元。全年办理农村户口失业登记20人，就业登记115人；举办创业培训11期、348人，技能培训35期、1120人，补贴资金134.4万元；岗位提升培训1710人，补贴资金68.4万元。帮助"4050"等困难对象实现再就业255人。举办招聘会12期（其中农村贫困家庭就业扶贫专场招聘会5期），参与企业累计达170余家，提供就业岗位5500余个，现场报名3448人，企业用工450人；"9+3"藏区毕业生就业安置57人，实现初次就业率95%以上。

【农村生态建设及环境保护】 2017年，大英县化肥使用量实现负增长0.6%，秸秆综合利用率达86.07%，农药使用量实现负增长2.64%，主要农作物绿色防控覆盖率30.64%，专业化统防统治覆盖率达39.76%。严格管控秸秆焚烧，县域环境空气质量不断改善。80%的乡（镇）建成污水处理厂并全部正常运行，启动实施工业污水处理厂建设项目。整治郪江及饮用水水源保护区等禁养区养殖企业，关闭禁养区内畜禽养殖场58家，治理103家。郪江水环境质量较2016年明显改善，氨氮浓度降低30.7%，总磷浓度降低6.6%，化学需氧量浓度降低11.5%。实现化学需氧量消减1389.57吨，氨氮排放量消减70.05吨，二氧化硫排放量消减86.3吨，氮氧化物消减11.61吨。

【主要领导人】 县委书记：蒋喻新；县人大常委会主任：付华勤；县长：胡铭超；县政协主席：张钰；分管农业副县长：杜锐。

大英县编写组

内 江 市

【基本情况】 2017年，内江市辖14个街道107个乡（镇）1609个村346个社区，辖区面积5384.72平方千米，其中耕地面积273.6602万亩。年末总人口420.06万人（户籍人口），其中乡村人口304.63万人；人口出生率10.67‰；人口自然增长率-0.26‰，减少2.98个千分点。耕地有效灌面和保证灌面分别达到耕地总面积的67%和41%；本地水资源总量13.71亿立方米，人均占有水资源量367立方米。有林业用地10.55万公顷，有林地面积17.47万公顷，活立木总蓄积量825万立方米，森林覆盖率34.13%。

2017年，全市GDP1332.09亿元，增长7.1%，其中第一产业增加值209.6亿元，增长2.8%，农、林、牧、渔及农林牧渔服务业之比为55.8∶4.1∶30.7∶7.7∶1.7；第二产业增加值660.67亿元，增长7.2%（工业增加值589.95亿元，增长7.1%）；第三产业增加值461.82亿元，增长9%。三次产业结构比为15.7∶49.6∶34.7。三次产业对经济增长的贡献率分别为15.7%、49.6%和34.7%。劳务输出118.21万人，收入197.03亿元。全年接待游客2043.24万人次，实现旅游收入263.87亿元，增长22.13%，其中乡村旅游收入95亿元，增长17.3%。

公路通车里程11393.247千米（其中农村公路10755.779千米），密度2107.8米/平方千米，27.1千米/万人。社会消费品零售总额511.87亿元，增长11.1%。地方公共财政预算总收入完成56.1亿元，增长9.1%；公共财政预算总支出217.51亿元，增长8.6%。有农业产业化龙头企业国家级、省级、市级分别为1个、32个、98个。工商注册农民专业合作社2280个（其中国家级19个、省级101个），工商注册家庭农场1252个。

有各类学校1161所，在校学生56.5万人，教职工3.75万人，其中普通高校4所，在校本（专）科学生4.23万人，增长0.28%；普通高中38所，在校学生5.66万人；小学273所，在校学生22.41万人；学龄儿童入学率100%。4项科技成果获省级及以上科技进步奖。城乡居民基本养老保险参保人数136.77万人，参保率92.98%；参保缴费人数62.54万人，待遇领取人数为60.81万人。城乡居民基本养老保险征收9.34亿元，支出养老金0.44亿元，月平均养老金水平达75.1元。被征地农民养老保险参保人数44782人，占总人数的95.93%，其中已领取待遇人数16101人，平均养老金达1173.29元。

【年度农业和农村经济运行】 2017年，内江市实现农业总产值361.5308亿元，增长2.9%；农业增加值213.32亿元，增长2.9%。农民年人均可支配收入达13639.75元，增长9.2%。在粮食、生猪、蔬菜生产中，科技投入的占比或科技贡献率为56%。农产品质量抽检合格率达99.4%；建有103个基层农业综合服务站。

2017年内江市主要农产品产量

主要农产品	单位	产量	同比(%)
粮食	万吨	158.2	0.9
水稻	万吨	66.2	1.1
小麦	万吨	0.18	-98.9
玉米	万吨	41.6	2.9
马铃薯	万吨	17.7	2.5
油菜籽	万吨	12.5	12.6
蔬菜	万吨	295.2	5.7
水果	万吨	43.83	2.4
肉类	万吨	24.64	-13.1
猪肉	万吨	17.75	-15.9
牛肉	万吨	0.44	-12
羊肉	万吨	0.76	-4
禽肉	万吨	3.83	-5.5
兔肉	万吨	1.86	-1.7
禽蛋	万吨	4.63	-5.4
水产品	万吨	11.63	6.85
牛奶	万吨	0.83	-3

2017年内江市家庭农场经营情况统计表(前10位)

家庭农场名称	注册资金(万元)	法人代表	年度产值(万元)	主营产品
威远县青云渔业养殖家庭农场	20	郭青云	400	鱼
内江市中区陈飞养殖家庭农场	5	陈飞	300	生猪、淡水鱼、淡水虾饲养及销售
隆昌县李彬畜禽养殖家庭农场	220	李兵	260	生猪
隆昌县云君蔬菜种植家庭农场	200	喻俗容	218	水果、蔬菜
威远县生宏特种养殖家庭农场	15	姚良成	150	野鸡、孔雀、鱼
内江市东兴区陈燕生猪养殖家庭农场	180	陈燕	130	生猪
内江市东兴区怡兴生猪养殖家庭农场	100	罗兰	130	生猪
资中县慧兴养殖家庭农场	50	刘盛福	113	鸡
资中县开心种植家庭农场	80	陈辉	113	蓝莓、梨
内江市中区张健养殖家庭农场	30	张健	80	山羊

农用地产权制度改革。全市农村土地承包经营权确权登记颁证有序推进,实测承包地块数达934万块,共登记确权面积383.76万亩,比原习惯面积增加149.52万亩,增长63.8%,土地确权数据汇交率达100%,5个县(市、区)农村土地承包经营权确权登记均通过省级验收并全部获得优秀等次。农村集体产权制度改革深入实施,共有149个村完成了农村集体资产清产核资工作,确认集体经济组织成员25.83万人,股权量化26.07万股,注册集体资产管理公司3家,成立村集体股份经济合作社138个,开展清产核资业务培训人数累计达2703人次,印发清产核资表册1万余份。全市家庭承包经营耕地总面积237.2万亩;家庭承包耕地流转总面积67.2万亩,占家庭承包经营耕地总面积的28.2%(流转率)。规模化流转面积18万亩,占流转总面积的8%。在流转的同时,积极探索创新流转新模式。市中区、隆昌市大力推广承包土地股权化、集体资产股份化、农村资源资本化"三化"模式,引进社会资本发展股份合作,让农民获得土地分红、集体收益和务工收入。东兴区、资中县采取土地经营权入股(合作)模式壮大集体经济。东兴区高梁镇杨岭村采用股份合作模式,按一定比例进行收益分成,村集体资产管理公司入股新蓝天专合社,共同经营"四季水果采摘园",种植柑橘、葡萄、桃子等水果,帮助农民脱贫增收致富。

农产品品牌战略实施。全市"甜城味"商标使用企业产品年销售总量增长51.5%,全年线上线下销售额近200亿元,其中展会活动现场销售1.15亿元,签约额近10亿元。将品牌建设与脱贫攻坚相结合,在5个县(市、区)、301个贫困村建设产业基地3万亩,依靠产业脱贫贫困人口2.79万人,2017年带动贫困户人均增收150元以上。10月,在北京市举办的第十五届全国农博会得到中央电视台七套等权威媒体的关注和报道;四川电视台、《重庆晨报》、《四川日报》、《华西都市报》等40家省内外媒体进行了专题报道。湖南、重庆等30余个省、市代表团到内江市考察学习"甜城味"品牌建设。多次在四川农业品牌化建设培训会等重大会议作经验交流,得到了高度肯定。充分利用"甜城味"全省十大区域公用品牌的影响力和号召力,引导动员15个涉农品牌商标企业入驻四川商标品牌网,组织"赵老师""威宝""黄老五"参加2017中国国际商标品牌节暨中华品牌博览会,"赵老师""威宝"分别被2017中华品牌博览会组委会评为"金奖"和"银奖"。"资中血橙"获得"全省五十强优质农产品品牌"称号。

现代农业园区建设。市中区"黄河湖柑橘"省级现代农业产业融合示范园区。园区位于内江市西南面,距成渝高速公路内江出口处14千米,交通便捷。辖永安镇、朝阳镇、凌家镇、全安镇、凤鸣镇5个镇35个行政村。总人口4.5万人,耕地面积4万亩。示范园区以万亩柑橘产业为主导产业,带动食品加工业、休闲观光农业融合发展。园区内涵盖市中区永安现代农业示范园区、黄河湖4A级景区、凌家农副产品加工园、川南大草原、尚腾新村主题公园等,农家乐15家。建成万亩柑橘产业核心示范区2.45万亩,全年园区实现总产值6.5亿元,园区主导产业实现产值约4.9亿元,占园区总产值的75.4%,处于全市领先水平。资中国家农业科技园区。2013年11月开始谋划,2015年2月被科技部等六部委批复为第六批国家农业科技园区进行建设。园区由核心区、示范区、辐射区构成,总规划面积约100万亩。核心区位于资中县水南镇、银山镇、公民镇和明心寺镇,面积约1.2万亩。示范区由资中县、市中区、东兴区和威远县所涉片区构成,面积约35万亩。园区核心区已形成"一心两园五区"功能格局。"一心",即四川内江国家农业科技园区总部基地,坐落于资中县凤翔东路2号,总占地面积17亩,建筑面积5830平方米,主要包括园区管委会办公室、数据信息中心、展示大厅、多功能会议室、接待服务中心、研发中心、农产品展示中心及农机展示中心;"两园"即内江五彩园和特色农产品加工园,分别位于核心区中南部和中东部,内江五彩园规划占地面积约500亩,特色农产品加工园规划占地面积约100亩;"五区",即坡地珍稀果品产业集聚区、平坝精品蔬菜产业集聚区、环库休闲农业产业集聚区、浅丘名优家畜产业集聚区、滨江奇异水产产业集聚区,总面积约11100亩。东兴区长江现代农业示范区。位于东兴区田家镇,距内江城区12千米,省道426线穿境而过,交通便捷,地理条件优越。园区规划面积27平方千米,沿田家镇辖区内的小青龙河两侧分布,按照田家片区"文农旅科"融合发展思路,依托范长江旅游园区,紧紧围绕打造"长江"文化旅游品牌,"文农旅"融合发展,大力发展休闲、观光、体验、科技等现代农业,该园区流转土地6102亩,有业主11家,具有代表性的有瑞隆草莓、葡萄种植基地、铁皮石斛种植基地。园区累计流转土地9600亩,培育新型农业经营主体11家,产业面积达6000余亩。主导产业为铁皮石斛,实现产值1.1025亿元,占园区总产值的45%;打造范长江"爱国主义教育基地"红色旅游品牌,实施了范长江故居提档升级工程,园区群众人居环境大为改善,村容村貌焕然一新;1月,范长江文化旅游园区获批为国家4A级旅游景区。威远县镇西食品工业园区。位于镇西场镇东南方向,距成自泸高速路4.5千米、内威荣高速公路3.5千米。于2010年着手创建,园区规划面积1.8平方千米,计划总投资20亿元,建成集收购、储存、加工、销售、研发、产品检测、食品物流集散于一体的特色食品工业园区和川南绿色食品加工示范基地。有黄老五、威宝、金四方、缔铂酒业、川老妈、洋龙酒业等企业入驻,其中省级龙头企业5家,有"威宝牌"1个中国驰名商标和"黄老五""川老妈""周萝卜""金四方"4个四川省著名商标。威远县现代农业产业融

合示范园区。位于镇西、新店、向义、界牌4个镇30个行政村范围，园区划分为“一心、一园、五区”，即园区管理服务中心、镇西农产品加工物流园、产村融合发展区、双创孵化与科技研发区、无花果提质增效示范区、无花果绿色循环标准化生产示范区、无花果有机标准化生产示范区。园区共收集有国内外无花果种质资源50余个，种植面积达5.2万亩，占全国无花果种植面积的30%以上，位于全国三大无花果主产区之首。园区内有金四方、久润泰、美源润3家无花果加工企业，无花果鲜果年加工能力达到7万吨，加工能力全国排名第一位。

【种植业】 2017年，内江市粮食作物播种面积459万亩，产量158.2万吨，增加1.4万吨，实现“十一连增”。蔬菜播种面积114.21万亩，产量295.2万吨；水果种植面积45.4万亩，产量43.83万吨；茶叶种植面积2.24万亩，产量0.26万吨；中药材种植面积2.4万亩，产量0.55万吨。

【林业】 2017年，内江市大力实施大规模绿化内江、沱江流域绿化、省级森林城市创建“三大行动”，稳步推进林业供给侧结构性改革、集体林权制度改革、林业综合执法改革、国有林场改革“四项改革”，加快发展特色经果林、林下经济、花卉苗木、野生动物驯养繁育利用、生态康养旅游“五大产业”。新增森林面积2.2万亩，新增森林蓄积11.63万立方米，森林覆盖率提高到34.13%。全年营造林12.03万亩，义务植树240万株，完成沱江流域绿化4.9万亩，培育现代林业产业基地18.12万亩，实现林下经济产值1.9亿元，全年实现林业总产值13.8亿元（统计局口径）。有效管护国有林13.85万亩，巩固退耕还林成果32.37万亩，补偿集体和个人所有公益林43.41万亩。全年森林火灾受害率0.05‰，林业有害生物连续10年成灾率为零。

【畜牧业】 2017年，内江市出栏生猪、牛、羊、家禽、兔分别为3.64万头、58.04万羽、2634.34万只、1428.56万只，产量分别减少15.6%、12%、4%、5.5%、1.7%；肉类总产量、牛奶产量、禽蛋产量分别达24.64万吨、0.83万吨、4.63万吨，分别减少13.1%、3%、5.4%。

【水产业】 2017年，内江市水产品总产量11.63万吨，增长6.85%；全社会渔业经济总产值达37.5亿元，增长8.2%；渔业人口人均渔业收入12096元，增加1050元；农村人口人均渔业收入1136元，增加87元。

【新村建设】 2017年，内江市建设幸福美丽新村179个，创建省级“四好村”68个、市级“四好村”333个。全面启动“建、改、保”聚居点39个，涉及农户2066户。投入新村扶贫资金5270万元，综合推进乡村道路、农田水利等“五网”基础设施建设。建设、拓宽村道332.94千米、便民路333.97千米，整治土地6557亩，修建山坪塘及堰塘595口，建设“1+6”公共服务中心107个、文化院坝120个、村卫生室113个。

【农村扶贫和移民工作】 2017年，内江市实现27791名贫困人口脱贫、85个贫困村退出，未脱贫贫困人口下降至4.18万人，未退出贫困村下降至153个，贫困发生率下降至1.27%，为川南5市最低。完成财政专项扶贫项目投资13308万元，帮助贫困村新（改）建通村公路174.4千米、便民路208.6千米，帮助贫困户发展小家禽畜82.2万只（头），帮助贫困户发展种植业15546亩。完成移民后期扶持项目资金投入4339万元，完成移民实用技术培训3331人次。全年累计发放直发直补资金1346.19万元。易地扶贫搬迁规模指标新增4479人（其中资中县2764人、威远县1715人）、“十三五”期间规模指标达12812人。其中，2017年实施易地扶贫搬迁4946人（含资中县和威远县提前实施2444人），建成住房1879套，住房建成率100%，搬迁入住率100%。

【乡村旅游】 2017年，内江市实现乡村旅游收入95亿元，增长9.94%；接待游客2043.24万人次，增长12.67%。重点推进市中区永安镇“川南大草原”、东兴区新店乡“天荷瀑布”、资中县鱼溪镇响水滩乡村记忆、隆昌市石燕桥镇“田园牧歌”、威远县观音滩镇“花朝门”等5个重点乡村旅游提升示范项目。创建省级乡村旅游提升示范项目1个、省级旅游扶贫示范村2个、乡村旅游特色乡（镇）1个、乡村旅游精品村寨2个、五星级农家乐（乡村酒店）3家、精品乡村旅游特色业态经营点12个、特色业态经营点16个、乡村民宿达标户13户。支持20个重点旅游扶贫村发展，专项拨付旅游扶贫资金100万元，完善提升旅游基础设施建设，努力带动贫困村民增收致富。大力推动乡村旅游节庆活动开展，在隆昌市“蝶恋花”乡村旅游景区举办了四川省第八届乡村文化旅游节（夏季）分会场暨内江市乡村旅游文化节活动，打造内江市乡村旅游节庆活动拳头品牌。推出了“汉安烙画”“千草生物”“无花果”“泡菜哥”等系列旅游商品近100余类（种）。

【农村水利】 2017年，内江市农村水利工作突出“抢补资源短板、着力绿色发展、严格资源管用、确保防汛安全”四个重点取得了较好成绩。全面建立河（库）长制工作机制，将165条河流和364座水库纳入河（库）长制管理，共设立3587名河（库）长；市“四大班子”34名市级河（库）长履职尽责，累计开展巡河调研130余次，组织研究河长制工作90余次，有力推动了河库治理保护工作；3个国控断面水质全面改善，乡（镇）集中式饮用水源水质达标率提高13.7个百分点。全面完成“重大项目完成90%、一般项目完成80%”年度水利投资计划执行目标；向家坝灌区北总干渠一期工程可研报告进入国家审批可研、全面开工准备、局部实施建设阶段；东兴区联合水库、隆昌市长桥水库和资中县河库联通工程等域内骨干水利加快建设，5个农建综合示范片、1.2万亩高效节水灌溉项目惠及15.299万人农村饮水安全巩固提升等民生水利整体推进、打捆实施；突出水利扶贫和产水配套，将水利项目向贫困村和农业产业重点倾斜，全面完成2017年水利扶贫和支持幸福美丽新村建设任务。狠抓防汛减灾保安工作，成功应对3次区域性暴雨、4次强暴雨过程，再次实现防汛减灾零死亡、零失踪、零重伤的“三零”目标。

【农业机械化】 2017年，内江市完成机耕248.94万亩、机播76.34万亩、机收125.5893万亩。“四大粮油作物”综合机械化率为54.35%，提高6.1个百分点。完成农机购置补贴资金262.55万元，共补贴各类农机具2880台，其中补贴动力机械7台、耕整地机械2558台、收获机械65台、田间管理机械2台、收获后处理机械130台、农产品初加工机械55台、畜牧水产养殖机械51台、拖拉机7台，受益农户及组织2790户。

【农村科技】 2017年，内江市推广川中黑山羊、“宜优2115”、“川优6203”、“德香4013”等新品种，大力推广超高产强化栽培技术、精确定量栽培、再生稻综合栽培等新，有效帮助贫困群众增产增收。积极引进推广农业新技术、新品种45项。组织实施优质抗病杂交稻品种选育及材料创新、四川平坝区夏播玉米新品种的选育及材料创新、小龙虾池塘精养关键技术研究等11项市级现代农业类科技计划项目，推进项目有序有效实施。大力加强产学研用协同创新，加快推进科技成果落地落实，深入实施科技成果转化项目。“大恒669肉鸡”配套系在内江市的推广应用、优质高产高效杂交香稻内5优39高产繁殖技术示范、白乌鱼早繁与成鱼高产高效健康养殖技术示范、白乌鱼现代产业链关键技术集成与产业化示范等项目有序推进；新一轮科技厅创新产业链示范工程项目——肉鸡产业链关键技术研究与示范在上年基础上继续实施。以“四下乡”、“科技之春”科普活动月、“科技活动周”和农民夜校等为载体，全面开展238个贫困村“科技下乡”和科普宣传活

动工作,实现了贫困村全覆盖。全力加快国家农业科技园区核心区基础建设和项目建设。

【农村教育】 2017年,内江市建成中小学心理咨询室600余间、乡村学校少年宫113个、省级艺术特色学校5所、全国校园足球特色学校37所。内江市被教育部命名为"国家级学校安全教育实验区"。在内江六中等10所学校开展高中选课走班试点;藏区"9+3"学生初次就业率达98.59%。新(改)建公办幼儿园18所,发展民办幼儿园34所。全市436所义务教育学校标准化建设全部完成,完成率100%。隆昌市、威远县被授牌"全国义务教育基本均衡县",市中区顺利通过国家义务教育均衡督导评估,东兴区、隆昌市顺利通过省级评估。印发《内江市普通高中质量提升计划(2017—2020年)》。"提高实效性的德育生态工作案例"被教育部评为全国中小学德育工作优秀案例,建成省级文明校园32所。全市5所学校在省级"阳光体育示范校"复查验收中被评为优秀,9所省级阳光体育示范学校全部通过复查验收,全市建成全国青少年校园足球特色学校37所,市教育局被国家体育总局评为"全国群众体育先进单位"。全市14名优秀艺术教育工作者入选"四川省文艺专家库"。助力23588名建档立卡贫困学生享受教育精准帮扶,全市无一名义务教育阶段学生因贫困失学、辍学。落实"三免一补"政策,惠及学生34.15万人。全市3.8936万名农村义务教育学生享受免费午餐。55名教师支援会东县、会理县及黑水县。内江师院新校区完成征地拆迁1520亩,完成投资6.1亿元;内江六中高新校区教学楼等项目完工,各项投资1.216亿元;内江一中扩建项目已完成选址、部分土地预审、可研报告。内江职院新校区二期完成投资200万元。全面改薄项目顺利实施,累计投入资金10.4095亿元,开工建筑面积43.97万平方米,开工运动场面积45.06万平方米;竣工建筑面积42.14万平方米,竣工运动场面积39.44万平方米;完成设备购置2.1487亿元。全市中心校及以上学校100%实现"宽带网络校校通",全市教师学习空间注册率达86.92%,学生空间注册率达66.31%,全省排名第三位。完成改食堂项目学校60所、改学生公寓项目学校16所、改垃圾池项目学校55所、改厕所项目学校51所、改水项目学校34所。开办领导干部、骨干校长、学前教育管理研修班,培训各类校长391人。组织1.76万名中小学幼儿园教师参加信息技术应用能力提升工程培训和远程全员培训。交流调整任免全市副县级学校及市直学校中层以上干部27人,推荐考察16人,年度考核干部226人。通过定编补充、定岗招聘、定向培养为全市补充教师1322人,开展校长教师交流轮岗632人。推荐评选"全国教书育人楷模""中国教育名家大师"等国家级表彰5人,四川省特级教师、道德模范等省级表彰25人,推荐"内江市践行十爱典型人物"112人。大力推进名师工作室建设,建成名师工作室11个。对大龄教师评聘中高级职称进行条件优惠,全年享受优惠政策评聘高级教师124人、教师197人。

【农村文化】 2017年,内江市组织举办文化惠民、"文化下乡"活动近400场。拥有国家级历史文化名镇2处(罗泉古镇、云顶古镇),省级历史文化名城(资中县)、名镇(资中县铁佛镇)各1处,全国爱国主义教育基地1处(范长江纪念馆)。有馆藏文物3800余件(套),实际文物、藏品逾万件。推进实施资中文庙维修二期工程、内江东乡农民运动会址(关帝庙)修缮工程,完成省保单位资中王家祠应急抢险工程,及时开展田野文物保护和文物保护宣传工作。开展"文化遗产进乡村"等活动20余场次。第六批市级非遗代表性项目名录和第五批市级非遗代表性传承人申报工作顺利开展,市级非遗传承人达57人。组织参加第六届中国成都国际非遗节获省政府表彰。积极推荐非遗项目"走上去",资中中型杖头木偶戏、内江蜜饯制作技艺、市中区黄氏吹糖人、隆昌舞龙等内江非遗项目登上央视节目。建设完成村文化室85个,每个村文化室建有室内室外活动场所,配有一套广播器材、一套文化器材、宣传阅报栏及1600册以上的图书。建设乡(镇)广播电视公共服务网点111个,每个服务网点建立健全和公示服务制度、服务内容、服务时限,为群众安装有线、无线、卫星广播电视接收设施,为电视"户户通"和广播"村村响"提供维护服务。完成贫困户电视"户户通"11160户。"雪亮工程"一期项目全面完成,有238个村、约4619个摄像头已投入使用。开展公益电影放映20476场,观影人数达140余万人次。落实资金329.8万元,完成1649个农家书屋出版物补充更新工作,每个书屋补充更新书刊60种以上,供读者选读,确保书屋藏书常添、常换、常新。其中,市中区154个、东兴区428个、资中县391个、威远县320个、隆昌市365个、经开区15个。

【农村卫生】 2017年,内江市继续实施农村孕产妇住院分娩补助、农村育龄妇女增补叶酸及预防艾滋病、梅毒和乙肝母婴传播等重大公共卫生妇幼项目,实施了市内农村孕产妇住院分娩补助项目出院即报工作。农村孕产妇住院分娩率99.98%。新建国家卫生乡镇3个、省级卫生乡镇12个、省级卫生村139个,省级卫生乡镇、省级卫生村覆盖率分别为58.78%、33.57%。市、区财政共投入约300万元,通过购买社会化服务的方式组织专业消杀公司对市中区、东兴区、内江经开区建城区的公共区域、重点场所和公共设施及居民小区外环境的病媒生物进行统一消杀。参与和指导涉农厕所项目建设,农村卫生厕所普及率提高到82.54%。投入520万元,加强贫困村标准村卫生室建设,85个脱贫村全部建成标准化村卫生室并配备合格乡村医生。各乡(镇)卫生院投入资金3725.88万元,新增万元以上设备316台;培育基层中医药人员198人,补充贫困村及乡(镇)卫生院卫技人员93人;基层医疗卫生机构门(急)诊诊疗人次增长1.16%,住院人次增长11.95%。基层医疗卫生机构规范化建设达标率80.95%。55名乡村医生参加全省乡村医生执业注册考试,48人考试合格,合格率87%。东兴区三烈镇卫生院杨华谦获得"全国卫生计生系统先进工作者"称号。基本公共卫生服务项目经费人均标准50元,将40%左右的工作任务和经费下达给乡村医生。高血压患者规范管理率70.64%,糖尿病患者规范管理率72.03%,肺结核患者管理率99.21%,严重精神障碍患者在册管理1.8904万人,规范管理1.6481万人,规范管理率87.18%。家庭医生团队833个,常住一般人群签约2460375人,签约率65.79%;重点人群签约1096034人,签约率81.32%。

【农村交通】 2017年,内江市投入7.5亿元,新(改)建农村公路775.2千米,其中县、乡公路161.5千米,通村公路613.7千米;完成渡改公路桥3座、渡改人行桥4座;完成危桥改造10座;完成公路路侧护栏235.8千米。交通建设扶贫工程完成县、乡道50.1千米,村级公路331.35千米,2017年计划退出的85个贫困村全部实现通硬化路。农村公路客运量累计完成12745.46万人,公路旅客周转量累计完成467631.28万人千米,1680个建制村中已有1344个建制村通客运班车。截至2017年年底,共有农村客运企业28家、农村客运线路317条,投放农村客运车辆1163辆,日发班次5204班。

【农村生态建设及环境保护】 2017年,内江市农村生活垃圾治理被纳入市委市政府20件民生实事目标任务,农村生活垃圾有效治理率达90%。各级投入资金2223万元,新(改)建乡(镇、街道)垃圾库(池)

50余个，配备压缩、转运车辆20台，保洁车辆80台；新（改）建村庄垃圾房（池）200个，配备垃圾转运车110台。乡（镇、街道）共建有垃圾转运站、垃圾处理厂（站）53个，占地面积13.8万平方米，日转运、处理量730吨；乡（镇、街道）建有垃圾库1000余个，配备压缩、转运车辆110台，保洁车辆300台；村庄建有垃圾房（池）7100个、垃圾库1200个，配备垃圾转运车155台；建有可利用垃圾乡（镇）站405个、村回收点1016个，有乡（镇）保洁人员4974人、村庄保洁人员8672人。扎实开展了清河、清渠、清沟、清路、清院"五清"行动。共清理水面漂浮物6.5万吨、河道污泥6.2万吨、堤岸垃圾1.7万吨、河道障碍物1.1万吨，整治入河排污口300余个；清理卫生死角垃圾1.4万吨；清理和规范流动商贩及越门占道经营9.5万起，拆除、清理违章设置的户外广告9800块，清除"牛皮癣"52万处；治理机动车违章停放8.6万起；治理施工现场扬尘污染930处，查处抛洒建筑垃圾车辆890辆。

【涉农招商引资】 2017年，内江市3000万元以上的农业招商引资重大项目44个，均为内资项目；项目协议投资额704352万元，实际到位资金85738万元。

2017年自贡市5000万元以上招商引资项目表（部分）

项目名称	协议投资总额（万元）	投资内容	投资方	项目进度
辽宁客商（内江）塔罗科血橙种植基地建设项目	5300	位于东兴区双才镇，计划用地1000亩，打造血橙种植基地	耿文平	已流转土地500亩，并已完成一期300余亩塔罗科血橙种植、办公用房建设等
重庆客商（内江）生态养猪基地建设项目	5420	位于东兴区郭北镇，建设办公产地、库房、基础设施等	谢英权	已流转土地200亩，已完成养殖场、办公用房、库房等建设，并投入使用
云南客商（内江）绿色种养殖基地建设项目	5000	位于东兴区田家镇，建设办公产地、库房、基础设施等	陈玲	已流转土地300亩，已完成养殖场、办公用房、库房等建设，并投入使用
简阳客商（内江）生态青蛙养殖基地建设项目	5260	位于东兴区杨家镇，建设青蛙养殖场、培育室、办公用房、库房等	熊学能	已完成流转土地300余亩，一、二期工程已完成建设，并开始青蛙养殖160亩。办公用房及库房已投入使用
四川千喜生态休闲农业观光园一期工程项目	32500	规划用地2312亩，建设生态农业种养体验区、水产品养殖示范区、水上活动娱乐区、农产品科研展示及加工区、配套休闲旅游区、旅游接待及综合服务区等	陈垦	已完成土地转让，已建成部分游乐设施
隆昌市万亩柑橘示范基地建设项目	10100	位于隆昌市，打造柑橘示范基地	建水瑞和农业开发有限公司	已完成土地转让，柑橘已种植完成，附属设施建设有序推进
西宁张氏（内江）德树国家生态农业公园项目	300000	位于市中区靖民镇，流转土地5000亩，以"农业+工业+乡村旅游"的一二三产业融合推进，以"立体、生态、循环"发展为主题，打造集村庄整治、高标准农田建设、现代循环农业、加工厂、乡村旅游、居家养老于一体的特色农业产业园，项目建成后，可提供就业岗位1万个，每年缴纳税收不低于1亿元，建设周期7年	西宁张氏实业（集团）有限公司	试点区域的村庄整治建设基本完成。土地整理约20亩；房屋修建共计78套，其中用于村民居住32套，已入住村民15户左右，其余村民陆续搬迁入住；用于居家养老计划46套。水库观光道公路建设中，已施工约1千米
竹苑水乡助贫富村项目	15000	位于市中区朝阳镇，流转土地1200亩，规划充分依托其地理交通和山水田园优势，以农业产业为基础，通过集约化种养殖业的发展，实现农业可持续生产经营	唐垸、唐伟等	已流转土地980余亩，整理土地710余亩，完成雷竹种植343亩，完成芍药种植近100亩，完成吴茱萸种植70亩。清理了内湖水葫芦，从松林水库引进鱼苗放养。代建的14户贫困户集中安置房全面按时完工并已达到入住条件
凤鸣现代农业产业园助村扶贫项目	3000	位于市中区凤鸣镇，计划打造柑橘示范基地	王富、李玉仙等	已流转土地300余亩，已种植橘苗
现代农业建设工程	5000	在茅店子4社（原潮水屋基村9社）新建村级道路宽3.5米、长15.6千米水泥砼路面，新建石田坎58千米，新建便民路25千米、水渠15千米，大棚葡萄种植500亩，大棚优质草莓种植100亩，水产养殖300亩，三星级农家乐1个	罗兆荣	已投产
中药材种植基地建设项目	5300	占地800余亩，主要种植丹参、魔芋、白芨、黄精、白术等中药材	刘珍秀	已投产
乐天规范化养羊项目	5000	新建办公楼300平方米、羊圈1700平方米、沼气池2个、草料房200平方米、围墙800米、公路5千米，主要建筑物面积2200平方米。产品及服务规模为生羊200只/年	冯立	已投产

续表1

万头肉牛养殖及屠宰深加工项目	80000	占地建设用地294亩,在资中县建设"四点一厂一区"(4个千头肉牛养殖场网点、1个屠宰及深加工厂、1个产品研发区),新建优质肉牛养殖及屠宰深加工项目,通过微生物主动发酵技术,建立年生产5000吨牛粪有机肥生产线	韦富强	已完成平场工作,进行厂房、办公楼、员工宿舍的主体修建工程
万里行水产养殖农民专业合作社种养殖基地建设	5200	占地360亩,修建发轮镇休闲钓鱼池塘、修建休闲场所,成立合作社合作种植有机果蔬	邓彬	已投产
种植丰蜜李项目	5000	新建公路4千米,丰蜜李种植1000亩,已流转土地500亩	郭亮	已投产
中药材种植示范基地项目	18600	占地1998亩,其中在苏家湾镇官斗村、茯苓村建现代观光农业基地1370亩,以官斗村为核心建1050亩中药材示范基地。项目建设内容为中药材种植。产品及服务规模为白芨400吨/年、黄精300吨/年、茯苓398吨/年	陈维其	已投产
蒙溪桃花苑项目	5000	拟建200亩以菊花桃、中华龙桃、锤柳桃等6个品种为主题的桃花观赏景观区;建水果采摘区、民宿体验区、花卉观赏基地,打造具有浓郁乡村特色的旅游项目	余俊	已开园接待游客
不知火种植项目	3000	占地500余亩,属农业产业结构调整种植的不知火,建立农产品及水果冷藏库,以"休闲旅游+电商平台"为一体的农业结构调整新品种。以高屋基村为中心,向周边村社延伸,发展不知火血橙500余亩	刘杰	完成土地流转,已栽种果树
血橙种植项目	5000	占地100亩,种植塔罗科血橙11万株;新建800平方米农产品集配中心1个、1000平方米的包装加工车间1个、200平方米综合办公用房及其他信息咨询服务中心等公用设施	成超	完成土地流转,已栽种果树
苗圃种植项目	3000	新(扩)建城镇绿化苗、造林苗、经济林苗、果树苗等苗木种植基地1200亩,新建办公楼及其他附属设施8500平方米	吴泽坤	已培育果苗
苗圃种植项目	5000	建设187亩苗圃种植基地,种植晚熟血橙、花卉等苗木。建成后预计培育幼苗每亩达50000株	顾青伟	已培育果苗
生猪养殖项目	5000	占地252.26亩,建87亩生猪养殖基地,种植165.26亩晚熟血橙。产品及服务规模:生猪年出栏6000头,水果年产量500万千克。高峰时段生猪出栏可达10000头,水果产量可达800万千克	张兵	已投产
果树种植项目	5000	种植苗木280亩、11760株;新建蓄水池3口、蓄积450万立方米;建设储水堰塘1口、蓄积13000立方米;安装调试280亩血橙果园滴灌管线;修建果园道路4千米	尹邦勇	完成土地流转,已栽种果树
肉牛养殖项目	5000	新建牛舍8栋,每栋养殖规模为100头,总面积5000平方米;新建养殖场内便民路8千米、运动场10个、饲料库1间、饲料加工车间1间、青储窖10座、有机肥加工车间1间、办公室6间、员工宿舍4间、食堂1个;硬化至养殖场公路3千米;铺设养殖场内水网,建设蓄水池4口,修建养殖场外围围栏	谭继林	已投产
鸡禽养殖项目	5000	占地85.2亩,建鸡禽养殖基地。项目建成后,室内饲养鸡禽1.3万羽,室外放养1.5万羽;年出售小家禽6万羽,高峰时段小家禽出栏可达10万羽	刘盛福	已投产

续表2

种植大雅柑项目	5000	建年产大雅柑3500吨种植基地。项目内容:新建房屋200平方米、蓄水池3个、塘堰7口、公路4千米;种植大雅柑1000亩,已流转土地500亩	朱远林	完成土地流转,已栽种果树
生猪养殖项目	5000	项目建设内容:修建占地4000平方米标准化猪舍4层,内设种猪定位栏和分娩产床;建无害化粪便处理区100平方米;建办公室,配有标准消毒室及洗浴室各2间	黄跃辉	已投产
沱江新画廊旅游建设项目	10000	项目建设包含资中县五里店村至资中县甘露镇沱江流域,按照四川师范大学旅游与城乡规划研究院详细规划的“一廊”(五里店至甘露镇沱江风光走廊)、“一区”(文江旅游综合配套服务区)、“三镇”(文江、杨柳、甘露文化风情小镇)、“三园”(甘露枇杷和李子园、杨柳滩果蔬和游乐园、文江柠檬园),建设工期为5年,分3期建设,建设打造杨柳滩至文江场沱江两岸生态、观光旅游景点,土地流转2000余亩、江上观光游轮、园区旅游道路、生产和游客便道、沱江两岸彩林、综合服务区、乡村体验园、儿童游乐园、杨柳滩跑马场和客运码头等	李炳元	部分投产,修建通往景区的道路
大石山生态养生观光园项目	7580	规划用地1080亩,其中一期项目建设计划用地300亩,进行赤芍、白芍、白芨等中药材种植;对园区内的公路、便民路进行硬化;建设1座集药膳、生态于一体的临湖生态餐厅;建设以晚熟雪桃、桃、番茄、冬升南瓜为开心农场的采摘体验区。最终建成生态旅游度假休闲、中药材种植培育、优美莲花湖泊一体化的产业型生态农业观光园	刘洪华	已接待游客
大棚葡萄、草莓生产(二期)项目	5000	大棚葡萄、草莓生产(二期)项目位于资中县双河镇水口庙村2、3、5、6社,流转土地514亩,建设大棚36个	何安	已投产
资中血橙标准化产业示范项目	50000	建设标准血橙基地5万亩,带动辐射全县33个乡(镇)共20万亩血橙提质增效。血橙标准化种植基地以及深加工、仓储物流、休闲观光、电子商务等设施	邹辉	已投产
种植三红柚项目	5000	项目占地272.05亩(耕地129.6亩、荒坝142.45亩),以苏家湾镇官斗村6社、7社为核心,建设270亩三红柚种植示范基地。项目建设内容为:恒旺三红柚。产品及服务规模:产量1万千克/年,高产将达50万千克/年	缪文武	完成土地流转,已栽种果树
药材种植项目	5000	依托东兴区三烈乡瓦子坳村利用土地资源和劳动力及球马公路沿线的交通优势和市场前景,新建药材种植基地1000余亩	四川省喜庆文化传播有限公司中药材种植分公司	完成土地流转,已栽种果树
蔬菜种植项目	5000	种植蔬菜,组织采购、供应本社成员种植蔬菜所需生产资料,组织代购、销售本社成员种植的蔬菜。种植面积将达1000余亩	朱云	完成土地流转,已栽种蔬菜
建年存栏1000头“内江猪”能繁母猪祖代种猪场项目	10000	位于资中县双河镇芦茅冲村2社,计划用地132亩,建设年存栏1000头“内江猪”祖代种猪场。项目建成后预计年出栏种母猪、种公猪和非种用商品仔猪约16000头,直接解决约2000人就业问题,带动1200户农户增收致富	熊太权	平场工作已完成,做基桩工程
种植构树项目	5000	种植杂交构树200亩,修建饲料生产加工房1000平方米	张涛	完成土地流转,已栽种构树,完成加工厂房修建并投入使用

续表3

农业开发项目	5000	规划流转土地700余亩,整改土地600余亩,硬化道路15千米;新建打蜡厂1个、冻库1个、农家乐1个、养老院1个、水产(牲畜)养殖场1个、蓄水池3个、提灌站1个;PE滴管铺设1200米、排水沟1500米	朱万林	完成土地流转,已栽种果树
白岩沟生态园项目	5000	白岩沟生态园项目位于资中县陈家镇枇杷湾村5社,总投资5000万元。经营范围为:水果、蔬菜、苗木、花卉、中药材种植及销售;家畜、家禽、水产品养殖及销售;餐饮服务、住宿服务、茶水服务、棋牌服务、农业观光旅游服务。新建8亩堰塘1个、500立方米蓄水池1个、占地1500余平方米的办公用房,种植占地300亩,种植有红心猕猴桃、多品种葡萄、翠冠梨子、麻苹、樱桃、李子、桃子、血橙等水果	李静	已投产
满江红血橙园建设项目	5000	种植早熟、晚熟资中血橙新品种4号、9号300亩,修建园区便民路2千米	邹辉	已投产
翠溪血橙二期项目	10000	种植资中血橙晚熟新品种5号、8号170亩,建设园区便民路10千米、蓄水池7个、PE管道2363米、排水沟1400米	王裕成	已投产
新建茶叶种植基地项目	3562	位于威远县连界镇,按照无公害茶园标准,实行绿色无公害化生产,采取“合作社+农户”的模式,种植珍稀树木并加工制茶,与生态建设、旅游开发、区域经济发展有机结合起来,发展循环经济	刘茂林	已种植珍稀树木760余亩,实施滴水灌溉技术,埋设供水管道15000米,修建观光路6.5千米
新建威远县昌琪特种水产生态观光养殖基地项目	5000	位于铺子湾镇,计划用地100余亩,建设名特优品种深水养殖示范区和休闲垂钓区,珍稀鱼类养殖、繁育及观赏区和农业休闲观光区等	苟纯文	已完成项目用地平场和鱼池基础设施建设,进行办公区、生产管理区、生活区用房建设
红豆杉种植项目	4730	位于威远县山王镇,拟种植、培育红豆杉1500亩,新建观光花园5000平方米、餐厅1000平方米、宿舍楼2000平方米	李能泉	已种植红豆杉600亩,修建观光花园约800平方米
益乐无花果基地项目	6800	位于威远县新店镇,计划流转土地3000亩,修建作业便道1500米,整治沟渠5000米,规划建设自然灌溉管网3800米,购置提灌设施4套	曹德刚	已种植无花果1000余亩,修建作业便道1000米,建设灌溉管网2000米

【农村社会保障】 2017年,内江市城乡居民基本养老保险参保人数136.77万人,参保率92.98%;参保缴费人数62.54万人,待遇领取人数60.81万人。城乡居民基本养老保险征收9.34亿元,支出养老金0.44亿元。被征地农民养老保险参保人数44782人,占总人数46680人的95.93%。其中,已领取待遇人数16101人。全年扩大参保覆盖面,基本实现60周岁以上人群应保尽保,确保城乡居民享受养老保障,人月均基础养老金75元。完成打造贫困村城乡居民基本养老保险村级服务平台示范点9个,提供参保、缴费、待遇领取、权益查询“四不出村”的便捷高效经办服务模式。认真贯彻落实重度残疾人财政代缴保费政策,对城乡重度残疾人、独生子女伤残死亡家庭县(区)人民政府代其缴纳不低于最低标准(100元/年/人)的养老保险费。其中,女方在49周岁以上的独生子女伤残家庭,县(区)人民政府代夫妻双方缴纳不低于最低标准(500元/年/人)的养老保险费。全年帮助重度残疾人、独生子女伤残或死亡家庭夫妻特殊人群参保16124人,政府代缴城乡居民基本养老保险费170.64万元。新型农村合作医疗参合人数295.18万人,参合率为98.17%。筹资水平为600元/人/年,其中个人缴纳150元,各级财政补助450元。共筹集新农合资金17.59亿元,使用16.58亿元,历年累计结余9.16亿元,受益农民达473.51万人次。新农合政策范围内住院补偿比为75.8%。

【农村生态建设及环境保护】 2017年,内江市扎实推进《内江市城镇污水处理设施建设三年推进实施方案》《内江市城乡垃圾处理设施建设三年推进实施方案》,实施100个行政村农村生活垃圾治理、100个行政村污水无害化处理项目,完成农村环境综合整治村庄65个。扎实推进畜禽养殖污染整治,关闭规模化畜禽养殖场(户)147个(户)(养殖场74个、专业户73户),配套建设规模化畜禽养殖场废弃物处理设施413个,配套率达83.6%。扎实推进农村饮水安全工程,实施城镇管网延伸供水、乡镇集中连片供水等措施,乡(镇)集中式饮用水水质达标率75.8%。扎实推进小流域综合治理工程,沱江老母滩断面Ⅳ类水质,球溪河球溪河口断面Ⅲ类水质(扣除上游影响),威远河廖家堰断面Ⅳ类水质,隆昌河白水滩断面Ⅳ类水质。扎实推进农村秸秆、垃圾禁烧工作,全年可吸入颗粒物(PM10)和细颗粒物(PM2.5)平均浓度分别为69.8微克/立方米、48.1微克/立方米,分别下降8.2%、9.8%。

【农产品质量安全监管】 2017年,内江市围绕培育壮大有潜力的农产品品牌,实施以保障质量安全为核心的农业品牌发展战略。以区域

品牌"甜城味"为统领,大力发展无公害农产品、绿色食品、农产品地理标志,稳步发展有机农产品,确保认证登记个数持续增长。全年完成认证登记92个,其中无公害农产品83个(新增46个,复查换证的37个)、绿色食品6个(新增2个,续展4个)、有机食品3个(新增3个)。截至2017年年底,农业系统"三品一标"累计认证登记222个,其中无公害农产品191个、绿色食品27个、农产品地理标志4个。

【农村留守家庭(儿童、学生)帮扶】 2017年,内江市继续做好农村留守儿童(学生)关心关爱工作,制发《内江市关于指导推进家庭教育五年计划(2016—2020年)》,开展"科学家教进万家"系列活动,分别在市中区实验小学、史家中心校、东兴区东风社区、东兴区太安乡开展"家庭教育中的父母修养""家庭教育的秘密"等专题家教讲座,参与家长400余人。以"爱心接力妈妈巾帼志愿者行动"活动为载体,持续开展各类关爱农村留守儿童活动近400场次,受益留守儿童近9万人次。

【返乡创业与就业】 2017年,内江市输出劳动力118.21万人(其中省内61.64万人、省外56.56万人、外派劳务0.01万人),增加1.19万人,增长1.02%;农民工回流1.39万人,占外出农民工总数的1.18%。实现劳务收入197.03亿元,增加10.98亿元,增长5.9%。劳务品牌培训2716人,农民工返乡创业培训800人。农民工维权服务工作顺利开展,调处劳务纠纷435件,减少18件,为农民工挽回经济损失4152.85万元。涉及农民工切身利益的工伤、医疗、养老保险和工资清欠以及劳动合同签订等工作均取得实效。全市新增农民工返乡创业人数2916人,减少886人,创办经济实体2905个,其中返乡创办企业的224家(规模企业21家),从事规模化种养殖业135个,从事个体经营2420人,总投资金额42.83亿元;新增返乡企业吸纳就业9186人,返乡创业带动经济发展的作用明显增强。

【涉农节会会展】 2017年,内江市举办了内江市首届优质绿色农产品迎春展销会,吸引15万余人参观购物,现场销售额达821.5万元。组织46个新型农业经营主体参加第五届四川农业博览会,现场销售金额达293万元,网上交易额达865万元,签订农业招商引资项目5个,金额达13.15亿元;签订农产品贸易采购项目31个,金额达3.06亿元。在全国农博会、四川农博会、四川贫困地区农产品展销会等各类展会上,积极组织宣传推介以"甜城味"区域公用品牌为引领的内江农业品牌,获得了一致好评,"甜城味"区域公用品牌获得了"全省十大优秀区域公用品牌"称号。农产品企业品牌意识逐步增强,农业品牌氛围逐渐形成。

【主要领导人】 市委书记:马波;市人大常委会主任:李发强;市长:任晓春;市政协主席:戴震;分管农业副市长:田文平。

内江市编写组

市 中 区

【基本情况】 2017年,市中区辖11镇6个街道,辖区面积386平方千米,其中耕地面积26.06万亩,人均耕地面积0.94亩。年末总人口52万人(户籍人口),减少1.8%。

2017年,全区GDP265.16亿元,增长7.6%,其中第一产业增加值16.81亿元,增长3.8%,农、林、牧、渔及农林牧渔服务业之比为46.5:1.5:40.5:6.4:5.1;第二产业增加值148.11亿元,增长6.7%;第三产业增加值100.24亿元,增长9.7%。三次产业对经济增长的贡献率分别为3%、49.9%和47.1%。全年实现旅游收入48.19亿元。

公路通车里程1069.53千米,其中乡村公路965.34千米。社会消费品零售总额69.09亿元,增长12.7%。地方公共财政预算总收入完成5.51亿元,公共财政预算总支出22.71亿元。

有各类学校113所,在校学生50710人,教职工3830人,其中普通中学16所,在校学生11392人;小学27所,在校学生27763人;学龄儿童入学率88.85%,提高0.02个百分点。

【年度农业和农村经济运行】 2017年,市中区实现农业总产值31.13亿元,增长4%;农业增加值达17.71亿元,增长3.9%。农村居民年人均可支配收入达14008元,增长9.4%。

2017年市中区主要农产品产量

主要农产品	单位	产量	同比(%)
粮食	万吨	11	-1.2
水稻	万吨	3.55	-7.2
小麦	万吨	0.0045	-99.6
玉米	万吨	4.12	16.8
马铃薯	万吨	0.69	24.7
油菜籽	万吨	0.9	53.2
蔬菜	万吨	20.76	2.9
水果	万吨	0.96	14.6
肉类	万吨	2.39	-11.5
猪肉	万吨	1.87	-14.8
牛肉	万吨	0.03	-10.3
羊肉	万吨	0.02	1
禽肉	万吨	0.26	4.6
兔肉	万吨	0.21	3.8
禽蛋	万吨	0.22	4.1
牛奶	万吨	0.47	-1.4

【种植业】 2017年,市中区粮食作物播种面积33.89万亩,产量11万吨。小春粮食播种面积6.93万亩,产量1.77万吨,其中小麦播种面积0.02万亩,产量0.0045万吨。大春粮食播种面积26.96万亩,产量9.82万吨,其中水稻播种面积7.48万亩,产量3.55万吨;玉米11.41万亩,产量4.12万吨;红薯4.32万亩,产量1.35万吨;马铃薯3.98万亩,产量(折粮)0.69万吨。经济作物播种面积13.1万亩,产量18.15万吨。蔬菜种植面积9.3万亩,产量20.76万吨。果树种植面积3.5万亩,其中葡萄种植面积3000亩,产量0.3万吨;柠檬种植面积1万亩,产量0.9万吨;新发展柑橘1.2万亩。花卉苗木种植面积0.3万亩,销售产值达600万元。发蚕种1480张,产茧量53.3吨,实现总产值205.2万元。

全年农作物病虫害发生116.1万亩次,防治120.58万亩次,防治率103.9%(专业化防治率40.5%,完成全年目标任务109.5%,主要作物绿色防控覆盖率29.8%,完成全年目标任务的110.4%),重大病虫害损失控制在1.4%以内。全年挽回粮食损失15386吨,挽回蔬菜水果损失20160吨,挽回油料损失3145吨。区农林局全年共印发病虫防治预报和文件14期,预报准确率达96.2%,确保了大面积病虫防治实施于防治适期内,提高了防治效率,有效地控制了病虫害损失,并针对各类品种的特性和抗性差异、区域特点,结合气象预报,分别制定了《2017年大春病虫发生及防治预案》《2017年水稻稻水象甲防治预案》。同时,围绕市中区现代农业项目在永安镇、凌家镇开展水稻重大病虫害综合防控示范,辐射带动周边镇开展水稻综合防控示范,全区水稻综合防

控示范累计实施面积82000亩次。制作宣传横幅、标语在水果批发市场、种子批发集中点、农贸市场、各镇主要街道等重点区域,利用植物检疫宣传月活动开展现场宣传咨询。会同区农业执法大队、种子站开展以"部门协作、联合执法、确保安全"为主题,以"强化产地检疫,规范执法行为"为主题内容的植物检疫联合执法检查活动,重点检查25家经营单位,共检查调运种子53批次32000千克,查出违规种子1批次200千克。

区农林局组织植保植检人员和镇农业中心主任,继续对柑橘溃疡病、柑橘黄龙病、稻水象甲、菜豆象、四纹豆象等检疫性病虫进行监测和普查,其中重点对柑橘桩头异地种植进行了黄龙病拉网式抽样排查,截至2017年年底,全区柑橘桩头异地种植1847亩,按照省上要求采取全覆盖分批次采样72个,送省站做柑橘黄龙病分析,已排除柑橘黄龙病。通过普查只发现了稻水象甲,未发现其他检疫性有害生物。同时,对水稻稻水象甲实施阻截防控,全区稻水象甲发生面积4700亩,区农林局将发生区域全部纳入重点防控区域并拓展防治周边区域,累计防治10800亩次,有效地阻截了稻水象甲发生区域的蔓延。

【林业】 2017年,市中区新增干果面积280亩,县、乡道路绿化20千米,义务植树22万株,沱江流域绿化造林8400亩。全区森林管护面积8.33万亩(含经开区),其中国有林管护0.25万亩、集体公益林管护0.35万亩。完成造林0.84万亩,合格面积核实率100%,森林面积净增长0.34万亩,森林蓄积净增长2560立方米;有林地保有量7.04万亩。进一步加强林业病虫害防治和森林采伐管理,全区全年林业有害生物成灾率控制在3‰以内,森林火灾损失率控制在1‰以内,森林采伐消耗指标控制在0.7802万立方米以内。集中连片发展特色经济林约12800亩,其中木本油料林380亩(核桃280亩、油橄榄100亩);发展特色水果27810亩,其中柑橘24500亩、青脆李300亩、葡萄3000亩、火龙果10亩;发展木竹原料林约2100亩,其中雷竹1750亩、楠竹350亩;高接换优核桃1500亩。建成现代林业产业基地12000亩。

【畜牧业】 2017年,市中区在100万头"内江黑猪"开发利用产业化项目的带动下,新(改、扩)建现代化畜禽养殖场5个,规模养殖场配套废弃物处理设施比例为86%、畜禽粪便综合利用率78%,建设种养循环示范场4个,猪三元杂交面为86%、肉牛良种及杂交面为68%、肉羊良种及杂交面为90%、家禽良种面为99.5%、兔良种面为99.5%,生猪养殖平均成本降低3%。新成立养殖专业合作社2个,完成建设生猪养殖家庭农场建设12个,全区规模养殖500头以上生猪出栏比重占25%、50头以上肉牛出栏比重占62%、300只以上肉羊出栏比重占12%、3万只以上肉鸡出栏比重占40%、100头以上奶牛存栏比重占51%、1万只以上蛋鸡存栏比重占95%。全区生猪出栏29.42万头,增长0.27%;肉牛、肉羊、家禽、肉兔出栏增长率分别为13.64%、13.9%、7.16%、5.18%。肉类、奶类产量分别减少11.5%、1.4%,禽蛋类产量增长4.1%。生猪奶牛政策性保险分别由中华财产保险公司、平安保险公司、太平洋保险公司承担了保险工作任务。

畜禽养殖污染防治。一是完成全区畜禽养殖场污染防治普查,调查养殖场(户)1069个(户),其中需要整治的养殖场(户)161个(户),占养殖场(户)的15.06%,按照"一场一策"制订了整改、关闭或拆除方案,161个养殖场(户)已完成环保整治。二是组织专业机构按照新的《畜禽养殖禁养区划定技术指南》要求,对全区进行了畜禽养殖禁养区、限养区、适养区划分,区政府出台了《内江市市中区畜禽养殖禁养区、限养区划定方案》文件,同时,按照《内江市人民政府办公室关于进一步加快推进禁养区畜禽养殖关闭搬迁工作的通知》文件精神,制定了《市中区禁养区内畜禽规模养殖场(小区)和专业养殖户关闭(拆除)补偿办法》,获区政府常务会通过,12月,对全区禁养区内需关闭(拆除)的规模养殖场(户)18个(户)进行了关闭(拆除)工作,完成了市局下达的目标任务。三是规范畜禽养殖场的常态化管理。在禁、限、养区基础上,针对畜禽养殖,加强监督管理,禁养区内不得新建畜禽规模养殖场,适养区内引导发展适度规模养殖,完善粪污处理设施,加强监督检查,推行种养结合;对新(改、扩)建的畜禽养殖场严格执行环境影响评价制度和"治污设施同时设计、同时施工和同时使用"制度,并要求养殖场建立粪污处理台账,确保粪污处理科学化、无害化,做到粪污去向明确,不得外排。逐步实现畜禽粪污治理规范化、常态化管理。四是妥善处置畜禽养殖信访涉诉事件。针对龙门镇、白马镇、乐贤街道等的环保涉诉案件,第一时间协同当地镇政府,责令相关养殖场限期完成整改,整改工作已完成,关闭猪场2个、奶牛户5户,取得显著实效。

重大动物疫病防控。根据重大动物疫情形势分析及防控计划,组织安排落实了春、秋季重大动物疫病防控工作,坚持对猪瘟、口蹄疫、仔猪阉割打"双针",对猪瘟、猪蓝耳病、口蹄疫、禽流感、小反刍兽疫实行春季、秋季集中强制免疫、夏季补免,每月16日前后补针,规模养殖场按程序免疫。依法对高致病性禽流感、口蹄疫、猪瘟、鸡新城疫等重大动物疫病实施强制免疫,做到"应免尽免"。全年共免疫猪瘟13.3087万头、猪口蹄疫13.342万头、牛口蹄疫0.2037万头、羊口蹄疫1.1306万只、猪蓝耳病11.3082万头、鸡禽流感209.5630万羽、鸭禽流感33.6502万羽、鹅禽流感3.1319万羽、鸡新城疫29.13万羽、狂犬病1.5619万只;在开展集中免疫的同时对所有畜禽圈舍、屠场、市场开展4次以上地毯式消毒,消毒率达100%,动物疫病免疫率达100%。全区共计产地检疫猪7.6371万头、牛0.4514万头、羊0.4801万只、鸡154.0292万羽、鸭42.8843万羽、鹅1.0097万羽、兔58.8165万只;屠宰检疫猪17.9279万头、牛0.9368万头、羊0.4341万只、鸡31.2956万羽、鸭32.2902万羽、鹅1.0197万羽,产地和屠宰检疫率100%。严格病死动物"四不一处理"(即不移动、不屠宰、不贩卖、不食用和无害化处理),有效杀灭病源,阻断传播途径,防止动物疫病发生、传播、流行。全区高度重视病死动物"四不一处理"工作,充分发挥村级动物疫病健康巡查小组的作用,对发现的病死动物一律作无害化处理,对收购、屠宰、贩卖、销售病死动物的违法行为一律严厉打击。确保全年动物防疫工作圆满完成。对全区畜禽进行抽样监测,共检测畜禽血清样品1166份,其中猪瘟210份,合格率92.38%;猪蓝耳病210份,合格率85.23%;猪口蹄疫210份,合格率88.09%;牛(羊)口蹄疫130份,合格率90%;禽流感170份,合格率88.82%;新城疫160份,合格率84.38%。小反刍兽疫76份,合格率85.52%。统计结果显示,免疫抗体平均合格率均达到农业部要求。

畜禽产品安全监管。一是加强兽药、饲料等养殖业投入品监管,指导规模养殖场建立用药记录制度,全面执行兽药安全使用规定,规范兽药经营企业行为。二是重点开展"瘦肉精""三聚氰胺"等违禁药品专项整治,禁止不合格投入品进入流通和使用环节,全区"瘦肉精"检出率为零。三是加强畜产品安全监测,完成市局下达的畜产品抽样监测任务,确保全区畜产品质量安全。

畜牧业行政执法。全区加强开展饲料、兽药打假专项治理行动。一是各乡(镇)基层畜牧兽医站积极组织执法人员,对12个乡(镇)饲

料、兽药经营企业和饲料生产企业进行专项检查，出动执法人员250人次，发放宣传资料3000份，接待群众咨询550人次。二是对辖区内的农资生产经营主体单位进行全面清查，检查覆盖率达100%，查看购销记录、购销单据、兽药饲料产品标签规范、生产日期、产品有效期等，未发现一例假劣农资引发的重大农产品质量安全事件，饲料、兽药合格率达到100%。三是加大对涉嫌添加违禁物质行为的行政执法检查力度，对全区兽药GSP认证的20家兽药店进行突击检查，出动执法和畜牧技术人员450人次，重点在经营环节上开展对兽药标签说明书上擅自添加非处方药、禁用兽药、人用药品等行为的查处，检查率达100%，合格率达100%，未发现有擅自添加非处方药、禁用兽药、人用药品等行为。保护了广大消费者的合法权益和身心健康，全区全年未发生畜禽产品安全事故。

【水产业】 2017年，市中区水产品总产量8310吨，其中名特优水产品产量4576吨；实现现代渔业产值84727万元。全区水产养殖面积3198公顷(含稻田养鱼面积)，水产品产量8310吨。其中，池塘养殖面积687公顷，产量3350吨；水库养殖面积378公顷，产量1885吨；河沟养殖面积133公顷，产量409吨；稻田养殖面积2000公顷，产量2256吨。区水产渔政局共争取到2个项目、财政资金112.5万元，其中现代农业推进工程项目100万元，农业公共安全与生态资源保护项目12.5万元。现代农业推进工程项目包含稻田综合种养示范片建设和池塘改造，总面积1010亩，主要开展"稻—鱼""稻—虾""稻—鳅"等生态养殖模式，涉及10个村镇、4个贫困村，带动3000亩稻田综合种养产业带；农业公共安全与生态资源保护项目主要对全区水产品进行抽检，共抽检样品100份，全覆盖水产养殖专业合作社和养殖大户，保证了全区水产品安全。水产渔政局制定了《渔业生态环境保护工作方案》《渔业生态环境保护管理规定》等，并对2013—2017年环保工作进行了梳理，对全区20余个专合社和17座水库的养殖情况进行一一排查，没有发现肥水养鱼的情况。

大力推进水产电子商务发展，全区水产电子商务交易额达27320万元。同时，以内江市黄鹤湖度假区国家垂钓基地为中心创建休闲渔业基地，规划区总面积约11.69公顷，水域面积约5.9公顷，该基地是内江市首个国家级垂钓基地，具有垂钓区、野钓区、赛事区、赏渔区和垂钓人家休闲区等。

渔政管理。针对全年春季禁渔工作，水产渔政局向沿江乡(镇)下达《关于做好2017年全区天然水域春季禁渔工作的通知》，并成立春季禁渔工作领导小组。在禁渔期间，水产渔政局共给水产品市场经营者、餐馆老板、江边钓鱼者、渔民、市民等发放宣传资料410份，张贴标语14幅，出动宣传车、船等25车次；出动执法检查车船28次，参加执法人数116人，查处违禁捕捞船只1艘，没收条网1张，当场烧毁地笼网2张，没收违法捕捞渔获物22千克、违法销售野生鱼17千克，对25家餐馆的违禁广告、招牌进行现场清除和规范，处罚和教育违法人员11人。有效打击了违法捕捞者，实现了江中无渔船、岸上无渔网、市场上无江鱼的工作目标。在禁渔期间，将城镇专业渔民20户40人纳入城市低保的管理范围，每月每户发放320元的最低生活补贴。在全区开展渔业船舶证书"三证合一"改革工作，将采集的104艘渔业船舶数据录入全国内陆渔船管理系统，在6月中旬已完成新式证书发放工作。认真完成全区渔业船舶登记检验工作，检验率达100%。聘请了守护人员2名，每天24小时进行巡逻值班，汇同市局及东兴区渔政人员实行定期对甜城湖白天、夜间检查，重点查处渔业违法行为。为保证甜城湖常年无违纪违法行为，加大了查处力度，执法人员定期不定期对甜城湖进行巡逻，先后收缴网具7张，没收渔获物60千克，有力震慑了违法人员，改变了管理不到位的现象。

9月，在内江沱江段碑亭湾投放价值15万元鱼种270万尾，有力增殖了沱江天然水域渔业资源。对全区104艘捕捞机动渔船进行审核、申报，并通过银行转账的方式对每艘机动捕捞渔船给予4014.42元的补助，累计补贴资金41.75万元。

渔业行政执法。开展平安渔业创建工作。全年共组织召开安全生产会议28次，开展街头宣传15次、安全生产月咨询活动7次，悬挂宣传标语41幅，发放资料2000余份，接待咨询群众253人次，开展渔业安全检查144次，共出动车船189次，出动执法人员1000余人次，排查6个码头、渔船104艘，查处违反安全规定作业捕捞船只4艘，处罚和教育违法人员32人，案件办结率达100%。积极做好渔业行政执法工作行权平台录入工作，全年录入信息360条。

开展食品安全暨水产品质量安全执法工作，先后对60家生产经营单位，参加检查人员达300人次，发放食品安全宣传资料500份，在乡(镇)现场指导培训6场次，累计培训水产品食品安全245人次；鱼样抽检100个品种，合格率达100%，为全区人民群众吃上放心鱼提供了保障，全年全区未发生水产品食品安全事故。

【新村建设】 2017年，市中区建成幸福美丽新村17个，惠及农户1906户4384人，完成投资5286万元，占计划总投资的123.5%。全年创建省级"四好村"7个、市级"四好村"30个、区级"四好村"46个。

【农村扶贫和移民工作】 2017年，市中计划贫困户脱贫575户1679人、贫困村退出6个，经过市、区两级验收，实际完成贫困户脱贫579户1685人、贫困村退出6个，顺利完成年度脱贫任务。

全区(含经开区)还保有在册的大中型水库移民2891人，其中三峡移民89人，其余大多数为黄河镇水库移民；移民主要分布在朝阳镇、永安镇、凤鸣镇、全安镇等14个乡(镇)的113个村。全年市局下达全区移民后期扶持项目资金投入目标任务350万元，移民培训263人，移民直补资金175.785万元。全区及时将目标任务分解到各移民后扶项目，按照实施方案全面推进各项目的实施，总计完成投资470.77万元，完成目标任务的134.5%，其中2015年第二批移民后扶项目完成470.77万元，2016年移民后扶整体脱困资金项目10万元，移民培训完成投入1.89万元，黄河镇水库"600元后扶资金"项目完成投入101.28万元；兑现移民直发直补资金175.785万元，占目标任务的100%；完成移民培训300人，占目标任务的114%。

【农业机械化】 2017年，市中区有农机户9683户，从业人员8723人，其中农机化作业服务专业户4450户，从业人员5632人；农机维修厂(点)7个，从业人员88人；农机经销点14家，从业人员52人。乡村农机从业人员9015人，其中农用运输车驾驶员316人、农机维修人员51人，获得农机职业技能鉴定证书人员286人。全区拥有农业机械总动力201583千瓦，其中柴油发动机动力133005千瓦、汽油发动机动力18960千瓦、电动机动力49618千瓦。全区有拖拉机36台1085千瓦、耕整机1592台7218千瓦、农用排灌动力机械10321台49618千瓦、农用运输汽车506台12946千瓦，农业机械原值1086万元，净值6930万元。全年机耕11266公顷，机播2496公顷，机电灌溉4713公顷，机械植保1850公顷(其中小麦机耕67公顷，水稻机耕5820公顷，水稻机械种植1692公顷)。农机运输作业量6038万吨千米，其中农业运输作业量4376万吨千米。全区主要农作物耕种收综合机械化水平达

53.85%。全年实现农机化作业总收入16250万元,成本合计9593万元,实现利润6657万元。全区发放农机购置补贴资金11.302万元,受益农户196户。全区建设机耕便民道5.6千米,总投资165万元,其中财政资金40万元、群众投入资金125万元。

【农村科技】 2017年,市中区开展农业科技培训68期次,参训人数2000余人次,发放农业科技资料8000余份,受益农民10000余人次。引进农业新品种8个,推广农业新技术3项,组织实施农业科技攻关项目5个,新建农业科技示范基地2个。在科普宣传月、科技活动周、春耕生产等时段集中组织科技人员开展"科技下乡"活动。全年有210余名农业科技人员深入农村一线,为农民解决农业生产技术难题270余个。

【农村教育】 2017年,市中区有各类农村学校60所,在校学生22604人,其中幼儿园35所,在园幼儿4535人;小学13所,在校学生11506人;普通中学12所,在校学生6863人。全年投入2357万元改善农村学校综合楼、食堂、公寓及运动场,面积达9000余平方米。

【农村文化】 2017年,市中区以各镇、村新修办公室为阵地,集文化活动、科技培训、法制宣传等功能于一体,内设多功能活动厅、广播电视"村村响"、道德讲堂、村卫生室等,充分满足群众享受标准化的公共产品和服务需求。新建幸福美丽新村文化院坝6个,免费开放文化馆1个、乡(镇)综合文化站11个,全面完成6个贫困村宣传阅报栏建设任务,更新社区书屋图书2820册、农家书屋9060册。举办了内江市首届乡村消夏旅游文化节、"三月三"兰亭书画艺术节等节会活动,开展"送文化下乡"暨扶贫文艺演出15场、元旦春节文化惠民系列活动12场。

【农村交通】 2017年,市中区有农村公路965.34千米(县道199.43千米,乡道208.63千米,村、组道557.28千米)。市中区于2011年在全市率先实现村村通水泥(油)路,已实现公路通村率100%、通组率65%。区交通运输局积极争取上级资金合计4768万元,其中中央补助资金1631.6万元、省级补助资金3136.4万元。全区交通建设总投资10112.27万元。其中,投资4577万元,改造县、乡道15.74千米;投资3918.72万元,新(改)建通村通组公路及旅游公路44.29千米;投资60.55万元,建设渡改人行桥1座;投资600万元,完成县、乡道大(中)修16千米;投资56万元,完成白马码头整治及白马滩、猫儿寨滩航道整治。完成固定资产投资12.3亿元,招商引资3.87亿元。

【农村社会保障】 2017年,市中区新增农村低保对象344户531人,取消农村低保对象1552户1805人,减少农村低保保障资金34.01万元。全区农村低保累计保障人数125437人,其中对脱贫攻坚低保兜底最低生活保障的1571户2312人每月发放资金46.24万元。从7月1日起,农村居民最低生活保障标准由3120元/年/人提高到3360元/年/人,全面实现"两线合一"。

困难残疾人生活补贴。全区开展了向持有第二代残疾人证的四川户籍低保对象发放困难残疾人生活补贴和重度残疾人护理补贴工作,按现行困难残疾人生活补贴标准70元/月人,累计发放困难残疾人生活补贴5.43万人次,发放补贴资金380.1万元。全年城乡重度残疾人护理补贴人数3339人,发放残疾人重度护理补贴金额244.18万元。针对全区残疾人扶贫对象,经镇(街道)、区残联和区民政局联合核实,残疾人扶贫对象核定人数101人,全年补贴资金12.96万元。

【农村生态建设及环境保护】 2017年,市中区印制新《环境保护法》《水污染防治法》《大气污染防治法》和环保小知识等宣传资料2万余份,深入学校、镇街向广大干部群众免费发放;利用"6·5"世界环境日、秸秆禁烧等时间节点,举办环境保护暨环保法律法规宣传活动,营造保护生态环境的良好风气。新建场镇生活污水治理设施,建成白马镇、龙门镇和永安镇园坝村污水处理厂,开工建设乐贤街道提升泵站和配套管网以及永安镇七里冲、刘瓦桥等多处污水处理设施,将11个镇人工湿地提标改造纳入内江市沱江流域水环境综合治理PPP项目,不断完善区环保基础设施建设。充分利用各种宣传媒介,大力宣传秸秆禁烧的政策规定、秸秆焚烧的危害和处罚规定以及秸秆还田等综合利用技术,做到家喻户晓;制订禁烧方案,划定禁烧区域,严格执行乡、村、户三级分包责任制,成立禁烧工作巡查组和考核组,抓好监督监察。实施河(库)长制,全面构建"区、镇、村、社"四级责任体系,编制完成四项清单和"一河一策"管理保护方案,分批次对辖区所有河流、水库水质情况进行监测评价工作,实现对河流、水库的动态监管,不断改善辖区水环境质量。开展黄河镇水库饮用水源保护工作,对安泰山庄、国泰和红运农家乐实施关停,修建"17+2"污水处理设施,加强生态防护林建设,严格管控保护区内的农房建设等,同时采用阿尔益复合硅酸铝水处理技术实施水体治理。

【农业行政执法】 2017年,市中区对全区种子经营户103户、农药及化肥经营户83户进行拉网式检查,出动执法人员550余人次,整治规范市场5个。立案查处11家,其中违规销售农药5家、违规销售种子6家,共处罚款金额7600余元。对103个城区、乡(镇)种子经营网点进行种子管理培训及备案登记,确保农民用上"放心种子"。

【农村市场体系建设】 "互联网+农业"融合发展。2017年,市中区建成农村电商服务站117个,行政村覆盖率78%,实现乡村物流全覆盖;建成县级服务中心2个(赶街、农村淘宝),电商培训5034人次,服务20万人次;向国家工商行政管理总局成功注册"甜城乡土"商标。

"互联网+旅游"融合发展。上线川南大草原、大千欢乐世界等全区旅游项目资讯、节会活动、票务服务等线上线下O2O交互体验内容,推广和打造乡村旅游品牌。全年接待游客667.34万人次,增长21.89%;实现旅游总收入48.19亿元,增长26.12%。

"互联网+商贸"融合发展。重点打造环球搜管网、黄桷井商城等传统行业与电商深度融合的网商平台,创新销售模式,为消费者创造智慧化消费环境,提升产业核心竞争力。全区线上商贸企业电商应用率达98%。

"互联网+餐饮"融合发展。特色餐饮街江华街成为内江市电商应用示范街;全区60%的餐饮店通过美团、百度外卖、饿了么以及支付宝、微信等实现订餐、送餐到支付的全链条电商化服务。

"互联网+精准扶贫"融合发展。建立贫困村电商服务站17个,实现贫困村村民就业33人;推出"一村一品"土特产品38个。

【农村留守儿童帮扶】 2017年,市中区有农村留守儿童7172人,其中小学5016人、初级中学2156人。全区建立关爱农村留守儿童阵地53个。

【劳务开发与返乡创业】 2017年,市中区农村劳动力劳务输出10.75万人,实现劳务收入21.76亿元。全年市上下达全区劳务开发目标任务为农村劳动力劳务输出10.2万人,实现劳务收入13.7亿元,劳务品牌培训140人,实际完成农村劳动力劳务输出10.75万人,实现劳务收入20.76亿元,完成劳务品牌培训140人。同时,获评"市级农民工工作先进集体"3个、"优秀务工人员"3人,"区级返乡创业和劳务开发工作先进集体"9个、"优秀务工人士"11名。全年市上下达全区返乡创业目标任务为:新增农民工返乡创业150人,返乡农民工新增登记企

业17家(其中规模企业2家),新增返乡创业企业吸纳就业1000人,引进返乡创业投资5亿元,落实返乡创业专项资金2000万元。实际完成新增农民工返乡创业1123人,返乡农民工新增登记企业123家(其中规模企业4家),新增返乡创业企业吸纳就业1823人,引进返乡创业投资81.1亿元,落实返乡创业专项资金2085.77万元。同时,成功创建"市级返乡创业先进工作集体"1个、示范园区3个、示范镇3个、示范企业4家,获评"返乡创业明星"4人、"区级返乡创业优秀企业"14家、"优秀个人"13人。

【主要领导人】 区委书记:黄俊伟;区人大常委会主任:张晓亮;区长:兰徐;区政协主席:黄文勇;分管农业副区长:柳永胜。

市中区编写组

东 兴 区

【基本情况】 2017年,东兴区辖20镇4乡5个街道,辖区面积1181平方千米。年末总人口88.25万人,其中农村人口48.74万人。森林面积10719.6公顷,森林覆盖率31.03%。

2017年,全区GDP2121293万元,增长7.5%,其中第一产业增加值495198万元,增长3.7%;第二产业增加值633480万元,增长7.8%;第三产业增加值992615万元,增长9.2%。三次产业结构比调整为23.3:29.9:46.8。三次产业结构排序由"二、三、一"模式转变为"三、二、一"模式。

【年度农业和农村经济运行】 2017年,东兴区实现农业增加值50亿元,增长3.8%。农村居民年人均可支配收入达13477元,增长9.2%。全年完成人工造林面积682.67公顷,国有林管护125.73公顷。

2017年东兴区主要农产品产量

主要农产品	单位	产量	同比(%)
粮食	吨	343447	0.9
稻谷	吨	150000	0
玉米	吨	78118	5.4
豆类	吨	37897	47.7
油料	吨	33248	0.6
油菜籽	吨	24368	0.1
花生	吨	8880	1.8
蔬菜	吨	722965	6.4
水果(含果用瓜)	吨	32438	3.5

【种植业】 2017年,东兴区粮食作物播种面积66282公顷,增加404公顷;油料作物播种面积14400公顷,增加69公顷;蔬菜种植面积18478公顷,增加1249公顷。

【畜牧业】 2017年,东兴区肉猪出栏640192头,牛出栏20377头,羊出栏120900只,家禽出栏6019798羽;肉类总产量60114吨,减少9.3%,其中猪肉产量45537吨,减少12.1%;牛肉产量2450吨,减少9.6%;羊肉产量1572吨,增长0.2%。禽蛋产量8306吨,增长0.3%。蚕茧产量1980吨,增长1.2%。

【蚕桑万亩产业示范园建设】 2017年,东兴区继续实施蚕桑产业化工程,基地建设初具规模,产业发展稳步推进,示范片内完成新栽桑园4050亩,新建标准化小蚕共育室120平方米,新建标准化室外钢架大蚕5817平方米,建设生产作业道10800米,新建蓄水池10口,蚕桑标准化生产基础设施条件进一步改善。

【新村建设】 2017年,东兴区按照"业兴、家富、人和、村美"的"四大理念","住上好房子、过上好日子、养成好习惯、形成好风气"的"四好标准",加快推进幸福美丽新村建设及"四好村"创建工作。全年建设幸福美丽新村43个(含扶贫村21个),建设省级"四好村"19个、市级"四好村"86个、区级"四好村"128个。

【主要领导人】 区委书记:徐炼英;区人大常委会主任:罗代金;区长:康厚林;区政协主席:黄真桥;分管农业副区长:李万勇。

东兴区编写组

隆 昌 市

【基本情况】 2017年,隆昌市辖17镇2个街道,辖区面积794平方千米,其中耕地面积69.5万亩,比上年增长2.5%,人均耕地面积0.9亩;基本农田51.56万亩。年末总人口77.35万人(户籍人口),减少8.1%;人口出生率11.83‰,增加1.66个千分点;人口自然增长率5.19‰,增加0.92个千分点。全市耕地有效灌面和保证灌面分别达到耕地总面积的41.27%和33.1%;本地水资源总量2.7278亿立方米,人均占有水资源量380立方米。有林业用地1.19万公顷,有林地面积1.01万公顷,活立木总蓄积量36.6万立方米,森林覆盖率29.04%。4月,隆昌成为国家解冻"县改市"审批后全国首批、全省首个县级市。获得全国卫生县城、全国城市基层党建示范市、中国农产品加工业示范基地、全省"三农"工作先进县等称号。

2017年,全市GDP265.94亿元,增长8.2%,其中第一产业产值33.44亿元,增长3.8%,农、林、牧、渔及农林牧渔服务业之比为49.5:3.8:32.8:10.5:3.4;第二产业增加值148.22亿元,增长7.9%(工业增加值129.41亿元,增长7.2%);第三产业增加值85.43亿元,增长10.5%。三次产业对经济增长的贡献率分别为5.5%、54.2%和40.3%。劳务输出24.04万人,收入34.27亿元。全年接待游客822.91万人次,实现旅游收入62.22亿元,其中乡村旅游收入17.58亿元。

公路通车里程1812千米(其中乡村公路1575千米),密度2282.12米/平方千米,23.47千米/万人。社会消费品零售总额99.66亿元,增长12.6%。地方公共财政预算总收入完成8.2亿元,增长9.1%;公共财政预算总支出33.8亿元,增长8.8%,其中农业投入8.09亿元,占支出的23.93%。金融机构各项存款余额256.6亿元,比上年初增长9.8%;各项贷款余额122.36亿元,比年初增长17.03%。农业产业化龙头企业省级、市级、县级分别为5个、16个、18个。

有各类学校258所,在校学生106400人,教职工6555人,其中普通高校1所,在校本(专)科学生7640人,增长4%;普通中学30所,在校学生32652人;小学56所,在校学生46087人;学龄儿童入学率100%。有艺术表演团体16个,文化馆1个,公共图书馆1个。有无线广播电台1座,节目1套;电视台1座,节目1套。有卫生机构816个,病床位3500张,卫生技术人员3394人。新型农村合作医疗参合人数565665人,参合率99.42%;新型农村社会养老保险参保人数236262人,参保率99.88%;被征地农民养老保险参保人数6011人,占总人数的25.44%。

【年度农业和农村经济运行】 2017年,隆昌市实现农业总产值56.74亿元,增长3.8%;农业增加值33.44亿元,增长3.8%。农民年人均纯收入达13658元,增长9.5%。全市农产品质量抽检合格率比年初提高

0.5个百分点;建成19个基层农业综合服务中心。完成地方发电量5169万度。

2017年隆昌市主要农产品产量

主要农产品	单位	产量	同比(%)
粮食	万吨	27.9592	2.8
稻谷	万吨	18.3	3.3
油菜籽	万吨	1.25	39.6
蔬菜	万吨	42.7761	4.7
水果	万吨	3.87	4.9
肉类	万吨	5.24	-10.5
猪肉	万吨	2.66	-14.6
禽蛋	万吨	0.87	-5.6
水产品	万吨	3.16	1.9

农业产业化发展。截至2017年年底,全市培育规模以上龙头企业39家、合作社357个、家庭农场230家,新培育省级示范社22个、省级家庭农场1家。建设优质粮油示范区1个,面积2万亩;建立水稻绿色高产高效示范片25个。落实"内江黑猪家庭"农场户数6户,累计开工家庭农场单元数23个,完成投资2310万元,新建畜禽标准化圈舍1.86万平方米,实现"猪+沼+果"种养循环生态发展面积2000亩,建成节能减排养猪场11个。

农用地产权制度改革。全年完成19个镇(街道)农村土地确权登记工作,土地承包经营权信息数据顺利通过农业部审核,数据汇交率达100%;推动土地经营权规范有序流转11.85万亩,土地流转率29.57%;有序推进龙市镇大云村、渔箭镇石庙子村2个村进行集体产权股份合作制改革试点,完成清产核资工作。

农产品品牌战略实施。全市在大千故里优质农产品"甜城味"的基础上,围绕"稻渔"产业、精品果蔬产业、木本油料产业,积极开展绿色食品申报、四川名优食品的创建工作。截至2017年年底,已培育农产品品牌1个,完成"花漫水乡""神农荐"企业品牌2个,建设"益农信息社"9个。已完成"甜城味·丽香隆香米""甜城味·周兴大米"品牌认证2个;积极开展"三品一标"申报和认证工作,培育稻渔、柑橘区域品牌、产品品牌,已注册产品品牌5个,"甜城味"区域公用品牌已有4家企业贴牌使用。

【种植业】 2017年,隆昌市粮食作物种植面积734205亩,粮食产量279592吨,其中小春粮食作物146805亩,产量26026吨;大春粮食作物587400亩,产量253566吨。主要农作物中,小麦种植面积1305亩,产量224吨;中稻和一季晚稻种植面积331005亩,产量183036吨;玉米种植面积85005亩,产量34427吨。主要经济作物中,油料作物种植面积116865亩,产量1988吨;糖料种植面积6495亩,产量13680吨。其他农作物中,蔬菜种植面积143175亩,产量427761吨;瓜类种植面积6420亩,产量11475吨。

【林业】 2017年,隆昌市共发展现代林业产业基地1.92万亩,其中木本油料产业示范片0.5万亩、雷竹基地0.2万亩、柑橘产业0.3万亩、其他林业产业0.92万亩;发展林下经济0.12万亩;实现森林生态旅游及休闲产业2.02亿元。完成营造林1.5万亩,其中沱江流域绿化造林0.96万亩,森林质量精准提升0.54万亩,全民义务植树45万株,新增森林面积0.29万亩;完成水系绿化50千米,栽植绵竹3万株;完成村庄绿化21个,栽植香樟、桂花、紫薇等大规格苗木4.2万株;沱江流域造林绿化1.25万亩,乡村道路绿化55.2千米。实施国有林管护2.3677万亩,巩固退耕还林成果6万亩,补偿集体公益林11.41万亩。

【畜牧业】 2017年,隆昌市生猪出栏47.1万头,肉牛出栏0.39万头,肉羊出栏4.32万只,家禽出栏858.9万只,肉兔出栏200.76万只;肉类产量5.24万吨,禽蛋产量0.87万吨,奶类产量0.265万吨。推进畜禽养殖污染防治"1331治理模式",全面关闭禁养区规模养殖场18个,关停禁养区养殖专业户78户,整治非禁养区养殖场153户。新(改、扩)建现代化畜禽养殖场3个,新(改、扩)建畜禽标准化养殖场10个,建设畜禽养殖标准化示范场3个、省级标准化示范场2个;规模养殖场配套废弃物处理设施比例95.9%,畜禽粪便综合利用率78%,建设种养循环示范场3个。成立全国禽群流行病学调查点4个。全年累计开展监测114场次,落实防疫经费320余万元,培训动物防疫员、兽医共1100余人次。

【水产业】 2017年,隆昌市水产养殖面积0.2万公顷,水产品产量3.16万吨。渔业船舶登记、检验率达100%;查处各类渔政案件2起,渔政执法案件办结率达100%;水产品检测合格率达100%。

【统筹城乡与新型城镇化】 2017年,隆昌市完成农村承包地、集体土地、集体建设用地数据库建设。金鹅镇光照村等10个村开展农村集体产权股份合作制改革试点。全市通过市农村产权交易分中心流转土地43宗,涉及面积5921亩。普润镇张佛村统筹城乡综合示范项目全面建成;深化"三自一引",充分发挥村民议事会、监督委员会等自治组织作用,村组重大事项均由农民以"自主、自愿、自治"的方式讨论决定,市委市政府加强引导。发放城镇企业职工基本养老保险补贴598万余元,启动义务教育薄弱学校改造项目,全面完成教育信息化二期工程建设,完善义务教育学校校长、教师定期交流轮岗制度,落实进城务工人员随迁子女在当地参加升学考试制度;创新户籍管理模式,4月底全面落实了居住证制度。

启动《隆昌市域乡村建设总体规划》,完成《响石镇镇域乡村建设总体规划》,完成界市镇柏树村、渔箭镇石庙子村及普润镇印坝村、高山村、张佛村、汪家村、陈东村等7个村域规划。编制完成云顶镇云峰村、渔箭镇渔箭社区2个全国传统村落规划编制,其中渔箭镇渔箭社区已被列入"2018年中央财政支持范围的中国传统村落名单"。公布市本级第一批历史建筑10处,分别为响石镇塘湾民居、川主庙、高洞包寺,周兴镇佛洞寺,云顶镇云顶古寨寨墙、九凰屋基、金墨湾、凉山馆、竹林屋基,龙市镇龙市古盐道遗址。

【新农村建设】 2017年,隆昌市投入各类资金8533万元,建成幸福美丽新村39个,其中扶贫新村17个。全年创建省级"四好村"16个、市级"四好村"73个、县级"四好村"122个。古湖街道古宇村被评为"四川省百强名村"。

【扶贫攻坚】 2017年,隆昌市帮助贫困户发展种植业1155亩、小家禽32.25万只(头),帮助建档立卡贫困户实现就业147人,向全市所有建档立卡贫困户发放《就医优惠证》;实施易地扶贫搬迁416户997人,实现了低保线和扶贫线"两线合一"。全市贫困村产业扶持、特殊困难家庭救助、教育救助、卫生扶贫救助、扶贫小额信贷分险"五支基金",发放总量达3851.26万元。全年实现12个贫困村退出、5829名贫困人口脱贫,全市贫困发生率下降至1.7%。

【乡村旅游】 2017年,隆昌市有旅游景区10余处、景点30余个,其中国家4A级景区2个(隆昌石牌坊旅游区、古宇湖旅游景区)、国家2A级景区1个(云顶山景区)。按照"全域旅游,景城一体"的发展战略,

建成乡村旅游环线59.6千米，景区（点）串成线，建成花漫水乡、蝶恋花等乡村旅游区12处；评定泡菜哥山庄、梁家小店等星级农家乐10家，其他农家乐86家；创建旅游示范村2个，培育民宿达标户68户。举办了四川省第八届乡村文化旅游节及各类乡村旅游活动30次以上。全年乡村旅游接待游客459.8万人次，增长15.5%；实现旅游收入17.58亿元，增长10.2%。

【农村水利】 2017年，隆昌市全面推行河长制工作，创新建立"三亮""三清""五员"河长制工作推进机制。配合省（市）向办完成向家坝灌区一期工程前期工作。全年完工重点水利项目5个，完成水利投资1.2亿元。综合治理水土流失面积16.9平方千米，征收水土保持费102万元、水资源费18.6万元；解决农村饮水不安全人数0.72万人，其中民生工程解决脱贫人口饮水安全问题177人；民生实事整改农村水井水质监测不合格水井482处。打造迎祥镇、普润镇农田水利基本建设综合示范区1个，示范区面积2.62万亩，其中核心示范区面积1.68万亩；建成迎祥镇龙溪—长坡和普润镇黄荆—黄龙全域灌溉示范小区2个；新增和恢复蓄引提水能力237万立方米；新增有效灌面2.04万亩，新增节水灌面0.51万亩，发展高效节水灌面0.22亩。

【农业机械化】 2017年，隆昌市主要农作物耕种收综合机械化水平达55.84%。开展农机购置补贴兑付工作，全年农机购置补贴收到申请表689份，受益农户688户，机具数量689台，落实补贴70.638万元（其中中央补贴60.472万元、县级累加补贴10.166万元）。

【农村教育】 2017年，隆昌市进一步落实由"市长、教育局长、乡（镇）长、主任、校长、家长"共同负责的控辍保学"六长责任制"，小学辍学率降低至零，普通初中辍学率降低至0.09%。坚持义务教育免试就近入学，合理划定招生范围，进一步促进教育公平，学生人数实现逆势增长。2012—2017年，隆昌市学生人数逆势增长3955人（不含川南幼专增长的4093人），是内江市各县（市、区）中学生总人数唯一增加的地区。为1908名在园幼儿减免保教费，为67111名中小学生免除学杂费，为67846人提供了免费教科书，为5000名贫困寄宿生补助了生活费。

【农村文化】 2017年，隆昌市新建退贫村文化室12个，新建退贫村阅报宣传栏12个，免费开放18个镇（街道）综合文化站和1个街道文化服务中心全部设施。开展"送文化下乡"到村（社区）演出活动180场次。做好"农家书屋"出版物的补充、更新工作，为每个"农家书屋"补充、更新图书60册、刊物9种。

【农村卫生】 2017年，隆昌市创建国家卫生乡镇1个（界市镇）、省级卫生镇2个（胡家镇、普润镇）、省级卫生村23个；创建了四川省免疫规划示范区，扩大国家免疫规划，疫苗接种率达95%以上。全年督导乡村结核病防治120次，访视病人240例，系统管理409例，系统管理率99.76%。继续实施农村妇女住院分娩补助、"两癌"免费检查、孕前优生检查等重大项目，对农村贫困人口中孕产妇住院分娩补助服务率达100%。实施医疗扶贫"五大行动"，落实"十免四补助"、先诊疗后结算等医疗扶贫政策。全年贫困人口门诊就诊免收一般诊疗费22771人次，免收院内会诊费2754人次；免费健康体检16460人，免费艾滋病抗病毒治疗率达100%，免费提供基本公共卫生服务5.69万人次，免费提供妇幼卫生健康服务671人次，到贫困村免费巡回医疗服务5876人次，对7836名贫困人口进行"2+1"管理精准服务。建档立卡贫困户住院治疗15489人次，住院医疗费3671.26万元，报销3598.14万元，个人支付73.12万元，自付占比1.99%。

【农村法制建设】 2017年，隆昌市413个村（社区）均已配备法律顾问，印发法律顾问便民联系卡1000份，提供法律服务3035次，法律援助案件225件。以农民夜校、"十大法治主题活动"、"四下乡"、"春风行动"等为载体开展"交通安全知识巡回授课""预防保健品消费诈骗法治宣传""公证进社区 服务千万家"等法制宣传教育活动，印制《农村法律宣传册》3000册、《法律宣传手册—农民夜校系列教材》2000册、法治对联5000幅、法治围裙1000条。会同县委宣传部、文体广新局、卫计委等部门组织开展送法律、送文化、送科技、送卫生"四下乡"活动，发放普法资料10000余册、普法宣传用品2000余件。开展矛盾纠纷大排查大调处活动，开展排查调处活动526次，调解纠纷857起。

【农村交通】 2017年，隆昌市建成通村公路107.8千米，完成投资7783万元，其中完成脱贫村公路建设36千米。民生工程建设投资665万元，完成通村硬化路项目5个、11千米。

【农村社会保障】 2017年，隆昌市有农村特困人员6867人、集中供养人员1534人、分散供养人员5333人，共计发放救助资金2645.57万元，发放82013人次。接收临时生活救助申报469件，通过审批462件次，发放临时生活救助金65.64万元，惠及462户1286人次；接收特殊困难帮扶基金申报436件，通过审批385件次，发放特殊困难帮扶基金54.96万元，惠及385户973人次。新增公办农村敬老院养老服务床位200张，其中界市镇100张、渔箭镇90张、云顶镇10张；全市各镇（街道）农村敬老院养老服务床位维修改造共计300张，改善和满足了农村特困人员集中入住要求。

【农村生态建设及环境保护】 2017年，隆昌市严控露天焚烧污染，对各镇（街道）秸秆、垃圾禁烧工作开展"5+2"、"白+黑"全天候巡查执法与工作督查，共出动车辆366辆次、1098人次；开展16个乡（镇）生活污水处理厂升级改造工程前期工作，其中山川镇、云顶镇生活污水处理厂已进场施工。开展镇（街道）交接断面水质考核工作，制定《隆昌县镇（街道）交接断面水质考核办法》，对全市19个镇（街道）交接断面进行了现场定位，划定监测点位28个。

【农产品质量安全监管】 2017年，隆昌市加强农产品质量监管和执法检查力度，出动执法人员663人次、执法车辆300余辆次，开展执法检查990余次，查处种子违法违规案件2起、农药违法违规案件3起，省级农产品质量安全例行监测合格率100%，瘦肉精检出率为零，饲料产品质量合格率100%，动物源食品兽药残留抽检合格率100%。加强农产品质量安全追溯平台试点建设，建成物联网示范基地5个，建设畜牧屠宰智能化监管11个，40家以上生产经营主体、80个以上产品纳入了省级追溯平台，全市认定"三品一标"农产品达17个。

【农村留守妇女（儿童）帮扶】 2017年，隆昌市为20余名贫困妇女（儿童）送去应急帮扶金3万余元；筹资6.28万元开展母亲节和"冬之暖"慰问，慰问贫困妇女（儿童）160余人。实施"关爱女性保障计划"，为云顶镇加速村划拨0.8万元部门项目资金；在各个节日先后慰问该村贫困妇女儿童60余人次，发放慰问资金和慰问物资2万余元；出资0.14万元，为56名贫困妇女购买"两癌"保险。

【劳务开发与返乡创业】 2017年，隆昌市转移农村劳动力24.04万人，实现劳务收入34.27亿元。全年完成劳务品牌培训370人。新增登记返乡创业企业19家，其中规模企业3家；引进投资总额6.35亿元，新增返乡创业人员231人，返乡创业企业吸纳就业人员1210人。

【名优特新农产品】 界市竹笋。隆昌市界市镇自2002年退耕还林开始发展界市竹笋，在界市镇已有10余年的种植历史。界市竹笋呈锥

形状,笋肉被笋箨包裹;笋体嫩肥短壮,乳白色,有光泽;笋肉香甜细嫩、质地细脆,纤维多。加工后的界市竹笋呈长条状,干脆扁平,色泽黄亮,肉质肥嫩,口感清香醇厚,具有较高的营养价值和药用价值,长期食用可增强机体的免疫功能,降低脂肪囤积,促进肠道蠕动,帮助消化,有去积食、预防便秘的功效,加之界市竹笋的整个生产过程不需施用农药,不受任何污染,被当地人誉为"第一绿色保健食品",在市场上供不应求。

近年来,为促进界市竹笋产业的可持续性发展,在当地政府支持下,界市镇成立了两个竹笋协会,并且在原有23个竹笋基地的基础上,发展了桂花村、龙台村、王家寺村、高屋村等标准化基地建设,截至2017年年底,全镇界市竹笋种植面积达3.5万亩,产量2.3万吨,实现产值3500万元,带动了当地农民及承包户增收致富。

【主要领导人】 市委书记:尹忠;市人大常委会主任:李萍;市长:毕胜;市政协主席:谢守涛;分管农业副市长:梁虹。

隆昌市编写组

资 中 县

【基本情况】 2017年,资中县辖33镇,辖区面积1734平方千米,其中耕地面积84527公顷,比上年增长0.2%。年末总人口125.56万人(户籍人口),减少1.8%;人口出生率10.1‰,减少2.8个千分点;人口自然增长率0.57‰,减少2.95个千分点。活立木总蓄积量2641382万立方米,森林覆盖率35.2%。

2017年,全县GDP256.69亿元,增长4.6%,其中第一产业增加值63.61亿元,增长0.6%,农、林、牧、渔及农林牧渔服务业之比为57.6:4.7:29.4:7.2:1.1;第二产业增加值98.17亿元,增长5.2%(工业产值91.99亿元,减少11%);第三产业增加值94.91亿元,增长6.8%。三次产业对经济增长的贡献率分别为3.4%、43%和53.6%。全年接待游客877.89万人次,实现旅游收入476000万元。

社会消费品零售总额95.91亿元,增长5%。地方公共财政预算总收入完成8.89亿元,增长5.4%;公共财政预算总支出48.69亿元,增长9.1%。金融机构各项存款余额332.18亿元,比年初增长13.2%;各项贷款余额142.42亿元,比年初增长10.5%,其中支持农业产业化发展项目贷款21356万元。完成农业产业化项目18个,完成投资12652万元。农业产业化龙头企业国家级、省级、市级、县级分别为1个、10个、10个、34个。

【年度农业和农村经济运行】 2017年,资中县出台了1项规划、政策。全年农业增加值达63.61亿元,增长0.6%。农民年人均可支配收入达13405元,增长9.1%。

2017年资中县主要农产品产量

主要农产品	单位	产量	同比(%)
粮食	万吨	53.33	0.58
水稻	万吨	14.9	0.7
小麦	万吨	0.1	—
玉米	万吨	22.3	1.4
马铃薯	万吨	1.9	—
油菜籽	万吨	3.5	9.4
蔬菜	万吨	65.03	1.77
水果	万吨	25.26	0.44
肉类	万吨	7.15	-10.1
猪肉	万吨	5.57	-6.9
牛肉	万吨	0.05	—
羊肉	万吨	0.23	—
禽肉	万吨	0.89	-21.2
兔肉	万吨	0.4	-24.5
禽蛋	万吨	2.0838	5
牛奶	万吨	0.03	—

农业产业化发展。全县以"资中血橙"种植优势,培育发展了以资中县通顺多果业农民专业合作社、资中县蜀溪种植农民专业合作社等为代表的血橙种植专合社;利用"内江黑猪"品种优势,培育发展了以资中县三块石养猪农民专业合作社为代表的生猪养殖合作社。全县工商登记农民合作社528个,新增81个;工商登记家庭农场705个,新增169个。有农业产业化龙头企业55家,新增2家,其中国家级1家、省级10家、市级10家、县级34家。全年实现产业化经营销售收入56.37亿元,实现利润2.64亿元,上缴税金0.77亿元,出口创汇50万美元,带动农户25.3万户,带动面达76.7%,助农人均增收712元。

农用地产权制度改革。全面开展农村产权确权登记成果纠错工作。重点围绕省、市检查验收反馈的问题,全面收集前期确权登记过程中群众反映存在权属错误、面积不准等,逐级收集、落实责任、明确时限逐项整改,全年各权属累计纠错35万余宗,完成土地承包经营权确权登记324077户、农村集体建设用地使用权(含宅基地)确权登记392916宗、农村房屋所有权确权登记319199户、林权确权登记413725.03亩、小型水利设施权属确权登记21062处,全县农村产权"一张图"更加明晰、完善。积极引导土地规范流转,提高农户财产性收入。内江农村产权交易网上挂牌交易农村集体土地经营权流转面积4781.21亩,交易金额达2727.84万元。新流转标的额5万元以上的农村集体产权进入公开市场流转率达80%。推进农村产权抵押融资,金融支持力度持续加大。县邮储银行资中支行积极开展农村产权抵押贷款,全年发放贷款1160万元,较市级保证目标要求的新增贷款700万元的任务超出40%。县供销社龙江镇开展了土地托管试点,共实施大田托管1529.95亩,其中半托管785亩、全托管744.95亩。

农产品品牌战略实施。全县在成渝高速、成自泸高速设立广告牌5块,将"甜城味""资中血橙品牌"明显标著,扩大市区域公用品牌和全县特色品牌的推广宣传。举办了电商品牌包装设计大赛;开展了网货包装文化创意设计大赛,对六类产品分别评选了一、二、三等奖各1个、2个、3个,共给予50万元奖励。"资中血橙"包装设计获得新鲜水果类一等奖。制作了印有"资中血橙"标识的包装箱110万个,并指定给符合条件的新型农业经营主体使用。全县共有"三品一标"产品97个,其中地理标志产品5个(资中冬尖、资中鲶鱼、资中血橙、资中枇杷、罗泉豆腐);有机农产品5个,新增3个;绿色农产品20个,新增2个;无公害农产品67个,新增6个。成立了资中县"甜城味"区域公用品牌推进工作领导小组,第一批已签约使用"甜城味"标志企业7家;"资中血橙"获得"四川省优质农产品品牌"称号;工商总局正式受理"资中血橙"地理标志产品申报,"三品一标"品牌农产品创建稳居全市前列。全县追溯企业总数达41家,位居全市第一。

现代农业园区建设。内江国家农业科技园区核心区建设。园区建设秉承“三路一带、三片相连、三园互动、城园一体、融合发展”的总体思路，结合旅游产业、以水美城等内容，紧紧围绕全市总体战略部署和“12345”现代农业提升行动要求，着力推进园区农业供给侧结构性改革，大力发展现代农业，各项工作有序推进。截至2017年年底，园区（含示范区）累计完成项目投资4.6亿元，实现销售收入65亿元。核心区已入驻中建材凯盛科技、永辉、好口碑、市农科院等业主15户，打造研发及技术支撑平台1个（智慧型创意循环农业平台项目），引进推广新品种2个（果蔗甜城99、资中血橙4号），开展技术示范4个（项）（果蔗甜城99高产栽培技术、资中血橙标准化管理（丰产）技术、葡萄高产栽培技术、中华寿桃丰产管理技术）。核心区带动农民年人均可支配收入1.5万元，示范区带动年人均可支配收入1.2万元。完成大环线加错车道6.7千米，新建小环线4.67千米。光辉“好口碑”公司全面完成4000平方米血橙广场、400平方米血橙综合体建设。主导产业发展。一是推动银山田园综合体项目建设。通过招商引资，与四川智奥农业股份有限公司合作，拟投资36亿元打造独具特色的田园综合体。项目引进国内外顶尖咨询策划公司、演艺公司伙伴，确保项目品位和质量。二是以永辉公司为龙头，通过保种选育和技术推广，进一步促进内江黑猪的规范化养殖，形成年出栏30万头的产业规模。全年存栏生猪1.3万头，出栏生猪0.8万头。引入华西希望·德康集团建设黑猪祖代场、3000头种猪场、万头黑猪育肥场。三是光辉“好口碑”公司资中血橙标准化种植基地项目建设稳步实施。累计完成土地流转3000亩，通过“基地培育、园区孵化、全域推广”三位一体的发展模式，带动全园区完成标准化种植面积6000亩，全县血橙种植面积16万亩。四是完成大千种植园项目建设，其中葡萄园100亩、血橙园260亩、草莓园20亩、樱桃园50亩、桃园120亩。五是天府智慧农业生态园项目已破土动工。拟投资1.2亿元建光伏大棚，棚内种植有机富硒农产品，将农产品种植与光伏发电相结合，让土地、空间和阳光立体高效利用，获得农业和发电双收益。六是“渔网天下”水产养殖项目已初步确定选址。项目拟投资3000万元，流转土地100亩，分三期实施“对对虾”恒温养殖。该项目将采用“生物絮团”去设备、工厂化养殖模式，实现养殖全过程“零换水、零用药、零排放、零污染”。七是将“玫瑰园、百合花基地、益寿山庄、万亩血橙基地、水舞花谷”串联，着力打造特色乡村旅游。八是争取省上现代农业奖补资金500万元，分别在好口碑、翠溪血橙、市农科院银山基地、兴资公司等实施一批现代农业提升项目。九是争取市人才发展基金，实施资中血橙研发平台建设，开展血橙新品种培育、新技术推广等，全面提升资中血橙品质。万亩血橙产业示范片建设。一是已建成标准化血橙基地1.02万亩，已建成“两心两园”（科技研发中心、血橙种苗繁育中心、血橙鲜食采摘园、血橙标准种植园），并分别设立标识标牌。二是核心基地新建一套导视系统，包括十字路口导视牌、6个大区导视牌、品种说明宣传牌；在成渝高速公路上设立万亩血橙产业示范片招商引资宣传牌1块。三是已建成10吨烘干房1座、1500立方米气调库1个；建成4000平方米血橙广场和400平方米配套用房，血橙广场配套用房内设立科技研发中心、产品检验中心、技术培训中心、电商中心等，示范片银山镇满江红水库4.5千米环线公路已完成拓宽改建，新建1条5千米供生产、参观、采摘的道路，整合266万元新村基础设施建设项目资金到示范片用于银山镇双塘坊村3.5米宽1.5千米、4.5米宽1.8千米的公路建设。四是示范区内已建成集会议、餐饮、休闲于一体的农家庄园和集垂钓、休闲、餐饮于一体的农家乐各1个。

【种植业】 2017年，资中县粮食作物播种面积158.38万亩，产量53.33万吨，增长0.58%。油料作物播种植面积28.8万亩，产量4.21万吨，增长5.25%，其中花生播种面积9.16万亩，产量1.22万吨；油菜播种面积19.64万亩，产量3.5万吨。蔬菜种植面积26.35万亩，产量65.03万吨，增长1.77%。水果产量25.26万吨，增长0.44%。实施2016年现代农业生产发展项目，建设高标准农田1万亩，田型调整4000亩，新建田间排灌渠9.58千米，新建引水渠13.205千米，渠系配套建筑物80座，整治山坪塘27座，建设生产路72.8千米，农机下田通道100处。组织195名县、乡农技人员到眉山职业技术学院、四川农业大学、四川省农科院、内江市农广校参加农技知识培训，组织乡（镇）农技人员大小春技术培训600人次、农产品质量安全知识培训550人次，病虫害绿色防控知识培训500人次、果树生产技术培训400人次。根据农时季节，通过进村入户技术培训和技术指导，以农村实用技术及相关知识培训为重点，共组织实用技术培训36000人次。

全县各种作物病、虫、草、鼠害发生面积265.68万亩，指导全县油菜、水稻、玉米、花生及果树、蔬菜等作物病、虫、草、鼠害防治面积321.14万亩次，挽回粮、油、果、蔬等损失34180.3吨。全年发布病虫预报17期、约680份，预报准确率达98.1%。推广绿色防控技术面积72.9万亩次，主要作物绿色防控覆盖率达41.2%；专业化统防统治覆盖率达46.3%；病虫害危害损失控制在3%以下。实施农药减量控害技术，全年全县化学农药使用量513吨，比2015年的538.74吨减少25.74吨，实现化学、农药使用零增长的目标。加强产地和调运检疫工作，完成两杂种子产地检疫3200亩、74万千克；柑橘苗木产地检疫650亩、378万株。加强稻水象甲的防控阻截工作，保证疫情不扩散、不危害，保障全县农业生产安全。

项目建设及技术推广应用。在全县范围内实施“耕地地力保护补贴”项目，完成补贴总面积82.54万亩，补贴标准为117.58元/亩，补贴总金额9705.04万元。

蚕桑产业发展。全年发种15136张，占全年目标任务的100.91%；新（改）建优质蚕桑基地1893亩，占目标任务的105.17%；小蚕共育率达90%，占目标任务的150%；新建标准化室外钢架大蚕棚1050平方米，占目标任务的105%；新建标准化小蚕共育室1个、60平方米，占目标任务的100%。开展蚕桑技术培训。通过蚕桑技术培训、技术蹲点入户技术指导等，全年共培训蚕农2000余人次，基地乡（镇）蚕农人均培训1次以上，做到了技术贯彻落实基本到位。在板栗椏镇、球溪镇和陈家镇推行商品小蚕，共育面达95%，实施滚动式多批次养蚕，增加养蚕数量，增加蚕农收入。共育户共育蚕的质量、共育蚕单产与共育费挂钩，局上从发展经费中抽出部分资金补贴共育户每张15元，用于加大10%的蚁量，同时淘汰尾蚁；每张10元用于奖励共育户产量和考核技术操作规范，建立全县统一共育激励补助机制。通过共育，全面提高了全县蚕农养蚕单产。大力推广省力化养蚕技术。大力推广“统防统消、小蚕共育、大蚕省力化、蚕台育饲养、自动上蔟”等配套技术，实现了蚕茧单产、质量、效益三提高。推广果桑病虫害统防防治，促进乡村桑果采摘和乡村休闲旅游。对果桑户进行技术培训，并集中实行“三统一”，即统一时间、统一药物、统一人员的病虫害防治方法，鲜桑果产量大幅提高，并利用微信、电视台进行宣传，蚕农桑果亩收入均在6000元以上。健全蚕桑产业信息网络体系，安排专门信息员定期浏览和收集蚕业相关信息，做好每月、每季度生产数据统计及报表的报

送,并及时将生产形势,蚕桑要闻或其他网页转载的有价值信息上传下达。全年报送信息60余条,省、市、县采用20余条。

【林业】 2017年,资中县实施森林管护47.4万亩,新增森林面积0.6万亩,巩固退耕还林成果12.04万亩,完成营造林3.44万亩,其中中幼林抚育2.09万亩,低产低效林改造0.23万亩,大规模绿化资中1.12万亩,其中沱江干流绿化0.41万亩;完成全民义务植树55万株;完成县、乡道路绿化21千米,完成育苗640亩,产苗640万株;完成国有林管护4.74万亩,补偿集体公益林14.74万亩。全年完成义务植树55万株,参加义务植树18.3万人次。加强对种苗的生产、调运、使用管理,规范种苗市场,对所有的工程用苗严格执行"一证一照""一签两证"检疫检验、调运审批等制度。对县外调入的种苗实行准入制,对县内乡(镇)之间调运实行审核制,对各镇内部调运种苗实行备案制,严把种苗质量关。对大宗工程用苗采取公开招(投)标采购,规范全县林木种苗市场。全年完成育苗1100亩、产苗1800万株。重点发展以核桃为主的特色干果,积极扶持壮大资中血橙、不知火等特色水果产业,继续加大核桃、麻竹、青花椒等产业基地建设;加强农业产业结构调整,组织林业专业技术人员搞好产前、产中、产后服务;加大对以嘉富木业等为主的木材加工企业的扶持力度,鼓励引导企业建立自己的工业原料基地;进一步推进现代林业园区建设,发展林业产业基地3万亩,发展林下经济0.3万亩。全县实现林业总产值21.8228亿元,生态旅游与休闲产业收入3.2亿元。

林业管理。进一步完善天然林保护管理的各项制度,集体林权制度配套改革在全县33个镇全面铺开;加强野生动植物保护管理和林业有害生物防治,严厉打击乱砍滥伐林木、乱征滥占林地、乱捕滥猎野生动物等破坏森林资源的违法犯罪行为,确保森林资源安全。特别是利用项目城市建设、西南水泥等项目的批地占地中,对征占用的林地做了积极的协调解决工作。全县管护森林资源47万余亩,其中管护国有林4.74万余亩;森林采伐消耗控制在指标范围内;森林植被恢复费严格按照规定征收,全年收取270.144万元,并做到专款专用;新增森林蓄积23355立方米,活立木蓄积量达2641382立方米;森林覆盖率达35.2%。

林业经营。全面开展全县33个镇的林改工作。全县产权制度改革林权确权工作通过市级验收。积极与金融部门协调配合,推动林地流转及林权抵押贷款试点工作,为实现农村资源资本化、促进农户增收致富、推动城乡共同发展奠定坚实的基础。

【畜牧业】 2017年,资中县出栏生猪85.6万头,减少12.41%;出栏家禽806.13万羽、肉牛1.22万头、肉羊23.52万只、肉兔585.75万只,分别增长4.1%、73.82%、5.21%、5.1%;禽蛋(产量)20838吨,增长5%。全县有国家级、省级、市级畜牧产业化龙头企业5家,其中年销售收入过亿元的畜牧龙头企业1家。

畜牧科技扶贫。按照全县整体扶贫攻坚战略,组织农林局畜牧科技专家对扶贫村进行实地调研,结合贫困村的地理位置、气候条件和村情、民意,有针对性地制定畜牧产业发展规划。同时,利用农民夜校、养殖户培训等县农林组建科技扶贫专家服务团,向养殖户进行政策宣传、信息传递、技术指导、项目实施等工作。全县有畜禽标准化养殖场(小区)135个,其中生猪养殖场75个;新建生猪适度规模标准化养殖场10个,500头以上生猪规模出栏比重达22.4%,家禽、肉牛、肉羊、肉兔规模出栏比重分别达57%、93%、89%、86%。畅达牧业有限公司在陈家镇投资8000余万元,新建牛场6000余平方米。

动物防疫。全县完善县、镇、村三级动物防疫体系,签订《动物防疫目标责任书》,做好疫苗计划、采购、领发放、免疫监测以及消耗性物资采购等工作,规范重大动物疫病防疫物资管理制度。建立"春夏秋冬四季免疫+月月补免+仔猪阉割免疫"的防控体系。全年禽流感免疫550.5209万羽、重组禽流感病毒(H5+H7)二联苗免疫98.1688万羽、新城疫免疫314.9641万羽、口蹄疫免疫93.5205万头、猪瘟免疫82.15万头、高致病性猪蓝耳病免疫41.3844万头、小反刍兽疫免疫3.654万只。重大动物疫病免疫率达100%,免疫抗体均在70%以上。资中县血吸虫病防控消除达标工作通过考核验收;全县牛(羊)布病、结核完成了监测净化工作。全县全年无重大动物疫病疫情发生。

【水产业】 2017年,资中县水产品总产量3.0302万吨(其中名特优水产品1.41万吨),增长6.6%;实现渔业经济总产值7.683亿元,增长9%;生产水花鱼苗1.57亿尾。全年开展水产技术培训400余人次,上报重要信息50条;渔政案件处理结案率100%,水产品质量安全抽查、送检样品64个,合格率100%;完成各类养殖面积17.24万亩。

科技兴渔。创新渔业科技服务机制,大力开展渔业科技培训、推广普及工作,围绕全市"千斤粮、万元钱"的目标,全县开展了"鱼—藕""稻—鱼""稻—虾""稻—鳅"等稻田综合种养殖模式推广示范。开展新型职业农民(水产班)培训75人,球溪河三江鲶鱼渔业农民专业合作社升级为国家农民专业合作社示范社,龙江镇光华水产养殖农民专业合作社被授予"农民专业合作社省级示范社"称号。

渔政管理。成立了渔业安全生产领导小组,切实加强对渔业安全生产的领导;层层建立渔业安全生产责任制,签订了《安全生产责任书》;组织开展全县渔业安全生产监督检查;制定和贯彻落实《渔业船舶水上突发事件应急预案》,坚决遏制重特大事故发生;开展船员培训,船员必须经培训考试合格后才能持证驾船;推进捕捞渔民船东互保,化解安全风险;严格执行国家禁渔期制度,实现了"江中无捕捞渔船,停靠岸边的渔业船舶中无捕捞工具,各水产品市场、宾馆、餐馆无野生鱼类销售"的预期目标。全年共组织召开安全生产会议20次,开展街头、码头安全宣传10次、安全生产月咨询活动1次,悬挂宣传标语10幅,发放资料3000余份;接待咨询群众500余人次;开展渔业安全检查62次,出动人员180余人次。禁渔期出动渔政执法人员120人次、执法车辆20台次;检查水产品市场10次,检查宾馆、餐馆、饭店33家次,检查天然水域20次,查处违规(捕捞)行为2起,没收渔获物5千克,有效地保护了天然水域渔业资源。

水产品质量安全。全县加强水产品生产过程的质量控制,积极推行水产健康养殖示范场、无公害水产品养殖基地、现代渔业园区建设;加强泥鳅、黄颡鱼、南方大口鲶等特色水产品种和国内市场消费的大宗品种的质量监管,严防有质量隐患的初级水产品流入市场;加强苗种许可获证企业、无公害获证企业、健康养殖示范场、现代渔业园区等区域的监督管理,督促规模以上生产企业设立食品安全管理机构,完善内检员制度,明确分管负责人,落实相应工作制度;加强对水产养殖各环节使用禁用药物和有毒有害物质的查处力度,切实解决水产品质量存在的突出问题;加强水产品安全监督抽检和风险监测力度,严格实施产地检疫,配合部、省、市三级完成水产品质量监督抽检任务。开展水产品样品抽检64个,送检样品10个,合格率100%。

【"三条产业带"建设顺利推进】 2017年,资中县共完成稻田综合种养产业带30100亩,其中核心区3050亩。主要在龙江镇联溪村发展稻虾种养殖1200余亩,在罗家、月山等村发展稻鱼种养殖1500余亩、稻

鸭种养殖300亩。编制了《资中县100万头“内江黑猪”开发利用产业化项目建设的实施意见》。已建设家庭农场49个，占目标任务的104%；申报农业示范休闲农庄2个（渔耕德苑、水印双桥），完成目标任务的100%。在宋家镇雷祠寺村建立休闲农业专业村1个，已完成资料申报，完成目标任务的100%。在鱼溪镇、银山镇开展一二三产业融合的现代农业产业融合示范区建设。依托四川光辉好口碑农业发展有限公司在银山镇老场村建立市级现代农业产业融合示范区1个、1000亩创意体验示范区1个，项目建设有序推进。在兴隆街镇双桥村建成资中县群益畜牧生态公园1个，材料已经申报。

【“两大功能示范区”初步建成】 2017年，资中县在龙江镇、马鞍镇建设油菜高产创建万亩示范片1个、面积1.3万亩；在龙江镇春源专合作建设油菜机播机收全程机械化高产示范片，面积1700亩；在龙江镇建设1600亩的“测土配方有机无机复混肥”示范片。依托“黑溜宝”养殖基地，已建成生猪圈舍18200平方米、沼气池3410立方米、干粪堆积场1860平方米、氧化池容积3530立方米，形成了粪便干稀处理、处理后用于血橙500亩种植和公司蔬菜种植的循环利用体系。

【万亩血橙产业示范片逐步提升】 2017年，资中县已建成标准化血橙基地10200余亩，完成目标任务的102%。基础设施配套建设有序推进，截至2017年11月底，万亩血橙示范片范围内共新建3.5米宽硬化公路45千米、便民路123千米、排雨水沟4.475千米，新建石田坎10根，改建银山镇观音寺村满江红水库（东岳庙水库）环线公路4.5千米，建成血橙广场4000平方米。

【扎实推进“351”特色产业建设】 2017年，资中县6个重点镇、121个重点村全面启动建设。鱼溪镇发展产业果树2661亩、稻田综合种养（“稻—鱼”“稻—虾”）542亩、中药材种植300亩，带动农户大力发展产业，已取得初步成效。高楼镇主导产业不知火种植面积已达22450亩。公民镇着力打造生猪养殖特色镇，成立各类专业合作社14个、家庭农场38个，打造“三块石罗汉花生”“黑溜宝”“西香米”等绿色无公害农产品品牌。球溪镇发展稻田综合养鱼180亩，修建水池50口，整治田坎50根，修建便民路2千米，完成的稻田综合养鱼项目，带动全镇1600余人实现经济增收。明心寺镇在成渝沿线流转土地发展绿色生态种植业、生态乡村旅游等，发展优质水稻800亩、葡萄200亩、甘蔗500亩、花生300亩、中药材650亩。银山镇依托资中血橙万亩示范片建成标准化血橙基地10200余亩。兴隆街镇双桥村积极发展壮大集体经济，通过成立专合社发展肉牛养殖、水果种植、酿酒三大产业，组建资中县水映双桥农业观光旅游有限公司，年接待游客5万人次，实现经营收入300万元，50人实现就近就业，人均增收1.5万元，该村入选“2017四川省百强名村”。骝马镇三柏村采用“支部+专家团队+专合组织+电子商务+农户”的方式，发展种植晚熟血橙3000余亩，入选第七批“全国一村一品示范村”。铁佛镇柏龙村建立了村“邮乐购”电子商务服务站，大力促进血橙销售。

【统筹城乡与新型城镇化】 2017年，资中县按照内江市农业和农村体制改革专项小组工作要求，积极申报资中县铁佛镇柏龙村成为资中县2017年统筹城乡综合示范项目。通过实施统筹城乡综合示范项目，建设农业生产所需塘、池、堰、渠、路基础公共设施，为群众提供社保、医保、培训等服务，实现了全村900余户村民本地就业，解决了农村留守老人、儿童问题，原有建档立卡贫困户176户、贫困人口481人全部脱贫。建成电子商务体验点1个，实现200余人就地就近就业。血橙产业发展促进人均增收2000元；发展壮大集体经济组织，全年集体经济收入达7.26万元。辐射带动周边区域农村土地流转、土地入股合作社和农村产业发展，发挥较好的经济效益和社会效益。

【新村建设】 2017年，资中县计划实施幸福美丽新村建设39个、扶贫新村建设25个。全面实施扶贫解困、产业提升、旧村改造、环境整治、文化传承、改革深化“六大行动”，确保到2020年全县农村与全国同步全面建成小康社会。按照“业兴、家富、人和、村美”和“建、改、保”的要求，及时分解下达任务至各镇村，编制《2018年省级财政专项扶贫资金项目方案》，争取到省级财政幸福美丽新村建设专项资金6152万元，吸收社会资本3567万元，农民自筹2662万元，完成建设水泥路131.7千米、便民路128.5千米，新建垃圾站点60个、供水站1个，完善公共服务中心20个。

【乡村旅游】 2017年，资中县在银山镇市农科院银山基地、骝马镇窑厂村、宋家镇梨花村、归德镇罗汉道村、水南镇乘家村举办了花卉观赏、枇杷采摘、乡村大舞台等乡村旅游节5次，接待游客60余万人次，实现旅游收入40.8亿元。

【农村水利】 2017年，资中县解决农村1.176万人饮水安全问题，各类工程蓄水11097.9万立方米。全面完成农田水利基本建设任务，新增有效灌面3.22万亩，恢复灌面0.44万亩，改善灌面2.82万亩，新增节水灌面1.64万亩；发展高效节水灌面0.055万亩；年新增节水能力233.72万立方米，年新增蓄引提水能力328.44万立方米；灌溉水有效利用系数达0.47。完成水库除险加固23座，农村小水电发电量1650万千瓦时，治理水土流失面积31.23平方千米，全年征收水资源费28.1万元。截至2017年年底，全县各类工程蓄水11097.9万立方米，占应蓄水的100.6%。其中，中型水库工程蓄水2517.9万立方米，小（1）型水库工程蓄水2769万立方米，小（2）型水库工程蓄水2696万立方米，山坪塘蓄水2126万立方米，石河堰蓄水989万立方米。

防汛抗旱。全县累计降水量为579.1毫米，出现4次大到暴雨天气过程，沱江河资中段共有3次洪峰过境。4次强降雨共造成29个乡（镇）不同程度受灾，共转移66人，直接经济总损失1652.76万元，其中农业经济损失977.44万元，受灾面积2.97万亩，成灾面积0.98万亩，绝收面积0.36万亩，减产0.03万吨；公路中断30条次，供电中断2条次，通信中断1条次，造成工业交通经济损失169.6万元。水利设施冲毁山坪塘76座，灌溉设施受损58处，水利设施损失共计254.6万元。

水土保持。严格执行水土保持行政许可制度。结合水土保持专项监督检查，对全县尚未完成水土保持设施行政验收的开发建设项目进行全面清理和排查，督促建设单位履行水土保持法定义务，严格执行水土保持“三同时”制度。截至2017年年底，全县水土保持方案申报率、实施率、验收率分别达95%、90%、90%。

【农业机械化】 2017年，资中县有各类农业机械303968台（套），农机总动力达65.9875万千瓦，农业机械原值23058万元。实施农机购置补贴、装备推进项目，全县农民用于农业机械购置投入约500万元。全年完成机耕87.29万亩、机播29.7万亩、机收40万亩，全县耕种收综合机械化率达55.036%。全年群众投工投劳15万个，维修改造机电提灌1250台（套）、13680千瓦，其中维修电力提灌站123台（处）、7328千瓦，改造电力提灌站8处、320千瓦；恢复改善灌面10万亩，新增灌面2.6万亩，解决20个村87个组人畜饮水困难问题，完成提水量约480万立方米。投入资金3000万元，完成机耕便民道150千米，其中村（组）道路10千米、田间机耕道20千米、入户便民道120千米。配合工

商、技术监督等部门联合打击以次充好、以假乱真、以不合格产品冒充合格产品等违法行为。抗旱期间储存、调配农机产(商)品、农用油料，保证抗旱提水的需要。全年培训农用运输型拖拉机驾驶员151人、农机经营管理专业新型职业农民25人。加强对农机安全监理工作的领导和督查，将农机安全生产工作纳入县政府对各镇政府的目标考核内容。认真落实农机安全生产责任制，制定《农机安全生产隐患排查治理机制》《资中县重特大农机事故应急处理预案》及农机监理所值班制度，与6个农机安全联组签订《资中县农机安全责任书》，分别与1379名拖拉机车主签订《资中县农机道路交通安全责任书》《资中县农机道路交通安全承诺书》。严格审验变型拖拉机，全年审验拖拉机1379台，审验率57.7%，参保率、喷字率、张贴反光标识率、签订安全责任书率均为100%。经考试合格颁发拖拉机驾驶证168本。开展拖拉机非法改拼装、超载超限、打非治违等专项行动，共出动农机检查人员80人次，检查拖拉机160台次，查处违法违章拖拉机27台次，强制收缴拖拉机号牌1副，清理黑车3台次、无证驾驶5人次。县农机监理所联合交警、安监、运政、等部门对全县重点安全部位、边远乡(镇)、危险路段、事故多发地区开展联合安全检查，严厉查处拖拉机人货混装、超载、非法改装、拼装、酒后驾驶等违法行为，出动县级农机监理人员148人次，检查拖拉机338台次，消除安全隐患31起(规劝违章载人拖拉机车辆10起，改装改型车辆12起，未按时参加年度检验拖拉机5起，未粘贴反光标识车辆4起)；向逾期未参加年检车主发送《催检通知单》49份；向改装改型拖拉机机主开具《整改通知单》12份，并将有关情况抄送至公安交警部门。

【农村市场体系建设】 2017年，资中县获评为“四川省县域电子商务发展十佳县”。建成电子商务公共服务中心1个、电子商务示范街1条、电商服务站(点)170个，其中镇级电商服务站(点)33个、村级电商服务站(点)137个。截至2017年11月，全县有农业电商企业29家，从业人员802人，实现交易额1.9亿元。

【主要领导人】 县委书记：曾廷富；县人大常委会主任：张明；县长：林双全；县政协主席：曾祥超；分管农业副县长：吴小平。

资中县编写组

威 远 县

【基本情况】 2017年，威远县辖20镇313个村61个居民委员会，辖区面积1289.6平方千米，其中耕地面积55441.7公顷。年末总人口75万人，人口出生率9.6‰，比上年减少2.6个千分点。全县有效灌面32220公顷，保证灌面19900公顷，综合治理水土流失面积49910公顷。本地水资源总量4.688亿立方米，人均占有水资源量625立方米。有林业用地4.15万公顷，有林地面积4万公顷，活立木总蓄积量387万立方米，森林覆盖率40.22%。

2017年，全县GDP331.9亿元，增长7.6%，其中第一产业产值47.4亿元，增长3.8%；第二产业产值202.8亿元，增长7.8%(工业总产值529.6亿元，增长13.6%)；第三产业产值81.8亿元，增长8.9%。劳务输出18.75万人，收入25.45亿元。

公路通车里程4556千米(其中村道3382千米)，密度3534米/平方千米，60.74千米/万人。社会消费品零售总额95.7亿元，增长12.6%。地方公共财政预算一般收入完成7.4亿元，增长8.1%；地方公共一般预算支出32.2亿元，增长3.9%，其中农业投入3.9亿元，占支出的12%。金融机构各项存款余额233.4亿元，增长10.7%；各项贷款余额150.6亿元，减少0.9%。农业产业化龙头企业省级、市级、县级分别为8个、12个、96个。

有各类学校92所，在校学生66767人，教职工5279人，其中职业中学3所，在校学生2985人；普通中学36所，在校学生26799人；小学53所，在校学生36832人；学龄儿童入学率100%。1项科技成果获省级科技进步奖。有艺术表演团体1个，文化馆1个，公共图书馆1个，博物馆1个。有无线广播电台1座，节目1套；电视台1座，节目1套；有卫生机构489个，病床位3920张，医院职工4575人；卫生室和个体诊所448个、乡村医生651名。

【年度农业和农村经济运行】 2017年，威远县先后出台了《关于加快特色农业产业发展的实施意见》《威远县深入推进农业供给侧结构性改革十二大工程工作方案》等14个促进“三农”发展的政策文件。全县农业增加值增长3.8%。农民年人均可支配收入达14129元，增加1197元，增长9.3%，农民收入连续七年保持“两个高于”。省级农产品质量安全例行监测合格率达98%以上，成功创建四川省首个“全国水产品质量安全示范县”。全面实施“信息进村入户”工程，建设集公益、电商、培训体验服务于一体的益农信息社262个。

2017年威远县主要农产品产量

主要农产品	单位	产量	同比(%)
粮食	万吨	31.57	5
水稻	万吨	12.8	5.29
玉米	万吨	8.06	–4.73
马铃薯	万吨	34687	124.26
油菜籽	万吨	1.809	12.44
水果	万吨	8.35	3.07
肉类	万吨	4.67	–9.45
猪肉	万吨	3.48	–12.87
牛肉	万吨	3.16	–13.72
羊肉	万吨	0.058	–9.8
禽肉	万吨	0.63	0.89
兔肉	万吨	0.54	4.16
禽蛋	万吨	0.93	–2.66
水产品	万吨	2.253	6.26
牛奶	万吨	0.03	–0.61

农业产业化发展。全县培育省级龙头企业8家、市级龙头企业12家；建有产业基地的龙头企业有14家，涉足无花果、茶叶、核桃、柠檬、中药材、香樟、枇杷、食用菌、枣子等9个产业。全县龙头企业实现销售收入17.56亿元，其中有销售收入1亿～10亿元的龙头企业3家，2000万～1亿元的龙头企业23家，500万～2000万元的龙头企业32家。不断延伸果蔬、茶叶、调味品、中药材4大板块的农产品加工链条，11家省、市级龙头企业通过了ISO9000、HACCP等质量认证，建成了占地500亩的镇西食品加工集中发展区，集聚农产品加工企业6家。开展了省级农民专业合作经济组织监测、新增、递补工作，其中威远复立茶叶专业合作社等9个专合社监测合格，威远县大头菜协会、威远县柠檬协会2个省级农民合作组织监测淘汰；新增推荐威远县南强无花果种植农民专业合作社、威远众赢葛根种植农民专业合作社为省级农民合作组织，递补推荐威远县互民麻竹种植农民专业合作社、威远

县兴荣生姜农民专业合作社2家为省级农民合作组织并申报为市级示范农民专业合作经济组织。全年农民专业合作组织达374个。积极开展专业合作经济组织入库工作。全县注册登记家庭农场232个,其中2017年新登记注册家庭农场40个,家庭农场累计流转土地2万余亩发展适度规模经营。威远县冷国仿种植家庭农场、威远县建星生猪养殖家庭农场、威远县生宏特种养殖家庭农场3家家庭农场申报为省级示范家庭农场,威远县生宏特种养殖家庭农场、威远县明德种植家庭农场2家家庭农场申报为市级示范家庭农场并获得通过。

农用地产权制度改革。全县20个镇324个村(含涉农社区)完成了确权登记颁证的相关基础工作。完善了县、镇、村农村产权交易流转服务体系,全年挂牌流转土地6920亩,总金额达2441万元。启动了农村集体资产股份合作制改革,完成严陵镇双柏村和平山村试点。探索了农村产权抵押融资,完成抵押贷款8笔、1220万元。建立了工商企业流转农用地风险保证金制度和林权抵押融资风险补偿基金。完成了农村土地适度规模流转改革试点,全县30亩以上土地适度规模流转面积4.45万亩,适度规模经营率从5.42%提高到9.7%。

农产品品牌战略实施。全县无公害农产品产地整体认定达37.78万亩;认证七星辣椒干、大头菜、香葱等无公害农产品28个;认证水果、蔬菜、粮油、中药材等无公害农产品基地16个;认证威宝大头菜、兴荣生姜等绿色食品6个。金四方公司无花果种植基地无花果烘干制品、无花果冻干制品获得有机产品认证。新店七星椒、镇西白萝卜、复立茶叶、威远无花果获得农产品地理标志保护。培育农产品商标85个,其中国家级驰名商标1个(威宝)、省级著名商标6个(周萝卜、高山云雾、黄老五、川老妈、沐春、百胜)、市级知名商标11个。全县已支持12家农产品企业签订使用"甜城味"商标协议并参加各类展示展销会。举办了第三届无花果采摘节,进一步扩大了威远县无花果产业影响力。参加第五届农博会,参展单位11家、产品200余种,现场签约久润泰销售合同1个,与省投资促进局等有关部门衔接,包装农业招商引资项目15个。

【种植业】 2017年,威远县农作物播种面积1485100亩,增长3.5%。其中,豌豆(胡豆)播种面积135900亩,产量25829吨。红薯播种面积99165亩,增长4.84%;产量32526吨,增长8.43%。马铃薯播种面积173160万亩,增长98.29%;产量34687万吨,增长124.26%。油菜籽播种面积128295亩,增长15.27%;产量18090吨,增长12.44%。蔬菜播种面积306930亩,减少1.1%;产量695225吨,减少1%。水果产量8.35万吨,增长3.07%。茶叶产量932吨,增长9.26%。全县粮食总产量31.57万吨。

【林业】 2017年,威远县实施国有林管护面积6.24万亩,完成内江沱江流域绿化造林面积1.2万亩。县、乡道路绿化26千米,森林质量精准提升2.25万亩,新增森林面积0.48万亩,义务植树50万株,巩固退耕还林7.23万亩;发展林下经济0.8万亩、林业产业基地4.5万亩,新增森林蓄积51300立方米,实现生态旅游与休闲产业收益2.8亿元。开展大规模"绿化威远"行动,完成人工造林1.2万亩,森林覆盖率达40.22%。全年林业行政案件查处率、刑事案件破案率均达100%。未发生林业有害生物成灾现象,未发生重大森林火灾和人员伤亡事故。森林火灾损失率控制在0.1‰以内。在新店、界牌、龙会等镇的无花果、桑树、核桃等林下区域种植蔬菜、花生、大豆、桔梗等经济作物7500亩。

【畜牧业】 2017年,威远县出栏生猪52万头、牛0.56万头、羊22.9万只。以威远县新店镇现代畜牧园区为核心,实施100万头"内江黑猪"产业化项目建设,推广"生猪+水果"(无花果、果叶兼用桑和无公害蔬菜等)种养结合循环农业,以生猪养殖带动经饲作物。全县开工建设24户、37个单元生猪养殖家庭农场。

【水产业】 2017年,威远县水产养殖面积1806公顷,增长2.85%;水产品产量22530吨,增长6.26%;名特优新水产品产量8280吨;实现全社会渔业经济总产值6.694亿元。

【特色农业产业发展】 2017年,威远县加快推进5个镇、101个村、205名"第一书记"发展特色农业产业项目。在新店、向义、界牌、镇西、连界5个重点镇启动建设优势产业区5个("内江黑猪"优势产业区、万亩无花果优势产业区、精品蔬菜优势产业区、中药材优势产业区、休闲农业优势产业区)、无花果田园综合体1个、西食品加工集中发展区1个。在全县18个镇启动了101个重点村建设,通过因地制宜、产业扶贫、产业升级、建设基地、"订单农业"等方式,在41个特色村、39个专业村、21个精品村共计培育茶叶、中药材、无花果、精品蔬菜等特色农业产业6万余亩。建成特色农业产业示范基地15万亩,发展无花果、茶叶、樱桃、核桃、大头菜、白萝卜等集中连片万亩产业示范片6个,柠檬、桑树、柑橘、设施蔬菜、锅炉姜等千亩以上集中连片产业基地18个。万亩茶叶基地总面积1.61万亩,主要分布在小河镇、两河镇、越溪镇等地;万亩樱桃产业基地总面积1.2万亩,主要分布在庆卫镇、铺子湾镇、高石镇等地;万亩核桃基地总面积1.1万亩,主要分布在山王镇、镇西镇、龙会镇等地;万亩大头菜基地总面积2.5万亩,主要分布在新店镇、向义镇、界牌镇等地;万亩白萝卜基地总面积达1.5万亩,主要分布在镇西镇、新店镇等地;大棚蔬菜基地总面积2200亩,主要分布在新店镇、向义镇、界牌镇等地,复种面积7000余亩;锅炉早仔姜总面积1800亩,主要分布在新店镇。形成了以"金四方""久润泰"无花果加工为引领,"黄老五"花生糖、"威宝牌"周萝卜、"沐春"复立茶、"高山云雾"茶、"泉威"竹笋、"百胜"中药饮片、"川老妈"调味品等为支撑的威远特色精深加工产品,其中威宝、黄老五、百胜药业、久润泰4家龙头企业年产值突破1亿元。同时加工型龙头企业采取"龙头企业+专合社+基地"等模式自建原料供给基地5.3万亩,包括樱桃、桑葚、竹笋、甲鱼等14个特色产业,吸纳工人就业2200余人,发展订单农业12.5万亩,带动5万余户农户致富增收。

【万亩无花果产业示范片】 2017年,威远县将发展无花果产业作为推进农业供给侧结构性改革和实施乡村振兴战略的具体实践,建成了全国集中成片最大、产品加工领先的无花果全产业链集中发展区。一是突出特色,生产出了无花果酵素、膳食纤维制品等30余种不同层次产品;金四方公司无花果制品获得"有机产品认证"称号,久润泰公司2182亩无花果种植基地获得"有机转换认证"称号;建成星级农家乐和乡村酒店3家,举办了2017中国·威远第三届无花果采摘节暨"甜城味·大千故里优质农产品"展销对接大会。二是培育主体。培育了无花果加工企业3家(金四方果业有限公司、久润泰科技有限公司、美源润农业发展有限公司),培育无花果家庭农场17家、无花果种植农民专合社14个。三是政策支持。制定了巩固提升无花果产业发展水平的实施意见,推进了以农村土地经营权为抵押贷款的金融改革,建立了无花果研究所和企业研发中心2家,启动了无花果国家4A级景区创建工作。通过"公司+基地+专合社+农户"等多种模式,带动种植户5000余户,形成了"多村一品、一镇一业"的产业发展格局。

【"一村一品"特色产业】 2017年,威远县有特色专业镇4个,分别是

蔬菜专业镇向义镇、茶叶专业镇小河镇、柠檬专业镇东联镇、无花果专业镇界牌镇。4个专业镇农民年人均纯收入14815元,增加1285元,增长9.5%。22个"一村一品"专业村主导产业包括蔬菜、水果、茶叶、桑蚕、生猪、甘蔗等,种植业型的主导产业35350亩,养殖业型主导产业猪11500头。全县22个专业村主导产业产品销售收入32660万元,其中通过龙头企业销售12650万元,占总销售收入的38.7%;通过专业市场销售2150万元,占总销售收入的6.6%;通过农民专业合作经济组织销售10760万元,占总销售收入的32.9%;通过其他渠道销售7100万元,占总销售收入的21.7%,其中向义镇被农业部评定为全国第二批"一村一品"示范乡镇、界牌镇南强村于2015年申报为全国"一村一品"示范村。"一村一品"示范镇向义镇蔬菜复种面积达4.2万亩,比2014年增加1.05万亩。建成了以向义镇大冲村为中心的大头菜无公害生产基地1万亩,以向义镇解放村为中心的时令蔬菜基地1万亩,以向义镇四方村为中心的彩糯玉米基地1万亩,以向义镇水口村为中心的设施大棚蔬菜6500亩,以向义镇古井村为中心的食用菌种植基地200万个。注册了"向义""绿源"牌蔬菜商标2个,向义大头菜通过国家级无公害蔬菜认证。与淘宝、阿里巴巴等平台联合成立了向义镇白石村、大冲村、四方村等农村淘宝网点5个,建设了17个"益农社"积极为菜农提供技术、信息、产品营销等各方面服务信息,进一步拓宽农产品销售渠道。同时,年均开展市级以上农产品宣传推介活动5次。向义镇蔬菜产品远销成都、重庆、贵阳、昆明、武汉等大中型城市。2017年,向义蔬菜实现产值3.8亿元,占农业总产值的31.2%,比2014年增加1.85亿元。新店镇民付村有从事早仔姜主导产业的农户480户,占总农户数的78%;全年全村实现早子姜产业收入达5460万元,占专业村经济总收入9430万元的57.9%。中央电视台7套《致富经》栏目以《子姜地下有玄机》对威远县早子姜产业进行了专题报道。新店镇民付村已成为全县早仔姜种植的核心区域,种植面积1200余亩,产品远销国内各大中型城市并出口韩国、日本等国家。全年全村农民年人均纯收入达20200元,比全县平均水平高6071元,增长42.9%。

【新村建设】 2017年,威远县以基础设施、公共服务建设为重点,完成打捆资金投入1.5亿元,建成幸福美丽新村41个。实施"建改保"工程,完成农村危房改造1543户和扶贫易地搬迁建设593户。发展特色产业,在黄荆沟镇、高石镇等20个镇发展核桃、清脆李、大樱桃、花椒等种植业及水产养殖10000余亩。广泛开展"婆城好家规"评选、"践行十爱·德耀甜城"活动。大力实施"农村家庭能人"培养计划,全年培养"农村家庭能人"72021人。因地制宜开办农民夜校313所,配备师资专(兼)职教师1280人,授课14700学时。实施"一增一减一治理"专项行动,开展农村环境卫生综合治理行动,25个村的生活垃圾得到有效治理。积极开展"四下乡"活动,深入20个镇开展文艺活动节目表演、巡回义诊、科普知识、政策法律宣讲等活动。组织开展"好家规""寻找最美家庭"等系列活动,评选推荐一批文明家庭,推动社会主义家庭文明新风尚形成,推荐崔氏家族、唐国强家庭(唐氏家族)等11篇家规进入"天府好家规"活动,观英滩镇竹塘村的崔氏家族家规排名"天府好家规"第二。全年创建省级"四好村"12个、市级"四好村"63个、县级"四好村"97个。

村落环境治理有序开展,认真组织实施内威荣高速公路沿线环境综合治理工作。按照婆城民居、仿古民居、红房民居等3种风格对内威荣高速公路沿线农房进行改造提升、保护性建设等,共涉及农户1255余户,对相对集中的35个院落实施旧村改造行动。已完成农房风貌改造1255户,建成休闲广场8个;建成生态"肾脏"34个,完成庭院绿化栽植樱桃、枇杷、皮球桃等经济林果栽植2500余株,白千层、红千层绿化苗木栽植240余株。

【扶贫攻坚】 2017年,威远县完成10个镇、21个贫困村"摘帽",3963名贫困人口脱贫,完成率100%,贫困人口明显下降。一是推进基础设施建设。已完成2个贫困村、3.63千米村道建设,新建和整治山坪塘33口,新建和整治渠道0.5千米,通过集中和分散供水工程解决371名贫困人口饮水问题,新增宽带覆盖2个村,完成贫困户危房改造292户,595户贫困易地搬迁户新建住房达到入住条件。二是推进产业扶贫。投入900万元的项目资金用于贫困村的农业产业和生态建设,扶持贫困户养殖小家禽5.5万只,种植樱桃183.6亩,集中开展技术培训12次,发放技术培训资料4万余份。三是推进社会扶贫。完成贫困人口免费健康体检工作,贫困人口住院就医1304人次,新型农村合作医疗保险提高报销比例,优惠金额41.97万元,医疗机构减免12.11万元,医疗救助34.75万元,对2966名建档立卡贫困人口实施低保政策兜底。实现农村低保和扶贫线"两线合一",发放农村低保对象特殊生活补贴资金57.37万元。对628名残疾人扶贫对象发放差额补助金32.55万元,对625名建档立卡贫困学生发放各类补贴75.53万元。

【助农增收】 2017,威远县农村居民年人均可支配收入达14129元,增加1197元,增长9.3%。一是切实加强县委书记、县长负责制,加大对农民增收工作的保障力度,形成了县委县政府主要领导亲自抓、分管领导具体负责、相关部门齐抓共管的格局。二是持续加大"三农"财政投入力度,确保农业投入只增不减。落实强农惠农富农政策补贴,提高农民转移性收入。补贴2016年地力保护资金5897万余元,受益农户162852户、收益人数达56.5万余人。三是构建利益连联结机制带动农户持续增收。全县96家农业产业化龙头企业和374家农民专业合作社按照"龙头企业+专合组织+农户""基地+专合组织+龙头企业"等农业产业化利益联结机制经营模式,形成了每个产业都有龙头企业、农民专合社带动的良好局面。全年全县农业产业化经营组织带动农户14.2万余户,带动面达70.3%,带动农民年人均纯增收710元。四是支持农民转移就业和创业,建立机制确保农民工工资正常增长。完善了农民工综合信息查询系统和农村劳动力实名登记系统。对全县8851人名贫困家庭劳动力实现信息全覆盖。连续举办家政服务职业技能培训班10期,培训学员350人。使用就业专项资金220.17万元,就业扶贫培训贫困户521人,实现"培训一个、就业一人、脱贫一户"的目标。

【乡村旅游】 2017年,威远县充分发挥乡村自然资源的独特优势,推进旅游与农业、教育、文化、康养等产业深度融合。一是发展了普祥生态园、银杏山庄、银花山庄等休闲农业经营主体(含农家乐、乡村酒店、农业园区、乡村景点等)54家,其中银杏山庄和凤凰(古寨)山庄被评选为首批省级示范休闲农庄,银花山庄被认定为四星级乡村大酒店、精品农家乐园、中国乡村旅游金牌农家乐、中国乡村旅游模范户,如意山庄被评选为中国乡村旅游金牌农家乐,张家花园、万花园休闲庄被认定为三星级农家乐,无花果公园被认定为四川省省级示范农业主题公园。二是鼓励并支持举办枇杷采摘节、樱桃采摘节、桑葚采摘节、蓝莓采摘节等各类农业节庆活动。全县实现休闲农业与乡村旅游年经营性收入1.15亿元。三是狠抓威远县世界无花果博览园、康桥·恬园等一批田园综合体项目建设,其中康桥·恬园乡村生态旅游项目一期工程加快实施,已完成投资7000余万元,1200余亩的景区核心区初见成效,建成恬湖湿地470亩、环湖景观带220亩,发展"四季果园"550

亩,环湖骑步道和环线车行道路基工程完成施工。

【农村科技】 2017年,威远县培训职业农民106名,包括农业、畜牧、水产经营主体的带头人104名和青年农场主2名。

【农村生态建设及环境保护】 2017年,威远县按照"一控两减三基本"目标,秸秆综合利用率达84%,亩均农药化肥施用量降低1.5%,农膜回收利用率达85%,规模养殖场粪污整治率达95%。开展畜禽粪污综合利用试点2个,农作物绿色防控面积达40.43万亩,农业生产与资源保护实现协同发展。

【农村市场体系建设】 2017年,威远县37个市级以上农业经营主体网上交易额达1.8亿元,建成电子商务示范镇1个(镇西镇)、电子商务示范村2个(镇西镇正荣村、龙会镇互助村)。"农村淘宝"建成村级服务站点86个,"益农社"电商建成村级服务站点142个。深化供销合作社综合改革,完善了供销合作社组织构架,改造和新建基层供销社13个。

【主要领导人】 县委书记:罗平(9月止),张勇(9月始);县人大常委会主任:周功会;县长:马炬;县政协主席:刘浑源;分管农业副县长:蔡虎城。

威远县编写组

乐 山 市

【基本情况】 2017年,乐山市辖6县(其中2个彝族自治县)4区1市211个乡(镇)7个街道1984个村264个社区,辖区面积12720.03平方千米,占全省总面积的2.64%,其中耕地面积约272770.73公顷,人均耕地面积约1.25亩。有户籍人口351.8万人,占全省总人口的3.86%;有常住人口327.2万人。

2017年,全市GDP1507.79亿元,增长8.2%,其中第一产业增加值158.8亿元,增长3.9%;第二产业增加值691.4亿元,增长8.5%;第三产业增加值657.6亿元,增长9.1%。第一产业增加值占GDP的比重为10.5%,减少0.4个百分点;第二产业增加值比重为45.9%,减少11.6个百分点;第三产业增加值比重为43.6%,增加12个百分点。三次产业分别拉动GDP增长0.4、4.4、3.4个百分点,对经济增长的贡献率分别为4.9%、54%和41.1%。人均GDP46130元,增加3020元,增长7%。

地方一般公共预算收入99.22亿元,增长8.9%;一般公共预算支出282.02亿元,增长9.7%。全社会固定资产投资1273.79亿元,增长14.8%。年末全市住户存款余额1411.42亿元,比年初增加134.05亿元,增长10.5%。

【年度农业和农村经济运行】 2017年,乐山市农村居民年人均可支配收入达13927元,增长9.2%;城镇居民年人均可支配收入达31070元,增长8.7%。全年粮食产量110.7万吨,增长1.3%。

农业产业化发展。全市围绕现代农旅融合发展特色区和高标准茶产业带、现代林竹产业带、优质蔬菜产业带、中药材产业带、标准化规模养殖产业带、特色农业休闲体验产业带等"一区六带"建设,已建成现代农业万亩示范区89个,初步形成林竹、茶叶、畜牧、蔬菜、中药材五大主导产业。全市茶业综合发展水平居全省前列,获得"中国绿茶之都"称号。全年新发展农民专业合作社334个,累计达2786个;新发展家庭农场328家,累计达710个。有全国农民专合社示范社29个。有永丰纸业、凤生纸业、井研食品、哈哥兔业、竹叶青、仙芝竹尖等国家级农业产业化经营龙头企业6家;有亿元以上龙头企业42家、10亿元以上龙头企业5家;市级以上龙头企业实现销售收入210亿元;农业产业化经营带动农户面达69%。

农产品品牌战略实施。全市发展无公害基地县9个、有机产品示范县1个,基地认证面积占全市耕地面积的86%以上。新建现代特色效益农业标准化基地13万亩,认证"三品一标"农产品89个,累计达739个。有永丰、哈哥、巨星、竹叶青等中国驰名商标7件、四川省著名商标27件、国家地理标志保护农产品11个。

【主要领导人】 市委书记:彭琳;市人大常委会主任:赖淑芳;市长:张彤;市政协主席:易凡;分管农业副市长:陈长明。

乐山市编写组

市 中 区

【基本情况】 2017年,市中区辖10乡15镇7个街道,辖区面积837.12平方千米,其中耕地面积38.78万亩,比上年增长0.78%;基本农田25.53万亩。年末总人口63.07万人(户籍人口),增长0.8%;人口出生率10.93‰,增加0.04个千分点;人口自然增长率-2.32‰,减少5.61个千分点。

2017年,全区GDP321.83亿元,增长8%,其中第一产业增加值20.36亿元,增长4.1%,农、林、牧、渔及农林牧渔服务业之比为44.05:3.42:38.93:12.67:0.94;第二产业增加值120.35亿元,增长6.8%(工业产值101.99亿元,增长6.2%);第三产业增加值181.11亿元,增长9.3%。三次产业对经济增长的贡献率分别为3.2%、35.3%和61.5%。全年接待游客1298万人,实现旅游收入2730365.42万元。

地方一般公共财政预算总收入完成14.53亿元,增长23.8%;地方一般公共财政预算总支出23.8亿元,增长2.7%。金融机构各项存款余额857.48亿元,比上年初增长11.7%;各项贷款余额681.61亿元,比年初增长5.4%。

有各类学校238所,在校学生52761人;普通中学36所,在校学生27584人;小学29所,在校学生34860人;学龄儿童入学率100%。

【年度农业和农村经济运行】 2017年,市中区实现农业总产值36.95亿元,增长2.8%;农业增加值20.36亿元,增长4.1%。

2017年市中区主要农产品产量

主要农产品	单位	产量	同比(%)
粮食	万吨	10.63	0.11
水稻	万吨	8.16	0.37
玉米	万吨	0.87	0.88
油菜籽	万吨	0.9	-0.44
水果	万吨	15726	2.54
肉类	万吨	4.87	-6.53
猪肉	万吨	3.33	-8.52

续表

牛肉	吨	460	1.1
羊肉	吨	87	2.4
禽肉	万吨	1.04	–2.8
兔肉	万吨	0.45	0
禽蛋	万吨	2.46	0.46
水产品	万吨	3.67	5.46
牛奶	万吨	0.1061	–0.2

农业产业化发展。全区制定了《乐山市市中区推进农业供给侧结构性改革加快都市现代农业发展的扶持奖励办法》;引进都市农业项目6个,建成农业产业基地3个,打造现代农业观光休闲园和现代农旅观光基地;农业企业共完成投资5000余万元。全年发展各类家庭农场132家、农民专业合作社414家,带动农民6.5万户;培育省级家庭农场2家、省级农民合作社2家。

农用地产权制度改革。全年基本完成全区(含高新区)约31.4万亩农村土地确权登记颁证工作。积极响应农业部"三权分置"改革,引导农村土地承包经营权有序流转,全年累计流转耕地6.7万亩,流转面积占耕地总面积比重达32%。

农产品品牌战略实施。全年加强证后监管,维护品牌公信力。按照省、市关于加强"三品一标"监管工作要求,对全区"三品一标"获证企业进行了全面检查,检查内容包括农业投入品、生产记录、用标情况等,未发现违规现象,有力保证了全区"三品一标"的品牌形象。

【种植业】 2017年,市中区粮食作物播种面积23万亩,产量10.63万吨;油料作物播种面积7万亩,产量0.91万吨,实现产值3亿元。新增粮食规模化经营面积1500亩。蔬菜播种面积16.08万亩,产量38.28万吨,实现产值8.05亿元;水果种植面积2.6万亩,实现产值1.22亿元;茶园面积0.74万亩,实现产值0.32亿元。建成现代农业经作产业茶叶基地0.7万亩。基本建成以莴笋、四季葱、辣椒、茄子等为主要品种的优质蔬菜种植基地13.8万亩,以柑橘、猕猴桃等为主的水果种植基地1.02万亩。建设高标准农田10200亩,田型调整810亩,土壤培肥10200亩;路网建设23.4千米,渠网建设28.94千米;新建蓄水池10座(6664立方米),新建生产道路40千米,完成机耕道建设231千米。全年共完成绿色防控面积1000亩,完成目标任务的116%;病虫害发生面积162.36万亩次,防治面积298.12万亩次,挽回农作物损失2.45万吨。

【林业】 2017年,市中区完成上级下达全区目标任务,森林覆盖率增长0.4%,森林蓄积量增加3万立方米,林地保有量45.2万亩,补偿集体和个人所有公益林1万亩,实际森林覆盖率增长0.5%,森林蓄积量增加8万立方米。征收林地47.2794公顷。办理林木采伐许可证4219份,林木蓄积量达55691立方米。全年有害生物发生面积6.97万亩,其中桉树病害3.2万亩、松墨天牛0.06万亩、长足大竹象0.8万亩、油桐尺蠖0.2万亩、马尾松毛虫0.3万亩、蜀柏毒蛾0.11万亩、其他虫害2.3万亩;有害生物成灾率控制在3‰以内。完成3万亩巨桉纯林更替改造以及乐沙城际生态大道300亩、乐雅高速市中区段600亩、张徐坝立交砂堆等交通干线和重要节点的绿化美化工作。

【畜牧业】 2017年,市中区生猪出栏34.5万头,牛出栏3620头,羊出栏5320只,禽出栏717.5万羽,兔出栏365.2万只;肉类总产量4.87万吨,禽蛋产量2.46万吨,牛奶产量1061吨;实现畜牧产值16.7亿元。完成新(改)建标准化畜禽养殖场6家,全区主要畜禽适度规模养殖面达85%以上。重大动物疫病群体免疫。全年应免畜禽免疫密度达100%,全区无区域性重大动物疫情发生。高致病性禽流感、高致病性猪蓝耳病、口蹄疫、猪瘟、小反刍兽疫5种动物疫病强制免疫的群体免疫密度达95%以上,免疫抗体合格率达90%以上,远超过农业部下达的抗体合格率达70%的标准。全区23个乡(镇)站全部实施产地检疫。全年完成产地检疫生猪38.2万头、禽348.1万羽、牛0.9万头、羊0.2万只;屠宰检疫生猪36.8万头、牛(羊)0.5万头(只)、禽102万羽,其中生猪定点屠宰率100%。

畜牧业转型升级初建模型。坚持"稳猪禽、兴牛羊",优化品种品质,推进养殖场规模化和标准化建设,全区主要畜禽适度规模养殖面提高到85%。截至2017年年底,全区共创建农业部畜禽标准化示范场2个、省级畜禽标准化示范场9个。发展牛、羊等草食性牲畜和特色小家禽,新(改)建肉牛基地1个、肉羊基地5个、特色小家禽基地3个。

【水产业】 2017年,市中区渔业总产量3.67万吨,实现渔业产值5.1亿元。积极发展特种经济水产养殖,推广底排污、节水减排等技术,建成水产示范园区1个,无公害水产品养殖基地认证面积1.53万亩;全区水产养殖面积5.9万亩,其中新(改)建水产养殖面积1000亩,新增稻田养鱼1000亩。渔业资源增殖保护方面,投放长吻鮠等珍惜鱼类鱼种25万尾。渔政执法案件办结率和渔业船舶登记、检验率100%,渔业船舶未发生较大安全事故。

【新村建设】 2017年,市中区按照"业兴、家富、人和、村美"幸福美丽新村的总体要求,基本建成幸福美丽新村25个。在全区15个乡(镇)、50个行政村安装太阳能LED路灯924盏,完成易地扶贫搬迁216户、674人,改造农村危房866户。

【农村扶贫和移民工作】 2017年,市中区共完成8个市列贫困村退出,2283名贫困人口脱贫。一是领导重视,组织和投入有保障。调整充实加强脱贫攻坚领导小组力量,召开领导小组全体会议8次和脱贫攻坚专题推进会26次,调整体制内干部1538人,全覆盖帮扶贫困户5754户;选派152名"第一书记",确保25个市列贫困村、127个20户贫困户以上的非市列贫困村"五个一"和"三个一"全覆盖。全年投入区级财政专项扶贫资金4485.71万元,比年初预算安排增长89%;争取省、市专项扶贫资金994.12万元,按时到位财政资金588万元;帮助引进社会资金800余万元对口帮扶峨边县脱贫攻坚。二是"双轮"驱动,产业扶贫增收和兜底有保障。"三措"并举,促进产业扶贫增收。兑现38.07万元"肉牛代养模式"一期分红,受益贫困户124户,户均年增收3070元;新投入176万元,撬动龙头企业按照1:1的比例投入实施资产收益股权量化,覆盖贫困户88户,户均年增收1200元;大力实施委托发展模式,截至12月,发放扶贫小额信贷7857.5万元,覆盖贫困户1936户,带动户均年增收约2400元。从1月起,再次将低保标准提高至3730元/人/年,同时加大分类施保力度,对重病重残等特殊困难群体1574人实施分类施保,集中供养居家救助430人,有效提升政府低保兜底水平。三是多措并举,精神扶贫结硕果。组建"感恩奋进·我的脱贫路"宣讲团,做到23个乡(镇)3个涉农街道宣传全覆盖;深入开展"十评"、"身边好人推荐"评议、"励志扶贫"等专题活动,着力以良好家风助力民风社风;完成省级"四好村"10个、市级"四好村"63个、区级"四好村"69个创建目标任务。四是创新工作,帮扶见成效。创新开发"嘉州政务"微信公众号,覆盖全区脱贫攻坚各领域,高效、有序地开展信息交流、政策解读、在线考试、数据统计、进度督导等工作,贫困户满意度有效提升至99.2%。

采取“清单制+责任制”，强力推进特殊困难移民解困项目，截至11月底，共计完成解困项目验收移交37个，其中第二批特殊困难移民解困项目18个、第三批解困项目19个。5月、11月分别接受了市扶贫移民局和省扶贫移民局对全区2015—2017年移民后扶政策实施情况常规稽察和瀑电移民后扶专项稽查，省、市两级充分肯定了全区后扶工作成效。加强移民后扶人口的动态管理和四川省水库移民后期扶持管理信息系统的录入、校核工作。全年核减82人，全区移民后期扶持3042人。

【乡村旅游】 2017年，市中区以“大佛旅游、城市休闲、乡村体验、生态度假”为特色，有国家4A级旅游景区乌木文化博览苑、国家3A级旅游景区金鹰山庄；有乡村旅游点200余个，其中省级星级乡村旅游点18个。组织开展了嘉州美食周、民间民俗文化巡游、“我的美丽乡愁”——乡村文化记忆书画摄影展、悦来乡特色乡村荔枝旅游文化节、平兴“菊花展”、临江“玫瑰节”等活动。

【农村水利】 2017年，市中区保证全区18万亩水稻的适时满栽满插。新增和恢复蓄引提水能力100万立方米，新增有效灌面500亩，恢复和改善灌面0.7万亩。依托2017年度易地扶贫搬迁项目解决全区177户541名建档立卡贫困人口饮水安全问题。开展农村黑臭水体治理，已整治41.1千米。

【农业机械化】 2017年，市中区新建固定机电提灌站5处，维修和改造固定机电提灌站64处，维修各类提灌机械700台次，新增提水控灌设备98台(套)，保障13万亩农田灌溉用水。

【农村科技】 2017年，市中区9家企业被认定为“乐山国家农业科技产业园区企业”，批准挂牌的农业产业技术中心2家。全年立项并拨付科技专项资金支持的农业科技项目包括：乐山市市中区聚丰果蔬专业合作社实施的《大雅桔橙、8号无核血橙新品种引进试验示范推广技术研究》、四川森林茶业有限公司的《有机黑茶研制》、乐山生猪产业技术研究所实施的《现代种猪高产抗病纯繁育技术集成与应用》等。积极推进土壤地图推广应用工作，下发市中区《适宜种植作物土壤区划地图》；举办了市中区土壤地图推广应用培训会，在全区乡、村、社三级共开展培训266场次，参加培训人员共计18140人次。在杨湾乡乐山丰野农业科技有限公司农场建立了土壤地图试验示范点，开展土壤地图试验示范工作。

【农村教育】 2017年，市中区投入4000万元改造农村薄弱学校2所，维修、新建校舍3.8万余平方米；投入2020万元，完成棉竹镇等7所幼儿园的维修改造。全面实现市中区“一乡一公幼”全覆盖扶贫攻坚目标，让农村幼儿区内也能享受到优质公办学前教育资源。完善进城务工子女招生办法，解决进城务工人员子女3400余名学生入学问题，采取措施全力保障每1名适龄儿童少年接受义务教育。开展“送教下乡”活动60场次，送课135节，开展讲座50个。“三免一补”做到“应免尽免”“应补尽补”。投入263万元，资助学生4035人次。对户籍在市中区的建档立卡家庭贫困学生实施教育扶贫救助，扶贫救助769人次，发放救助资金85.4万元。

【农村文化】 2017年，市中区健全基础设施，实现了公共文化设施标准化建设。全区有乡(镇)综合文化站23个、街道文化活动中心7个、村文化活动室196个、社区文化活动室58个，基本构建了城乡一体、设施完善、网络健全、制度完备、保障有力、运行有效的现代公共文化服务体系，实现公共文化设施标准化。规范免费开放，实现基本公共文化服务均等化。规范化实施“两馆一站”免费开放民生工程，区文化馆、区图书馆、23个乡(镇)综合文化站、7个街道文化活动中心为群众提供群众文化培训辅导、图书阅览、电子阅览、主题讲座、文化体育活动、文化市场监管等。196个行政村农家书屋每年更新补充图书100册；免费放映农村公益性电影12场次，全年放映2724场次。开展城乡文艺团体结对帮扶文化志愿服务活动，实施“你点单、我培训”模式。开展文化科技卫生法治“四下乡”、“我们的节日”、“文化走基层”、文化惠民扶贫、依法治区等群众文化活动。开展特色文化广场等各类主题文艺演出，丰富市中区“欢乐假日主题文化圈”文化品牌内涵。挖掘和整理民间民俗文化资源，开展乡村文化记忆名录普查。

【农村卫生】 2017年，市中区有乡(镇)卫生院23个、村卫生室220个。有乡(镇)卫生院行政编制人员252人，其中专技人员225人、工人25人、管理人员3人。23个乡(镇)卫生院编制内和自聘人员共有卫生专业技术人员402人，其中执业(助理)医师159人、注册护士169人、全科医生48人、检验师11人、药剂师15人。220个村卫生室编制内和自聘人员共有执业(助理)医师126人、注册护士3人。

【农村法制建设】 2017年，市中区全力加强特殊人群监管工作，充实社区矫正执法工作力量，已保证每个司法所有1～2名工作人员，达到1:7.3的比例。接收刑释人员345名，安置328名，安置率95%，对345人落实了帮教措施，帮教率100%，重新犯罪率控制在2%以内。建立新市民(新农村)法治学校11所，安排律师、执法部门每月开课1次，讲解户籍管理、劳动保障、禁毒等法律知识，全年开课146次，受教育群众达7000余人次。以“身边案”为材，囊括刑事、民事、行政执法、未成年人保护、依法治旅兴旅和环境保护等65类案件，分类编印7期、16万本《以案说法》系列读本。运用“互联网+法制宣传”模式，创建“嘉州普法”微信公众号，开设线上“法律超市”，划分刑事、行政、交通、医疗等12类法律服务类型，每类配备3～5名律师提供在线咨询服务。组建法治文艺宣传队伍15支，走进基层举办演出65场次。创建法制示范乡(镇、街道)省级1个、市级5个，依法治村(社区)示范村(社区)国家级1个、省级1个、市级11个。开展“法律进乡村”活动，全面落实“六个一”工程。每个乡(镇)组建了专(兼)职的法制宣传小分队，实现“一村一法律顾问”。创新基层治理，在棉竹镇打造农村法治文化中心；精心打造“1+10”法治文化品牌，做到示范创建有提升、治理建设有实效。选派29名律师、17名司法行政干部参与“三官一律”进基层深化依法治理活动，共开展法制宣传(讲座)63场次，指导化解矛盾纠纷38起，提供法律咨询810起，发放普法资料7000余份。全力推进法律援助民生工程工作，在乡(镇)建立规范化的法律援助工作站，全年为群众提供法律援助3218人次，完成全年计划任务的123.76%；办理援助案件363件，完成全年计划任务的139.6%；提供法律咨询2808人次。加快推进公共法律服务体系建设，在乡(镇、街道)建立法律服务工作站，在村(社区)建立法律服务工作室，创新建立了“法律服务之家”，集法律咨询解答、矛盾纠纷调解、法律事务代理和法律援助等功能于一体的法律服务平台，由法律顾问、“三官一律”和法律服务工作者定时坐班，为群众提供普惠、精准、高效的法律服务。

【农村交通】 2017年，市中区农村公路总里程652千米，其中县道110.7千米、乡道94.1千米、专用公路11.8千米、村道435.6千米。新(改)建农村公路159.1千米，其中县乡道27.8千米、村道131.3千米。全区已实现每个乡(镇)通县道、通公交，每个村通水泥路。

【农村社会保障】 2017年，市中区被征地农民养老保险参保人数16884人，新型农村养老保险参保人数157097人，参保率96.81%；城

乡居民基本医疗保险参保人数443927人,参保率98%(市中区于2011年合并新农合和城镇居民医保保险,之后统称"城乡居民基本医疗保险",业务合并办理,业务操作系统不再区分新农合和城镇居民医疗保险)。

【农村生态建设及环境保护】 2017年,市中区率先将全区"三江七河"的乡(镇)交界断面的水质目标纳入区上年终目标管理,凌云河整治河道生态功能恢复工程建成,并正式投运。开展全区乡(镇)集中式饮用水水源地规范化建设,完成了12个乡(镇)集中式饮用水水源地的隔离围网、标识标牌等建设,取缔了苏稽镇、童家镇、关庙乡、悦来乡4个乡(镇)集中式饮用水源一级保护区内的排污口,并投入120余万元在全市率先建成了乡(镇)集中式饮用水水源地视频监控平台,实现水源地取水口周边24小时视频监控。开展畜禽养殖污染综合治理工作,组织完成《乐山市市中区畜禽养殖污染防治规划(2016—2020)》的编制工作,指导全区畜牧业科学健康发展。开展农作物秸秆禁烧工作。制订了《大小春秸秆禁烧和综合利用工作方案》。加大宣传力度,印发了《秸秆禁烧从我做起—致农民朋友的一封信》25万份、发送禁烧宣传短信6万条,农作物秸秆综合利用量7.24万吨,综合利用率87.7%,火点和黑斑较往年同期大幅减少。按照环境保护厅的统一安排部署,完成市中区国家级生态保护红线的划定调整,调整后市中区国家级生态保护红线面积为2.88平方千米,占市中辖区面积的0.3%。

【农产品质量安全监管】 2017年,市中区农产品质量安全抽检保持高合格率。开展农产品生产基地安全生产检查70余次,例行省市抽检200余个,检查合格率98.5%以上。全区有"三品一标"产品115个,完成申报"绿色食品"3个,实现了全区绿色食品零的突破。水产品质量安全可追溯体系投入运行。在2个都市农业示范带设立2个示范点,建立水产品质量安全可追溯平台,实现水产养殖基地动态实时监控。农业投入品监管持续发力,对农药、兽药、渔药加强安全管理,加大对农药残留、兽药残留的监控力度,保障农产品质量安全。

【农村留守家庭(儿童)帮扶】 2017年,市中区强化宣传,进一步加大《未成年人保护法》的宣传贯彻力度,印发了《关于加强未成年人保护工作的通知》,区民政等8个部门印发了《关于开展农村留守儿童"合力监护、相伴成长"关爱保护专项行动的通知》等文件,区民政等部门择编《民法通则》《民法总则》的相关内容发放到乡(镇、街道),要求全区有关部门、乡(镇、街道)结合"合力监护、相伴成长"专项行动,全面开展未成年人保护相关法律法规政策的宣传学习,做到了低保未成年人家庭、建档立卡贫困户未成年人家庭、留守儿童家庭、孤儿家庭等重点困境未成年人入户宣传全覆盖。完善市、县(区)、乡(镇、街道)、村(社区)四级联动救助保护网络,7个街道、23个乡(镇)、196个村、58个社区均建立了未成年人保护站(点),每个站(点)均明确了1名专(兼)职儿童福利主任和若干名网格巡查员,公开了热线电话,全区形成了家庭、社会、政府三位一体的全覆盖未成年人保护工作机制。建立和完善困境未成年人预防、发现、报告和响应机制。民政、公安、城管、卫生等部门建立了快速响应联动帮扶机制,发现或接到困境未成年人线索时及时给予救助,帮助解除危机困境,确保困境未成年人"预防早、发现早、报告早",及时得到救助、及时回归家庭、及时回到校园。建立和完善家庭监护指导监督机制。对全区实施排查,确定留守儿童454名,督促留守儿童的父母委托有监护能力的亲属或其他成年人代为监护,并全部签订了《农村留守儿童委托监护责任确认书》和《事实收养儿童监护责任确认书》,进一步明确家庭的监护主体责任。制定和完善了困境未成年人救助帮扶政策措施。为充分发挥部门职能作用,使困境未成年人得到及时有效的帮扶,出台了民政救助、家庭监护、司法保护、教育帮扶、就业扶持、医疗救治、精神关爱7个方面的救助帮扶政策,健全落实了具体救助措施超过19项施。

【劳务开发与返乡创业】 2017年,市中区按照"政府搭建平台、平台聚集资源、资源服务创业"思路,在"土主+剑峰"农业带打造返乡创业示范园,园区规划面积15平方千米,现已入驻农业科技创新企业、农业专合组织7家,主要从事生态种养和高端水果种植等。园区内流转土地4600余亩,投资总额近3亿元,实现年产值7800万元。人社部门积极落实就业创业政策,在园区建立返乡创业示范基地、大学生就业见习基地,开展SYB创业培训、职业技能培训,为园区入驻企业落实创业补贴、用工推荐、扶贫奖补等政策。通过加强"技能+创业"培训,成功培育了一批新型职业农民。园区企业与农业专合组织积极承担精准扶贫社会责任,助推周边贫困户就业创业,脱贫奔康。吸纳和带动周边1381名农民就业创业,实现农民增收1900万元。

【主要领导人】 区委书记:陈有波;区人大常委会主任:肖兴军;区长:许天毅;区政协主席:杨建钊;分管农业副区长:易海波。

市中区编写组

五通桥区

【基本情况】 2017年,五通桥区辖11镇1乡154个行政村,辖区面积474平方千米,其中耕地面积18.94万亩。有人口32万人,其中农业人口22万人。

2017年,全区GDP160亿元,增长8.8%。规模以上工业增加值增长11.8%。全社会固定资产投资131.8亿元,增长16.5%。社会消费品零售总额56亿元,增长12.9%。地方一般公共预算收入4.53亿元,增长9.7%。农村居民年人均可支配收入达13663元,增长9.5%。

【现代农业快速发展】 2017年,五通桥区完成农业投资7.5亿元,新增土地流转面积3447亩,建成高标准农田1.97万亩,无公害农产品和绿色食品基地认证达10万余亩。建成农机化生产道路212千米,主要农作物耕种收机械化水平达54.37%。强化特色农业品牌创建,花木、蔬菜、水果、茶叶、畜禽五大特色产业产值占农业总产值的79%。全市新培育家庭农场、专合组织等新型农业经营主体68家,芽芝春专业合作社被评为全国供销合作社系统农民专业合作社示范社。推广"龙头企业+专合组织+农户""市场+专合组织+农户"经营模式,全区产业化带动农户面达78%。

【新型城镇化】 2017年,五通桥区深化"百镇建设行动",持续推进西坝、金山试点镇建设。加快"四个特色品牌"创建,启动牛华、西坝、金山3个特色镇规划设计等前期工作,建成新云"燕山荷塘"、金粟"茶海人家"等3个特色村落。

【新村建设】 2017年,五通桥区加快推进新农村建设,完成农村房屋改造529户。新建整治山坪塘19座、蓄水池88口、渠道43.4千米;铺设农村自来水供水管网82.1千米,解决安全饮水126户;新建入户道路140千米、农村供电线路450.95千米、天然气管网43.25千米;完成广播电视"户户通"1000户,行政村光缆通达率达100%。在金山镇红星村、蔡金镇中心村实施集体资产股权试点。杨柳镇杨柳村等5个村创建为市级特色品牌村,金山镇星光村、石麟镇大桥村被命名为市级"一村一品"专业村。全年建成省级"四好村"7个、市级"四好村"26个。

【扶贫攻坚】 2017年,五通桥区整合财政资金1.74亿元,推进就业、

教育、产业等19个专项扶贫行动；开发农村公益性扶贫岗位203个，牛华镇路边村创建为省级就业扶贫示范村；发放扶贫小额信贷1249.7万元，发放“负所得税”奖励资金267万元。全区贫困户基本医疗参保率达100%。成立五通桥区扶贫开发协会、四川省扶贫基金会五通桥区支会，募集扶贫资金196万元。改造贫困村道路78千米，新（改）建贫困户住房338户，新建市列贫困村村级活动阵地2个。脱贫攻坚工作通过省、市考核验收，全年减贫503户1185人。

【主要领导人】 区委书记：张国清；区人大常委会主任：王读红；区长：成定彬；区政协主席：宿建军；分管农业副区长：陈德全。

五通桥区编写组

沙湾区

【基本情况】 2017年，沙湾区辖8镇5乡1个街道127个行政村21个社区，辖区面积610.89平方千米，有总人口18.23万人（户籍人口）。

【年度农业和农村经济运行】 2017年，沙湾区农村居民年人均可支配收入达13947元，增长9.4%，比计划高0.4个百分点。粮食总产量111.5万吨，增长0.8万吨；肉类总产量33.3万吨，与上年持平。完成现代农业“一区六带”建设规划，绘制发布全省首个“土壤地图”，成功申报峨眉山国家现代农业产业园。新增各类农业经营主体339个，新创建部省级畜禽标准化示范场4个。新发展“三品一标”农产品86个，总数达811个。

【乡村旅游】 2017年，沙湾区接待游客306.2万人次，增长15.01%。其中，入境游客489万人次；国内游客306.2万人次，增长15.01%。实现旅游总收入34.02亿元，增长20.23%，其中国内旅游收入34.02亿元，增长20.23%。截至2017年年底，全区有星级饭店1家（三星级），床位121张；其他宾馆（旅馆、招待所）87家，床位3700张。旅行社4家，星级农家乐46家，星级乡村酒店3家。乡村旅游接待游客180.59万人次，实现旅游收入0.53亿元。

行业管理。沙湾区旅游行业紧紧围绕旅游六大要素“食、住、行、游、购、娱”建立市场规则，进而协调监管维护市场秩序，规范企业行为，维护旅游者的权益，促进旅游产业快速、健康、持续发展，为全区旅游行业树立良好形象，创造良好的经营环境。按照景区标准要求，积极主动对乐山市郭沫若故居4A级景区规范管理、健康发展、智能化建设、景点打造以及景区暗访中存在的各类问题进行常态化指导、完善、改进，使景区经营规范化、管理制度化、服务标准化、环境生态化、监督常态化、效益最大化。乡村旅游有序发展，快速推进，建设中突出品牌效益，在特色乡镇、精品村寨、特色业态、星级农家乐、星级乡村酒店的创建和提升中强化服务和指导，全年申报创建二星级农家乐1家、三星级农家乐1家、精品村寨1家、特色业态2家。推进旅游“厕所革命”，在新建和改建中严格按照《四川省旅游厕所标准及管理指南》和《乐山市公共厕所建设技术导则》进行指导，评定了郭沫若故居后花园厕所、轸溪乡富民村牡丹基地停车场厕所及双山村樱花岭厕所等旅游厕所7座。加强星级宾馆（酒店）和旅行社的规范管理，定期或不定期对天泉湖星级宾馆和新闻国际旅行社等4家旅行社开展行业检查管理，对发现的问题要求整改到位，确保经营合法有序。加大旅游行业安全和执法力度，在国家重大节假日定期或不定期对全区涉旅行业开展旅游安全执法管理检查，发现隐患和违法行为立即整改，保障广大来区游客安全，营造良好的旅游秩序环境。

旅游扶贫。为进一步推进脱贫攻坚工作，加快贫困群众脱贫致富步伐和推进全面小康进程，依据上级关于脱贫攻坚的决策部署和布局安排，结合旅游扶贫工作实际，沙湾区旅游局积极开展旅游专项扶贫工作。坚持“干在实处、走在前列”工作取向，通过高质量高标准推进实施“旅游+扶贫”战略和“沙湾工旅融合”定位，狠抓项目建设、景区打造、商品开发、乡村旅游等重点工作，推进旅游扶贫成为全区扶贫工作的亮点。结合2017年旅游扶贫专项实施方案和扶贫计划重点工作，全年完成旅游全域规划编制工作1个，并将旅游扶贫纳入重要章节。申请创建省级精品村寨1个，创建星级农家乐4家。协助珍溪乡双山村（市列贫困村）举办4月双山樱花赏花活动，指导双山村农家乐服务质量提升工作。沙湾镇三峨村“四月飞雪”项目加速推进，助推全区脱贫攻坚工作。

【主要领导人】 区委书记：袁仕伦；区人大常委会主任：文明；区长：左小林；区政协主席：黄大敏；分管农业副区长：王旭东。

沙湾区编写组

金口河区

【基本情况】 2017年，金口河区辖4乡2镇（其中2个彝族乡）4个社区居41个村296个村民小组，辖区面积598平方千米。年末总人口49868人，人口出生率11.5‰，人口自然增长率3.2‰。森林面积34370.3公顷，森林覆盖率57.41%。

2017年，全区GDP35.8285亿元，增长7%，其中第一产业产值2.1643亿元，增长3.6%；第二产业产值22.8357亿元，增长7.8%；第三产业产值10.8285亿元，增长5.3%。

全社会固定资产投资30.4537亿元，增长24.7%。地方公共财政预算总收入完成2.1387亿元，增长12.8%。社会消费品零售总额96095万元，增长12.5%。金融机构本外币各项存款余额158619万元，增长1.4%；各项贷款余额37453万元，增长24.2%。

【年度农业和农村经济运行】 2017年，金口河区农业总产值3.6亿元，增长6%。农村居民年人均可支配收入达13038元，增长9.3%。全年粮食总产量1.1067万吨，增长0.8%。年末农业机械总动力达3.5万千瓦，增长12.9%。

2017年金口河区主要农产品产量

主要农产品	产量（吨）	同比（%）
粮食	11067	0.8
稻谷	269	2.7
小麦	77	–28
玉米	5192	–0.5
油料	227	11.3
茶叶	132	112.9
水果	1312	5.3
蔬菜及食用菌	12844	9.6

农业产业化发展。全区有家庭农场57个，农业产业化经营带动农户面达75%。新培育省级农业龙头企业、专合组织各2家，市级农业龙头企业、专合组织各5家，全区农业龙头企业、农民专合组织累计达235家。新发展高山有机食用菌、高山蔬菜等特色产业2万余亩，“五园区八基地”空间布局初步形成。

面积4.85公顷,火灾损失控制在0.1‰以内。严格林木林地管理,全市共办结各类建设项目使用林地审核审批手续41件,使用林地面积194.09公顷,缴纳森林植被恢复费用4797万元。严格执行森林采伐限额管理制度,实行林木采伐许可证统一机打和网上预存采伐限额全省联网工作,加强对全市木材经营加工企业的监督检查。组织实施林业有害生物防治面积25.8万亩。在仪陇、嘉陵、阆中等县(市、区)实施飞机防治面积11.7万亩。做好松墨天牛调查与除治工作。先后组织开展了代号为"守护绿川行动""绿剑2017"的川东北森林公安联合整治行动、"森林火案查处专项行动"、"林地行动"、"净网行动"等一系列专项行动,坚决打击涉林违法犯罪行为,共查处各类涉林案件357件,其中森林刑事案件37件、林业行政案件(含野生动物行政案件)320件,打击处理各类违法犯罪人员374人次,挽回经济损失210.8万余元。

林业改革稳步推进。全面完成林业深化改革年度目标任务,林业生产要素得到有效激活,发展动力持续增强。积极完善林权交易配套政策及服务,已建立市级林权交易平台,9个县(市、区)均建立县级平台,部分接入西部农交所。市级林权交易平台,设立在市林业局集体林权流转服务中心,指导辖区内县级平台开展林权管理、林权流转服务、林权抵押贷款等业务。国有林场改革按方案稳步推进,3个国有林场主体改革任务已基本完成,改革工作取得了阶段性成效。积极探索湿地资源保护制度,完善了《南充市湿地保护管理办法》。西充县完成经济林木(果)权证抵押贷款改革试点任务,共颁发经济林木(果)权证57本,颁证面积2.34万亩,贷款金额6000万元。

林业科技支撑作用凸显。市林科所、林业三站等部门着力加强林业科技研究和推广力度,共实施科技创新项目2个。全面开展"油用牡丹区域适生性及丰产性研究""核桃种质资源收集和良种选育"项目,为南充市发展油牡丹产业提供技术支撑。参与筛选的串福核桃获得国家林业局品种权保护。同时,积极开展林业科技扶贫和"千乡万村送林技"活动,利用"科技下乡"和科技文化宣传周活动,开展林业科技培训及技术咨询服务。选派4名"三区"科技特派员和6名精准扶贫员深入到联系村,进行培训授课、现场指导、发放技术手册、赠送农用物资和建立科技示范点。积极开展林产品质量监测。完成核桃干果、竹笋鲜品、花椒、森林蔬菜土壤抽样共计350个批次,并实施相关监测,确保林产品质量安全。

【畜牧业】 2017年,南充市优化升级养殖业结构,创建部、省级畜禽标准示范场9个,新(改、扩)建畜禽标准化规模养殖场(小区)212个,实现畜产品总产值309.53亿元。

【现代农业"三百示范工程"建设】 2017年,南充市发展行业优势,强力推进现代农业"三百示范工程",重点推进农业重大项目70个,完成总投资98.5亿元;按照"大基地、大园区、大循环"思路,推进"千公里现代循环产业带"建设,建成南部"铁佛塘—大堰"、西充龙滩河流域、嘉陵吉安河流域等万亩现代循环农业产业园区15个,全市现代循环产业园区达70个;推进西充等"七大农业加工园区"建设,新培育阆中大北农、西充粮王等亿元农业龙头企业15个,总数达60个,其中张飞牛肉、嘉陵天兆、仪陇温氏等产值达10亿元以上;强化三产融合发展,重点推进田园公园化、生产标准化、运销网络化、经营智能化,打造"中国农业主题公园",新建高坪中法农业科技园、嘉陵绿地农业公园等农业新业态示范样板15个,总数达55个。

【新村建设】 2017年,南充市共争取到省级财政资金2.6亿元,撬动项目资金、地方配套和社会资金29.4亿元,建成幸福美丽新村613个,其中扶贫新村468个。顺庆、高坪等5个区(县)省级幸福美丽新村示范县建设项目完成投资6.5亿元,新建聚居点32个,改造提升聚居点99个(贫困村78个),新建和改造提升村级公共服务中心85个,新建和巩固提升产业基地2万亩。制定"四好村""十有"创建标准,加快推进"四好村"省、市、县三级联创工作,全年共评定县级"四好村"1129个、市级"四好村"681个,创建省级"四好村"128个。

【农村扶贫和移民工作】 2017年,南充市实现嘉陵区、仪陇县、高坪区3个计划"摘帽"县(区)通过省级验收评估,实现468个贫困村退出、10.705万名贫困人口脱贫,全市贫困发生率下降至1.5%。

民生投入。全市投入专项扶贫资金共计10.76亿元,其中,共到位中央、省级专项财政扶贫资金5.47亿元,市、县两级投入专项扶贫资金5.29亿元。除各级专项扶贫资金以外,全市24个扶贫专项共整合涉农项目资金77.78亿元。同时,全市共组建"四项基金"10.38亿元,其中组建教育扶贫基金4723万元、卫生扶贫基金4654万元、贫困村产业扶持基金6.62亿元、扶贫小额信贷分险基金2.82亿元。全年共计发放教育、卫生、产业扶持基金2.9亿元,惠及贫困人口19.84万人;扶贫小额信贷规模达26.1亿元,惠及贫困人口26.88万人。

基础设施建设。全年共实施易地搬迁37432人、危房改造34569户、地灾避险安置748户,解决9.82万名农村贫困人口饮水安全问题,完成28120户、82935人电力扶贫任务,全年脱贫户家中均有广播电视或能接收广播电视信号。公路路网内通乡油路完成率达100%,退出贫困村通硬化路完成率达100%;新增155个行政村通光纤,改造178个已通光纤行政村宽带;计划退出贫困村的卫生室、文化活动室全部达标。

产业增收。全年共建成脱贫奔康产业园876个,引进(培育)新型经营主体1427个,发展规模种植面积48.41万亩,养殖畜禽156.15万头(只),建成加工基地33个,通过入园成为种养大户、反租倒包、入股分红等方式带动贫困户5.84万户、16.75万人,户均增收1.2万元。高标准建设"西充—南部—仪陇""高坪—蓬安—营山"和嘉陵"2+1"脱贫示范线,统筹推进特色产业、基础设施、人居环境、村风文明建设,共覆盖68个乡(镇)560个村,其中贫困村165个,带动贫困户15450户。实施"四小工程",新发展小庭院、小养殖、小买卖、小作坊3.2万户,实现每个贫困户都有1~2个骨干增收项目,确保"当年见效、当年增收、当年脱贫"。

政策保障。全面落实"十免四补助"政策,严格执行医药费用公示制度,切实推行"先住院、后付费"制度,全年贫困人口参保率达100%,贫困患者县域内住院和慢性病门诊维持治疗医疗费用个人支付占比控制在10%以内;各义务教育学校优先保障建档立卡贫困学生就近入学,积极推动落实义务教育控辍保学"五长"负责制,确保了适龄儿童全部顺利入学。

农业产业扶贫。制定完善市、县(市、区)、乡(镇)、村各类产业扶贫规划2785个,1290个贫困村村村有脱贫产业、户户有脱贫致富门路;在贫困村启动建设脱贫奔康产业园550个,招引龙头企业160余个,带动贫困户1.6万户、非贫困户1.3万户;选派贫困村驻村农技员1351人,增派非贫困村农业技术巡回指导小组162个,组建农业综合技术服务团队113个,构建市、县、乡三级联动立体网络服务体系,推广"下沉式"科技扶贫经验,无缝对接产业技术需求;分县出台产业扶贫基金管理使用办法,建立产业扶持基金动态管理台账,专项清理产

业扶持资金5.13亿元;发挥产业扶贫主力军作用,整治土地3.65万亩,新(改)建基地6.88万亩、产业道路347千米、提灌站68座,新增农机总动力3.17万千瓦。

移民安置。全市升钟二期、阆中解元、西充九龙潭、营山金鸡沟、仪陇油房沟等在建水利水电工程完成移民投资2.6亿元、完成征地2897.75亩、房屋拆迁2.7万平方米,安置移民2670人,高坪双叉河、亭子口等2座拟建水库的前期规划工作有序推进。

移民后扶。坚持"属地管理""动态管理"原则,对不应继续享受直发直补政策的2940人进行动态核减,现有移民后扶人口116134人,发放移民后扶资金7056万元。全省移民避险解困试点县(市)包含蓬安、营山、阆中、南部、西充,共完成专项资金投入9625万元。

社会扶贫。全年国家商务部、工业和信息化部和中国电子信息集团,30个省级部门(单位),143个市级部门(单位)以及1216个县(市、区)级机关(单位)共派驻挂职蹲点干部1584人;到定点帮扶点考察调研72199人次;落实定点扶贫项目资金30530万元;帮助引进资金18519万元,引进项目581个。举办各类培训班14247期,培训人员234697人次;资助贫困学生6999人;帮助贫困户实现劳务就业51332人次,实现劳务收入45788万元。在全市1290个贫困村实施希望工程、产业扶贫、人饮工程、卫生扶贫、教育扶贫、劳务扶贫、村道公路建设、基础设施建设等各类项目2705个,受益贫困人口达9.2万余人。全年"扶贫日"系列活动收到捐款2056万元,收到捐赠物资折款519万元,开展特色活动捐赠款物210万元。各群团组织共募集资金1000余万元,重点聚集"摘帽"的3个贫困县(区)550个贫困村和12.1万名贫困人口。全年参加"百工技师"培训项目48人,为贫困户培养优秀的职业技术人才,促进贫困家庭脱贫致富。

【农村水利】 2017年,南充市冬春期间完成农田水利基本建设投资253407万元,新建防渗渠道1645千米,除险加固小型水库50座;新增(恢复)蓄引提水能力3000万立方米,新增灌面19.52万亩,恢复和改善灌面23.93万亩,新增节水灌面17.98万亩,发展高效节水灌面6.57万亩。建成集中供水工程803处、分散供水工程13382处,解决9.82万名农村贫困人口饮水安全问题。高坪、嘉陵、仪陇3个"摘帽"县(区)饮水安全工程基本完工,营山、蓬安、南部、阆中4个县(市)饮水安全工程总体形象进度达90%;顺庆、西充2个县(区)饮水安全工程总体形象进度超过80%。开展塘堰泵站整治维修和"最后一公里"渠系通畅等"五小水利"工程建设。升钟水库一期和磨尔滩水库、幸福水库、思德水库等大中型灌区续建配套与节水改造工程建设持续加快,农田灌溉"中间N公里"问题进一步得到解决。

河长制工作。全年出台《南充市贯彻落实〈关于全面推行河长制的意见〉实施方案》《南充市全面落实河长制工作方案》,将河长制六大任务具体细化为"20项专项行动",落实牵头单位编制具体工作方案并组织实施;出台《关于全面推行河道警长制的实施方案》,建立市、县、乡、村四级河道警长体系。出台河长制会议制度、河长制考核与问责制度等工作制度7项,落实市级河长29人、县级河长139人、乡级河长433人、村级河长3276人,并在河道醒目位置设置永久性公告牌,实现四级河长体系全覆盖、全公示;市、县两级河长开展巡河调研200余次,研究解决具体问题350余件,组织专项督查4次。

【农村科技】 2017年,南充市着力探索科技人员创新创业新机制,职业农民创新创业主体多元化格局正在形成。西充、南部、仪陇3个县被农业部评为"2017年五星级基层农技推广示范县",6个乡(镇)被农业部授牌"基层农技推广五星级示范乡镇";建立绿色防控示范区18个,专业化统防统治示范面积70.5万亩,覆盖率为56%。建成部、省、县智慧测报站10个,建立社会化服务组织432个,从业人员达4056人,实现柑橘等重点产业保护清净无疫;引进玉米、水稻等新品种127个,遴选出"德喜油1000"等小春生产主导品种18个;全覆盖抽检重点品种(区域)样品654个,合格率达99.8%;培育农机专业合作社6个,农机合作社机械化作业面积140.5万亩,主要农作物耕种收综合机械化水平达54.3%;新建高标准农田35.6万亩,新(改)建提灌站281座,机电提灌保灌面积143万亩,新增提水控灌设备1510台(套)、13276千瓦,新(改)建、硬化机耕便民道2951千米。

【农业环境整治】 2017年,南充市划定禁养区443个、面积3461.2平方千米,关闭、整改禁养区养殖场(户)992家(户)、不合格屠宰场230个,取缔网箱养殖3029口,规模养殖场粪污处理设施装备配套率超过73.7%。建立绿色发展机制,强力推进农药化肥"零增长",加快推进有机肥料综合利用工程,实施秸秆肥料化、饲料化、基料化、原料化、燃料化"五化"利用,强化农业废弃物资源化利用,促进全市农业绿色发展。

【农产品质量安全监管】 2017年,南充市按照"绿色、有机、生态"发展理念,加快"三品一标"申报认证,推进农产品质量检测机构和安全信息化监管平台建设。全年申报种植业无公害农产品认证15个,农产品地理标志1个,全市绿色食品认证基地52.3万亩、产品45个,有机认证(含转换)面积达30.2万亩、产品(含转换)251个。西充县建立亚洲有机农业研发(中心)积极筹备运转,高坪区、嘉陵区建成农产品质量安全检测站,阆中市建成农资追溯监管平台,营山县建成农产品质量安全追溯平台,南部县建成农产品质量安全监管及可视监管平台,高坪区建成乡镇标准化监管阵地。抽检农业部农产品质量安全例行监测产品216个、省级农产品质量安全例行监测样品705个,总体合格率达99%以上。全年未发生重大农畜产品质量安全事件。

【农村市场体系建设】 2017年,南充市推广"互联网+"营销模式,完善物流配送网络体系,支持规模基地、特色产业基地、畜禽养殖基地开展农产品电子商务,扩大与供销社、淘宝网、京东商城、中国邮政等国内领先电商平台合作,实现农产品网络销售收入6.5亿元。扩大农业订单生产,强化产业基地与农业加工企业、营销集团、配送公司的农产品购销合作,实现农产品订单率达60%以上。夯实营销物流基础,建成气调冷藏、物流运输、仓储贮存一体化基地13个,建成基地市场6个,打造一二线城市优质农产品展销旗舰店42个,农产品销售额突破100亿元。

【农业招商引资】 2017年,南充市围绕现代农业种养基地、精深加工园区、新兴业态农业等关键环节招商,精准对接,招大引强。主动对接华大基因、老干妈、聚土网等客商96家,推介项目125个,参加北京南充企业商会成立大会暨南充投资推介会等重大投资推介活动4次。9月15日,在成都市举行南充市现代农业投资推介会暨合作项目签约仪式,现场签约现代农业项目19个,投资总金额123.5亿元。全市新签约亿元以上农业重大项目51个,计划投资总金额189.5亿元,其中包括计划投资10亿元以上的重大项目4个、计划投资50亿元以上重大项目1个。

【主要领导人】 市委书记:宋朝华;市人大常委会主任:袁险峰;市长:吴群刚;市政协主席:吴小可;分管农业副市长:向贵瑜。

南充市编写组

顺　庆　区

【基本情况】 2017年,顺庆区辖18个乡(镇)11个街道81个社区(其中4个涉农社区)231个行政村,辖区面积544平方千米,其中耕地面积23991公顷。有总人口65.86万人,其中农业人口24.46万人。

2017年,全区GDP342.59亿元,增长8.9%,其中第一产业增加值23.69亿元,增长3.8%;第二产业增加值149.29亿元,增长8%(规模以上工业企业增加值增长7.7%);第三产业增加值169.6亿元,增长10.4%。三次产业结构比为6.52∶43.84∶49.64,第三产业比重比上年提高1.14个百分点。

地方一般公共财政预算收入15.54亿元,增长16.49%;地方一般公共财政预算支出34.78亿元,增长13.66%。全社会固定资产投入311.39亿元,增长18.23%,其中农村固定资产投入4.75亿元,减少18.1%。

公路通车里程1623千米,其中高速公路30千米、国道18千米、县道160千米、乡道128千米、村(社)道1287千米,乡村公路通达率100%,通乡路硬化率100%,通村公路硬化率100%。

有区属各类学校213所(其中私立学校152所),在校教师0.66万人,在校学生11.01万人;学龄儿童入学率100%,义务教育普及率100%。有区属医疗卫生机构982个(其中民营医院29个、乡/镇卫生院20个、村级卫生服务站248个、社区卫生服务站43个、国营医院636个、厂矿学校医疗机构6个),病床位9443张,卫生技术人员13525人。新型农村合作医疗参合率达98%以上。

【年度农业和农村经济运行】 2017年,顺庆区实现农业总产值441.95亿元,增长0.26%。农民年人均可支配收入达15873元,增长9.7%。全年新创建国家驰名商标1个,认证绿色农产品3个、有机农产品5个、无公害农产品24个。有乡(镇)敬老院24个,集中供养率达50.2%。农村社会养老保险实现"应保尽保"。全年股份量化财政支农资金437.65万元、农村集体资产1.2亿元,实现农民股份分红320万元。

农业产业化发展。全年新招引投资500万元、带动农户100户以上的龙头企业4家,创建省级重点龙头企业1家、市级示范农民专业合作经济组织3个,新发展农民专业合作经济组织63个、家庭农场29个,培育农民职业经理人100人、规模以上种养专业大户和业主143户。

农用地产权制度改革。在巩固农村产权改革基础上,完善了区、乡、村三级产权交易服务体系,完成了确权颁证工作,加快推进农村"三权分置"试点工作,有力地推动了农村产权依法有序流转。全区颁发《农村土地承包经营权证》5.36万户,颁证率达88.98%以上;办理农村土地经营权证14笔,流转土地面积1.44万亩。

【种植业】 2017年,顺庆区粮食产量14.36万吨,增长0.91%。油料产量1.66万吨,与上年持平。水果产量1.34万吨,增长3.8%。蔬菜产量332.46万吨,增长2.87%。全区以国家现代农业示范区建设为契机,以经果、蔬菜、花卉林木三大特色产业为主导,拓基地、扩规模,新建蔬菜基地0.6万亩、水果基地0.5万亩、藤椒基地0.11万亩,农业规模化、集约化经营不断推进。

【畜牧业】 2017年,顺庆区出栏生猪29.45万头、肉牛0.69万头、肉兔161.34万只、肉羊13.97万只、小家禽490.89万只,除肉羊、肉兔分别增长2.27%、0.86%外,其余主要畜产品出栏量均有不同程度地下降。全年肉类总产量3.43万吨、禽蛋产量2.07万吨,分别减少4.72%、0.48%。

【幸福美丽新村建设】 2017年,顺庆区按照"业兴、家富、人和、村美"的要求,以科学规划为龙头,以"住上好房子、过上好日子、形成好风气、养成好习惯"为目标,坚持"建、改、保"结合,积极开展"四好村"创建活动,加快推进幸福美丽新村建设进程。全年新建幸福美丽新村35个,创建省级"四好村"8个、市级"四好村"45个、区级"四好村"45个。

【农村金融制度改革】 2017年,顺庆区坚持"政府搭台、银保合作"的农村金融服务模式,健全全区农村小额担保机构,拓展农村特别是贫困村、贫困户融资贷款途径。设立500万元扶贫贷款及特色农业保险风险基金,鼓励金融和保险机构加强对贫困村、贫困户产业发展的资金支持和特色农业保险支持。全年累计推动抵押贷款1.6亿元,实现农业政策性保险收入305万元、特色农业保险收入55万元。

【主要领导人】 区委书记:陈泽斌;区人大常委会主任:陈琳;区长:刘松;区政协主席:吴斌;分管农业副区长:李献丰。

顺庆区编写组

高　坪　区

【基本情况】 2017年,高坪区辖13乡12镇7个街道,辖区面积806.14平方千米,其中耕地面积53.7852万亩,比上年增长0.16%,人均耕地面积0.9亩。年末总人口59.6843万人(户籍人口),减少0.5%;人口出生率9.79‰,减少0.1个千分点;人口自然增长率4.26‰,增加0.53个千分点。有林业用地2.0135万公顷,有林地面积1.975万公顷,活立木总蓄积量98.7万立方米,森林覆盖率32.61%。

2017年,全区GDP157.05亿元,增长8.8%,其中第一产业增加值28.21亿元,增长3.6%,农、林、牧、渔及农林牧渔服务业之比为45.8∶1.8∶49.3∶2.8∶0.4;第二产业增加值65.65亿元,增长10.5%;第三产业增加值63.19亿元,增长10.8%。三次产业对经济增长的贡献率分别为8.1%、46.8%和45.1%。劳务输出18.248万人。全年接待游客503.5万人次,实现旅游收入48.2亿元,其中乡村旅游收入8000万元。

公路通车里程1643千米,其中乡村公路1448千米。社会消费品零售总额90.2亿元,增长13.2%。地方公共财政预算总收入完成20.0117亿元,增长8%;地方一般公共财政预算支出33.2248亿元,增长11.43%,其中农业投入67683万元,占支出的20.37%。金融机构各项存款余额200.08亿元;各项贷款余额132.23亿元。全年农业保费收入23816.58万元;处理各项赔款和给付金额15054.74万元。完成农业产业化项目20个,完成投资6786.86万元。农业产业化龙头企业国家级、省级、市级、区级分别为1个、8个、30个、181个。

有各类学校167所,在校学生109323人,其中普通高校2所,在校本(专)科学生21043人,增长5.2%;普通中学36所,在校学生46260人;小学38所,在校学生26371人;学龄儿童入学率100%。有艺术表演团体165个,文化馆1个,公共图书馆1个。有卫生机构38个,病床位2009张,卫生技术人员1720人。城乡居民参保人数45.678万人,参保率99.03%;新型农村社会养老保险参保人数20.2万人;被征地农民养老保险参保人数34045人,占总人数的34%。

【年度农业和农村经济运行】 2017年,高坪区实现农业总产值28.6亿元,增长4.5%。农民年人均可支配收入达12024元,增长10.2%。争取农业社会化服务体系建设、农村一二三产业融合、农业基础设施建设、现代农业生产发展等项目20个,资金6786.86万元。

2017年高坪区主要农产品产量

主要农产品	单位	产量	同比(%)
粮食	万吨	21.5496	1
水稻	万吨	10.1616	1.3
小麦	万吨	2.6194	-0.1
玉米	万吨	2.8283	1.7
马铃薯	万吨	2.9428	1.2
油菜籽	万吨	1.4583	2.1
蔬菜	万吨	46.0982	2.3
水果(园林水果)	万吨	14.9974	3.1
肉类	万吨	4.9916	-4.4
猪肉	万吨	3.7873	-5.6
牛肉	万吨	0.0373	0.8
羊肉	万吨	0.2651	0.4
禽肉	万吨	0.7974	-1.4
兔肉	万吨	0.0659	1.7
禽蛋	万吨	1.0803	-1.7
牛奶	万吨	0.1535	-0.018

农业产业化发展。积极鼓励业主大户发展新型经营主体,全区新增家庭农场17家,总数达81家;新增农民专业合作社85个,总数达444个。申报省级示范家庭农场3家、省级示范社1个、市级示范合作社8个。对全区25个乡(镇)进行全域规划,整合现有资源打造产业环线3条,分别是嘉陵江流域百千米柑橘旅游产业带、双叉河—中法农业科技园特色观光产业带、螺溪河流域蔬菜特色养殖生态康养产业带。全区新建柑橘基地1.7万亩、花椒基地1.9万亩、粮经复合产业基地7.3万余亩。全区农业总产值达28.6亿元,增长4.5%,其中现代农业示范区增速为7.6%;引进国家级重点龙头企业温氏集团和当当网农村电商总部。

农用地产权制度改革。完成全区806平方千米的航拍和26个乡(镇)284个村的外业调绘和内业矢量化,并顺利通过省专家组验收。建成区、乡农村集体产权交易管理服务平台,实现农村土地确权登记与集体产权制度改革有效联动和对接。通过股权量化改革试点,破解了"重建轻管"这一财政支农项目管理难题,建立了"措施有保障、经费有来源"的管护机制。将部分股权优先量化给贫困户,确保了贫困户收益保底和持续增收。开展壮大发展农村集体经济试点工作,充分利用上级专项资金,在全区选定10个村因地制宜发展种植业、农旅结合、乡村旅游等产业,壮大和发展村集体经济,增强村集体经济实力。落实和明晰土地承包经营权,全区推进农村土地"三权分置",以建立流转合同制和备案制为重点,探索土地流转的有效措施,完善配套服务,规范流转程序,积极促进土地承包经营权流转工作。完善乡、村二级服务和管理网络,建立农村土地流转服务平台,全区成立乡级农村土地流转服务中心26个。全年新增土地流转面积8000余亩,农村土地流转面积达11.6万余亩,规模经营面积达8万余亩。

农产品品牌战略实施。积极开展"无公害""绿色""有机"食品的申报复核工作,新认证无公害产品2个。"绿色食品"完成复查换证5个。有机认证新申报产品柑橘6个,新认证面积1800亩;大米1个,新认证面积2000亩。推介四川省优质品牌农产品1个。全区已完成无公害基地整体认定,已认证有机产品基地2.47万亩,新增(含换证)9377.25亩。参加第十五届中国国际农产品交易会,优质农产品高坪甜橙参展,取得了经济和社会效益的"双丰收";举办了高坪区橙花节和高坪区甜橙采果节,增强了全区优质农产品在省内外的知名度;"高坪南瓜""高坪甜橙"获得"四川省名特优农产品50强"称号,"高坪甜橙"获得"全国名特优农产品"称号。

现代农业园区建设。巩固高坪区现代农业甜橙示范园区建设,甜橙园区新建柑橘基地1万亩,基地总面积达14万亩,总产量11万吨,增长46%;实现总产值6亿元,增长33%;农业耕种收综合机械化率达55.6%。园区以财政项目为杠杆,撬动社会资本1.5亿元投入园区发展,投资增速为20%。依托柑橘产业发展休闲观光农业,接待游客200万人次以上,实现三产收入12亿元。园区农民年人均可支配收入达15318元,比全区平均12024元增长27.4%。

【种植业】 2017年,高坪区粮食作物播种面积54.06万亩,建设水稻、玉米万亩高产示范片4个,粮食总产量21.5496万吨,其中小春粮食产量5.83万吨。建设柑橘基地17000亩,总面积达30万亩,年产量20万吨,总产值达10.5亿元。蔬菜播栽面积33.6万亩,产量46.0982万吨,实现蔬菜总产值8.5亿元。新(改)建专业蔬菜基地5000亩,引进蔬菜新优品种48个;培育具有100亩以上生产规模的主体15个,培育蔬菜产销主体5个。

【林业】 2017年,高坪区争取造林补贴、天保公益林、绿化全川等项目15个,实际到位资金3092.46万元。引进四川省玉润木泽农业科技有限公司,投资2亿元,打造1.1万亩青花椒种植、生态养殖规模化循环经济立体农业;助推四川荣生农业集团有限公司投资2.6亿元,兴建花椒种植园2.5万亩。巩固退耕还林成果7.97万亩,兑付713.5万元退耕还林资金到户,对全区10.77万亩公益林实施有效管护;全区木本油料基地建设10万亩,新发展花椒基地2万亩,完成投资2亿元,举办了高坪区第五届花椒节;实施楠竹抚育1万亩、柏木抚育5万亩,对核桃、楠竹、柏木等低效林地低改2万亩。围绕全区26个乡(镇)38个贫困村的产业发展和生态扶贫需求,筹措林业产业扶贫资金1008.96万元,新增栽植花椒8764.5亩,完成丰产管护4084亩,新增林下种养4180亩,新栽植行道树49千米,新栽植核桃870亩,新增栽植中药材1100亩,新增竹编加工点10处。在金城山沿线传统林下种养殖重点乡(镇)新拓展林下种养殖规模2万亩,完成投资2000万元。退耕还林政策补贴、生态效益补偿、生态护林员工作的全面落实,确保了全区所有贫困村"村村有产业"。全力构建嘉陵江生态绿化林带,完成绿化总里程15千米,推进江陵坝国家级湿地公园建设,投入资金1亿元完成4500亩湿地公园景观造型建设,栽植景观树6500株,种植草坪4万平方米;森林火灾发生率低于省控标准0.3‰,火案查处率为100%。

【畜牧业】 2017年,高坪区建成年出栏万头生猪规模养殖场(小区)1个,生猪规模养殖比例达65.8%,畜禽规模养殖场(专业户)达2645个(户)。全区生猪出栏60.3万羽,肉牛出栏0.3万头,肉羊出栏19.7万只,家禽出栏613万只,肉兔出栏48.9万只;肉类总产量49916吨,禽蛋产量10803吨,实现畜牧业产值达17.43亿元。全区生猪良种推广面达99%以上,人工配种3.51万窝,二杂母猪推广面达78%,LY母猪存栏4.78万头,DLY肉猪出栏39.6万头,生猪三杂面达86%。做好肉羊优良品种引进工作,引进南江黄羊1800余只、乐至黑山羊700余只、波尔山羊400余只。

【水产业】 2017年,高坪区繁育各种水花鱼苗28000万尾,全区水产品总产量9800吨,增加430吨,增长4.59%;实现产值1.62亿元。在嘉

陵江大桥附近上游和龙门码头处开展增殖放流,共放流长吻鮠、南方鲶、鳜、黄颡鱼4个品种16.33万尾。开展水产品质量安全监管工作,全年出动宣传车30余次,现场监督检查80余场次,检查单位80余家。禁渔期间共出动渔政执法人员350人次,嘉陵江巡查60余次,夜巡嘉陵江20余次,与区公安分局和上级主管部门联合执法10余次,共查处违法捕捞作业10起,收缴捕捞网具10条、电捕鱼器6台、电瓶6个、地笼网100条共计8000米、渔船3艘,查获违法捕捞渔获物150余千克。全面完成渔业船舶"三证合一"核查工作,为渔业生产保驾护航。

【统筹城乡与新型城镇化】 2017年,高坪区编制修改了《高坪区新村建设总体规划》《南充市高坪区2017年脱贫"摘帽"总体规划》《高坪区农村廉租房建设规划》《高坪区全域产业规划》,完成了江陵、擦耳等乡(镇)总体规划的编制和修编工作。城市建成区拓展到28平方千米,城市绿化覆盖率达46.4%,绿地率达46.2%,城镇化率达46.5%。投入13.55亿元实施城市重大项目22个。投入近3亿元实施乡(镇)基础设施建设项目13个,逐步完善与新型城镇化相适应的公共服务设施,加快供电、供水、供气、通信、信息等公用基础设施向小城镇延伸。大力发展镇域经济,实施万亩柑橘产业园等产业项目40个,农业产业化基地拓展至45万亩;棚户区改造完工1980套,货币化安置完成1980套,发放租赁补贴380户;完成固定资产投资10亿元;完成房地产投资20亿元;实现建筑业产值24.26亿元;实施"四类对象"农村危房改造4631户。

【新村建设】 2017年,高坪区建设幸福美丽新村40个,累计达158个,完成投资3.328亿元。完成新建农房461户、建筑面积5.53万平方米,危房改造572户、房屋面积7.11万平方米,风貌整治3139户、房屋面积50.25万平方米,硬化农户院坝1198户、面积4.83万平方米。

改善农村基础设施建设,完成新建、拓宽村组车行道路116.7千米,新建生产便道路54.6千米、入户道路1257.8千米、步行山道9.4千米(其中旅游步行道路6.6千米)。农村安全饮水建设完成新建给水井112口、供水管网17.9千米,基本解决贫困村近3000人饮水问题。雨污处理建设完成新建化粪池32个、污水处理站15个,添置垃圾收集车2辆,新建成污水管网9.4千米、雨水管网31.9千米。强弱电设施建设完成新建10千瓦变电所10座,架设10千瓦电力线路2.1千米,完成380/220伏电力线路架设与管网16千米。完成通信交换设备67套,架设综合通信管线13.9千米。气供给建设新建燃气调压站1处、燃气供给管道7.5千米。新建村级公共服务中心5个,建筑面积5053平方米;新建公厕18座,新建游客接待中心8座,新建生态停车场8502平方米、农家乐1805个、观景平台13个、旅游导视系统46个、村级文化室40个、村民活动广场及避灾疏散场地4200平方米。完成新村景观绿化6.15万平方米,配套小品设施18处。

【农村扶贫和移民工作】 2017年,高坪区减贫1.3229万人,33个贫困村退出,顺利通过了省级验收考核评估。争取中央、省、市专项扶贫资金8094万元,增长71%;区本级财政扶贫资金6720万元,移民后扶资金1464.06万元。做好移民后扶人口动态管理,共核减1775人,为10294名移民直发直补459.15万元;安排1599万元移民后扶资金和200万元产业发展资金,移民项目扶持1251人,共计拨付移民项目资金2306.97万元。

坚持"缺啥补啥、普惠共享"原则,全面推进"三中心"和"村两室"等公共服务配套设施建设,整体解决道路交通、水利设施等农村基础设施问题。全区32个乡(镇、街道)中心校、卫生院、便民服务中心达标率100%;33个贫困村村文化室、卫生室、通村硬化路、通信网络达标率100%;贫困户安全饮水率、生活用电率、广播电视达标率均达100%。建成脱贫奔康产业园36个,发展柑橘、花椒、蔬菜等优势产业22万亩,实现了贫困村与非贫困村产业全覆盖。全面推行土地租金入股、小额信贷资金入股、财政投入资金股权量化、"631"股份分红、返租倒包等利益联结机制,创立"飞地扶贫"模式,带动贫困户持续稳定增收,村集体经济达标率、安全住房保障达标率、义务教育保障率均达100%。

【乡村旅游】 2017年,高坪区编制了《南充市高坪区全域旅游总体规划》、《南充市高坪区农旅结合转型发展规划》等区域发展规划3个,编制了《阙家凤凰故垒旅游景区规划》等景区(点)专项规划17个。全年旅游接待游客503.5万人次,实现旅游总收入48.2亿元,其中乡村旅游收入8000万元。创建为省级旅游扶贫示范区、擦耳镇新拱桥村创建为省级旅游扶贫示范村;擦耳桃源、醉美橙香景区创建为国家3A级景区,橙香烟山景区创建为国家2A级景区;创建乡村旅游合作社10个,新评定四星级农家乐5家、三星级农家乐10家。

推动旅游业与农业深度融合,大力发展都市农业、观光农业,大力改善交通基础设施,完善游客中心、停车场、厕所等旅游基础设施,打造了柑橘产业农旅结合示范线,推动中法农业园、溪头柑橘产业园等园区开发乡村旅游,各地旅游产业体系基本建立,启动凤仪湾景区创建省级旅游度假区项目建设。全年农旅结合扶贫资金共计投入10亿元,其中投入旅游专项配套资金1971万元。加大旅游宣传营销推介力度,加强与旅游企业合作,推出了系列宣传活动,六合丝纺系列产品和斑竹竹编工艺品系列荣膺"南充市十大特色旅游商品"称号。

【农村水利】 2017年,高坪区投资5047万元的小微水利基础设施建设基本完工,投资2110.5万元的安全饮水巩固提升工程已完成,投资2000万元的高效节水灌溉工程和节水型社会建设项目已动工实施,投资4889万元的嘉陵江小龙鲢鱼滩堤防工程已完成45%,投资4285万元的龙门上中坝堤防工程已完成75%,投资480万元的御史乡王家沟等6座小(2)型病险水库除险加固工程已开展整治。完成水利扶贫投资1.02亿元,做到了"饮水安全到人头、产水配套到地块、水源保障到村组、生态工程到水系"。投资1610.5万元,建设集中供水工程84处、分散供水工程1125处,改造及管网延伸工程5处,全面完成年度1.3229万名减贫人口安全饮水达标任务,解决了3398名贫困人口安全饮水问题。强力推进河长制工作,河长体系已建立;强力整治污染源,取缔禁养区范围内的养殖场;加强水环境保护,配合完成了省环保督察案件办理及问题整改。

【农业机械化】 2017年,高坪区农业综合机械水平达55.6%,农用拖拉机年检率达63.76%,农用拖拉机交强险投保率100%。新培育农机大户2户、专合社1个。新建和改造机电提灌站18座,维修机电提灌站3座,机电提灌保灌面积11.5万亩;新建硬化农机化生产道路48千米。全区农机专合社总数达18个,农机合作社作业面积11.9万亩,增长5%。全年推广农业机械703台(套),完成中央补贴53.4万元,农机购置补贴中央资金结算进度达100%。全区农机总动力达20万千瓦。

【农村科技】 2017年,高坪区积极开展农业企业产学研科技合作活动,支持窖久红农业开发公司与四川食品工程研究院合作开发系列"桑椹酒"产品;引导南充大唐农业开发有限公司与四川农业大学水稻研究所、四川省农业科学院水产研究所等科研院所合作,实现稻田养殖蟹、虾、鱼等水产品;鼓励四川蓝灵现代农业股份有限公司与省农科院科研合作研发蓝莓新品种,实现了早熟、中熟、晚熟全系列覆盖的目

标。大力配合中科院、清华大学、兰州大学等专家团队到高坪区开展技术创新调研活动，深化了校（院、所）企科技合作的内涵。

实施“四川科技扶贫在线”高坪运管中心建设。有数百名专家和信息员参与，建立了省、市、区三级联动的科技扶贫在线服务平台；开通“科技扶贫110”平台。自6月申请开通平台以来，为贫困户解决种养殖技术问题986条。

【农村教育】 2017年，高坪区加大农村教育投入，逐步改善办学条件，深入推进农村教育发展。探索农村留守儿童教育新模式，坚持实施“寄宿制”“代管家长制”“亲情沟通平台”，配齐、配好生活和心理教师以及必要的管理人员，鼓励开展“代理家长”“爱心妈妈”“托管中心”等活动。落实输入地、公办学校“两为主”政策，做好农民工随迁子女教育工作。办好寄宿制学校和村级教学点。坚持公益性和普惠性原则，加快发展农村学前教育。

提高农村教育质量。一是大力推进学校课程教学改革。坚持德育为先、能力为重、全面发展的基本方向，做到因材施教、有教无类，尊重并鼓励学生的个性发展和特长培养。二是改革教育评价制度和考试制度。建立一套与素质教育相适应的教育评价制度和考试制度。

【农村文化】 2017年，高坪区新建村文化活动室36个，总面积2000平方米；室外活动场地15000平方米；安装农村应急广播系统，完成33个村广播安装工作，为农民群众免费接入电视信号6954户；为脱贫村配置群文活动器材36套、体育健身器材35套、电脑72台、电视36台，补充图书28800册，新增村阅报栏21个。91个贫困村各配文化协管员1名，352个行政村各招募文化志愿者1名，聘请文物管家22名，新组建村文艺队伍33支，集中培训农村文化管理员和文体骨干289人次，分片区落实农村文化培训辅导员，开展了文艺优秀人才进村指导活动。全年组织“送文化进村”演出80场，乡（镇）组织文艺演出156场，送电影进村4224场，开展以感恩、自强、守法、文明为核心内容的专家讲座、阅读朗诵、知识竞赛等活动80余场，开展广场舞、趣味文体、劳动竞技比赛20场次。走马乡文化站、长乐文化站被评为“全省2017年度优秀文化站”，斑竹乡倒马坎村、马家乡浸水湾村被评为“2017年度文化扶贫示范村”。

【农村卫生】 2017年，高坪区完成了省级健康扶贫评估验收，健康扶贫、母婴安全保障工作成效显著，获得省卫生计生委通报表扬，御史乡卫生院获得“全国群众满意乡（镇）卫生院”称号。全区32个乡（镇）卫生院（社区卫生服务中心）、36个年度脱贫“摘帽村”卫生室建设全面达标。大力实施医疗救助扶持、公共卫生保障、医疗能力提升、卫生人才培植等健康扶贫“五大行动”。“先诊疗后结算”“十免四补助”“住院自付低于10%”“免费健康体检”等健康扶贫政策全面有效落实。组建区、乡、村家庭医生服务团队160个，有成员300人，全面开展巡回医疗和家庭医生签约服务。全区各级医疗机构为建档立卡精准贫困人员免费健康体检3万余人次，组织健康知识讲座200余次，建立贫困人口健康档案4.8万份。全年筹集健康扶贫救助资金总额达500万元，对贫困群众重、特大疾病全部实行基金救助。各级医疗机构充分运用医联体模式实施分级诊疗、临床结果互认、对口支援、业务指导等，推动了医疗服务重心下移、资源下沉。全区妇女儿童的健康水平和生活质量得到有效维护，孕产妇系统管理4377人，系统管理率为98.94%；儿童系统管理32915人，系统管理率为97.75%。采取“内培外引”模式，公开考核考试专科以上学历毕业生21人（研究生11人），安排农村定向医学专科毕业生从事基层工作18人，培养全科医师29人，完成各级各类业务培训2000余人次；落实区级医院对口支援和村医“乡聘村用”，选派58名区级医疗专家对口支援乡（镇）卫生院，聘用599名乡村医生驻村工作。

【农村法制建设】 2017年，高坪区加强对乡（镇）、村法制工作的检查、监督、指导；强化村干部对法制宣传教育工作的认识，提高法制宣传教育队伍素质，加大对执法队伍的培训力度，建立相关培训制度，组建高素质法制宣传志愿者队伍；建立健全责任追究制，严格依法行政。充分发挥大众传媒在法制宣传领域中的重要作用，依托互联网、微信、短信平台开展农村法制宣传教育；坚持法制宣传教育和实践相结合；注重群众法律需求，联合律师开展“法律讲堂”“快乐学校法治帮扶”“法治扶贫乡村行”等活动，提高普法宣传针对性和实效性。加快完善乡村法律服务体系，加强基层司法所、法律服务工作站、人民调解组织建设，推进法律援助进村、法律顾问进村，大幅度降低干部群众用法成本，及时调解纠纷、化解矛盾，推动基层干部群众形成亲法、信法、学法、用法的思想自觉。

【农村交通】 2017年，高坪区投资6000万元，完成省道206线阙家至高坪段公路改造工程17千米；投资5000万元，完成中法科技园连接线道路建设工程15千米；改造提升贫困村道路110千米，新（改）建“三大产业环线”道路120千米。做好282千米绕城高速公路东段、干线公路、农村公路的日常养护和经常维护工作；做好37座桥梁的经常检查和12座桥梁定期检测工作；投资151万元，启动了金岳路谢家油坊段水毁抢险工程；投资511万元，完成4300块村道公路指路牌安装工作。

【农村社会保障】 2017年，高坪区城乡居民参保人数45.678万人，参保率达98.2%；城乡居民基本医疗保险共收保费6851.7万元。建档立卡贫困人口个人参保费由区政府全额代缴，建档立卡贫困人口参保率100%。截至2017年10月，全区参保的城乡居民住院79540人次，住院率17%；住院报账28831万元，门诊统筹补偿376064人次、共计1880.3万元，大病保险补偿5773人次、共计1236.7万元。建档立卡贫困人口住院13489人次，住院率28%；住院补偿5282万元，医保兜底1900万元。全年城乡居保参保20.2万人，征缴保费3787万元，其中享受待遇人员101.57万人，发放养老金8622.76万元。全区有农村低保户16521户37050人，其中2014—2017年低保兜底贫困户6028户12061人。全区将有劳动能力的建档立卡贫困人口纳入农村低保范围开展劳动就业培训。提高最低生活保障标准，农村低保保障线提高到280元/月，对2014—2017年低保贫困家庭6028户12061人实行全面兜底，全面完成“两线合一”任务。全年累计发放低保金11163.2万元。

【农村生态建设及环境保护】 2017年，高坪区完成鄢家乡断石桥水库、石圭镇民安水库饮用水源保护治理项目；每半年对辖区乡（镇）集中式饮用水源地水质进行监测；加快推进24个乡（镇）污水处理设施建设和升级改造工程。坚持“畜牧牵头、环保配合、乡（镇）主体、部门联动”的工作原则，开展畜禽养殖污染专项整治工作。对全区禁养区范围内的186家畜禽养殖场已全部实施关闭清场。整理完成土地3.8万亩，推广测土配方施肥、秸秆综合利用18万亩，推广病虫害绿色防治7.5万亩。全面推行河长制，全共落实区级河长7人、副区级河长14人、乡（镇）河长27人、河段警长73人、区级联络员21人、村级河长218人、村级河道保洁员272人，“一江六河”水质有效改善。全面推进城乡环境综合整治，扎实开展创建生态村各项工作，创建“市级生态村”270个。

【农村市场体系建设】 2017年,高坪区实现网络销售6.29亿元,在全省88个贫困县中名第四位。全区携手北京国联、当当网建成160个物流站点,包括32个乡(镇)级电商服务站、128个村级电商服务站(其中91个贫困村已全面覆盖)。区政府联合北京国联、当当网举办了“2017高坪甜橙采摘节暨电商扶贫活动——丝绸源点、橙献世界”。通过线上京东扶贫特产馆、当当网高坪馆、蜀品天下微商城等电商平台销售总计超过15万余千克,实现人均助农增收3000元。线上部分将依托京东四川特产扶贫馆、当当网南充馆高坪馆、蜀品天下微盟三大平台,整合10余家垂直线上渠道,实现“以购代销”。线下发起社会各界购买高坪甜橙“以购代捐”活动,实行扶贫方式从“输血式”向“造血式”转变。

【农村留守家庭(儿童、学生)帮扶】 2017年,高坪区有留守儿童30664人,占全区学生总数的36.1%。积极开展对留守儿童的帮扶教育工作,建立留守学生管理机构,切实保障留守儿童接受义务教育的权利。区教育局制定了《南充市高坪区教育局关于做好留守儿童少年教育工作的实施意见》,学校建立了“关键在校长、基础在班级、落实靠教师”的教育保障机制,定期统计全区留守学生数量,掌握留守儿童动态数据。将留守学生关爱管理工作纳入学校考核,建立和完善保障留守儿童接受教育的机制。健全教育资助机制,对留守学生实行“三免一补”及其他资助。完善“四个教育服务制度”,即定点、定人联系制度、定期与不定期沟通制度、代理监护人培训制度及考核评估奖励制度。开展结对子帮扶、亲情教育、自我教育、心理健康教育、“知心姐姐信箱”等活动。广泛动员“五老”关爱留守儿童。

【劳务开发与返乡创业】 2017年,高坪区开展返乡农民工SYB创业培训420人次,为13名返乡下乡创业人员发放创业担保贷款130万元,为53名高校毕业生发放创业补贴53万元;实施返乡下乡创业项目100个,其中投资100万元以下项目55个、投资100万～1000万元项目36个、投资1000万元以上项目9个;返乡下乡创业项目总投资4.17亿元,实现年产值1.8亿元,吸纳就业13474人;打造返乡下乡创业园2个,带动就业585人、劳务品牌培训560人,开展扶贫职业技能培训713人、青年劳动者技能培训1832人。

【主要领导人】 区委书记:袁华兵;区人大常委会主任:杨天武;区长:陈多平;区政协主席:傅天贵;分管农业副区长:任贤明。

高坪区编写组

嘉 陵 区

【基本情况】 2017年,嘉陵区辖19乡21镇6个街道,辖区面积1177平方千米,其中耕地面积88.5万亩,比上年增长0.0009%,人均耕地面积1.7亩;基本农田66.1万亩。年末总人口68.73万人(户籍人口),减少0.82%;人口出生率10.42‰,人口自然增长率4.41‰。全区耕地有效灌面和保证灌面分别达到耕地总面积的44.16%和27.8%;本地水资源总量2.029亿立方米,人均占有水资源量293立方米。有林地面积31026.5公顷,活立木总蓄积量199.95万立方米,森林覆盖率30.14%。

2017年,全区GDP153.9亿元,增长8.8%,其中第一产业增加值36.55亿元,增长3.71%,农、林、牧、渔及农林牧渔服务业之比为43.8:5.7:46.8:2.7:1;第二产业增加值71.66亿元,增长10.4%(工业产值426.07亿元,增长18.21%);第三产业增加值46.5亿元,增长10.7%。三次产业对经济增长的贡献率分别为10.6%、53.3%和36.1%。乡(镇)中小企业增加值32.2亿元,增长7.5%;从业人员3308人。劳务输出23万人,收入55亿元。全年接待游客385万人次,增长22.4%;实现旅游收入33.5亿元,增长19.3%。

公路通车里程4058千米(其中乡村公路3743千米),密度3448米/平方千米,59千米/万人。社会消费品零售总额60.9亿元,增长12.2%。地方公共财政预算总收入完成7.8亿元,增长18.5%;公共财政预算总支出37亿元,增长6.9%,其中农业投入58092万元,占支出的2.1%。金融机构各项存款余额224.5亿元,比上年初增长29.2%;各项贷款余额143.6亿元,比年初增长27%,其中支持农业产业化发展项目贷款31480万元。全年农业保费收入0.285亿元,增长162%;处理各项赔款和给付金额0.28亿元,增长229%。完成农业产业化项目6个,完成投资12.7亿元。农业产业化龙头企业国家级、省级、市级、区级分别为1个、1个、30个、13个。

完成农业相关科技成果7项,2项科技成果获省级及以上科技进步奖。有艺术表演团体2个,文化馆1个,公共图书馆1个。全区共有卫生机构627个,病床位1315张,卫生技术人员628人。新型农村合作医疗参合人数54.23万人,参合率99.2%;农村社会养老保险参保人数258876人。

【年度农业和农村经济运行】 2017年,嘉陵区出台了扶持主导产业助力脱贫攻坚的相关政策。实现农业总产值61.56亿元,增长3.63%;农业增加值36.55亿元,增长3.71%;生猪、茶叶、柑橘、柠檬、伏季水果、粮油、蚕桑、蔬菜等特色优势农产品产量保持稳定增长。农民年人均可支配收入达10630元,增长10%。在粮食、生猪、蔬菜生产中,科技投入的占比为67%。全区农产品质量抽检合格率达100%,建成46个基层农业综合服务中心。

2017年嘉陵区主要农产品产量

主要农产品	单位	产量	同比(%)
粮食	万吨	33.11	0.32
稻谷	万吨	11.71	0.25
小麦	万吨	6.36	0.63
油菜籽	万吨	2.39	2.14
蔬菜	万吨	20.09	1.16
水果	万吨	4.9906	3.25
肉类	万吨	5.54	–3.32
猪肉	万吨	3.91	–4.63
禽蛋	万吨	1.203	–1.8
水产品	万吨	0.7	7.7
牛奶	万吨	0.0734	–0.81

农业产业化发展。全区新培育发展“宏态农业”“橙实美”投资超过500万元以上的农业产业化龙头企业2个;共引进和培育农业产业化龙头企业45个,其中国家级1个(四川天兆畜牧科技有限公司)、省级1个(南充市广丰农业科技有限公司)、市级30个、区级13个。全区龙头企业实现销售总收入49.13亿元,实现利润3.35亿元。培育发展农民专业合作社498个(新增182个),其中市级以上农民专业合作社58个(含国家级2个、省级18个);培育农业产业化联合体2个(南充现代人农业种植专业合作社联合社、南充市魅力金果合作社联合社);培育家庭农场314家,其中市级以上9家、省级6家。

农用地产权制度改革。全面完成农村集体建设用地(宅基地)使

用权确权登记相关工作，涉及农村宅基地18.36万处。全面完成农村房屋产权确权登记相关工作，涉及农村房屋18.2万处。集体林权确权颁证工作于2009年基本结束，其后逐步进行了完善。全面完成农村小型水利产权外业调绘任务，已提交工作成果。农村土地承包经营权涉及526个行政村、4930个村民小组、14.72万户农户，登记地块1663420块，其中承包地块1496339块；已登记确权耕地面积737510亩，其中二轮承包地面积686877亩，并通过省级检查验收。承包地确权汇交数据已提交农业厅审核。全年新增流转土地13.5万亩。

农产品品牌战略实施。全区已通过无公害产品整体认证，获得无公害产品认证企业5家、面积4000亩，认证无公害农产品21个；获得有机农产品认证企业6家、面积3000亩，认证有机农产品6个；新申报认证无公害农产品企业1家，绿色食品认证1家，有机农产品认证2家。

现代农业园区建设。全区以国家现代农业示范区（嘉陵片区）为带动，以创建现代农业千亿产业集群为目标，扎实推进“三百示范工程”万亩现代循环农业园区建设。成功签约吉安流域10万亩优质柑橘基地建设项目、曲水河流域10万亩优质柑橘基地建设项目、西河流域5万亩桑茶基地建设项目、绿地集团农旅项目、天兆畜禽养殖及加工项目、有机肥料厂项目等。2017年，嘉陵区国家现代农业示范区创建区域建设水平综合得分79.76分，比上年综合得分高1.62分。园区内柑橘、柠檬、蔬菜等主导产业面积超70000亩，建成了种猪核心场、标准化万头生猪养殖小区和标准化养殖场等系列生猪产业基地。

【种植业】 2017年，嘉陵区小春粮食播种面积558630亩、大春粮食播种面积1034295亩；蔬菜播种面积8.1万亩，增长1.1%；果树种植面积12.8万亩，增长26.7%。依托集体经济，用好到户产业发展资金，发展庭院经济18000余户。

【林业】 2017年，嘉陵区兑现退耕还林面积71187.7亩、资金889.85万元；兑现国家级和省级公益林38.73万亩、资金571.3万元。在龙泉、金宝等12个乡（镇）发展花椒5万亩，在盐溪、桥龙、白家、华兴等4个乡（镇）发展核桃1.5万亩。开展“规模绿化”行动，在嘉陵江沿线及西河沿线乡（镇）完成绿化3000亩，在龙泉、世阳、天星3个乡（镇）实施天保人工造林2000亩。发展花椒和核桃产业，绿化荒山、荒坡、荒地6.5万亩。开展以蜀柏毒蛾为主的森林病虫害防治5万亩，在花椒产业集中区开展以花椒锈病为主的病虫害防治0.5万亩。建立健全四川太和鹭鸟保护区功能体系，成立了太和鹭鸟保护区管理站。

【畜牧业】 2017年，嘉陵区生猪出栏63.5万头，肉牛出栏0.81万头，山羊出栏42万只，家禽出栏620万羽。强化动物卫生监督，关停不合格的乡（镇）小型屠宰场43家；检疫生猪11.672万余头，对2302头病害生猪全部进行无害化处理。检疫家禽23.698万余羽，检疫牛（羊）820余头（只），消毒车辆27505辆次。加大动物疫病防控力度，共购进猪O型口蹄疫疫苗100万毫升，猪瘟弱毒疫苗100万头份，高致病性猪蓝耳病弱毒疫苗100万头份。购进牛（羊）口蹄疫“O-亚Ⅰ”型疫苗20万毫升，牛（羊）口蹄疫三价苗16万毫升，小反刍兽疫疫苗5万只份。购进重组禽流感H5N1亚型灭活苗50万毫升，禽流感H5+H9二价苗30万毫升，禽流感H5+H7二价苗70万毫升，禽流感-新城疫二联活疫苗288万羽份，做到了畜禽“应免尽免”，全年无重大疫情发生。强化畜禽养殖污染整治，关闭禁养区养殖场（小区）、专业户140处，整治有污染隐患的养殖场（小区）、专业户310处。全区规模养殖场畜禽粪污综合利用率达73%。

【水产业】 2017年，嘉陵区实现渔业产量7000吨，增长7.7%，其中淡水捕捞171吨、淡水养殖6829吨，养殖面积820公顷，实现总产值10750万元。培育高产养殖示范基地5个、450亩，成立渔业专业合作社5个。完成了2015年基层水产技术推广体系改革与建设项目物化补助项目。

【统筹城乡与新型城镇化】 2017年，嘉陵区在大通镇推进国家“百镇建设试点示范镇”建设，科学编制城镇总体规划。建成场镇面积1.5平方千米，有常住人口8000余人。场镇有线电视综合覆盖率为100%，水、电、气100%配套，污水处理率达85%，垃圾集中处理率达90%。辖中小学3所、幼儿园3所、医院2所、敬老院1所，建成800平方米的镇综合服务办公楼。农业、交通、电力、计生、公安、银行、通信网络等公共服务部门齐全，成为周边龙蟠、集凤等8个乡（镇）的物质集散和商贸中心。大通镇被列为国家级重点镇。

【新村建设】 2017年，嘉陵区在大通镇赵子河库区、白家乡汤家沟村等地建成新村聚居点5个，配置农村廉租房178套。新建成村道公路43.4千米、便民路30.6千米、山坪塘23个、蓄水池10口、提灌站1个、水渠3000米、安全饮水工程14个、垃圾池5个，整治土地200亩，建设村级活动中心14个、村级卫生站5个。整合农村危房改造和其他涉农项目资金，引导农户筹资投劳，在48个贫困村统筹推进新村建设，新建农房359户，解决无房户、危房户、住房困难户708户住房困难问题，建成村级活动中心34个；完成“三建五改”5000户，其中改厨4230座、改造便民路360余千米、改厕4850间，农民群众特别是建卡贫困户的居住环境显著提升。按照“住上好房子、过上好日子、养成好习惯、形成好风气”的要求，在全区广泛开展“四好村”创建，已创建区级“四好村”80个、市级“四好村”42个、省级“四好村”4个。新建成幸福美丽新村48个。

【扶贫攻坚】 2017年，嘉陵区有59个村、13699人脱贫。动态后剩余贫困人口5810人，贫困发生率下降至1.02%。新建脱贫奔康产业园2.1万亩，贫困村脱贫奔康产业园面积达4万余亩，全区脱贫奔康产业园已达300余个，实现了贫困村村村都有脱贫奔康产业园。

【乡村旅游】 2017年，嘉陵区在凤垭街道办、石楼乡、一立镇、大通镇等乡（镇、街道）打造城郊旅游和乡村旅游。投资20000万元完成天乐谷龙王潭水库、孝字广场、七星广场、游客服务中心等基础设施和服务设施建设；投资20000万元完成嘉陵江综合保护开发（嘉陵段）黄金江岸项目部分工程；投入资金58万元完成一立镇三溪口村、塘湾村，新庙乡合兴嘴村，大通镇芝麻湾村的乡村旅游规划。加大对旅游扶贫重点村的旅游基础设施建设力度，提升旅游接待能力和接待条件，已完成一立镇塘湾村停车场、厕所建设和3.4千米河道整治、滨河樱花带及农耕文化展示区以及综合楼建设。引进绿地集团在大通镇芝麻湾村流转土地1600亩发展蔬菜和水果等旅游产业。完成新庙乡合兴嘴村停车场、厕所、农家乐及标识系统建设。启动打造三会镇“民俗文化小镇”项目。先后在相关村、镇组织开展了桃花节、果桑节、品果节、年猪文化节、蛴螬文化节及铁人三项运动会等节会活动，提高了嘉陵旅游的吸引力。

【农村水利】 2017年6月，文家沟水库工程全面竣工；8月，雷火观水库灌区配套渠道工程全面竣工。在40个乡（镇）、419个行政村实施农村饮水安全巩固提升工程，新建集中供水工程62处，新建分散供水工程2681处，整治集中供水工程79处，整治用水环境工程966处，巩固提升饮水安全人口5.47万人（其中贫困人口达1.69万人）。新建及整

治山坪塘50座、8千米,新建管道灌溉29.38千米,整治河道5.5千米;新增有效灌面1.06万亩,恢复灌面0.38万亩,改善灌面0.26万亩,新增节水灌面0.45万亩。

【农业机械化】 2017年,嘉陵区农业机械总动力达289570千瓦,其中大中型拖拉机361台5707千瓦、联合收割机167台8350千瓦;累计修复改造提水设施150台(套)2250千瓦;新建机电提灌站6座320千瓦。新建农机化生产道路和产业园区道路380千米,硬化机耕道300千米。有农机专业合作社22个,其中部、省级示范社5个、市级示范社2个。全区主要农作物机械化水平达43%,核心示范区主要农作物机械化水平达90%。完成农机购置补贴专项资金64.6万元,补贴各类农机具156台(套)。投入农机购置总资金292万元,农民自筹资金227万元,受益农户142户。

【农村科技】 2017年,嘉陵区在农业产业化龙头企业(农业合作社)建立科技扶贫产业示范基地5个,争取科技扶贫产业发展项目8个,带动贫困户户均增收800元以上。根据《四川省科学技术厅关于印发四川省科技扶贫专项行动实施方案的通知》,编制了《南充市嘉陵区科技扶贫专项实施方案》,出台了《关于加快推进科技扶贫的实施意见》。建立了尚好茶业专家大院、广丰蔬菜工程技术中心等多个科技扶贫服务机构,建立了"四川科技扶贫在线"嘉陵运管中心。举办"三下乡""科技之春"等大型科普宣传活动,发放各类科普宣传资料10000余份。全年培育新型职业农民558人。

【农村教育】 2017年,嘉陵区有农村各级各类学校73所(不含街道区域内学校),其中公办学校59所、民办学校14所;有学生24688名,占全区学生总数的47.38%;有教师3422名,占全区教师总数的75.79%。健全扶贫济困资助体系,全面落实学前"三儿"保教费减免、义务教育贫困寄宿生生活补助及地方济困助学、普通高中贫困学生免学费和享受助学金、中职贫困学生免学费和享受助学金、贫困大学新生享受路费和地方济困补助等各阶段贫困学生资助政策,全年共发放各类资助资金2785万元,资助学生达40246人次。继续实施农村义务教育学生营养改善计划和食堂大宗食品统一配送工作,63所学校、26810名学生安全享用营养餐,全年投入营养餐资金2004万元。投入资金3363万元对积善小学等25所农村义务教育薄弱学校进行改造,新(改、扩)建校舍面积26076平方米,新(改)建运动场6000平方米。投入资金2400万元对镇泰中学等37所农村学校进行达标建设。全区义务教育学校生均教学及辅助用房面积与生均运动场面积全部达到国家标准。投资514万元对龙蟠初中、吉安初中等9所农村学校学生宿舍进行改建,已全部竣工。在金秋助学活动中,争取各方资金42万元帮助73名贫困学生圆了大学梦。

【农村文化】 2017年,嘉陵区投入110万元,添置区图书馆馆藏图书;投入资金110万元,为贫困村农家书屋配送图书约6万册;投入资金255万元,为贫困村配备文化体育器材59套。开展了春节万人游园、迎新春广场演出、螃蟆节、"送文化下乡"、农民读书和免费赠书等活动,开展精准扶贫"送文化下乡"演出143场;按照"一村一月一场电影"目标,共放映公益电影6120场次。

【农村卫生】 2017年,嘉陵区开展卫生计生脱贫攻坚,区内住院实现医疗费用个人支付占比全面控制在10%以内,贫困人口区内就诊率达95%以上。贫困人口区内住院3.509万人次,发生总费用9556.15万元,报销金额9451.7万元,患者个人支付104.45万元。区外就医通过卫生扶贫救助基金和医药爱心救助基金共救助714人,支付救助资金277.04万元。落实"十免四补助"政策,共计支出597万元。纳入管理的慢(重)病患者3512人,报销门诊维持治疗药费154.81万元。开展针对0~14岁儿童的先心病和儿童残疾2项专项筛查,共筛查出先心病儿童56名,残疾儿童78名,对所有筛查出的残疾儿童予以跟踪管理和局部康复治疗。开展大型医疗巡回义诊活动,为全区贫困人口免费体检38120人。免费实施贫困户白内障复明手术40例。完成全区143个贫困村卫生站建设任务,配备了基本医疗药品和器械,配齐了合格村医。落实医改惠民政策,家庭医生签约服务实现区、乡、村贫困户和重点人群全覆盖,签约服务率达常住人口的50%以上,贫困人口签约服务率达100%,残疾人签约服务率达90%以上,公卫重点管理人群签约服务率达80%以上。全区建立健康档案59.39万份,其中电子档案58.63万份。完成对枯水期80个、丰水期82个水样防疫监测。兑现独生子女家庭计生奖励3万余户。

【农村法制建设】 2017年,嘉陵区认真落实"七五"普法规划和普法决议,深入开展法治宣传教育和法治实践活动。区委区政府出台了《南充市嘉陵区法治宣传教育第七个五年规划》、区人大常委会制定了《关于进一步加强法制宣传教育的决议》。大力推进"法律进乡村、进社区",运用法治辅导站、法制宣传窗、法律图书栏(角)等法制宣传阵地经常性开展法治宣传教育。派出10支法律服务小分队陆续开展"农民工维权""平安建设""法律进百村(万家)"等宣传活动160余场次,培养"法律明白人"800余人。全区所有村(社区)聘有法律顾问。开展"法治扶贫",推选15名优秀律师对接143个贫困村,对全区贫困对象予以"无门槛"法律援助;律师参与贫困村级重大事务依法决策40起,指导贫困村审查各类经济合同52份,审查村民民事合同147份,开展法制宣传184场次;区法院审结各类涉贫犯罪案件5件。

【农村交通】 2017年,嘉陵区改造县、乡道20千米,加宽产业扶贫重点线路90.7千米;安装工程波形护栏128.6千米,新建通村联网(产业)路450千米,启动建设农村公路桥梁5座;启动并建成曲水、集凤、李渡、河西乡(镇)客运站4个。

【涉农招商引资】 2017年,嘉陵区3000万元以上的农业招商引资重大项目2个,均为内资项目;项目总投资31亿元,增长40%。协议资金31亿元,增长40%。

【农村社会保障】 2017年,嘉陵区有农村低保对象41718人,人均补差标准150元,累计发放资金6842万元。继续扩大城乡困难群众医疗救助范围,将所有城乡低保户和特困供养人员纳入救助范围。全年共救助城乡住院患者19108人,累计发放医疗救助金2185万元;救助门诊患者1104人,累计发放医疗救助金51.8万元;慈善医疗救助2073人,发放救助金249万元。资助城乡困难群众32701人参合参保,资助资金245万元。下拨中央和省级冬春生活救助资金299万元,发放救灾物资24300件(床)。制定了《2017年嘉陵区民政局汛期防灾减灾应急预案》,投入资金90万元购置棉被6000床、棉大衣3000件等救灾物资。在全国儿童福利信息管理系统中享受人数为384人,集中供养孤儿达到每人每月1300元,分散供养达到每人每月810元;累计发放孤儿补助金347.8万元。为348名孤儿代缴参合金5.3万元,并统一购买爱心医疗保险和人身意外保险。对31名在校就读孤儿实施教育助学,共发放助学金6.6万元。按照《中共四川省委关于加强和改进党的群团工作实施意见》要求,嘉陵区妇联积极推动村(社区)"妇代会改建妇联"工作,完成了46个乡(镇、街道)593个村(社区)妇代会改建妇联工作。

【农村生态建设及环境保护】 2017年，嘉陵区开展砖瓦行业企业调查摸底及环境污染综合治理，关停砖厂33家，其中永久性关闭11家。在全区划定了秸秆禁燃区72个，区、乡、村、村民签订禁烧四级责任书。编制并出台《水污染防治行动计划嘉陵区工作方案》。推进重点小流域治理，完成曲水河、吉安河7个乡（镇）8处污水处理设施竣工验收监测；在16个乡（镇、街道）建成污水处理站22个，在18个乡（镇、街道）采取“PPP项目”方式建设污水处理站。出台了《关于进一步完善畜禽养殖禁限养区划定的实施意见》《嘉陵区2017年畜禽养殖污染专项整治工作方案》等文件，全部关闭禁养区畜禽养殖场140家，整改限养区、适养区养殖场310家。加快推进猫儿山医疗废物处置中心扩能建设和污泥无害化集中处置建设等工程。

【农产品质量安全监管】 2017年，嘉陵区建立村级协管员队伍，全区安排村级协管员293人。建立农产品质量安全服务站，建立由镇长任农产品质量安全服务站站长，农业服务中心主任、畜牧站站长任副站长，镇驻村干部和村主任、村级协管员为成员的安全责任体系。建立乡（镇）农产品质量安全检测中心站8个，配备农残检测设备，明确专人负责农产品质量安全监管工作。全区共抽检农产品828个，其中乡（镇）抽检755个，区农牧业局抽检73个；市农产品检测中心抽检6次，抽样39个，合格率100%；农业厅例行抽检2次，抽样36个，合格率100%。

【农村市场体系建设】 2017年，嘉陵区成功申报国家级电子商务进农村示范县项目并开始前期准备工作。全区电子商务交易额达4亿元，涉农电商交易额达1300万元。加快农村电商基础设施建设，宽带覆盖143个贫困村。在大通、一立等乡（镇）探索形成西南部丘陵地区农村电商扶贫新模式。在大通、李渡、金凤、龙蟠、世阳等中心乡（镇）建成第一批嘉陵电子商务农村乡（镇）服务站；新建乡（镇）惠农供销合作社5个、农村社区综合服务社45个；建成优质农产品专业合作社3个、农村电子商务服务网点20个；自建“中国农夫商城”线上交易平台及线下体验馆和龙蟠、龙岭等“中国农夫商城”电商服务站（点）45个。启动实施南充供销电子商务有限公司股份制改造项目。完善区、乡、村三级农业保险服务体系，建成乡（镇）服务站21个、村级服务点356个，全区基本形成管理有序、运作高效的农业保险服务体系。

【农村留守儿童（学生）帮扶】 2017年，嘉陵区争取“金秋助学金”1.5万元，帮助3名贫困大学生圆梦；开展“春蕾圆梦 巾帼助学”活动，救助贫困女高中生10名；开展“爱心妈妈”一对一帮扶活动，资助品学兼优的贫困学生20名。新建妇女儿童关爱中心2个，定期开展留守群体志愿服务活动，全年累计开展服务4500人次，直接受益儿童500余人，志愿者服务时数4600小时，开展各类主题活动33场、家庭教育讲座5次。火花街道任家桥社区妇女儿童关爱中心被评为“四川省示范妇女儿童之家”，文峰街道办观音堂社区妇女之家被评为“市级优秀妇女之家”。针对留守儿童开展交通安全、消费安全、儿童防拐骗、儿童防性侵等各类主题教育活动4场。对贫困家庭留守儿童进行“1对1”结对帮扶，结成帮扶对子88对，全区无一名适龄学生因贫困而辍学。

【劳务开发与返乡创业典型选介】 2017年，嘉陵区协助处理涉外劳务纠纷案件52件，为260名民工挽回经济损失320万元。配合劳动执法监察部门处理区内用工纠纷，接待民工上访360人，办结工资拖欠案件38件，为民工兑现工资422万元。制订并完善了《嘉陵区劳务品牌培训实施与管理方案》，培训高级工70人、中级工150人、初级工300人。全年劳务输出23万人，实现劳务收入55亿元。

苏明，世阳镇返乡创业企业家，早年外出务工后返乡创业，先后成立南充市金凤高粱红酒厂、嘉陵区凤垭山冬菜有限公司，带动村民和贫困户310户种植冬菜、高粱，推动地方特色产业持续发展，吸纳当地村民和贫困户200余人就近务工增收。金凤酒成为南充知名品牌产品。企业实现总产值6000万元、税费200万元。

【主要领导人】 区委书记：廖伦志；区人大常委会主任：戚辉；区长：史燚；区政协主席：白青云；分管农业副区长：申庆超。

嘉陵区编写组

阆 中 市

【基本情况】 2017年，阆中市辖46个乡（镇）4个街道，辖区面积1887平方千米。

2017年，全市GDP215.3亿元，增长8.6%。社会消费品零售总额101亿元，增长13.4%。一般公共预算收入在南充市首批扩权县中率先突破10亿元，达10.5亿元，增长11.3%。全社会固定资产投资252.2亿元，增长17%。全年接待国内外游客突破1000万人次，增长18%。阆中市入围“2017年度中国西部百强县（市）”。

【年度农业和农村经济运行】 2017年，阆中市农民年人均可支配收入达13420元，增长9.8%。阆中市获得“四川省食品安全示范县”“四川省农产品质量安全监管示范县”称号。

农业产业化发展。全市加快培育新型农业经营主体，新注册登记农民专业合作社87个、家庭农场123家、农业企业33家，新增土地流转面积1.5万亩，引进培育规模经营100亩以上业主283个。

现代农业园区建设。全市江东、江天、江北三大农业园区巩固提升，江西农业园区加快建设，“东柑、西椒、南果、北药”的现代农业格局初步形成。全市高度重视粮食安全，完成全市永久基本农田划定，粮油总产量稳定保持在40万吨以上；持续优化种养结构，实现农业总产值76亿元。千佛竹根姜获批为国家农产品地理标志产品。

【统筹城乡与新型城镇化】 2017年，阆中市全力做好新型城镇化综合试点，制定了14个区域性地方标准，建立了新型城镇化标准体系；坚持“落户零门槛”，保障农业转移人口农村基本权益，全年转移农业人口2.5万人，吸引外来人口创业就业1万余人，常住人口城镇化率达44.7%，提高2.8个百分点。深入推进老观建制镇示范试点、河溪和水观“百镇建设”试点、柏垭扩权强镇试点，集镇综合承载能力进一步增强。全市新型城镇化综合试点通过国家终期评估，以文化旅游驱动新型城镇化的经验做法在西部试点工作会上交流推广，阆中市被联合国人类住区规划署、国家发展改革委中国城市和小城镇改革发展中心授予“国际可持续发展试点城市”称号。以污染防治、资源监管、联动执法为特色的河湖管理体制改革在全国河湖管护体制机制创新工作会上作经验交流；争取农民工等人员返乡创业国家级试点。完成城市地下空间利用、环卫设施、专业市场等专项规划编制，城市形态、业态进一步优化。盘龙山嘉陵江大桥建成通车，新老城区联结更加紧密；老城凤翅大道、七里滨江南路、江南落下闳大道北段等骨干道路相继建成，朱家山片区、火车站片区、李家坝—杨家坝—凌家坝片区发展步伐加快。火车站前广场、89队新车站、王中王农贸市场等陆续建成，地下综合管廊加快建设，城市功能进一步完善。推行“1+1+1+X”城市管理新模式，扎实做好重点区域“两违”整治、秩序管控等工作，市容市貌更加规范有序。国家历史文化名城保护持续加强，推行立法保护和

渐进式更新等做法得到住房城乡建设部的充分肯定。

【扶贫攻坚】 2017年,阆中市聚焦"两不愁""三保障""四个好""一低五有",投入资金24.5亿元,新建脱贫奔康产业园56个、村(组)道路192千米,维修整治塘堰、蓄水池651座,解决18.4万人安全饮水问题,实施易地扶贫搬迁1715户,33个贫困村退出、6270名贫困人口实现脱贫。积极探索"园区+扶贫""旅游+扶贫""金融+扶贫"等模式,实施全国首单国家级贫困县精准扶贫资产证券化项目,得到国务院扶贫办和省脱贫攻坚领导小组通报表扬;商务部、财政部、国务院扶贫办将阆中市确定为"电子商务进农村综合示范县"。采取"双周报、双督查"、现场会诊、红黄牌问责等推进举措,精准脱贫工作顺利通过年度省级第三方考核评估和交叉验收。

【乡村旅游】 2017年,阆中市按照"一核三区两带"旅游发展布局,编制完成旅游发展总体规划、全域乡村旅游发展规划,形成古城、水城、赛城"三城同构"的态势,推出天林五龙民宿、枣碧杨家河漂流等乡村体验项目。明宇豪雅酒店正式营业,"智慧旅游"系统上线运行,"厕所革命"启动实施,旅游要素体系更加健全。大力发展游学旅游、休闲旅游,深入实施落地营销,不断拓展西北、西南和东南亚客源市场。实现全年旅游综合收入101.9亿元、国有景区门票收入6901.9万元,分别增长28.8%、15%。在旅游业带动下,新增商贸线上企业家、服务业企业23家,实现服务业增加值93.8亿元,增长10.3%。

【农村交通】 2017年,阆中市凉水至河溪、博树至东兴、文成至云台等52千米省、县、乡道路建成通车,河溪构溪河、天宫西河塘渡改桥项目全面完工,农村路网进一步完善。五马水库主体工程基本完工,木兰集中供水站完成建设,千佛、二龙集中供水站相继启动,村镇供水一体化加快推进。实施农村C、D级危房改造6236套。完成第十届村(居)委换届选举。全年创建省级"四好村"10个,河楼乡白虎村、千佛镇小保宁村等7个村分别入选国家级、省级传统村落。

【农村生态建设及环境保护】 2017年,阆中市集中关闭禁养区畜禽养殖场273家,立案查处环境违法案件70件,五马垃圾填埋场、二道沟养殖污染、铁塔花园污水直排、医疗"三废"处置等环境问题得到有效治理。主要河流(水库)全覆盖落实河长制,嘉陵江、东河水质进一步优化,西河、构溪河水质总体保持Ⅲ类水平,乡(镇)集中式饮用水水源地水质优良比例大幅度提升。大规模绿化阆中行动深入推进,新增绿化面积8000亩,全市森林覆盖率达40.4%。

【农村社会保障】 2017年,阆中市财政投入民生和社会发展资金33亿元,占财政支出比重的79.1%。完成老旧小区改造31个、棚户区改造709户。新增城镇就业、失业人员再就业1.1万人,城镇登记失业率控制在3.75%以内。各类社会保险参保人数达126.3万人次,为11.2万名城乡低保对象发放低保金2.54亿元;推进"两保合一",发放医保资金5.7亿元。全年新增养老床位500张,3.2万名困难家庭失能老人和80周岁以上老人纳入居家养老服务。失独家庭丧葬费、保险费纳入财政预算;出台了残疾人免费乘坐公交政策,11531名重度残疾人享受到护理、养保、医保补贴。儿童福利院主体完工。

【防汛减灾】 2017年,阆中市对176处山洪危险区、339处地质灾害隐患点进行了密集排查、监控,开展大型演练5次。实施避让搬迁36户、地质灾害工程治理和应急排危8处,南津关、五马、枣碧、天林等危岩整治项目全面完工。累计发放300余万元的救灾物资,受灾群众生活得到有效保障。修订完善应急工作预案,应急指挥、调度、救援、物资保障等机制进一步健全。

【强化社会治安综合治理】 2017年,阆中市投入6200万元,实施"天网""雪亮"工程,刑事发案率下降20.7%。强化安全生产监管,组建5个片区监察执法中队,全面充实专职协警等农村道路交通管理力量,出台河道漂流安全管理办法,全年事故总量、死亡人数和直接经济损失分别下降22.2%、28.5%、28.4%。深入开展信访稳定大排查、大化解、大稳控、大督查"四大行动",办结群众信访诉求2600余件。

【重点项目建设】 2017年,阆中市实施重点项目104个,古城水环境综合治理作为南充市唯一的财政部PPP示范项目启动实施。坚持挂帅出征、挂图作战、挂责问效,竣工投产项目30个,新开工项目41个,带动实现到位国家、省资金53.7亿元,清欠土地出让金4.43亿元。实施全域城乡建设用地增减挂钩试点项目,争取挂钩周转指标3014亩,新增年度用地指标1406亩。

【招商引资】 2017年,阆中市新签约重大项目29个,协议总投资651.1亿元,到位省外资金76.7亿元,增长16%,阆中水城、宜华国际康养城、古城旅游整合上市等4个"百亿级"项目成功落户。

【主要领导人】 市委书记:张斌;市人大常委会主任:费国宏;市长:杨德宇;市政协主席:陈绍荣;分管农业副市长:刘勇。

阆中市编写组

南 部 县

【基本情况】 2017年,南部县辖71个乡(镇)2个街道,辖区面积2229平方千米。

【乡村旅游】 2017年,南部县接待游客603.2万人次,实现旅游收入53.1亿元,分别增长23.8%和30.3%。

重点项目建设。升钟湖旅游度假区项目完成了旅游总体规划及重点区域性详规编制,建成全长29.9千米的定水至升钟湖旅游公路路基主体工程,预计2018年6月将全线贯通,景区"智慧旅游"平台实现了省市电子政务互联互通。景区整改提升项目完成了游客中心、生态停车场、旅游厕所修缮改造,购置景区管理车辆2辆,新设计安装标识标牌450块,景区多功能服务站、水上景观长廊、美人鱼码头等配套设施建设全部完工,库区乡镇的污水处理厂设备安装及管网铺设工作全面建成,并通过省旅标委复核验收。满福坝文化旅游产业园项目完成征地3200亩,拆迁30万平方米,安置人口4200余人;嘉陵江防洪堤、安置还房一期、思源实验学校、火峰山隧道、制水厂、康养中心等项目完工并投入使用,嘉陵江三桥、滨河生态景观带、城市干道配套及管网、琴台河治理、安置还房二期等工程前期工作有序推进。八尔湖精品旅游景区项目已建成八尔湖游客服务中心、八尔湖酒店、音乐喷泉、多媒体展示厅、游客码头,新建旅游厕所2座,新建环湖路21.5千米、雨水管网6千米,骑游道改造1.5万平方米,新安装景区导览图、景点介绍牌等标牌120余块,新培育特色农家乐45家,完成打造梦幻水舞、纯阳洞景、仿古小镇、花谷园区等小品景观。为彻底解决景区旅游交通瓶颈制约问题,全力推进八尔湖高速互通立交、青龙嘴大桥等项目建设,预计2018年年底将全部竣工。

标准化建设。全县完成全省乡村旅游品牌申报4个,其中特色乡镇1个(大堰乡)、特色村寨2个(西河乡高峰村、碑院镇大佛村)、特色业态1个(德意千禧)。新建旅游厕所3座(八尔湖、三清乡绕片村、中心乡漏米岩村),改建旅游厕所2座(升钟湖、滨江路);通过金都大酒店、常青大酒店年度星级复核。南部县被省旅游发展委授予"省级旅

游扶贫示范区”称号。

行业管理。加大行业监管力度,规范市场经营行为。全年共开展旅游市场及安全检查12次,安全应急演练2次,查出安全隐患8处,整改7处,打围1处;受理游客投诉案件4起,满意度达100%;发布旅游微信47期,微博194条;累计开展安全知识、服务礼仪、乡村旅游等知识培训5期,参训人数达721人次。

宣传营销。全县先后举办“农商银行”杯2017—2018年度升钟湖钓鱼精英赛分站赛、南部县大力寨村“牛王节”、南部县第二届微电影节、2017南部县乡村旅游文化节、南部县保城乡油菜花节、升钟镇第二届四川丘陵风筝节、碧龙乡第三届桑椹采摘节、四川省第八届乡村文化旅游节(夏季)分会场暨“亲水南部·魅力莲乡”2017南部县第六届莲花节、第九届中国升钟湖钓鱼大奖赛等活动。同时,为扩大社会知名度,投资270余万元在中央电视台5套、四海钓鱼频道、百度网站等新闻媒体机构播放南部旅游资源宣传片,在成南高速、南广高速、国道212线和县城主要交通要道等处投放大型户外广告牌,多形式、全方位展示南部县资源,南部旅游知名度进一步提升。

【主要领导人】 县委书记:张根生;县人大常委会主任:胡修云;县政协主席:时春英;分管农业副县长:杜彬。

南部县编写组

西充县

【基本情况】 2017年,西充县辖44个乡(镇),辖区面积1108平方千米。

【年度农业和农村经济运行】 2017年,西充县编制16个项目对外招商。争取到位国家、省专项投资项目27个,到位资金2.8763亿元。积极构建“政、银、担、保、投”五位一体融资模式,全年放贷38笔、1.4亿元。新培育各类新型农业经营主体237家。

农用地产权制度改革。全县持续开展“确权颁证”扫尾工作,颁发各类权属证书38万余本;收集发布农村各类产权流转交易信息912条,组织交易223起,交易额达1.3亿元。新成立农村土地股份合作社244个,新增规模流转土地承包经营权2.8万亩。

农产品品牌战略实施。全年新建有机食品基地1万亩,新认证0.5万亩,全县有机农业基地达17.3万亩,其中73个基地、100个品种通过有机认证,认证面积11.3万亩。国际有机农业运动联盟第二届亚洲大会召开,会上发布了“好充食”区域公用品牌。注册涉农商标186个(其中省级著名商标3个),培育特色农产品25个、地理标志产品4个。创办西充县有机农产品旗舰店15家、高档社区配送中心200个。

现代农业园区建设。龙滩河流域现代农业园区融合发展项目,完成晚熟柑橘标准化产业基地清园去杂、土地整治、开厢起垄、打窝施肥2.4万亩,柑橘栽植面积1.5万亩,地布覆盖面积1.4万亩;完成马拉松环线25千米道路路基工程;完成仁和玉台山、双凤元宝山2个节点打造;完成31个村田间基础设施建设工程量的20%,截至2017年年底,已完成投资1.8亿元。西充县农产品加工产业园项目,完成首期429.26亩土地征收,并按补偿方案结算到社;签订10000.56平方米的房屋拆迁协议,并按房屋的补偿标准赔偿到户;完成项目区内电力线路及电信、移动、联通、长线等8家通信公司线路迁改;A、B段道路的建设和A、B段场平工程量完成50%。罐垭现代农业柑橘产业园区建设项目,完成所涉及金鱼桥、川井坝、杨山岭、文昌岭、何家岩5个村3150亩田间勘测、规划设计。青龙湖3000亩高标准柑橘园区建设项目,完成1000亩清园去杂、开厢起垄、打窝施肥等土地整理工作,完成500亩高标准柑橘示范园产业填充,启动了田间基础设施建设。精品环线及桃博园建设项目,完成14个村精品环线的产业填充、地布覆盖和产业道路、进户道路、田埂铺板及蓄水池等项目建设。桃博园建设进度扎实推进,大门主体工程上升至第二层,初步完成广场假山造型4个、文化柱打桩4个;桃花潭水景舞台造型及周围地面硬化、桃文化雕塑观光台基础及地面工程、桃博馆主题、浮雕墙全面完工;桃花迷宫造型及墙体贴砖完成60%,观光亭浇筑第二层,广场和停车场的地下排水管网全部安装完成;观光车道和自行车道完成砂夹石路面铺建,路沿石浇筑完成50%;荷田田埂完成砌筑工程,边坡修整完成50%,荷田土方调平完成70%;附属工程排水管道安装完成400米。

【种植业】 2017年,西充县小春粮油作物播种面积46.75万亩,增加1.12万亩;粮油总产量12.23万吨,增加0.5万吨,增长4.2%。大春粮食作物播种面积72.75万亩,产量29.26万吨,增加1.15万吨。完成青龙湖柑橘园区500亩、龙滩河流域柑橘园区1.5万亩的土地整治、开厢起垄、打窝施肥、苗木栽植和LS地布覆盖。在古楼、李桥2个乡(镇)14个村实施充国香桃精品环线产业提升工程,农业产业提升面积1万亩,其中新建桃园3600亩,提升幼年果园2600亩,提升成年果园2700亩,水田调型、备耕1100亩。套种绿豆、辣椒、大豆、花生等作物面积2.5万亩。在中岭、义兴、青狮、观凤、太平、岱林等乡(镇)繁育优质二荆条辣椒苗面积200亩,培育壮苗6000万株。引导二荆条传统种植基地扩种,面积达1.2万亩;在太平、古楼、凤鸣等乡(镇)新建柑橘、香桃基地,利用空行套种二荆条辣椒0.8万亩,带动全县种植面积6万亩左右。在义兴、太平、青狮、鸣龙等乡(镇)新建中药材种植基地1000亩。

【林业】 2017年,西充县共计植树造林24800株,栽植面积1000余亩。栽植各类花卉苗木80000万余株;以新农村综合体建设为重点开展绿化美化,栽植绿化苗木1200株,种植草坪8000平方米;依托工程建设大力植树造林,全年荒山造林2000亩,公益造林2000亩;森林抚育10000亩,全面完成年初目标任务。已办理并颁发经济林木(果)权证75本,办证面积33069.9亩。办理抵押贷款11笔,抵押面积11871.6亩,发放贷款6000万元,全年新增发展青花椒14000亩、油牡丹2000亩、雷竹3000亩,超额完成年度目标任务。全县森林面积达55.2万亩,活立木蓄积量达238万立方米,森林覆盖率达45.3%。

【畜牧业】 2017年,西充县积极推进无公害畜产品,开展无公害猪肉产品认证和已认证无公害猪肉、鸡肉产品的复查换证;创建部、省级畜禽标准化示范场各1个。全年存栏小家禽975.65万羽只,出栏202.43万羽;存栏生猪52.26万头,出栏32.57万头;存栏肉牛18884头,出栏3476头;存栏肉兔55.5万只,出栏42.91万只。

【蚕业】 2017年,西充县发种6.72万张,产茧292万千克,实现全产业链综合收入3亿元。全县嫁接改良成片桑园桑树5000亩,在鸣龙、复安、仙林、义兴等乡(镇)整合建设成片桑园,规范建设叶(果)桑园6000余亩。全县重点推广“嘉陵20号”“白皮油桑”等优良桑品种,改良率达90%以上,引进“台湾大十”“中华一号”等优良果桑品种630亩,100%推广“8字号”“川山×蜀水”等优良蚕品种饲养。全县巩固发展拥有桑园10~30亩、年养蚕20~60张的养殖大户30户、家庭农场17家;全年培育蚕业合作社3个。在宝马河流域,新建高效蚕桑基地5000亩,以中南为核心建设有机僵蚕基地,建成标准化桑园2000亩、蚕房3000平方米、小蚕共育室150平方米、省力化蚕台9500平方

米。义兴友林蚕业合作社推行“公司+合作社+众筹+电商”合作模式，突出蚕桑主业，建成2100亩标准化草本桑园，供5000亩桑地用苗的果桑育苗基地。在扶君核心示范区建成1500亩标准化有机果桑基地，配套建设深加工厂房3000平方米，园区硬化道路600米，建成以桑叶为原料的草食动物养殖场600平方米和集蚕桑文化体验中心、游客接待中心及特色多功能餐厅为一体的综合体2700平方米。

【新村建设】 2017年，西充县围绕全年建设完成65个新村聚居点的年度目标，李子湾、家和兴等12个新村聚居点加快建设，龙滩河、古大线32个村旧村改造工作基本完成，45个扶贫新村建设全面启动。全县新建民居872套，改造农村危房3573套，实施“五改三建”5322户，发展庭院经济1.6万户。

【农村扶贫和移民工作】 2017年，西充县编制完成45个贫困村退出计划、24个行业扶贫专项实施方案，制订脱贫攻坚实施方案等任务文件22个。开展大规模建档立卡贫困人口动态调整3次，清退“六有人员”5237人，新增贫困人口4780人，锁定全县建档立卡贫困人口22622户49808人。村(社)路、产业路建设有序实施，加快实施农田水利、安全饮水等工程，新建和整治188处，新建安全饮水182处，1325户易地扶贫搬迁项目基本完成，4150户贫困户危房改造项目全面启动。全年共计发放扶贫小额信贷566笔，发放金额1766万元；卫生扶贫救助基金发放45.6万元，救助618人；全面实施金秋助学、特困师生扶贫救助，累计发放助学基金78万元、资助建档立卡贫困学生1029人次，实现贫困户医保全覆盖。在青龙、双洛、青狮、金源等6个乡(镇)13个村新建村道公路12.545千米；在仁和、义兴等4个乡(镇)8个村新建蓄水池14口，整治山坪塘3口；在李桥、金源、双洛等9个乡(镇)20个移民村发展充国香桃、柑橘、核桃、辣椒、花椒等优质产业2500亩。升钟二期工程征地、移民拆迁有序推进。完成武都引水篷船灌区(扩灌区)的移民征地前期勘测工作。

【乡村旅游】 2017年，西充县接待游客407万人次，实现旅游综合收入36.1亿元，分别增长25.2%、22.3%。全年争取各类专项资金638.6万元，招引四川宁峰生态农业开发有限公司投资18亿元，打造华光花溪里景区，超年度目标任务的50%。加快推进旅游“厕所革命”，完成投资约550万元，建成星级厕所11座。打造双洛乡老家湾乡村旅游扶贫重点村，建成800亩荷田，修缮了邱家大院，改造精品农家乐2家，美化了该村至万年山的景观道路，通过举办西充县第一届荷花节，带动当地群众人均增收500元；完成晋城镇白鹤观—袁公桥乡村旅游扶贫规划；启动龙宝宫—八角楼—佛归寺3村连片旅游扶贫总体规划；创建青禾庄园精品特色业态经营点、中国有机生活公园有机之旅联盟特色业态经营点。张澜故居投资近200万元，接入全省旅游景区应急大平台，安装40平方米LED电子显示屏，全景区实现语音导览系统、自动化消防系统和智能化安防系统。双龙桥景区、凤凰谷景区创建为2A级景区。举办以“有机西充·花满人间”为主题的第五届桃花节、南充市第九届乡村文化旅游节、西充县第五届品果节、双龙桥第二届玫瑰花节、双洛乡西充县首届荷花节等系列活动。

【农村水利】 2017年，西充县九龙潭水库枢纽工程进行了下闸蓄水调试，最高蓄水位达396.5米，蓄水量约1000万立方米，运行正常。海贝水库已完成实物调查、移民征地前期准备和初步设计工作，力争到2018年1月大坝枢纽工程开工建设。高院水库已进入国家、省计划；“引嘉入西”项目开展前期工作。在全县44个乡(镇)569个村(其中重点贫困村45个)新建农村安全饮水工程175处，整治改造345处，管网延伸185处，安装抽水泵150余台，解决2.2万人饮水安全问题，其中建档立卡贫困人口1.2859万人。全面完成2017年水利发展资金项目小型农田水利工程渠道工程4.857千米、管道工程0.793千米、蓄水池工程32口、山坪塘工程20口、石河堰工程7座、提灌站工程12座、管灌工程3000亩的主要建设任务；全面完成2017年水利发展资金项目高效节水灌溉工程务微喷灌1100亩、管灌工程2900亩的主要建设任务。

【农村教育】 2017年，西充县争取“全面改薄”、农村初中改造工程、义务教育标准化建设等项目到位资金17292万元，完成“全面改薄”项目15个、义务教育学校标准化建设项目2个，东风路幼儿园完成主体工程，青龙乡小学迁建工作有序推进，城南学校启动规划选址。完成国家普惠性资助学生13235人、1715万元，办理生源地助学贷款1980人次、1600万元，地方财政资助特困师生638人、100万元，县级教育扶贫救助基金救助建档立卡家庭学生800人、100万元。

【农村文化】 2017年，西充县青龙湖国家湿地公园仿古戏楼建设、古(楼)大(堰)路文化提升工程竣工。双洛莲花节、古楼品果节以及精准脱贫检查专场文艺演出获得好评。严家大院、乐和寺、贺圣寺、蒲氏祠升格为省级文物保护单位。四川省第二届农民艺术节在西充县举办专场演出。

【农村卫生】 2017年，西充县全面完成义和、莲池2所乡(镇)卫生院建设，启动城北新区社区卫生服务中心和高院镇、同德乡、祥龙乡、岱林乡4所乡(镇)卫生院建设，第一批157个村卫生室即将全面建成，积极推进第二批158个村卫生室建设。巡回医疗和义诊活动已覆盖全年30个新定脱贫村、15个巩固脱贫村，接受现场咨询、免费义诊人数达2.7万人次。完成全县城乡生活饮用水卫生监测及各种水质检测样品228件。

【农村法制建设】 2017年，西充县“七五”普法全面启动，“法律七进”深入推进。积极申报凤鸣镇双龙桥村为“法律进乡村”省级示范点，对各乡(镇)司法所进行了人员调配，充实6个中心司法所力量。

【农村交通】 2017年，西充县九龙潭环湖公路已完成投资1300余万元。乡村马拉松公路路基工程已基本完工，仁和至猴儿垭公路完成路基填筑工程，完成投资1750万元。古楼至大堰公路(含香桃园区)主体工程完工，完成投资5300万元。2016年农村公路续建项目完成路面基层施工，完成投资3100万元。完成国道212线、西射路、双车路等路面挖补约3330平方米；占山路完成路面修复约1800平方米，射蓬路太平至大全段完成路面修复约730平方米；按县政府安排对张澜故居景区路路面进行“白改黑”升级改造约5500平方米，新增水泥砼路缘石2600米。绿化平台和土路肩打草349406平方米，清理边沟86000延米。安置道路养护牌48块，共计清除水毁路段15处，涉及县道3条、乡道7条，实施老莲池路路面及挡土墙恢复工程。

【农村社会保障】 2017年，西充县在44个乡(镇)28个社区97个贫困村及县工业集中区均建立人社服务工作平台，每个乡(镇)均配备2~6名专(兼)职工作人员，贫困村配备兼职工作人员。37个乡(镇)70个贫困村开发公益性岗位，安置378名贫困劳动力就业；在25个乡(镇)举办扶贫就业创业培训班25期，培训贫困劳动力1157人。城乡居民基本医疗保险参保率达100%，参保居民住院医疗费用政策范围内报销比例达75%；加大医疗保险扶贫，代缴建档立卡贫困人口基本医保个人缴费25286名。城乡居民养老保险参保人数达22.84万人，平均缴费水平430元。全年受理投诉举报案件120余件，向司法机关移送恶意欠薪犯罪案件40起，妥善处理劳资纠纷突发事件15起，为农民工

追讨工资3760余万元，涉及劳动者1800余人。

【农村生态建设及环境保护】 2017年，西充县关停禁养区养殖场65家，336家畜禽养殖场整改全面达标。建成生活污水处理设施28座，生活污水日处理能力达3.8万吨，配套污水管网390.5千米。拟将青龙湖国家湿地公园和李桥河鲫鱼国家级水产种质资源保护区纳入生态保护红线。设立晋城、多扶、义兴、双凤、槐树、太平6个中心场镇环境监管所，以向社会购买服务方式临聘环保专员26人，44个乡（镇）均按要求成立环境保护办公室并明确分管领导和专（兼）职工作人员，621个村（社区）明确人员落实环境网格化。

【主要领导人】 县委书记：孙骏；县人大常委会主任：张伟；县长：张光全；县政协主席：付杰修；分管农业副县长：何德清。

西充县编写组

仪陇县

【基本情况】 2017年，仪陇县辖57个乡（镇），辖区面积1791平方千米。

【年度农业和农村经济运行】 2017年，仪陇县完成22所农村薄弱学校改（扩）建工作，其中占地402亩、容纳学生6500人的仪陇中学新政分校启动建设。深入推进医药卫生体制改革，加强城乡居民医疗保险服务管理，改（扩）建乡（镇）卫生院25所。全年发放养老金、低保、优抚、残疾补贴等各类保障资金14.1亿元；完成老年养护中心主体工程、4所农村敬老院和16个日间照料中心建设。

农业产业化发展。2017年，仪陇县按照“夯基础、强配套、优布局”的思路，依托农业综合开发、土地增减挂钩等项目，建成田土成型、设施配套的高标准农田5.6万亩，规模化、集约化、机械化生产水平不断提升。围绕“3351”产业布局，规模流转土地3.5万亩，累计达32万亩；发展果蔬、中药材、有机蚕桑等特色产业基地6.9万亩，创建“三品一标”农产品4个，海升万亩现代柑橘产业园带动发展柑橘产业5万亩；温氏福临仔猪繁育场带动全县生猪产业转型升级；实施中味食品订单种植发展加工型蔬菜2万亩。

【统筹城乡与新型城镇化】 2017年，仪陇县突出以人为本、生态自然理念，高水平编制宜居县城、海绵城市等专项规划和河西中部组团修建性详规，推进国土、交通、水利等“多规合一”。加快“东扩、西进、北拓”步伐，新（续）建嘉陵大道、河东滨江大道北段等11条共计16.2千米城市道路，河东片区城市骨架全面成型，度门组团道路体系日趋完善，县城建成区面积拓展至15平方千米。规范城市管理，提升城市品位，实施棚户区改造45.6万平方米，建成西阳坝、磨子坝安置区4.5万平方米，提升城市绿地景观26.5万平方米，完成“一区、二桥、三节点、四街道”亮化工程。

基础设施建设更加完善。全县坚持交通先行，国道245线仪陇段改（扩）建完成路基工程的85%，龙岗河大桥、琳琅山隧道等控制性工程基本完工；土门至五福公路进入路面底基层施工；实施县、乡公路大中修8条、64.5千米；硬化场镇道路42千米。加强水利建设，七一水库工程大坝浇筑完成50%，山坪塘、蓄水池等小微水利建设统筹推进；持续推进城乡一体化供水工程建设，油房沟水厂、县城供水（二期）建成通水，延伸供水管网24条、326千米，惠及54个场镇、210个村53万名城乡居民，有力保障城乡安全饮水。加快信息基础设施建设，新（改）建通信4G基站270座，实现宽带网络村村全覆盖。建成幸福美丽新村130个，创建省级“四好村”20个、市级“四好村”95个、县级“四好村”191个。

【扶贫攻坚】 2017年，仪陇县委县政府主要领导严格落实“双组长”负责制，先后5次召开千人以上高规格会议；32名县级领导、1.15万名党政机关、企（事）业单位干部职工与3.15万户贫困户结成帮扶对子；376名“第一书记”、288名农业科技人员当好村里“明白人”；5000余名镇、村干部入驻在村（社）。

紧盯国家、省验收标准，多渠道筹措资金20.39亿元，精准投向住房、交通、水利、电力、产业等关键领域，推进户脱贫、村退出、乡达标项目建设。充分发挥四项基金撬动作用，依托海升、中味等龙头企业建成柑橘、蔬菜等脱贫奔康产业园185个；通过医保报销、医疗救助等“五道防线”确保群众不因病致贫；建立“控辍保学”机制，实现义务教育阶段无一例因贫辍学；全面落实低保、残疾、特困供养对象等惠民政策，贫困群众获得感、幸福感大幅提升。注重贫困村与非贫困村统筹发展，分步推进非贫困村道路体系、小微水利、村级活动阵地、农网改造等项目建设。建立“432”问题解决机制，梳理各类问题2万余个，县上研究形成条款式处理意见2088条，限期整改，逐一销号。

通过到村到户项目的实施，改善1.87万户家庭住房安全问题，建成通村水泥路510千米，解决1.1万户家庭安全饮水问题，完成202个村农网升级改造，并通过省、市考核和第三方评估验收。全年实现130个贫困村退出、2.9万名贫困人口脱贫，贫困人口从2014年的10.1万人减少到7761人，贫困发生率从10.7%下降至0.82%，金融扶贫、产业扶贫等8个省、市现场会在仪陇县召开，易地扶贫搬迁、涉农资金整合、“四好村”创建等21条做法在全省交流。

【乡村旅游】 2017年，仪陇县坚持红色旅游、乡村旅游融合发展，扎实推进朱德故里国家5A级景区提升工作，建成新政镇安溪潮3A级乡村旅游景区。全年接待游客575万人次，实现旅游综合收入45.1亿元。

【农村生态建设及环境保护】 2017年，仪陇县深入实施“蓝天、碧水、净土”行动，全面推行河长制，建立县、乡、村三级河长体系，完成“一河一策”管理保护方案编制，实施河道水葫芦及漂浮物打捞，积极开展饮用水水源地保护、河流水质监测，县内主要河流水质持续好转。加大封山育林管护力度，新增造林3.6万亩，森林覆盖率达37.5%。坚守耕地红线，完成永久基本农田划定、农用地土壤污染调查，推广高效、低毒、低残留农药使用，实行生活垃圾集中外运焚烧发电处理，规范医疗、汽修废弃物处置。扎实开展中央、省环保督察反馈问题整改，落实县级部门和乡（镇）“两个主体”责任，按照“五个第一时间”“五条办理标准”“三个坚决防止”要求，关停环保不达标养殖场65家、屠宰场52家，整改和关停砖厂58个；落实建筑工地“一硬四有”，全面办结60件中央、省环保督察交办案件，顺利通过中央、省环保督察。

【主要领导人】 县委书记：陈科；县人大常委会主任：郑元勤；县长：郭宗海；县政协主席：李俊；分管农业副县长：陈智。

仪陇县编写组

营山县

【基本情况】 2017年，营山县辖53个乡（镇）1个街道645个行政村39个社区，辖区面积1635平方千米，有人口91.2万人（户籍人口），是全国粮食生产先进县、全国商品粮基地县、优质生猪战略保障基地县、全

国生猪调出大县、全国珍稀树种示范县和省级农产品质量安全监管示范县。

2017年,全县GDP173.5亿元,增长9.1%。农业增加值达40.7亿元,增长3.9%。地方一般公共预算收入6.83亿元,增长23.7%。全社会固定资产投资128.5亿元,增长18.5%。社会消费品零售总额89亿元,增长13%。

【年度农业和农村经济运行】 2017年,营山县农村常住居民年人均可支配收入达12288元,增长9.8%;城乡居民收入比为1.8:1。

农业产业化发展。一是龙头带动建基地。引进新绿色药业集团、在朗池、丰产、回龙、增产等乡(镇)发展川芎、佛手、泽泻、黄精等中药材核心基地1.5万亩,引进温氏集团在增产、小桥、西桥、消水等乡(镇)建设生猪循环产业示范园1万亩,引进晋宏农业有限公司在朗池镇连片发展红芯王柚0.3万亩,引进四川龙胜藕业公司在城南、星火、西桥等乡(镇)发展莲藕1.2万亩。全县共建成优质粮油产业基地25万亩、中药材基地5万亩、特色果业基地11万亩、林业产业基地36万亩、蚕桑产业基地3万亩、以黑山羊为主的草饲牲畜产业环线50千米。新增市级以上龙头企业3家,发展家庭农场和业主大户476个、农民专业合作社748个,新增农民职业经理人12人、新型职业农民280人。二是完善配套搞加工。围绕农产品精深加工,着力完善产业链条,落实招商引资优惠政策,在营山国际工业港建成农产品精深加工园和冷链物流产业园,引进农产品加工企业和冷链物流企业31家。三是家庭农场快速发展。积极培育家庭农场。全县共登记注册家庭农场481个,其中种植业类41个、畜牧业类375个、林业类38个、水产业类27个。开展示范家庭农场创建活动。积极开展示范性家庭农场创建活动,着力培育一批家庭农场示范典型,引领带动家庭农场健康发展。2017年,全县新增省级示范家庭农场2家、市级示范家庭农场4家。四是农民合作社规划发展。积极培育发展合作社。全县已登记注册农民合作社780个,其中农业类194个、林业类140个、畜牧业类342个、渔业类68个、服务业类30个、蚕桑类5个、手工类1个。全县新增省级示范农民专业合作社2个、市级示范农民专业合作社4个。遴选发展态势优良、带动能力强的4个农民专业合作社作为2017年中央财政农业生产发展项目实施单位,全县2017年中央财政农业生产发展项目有序推进。

农用地产权制度改革。全县完成土地确权乡(镇)53个,占任务数的100%;完成土地确权村651个,占任务数的99.4%;完成土地确权社5633个,占任务数的96.3%;登记农户21.9万户,登记承包人口60.3万人,登记地块214.3万块。已完成全县农村土地承包经营权确权登记颁证工作总量的75%。完成231959处农房外业调绘、软件系统和监理单位招标,即将启动农村房屋不动产登记证书颁证;完成农村集体资产清理工作,着力研究资产量化;完成5600处小型水利工程的外业调绘;集体林权制度改革已通过国家验收,纠错完善工作有序推进;完成县级农村产权交易中心建设,乡(镇)农村产权交易站加快建设。

农产品品牌战略实施。完善农产品品牌创建政策措施,营山黑山羊获得国家地理活体证明标志,田园之恋血橙、山润蓬山核桃、思依红油、通宝牛肉、润丰蔬菜获得"省、市品牌"称号。全县有农业"三品"认证产品总数41个(其中无公害农产品20个、绿色食品2个、有机农产品19个),种植业"三品"认证产品总产量达41896.2吨;新申报"三品"认证产品4个,新增"三品"认证产品产量1400吨。

现代农业产业园区建设。全县按照"产旅结合、农旅配合、文旅融合"的思路,投资3亿元在朗池、丰产、回龙、增产等乡(镇)连片建设现代农业产业融合示范园区,建设以晚熟柑橘、道地中药材、环保生猪为重点的现代种植业、现代畜牧业产业园区,建设以休闲度假、观光旅游、农业科普、农业体验、农耕文化创意为重点的产业基地景区。果品、生猪、道地中药材等三大基地初具规模。连片种植红芯王柚0.3万亩,建设生猪循环产业园1万亩,发展川芎、佛手、泽泻、黄精等道地中药材5万亩;乡村双创孵化中心、农业会展中心(农博园)、知青文化体验中心(知青文化特色小镇)等三大中心初步建成。已建成"春耕"入口、"天时"入口、"风、云、日、月"农业科普景观台、乡村双创孵化中心13个民宿院落、农业会展中心入口、知青文化体验中心展厅等6处景观节点工程;路网、水网、田网等三大网络全面配套。已建设干道公路16.8千米、产业道路67千米、生产作业道130千米、步游道及绿道32千米,新建和整治塘堰136口,新建蓄水池360口,建成排灌渠系150千米,建成高效节灌工程1.5万亩,格田整治和田土调型5.6万亩;新建、改造、保护民居等三大工程全面竣工。新建新村聚居点16处,入住农户350户;改造民居3260户,保护传统民居1300户,实施836户农家院落微田园及68千米连户路工程。

【种植业】 2017年,营山县粮食作物播种面积95.9万亩,其中大春粮食作物播种面积65.8万亩,大春粮食产量29.9万吨;小春粮食作物播种面积30.1万亩,产量8.2万吨。油料作物播种面积32万亩,产量5万吨。蔬菜种植面积30.86万亩,产量38.58万吨。新植优质柑橘5000亩、伏季水果2000亩,果品种植面积达5.1万亩,产量达3.5万吨。中药材种植面积达3万亩,新建中药材基地6000亩。

技术落实持续向好。开展生产技术培训36期次、8000余人次,为粮油双增提供了技术保障,编发生产技术资料5大类、15万份,指导全县农业生产,进行巡回技术指导近200期次,促进了各项技术落实到位。展示水稻品种22个,建设油菜新品种展示田10亩,集中展示油菜新品种16个,主推主要粮油作物品种28个。

核心示范持续向好。在济川、东升、骆市、双溪等乡(镇)集中连片建立油菜高产高效示范片1.2万亩,平均亩产192.55千克,比非示范片平均亩产增加27.55千克。在骆市、济川、东升等乡(镇)建立水稻高产创建和绿色防控示范片2万亩,平均亩产586.7千克。

防灾减灾持续向好。通过建立病虫测报点,开展病虫情专业会商,发布植保情报,开展综合防控、绿色防控示范,政府购买植保服务等实现了病虫损失率控制在5%以下的防治目标。

蚕桑基地规模持续增强。在巩固现有蚕桑基地的基础上不断扩大基地规模,夯实产业基础。先后在回龙镇团山村、新店镇帽盒村、通天乡木罗村、悦中乡板凳村等村集中育苗,坚持高标准集中成片栽植桑园,全力打造核心示范区,促进全县蚕桑产业向规模化、集约化方向转变,进一步夯实了蚕桑产业基础。先后在团山村育苗150亩,栽植集中成片桑园1300亩;在帽盒村育苗120亩,栽植集中成片桑园1100亩;在木罗村育苗80亩,栽植集中成片桑园600亩;板凳村从浙江省调运桑苗40余万株,栽植集中成片桑园500亩。全县新栽植桑园面积达3500亩。

【林业】 2017年,营山县创建了太蓬山国家森林公园。全县林地面积达78万亩,林木蓄积达287万立方米,森林覆盖率36.78%,林业有害生物成灾率控制在3‰以内,林业产值增长15%,农民人均从林业上获得收入1383元。引进成都新绿色药业有限公司,投资4.7亿元在营山县建设中药材种植基地及中药材加工厂,于5月成功签约,已栽

植川芎、泽泻等中药材1.2万亩。全年到位中央、省、市项目资金3700万元，主要包括中央林业生态保护资金880万元、林业改革发展资金567万元、省级森林生态效益补偿资金500万元、林业补助资金330万元、现代农业发展工程专项资金300万元、退耕还林还草工程资金300万元等。完成《全县花椒产业发展总体规划》和年度实施方案编制工作；新建中药材基地2.5万亩、珍稀林木培育示范基地0.3万亩、油橄榄基地0.2万亩、核桃产业示范园0.8万亩、花椒基地2万亩、茶叶基地0.3万亩。

坚持把森林资源保护作为生态文明建设的重要抓手，深入贯彻林业法律法规，坚决打击涉林违法犯罪。认真落实《营山县林地保护利用规划（2010—2020年）》。加强林地定额管理和用途管制，提高林地监管能力和水平，坚决打击非法征（占）用林地违法犯罪行为，确保林地资源在保护中开发、在开发中保护。依法打击乱砍滥伐行为。严格办理林木采伐许可证，加强木材运输检查监督力度，对渌井、东升、涌泉等乡（镇）8个木材加工企业实行全天候电子视频监控。开展木材运输及林政专项整治行动，查办各类案件30件，其中刑事案件4件，已判刑4人；行政案件26件，林业行政处罚30人，治安拘留1人，收缴罚款6.5万元。齐抓共管抓好森林防火。全面落实森林防火责任制，加强重点地段、重点人员的火灾隐患排查和火源热点监测；加强乡（镇）扑火队伍建设，大力开展森林防火宣传教育，提高广大干部群众防火意识。综合防治林业有害生物。全县森林病虫鼠害预测发生面积12.93万亩，实际发生面积12.25万亩，防治面积12.93万亩，测报准确率95%，无公害防治率100%，种苗产地检疫率95%，成灾率为零。挂牌保护古树名木。全县普查登记古树名木510株、后备资源64株、古树群落9个，向全社会公布古树名木保护名录，全部实行挂牌保护，建立古树名木“身份证”，实行“一树一图一册”归档管理。

【畜牧业】 2017年，营山县出栏生猪76万头、牛2.28万头、羊40.5万只、兔84万只、家禽746.2万羽，分别增长1.88%、20%、2.53%、1.2%、0.7%；存栏生猪、牛、羊、兔、家禽分别为61.5万头、6.1万头、23.1万只、12.7万只、359.1万羽，分别增长7.33%、9.32%、11.59%、0.79%、0.59%。肉类和禽蛋产量分别达7.95万吨和1.88万吨，实现畜牧业产值达39亿元，分别增长9.91%、1.57%和13.31%，农民人均从牧业获得现金收入5167元，人均牧业纯收入增加242元。

全县实施的生猪良种补贴项目，完成生猪人工授精7万窝次，占任务的100%。实施的2017年现代畜牧业重点县建设项目共计10户，总投资932万元。建设离地高床山羊标准化养殖圈舍15000平方米，购置供水、供电等设施设备20台（套），建设沼气池、化粪池等1200立方米，防疫消毒室5间，自动雾化消毒设施5台（套），自动清粪设施10套，全面完成项目建设任务。在全县实施的农业技术推广体系建设中，对乡（镇）畜牧兽医技术干部骨干49名进行了调训，并按照项目要求，有步骤地在20个乡（镇）对200个科技示范户和20名技术人员进行了科学技术推广和技术培训。

组织相关部门对上年新建的58家羊场进行了验收，共补助资金1000万元。全年新建羊场46家，共建圈舍面积31895平方米，沼气池、化粪池1854立方米，附属设施2993平方米，存栏山羊2046只。

【新村建设】 2017年，营山县规划朗池镇兴云村、观音村、土粱村、天平村，丰产乡木樨村、龙坝村、卷洞村、联盟村、永兴村、深堂村等10个村为幸福美丽新村示范村建设，其中规划建设聚居点4个。已完成新村聚居点农房建设4个，完成10个村的村（社）道路规划设计、建设工作，村（社）道路、入户道路、微田园、产业路建设已经全部竣工。截至2017年年底，已新建幸福美丽新村68个，建成新村综合体3个、新村聚居点65个、“1+6”村级公共服务中心156个；建成省级“四好村”12个、县级以上“四好村”120个，新申报省级“四好村”14个、市级“四好村”68个。全年省级财政下达全县幸福美丽新村示范县建设资金850万元，已拨付750万元，资金拨付进度为88.2%。

坚持规划先行，建设特色乡村。一是科学编制、整体规划。根据“既有个性亮点、又有区域特色”的规划原则，依据示范村的地域特点和全县的产业布局，细化区域内生产、生活、服务各区块的功能定位，明确项目的建设时间和要求，有序推进幸福美丽示范村建设。围绕“业兴、家富、人和、村美”的目标，按照“三打破、三提高”的要求，以产业为支撑，切实搞好村庄布局、村落规划和住房设计，以“做精点、做洁线、做高面、做优片”建设新型社区，形成点、线、面、片的示范带动作用，保持农村特色和田园风光的新农村面貌。二是群众主体、生态保护推进新村建设。采取政府引导、农民自愿参与建设和自主实施的方式，在保持原有农村风貌和特色的基础上，杜绝大破大立，保护周边生态环境。全县以村庄绿化、村容整洁、乡风文明为主要特征的农村人居环境改善改造快速推进。推广“小规模、组团式、生态化、微田园”，从区域条件出发，科学规划不同形态、不同特色的新村聚居点，特别是结合脱贫攻坚示范线和示范村，成片推进幸福美丽新村建设。示范线坚持新村建设、产业建设和乡村旅游相结合，深度挖掘当地农耕文化、进士文化、知青文化、川东北乡村风俗特色民居等文化内涵，建设乡村双创孵化中心、农业会展中心（农博园）、知青文化体验中心（知青文化特色小镇）“三大中心”。

完善机制保障，建设幸福美丽新村。一是建立明晰化的责任机制。成立幸福美丽新村建设工作领导小组，由主要领导亲自挂帅，相关分管领导具体负责美丽新村建设各项工作。各相关部门根据自身职能，加强工作协调、指导、服务。各项目乡（镇）、村建立相应的责任领导小组和工作机构，强化主体意识，制订切实可行的工作方案。通过县、乡（镇）、村、组四级联创，有效推动扶贫幸福美丽新村建设。二是建立多元化的投入机制。县级相关部门加大资金整合力度，根据自身职能，合力推进幸福美丽新村示范县建设；积极鼓励、引导工商企业投资捐资和农民群众自筹、投工投劳，充分发挥农民群众在新村建设中的主体作用。三是建立科学化的建设机制。突出重点、分步实施，按照宜农则农、宜游则游的原则，以“一村一品”为抓手建设特色乡村，发展区域特色产业，打造精品产业，全面提升产业层次。特别是朗池镇丰产乡十村连片现代农业产业融合及脱贫攻坚示范园建设成效显著，农民生产、生活条件提升明显。全县新建改善通乡公路213千米、村道410千米、社道600千米、产业道路480千米、渡改桥19处，实现“村村通”。在丰产乡建成高标准农田1.5万亩，连片种植中药材1.5万亩，在朗池镇实施土地整改0.9万亩，成片种植红芯王柚3000亩，新增灌面2万亩，发展节水灌面0.3万亩，实施安全饮水工程356个村，实施农网改造143个村，农村宽带通讯网络建设150个村，农户风貌打造整改1846户。在幸福美丽新村督查考核中，全县把建设美丽乡村工作的成效作为各乡（镇）、村目标考核重要内容，确保幸福美丽新村建设取得实效。

整合资金，形成合力。明确建设重心，整合各方资源，集中打捆项目资金，形成强大合力。按照“渠道不乱、用途不变、集中使用、各计其功”的整合资金原则，县级相关部门的资金重点向示范村倾斜，加大

了对幸福美丽新村建设的扶持投入力度。全县整合农、林、水、牧、交通、扶贫、国土、财政、发改等项目资产投资幸福美丽新村建设达12.6亿元。

多元投入,充分发挥财政资金“乘数”效应。坚持以政府投入为导向,引导鼓励农民、企业和其他社会力量投入,积极发挥财政资金的“乘数”效应,通过农民自筹和社会力量投入等方式筹集资金2.3亿元。

【扶贫攻坚】 2017年,营山县采取“向上争、财政投、金融贷、社会筹”等方式,整合资金11亿元,投入脱贫基础设施项目建设。一是聚焦贫困村“五有”。新建村道181.6千米,新(改)建贫困村文化室60个、文化院坝60个、标准卫生室39个,整治山坪塘137座,新建供水站187处、蓄水池222口、灌溉管道46.8千米,完成21个贫困村农村电网改造,实现拟退出贫困村通信网络全覆盖,达到“村村有宽带、户户有电视”。聚焦贫困户“两不愁”,投入1086.43万元帮助4868户贫困户、16159名贫困人口养殖黑山羊、牛、生猪等4330余头(只),饲养家禽2.5万羽,发展水产养殖830亩,农作物种植面积1.63万亩;低保兜底3848人,其中完全保障1123人、重点保障1764人、一般保障961人;累计为有生产能力、有良好信用、有致富门路的贫困户发放小额信贷资金3.1亿元。聚焦贫困户“三保障”,全面落实建档立卡贫困户在校大学生、中职学生、义务教育阶段学生助学金和生活补助政策,一律免除建档立卡贫困户子女学前教育保教费,设立地方济困助学基金、教育扶贫救助基金,累计扶持贫困家庭子女1367人。集中统一代缴建档立卡贫困户基本医疗保险、补充医疗保险、大病医疗保险的个人缴费部分,所有贫困人口实现医疗保障全覆盖,贫困人口县域内住院10802人次,基本医保报销2631万元,兜底505万元。实施C级危房改造693户、D级危房改造1007户、易地扶贫搬迁1879户,截至2017年年底,全县C级危房改造完工546户,D级危房改造完工748户,易地扶贫搬迁完工1293户,保障贫困群众住房安全。

致力发展特色产业,“四大措施”促脱贫。一是优化产业布局。在城郊连片发展绿色果蔬、优质粮油等;在丘陵地区大力发展核桃、血橙等;在山区积极推广营山黑山羊、跑山鸡、中药材等。全县规模发展黑山羊22万只,在贫困村种植中药材、柑橘、珍稀林木、莲藕等经济作物3.7万余亩,新建脱贫奔康产业园60个。二是突出示范引领。高标准高质量推进兴云村十村连片脱贫示范线、示范村建设,打造“3+3特色农旅综合示范片”“农耕文化双创景观示范园”“近郊休闲、远郊旅居乡村田园综合体”“国家农业公园PCP模式试点区”。已全面启动民居风貌提升工程,已完成18千米产业道路,6处聚居点建设有序推进,引进新绿色集团规划建设川穹种植基地10000亩,种植红芯王柚、川佛手4000亩。三是强化利益联结。采取“园区+龙头企业(专合组织、行业协会)+基地+农户”模式和“市场主体+贫困户”方式,成立村集体经济组织,将资产作股权量化处理,率先在5个脱贫示范村探索创建村集体经济经营管理有限公司,贫困户可获得土地流转收益、产业前端收益、保护价格收益、利润返还收益、务工就业收益和股份合作收益等。四是强化技能支撑。共组织技能培训7200余人次,实现劳动力转移1.8万余人次,其中2017年计划脱贫户劳动力培训2000人,实现劳动力转移1711人,贫困群众劳务收入增长明显。

致力倡导新风正气,“三项加强”促脱贫。一是强化基层党建。大力实施基层党建标准化、规范化建设,创建基层党建“238”示范工程,改造升级356个村级活动阵地,建成587个党员教育数字电视点播平台并投入使用。二是强化社会治理。针对扶贫领域虚报冒领、截留私分,落实惠民政策优亲厚友,套取贪污民生项目资金等问题,扎实开展“五治问责”和“万人评风”活动,坚决整治发生在群众身边的“微腐败”。三是强化群众教育。灵活运用“坝坝会”“龙门阵”等形式,现场宣讲法规政策方针,深入挖掘脱贫攻坚先进典型,激发贫困群众参与脱贫攻坚主动性。积极开办农民夜校,大力开展“六顺六净”“五项教育”“村道德模范评选”“文明村庄创建”等活动,推动形成爱党爱国、自力更生的乡村文明新风。

【农村水利】 金鸡沟水库建设有序推进。2017年,营山县规划投资5.68亿元在老林、玲珑、龙伏、木顶之间新建金鸡沟中型水库1座。已完成库区征地及移民安置、取水隧洞及总干渠开挖衬砌工作;完成大坝基坑开挖及基础砼浇筑、大坝基础固结灌浆、消力池及护坦浇筑、坝体C8胶凝砼的浇筑和面板砼浇筑;完成大坝帷幕灌浆;完成导流洞封堵,大坝下闸蓄水;完成土石方回填、水土保持、工程验收。灌区渠系工程已动工;完成天然气管道改建工程;完成库周交通复建;完成输电、电信等专项复建。累计完成投资31380万元。

嘉陵江引水工程进度加快。已完成取水头部、高位水池主体工程量的20%,高位水池征地拆迁、青苗林木赔付,取水泵房至高位水池沿途青苗林木及地上附着物的赔偿工作,原水输水管道工程工程量的20%。累计完成投资17000万元。

幸福水库应急补水工程如期完工。该项目于2016年9月底开工建设,总投资4500余万元,铺设DN1000毫米的涂塑钢管6.6千米,途经安固、绿水、福源3个乡(镇)7个村,是应对幸福水库水量严重不足问题的应急补水工程。工程取水口位于安固乡浮山村境内,采用浮船式取水,电机水泵采用两用一备,设计日取水量6万吨。项目主体工程于3月10日完工并调试运行,4月5日正式运行,实现平均日取水量约5.5万吨。

水土保持工作逐步推进。一是全面完成了2016年银鸽项目坡耕地水土流失综合治理工程项目,投资1250万元,在清水乡银鸽村、丰产乡白马村、法堂乡大田村治理水土流失面积3570亩,并配套蓄水池、截排水水沟、沉沙凼、田间生产道路等工程措施。二是全面启动水口项目区2017年坡耕地水土流失综合治理项目,投资750万元,坡改梯2100亩,新建蓄水池21口、沉沙凼30口、截排水沟10.33千米、田间生产道路8.78千米,已挂网,11月17日开标。三是积极规划2018年坡耕地水土流失综合治理工程项目,规划治理水土流失面积3600亩,配套山坪塘、蓄水池、沉沙池、截排水沟、作业道路等整治措施,预计总投资约1250万元。

加快推进河长制工作。全县河长制工作明确了河湖管护主体,落实了河湖治理责任。开展清河、护岸、净水、保水“四项行动”。一是完善组织体系,做好前期准备。及时对纳入河长制工作范围的河流进行摸底调查,掌握了全县河流的第一手资料。科学编制方案,出台的《营山县全面推行河长制实施方案》《营山县全面落实河长制工作方案》对组织体系、工作职责、主要任务、实施步骤、工作要求、人员经费保障等内容进行了明确,责任到岗到人。建立了县、乡、村三级“河(段)长”组织体系,落实县级河长23名,明确23个县级部门为河长制联络员单位,建立健全会议、信息报送、工作督察、考核问责、巡河巡察等工作制度。二是部门联动,加大管理保护力度。对全县城镇乡村集中饮用水水源地划定分级保护区,对10个饮用水质不达标的乡(镇),采取搬迁居民、退耕、设置隔离网等措施,保证居民的饮用水安全。开展水质污染专项整治,取缔网箱600余个,关闭(搬迁)沿河137家污染严重的畜

禽养殖企业，严控水面过度养殖造成的富营养和水污染，有效遏制危害河库健康的行为；开展河道清运工作，打捞水面漂浮物、河道垃圾，出动挖掘机等清淤机械96台次，作业面积达19万平方米；开展封山育林和湿地修复保护工作，保护河岸，修复生态。治理生活污染，截断入河污染源。制定了每条河流的“四张清单”，编制了《“一河一策”环境治理保护方案》，建立了河流基础档案。

【农业机械化】 2017年，营山县完成机耕78万亩次、机收31.8万亩；维修各类提灌机具810台（套）、7015千瓦；新建电力提灌站4处、200.5千瓦，新增灌面0.156万亩，占目标任务的115%；完成购机补贴资金303万元，推广各类新机具6550台，占目标任务的125%；农机化推进工程稳步推进，建成8700亩水稻全程机械化核心示范区1个，建设3700亩油菜全程机械化示范区1个，培训农业机械操作人员3450余人次；新建乡村机耕道350千米。

农机购置补贴工作。全县共完成农机购置补贴资金303万元，销售各类补贴农机具4052台（套），占目标任务的101.3%。

电力提灌站维修改造工作。全年新建骆市镇平滩村、普岭乡花桥村、明德乡明昌村、清源乡梨树村、黄渡镇兰武村电力提灌站5处，装机容量共计219千瓦，新增灌面2160余亩。全年共提水灌溉2482万立方米，灌田42万亩，有效解决了春耕秋耕生产用水需求。

农业机械化整乡推进示范点建设工作。全县继续在济川片区开展整乡推进农机化试点，主要以推进水稻、油菜全程机械化、扶持壮大农机专业合作社实力、培育农机专业大户为重点。示范点达到机耕便民道畅通，提灌站、渠系配套，农田标准化，作业机械化；主要农作物耕种收综合机械化水平达56.5%以上，其中水稻耕种收综合机械化水平达82%以上。已在济川、东升、骆市片区完成了水稻全程机械化8700余亩，油菜机播、机收面积分别达3600余亩。

农机专业合作组织标准化建设工作。重点培育了营山县上都农机专业合作社，新建了机库及附属设施，专业合作社共有农业机械49台（套）。在农机化核心示范区内开展机耕作业4000余亩，水稻机插3500余亩，油菜机播2000余亩，水稻、油菜机收5500亩，农机作业服务收入达70余万元。

争资引项工作。着力从购置补贴、农机提灌、农机化推进工程等项目入手，积极向省、市争取项目资金255万元，其中农机购置补贴项目中央补贴资金145万元、提灌站维修资金100万元、农机安全项目资金10万元。

采取多种措施，围绕农业搞好服务。一是全力抓好农机具推广应用，努力提高全县农机化水平。加大宣传力度。充分利用电视台、报刊等媒体，广泛宣传农机购置补贴政策、农机大户致富典型和使用农机的优越性，提高农民购买农业机械的积极性。举办示范演示会。到双流、回龙、老林、东升、济川、骆市、西桥、星火、新店、消水等乡（镇）举办机耕、机播、机插、机收示范演示现场会18次，极大地激发了广大农民的购机热情。增设销售网点。在中心场镇和部分乡（镇）增设销售点40余个，有效缓解“购机难”问题。加强维修服务，增设维修网点4个，有效地缓解了“维修难”问题。创新销售机制。不拒绝任何一家经销商进入营山县经销补贴机具，不拒绝任何一个合格农机产品进入营山市场，在销售补贴机具的同时可以销售非补贴机具，形成农机产品销售市场有序竞争，农民购机选择面扩大，成交价格更趋合理。严格执行购机补贴惠农政策、加强监督检查。严格按照“全价购机，直补到卡”补贴方式和国务院“三个禁止”、农机购置补贴管理“四项制度”和农业部规定的“八个不得”的要求，对购机补贴对象实行100%核查，特别是对5000元以上较大数额的农机具均进行了实地核查，杜绝弄虚作假行为发生，做到补贴政策公开、公平、公正，使农机购置补贴政策真正惠及农民群众。二是积极搞好春秋两季备耕，确保农业生产。抓好农机具的维修。在春秋农业生产两个关键时段，成立了农机维修技术中心和指导小组，采取分线联片的工作方法，分别深入到各乡（镇）参加具体指导和维修工作。全年共出动技术人员450人次，维修各类农机具2650台（套），排除各类故障2450起，帮助和指导机手做好机具的保养、调试和检修工作，各类农机具完好率达95%以上。积极组织引导全县机耕作业服务。积极组织引导农机专合社、农机大户和全县农机手积极投入到春耕、春播和秋耕、秋播中，全年机耕作业面积达78万亩次。组织好农机物资的供应。积极组织好农机具、零配件和油料的供应，储备各类农机零配件1.3万余个，储备油料20余吨，确保春耕秋耕生产期间物资供应充足。加强农机市场监管。配合工商、质监部门抓好市场整治，依法清理整顿全县农机市场，积极开展农机打假工作，严厉打击假冒伪劣农机产品，切实保护农机生产者、经营者和消费者的合法权益。全年共出动农机执法人员498人次，对全县62个农机经营点、13个维修点行了全面检查，净化和规范了农机市场。三是切实加强农机技能培训，提高农机操作水平。利用农机购置补贴项目对新购买补贴机具的农户进行农机操作与维修培训，采取随到随学的方法共培训农机操作能手1150名；利用年检审验举办农用车驾驶员培训班，共培训农机驾驶操作手437人；依托新型农民培育、农技推广体系建设等项目对耕整机、插秧机、收割机和电力提灌站操作人员进行了操作和维修技能培训，共培训3415人次。四是积极做好农机专业合作组织建设和农机大户的培育。进一步加大对农机专合组织和农机大户的扶持力度，积极创建省级示范型标准化合作社。重点对营山县上都农机专业合作社进行了培育，督促合作社建设好机库和附属设施。积极培育农机大户，在信息和技术上给予重点指导，组织业务培训，帮助做好作业安排，组织参加跨区机收，提高其经营使用农业机械的效益。新成立农机专业合作社1个，全县农机专业合作社数量达16个，农机大户达19户。

狠抓农机安全生产监管。农机局担负着在全县上户的2706台运输型拖拉机和3万余台农业生产作业机械的安全监管责任，全县未发生农机重特大事故。主要领导认真履行安全第一责任人的责任，坚持“一岗双责”，通过落实责任，强化安全生产意识，加强检查，落实安全生产措施，确保全年无重特大事故发生。加强监督管理。签订《安全目标责任书》，细化分解目标任务，明确了主要领导、分管领导、安全监管人员的职责。农机监理业务严格依法依规办理，明确了廉政风险防控点，制定了明确的防控措施。抓安全学习宣传教育。全年集中在会展中心开展宣传活动2次，发放宣传资料5800余份，深入农用拖拉机较为集中的回龙、骆市、小桥等乡（镇）对农用拖拉机驾驶员进行了安全教育培训，并定期通过短信方式进行安全知识宣传学习教育，全年共发送安全教育短信3条、1000余人次。做好安全检查工作。扎实开展农机安全生产“百日安全”“安全生产大检查”“道路交通安全综合专项整治”和“安全生产月”等活动，定期排查农用拖拉机安全隐患，深入田间地头对农机作业进行了安全监管。做好拖拉机年检审工作，严格依法依规对拖拉机进行了检验，检审验拖拉机1350台。

【农村气象】 全面推进气象现代化建设。2017年，营山县国家气象观测站迁移项目工作有序推进，已完成项目设计及预算编制等前期工

作。新建3套区域自动气象站，升级改造2套区域自动气象站，已全部投入运行。其中，朗池镇兴云村区域自动气象站建设项目作为脱贫攻坚示范线"夏季攻势"任务，能够实现LED气象要素信息实时显示，极大改善和美化了朗池镇兴云村的环境。县级综合业务平台建成并投入使用，平台集会商系统、地面测报、天气预报、监测预警、土壤水分等为一体，业务工作和气象服务提供有力的支撑。加强人才培养，积极利用地方编制引进人才，选派职工参加上级部门的学习交流、业务培训等，鼓励业务人员开展课题研究和论文交流发表。

周密部署防灾减灾工作。一是农村气象灾害防御体系组织机构、机制、信息站、信息员等建设及运行良好，汛前重新搜集、整理了决策气象服务短信发送名单并建立了分类、分级发送目录，以便更好地进行预警服务及应急联动。二是加强信息员队伍建设，汛前联合安监、国土、防汛等部门组织开展气象信息员培训，培训气象信息员300余人次。三是强化应急处置能力。修订《重大气象灾害抢险救灾应急行动方案》，成立了相关领导机构，明确应急处置工作流程，组织开展应急演练。四是完善农业气象服务。制订了《2017年农业气象服务周年方案》，开展田间调查，及时制作发布农业气象服务产品，围绕种养大户和特色产业积极开展"直通式"农业气象服务。

狠抓基础业务工作。一是强抓职业道德教育。严抓各项规章制度的执行，不断提高业务人员的职业道德素养，确保基础业务质量稳步提升。二是深入开展"基础业务质量推进年"活动。制订了《"基础业务质量推进年"方案》，定期组织业务人员开展常态化学习，不断提高业务技能，积极派员参加各类业务考试、竞赛，取得了较好成绩。三是各类业务质量稳定。汛前对全县31个区域自动站的设备、网络进行维护检查，组织看护人员开展培训，确保仪器设备运转正常。国家自动气象站资料、区域自动站资料以及自动土壤水分站观测资料上传及时，数据可用性高，无责任性事故发生。

全力做好汛期气象服务工作。一是加强组织领导，汛前调整充实了汛期气象服务领导小组。二是严格执行各项汛期服务工作制度，坚持汛期24小时值班制度，坚持重要天气会商制、领导把关签发制、值班登记制等。三是严密监视天气，紧紧抓住灾害性、关键性、转折性天气，做好预测预报服务工作，及时向社会各界发布气象信息。

有效推进防雷改革。一是稳步推进防雷减灾体制改革工作，及时协调防雷行政审批移交手续，规范防雷减灾管理，按要求使用防雷安全监管平台，积极配合市局执法支队开展防雷安全执法检查。二是大力拓展防雷定期检测，提高对加油站、加气站、烟花爆竹公司等易燃易爆场所检测覆盖率，对全县公立学校防雷安全进行全面普查。

【农村生态建设及环境保护】 2017年，营山县完成了中央环保督查农业面源污染防治各项工作方案的制订，起草并制订了《营山县秸秆综合利用和禁烧工作实施方案》《营山县农业生态环保督查工作方案》《化肥零增长行动实施方案》等，与各乡(镇)分别签订了《营山县秸秆综合利用和禁烧工作责任书》，建立了营山县秸秆综合利用台账等，制作了秸秆综合利用和禁烧宣传材料及标语等，牵头负责各项工作措施的安排落实、各项工作的总结汇报。梳理了存在的相关环保问题并制定了相应整改措施，确保了全县农业环保工作顺利通过中央督查。

先后组织人员对全县规模养殖场、养殖专业户以及全县的散养户进行了拉网式普查。按照2011年养殖"三区"划定标准，对禁养区、限养区内的养殖场、养殖专业户进行了排查与锁定，对省环保督查出来的问题进行了整治。为县政府草拟了《营山县2017年畜禽污染专项治理工作方案》等文件，起草了营山县畜禽污染治理相关文件70余份，发放治理信息56000余条，承担了全县畜禽污染治理工作办公室日常事务，承办了相关督查举报案件，为全县畜禽污染治理工作的开展奠定了基础。确定关闭养殖场(养殖专业户)145家(户)，治理养殖场(养殖专业户)17家(户)，关闭屠宰场33家，治理达标屠宰场21家，发放各类宣传资料2000余份，组织各类培训活动100余期，出动人员近5000人次，排查养殖场和养殖专业户近1000户，有力地扼止了农村面源污染，改善了河流水质，优化了人居环境。

坚持把生态建设作为林业工作重要内容，一手抓现有资源保护，一手抓新生资源建设。一是加快推进清水湖国家湿地公园(试点)建设。立足打造乡村湿地先行示范区，编制清水湖湿地公园总体概念设计和一期建设规划。湿地大道已竣工通车，大型林泽加快推进，湿地博物馆、公园大门、访客中心、生态停车场、景观绿化等工程即将开工，博物馆布展、国家林业局验收软件资料等工作加快实施。二是成功创建太蓬山国家森林公园。抓住申创机遇，主动开展工作，千方百计克服资源禀赋差、项目投入不足等难题，高质量完成可行性研究、专家实地考察、申报资料完善、现场汇报评审等4个阶段工作，顺利通过国家林业局专家组评审，7月21日正式成为国家级森林公园。获批设立营山县太蓬山国家森林公园管理处(副科级)，划归县林业局统一管理；启动《太蓬山国家森林公园总体规划》编制工作。三是扎实开展"两大工程"建设。加强对6887亩国有林和33.59万亩公益林的全面管护。2016年度和2017年度公益林建设人工造林0.4万亩，现实施验收、兑现工作；规划2018年人工造林0.2万亩，已获县发改局批准；及时兑现国有林管护、工程区职工"五险"、森林生态效益补偿资金485万元，森林资源得到有效保护。加强绿化造林工作，完成各项营造林生产建设任务，及时兑付退耕还林政策资金，确保强农惠农政策落实到位。2016年下达全县新一轮退耕还林任务1万亩的规划设计、方案编制等工作落地实施和兑现；完成了2015年、2016年上级下达全县造林补贴2.5万亩的任务，验收兑现过程有序推进；对2017年下达全县造林补贴1.59万亩任务进行规划设计和方案编制报批。四是推动"大规模绿化营山"行动。组织开展春季义务植树暨"大规模绿化营山"行动启动仪式，县级财政整合资金2亿余元用于绿化营山。编制以高速公路、铁路和国省干道为重点的交通廊道及一环路、城市新中心、脱贫示范线绿化规划，完成公路绿化50千米，脱贫攻坚示范线产业路20千米的节点打造、山体绿化、路间种植花草，高速路廊道绿化工程，一环路绿化工程，栽植桢楠、香樟、银杏等乔木1.8万株，种植草皮4万平方米。

【农产品质量安全监管】 2017年，营山县采取"纵向到底，横向到边"的管理方式，建立起"县—乡—村—业主、合作社、种植大户"的纵向管理和农业、工商、质监、食药、商务、公安等横向联合监管机制，加强和充实了执法监管力量。

开展农资打假专项治理。有序组织开展"农资打假保春耕""夏季农资打假百日行动""秋冬季农资打假行动"等专项治理行动，重点治理县城农资批发商以及农业企业、专合社、家庭农场等生产经营单位，巡查农资经营门店218家次，出动执法人员260人次，检查农资经营摊点280余个次。共核查"两杂"种子样品200余个，种子案件立案3起，结案3起；查处劣质农药案件1起，结案1起；查处植物检疫案件3起，结案3起；查处水产养殖案件1起，结案1起。

加强畜产品质量安全监管，确保全县不发生重大畜产品质量安全

事故。一是强化畜产品质量安全工作责任。将畜产品质量安全工作列为动物防疫责任制的一项重要内容，县政府与相关部门和各乡（镇）签订了《营山县2017年重大动物疫病防制和畜产品质量安全工作目标管理责任书》，与各基层站签订了《营山县动物防疫监督和畜产品安全管理目标责任书》，层层落实工作责任。二是强化源头管理。加强兽药、饲料监管，确保投入品使用安全。严厉查处和打击生产、经营和使用过期失效、无批文批号、夸大疗效等假劣兽药和人药兽用、超范围经营和使用等违法行为，加大对违规标签、说明书的查处力度，对非法兽药产品一律清缴销毁，并依法从严处理。查处未取得经营资格经营兽用生物制品的违法行为；加强兽医医政管理。全年共开展兽药、饲料打假行动3次，出动人员837人次。三是强化“瘦肉精”监管。对养殖、运输、屠宰各环节的生猪、肉牛、肉羊等动物进行抽检，督促屠宰企业、养殖场按规定开展“瘦肉精”自检工作，同时完善自检记录，切实落实国家关于食品安全生产经营企业是第一责任人的工作要求。全年共抽取尿样2.41万份，均未检出使用“瘦肉精”的现象。四是强化畜禽产地检疫。加强检疫申报点建设和管理，防止病害畜禽进入流通渠道，全年产地检疫生猪61.32万头、牛（羊）6.67万头（只）、家禽237.84万羽，严禁病害动物流入交易市场。五是强化屠宰检疫工作。进一步落实屠宰场驻场检疫制度，严格实施生猪屠宰同步检疫，实现生猪定点屠宰场屠宰检疫率达100%，屠宰检疫生猪12万头、家禽149.1万羽。对检出的病死猪及其产品严格按照“五不一处理”规定进行无害化处理，严禁病死畜禽及其产品进入流通环节。六是强化病死畜禽无害化处理工作。认真落实病死生猪无害化处理补贴政策，加快规模养殖场、生猪定点屠宰场无害化处理设施建设，驻场官方兽医须在监督业主做好病死畜禽无害化处理后方可签字和上报无害化处理资料。全年共无害化处理病死生猪0.74万头。七是强化动物卫生监督执法工作。加大执法力度，严格依法行政，启动实施动物移动监管活动、生猪屠宰监管“扫雷行动”、屠宰行业“安全生产月”等活动。加强对生猪定点屠宰行业监督执法、强化屠宰、加工企业涉氨制冷、锅炉、用电等安全主体责任；加大行政违法案件查处力度，全年检查生猪定点屠宰场230场次、饲料兽药经营单位60余家次、规模养殖场330家次。立案查处违法违规行为53起，罚款5000余元，纠正违规经营行为210余次。八是强化农畜产品抽检工作。根据农业厅《关于开展2017年县级农产品质量安全监测工作的通知》安排，承担了营山县200个样品共计86项监测参数的任务，已完成全部检测任务。同时，根据全县农产品安全检测工作的需要，确定了210个（其中种植产品110个、畜禽产品100个）农产品样品的检测任务，已完成了检测任务，确保了全县农畜产品质量安全。

【农民负担监管】 2017年，营山县积极开展村级公益事业建设“一事一议”财政奖补工作。成立了2016年度村级公益事业“一事一议”财政奖补项目考核验收工作组，采取听取汇报、查阅资料、走访群众、座谈讨论、实地查看的方式对全县53个乡（镇）2016年村级公益事业“一事一议”财政奖补168个项目村进行抽查验收。参与制订《2017年村级公益事业“一事一议”财政奖补项目实施方案》，全县将组织实施131个项目，资金达3486万元。

强化日常监管，切实维护农民合法权益。加强3个乡（镇）农民负担监测网点业务指导，及时向农业厅报送《2017年农民负担监测报表》。按照省农民负担监督管理小组《关于开展2017年农民负担专项治理工作的通知》要求，联合县级相关部门对全县村级农民负担和涉农乱收费乱摊派现象进行了专项治理。

【村级财务管理】 2017年，营山县推行村级会计委托代理服务制度。截至2017年10月底，全县35个乡（镇）305个村实现了财务管理信息化、规范化和制度化。开展农村集体资产清产核资工作。全县53个乡（镇）已完成清产核资工作。

【惠农项目】 2017年，营山县围绕国家、省投资政策、产业政策和全县农业发展需求，积极谋划、编报、储备项目，并由主要领导带队向上争取项目，共争取项目资金10304.67万元。通过举办各类政策宣传会、技术培训会，发放宣传资料，开展惠农政策监督检查，及时兑现落实农业支持保护补贴资金7140.4万元。全面完成粮油高产创建3.2万亩，高标准农田建设1.34万亩，测土配方施肥130万亩次，推广配方肥55万亩次、户用沼气1650口、大中型沼气1处（该项目已完成招标前的各项准备工作）、新村集中供气点16处（其中5处已全面完成，其余11处有序推进）。在项目实施管理过程中，认真落实“四制”（项目法人责任制、招标投标制、工程质量监理制、合同管理制），规范项目质量责任主体各方的建设行为，从严监管资金，做到专款专用，确保资金安全、质量安全、人员安全。

【主要领导人】 县委书记：黄金盛；县人大常委会主任：斯顺平；县长：罗明远；县政协主席：蔡良斌；分管农业副县长：何铮。

营山县编写组

蓬安县

【基本情况】 2017年，蓬安县辖39个乡（镇），辖区面积1334平方千米。

【年度农业和农村经济运行】 2017年，蓬安县建成现代农业循环产业园3个、生态农业庄园3个，培育省级、市级农业龙头企业22家。新建畜禽标准化规模养殖场8个，发展柑橘种植基地1.5万亩、蚕桑基地1.5万亩、优质粮油基地20万亩；水果产量11.5万吨，粮油产量38万吨，出栏生猪63.8万头。全年新增“三品一标”农产品7个，石孔贡米入选“全国名特优新农产品目录”。全县农村“七权”确权登记颁证全面完成。发放救助救济资金2.6亿元。全年新建公租房406套，实施城市棚户区改造320户，完成36个场镇和50个村电网升级改造。全县发放“助学圆梦”基金181万元，8个乡（镇）卫生院完成改建。蓬安县创建为全国义务教育发展基本均衡县。

【统筹城乡发展】 2017年，蓬安县顺利通过省级卫生城市复检。新建文体路等城市道路6条，改造城市管网6千米；建成老县医院、新蓬安二中旁等重点区域城市停车场6处，新增公共停车位1060个，城建短板进一步补齐。优化提升凤凰生态公园，高品质实施绿化、美化、亮化工程，城市环境更加优美。乡村条件日趋完善，杨家镇创建为“全国卫生乡镇”，锦屏镇、河舒镇被纳入四川省“十三五”特色小城镇发展规划。新园乡油坊坝村等70个幸福美丽新村全面建成。大深沟水库灌区配套改造工程基本完工。实施国、省干道大中修22千米，改善县、乡道53千米，完成渡改桥6座。整理土地5.2万亩，新增高标准农田8.9万亩，治理水土流失面积16.3平方千米。全县创建省级生态乡镇10个。

【扶贫攻坚】 2017年，蓬安县深入实施交通水利“大会战”，建成通村联社水泥路223千米、便民路208千米、联户饮水工程950处、小微水利设施525处。深入实施住房条件“大改善”，改造农村危房2978户，完成“五改三建”2150户。深入实施公共服务“大配套”，建成达标卫

生室58个、文化室58个,实现贫困村通信网络全覆盖。加快实施产业扶贫工程,培育农民专合社158个,新建脱贫奔康产业园55个,推行反租倒包、入股分红、就近务工等增收模式,贫困群众年人均纯收入稳定在3500元以上。扎实推进"回头看""回头帮"行动,设立返贫动态监测点39个;投入风险保障基金1000万元和巩固发展资金2000万元,全面推行产业保、扶贫保、农耕保,防范和化解返贫风险。在率先"摘帽"基础上,顺利完成退出58个贫困村、减贫7600人的年度目标任务,全县贫困发生率下降至1.3%。

【乡村旅游】 2017年,蓬安县国家森林公园正式授牌,相如故城景区修建性详细规划和周子古镇提档升级规划完成编制,相如湖旅游度假区加快建设,漫滩湿地公园提升工程全面完成,嘉陵江水上游乐项目开通运营。利溪花好月圆、高庙花谷创建为国家3A级旅游景区,建成五星级乡村酒店2家。开展旅游营销推介活动6次,举办了第八届嘉陵江放牛节、河舒豆腐美食文化月活动。全年接待游客420万人次,实现旅游收入38亿元。

【主要领导人】 县委书记:蒲国;县人大常委会主任:何林忠;县长:崔竹君;县政协主席:刘晓林;分管农业副县长:陈崛。

蓬安县编写组

宜 宾 市

【基本情况】 2017年,宜宾市辖3区7县,辖区面积13283平方千米,有总人口556万人。全市学前教育三年毛入园率82.9%,义务教育巩固率94.6%,高中阶段毛入学率88.8%。

【年度农业和农村经济运行】 2017年,宜宾市新建幸福美丽新村470个、省级"四好村"120个、市级"四好村"499个。"5·4"珙县地震、"1·28"筠连地震灾后恢复重建工作有序推进。江安县通过县域义务教育基本均衡国家评估认定,宜宾县等6个县通过县域义务教育基本均衡省级督导评估。

【扶贫攻坚】 2017年,宜宾市实现贫困村"五个一"、贫困人口较多的588个非贫困村"三个一"全覆盖。开展贫困人口精准识别"回头看",锁定2016年年底剩余贫困人口5万户16.84万人。扎实开展脱贫攻坚"回头帮",8300名"回头看"未达标贫困人口全面对标达标。脱贫攻坚档案资料统一简化。22个扶贫专项累计到位资金236亿元,其中财政性扶贫资金66.71亿元,完成生产和就业扶持15.07万人,移民搬迁安置3.65万人,低保政策兜底6.73万人,医疗救助7.51万人,灾后重建帮扶0.05万人。社会扶贫更加深入,1151个定点扶贫帮扶单位落实帮扶资金2.18亿元。组织2017年"扶贫日"系列活动,募集各类款项8976万元。加大援藏援彝帮扶力度,落实项目资金7230万元。考核问责更加科学,制定了"1+3"脱贫攻坚考核体系,逐村逐户开展验收考评。定期进行督查巡查,常态开展暗访检查,督查暗访8轮次,发现并整改问题788个。

【农村生态及环境保护】 2017年,宜宾市污染防治"三大战役"有效落实。全面建立实施河长制,实现市、县、乡、村四级河(段)长体系全覆盖。关闭土法造纸作坊1944个;建成杨湾污水处理厂主体工程;南岸污水处理厂提标改造加快推进。"三江"宜宾段监测断面水质达标率100%。土壤污染防治项目有序实施。全市生态文明建设名列全省前茅,累计创建省级生态区(县)5个,国家级生态乡镇10个、省级生态乡镇73个。中央环保督察组交办的326件群众来电来信按时办结率100%,省级环保督察发现的599个问题已整改557个,自然保护区完成问题整改74个。

【农村社会保障】 2017年,宜宾市民生保障持续加强,全市九项民生工程、19件民生实事拨付资金112.82亿元。宜宾市被确定为全省唯一的人社公共服务体系建设全域示范市。城乡居民基本医疗保险参保率达99.7%,城乡低保和特困人员供养标准大幅提高。

【主要领导人】 市委书记:刘中伯;市人大常委会主任:陆振华;市长:杜紫平;市政协主席:吕晓莉;分管农业副市长:张平。

宜宾市编写组

翠 屏 区

【基本情况】 2017年,翠屏区辖13镇11个街道,辖区面积1131平方千米。年末总人口84.64万人(户籍人口),增长0.1%;人口出生率14.7‰,增加5.1个千分点;人口自然增长率4‰。水资源总量2400亿立方米,人均占有水资源28.4立方米。有林地保有量31万公顷,有林地面积4.48万公顷,活立木总蓄积量106.6万立方米,森林覆盖率43.02%。

2017年,全区GDP621.63亿元,增长9.2%,其中第一产业增加值24.4亿元,增长3.6%;第二产业增加值321.55亿元,增长8.5%;第三产业增加值275.68亿元,增长10.7%;三次产业对经济增长的贡献率分别为3.9%、51.7%和44.4%。农村劳动力转移就业22.17万人,劳务收入36.68亿元。全年接待游客1999万人次,实现旅游收入170亿元,其中,乡村旅游接待游客900万人次,增长13%;实现乡村旅游收入68亿元,增长3%。

公路通车里程1437.38千米,完成通村公路延伸197.72千米,村道加宽134.82千米,实现100%镇、行政村通水泥路。社会消费品零售总额293.91亿元,增长12.6%。地方公共财政预算总收入完成28.47亿元,增长14.8%;公共财政预算总支出44.56亿元,减少3.7%。金融机构存款余额1447.387亿元,比年初增长14.2%;各项贷款余额653.97亿元,比年初增长14.8%,其中支持农业产业化发展项目贷款2360万元。农业产业化龙头企业国家级、省级、市级、区级分别为1个、5个、27个、28个。

有各类学校237所,在校学生143220人,教职工10374人,其中幼儿园168所,在园幼儿29494人;小学30所,在校学生66080人;初中20所、九年一贯制学校10所、十二年一贯制学校3所、完全中学3所,在校初中生32589人、在校普通高中生8112人;中等职业学校3所,在校学生15057人;学龄儿童入学率100%。获得科技立项30项,其中国家级1项、省级6项、市级23项,2项科技成果获得省级以上科技进步奖。有艺术表演团体16个,文化馆1个,公共图书馆1个及图书流动服务站5个,博物馆1个,纪念馆1个。有卫生机构600个,病床位11522张,卫生技术人员11014人。城乡居民养老保险参保人数达

152482人，增加284人，增长0.19%，其中待遇领取人数73255人。居民医疗保险参保人数573562人，参保率98.14%。

【年度农业和农村经济运行】 2017年，翠屏区实现农业总产值39.63亿元，增长3.4%；农业增加值24.4亿元，增长3.6%；茶叶、水产养殖、特色水果、蔬菜等特色优势农产品产量持续稳定增长。农民年人均可支配收入达16020元，增长9.6%。在粮食、早茶、蔬菜、水果生产中，科技投入的占比或科技贡献率52%，全区农产品质量抽检合格率比上年提高1.5个百分点；建成109个基层农业综合服务站。2017年，翠屏区被省委省政府表彰为"全省'三农'工作先进县"。

2017年翠屏区主要农产品产量

主要农产品	单位	产量	同比(%)
粮食	万吨	21.9	0.9
水稻	万吨	14.22	0.7
小麦	万吨	0.34	–50.8
玉米	万吨	1.76	6
马铃薯	万吨	0.19	0.5
油菜籽	万吨	0.77	21.1
蔬菜及食用菌	万吨	29.08	4.3
水果	万吨	7.37	7.8
肉类	万吨	3.5521	–4.5
猪肉	万吨	2.82	–5
牛肉	万吨	0.04	—
羊肉	万吨	0.06	2.4
禽肉	万吨	0.51	–4.9
兔肉	万吨	0.12	—
禽蛋	万吨	0.5457	–1.5
水产品	万吨	1.9432	6.36
牛奶	万吨	0.5912	–4.3

农业产业化发展。截至2017年年底，全区已发展龙头企业61家(其中国家级1家、省级5家、市级27家、区级28家)，龙头企业总资产达507406.1万元，固定资产147728.87万元，实现销售收入1064973.4万元，增长10.3%；实现利润29828.534万元，增长12.5%；入库税金14038.662万元，增长15.4%；辐射带动农户39.8232万户。共培育专合组织686个(国家级4个、省级13个、市级15个)，其中工商注册登记651个，增加109个；新增区级示范社5个、市级示范社3个、省级示范社1个，有专业合作社成员16975个。出台了《宜宾市翠屏区加快推进家庭农场发展的指导意见》，在土地流转、资金、政策方面支持家庭农场发展，工商注册家庭农场990家，增加343家；已培育区级家庭农场220家、区级示范性家庭农场56家。完成第二批120家家庭农场认定工作，新增区级示范农场30个、市级示范场10家、省级示范家庭农场2个。

农用地产权制度改革。全区印发了《农村土地承包经营权长久不变》等试验管理办法12个，全面完成农村集体土地所有权登记任务，颁证率达94%。引导农村土地经营权规范有序合理流转，不断扶持壮大新型经营主体。全南土地流转累计面积达8085公顷，其中2公顷以上的规模流转面积5787公顷，增长15.8%。继续完善和深化林权制度改革，新办理经济林木(果)权证书16本，累计核发经济林木(果)权证书38本、面积408公顷；办理林地经营权流转证书4本、面积40公顷；共办理经济林木果权抵押贷款4笔、金额4500万元。

农产品品牌战略实施。全区出台了绿色农产品、无公害农产品、有机农产品、国家地理标志保护产品和驰名商标、著名商标、知名商标创建及奖励扶持政策，积极构建区域品牌、行业品牌、企业品牌、产品品牌等不同层次的品牌发展体系。加大五粮液、叙府品牌宣传保护力度，提升"宜宾酒"系列品牌知名度；着力打造"天府龙芽"省级公共大品牌，做响"宜宾早茶""川红工夫"2个茶产业地方公共区域品牌；着力打造"宜宾燃面""宜宾芽菜""宜宾笋"等宜宾美食区域品牌。根据《宜宾市翠屏区人民政府办公室关于印发宜宾市翠屏区"三品一标"农产品认证登记管理奖励办法(试行)的通知》，奖励金额10.9万元。全年认证无公害农产品52个，其中新认证无公害农产品21个、复查换证31个；全区获无公害农(畜、水)产品认证109个、绿色食品认证14个，"三品一标"农产品认证数量位居全市前列；新认定省级森林食品基地2个。加强农产品质量安全追溯体系的应用，新增7家生产经营主体加入农产品质量安全追溯系统建设，全区入驻追溯管理的农产品生产经营主体27个。全区建设省级出口茶叶质量安全示范区基地面积5267公顷。

现代农业园区建设。在南越大力实施"宜长兴翠屏区乡村振兴战略示范区"建设，覆盖牟坪等5镇91村，开工项目66个，完成投资8000万元。示范区新建水果基地0.5万亩，提档升级果园0.1万亩，总面积达5万余亩，总产量3.7万余吨(占全区水果产量的50%)，产值达1.3亿元。牟坪镇龙兴村和宋家镇丘陵村、胡坝村核心果园凸显成效。打造了"百里红高粱"产业长廊，巩固提升酿酒高粱基地4万余亩、再生高粱示范基地3000余亩，成为全省巩固得最好的酿酒专用高粱基地之一。基地内建设五粮液、长江之歌等艺术景观稻画6幅，建设"稻渔耦合"高效示范基地1个。示范区内基本建成田之星创意高粱观光园、七彩宋庄产业园(一期)、橙香源等产业融合体10余个，取得阶段性成效。举办了2017五粮红粱乡村旅游文化节和首届柑橘文化旅游节暨招商引资推荐会。在北域实施"环金秋湖绿色现代农业示范区"建设成效显著，"百里茶旅融合长廊"建设初见成效，承办了全省2017年农田水利基本建设现场会和全省现代农业产业融合示范园区建设推进暨培训现场会。

【种植业】 2017年，翠屏区粮食作物播种面积32081.5公顷，减少1.61%；粮食总产量21.9万吨，增长0.9%。油料作物播种面积5592公顷，增加712公顷，增长14.6%；油料作物总产量1.35万吨，增加1440吨，增长11.9%。全区蔬菜及食用菌种植面积10127公顷，增加524公顷；总产量29.08万吨，增加1.19万吨，增长4.3%。大力实施粮食高产创建工程，建设粮油绿色高产高效示范片1333公顷，其中建立核心示范基地367公顷，主要分布在李庄、宋家、牟坪、李端等镇和环金秋湖绿色现代农业示范区。基地选用国标二级优质水稻品种"川优6203""德优4727"，全程采用机械化育秧、机械化插秧、绿色防控、机械化收割等技术措施。经现场测产，万亩示范片中水稻平均亩产642.9千克，再生稻平均亩产125.3千克，两季稻平均亩产768.2千克，示范片总产达4225.1吨，亩产值2104.9元，总产值达1157.7万元。全区优质高粱种植面积达2841公顷，主要分布在李庄、宋家、牟坪、李端、宗场等镇，其中在李庄、宋家、牟坪、李端等镇建设五粮液酿酒原料生态保护基地500公顷，经测产，万亩示范区内头季高粱平均亩产474.6千克，亩产值1898.4元，基地总产值达1423.8万元。

【林业】 2017年,翠屏区新增森林面积1583公顷,森林蓄积24000立方米。全区森林保有量310000公顷,森林面积达44788公顷,森林蓄积达106.6万立方米,森林覆盖率达43.02%。全年实现林业总产值35.02亿元,实现林业旅游与休闲服务产业收入4.57亿元,农民人均从林业产业中获利1850元。继续推进国家天然林保护工程和退耕还林工程建设。兑现补偿公益林面积13562公顷、300余万元,第一轮退耕还林直补2735公顷、512万元;完成新一轮退耕还林建设任务1730公顷、208万元;国有林管护即天然林保护第二期,管护面积2229公顷、55.7万元。依法加强林政资源管理,办理征占用林地项目39个。推进松材线虫病等重大林业有害生物防治,对疫木进行采伐、清理、焚烧,对枯死松树做到发现一株除治一株。以"亮剑行动""护绿保松行动"为契机,加强行政执法检查。坚持"生态建设产业化,产业建设生态化"的工作思路,实施城市森林、农村森林、通道森林、水系森林、种苗森林"五大工程"建设和大规模"绿化行动",营造林2414公顷,义务植树尽责率95%以上。实施垂直绿化、盆花摆放等多种形式的绿化方式,继续实施人民路景观改造、岷江桥花箱、人行天桥及立交桥花篮摆放项目。翠屏区创建为国家森林城市。

【畜牧业】 2017年,翠屏区出栏生猪40.16万头、牛3373头、羊44667只、家禽359.92只,肉类总产量35521吨,禽蛋产量5457吨,奶类产量5912吨。生猪三元杂交改良面达94%。全年畜牧业产值17.2亿元,增长12.9%。动物疫病防控体系进一步健全,近五年未发生区域性重大动物疫情。畜产品质量安全得到有效保障,坚持"四个最严"抓好畜产品质量安全监管,严厉查处违法违规经营,全年未发生畜产品质量安全事件。严格执行检疫申报制度,切实做到有出必检,并且要求经营者在申报检疫时填写检疫申报单,符合要求的受理申报,检疫合格后出具《检疫合格证明》,检疫不合格的按规定进行无害化处理。动物产地检疫,要求经营者必须经检疫合格后方可离开产地。对全区各生猪屠宰厂(场)全部派驻官方兽医进行检疫和监管,确保人员到岗到位。全年共检疫动物产品猪61.2万头、牛(羊)2.39万头(只)、禽12.9万羽、其他动物195头(羽),检疫率达100%。对辖区内私屠滥宰、制售注水肉、病害肉和违反《生猪定点屠宰条例》等扰乱屠宰行业和猪肉市场经营秩序的行为进行打击,立案办理生猪屠宰相关违法案件2起。严格开展屠宰环节的"瘦肉精"抽检和无害化处理监管。全区共投入现代化畜牧业建设财政资金959.19万元,示范带动全社会畜牧业投资30825万元。扶持新建标准化养殖场(小区)15个,其中生猪标准化养殖场6个、肉牛标准化养殖场7个、肉羊养殖场2个。创建宜宾兰特农业科技开发有限公司宗场蛋鸡养殖场、宜宾茶缘牧歌有限公司明威生猪养殖场省级标准化示范场2个,四川巨力农业开发有限公司肉牛养殖场市级标准化示范场1个。

【水产业】 2017年,翠屏区水产品总产量19432吨,增长6.36%;实现渔业经济总产值56388万元,增长11%。全年苗种投放量2313吨。继续推广稻渔综合种养的基础建设,发展"稻—渔—虾"共生养殖模式,改造提升规范化水产养殖基地2个、面积20公顷;建设高标准稻田养鱼示范基地13.3公顷,全区新发展稻田养鱼66.7公顷。全年检查水产养殖单位34家次,抽检样品合格率100%,全年无重大水产品质量安全事故发生。

【统筹城乡与新型城镇化】 2017年,翠屏区13镇水、电、气、路等基础设施建设不断加强,通信设施、文教卫体等公共设施建设得到完善,人均公共绿地面积增加。明威、南广、金坪等镇招商引资修建农贸市场,一定程度上缓解了"以街为市"现象,城乡环境面貌得到有效改善。高店、明威等镇引进房地产开发企业修建住宅小区,乡(镇)面貌焕然一新。南广、明威、宋家、李端、牟坪、邱场等镇将新村建设与场镇建设相结合,注入传统文化内涵,新建文化广场、休闲场所等,大力增添了场镇活力。翠屏区对省级试点镇李庄古镇投入资金6500万元,对基础设施建设、公共服务设施建设进行改造完善,完成了横三路延长线工程、古镇景区石景路和消防通道整治、生活垃圾中转站项目,完成古镇景点羊街、席子巷、水井街、正街、顺河街夜景亮化及老民居修缮等工程建设。启动古镇污水处理厂项目、荷花池精品酒店和长江生态综合治理工程建设项目,顺利通过2017年特色小镇交叉检查,为古镇创建国家5A级景区打下坚实基础。

【新村建设】 2017年,翠屏区坚持农口项目"优先满足幸福美丽新村建设要求"原则和"四好村"与幸福美丽新村同步创建的原则,区财政安排专项建设资金2000万元,整合宜长线农旅融合产业发展示范带建设项目、精准党建项目、扶贫攻坚帮扶等项目约370个,整合投入资金约2亿元,实效推进幸福美丽新村建设"五大行动",扎实开展"四好村"创建活动。全年建成幸福美丽新村38个,创建区级"四好村"51个、市级"四好村"53个、省级"四好村"12个。完成市级幸福美丽新村建设示范县(片)三年目标任务建设的80%以上,建成宜长线农旅融合发展示范带和环金秋湖绿色产业示范区核心示范片2个。

【农村扶贫和移民工作】 2017年,翠屏区完善贫困户帮扶规划,为已脱贫的所有贫困户编制防返贫规划,各行业主管部门分别对已脱贫贫困户"一超六有"指标达标情况进行认定,确保已脱贫贫困户对标脱贫。出台了《宜宾市翠屏区交通建设扶贫专项2017年实施方案》等22个扶贫专项2017年实施方案,建立财政专项扶贫资金"四到县"制度,加强扶贫项目资金使用和监管。继续实施"五大兜底"保障政策,建立62万元教育扶贫基金、610万元卫生扶贫基金、469万元产业扶持基金、600万元扶贫小额信贷风险基金,210万元用于在有扶贫任务的非贫困村开展试点,解决插花贫困户产业发展资金缺口问题。全年完成2456户贫困户8360名贫困人口脱贫,3个省定贫困村顺利退出,实现了全区全部贫困人口顺利脱贫。

对口帮扶雷波县脱贫。按照"雷波所需,翠屏所能"和优势互补、共同发展的原则,完成省委省政府部署的对口援彝任务,探索出"支建一批好项目、支助一批好人才、支持一批好产业、扶出一片好气象"的扶贫协作模式,涌现出一批艰苦奋斗、敢于担当、无私奉献的优秀援彝干部人才,展现了翠屏区干部群众主动与彝区群众苦乐一起的扶贫协作情怀。该模式得到中纪委领导和省委组织部领导肯定,援彝工作在全省作经验交流发言,援彝模式被省委脱贫办刊发推广。

强化移民安置工作。完成东山水库蓄水验收前期工作,并进行蓄水阶段的初步验收工作;完成向家坝水库北总干渠移民安置规划审定上报工作,北总干渠建设工程已顺利动工;完成长江防洪治理移民安置规划报告审定上报工作。完成2015年及以前安排的部分移民后扶项目验收工作和移民后期扶持监测评估工作;全面完成2016年移民后扶项目建设。对下达的后扶项目建设做到经常监督检查,符合要求的组织人员验收,验收合格且交付齐全的兑现资金。全年共兑现项目资金196万元,兑现627人移民后期扶持直发直补资金28.22万元。完成李庄、李端移民集中安置点规划设计调整资料收集上报工作。

【乡村旅游】 2017年,翠屏区制订了《中国·李庄创建国家AAAAA级旅游景区实施方案》,加快推进李庄古镇国家5A级景区创建工作。指

导凤垚香谷水世界、茶园牧歌、常生·山水印象创建为国家3A级旅游景区。川茶集团科技园创建为四川省科技旅游示范基地，成为“首批四川省科技旅游示范基地”创建单位之一。全年创建省级乡村旅游特色业态经营点4个、四川省星级农家乐9家，创建全区第一家五星级农家乐。完善宜长线乡村旅游标识系统、游客中心、停车场、旅游厕所、购物点等旅游配套服务设施建设。策划举办了南广镜湖桃花品鉴会、申西辰杯第二届骑行节、2017翠屏区五粮红粱乡村旅游文化节、宜长兴(翠屏区)首届柑橘文化旅游节暨招商引资推介会等旅游节庆赛事活动。全年乡村旅游接待游客900万人次，增长13%；实现旅游收入68亿元，增长3%。

【农村水利】 2017年，翠屏区完成农田水利基本建设总投资1.43亿元，精修干支渠56千米，完成塘坝、堰技改575口，完成水毁修复285处，新增有效灌面0.24万亩，新增节水灌面7150亩，恢复改善灌面0.8万亩，新增和恢复蓄引提水能力32万立方米。对建档立卡贫困户的饮水安全进行全面排查，通过新建人工井167处、机井714处、蓄水池146处，解决建档立卡贫困户1382户4887人安全饮水问题。治理水土流失38.49平方千米；完成供水量270.6万吨，实现水费收入450.5万元，完成新增入户2600户，实现24小时供水保障率在90%以上，水费回收率80%以上。完成《宜宾市翠屏区水资源综合利用规划报告》《宜宾市翠屏区水利发展“十三五”规划报告》审查工作；长江上游四川段防洪治理工程(李庄段)可研报告取得水利部的审查意见并报送国家发改委开展可研评估，已开展项目《初步设计》报告编制；宜宾旧州组团锁江石岷江防洪岸工程完成项目《行洪论证》《涉河建设方案》并上报长江委审查；配合市向办、四川省向家坝灌区建设开发有限责任公司完成向家坝水电站灌区北总干渠第一期工程移民规划大纲。确定17条河流区级河长，明确全面落实河长制工作的具体方案，并对区、镇、村三级河长信息、职责、管护目标和监督电话等进行公示；出台《宜宾市翠屏区河长巡河制度(试行)》等6项制度，明确具体开展河长制的工作要求；开展17条河流“一河一策管理保护方案”和目标、问题、任务、责任“四张清单”的调查编制工作。全年全区完成水土流失综合治理面积38.49平方千米，投资1400万元在明威镇实施第二批节水型社会重点县(区)节水示范工程项目，新建高效节水灌面1000亩(其中智能雾灌455亩、滴灌545亩)，整治、新建山坪塘8座、石河堰2座、提灌站1座。

【农业机械化】 2017年，翠屏区农业机械原值达2.41亿元，农机总动力达22.05万千瓦，大中型农业机械保有量25台；各类小型农业机械保有量1.86万台。全年完成机耕4733.3公顷、机收6866.7公顷，全区主要农作物耕种收总机械化水平达48%。新增各类补贴机具2007台(套)，兑现农机购置补贴资金126.57万元。完成机耕道建设240千米，各级投入机耕道建设资金2850万元。全年新建提灌站17台(套)，拥有固定机电提灌200台(套)，维修改造提灌设施600台、3600千瓦，新增提水控管设备260台、1560千瓦。完成拖拉机年检1200台，均达到市上要求，无违章上牌、发证情况发生。积极开展农机安全生产督导检查，全年排查农机经营单位10个，维修企业3家，入户300余次。全年未发生较大农机安全事故，农机事故死亡人数为零，农机安全生产态势保持总体稳定。

【农村科技】 2017年，翠屏区出台了《宜宾市翠屏区激励农业科技人员创新创业专项改革试点方案》，为全面推进翠屏区农业科技体制改革，激励农业科技人员创新创业提供政策保障。全区获得市级以上认定的众创空间19个(其中国家级1个)，共14459.31平方米，入驻团队(企业)160个(家)，主要涉及金融、娱乐、电商、旅游、教育、加工制造、茶林竹产业、养殖业、现代观光旅游农业、康养产业、文化创意等领域。继续实施国家粮丰工程，“翠屏区杂交中稻——再生稻节水节肥示范”在李庄、宋家示范1万亩，经专家组现场随机抽样测得中稻加权平均亩产642.9千克，超过预期目标。

【农村教育】 2017年，翠屏区继续修订完善“教育督政”考核细则、督导评估方案和责任督学考核办法，组织开展开学工作、国家教育资助政策落实情况、寄宿制学校管理、农村义务教育学校学生营养改造计划、乡村学校少年宫活动、中小学校教育技术装备管理使用等专项督导，对34所学校进行现场综合督导评估。开展以“提高农村校区学校教育教学质量”为主题的案例征集与评比活动，促进农村学校教学质量的提高。完成寄宿制建设项目198个，高标准通过市委市政府检查验收。思坡中学、象鼻中心校、凉水井初中、高店初中、高店中心校运动场、中山街小学五香校区、方水中心校红坝校区相继投入使用。2017年翠屏区被国家教育督导委员会确定为“全国第二批责任督学挂牌督导创新区”，区教育局被教育厅评为“年度教育宣传先进单位”“四川省未成年人思想道德建设先进单位”，牟坪中心校创建为“全国文明校园”，邱场中心校被授予“四川省环境友好型学校”。延续“爱在翠屏”公益助学活动。按照“团委牵头、企业捐赠、社会组织协助”三方合作模式，以“助学金+动态跟进+重点帮扶”长效助学机制，全年筹资20万元，按照小学300元、初中500元、高中800元的标准资助贫困学生394名。继续开展栋梁工程扶贫助学活动。全年栋梁工程捐款99.79万元，增加6.28万元，增长7.3%，实现了连续六年持续增长的好成绩。全年共有94名特困大学新生得到入学援助，发放资金31.7万元，实现了“不让一个大学新生因为贫穷而上不了学”的目标。

【农村文化】 2017年，翠屏区坚持基础阅读服务设施建设，完成229个村、80个社区的图书更新补充工作。推进李庄古镇、李端镇白果村等7个“农家书屋二进农家”示范点建设。开展农村公益电影放映活动，全区设有16支农村流动电影放映队和16名专业放映人员，全年共放映电影2748场次，放映故事片20部、科教片10部，10万余名农村群众观影。陆续建成13个镇级和村级固定放映点。实施城镇困难群体免费享受高清数字电视惠民工程，对全区13个镇9个街道7978户困难群众免费提供数字高清电视服务。继续实施贫困村应急广播体系建设，全区实现贫困村应急广播体系建设全覆盖。按照省、市要求，广播电视由“村村通”向“户户通”转型升级，已建有直播卫星19452户电视用户，基本实现广播电视信号全覆盖。

【农村卫生】 2017年，翠屏区加快推进基层医疗卫生机构基础设施建设，提升基层卫生机构服务环境，30个村卫生室建设项目陆续竣工并投入使用，李庄镇同济医院放疗中心项目建设和象鼻、宗场、牟坪、思坡、高店5个基层医疗机构的“一站一馆三区”建设项目完成前期准备工作。通过印制、发放健康扶贫宣传年画、宣传专栏、宣传单，专用档案袋、联系卡等宣传措施，利用全民体检、家庭医生签约服务、居家养老服务等服务措施，进一步加大健康扶贫力度。全年救助贫困户区域内医院住院及慢病门诊共1.22万人次，扶贫医疗救助467.48万元，个人支付比例仅占1.48%；“卫生扶贫救助基金”救助贫困户区域内住院及门诊338人次，救助83.58万元。全区建卡贫困户区域内就诊率达98%以上，做到了贫困户不再“因病致贫，因病返贫”。投入57万元对明威白塔村、宋家胡坝村、南广七星村村卫生室按照标准化建设进

行了新(改)建,并配备了较为完善的基本医疗设备设施。思坡镇卫生院被国家卫生计生委评为“群众满意乡镇卫生院”,沙坪社区卫生服务中心被评为“优质示范社区卫生服务中心”。

【农村法制建设】 2017年,翠屏区继续实施“雪亮工程”,出台了《翠屏区关于在幸福美丽新村建设中开展“雪亮工程”建设的实施方案》。在全区14个镇(街道)35个村(社区)安装监控探头210个,搭建区级平台1个、镇级平台14个、村级平台35个,接入农户650户。通过几年来“雪亮工程”的连续实施,翠屏区逐步构建起农户、村、镇三级联防的治安防控体系。落实民生工程,通过完善网络、优化举措、扩大范围、提升质量、强化保障,以三级联动推“三化”、三个下移促“三全”、三个一流建“三新”,形成翠屏区法律援助“三立方”品牌,建立起以区法律援助中心为统领,22个镇(街道)法律援助工作站为纽带,覆盖全区所有行政村(社区)法律援助联络点的三级“全天候”网络。以实现监督全过程、配套全方位、援助全覆盖为目标,逐步建立一站式服务体系,完善24小时法律援助热线机制,为下一步打造翠屏区公共法律服务平台提供基础保障。

【农村交通】 2017年,翠屏区争取上级补助资金6982.44万元,区级配套投入5487.51万元用于全区农村道路交通建设。完成南七路长10.7千米、宽6.5米的沥青路面铺装和配套6千米波形护栏及标识标牌安装,李庄镇安石村—下坝村园区干道公路建设(PPP项目)征地拆迁工作、邱场至明威道路拓宽建设项目全面完工,50千米的道路护栏安保工程全面竣工,连接金坪镇金鸽村和青桥村的长68米、宽7.8米金鸽桥及长66.7米、宽7.5米马尾松桥两座渡改桥的全面竣工等农村道路交通工程。实施62.21千米农村道路通村项目建设,启动象鼻—凉姜、凉姜—高店、犍为—宜宾改(扩)建工程3个。抓好智慧农村公路建设,主动与高德地图公司对接,将全区主要农村公路全面数字化纳入电子地图,实现了翠屏区境内全部村道以上道路及重要旅游点、产业点、居民聚居区等电子导航。

【涉农招商引资】 2017年,翠屏区到北京、上海、广州、深圳等地招商63次,其中主要领导带队外出招商25次,促成了萨默新能源长江产业园区项目、中科钢研新材料产业园等34个项目签署正式合作协议,签约总额114.24亿元,其中产业项目26个。新签约5亿元以上的重大产业项目9个。创新招商方式,开展乡情招商投资推介活动6场次;开展驻点招商,抽调区内30名人员组成5个产业招商小组到长三角、珠三角、京津冀等重点区域招商,同时派驻深圳市、上海市招商小分队常驻进行智能制造、物流电商、旅游文化产业类招商;开展以商招商,做好现有企业的跟踪服务工作,及时帮助落户企业解决实际困难,让投资者自觉增资、扩资、引资,形成“引进一个、建好一个、带动一批”的联动效应,有力助推了长江产业园区战略型新兴产业的可持续发展。注重环境营造,强化项目落地服务,全面追踪西博会、渝洽会、中外知名企业四川行等签约项目。拓展深化环境兴区,深入实施“环境兴区”战略,深入开展“进千企”和“双千”活动。完善扶持政策,印制《翠屏区投资促进扶持政策汇编》,着力营造亲商、安商、扶商的良好发展氛围。

【农村社会保障】 2017年,翠屏区按照《宜宾市人民政府关于建立统一的城乡居民基本养老保险制度的实施意见》相关规定,对翠屏区内所有城乡居民实行统一养老保险制度,同时对相关困难农村人口养老保险缴纳实行政府补贴制度。如对一二级重度残疾人、独生子女伤残或死亡的夫妻,区政府按照100元/年/人的标准为其代为缴纳养老保险费用。全年城乡居民养老保险参保人数达152482人,增加284人,增长0.19%,其中待遇领取人数73255人。实行统一的居民医疗保险制度,全区居民医疗保险参保人数573562人,参保率98.14%。全年赔付居民大病保险7376人次、1545.6万元;对精准扶贫中的建卡贫困户倾斜政策报销8308人次,报销金额592万元。全区有农村低保人数4355户7826人,累计保障97626人次,累计发放保障金2103.8万元。对全区在开展农村低保政策实施中的违规违纪及“以权谋私、优亲厚友”等问题进行全面督查,对“人情保、关系保、政策保”等问题进行集中查处。依照低保动态管理的原则,全区共清退农村低保户687户1454人,月停发保障金30.24万元。全区全面实现低保线和贫困线“两线合一”。

【农村生态建设及环境保护】 2017年,翠屏区出台了《翠屏区绿色生态行动实施方案》《关于建立宜宾市翠屏区环境保护“党政同责、一岗双责”责任制的通知》等文件,切实加强农业生态保护。加强对自然保护区监管,深度汲取甘肃省祁连山国家级自然保护区生态环境存在问题的教训,加强对全区境内长江上游珍稀鱼类自然保护区统一监管,全力推进自然保护区整治工作。加强“生态细胞”工程建设,继续指导思坡镇、宗场镇创建为省级生态乡镇。加强对生态村、生态家园等的监督管理和指导,完成1个市级农业生态园区、3个市级人居活动小区、1个市级绿色小区、2个市级环境友好型学校的创建工作。

【农产品质量安全监管】 2017年,翠屏区对农产品生产企业、专合社、家庭农场进行基地准出检测补助金额12万元。接受部、省、市到翠屏区开展农产品安全例行、专项、监督抽检13次,共抽取蔬菜(含食用菌)、水果、茶叶、高粱等184个样品,合格率达97%。区农林畜牧局和各镇(街道)开展蔬菜、水果、茶叶等农产品监测4655个样品。全年共计监测“瘦肉精”39174头份、三聚氰胺562头份、黄曲霉素536头份,检测结果均为阴性。督促全区内生猪、肉牛羊屠宰企业加强“瘦肉精”自查工作。巩固省级农产品质量安全监管示范县建设成果,加强农产品产地环境保护和品牌保护,完善农产品可溯源体系建设,大力开展宣传,鼓励动员群众通过12345热线等途径对农产品、食品质量安全问题进行举报投诉。进一步健全食用农产品源头监管体系,以监管制度落实、监管体系建设、追溯体系建设、市场环境改造、市场秩序整治为抓手,提升农产品科学生产和安全管理水平,实现从田间到餐桌全过程监管。

【农村市场体系建设】 2017年,翠屏区供销社有直属公司3个,基层供销社10个,农资配送销售网点109个,遍布城乡全境。全年实现农产品购进39.23亿元,其中农副产品购进37.27亿元,农产品总销售额24.57亿元。快速发展农村电子商务体系,宋家镇、宗场镇被评为市级电子商务示范乡镇。截至2017年年底,全区共有市级以上电子商务示范乡镇4个。建成镇级电子商务站10个、村级服务点23个,全年实现农产品电商销售2.3亿元,增长12%。继续推进电子商务的普及应用。全区共有780家企业依托淘宝平台经营、307家企业入驻阿里巴巴平台经营。五粮液、川茶等20余家农业产业化重点龙头企业在京东、天猫、苏宁易购等开设旗舰店。本地电子商务龙头企业新建电商平台2个,宜宾畾田农业公司新建“京东商城宜宾特产馆”,完成本地特产入驻商家102家,入驻品类50种,全年实现产值1200万元、宜宾三江在线科技有限公司新建“翠屏E家”电商平台,主营社区电商服务,入主用户44家,上线产品233款。

【农村留守儿童(学生)帮扶】 2017年,翠屏区关爱贫困留守学生行动,坚持发挥团区委关心帮助留守儿童主体作用,着力构建加强领导、

多措并举、拓展阵地、创新载体、建章立制"五位一体"工作格局，利用寒暑假开展关爱留守儿童"雨润计划"系列活动，招募7支来自南京大学、南开大学、同济大学、成都信息工程学院、宜宾学院等高校的优秀在校大学生志愿者队伍覆盖全区所有镇、村开展暑期关爱留守儿童志愿者服务活动，惠及留守儿童490余人。借鉴上海共青团先进经验，在全区9个镇（街道）13个点位开展"爱心暑托班"，关爱双职工子女450余人。开展以"青春助脱贫，关爱伴成长"为主题的"暖冬行动"，先后为邱场镇、菜坝镇等地留守儿童送去价值4.5万元的书包、文具等物资。开展"青春助力雷波行"活动，联合春苗助学等公益组织，为对口帮扶雷波县的青少年提供书包、文具、寒衣等物资约2万余套。

【劳务开发与返乡创业】 2017年，翠屏区制定了《关于开展农村劳动力短期实用技术培训工作的通知》《2017年翠屏区贫困家庭技能培训和促进就业扶贫专项工作实施方案》《翠屏区2017年返乡创业培训工作实施方案》等文件，开展"翠屏巾帼家政"免费培训工程，构建起农村剩余劳动力培训、就业、维权"三位一体"的培训就业服务工作格局。设立翠屏区区级就业创业专项资金和创业担保基金，细化返乡创业人员各类优惠政策、鼓励农村劳动力创业，贯彻落实省市涉及农民工返乡创业的小额信贷、劳动密集型中小企业自行贷款申请财政贴息、税费减免等文件，在市场准入、创业服务、创业培训、创业补贴等方面加大扶持力度，加快清理阻碍创业的各类行业性、经营性壁垒步伐。全年农村劳动力转移就业22.17万人，劳务收入36.68亿元。农村劳动力、贫困劳动力和农村转移劳动力的实名制录入100%。全区着力开展创业创新示范基地建设工作，宜宾市创业创新孵化基地、宜宾"互联网+"型示范区、明威镇返乡创业示范园区分别吸引51家、100家、500家创业团队入驻，分别吸纳1200余人、1500余人、2000余人就业创业，其中贫困家庭劳动力1000余人。全区实现"三个率先"，即率先在宜宾市启动"扶贫专班"、率先在宜宾市建卡贫困户劳动力招聘会现场为每人发放伙食费50元、率先在宜宾市设计且粘贴就业扶贫标识。明威镇白塔村被认定为"省级就业扶贫示范村"，明威镇民东村被认定为"市级就业扶贫示范村"。

【主要领导人】 区委书记：曾从钦；区人大常委会主任：程政；区长：李强；区政协主席：黄继军；分管农业副区长：张艳丽。

翠屏区编写组

南溪区

【基本情况】 2017年，南溪区辖7镇6乡2个街道207个村34个社区，辖区面积704.42平方千米。有常住人口34.55万人，户籍人口43.27万人，人口出生率12.92‰，人口自然增长率4.35‰，符合政策生育率76.66%。有林业用地面积19066公顷（其中有商品林9787.28公顷、公益林9278.72公顷），森林资源蓄积1010446立方米，森林覆盖率41.97%。

2017年，全区GDP127亿元，增长9%，其中第一产业增加值23.5亿元，增长3.5%；第二产业增加值66.6亿元，增长10.2%；第三产业增加值37亿元，增长10.5%。三次产业结构比由19∶52.4∶28.6调整为18.5∶52.4∶29.1。

一般公共预算总收入完成9.2亿元，增长8.5%，总量居全市前3位。全社会固定资产投资113亿元，增长12.1%，成功站稳百亿台阶，综合竞争力由全省第78位上升至74位。全社会消费品零售总额69.62亿元，增长13.4%，比全市增速高0.4个百分点，全市排名第2位。有各级各类卫生计生机构453个，其中区级医疗机构4个、区级卫生单位2个、乡（镇）卫生院16个、社区服务中心1个、社会办医院6个、村卫生室348个、诊所61个、乡（镇）卫生和计划生育办公室15个；医疗卫生计生单位有在职人员1520人，有注册医师628人、注册护士763人、村医327人；有编制病床1632张，实有床位1934张，每千人拥有编制床位3.72张。

【年度农业和农村经济运行】 2017年，南溪区农林牧渔业增加值完成23.7亿元，增长3.5%。九大民生工程、19件民生实事全面完成，民生支出占年度公共财政支出的70.1%。城镇居民年人均可支配收入达30414元，增长8.7%；农村居民年人均可支配收入达14258元，增长9.5%。新增农业抵押贷款0.7亿元，争取财政项目资金1.76亿元，带动社会资金投入3.75亿元，农业招商引资0.45亿元，为农业基础设施建设和产业发展提供了保障。

农业产业化发展。全区新增规模以上农产品加工企业2家，规模以上农产品加工企业发展到42家，其中省级龙头企业3家、市级以上龙头企业24家。发展培育家庭农场280家、专合组织340个，其中市级示范社30家、省级示范社6家、国家级示范社3家。大力推广"大园区+新型经营主体+小业主""新村+农庄+基地"的农业产业发展和布局模式。出台《南溪区脱贫攻坚支持新型经营主体发展的实施细则》，预算财政资金200万元用于培育壮大新型经营主体，推进农民合作社等新型经营主体规范化建设，充分发挥新型经营主体的示范带动作用。

农用地产权制度改革。一是全面开展农村土地承包经营权确权登记工作。完成了入户权属调查、内业数据处理、公示确认、数据库建设、管理信息系统建设和颁证等工作。全区实际开展的确权颁证工作涉及全区15个乡（镇、街道）210个村1566个社，土地承包总户数91327户，承包地块总数1268244块，实测确权登记面积41.56万亩，较二轮承包面积26万亩增加15.56万亩，增长59.85%。二是开展农村土地承包经营权确权颁证工作，完成确权登记面积占应确权登记的98.96%。江南等8个乡（镇、街道）颁证工作已全面完成，颁证率达84%。三是开展农村集体资产股份制改革工作。探索开展农村集体资产股份制改革工作，制定南溪区《关于全面开展农村集体产权制度改革的实施意见》，明确工作职责，已完成60个村的清产核资工作。

【种植业】 2017年，南溪区粮食播种面积405170亩，增长2.01%；粮食产量176323吨，增长1.52%。其中，大春粮食播种面积325565亩，增长2%；产量161079吨，增长2.16%；小春粮食产量15244万吨，减少3.11%（小麦11715亩，减少6825亩；马铃薯38070亩，增加2989亩；新增特色粮油面积6.1万亩，实现粮油综合产值7.66亿元）。粮食生产能力提升工程项目顺利推进，新建脱毒马铃薯示范片2000亩。蔬菜基地面积达13.95万亩，增加0.49万亩，实现产值9.36亿元，蔬菜产业综合产值达23.87亿元。发展各类水果面积9.55万亩，实现水果销售收入1.92亿元，果农综合收入2.32亿元。桑树种植面积9600亩，全年发种6260张，产茧236.2吨，实现蚕茧收入590.7万元、蚕农蚕桑综合收入1443.7万元。茶叶种植面积11200亩，新栽植500亩，生产茶叶210吨，实现茶叶销售收入780万元、茶农综合收入2690万元。晒烟种植面积4050亩，生产干烟1410吨，实现销售收入2140万元、烟农综合收入2245万元。新建、改造、种植各类中药材（红豆杉、砂仁、红栀子等）面积3.684万亩，实现产值14400万元。大力推进以高粱、榨菜为主导

产业的生态白酒产业园建设,全面完成中央、省、市下达的各项目标任务。

病虫害防治及植物检疫。全年发布植保情报28期,平均准确率95.3%,发送病虫防控信息24000条;完成省级重点监测对象阶段汇报36期次、全国数字化监测预警系统汇报10期次。全区农作物病虫害累计发生面积101.45万亩次,累计防治面积117.06万亩次,病虫防治处置率达96.2%;病虫施药防治90.02万亩次,其中专业化统防统治面积34.89万亩次,全区主要作物病虫害绿色防控覆盖率达40.22%,主要粮食作物专业化统防统治覆盖率达40.2%。农药使用总量6.988吨(有效成分),其中低毒低残留农药使用量6.371吨(有效成分),减少化学农药用量5.15吨(有效成分),农药使用增长率为-9.31%,实现负增长。对宜字头种业公司在江南镇杂交水稻制种基地实施产地检疫4批次,涉及6个品种(含试验种子)、1457.67亩,检疫合格种子36.45万千克;检疫果树苗(柑橘苗)2批次、20000株;水稻种子调运检疫9批次,涉及6个品种、36.45万千克;柑橘苗木市场销售检查15次。稻水象甲发生面积950亩,发生区域覆盖4个乡(镇)8个村,防治面积6800亩,其中统防统治面积4400余亩。在全区开展外地柑橘桩头引种及黄龙病和柑橘木虱病虫害摸底调查,未发现柑橘黄龙病疑似症状和柑橘木虱。

【林业】 2017年,南溪区林业局着力开展"翡翠行动"、"大规模绿化南溪行动"、环城生态绿廊建设等造林绿化工程,以竹基地、木质原料林基地、花卉苗木基地、木本粮油基地等四大基地建设为主体,切实抓好林产品精深加工和生态旅游等发展。全区实现林业总产值20.7亿元,其中林业旅游与休闲服务产业产值3.5亿元,实现林业招商引资3200万元,带动社会资金投入3.53亿元,农民人均可支配林业收入1513元。

造林绿化。一是双增成效显著。全区积极推进大规模绿化行动,围绕创建国家森林城市的要求,切实加强溪沟、河流、塘库堰以及四旁荒山、撂荒地等宜林荒山的造林绿化工作,全区净增森林面积19735亩,净增森林蓄积7200立方米。森林覆盖率达43.85%,增长1.88%。二是大规模绿化南溪行动成果突出。完成4.5万亩的营造林建设,其中竹林基地2.1万亩、木质原料林1.3万亩、特色经果林1.1万亩。培育现代林竹产业基地1万亩,建成标准化育苗面积150亩。全区实施义务植树3次,参加义务植树28.3万余人次,植树80万余株,新建立义务植树示范基地300余亩,义务植树履职率为98.6%,完成率100%。三是国土绿化不断加强。在马家、刘家、长兴、汪家、林丰等地完成人工造林面积2.5万亩,完成森林质量精准提升2万亩,人工种草面积0.62万亩,花卉苗木基地面积0.4万亩。四是积极推进"创模、创森、创园"工作。在南溪城区周边新增城市公园绿地面积15.26公顷,新建和改造滨江生态景观林0.16万亩,新建滨江慢行森林绿道8千米,新建绿色林带23.42千米(折绿化面积0.035万亩),城区绿化率38.2%,人均公园绿地面积9平方米。创建省级绿化模范单位3个,建成市级森林乡(镇)3个,创建区级森林村庄11个,马家乡获得宜宾市唯一"四川省首批森林小镇"称号。

资源管护。一是资源管理。对全区名木古树进行了排查、摸底、挂牌工作,实施森林保险面积30万亩,积极推进"两大工程"建设,与乡(镇)签订目标责任书,完成国有林管护26658亩,完成前一轮退耕还林成果巩固17.4万亩,完成全国第三次有害生物普查,有害生物成灾率控制在3‰以内。二是防火工作。修订完善森林火灾应急预案,加强防火通道、防火物资建设,强化森林防火值班备勤,森林火灾成灾率控制在0.01‰范围内。三是打击犯罪。全年共办理各类涉林案件70件,其中行政案件63件、刑事案件7件,移送检察机关5件,为国家挽回经济损失55万余元。四是加强野生动植物保护。实施江滩湿地实验项目2000平方米,为沙燕、沙丘鸭、疏花水柏枝等创造适宜的生活环境。

创新改革。一是深化林权制度配套改革,实施林业贴息贷款、林木林地权抵押贷款,撬动社会资源和要素向农村流动,推动林地资源合理流转,全年流转林地面积0.19万亩,林权抵押贷款2670万元。二是全面完成国有林场改革。三是推进林业"三精""五新"工作,积极开展"科技下乡"、科技服务等活动,宣传活动涉及15个乡(镇、街道)和国有林场。四是深化品牌效应。申报"三品一标"5个,宜宾锦城林业顺利通过森林食品基地的认证,组织3家企业、5个林产品参加名牌林产品评选。完成标准化育苗面积150亩,并在大观、大坪、林丰等地推广以"宽窄行"为主的新技术种植,适度规模化种植油茶3000余亩。

项目建设。强化一二三产业融合发展,建成"万亩林亿元钱"示范园区1个、面积1万亩,其中核心区建设0.3万亩,森林食品精深加工基地6511亩,丰产培育林竹产业1万亩,新增仙源神州茶籽油林产品加工企业1家,完成固定资产投资6680万元,林业招商引资3200万元,引导社会资金投入林业3.53亿元,实现林业总产值20.7亿元,其中林业旅游与休闲服务产业3.5亿元,农民人均从林业获得可支配收入达1513元。以PPP模式引进企业开发滨江湿地公园。完成680.35公顷云台湖湿地公园植被恢复建设,湿地公园监测站等能力建设项目通过省级验收。完成宜长兴现代农业产业园区绿化补植补造1000亩,等待道路拓宽后实施道路绿化工程。

麻竹产业。2017年,长兴镇已有麻竹10000余亩。四川锦城林业开发有限公司已申请"南溪甜麻竹"为地理标志保护产品。公司先后与四川省食品学院、宜宾市林科院达成战略合作协议,以研发"天然笋保鲜关键技术和有关专利的报批事宜"为课题创建了10余人的研发团队,已经取得初步的科研成果。

【畜牧业】 2017年,南溪区畜禽及水产养殖持续健康发展,全年出栏生猪41.8万头、牛0.3252万头、羊8.1万只、家禽564万只,其中四川白鹅出栏355万只,实现畜牧业产值16.6亿元,畜牧业发展增长5%以上,农民人均牧业增收220元。全区无畜产品、水产品质量安全事件和区域性重大动物疫情发生。

重点项目。全年建设完成市级现代畜牧示范建设项目并通过验收,总投资173万元。市级财政特色畜禽养殖建设项目总投资63万元,按照批复的实施方案有序推进。南溪区与四川德康农牧科技有限公司签约,拟建成年出栏生猪30万头的养殖项目,总投资5.4亿元。已有6个家庭农场开工建设,完成投资300万元。同时,争取到2017年国家生猪调出大县奖励资金138.8万元。争取国家农业综合开发产业化发展项目(白鹅养殖基地)资金70万元,中央预算内投资种养一体化循环建设项目资金160万元。

畜禽标准化生产。全年新建畜禽标准化示范场5个,完成1个省级畜禽标准化示范场和1个市级畜禽标准化示范场的创建工作。新扶持发展年出栏生猪500头以上规模养殖场4个,年出栏肉牛10头以上适度规模户6户,年出栏土鸡500只适度规模户4户,年出栏水禽500只适度规模户15户。全区生猪等主要畜禽规模养殖比重达63%以上,生猪良种面达85%以上,完成人工种草面积4.5万亩。

科技推广。围绕建设现代特色畜牧产业基地发展目标，以"科技进村入户，助力增产增收"为主题，以良种、良法、良制的创新推广为重点，推进畜牧科技进村、到场、入户，提高畜牧业标准化、规模化水平。因地制宜，结合脱贫攻坚，在全区贫困村和非贫困重点村遴选能力较强、乐于助人的新型农业经营主体带头人、种养大户等作为农业科技示范主体（科技示范户）224户，遴选和认定1个示范基地为裴石镇两江白鹅养殖基地，大力推广DLY肉猪标准化生产技术、肉鹅反季节繁殖技术、种草养鹅技术三项主推技术的推广和应用，配套推广稻田综合种养技术、规模化猪场绿色养殖和疫病净化技术以及"果（菜、茶）—沼—畜"循环农业技术等。

动物疫病防控。加强春、秋两季重大动物疫病防控，全年共免疫口蹄疫48.15万头，高致病性禽流感294.02万羽，猪瘟38.99万头，高致病性猪蓝耳病38.47万头，鸡新城疫84.65万羽，羊小反刍兽疫2.87万只。重大动物疫病强制免疫的群体免疫密度常年保持在95%以上，免疫抗体合格率保持在70%以上。加强动物流行病学调查和疫病监测，坚持每半年召开动物疫情会商会议机制。着力疫病监测与流行病学调查，全区共设立动物疫病定点监测点25个，按要求对各定点监测场点进行定点、定时、定量、定性监测，全年共采集各类动物样品770份送市兽医实验室检测。

加强人畜共患病防治。加强结核病、血吸虫病、猪Ⅱ型链球菌病、炭疽等人畜共患病防控工作，重点开展了牛（羊）布病检测工作，共检测牛羊血清640份，未检测到阳性畜。送检鹅血清90份，鹅咽喉、泄殖腔双拭子90份，环境样品拭子10份，H7N9亚型禽流感的监测结果全部为阴性。全区全年无炭疽、猪链球菌病和牛（羊）布鲁氏菌病、结核病发生。

【水产业】 2017年，南溪区鱼苗种投放量1160吨，全年水产品总产量8862吨，实现渔业经济总产值1.82亿元。新发展健康水产养殖面积800亩，积极探索新型养殖技术，新发展稻田养殖面积1000亩。

围绕渔业稳步增效，渔民持续增收，渔业经济与生态协调发展目标，积极构建绿色生态健康养殖。一是优化渔业产业结构，提高特种水产比重。在稳定四大家鱼常规水产产量同时，持续发展泥鳅、甲鱼、黄颡鱼、美蛙等特色水产品养殖。二是因地制宜，大力发展稻鱼养殖基地。"稻鱼"生态种养模式投资少、见效快、无公害、效益好，深受广大群众欢迎。全年全区新增特色稻田养鱼面积800亩。三是打造绿色现代农业综合示范区特色水产养殖基地。结合全区现代农业综合示范特色区建设，积极打造种养殖休闲渔业，带动二、三产业发展。

水产渔政执法管理。全区通过调查摸底，制订《取缔网箱养殖工作方案》，反复宣传动员和下发《责令整改通知书》，11个保护区养殖网箱在全市范围内率先全部拆除。大力加强辖区内湖库、河塘、滩涂水产养殖监管，推广水产健康养殖模式。渔政执法人员深入沿江（河）6个乡（镇）和市场进行巡查和执法，检查市场6次、餐馆2次，严禁在禁渔期销售、收购、经营非法捕捞天然水域的渔获物，为严厉打击电、毒、炸鱼违法捕捞和渔船非法载人载物行为，组织渔政执法人员巡江执法110次，并积极与当地公安、长航公安、海事部门和有船艇企业的联系，形成相互配合、信息资源共享的协作办案关系，禁渔期公安出警40余人次，有效地控制了渔业违法行为的升级。全年清理地笼网、豪网等禁用渔具50余副，共查处案件8起，全部进行了行政处罚，共处罚金10.2万元。

渔船检验和安全生产。通过设立南溪东门口、罗龙新码头、石鼓滔溪口、石鼓内河4个船检站点，对全区155艘机动和非机动渔船现场船检，检查救生消防设备、船体有无渗漏、发动机运转是否正常、航行和作业所需装备是否齐全等内容，检验率100%。

【特色优势产业发展】 2017年，南溪区将"菜、果、茶"作为全区农业特色优势产业进行重点打造和发展。一是发展壮大蔬菜产业。蔬菜基地面积达13.95万亩，增加0.49万亩，其中以"菜—稻—菜"为主要种植模式的鲜菜基地9.6万亩，周年净作蔬菜基地4.35万亩，年蔬菜种植面积达29.42万亩，鲜菜总产量64.03万吨，实现产值9.36亿元，全区农民年人均种菜收入达2770元、纯收入达2090元；新建"万亩地亿元钱"粮经复合示范基地2个、面积2万亩；以榨菜为主的蔬菜加工实现产值2.8亿元，并就地转移农村劳动力2200人；蔬菜产业实现综合产值23.87亿元。二是突出发展晚熟柑橘产业。发展各类水果面积9.55万亩，水果产量7.98万吨，新建和改造特色水果基地面积12000.6亩，实现水果销售收入1.92亿元、果农综合收入2.32亿元。着力推动塔罗科血橙本土化改造，打造"南溪血橙"品牌，发展南溪血橙基地1.8万亩，其中2017年新建基地0.65万亩，投产0.6万亩，实现产值6000万元。三是着力建设早茶基地。茶叶种植面积11200亩，新栽植面积500亩，生产茶叶210吨，实现茶叶销售收入780万元、茶农综合收入2690万元。

【幸福美丽新村建设】 2017年，南溪区按照"业兴、家富、人和、村美"的目标要求，按照《宜宾市南溪区推进幸福美丽新村建设总体行动方案（2014—2020）》，制订了《南溪区2017年幸福美丽新村建设实施方案》。32个幸福美丽新村建设工作扎实推进。重点实施扶贫解困、产业提升、旧村改造、环境整治、文化传承"五大行动"。在新一轮市级幸福美丽新村示范区建设中，南溪区重点规划长兴示范片作为2016—2018年市级幸福美丽新村示范区打造。全年建设省级财政幸福美丽新村12个，获得省级补助专项资金744万元、区级财政投入72万元。

【农村扶贫和移民工作】 2017年，南溪区完成扶贫解困3538人，完成省定任务的103.57%。争取到省、市财政专项扶贫资金1378万元，其中371万元安排到全区15个乡（镇、街道），用于扶持全区1237户插花贫困户发展种养殖业或改善生产生活条件；50万元安排到5个贫困村实施基础设施建设项目；775万元安排到15个乡（镇、街道），用于全区插花贫困户进行危房改造；46万元产业发展周转金切实解决贫困村的贫困户生产发展资金短缺问题；76万元用于易地扶贫搬迁长期贷款贴息；60万元用于资产收益扶贫项目，确保全年脱贫目标任务的全面完成。全区小额信贷放贷1321笔，放贷金额3537.84万元，为贫困户产业发展提供了资金保障。积极开展"中国社会扶贫网"推广应用工作，动员全社会力量注册成为爱心人士，对建卡贫困户开展爱心捐赠。截至2017年年底，成立县级管理中心1个、乡（镇）服务中心15个、村级信息点214个，有注册贫困户6919户、注册管理员215人、注册爱心人士1674人。

社会扶贫。全年共有4名市级领导和7个市直帮扶单位定点帮扶南溪区7个贫困村。已投入帮扶资金近200万元，帮助186名贫困人口脱贫，帮助贫困村新建村道6.16千米、产业通道2.089千米、连户路1.3千米，整治维修公路桥1座，新建农业生产引流灌溉管道2.3千米、囤水田坎25米，扶助20户贫困户养鹅1400只，扶助59户贫困户养鸡1700只，扶助39户贫困户种植塔罗科血橙1950株，慰问贫困户35户，帮助11人实现劳务就业，实现劳务收入20余万元。

易地扶贫搬迁。2017年，全区易地扶贫搬迁规模为155户440

人,涉及10个乡(镇、街道)39个村。该项目总投资2523.6万元,已到位资金2296.1万元。截至2017年年底,建成住房155套,搬迁入住440人;基础设施铺设饮水管20.55千米,架设电网20千米,道路硬化78.057千米,对15个乡(镇)水站进行升级改造;新建公共服务设施卫生室1个、文化活动室5个、休闲广场1个、公共厕所2座、垃圾中转站1个、垃圾箱20个;搬迁户原基拆旧复垦22.371亩,生态修复19.716亩。

移民安置。全年完成龙滚滩水库工程截流阶段移民安置省级验收,完成龙滚滩水库移民安置指标分解655人,移民生产安置518人,搬迁安置33户118人。

【农村水利】 工程项目实施完成投资情况。2017年,南溪区城市生活污水处理厂提标改造工程已完成紫外线消毒渠及巴氏计量槽土建工程及设备安装工程,并投入运行。接触消毒池及纤维转盘滤池完成土石方开挖,完成土建的50%,设备已定制,全年完成投资440万元。南溪区龙滚滩水库工程枢纽工程完成大坝填筑至高程368.8米(达到32米,设计高50米);溢洪道开挖基本完成,混凝土浇筑500立方米,边坡喷锚支护完成7980平方米,边坡格构混凝土浇筑380立方米;取水隧洞工程洞身段、出口消能段、出水渠段全面完成,进水渠段混凝土浇筑完成,进水塔塔身混凝土浇筑至高程386.6米,进水塔工作桥梁板混凝土浇筑完成85%,全年完成投资5800万元。江南供水站巩固提升项目已完成初步设计、技施设计、财政评审工作;江南镇政府已完成土地青苗清点工作并与农户签订协议,全年完成投资800万元。南溪老工业区供水及基础建设项目(三水厂)实施完成情况:场内施工用电、临时工程、文明设施已完成施工;完成综合楼独立基础清底、清水池基坑挖方、两台塔吊安装;待取得区住建部门审核意见后,进行输水管道施工图设计;编制完成输水管道采购及工程安装服务标段(三标段)招标文件;加快省道307线原水管顶管施工,全年完成投资5200万元;新城污水管网工程北环线污水管网工程已基本完成管网敷设,全年完成投资500万元。旧城排水设施改造工程(二期工程)已完工;2017年完成投资400万元;南溪区农村供水工程巩固提高项目获得2017年中央财政资金134万元、市级财政30万元,并在石鼓乡和裴石镇实施,裴石镇建设内容全面完工,整体已完成90%;全年完成投资1985万元。南溪区新出险小型病险水库除险加固项目已下达柑子湾、斑竹山两座水库投资计划270万元,初步设计已通过市级审查,全年完成投资60万元。

资金项目。全年水利发展项目总投资1441万元,其中省级资金1300万元。该项目已全面开工建设,将在生态白酒产业园区新增高效节水灌面0.15万亩,已完成高效节水任务0.12万亩;全面完成马耳岩中型水库灌区1.763万亩农业水价综合改革任务。

水务体制改革。全力推进农村小型水利工程确权工作。全面贯彻落实《宜宾市南溪区农村小型水利工程产权制度改革实施方案》,深化小型水利工程产权制度改革工作,截至11月,农村小型农田水利工程确权颁证率为98.8%。全力推进水权水价水市场改革,依法实行取水许可制度和有偿使用制度,实现水资源节约和优化配置。积极完成农业水价综合改革试点工作,以马耳岩水库灌区为试点,同步完成仙临镇、长兴镇高效节水工程项目区农业水价综合改革工作,完成1.994万亩农业水价综合改革任务,配套完善《南溪区农业初始水权分配及水量交易实施细则(暂行)》等一系列体制机制,建立了汪家镇、黄沙镇、仙临镇、长兴镇农民用水者协会。

河长制工作。积极开展河长制宣传工作,设立河长制公示牌90块,其中15条区级河流33块、水库57块。大力开展"清河行动",积极清理水面、岸线的白色垃圾,打捞河流内水葫芦;积极开展"一河一策"编制工作。区级13条河流(段)、49座水库"一河一策"编制工作已委托同济大学进行编制,主体部分已基本完成。

【农村能源建设】 2017年,南溪区创新推动农村能源转型升级,通过政府购买沼气服务,沼气使用率达38%,增长12%。切实开展安全检查,开展隐患排查146次,确保全年无沼气安全事故发生。两处新村集中供气工程建设完成投资100万元,已完成主体工程和入户安装。

【农业机械化】 2017年,南溪区实现新增和恢复蓄水引水能力25.79万立方米,治理水土流失14平方千米,新增有效灌面1.15万亩,发展节水灌面0.231万亩,解决2855名贫困人口饮水安全问题。新建和改造提灌站22座,维修改造提灌设备578台、3996千瓦时,新增提水控灌设备175台、512千瓦。完成机电提水1032万立方米,常年保灌面17万亩。新建机耕道92千米。农机化综合水平达49.2%。完成高标准农田建设3.89万亩,建设高标准农田示范片1个、1万亩,完成改土培肥2.02万亩,总投入12000万元;完成绿色示范区建设3000亩,推广测土配方施肥60万亩,完成耕地质量变更与评价监测点49个。完成农机购置补贴资金42.5万元,全区农机总动力22.34万千瓦。南溪区首座太阳能光伏提灌站在留宾乡马村建成。检查拖拉机456台,注销拖拉机153台;新注册联合收割机2台,年检联合收割机9台;办理拖拉机驾驶证49个,注销155个,期满换证130个,变更换证54个,高龄年审15个。共查询变型拖拉机252台,其中省内变拖198台,省外变拖54台。开展农机安全检查283次,检查上道路行驶拖拉机750余台次,查处违规拖拉机57台次,确保了全区道路行驶拖拉机的安全运营,确保全年无农机安全事故的发生。

【农村科技】 2017年,南溪区创新开展新型职业农民培育工作,共培训新型职业农民312人。

"五新"科技示范基地建设。重点围绕白酒产业园区重点打造"五新"示范基地建设,基地规模达1.5万亩,其中核心示范片面积3000亩。在示范基地内推广示范蔬菜、高粱、大豆等新品种50个,积极推广测土配方、绿色防控等新技术2项,重点推广秸秆粉碎还田机和油菜直播机新机具2种。在园区内推广"农户+公司""专合社+公司"利益联结机制,即农户通过土地入股实现固定分红,高粱生产与五粮液公司、园区企业签订协议实行保护价收购,油菜种植与国有溯源农业公司签订收购,延伸了购销渠道,保障南溪区优质农产品原料生产与市场供给,确保农民的经济收益和生产积极性。

【生态修复工作】 2017年,南溪区开展土壤环境问题整改和治理工作,全面完成省、市下达的工作任务。做好化肥、农药使用量控制工作,化肥使用量减少0.5%,农药使用量减少9.31%,均呈现负增长趋势。开展农作物重大病虫害绿色防控。全年虫施药防治90.02万亩次,其中专业化统防统治面积34.89万亩次,全区主要作物病虫害绿色防控覆盖率达42.2%。开展病虫绿色防控示范28.7万亩,带动全区实施病虫绿色防控11.84万亩。病虫害损失率为1.1%,完成了上级下达的将病虫危害损失控制在3%以内的目标任务。

【农产品质量安全监管】 2017年,南溪区开展了农资春季、夏季、秋季、冬季农资专项整治,农资产品售前检查,信用等级评定,农资产品进销台账检查等工作。全年共出动执法人员610人次、执法车辆160

台次，检查农资经营门店110个次，检查专合社30余个；检查肥料25批次，代表数量300余吨；检查农药品种60余个，检查杂交种子50个品种。加快质量安全追溯体系建设，以蔬菜、水果为农产品安全追溯建设重点，完成南溪区大宗农产品葡萄的主体备案和“二维码”扫码交易制度建设工作。积极开展农产品质量监测和专项整治，全年完成省级蔬菜水果监督抽检50个(批次)品种，市级蔬菜水果监督抽检35批次、专项检测14批次、区级日常检测蔬菜水果100批次，完成区级农残速测1000批次、乡(镇)及专合社速测2500批次，合格率达98%以上，农作物种子质量抽检合格率100%。

加强养殖场监管。积极指导各标准化养殖场(户)建立使用档案，并要求各畜禽养殖场规范使用饲料、兽药，坚决禁止添加违禁药物等违法行为。

加强饲料、兽药专项整治。重点查处饲料和兽药含量不足、标签说明不规范、非法销售劣兽药等违法行为，并对“瘦肉精”、三聚氰胺等违禁药品进行严格的清查整顿；严查在饲料加工和养殖环节添加使用违禁药物、非法添加剂的行为；规范饲料和兽药市场的购进、验收、入库、陈列、储存、运输、销售、出库等各个环节。全年共出动执法人员80余人次，检查饲料兽药经营企业43家，全年共抽取饲料样品2个进行技术指标和含量等检测，检测结果全部合格。

加强动物卫生检疫监督。实行电子联网出证，全年产地检疫生猪5.5516万头、牛(羊)0.1442万头(只)、鸡1.17万只、鸭1.74万只、鹅1.3756万只，养殖环节无害化处理生猪1222头；生猪屠宰检疫12.4698万头，屠宰环节无害化处理生猪435头。

加强生猪定点屠宰场和肉牛标准化屠宰场管理。对3家迁建的生猪屠宰场加强规划和指导，对4家未达要求的B类屠宰点进行停业整顿。

【农村市场体系建设】 2017年，南溪区完成信息进村入户工程益农信息社建设96个，其中一类社53个、二类社43个，村级信息服务站覆盖率达46%，促进了乡村信息畅通，实现了本地优质农产品的网络宣传和销售。建成运营区级电商服务中心1个、仓储中心1个、特产馆1个、电商孵化园1个、大学生创新创业园1个、镇级服务站13个、农村淘宝村级服务点62个、邮政邮乐购站点160个，改造便民服务站112个。依托农村淘宝积极发展农村电商服务点，实现“网货下乡”“农产品上行”双向流通，南溪区获得“2017省级电子商务产业发展示范县”称号。

【“三权分置”试点工作】 2017年，南溪区积极探索土地“三权分置”试点工作，推动土地经营权向新型经营主体适度集中。全年安排财政支农资金140万元用于开展股权量化改革试点，引导农民积极发展股份合作经济，已在林丰、裴石、罗龙、南溪街道实施。全区办理设施农业用地备案27宗，占地19.38公顷；林地流转备案324宗，面积10693.2亩。全年流转土地4.4万余亩，占全区耕地面积的20%左右。

【强化考核责任机制】 2017年，南溪区委区政府高度重视“三农”工作，主要领导亲自抓，分管领导具体负责，并实行区级领导联系村、部门帮扶村及干部驻村的“一帮一”责任制。党委政府领导组织召开以新农村建设示范片、新村建设和农村经济分析等会议10余次，党委和政府主要领导深入农村调研达40余天，“四大班子”相关领导深入农村工作达70天以上。相关部门结合自身职责，研究制定具体措施，各乡(镇)全面把握“三农”工作重点，认真做好工作落实。制定《关于2017年加快农业供给侧结构性改革着力培育农业农村发展新动能的意见》等文件，强化考核制度，将“三农”工作作为目标考核内容落实到部门和乡(镇)。

【乡村振兴战略实施】 2017年，南溪区依托溯源农业发展有限公司，通过“公司+协会(村级)+农户”的发展模式，建设高粱核心示范基地3000亩，全区高粱种植面积达2.1万亩，全年酿酒专用高粱产量达5880吨，实现产值2900万元，园区农民人均增收500元。做好生态白酒产业园区三产融合示范，在以生态白酒原料为主导产业发展的同时，利用园区现有蔬菜、豆腐干、白鹅产业资源，加快园区内深加工、休闲农业基地和乡村综合体建设，促进三产融合。建设三产融合核心示范园区面积3万亩，实现综合产值6.24亿元，其中主导产业产值4.72亿元，占75.6%；综合产值中加工业产值达4.5亿元，农产品加工业产值与农业总产值之比为2.6∶1，园区农民可支配收入达1.47万元，高于全区平均水平23%。强力推进裴石镇月亮湾园区建设。按照乡村振兴战略安排部署，整合水务、交通、农业等项目资金5000万元，以莲藕、柑橘产业发展为重点，大力推进裴石镇月亮湾乡村振兴示范片建设，已建成莲藕基地1500亩、南溪血橙基地600亩，新建休闲农业基地1个、休闲农业专业村1个。全年举办农旅节庆活动4次。

【主要领导人】 区委书记：肖敏；区人大常委会主任：刘吉斌；区长：李廷根(7月止)，何永宏(7月始)；区政协主席：余水情；分管农业副区长：谢明春。

南溪区编写组

宜 宾 县

【基本情况】 2017年，宜宾县辖3乡23镇55个居民委员会535个村民委员会，辖区面积2940平方千米，其中耕地面积124862公顷。有户籍人口总户数33.36万户，总人口102.41万人，其中城镇人口31.26万人、乡村人口71.15万人；出生人口12983人，死亡人口11961人，人口自然增长率3.77‰。城镇化率36.14%，提高1.51个百分点。有省级湿地公园1个，省级森林公园1个，森林覆盖率40.87%。

2017年，全县GDP262.45亿元，增长9.3%，其中第一产业增加值43.79亿元，增长3.3%，拉动GDP增长0.6个百分点，对GDP增长的贡献率为6.28%；第二产业增加值126.4亿元，增长10.8%，拉动GDP增长5.2个百分点，对GDP增长的贡献率为56.43%；第三产业增加值92.26亿元，增长10.3%，拉动GDP增长3.5个百分点，对GDP增长的贡献率为37.29%。三次产业结构比优化为16.7∶48.1∶35.2。全年接待国内游客248.62万人次，增长10.2%；实现旅游总收入29.55亿元，增长28.3%。

全社会固定资产投资209.01亿元，增长7.1%。全社会消费品零售总额107.29亿元，增长13.3%，其中乡村消费品零售额31.55亿元，增长13.2%。全年地方一般公共预算收入11.28亿元，增长8.4%，其中税收收入7.17亿元；一般公共预算支出42.51亿元，减少4.2%。金融机构各项存款余额272.63亿元，比上年末增长9.4%，其中住户存款余额212.78亿元，增长11.1%；各项贷款余额215.89亿元，增长11.1%。

公路通车里程3784.35千米，其中等级公路3216.5千米、高速公路63千米。公路运输总周转量88265万吨/千米，增长9.8%。全年邮电业务总量43352万元，比增长10.1%。有固定电话用户9.38万户，增长29%；移动电话用户66.86万户，增长8.7%；固定互联网用户14.1万户，

增长32.1%。

有各类学校429所(含193个教学点),在校学生14.04万人,教职工9738人(其中专任教师9087人),其中幼儿园120所(其中民办幼儿园88所),在园幼儿21764人;小学251所(含193个教学点),在校学生64100人,小学学龄儿童入学率100%;初中46所,在校学生33289人;特殊教育1所,在校学生142人;普通高中6所,在校学生14071人;中等职业教育5所,在校学生7031人。全年专利申请量 433 件,累计达1592 件,其中发明专利(授权)总量达 129 件。有广播电台1座,电视台1座,有线电视用户63139户,广播综合覆盖率96%,电视综合覆盖率95%。有医疗卫生机构1062个,病床位5118张,卫生技术人员2619人(其中执业、助理医师1910人)。

【年度农业和农村经济运行】 2017年,宜宾县农村居民年人均可支配收入达14298元,增加1235元,增长9.5%,其中工资性收入3966元,增长9.5%;经营净收入6137元,增长9.7%;财产净收入332元,增长7.4%;转移净收入3863元,增长9.2%。农村居民年人均生活消费支出11112元,增长6.3%,其中居住消费支出增长5.4%,生活用品及服务消费支出增长2%,交通、通信支出增长15%,医疗保健消费支出增长10%。农村居民恩格尔系数40.9%。全县水产养殖面积4048公顷,减少2.3%;水产品产量19386吨,增长6.4%。年末有效灌面35071公顷,增长3.5%;农业机械总动力58.5万千瓦。全年农村用电量35922万千瓦时。

【种植业】 2017年,宜宾县粮食作物播种面积130.18万亩,增加0.17万亩;油料作物播种面积24.82万亩,增长0.7%;中草药材播种面积0.87万亩;蔬菜播种面积11.48万亩,增长4.4%。全年粮食产量52.43万吨,增长0.7%,其中小春粮食产量增长2.2%,大春粮食产量增长0.5%。经济作物中,油料产量3.65万吨,增长1.5%;烟叶产量0.39万吨,增长1.3%;蔬菜产量31.19万吨,增长3.5%;茶叶产量0.56万吨,增长19.3%;园林水果产量8.87万吨,增长4.5%;中草药材产量0.2万吨。

【林业】 2017年,宜宾县完成荒山荒(沙)地造林2567公顷。全县木材产量5.87万立方米,增长109.4%。竹材产量25.62万吨,增长11.4%。樟油产量0.55万吨,增长11%。宜宾县被农业部等九部委认定为“四川省宜宾县宜宾油樟中国特色农产品优势区”,获得中国经济林协会授予的“油樟名县”称号,“宜宾油樟”获得国家地理标志证明商标。

【畜牧业】 2017年,宜宾县肉猪出栏85.3万头,减少5.2%;牛出栏0.68万头,减少0.3%;羊出栏8.9万只,增长1.4%;家禽出栏780.65万只,增长0.6%。猪肉产量减少5.2%,牛肉产量增长3%,羊肉产量增长1.9%。禽蛋产量减少1%,牛奶产量增长6%。

【农村文化】 2017年,宜宾县完成基层综合性文化服务中心达标建设123个,新建农村地面数字电视发射基站6个、文化广场40个、固定放映点35个,发展电视“户户通”8300户、广播“村村响”90个。下派文化辅导员26名,26个乡(镇)均建立了农民文化理事会。全年完成“送文化下乡”130场,公益电影放映8446场次。加强文物保护利用和非物质文化遗产保护传承,新增市级文物保护单位5处、县级文物保护单位3处。实施体育“十项惠民行动”,新建农民体育健身工程5个。

【农村社会保障】 2017年,宜宾县为4686名失地农转非人员办理养老保险,累计参保18220人,领取待遇8177人。发放城乡居民养老保险16.49万人15877万元。全年纳入农村低保313794人,城乡最低生活保障标准提高75元。全年共发放困难残疾人生活补贴517.85万元。将5077名城乡特困人员纳入救助供养范围,其中集中供养特困人数1438人、分散供养3639名,不能自理特困人员集中供养率达60%。通过政府购买为36870名困难家庭60岁以上失能半失能老人和80周岁以上高龄老人提供了居家养老服务。

【主要领导人】 县委书记:丁应虎;县人大常委会主任:罗平;县长:刘海昌;县政协主席:钟建华;分管农业副县长:王小莉。

宜宾县编写组

江 安 县

【基本情况】 2017年,江安县辖15镇3乡,辖区面积888平方千米,有人口56万人,是省级历史文化名城、省级文明城市、革命老区县和“中国民间文化艺术之乡”。

2017年,全县GDP135亿元,增长3.8%。规模以上工业增加值增长0.2%。全社会固定资产投资167亿元,增长11.2%。社会消费品零售总额72.76亿元,增长11.5%。地方一般公共预算收入7.89亿元,增长9.5%。

【年度农业和农村经济运行】 2017年,江安县农村居民年人均可支配收入达14093元,增长9.6%。旅游设施不断完善,小坝五星级酒店、夕佳山鹭鸟小镇等项目签约启动,新增四星级农家乐2家。完善城乡物流配送体系,建立配送专线2条、乡(镇)网点18个。全年建成幸福美丽新村53个,省级“四好村”6个、市级“四好村”59个、县级“四好村”67个。整治病险水库4座,完成堤防护岸6千米,新建、疏浚灌渠管网355千米,新增、恢复灌面3万亩。

【现代农业发展壮大】 2017年,江安县深化农业供给侧结构性改革,打造现代畜牧产业融合发展示范园3个。全年粮食作物播种面积52万亩,完成人工造林2.78万亩、高标准农田建设4.7万亩,新建竹笋、茶叶、油茶等经济林和中药材等林下经济示范基地2万亩。新增农业产业化重点龙头企业4家、德康家庭农场53家。五粮液酿酒专用粮基地、玛瑙湖万亩红枫农业旅游示范园区等项目强力推进。江安县获得全省“首批供港澳蔬菜试点县”“农产品安全质量监管示范县”称号,“川南黑山羊(江安型)”被授予“国家地理标志产品”称号。

【新型城镇化】 2017年,江安县城镇化建设稳步推进,新增县城建成区面积1.1平方千米,城镇化率达47%。逐步实现东城剧专产业园、南城行政商务区、西城高端住宅区和北城产业新区等城市功能分区。县城建成区绿地率32.87%,绿化覆盖率39.19%,创建为国家级卫生县城、省级文明城市、省级园林城市。全力推进全国重点镇、“百镇建设行动”试点镇和扩权强镇建设。水清镇通过国家卫生乡镇综合考核验收,夕佳山镇被评为省级文明乡镇,底蓬镇、桐梓镇入选四川省特色小镇建设名录。完成西江大桥新桥、迎宾大道景观工程等项目建设,小坝片区、天堂湖·天堂河、环城路市政景观工程和南屏大道东西延及桥梁等项目加快推进,县城主城区“五横五纵”总体构架基本形成。新客运站投入运营,宜南阳泸快速通道(江安段)开工建设。县城自来水供水二期提升改造全面完成,县城污水处理厂迁建项目稳步推进。全县农村公路里程达3500千米,成功创建为全国首批“四好农村路”示范县,并承办了全省现场会。

【扶贫攻坚】 2017年,江安县坚持把脱贫攻坚作为第一民生工程,落实“六个精准”“五个一批”等部署,全力实施22个扶贫专项行动,全年共投入资金6.08亿元,其中整合涉农项目资金5.5亿元,省、市、县财

政专项扶贫资金5073.9万元,社会扶贫资金891万元;实现4517名贫困人口脱贫、18个贫困村退出,易地扶贫搬迁206户794人。井口镇卯埂村入选"全省2017年文化扶贫示范村"。

【农村生态建设及环境保护】 2017年,江安县县、乡、村三级河长制实现全覆盖,主要河流考核断面水质达标率100%。稳步推进"大规模绿化全县"行动,严格按照"长江大保护"要求开展非法码头和砂石场整治工作。

【主要领导人】 县委书记:张明明;县人大常委会主任:赵文年;县长:朱莉;县政协主席:黄明;分管农业副县长:王文华。

江安县编写组

长宁县

【基本情况】 2017年,长宁县辖5乡13镇,辖区面积1000.2平方千米,有人口46.72万人。

2017年,全县GDP129.6亿元,增长8.7%。规模以上工业增加值增长11.3%。全社会固定资产投资148亿元,增长4.4%。一般公共预算收入6.12亿元,增长10.17%。社会消费品零售总额82.79亿元,增长13.2%。全县金融机构存款余额107亿元,增长12.14%;贷款余额73亿元,增长14.4%。有县级以上农业产业化龙头企业28家、农民专业合作社435个、家庭农场347个。全年申请专利145件,其中发明专利71件。

【年度农业和农村经济运行】 2017年,长宁县农村居民年人均可支配收入增长10%。全年整治农村土地2.5万亩,新增耕地1678亩。农村小型水利工程颁证3093个,农房所有权确权颁证752个。建成幸福美丽新村43个,创建省级"四好村"11个、市级"四好村"47个、县级"四好村"65个。全年新申请注册商标237件,新增市知名商标3件、"四川名牌"产品10个。

【特色农业稳步发展】 2017年,长宁县实施重点项目61个,完成投资15.63亿元。宜长兴乡村振兴发展示范区长宁片建设成效明显。全县流转耕地13.2万亩,流转率达40.5%。种植竹荪2.5万亩,五粮液酿酒专用红粮2万亩。水产养殖面积13.8万亩。发展肉牛养殖专业村4个,生猪规模化养殖场150个,被列为"全国生猪调出大县"。狠抓粮食安全生产工作,粮食产量21.3万吨。"长宁苦笋"申报国家地理标志保护产品通过专家评审,凉糕、生猪、肉牛、绿色蔬菜等产品加快走向市场。

【城乡综合治理深入实施】 2017年,长宁县通过第三轮国家卫生县城复审,入选全省首批健康城市健康村镇建设试点城市。全县生活垃圾转运到宜宾海诺尔垃圾焚烧发电厂集中处理。"宜长兴乡村振兴发展示范区"长宁片人居环境和风貌改造提升工程全面完成。井江镇创建为国家级卫生乡镇、省级园林乡镇,铜锣乡创建国家级卫生乡镇通过暗访检查,花滩镇、三元乡、铜鼓镇创建为省级卫生乡镇,硐底镇创建为市级卫生乡镇。全年创建省级卫生村28个、市级卫生村27个、省级卫生先进单位2个、市级卫生先进单位7个。梅硐镇、龙头镇、井江镇、花滩镇被评为城乡环境综合治理市级"十佳乡镇",双河镇笔架村、古河镇和乐村被评为市级"十佳村"。

【扶贫攻坚】 2017年,长宁县实现减贫人口4052人,退出贫困村10个。投入财政专项扶贫资金4339万元,整合行业部门资金3522万元,教育、医疗、产业、小额信贷四项扶贫基金规模扩充至2640万元。全县21个贫困村实现通信网络、通村硬化路、用电、安全饮水、广播电视全覆盖。完成易地扶贫搬迁1095人,实施贫困户危房改造616户。创新推出各类扶贫金融产品,累计发放扶贫小额贷款7265万元,为4441名贫困人口提供产业扶持基金518万元。通过旅游扶贫、电商扶贫等方式,带动3156名贫困人口脱贫,人均增收758元。将符合条件的建档立卡贫困户全部纳入低保。"扶贫日"系列活动募集爱心捐款300余万元。县内61家企业在"百企帮百村"活动中结对帮扶贫困户696户。

【乡村旅游】 2017年,长宁县加快推进国家全域旅游示范区创建,全年实施重点项目47个,完成投资12.21亿元。承办了"山水宜宾·全域乐游"营销活动。大力发展"体育+旅游"新业态,举办了全国热气球锦标赛、全国桥牌公开赛和龙舟节、春笋节、梨花节等乡村旅游主题活动。全年接待游客795.05万人次,增长33.75%;实现旅游收入111.2亿元,增长27.92%。《竹宴》参加"国际非遗节"展演,入选国家艺术基金项目并进驻蜀南竹海景区常态化演出。国家级媒体报道长宁旅游资讯63次,央视《航拍中国》《鲜味的秘密》《云朵》在长宁取景拍摄。设立了县旅游发展局及旅游信息中心、旅游综合执法大队,县法院增设了环境资源与旅游保护法庭和审判法庭。蜀南竹海景区体制改革全面深化,"创5A"景观资源质量通过省旅游发展委评审并上报国家旅游局。规划蜀南竹海创5A项目21个,总投资约31.1亿元。制定了《蜀南竹海景区创5A作战图》,各项工作同步推进。《蜀南竹海风景名胜区总体规划》修编和《蜀南竹海风景名胜区重点区域整改提升方案》通过住房城乡建设厅评审。中国低空飞行营地、竹海大熊猫苑、景区索道提升改造等项目加快推进。景区联合执法常态化成效明显,旅游秩序持续好转。蜀南竹海创建为"省级旅游度假区",七洞沟创建为"省级生态旅游示范区"。蜀南花海、西部竹石林创建为国家4A级景区,佛来山、龙蟠溪、藕花洲、余泽鸿故居创建为国家3A级景区。县域4A、3A级景区数量居川南区(县)第一位。

【农村教育】 2017年,长宁县县域义务教育基本均衡工作通过省级督导评估。竹海镇、井江镇等5个乡(镇)中心幼儿园建成投用。长宁镇中江小学迁建、梅白乡义务教育学校等12所学校改(扩)建项目扎实推进。特殊教育学校正式运行。

【景城交通建设加快推进】 2017年,长宁县成贵高铁(长宁段)完成土建工程及铁轨铺设。宜叙高速竹海连接线观光车停车场至西大门段征地拆迁全面完成。县城高铁站至蜀南竹海景观大道及配套绿道项目前期工作加快推进。全年新(改、扩)建县、乡道路54.21千米。古河—蜀南花海—下长、开佛—宜叙高速梅白出口、硐底—花滩—小河边等公路建设项目竣工通车,开佛—古河、井江—硐底等公路建设项目加快推进。全县县、乡道油路、水泥路590千米,通村公路1402千米,旅游县城—精品景区—特色小镇—美丽新村四级旅游交通网络初步形成。

【农村生态建设】 2017年,长宁县全面启动国家生态文明建设示范县创建工作。新增造林绿化1.71万亩,全县森林覆盖率达61%。大气、水、土壤污染防治"三大战役"成效明显。县域内13条主要河流实行三级河长制管理。按时完成中央、省环保督察交办整改的各项任务。

【农村市场体系建设】 2017年,长宁县申报为首批"省级电子商务示范县"。电商产业园等"双创"平台吸引阿里巴巴、京东、易田等70家企业(个体)入驻。全县开展网上交易业务的企业(个体)达156家,

县、乡(镇)、村(社区)三级电商网络初步形成。国美京东战略合作网上销售、长宁凉糕"连锁+电商"等营销新业态市场效益良好,九牛冷链物流、临港物流项目进入省重点物流项目库。全年网络交易额突破5亿元,增长35%。组织企业参加"川货全国行"、农业博览会等市场拓展活动,实现贸易总额3.6亿元,增长10%。

【农村社会保障】 2017年,长宁县投入资金16.22亿元,市上下达的九大项民生工程和19件民生实事全面完成。全年开展职业技能培训1531人次,转移农村劳动力18.31万人次。农村低保标准提高到500元/人/月。投入资金2.77亿元,妥善解决了被征地农民社会保障问题。县残疾人综合服务中心投入运行。养老服务体系不断完善,新增民办养老床位400张,建成城乡日间照料中心13个。梅硐镇高简村等5个村(社区)老年协会被命名为"市级示范性基层老年协会"。

【主要领导人】 县委书记:董茂成;县人大常委会主任:宋开云;县长:贾利华;县政协主席:周小平;分管农业副县长:王志刚。

长宁县编写组

高　县

【基本情况】 2017年,高县辖12镇7乡285个村31个社区2376个村民小组233个居民小组,辖区面积1323平方千米。有总户数16.63万户,户籍总人口53.23万人,其中城镇人口15.33万人、乡村人口37.9万人;出生人口6137人,死亡人口3678人,人口出生率11.18‰,人口死亡率6.7‰,人口自然增长率4.48‰。有常住人口41.45万人,城镇化率39.92%。

2017年,全县GDP136亿元,增长9.1%。一二三产业结构比由17.8∶59.7∶22.5优化为16.4∶57.7∶25.9。规上工业增加值增长11%。一般公共预算收入5.1亿元,增长10%。社会消费品零售总额57.26亿元,增长13.5%。全社会固定资产投资166亿元,增长15.8%。农村居民年人均可支配收入达14168元,增长10.2%。

【农产品品牌战略实施】 2017年,高县创建为省级茶叶质量安全示范区,获批创建省级有机产品认证示范区;羊田粉条通过国家地理标志保护技术审查,新丝路茧丝绸、早白尖茶业等5家企业产品获得四川名牌,沙河柠檬、林湖绿茶等10个产品获得有机认证;培育发展市级农业产业化龙头企业6家、专业合作社50个、家庭农场80个。

【种养殖业】 2017年,高县粮食作物播种面积67.1万亩,产量23.4万吨;桑园面积20.3万亩,产茧7600吨;茶园面积30.01万亩,产茶1.3万吨;林竹基地面积92.3万亩;畜牧业规模化养殖率78%。省级财政现代农业生产发展项目、德康集团30万头生猪产业化生态循环经济项目等一批重点产业项目加快建设。

【扶贫攻坚】 2017年,高县坚持脱贫攻坚"三个全面"工作格局,把脱贫攻坚作为首要政治任务、第一民生工程和最紧要的中心工作来抓。按照2017年、2018年两年工作一并安排、项目同步推进,不断健全脱贫攻坚"1+19+50+24"的组织保障体系,认真实施"1+9"精准帮扶工作法,县、乡、村、帮扶单位、帮扶责任人五级责任层层压实,"包乡(镇)、包村、包户、包验收""同吃同住同发展包脱贫"考核机制执行到位;全社会力量参与构建的大扶贫工作格局取得明显成效。围绕"两不愁、三保障""四个好"目标,扎实推进24个脱贫攻坚专项行动。投入4.37亿元产业、就业帮扶资金,惠及贫困群众3.8万余人;投入2.03亿元住房改造资金,5200名贫困群众住房安全有效保障;投入4500万元饮水改造资金,23个贫困村安全饮水全面覆盖;投入4464万元交通建设资金,30个贫困村出行条件极大改善;投入575万元教育扶贫资金,2634名贫困学生获得资助;投入720万元建立卫生扶贫救助基金,6201名贫困群众得到医疗救助,贫困群众县域内住院个人支付费用控制在9%以内;投入1744万元完成446户已脱贫群众"回头看、回头帮"。"心连网"扶贫智能体系全面运行,贫困户"心连网"手机配备、信息录入率达100%。6598名贫困群众年人均纯收入超过国家扶贫标准,义务教育、基本医疗、住房安全、安全饮水、生活用电、广播电视全面保障,实现精准脱贫;19个贫困村集体经济、硬化路、卫生室、文化室、通信网络全面达标,贫困发生率降至3%以下。"两不愁、三保障""一超六有""一低五有"的年度脱贫任务顺利完成,住上好房子、过上好日子、养成好习惯、形成好风气的"四个好"目标稳步实现,脱贫攻坚取得连战连胜的好成绩。

【主要领导人】 县委书记:李康;县人大常委会主任:邓志刚;县长:黄修国;县政协主席:廖益萍;分管农业副县长:何彬。

高县编写组

筠　连　县

【基本情况】 2017年,筠连县辖9乡9镇243个村民委员会1578个村民小组14个社区108个居民小组。有耕地面积36983公顷。有户籍总户数122049户,总人口451779人,其中城镇人口131590人、乡村人口320189人;出生人口4355人,人口出生率10.17‰;死亡人口2588人,人口死亡率6.04‰;人口自然增长率4.12‰;符合政策生育率97.54%。有常住人口33.27万人,其中城镇常住人口12.98万人,城镇化率39.02%。

2017年,全县GDP131.96亿元,增长8.8%,其中第一产业增加值21.07亿元,增长3.9%;第二产业增加值73.24亿元,增长9.9%(规模以上工业增加值增长11.2%);第三产业增加值37.64亿元,增长9.3%。三次产业对经济增长的贡献率分别为7.2%、68.1%、24.8%,分别拉动GDP增长0.6个、6个、2.2个百分点;三次产业结构比为16∶55.5∶28.5。人均GDP39674元,增加2939元,增长8.7%。

全社会固定资产投资109.37亿元,增长14.1%。社会消费品零售总额42.77亿元,增长13.1%。地方公共财政预算收入6.53亿元,增长8.9%。

【年度农业和农村经济运行】 2017年,筠连县实现农林牧渔业总产值36.1亿元,增长3.75%,其中农业产值15.46亿元,增长6.18%;林业产值1.56亿元,增长5.28%;畜牧业产值18.7亿元,增长1.67%;渔业产值0.25亿元,增长6.2%。农村居民年人均可支配收入达14060元,增长9.5%,其中人均工资性收入4253元,增长10.6%;人均经营净收入7255元,增长9.2%;人均财产净收入397元,增长10.5%;人均转移净收入2155元,增长5.9%。全县农村居民人均消费支出10730元,增长10.9%。全年水产品产量1729吨,增长6.4%。全年农村用电量9000万千瓦时;农用化肥施用量(折纯)4238吨。全县有省级生态村4个、市级生态村224个、县级生态村236个,命名生态家园55490户。

【种植业】 2017年,筠连县粮食作物播种面积34413公顷,增长0.17%,其中大春粮食作物播种面积23622公顷,增长0.26%;小春粮食作物播种面积10791公顷,减少0.03%。粮食产量156846吨,增长1.19%,其中大春粮食产量131869吨,增长1.34%;小春粮食产量

24977吨,增长0.39%。茶园面积达13587公顷,生产茶叶11500吨;烤烟移栽面积1734公顷,收购烤烟3250吨。

【林业】 2017年,筠连县完成营造林面积12.46万亩,其中人工造林4.5万亩、封山育林4.56万亩、森林抚育2万亩、低产低效林改造1.4万亩。全县新增森林面积2.46万亩,林地保有量87.34万亩,森林蓄积276.6万立方米,全县森林面积达102.2万亩,森林覆盖率达54.25%。全年义务植树80.2万株。

【畜牧业】 2017年,筠连县出栏肉猪36.94万头,减少4.9%;出栏肉牛4.4万头,减少1.3%;出栏羊0.8万只,增长2.6%;出栏家禽232.4万只,增长0.1%。肉类总产量3.51万吨,减少3.6%,其中猪肉产量2.61万吨,减少4.4%;牛肉产量0.54万吨,增长1.9%。禽蛋产量0.18万吨,与上年持平。生猪存栏24.44万头,牛存栏9.66万头,羊存栏1.05万只,兔存栏13.25万只。

【农村水利】 2017年,筠连县有效溉面达12780公顷,综合治理水土流失面积1900公顷,累计治理水土流失面积92200公顷;解决农村安全饮水人口0.72万人,累计解决安全饮水人口35.56万人。全年农业机械总动力达14.85万千瓦。

【主要领导人】 县委书记:王萍;县人大常委会主任:何跃;县长:刘朝平;县政协主席:黄静;分管农业副县长:徐劲松。

筠连县编写组

珙　县

【基本情况】 2017年,珙县辖17个乡(镇)262个村,辖区面积1149.5平方千米,有人口42.5万人。

2017年,全县GDP147.6亿元,增长9.7%,居全市第一位。社会消费品零售总额64.44亿元,增长13.5%,居全市第一位。规上工业总产值100.65亿元,规上工业增加值36亿元,增长13.4%。一般公共预算收入7.59亿元,增长11.2%,居全市第三位。全社会固定资产投资157.73亿元,增长14.4%,居全市第三位。农村居民年人均可支配收入达14161元,增长9.5%。

【现代农业发展】 2017年,珙县立足山区资源优势,做优做强现代特色农业,实现产茧7223吨、桑枝食用菌1350吨,蚕业综合产值达10.4亿元,位列全市第一。温氏50万头生猪一体化养殖项目完成投资1.3亿元,2个种猪场和80个家庭养殖场加快建设,规模化能繁母牛和优质肉牛产业化扶贫项目实现代养肉牛3000余头。"鹿鸣贡茶"申报为国家地理标志保护产品。积极推进农业农村改革,农村土地确权完成90.3%,流转土地59640亩,培育发展农业专合社435个、家庭农场321个、家庭林场13个,实现农业综合产值34.7亿元。新增高标准农田1.65万亩,耕地保有量达3.436万公顷,实现粮食安全生产和储备16万吨。

【扶贫攻坚】 2017年,珙县着力"一超两不愁三保障三有""一低五有",创新实施"3345"工作机制,全面落实"四会"和"五个一""三个一"帮扶,实现脱贫对象、目标、政策、措施、责任"五落实",坚持"挂图作战、按图施工",圆满完成脱贫解困4191人、贫困村退出18个。全面开展"回头帮"401户960人,落实已脱贫对象产业就业、教育扶贫、低保和医疗救助等帮扶。科学编制实施22个扶贫专项计划,投入7310万元实施18个贫困村整村推进项目,投入350万元实施80个非贫困村脱贫解困到户产业扶持项目。创新实施龙头企业带动、生产基地发展、营销渠道拓展等模式,特色扶贫产业项目加快发展。统筹整合14.27亿元实施产业项目和基础设施建设,积极争取结对单位、民营企业和社会各界资金1571万元开展精准帮扶,投入121万元实施贫困人口生态公益性岗位帮扶252人,扎实开展建档立卡贫困家庭学生"雨露计划"帮扶277人。完成易地扶贫搬迁住房建设836户2864人,发放住房补助金6716.2万元。投入1200万元,设立扶贫小额信贷分险基金,发放扶贫小额贷款1.3亿元;创新土地经营权和林权抵押,实现融资2.13亿元。

【主要领导人】 县委书记:叶盛;县人大常委会主任:翁毅;县长:徐创军;县政协主席:孙怀勇;分管农业副县长:李智。

珙县编写组

兴　文　县

【基本情况】 2017年,兴文县辖10镇5乡,辖区面积1379.89.17平方千米,其中耕地面积438.63平方千米。年末总人口488879人,人口自然增长率2.94‰。有森林面积106.34万亩,森林覆盖率51.39%。

2017年,全县GDP97亿元,增长9.2%。规上工业增加值增长11.8%。一般公共预算收入7.24亿元,增长10%。全社会固定资产投资123亿元,增长16.3%。社会消费品零售总额53.45亿元,增长13.4%。城乡居民年人均可支配收入分别达27501元、13056元,分别增长8.7%、10.4%。

【特色农业渐成规模】 2017年,兴文县集中连片打造宜长兴乡村振兴示范带,产业融合发展初见成效。规模种植优质富硒水稻2万亩、五粮液酿酒专用粮1万亩、烤烟2万亩、蚕桑1.25万亩、方竹0.5万亩,出栏生猪43万头、肉牛1.86万头、乌骨鸡260万羽,建成千亩以上绿色产业示范园15个,成功创建九龙山苗族省级现代农业综合园。新凤祥乌骨鸡原种场、商品鸡示范场等5个项目有序推进,光顺食用菌项目竣工投产。新发展省级龙头企业1家、市级龙头企业4家。全面落实粮食安全行政首长责任制,粮食产量达21.41万吨,增加0.24万吨,兴文县被命名为"全国产粮大县"。兴文猕猴桃申报为国家地理标志保护产品,赵氏泡菜获评为第十二届四川名牌,"僰王牌大米""凤瑞绿壳鸡蛋"等6个农产品获得无公害农产品产地认证。

【乡村旅游】 2017年,兴文县兴文石海景区创建国家5A级旅游景区景观资源已通过省级评审并报国家旅游局,僰王山景区创建为国家4A级旅游景区,永寿农业公园创建为国家3A级旅游景区。注册资金35亿元的四川省兴文石海天下奇文化旅游投资有限责任公司挂牌运营,组建了兴文世界旅游目的地专家智库。兴文世界地质公园被国土资源部、科技部命名为"国家国土资源科普基地"。举办了2017世界旅游小姐(中国区)总决赛、苗族花山节等节庆赛事活动,举办"乡村文化旅游十二节"20余场次,兴文县创建为四川省乡村旅游强县。

【扶贫攻坚】 2017年,兴文县严格对照"一超六有"和"一低五有"标准,完成26个贫困村退出9914人脱贫任务,顺利通过市级验收和第三方评估。全面实施22个扶贫专项,投入2.06亿元,完成易地扶贫搬迁910户3728人,危房改造2842户,地灾搬迁160户;投入1.12亿元,提前实施2018—2019年度易地扶贫搬迁住房建设1646户6552人;投入2.67亿元,系统开展贫困村安全饮水、农网升级改造、村道硬化、宽带网络等工程建设;实施健康扶贫,全面解决贫困群众基本医疗保障;为每个贫困村设立50万元的产业扶持基金和每个乡(镇)不低于30万元

的非贫困村产业发展基金。全面开展"回头看""回头帮"工作，确保已脱贫群众脱贫不返贫。在全县所有行政村成立村集体资产经营管理有限公司，全面消除集体经济"空壳村"，成功列入省扶持村级集体经济发展试点县。建成150个村级农村电商综合服务站，打造全市首家村级金融服务超市，成功申报省级电子商务脱贫奔康示范县。

【主要领导人】 县委书记：张健；县人大常委会主任：陈凡；县长：石进；县政协主席：张红；分管农业副县长：赵仲康。

兴文县编写组

屏 山 县

【基本情况】 2017年，屏山县辖9镇6乡(含2个彝族乡)16个社区259个村民委员会113个居民小组1790个村民小组，辖区面积1504平方千米，其中耕地面积38242公顷。年末总户数88267户，总人口312780人(户籍人口)。

【乡村旅游】 2017年，屏山县旅游工作围绕"一纺二硒三旅游"发展战略目标，创建了国家3A级景区2个、国家2A级景区1个(禅海原乡)、省级旅游扶贫示范村5个。全年接待游客140.76万人次，增长22.04%；实现旅游总收入10.78亿元，增加值为2.45亿元，增长29.41%，占全县GDP的22.46%，其中实现国内旅游收入10.78亿元，增长29.41%。截至2017年年底，全县有宾馆(旅馆、招待所)111家、星级农家乐65家。乡村旅游接待游客140.76万人次，增长22.04%；实现旅游收入10.78亿元，增长29.41%。

规划编制。全县协助编制了《宜宾市旅游发展规划(2016—2030)》，编制了《屏山县全域旅游发展总体规划》《书楼镇、大乘镇、鸭池乡、屏山镇农旅结合示范点策划》。

宣传营销。全县组团参加上海旅游推介会和海盐县在腾讯网上的推介活动。举办了旅游文化节庆活动，屏山旅游知名度显著提升。2018年彝族新年在《人民日报》头版进行了宣传。

【主要领导人】 县委书记：邱东林；县人大常委会主任：余湛；县长：李川；县政协主席：张华全；分管农业副县长：沈蜀华。

屏山县编写组

广 安 市

【基本情况】 2017年，广安市辖79乡91镇12个街道，辖区面积6339.2平方千米，其中耕地面积461.67万亩，比上年增长3.249%，人均耕地面积0.994亩；基本农田215.13万亩。年末总人口464.65万人(户籍人口)，减少0.554%。本地水资源总量38.41亿立方米，人均占有水资源量664立方米。有林业用地19.65万公顷，有林地面积18.13万公顷，活立木总蓄积量801万立方米，森林覆盖率37.82%。

2017年，全市GDP1173.8亿元，增长8.1%，其中第一产业增加值169.8亿元，增长3.4%，农、林、牧、渔及农林牧渔服务业之比为56.5：3.2：34.2：4：2.1；第二产业增加值546亿元，增长7.8%(工业产值411.2亿元，增长8.3%)；第三产业增加值457.9亿元，增长10.3%。三次产业对经济增长的贡献率分别为6.6%、43.7%和49.7%。劳务输出155.96万人，收入246.22亿元。全年接待游客3800万人次，实现旅游收入350亿元，其中乡村旅游收入70亿元。

公路通车里程12389.311千米(其中乡村公路11910.69千米)，密度195.292米/百平方千米，26.6千米/万人。社会消费品零售总额525亿元，增长12%。地方公共财政预算总收入完成71.2亿元，增长15.9%；公共财政预算总支出266.1亿元，增长8.9%，其中农业投入40.0462亿元，占支出的15.05%。金融机构各项存款余额1829.84亿元，比年初增长9.9%；各项贷款余额725.93亿元，比年初增长14%。全年农业保费收入1.333亿元，增长13.056%；处理各项赔款和给付金额5400万元，增长31%。农业产业化龙头企业省级、市级、县级分别为20个、61个、8个。

有各类学校1212所，在校学生615032人，教职工41604人，其中普通高校1所，在校本(专)科学生10136人，增长10.595%；普通中学271所，在校学生206135人；小学198所，在校学生242309人；学龄儿童入学率99.54%，提高0.03个百分点。完成省级以上科技成果10项。有艺术表演团体27个，文化馆7个，公共图书馆7个，博物馆4个。有卫生机构2939个，病床位4954张，卫生技术人员3923人。新型农村合作医疗参合人数3440878人，参合率99.88%；新型农村社会养老保险参保人数141.19万人，参保率88%；被征地农民养老保险参保人数15.34万人，占总人数的3.26%。

【年度农业和农村经济运行】 2017年，广安市实现农业总产值293.9亿元，增长3.4%；农业增加值173.4亿元，增长3.5%。农民年人均可支配收入达13655元，增长9.42%。在粮食、生猪、蔬菜生产中，科技投入的占比或科技贡献率56%。建成2221个基层农业综合服务站。

2017年广安市主要农产品产量

主要农产品	单位	产量	同比(%)
粮食	万吨	192.61	0.54
水稻	万吨	104.54	0.63
小麦	万吨	14.11	-1.3
玉米	万吨	30.53	0.43
马铃薯	万吨	18.43	2.1
油菜籽	万吨	10.84	1.95
蔬菜	万吨	256.53	1.73
水果	万吨	30.89	52.24
肉类	万吨	32.52	-3.76
猪肉	万吨	26.42	-4.24
牛肉	万吨	0.59	0.17
羊肉	万吨	0.6	0
禽肉	万吨	4.11	-3.18
兔肉	万吨	0.72	3.58
禽蛋	万吨	6.98	-0.57
水产品	万吨	6.84	6.05
牛奶	万吨	0.2862	0

2017年广安市省级农业产业化重点龙头企业名单

企业名称	注册资金(万元)	法人代表	示范等级	年度产值(万元)	主营产品
四川省金泰林业有限公司	1000	张小平	省级	4835.38	樟油、林木、竹、苗木、果树、名贵花木、盆栽植物种植及销售
四川林典农业有限责任公司	4303.47	丁莉	省级	1600	藤椒
广安聚丰贸公司易有限	500	罗光秀	省级	2782	蔬菜
广安布衣农业有限公司	30	黄波	省级	6425.89	鸡蛋、蔬果
四川广安伟业绿色园艺有限公司	1000	唐燕子	省级	2237.2	水果、苗木
四川广安和诚林业开发有限责任公司	800	黄志标	省级	8283	青花椒
华蓥市超奇农产品有限公司	200	何少奇	省级	4899.63	柠檬
四川欧阳农业集团有限公司	2000	欧阳晓玲	省级	17235.21	广安蜜梨等
华蓥市新农科技开发有限公司	200	李天云	省级	1551.49	紫薇、海棠、水产品
华蓥市德嘉农业科技有限公司	200	李松满	省级	11243	鲜食葡萄、白兰地葡萄酒
四川省银丰食品有限公司	400	许斌	省级	15184.3	“莲桥”牌系列米粉
四川省岳池特曲酒业有限公司	1000	陈建国	省级	13655	“丘山牌”岳池特曲、小曲固态法白酒、窖藏酒、中华高粱红酒
岳池特驱种猪繁育有限公司	500	胡伟	省级	13330	生猪
四川安泰茧丝绸集团有限公司	5000	唐定云	省级	44476.13	蚕茧、生丝、绸、丝绸服装
广安万千集团有限公司	2000	鲁力	省级	35481.78	饲料
广安天兆食品有限公司	3000	余定富	省级	10000	畜禽、肉制品、肉类副产品加工及销售
四川天瑞仁合生态农牧开发集团股份有限公司	9800	屈永强	省级	702	农产品
武胜县醉巴斯麻辣牛肉食品有限责任公司	1000	李胜萍	省级	8110	肉制品、调味品
邻水县东鑫农业发展有限公司	30	包飞	省级	5359.85	水果(邻水脐橙)
邻水县柑桔产业开发有限公司	100	昌定益	省级	3368	脐橙
四川缪氏现代农业发展有限公司	500	缪敏	省级	6174.81	葡萄、蔬菜、猪肉、红酒、餐饮、住宿

2017年广安市省级示范农民专业合作经济组织名单

合作组织名称	注册资金(万元)	法人代表	示范等级	年度产值(万元)	主营产品
华蓥市恒丰种植专业合作社	300	许永平	省级	860	花椒、核桃等
邻水县益多林业专业合作社	50	熊友军	省级	200	造林苗、城镇绿化苗、经济林苗、花卉、植树造林
广安市广安区金泉生态种植专业合作社	700	贺才友	省级	165	森林康养、林下种养
岳池县大佛川粤养殖专业合作社	307	秦小艳	省级	1278	仔猪、生猪、种猪
岳池县中和水果种植专业合作社	10	段建华	省级	120	中和蜜柚
广安市广安区宏云生猪养殖专业合作社	150	青奉平	省级	752	生猪
广安穗丰农林专业合作社	5001	吴德平	省级	493	水稻、玉米、景观林
武胜县群华种养专业合作社	1200	余建华	省级	450	蜜柚、家禽、水产
邻水县红博柑橘种植专业合作社	1000	邹尚耿	省级	1164	柑橘
广安市华蓥市华隆肉牛养殖专业合作社	94	王建云	省级	400	肉牛、肉鸡、鸡蛋
邻水县益多林业专业合作社	100	冯中义	省级	322	苗木、花卉

2017年广安市家庭农场经营情况统计表(前10位)

家庭农场名称	注册资金(万元)	法人代表	年度产值(万元)	行业分类	主营产品
广安区熊元龙养殖家庭农场	200	熊元龙	400	养殖业	生猪
广安区严健生态家庭农场	200	严健	900	养殖业	生猪
广安市圆梦松针种养家庭农场	500	汪学琼	300	种植业	茶叶
华蓥市茅坪种植家庭农场	30	秦其发	50	养殖业	山羊、山鸡
邻水县凯达家庭农场	100	尹清梅	200	种养殖业	肉兔养殖、核桃种植

续表

武胜县财富莲藕种植家庭农场	20	尹才富	50	种植业	莲藕
武胜县宝箴塞邓永豹养猪场	60	邓永豹	80	养殖业	生猪
武胜县璞真种植家庭农场	100	曹正明	62	种植业	水果、蔬菜、水产
岳池县大佛蜀羊轩家庭农场	160	杨帆	273	种养殖业	山羊、水稻、柚子
岳池县大佛乡丰聚家庭农场	120	秦小艳	700	养殖业	生猪、仔猪、种猪

农用地产权制度改革。按照市委市政府的统一部署,全市各县(市、区)及园区严格按照农村土地确权登记"九步工作法"(包括成立机构、落实人员、组织培训、宣传动员、摸清底数、审核完善、登记颁证、整理归档、总结验收)积极开展工作。截至2017年年底,全市170个乡(镇)2808个村23252个社110.24万户农户的土地确权登记工作基本结束,并顺利通过省级专家组检查验收。全市颁证率达91%,6个县(市、区)全部将确权数据汇交省上。

农产品品牌战略实施。全市积极到农业部市场司、农业厅汇报华蓥山公用品牌发展情况并争取支持。为了更好地拓展营销"华蓥山"公用品牌,优化了"华蓥山"公用品牌标识,一是将标识注解"邓小平故里优质农产品"调整为"广安农产品区域公用品牌",二是将"华蓥山"字体由"镏金色"调整为"红色",三是增加了"广安农产品区域公用品牌"的英文标识。印发了《广安农产品区域公用品牌"华蓥山"标识使用管理办法》,进一步规范了"华蓥山"公用品牌文字和图形标识的使用和管理。全市新注册农产品商标163个,使用公用品牌的企业(合作社)达120家。"华蓥山"公用品牌入选全省十大优秀农产品区域公用品牌,广安蜜梨、广安红柚、黄龙贡米、顺福来植物油入选全省50个优质品牌农产品。华蓥山、广安蜜梨等5个品牌积极参加四川省农业品牌助贫大型公益展播。

现代农业园区建设。以国家现代农业示范区建设为引领,加快构建国家级、省级、市级、县级四级园区体系,建设现代农业产业融合示范园区9个、面积72.87万亩,其中创建省级现代农业产业融合示范园区2个,认定市级现代农业产业融合示范园区7个。组织指导各县(市、区)完成申报2018年省级现代农业产业融合示范园区6个。

【种植业】 2017年,广安市划定永久农田保护面积24869.77公顷,建成高标准农田22.96万亩,完成总投资42539万元,其中财政资金投入39790万元、农民自筹2749万元。全年农作物病虫草鼠害发生面积1127.11万亩次,防治1129.3万亩次,发布植保情报105期次,建立农作物病虫绿色防控示范区面积56万亩,带动绿色防控推广面积达152.05万亩,农作物病虫专业化统防统治组织达173个,新购日作业60亩以上的植保机械311台,植保无人机21台。主要农作物病虫害专业化统防统治面积达118.19万亩次,推广药剂拌种面积达60万亩。全市化学农药使用量(制剂量)982.8吨,减少7.8%;推广测土配方施肥技术面积258万亩。探索构建农药包装废弃物回收体系,全市已建立农药包装废弃物回收站(点)796个,回收农药包装废弃物38万个,开展专题培训130次,培训2400余人次,张贴宣传资料12000张。全市主要作物良种覆盖率98%,粮食总产量192.61万吨,蔬菜产量256.53万吨,柑橘产量19万吨,生产蚕茧1510吨。

【林业】 2017年,广安市深入实施退耕还林、天保工程、造林补贴等林业重点项目,共完成营造林26.51万亩,新增森林面积11.2万亩,新增森林蓄积9.34万立方米,森林覆盖率达37.82%。紧紧扭住核桃、花椒、油樟等特色产业,大力推进基地建设,全年新建现代林业产业基地9.33万亩,实现林业总产值89亿元,农民人均从林业获得收入1490元。大力推广"公司+基地+农户""返租倒包"等模式,积极培育家庭林场、专合组织等新型经营主体,全市已成立林业专合组织125家,累计注册资金3.82亿元,经营林地面积43.31万亩,带动林农7.04万户。快速推进国有林场改革,将全市10个国有林场优化整合为8个,全面完成了各项国有林场改革任务。加大行政执法力度,全年共办理森林和野生动物刑事案件、治安案件、行政案件145起,破案率达94.48%,处理违法犯罪人员139人次。切实加强木材采伐限额管理,全市实际采伐林木约1.53万立方米,使用采伐指标仅占林业厅下达限额指标的13%。扎实开展森林火灾防控,完成林区10万余座坟头周围隔离带建设,清理坟头周边可燃物8000余吨,确保全年无重大火灾发生。切实加强松材线虫防治,全市共择伐松树53147株,松材线虫病疫情得到有效遏制。

【畜牧业】 2017年,广安市与华西希望德康集团签订了200万头生猪产业一体化发展项目框架协议,提档升级生猪产业基地。全年新(改、扩)建畜禽标准化规模养殖场(小区)66个,建成部级畜禽标准化示范场10个、省级畜禽标准化示范场34个,国家商品瘦肉猪生产基地、商品猪储备基地和生猪调出大县4个、肉牛基地县2个、肉羊基地县2个。全市共划定禁养区615个,禁养区面积1715.6平方千米,地方财政共计投入16694.79万元对禁养区的畜禽养殖场(户)进行关停、搬迁、拆除,全市规模化畜禽养殖场废弃物资源化综合利用率达70%以上。全市大力开展兽用"抗菌药"专项整治和"瘦肉精"专项监测,完成饲料生产企业年度备案登记工作。共出动执法检查人员237人次,开展兽用抗生素专项清理整治5次,整治兽药市场28个次,整治重点区域10个,检查兽药经营企业41个次、使用单位359个次,查处兽用抗生素违法行为3起,移送公安机关处理1起,兽用抗生素监管取得明显成效。全市生产环节"瘦肉精"累计监测动物尿液样品7.5万余份,未发现疑似阳性样品。全面审核清理生猪屠宰资格,根据《生猪屠宰管理条例》《四川省生猪屠宰管理条例实施办法》有关规定,全市保留屠宰企业107家,扎实开展生猪定点屠宰"扫雷行动",组织开展了动物检疫大比武活动。2月,广安市及周边市(县)相继发生人感染H7N9流感疫情,全市第一时间采取果断措施,全面监测,严防死守,加强监管,正面宣传,引导舆论,保证联防联控等综合防控措施全面落实到位,全市没有发生畜禽H7N9疫情。全年出栏生猪397万头、家禽3060万只、肉牛5.1万头、肉羊39万只、肉兔545万只,肉、蛋、奶产量分别为32.52万吨、6.98万吨、2862吨,实现畜牧业产值122亿元、增加值63.6亿元,农民人均畜牧业可支配收入1698.5元。

【水产业】 2017年,广安市落实水产惠渔资金520万元,新增稻渔综合种养示范面积400亩、池塘标准化改造示范面积1000亩,建设渔业基地9个,培育渔业专业大户9户,注册专业合作社4个,实现水产品产量6.84万吨、渔业经济总产值12.6亿元。引进推广新品种6个、新技术5个,发放水产技术宣传资料3.48万份,举办水产渔政培训班30

期，培训人员2700人次。开展水产扶贫工作，建成5亩以上的水产养殖基地209个，水产养殖面积达6743亩。落实渔船安全生产责任，开展“百日安全生产”、汛期渔业安全风险隐患排查、冬季渔业船舶安全大检查等一系列渔船安全执法检查活动，举办安全培训24期，培训人员2800人次，查处渔船违章作业30件，没收销毁渔船2艘，检查养殖场(站)461家次、加工流通环节179家次，创建农业部水产健康养殖场6个。严格执行捕捞许可、水生野生动物保护和春季禁渔制度，开展水产养殖污染防治、洁净水行动和江河人工增殖放流活动，向天然水域投放鱼种562万尾，开展涉渔影响评价2起，查处电鱼41件、毒鱼1件、非法捕捞10件，移送公安机关立案处理5件、8人，推广生态健康养殖10000亩，取缔江河湖库网箱755只。

【统筹城乡与新型城镇化】 2017年，广安市牢固树立“创新、协调、绿色、开放、共享”五大发展理念，大力实施“多点多级、统筹城乡”发展战略，全力推进以人为核心的新型城镇化进程，努力改善人居环境。全年常住人口城镇化率提升1.6个百分点，户籍人口城镇化率提升1.59个百分点；完成房地产开发投资244.19亿元、城乡市政基础设施投资和公共服务设施建设投资37.5亿元，实现建筑业总产值415亿元。创建为国家首批装配式建筑示范城市。

【新村建设】 2017年，广安市坚持“业兴、家富、人和、村美”的发展目标，整体推进幸福美丽新村建设。向上争取省级财政幸福美丽新村建设专项资金、第三轮幸福美丽新村建设示范县基准额度财政专项资金共17292万元，增长22.5%。整合新村基础配套设施、美丽乡村、易地扶贫、危房改造等各级项目资金95928万元，建成幸福美丽新村409个(其中扶贫新村266个)，保护传统村落6个，保护传统民居159户，建成“1+6”村级公共服务活动中心174个。加大优化资源配置力度，创新完善体制机制，推进幸福美丽新村示范县(前锋区)建设，全年前锋区共投入幸福美丽新村建设示范县建设资金共11742万元，其中省级财政幸福美丽新村建设专项资金800万元，整合涉农项目资金9942万元，区财政投入1000万元。围绕全面建成小康社会和脱贫攻坚目标任务，以“住上好房子、过上好日子、养成好习惯、形成好风气”为目标，深入开展“四好村”创建工作，建成省级“四好村”102个、市级“四好村”226个、县级“四好村”509个。

【扶贫攻坚】 2017年，广安市深入贯彻落实中央精准扶贫精准脱贫战略、党的十九大、省委历次全会精神，按照“在全省树旗帜、立标杆、做示范”的要求，锁定266个贫困村退出、48164人脱贫目标，巩固提升3个“摘帽”县和145个退出贫困村。全年共投入扶贫资金101亿元(其中专项扶贫资金4.93亿元、行业扶贫资金94.42亿元、社会资金1.65亿元)，48232名脱贫群众、266个退出村全部达标，完成比例达100.14%；广安区、前锋区、华蓥市在全省率先“摘帽”，广安区高标准通过国检。3月5日，在全省2017年贫困县摘帽现场推进会上，省委常委曲木史哈肯定广安脱贫攻坚创造了全省最高水平。4月21日，广安市获得“全省脱贫攻坚先进市”称号，广安区、前锋区、华蓥市获得“全省脱贫攻坚先进县”称号。11月9日，《四川改革专报》专版刊载了《广安市前锋区“十看五帮三机制”坚决防止返贫反弹》经验做法，省委书记王东明肯定批示“广安前锋区经验对构建稳定脱贫长效机制是积极有益探索”。

【乡村旅游】 2017年，广安市开展金融支持旅游扶贫，督促和引导金融机构在旅游扶贫项目资金支持、农村金融产品和服务方式创新、农村金融基础设施建设等方面加大扶持力度。与金融主管部门联合印发《广安市2017年金融旅游互动助推脱贫攻坚实施方案》，落实贷款额度2.048亿元。与邮政储蓄银行联合印发《广安市旅游金融服务实施方案》，推出“小平故里旅游贷”产品，贷款额度最高1000万元，新增信贷资金超过1亿元，扶持小微旅游企业发展。将旅游教育培训纳入市委组织部精品班内容，依托国家西部旅游专业人才培训示范单位，联手省旅游培训中心举办四川旅游巡回大讲堂首发仪式(广安宣讲班)，依托浙江大学、云南大学旅游文化管理学院开展旅游行政管理人员专题培训，提升培训档次，增强教学效果。把课堂搬到旅游景区、星级饭店、星级农家乐等具体经营场所，面对面进行培训，提升旅游一线从业人员实际操作水平。依托先之教育酒店业学习管理系统网络课程，开展以星级饭店、星级农家乐为重点对象的教育培训，全年举办专题培训15期次，培训从业人员1200人次，网络课程培训3400余人次。针对重点扶贫村的致富带头人组织专门培训，如到台湾参加乡村旅游扶贫学习，开阔眼界，拓宽发展思路。新评定乡村旅游特色乡镇2个、乡村旅游精品村寨4个、精品乡村旅游特色业态5个、乡村旅游特色业态18个，新评定四星级乡村酒店2家、三星级乡村酒店1家，四星级农家乐4家、三星级农家乐4家、二星级农家乐5家、一星级农家乐1家。华蓥市创建为省级旅游扶贫示范区，创建旅游扶贫示范村17个、乡村民宿达标户55户。

【农村水利】 2017年，广安市到位各类水利资金11.29亿元，新开工水利项目28个，完工水利项目49个，完成水利投资13.57亿元。亭子口广安灌区、2处江河湖库水系连通工程、华蓥山水源工程、29处千吨万人集中供水工程、江河堤防工程、中小河流治理等项目前期工作加快推进，猫儿沟、回龙寺等5座中型水库和灵泉寺小型水库加快推进，完成水利投资6.69亿元；渠江海棠溪、腰鼓溪、明月等6处重点堤防工程和顾县、合流、柑子等8个中小河流治理项目相继完工；万秀桥、响水滩水库、龙滩堰、飞跃大堰等灌区项目完成实施，七一、回龙、五排水库灌区项目加快推进；郑山水厂、渔场水厂2处千吨万人集中供水工程开工建设。高标准建设农建示范区，整合涉农项目资金、社会资本和群众投工投劳12.82亿元，新增灌面9.63万亩、节水灌面4.52万亩，综合治理水土流失面积121平方千米。水生态文明建设全面推进，全面落实河长制，建立“河长+警长+网格长”组织体系，全市721条河流、342座水库、17206口山坪塘、1290处石河堰全部设立河长，基本形成“1+4+1+N”河湖管护模式，初步建立“人力+财力+信息化”保障机制。深入实施“洁净水”行动，启动实施“洁净水”行动项目183个，建成155个，完成投资23.2亿元。渠江19条小流域全面消除V类水体，渠江、嘉陵江广安段出川断面水质达标率为100%，乡(镇)集中式饮用水源地水质达标率为93.7%，全市水环境质量明显改善。

【农业机械化】 2017年，广安市农机总动力235.9万千瓦，超任务0.9万千瓦。完成现代农业发展工程农机化道路14.1千米，新建提灌站21座，维修改造121座。新增农机具3345台(套)，主要农作物耕种收综合机械化平均水平达63.2%(水稻达78%，居全省丘陵地区前列)。开展督查20余次，纠正补贴资料不完善30余件次，兑现农机补贴600余万元，收益农户达2738户。引导广安区惠民农机农艺专业合作社、邻水盛世种植专业合作社等5家联合社农机专业合作社开展作业服务，投入各类农机具1.842万台(套)，完成机耕整地116.5万亩、水稻机收184.5万亩。指导农机站、农机手对即将投入使用的农机具进行检查调试、维护保养和检修，检修各类农机具1.77万余台(套)。全面开展农业机械年检审和变型拖拉机专项整治工作，全年未发生农业生产

安全责任事故。检验拖拉机1516台,在册数5440台,年检率27.86%。清理变型拖拉机1004台,基本完成省内辖区外175台变型拖拉机清理甄别,其中涉嫌假牌套牌的38台,系统内注销仍在使用的10台;省外悬挂拖拉机号牌的170台,已核实的137台,其中假牌套牌的132台,注销仍在使用的4台,未能核实的33台。市、县两级公安交警、农机监理,在全市范围内开展变型拖拉机专项整治行动,整治涉牌涉证的变型拖拉机17台。

【农村科技】 2017年,广安市制订了《广安市科技扶贫专项2017年实施方案》,争取上级科技扶贫资金618万元,省级科技扶贫示范村、省级科技扶贫示范户一对一精准帮扶率达100%。在广安市全面开通"四川科技扶贫在线",线下已建成市级运管中心1个、县级运管中心6个,相应建立了市级在线服务平台1个、县级在线服务平台6个。平台整合了来自广安市的龙头企业、农技推广部门等主要农业产业领域的专家898名,建立了包括驻村干部、"第一书记"、驻村农技员、实体经济技术人员在内的信息员队伍1398名。开展技术需求服务4500余次。引进推广新品种95个、新技术75个,派出自然人科技特派员150人,法人科技特派员1人,选派省、市29名专家到县(市、区)开展"三区"科技人员专项行动,培训农业技术推广骨干3000人次,建立农业科技试验示范基地18个。在市林业局、武胜县、邻水县开展农业科技体制改革试点激励农业科技人员行动,打破身份、地域两种限制,为农业科技人员"松绑"。支持农业科技人员申报创新创业项目,以技术入股、带薪兼职等方式领办创办专业合作社或家庭农场,建立规范化、标准化科技创新创业示范基地;并与中国农业科学院柑桔研究所、四川省农科院蚕业研究所及四川农业大学等科研院所建立了稳定的院(校)县合作关系。广安市生态食材产业链研究院、岳池电商产业园、四川省高校毕业生创业园区等3个星创天地已通过科技部公示备案,初步形成了"农技人员做给农民看、引导农民干、帮助农民赚"的氛围,取得了良好的科技示范带动效果。联合相关部门开展了"送科技下乡"、"科技之春"科普月、科技活动周等大型科普宣传活动3次。

【农村文化】 2017年,广安市完成贫困村文化室建设266个,建成县级应急广播平台3个,实现266个贫困村广播"村村响"全覆盖,实施电视"户户通"41828户;放映农村公益电影33012场,观影群众百万余人次;开展文化惠民演出980场。在全省第二届农民艺术节作品评选中,《你比亲人还要亲》获得音乐类优秀奖,《幸福结合》获得戏剧类第三名,《月儿圆了》获得曲艺类第二名,《叶春芽》获得曲艺类第三名,《印屏》获得书法类优秀奖,《摇曳风中的信念》《神工天巧》《阳春三月》获得美术类优秀奖,《搏击》《洞中瀑》获得摄影类优秀奖。传统文化保护不断加强,全市9个传统村落列入中国传统村落名录,26个传统村落列入四川省传统村落名录,对11个市级非遗进行了抢救性调查记录。

【农村卫生】 2017年,广安市有基层医疗机构184个,基层医疗卫生计生人员9872人,其中执业(助理)医师2458人、注册护士1516人、乡村医生3342人。全市基层医疗机构总诊疗量1097.09万人次,增长5.96%;住院诊疗量18.51万人次。全面贯彻落实《广安市深化医药卫生体制改革推广实施方案》,推进基层医疗机构薪酬制度改革,按不高于业务收支结余待分配额的50%提取奖励基金用于职工绩效考核激励,激发基层活力。开展基层医疗机构能力提升年活动,组织开展群众满意的乡(镇)卫生院、优质服务示范社区卫生服务中心创建活动,新增群众满意乡(镇)卫生院45家。深入实施区域卫生发展精准扶贫项目,依托中国初级卫生保健基金会捐赠,投入2.6亿元完成对基层医疗机构医疗设施设备更新换代。全面推进家庭医生签约服务,共组建家庭医生签约团队1044个,覆盖170.78万人,签约率达52.6%。稳步推进基本公共卫生服务,全市居民电子健康档案建档率达94.59%,儿童、孕产妇、老年人健康管理率分别达89.81%、88.79%和76.77%,高血压、2型糖尿病规范管理率分别达75.36%和73.92%。实施广安市健康扶贫中医药人才培训项目,培训乡村医生820人,实现了贫困村乡村医生培训全覆盖。

【农村法制建设】 2017年,广安市大力实施"法律七进",系统推进乡村(社区)普法"六个一"工程,即落实"一村(社区)一法律顾问"、一支兼职法治小分队、村(居)民小组培养一名"法律明白人"、一个法治宣传栏、一个法律图书室、一张便民法律服务联系卡。全市182个乡(镇、街道)、3191个村(社区)实现法律顾问全覆盖,累计发展"法律明白人"2.5万余人,开展法治文艺汇演近30场次。全面实行国家工作人员学法用法,将村(居)"两委"干部纳入学法用法考核范畴。实施"法治扶贫"项目,法律顾问为贫困村提供扶贫项目实施等方面意见建议477件次,开展专题法治讲座921场次。坚持完善多元矛盾纠纷解决机制,实现矛盾纠纷就地化解,已建成村人民调解委员会2700余个,全年调处矛盾纠纷1.8万余件,调解成功率达97%以上。

【农村交通】 2017年,广安市制定了《〈四川省农村公路条例〉宣传贯彻实施方案》《进一步加快农村客运发展的指导意见》等政策。岳池县、邻水县出台了《创建"四好农村路"示范县实施方案》。各县(市、区)出台了农村公路建设激励政策并按照《广安市农村公路建设养护管理办法》基本落实了县、乡、村三级养护体制。打造全市"四好农村公路"示范公路650千米,岳池县成功创建成为全省"四好农村路"示范县,邻水县入选2017年度全省"四好农村路"示范县重点培育县。各地路政管理机构健全,建立涵盖县、乡、村的路产路权保护队伍,经费都纳入了财政预算。农村客运发展水平不断提高,实现了100%的乡(镇)通客车,94%具备条件的建制村通客车。市委市政府已将建设12个特色集镇"综合运输服务中心"纳入自办民生工程范围,已全部开工建设;力争到2020年建成50个特色集镇综合运输服务中心,到2025年实现综合运输服务中心覆盖所有条件成熟的乡(镇)。

【涉农招商引资】 2017年,广安市3000万元以上的农业招商引资重大项目156个,均为内资项目,增长33.33%。协议资金128.56亿元,增长38.94%;到位资金38.91亿元,增长35.76%。

2017年广安市3000万元以上招商引资项目表(部分)

项目	总投资(亿元)	建设内容	投资方	项目进度
前锋区小井乡蔬菜种植基地项目	0.5	建设蔬菜标准化基地300亩,建设生产便道1千米、灌溉系统1千米、蓄水池1口,提供就业岗位20余个	广安市前锋区农舒怀种植专业合作社	该项目已种植各类蔬菜100亩

续表1

前锋区小井乡泥鳅养殖基地项目	0.5	建设标准化水产养殖基地315亩，集水产养殖、加工、销售等于一体，提供就业岗位20余个	广安市金秋种养殖专业合作社	已完成鱼塘等基础建设，已进行水产养殖
前锋区赐福中药材基地项目	0.52	建设一个集现代农业、旅游、休闲观光于一体年挂果100吨的干枳壳基地，在枳壳林下进行家禽养殖，提供就业岗位20余个	广安市前锋区赐福养殖有限公司	土地调形结束，已种植枳壳树苗
前锋区合富合中药材基地项目	0.6	建设一个集现代农业、旅游、休闲观光于一体的年挂果150吨的干枳壳基地，在枳壳林下套种丹参，打造枳壳绿色旅游基地，提供就业岗位50余个	广安市前锋区合富合中药材种植有限公司	土地调形结束，已种植枳壳树苗
前锋区金豆农林种植项目	0.558	总占地800亩，种植茶树、梨树、核桃等，项目建成后光辉村村民人均年收入增加1220余元，可提供就业岗位10余个	广安市金豆农林种养专业合作社	已完成茶树、梨树、核桃等种植180余亩
广安前锋正邦现代产业园	20	建设存栏2000头/组规模的PS场14组及相应的“保育+育肥”配套养殖场，出栏商品猪60万头；建设环保处理站2～4座，建设年产2万吨的有机肥厂1座；建设50万吨/年饲料加工厂1个；建设配套肉制品生产能力20万吨/年加工厂1个及冷链物流园和肉食品可追溯体系	正邦集团有限公司	已完成工商注册、备案，进行编制可研、环评等前期筹备工作
前锋区合佛花椒种植项目	0.5	总投资5000万元，面积约3000余亩，规模种植花椒等经济作物	广安市前锋区合佛种植专业合作社	已经完成花椒等经济作物种植1200余亩，进行后期管理和维护
前锋区高标准花椒示范基地项目	0.5	主要为花椒种植，租用土地3500亩，投资约5000万元，提供就业岗位200个	四川广安和诚林业开发有限责任公司	已完成花椒种植1000余亩
正邦（广安）现代产业园种养项目	6.8	建设存栏2000头/组规模的PS场7组及相应的“保育+育肥”配套养殖场；建设环保处理站1座，建设年产2万吨的有机肥厂1座。项目建设竣工后可实现年产值15亿元以上，解决就业500人以上	正邦集团有限公司	土地流转已完成，进行前期手续办理和筹备工作
重庆客商（广安）生态体验园基地建设项目	1.2	新建生态种养殖一体化体验园及附属设施工程，配套路旁风貌打造	唐江南	已竣工
重庆客商（广安）花卉博览园花卉种植及旅游设施配套项目	1.5	该项目主要种植销售树木、花卉等，打造特色生态旅游	李天云	已进行试生产
重庆客商（广安）经果林基地建设项目	0.92	占地1200亩，发展以柑橘为主的水果种植，硬化公路12千米，建设相关配套设施	李方福	已竣工
广东客商（广安）优质蘑菇生产加工基地建设项目	2	占地800亩，新建蘑菇基地480000平方米以上，包括种植大棚、加工房、菌种研发室、库房、员工宿舍、办公大楼，主要种植羊肚菌、青岗菌等。项目全部建成后，可年产蘑菇及各种菌类200万千克，实现年销售收入2亿元以上，年实际缴纳税金200万元以上，带动就业500人以上	杨涛江	主体设施建设有序推进
四川客商（广安）油樟产业种植基地建设项目	0.897	占地约2000亩，新建油樟产业种植基地，包括苗圃、道路、鱼池等。项目建成后，可实现年收入5000万元以上，解决就业300人	卢明	已竣工
四川客商（广安）20万羽肉鸡养殖基地建设项目	0.65	占地约500亩，新建种养一体生态项目，种植各种名贵花木，养殖生态跑山鸡。项目建成后，可实现年收入3000万元以上，解决就业100人次	王建云	试生产

续表2

重庆客商(广安)农产品加工项目	0.5012	新建办公楼、住宿楼5000平方米,农产品加工车间6000平方米,购置各种机器20台,修建蓄水池9处。项目全部建成后,可实现销售收入500万元以上,带动就业20人以上	谭学兵	已竣工
重庆客商(广安)彩叶树种基地建设项目	1.5	占地3500亩,修建产业便道18千米,治理河道10.8千米,土地改良1200亩,种植树木3500亩	范永阜	已竣工
重庆客商(广安)百万玫瑰梦幻花海产业园项目	0.878	占地约1000亩,新建3D灯光系统、苗圃200亩、珍稀苗木350亩,新建休闲走廊2条、恐龙谷1个,太阳能垃圾收集系统、水上娱乐体验项目等。项目建成投产后,可实现年产值5000万元、税收500万元,解决就业200人	何庆华	已竣工
深圳客商(广安)水产养殖项目	0.5061	占地面积1000亩,新建现代化规模水池500亩,污水净化池20000平方米,养殖水藻基地200亩,大型水草贮备基地,购买各类珍稀育苗10万尾等,配套环保处理设施。项目建成投产后,可实现年销售收入2000万元,解决就业30人	冷方红	已竣工
重庆客商(广安)养殖基地建设项目	0.52	新建办公楼1000平方米、圈舍60000平方米、沼气池400立方米、存储室2000立方米、储气罐50立方米、排水管网5千米。项目全部建成后,可实现销售收入1000万元以上、税收50万元,带动就业50人以上	周仕会	已竣工
四川客商(广安)珍禽生态养殖基地建设项目	0.65	占地200亩,新建圈舍3000平方米、珍禽加工房5000平方米、辅助用房5000平方米、办公楼及宿舍楼6000平方米	江建民	已竣工
江苏客商(广安)骑龙湖生态农业产业园项目	0.885	占地550亩,分2期建设,修建垂钓中心100亩、生猪养殖场80亩、家禽养殖场80亩、水产养殖基地50亩	魏贤远	试生产
湖南客商(广安)银杏产业园建设项目	1	占地1000亩,建设银杏产业园种植银杏树苗10万棵,建设银杏加工基地	李小平	已竣工
重庆客商(广安)种养殖基地建设项目	1.3	占地3700亩,修建上山道路12.3千米,治理河道10.8千米,土地改良1200亩,种植树木500亩,修建圈舍25400平方米	曹江	已竣工
广东客商(广安)仁和李子产业观赏园及户外生活体验基地项目	2.7557	建设游客接待中心3580平方米,修建环山观赏公路25.36千米,修建水池20口、景观便道53千米,山场整形及修堡坎123000米,种植李子树1000亩	邓正兵	已竣工
武汉客商(广安)新农绿色水产品养殖基地建设项目	0.75	占地200亩,新修鱼池8口,占地约150亩,修建排水沟3000米、生产管理用房500平方米,购买自动投饵机75台、增氧机145套、发电设备1套	李天云	已竣工
江苏客商(广安)新建锦圣南国牡丹农业科技园项目	3.5	规划占地10000亩,项目一期占地1000亩,投资5000万元,种植牡丹等花卉20万株,修建牡丹产业园30000平方米	黄齐林	基础设施打造有序推进
四川客商(广安)新建油樟产业基地及基础设施建设项目	0.8365	种植油樟5000亩,配套灌溉设施。项目建成后,可实现年产值1600万元,解决就业200人	曾坤泉	已竣工

续表3

深圳客商（广安）新建花椒基地及基础设施建设项目	1.6	占地7300亩，种植花椒7200亩，修建水池50口、水沟20千米。项目建成投产后，可实现年销售收入3000万元、税收100万元，解决就业40人	许永平	已竣工
广东客商（广安）新广安蜜梨产业基地及基础设施建设项目	4.232	占地19000亩，新建黄花梨酒店20000平方米，改建梨博园16000平方米，新建停车场600平方米、游步道29千米、蓄水池108口	欧阳晓玲	已竣工
四川客商（广安）新建生态种植基地项目	1.5188	占地2650亩，修建苗圃基地、蔬菜基地、生态养殖基地，建成后将实现产值6000万元、税收120万元	黄克文	基础设施打造有序推进
江苏客商（广安）新建华蓥市藤椒基地项目	0.5	占地800亩，种植藤椒600亩，修建水池20口、水沟8千米、生产便道6千米	黄齐林	已竣工
重庆客商（广安）新建幸福港湾种植基地项目	0.85	占地2000亩，发展有机种植，修建灌溉水沟20千米、生产路10千米，新建休闲娱乐餐饮中心3000平方米、旅游客栈1500平方米	王林	基础设施打造有序推进
上海客商（广安）华蓥市油樟产业示范基地建设项目	0.68	种植油樟2000亩、苣桉1000亩，新修沿山公路4.8千米、排水沟12.8千米、蓄水池8口	余明亮	试生产
山东客商（广安）天池湖有机茶叶基地建设项目	1.732	新建办公楼1200平方米，修建环山公路11.6千米、蓄水池30口，种植茶叶2000亩	陈松柏	基础设施打造有序推进
四川客商（广安）新建绿乡源养殖基地建设项目	0.58	占地40亩，新建垂钓中心1000平方米，新建养殖基地2000平方米，开辟自采体验中心3000平方米、食品加工场所500平方米	周鑫	基础设施打造有序推进
鳄鱼谷农业观光旅游产业园	1.12	建设水产养殖300亩、天鹅湖15亩、珍禽观赏区100亩、养殖区150亩、有机种植区200亩、中药材种植400亩、赛马场20亩、儿童拓展训练基地15亩、汽车影城7亩、酒店（布点装配式）20亩、农家乐生态餐饮20亩、游客接待中心10亩以及其他配套设施等	岳池康诺农业旅游开发有限公司	基础设施建设有序推进
多胚孪生水稻示范基地建设项目	1.1	种植多胚孪生水稻1500亩，新建产业大道3千米、生产便道2千米，新建库房3000平方米、办公用房1500平方米及配套设施等	岳池县乡土农业专业合作社	基础设施建设有序推进
赛龙镇银杏树种植基地	1.32	赛龙镇老人坪村1940亩、赵家坪村1990亩、牛敞沟村1790亩、天神堂村1830亩、花柳溪村1860亩	巴中市环亚科技有限公司	基础设施建设有序推进
团结乡朝门子中药材种植基地	0.58	计划占地约5000亩，其中4900亩为标准化中药材生产基地，100亩为中药材后期处理用地	岳池县朝门子中药材种植专业合作社	主体修建已完成
白庙镇李白寺稻鱼工程	0.4631	主要为种植水稻、养殖鱼项目	岳池县长盛水产养殖专业合作社	主体修建已完成
白庙镇藤椒博览园基地建设工程	1.35	租地3450亩新建藤椒博览园基地，对租地进行土地调形，新建4.5米宽水泥路3.9千米、1.5米宽产业路9500米，新建管理用房1座（占地面积253平方米），引进优质藤椒	岳池县大力湖旅游开发有限公司	基础设施建设有序推进
宥白宥香香米种植建设项目	0.58	新建4.5米宽水泥公路15千米，修整山坪塘和水渠、提灌站，完成土地整理10000亩，建设现代化种子培育基地和机关配套设施1套	岳池县宥白宥香种植专业合作社	主体修建已完成

续表4

银杏种植基地工程	0.52	引进种植优质银杏,旱地、水田整理3140亩,新建库房1750平方米,整治山坪塘5口,新建生产路2.5千米以及浇灌配套设施	岳池县白云湖银杏种植专业合作社	种植基地建设有序推进
白庙藤椒产业园建设项目	1.1	总投资1.1亿元,种植藤椒8000亩,修建水渠12条、蓄水池8口,建设办公管理房3间	四川山水半岛生态农业发展有限公司	一期已投产
张家湾村养殖开发项目	0.53	修建养蛙池10个,配套设施约11459平方米,其他用房约659平方米	岳池县富康养殖专业合作社	基础设施建设有序推进
重庆客商(广安)晚熟柑橘生产基地建设项目	0.6	占地1000亩,建设晚熟柑橘种植基地并进行销售	刘邦秀	6社土地调型完成,1、2、10社土地调型有序推进,6社开始培肥、准备栽植橘苗。橘园内泥结石公路已完成
武胜东顺(广安)生态家禽养殖基地建设项目	0.55	生态家禽养殖场、水果、蔬菜种植基地建设	武胜东顺生态家禽养殖专业合作社	基础设施建设有序推进
广安润土(广安)晚熟柑橘基地建设项目	0.8	占地1000亩,建设晚熟柑橘种植基地及销售	广安市润土畜禽养殖有限公司	已栽植晚熟柑橘800亩
武胜破石坪(广安)水果种植基地项目	0.5	水果、谷物种植,家禽、淡水鱼养殖基地建设	武胜县破石坪水果种植专业合作社	进行果树育苗
武胜坪尚(广安)生态种养殖项目	0.45	建设500余亩山羊养殖场和10余亩山羊标准化圈舍、60余亩土鸡养殖圈舍	武胜县坪尚人家种养家庭农场	完善基础设施建设及管理用房建设
武胜白羊坝(广安)沃柑基地建设项目	0.45	新建沃柑种植基地,进行土地整理、基础设施建设等	武胜白羊坝沃柑种植专业合作社	基础设施建设建设有序推进
广安金广(广安)晚熟柑橘种植基地建设项目	0.55	占地1000亩,建设晚熟柑橘种植基地及相关附属设施	唐洪斌	种植柑橘
武胜兴恒(广安)五四村蔬菜种植加工基地建设项目	0.4	新建蔬菜种植基地、蔬菜加工生产线及相关配套设施	武胜县兴恒蔬菜种植专业合作社	种植蔬菜
武胜亿泽(广安)晚橘种植基地建设项目	0.48	修建500亩晚橘种植基地及相关管理设施	武胜亿泽水果种植专业合作社	开始栽种晚熟柑橘
武胜超群(广安)龙虾养殖基地建设项目	0.42	修建龙虾养殖池塘及配套相关附属设施	武胜县超群淡水鱼养殖专业合作社	放种苗
广安金庆(广安)种养殖业及初加工项目	0.52	饲养肉虫、果林下饲养少许肉鸡、生产有机肥,形成年产肉虫550吨、肉鸡6000只、有机肥1650吨	广安金庆环境科技发展有限公司	改建设施设备,办公室、饲养棚、孵化场、仓库及配套环保设施
武胜顺泰(广安)花椒产业基地建设项目	0.55	新建青花椒种植基地	武胜顺泰林木种植专业合作社	已完成部分地段土地整理及苗木栽植
四川东农天成(广安)晚熟柑橘基地建设项目	1	晚熟柑橘基地建设	四川东农天成农业科技有限公司	基地建设有序推进
四川安泰(广安)猛山乡蚕桑基地建设项目	0.55	栽植桑树,连片成桑树基地,新建农村小蚕共育室、养蚕大棚,新建或农村住房改造作蚕房	四川安泰茧丝绸集团有限公司	基地建设有序推进
武胜顺泰(广安)花椒产业基地建设项目	0.8	新建青花椒种植基地及相关配套设施	武胜顺泰林木种植专业合作社	签订《土地承包合同》、购买树苗、平整土地等
邻水县柑子亿金来农业发展有限公司(广安)农业生态种植观光园项目	0.5	稻谷、花卉、水果、中药材等种植、销售	邻水县柑子亿金来农业发展有限公司	育苗及土地整治
重庆天子农业(广安)新建金天李子果品基地建设项目	0.741	占地千余亩,种植金天李子。修建果品加工厂房并引进生产线、柑子至观音环线1条	重庆天子农业发展有限公司	育苗
邻水县嘉美源种植专业合作社(广安)新建千亩稻谷种植基地目	0.52	稻谷种植、销售	邻水县嘉美源种植专业合作社	农田整改
邻水县兴东种植(广安)新建良种稻谷种植基地项目	0.65	新建优良稻谷的种植基地、粗加工及销售	邻水县兴东种植专业合作社	农田整治
重庆客商(广安)投资新建黑老虎种植项目	0.5	投资新建黑老虎种植园、生产经营用房及观光展厅	重庆客商	育苗

续表5

重庆客商（广安）新建江山春色养殖园项目	0.5	投资修建养殖场，饲养猪、羊等，二期增加酿酒厂	重庆客商	圈舍修建
四川客商（广安）新建猕猴桃种植基地项目	0.52	拟投资种植良品猕猴桃并修建游客接待中心、猕猴桃采摘园、猕猴桃保鲜冻库，打造农旅结合产业基地	四川客商（王宗明）	育苗
重庆丰源建筑（广安）新建刘家沟巴山脆李生态园项目	0.6	投资修建巴山脆李生态观光园及园区灌溉水塘及自动化浇水系统	重庆丰源建筑加固有限公司	育苗及水塘建设
邻水县六泉食用菌广安）新建食用菌种植生产基地项目	0.53	投资新建食用菌种植产业园，建设食用菌加工厂、洗涤、分拣、保鲜生产线1条	邻水县六泉食用菌种植专业合作社	菌场土地整治
四川蜀耕（广安）新建药果植物园（生态农业观光旅游项目）	0.5	拟投资5000万元，占地5000亩，建设药用观赏植物示范园、特色四季水果园、农创旅游科普教育项目配套种植园等。	四川蜀耕农业开发有限公司	育苗
重庆客商（广安）新建种养基地生态农业项目	0.5	拟投资5000万元，占地500亩，用于养猪场建设及各类花卉种植	重庆客商	土地整治
重庆客商（广安）特色水产养殖项目	0.5	投资修建鱼塘，铺设自动换水系统，养殖销售泥鳅、草鱼、鲢鱼、鲤鱼、甲鱼、黄鳝等	重庆客商	鱼塘修建
重庆客商（广安）新建渝强生猪养殖基地项目	0.55	项目分两期投资建设，一期建现代化生猪繁殖、养殖场，二期增加种植项目	重庆客商	圈舍修建
四川得全（广安）新建中药材种植基地项目	0.51	流转九峰村土地，投资重楼、白芨、川芎、芍药等中药材种植，建设药材烘干生产线	四川省得全种植有限公司	土地整治
四川富维（广安）新建升坪村猕猴桃种植基地项目	0.5	拟投资5000万元，流转土地800余亩，红心猕猴桃、蔬菜、花卉、中药材、苗木种植及销售	邻水县富维猕猴桃种植专业合作社	土地整治
四川下垭口（广安）中草药种植及乡村旅游项目	1	拟投资1亿元，以各类珍稀中药材种植为基础，建成集繁育、种植、管理于一体的中药材养生小镇	邻水县下垭口种植专业合作社	土地整治
四川客商（广安）桐子林果蔬种植基地项目	0.5	拟投资900余万元，占地300余亩，种植、销售水果，二期增加农业观光旅游项目	四川客商（熊文胜）	育苗

【农村生态建设及环境保护】 2017年，广安市持续加大农村水环境治理力度。以"洁净水"行动、河长制工作为统揽，扎实推进农村水污染防治工作，全市已累计建成生活污水处理厂（站）165座，关闭禁养区畜禽养殖场1064家，建设沼气工程376处，上报畜禽养殖减排项目7个。制订《广安市饮用水水源地整改方案》，颁布实施全市第一部实体性地方性法规《广安市集中式饮用水安全管理条例》。嘉陵江、渠江、大洪河、御临河国控断面水质持续全面达标，市控重点小流域考核断面Ⅲ类水质比例达74%，重点小流域水环境质量普遍改善；农村集中式饮用水水源地水质达标率为92.6%。出台《土壤污染防治行动计划广安市工作方案》，编制《广安市土壤污染治理与修复规划》，确定430个农用地详查点位和27家土壤污染重点监管企业，建成医疗废弃物处置中心2座、垃圾焚烧发电厂和垃圾卫生填埋场各1座。初步核实上报生态红线面积261.34平方千米。深入推进生态文明市、县及村镇创建活动，全市已分别建成20个省级生态村、23个省级生态小区，29个乡（镇）获得"省级生态乡镇"验收命名，68个乡（镇）通过了环境保护厅组织的"省级生态乡镇"技术核查，6个县（市、区）全部通过省级生态县技术评估，广安市经开区和华蓥市工业园区通过了四川省生态工业园区规划评审，华蓥市和武胜县通过了省级生态县的验收。制定出台了《关于切实加强农作物秸秆禁烧工作的通知》《广安市秸秆全域综合利用试点行动方案（2017—2020年）》。安排专项资金300余万元，支持各地探索推广秸秆机械粉碎还田技术。全市加大环保投入，投入资金近12亿元进行污染治理，其中近6亿元用于园区污水处理设施、乡（镇）污水处理厂运行和配套管网建设，近2亿元用于畜禽养殖业、网箱养鱼整治和拆除，近4亿元用于流域整治、饮用水源保护等。

【农产品质量安全监管】 2017年，广安市大力推广农业标准化生产，强化质量安全监测，组织开展农资打假专项治理行动，牵头实施禁限用农药、兽用抗菌药、三渔两药等"六大专项整治行动"。全市共出动检查人员11414人次，检查生产经营企业7019家次，指导培训57场次、5799人次，发放宣传材料4万余份，共查处问题174起、涉及金额46.1万元，责令整改152起，移送公安机关1起。以省级溯源平台为基础，延伸建设市（县）溯源平台，全市179家种植养殖企业产品纳入系统管理，新申报94家企业入驻追溯系统。建立市、县质检体系，已建成市、县农产品检测检验中心（站）7个，指导华蓥市农产品质检站通过实验室"双认证"，全市已有5个质检中心（站）通过"双认证"；指导前锋区加快实验室项目建设，确保县级质检站项目验收率达100%。支持"三品一标"申报认证，无公害农产品新申报及复查换证43个，绿色农产品申报（续展）认证30个。农产品总体合格率保持在98%以上。全市全年未发生重大农产品质量安全事件，农产品质量安全呈现

总体平稳、持续向好的发展态势。

【农村市场体系建设】 2017年,广安市发展电子商务企业305家、网店1.8万家,实现网络零售额21.8亿元,增长32%;电子商务固定资产投资5.3亿元,增长58.7%;新增农村电商站点630个,招商引资新引进电子商务项目4个。邻水县获得"2017四川县域电子商务十佳县"称号,岳池电商产业园、枣山亿联电商产业园被评为"2017—2018省级电子商务示范基地",广安亿联电子商务有限公司获批为"2017年省级电商示范企业"。前锋区、华蓥市成功申报2017年省级电子商务脱贫奔康示范县,争取到位资金1100万元。全市开业运营电子商务园区(运营中心)达6个,运营面积超过5万平方米,其中新建成运营电商园区(运营中心)3个,分别为广安区电商公共服务中心、前锋区"互联网+创客中心"、邻水县县级电商运营中心。全市银行业金融机构贷款余额725.93亿元,增长14%,其中涉农贷款总额401.63亿元,比年初增加52.91亿元,增长15.2%。农村产业贷款余额15.17亿元,增长3.3%;农业保费收入1.33亿元,增长13.06%;处理各项赔款和给付金额0.54亿元,增长31%。

【农村留守儿童帮扶】 2017年,广安市开展"合力监护、相伴成长"关爱保护专项行动。指导相关部门制定并推动建立全市农村留守儿童关爱保护工作联席会议制度,出台《关于加强困境儿童保障工作的实施意见》,组织县(市、区)园区开展留守儿童第二次大排查工作,对摸排出的63963名留守儿童认真履行强制报告责任,会同公安、教育等部门认真落实监护、控辍保学、户口登记等责任,督促指导各县(市、区)签订《监护责任确认书》。专项行动开展以来,共对全市789名无户籍农村留守儿童实现户口登记、145名失学辍学留守儿童成功返校复学,《监护责任确认书》签订率达100%。加强对社会散居孤儿家庭的养育指导和监督,优化机构养育孤儿的成长环境,落实好孤儿保障政策,全市共有孤儿934名,其中社会散居孤儿845名、机构养育孤儿89名,全部按月足额发放孤儿基本生活保障金。

【劳务开发与返乡创业】 2017年,广安市转移输出农村劳动力155.96万人,实现劳务收入246.22亿元。为提升劳务输出的水平和收益,全市对务工人员开展对口专业培训,同时积极拓展劳务输出渠道,引导务工人员和用工企业无缝对接,实现务工人员顺利就业,同时有效提高了全市劳务输出水平。

【主要领导人】 市委书记:侯晓春;市人大常委会主任:余仪;市长:罗增斌(7月止),曾卿(9月始);市政协主席:肖雷;分管农业副市长:何雨(8月止),尹黎明(8月始)。

广安市编写组

广 安 区

【基本情况】 2017年,广安区辖17乡14镇5个街道,有耕地面积1027.8万亩,比上年增长0.34%,人均耕地面积0.061亩;基本农田42746.14万亩。年末总人口89.8万人(户籍人口),减少0.1%;人口出生率12.78‰,增加2.5个千分点;人口自然增长率2.17‰,减少1.84个千分点。有林业用地2.91万公顷,有林地面积2.58万公顷,活立木总蓄积量59.3万立方米,森林覆盖率30.1%。

2017年,全区GDP186.9亿元,增长8%,其中第一产业增加值25.3亿元,增长3.4%;第二产业增加值42.2亿元,增长4.7%(工业产值22.6亿元,增长16.2%);第三产业增加值119.5亿元,增长10.2%。三次产业对经济增长的贡献率分别为6.2%、13.1%和80.7%。

社会消费品零售总额168.5亿元,增长11.7%。地方公共财政预算总收入完成10.9亿元,增长24%;公共财政预算总支出43.7亿元,增长10.7%。金融机构各项存款余额768.1亿元,比上年初增长11.1%;各项贷款余额303亿元,比年初增长11.3%。农业产业化龙头企业省级、市级、区级分别为3个、11个、2个。

有各类学校81所,在校学生106000人,教职工6745人,其中普通中学52所,在校学生52000人;小学25所,在校学生47000人;学龄儿童入学率99.7%。有文化馆1个,公共图书馆1个,博物馆3个。有卫生机构693个,病床位4790张,卫生技术人员6089人。

【年度农业和农村经济运行】 2017年,广安区实现农业总产值44亿元,增长3.4%;农业增加值25.2亿元,增长3.4%。农民年人均可支配收入达13275元,增长9.7%。全区申报"三品一标"农产品3个,新注册农产品商标30个,创建农产品品牌3个。

2017年广安区主要农产品产量

主要农产品	单位	产量	同比(%)
粮食	万吨	34.06	0.6
水稻	万吨	21.2	0.7
小麦	万吨	2.1	-.3.1
玉米	万吨	3.7	0.8
油菜籽	万吨	3.4	1.8
蔬菜	万吨	45.1	1.7
肉类	万吨	5.4969	-4.4
禽蛋	万吨	1.5382	0.8
水产品	万吨	0.7586	—
牛奶	万吨	0.0489	-2.4

农业产业化发展。全区共建设高质量、大规模的高产示范片15个、面积16.9万亩,其中水稻高产示范片3个、面积3.5万亩,玉米高产示范片2个、面积2.3万亩,大豆高产示范片2个、面积2.3万亩,高粱高产示范片2个、面积2.1万亩,马铃薯高产示范片2个、面积2.1万亩,小麦高产示范片2个、面积2.1万亩,油菜高产示范片2个、面积2.5万亩。建成现代特色效益农业标准化基地3.3万亩,建成"千万工程"粮经复合产业基地1万亩。围绕"一乡一业""一村一品"发展白马柠檬、兴平血橙、石笋杨梅等产业,新发展柠檬2000亩,规模达1.2万亩;新发展血橙2000亩、杨梅500亩、优质桃李1000亩;提质改造白市柚,总面积达1.5万亩。积极建设以枣山、广门、广罗、大龙、方坪等乡(镇)为核心的城郊循环农业园,以协兴、龙安、浓溪等乡(镇)为核心的万亩广安柚博园;巩固提升以崇望、悦来、大安、杨坪、兴平等乡(镇)为核心的河西20万亩现代生态农业示范片,全力打造川东北农产品生产加工物流贸易基地。

农用地产权制度改革。一是做好农村土地承包经营权确权登记工作。全区推开农村土地确权登记工作按照《广安市广安区农业局关于做好确权颁证后续工作的通知》进行全面核实确权信息,完善各种成果资料。夯实颁证基础工作,规范证书发放程序,分期分批发放证书,及时整理和移交颁证资料。二是引导农户承包地多形式、规范流转。为规范全区农村土地有序流转,维护流转双方当事人合法权益,促进土地适度规模经营,加快发展现代农业,增加农民收入,草拟了《广安市广安区农村土地承包经营权流转管理实施办法》报区政府审

定后下发，规范了农村土地流转行为，加强流转管理和服务工作。农村土地流转向种植大户、家庭农场和专业合作社等新型农业经营主体集中，形成适度规模经营。全区流转土地面积11.72万亩。同时，规范土地流转合同文本，建立流转合同备案制度，有效避免土地流转纠纷的发生。三是及时调处土地纠纷。全年共接待群众来信来访20起，对于群众反映的问题严格按照《信访条例》及其他相关政策规定，及时调查并拿出处理意见，把矛盾化解在基层，切实保护农民的合法权益。

【种植业】 2017年，广安区粮食作物播种面积84.22万亩，产量34.06万吨，其中大春粮食作物播种面积63.16万亩，产量29.25万吨；小春粮食作物播种面积21.06万亩，产量4.81万吨。全区旱育秧面积25万亩（占水稻的75%），玉米肥团育苗达100%，麦玉豆新三熟面积5.5万亩，旱地改制达90%以上，小麦规范化种植85%以上，油菜宽窄行移栽90%以上，其中集中育秧4.9万亩，杂糯间栽技术推广8.5万亩，水稻旱直播技术示范2万余亩，玉米膜侧栽培4.2万亩，玉米大豆带状复合种植4万亩；推广新品种21个，引进新品种示范展示30余个。完成年养蚕2万盒，产茧65万千克，蚕茧收入4000万元。蚕茧解舒率达60%以上。年推广回转方格簇5万片，小蚕共育面达80%以上，新建省力化蚕台1000副；新栽桑树20万株、300亩。

【林业】 2017年，广安区已建成现代林业产业基地7.7万亩，其中核桃基地6万亩、花椒基地1.7万亩，基本形成“一基地两园区”（悦来万亩核桃示范基地、恒升“万亩林亿元钱”花椒示范园区、花桥片区万亩核桃科技示范园区）。林业厅以川林产函〔2017〕560号文件公布了广安区现代林业恒升片花椒产业园区纳入第一批省重点培育现代林业产业示范区建设，全区立即成立相关工作机构，并将恒升镇宋庙村、长征村，肖溪镇桥梁村、凉滩村，龙台镇团滩村、红日村纳入园区建设范围，扩大了园区基地规模。已完成木本油料核桃基地0.65万亩、特色干果林花椒0.3万亩，在2017年国家贫困县检查中获得较好评价。全年林业总产值达13.54亿元，增长20%；农民人均从林业获得收入1511元，增加140元。完成向上争取到位资金2414.58万元；完成固定资产投资11542万元；完成固定资产项目入库8870万元。

【畜牧业】 2017年，广安区出栏生猪61.56万头、家禽514.29万只、肉牛0.53万头、肉羊1.63万只、肉兔72.5万只，分别增长1.65%、2.78%、3.99%、4.06%、1.95%。肉、蛋、奶产量分别为5.4969万吨、1.5382万吨、0.0489万吨。

【水产业】 2017年，广安区水产经济总量创历史新高。全年完成水产品产量7586吨，实现产值1.46亿元，农民人均增收12元；生产水花2900万尾，培育鱼种1300吨，名优水产品产量3400吨。全区规模以上的主要养殖品种达11个。全年水产品流通产值达1900万元，休闲渔业产值达2400万元，水产（仓储）运输产值达1400万元。全区新增10万元以上养殖大户2户，新增运销大户1户，培育名特优养殖户5户，新建渔业基地2个，申报国家水产健康养殖场1个，进一步发展壮大了广安区渔业协会。开展了水产技术宣传、培训和咨询，参与了各种“科技上街、下乡”活动，推广先进适用的水产技术6项和新品种3个。编印《淡水养鱼技术》培训资料及其他实用技术单项资料1万余份，无公害养殖技术推广面积达2000亩。开展渔业知识培训5期，培训渔（农）民300余人次，其中分别对肖溪、浓洄片区渔民进行业务培训近300余名；科普月活动中，宣传、推广养鱼技术6项、种养业新品种3个；举办科普讲座5次，发放科普资料2.6万份，培训渔（农）民450余人次，接受技术咨询230余人次，解决渔（农）问题60个，为业主挽回经济损失2万余元。

【新村建设】 2017年，广安区建设幸福美丽新村71个，省级“四好村”20个、市级“四好村”47个、区级“四好村”67个。争取到位省级财政幸福美丽新村建设专项资金1240万元，已全部投入20个扶贫新村建设。恒升镇、花桥镇创建为国家级重点小城镇，龙台、肖溪等8个乡（镇）列为全市特色集镇，乡（镇）建成区人均公共绿地面积12.58平方米，人居生态环境明显改善。

【农村扶贫和移民工作】 2017年，广安区2471名拟脱贫人口“一超两不愁三保障三有”指标全面达标，23个拟退出村“一低五有”指标全部达标。

“产业发展+就业创业+政策兜底”，一是坚持标准化生产。建成产业带70平方千米、产业示范园120余个，连片发展龙安柚、柠檬、血橙等33万亩，确保“乡乡有示范基地、村村有增收产业”，拟退出的23个贫困村集体经济经营性收入人均达13.59元。引导农民流转土地20余万亩，推广农业标准150余项，绿色有机农产品生产面积达80%以上。发展农产品加工企业和专业大户216家（户），建成惠民农机农艺等全国示范专业合作社，联结带动农户数十万人。二是就业创业“生血”。向外输出贫困劳动力1.2万人，实现务工收入近2亿元。4093名贫困群众通过能力提升实现就业。2017年，2471名拟脱贫人口家庭人均收入超过3300元。

“易地搬迁+保障配套+环境改善”，让贫困群众住上好房子、共享好生活。在城区配套公租房1000余套，解决进城务工贫困群众住房问题，保障安心就业；将廉租房制度拓展到农村，修建农村廉租房2000余套，低保、“五保”、残疾人、孤寡老人中的无房户基本“零付费”入住，推动“住上好房子”目标实现全覆盖，拟脱贫的2471名贫困人口均实现“住房安全有保障”目标。全面消除C、D级危房，确保所有农户有安全住房。推进水电气路通讯和环境改善“六到农家”工程，符合“四改三建”的应改则改、应建则建，拟脱贫的2471名贫困人口家庭均实现有安全饮水、生活用电、广播电视目标，拟退出的23个贫困村均实现通信网络全覆盖。“村村通”硬化路、“户户通”便民路、产业路全部黑化，拟退出的23个贫困村均通水泥路或黑化路。开展“文化下乡”、建设文化院坝活动，村村办农民夜校、组组开院坝会，拟退出的23个贫困村均有达标文化室。

“改善硬件+提升软件+帮扶资助”，让贫困代际传递不再延续。全年改（扩）建农村学校23所、幼儿园1所，实现乡乡有公办幼儿园。实施国培、省培和乡村教师专项支持计划，补充农村学校教师315名，交流轮岗优秀骨干教师372名，保障贫困村孩子享受优质教育资源。全年共筹集资金3272.6万元，资助学生32043名。每名贫困学生均有1名以上结对帮扶责任人，从学前教育到毕业找工作全程帮扶。

“帮扶救助+集中托管+溯源治本”，让因病致贫返贫的穷根得到彻底斩断。在落实医疗救助政策的基础上，特别救助26种慢性病和94种重特大疾病，对实施基本医保后医疗费用仍较高的贫困患者再报销40%费用，贫困群众就医得到有效保障。针对彻底丧失劳动能力的贫困对象，探索建立“贫困户家庭成员托管照料中心”扶贫新模式，集中托管生活不能自理、重病重残人员，将健康劳动力解放出来，促进家庭整体脱贫。建设区、乡、村三级医联体，添置乡（镇）卫生院医疗设备，建成108个贫困村标准化卫生室，拟退出的23个贫困村均有达标卫生室、均有1名合格乡村医生。全员培训乡村医生，建立贫困人口健康档案，实现预防保健、家庭医生签约、免费健康体检全覆盖。

【乡村旅游】 2017年,广安区已建成省级乡村旅游示范村9个、农家乐30余家、民宿达标户16户,做优龙安柚、柠檬、杨梅、花桥西瓜、盐皮蛋等乡村旅游商品19种。全年接待乡村游客123.9万人次,实现乡村旅游收入8.3亿元;乡村旅游业直接就业人数为400人,拉动间接社会就业2000人。截至2017年年底,大云山休闲山庄景区道路、厕所、停车场、游客咨询中心、通信基站等基础设施建设完成,成功创建为国家3A级旅游景区。伴闲田园山庄、柚乐园一期建成并形成接待能力,分别创建为四星级和三星级农家乐。云水湾项目加快建设,民宿老院子主体建设完成,已形成接待能力。兴平镇龙孔村、恒升镇长征村、崇望乡双胜村3个村创建为“乡村旅游扶贫示范村”,培育乡村民宿达标户8户,建成旅游厕所6座,浓溪镇至彭家乡旅游道路建设接近尾声,龙安镇至肖溪镇旅游道路快速建设。

【农村水利】 2017年,广安区有中型水库2座(全民、七一水库)、小(1)型水库8座、小(2)型水库37座;小型引水渠65条,渠系配套888.1千米;山坪塘3497口,石河堰246处,固定提灌站95处,蓄水池1587口;集中供水工程(20立方米及以上)67处,堤防21.2千米。全区水利工程蓄引提水能力1.65亿立方米,有效蓄引提水能力1.15亿立方米。工程设计灌面37.71万亩,占全区耕地面积的63%;有效灌面27.6万亩,占全区耕地面积的54%。

【农业机械化】 2017年,广安区共审批农民群众购置各类农业机械1501台(套),国家补贴资金85.32万元,补贴的农机具11大类、32种、54个产品覆盖全区31个乡(镇、街道),1700余户农民群众直接受益。在春耕、三夏、三秋生产中,全区共投入各种农机具10余万台(套),检修各种农机具1.1万余台(套)。开展“送农机科技下乡”活动,召开了春耕、机收、秋耕等农机化作业现场会10余次,展示各类农机具11类、30种、170余台,发放农机科技宣传资料0.5万份,现场咨询群众达1.3万人次。组织以春耕、机收、秋耕为主的农机专业服务队12个,深入生产第一线,开展机具维修、技术咨询、田间指导等为主的专项农机化服务,共出动技术人员230人次,维修各类农机具3000台,提供技术咨询服务900余人次。重点抓好机电提灌站建设和机耕路建设等2016年现代农业推进工程项目建设。已完成恒升镇、蒲莲乡等2个乡(镇)硬化和维修整治机耕路2条,在崇望乡、大安镇等6个乡(镇)新建机电提灌站6个。

【农村科技】 2017年,广安区建成广安区科技扶贫在线平台并正式运行,已录入信息员343人、专家165人,实现了贫困村全覆盖,完成信息服务1000余次;建立科技扶贫示范基地4个、村级科技驿站26个。实施农业类科技项目9个,投入资金191万元;引进推广农业新品种20个、新技术10项。开展科技培训,培训农业科技骨干和农民500人次。

【农村教育】 2017年,广安区顺利通过义务教育均衡发展迎国检,农村义务教育阶段学校硬件、师资大幅度提升,城乡差距进一步缩小,全区义务教育阶段基本均衡。农村义务教育阶段毛入学率100%,毕业率约100%。争取中央、省级到位资金18025万元,包括方坪小学扩建、肖溪中小学迁建2个续建项目,北辰小学综合楼项目、中职学校建设等4个新争取资金项目。抓紧实施方坪小学扩建项目、肖溪初中迁至肖溪小学并扩建小学项目。2014—2015年薄弱学校改造项目,除肖溪小学教学综合楼、食堂、运动场项目未完工外,其余已全面完工;2016—2017年的中央、省级资金安排项目,除兴平小学改(扩)建、蒲莲小学新建综合楼、恒升小学新建综合楼、杨坪小学新建综合楼财政评审外,其余已全部开工,部分项目已完工。组织学校领导参加任职资格岗位培训61人,提高培训30人。选派14名城区学校优秀教师到农村薄弱学校支教,片区内学校教师交流约200人次。不断加强师德师风建设,涌现出“最美乡村教师”蔡明杰、“广安市优秀人才”夏磊等一批爱岗敬业、无私奉献的先进典型。农村义务教育学生营养改善计划受益学生3.03万人,投入资金2568万元;资助建档立卡贫困户家庭子女4082人,资助资金202.28万元;资助建档立卡贫困户家庭大学生子女508人次,资助资金203.2万元;对家庭经济困难寄宿学生发放生活补助4236人次,发放资金260.5万元。坚持以流入地政府和全日制公办学校为主的“两为主”政策的随迁子女入学体系,保障随迁子女入学权利。完善残疾儿童(少年)就学体系,构建以特教学校为主体、随班就读为重点、送教上门为补充的“三残”儿童(少年)入学保障体系,适龄“三残”儿童入学率达95.98%。

【农村文化】 2017年,广安区拟脱贫的20个贫困村文化室规范建设全部达标。完成9个幸福美丽新村文化院坝建设任务、12个村综合文化服务中心建设任务,做到村村有室外活动场地和文化活动队伍,能开展4次以上的文化活动,有文化管家,有4本文化管理台账。全年超额完成年内赴脱贫村文艺演出任务,共开展“送文化下乡”演出40余场。全面完成对全区484个行政村广播“村村响”的广播扩大器、主机设备和线路等相关维修维护工作,确保全区行政村广播畅通,解决了群众听广播难问题;全面完成省上安排的2936户贫困户接通电视信号的安装任务,解决了偏远山区群众看电视难问题;重点开展“科普电影进农村”“励志电影进校园”、禁毒防艾专题展播等活动并实行菜单点播;完成全年5844场次农村电影放映任务,观影群众达35.4万人次。

【农村生态建设及环境保护】 2017年,广安区推行双河长制度,提升渠江、西溪河、蒙溪河等7条大小流域的环境治理能力,新建恒升、郑山万吨水厂,结合区情实际,拟调整饮用水水源保护区划定范围,取消红旗水库等无使用价值的6个乡(镇)集中式饮用水水源地,及时新增划定兴平镇红花河、恒升镇观桥河2个乡(镇)集中式饮用水水源地。全区非城市规划区的24个乡(镇)已实现生活污水处理站建设全覆盖,其中4座通过PPP模式引进中信水务公司建设运行,13座已建成的生活污水处理站统一委托区属国有企业鸿浩水务公司实行公司化运行,其余乡(镇)污水处理站实施整改工作,整改完毕后将移交鸿浩水务公司管理。在井河、花桥、石笋等3个镇建设第二污水处理站。积极申报“山水林田湖草”项目,开展城乡污水处理厂(站)管网建设和提档升级、新农村集中居住点污水处理设施建设等工作。明确了“三区”(禁养区、限养区、适养区)范围,禁养区内18家畜禽养殖场已全部拆除。扎实开展渠江流域畜禽养殖污染防治工程,80家畜禽养殖场整治工程整体进度已达80%,部分工程已投入使用。

制订了《土壤污染防治行动计划广安区工作方案》及2017年度实施方案,加强化肥农药管理,化肥施用强度(折纯)为247.15千克/公顷,有效提高化肥、农药利用率。提升农村垃圾收集处理能力,全区建成乡村垃圾集中收集点9120个、生态垃圾房750个、垃圾池1250个、中转站55个、压缩式垃圾中转站5个,购置垃圾清运车43台、专用垃圾运输车11台,建立“组保洁—村收集—乡(镇)转运—区处理”的城乡生活垃圾收集处理机制,全区31个乡(镇、街道)建成垃圾回收站209个。

与乡(镇)签订了《秸秆禁烧目标责任书》。在悦来镇、大安镇、兴

平镇建立万亩秸秆粉碎还田综合利用示范片1个,并在全区逐渐推行秸秆粉碎还田综合利用技术。在兴平镇、化龙乡建立以秸秆为基料的食用菌培育基地2个。鼓励绿之源有机肥厂、博泰良种肉牛繁育专业合作社等养殖业主将秸秆饲料化。为确保秸秆综合利用技术推广工作有序开展,在运行的所有砖瓦厂安装脱硫设施。严格要求采石场、物料堆码场及建筑工地采取扬尘抑制措施,有效控制扬尘产生。

【劳务开发与返乡创业】 2017年,广安区转移输出农村劳动力27.69万人,其中省外输出18.46万人,省内区外输出9.23万人;实现劳务收入34.45亿元,全区农民工劳务平均收入12441元。全区农村劳动力实名制登记入库0.1157万人。全年完成品牌培训490人,完成农村实用技术培训350人,完成高级工培训40人,其中培训贫困户劳动力共计395人。

【主要领导人】 区委书记:文建平;区人大常委会主任:尹才宏;区长:吴荣胜;区政协主席:刘昌杰;分管农业副区长:吴永川。

广安区编写组

前锋区

【基本情况】 2017年,前锋区辖2乡8镇4个街道,辖区面积505.6平方千米,其中耕地面积32.7万亩,比上年增长0.28%,人均耕地面积0.9亩。年末总人口36.9万人(户籍人口);人口出生率12.3‰,增加0.5个千分点;人口自然增长率2.1‰,减小4.4个千分点。本地水资源总量0.8328亿立方米,人均占有水资源量228.79立方米。

2017年,全区GDP160.3亿元,增长7.7%,其中第一产业增加值14.6亿元,增长3.2%,农、林、牧、渔及农林牧渔服务业之比为57∶4.6∶32.1∶4.2∶2.1;第二产业增加值121.3亿元,增长7.9%(工业产值364.5亿元);第三产业增加值24.4亿元,增长18.1%。三次产业对经济增长的贡献率分别为3.9%、78%和18.1%。全年接待游客146.32万人次,实现旅游收入102500万元,其中乡村旅游收入76875万元。

社会消费品零售总额22.3亿元,增长13.9%。地方公共财政预算总收入完成4.698亿元,增长14.39%;公共财政预算总支出19.688亿元,增长3.65%,其中农业投入39041万元,占支出的19.83%。

有各类学校60所,在校学生35494人,教职工1953人,其中普通中学19所,在校学生11830人;小学19所,在校学生16461人;学龄儿童入学率100%。有艺术表演团体14个,文化馆1个。

【年度农业和农村经济运行】 2017年,前锋区实现农业总产值13.63亿元,增长3.6%;农业增加值14.6亿元,增长3.2%。农民年人均可支配收入达13745元,增长9.3%。

2017年前锋区主要农产品产量

主要农产品	单位	产量	同比(%)
粮食	万吨	11.9	0.51
水稻	万吨	8.14	0.62
小麦	万吨	0.93	-1.06
玉米	万吨	2.48	0.81
马铃薯	万吨	0.35	0
油菜籽	万吨	1.08	0.93
蔬菜	万吨	26.13	1.44
水果	万吨	0.87	0
肉类	万吨	2.1255	3.82
猪肉	万吨	1.6872	5.06
牛肉	万吨	0.064	-0.31
羊肉	万吨	0.1236	0.41
禽肉	万吨	0.2084	-2.43
兔肉	万吨	0.0392	5.38
禽蛋	万吨	0.4498	-3.7
牛奶	万吨	0.0218	-12.45

【实施旅游扶贫,增添脱贫攻坚动力】 2017年,前锋区根据广安市乡村旅游"十三五"扶贫规划,按照全区精准扶贫精准脱贫工作同步要求,贯彻落实乡村旅游富民工程,坚持"突出特色、因地制宜、社会参与、形成合力、重点推进、分批实施、整村推进、连片开发"的原则,以旅游扶贫示范村建设为重点,整合全区旅游资源和相关产业要素,推进三产融合发展。通过引导和支持贫困村发展旅游,为贫困人口创业、就业提供平台,提高收入水平,实现脱贫奔康。全年将光辉乡高岭村创建为省级旅游扶贫示范村,培育乡村民宿达标户2户。通过"旅游+扶贫"的模式,高岭村成立了广安千佛茶叶有限公司、高岭生态农业开发有限公司、广安肖家大院红色旅游经营管理有限公司,公司常年上班人数20余人,带动该村村民和周边群众务工300余人,该村村民除可享受农业综合补贴、公益林生态效益补偿外,还可享受土地租金、务工收入、股份分红、产业增益,同时还带动周边6个村群众实现可持续增收。

【主要领导人】 区委书记:尹黎明;区人大常委会主任:罗金林;区长:米亮;区政协主席:帅晓东;分管农业副区长:张力文。

前锋区编写组

华蓥市

【基本情况】 2017年,华蓥市辖9镇1乡3个街道,辖区面积466平方千米。年末总人口360036人(户籍人口),其中城镇人口119202人、乡村人口240834人;出生人口4519人,人口出生率12.51‰;死亡人口4352人,人口死亡率12.05‰;人口自然增长率0.46‰。有常住人口28.24万人,其中城镇人口13.69万人、乡村人口14.55万人,城镇化率48.5%,增加1.3个百分点。

2017年,全市GDP1471849万元,增长8.1%,其中第一产业增加值119368万元,增长3.3%;第二产业增加值869464万元,增长7.6%(工业增加值716415万元,增长7.7%,其中规模以上工业增加值增长10%);第三产业增加值483017万元,增长10.2%。三次产业对经济增长的贡献率分别为3.6%、53.7%和42.7%。人均GDP52027元,增长8.1%。三次产业结构比由上年的8.35∶65.39∶26.26调整为8.11∶59.07∶32.82。全年接待国内游客684.4万人次,实现旅游总收入60.3亿元。

全社会固定资产投资2195705万元,增长16.7%。社会消费品零售总额398036万元,增长13.7%,其中乡村消费品零售总额98846万元,增长12.4 %。地方公共财政收入73709万元,增长11.2%,其中税收收入42741万元,增长13.2%;非税收收入30968万元,增长8.5%。地方公共财政支出239577万元,减少3.6%。年末金融机构各项存款余额1731237万元,比年初增加180974万元,增长11.7%,其中住户存

款余额1300319万元,比年初增加115317万元,增长9.7%;各项贷款余额827310万元,比年初增加109854万元,增长15.3%,其中住户贷款余额315832万元,比年初增加6556万元,增长2.1%。

公路通车总里程950千米,其中等级公路921千米、高速公路21千米;铁路营运里程35千米,有火车站2个。全年邮电主营业务收入完成10165万元。有固定电话用户32589户,移动电话用户292014户,国际互联网用户75423户。

有建制公办学校42所,在编专任教师2645人、特岗教师52人,有普通高中在校学生5925人、初中在校学生10117人、普通小学在校学生22960人、特殊教育在校学生31人、学前教育在园幼儿11002人;九年义务教育巩固率99.5%,高中阶段毛入学率90.5%。有医疗卫生机构191个,病床位1644张,医院、卫生院技术人员1023人(其中执业医生、助理医生510人)。新型农村合作医疗参合人数24.54万人。

【年度农业和农村经济运行】 2017年,华蓥市实现农业总产值209087万元,增长3.4%。农村居民年人均可支配收入达14604元,增长9.2%;农村居民年人均消费支出11526元,增长7.5%。

【种植业】 2017年,华蓥市粮食作物播种面积21893公顷,增长0.4%;粮食产量104740吨,增长0.4%,其中大春粮食产量89341吨,增长0.5%;小春粮食产量15399吨,与上年持平。油料产量2358吨,增长0.4%。产蔬菜播种面积5379公顷,增长1.1%;产量140188吨,增长1.6%。。

【畜牧业】 2017年,华蓥市出栏生猪364479头,减少5.2%;出栏牛3605头,减少0.4%;出栏羊37802只,减少0.5%;出栏家禽2088153只,减少4.8%;出栏兔1563685只,减少8.7%。禽蛋产量3280吨,减少4.1%。肉类总产量31452吨,减少4.8%。

【旅游扶贫】 2017年,华蓥市以四川省旅游扶贫示范区、四川省旅游扶贫示范村等创建为契机,以具有旅游扶贫基础条件的贫困村为实施范围,整合旅游、农业、住建、交通、扶贫等方面资金,从旅游基础设施、产业发展、主体培育等方面实施旅游扶持。华蓥市明月镇白鹤咀村、竹河村、明月村、三合团村创建为四川省旅游扶贫示范村。华蓥市半岛农家乐、望江码头大河鱼、莫腊娃农家乐等8家创建为四川省乡村民宿达标户。永兴镇大佛山村在主公路及产业基地道路两旁种植银杏树2000株,扩模血橙500亩,完成生态停车场2处、旅游咨询点1处、观景亭3处、旅游厕所1座、游步道1.5千米修建,完成8户民宿基础打造。红岩乡茶园村完成银杏树种植300亩,旅游集散广场已竣工并投入使用,修建游步道1千米,硬化公路4.5千米,黑化公路3.2千米,改(扩)建村活动室250平方米并配备活动室办公设施,完后2户民宿基础打造。明月镇新建农村公路6.5千米(含骑游步道),已完成全线路基工程及路面垫层施工,完成3.5千米沥青路面施工,新建桥梁2座;明月村集散广场、竹河村3千米游步道已新建完成,明月沱1千米示范段以自建的形式进行苗木栽植,完成栽种苗木100余万株。完成省级旅游扶贫示范区1个、旅游扶贫示范村2个、民宿达标户10户的创建申报及验收工作。

【乡村旅游】 2017年,华蓥市接待游客684.47万人次,实现旅游总收入60.6亿元。有旅游从业人员近2万余人,贫困人口参与旅游业及受益人数10342人,占贫困人口总人数的59.37%,旅游业带动贫困户人均纯收入增加709.9元。截至2017年年底,全市有四星级酒店1家、五星级乡村酒店1家(君兰天下生态文化园)、星级农家乐20余家,其中四星级农家乐5家。君兰天下生态文化园创建为四川省乡村旅游特色业态经营点(精品农家乐园),华蓥市蜜梨度假村创建为四川省乡村旅游特色业态经营点(精品花果人家),华蓥市唐家庄乡村食府、华蓥市峨凤岭森林农庄、华蓥市桃园农家乐创建为四川省乡村旅游特色业态经营点(农家乐园)。

规划编制。华蓥市根据全域旅游示范区创建要求,启动了《华蓥市全域旅游业发展总体规划》(含《华蓥市红色旅游专题规划》、《华蓥市生态旅游专题规划》等系列专题规划)编制工作,已全面完成规划招(投)标工作,正式确认了规划设计单位,并于12月底前形成了《华蓥市全域旅游业发展总体规划》初稿。

品牌创建。全市注册旅游商标200余个,其中"华蓥山"和"银山幺妹"旅游商标被认定为四川省著名商标,"欧阳晓玲"旅游商标被认定为中国驰名商标。华蓥市创建为四川省旅游扶贫示范区,明月镇白鹤咀村、竹河村、明月村、三合团村被四川省旅游发展委员会、四川省扶贫和移民工作局评为四川省旅游扶贫示范村。华蓥山旅游区创建为全国中小学生研学实践教育基地、省级风景生态旅游示范区。

基础设施建设。峨凤岭森林农庄完成车迷俱乐部、拓展训练基地配套设施建设;梦幻花海旅游产业园二期、海棠博览园三期项目完成土地改良、苗木栽植、基础设施建设等工程。大力推进旅游"厕所革命",突出"条块线点"结合,在旅游景区、旅游线路沿线、乡村旅游点、旅游餐馆、休闲娱乐场所、步行街区等地段、区域新(改)建旅游厕所13座,已全部建成并投入使用。全面完成宝鼎—重庆茨竹旅游公路,省道406线古桥街道至红岩乡段A标段(共6.2千米)完成路基6.2千米,蓥西游道一期项目初步完成。更新和完善了城区及主要旅游通道旅游交通导向标识标牌。

招商引资。全市编制完成《华蓥市华蓥山旅游区华蓥片区旅游开发项目规划》及招商宣传片,通过"走出去,请进来"的方式积极开展招商引资。一是积极对接中铁文旅集团、中国一冶集团有限公司成都分公司、西南中建投资公司、中国资本市场研究院、中交通力、成都欣全鑫利建筑工程公司、广安金土地集团、东方园林集团等客商,展示全市招商项目并开展洽谈。其中,成都欣全鑫利建筑工程有限责任公司表示愿意按照华蓥市《华蓥山旅游区华蓥市片区旅游开发建设项目规划》设计思路,投资约55亿元,对全市九大旅游项目及五个配套项目进行整体开发;广安金土地集团希望投资约5亿元在红岩乡高顶村开发建设旅游康养项目,该公司已形成项目概念性规划并与华蓥市开展沟通交流。二是积极开展委托招商,与上海东方龙咨询公司签订了《旅游综合开发项目招商外包服务协议》,并与普渡集团就天池湖湖底主题乐园项目开展了初步洽谈。三是积极参加第四届四川旅博会、海南休博会、山东国际旅交会、重庆渝洽会、重庆避暑旅游文化节、四川省第八届乡村文化旅游节以及"金融超市"等宣传推介活动,发布旅游招商信息,宣传推介华蓥旅游项目招商特色,扩大华蓥旅游招商项目知名度。同时,通过网络平台发布旅游招商信息,积极筹备华蓥市旅游项目北京推介会,全方位优化扩充旅游招商渠道。

【农村文化】 2017年,华蓥市组织开展文化惠民扶贫"五下乡"活动25场、学习宣传贯彻党的十九大精神暨"周明川先进事迹"文艺巡演14场;组织开展了"幸福花开华蓥山"——华蓥市2017年迎新春文艺演出、第三届农民文艺汇演、华蓥市第八届中老年人集体舞比赛。全年建成贫困村的文化惠民扶贫项目9个,完成农民健身工程6个,全市体育场馆免费对外开放。

【农村社会保障】 2017年,华蓥市有公办养老机构14所,床位975张;民办养老机构7所,床位950张;日间照料中心38个;社会福利救

助中心1个;救助管理站1个。农村居民最低生活保障人数16339人,保障标准300元/人/月。全年特困人员集中供养646人,分散供养1223人,救助各类流浪乞讨人员482人次。累计完成医疗救助3.3万人次,发放救助金1800万元。全年城乡居民社会养老保险参保人数9.29万人。

【主要领导人】 市委书记:肖伟华;市人大常委会主任:刘光文;市长:谭焰;市政协主席:陈云栋;分管农业副市长:王治伟。

华蓥市编写组

岳 池 县

【基本情况】 2017年,岳池县辖21乡22镇,辖区面积1479平方千米,其中耕地面积126.3万亩,比上年增长0.05%,人均耕地面积1.1亩;基本农田103.9万亩。年末总人口116.7万人(户籍人口),减少0.5%;人口出生率11.8‰,减少1.4个千分点;人口自然增长率-0.9‰,减少3.2个千分点。全县耕地有效灌面达到耕地总面积的32.4%;本地水资源总量5.7亿立方米,人均占有水资源量470立方米。有林业用地4.8万公顷,有林地面积4.8万公顷,活立木总蓄积量109.2411万立方米,森林覆盖率32.34%。

2017年,全县GDP229.1亿元,增长8.2%,其中第一产业增加值40.9亿元,增长3.2%,农、林、牧、渔及农林牧渔服务业之比为53.3∶2.9∶37.9∶3.9∶2;第二产业增加值99.9亿元,增长8.6%(工业增加值70.8亿元,增长9.1%);第三产业增加值88.3亿元,增长10.2%。三次产业对经济增长的贡献率分别为7.6%、43.9%和48.5%。劳务输出38.95万人,收入65.2亿元。全年接待游客351.8万人次,实现旅游收入302000万元,其中乡村旅游收入156800万元。

公路通车里程3469千米,密度2.34千米/平方千米,29.7千米/万人。社会消费品零售总额114.2亿元,增长11.2%。地方公共财政预算总收入完成11.8亿元,增长13.9%;公共财政预算总支出52亿元,增长8.6%。金融机构各项存款余额340.7亿元,比上年初增长7.1%;各项贷款余额117.7亿元,比年初增长20.1%,其中支持农业产业化发展项目贷款60928万元。农业产业化龙头企业省级、市级、县级分别为3个、20个、217个。

有各类学校125所,在校学生101713人,教职工7070人,其中普通中学67所,在校学生43455人;小学58所,在校学生58258人;学龄儿童入学率100%。有文化馆1个,公共图书馆2个。有卫生机构998个,病床位4037张,卫生技术人员3004人。新型农村合作医疗参合人数86.78万人,新型农村社会养老保险参保人数34.7万人。

【年度农业和农村经济运行】 2017年,岳池县实现农业总产值68.78亿元,增长3.2%;农业增加值41.7亿元,增长3.3%。农民年人均可支配收入达13756元,增长9.4%。农业种养科技贡献率达56%。农产品质量抽检合格率比年初提高0.69个百分点;建成2个基层农业综合服务站。

2017年岳池县主要农产品产量

主要农产品	单位	产量	同比(%)
粮食	万吨	53.4	0.41
水稻	万吨	32.14	0.44
小麦	万吨	3.85	-6.8
玉米	万吨	6.2	2.65
马铃薯	万吨	5.56	4.5
油菜籽	万吨	2.64	2.3
蔬菜	万吨	75.88	1.1
水果	万吨	8.02	0.7
肉类	万吨	7.23	-4.1
猪肉	万吨	6.06	-4.5
牛肉	万吨	0.07	-0.13
羊肉	万吨	0.07	-0.29
禽肉	万吨	0.94	-3.5
兔肉	万吨	0.09	6.96
禽蛋	万吨	1.9	-1.03
水产品	万吨	1.61	4.5
牛奶	万吨	0.057	-1.22

农业产业化发展。全年新建优质粮油基地1.2万亩、柑橘基地0.7万亩、蔬菜基地1.5万亩、优质桑蚕基地0.4万亩、花卉药材基地2.1万亩,改(扩)建畜禽标准化规模养殖场17个。全面落实龙头企业扶持优惠政策,积极引导企业推行"公司+基地+农户"的经营机制,以股份合作等形式与当地农户联成利益共同体,带动农民建园、建基地。新培育稻米加工企业3家,可年加工大米5万吨、米粉2万吨;有果蔬冷藏企业5家,可年冷藏果蔬3万吨;有泡菜加工企业2家,年加工泡菜1.5万吨,农产品初加工率达62.5%。培育国家级示范合作社3个、省级示范合作社7个、省级示范家庭农场4家、省级示范休闲农庄2个。全年培育农民专业合作社166个,其中种植业101个、畜牧业16个、水产业24个、林业15个、服务业10个,岳池县大佛川粤养殖专业合作社和岳池县中和水果种植专业合作社被评为"四川省第九批省级示范社"。培育家庭农场47家,其中畜牧业24家、粮油10家、经作11家、林业2家,岳池县大佛蜀羊轩家庭农场、岳池县大佛乡丰聚家庭农场、岳池县石垭镇长石特种生态渔业家庭农场、岳池县石垭镇硕果香家庭农场被评为"四川省第三批省级示范场"。村集体建立集体经济组织(农业发展公司)153家。全县788个农业经营主体规模经营面积28.66万亩,占农用地面积的25.43%,其中30~299亩的经营主体629个、经营面积10.39万亩,300亩以上的经营主体159个、经营面积18.27万亩,涵盖粮油、蔬菜、水果、中药材、干果、食用菌、水产、畜禽养殖等重点农业产业领域。

农用地产权制度改革。全县承包地确权登记工作基本完成,通过航空摄影测量形成了1∶1000正射影像成果图6406幅,利用成果图共查明全县农业用地295.1万块、112.7万亩,其中农户承包地284.2万块、109.1万亩,农户自留地5.1万块、1.7万亩,集体机动地5.8万块、1.9万亩。对全县23.4万户、74.7万人的109.1万亩承包地进行了确权登记,建立登记薄5861本,确权登记率97%,制发新证书22.8万本,发证到户率97.44%。

农产品品牌战略实施。全年新注册农产品商标20件,总数达381件,"顺福来"油脂、"黄龙贡米"被农业厅评为"优质农产品","黄龙贡米"在第十五届国际农产品交易会上被农业部评为金奖。新申报认证无公害农产品3个、1032亩、1548吨,续展认证绿色食品17个、5915亩、15567吨,新申报认证有机食品(蔬菜桑)1个、500亩、1250吨。累

计认证并在有效期内的无公害农产品32个、绿色食品19个、有机食品2个,“三品一标”农产品申报认证面积累计达98.56万亩。

现代农业园区建设。全县现代农业园区建成以优质蔬菜、粮经复合、特色水果、休闲农业旅游为主导的四大产业基地4万余亩,其中改造提升优质蔬菜基地8000亩,建设特色水果基地7000亩、粮经复合基地15000亩、休闲农业旅游基地10000亩,共实现产值4.7亿元。新引进培育各类新型农业经营主体6家,完成新型农业经营主体培育达150余户,包括农业龙头企业6家、专业合作社38个、家庭农场12家、其他种养大户90余户。申报绿色农产品21个、优质农产品品牌8个,申报邓小平故里“华蓥山”公用品牌3个。建设农产品初加工设施8座、5000吨气调保鲜库1座、泡菜加工厂2座、大米加工厂1座,新建农产品初加工设施3座。

【种植业】 2017年,岳池县农作物播种面积201.03万亩。粮食作物播种面积135.11万亩,产量53.4万吨;油料作物播种面积24.61万亩,产量3.15万吨;蔬菜种植面积32.61万亩,产量75.88万吨;水果种植面积5.23万亩,产量8.02万吨;药材种植面积11265亩,产量576吨;蚕桑发种27300张,产茧92万千克。

【林业】 2017年,岳池县林业产业造林面积1700公顷,实现林业总产值13.68亿元。全年完成营造林面积3133公顷;完成新一轮退耕还林867公顷,造林补贴333公顷;建成干果产业基地70个、11993公顷。

【畜牧业】 2017年,岳池县出栏生猪、牛、羊、兔、家禽分别为86.6万头、0.6万头、4.6万只、66.5万只、668.1万羽;肉类总产量7.23万吨,禽蛋总产量1.9万吨;实现畜牧业产值27.8亿元。

【水产业】 2017年,岳池县水产品产量1.61万吨,渔业养殖面积46600亩(不含稻田养鱼面积),实现渔业产值3.22亿元,农民人均渔业收入435元。新建渔业基地6个、面积570亩,创建农业部水产健康养殖示范场2个,新成立水产专业组织3个。扩大全县已有的异育银鲫、大口鲶、武昌鱼、青波、黄腊丁等名优水产品养殖规模,引进小龙虾、裸斑、淡水雪鱼、甲鱼等新品种养殖,全县名特优水产品产量达6200余吨,占水产品总产量的38%。全县有渔业船舶188艘,其中捕捞渔船178艘、养殖渔船10艘。

【统筹城乡与新型城镇化】 2017年,岳池县城镇面积增至67.4平方千米,其中县城25.4平方千米、乡(镇)42平方千米,城镇化率37.2%。全年完成固定资产投资(含房地产项目)72亿元,完成市政基础设施投资5.3亿元,房地产开发投资49.36亿元。完成城市公共停车场设施专项规划,县城总规修编、老城区控规暨城市设计、海绵城市专项规划编制工作有序推进,启动“城市双修”试点城市申报工作。严格按照《四川省城乡规划条例》等法规的要求,对建设项目实行放线验线制度,进一步确保建设对规划的服从性。办理选址意见书22份、建设用地规划许可证22份、建设工程规划许可证43份。紧紧围绕建设“双60”中等城市目标,大力推进城东新区建设。完成土门路、丝绸路东三段、建设路东一路、花田路北段道路建设,继续推进龙湖大道建设,县城区面积拓展2.6平方千米。完成姚家河一段景观工程建设,稳步推进姚家河二段和三段景观工程、龙湖公园、余家河上游公园、文创公园建设,丰富城东新区配套休闲娱乐设施。完成地下综合管廊建设2.61千米,新增雨污水管道8.71千米,改(扩)建老旧污水管道1千米,整治城区麻柳河排污口6个,有效控制麻柳河城区段污染源。

【新村建设】 2017年,岳池县投入资金9165万元,用于基础设施及公共服务设施建设。深入开展“洁净水”行动,大力开展农村院落综合治理,加强垃圾清理、污水治理,促进新村人居环境持续改善。全年建成幸福美丽新村115个、扶贫新村83个。

【农村扶贫和移民工作】 2017年,岳池县83个贫困村顺利退出,4560户贫困户、15501名贫困人口脱贫。移民安置和后期扶持工作稳步推进,完成省定735户2679人易地扶贫搬迁任务,搬迁入住率100%,提前实施655户2333人;实施C、D级危房改造5195户、“五改三建”5173户,实施地质灾害避险搬迁12户。坚持把发展产业作为稳定脱贫的根本之策,建成专业合作组织147个,新(改)扩建产业基地105个,规划建设优质药材、文化旅游、都市农业、现代林业、优质粮果、健康养生脱贫产业带6个,带动1.3万名贫困群众就近就业、稳定增收。

【乡村旅游】 2017年,岳池县大力发展乡村旅游,重点推进文化旅游园区、现代农业园区休闲农业和乡村旅游项目建设,打造集农业示范、体验采摘、观光休闲等功能于一体的乡村旅游景区。以农旅结合为重点的旅游扶贫示范带项目成功纳入国家旅游局2017年优选招商项目,并获得省农发行2亿元的全省首笔旅游扶贫中长期贷款。瞿家店乡愁园景区创建为国家3A级旅游景区,并被评为“四川省级乡村旅游提升示范项目”。全年共培育星级农家乐2家、精品村寨1个、精品特色业态1家、特色业态2家、民宿达标户5户,创建省级乡村旅游扶贫示范村3个,举办了白庙樱花节、排楼李花节等节庆活动8次,实现乡村旅游收入15.68亿元,有效带动7660名贫困群众增收致富。

【农业机械化】 2017年,岳池县农业机械总动力达58.04万千瓦,主要农作物农机化综合水平达66%。拥有拖拉机359台、9650千瓦,耕整机24400台、122000千瓦,排灌机械14650台(套)、97000千瓦,联合收割机220台、8650千瓦,农田水利基本建设机械260台、13500千瓦。全年机耕115.9万亩、机收76.5万亩、机播29.4万亩、机械灌溉79.8万亩、机械化植保72.15万亩;农机运输16500万吨千米,粮食脱粒37.2万吨,农副产品加工68.1万吨,饲料加工9万吨。做好农机安全生产监管,全县拖拉机年检审率达95%以上,全年农机安全事故零发生。实施农机购置补贴,推广新机具3453台(套),惠及农户3286户,补贴资金260.054万元。

【农村科技】 2018年,岳池县引进推广农业新品种20个、新技术15项,建立县级科技扶贫产业示范基地3个,发放科普宣传资料10万余份、实用技术资料2万余份,接受群众咨询1万余人次,培训科技实用人才300人次、农民6000余人次。组织西华大学、四川农业大学、四川省中医药科学院、中国农业科学院柑桔研究所等大专院校、科研院所与企业开展产学研合作,研究开发出新产品3个,实施科技成果转化项目3项。建成国家级星创天地2家、市级企业技术中心2家,广安市首批院士(专家)工作站2个。建成金方生物、宏益生物、康安生物等生物医药企业8家,签约重大项目4个。引进生物医药、电子信息、机械制造等高新技术领域高层次人才12名,与四川省农业机械研究设计院等科研院所“三区”科技人员签订了“三区”科技人才选派三方协议。“四川科技扶贫在线”岳池县平台运管中心开通,组织县级农业专家140人、信息员212人,开展资讯信息891条,发布产业支撑龙头企业信息4条、技术供给信息4条、供销对接商家信息9条。

【农村教育】 2017年,岳池县新建公办幼儿园1所,维修和改造幼儿园6所,新增学位360个,不断扩大普惠性学前教育资源覆盖面。宣传《3~6岁儿童学习与发展指南》,做好幼小衔接工作,引导和帮助家长

树立正确的儿童观和教育观，营造有利于儿童健康成长的良好社会氛围。全县有农村幼儿园137所，在园幼儿6955人。全县投入财政资金近1亿元，用于改善农村义务教育阶段学校办学条件，逐步建立以城带乡、城乡一体、优质均衡的义务教育发展机制，高标准通过义务教育基本均衡省级评估。全县新(改、扩)建农村学校校舍、运动场地8.6万平方米，为58所学校配备图书104万册，为44所学校增添、更新“班班通”设备600套，采购学生电脑2900台，“三通两平台”建设基本完成。截至2017年年底，全县农村共有公办义务教育学校87所，在校学生56005人，适龄儿童入学率98.95%，巩固率97.82%。对民办幼儿园进行清理整顿，规范民办幼儿园办学行为。全县共有民办教育机构191所，其中十二年制学校2所、九年制学校1所、单设小学14所、幼儿园174所，民办教育在校学生27945人。

【农村文化】 2017年，岳池县有乡(镇)综合文化站43个、农家书屋825个、社区书屋54个、贫困村文化室130个。完成建档立卡贫困户通广播电视22294户，其中直播卫星19216户、有线电视3078户。完成民生工程文化惠民扶贫演出活动54场。组织参加第六届成都国际非遗节曲艺节目展演、四川省第三届曲艺杂技木偶小品小戏大赛演出、全国广安商会迎春文艺演出；开展“新时代、新征程、吉祥中国年”新春广场文艺演出、“党的十九大”巡讲巡演、文化科技卫生“三下乡”集中示范活动等群众文化活动；组织以“樱花、李花、荷花”等农产品为主题的第八届农家文化旅游节系列群众文化活动。

【农村卫生】 2017年，岳池县有乡(镇)卫生院44所、社区卫生服务中心1个、社区卫生服务站10个、康复卫生院1所、村卫生室827个。全县83个贫困村卫生室标准化建设已全部完成，基层医疗机构标准化建设和基础设施建设取得明显进展。全年共开展大型健康主题日宣传3次，开展健康知识讲座655期，更换宣传专栏436期，印发宣传资料735481份。共计为79289名65岁以上老年人开展了免费体检，提供了健康指导，其中65岁以上老人接受中医药服务59406人，0～36个月儿童接受中医药服务27389人。

【农村法制建设】 2017年，岳池县完成对双鄢、花板等10个规范化司法所改造，实现“一乡一所”。各司法所均有独立的办公用房，面积均在100平方米以上，中心镇的司法所设有办公室、档案室、法律援助工作站办公室、矫正室、人民调解室等场所，为农村群众提供了基层法律服务保障。组织开展“法律下乡”“普法讲师团送法进村社”以及“清凉之夏·法治电影周”等普法宣教活动，发放各类法制书籍5万余册、法律援助明白纸38000余份、法治挂历15000余份、普法用品(环保袋、T恤、围裙)9000件，举办各类法治讲座91场，播放法治电视电影节目400余场次，全县乡村普法覆盖率达90%。开展为农民工维权专项活动，受理农民工“讨薪”援助案件138件，受援农民工共计达1500余人次，为农民工挽回欠薪23万余元。

【农村交通】 2017年，岳池县完成固定资产投资13.19亿元，交通建设投资10亿元。全力推进“四好农村路”建设，创建首批省级“四好农村路”示范县。全年建设通村硬化路109.83千米、产业联网路249.77千米，窄道加宽54.59千米。完成县综合客运枢纽站、南广高速岳池收费站改(扩)建项目主体工程建设；完成2016年仪华路大中修16.5千米，县、乡道改造60千米；开工建设省道208线石鼓至石垭段升级改造工程、广安罗渡渠江大桥。新增公交线路2条、站点142个，建设完成农村客运站1个、农村村级客运招呼站132个，发展片区2个(九龙至大石片区、北城片区)。全年水路运输完成客运量43.7万人次，渡运量20.123万人次，完成货运量124.8万吨。

【涉农招商引资】 2017年，岳池县3000万元以上的农业招商引资重大项目32个，均为内资项目，项目总投资17.5107亿元。

【农村社会保障】 2017年，岳池县城乡居民基本养老保险覆盖人数34.7万人，参保缴费人数12.75万人，新增参保人数20775人，累计征缴养老金4549万元；待遇领取人员19.44万人，按时足额发放享受待遇人员养老金1.7亿元。认真贯彻落实基本养老保险转移接续制度，全年办理跨地区、跨险种转移172人。加强与扶贫移民局、民政局、残联等部门协作，进行信息核实、数据比对、人员筛选，为全县21682名符合代缴条件的建档立卡贫困人口代缴城乡居民基本养老保险费216.82万元。每月定期与企业职工养老保险数据、机关职工养老保险数据、公安数据进行比对，全年清退重复参保人员、重复领取待遇人员、死亡冒领人员438人，追回重复领取、死亡冒领养老金19.52万元。

【农村生态建设及环境保护】 2017年，岳池县出川断面水质稳定达标，乡(镇)饮用水源水质达标率达85%以上，省级生态县生态创建工作通过技术核查。完成大高滩等8座水库划定为饮用水源的技术报告编制并通过专家评审，划定饮用水保护区。建成乡(镇)污水处理站15座，完成农民新村人工湿地3个、垃圾中转站48座、垃圾池3775个。牵头做好玉屏湖、张口楼农民新村污水处理站建设。加快实施农村环境连片整治项目。全年共征收排污费124万元。立案查处12家违法单位，共结案12件，处罚金16.3万元。全年共受理来信、来访、来电54件，均已全部处理，处结率100%。共审批各类建设项目73个，其中审批环境影响报告书6个、环境影响报告表21个、环境影响登记表46个，环评率100%；建设项目竣工验收审批项目16个。两会期间人大和政协议案、提案共计12件，处结率和满意率均达100%。

【农产品质量安全监管】 2017年，岳池县升级改造乡(镇)农产品质量安全服务站12个，新入驻四川省农产品质量追溯管理信息平台系统农业生产经营主体30个。示范推广蜜蜂授粉与绿色防控集成技术2万余亩，开展绿色防控面积达70余万亩次，推广测土配方施肥130万亩和生物有机肥33万亩。新申报认证无公害农产品食用菌、桑葚等3个、1032亩、1548吨，有机食品蔬菜桑1个、500亩、1250吨。全年省、市农产品质量安全监测合格率为100%。

【农村市场体系建设】 2017年，岳池县“互联网+农业”进一步发展，实现电子商务交易额17.64亿元，网络销售额3.41亿元，分别增长60%、48%；建成电商服务站350个、物流配送站50个；开展电商培训12000人次，开展各类电商展会5场次；注册“川岳绿香”品牌打造涵盖岳池米粉、岳池特曲酒、黄龙贡米、林典花椒、顾县豆干、强辉蔬菜面6个单品大礼包，已在“U我田品”网上销售，县域连锁商超、大型酒店实体销售，并在西博会、旅博会、电商峰会、岳池“双十一”电商节展示展销，取得较好的市场效应。多次组织农业经营主体参加各种展销会、博览会和交流会，积极打造农村信息化服务平台，建设信息进村入户村级益农信息社660个，占全县行政村的80%，组织农业经营主体开展网络营销培训和农产品电子商务培训，全年农产品网络销售额2.94亿元，占农业总产值的4.1%。

【农村留守儿童(学生)帮扶】 2017年，岳池县坚持“以人为本、以德育人、儿童优先”的教育理念，大力宣传国家儿童保护权益法律法规知识和政策。全县义务教育阶段在校留守儿童有38328人(其中女童

18083人、男童20245人)。截至2017年年底,全县已建立"留守儿童之家"41个、心理辅导室102个、"想家·爱心小屋"40所、乡村学校少年宫54所、青少年活动中心1个、未成年人心理成长中心1个、关爱留守儿童志愿服务队102支。加强农村寄宿制学校建设,着力改善留守儿童寄宿学生生活环境,全县建成寄宿制学校12所;共有23个社会公益组织到学校开展关爱活动,并捐赠助学金、图书、文体活动用品等,价值达12万余元;开展立德树人宣讲活动30场,3万余名师生参与了宣讲活动。

【深化农业供给侧结构性改革,助力岳池农业高质量发展】 岳池县是全国500个、全省30个年产亿斤商品粮基地县之一,先后8次被评为全国粮食生产先进县、7次获得省政府粮食生产"丰收杯"奖,被评为全省现代农业示范县、全省现代林业重点县,黄龙贡米、莲桥米粉、顾县豆干远近闻名。

岳池县农业发展的比较优势和短板。比较优势方面,一是区位条件优势。岳池县位于成渝经济区"1小时经济圈"内,有沪蓉高速、兰渝铁路等多条交通要道横贯通过,为岳池农业发展提供了便利的交通条件。二是人口资源优势。岳池县作为百万人口大县,劳动力资源十分丰富,平均每年向外输送劳动力达30万人次。三是文化资源优势。岳池县文化底蕴厚重,是中国农家文化之源、"中国曲艺之乡",自古以来重视农耕生产,传统农耕文化、农家文化积淀深厚。四是产业发展优势。全县建成各类经果林产业基地近30万亩,其中核桃、花椒产业基地17万亩,农民土地流转率已接近40%。培育了莲桥米粉、岳池特曲、岳池特驱等52家市级以上规模农业龙头企业;培育农民专业合作社827家、家庭农场172家、专业大户857户。品牌创建取得一定成效,黄龙贡米、莲桥米粉等农产品畅销川内外。发展短板和弱项方面,农业基地不优。农业基础设施较为滞后,全县农业有效灌面52.74万亩,有效利用系数仅0.46;高标准农田43.2万亩,仅占全县耕地面积的34.3%。产业布局不够优化,"一乡(镇)一业、一村一品"优势不明显。主要农作物综合机械化水平分别比全省低8个百分点、比全市低3个百分点。二是农产品加工不精。规上农产品加工企业仅有18家,农业龙头企业数量少、链条短、附加值低,农产品精深加工能力不强。三是农产品品牌不响。农产品品牌培育不足,全县有省著名商标5件、市知名商标32件、地理标志商标4件,无驰名商标,加之品牌营销包装不够,缺乏在全国全省叫得响的品牌。四是农产品商品率低。岳池县农产品商品率仅35.5%,部分初级农产品进入重庆、成都市场。农产品冷链物流服务体系发展严重滞后,果蔬、肉类、水产品冷链流通率仅为8.6%、12.3%和4.8%。

工作思路及谋划。全县全面统筹推进乡村振兴战略实施,抓实农业产业化发展,重点抓好建基地、创品牌、搞加工三大重点工作,力争到2020年,全县基地数量稳步提升,质量能够得到明显优化;农产品品牌创建初见成效,实现产品川渝两地销售全覆盖;加工企业实现转型升级,精深加工企业数量实现翻番,农产品附加值逐步提高。

具体谋划。一是做大产业基地。围绕"三园一带五基地"规划建设("三园"即农家文化旅游园区、现代农业园区、现代林业园区;"一带"即顾县中药材示范带;"五基地"即5个10万亩产业基地)。在苟角、黄龙等乡(镇)建设优质水稻基地10万亩;在坪滩白庙片区建设优质油菜基地10万亩;在兴隆酉溪等北部山区建设藤椒基地10万亩;在顾县兴隆片区建设中药材产业基地10万亩;在石垭、同兴、大佛、排楼、花园等乡(镇)建设特色水果基地10万亩(葡萄、脐橙、蜜柚、李子、蜜桃各2万亩)。二是做精产品加工。加快发展农产品精深加工,打造以岳池特曲为拳头的白酒产业园;整合重组县粮食局、县供销社等单位的下属企业,成立国有农业发展集团公司,建设油脂罐装、大米加工生产线,建设粮食物流园;引导组建行业协会,鼓励银丰食品、金方生物、林典花椒等企业发展米粉、中药材、花椒三大农产品深加工,提高农产品加工转化率和附加值。三是做响产品品牌。成立岳池白酒产业协会、岳池米粉产业协会,统一使用"岳池特曲"品牌,打造"岳池米粉"区域品牌。提振"黄龙贡米""岳池特曲""顾县豆干"等传统品牌,打造"岳池藤椒""岳池道地中药材""岳池蔬菜"等特色品牌。扩大岳池大米、岳池白酒、岳池蔬菜、岳池中药材、岳池水果的知名度、美誉度和市场占有率。四是做优农业质量。大力推广种养结合循环农业发展模式和技术,推动建立绿色产品标准、认证、标识体系。大力推进农业机械化和信息化技术创新工程、农业科技创新体系建设工程和农业科技成果转化工程,提升农业科技贡献率。

【主要领导人】 县委书记:郑鹏程;县人大常委会主任:曾邦才(10月止),李廷远(10月始);县长:谭云;县政协主席:谢帮勇;分管农业副县长:刘永红。

岳池县编写组

武 胜 县

【基本情况】 2017年,武胜县辖14乡17镇,辖区面积956平方千米,其中耕地面积87.118035万亩,比上年增长0.49%,人均耕地面积1.046亩;基本农田74.067万亩。年末总人口83万人(户籍人口),减少0.8%;人口出生率9.62‰,减少0.15个千分点;人口自然增长率3.07‰,减少0.01个千分点。全县耕地有效灌面和保证灌面分别达到耕地总面积的34.8%和69.8%;本地水资源总量3.6亿立方米,人均占有水资源量473立方米。有林业用地1.79万公顷,有林地面积1.65万公顷,活立木总蓄积量76万立方米,森林覆盖率38.06%。

2017年,全县GDP215.9亿元,增长8.1%,其中第一产业增加值38.2亿元,增长3.5%,农、林、牧、渔及农林牧渔服务业之比为55:3:35.8:4.1:2.1;第二产业增加值98.6亿元,增长8.3%(工业产值75.8亿元,增长8.9%);第三产业增加值79.1亿元,增长10.3%。三次产业对经济增长的贡献率分别为8.5%、45.3%和46.2%。

公路通车里程2446千米(其中乡村公路2298千米),密度2532米/平方千米,28.78千米/万人。社会消费品零售总额77亿元,增长13.5%。地方公共财政预算总收入完成11.6亿元,增长11.5%;公共财政预算总支出39.7亿元,增长9.2%,其中农业投入55863万元,占支出的14.72%。金融机构各项存款余额277.4亿元,比上年初增长7.7%;各项贷款余额115.4亿元,比年初增长14.9%。农业产业化龙头企业省级、市级分别为5个、5个。

有各类学校103所,在校学生76423人,教职工5648人,其中普通中学5所,在校学生12757人;小学47所,在校学生37905人;学龄儿童入学率100%,提高0.05个百分点。有文化馆1个,公共图书馆1个。有卫生机构654个,病床位2405张,卫生技术人员2397人。新型农村合作医疗参合人数659455人,参合率99.87%。

【年度农业和农村经济运行】 2017年,武胜县实现农业总产值66.3亿元,增长3.4%;农业增加值39亿元,增长4.5%。农民年人均可支配

收入达13774元，增长9.4%。全县农产品质量抽检合格率比年初提高0.3个百分点；建成31个基层农业综合服务站。

2017年武胜县主要农产品产量

主要农产品	单位	产量	同比(%)
粮食	万吨	34.37	0.37
水稻	万吨	17.6	0.98
小麦	万吨	2.03	-1
玉米	万吨	5.04	0.31
马铃薯	万吨	3.87	2.28
油菜籽	万吨	1.7747	2.7
蔬菜	万吨	65	2.49
水果	万吨	8.55	-0.02
肉类	万吨	78879	-4.1
猪肉	万吨	64009	-4.8
牛肉	万吨	1396	-0.4
羊肉	万吨	1384	0
禽肉	万吨	9918	-2.7
兔肉	万吨	2008	6.1
禽蛋	万吨	15118	-0.1
水产品	万吨	4.56	3.37
牛奶	万吨	0.05	1.23

农用地产权制度改革。全县在2015年、2016年试点工作的基础上进一步完善全县31个乡(镇)45个村改革试点工作。进一步巩固完善45个村清产核资、成员界定、股权量化工作。通过各乡(镇)的农村集体资产股份合作制改革试点工作，基本探索清楚了农村集体资产股份合作制改革的做法，让老百姓明确了改革试点工作的目的与意义，为全县全面推进农村集体资产股份合作制改革奠定了坚实基础。

农产品品牌战略实施。全年新培育"三品一标"优质农产品8个，其中无公害农产品4个、绿色食品4个；完成无公害农产品复查换证17个和无公害农产品产地复查换证工作。截至2017年年底，全县共有"三品一标"优质农产品38个，其中绿色食品5个、无公害农产品(含畜产品)31个、有机食品转换认证2个，种植面积达65%以上。新注册畜禽、果蔬类农产品商标5个，全面提升了农产品知名度。

【种植业】 2017年，武胜县粮食播种面积94.65万亩，增加0.02万亩；产量34.37万吨，增加0.13万吨，增长0.37%。大春粮食播种面积66.55万亩，产量28.71万吨，分别增加0.12万亩、0.14万吨，分别增长0.18%、0.49%；小春粮食播种面积28.1万亩，产量5.66万吨，分别减少0.1万亩、0.1万吨。大春水稻播种面积31.19万亩，产量17.4万吨，分别增长0.71%、0.87%；玉米播种面积12.73万亩，产量5.04万吨，分别增长0.16%、0.31%；豆类播种面积8.344万亩，产量1.129万吨，分别减少43.5%、43.84%；薯类播种面积13.65万亩，产量4.911万吨，分别减少50%、39%。小春小麦播种面积7.13万亩，产量1.49万吨，分别减少7.5%、7.5%；马铃薯播种面积12.432万亩，产量2.8959万吨，分别减少37.5%、25%。全县油料作物播种面积17.37万亩，油料产量2.2493万吨，分别增长0.52%、2.73%，其中油菜播种面积13.452万亩，油菜籽产量1.7747万吨，分别增长0.3%、2.7%。全县1259万余株果树(其中成年树365万余株)总产量达8.55万吨，其中梨、李子、桃等小水果总产量1.23万吨，与上年持平；柑橘产量7.32万吨，其中脐橙产量3.5万吨。蔬菜种植面积33.5万亩，产量64万吨，全部达到无公害农产品标准，总产值达10.8亿元。向大中型超市输送10万吨，建成蔬菜专合组织12个。

【畜牧业】 2017年，武胜县出栏生猪91.28万头，减少4.8%，其中出栏生态黑猪4.2万头，完成目标任务的105%；存栏生猪80.8万头，增长0.7%，其中存栏能繁母猪8.1万头，减少7.5%。出栏家禽698.4万羽，减少3.6%，其中出栏生态土鸡320.28万羽，完成目标任务的106.7%；存栏家禽541.56万羽，减少5.9%。出栏肉牛1.17万头，减少0.6%；存栏肉牛1.47万头，增长0.2%。出栏肉羊9.2万只，与上年持平；存栏肉羊5.4万只，增长0.2%。出栏肉兔152.3万只，增长3.4%。实现畜牧业产值28.19亿元，增长0.5%，占农业总产值的40.98%，减少1.22个百分点。

【水产业】 2017年，武胜县水产品总产量2.25万吨，实现渔业经济总产值4.05亿元，新增渔业基地1个(华封镇建设村)，申报农业部健康养殖示范场1个(刘记家庭农场)，药残抽检合格率97%以上。全年向乡(镇)管船办发出5份告知书，向渔船主发出8份告知书，查处违规违法船只9艘，违反禁渔期法规的学习人员达8人，没收渔船1艘、发电机1台、电鱼器5套，烧毁违规胶质网具105张、"地笼网"52个，销毁滚钩18套，收缴鱼获物25千克，刑事拘留2人，向政府争取禁渔期间捕捞渔民生活补贴58.56万元。全面取缔江河湖库网箱养鱼，拆除嘉陵江外来养殖户网箱658口，网箱面积156088平方米，船只41艘。

【特色村镇建设】 2017年，武胜县通过实施幸福美丽新村建设和农村危房改造、易地扶贫搬迁等，保障了农村无房户、危房户、住房困难户的住房安全。全年实施农村危房改造户数2175户，已竣工验收1406户，2017年年底全面开工769户，预计2018年6月底前全面竣工。积极推进特色小城镇创建，申报三溪镇观音桥村、飞龙镇莲花坪村、中心镇环江村3个村庄为全国传统村落，街子镇申报为四川省特色小城镇，飞龙镇申报为四川省旅游休闲型特色小城镇，烈面镇申报为四川省商贸物流型特色小城镇，积极申报龙女小河村为全国传统村落。以"四好"幸福美丽新村建设为载体，全县新建幸福美丽新村74个，超年度任务的10%，累计建成幸福美丽新村202个；新创建县级"四好村"83个。

【扶贫攻坚】 2017年，武胜县深入实施深化精准识别管理、开展干部驻村帮扶、落实扶贫规划措施、建立兜底保障机制、发挥群众主体作用"五大举措"，强化责任、投入、组织、社会、改革"五大保障"，推进党派扶贫、电商扶贫、校地合作扶贫、商会扶贫、志愿者扶贫"五大创新"，脱贫攻坚工作成效显著。全年整合涉农资金1.2亿元用于脱贫攻坚，共落实资金约7.3亿元用于扶贫项目建设，实施完成县"摘帽""三有"项目和103个贫困村扶贫项目，截至2017年年底，全县133个贫困村全覆盖实施了扶贫项目，完成了年度脱贫攻坚目标任务，11528名贫困人口和55个贫困村全部退出。开展企业扶贫、电商扶贫、校地合作扶贫和志愿者扶贫等特色工作，脱贫攻坚成效受到国务院参事、国务院扶贫办原主任刘坚及相关领导肯定，被四川新闻等各级主流媒体关注。武胜县获得"四川省级旅游扶贫示范县"称号。结合脱贫攻坚，有序推进"三建四改"工作，制定印发了《关于印发武胜县建档立卡贫困户"三建四改"实施方案的通知》，做到"应建必建、应改必改"，全县已有8412户建档立卡贫困户完成了"三建四改"工作。

【农村水利】 2017年，武胜县升钟水库二期工程建设应家沟水库已完成防空洞洞身、进口明渠、竖井闸室、出口消力池及交通桥建设工

作。大坝坝基、齿槽土石方开挖、齿槽灌浆、大坝填筑、副坝坝基土石方开挖、坝体基础砼浇筑以及固结灌浆、取水口闸室、洞身开挖以及进口边坡支护等工作有序推进;武胜支渠、南溪分支渠、高农分支渠已完成35%,完成投资1542.8万元;亭子口灌区推进建设前期筹备工作;五排水库渠系配套建设已完成工程量的80%,新修过水明渠、暗渠8.16千米,打通过水隧道1512米,敷设压力管道10.15千米;水利扶贫建设完成新建山坪塘2口,整治山坪塘171口,整治石河堰5处,新建蓄水池34口,新建、整治渠道4.7千米。

【农业机械化】 2017年,武胜县农机总动力达37.56万千瓦,农业机械原值23658万元,农业机械净值15378万元。全年机耕60.7万亩、机播34.04万亩、机械植保41.19万亩、机收45.35万亩,常年提水量4200万立方米,灌溉面积41.68万亩(其中节水灌面3.75万亩),农产品脱出总量32.99万吨,饲料加工总量9.65万吨,农业生产耗油6085吨。全县主要农作物耕种收综合机械化水平达68%。

【涉农招商引资】 2017年,武胜县3000万元以上的农业招商引资重大项目12个,均为内资项目,协议资金4.481亿元。

【农村生态建设】 2017年,武胜县按照洁净水"八大专项行动"要求,全面完成12个项目(水产养殖污染防治、饮用水安全保证项目4个,城乡生活污水治理项目4个,生态修复专项行动3个,江河湖库内源污染治理项目1个),年度总投资5550.36万元;其余12个项目已完成年度目标任务的94.5%,年度总投资40090.7万元。推进畜禽养殖污染防治,拆除、关停、搬迁、转产长滩寺河、嘉陵江、双星河、万隆河等流域禁养区及民生诉求污染养殖场137个,综合整治63个;全面拆除嘉陵江外来养殖户网箱设施设备,拆除网箱658口。全面落实河长制。建立起县、乡、村三级河长制体系,制订出台县、乡、村工作方案,设立县级河长16名、县级警长7名、乡级河长96名、乡级警长26名、村级河长281名。完成嘉陵江武胜段、长滩寺河武胜段的"一河一策"治理方案的编制工作和一江四河"四张清单"的编制工作。安装公示牌908块,其中河溪91块、水库86块、塘堰731块。严控面源污染,加强秸秆转化利用的宣传和指导,大力推广秸秆还田、秸秆覆盖栽培技术,全县秸秆综合利用率达86%。开展农药包装废弃物回收试点,设立回收点63个,建立规范回收点5个。大力实施"全方位绿化武胜"行动,完成营造林3.56万亩,完成乡村造林增绿工程2.34万亩,完成义务植树96.2万株,实施天保工程森林管护13.45万亩,巩固退耕还林工程8.7万亩。组织脱贫村生态建设项目、民生村生活垃圾污水无害化处理项目验收,督促乡(镇)严格按照"每个村民小组修建1座垃圾池、5户以上村民聚集点设置1个垃圾桶、3～5个村配备1辆密闭式垃圾运输车"标准完善村庄垃圾收运设施;开展环境突出问题排查,整治街小巷、集贸市场、城乡接合部、铁路周边、河道沟渠两侧等区域环境卫生,治理车辆乱停乱放、商户占道经营、乡容村貌"六乱"等环境秩序。

【农产品质量安全监管】 2017年,武胜县继续做好农产品质量安全宣传教育和培训,加强省级农产品质量安全监管规范县创建,确保全县农产品质量安全。省、市例行抽检和监督抽检蔬菜、水果、水稻、玉米、油菜、马铃薯等农产品样品267个,合格率100%;完成畜禽产品兽药残留监测抽样6批次,送检样品100个;检验"两杂"种子242批次、213个品种,种子合格率96.1%。大力开展农产品质量安全追溯体系建设,严格落实生产企业产地管理、生产管控、生产记录等质量控制措施,加大对产品源头的管控力度。纳入农产品质量主体追溯系统的生产企业达35家;新培育"三品一标"农产品10个,其中无公害农产品4个、绿色食品6个,完成无公害农产品复查换证17个,完成无公害农产品产地复查换证工作,全县"三品一标"农产品种植面积达65%以上。新注册畜禽、果蔬类农产品商标5个,全面提升了农产品知名度。全县全年未发生农产品质量安全案件。

【主要领导人】 县委书记:毛加庆;县人大常委会主任:杨承林;县长:文阁;县政协主席:张利纯;分管农业副县长:刘勇。

武胜县编写组

邻水县

【基本情况】 2017年,邻水县辖24乡21镇,辖区面积1919平方千米,其中耕地面积112.21万亩,比上年增长0.19%,人均耕地面积0.94亩;基本农田94.87万亩。年末总人口104万人(户籍人口),增长0.9%;人口出生率9.97‰,增加0.74个千分点;人口自然增长率4.46‰,增加0.56个千分点。全县耕地有效灌面达到耕地总面积的28.3%;本地水资源总量15亿立方米,人均占有水资源量1442立方米。有林业用地8.02万公顷,有林地面积7.2万公顷,活立木总蓄积量374.9万立方米,森林覆盖率42.8%。

2017年,全县GDP233.1亿元,增长8.3%,其中第一产业增加值39亿元,增长3.5%;第二产业增加值104亿元,增长8.4%;第三产业增加值90.2亿元,增长10.4%。三次产业对经济增长的贡献率分别为7.7%、43.7%和48.6%。劳务输出41.36万人,收入48.97亿元。全年接待游客595.16万人次,实现旅游收入53.76亿元,其中乡村旅游收入17.2亿元。

公路通车里程3763.47千米(其中乡村公路3500.861千米),密度1961.162米/平方千米,36.539千米/万人。社会消费品零售总额103.2亿元,增长11.2%。地方公共财政预算总收入完成52.73亿元,增长18.92%;公共财政预算总支出52.73亿元,增长18.92%,其中农业投入79700万元,占支出的15,11%。金融机构各项存款余额270.45亿元,比上年初增长12.04%;各项贷款余额107.14亿元,比年初增长10.76%。全年农业保费收入0.23614亿元,增长12.66%;处理各项赔款和给付金额3255.756597万元,增长26.78%。完成农业产业化项目13个,完成投资9941万元。农业产业化龙头企业省级、市级、县级分别为3个、8个、15个。

有各类学校119所,在校学生144799人,教职工7040人;普通中学15所;小学34所,在校学生57336人;学龄儿童入学率98.6%,提高0.17个百分点。完成省级以上科技成果47项,6项科技成果获得省级及以上科技进步奖。有艺术表演团体3个,文化馆1个,公共图书馆1个,博物馆1个。有卫生机构616个,病床位3290张,卫生技术人员3126人。新型农村合作医疗参合人数84.498万人,参合率99.96%;新型农村社会养老保险参保人数26.5148万人;被征地农民养老保险参保人数2.0492万人,占总人数的19.13%。

【年度农业和农村经济运行】 2017年,邻水县出台了《邻水县现代农业产业发展扶持办法》《邻水县现代农业产业发展扶持实施细则》《邻水县重点区域产业发展和基础设施建设及补助标准》等农业发展扶持政策。实现农业总产值39亿元,增长3.5%。农民年人均可支配收入达13360元,增长9.6%。全县农产品质量抽检合格率比年初提高0.3个百分点;建成2个基层农业综合服务站。

2017年邻水县主要农产品产量

主要农产品	单位	产量	同比(%)
粮食	万吨	46.4	1.58
水稻	万吨	20.24	0.25
小麦	万吨	2.73	–19.47
玉米	万吨	11.88	7.22
马铃薯	万吨	4.54	4.61
油菜籽	万吨	2.42	1.68
蔬菜	万吨	58.34	2.21
水果	万吨	15.01	73.93
肉类	万吨	6.96	–4.2
猪肉	万吨	5.44	–4.9
牛肉	万吨	0.21	–0.19
羊肉	万吨	0.19	–0.54
禽肉	万吨	1.01	–2.52
兔肉	万吨	0.07	6.27
禽蛋	万吨	1.3	0.78
水产品	万吨	1.09	3
牛奶	万吨	0.07	0.15

农用地产权制度改革。全县完成确权登记的乡(镇)有44个;完成确权登记的村有499个,占应确权登记村的98.81%;完成确权登记的村民小组有4381个,占应确权登记村民小组的97.4%。涉及农户207886户,占承包土地农户数的93.52%。全县调绘地块总数3186031块,完成确权登记地块总面积1094718.77亩,占国土二调面积112.05万亩的97.7%,农村土地承包经营权确权登记颁证工作完成60%。开展农村产权抵押融资、农村产权制度股份制改革,流转土地承包经营权抵押贷款164笔,贷款4055.8万元。实施农村土地承包纠纷仲裁庭建设,完善“一庭三院”基础设施,音视频显示、安全监控系统,日常办公设备,仲裁取证、流动仲裁庭设备等。受理农村土地承包纠纷996件,成功调解980件,调解率98.39%。完善土地流转合同,指导合同的登记、备案,逐步建立有形的流转市场,全县累计流转土地23万余亩。全面完成农村土地承包经营权确权,完成颁证92.8%。农村小型水利确权颁证已进入扫尾阶段,农村集体土地所有权、集体建设用地所有权、宅基地使用权工作处于调查测绘阶段,实现农村产权抵押融资贷款164笔,总金额4055.8万元。

农产品品牌战略实施。全年新申请农产品商标注册45件,全县有农产品商标509件、驰名商标1件、著名商标2件、知名商标15件。引导优质农产品“走出去”,提升品牌影响力。四川缪氏现代农业发展有限公司的葡萄产品参加广西桂林商标节获得好评。开展质量对标提升行动,支持四川蟹之香农业发展公司申请有机转换认证。梳理具有原产地特征的“名、特、优、新、稀”农副产品,培育申报“邻水手工挂面”“邻水再生稻”“邻水葡萄”地理标志证明商标3件。

现代农业园区建设。全年稳定园区生产规模2万亩,建成巩固提升钰锦现代农业园区、缪氏庄园、袁市乡村旅游区、博纳梦幻山庄、万氏草莓园等8个示范园区。管护脐橙50000亩,脐橙挂果投产30000亩;特色蔬菜种植15000亩,设施大棚100亩,大力推广新技术、新品种30余项。建成万亩特色水果示范基地2个,打造清水池塘、天缘花谷、缪氏庄园、尧园等精品乡村旅游示范园5个,其中大步口脐橙采摘园、大河坝草莓园、伍昱洁观光葡萄园以及教官湾星级农家乐、垂钓园、农耕体验园等乡村旅游景观形成接待能力。

【种植业】 2017年,邻水县粮食作物播种面积达133万亩;新建柑橘果园5000亩,其中重点新建袁市—龙桥柠檬园2200余亩、观音—城北脐橙园500余亩。实施“双晚战略”和提质增效行动,改造老果园5000亩,打造精品果园10个。加强果园标准化管理,夯实果园管护“三项制度”,打造了“111”环线优质脐橙产业示范带的“升级版”2.5万亩,形成以点带片的管护效应。发展蔬菜45万亩,示范地膜、大中小棚、遮阳网等设施栽培7万亩,发展订单蔬菜7180余亩,建成蔬菜专业村23个。

【林业】 2017年,邻水县强力实施“生态立县”战略,开展“大规模绿化邻水”工作,完成营造林4.7万亩,全县林业用地面积达8.02万公顷。全年实现林业总产值29亿元,向上争取到位资金4861万元,完成固定资产投资1.02亿元。

【畜牧业】 2017年,邻水县出栏生猪82.24万头、家禽751.02万羽、牛1.85万头、羊10.76万只、兔53.19万只;肉类总产量6.96万吨,禽蛋产量1.3万吨,奶类总产量0.07万吨。全年新(改、扩)建畜禽标准化规模养殖场(小区)12个,实现畜牧业产值30.02亿元,畜牧业增加值达13.22亿元,实现农民畜牧业人均现金收入3485.49元,农民牧业人均可支配收入1534.92元。新建生态猪标准化养殖基地1个,新建微生物降解床面积1280平方米,新建肉羊标准化圈舍3000平方米,通过“三品”认证的无公害畜产品15个、畜产品基地11个,注册刘老幺皮蛋、包氏蜂蜜等商标27个。全年检疫生猪33.76万头、牛0.153万头,羊1.63万只、禽173.76万羽。

【新型城镇化】 2017年,邻水县高水平编制修订县城总规和西部新城的城市设计,县城建成区面积新增1.5平方千米,总面积达24.4平方千米;全县新增城镇面积2平方千米,城镇化率提高2%,达38.15%。大力实施“城市基础设施建设年”行动,投入市政基础设施建设资金5.5亿元,加快完善城乡市政基础设施和公共服务设施建设。推进新型城镇化建设,改造农村C、D级危房1628户,建设农村住房3000户,持续推进“百镇建设行动”,申报“百镇建设行动”扩面增量试点镇3个。坚持县城带乡(镇)、乡(镇)带新村,引导农民向城镇快速转移、适度集中,建设国家重点镇3个、省“百镇建设行动”试点镇2个、市级特色镇10个,城镇人口达38.2万人,城镇化率达38.15%。完成“百镇建设行动”试点镇项目建设投资1.35亿元,小城镇基础建设投资2.3亿元,就近就地吸纳农业人口就业1000人。

【新村建设】 2017年,邻水县建设幸福美丽新村60个,创建省级“四好村”35个、市级“四好村”37个、县级“四好村”141个。柳塘乡大河坝村“四好村”创建经验被列入“全省创建经验100例”,被评为“四川省首届百强名村”。

【农村扶贫和移民工作】 2017年,邻水县脱贫攻坚共投入资金13.68亿元,改造和提升现代农业产业基地7万亩,新建高标准农田5.63万亩,创建绿色高产高效粮油35万亩,打造标准化特色产业园7个,建成500亩以上基地128个。“慈善爱心超市”供给基本粮食、衣服,保障困难群众3050户,贫困户参合率达100%,县内就医率达98.5%,贫困群众个人支付比例控制在10%以内,医疗救助7.8万人次。资助建档立卡贫困学生、特困学生3047人,资助金额260.9万元。全年易地扶贫搬迁567户1782人,农村危房改造1534户,到户项目“五改三建”5592户。全年硬化贫困村通村公路390千米,修建供水工程228处,解决

4.1万名群众饮水安全问题。建成并运营县级电子商务公共服务中心1个、农村电商服务站(点)225个,初步构建起县、乡、村三级电商物流体系。培训贫困群众6000余人次,新增公益性岗位1334个,实现就业扶持1.6万人。在12个库区乡(镇)48个村实施项目120个,解决饮水工程1宗,新修机耕道12.5千米,硬化农村公路31.69千米、水渠2千米,整治山坪塘9口,新修堡坎8处,新修生产便道11.67千米、便民路4.2千米,新修蓄水池5口、健身广场500平方米,院坝硬化2421平方米,公路修复1宗,发展蔬菜面积6600亩,生态绿化14.4415万亩,库区移民人均纯收入由9850元增长至10050元。

【乡村旅游】 2017年,邻水县充分挖掘本地资源,推进乡村旅游、森林康养等新业态发展,打造乡村旅游民宿达标户23户,新评定星级农家乐4家,申报旅游特色业态4个、省级创客示范基地1个、特色乡(镇)1个、精品村寨2个,成立乡村旅游合作社20个。

【农村水利】 2017年,邻水县农田水利基本建设累计投资1.867亿元,新增节水能力146.7万立方米,新增和恢复灌面1.96万亩,改善灌面0.98万亩,新增节水灌面0.92万亩,巩固提升农村饮水受益人口5.67万人。整治病险水库5座,新建渠道63千米,整治渠道31千米,治理水土流失面积7平方千米;新建提灌设备170台、1600千瓦,整治提灌设备680台、6800千瓦。打造农建示范区1.8万亩,建成各类水利工程7371处。

【农业机械化】 2017年,邻水县农机总动力完成52万千瓦,新增动力1万千瓦,整治维修技改提灌设备693台、7513千瓦,新增提灌设备412台、2644千瓦,全年提水3500万立方米,灌溉面积35.4万亩,新增灌面0.19万亩。完成机耕86.4万亩、机收53.05万亩。完成中央补贴资金158.35万元,补贴农机具4250台(套)。发展农机专合社达22个,专合社面积达12.29万亩;培训新型职业农民225人,通过现场会、展示会、院坝会等多种方式培训1500余人次。

【农村教育】 2017年,邻水县大力开展文化素质教育,鼎屏镇中学被省委宣传部等4部门联合命名为"四川省依法治校示范学校"。加快推进教学基础设施建设,新增"班班通"教室72间、录播室3个、学校终端接受设备108台,村小互联网接入率、多媒体设备班级覆盖率均达100%。着力开展队伍建设,出台干部职工管理"十条规定",修订《义务教育学校校长绩效考核实施办法(修订)》《义务教育学校奖励性绩效工资考核办法》。实施"两地四方"开放合作战略,组织450名干部、教师参加"教育家型教师、教育家型校长"培训,邀请重庆市专家到邻水县举办专题讲座5场。健全优秀人才辐射、城乡教师交流和教师培训机制,补充教师250人,培训各学科教师4000余人次,4名教师被授予"四川省特级教师"称号。探索出"资助育人"德育教育模式,建立了"乡(镇)+责任区+学校+村社+家庭""五位一体"控辍保学网络体系,完善了建档立卡贫困户就读子女信息库,13项资助类民生任务全部超额完成,共资助学生46462人、5633.42万元。设立教育扶贫救助基金,救助建档立卡贫困学生486人、115.54万元。制订了《特殊教育提升计划》,建立0~18岁残疾人数据信息库,开展"送教上门"1610人次。

【农村文化】 2017年,邻水县建成了公共文化信息资源共享工程邻水支中心,完成建设乡(镇)综合文化站45个、文体广场23个、村文化活动室152个、文化院坝120个、农民体育健身工程143个,农家书屋和村级广播室实现475个行政村全覆益。采取"有线+无线+卫星",全县电视综合覆盖率达98%,形成县、乡、村三级公共文化服务体系。

【农村卫生】 2017年,邻水县推进乡(镇)卫生院标准化建设,通过取消药品加成让利群众1436.85万元,申报全国百强乡(镇)卫生院1家,申报群众满意乡(镇)卫生院18家。大力开展医疗扶贫,全县建档立卡贫困人口县域内住院治疗26275人次,医疗总费用8271万元。完成慢性病门诊维持治疗年度报账工作,补偿卫生扶贫基金12483元,开展全覆盖医疗保障考核验收工作,确保57个贫困村全部达到脱贫要求。完成民生工程7项,城乡居民健康档案规范化电子建档率96.28%,贫困户白内障患者复明手术完成74例,对贫困家庭在卫生方面的特殊困难实行基金救助,设立卫生扶贫基金500万元,为贫困群众减免医疗费用224.86万元,对贫困人口进行免费健康体检57169人次。

【农村法制建设】 2017年,邻水县建立了乡(镇)专职法治宣传小分队,定期开展法治宣传活动,满足群众日益增长的法治需求;培养"法律明白人",全县有农村"法律明白人"4000余名。组建"五老"劝调队伍,积极开展纠纷调解工作。在重大节点开展集中法治宣传活动,广泛向群众宣传《宪法》《村民委员会组织法》《农村土地承包法》《婚姻法》及精准扶贫相关政策法规等内容,制定印发"便民法律服务联系卡"和"驻村便民联系卡"。通过农民夜校定期对村干部、"法律明白人"、"五老"劝调人员、党员、群众代表进行法律培训,提升发展素养。开展"法律服务进乡村"、"以案释法"乡村行、"巡回法庭"、"依法治村示范村"创建等活动,加强农村法治文化阵地建设。积极打造法治文化新村、大院等,设立法律图书角,法治宣传栏等法治阵地,方便群众遇事找法。

【农村交通】 2017年,邻水县完成特色效益农业环线道路黑化工作,荆坪古路环线、达一路完成建设任务。八耳、王家场镇烂路整治完工,护邻路在抓紧建设中。双五路已完成水泥路面5千米,风垭至御临公路改建工程、丰禾双庙林果环线、长安至大堰工程完成路基施工,华蓥乡石门坎至南堂寺公路工程正在建设中。加快推进桥梁建设工程,25座病危桥已招标进场施工,完成新建村车站选址工作,投入道路整治资金270余万元,填补坑凼7032平方米,清理国、县、乡道4980立方米。

【农村社会保障】 2017年,邻水县城乡居民养老保险参保人数达26.5148万人,征收养老保险金2146.21万元,按月享受退休养老金13.9259万人,累计发放养老金12440.6万元;为符合代缴条件的建档立卡贫困户1.4248万人代缴了城乡居民养老保险。医疗救助困难群众35637人次,发放救助资金2995.72万元,政策范围内住院自付费用救助比例达70%。资助农村困难群众参保参合38596人、578.94万元,58207人享受低保,发放补助12052.4951万元。低保兜底全面铺开,纳入兜底对象1599户3331人,发放补助1129万元。保障特困供养对象3704人,发放补助2085.767万元。救助城乡困难群众3050户,发放临时生活救助金108万元,发放自然灾害救助资金496万元,救助灾民84521人。建设完成15个城乡社区日间照料中心,完成敬老院300张养老床位改造。政府购买居家养老服务17980人,下拨资金471万元,发放优抚对象补助10余万人次、6764万元,全年救助生活无着流浪乞讨人员786人。加强农村留守儿童关爱保护,与被委托监护人签订确认书8915份,配备儿童福利主任62人、儿童福利督导员528人,对2436名困境儿童进行了摸底排查和实施关爱保护。有序推进187名孤儿和艾滋病儿童生活保障,发放生活费173.23万元。

【农村生态建设及环境保护】 2017年,邻水县开展农药、化肥"零增长"行动,大力推广害虫诱杀技术,全面提高绿色防控覆盖率,建成绿色防治示范面积2万余亩,大田作物病虫害绿色防控、综合防治面积3万亩。累计推广种植冬绿肥、秋绿肥和经济绿肥5733公顷,农作物化

肥施用量27802吨，减少1.1%；推进“洁净水”行动，完成对生态修复保护区及饮用水源保护区禁养区内352个养殖场的关停拆除工作。开展“百日攻坚”污染源整治行动，全面完成104个养殖场的整改，消除了污染源。

【农产品质量安全监管】 2017年，邻水县完善了县级农产品质量安全监管信息化综合监管平台，农产品质量安全信息化监管大平台、网格化移动监管平台、农资条码销售管理系统、视频追溯系统等已投入运行，实现全程可视质量监控和质量可追溯，已进入追溯系统生产经营主体35家、产品140余个，形成农产品质量安全全程追溯体系，完成省级农产品例行监测任务2次、县农产品例行监测4次，乡(镇)农产品质量安全服务站抽检合格率达99%以上。完成丝瓜、瓠瓜、落葵、空心菜无公害农产品认证4个，脐橙绿色食品新申报认证2个。成立了创建全国绿色食品原料(脐橙)标准化生产基地工作领导小组，制订印发了《标准化生产基地实施方案》，申报面积10.012万亩。

【农村市场体系建设】 2017年，邻水县建成并运营县级电子商务公共服务中心1个、电商服务站(点)225个，实现电商交易额13.8亿元、网络零售额2.7亿元。

【劳务开发与返乡创业】 2017年，邻水县开展职业技能培训450人，新增发放小额创业贷款400万元，扶持创业40户。设立“返乡创业贷款分险基金专用存款账户”，将风险基金200万元拨入该账户，实行专户储存。建立劳动监察一级网格1个、二级网格46个和三级网格96个。在贫困村开发道路维护、保洁保绿等公益性岗位618个，确保了有劳动力贫困家庭至少1人就业的目标实现。打造返乡创业型、自主创业型、农旅结合型、能人带动型等示范村各1个，广安市就业扶贫示范村、广安市就业扶贫示范基地各1个。

【四川省“三农”工作先进县建设】 2017年，邻水县深入贯彻落实中央、省、市“三农”工作决策部署，坚持以农业增效、农民增收、农村增绿为总目标，以脱贫攻坚为统揽，加快推进“四个好”为目标的幸福美丽新村建设，大力推进农业供给侧结构性改革，优化产业结构、打造新业态、扶持新主体、拓宽新渠道，提高邻水县农业综合效益和竞争力，切实改善农业农村生产生活条件，激发农村潜能，全县农业农村发展迈上新台阶。

基地建设渐成规模。全县锁定“四主六特”产业，建成优质粮油生产基地32万亩，以脐橙为主的柑橘产业基地34.6万亩，蔬菜常年复种45万亩，规模化畜禽养殖场(小区)466个，名特优水产基地8个，高标准种植柠檬1万亩，完成花卉药材核心示范园3000亩，建设大河坝大气候农业农眼智能监测基站和农业科研创业基地1个、粮油展示中心1个。

农产品加工稳步推进。全县启动现代农业发展服务中心、邻水脐橙研发中心建设，建成袁市盛世种业、鼎屏镇农发公司富晒稻、丰禾镇四川鼎红橙农业开发有限公司、九龙农业园区吕氏春秋产地初加工设施4个，完成目标任务的100%。引进龙渝农业、龙泉水食品加工企业2家，建成投产精深加工企业3家。

农业品牌加速壮大。全县以“华蓥山优质农产品”公用品牌为统揽，以邻水脐橙等主导品牌为支撑，进一步激发农业经营主体创建积极性，加强“邻水脐橙”驰名商标及其他农产品品牌的创建及管理，不断提升品牌影响力、市场竞争力。新注册农产品商标50个，申报“三品一标”农产品6个。

农业基础设施建设提档升级。全县坚持基础设施建设与产业发展同步实施，大力开展山水田林路综合治理，农业基础设施不断改善。新建渠道60千米，整治山坪塘110口，新建蓄水池35口，新增有效灌面0.34万亩，新增高效节水灌面0.15万亩，建成农建示范区1.8万亩、绿色防控面积1.1万公顷、省级新村养殖小区集中供气沼气工程11处。完成中型灌区飞跃大堰配套改造、省级水资源节水型社会重点县项目建设。

新产业新业态竞相发展。全县大力发展农村电子商务，拓宽本地农产品销售渠道，建成并运营县级电子商务公共服务中心1个、电商服务站(点)220个。实现电商交易额13.8亿元，增长51.6%；实现网络零售额2.7亿元，增长39.2%。充分挖掘本地资源，推进乡村旅游、森林康养等新业态发展，打造旅游民宿达标户23户，新评定星级农家乐4家、申报旅游特色业态4个、省级创客示范基地1个、特色乡镇1个、精品村寨2个，成立乡村旅游合作社20个。

整合多方资源，脱贫攻坚呈现新面貌。全县聚焦聚力“两不愁、三保障”目标，脱贫攻坚呈献新面貌。全县实施危房改造1534户、完成易地扶贫搬迁567户，建设幸福美丽新村60个，创建省级幸福美丽新村35个，市级幸福美丽新村37个，县级幸福美丽新村141个。柳塘乡大河坝村“四好村”创建经验被列入“全省创建经验100例”，被评为“四川省首届百强名村”。先后解决83个村、5.5459万人的安全饮水问题。吸纳贫困劳动力5000余人就近就业。发放教育帮扶资金5016万元，资助学生4.5万人次。创建农民夜校示范点62所，教育培训贫困群众3.5万人。推行“小额信贷+创业培训”模式，累计发放信贷资金3.53亿元，8590余户贫困家庭实现自主创业。2017年，全县57个计划退出贫困村、13880名拟脱贫人口全面达到退出标准，贫困率下降至2.13%。全县贫困群众生产生活条件得到有效改善，村容村貌焕然一新，群众满意度和获得感持续增强。

农村产权制度改革稳步推进。全县农村土地承包经营权确权已全面完成，已完成颁证92.8%。农村小型水利确权颁证已进入扫尾阶段，农村集体土地所有权、集体建设用地所有权、宅基地使用权确权工作正处于调查测绘阶段。全年全县实现土地流转面积2.3万亩，适度规模经营土地面积累计达23.9万亩。实现农村产权抵押融资贷款154笔，总金额4055.8万元，完成全年目标任务的101.4%。

农业科技体制改革有序开展。全县先后出台《关于全面推进大众创业、万众创新的实施意见》《关于实施创新发展战略增强邻水经济转型发展动力的意见》等文件31个，设立科技创新资金50万元，开展科技专家现场技术培训100余场次，设立宣传点80余个，发放各类宣传资料3万余份(册)、各类实用技术读本1万册，展出科普宣传挂图200余套、150余种，为推动科技创新创业营造了良好氛围。

新型经营主体培育日渐壮大。全县大力培育新型农业经营主体，落实新型农业经营主体发展各项政策措施，新培育农业专业合作社41个、龙头企业4家、家庭农场6个，其中申报市级示范性龙头企业3家、省级专业合作社4个。依托供销社改革，建成基层服务社12个，完成目标任务的120%。

村集体经济发展提档升级。全县采取“试点先行，全面铺开”的工作方式，在柑子镇缪氏庄园探索出土地经营“双向流转”机制，带动农民全年增收2万元以上。在石滓镇中城寨贫困村探索出“721”土地收益分配机制，实现村集体经济全年增收12万元。在观音镇六合寨和倒朝门村探索出“土地银行”模式，有效激活了农村“沉睡”资产，其经

验材料《邻水县观音桥镇"土地银行"破解耕地撂荒难题》被《四川三农》刊发。在袁市镇盛世种业探索出"土地托管"模式,解决了撂荒土地无人耕种及土地碎片化问题,实现村集体增收9.2万元。

【主要领导人】 县委书记:赵璞;县人大常委会主任:黎均平;县长:黄永鸿;县政协主席:冯永斌;分管农业副县长:鲁崇兵。

邻水县编写组

达 州 市

【基本情况】 2017年,达州市辖144乡163镇8个街道,辖区面积16588平方千米,其中耕地面积826.42万亩,比上年增长0.07%,人均耕地面积0.98亩。年末总人口671.67万人(户籍人口),减少1.76%;人口出生率9.07‰,减少0.92个千分点;人口自然增长率3.19‰,减少1.04个千分点。全市耕地有效灌面达到耕地总面积的57.31%;本地水资源总量129.35亿立方米,人均占有水资源量2273立方米。有林业用地1149万公顷,有林地面积1000.3万公顷,活立木总蓄积量4394万立方米,森林覆盖率42.76%。

2017年,全市GDP1583.94亿元,增长8.2%,其中第一产业增加值322.13亿元,增长3.8%,农、林、牧、渔及农林牧渔服务业增加值之比为66.2:3.5:25.7:2.8:1.9;第二产业增加值558.12亿元,增长8.1%;第三产业增加值703.69亿元,增长10.5%。三次产业对经济增长的贡献率分别为9.5%、35.9%和54.6%。劳务输出186.2991万人,劳务收入223.23亿元。全年接待游客2233万人次,增长17%;实现旅游收入1710778万元,增长22%,其中乡村旅游收入54.8亿元,增长30%。

公路通车里程19571千米(其中乡村公路18255.893千米),公路密度112.335千米/百平方千米。社会消费品零售总额860.37亿元,增长13%。地方公共财政预算总收入完成90.7亿元,增长10%;公共财政预算总支出387.67亿元,增长8%,其中农林水支出68.669亿元,占总支出的17.71%。金融机构各项存款余额2801.93亿元,比上年初增长6.7%;各项贷款余额1277.93亿元,比年初增长18.6%。处理各项赔款和给付金额261500万元,增长1%。农业产业化龙头企业国家级、省级、市级分别为2个、24个、122个。

有各类学校2741所,在校学生101.06万人,教职工63979人,其中普通高校2所,在校本(专)科学生24549人,增长3.81%;普通中学386所,在校学生318159人;小学1558所(其中村小学1213所),在校学生407128人;学龄儿童入学率100%。完成省级以上科技成果1项,3项科技成果获省级及以上科技进步奖。有艺术表演团体2个,文化馆8个,公共图书馆8个,免费开放的博物馆(陈列馆、纪念馆)5个。有广播电台6座,本地节目7套;电视台7座,本地节目8套。有卫生机构4191个,病床位29915张,卫生技术人员20818人。新型农村合作医疗参合人数521.55万人,参合率98%;城乡居民社会养老保险覆盖人数260.49万人,参保率91%;被征地农民养老保险参保人数43869人。

【年度农业和农村经济运行】 2017年,达州市先后制定12个相关文件扶持农业产业发展。实现农业总产值531.33亿元,增长3.9%;农业增加值328.45亿元,增长4.1%。农村居民年人均可支配收入达12843元,增长9.6%。在粮食、生猪、蔬菜生产中,科技投入的占比或科技贡献率52%。全市农产品质量安全检测合格率99.6%。

2017年达州市主要农产品产量

主要农产品	单位	产量	同比(%)
粮食	万吨	296.1	1.2
水稻	万吨	126.6	1
小麦	万吨	18.4	-4.3
玉米	万吨	70.94	1.2
马铃薯	万吨	42.2	3.9
油菜籽	万吨	29.18	2
蔬菜	万吨	309.96	1.4
水果	万吨	33.29	2.2
肉类	万吨	47.87	-2.2
猪肉	万吨	31.94	-2.7
牛肉	万吨	4.47	1.1
羊肉	万吨	1.77	0.2
禽肉	万吨	9.28	-2.7
兔肉	万吨	0.32	2.2
禽蛋	万吨	9.87	-1.5
水产品	万吨	9.86	5.6
牛奶	万吨	1.89	3

2017年达州市省级(及以上)农业产业化重点龙头企业名单

企业名称	注册资金(万元)	法人代表	示范等级	年度产值(万元)	主营产品
四川东柳醪糟有限责任公司	10000	唐祥华	国家级	74838	醪糟、汤圆粉(糯米粉)
四川巴山雀舌名茶实业有限公司	10000	李兴珍	国家级	26893	茶叶
四川发荣林业产业有限公司	5000	罗刚	省级	11990	林苗木等
四川天予植物药业有限公司	2040.9	杨凌	省级	5545	中药材、中药饮品
万源市巴山食品有限公司	551	吴华	省级	13700	猪、牛、羊、禽、蛋及副产品
万源市花萼绿色食品有限公司	1000	陈一学	省级	11068	家禽家畜、果蔬植物、酱腌等
宣汉巴人地窖酒厂	3889	覃鹏达	省级	10674	白酒等
宣汉锦宏蜀宣牧业有限公司	5000	陈勇	省级	3866	蜀宣花牛、肉牛等
达州市桃花米业有限公司	1200	杨家政	省级	7288	大米等

续表

万源市立川食品综合开发有限公司	1000	聂立川	省级	6770	肉制品、豆制品、炒货等
四川天王牧业有限公司	1000	张春蕾	省级	24093	饲料、兽药、畜禽、水果等
达州市复兴市场开发有限公司	25000	郝成棋	省级	17900	批发零售各类产品
达州市宏隆肉类制品有限公司	3000	邓礼龙	省级	18361	肉制品(酱卤肉制品、熏烧烤肉制品)、罐头(禽畜水产罐头)
达州市鑫源食品有限责任公司	2000	姚红	省级	25207	肉品批发销售
四川麦克福瑞制药有限公司	1018	余勇	省级	1450	饮料、保健食品、压片糖果
四川玉竹麻业有限公司	880	张小祝	省级	8656	苎麻等纺织原料和制品
四川省益寿农业开发有限公司	200	刘昌奇	省级	6615	黑花生、紫薯、黑玉米、黑土豆、绿仁黑豆等特色农产品
四川竹海玉叶生态农业开发有限公司	2000	卫平	省级	16826	茶叶、中草药等
四川省立川农业食品有限公司	2800	徐善军	省级	21702	非发酵性豆制品(豆腐干)
大竹县顺鑫农业发展有限责任公司	2000	张增顺	省级	37590	稻谷、玉米、小麦、杂粮等
四川天源油橄榄有限公司	2155.5	何世勤	省级	10590	橄榄油、橄榄叶系列化妆品、橄榄酒系列产品
达州市山参葛业有限责任公司	1000	朱宏均	省级	16835	粮食、淀粉及淀粉制品、酒类商品
开江县宝源白鹅开发有限责任公司	3118	魏代平	省级	9320	鸭、鹅、肉制品(酱卤肉制品、腌腊肉制品)
四川省宕府王食品有限责任公司	1100	张伟	省级	12752	蔬菜制品、黄花、醪糟、其他酒
四川省润宇食品有限公司	12000	唐德建	省级	9993	肉制品、蛋制品、速冻食品
渠县通济有限责任公司	3000	叶全	省级	18375	粮油、调味品、禽蛋、肉、植物油等

2017年达州市省级(及以上)示范农民专业合作经济组织名单

合作组织名称	注册资金(万元)	法人代表	示范等级	年度产值(万元)	主营产品
大竹县益寿黑花生专业合作社	150	刘昌奇	省级	1800	黑花生、黑豆、黑米、紫薯的种植、销售及其深加工
大竹县木鱼池黑山羊养殖专业合作社	1000	秦才江	省级	586.5	黑山羊养殖、销售及深加工产品
达州市八口蓝莓种植专业合作社	1388	蒋四兰	省级	1300	蓝莓
达州市通川区水生源养殖专业合作社	151.07	吴成前	省级	850	土鸡
宣汉县兴农生猪养殖专业合作社	580	邓达均	省级	2056	生猪养殖、加工及销售
宣汉县庙安水果专业合作社	500	黄孝权	国家级	1850	脆李
渠县鑫隆黄花农民专业合作社	51	王明	国家	771	黄花
渠县汉阙经济林木种植农民专业合作社	2000	王超	国家	3159	桃子、李子、葡萄等
达县鸿源种植专业合作社	480	王晓华	省级	3500	蔬菜种植、销售,生猪养殖、销售
达州市华生养殖专业合作社	300	张春雷	省级	32320	生猪养殖、销售

2017年达州市家庭农场经营情况统计表(前10位)

家庭农场名称	注册资金(万元)	法人代表	年度产值(万元)	主营产品
大竹县天佑家庭农场	100	刘浩	268	水稻、玉米种植及销售,生猪、鱼养殖及销售
大竹县丰顺达家庭农场	80	朱海军	188	生猪的养殖及销售
达州市通川区陈金跃家庭农场	132	陈金跃	630	生猪
达州市通川区落花溪生态农场	100	魏运宝	85	鱼、蔬菜、水果
宣汉县海平种植家庭农场	200	桂海平	186	水稻、大米
宣汉县军扬家庭农场	1000	张龙灿	1000	仔猪
渠县桃李满园家庭农场	500	罗庆全	158	李子、桃子等
渠县恒安家庭农场	200	张小林	62.5	李子、桃子等
达川区帝源家庭农场	50	马先容	300	蔬菜、水果种植、销售,餐饮,拓展
达川区三江园生态家庭农场	5	陈朝兴	300	蔬菜水果种植、销售,餐饮,观光

农用地产权制度改革。全市农村土地承包经营权确权颁证105.45万本，颁证75.56%，颁证率达90%以上。探索推进农村产权抵押融资，发放土地流转收益保证贷款1.42亿元。加快推进“六权同确”试点示范，万源市基本完成6个村、宣汉县基本完成2个村的“六权同确”工作，其余县(区)加快推进。积极盘活农村资产资源，全市已建立农村产权交易平台8个、乡(镇)交易所48个，累计完成产权交易160宗、金额3588.9万元。全面启动农村集体资产清产核资、成员认定等工作，积极推进农村集体资产股份合作制改革。基本完成国有林场主体改革，全市21个国有林场全部被确定为公益一类事业单位，核定编制724人。继续深化集体林权制度改革，市本级、达川区、宣汉县、大竹县相继建成集体林权流转交易平台；开江县经济林木(果)权抵押贷款改革试点完成制度设计和外业调查，颁发经济林木(果)权证7本、面积574.08亩，在农村信用合作社贷款10万元；万源市被纳入全省林地林权管理信息化建设试点。

农产品品牌战略实施。积极筹备创建达州市农产品区域公用品牌，引导和支持农业经营主体加强农业品牌的宣传策划、利用推广，先后获得国家生态原产地保护产品21个，新认证“三品一标”农产品32个，全市“三品一标”农产品总数达316个，其中无公害农产品247个、绿色食品31个、有机产品24个、地理标志农产品14个。

现代农业园区建设。全市重点建设达川区、大竹县现代农业重点县，宣汉县、开江县现代畜牧业重点县，渠县现代农业示范县。集中打造了渠县万花谷和开江万亩莲藕农业产业融合园区2个。全市建成四川省大竹县国家现代农业示范区、四川省大竹县国家农业产业化示范基地等国家级示范区(基地)2个，建成达川区现代农业园区、大竹县清水—庙坝现代农业示范区、渠县现代农业示范区、通川区秦巴现代农业产业示范园省级现代农业示范园区4个。

【种植业】 2017年，达州市持续推进“百亿蔬菜”工程、富硒茶“双百工程”和水果“优果工程”建设，加强特色产业基地建设。深入开展粮油绿色高产高效创建工作，实施“川米优化工程”等工程，不断提高粮油品质。通过实施“马铃薯主食化战略”“粮改饲玉米转型升级工程”等项目，大力发展马铃薯、豆类等作物，积极推广粮饲兼用型玉米品种，促进产品多元化发展。全市优质水稻种植面积221.5万亩，产量105.6万吨。优质“双低”油菜种植面积139万亩，产量25.3万吨，打造部级、省级等绿色粮油高产高效示范片59个。全市饲料玉米种植面积6.2万亩，马铃薯种植面积131.1万亩，杂粮种植面积78万亩。建有茶叶基地59.95万亩、水果基地78万亩、蔬菜基地138.3万亩、中药材基地27万亩。

【林业】 2017年，达州市新建义务植树基地7个，创建市级绿化示范村5个，完成营造林40.6万亩，新增森林面积11.5万亩，新增森林蓄积136.59万立方米。全年管护国有林73.23万亩，补偿集体公益林515.36万亩，巩固退耕还林成果66.58万亩，完成2017年度新一轮退耕还林建设任务2.3万亩。查处各类森林案件363起，打击处理违法人员384人次，挽回经济损失350余万元。严防森林火灾，对重点林区、重点部位、重点时段开展防火检查，全市发生一般森林火灾4起，火灾受害率有效控制在0.1‰以内。严控林业有害生物，清理枯死松树8.8万余株，防治松墨天牛面积18.6万亩。继续开展全国第三次林业有害生物普查，踏查线路212条，采集标本6900余件。通过新建和低产低效林改造共建成林业产业基地15万亩，牵头包装渠县万亩稀有菌生产基地建设等项目6个。全年实现林业总产值142亿元，农民人均林业收入1838元。加强生态扶贫，完成公益林建设面积1.3万亩、中幼林抚育2.3万亩，生态护林员增至3968人；申报四星级森林人家7个、省级森林康养人家9个。加强科技扶贫，发放科普资料4000份，接待咨询3700人次；积极争取科技示范推广项目，推荐上报达州市香椿丰产经营及间作栽培技术、开江县叶用银杏密植园技术推广示范项目2个。

【畜牧业】 2017年，达州市出栏肉猪445.89万头、肉牛35.82万头、肉羊116.5万只、家禽6060.61万只，其中蜀宣花牛26万头、旧院黑鸡450万只、开江麻鸭560万只、白鹅335万只；生猪存栏320.35万头，牛存栏72.27万头，羊存栏95.44万只。禽蛋产量9.87万吨，牛奶产量1.89万吨。

【统筹城乡与新型城镇化】 2017年，达州市选取罗江镇、麻柳镇等31个镇开展第一批“达州市国家新型城镇化综合试点镇”培育工作。全力推动城乡统筹发展，全市常住人口城镇化率、户籍城镇化率分别达43.92%、31.56%，分别增长1.5个、1.67个百分点。全面推动“百镇建设行动”，17个试点镇完成基础市政设施项目建设投资9.5亿元，完成公共服务设施项目建设投资2.5亿元，完成产业建设投资5.14亿元；带动全市小城镇完成基础设施建设投资20亿元。吸纳转移农业人口2.1万人，带动全市小城镇转移农业人口约3.7万人。争取省上农村危房改造资金3.69亿元；4类重点对象危房改造开工24974户，竣工16766户。21个村被评选为省级第三批传统村落，传统村落保护利用工作不断加强，制定了《达州市传统村落保护与利用条例》，保障传统村落后续发展潜力。

【新村建设】 2017年，达州市按照“全域、全程、全面”理念，统一布局农村基础设施、公共服务、产业发展和新村建设，深入实施幸福美丽新村建设“五大行动”，同步开展交通路网、集中供水、能源电力、广播电视、网络通信、公交站点、消防设施等建设。全年建设幸福美丽新村455个，建成市级“四好村”471个、扶贫新村308个。

【农村扶贫和移民工作】 2017年，达州市通川区贫困县“摘帽”通过省级验收，并已进行“摘帽”公示；全市实现311个贫困村退出、15.07万名贫困人口稳定脱贫，贫困发生率由2016年年底的6.51%下降至2017年年底的3.67%。“从严从实选准管好贫困村第一书记”得到中央政治局常委、全国政协主席、时任国务院副总理汪洋的肯定性批示；“互联网+党建”引领群众脱贫得到中央政治局常委、中央纪委书记、时任中央组织部部长赵乐际的肯定性批示；复员退伍军人担任驻村“第一书记”奋战脱贫攻坚的典型事例在中央电视台《新闻联播》栏目头条播报；“一村一法律顾问”得到国家扶贫办的肯定推介；承办了全国易地扶贫搬迁现场会，大竹县易地扶贫搬迁与产业发展“双靠近三融合”经验得到国家认可并在全省推广。向上争取和市、县财政筹集资金59.7亿元，建立总规模13.2亿元的教育扶贫、卫生扶贫、扶贫小额信贷分险、产业扶持“四项基金”。建成农村公路1562千米，解决8.4万人安全饮水问题；发展特色种植业面积103.36万亩，新培育农民合作社和家庭农场131个；206个贫困村建立了电商服务站(点)，实现“两线合一”低保兜底贫困人口15.7723万人，完成1.33万户贫困户危房改造；建成易地扶贫搬迁集中安置点154个，搬迁入住1.5万户4.8万人；发放教育、卫生救助基金621.42万元。

【乡村旅游】 2017年，达州市全国“景区带村”旅游扶贫示范项目——宣汉县巴山大峡谷加快建设。磐石旅游区、碧瑶湾创建为国家4A级旅游景区，渠县汉亭生态农业观光园、宣汉县米岩花海创建为国

家3A级旅游景区；大竹县创建为四川省乡村旅游强县，宣汉县龙泉土家族乡创建为四川省乡村旅游特色乡镇。创建四川省乡村旅游精品村寨3个、四川省乡村旅游特色业态34个、星级农家乐33家、星级乡村酒店16家，发展乡村民宿达标户83户。渠县创建为2017年度四川省旅游扶贫示范区，21个旅游扶贫重点村创建为四川省旅游扶贫示范村。全市引导成立乡村旅游专业合作社16个，其中黄连村乡村旅游合作社创建为省级示范合作社。重点举办四川省第八届乡村文化旅游节（春季）分会场暨达州市第六届旅游发展大会、四川省第八届乡村文化旅游节（夏季）分会场暨开江县第四届荷花节，各地围绕乡村旅游资源纷纷举办各具特色的季节性旅游活动。做好乡村旅游人才培训。

【农村水利】 2017年，达州市完成重大水库工程、高效节水灌溉、农田水利等工程建设领域投资9.67亿元，完成水利固定资产投资86.5亿元；新增农村供水受益人口14.37万人（贫困村贫困人口5.2146万人）；新增有效灌面8.8万亩、节水灌面10.5万亩，恢复改善灌面15.2万亩，治理水土流失面积182平方千米。建成农建综合示范区7个、面积24.94万亩。兴建民生工程849处（其中集中工程286处、分散工程563处），累计完成投资12772万元，解决311个“摘帽”贫困村、5.2146万名建档立卡贫困人口饮水安全问题。强化州河联合调度，先后发出调度指令20余条，充分利用电站防洪库容拦蓄洪水，有效应对区域性暴雨天气过程12次。推进河长制工作，建立市、县、乡、村四级河长体系，设立市级河长16人、县级河长156人、乡级河长1147人、村级河长4026人，设立河长公示牌1100余块。积极开展“清河、护岸、净水、保水”四项行动，全市共清理河道漂浮物6000余吨，清淤清障河道15千米，新建堤防43.9千米，清理排污口966个；查处违法采砂场、洗砂场69家，其中关停61家，责令整改8家。完成全市966个入河排污口的分类登记和备案工作。全面完成农村小型水利工程确权颁证工作。全市共登记小型水利工程55640处，已颁发产权证书55640处，颁证率100%。有序开展农业水价综合改革工作。累计发展农民用水户协会135个，管理灌溉面积52.31万亩。

【农业机械化】 2017年，达州市建成高标准农田34.32万亩，建成绿色示范区3万亩。全面实施水稻、小麦、玉米和油菜等主要农作物生产全程机械化，重点抓好茶叶、果蔬等本地特色农作物机械化应用和推广。完成新建和改造提灌站100座，机电提灌保灌面积达126.68万亩。新建农机化生产道路2735千米，农机总动力达267.37万千瓦，主要农作物耕种收综合机械化水平达51.3%。

【农村科技】 2017年，达州市组织实施国家、省、市农业科技项目75项，其中承担国家、省农业科技项目29项，安排市本级农业科技计划项目46项，共计投入科技专项经费2265万元；农业科技成果获得2017年度达州市科技进步奖10项，其中一等奖1项、二等奖1项、三等奖8项。授权农业专利37项。承担和实施国家、省、市科技扶贫产业类项目33项，项目资金1035万元。全市有科技特派员163名，由科技部选派到达州市的“三区”科技人员从42人增加至78人；建有科技专家大院5个，建立县级农业产业服务中心2家；建立科技特派员培训机构（服务平台）9个，为78个合作经济组织提供技术指导，科技特派员引领的创业项目直接吸引参与农户4211余户，辐射带动3万余人；推广新技术83项，引进新品种164个，服务区内农作物优良品种覆盖率达95%，先进实用技术覆盖率达90%以上；建立示范基地20个。四川省苗源生态农业科技有限公司推广应用的植物组织培养技术已研发出草莓、生姜、铁皮石斛、蓝莓、树莓等10余种经济作物的组培苗，并已经开始大规模生产。大竹县益民玉米研究所已选育出自有核心骨干自交系200余份，通过四川省审定的玉米新品种达9个。全年培训贫困人口48.36万人次，发放技术资料56.59万份；建立科技示范基地6130亩，培育科技示范户4054户。

【农村教育】 2017年，达州市农村学前三年入园率达87.48%，初中适龄人口入学率达100%。541所乡（镇）中小学校党组织关系调整到教育部门统一管理。实现已通电及网络的乡（镇）学校互联网全覆盖、网络教学环境全覆盖。通川区、达川区建成教育城域专网。农村中小学多媒体“班班通”比例达50%。招聘农村义务教育“特岗计划”教师631人。发放义务教育寄宿贫困生生活补助资金12074.6万元，惠及学生11.26万人；农村义务教育营养改善计划资金31399.76万元，惠及学生45.77万人；贫困家庭大学生生活补助资金1582万元，惠及大学生3469人；发放建档立卡贫困家庭中职学生生活补助资金388.9万元，惠及中职学生4435人。生源地助学贷款22784人，资金1.79亿元。农村中小学薄弱学校改造计划项目124个，薄弱普通高中改造计划项目6个，边远地区教师周转宿舍建设项目82个，完成建筑面积30.84万平方米，累计完成投资4.28亿元。全市教育扶贫救助基金累计支出1418.964万元，共救济学生19594人。

【农村文化】 2017年，达州市有全国新农村文化艺术演展基地1个、乡（镇）综合文化站310个、农家书屋2760个、城乡文体广场362个、乡村大舞台57个、农民工文化驿站354个、“留守学生（儿童）之家”333个、村文化室2300个。安装广播“村村响”设备1794套、广播电视直播卫星35.5万户、有线电视用户60.9万户、地面数字接收设备4.69万套。全市新建乡（镇）农民体育健身工程2个、社区多功能运动场1个、村级农民体育健身工程79个、全民健身路径工程50个、退出贫困村农民体育健身工程示范点310个。创建全国文化先进县2个、省级文化先进县2个、市级文化先进县2个，“全国民间文化艺术之乡”1个、“省级民间文化艺术之乡”16个、“市级民间文化艺术之乡”20个，省级示范乡（镇）综合文化站19个、“省级文化扶贫示范村”17个。通川区、达川区以及全市12个乡（镇）开展了达州市首批公共文化服务示范县和示范乡（镇）创建工作。

【农村卫生】 2017年，达州市有乡村医疗机构3327所，其中乡（镇）卫生院306所（中心卫生院66所）、村卫生室3021个；乡（镇）卫生院编制病床位7828张；有乡（镇）卫生院卫生技术人员7964人，其中执业医师（含助理执业医师）2598人、注册护士1950人。全年乡（镇）卫生院总诊疗626.52万人次，门（急）诊583.3万人次，住院43.22万人次。开展农村妇女“两癌”免费检查救助系统填报工作，全市有177名符合条件的贫困妇女录入系统，其中建档立卡贫困妇女94人、享有低保妇女17人、普通贫困妇女66人。

【农村法制建设】 2017年，达州市创建第七批全国民主法治示范村2个、省级法治示范乡镇1个、省级“法律七进”示范点6个。打造法治公园、广场、长廊164个，法律图书室（角）527个。组织113支法治文艺轻骑兵队伍深入贫困地区开展巡回演出1500余场次。整合地方法律服务资源，组织全市254名律师、263名基层法律服务工作者、253名司法助理员为全市828个贫困村和1413个有20户以上建档立卡贫困户的非贫困村提供免费“法律意见、法律咨询、法律援助、法治宣传、人民调解”五项服务，828个贫困村实现法律顾问驻村帮扶。

【农村交通】 截至2017年年底，达州市农村公路通车总里程为

18255.893千米，其中县道2526.691千米、乡道3647.46千米、村道12081.742千米。全市312个乡(镇)、2810个建制村全部实现通硬化路。全市加大对农村公路财政资金投入和政策支持力度，不断健全以公共财政投入为主的资金保障机制和建、管、养、运协调发展机制，共建成"四好农村路"示范路887.65千米；达川区创建成为全省第一批"四好农村路"省级示范县，通川区、开江县、宣汉县筹备创建为第二批"四好农村路"省级示范县。

【涉农招商引资】 2017年，达州市有3000万元以上的农业招商引资重大项目29个，项目总投资210.6亿元，增长32%；到位资金50.69亿元，增长4.1%。

2017年达州市3000万元以上招商引资项目表

项目名称	总投资金额(亿元)	投资内容	投资方	项目进度
山东九间棚农业科技园有限公司(达州)金银花加工项目	5	在达川区建设3万亩金银花规范化种植基地及金银花烘干房和深加工厂，加工金银花饮料、金银花茶、金银花保健食品、金银花保健酒等	山东平邑九间棚农业科技园有限公司	已开工
重庆梁平大北农(达川)生猪养殖项目	19.3	新建大型现代化养殖场及附属设施，购置设备、引进良种等，年出栏优质肉猪35万头，年产值达6亿元	重庆梁平大北农有限责任公司	已开工
四川蜀望农林科技(达川)老鹰茶二期项目	1.2	建设饮料、食品加工、生态日用品生产线，建设保健品、饲料、医药原料、制药等生产线	四川蜀望农林科技有限公司	洽谈正式合同
重庆储渝(达州)富硒茶产业融合项目	8	新建优质富硒茶生产示范基地2万亩、清洁化初级生产加工线、精深加工生产厂，配套建设产品展示及电子商务营销中心，打造农旅文化深度融合的茶文化产业综合体	重庆市储渝石油销售有限责任公司	已完成国土审批、建设茶叶种植基地、采购茶叶加工生产设备
重庆太一(达州)中蜂产业项目	3.5	建设中蜂蜂蜜加工车间、蜂产品展示中心、养蜂技术培训室、蜂文化展示长廊	重庆太一生物科技有限责任公司	已建高山蜂场5个及蜂蜜分拣、包装生产线，加工厂已开工
广东中皓鑫成(达州)秦巴野山猪综合产业园项目	25	建设30万吨饲料厂、现代化屠宰厂、农副产品加工区及交易中心、冷链物流中心、科研园区、原生态保护产品生产基地、循环经济产业示范园、生态有机农副产品生产示范基地	深圳市中皓鑫成投资有限公司	养殖场、屠宰厂、深加工厂已建成，科研楼、交易中心建设工作有序推进
深圳松柏(达州)生态观光农博园综合开发项目	3.5	建设水果、花卉种植基地5000亩，建设冷链物流系统、三星级酒店、玻璃悬空餐厅、水上乐园、农耕文化博物馆及体验区、高端康养小区	深圳市松柏实业发展有限公司	已投入运营
广州富力达(达州)农业特色产业发展项目	7	在宣汉县建立总部基地，扩大食用菌生产规模和市场；建设冷链物流中心，新建冷库、冷藏车间、食用菌深加工厂、菌渣有机肥厂	广州富力达生物技术有限公司	已投入运营
江西正邦集团(达州)大竹现代农牧产业园区项目	20	建设存栏2000头/组规模的PS场24组、畜禽烘便处理站2~4座、公猪站1个、GP种猪场1个以及年产1万吨的有机肥厂1座、年产36万吨饲料加工厂1个	正邦集团有限公司	已完成土石方工程和部分单体基础工程
四川天尚(达州)农副产品精深加工建设项目	3	打造10万亩优质核桃种植基地，新建核桃油、核桃粉、核桃露等核桃后商品化生产线	四川天尚核桃有限公司	已完工
四川慧峰(达州)农业种植及精深加工建设项目	3.5	建设1个工厂化、标准化、规模化的食用菌生产基地。拟建生产出菇车间44间、打包车间、原料库房、消毒接种车间、冷藏保鲜库、高压灭菌车间等，日处理菌包2万袋	四川慧峰农林科技有限责任公司	已完工
宏旭青宁油牡丹产业种植项目	5	项目用地面积约10000亩，分三期建设。一期种植面积5000亩，二期种植面积5000亩，三期建设露营度假区	四川弘旭农业开发有限责任公司	已完成工商和税务手续、土地流转和油牡丹栽种
成都客商(达川)万家镇银杏产业发展项目	5	规划面积9800亩，发展集生态银杏产业、旅游业养生文化、美丽新村于一体的旅游观光产业园	—	已开工
成都客商(达川)生态循环农牧示范园项目	0.5	规划面积1600亩，新建生态循环农牧示范园	—	已建成
成都客商(达川)青花椒种植及加工项目	0.5	在达川区九岭乡新建青花椒种植及加工基地	—	已建成
中科建设(达州)巴山硒李产业化项目	8	新建巴山硒李种植基地、酿酒厂、交易市场、产品展示中心、游客接待中心及乡村度假酒店	中科建设供应链管理发展(上海)有限公司	已完成青脆李种植及道路硬化，果酒加工厂建设有序推进

续表

巴山富硒有机茶叶产业化建设项目	3.2	建设高标准富硒有机茶叶基地2万亩、初加工厂2个和精深加工厂1个，建设新产品开发、产品展示和电子商务营销中心、茶旅文化研究和培训中心；紧邻巴山大峡谷景区，建设集文化展示、休闲、观光、体验及娱乐、康养于一体的茶旅结合茶文化博览园	四川恒源投资有限公司	进行项目前期工作
江西正邦集团（达州）通川现代农牧产业园区项目	7.5	拟在通川区檬双乡建设年出栏生猪20万头以上育肥场、粪污转换有机肥中心，在通川区东岳新型工业集聚区建设年产36万吨饲料加工厂，在达州市农产品加工集中区建设年加工50万头生猪产能深加工厂	正邦集团有限公司	相关事宜还在进一步磋商
四川恒龙祥（达州）青龙湖创意农业园综合开发项目	5	整理土地面积300亩，整治水库和维修山坪塘；安装灌溉管网、治理边坡、建堡坎、种植三河蜜柚等。新建办公用房、停车场、农业园大门以及生态儿童乐园、垃圾回收处理站	四川省恒龙祥农业开发有限公司	进行基础设施建设
四川中铁建川（达州）二十万头生猪养殖及深加工项目	10	新建20万头封闭式生猪集中养殖区、集中自动化生猪屠宰、深加工、冷链仓储及罐头厂	中铁建川集群农业发展有限公司	已完成工商注册等，已开工建设
四川帝升集团（达州）万源市富硒茶产业化项目	15	建设万源富硒茶省级科技种植示范基地、良种繁育基地；生产加工10万吨名优茶、20万吨红茶、1000吨藏茶；建设巴山雀舌小镇	四川帝升集团有限公司	已完成公司注册，项目详规、土地流转及建设用地报批工作有序推进
深圳秋生实业（达州）花仙谷生态农业观光园综合开发项目	4	一期占地面积860亩，建设刨汤肉基地、婚庆广场、坝坝宴、花卉基地、儿童教育基地、露营基地、会议中心、真人CS实战基地、原始农耕体验基地，打造旅游观光乐园；二期占地面积1840亩，打造树龄高达500余年的皂角树景点，修建水上乐园、人造沙滩等	深圳市秋生实业发展有限公司	建设刨汤肉基地、婚庆广场、乡村坝坝宴、巴人文化广场等
福州金楚实业有限公司（达州）大竹香椿生产加工项目	1.8	一期投资0.55亿元，二期投资1.25亿元，打造香椿下饭菜、香椿调味品、香椿保健酒加工生产线项目	福州金楚实业有限公司	已在大竹县注册公司，完成项目选址、场平，一期冻库已经建成
台湾博镇实业（达州）大竹清水筑园国际有机生态农业示范园项目	10	建设集有机农产品、有机康氧、特色小镇、青少年研习基地、休闲农庄于一体的多元化有机生态循环农业基地。未来将建达到欧洲农副产品认证标准的基地，产品销往欧洲	台湾博镇实业有限公司	已投入1000万元，实现土地流转面积4000亩，已进行土地整理
成都中翔宏信（达州）大竹现代农业综合园	5	建设大型创新乡村文旅系列项目。前期将建成10万～15万平方米现代化玻璃温室及配套设施的核心园区，后期新建集田园观光、瓜果采摘、户外拓展、汽车营地等于一体的多功能休闲综合园区	成都中翔宏信实业集团有限公司	已签正式合同并缴纳200万元保证金到清河镇财政账户，规划设计工作有序推进
四川屋溪春天（达州）生态农业产业园建设项目	2.4	在渠县丰乐镇规划面积1300亩，建设“一心、两景、三基地+N个特色种植园”	四川屋溪春天生态农业发展有限公司	已开工
四川森卉达（达州）万亩稀有菌生产项目	1.7	在渠县琅琊镇高云村、卷硐乡逢春村种植林下稀有菌1万亩	四川森卉达林业有限公司	已开工
江西正邦集团（达州）开江县现代农牧产业园区项目	15	建设公猪站1个、GP种猪场2个、存栏2000头/组的PS场12组，建设畜禽烘便处理站4座、年产1万吨的有机肥厂和60万吨饲料加工厂各1个	江西正邦集团有限公司	开工准备阶段
四川稻法自然公司“稻田+”有机循环农业建设项目	12	打造集全域生态、文化富聚、增收多元于一体的生态农业科技示范园，推行“稻—鱼”“稻—蟹”“稻—鸭”“稻—虾”等模式	四川稻法自然农业发展有限公司	已建成稻田+鱼、蟹、虾、蛙和有机稻田核心区

【农村社会保障】 2017年，达州市城乡居民养老保险覆盖人数260.49万人，参保缴费人数130.6万人；基金总收入12.2亿元，其中参保缴费2.1亿元；发放丧葬补助金2316万元，为25862名特殊群体人员代缴养老保险费2152万元；跨制度转移6802人次，制度衔接转移资金875万元。完成314人次特殊业务更改，老农保退休人员待遇调整7人次，追回死亡冒领及重复领取养老金1298万元，暂停疑似死亡及重复领取待遇35744人。截至2017年年底，全市城乡低保39.76万人，共发放低保资金9.3亿元；将农村低保标准由原来的每人每月不低于260元提高到290元，全面实现农村低保标准与扶贫标准的“两线合一”；全市共资助城乡低保和特困人员参加城乡居民基本医疗保险36.96万人，共计资助资金3170.08万元；在政策范围内住院自负费用经各类保险报销后的救助比例达70.63%。建立区域性养老服务中心23个。

【农村生态建设及环境保护】 2017年，达州市4个国家考核断面地表水水质优良（达到或优于Ⅲ类）比例为100%。全市主要作物绿色防控

覆盖率达33.8%,主要作物专业化统防统治覆盖率达44.5%,畜禽粪污利用率达70%,秸秆综合利用率达82%。全年关停(搬迁)禁养区内养殖场(户)1318家(户),治理非禁养区养殖场4721家。

【农产品质量安全监管】 2017年,达州市和7个县(市、区)分别被省政府认定为省级农产品质量安全监管示范市和示范县(市、区),农产品质量安全检测合格率99.6%。新建部级、省级畜禽标准化示范场10个,市级畜禽标准化示范场24个,新建部级水产健康养殖示范场8个。全年应免畜禽免疫密度达100%,未发生重大动物疫情。全市查处问题种子、农药、肥料、兽药、饲料492件,立案查处132件,为农民挽回经济损失21.5万元。

【农村市场体系建设】 2017年,达州市初步建成新型农资供应服务体系。联合省、市、县三级供销农资企业启动了达州市农业生产资料物流中心前期工作,新建、改造县级农资配送中心3个、区域农资配送中心16个、基层农资服务网点60个、庄稼医院20个,全系统累计实现农资销售收入16.07亿元,销售各种化肥62.13万吨、农药4912吨、农膜4467吨。稳步发展农村电子商务,以达州市供销网优电子商务有限责任公司为重点,通过与总社、省社电商公司战略合作进行增资扩股,注册资金达3700万元,运营面积3000余平方米,建设电商运营中心、特色农产品展示展销中心、生活超市、物流公司、电商培训中心、仓储物流中心。在城市和中心场镇建设配送中心18个、农特产品体验中心6个和供销E店5家,在乡村建设乡(镇)服务站177个、村级配送点343个和双代店24个。有力推进农村资金互助合作试点。在通川区、达川区、开江县、大竹县、万源市开展的5个资金互助合作试点社发展情况总体良好,吸纳社员172户,筹集股本金892.1万元;累计借款143笔,借款总额1077.45万元。

【农村妇女(儿童)帮扶】 2017年,达州市举办各类扶贫政策宣传、讲座及培训活动等294场次,2.3万名贫困妇女参与。建立妇女居家灵活就业基地、巾帼脱贫示范基地63个,妇女专业合作社(家庭农场)131个,带动了5000余名妇女灵活就业。以"达州巧女"特色手工业、"巴山妹子"家政服务业、"绿色生态"种养业为重点做强妇女居家灵活就业工作品牌。500余名创业妇女互助会成员先后为1000余名贫困户提供就业岗位,捐资助学、赠送爱心温暖包折合资金150余万元。在90%的乡(镇)建立婚姻家庭纠纷调解中心,落实婚姻家庭纠纷调解个案补贴;依托村(社区)"妇女儿童之家",在50%以上的村(社区)建立了妇女信访代理室。设立遭受家暴妇女儿童医疗救治定点医院2家建立反家暴庇护所(中心)10个;救助来访困难、患病妇女儿童31人,发放救助金9500元。

【名优特新农产品】 巴山雀舌富硒茶叶。达州市因土壤天然富硒而闻名,享有"中国富硒茶之都"的美誉。全市茶叶种植面积达60万亩。"巴山雀舌"系列名茶,以"色绿、香高、味甘、形美"四绝著称,被评为中国驰名商标、国家生态原产地保护产品。

大竹醪糟。醪糟为达州市传统名小吃,其酿造工艺历史悠久,尤以大竹醪糟最为著名,被誉为"中国醪糟之都"。"东汉醪糟"系中国驰名商标、国家生态原产地保护产品。产品不加糖而甘甜如蜜,是最佳的滋阴补肾、清润胃肠、生津止渴的休闲饮品、馈赠佳品。

灯影牛肉。是达州市著名特色小吃,国家生态原产地保护产品。以达州市本地蜀宣花牛、黄牛为原料,采用传统工艺将牛肉切得又大又薄,薄到在灯光下可以透出物象,如同皮影戏中的幕布。先腌渍入味,再上火烘烤,卖时还淋上香油。其味麻辣鲜香,其色油润红亮。

开江白鹅。是全国有名的优良地方水禽品种,具有个大、毛质好、肉质嫩、产蛋率高、生长快的鲜明特点,是食品和服装加工的优质原料。

旧院黑鸡。营养丰富,富含氨基酸和硒,旧院黑鸡因主产于四川省万源市旧院镇而得名,是四川省优良品种、全国地方优良品种,获得有机食品、工商总局原产地证明商标和国家地理标志保护产品认证。旧院黑鸡身似黑珍珠,蛋似绿宝石。旧院黑鸡鸡肉质细嫩清香,味道鲜美,具有药用保健功效。旧院黑鸡产业是当地农民增收致富的支柱产业。

苎麻。被称为"中国草"的苎麻,是全市最具特色的经济作物,已有3000余年的种植历史。达州市原麻品质在全国位居第一,大竹县和达川区被国家授予"中国苎麻之乡"和"中国苎麻之都"称号。加工产品有苎麻袜、内衣、床上用品等,具有品质好、档次高、透气性强等特点,倍受消费者欢迎,产品远销日本、韩国及欧美市场。

黄花。渠县黄花以色泽鲜亮、食味别致、香气馥郁、肉头肥厚而闻名。渠县被誉为"中国黄花之乡",每年6月18日被定为黄花节。全市种植面积10万亩,渠县黄花被认证为"绿色食品"和"农产品地理标志"。

【劳务开发与返乡创业】 2017年,达州市有农村劳动力290.1059万人,全市转移输出农民工186.2991万人。从劳动力流向看,省外就业119.7842万人、省内就业66.1349万人、外派劳务0.38万人;劳务总收入达223.23亿元。全市新增返乡创业0.1833万人,新增创办企业539家,新增企业实现总产值3.5912亿元。全年检查用人单位2473户,其中涉及农民工约5.7万人,督促补签劳动合同0.26万人;追发农民工工资5100万元,涉及0.546万人;共解决劳务纠纷768件,挽回农民工损失5146.7万元。大力实施农业科技支撑行动,派驻农技人员1028人和农技专家服务团50余个到828个贫困村,精心指导发展特色产业。

【重点乡镇选介】 宣汉县南坝镇。位于达州市东北部,是川东第一大镇,辖区面积143.5平方千米,辖31个行政村(社区),有总人口16.2万人,是宣汉前河流域23个乡(镇)近60万人的经济、文化、信息中心、交通枢纽和物资集散地。2013年被列为全省首批百镇建设试点镇;2014年申报为全国重点小城镇;2015年被县委县政府纳入全县"双核双区"战略,定位为县域副中心;2016年被纳入全国特色小镇(商贸流通类)培育重点镇;2017年被评为四川首批省级特色镇。

达川区石桥镇。位于达川区铁山以西,距达州市61千米,距平昌县45千米,省道202线、巴达铁路穿镇而过,区位优势和交通优势明显,辐射带动达川区西部、平昌县南部20余个乡(镇)的发展。全镇辖区面积56.33平方千米,辖20个行政村5个社区,镇域总人口5.8万人。传统文化有孔明灯、小丑剧、打花鼓、金钱板、抬花轿、踩高翘等,其中"烧火龙"和"翻山铰子"已被确定为省重点非物质文化遗产。2000年被批准为省级小城镇建设试点镇;2003年进入全省100个重点镇之列;2004年被评为全国重点镇;2005年国家旅游局、四川省人民政府将"石桥列宁街"列入川、陕、渝红色旅游经典景区;2013年"列宁街石牌坊及红军标语"被国务院核定为国家级重点文物保护单位;2017年被评为四川首批省级特色镇。

【主要领导人】 市委书记:包惠;市人大常委会主任:胥健;市长:郭亨孝;市政协主席:康莲英;分管农业副市长:王全兴。

达州市编写组

通 川 区

【基本情况】 2017年，通川区辖5乡14镇3个街道，辖区面积900平方千米，其中耕地面积46.79万亩，人均耕地面积0.42亩；基本农田27.2808万亩。年末总人口59.79万人（户籍人口），减少0.75%；人口出生率10.22‰，增加0.23个千分点；人口自然增长率4.79‰，增加0.56个千分点。全区耕地有效灌面和保证灌面分别达到耕地总面积的59.4%和31.7%；本地水资源总量2.62亿立方米，人均占有水资源量438立方米。有林业用地31.7193万公顷，有林地面积31.7644万公顷，活立木总蓄积量315.8483立方米，森林覆盖率35.79%。

2017年，全区GDP227.28亿元，增长8.2%，其中第一产业增加值22.73亿元，增长3.8%，农、林、牧、渔及农林牧渔服务业之比为63.81∶3.45∶29.43∶1.83∶1.48；第二产业增加值71.19亿元，增长5.6%（工业增加值50.14亿元，增长10.8%）；第三产业增加值133.36亿元，增长10.5%。三次产业对经济增长的贡献率分别为4.8%、23%和72.3%。劳务输出12.9万人，收入38.7亿元。全年接待游客348.4万人次，实现旅游收入252927万元，其中乡村旅游收入18330万元。

公路通车里程1840千米（其中乡村公路1725千米），密度2044米/平方千米，30.7千米/万人。社会消费品零售总额188.63亿元，增长13%。地方公共财政预算总收入完成33亿元，减少2.9%；公共财政预算总支出29.7亿元，增长3.5%，其中农业投入9034万元，占支出的3.04%。金融机构各项存款余额1042.82亿元，比年初下降15.8%；各项贷款余额462亿元，比年初下降17.32%。农业产业化龙头企业省级、市级、区级分别为4个、15个、30个。

有各类学校51所，在校学生69164人，教职工3823人，其中普通中学29所，在校学生22040人；小学156所，在校学生46720人；学龄儿童入学率100%。完成省级以上科技成果2项。有艺术表演团体18个，文化馆1个，公共图书馆1个，博物馆1个。有卫生机构393个，病床位5613张，卫生技术人员4755人。新型农村合作医疗参合人数131670人，参合率50%；新型农村社会养老保险参保人数131670人，参保率50%；被征地农民养老保险参保人数6160余人，占总人数的45%。

【年度农业和农村经济运行】 2017年，通川区出台了促进冷链物流和现代农业发展暂行奖补办法等规划、政策。实现农业总产值37亿元，增长3.01%；农业增加值23.75亿元，增长3.72%；生猪、巴山脆李、磐石草莓等特色优势农产品产量保持稳定增长。农民年人均可支配收入达15878元，增长10.1%。全区农产品质量抽检合格率比年初提高0.3个百分点；建成20个基层农业综合服务站。

2017年通川区主要农产品产量

主要农产品	单位	产量	同比(%)
粮食	万吨	20.5658	0.19
水稻	万吨	7.9893	0.1
小麦	万吨	0.6178	−7.8
玉米	万吨	4.1285	0.4
马铃薯	万吨	3.3275	2.18
油菜籽	万吨	1.8465	0
蔬菜	万吨	31.973	1
水果	万吨	3.918	0.5
肉类	万吨	3.7709	1.4
猪肉	万吨	2.8745	1.6
牛肉	万吨	0.3486	1.9
羊肉	万吨	0.0727	1.2
禽肉	万吨	0.4562	0
兔肉	万吨	0.015	2
禽蛋	万吨	0.5912	1.2
水产品	万吨	0.676	7.64
牛奶	万吨	0.0368	0

农用地产权制度改革。全区全面完成209个村、1631个组、78118户农村土地承包经营权确权登记颁证工作，全区确权面积410708亩，通过省专家组验收、获得优秀等级，成果数据汇交到农业部；开通区、乡两级农村土地承包经营权确权登记颁证咨询电话21个，印发宣传资料《致全区农民朋友的一封信》7万余份，向农户发送短信160万条，全区交通要道悬挂大型喷绘标语72幅，制作工作手册3800册。组成培训工作组，逐个乡（镇）开展政策、技术和业务培训，累计培训工作人员7000人次。落实专项资金2261万元、专项目标奖励资金20万元，安排专（兼）职确权登记工作人员2571人，把好户主确认、基础信息、资料审查、数据录入四个关口，抓好摸底调查、航拍摄影、权属调查、公示确认、分类整档五个环节，依法妥善解决土地承包纠纷1602件。开展农村土地承包经营权确权登记颁证工作，承包农户依法采取转包、出租、互换、转让及入股等方式流转承包土地，全区共流转土地7.4万亩。开展承包地互换并地试点，按照田型现状进行部分整形，小田改大田，使526户农户、1640人受益，基本实现一户一田。合理利用影像图纸，在确权登记管理系统上，添加了产业发展规划、土肥信息、代耕备案、农户承包档案电子化等功能。在签订保密协议的基础上，全区农业、国土、住建、环保、扶贫开发、旅游等多个部门已应用影像图纸获取相关资料并进行规划设计。

农产品品牌战略实施。积极探索"互联网+农业"运行机制，举办了以"生态通川、脆李之源"为主题的"首届中国·达州（通川）环凤脆李网购节"，分别与互联网企业北京兰鼎信息科技公司、四川天天想农业发展公司、达州市世纪隆超市签订购销协议，采购金额共计1500余万元；培育打造"巴山脆李""绿岛小镇""安云红辣椒""保丰大米""川汉子""百年灯影""铁山黄羊""朝阳无公害猪肉"等特色农业品牌25个，其中"巴山脆李"获得农业部地理标志产品认证。全区7个农产品品牌获得无公害农产品认证。

现代农业园区建设。全区坚持"政府搭台、业主唱戏、农民参与"和"土地流转、产业带动、文旅支撑"发展理念，大力推进"土地资源变资本、传统农业变产业、现代园区变景区"。通川区磐石都市农业主题公园将秦巴农耕文化博览园、帝森庄园、磐石台湾牛奶草莓乐园、家园生态农业观光园、达州市明月江月湖生态农业观光园、毅恒明月冷链物流等企业融合打造，规划面积3.37万亩，已建成1.63万余亩；通川区聚家现代生态农业园坚持种养结合、农旅结合，一二三产业互动融合发展思路进行布局，以规模化、标准化、集约化方式生产经营，组成猕桃园、优质桃果园、经果林和畜禽养殖基地3个产业区，规划总面积5500亩，已完成开发面积4000亩。通川区秦巴现代农业产业示范园位于达州市通川区蒲家镇，由食用菌产业园、秦巴植物博览园及蓝莓

产业园3个产业区连片组成，是集食用菌、蓝莓、花卉、苗木种植，生态旅游开发以及循环农业发展于一体的综合性示范园区，拟投资12.87亿元，规划总面积10110亩，已完成开发面积9200亩。

【种植业】 2017年，通川区粮食作物播种面积50.24万亩，产量20.57万吨；油料作物播种面积10.92万亩，产量1.85万吨，其中油菜播种面积9.72万亩，产量1.65万吨。全区水稻播种面积16.37万亩，在巴达高速公路沿线乡(镇)发展优质稻10万亩，其中国标二级米以上优质稻种植面积8万亩。玉米种植面积8.1万亩，薯类种植面积21.23万亩。以粮油高产高效创建活动为抓手，在金石、蒲家、青宁、双龙、东岳、复兴等乡(镇)建成油菜示范片2万亩；在金石、北山、梓桐、碑庙、东岳等乡(镇)建成水稻示范片2万亩；在金石、北山、梓桐、江陵、碑庙、青宁等乡(镇)建成玉米示范片1万亩。全区发展粮经复合生产基地3万亩，其中在磐石镇建成"草莓+水稻(玉米)"种植模式核心示范区1万亩；在罗江、魏兴、蒲家、北外、安云等乡(镇)建成水稻—蔬菜"千斤粮万元钱"种植模式1万亩；在青宁、金石、碑庙等乡(镇)建早熟"稻—菜—芋吨粮五千元"种植模式1万亩。全年瓜果种植面积6.58万亩，增长0.03%；产量5.8万吨，增长12.06%；实现产值3.2亿元。其中，巴山脆李种植面积1.3万亩，产量0.8万吨，实现产值0.65亿元；柑橘种植面积3.1万亩，产量2.5万吨，实现产值0.85亿元。蔬菜种植面积10.18万亩，其中常年蔬菜基地面积1.51万亩，蔬菜总产量18.83万吨，实现总产值5.68万元；种植食用菌6700万袋，产量3.316万吨，实现产值1.61亿元；商品(加工)蔬菜量8.1万吨，外销蔬菜1.5万吨；创建蔬菜品牌1个(胖儿蔬菜)，培育加工龙头企业1家(达州市清泉食品有限公司)。完成"百亿蔬菜"产业工程项目，其中改造提升常年蔬菜基地13个、面积1626亩；蔬菜加工(贮藏)企业申报项目2个，加工鲜菜3000吨，新增预冷储藏库2100立方米。新建蔬菜标准园1个、面积360亩；育苗供苗申报3个，育苗面积50亩，共繁育越冬蔬菜种苗544万株；申报规范运行专合社2个、种植大户2户；在梓桐乡宝泉村、青宁乡长梯村、青宁乡红专村、碑庙镇三上村等14个贫困村发展蔬菜种植面积5200亩，实现产值2000万元以上。

【林业】 2017年，通川区造林绿化全面推进，制订了《大规模绿化通川活动方案》，组织开展"万人植树"活动，全年累计参加义务植树30万人次，植树150万株。全年完成营造林4万亩(其中中幼林抚育20000亩、造林补贴7000亩、现代林业产业基地8000亩、封育林5000亩)，有效增加森林资源总量。退耕还林工程稳步推进，全区累计实施退耕还林工程5.54万亩，其中退耕地还林1.74万亩、荒山造林2.6万亩、封山育林1.2万亩。全年建成特色经济林产业基地8000亩(其中核桃基地4400亩、油用牡丹基地1600亩、花椒基地2000亩)，新建生产便道12千米，新增蓄水4000立方米。油用牡丹产业基地建设进展有序，引进四川弘旭农业开发有限公司，在碑庙镇、青宁乡、蒲家镇发展油用牡丹基地5000亩。加大林业新型经营主体培育工作，先后培育了市级示范社1个、省级专业合作社1个、省级林业龙头企业1家。

【畜牧业】 2017年，通川区以中央环境保护督察为契机，按照"一场一策、一户一案"的原则，完善整改畜禽养殖场(大户)202家(户)，清理关闭乡(镇)B级屠宰点15个，关闭搬迁整改不到位和禁养区内的畜禽养殖场(大户)184家(户)，畜禽存栏调减5.56万头(只)。主推"标准化+生态循环"发展模式，着力建立粮饲统筹、农牧结合、种养一体的畜牧业发展机制，新(改、扩)建屈氏金园佛岩村肉羊、恒升肉牛、正邦黑猪、安云战马肉兔等畜禽标准化养殖场19家，建成市级畜禽养殖标准化示范场2个，亚平蜂场被认定为部级畜禽养殖标准化示范场，实现""零的突破。全区出栏牲畜48.99万头(其中生猪40.64万头、肉牛2.86万头、肉羊4.79万只)，增长1.5%；出栏家禽306.52万羽。通过引进业主、农户自建等方式，建成特色养殖梅花鹿基地1000余亩，养殖梅花鹿150余头，林下养鸡出栏10万余只，林下养蜂1000余箱。

【水产业】 2017年，通川区水产品养殖面积772公顷，水产品总产量6760吨，增加480吨，增长7.64%；实现渔业产值10410万元，增加1315万，增长14.46%。发展水产健康养殖，在金石镇、盘石镇发展稻藕养殖250亩，在安云乡、碑庙镇、江陵镇、盘石镇、罗江镇、东岳镇、北山镇发展稻虾连作面积371亩、大口鲶761亩、黄颡鱼103亩、白甲81亩，创建回龙湖生态家庭农场、龙马水产养殖合作社、天奇生态农业专业合作社、千丰养殖专业合作社、博志生态农业开发有限公司等新型渔业经营主体5个，新建无公害健康养殖基地1个，发展休闲渔业3100亩。开展渔业资源修复，完成州河人工增殖放流活动，投放中华倒刺鲃、花鲢、白鲢、鲤鱼、鲫鱼苗种12.07万尾；在通川区江陵国家级水产种质资源保护区完成增殖放流活动，投放鲢、鳙、白甲鱼、华鲮苗种104万尾，投入资金14万元。贯彻落实渔业法律、法规，严厉打击"电、炸、毒"鱼、非法捕捞、收购、销售野生鱼类等违法行为。全年出动检查车、船艇230次，执法人员647人次，收缴违规渔业生产船舶1艘、电捕器8台、地笼30个、禁用渔网113张，对查获的违规网具进行了集中销毁。优化渔业安全管理体制，与渔民签订安全生产管理责任书，加强对渔民的《安全生产管理考核》。全面开展渔船普查工作，重点检查安全救生设备、信号灯配备、通信设备等情况，渔业船舶年度强制检验合格率达100%。全年共组织大型安全生产、法律法规专题培训宣传活动10次，出动执法宣传车100余次，发放禁渔宣传资料35000余份，张贴标语30幅。

【统筹城乡与新型城镇化】 2017年，通川区城镇化率为67.65%。投入资金4亿元，实施重点交通项目19个，碑庙镇渡改桥项目开工建设，龙米路、江湾城至磐石旅游专线等15个项目竣工投用。强力推进莲花湖片区、马踏洞新区、环城路二期、金南大道西延线等重点项目征拆，完成征地6672亩，拆迁面积近100万平方米。川鼓片区棚户区改造加快推进，协议签订达98%，拆迁房屋面积3万平方米。"三化""五治"工程深入实施，莲花湖湿地公园文明素质体验区全面建成，东办凉水井智慧社区通过省级验收。魏蒲产业新城基础设施建设加快推进，一期道路路基全面完工。北外滨江高品质生活区配套设施日益完善，滨江公园建成开放。罗江宜居文旅新区加快建设，罗江大桥、徐家坝大桥开工建设，一期市政道路路基完工。蒲家、魏兴等5个乡(镇)成功列入国家新型城镇化试点，北外镇张金村、田家塝村分别入选第五届"全国文明村镇"和"四川百强名村"。

【新村建设】 2017年，通川区累计投入扶贫新村建设资金1612万元、幸福美丽新村示范县建设资金800万元。深入推进幸福美丽新村示范县建设，建成幸福美丽新村30个、扶贫新村26个、新村聚居点2个，创建省级"四好村"8个、市级"四好村"32个。基础设施、公共服务设施、产业发展、农房"建改保"、农村环境整治等项目建设有序推进，硬化村(组)道路50千米、户间路140千米、生产机耕道65千米，整形田地3000亩，新建"1+6"村级公共服务活动中心6个、党群服务中心16个，新建垃圾处理设施13个、污水处理设施4个，旧院落改造683户、"五改一整治"839户，连片发展特色产业8000亩，培育新型农业经营主体20个，流转土地4000亩。

【农村扶贫和移民工作】 2017年，通川区紧紧围绕在全市率先实现“全面小康”总体目标，累计实现45个贫困村退出、23194名贫困人口脱贫，剩余贫困人口1937人，贫困发生率下降至0.64%（其中2017年减贫4564人），顺利迎接省级考核验收评估及省级第三方评估验收。全区已核定后扶移民人口3509人（其中享受直补1232人、项目扶持2277人），分布于11个乡（镇）39个行政村（社区）；2017年度核减死亡移民人口28人；移民生产生活条件达到当地农村人口水平，移民人均纯收入达7500元以上。全年已兑现移民600元后扶直补资金73.92万元；生产性项目扶持资金136.62万元；下拨移民工作管理费3.5万元。项目扶持资金主要用于库区道路的新建及硬化、产业发展、自来水安装入户和便民路建设等。

【乡村旅游】 2017年，通川区接待游客214.45万人次，实现旅游收入26亿元，完成旅游投资6.3亿元，新增项目入库13个，入库金额5.6亿元；创建省级旅游扶贫村3个，开展各类专项检查10余次、旅游宣传9次，发放资料15000余份，组织旅游人才培训9期、1110人次。通过重大节会促进景区建设，举办了四川省第八届乡村文化旅游节（春季）分会场暨达州市第六届旅游发展大会，磐石都市农业体验区基本形成了以“秦巴农耕文化博览馆、乡村田园大舞台、草莓主题公园、智能玻璃温室、滨河水系景观带、千年古柏、月湖景区”为主的七大景点组团，旅游功能布局日趋完善。旅游招商引资工作成效显著，制订出台《通川区旅游业三年攻坚行动计划（2017—2019）》和《通川区旅游业攻坚行动2017年实施方案》，前往北京、成都等地招商6次，与达州蜀秦旅游开发公司、龙之旅集团、宏泰韩宝公司等签订正式或意向协议，签约金额达20余亿元，磐石都市农业体验区、月湖生态农业观光园、秦巴植物博览园、金石野生动物园等项目旅游完成投资6.3亿元。扶贫旅游基础设施加快建设，深度挖掘贫困村优势旅游资源，以旅游项目为引领助推旅游脱贫攻坚，成立磐石月湖旅游区创建国家4A级旅游景区工作领导小组，制订了《磐石月湖旅游区创建国家4A级旅游景区工作方案》，顺利通过省景评委4A级旅游景区景观资源与景观质量评审，磐石镇盐井坝村创建为省级旅游扶贫示范村，打造榭山庄园家庭农场、月湖水上悠然餐厅为省级精品特色业态经营点。

【农村水利】 2017年，通川区创新推进双河口水库工程，结合库区及凤凰山风景区着力打造双鱼湖综合开发项目，引进北京宏福集团等实力企业，实现全省首个中型水库采用PPP模式建设。全区有大中型水利水电工程4座，其中建成2座（莲花湖水库、罗江口电站）、在建2座（双河口水库、石峡子水库）。全年完成建设征地1200余亩，房屋拆迁130余户320人，完成投资1.2亿元。26个脱贫村投入水利建设资金2719.8万元，新建集中供水工程128处，解决2.34万人饮水安全问题，实现贫困村安全饮水全覆盖；非贫困村投资约1740万元，新建集中取水点545处、分散供水工程675处，解决124个非贫困村4501户15210人饮水安全问题。农建综合示范区建设工作扎实推进，编制全区2017年度农建综合示范区规划方案和实施方案，完成山坪塘病害整治33座，新配套整治渠道12.6千米，新建蓄水池28口，新增和恢复提水能力10.5万立方米，新增有效灌面0.4万亩。全面落实河长制工作，建立三级工作机制，制定督导、会议、信息报送等工作制度6项，实行主要河流问题清单周报制；落实各项整改措施，共梳理问题400余条，完成整改256条，清理入河排污口161个，关闭养殖场173家，整改治理养殖场147家，完成罗江镇污水处理厂提档升级、罗江镇污水管网改造；完成全区50平方千米以上河流信息填报，全面完成河湖名录系统填报工作和“一河一策”编制工作，为早日实现“水清、河畅、岸绿、景美”打下坚实基础。深化水利改革发展工作，进一步推进农业水价综合改革，积极推广水价改革和水权交易成功经验，建立农业灌溉用水总量控制和定额管理制度，吸引社会资本参与水利工程建设和运营。积极发展农村水利工程专业化管理，出台了《通川区农村饮水安全工程建设管理实施办法》，进一步健全农村饮水安全工程管护制度，全面完成小型水利工程确权颁证工作。全面严格落实水资源管理制度，建立健全规划和建设项目水资源论证制度、水权制度、国家水资源督查，进一步完善“三条红线”指标体系和考评机制，强化水资源用水总量控制、用水效率控制、水功能区限制、纳污控制，保障水资源的可持续利用，加大河道及水利工程水环境综合治理，努力构建良好的水生态环境。全区防汛减灾工作得到省、市领导的充分肯定。

【农业机械化】 2017年，通川区农机化总投入3438.7万元，全年农机经营总收入为28570万元，农机行业利润总额达2999万元。全年农业生产燃油消耗达9516.5吨，其中农田作业耗油1405吨、农田基本建设作业耗油298吨、农业运输耗油7735吨。全区农业机械总动力达181044千瓦。全区农业机械原值达16675.1万元、净值11673.06万元。全年机耕42466公顷、机播3800公顷、机电灌溉5333公顷、机械植保5233公顷、机收11567公顷、机械脱粒粮食100000吨、机械初加工农产品101700吨，农机运输作业量9560万吨，农田基本建设作业量228856立方米，农机跨区作业1183公顷。畜牧业农机化作业方面，机械化饲草料加工29000吨，机械化饲喂的家畜数量（折算为绵羊单位）39000个，机械环控的家畜数量（折算为绵羊单位）14000个。林果业农机化作业方面，机械中耕82公顷、机械化植保1800公顷，机械田间转运产量46500吨；农产品初加工农机化作业方面，机械脱出农产品数量120000吨，机械清选农产品数量190000吨，机械保质农产品数量195000吨，机耕设施面积330公顷。全年耕种收综合机械水平为51%。

【农村科技】 2017年，通川区积极推进农村产业技术支撑体系建设，在青宁乡长梯村、红专村，磐石镇渡口村，金石镇巨家村和金山村等地成功引进脱毒红阳、红华、黄金果猕猴桃、当阳、汉源红根大蒜、谷优水稻等品种。大力支持屈氏金园生态养殖专业合作社发展肉羊养殖技术，推广波杂羔羊优饲快育、羊粪综合再利用、玉米丰产栽培、蔬菜丰产栽培，集成“玉—菜—畜”种养循环模式。建成粮经作物高效栽培科技扶贫产业示范基地、脱毒猕猴桃产业示范基地、红根大蒜产业示范基地、川木瓜种植基地；建成佛岩、长梯、红专、铁佛、渡口、柳潭、渔河、尚寺8个科技扶贫村，通过“一对一”科技帮扶，创建长梯、红专、佛岩、渡口4个科技扶贫示范村，科技示范户20户。着力新型职业农民科技培训，围绕水果、水产、养殖、“互联网+现代农业”等知识，举办各类技术培训12场，现场咨询解答200次以上，培训人员近2400人次。开通“四川科技扶贫在线”通川平台。

【农村教育】 2017年，通川区累计投入2.6亿元新（改、扩）建农村学校24所，新建教学及辅助用房面积6.8万平方米，运动场3.6平方米、学位3250个。农村薄弱学校改造有力推进，完成蒲家中心校、十二中（磐石中学）的整体重建，十中（北外中学）、罗江中学、复兴小学、碑庙初中和双龙、新村、罗江等中心校改（扩）建，确保全区19个乡（镇）义务教育阶段学校全部达标，义务教育均衡发展在全市率先通过国家验收。投入1940万元装备农村学校理化生实验室和音体美功能室145间，新购图书35万余册，实现学校图书室全覆盖；投入4100万元为农

村学校购置多媒体教学设备588套、计算机1700余台,建成了"班班通"、视频会议系统、录播教室,各中小学校、村级教学点数字资源全覆盖,实现了远程教育、互联网优质教育资源的共建共享。建成"留守儿童之家"36个、乡村(社区)学校少年宫10所,区一小入选"全国文明校园",区八中被评为"四川省政法系统青少年法治实践教育基地"。

【农村文化】 2017年,通川区群众文化活动重心放在服务各贫困村,尤其是2017年脱贫"摘帽"贫困村。先后举办达州市第六届旅游发展大会、"乡约磐石·草莓之恋"、"脱贫攻坚大决战·通川冲锋在路上"、"美德润万家·大爱满通川"等大型文艺演出5场。"两馆一站"免费开放工作有序开展。全区组织开展各类文化活动72次,组织各类文艺培训班3次,培训人员400余次;组织公益性讲座2次,参加人数达1.8万人次。开展"送书进社区""送书进贫困村"等下基层活动,共赠送书籍8250余册、宣传资料1万余份。以"户户通""村村响"为主要内容,推进广电惠民建设,实现45个贫困村贫困户全覆盖;以"一室一院一品牌"打造为重点,推进农村文件阵地建设,建成贫困村文化室和文化院坝26个,补充更新非贫困村文化设施设备59个,建成通川区秦巴农耕文化博览馆。

【农村卫生】 2017年,通川区按照"补短板、扫盲点"的农村卫生治理总体思路和农村卫生治理"五有"(有垃圾处理设施、有清扫保洁队伍、有再生资源回收点、有村规民约、有资金投入机制)标准,申请省级专项资金88万元,将通川区江陵镇千宁村,碑庙镇陡坑村、石笋村,金石镇四凡村等11个村纳入农村卫生治理范围,农村生活卫生得到有效控制,"好习惯"正在形成。全区有乡(镇)卫生院(中心卫生院)19个,有编制卫生工作人员304人,设村卫生室218个,注册乡村医生422人,45个脱贫"摘帽"贫困村卫生室全面达标。

【农村法制建设】 2017年,通川区探索推行"自治法治德治"相结合的乡村治理新模式,逐步形成以"自治为基础、法治为保障、德治为支撑"的多元共治乡村治理新局面。完善脱贫攻坚依法决策程序机制,健全重大政策、项目、资金使用合法性审查机制,依法推进脱贫决策、过程和结果公开,确保了财政专项扶贫资金3774万元的编制、送审和下达落实到位。大力开展"助力精准扶贫·一村一法律顾问"活动,选聘45名专职律师担任贫困村法律顾问,组建非贫困村法律服务巡回顾问团19个,为贫困村提供法律咨询5000余人次,为脱贫产业提供法律意见150余件次。积极开展法律援助,扩大法律援助范围,精简办事流程、申请材料,为贫困村民开辟"法律援助绿色通道",简化受理程序,做到优质高效解决群众困难,共办理涉农法律援助咨询600余人次,办理涉农法律援助案件5件,累计为贫困村民索回赔偿金100余万元。全面开展法治宣传,通过"走村入户",全面提高老百姓的责任意识和法治意识;组织开展"送法下乡"和"法律进乡村"法治宣传活动6场次,共接受法律咨询服务1000余人次,发放法治宣传书籍、法律援助、公证宣传资料10000余份。

【农村交通】 2017年是通川区交通三年集中攻坚的收官之年,也是"决胜脱贫攻坚、冲刺全面小康"的关键之年,全区以四好农村路建设为抓手,推进"建管养运"协调发展。全年投资2.7亿元,实施交通重点建设项目19个,改造国、省干线28.267千米,改善县、乡道路72.2千米,新建桥梁及危桥改造7座、437延米,完成磐石都市农业体验区内环线、龙米路、龙后路等公路水运项目建设,顺利迎接"四好农村路"示范县创建省级验收工作。针对全区贫困地区交通基础设施精准发力,出台了《通川区村组道路路网密度提升工程实施方案》,对标"通村、入组"的建设目标,整合各类涉农资金和本级财政配套资金共计1.32亿元,实施村(组)道路建设500千米,全区农村交通基础设施得到明显改善。

【涉农招商引资】 2017年,通川区3000万元以上的农业招商引资重大项目5个,均为内资项目,增长25%;项目总投资5.73亿元,增长30%。协议资金57300万元,增长20%;到位资金45840万元,增长30%。

【农村社会保障】 2017年,通川区投入资金5087.19万元,农村低保标准提高26.9%,出台《达州市通川城乡困难群众临时生活困难救助办法》,开展低保清理排查专项工作,创新"456"工作法,将全区范围内所有建档立卡贫困户纳入兜底保障,累计保障32.99万人次。大力实施健康扶贫工作,新建社区日间照料中心18个、农村养老幸福院32个,全面落实"十免四补助"政策。全民参保计划深入实施,城乡居民医保整合基本完成,异地就医即时结算、城乡居民大病保险全面推行。全区贫困人口累计就医15961次,住院5251人次,区域就诊率99.71%,对口支援、远程诊疗360人次,累计减免(补助)贫困人口各类费用1154万元,医药爱心基金补充救助3.5万元,贫困人口个人承担住院医疗费用低于7%。

【农村生态建设及环境保护】 2017年,通川区重拳攻克一批"老大难"突出环境问题,中央环保督察组移交信访投诉件全部办结,省、市环保督察问题整改完成率达96%。深入推进污染防治"三大战役",罗江库区城市集中式饮用水源一级保护区、北外吴家沟综合整治全面完成,关闭、整治屠宰场10家。"大规模绿化通川"行动深入开展,完成营造林4万亩,建成绿化带、景观带10.7千米。全面落实"河长制",11条主要河流"一河一策"编制完成,规范沿河排污口61处,关闭、整治养殖场416家,东岳、双龙等5个乡(镇)污水处理站建设工作有序推进,巴河、长滩河等流域生态持续优化,代表省、市通过中央全面建立河长制工作中期评估核查。加大宣传力度,深入各乡(镇)办委宣传环保法律法规和环保知识,积极引导广大群众"关注环保、参与环保",接受"绿色低碳"理念,开展"绿水青山就是金山银山""六五"世界环境日大型广场文艺宣传活动,发放宣传资料5000余份和环保布袋15000余个。全年完成各乡(镇)水源地监测2次,共获监测数据1500余个,各水源地均达到三类水域标准;开展重点污染源和监督性监测工作,对市属重点污染源罗江镇污水处理厂、魏家镇污水处理厂每季度监测1次,完成天府药业污水处理厂、莲花湖以及双龙河、洞耳河流域企业的监督性监测工作。

【农产品质量安全监管】 2017年,通川区检测蔬菜、水果、食用菌样品4794个,农药残留合格率达97%;扦取种子样品143个,未检测出转基因成分;检测水产品样品62个,药残合格率100%;检测"瘦肉精"等违禁药物8912头(份),未检出阳性样品;检疫牲畜15.28万头(只)、家禽75.34万羽,监督无害化处理病害猪789头、病死家禽2.82万羽、"三腺"1.35万千克。立案查处人药兽用等行政处罚案件27件,无行政复议和行政诉讼案件发生,查获违法农资产品150余吨、涉案金额60余万元,共处罚款1.0763万元,挽回经济损失500余万元,全年未发生重大农产品质量安全事件,通川区创建为省农产品质量安全监管示范县。重点农产品基地实现二维码联网可追溯。打造有一定规模的标准生产基地农产品农残检测室8个,并配套检测设施设备、电子追溯系统录入设备,全区50亩以上规模蔬菜生产基地实现二维码全覆盖,通过微信等软件二维码扫描功能,公众掌握瓜果蔬菜等农产品信息。全年实现农产品监管系统与省级农产品监管追溯平台对接。农产品

"大数据监管"实现突破。区级农产品质量安全监管平台、农产品质量安全检测平台、农业投入品监管平台、远程可视系统等将建成并投入使用，初步实现农产品质量安全多层次、全过程、信息化"大数据监管"。产品质量安全监管再出新举措。制定出台了《通川区农产品生产企业（种植业）信用评价指标及评分标准》，在全区范围内的农产品生产企业、专业合作社、家庭农场等开展农产品质量安全信用评价，建立诚信档案。以例行抽检、监督抽检、专项检查为手段，对生产主体进行巡回检查，将检查结果作为分级评价依据，实行农产品质量安全信用评价分级管理，试行农产品质量安全红黑榜管理制度，对使用禁限用农药的生产主体列入全区农产品质量安全黑名单。

【农村留守儿童（学生）帮扶】 2017年，通川区进一步完善"留守儿童"关爱体系，开展结对帮扶，利用学生社团活动，发动"爱心妈妈"、"代理家长"、志愿者、爱心人士与留守儿童结对子，关爱留守儿童。依托学校团队组织、乡村少年宫开展主题班队会、书画展、文艺演出等系列活动，为留守学生搭建自我展示和相互交流的平台，促进其健康成长。全区已建成"留守儿童之家"36个、乡村（社区）学校少年宫10所。

【劳务开发与返乡创业】 2017年，通川区聚焦全民创业，加强返乡项目招引，强化创业载体建设，营造优质创业环境，大力打造"雁归经济"。共引导返乡创业17人，带动100余人就业，依托当地资源条件，发展特色规模化种植业、畜禽和水产养殖业及农副产品深加工业，形成了以返乡人员创办的企业为龙头，以"一家一户"为基地的产业化生产模式。印发了《农民工返乡创业补贴申请政策》《小额担保贷款办事指南》等宣传资料1万余份，针对返乡创业者融资难的问题，适当放宽贷款条件，简化贷款手续，对于有能力的创业者以资金支持，解决创业融资困难问题，激发返乡农民工创业积极性。全年共发放小额担保（创业）贷款371万元。加强对返乡创业人员的培训和指导，对于具备创业条件、有志回乡创业的人员开展创业培训辅导，提高创业能力。全年开展青年劳动力技能培训1568人次、创业培训1120人次、品牌培训300人次。

【主要领导人】 区委书记：杜海洋；区人大常委会主任：梅辉太；区长：张杰；区政协主席：何世清；分管农业副区长：曾浪舟。

通川区编写组

达川区

【基本情况】 2017年，达川区辖54个乡（镇、街道）683个行政村（社区），辖区面积2245平方千米，有总人口122万人。

【年度农业和农村经济运行】 2017年，达川区"麻蜀黍"青花椒被纳入全国名优特新农产品目录。新认证无公害农产品4个，新增省级示范专业合作社3家、省级示范家庭农场4家。"绿化达川"行动扎实开展，新造林1.7万亩。全区旅游产业收入22亿元。真佛山创建国家旅游度假区方案编制工作已完成，亭子三江园创建为国家级乡村旅游示范基地。23所学校建设全面提速，义务教育均衡发展通过国检。建成电商乡（镇）服务站（点）220个，打造电商物流中心1个，实现线上交易7000万元。

【统筹城乡发展】 2017年，达川区小河嘴片区等14个城市规划、南城公共功能等2个专项规划、三里坪巴文化城市设计编制完成。城市建成区面积扩大到28平方千米，人口达30万人，常住人口城镇化率达47%。滨江路一期棚户区改造进展顺利，三里坪滨水公园和曹家沟停车场建成开放，金南大道、Ⅰ号干道一期、Ⅲ号干道南延线和三里坪A线、B线等城市交通主干道全线贯通；雷音铺大桥、小河嘴片区南北干道前期工作有序推进；四合街、达万路等小街小巷整治和仙鹤广场改造完成，14个港湾式公交站台改建、17千米城市管网铺设全面完工。5个乡撤乡建镇，100个幸福美丽新村基本建成。达开快速、机场迁建等市级重点项目征拆房屋33万平方米，征用土地8238亩。国道542线和省道305线、202线等交通项目加快建设。麻梁路等"老大难"问题彻底解决，163千米县、乡道，668千米村道改善提升，创建为全市唯一全省首批"四好农村路"示范区。2座渡改人行桥、2座危桥整治和2个乡（镇）客运站投入使用。石峡子水库大坝主体工程及明星水库节水配套工程全面完工，整治山坪塘127口，除险加固水库4座，建成高标准农田5万亩。实施土地整理项目6个、增减挂钩项目1个。石桥镇入选全省第一批特色小镇，麻柳镇在全省"百镇示范镇"建设中走在前列，赵家镇获得第五届"全国文明村镇"称号，河市镇、亭子镇纳入全省"十三五"特色小城镇发展规划。

【种植业】 2017年，达川区粮食产量52万吨，获得全省粮食生产"丰收杯"。农业"5+5"工程深入实施，达川乌梅、米城贡米种植面积分别达10万亩、9万亩；蔬菜供应量约占主城区市场的70%。

【扶贫攻坚】 2017年，达川区基础建设、产业发展、成效巩固"三大会战"全面打响，88个贫困村、31314名贫困人口脱贫退出，贫困发生率下降至1.5%。贫困县"三有"建设加快推进；贫困村"五有"建设年度任务超前完成，村集体经济全面达标。贫困户生活用电、广播电视、安全饮用水全覆盖，完成易地扶贫搬迁2764户8700人。全市巩固脱贫攻坚成果办法率先出台，并在全省推介。南部片区脱贫攻坚引领区高标准打造，脱贫攻坚智慧平台建设、"四议五公开"项目管理等经验做法得到省、市领导的充分肯定。四川丽天牧业百万头生猪全产业链扶贫项目等农业产业化项目进展顺利。

【农村卫生】 2017年，达川区12所乡（镇）卫生院建成投用，"先诊疗后结算"制度全面落实，医药卫生体制改革不断深化。分级诊疗稳步推进，普通人群、重点人群和贫困人口家庭医生签约率分别达52%、83%和100%。全区组建医疗共同体3个，建成医疗质控中心38个，区内就诊率达90%以上。河市镇被命名为"国家卫生乡镇"。

【农村法制建设】 2017年，达川区"一村一法律顾问"创新推广，"一小时法律援助服务圈"基本形成，346件法律援助案件全部办结。百节镇三牌社区创建为省级"法律七进"示范单位。

【农村社会保障】 2017年，达川区九大民生工程、19件民生实事全部完成，民生支出占比达71%。"十大民生救助制度"投入2400万元，精准救助16万人次。社会救助大平台作为全国最佳创新实践成果被《人民日报》专题报道和国办刊发推广。全年分配保障性住房1327套，改造农村危（旧）房4361户。

【主要领导人】 区委书记：许国斌；区人大常委会主任：孙忠；区长：向建平；区政协主席：叶祥金；分管农业副区长：庞启来。

达川区编写组

万源市

【基本情况】 2017年，万源市辖52个乡（镇），辖区面积4065平方千米，有总人口60万人，被省委省政府表彰为"县域经济发展先进县"，并被纳入全国基层政务公开标准化规范化试点县、全省森林草原湿地

生态屏障重点县。

2017年,全市GDP135亿元,增长7.5%。规上工业增加值增长7.6%。固定资产投资129亿元,增长5%。社会消费品零售总额67亿元,增长12.8%。地方一般公共预算收入3.9亿元,增长8.2%。农村居民年人均可支配收入达9039元,增长10%。

【年度农业和农村经济运行】 2017年,万源市投资5.45亿元实施教育项目122个,万源中学白沙分校、市职教中心、万源黄冈学校等加快建设,义务教育均衡发展通过省级督导评估。新型农村合作医疗参合率达99.5%。全年发放"村村响"36套、"户户通"3500套,举办文化惠民演出72场、群众体育赛事30次。农村产权"六权同确"工作顺利推进,土地承包经营权确权工作基本完成。

农业产业化发展。全市新建富硒特色产业基地21万亩、养殖小区10个,新发展专合组织58个、家庭农场26家,创建国家级林业重点龙头企业2家、富硒茶现代农业产业融合示范园区1个。

【城乡建设加快推进】 2017年,万源市东区、火车站片区、现代城等棚户区改造顺利完工,恒阳品城、翡翠江畔、未来城市建设有序推进。新增城周绿化7.8万平方米,完成后河两岸"亮化工程",建成市民休闲平台5处。"五治"工程纵深推进,城市管理再上台阶万源市创建为第四届省级文明城市。白果、魏家、铁矿、大沙撤乡设镇,建成幸福美丽新村60个,成功创建"四好村"162个。国道347线长石至川渝界升级改造、河平路新桥河至庙垭段维修整治全面完成,巴万高速、环城公路、国道347线长石至通江界升级改造、白花大堰灌区配套改造等工程加快建设,寨子河水库下闸蓄水。环境保护成效明显,关闭取缔违法企业17家,启动建设城镇生活垃圾中转站6个,建成乡(镇)污水处理厂3个。全年完成营造林3.07万亩,治理水土流失面积27.1平方千米;河长体系全面构建,关闭搬迁养殖场96家,流域治理成效明显,饮用水水源地水质达标率为100%。

【扶贫攻坚】 2017年,万源市坚持以脱贫攻坚统揽县域发展全局,精准实施"22+1"扶贫专项方案,持续深化市、乡、村三级联动、"5+2"帮扶、"双评双赛"等工作机制,创新实施超常推进脱贫攻坚十条奖惩措施、土地增减挂钩、"五小庭院经济"、新农合再保险等工作,设立"四项基金"1.3亿元,整合投入扶贫资金4.1亿元,新增产业、项目扶贫贷款9亿元,发放小额信贷3.98亿元。全年实施易地扶贫搬迁15016人,危房改造12770户,土地增减挂钩6500户,人居环境改善17041户,发展"五小庭院经济"10363户;新(改)建农村公路82条、供水工程3672处、通信基站52个、村文化室和卫生室各58个,新开通宽带网络村53个,贫困群众生产生活条件得到极大改善。58个贫困村顺利退出、21936名贫困人口如期脱贫,贫困发生率下降至5.6%。

【乡村旅游】 2017年,万源市八台山、红军公园创建为国家4A级旅游景区,八台山别墅酒店、龙潭河温泉酒店建成投运,牛卯坪、三合面等乡村旅游初见成效。启动实施蒋家湾茶文化小镇,建成星级农家乐及乡村酒店19家、旅游示范乡村14个。全年接待游客316.3万人次,实现旅游收入23.8亿元。

【农村社会保障】 2017年,万源市扶持4350名残疾人发展生产和居家灵活就业。完成棚户区改造1261套,续建保障性住房1368套;建成日间照料中心12个,新增养老床位300张。全年发放惠农补贴9780万元、城乡低保金7696万元、医疗救助金1957万元、优抚补助金3823万元。

【商贸物流加快发展】 2017年,万源市57家企业入驻秦巴商贸物流园区,石塘、大竹商贸物流综合体加快建设,建成乡村电商及物流服务站(点)120个,县级电商公共服务中心建成投用,升级改造农贸市场4个。

【主要领导人】 市委书记:吴晓勇;市人大常委会主任:刘家忠;市长:倪欣;市政协主席:杨晓波;分管农业副市长:李秋。

万源市编写组

宣汉县

【基本情况】 2017年,宣汉县辖23乡31镇77个社区,辖区面积4272平方千米,其中耕地面积90.49万亩,人均耕地面积0.7亩;基本农田56.26万亩。年末总人口129.96万人(户籍人口),减少2.38万人;人口出生率10.19‰,增加0.05个千分点;人口自然增长率4.74‰,减少0.24个千分点。本地水资源总量59.79亿立方米,人均占有水资源量50立方米。有森林面积25.72万公顷,森林覆盖率59.2%。

2017年,全县GDP266.65亿元,增长8.8%,其中第一产业增加值61.6亿元,增长4%;第二产业增加值105.7亿元,增长10.1%;第三产业增加值99.3亿元,增长10.5%。三次产业对经济增长的贡献率分别为10.6%、46.1%和43.3%,三次产业结构比为23.1∶39.7∶37.2。全年民营经济增加值147.7亿元,增长8.6%。劳务输出29.6万人,收入33亿元。全年接待游客688.5万人次,实现旅游收入30.6亿元,增长45%。

公路通车里程5800千米,其中高速公路85千米。全年公路货运周转量607.23万吨千米,公路客运周转量794.11万人千米。民用汽车拥有量49456辆,其中私人汽车拥有量47158辆。社会消费品零售总额132.4亿元,增长12.9%。地方公共财政预算总收入完成17亿元,增长9.7%;公共财政预算总支出67.8亿元,增长9.7%,其中农业投入13.3亿元,占支出的19.6%。金融机构各项存款余额355亿元,比上年初增长13.5%;各项贷款余额142.4亿元,比年初增长19%。全年农业保费收入2.7亿元,增长12.9%;处理各项赔款和给付金额20830万元,增长6.5%。完成农业产业化项目18个,完成投资21.7亿元。农业产业化龙头企业省级、市级分别为3个、21个。

有各类学校635所,在校学生213761人,教职工10084人,其中普通中学67所,在校学生64305人;小学461所,在校学生92808人;学龄儿童入学率100%。全年实施科技项目13个,取得各类科技成果8项,申请专利225件,专利授权115件。有艺术表演团体1个,公共图书馆1个,影剧院3个。有卫生机构956个,病床位3692张,卫生技术人员3523人。新型农村合作医疗参合人数103.39万人,参合率98.8%;新型农村社会养老保险参保人数8.84万人。

【年度农业和农村经济运行】 2017年,宣汉县出台了《关于实施乡村振兴战略加快推进农业农村现代化的意见》《宣汉县"乡村振兴开局年"实施方案》《宣汉县"十三五"农业农村发展规划》等文件。实现农林牧渔业总产值101.3亿元,农业增加值达62.8亿元;牛、药、果、茶、菌等特色优势农产品产量保持稳定增长。农民年人均可支配收入达9068元,增长10.3%。宣汉县入选农业部第二批国家农产品质量安全县创建试点县,全年抽检农产品定性检测合格率98.87%。

2017年宣汉县主要农产品产量

主要农产品	单位	产量	同比(%)
粮食	万吨	58.33	0.57

续表

水稻	万吨	21.77	0.64
小麦	万吨	2.34	-4.47
玉米	万吨	16.77	0.61
马铃薯	万吨	10.66	1.79
油菜籽	万吨	8.42	1.34
蔬菜	万吨	53.85	1.17
水果	万吨	4.53	6.92
肉类	万吨	8.68	-1.87
猪肉	万吨	5.71	-2.64
牛羊肉	万吨	1.67	1.46
禽蛋	万吨	1.11	-1.47
水产品	万吨	2.11	5.6
牛奶	万吨	1.81	4.26

农业产业化发展。全县培育家庭农场94家，累计达286家(有注册商标1家)；培育农民专业合作社160个，累计达1036个(有注册商标26个、绿色食品认证6个、无公害产品认证9个)。其中，国家级示范合作社3个、省级示范合作社15个、省级示范家庭农场9家、市级示范家庭农场14家、县级示范家庭农场10家。

农用地产权制度改革。截至2017年年底，全县土地流转面积26.98万亩(其中出租13.66万亩、转让0.28万亩、互换0.26万亩、股份合作6.85万亩、转包5.08万亩、其他0.85万亩)，占全县耕地面积(二轮土地确权面积约159万亩)的29.82%，增加3.25万亩，增长13.69%。全面完成农村集体资产股份合作制改革试点工作。9月30日，完成宣汉县向家嘴集体资产管理专业合作社注册登记工作。农村土地经营权"三权分置"有序开展。引导农民依法自愿有偿流转土地经营权，鼓励农民在自愿前提下以土地经营权入股合作社、龙头企业，形成土地流转、土地入股、土地托管等多种规模经营模式。全县土地出租费用平均600元/亩，最高1200元/亩。重点开展引导农户以土地折价入股农民合作社和推行土地统一流转机制，确保农户得到实惠。一是加快推进农用地确权颁证。基本完成农村土地承包经营权确权颁证，已颁证253844本，占应颁证260890本的97.3%。确权面积160.63万亩，其中家庭承包经营确权面积137.13万亩。二是加快流转交易平台建设。成立了农村产权交易平台建设领导小组和农村产权交易管理委员会，出台了《宣汉县农村产权交易管理暂行办法》等一系列管理制度，成立了农村产权交易服务中心，搭建了农村产权交易服务平台，与成都农村产权交易所网上交易大厅无缝对接。三是深化农村土地"三权分置"。全面落实农村土地承包关系稳定并长久不变政策，落实第二轮土地承包到期后再延长三十年的政策，出台了《关于完善农村土地所有权承包权经营权分置办法实施方案》，着力以放活土地经营权为重点，推动土地经营权向种植大户、农业企业集中，发展土地出租、土地托管、土地股份合作等多种形式的适度规模经营。全县累计流转土地面积达28.26万亩，增加4.7个百分点。

农产品品牌战略实施。全县新培育发展注册商标"勇霞牛肉及图""多情措""婉云寨""打牙记"等65件，其中发展农产品注册商标48件，地理标志商标"宣汉桃花米""峰城玉米"等2件。注册"巴山大峡谷""峨城山""马渡关""洋烈水乡"等旅游商标4件，"鑫天丰"等5件农业类注册商标申请2017年度四川省著名商标认定。四川海洋塑胶有限公司的"宜海洋"塑钢型材、宣汉县巴人地窖酒厂的"巴人村"苦荞酒获得第十二届"四川名牌产品"称号，实现全县工业产品四川名牌"零"的突破。"徐鸭子""JIUDING"2件省著名商标届满后及时提交续展申请并通过审核。指导"宣汉桃花米""峰城玉米"2件地理标志商标注册申请著名商标认定，顺利推进宣汉桃花米、宣汉脆李2个国家地理标志产品申报项目通过省级初评。

【种植业】 2017年，宣汉县粮食作物播种面积167.5万亩，产量58.33万吨，增长0.57%。开展水稻绿色高产高效示范片1.18万亩，平均亩产620.5千克。玉米产量居全县大春粮食作物产量第二位。建立的2.16万亩玉米绿色高产高效示范片平均亩产816.7千克。油菜播种面积45.08万亩，产量8.42万吨。马铃薯种植面积39.42万亩。

食用菌生产。全县食用菌种植规模达4.15亿袋，其中香菇1.8亿袋(椴)、木耳1.2亿袋(椴)，大球盖菇、羊肚菌及其他珍稀菇1.155亿袋。建成现代食用菌产业园区1个，基地主要分布在双河、君塘、黄金、老君、天生、南坝、土黄、樊哙、凤林等乡(镇)。"老君菇"成功申报为省著名商标；"宣品天下"公用品牌成功申报为四川名牌产品。全年食用菌(鲜品)产量达19万吨以上(其中新组建富力达日产3.6万袋的杏鲍菇工厂化生产线)，筛选出的适合宣汉县发展的"一耳两菇"主打品种性状稳定，探索出"稻一菇""稻—耳""玉一菌""玉一芝"等多种高效粮经复合模式，食用菌产业基地建设特别是多个品种的标准园建设效果良好。以园区建设为重点，基地依托园区业主采取"统—分—统"(统一制袋、农户分户管理、园区业主联合统销)模式，实现"六统"制作，即统一菌种供应、统一建设大棚、统一技术指导、统一菌袋制作、统一绿色防控、统一产品回收；品种布局规划"一耳两菇"4个发展区，以黄金镇为核心的中河流域黑木耳发展区，以老君、双河、君塘为核心带动高山优势区域发展的高品质香菇区，以宣汉县食用菌产业园区为核心的珍稀菇种植区，以天生、七里为核心的大球盖菇、羊肚菌种植区；引进培育主主"富力达"公司，建成日产15吨工厂化杏鲍菇生产厂及为黄金黑木耳、老君香菇基地集中制袋的生产厂:在种植及初加工方面，以25个公司、专合社、种植大户等为主体，成为全县带动农户发展的主力军；品牌上已注册"宣品天下""老君姑""鑫天丰""树肉""富力达""滴水香菇""黄金黑木耳""老君香菇"公用品牌、商标和国家地理标志认证。其中，宣汉县滴水香菇专业合作社、宣汉县老君菇营销专业合作社分别获得国家级专业合作社:"院县合作"效果良好，并与省农科院食用菌创新团队合作成立宣汉县食用菌研发团队，建立四川省菌种场川东北分场，确保全县食用菌菌种的有效供给，促进全县食用菌产业的健康持续发展。

茶叶生产。全县在樊哙、土黄、漆碑、石铁、东林等乡(镇)示范发展茶叶3100余亩，其中在东林乡发展白茶800亩，在东林乡红界村建立良种茶苗繁育基地30余亩，繁育良种茶苗1000余万株。茶园茶叶面积达16.88万亩，总产量0.62万吨，实现茶叶鲜叶产值1.98亿元，综合产值达3.8亿元。快速推进巴山大峡谷快速通道沿线茶产业，建设标准茶园5个，其中在石铁乡建设标准茶园2个、面积500余亩，在樊哙镇建设标准茶园2个、面积1000余亩，在东林乡建设标准茶园1个、面积800余亩。

水果生产。全县新发展优质特色水果2.44万亩，其中"宣汉脆李"面积达8.7万亩，水果总面积17.6万亩，总产量4.53万吨，实现产值2.41亿元。"宣汉脆李"已申报国家地理标志保护证明商标。快速推进巴山大峡谷快速通道沿线水果产业园建设，其中建设标准水果园9

个,在新华镇建设甜柿标准园2个、面积300余亩;在渡口乡建设标准桃园4个、面积600余亩;在三墩乡建设樱桃园1个、面积300余亩;在漆树乡建设标准梨园、桃园各1个,面积200余亩。

【林业】 2017年,宣汉县完成营造林面积6.72万亩,其中人工造林面积5.8万亩、集体中幼林抚育0.46万亩、低产林改造0.06万亩、新一轮退耕还林工程0.2万亩、天保人工造林0.2万亩。认真开展"林业行政执法提升年"活动及"守护绿川"行动,行政处罚案件99件,行政处罚99人,刑事立案6起、7人,案件查处率100%。全年完成林业产业基地建设6.28万亩(现代林业产业基地2.15万亩),其中建设以木瓜、栀子为主的中药材基地1.8万亩,以核桃、板栗为主的特色干果基地0.56万亩,以青花椒为主的木本调料林基地0.52万亩,以油用牡丹为主的木本油料林基地0.5万亩,以青脆李、柚子为主的特色水果基地2.9万亩。全县新建"万亩林亿元"示范基地4个,总面积1.1万亩,其中大成镇油用牡丹产业示范基地4000亩、红岭镇青花椒种植示范基地3000亩、毛坝镇天平村高山脆李示范基地2500亩、双河镇大田村蓝莓推广示范基地1500亩。全年实现林业产值40.1亿元,林农人均收入2373元。

【畜牧业】 2017年,宣汉县出栏生猪79.69万头,减少14.34%;出栏肉牛9.99万头,减少0.3%;出栏肉羊27.42万只,增长0.15%。肉类总产量8.68万吨,减少1.81%;禽蛋产量1.11万吨,减少1.77%;牛奶产量1.81万吨,增长4.02%。农民人均畜牧业可支配收入增收60元,实现畜牧产值37.72亿元,占农业总产值的37.23%。全县存栏牛19.2万头,出栏肉牛10.5万头,其中蜀宣花牛存栏9万头、出栏4.3万头,牛肉产量1.32万吨,实现牛业产值9.15亿元,年增长率10.24%,宣汉县已成为全省牛业发展优势区。宣汉县"川驰"牌牛肉制品被省政府授予"四川名牌产品"称号,并获得《生态原产地产品保护证书》;《蜀宣花牛新品种培育及配套生产技术》获得农业部神农中华农业科技奖一等奖。全县新(改、扩)建畜禽标准化养殖小区(场)20个,其中生猪11个、肉牛6个、肉羊2个、蛋鸡1个。培育畜禽专合社48个、家庭牧场24家,其中养牛专合社44个、家庭农场19家;宣汉县军扬家庭农场被农业厅授予"四川省级示范场"称号。生猪年出栏500头以上养殖场(户)196个(户),肉牛年出栏50头以上养殖场(户)308个(户),山羊年出栏100只以上养殖场(户)152个(户),规模比重分别为55.2%、48.2%、38.1%。宣汉县被列为全省10个粮改饲试点县之一,示范面积1500亩,在七里乡、峰城镇建成青贮玉米示范基地。全县完成种植优质牧草和饲用作物24.02万亩,其中发展青贮玉米5.12万亩;完成农作物秸秆处理利用35.06万吨,秸秆资源化处理利用率达29.1%;发展种草养畜示范户618户,建成种养结合示范点7个,打造裹包青贮玉米示范点200个,新建青贮池212口,秸秆饲料化利用率达29.1%,为县养殖蜀宣花牛等畜禽提供了草料来源。宣汉县被列为"首批全国畜禽粪污资源化利用重点县"(全国51个、全省3个),争取中央财政资金3650万元用于畜禽粪污综合治理。全县完成治理畜禽养殖场514个,关闭拆迁禁养区畜禽养殖场149个。

【水产业】 2017年,宣汉县水产品产量21120吨,增长5.6%;鱼种投放量3780吨;实现渔业经济总产值3.77亿元,农民人均渔业收入470元,人均增收40元。依法办理渔业捕捞许可286个(机动渔船80个、非机动渔船206个),渔业船舶登记检验率100%,船员培训、考核合格率100%,渔业案件结案率100%。推进"一乡一品""一村一品",着力名优特色水产养殖。红岭、明月、君塘一带形成泥鳅养殖区,泥鳅池塘高产养殖模式面积达100亩,"藕一鳅"养殖模式达1000亩;东乡、清溪、南坝、双河等地形成商品鱼养殖区;樊哙、黄金、毛坝等地形成冷水鱼养殖区,建立虹鳟养殖基地1个、软皮带(白缘鱼央、黑尾鱼央)养殖基地1个、大鲵养殖基地6个、养殖户20户,养殖数量达2万尾。在胡家镇鸭池村集中连片高标准建成稻渔综合种养示范区1000亩。开展水产品质量安全专项整治活动5次,完成监督抽检15个、风险监测60个,合格率为100%,确保了水产品质量安全。全年县本级投入财政资金20万元,采购花、白鲢、鲤、鲫鱼优质鱼种115.5万尾,12月21日,在江口湖日月明砂码头进行了人工增殖放流。

【统筹城乡与新型城镇化】 2017年,宣汉县"2+8"城镇体系不断加快,南坝镇总规修编经县政府批复,胡家镇、双河镇总规修编方案已经市专家评审会议通过,其他"2+8"乡(镇)总体规划修编方案经县专家评审会议通过;完成扶贫新村(聚居点)规划编制工作52个。农村危房改造开工3600户,竣工3600户,资金拨付6487.1万元。"百万安居"工程开工6288户,竣工5374户。

【新村建设】 2017年,宣汉县遵循"新村带产业,产业促新村"的思路,大力实施扶贫解困、产业提升、旧村改造、环境整治和文化传承"五大行动",坚持"缺啥补啥"和"建、改、保"相结合的原则,大力实施新村建设"1+5"工程和村落改造"5+1"工程,建成南坝镇五龙村等幸福美丽新村90个、三墩土家族乡月亮村等扶贫新村65个,创建市级"四好村"90个、省级"四好村"24个。

【农村扶贫和移民工作】 2017年,宣汉县聚焦贫困村退出"摘帽"、贫困人口"两不愁三保障"和"四个好"目标,通过省、市检查验收和三方机构评估,截至2017年年底,65个贫困村贫困发生率均低于3%,道路硬化、卫生室、文化室、通信网络等"五有"指标达标率均为100%;11658户、38629人贫困家庭人均收入、"两不愁三保障"、"三有"达标率均为100%;完成贫困村道路整治维修、入户路和生产便道650余千米,新建农村安全饮水工程488处,解决5.2万人安全饮水问题;易地扶贫搬迁16092人。

【乡村旅游】 2017年,宣汉县将红色旅游作为重要内容纳入《宣汉县十三五旅游发展规划》中,积极推进红色旅游景点建设,升级改造巴山红军公园、红三十三军纪念馆、王维舟纪念馆等一批红色旅游景点,有力提升了全县经典红色旅游景点的展陈形象和档次水平。邀请成都西希景观规划设计公司编制《清溪镇宏文村乡村旅游扶贫规划》。完成6个省级乡村旅游特色业态经营点、26家星级农家乐(乡村酒店)、25户民宿达标户、1个特色乡(镇)、1个精品村寨申报工作。全年累计接待游客688.5万人次,增长35%;实现旅游综合收入30.6亿元,增长45%。

【农村水利】 2017年,宣汉县完成各类水利工程建设335处,其中投入3645万元(中央资金2430万元、省级资金1215万元)启动猫儿寨等27座水库枢纽除险加固工作。恢复防汛库容约50万立方米,恢复兴利库容水方120余万立方米,恢复灌面660公顷。整治山坪塘171口,新建蓄水池19口。新建渠道30.1千米,整治渠道37.7千米,恢复新增有效灌面2273.3公顷,新增节水灌面1120公顷,改善灌面1400公顷。新(改、扩)建饮水安全工程488处,累计完成投资3849万元,占年初计划投资的208.9%;解决5.25万人饮水安全问题(其中贫困人口4.1万人),占年度目标任务的149.9%。

【农业机械化】 2017年,宣汉县新增农业机械7000余台(套),农机总动力增加3.58万千瓦,达57.16万千瓦;综合机械化作业(耕、种、收)水平增长4.46%,达48.49%;农业机械装备总原值增加1599万元,达

33596万元。全年机耕120.95万亩、机收55万亩、机播21.72万亩。明月乡桂刚创办的宣汉县丰收农机专业合作社被农业部评为"全国农机专业合作社示范社",是全县首家获得部级评定的农机示范社。新(改)建标美化提灌站15座、337.5千瓦,修复提灌站26处、590千瓦,修复改造提灌站(含水毁设施)716台、6616千瓦,新增提灌设备218台、1732千瓦,恢复灌面1.8万亩,新增控灌面积0.42万亩;提灌站产权颁证率达100%。积极争取、依托项目建设农机化生产道路520千米,其中村(组)道路60千米、田间道路400千米、入户便民道60千米,完成农机购置补贴资金360.277万元,推广各类农用机具7006台(套),受益农户6859户。

【农村科技】 2017年,宣汉县申报实施市级以上科技扶贫项目9项,其中中央引导项目1项、省级科技扶贫项目5项、市3项,获支持资金390万元。建立科技示范基地8个,开展新技术、新品种试验示范及应用推广面积1500亩;帮扶精准贫困户59户229人,辐射带动一般贫困户176户621人,人均增收800元左右。建立科技扶贫服务平台1个,先后征集各类专家595人、各类信息员947人、科技示范人员58645人、科技示范村9个,报送科技需求信息总量953条。新申报项目35项。兑现产业扶持与奖励资金545万元。2017年2月,宣汉县农业科技人员创新创业改革被新华社·中国经济信息社四川经济研究中心作为四川基层农业供给侧改革典型案例编入《政务智库》第21期,为省级领导决策改革方向提供参读依据。全县创新创业的农业科技人员在农村创办领办经济实体124个,投入资本1.1亿元,并撬动社会资本3.2亿元发展现代农业和特色产业,实现农业产值12.6亿元,带动群众人均增收1061元。

【农村教育】 2017年,宣汉县对义务教育阶段学生全部免除学杂费、免费提供教科书和作业本13.94万人、14677.9万元;对家庭经济困难寄宿学生发放生活补助3.45万人3989.06万元;中职学校招生4999人,免除除艺术类相关表演专业外的中职学生学费9788人、1638.1万元;资助普通高中享受补助学生70260人、1405.36万元;免除家庭经济困难高中学生学费10860人、755.84万元;资助中职学校学生9342人、1453.98万元;农村义务教育学生营养改善计划,受益学生135115人,投入资金9669.45万元;为边远贫困地区和民族地区农村教室建设周转房640余套。

【农村文化】 2017年,宣汉县完成2000户电视"户户通"接收设施的安装建设、30个贫困村的应急广播工程建设、65个贫困村村级文化室建设。完成贫困村公共阅报栏建设。投入16.5万元,按每村3000元标准,规划建设全县55个建卡扶贫村的55个公共电子阅报栏。对农家书屋出版物进行补充更新。为全县491个农家书屋采购图书104种,全县共采购图书51064册。按每村每个文化室示范点2万元的标准,共计投入58万元,为规划建设的52个百县万村示范工程每个村级文化室示范点配备建设了相关设施设备,并投入使用。

【农村法制建设】 2017年,宣汉县重点完成乡(镇)人代会运行机制改革,创新设立乡(镇)纪检监察"协作区"4个,全县5193项权利事项全部实现网上运行。探索基层治理体系和治理能力现代化建设路径,"四会管村、五步议事、三项监督"的依法治村模式和"诚信、守法、感恩"公民思想道德教育活动受到省、市肯定,并在全省范围推广。指导各乡(镇)建立法律服务小分队47支,培育农村"法律明白人"136人,为44个乡(镇)、211个建卡贫困村(社区)聘请了法律顾问,114所中小学校聘请了法治副校长,配备率达100%;组织全县法律服务工作者开展各类"法律七进"活动100场次,受教人员达10万余人次。举行法治宣传月、法治宣传周、法治宣传日活动23次,发放法律知识宣传读本25000本(册)、宣传单8万余份。

【农村交通】 2017年,宣汉县累计完成交通建设投资13.56亿元。全县公路通车里程5800千米,其中乡道779千米、村(社)道4000千米,实现100%的乡(镇)、建制村通水泥(油)路。推进"四好农村路"建设,打造宣汉—东林—庙安—洋烈—东乡、宣汉—双河—马渡—胡家—东乡"四好农村路"环线示范路103千米;改造县、乡道81.4千米,完成窄路加宽132.7千米,新建撤并村道256.7千米。

【招商引资】 2017年,宣汉县3000万元以上的招商引资重大项目31个,协议资金201.53亿元,到位资金115亿元,其中省外资金78亿元。

【农产品质量安全监管】 2017年,宣汉县入选农业部第二批国家农产品质量安全县创建试点县。全年抽取时令农产品定性检测9020个样,合格率达98.87%;定量检测农产品农药残留、农业环境重金属样品共计621个,农残检测平均合格率为98.82%,土壤重金属检测合格率为97.5%;建立农产品生产基地监管档案123家,开展基地经营者、种植大户农产品质量安全专题培训100余人次,在对基地日常巡查中,查处整治农事档案不健全的78家,乱用农药行为32起,不按间隔期规定采收农产品行为11起;新申报绿色食品4个,明月桂花香米续展1个,无公害农产品复查换证12个,新申报无公害农产品1个。

【农村市场体系建设】 2017年,宣汉县电商公共服务中心(电商产业园)入驻企业16家;建成乡(镇)电商服务站53个、电商示范社区3个、村级电商服务点180个;建成乡(镇)物流配送站53个、村级物流配送终端100个。完成农产品品牌质量追溯体系建设13个。累计开展电商创业培训77期、1357人次,开展乡(镇)电商普及培训108期、13835人次。全县电商数量保持高速增长,电商应用达53户;实现电商销售额2.65亿元,增长26%。

【主要领导人】 县委书记:唐廷教;县人大常委会主任:李逢友;县长:冯永刚;县政协主席:徐代琼;分管农业副县长:吴中凡。

宣汉县编写组

大 竹 县

【基本情况】 2017年,大竹县辖48个乡(镇)3个街道374个行政村69个社区,辖区面积2076平方千米,有总人口112万人。

2017年,全县GDP308亿元,增长9%。规模以上工业增加值69.58亿元,增长10.6%。三次产业结构比调整为20:47:33。地方公共财政收入13.02亿元,增长8.13%。全社会固定资产投资305.19亿元,增长13%。社会消费品零售总额129亿元,增长12.5%。各项存款余额390.16亿元,各项贷款余额158.91亿元。农村常住居民年人均可支配收入达15451元,增长9.8%。

【年度农业和农村经济运行】 2017年,大竹县旅游综合收入突破30亿元,创建为全省乡村旅游强县。全年粮食总产量54.3万吨,增长0.3%。观音豆干获得国家地理标志产品保护,东柳醪糟被评为全国主食加工业示范企业。新建高标准农田8.81万亩、农村机耕便民道403千米,全县机电提灌保灌面积达29.5万亩。农网改造升级完成投资7351万元。建成农村淘宝服务站(点)50个,创建为全国电子商务进农村综合示范县、全省电子商务脱贫奔康示范县。全年升级改造乡(镇)农贸市场4个。

农业产业化发展。全县17家市级以上龙头企业实现销售收入22.3亿元,新发展农民专业合作社79个、家庭农场22个,培育市级以上新型经营主体8个、适度规模经营户435户。全年建成现代经作产业标准化基地2.15万亩、现代农业产业融合示范园区2个,全县特色产业基地达60万亩。新(改、扩)建现代畜牧业养殖小区20个,全县实现畜牧业产值36亿元。

【统筹城乡发展】 2017年,大竹县新增城镇人口23883人,城镇化率提高1.36个百分点,达41.5%。宜居县城和海绵城市试点建设有力有序,县城建成区拓展到26.25平方千米,常住人口达26.8万人,创建为全省文明城市,并被提名争创全国文明城市。深入实施"缓堵保畅"工程,安居路、翠屏路、物华路基本建成通车,文体路、振兴路、御临路、丰收巷、东湖大道延伸段加快推进;城市公园、县文体艺术中心广场加快推进,建成县妇幼保健院与计生业务用房、结核病防治综合楼,竹中莲印校区学生宿舍楼主体完工,十一小、十二小项目有序推进,残疾人托养(综合)服务中心开工建设。城市环境有效改善,巴蜀邑城特色示范街、名豪广场商业风情街全面完工,北城干道坡地绿化和城市绿化亮化美化工程深入实施。小城镇和新农村建设成效明显,杨家镇、乌木镇纳入《四川省"十三五"特色小城镇发展规划》,庙坝镇、杨家镇、乌木镇、石桥铺镇、周家镇成为全市首批国家新型城镇化综合试点镇;"建改保"幸福美丽新村55个,创建省级"四好村"14个、市级"四好村"61个。经中央文明委复查,保留朝阳乡竹园村"全国文明村镇"称号。

【扶贫攻坚】 2017年,大竹县完成"20个贫困村退出、20216人脱贫"目标任务。聚力打赢"五场硬仗"。紧扣"两不愁、三保障""四个好"目标,聚力打赢易地扶贫搬迁、基础设施、富民产业、公共服务、兜底脱贫"五场硬仗"。易地扶贫搬迁1844户5522人。全面提升贫困村道路通达通畅水平,硬化村道72.9千米,新建便民路100.6千米,安全饮水、生活用电、广播电视、通信网络等全面覆盖。建成优质粮油基地6.65万亩、特色产业基地4.48万亩、农业科技示范基地500亩,培育科技示范户140户,产业脱贫9295人;新建香椿、油牡丹等林业产业基地5000亩,帮助贫困地区人均增收1095元。发展壮大村集体经济,2017年退出的20个贫困村集体经济收入人均达21.7元,庙坝镇长乐村入选"四川百强名村"。新(改、扩)建达标文化室、卫生室20个村。全面启动贫困县摘帽"三有"建设。全面实现"两线合一",低保兜底保障15890人。开展健康扶贫"五大行动",建档立卡贫困人口100%参合。全面落实"三免两补""雨露计划"政策和"控辍保学"措施,义务教育阶段适龄儿童全部入学。社会扶贫成效明显,省、市、县帮扶部门直接投入及帮助引进资金5170.45万元,引导民间投入2600万元,动员100家民营企业帮扶70个贫困村。创新"银行+贫困户+产业企业"金融扶贫模式,发放长期扶贫贷款8亿元,面向建档立卡贫困户发放小额信用贷款2.97亿元。探索创新工作经验,易地扶贫搬迁"三三三"模式和"双靠近三融合"经验得到国家认可并在全省推广;脱贫攻坚评赛工作法、特色产业助力精准脱贫的大竹模式和"喊山开茶——铺就脱贫路"工作经验获中央电视台、《人民日报》、人民论坛等主流媒体宣传推介;东柳醪糟被表彰为"全国'万企帮万村'精准扶贫行动先进民营企业"。

【农村水利】 2017年,大竹县完成各类水利工程4025处,土地滩水库加快推进,东柳河城区段综合整治启动实施,建成农建综合示范区3万亩、村镇集中供水工程38处,整治病险水库5座,治理水土流失面积4平方千米。

【农村交通】 2017年,大竹县山后快速通道竹石线三期(文星—四合段)、国道外迁一期后3.2千米全面完工,达渝高速大竹南互通立交工程加快推进,大竹客运南站启动建设,建成农村招呼站100个;农村公路改善工程有序实施,改造提升县、乡公路50千米,硬化撤并村道135.6千米,加宽村道窄路90.4千米。

【农村生态建设及环境保护】 2017年,大竹县深化"环境优化年"行动,生态环保治理持续加强。成立县环境保护委员会,全面落实河(库)长制,环境保护、环境治理责任体系更加健全。大气、水、土壤污染防治攻坚持续深入,环境突出问题整治扎实有效,办结中央环保督察交办件55件,10个乡(镇)污水处理厂投入运行,关闭搬迁禁养区养殖场249家(户)。40.8万亩天然林保护切实加强,实施新一轮退耕还林1万亩,完成永久基本农田划定116万亩,全县森林覆盖率41.17%、绿化覆盖率43.5%。乌木滩水库、龙潭水库获批省级湿地公园,观音九龙湖晋升为省级水利风景区。深入推进城乡环境综合治理和"五治"工程,东柳河、东河、铜钵河、黄滩河、清水河流域垃圾污染综合治理工程启动实施,黄滩河、东河水质达Ⅲ类水水质标准,东柳河、铜钵河水环境改善明显,首次获得"三江"流域水环境生态补偿改善金;全面整治非正规垃圾堆放点,完成22个行政村生活垃圾治理项目。

【主要领导人】 县委书记:何洪波;县人大常委会主任:蔡文华;县长:李志超;县政协主席:曾伟;分管农业副县长:刘杰。

大竹县编写组

渠　县

【基本情况】 2017年,渠县辖60个乡(镇),辖区面积2018.37平方千米,有人口1363308人。

2017年,全县GDP258亿元,增长8.4%。地方一般公共预算收入10.46亿元,增长8.1%。固定资产投资308亿元,增长15.6%。社会消费品零售总额148亿元,增长13.3%。金融机构各项存(贷)款余额达364亿元、158亿元,分别增长13%、23%。

【年度农业和农村经济运行】 2017年,渠县农村居民人均可支配收入13403元,增长9.5%。全年粮食总产量56万吨,实现"十一连增"。土地承包经营权确权登记颁证基本完成。"品牌兴县"全面推进,新申请注册商标191件,完成"三品一标"认证10个,"渠香园"获得中国菜籽油十大品牌。新改造县、乡道路66千米,410个行政村通客运。大力鼓励农民工返乡创业,引导3300余名乡友回乡创业,带动4万余人就业。完成棚户区改造货币化安置3199户,发放购房补贴4800万元;彻底解决了被征地农民基本养老保险应保尽保问题。新(扩)建乡(镇)卫生院18个,累计发展民营医院14家。电商交易额达4.6亿元,农产品线上销售排名全省前列,渠县申报为全省商贸流通脱贫奔康示范县。永久性基本农田划定工作圆满完成,通过国家土地例行督察;创建为全省农民增收新产业新业态示范县。

农业产业化发展。全县新建特色产业基地3万亩,发展现代畜牧养殖小区55个,新引进亿元以上农副产品加工项目5个,新培育省、市级龙头企业3家,农民专业合作社88家,家庭农场48个。

【新型城镇化】 2017年,渠县新改造棚户区70万平方米,新增城市面积2平方千米,城镇化率达45.8%,"双50"Ⅰ型小城市框架基本形成。八濛山彩化、马鞍山绿化加快推进,流江河北岸生态滨江公园开园,环一二三桥滨江绿廊基本形成,"两江四岸"浑然一体,"10分钟公园圈"形成。城市管理不断加强,成功创建省级文明城市;城市经营潜力不

断提升，实现土地出让收入22亿元。“全国重点小城镇”建设有序推进，田园渠南等特色乡镇升级发展，賨人谷被纳入全国第一批运动休闲特色小镇，建成幸福美丽新村75个，省级“四好村”、市级“四好村”96个。

【扶贫攻坚】 2017年，渠县精准扶贫精准脱贫扎实推进，制定“22+1+1”扶贫专项规划，争取扶贫资金9891万元，整合涉农资金21.9亿元，实施扶贫项目656个，硬化农村道路654千米，新建村文化室57个、卫生室173个，解决3.72万人饮水安全问题。完成农村危房改造4270户，新建易地搬迁集中安置点64个，9370人入住新居，承办了全国易地扶贫搬迁现场会。新发放扶贫小额信贷3.2亿元，扶持贫困村发展产业16.8万亩，建成“乡村车间”19个，高标准打造脱贫攻坚引领区5.8万亩。拓展“5+2+1+1”帮扶，增派非贫困村“第一书记”353名，2万余名财政供养人员结对“认亲”。纵深推进“九比九看”现场比拼，全县季度大考，片区每月小考，倒逼责任落实。38个贫困村成功退出、2.3万人顺利减贫，贫困发生率降至4.41%。“铁军扶贫”、易地扶贫搬迁等做法获得中央领导的肯定，并多次被中央、省级主流媒体报道。

【乡村旅游】 2017年，渠县实现旅游收入25.2亿元，增长24%。碧瑶湾通过国家4A级景区评审，柏水湖创建为国家级湿地公园。

【农村生态建设及环境保护】 2017年，渠县“突出环境问题整治三年攻坚行动”扎实推进，环保责任体系基本建立。污染防治“三大攻坚战”取得阶段性成效；三级“河长”体系全面建立，“一河一策”管理保护方案编制完成，东城、临巴等4个污水处理厂基本建成，涌兴、丰乐污水处理厂加快实施；关拆禁养区养殖场196家、“小散污”企业54家，解放河等一批受污染河流得到“解放”，渠江出境断面和县城饮用水源水质达标率均为100%；土壤环境质量稳步提升。“绿化渠县”行动深入开展，实施天然林资源保护二期工程，新造林6.8万亩，森林覆盖率增加1个百分点。

【主要领导人】 县委书记：苟小莉；县人大常委会主任：何世斌；县长：王飞虎；县政协主席：李佳林；分管农业副县长：牟军。

渠县编写组

开 江 县

【基本情况】 2017年，开江县辖20个乡（镇）196个村31个社区，辖区面积1033平方千米，有人口60万人。

【现代农业提质增效】 2017年，开江县紧扣农业供给侧结构性改革，持续推进现代农业“221”工程，粮油高产高质示范、银杏油橄榄集约高效示范和优质果蔬3个10万亩产业基地加快建设，“稻田+”产业发展模式获得全省农业供给侧结构性改革十大案例提名奖，中华橄榄园创建为省级现代林业示范园区，普安镇创建为莲花省级农业标准化示范乡镇，天源油橄榄、宝源白鹅等5家企业被纳入全省农产品质量安全追溯体系。全年申报“三品一标”农产品5个，培育省级家庭农场2家、专合组织4家。完成永久基本农田划定45万亩。

【扶贫攻坚】 2017年，开江县始终围绕“两不愁”“三保障”“四个好”，持续打好“五大会战”，深入开展春夏秋冬“四季攻势”，持续实施22个扶贫专项计划，整合财政资金5.21亿元，启动23个拟退出贫困村“两室一中心”建设，提档升级通村道路59.6千米，新建整治“五小水利”工程153个，改造农村危房942户，完成易地扶贫搬迁1500户4469人，51个贫困村发展特色产业5.2万亩。全年累计发放金融扶贫资金近20亿元，承办了全市金融扶贫现场推进会。全县创建省级“四好村”8个、市级“四好村”30个、县级“四好村”50个，顺利实现16个贫困村退出、11104名贫困人口脱贫，全县贫困发生率下降至3.9%。

【乡村旅游】 2017年，开江县启动编制全域旅游总体规划，金山风景区创国家4A级景区有序推进，举办了首届莲花灯会、首届油菜花季体验活动、四川省第八届乡村文化旅游节暨开江第四届荷花节，甘棠火龙节、讲治桃李节、骑龙椪柑节等乡（镇）文旅活动各具特色，全年实现旅游收入23亿元。

【农村教育】 2017年，开江县实施教育振兴三年行动计划，全面对标义务教育均衡发展，清理启动2014年以来中小学新（改、扩）建项目68个、4.1万平方米，复兴小学扩建、县职中整体迁建进展顺利，开工建设农村教师周转宿舍248套。强化用地保障，新增中小学校建设用地352亩。

【农村卫生】 2017年，开江县实施卫计服务能力提升三年行动计划，八庙、灵岩、广福卫生院改（扩）建主体完工，妥善处置人感染H7N9疫情，创建为省级妇幼健康优质服务示范县，顺利通过省级卫生县城复审验收。

【农村社会保障】 2017年，开江县社会保障提质扩面，城乡居民基本养老保险参保21.96万人，覆盖率98%。全面整合城乡居民基本医疗保险。全年实现新增就业5101人。

【主要领导人】 县委书记：罗建；县人大常委会主任：赵大立；县长：周建平；县政协主席：杜勇；分管农业副县长：龙有鹏。

开江县编写组

巴 中 市

【基本情况】 2017年，巴中市辖79乡108镇13个街道，辖区面积12296.9平方千米，其中耕地面积489.06万亩，比上年增长0.4%，人均耕地面积2.1亩；基本农田330.15万亩。年末总人口376.16万人（户籍人口），增长0.24%；人口出生率10.29%，减少0.1个千分点；人口自然增长率4.35%，减少0.58个千分点。全市耕地有效灌面94570公顷；本地水资源总量41.38亿立方米，人均占有水资源量1100立方米。有林地面积2330.19万公顷，活立木总蓄积量4743万立方米，森林面积1079.6万亩，森林覆盖率58.5%。

2017年，全市GDP601.44亿元，增长8.1%，其中第一产业增加值93.3亿元，增长3.7%，农、林、牧、渔及农林牧渔服务业之比为51.9∶3.9∶35.5∶6.1∶2.6；第二产业增加值293.39亿元，增长9.7%；第三产业增加值214.75亿元，增长8%。三次产业对经济增长的贡献率分别为5.9%、69.5%和24.6%。劳务输出119.17万人，收入156.12亿元。全年接待游客2630万人次，实现旅游收入210.17亿元，其中乡村旅游收入71.32亿元。

公路通车里程17210千米（其中乡村公路14506千米），密度1400

米/平方千米,45.75千米/万人。社会消费品零售总额324.23亿元,增长12.8%。地方一般公共预算收入45.53亿元,一般公共预算支出281.39亿元。公共财政预算总支出281.48亿元,增长5.1%,其中农业投入52.9亿元,占支出的18.83%;兑现就业创业补贴资金582.9万元。金融机构各项存款余额1247.67亿元,比上年初增长8.9%;各项贷款余额641.4亿元,比年初增长18.2%。全年农业保费收入39.43亿元,增长23.2%;处理各项赔款和给付金额115011万元,增长12.6%。农业产业化龙头企业国家级、省级、市级、县级分别为2个、27个、141个、304个。

有各类学校708所,在校学生516219人,教师34149人,其中普通高校1所,在校本(专)科学生5054人,增长38.9%;普通中学217所,在校学生193312人;小学203所,在校学生195442人;学龄儿童入学率100%。有文化馆(站)201个,公共图书馆6个,博物馆11个。有卫生机构3218个,病床位19174张,卫生技术人员15708人。全市城乡居民医疗保险参保人数306.79万人,参保率达97%以上;城乡居民基本养老参保人数达118.29万人,参保覆盖率达100%;妥善解决被征地农民社会保障遗留问题,完成欠费总额的70%。

【年度农业和农村经济运行】 2017年,巴中市实现农林牧渔业总产值176.29亿元,增长3.7%;增加值95.77亿元,增长3.9%。农民年人均可支配收入达10946元,增长9.8%。

2017年巴中市主要农产品产量

主要农产品	单位	产量	同比(%)
粮食	万吨	175.56	0.79
水稻	万吨	59.56	1.17
小麦	万吨	24.36	−2.17
玉米	万吨	56.62	0.26
马铃薯	万吨	18.27	8.23
油菜籽	万吨	13	1.8
蔬菜	万吨	145	6
水果	万吨	45.8	9
肉类	万吨	29.58	−3.4
猪肉	万吨	23.83	−4.1
牛肉	万吨	2.68	0.7
羊肉	万吨	1.25	1.1
禽肉	万吨	1.68	−2.5
兔肉	万吨	0.12	2.2
禽蛋	万吨	6.39	−2.4
水产品	万吨	7.02	4.78

农业产业化发展。全市积极推广"龙头企业+专合社+家庭农场"的发展模式,培育农民合作社5250个,增加440个,其中国家级示范社7个,增加2个;省级示范社102个,增加15个;市级示范社134个。家庭农场1190家,增加287家,其中省级家庭农场32家,增加20家。

农用地产权制度改革。一是确权颁证基本完成。全市共颁发农村土地承包经营权颁证75.25万本,占应颁证数的94%。二是农村产权制度改革加快推进。基本完成农村清产核资,完成60个乡(镇)的农村集体资产股份制改革工作,颁发股权证书3.2万本。通江县被确定为2017年度全国农村集体产权制度改革试点单位。三是两权抵押取得实效。全市颁发特色产业所有权证160本、农业标准化基地用益物权证47本,分别增加49本、29本,通过权证融资贷款达8亿元。增

2017年巴中市省级(及以上)农业产业化重点龙头企业名单

企业名称	注册资金(万元)	法人代表	示范等级	年度产值(万元)	主营业务
巴中市绿颂米业有限责任公司	50	李行明	省级	6630	粮油及粮油制品、饲料的加工、存储、销售,农副产品的购销
巴中市巴州区兴旺养殖场	500	谢宾	省级	160	畜禽饲养,禽产品加工、销售,有机肥制造、销售
四川塔基崧源农业科技有限公司	1000	张桂华	省级	3650.35	金银花种植、收购和销售,蔬菜、谷物、水果销售,牲畜饲养销售,水产养殖销售,农业技术推广服务
巴中市弘昌农业有限责任公司	8000	李成蓉	省级	1163.85	果树、花草及农产品种植,牲畜、家禽的饲养,仓储(危险化学品除外),农副土特产品初加工及销售,房地产开发与经营,旅游资源开发,建筑劳务作业分包,酒店管理服务,物业管理服务,绿化工程,葡萄酒制造、销售,商品进出口业务
巴中精致现代农业开发有限公司	5000	何汶荃	省级	3421	农作物种植、销售,生态农业观光,餐饮服务,住宿服务,水产、畜牧饲养销售,农业技术开发及信息咨询服务,农机设备销售及推广服务,农产品初加工、仓储物流服务
巴中市忠友农业发展有限公司	1000	向阳光	省级	320	农业技术开发,蔬菜、苗木种植、销售,淡水鱼养殖、销售,畜禽饲养、销售,生态农业观光旅游,土地整理,病虫害防治服务
四川省巴中龙头食品有限公司	200	张爱民	省级	13201	大米、挂面和面粉的加工销售及进出口业务,小麦、稻谷收购业务,麻袋、编织袋制造
巴中市红色恩阳银杏产业开发有限公司	1000	肖振华	省级	415	银杏种植,农业技术推广服务,房地产开发与经营,物业管理服务
巴中市茂鑫农业科技限公司	50	肖鹏成	省级	2139	蔬菜种植、加工、销售
四川北牧南江黄羊集团有限公司	5376.5	陈勇	省级	11241	南江黄羊育种、科研与推广,黄羊肉羊生产、加工、销售,农副产品生产、加工、销售

续表

四川翡翠粮油集团有限公司	3000	薛笃社	省级	678.3	优质粮油种植推广、品牌发展、粮油产品加工、销售、经济作物种植等
四川七彩林业开发有限公司	10600	王明理	省级	11000	苗木、林木、花卉、水果、蔬菜的培育、种植、销售,园林绿化工程咨询,农业技术开发、转让、咨询服务
南江县光雾山米业有限责任公司	1520	康荣先	省级	4529.88	大米及制品生产、销售、农副产品购销
四川省元顶子茶场	140	李林秀	省级	3347.37	茶叶种植繁育、销售,茶叶生产、加工、销售,木材、黄羊、农副土特产品生产、销售
四川省通江县银耳有限责任公司	63.8345	余刚强	省级	6996	银耳、黑木耳、香菇及各类食用菌种植、收购、加工、销售,各类农副产品及食用菌栽培种的研制、生产、销售,经销日用工业品
四川省天仙食品有限公司	1010	苟太均	省级	6895	猪、牛、羊养殖,牛、羊屠宰,肉食品精加工、销售,畜产品深度研发,牲畜购销,农产品购销
四川省通江县罗村茶业有限责任公司	1350	景瑞琼	省级	17671	生产茶叶(绿茶)、蔬菜制品、食用菌制品(干制食用菌),茶的种植与销售,农副产品收购、销售,日用百货、办公用品销售
四川省通江县德富隆实业有限公司	12800	李伟	省级	16370	饮料制造、销售
通江县康源油脂有限公司	190	余斌	省级	5439	从事粮食、油料、饲料、农副产品收购、加工、销售
通江县巴山生态牧业科技有限公司	3500	张育贤	省级	8119	湖川山地猪(青峪猪)的养殖、加工、销售,畜牧、兽医研究服务以及饲养技术推广、培训、咨询服务,畜禽养殖与销售,肉制品加工和销售,农产品、林产品、畜产品、水产品购销
四川省通江山霸王野生食品有限公司	2000	牟桃亿	省级	11614	方便食品、饮料、含茶制品、蔬菜制品的生产、批发兼零售,食用菌、蔬果、水果、坚果、园艺作物、中药材、农作物等的种植与收购
巴中川巴林农开发有限公司	2709	许金夫	省级	3260.62	猕猴桃种植、加工与销售,苗木种植、生产与经营等
四川江口醇酒业(集团)有限公司	2099.56	张超先	国家级	486131	制造、销售酒、酒精及饮料、食品等
四川远鸿小角楼酒业有限公司	20000	王剑	省级	44121	小角楼酒业系列酒的制造与销售
平昌县欣旗食品有限公司	2000	杨新明	省级	19833.9	食品加工
平昌县丰瑞农业科技有限公司	3000	邹泽	省级	2800	从事加工营销、市场开拓和有机茶叶品牌打造等

2017年巴中市省级示范农民专业合作组织名单

合作组织名称	注册资金(万元)	法人代表	示范等级	年度产值(万元)	主营业务
巴中市巴州区大观梁茶叶专业合作社	120	李笃新	省级	103	茶树种植
巴中市巴州区益民果蔬种植专业合作社	400	施平	省级	96	果蔬种植
巴中市恩阳区七彩种植专业合作社	1035	王贵华	省级	1465	水果种植
巴中市恩阳区万寿养殖合作社	555.1	张云生	省级	74.6	牛、羊、芦笋种养殖
巴中市恩阳区观音井镇万寿村农机服务专业合作社	50	王廷修	省级	112	水稻、芦笋种植
巴中市恩阳区华海种植农民专业合作社	1047.28	余华海	省级	935	花卉、中药材种植
南江县海天食悦水果种植专业合作社	3000	何军	省级	51	猕猴桃种植
南江县义华中药材种植专业合作社	1020	黄义华	省级	250	中药材种植
通江县漫山红种植养殖专业合作社	1000	许彬彬	省级	670	菌类、畜禽种养殖
通江县感恩科技养殖专业合作社	370	彭仁荣	省级	420	畜禽养殖
通江县金刚农业专业合作社	500	吴贵	省级	212	中药材种植

2017年巴中市家庭农场经营情况统计表(前10位)

家庭农场名称	注册资金(万元)	法人代表	年度产值(万元)	主营产品
巴州区昊泽家庭农场	200	李伟	70	梨
巴州区利民种养殖家庭农场	400	施平	60	鱼、葡萄
巴中市恩阳区果丰苑家庭农场	60	彭雪梅	15	水果、坚果、蔬菜、农业旅游观光
南江县八庙镇玖禾园家庭农场	100	陈翠英	115	小水果
南江县本味源家庭农场	600	唐建华	605	土鸡、莲藕、生态鱼
南江县长赤镇奎山家庭农场	100	康桂德	110	水果种植
通江县草池乡圆梦家庭农场	20	任艳萍	156	牛、土鸡
通江县广纳镇语宸家庭农场	70	蒲海东	160	土鸡
平昌惠农畜牧养殖场	20	胥上海	27	肉兔
平昌县南风乡绿野家庭农场	50	石英	48	家禽

加农村土地流转面积15万亩。四是综合改革试点加快。巴州区全国农村综合改革试点、农村土地承包经营权抵押贷款试点深入推进,共办理《农村土地流转经营权》证253本,增加136本,向银行申请抵押贷款48家、授信1.95亿元,发放贷款45笔、金额7000万元。

农产品品牌战略实施。全市出台了《关于进一步加强"巴食巴适"农产品区域公用品牌建设的意见》,制定茶叶加工、柞蚕生产等技术规程7个,新认定"三品一标"农产品25个,复查换证84个,组织"巴食巴适""巴中云顶"品牌企业参加第六届中国四川国际茶博会、渝洽会、第15届中国农交会等全国性农产品推介会8次,培育农产品品牌4个,"裕德源"通江银耳、北牧集团"南江黄羊"获得"四川省优质品牌"称号,恩阳芦笋获地理标志产品认证。

现代农业园区建设。全市实行产业园区化,以提高农产品效益和核心竞争力为重点,新建茶叶加工厂15个,南江黄羊精深加工、东榆2万吨泡菜生产、恩阳芦笋8万吨冷贮加工等特色农产品加工项目陆续建成投产,开发银耳、茶叶、黄羊、莲藕等新产品21个,培育农产品初加工规模企业5个,实现年加工产值26亿元。坚持连片连线、示范引领,新建巴州西部中药博览园、恩阳区莲藕产业融合园、通江龙池谷现代农业融合示范园区10个,新建"菜篮子"标准园4个、500亩以上的草本中药材示范园13个、生态水产养殖园区10个、种养循环示范园区5个。坚持园区景区同建,新建农业主题公园3个、休闲农庄20个;新建成集观光、垂钓、餐饮于一体的休闲渔业村3个,开发乡村旅游产品190个。举办了第三届"巴中云顶"茶文化旅游节等节会13次,实现综合经营性收入45亿元,带动农民就业5万人,人均增收720元。平昌县云台镇龙尾村创建为"中国最美乡村"。

【种植业】 2017年,巴中市按照"稳粮增收调结构"的基调,调减小麦、红薯、籽粒玉米面积6.8万亩,新建优质粮油基地面积6.7万亩,增加粮食规模经营亩积5.3万亩,优质粮油订单种植达145万亩,实现粮食总产量175.56万吨、油料作物产量14.7万吨,分别增长0.8%、2%;实现粮油产值54亿元,增长1.6%。发展特色产业,坚持"以养定种、种养结合"的原则,新建特色产业基地面积21.73万亩(其中茶叶面积8.14万亩、巴药面积6.19万亩、商品蔬菜面积4.2万亩,青贮玉米面积2.2万亩),实现产值92亿元,增长3.2%,粮经比重提高4.2%。

【林业】 2017年,巴中市打造绿色产业,稳步推进林业经济强市建设,坚持成片发展和分散栽植相结合,重点发展本地优良核桃品种,全市新建核桃基地12.3万亩,完成核桃低改丰产培育3.4万亩,南江县、通江县分别建成并投产核桃加工厂1个。新建以"三木"药材、银杏、皂角、青钱柳、栀子、枳壳等为主的木本中药材基地3.5万亩。新建彩叶苗木基地0.5万亩。新发展林下产业基地9.6万亩。全市形成"1+6"森林康养规划体系,新建森林康养基地省级7个、市级5个、县级20个。举办了全省首次森林康养产业发展推进会、四川红叶生态旅游节主会场暨第十五届四川光雾山红叶节。新培育省级林业产业化重点龙头企业2家,新发展林业合作社18个、家庭林场15个。推进南江县、通江县、平昌县3个现代林业园区建设。巴中市七彩林业现代林业科技示范园区,建成高标准彩色苗木产业化示范基地共5000亩,新授权发明专利8项,新申请发明专利8项,技术成果推广服务面积达2.5万亩。研发彩色苗木综合应用技术2套,研发彩色苗木快速繁殖与工厂化繁育工艺3~4个。选育彩色苗木特优品种1~3个,其中槭树新品种"红焰"获得新品种权授权;新申请槭树新品种"春彩粉黛"和"春彩凤羽"2个。通江县现代林业核桃产业示范园区,建设核桃种质资源收集圃220亩、采穗圃180亩、苗木繁育圃200亩;建设高效栽培示范小区5000亩;在通江县春在工业园区建设桃加工与销售服务中心,开发3个系列共9款产品。发展花椒面积5万亩,举办了第二届四川平昌青花椒采摘文化旅游节;在土兴镇现有的青花椒资源基础上,围绕"青花椒+文化+旅游",打造全国首个以花椒文化为主题的集生态体验、休闲观光于一体的综合性公园——平昌县花椒主题文化公园,园区占地面积935亩,建筑面积4449平方米,总投资5000万元。

【畜牧业】 2017年,巴中市按照全市四大畜禽品种地方标准为技术支撑,重点强化"新建场必须配套畜禽粪污处理及综合利用设施设备,或配套可消纳粪污的种植用地"系列要求。全市新建成畜禽标准化养殖小区(场)60个(其中省、部级9个),提升和改(扩)建畜禽标准化养殖场13个,累计建成标准化圈舍面积7万余平方米,配套粪污处理设施7104立方米。建立山区种养结合绿色发展模式,建成中型沼气工程2个、大型沼气工程1个,沼气发酵罐1100立方米,干粪棚3个共1140平方米,田间沼液输送主管道6300米,田间沼液暂存池13口、2200立方米,青储壕2000立方米,累计完成投资约1030万元。保种选育稳定地方特色畜禽种群数量,巴中市巴山牧业股份有限公司、四川南江黄羊原种场创建为第一批"四川省畜禽核心育种场",常年分别保持青峪猪、南江黄羊核心种畜数量1500头以上、3200只以上;建成山地梅花鸡选育场、南江县红光种鸡场、"巴山一号"土鸡选育中心、平

昌县镇龙瓦灰鸡选育场，累计选育“巴山土鸡”种鸡4500只。

【水产业】 2017年，巴中市水产养殖面积达23.6万亩，增加1万亩；新建规模以上生态水产养殖园区10个，新建鱼苗投放点10个。新发展小规模稻渔综合种养基地225处，面积约2.2万亩。对老旧池塘实施标准化改造面积1500亩，创建农业部健康养殖示范场4个。编制完成《巴中市养殖水域滩涂规划（2017—2030）》初稿。全市水产品在省部级例行抽检合格率均为100%。与20家渔药、渔饲料经销商和24家苗种生产企业签订了《产品质量安全承诺书》。广泛开展健康养殖宣传和技术培训50次，发放《无公害养殖操作规程》《健康养殖技术手册》1000余份。在重要河段码头、交通要道、主要产卵场等处悬挂取宣传标语120幅，发放《四川省渔船渔港管理办法》《渔业船舶安全管理条例》《内河交通安全管理条例》《安全生产法》等相关法律法规宣传手册1000余份。新设立水产苗种产地检疫申报点7个，配备官方兽医（水生动物）持证人员34人。为江河及部分贫困村投放规格为5～10公分长鱼苗种约1000万尾，累计投放各类鱼种8000余吨，争取补助经费200万元。

【统筹城乡与新型城镇化】 2017年，巴中市出台了《巴中市城乡规划条例》，完成《巴中市绿地系统规划》修编以及3个县绿地系统专项规划、3个区20个绿化彩化景观方案编制工作，完成《巴中市巴河城区段河道景观规划设计方案》，加快巴河“5段10景”打造和宜居宜业宜游建设。完成《“一控规两导则”编制技术规程》，加强三维电子互动报建和审核系统、城市三维数据模型等技术手段运用，完成《巴中市城市总体规划（2011—2030年）》（2015版）范围内城市生态红线、城市边界、水面蓝线和基本农田保护线的划定。出台了《关于进一步加快重点镇建设发展的实施意见》《关于大力培育发展特色镇的实施意见》，完成10个重点镇的城市设计。完成《巴中历史文化名城保护规划》《恩阳古镇保护规划》等10个专项规划。全面实施“9+N”公共设施建设工程和特色产业提升工程，加快9个全国重点镇、12个省级试点镇、24个市级重点镇建设。新开工城镇危（旧）房棚户区改造16350户（套），其中货币化安置13589套；棚户区改造安置房历年续建项目基本建成15270套，竣工15848套；公租房基本建成1030套，竣工3754套；2014年年底前政府投资公租房增加分配3028套；发放租赁住房补贴5600户。出台《巴中市城乡垃圾处理设施建设三年推进方案》《巴中市城镇污水处理设施建设三年推进方案》，全市完成城乡垃圾和城镇污水处理设施建设PPP项目可研、“两评价一方案”及巴中市固废循环经济产业园规划编制工作。完成12个乡（镇）、120个村庄城乡生活垃圾无害化处理，新建城市公厕14座，建成乡（镇）污水处理站12个，其余29个（含在建17个）纳入城镇污水处理设施建设PPP项目。出台《巴中市户籍制度改革实施意见》《巴中市进一步推进户籍制度改革实施方案》，全年增加城镇户籍人口59281人，提高1.44个百分点。出台《巴中市居住证管理暂行办法》，及时办理居住证760人次。

【新村建设】 2017年，巴中市建成中心村21个，总数达123个；建成新村聚居点375个，总数达2018个；建成幸福美丽新村261个，总数达865个，占全市行政村总数的37.09%。推荐申报省级“四好村”110个；创建市级“四好村”245个，总数达419个，占全市行政村总数的17.97%。南江县长赤镇青杠村入选“四川十大幸福美丽新村”；巴州区玉堂街道苏山村等4个村获得“四川省百强名村”称号；“巴山新居”成为全省幸福美丽新村建设的区域性品牌之一，巴中市成为全国唯一“新农村建设综合标准化示范市”；恩阳区义兴镇“众口调解法”入选2017年十大农村基层治理创新案例。巴中市在全省新型城镇化建设推进大会上以《坚持统筹城乡的思路推进幸福美丽新村建设》为题作经验交流发言。

【农村扶贫和移民工作】 2017年，巴中市全面实现年度9.5万名贫困人口脱贫、215个贫困村退出目标，贫困发生率下降至4.5%；巴州区（含经开区）和恩阳区完成省级“摘帽”验收。23个市级扶贫专项实施方案全年规划项目404个，规划投资266.22亿元；实际建成项目455个，完成投资274.01亿元，项目建成率、投资完成率分别为112.62%、102.9%。全市完成79个片区连片扶贫开发巩固提升；完成覆盖57个乡（镇）506个村81万人口的13个片区连片开发，其中贫困村185个、非贫困村321个，涉及贫困人口3.6万人。新建新村聚居点233个、巴山新居8269户，建成联网道路1500千米，整理土地面积9.7万余亩。红鱼洞、黄石盘、湾潭河、二郎庙等在建大中型水库移民安置扎实推进，江家口、青峪口、青龙嘴、官房沟等拟建水库前期基础性工作有序开展，拨付移民补偿资金32377.57万元，兑现移民安置补偿资金23110.01万元，签订《移民安置协议》942份，征用各类耕地面积2640.36亩，搬迁安置1066人，生产安置587人，建成安置房311套，完成专业项目迁（复）建10个。

【乡村旅游】 2017年，巴中市创建全省旅游扶贫示范区1个、旅游扶贫示范村45个、乡村民宿达标户132户，全市乡村旅游合作社达110个。建成省级乡村旅游特色乡（镇）2个、精品村寨2个、特色乡村旅游经营点40个。光雾山国家5A级旅游景区创建通过国家景观资源评估，完成景区观光车道、步游道、骑游道、电力、通信等基础设施和公共服务设施整改提升，新建铁炉坝游客中心，升级完善景区智慧旅游管理系统。启动经开区九寨山，通江县唱歌石林，平昌县白衣古镇、皇家山，巴州区七彩佛龛5个国家4A级旅游景区创建，并通过省资源评估。争取国家级、省级旅游项目补助资金2559万元，其中国家级补助资金1489万元、省级旅游发展资金1070万元，主要用于旅游扶贫示范项目。平昌县初步建成乡村旅游大环线。

【农村水利】 2017年，巴中市投资6.05亿元，实施381个贫困村饮水安全巩固提升工程，修建集中供水工程1089处、分散供水工程5957处，解决14.8万名建卡贫困人口饮水安全问题，同步受益非贫困人口48.54万人，超额完成2017年度饮水安全目标任务。市、县分别编制完成《2017年度水务扶贫专项实施方案》，出台《2017年度县（区）水务扶贫专项实施方案目标绩效考核办法》。争取到位资金16.3亿元，优先投向贫困村病险水库整治、高效节水灌溉等16类水务项目，440个贫困村（含215个脱贫“摘帽”村）受益。开展水务扶贫专项督查14次，发现整改问题66个。全市农村小型水利工程确权颁证基本完成，完成68837处山坪塘、蓄水池、泵站、引水渠、石河堰等小型水利工程的调查摸底与登记造册，颁发《小型水利工程产权证》68469本，确权颁证率达99.47%。积极探索工程权属流转，流转交易农村水利工程7200余处，实现流转收益6850万元。

【农业机械化】 2017年，巴中市增加小微农用机具1.7万台（套），服务产业发展配套推广新型农用机具1.8万台（套），田间作业农机达10.8万台（套），农机总动力达183万千瓦。全年印发各种农机宣传资料4.2万份，举办农机培训班375期，培训农机操作手6150人次，借助电视、报刊、网络等新闻媒体宣传报道农机工作548期次。建成农机化示范片（点）852个，组织召开农机现场推进会2894场次，全程机械

化作业示范面积达5.9万亩。共补贴农机具2591台(套),发放补贴资金213万元,补贴资金结算进度为98%。组建农机专合社68个(其中部级1个、省级2个),农机大户958户。新建和改造提灌站112座,增加提灌机具1926台(套),修复和改造提灌机具351台(套),增加灌溉面积6.5万亩,累计保灌面积61.8万亩;新建农机化生产道路20.6千米。完成机耕面积390万亩,机播、机插面积84万亩,机收面积126万亩;主要农作物耕、种、收综合机械化水平达49%,农机社会化服务覆盖面达50.8%,农机专合社机械化作业面积增长率达7.1%,全市科技对农业的贡献率较上年增加2个百分点。

【农村科技】 2017年,巴中市争取国家级、省级科技扶贫项目30个,落实资金2124万元;受益贫困村557个,受益贫困人口10.51万人。成立巴中市科技扶贫服务中心,建成国家级"七彩林业星创天地"1个,培育市级"众创空间""星创天地"5个。建立核桃、茶叶、生猪等科技扶贫产业示范基地5个,引进转化先进实用科技成果13项、新技术11项、新品种21个。"四川科技扶贫在线"服务平台收录市、县(区)科技服务专家1547人、信息员5885人、入库贫困户243638户、咨询量8148条;建立区(县)科技扶贫子平台5个。举行巴中市2017年"科技之春"科普活动月活动,共开展科普宣传活动60余场次,参与群众达1.2万余人,培训乡土农业技术人才2000余人。选派76名科技特派员开展"一对一"技术服务,做好63名"三区"科技人才服务工作,选派19名农村科技创新创业代表参加秦巴山片区科技特派员农村科技创业骨干培训班。

【农村教育】 2017年,巴中市共有乡村学校489所,占全市学校总数的69%;共有乡村学生27.5万人,占全市学生总数的54%;共有乡村学校教职工2.2万人,占全市教职工总数的59%。乡村学校中所辖保留村校(教学点)1673个(闲置469个),在校学生1.33万人,平均每所村校有学生11人,其中10人以下的村校860个,"一生一校"131个,"一师一校"614个。截至2017年年底,2332个自然村中有381个村没有村校,占比16%。农村小学在校学生120632人,初中在校学生64631人。全市义务教育阶段在校生中留守儿童共10.2万人,其中小学6.6万人,占比65%;初中3.6万人,占比35%;城区1.6万人,占比16%;农村8.6万人,占比84%。走访留守儿童15万余人次。全市义务教育阶段特殊困难家庭儿童共计47802人,占义务教育阶段学生总数的16%,其中小学24765人,占义务教育阶段学生总数的8%;初中14892人,占义务教育阶段学生总数的4%。南江小河职中被誉为"全省农村职业教育的一面旗帜",多次在省职业教育工作会议上作交流经验;藏区"9+3"免费职业教育"四个融合"(思想融合、情感融合、文化融合、行为融合)的教育管理模式在全省推广。

【农村文化】 2017年,巴中市有乡(镇)综合文化站187个,应急广播"村村响"2050个,农家书屋(社区书屋)2363个,地面数字电视"户户通"261464户;有国家级非物质文化遗产代表性项目2个,省级非物质文化遗产代表性项目10个,市级非物质文化遗产代表性项目46个;有群众文化队伍267支,文化志愿者2328人。

【农村卫生】 2017年,巴中市有基层医疗卫生机构3116个,病床位6797张,卫生技术人员11246人,乡村医生4984人,基层卫生人员占比49.93%。全市乡(镇)卫生院、村卫生室、社区卫生服务中心规范化达标率分别达94.78%、79.26%、81.48%,基层医疗卫生机构空编率下降到4.7%。全年增加医技人员772人,乡(镇)卫生院在编在岗医卫人员平均达17人以上;总诊疗1282.62万人次,占比72.1%。投入资金3000余万元,新(改)建村卫生室项目180个、新(扩)建乡(镇)卫生院项目73个,建成中医馆(角)196个;18个乡(镇)卫生院创建为"群众满意的乡(镇)卫生院"。全域实施乡村卫生一体化改革,乡(镇)卫生院和村卫生室实行人员、财务、业务、信息、资产"五个一体化"运行管理机制。开展基本公共卫生服务,为常住居民提供14类、55项服务,建立健康档案332万份,开展教育37万余人次,实行健康管理129万余人次。开展家庭医生电子化签约服务试点,组建家庭医生签约服务团队2050个,落实医卫人员5834人,常住人口、重点人群、建档立卡贫困人口家庭医生签约服务率分别达56.19%、88.5%、100%。

【农村法制建设】 2017年,巴中市教育系统累计投入普法经费300余万元。开展"远离毒品·珍爱生命"等主题法治课堂2万余课时,组织编印《中小学法律知识简明读本》等法治读物20余种。实行法律知识"月考制"和"结业制",以校园文化建设为依托,打造校园法治文化板块;以示范引领为依托,打造法治示范校园板块,9所中小学校被表彰为"四川省依法治校示范学校",20所中小学校被命名为巴中市"十佳依法治校示范学校";以网络覆盖为载体,打造"三位一体"法治教育网络板块,全市中小学校同步开展"三带三进"活动;先后成立家长普法义工队100余支进校到班讲法,全面构建学校、家庭、社会"三位一体"法治教育网络。开展《村民委员会组织法》等换届法律法规宣传,举办村(居)民委员会换届选举专题培训600余场次,培训3万余人次。加大低保政策宣传力度,印制并发放《民政法规政策汇编》2万余本。组织法律顾问到产业园区开展现场培训和法律咨询,培训人数达500余人次,发放资料700余册,会同近150家企业开展企业法律知识专题培训。结合三八妇女节,在全市开展"反对家庭暴力·构建和谐家园"为主题的妇女同志维权大型法律咨询、法律服务活动,法律咨询6685余人次,受理法律援助案件18件,发放女性权益保障法律知识读物1.5万余份。结合"3·15"国际消费者权益日,开展消费者权益保护主题宣传专项活动,发放《消费者权益保护法》《广告法》《产品质量法》等各类宣传资料5万余份,受理咨询、举报、投诉、法律援助等案件401次。结合"4·15"全民国家安全教育日,深入开展国家安全法主题宣传专项活动,印发相关法律原文及解读资料58400余份。结合"5·4"国际青年节和六一国际儿童节,开展青少年法治宣传教育月主题专项活动,组织实践活动36次,讲授法治课210次,印发相关法律原文及解读资料49000余份。全年向省级推荐"法治教育示范基地"6个,申报"全国法制示范县"1个、"全国法制示范村"2个;推送"法律七进·四川法治微电影"10部,播放法治电影2000余场次。

【农村交通】 2017年,巴中市推进农村公路加密、联网、升级工作,改造县、乡道140.1千米,村道窄路面加宽224.3千米,新(改)建延伸联网路1030.08千米。发放《四好农村路导则》5000份,在《巴中日报》全文刊登《四川省农村公路条例》,在电视、报刊、网络等新闻媒体宣传报道农村公路建设养护工作219次。建设"四好农村路"示范路458千米,平昌县创建为全国"四好农村路"示范县,恩阳区通过省级"四好农村路"示范县验收。

【涉农招商引资】 2017年,巴中市有3000万元以上的农业招商引资重大项129个,与上年持平;均为内资项目,增长115.2%;项目总投资126.79亿元,增长120.78%。协议资金126.79亿元,增长120.78%,完成全年任务的100%;到位资金68.36万元,增长128.3%。

2017年巴中市3000万元以上招商引资项目统计表(部分)

项目	建设性质	项目内容	投资总额(亿元)	项目建设进度	投资方	
					公司名称	公司地址
巴州兴牧养殖场	新建	占地面积40亩,建设5000平方米年、出栏育肥猪5000头的标准化生猪养殖场,并配套林下养殖、水产养殖等	0.4	二季度已竣工	巴中市巴州区兴牧养殖专业合作社	巴州区
四川蜀丰园(巴中)巴药种植	新建	项目流转土地面积5000亩,建设丹参、白芍、何首乌、黄精、杜丹等中药材种植园区,配套建设观光旅游、休闲度假产业带	1.2	—	四川蜀丰园科技发展有限公司、四川省巴中市蜀丰年农业科技开发有限公司	巴州区
四川秦巴药材(巴中)名贵中药材种植及加工	新建	租赁集体土地1000亩用于种植名贵中药材;租用非耕地搭建非永久性建筑的办公楼、生活用房、加工房、仓储用房,共计8000平方米;修建道路2千米、水塘3口,购置机器设备10台(套)	0.5	已搭建办公楼、生活用房、加工房、仓储用房、管理用房、名贵中药材育苗中心3栋、8000平方米,白芨、虫娄、黄精等中药材种植面积扩大到1500亩,完成1000平方米钢架玻璃厂房主体建筑,购置机器设备10台(套)	四川秦巴名贵中药材发展有限公司	巴州区
四川秦巴(巴中)秦巴有机草蕈科技园	新建	租用集体土地面积1200亩用于发展有机食用菌、畜牧、中药材、水稻、果蔬及现代观光农业,并对相关产品进行深加工;配套建设厂房、办公房、生活用房、停车场等6000平方米	0.5	三季度已竣工	四川秦巴有机草蕈有限公司	四川省
广东温氏(巴州)二龙仔猪繁殖场	新建	占地面积439亩,建设50000平方米的圈养优质母猪6000头、年出栏仔猪120000头以上的大型养殖场,并配套建设2栋6000平方米的职工办公与生活用房、2700平方米的后备房、5000平方米的库房	1.8	四季度已竣工	广东温氏集团	广州市
凤头山农业产业观光园	新建	建设1座2300亩的集脆桃、红提、猕猴桃、青脆李等优质水果于一园的生态农业产业基地,并高标准打造和配套农村旅游观光设施	1.05	四季度已竣工	巴中市乾满园农业科技有限公司,回乡创业青年杨英、赖福春	巴州区
大梁山生态农业产业观光园	新建	占地面积1500亩,建设种植优质水果1400亩、名贵花草100亩和年出栏20万只土鸡苗的种养殖园区,并配套建设日接待500人次的集农村观光旅游、休闲度假、垂钓娱乐于一体的生态农业产业观光园区	0.55	—	巴中市巴州区福泽种养殖专业合作社	广东省
曾口秧田沟农业产业示范园	新建	占地面积1200亩,建设优质果蔬种植和特色水产(泥鳅、台鳅)养殖基地,并配套建设105套巴山展示新居和电商平台,打造市、区农业产业精品示范园区	0.35	四季度已竣工	秧田沟村果蔬种养殖专业合作社、快乐之舟专业合作社	—
曾口大柏树村甲鱼养殖基地	新建	占地面积150亩,建设巴中大型甲鱼繁殖与养殖基地,并附带喂养"四大家鱼"(草、鲫、鲢、鲤鱼),同时配套冷库、加工房及基础设施建设	0.3	四季度已竣工	巴中市富盈农业开发有限公司、巴中市巴州区大柏树种养殖专业合作社	—
巴中俊杰生态农业产业观光园建设项目	新建	占地面积3000亩;建设以红心柚、三心柚和中药材种植为主,集乡村旅游、观光、休闲于一体的产业观光园,并配套建设86套巴山展示新居	1.1	巴山展示新居完工60套并交付使用,另26套完工75%;产业区域完成开挖山坪塘3口,整治、新拓展道路4.5千米,栽植景观苗木2000株,套种白勺等中药材600亩,种植红心蜜柚800亩	贵州美中环球物联传媒有限公司厦门分公司、巴中市俊杰生态农业开发有限公司	福建省厦门市
西部中药博览园项目	新建	以曾口镇书台村、雁桥村为核心,计划用地面积10000亩,其中集中连片土地面积3000亩、林地面积7000亩;建设中药材母本科研园、现代化育苗中心、旅游观光博览苑等	1.5	—	四川毅力集团有限公司、四川巴药实业股份有限公司	广元市

续表1

安徽金亳(巴中)中药材种植及精深加工项目	新建	在巴州区梁永镇建设七叶覆盆子、杭菊花、黄精、牡丹、芍药种植示范基地5000亩，并带动周边地区发展菊花种植50000亩；在巴州工业园建设中药饮片及中药保健系列产品生产线中药材提取精深加工生产线各2条，并建设产品研发中心	3	已在梁永镇升平村建成菊花种植核心园区示范基地5000亩，完成核心园区4.5千米的道路建设以及路面硬化和水利灌溉沟渠设施建设；已在宕梁街道办事处尖山寺村租借生产厂房1700平方米，购置安装中药材提取精深加工2条、生产线机器设备8台(套)并进行3个月的生产运行	宣城金亳中药材科技发展有限公司、川巴药业科技发展有限公司	安徽省宣城市
枣林油牡丹种植基地建设	新建	在枣林镇七里扁村计划种植1200亩油牡丹——凤丹牡丹，并套种1000亩油茶树与皂角等中药材	0.3	打通产业基地道路4千米，流转土地面积750亩，土地整理350亩；种植油牡丹550亩，套种油茶树与中药材500亩	新疆投资客商王召蒙、巴中市巴州区绿色种养殖专业合作社	—
果药康养产业园	新建	用地近10000亩，核心园区占地5000余亩，建设集优质果蔬、名贵中药材、珍稀花卉苗木种植与农村乡村旅游于一体的生态产业园	2	已流转土地面积1200余亩；核心园区修建机耕道5.3千米，整理排水沟渠13.9千米，埋设排水涵管72米，调形土地138亩，改良土壤477亩。已种植大樱桃500亩、21万株，观赏性北美海棠108亩、7200株，观赏性日本樱花85亩、12000株，赏药辛夷30亩、13700株；套种中药材1000亩。新整治道路4千米，栽植苗木300亩	成都市大山林业开发有限公司、巴中市大水牛生态农业有限公司	—
鼎山农业产业园区建设	新建	以果敢镇康民村为核心园区建设1500亩巴药与果木种植示范基地并配套建设60套巴山展示新居；在全镇及周边乡、村种植桔梗、春见、菊花、丹参、石菖蒲等中药材12000亩，整理土地10000亩，修建耕作道60千米、水渠80千米	1.5	硬化园区道路12千米；调形土地1000亩；开挖土石方16万立方米。核心园区已建成桔梗、丹参、春见、白芨示范种植区800亩。七彩苗木区种植红艳树100亩，开挖蓄水塘3口。新建耕作道15千米、水渠18千米；60套安置房全面建成并投入使用。鼎山镇石岭村、龙煲村新建成红心蜜柚、丑柑、五星枇杷等优质品牌水果基地1000亩	四川龙堡山农业开发有限公司、巴州区惠民种养殖专业合作社	—
重庆衡鸿(巴中)蟒塘坝特种水产孵化养殖基地	新建	占地面积130亩，建设中华鲟、鸭嘴鲟、中华胭脂、黄辣丁、桂鱼等名贵品牌鱼孵化繁殖与水面养殖基地，配套建设技术培训、种苗供给、饮料加工及职工生活与管理用房等设施	0.5	流转项目用地面积130亩，硬化场地3500平方米、道路200米，开挖养殖池土石方30000立方米，硬化池埂3000平方米。搭建职工办公与生活用房近1000平方米；建成中华鲟、鸭嘴鲟等孵化池12口，搭建钢架孵化温控棚1000平方米；建成占地近50亩的大型养殖池4口。中华鲟、鸭嘴鲟已进入养殖池试养阶段	重庆衡鸿生态农业开发有限公司	重庆市
福州鑫金食品(巴中)水宁印盒有机农业产业园	新建	项目占地面积300亩以上；建设集食用菌研发、种植、生产、加工、销售，技术培训，康体养老，休闲度假，观光体验于一体的现代农业产业园	0.6	一期已流转土地面积300亩以上；硬化场地与便道10000平方米；建设道路1400米；搭建职工办公、管理与生活用房1栋、600平方米，食用菌钢架种植大棚64栋、12000平方米，加工房5栋、4500平方米，研发室1栋、200平方米。园区康体养老、休闲度假、观光体验区域新建微水池1口，整治山坪塘1座，完成园区2千米观光道路的块石铺垫	福建省福州市鑫金昌食品有限公司、巴中富盛生物科技有限公司	—

续表2

浙江乐清农业(巴中)平梁万亩巴药水果产业园	新建	在平梁镇三山村、青包山村种植万亩优质水果和名贵中药材，并在园区配套建设农村康体养老、旅游观光、休闲度假等设施	1.1	流转集体土地面积2000亩、林地面积3000亩；修建道路10千米；种植优质水果5000亩；已建成办公房1栋、生活用房600平方米；完成科研馆建设650平方米	浙江乐清市五指峰农业开发有限公司、巴中固本药业有限公司	—
长滩花谷情	新建	一期投资1.2亿元，建设以红脆桃、脆李为主产品的优质水果产业园1700亩，并在果树下套种1620亩名贵中药材，配套建设拆迁安置还房158套；二期投资8000万元种植鲜花与彩叶苗木和建设游乐、度假设施，将园区打造成一座四季鲜花常开的旅游、观光胜地	2	已流转土地面积1700亩；修建园区道路5千米、耕作道3千米，硬化道路4千米；开挖土石方22万立方米；开挖山坪塘18座；硬化场地10万平方米。建成停车场1座、18000平方米；办公与管理用房1栋、近1000平方米。产业园区完成1300亩土地调形；种植脆红桃、脆李1700亩，套种名贵中药材1625亩。园区拆迁安置区域开工建设的158套拆迁还房已完工116套，其余42套完成工程量的65%	北京恭达智翔机械有限公司、四川殿春农业发展有限公司	—
灵江养殖场建设	新建	项目占地面积550亩，建设50亩年出栏10000头的标准化生猪养殖场，种植中药材500亩	0.35	已完成项目总体规划设计和550亩项目用地流转；建设道路0.5千米，开挖山坪塘6座，整理土地300亩，开挖土石方12万立方米。种植皂角、丹参500亩。养殖区域：开挖土石方12万立方米，硬化场地15000平方米，建成办公与生活用房1栋、600平方米，生猪标准化养殖圈舍4栋、6500平方米；排水沟渠、伫液池、化粪池、排污管道安装建成，伫存室、加工房完成主体钢筋混凝土浇筑	巴中市巴州区恒丰绿园养殖专业合作社	—
大庆康盛(巴中)水宁香炉种养殖产业基地	新建	项目占地面积1000亩以上，建设年出栏2000万枚鲜鸡蛋、圈养10万只大型蛋鸡的养殖场，并在园区种植1000亩有机时令蔬菜，实现种养一体化、循环一体化。同时，配套建设2000平方米职工办公、管理、生活与技术培训中心大楼和1200平方米有机肥加工房等设施	1	已流转土地与林地面积1000亩以上；硬化场地20000平方米；完成2000平方米职工办公、管理、与技术培训中心大楼钢筋混凝土浇筑和内墙砌体与外墙头装饰；建成育雏室1栋、1000平方米，产蛋室2栋、3200平方米，有杨肥加工房1栋、1200平方米。完成2栋育雏室与1栋产蛋室设施与设备的购置、安装与调试，1栋产蛋室与1栋育雏室已投产使用	大庆中江康盛农业科技有限公司、巴中大丰收生态农业有限公司	—
百顺堂中医药康养文化产业园	新建	租赁土地面积1000亩，建成集贸易、会展、交流、培训、休闲、旅游、养生于一体的康养文化产业园	0.5	完成会展、交流、培训、休闲中心建设和园区亮化	四川百顺药业有限公司	四川省
平桥村旅游观光产业园	新建	租赁土地面积1600亩，种植红心猕猴桃、蜜柚等水果，配套现代灌溉系统；建设产业观光道路，打造乡村旅游设施	0.5	四季度已竣工	重庆市尚尚广告传媒策划有限公司	重庆市
明阳二郎庙生态旅游	新建	流转土地面积1600亩，实施水产养殖、果蔬种植、花卉苗木种植、中药材种植、农耕体验、休闲度假等配套设施建设	0.53	完成园区亮化	海口东南制冷设备有限责任公司	海南省
生态农业建设	新建	租赁土地面积1700亩，建设标准食用菌大棚、优质水果示范基地、生态水产养殖基地，建设乡村酒店、休闲观光等配套设施建设	0.48	已投放食用菌大棚菌袋，架设猕猴桃架棚	成都恒润果品有限公司	成都市

续表3

兴隆场百果园建设	新建	流转土地面积1700亩,种植红心猕猴桃、车厘子、无花果、清脆李、脆桃、柚子等,打造巴山百果园;完成年出栏1000头生态黄牛基地等配套设施建设	1	四季度已竣工	上海特色农产品进出口有限公司	上海市
丰裕种养殖项目	新建	租赁土地面积1200亩,建设芦笋示范基地500亩;养殖生猪,年出栏3000头;打造乡村旅游示范带等配套设施建设	0.37	四季度已竣工	巴中市恩阳区丰裕种养专业合作社	四川省
宝石观光农业基地建设项目	新建	流转并整理土地面积1600亩,种植脆李、蓝莓、冬枣等特色水果,并配套建设100亩的水产养殖基地和农家乐,打造集旅游观光、休闲垂钓、水果采摘于一体的现代观光农业示范园	0.32	四季度已竣工	广东英德天瑞有限公司、巴中市茂晟农业科技有限公司	广东省
茶坝种养殖项目	新建	租赁土地面积1400亩,建设莲藕种植基地,发展水上养殖,其中养殖鱼类300亩、养鸭20000只;打造乡村观光农业示范带	0.36	四季度已竣工	中扶建设管理有限公司	北京市
舞风七彩林园基地	新建	占地面积1300亩,建设名贵珍稀苗木种植及观光园林产业基地,并配套建设旅游观光服务设施	0.32	四季度已竣工	重庆龙力园林建设有限公司、巴中市恩阳区天香地权农场	重庆市

【农村社会保障】 2017年,巴中市劳务输出122.8万人,实现年劳务收入150.82亿元。全民参加社会保险登记制度,全市城乡居民基本养老保险参保人数达118.38万人,征收养老保险费1.57亿元,人均缴费标准达310元;57.16万人按月领取基本养老保险待遇,人均养老金达79元。为142740名建档立卡贫困户人口代缴养老保险141970万元。全市城乡居民基本医疗保险参保人数347.8万人(其中立档建卡贫困人口495237人),征收个人缴费43127万元(其中财政代缴7409.29万元),获得财政补助资金161023万元。对所有立档建卡贫困人口在金融保险系统中做特殊标识,并即时享受贫困人口相关医疗待遇。

【农村生态建设及环境保护】 2017年,巴中市完成中央环保督察交办信访案件209件和省环保督察交办问题352个,完成年度整改任务。争取省级大气治理项目资金5000万元,合力冲刺大气达标攻坚。投入4500万元对通江县、南江县、恩阳区、平昌县重点流域开展综合治理。2016年44个“三大战役”项目中有41个完成主体工程。落实1.09亿元中央农村节能减排资金,总投资19.6亿元的10个水污染防治项目进入中央年度项目储备库。争取土壤污染防治资金2000万元,启动7个城乡非正规垃圾填埋场专项整治和污染土壤修复工作,完成详查点位核实,划定详查监测点位104个、详查单元23个。全市主要河流出境断面水质达到地表水Ⅲ类标准;农村集中式饮用水水源地水质得到进一步改善;晋级为全国环境空气质量达标城市,成为四川省2017年唯一增加的达标市。全年未发生较大及以上环境安全和生态破坏事件。

【农产品质量安全监管】 2017年,省级抽检巴中市种植业产品408个、畜产品220个,例行监测合格率达99%以上。全年未发生区域性重大动物疫情。联合开展生猪定点屠宰资质清理工作,关停率达61%。出台了《巴中市十三五生猪定点屠宰规划》,启动巴中市病死畜禽集中无害化处理中心项目建设。动物产地检疫申报受理率达100%、屠宰检疫率达100%;例行抽检水产品280个,未发现违禁药物残留。全年无农畜产品安全事件发生。组织开展农业投入品打假治理行动、变型拖拉机专项整治行动、巴河渔船上岸、春季禁捕行动300余次,出动执法人员1500人次,发出整改通知书156份,立案查处违法案件7件,查处假劣种子502千克,查处违法金额15万元。建立健全种子登记备案制度,备案品种682个,抽检合格率达98.5%;种子苗木生产、经营、调入检疫抽查率达46.7%;植物疫情防控处置率达100%。查处动物卫生监督违法案件165起,依法取缔生猪屠宰黑窝点15个。查处无牌行驶拖拉机9台、无证驾驶11人,核查外籍拖拉机261台。渔业船舶登记、检验率达90%,销毁违禁网具1712件,没收违法捕捞野生鱼类1066千克,查获违法捕捞船46艘,渔政执法案件办结率达100%。

【农村市场体系建设】 2017年,巴中市涉农贷款余额411.66亿元,比年初增长48.01亿元,涉农贷款占比64.18%。积极开拓农险新险种、新领域,农业保险产品(含涉农险)涵盖种植业、养殖业、林木、渔船、新农村建设、农民收入、农民人身意外伤害、食品流通等方面,其中水稻、小麦、油菜、生猪、能繁母猪、林木等政策性保险覆盖率达100%,做到“应保尽保”。恢复提升基层供销社38个,建成乡(镇)为农综合服务站10个,新(改、扩)建村级综合服务社32个,新发展农民专业合作社5个,建成农民专业合作社联合社1个,网点覆盖了70%的乡(镇),基本构建起贯穿市、县、乡的综合指导服务、市场经营服务双线运行体系。改造传统流通服务网络,培育连锁企业5个,建成供销配送中心10个、农资连锁网店26个、庄稼医院12个、农副产品购销站(点)39个,改造和新建农产品批发零售市场10个,启动13个农产品批发零售市场标准化改建、4个冷链物流中心规划建设工作。与成都百宝创意电子商务公司、秦巴国联有限公司、巴中市红叶金服有限公司合作,实施“智慧供销”建设,组建市、县级农村电子商务服务企业5家,建成乡(镇)电商综合服务站58个、村级网购服务点120个,建成“供销·红叶惠民”综合服务中心30个。组建市、县(区)农产品营销企业6个、乡(镇)特色农产品购销站13个、重点村农产品购销点26个,新建和改造农贸市场10个。

【农村留守家庭(儿童、学生)帮扶】 2017年,巴中市开展了“牵手留守学生·共筑中国梦”万名留守学生亲情书信活动,并在《四川日报》

《中国教育报》《教育导报》等媒体上进行了报道。为5万名留守学生开展免费体检,进一步完善了留守学生体质健康档案。全市首批次聘请72名“代理妈妈”为72个村近800名留守儿童、孤残儿童提供课余生活照顾和送教等工作。

【劳务开发与返乡创业】2017年,巴中市深入实施“返乡创年五年行动计划”,成立创业指导服务中心7个、基层创业服务窗口266个,组建创业指导专家志愿团6个,常态开展创业指导服务。全市设立返乡创业引导基金、分险基金、农业担保基金、精准扶贫担保基金和创业再就业小额贷款担保基金2.5亿元,多渠道解决各类创业人员“融资难”问题。组织开展各类创业培训和创业咨询服务活动,累计培训3500人、咨询服务6000人;全市回引农民工企业家回乡创业兴业4159人,创办各类经营实体808家,涉及11个行业(产业),投资总额达16.52亿元,带动0.9万余人就业。全市实现农村劳动力转移就业119万余人,其中省外就业约83.8万人、省内就业约35.2万人;实现就业困难人员再就业3275人。深入推进劳动监察“两网化”建设和“双随机”抽查机制,组织开展拖欠农民工工资问题专项整治行动、清理整顿人力资源市场秩序专项行动、铸盾行动、农民工工资支付情况专项检查行动4次,监察用人单位1780家,受理举报投诉662件,为1.24万名劳动者追讨工资1.21亿元;向社会公布两批共计20家用人单位的重大劳动保障违法行为,涉及拖欠2400余名劳动者的劳动报酬4550余万元;向公安机关移送欠薪案件63件,投诉案件、涉案人员比例均下降10%左右。

2017年巴中市涉农节会会展

活动名称	活动时间	活动地点	活动内容	接待游客人数(万人次)	实现旅游收入(万元)
正月十六登高节	2月	巴州区城周各山	登高望远、祈福	30	1500
第二届桃花节	3月	巴州区佛龛农庄、苏山坪	亲近自然	8	800
三江龙舟节	5月	巴州区三江水乡	赛龙舟	20	2000
第三届乡村旅游文化节	10月	七彩世界	乡村旅游文化宣传	10	500
恩阳区第三届葡萄采摘节	8月	恩阳区关公乡西南村、下八庙镇安居村、柳林镇罐子沟村	葡萄采摘	2.8	500
2017长赤镇玉湖桃花节	3月	醉美玉湖旅游区	赏桃花、欣赏歌舞晚会、展销旅游商品	8.5	5100
第五届中国四川光雾山杜鹃花节	4—5月	光雾山	中国最美杜鹃花摄影大赛、旅游商品展销、民俗艺术展演	11.3	9000
第三届云顶茶文化旅游节	4—5月	云顶茶乡旅游区	游云顶茶乡、品云顶茗兰、亲自体验采茶乐趣、自采自炒	12.7	11000
第三届长滩彩林会	4—5月	七彩长滩旅游区	赏彩林、展销旅游商品	15.3	7600
第四届“醉美玉湖杯”龙舟赛	6月	醉美玉湖旅游区	龙舟比赛	5.17	2800
第三届红光杨梅节	6—7月	红光镇黑池村	采杨梅	6.38	4600
第四届中国四川光雾山休闲避暑节	6—9月	光雾山	玉湖龙舟赛、玉湖钓鱼抢鱼大赛、重走米仓道、户外生存活动等	20.3	13900
第四届玉湖抢鱼大赛	7月	醉美玉湖旅游区	畅游醉美玉湖、体验抢鱼大赛	3.5	1700
第二届元潭万寿菊花节	7—9月	元潭镇	赏万寿菊花	8.87	4000
黑潭乡第三届水果采摘节	7—9月	黑潭乡李家营村	采果活动、文化采风、旅游观光	7.3	4700
第十五届中国四川光雾山红叶节	10—11月	光雾山	民俗文艺展演、赏红叶	60.5	57000
第四届正直大酥肉节	11—12月	七彩长滩旅游区	炸制世界最大酥肉、明星演唱会、游酥肉美食一条街	15	11000
第三届南江黄羊美食节	11—12月	光雾山	品黄羊美食	7.2	4300
第三届中国·通江巴山年猪文化节	1月1日	通江县广纳镇	年猪祭祖、千人刨汤宴、特色产品年货展销、春联大家写、文艺晚会	2	1000
首届陈河乡村春晚	1月29日	通江县陈河乡	文艺晚会、烟火晚会	1.2	600
新场镇油菜花海旅游节	3月18日	通江县新场镇	歌舞表演、“乡村大舞台”有奖娱乐活动、美食活动、“金色倩影”有奖摄影活动	2.5	1250
大兴东郡水乡摸鱼节	4月27日	通江县大兴乡	文艺表演、千人摸鱼、鱼家美食大赛、水上乐园活动、	2	800
方山乡村文化旅游节	4月26日	通江县诺江镇、民胜镇	卡拉OK娱乐周、徒手摸鱼、儿童大世界、展销活动、体验活动	2	1000
通江县长生康养文化旅游节	5月23日	通江县云昙乡	山歌对唱、祭拜药王、老鹰茶系列产品展示及体验活动、服装秀、手机摄影比赛等	1	500

续表

四川·通江第二届青花椒采摘季	6月21日	通江县三溪乡	青花椒采摘体验、青花椒产业发展研讨暨技术交流会、乡村游活动	1.5	600
四川省第八届乡村文化旅游节(夏季)平昌分会场暨平昌县第五届乡村文化旅游节	5—9月	平昌县乡村旅游环线	民风民俗展示	10	2620
平昌县茶文化旅游节	4月	平昌皇家山景区、三十二梁景区	弘扬茶文化、繁荣茶经济、发展茶产业	2	705.62
《星光大道海选》暨平昌第二届端午节	5月	平昌县青凤镇马垭村	相约水乡·"粽"情平昌·唱响巴山	2	770
2017《星光大道》平昌初赛暨平昌县第三届荷花节	7月	平昌巴灵台景区	赏荷花、看大赛、尝美食、享清凉	2.6	896
平昌县葡萄采摘节、猕猴桃、蓝莓采摘节	7—9月	国家农业科技园区	相约水乡·多"采"平昌	1.89	566
川陕苏区平昌县首届红色之旅夏令营活动	7月	平昌英烈纪念园	聆听红军故事、拍红军照、参观红军文物、走红军路、游红色景区、尝红色味道、体验红色之旅	1.2	523
森林音乐烧烤露营节	10月	平昌县南天门景区	享休闲运动、听森林音乐、品烧烤美食、看露天电影、围篝火狂欢	1.8	592

【农村大事记】 2月4日,四川省委、四川省人民政府印发通报,命名巴州区清泉村、明山村等15个村,恩阳区西南村、骑龙村等14个村,通江县城子山村、麻坝坪村等21个村,南江县白鹤村、柏垭村等27个村,平昌县大运村、当先村等18个村共95个村为省级"四好村"。

2月11日,四川省发展改革委员会发布了《四川省"十三五"特色小城镇发展规划》,南江县关坝乡将建成旅游休闲型小镇,恩阳区下八庙镇、通江县铁佛镇将建成现代农业型特色小镇,巴州区清江镇将建成加工制造型特色小镇,平昌县驷马镇将建成文化创意型特色小镇。

3月2日,"四川省青少年社会实践教育基地"授牌仪式举行。巴中市川陕革命根据地博物馆、川陕苏区将帅碑林纪念馆被命名为首批"四川省青少年社会实践教育基地"。

3月16日,巴中市人民政府与中国扶贫开发服务有限公司签署产业扶贫战略合作协议。中国扶贫开发服务有限公司董事长、中国扶贫志愿服务促进会旅游扶贫联盟主席、中国教育扶贫研究中心副主任黄勇嘉出席签字仪式。

4月18日,以"巴中云顶·高山富硒"为主题的第三届"巴中云顶"茶文化旅游节在平昌县三十二梁国家4A级景区开幕。

4月26日,巴中市举行"律动巴山"群众文化活动暨职工(农民工)文化艺术周启动仪式。

5月27日,四川省第八届乡村文化旅游节(夏季)平昌分会场暨平昌县第五届乡村文化旅游节在佛头山民俗文化广场开幕。

6月8日,巴中市举行第三届"返乡创业之星"颁奖晚会,对10名"农民工(农民企业家)返乡创业之星"、8名"工商资本下乡创业之星"、3名"返乡下乡创业星中星"进行表彰奖励。

6月18日,国家农业部公布"全国农村创业创新园区(基地)目录",恩阳区莲藕产业观光园、南江县宏信生物科技有限公司创业基地、通江县梓潼银耳观光园、通江县鹰歌葡萄产业园、平昌县省级农业科技园区、平昌县元山中岭特色循环农业产业园种植基地、平昌县现代茶业科技示范园7个园区(基地)榜上有名,数量居全省市(州)第三位。

7月13日,国家标准化管理委员会正式批准巴中市为"国家新农村建设综合标准化示范市"。

7月14日,全国爱国卫生运动委员会公布了《全国爱卫会关于命名2015—2017周期国家卫生城市(区)的决定》,巴中市被正式命名为"国家卫生城市"。

7月24日,全国爱国卫生运动委员会公布了《2014—2016周期国家卫生县城(乡(镇))命名名单》,巴中市柳林镇、水宁寺镇、光雾山镇、广纳镇、元山镇、红四乡、下八庙镇、凌云乡入列。

7月27日,国家住房城乡建设部发布"第二批全国特色小镇"公告,巴中市平昌县驷马镇入围。

8月4日,四川省贫困地区优质品牌农产品展示暨厅、市(州)长农产品品牌推介活动在成都市举行。巴中市恩阳芦笋、巴中云顶茶等"巴食巴适"康养品牌农产品被推介。

8月23日,国家水利部水利风景区建设与管理领导小组会议审议表决通过了"第十七批国家水利风景区名单",南江玉湖名列其中。

9月4日,中国林产联合会森林医学与健康促进会发布"第二批全国森林康养基地试点单位名录",巴中市南江米仓山国家森林公园、通江县唱歌乡石林景区入列。

9月8日,恩阳区明阳镇高店子村、南江县乐坝镇、平昌县元山镇中岭村、通江县空山乡中坝村被推荐为"全国文明村镇"。

9月23日,在首届四川村长论坛暨村社发展大会上,巴中市巴州区玉堂街道办事处苏山村、平昌县江口镇大运村、南江县正直镇长滩村、恩阳区关公镇西南村4个村庄入选"2017四川百强名村"。

10月10日,在河北省承德市召开的2017森林城市建设座谈会上,全国绿化委员会、国家林业局授予19个城市"国家森林城市"称号,巴中市在列。

10月31日,巴中市与眉山市达成2000余亩增减挂钩节余指标流转使用协议。

11月17日,第五届四川农业博览会在成都市开幕,巴中市组织60家新型经营主体和280余种优势特色农产品参加展示展销。

12月7日,第九届全国优质农产品(北京)展销周在全国农展馆启幕,2017年四川·巴中优质农产品(北京)展销周启动仪式随即举行。

【主要领导人】 市委书记：罗增斌；市人大常委会主任：魏文通；市长：何平；市政协主席：朱冬；分管农业副市长：克克。

巴中市编写组

巴 州 区

【基本情况】 2017年，巴州区辖8乡15镇6个街道，辖区面积1314平方千米，其中耕地面积53万亩，比上年增长1.4%，人均耕地面积1亩；基本农田42万亩。年末总人口73.19万人（户籍人口），减少0.43%；人口出生率11‰，人口自然增长率4.9‰。全区耕地有效灌面和保证灌面分别达到耕地总面积的76%和41%；本地水资源总量11.85亿立方米，人均占有水资源量1620立方米。有林业用地5.7万公顷，有林地面积6万公顷，活立木总蓄积量621万立方米，森林覆盖率51.21%。

2017年，全区GDP140.82亿元，增长8%，其中第一产业增加值15.02亿元，增长3.6%，农、林、牧、渔及农林牧渔服务业之比为47.7∶7.4∶34.4∶7.8∶2.7；第二产业增加值61.88亿元，增长9.4%（工业增加值25.81亿元，增长11.4%）；第三产业增加值63.92亿元，增长7.9%。三次产业对经济增长的贡献率分别为5.1%、46.5%和48.4%。乡（镇）中小企业增加值2.3亿元，增长6.4%；从业人员1224人。劳务输出243500人，收入820000万元。全年接待游客510万人次，实现旅游收入412000万元，其中乡村旅游收入274000万元。

公路通车里程2909千米（其中乡村公路2771千米），密度2067米/平方千米，38.5千米/万人。社会消费品零售总额87.7亿元。地方公共财政预算总收入完成8.24亿元，增长1%；公共财政预算总支出42.9亿元，增长16.4%，其中农业投入88627万元，占支出的20.7%。金融机构各项存款余额462.8亿元，比上年初增长8.46%；各项贷款余额320亿元，比年初增长19.16%，其中支持农业产业化发展项目贷款236690万元。全年农业保费收入1650万元，增长6.9%；处理各项赔款和给付金额1346万元。完成农业产业化项目268个，完成投资29.4万元。农业产业化龙头企业国家级、省级、市级、区级分别为2个、6个、39个、82个。

有各类学校122所，在校学生10.33万人，教职工5838人，其中普通中学45所，在校学生35360人；小学55所，在校学生44139人；学龄儿童入学率100%。完成省级以上科技成果5项。有艺术表演团体362个，公共图书馆313个，博物馆1个。有卫生机构441个，病床位4768张，卫生技术人员5190人。新型农村合作医疗参合人数574919人，参合率98%；新型农村社会养老保险参保人数298183人，参保率78%；被征地农民养老保险参保人数8233人，占总人数的74%。

【年度农业和农村经济运行】 2017年，巴州区出台了31项规划、政策。实现农业总产值28.2278亿元，增长3.7%；农业增加值154.3781亿元，增长3.9%。农民年人均可支配收入达10020元，增长10%。全年发展水产养殖面积7.59万亩，投放鱼种1800吨，水产品产量1.18万吨。

2017年巴州区主要农产品产量

主要农产品	单位	产量	同比(%)
粮食	万吨	29.19	1.7
水稻	万吨	12.21	1.2
小麦	万吨	6.84	2.1
玉米	万吨	4.21	1.7
马铃薯	万吨	4.26	2.8
油菜籽	万吨	1.76	0.7
蔬菜	万吨	2.87	4.2
水果	万吨	1.45	4.9
肉类	万吨	5.08	6.8
猪肉	万吨	4.47	11.2
牛肉	万吨	0.18	4.5
羊肉	万吨	0.35	6.2
禽肉	万吨	0.15	1.6
兔肉	万吨	0.02	2.6
禽蛋	万吨	1.18	13.9
水产品	万吨	1.18	7.2

农业产业化发展。全区以道地药材、生态畜禽、有机果蔬、优质粮油为主导产业，着力构建现代农业产业体系、生产体系、经营体系。区成立4个特色产业推进组，出台专项产业发展政策10余项，规模流转土地23万亩，各类经营主体增至近2100个，特色产业总规模达53万亩。以户为单位发展“万元增收工程”，1.6万户贫困户年均产业增收2600元。

农用地产权制度改革。全区完成农村承包土地经营权确权数据汇总，打印《农村承包土地经营权证书》75620本，颁发《农业特色产业所有权证》《标准化基地用益物权证》《农村土地流转经营权证》513本；土地流转面积达15.5万余亩。启动了全区农村集体资产股份制改革，基本完成了清江镇等8个乡（镇）农村集体资产股份制改革工作。

农产品品牌战略实施。大力创建“三品一标”农产品，新申报6个，全区“三品一标”认证达102个。区内11家企业获得有机认证，获得有机（转换）证书16张，顺利通过省有机产品认证示范创建区监督复评验收。

现代农业园区建设。全区建立了“区有示范园区、乡有产业基地、村有当家产业、户有增收项目”4个产业发展层级，高标准建设区产业园区6个、乡产业基地51个、村产业基地324个。新建新型循环农业综合体园区2个、休闲农（渔）庄4个，全面完成2016年19个农产品产地初加工设施项目建设。

【种植业】 2017年，巴州区按照“道地药乡、康养巴州”的发展定位，新发展皂角、丹参、白芍等中药材10.6万亩。完善城市郊区与优势产区蔬菜产业基地布局，发展现代果蔬2.87万亩。推进3万亩优质粮油高产高效示范片建设，全年粮食作物播种面积75.15万亩，产量29.19万吨，巴州区获得省政府粮食“丰收杯”奖。

【林业】 2017年，巴州区营造林5.98万亩，新增森林面积0.67万亩，达到91.43万亩。完成义务植树150万株，培育现代林业产业基地1.05万亩。实现林业总产值27.5亿元。推进深化集体林权制度和林权抵押贷款改革试验试点，规模流转林地1.025万亩，办理经济林木（果）权证23本、面积4687亩，新增林权抵押贷款2350万元。

【畜牧业】 2017年，巴州区生猪存栏36.74万头，出栏60.78万头；家禽存栏102万羽，出栏192万羽；肉类总产量5.08万吨。开展春秋重大动物疫病防控和8家生猪定点屠宰企业整顿工作，全区无重大动物疫

情和农产品安全事故发生。

【统筹城乡与新型城镇化】 2017年,巴州区清江、化成2个全国重点镇和化成、水宁寺、鼎山3个省级试点镇建设有序推进,实施水宁寺广场及河道整治、化成清风景区基础设施建设;建成鼎山镇污水处理厂,完成南大街整治。加快推进水宁寺佛龛古镇、清江工业小镇、化成生态小镇、南阳康养小镇、三江晏阳初故里等小城镇建设。

【新村建设】 2017年,巴州区全面完成612个聚居建设点,共新建、改造、保护农村房屋4.83万套(涉及建档立卡贫困户1.89万户、非贫困户2.94万户),惠及15万余人。建成入户路480千米。新建(改造)高低压线路4400千米以上,增换配电变压器1231台,铺设天然气管网500余千米,惠及农户3.2万户。全区行政村通信网络覆盖率100%。

【扶贫攻坚】 2017年,巴州区减贫3.1万人,36个贫困村整村脱贫退出,贫困发生率下降至1.69%。巴州区通过贫困县退出省级验收考核和第三方评估检查。

【乡村旅游】 2017年,巴州区制订了《巴州区乡村旅游企业资源整合实施方案(试行)》。创建清江七彩佛龛国家4A级旅游景区。水宁寺佛龛村获得"中国乡村旅游模范村"称号,化成长滩河村、曾口秧田沟村等31个村入选"全国乡村旅游扶贫重点村";建成省级乡村旅游特色乡镇1个、精品村寨2个,建成民宿旅游达标户40户。

【农村水利】 2017年,巴州区新建集中供水工程215处,农村集中供水率达85%。探索建立了农村"公益岗位+基本水价+动态监测"长效管护机制,确保水质达标、供水稳定;整治病险水库和山坪塘262个(口)。

【农业机械化】 2017年,巴州区新增各类农机160台,成立农机联合社3个。深入开展变型拖拉机专项整治,办理拖拉机年度检验1240台,检查车辆900余台,纠正违法违规行为48起。

【农村科技】 2017年,巴州区引进"三区科技人才"10名,建立院企技术合作平台2个。出台《巴州区农业科技人员创新创业实施办法》《巴中市巴州区科技进步奖励办法》等一系列政策文件,增设了专利奖项目。向芳被省委表彰为"十二五以来农业科技创新先进个人"。对全区114个建档立卡贫困村均派驻了农技员,组建了乡(镇)农业技术服务小分队28个和区级农业技术专家服务团25个,对全区产业发展进行指导。培育科技示范户463户,培育新型职业农民100人,培训农村各类实用技术人员6.55万人次。

【农村教育】 2017年,巴州区新(改、扩)建校舍5.71万平方米,新建公办中小学、幼儿园6所,义务教育均衡发展通过省级督导评估。新补充教师359名,交流干部教师420人次。全区无一人因贫失学,"三残"儿童入学率达94.7%。累计发放各类惠民资助资金6644.97万元。

【农村文化】 2017年,巴州区完成29个乡(镇、街道)综合文化站公共文化资源整合,新建村文化室62个、社区书屋10个、阅报栏62个,实施村级农家书屋补充更新372个。开展"文艺下乡"演出活动150余场次,免费放映公益电影5115场次,惠及群众40万余人次。

【农村卫生】 2017年,巴州区农村家庭医生签约服务覆盖率达70%。完成29个基层医疗卫生机构、68个村卫生室标准化建设,为26个基层医疗卫生机构配置救护车辆。对44名基层中医骨干和395名乡村医生开展了专业知识集中培训与中医适宜技术培训。

【农村法制建设】 2017年,巴州区培养农村"法律明白人"15000余人,发放宣传资料20余万份,印发"法律进乡村"宣传手册10万余本,印发农村居民维权宣传资料10余种、10万余本。建成民主法治示范村(社区)2个、法治示范村3个。

【农村交通】 2017年,巴州区完成投资26.9亿元,加快推进出境路省道409线巴中至坦溪、梁永至鼎山,国道245线巴中至金平(巴州段)公路建设项目65千米。改建枣(林)至寺(岭)、金(光)至梓(橦)等通乡(镇)快速通道建设项目共32.28千米。新(改)建脱贫攻坚通村硬化路255.4千米、聚居点道路228.631千米,实现所有聚居点、产业园区、旅游景区通硬化公路。

【涉农招商引资】 2017年,巴州区3000万元以上的农业招商引资重大项目22个,增长10%;项目总投资22.1亿元,增长4.69%。协议资金221000万元,增长4.69%,完成全年任务的101%;到位资金12010万元,增长60%,完成年度任务的101.56%。

【农村社会保障】 2017年,巴州区对建档立卡贫困人口参加城乡居民养老保险费用按100元/人/年给予补助;全面落实建档立卡贫困人口住院、特殊门诊等医保扶贫政策,切实减轻了建档立卡贫困家庭医疗支付压力。全区建档立卡贫困人口住院19861人次,基本医疗保险、城乡居民大病保险等共报销11230余万元。

【农村市场体系建设】 2017年,巴州区创建为省级电子商务脱贫奔康示范县(区)、国家级电子商务进农村综合示范区。全年实现电子商务交易额44亿元,建成乡(镇)电商服务中心5个、村级电商服务站68个、"电商+产业示范点"6个。

【农村留守家庭(儿童、学生)帮扶】 2017年,巴州区出台了《关于进一步加强农村留守儿童关爱保护工作的实施意见》。在23个建制乡(镇)小学全面建成乡村学校少年宫,在水宁寺、寺岭等小学建成"爱心小屋"5个,完善"师生一对一"帮扶机制,将留守儿童的帮扶落实到人头。

【劳务开发与返乡创业】 2017年,巴州区开展各类技能培训和SIYB创业培训,共计培训3430人,发放创业担保贷款1300万元。实施"归雁工程",回引农民工创业708人,回引创办经济实体174个。

【大力发展道地巴药,加快建设康养巴州】 巴州区位于四川省东北部,是中国中医药文化重要发祥地之一,境内野生药材达1600余种,黄柏、杜仲、丹参、虎杖等90余个品种被列入《中国药典》。近年来,巴州区坚持"绿水青山就是金山银山"理念,依托自身资源禀赋,做足"大健康"文章,着力打造"道地药乡·康养巴州"。

全链条发展。一是"一张蓝图"引领。全区编制了《巴药产业发展规划(2017—2030年)》,全力构建集种植、研发、加工、销售、康养、旅游于一体的中医药产业发展体系,已规模发展道地巴药25万亩,带动相关产业实现产值18亿元。预计到2030年,巴药种植面积将达50万亩,巴药产值占GDP的15%左右。二是"两大平台"支撑。建设秦巴高科现代中医药产业园,重点发展以中药材提取、精深加工、中药研发为主的医药工业产业,建成后年产值将达40亿元;建设川东北中药材仓储物流基地,该基地是全国布点建设的中药材物流基地之一,建成后将实现物流管理与追溯管理无缝对接,中药材年交易量可达50万吨。三是三次产业联动。组建全资国有企业秦岭药业公司,全域规划、建设、管理和营运巴药资源。借鉴"巴食巴适"品牌创建思路,学习云南白药、苗药、藏药品牌开发经验,创建巴药"三品一标"产品12个,建成GAP种植示范基地35个。引进培育中药材加工企业,研发解毒降脂滴丸、醒脑通络微丸等药品57种。建成三级乙等中医院1家,23个乡(镇)均建有标准化中医馆,巴州区获得"全国中医药先进单位""四川省中医药产业发展示范区"等称号。组建秦川旅发公司,推广

“中草药+康养”“中医药+旅游”模式，实现中药产业、医药养生、文化旅游联动发展。

全要素支撑。一是坚持政策带动。巴州区享受“IPO绿色通道”政策，企业首发上市、新三板挂牌即报即审、审过即发。对新引进的药企，给予财政贴息、土地流转、科研经费等方面最大化的政策支持。全面整合财政涉农资金，巴药产业投入每年递增10%，强化落实“巴药发展五项提升工程”奖励，单个新型经营主体最高奖额达200万元。二是坚持基金撬动。设立巴药产业化发展基金7500万元，银行按照基金的8倍投放贷款，已撬动7亿元金融资本支持新型经营主体规模发展巴药产业。三是坚持专班推动。区级成立区巴药产业发展局，明确为七级事业单位，乡(镇)设立巴药产业发展办，村村聘请巴药产业发展员。建设营运四川省中医药科学院巴中产业技术分院，聘请省中医药科学院、省农科院、成都中医药大学等专家教授10余人，每两年举办一次巴药产业发展论坛，打造“产学研”共同体。

全方位推进。一是与脱贫攻坚相结合。在实施脱贫攻坚“万元增收工程”时，鼓励贫困户优先发展巴药产业，让道地巴药成为贫困户的“致富良药”。全区114个贫困村发展巴药8万余亩，带动贫困户人均年增收2000元以上。二是与农村改革相结合。以建设全国农村改革试验区为契机，探索“三权分置”试点，规模流转土地25万亩发展巴药，引进培育新型经营主体406家，改变了“小打小闹”的传统种植局面，提高巴药产业化、标准化和规模化水平。三是与乡村振兴相结合。把巴药产业发展与巴山新居、“四好村”创建、“绿化全川”九大行动结合起来，大力开展道地药材脱毒组培和良种繁育，进一步传承和保护巴药文化，不断开发提升康养旅游产品，让巴药产业成为乡村振兴的重要支撑。

【主要领导人】 区委书记：张平阳；区人大常委会主任：杨斌；区长：杨波；区政协主席：邵瑜；分管农业副区长：张勋。

巴州区编写组

恩阳区

【基本情况】 2017年，恩阳区辖24个乡(镇)3个街道，辖区面积1156平方千米，其中耕地面积76.08万亩，人均耕地面积1.16亩；基本农田54万亩。年末总人口56.93万人(户籍人口)；出生人口6114人，人口出生率10.44‰；死亡人口3315人，人口死亡率5.66‰；人口自然增长率4.78‰。本地水资源总量5.1亿立方米，人均占有水资源量895.8立方米。有林业用地43589.86公顷，有林地面积42472.32公顷，活立木总蓄积量426.37万立方米，森林覆盖率48.45%。

2017年，全区GDP60.56亿元，增长9.5%，其中第一产业增加值15.28亿元，增长3.6%；第二产业增加值21.47亿元，增长14.2%(工业产值71.63亿元，增长20%)；第三产业增加值23.8亿元，增长9.3%。三次产业对经济增长的贡献率分别为10%、51.8%和38.2%。劳务输出20.34万人。全年接待游客267.4万人次，实现旅游收入21.06亿元，其中乡村旅游收入12.6亿元。

公路通车里程2632千米(其中乡村公路2270千米)。社会消费品零售总额22.8亿元，增长13.7%。地方公共财政预算总收入完成5.62亿元，增长26%；公共财政预算总支出42.49亿元，增长13.5%，其中农业投入9.89亿元，占支出的23%。金融机构各项存款余额150.15亿元，比上年初增长16.4%；各项贷款余额74.66亿元，比年初增长53.1%。农业产业化龙头企业省级、市级分别为3个、19个。

有各类学校65所，在校学生52328人，教职工3720人，其中普通中学36所，在校学生20723人；小学40所，在校学生21378人；学龄儿童入学率89.7%，提高1.2个百分点。有卫生机构533个，病床位1654张，卫生技术人员1595人。新型农村合作医疗参合人数49.56万人，参合率98%；新型农村社会养老保险参保人数18.63万人，参保率98%；被征地农民养老保险参保人数3422人。

【年度农业和农村经济运行】 2017年，恩阳区出台了《恩阳区“十三五”绿色农业发展规划》《恩阳区推进农业供给侧结构性改革加快绿色农业发展九大行动方案》《2017年恩阳区芦笋产业发展规划实施方案》等5个规划、政策。实现农业总产值13.07亿元，增长4.6%；增加值7.86亿元，增长4.6%；生态养殖、特色水果、莲藕、芦笋、巴药等特色优势农产品产量保持稳定增长。农民年人均可支配收入达11179元，增长9.8%。在粮食、生猪、蔬菜生产中，科技投入的占比或科技贡献率57.5%。全区农产品质量抽检合格率达100%；建成27个基层农业综合服务站。

2017年恩阳区主要农产品产量

主要农产品	单位	产量	同比(%)
粮食	万吨	30.77	1.6
水稻	万吨	11.31	0.3
小麦	万吨	5.9	1
玉米	万吨	9.49	4.2
马铃薯	万吨	1.54	1.6
油菜籽	万吨	1.74	0.4
蔬菜	万吨	24.77	3
水果	万吨	1.02	−0.4
肉类	万吨	3.95	−3.7
猪肉	万吨	3.27	−4.2
牛肉	万吨	0.3	−0.1
羊肉	万吨	0.08	0.2
禽肉	万吨	0.26	−2.6
兔肉	万吨	0.04	1.6
禽蛋	万吨	1.6	−2.7
水产品	万吨	1.2	12.9

农业产业化发展。全区以“公司+基地+农户”“支部+协会+农户”“专业市场+农户”“合作社+农户”等带动模式，按照点、线、片、带的空间布局，加快特色农业基地转型升级、提质增效。新建优质粮油基地2万亩、“菜篮子”基地2.2万亩、果蔬基地1.35万亩、巴药基地0.715万亩、青贮玉米及饲草基地1.1万亩，新增渔业水面0.4万亩，农业项目投资5.34亿元。创建芦笋、莲藕省级现代农业产业融合示范园区2个，新建休闲农(渔)庄4个。新建农产品产地初加工设施6个，农产品初加工率年增长1.8%，农产品网络销售额占农业总产值的6%。建立产业扶持基金入股分红“136”利益分配机制，创新“235”利益分配机制，实现农业产业化企业、专业合作社、个体农户等共赢。持续加大新型经营主体培育，新培育省级龙头企业3家、市级龙头企业19家、农民专业合作社156个、家庭农场49家、专业大户230户，申报省级示范合作社4个、省级示范家庭农场5家。

农用地产权制度改革。全区持续推广“一清二固三制四流程”集体资产股份制改革经验，对全区439个村(居)全面开展清产核资工

业。全年新(改)建标准化养殖场10个、林下养殖示范片3个,建成铁佛三江口省级畜禽标准化示范场1个。培育巴山牧业、犁夫牧业、锦祥兔业等畜牧龙头企业,巴山牧业全面完成青峪猪产业园及加工厂升级改造工程并在新三版上市,成为全市首家本土上市企业。全年出栏生猪95.23万头、牛8.13万头、山羊24.71万只、家禽300.12万羽,分别增长6.14%、19.21%、1.56%、19.2%;肉类总产量7.2596万吨。实现畜牧业总产值17.32亿元,增长6.13%。

【水产业】 2017年,通江县创新发展诺水河珍稀水生动物保护区、大兴东郡水乡水产园区、广纳水产科技园区三大园区渔旅融合发展模式,并在《农民日报》进行了专题报道;召开全省长江上游鱼类资源养护学术会议。全年新增水产养殖面积5000亩,其中稻鱼综合种养面积4000亩;建成生态水产园2个,新建农业部水产健康养殖示范场1个,累计建成8个。全县水产品总产量1.85万吨,实现产值4.3亿元。

【统筹城乡与新型城镇化】 2017年,通江县开工建设诺江镇五马桥片区、诺江镇城东村、部分乡(镇)、教师公租房等区域危(旧)房棚户区3000户,总投资125054万元,征收拆迁和棚户区改造货币化安置2320户,扶贫连片开发危改1455户,完成城镇(县城)基础设施建设投资5.78亿元,完成"百镇建设行动"试点镇(诺水河镇、广纳镇)基础设施建设计划投资1.9亿元,公共服务设施建设计划投资0.42亿元,就近吸纳农业人口0.16万人;完成产业发展建设投资1.25亿元,辐射带动县域基础设施建设投资2.48亿元,吸纳农业人口0.15万人。加快构建中心城区、重点镇、中心村和聚居点四级城镇体系,新增城镇建成区面积1.12平方千米,全县城镇建成区面积31.36平方千米,城镇常住人口32.5万人,其中县城建成区面积13.5平方千米,常住人口14.5万人,城镇化率达39.2%,城镇绿化率达36.5%。

【新村建设】 2017年,通江县围绕"巴山新居+特色产业+运动休闲+生态旅游"的思路,强力推进幸福美丽新村建设。按照"依山就势、错落有致、产村相融、设施配套"的原则,合理规划布局,打破村域、镇域界限,突出地域特色、文化特色、乡村特色,注重新建、改造、保护相结合,做到危旧房改造全覆盖和产业规模发展,建成诺江镇新华村、春在乡棋子村、空山乡青龙村、文胜乡谭坪村、三溪乡永乐村中心村5个,毛浴镇干溪村、民胜镇弯柏树村等幸福美丽新村70个,兴隆乡安坪村、董溪乡土墙坝村、瓦室镇长春村等聚居点46个;创建省级"四好村"34个、市级"四好村"57个、县级"四好村"137个;编制完成《巴山新居建设规划(2017—2020年)》《通江县2017年开展创建"四好村"活动实施意见》。

【发展"五园"经济,助力脱贫奔康】 通江县是国家新阶段扶贫开发工作重点县。2017年,全县深入落实中央、省、市脱贫攻坚决策部署,按照"宜种则种、宜养则养、宜大则大、宜小则小"的思路,坚持资金跟着产业转、产业跟着贫困户转、贫困户跟着能人转、能人跟着企业转、企业跟着市场转"五转"原则,以贫困村、贫困户脱贫致富为目标,大力发展以菜园、果园、药材园、养殖园、加工园为主的"五园"经济,创新探索出一条环境整治、产业发展和农民增收相结合的新路子。全县已有3680户贫困户建成菜园3500余个、药园1200余个、果园2200余个、养殖园3500余个、加工园600余个。

坚持"三到位",绘制发展"五园"经济的"坐标点"。一是重视到位。出台了《通江县发展"五园"经济助推脱贫攻坚工作实施方案》,成立由县委分管领导任组长,政府分管领导为副组长,有关部门及乡(镇)为成员的"五园"经济专项推进组,建立一月一次的联席工作会议制度,每次联席会议确定1个主题,至少参观1个现场,研究解决"五园"经济发展中的困难和问题。二是规划到位。按照"长短结合,以短养长,多产联动"的发展模式,乡、村两级成立规划小组,由农业、村建、国土、"第一书记"等相关人员组成,充分考虑当地农业基础条件和贫困户发展意愿,精准制订本乡(镇)、脱贫村实施方案,做到"一村一主导产业、一脱贫攻坚产业园、一新型经营主体,一户一规划",确保实现贫困户增收5000元以上。三是监管到位。县上成立督查组,加大督查力度,按照"五园"经济等项目建设要求和技术特点,不定期进行督查,将督查结果对各乡(镇)进行排名,排名与年终考核结果以及脱贫攻坚和产业发展等方面政策挂钩;制定验收办法,对贫困户发展"五园"经济成活率和保存率验收不合格的帮扶干部实行问责追究制。

坚持"三到户",找准发展"五园"经济的"切入点"。一是摸底到户。各乡(镇)分别成立由党委书记、乡(镇)长任组长,分管领导为副组长,乡村干部及帮扶人为成员的工作组,按照"表册填写到位、信息了解到位"的要求,挨家挨户走访贫困户,详细登记家庭概况、庭院使用情况、规划发展意向,做到底数清、情况明,筑牢发展"五园"经济的底部基础。二是把脉到户。组织"第一书记"、帮扶干部、农技员与贫困户面对面交流,测算好种苗采购、工程建设、资金概算等数据,广泛听取贫困户就畜禽养殖、蔬菜种植以及"五园"规划等工作的意见、建议,按照每户至少发展3个致富项目的要求,形成切实可行的"五园"经济建设协议,合力助推"五园"经济发展。三是宣传到户。通过村民大会、"村村响"广播、电视台《兴产业 惠百姓》专栏、宣传画册、手机短信、制作标语、微信QQ群等方式对发展"五园"经济相关政策进行深入宣传,让群众充分了解惠民政策,激发贫困户发展庭院经济的主动性、积极性。依托"4+X"特色优势产业,通过以商招商、出门招商、以会招商、网络招商等形式扩大对外宣传工作,加强沟通对接,努力寻求合作。

坚持"三精准",点燃发展"五园"经济的"引爆点"。一是环境整治精准建园。把"四好村"创建与"五园"经济建设相结合,整合危房改造、易地扶贫搬迁等项目,对贫困群众的房屋进行排危加固和功能提升,进行改厨、改厕和"阴阳沟"整治。对庭前屋后的空地、林地、水塘去杂除灌和修理整形,按照群众主体、因地制宜、合理套作等原则,规范化种植蔬菜、水果,生态养殖山地梅花鸡、鱼、鸭,让菜园、果园成为群众的"致富园"和"后花园"。二是技术培训精准到人。组织贫困村农技员、农业巡回服务小组成员,邀请县农业产业服务团专家,依托农民夜校紧紧围绕生产管理、防疫防虫等贫困群众技术需求,按照群众"点菜"、村上"下单"、专家"下厨"的模式科学设置种养培训内容,采取"理论讲授+实践观摩"的方式到村到户开办讲座1500余场次,培训贫困群众12000余人次,发放资料12500余份,基本实现"村村有科技带头人,户户有致富能手"。三是选树典型精准滴灌。采取"宜种则种、宜养则养、因地制宜、因势利导"的方法,率先启动烟溪乡罗张窝村、青浴乡文昌宫村等6个村的"五园"经济,药蔬、药禽、药果等一园多化特色明显。召开"五园"经济流动现场会,通过科学组织、梯次推进、以大代小、以点带面、滚动发展,做到"精准滴灌",强化"造血"功能,确保"五园"经济的可持续发展,为全县的"五园"经济起到扬帆先行的作用。

坚持"三利用",凸显发展"五园"经济的"闪光点"。一是利用闲置资源。充分利用房前屋后土地、林地、水塘等闲置资源,结合新型农业经营主体在技术、品牌、销售等方面优势,合理套作,"一户一方案""一

园一特色"强力推进"五园"经济发展，做到"门前有菜园，屋后有果园，套种建药园，突出特色养殖园，联户建加工园"，实现了长短结合，降低风险，收益大幅度增加。二是利用各类资金政策。用好、用活、用足产业发展周转金、扶贫小额信贷、产业发展增量奖补、建设集体经济试点村等资金政策，采取以奖代补的形式对"五园"经济发展明显的易地扶贫搬迁户按照5000元/户进行奖补；对危(旧)房改造、环境整治、发展"五园"经济的非易地扶贫搬迁贫困户按照2万元/户标准进行奖补，引导贫困群众参与建设、自主管理。已养100余只土鸡、5～10头猪、2～3头牛，种0.5～1亩蔬菜或水果的"园"越来越多，"五园"逐渐成为增收脱贫的"加油站"。三是利用"互联网+"。除吸引农产品加工企业及商贩到村收购、农户自主到集镇销售、帮扶部门干部代销外，利用贫困村农村电子商务综合服务站的建设，探索线上销售，开展自我推销、订单服务，吸引物流企业开展农产品的配送业务，将贫困户农产品及生产生长环境用图片和文字上传到网店、微信等平台，以"绿色生态"提升农副产品附加值和购买力，拓展销售渠道，大幅度增加收益。

【乡村旅游】 2017年，通江县创建为省级旅游强县、省级旅游扶贫示范区、省级林业生态旅游示范县、省级乡村旅游强县和3个省级森林康养基地，东郡水乡、春在湖晋级为省级水利风景区，光雾山·诺水河世界地质公园创建工作通过联合国教科文组织专家实地评估，唱歌石林森林康养基地入选全国第二批森林康养基地。完成通水路48千米彩林景观廊道、智慧旅游、8个乡村旅游扶贫示范村、22座旅游厕所建设。全面启动全域旅游示范区和王坪国家5A级旅游景区、唱歌石林国家4A级旅游景区创建。全年接待游客576万人次，实现旅游收入46.3亿元。

【农村水利】 2017年，通江县实施市级水利重点项目7个、县级水利重点项目10个，完成投资12.3亿元。青峪口大型水库被列入了全国《水利改革发展"十三五"规划》和《川陕革命老区振兴发展规划》，完成了可研技术文本的编制、库区实物调查和锁定及公示工作。二郎庙枢纽工程全面完工并进入试蓄水，渠系工程完成总工程量的90%。方田坝水库充水隧洞已全面贯通，大坝填筑已达到设计高程，大坝防渗心墙浇筑已全面完成。新投入3300万元在35个脱贫"摘帽"村建成供水工程89处(其中集中供水工程67处、分散供水工程22处)，解决8.5万人(其中贫困人口1.1万人)饮水安全问题。七道河水库中型灌区项目加快推进，完成30座病险水库的除险加固，全面完成2016年度广纳、东山、三溪8个乡(镇)13个村的小型农田水利建设的工程验收及绩效考评工作，完成10个乡(镇)12个村的小型农田水利建设。

【农业机械化】 2017年，通江县大力推进"四新"示范和"六良"配套，深入开展农业生产全程社会化服务试点工作，集中开展育秧、机耕、病虫防治等服务内容，规划建设三溪—广纳—东山—铁佛和诺水河—新场—涪阳—民胜—大兴—火炬2个万亩水稻全程机械化示范片。召开了全市水稻机收现场会，全县的经验做法被农业厅印发简报在全省推广。全县各类农业机械13.5万套，农机总动力达44万千瓦，主要粮食作物综合机械化水平达49%；推广农机新机具3065台，培训农户3038户，实现机耕69万亩、机播7万亩、机收20万亩，推广水稻机插2.5万亩。依托政府购买植保病虫害服务，重点打造东山、陈河、铁佛、金太阳、沙溪、雨花等植保专业合作社6个，防治效果显著提升。

【农村科技】 2017年，通江县取得省级科技成果5项，申请专利78件，研发银耳新品种2个，开发通江银耳精深加工新产品8个，实现总产值22亿元。建成巴山土猪原种场1个，山霸王、光泰科技被认定为国家高新技术企业，裕德源被认定为国家特派员创业示范基地，建成裕德源通江银耳、巴山牧业青峪猪、印山红核桃、巴山娃山地梅花鸡和龙虎山茶5个科技特派员创业扶贫示范基地，培育科技示范户118户，贫困户满意度100%，户均年增收2000余元。开通运行四川科技扶贫在线通江县运管中心，录入县级专家305人、信息员1024人、示范户107720户，举办培训班7期，咨询信息2040条。

【农村教育】 2017年，通江县引资3.2亿元建成超前外国语实验学校；通中高明校区项目全面完成征地拆迁工作、PPP采购和运动场土石方挖填；县实验小学附属幼儿园完成拆迁并开工建设，完成前期投资300万元。全年改薄校舍专项竣工项目32个，竣工率90%。完成4939万元的义务教育均衡发展教育装备类设施招标采购及总价为1500万元的音体美器材采购；投入资金3000万元，建设"有盘"网络计算机教室33间、云计算网络教室122间，配置学生计算机和计算机应用终端6691台，中心校网络多媒体教室、电子白板、"班班通"设备覆盖率达100%，全县生源村小教学点均实现"数字教育资源全覆盖"。通江二小、通江三小等15所学校被市教育局评为"立德树人·正品成格"新德育实践与研究实验学校及示范学校；民胜小学被评为全国"国防教育特色学校"，赤江小学被评为"省校园诚信文化教育试点学校"，通江中学被评为"四川最美校园书屋"，通江中学、实验小学、涪阳中学、民胜小学、沙溪小学被评为"省级文明校园"，10所中小学被评为"市级文明学校"。

【农村文化】 2017年，通江县以"千村文化扶贫行动"为契机建成村综合文化服务中心41个、幸福美丽新村文化院坝8个、文化活动室35个、阅报栏31个，完成524个行政村农家书屋补充更新工作，启动县群众文化活动中心装修；"三李"故居完成抢救性保护修缮，"六馆一站"常年免费开放，电视"户户通"、广播"村村响"实现全覆盖，县有馆、乡有站、村有室的三级公共文化服务体系全面形成。精心组织各类文化惠民扶贫活动，先后组织各级作协会员100余人次深入脱贫攻坚一线采风创作4次，捐赠文学书籍700余册。

【农村卫生】 2017年，通江县推进乡村卫生一体化改革、建档立卡贫困人口慢病管理、养老护理员培训、"互联网+医疗"、智能家庭医生签约服务等医改特色亮点工作，基层首诊率达90%以上，家庭医生签约服务覆盖率达50%以上，重点人群签约服务覆盖率达80%以上，贫困人口签约覆盖率100%。实行"十免四补助"、贫困人口县域内住院先诊疗后结算及"一站式"服务，个人自付医疗费用比例控制在10%以内。全年贫困人口县域内住院32576人，医疗总费用13912.41万元，基本医疗保险、大病保险、医疗扶助等支付13398.87万元，个人支付513.54万元，个人自付占比3.7%。

【农村法制建设】 2017年，通江县持续深化"七五普法""法律七进"，推动实现普法对象、普法区域、普法内容3个100%。建立健全法律援助"绿色通道"，完善"一村一顾问"工作机制，全县49个乡(镇)524个行政村法律顾问覆盖率均达100%，累计提供法律援助7101人次。创新开展"守禁令、维权益、促发展、保稳定"执行大会战，受理执行案件1652件，执结1504件，选配法律志愿者、宣讲员1088人，累计发放法治宣传资料300余万份，举办法治讲座200余场次、法治宣传汇演38场次，放映农村公益电影4946场次，普法内容和普法对象覆盖率均达100%。

【农村交通】 2017年，通江县启动实施市县重点项目共计31个，完成年度交通项目投资27.42亿元(增长389%)，新(改)建道路834.6千米。

《县城至诺水河一级公路完成项目建议书》编制完成并报送省发展改革委、交通运输厅;省道302线漆(树)梓(潼)路魏家至小江口段改建项目小江口至至诚段已全面完工,至诚至魏家段PPP项目完成SPV公司组建且已进场施工。省道304线通(江)洗(脚溪)路改建项目县城至春在段累计开挖土石方6.87万立方米,累计砌筑挡墙2.9万立方米;沙(溪)洪(口)路完成投资2800万元;启动县、乡道,脱贫村道,联网路,产业路等农村公路建设1487.8千米;完成260.26千米农村公路安保工程等项目建设。

【农村社会保障】 2017年,通江县城乡居民基本养老保险覆盖人数28.79万人,城乡居民医疗保险覆盖人数73.1万人,城乡居民基本医疗保险参保率达97%,26684名特殊困难群体享受政府代缴保险费,养老金领取人数10.73万人,年发放养老金1.02亿元。建档立卡贫困人口109558人已全部参保医疗保险,报销住院医疗费用10993万元,享受医保扶贫金额3796万余元。城乡居民医疗保险参保人数73.06万人,上缴个人保费10.96亿元。全县被征地农民新增参保人数457人,应缴养老保险费4643万元,其中政府承担2786万元、个人承担1857万元。

【农村生态建设及环境保护】 2017年,通江县全面完成34件中央环保督察组交办的信访案件整改任务,完成省环保督察组反馈问题年度整改任务66个,自查整改国家和省级自然保护区环保问题66个,完成双随机执法任务92件,立案查处环保违法行为41件,实现环保目标考核由扣分目标到评分目标的重大突破。完成新场镇等5个乡(镇)生活垃圾热裂解处理场建设、25个乡(镇)生活垃圾无害化处理场建设。配套建设8个乡(镇)污水收集管网,建成9个乡(镇)污水处理站。主要河流出境断面水质达到地表水Ⅱ类标准,乡(镇)集中式饮用水源地水质达标率超过90%。划定省级以上生态保护红线1395.86平方千米,实施土地整治项目29个,新增耕地面积1.86万亩,治理水土流失面积20平方千米,建成省级森林康养基地2个、国家级森林康养基地1个,森林面积、森林蓄积分别增长2.3万亩、10.59万立方米,通江县获得“全省首批木本油料重点县”“全省森林草原湿地生态屏障重点县”称号,空山镇入选省级森林小镇。

【农产品质量安全监管】 2017年,通江县农产品质量安全检验检测中心全面建成并成为全市首个通过“双认证”(机构、资质)的县(区),通过省级农产品质量安全监管示范县复审,成为全市首个国家农产品质量安全创建县。全年完成省、市农产品质量安全例行抽检样品133个,合格率100%;共完成县级定性抽检样品2596个,定量检测样品189个,合格率100%。畜产品抽检88个,合格率100%;水产品例行抽检60个,合格率达100%。全年无重大农产品质量安全事故发生。

【农村市场体系建设】 2017年,通江县新登记设立农专社244个,出资总额9.1亿元。县内保险业实现保费收入5.26亿元(其中政策性及特色农业保险2421.31万元),赔付1.13亿元,赔付比21.48%。县农担公司在保余额1.93亿元,与省农担公司合作的批量型和集合型担保业务508笔、金额7219.3万元,自营业务80笔、金额1.21亿元。

【农村留守儿童(学生)帮扶】 2017年,通江县围绕“帮助一个孩子、温暖一个家庭、服务一片群众、稳定一方社会”的目标,强化保障,夯实基础,确保长效,着力构建关爱服务体系,基本实现了关爱工作“全覆盖、无遗漏、无死角”。全县247个教学点建设了“儿童之家”,建成率100%;在56个村建设了“儿童之家”,举办留守儿童阅读公益接力活动200余场。在乡(镇)级以上学校安装“校讯通”,并协调运营商为留守学生亲情长话免费;投入1000万余元在“儿童之家”设立了视频联系点,为留守儿童搭建了与父母面对面交流的平台。

【劳务开发与返乡创业】 2017年,通江县发放创业担保贷款3807万元,扶持城乡劳动者入驻创业园、商业街,3200人成功创业。省级创新创业孵化园实现入驻企业52家,累计投入资金1.5亿元。回引各类返乡创业人员726人,回引创办100万元以上经济实体130家,发放返乡创业贷款4141万元。开发公益性岗位1146个,帮助困难人员就业892人,实现农村劳动力转移就业21.6万人。组织开展青年劳动者技能培训923人,农民工就业技能培训2451人,岗位技能提升培训246人,劳务品牌培训390人,创业培训638人,培训合格率达97%以上。

【主要领导人】 县委书记:孙辉;县人大常委会主任:杨森儒;县长:王军;县政协主席:闫丕川;分管农业副县长:万学成。

通江县编写组

平 昌 县

【基本情况】 2017年,平昌县辖14乡29镇1个街道,辖区面积2229平方千米,其中耕地面积105万亩,增长0.8%,人均耕地面积1.3亩;基本农田84.26万亩。年末总人口100.6万人(户籍人口),减少0.6%;人口出生率10.64‰,增加0.02个千分点;人口自然增长率4.43‰,增加1.16个千分点。全县耕地有效灌面和保证灌面分别达到耕地总面积的47.73%和63.67%;本地水资源总量0.9亿立方米,人均占有水资源量88.1立方米。有林业用地10.24万公顷,有林地面积9.89万公顷,活立木总蓄积量1080万立方米,森林覆盖率51.04%。

2017年,全县GDP145.52亿元,增长8.3%,其中第一产业增加值22.96亿元,增长3.8%,农、林、牧、渔及农林牧渔服务业之比为46.86∶2.4∶39.04∶9.25∶2.43;第二产业增加值82.28亿元,增长9.7%(工业产值205.5亿元,增长17%);第三产业增加值40.28亿元,增长8%。三次产业对经济增长的贡献率分别为7.44%、64.79%和27.78%。劳务输出32万人,收入33.6亿元。全年接待游客516.06万人,实现旅游收入40.24亿元,其中乡村旅游收入40.24亿元。

公路通车里程6582千米(其中乡村公路6199千米),密度2.95千米/平方千米,65.43千米/万人。社会消费品零售总额72.23亿元,增长12.9%。地方公共财政预算总收入完成8.27亿元,增长3.04%;公共财政预算总支出54.95亿元,增长13.92%,其中农业投入92708万元,占支出的16.87%。金融机构各项存款余额228.97亿元,比上年初增长14.32%;各项贷款余额118.41亿元,比年初增长18.67%,其中支持农业产业化发展项目贷款9800万元。全年农业保费收入5.83亿元,增长26.57%;处理各项赔款和给付金额1.51万元,增长106.85%。完成农业产业化项目35个,完成投资89660万元。农业产业化龙头企业国家级、省级、市级、县级分别为1个、5个、38个、129个。

有各类学校89所,在校学生128076人,教职工8783人,其中普通中学13所,在校学生30572人;小学44所,在校学生93493人;学龄儿童入学率100%。完成省级以上科技成果1项,1项科技成果获省级及以上科技进步奖。有艺术表演团体73个,文化馆1个,公共图书馆1个,博物馆1个。有卫生机构727个,病床位4373张,卫生技术人员3689人。全县城乡居民基本医疗保险参保人数802957人,参保率98.13%,城乡居保覆盖人数达25.02万人,基本医疗保险参保覆盖人数达102万人,参保率达97.2%,被征地农民养老保险参保人数27638

人，占被征地农民总人数的50.1%。

【年度农业和农村经济运行】 2017年，平昌县出台了15项规划、政策。实现农业总产值43.72亿元，增长3.28%；农业增加值23.54亿元，增长12.01%。农民年人均可支配收入达10895元，增长9.7%。完成农业产业化项目35个，完成投资89660万元。在粮食、生猪、蔬菜生产中，科技投入的占比或科技贡献率42%。全县农产品质量抽检合格率常年稳定在97%以上；建成47个基层农业综合服务站。

2017年平昌县主要农产品产量

主要农产品	单位	产量	同比(%)
粮食	万吨	39.41	1.54
水稻	万吨	14.73	1.02
小麦	万吨	5.6	0.68
玉米	万吨	12.22	2.78
油菜籽	万吨	3.82	1.98
水果	万吨	4.78	10.65
肉类	万吨	7.7114	4.73
猪肉	万吨	6.3828	4.55
牛肉	万吨	0.8032	5.6
羊肉	万吨	0.0675	3.85
禽肉	万吨	0.4383	5.18
兔肉	万吨	0.0166	5.06
禽蛋	万吨	1.1121	3.99
水产品	万吨	2.8	2.25

农业产业化发展。全县大力推行农民专业合作、土地股份合作、资金互助合作“三大合作”模式，推动农村土地有序流转，规模发展“六大特色产业”，全县发展茶叶面积23.8万亩，覆盖15个重点乡（镇）91个村，有茶叶加工厂15家，创建“秦巴茗蘭”“蜀山秀”等茶叶知名品牌13个；发展青花椒18.1万亩，建成青花椒初加工厂10家，占地100亩青花椒产业园区开工建设，“平昌青花椒”成功创建为国家地理标志产品；发展中药材10万亩，通过招商引资、回引创业等形式发展种植业主62个，建成天泰、兆瑞等中药材初加工厂7家，秦巴本草中药饮片生产企业1家；发展核桃6万亩，栽植优质核桃150余万株，建立良种繁育基地1500亩；发展水产养殖面积9万亩，建成水产园区2个、水产专业村5个；发展水果种植面积5万亩，建成板庙浆果产业扶贫大园区，示范带动江口大运、驷马革新、元山中岭、笔山狮岭等一批水果种植示范村。坚持向产业链要效益，大力推进农产品精深加工，以东城电子商务城为核心的电商创业集中区、以鹿鸣为核心的茶叶加工集中区、以岳家为核心的花椒加工集中区、以泥龙为核心的水产加工集中区、以青凤为核心的中药材加工集中区、以三十二梁为核心的康养度假集中区、以星光工业园为核心的工业加工集中区7大加工集中区加快建设。建成茶叶加工厂13个、青花椒初加工厂10个，引进巴药成品生产企业1家以及初加工厂7家，发展水产品加工厂1家，青花椒产业园区开工建设。每个加工厂经验收合格，分别给予一次性50万元奖励补助。

农用地产权制度改革。全面完成清产核资确权颁证。坚持“八权一股”应确尽确，全县完成农村土地承包经营权确权登记面积115.6万亩，制证12万余本，占全县总户数的65%；颁证9万余本，占全县总户数的50%；完善档案资料5000余卷。村集体建设用地、宅基地登记发证率达98%，试点发放特色产业权证、农业标准化基地用益物权证67本。认真开展“三权分置”试点工作。在青凤镇凤山村率先启动农村土地所有权、承包权、经营权“三权分置”试点工作，制订了《平昌县推进农村土地所有权承包权经营权分置试点方案》，通过准确分置“三权”、优化颁证程序、规范抵押登记、严格产权估价、规范报批程序、严格风险防控等步骤，扎实推进试点工作，基本建成确权、颁证、评估、抵押、贷款等“一条龙”服务的农村产权抵押贷款模式，试点村成立的迎凤水稻种植专业合作社将农村土地流转经营权证、农业特色产业所有权证作为抵押与平昌农科村镇银行协商贷款80万元，有效解决了“融资难”“担保难”问题。推进土地托管。在元山镇开展土地托管试点工作，通过新建为农服务中心、改（扩）建村级为农综合服务站和修建土地托管片区田间作业基础服务设施，提升元山供销合作社对灵山片区818户农户、5000亩土地托管服务的综合能力，带领农民增收致富。建立用地保障机制。制订了《平昌县城乡建设用地增减挂钩试点项目助推脱贫攻坚实施方案》，全面推进城乡建设用地增减挂钩试点改革，切实盘活农村存量建设用地；在青凤、元山、云台、粉壁、得胜、坦溪6个乡（镇）的贫困村实施城乡建设用地增减挂钩项目，涉及新建点18个。全年新增建设用地120公顷，其中10.1%用于信义果蔬市场、秦巴药业、花椒产业保险与加工等新产业新业态发展；出台了《平昌县农村宅基地有偿退出办法（试行）》鼓励农户主动退出闲置、空闲和废弃的宅基地的，探索有偿退出机制，特别是针对农村土坯房、危房等。探索村庄整治、宅基地整理入股、联营等机制，推进一二三产业融合发展。

村级集体经济快速发展。全县出台了《关于进一步发展村级集体经济的通知》，落实责任部门和责任人，指导和帮助贫困村发展集体经济。在所有行政村成立农村集体自产管理公司，完成所有行政村闲置土地、山林、水域、办公房等集体资产资源和财政支农资金、财政专项扶贫资金、各级帮扶捐助资金等股权量化给社员和村集体。出台《平昌县农村集体产权制度改革实施方案》《关于进一步推进农村土地承包经营权规范有序流转发展农业适度规模经营的实施意见》等农村集体资产管理监督和分配制度，切实保护农民群众合法权益。坚持以集体资产股权量化为抓手壮大村集体经济，全县完成519个行政村清产核资、15个乡（镇）集体资产股权量化，2017年35个脱贫“摘帽”村完成财政资金股权量化改革，实现集体经济收入累计589369元，人均收入达10.54元，集体经济达标率达100%。

农产品品牌战略实施。全县坚持“市场经济就是品牌经济”理念，全面实施老品牌升级、新品牌培育和优势品牌整合“三大战略”，依托“巴中云顶”“巴食巴适”等区域公共品牌，引导企业成功创建秦巴云顶、秦巴茗兰、蜀山秀、水乡贡米、杨势风干鱼、朱老头等一批绿色知名品牌。其中，秦巴云顶、笔峰蕊芽、蜀山秀等7个茶叶品牌连续获得第五届、第六届中国四川国际茶博会金奖，秦巴茗兰系列绿茶获2017年度亚太杯特别金奖，平昌荣获全省20个茶叶产业重点县、全国十大魅力茶乡。全县已有27家企业、48个品种申请到有机产品认证或转换认证。全年新创“三品一标”农产品8个，“平昌青花椒”创建为国家地理标志产品。立足品牌兴县，全面实施老品牌升级、新品牌培育和优势品牌整合“三大战略”，培育有机品牌13个、茶叶品牌13个、国家地理标志保护产品4个、“三品一标”农产品198个。

现代农业园区建设。全县在吸纳权威专家实地研判意见、听取干部群众广泛讨论建议的基础上，结合“六大扶贫片区”脱贫攻坚实际，

确立了全县“一核四区”的产业园区建设规划。规划不仅由县委县政府出台正式文件，而且由县人大常委会通过并形成决议，避免因人废事、人去政息，做到“一张蓝图绘到底、一届接着一届干”。深刻剖析产业发展习惯、优势、方向和资源承载能力、市场供需及业主农户意愿，宜工则工、宜商则商、宜农则农、宜旅则旅，做到“一园一业、一园一特、一园一景”，让每个园区都有自己的特色，让每个特色都能成为农民增收的亮点，实现科学建园、特色立园。突出全域覆盖，差异打造特色产业园区。建农业产业园区。走“产业围着新村转、新村围着产业建”的产村相融路子，园区向“六大扶贫片区”覆盖、产业向所有贫困户覆盖，大力建设产业新村、扶贫新村。全县六大农业特色产业面积突破70万亩，每个乡(镇)至少建成3000亩农业产业园区，每个脱贫村至少建成1000亩农业产业园区。建农业科技园区。立足每个产业园区有1个科技专家团队作智力支撑，组建园区科技专家团队15个、特派科技小组25个，着力建设“生产+加工+科技”的农业科技园区。全年共有25家企业与14所高校、科研院所开展技术合作，创建农业科技园区10个。建农产品加工园区。突破发展农产品初加工和精深加工，提升农产品加工转化率和附加值，建成加工集中区4个、农产品加工企业达36家、乡(镇)产地预冷库390个。建三产融合园区。认真落实《关于加快推进现代农业产业融合示范园区建设的意见》精神，实施“产业园区+乡村旅游、森林康养、电子商务”行动，打造“田园风光·水乡平昌”。建成三产融合园区12个、森林康养产业园区3个、电子商务物流园区3个。全年建成现代农业园区22个，园区综合产值突破10亿元，农民年人均纯收入新增1200元以上，示范带动全县46个贫困村1.83万贫困人口实现脱贫“摘帽”，云台三十二梁被列为省级现代农业产业融合示范园区。坚持机制创新，充分释放园区发展活力。成立茶叶、花椒、巴药、核桃产业发展领导小组，由县级领导任组长、相关部门负责人为副组长和成员，下设县花椒办、茶叶办、巴药办、核桃办，建立“一个产业、一名领导、一套班子、一个责任单位、一张推进时间表”的“五个一”组织领导机制，专班专人推动特色产业园区发展。深化“八权一股”确权颁证，推进承包土地“三权分置”，推行农民专业合作、土地股份合作、资金互助合作“三大合作”模式，采取订单农业、龙头企业(专合组织)+基地+农户等模式，建立合同订购、保护价收购、盈余分配、股金分红、利润返还、二次分红、风险基金和全产业链服务等制度，有效规避农业自然风险和市场风险，带动农户持续稳定增收，全县新型农业经营主体带动贫困户面达75%。推行业主投入为主、信贷支持帮扶、项目实施配套、部门协调服务“多轮驱动”机制，通过“一事一议”、招商引资吸纳社会闲散资金，最大限度发挥奖补资金乘数效应。县财政按每年增长20%预算，主要用于园区产业发展和基础建设。实施“金融+农业+园区”模式，促进“政银企农”四方联动，走大金融撬动大园区发展大产业促进大脱贫的路子，2017年为发放园区企业贷款5500万元、扶贫小额贷款1500万元。

【种植业】 2017年，平昌县粮食作物播种面积112.21万亩，增加0.23万亩；产量39.41万吨，增加0.6万吨。其中，小春粮食作物播种面积36.6万亩，产量9.42万吨，增长1.1%；大春粮食作物播种面积75.61万亩，产量30.11万吨，增长0.45万吨。新建茶叶基地5.5万亩，全县茶园总面积达25.8万亩，覆盖15个重点乡(镇)96个村，惠及建卡贫困户3.43万人。全年投产茶园8万亩，茶叶加工总产量达0.44万吨，增长62.4%，实现产值6.37亿元。新发展巴药2万亩。发展水果种植面积9万亩，建成了板庙浆果产业扶贫大园区，示范带动江口大运、驷马革新、元山中岭、笔山狮岭等一批水果种植示范村。全县在灵山、白衣、高峰等10个重点乡(镇)建成优质莲藕基地2.5万亩。建成食用菌产业园区1个，建设“菜篮子”种植基地2.4万亩。

【林业】 2017年，平昌县新建花椒产业基地7.8万亩，栽植种苗800余万株，大田繁育营养杯苗900万株、原床育苗播种1000千克，全县花椒产业基地突破18.3万亩，建成乡(镇)花椒初加工厂15家，举办了平昌县第二届青花椒文化旅游节和首届平昌青花椒论坛。新建核桃育苗地300亩，完善川早核桃采穗圃，培育核桃砧木近150万株，年出核桃嫁接优质壮苗70万株。2017年3万亩花椒、1万亩核桃实现初挂果，实现产值近3000万元，两大产业覆盖贫困村122个、贫困户7400余户、贫困人口2万余人，贫困户依靠两大产业户均增收1500余元。完成镇龙山国家森林公园在第二轮总体规划修编和镇龙山康养基地概规，平昌县获得“首批林业生态旅游示范县”称号。全年植树总里程76.8千米(含产业道路)，共植树10.26万株。全面推进全域绿化，大力实施“九大绿化行动”，完成白衣景区建设，老街绿化、省道101线景观道路绿化彩化，绿化道路46千米，栽植樱花、枫香、银杏、红叶李等各类苗木近80万株，完成五一高边坡生态修复工程，顺利迎接中央、省、市对自然保护区、国家森林公园的环保督查工作，完成国家森林城市创建。常年管护国有林1.3万亩，巩固退耕还林成果12.6万亩，补偿集体公益林46.99万亩，实施新一轮退耕还林2万亩，撬动两大产业发展10.1万亩，向农户兑现退耕还林、公益林补偿资金3769万元，带动社会投资两大产业2.5亿元。实施新一轮退耕还林带动茶叶、花椒、核桃产业发展的成功经验，得到林业厅、国家林业局认可，在全国推广；桤木良种基地通过国家林业局审批认可，入选第三批国家重点林木良种基地名录，正式成为国家重点林木良种基地。全县森林病虫成灾率控制在3‰以内，无公害防治率达100%，种子、种苗产地检疫达100%，森林火灾损失率控制在0.1‰以内。

【畜牧业】 2017年，平昌县建成青凤玉鹿种养循环示范养殖园区1个，在兰草、笔山等地建成畜禽标准化养殖场11个，生猪出栏90.57万头、牛出栏6.7万头、羊出栏4.62万只、禽出栏290.85万只，分别增长4.55%、5.6%、3.8%、5.19%。肉类总产量7.7万吨，增长4.69%；禽蛋产量1.11万吨，增长3.99%。实现畜牧业总产值21.58亿元，增长4.83%。

【水产业】 2017年，平昌县发展水产基地9万亩，其中标准化池塘面积5万亩、农村家庭小鱼塘1500余口，培育水产专业合作社142家、水产养殖科技园区3个、家庭农场5家。泉莲甲鱼，恒禾达大口鲢、鳜鱼，高峰泥鳅获得国家有机产品认证，创建泥龙恒禾达和广发泥鳅国家健康养殖示范场2个。全年水产品总量2.8万吨，实现渔业总产值3.3亿元。

【统筹城乡与新型城镇化】 2017年，平昌县深入实施“六大提升”工程，黄滩坝大桥、星光大桥、白家咀大桥建成通车，黄滩坝滨河路、物流园连接线全面竣工，白家咀大桥至星光大桥环城路、金宝至响滩道路加快推进。绵实外国语平昌分校、西南大学第三实验学校对外招生，思源实验学校二期工程主体竣工，平昌中学金宝校区、县第二人民医院、县妇幼保健计生服务中心、公交总站提速推进，“四馆三中心”规划实施，黄滩坝山地公园、城市公园加快建设，“七古水街”开街营运，火车站商贸综合体正式营业，宜居宜业宜商宜游新城加速崛起。旧城功能持续完善。大力实施“两改三化四建五治”工程，完成东互通棚户区改造和归仁巷等背街小巷改造，下龙潭溪棚户区改造(一期)和堤防建设同步推进；完成新平街黑化，城市亮化、美化成效明显；龙潭溪湿地

公园和下龙潭溪滨河休闲绿廊初具形象，新建通巴两河桥头等小公园、小广场、小绿地9个，新增城市绿地3万平方米，市民休闲游憩运动场所更加丰富便利；新华市场迁改工作稳步推进，果蔬集散中心即将投运；启动建设货运停车场3处，优化盘活新增停车泊位2000余个，建成城市公厕5座；深入开展"城市管理提升年"活动，强力整顿规范夜市摊点、修车、洗车等场所，江口夜市一条街开街营业，两江国际商贸园开园营运，老城功能和形象持续提升。特色镇村建设持续推进。着力构建"点线面、镇村街"多层次多极点的特色镇村体系，驷马镇获评为"第二批国家级特色小镇"，白衣镇获得"全国历史文化名镇"称号，板庙、鹿鸣、青凤马垭等特色镇村群落建设初具成效。龙尾村获评"全国美丽休闲乡村"，巴灵寨等12个村通过传统村落省级评审，米仓古道申遗工作全面启动。常态开展"三违"治理，镇村建设持续规范。生态治理坚实有力。牢守生态红线，标本兼治突出环境问题，建成县城第二污水处理厂、星光工业园污水处理厂、星光工业园堤防，新建城镇截污干管35.5千米。深入整改中央、省、市环保督察反馈问题，县城集中饮用水源取水点搬迁供水，完成环保违法违规建设项目清理整顿，立案查处环境违法案件47件。深化落实"河长制"，在全市率先实行"河道警长制"，强力开展场镇污水、畜禽养殖、农村面源污染综合治理，河湖管护体系有效构建，主要河流出境断面水质持续达Ⅲ类以上标准，完成16个行政村农村环境连片综合治理，城乡生活垃圾收集转运体系即将投运。深入实施"九大绿化"行动和"增绿添彩"工程，获得"首批省级林业生态旅游示范县"称号，省级卫生县城通过复审，城乡生态环境日益改善。

【新村建设】 2017年，平昌县坚持城乡融合发展，积极构建以县城为中心、特色镇为支撑、"四好村"为节点、聚居点为基础的城乡一体化发展格局。整合易地扶贫搬迁、危旧房改造、土地增减挂钩等项目，大力推进新村建设，完成农村危房改造1.58万户、易地扶贫搬迁1586户5837人，全面建成板庙大石、白衣黄鹤、岳家观音、坦溪青云、江口八庙中心村5个和驷马创举、云台龙尾精品村2个，建新村聚居点55个、扶贫新村35个、幸福美丽新村75个。完成巴山新居数据录入，全县累计建成聚居点309个、自然形成聚居点560个。扎实开展"四好村"创建，全县以中心村、幸福美丽新村、文明村和产业园区、旅游景区、交通节点村为重点，创建省级"四好村"30个、市级"四好村"59个、县级"四好村"125个。坚持交通先行完善路网体系，深入推进第三轮交通大会战，新建白衣、响滩等至县城快速通道6条，硬化村社道路1220千米，村道加宽改造完成率100%，全面启动村道联网和"三边"村组组通工程，获得"全国全省'四好农村路'示范县"称号。强化能源通信建设，加快电力迁改、农网改造升级，建成张公220千伏输变电站工程，改造输变电线路500千米，53个脱贫摘帽村每村规划建设1个50千伏光伏发电站；完成43个乡(镇)、所有新村聚居点有线电视数字化改造；31个乡(镇)用上天然气；新建沼气池3500口。坚持三治结合强化乡村治理，以自治为基、法治为本、德治为先，推行"三双向一质询"和"村民说事会"制度；开展法律"七进"活动，创建为全国法治示范县；建立农村"三务公开"制度，推行"一长五员"管护机制、"四议两公开"民主决策机制、"三双向一质询"群众监督机制，制定完善村规民约，持续开展"做感恩善良、自强自立平昌人"教育，依托"四好村""最美平昌人""幸福家庭""新乡贤"等创建评选活动，涵养优良家风、淳朴民风、文明乡风。

【农村扶贫和移民工作】 2017年，平昌县累计投入财政扶贫资金17.14亿元，同步推进129个非贫困村和67个贫困村的精准扶贫和精准脱贫工作。完成村道加宽821.3千米、社道硬化729.8千米，整治塘堰68口，解决2万余名贫困人口饮水安全问题，实施农网升级改造245千米，建设村级淘宝站点67个，实施宽带乡村67个；建设特色产业基地25万亩，支持4.6万贫困人口发展小微经济；完成农村危房改造2466户，实施易地扶贫搬迁5595户18295人；维修改建村小学79所，新(改)建村卫生室49个，建设村文化室61个，实施电视"户户通"7061户、广播"村村响"188个村，新(改)建村级组织阵地7950平方米，配套村便民服务点设备213套；足额下达2014年、2017年贫困户增收项目资金，帮助4.6万贫困人口发展增收产业，实现稳定增收；下达2016年秋季"雨露计划"资助补助35.7万元，惠及476人；扎实组织开展"扶贫日"系列活动，营造人人参与扶贫济困的良好社会氛围，167家单位相应号召踊跃捐款，共募集善款1828353.2元。大力实施澌滩、笔山、望京—界牌和镇龙—喜神4个片区6个乡(镇)84个村的连片扶贫开发，完成投入110634万元，新(改)建村级组织阵地38处；完成农村危房改造1652户，实施易地扶贫搬迁786户2474人，建成集中安置聚居点14个；建设村组道路550千米，整治山坪塘240口，新建蓄水池120口，建成高效节水灌溉1800余亩，解决1.4万人饮水安全问题，实施农网改造1990户；支持1254户贫困户发展小微经济，规模发展茶叶、花椒、核桃等特色产业7万亩；维修加固村小14所，建设卫生室21所、村文化室26个，实施电视"户户通"1600户、广播"村村响"22个。彩票公益金项目验收结束。完成2015年彩票公益金支持革命老区小型基础设施建设项目竣工验收绩效评价，项目全面完成规划建设任务，资金全部落实到位，管理使用得当，工程质量达到设计标准，后续管理办法落实、运行状况良好，实现了预期目标。

移民后扶有序推进。全年享受移民后扶直发直补政策4387人，兑现资金197.7万元；全年移民后扶指标项目658.26万元，规划项目74个；2016年度整体脱困项目50个，项目资金1602万元；移民避险解困试点项目，总投资8694.74万元。定点扶贫和招商引资成效显著，引进企业帮扶32家，投入资金1850万元；成立专业合作社535个，投入资金7260万元；创办经济实体养殖大户50家，投资11500万元。引进四川美日佳生物质能源有限责任公司，在12个重点贫困村建立秸秆碳化合作社。

【乡村旅游】 2017年，平昌县特色打造"两镇两山"旅游目的地，加快建设旅游强县，白衣古镇一期工程全面竣工并对外营运，驷马特色小镇大峡谷景区主体完工，佛头山民俗文化区初步成型，金宝山森林康养产业园交通路网基本形成、节点景观加快推进；平昌旅游集散中心建成营运，镇龙山、三十二梁景区获得"全国森林康养基地试点建设单位"，创建白衣古镇、皇家山2个国家4A级景区，全县4A级旅游景区数量达到7个，全县共创建国家级旅游品牌14个、省级旅游品牌53个，被评为全省旅游扶贫示范区。加强宣传营销，提升乡村旅游发展质效，完成央视黄金时间段平昌旅游宣传广告投放，拍摄制作了《平昌—红色家园的绿色交响》专题宣传片，完成在百度地图重点景区图片资料标注和成都—巴中列车冠名、动车视频及列车公共读物书刊旅游广告投放；开通万州，成都、广元、达州等重点客源市场旅游直通车，逐步实现了与周边景区、重点客源市场资源互推，客源互送。利用四川《幸福耙耳朵》栏目拍摄和中央电视台综艺节目《星光大道》海选等活动开展旅游营销活动8次；利用携程、驴妈妈等网络平台，自驾游组织、旅行社的公众微信平台和手机客户端追随策划"旅游大事件"15次，吸

引和带动游客50万人次;承办全省第八届乡村文化旅游节(平昌分会场)、全国红会培训班培训等活动,参与了第三届巴中云顶茶文化旅游节、巴人文化艺术节、环中国自行车赛、白衣音乐帐篷节、白衣首届国际钓鱼节等省、市有影响的节庆活动举办,指导景区、乡(镇)举办帐篷露营节、荷花节、桑葚采摘节等活动20余次。全年共接待游客516.06万人,实现旅游收入40.24亿元。

【农村水利】 2017年,平昌县实施到田到土田间工程,实现"渠成网、田成块、路相连、旱能灌、涝能排",建高标准农田4.83万亩、提灌站15处。新建和整治各类"小农水"工程314处,"小农水"新增灌面1.6万亩。大力实施农村安全饮水工程,实现饮水覆盖到户,建成519处农村集中饮水工程,解决23.9万人饮水安全问题。

【农业机械化】 2017年,平昌县装配农机总动力53万千瓦,培育农机合作社18个,新建、改造提灌站27个,机电提灌保灌面积达18.6万亩,主要农作物耕种收综合机械化水平达49.32%,机械化作业面积增长7.2%。

【农村科技】 2017年,平昌县建成"四川科技扶贫在线"平昌县平台,有效解决贫困村2780条科技需求;建立完善茶叶、中药材、核桃等产业技术服务中心,组织科技特派员服务团队,扎实开展技术指导、培训、咨询等科技服务。实施"科技+"行动计划,培育发展优势产业。落实分解"科技+"行动计划目标任务,实施一批科技含量高、带动力强的科技项目,抓好科技引领优势特色产业的发展。强化科技精准扶贫,助推县域脱贫攻坚。开展146个贫困村农业科技人员精准扶贫派驻工作,抓好省级科技扶贫示范乡(镇)2个、示范村5个、示范户25户,县级科技扶贫示范村18个、示范户149户,推行精准扶贫挂包单位、科技扶贫项目承担单位"多对一"、科技人员"一对一"的帮扶机制。建立和完善"三十二梁"茶旅产业科技扶贫示范基地,并得到市级认定。加强科技宣传培训,抓好人才培养工作。推进"三区"科技人才计划实施,选派省级专家14名深入产业基地和企业开展技术研发、成果转化和技术推广,选派1名创业典型参加在中国青年政治学院举办的秦巴山片区第三批科技特派员农村科技创业骨干培训班,选派2名科技人员骨干参加了在四川农业大学举办的培训班。大力开展科技培训,举办巴药产业实用技术培训班4期,邀请四川农业大学、四川省农业科学院、四川省林业科学院专家举办农业产业扶贫技术培训2期,培训科技人员、专合组织负责人、种植大户900余人次。认真组织大型科技宣传推介活动,组织企业参加全省科技活动周"创新创业大讲堂"活动、中国(北京)国际现代农业博览会和全国科技活动周"科技扶贫—精准脱贫成果展"、第五届中国(绵阳)科技城国际科技博览会、第二十四届中国杨凌农业高新科技成果博览会和2017年全国"双创"活动周,集中展出具有平昌特色的系列产品30余个。

【农村教育】 2017年,平昌县义务教育均衡发展工作高分通过省级评估,顺利通过国家认定。评选表扬"最美教师"11名,市级师德标兵6名,推荐省特级教师4名。招聘免费师范生27人、特岗教师163名。17名教师主动到偏远学校、薄弱学校支教,新建5个首批"名师工作室",结对指导40余名青年教师。实施义务教育薄弱学校改造、中小学校舍维修改造及抗震加固、教师周转宿舍建设等项目210余个。信息化水平稳步提升,建设多媒体教室7间,配备计算机网络教室11间,配备学生计算机638台。深入开展乡村学校少年宫系列活动,岩口小学、灵山小学申报为国家级项目学校,白衣小学、星光实验学校顺利通过省级验收。全县学校办学指标达到省定标准,中小学教学仪器设备配备、音体美器材配备、每百名学生拥有计算机台数、生均图书册数达标率为100%,城乡、区域、校际之间教育发展差距有效缩小。结合"乡乡有标准中心校"和村校"十个一"标准建设的要求,按照"缺什么,补什么"的原则,完成了67个贫困村、29个非贫困村村小的维修或新(改、扩)建工作,累计投资1400余万元。健全了覆盖学前到大学的学生资助体系,成立了"平昌县扶贫助教促进会"和"平昌县教育扶贫救助基金"。全面落实"三免一补"政策,惠及学生8.1万人。全年发放资助金额4500万元(不含义务教育"三免一补"),资助贫困学生5.4万人次。为6131名大学生发放生源地助学贷款4923余万元,贷款总人数位居全省第五,首贷人数居全省第一位。深入实施农村义务教育学生营养改善计划,建立健全了学校食材采购、会计核算、资金拨付等管理制度,惠及学生6.2万人。开展"圆梦助学青春启航"关爱行动,积极争取"我要上大学"项目,发放助学金15万元,帮助360名贫困户家庭孩子圆梦大学。捐赠助物资共11万元,慰问贫困学生110名,其中帮助元山镇长城村贫困大学生何倩圆梦大学的事迹。

【农村文化】 2017年,平昌县完成60个脱贫"摘帽"村综合文化服务中心文化设施设备配送,40个宣传月报栏安装,13个文化示范村和17个幸福美丽新村文化院坝建设,制度上墙,标识标牌到位;完成应急广播平台建设1个,广播"村村响"建设67个,电视"户户通"工程建设6127户。完成免费开放图书馆1个、文化馆1个、博物馆纪念馆美术馆1个、乡(镇)综合文化站43个,免费放映农村公益电影6040场,"送文化下乡"65场。开工建设黄滩坝文化创意园建设项目,完成白衣古镇文物保护修缮,启动《家风家训馆》建设。举办环中国国际自行车赛、音乐帐篷节、钓鱼节等大型文艺演出57场;参加四川省2017四川省"脱贫攻坚"文化暖冬暨群星奖优秀作品惠民巡演,巴中市第五届巴人文化艺术节等文艺、通江年猪文化节、南江光雾山温泉街演出。对白衣古镇、涵水镇蒿坪村《农耕体游乐验园》、西兴镇皇家山《翻山饺子陈列馆》等进行文化符号、雕塑、墙画、标识标牌植入。

【农村卫生】 2017年,平昌县通过省级卫生县城复审,完成5个省级卫生乡(镇)、76个省级卫生村、23个省级卫生单位、11个省级无烟单位的县级初评。黄滩坝医科园项目加快推进。开通到市平台的专网(20M电子政务外网),完成100%乡(镇)卫生院基层系统。完成岳家、岩口、新庙、元沱、高升卫生院改建。自筹资金完成尖山、金宝社区服务中心改建和新建。标准化建成村卫生室30个。实现全县所有卫生院床位设置、建筑面积达标。全面推行乡村卫生一体化改革,完成试点工作及全面实施方案完善。深入实施"五大行动",切实兑现"十免四补助"政策,完成146个建卡贫困村和390个非贫困村集中诊疗服务2批次,免费诊疗127680万人次(其中建卡贫困人口79301人次),贫困人口免费健康体检116240人,落实分级住院救治3324人次。建档立卡贫困人口县域内住院、慢性病门诊个人自付占比6.7%、2%,全面实现"两个10%"的控制指标。开展贫困家庭残疾人健康救助行动,对贫困白内障患者实施复明手术110例;建立健康扶贫救助基金,救助1107人次,累计金额361.73万元。确认计生奖、特扶对象9145人,兑现奖扶、特扶资金应兑现1056.4万元;城乡居民健康档案电子建档率达93%;取消县级公立医院药品加成2047万元。免费治疗重大传染病和地方病病人548名。

【农村法制建设】 2017年,平昌县新招录司法助理员10名,在13个乡(镇)聘用了兼职司法助理员。完成得胜、元山等26个司法所规范化建设。各乡(镇)司法所均开通四川省司法行政工作平台、三大业务

办案平台、公共法律服务平台，信息化水平得到大力提升。平昌申报第四批“全国法治示范县创建工作先进单位”通过司法厅初验，积极申报创建驷马镇陇山村为“全国民主法治示范村”。组织开展“N+10”法制宣传主题活动，落实“谁执法谁普法”责任，普法讲师团到基层开展宣讲80场次，发放宣传资料15万份，惠及群众35万人。创新人民调解“五个三”的工作路径，积极承办全市司法行政人民调解推进会。指导乡（镇）、村（居）民委员会依法开展调委会换届，调整充实人民调解员5996人，各级调委会共化解矛盾纠纷6126件，成功调解6057件，调解成功率达98.8%。医疗纠纷调委会受案42件，结案35件。平昌县社区矫正中心建设有序推进。建设县设中心、乡设站、村设室的公共法律服务实体平台，平昌县公共法律服务中心挂牌成立。扎实推行法治扶贫“三到三免”，做到法治宣传到位、法律服务到位、依法治理到位，公证免费办、顾问免费派、官司免费打。采用政府购买法律服务的方式为县委县政府、县级部门、乡（镇）、村（居）配备法律顾问，做细做实“一村（居）一法律顾问”工作，法律顾问在定期到乡（镇）坐班开展法律服务的基础上建立了法律顾问微信群，及时有效的为群众提供便捷的法律服务，实现法律顾问全覆盖。为老弱病残、建档立卡贫困户等特殊群体开通绿色通道，提供上门公证410件，减免公证费用6万余元。强化各援助站、点、员履职能力，解答咨询5933件，做到法律援助应援尽援，受理法律援助案件430件（为建档立卡贫困户提供咨询2000余人次，办理法律援助案件45件），挽回经济损失870余万元。新建乡（镇、街道）规范化法律援助工作站2个。

【农村交通】 2017年，平昌县启动实施县、乡道公路项目15个174.6千米（含续建项目5个），金宝大道D段、白衣古镇游步道停车场及道路建设、城东大库至胥家湾公路9千米、镇龙新庙至喻家河3千米、板庙至马垭13千米、西兴五童至光明3.6千米、徐家河至火花村4千米、土兴至五木16千米和黄梅溪至白衣古镇10千米道路新改建工程全面完工并投入使用。加快推进巴达高速东互通至通河桥连接线、江口镇至白衣公旅游路、得胜至双鹿至驷马公路、粉壁至驷马公路、马骡滩至大峡谷扶贫攻坚道路；开工建设喜神—界牌—千秋—安家营公路、望京—界牌公路、佛楼至龙岗公路、响滩至黑水公路、元滩子—新庙—五峰林场公路。完成61个贫困村通村公路加宽273.1千米，114个非贫困村村道公路加宽501.4千米，61个村530个社社道公路硬化702千米。实施大中桥梁6座（新开工2座、续建4座），其中白家咀大桥、星光大桥、汪家湾渡口澌滩河桥已全面完工投入使用，坦溪大桥、龙台大桥、黄梅溪渡口渡改公路桥建设项目有序推进。实施中小桥梁项目4座（新开工3座、续建1座），其中涵水镇岩门滩桥已全面完工投入使用，快推进六门乡整石河桥、坦溪镇苟溪天仙桥、土垭乡田坝河中桥、笔山柳坝河桥建设项目。全面完成小地扁、二郎庙、龙神潭等渡改人行桥项目9座。全年累计投入养护资金240余万元，管养公路里程454.8千米，完成小修路面28476平方米，累计清理坍方7000余立方米，清理水沟480余千米，修剪道路绿化120余千米。新增153个行政村通客车，实现80%具备开行条件的行政村通客车目标；提档升级农村客运车辆70余台。平昌县创建为“全国四好农村路示范县”“全省四好农村路示范县”。

【涉农招商引资】 2017年，平昌县3000万元以上的农业招商引资重大项目14个，均为内资项目，增长8.9%；项目总投资14.25亿元，增长9.6%。到位资金94900万元，增长7.3%，完成年度任务的108%。

【农村社会保障】 2017年，平昌县全面完成参保登记并建成信息数据库，全县城乡居保覆盖人数达25.02万人，参保缴费4.1万人；基本医疗保险参保覆盖人数达102万人，参保率达97.2%，被征地农民养老保险参保人数27638人，享受养老金待遇13755人，占参加被征地农民总人数的50.1%。全县城乡居民基本医疗保险参保人数802957人，参保率98.13%，其中建档立卡贫困人口127279人由财政代缴保费2303万元，民政代缴各类困难人口26435人475万元。

【农村生态建设及环境保护】 2017年，平昌县出台了《平昌县环境保护“党政同责、一岗双责”责任规定》《平昌县环境保护“党政同责、一岗双责”责任制考核办法》《平昌县环境保护“党政同责、一岗双责”责任追究办法》《平昌县环境保护工作职责分工方案》。按照“属地管理、分级负责”的原则，建立了县、乡（镇）、村三级网格化环境监管体系，将责任细化到各乡（镇）、行政村。乡（镇）专（兼）职环保员45人，村、居两级网格员601人。严格督查考核，将污打好染防治攻坚战组织机构、工作机制、履职尽责、工作成效四个方面纳入年底考核，力图做到既能激发各级部门的治污积极性，又能实现有责可问、有责必问、问责必严。开展乡（镇）水源保护区环境问题专项整治，投资100余万元制作标志牌近200个，分批次更新设置所有乡（镇）的水源保护区标志牌；投资200余万元完成灵山镇、土兴镇等20余个乡（镇）水源保护区隔离围网或隔离护栏建设，搬迁民房12户，农田退耕还林50余亩。加快推进农村污水处理设施建设，建成投运青凤、灵山、五木、云台、荔枝5个乡（镇）污水处理站，白衣、澌滩、涵水、坦溪、元石5个污水处理厂（站）即将建成，其余乡（镇）污水处理站纳入全市PPP项目建设。推进农业面源污染治理，大力开展“化肥使用量零增长”行动，建成43个乡（镇）8843个点位的土壤养分数据库，年发布主要作物科学施肥配方14个；在元山、鹿鸣、涵水共建设耕地地力监测点3个，在云台、鹿鸣建设万亩示范片2个。大力推行绿色防控技术。全面推广高效、低毒、低残留农药、除草剂，禁止生产、销售、使用高毒、高残等国家禁用农药，示范推广杀虫灯诱杀、黄板诱杀、性诱剂诱杀、食诱、以菌治虫、以菌治菌、生物农药等绿色防控技术。同时加大高毒、高残、国家禁用农药、除草剂生产、销售和相关伪劣产品查处力度，加强对农业投入品和农业生产生活环境的管理。强力推进畜禽粪污排放治理，按照“调结构、控规模、重治理”的原则，科学划定畜禽禁养区、限养区和宜养区，对排放不达标的适度规模养殖小区进行重点排查和集中整治。全县90%畜禽规模养殖场新修建了异位生物发酵床，实现畜禽养殖粪污一体化处理为有机肥，实行了雨污分流和净污分离工艺，基本实现养殖污染零排放。

【农村市场体系建设】 2017年，平昌县深入实施“互联网+”现代农业行动，积极推行“互联网+农业”“电商+农业”等发展模式，推进农特产品线上线下交易，实现农业产业全产业链融合发展。出台农村电子商务发展扶持办法，建立电子商务城和大巴山农副产品交易中心。加快发展现代物流业，持续提升东城物流园功能配套，建成火车站物流园和大巴山特色农副产品冷链物流中心，扶持“背二哥”等本地物流企业做大做强，培育规模以上三方物流企业2家。配套完善农产品交易批发市场和农超对接、直供直销、网购网销平台，建立“平昌农商网”，拓展农产品销售空间。全县建成电商综合示范站7个、农村电商综合示范点12个，应用电商企业（合作社）40余家，成立电商公司5家，建成区域性平台1家，升级打造特色网销店铺60余家，在本土平台和三方平台开设店铺近200余家、微商店铺近300余家。全县30%农产品实现网上交易，年交易额突破2亿元。农村金融改革成效明显，全县有

银行业金融机构7家、银行营业网点117个,其中乡(镇)90个。积极开展金融扶贫工作,围绕2019年全县"摘帽"、146个贫困村销号的目标,精准对接贫困户金融需求,以村为单位,全面推进"央行扶贫再贷款+个人精准扶贫贷款""央行扶贫再贷款+产业带动贷款""扶贫小额信贷+商业贷款"金融精准扶贫贷款发放,共发放扶贫小额信贷8105万元;积极开展金融精准扶贫示范县创建工作,出台《金融精准扶贫示范县创建工作实施方案》,同步推进信用建设和打造金融扶贫综合服务站(点)、增设金融书屋和农民金融夜校,全面提升农民金融素养。完成土兴镇宇皇村、驷马镇民众村、西兴镇皇山村等10个金融扶贫综合服务站和笔山镇明山村、五木镇双河村、大寨乡云溪村等22个金融扶贫综合服务点建设。金融生态环境明显改善,大力推动驷马水乡全国金融教育示范基地和市级诚信文化教育示范基地建设,积极征集贫困户基础信息、"八权一股"、5221评级授信等信息,开展"信用户""信用村""信用乡(镇)"评定及"诚信红名单企业"创建活动,对守信主体在授信和贷款额度、期限、利率、手续等方面实施优惠,对失信主体实施贷款限制等惩戒措施,不断强化诚信体系建设。

【劳务开发与返乡创业】 2017年,平昌县深入实施贫困家庭劳动力技能培训和就业促进行动计划,建立完善"一库五名单",实现贫困家庭劳动力实名制动态管理;举办"春风行动""就业援助月""就业扶贫专场招聘会"等大型就业专项服务活动7场次,引进县内外企业120余家,发放就业创业政策宣传资料2.5万余份,推荐贫困家庭劳动力就业2000余人;开展青年劳动者职业技能培训、品牌培训、创业培训、就业扶贫农村适用技术培训及"两后生""扶贫专班"培训等各类培训达141期,累计培训1.38万人次。其中,培训贫困家庭劳动力3135人;高标准打造青凤镇千佛村、赵垭村、枫香村和云台镇龙尾村4个就业扶贫示范村。全年劳务输出32万人,实现劳务收入33.6亿元。大力实施回引创业工程,着力优化投资环境,制定出台《平昌县回引创业扶持办法》《平昌县回引创业基金管理办法》等系列优惠政策,吸引在外成功人士回乡创业,带动农业科技人员兼职兼薪、离岗创业,带动农民持续稳定增收。举办了2017年度创业之星报告会,蔡方儒等19名返乡创业典型被授予"双创之星"称号;举办了第三届三十二梁创业论坛;组建全市首个大学生创新创业联盟,160名创业大学生成为联盟会员,搭建起创业大学生沟通的桥梁;东城物流园、施迈电子产业园相继被认定为市级创业孵化园,东城物流园申报省级创新创业孵化园;创业代表王洪仁、罗君、李玉玺在全省优秀农民工暨返乡创业先进集体和个人表彰大会上分别被表彰为"全省返乡创业明星""返乡创业示范企业""优秀农民工"。2017年,全年共回引创业人士768名,创办经济实体193家,累计投资4.8亿元,实现产值1.4亿元,带动吸纳就业23980人,兑现回引创业奖补扶持资金共计9417.07万元,发放返乡创业贷款1695万元,发放创业担保贷款1020万元。平昌县被国务院认定为"全国第二批双创示范基地"。

【主要领导人】 县委书记:蒲开文;县人大常委会主任:谢友先;县长:李余良;县政协主席:郑南贵;分管农业副县长:王仁才。

平昌县编写组

雅 安 市

【基本情况】 2017年,雅安市辖2区6县,辖区面积1.53万平方千米。年末出生人口19981人,人口出生率13.0‰;死亡人口25502人,人口死亡率16.6‰;人口自然增长率-3.6‰。年末常住人口153.78万人,常住人口城镇化率45.35%,提高1.4个百分点。

【年度农业和农村经济运行】 2017年,雅安市水产养殖面积1160公顷,增长4.4%;水产品产量13166吨,增长7.3%。全年农村用电量67902万千瓦时,增长7.9%。推进"三品一标"认证产品追溯试点,全年农产品质量安全合格率达98%以上。

农业产业化发展。全市有农民合作社2797家,其中国家、省级农民合作社51个;家庭农场698家,其中省级示范家庭农场25家、市级示范家庭农场(林场)100家;市级以上龙头企业107家,其中省级龙头企业32家、市级龙头企业75家;林业专业合作社175个;全年新培育新型农民844人。

农用地产权制度改革。全年完成土地承包经营权确权96.8万亩,确权登记完成率达90%以上;集体林确权颁证完成851万亩,确权率98.37%;集体建设用地使用权调查确权4900宗;宅基地使用权调查确权341052宗;农村小型水利工程确权登记颁证工作全面完成;农村集体土地所有权确权登记发证工作全面完成。建成各类农村产权流转交易市场40个,交易金额3432.34万元;集体林权流转122万亩,家庭承包土地流转面积15.88万亩。

农产品品牌战略实施。全市共创建农产品中国驰名商标5个、四川省著名商标26个、"三品一标"农产品306个,其中绿色(有机)产品219个、地理标志证明商标18个。"蒙顶山茶"获得"中国茶叶十大品牌"称号,成为四川省唯一进入全国十强的区域公用品牌。"蒙顶山茶"区域公用品牌价值达26.66亿元,并获得2017年中华品牌博览会金奖;"雅安藏茶"品牌价值达14.81亿元。

"1+8"现代农业园区建设。雅安市全面构建"1+8"现代农业园区发展新格局,加大雅安国家农业科技园区(永兴、合江核心区)基础设施投入;提升名山茶叶公园、芦山现代生态农业示范园、天全南天现代农业科技园区、汉源县锦绣田园、雨城区周公河冷水鱼产业园区、荥经天麻产业园区、石棉黄果柑产业园区、宝兴道地中药材产业园区建设水平,雅安国家农业科技园区产值7.1亿元。

【种植业】 2017年,雅安市粮食作物播种面积11.05万公顷,减少181公顷,减少0.2%;油料作物播种面积1.8万公顷,减少4.2%;中草药材播种面积0.94万公顷,增长1.8%;蔬菜播种面积3.37万公顷,增长1%。全年粮食总产量49.01万吨,增加6929吨,增长1.4%。其中,小春粮食产量减少0.8%,大春粮食产量增长1.7%。经济作物中,油料产量3.26万吨,减少3.3%;烟叶产量992吨,减少0.1%;蔬菜产量77.34万吨,增长1.5%;茶叶产量7.93万吨,增长6.1%;园林水果产量33.49万吨,增长6.5%;中草药材产量3.25万吨,增长1.7%。

【畜牧业】 2017年,雅安市生猪出栏112.67万头,减少4.2%;牛出栏6.31万头,减少0.4%;羊出栏23.83万只,增长1.3%;家禽出栏1033.06万只,减少3.5%;兔出栏132.73万只,增长1.5%;禽蛋产量2.49万吨,增长5.8%;牛奶产量2.99万吨,增长2.7%。

【幸福美丽新村建设】 2017年,雅安市编制了《雅安市幸福美丽新村建设整体性安排(2017—2020)》,全面贯彻落实《雅安市新村聚居点管理条例》,全年建成幸福美丽新村300个,创建省级"四好村"63个、市级"四好村"304个、"绿美新村"100个。完成"建改保"的村426个,保护传统村落19个。芦山县、荥经县、宝兴县3个省级幸福美丽示范县建设加快推进。

【扶贫攻坚】 2017年,雅安市19个扶贫专项年度计划中,累计落实项目209个,完成投资25.18亿元;全市3264户9171名贫困人口全部脱贫、105个贫困村全部退出。

【农村新业态建设】 2017年,雅安市大力发展乡村旅游业、休闲农业、生态康养产业和创意农业,新创特色乡镇4家、特色村寨5家、特色业态35家。新评定星级农家乐36家,其中三星级、四星级农家乐6家。创建"生态旅游示范区"3个、"省级森林小镇"4个、"四川省百强名村"4个;名山区红草村获得2017年"中国美丽休闲乡村"称号,名山蒙顶山茶文化系统被纳入第四批中国重要农业文化遗产名单。全年实现乡村旅游收入159亿元,增长18%。

【农业机械化】 2017年,雅安市新增农田有效灌溉面290公顷,全市有效灌面达53340公顷。全年新增综合治理水土流失面积198平方千米,2011年以来累计治理水土流失面积1294.2平方千米。解决改善4.44万人饮水安全问题。新增农业机械总动力1.1万千瓦,农业机械总动力达162.18万千瓦,增长0.69%。

【农村基础设施建设】 2017年,雅安市财政安排农林水事务支出11.44亿元,加快推进农田、水利、农村道路等基础设施建设。全年建设高标准农田5.33万亩,完成永久基本农田划定79833.25公顷、土地整理1.44万亩,维修、改造和新建机电提灌站104座。加快推进铜头引水、南郊水厂、九龙水库、永定桥大田支渠扩建等水利工程项目。新建防渗渠道249.38千米,有效灌溉面积1.79万亩,节水灌溉面积1.95万亩;新修和加固堤防16.06千米,治理水土流失面积198平方千米,新增供水受益人口0.84万人。完成农村公路投资4.5亿元,改造县、乡道152千米,新(改)建通村公路257千米,完成农村公路安保工程271.08千米。

【"绿美雅安行动"】 2017年,雅安市大力推进"绿美雅安七大行动",全面启动"省级森林城市"和"四川省绿化模范县"创建工作。完成营造林49.9万亩,其中人工造林13.09万亩,封山育林12.12万亩,中幼林森林抚育17.23万亩,低产林改造7.46万亩,义务植树440.43万余株。全市森林覆盖率达64.77%,继续稳居全省第一位。

【三条"百公里、百万亩"乡村振兴产业带】 2017年,雅安市加强3条"百公里、百万亩"乡村振兴产业带建设,提升"1+8"现代农业园区集群效应,促进新型农业经营主体和农村电子商务发展,培育农产品品牌和农村新业态,推进农村一二三产业融合发展,全年实现农业增加值增长4%,全市农村居民年人均可支配收入1.21万元,增长9.5%。建成汉源县九双环线、雨城区雅茶产业环线等特色产业走廊小环线8条,"五雅"产业基地面积484万亩。其中,雅茶100万亩、雅竹186万亩、雅果96万亩、雅药43.4万亩、雅鱼1.5万吨。

【农村电子商务】 2017年,雅安市积极参加"川货全国行"活动,全市已建立县、乡、村三级农村电子商务服务网点550个,实现农村电子商务网络零售额4.5亿元。通过电商平台向全国销售枇杷4000余件,销售金额40万元;销售车厘子15000件,销售金额165万元;销售黄果柑8000件,销售金额32万元;春茶成交10000单,累计销售额110万元。

【主要领导人】 市委书记:叶壮(11月止),兰开驰(12月始);市人大常委会主任:李伊林;市长:兰开驰(11月止),邹瑾(12月始);市政协主席:杨承一;分管农业副市长:白云。

雅安市编写组

雨 城 区

【基本情况】 2017年,雨城区辖18个乡(镇)1个新区管委会4个街道,辖区面积1067.31平方千米,城镇化率达60.3%。

2017年,全区GDP165.2亿元,增长8.6%,其中第一产业实现增加值16.3亿元,增长4%,对经济增长的贡献率为4.9%,拉动经济增长0.4个百分点;第二产业实现增加值59.5亿元,增长8.5%,对经济增长的贡献率为38%,拉动经济增长3.3个百分点;第三产业实现增加值89.6亿元,增长9.7%,对经济增长的贡献率为57.1%,拉动经济增长4.9个百分点。经济结构由上年的10.4∶41.4∶48.2调整为9.8∶36∶54.2。

【年度农业和农村经济运行】 2017年,雨城区实现农林牧渔业总产值27.2亿元,增长4%;实现农林牧渔业增加值16.3亿元,增长4%。其中,农业增加值8.7亿元,增长5.8%;林业增加值3.5亿元,增长2.4%;牧业增加值3.7亿元,增长1%;渔业增加值0.4亿元,增长11.1%;服务业增加值0.1亿元,增长13.5%,农村经济呈稳定发展态势。农村居民年人均可支配收入达13428元,增加1117元,增长9.1%;农村居民年人均生活消费支出10435元,增加626元。新建通信基站65个,升级改造基站181个,基础通信网络行政村覆盖率达95%。

农业产业化发展。全区加快培育"百亿茶叶产业",新建高标准茶园2万亩,托管茶园土地5.5万亩,雅安藏茶、康砖、金尖入选中国茶叶博物馆名茶样库,7个乡(镇)入选"川茶名镇·名乡60强",实现茶叶综合产值31.5亿元。新增绿色有机示范基地12个,绿色认证产品12个,雨城猕猴桃被评为全国名特优新农产品。加快培育"百亿林竹产业",新增竹片加工厂13家、林下种植面积1500亩,林竹总产值42亿元。新发展农民专业合作组织40家,产业化企业销售收入增长12%。在提升百公里百万亩生态茶产业生态文化旅游经济走廊的基础上,规划建设特色产业精品环线4条。积极培育主体,新增农民专业合作社40个、家庭农场6家、家庭林场4家、"森林人家"20家;创建省级示范家庭农场1家、省级示范农民专业合作社3个、市级三星级"森林人家"4家、二星级"森林人家"7家;合江镇创建现代农业产业融合示范园区,在全市率先建成雨城区农业社会化服务中心。农业产业化龙头企业省级、市级分别有8个、30个。

农用地产权制度改革。完成土地确权登记数据汇交,完成农村土地确权登记颁证乡(镇)18个。积极探索农村土地承包经营权"三权分置",实现农村土地承包经营权抵押贷款831万元,土地流转面积达6.71万亩。全面铺开农村集体资产股份制改革,拓宽经济林木(果)权抵押贷款改革范围,完成小型水利工程确权颁证工作。

【新村建设】 2017年,完成凤鸣、多营、合江、碧峰峡等4个乡(镇)规划、5个重点村村庄规划编制;启动实施上里镇五家村、望鱼乡望鱼村传统村落保护项目。创建省级"四好村"9个、市级"四好村"49个、"绿美新村"17个。多营镇入选"第二批全国特色小镇""全省首批特色小镇",碧峰峡镇后盐村、观化乡麻柳村入选第三批四川传统村落名录,碧峰峡镇七老村在第二届美丽乡村论坛暨第五届村政论坛上被评为"农村基层十大创新案例"。

【扶贫攻坚】 2017年，雨城区严格落实“五个一”帮扶工作要求，组织编制并实施扶贫专项年度实施方案20个，累计整合投入各类扶贫资金2.39亿元，集中打响脱贫攻坚“四大会战”，全面完成17个贫困村退出、1302名贫困人口脱贫的目标任务。大力改善基础设施，恢复贫困村水毁道路49.1千米，改造农村公路44.2千米，行政村客运通达率达92%；完成17个贫困村幸福美丽新村项目建设，新安装“户户通”电视用户1000户，改造农村电网低压线路249千米、10千伏线路36千米；解决441户贫困户、1302名贫困人口的安全饮水问题；17个贫困村文化室、卫生室的面积、功能全面达标。发展脱贫产业，新建和改造农业产业基地6778亩，17个贫困村集体经济收入达22.04万元。保障社会民生，1351名建档立卡贫困人口全面落实“两线合一”；教育扶贫基金救助贫困学生2994人次；完成贫困户危房改造81户；1.2万名贫困患者受益“十免四补助”“两保、三救助、三基金”等医疗扶持政策；建档立卡贫困人员城乡居民医疗保险参保率100%；发放扶贫小额信贷4443万元；开发建档立卡贫困户公益性岗位340个，提供就业岗位5624个。

【农旅融合发展】 2017年，雨城区按照“一村一品、一乡一业”的思路，深入推进特色优势产业发展，加快构建“农旅+文旅”模式，全年完成投资2亿元。结合茶文化、康养休闲主题，完善旅游标识标牌和基础设施建设，打造一批新兴业态，成为乡村旅游新增长点。完成合江丝茶小镇、凤鸣花香小镇、陇西茶香小镇、上里万森康养、观化九龙山农场、八步蓝莓酒庄、蜀中驿特色民宿、西康往事精品民宿、雅露植物园等建设。积极推动一三产业深度融合，碧峰峡镇黄龙村、上里镇白马村被评为省级旅游扶贫示范村。全年申报特色乡镇1个、精品村寨1个、特色业态7家、民宿达标户3户、星级农家乐7家。

【农村交通】 2017年，雨城区多级路网初步成形，成雅铁路雨城段加快建设，雅康高速雨城区至泸定县段试通车，完成望晏路一、二期项目等重点交通项目；新(改、扩)建公路115千米，等级公路占比道路总里程超全国平均水平。

【主要领导人】 区委书记：衡彤；区人大常委会主任：杨仕全；区长：罗刚；区政协主席：李建敏；分管农业副区长：刘坚。

雨城区编写组

名 山 区

【基本情况】 2017年，名山区辖9镇11乡192个村1264个村民小组，辖区面积614.27平方千米，其中耕地面积16556.25公顷。年末总户数94219户，总人口27.91万人，人口出生率11.51‰，人口死亡率6.33‰，人口自然增长率5.19‰；年末常住人口26.81万人，其中乡村人口16.14万人。农村居民年人均可支配收入达13087元，增长9%。人均生活消费支出9506元。水资源总量2.5亿立方米。森林总面积49558.22公顷，森林覆盖率51.59%，绿化覆盖率79.6%。

2017年，全区GDP745827万元，增长8.5%，其中第一产业增加值195896万元，增长3.9%；第二产业增加值306676万元，增长10.7%；第三产业增加值243255万元，增长9.3%。三次产业对经济增长的贡献率分别为12.3%、54.8%和32.9%。人均GDP27850元，增长8.2%。三次产业结构比由上年的27.5∶44.3∶28.2调整为26.3∶41.1∶32.6。

有小学20所，普通中学15所，中等职业教育学校1所；小学在校学生15592人，普通中学在校学生9966人；小学专任教师782人，普通中学专任教师502人。申请专利55件，其中发明专利15件。有医疗卫生机构242个，病床位1199张，医院、卫生院技术人员1035人(其中执业、助理医师397人)。

【种植业】 2017年，名山区粮食作物播种面积28.43万亩，产量9.3474万吨，其中大春粮食作物播种面积23.183万亩，产量86453吨；小春粮食作物播种面积5.2431万亩，产量7433吨；油菜籽播种面积7.7万亩，产量9011吨。蔬菜种植面积5.24万亩，产量6.26万吨，实现产值2.5亿元；水果种植面积2.4万亩，产量2.89万吨，实现产值2.89亿元。

【畜牧业】 2017年，名山区生猪存栏24万头，增长0.26%，其中能繁母猪存栏2.7万头；生猪出栏41.1万头，增长2.49%；家禽出栏292.1万只，增长0.65%；兔出栏66.8万只，减少1.31%；长毛兔存栏18.9万只，减少4.52%。肉类总产量33447吨，增长2.12%；禽蛋产量3983吨，减少2.35%；牛奶产量795吨，增长0.13%。实现畜牧业产值12.3亿元，占农业总产值的35.8%。

【茶产业】 2017年，名山区有茶园35.04万亩，其中投产30.9万亩，产量4.92万吨，实现鲜叶产值18.73亿元，分别增长3.1%、5.2%，其中名优茶产值15.69亿元，增长5.9%。茶园亩均收入10157元、纯收入8630元。蒙顶山茶入选“中国十大茶叶区域公用品牌”，是继1959年蒙顶山茶获得“中国十大名茶”后又一殊荣。“蒙顶山茶”品牌价值上升至30.72亿元，并被评为“最具品牌经营力”品牌，全国排名第八位，列全省第一位。蒙顶山茶文化系统入选农业部第四批中国重要农业文化遗产名录；“蒙顶山茶”公用品牌中蒙顶黄芽、蒙顶甘露及企业残剑飞雪、早春甘露等9款产品进入中国茶叶博物馆茶萃厅陈列展出。名山区蒙阳、城东、万古、中峰、茅河、双河、红岩7个乡(镇)入选“全省川茶名镇名乡60强”；名山区被授予“中国茶文化之乡”称号。

【新村建设】 2017年，名山区创建幸福美丽新村77个，累计建成幸福美丽新村127个。创建区级“四好村”75个，累计创建108个。新创建省级“四好村”10个、市级“四好村”50个，累计创建市级“四好村”83个。

【扶贫攻坚】 2017年，名山区整合灾后重建结余资金、行业资金、扶贫专项资金、社会资金等8.1亿元。实施19个扶贫专项计划，村级电网改造升级、农村道路建设、通信基站建设等项目100个；新(改)建丹名路、蒲名路、茶产业走廊等道路47千米；新建贫困村活动室14个，新(改)建贫困村卫生室35个，“村村通”“村村响”工程全覆盖；提升418户贫困户住房条件；实施饮水质量提升工程，修建农村供水总厂解决20余万人饮水问题，修建蒙顶山供水工程解决濛阳镇名雅村等11个村安全饮水问题，对14个供水站进行改(扩)建及管网续建工作。选派42个贫困村“五个一”帮扶力量，落实区级联系领导26名、区级帮扶单位67个、“第一书记”42名、驻村工作组成员158名、农技员42名、帮扶干部1003名；选派147个非贫困村“三个一”帮扶力量，落实帮扶干部961名，实现帮扶干部和帮扶对象100%对接。累计发放教育扶贫基金88万元，实施教育扶贫资助项目6个，建成数字化教室573个，开展“金秋助学工程”“隆力奇爱心助学”等项目资助贫困学生6729人次；发放卫生扶贫基金28.9394万元，救助3190人次；实施建档立卡贫困户家庭医生签约服务，贫困户参加城乡居民基本医保率和大病医疗保险率均达100%，贫困户住院个人支付比例控制在10%以内；1093户贫困户享受农村低保和城乡居民养老保险政策，89名残疾贫困对象享受生活补贴政策，贫困人口参加城乡居民养老保险率为100%；开展就业引导，培训贫困人口400余人，提供公益性岗位安置贫困家庭劳动力55人，发布招聘信息20余期、岗位1000余个，引导4户贫困户

成功创业。

【茶旅融合发展】 2017年，名山区走廊建设扩面提质，完成新店至建山旅游小环线10千米提升改造和32千米茶园绿道绿化美化；投资3700万元的婚纱摄影走廊和垂钓之乡、投资5600万元的中峰至百丈12千米精品旅游小环线和龙滩子茶乡综合体抓紧建设。建山—城东猕猴桃产业走廊、百丈—红星家禽家畜养殖产业走廊、马岭—前进脆红李产业走廊建设稳步推进。推进茶业由农业资源向文化、旅游、康养、平台、招商"五大资源"转化。万古乡红草村被农业部评为"中国美丽休闲乡村"。蒙顶山国家茶叶公园成为全国唯一以茶叶为主题的休闲农业公园。举办了第十三届蒙顶山茶文化旅游节暨首届蒙顶山禅茶大会、首届梯田茶园风光暨彩色文化旅游节等活动。深入挖掘茶源文化、茶祖文化、茶马司文化，出版《千秋蒙顶》《名山记忆》《名山茶业志》等一批茶文化书籍，蒙顶山茶文化系统获农业部第四批中国重要农业文化遗产认定，名山区被授予"中国茶文化之乡""四川省蒙顶山茶文化普及基地"称号。以牛碾坪、红草坪为代表的茶旅融合发展，中峰乡海棠村上榜四川百强名村；国庆节中秋节假期期间，牛碾坪旅游收入破亿元，并成为中央电视台《传奇中国节·中秋节》栏目全国8个直播点之一。全年全区接待游客452万人次，实现旅游综合收入38.13亿元，增长36.18%。

【农村水利】 2017年，名山区整合投入资金120余万元，延伸农村供水总厂管网35千米，修建蓄水池28口，对接DN160管网700米，建设农村供水管网，完善分散供水工程，解决全区16个贫困村1191人贫困户安全饮水问题。水利项目建设完成土石方18.89万立方米，投工0.21万个，投资3739万元；新增有效灌面0.1万亩，新增节水灌面0.35万亩，恢复和改善灌面0.37万亩，改善除涝面积0.22万亩，新增蓄引提水能力2.98万立方米，新增年节水能力34.82万立方米，治理水土流失面积3.2平方千米；新建堤防444.95米、渠道19.44千米、蓄水池12口，维修整治山坪塘3口，清淤渠道85千米，修复水毁工程86处。水利工程蓄水量3360万立方米，占年度计划的106%。

【农村文化】 2017年，名山区免费开放文化馆1个、图书馆1个，免费开放乡(镇)文化站20个，免费开放博物馆1个，免费放映农村公益电影2304场次。名山区人文历史与自然遗产研究协会被批准为"四川省社科普及基地"。

【农村交通】 2017年，名山区成为雅安市唯一申报省级"四好农村路"示范县创建的区(县)。全年维修更换千米桩20个，粉刷汤李路、名王路等路段里程桩110个，集中整治农村道路路肩、边沟30千米，设立桥梁养护公示牌170个。截至2017年年底，交通建设民生工程改造县、乡道19.7千米，农村公路59.5千米。推进国道108线名山区四场镇大修工程。国道108线名山区黑竹、百丈、新店、蒙阳4个场镇道路大修，全长12.532千米。

【农村社会保障】 2017年，名山区城乡居民基本医疗保险参保率达98%，城乡低保救助22154人次。开发公益性岗位安置贫困家庭劳动力55人，累计安置贫困家庭劳动力197人。分配公共租赁住房167套。新增民办养老机构床位200张，建成马岭镇、廖场乡、茅河乡3个社区日间照料中心。办理被征地农民购买社保4282人，落实补贴资金2.14亿元。

【主要领导人】 区委书记：吴宏；区人大常委会主任：王绍忠；区长：余力；区政协主席：张忠春；分管农业副区长：蒲丹惠。

名山区编写组

天全县

【基本情况】 2017年，天全县辖13乡2镇，辖区面积2 394平方千米，被省委省政府命名为县域经济发展模范县，被认定为全省第四批农产品质量安全监管示范县，被评为全省林业生态旅游示范县、四川省生态康养旅游区、四川省生态体验教育基地、全市农田水利基本建设先进县。

【年度农业和农村经济运行】 2017年，天全县体育馆面向群众免费开放10余万人次，举办各类体育赛事187场次。新华乡综合文化站被评为四川省优秀文化站，新华乡孝廉村文化室入选省级文化室。

农业产业化发展。全县引进民态农业入驻白石村建设花卉观光旅游综合体，引进七彩林业公司在城厢、仁义等乡(镇)建设七彩林项目，新增市级以上龙头企业1家；新增农民专业合作社43个，其中国家级1个、省级2个；新增家庭农场36家，其中省级2家。

农用地产权制度改革。深入实施农村土地承包经营权确权登记，15个乡(镇)994宗农村集体土地所有权、181宗集体建设用地使用权确权登记顺利完成，发证率100%。96.9万亩集体林权确权、348处小型水利工程确权、34552宗农村宅基地外业测绘工作全部完成，5家国有林场和供销社综合改革等重点领域改革深入推进。

农产品品牌战略实施。天全县成为省级有机产品认证创建区，二郎山山药入选2017年度全国"名特优新"农产品名录，"二郎山"茶叶商标被认定为省级著名商标，申报绿色食品3个、有机食品认证4个。

【特色农业建设】 2017年，天全县设立农业特色产业发展资金2000万元，促进农业规模发展。土地流转完成3700亩，新发展有机茶1.3万亩，其中乐英乡爱国村连片发展2000亩，仁义乡岩峰村连片发展1200亩，云顶村连片发展800亩，始阳镇苏家村连片发展800亩；在大坪、新华等乡(镇)新发展笋用竹2.5万亩；山药种植面积达1.2万亩，其中老场乡禾林村连片发展7000亩，3个万亩亿元示范带初步形成。

【统筹城乡与新型城镇化】 2017年，天全县完成城市总体规划修编和5个乡总体规划编制，启动编制城市控制性详细规划、海绵城市等4个专项规划和8个乡总体规划。引水进城工程和占地300余亩的慈朗湖湿地公园投入使用，投资8200万元的县城"四溪"综合治理项目开工建设。投资530余万元的县医院防洪堤项目完成主体建设，总投资3亿元的世行贷款项目完成前期工作。沙坝、水城等片区城市拆迁完成390余户，桥头堡、原养路段等区域4.7万平方米开发建设有序推进，雅贵园、北城印象等房地产项目开盘，新建商品房面积7.1万平方米。总投资10亿元、占地132亩的水韵天城城市商业综合体项目招商落地。城市管理不断加强，拆除城区违法建筑4300平方米，整合资金1100余万元用于城市环境提升，农贸市场、"三无小区"交通秩序等专项整治取得明显成效，通过国家卫生县城创建暗访。特色小镇建设提质增速，大力实施始阳镇域总体规划，加快推进"百镇建设行动"，投资1.2亿元的丹凤山大桥完成设计，依法关闭塑料颗粒厂5家，"镇园一体"的格局初步形成。落实300万元创业引导资金，拨付各类创业就业补贴1000余万元，发放创业担保贷款320余万元，确保创业有扶持。新开发公益性岗位300个，城镇新增就业2051人，确保就业有岗位，城镇登记失业率3.91%。

【扶贫攻坚】 2017年，天全县15个贫困村全部达到"一低五有"的退出标准，266户贫困户、720名贫困人口全部达到"一超六有"的脱贫标

准，顺利接受省、市检查验收，圆满完成年度目标任务。截至2017年年底，全县21个贫困村退出，3097户贫困户、10663名贫困人口稳定脱贫，贫困发生率从9.5%下降至0.73%。

硬件设施加快建设。实施贫困户危房改造69户，人居环境改善111户。实施农村安全饮水工程7处。新（改）建生产道路22千米、排灌堰3.9千米，带动农田建设1.2万亩。15个贫困村文化室、卫生室投入使用。输电线路改造完成113.2千米，生活用电、广播电视、网络通信“三网”指标全面达标。

增收产业有力发展。用活产业发展基金，惠及贫困人口1312人。36个贫困村发展果蔬5900余亩、茶叶1400余亩、中药材500余亩。贫困村农民专业合作社达48个，家庭农场达16家，种养大户达170户。探索建立“1+N”集体经济新模式，全县村集体经济收入大幅增长，36个贫困村人均集体经济收入高于全省平均水平，达24.5元。多举措推进贫困群众增收，已脱贫人口人均纯收入全部超过脱贫标准。

扶贫政策全面落实。落实资金投入政策。投入扶贫资金2550.9万元，其中到村到户资金2211.7万元，占总投入资金的86.8%；县级财政资金610万元，增长205%。落实教育扶贫政策。发放教育扶贫基金312.8万元，资助学生5030人次，1167名建档立卡贫困学生全部入学。落实卫生扶贫政策。发放卫生扶贫基金173万元，救助17736人次，贫困户县域内住院自付费用比例控制在10%以内。投入167.6万元，对贫困人口城乡医疗保险进行全额补贴，11194名贫困人口参保率达100%。落实金融扶贫政策。向543户贫困户发放扶贫小额贷款1591.6万元，向涉农企业发放产业精准扶贫贷款6775万元。落实就业扶贫政策。促进贫困人口就业1326人，公益性岗位帮扶贫困人口490人，发放岗位补贴187.6万元。落实兜底政策。向1635名低保兜底人员发放生活补贴561万元，向1250名困难残疾人发放生活补贴99.8万元。

【新村建设】 2017年，天全县两路乡新沟村创建为“全国文明村”，总投资约1亿元的多功、始阳、乐英等雅康高速沿线9个新村聚居点建设扎实推进，老场乡六城村等35个幸福美丽新村如期建成。新村管理投入持续增加，开发新村管理公益性岗位15个，聚居点自管委作用进一步发挥，《雅安市新村聚居点管理条例》得到有效落实，新村治理水平大幅提升。

“四好村”创建扎实开展。大力推进贫困村向“四好村”转变，文化育民、文化乐民等文艺活动广泛开展，深入开展“大走访、大宣传、大奋进”感恩教育活动和贫困群众、特殊群体送温暖活动。紫石乡紫石关村等7个村被命名为省级“四好村”，始阳镇切山村等42个村被命名为市级“四好村”，鱼泉乡青元村等63个村被命名为县级“四好村”。

【乡村旅游】 2017年，天全县逐步形成“二郎山大品牌，中医大康养”的全域旅游发展格局，加快打造中国川藏游出发地、川滇生态旅游目的地、川西康养重要目的地的全域旅游“三张名片”。喇叭河景区基础设施进一步提升，完成建设海拔垂直攀升820米的景观索道，创建为中国生态自然景观旅游最佳目的地。多功南天新镇飞仙湖国家4A级景区完成整改提升。推动紫石关国家3A级景区、川藏房车露营项目落地建设，光头山、红灵山等一批重大旅游项目招商有力推进。中医康养蓄势起步。中医康养综合体项目实现招商落地，二郎山森林康养基地入选全省第三批森林康养基地。举办了天全旅游资源推介会、第二届二郎山冰雪节等节会活动，把四川红叶生态旅游节主会场暨首届二郎山红叶节办成了全省一流、振奋精神、展示形象的盛会，天全二郎山旅游品牌进一步打响。

乡村旅游有序发展，安排财政资金200万元扶持乡村旅游发展，建成森林康养人家10家，建成农家乐110家，其中四星级农家乐5家。全年接待游客205.6万人次，增长25.7%；实现旅游综合收入15.6亿元，增长32.6%。

【农旅融合发展】 2017年，天全县加快建设3条农旅融合环线，已完成规划编制，其中城厢—老场—多功农旅融合环线建设基本完成，全面启动白石、六城入口等5个重要节点打造，沿线标识标牌、绿化工程基本完工。仁义红军村农旅融合综合体、乐英爱国茶旅融合综合体、大坪荷塘月色综合体等一批田园综合体初具规模。

【农村水利】 2017年，天全县启动实施总投资6亿元的30个水利项目。大力推进安全饮水工程，投资1600余万元完成始阳水厂和饮水管道改造，投资500余万元完成乐英、新场片区安全饮水巩固提升，兴业、多功等5处小型集中和分散供水工程加快推进。始阳饮用水水源地保护区划定工作稳步推进，集中饮用水水质达标率100%，一批困扰群众多年的饮水难题得到有效解决。有序开展农田水利建设，城厢镇天全河段、小河乡沙坪村等5处河道工程全面完工。11个乡（镇）24个村高标准农田水利建设全面完成，新建和整治各类生产便道74条33.4千米、排水沟13条7.2千米。程家小流域工程治理完成，城厢、仁义2个乡（镇）14个村1.2万名群众生产生活条件得到改善。

【农村交通】 2017年，天全县青小路等36.6千米县、乡道，82.8千米林区路新（改）建工程全面完工，72.2千米产业路建设加快实施，打通乐英爱国、小河顺河等4条断头路。风吹林等22处公路沿线地质灾害隐患得到有效治理，31.6千米农村公路安保工程顺利完成，183个监控点位完成建设安装。

【农村生态建设及环境保护】 2017年，天全县全面落实河长制。全县64处河、湖、库和水源地保护区均落实了县、乡、村三级河长，“一河一策”方案编制完成44个，85家水电站按规范下泄生态流量。环保基础设施大幅提升，污水管网新（改）建35千米，县城生活垃圾填埋场完成改造，沙坝污水提升站投入使用。生态建设深入实施，国家重点生态功能区县域生态环境质量考核名列全省第4，争取到位生态转移支付资金3074万元。完成营造林9.5万亩，综合治理水土流失32平方千米，扎实开展退耕还林质量管护15.8万亩。全面完成生态保护红线和8801公顷永久基本农田划定工作，有力推进占全县面积约70.3%的大熊猫国家公园（天全片区）建设。

问题整改更加有效。完成接受省级环保督察任务，代表雅安市接受中央第五环保督察组专项督察。着力解决了雅康高速建设工程、天全河珍稀鱼类省级自然保护区环境问题等一大批环境突出问题。新（改）建沼气池114口，取缔私屠滥宰60余户，整改规范畜禽养殖场1600余家，封闭排污口2500余处。

【农村社会保障】 2017年，天全县城乡居民医疗保险整合工作扎实推进，覆盖13万人；城乡居民养老保险完成全民参保登记，参保4.8万人。筹资1亿余元为被征地农民缴纳养老保险，集中解决积累的农民工工资1亿余元。城乡低保覆盖3714人，发放低保金959.5万元；城乡医疗救助6262人次，发放救助金544.7万元。残疾人康复托养中心投入运营。投资300余万元及时修复损毁道路4条。有效治理地质灾害隐患30处，完成避让搬迁安置30户。紧急转移安置2500余人次，兴业乡“8·23”洪灾、两路乡“11·19”火灾等得到妥善处置。乐英乡盐店村创建为全国综合减灾示范社区。

【项目建设】 2017年，天全县“十三五”项目储备资金从600亿元增加到1100亿元，其中基础设施类项目324个、产业发展类项目146个、民生及社会事业类项目113个、生态保护和环境治理类项目79个。

项目争取成绩突出。积极向省发展改革委等13个省级部门汇报、争取项目，争取到特色城镇、农村水利建设等领域一系列重大项目。全年争取到位无偿资金1.75亿元，其中争取到县中医院门诊楼建设项目等中央、省预算内投资项目6个、资金4500余万元。

项目招商成效明显。全年实现招商引资到位资金42亿元，全市排名第二位。引进玄武岩纤维等亿元以上项目18个，其中水韵天城、川藏物流园等10亿元以上项目2个。利用红叶节、西博会等平台签约项目21个，总投资金额88.2亿元，其中已落地项目10个，总投资金额29.6亿元。

项目推进快速有力。设立1000万元项目工作专项资金，多渠道融资3.5亿元用于项目建设。总投资134亿元的102个重点项目加快推进，完成投资50.2亿元，其中30个市重点项目完成投资27亿元。集中开工项目26个，总投资30.2亿元。

重建项目运营取得实效。南天现代农业科技园由雅绿园公司承租运营，重建资产得到盘活。乡（镇）幼儿园、康复养老院等项目“公建民营”试点顺利推进，仁义、始阳幼儿园投入运营。投入财政资金1600余万元保障道路、农村敬老院等纯公益性项目运营。

【主要领导人】 县委书记：戴华强；县人大常委会主任：陈颖；县长：郑胡勇；县政协主席：李家顺；分管农业副县长：高格力。

天全县编写组

芦 山 县

【基本情况】 2017年，芦山县辖2乡6镇1个街道，辖区面积1166平方千米，其中耕地面积12.57万亩，与上年持平；基本农田8.7万亩。年末总人口11.9886万人（户籍人口），减少0.93%；人口出生率12.7‰，减少1.01个千分点；人口自然增长率-4.1‰，减少6.42个千分点。全县耕地有效灌面和保证灌面分别达到耕地总面积的28.3%和15.56%；本地水资源总量7.3亿立方米，人均占有水资源量6088.41立方米。有林业用地10.3万公顷，有林地面积9.09万公顷，活立木总蓄积量860.6万立方米，森林覆盖率76.76%。

2017年，全县GDP39.92亿元，增长9%，其中第一产业增加值57.4亿元，增长4%；第二产业增加值21.34亿元，增长10.9%（工业产值54.17亿元，增长17.1%）；第三产业增加值12.85亿元，增长8%。三次产业对经济增长的贡献率分别为6.7%、68%和25.3%。全年接待游客202.9万人次，实现旅游收入160300万元，其中乡村旅游收入62000万元。

公路通车里程506.232千米，其中乡村公路182.516千米。社会消费品零售总额12.66亿元，增长11.5%。地方公共财政预算总收入完成1.5亿元，增长9.5%；公共财政预算总支出8.3亿元，减少46.42%，其中农业投入1.2万元，占支出的14.46%。金融机构各项存款余额60.47亿元，比上年初减少15.9%；各项贷款余额26.51亿元，比年初增长4.6%。

有各类学校46所，在校学生14694人，教职工1237人，其中普通高校1所，在校本（专）科学生1764人；普通中学12所，在校学生3266人；小学10所，在校学生6296人；学龄儿童入学率100%。

有艺术表演团体53个，文化馆1个，公共图书馆1个，博物馆1个。有卫生机构130个，病床位484张（编制数744张），卫生技术人员484人。新型农村合作医疗参合人数85732人，参合率100%；新型农村社会养老保险参保人数24585人，参保率90.5%；被征地农民养老保险参保人数27人，占总人数的0.2%。

【年度农业和农村经济运行】 2017年，芦山县实现农业总产值10.18亿元，增长4.03%。农民年人均可支配收入达11230元，增长9.2%。

2017年芦山县主要农产品产量

主要农产品	单位	产量	同比(%)
粮食	万吨	4.7756	1.4
水稻	万吨	1.5416	0.8
小麦	万吨	0.2855	1.3
玉米	万吨	2.207	1.6
马铃薯	万吨	0.3299	0.1
油菜籽	万吨	0.3273	0.7
蔬菜	万吨	5.89	1.3
水果	万吨	0.0785	4.4
肉类	万吨	0.9291	1.55
猪肉	万吨	0.7211	1.56
牛肉	万吨	0.0352	2.68
羊肉	万吨	0.0192	7.26
禽肉	万吨	0.1383	1.69
兔肉	万吨	0.0153	-8.27
禽蛋	万吨	0.6837	30.4
水产品	万吨	0.0693	1.91
牛奶	万吨	0.0075	2.73

【乡村旅游】 2017年，芦山县有农家乐223家，床位5755张，其中星级农家乐40家，床位1318张，农家乐数量居雅安市第一位。已创建省级精品旅游村寨1个、省级旅游扶贫示范村1个、省级特色旅游乡（镇）2个、省级乡村旅游特色业态经营点3个、省级乡村民宿达标户11户、市级休闲农业与乡村旅游示范村15个。全年开展乡村旅游从业人员技能培训4次，共计培训相关从业人员200余人次。

【农村文化】 2017年，芦山县有群众文艺队伍110支、1300余人。全县注重文艺人才培养和作品及节目创新，积极组织文化活动；常年组织开展“送文化、送图书下乡”等活动，统筹指导乡（镇、街道）、村（社区）文艺队伍，在重要时间节点、节庆假日组织开展一系列文艺演出活动，全县乡（镇）开展各类文艺活动400余场，参与表演人员近千名，覆盖人群10万余人次。全县共有乡（镇）综合文化站9个，村文化室、图书阅览室、广播室40个。全年在40个行政村完成农村公益电影放映480场，有效解决农村群众看电影难问题。

【涉农招商引资】 2017年，芦山县3000万元以上的农业招商引资重大项目2个，均为内资项目，分别与上年持平和增长100%；项目总投资6.3亿元，增长800%。协议资金6.3亿元，增长800%。

【名优特新农产品】 芦山白茶。学名“老鹰茶”，别名“老阴（茵）茶”“大树茶”“老人茶”，产自芦山县境内。芦山白茶种植历史悠久，芦山县志有记载：“明万历年间，朝庭于芦山太平置茶马驿，所产白茶专供藏民。”芦山白茶一直作为地方特产存在，占据芦山县当地茶饮料的主导地位。芦山白茶多生长在高山密林之间，属樟科木本植物、常绿乔

木。其树大而叶茂,叶互生,叶质厚、大,枝可入药作清热解毒用。芽头肥壮,色泽深绿,沸煮后,茶汁变成红褐色,能生津解渴。

近年来,随着经济的不断发展以及人民群众生活水平和人们对安全、健康、有机、绿色农产品的需求不断提高,芦山白茶产业受到县政府的高度重视,在县委县政府大力发展"茶药"万亩亿元产业带的决策下,芦山白茶种植面积不断增加,截至2017年年底,全县白茶种植面积达1300亩左右,对深入打造"绿美芦山"具有重大作用,为全县走出了一条依靠白茶产业推动脱贫富民的新路子。

【主要领导人】 县委书记:宋开慧;县人大常委会主任:高永洪;县长:周建华;县政协主席:马毅强;分管农业副县长:张开义。

芦山县编写组

宝兴县

【基本情况】 2017年,宝兴县辖3镇6乡,辖区面积3114平方千米。

【乡村旅游】 2017年,宝兴县加快建设达瓦更扎、青衣江源等景区,快速推进硗碛藏寨·神木垒、蜂桶寨邓池沟提升改造工程。蜂桶寨乡获得"四川省乡村旅游特色乡镇"称号,硗碛藏族乡嘎日村获得"四川省旅游扶贫示范村"称号,穆坪镇雪山村获得"中国美丽乡村百佳范例"和"四川省乡村旅游精品村寨"称号,硗碛乡夹拉村获得"第二批中国少数民族特色村寨"称号。夹金山国家森林公园被评为"全国森林康养试点单位",青衣江源景区被评为全省首批"森林康养国际合作示范基地",硗碛藏寨·神木垒被评为"四川省森林康养基地"。全年接待游客219.89万人次,同比增长42%;实现旅游综合收入19.17亿元,同比增长46%。

加强组织领导,明确责任分工。为进一步加快全县"全域景区化"建设步伐,提升旅游产业综合实力,推进全县全域旅游示范县创建,县文化新闻出版和广播影视局积极响应"全域景区化"建设步伐,为切实做好旅游标准化建设工作,成立了由局长任组长、副局长和纪检组长任副组长的旅游工作领导小组,负责指导全域旅游工作,下设办公室在综合室,具体组织实施全域旅游工作。由领导小组召开班子会议部署本年度旅游工作,制订工作计划,按时参加全县旅游工作会议,贯彻落实全县旅游政策和上级工作部署,积极配合各部门开展全域旅游工作。

积极参与培训,树立发展理念。加强干部职工理论学习,参加各种技能培训,坚持就读大专班或本科班;积极征订报刊武装头脑;积极参与旅游部门组织的培训活动,积极提升全民文明旅游素质,引导干部职工树立全域旅游发展理念。

重视旅游安全工作,加强旅游资源管理。重视旅游安全工作,依法治旅,积极配合开展好旅游安全工作,节假日期间扩大旅游安全宣传,积极营造良好氛围。重视旅游标准化创建工作,主动加大旅游标准化宣传力度,全力配合创建国家4A级景区工作,完成了相关创建任务。加强旅游资源管理,协助县旅游局做好旅游数据统计,积极维护旅游市场秩序,配合开展旅游环境综合治理工作。

宣传营销。利用传统推销方式促销,在县电视台新闻栏目播放景区的气象广告,拍摄视频、照片,制作光盘、画册,利用红军广场LED屏幕滚动播放,扩大宣传影响;利用县文化新闻出版和广播影视局的宣传窗口,积极配合旅游部门组织开展旅游宣传推介活动,提升宝兴县全域旅游目的地形象;参加各种博览会、旅游交易会,积极响应号召,组织参加旅游交易会。配合宣传部在县城竹里组织摄影展,较好地宣传了全县的旅游风光。借力"互联网+",旅游特色商品线上交易突破3000万元。

【主要领导人】 县委书记:石章健;县人大常委会主任:李家顺;县长:唐柯;县政协主席:张晶;分管农业副县长:杨斌。

宝兴县编写组

荥经县

【基本情况】 2017年,荥经县辖4镇17乡(其中2个民族乡)105个行政村7个社区,辖区面积1776.48平方千米。年末总人口147852人,其中乡村人口89474人。有自然保护区面积2.9万公顷,森林覆盖率76.69%。

2017年,全县GDP71.62亿元,增长5%,其中第一产业增加值6.66亿元,增长3.3%;第二产业增加值36.75亿元,增长2.6%;第三产业增加值28.21亿元,增长9.2%。三次产业对经济增长的贡献率分别为6.4%、29.1%和64.5%。人均GDP46961元,增长4%。三次产业结构比为9.3:51.3:39.4。

有中小学校32所,在校学生16260人,其中小学25所,在校学生8999人;普通中学6所,在校学生6637人;中等职业教育学校1所,在校学生624人;有在校专任教师1104人,其中小学627人、普通中学477人;学龄儿童入学率100%。有文化馆1个,博物馆1个,体育场1个,体育馆1个,公共图书馆1个(藏书9万册)。有医疗卫生机构163个,病床位842张,卫生技术人员708人(其中执业医师和执业助理医师242人)。城乡居民养老保险覆盖人数3.75万人。

【年度农业和农村经济运行】 2017年,荥经县农村居民年人均可支配收入达12753元,增长9%,其中工资性收入7141元,增长7.8%。全县水产品产量316吨,增长7.1%。全年农业机械总动力17.6万千瓦,增长0.57%。

农业产业化发展。全县推行"龙头企业+专业合作社+基地+农户"的产业化运行机制,增强示范带动、助农增收的作用。全县有农业企业47家,其中省级龙头企业2家、市级龙头企业9家;家庭农场9家,其中进入名录库1家;农民专业合作社205个,其中省级示范社4个、部级示范社2个。

农用地产权制度改革。全县基本完成集体林权改革确权和农村土地承包经营权确权颁证工作。构建农村产权交易平台,建成县级土地流转服务中心1个、乡(镇)土地流转服务站10个。

农产品品牌战略实施。全县参加了西博会、中国绿色食品博览会等各类展会,荥泰茶业有限责任公司的"瑞吉隆兴"牌"芽细藏茶"和"古道红茶"获得第六届国际茶博会·蒙顶山杯斗茶大赛金奖;四川省荥经县塔山有限责任公司的"塔山牌"茶叶获得十八届中国绿色食品博览会金奖,"塔山"牌观音仙茶入选中国茶叶博物馆"中国茶样库"。

【种植业】 2017年,荥经县粮食作物播种面积1.23万公顷,增加6公顷,增长0.05%;油料作物播种面积3392公顷,减少0.1%;中草药材播种面积449公顷,增长2.3%;蔬菜播种面积2377公顷,增长1.3%。全年粮食总产量5.18万吨,增加702吨,增长1.4%,其中小春粮食产量增长1.3%,大春粮食产量增长1.4%。经济作物中,油料产量6296吨,增长0.05%;烟叶产量495吨,增长0.4%;蔬菜产量4.26万吨,增长2.3%;茶叶产量3133吨,增长7%;园林水果产量3164吨,减少0.2%;中草药材产量1918吨,增长3.6%。

【林业】 2017年，荥经县完成营造林面积8.8万亩，巩固退耕还林成果9.55万亩，管护天然林134.6万亩。全年群众参与植树造林活动4.3万人次，义务植树37万株，新增森林蓄积25万立方米，森林覆盖率达76.69%。实现林业总产值8.8亿元，其中第一产业3.6亿元、第二产业1.3亿元、第三产业3.9亿元。

【畜牧业】 2017年，荥经县生猪出栏8.46万头，减少7.7%；牛出栏6551头，增长0.01%；羊出栏1.48万只，增长3.5%；家禽出栏38.97万羽，减少1.9%；兔出栏30.32万只，增长8.5%。禽蛋、牛奶产量分别增长2.1%、1.7%。

【农村水利】 2017年，荥经县新增有效灌面0.63万亩，新增节水灌面1.89万亩，新建和整治堤防2.1千米，疏浚河道4.5千米，修复水毁水利工程150处，治理河流生态廊道长度3500米。投资73万元，解决了11个乡11个村3197人饮水安全问题；集中供水覆盖人口11.8422万人，农村集中供水率96.3%。自来水覆盖农村人口12.0512万人，农村自来水普及率达98%。

全县建立了县、乡、村三级河长制组织体系，形成11条县管河流及2座灌溉型水库设置的县级河长、13条乡级河设置的乡级河长、村级河长体系。实行“河长+警长+水务专员+环保专员”河库管理模式，严厉打击非法采砂、排污等行为。编制完成13条重要河流、水库（其中市级河2条、县级河9条、水库2个）“一河一策”管理保护方案。

【新村建设】 2017年，荥经县建成幸福美丽新村30个、“绿美新村”13个、省级“四好村”7个、市级“四好村”36个、县级“四好村”28个。高标准打造林竹果蔬、高山有机茶、道地中药材3条产业环线，新修林竹果蔬环线道路2千米、高山有机茶环线道路约5千米；拓宽林竹果蔬环线约14千米，高山有机茶产业环线约13千米。

【扶贫攻坚】 2017年，荥经县聚焦“两不愁、三保障、户三有”，按照“六个精准”要求，下足“绣花”功夫，13个贫困村达到退出标准。

民政兜底脱贫。全县调整城乡居民最低生活保障标准，确保农村低保保障线和扶贫线“双线合一”。农村低保人员达2031户2184人，其中贫困人口1344人，占全县建档立卡贫困人口的18.11%。同时，将全县农村低保按照家庭经济、精准扶贫、重大疾病、残疾等状况划分成A、B、C三类，实现农村低保分类施保，差额救助。对低保户中的残疾人发放困难残疾人生活补贴，按照每人每月70元标准执行。全年发放困难残疾人生活补贴12978人次，发放资金90.1万元。

医疗扶贫。县财政出资为建档立卡贫困人口购买城乡居民基本医疗保险和大病保险，参保率100%。卫生扶贫救助基金救助贫困人员13203人次，其中门诊12073人次、住院1130人次，拨付救助基金272万元，结余资金228万元。实行基本医保、大病保险、民政医疗救助、公立医疗机构减免和卫生扶贫救助基金5项措施减免，贫困患者县域内诊疗费用个人支付比例控制在10%以内。

教育扶贫。贫困地区义务教育投入资金1667万元，新建、改造校舍2.32万平方米，配置教学设备14000余套，12所农村义务教育学校达到标准化建设要求。完善集“免、减、奖、助、贷、补”多位一体的贫困家庭学生扶助体系，对建档立卡贫困家庭全面实施幼儿保教费免除、义务教育“三免一补”、高中（职高）大学教育资助补助等一系列扶助政策，扶助贫困学生18396人次，其中建档立卡贫困学生398人。推进“康宁爱心助学”“春蕾计划”“滋蕙计划”“雨露计划”帮扶活动，保障贫困学生学业生活和身心健康。

扶贫资金保障。省、市安排荥经县财政专项扶贫资金436万元，县本级安排财政专项扶贫资金600万元，县级安排资金增长100%。教育扶贫、卫生扶贫、贫困村产业扶持及小额信贷分险基金“四项基金”总规模达2758万元。其中，教育、卫生扶贫救助基金500万元；扶贫小额信贷基金208万元；贫困村产业扶持基金每村50万元，31个村共1550万元。规范资金使用，制定了《荥经县扶贫资金绩效考评实施方案》《荥经县财政专项扶贫资金公告公示实施细则》《教育扶贫救助基金管理办法》《卫生扶贫救助基金管理办法》和31个村《贫困村贫困户产业扶持基金管理使用办法》等规章制度，由县财政局、县审计局及县扶贫移民局联合，多次专项督查财政专项扶贫资金使用情况，确保发挥扶贫资金使用绩效。

【名优特新农产品】 荥经天麻。荥经天麻历史悠久，是荥经县特产之一。荥经天麻体肥大坚实，呈椭圆形，略扁，长3～9厘米，宽1.5～6厘米，厚0.5～2厘米，顶端有红棕色或红色芽苞，底端有圆脐形天然疤痕，表面黄白色至淡黄棕色，有纵向皱纹及由潜伏芽排列而成的横环纹多轮。干天麻质坚硬，断面细密，角质样，呈半透明状，气微、味甘。据测定，荥经天麻天麻素≥0.6%，多糖含量22.97%。荥经天麻在中医中应用广泛，药理功效强，俱息风、定惊及治疗眩晕眼黑、头风头痛、肢体麻木、中风等功效，是中医里入药上品。20世纪80年代后，人工栽培天麻获得成功，产量和品质不断提高。2002年获得“中国西部博览会名优农产品奖”；2011年8月，获得中华人民共和国农业部农产品地理标志保护。截至2017年年底，全县天麻种植面积5000余亩，产量约4000吨，创造产值1.62亿元。

荥经竹笋。荥经竹笋是荥经土特产之一，是具有荥经生态特色的传统品牌。据民国版《荥经县志》记载：“笋，产改丁等坝山中，每年约五六十万斤。由陆路运销邛、眉、成、绵各地。”荥经竹笋箨紫褐色，有少量褐斑及棕褐色刺毛，笋肉呈乳黄至黄绿色。壳薄肉多，口感脆嫩且清香爽口，是传统的佳肴美食。据测定，荥经竹笋每百克蛋白质含量2.6%，膳食纤维含量1.8%，脂肪含量0.2%。其营养价值极高，因其具有开胃健脾、通肠排便、开膈消痰、增强机体免疫力、保健等功效，常食之对人体健康有益。20世纪90年代后，因生态得到保护，竹笋产量得到很大提高，加之竹笋加工技术的发展，竹笋生产、加工产业化逐步形成，“荥经竹笋”已成为重要品牌，并远销港澳地区和日本等国。1995年1月18日，盐渍笋获得四川名优特新产品迎春展销会产品金奖。截至2017年年底，荥经县可产笋竹林约36万亩，年产量约1万吨。荥经竹笋品质优良，肉厚嫩脆，远近闻名，是家庭和饭店、火锅店常备佳肴和馈赠佳品。2017年9月，荥经竹笋获得农产品地理标产品认证。

【主要领导人】 县委书记：高福强；县人大常委会主任：陈德全；县长：李蓉；县政协主席：张顺昌；分管农业副县长：许恒勇。

荥经县编写组

汉 源 县

【基本情况】 2017年，汉源县辖20乡10镇，辖区面积2388平方千米，其中耕地面积42.84万亩，与上年持平，人均耕地面积1.34亩；基本农田6.39万亩。年末总人口31.93万人（户籍人口），减少0.93%；人口出生率15.41‰，增加3.62个千分点；人口自然增长率5.68‰，减少10.4个千分点。全县耕地有效灌面和保证灌面分别达到耕地总面积的80.05%和90%；本地水资源总量407.75亿立方米。有林业用地15.35

万公顷，有林地面积7.14万公顷，活立木总蓄积量560万立方米，森林覆盖率48.25%。

2017年，全县GDP76.85亿元，增长7.9%，其中第一产业增加值15.3亿元，增长4%，农、林、牧、渔及农林牧渔服务业之比为68.9∶1.8∶27.5∶1.4∶0.4；第二产业增加值增长35.2%（工业产值22.23亿元，增长7.5%）；第三产业增加值26.35亿元，增长8.8%。三次产业对经济增长的贡献率分别为9.8%、54.6%和35.6%。全年接待游客441.41万人次，实现旅游收入33.06亿元，其中乡村旅游收入21亿元。

公路通车里程1507千米（其中乡村公路1343千米），密度631米/平方千米，45.7千米/万人。社会消费品零售总额35.3亿元，增长11.5%。地方公共财政预算总收入完成4.42亿元，增长9.8%；公共财政预算总支出16.95亿元，减少0.5%。金融机构各项存款余额140.32亿元，比上年初减少2.6%；各项贷款余额66.13亿元，比年初增长33.6%；农业产业化龙头企业省级、市级分别为4个、12个。

有各类学校143所，在校学生42313人，教职工2839人，其中普通中学12所，在校学生13422人；小学64所，在校学生18123人；学龄儿童入学率99.82%，提高0.04个百分点。有艺术表演团体5个，文化馆1个，公共图书馆个，博物馆1个。有卫生机构250个，病床位1462张，卫生技术人员1441人。新型农村合作医疗参合人数256632人，参合率98.6%；新型农村社会养老保险参保人数115625人，参保率90%；被征地农民养老保险参保人数1680人，占总人数的99.47%。

【年度农业和农村经济运行】 2017年，汉源县实现农业总产值25.98亿元，增长13.4%。农民年人均可支配收入达11202元，增长9.3%。

2017年汉源县主要农产品产量

主要农产品	单位	产量	同比(%)
粮食	万吨	11.46	1.4
水稻	万吨	3.58	0.2
小麦	万吨	0.15	–18
玉米	万吨	3.63	2.4
马铃薯	万吨	2.47	2.5
油菜籽	万吨	0.1	2.7
蔬菜	万吨	22.3	2
水果	万吨	24.32	3.5
肉类	万吨	18.4	–9.4
猪肉	万吨	14.09	–11.7
牛肉	万吨	0.3	1.2
羊肉	万吨	0.042	1.3
禽肉	万吨	0.084	1.1
兔肉	万吨	0.0024	1.2
禽蛋	万吨	0.53	–1.2
水产品	万吨	0.2145	–6.4
牛奶	万吨	0.12	19.1

农产品品牌战略实施。全县新申报认证“三品一标”产品6个，其中绿色食品1个（聚财水果种植专业合作社的红富士苹果）、有机食品5个（汉源县常丰蔬菜种植专业合作社的李子、白菜、樱桃、甜瓜；缘达甜樱桃农民专业合作社的甜樱桃）。已获得汉源雪梨、中华樱桃地理标志产品认证2个，无公害认证企业3家、农产品6个，绿色食品认证企业10家、产品25个，有机食品认证企业5家、产品9个。全县注册涉农商标56件、四川省著名商标3个、雅安市知名商标8个。深入实施“区域品牌+企业品牌”战略，培育区域品牌和知名品牌，提高主导产业“三品一标”产品比例，利用国内外知名展会和媒体加大品牌推介和宣传力度，组织五丰黎红等县内食品加工企业参加 绿色食品博览会、中国国际农产品交易会2次，推销汉源土特产品，学习行业的产品开发、包装设计和旅游商品营销等先进经验。认证后年检、续展、监管。已办理绿色食品证书续展1家、9个绿色食品（大渡河系列牦牛肉）；开展2家绿色食品企业年检工作（五丰黎红食品有限公司、味佳食品有限公司）；省、市农业部门相关领导和人员到汉源县对绿色食品企业大渡河食品有限公司进行了现场检查；办理无公害产品复查换证1家（汉源县钱记鲜蛋养殖有限责任公司）；开展无公害农产品、绿色食品监督检查2次，检查“三品一标”企业32家次。

【种植业】 2017年，汉源县完成小春粮食作物收获面积4.849万亩，产量1.026万吨，其中小麦0.825万亩，产量0.153万吨；胡豆0.53万亩，产量0.0278万吨；豌豆0.88万亩，产量0.0459万吨；小春马铃薯2.61万亩，产量0.799万吨（折合产量）。大春粮食作物播种面积42.02万亩，产量10.44万吨，其中水稻6.25万亩，产量3.58万吨；玉米12.69万亩，产量3.63万吨；红薯5.51万亩，产量0.98万吨；马铃薯10.20万亩，产量1.67万吨；大豆3.41万亩，产量0.26万吨。新增粮食规模化经营面积0.47万亩，其中有9户（8户大户、1个专合组织）共1284亩因规模达到补贴标准享受国家规模种植奖励补贴。

水果生产。全县水果种植面积34.5万亩，新增果树面积1万亩；水果总产量43.29万吨，增加3.67万吨；实现产值13.44亿元，增加1.44亿元。其中，樱桃种植面积6.04万亩，产量2万吨，实现产值3.2亿元；黄果柑种植面积3万亩，产量5.2万吨，实现产值1.5亿元；苹果种植面积7.35万亩，产量9.5万吨，实现产值2.8亿元；梨种植面积9.9万亩，产量18万吨，实现产值2.5亿元。改造低产果园3.2万亩。

蔬菜生产。全县商品蔬菜播种面积15.91万亩，减少0.09万亩左右；产量24.2万吨，减少0.1万吨左右；实现产值5.77亿元，减少0.03亿元。其中，大蒜种植面积5万亩，与上年基本持平；蒜苗产量1.2万吨，减少1.3万吨；蒜薹产量1.98万吨，增加0.53万吨；蒜头产量1.85万吨，增加0.05万吨；实现大蒜销售收入2.98亿元，增加0.23亿元。

高标准农田建设。全县严格按照高标准农田建设要求，2016—2017年度市上下达全县高标准农田建设任务0.9万亩，建设高标准农田面积0.9万亩，占计划任务的100%。项目总投入1252.535万元，其中国家财政投资1041.535万元、农民自筹211万元。建设农田排灌渠系24.38千米，修筑机耕路23.703千米，建设山坪塘3座，建设蓄水池10口，地力培肥0.2万亩。

【林业】 2017年，汉源县省级现代林业重点县建设项目新培育和提升花椒、核桃产业基地6729.64亩，新建林麝养殖圈舍6000平方米，全县林麝养殖达400头，项目共计投资1429.56万元（其中省级财政资金300万元，农户和企业投工投劳折资及自筹资金1129.56万元）。县林业局争取到中央财政林业科技推广示范项目资金80万元，在全县5个村建立汉源花椒良种推广应用及标准化栽培管理与示范基地共800亩。全年聘请“土专家”开展技术培训50余次，培训林农近3000人次。汉源县被国家林业局造林绿化管理司批准为“全国经济林产业区域特色品牌建设试点单位”，公布的区域特色品牌为“汉源花椒”。林业厅下达全县建设培育省级现代林业产业示范园区——中国汉源花椒产业示范园目标任务。县林业局与国资公司启动了“汉源花椒”中国驰

名商标申报认证工作。九襄镇申报认证为省级森林小镇，培育“铜锣房”省级森林康养基地1个，培育省级森林康养人家14家，将汉源县昊业食品有限公司、四川御鼎堂中药饮片有限公司培育成为省级龙头企业，汉源县方安核桃种植农民专业合作社由市级合作社申报认证为省级合作社示范社，培育市级林业专业合作社13家。截至2017年年底，全县核桃种植面积达12.42万亩、花椒种植面积达12.32万亩。干核桃产量3049.2吨，产值为9147万元；干花椒产量2221吨，产值为29984万元。全年林业总产值达17.93亿元，农户人均林业收入3035元，农户人均林业收入增加122元。

【畜牧业】 2017年，汉源县生猪存栏17.87万头，增长2.5%，其中能繁母猪存栏1.11万头，增长2.8%；出栏生猪18.2万头，增长2%；牛存栏3.7万头，减少3.8%；出栏肉牛2.01万头，减少2.6%。羊存栏4.51万只，增长2.2%；出栏羊3.24万只，增长0.49%。家禽存栏56万羽，增长1.1%；出栏家禽65.25万羽，增长0.21%。猪肉产量15641吨，增长1.8%；牛肉产量2784吨，减少2%；羊肉产量422吨，增长0.6%；禽肉产量893吨，增长0.31%；禽蛋产量5288吨，增长1.3%。农民人均畜牧业增收61元。

【水产业】 2017年，汉源县水产品产量2145吨，完成目标任务的100%；水产养殖面积达700亩，完成目标任务的100%。全年放生违法捕获野生鱼类12000余尾（1万余千克），执法中现场依法教育违法捕鱼者150人次，共立案5起，结案5起，结案率达100%。

【统筹城乡与新型城镇化】 2017年，汉源县高起点定位城市规划，积极与中规院配合，总体规划修编已报请省政府审批。启动全县规划全覆盖工作，已通过招标确定规划编制单位并启动规划工作。县地下管网设施普查数据采集和数字化处理平台建设已完成。规划管理方面，坚持“严”字当头，严格审批程序，严把“一书两证”的审批关。结合全县实际，不断深化行政审批制度改革。坚持建设项目规划审批制度化，提高规划审批质量。全年共核发选址意见书4份、建设用地规划许可证13份、方案审查意见通知书14份、建设工程规划许可证30份、施工图审查备案45份、规划设计条件通知书15份，查处违法建设项目3个。汉源县规划展馆工程采购装饰装修工程已完成80%，进行设备安装和影视展墙制作；九襄阳光1号、汉源万合酒店、九襄农贸商城、汉源铁汉旅游开发项目进展顺利。萝卜岗3号地块已拍卖，方案设计工作有序推进。

【新村建设】 2017年，汉源县完善幸福美丽新村建设工作推进机制。按照中央、省、市、县对幸福美丽新村建设的要求，研究提出推进全县幸福美丽新村建设短期和中长期规划的规范性文件并组织实施，加强对幸福美丽新村建设工作的牵头抓总和综合协调。出台了《汉源县学习贯彻〈雅安市新村聚居点管理条例〉方案》的通知》《汉源县创建“四好村”活动实施方案》《汉源县2017年幸福美丽新村建设实施方案》等一系列政策文件，指导全县幸福美丽新村建设工作稳步有序推进。

完成幸福美丽新村建设年度目标任务。投入财政专项资金1550万元，在2017年退出的25个贫困村实施了幸福美丽新村建设项目，重点实施道路基础设施项目27个，硬化通组公路、联户路、耕作道等农村各类道路约71千米，新建耕作道约41千米；实施人居环境整治类项目4个，安装路灯及节能灶144盏，新建、硬化院坝、广场等活动场所约6045平方米，建设垃圾池、垃圾箱及垃圾填埋场28处，新建公共卫生厕所约60平方米；实施公共服务场所设施类项目10个，新建公共服务管理用房320平方米，安装安保护栏近1千米、休闲亭4处、广告宣传牌及文化墙共计约560平方米。

广泛开展“四好村”创建活动。落实党委、政府主要负责人第一责任人制度，召开政府常务会研究“四好村”工作，构建公安、纪委、组织部门、群工局、环保局、卫计局和文明办等整体联动的“四好村”创建工作责任体系，积极申报省、市级“四好村”认定，完成省级“四好村”创建2个，新申报8个；市级“四好村”创建27个，新申报27个；县级“四好村”创建60个。申报市级“绿美新村”15个、市级幸福美丽新村70个。在63个贫困村中开办农民夜校1512期，引导农民感恩奋进、自力更生，促进养成好习惯、形成好风气。大田乡新堰村被评为第五届“全国文明村镇”，位于河南乡大湾村的四川省铜锣房森林康养基地被评为第二批“四川省森林康养基地”，马烈乡团宝山“汉源县皇木林场”、后域乡全新村“汉源县鸡冠山”被评为雅安市“森林人家”。

【农村扶贫和移民工作】 2017年，汉源县完成845户2327名贫困人口脱贫，完成25个贫困村退出，贫困发生率从2014年的9.95%下降至2017年的0.93%，顺利通过井研县考核组代表四川省成效交叉考核。剩余贫困户992户、贫困人口2774人、贫困村27个，计划于2018年年底全部脱贫退出。

移民安置。截至2017年年底，瀑电汉源库区已累计界定移民100348人，其中搬迁安置移民95148人、生产安置移民80294人。已累计永久搬迁安置移民94585人，其中外迁安置34399人、县内安置移民60186人。已累计完成生产安置77325人，其中外迁移民生产安置34079人、县内生产安置43246人。

移民后扶。截至2017年年底，全县累计经省扶贫移民局核定登记批复直发直补41347人，安排发放直发直补资金18416.411万元，核减直发直补2650人。上报核定登记直发直补1634人，其中瀑布沟水电站上报核定登记直发直补1595人，永定桥水库上报核定登记直发直补39人。全县已下达一般后扶项目410个，涉及资金19478万元；整村推进项目100个，涉及资金9600万元，其中2017年下达项目46个，涉及资金4569万元，累计受益移民323509人次。

财务收支。截至2017年年底，全县累计收到上级拨入瀑布沟水电站移民资金148亿元，累计使用移民资金146.66亿元，资金结存1.84亿元。

移民项目内部审计。累计完成移民项目竣工结算内部审计项目310个，审定投资287834.52万元，审减投资44445.94万元，审减率为13.38%。

【乡村旅游】 2017年，汉源县大力实施“农业景观化、景观生态化、生态效益化”发展战略，乡村旅游实现跨越式发展。汉源县创建为四川省乡村旅游示范县，花海果乡创建为国家4A级旅游景区。九襄镇、大田乡、清溪镇、双溪乡、前域乡5个乡（镇）创建为示范乡；清溪镇新黎村、片马乡片马村和富银村、小堡乡丁家社区、前域社区新堰村等8个村（社区）被评为“四川省乡村旅游示范镇和示范村”；花海果乡被评为“四川省十大最美花卉观赏地”“四川省100个最美观景点”；九襄镇三强村和幸福村被评为“四川省2012年度环境优美示范村”；双溪乡被农业部认定为第三批“全国一村一品示范村镇”“中国乡村旅游模范村”和“中国最美乡村示范点”。指导九襄镇、唐家镇完善设施，前域乡前域社区、九襄镇三强村、双溪乡申沟村、大田乡新堰村等15个村创建为“市级休闲农业和乡村旅游示范村”。汉源华新苑度假村创建为“中国乡村旅游模范户”“中国乡村旅游金牌农家乐”。有8名农家乐业主和村支部书记获得“中国乡村旅游致富带头人”称号。

加快完善基础设施,全面提升旅游接待水平。精心组织实施《汉源县百里花果长廊精品旅游线路策划》,配合相关部门加大产业环线建设力度,按程序实施推进道路和安保设施建设。县财政投入资金8300万元,新建连接7个乡(镇)的农业产业环线公路。按照《汉源县百里花果长廊精品旅游线路策划案》,投入资金3100万元建设花海果乡百里花果长廊精品旅游线路上的14个观景点的观景台(亭)、旅游厕所、停车场、购物区。在大渡河峡谷地质公园景区内,永利乡古路村投入资金225万元完善通往云端村寨的骡马道防护栏、山脚处的停车场、沿途观景台和旅游厕所的建设,让徒步旅游的户外运动爱好者登上藏在绝壁千仞的峡谷山顶的原始村寨,感受浓郁的彝家风情;在大渡河峡谷地质公园景区主碑广场处,乌斯河镇苏古村投入资金1300万元,规划建设彝族旅游新村,为高山峡谷游增添民族文化体验元素,丰富乡村旅游产品。连续4年举办"赏花旅游文化月"等节庆活动,以此为契机加快旅游基础设施建设步伐。加大星级宾馆、农家乐(乡村酒店)等旅游配套设施建设力度和星级农家乐的创星指导力度,开展民宿建设和乡村旅游业态的提升培育工作,提升旅游接待水平。指导成立了以旅游重点乡(镇)为试点的申沟村、同心村、三强村、古路村、苏古村等乡村旅游合作社8个。扶持培育星级酒店2家、星级农家乐(乡村酒店)21家,发展农家乐和乡村酒店、民宿等180余家。

大力实施以奖代补政策。鼓励兴办星级旅游饭店、星级乡村酒店(农家乐)、特色餐饮点、星级购物点。出台《汉源县旅游产业扶持办法(试行)》,从乡村旅游发展、旅游市场营销、旅游景区(点)创建、特色旅游纪念品开发等方面进行产业发展扶持。大大激发了社会资金投资新建农家乐(乡村酒店)的积极性,同时增强了旅游企业的信心。创建省级乡村旅游示范县,提升全县乡村旅游基础设施和服务水平。清溪镇、大田乡、双溪乡3个乡(镇)创建示范乡;清溪镇新黎村、片马乡片马村和富银村、小堡乡丁家社区、前域乡前域社区5个村(社区)创建示范村,扩大了乡村旅游示范面。

完成花海果乡创建国家4A级旅游景区工作。景区按照"一标三则"建成连接梨花山坞、桃花源、清溪文庙、鹤舞田园、锦绣田园以及百里果蔬长廊各景点的旅游观光道路130余千米,建成景点内生态采摘游步道和观景体验道60千米、自行车骑行道65千米,新建观景台13个,新(改)建旅游厕所6座,新建和改造生态停车场6个,设置停车场门禁5套,新建游客咨询管理小木屋2座,增设富有景观特色的环保型垃圾箱218个。设计安装了富有景区特色的导游全景图、景点导览图、景物介绍牌、分流指示牌、健康养生知识牌、诗词歌赋文化牌、农技科普宣传牌等665幅(块),温馨提示牌40块,安全警示牌20块。完善了雅西高速汉源县出口至花海果乡景区各景点沿线旅游交通标识,整改安装外部旅游交通指示牌12块。建成符合国家4A级景区要求的游客中心,设置了醒目标识和导游全景图,划分邮政服务、公用电话、购物场所、警务监控、医疗服务等功能区域。配套完善景区消防安全设备,安装景区游客高峰期信息公示屏。对进入景区游客中心的花都大道进行改造升级和美化绿化,对景区游客中心、游客咨询点、停车场、景观游道进行生态绿化。完成智慧旅游系统建设,开设语音导游、微信平台、查询触摸屏和专属网站,实现核心景点免费WIFI全覆盖和各景点监控信息全联网。开通县城至九襄花海果乡景区的公交专线,投入公交车16辆。编印花海果乡4种语言的咨询折页、春天赏花线路推介、月月采摘鲜果攻略、《玩转汉源》深度游手册、汉源旅游地图等9种共计18万份旅游宣传资料,为游客提供旅游服务和"吃、住、行、游、购、娱"信息。设计制作并发行花海果乡旅游景区特色纪念戳、纪念封、明信片、纪念邮票等。强化旅游从业队伍建设,累计举办培训班8期,培训景区从业人员230余人次,精心编写景区讲解词和导游词,组织培训景区讲解员30余名,可开展中文及外语讲解服务。

以幸福美丽新村建设和扶贫移民整村推进项目建设为抓手,以"农业景观化、景观生态化、生态效益化"为目标,围绕"新型农业社区、现代农业园区、乡村旅游景区"三合一模式,逐步建设完善乡村旅游基础设施,着力建设精品旅游村寨等乡村旅游新村。配合相关部门做好片马乡然莫村和茶林村、永利乡古路村扶贫开发以及幸福美丽新村、民族地区发展示范片建设。

坚持以规划为引领,加快推进乡村旅游业全面发展。抢抓"4·20"灾后重建机遇大力发展旅游业,旅游产业重建已纳入《芦山地震灾后恢复重建文化旅游专项规划》。完成《汉源县观光农业和乡村旅游规划》《汉源县九襄花海果乡乡村旅游发展规划》《汉源县花海果乡百里花果长廊精品旅游线路策划》《汉源县花海果乡旅游区创建4A级景区实施方案》《汉源县茶马古道景区规划》的编制工作。编制完成《汉源县轿顶山景区规划》并组织实施建设。总投资4000万元的轿顶山景区旅游公路已投入使用。

对全县永利乡古路村、清溪镇同心村、乌斯河镇苏古村等贫困村30余名村民开展了乡村旅游专题培训。以汉源湖、轿顶山等旅游开发为契机,带动安乐乡治安村、鹤梧村、马烈乡、皇木镇红花村及沿线贫困村村民参与旅游经营或从事旅游服务,销售农副土特产品;以永利乡古路村旅游索道建设,推进大渡河峡谷地质公园开发,带动永利乡古路村、乌斯河镇苏古村村民从事旅游经营或旅游服务、销售农副土特产品。组织全县农家乐经营管理人员到蒲江、邛崃等地考察学习精品度假酒店三鑫茗苑、乡村旅游景区成佳茶乡、甘溪国际明月陶艺村、邛崃大梁酒庄发展乡村旅游、精品农家乐管理模式和经营理念,为发展乡村旅游、提升全县农家乐经营水平奠定了基础。组织清溪镇同心村的村组干部、村民17人到成都市双流区黄龙溪、蒲江官帽山庄考察学习乡村旅游,为同心村发展乡村旅游、脱贫致富打好基础。组织永利乡和古路村村组干部到石棉县考察学习安顺乡新场村、蟹螺乡蟹螺堡子民族村寨古村落村容村貌打造、旅游基础设施建设、村级公共设施管理和民族风情旅游接待等经验,为发展古路村民族风情乡村旅游模式提供参考。

强化资源优势,加大乡村旅游产品开发力度。充分挖掘独特的文化资源、农业观光和自然生态优势,将乡村旅游提升发展和现代农业发展及新村聚集点建设相结合,重点建设了水果生产主产区的九襄镇、双溪乡、清溪镇、大田乡、前域乡、唐家镇、西溪乡。通过农业产业环线,将7个乡(镇)的梨、苹果、桃、李子、杏、枇杷、花椒、大樱桃等万亩示范基地、生态旅游村落、现代农业示范园、历史文化古镇古道(九襄古镇、清溪古城、茶马古道)和花海果乡国家4A级旅游景区串点成线、由线连片。线路为"河谷—山腰—山顶",实现立体观赏花山果海、梯次展现农业景观、一步一景感受文化、自然、生态之美,将汉源"赏花月"变成"赏花季"、"品果节"变为"四季椒果采摘节",延长了观花赏果的乡村休闲度假时间。在沿线完善旅游厕所、观景台、停车场、购物区、农家乐和乡村酒店等旅游接待功能。同时,充分挖掘民族特色村寨的文化底蕴,发展民族特色的乡村休闲度假旅游产品,通过片马乡和小堡乡举办的火把节和藏历年等节庆活动,吸引外地游客体验民族风情游。不断做大做强贡椒、大渡河牦牛肉、坛子肉、马咖酒、紫薯酒、黄果柑酒、汉源大樱桃、梨、苹果、黄果柑等旅游土特产品。开发大渡

河奇石、汉源风光水晶纪念品、汉源花椒香包、桃花扇、桃花扑克等旅游纪念品，打造具有汉源特色的旅游商品品牌。组织五丰黎红、大渡河、大自然、长行等县内食品加工企业参加西博会、江苏省国内旅交会、雅安市"动物与自然电影周"等旅游商品交易会，推销汉源县土特产品，学习行业的产品开发、包装设计和旅游商品营销等先进经验。

规范管理，创造良好的乡村旅游发展环境。深入贯彻《中华人民共和国旅游法》，加强旅游执法体系和执法队伍建设，进一步规范和提高执法质量。加强旅游市场综合治理，规范旅游市场，与涉旅企业签订《安全生产工作目标责任书》，开展安全检查，强化旅游交通、食品卫生和消防等旅游安全工作，促进旅游市场健康有序发展。通过多种渠道向社会公布汉源旅游咨询投诉电话12301—7，并落实24小时值班制。通过协会自治，规范旅游行业管理，建立政府主导、行业自律、企业参与的旅游诚信体系。

注重营销宣传，扩大汉源县乡村旅游影响力。坚持多措并举的媒体营销方式，依托各类节会赛事等平台，借助中央电视台7套栏目、新华社、人民网、四川电视台、《四川日报》等媒体，利用电视、网络、自媒体等多种手段，县内县外同步推进、网上网下同向发力宣传，展现"大美汉源"的魅力，进一步提升汉源的知名度、美誉度和影响力。推出"三花经济"和品果采摘，打响了汉源四季旅游品牌。推进汉源旅游微博、汉源旅游微信公众平台等互联网平台的专业化管理，及时更新汉源景区、特产、美食、宾馆、讲解词等旅游信息，为游客提供旅游咨询等服务。持续推出以汉源为目的地的"阳光汉源梨花节一日游""汉源阳光·花海二日游""把汉源带回家"等旅游线路，指导旅行社做好营销宣传、线路规划工作，团队旅游逐步升温。

加大招商引资力度，助推乡村旅游产业发展。重视前期考察，认真包装推介旅游项目。包装编制完成《汉源县旅游康养项目册》，涵盖旅游项目47个。积极发挥汉源"1+3+N"的招商工作机制优势，大力开展旅游招商、项目招商、会节招商。全面启动汉源湖、大渡河峡谷国家地质公园、花海果乡康养度假、清溪古城—茶马古道、河西溶洞等项目招商引资工作。在2017梨花节汉源项目投资推介会上共签约优势产业项目4个（由四川旅游产业创新发展股权投资基金签约了九襄新城项目和九襄石牌坊生态文化旅游区建设项目）。强化服务，着力推进项目落地建设。轿顶山旅游项目由北京华城博远公司（汉源县湖山旅游开发公司）投资开发建设，一期酒店等完成建设，启动二期酒店建设。总投资4.5亿元的汉源湖滨湖康养项目、总投资3.8亿元的九襄阳光康养生态文化旅游度假小镇项目建设进展顺利，投资2340万元建设古路村索道项目已投入运营。

【农村水利】 2017年，汉源县完成水利项目建设总投资5371.1万元，完成计划的156%。新建、整治渠道131.9千米，铺设灌溉管道439.52千米，整治山坪塘2座，新建蓄水池809口，维修渠道150千米，渠道清淤15320立方米，维修拱圈渠墙1745立方米，铺设人饮管道43.11千米，解决2118人饮水安全问题（其中建档立卡贫困人口26人）。新建横隔墙2处，新建堤防1333.4米，维修加固堤防1939.5米。治理水土流失面积6.25平方千米。新增灌面0.562万亩，恢复和改善灌面11.65万亩，新增节水灌面1.85万亩，新增节水能力270.86万立方米，新增粮食生产能力244万千克。

【农业机械化】 2017年，汉源县完成提灌站改造4座，机电提灌保灌面积达0.56万亩，主要农作物耕种收综合机械化水平达40.03%，农机总动力达23.381万千瓦，农机合作社机械化作业面积增长约6%。

【农村科技】 2017年，汉源县邀请四川农业大学等院校的10余位教授到清溪、小堡等乡（镇）开展水果、干果、蔬菜、中药材和畜牧业五大特色产业技术培训和指导，科学系统地提高群众特色产业管护水平，免费发放优质种苗1000余株和管护肥料500余千克。实施《雅安百里茶果药产业带有机生态安全生产技术试验示范》等省、市科技项目4项。促进农村技术能人社会化服务特色产业，按照"经果林管护提升行动"的相关要求，完成第一年度服务费的兑付工作；重新完善代拟了相关文件，按照相关程序启动新一年度的经果林管护社会化采购技术服务工作，用科技力量助推脱贫攻坚，推进乡村振兴。

【农村教育】 2017年，汉源县加快推进薄改项目建设。落实薄改资金1848万元，对县域义务教育阶段薄弱学校进行了提质改造。不断强化对外交流合作，全县共有6所学校与省内外7所学校建立了"结对帮扶"长效机制。探索实施小学集团化办学模式，通过理念、资源、方法、成果、品牌共享，努力打造区域教育特色品牌。积极推进城乡学校一体化发展，制订并落实《汉源县统筹推进县域内城乡义务教育一体化改革发展的实施方案》。建立健全学生资助帮扶机制体系，确保县域义务教育阶段学生不因贫失学。

【农村卫生】 2017年，汉源县大力实施"人才强卫"战略，加强人才队伍建设。截至2017年年底，全县县、乡两级医疗机构共引进及招聘各类卫生人才303人（其中享受卫生人才安家补助及津贴人员47人）。极大改善了全县卫生人才紧缺的状况，群众看病难、看病贵的问题得到有效缓解。

积极稳妥推进分级诊疗，县域医疗服务能力大幅提升。全县打破过去上、下半县两个医疗联合体格局，分别成立县人民医院医联体和县中医医院医联体，全县30家乡（镇）卫生院可以从地理位置、技术优势、临床应用、支持力度等多方面考虑，与2家县级公立医院签订医联体协议和双向转诊协议；基本建立起以县、乡两级为主导的双向转诊服务体系和以签约服务为基础的基层首诊服务体系，基层医疗卫生机构的服务水平、服务效率和服务量占比大幅提升。

【农村交通】 2017年，汉源县有乡道155.235千米、村道924千米。县政府印发《汉源县2018年度交通通达行动实施方案》《汉源县创建"四好农村路"实施方案》，明确了各部门的责任，确定了全县创建"四好农村路"路线，同时将"建、管、养、运"经费纳入财政预算，将农村公路管理养护情况纳入各乡（镇）年度考核内容；深入各乡（镇）和村（组）大力宣传和解释《四川省农村公路条例》；根据县情实际，初步确定了汉源县创建百千米"四好农村路"线路和示范乡、示范村。全县道路交通基础设施投入共计145156万元，其中县、乡道新（改）建224.78千米，投入资金126484万元；村道新（改）建143个村、622.4千米，投入资金18672万元。

建设模式主要采取公开招标和"一事一议"，符合招（投）标条件的一律公开进行招（投）标，通村公路建设主要是采取"一事一议"方式。质量与安全管理，采用分片区进行管理模式，全县分五大片区，各片区内项目由相关人员进行管理，做到每个项目都有分管领导和相关技术负责人负责项目管理、质量监督、技术指导，严格工程交（竣）工验收，确保工程质量和安全。质监能力建设，成立了公路工程质量监督站，加强对工程建设管理和质量的监督，针对存在检测设备不全问题，在工程交工时由县交通局委托第三方进行工程检测，对检测不合格的不予交工验收。"七公开"制度落实情况，全面落实"七公开"制度，严格按照交通运输厅关于农村公路建设"七公开"制度实施方案进行组织实施。绿色环保发展方式，在工程建设过程中，严格环评，严格管理，不

乱倒弃土,不乱扔建筑垃圾,在设计过程中,将道路绿化同步进行设计、施工和投入使用。

农村公路路政管理体系。国、省、县道由路政大队进行巡察,加强路产路权保护,对损坏路产路权的行为加大处罚力度,联合公安交警,加强路面管控,建立超限超载检测站1个,加强治超工作,确保路产路权得到有效保护。指导乡(镇)、村做好乡道、村道管控,充分发挥全县道路交管办作用,大力推广统一执法、乡村协助执法的工作方式。完善农村公路保护设施,努力防止、及时制止和查处违法超限运输及其他各类破坏、损坏农村公路设施等行为。

农村公路养护管理模式。县公路养护段在县交通局的管理领导下开展农村公路养护工作,具体承担国、省、县道的日常养护管理,负责乡、村公路养护管理的技术指导工作;乡(镇)具体承担乡道的日常养护和组织实施乡道大中修工程;村民委员会具体承担村道的日常养护工作和村道大中修工程。各乡(镇)充分发动群众积极参与"一事一议"、城乡环境综合整治,筹集村道养护资金,组建相对稳定的管养队伍,县财政同时配套村级运行费用支持村道的养护。

农村公路客货运输发展。截至2017年12月,全县已建成二级客运站1个、三级客运站1个、农村客运站19个,发展农村客运线路20条,辐射26个乡(镇),基本满足相关乡(镇)群众出行需求。其余4个乡均因受地处山区,人员较少、较分散,道路状况不具备农村客运安全运行条件等因素制约暂未开通客运。全县共有班线客车31辆、农村短途客运车98辆、公交车68辆,其中城乡公交线路1条、18辆。

农村对乡村振兴战略和脱贫攻坚的支撑作用及典型经验。按照工业强县、旅游富县、农业兴县的发展思路,结合花海果乡创建国家4A级旅游景区、百里花果长廊、茶马古道、金钟山景区、轿顶山观景平台等旅游规划,实施县、乡、村等农村公路改造和升级。截至2017年年底,累计投入县、乡、村公路建设资金约8亿元,硬化改造县、乡、村公路900余千米,实现通乡公路硬化率100%,通村公路通畅率100%。农村公路建设让全县30个乡(镇)20余万名人民群众直接受益,以水果、花椒、花卉为主的特色产业经济观光旅游产业初具规模,农民收入大幅提升。积极响应全省幸福美丽新村建设的号召,结合"4·20"农房灾后重建和幸福美丽新村建设规划,打造生态、古韵、休闲等各具特色的新村聚居点,按照"聚集点建到哪里,公路就修到哪里"的要求,新建和改造双溪、清溪、九襄、大田等乡(镇)境内乡村旅游环线50千米,完善和提升新村聚集点交通基础设施,满足全县16个新村聚集点建设的需要。以"赏花旅游文化月"节庆活动的举办为契机,加快旅游基础设施建设步伐,指导成立了以旅游重点乡(镇)和精品民宿为试点的申沟村、同心村、三强村、古路村等7个乡村旅游合作社和后山朴院·梨花溪、源素别院、山地部落等精品民宿建设,进一步增强乡村旅游市场营销能力。完成九襄阳光康养度假小镇、万合国际康养度假酒店、山水国际康养度假酒店项目建设;滨湖景观长廊、轿顶山旅游开发项目分别完成投资2000万元和3000万元。投资2000万元建设梨乡别院,以此为核心实施花海果乡景区后续提升一期工程。启动大树月亮湾葡萄园3A级景区创建,开放运营古路村观光索道。按照"农业兴县"的产业发展思路,依托现有国省干线及县乡村道,新建改造部分道路,完善相关设施,建设四大产业环线并初具规模。九襄至双溪环线。起于九襄高速路连接线,经九襄镇堰坪村、后山村,至双溪乡涂家村、木楠村、申沟村,连接前期打造的"申沟桃源胜景"后与国道108线交汇,串起九襄、双溪、大田等乡(镇)金花梨、白凤桃、红富士苹果等水果产业。清溪至西溪环线。起于国道108线,经清溪镇同心村、同明村、永安村、双坪村至西溪乡松江村、平河村、合江村、陈河村,在富庄镇与九宜路相连。串起清溪、西溪、富庄等乡(镇)大樱桃、花椒等产业。大渡河左岸旅游观光环线。该线以汉源湖为中心,形成自省道306线富泉集镇起,经富泉、安乐、马烈、皇木、乌斯河、顺河等乡(镇),全长约130千米,将汉源湖、抗战公路、瀑布沟发电厂等人文景观和轿顶山、大渡河大峡谷等自然景观以及安乐晚熟黄果柑、皇木永利高山蔬菜基地串在一起,对开发汉源丰富的旅游资源和特色产业具有举足轻重的作用。大渡河右岸扶贫产业环线。以大树镇为中心,依托大渡河右岸通乡通村公路网络,打通部分断头路,形成自大树大桥起,沿右岸公路经小堡、河南、坭美、晒经、料林、片马等乡(镇)至大树集镇止,全长150余千米,串起葡萄、苹果、核桃等扶贫产业,促进大渡河右岸乡(镇)群众脱贫致富。四大产业环线大大降低了运输成本,农副产品销售价格大幅提升,有力促进扶贫开发和移民后扶工作。

【涉农招商引资】 2017年,汉源县3000万元以上的农业招商引资重大项目1个,为内资项目;项目总投资0.5亿元,协议资金0.5万元,完成全年任务的100%;到位资金1000万元,完成年度任务的100%。

【农村社会保障】 2017年7月,汉源县提前全面完成市级入户调查登记88879人、省级入户调查登记24366人的目标任务,为建立全面、完整的省级数据库打下了良好的基础。全面完成扩面征缴目标任务,城乡居民养老保险参保人数11.56万人,其中扩面征缴3410人,为2589名五保、低保、重残等困难人员代缴城乡居民养老保险费20.28万元,办理城乡居民养老保险向企业职工养老保险转移1687人。

医疗保险方面,做好城乡居民基本医疗保险整合期间各项工作,新型农村合作医疗参合人数256632人,参合率98.6%,报销新农合各类医疗费用16793万元,并于2018年1月起实施统一的城乡居民基本医疗保险制度。做好医疗保险扶贫工作。为县内29172名建档立卡贫困人员代缴新农合,完成目标比例100%,全额报销新农合贫困人口县域内政策范围内住院费用,共倾斜补偿5399人次,基本医保补偿1557.62万元,专项倾斜补偿427.34万元,切实有效解决贫困人口的医疗负担。

【农产品质量安全监管】 2017年,汉源县严格以《农产品质量安全法》《农药管理条例》和新修订的《食品安全法》为标准,勤监管,严执法,全面完成了上级下达的各项目标任务和本单位年初工作计划。

检验检测。种植产品检测。县农业局农残检测开展了蔬菜、水果、食用菌例行抽检,共抽检样品1927个,其中蔬菜1336个、水果351个、食用菌240个,抽检合格率100%。配合雅安市农产品安全检测中心抽检样品91个,其中蔬菜50个、水果37个、食用菌4个。省农科院马铃薯专项抽检到马铃薯主产区域皇木、永利等乡(镇)开展农业部马铃薯专项抽检工作,主要分析马铃薯品质和农药残留,抽检样品10个;德阳市农产品质量安全检测中心等检测机构开展省专项抽检样品140个,其中蔬菜79个、水果14个、畜产品47个;农业部食品质量监督检验测试中心开展绿色食品抽检,共抽检绿色食品样品14个,其中初级产品4个、加工产品10个;县级检测站共抽检样品116个,检测合格率98.25%。畜产品检测。富林、九襄2个定点屠宰场"瘦肉精"检测4356头份,检测结果均为阴性;规模化养猪场"瘦肉精"检测692头份,检测结果均为阴性。水产品检测。对县内养殖户的商品鱼和鱼苗进行了6批次水产品抽样检查,抽取检测样品92个,合格率100%。经检查汉源湖网箱养殖的商品鱼和鱼苗未发现违禁药品超标。规范化管

理规模化种养殖企业,屠宰企业规范化率100%,规模化养殖企业养殖档案建档率100%。

监督检查和执法。专项整治。2017年元旦、春节、“五一”等节假日期间,认真制订监督检查方案并组织监管,对全县重点农药经营市场、主要农产品生产基地和单位进行专项检查。共检查农资经营(批发)门店42家次,重点就违禁农资、过期农资、持证经营情况和进销台账建立、索证索票、质量追溯等制度落实情况进行了监督检查;对10个乡(镇)、2个定点屠宰场、8个生产基地、5个规模养殖场、7家专合社投入品使用登记、生产记录建立情况等进行了检查,并就杜绝违禁农药、过期药物、超范围用药行为和生产记录档案建立、农药使用规范等相关工作进行了宣传和指导;在九襄、唐家、富泉、宜东等主要农资销售、使用乡(镇)开展农资打假整治活动,主要检查农药、肥料和种子,加强对农资经营户的监管力度,加大执法检查力度,共出动执法人员130余人次,检查经营企业84家次、农民专业合作社和农产品生产企业51家次、生产基地36个次。常规监管。水产品养殖业。加强水产品质量安全宣传教育培训。以全县养殖企业(大户)业主为对象的水产品质量安全知识进行宣传和开展技术培训,共培训人员近220人,分发水产养殖规范用药宣传手册和指南450余份;出动执法车24次、中国渔政执法船16艘次、执法人员96人次,检查网箱6800口、规模化养殖企业2家,共发放资料560余份;加强对汉源湖以及全县水产养殖基地和企业、渔药经营门市监管,共出动执法人员110人次,深入富林、富泉、大树等乡(镇)对汉源县华侨凤凰渔业发展有限公司网箱及其他规模化养殖企业、3家渔药经营门市等进行了生产安全、船舶行驶安全及水产品质量安全、渔用饲料和渔用兽药方面的工作进行了执法检查。畜禽养殖业。对富林、九襄2个定点屠宰场检疫生猪40177余头,检疫小家禽129214余羽、牛4080头、羊3900只。全县生猪养殖环节无害化处理病死猪1297头。2个定点屠宰场无害化处理生猪140头。种植业。按照平均每月至少2次巡查的频次针对县内主要蔬菜、水果生产区域加强对产前、产中、产后各环节监督检查,以及对乡(镇)监管员、检测员、投入品经营主体、生产基地管理人员的业务指导。重点对皇木、九襄、前域等乡(镇)开展了农资销售、生产基地管理、投入品使用、生产档案建立等方面的日常巡查和监管。主要检查了农药、肥料和种子,加强对农资经营户的监管力度,加大执法检查力度,共出动执法人员128人次,检查经营企业134家次、农民专业合作社和农产品生产企业47家次、生产基地53个次。农业行政执法。对全县农资经营摊点进行拉网式巡回检查,严厉打击制假售假等坑农害农行为,共出动车辆40台次、执法人员242人次,检查企业经营摊点589个次,印发资料2.33万余份,完成四川省药检所下达的农药抽检任务和雅安市农业局下达的种子、农药、蔬菜抽检任务,确保无重大农产品质量安全和重大群体性事件发生。查处农业综合执法案件16起,其中农资市场监管案件10起、渔业违法案件5起、动物卫生及兽药监管案件1起。

宣传培训。结合“3·15”、食品安全周等活动的开展,协同科教股、果树站、蔬菜站、畜牧生产站等大力宣传标准化生产技术、畜禽健康养殖技术等实用技术,加大对农产品质量安全知识宣传,提高全社会农产品质量安全意识。结合农事记录及相关部门培训项目实施,在富林、九乡、唐家等乡(镇)举办农产品质量安全知识专题培训班5期,培训群众350余人次;对全县30个乡(镇)农产品质量安全监管员开展业务培训和指导;对农民专业合作社、农业投入品经营单位等生产经营主体进行业务培训210余人次;结合技术指导,对群众开展《农产品质量安全法》《食品安全法》《中华人民共和国渔业法》《农药管理条件》等法律法规宣传和培训。

【劳务开发与返乡创业】 2017年,汉源县全面实施积极的就业创业政策,着力促进农村劳动力就业,全年农村劳动力转移就业规模达6.88万人,农民工返乡1.46万人,成功创业1624人,返乡创业率达返乡总人数的11.13%。充分运用“互联网+就业”,将招聘和求职服务从“窗口办理”拓展到“网上办理”,通过公共招聘网进行供需匹配;开展“就业援助月”“春风行动”“民营企业招聘周”“高校毕业生就业服务月”“送岗位下乡”等18场招聘活动,促进1300余人成功就业。广泛宣传创业扶持政策,以创业培训、创业补贴和创业担保贷款等创业扶持政策为抓手,通过创业培训提高返乡农民工创业能力,发放补贴鼓励创业激情,全额贴息贷款扶持创业发展,全年共开展SYB创业培训90人,发放创业补贴31万元和创业担保贷款110万元。汉源县四海电子商务有限公司、汉源县骅楠皇木腊肉食品有限公司分别获得“全省返乡农民工创业明星”“返乡农民工创业先进集体”称号。

【重点乡(镇)选介】 大田乡。位于汉源县西北部,距县城28千米,距雅西高速连接线1.5千米,属河谷、山地区域,海拔950~1765米,背山面水,半山半坝,素有“塔子山下大田坝,流沙河畔好农家”之称。辖区面积23.6平方千米,辖6个自然村53个村民小组,有总户数4609户,有人口13054人。全乡共有果园3万亩、水田7000亩,是全县的水果、蔬菜主产乡之一,年产各类水果2万余吨、各类蔬菜8000余吨。2017年,全乡实现农村经济总收入20004.98万元,农业收入14115.8万元,农民人均纯收11801元。全年粮食作物播种面积9076亩,产量3237吨;蔬菜种植面积7888亩,产量10214吨;水果产量26305吨,全乡水果收入达14811万元。大田乡西北面的泥巴山南麓的塔子山,属中高山地段,土壤肥沃,气候宜人,资源丰富,是有名的水果产区之一,是名副其实的“花海果乡”,是观光旅游、赏花摘果、自驾出游的乡村旅游目的地。大田乡被四川旅游标准评定委员会评定为“四川省乡村旅游示范乡”;新堰村被省委省政府授予“环境优美示范村庄”“文明村镇”称号,被四川旅游标准评定委员会评定为“四川省乡村旅游示范村”,被中央精神文明建设指导委员会授予“全国文明村镇”等称号;建设村、向阳村、木林村被评为市级“四好村”。

【主要领导人】 县委书记:杨兴品;县人大常委会主任:罗国强(5月止,冯贵强(12月提名);县长:郑朝彬;县政协主席:张宗平;分管农业副县长:谢鼙。

汉源县编写组

石 棉 县

【基本情况】 2017年,石棉县辖1镇15乡(含10个少数民族乡)1个街道92个村8个居民委员会472个村民小组47个居民小组。年末户籍总人口12.24万人、户籍总户数4.51万户,其中城镇人口3.29万人、乡村人口8.95万人;人口出生率10.91‰,人口死亡率5.79‰,人口自然增长率为5.12‰。有常住人口12.78万人,城镇化率42.6%。

【新型农业经营体系不断完善】 2017年,石棉县大力发展适度规模经营,通过“流转收入+返聘务工”有效激活土地红利。完成田湾乡、先锋乡、蟹螺乡等林地流转,流转面积3550亩。构建新型农业经营体系,大力培育家庭农场、农民专业合作社和农业龙头企业,全县共发展养殖大户、家庭农场188家(户),注册登记各类专合组织235个,其中

省级示范社5个、市级示范社7个;培育电商企业20余家,实施"互联网+扶贫"行动,开辟黄果柑淘宝网、麻辣社区、微信等网上销售平台。初步形成"合作社+基地+农户""龙头企业+合作社+基地+农户"等新型农业经营体系。

【抓品牌创建,提升知名度】 2017年,石棉县着力转变农业经营方式、生产方式、资源利用方式和管理方式,增加绿色、有机、无公害和地理标志等"三品一标"农产品供给,建立全程可追溯的农产品质量安全监管体系。石棉黄果柑、枇杷、草科鸡分别获得国家农产品地理标志保护登记和国家农产品地理标志(原产地)证明商标。全面提升"一县三基地"建设水平,13.5万亩黄果柑、枇杷、核桃种植基地创建为全国绿色原料标准化生产基地,3000亩黄果柑、核桃等基地创建为全国有机农业示范基地,石棉县创建为四川省有机产品认证示范县。举办了2017四川花卉(果类)生态旅游节暨石棉第七届黄果柑生态旅游节和石棉枇杷推介会,在几十家国内媒体上积极宣传"石棉黄果柑""世界枇杷栽培种原产地""中国优质晚熟枇杷生产基地","石棉黄果柑"申报为著名商标。黄果柑、枇杷分别获得国家农产品地理标志登记保护、地理标志(原产地)证明商标,黄果柑被评为四川省第十届名牌农产品。与中国扶贫基金会合作,以"互联网+扶贫"模式在北京、成都等地开展了黄果柑系列宣传推介活动,并在苏宁易购等大型电子商务平台开展销售,黄果柑知名度持续提升。全年通过扶贫基金会线上线下累计销售黄果柑158.2万千克,实现销售额1029.47万元。

【幸福美丽新村建设】 2017年,石棉县按照"小规模、组团式、微田园、生态化"要求,将新村聚集点建设、旧村落改造和传统村落保护有机结合,更加注重旧村改造和传统村落保护利用。大力实施"村庄居民风貌整治行动",积极开展"环境优美示范村庄""绿美新村"创建,引导群众树立正确的环保意识,着力改善农村生产生活条件,提高农村文明程度和村民幸福感。全年共创建"绿美新村"13个、"幸福美丽乡村"25个。

创新管理模式和机制,完善新村聚居点治理体制。全县在雅安市第一部地方性法规《雅安市新村聚居点管理条例》公布和施行之前,就将迎政乡新民村、回隆乡石龙村、安顺乡新场村作为贯彻实施《条例》的示范点,先行先试,总结经验。在《条例》颁布施行后,在试点的基础上,不断创新和完善农村基层自治管理机制,在所有新村聚居点全部建立健全了自管委机构,制定了相应的运行机制和职责分工,完善村规民约,落实环境治理与矛盾纠纷调处机制,自管委在新村聚居点各项管理活动中领头作用不断突显,有力地促进了广大新村聚居点群众逐步实现自我管理、自我教育、自我监督和自我发展。在抓投入保障方面,建立了县级财政新村管理工作考核奖励机制,每年评定等次,给予新村聚居点1万~3万元工作经费补助。同时,积极探索群众自筹新村聚居点日常维护经费工作机制,取得了一定成效。

【农旅融合协调发展】 2017年,石棉县按照"一三互动,农旅融合"的总体思路,统筹规划,加快推进农业农村与生态文化旅游融合发展。以重点乡(镇)、特色新村、景区景点、特色产业基地为支点,支线公路为纽带,构建石棉县"134"生态特色经济走廊。在全县乡村游带动下,运输、餐饮业、乡村旅游等第三产业收入快速增长,全县星级农家乐达24家,各类民宿旅游接待点达120余家,初步形成"春赏花品果、夏避暑纳凉、秋体验民俗、冬沐浴阳光"的农业生态文化旅游融合发展新格局。全年接待游客520万人次,增加60.4万人次;实现旅游综合收入37亿元,增加5.03亿元;人均增收120元。

【政策引导产业结构调整】 2017年,石棉县引导全县产业结构向黄果柑、枇杷、核桃、中药材和草科鸡五大农特产品集中,黄果柑和枇杷基地有80%进入盛产期,全县仅黄果柑和枇杷产业带动人均增收达5500元。为增加中高山贫困群众收入,助力脱贫攻坚,经过大量实地调研和分析,把花椒、食用菌(香菇)、错季蔬菜、蜂蜜产业作为中高山重点产业,专门出台种苗、蜂园建设、食用菌发展的补助政策,并把庭院经济作为拓宽中高山农民增收的重要渠道,进一步引领中高山产业结构调整。全年新栽补植以黄果柑、枇杷、花椒为主的特色产业20000余亩,嫁接改良核桃0.3万亩,中药材产业基地达1.17万亩,香菇产量2万千克,蜂群种群发展到9000箱,特色产业规模不断壮大。

【深化农村改革加快推进】 2017年,石棉县16个乡(镇)89个村426个组22256户共计99539.12亩土地的确权、登记、公示等工作基本完成,并通过了省级专家组验收。全面推进集体林权制度改革,启动实施国有林场改革工作。小型水利工程颁证工作顺利推进,全县已颁发940处小型水利工程所有权人和使用权人工程所有权证和使用权证;水利工程管护制度改革进入资料收集、准备阶段;围绕"134"生态发展规划下发了《关于创新机制推进水利支持幸福美丽新村建设的实施意见》。启动了农村产权流转平台建设和财政支农资金收益扶贫试点。健全农业社会化服务体系。突出抓好农村社会化服务体系建设,依托专合社、科研院所等社会力量初步建成覆盖农村的农资配送服务体系、科技服务支撑体系、鲜活农产品流通体系。

【助农增收】 2017年,石棉县农村居民人均可支配收入持续稳定增加,超额完成市上下达的年度目标任务。农民增收主要以黄果柑、枇杷、畜牧业、核桃、乡村旅游和劳动力转移就业为主。一是特色产业助农增收。全县黄果柑产量5.32万吨,增加0.5万吨,实现产值2.35亿元,增加收入9980万元,人均增收713元。错季蔬菜人均增收120元,茶叶人均增收17元,种植业总计人均增收1360元。全年实现畜牧生产总值3.56亿元,增长6.27%;畜牧业为农民增加纯收入842万元,人均增收100元。核桃产量3500吨,增加500吨;产值达6336万元,增加336万元,人均增收40元。二是转移输出农村剩余劳动力1.645万人,实现综合劳务收入3.42亿元,增加4500万元,人均增收536元。

【主要领导人】 县委书记:苟乙权;县人大常委会主任:张莉;县长:冯俊涛;县政协主席:李权易;分管农业副县长:王骞。

石棉县编写组

眉　山　市

【基本情况】 2017年,眉山市辖2区4县71镇57乡3个街道,辖区面积7186平方千米。年末总人口345.08万人(户籍人口),城镇化率44.77%;全年出生人口40380人,死亡人口25973人,人口自然增长率4.11‰。全市耕地有效灌面256万亩,保证灌面141万亩。本地水资源总量51亿立方米。有森林面积35.05万公顷,森林覆盖率49.07%。

2017年,全市GDP1183.35亿元,增长5.3%,其中第一产业增加值

176.62亿元,增长3.9%;第二产业增加值538.82亿元,增长2.9%;第三产业增加值467.91亿元,增长9.5%。三次产业对经济增长的贡献率分别为11%、28.4%、60.6%。人均GDP39605元,增长5.8%。全年接待游客4356.6万人次,增长16.3%,其中乡村旅游游客1151.97万人次;实现旅游总收入356.66亿元,增长20.9%,其中乡村旅游收入73.2亿元。

地方财政收入207.87亿元,增长9.5%;地方财政支出353.17亿元,增长6.5%。全社会消费品零售总额486.93亿元,增长11.2%。年末金融机构存款余额1965.8亿元,年末金融机构贷款余额865.02亿元。有保险公司31家,全年保费总收入59.98亿元,增长25.6%。

公路客运量4019万人次,客运周转量135922万人千米,公路货运量7941万吨,货运周转量599540万吨,客货运输总周转量613382万吨千米。全年邮政业务总量9.92亿元,增长69.7%;电信业务总量49.96亿元,增长11.8%。年末固定电话用户50.38万户,增长11.3%;移动电话用户313.6万户,增长9.3%;互联网宽带用户89.17万户,增长16.6%。

有各类学校848所,其中幼儿园466所、小学169所、初中163所、高中29所、中等职业学校16所、特殊学校5所;在校学生38.89万人,其中幼儿园在园幼儿9.2万人、小学生15.32万人、初中生6.75万人、高中生4.83万人、中职学生2.75万人、特殊学校学生398人;有专任教师2.51万人,其中幼儿园专任教师0.37万人、小学专任教师0.98万人、普通中学专任教师1.02万人;小学学龄儿童入学率100%。有文化馆7个,文化站131个,公共图书馆7个(藏书量501000册),博物馆6个。有广播电视台6座,有线广播电视传输干线网络总长3913千米,有线广播电视用户30.7万户。全年公共广播节目、电视节目播出时间分别为2.38万小时和3.61万小时。有医疗卫生机构2068个,实有床位19170张,医院、卫生院技术人员16855人。

【年度农业和农村经济运行】 2017年,眉山市实现农林牧渔业总产值304.12亿元,增长3.9%,其中农业产值140.44亿元、林业产值8.62亿元、牧业产值129.97亿元、渔业产值18.93亿元、服务业产值6.16亿元。农业、林业、牧业、渔业、服务业产业结构比为46.18∶2.83∶42.74∶6.22∶2.03。实现农林牧渔业增加值180.02亿元,其中农业增加值95.62亿元、林业增加值5.78亿元、牧业增加值62.98亿元、渔业增加值12.24亿元、服务业3.4亿元。农村居民年人均可支配收入15203元,增长9.1%;农村居民人均消费性支出12407元,增长6.1%。

农业产业化发展。全市有农民专合组织2986个,其中省级示范农民合作组织123个;国家级重点龙头企业4家、省级重点龙头企业31家、市级以上龙头企业137家;有家庭农场3258家,其中省级示范家庭农场46家;现代农业业主4.975万个。构建新型经营主体发展"521"体系(即项目用地、金融支持、财政扶持、技术创新、人才培养等5方面扶持,落实项目准入审查和全程监管2项制度,通过缴纳风险保证金和耕地复垦保证金等措施建立起1套农户利益保障机制)。全市新培育农民合作社788个、家庭农场962家、现代农业业主1350个,农业经营性社会化服务组织15个,新创建全国农民合作社示范社3个、省级农民合作社示范社7个、省级示范家庭农场17家。

农用地产权制度改革。推进青神县省级林权抵押贷款试点,贷款总额达1.6亿元。全市完成农村土地承包经营权确权登记369万亩,集体林权确权颁证率96.5%,农村集体建设用地使用权、农村宅基地使用权颁证率达90%以上。在52个村集体启动经营性资产股份合作制度改革试点,颁发股权证书3422本。全市农村土地流转面积108万亩,占二轮承包面积的41.45%。全市6区(县)已建立县级土地流转服务公司6家、乡(镇)流转服务公司106家,东坡区、彭山区、洪雅县、丹棱县、青神县实现乡(镇)流转服务公司全覆盖。在全国首创将农民和农民工纳入住房公积金覆盖范围,土地流转机制受到国务院副总理汪洋、全国人大常委会副委员长吉炳轩的肯定。

【种植业】 2017年,眉山市农作物总播种面积43.9万公顷,增长0.2%。粮食产量170.5万吨,增长0.02%,其中小春粮食产量29.4万吨,减少0.6%;大春粮食产量141万吨,增长0.1%。油菜籽产量10.7万吨,增长1.4%。茶叶产量2.3万吨,增长3.7%。水果产量104.6万吨,增长6.9%。蔬菜产量169.9万吨,增长3.8%。全年新增耕地33公顷,基本农田保护面积20.72万公顷,建成高标准农田10.44万公顷。

【林业】 2017年3月10日,国家林业局对眉山市创建国家森林城市工作正式备案。全市完成投资11.5亿元,完成义务植树390万株,营造林18.89万亩,完成中心城区4个"绿肺"项目和5个区(县)城市"绿肺"工程,完成道路绿化249千米、水系绿化43.5千米,完成库区周边绿化860亩,园区新增绿化面积620亩,全市森林面积净增5万亩,森林覆盖率达49.07%,城乡绿化覆盖率达54.62%。全市建成多色谱林业景观带25千米,新增森林面积3312公顷,新增森林蓄积119万立方米,补偿集体和个人所有公益林49.1万亩。洪雅县瓦屋山镇、青神县南城镇创建为首批"四川省森林小镇",丹棱县启动"全国绿化模范县"创建工作。国内首个森林康养产业联盟在眉山市成立,获得"四川省十佳森林氧吧""群众喜爱的十佳氧吧""森林康养国际合作示范基地"等称号,洪雅县获批"全省森林康养基地示范县"。培育省级森林康养基地6个、"森林康养人家"15个,市级森林康养基地10个、"森林康养人家"13个,全市森林康养产业发展工作分别在全国森林康养基地建设试点单位经验交流会、中国西部海峡两岸经贸合作交流会、全省森林康养产业发展推进会等会议上作经验交流。推进竹编产业"双百"工程,市政府与国际竹藤组织签署战略合作伙伴关系协议,承办了厄瓜多尔、中非等多期国际培训班,完成竹编项目投入5亿元,实现销售收入15.5亿元,从业人员8.8万人。培育现代林业产业基地1.1万亩,培育省级林业产业化龙头企业5个、省级林业产业示范园区2个,认定市级现代林业产业提质增效示范区18个。举办了2017四川花卉(果类)生态旅游节暨首届眉山樱花节,主会场设在岷东新区,在6个区(县)设分会场。洪雅县获得"全省林业生态旅游示范县"和"全国森林旅游示范县"称号。全市森林防火预警监测信息化建设经验在中央电视台《新闻直播间》栏目正面推广,涉林景区森林防火标准化建设在全省作经验交流并在全省推广,同时被国家森林防火指挥部《中国森林防火》微信公众号头条宣传推广。全市共防治各类林业有害生物15.4633万亩,全年无成灾面积发生。全年涉林案件综合查处率达96%。完成林权抵押贷款7宗,抵押贷款总额为8440万元、面积5777.29亩。

【畜牧业】 2017年,眉山市奶牛存栏4.72万头,日处理鲜奶能力1400吨,乳制品加工企业产量29.18万吨;生猪出栏272.57万头、存栏185.38万头,年出栏生猪500头以上的规模养殖比重为35.34%;肉兔出栏2397.89万只、存栏775.64万只;家禽出栏3028.99万只、存栏1443万只,年出栏肉鸡3万只以上规模养殖比重达27.18%,存栏蛋鸡1万只以上规模养殖比重达34.22%;肉牛出栏6.08万头,牛存栏10.14万头;肉羊出栏57.74万只,山羊存栏38.01万只。肉、蛋、奶产量分别达29.3万吨、5.5万吨、13.5万吨。实现畜牧业产值129.97亿元。划定

禁养区202个,安排4200万元奖补资金用于关闭搬迁,关闭搬迁畜禽养殖场2217个,完善粪污处理设施4992个,建设田间贮粪池404个,顺利通过中央和省环保督察。开展科技培训43560人次,全年完成畜牧产业脱贫1289人。已创建畜产品"三品一标"31个。向上争取项目15个,到位资金7940万元。建立完善市、区(县)两级疫情定期分析会商机制,科学设定猪病、禽病、牛(羊)病市级定点流调县和36个市级定点流调点,累计完成采送样任务1596份。免疫畜禽7410万头(只),重大动物疫病应免全免,平均免疫抗体合格率98.4%,高出部省标准28.4个百分点。设置犬只常年补免点189个,共免疫登记犬只65.47万只次;完成牛(羊)布病、结核病监测31431头(只),血吸虫病检测家畜22549头次,扩大化治疗家畜12355头次、圈养家畜29768头(只)。全市产地检疫畜禽5084.42万头(只),屠宰检疫生猪170.4万头,畜禽产地申报检疫和屠宰检疫申报受理率均达100%。全市养殖环节无害化处理生猪77375头,屠宰环节无害化处理生猪151头。整合、关闭屠宰场(点)76家(个)。抽样饲料产品359个,合格率达99.1%;抽检生鲜乳1370份,合格率100%;检测"瘦肉精"111400头份,全部为阴性。建成眉山动监执法智能系统,动物卫生监督行政处罚案件39起,共计罚没款11.8万元;查处经营假劣兽药及无证经营案件共18起,罚没款2.2万元;开展生猪屠宰"扫雷行动",立案查处13件,罚没金额8.6万元。眉山市代表四川省接受农业部一至四季度畜产品质量安全例行抽检,抽检合格率均达100%。

【水产业】 2017年,眉山市水产品养殖面积1.62万公顷,增长2.5%;鱼种投放量1.86万吨,水产品总产量12.68万吨,渔业经济总产值达40.8亿元,鱼苗繁育量保持全省第一位,《斑点叉尾鮰繁育及健康养殖关键技术研究与应用》获得省政府科技进步三等奖。

【"味在眉山"千亿产业】 2017年,眉山市围绕"做严标准、做响品牌、做优基地、做强集群、做大市场"发展"味在眉山"千亿产业。全年"味在眉山"13个门类产业实现销售收入751.3亿元,增加81.3亿元。其中,泡菜165.8亿元、粮油161.4亿元、果蔬127.6亿元、畜产品91.6亿元、餐饮71.5亿元、乳制品32.6亿元、水产品26.8亿元、茶叶29.2亿元、调味品15.4亿元、糖果糕点13.4亿元、酒类5.7亿元、森林食品5.2亿元、饮料4.2亿元。

泡菜产业。惠通公司与涪陵榨菜实现重组上市后,投资3.6亿元的二期工程开工建设;引进李记乐宝有限公司在中国泡菜城投资5亿元。全市有泡菜企业64家,其中亿元企业12家,创建国家级农业产业化龙头企业3家,建成标准化生产线139条。获得中国驰名商标5个,省著名商标、名牌产品23个,规模以上企业37家。"中国泡菜城"创建为国家4A级景区,城内聚集泡菜龙头及上下游企业30余家,成为四川泡菜加工中心,22家知名食品企业永久入驻泡菜风情街。全市泡菜企业提供生产一线就业岗位2.6万个,增加群众工资性收入8.6亿元以上。东坡区"中国泡菜城"申报为首批国家现代农业产业园,名列全国第一,农业部下达1亿元项目资金予以扶持。全年泡菜加工量达170万吨,实现泡菜产值165.8亿元,增加13.8亿元,保持全省第一位。

【现代农业发展】 2017年,眉山市以建设都市现代农业强市为统揽,推进农业供给侧结构性改革,新建现代经作产业标准化基地8067公顷。仁寿县成立国有锌锐公司,整合全县涉农项目,在石咀乡建成347公顷晚熟柑橘标准园;依托省级龙头企业福仁缘公司,在富加镇建设枇杷融合发展标准化生产基地。丹棱县成立国有丹橙果业公司,围绕"中国橘橙之乡"基地打造、种植服务、技能培训、产品营销,推进一二三产业融合发展。全市完成新植和改造果、菜、茶等特色产业1.14万公顷,其中新发展和品种改良晚熟柑橘5333公顷。全市蔬菜、水果、茶叶产量均创历史最高水平。

【统筹城乡与新型城镇化】 2017年,眉山市实现农村居民转变为城镇居民6.29万人、产业工人2.34万人、三产经营(从业)者2.6万人、现代农业业主1350户。新增城镇建成区面积8.51平方千米,城乡绿化覆盖率达54.62%。新增和恢复水域面积26.3平方千米,新建公园10个(总数达128个)。城镇基础设施完成投资210亿元;村镇建设投资36亿元,吸纳转移农业人口2.13万人;小城镇建设投资6.98亿元,柳江镇获批为国家特色镇。开工建设危旧房棚户区10210套,货币化安置8602套,竣工12681套,发放租赁补贴2068户,棚户区改造开工率居全省第三位,公租房新增分配居全省第二位。柳江镇入选"第二批全国特色小镇""四川省第一批特色小镇",13个试点镇就地就近吸纳农业人口1.44万人。实现规模以上工业总产值1515亿元,完成工业投资316亿元。新建现代农业产业融合示范园区15个。为常住半年以上的城乡居民提供12大项45小项的基本公共卫生服务项目,全市居民健康档案电子建档率达97.53%,大病保险实现全覆盖。农村进城务工人员全部纳入用人单位职工社会保险参保范围,参保人数13.2万人,新开工建筑项目从业人员全部参保工伤保险。全市户籍人口城镇化率33.2%,常住人口城镇化率44.77%。

【新村建设】 2017年,眉山市建成幸福美丽新村162个,建成"1+6"村级公共服务中心139个。完成"建改保"村210个,新建农房4599户,改造农房1959户;完成传统村落保护10个,传统民居保护472户。洪雅县高庙镇花源村等2个村被列入《2017年中央财政支持的中国传统村落名单》,丹棱县顺龙乡幸福村等10个村入选《第三批四川省传统村落名录》,丹棱县梅湾村为全国生态旅游示范点、全国生态宜居村庄、四川十大幸福美丽新村。全年建成"绿色家园村"11个。创建省级"四好村"83个、市级"四好村"283个、区(县)级"四好村"350个,有省级"四好村"创建百例典型村6个。3个村获评全国文明村镇,4个村获评2014—2016年度四川省文明村镇,13个村(社区)入选市级文明村镇,新创建县级文明村镇241个,文明村镇覆盖率提升至41.7%。全市涌现出7名省级道德模范、13名"中国好人"、42名"四川好人",李俊英家庭被评为"全国文明家庭",黄惠鹏家庭被评为"全国最美家庭",高氏家训、宋氏家训获首届"天府好家规"提名奖。全市所有行政村均实现环境综合治理村民自治,90%以上行政村实现"五有"目标,20个乡(镇)、255个村庄被命名为"全省环境优美示范城镇乡村",农村生活垃圾处理"丹棱经验"全国推广,"三进六有"示范乡(镇)创建经验全省推广;大化镇水利社区"红白理事会治理婚丧事大操大办"创新经验入选《全国文明村镇测评体系(2017年版)》。全市建成"中国特色农产品之乡"10个、"一村一品"专业村489个。彭山区观音镇果园村等6个村获得"四川百强名村"称号,洪雅县高庙镇七里村获得"四川集体经济十强村"称号。全市有经营性集体经济收入的村896个,占总数的82.4%,村级集体经济总量达6300万元。

【农村扶贫和移民工作】 2017年,眉山市争取到位扶贫移民资金1.8169亿元,其中财政专项扶贫资金7526万元、移民后扶项目资金8198万元、移民后扶直补资金2445万元。市级财政专项扶贫投入3200万元,整合各级各类行业扶贫资金25.61亿元。发放扶贫小额信贷2.86亿元,金融精准扶贫贷款余额14.8亿元,支持和带动贫困户8199户。全市贫困村产业扶持基金、教育扶贫救助基金、卫生扶贫救

助基金、扶贫小额信贷分险基金分别是3209万元、4846万元、3532万元、5393万元。完成易地扶贫搬迁3667户、9962人。10.94万名建档立卡贫困人口和316个贫困村整体达到脱贫退出标准,全市基本完成脱贫攻坚任务。全市发放40821人移民后扶直发直补资金2449万元;争取后扶项目资金8198万元,实施项目930个,支持移民安置区基础设施建设和移民群众产业发展。

【乡村旅游】 2017年,眉山市接待各类乡村游客1151.97万人次,实现乡村旅游收入73.2亿元。新建休闲农业专业村3个、农业主题公园4个、特色业态乡村旅游经营点8个,有星级农家乐(乡村酒店)136家,乡村旅游示范县3个、乡村旅游强县1个、乡村旅游合作社21家,省级乡村旅游特色乡镇2个、精品村寨5个。改造和建成乡村旅游特色业态经营点(精品示范点)18个,完成乡村旅游项目投入7.5亿元。全市培训乡村旅游实用人才4300余人次。全市开展各类乡村旅游活动53个。岷江农业公园乡村旅游项目申报为省级乡村旅游提升项目。中国泡菜城、仁寿城市湿地公园创建为国家4A级旅游景区,东坡区花海桂花湖创建为国家3A级旅游景区。丹棱县幸福古村特色农业观光旅游专业合作社创建为第九批农民合作社省级示范社。

【农村水利】 2017年,眉山市完成水利工程建设投入10.9亿元,巩固提升解决2.1982万名建卡贫困人口饮水问题。综合治理重点中小河流11.23千米,整治岷江、青衣江堤防7.5千米,治理水土流失面积85.5平方千米,发展高效节水灌溉面积1.99万亩。全面建立市、县、乡、村四级河长体系,共设市级河长34名、县级河长112名、乡级河长468名、村级河长1235名,落实基层巡河员3565名、保洁员3737名,全市实行市级河长管护的河流39条、县级河长管护的河流110条、乡级河长管护的河流(段)387条。竖立市、县两级河长公示牌629块,编制完成岷江、青衣江等17条市级重点河流"一河一策"管理保护方案。青衣江水质提升为Ⅱ类,彭山岷江大桥国考断面水质提升到Ⅲ类,悦来渡口出境国考断面水质提升到Ⅲ类;重点小流域水质整体改善。发展高效节水灌溉面积1.99万亩,完成需要确权颁证的小型水利工程3.2566万处。全市全年安全度汛,无因洪涝灾害导致的人员伤亡。全市新增和恢复水域面积26.3平方千米,水域面积占全市辖区面积的8.7%。

【农业机械化】 2017年,眉山市机耕作业面积27.51万公顷,主要农作物综合机械化水平达69.7%。实施农机购置补贴资金500.49万元,新增农机购置补贴机具2023台(套),建设机耕便民道843.6千米。承办了全省首次农机事故应急演练,未发生较大及以上农机安全事故。眉山市获得四川省农田水利基本建设绩效考核农业项目二等奖。

【农村科技】 2017年,眉山市彭山区创业孵化园、青神竹编星创天地等4家星创天地成为国家级众创空间;青神县竹艺众创空间创建为省级众创空间;新建丹棱县羊肚菌农业科技园区等市级农业科技园区6个、彭山区优质中药材种植专家大院等市级专家大院6个;组建四川省农村发展中心眉山分中心;培育科技型新型农业经营主体40家。组织实施"中国泡菜现代产业链关键技术研究集成与示范"等省级重点研发项目和科技成果转化项目6项;实施"眉山农高区(建设)农业科技创新能力建设""泡菜加工中试与科技成果转化基地建设"重大项目建设。市林业局参与申报的"花椒基地技术推广"科技项目获得2016年度省政府科技进步一等奖。全年培训农民3000人次;实施科技产业扶贫项目2项。

【农村教育】 2017年,眉山市编制《第三期学前教育行动计划》,启动建设公办幼儿园21所。出台《中心城区普惠性幼儿园减免学费政策》,累计投入636万元支持普惠性幼儿园发展。组织开展对12所省级示范性幼儿园的督导评估,促进学前教育规范管理。争取各级各类教育资金3.6亿元,完成教育基础设施建设1.4亿元,新(改、扩)建校舍6.2万平方米。建立眉山市教育体育云平台,为全市教师提供教材同步数字教学资源150万个,实现班级多媒体全覆盖。巩固4个区(县)义务教育均衡发展成果,洪雅县县域内义务教育均衡发展通过国家督导评估。解决随迁子女接受义务教育8246名,中心城区安排进城务工人员子女登记就学2234名。建立知名教师工作室9个、知名校长工作室5个。完成"三区"人才支持计划教师107人次。举办眉山市首届小学校长培训班,对口援助的阿坝州金川县10名校长参与了培训,累计完成校(园)长和教师培训38955人次。全面落实各项资助政策,累计投入资金2.7亿元,惠及学生26万人;建立教育扶贫基金5600万元,资助学生2.9万人。进城务工人员子女3694名全部实现就近入学。为1702名建档立卡贫困家庭学生实施普通高中免除学杂费,建档立卡贫困家庭学生免学杂费覆盖率100%。推进校长教师交流轮岗试点,青神模式在全省义务教育学校校长教师交流轮岗推进会上交流发言。

【农村文化】 2017年,眉山市建成乡(镇)综合文化站127个、村(社区)文化活动室1355个、幸福美丽新村文化院坝38个,农家(社区)书屋、广电"村村通"、农村电影放映、"三馆一站"免费开放等均实现全覆盖。全市已建成民间众筹文化院坝80个,丹棱县民间众筹文化院坝建设项目创建国家公共文化服务体系示范项目中期创建工作有序推进。打造了"东坡大舞台""陵州大舞台""竹乡大舞台""寿乡大舞台""大雅新农民快乐新农村""眉山人画眉山"等品牌群众文化活动。组织开展农村群众文化活动2300余场次。全市组建农村群众文艺队伍1550支,有群众文艺指导员720人,群众文艺骨干人数达21000人,培养乡土文化能人260人,实现了村村有特色文艺队伍。实现每村每月放映农村公益电影1场,共放映农村公益电影13728场,观影群众达65万余人次。建设乡(镇)出版物数字化发行网点8个。投入200余万元为每个书屋补充更新图书60余册。

【农村卫生】 2017年,眉山市有社区卫生服务中心11个、村卫生站(室)1485个,基层医疗卫生机构总诊疗量上升3.4%、住院诊疗量上升16.76%。全市新创省级卫生乡镇11个、省级卫生村87个。全市农村无害化卫生厕所普及率提高约2%,5家乡(镇)卫生院被国家卫生计生委评为"建设群众满意的乡镇卫生院"。基层医疗卫生机构规范化建设达标率72.34%。社区卫生机构、乡(镇)卫生院、村卫生室建设达标率100%。78家基层医疗卫生机构与成都大家检验公司开展委托检验,新设置委托检验机构1家。98%的乡(镇)卫生院、100%的社区卫生服务中心设立中医科(室),基层中医药服务量45%。贫困村100%完成村卫生室标准化建设。区(县)均建立了卫生扶贫救助基金,基金总规模达3547万元。全年开展卫生计生"三下乡"活动58场次。

【农村交通】 2017年,眉山市有农村公路6803.145千米,包括乡道1130.732千米、村道4209.499千米。全市乡(镇)通畅率100%,建制村通畅率100%。全市农村公路完成投资5.29亿元,占全市交通建设完成投资137.71亿元(不含铁路和航电)的3.8%。全年完成农村公路里程481千米,其中县、乡公路完成140.9千米,通村公路完成340.1千米。全年共争取部、省补助农村公路建设资金14847.2万元。

【涉农招商引资】 2017年,眉山市签约100万头生猪种养结合链项

目、(褚橙)晚熟柑橘现代农业、圣地莲花旅游综合体、冷链物流气调库、百谷园等涵盖现代农业项目28个，签约金额超过100亿元。举办了四川省农业投资与贸易洽谈暨眉山市农业招商推介大会，会上包装推介农业项目75个，吸引107家省内外农业企业到场洽谈，现场签约项目10个，投资金额约51亿元；签约农产品采购贸易项目3个，签约金额16.25亿元。协助承办第四届中日农业交流合作研讨会，深化双方在农业领域的交流合作关系。邀请马来西亚、泰国代表团参观眉山农业产业，进行招商引资洽谈。促进成都市与眉山市合作，组织两地农业企业、农业专合社、大型零售企业等对接洽谈，合力引进四川智农科技有限责任公司和四川华夏衡态科技有限公司投资项目，总投资5.5亿元。

【农村社会保障】 2017年，眉山市参加城乡居民社会养老保险156.62万人，发放养老金5.15亿元；城乡医疗救助人数25.57万人，城乡低保保障人数16.19万人；农村五保供养人数2.02万人，集中供养率34.45%。出台《眉山市城乡居民基本医疗保险管理办法》，城乡居民医保正式实施。完成全民参保登记7.3万人，全市基本医疗保险参保覆盖率达98%，住院医疗费用政策范围内报销比例76%。持续推进异地就医即时结算，接入国家、省级平台联网医院21家。城乡居民基本医疗保险补助人均标准调整到450元/年。退休人员养老金人均增加106.7元/月。16万余名建档立卡贫困人口参保扶持率100%。协调部署196台社会保障自助服务一体机优化服务，实现全市居民社会保障卡和居民健康卡就诊“两卡合一”。

【农村生态建设及环境保护】 2017年，眉山市农用化肥、农药分别减少5.69%、4.87%，主要农作物绿色防控覆盖率达36.43%，主要农作物专业化统防统治覆盖率达46.53%，秸秆综合利用率达88.58%，农膜回收利用率达81.2%。在丹棱县实施农业部有机肥替代化肥项目试点。新建大中型沼气工程2处、小型集中供气工程2处，全市沼渣沼液综合利用6.67万公顷以上。全市新增农村保洁人员1267人，“户分类、村收集、乡(镇)转运、县处理”机制全面覆盖。对上争取债券资金1600万元，对100个村的生活垃圾收集设施进行提档升级。开展城乡环境集中整治，整治“脏乱差”1200余处，“清河行动”出动10万余人次，动用机械5000余台次，清理河道4000余千米，打捞河面漂浮物、各类垃圾10万余吨。全市购买社会化服务进行垃圾清运和卫生保洁的乡(镇)个数达96个，购买社会化服务的村达409个。全市城乡环境综合治理工作连续五年获得全省住建系统一等奖，丹棱县进入全国第一批农村生活垃圾分类和资源化利用示范县。

【农产品质量安全监管】 2017年，眉山市创建为四川省农产品质量安全监管示范市。实施农产品品牌创建奖补，开展农产品质量定期抽检、检执联动、准出准入试点，全年新认证和续展无公害农产品21个、绿色食品53个，“丹棱橘橙”被农业部确定为农产品地理标志示范样板。开展市级、县级和基地抽检样品1.3万个，合格率在98%以上；省级农产品例行监测4次，菜果茶合格率达98.9%、水产品合格率达98.3%；完成市级风险监测4次，农产品总体合格率达99.3%。

【农村市场体系建设】 2017年，眉山市新建益农信息社587个。建设彭山区果怡公司葡萄基地、洪雅县峨眉半山生态农业基地等农业物联网示范基地7个。举办了中国·仁寿第十七届枇杷节暨第三届京东网上枇杷节、中国·丹棱首届西部农特产品微电商峰会，全年农产品网络销售额22亿元。建成乡、村级电商服务站点892个，覆盖率达79.65%，全年农产品网络销售额达14亿元。实施金融创新服务都市现代农业发展“三年行动”，全市涉农贷款余额较年初新增34.22亿元，占全市新增贷款的34.59%。推进财政支农资金“补”改“投”试点，试点区域村集体经济每年获得项目投资1.5%～2%租金收入。探索“政府+保险公司+农业业主”风险共担机制，新开发13类特色农业保险和3类农产品目标价格指数保险，为种养殖户提供33.2亿元风险保障，种植业承保面积达29.5万亩。农村金融“三三”联动体系创新经验全省推广。建成国家级农村电商示范县3个，仁寿县农村电商“赶场小站”模式全国推广，洪雅县为国家电子商务进农村综合示范县。

【农村改革试验区试点建设】 2017年，眉山市实施“5+11+X”改革工程(即国省试点5项，重点改革工作11项，区、县自选特色改革X项)，深化农村各项改革。推进彭山区全国第二轮深化农村改革试验区试点，探索形成了“1234”融合引领型产业链党建工作体系(即一套组织架构、双重管理模式、三大功能定位、四化推进机制)，实现党建全覆盖；推出农村“两权”抵押贷款产品16个，发放“两权”抵押贷款878笔、3.96亿元；深入推进土地流转“四步流转、三方收益”机制，彭山区农村土地流转率达62%以上，改革经验写入《全国首批农村改革案例》。推进仁寿县省级农村改革综合试验区试点，以国有企业铧锐公司为平台，规模流转土地1.6万亩；实施“京农贷”，贷款总额达3500万元。全市4个改革试点经验入选全省推广案例。

【农村大事记】 2017年1月7日，眉山市政府与北京市门头沟区政府联合举办了2017年川货新春大拜年——“东坡味道”(眉山)走进北京(门头沟)活动。市长罗佳明出席相关活动，并与门头沟区人民政府签署了《友好合作协议》。

2月9日，中共四川省委常委、省委农工委主任曲木史哈到眉山市调研农业农村和脱贫攻坚工作。

2月16日，国家农业部副部长张桃林一行到眉山市调研生态循环农业发展情况，农业部科教司司长廖西元、农机化司司长李伟国、农业厅厅长祝春秀、农业厅副厅长杨朝波、市长罗佳明、副市长肖忠良陪同调研。

△西藏自治区农牧厅党组书记、副厅长高巴松一行调研全市农村土地承包经营权确权登记颁证工作，农业厅副巡视员王植力陪同调研。

3月27日—30日，四省农村改革工作推进暨专题培训会在眉山市彭山区召开，省委常委、省委农工委主任曲木史哈出席会议。

3月29日，国家农业部总农艺师、农村改革实验区办公室主任孙中华到眉山市调研农村土地流转、现代规模农业发展情况。

3月29日—30日，中央农办副主任吴宏耀到眉山市调研现代农业产业园和田园综合体建设工作。

4月18日，全国人大常委会副委员长吉炳轩率全国人大调研组到眉山市就《中华人民共和国农村土地承包法》修改有关问题开展立法调研，省人大常委会副主任黄彦蓉、市委书记李静、市人大常委会主任刘十庆、市人大常委会副主任陈万忠、市政府副市长肖忠良陪同调研。

6月8日，中华全国供销合作总社党组书记、理事会主任王侠到眉山市调研小农生产情况。

△国家农业部部长韩长赋调研眉山“中国泡菜城”园区建设情况，市委书记李静、农业厅厅长祝春秀、市长罗佳明陪同调研。

6月21日—22日，国家农业部、财政部在眉山市举办国家现代农业产业园创建方案编制完善培训班。国家现代农业产业园建设工作领导小组副组长、农业部副部长余欣荣出席培训班并讲话。农业部、

财政部有关司局负责人，各有关省农业部门负责人以及农业部门和财政部门主管处室负责人参加了培训。

8月3日，四川省政府人民在眉山市召开全省现代农业产业融合示范园区暨粮食生产功能区和重要农产品生产保护区建设现场会。省委常委、副省长、省委秘书长王铭晖出席会议并讲话。会议现场参观了中国泡菜城、东坡区万亩粮经复合示范基地、岷江现代农业园区等9个点，举行了“全省粮食生产功能区、重要农产品生产保护区划定暨都江堰灌区百日行动启动仪式”，并召开了大会。

9月8日，四川省副省长杨兴平到眉山市看望慰问全市乡村教师。

9月15日，四川省政协农委主任刘宇到眉山市专题调研“川字号”特色农产品品牌培育情况。

9月28日—10月4日，第九届中国泡菜博览会在眉山市举办。副省长彭宇行，农业部原党组成员、中国农产品市场协会会长张玉香，中国食品工业协会副会长兼秘书长沈篪参加会议。

11月2日，国家农业部副部长屈冬玉一行到眉山市调研特色农产品优势区建设、现代农业融合园区建设、农产品品牌体系建设和信息进村入户工程建设情况。农业厅厅长祝春秀、市长罗佳明等陪同调研。

11月19日—20日，第五届四川农博会组委会特邀主宾马来西亚驻昆明总领事馆总领事拿督萧进平一行、泰国孔敬府府尹颂萨·章达拉辊一行到眉山市考察农业产业化建设情况。

11月24日，联合国教科文组织文化与发展协调员多琳一行到眉山市考察传统古村落有关情况，并筹备在眉山市召开全球传统村落大会。

12月6日—9日，第四届中日农业交流合作研讨会在眉山市举行。

12月18日—19日，联合国教科文组织亚太遗产中心秘书长周俭一行到眉山市考察传统古村落情况，并筹备全球传统村落大会。

【主要领导人】 市委书记：李静（6月止），慕新海（7月始）；市人大常委会主任：刘十庆；市长：罗佳明；市政协主席：王影聪；分管农业副市长：冉登祥，肖忠良。

眉山市编写组

东 坡 区

【基本情况】 2017年，东坡区辖7乡16镇3个街道，辖区面积1330平方千米，其中耕地面积84万亩。年末总人口87.27万人（户籍人口），减少1.4%；人口出生率11.93‰，增加0.65个千分点；人口自然增长率4.82‰，增加0.88个千分点。本地水资源总量6.4亿立方米，人均占有水资源量761立方米。有林业用地5.356万公顷，有林地面积3.54万公顷，活立木总蓄积量96.46万立方米，森林覆盖率40.23%。

2017年，全区GDP405.44亿元，增长5.6%，其中第一产业增加值48.51亿元，增长4.1%，农、林、牧、渔及农林牧渔服务业之比为58.6∶2.5∶28.9∶8.4∶1.6；第二产业增加值183.36亿元，增长3.2%（工业增加值151.94亿元，增长3.7%）；第三产业增加值173.57亿元，增长9.3%。三次产业对经济增长的贡献率分别为8.6%、29.9%和61.5%。劳务输出29.4万人，收入88400万元。全年接待游客992.68万人次，实现旅游收入83.05万元，其中乡村旅游收入108233.32万元。

公路通车里程1464.022千米（其中乡村公路1216千米），密度10999米/平方千米，17.4千米/万人。社会消费品零售总额169.12亿元，增长11.1%。地方公共财政预算总收入完成18.8389亿元，同口径增长5.32%；公共财政预算总支出39.0563亿元，其中农业投入47700万元，占支出的12%。金融机构各项存款余额810.21亿元，比上年初增长18.8%；各项贷款余额358.06亿元，比年初增长12.3%。农业产业化龙头企业国家级、省级、市级分别为4个、10个、38个。

有各类学校107所，在校学生75069人，教职工5627人，其中普通中学48所，在校学生30795人；小学51所，在校学生41608人；学龄儿童入学率90%，提高0.5个百分点。有艺术表演团体1个，文化馆1个，公共图书馆1个。有卫生机构880个，病床位5858张，卫生技术人员5700人。新型农村合作医疗参合人数657720人，参合率97%；新型农村社会养老保险参保人数307790人，参保率99.6%；被征地农民养老保险参保人数32763人，占总人数的24.57%。

【年度农业和农村经济运行】 2017年，东坡区实现农业总产值81.36亿元，增长4.4%；农业增加值48.51亿元，增长4.1%。农民年人均可支配收入达16814元，增长9.2%。在粮食、生猪、蔬菜生产中，科技投入的占比或科技贡献率60.5%。全区农产品质量抽检合格率比年初提高0.93个百分点；建成23个基层农业综合服务站。

2017年东坡区主要农产品产量

主要农产品	单位	产量	同比(%)
粮食	万吨	42.18	0.7
水稻	万吨	33.39	1.4
小麦	万吨	3.97	−0.1
玉米	万吨	2.78	−7.6
马铃薯	万吨	0.63	0.6
油菜籽	万吨	4.04	1.8
蔬菜	万吨	88.19	4
水果	万吨	17.12	8.2
肉类	万吨	6.46	−2.2
猪肉	万吨	4.21	−3.1
牛肉	万吨	0.19	−0.7
羊肉	万吨	0.08	0.4
禽肉	万吨	1.39	−1.9
兔肉	万吨	0.57	2.2
禽蛋	万吨	0.82	−2.1
水产品	万吨	3.56	—
牛奶	万吨	1.91	−1

【林业】 2017年，东坡区完成造林面积25117亩（新造林5117亩），封育管护6000亩，中幼龄林抚育8000亩，低产低效林改造6000亩。全区森林覆盖率40.23%，城乡绿化覆盖率50.5%。编制完成《东坡区创森实施方案》，并按要求成立了领导小组。退耕还林完善资金610.48万元已由各乡（镇）兑现到各退耕户。由林业局牵头编制完成《眉山市东坡区水岸绿化工作实施方案》。按照“一河一策”的原则，完成对17条河流水岸绿化规划方案的编制工作。已启动毛河、醴泉河、思蒙河、金牛河4条河流的水岸绿化工作。全年完成采伐75249.27立方米，占采伐限额128722立方米的58.5%。办理林地征占15件，共计占用林地108公顷。对全区53.01万亩（含83亩国家级重点公益林）天保工程林地进行有效管护。全年办理林木采伐许可证1581件、木材运输证1225件、植物检疫证1235件、林木种子生产经营许可证1件、野生动物驯养繁殖许可证2件、木（竹）材经营加工许可证2件。无偿为林农

拟流转的林地林木进行调查评定11起、面积2870亩。全年实现林业产值36.83亿元,增加4.23亿元,增长13%;农民人均林业收入2152元,增长10%。秦家镇砦子城省级森林公园和金花乡白塔山景区通过森林防火标准化建设市级验收。抓好森林防火应急队伍建设,共印发资料1000余份,发布森林防火相关短信5000余条。积极开展"守护绿川行动""野保行动""亮剑行动""长江带行动"等专项行动,专项行动期间,共查处各类案件30起,依法处理18人。完成全区古树名木摸底建档工作。开展涉林企业散小乱污清理,建立"一企一册"。7月27日,东坡区林业局被人社部、国家林业局表彰为"全国集体林权制度改革先进集体"。

【畜牧业】 2017年,东坡区出栏生猪58.4011万头,减少3.1%;出栏小家禽956.3132万只,减少1.8%;出栏肉牛16061头,减少0.7%;出栏肉羊6.2303万只,增长0.3%;出栏肉兔400.0251万只,增长2.2%。畜牧科技贡献率为67.2%。

【农村扶贫和移民工作】 健全脱贫攻坚体系。2017年,东坡区脱贫3384人,全区贫困人口29458人已实现全部脱贫,脱贫攻坚取得决定性进展。一是强化组织领导。争取区委区政府领导,坚持实行区委书记、区长"双组长"负责制,党政"一把手"亲自谋划、靠前指挥、常态督导、高位推进。区委常委会、区政府常务会将脱贫攻坚工作纳入会议专项议题,每月研判、逢会必讲。28名区级领导联系23个乡(镇),77个区级部门联系238个村,3528名干部联系9472户贫困户,区、乡两级均设立脱贫办,村设驻村工作组,确保脱贫攻坚工作政令畅通、推进有力。二是健全政策制度。制定《脱贫攻坚工作整改方案》《2017年全区脱贫攻坚工作要点》《关于开展2017脱贫攻坚工作对标自查的通知》等文件,印发了《在"无会月"集中开展脱贫攻坚行动工作方案》《扎实开展脱贫攻坚"回头看""回头帮"工作方案》,出台了《2017年脱贫攻坚"百日攻坚"行动方案》《2017年贫困对象退出验收工作方案》。三是加强资金保障。全年整合投入各类脱贫攻坚项目资金10.4亿元。安排区级脱贫专项资金3500万元,增加1000万元,增长40%。拓展扶贫基金筹集渠道,保持合理基金规模,教育扶贫救助基金1043万元、卫生扶贫救助基金1012万元、贫困村产业扶持基金1000万元、扶贫小额信贷分险基金1000万元,确保持续发挥作用。四是压实工作责任。印发《2017年脱贫攻坚考核细则》《2017年脱贫攻坚工作接受国家、省评估验收考核细则》,严格落实区级领导、乡(镇)、区级部门、联系干部、村(组)工作责任和群众主体责任。派遣脱贫攻坚督查小分队,全覆盖23个乡(镇)、238个行政村,深入1800余户贫困户开展多轮督导,对发现的问题以发"点球"形式交办给相关乡(镇)和部门,限时整改到位。对未完成脱贫攻坚任务的,实行"一票否决",压紧压实各级责任,确保形成合力。

夯实脱贫攻坚基础。一是档案规范精准。乡、村、户扶贫档案已基本完善,并为所有贫困户制作了上墙资料板和感恩主题对联,进一步完善乡、村脱贫攻坚宣传栏、宣传牌、宣传标语。二是对象识别精准。严格对照识别标准、识别程序开展贫困户动态调整工作,切实做到"两评议、两公示、一比对、一公告",着力解决"应纳未纳""整户识别"等问题。通过动态调整,新增531人、减少836人,贫困对象识别更加精准,做到了不漏、不错。三是帮扶措施精准。制订了《全区22个扶贫专项年度实施方案》,驻村工作组根据产业特点因地制宜、一村一策开展帮扶,帮扶干部根据贫困户致贫原因一户一案开展帮扶,确保每个村都发展致富产业、每一贫困户都有致富项目。财政扶贫到户项目全年投入精准扶贫资金1782万元,扶持建档立卡贫困户7249户,做到了"帮到点上、扶到根上"。四是对象退出精准。按照省定贫困户人均纯收入计算口径中16项收入不计入等新标准,对全区建档立卡贫困户开展对标排查和补短工作。严格按照贫困户退出"民主评议、贫困户确认、公示公告"程序执行,贫困户对脱贫成效全部满意认可。全区组建23个验收组对2017年预脱贫户全覆盖验收,并对2014—2016年已脱贫户按照2017年脱贫标准按一定比例随机抽验,同时组建4个督查组对验收组工作情况进行抽查,做到了"双保险"。

移民常规工作。强化移民后期扶持人口动态管理,开设移民资金专户,按时足额发放移民直发直补资金。进一步维护移民后期扶持信息系统,科学编制移民后期扶持规划,建立移民后期扶持项目储备库,规范实施移民后期扶持项目,配合做好移民后期扶持监测评估工作。

汤坝航电工程和穆家沟水库移民工作。积极配合做好汤坝航电工程和穆家沟水库移民工作。取得省政府对汤坝航电《移民安置规划大纲》批复,取得省扶贫移民局对汤坝航电《移民安置规划报告》批复,完成汤坝航电工程移民规划设计阶段所有专题批文,满足了项目的立项要求。穆家沟水库移民安置阶段工作顺利推进,配合岷东新区管委会完成水库库区征地2852亩,支付土地补偿款1.07亿元;拆迁各类房屋约6.65万平方米,支付房屋及附属物补偿款0.8亿元;库区移民安置住宅楼4.3万平方米,主体工程基本完工,投资近1亿元。

【农村教育】 2017年,东坡区坚持教育资源向农村学校、城市薄弱学校倾斜,办好每一所学校,让每一个孩子都能接受公平的有质量的教育。一是优化配置教育资源。实施"义务教育薄弱学校改造计划",投入1156万元对14所义务教育薄弱学校进行维修改造,新建校舍3200平方米,维修加固校舍8200平方米,维修改造运动场1.6万平方米。二是深化办学共同体建设。开展城乡教学互动交流活动200余场次、1800人次。三是加强教师队伍建设。公开招聘、考调教师202名,努力缓解全区教师结构性紧缺的状况。严格教师进城调动,农村教师调城考试首次和新招教师公考做法一致。营造尊师重教浓厚氛围,评选"最美乡村教师"等优秀教师、校长175名,组织召开庆祝第33个教师节暨优秀教师座谈会和教师走访慰问活动,发放奖励资金32万余元。加快高素质教师培养,将每年80万元的教师培训经费提高到160万元,启动"大师训计划",实施"A+M"工程,首批108名教师已纳入东坡区"A+M"高素质教育人才培养计划,首批20名优秀乡村教师到北京市考察学习。组织教师参加国家、省、市、区四级培训12955人次,显著提升教师专业素质。提高教师待遇,在继续坚持实施教育质量奖和素质教育奖计划并大幅度提高奖励标准基础上,启动实施教师绩效考核奖励,教师人均年增加收入12000余元。四是精准帮扶贫困学生。资助贫困学生近3万人次,减免相关费用2160万元,在此基础上建立1043万元的教育扶贫救助基金,对1918名建档立卡贫困学生实施免除保教费、校服费、学平险、牛奶费、教辅资料费和补助生活费为主要内容的深度帮扶,资助金额208万元。五是坚持"两为主"政策,尽力扩大公办学校资源,积极稳妥做好义务教育招生工作,进城务工随迁子女平等接受义务教育2234名。落实"一人一案",通过普通学校随班就读、特殊教育学校就读和送教上门等多种形式,确保残疾儿童(少年)入学343名。关爱留守学生,及时解决留守儿童在思想、学习、生

活等方面存在的问题和困难7800人次。六是加快推进教育信息化。8914万元教育低碳项目全面完成，安装并验收数字化教室1120间，全区中小学校"班班通"数字教室覆盖率达100%。采取分散和集中等形式开展数字化操作技能业务培训，培训教师2500余人次。开展首届信息化条件下课堂教学比赛活动，促进信息技术与教育教学深度融合。

【主要领导人】 区委书记：孙剑；区人大常委会主任：张晓勇；区长：宋骥；区政协主席：李胜华；区委常委、区委统战部部长：游方全。

东坡区编写组

彭山区

【基本情况】 2017年，彭山区辖3乡8镇2个街道，辖区面积426.1平方千米，其中耕地面积30.2万亩，比上年减少0.099%，人均耕地面积0.000069万亩；基本农田22.9065万亩。年末总人口32.4828万人(户籍人口)，减少0.012%；人口出生率12.2‰，增加0.51个千分点；人口自然增长率4.41‰，增加0.41个千分点。全区耕地有效灌面和保证灌面分别达到耕地总面积的88%和87%；本地水资源总量2.13亿立方米，人均占有水资源量669立方米。有林业用地0.974302万公顷，有林地面积0.894721万公顷，活立木总蓄积量57.84416万立方米，森林覆盖率36.8%。

2017年，全区GDP149.24亿元，增长5.8%，其中第一产业增加值14.21亿元，增长4%，农、林、牧、渔及农林牧渔服务业之比为41.2∶2.8∶42.3∶11.1∶2.6；第二产业增加值78.14亿元，增长3.8%(工业增加值66.84亿元，增长4%)；第三产业增加值56.89亿元，增长9.6%。三次产业对经济增长的贡献率分别为6.8%、37.3%和55.9%。乡(镇)中小企业增加值63.4亿元，增长0.8%；从业人员1860人。全年接待游客647.93万人次，实现旅游收入514850万元，其中乡村旅游收入82500万元。

公路通车里程600千米(其中乡村公路569.5千米)，密度1.35千米/平方千米，17.14千米/万人。社会消费品零售总额53.9亿元，增长11.6%。地方公共财政预算总收入完成15.6755亿元，增长3.7%；公共财政预算总支出25.3848亿元，增长3.55%。金融机构各项存款余额214.57亿元，比上年初增长11.89%；各项贷款余额98.87亿元，比年初增长11.67%，其中支持农业产业化发展项目贷款27.61亿元。农业产业化龙头企业省级、市级分别为3个、23个。

有各类学校70所，在校学生54142人，教职工4844人，其中普通高校1所，在校本(专)科学生17477人，增长2.288%；普通中学16所，在校学生9348人；小学15所，在校学生13659人；学龄儿童入学率100%。有文化馆1个，公共图书馆1个，博物馆1个。有卫生机构14个，病床位625张，卫生技术人员461人。城乡居民医保参保人数26.8396万人，参合率97.02%；新型农村社会养老保险参保人数117800人；被征地农民养老保险参保人数76000人，占总人数的93.3%。

【年度农业和农村经济运行】 2017年，彭山区实现农业总产值25.28亿元，增长2.9%；农业增加值6亿元，增长5.2%。农民年人均可支配收入达16848元，增长9.4%。全区农产品质量抽检合格率比年初提高0.5个百分点；建成13个基层农业综合服务站。完成"三农"固定资产投入7.02亿元，增长48.2%。

2017年彭山区主要农产品产量

主要农产品	单位	产量	同比(%)
粮食	万吨	15.32	0.33
水稻	万吨	10.186	1.05
小麦	万吨	2.7	-2.18
玉米	万吨	0.938	—
马铃薯	万吨	0.91	—
油菜籽	万吨	9.61	1.16
蔬菜	万吨	5.39	-2.7
水果	万吨	6.16	6.16
肉类	万吨	2.8807	5.5
猪肉	万吨	1.6369	5.8
羊肉	万吨	0.0848	18.6
兔肉	万吨	1.1244	5.07
禽蛋	万吨	0.4277	1.8

农业产业化发展。全年新培育新型农业经营主体185个，新增市级以上示范龙头企业3家、农民专业合作社4个、家庭农场7家、现代农业业主4个。全区新型农业经营主体达3645个，市级以上示范新型农业经营主体达105个，其中市级以上示范龙头企业26家、农民专业合作社31个、家庭农场27家，现代农业业主21户。启动大型农产品集配中心建设1个，投资约800万元，包括土建工程、气调库、检测区、集配包装区、管理区。按照《彭山区盘活农村资产资源开展农民增收新产业新业态示范区创建方案》，围绕"休闲农业与乡村旅游、冷链物流、电子商务、土地托管服务"四大类新产业新业态，成立创建工作小组，建立联系会议制度，有序推动项目实施。

农用地产权制度改革。全区全面落实农村承包地"三权分置"改革，坚持集体所有权不动摇，稳定承包权，让农民吃"定心丸"。稳妥推进农村土地承包经营权确权登记工作，全区农村承包土地确权登记24万亩，覆盖率达100%。放活经营权，为有需求的规模种植业主颁发《农村土地经营权证》，让业主放心投入。在区农村产权交易服务中心设立"一站式"申请、登记、颁证窗口，颁发土地经营权证810本，按需确权率达100%。全面推进农村"两权"抵押贷款试点。针对制约农村金融发展的"五大难题"，着力探索构建了农村"两权"抵押贷款"251"工作体系，实现"金融下乡"，破解了农业农村融资难题，形成了"彭山模式"。全区推出农村"两权"抵押产品16个，发放农村"两权"抵押贷款937笔、4.09亿元，年利率最高不超过5.75‰。完善"四步机制、三方受益"的土地流转制度体系。眉山市以全区土地流转"四步机制"为蓝本，出台了《眉山市人民政府关于加快农村土地流转推进农业适度规模经营的实施意见》，在全市推广土地流转经验；全区相继出台了《眉山市彭山区农村土地经营权流转管理暂行办法》《眉山市彭山区农村土地经营权流转资质审查审核办法》《眉山市彭山区农村产权交易保证金管理暂行办法》等文件，对土地流转进一步进行了规范、完善。全区实现集中流转土地面积15万亩，流转率62%，100～500亩的适度规模流转占全区流转面积的50%以上。

农产品品牌战略实施。全区扎实开展农业标准化生产，围绕粮油、柑橘、葡萄等主导产品示范推广生产技术标准81个，推广病虫害绿色防控、测土配方施肥等技术15项。将标准化生产技术转化成明白纸印制10万份发放到农户手中，全区全面推广普及标准化技术措

施。做好品牌推广，开展柑橘、葡萄、猕猴桃果王评选，对获奖者授牌并给予现金奖励。全区被整体认定为无公害农产品生产基地，无公害农产品达10个，有绿色食品5个、有机食品1个、国家地理标志产品1个。加大优质品牌建设力度，注册"彭祖""李密""彭丰"等农业商标10个。

现代农业园区建设。全区有50亩以上园区业主户数129户，流转面积21446.3亩，其中果怡农业在实验区引进国外品种试种、优化，在基地种植了国内最新的30余个品种，采用定制化直供和网络化直销相结合的模式，单价比传统销售方式提高近80%，年营业额达400万元。凤鸣花谷新植芍药约300亩、非洲菊种植面积150亩左右，投入约12000元/亩，收入40000元/亩。新建旅游厕所1座，生态停车场2处、1万余平方米，可容纳车辆800余辆。

【种植业】 2017年，彭山区粮食总产量15.32万吨；水果种植面积11.2万亩，实现产值6.8亿元；蔬菜种植面积6.1万亩，实现产值2.9亿元；中药材种植面积3.2万亩，实现产值0.95亿元。优质粮油、"杂交水稻制种+中药材"、特色葡萄、优质柑橘、优质猕猴桃、生态蔬菜等六大支柱产业不断发展壮大。有设施葡萄产业面积1.8万亩、晚熟柑橘面积6.29万亩、粮经复合产业面积4.2万亩。创建谢家镇、义和乡、凤鸣镇水稻高产示范片1个，创建以黄丰镇、江口镇为核心的柑橘万亩示范区1个，以观音镇果园村为核心的葡萄万亩示范区1个，以谢家镇、公义镇为核心的中药材万亩示范区1个。

种植技术培训以电视专题培训、田间培训、农民夜校培训为主，水稻主推水稻苗床免(少)耕旱育秧技术、免耕栽培技术、免耕抛秧技术、水稻优化定抛高产栽培技术和水稻机插秧技术，葡萄主推避雨栽培技术、水肥一体化技术、有机肥替代化肥、控产提质技术、绿色防控技术，柑橘主推高厢深沟、适度稀植、水肥一体化、有机肥替代化肥、绿色防控、控产提质等技术。全年创新录制柑橘专题电视节目4期。高标准农田建设主要以岷江现代农业园区向东、西两翼辐射，重点在岷东大道、工业大道、西山旅游环线以及特色产业园区周边大力实施高标准农田整治，全年投入约3500万元，建成高标准农田3.42万亩。投入近2000万元用于柑橘、葡萄、柚子、猕猴桃等优势产业园区肥水一体化滴水灌溉项目，全面提升农业劳动生产率。

【林业】 2017年，彭山区实现林业总产值263600万元，农民人均从林业获得收入1478元。全年完成中幼龄林抚育1.5万亩，推进低效林改造0.5万亩，成片造林0.8万亩，新育苗400亩；完成全区6.8万亩退耕还林县级自查验收工作，并兑现政策补助资金；制订了《彭山区2017年度现代林业产业发展资金项目实施方案》，并按照实施方案开展工作。创建现代林业产业提质增效示范区2个，竹编产业"双百工程"建设产值实现1.05297亿元，带动就业人员10009人，生态旅游产值4.5482亿元。林业生态旅游扶贫攻坚工作新增旅游商品经营户128户，新增经营人数256人，创建一星级、二星级森林人家4个。加强森林病虫害检疫防治和森林防火，制发了《眉山市彭山区2017年林业有害生物发生趋势预报》，建立了2017年林业有害生物防治信息辅助数据库，完成农业嘉年华国家4A级景区森林防火标准化站点建设和"智能森防"二期信息化建设，全年未发生一起森林火灾。全区积极开展"守护绿川行动""野生动物查处专项行动""利剑行动"等专项行动，共侦办刑事案件6起，其中滥伐林木案件2起、非法狩猎案件1起、盗伐林木案件1起，移送市局2起；办理行政案件33件，其中滥伐林木案件19起、无证运输案件4起、擅自改变林地用途案件5起、收购无证运输木材5起，行政处罚33人，罚没收入14.648万元，为国家和个人挽回经济损失80余万元。缴获野生动物及其制品5件，救助白腹锦鸡、夜鹭等野生动物11只。

"绿海明珠"建设成效显著。森林覆盖率达36.8%，城乡绿化覆盖率达50.5%。完成"四旁"义务植树40万株。实施"绿带"工程。完成县道绿化18千米、乡道绿化14千米、专用道路绿化5千米、岷江一桥至东坡区交汇处约5千米道路景观绿化，河堤彩色混凝土铺设，完成农业观光园区长约20千米道路标识标牌设置、农业园区内环线景观绿化5千米，完成人工种草4.1万亩，完成岷江现代农业园区提升观光大道绿化品质，建设景观节点5个。二是实施"绿肺"工程。完成"花漾彭山""东门小游园"绿化工程及节点打造，渠道绿化3千米，堤防绿化1.5千米，水库周边绿化1千米；"寿乡水岸·河堤公园"绿化改造，种植三角梅2000株、蔷薇1000株，茶语湖种植水生植物1000株、紫色芦苇100株、细叶芒300株、花叶芒200株，完成建设生态停车场300个、五人制足球场1个，完成游客接待中心装修，更换标识标牌30个，安装宣传展示屏1个、宣传灯箱20个，库区环湖生态林种植绿化200亩，橘花广场河道绿化600米，新建绿色基地30个，建设绿色阳台示范街道1条、绿色阳台示范单位2个、绿色阳台示范小区1个、"绿色医院"1个。三是完成公义镇"集镇拥翠"建设。四是完成公义镇马林村、红旗村"绿色家园"建设。五是建成观音果园葡萄产业公园。完成"东山彩林"一期、二期(一阶段、二阶段)建设任务，涉及面积1073亩，栽植美国红枫8234株、栾树11679株、五角枫14442株、银杏6940株、鸡爪槭2565株、红叶杨1097株。

【畜牧业】 2017年，彭山区猪出栏40万头以上，小家禽兔出栏800万只以上，人均牧业增收300元以上。推广畜禽标准化养殖技术，扎实推进畜禽品种改良，全区出栏生猪500头以上的规模养殖比重达35%，畜禽规模养殖场粪便综合利用率达70%以上。加强对健康生猪养殖合作社等养殖专业合作社的指导，大力推进新型农业经营主体建设，全年新增现代畜牧业业主90户，新增专业合作社2个，创建省级标准化示范场1个，培育家庭牧场7家，经营主体带动农户750户。加快畜禽养殖结构调整，打造种养结合示范典型亮点2个，建成省级种养循环示范场(区)1个、市级生态示范牧场4个。全面完成禁养区98家养殖场(户)关停和限养区内912家养殖场(户)污染治理工作；组织开展全区畜禽标准化规模养殖暨粪便综合利用现场会4次，参会人员达300人次。

【统筹城乡与新型城镇化】 2017年，彭山区坚持"一张蓝图绘到底"的规划理念，编制《眉山市彭山区新型城镇化"十三五"规划》，完善《眉山市彭山区实施国家新型城镇化综合试点工作的意见》及相关配套文件。新增城镇建成区面积2.08平方千米，城镇化率提高2.1个百分点，新增城镇人口6650人，实现农村居民转变为城镇居民7056万人。

加快创造非农产业岗位。一是加快推进工业化，落实"四个一批"项目，招引一批重大产业项目，加快实施技术改造，扩大农民在工业企业就业的数量，实现农村居民转变为产业工人2930人，实现"有技能、有岗位、有住所、有保障"。二是大力发展城市服务业，积极推进彭祖山等旅游重点项目建设，积极发展现代观光农业，增加第三产业就业岗位，确保完成农民向三产经营者和从业者转变4126人。三是落地一批休闲旅游项目，农业嘉年华、盘桓小筑、凤鸣花谷、中法农业科技园、水郡未来城等高档乡村旅游项目8个，已建成投入运营3个。农业嘉年华申报为国家4A级景区，实现乡村旅游收入10亿元。

强化创业就业扶持。整合农业、人社、教育、科技等资源，开展农民工职业技能培训1270人。支持2家重点龙头企业创办农民培训基地，支持91人直接创业。加大“贷免扶补”政策扶持，发放创业贷款682万元，完善并落实创业税收优惠、资金补贴等，改善农民创业环境，以创业带动就业。完善失业人员小额担保贷款基金的持续补充机制。

引导鼓励农村居民进城购房。深入推行全区货币化安置补偿政策，进一步深化“政府+企业+银行+拆迁户”四方联动机制，破解货币化安置资金瓶颈，缓解政府资金压力，有效地推动了货币补偿安置工作，促进了全区房地产市场健康有序发展。

完善公共配套保障制度。加快推进城乡教育布局调整。实施文体惠民工程，新批准民营医院2家，城区新增住院床位73张。已建立完善省、市统一的城乡居民养老保险制度，优化完善了城乡一体的居民基本医疗制度。

【新村建设】 2017年，彭山区大力推进“四好村”创建工作，评选区级“四好村”34个，推荐市级“四好村”22个、省级“四好村”15个。新建幸福美丽新村15个，幸福美丽新村覆盖率达90%。完成建设“百村绿色家园”2个，新建易地扶贫聚居点4个，新建新村聚居点11个，建设便民服务中心3个，“雪亮工程”建设覆盖36个村。新建“七好阵地”15个，建设“社会主义核心价值观示范村”13个，观音镇果园村被评为“四川省百强村”。以“四好村”创建和幸福美丽新村建设为指导，综合党建示范、廉政教育、法制教育、平安创建、旅游带动、特色产业等多种功能，打造硬件好(风貌好)、文化好(本地文化、主流文化)、党建好、科技好、法制好、旅游好(旅游接待设施)、产业好等多功能综合性“七好阵地”。彭溪镇毛店村、公义镇红旗村等17个村完成“七好阵地”示范点建设。大力开展“三苏好家风进农村”“好家风家训进四好村”“重阳节文艺演出进农村”“道德模范”“十佳民星”“十佳孝子”“玫瑰书香”等系列活动，挖掘农民群众中的先进人物，树立一批“勤劳致富、诚实守信、孝老爱亲、见义勇为、助人为乐”等先进典型，用身边人、身边事教育群众，逐步形成好风气、养成好习惯。

打造以公义镇新桥村、黄丰镇团结村为主的特色亮点村。公义镇新桥村配套农业嘉年华，逐步打造彭山田院综合体，建设牛栏驿站、红砖记意、便民服务中心、农产品集配中心等，总投资2570余万元。将带动周边乡村旅游业务和农产品就近冷藏、初加工、包装等集中配送业务。团结村橘香天下一三产业融合发展示范园项目，集游客集散、橘花节集会、文化展示、休闲游憩、行政与旅游服务、村民娱乐健身休闲需要于一体，已建设完成占地8514平方米中心广场、总长度1906米的游步道，占地60平方米的观景平台、全长2700米的道路黑化，新建设桥梁1座，新建生态厕所2座。团结村橘香天下逐步发展为彭山区会节经济的重要支撑和乡村旅游的品牌。

【扶贫攻坚】 2017年，彭山区3956户11476人稳定脱贫。新发展蔬菜、葡萄、晚熟柑橘上万亩，发展种养结合示范园5000亩；通过土地流转带动3000余名贫困人口通过租金和就近务工的方式增加收入；积极引导200余户贫困户入股专业合作社，通过分红的方式获得稳定收益。创新产业发展方式，引入光伏扶贫、电商扶贫工作等方式助推贫困户脱贫增收。落实易地扶贫搬迁政策，完成分散安置的285户766人和集中安置的54户159人全部搬迁入住。落实“四项基金”，区财政安排3000万元用于保障脱贫攻坚资金需求，专项落实1796万元设立教育扶贫、卫生扶贫、产业扶贫、金融扶贫“四项基金”，并完善四项基金管理办法，严格按管理办法实施救助补贴，确保贫困人口教育、医疗和产业发展有保障。补贴资金18万余元为3956户贫困户购买“扶贫保”。落实“雨露计划”政策，为23名高职以上就学的贫困人口提供3.45万元(1500元/人)教育补助；落实低保兜底扶贫政策，对收入达不到脱贫标准的92户贫困户按“差多少补多少”的方式，共补助兜底资金12.8万元；持续开展党建引领助力脱贫，全区的108个村(社区)均派出“第一书记”，开展村(社区)“第一书记”业务培训，进一步明确帮扶责任人范围、职责和工作要求，统筹整合区级各部门2000余名干部联系贫困户，全面实现贫困家庭户户有帮扶责任人。将2016年以来每个贫困户家庭得到帮扶的具体事项和已享受的扶贫政策填写在《贫困户感恩奋进明白卡》上。开展“扶志大行动”、农民夜校、开院坝会、“送文化下乡”、感恩奋进教育等活动，引导贫困户形成主动脱贫的良好氛围。

【乡村旅游】 2017年，彭山区接待游客652.36万人次，增长16%；实现旅游收入52亿元，增长18%。市旅游重点项目总投资18.21亿元，完成投资15.74亿元，占年度计划投资的86.54%。盘桓小筑民宿客栈项目完成旅游道路、观景台建设，温泉水池主体施工，2栋精品民宿主体建设和全部装修装饰，餐厅完成主体建设。马林村精品乡村酒店及民宿客栈外立面装修已经基本完成，正在进行招商。一三产业融合乡村旅游示范点项目完成凤鸣鲜花主题乡村旅游公园规划设计和标识标牌建设；土地完成整理造型，花草树木栽种已完成，旅游厕所、采摘体验园、花卉展示区、餐饮区、游客接待点已完成建设，并举办了首届扶郎花采摘节。全区举办了首届樱花节、第八届黄丰橘花节、第八届观音葡萄节、眉山农业嘉年华开园系列活动、首届扶郎花(非洲菊)采摘节等旅游节庆活动。嘉年华形成了集文化旅游、现代农业科普展示为一体的休闲旅游目的地，累计接待游客7万余人次，实现门票收入70余万元。旅游营销将文化icon和旅游宣传相结合，设计并活化卡通彭祖形象，通过旅游官方微信、微博公众号、旅博会等宣传营销平台，开展别具风格的旅游宣传营销活动。制作卡通彭祖布包、贴纸、T恤等配套文创产品，将文化icon推向客源市场，打开了彭山旅游宣传新局面。

【农村水利】 2017年，彭山区完成灌区渠系改造27.555千米，整治山坪塘26口、石河堰6处，改造提灌站1处，新建蓄水池212口。新增灌面1.45万亩(其中新增高效节水灌面1.15万亩)，恢复和改善灌面0.43万亩；新增蓄引提水能力13.6万立方米，新增节水能力172.26万立方米，新增粮食综合生产能力100.8万千克，新增经济作物产值1700.78万元。

【农业机械化】 2017年，彭山区农机总动力达28.48万千瓦，综合机械化水平达76.74%。全年机收稻麦27.16万亩，助农增收3700万余元。争取到位项目资金1188万元，示范推广农机新技术1项。实施农机购置补贴项目，中央补贴资金结算进度达100%。新建提灌站32座，维修改造提灌站580座5800千瓦。建设机耕便民道118.7千米，其中新建农机化生产道路3.3千米。

【农村科技】 2017年，彭山区加强农业科技示范园区、专家大院的申报、建设管理工作，完善科技服务平台，确保园区、专家大院对全区农业的示范、指导作用，引导全区农业健康、可持续发展。新建立市级专家大院1个(眉山市彭山区优质中药材种植专家大院)，农业科技园区1个(彭山现代农业园区绿森林农业特种水果规范种植示范园)，科技特派员创业服务团队示范基地2个(彭山区猕猴桃产业示范基地、彭

山区柑橘产业示范基地)。积极培育、申报市级科技创新型农业经营主体,进一步提升彭山区农业科技创新水平,促进乡村振兴和农民增收。申报市级家庭农场2家、专业合作社2家、农业公司2家。加强对科技特派员创业服务团队的建设管理,最大限度发挥其作用,确保彭山农业特色优势产业良好发展,确保农民增收致富。积极抓好科技扶贫项目的申报、实施工作。谢家镇邓庙村申报的省级科技扶贫项目"黑樱桃引进及配套栽培研究与示范推广"被科技厅批准立项,并划拨了30万元的扶贫项目资金,该项目按照项目计划任务书有序推进。区科技局在针对脱贫攻坚、精准帮扶的科技专项扶贫工作中,重点开展农村种养殖实用技术培训。积极组织开展科普宣传月和科技活动周活动;结合区科技特派员创业服务团队工作邀请相关专家积极做好彭山区特色农业优势产业技术培训。截至2017年12月,区科技局组织全区农业技术培训40期,培训12000余人次。

【农村教育】 2017年,彭山区累计向上争取项目资金5572.52万元,完成固定资产投资2.717亿元。区新一中完成主体建设,区四小于9月1日竣工投用,区实验小学改(扩)建项目、府河学校二期工程完成主体验收;区城北公立幼儿园项目、青龙一小和青龙幼儿园整体搬迁工程进场打围。谢家镇曾红村小等5个教学点并入所在乡(镇)中心小学,彭溪初中撤并完成。公义小学新建成自动录播教室,彭山一小创建为市级中小学数字校园示范校。完成各类培训4141人次。向一线教职工发放2015—2016学年、2016—2017学年教育质量奖励性绩效2600余万元。学科教学赛课8人获国家级奖、8人获省级一等奖、5人获市级一等奖。"一师一优课、一课一名师"活动网上"晒课"获省级优课13节、国家级优课6节(全市9节),获奖率居全市第一位。培养市级优秀校长2人、市级优秀教师10人、特级教师2人。鹏利小学构建的社会主义核心价值观教育"三大体系"被评为全国教育关工委"十佳创新案例",并在中宣部社会主义核心价值观宣传教育工作第二期培训班交流。区教体局被评为"2017年度全国规范化家长学校项目先进实验区",获得"四川省家庭教育工作先进集体"称号。先后有6所学校创建为"全国规范化家长学校",4所学校被评为"第一届四川省文明校园"。彭山一小被评为"第四届四川省未成年人思想道德建设工作先进单位"。青龙初中创建为省"依法治校"示范学校,彭山四小创建为市毒品预防教育示范学校。承办了区首届妇女体育健身运动会、眉山市乡村门球赛。区级体育场馆向近20万人次免费开放。完成全区29个村(社区)及单位的健身器材的安装和更换。设立了彭山区教育扶贫救助基金专户,落实专项资金500万元;建立建档立卡贫困家庭贫困学生数据库,对贫困学生按政策规定应助尽助。解决外来务工人员随迁子女入学401人。教体局领导深入贫困户家庭50余次,解决困难问题21个,送去慰问物资14.5万元。

【农村文化】 2017年,彭山区为乡(镇、街道)文化站、村(社区)图书室免费配送图书12000余册、报刊30余种。全年放映农村公益电影1150场,观众达62000人次。持续开展"书香彭山·悦读寿乡"全民阅读活动,春节期间区图书馆结合全民阅读在全区乡(镇)开展文化惠民集中活动19场次。建成义和活桥村等15个农村综合宣传文化阵地;建成省级基层"扫黄打非"网格化管理示范点2个;完成35个贫困村的文化活动室、广播室、农家书屋标准化建设。为63户贫困户安装广播电视直播卫星接收设备SJ6800,广播电视通达率100%,投入资金1.89万元;为963户非贫户困安装直播卫星接收设备,投资金入28.9万元;购买电视机69台,投入资金7.3万元。完成"寿乡大舞台·幸福新农村""喜迎十九大·不忘初心跟党走""关爱老年人·传承好家风"等送文化下乡、文化惠民演出24场次;组织开展乡(镇)、村(社区)群众文化活动600余场次。

【农村卫生】 2017年,彭山区13个建制乡(镇)均设有1所公立卫生院,另设社区卫生中心1个,每个行政村均设有1个或以上的村卫生站,88个行政村共设有178个村卫生站。设置编制床位625张,共有卫生技术人员461人。强化卫生人才队伍建设,签订农村定向培养医学专科生17人;继续发挥院感、体检、中医等23个区级质控中心指导作用,针对全区各医疗机构存在的薄弱环节开展培训、进修、考核等活动,不断提升区级医院和基层医疗卫生机构服务能力。累计建立居民健康档案321822份,管理原发性高血压患者15776人、Ⅱ型糖尿病患者6035人、重性精神疾病患者1415人、肺结核患者150人。推进实施家庭医生签约服务,全科医生的加入壮大了家庭医生队伍,重新制定了"家庭医生签约服务包",逐步推进个性化签约服务包。先后争取240万元中央和省级资金在全市率先实现乡(镇)卫生院中医馆全覆盖。进一步健全医疗卫生服务体系,黄丰镇卫生院、观音镇卫生院项目完工并投入使用,进一步改善和提高就医环境,适应农村卫生服务需求。进一步建立和健全了以区级医疗卫生机构为龙头、乡(镇)卫生院为骨干、村级医疗机构为基础的农村医疗和公共卫生三级服务网络,在一定程度上缓解了人民"看病难""看病贵"问题。

【农村交通】 2017年,彭山区农村公路等级公路比例达87%,高等级铺装路面比例达92%,全部乡(镇)通水泥路或油路,全部建制村通水泥路,全部社均通公路。全区13个乡(镇)及88个建制村全部实现了通水泥(沥青)路,通达通畅率100%,基本形成了以国、省干道为骨架,县、乡道为支线,村道为脉络的农村公路网。结合"四好农村路"建设要求,完成100千米示范路打造。建立了区路政员、乡监管员、村护路员三级联动的路产路权保护队伍,投入近千万元,建成了青龙、谢家、武阳检测站3个,实现了对所有进出彭山范围内货运车辆进行监管。同时,对重点路段设置限高栏杆,有效遏制超载超限车辆上路行驶。建立县、乡、村三级农村公路养护机构,做到"区有养路段、乡(镇)有交管站、村有养护队"。全区投入3100余万元,率先建成了全市首个机械化养护中心,占地23亩,在"县道县养、乡道乡养、村道村养"的基础上灵活引入市场化购买服务运作模式,实现"有路必养、养必到位、有路必管、管必有效"的目标。积极推动农村物流快递产业发展,全力构建县、乡、村三级物流配送网络,全面提高农村公路综合使用效益和整体服务水平。

【涉农招商引资】 2017年,彭山区3000万元以上的农业招商引资重大项目3个,其中外资项目1个、内资项目2个,分别增长100%和与上年持平;项目总投资303亿元,增长100%。协议资金303亿元,增长100%,完成全年任务的100%;到位资金1.5亿元。

【农村社会保障】 2017年,彭山区审核并完成2008年以前被征地农民参保缴费1633人次,汇总上报2009—2014年新被征地农民自愿参保1021人次,完成2009—2014年新被征地农民自愿参保缴费共计1005人次。截至2017年10月,全区建档立卡贫困患者住院、特殊门诊、慢病门诊报销7615人次,报销脱贫基金487.15万元(其中脱贫专项基金286.46万元、区级财政兜底资金200.69万元),确保了建档立卡贫困患者住院医疗费用、特殊疾病门诊医疗费用个人支付额控制在10%以内,确保建档立卡贫困人口人人享受到各项医保待遇,有效缓解了"因病致贫,因病返贫"发生。

【农村生态建设及环境保护】“河长”治水，持续深化流域治理工作。2017年，彭山区印发《眉山市彭山区贯彻落实〈关于全面推行河长制的意见〉实施方案》，制订《水污染防治行动计划2017年度实施方案》，全力推进乡（镇）污水处理厂建设、畜禽养殖污染防治等工程。按照“畜禽养殖场只减不增、禁养区限期关停、宜养区凡养必验”原则，制定出台畜禽养殖场建设审批管理办法和畜禽养殖许可制度，实行台账管理、一户一册，对验收不合格的养殖场一律关停，共关停畜禽养殖场320家、整治850家。公义、武阳、黄丰污水处理厂，青龙镇老场镇一体化污水处理设施已建成投运；牧马、义和一体化污水处理设施已完成主体施工，安装调试工作有序推进；城西、锦江、保胜、观音污水处理厂实施主体工程建设。水库水产养殖关停工程，协商终止从事水产养殖水库承包合同，强化水产养殖监管，全区40座肥水和投饵养殖水库已全部取缔。投入500余万元，全区13个乡（镇、街道）均建立了河道清理长效机制，安排河道巡视、河道保洁专职队伍定期对河道垃圾进行清理。投入2000万元对流域主要节点进行河堤整治、绿化等，全力改善流域生态环境。全区重点打造的五湖四海生态湿地系统，实现进水水质由Ⅴ类标准改善为Ⅲ类标准。

“田长”治土，扎实推进土壤污染防治工作。印发了《土壤污染防治计划眉山市彭山区工作方案2017年度实施计划》，开展耕地土壤质量监测和农用地土壤污染状况调查及风险评估，完成1个乡（镇）监测点的土壤质量监测，对全区26家重点单位进行实地调查，建立土壤污染风险源环境管理档案。与19家省控、市土壤污染重点监控企业签订《企业土壤污染防治责任书》，防范建设用地新增污染。确定农用地土壤污染详查点位107个。

【农村市场体系建设】2017年，彭山区农村“两权”抵押融资全国试点工作取得成效，全区“两权”融资发放贷款878笔、金额3.96亿元。全国险资支农融资在彭山区试点，其经验在全省推广。已为全区农户提供融资贷款939万元，超额完成市金融办下达的650万元目标任务。大力发展涉农保险，鼓励保险机构调动更多的保险资源进入农村领域。出台《眉山市彭山区城乡居民住宅地震巨灾保险实施方案》，保险服务乡（镇）覆盖率达100%，村级覆盖率达90%以上。

【农村未成年人帮扶】2017年，彭山区积极开展未成年人受侵害早期预防、及时发现、报告和响应工作。建立了区上有联席会议、乡（镇、街道）有专人负责、村（居）妇女主任兼任儿童福利主任的三级救助保护网络，利用全国农村留守儿童和困境儿童信息管理系统、全国救助管理信息系统等各类平台多次开展未成年人摸底评估工作，村（社区）不定期随访和定期回访，及时发现未成年人合法权益可能遭受侵害或外出流浪的因素和迹象，一旦发现将及时妥善处置、报告、介入、干预，预防侵害行为和外出流浪行为的发生。确保流浪未成年人回归家庭和学校。公布未成年人救助热线电话，开展“接送流浪孩子回家”“流浪儿童回校园”活动。完善困境未成年人及其家庭生活救助机制。将孤儿和监护人监护缺失的儿童纳入基本生活保障，并建立自然增长机制。同时，对符合低保条件的困境未成年人及其家庭及时纳入低保保障范围；对因突发意外事件或重大疾病等原因导致家庭生活陷入临时困难且不符合低保救助条件的家庭，按规定给予临时生活救助，保障其基本生活权益。将现有的2名艾滋病孤儿纳入全区城乡特困人员救助范围，每月每人发放孤儿养育费810元。实行孤、残等未成年人就近入学制度。对于不宜接受正规教育的未成年人，采取特殊教育点或机构就读。加大对困难家庭未成年人的教育资助力度。对低保及低保边缘家庭子女、贫困残疾学生和贫困残疾人子女按规定给予资助。争取资金在区福利院内建立区妇女儿童家庭暴力庇护站，为遭受家庭暴力妇女儿童提供临时生活帮助。开展未成年人心理咨询服务。全区城乡社区、村均建立“儿童之家”，在彭溪中学设立“未成年人心理成长指导中心”，免费为未成年人提供专业社工心理辅导、咨询服务。通过开展需求评估、分类关爱、结对帮扶，将各类未成年人的需求以“心愿卡”的形式向社会寻求结对帮扶，充分调动机关单位、慈善组织、爱心人士等社会力量进行心愿认领及物资捐赠，在此基础上引入专业机构和社工开展各类志愿活动。

【深入推进涉农资金管理】2017年，彭山区为提高涉农项目资金的公平性和透明度、提高资金使用效益，草拟了《彭山区涉农惠民工程项目管理办法》《彭山区涉农惠民补助项目管理办法》《彭山区涉农惠民直补项目管理办法》3个管理办法和流程图以及涉农惠民项目资金“九不准”规定，并以“两办”名义印发。区财政涉农资金管理顺利通过全省财政涉农资金联合审计监督检查组检查，获得检查组高度肯定。

【农村社会治理】2017年，彭山区创新探索以“红色先锋引领绿色产业”为主题的“1234”新型党组织工作机制，通过在领域建党委、产业建总支、新型农业经营主体建支部，实现在新的产业结构和新型社会阶层党组织全覆盖，有效破解了传统农村组织功能瓶颈。创新以党建引领“1+3+N”新型村庄治理体系，畅通多元主体参与新型村庄建设渠道，提高新型村庄民主决策、民主管理和民主监督的自治水平，有效实现群众自我管理，弥补农村社会治理的空白领域。该成果于8月上旬接受了全国农村改革试验区第三方评估专家组的验收，经验获得了验收组高度认可，并在《人民日报》专题刊载。12月，全国农村改革试验区办公室正式同意验收。

【劳务开发与返乡创业】2017年，彭山区完成农民工劳务品牌培训320人，其中中级工100人、初级工220人，完成市下达民生工程任务。培训建卡贫困户劳动者18人。大力促进返乡就业创业，吸引安置农民工返乡就业8000余人，新增农民工返乡创业约2000户、农民企业家返乡创业184人，创办企业63家，带动就业上千人。大力开展农民工维权活动，加强劳动保障法规宣传。协助配合有关部门处理劳务纠纷38件，挽回经济损失220万元。彭山区申报为全国新型职业农民专项激励计划试点，是全省唯一一个试点市（区）。

【主要领导人】区委书记：梁磊；区人大常委会主任：钟建成；区长：罗万东；区政协主席：谭福轩；分管农业副区长：王松。

彭山区编写组

仁寿县

【基本情况】2017年，仁寿县辖60个乡（镇）618个村（社区），辖区面积2606.36平方千米，有人口162万人，是四川省县域经济发展先进县、丘陵经济十强县、首批扩权强县试点县、中小城市综合改革试点县。

【年度农业和农村经济运行】2017年，仁寿县实现农业增加值76.6亿元，增长3.8%。农村居民年人均可支配收入达13723元，增长9.1%。

农业产业化发展。全县农民专业合作社总数达884个，新增122个。全县经工商部门注册登记的家庭农场累计达833家，新增188家。有国家级示范社10个、省级示范社20个（新增1个）、省级示范家庭农场9家（新增5家）。

【种植业】 2017年,仁寿县粮食作物播种面积234.96万亩,产量82.95万吨;油菜播种面积24.32万亩,产量3.36万吨,增加0.06万吨;青贮饲用玉米种植面积6.2万亩,产量3.45万吨,增加3.9%。全县新增粮食规模化经营面积5%,发展优质水稻面积34.2万亩,推广小麦、油菜、水稻、玉米等高产优质品种26个,推广各项实用技术13项、面积458万亩。水果种植总面积67.2万亩,产量58万吨,实现产值29.8亿元,其中新发展柑橘1万亩,改造老果园1.5万亩。蔬菜种植面积38万亩,产量87.8万吨,实现产值13.4亿元,其中新发展蔬菜0.5万亩;全县蔬菜基地面积达23.5万亩,建成现代特色效益农业标准化基地5000亩。

【林业】 2017年,仁寿县完成成片造林2.13万亩,占目标任务的106.5%;"四旁"植树220万株,占目标任务的104.2%;公路绿化126千米,占目标任务的105%;有效管护森林148.7万亩,森林覆盖率达38.5%。全年完成固定资产投资4050万元,占目标任务的101%;完成林业总产值44.05亿元,占目标任务的100.1%,其中林业旅游收入6.3亿元,占目标任务的103.3%;"东坡味道"森林食品产业实现产值0.92亿元,完成目标任务的102.2%;农民从林业人均获得纯收入1205元,占目标任务的100.4%。

【畜牧业】 2017年,仁寿县实现畜牧业产值61.16亿元,增加4.48亿元。全年出栏生猪131.15万头,出栏肉羊46.13万只,出栏肉牛2万余头,出栏家禽1375.17万羽,出栏肉兔1099.87万只。年出栏生猪500头以上的规模养殖比重达35%,年出栏肉羊100只以上规模养殖比重达25%;生猪规模养殖比重达77%,生猪良种化水平达99.4%。规划"两线""两山""两湖""三地",以国道213线和351线为主轴发展优质生猪产业带,"两线"优质生猪产量占全县总产量的60%以上;以二峨山脉和荣威山脉为主轴发展优质肉羊产业带,"两山"优质肉羊产量占全县总产量的70%以上。

【水产业】 2017年,仁寿县水产品总量51200吨,增加2740吨,增长5.6%。开展春季禁渔工作,禁渔期共出动执法检查车辆20辆次、检查人员100余人次,编制禁渔简报、张贴宣传标语、建立宣传板报等85期(幅)。选派40余名基层水产技术推广人员参加省、市举办的专业知识更新轮训,重点打造规范化、标准化水产健康养殖示范基地1个,争取国家投资495万元的种质资源场项目1个。强化水产品质量安全监管工作,全县未发生重大水产品质量安全事故,水产品抽检合格率100%。推广种养结合、池塘80:20养殖技术、水库放牧式(人放天养)养殖等新技术,减少和降低水体氮磷含量。编制《仁寿县水域滩涂养殖规划》,严格划定禁养区、限养区和养殖区,进一步规范水产养殖行为,推进水生态环境不断改善。

【新村建设】 2017年,仁寿县大力开展扶贫解困、产业提升、旧村改造、环境整治和文化传承"五大行动",结合脱贫解困、易地搬迁、高速路拆迁等工作,以新建、改造、保护等方式推进农村茅草房、旧房和危房改造,完成易地搬迁2811户、7509人,危旧房改造2000户以上,确保住房安全率达100%。深入推进农业供给侧结构性改革和农村精神文明建设活动,累计投入资金17745万元,建设幸福美丽新村65个、县级"四好村"130个,申报省级"四好村"54个、市级"四好村"119个。进一步完善村规民约,夯实基层治理,改善村容村貌,树立农村新风尚、新气象,引导农民养成好习惯、形成好风气。大力实施"绿色家园"建设,鼓励村民植树造林,保护原有林盘,建好花园花台,绿化前庭后院、村口路侧,建成谢安乡华阳村、藕塘乡飞龙村等"绿色家园村"4个。

【扶贫攻坚】 2017年,仁寿县全面落实县、乡、村三级主体责任,严格执行县、乡党政一把手"双组长"总负责制,及时召开脱贫攻坚领导小组会议、专题工作会议等会议30余次,研究制订扶贫专项方案22个,分解下达部门、乡(镇)脱贫目标任务,统筹推动脱贫攻坚工作,形成县、乡、村三级联动大格局。按照贫困户"一超六有"和贫困村"一低六有"脱贫标准,精准施策、精准推进。一是产业就业"稳增收"。采取项目发动、公司带动、资金撬动、信贷驱动、电商推动等方式,累计发展枇杷、柑橘等特色种植业2万亩、畜禽养殖240万只,实现21740名贫困人口就业,就业率占有劳动能力贫困人口的91.1%,30个市定贫困村村集体经济人均收入均超过6元。二是易地搬迁"挪穷窝"。采取进城入镇、易地自建、投亲靠友等方式,坚守面积不超、自筹不超、建新拆旧等政策底线,完成投资3亿元,2806户、7509人易地搬迁入住,省易地扶贫搬迁工作核查组对仁寿县工作给予了高度评价。三是民生保障"拔穷根"。扎实推进农村低保标准线与国家扶贫标准线"两线合一",将11866名贫困人口纳入农村低保。在全省率先建立"建档立卡贫困户学生数据库",设立教育扶贫基金1803万元,贫困家庭子女县内从幼儿园到高中15年免费就学。认真落实健康扶贫政策,贫困患者县域内住院个人支付占比控制在10%以内。四是财力保障"搞整合"。建立县本级财政动态投入机制,全年预算投入7450万元,增加1850万元,占全年预计新增财力的53.2%。整合"一事一议"、易地扶贫搬迁等项目资金5.34亿元,支持224个村开展基础设施和贫困户住房建设。稳步开展金融精准扶贫,累计发放扶贫小额信贷资金2.55亿元,惠及贫困户5208户。五是宣传引导"增动力"。注重扶贫与扶志、扶智相结合,广泛宣传勤劳致富光荣、懒惰致贫可耻,杜绝等靠要思想,积极培育新风正气,引导贫困群众勤劳致富。

【乡村旅游】 2017年,仁寿县接待县内外游客985万人次,实现旅游收入85亿元,分别增长28%和22%;实现旅游投入27.6亿元。农民转变成为三产经营者和从业者7700人,旅游精准脱贫170人。

项目带动,打造"两湖一山"旅游新格局。一是全面推进黑龙滩风景区建设。黑龙滩长岛项目完成投资8亿元,首批旅游地产项目已完成主体建设;黑龙滩国际生态旅游度假区项目完成投资9亿元。二是积极打造三岔湖仁寿片区。积极整合三岔湖仁寿片区旅游资源,筛选资源丰富、投资大的旅游项目实施招商引资。仁寿大佛文化旅游项目完成签约,天府国际演艺小镇基本达成投资协议。三是重点推荐二峨山旅游开发项目招商引资,已有四川发展集团、上海宝龙地产等企业实地考察洽谈投资开发工作。

规范管理,推进旅游业健康发展。开展A级景区"百日整治"行动。提升黑龙滩、蝶彩花卉、响水六坊3个A级景区管理运营能力。黑龙滩集中梳理影响景区形象问题74项,查找出违规地面硬化商户21户、乱搭建彩钢棚13户、环保整治25户、无证商户25户,对查出的问题分别立即进行整改和限期整改。蝶彩花卉共查出6大项、19小项整改任务,分别制定出整改时间表并落实专人负责整改。响水六坊景区梳理出环境卫生、市场秩序、安全等6个方面共计13项整改任务,并与镇、社区联合整改完善。开展旅行社规范经营整治行动,重点开展旅游合同签订、建立和利用业务档案、旅游安全、"不合理低价团"、"黑导游"、非法经营、侵权违约、不签订旅游合同等集中整治。通过督查整改,确保旅游市场秩序稳定。

宣传营销,打造旅游品牌。一是开展品牌创建,打造品牌。加大对休闲农业的扶持和引导,带动社会资本投向农业休闲观光、创意农业、民宿民居等农业新业态。指导响水六坊、蝶彩花卉开展国家3A级

旅游景区提升工作，文宫镇石家村开展国家3A级景区申报准备工作，黑龙滩依托长岛和中铁项目启动国家5A级景区申报工作。二是依托2017四川省花卉（果类）生态旅游节暨首届眉山樱花节，举办了仁寿县第三届乡村文化旅游节。2月20日—5月10日，统筹文宫、曹家、清水、方家、中岗、曲江、青岗、禾加、藕塘等乡村节庆活动，以仁寿县城市湿地公园为主会场，举办了眉山市首届樱花节仁寿分会场暨仁寿县第三届乡村文化旅游节。以乡村文化旅游节为平台，以春季踏春、郊游、赏花、采摘为主线，多部门配合、多平台宣传、多角度打造，提升全县乡村节庆活动知名度，节庆活动成为乡村旅游全新的亮点，社会、经济效益呈现“双丰收”。节庆期间，全县共接待游客186.5万人次，实现旅游收入3.8亿元。三是乡村旅游转型升级。出台《关于规范农家乐管理促进乡村旅游发展的通知》，引导乡村旅游转型升级，大力发展民宿经济。邀请浙江省民宿专家培训农家乐业主、部门和乡（镇）干部400余人，并组织业主20名到浙江省莫干山学习民宿经营和管理经验，并取得“民宿管家证书”。打造民宿示范点裸伊谷，项目完成投资8000万元，完成旅游主干道建设3千米，会议中心、接待大厅、观景平台、蒙古包等主要业态完成建设，形成接待能力并开始营运。

【农村生态建设及环境保护】 2017年，仁寿县通过会议、标语、宣传单和电视媒体等多种形式宣传开展污染治理的必要性和紧迫性，发放《科学安全使用农药挂图》200余份，《化肥农药减量增效措施》《农业废弃物加收处理措施》500余份并在全县（市）管河道涉及乡（镇）所在地和化肥减量增效示范区张贴。制作固定畜禽污染防治标语650余幅，发放宣传单1.5万余份。

农田治理成效明显。一是推进化肥减量增效。测土配方施肥技术覆盖率90.53%，其中配方肥料使用面积2万亩以上；推广有机肥替代化肥面积80余万亩，水肥一体化面积0.5万亩。全县全年化肥累计用量6.54万吨，减少5.5%。二是推进农膜减量增效。积极推广无纺黑布覆盖替代技术，科学合理减少农膜使用量。全县农膜使用量2585.38吨，减少44.62吨，减少1.7%；推广使用厚度0.01毫米以上的农膜2171.7吨，占农膜总量的84%；回收废旧农膜1913.9吨，回收率74%，增长2.2%。三是推进秸秆综合利用。全年完成指标87%以上，全县示范面积2万亩以上，其余各乡（镇）各建立200亩以上示范片1个。

全面关停适度规模养殖场672户，拆除圈舍277户，拆除面积32万平方米（已通过市级验收）。完成治理的养殖场（户）2471户，实现粪便返田、污水上山，杜绝进沟下河。实行“三制管理”，严防污染反弹，反弹养殖户已全部关闭。建立和完善全县测土配方专家施肥系统，推广有机肥替代化肥，控制农业面源污染。出台《仁寿县畜禽养殖污染防治管理暂行办法》，加强污染防治，杜绝养殖污染，加大监督力度，落实问责机制。

【农产品质量安全监管】 2017年，仁寿县主要农作物种植面积305.72万亩次，病虫草鼠发生面积251.08万亩次，病虫草鼠害防治面积448.49万亩次，其中机防面积235万亩次，专业化统防统治92.53万亩次，绿色防控面积116.5万亩次，水稻药剂浸秧和带药移栽10万亩，化学农药使用量减少5.77%，挽回损失36312.5吨，实际损失8294.8吨，将病虫危害损失率控制在3%以下。全年发放稻水象甲、柑橘溃疡病等宣传资料1万份。

“三品一标”品牌建设。全年协助省、市抽检农产品100个，合格率100%。对“三品一标”企业和种植大户进行列行抽检。全年抽检产品380个，合格率达99.2%。建设农产品质量追溯体系，有28家企业纳入追溯系统。全县主要优势农产品标准化生产覆盖率达93%。做好“三品一标”认证和年检工作，全年完成绿色食品续展4个，新申报绿色食品5个、无公害产品3个、绿色食品年检9个、有机转换食品1个。

加强行政执法监管工作。全年共出动执法人员1533人次，出动执法车辆570台次，检查农药生产企业1家、肥料生产企业1家、饲料生产企业4家，检查市场195个次，生猪规模养殖场1291家，农药、饲料经营点2317个次，查处违规经营网点25个，取缔无证摊位3个。对全县兽药经营门店、规模养殖场等生产经营单位进行了二次拉网式检查，共立案查处违规案件31起，结案31起，查获违规产品4470千克，罚款金额12.4万元，涉案金额39.1万元，无一起案件提出行政复议。

狠抓动植物检疫工作。一是抓好产地检疫和调运检疫。产地检疫工作共涉及15个乡（镇）、种苗品种55个、种子4600亩、苗木174亩。共受理调运检疫775批次，完成调运检疫775批次，经检疫签证调出省外种子174批次、2.56万千克，调出种苗4批次、2.94万株；调出省内种子588批次、15.74万千克，调运检疫苗木9批次、11.15万株。签发《植物检疫证书》775份，报检应检率达100%。二是开展生猪定点屠宰清理整合。完成建设且通过县上初审10家，完成建设或改造15家，完成主体建设或改造5家，建设或筹建4家，已取得排污许可证10家。三是狠抓屠宰检验检疫和无害化。全县产地检疫生猪98.48万头、牛2万余头、羊42.39万只；对屠宰检疫严格实行派检疫员驻厂（场、点）检疫制度，34个屠宰厂（场、点）屠宰检疫生猪107.961万头；检疫禽类1285.59万羽，动物产品检疫88.86万吨，无害化处理20千克以上病（死）生猪15780头、20千克以下病（死）生猪1342头、禽产品58258千克、动物产品3431千克；对规模化养殖场及屠宰场（点）生猪开展瘦肉精检测，检测生猪13456头，检测结果均为阴性。

完成畜禽免疫任务。按照“应免尽免”原则，春秋季共免疫家畜家禽等2572.14万针次，其中牛（羊）口蹄疫免疫61.64万针次、高致病性禽流感免疫1371.95万针次、鸡新城疫免疫687.36万针次、猪蓝耳病免疫126.43万针次、猪口蹄疫免疫126.43万针次、猪瘟免疫126.43万针次，免疫密度均达100%。使用消毒药品20.43吨，消毒总面积1654.83万平方米。

【农村金融】 2017年，仁寿县全面实施金融创新服务都市近郊型现代农业行动计划，创新金融产品、优化金融服务、防范金融风险，深入探索新形势下农村金融服务创新发展的途径。全县基本形成银行、保险、证券等金融机构和小额贷款公司、融资性担保公司等准金融机构共同发展的多元化金融格局，成为眉山市6个区（县）金融体系最为健全的区（县）之一。2013年以来，金融机构累计发放涉农贷款110亿元。

构建农村金融组织体系。以市场为导向，建立现代金融企业制度，支持县农村信用联社通过改制、增资方式扩股组建农村商业银行，为专项服务县域经济打下良好基础。营业网点已实现全县60个乡（镇）全覆盖，存贷规模较2013年年底的104.26亿元、63.41亿元增至187.62亿元、97.29亿元，新增存款83.36亿元，新增贷款33.88亿元。改善农村金融支付环境，引导金融机构完善网点布局，实现金融机构网点全县60个乡（镇）全覆盖，总数达175个。全力推进农村基础金融服务“讯通工程”建设，加大ATM机、POS机等自助机具在乡（镇）的布设力度，加强农村地区非现金支付工具推广应用和支付清算系统建

设,推广网上银行、电话银行、手机银行等电子支付工具。推动县农业发展银行开展农业开发、生态保护、特色产业、专项扶贫开发、新村基础设施建设等方面的中长期政策性贷款业务,促成"福仁缘"专项基金贷款2000万元等支农项目。

创新农村金融产品服务。利用国家政策性银行优惠贷款政策,结合"政府+平台+种植园+农民"的电商发展模式,争取国家开发银行专项基金贷款1.3亿元,支持西南IT及电商双创孵化中心电子商务示范项目建设,有效促进县域农村电商的发展。创新扶贫小额信贷机制,开展"公司+农户"的合作模式,引导建档立卡贫困户积极申请贷款,委托农业龙头公司或其他经营主体经营管理,大力发展产业实现增收脱贫,增强内生"造血"功能,全县创新扶贫小额信贷共发放5208户,完成贷款25551万元。大力实施"京农贷",资金短缺枇杷种植户可凭借福仁缘公司收购协议作抵押,在京东金融申请贷款。福仁缘公司即将生产的枇杷深加工产品通过京东商城直接销售,京东金融直接扣除应还贷款本息,形成"枇杷种植户—福仁缘—京东"封闭循环的农产品、资金流动链条,解决种植户的资金销售难题,助推一二三产业联动发展。组建基金推进现代农业发展,与和灵资本组建2.5亿元规模的农业产业化基金,解决现代农业发展资金短缺问题。

完善农村金融监管机制。组建县农业担保公司,与县邮储银行、县民富村镇银行、县农业银行深度合作,为县内农村、农业各类适度规模经营主体提供融资担保。为仁寿聚福园种养殖专业合作社等42家企业提供担保服务,取得银行贷款4170万元。完善农村金融风险分担机制,加快发展多种形式、多种渠道的农业保险,扩大枇杷、柑橘等农业保险覆盖范围,进一步发挥农村保险"资金融通催化剂"作用。在全县60个乡(镇)推进农村信用体系建设,探索将农村信用体系建设与"电商服务进农村"工作相结合,提高农村信用体系建设县级库中农户信息的准确性、完整性。推动建立健全"守信激励与失信惩戒"机制,营造诚实守信的生产经营氛围,坚决制止和打击逃废金融债务的行为,加大涉农金融案件执行力度,依法维护金融机构合法权益。规范和引导民间借贷健康发展,依法打击农村地区的非法集资和非法金融活动,切实维护农村金融稳定。

【农村改革综合试验区建设】 2017年,仁寿县土地股份合作制改革稳步推进。按照土地"三权分置"并行原则,初步建立起县、乡、村三级土地流转服务平台。除控规控建以外的其余48个乡(镇)全部建立乡(镇)土地流转服务公司,建立村土地流转服务站452个。县公共资源交易中心完成县农村产权交易服务中心组建工作。鼓励村集体通过成立合作社,农民以土地经营权入股,自愿将土地委托合作社进行规模流转,获得"保底收入+分红收入"。景贤乡同意村通过柑橘专业合作社组织本村34户农户规模流转土地406亩,引进四川橘源农业有限责任公司,先后投入150余万元,采用"公司+支部+合作社+农户"发展模式,打造优质柑橘种植基地,栽植青见406亩,新建生产便道2.5千米、生产用房150平方米,建成高标准滴灌设施260余亩。公司收回投资成本后,村集体和农民分别按5%、20%的比例获得年终利润分红,共享农业规模效益。富加镇互建村和石咀乡河坝村、黑漆村、新庙村的土地股份合作社组建工作有序推进。

农村集体经济不断发展壮大。通过合作经营、产业融合、物业经济、服务组织、"拨改投"、小额信贷等多种形式发展壮大农村集体经济,实现了村集体与农民"双赢共富"。大化镇水利社区盘活村级办公场地建设超市、幼儿园,实施"拨改投"等集体经济年收入达10万元以上。曹家镇将30万元新型农业经营主体奖补资金作为村集体入股曹家水果专业合作社水果加工厂梨膏糖厂建设股金,村集体按固定分红方式,每年获得分红收益3000元。文宫镇石家社区合作社与旅游开发公司合作盘活闲置资产,按照"公司+合作社+农户"的模式打造旅游乡村,公司将年度总营业额的1%作为村集体经济收入。大化镇华兴家园采取"农民(集体)入股、公司经营、年底分红"的大商业运行模式,对小区1.5万平方米商业用房实行"确权确股不确房"统一经营管理,农民持股68%,集体持股32%,年终按股分红。小区引进工商户42家,租赁面积达60%以上,已实现营业收入65万元,村集体年收入20.8万元。兴盛镇舒坪社区以社区提供服务、园区企业出资的方式,为本地家私产业园内企业提供保洁、粉尘锯末回收、水沟清淘等服务,社区按建筑面积0.08元/平方米/月的标准向企业收取服务费,年增加村集体经济收入10万元。创新扶贫小额信贷机制,引导建档立卡贫困户申请小额信贷,由村集体统一将贷款投资新型经营主体参与现代农业开发,贫困户、村集体分别按投资额的5%、1%享受固定分红收益,全县实现扶贫小额信贷规模达2亿余元,增加村集体经济收入200余万元。整合省扶持村级集体经济发展试点资金1000万元和"四好村"奖励资金110万元,吸收社会资本投入690万元,共计1800万元,重点在26个村开展试点工作。

农业信贷担保体系日趋完善。组建仁寿县农业信贷担保公司,与县邮储银行、县民富村镇银行、县农业银行深度合作,为县内农业农村各类适度规模经营主体提供融资担保。公司遵循市场化运作原则,坚持覆盖面广、单户额度小的运作思路,为三品公司、滕赢量农业专业合作社、聚福园种养殖专业合作社等42家新型农业经营主体提供担保服务,通过担保金额4170万元。

国有公司示范引领作用逐步显现。创新采用公司化运作模式,引入国企铧锐公司打造现代农业产业示范样板。铧锐公司已在富加镇、石咀乡流转土地5000亩,完成土地整理调形、土壤培肥,栽植枇杷树苗300余亩。并与中柑所合作,编制3800亩柑橘园规划,计划成立柑橘研究中心,建立柑橘博物馆,打造高标准现代化柑橘产业园。与云南恒冠泰达农业发展有限公司签署合作框架协议,将在仁寿县农旺镇打造2.2万亩褚橙晚熟柑橘现代农业园。充分发挥国企铧锐公司聚集引领作用,采取公开招商、联合投资、直接投资等方式,鼓励引导工商资本、大(中)专毕业生、务工返乡人员、退伍军人等到农村创新创业。2017年,新培育现代农业业主333户、家庭农场82家、农民专业合作社25个。

农村电子商务发展迅速。仁寿县举办了中国·仁寿第十七届枇杷节暨第三届京东网上枇杷节,与京东西南区签署了《仁寿县政府与京东集团深度合作备忘录》。枇杷节实现总销售额3120万元,增长46.4%;带动产业收入1230万元,增长33.8%;带动线下旅游消费参与人数达12.8万人次,增长13.2%;实现旅游收入920万元,增长13.6%。9月8日,2017年中国仁寿百年曹家梨产品推介暨全国首款单品水果分销联盟大会在成都市望江宾馆举行。仁寿县曹家水果专业合作社分别与10余家分销商达成分销合作意向,并与分销商代表签署了全面战略合作协议,标志着"中国首款单品水果分销联盟"正式成立。大力实施"京农贷",贷款总额达2000万元。相继开展电子商务与农产品上行培训会(全民触网)、电子商务与传统企业转型升级培训会(全企入网)等培训,培训农村电商人才1612人。农村电商综合服务中心、020电商体验中心、京东县级中心、京东帮等项目已投入运营。

“拨改投”惠农效应初步显现。充分发挥财政支农资金普惠群众、促进农民增收的作用，积极开展涉农资金“拨改投”改革，实行入股分红，将项目资金、基础项目设施变成村集体长期收益来源。大化镇水利社区将财政投入162万元支持的仁寿县双友农业专业合作社基础设施量化为村集体资产，按头5年每年1%、5年后每年1.5%的比例固定分红。全县已实施“拨改投”项目10个、资金1650万元，每年增加村集体收入23万元。

深化供销合作社改革稳步推进。出台了《中共仁寿县委仁寿县人民政府关于深化供销合作社综合改革的实施意见》，作为全县供销合作社综合改革的指导文件。为切实摸清家底，3—5月，对供销系统18个基层社、企业进行了“三资”（资产、资金、资源）清查，做到“家底清、底数明”。入股仁寿县清见果业专业合作社、仁寿县乐活鳖业有限公司，推进仁寿县柑橘产业、特种水产养殖业的规模化、标准化、品牌化、工业化发展。为贯彻落实全年“巴中·南江”工作会议精神，全面对接省供销社“1+5”龙头企业，注册登记仁寿县新越供销有限公司，由供销社全资入股。

农业农村用地保障机制不断完善。对规模流转土地从事农业产业化经营的经营主体按照相关规定报批使用农业设施用地，适度建设农业生产设施、附属设施、配套设施等；对一定区域范围内依托农业产业发展乡村旅游、休闲康养产业的经营主体，县上配套适度规模的建设用地指标，修建相应的配套设施。同时，探索经营主体使用产业基地区域范围内的集体经营性建设用地和农村宅基地；在文林（富加）园区兴办农产品产地加工企业的对前期基础设施和用地方面给予支持，对前端的种养产业在项目、资金等方面给予支持。

【主要领导人】 县委书记：秦彪；县人大常委会主任：陈林；县长：顾贵鹏；县政协主席：黄海波；分管农业副县长：毛超英。

仁寿县编写组

洪　雅　县

【基本情况】 2017年，洪雅县辖11镇4乡，辖区面积1896.49平方千米，其中耕地面积2.49万公顷。年末总人口35万人（户籍人口），人口出生率12.57‰，人口自然增长率5.11‰。全县有效灌面1.38万公顷。有林业用地13.67万公顷，有林地面积13.67万公顷，森林覆盖率71.04%。

2017年，全县GDP110.6亿元，增长4.5%，其中第一产业增加值16.8亿元，增长4%；第二产业增加值52.4亿元，增长2%；第三产业增加值41.4亿元，增长9.3%。三次产业比例调整为15.2∶47.4∶37.4。全年接待游客955.76万人次，实现旅游收入77.37亿元，其中乡村旅游收入12.91亿元。

公路通车里程1453.33千米，其中乡村公路913.79千米。社会消费品零售总额43.06亿元，增长11%。地方公共财政预算总收入完成3.77亿元。金融机构各项存款余额174.65亿元，比上年初增长19.48%；各项贷款余额89.56亿元，比年初增长28.03%。农业产业化龙头企业省级、市级分别为3个、19个。

有各类学校125所，在校学生37246人，教职工1989人，其中普通中学2所，在校学生3515人；小学22所，在校学生1.5万人。1项科技成果获省级及以上科技进步奖。有艺术表演团体7个，文化馆1个，公共图书馆1个。有卫生机构245个，病床位1667张，卫生技术人员1420人。

【年度农业和农村经济运行】 2017年，洪雅县实现农业总产值29.22亿元，增长3.5%；农业增加值16.8亿元，增长4%；药材、蔬菜等特色优势农产品产量保持稳定增长。农民年人均可支配收入达1.58万元，增长9%。全县农产品质量抽检合格率达98%以上。

农业产业化发展。截至2017年年底，全县有工商登记注册专业合作社496个，增加76个，增长18%。其中，种植业270个，占总数的54.43%（茶叶101个，占种植业的37.4%）；畜牧业148个，占总数的29.83%（奶牛32个，占畜牧业的21.62%）；林业33个，占总数的6.65%；渔业和其他服务业45个，占总数的9.07%。全县合作社有成员1.83万户，其中农民成员1.72万户，占总数的93.84%；带动农户4.62万户，占全县总农户数的49.41%。合作社经营收入4.33亿元，占农村经济总收入的8.66%，占农、林、牧、渔业收入的12.47%。评定市级示范社14个、省级示范社13个、国家级农民专业合作社示范社3个。

农用地产权制度改革。一是稳步推进农村产权确权登记颁证。全县累计完成农村土地承包经营权确权33.7万亩，颁证5万本，颁证率达94.15%；累计完成农村集体土地所有权颁证892宗、农村集体建设用地使用权颁证163宗、农村宅基地使用权颁证11万宗；累计完成林权登记104万亩，发证11.7万本；按计划有序推进农村房屋所有权、小型水利设施确权登记工作。二是扎实推进农村产权交易市场建设。出台了《洪雅县农村产权流转交易市场体系建设的实施意见》，制定了《洪雅县农村产权流转交易管理办法（试行）》，县农村产权流转交易服务中心正式成立，农村产权交易信息发布平台建成投用。三是积极推进农村集体资产股份制改革。出台了《洪雅县农村集体资产股份合作制改革试点工作方案》，在中保镇茨秋村开展了成员资格界定、清产核资、股权量化等改革试点工作。四是大力发展新型农村集体经济。出台了《洪雅县推进农村集体产权制度改革发展壮大农村集体经济的十五条举措》，大力发展资源开发型、生产生活服务型、产业带动型、土地经营型、服务创收型、乡村旅游型等多种形式的集体经济，全县村集体经济人均收入达21元。

【种植业】 2017年，洪雅县粮、经（含茶叶、蔬菜瓜果）、饲作物播种总面积达5.37万公顷，粮、经（含茶叶、蔬菜）、饲作物播种面积比为34.29∶53.9∶11.81。全县粮食作物播种面积1.95万公顷，产量12.89万吨。其中，小春粮食播种面积2120公顷，产量7545吨；大春粮食播种面积1.74万公顷，产量12.13万吨。

【林业】 2017年，洪雅县完成营造林2000公顷。全县40万人次义务植树84万株。全年完成育苗和苗木培育50公顷。全县林业用地面积为13.67万公顷，林业用地中有林地、疏林地、灌木林地、未成林地、宜林地面积分别为11.57万公顷、1.63公顷、1.83万公顷、0.13万公顷、721.76公顷，在林业用地中的比重分别为85.1%、0.001%、13.4%、0.95%、0.53%。林业用地中，公益林和商品林面积分别为6.99万公顷和6.7万公顷，分别占林业用地面积的51%和49%。

【畜牧业】 2017年，洪雅县生猪存栏22.07万头（其中能繁母猪存栏1.8万头）、奶牛存栏4.1万头、羊存栏3.37万只、家禽存栏98.22万羽，兔存栏102.55万只；生猪出栏36.3万头、肉牛出栏1.46万头、羊出栏4.5万只、家禽出栏383万羽、兔出栏158.13万只；肉类总产量4万吨，牛奶产量10.07万吨，禽蛋产量3576吨。全县已建成了国家级标准化示范场3个、省级标准化示范场3个，建成存栏奶牛万头以上的牧场1个、1000头以上牧场1个、500头以上牧场2个，年出栏生猪万头以上

养殖场1个、3000头以上养殖场4个、500头以上养殖场64个。建成优质荷斯坦奶牛原种场2个、优质西门塔尔肉乳兼用的原种场1个,建成了优质生猪良种扩繁场4个。建成种养循环示范区3个。铺设循环管网达500千米,灌溉面积达3333.33公顷,畜禽粪污实现了资源化利用。

【水产业】 2017年,洪雅县水产养殖面积1512公顷(含雅女湖库区),水产品产量4950吨。全年繁殖各类鱼苗6000余万尾,其中鲑、鳟、鲟、鳇等冷水鱼苗400余万尾,鲤鱼鱼苗5500余万尾;培育规格鱼种735吨。

【统筹城乡与新型城镇化】 2017年,洪雅县柳江镇投资1200万元实施两河美丽新村房屋和道路等基础设施建设,投入5000万实施"大峨眉"西环线柳江段道路建设,投入500万完成了柳江怀旧电影院和文化站修建。瓦屋山镇修建场镇、王坪、陈湾步行道3处;重点整治瓦屋山场镇违法乱建、支棚搭架问题,拆除违法建筑310余处;投入800余万元,完成旅游沿线多色谱的景观打造,建成茶花走廊43千米,完成王坪花海打造8公顷。全年总投资2000万元改建洪瓦路39千米;连接西环线和瓦屋山省道308线快速通道进入施工阶段,项目总投资19.2亿元,全长36.5千米。七里坪综合旅游开发项目累计完成投资50亿元,建成区面积4平方千米。建成旅游厕所12座,配备110千伏变电站1座,铺设地下电缆10万米。天然气主管网铺设工程基本完成。建成污水处理站19座、雨污管网14.5万米。投入300万元进行景区绿化,种植了金盏菊、大花茵草等绿化美化植物27万余株,完成景区绿化美化7000平方米。洪雅县在全省新型城镇化建设经验交流暨工作推进会上交流发言。

【新村建设】 2017年,洪雅县积极推进柳江镇、瓦屋山镇小城镇建设,完成市政基础设施建设投入5800万元、产业发展投入1.52亿元,就地就近吸纳转移农业人口1780人。加速推进幸福美丽新村建设,建成幸福美丽新村16个,创建省级"四好村"13个、市级"四好村"37个、县级"四好村"36个。严格农村宅基地和住房规划建设审批管理,强化农村建筑工匠培训和管理;严控农村集体建设用地规模,规范农村建设行为。实施农村公路改善提升工程,新(改)建农村公路108.9千米。高庙镇七里村依托景区建新村被评为"2017四川集体经济十强村",竞选确定为2018年第二届四川村长论坛举办地。新村建设与城镇融合的柳江镇入选"第二批全国特色小镇""四川第一批特色小镇"。柳江镇光明新村、两河新村建设成效显著。西环线稻田艺术区八面新村、瓦屋山龙圣新村等一批现代农业与乡村旅游结合新村相继建成,有力推动了农旅相融、一三产业融合发展。

【农村扶贫和移民工作】 2017年,洪雅县扎实推进扶贫专项行动22个。已退出的33个市级贫困村、已脱贫的4727户13981名贫困人口实现巩固提升,剩余544户贫困户1371名贫困人口脱贫任务全面完成。易地扶贫搬迁377户。全年完成"五改三建"531户,危房改造180户。产业抱团发展覆盖贫困户347户,户均增收1620元。技能培训和推荐就业300余人。建档立卡贫困户城乡居民基本医疗保险参保率达100%,低保兜底214户498人。洪雅县在全市率先开展"扶贫保"保险工作,得到市级相关部门充分肯定。加强后期移民民生工作开展,完成国家标准贫困移民脱贫486人,投入后扶项目资金260万元,建成槽渔滩镇顺河村集中供水工程1处,拟建总岗山库区安全饮水项目1个。投入资金535万元建设水库移民美丽家园。竣工移民增收项目11个,完成投资619万元。全面加强在建移民工程项目监管,确保移民工程程序合规、资料齐备、施工安全、质量优良,移民切实受益。强化移民后扶项目资金管理,加大与财政、审计部门衔接力度,确保各施工单位不拖欠民工工资。

【乡村旅游】 2017年,洪雅县结合旅游扶贫,大力发展乡村旅游,积极开展四川省乡村旅游强县申报创建工作。成功申报瓦屋山镇为"四川省乡村旅游特色乡(镇)"、瓦屋山镇复兴村为"四川省乡村旅游精品村寨"。创建养生山庄、花果人家等四川省乡村旅游特色业态经营点6家。四川省乡村旅游等级评定办公室评定县内四星级乡村酒店1家、三星级乡村酒店2家、四星级农家乐1家。推荐县内乡村旅游经营点带头人到中国台湾省学习考察乡村民宿经济。全年乡村旅游接待游客260万人次,增长18.2%;乡村旅游收入12.91亿元,增长16.31%。

【农村水利】 2017年,洪雅县有大小引水渠堰215条,引水能力2.4亿立方米,年供水0.9亿立方米,其中农业供水5089万立方米。全县有效灌面1.38万公顷,万亩以上引水渠堰4条,引水能力2.2亿立方米,其中农业生产供水4000万立方米,有效灌面0.41万公顷。有蓄水工程837处,其中水库17座、小(1)型水库2座、小(2)型水库14座,有效灌面0.06万公顷;山坪塘755口,有效灌面0.15万公顷;石河堰65座,有效灌面0.022万公顷。有提灌站217处,装机5208.5千瓦,提水能力650万立方米,有效灌面0.097万公顷。

【农业机械化】 2017年,洪雅县农业机械总动力为21.24万千瓦(已扣除农用运输车动力12.34万千瓦),有各类农业机械6.01万台(套)。其中,拖拉机328台6606千瓦,配套农机具1996台(套);联合收割机57台2010千瓦;耕整机8278台(套)3.92万千瓦,机动脱粒机9080台2万千瓦,农副产品加工动力机械8660台8.05万千瓦,农副产品加工作业机械9205台,排灌机械(含微电泵)9008台3568千瓦,田管机械426台,各类收获机械837台2300千瓦,畜牧养殖机械6602台3.44万千瓦,渔业机械776台2536千瓦。全年完成机耕作业2.08万公顷,机播0.79万公顷,机收1.18万公顷,机电灌溉作业0.64万公顷;农副产品加工20.66万吨。全县农业综合机械化水平达64.1%。

【农业项目建设】 2017年,洪雅县实施农业项目44个,各级政府农业总投资6558.8万元,共11类。其中,病虫害控制项目7个,总投入289.06万元(动物疫病防控经费106.06万元,植物疫情与农作物病虫灾害防治经费10万元,重大动物疫病防控疫苗免疫反应和抢救等经费60万元,家畜结核病、布鲁氏菌病监测经费30万元,狂犬病防治经费30万元,动物无害化处理专项经费40万元,疫病监测经费13万元);农村集体"三资"网络管理补助项目1个,经费19.64万元;防灾减灾项目1个,柑橘黄龙病专项防控项目经费20万元;旅游宣传项目1个,四川花卉果类生态旅游节暨首届眉山樱花节洪雅县分会场经费35万元;农产品质量安全项目6个,总投入259.25万元(农产品质量安全经费10万元,农产品品牌及质量安全示范基地创建奖补资金34万元,国家级农产品安全示范县建设项目160.2万元,农产品质量安全检验检测经费30万元,畜禽产品质量检测经费24.55万元,水产品监测抽样经费0.5万元);农业生产支持补贴项目2个,总投入2449.4万元(耕地地力保护补贴资金2426.4万元,农机购置补贴资金23万元);农业组织化与产业化经营项目1个,现代农业综合发展转移支付支持农民合作社建设资金15万元;其他农村综合改革支出1个,农村土地确权颁证档案归档硬件设施建设70万元;其他农林水支出项目3个,总投入568.21万元(农业资源及生态保护资金/渔业增殖放流14万元,农业资源及生态保护资金/耕地质量提升—开展耕地质量提升与化肥减

量增效示范14.21万元，规模化大型沼气工程项目540万元）；其他农业支出项目19个，总投入2683.24万元（农业基础设施建设/高标准农田建设项目300万元，农业产业化发展/粮油高产创建项目300万元，现代农业示范县建设600万元，农业社会化服务体系建设/家庭农场建设10万元，青贮玉米示范区项目100万元，农村土地承包经营登记工作经费14万元，农业生产发展资金/新型职业农民培育64万元，农业生产发展资金/绿色高效技术推广服务—基层农技推广体系100万元，农业生产发展资金/农民合作社50万元，农业生产发展资金/适度规模经营—种粮大户补贴36万元，动物防疫补助经费272.68万元，禁养区规模化养殖场关闭补助资金675.96万元，种养循环一体化项目25万元，现代农业发展工程专项资金26万元，特色蔬菜建设项目50万元，参加第六届中国·四川国际茶业博览会工作经费35万元，周公河保护区水生动物保护项目20万元，野生物保护项目经费2万元，遥感监测与评价项目经费2.6万元）；执法监管项目2个，总投入150万元（加强渔政执法能力建设100万元，水产渔政监控系统建设项目50万元）。

【农村科技】 2017年，洪雅县培育止戈桑果园为市级创新型农业经营主体试点单位。对2个省级科普基地（瓦屋山国家森林公园、中国藤椒文化博物馆）开展核查工作。“洪雅幺麻子藤椒星创天地”通过科技部备案并授牌，成为第一批国家级星创天地。

【农村教育】 2017年，洪雅县投入资金20万元，继续实施山村幼儿园提升计划，考核录用80名职中学前教育专业学生到山村幼儿园开展顶岗支教服务。组织教师开展外出观摩、“送教下乡”、教学技能比赛及园长培训等活动8次，参训700人。坚持开展乡村少年宫活动及“本土文化进校园”活动。罗坝中学创建为省级文明校园，花溪中学创建为“校园文化十佳学校”，新庙小学通过市级依法治校示范校评估验收。完成教育信息化工程建设项目：全县学校实现光纤网络到校，校园网络到班，花溪中学、小学等学校实现了光纤网络到班级；依托四川省教育资源公共服务平台和眉山市教育体育云平台，全面实现“三通两平台”，各级各类教育教学资源实现共建共享。高分通过了眉山市农村学校实验教学抽查评估。

【农村文化】 2017年，洪雅县培养乡土文化能人30人。县内各文艺团体到9个贫困村开展“洪州大舞台，情暖百姓心”新春文艺惠民演出活动。开展“中山舞狮”“瓦屋山打笋节”艺人申报第六批市级代表性传承人的申请保护工作。10月，代表性传承人王宗元、邓福超2人被市文广新局公布为市级代表性传承人。4月，县级相关部门组织“复兴耍锣鼓”“瓦屋山山歌”“舞狮”“洪雅雅纸制作技艺”“高庙白酒酿造技艺”非遗项目5个、演员30人参加眉山市首届“樱花节”洪雅非遗专场展演、展示活动。县图书馆在义公小学、止戈中学、罗坝小学分别举办“传承雷锋精神”“书香中国”“爱国主义教育”展览。“农民读书月”活动为洪川镇新庙村、三宝镇保坪村、东岳镇团结村书屋配送图书1918册。“送文化下乡”活动向将军乡新安村、汉王乡王沟村、槽渔滩镇席草坪村等村群众发放卫生、计生、法规、养生保健等知识传单2140份，向群众赠送春联500副、福字500个、挂历760张。“送温暖”活动为止戈镇15户残疾人家庭配送农技图书、赠送生活用品。在中保镇义公小学和止戈镇五龙村发放《环保知识手册》550册。“弘扬三苏好家风进农村”活动，为瓦屋山镇射亭村配送经典图书。“图书馆服务宣传周”为17名贫困生配送学习用品，为“壹骑爱”留守儿童之家配送中小学生课外读物。市、县图书馆联合在东岳镇柳新小学开展“2017经典诵读暨关爱留守儿童”活动，送图书200册。

【农村卫生】 2017年，洪雅县全面推进“建设群众满意乡（镇）卫生院”活动，完成高庙镇卫生院、中保镇卫生院、止戈镇卫生院、柳江中心卫生院的创建工作。全面完成“基层医疗机构规范化建设”首批创建单位的达标评审。建立健全县级质控管理制度和运行机制，发挥县级质控专家组的作用，开展基层医疗机构医疗质量督导、临床教学查房、专家坐诊、技能培训等活动，促进基层服务能务提升。12月7日，县卫计局、县人社局、县食药监管局联合印发《洪雅县基层中药业服务提升工程“十三五”行动计划实施意见》，确定到2020年，以社区卫生服务中心、乡（镇）卫生院和村卫生室为主体，县级中医院为龙头，县级综合医院、妇幼保健机构等非中医类机构中医科室为骨干，中医门诊部、诊所为补充的基层中医药服务网络更加完善，服务设施明显改善，服务能力得到提升，人员配备较为合理，管理更加规范，实现人人基本享有均等化的中医药服务。全年各乡（镇）卫生院和社区卫生服务中心中医药服务量达45%以上，中医药适宜技术开展至少10种以上。强力推进乡村医生签约服务，辖区内15个乡（镇）应签约9.03万户，签约8.46万户，签约率达94.2%。

【农村法制建设】 2017年，洪雅县严格落实“谁执法谁普法”工作制度，创新普法方式，利用法制宣传月、“送法下乡”、“5·15”打击经济犯罪宣传日、“6·26”禁毒日及学校开学季等时段，开展了大型集中宣传和讲座55场次；抓好“法律进景区”，充分发挥旅游景区派出所和旅游警察的作用，打造法治景区，提高普法实效性。

【农村交通】 2017年，洪雅县有村道787千米，增加65千米。全年完成新（改）建村道26条，涉及12个乡（镇）28个村，完成投资3600万元。向交通运输厅争取村道建设里程指标56.4千米，建设资金1337.4万元。其中，撤并建制村通硬化路项目36.7千米，补助资金1101万元；窄路基路面加宽项目19.7千米，补助资金236.4万元。指导各乡（镇）完成村道完善、撤并建制村等26个项目，改建村道60千米。建设中，严格把关工程质量，对不符合建设技术要求、质量较差的道路一律要求返工整改，确保道路质量。组织各乡（镇）学习《四川省农村公路条例》，并通过单位、客运站和出租车显示屏滚动宣传。根据《四川省农村公路条例》修改完成了《洪雅县农村公路建设管理养护实施办法（送审稿）》，送县政府审定后颁布。不定期组织对乡（镇）负责管养的道路进行督查，根据检查情况向2个乡（镇）发出了整改通知并督促乡（镇）进行整改。加强农村公路安全工作指导，配合县安办、局安全股等相关单位和乡（镇）对槽渔滩镇、桃源乡等乡（镇）村道安全隐患进行排查核实并进行技术指导。

【农村社会保障】 2017年，洪雅县养老保险扩面新增参保人员9108人，其中失地农民7547人、城乡居保转入1399人。失地农民一次性缴纳5.08亿元，城乡居保转入社保补缴6085.37万元。城乡居民基本医疗保险报销比例提高5%。开展医疗保险门诊特殊疾病筛查，为8554名城乡居民办理了门诊特殊疾病保险，确保全县参保人员慢性疾病门诊得到有效救治。全年封顶线一档缴费调整为16.5万元，二档缴费调整为20万元。落实医疗保险脱贫政策，全额代缴贫困人口基本医疗保险和补充医疗保险，贫困人口参保率100%；县域内个人医疗费用报销比例94.67%，个人承担5.59%，7469人次享受医保扶贫政策。城乡居民基本医疗保险参保登记人数达26.5万人。收缴城乡居民基本医疗保险费1.59亿元，其中各级财政补助1.02亿元、个人缴费收入0.4亿元。城乡居民基本医疗保险基金累计支出1.17亿元，其中住院支出9634.28万元、门诊统筹支出2042.96万元。按照《眉山市城乡困难群

众医疗救助暂行办法》,医疗救助5848人次,发放救助金313.31万元。资助参加城乡居民基本医疗保险的民政救助对象1.09万名,资助参合资金163.5万元,有效解决了民政救助对象的医疗问题。

【农村生态建设及环境保护】 2017年,洪雅县严格按照国家、省相关文件和《大气污染防治行动计划》要求,严把项目准入关,高污染项目尤其是过剩产能行业一律不予通过环评审批、不予核准和备案。印发《洪雅县2017年秸秆禁烧和综合利用工作方案》,印制1500份《洪雅县秸秆禁烧通告》和8万份《秸秆禁烧告知书》,全面宣传,细化举措,确保禁烧工作落到实处。全年对发现的9起露天焚烧秸秆行为进行了查处,罚款1.8万元。加大安溪河整治和监测工作,安溪河洪雅段水质由年初的劣V类改善为Ⅲ类,安溪河水质状况逐步得到改善。加强城区、8个建制乡(镇)集中式饮用水水源地保护和水质监测工作,城区集中式饮用水水源达标率为100%,乡(镇)集中式饮用水水源达标率为93.8%。新建瓦屋山景区、柳江景区空气自动监测站,完成七里坪空气自动监测站搬迁,进一步完善了大气监测体系。

【农产品质量安全监管】 2017年,洪雅县农产品质量安全水平稳步提高,总体合格率达98%以上。为进一步健全村级农产品监管服务体系,由各村网格员兼任村级监管员。通过全面、全域创建,软、硬件设施明显改善,监管能力得到提升,从而构建起了“政府负总责、县(乡)有机构、监管到村(组)、经费有保障、检测全覆盖”的工作机制和监管服务网络,有效搭建起“工作体系健全、监管责任到位、机制制度完善、监管措施有力”的工作平台。修订完善了种养殖技术规程30项,主要优势农产品标准化生产覆盖率达90%以上。推广测土配方施肥3.4公顷,主要农作物病虫绿色防控面积累计达6.4万公顷。强化了畜禽防疫,抓好疫病防控,建成部、省级标准化示范场7个,畜禽、水产健康养殖技术推广面在60%以上。建成种养殖标准化示范区70个,“万亩亿元工程”示范区13个,其中获得农业厅认定4个;整体认定无公害农产品基地3.6万公顷,建成有机食品基地1333.33公顷、绿色食品基地2666.67公顷,累计认证登记“三品一标”产品63个。“洪雅绿茶”和“洪雅藤椒”获批为国家地理标志产品。建立了种养投入品管理、农畜水产品生产巡回检查、质量安全追溯、检打联动、举报奖励、责任追究等制度和机制,使全县农、畜、水产品质量安全监管步入了常态化、制度化、科学化轨道。县内农、畜、水产品质量安全水平明显提高,“放心粮、放心奶、放心肉、放心茶、放心菜”目标基本实现。

【农村市场体系建设】 2017年,洪雅县被确定为第三批全国电子商务进农村综合示范县后,紧紧围绕“一地三区”发展目标,加快构建“一体、两翼、多核”体系,抓好县级电商服务中心、电商物流配送体系、乡村电商服务站点、旅游营销购物体验、中国藤椒电商营销、洪雅茶叶电商营销、电商培训人才培养七大项目实施。通过招商评选,确定洪雅绿淘电商公司为项目承建企业。利用闲置8年的国有资产万森物流(土地1.88公顷、使用面积4400平方米)建设洪雅县电子商务公共服务中心、县级电子商务物流仓储集配中心,实现闲置资产盘活、电商项目有载体的双赢局面。因地制宜整合“万村千乡市场工程”农资农家店、邮政、金融、通讯、保险、供销、专合社等现有站点资源,全面展开100个乡(镇)、村级电商物流集配站点与乡(镇)、村级电商服务站点一体化建设,按照“实体店+电商服务+物流快递+便民服务”四位一体要求,叠加服务内容,增加收益盈利,实现资源最大化利用,建成并投入运营乡(镇)、村级服务站点85个。围绕茶叶、藤椒等优势农产品资源,依托全国有机产品认证示范县创建,加快推进中国藤椒、洪雅茶叶等电商营销项目。基本建成质量溯源、线下体验、网络营销体系,200公顷茶叶基地通过欧盟、日本、美国有机认证,6家茶叶生产企业通过有机产品认证。全年农产品网络销售额达2.32亿元。整合绿淘电商公司与县人社、旅游、团委、妇联、残联、乡(镇)、园区等部门力量实施“万人培训计划”行动,制订培训计划,通过“农民夜校”、企业自主培训等方式,开展电商基础普及性培训6575人次,培训建档立卡贫困户1039人次,带动建档立卡贫困户创业就业666人次,带动贫困户开展网络销售实现销售额350万元。举办了“最洪主播”洪雅首届网络直播大赛,营销洪雅旅游和农特产品,全国2932人报名参赛。销售订单5.3万单,销售额229.34万元。2017年,全县电商交易额达5.9亿元,增长60%,其中网络零售额4.5亿元,增长45%以上,占社会消费品零售总额的11%。

与悟达文旅公司共同协作科学规划有机农产品市场,完成了拟建地块《地形测绘图》《地质灾害评估》,确认项目用地红线,完成公司名称预核、林权可行性研究,进行项目可研报告编制、总体平面设计工作。做好环保督查整改工作,对上级交办的群众来信来电环保投诉案件认真进行整改,先后完成了余坪镇友华塑料污染源清理,张花园市场、城西综合大市场环境卫生和秩序整治工作,做到了让群众满意。

举办了天府花园·洪雅县首届有机农产品展销会、生态洪雅樱花美食节,评选出了洪雅县首届“十大名厨”并进行了现场厨艺展示。展销洪雅茶叶、酒类、调味品、腌腊制品、粮食蔬菜等各类有机农产品。组织35家企业分别参加了“川货全国行”、“万企出国门”、春季糖酒交易会、“东坡味道全球行”、第二届国际茶业博览会等重大会展活动。

【农村留守儿童(学生)帮扶】 2017年,洪雅县依托县关心下一代基金会向上级基金会争取资金18万元,募集社会爱心企业、爱心人士关爱青少年、留守儿童资金53.4万元,对全县46名贫困新入学高中生、3名困难学生、144名“五失”(失足、失管、失学、失业、失亲)青少年实施救助,发放救助金27万元。与省、市基金会联合向花溪小学捐赠资金21万余元。开展“新年心愿,青春微力量”暖冬行动,收集全县15个乡(镇)258名留守儿童新年心愿,通过爱心人士、爱心企业自愿认领,为留守儿童实现心愿;六一儿童节期间,开展“相伴留守 圆梦‘六一’”等主题活动,关爱留守儿童200余名,发放资金、物资合计近3万元。策划并实施“爱心妈妈”项目,组织20名“爱心妈妈”与留守、困境儿童结对,开展情感关爱、精神引导、暑期陪伴等活动。开通“快乐家庭直通车”洪川站、中山站、花溪站,举办亲子活动、儿童绘画、手工制作、监护能力提升等活动50余场,服务妇女儿童1200余人次。

【劳务开发与返乡创业】 2017年,洪雅县创新创业培训机制,认真开展创业培训,对有创业意愿者进行指导。深入柳江、瓦屋山、花溪等乡(镇)走访,实地查看创业项目,翔实了解创业历程,收集创业典型10余个、创业信息近200条。推荐县内的返乡创业、高校毕业生创业、脱贫攻坚帮扶就业等创业先进集体和个人参加眉山市委市政府组织的创业就业表扬大会,全县有2个集体、6名个人受到表扬。在遂宁市举办的“天府杯”创业大赛上,洪雅县雅雨露茶业有限公司在“返乡下乡创业组”的65个创业项目中取得了全省第七名的好成绩,成为眉山市唯一一家获奖的创业型企业。推荐瓦屋山投资、幺麻子、雅妹子、雅雨露等13家企业代表洪雅县参加为期3天的眉山市第二届创业成果展,

得到一致好评，充分展示了洪雅县的创业成果。

【全国森林康养基地试点县建设】 2017年12月10日，首届中国森林康养与振兴乡村战略论坛暨第二届中国林业产业联合会森林康养促进年会在浙江省衢州市举行。会上，洪雅县被评为“全国森林康养基地试点县”，该批被评为“全国森林康养基地试点县”的县（区）全国仅3家，洪雅县是四川省唯一获评县。同时，七里坪度假区被评为“全国第三批森林康养基地试点建设单位”。洪雅县代表森林康养基地试点县在大会上作了经验交流。央广网、绿色中国、《华西都市报》、四川新闻网、封面新闻等多家媒体进行了报道。

近年来，洪雅县坚持以生态文明建设为统领、环境保护为前提、绿色发展为核心，创新实施“1234”模式，大力发展森林康养产业。在全省森林康养蓬勃发展的浪潮中，走出了一条“洪雅路径”。尤其是2015年全省首届森林康养年会在洪雅县召开后，全县累计接待来自法国、韩国、日本、中国台湾以及省内外各级政府、相关企业组团考察学习300余批次，森林康养年接待游客120万人次，年综合收入达18亿元。

坚持“一张宏图”，做优森林康养全域规划。洪雅县围绕“把洪雅打造成国际森林康养目的地”的发展目标，聘请国内知名专家团队，编制县域森林康养规划。依托大峨眉森林康养示范区建设，以“三山”（瓦屋山、玉屏山、峨眉半山）、“一湖”（雅女湖）、“一江”（青衣江）为重点区域，规划到2020年，建成森林康养基地6个、森林康养小镇2个、森林康养林30万亩、森林康养步道60千米、星级森林人家40家，实现森林康养年综合收入达到20亿元。落实全市森林康养核心区布局，把洪雅县基本建成大峨眉森林康养核心示范区，让洪雅森林康养产业成为全国样板。

依托基地打造产业示范平台。洪雅县以突出基地建设为重点，发挥试点县示范带动作用，着力基地功能要素配置，强化基础设施规范化建设与运营分类指导管理，精心设计体验养生活动项目，创建国家级康养基地2个（玉屏山为全国首批森林康养基地、七里坪为全国第三批森林康养基地）、省级康养基地4个、省级国际合作示范基地2个、省级康养人家5家、星级森林人家18家，形成了覆盖全域的森林康养基地集群。

依托景区打造产业融合平台。洪雅县旅游资源丰富，全县有瓦屋山、七里坪、柳江古镇、槽渔滩旅游风景区4个。瓦屋山与峨眉山并称“蜀中二绝”，是亚洲最大、中国最美桌山。七里坪度假区位于世界双遗产峨眉山的半山，正加快创建国家级度假区步伐。四川十大古镇之一的柳江古镇位于“大峨眉”西大门，被誉为“活着的古镇”。省级风景名胜区槽渔滩，秀丽的自然风光和丰富的历史文化交相辉映。4个景区都处于森林资源丰富的地区，串联形成森林康养产业与旅游产业融合发展的综合体系。

发展森林康养体验。洪雅县以政府引导、公司投入、企业合作的PPP方式投入，在玉屏山主打森林康养体验示范基地。玉屏山森林康养基地作为四川省森林康养的起始点、样板地和核心区，围绕“森林疗养、养生度假、自驾旅游、户外运动”发展方向，规划形成“一心一廊四片区”的空间布局，打造滑翔伞、丛林穿越、长板速滑等动态项目体验区，开发森林太极、禅院、露营等静态项目体验区，开办自然学校、森林博物馆、鸟巢等综合项目体验区。置身18万亩杉林，漫游20千米森林康养步道，精心设计运动养生、慢病康复、职场解压等六大康养套餐。2017年进入封闭式立体升级，2018年5月将正式营业。

发展森林康养抗衰。洪雅县以企业独立方式投入，在七里坪主打森林康养抗衰示范基地。依托七里坪国际抗衰老健康产业试验区，与美国巴克抗衰研究所、北京协和医学院等国内外著名医疗院所合作，研发生物细胞治疗产品，推出生物抗衰服务。建成温泉养生中心、森林养生禅道、健康管理中心、半山康养小镇等项目，开发了“五色五味黄帝餐”“不老泉”等绿色抗衰食疗套餐。

发展森林康养度假。洪雅县以政府指导、本土家庭农场合作的方式投入，在瓦屋山及雅女湖周边主打森林康养度假示范基地。整合区域周边零散、低端、粗放林家乐，形成高端、综合的产业服务市场。利用瓦屋山森林公园作为“世界杜鹃花的王国”“中国鸽子花的故乡”等优势资源，形成青少年科普度假套餐；依托特色民宿、星级森林人家、森林小镇等风情，形成职场人群休养度假套餐；依托避暑避霾、养生食药膳等特色形成中老年养生度假套餐。

以绿色生态为底子。洪雅县以县委县政府名义出台《严格森林资源管理促进生态文明建设的实施意见》等系列文件，强力保护森林资源。大力推进“绿海明珠”建设，实施农村“拥翠工程”和百村“绿色家园工程”，营造了“全民植绿、全民护绿、全民爱绿”的氛围。全县森林总面积205万亩，森林覆盖率达70.5%，远超国家平均水平。良好的生态环境、丰富的森林资源为森林康养产业的发展打下了坚实基础。

以体制创新为驱动。洪雅县坚持要素向森林康养集中，建立“一把手”责任机制，把森林康养纳入“十三五”规划。创新设立县健康产业办、县生态建设办、县旅游发展中心等机构，同时在林业部门专门设立森林康养办，属全省唯一。2016年在全省率先成立旅游警察大队，形成了森林康养的协同推进机制。制定出台《洪雅县健康产业发展意见》《洪雅县关于大力推进森林康养产业发展的意见》，合力推动森林康养与“大健康”产业深度融合发展。

以多元投入为保障。洪雅县采取政府引导、政策扶持、PPP项目合作等多种方式，培育多元市场主体。设立森林康养发展资金1000万元，用于专项奖补全县森林康养基地建设投入。全省第1个森林康养产业PPP项目“洪雅国际农旅+康养”项目，计划总投资9.8亿元，已启动建设。优厚的政策吸引了绿地集团等一大批品牌公司入驻，七里坪森林康养旅游综合开发、玉屏山森林康养基地升级改造等一批森林康养产业项目纷纷落地，累计完成投资110亿元。

以服务体系为支撑。洪雅县启动森林康养服务“玉屏山（企业）标准”制定.开展校地合作，与北京体育大学、北京第二外国语学院签订了战略合作协议，共建“校企实训室”，为森林康养体验基地培养专业技术人才。与四川大学合作，共建眉山洪雅高端国际康养社区，开展健康养老、森林康养、生态康养等方面的实证研究，开展森林康养处方试点，助推森林康养产业强势发展。

【主要领导人】 县委书记：阳运良；县人大常委会主任：李文新；县长：宋良勇；县政协主席：王里；分管农业副县长：张锐。

洪雅县编写组

丹 棱 县

【基本情况】 2017年，丹棱县辖2乡5镇70个行政村8个社区472个村民小组400个居民小组，辖区面积448.94平方千米，其中耕地保有量1.55万公顷、基本农田保护面积1.42万公顷。全县耕地有效灌面和保证灌面分别达到耕地总面积的90%和70%。

【年度农业和农村经济运行】 2017年，丹棱县第一产业增加值实现11.09亿元，增长4.1%；农民年人均可支配收入达16495元，增长9.5%，两项指标均位列全市第一，获评为“2017年度全省农民增收工作先进县”。丹棱县以农业供给侧改革为主线，“七彩农业·四好新村”为主题，继续全力推进以不知火为主的晚熟杂柑产业发展，成功创建为全国农产品地理标志(丹棱橘橙)示范样板(全省第一)、有机肥替代化肥示范县、省级农产品质量安全监管示范县；成立了四川省丹橙现代果业有限公司，成功走出全国领先的特色产业发展助农增收丹棱路径，案例入选“2017四川十大农业供给侧结构性改革案例”。中央农办、农业部、省委省政府6位省部级领导等到丹棱县调研农业供给侧结构性改革，并给予高度肯定。新华社、《人民日报》、中央电视台等主流媒体6次报道了丹棱县农业供给侧结构性改革成果。

农业产业化发展。全年新培育现代农业业主105户，完成率131%；家庭农场12个，完成率275%；农民专业合作社46家，完成率460%。新培育市级农业产业化重点龙头企业3家、省级示范合作社2个、市级示范合作社5个、家庭农场5个、现代农业业主4户。县财政投入141.5万元对79个优秀新型农业经营主体进行了奖补。3月，通过项目支持、财政注资，全县成立了国有性质的四川省丹橙现代果业有限公司。公司着手建设现代农业技术服务中心、现代职业农民培训中心、无病害种苗繁育中心、西南橘橙水果交易中心和全域标准化生产基地；通过“四中心一基地”建设，整合县域果业资源，解决果业发展标准化、现代化程度低和品牌保护薄弱的问题。

农用地产权制度改革。全县制订了《丹棱县农村集体股份合作制改革方案》，确定了张场镇大田坎村、万年村为试点村。截至2017年年底，试点村已清理经营性资产387万元、资源性资产2074万元。同时，在4个省级贫困村分别建立了集体经济产业园，新增村级集体经济收入共计159万元。以县公共资源交易中心为依托建立了丹棱县农村产权流转交易平台，组建成立了乡(镇)土地流转公司和县级土地流转服务公司，制定了《丹棱县农村产权流转交易管理办法(试行)》和《丹棱县农村土地承包经营权规范流转管理暂行办法》。全年新增土地流转面积2535亩，土地流转总面积达71995亩，其中规模流转面积53463亩，占总流转面积的74.26%。

农产品品牌战略实施。丹棱县充分发挥“丹棱橘橙”地标产品认证和“中国橘橙之乡”的影响力进行地域品牌包装，注册了“科乐吉”“棱味”等商标并获得绿色食品A级认证；获得“三品一标”农产品认证5个。与中国国际电子商务中心联合举办中国西部农特产品微电商峰会，邀请全国柑橘领域顶尖专家、电商精英、知名学者和柑橘主产区代表来丹棱参加交流活动。9月，“丹棱橘橙”被农业部确定为全国八个之一、四川唯一的国家级农产品地理标志示范样板，进入地理标志产品区域品牌价值榜单，品牌强度871，价值40.61亿元。连续举办五届不知火橘橙节，邀请百果园等大型商超及国内大型水果经销商来丹棱县考察签约，建立与中高端消费市场的直接对接。丹棱不知火销往全国30余个省、市，远销俄罗斯、东南亚等国家和地区。售价由2元/千克增长到10~18元/千克，单个售价最高达65元，全县农民水果产业人均增收9000元。

【种植业】 2017年，丹棱县立足特色效益农业产业基础，围绕“一镇多彩、一村一品”主题发展“七彩农业”特色产业。通过培育、改良，新发展优质橘橙面积3.1万亩，其中不知火0.5万亩、爱媛38号0.1万亩、大雅柑2.4万亩、春见0.1万亩。全县以不知火为主的橘橙面积达16万亩，产量22.8万吨，实现产值21.28亿元。打造“幸福有李”“梦李花乡”产业园，新发展脆红李、五月脆等优新伏季水果1万亩，全县总规模达4万余亩。改造提升优质茶园1万亩，改进优质名茶加工工艺，提高附加值。充分利用夏秋温光资源，开发加工夏秋茶产品，增加茶农收入。全年不知火产量15.2万吨，实现产值16.72亿元。

【林业】 2017年，丹棱县完成绿化造林0.55万亩，森林质量精准提升1万亩，森林蓄积量126万立方米；全面推进“绿海明珠”建设，全县森林覆盖率57%。完成奔康大道万年段道路绿化6千米、老峨山旅游快速通道道路绿化10千米，启动奔康大道万年驿站绿化建设；完成梅湾湖水源地一级保护区生态修复工程，在水面以上30米范围打造生态隔离带；制订并实施了《丹棱县河长制工作河岸绿化实施方案》，完成思蒙河、安溪河、金牛河河岸绿化7.5千米，打造绿化景观节点2个。投入资金65万元，完成县森林防火指挥中心二期工程建设，在国有林场、老峨山景区建成防火监控点2个；筹措资金15万元，为7个乡(镇)和2个景区配备风力灭火机等防火机具和物资，进行操作培训2次，在老峨山景区开展扑火演练1次；完成国有林场、老峨山景区森林防火标准化建设。组织开展“2017利剑行动暨守护绿川行动”等专项治理行动，全年共办理林业刑事案件6起、行政案件60起，挽回直接经济损失35万余元。在张场镇玉柱村、锁江村发展核桃产业示范基地800亩，在杨场镇古井村建成石榴产业示范基地600亩。制订了《丹棱县林业综合行政执法改革方案》，实现林业主管部门只保留林木种苗、森林检疫、木材运输三类林业行政案件共37项的处罚权及有关的行政强制措施，其余74项全部由森林公安统一行使。为森林公安更换了执法车辆，调入警察1名，配备辅警2名，进一步壮大林业执法力量。

【畜牧业】 2017年，丹棱县出栏生猪23.4万头、肉羊2.2万只、肉兔125万只、家禽235万羽，实现畜牧业产值8.1亿元。举办各类技术培训18期，培训人数2200余人次；创建省级示范场1个，部级畜牧技术推广示范站1个。探索推广肉鸡、生猪代(寄)养模式，推行多形式、多层次发展模式，带动养殖户2000余户，畜牧业产业化经营比重达35%以上。完成畜产品安全抽检瘦肉精、生鲜乳2183批次，重大动物疫病免疫密度达100%，抗体合格率达80%以上，免疫质量均达部级、省级、市级标准，全县全年无畜产品安全事故。建成“互联网+”动物与动物卫生大数据系统平台(四川智慧动监)。严格执行禁养区、限养区规划，关闭搬迁禁养区内违规、不达标的养殖场298家。引导规模化养殖企业、散养密集区养殖户按“3211”模式升级改造设施。

【统筹城乡与新型城镇化】 2017年，丹棱县实施乡(镇)规划大会战，已编制完成6个乡(镇)的城镇发展、产业发展、土地利用、交通发展、社会事业、文化特色及生态绿地“6+1”规划。全年新增城镇建成区面积0.32平方千米，达6.79平方千米；实现农民向城镇居民转变2900人，实现农业转移人口落户城镇4000人，城镇化率提高2个百分点，达41.22%，超额完成全年目标任务。

【新村建设】 2017年，丹棱县围绕全面建成小康社会，深入开展“四好村”创建活动，建成省级“四好村”1个、市级“四好村”12个、县级“四好村”12个。深化农村垃圾处理“丹棱模式”，加强基础建设，完善配套设施，促进村民养成良好生活习惯，通过行之有效的党建工作和精神文明建设“形成好风气”。幸福美丽新村建设总投入5466万元，其中财政补助资金3289万元、项目整合资金1853万元、引导

社会资金投入324万元。深入实施扶贫解困、产业提升、旧村改造、环境整治和文化传承“五大行动”，结合新型城镇化试点，大力建设幸福美丽新村，完成幸福美丽新村建设8个。顺龙乡幸福村获得“全国一村一品示范村”和“全国生态文化村”称号，双桥镇梅湾村获得“全国文明村”“2017四川百强名村”和“十大幸福美丽新村”称号。加大传统村落民居保护力度，保护修缮有地域特色、民俗特点、悠久历史、优美风光的传统村落民居。在全省农业农村改革经验交流暨工作推进会上，县委县政府做了《实施五个全域治理 建设生态文明家园》经验交流发言。

【农村扶贫和移民工作】 2017年，丹棱县开展脱贫攻坚“回头看”“回头帮”工作，摸排贫困村“一低八有”，贫困户“一超过、两不愁、三保障、四个好”目标进展情况；按照“缺啥补啥”原则，制订帮扶计划，落实帮扶举措，打好脱贫保卫战，巩固脱贫攻坚成果。制订了22个扶贫专项年度实施方案，多举措、全方位大力实施道路交通、水利电力等建设项目22个，落实项目资金1.28亿元。宣传动员2670户建档贫困户自愿参加“扶贫保”，降低因意外事故造成的返贫风险。制发了《丹棱县2017年实施“九大提升行动”决战决胜全面小康工作方案》，在全县大力实施产业奔康、旅游奔康、村集体经济、易地搬迁、基础设施、公共服务、政策扶持、环境氛围、信息档案“九大提升行动”，增强已退出贫困村可持续发展能力。开展助学扶贫，资助48名学生圆了大学梦，17名学生完成高中学业。积极推动扶贫小额信贷工作，为318户贫困户提供财政全额贴息贷款1558万元，扶持发展茶叶、脆红李、核桃等产业，奠定增收的长效基础。发展肉羊、长毛兔、林下鸡等产业，实现增收的时效性、产业连片打造、基础连片建设、氛围连片营造，变“单村扶贫”为“整体脱贫”。继续开展“互联网+脱贫攻坚”行动，全县新建电商服务站59家，电商走进贫困户家庭，农产品在家就能卖到全国各地，巩固了脱贫成果。进一步提升2016年易地扶贫搬迁户居住条件，完善服务功能，增强贫困户搬迁后的致富能力。全面完成2017年468人易地搬迁任务，加紧提前实施2018年异地搬迁任务。

【乡村旅游】 2017年，丹棱县结合新农村综合体建设，集中打造了一批“以游为主、统筹城乡”的示范点，实现农民向三产经营者转变，农区变景区，以双桥镇梅湾村为核心的丹棱桃花源景区创建为国家3A级景区。3月举办了橘橙(桃花)节，吸引了大批游客前来赏桃花、采鲜果、品美食、享美景，形成了“丹棱冻粑”“丹棱橘橙”等系列特色产品。全县有农家乐75家，其中星级农家乐12家、乡村酒店6家，从业人员3000余人。重点集中打造“国家乡村公园”，国家乡村公园PPP项目签约落地工作有序推进。顺龙乡幸福古村保护性开发初具规模，打造“民宿+度假”乡村旅游新模式。

【农村水利】 2017年，丹棱县完成小型水库移民扶助资金项目、水利发展资金项目建设，梅湾水库水质改善工程完成一期水质处理工程；实施贫困村饮水安全巩固提升工程，解决0.3万人饮水安全问题；新建观音崖水库项目取得初步设计批复，技施设计及征地拆迁工作有序推进；完成安溪河、思蒙河防洪治理工程项目建设；实施“八百湖堰润丹棱”工程，累计完成投资18404万元，新增和恢复水域面积2.21平方千米；深入推进安溪河、丹棱河、思蒙河河长制工作，初步形成了治水兴水的社会合力，营造出河清水洁、岸绿鱼游的良好生态环境。恢复和新增蓄引提水能力102万立方米，新增有效节水灌面0.22万亩。

【农业机械化】 2017年，丹棱县推广农业机械化等节约型、环保型生产方式和节能体系建设，农机总动力达21.805万千瓦，完成市下达目标21.8万千瓦的100.02%。全县主要农作物耕种收综合机械化水平达66.38%，完成市下达目标66%的100.58%。全年新建、技改、提灌站14座，完成市下达目标13座的107.69%。常年提水保灌面积达9.6万亩，完成市下达目标9万亩的106.67%。全年无违规上牌、发证情况，实现无较大及以上农机安全事故的发生和“零死亡”目标；共检审拖拉机36台，年检率达83%，完成市下达目标70%的118.57%。建设农机化生产道路56千米，发展农机合作社11个，合作社作业面积达4.433万亩，完成市下达目标4.4万亩的100.75%。

【主要领导人】 县委书记：朱莉；县人大常委会主任：彭红勤；县长：黄秀航；县政协主席：李学权；分管农业副县长：肖琳。

丹棱县编写组

青 神 县

【基本情况】 2017年，青神县7镇3乡76个行政村13个社区，辖区面积386.8平方千米。年末户籍总户数7.08万户，户籍总人口19.41万人，其中城镇人口4.74万人、乡村人口14.67万人；全年出生人口2152人，人口出生率10.9‰；死亡人口1565人，人口死亡率7.93‰；人口自然增长率2.97‰。有常住人口16.81万人，城镇化率40.23%，比上年提高1.26个百分点。

2017年，全县GDP74.6亿元，增长5.3%，其中第一产业增加值9.37亿元，增长3.9%；第二产业增加值32.93亿元，增长2.7%；第三产业增加值32.26亿元，增长9.2%。三次产业结构比调整为12.5∶44.2∶43.3。三次产业贡献率为9.4%、25.4%、65.29%，分别拉动经济增长0.5个、1.4个和3.4个百分点。

全年地方财政收入7.18亿元，增长15.6%。金融机构各项存款余额92.7亿元，比年初增长6.1%。全年保费收入1.65亿元，增长13.8%。社会消费品零售总额28.17亿元，增长11.4%。全社会固定资产投资63.77亿元，减少6.6%。

有各类教育机构69个，其中普通高中、中等职业学校(含竹编艺术职业学校)、教师进修校、县职教中心、资助中心、教研室、技装站、体校、校地办、川南农村社区学院各1所(个)，单设初中5所(含民办1所)，单设小学18所(含民办1所)，小学教学点3个，幼儿园33所(含民办16所)；在职教职工1360人，在校学生17569人(含在园幼儿4554人)。

【年度农业和农村经济运行】 2017年，青神县农牧渔业增加值9.48亿元，增长3.9%。全县竹编产业机械装备化顺利实施，竹编产业园区获评为全省首批林业双创示范基地、四川省巾帼创业创新培训基地。启动百公里椪柑产业大环线建设，全年新植改造标准果园2万亩，全年椪柑产值达12亿元。曲南新增农产品“三品一标”品牌2个，培育国家级专业合作社3家，省、市级专业合作社(家庭农场)31家，新型职业农民500人。以林权抵押贷款、职业农民培育、农村土地确权颁证等为主的农业农村改革有序推进。完成粮食生产功能区和重要农产品生产保护区划定，创建为“省级农民增收新产业新业态示范县”。实施“千湖之城”重点水利项目，完成新建、整治渠道38.97千米，山坪塘、蓄水池131口。国家级电子商务进农村综合示范县项目建设绩效评估为全省第三名，全年网络销售5.5亿元，增长22.22%。

【统筹城乡和新型城镇化】 2017年,青神县全面完成十大民生工程和十件民生实事。城镇新增就业人口2380人。老城整治全面完成,实施城市夜景照明工程。竹艺小镇、斑布小镇特色初显,汉阳镇等传统村落保护措施有效落实。打造"学在青神"品牌,推进智慧教育。完成县幼儿园整体搬迁、县中医院新建业务用房、县老年养护院主体工程。书香青神全民阅读、竹乡大舞台系列群众主题活动顺利开展,公共服务能力全面提升。全民参保计划落地落实,全面开通医保异地结算,养老服务体系逐步形成。全面完成计划生育"两奖一助",兑现惠民资金1573.64万余元。

【新村建设】 2017年,青神县推进新村聚居点建设。依托岷东大道项目,高标准规划新建新村聚居点2个。汉阳镇推进农村资源开发利用,产村相融建设"汉阳湖·忆村"、瑞峰镇"百村绿色家园"建设全面完成。推进"橘香渔歌""茶语原乡"田园综合体建设。14个村通过省级"四好村"考核验收,27个村获得市级验收。全年建设幸福美丽新村18个,南城镇兰沟村获评为"全国文明村"。

【扶贫攻坚】 2017年,青神县实施22个扶贫计划,开展脱贫攻坚"回头看、回头帮"。完成易地扶贫搬迁390人和71户农村危房改造。百家池村股权量化精准扶贫模式被《人民日报》等新闻媒体专题报道。

【农村交通】 2017年,青神县岷东大道建设全线展开,总投资5.6亿元;3.8亿元的岷江二桥项目全面开工建设;青乐路二期改造全面启动,成乐高速扩容(青神段)及观金出口连线项目快速推进。岷江二桥下水施工,虎渡溪大江、雷中坝大桥进入施工图设计。滨江新区完成土地整改、项目策划和初设,总投资15亿元,完成5万平方米中心城区改道;鸿化路全线贯通。完成32千米农村公路和10千米安保工程建设,24千米瑞西路、西黑路抓紧施工。

【农村生态及环境保护】 2017年,青神县引导构建标准绿色循环产业体系,节能减排有效推进。开展"绿满青神"行动,完成中心城区、眉青快速通道和锦绣大道春秋两季绿化,全年营造林1.9万亩,全县森林覆盖率达47.2%。全年全城完成秸秆禁烧,秸秆资源利用率达85%以上。完成农用地土壤污染点位详查,农药使用量减少5.18%。全面推行河长制工作,开展清河行动,县岷江流域水质改善,从Ⅳ提升Ⅲ,获流域生态补偿金452万元。启动国家生态文明建设示范县、国家园林县城创建,南城镇获得"省级森林小镇"称号,青神县被中央电视台评为"十大最美揽夏地"。

【主要领导人】 县委书记:肖巍;县人大常委会主任:李志国;县长:徐琳;县政协主席:罗兴建;分管农业副县长:宋麒麟。

青神县编写组

资 阳 市

【基本情况】 2017年,资阳市辖47乡69镇4个街道,辖区面积5748平方千米,其中耕地面积481.3万亩,比上年减少0.04%,人均耕地面积1.89亩。年末总人口354.5万人(户籍人口),减少1.6%;人口出生率9.4‰,人口自然增长率3‰。

2017年,全市GDP1022.2亿元,增长7.8%,其中第一产业增加值160.3亿元,增长3.9%,农、林、牧、渔及农林牧渔服务业之比为100:8.3:90.8:6.3:13;第二产业增加值503.9亿元,增长8.5%;第三产业增加值357.9亿元,增长8.6%。三次产业对经济增长的贡献率分别为8%、54.2%和37.8%。全年接待游客2245.5万人次,实现旅游收入162.2亿元。

公路通车里程12339千米。社会消费品零售总额365.7亿元,增长12.2%。地方一般公共财政预算收入完成49.8亿元,增长6.3%;一般公共财政预算支出180.3亿元,减少4.3%,其中农林水事务投入25.7亿元,占支出的14.2%。金融机构各项存款余额1357.1亿元,比上年初增长20.8%;各项贷款余额598.7亿元,比年初增长14.5%。农业产业化龙头企业国家级、省级、市级分别为3个、17个、70个。

有各类学校1236所,在校学生42万人,教职工2.7万人,其中普通中学195所,在校学生13.2万人;小学181所,在校学生18.6万人;学龄儿童入学率99.9%,与上年持平。有文化馆4个,公共图书馆4个。有卫生机构3460个,病床位17815张,卫生技术人员13811人。

【年度农业和农村经济运行】 2017年,资阳市实现农业总产值254.53亿元,增长3.8%;农业增加值160.35亿元,增长3.9%;食用菌、伏季水果、蔬菜等特色优势农产品产量保持稳定增长。农民年人均可支配收入达14670元,增长9.3%。在粮食、生猪、蔬菜生产中,科技投入的占比或科技贡献率54%。全市农产品质量抽检合格率比年初提高0.8个百分点;建成116个基层农业综合服务站。

2017年资阳市主要农产品产量

主要农产品	单位	产量	同比(%)
粮食	万吨	163.8458	0.7
水稻	万吨	57.5232	0.1
小麦	万吨	18.9491	−5.8
玉米	万吨	45.8406	−0.4
马铃薯	万吨	7.9679	10.5
油菜籽	万吨	16.1195	3.9
蔬菜	万吨	168.3016	4
水果	万吨	73.2207	3.7
肉类	万吨	28.2913	−4.4
猪肉	万吨	22.1947	−5.3
牛肉	万吨	0.3288	1
羊肉	万吨	2.007	1.7
禽肉	万吨	3.1794	−3.6
兔肉	万吨	0.4084	0.9
禽蛋	万吨	7.5031	−1
水产品	万吨	6.69	5.6
牛奶	万吨	1.219	4.5

农业产业化发展。全市深入推进农民专业合作社规范化建设活动,指导各县(区)制定支持农民专业合作社及家庭农场发展的政策以及示范创建的奖励措施。新增家庭农场161家、农民合作社352个,其中省级示范合作社(家庭农场)13个。

2017年资阳市省级(及以上)农业产业化重点龙头企业名单

企业名称	法人代表	示范等级	年度产值(万元)	行业分类	主营产品
四川四海食品股份有限公司	孙刚	国家级	90769	农业	猪肉制品、冻猪分割肉
四川永鑫农牧集团股份有限公司	李永红	国家级	126121.05	农业	生猪、冷鲜肉、白条
资阳市盛美农业有限责任公司	刘胜	省级	10409	农业	林木、生猪

2017年资阳市省级示范农民专业合作经济组织名单

合作组织名称	注册资金(万元)	法人代表	示范等级	年度产值(万元)	行业分类	主营产品
资阳市雁江区富鸿兴水产养殖专业合作社	608	贺剑	省级	230	养殖业	水产品
雁江区绿丰园林木专业合作社	139	朱建成	省级	743913.98	种植业	林木种植、林下种养殖
资阳市齐兴生猪专业合作社	100	倪宇植	省级	101.43	养殖业	野山猪、野山猪腌制品
安岳县金穗粮油专业合作社	100	金晶	省级	145	种植业	优质粮油
安岳县姚市特种粮油专业合作社	150	袁龙举	省级	146	种植业	优质粮油
安岳县大埝李水果专业合作社	120	郭俊	省级	621.12	种植业	种植大埝李子
乐至县鸿运兔业专业合作社	480	杨培素	省级	1315	养殖业	兔肉
乐至县亿家园蔬菜专业合作社	200	吴明刚	省级	1315	种植业	蔬菜种植

2017年资阳市家庭农场经营情况统计表(前10位)

家庭农场名称	注册资金(万元)	法人代表	年度产值(万元)	行业分类	主营产品
资阳市雁江区宋氏家庭农场	100	宋良凤	300	种植业	蔬菜
资阳市雁江区山友家庭农场	20	钟孝伙	82.69	种植业	蔬菜水果种植、销售
安岳县红兴家庭农场	100	耿大友	78.27	养殖业	肉鸡
安岳县厚伟家庭农场	10	康厚伟	28.46	种植业	银杏
安岳县鑫江家庭农场	350	陈春江	88.68	养殖业	水产品养殖
安岳县鑫三利家庭农场	60	杨思华	211.88	养殖业	生猪养殖
安岳县跨越家庭农场	100	潘军	30.6	种植业	种植、销售谷物、豆类、油料、和薯类农作物
乐至县中和场镇华升家庭农场	100	杨升	358.7	养殖业	兔肉、魔芋
乐至县大佛镇万奎家庭农场	200	王万奎	826.43	养殖业	生猪养殖
乐至县禾光家庭农场	30	林海燕	58	种植业	蔬菜、水果

农用地产权制度改革。全市30亩以上规模流转面积57.36万亩，规模流转率21.2%。安岳县被纳入全省集体经济试点，开展8个市级试点村集体经济改革，全市已组建集体经济组织的行政村263个，全年脱贫的80个村实现集体经济全覆盖，集体经济人均增收10元以上。伍隍镇铺子坳村采用“党组织+土地股份合作社+产业专业合作社”模式，集中发展红血橙1200亩，村集体、农户、业主及职业经理人按4:3:3的股权共享收益。探索了安岳县岳源乡宝林村“村集体+公司+基地+贫困户”、乐至县龙门乡农科村“村集体+龙头企业+贷资入股”等集体经济发展模式。

农产品品牌战略实施。加大“资味”农产品区域公用品牌建设推广，7个产品类别获得国家商标局初审通过，“资阳资味”农产品参加第五届省农博会等大中型展示展销活动，积极招引“猪八戒网”进行主流推介。

现代农业园区建设。扎实推进安岳县国家现代农业示范区和乐至国家级现代农业产业园建设，建成雁江绿能农业、聚缘发生态等种养循环园区10个。老龙潭、“安岳柠檬·文化”2个园区被评为省级现代农业示范园区，认定市级现代农业产业融合示范园区5个。

【新村建设】 2017年，资阳市争取省级幸福美丽新村建设专项资金4960万元、省级“四好村”奖补资金780万元，推进80个扶贫新村建设，全年建成幸福美丽新村204个，创建省级“四好村”99个，雁江区晏家坝、安岳县龙台镇花果村和乐至县高寺镇清水村入围“首届四川百强名村”。按照打造全省一流新村示范典型的要求，启动了雁江区花溪河生态休闲农业示范区、安岳县宝峰山农旅融合示范片、乐至县阳化河现代观光农业产业示范园区3个农旅互动新村示范区建设，分别邀请北京博雅方略、北京大地风景、四川省农业科学院和四川省林业科学院编制园区规划，部分基础设施项目已启动建设。

【农产品质量安全监管】 2017年，资阳市启动了农产品质量安全监管示范市创建工作，安岳县获得“四川省级农产品质量安全监管示范县”称号，检测中心通过“双认证”；雁江区检测中心整改完毕，省级技术核查工作抓紧进行；乐至县检测中心“双认证”工作有序推进。

【主要领导人】 市委书记：周喜安；市人大常委会主任：王荣木；市长：陈吉明；市政协主席：陈丽萍；分管农业副市长：周月霞。

资阳市编写组

雁　江　区

【基本情况】 2017年，雁江区辖2乡20镇4个街道，辖区面积1633平方千米，其中耕地面积130.5万亩，比上年增长35%，人均耕地面积

1.41亩;基本农田93.06万亩。年末总人口108.46万人(户籍人口),减少1.7%;人口出生率10.37‰,减少0.33个千分点;人口自然增长率4.76‰,增加0.79个千分点。全区耕地有效灌面达到耕地总面积的76.91%;本地水资源总量4.1亿立方米,人均占有水资源量378立方米。有林业用地4.65万公顷,有林地面积2.3万公顷,活立木总蓄积量202万立方米,森林覆盖率41.36%。

2017年,全区GDP484.81亿元,增长8.3%,其中第一产业增加值49.46亿元,增长3.8%,农、林、牧、渔及农林牧渔服务业之比为48.32:4.9:34.1:3.1:5.7;第二产业增加值278.53亿元,增长8.5%(工业产值251.38亿元,增长9.2%);第三产业增加值156.82亿元,增长9.4%。三次产业对经济增长的贡献率分别为4.7%、59.7%和35.6%。劳务输出31.3万人,收入47.5亿元。全年接待游客581.15万人次,实现旅游收入33.5万元。

公路通车里程3888千米,密度2382米/平方千米,35.84千米/万人。社会消费品零售总额133.32亿元,增长12.3%。地方公共财政预算总收入完成14.19亿元,增长8.7%;公共财政预算总支出40.51亿元,增长5%,其中农业投入6.5亿元,占支出的16.05%。金融机构各项存款余额739.36亿元,比上年初增长35.9%;各项贷款余额346.51亿元,比年初增长16.3%。全年农业保费收入0.43亿元。完成农业产业化项目5个,完成投资756.9万元。农业产业化龙头企业国家级、省级、市级、区级分别为2个、3个、23个、25个。

有各类学校443所,在校学生14.82万人,教职工9739人,其中普通中学63所,在校学生44371人;小学80所,在校学生63372人;学龄儿童入学率100%。有艺术表演团体40个,文化馆1个,公共图书馆1个。有卫生机构1121个,病床位7433张,卫生技术人员5795人。新型农村合作医疗参合人数84.43万人,参合率98.25%。

【年度农业和农村经济运行】 2017年,雁江区出台了供给侧结构改革政策。实现农业总产值89.8亿元,增长5.7%;农业增加值49.46亿元,增长3.8%;生猪、粮油、伏季水果、蔬菜等特色优势农产品产量保持稳定增长。农民年人均可支配收入达14894元,增长9.4%。全区有3000万元以上的农业招商引资重大项目5个,项目总投资37.5亿元。

2017年雁江区主要农产品产量

主要农产品	单位	产量	同比(%)
粮食	万吨	52.85	0.3
水稻	万吨	14.13	–0.6
小麦	万吨	6.38	–8.6
玉米	万吨	18.43	1
马铃薯	万吨	3.8	16.8
油菜籽	万吨	4.66	1.8
蔬菜	万吨	52.5	4.2
水果	万吨	24.75	5
肉类	万吨	9.2	–0.5
猪肉	万吨	7.6	–0.3
羊肉	万吨	0.5	1.1
牛肉	万吨	0.023	–3.8
禽蛋	万吨	1.81	0.4
水产品	万吨	2.25	4.7
牛奶	万吨	0.24	–9.2

农业产业化发展。全区在工商部门登记注册的农民合作社940家,新增108家;共创建国家级示范社5个、省级农民合作社32个,在贫困村中发展合作社34个;家庭农场390家,新增71家,其中省级家庭农场17家,在贫困村中发展家庭农场30个。有龙头企业53家,其中国家级2家、省级3家、市级23家、县级25家。出台《新老"七大片区"及部分重点区域项目规划及资金安排》,确定财政补助资金总额1.646亿元。加快清水滴水岩、南津谷湾、伍隍铺子坳、东峰大田角"新四大片区"和花溪河生态休闲农业示范区、川中万亩莲藕(核桃)基地、老龙潭现代农业产业基地"三大片区"建设,发展优质果蔬、特色种养基地3.5万亩以上。

农用地产权制度改革。全区草拟了《资阳市雁江区推进农村集体产权制度改革实施方案》,选取丹山镇虎峰村等4个村作为市级集体经济试点村,中和镇高字村等5个村作为区级集体经济试点村,宝台镇石牛村作为农村集体股份制改革试点村。积极探索"公司+村集体经济组织+农户""村集体经济组织+新型经营主体+农户""村集体经济组织+业主+农户""村集体经济组织+新型经营主体+农户土地入股"等经营模式,大力发展村集体经济,增加村集体及成员收入。

农产品品牌战略实施。推行"企业(农民专业合作组织、协会)+农户(基地)+商标"的生产经营模式,通过实施"一镇一标"农产品商标品牌战略,计划用3年时间建立较为完善的农产品商标注册、培育和保护体系。形成丹山镇的"雁莲香"、临江镇的"红碑韭香"、小院镇的"天乡谷厘"、丰裕镇的"橘资味"等地方特色名片。完成全区22个乡(镇)22件商标"一镇一标"资料收集受理并全部获得工商总局商标局受理通知书(其中集体商标5件、农专社商标17件)。累计创建无公害品牌10个、绿色食品认证10个、中国地理标志保护产品3个。

【种植业】 2017年,雁江区粮食总产量52.85万吨,增加0.18万吨,增长0.3%。其中,小春粮食产量9.7万吨,减少1%;大春粮食产量43.2万吨,增长0.6%。经济作物中,油料作物产量6.3万吨,增长3%;蔬菜产量52.5万吨,增长4.2%;水果类(包含瓜果、园林水果)产量24.75万吨,增长5%;中草药材产量0.9万吨,增长3%。

【林业】 2017年,雁江区完成营造林8万亩,管护国有林0.45万亩,补偿集体和个人所有公益林13.67万亩,巩固退耕还林成果6.92万亩。全年新增森林面积1.3万亩,新增森林蓄积量12.29万立方米,森林覆盖率达41.36%,增加0.5个百分点。

【畜牧业】 2017年,雁江区出栏生猪107万头,减少0.3%;出栏山羊34.3万只,增长1%;出栏家禽678.1万只,减少2.8%;出栏牛1916头,减少3.9%。肉类总产量9.2万吨,减少0.5%,其中猪肉产量7.6万吨,减少0.3%;羊肉产量0.5万吨,增长1.1%;禽肉产量1万吨,减少2.8%;牛肉产量230吨,减少3.8%。

【统筹城乡与新型城镇化】 2017年,雁江区城东新区实施项目98个,完成投资152亿元。占地800余亩的字库山公园全面开放,14千米的滨江路堤景观带全线贯通,高铁站前广场竣工并投用,城市水体公园春节前开园迎宾;建成城市生态绿地400万平方米并获得全省"绿色生态城市"奖。区中医医院门急诊医技楼、城东污水处理厂建成并投入使用;雷音花园和朝阳花园一期、二期等60余万平方米安置小区顺利返迁;资阳天立国际旗舰学校、绵阳中学资阳育才学校二期、城东变电站及线路迁改工程等17个民生公益项目有序实施。主动服务背街小巷、占道经营等影响市容市貌"十大专项治理行动",协同推进城市道路黑化、建筑立面美化等"七位一体"改造工程,启动主城区道路交通综合整治工作,

实施苌弘广场、刘家湾街等综合治理项目20余个，完成背街小巷整治点位70个；依法开展临空经济区、中国牙谷等重点区域防违治违和房屋征收工作，城北棚户区改造建设项目稳步实施，文明城市、卫生城市创建工作同步推进。全年实施小城镇建设项目82个，完成投资8.4亿元。中和、小院等国家级、省级重点小城镇建设项目有序实施，古驿南津、花溪保和、文化丹山等特色小镇创建启动规划。

【扶贫攻坚】 2017年，雁江区实现17个贫困村达到贫困村退出“一低五有”标准，5538户贫困户14043名贫困人口达到贫困人口脱贫“一超六有”标准，其中易地扶贫搬迁214户627人；农村危(旧)房改造662户。统筹整合各级各类资金4.9亿元，区级财政预算安排财政扶贫专项资金7150万元，增加2494万元，区级扶贫资金投入增幅53.6%；并补充教育救助、卫生救助、产业扶持和小额信贷“四项基金”2316万元。

【农村水利】 2017年，雁江区实施水利项目12个，新建、整治塘堰300处，新建、维护蓄水池760处，新修、加固河道堤防3.1千米，新建、整治渠道120千米，新增、恢复、改善灌面4.5万亩，新增节水灌面1.87万亩，新增蓄水能力328万立方米，新增年节水能力156万立方米；治理水土流失面积6.35平方千米，绿化河道67.45千米，绿化水库4030亩。

【农村科技】 2017年，雁江区聘请宰山嘴蔬菜专业合作社理事长孙传辉、资阳市现代柑橘专业合作社理事长刘树文2位法人为“第五批科技特派员”，联系指导科技示范基地38余个，联系指导产业基地、农村专业合作社115余个；组织20名科技特派员深入帮助联系服务的76个贫困村实行定点联系帮扶。开展调研90次，深入到贫困村技术指导100余次，帮助贫困村制定科技发展规划或技术帮扶措施76个；举办生猪、水产、果树、粮油、蔬菜、农业机械等各类实用技术培训260余场次，参训农民达15000人次，发放资料23000余份(册)；引进推广种养新技术35项次、优良种养新品种42个次、先进种养新模式36个次，联系科技示范户160户；建立精品养殖示范点42个，推广新品种、新技术、新模式示范田近5万亩。

【农村教育】 2017年，雁江区投入资金9000余万元，为全区160个义务教育迎检单位配置实验仪器、音体美器材、图书等设施设备；分期投入资金1.6亿元，实施“三通两平台”全覆盖项目建设；投入资金4129万元，改造农村薄弱学校17所，改造校舍17230平方米、运动场17000平方米；投入大班额化解专项资金1500万元，改造部分办公用房为教学用房，改造外国语实验学校老教学楼，租用资阳广播电视大学部分教室为城区学校校点。全年引进免费师范生和硕士研究生33人，公招教师212人，其中农村义务教育学校音乐、体育、美术教师54人。组织开展各级各类干部、教师培训11000余人次，转岗培训音体美教师600余人，调整学校教师79人，安排交流轮岗教师159人。

【农村文化】 2017年，雁江区建有乡(镇)综合文化站22个、街道办事处文化活动中心4个、基层综合性文化服务中心170个；建成文化信息资源共享支中心1个，乡(镇)文化信息资源共享基层服务点22个。开展文化志愿者招募工作，共招募村级文化志愿者460名。建成广电公共服务点20个，做好农村广播电视的运行维护服务工作。通过政府购买公共服务和自行组织文艺演出队伍的形式，到乡(镇)、村(社区)开展文艺演出活动48场次；每村每月放映公益电影1场，全年共放映5520场。

【农村卫生】 2017年，雁江区建立居民电子档案86.8774万份，电子建档率达99.53%，超民生工程指标6.53%。开展65岁及以上老年人和高血压、糖尿病、重性精神病患者健康管理。全区管理65岁及以上老年人5.6541万人，老年人健康管理率56.13%；管理高血压患者5.4947万人，高血压患者健康管理率30.62%，规范管理率65.2%；管理糖尿病患者2.0468万人，糖尿病患者管理率为29.64%，规范管理率68%；建立重性精神病患者档案4848份，管理4171人，管理率86%，均完成全年工作指标。全区各级各类医疗机构开展公众健康咨询195次，接受咨询3.0132万人次，开展健康知识讲座277次，接受健康教育1.5454万人。加强传染病防控工作，成立了人感染H7N9禽流感防控工作领导小组和专家组，加强了禽流感工作监测和管控，开展禽流感防控知识培训和宣传。开展霍乱、手足口、艾滋病、结核、地方病等重大传染病防控，疾病疫情分析和预警预测，建立健全传染病暴发流行、食物中毒、救灾防病等重大突发公共卫生事件工作机制、工作预案。

【农村法制建设】 2017年，雁江区466个行政村和62个居委会实现了普法宣传教育全覆盖，发放各类宣传资料2.5万余份、宣传册1.2万余册，播放警示教育片500余场次；开展大型法律咨询宣传活动7场次；举办各类法律讲座38期，培训2300人次，受教育人数达3.1万余人次，受教育面达90%以上。广泛深入开展“法律进乡村”活动，坚持开展“6·26”禁毒、“10·17”世界消除贫困日等主题宣传活动。

【农村交通】 2017年，雁江区完成农村公路建设246千米，其中通村通社公路150千米；完成农村公路安保工程建设153.269千米；完成县、乡道通道绿化工程106.46千米。

【农村社会保障】 2017年，雁江区各类民政保障服务对象39.2万人，其中农村低保人数25182人、农村“五保户”7678人；农村低保补差标准达215元/人/月，提高19.8元。全区共有各种社会福利收养性单位29个，其中床位3236张，收养人数1898人。全年农村社会救济资金支出8097.1万元。

【农村生态建设及环境保护】 2017年，雁江区实施畜禽养殖污染专项整治行动，禁养区内规模养殖场全部取缔，取缔河道网箱养殖、水库堰塘施肥养鱼。

【劳务开发与返乡创业】 全区转移和输出农民工总量31.3万人，其中省内转移18.35万人、省外输出11.49万人、外派劳务0.03万人；实现劳务总收入47.5亿元。举办厨师、家政服务员、电工、焊工等工种劳务品牌培训15期，培训农村劳动力730人。开展返乡农民工创业培训班10期，培训农民工300人，其中实现成功创业60余人。召开“就业援助月”“春风行动”“民营企业招聘周”“高校毕业生就业服务月”等就业专项活动，吸引154家市内外企业为求职者提供工作岗位6847个，引导返乡农民工等各类求职者参加“双选”，最终达成意向性协议2813人。

【主要领导人】 区委书记：罗道坤；区人大常委会主任：杨晓勇；区长：文勇；区政协主席：姚忠志；分管农业副区长：欧阳建。

雁江区编写组

安 岳 县

【基本情况】 2017年，安岳县辖37乡32镇926个村，辖区面积2689.8平方千米，其中耕地面积112.1万亩，人均耕地面积0.9亩；基本农田12.59万公顷。年末总人口163万人，增长0.54%；人口出生率7.05‰，增加0.49个千分点；人口自然增长率1.7‰，增加0.02个千分点。全县耕地有效灌面和保证灌面分别达到耕地总面积的54%和40%；本地水资源总量5.8899亿立方米，人均占有水资源量371.6立方米。有林业用地6.75万公顷，有林地面积6.642万公顷，活立木总蓄积量427.2万立方米，森林覆盖率达43.18%。

2017年,全县GDP327.7亿元,增长7%,其中第一产业增加值77.2亿元,增长4%,农、林、牧、渔之比为63.7∶3.4∶30.1∶2.8;第二产业增加值129.9亿元,增长7.5%(工业产值104.3亿元,增长9.2%);第三产业增加值120.6亿元,增长8.5%。三次产业对经济增长的贡献率分别为13.7%、42.8%和43.5%。农村劳务输出52.8万人,收入118亿元。全年接待游客971.2万人次,实现旅游收入80.15亿元,其中乡村旅游收入6亿元。

公路通车里程4421.1千米(其中乡村公路4291.2千米),密度223千米/平方千米,37.5千米/万人。社会消费品零售总额147.6亿元,增长12.1%。地方公共财政预算总收入完成13.02亿元,增长4.77%;公共财政预算总支出48.68亿元,减少16.61%,其中农业投入8.73亿元,占支出的17.92%。金融机构各项存款余额383.15亿元,比上年初增长4.52%;各项贷款余额152.16亿元,比年初增长12.56%,其中支持农村企业及各类组织贷款29.97亿元。全年完成农业产业化项目8个,完成投资9373万元。农业产业化龙头企业国家级、省级、市级分别为1个、7个、12个。

有各类学校591所,在校学生191071人,教职工11381人,其中幼儿园452所、小学43所、九年义务教育学校54所、初级中学30所、普通高中6所、职业高中2所、特殊教育学校1所,在校小学生87068人、初中生44250人、普通高中生20039人、职业高中生7409人,在园幼儿32305人;适龄正常儿童少年入学率100%,“三残”儿童(少年)入学率94.02%。有艺术表演团体14个,文化馆1个,公共图书馆1个。有卫生机构1561个,病床位5470张,卫生技术人员6392人。新型农村合作医疗参合人数1257316人,参合率98.7%;城乡居民社会养老保险参保人数630565人,占应参保人数的95%;被征地农民养老保险参保人数4077人。

【年度农业和农村经济运行】 2017年,安岳县实现农业总产值125.2亿元,增长2.3%;农业增加值77.2亿元,增长4%。农村居民年人均可支配收入达14585元,增长9.2%。在粮食、生猪、蔬菜生产中,科技投入4037万元。

2017年安岳县主要农产品产量

主要农产品	单位	产量	同比(%)
粮食	万吨	73.92	1
水稻	万吨	31.07	1.3
小麦	万吨	8.59	-1.7
玉米	万吨	14.74	-0.3
马铃薯	万吨	2.99	1.3
油菜籽	万吨	6.51	6
蔬菜	万吨	81.25	3.96
水果	万吨	39.19	3.2
肉类	万吨	11.58	-4.4
猪肉	万吨	9.04	-5.2
牛肉	万吨	0.28	1.7
羊肉	万吨	0.57	1.6
禽肉	万吨	1.44	-3.1
兔肉	万吨	0.15	0.88
禽蛋	万吨	2.77	-0.73
水产品	万吨	2.47	7.28
牛奶	万吨	0.8299	10.01

农业产业化发展。全县培育和发展各类农业产业化龙头企业19家、专业合作社2042个、家庭农场401个,培育省级示范家庭农场3个、省级示范农民专合社2个。

农用地产权制度改革。全县自2014年8月全面启动农村土地确权工作以来,取得了以下四项成效。一是基本完成全县确权登记任务。完成实际确权农户数34.97万户,完成率97.3%;完成审核公示任务的村926个,占比100%;完成调查登记地块327.92万块,实测承包地面积176.58万亩。完成集体林权确权面积105.69万亩,形成县、乡(镇)、村三级农村产权流转体系,累计流转土地42.9万亩。二是通过数据汇交质检、基本完成农村土地承包档案收集整理。5月,安岳县农经局代表四川省在农业部组织的农村土地承包经营权信息运用平台建设培训会上作经验交流发言,得到农业部领导的肯定。全县按相关规范清理土地承包档案28.56万卷。三是顺利通过省级检查验收。全县获得由科技部、民政部、国家测绘地理信息局等部委颁发的“中国地理信息产业优秀工程银奖”(四川省唯一获得该奖的单位)。四是全面制证颁证。全县已颁证16.89万户,颁证率48.8%。

现代农业园区建设。全县新建毛家镇千亩柠檬标准化示范园及宝森柠檬物联网示范基地,启动建设安岳柠檬·文化现代农业产业融合示范园区。推进9个粮食万亩核心示范片、31个粮食生产园区建设,建成元坝—姚市万亩粮食产业园、宝森农林科技一三产业互动省级现代农业产业示范园区、华严1000亩标准化柠檬示范园区、“岳三角”和“龙三角”2个万亩现代农业产业融合发展示范园。

【种植业】 2017年,安岳县小春粮食作物播种面积64.8万亩,产量10.47万吨,增长0.3%。大春粮食作物播种面积216.09万亩,增长0.4%;大春粮经作物播种面积增长3.7%,粮食产量63.45万吨,增长1.1%。全年粮食总产量73.92万吨,增长1%。全县蔬菜种植面积53.52万亩。大力引进、试验、发展特色瓜果新品种种植,瓜果种植面积3.3万亩,中药材种植面积3.1万亩。

【林业】 2017年,安岳县有林业用地6.75万公顷,有林地面积6.642万公顷,活立木总蓄积量427.2万立方米,森林覆盖率达43.18%。自治乡铁福林木专业合作社获得“省级林业示范园区”称号;提质改造协和乡香椿5000亩,拟申请省级林业示范区;规模发展核桃、花椒种植3000亩,发展林下种养殖及林地综合示范4000亩。推进大规模“绿化全县”行动,夯实森林城市工程建设,建成城周生态屏障、林业特色产业带、现代林业产业基地等3.2万亩,完成31个村庄绿化美化,49千米渝蓉高速两旁绿化3处重要节点景观打造。截至2017年年底,累计完成投资6.85亿元。新增造林面积4.31万亩,实施森林抚育2万亩。组织全县林业站长、国有林场护林员、石羊辖区各乡(镇)分管农业的副乡(镇)长、村主任共150余人,观摩群众600余人,在石羊镇光辉村松林坡举行了安岳县2017年扑救森林火灾实战演练。

【畜牧业】 2017年,安岳县猪、牛、羊、小家禽畜存栏分别为82.04万头、4.98万头、23.71万只、684.71万只,分别增长2.2%、3.4%、2.1%、2.6%;猪、牛、羊、小家禽畜出栏分别为127.78万头、2.35万头、41.4万头、956.7万只,分别增长-5.5%、0.2%、1.3%、-2.2%;肉、蛋、奶产量分别为11.58万吨、2.77万吨、8299吨,分别增长-4.4%、-0.7%、10%;实现畜牧业产值49.44亿元,占农业总产值比重为40.3%;年出栏500头以上生猪规模养殖比重达44.35%,是国家优质商品猪战略保障基地,以生猪为主的畜牧业已成为全县农民增收的支柱产业。全县有生猪原种场1个、二级扩繁场176个,建成部级标准化示范场3个、省级标准

化示范场2个。

【水产业】 2017年，安岳县有水产专合社、家庭农场121个，农业部颁发的健康养殖示范场7个、省级无公害基地15个。开展水产品无公害认证4140亩；现场快检、送检鱼样品138个，检测结果均为阴性，监测合格率100%。全年水产品总产量2.47万吨，其中名特优水产品产量8882吨，占总产量的36%；实现渔业产值4.02亿元。

【统筹城乡与新型城镇化】 2017年，安岳县将推进城乡协调发展纳入《安岳县国民经济和社会发展第十三个五年规划纲要》，形成了中心城区、重点镇、一般镇、乡(集镇)四级城镇体系和中心村和基层村两级村社体系发展思路，科学指导城乡统筹发展。有序拉开城市框架，全县新增及在建房地产开发项目32个，累计完成投资约60亿元，商品房新增开发面积190余万平方米，销售面积150万平方米。强力推进小城镇建设，以“6·13”小城镇发展战略为指引，优先发展龙台、李家、石羊等6个乡(镇)，重点发展通贤、永清、周礼等13个乡(镇)，大力推进城乡路网、敬老院、农贸市场等城镇基础设施建设，促进城乡统筹。龙台镇入选第二批全国特色小镇、四川首批省级森林小镇，文化镇、卧佛镇入围全省特色小城镇发展规划。全县小城镇基础设施累计完成投资约47亿元。农村建设扎实推进，全年完成通村硬化路420千米；实现903个行政村通宽带，覆盖率97.4%；新建高中压长输管道500余千米，民用天然气覆盖全县所有乡(镇、场镇)及部分村和居民点，顺利实现“气化安岳”目标；农业综合开发成效显著，建成高标准农田7万亩，新建、整治渠道37.17千米，新建、整治山坪塘、蓄水池、石河堰276口。

【新村建设】 2017年，安岳县按照“业兴、家富、人和、村美”幸福美丽新村建设总体要求，着力推进新村建设。一是强化组织领导，筑牢创建保障。成立了以县委书记任组长的幸福美丽新村建设工作领导小组，具体负责幸福美丽新村建设的领导、协调和推进工作。全年安排新农村建设专项资金4000万元，整合现代农业、通村通畅工程、移民后扶、小型农田水利重点县建设等项目资金8000万元，撬动金融资金3000万元，带动社会资金2.8亿元投入幸福美丽新村创建、“四好村”创建、脱贫攻坚建设。二是坚持科学规划，引领示范创建。牢固树立“望得见山、看得见水、记得住乡愁”规划理念，编制完成《安岳县新村建设扶贫专项2017年实施方案》。启动建成幸福美丽新村120个、新村聚居点120个，其中脱贫攻坚幸福美丽新村41个。创建省级“四好村”43个、市级“四好村”83个、县级“四好村”231个。城北乡柳溪村被评为“第五届全国文明村镇”。三是坚持产村相融，夯实产业基础。按照“优势优先、特色引领、做强主导”思路，坚持“产村相融、产村一体”原则，创新“政府主导、业主带动、专业合作组织引领、大户经营”等生产经营模式，大力发展柠檬主导产业，配套发展其他种养业，逐步壮大村集体经济，着力打造生态观光、休闲度假、具有乡土特色的文明村落，大力促进农民增收致富。全县有主导产业村农民年人均可支配收入达16520元，高出全县平均水平13%。四是完善设施配套，改善农村条件。按照“规划先行、宜建则建、经济适用，依规建设”的原则，改善农村生产生活条件。建成农村各类水泥道路145千米、入户路75千米、渠系管网35千米、蓄水池158口，建设农村户用沼气池1300口、太阳能路灯1000盏，完成农村“改水、改厨、改厕、改圈”3510户，院落整治526户。

【扶贫攻坚】 2017年，安岳县创新开展贫困户“三个一”活动，结合贫困户实际，对有劳动能力的贫困户实施“产业+技能+就业”活动；对无劳动能力的贫困户，着力实施贫困户“社会保障+机制扶贫+救济救助”活动；创新开展贫困村“四个一”活动，着力打造产业脱贫示范村12个，培育新型农业经营主体82个，建立新村聚居点120个；完成危(旧)房改造2112户，易地搬迁510人；新建山坪塘和维修蓄水池262口，实现2.1万名贫困人口安全用水。创新设立“特困户帮扶基金”，投入2915万元设立乡(镇)、村级特困户帮扶基金，以股权量化的形式全部分配给特困户。完成41个贫困村退出、21439名贫困人口脱贫任务。

【乡村旅游】 2017年，安岳县以加快旅游产业转型升级为抓手，通过项目带动、品牌创建、服务配套等举措大力发展乡村旅游，全年创建乡村旅游品牌5个、精品村寨1个(文化镇燕桥村)、四星级农家乐1个(道台生态休闲渔庄)、三星级农家乐1个(桂莲岛生态园)、旅游特色业态2个。依托万亩魅力柠海、宝森生态旅游度假区等乡村旅游资源，举办了第十届安岳柠檬节，支持各乡(镇)、乡村旅游点举办特色节庆活动10余场，其中长河源镇举办了菜花节、东胜乡举办了首届佛乐橙品果节、悦缘花谷举办了七彩梦幻风车艺术节等。出台了《安岳县促进旅游产业发展奖励扶持暂行办法》，对乡村旅游景区创建、乡村旅游项目建设、乡村旅游品牌创建等方面明确了奖励扶持政策。宝森生态旅游度假区、岳源乡悦缘花谷、和平乡青莲谷等乡村旅游景区项目建设有序推进，接待能力不断提升。

【农业机械化】 2017年，安岳县农机购置补贴项目完成补贴农机1190台(套)，全县农业机械总动力达91万千瓦，主要农作物耕种收综合机械化水平达58.7%。建成高标准农田9.6万亩，农业机械化综合水平提高4个百分点。

【农村科技】 2017年，安岳县积极推进农业科技服务体系建设，基本形成了以政府为主导，县、乡两级农服机构、畜牧兽医站为基础，专业合作社、龙头企业、高等院校、科研院所、实用人才等共同参与的多元化、社会化服务体系。有县级农业技术推广机构6个、乡(镇)农业服务中心69个、乡(镇)畜牧兽医站69个。培育农业科技示范主体，在全县遴选种养水平高、有示范效应、具有一定文化程度、乐于助人的农户作为科技示范主体，通过农户自愿申请、村推荐、乡(镇)审核、县农林局审定，年培育科技示范主体800个。人才结构不断改善，专业干部队伍中，高中(中专)及以下学历226名、大专学历349名、本科学历197名、研究生学历11名，大学专科及以上学历人员占比达56.7%。

【农村教育】 2017年，安岳县投入2.3亿元，规划建设项目230个，工业大道小学建设项目、义务教育均衡发展维修改造项目已竣工投用。投入近2.7亿元，采购教学设备1491种、近236万件，配齐艺体和实验器材、图书、计算机等教育装备。全面落实教育资助政策，资助学生34635人、4409万余元，发放教育救助基金1934户、249.41万元，办理生源地贷款1195户、938.194万元。完成义务教育均衡发展“三年攻坚计划”，创建义务教育基本均衡县通过省、市督导评估。农村义务教育学生营养改善计划覆盖375个校点，惠及学生107796人。

【农村文化】 2017年，安岳县高标准打造贫困村文化室41个，全面完成320个基层综合性文化服务中心建设任务，新(改、扩)建村级农民体育健身工程58处，新建乡村大舞台20个。全县农民体育健身工程、健身路径达510处，乡村文化大舞台达50个。偏岩乡桥顶村、卧佛镇飞凤村、南熏镇凤城村被评为“四川省2017年文化扶贫示范村”。组织开展《百姓大舞台》地域品牌文化活动，2017四川省第八届乡村文化旅游节暨第十届安岳柠檬节开幕式文艺演出，共圆中国梦、喜迎党的十九大——安岳县“蜀人原乡·怡然资阳”农村文艺调演，文化惠民扶贫巡演等节会活动。围绕“喜迎·喜庆党的十九大”主题，开展“百姓大舞

台”等系列群众文化活动1000余场次，举行文化惠民扶贫演出78场。

【农村卫生】 2017年，安岳县农村卫生工作按照“一二六”工作思路，紧紧围绕“建设健康安岳”这一工作主线，着力医疗扶贫和环保督查两大重点，突出“公共卫生”“医疗质量”“项目储备”“计生能力”“医疗改革”“党风廉政”六个重点，全力推动全县卫生计生事业健康科学发展，扎实推进农村卫生各项工作，促进了农村卫生事业稳步发展。

重大举措及成效。一是狠抓医疗质量。完成17个专业的质量控制站的组建，建成省级重点专科3个、市级重点专科7个，基本实现大病不出县。二是中医工作有序推进。全县社区卫生服务中心和69个乡(镇)卫生院(中心卫生院)均设置了标准化中医科并打造了中医药综合服务区；通过全国基层中医药工作先进单位省评。三是深化医疗改革。继续巩固基本药物制度实施效果，促进合理用药；全县100%县级医院、镇中心卫生院、乡卫生院分别与相应上级医院签订双向转诊协议。农村贫困人口县域内就诊率99.61%。四是农村贫困人口医疗救助成效明显。全县贫困人口医疗救治救助工作自2016年9月启动，截至2017年年底共计报销住院人次111059人次，医疗费用总金额27189.75万元，个人自付848.32万元，个人自付比例为3.12%，达到了保障对象医药费用“微支付”标准要求。五是强化公共卫生服务。基本公共卫生服务均等化实现全覆盖；认真开展疾病预防控制、妇幼保健等工作，加强公共卫生突发公共卫生应急处置，成功处置人感染H7N9禽流感病例1例。六是狠抓行风建设。深化“亮剑行动”自查问题的责任追究，系统内先后诫勉谈话7人次、提醒谈话17人次、批评教育5人次。

【农村法制建设】 2017年，安岳县“七五”普法工作顺利推进，被推荐为全国表彰的法治示范县(市、区)创建工作先进县。积极推动落实“谁执法谁普法”责任制，持续强化农村法治宣传阵地建设，大力开展“法律进乡村”活动，全面建立健全村规民约，完善和发展基层群众自治制度，打造具有安岳特色的法治文化品牌。

【农村交通】 2017年，安岳县有乡道39条，总里程320.031千米；村道5133.766千米。全县县、乡道改善工程累计建成84.26千米，通村通畅工程累计建成409.16千米(其中扶贫村道路建设完成106.23千米)，村道窄路基加宽工程累计建成5.2千米，农村公路安保工程累计建成62.12千米。

【涉农招商引资】 2017年，安岳县3000万元以上的农业招商引资重大项目3个，项目总投资32亿元，增长39.13%。协议资金32亿元，到位资金13.16亿元。

【农村生态建设及环境保护】 2017年，安岳县大力禁止秸秆焚烧，落实秸秆禁烧“属地管理”责任；投资3000万元，完成通贤镇的八里村钻井尾气再利用项目建设，运营正常。实施生活垃圾治理提升工程，投资8870余万元，启动建设城乡生活垃圾一体化处置系统；投资约4.8亿元，推进垃圾环保发电项目。强化农村环境综合整治，不断完善农村生活垃圾“户分类、村收集、镇运输、县处理”机制，按照“五有”标准，提高无害化处理率。县财政补助300万元，关停所有乡(镇)垃圾填埋场并进行环境综合整治，全面清理农村陈年生活垃圾，消除卫生死角。实施生活污水治理改善工程，投资3800万元逐步完善城区污水收集管网建设，完成了岳阳河城区段环境综合治理一期工程；启动朝阳镇等9个乡(镇)污水处理厂提标升级改造项目。实施“城镇承载能力提升工程”，柠都生态公园、城市新区截污干管等加快前期工作；完成各类营造林面积4.5万亩，育苗300亩、990万株。

【农产品质量安全监管】 2017年6月7日，安岳县成立了县有机产业发展服务中心，主要负责全县有机生产基地的生产技术指导，开展有机生产技术的试验示范，协助开展投入品管理等工作。10月15日，国家认监委发出通知，安岳县获批第七批(2017年度)国家有机产品认证示范创建区。截至2017年年底，全县共获得有机认证或有机转换认证的生产企业(合作社)23家、基地27个，产品涉及14个品种，总面积9859.41亩，产量4879.9吨。

【农村市场体系建设】 2017年，安岳县新增41个扶贫村电商服务站点，全县乡村电子商务服务站点达700余个(其中邮政470个、农村淘宝102个、京东和易田网购130余个)，涉及柠檬、粮油等农特产品的本地电商平台5家。

【农村留守儿童(学生)帮扶】 2017年，安岳县有留守学生49787人，占学生总数的37.95%。扎实推进留守学生关爱工作，促进留守学生健康快乐成长。一是举办了“百年追梦　全面小康”爱国主义读书教育活动，积极鼓励留守儿童参与活动，帮助其树立正确的理想观念。二是开展了重点青少年群体“五步工作法”工作，深入帮扶留守儿童，促进留守儿童健康成长。三是建立“留守学生之家”249个、家长学校143所、乡村学校少年宫69个，配备音体美器材、图书等物资。四是开展了“万名教师‘1+1’结对留守学生”活动，让留守学生有“家”的感觉。五是开展“科普进校园活动”，对乡(镇)留守儿童进行了学科学、爱科学、用科学的教育。

【劳务开发与返乡创业】 2017年，安岳县输出转移农村劳动力就业52.8万人，其中省外转移输出就业29.928万人，省内就地就近转移就业22.792万人，境外就业0.08万人，实现劳务收入118亿元，农民人均劳务收入8428元，劳务收入占农民人均纯收入的50%。农民工技能培训实现新的突破。劳务品牌培训510人，完成上级下达任务的100%。技能培训3842人，其中青年劳动者培训1823人，完成上级下达任务的101.2%。创业培训306人，完成上级下达任务的102%。返乡农民工创业培训342人。返乡农民工创业3876人，创办企业3334家，返乡创业企业吸纳劳动力8195人。妥善处理农民工维权案件210件，挽回经济损失1610万元。县就业局人力资源市场共搜集发布各类用工信息3500条，接待入场各类求职人员2.28万人，参加招聘会企业425家，提供就业岗位2.82万个，求职登记2360人，职业指导1.86万人次，职业介绍成功9200人，举办招聘会15场次，开展“春风行动”、就业扶贫、“就业援助月”、“民营企业招聘周”、“高校毕业生就业援助月”等一系列专项就业服务活动。全县公共职业介绍机构和中介机构为10余万名农村劳动者提供了免费职业介绍服务。

【主要领导人】 县委书记：许志勋；县人大常委会主任：刘云；县长：刘怀笔；县政协主席：魏斌；分管农业副县长：邹武超。

安岳县编写组

乐至县

【基本情况】 2017年，乐至县辖8乡17镇26个街道，辖区面积1424.5平方千米，其中耕地面积66.8万亩，增长0.1%，人均耕地面积0.93亩；基本农田76万亩。年末总人口81.93万人(户籍人口)，增长1.43%；人口出生率8.96‰，减少0.07个千分点；人口自然增长率1.43‰，增加16个千分点。全县耕地有效灌面和保证灌面分别达到耕地总面积的100%和93.1%；本地水资源总量3.1亿立方米，人均占有水资源量346

立方米。有林业用地6.04万公顷，有林地面积5.2万公顷，活立木总蓄积量230.378万立方米，森林覆盖率42.4%。

2017年，全县GDP209.7亿元，增长7.8%，其中第一产业增加值33.7亿元，增长3.9%，农、林、牧、渔及农林牧渔服务业之比为34..4∶3.8∶53.3∶3.3∶5.2；第二产业增加值95.5亿元，增长8.7%（工业产值83.1亿元，增长9.3%）；第三产业增加值80.5亿元，增长8.6%。三次产业对经济增长的贡献率分别为8.3%、50.5%和41.2%。乡（镇）中小企业增加值43亿元，增长5.1%；从业人员11600人。劳务输出29.7万人，收入45亿元。全年接待游客650.2万人次，实现旅游收入48.5亿元，其中乡村旅游收入16.1亿元。

公路通车里程2125.1千米（其中乡村公路1900千米），密度1.5米/平方千米，24.56千米/万人。社会消费品零售总额86亿元，增长13%。地方公共财政预算总收入完成46亿元，增长14.6%；公共财政预算总支出42亿元，增长14%，其中农业投入9.2亿元，占支出的25.8%。金融机构各项存款余额234.58亿元，比年初增长10.42%；各项贷款余额100亿元，比年初增长11.61%，其中支持农业产业化发展项目贷款7.5亿元。全年农业保费收入4.65亿元，增长2%；处理各项赔款和给付金额1.05亿元，增长0.3%。完成农业产业化项目88个，完成投资2.2亿元。农业产业化龙头企业省级、市级、县级分别为5个、27个、89个。

有各类学校208所，在校学生76085人，教职工5434人，其中普通中学28所，在校学生27923人；小学58所，在校学生35381人；学龄儿童入学率99.22%，提高0.1个百分点。有艺术表演团体2个，文化馆1个，公共图书馆1个，博物馆1个。有卫生机构930个，病床位26000张，卫生技术人员2860人。城乡居民医疗保险参保人数642757人，参保率98.3%；城乡居民养老保险参保人数达303932人。

【年度农业和农村经济运行】 2017年，乐至县先后出台了《关于进一步落实责任加快农民增收的意见》《关于发展现代农业园区的实施意见》《创新幸福美丽新村建设的行动方案》等政策性、综合性文件16个。全年实现农业总产值86.85亿元，增长4.2%；农业增加值35.97亿元，增长4.2%。农民年人均可支配收入达14561元，增长9.2%。

2017年乐至县主要农产品产量

主要农产品	单位	产量	同比(%)
粮食	万吨	37.07	0.6
水稻	万吨	12.1	-1.7
小麦	万吨	4.2	-3.5
玉米	万吨	21.4	1.2
马铃薯	万吨	18.6	0.3
油菜籽	万吨	4.94	3.13
蔬菜	万吨	36.5	11
水果	万吨	1.65	7.2
肉类	万吨	8.8	-1
猪肉	万吨	7.2	-2
禽蛋	万吨	3	0.1
水产品	万吨	1.931	5.7
牛奶	万吨	0.16	-4.2

现代农业园区建设。乐至县阳化河现代农业产业融合示范园是全县实施乡村振兴战略、构建现代农业“6551”布局的重点区域，涵盖童家、高寺、中天3个乡（镇），区域内有渝蓉、遂资眉高速和国道318线、省道106线穿境而过，规划布局以优质葡萄、蔬菜、四季果乡、蚕桑四大集中连片发展区和一个农副产品加工区，总面积10万亩，其中葡萄、蔬菜两大主导产业面积5.5万亩，柑橘、优质李、优质桃等水果4.5万亩。自2013年启动建设以来，已招引承接成渝特色农业业主67个，培育新型农业经营主体1900家，建成特色农产品基地5.6万亩，其中设施葡萄种植基地5000亩、优质核桃种植基地12000亩、优质桃种植基地5000亩、优质李子种植基地4000亩、杂柑种植基地9000亩、蚕桑基地10000亩、无公害蔬菜种植基地11000亩。培育农民专业合作社82个，家庭农场118家，农产品加工企业15家，冷链物流企业1家，全产业链农业龙头企业3家。园区积极推进产村融合、农旅结合发展，着力创响“四季果乡”“中天酿造”“乐享丝绸”“阳化人家”四大农业品牌。

现代林业园区建设。2017年9月，国家林业局批准乐至县川中丘陵区林业科技示范园区为西南地区首家国家级林业科技示范园区；12月，国家发展改革委、财政部等7部委将该园区纳入首批国家农村产业融合发展示范园创建名单。一是加强组织领导。成立了园区党工委和园区管委会，下设园区办，设在县林业局内，由县林业局牵头负责园区推进工作。全年县委县政府主要领导先后20余次深入园区开展推进工作，现场安排部署，解决推进难题，多次召开会议专题研究，对园区进行系统规划，明确了责任、细化了措施，扎实推进园区建设工作，力争把四川乐至县国家林业科技园区打造成高端林业科技示范园、农业科技成果转化示范园、一二三产业融合发展示范园、现代农业发展体制机制创新示范园，推动其成为丘陵地区推进农业供给侧结构性改革的示范样板。二是科学编制规划。围绕打造国家级现代林业科技示范园目标，着力推动园区建设提档升级、提质扩面。按照省发展改革委、农业厅的统一部署和要求，乐至县提出以川中丘陵区现代林业科技示范园为基础，积极申报创建“四川省乐至县国家产业融合示范园”，10月编制完成《四川省乐至县国家产业融合示范园创建工作方案》，通过省发展改革委专家评审，作为全省5家申报单位之一上报国家发展改革委备案。对园区规划进行调规，按照国家林业局对园区提出“围绕川渝优势特色经济林、珍贵用材林、景观植物、林下经济及湿地生态等方面，开展科技创新和成果转化应用，为川中丘陵区生态与经济协同发展提供技术示范”的要求，在原有1万亩的基础上，重新确定规划面积为3万亩，涵盖孔雀、东山2个乡（镇）8个行政村的国家级现代林业产业示范园区。三是强化科技支撑。坚持“科技兴园”发展理念，建成行业领先的林业生物技术组培中心1个，实施国省科研课题30余项，成功培育推广金线莲等特色作物和经济作物；示范推广国家级和省级科技成果10余项，审（认）定良种10余个、专利3个，引进朝仓无刺花椒等示范优良品种45个，保有各类苗木约1000万株；园区年产值达2.8亿元，入驻园区的四川景林景观公司、四川安龙天然林公司2家公司实现林业经济效益超过5000万元，带动农户推广使用栽培新技术、套种模式和高效复合经营模式，种植各类林木2000余亩。2017年，园区农民人均可支配收入达18100元。四是加快园区建设。建成生物技术组培中心1个，完成土地整理2300亩，河道整治5千米，温室大棚4座，道路硬化8千米，河道绿化3千米，提质绿化40000平方米，风貌整治30处，新建苗圃1个180亩，完成生物技术组培中心紫薇围墙886米，接待中心及林业产品展示中心建设、生物技术组培中心专家楼建设已完成方案设计。五是创新发展模式。按照“政府打基础、院所做示范、企业建基地”的发展思路共同打造现代林

业科技示范园区。政府以现代农业园区、新农村示范片、特色产业、扶贫新村四大平台,推进涉农项目资金统筹安排、打捆使用,完善园区内路、水等基础设施,推进园区内新农村建设和农房风貌整治;采取"土地流转+务工收入"的直接受益增收模式,促进传统农民转向产业工人,2017年园区总用工量达4.5万余个;组建国有控股、农民参股的乐兴现代农业开发公司,采取"保底收益+二次分红"模式,实现农民变股民的身份转换。六是践行生态理念。坚持产村相融、产村一体,按照"四好村"要求和"小组生微"模式,建成新村聚居点7个,实施传统村落保护和旧村庄改造352户,布局新村景观组团9个;围绕打造林业主题公园目标,大力实施兴水、修路、改土工程,建成各类水利设施76处,通村水泥路、耕作道、景观走廊等约70千米,连片打造加拿利海枣、栾树、桢楠、红椿、银杏等种植观赏区;建成乡村生态旅游示范基地600亩,引进星级农家乐5家,举办了灯光节、风车节、抓鱼节等乡村休闲游节庆活动。全年接待游客43万人次,实现旅游收入4000余万元。七是开展项目招引。积极开展大招商,招引大项目,实现大发展,加快改造提升传统农业,培育壮大新兴产业,推进全县经济转型升级发展。8月8日,乐至县与春天花乐园公司签订了项目战略框架合作协议;9月7日,乐至县与中国化学工程第七建设有限公司签订了项目战略框架合作协议,预计投资10亿元,在孔雀乡观音河水库打造7000亩的乐至县生态产业示范区。

【种植业】 2017年,乐至县粮食作物播种面积124.58万亩,增加2.85万亩,增长2.34%;产量37.07万吨,增加0.22万吨,增长0.6%。其中,小春粮食作物播种面积28.8万亩,减少0.2万亩,减少0.11%;产量5.52万吨,减少0.12万吨,减少2.1%。大春粮食作物播种面积95.78万亩,增加3.05万亩,增长3.29%;产量31.55万吨,增加0.34万吨,增长1.09%。完成油料作物种植面积35.5万亩,增加0.5万亩,增长1.43%;产量6.14万吨,增加0.16万吨,增长2.68%。其中,油菜播种面积30.5万亩,增加0.5万亩,增长1.67%;产量4.94万吨,增加0.15万吨,增长3.13%。花生播种面积5万亩,与上年持平;产量1.2万吨,增加0.01万吨,增长0.83%。经济作物种植面积25.3万亩,其中蔬菜播栽面积18.2万亩次,产量36.5万吨,实现产值6.5亿元。果树栽植面积7.1万亩,其中新植果树0.5万亩,产量4.5万吨,实现总产值1.8亿元。

【畜牧业】 2017年,乐至县有养殖场4727个,其中规模养殖场112家;有养殖专业户997户、散养户3618户。全年生猪存栏48.19万头、出栏83.89万头,山羊存栏40.22万只、出栏75.87万只,小家畜禽存栏512.09万只、出栏604.16万只。全县以生猪、山羊为主的畜禽繁育体系健全,生猪规模化率51.5%,山羊规模化率35.2%。培育畜禽家庭农场240家、畜禽专业合作社130个,省、市畜禽产业化龙头企业5家;累计创建标准化示范场11个,其中部级示范场6个、省级示范场5个。全年实现畜牧业产值39.8亿元,占农业总产值的57%,农民人均畜牧业收入5768元。

全年产地检疫生猪26.0992万头、牛0.0388万头、羊1.1443万只、鹿0.0194万只、小家禽23.7317万羽、鸽子3.6268万羽;屠宰检疫生猪26.2193万头、牛0.0818万头、小家禽1.33万只、禽蛋1.1667万枚。产地检疫和屠宰检疫申报率100%、检疫率100%。取缔关闭未规划定点、不符合标准的屠宰场65家(包括异地迁建的原址屠宰场),督促21家迁建和整改屠宰场完成环保设施建设,完成43家第一批取缔关闭的屠宰场补助21.5万元的兑付工作。对完成迁建和整改的21家屠宰场向市局申报复验,畜禽屠宰监管率达100%。开展禁限用农(兽)药专项整治,出动工作人员700余人次,检查农资、农药经营户300余户,检查兽药、饲料经营户200余户,检查种养规模户、专合组织、家庭农场等500余个,发放张贴禁限用农(兽)药名录和公告1100份,发放宣传资料9000余份。兽药规范化管理率100%,饲料产品质量合格率100%,确保了农业投入品安全。全县高致病性禽流感、口蹄疫、猪瘟、高致病性猪蓝耳病、羊小反刍兽疫、羊痘和狂犬病等7种重大动物疫病免疫密度达100%;免疫耳标佩带率、档案建立率、畜禽圈舍消毒面达100%;免疫抗体合格率均达到农业部规定的标准70%以上,全县未发生重大动物疫情,全面完成重大动物疫病防控目标。

【水产业】 2017年,乐至县水产品产量19310吨,增长5.7%;实现渔业总产值3.24亿元,增长3%,农民人均产值372元。全县名特优水产养殖面积达1.1万亩,产量9000余吨。全县小龙虾养殖面积达0.4万亩以上,新发展稻渔综合种养面积0.15万亩。

【统筹城乡与新型城镇化】 2017年,乐至县调整完善乐至县城乡规划委员会成员和章程,健全决策制度,科学研究城乡规划;完成中心城区地下管网普查,地形图修补测,夯实城乡规划基础;乐安路、北塔坝、城东、文庙沟等区域控制性详细规划有序推进,海绵城市规划、绿地系统规划,消防规划以及重要节点修建性详细规划等各项专项规划加快编制。全年共核发《建设工程选址意见书》14件、《建设工程用地规划许可证》16件、《建设工程规划许可证》27件,审批规划方案18个,对13个工程进行规划验收。

村镇体系规划。24个乡(镇)总体规划分批报送审批,乡(镇)消防专项规划、村庄规划编制工作有序推进。全年共核发《建设项目选址意见书》33件、《建设用地规划许可证》85件、《建设工程规划许可证》104件。

城市基础设施建设。全县完成城市基础设施项目投资约27亿元。乐至县公安业务技术用房外道路建设工程完成支路长182米,次干道长170米、宽32米混凝土路面及雨污管网配套设施建设,绿化2666平方米;乐至县外国语学校棚户区市政道路工程完成长330米、宽12米的混凝土路面及雨污管网配套设施建设;望城大道与319线交叉口信号灯土建工程项目完成路面改造240米、人行道彩化约300平方米、人行道绿化260平方米、顶管作业180米;天池大道等3处河道、边坡整治项目,完成天池大道(大河堰上游)、西郊工业园区(相信制动)、玉龙湖(毗河渡槽)3处河道及边坡断面整治,土石方开挖约2万立方米,清运县城区鸿泰花园、东门加油站外、机电校旁3处建渣约5000立方米;望城大道弃土治理及绿化道路工程,平整场地25000平方米、绿地整治26000平方米;上城1号至318线、天童大道一期二安置点区域、四海公司至二环线区域截污管网建设完工并投入使用;乐至县五馆一中心项目一期工程已完成项目场地平整,土石方开挖约31万立方米;回澜、东山、童家、大佛、中天、劳动6个乡(镇)污水处理厂及配套管网建设工程建设完工并陆续投入使用;全县25个乡(镇)垃圾收运设施全部建成完工并投入运行。

小城镇建设。全县完成建设投资约3亿元,新(改、扩)建各类房屋10万平方米;劳动、大佛、童家3个省级"百镇试点镇"建设顺利实施,完成基础设施建设投资1.35亿元,完成公共服务设施建设投资0.32亿元。劳动镇生活污水处理厂建设已完工,薛苞路已开工建设,道路黑化改造工程及污水管网建设进行前期工作,文体广场及停车场项目已完成施工招标。大佛镇已完成街道黑化改造及商业街建设,广佛路及桥梁项目、滨河公园广场项目已基本完成,污水处理厂已开工

建设。童家镇污水处理厂已竣工并投入试运行。

民生工程。全县实施危房改造4313户，实施对象为居住在C、D级危房中的农村建档立卡贫困户、低保户、农村分散供养特困人员和贫困残疾人家庭，其中建档立卡贫困户改造任务3745户，低保户、农村分散供养特困人员和贫困残疾人家庭568户，获得上级补助7804.3万元。签订了《房屋征收货币补偿安置协议》315户，征收面积3.6万平方米。按照全市政府性投资拆迁安置房建设"三年攻坚计划"，建成安置房20万平方米，完成新观音等农民集中安置房6万平方米、500余户的返迁工作。

【新村建设】 2017年，乐至县以"四好村"建设为重点，使用省财政安排的新农村专项资金1364万元、县本级财政预算资金1000万元支持幸福美丽新村建设。推广"微田园"建设经验，大力实施建庭院、建入户路、建沼气池等各项民生工程，建设完成幸福美丽新村80个、综合体16个、聚居点210个，新(改)建民居1760户，整治院落280个，风貌整治780户，新建入户路73千米、水泥路68千米；在扶贫村为无房户、危房户、住房困难户建住房1000余套；合理配置文体、卫生等公共资源，农村公共服务体系更加完善。完成县级"四好村"75个、市级"四好村"56个、省级"四好村"36个。

加快扶贫新村建设。在充分尊重群众意愿的基础上，将1364万元省级财政幸福美丽新村专项资金(扶贫新村)项目全部安排在扶贫村实施。项目共惠及全县14个乡(镇)22个扶贫村。项目计划总投资2195.326万元，其中省级财政专项资金补助1364万元、配套县级财政资金115.219万元、社会投入资金716.107万元。项目实施村通过议标、竞争性谈判、公开发包等不同方式，均已落实施工队伍，建立了村级项目理财小组、质量监督小组和项目推进小组，项目完成率达90%。新农村建设有关做法及经验在全省幸福美丽新村会上作书面交流推广。

【农村扶贫和移民工作】 2017年，乐至县聚焦22个贫困村"摘帽"、12990名贫困人口(含省级减贫人口7115人)脱贫目标任务，下足"绣花"功夫，精准扶贫精准脱贫，脱贫攻坚年度目标任务超额完成。

实施"四大攻坚"，补齐基础条件短板。一是实施集体经济壮大攻坚。积极探索"资金变股金、农民变股民、资产变股权"模式。县财政安排专项资金撬动村集体经济发展，试点推行农民以小额信贷、土地入股等方式参与村集体专合社建设。22个脱贫村新培育家庭农场22家、专合社95个、种养业专业大户46户。依托新型经营主体带动4782人发展特色产业，实现年人均增收1000元以上。全县22个贫困村人均集体经济收入均超过退出标准。二是实施住房安全保障攻坚。采取"小组生微"模式，提前规划、挂图作战，327户820人易地搬迁和1551户危房改造任务如期完成，其中易地搬迁投入资金4510万元，危房改造投入资金3298.75万元。三是实施政策兜底保障攻坚。全面落实九年义务教育保障政策，精准落实4102户贫困家庭子女奖补政策，整合"金秋助学""助学贷款""雨露计划"等帮扶措施，全县无1人因贫辍学。全面落实基本医疗保障，截至2017年年底，全县贫困人口住院28770人次(包括异地住院)，发生医疗费用11861.47万元，个人支付464.4万元，实现了微支付目标。全面落实低保兜底政策，全年纳入低保政策兜底3527人。全面落实残疾人优惠、特惠政策，为2328名建档立卡残疾人发放扶贫对象生活费补贴311.53万元。开发"乡村保洁"等公益性岗位856个，给予公益性岗位补贴320元/人/月、社保补贴100元/人/年。四是实施基础设施建设攻坚。投入资金3628万元，修建村社道路104.3千米，22个贫困村实现村村通、社社通水泥路；完成水利设施建设总投资1.12亿元，建设各类水利工程3000余处，解决9001名贫困人口的饮水安全问题；投入资金136万元改(新)建贫困村卫生室22个，均按标准配齐医疗设施、配足合格医生；投入资金132万元，改(新)建文化室22个，均按标准配齐图书及文化活动的设施、设备；22个贫困村全部实现广播、有线电视、宽带网络全覆盖。2017年，全县脱贫攻坚总计投入资金2.8亿元，增长25%。

探索"五种模式"，夯实脱贫产业支撑。一是探索"贷资入股"金融扶贫模式。在龙门乡农科村试点金融扶贫，由贫困户扶贫小额信贷资金作为出资主体，龙头企业圣美园农牧公司出资和村集体产业发展资金入股作为补充，建猪业养殖小区，年出栏4000头，预计实现年利润60余万元，入股贫困户每年可分红1.5万元。带动全县贫困户申请小额信贷3700万元，有力促进脱贫产业发展。二是探索"农旅结合"旅游扶贫模式。在石佛镇荣家沟村打造"湖畔云家·康养水乡"农旅结合生态基地，组建全市首家贫困村旅游公司，带动35户贫困户户均年增收3000元。东山镇凤凰村、高寺镇燕子村、大佛镇铁牛湾村等贫困村相继走上集休闲观光旅游、生态农业示范为一体的农旅结合发展道路。三是探索"村电入网"能源扶贫模式。引进乐能新能源设备公司，在宝林镇双碑村整合扶贫资金和产业扶持周转金16.9万元，按照"棚内养殖、棚上发电"的模式，建成村级光伏发电站，年收益1.4万元。带动全县42个村安装完成光伏板4600余平方米，年经济效益达80.2万元。四是探索"城乡互通"电商扶贫模式。依托国家级电子商务进农村综合示范项目，引进电商企业青联众创，在东山镇三元庙村建立"电子商务服务点"，对接县城超市，在该村建立农特产品供货基地，同时为村民提供电商网络代购、农产品代销、快递收发等便民服务，已实现销售收入10万余元。依托阿里巴巴、青联众创等电商企业，全县已建立贫困村电商扶贫站点27个。五是探索"代耕代种"土地托管模式。在凉水乡金光村建立撂荒地专业合作社，采取代耕代种、收益分成的办法，统一回收闲置土地和撂荒地150亩，发展村集体经济。全县贫困村已流转撂荒地达2200余亩，发展农民专业合作社66个、家庭农场94家。探索创新的五种产业扶贫模式被《四川农村日报》、四川广播电视台等多家媒体宣传报道，被省脱贫办《脱贫攻坚简报》刊发，在全省推广。

狠抓"四个创新"，增强脱贫内生动力。一是创新脱贫攻坚"120"工作机制。借鉴"110""120"等警务和急救模式，成立精准脱贫"120"指挥中心，下设扶贫政策咨询、医疗救助、产业扶贫等分中心7个，在脱贫诉求收集、问题一站式服务、压紧压实责任等方面强化组织保障和人才支撑，畅通了群众与干部、干部与部门的沟通渠道，有效解决群众和基层干部"跑路多、办事难、耗时长"等问题。其成功经验被中组部《组织工作网》、省委办公厅《每日要情》等刊载，《四川日报》、四川在线、《华西都市报》(封面头条)、《资阳日报》等省、市主流媒体刊物争相报道。二是创新实施"幸福喜羊羊"工程。通过"送羊返羊—返羊再帮扶"扶贫方式，形成帮扶部门、龙头企业、保险机构共同带动贫困户发展特色产业持续增收的"3+1"帮扶机制，通过项目循环实施，不断扩大帮扶资金和帮扶对象，实现"幸福喜羊羊"在贫困户间爱心传递。第一轮帮扶进入返羊阶段，返还小羊已传递给新帮扶对象40余户，累计帮扶贫困户500余户，户均年增收5000元以上。三是创新开展"双十双百"行动。大力开展"10家企业帮扶、10户农超对接、100名业主助力、100名两代表一委员推动"的"双十双百"行动，引导和支持各类企

业、社会组织和个人积极参与脱贫攻坚。红旗丝绸有限公司与13个贫困村结对，提供技术指导，并以高于市场价收购蚕茧，帮助贫困户年均增收100元以上；家家乐等超市设立贫困村农产品专柜，实现农产品直销收入80余万元。四是创新开展脱贫攻坚“大讲堂”行动。始终把扶思想、扶观念、扶信心放在首位，依托“农民夜校”和“农村现代化远程教育”等载体，创新开展脱贫攻坚“大讲堂”行动，采取“干部讲政策、专家讲技术、群众讲故事”等方式，开展各类主题教育、政策宣传和技术培训2000余场次，覆盖群众10万余人次。围绕“脱贫正能量·奔康好榜样”主题开展系列评选活动，涌现出一批从“要我脱贫”向“我要脱贫”转变的先进典型，石佛镇荣家沟村81户贫困户主动写决心书申请脱贫，凝聚起贫困户自主脱贫、主动脱贫的正能量。

抓实“五个到位”，确保工作落实见效。一是抓实责任落实到位。充分发挥县委总揽全局协调各方的领导核心作用，县委县政府主要领导始终把脱贫攻坚抓在手上、扛在肩上，严格执行一把手负责制，层层签订责任书、立下军令状。围绕年度脱贫任务，从县到乡(镇)到村细化了精准脱贫目标措施，建立完善了“一把手负总责、分管领导抓落实”的责任分工体系；实行“周碰头、月例会、季推动”工作制度，高频率研究部署，高强度压实责任。召开领导小组会议8次、工作例会12次、流动现场会3次、专题推进会48次，各项政策落实到位，各项工作推动有力。二是抓实帮扶力量到位。坚持帮扶全覆盖，全面落实“五个一”“三个一”工作机制，大力推行“一线工作法”，形成了县级干部做示范、帮扶部门负总责、包村领导和驻村工作组抓落实、“第一书记”抓基础的精准帮扶工作体系。43名市(县)联系领导、156个市(县)帮扶单位、87个工作组和420余名帮扶干部下沉到村开展工作，对3.3万户贫困户全覆盖选派帮扶责任人。三是抓实精准识别到位。以省、市、县三级比对结果为依据，组织镇、村干部逐村逐户逐人摸底排查，精准识别贫困总人口58088人。扎实开展“回头看”“回头帮”，对标排查出652户1298人个别项不达标，设置问题台账，分类形成补短清单，并以“点球”方式发到相关行业单位限期落实。各台账问题按“一超六有”脱贫标准均已补短销号。四是抓实督查考核到位。制定《乐至县脱贫攻坚工作制度》《驻村帮扶考核办法》，组建3个由县级领导任组长的专项督导组，整合扶贫、纪检、组织等相关行业部门(单位)力量，实行“一月一督查、一月一通报、一月一评比”。紧盯扶贫资金使用、扶贫项目安排、扶贫干部作风和扶贫项目建设监管等4个关键环节，集中开展2轮专项整治。组织贫困村“两委”、“第一书记”、乡(镇)干部以及帮扶部门相关同志进行脱贫攻坚知识考试，促进干部进一步了解掌握脱贫政策。全年共开展专项督查12次，通报表扬乡(镇)5个，授予流动红旗乡(镇)7个；严肃查处不作为、慢作为等问题，给予党政纪处分2人，诫勉谈话、约谈、通报批评、责令书面检查等处理21人，调整不胜任脱贫攻坚干部1人。五是抓实资金保障到位。全县投入各类资金2.8亿元，争取财政专项扶贫资金1.06亿元(中央、省、市财政专项扶贫资金0.38亿，县财政投入专项扶贫资金0.68亿元)，整合行业部门资金1.21亿元，群众自筹0.53亿元，有力保障了各类扶贫项目顺利实施。严格执行《四川省财政扶贫资金使用管理办法》和项目资金县级报账制等规定，强化监督管理，开展专项督查5次，确保资金使用精准，经验做法被《廉洁四川》进行了专题报道。四项基金使用成效显著，全县累计向926户建档立卡贫困户发放扶贫小额信用贷款3698.75万元，贷款余额3618.05万元；教育扶贫救助基金已发放205.9万元，救助贫困人口1847人；卫生扶贫救助基金已发放99.9万元，救助贫困人口155人；产业扶持基金已发放954.18万元。

【乡村旅游】 2017年，乐至县围绕建设成渝经济区旅游休闲度假基地目标，按照“一三互动、农旅结合”发展思路，构建“两核四带”的特色旅游发展格局，着力打造“元帅故里、天然氧吧、康养福地、美丽乡村”旅游品牌县。举办了桃花节、葡萄采摘节、荷花节、小龙虾音乐啤酒节等乡村旅游节庆活动，使旅游产业成为县域经济新的增长极。全年乡村旅游接待游客324万余人次，实现旅游收入16.1亿元。

【农村水利】 2017年，乐至县实施毗河供水一期工程，推进重点项目建设。一是有序推进征地工作。与村(组)签订永久性征地协议共计253份，完成永久性征地并移交面积为3400亩；签订临时用地协议共计160余份，临时用地移交面积为1639亩，占总征用面积的62%。二是加快推进房屋搬迁安置。已签订搬迁协议共计355户(含1451人)。三是认真落实移民安置资金使用。四是加快工程建设进度。乐至县范围入场施工186处，已完工43处，贯通隧洞50个，总进尺37701.139米；完成渡槽槽身浇筑382跨，槽身工程全面完工11座；进场施工明渠及暗渠90余处，进行明渠开槽和混凝土浇筑施工。

推进水环境治理工作，改善河湖生态环境。一是开展河长制工作，成立全面贯彻落实河长制工作领导小组，出台了《乐至县全面落实河长制工作方案》，对水资源保护、水域岸线管理保护、水污染防治、水环境治理、水生态修复、执法监督六大任务细化落实到责任部门和责任人。二是设立县级河长25名、乡级河(段)长150名、村级河(段)长349名，并建立河长信息公示牌，安装公示牌77块。三是完成全县20条河流“一河一策”管理保护初步方案的编制工作。四是积极开展清河、护案、净水、保水“四项行动”。五是实施乐至县城区蟠龙河防洪治理工程和乐至县童家镇鄢家河支流汇龙沟防洪治理工程。

加快扶贫水利项目建设，完成脱贫攻坚任务。一是加快推进在贫困村实施的安全饮水项目，2016年、2017年节水型社会建设重点县项目和大中型水库移民避险解困项目等建设。二是完成全县调查核实饮水不安全人数及解决2017年贫困人口中饮水不安全人口任务分解，并积极配合有关乡(镇)做好饮水安全问题规划、实施方案编制任务。三是深入开展驻村帮扶工作。积极宣传中央和省、市各级脱贫攻坚政策，取得贫困户的理解和认可；安排、争取项目资金改善贫困村基础设施状况和助推产业发展。

全年水利各项目标任务圆满完成。全县完成水利设施建设总投资1.12亿元，建设各类水利工程3000余处。整治渠道7.51千米，整治塘堰248处，新建蓄水池462口，维修泵站3处，修复水毁水利工程1175处，建设村镇供水工程83处，解决村镇1.21万人的饮水安全问题；新建干支渠33千米、田间渠38千米，新增旱涝保收面积0.28万亩，新增灌面1.43万亩，新增节水灌面1.111万亩，恢复和改善溉面1万亩，改造中低产田1.76万亩，治理水土流失面积14.3平方千米；完成中小河流综合治理河长1.8千米；解决9001名贫困人口饮水安全问题。

实施小农水项目，改善农业生产条件。运用“村民自治，民办公助”、“一事一议”方式，强力推进小型农田水利重点县建设。一是全面完成2016年省级财政小型农田水利重点县建设项目，完成市级绩效考评和年度验收资料，迎接省级绩效考评和年度验收复核。二是完成2016年农田水利基本建设和农田水利基本建设综合示范区建设的绩效考评及相关工作。三是完成2017年高效节水灌溉项目和2017年节水型社会重点县建设项目。四是全面完成2016年中央和省级财政农田水利工程维修养护项目建设实施并通过市级验收。

推动饮水安全项目建设，群众受益得实惠。一是启动乐至县"十二五"第二批农村饮水安全项目结余资金使用工程、2017年中央预算内农村饮水安全巩固提升工程和2017年省级财政专项资金项目。二是完成乐至县中天—高寺场镇应急供水项目、乐至县"十二五"第一批农村饮水安全结余资金使用工程及2016年第二批省级财政专项资金农村饮水安全项目的结算和送审计。

加强供排水管理，确保城乡正常供水。一是加强全县供排水行业指导和对乡（镇）集中供水单位的监督、管理与技术指导。二是编制县城应急供水方案，指导县城供水管网加压站运行管理。三是指导完成乡（镇）供水企业改制工作，组建成立乐至县清源水务有限公司。四是做好对县仁和环保有限责任公司每月污水处理情况与污水处理量的核实登记工作。五是按环保督查要求，对县城饮用水水源地一级保护区全部整改到位，督促对仁和环保有限责任公司污泥脱水设备进行技改，并如期完成整改。

加快水利工程建设，促进农业发展。一是完成岩板滩水库中型灌区配套改造试点项目招标工作，待开工；二是完成新建八角庙泵站取水口清淤工程，完成投资198万元；三是完成大规模"绿化全市"行动水系绿化项目，共计绿化5524亩；四是做好水利工程蓄水保水、抗旱、水稻保栽工作，实现水稻栽插面积25.2万亩。

落实水土保持措施，开展水土流失综合治理。全县水土保持生态建设坚持以小流域为单元，山、水、田、林、路、沟综合治理。一是实施乐至县2016年国家农业综合开发水土保持项目建设，综合治理面积7.55平方千米，主体工程已完工。二是全面完成《乐至县水土保持规划（2015—2030年）》编制工作并通过县级评审，县政府已批复。三是严把全县基本建设项目水土保持方案审批关，共审批生产建设项目水土保持方案120个，验收项目8个，检查项目100余次，依法征收水保补偿100万元。

落实移民后扶政策，维护社会稳定。认真落实大中型水库移民后期扶持政策，妥善解决水库移民生产生活困难，促进库区和移民安置区经济社会可持续发展，维护农村社会稳定。一是完成2017年指标项目（无法核实到人项目）工程和2016年避险解困项目建设。二是实施2016年大中型水库库区基金项目建设，主要建设道路和农田水利工程，已完成工程量的40%。三是配合监测评估单位完成2016年大中型水库移民后期扶持政策实施情况监测评估工作。四是按照省、市上级主管部门工作部署安排，对大中型水库移民后期扶持结存资金进行了清理，进一步核查核实移民身份信息以及移民后扶工作有关直补、项目、基本情况等信息录入工作。五是按政策规定，逐季按时兑现了移民后期直发直补扶持资金。接待群众来信来访8件，接待21人次，大中型水库移民及三峡移民总体稳定。

【农业机械化】 2017年，乐至县主要农作物耕种收综合机械化水平小麦69.75%、水稻67.59%、玉米37.1%、油菜50.31%。四大主要农作物耕种收综合机械化水平达56.2%。全年完成机耕面积81.2万亩，其中水稻机耕21万亩、玉米机耕20万亩、油菜机耕25万亩、小麦机耕15.2万亩；完成机播面积12.5万亩，其中机械插秧8万亩，玉米机播4.5万亩；完成机收34.3万亩，其中小麦机收12.3万亩、水稻机收17万亩、油菜机收5万亩。更新改造、维修改造提灌站112台次、3866千瓦，其中修复提灌站81台（套）、2670千瓦；落实规划新建、技改标美提灌站2座，装机3台、118千瓦；新增提水设备126台（套）、861千瓦。提灌机械出勤8341台次、7.09万千瓦，提水6340万立方米，保灌面积25万亩。完成新建机耕便民道37.2千米。投入农机购置补贴资金149.5万元，其中中央补贴资金36.25万元，购机农户自筹资金113.25万元；补贴各类机具共511台，其中稻米脱粒机械3台、插秧机2台、拖拉机3台、碾米机28台、秸秆粉碎还田机1台、玉米脱粒机59台、谷物收获机械10台、微耕机96台，受益农户和农机服务组织436户（个）。

【农村科技】 2017年，乐至县依托项目建设加大农业实用技术推广，引进推广水稻、油菜、玉米等作物优良品种52个；依托专合社和种粮大户，在宝林、盛池、中和、石湍等乡（镇）重点开展机播玉米、油菜直播、旱地新型两熟"油菜—玉米"轻简高效栽培示范和"稻—麦（稻—油）"两熟全程机械化示范等新技术、新模式示范推广，面积达1.2万余亩。建立玉米、水稻等两大作物粮油绿色高产创建4万亩，实现粮油增产293.6万千克，增加产值667.08万元。其中，建立优质玉米高产示范区2万亩，平均亩产415.3千克，较非项目区亩增产31.3千克，增长8.15%，累计增产62.6万千克，累计增加产值112.68万元；建立水稻高产高效示范区2万亩，平均亩产609千克，较非项目区亩增产115.5千克，增长23.4%，累计增产231万千克，累计增加产值554.4万元。

高标准农田建设。2017年高标准农田建设任务为4.16万亩，完成6.65万亩，完成率159.8%。项目汲及通旅镇、宝林镇、劳动镇等6个镇28个村。整合了2016年农业综合开发高标准基本农田建设增量、存量项目和2016年省级粮食生产能力提升工程高标准农田建设项目、2016年现代农业生产发展（水稻）产业项目、2016年土地整理项目。总投资11047.52万元，其中财政投资10420.02万元、社会投资627.5万元。完成田型调整1.68万亩，新建排灌渠道41.84千米、水源工程575（口、座）、机耕道15千米、生产便道257.06千米，开展地力培肥6.65万亩。

开展了以"绿色发展 脱贫奔康"为主题的科普活动月活动、以"科技强国 创新圆梦"为主题的科技活动周活动，活动期间，培训农民8000余人次，发放科普书籍4000余册（本），发放科技资料21000余份，接受群众咨询1300余人次，为群众义诊650余人次。围绕区域优势特色产业发展，全县共选派农业科技特派员60人次以上。截至2017年年底，全县获批市级农业科技园区达9个。科技知识产权部门动员和鼓励农牧业有限公司、农民专业合作社、家庭农场和农民个人申请农业发明专利23件，申请农业实用新型专利证书50余件，已授权农业实用新型专利证书33件。积极筛选农业企业申报省科技厅项目，争取国家、省级资金支持。四川帅青花椒开发有限公司的"青花椒深加工技术应用研究与产业化推广"项目、四川外交家酒业有限公司的"桑葚酒加工关键技术研究及产业化示范"项目、四川红旗丝绸有限公司的"蚕桑集成技术研究及示范推广"项目获得科技厅项目资金支持。

【农村教育】 2017年，乐至县加大政府投入，新（改、扩）建乡（镇）中心幼儿园园舍已投入使用。新建的大佛镇中心幼儿园、通旅镇中心幼儿园以及改（扩）建的石湍镇中心幼儿园、全胜乡中心幼儿园于9月全面投入使用。在全县范围内开展普惠性民办幼儿园的认定工作，认定三星蓝精灵幼儿园等6所普惠性民办幼儿园。开展县幼、县二幼结对帮扶乡（镇）中心幼儿园工作。

义务教育。采取切实有效的措施狠抓控辍保学。积极采取多种措施，有力推进义务教育均衡发展工作，保障教育经费投入，设施设备全部采购安装到位。乐至县顺利通过省政府教育督导委员会督导评估，创建为"义务教育发展基本均衡县"。

特殊教育。积极组织实施特殊教育三年提升计划,全县"三残"儿童入学率达94.7%。

将"村小圆梦"工作落实到4所学校(童家镇刘痣垭村小学、高寺镇陈毅红军小学、宝林镇半边庙村小学、东山镇朝阳观村小学),给各村小送去急需的各种设施设备。组织各乡村学校少年宫参加了乐至县第三届"新华文轩"中小学生艺术节暨首届教育教学成果和学校少年宫成果展示活动,并对10所中央项目学校少年宫和自建乡村学校少年宫开展2017年年度考核,将34万元中央项目少年宫年度考核经费和自建乡村学校少年宫运行经费拨付到校。大力实施招生制度改革。全面实行义务教育免试就近入学、城区小学划片招生,乡(镇)学校实行按户籍所在地入学。继续执行进城务工人员随迁子女根据自愿就近参加高考政策。

教育助学。减免家庭经济困难在园幼儿保教费目标任务1290名,实际完成1482名,完成目标任务的114.88%;对义务教育阶段学生全部免除学杂费、免费提供教科书和作业本目标任务49880人,实际完成55925人,完成目标任务的112.12%;对家庭经济困难寄宿学生发放生活补助目标任务4700人,实际完成5364人,完成目标任务的114.13%;中职学校招生目标任务2100人,实际完成2104人,完成目标任务的100.19%;免除除艺术类相关表演专业外的中职学生学费目标任务2671人,实际完成3060人,完成目标任务的114.56%;为普通高中家庭经济困难学生发放国家助学金目标任务2350人,实际完成2693人,完成目标任务的114.6%;免除家庭经济困难高中学生学费目标任务1600人,实际完成1796人,完成目标任务的112.25%;为中职学校家庭经济困难学生发放生活补助目标任务403人,实际完成432人,完成目标任务的107.2%;资助2016年及以后新入学的建档立卡贫困家庭本专科学生目标任务83人,实际完成116人,完成目标任务的139.76%;资助建档立卡贫困家庭中职学生目标任务99人,实际完成147人,完成目标任务的148.48%。

改善办学条件。一是积极争取上级对教育的专项资金补助12109.92万元,其中农村中小学校舍维修改造资金1028万元,农村中小学公用经费补助资金4154万元,寄宿贫困生生活补助资金526万元,职业教育免学费资金570.65万元,中职国家助学补助金79.18万元,职业教育质量提升资金477万元,中职能力建设112万元,学前教育中央奖补资金398万元,义务教育免作业本费94万元,义务教育均衡发展专项资金911万元,普通高中助学金426.64万元,普通高中免学费资金69万元,普高公用经费347.28万元,普通高中助学金418.81万元,三儿资助省级资金42万元,建档立卡贫困资助82.86万元,校园足球发展省级资金22万元,藏区"9+3"经费5.5万元,宝林中学运动场建设市级补助15万元,中央彩票支持乡村少年宫34万元,扶持民办教育发展资金17万元,中央预算类资金2000万元,中央彩票公益金280万元。

【农村文化】 2017年,乐至县建成乡(镇)全民健身中心2个、农民体育健身工程7个,贫困村体育健身运动场1个,配置健身设施1套。有贫困村文化活动室22个、基层文化综合文化服务中心210个;25个乡(镇)农家书屋"交换站"与602个村农家书屋出版物补充更新工作已经全面完成并通过验收;2014—2015年17个脱贫村文化室建设全面完成。完成了100个村级广播(包括省下达的2017年广播"村村响"民生工程建设30个)覆盖网升级改造和371个村(社区)广播前端收转控制适配器的升级更新任务。全县乡(镇)综合文化站、村(社区)文化活动室、农家书屋、文体广场、体育场馆全部实施免费开放,已接待群众510余万人次。放映公益电影7224场次,受益群众150余万人次。组织人员到良安、劳动、宝林、全胜、孔雀、放生等乡(镇)进行农村体育工作指导,开展"送文化体育下乡"活动。

农家书屋建设。建有乡(镇)农家书屋交换站25个、绿色公益网吧电子阅览室25个、农家书屋602个、社区书屋32个、寺庙书屋4个、学校书屋109个,宽带进村项目为每个农家书屋配置电脑1台,共计602台。

文物保护。开展全国文物保护单位安全大排查工作,排除安全隐患76个,实现级别文物安全检查全覆盖。完成文物"四有"保护的相关工作,为国家、省、市三级文物保护单位统一制作标准规范的文物保护标志碑、界桩。国家级文物保护单位睏佛寺摩崖造像、市级文物保护单位蟠龙石匣寺落实专人守护。文物保护单位"科技兴安"监控摄像头安装工作已经全面完成。成资潼高速公路沿线文物勘查工作全面完成。已经完成蟠龙石匣寺申报省级文物保护单位的相关工作。14个第一批乐至县非物质文化遗产项目申报成功,已认定和正式公布。

广播影视事业。完成100个村级广播(包括省下达的2017年"广播村村响民生工程"建设30个)覆盖网升级改造和371个村(社区)广播前端收转控制适配器的升级更新任务,项目验收合格并交付使用。指导各乡(镇)和村按照要求对本地的广播故障进行了排查,25个乡(镇)利用村(社区)公共服务运行经费普遍对农村广播设备和线路进行了维修和更新。

【农村卫生】 2017年,乐至县共设置25个乡(镇)卫生院(中心卫生院),其中一级甲等综合性医院5所,编制床位954张;770个村卫生室均达到规范化建设标准,有乡村医生895名。村卫生室阵地有国家建设、村委提供和自有房屋3种形式,主要承担基本公共卫生服务、基本医疗服务和计划生育服务任务,全县村卫生室医疗业务管理由所在地的乡(镇)卫生院(中心卫生院)代主管局进行属地化管理。

【农村法制建设】 2017年,乐至县结合新农村建设工作,由县委农办、县民政局牵头,组织各乡(镇)在具备条件的行政村开展农家大院建设。按照"1+10"普法宣传活动的要求,由各"法律七进"牵头部门和"1+10"普法宣传活动责任部门组织,各乡(镇)选择适宜时间节点,通过发放资料、文艺演出、院坝会等形式开展农村普法宣传活动。

【农村交通】 2017年,乐至县累计争取项目资金2755.71万元,完成交通建设投资约36944万元。全年乡道通车里程达257千米,通村公路建设里程达2300千米,建制村通水泥路率比"十二五"期末增加61%。

争取建设项目资金稳中有升。全年争取到项目资金2755.71万元,增长5.6%。其中,公路安保工程(路侧护栏)省补资金142.31万元,危桥改造车购税补助资金278万元,农村公路路网改善工程车购税补助资金60万元,取消政府还贷二级公路中央、省补助资金1274万元,通村硬化路建设车购税补助资金216万元,窄路基路面改造车购税补助266.4万元,农村公路安全生命防护工程建设车购税补助94万元,农村公路改善提升工程省补资金425万元。

成资渝高速公路建设进展顺利。成资渝高速公路乐至段全长19.78千米,涉及5个乡(镇)19个村。涉及成资渝高速公路乐至段的杆管线已开展全线摸底排查,需搬迁农户280户,已签约229户,签约率82%。征地拆迁、管线搬迁以及施工临时设施建设等工作按计划全面推进。

县、乡道路改造实现重大突破。完成古乐路、板永路、和大路、金乐路Ⅰ标改建项目，总里程约47千米，完成投资约8400万元；完成通旅—雁江回龙界、高寺镇—凉水、中天—雁江中和界乡道加宽改建项目，总里程约14千米，完成投资约600万元。金乐路Ⅱ标、乐一路、蓬乐路、宝放路、放高路等5条县、乡道路改建工程已全面铺开，总里程约60千米，总投资约1.2亿元。童乐路、大敖路、朝阳互通、县道板永路、龙太路、简双路等县、乡道路改建工程已完成招标代理，编制环评、水保建设方案。

安全隐患整治项目稳步推进。蟠龙大桥加固工程已建成通车，投资102万元；三星桥危桥重建工程已建成通车，投资218万元；中天镇叶家坝渡改人行桥工程（桥长54.5米）、桂花渡改桥新建工程（桥长36.88米、改建桥两端路面125.519米）2处渡改桥建设加紧施工。

通村联网道路建设完成规划。2017年计划实施“县与县”“镇与镇”“村与村”之间村道断头联网路112千米。项目计划已完成，进行现场踏勘设计工作，部分路段进行施工作业。

【农村社会保障】 2017年，乐至县居民养老保险参保覆盖30.39万人，占市下达参保覆盖目标任务28.78万人的105.59%，占县下达民生实事目标任务29.5万人的103.02%；缴费13.52万人，占县下达民生实事目标任务13万人的104%。城乡居民养老保险待遇领取人员中持卡人数13.75万人，已使用社会保障卡领取养老待遇人数10万人，在待遇领取人员14.36万人中使用率达69.6%。

【农村生态建设及环境保护】 2017年，乐至县编制了《阳化河流域乐至段污染综合治理总体方案》，分年度实施（2016—2021年），共涉及流域内饮用水水源地环境污染防治、城乡生活污染源治理、工业污染源治理、畜禽养殖污染源治理、流域生态治理5个方面19个项目的治理工作。高寺镇、童家镇、中天镇垃圾转运站主体工程已完工并投入运行，高寺镇污水处理厂进度正常推进。编制了《阳化河流域鄢家河环境综合整治总体实施方案》，从饮用水水源地保护工程、农村生活污水处理设施建设工程、鄢家河流域生态修复工程、生活垃圾无害化处置工程、环境宣传项目等5个方面实施流域污染治理，项目按照年度实施方案开工建设。编制了《乐至县小阳化河水体修复治理方案》，已通过专家评审，积极对接上级部门，争取项目资金，通过工程项目实施为阳化河流域乐至段出境水质达标提供了有力保障。强力推进乐至县18个乡（镇）污水处理厂建设。全县集中式饮用水水源地调整划定技术报告已通过专家评审，按程序报送上级政府审批，按照现有划定成果已开展饮用水水源地污染源排查工作，同步开展全县饮用水水源地保护区规范化建设工作，逐步实现全县饮用水水源地水质达标任务。

【农产品质量安全监管】 2017年，乐至县扎实推进省级农产品质量安全监管示范县创建，县政府与25个乡（镇）签订了农产品质量安全监管责任书，乡（镇）与村、主要农产品生产基地签订责任书、承诺书，确保责任落实到位。加强对果蔬生产基地农产品快速定性抽检，对全县25个乡（镇）种植蔬菜、水果、食用菌的生产基地、专合组织、龙头企业、家庭农场、农户等进行县级农产品质量安全例行抽检，全年共抽检样品1195个，合格样品1195个，样品合格率100%；25个乡（镇）开展农残抽样快速定性检测5026个，合格率达98%以上。全年接受省级例行抽检农产品样品176个，市监督性抽检样品29个，全县省级例行抽检合格率为98.9%，全县农产品质量安全状况达到市农业局下达的农产品合格率考核指标；加强动物卫生监督管理，积极开展“动物移动严管行动”，共检查兽药生产厂家6个次、饲料生产厂家5个次，检查兽药经营门市753个次、饲料经营门市618个次，产地检疫生猪22.4468万头、牛（羊）1.1874万头（只），屠宰检疫生猪22.5236万头、牛（羊）0.0483万头（只）。进一步加大对农资市场的检查力度，全年共出动执法人员298人次，执法车辆97台次，检查农资场镇167个次、农资门市552个次，责令改正58人次。加强农业投入品监管和质量检查，严格质量监督，全县共抽检种子样品349个，鉴定水稻品种纯度92个、玉米品种纯度132个，检查农药品种68个、农药标签72份，联合送检肥料样品6个；全县范围内检测盐酸克伦特罗、莱克多巴胺和沙丁胺醇共1.6752万头份，新型五联卡检测22个养殖场生猪72头份、肉羊30只份、肉牛4头份，共106头份，规模养殖场实施生猪无害化处理5397头，畜禽无害化处理数量5431只，无害化处理率达100%；屠宰厂（场）生猪无害化处理154头，无害化处理率100%，产地检疫和屠宰检疫申报率100%，检疫受理率100%，全县动物及动物产品的产地检疫、屠宰检疫、运输检疫、市场检疫率均达100%。加强水产品质量安全监管，与重点水库水产养殖户、水产专业合作社、水产养殖大户、水产家庭农场签订了《水产品质量安全承诺书》，明确了水产养殖户在生产中的主体责任，增强了主体责任感；全年共组织出动检查车辆20台次，出动执法人员150人次，检查水产养殖单位60余个。全县全年未发生大的农业生产安全、农业投入品安全责任事故和坑农害农事件。

【农村留守儿童帮扶】 2017年，乐至县开展留守儿童迎新春文艺会演活动。为让参加留守儿童才艺公益班的小朋友展示一年来在妇女儿童活动中心的才艺学习成果，1月4日，县妇联主办、县妇女儿童活动中心承办了“留守儿童迎新春文艺会演”活动。该次活动共吸引70余个家庭共计100余人参与。

开展亲子欢乐汇活动。3月4日，县妇联在妇女儿童活动中心开展了“亲子欢乐汇”活动，来自天池镇的20对母子（女）参加了该次活动。

开展庆“六一”关爱留守儿童暨“情寄留守 爱暖童心”活动。5月26日，县妇联携同爱心家长深入精准扶贫联系的孔雀乡八角庙村开展庆“六一”关爱留守儿童暨“情寄留守 爱暖童心”活动。活动邀请星起源艺术中心的孩子们为留守儿童带来街舞和武术表演。该次活动县妇联为留守儿童送去了书包、文具盒、水杯、钢笔等价值2000余元的文具用品，发放禁毒防艾、儿童保护手册、家长防护手册、未成年人保护法等宣传资料500份。爱心家长为孩子们准备了食物和玩具。

开展“快乐起航”公益夏令营。7月10日—28日，乐至县“快乐起航”公益夏令营开营仪式在县妇女儿童活动中心开营。来自西南石油大学助学励志协会的志愿者们设计了英语、绘画、诗歌朗诵、环保、爱心运动会、逃生演练、健康卫生、手工制作等丰富多彩的课程和活动，让来自县城区的40名留守儿童在玩耍中学习，度过一个愉快而有意义的假期。

开展暑期趣味课堂。7月17日，西南石油大学以乐至心支教队一行8人到乐至县八角庙村，为八角庙村留守儿童带去绘画、音乐、益智游戏等暑期趣味课堂，八角庙村20余名留守儿童参加了该次趣味课堂。

开展“恒爱行动——百万家庭亲情一线牵”活动。11月，乐至县妇联争取到市妇联“恒爱行动”爱心毛线125千克，召集爱心妈妈、爱心姐姐195名为新疆塔城地区的困境儿童编织爱心毛衣。爱心妈妈、爱心姐姐把不同颜色的毛线编织成了款式新颖、图案别致的爱心毛衣，为孩子们带来了冬日里的温暖。乐至县除挑选出190件精品毛衣

寄往新疆塔城地区外,还将剩余的毛衣在春节前全部送到孤残困境留守儿童手中,让孤残困境儿童度过一个愉快的春节。

开展春节送温暖慰问活动。春节前,结合“走基层、送温暖”活动,慰问联系贫困村龙凤村和八角庙村10个贫困儿童,为其送去春节的慰问。争取到关工委慰问资金8000元,慰问了8名特困儿童。

【劳务开发与返乡创业】 2017年,乐至县抓好对返乡农民工就业创业的宣传引导,增强社会各界对返乡农民工的理解和支持,促使返乡农民工积极就业创业。利用电视、报刊、网络等宣传媒体,加大对返乡农民工创业政策的宣传力度,宣传一批返乡农民工自力更生、就业创业先进典型和成功经验,引导返乡农民工尽快由“打工者”向“创业者”的角色转换。对农村中涌现出的返乡创业成功典型和有影响力的农村经纪人进行大力表彰,使其在广播有声、电视有影、报纸有文,增强其自身的社会影响力,以带动更多的返乡农民工积极创业。乐至县青年众创、乐至县乐苣科技公司分别获得“资阳市返乡下乡创业示范企业”称号。

【主要领导人】 县委书记:彭洪;县人大常委会主任:黄廷跃;县长:彭玉秀;县政协主席:曾祥;分管农业副县长:管昌平。

乐至县编写组

阿坝藏族羌族自治州

【基本情况】 2017年,阿坝藏族羌族自治州辖13县2219个乡(镇)1354个行政村,辖区面积84.242平方千米,人均耕地面积1.36亩,基本农田120.3万亩。年末总人口91.5万人(户籍人口)。全州耕地有效灌面和保证灌面分别达到耕地总面积的23%和35%。有林业用地422.19万公顷,森林覆盖率24.2%。

2017年,全州GDP295.16亿元,增长3.3%,其中第一产业增加值48.2亿元,增长3.3%,农、林、牧、渔及农林牧渔服务业之比为28.76:6.57:59.5:0.07:5.1;第二产业增加值114.05亿元,增长6.3%;第三产业增加值235.72亿元,减少26%。三次产业对经济增长的贡献率分别为12%、80.8%和7.2%。全年接待游客2909.58万人次,实现旅游收入235.72亿元。

公路通车里程13246.806千米,其中乡村公路336.468千米。社会消费品零售总额85.81亿元,增长2.3%。地方公共财政预算总收入完成26.81亿元,减少17.7%。全年农业保费收入6.33亿元,增长20%;处理各项赔款和给付金额23000万元,减少8.9%。完成农业产业化项目4个,完成投资289323万元。农业产业化龙头企业国家级、省级、州级、县级分别为1个、12个、20个、9个。

有各类学校189所,在校学生117846人,教职工11335人,其中普通高校1所,在校本(专)科学生8080人,增长2%;普通中学55所,在校学生43334人;小学243所,在校学生629111人;学龄儿童入学率99.75%,提高0.3个百分点。完成省级以上科技成果2项,2项科技成果获得省级及以上科技进步奖。有艺术表演团体1个,文化馆14个,公共图书馆14个,博物馆8个。有卫生机构1656个,病床位4551张,卫生技术人员6316人。新型农村合作医疗参合人数67万人。

【年度农业和农村经济运行】 2017年,阿坝藏族羌族自治州出台了乡村振兴规划、政策。实现农业总产值72.48亿元,增长3.3%;农业增加值48.17亿元,增长3.3%。农(牧)民年人均可支配收入4059元,其中种植业实现人均可支配收入1844元,畜牧业实现人均可支配收入2215元。在粮食、生猪、蔬菜生产中,科技投入的占比为12%。全州农产品质量抽检合格率比年初提高8个百分点;建成496个基层农业综合服务站。全年水产品产量150吨,增殖放流各类鱼苗103万尾。继续推进农村电网的改造和建设,基本解决农村低电压问题。

农用地产权制度改革。全州农村土地承包经营权确权登记颁证基本完成,共实测承包地62.74万块、108.45万亩。完善基本草原划定工作,在阿坝县和黑水县开展了草原确权承包登记颁证试点。统筹政策、项目、技术等要素加强对新型经营主体的扶持培育,积极推进特色产业基地串点成线、连线成片、集聚成块。积极推进农村土地所有权、承包权、经营权“三权分置”,基本完成农村土地承包经营权确权登记颁证和草原确权承包颁证试点工作,土地经营权逐步向现代农业示范园、新型经营主体集中。积极探索“土地入股、保底收益、市场分红、返租倒包”利益联结机制,大力发展专业合作社和家庭农场(牧场),“龙头企业+专合组织+基地+农户”产业体系不断深化。全州1354个行政村,建成农村集体经济组织541个,实现经营性收入1748万元。

农产品品牌战略实施。“净土阿坝”品牌获得“2017年全省十大优秀农产品公共品牌”称号,全州13个县整体通过无公害农产品基地认证,3个县创建为农产品安全监管示范县。全年举办县级以上农旅活动近20个。推动三次产业融合发展,打造“净土阿坝”品牌,坚持请进来与走出去相结合,召开旅游推介会,组织参加西博会、农博会,充分利用媒体平台宣传推介“净土阿坝”品牌,切实提高知名度和美誉度。理县积极构建以州级“净土阿坝”公共品牌为核心的农产品品牌,有

2017年阿坝藏族羌族自治州省级示范农民专业合作经济组织

合作组织名称	注册资金(万元)	法人代表	示范等级	年度产值(万元)	主营产品
九寨沟县鑫海种植专业合作社	888	毛海平	省级	580	李子、蜂蜜、辣椒酱
金川县沙尔乡洪才生猪养殖专业合作社	150	杨洪才	省级	50	生猪养殖、销售及提供相关技术咨询服务
小金县林海养殖专业合作社	600	罗开顺	省级	134	野猪肉
理县态康养殖专业合作社	45	施永康	省级	60	生猪
茂县园丰羌脆李种植专业合作社	2809	周利华	省级	520.5	青脆李
汶川绿康跑山鸡养殖专业合作社	500	唐武君	省级	134.7	跑山鸡

2017年阿坝藏族羌族自治州家庭农场经营情况统计表(前10位)

家庭农场名称	注册资金(万元)	法人代表	年度产值(万元)	主营产品
理县丰硕家庭农场	160	张春明	14	家禽、牲畜、蔬菜、水果
理县九龙湖中蜂养殖家庭农场	100	李军	8	中蜂
茂县南庄雅李苑家庭农场	200	付德志	250	青脆李
黑水县戈基家庭农场	50	刘满	15.24	果蔬菜、牲畜、餐饮住宿
松潘县扎西桑波家庭农场	600	亢中礎	30	牲畜、中药材、蔬菜
金川县益翔农场	40	屈礼章	4	果蔬种植、牲畜养殖
小金县国慧家庭农场	60	代安国	2.5	中蜂蜜
马尔康县彩仁吉家庭农场	80	胡宗明	8	蜜蜂
汶川县果果多优态家庭农场	600	朱泽恩	4.4	甜樱桃、青红脆李
汶川县两股齐家庭农场	100	蒲富花	15.41	甜樱桃、青红脆李、肉牛

69个专合组织建立了农产品质量追溯体系。积极开展"三品一标"认证,理县甜樱桃、红富士苹果2个产品获得绿色农产品认证,松茸、羊肚菌等8个农产品获得无公害农产品认证,理县大白菜、卡子核桃获得国家地理标志认证。汶川县无公害、绿色、有机、地理标志、地理证明商标农(畜)产品达14个,种植业"三品一标"生产面积占食用农产品生产总面积的68%,汶川品牌影响力不断提升。

现代农业园区建设。全州以"三微""三态"建设为统领,把"三区十二大八配套"产业基地建设与产业扶贫工作有机整合起来,着力加强产业结构调整和扶持力度,大力推进产业提质增效、强基固本。加强产业示范园区建设,促进建立涉农项目资金县级统筹整合平台,推动特色产业基地连片集中发展;加强技术创新,促进产业基地提质增效;加强"微田园"建设,建成标准化养殖小区(场)21个、农(牧)业标准化示范基地4个、现代家庭牧场55家;加强地方优良农畜品种资源的保护和开发利用,指导25个保种场、繁育场做好标准化示范。重点推进黑水、理县、汶川、阿坝果蔬间套作标准化种植连片示范区、甜樱桃规模化种植连片示范区、猕猴桃标准化种植万亩示范区、蔬菜标准化种植及食用菌规模化生产为一体的全省现代农业示范园区等4个万亩连线成片的现代农业示范区建设。建成水果、蔬菜、菌类、酿酒葡萄等单一产业型标准化基地64个,面积5000亩;果菜套作复合种植型核心示范基地12个,面积1.2万亩;农旅结合型休闲农业示范基地14个,面积1万余亩;建成粮油高产示范展示区10.1万亩。

【林业】 2017年,阿坝藏族羌族自治州进一步树立"绿水青山就是金山银山"的发展理念,认真实施退耕还林等重大生态保护建设工程。全年实施草原生态奖补政策管护草原5765万亩,治理草原沙化18万亩,牲畜超载率下降至10%。基本形成了耕地地力评价体系,建立产地环境监测预警点109个,病虫害绿色防控推广面达20%以上。

【畜牧业】 2017年,阿坝藏族羌族自治州出栏各类畜禽264.5万头(只、羽),肉类总产量9.2万吨,增长4.5%;奶产量12.4万吨,增长2.1%。

【新村建设】 2017年,阿坝藏族羌族自治州完成马尔康、小金等9个县(市)第三轮幸福美丽新村示范县建设任务,累计建成幸福美丽新村683个,建成省级"四好村"34个、州级"四好村"256个、县级"四好村"397个。《阿坝州乡村振兴战略发展规划》制定工作有序推进,计划用3年时间构建起全州乡村振兴战略的工作格局。

【扶贫攻坚】 2017年,阿坝藏族羌族自治州马尔康市、汶川县、理县、茂县实现脱贫"摘帽",239个贫困村退出,30311名贫困人口稳定脱贫。截至2017年年底,全州贫困人口从2013年年底的10.4万人减少到2017年年底的2.19万人,贫困村从2013年年底的606个减少到2017年年底的241个,贫困发生率从14.5%下降至3.06%。全州在全国率先启动了生态扶贫工程,统筹整合资金1.76亿元,大力开发生态公益性岗位,确保所有建档立卡贫困户每户至少有1名符合条件的劳动力通过生态公益性岗位就业,使贫困人口从生态保护中得到更多实惠。

【乡村旅游】 2017年,阿坝藏族羌族自治州围绕全州丰富的生态文化旅游资源,以知名景区、景点和主干公路沿线为依托,大力推进生态、业态、文态和微景观、微田园、微环境的"三态""三微"建设,广泛举办不同规模的乡村旅游节庆活动,推进田园变公园、农房变客房、农畜产品变旅游商品,实现农旅融合、"三产"联动。截至2017年年底,发展休闲农业园200余个、农(牧)家乐2000余家,实现休闲农牧业综合收入10亿元以上,带动兴起了一大批农(畜)产品包装储运、物流配送、线上线下经销店等。

【农村水利】 2017年,阿坝藏族羌族自治州新增有效灌面4.24万亩,提升改造农村饮水安全工程2630处,整治农田6.2万亩,建设高标准农田15万亩,建成牲畜暖棚28471户,建设人工草地309万亩。

【农业机械化】 2017年,阿坝藏族羌族自治州有农机化服务组织27个,农机户3.5万人,乡村农机从业人员4.2万人。全年机耕61.8万亩、机播13.2万亩、机收13.4万亩、机电灌溉20.2万亩、机械植保38.6万亩,农机化服务组织作业面积3.5万亩。农业机械总动力77.45万千。有农用大中型拖拉机1.27万台,小型手扶拖拉机1.71万台,大中型拖拉机配套农机具0.57万台,联合收获机25台。农村便民机耕道达7409千米,其中新修260千米、改建370千米。

【农村科技】 2017年,阿坝藏族羌族自治州全力推进新品种试验示范,服务现代农牧业发展。开展马铃薯、胡豆、辣椒、芥蓝、大白菜和番茄等新品种引种试验。完善高产奶牦牛新品系选育基地基础设施建设,开展高产奶牦牛新品系生理指标测定。"犏牛高效生产技术培训与示范""藏鸡专门化品系选育研究""阿坝州藏鸡种质资源保护与生态养殖产业关键技术研究示范""优质牧草引种栽培试验"等科研项目有序推进。马尔康市松岗镇哈飘村建设新品种选育试验地30亩,开展青稞新品种、亚麻新品种选育及玉米、麦类、马铃薯、莴笋等农作物科研试验,选择优质适宜品种在当地推广种植。茂县营盘山川西北特色果蔬新品种引种育种示范园建设标准化基地50亩,从中国农科院郑州果树研究所等多家省内外科研机构引进梨、甜樱桃、苹果、李子等6个树种、40余个特色水果新品种和20余个蔬菜新品种,从中筛选出适

宜岷江干旱河谷高半山种植且具有广阔市场前景的特色果蔬品种，进一步加大产业结构调整力度。

【农村生态建设及环境保护】 2017年，阿坝藏族羌族自治州加强绿色防控，实现农药消耗负增长，开展实蜂、果蝇、夜蛾、小菜蛾等病虫害绿色防控和统防统治试验示范推广。实施土壤改良有机质提升工程，试验推广微生物改良土壤有机质提升技术。强化草原生态保护，确保草原生态平衡，全面推行草原划区轮牧休牧、草畜平衡、基本草原保护制度。加强养殖粪污处理，科学划定禁养区域，推进农牧业种养循环，推行林下种养殖等畜禽粪便综合利用、农作物秸秆综合利用等绿色生态生产技术。严格生产流通监管，确保农产品质量安全，加强农产品质量安全监管，严格农作物产地检疫，严格畜禽屠宰检疫及兽药饲料管理，加强农药抽检及动物疫病防控。

【农村市场体系建设】 2017年，阿坝藏族羌族自治州有自属商标生产经营主体165个，直营店、体验店、展示店300余个，农产品包装销售率达30%以上。突出“三态”融合、“三微”联动，依托休闲农业园发展农家乐、牧家乐2000余家，实现休闲农业收入超过5亿元。纵深推进电子商务和互联网发展，大力发展现代农产品加工、冷链、储运、配送、商务等信息平台，农业电商销售企业达20余家，农产品网上交易额达2亿元。

【农产品质量安全监管】 2017年，阿坝藏族羌族自治州13个县(市)获得无公害农产品产地整体认定，认证绿色产品、有机农产品基地7.5万亩，无公害畜产品产地9个。认证无公害农产品41个、绿色食品50个、有机农产品3个、地理标志农产品10个，农产品质量安全抽检合格率在99%以上。马尔康市在蔬菜种植中注重质量，大量购买羊粪等农家肥提高了产品品质，其产品深受市场青睐；汶川县率先在全州引进畜禽粪污“异位微生物发酵处理”和“罐装式发酵生产有机肥”设施设备，畜禽粪污资源化利用率达95%以上，全县秸秆综合利用率为85%，地膜回收利用率为80%。

【主要领导人】 州委书记：刘作明；州人大常委会主任：谷运龙；州长：杨克宁；州政协主席：尼玛木；分管农业副州长：蔡清礼。

阿坝藏族羌族自治州编写组

马尔康市

【基本情况】 2017年，马尔康市辖10乡4镇，辖区面积6626平方千米，其中耕地面积9.59万亩，比上年减少0.7%。年末总人口5.57万人(户籍人口)，增长0.4%；人口出生率7.74‰，减少3.8个千分点；人口自然增长率4.94‰，减少2.43个千分点。本地水资源总量37.87亿立方米，人均占有水资源量63328立方米。有林业用地43.14万公顷，有林地面积18.71万公顷，活立木总蓄积量4300万立方米，森林覆盖率34.28%。

2017年，全市GDP25.83亿元，增长4.5%，其中第一产业增加值2.37亿元，增长3.3%，农、林、牧、渔及农林牧渔服务业之比为25.59∶5.31∶63.8∶0.09∶5.21；第二产业增加值3.61亿元，增长3.5%(工业产值1.01亿元，减少29.7%)；第三产业增加值19.84亿元，增长4.8%。三次产业对经济增长的贡献率分别为7%、11.5%和81.5%。劳务输出8573人，收入24100万元。全年接待游客95.16万人次，实现旅游总收入80300万元，其中乡村旅游收入3496.43万元。

公路通车里程1402.37千米(其中国、省、县道575.1千米，乡村公路827.27千米)，密度2116.46米/平方千米，251.77千米/万人。社会消费品零售总额9.44亿元，增长9.3%。地方公共财政预算总收入完成2.01亿元，增长8.4%；公共财政预算总支出12.96亿元，增长11.4%。金融机构各项存款余额191.88亿元，比上年初增长14.1%；各项贷款余额74.13亿元，比年初增长7.1%。

有各类学校17所，在校学生3160人，教职工688人，其中普通中学1所，在校学生592人；小学16所，在校学生2568人；学龄儿童入学率99.17%，提高0.02个百分点。有艺术表演团体4个，文化馆1个，公共图书馆1个，博物馆1个。有卫生机构103个，病床位233张，卫生技术人员295人。农村居民医疗保险参保人数28209人，参保率98%；新型农村社会养老保险参保人数18471人，参保率75%；被征地农民养老保险参保人数832人，占总人数的0.014%。

【年度农业和农村经济运行】 2017年，马尔康市实现农业总产值3.89亿元，增长3.6%；农业增加值2.5亿元，增长3.4%。农民年人均可支配收入达12291元，增长10.04%。

2017年马尔康市主要农产品产量

主要农产品	单位	产量	同比(%)
粮食	万吨	0.9616	2.9
小麦	万吨	0.104	3.1
玉米	万吨	0.2708	1.1
马铃薯	万吨	0.2196	6.1
油菜籽	万吨	0.012	—
蔬菜	万吨	3.3286	-0.1
水果	万吨	0.077	-1.3
肉类	万吨	0.786	3.5
猪肉	万吨	0.2587	-0.5
牛肉	万吨	0.5152	5.8
羊肉	万吨	0.0049	14
禽肉	万吨	0.0072	与上年持平
禽蛋	万吨	0.0009	与上年持平
水产品	万吨	—	—
牛奶	万吨	1.0021	2.1

【种植业】 2017年，马尔康市农作物播种面积75298亩，其中经济作物种植面积3092亩，产量608吨；蔬菜基地种植面积12321亩，产量33077吨；粮食作物播种面积59885亩，产量9616吨。小春粮食作物播种面积1400亩，产量285吨；大春粮食作物播种面积58485亩，产量9331吨。其中，青稞基地播种面积11660亩，产量1335吨；马铃薯播种面积13982亩，产量2196吨。油菜生产基地播种面积1805亩，产量186吨。启动实施万亩中藏药材种植加工基地，已种植川红花1166亩，建立中藏药材种植示范基地200亩。认真探索“公司+合作社+农户+建档立卡贫困户”生产经营模式，重点打造脚木足乡白莎村400亩青脆李标准化生产基地，松岗镇丹波村13亩大棚蔬菜、温室灌溉设施续建工程，投入资金109万元。

【林业】 2017年，马尔康市天保森林管护面积209.02万亩，其中国有林管护面积108.35万亩、集体公益林管护面积100.67万亩。加强森林资源管理，实现林地保有量422449公顷，不超出限额采伐137321立方米，新增森林面积1.49万亩，新增森林蓄积47.8万立方米，森林覆盖率增加0.15个百分点。对各乡(镇)公益林管护进行检查验收并进行绩效考核，已完成兑现集体公益林面积100.67万亩，兑现补偿资金

1484.86万元。通过野生动植物保护宣传和执法检查等，巩固自然保护区管理面积31600公顷、湿地保护面积3014.76公顷。查处林业行政案件22件(其中森林公安22件)，查处率100%，罚款26.26万元，没收违法所得木材29.63立方米，没收毛冠鹿制品3件，补种树木155株，行政处罚22人次。

【畜牧业】 2017年，马尔康市各类牲畜存栏170901头(只、匹)，其中牛存栏118835头、马6480匹、羊6230只、猪39374头。各类牲畜出栏77165头(只)，增长4%，其中出栏肉猪35875头、肉用牛39076头、肉用羊2214只；出栏肉用家禽46780羽。肉类总产量7879吨，增长4%；禽蛋产量9吨；牛奶产量10021吨，增长2.1%。已完成1500头的松岗牦牛标准化养殖基地主体建设；在冬季蜂群5400箱保有量的基础上，建设了冬季蜂群保有量1万箱以上的阿坝中蜂扩繁基地，全市常年阿坝蜜蜂维持量在0.6万群以上，繁蜂期发展到1.2万余群，年生产蜂蜜60余吨。

【水产业】 2017年，马尔康市采购鱼苗共用资金12.6万元，共购回鱼苗73685尾，其中重口裂腹鱼13685尾、齐口裂腹鱼50000尾、大渡河裸鲤尻10000尾。与四川省水产研究所和马尔康金花冷水鱼繁育基地在脚木足河流域共投放川陕哲罗鲑115尾、大渡河裸鲤尻200余尾。开展马尔康市2017年天然水域增殖放流活动，将73685尾鱼苗投放至梭磨河中。发放宣传资料、宣传册共计360余份。

【统筹城乡与新型城镇化】 2017年，马尔康市完成5个国家级传统村落保护发展规划和《马尔康市海绵城市专项规划》编制工作，启动了马尔康市地下管网规划编制工作、马尔康市生态修复专项规划和城市修补专项方案编制工作和城市总规修编工作；村(居)民建房必须严格按照《马尔康市村(居)民建房管理办法》和《关于进一步加强城市规划区农村村(居)民建房建设用地和规划管理工作的通知》的规定办理。2017年正式为沙尔宗镇授牌；实施农房建设(藏区新居、农村危房改造、租赁住房补贴等)389户；加快推进市政基础设施建设项目12个，涉及资金约2.2亿元；高标准完成“幸福美丽村建设”和“厕所革命”建设项目，投资1140万元。

【农村扶贫和移民工作】 马尔康市是《四川省农村扶贫开发纲要(2011—2020年)》确定的高原藏区连片贫困县之一，也是全省45个深度贫困县之一，更是2017年四川省10个国贫“摘帽”县、阿坝州首批4个“摘帽”县之一。

精准识别摸准“底子”。探索建立了建档立卡户精准识别“十对比八排除”工作法，划出房、粮、衣、病等十条比选标准，排除有商品房、有小轿车、穿金戴银等八类人群，按照“农户申请、村组推荐、评议审查、审核公示”等程序，对全市农村居民进行拉网式排查、识别。经过4轮“回头看”和动态调整，最终确定了1008户、3764人、29个行政村为贫困对象，做到了贫困对象精准，有效避免了“大水漫灌”，真正做到“精准滴灌”。

高位规划编制“本子”。坚持扶贫规划与其他专项发展规划协调统一，制定《关于凝心聚力打赢脱贫攻坚战确保同步全面建成小康社会的实施意见》《“十三五”脱贫攻坚规划》，坚持因村制宜、因户施策，编制29个贫困村退出规划、1008个建档立卡贫困户脱贫计划，配套出台《马尔康市产业扶贫政策》《马尔康市卫生扶贫救助基金管理办法》《马尔康市教育扶贫救助基金使用管理实施细则》等政策，共同构成了新阶段马尔康市脱贫攻坚的总体设计、制度安排、政策措施和工作要求，创造性地开展脱贫攻坚工作。

对症施策开出“方子”。按照国家和省脱贫退出标准，立足全市贫困“六种表现”“八大原因”，逐一细化户脱贫“一上线”“两不愁”“三保障”“六有”“两无”14项指标，村退出“一下线”“五通”“两无”“七有”“五到位”“五加强”25项指标。统筹四川省22个扶贫专项计划，通过增加市本级投入、争取项目、对口援助、社会捐助等方式多元筹集资金，规范设立教育、卫生、产业、小额信贷“四项基金”，全力保证脱贫攻坚投入。

全年486户贫困户、1858名贫困人口实现脱贫，17个贫困村退出，贫困发生率下降至0.9%。全县“摘帽”高标准通过州级、省级考核验收和第三方评估。四川省考核验收组对全市脱贫攻坚工作给予了高度评价：马尔康市脱贫攻坚各项工作成效明显，人均收入超过国家扶贫标准线，都到达了“两不愁”“三保障”；走访乡(镇)均有标准中心校、有达标卫生院、有便民服务中心，达到贫困县退出“三有”标准，符合贫困县“摘帽”条件。

移民安置工作。稳步推进移民工作，以双江口、金川等电站为重点，全面推进水电开发工作，全力推进金川、巴拉电站“先移民，后建设”工作，双江口电站项目核准后，各项工作全面有序推进。积极推进白湾集镇企事业单位建房工作以及相关任务村组的工程实施，如期完成工程建设，脱贫“摘帽”任务取得阶段性成效。启动双江口水电站40户200人的移民搬迁分散安置工作，启动49户274人移民搬迁分散安置工作；完成英戈洛渣场6户33人继续过渡搬迁安置；白湾集镇企事业单位，包含中心校教学楼、综合楼，白湾乡人民政府，卫生院，法庭及派出所5栋楼，建筑面积8392.08平方米，场内硬化4030平方米，完善集镇管网、给排水等附属设施，与白湾乡人民政府积极协调外部环境，建房工作基本完成，脚木足集镇初步设计成果正在征求各方意见。

【乡村旅游】 2017年，马尔康市推进“一轴三沟”“国家全域旅游示范区”建设，加快毗卢遮那、大郎足沟、纳足沟、莫斯都沟等旅游基础设施建设，打造生态观光、避暑休闲旅游区。已建成国道317线梭磨河沿岸3镇1乡精品旅游村寨8个(梭磨乡马塘村、毛木初村，卓克基镇西索村、纳足村，马尔康镇英波洛村、邓家村，松岗镇松岗村、直波村)，市本级乡村旅游接待示范户60户，省级乡村民宿达标户7户，省级旅游扶贫示范村3个；市本级通过省州评定的星级农家乐(乡村酒店)共计21家(省级四星级农家乐1家、乡村酒店1家)，直接从业人员近600人，间接带动就业人员近千人。全年接待国内外游客95.16万人次，实现旅游收入80329.6万元。

【农村水利】 2017年，马尔康市投资370.5万元，完成4批次农村饮水巩固提升项目，涉及12个乡(镇)44个村；投资484.5万元，完成2批次的灌溉或维修养护项目建设，涉及3个乡5个村。完成邓家桥村泥石流治理工程(总投资300万元，新建堤防371米，河道清淤170米)。防洪治理工程项目共计投入资金3646万元，完成城区河道综合治理新建堤防2204.07米，松岗镇果足沟新建堤防601米，邓家桥新建堤防373.8米，松岗镇洛威村和丹波村泥石流治理1.5千米，清淤1.5千米。

【农业机械化】 2017年，马尔康市拖拉机拥有量为3689台，同各乡(镇)签订《农机安全监管责任书》，出动农机监理执法人员332人次，检查车辆36辆次，检查拖拉机255台次，查处无牌无证拖拉机55辆次、违法载人117人，按规章办理相关手续，整改率为100%；全年农机购机补贴资金共59.616万元，农户已申请购买拖拉机和耕整机15台。

【农村科技】 2017年，马尔康市以科技助推精准脱贫，建立专家服务

团队1个,人数23人,专家巡回服务次数22次,解决技术瓶颈问题7个;建立科技示范基地4个、面积260亩;培育科技示范户800户;建立新品种示范个数5个、面积16亩;示范新品种6个,示范粮油新品种种子30千克,示范新品种种苗400株。派驻45名农机员,统筹举办各种技能培训180场次、3316人次。

【农村教育】 2017年,马尔康市严格落实"一免一补""三免二补""两免一助"教育政策,十五年免费教育深入实施,建立从学前到高中的十五年免费教育保障体系。投资7000万元,招生规模为1200名小学生、210名学前教育学生的马四小和学前教育中心顺利建成,首期招收一年级新生90名、学前教育新生210名;投入资金2146万元,建成白湾乡中心校;投入资金2166万元,对13个乡(镇)中心校进行改造提升,调整配齐配全设施设备和教师,14个乡(镇)中心校均达到或超过乡(镇)标准中心校的标准。二是加强教育扶贫工作,在全面落实上级各项教育助学政策的基础上,市教育扶贫救助基金对农村居民家庭和城镇经济困难家庭全日制本专科(含中、高职)在读学生,每学年给予1000～2500元不等的资金资助,全年全市有1443名学生受益(其中建档立卡贫困家庭学生447人),有效地保障了贫困家庭学生"有学上、能上学、上好学",解决了因学致贫、因学返贫等问题。

【农村文化】 2017年,马尔康市投入资金88.02万元,对2934户广播电视进行改造升级。投入资金2018.7万元,新(改)造村党群活动室73个,完善配套设施,配齐设施设备,105个行政村党群活动均有固定场所。投入资金511.97万元,新(改)造村文化活动室73个,配备了图书和文化活动器材,农家书屋、农村广播"村村响""户户通"工程顺利实施。

【农村卫生】 2017年,马尔康市医疗卫生、疾病防控、妇幼保健、计划生育等公共卫生服务体系进一步健全。市人民医院成功创建二级甲等综合医院,与华西医院、省骨科医院等建立远程会诊、双向转诊、义诊巡诊机制,医疗服务能力和水平快速提高。投入资金205万元,新建白湾乡卫生院。投入资金1123万元,对13个乡(镇)卫生院、105个村卫生室进行改造提升,乡(镇)卫生院和村卫生室均达到规定标准要求。投入资金796万元,市妇幼保健院迁建工程基本完工;投入资金1334万元,市疾控中心综合楼顺利开工建设。华西医院等7个省内外医疗机构莅市开展义诊巡诊7场次。加大健康扶贫力度,"十免四补助"等健康扶贫政策全面落实,建档立卡贫困人口由财政代缴保费全部参加了医疗保险,市卫生扶贫救助基金实行特殊医疗救助,在市域内医疗机构住院费用个人自付比例控制在5%以内,在市域外医疗机构住院费用个人自付比例控制在10%以内,有效解决贫困群众"看得上病、看得起病、看得好病"等问题。

【农村法制建设】 2017年,马尔康市深入推进"七五"普法工作,被州委州政府评为"阿坝州法治示范市"。全面加强社会面防控、重点管控和情报信息等工作,进一步完善视频监控系统。加强社会治安综合治理,深入实施网格化管理,有效防止了治安案件的发生。严厉打击涉黑、涉毒等各种违法犯罪活动,深化破案攻坚行动,挽回群众经济损失310万元。

【农村交通】 2017年,马尔康市汶马高速加快建设,马尔康段全年完成投资16.5亿元,增长10%。省道220线日部至热足段改建工程前期工作基本完成,即将进行施工、监理、检测、跟踪审计招标工作。省道217线红原界至马尔康城区段公路改(扩)建工程前期工作有序推进。投资494.26万元,改造木尔宗乡通乡道路8.4千米。投入资金159万元,对省道220线日部至热足段、省道453线龙头滩至沙尔宗段、省道217线龙尔甲至大郎足沟段进行维修保畅全年投入资金7747.5万元,对通乡通村和入户道路实施改造,新建改造通村、通组道路218.56千米,入户道路44.9千米,新建、改造农村桥梁41座,新建通乡、通村、通组道路安保设施28.7千米。

【农村社会保障】 2017年,马尔康市省级划拨医疗救助资金301万元,州级划拨资金71.05万元,本级配套资金5.17万元。全市医疗救助共资助参保8210人、56.68万元,医疗救助1615人次,共计304.69万元(其中大病救助134人、63.82万元)。全市农村低保标准低限从每人每月260元提高到每人每月275元。全市有城乡低保保障对象5637户、9686人,共发放低保资金2432.76万元。开展临时救助119人次,共计12.67万元;开展受灾困难群众冬春生活救助工作,发放救助资金63万元,救助受灾困难群众2400余人。向建档立卡贫困户、城镇特困户、"五保户"、低保户、"三老"干部、基层老年协会及社会福利机构发放春节慰问金49.44万元。按照每人每年不低于300元的标准,为全市2500名(其中居家养老孝行通手机2092人,木尔宗乡腾古村14人,引进阿坝社工三镇试点394人)困难家庭的失能老年人和80周岁以上高龄老人提供居家养老服务支持,其中高龄老人831人,全年发放高龄津贴52.75万元。

【农村生态建设及环境保护】 2017年,马尔康市启动河长制工作,开展河流保护工作。一是设立8条市级河流(梭磨河、大渡河、木郎河、大郎脚河、绰斯甲河、木脚河、纳足河、砍竹沟河)。建立市、乡(镇)、村三级河长体系,共设置市级河(段)长21名(其中市委书记为第一总河长,市长为总河长)、乡(镇)级河(段)长64名、村级河长157名,已完成辖区内河湖名录,切实做到全市46条河流河长设立全覆盖,并建立"一河一档",实行专档管理。14个乡(镇)成立乡(镇)级河长制工作领导小组,并设立河长制办公室。二是出台了《马尔康市全面推行河长制工作实施方案》和《2017年河长制工作要点和任务清单》,制定《马尔康市河长制会议制度》《马尔康市河长制巡查制度》《马尔康市河长制工作督察制度》《马尔康市河长制工作提示约谈、通报制度》等11项工作制度及办法,落实了市河长办、24个市级部门和各乡(镇)的河长制工作。三是巡河制度累计执行13300余次,其中市级河长巡河130余次、乡级河长巡河1000余次、村级河长巡河12000余次,发现问题63个,整改完成63个。集中力量开展涉河问题整治,依法撤出抽采砂设施设备,撤出抽砂船只6条;共清理河道侵占点8处,有效排除行洪安全隐患;对全市64个砂石加工点及堆砂点进行防尘覆盖,并组织打围,实现全市砂场规范堆放,基本达到环保要求。

马尔康市组织开展环保问题"大排查、大整治"行动。加强扬尘治理,对汶马高速、城区工程、双江口水电站工地和公路沿线砂石加工场实施扬尘专项治理,督促业主单位和施工企业采取遮盖措施。加强饮用水水源保护,整治污水乱排等问题。对污水处理厂进行技改,提升处理能力,基本实现达标排放。对垃圾填埋场进行综合治理,覆盖表面,治理渗漏,消除环境安全隐患。

【农村电子商务】 2017年,马尔康市立足服务农村、便捷农户、加快网销物流、渠道下沉,重点发展农村电商,成功申报全国电子商务示范县。建成县级电商发展中心1个、乡(镇)电商示范服务站7个(党坝乡、大藏乡、木尔宗乡、草登乡、龙尔甲乡、康山乡和日部乡)、村级电商服务示范点3个(白湾乡色理村、党坝乡阿拉伯村、脚木足乡白莎村)。开展电子商务进农村专项业务培训4次,参加培训200余人,发放学习

资料800余本。

【主要领导人】 市委书记：张培云；市人大常委会主任：苏朗格西；市长：窦孝解；市政协主席：昌旺；分管农业副市长：杨成才。

马尔康市编写组

汶川县

【基本情况】 2017年，汶川县辖4乡8镇，辖区面积4084平方千米，其中耕地面积9.30万亩，人均耕地面积1.61亩。年末总人口9.5891万人（户籍人口），人口出生率10.22‰，人口自然增长率-2.51‰。

2017年，全县GDP57.56亿元，增长1.1%，其中第一产业增加值3.76亿元，增长3.9%；第二产业增加值37.96亿元，增长1.5%；第三产业增加值15.84亿元，减少0.6%。三次产业对经济增长的贡献率分别为21.5%、92.5%和-14%。全年接待游客600.15万人次，实现旅游收入270254万元。

公路通车里程719千米。社会消费品零售总额11.78亿元，增长9.4%。地方公共财政预算总收入完成3.16亿元，增长4.9%；公共财政预算总支出15.39亿元，增长4.4%。金融机构各项存款余额69.33亿元，比上年初减少4.2%；各项贷款余额29.44亿元，比年初减少3.4%。有省级农业产业化龙头企业4个。

有各类学校36所，在校学生23538人，教职工2029人，其中普通高校1所，在校本（专）科学生8085人；普通中学3所，在校学生3327人；小学14所，在校学生5087人；学龄儿童入学率100%。有艺术表演团体1个，文化馆1个，公共图书馆1个，博物馆2个。有卫生机构22个，病床位503张，卫生技术人员542人。新型农村合作医疗参合人数67802人，参合率97%；城乡居民养老保险参保人数26544人。

【年度农业和农村经济运行】 2017年，汶川县出台了10余份政策性文件。实现农业总产值5.86亿元，增长4.5%；农业增加值1.62亿元，增长1.6%。农民年人均可支配收入达12243元，增长10.1%。建成12个基层农业综合服务站。

2017年汶川县主要农产品产量

主要农产品	单位	产量
粮食	万吨	1.15
玉米	万吨	0.8
马铃薯	万吨	0.29
油菜籽	万吨	0.096
蔬菜	万吨	4.39
水果	万吨	1.56
肉类	万吨	0.5252
猪肉	万吨	0.45
牛肉	万吨	0.0435
禽肉	万吨	0.0212

【着眼品牌，生态农业提质增效】 2017年，汶川县按照“南林北果+特色畜牧”的农业产业布局，推进片区抱团发展，农业富民带动力有效提升。南部万亩笋用竹、枫香树基地、林下中药材、茶叶等林业立体产业格局基本形成；北部甜樱桃、脆李子、香杏子等特色水干果达13.6万亩，总产量达1.1万吨；特色畜禽饲养总量达34万头（只）。着力农业技术推广，完善汶川甜樱桃体系标准，完成12万株甜樱桃中截矮化、农作物病虫害绿色防控7.2万亩，引进樱桃品种10个。大力培育“净土阿坝·康养汶川”品牌，打赢甜樱桃品牌保卫战，“汶川脆李子”申报为国家地理标志证明商标，“大土司”黑茶作为唯一茶品牌代表参加“一带一路”海上丝路推介活动，川藏丝路“茶维民生·康养汶川·圣洁拉萨”西路边茶推介会取得成功。引导建设“汶川三宝”专销市场，鼓励种植大户、专合社开设网店直销，动员电商企业入园收购，拓宽生态农产品销售渠道。加快新型农业经营主体培育，全县注册农民合作社达717家、龙头企业4家、家庭农场108家。

【统筹兼顾，促进城乡均衡发展】 2017年，汶川县积极推进省级“四好农村路”示范县创建，大力实施麻龙路等提升改造工程，着力改善农村交通运输条件。在高半山实施小微蓄水池和渠系管网建设，解决1500亩土地灌溉问题。实施技改升级、农网改造、增容扩面等6个电力项目，完善南北电网运输体系，保障群众正常用电。信息化建设加快推进，新建通信网络主干线路115皮长千米、入户线路铺设107.5皮长千米，互联网宽带速率达20兆，实现“4G到乡、3G到村、光纤到户”。撤县设市（县级市）、雁门乡撤乡设镇申报工作加快推进，智慧城市加快建设，大力实施“光彩工程”、太阳岛惠民桥等项目，市政配套设施不断完善。

【扶贫攻坚】 2017年，汶川县是全省计划“摘帽”的15个贫困县之一，全县坚持把脱贫攻坚作为全县工作头等大事，围绕“两不愁、三保障”和“四个好”目标，精准扶贫精准脱贫，完成16个贫困村退出、255户750人脱贫，贫困发生率下降至0.65%，脱贫攻坚工作在全州考核验收中名列前茅，高质量通过省级考核验收和第三方评估，走在了全省和全州深度贫困地区前列。

精准谋划，科学绘制脱贫奔康进军图。坚持注重全域扶贫、连片推进，以“十三五”脱贫攻坚总体规划为引领、以37个建档立卡贫困村为重点、以22个扶贫专项规划为支撑，科学制定脱贫与奔康同步、攻坚与转型互促的脱贫奔康进军图。设立“五大战区”，县“五套班子”对全县12个乡（镇）实行分片包干，紧盯“十个一”标准，先后发起春季攻势、夏季战役、秋季百日攻坚、冬季冲刺。突出“六个精准”，按照“一村一品”“一户一策”“长短结合”的思路，对贫困户与非贫困户统筹兼顾、不漏一户一人，推动贫困村与非贫困村一体发展、整体跨越。积极承接浙江省对口援助、南充市顺庆区对口帮扶和林业厅、紫水公司、阿坝师院定点帮扶，开展“万企帮万村”等活动，构建起“大扶贫”格局。

精准投入，着力攻克脱贫奔康重难点。加大农村路网、电网、水网、通信、广播电视等基础设施建设力度，全面补齐发展短板。落实各项惠民政策，用好扶贫“四项基金”，按时足额兑现贫困家庭学生生活补助75.35万元，受益学生达1000人次；贫困群众在县域公立医院住院自付费用比例控制在10%以内；发放扶贫小额信贷资金1633万元；设立1575万元贫困村产业扶持基金，建立3000万元非贫困村产业扶持基金，37个贫困村均有集体经济且人均收益达53.85元，威州镇双河村获得“四川省百强集体村”称号。采取“1+1”就业扶贫模式，为贫困户提供就业岗位14959个；落实创业政策性补助及创业担保贷款193万元，实现贫困家庭劳动力就业1052人。完成121户藏区新居及504户农村危房新（改、扩）建，切实做好农户住房安全保障工作。

精准入户，全面提高脱贫奔康认可度。千名干部“进百村入万户”，深入开展“三同两带”“五清五改”行动，“户户人 入户户”新时代群众工作法在全州推广。强力推进网格化管理，全县设置网格1532

个,所有行政村配齐"第一书记",为1.9万余农户配备帮扶责任人。将党的十九大精神学习贯彻与脱贫奔康政策宣传有机结合,广泛开展"感党恩、爱家乡、过羌年""讴歌新时代、开启新征程"等群众性活动,惠民政策宣讲、矛盾纠纷化解、感恩教育等工作扎实推进,脱贫奔康走进群众心坎里。全年1200余名干部走村入户2.4万余天次,开展农民夜校3250余次,发放政策明白卡2万余份,掀起了全县各部门、各乡(镇)、各村(组)奋发图强、比学赶超的脱贫奔康新高潮。

【着眼康养,第三产业争当尖兵】 2017年,汶川县围绕"运动康养·生态颐养·老年文养"主题,加快全域旅游建设,推动旅游二次创业,川西北特色生态康养目的地建设成效初显。积极推进三江亲吻珙桐之旅等基础设施建设,开办全省首个创新型康养书院,建成智慧旅游公共应急平台,涌现出龙溪达拉布、漩口群山益水、水磨绿水青山、三江牧田山居等一批康养民宿,"汶川六景"品质不断提升。在成都、重庆等地举办旅游推介展销会,举办了大熊猫节、大禹文化旅游节、羌历新年、特色水果采摘节等节庆活动,《康养汶川等着您》宣传片在中央电视台播出,"阳光谷地·熊猫家园·康养汶川"品牌影响力和美誉度持续提升。全年旅游接待600.15万人次,实现旅游收入27.03亿元。

【综合治理,生态环境持续改善】 2017年,汶川县突出生态优先、绿色发展,坚持全民共治、源头防治,筑牢绿色生态屏障。全面启动"绿化全川"行动、岷江流域水生态综合治理、天保二期、退耕还林等项目有力实施,扎实推进国有林场改革,森林覆盖率提高到42.08%,森林蓄积达1147万立方米,林地保有量达273.6万亩。做好生态保护红线划定工作,严格落实国家重点生态功能区产业准入负面清单,积极推进大熊猫国家公园建设,启动"森林自然教育100+1计划",生物多样性得到有效保护。新建三江镇污水处理厂及漩口、绵虒等4个乡(镇)小型污水处理站,完成现有污水、垃圾处理设备综合升级。全县县级及乡(镇)集中式饮用水水源地水质达标率100%,全县主要河流出境断面水质达到Ⅲ类水域标准。全面落实河长制,设立县级河长11名、乡级河长36名,编制"一河一策""逐条逐段"保护方案,扎实开展清河、护岸、净水、保水"四项行动",着力改善岷江水环境质量,构建河畅、水清、岸绿、景美的河湖生态环境。

【多点发力,织密社会保障网络】 2017年,汶川县继续为全县农户购买农村房屋保险,为群众购买自然灾害公众责任险,城乡居民养老保险参保覆盖率达90%以上。城乡低保、特困人员供养水平不断提高,持续推行居家养老服务、日间照料中心建设。

【主要领导人】 县委书记:张通荣;县人大常委会主任:郭铭;县长:旺娜;县政协主席:王志勇;分管农业副县长:余理胜。

汶川县编写组

理　县

【基本情况】 2017年,理县辖5镇8乡7个社区81个村民委员会204个村民小组。年末人口44459人(户籍人口),其中乡村人口32587人,占总人口的73.3%;城镇人口11872人,占总人口的26.7%。全年出生415人,人口出生率8.9‰;死亡249人,人口死亡率5.34‰;人口自然增长率3.56‰。

2017年,全县GDP245592万元,增长6.2%,其中第一产业增加值19927万元,增长2.4%;第二产业增加值177650万元,增长6.6%;第三产业增加值48015万元,增长6.5%。三次产业对GDP的贡献率分别为3.1%、77.4%、19.5%。人均GDP50533元,增加2386元,增长6%。

全社会固定资产投资459405万元,减少5.4%。社会消费品零售总额47034.8万元,增长10.2%,其中乡村实现零售额11455.6万元,增长10.1%。地方公共财政预算收入11900万元,增长8%,其中税收收入8122万元,增长8%;非税收收入3778万元,增长8%。地方公共财政预算支出98686万元,增长16%。金融机构各项存款余额289578.39万元,增长12%;各项贷款余额226867万元,增长4.31%。有有线电视用户12126户,广播人口综合覆盖率98%,电视人口综合覆盖率100%。

【年度农业和农村经济运行】 2017年,理县实现农林牧业总产值31297万元,增长3.41%。农村居民年人均可支配收入达11707.02元,增长10.1%,其中工资性收入3182.86元、家庭经营净收入6949.74元、财产净收入527.95元、转移净收入1046.46元。全年发放教育扶贫手册、宣传单7000份;完成大学生生源地助学贷款250人、199.25万元。

农产品品牌战略实施。全县培育理县米亚罗和桃坪羌寨商标品牌2个,理县大白菜、卡子核桃农产品国家地理标志认证品牌2个,成功申报松茸、羊肚菌等无公害农产品8个。全县"三品一标"农产品认证18个,认证基地面积3.5万亩,占农产品生产总面积的90%以上。

【种植业】 2017年,理县农作物播种面积3899公顷,增长6.7%;蔬菜播种面积2111公顷,增加1.6%;粮食产量8787吨,增加214吨,增长2.5%。全年示范推广棒菜种植300亩,免费发放"蜀香2号"辣椒苗336余万株,推广种植面积1200亩;采购发放果树苗木53万株,对11个乡(镇)新(补)植果树5500亩,引进果树新品种12个。建立特色蔬菜种植基地3万亩,建立特色水果基地2.8万亩,建设特色农产品示范基地8个。

【林业】 2017年,理县工程造林1000亩,实施森林管护178万亩,完成新一轮退耕还林3500亩的补植,全年义务植树6万株;完成营养袋育苗20亩,培育营养袋苗木40万株。救助伤病猕猴3只、鸟类5只。全县在高火险时段和节假日发送森林防火短信3万条。

【畜牧业】 2017年,理县各类牲畜存栏58351头(匹、只),增长3.5%;各类家禽出栏41260只,增长3.9%;兔出栏590190只,增长2.3%。全年肉类总产量2752吨,增长3.8%,其中猪肉产量1410吨、牛(羊)肉产量419吨、禽肉产量62吨;禽蛋产量73吨;奶产量98吨。全县重大动物疫病应免密度达100%,常规动物疫病应免密度达98%以上。

【农村扶贫和移民工作】 2017年,理县560户2080名贫困群众脱贫,25个村达到脱贫标准,全县贫困发生率降至0.2%。有大中型水电工程后期扶持移民588户1601人,其中享受直发直补政策人数1447人,享受项目扶持人数154人。全年下达大中型水电移民后期扶持直发直补资金87.09万元,分四个季度完成拨付;项目扶持资金9.24万元,用于移民村基础设施项目建设。教育扶贫救助基金资助1501人168万元,"扶贫日"教育系统捐款4.28万元。

【乡村旅游】 2017年,理县累计接待游客343.17万人次,实现旅游总收入232070万元,分别减少27.3%和28.8%。举办了夬儒节、米亚罗红叶温泉节系列活动之花儿纳吉赛歌节、薛城诗会、若木纽节等节庆活动。

【农村水利】 2017年,理县投入中央资金95万元实施农村饮水工程,解决653人饮水问题。投入省级资金840万元,新增有效灌面0.21万亩,改善和恢复灌面0.137万亩,新增高效节水灌面0.15万亩。投入对口援建资金470万元,改善和恢复灌面0.2271万亩,解决1701人饮水

问题。投入208万元专项经费用于河长制工作，落实全县河段28条39段河长制工作内河流（段）护河员109名。完成地质灾害治理工程6处、应急排危治理工程7处，重点实施综合流域治理水土流失16平方千米。

【农村科技】 2017年，理县确定2个省级科技扶贫示范贫困村、10户省级科技扶贫示范户、4个县级科技扶贫示范贫困村、20户县级科技扶贫示范户的进一步核实和统一挂牌工作；完成县级平台120名专家和36个贫困村106名科技信息员的基本信息核实和系统录入。授予理县地震灾后森林植被恢复研究成果推广运用等8项成果实施单位“理县科技成果转化和技术推广奖”，发放科技奖励47万元。全年组织培训活动200次，参加农村实用技术和技能培训17000人，培训资金38万元。发放《阿坝科普养殖实用技术》《苹果栽培技术》《甜樱桃栽培技术》等实用技术手册4800册。建立肉兔、生猪养殖、中药材、特色水果、精细蔬菜等新品种引进和示范基地21个。引进人参果和秋葵种植，建立试验示范基地10亩。

【农村文化】 2017年，理县完成30个村文化室标准化建设，为全县30个贫困村补充农家书屋书籍13068册、书架65个，完成6个村文化氛围营造工程。全年农村公益电影累计放映1046场，超额完成全年972场的目标任务。开展以“珍惜文化遗产 提升文化自信”为主题的宣传活动，参与群众约200人次，发放宣传资料150份；落实体育馆每年90万元的免费开放资金。完成76户贫困户“户户通”的安装发放、22个行政村村级应急广播“村村响”的安装调试，完成548户广播电视脱贫攻坚复查验收信息录入，完成2014—2017年1400余户贫困户收听收看广播电视达标认定书。

【农村卫生】 2017年，理县兑现奖励扶助414人、397440元，兑现13人特别扶助资金101400元，2户“少生快富”家庭奖励金6000元。全年发放农村孕产妇住院分娩补助220人，补助金额11万元。全县有大骨节病86人，下达大骨节病粮食更换资金4.47万元。

【农村交通】 2017年，理县完成农村公路道路硬化6千米，维修整治贫困村农村公路30条；安保工程建设100千米，客运站提档升级1个；完成全县30个“摘帽”贫困村农村道路维修整治项目30个；维修农村公路波形护栏工程100千米；全年农村公路养护总里程591.512千米。

【农村生态建设及环境保护】 2017年，理县农村环境综合整治项目开始实施，主要以生活垃圾、污水处理为重点，全面推进农村生活污染源治理；试点建设一套垃圾处置装置。县城及乡（镇）饮用水水源地保护项目总投资360万元，主要用于县城及各乡（镇）饮用水水源地新建和改建，其中县城及乡（镇）水源地保护项目涉及11个乡（镇）16个村的取水点位。全县集中式饮用水源地水质达到《地表水环境质量标准》（GB3838-2002）II类水域标准。

【农村社会保障】 2017年，理县城乡居民基本养老保险覆盖16856人。全县农民工工资保证金专户收取保证金31户、220余万元。全年受理劳动争议案件27起，其中工伤待遇类争议22起，调解结案4起，调解率100%；县人社局共接待来信、来访156次、229人次，均得到妥善处理。

【防震减灾】 2017年，理县开展防灾减灾各类科普宣传资料3000册，科普咨询900人次。借助“六下乡”，农村民居抗震设防指导到贫困村；到甘堡藏寨开展志愿服务活动以及第九个“全国防震减灾日”应急综合演练，把防震减灾知识带到基层，全面提升群众防震减灾意识和互救自救能力。全县安装了“AETA多分量地震监测系统”并保证正常运行。

【主要领导人】 县委书记：依当措；县人大常委会主任：葛永兰；县长：王世伟；县政协主席：王勇；分管农业副县长：马逸风。

理县编写组

茂　县

【基本情况】 2017年，茂县辖9乡12镇，辖区面积3903.28平方千米，其中耕地面积占2.2%，林地面积占74.59%，草地面积占28.42%，森林覆盖率37.33%。年末总人口11.3万人（户籍人口），减少1%；人口出生率8.12‰，减少5个千分点；人口自然增长率5.39‰，减少5.48个千分点。

2017年，全县GDP33.93亿元，增长2.1%，其中第一产业增加值5.63亿元，增长4%，农、林、牧、渔及农林牧渔服务业之比为63∶4∶32∶0.03∶1.2；第二产业增加值21.41亿元，增长2.4%（工业产值60.18亿元，增长6%）；第三产业增加值6.89亿元。三次产业对经济增长的贡献率分别为28.5%、73%和-1.5%。全年接待游客200.34万人次，实现旅游收入154162.46万元，其中乡村旅游收入115267.41万元。

社会消费品零售总额8.84亿元，增长8.3%。地方公共财政预算总收入完成1.69亿元，增长0.3%；公共财政预算总支出18.34亿元，增长22.67%。金融机构各项存款余额44.58亿元，比上年初增长2.57%；各项贷款余额26.28亿元，比年初增长10.12%。

有中小学校27所（高中1所、初中3所、小学23所）、幼儿园38所（公办2所、民办18所、乡/镇中心校附设学前班或幼儿园17所）；春季学期在校中小学生16680人（九年义务教育阶段学生10396人、高中学生1850人、在园幼儿4434人），寄宿制学生7573人（九年义务教育阶段5851人、高中1722人）。秋季学期，在校中小学生16280人（九年义务教育阶段学生10365人、高中学生1855人、在园幼儿4060人），寄宿制学生7394人（九年义务教育阶段5700人、高中1694人）。有文化馆1个，公共图书馆1个，博物馆1个。有县、乡医疗卫生计生机构29个，县、乡两级共有编制床位515张，开放床位379张；全县卫计系统有编制内职工734人，其中专业技术人员662人，占总人数的90%；有村卫生室152个，配备村医147人；有茂县兴富医院、春林医院、茂汶医院3家民营医疗机构，职工100余人，实际开放床位100余张。城乡居民基本医疗保险参保人数91992人，参保率98.5%；城乡居民养老保险参保人数36039人，参保率70.8%；被征地农民养老保险参保人数9438人，占总人数的52.5%。

【年度农业和农村经济运行】 2017年，茂县实现农业总产值8.77亿元，增长9.59%；农业增加值5.7亿元，增长4%；羌脆李、枇杷等特色优势农产品产量保持稳定增长。农民年人均可支配收入达11892元，增长9.6%。扎实抓好农村改革基础工作，完成土地调查登记15.7万亩。有国家地理标志产品3个、绿色食品23个、有机转换产品认证6个，“绿羌园”牌羌脆李获得第十八届中国绿色食品博览会金奖。

2017年茂县主要农产品产量

主要农产品	单位	产量	同比（%）
粮食	万吨	3.27	0.6
玉米	万吨	1.91	-0.2
马铃薯	万吨	1.22	—

续表

油菜籽	万吨	0.13	-0.9
蔬菜	万吨	26.08	0.6
水果	万吨	7.58	3.7
肉类	万吨	0.74	4.62
猪肉	万吨	0.6246	3.41
牛肉	万吨	0.0696	16.97
羊肉	万吨	0.0282	5.62
禽肉	万吨	0.008	3.9

【种植业】 2017年,茂县整合资金17153万元,实施农业基础设施项目351个。全县特色水果种植面积7.3万亩、生态蔬菜种植面积8.2万亩、特色经济林木基地6.2万亩、道地中药材基地4.8万亩。投资260万元建立营盘山果蔬新品种试验基地,打造不同海拔示范点6个,引进果蔬新品种30个。完成政策性保险2366亩,保费4.3万元;试点开展特色水果种植保险4732.8亩,参保果农415户,农户自缴保费11.36万元,政府补贴45.43万元。

【林业】 2017年,茂县大规模绿化全县行动深入实施,完成义务植树33.2万株,安排资金794万元管护国有林189.8万亩,安排资金700万元管护高半山生态林3万余亩,安排资金600万元治理干旱河谷2000亩,安排资金827万元恢复植被1651亩。安排资金308万元落实426万亩国有林、集体林政策性森林保险,兑现第一轮退耕还林补助资金3186万元、集体公益林生态效益补偿资金2790万元,兑现草原禁牧补助、草畜平衡资金464万元,森林覆盖率由36.87%增长至37.33%。

【畜牧业】 2017年,茂县累计建成标准化规模养殖场27个,中蜂养殖总量达1.5万箱;出栏猪(牛、羊)108726头(只),增长3.8%;各类牲畜存栏142782头(只)。完成100户牲畜暖棚和4个牦牛多功能巷道圈建设,兑现补助资金272万元;完成草原鼠虫害防治面积25万亩,灭效达90%以上,兑现农牧民施药补助资金18.5万元;完成生态土鸡养殖项目示范场、示范户建设,向贫困户发放鸡苗30000余只。

【统筹城乡与新型城镇化】 2017年,茂县加快城镇化建设,市政道路改建、茂州时代广场等项目相继竣工,滨江景观亮化、南店坡道路桥梁、凤仪镇供水设施、"安心工程"等项目有序推进,城市功能逐步完善。棚户区改造130户,兑现棚户资金214万元;实施藏区新居建设差异化补助项目96户,兑现补助金100万元。

【扶贫攻坚】 2017年,茂县围绕"两不愁、三保障",统筹涉农资金30198万元安排对标项目1119个,深入实施扶贫专项22个。改造农村危房97户、室内安全水电4078户。发放教育救助基金156万元,资助贫困学生777人,实现贫困家庭子女义务教育入学率100%。发放卫生救助基金47万元,救助贫困人口264人,"十免四补助"全面兑现,贫困人口县内住院和慢性病门诊治疗费用个人支付比例控制在10%以内。开发公益性岗位安置贫困人口509人,转移输出贫困劳动力1900人,实现劳务收入4500余万元。建成标准化村卫生室、活动室、文化广场126个。硬化连户路、产业扶贫道337千米,贫困村实现光纤宽带全覆盖。设立产业扶持基金2620万元,使用1841万元;设立扶贫小额信贷分险基金1521万元,发放扶贫小额信贷1861万元。积极培育贫困村集体经济,特色产业加快发展。积极推进电商扶贫,建立了26个乡、村两级电子商务服务站,成功申报国家级电子商务进农村示范县。建成幸福美丽新村30个,创建省、州、县三级"四好村"75个,扎实推进"回头看""回头帮"工作,脱贫成果不断巩固。省档案局、文化厅、省对外友协、眉山市东坡区对口帮扶,浙江东西协作、社会帮扶工作扎实推进,到位各类帮扶资金1943万元,实施项目11个。持续开展"万企帮万村"行动,13家民营企业结对帮扶15个贫困村。开展农民夜校教学3000余场次,实现扶贫政策宣传、技能培训等全覆盖,顺利完成了30个贫困村退出、1541名贫困人口脱贫,贫困县"摘帽"通过省级考核验收。

【乡村旅游】 2017年,茂县以羌文化旅游目的地建设为目标,编制完成《茂县全域旅游规划》。大力弘扬和传承羌文化,举办了四川省首届国家级羌族文化生态实验保护区建设成果展暨羌年庆典活动,开展"瓦尔俄足""水神节""转山会"等非遗活动。投资1858万元改造提升核心景区基础设施,中国古羌城创建为国家4A级景区,甘青白石羌寨创建为国家3A级景区。九鼎山国际高山滑雪场正常营运,获得"国家体育产业示范项目"等称号。坚持"三态"融合、"三微"联动,深入推进旅游"厕所革命",实施国道213线生态美化提升、南新镇攀川村微田园等项目,茂县获得"2017年四川省乡村旅游强县"称号,凤仪镇坪头村、太平镇沙湾村等被评为四川省乡村旅游精品村寨。构建"互联网+""旅游+"智慧旅游体系,精心打造"茂县旅游"微信公众平台,积极参加第四届四川国际旅游交易博览会等宣传营销活动,旅游管理服务水平不断提升。

【农村水利】 2017年,茂县统筹整合资金799万元实施农村安全饮水提升项目,解决全县1万余名农村人口饮水安全问题;编制了《2017年农村饮水安全提升工程中央预算内投资项目实施方案》并完成实施及验收工作;编制完成了《渭永供水项目实施方案》;编制完成《"6·24"灾后重建水利饮水项目实施方案》。投资7712万元启动实施"凤南土"水利工程,累计完成新建便道48.302千米,改建便道2.021千米,给水管道干管安装38.6千米、支管安装6千米。编制完成《四川省茂县凤南土水利工程渠系配套项目可行性研究报告》并通过了水利厅技术审查。投资4721万元实施三龙乡刁花沟泥石流、南新镇攀川村不稳定斜坡等地质灾害工程治理项目7处,投资969万元维修治理洼底、东兴等河堤7处。

【农业机械化】 2017年,茂县根据《农业机械购置补贴工作实施方案》的要求,密切配合、精心组织、规范管理、阳光操作,全县共补贴各类农机具560台(套),补贴资金91.11万元,调动了全县农民购买农机具的积极性。

【农村科技】 2017年,茂县开展科技培训和科普活动100场次,覆盖21个乡(镇)130个村,培训农民7000余人次,培育水果、蔬菜、养殖、中药材等科技示范户30户,发放各类技术资料、科普资料14000余册。争取到"川产羌活的规范化种植和推广""藏香猪科技扶贫产业示范基地建设""山谷型藏山羊规范养殖技术研究与推广"3个省科技扶贫项目,项目资金130万元。

【农村教育】 2017年,茂县深入实施教育民生工程,安排资金577万元维修改造8所中小学校教学楼和运动场;认真执行十五年免费教育政策,免除学生学杂费、书本费等费用3330万元。深入推进羌文化进校园,积极开展省级足球特色示范校创建工作,完成全省心理健康教育展评。引进紧缺型人才5名,交流培训教师2038人次。

【农村文化】 2017年,茂县积极推进广播"村村响"、电视"户户通"、农村电影放映等文化惠民工程,建设村级文化活动室30个,全面解决

808户贫困户看电视难的问题。做好公共文化服务场馆免费开放工作，全年免费接待群众60余万人次。加强羌文化保护，申报国家、省级、州级非遗项目6个，开展群众性文化活动45场次。编纂出版《汶川特大地震·茂县抗震救灾志》，组织编制《茂县体育产业发展规划》。扎实开展全民健身活动，举办了羌族健身操比赛、"精准扶贫杯"青年足球赛等全民赛事，获得全国"2013—2016年度群众体育先进单位"称号。

【农村卫生】 2017年，茂县不断完善县、片区、乡、村医疗卫生服务体系，基本建成"1小时医疗服务圈"，县域内共医疗救治13.87万人次。推进中羌医发展，成立了茂县羌医药研究所、羌医药推广示范基地，在全县21个乡(镇)卫生院和社区服务中心开展中医药服务。深化义诊服务，免费巡诊6026人次，开具处方1835张，发放价值5.07万余元的各类药品，提供健康教育义务咨询13651人次，发放宣传资料3.5万余份。深入落实家庭医生服务，全年共签约84259人，签约率达82.46%；重点人群签约24477人，签约率达84.74%。建立居民健康档案10.36万份，建档率达96.25%。扎实推进5个乡(镇)卫生院提升工程，完成全年计划脱贫的30个脱贫村卫生室达标建设，培训合格村医147名；设立50万元"重型精神障碍病人医疗救治救助保障基金"给予重型精神障碍患者一定比例的专项救助。

【农村法制建设】 2017年，茂县深入推进"七五"普法，开展法治宣传活动579场次。加强基层人员调解，依法化解矛盾纠纷214起。不断健全法律援助体系，法律援助820人次。依法规范信访行为，接待群众来访1200余人次。完成了第十届村(居)民委员会换届选举，持续抓好村级法治、德治、自治建设。大力开展法律"七进"活动，引导全民学法、尊法、守法、用法，为申创全国法治县营造良好的社会氛围。

【农村交通】 2017年，茂县实施农村公路项目309个，总投资14607.5万元，其中实施通畅工程72个、41.68千米，总投资8014.9万元；安保工程74个、225.58千米，总投资3573.46万元；维修整治工程项目及解决遗留问题163个，总投资3019.14万元。实施交通民生项目40个，规划里程213.2千米。

【农村社会保障】 2017年，茂县全面完成城乡居民养老保险、医疗保险、城镇职工"五险"统征工作，发放养老保险金10223万元、医疗保险金6323万元、困难救助金5630万元，补助救助19.9万人次。发放重度残疾人护理补助金65万元，救助重度残疾人761人次。完成9438名被征地失地农民参保，妥善解决了被征地失地农民养老问题。新建城乡社区日间照料中心11个，发放高龄津贴、敬老金、长寿敬老金82万元，"老有所养"取得新进展。

【农村生态建设及环境保护】 2017年，茂县持续打好"三大战役"，超额完成污染物总量减排目标任务，空气达标率99%，出境断面牟托点水质达一类标准、东兴点水质达二类标准。坚决抓好中央、省、州环保督察发现问题整改落实，办结环保信访案件7个，整改问题45个，罚款50万元，行政拘留1人，依法依规处理8人。全面落实河长制，设立县、乡两级河长74人，《茂县"十三五"生态建设和环境保护规划》《茂县畜牧业发展及污染防治规划》等规划编制完成；扎实开展河长制"四项行动"，处理水环境问题263个。加快实施岷江(茂县段)及其支流、土门河防洪治理工程，投资388万元实施18个乡村生活垃圾治理和东兴镇污水管网项目，投资2000万元实施茂县农村环境综合整治项目。在全州率先采用PPP模式实施茂县生活垃圾资源化综合利用项目，累计完成投资5000万元，日处理生活垃圾150吨。

【劳务开发与返乡创业】 2017年，茂县深入实施"大众创业、万众创新"，实行"五加五免"模式，吸纳50余家中小微企业入驻茂县青年(大学生)创新创业孵化基地。支持227名高校毕业生就业创业，开展劳务品牌、劳动技能和创业培训1075人，新增就业1228人。引导农村劳动力就地就近就业19981人，实现劳务收入44000万元。

【主要领导人】 县委书记：高加军；县人大常委会主任：周启军；县长：唐远益；县政协主席：王斌；分管农业副县长：周耀。

茂县编写组

松潘县

【基本情况】 2017年，松潘县辖21乡4镇，辖区面积8341平方千米，其中耕地面积12.35万亩，比上年增长1.4%，人均耕地面积1.95亩；基本农田13.19万亩。年末总人口7.51万人(户籍人口)，减少0.3%；人口出生率6.65‰，增加0.3个千分点；人口自然增长率4.42‰，增加0.23个千分点。全县耕地有效灌面和保证灌面分别达到耕地总面积的39.9%和5.2%；本地水资源总量42.89亿立方米，人均占有水资源量57095.314立方米。有林业用地25.38万公顷，有林地面积50.9万公顷，活立木总蓄积量5106.15万立方米，森林覆盖率36.5%。

2017年，全县GDP19.71亿元，减少0.2%，其中第一产业增加值3.74亿元，增长4.2%，农、林、牧、渔及农林牧渔服务业之比为41.8∶7.9∶46.3∶0∶4；第二产业增加值5.91亿元，减少1.8%(工业产值3.09亿元，减少9.6%)；第三产业增加值10.06亿元，减少0.7%。三次产业对经济增长的贡献率分别为339.3%、-277.6%和-161.7%。全年接待游客175万人次，实现旅游收入428985万元，其中乡村旅游收入26254万元。

公路通车里程785.37千米(其中乡村公路170.68千米)，密度94.2米/平方千米，1.046千米/万人。社会消费品零售总额5.51亿元，减少29.6%。受"6·24"茂县叠溪山体滑坡、"8·6"茂县石大关山体垮塌、"8·8"九寨沟地震等多重考验，地方公共财政预算总收入完成1.16亿元，减少32.2%；公共财政预算总支出16.43亿元，增长11.3%，其中农业投入26975万元，占支出的16.4%。金融机构各项存款余额33.92亿元，比上年初减少4.4%；各项贷款余额11.74亿元，比年初减少3.3%，其中支持农业产业化发展项目贷款350万元。全年农业保费收入2.75万元，减少97.6%；处理各项赔款和给付金额0.8万余元，减少84.5%。有农业产业化龙头企业县级2个。

有各类学校33所，在校学生9077人，教职工1002人，其中普通中学7所，在校学生1591人；小学27所，在校学生4107人；学龄儿童入学率99%，提高0.54个百分点。有艺术表演团体3个，文化馆1个，公共图书馆1个。有卫生机构23个，病床位259张，卫生技术人员480人。城乡居民基本医疗保险参合人数为59683人，参合率99%；新型农村社会养老保险参保人数15912人，参保率103.3%；被征地农民养老保险参保人数3613人，占总人数的4.8%。

【年度农业和农村经济运行】 2017年，松潘县实现农业总产值5.97亿元，增长4.9%；农业增加值3.89亿元，增长4.4%。农民年人均可支配收入达11746元，增长9.6%。在粮食、生猪、蔬菜生产中，科技投入的占比或科技贡献率10%。全县农产品质量抽检合格率达98%以上；建成25个基层农业综合服务站。

2017年松潘县主要农产品产量

主要农产品	单位	产量	同比(%)
粮食	万吨	1.905	0.4
小麦	万吨	0.14	-9.7
玉米	万吨	0.42	0.3
马铃薯	万吨	0.61	2.2
油菜籽	万吨	0.026	-2.6
蔬菜	万吨	9.21	-0.8
水果	万吨	0.3	2.1
肉类	万吨	0.59	8.4
猪肉	万吨	0.2	4.5
牛肉	万吨	0.305	5.2
羊肉	万吨	0.04	7
禽肉	万吨	0.003	9.7
禽蛋	万吨	0.009	2.4
牛奶	万吨	0.77	1.6

新产业新业态发展。一是突出错季蔬菜产业发展。围绕成都市等大中型城市和本地市场对蔬菜的需求,通过规范流转土地和土地入股的方式,集成要素集聚,加快莴笋、大白菜等错季节蔬菜产业发展,在全县推广种植各类适销对路蔬菜3.5万亩,实现产量9.2万吨。二是投入资金55.9万元,在全县示范推广高原脱毒马铃薯500亩、"七星长剑"大白胡豆400亩,亩分别增产10千克、90千克。三是加快道地中药材产业发展。依托松潘县野生药材资源丰富、品质高这一优势,投入浙江省对口援建资金232万元,按照1980元/亩补助标准,在全县发展羌活、大黄等中药材1170亩。以放活土地(草场)经营权为重点,引导农(牧)民依托专业合作社、农业龙头企业、种养殖大户等规范有序地推进土地(草场)使用权流转,提高了土地(草场)利用率和产出效率。全县土地流转面积达2.9万亩,共培育30亩以上规模种植户124户。四是加大农民专业合作社扶持力度,通过实施本级财政特色农牧业产业化以奖代补项目,累计培育龙头企业2家、专业合作社243家、家庭农(牧)场5家,其中省级示范合作社4家、州级示范合作社16家、省级家庭农场1家。五是依托"大九寨"旅游资源,以完善"天堂香谷"芳香田园主题农业公园、上磨村精品藏寨配套建设为着力点,通过引进西藏雅鲁亚克有限公司、发祥地等龙头企业,加快了生态农业观光、旅游住宿、电子商务网购网销、商品物流配送等产业发展,形成了独具松潘县特色的新产业新业态发展体系。

农产品品牌战略实施。实施农产品"区域品牌+企业品牌"双品牌战略,全县6家企业获得"净土阿坝"商标使用权,"松潘贝母"已注册国家地理标志保护产品,建成大型川贝母基地2处,其中四川新荷花川贝母基地为全国首个通过GAP认证的川贝母基地。莴笋、松潘葱、茶叶、蛋鸡、肉鸡取得无公害农产品认证,认证面积达1.9万亩;成都尚作农业科技有限公司24个蔬菜品种取得有机食品转换认证。积极开展松州香猪、松潘羌活申报国家地理标志认证工作。

【种植业】 2017年,松潘县农作物播种面积12.33万亩,其中粮食作物播种面积7.85万亩,产量1.9万吨;中药材播种面积3.0947万亩,产量1020吨;蔬菜播种面积3.5万亩,产量9.2万吨;特色水果种植面积3360亩,产量2950吨。

【林业】 2017年,松潘县森林面积407.6万亩,森林覆盖率达36.5%;湿地面积14.9万亩,自然保护区(黄龙自然保护区、白羊自然保护区、龙滴水自然保护区)面积236.4万亩。全年管护国有林250.9万亩,实施集体公益林建设64.56万亩,人工造林6.4万亩,封山育林20万亩,飞播造林1.9万亩,抚育5.4万亩;公路绿化180千米,建立骨干育苗中心0.96万亩,义务植树200万株。

【畜牧业】 2017年,松潘县畜禽存栏达18.98万混合头(匹、只),其中牛8.3万头、马属动物1.2万匹、猪2.6万头、羊3.7万只、家禽3.1万羽、兔0.08万只。畜禽出栏12.14万混合头(只),其中牛3.59万头、猪2.89万头、羊3.12万只、家禽2.46万羽、兔0.08万只。肉产量5926吨,其中牛肉3553吨、羊肉372吨、猪肉1967吨、禽肉33吨、兔肉1吨。奶产量7666吨,其中牛奶7638吨。

【统筹城乡与新型城镇化】 2017年,松潘县完善城乡规划,明确城镇功能定位,采取行之有效的措施推动新型城镇化建设,实现基础设施和公共服务设施共建共享,全县城镇化率达38.95%。开展松潘县土地利用总体规划调整完善工作,将新型城镇化建设中拟建设的项目纳入《松潘县土地利用总体规划(2006—2020年)》中,切实保障用地符合规划。加强城镇基础建设,完成城镇(县城)基础设施建设投资13227万元。继续推进"百镇建设行动",试点镇完成基础市政设施建设投资2473万元。促进房地产业健康平稳发展,启动住房信息系统的录入工作,全面完成住房信息系统的建立。

【新村建设】 扶贫新村建设项目。2017年,松潘县扶贫新村建设项目涉及贫困村11个,共计投入资金682万元,其中整合到脱贫攻坚用于贫困村建设资金168.98万元。主要建设项目内容:硬化村内道路8456米,硬化入户路18354米,安装太阳能路灯654盏,修建钢架桥3座、堡坎8处等基础设施。截至2017年年底,完成目标任务的100%,修建村道2486米、入户路4604米、道路堡坎4处、村"两委"活动中心5处。

幸福美丽新村示范县建设项目。根据《2017年扶贫新村建设及幸福美丽新村示范县建设实施方案》要求,松潘县幸福美丽新村示范县建设项目共涉及3个乡(镇)23个村,共计投入资金1474.73万元,其中基础设施建设投入资金946.73万元;整合到集体经济项目资金528万元。截至2017年年底,完成目标任务的100%;修建村道5970米、入户路13750米、道路堡坎5处、村"两委"活动中心建设5处,完成4个乡(镇)11个贫困村的集体经济资金拨付,拨付金额528万元。

【农村扶贫和移民工作】 2017年,四川省、阿坝藏族羌族自治州向松潘县下达了12个贫困村退出、2869名贫困人口脱贫的任务,松潘县自加压力、精准对接2018年整县"摘帽"目标,提出了"12+33+2869"年度计划,下足"绣花功夫"、倾注"工匠精神",全力推动12个贫困村退出、33个贫困村达到退出标准、2869名贫困人口脱贫。

紧扣目标任务,实施基础攻坚。对标"县'摘帽'、村退出、户脱贫"标准,编制《松潘县2017年脱贫攻坚项目实施方案》《松潘县2017年22个扶贫专项年度实施方案》和贫困户脱贫等方案,并有机整合资金6538.7万余元,实施扶贫项目237个。

在推进"两不愁"方面,着力拓宽渠道,促进贫困群众稳定增收。一是实施产业扶持。安排到户产业资金915.8万元,对计划脱贫户按3000元/人标准、未脱贫特别贫困户按3000元/户、未脱贫绝对贫困户2000元/户进行到户产业补助,设立贫困村产业扶持基金2750万元,借款864.85万元,分类指导发展种养殖业、旅游服务业等。创新推行村集体经济资金投资县国投公司经营运作,整合贫困村集体经济建设

资金1536万元(32个贫困村,每村48万元),建设奇峡沟冰雪欢乐谷”,并已试运营,解决毛尔盖、热务片区脱贫人口100余人就业,确保贫困村每年按不低于8%的固定利率分红。二是落实兜底政策。统筹协调农村扶贫标准和低保标准,全力推动“两线合一”,对符合条件、有意愿的农村特困供养人员实行集中供养,对散居的特困供养人员进行补助,并在国家补助的基础上,通过县级财政提高补助标准至200元/人/月;实行农村最低生活保障,发放低保金54.02万元;实行困难残疾人生活补贴,发放资金39.96万元。

在推进“三保障”方面,集中精力,巩固贫困群众脱贫根基。一是着力保障住房安全。大力实施农村廉租住房建设,稳步推进251户藏区新居和25户87人易地搬迁项目,截至2017年年底,易地扶贫搬迁项目已全面完工,藏区新居已完工220户。同时,对小姓乡新丰村、草原乡草原村、大姓乡地柏村贫困群众搬迁问题进行了多次研究,制订了切实可行的搬迁方案并稳步推进。二是着力强化医疗保障。积极开展医疗卫生计生扶贫“五大行动”,采取政府筹资补助方式,实现贫困户新农合参合率100%目标。推行分级诊疗,实行贫困户县内就医“一站式”服务、实施“十免八补助”,设立卫生扶贫救助基金500万元,已使用38.72万元、救助贫困人口2330名,确保贫困群众县内就诊医疗费用支出不超过10%。三是着力深化教育保障。全面推行15年免费教育,扎实抓好“一村一幼”,探索启动生源地贷款,并设立教育救助基金529.08万元,已发放60.2万元,补助贫困学生455人,解决在享受现有教育保障制度和助学帮扶政策后的困难。

聚焦精准识别,抓好动态管理。扎实开展回头核查,进行回头帮扶,切实做到“扶真贫”“真扶贫”。一是认真开展“回头看”“回头帮”。认真对照脱贫退出目标,对全县2014—2016年脱贫1158户4380人和10个退出贫困村进行全覆盖核查,进一步聚焦重点乡村、找准突出问题、加大帮扶力度,在政策、项目、资金、力量各方面给予大力支持,不断跟进巩固脱贫成效,确保贫困户真脱贫、贫困村真退出。二是扎实做好贫困人口动态调整。严格按照“八个比对”要求,全面开展贫困人口信息比对和核查甄别,并对符合新增、错评、漏评、未整户识别、自主移民未识别等方面全面进行摸排,清退删除226户852人;整户新增30户112人;新增未整户纳入的21人。同时,按照系统数据平衡要求,从2016年度未脱贫人口中迁移补录了693人至2014—2016年度脱贫。三是做严做实档案资料更新完善。严格按照川档发〔2017〕1号文件及“删繁就简”要求,结合该次动态调整,拟定整改档案的标准清单目录,对县、乡、村三级档案资料进行更新完善,做好新老档案资料的衔接,确保了纸档与系统数据100%一致。同时,及时将最新数据和22个专项方案项目资金使用情况录入省“六有”系统,切实解决信息不一致、数据不准确等问题。

突出精准帮扶,强化责任落实。创新方式、多措并举,通过激活力、增动力、添助力,提升帮扶实效。一是党建帮扶激活力。组织实施以强乡带弱乡、富村带穷村、先进带后进、部门带村寨的“四带”为载体,以党建帮扶、智力帮扶、项目帮扶、资金帮扶的“四帮”为内容的“四带四帮”党内互助工程,安排75个县级机关、12个乡(镇)党委、31家县内企业、12家大邑县企业、50余个相对富裕村联系帮扶55个贫困村,推动城乡区域协调发展。创新推行扶贫先扶志、扶贫先扶德、扶贫先扶智“三项扶贫”举措,建立子女赡养老人长效机制,着力解决“单独老人户”脱贫难题。二是结对帮扶增动力。扎实推进“六个一”干部帮扶,全县1746名干部职工结对联系2131户贫困户,合理调整“第一书记”,完善“六个一”帮扶力量考核办法,制发《脱贫攻坚责任追究办法》,实现了帮扶工作制度化常态化。充分利用东西部协作和环境保护厅、西南科技大学及大邑县对口帮扶平台和优势,深化产业发展、劳务输出等合作,进一步巩固完善了大扶贫工作格局。三是资金监管添助力。设立六项扶贫基金,规模已达6724.08万元,并按照相关规定出台六项基金管理办法,严格基金使用管理。同时,严格执行扶贫资金专户管理、专账核算、专款专用,落实县、乡、村三级项目公示制度,定期开展扶贫资金核查清理,加强全领域全过程监督审计,避免了资金“跑、冒、滴、漏”。

剑科电站搬迁安置97户593人(实物调查时数据),均已签订移民搬迁安置协议并完成搬迁。完成所有搬迁安置移民直发直补人口信息核准工作,于2017年年底前完成资金发放工作。完成了白羊乡燕子坪安置点搬迁移民宅基地分配工作,已完成搬迁移民户建房19户。

【乡村旅游】 2017年,松潘县按照“一村一品、一村一景、一村一产业”的思路,选取具有交通区位优势、民族特色的村寨,依托良好的区位优势、独特的文化优势,在全县建设特色鲜明、环境优美、设施完善、功能配套、主导产业突出的精品旅游村寨10个。新景区开发促成新业态,七藏沟景区UTV项目试运营,奇峡沟冰雪欢乐谷(一期)开业,25个乡(镇)“三微三态”景观打造成型,乡村旅游转型升级步伐不断加快。创建了川主寺镇省级特色小镇,举办了第二届古城花灯会,全面启动松潘县“国家级历史文化名城”申创工作,旅游宣传营销多元格局逐步形成。邀请国家“人与生物圈”委员会、四川旅游学院等单位对西沟、花绿二海、七藏沟等景区进行调研和项目策划包装,积极发展探险游、科考游等新兴旅游业态。

【农村水利】 2017年,松潘县投资840万元在水晶乡水桶村、祁命村实施松潘县2017年水利发展资金小型农田水利工程项目,其中水晶乡水桶村为松潘县贫困村,有贫困人口106人。该项目新增节水灌面1500亩,新增灌溉面积2100亩。蔬菜年均增产2880吨,实现增收230.4万元。新增年供水能力151.02万立方米,新增年节水能力128.5万立方米,年节省劳动力3600人。以民办公助的形式实施了松潘县2017年农村饮水安全巩固提升工程。工程主要建设内容为:取水枢纽(截潜流低坝)7座、沉砂池7座、引泉池5座,维修或新建清水池10座、慢滤池8座,修建PE100级饮水管道65.5千米。巩固提升集中供水工程16个,实施范围包括全县5个乡(镇)16个行政村(含4个2017脱贫村)农村总人口7872人,提升改造受益人口6413人(含建卡贫困户1375人)。

【农业机械化】 2017年,松潘县检查新型农机推广应用机具30台次,开展农机安全执法检查60人次,严厉查处销售假冒伪劣农机零配件等违法行为5起。与全县25个乡(镇)签订农机安全生产责任书,并督促各乡(镇)与机手签订责任书达95%以上,发放农机安全宣传材料1万余份。深入田间场院重点检查农业机械的安全技术是否达到国家规定的安全技术标准,查处机手违规、违章、违法操作行为。坚决打击拖拉机无牌无证、“黑车非驾”以及非法载人载客的现象。对违章违法行为进行批评教育,对态度恶劣不接受教育的机手交给公安交通部门处置,纠正违法违规行为25起。

【农村科技】 2017年,松潘县以科普宣传月、科技活动周、“科技下乡”和农牧民实用技术培训等活动为载体,开展科普宣传活动15次,完成农牧民实用技术培训4200余人次。积极组织开展“创新创造改变生活,知识产权竞争未来”知识产权宣传周活动,切实加大对知识产

权保护的宣传力度,增强企业的知识产权管理、创造、运用和保护能力。联系商标专利申请代办中介公司,对松潘县的企业进行"一对一"的商标、专利申请指导。加大专利申报奖励,对申报成功的专利申请者实行2000元/项的资金奖励。全县商标注册申请量118件,商标注册量143件,增长376.3%。

扎实开展科技项目争取工作。一是立足松潘县产业发展现状,积极争取2017年省、州科技项目7个,项目资金148万元。其中,省级科技项目2项、70万元,州级科技项目5项、78万元。具体项目为:松潘县科技扶贫服务体系建设、羌活规范化种植产业化关键技术的研究及应用示范、川贝母现代繁育技术应用与示范、高海拔地区树莓引种栽培关键技术研究与示范、波尔山羊与臧山羊杂交肉用生产技术示范与推广、牦牛养殖和农牧民实用技术培训等项目。二是积极开展2018年第一批省级科技项目申报工作,申报省级科技项目5个、项目资金480万元。

切实抓好科技项目规范管理,加大对历年已实施未结题验收项目的清理工作。完成高原夏秋季草莓良种筛选与配套栽培、窑坝村牦牛现代养殖技术应用、大黄规范化种植示范及推广、科技服务现代农业信息化平台建设、羌活规范化栽培研究及基地建设、暗紫贝母野生抚育基地建设、厚朴产业化基地建设和高原特色药材秦艽、独活、雪上一支蒿资源保护及人工种植技术研究等8个项目的结题验收工作。

认真抓好科技项目的组织实施。一是继续抓好2016年在小河乡李泉村实施的"蓝莓产业化示范与推广"省级科技扶贫示范村项目的管理工作;二是指导项目承担单位,组织实施了2017年争取的省、州科技项目7项;三是完成省级科技扶贫服务体系建设项目,建成覆盖全县55个贫困村的"四川科技扶贫在线"松潘服务平台;完成了《松潘县科技惠农实用丛书》(一套四册)的编著。继续做好川贝母、羌活等道地中药材的推广示范。以新荷花川贝母生态药材有限公司、四川国青川贝母生物科技有限公司和松潘县中药材种植专合社为示范推广主体,在全县累计推广川贝母、羌活、大黄等中药材种植共计9万余亩。全年新荷花公司新建川贝母种植大棚45个、新种植暗紫贝母15亩;国青公司以"公司+基地+种植户"的模式发展种植瓦布贝母300亩,川主寺镇五间房村村民种植贝母30亩。争取省、州科技项目支持,在岷江乡组织实施"羌活规范化种植产业化关键技术的研究及应用示范"项目,主要对大山羌活的规范化种植技术进行示范研究。协助成都中医药大学在松潘县开展了"冬虫夏草半人工恢复项目",并于5月中旬在松潘县召开了现场会。以西南科技大学、中国农业大学为技术支撑,引进企业,利用"公司+基地+农户"模式,示范推广高原夏秋草莓种植,在施家堡乡建立草莓种苗繁育基地15亩,在水晶、山巴、黄龙、镇江关和镇坪等乡(镇)推广种植草莓100余亩。联合西南科技大学组建松潘高原生态农业产业技术服务中心,编著完成《松潘县科技惠农实用丛书》。建立"四川科技扶贫在线"松潘服务平台。争取到省级科技扶贫服务体系建设项目,于8月启动覆盖全县55个贫困村的"四川科技扶贫在线"松潘服务平台的建设并于10月试运行。该平台的建成有效整合省、州、县、乡、村各级各类科技资源,通过"四川科技扶贫在线"信息服务平台,开展各种线上线下活动,协同实现"专家帮扶、产业示范、成果转化、科普培训、信息服务"五大功能,将为松潘县55个贫困村提供实时、及时、高效的科技服务,解决沟通渠道、专家短缺、资源整合的问题,提供专家服务、技术供给、产业信息、供销对接四大服务,促进贫困村产业发展,帮助贫困户脱贫奔小康。依托西南科技大学,结合本土人才,成立松潘高原有机蔬菜、高原夏秋草莓、雪山梨和高原道地药材等科技特派员工作站6个。

【农村教育】 2017年,松潘县为5703名义务教育阶段学生免除学杂费507.89万元,免除义务教育阶段学生教科书费78.85万元,发放3—9月义务教育阶段3904名(含易地育人毛尔盖、热务片区中心幼儿园住校幼儿176名)家庭经济困难寄宿制学生的生活补助449.53万元,发放10—12月义务教育阶段3846名(含易地育人毛尔盖、热务片区中心幼儿园住校幼儿192名)家庭经济困难寄宿制学生生活补助195.02万元。发放幼儿午餐生活补助169.77万元,免除义务教育阶段学生作业本费19万元,免除752名普通高中阶段学生学杂费91.96万元,免除高中阶段学生教科书费32.33万元。10—12月划拨5695名农村义务教育阶段学生营养改善计划资金136.336万元,3—12月共计划拨457.768万元。高海拔地区义务教育学校取暖计划安排资金115.6万元,资金已在9月份秋季学期按照学生实际人数(5780名)进行划拨。对92名2017年新入学的建档立卡贫困家庭本(专)科学生实施了教育特别资助项目,每生每年给予一次性补助4000元,共计发放资助金36.8万元。对38名建档立卡贫困中职学生实施了教育特别资助项目,按每人每期500元发放资助金1.9万元。为77名家庭经济困难中职学校学生按每生每期1500元的标准发放生活补助11.55万元。为19名2017年新入学的本(专)科学生按照省内每生一次性500元、省外每生一次性1000元的标准兑现新生入学交通费补助,共计1.05万元。抓好"一村一幼"建设,实行"大村单办、小村联办"的方式,全县共开办幼儿园71所,覆盖全县143个行政村。根据《松潘县教育扶贫专项2017年实施方案》和《松潘县教育扶贫救助资金实施细则》,对全县建档立卡贫困家庭学生实施教育救助,已对1702名学前到大学不同学段的贫困家庭学生实施了教育扶贫救助,共计发放救助基金213.965万元,松潘县建档立卡贫困家庭学生教育资助实现全覆盖。

【农村文化】 2017年,松潘县深入开展"孝善和诚俭美"活动,大力弘扬社会主义核心价值观,探索推行思想、道德、法治三项扶贫举措,有效解决单独老人户"寄生式"脱贫难题。开展"社区文化大广场""乡村文化大舞台""周末大家乐"三大品牌活动,群众文化生活不断丰富。完成县内全国第一次可移动文物普查工作,申报2处州级、13处县级文物保护单位和9名县级非物质文化遗产代表性传承人并通过国家级羌族文化生态实验保护区评估验收。注重引导、帮助群众积累精神财富、充实精神文化生活,充分发挥143个"农牧民夜校"作用,组织群众学文化、学政策、学法律、学技术,增强群众发家致富内生动力和内在能力。完成全县25个乡(镇)文化站建设,其中进安镇、小姓乡等7个乡(镇)综合文化站为省级文化示范站。各乡(镇)综合文化站配备有多功能活动室、图书室、信息资源共享服务室,并配备各类文体宣传展板等。完成全县143个行政村农家书屋建设、村级文化活动室建设,活动室配有调音台音响等设备,满足基本的文化娱乐需要。在有建设场地的行政村完成农民体育健身工程建设,占总行政村的90%。大力实施村电影"2131"放映工程,保质保量完成每月每村放映1场公益电影,全面完成全县25个乡(镇)数字电影放映机配备任务。大力实施"村村通、村村响"建设工程,满足群众看电视收听广播的需要。乡(镇)文化站、村级文化活动室、农家书屋全面开放,满足群众文化娱乐的需要。每个乡(镇)有专职文化员1名,每个村有"文化管家"1名,负责本辖区文化工作。各乡(镇)组织成立了广场舞协会、篮球协会、土琵琶弹唱协会、民族锅庄舞协会、羌族多声部协会等,民间艺术

活动空前繁荣。

【农村卫生】 2017年，松潘县城乡居民基本医疗报账工作覆盖面不断扩大。全县自愿参合农民59683人，其中民政医疗救助8944人，贫困人口免费购买7869人，参合率为100%。基金总额3580.98万元，将参合人员个人缴纳部分(31.8元/人/年)纳入大病保险统筹模式，提高抗风险能力和补偿标准。重大疾病病种达到24种且补偿不设封顶线，符合居民医保政策报销范围内的门诊费用，统筹年度计算一次600元起付线，报销比例为70%，门诊补助与当年实际获得的住院补偿累计计算，总额不超过最高支付限额15万元；慢性病补偿年内最高支付限额3000/人/年，病种达18种，使参合群众得到实惠。全年共补偿27040人次，补偿资金2956.63万元(含预付的即时结算资金)，全年基金使用率82.56%。

卫生人才队伍建设。通过卫生人才考核招聘，招录临床医学、检验、影像等专业技术人员16名，全县卫生计生系统在职职工达532人，其中乡(镇)卫生院实有人数达180人，基本实现每院5人以上，进一步缓解了卫生人员严重不足的困难，卫生院实现了执业(助理)医师全覆盖。认真开展卫生系统学科带头人和卫生骨干人才培养计划，扎实推进重点学科和人才梯队建设工作。把义诊巡诊活动作为常态工作，与深化医改任务和卫生发展“十年行动”有机结合，组织县级医疗卫生单位每季度至少开展1次义诊巡诊活动，实现辖区所有乡(镇)全覆盖(偏远地方乡村全覆盖)。派出283支医疗队，特别针对僧尼开展义诊活动1次，共计派出人员982人，免费诊治17920人次，开具处方2919张，免费健康检查11726人，健康咨询服务12041人次，免费发放宣传资料2.3万份，药品价值15万余元。

卫生计生专项扶贫工作。深入贯彻落实《中共阿坝州委阿坝州人民政府关于坚决打赢新阶段扶贫开发攻坚战确保同步全面建成小康社会的实施意见》，进一步健全贫困地区医疗卫生服务体系，消除医疗卫生区域发展不平衡，大力促进公共卫生服务均等化，提升卫生计生服务能力，提高医疗保障水平，切实解决贫困群众看病就医难问题，提高人口健康素质，及时制订出台了《松潘县医疗卫生计生扶贫专项方案(试行)》《松潘县医疗卫生计生扶贫2017年工作计划》《松潘县2017年实施贫困人群医疗救助扶持行动工作方案》和《松潘县精准扶贫“一站式”医疗救助实施方案》，大力实施卫生计生扶贫“五大行动”(贫困人群医疗救助扶持行动、贫困人群公共卫生保障行动、医疗能力提升行动、卫生人才培植行动和生育秩序整治行动)，扎实推进卫生计生扶贫各项工作。全面实现贫困人口100%参加城乡居民医疗保险、贫困人口县域内就诊的个人医疗费用支出控制在5%以内、全年“摘帽”贫困村卫生室标准化建设全部达标和有合格乡村医生(执业/助理)医师等工作目标，并通过州级考核。

计划生育惠农政策执行情况。全县计划生育家庭奖励扶助对象核准人数为485人，各级奖励扶助资金46.56万元，特别扶助对象核准人数为43人，各级奖励扶助资金31.824万元，独生子女父母奖励金对象共有489对，奖励资金4.8284万元，并全部通过“一卡通”发放到户，奖励扶助对象确认零误差。

加快推进“健康松潘”建设进程，创建国家卫生镇1个、省级卫生乡2个、省级卫生村11个，免费为县内39名符合条件的白内障患者实施手术，做实做细禽流感等传染性疾病防控工作，确保全县未发生重大疫情。增强公共卫生服务水平，加快“省级艾滋病综合防控示范县”创建进程，探索“医联体”和“医共体”建设，促进县级综合医院联动发展和医疗资源下沉，加快实现“90%的住院病人不出县”的医改目标。

【农村法制建设】 2017年，松潘县普法工作落地落实，荣获全州“六五”普法宣传教育先进县。“1+3”旅游市场综合整治监管模式入选“全省法治政府建设十个创新案例”，“两法衔接”工作取得实质性进展，行政案件移送刑事惩处全面落实。扎实推进“护路护河”“治违排违”“私占国土”等专项执法行动，全年行政执法案件增长106.2%。完成全县147个村(居)委会换届选举。深入推进“七五”普法工作，扎实开展“矛盾纠纷排查化解”行动，推行矛盾纠纷信访案件限期交办制度，依法打击违法上访行为。出台《松潘县关于制定村规民约的指导意见》，“信访不信法”的不良社会风气实现良性转变，法治良序得到保障、法治理念得以增强。

【农村交通】 2017年，松潘县25个乡(镇)143个行政村需要维修维护及养护的农村公路共82条、614.689千米，其中县道3条、266.623千米(包括北松路13.583千米、平松路103.045千米、松黑路149.995千米)，乡道6条、64.367千米(包括漳水路4.985千米、安牟路19.277千米、青大路12.123千米、岷大路8.947千米、龙猪路7.347千米、红木路11.688千米)，村道67条、241.894千米，专用道6条、41.805千米。投资1441.01万元用于农村基础设施提升改造，其中包括12条共25.71千米农村公路维修整治及安保设施建设、8个乡村公交站台建设。

【农村社会保障】 2017年，松潘县投入资金3.48亿元，全面落实十项民生工程和18件民生实事。聚焦县内区域发展失衡、民生需求多元的现实难题，把浙江省东西协作扶贫、环境保护厅和大邑县对口帮扶等优势资源向连片贫困地区和问题集中地区倾斜，实施火烧屯村游客综合服务站、进安乡中心校等援助项目；处理劳动保障监察举报投诉、劳动人事争议仲裁等案件和纠纷成功率达94.4%；全面实现低保线和贫困线“两线合一”，医疗救助、特困人员供养、困难残疾人生活补贴、临时救助等社会救助工作成效良好；养老服务体系建设、留守儿童关爱、优抚安置等工作继续深化，并提高了离退休干部生活补助标准，成立了松潘县慈善会，社会综合福利保障再上台阶。

【农村生态建设及环境保护】 自2000年以来，松潘县累计完成一期退耕还林14.3万亩的退耕还林任务，其中退耕还林5.9万亩，配套荒山造林8.4万亩，涉及全县25个乡(镇)128个行政村9326户39614人，签订合同38580份。完成2015年新一轮退耕还林6000亩，完成2013年度巩固退耕还林成果后续产业专项建设7000亩。国家重点生态功能区转移支付生态建设工程投入转移支付资金6084万元，修复生态脆弱地12493亩。防沙治沙工程第5次监测面积为13万亩，完成二期沙化治理及新沙化治理工程5.8万亩。建设区域为川主寺、岷江、水晶、安宏、镇江关、镇坪、草原等沙化土地乡(镇)。实行护林防火行政首长负责制，签订森林防火责任书37186份。强化宣传工作和野外用火管理，推行《入山证》《野外用火证》制度，防火期实行森林防火戒严，设立永久性护林防火检查哨8处。加强扑火队伍建设，组建专业扑火队3支共180人，组建以民兵预备役部队为主的半专业义务扑火队142支共2840。进一步加强“软件”建设，规范各项规章制度，做到24小时信息畅通，确保防火工作落到实处，实现了连续多年无森林火灾发生的目标。对白羊自然保护区、龙滴水自然保护区大熊猫栖息地生物多样性进行了野外监测，广泛开展保护野生动植物的宣传，发放宣传画册，提高广大群众保护动物和爱鸟护鸟意识。开展保护区社区共管工作，利用大熊猫国际合作项目完成龙滴水自然保护区、龙滴水保护管理站和白羊自然保护区甲竹寺保护站建设。继续保持打击非法猎捕、非法

经营、非法采集等破坏野生动植物资源违法犯罪行为的高压态势，切实保护好全县的野生动植物资源及其栖息环境。加强森林采伐利用管理，严格执行限额采伐和凭证采伐制度，切实解决农户修建房屋自用木材问题。加强林地资源管理，严格依法审核转报征(占)用林地，主动配合成兰铁路等国家重点工程办理征(占)用林地相关申报手续，做到主动服务，加大对违法占用林地行为的查处力度，推进依法有序利用林地。投入资金1000万元，完成松潘县生态乡(镇)建设项目，十里乡、青云镇、牟尼乡、岷江乡、安宏乡、镇江关乡、镇坪乡、小姓乡、红土乡8个乡(镇)的污水主管网建设。投入资金2000万元，完成松潘县农村集中连片环境整治，乡村、大中型寺庙污水处理系统修建及垃圾处理设施设备建设。

【农产品质量安全监管】 2017年，松潘县组织农业执法人员50余人次在全县开展“放心农资”宣传，制作横幅3条、标语90张，发放宣传资料9000余份，接受现场咨询1200余人次。加强对农产品质量的监管，采取不定期方式对企业、专业合作社、食用菌厂生产的农产品进行速测抽检，抽检农产品样品160余个，合格率达100%。落实检疫申报制度，根据申报内容严格实行检疫“四到位”，并按动物检疫规程规范操作。加强动物及动物产品检疫，全年共检疫各类牲畜8365头、畜产品184吨。强化定点屠宰场检疫工作，以责任制的形式把定点屠宰场检疫工作纳入了检疫人员年度考核。加强病死动物及其产品无害化处理工作，预防病死动物及其产品流入市场。加强“瘦肉精”检测监管，制订了《“瘦肉精”专项整治监测工作方案》，以严打、严控的高压态势，落实整治责任，确保整治工作落实到位。全年共组织动物卫生监督所执法人员190余人次，对各规模养殖场(户)、生猪定点屠宰场和牛(羊)清真屠宰场进行了“瘦肉精”检测，用快速检测试纸对牲畜尿液进行了随机抽检，屠宰环节检测牲畜数量7256头份，养殖环节检测牲畜数量2365头份，“瘦肉精”检出率为零。

【农村市场体系建设】 2017年，松潘县通过实施省级电子商务进农村综合示范项目，建成电子商务示范村1个、县级电商发展服务中心1个、O2O特色产品体验馆1个、县级物流配送中心1个、乡(镇)级电商服务站12个、村级电商服务点18个，开展农村电商人才培训1200余人次，涌现出以残疾人何顺权为代表的一批农村电商达人，松潘发祥地电子商务有限公司销售藏香猪600余头。举办了松潘县电子商务创新创业大赛、农产品包装设计创意大赛，激活全县青年创新创业热情。松潘县农村产品网络销售总额达9.07亿元，位居全州第二。

【农村留守儿童帮扶】 2017年，松潘县建立县农村留守儿童关爱保护工作联席会议成员单位，制定联席会议制度，结合实际制订印发《松潘县进一步加强农村留守儿童关爱保护工作实施方案》，通过摸底排查统计，有农村留守儿童和困境儿童706人(其中留守儿童74人、困境儿童632人，困境儿童与农村留守儿童重合数5人)。乡(镇)与留守儿童委托监护人签订《农村留守儿童委托监护责任确认书》74人。将全县的困境儿童632人纳入农村低保，实施农村留守儿童和困境儿童医疗救助16人，金额33061元。各乡(镇)成立以民政助理员为儿童福利督导员，各成员单位之间多协调、配合、互通信息、相互支持，全力做好全县农村留守儿童关爱保护工作。

【劳务开发与返乡创业】 2017年，松潘县健全就业创业服务体系，完善职业培训。在白羊、小河、毛尔盖等乡(镇)开展创业培训、品牌培训、职业技能培训等各类培训22期，培训农村劳动力1269人，其中创业培训3期、90人，品牌培训8期、350人，其他中式烹调、乡村旅游、羌绣等培训10期、829人。积极动员组织未满22周岁的农村贫困建卡户劳动力参加“扶贫专班”培训。全县共有10人参加培训，4人到都江堰市参加汽车维修专业技能培训，6人到绵阳市参加幼儿教育专业技能培训。经过3个月的培训，4人取得汽车维修工四级证书，3人取得保育员四级证书，另外3人因未达到获证年龄暂未取得证书。结业后，县就业局密切跟踪并准确掌握了“扶贫专班”学员的就业情况，有针对性地开展职业指导和职业介绍，根据其培训专业搜集整理空岗信息及时推荐联系就业岗位。充分发挥职介功能，积极联系用工单位，掌握用工需求和岗位空缺情况，摸底调查，全面掌握2014级“9+3”免费教育计划学生就业情况、2014级高校毕业生就业情况及高半山人口与劳动力资源情况，及时搜集、发布用工信息，努力扩大就业政策宣传面。在新城区政府广场召开了以“促进转移就业、助力脱贫攻坚”为主题的2017年就业扶贫“春风行动”现场招聘会和以“关爱灾区、促进就业、助力扶贫”为主题的大邑县赴松潘县地震灾区专场招聘暨2017年对口援助就业扶贫现场招聘会，2场招聘会共提供就业岗位2800余个，55家企业到场招聘。参加现场招聘会的各类求职人员达1500余人，填报求职登记709人，达成招录意向性协议382人，职业介绍成功228人。在县内开展“SYB”创业培训3期、90人，成功创业18人，到2017年年底已为18名成功创业人员补贴资金18万元。积极实施返乡创业担保贷款政策，帮助待业人员创业，以创业促进就业。累计办理返乡创业贷款19笔，发放贷款资金190万元。组织农村劳动力积极参加省、州举办的各类创业培训共4期、50余人。

【主要领导人】 县委书记：泽小勇；县人大常委会主任：马永香；县长：李建军；县政协主席：马骞；分管农业副县长：盛碧慧(7月止)，晏斌(7月始)。

松潘县编写组

九寨沟县

【基本情况】 2017年，九寨沟县辖3镇12乡，辖区面积5286平方千米，其中耕地面积56524亩，人均耕地面积1.03亩。年末总人口6.76万人，人口出生率11.29‰，人口自然增长率8‰。本地水资源总量15.75亿立方米，人均占有水资源量19030立方米。有林业用地39.93万公顷，森林覆盖率58.34%，森林植被覆盖率73.78%。

2017年，全县实现GDP24.675亿元，减少7%，其中第一产业增加值2.0526亿元，增长1.9%；第二产业增加值7.8115亿元，减少9.4%(工业产值6.2亿元，减少36.6%)；第三产业增加值14.8109亿元，减少6.8%。三次产业对经济增长的贡献率分别为8.32%、31.66%和60.02%。全年接待游客481万人次，实现旅游收入60.7亿元，其中乡村旅游收入126984万元。

公路通车里程879千米，密度102千米/万人。社会消费品零售总额12.2056亿元，减少10.1%。县级一般公共预算收入1.3931亿元，减少38.1%；一般公共预算支出18.1487亿元，增长33.8%。

有各类学校24所，在校学生10259人，教职工1045人，其中普通中学3所，在校学生3414人；小学18所，在校学生4563人，学龄儿童入学率100%。有艺术表演团体10个，文化馆1个，公共图书馆1个。有卫生机构137个，病床位343张，卫生技术人员565人。新型农村合作医疗参合人数50375人，参合率99%；新型农村社会养老保险参保人

数25661人,参保率97%。

【年度农业和农村经济运行】 2017年,九寨沟县实现农业总产值34223万元,增长3.7%,其中种植业产值11513万元,增长6.8%;苹果、樱桃、核桃、蜂蜜等特色优势农产品产量保持稳定增长。农民年人均纯收入达11725元,增长8.7%。在粮食、生猪、蔬菜生产中,科技投入的占比或科技贡献率30%。全县农产品质量抽检合格率比年初提高8.7个百分点;建成9个基层农业综合服务站。全年完成成片造林1231公顷、封山育林667公顷,实施"四旁"(零星)植树25.79万株,农民从林业获得收入1656元。全县城乡居民养老保险参保人数25030人,养老金待遇领取人数6665人,代缴困难群体人数255人。

2017年九寨沟县主要农产品产量

主要农产品	单位	产量	同比(%)
粮食	万吨	1.0669	0.2
小麦	万吨	0.0135	-1.5
油菜籽	万吨	0.0357	0
蔬菜	万吨	1.4933	0.1
水果	万吨	0.618	16.3
肉类	万吨	0.3869	-7.1
猪肉	万吨	0.2304	-17.6
禽蛋	万吨	0.0063	-11.3
牛奶	万吨	0.0998	1.2

【种植业】 2017年,九寨沟县粮食作物播种面积52828亩,产量10669吨。加大农业补贴政策落实力度,完成农业支持保护项目补贴资金331.3万元,补贴面积48343.36亩,补贴农户9614户。春耕备耕物资储备充足,储备玉米杂交种子8.26吨、蔬菜种子10余个品种,储备地膜16吨、肥料185吨、农药3.2吨。在保华乡实施杂交玉米9个品种的区域试验(高原山区组)和11个新品种的州区域试验(高原山区组),试验面积2.07亩。

【畜牧业】 2017年,九寨沟县畜禽兔饲养量25万头(匹、只);牲畜存栏87053头(匹、只),出栏50918头(匹、只)。肉类总产量3869吨,奶产量998吨。

【水产业】 2017年,九寨沟县编制完成全县"十三五"饮水安全提质增效项目专项规划初稿;编制完成《九寨沟县"十三五"水利扶贫项目规划》和《九寨沟县"十三五"水利发展项目规划》,并通过审查。开展"7·26"饮水灾后重建。涉及双河乡、罗依乡、郭元乡2570人饮水问题。建设完成新建取水口4座、高位水池1口、清水池3口,铺设各类管道52115米,总投资829.62万元。完成防汛应急救灾管材采购和水资源退还资金管材采购项目,共计采购金额75.03万元。

【新村建设】 2017年,九寨沟县围绕脱贫攻坚发展生态农业、乡村旅游,种植脆红李220亩、苹果80亩,发展羌活、党参、赤芍145亩,种植花椒1857亩;加快休闲农业和乡村旅游发展,建成景观墙800米、廊亭2个、巷门3个、生态停车场500平方米,打造草地乡上草地村乡村旅游微景观等配套设施,完善漳扎镇中查村、郎寨村、永竹村、牙屯村,双河乡各条村、永丰乡菜园村、白河乡芝麻南岸村等配套设施。

【扶贫攻坚】 2017年,九寨沟县创新建立"2+4+9"工作机制、片区作战制、跟踪督办制及"七个一"帮扶机制,统筹整合涉农资金1.43亿元、专项资金3.26亿元,精准实施22个扶贫专项,建立九寨沟县"四项扶贫基金"。全年计划退出36个贫困村和计划脱贫706户2438人顺利通过省、州验收考核。截至2017年年底,全县精准退出43个村,精准减贫1431户5081人,贫困发生率下降至1.2%。

【乡村旅游】 2017年,九寨沟县乡村旅游接待游客143.4万人次,实现乡村旅游收入126984万元(受"8·8"九寨沟地震影响,景区关闭,乡村旅游经济收入截至2017年8月8日),乡村旅游已成为农户增收重要途径,有力推进了"旅游富民"目标的实现。

【农村水利】 2017年,九寨沟县建设完成省级小型农田水利重点县建设项目,该项目投资1142万元,其中省级投资900万元。在罗依乡4个行政村新建引水堰2座,铺设引水主管和输水主管道89.564千米,新建蓄水池16口,受益人数0.2944万人,发展高效节水管道灌溉面积5006亩。

【农业机械化】 2017年,九寨沟县各乡(镇)签订了《安全责任书》。通过宣传教育新车入户25台。全年累计开展路检路查40天,出动农机执法车辆40台次,出动农机执法人员120人次,检查14.7千瓦以上的自走式农业机械450台次,排查农机安全隐患17起,教育、处理违法农机手8人次,对拖拉机违法载人进行了用客运车辆分流的形式分流3人次。积极联系农业机械生产厂家,向村民演示新型农业机械操作技巧,宣传农机购置补贴政策。配合农机经销商对300余台机具的购机户开展培训。农机购置补贴资金68.976万元,受益农户470户,补贴机具686台。

【农村科技】 2017年,九寨沟县在老城区十字街口开展科普宣传月"科技之春"宣传活动;举办了"科技明白人"培训,开展了以科技惠农为主题的实用技术培训会,在老城区十字街口进行了"科普宣传进社区""科技活动周"宣传活动。全县开通了"四川科技扶贫在线"九寨沟县运管中心平台;举办了2017年羊肚菌栽培技术现场会。

【农村教育】 2017年,九寨沟县投入资金1216万元,维修改造教学及辅助用房23109平方米、学生宿舍14601平方米、运动场22568平方米;计划投资2553万元,新建永和乡中心小学校4375平方米、教师周转宿舍1015平方米(29套)、校园绿化2155平方米、学生活动场地4330平方米,已基本完工。投入资金1089万元,为各学校添置教育教学设备、寄宿制学生生活用品。免除学前教育保教费180.975万元,落实学前午餐补助资金140.5万元;落实资金547万元,对义务教育阶段学生全部免除学杂费、书费和作业本费;落实资金590.42万元,对家庭经济困难寄宿制学生发放生活补助511.7万元,为义务教育阶段学生提供营养补助;免除普通高中在校学生的学杂费、书本费228.608万元;落实资金116.36万元,为普通高中家庭经济困难学生发放国家助学金。积极落实大学生入学资助工作,为453名贫困大学生发放生源地信用助学贷款,贷款金额357.46万元;资助建档立卡中职学生34人,发放资助金1.7万元;资助县内就读建档立卡学生886人,发放教育扶贫救助基金135.8万元;积极筹措社会资助资金,资助贫困家庭大学生642人。

【农村文化】 2017年,九寨沟县农村文化建设完成投资1190.07万元,为120个村级文化活动室购置文化设施设备,农家书屋书籍均达到1600册的标准,开展文化活动90余场次。放映农村公益电影1510场次,完成年度计划的104%。2017年元宵晚会,参加晚会演出的群众演员达700余人,观众达1万余人。

【农村卫生】 2017年,九寨沟县有乡(镇)中心卫生院2所、乡(镇)卫生院15所、村卫生室110个、社区医疗服务站1个,有乡(镇)卫生院在

编人员216人(其中卫生专业技术人员199人)、村医107人。为4所乡(镇)卫生院和36个脱贫村村医疗室配备价值200余万元的医疗检查设备及污水处理设备,开展基层医务人员业务培训4次。

【农村法制建设】 2017年,九寨沟县共开展各类专项法治宣传活动72场次,共发放普法读本8200余本、宣传资料11000余份,悬挂宣传挂图28张、赠送普法年历2000本,免费为群众提供法律咨询462人次。在宣传纪念日月周,如"3·8"妇女节、"3·15"国际消费者权益日、"4·15"国家安全日、"5·4"青年节、"5·12"防震减灾日、科技活动周、综治宣传月等开展法治宣传活动。全年共开展各类大型主题宣传活动12次。深入开展"法律七进"活动370余场次,发放各类法律书籍和普法宣传资料4万余份,受教育群众达7.8万人次。

【农村交通】 2017年,九寨沟县农村公路养护总里程556.426千米,其中通乡公路86.443千米、通村公路335.332千米、专用道路29.095千米。完成马家乡乡道改造工程6.233千米,投资约2312.5471万元;完成罗依乡乡道改造工程1.711千米,投资约860万元;完成永和乡乡道改造工程5.171千米,投资约2791.5626万元;完成八郎沟村村道建设14.6千米,投资约1308万元;完成14条村道维修,投资100万元。永丰乡上、中、下寨环线通道工程3.92千米开工建设,完成投资1610万元。

【涉农招商引资】 2017年2月16日,九寨沟县人民政府与西藏藏药集团股份有限公司签订战略合作协议;5月2日,签订《九寨沟县藏(中)药材产业化开发项目合作协议》。已完成公司注册,前期投入40余万元,主要用于土地流转和种苗培育。已在马家乡流转50余亩的实验基地用于种苗培育。

【农村生态建设及环境保护】 2017年,九寨沟县完成天然林保护工程封育管护面积239.3万亩,巩固退耕还林8.04万亩,义务植树25.79万株。全面完成农村环境连片整治项目建设5个,全面完成县城集中式饮用水水源地周边村寨生活污水防治管网和永丰乡村寨排污管网工程项目。整改完成省环保督察问题40个,省环保督察23个突出问题已完成整改21个,完成率91%。27个州督察问题全部整改完成。成立了县环境保护委员会,编制实施了《九寨沟县环境保护职责分工细则》,有力推进了农村环境保护工作。清理环保违法违规建设项目32个,整顿完成29个,完成率90.6%。

【农产品质量安全监管】 2017年,九寨沟县完成食用农产品抽样180余个品种批次,经检全部合格。配合第三方机构完成牛肉制品肉源性检测2个品种批次,完成省抽检任务84个品种批次。

【农村市场体系建设】 2017年,九寨沟县由人保财险和中华联合2家保险公司开展农业保险,人保财险主要办理种植业保险,中华联合保险公司办理养殖业保险。分别针对九寨沟县特色产业开发出特色农业保险产品,通过财政补贴不低于75%保费将中药材、青(红)脆李、甜樱桃、森林、牦牛、藏香猪、跑山鸡、能繁母猪、中蜂等特色种养殖项目纳入保障范围,特色种植保险面积969.86亩,实现保额291万元,实现保费收入22.69万元;特色养殖保险覆盖5913头(只),实现保额568万元。

【农村留守儿童帮扶】 2017年,九寨沟县共有农村留守儿童34人,由祖父母、外祖父母监护的29人,亲戚朋友监护的5人。全县农村留守儿童实现信息化管理,一人一档,精准施策,指导留守儿童受委托监护人签订《农村留守儿童委托监护责任确认书》,并组织各乡(镇)将留守儿童数据录入全国农村留守儿童和困境儿童信息系统。制订印发了《九寨沟县进一步加强农村留守儿童关爱保护工作实施方案》,全县建立农村留守儿童关爱保护工作体系。

【劳务开发与返乡创业】 2017年,九寨沟县城镇新增就业人员648人;城镇失业人员实现再就业62人,就业困难人员实现就业22人,失业率控制在3.8%以内。开展青年劳动者技能培训911人,开展创业培训60人,促进大学生实现创业14人。发放小额担保贷款213万元,返乡创业6人;开发公益性岗位897个。农村劳动力实名制数据入库数28548人,劳务转移输出1.68万人,实现劳务收入4.3亿元。贫困劳动力中自主创业24人,公益性岗位安置901人;县内企业吸纳贫困劳动力48人,其中吸纳贫困劳动力10名以上的企业2家。打造白河乡太平村为就业扶贫示范村,兑现资金20万元。"8·8"九寨沟地震后,全县连续举办大型招聘会2场,提供县外就业岗位1.7万余个,转移输送受灾群众到县外就业276人,其中建档立卡贫困户56人,占比20.2%。深入乡(镇)开展"送岗下乡"2场次,将岗位送到村、送到户、送到人;实施各类就业创业培训4期,培训224人。

【抗震救灾】 2017年8月8日21时19分,九寨沟县发生7.0级地震,造成全县15个乡(镇)130个行政村(社区)不同程度受灾,受灾群众达23020户144720人,交通、通信、市政、学校、医院等基础设施和公共服务设施遭受不同程度损毁,世界自然遗产和生态环境受到严重破坏。地震发生后,中央、省、州第一时间做出响应,紧急拨付救灾资金,各方救援力量迅速驰援,举全国之力抗震救灾,黄金72小时内成功救出伤员473名,20小时内安全有序转移游客及务工人员61500余人,24小时内设置临时应急避险点301个(安置群众27243人),奋力做到"六个最短时间",创造了抗震救灾史上的伟大奇迹。

【主要领导人】 县委书记:罗智波;县人大常委会主任:汪世荣;县长:陶钢;县政协主席:葛林冲;分管农业副县长:龚学文。

九寨沟县编写组

金 川 县

【基本情况】 2017年,金川县辖19乡3镇110个行政村(社区),辖区面积5354平方千米,其中耕地面积9.8万亩,人均耕地面积1.54亩;基本农田7.45万亩。年末总人口7.0799万人(户籍人口);人口出生率5.8‰,减少7.9%;人口自然增长率2‰,减少27.3%。农村耕地有效灌面达到耕地总面积的51.8%;本地水资源总量176.89亿立方米,人均占有水资源量24.47万立方米。有林业用地37万公顷,有林地面积19.17万公顷,活立木总蓄积量2556万立方米,森林覆盖率42.63%。

2017年,全县GDP12.9亿元,增长2.2%,其中第一产业产值30538万元,增长3.5%;第二产业产值47120万元,增长3.3%;第三产业产值51430万元,增长0.5%。三次产业对经济增长的贡献率分别为22.5%、59.7%和17.8%。全年接待游客90.81万人次,实现旅游收入70434万元。

公路通车里程3398千米,密度634.7米/平方千米,531.1千米/万人。社会消费品零售总额50390万元,增长10.5%。地方公共财政预算总收入完成6742万元,增长4.6%;公共财政预算总支出128318万元,减少1.1%。金融机构各项存款余额289066万元,比上年末增长7.4%;各项贷款余额81262万元,比年初增长23.8%,完成农业产业化项目5个,完成投资2852万元。有州级农业产业化龙头企业4个。

有各类学校56所,在校学生7085人,教职工983人,其中普通中学7所,在校学生2161人;小学26所,在校学生3455人;幼儿园23所,

在园幼儿1469人。有艺术表演团体109个，文化馆1个，乡（镇）文化站22个，公共图书馆1个。有文物保护管理机构1个，全国重点文物保护单位1处，省级文物保护管理单位4处，州、县级文物保护管理单位11处。有无线广播电台2座，电视台2座。有卫生机构29个，床病位538张，卫生技术人员471人。城乡居民医疗保险参保人数57406人，新型农村社会养老保险参保人数31006人，农村居民最低生活保障人数4666人。

【年度农业和农村经济运行】 2017年，金川县实现农林牧渔业总产值48501万元，增长4.2%。其中，农业产值13903万元，增长1.7%；林业产值5317万元，增长10.8%；牧业产值26748万元，增长4.4%；渔业产值28万元，增长233%；农林牧渔业服务业产值2505万元，增长14%。农民年人均纯收入达11775元，增长11%。全县在“我为家乡脱贫出把力”等活动和西博会、农博会累计签约项目13个，签约资金达17.6亿元。

2017年金川县主要农产品产量

主要农产品	单位	产量	同比(%)
粮食	万吨	1.83	1.1
小麦	万吨	0.33	5.5
油菜籽	万吨	0.02	7.2
蔬菜	万吨	4.69	-4.4
水果	万吨	2.03	0.01
肉类	万吨	0.63	7.6
猪肉	万吨	0.43	5.5
禽蛋	万吨	0.03	1.9
水产品	万吨	—	—
牛奶	万吨	0.53	2

农用地产权制度改革。全县全面完成了21个乡（镇）89个村242个村民小组的承包土地确权登记任务，涉及土地承包农户1.2万余户、地块70064宗，实测承包土地面积18万余亩。

农产品品牌战略实施。全县根据“建基地、拓规模、创品牌、活市场、提质量、促增收”发展思路，深入实施“川西北生态经济示范县”建设，全面发展生态农业，努力把金川县建设成为全省“生态农业”“绿色农业”“休闲农业”示范地和“安全菜”“放心肉”“健康果”标志性产地。对销售的优质农产品、各经营主体均使用了“川藏高原”大品牌，加工企业和部分专合组织也注册了各自的品牌。全力推行“三品一标”认证，完成绿色食品认证1个。“金川雪梨膏”“金川辣椒”“金川白瓜子”“金川雪梨”获得国家绿色食品认证；“金川秦艽”“金川牦牛”通过了国家地理标志产品保护，全县4300公顷土地获得无公害农产品产地认证，22个乡（镇）获得无公害肉牛肉羊基地认证，15个乡（镇）获得无公害生猪生产基地认证。

现代农业园区建设。一是完成核心示范区的定界、围栏建设，土地整治等前期工作。二是积极与规划设计单位浙江大学密切合作，高起点、高标准完成了《金眉现代农业园区总体规划和核心区建设性详规》。三是已引进金川县鹏程农业科技公司入驻园区，金川县正发农业科技有限公司即将入驻园区。四是核心示范区内特色水果、中药材、花卉的栽植已全面完成，共定植苹果、桃、李子、甜樱桃各类水果面积480亩，行间种植百合面积280亩，培育种植花木、花草品种13个，建设总投资达870万元。五是完成560平方米临时管理板房以及生活用水用电设施建设，园区内碎石路面铺设200米、围栏安装6567米。园内3100米产业便道、游步道全面完成，4.6千米园区环建硬化路道、496亩的水肥一体化灌溉项目、246平方米阳光房建设、物联网信息平台建设工作有序开展。园区已投入资金1600万元。

【种植业】 2017年，金川县粮食作物播种面积6.5万亩，粮食产量1.83万吨；油料作物播种面积0.2万亩，油料产量180吨；蔬菜种植面积1.5万亩，产量4.69万吨；水果种植面积3.9万亩，产量2.03万吨；特种作物（药材）播种面积0.2万亩，实现药材总产量210吨。

【林业】 2017年，金川县围绕“严保护、强治理、绿金川”总目标，切实在林、草综合治理方面取得良好成效：四川金川国家森林公园、措朗沟省级湿地公园分别通过国家和省级批准建设。落实建档立卡贫困人员166人为生态护林员，切实严守林地林木保护红线，并在此基础上完成了义务植树15万株，新增和留床种苗地992亩；完成“百里画廊”绿化建设3500亩；进一步巩固前一轮退耕还林成果4.05万亩，实施新一轮退耕还林2000亩；实施林业防沙治沙项目1755.6亩，栽植四川牡丹140万余株；实施双柏树后山、观音桥额勒山、沙耳实验田至广金坝后山植被恢复项目，共恢复植被3600亩。

【畜牧业】 2017年，金川县出栏生猪7.42万头，增长4%；出栏牛1.3万头，增长2.2%；出栏羊1.06万只，增长4%；出栏家禽11.34万羽，增长3.2%。猪存栏5.5万头，增长0.01%；牛存栏9.6万头，增长0.01%；羊存栏1.3万只，增长7.6%。全年肉类总产量6375吨，增长7.6%，其中猪肉产量4252吨，增长5.5%；牛肉产量1612吨，增长19.9%；羊肉产量175吨，增长4.2%。奶类产量5292吨，增长2%。

【统筹城乡与新型城镇化】 2017年，金川县全面实施城镇建设项目，城南旧城改造破土动工，五金厂危旧房顺利拆除，前后街、老街市政基础设施改造全面完成，勒双路人行步道建设有序推进，老城人居环境显著改善；双柏树新区干部周转房、公租房启动建设，公安、环保、检察院等业务用房和污水处理厂主体成型，城市承载能力显著提升；观音桥、安宁集镇建设稳步推进，19个幸福美丽新村持续巩固，乡村“蓝色屋顶”得到有效控制，城乡融合步伐加快。全年城镇新增就业816人，年末城镇登记失业率3.6%，控制在3.8%以内；参加失业保险总人数31958人。

【扶贫攻坚】 2017年，金川县建立健全驻村干部帮扶机制，实现帮扶县级领导对乡（镇）、帮扶单位对贫困村、帮扶责任人对贫困户“三个全覆盖”，做到驻村帮扶“六个一”。围绕“两不愁、三保障、四个好”总目标，全面完成了19个贫困村“摘帽”、3065名贫困人口“销号”的年度任务，并通过考核验收。对照标准巩固提升了19个村通村、通组、入户路，全面实现安全饮水，确保了通信网络全覆盖。壮大发展19个村集体经济，切实增加贫困户收益。全力实施22个专项扶贫项目，不断完善住房、医疗、教育、就业等保障举措，确保贫困群众能够安居乐业。

【乡村旅游】 2017年，金川县“三态融合、三微互动”迈向深入，本土旅游品牌资源不断凸显，全域旅游规划大纲编制完成，景区基础设施配套逐步完善，“一花一叶”节庆成功举办，大东女阳光旅游度假区达成区域联盟共识，金川旅游全域、全时、全产业化进程全面提速。全年共接待旅游人数90.81万人次，增长4.7%；实现旅游收入70434万元，增长3.2%。

【农村水利】 2017年，金川县围绕“重投入、严维护、全覆盖”总目标实施了小型农田水利项目，新增有效灌面3600亩。实施了水利维修养护项目，建设小渠道2.6千米，维修农田蓄水池47口，更换管道56.7

千米、取水口建筑物1处。改造二甲渠、幸福渠等主干渠10.7千米、田间渠76.02千米。实施农村安全饮水巩固提升改造项目,项目共涉及32个村,解决3960人饮水安全问题。积极跟进中型灌区渠系配套项目前期工作,项目可研报告已批复,按规定准备进行代理机构比选和项目初设工作。

【农业机械化】 2017年,金川县加强农机安全生产,开展检查47次,出动人员141人次,出动车辆47台次,检查拖拉机131台,纠正违章31次,实施整治31次,开展农机安全宣传8次,在全县范围内发放宣传资料5000余份,有效提升了农民对农业机械化安全生产的重视程度。

【农村基础设施建设】 2017年,金川县大力实施基础设施建设,金川电站库区还建路前期建设加快推进,安卡路、新阿路、独松船头桥、撒瓦脚通组桥破土动工,太毛路建设工作有序推进,二甲路、马厂环山路竣工投用;金江堤防配套工程进展顺利,崇化中型灌区配套改造试点项目、农村安全饮水工程全面竣工;金川220千伏输变电工程完成初步选址,观音桥110千伏输变电工程基础完工,俄热35千伏输变电工程正式核准,8个贫困村电网完成升级改造;累计建成4G基站218个,112个村(社区)实现通信全覆盖。

【农村科技】 2017年,金川县为加快贫困村农民脱贫步伐,提高贫困村农民群众劳动能力,依靠科技支撑增加农民的收入,以《金川县农牧民实用技术培训》项目为依托,加强科普宣传、科技培训。一是积极开展农(牧)民实用技术培训,邀请县农业畜牧水务局高级农艺师、高级畜牧师及中药材种植龙头企业专家在道地中药材种植技术、农药识别、常用农作物病虫害防治、无公害蔬菜栽培技术、蔬菜病虫害绿色防控技术及畜禽标准化养猪场建设等实用技术方面对全县未“摘帽”的41个贫困村的科技致富带头人和“科技明白人”及部分专业合作社的种植户开展农(牧)民实用技术培训,累计培训专业技术人员80人次、农牧民600余人次。二是积极开展“专家田间行”工作,利用“科技之春”“送科技下乡”“科普宣传月”“科技活动周”“科普宣传月”“知识产权日”等活动,组织专家、技术人员深入田间地头开展“专家田间行”工作。为广大农牧民群众讲解羊肚菌、重楼、雪梨、中药材、特色水果、无公害蔬菜种植技术并对畜禽标准化养猪场建设及病虫害综合防治等实用技术进行指导。全县共计派驻县乡农牧技术人员45人进驻45个贫困村开展科技扶贫工作,其他7个贫困村由省、州农业部门派驻专家定点帮扶指导。全年开展“科技扶贫进村”活动754次,走访贫困户3400户,开展培训261次,发放培训资料12300份,共计培训12404人次,发放粮油种子375千克。

【农村教育】 2017年,金川县全面实施15年免费教育,扎实推进教育助学、教育帮扶等扶贫项目,“义务教育发展基本均衡县”通过国家验收。金川高级中学建设工作有序推进,教育事业均衡发展。

【农村社会保障】 2017年,金川县实现低保、医保、生态奖补等惠民政策全面落实,“走基层、送温暖”活动持续深化,社会保障体系不断健全。城乡居民社会养老保险制度覆盖人数31819人;城乡居民基本医疗保险覆盖人数56286人,参合率99%;农村居民最低生活保障人数4666人。

【农村生态建设及环境保护】 2017年,金川县有环保监测站1个,监测人员10名,集中式饮用水水源地水质达标率100%,地表水监测断面功能区达标率100%。

【农产品质量安全监管】 2017年,金川县开展农资联合执法大检查4次,出动执法人员50人次,检查农资经营户35家次,开展集中宣传咨询4次;按照相关要求实施农药抽样10个,送省危化所检验检测2个,其余送阿坝州检验检测。

【农村市场体系建设】 2017年,金川县扎实抓好“互联网+”“O2O”工程,“九农云”等平台引领电商发展,为申报“全国电子商务示范县”提供了基本借鉴,数据经济成为新引擎。“三大经济”牵引产业升级,财政金融运行稳健。

【主要领导人】 县委书记:卞思发;县人大常委会主任:东巴格西;县长:朱锐;县政协主席:申红霞;分管农业副县长:卢永波。

金川县编写组

小 金 县

【基本情况】 2017年,小金县辖21个乡(镇),辖区面积5571平方千米。

【农用地产权制度改革】 2017年,小金县农村土地承包经营权确权工作稳步推进,完成了21个乡(镇)123个村420个村民小组16832户农户的农村土地承包经营权确权登记工作。调查地块89529块,总面积150886.75亩。全县共流转土地3724亩。

【农民专业合作社发展】 2017年,小金县积极指导合作社建立健全会计账簿和成员个人账户,完善财务管理制度和盈余分配制度,健全内部分配积累和风险保障机制,注重合作社发展质量。全县注册农民专业合作社567个,已备案389个。争取省、州级财政资金60万元,用于扶持4个合作社、1个家庭农场。

【种植业】 2017年,小金县农作物播种面积144811亩,其中粮食作物播种面积106810亩,产量22701吨;油菜播种面积9000亩,产量为891.5吨;蔬菜播种面积29001亩(小春1700亩、大春27301亩),产量为76597.5吨;水果产量60221吨。全年苹果老果园改造117亩,提质增效500亩;蔬菜标准化核心示范基地建设198亩,新津援建生态蔬菜新品种试验园5亩、生态蔬菜试点3个(215亩)、脆红李基地建设250亩。全县玉米、马铃薯参加农业保险1000亩,投入保费27000元。

【林业】 2017年,小金县天然林保护二期工程森林管护国有林面积1341381亩,森林资源保护涉及18个乡(镇),设立管护站4个,签订管护责任书4份。坚持“严管林”,确保了全县森林资源安全。

绿化造林。开展全县全民义务植树活动,参加人数达5万人次,栽植苗木32.1万株。完成对焦子坪隧道口节点、城区部分公共区域进行了绿化,栽植樱花、杏梅等景观树种,改善城区及周边环境。对沃日乡牌坊沟采伐迹地进行了更新造林,栽植云杉用材防护兼用林275亩。

退耕还林。督促涉及新一轮退耕还林任务的18个乡(镇)完成退耕地造林及补植任务;完成小金县2015年度巩固退耕还林成果专项建设项目玫瑰补植工作,补植面积2100亩;完成2015年度巩固退耕还林成果专项建设项目省级复查报告验收工作;完成新一轮退耕还林暂扣资金兑现工作;完成“前一轮”和“新一轮”退耕还林自查验收及资金兑现工作。

林木种苗。完成了全县林木种苗质量监督检验项目建设;综合林场、个体企业及民营育苗相结合,共育苗50亩、150余万株。

林业病虫害防治。全县完成林业有害生物防控体系建设,总投资17.38万元;完成云杉等病虫害综合防治工作,防治面积11005.5亩。全面开展产地检疫,共检疫沙棘、白杨等苗木100万余株,发放产地检

疫合格证13份。完成小金县第三次林业有害生物普查工作。

生态公益林补偿兑现。完成2016年度生态公益林补偿兑现验收工作,对存在的问题进行了清理并督促各乡(镇)进行了整改;完成生态公益林补偿村级提留结存部分的二次分配;完成2017年度生态公益林补偿兑现工作。

【畜牧业】 2017年,小金县完成牦牛种牛引种90头;全县生猪改良面达97%,山羊改良面达85%,绵羊改良面达80%,牦牛改良增至67%。分别增长1%、3%、6%和10%。通过牦牛政策性保险减少农牧户经济损失148.6万元。全年牦牛参保26052头。投入第二批现代农业推进工程项目财政资金300万元,全面完成9个改(扩)建标准化适度规模养殖场、2个冷链加工片区、5个牦牛肉鲜销平台的建设及资金兑付工作;高原之舟全国电子交易平台在小金上线,并签约第一批600头订单,交易额达600余万元。建设牦牛深加工项目,完成基础情况调研、统计、场地选址等工作,并于9月16日在阿坝州招商引资平台成功签约。

重大动物疫病防控。扎实开展H7N9流感防控工作,采取查源头、设卡点、勤消毒、强休市、储物资等手段,有效控制H7N9流感疫情态势,共设立检查卡点6处,出动值卡人员36人,启用紧急采购防护服、口罩、防护眼镜、手套等2000套,消毒液2吨,养殖场消毒灭源面积达190余万平方米;完成374份血清、748份泄殖腔样品采集;出动166人次,调动挖掘机12台、运输车辆42辆,对9个乡(镇)、1个交易市场开展活禽扑杀及无害化处理15230只,投入资金111.8474万元。扎实开展春秋两季集中强制免疫、疫病监测和环境消毒、两病防治等综合防控工作,共组织调运各类动物疫病疫苗260.5万毫升(头份、羽份),应免密度均达100%;发放消毒药品7吨。按照免疫程序对全县55406只羊进行了两轮包虫病免疫注射;发放犬药6万片,完成各乡(镇)5000只犬每月驱虫。

【扶贫攻坚】 2017年,小金县编制完成《产业扶贫实施方案》,选派2名优秀工作人员到贫困村任"第一书记"、88名科技特派员驻村工作,农技员到村率100%。通过项目资金整合,已落实到位农业产业扶贫项目7个,主要以44个预脱贫村为主,覆盖其他部分贫困村和非贫困村;总筹措资金3624.482万元,已到位项目资金3045.931万元,已拨付项目资金2509.292万元。安排10名领导干部结对帮扶木坡乡4个村53户贫困户,入户开展帮扶工作200余人次。

脱贫攻坚"三稳模式"有效推行。全县采取稳定的能人带动,实施"能人培育计划",依靠"能人"、龙头企业、专合社带动脱贫,着力解决贫困户能力短板的问题;稳定的精准产业,实施"产业支撑计划",精准选定脱贫产业,着力解决产业发展短板的问题;稳定的保障机制,实施"机制保障计划",保障贫困户稳定脱贫,着力解决保障机制短板的问题。在全县88个贫困村有序推行,带动贫困户由"输血"向"造血"转变。

【农村水利】 抚美达日灌溉工程及渠系配套工程。2017年,小金县灌溉工程概算总投资15320万元,截至2017年年底,取水口、蓄水池建设等主体工程已完工,完成工程总量的97%,已完成投资5000万元。渠系配套规划总投资6182万元,实现恢复改善灌溉1.53万亩,新增有效灌面3.75万亩,项目于10月底动工,已完成工程总量的5%。

小流域水土流失治理项目。新桥袁家沟治理水土流失面积27.1平方千米,总投资1340万元,已完成工程量的75%,完成总投资820万元。美沃高碉沟治理水土流失面积25.7平方千米,总投资1286万元,已完成工程量的95%,完成总投资1150万元。

小金川干流堤防。堤防工程新建1.69千米,河道清淤2.4千米,总投资2291万元,已完成主体建设,兑付资金1304.22余万元。

专项水利扶贫维修养护项目及高效节水灌溉工程。维修养护项目预计总投资185万元,恢复改善灌面16300亩,采用村民自建方式实施。已完成施工方案并已下达批复,省级资金85万元已到位,实现两河油坊村开工建设并完成工程量的60%,木兰葡萄基地开工建设。高效节水灌溉项目总投资600万元,涉及6个项目村,新增高效节水灌面2153亩,已完成工程量的93%,完成投资460万元。

农村饮水安全巩固提升工程。已完成改建阀门井23口,改建取水口1处,维修蓄水池3处,改建蓄水池23口,解决3100人饮水问题(其中贫困人口1877人),拨付资金124.822万元。农村饮水安全提升工程解决了1700名脱贫人口饮水安全问题,涉及29个村,总投资206万元,项目已全面完成草原生态补奖工程,完成了全县生态补奖县级验收、暖棚建设、功能巷道圈等,兑付补助资金1850.375万元。

崇八水利集中供水工程。项目总投资900万元,新建饮水管道30千米,新建小型水厂1座,解决4896人饮水问题。项目于9月底动工,已完成工程量的10%。

河长制工作。一是强化组织领导。成立了以县委书记任组长、县长任副组长,将21个乡(镇)河流问题突出的行政村对照县级组织领导体系成立相应工作领导小组和机构,全县共设县、乡、村三级河长138名,实现县、乡、村三级河长全覆盖。二是召开专题会议。县委县政府先后召开常委会、常务会4次,对河长制工作进行专题研究、安排部署,并印发了方案和制度。三是加强制度建设。根据《全面落实河长制工作方案》,逐项逐条确立了2017年河长制工作要点及任务清单,建立了《全面落实河长制工作领导小组运行规则》《8条22段重要河流县级河长工作推进机制》《县级河长联络员单位工作制度》《河长制会议制度》《8条22段重要河流管理保护投诉举报受理办法》等10项制度,并提交县河长制工作领导小组全体会审议通过。四是巡河督查到位。安装完成县级河长制公示牌23个,县、乡、村三级河长全面开展"四项行动",下发基层河长巡河台账,重点对河道内违规问题进行巡查,建立巡查问题清单,强化问题整改,三级河长巡河92人次。五是工作保障到位。及时对河长制工作机构人员编制及工作经费进行了专题研究,落实河长制工作经费80万元,落实"一河一策"方案专项经费150万元,落实河长制办公人员4名。

防汛工作。一是健全领导机制,下发小防指文件4个,对全县各防指成员部门和21个乡(镇)在组织领导、机构建设、应急预案、物资储备、责任落实等方面进行督查和整改。开展各项工作,投入49.8万元用于防汛物资采购,确保防汛工作顺利推进。二是强化监测预警机制,适时发布预警信息。全年县山洪灾害监测预警系统发出预警17次,发送短信946条,汇集雨情信息19536条、水情信息25827条。三是加大隐患排查力度,共计排查安全隐患335处,其中发现隐患点24处;排查水利工程地质安全隐患222处,其中发现隐患点28处。发现的52处隐患点除三关桥水文站落石隐患点移交国土局外,其余51处均已在8月15日前采取补救措施整改完毕。四是做好重点部位防范措施,对排查出的山洪灾害危险点137处、水库水电站19处、江河(堤防)28处、重要城镇21处、在建水利工程4个进行重点排查,采取警示标语、拦护等措施进行防护并及时消除危险。五是加快防灾减灾工程建设,在"6·14"灾情发生后,及时安排2016年中央特大防汛抗旱补助

费100万元、2017年省级农业生产救灾资金200万元,共计对全县32处河道危险点予以治理。

【安全生产及农机监理工作】 2017年,小金县完善农业行业安全生产工作制度,落实安全生产责任制,深入开展专项整治活动,加强户用沼气的安全生产教育,安排专人深入村(组),排查户用沼气安全隐患8起。加大农机安全监管力度,全年共出动执法车辆63辆次、执法人员126人次。农机事故已有效控制在省、州下达的目标考核范围内。在全县范围内开展草原火灾隐患大排查,全面提高草原火灾的综合防控能力。

【农村基层设施建设】 2017年,小金县新建生产便桥36座、人畜安全饮水工程1处,新修通组路(产业路)115.6千米,加宽改造产业路24千米,硬化产业路46.79千米,堡坎建设15000立方米,新建生猪养殖圈舍项目300平方米,概算投资1586.85万元,完成投资1516.41万元,占概算投资的95.6%。

【农村科技】 2017年,小金县以优质高效的种养殖技术为依托,先后到新格、宅垄、美沃、日尔、沃日、两河口等乡(镇)举办苹果、甜樱桃、蔬菜、"小水果"产业、"两病"防控、牦牛标准化养殖技术等培训42期,培训7000余人次,发放技术资料1万余份。依托农民夜校积极开展种养殖业技术集中培训600余场次。开展配方施肥技术推广,协助四川农业大学完成了甜樱桃配方施肥技术推广试验和马铃薯配方施肥试验。全县给予实施统防统治的农旺葡萄合作社、清多香玫瑰种植专业合作社等4个专合组织给予10万元作业费补助;完成草原虫害防治任务20万亩,完成牧鸡灭蝗2万亩,项目总投资30万元,补助资金20万元。

【农村生态建设及环境保护】 2017年,小金县完成16个环保违法违规建设项目清理整顿工作;完成四姑娘山国家级自然保护区和夹金山国家森林公园问题整改工作。落实生态红线调整,针对国家生态红线调整意见,召开会议7次,调整全县生态红线面积达30%,全面完成红线调整工作。完成2016年县域生态质量考核自查工作,完成县域生态质量考核环境监测和集中式生活饮用水水源地水质监测工作、农村环境监测采样工作;完成11个乡(镇)集中式饮用水源地划分调整工作;完成小金县饮用水源地保护工程建设。

【农产品质量安全监管】 2017年,小金县开展农畜产品质量安全"百日严打"行动及农药残留专项整治行动,发放宣传资料3000余份。开展农产品质量检测,全年共向阿坝州检测中心、达州检测中心送蔬菜、葡萄、苹果、肉类、蛋类样品100余个,所有产品合格率均为100%。产地检疫共出具动物检疫合格证明证"动物A证"10批次、684头(只),"动物B证"43批次、1015头(只),"产品A证"2批次、154千克,"产品B证"297批次、54758千克。屠宰环节共检疫生猪7300余头,无害化处理病死猪15头,"瘦肉精"检测生猪5000余头份,检测结果均为阴性。

【主要领导人】 县委书记:毛端喜;县人大常委会主任:余志容;县长:姚奇杰;县政协主席:全明;分管农业副县长:黄忱。

小金县编写组

黑 水 县

【基本情况】 2017年,黑水县辖14乡3镇,辖区面积4356平方千米,其中耕地面积10.96万亩,人均耕地面积2.09亩。年末总人口5.99万人(户籍人口),减少1.3%;人口出生率10.81‰;人口自然增长率3.1‰。本地水资源总量28.61亿立方米。森林面积390.21万亩,活立木总蓄积量3600万立方米,森林覆盖率43.44%。

2017年,全县GDP223918万元,增长6.1%,其中第一产业增加值25487亿元,增长4.9%,;第二产业增加值158272万元,增长7.4%;第三产业增加值40159万元,增长1.6%。三次产业对经济增长的贡献率分别为7.9%、87.6%和4.5%。农村劳动力转移就业1.84万人次,实现劳务收入4.07亿元。全年接待游客127.92万人次,实现旅游收入104258万元。

公路通车里程1500.4千米,其中等级公路1422千米。社会消费品零售总额46392万元,增长9.9%。地方公共财政预算总收入9503万元,减少3.1%;一般公共财政预算总支出11.28亿元,减少12.3%。金融机构各项存款余额285240万元,减少0.9%;各项贷款余额131678万元,减少4.9%。完成农业产业化项目59个,完成投资5881.11万元。

有各类学校67所,在校学生5999人,教职工678人,其中普通中小学16所,在校学生4872人;学龄儿童入学率85.4%。有卫生机构147个,病床位170张,卫生技术人员348人。

【年度农业和农村经济运行】 2017年,黑水县出台了《2017年生态效益农业发展实施意见》,配套出台《黑水县培育壮大新型经营主体助推农业产业现代化工作实施方案》《黑水县培育壮大新型经营主体加快农业产业发展以奖代补实施办法》《黑水县2017年盘活集体资产建立和发展农村集体经济增加农牧民收入的实施意见》)。实现农业总产值11962万元,增长6.4%。农民年人均可支配收入达11575元,增长9.1%。全县建成125个基层农业综合服务站。建成4个村级电商服务点,入驻淘宝、京东"多彩黑水馆"等电商平台,线上销售额达300万元。

2017年黑水县主要农产品产量

主要农产品	单位	产量	同比(%)
粮食	万吨	1.57	0.51
小麦	万吨	0.3434	0.4
玉米	万吨	0.4047	0.3
马铃薯	万吨	0.5162	0.7
蔬菜	万吨	3.9564	1.3
水果	万吨	0.2755	35.24
肉类	万吨	0.5695	3.6
猪肉	万吨	0.3956	6.5
牛肉	万吨	0.1352	1.4
羊肉	万吨	0.0135	1.5
禽蛋	万吨	0.0019	-20.8

【推动生态效益农业提质增效】 2017年,黑水县制定"1+3"农业产业政策体系,创新科技服务保障机制,精准对接市场需求,加快推进产业结构调整步伐。做强产业规模,投入5881.11万元,新(改)建产业基地6个、示范园53个,发展特色水果2400亩、生态蔬菜2.35万亩、早实核桃2282亩、道地药材3660亩;养殖凤尾鸡11万只、中蜂2.35万群、藏香猪15万头、獭兔5.8万只;完成农作物播种面积10.72万亩,粮食总产量稳定在1.6万吨。深化供销体制改革,建立产业联社3个,培育新型经营主体6家、专业合作社55个。加快品牌建设,"色湾藏香猪"获得国家地理标志保护产品认证,"黑水大蒜"通过国家农产品地理标志评审,"黑水中蜂蜜"获得欧盟有机食品认证,全县农产品"三品一标"

注册达33件。

【推动生态文化旅游提档升级】 2017年，黑水县围绕“特色更特、优势更优，做强一季、带活全域”的旅游工作思路，加快推进“三微互动、三态融合”，打造洛哩措、雅麦湖等旅游节点，不断延伸景观“串珠”，全面完善旅游布局。加快业态培育，羊茸·哈德、吉祥河谷分别获评五星级、四星级乡村酒店，打造旅游接待示范户83户，新增旅游床位871张，旅游厕所、停车场、观景台等配套设施逐步完善。全力应对“6·24”茂县山体滑坡、“8·8”九寨沟地震等自然灾害对全县旅游市场的冲击，举办了全省旅游扶贫工作现场会和第五届冰山彩林·生态文化旅游季，昌德村、甲足村获得“全省旅游扶贫示范村”称号。

【抓项目促投资，瓶颈制约实现重点突破】 2017年，黑水县有序推进国道347线茂县两河口至红原壤口段提升改造、黑理路、三奥雪山公路等项目前期工作，扎红隧道全面开工，龙洛路、瓦雅路及28个脱贫村村道延伸工程全面竣工。加快推进省级小农水重点县项目、西尔芦色水利及配套渠灌工程建设，新增灌面2.89万亩。芦花新天地主体封顶，色尔古返乡创业园等项目有序推进。马尔康至黑水500千伏输变电工程开工建设，48个农村电网提升改造工程全面完工。完成172个4G基站建设，行政村宽带网络接入实现全覆盖。围绕省、州“项目年”部署，签约招商引资项目7个，总投资12.69亿元，累计到位资金1.85亿元；加大招商引资力度，大九寨旅游集团有限责任公司落户黑水。

【强整改重保护，生态环境步入良性轨道】 2017年，黑水县天然林保护二期工程扎实推进，完成人工造林2000亩，森林管护84.69万亩，森林生态效益补偿24.83万亩，造林补贴8000亩，巩固退耕还林成果8.71万亩，义务植树9.37万株，森林抚育2.9万亩，封山育林5000亩。成功创建沙石多乡省级森林小镇，推进22个村农村面源污染环境整治，治理沙化土地1.5万亩；兑现草原生态补奖资金773.5万元，完成草原禁牧49万亩、草畜平衡162万亩，建设人工草场12.8万亩，基本实现草畜平衡。狠抓森林草原防火，已连续30年未发生较大森林火灾。健全生态制度体系，编制《小黑水河毛尔盖河流域生态保护与建设总体规划》，全面构建“河长制”组织体系。健全生态补偿机制，大力推进“工退民进”，开发2909个生态管护公益性岗位，有力助推脱贫攻坚进程。针对省、州环保督查组反馈的7大类20个问题，科学制订整改方案，完成问题整改17个，整改率达85%。加大环保执法力度，清理整顿违规项目22个，关停砂石场34个。扎实推进污染防治“三大战役”，大气环境、饮用水源全面达标，10余万亩耕地通过四川省无公害认证。严格执行项目环境影响评价准入制度，清理整改环评未验收项目335个，完成率达100%。

【农村社会保障】 2017年，黑水县城乡居民基本医疗保险参保人数51310人，参保率98.86%；医疗保险基金征收7471.3万元，支付56134人次、4253.6万元；养老保险参保人数30643人，参保率86%；养老保险基金收入12378.7万元，享受养老保险待遇8923人，计发养老金8780.9万元。巩固“两线合一”成果，清退城镇、农村低保195户469人，农村低保救助85143人次，兑付救助金1277.05万元；城乡医疗救助2729人次，兑付救助金317.49万元；兑现802名困难残疾人、孤儿补助资金80.8万元，兑现210名“五保”人员供养金82.62万元；建成日间照料中心6个，1815名残疾人享受“量体裁衣”个性化服务。

【主要领导人】 县委书记：刘云建；县人大常委会主任：陈永清；县长：何晓兵；县政协主席：王扎；分管农业副县长：汪明。

黑水县编写组

壤塘县

【基本情况】 2017年，壤塘县辖12个乡（镇）60个行政村131个村民小组，辖区面积664022.29公顷，其中耕地面积3475.73公顷、园地2.23公顷、林地302892.83公顷、草地300944.63公顷。年末总人口44950人（户籍人口），其中农业人口37246人、非农业人口7704人；常住人口41900人，城镇化率23.78%，比上年提高1.22个百分点。人口出生率11.97‰，人口死亡率4.47‰，人口自然增长率7.5‰。

2017年，全县GDP82363万元，增长5%（按可比价计算），其中第一产业增加值26078万元，增长2.8%；第二产业增加值16946万元，增长22.6%；第三产业增加值39339万元，增长0.3%。三次产业对经济增长的贡献率分别为18.2%、78.7%和3.1%，分别拉动经济增长0.9个、3.9个和0.2个百分点。

全社会固定资产投资14.71亿元，减少0.2%。社会消费品零售总额2.47亿元，增长10.7%。地方一般公共财政预算收入0.22亿元，减少2.2%。地方公共财政收入完成2187万元，减少2.2%，其中各项税收收入925万元，减少42%；地方公共财政支出134402万元，增长12.5%，其中教育支出15183万元、医疗卫生支出9956万元、科学技术支出284万元、农林水事务支出22340万元。

有各级各类学校53所，其中小学12所、普通中学4所、幼儿园37所；小学在校学生5178人，普通中学在校学生1454人；小学专任教师311人，普通中学专任教师169人。

【年度农业和农村经济运行】 2017年，壤塘县实现农、林、牧、渔业总产值39781万元。农村居民年人均可支配收入10482元，增长10%。年末农业机械总动力3.89万千瓦。全年农村用电量556万度，减少5.8%。有乡村从业人员23665人，增长2.4%。全县农村专业合作经济组织累计达43个，参与农户536户，其中农民专业合作社41个、农民专业协会2个。

【种植业】 2017年，壤塘县农作物播种面积28500亩，增加361亩。“双低”油菜种植面积近3000亩，良种青稞、脱毒马铃薯播种面积分别在12000亩、6000亩以上。特色蔬菜种植面积1678亩，种植袋料香菇近50万袋、棒料木耳1.5万棒，推广10余种果蔬新品种试验近300亩。

【畜牧业】 2017年，壤塘县牲畜存栏222198头（匹、只），增长2.3%；牲畜出栏55468头（匹、只），增长4.7%；牲畜出栏率达25%。肉类总产量5896吨，增长2.7%。奶产量11204吨，增长13.5%。落实草原禁牧193万亩、草畜平衡314075万亩。完成人工草地建植0.3万亩，天然草原改良5万亩，现代家庭牧场示范建设20户、畜牧暖棚建设333户，多功能牧畜巷道圈示范建设6个；新建牧道266千米，维修牧道40千米；足额兑现2015年草原生态奖补助资金2234.375万元，推进农作物保险663.2亩。全年完成农村安全饮水、农田水利维修养护、堤防、水土保持工程等项目建设任务，完成投资4516.12万元。

【农村教育】 2017年，壤塘县完成了2016年省属高校毕业生艰苦边远地区基层单位就业学费奖补工作，退学费27人，金额达33.17万元；完成2017年省属高校毕业生艰苦边远地区基层单位就业学费奖补申报工作7人。完成由残联组织的残疾儿童教育补助金发放工作，补助35人，补助金额达9万元。实施特殊群体关爱资助，引进“周日拍拍”爱心人士团队资助单亲家庭学生40名，捐赠金额8万元。完成了2017年中职、普高新生助学首贷工作及普高在校生续贷工作，贷款金

额168.7万元。

【农村文化】 2017年,壤塘县初步建立县、乡、村三级公共文化服务网络,建成乡(镇)综合文化站12个,实现县城公共文化广场、体育馆、图书馆、文化馆、电影院、舞蹈排练厅、开放式阅览室、展览馆常年对外开放。逐步建立非遗传习所14个,其中省级传习基地1个、州级传习基地2个;觉囊唐卡、梵音古乐、时轮藏香、雕刻艺术、壤巴拉川西北民歌、藏茶、石刻、藏医药等9个非遗项目在上海成立传习基地。举办了2017年四川省首届湿地生态旅游节暨壤塘南莫且湿地生态旅游节和壤巴拉锅庄比赛,进一步丰富了壤巴拉文化内涵和壤塘人民的文化生活。组织壤巴拉川西北民歌歌手参加以"文脉相续·和谐家园"为主题的2017年阿坝州民族民间文化和非物质文化遗产展示系列活动,获得了州级特别组织奖。

【主要领导人】 县委书记:严华;县人大常委会主任:刘木滚;县长:张德发;县政协主席:马秀珍;分管农业副县长:代胜利。

壤塘县编写组

阿坝县

【基本情况】 2017年,阿坝县辖21个乡(镇)83个行政村1个居委会,辖区面积10435平方千米。年末总人口82149人,增加1707人。

2017年,全县GDP10.9亿元,增长3.9%,其中第一产业增加值3.7亿元,增长2.5%;第二产业增加值2.1亿元,增长1.9%;第三产业增加值5亿元,增长5.8%。全年接待游客48.29万人次,减少15.6%;实现旅游总收入3.6亿元,增长14.3%。

全社会固定资产投资14.6亿元,减少17.8%。公共财政预算收入4102万元,减少25.4%。社会消费品零售总额5.4亿元,增长2.6%。金融机构各项存款余额21亿元,各项贷款余额5.5亿元。

【年度农业和农村经济运行】 2017年,阿坝县实现农业总产值3.6亿元。农(牧)民年人均纯收入达11672元,增长10%。阿坝镇二村物流市场建成投运。整合涉农资金8700余万元,盘活存量资金8.3亿元。全年创建州级"四好村"8个。

【生态农业平稳增长】 2017年,阿坝县大力发展种植业、畜牧业和休闲观光农业,全县农作物播种面积10.1万亩,粮食产量6000吨。提质增效高原中低温食用菌、高原露地有机蔬菜等园区基地,辐射带动作用日益显现。大力推进农产品有机认证,认证有机产品31个,"三品一标"认证产品增加6个,有机农产品年产量8900吨,创建全州首个省级有机产品认证示范县。建成划区轮牧围栏16万亩、牲畜暖棚690个、人工饲草地1万亩、家庭牧场20个。全年牲畜存栏47.8万混合头,出栏9.9万混合头,肉产量8116吨,奶产量2.4万吨。

【城乡建设统筹推进】 2017年,阿坝县启动《阿坝县城总体规划》和《阿坝县城控制性详细规划》修编工作。投资3400余万元,完成香清塘路、崇拉西街、腾智路、达杰路、体育广场西侧和南岸新区核心区等市政道路提升改造项目。鑫城市广场、安多藏寨酒店主体完工,藏家1号建成并投运。完成查理乡和阿坝镇五村、六村等棚户区基础设施建设,改造道路3千米,新建雨污水管道6220米、给水管道14850米。麦尔玛撤乡设镇获批。不动产信息平台完成建设。南岸新区安居房交付使用。完成幸福美丽新村建设项目32个,惠及农户3747户。城市供暖、污水处理等工程稳步推进。城镇新增就业688人,城镇失业人员再就业145人,动态消除零就业家庭,城镇登记失业率控制在3.7%以内。

【脱贫攻坚扎实推进】 2017年,阿坝县全面完成9个贫困村"摘帽",755户3438名贫困人口脱贫任务,贫困发生率下降至9.9%。启动砂石资源开发、工程机械租赁等26个集体经济建设,建成农村集体经济12个。实施藏区新居建设577户,实施易地扶贫搬迁156户。全面落实"十免四补助"政策,完成9个贫困村卫生室、文化室标准化建设。为15256名建档立卡贫困人口代缴基本医疗保险个人缴费部分,救助建档立卡贫困患者1093人次。为3440名贫困人口进行免费体检。设立教育救助基金、卫生扶贫基金、扶贫小额信贷分险基金和产业扶持基金。全面实现低保线和贫困线"两线合一"。

对口帮扶。德阳市深入开展对口帮扶,定补资金4070万元,全面启动实施4类13个项目。审计厅、华能集团、交投集团帮扶力度持续加大。东西扶贫协作项目全面启动建设。

【全域旅游加快构建】 2017年,阿坝县坚持"三态"融合、"三微"联动,对神座景区、莲宝叶则扎尕尔措景区拓景扩容、提档升级;启动"三线六点"建设,建成"游牧味道"民俗文化体验点1个,"朝霞夕照""光影揽胜"观光摄影点2个,"坝上农耕""快乐驿站"生态农业观赏点2个,"禅修憩院""净土梵天"佛音感悟体验点2个。实施安斗乡派克村、各莫乡雄哇村、安羌乡安羌村等6个村旅游扶贫示范项目。举办2017中国·阿坝县扎崇文化旅游节。对外宣传力度不断加大,客源市场不断拓展。新(改)建旅游厕所14座。建成四川省星级乡村酒店2家、四星级农家乐1家,阿坝州"最美乡村酒店"1家、"最美民宿"2家。

【水利电力加快建设】 2017年,阿坝县加快推进若果朗水利工程建设,完成饮用水水源地保护工程建设,围栏、界桩等配套建设全面竣工。建成查理乡神座村防洪河堤,启动洛尔达乡苟扎村防洪河堤建设,疏浚河道1.2千米,建设堤防1.2千米。小型农田水利确权颁证稳步推进,建成查理乡神座村、甲尔多乡正达村等安全饮水工程6处,解决3400人安全饮水问题。启动10千伏以下农网改造,查理乡神座村高低压配电工程建成并投运。求吉玛乡、茸安乡35千伏输变电工程实现供电。柯柯乡变电站完成建设。更换智能电表2500个。

河长制度全面建立。强力推进河长制工作,完成辖区河流名录核实。设立23名县级河长、101名乡级河长,聘请40名河长制工作监督员,切实开展巡河工作,河长管理体系基本建立。实行"一河一策"管理保护,全面开展清河、护岸、净水、保水"四项行动",着力推进河道综合整治,大力开展生态河道建设,河湖生态保护取得明显成效。出台督查、考核、问责、验收等制度,河长工作机制不断完善。

【教育事业均衡发展】 2017年,阿坝县学前"双语"教育覆盖88个行政村。为10430名义务教育阶段学生提供营养餐和冬季取暖、免除学杂费、免费提供教科书和作业本,为644名普通高中阶段学生免除学费和课本费,向11283名寄宿制学生发放生活补助1718万元,向322名普通高中家庭经济困难学生发放助学金64.4万元,向487名家庭经济困难大学生办理生源地贷款329.6万元。大力实施"千万助学行动计划",兑现教育扶贫基金128.6万元,资助315名建档立卡贫困学生。投入资金2.4亿元,新建教学用房近2万平方米、生活用房2.5万平方米、运动场4.7万平方米、幼儿园5603.4平方米,维修改造校舍22万平方米,配备教育教学装备2.8万件(套),培训教师1668人次。"控辍保学"取得明显成效,义务教育均衡发展。

【文化生活不断丰富】 2017年,阿坝县建成非物质文化遗产产品展销中心,完成文化艺术中心改造。"送文化下乡"活动全覆盖开展。举

办第八届全国藏棋大赛、川甘青三省锅庄邀请赛和全县民俗运动会。伸臂桥群和各莫乡俄修寺申报州级文物保护单位。免费开放图书馆、文化馆和19个乡(镇)综合文化站,新建村级农民体育健身设施15个,公共体育场馆向群众免费开放,参观人数达1.9万人次,免费放映农村公益电影1009场次,建成村级文化活动室23个,实现793户电视"户户通"、10个村广播"村村响"全覆盖。

【医疗服务不断增强】 2017年,阿坝县全面落实基本药物制度,取消县级公立医院药品加成。启动实施藏医院改(扩)建工程。包虫病康复治疗中心主体完工,求吉玛乡、茸安乡卫生院完成建设,村卫生室标准化建设稳步推进。义诊巡诊1.6万余人次,免费发放价值27万余元药品。对慢病患者、结核病人实行动态管理。完成2.9万名群众包虫病病情普查,免费药物治疗131人。为1325名65岁以上老人实施免费体检。城乡居民健康档案电子建档率达98%。为38对拟婚对象提供免费婚前医学检查,免费孕前优生健康检查目标人群覆盖率达80%,计划生育奖励扶助政策全面落实。科学防控H7N9禽流感,集中扑杀和无害化处理4359羽带病活禽,确保无人感染疫情。

【交通建设纵深推进】 2017年,阿坝县川青高速马(尔康)久(治)段获得省政府批准。阿青路维修改造全面完工,阿壤路改(扩)建工程、扎尕尔沟景区道路改造提升工程顺利推进。省道217线麦尔玛至唐克段改(扩)建工程和省道220线阿坝县城至夏尔嘎段建设项目开工建设;河支至德格、县城至龙藏、各莫至安斗3条通乡油路完成建设,河支大桥建成通车。完成村道建设69.9千米,建成麦尔玛乡、查理乡、贾柯河牧场等奶源路42.9千米,实施道路维护970余千米。

【通信条件持续改善】 2017年,阿坝县信息网络向盲点、景点、远牧点延伸覆盖,新增通讯基站142个,新建传输线路906千米。新增9个行政村通宽带,新增宽带用户6500户。持续推进光网城市建设,乡(镇、场镇)覆盖率达30%。新增移动固定用户788户。强化邮政服务功能,解决2个场镇通邮问题,乡(镇、场镇)邮政代办点实现全覆盖。

【社会保障不断增强】 2017年,阿坝县落实城乡困难群众最低生活保障,向低保对象发放低保金4750余万元。加强社会养老服务体系建设,维修改造养老床位30张,建成城乡社区日间照料中心3个,2500名困难家庭失能老年人和80周岁以上高龄老人实现居家养老。城乡居民基本医疗保险参保率达98.6%,参保农民住院医疗费用政策范围内报销比例达75%。为4007名残疾人提供量体裁衣个性化服务,为640名重度残疾人发放护理补贴58万元;对20户残疾人家庭实施无障碍改造,为困难残疾人发放生活补贴85.7万元。

【生态环境保持优良】 2017年,阿坝县实施大规模绿化行动,全民义务植树造林3万余株。天然林保护、退耕还林等工程深入推进,启动实施多美林卡湿地公园保护和恢复一期工程项目。管护国有林263.4万亩,巩固退耕还林还草4.6万亩,补偿集体公益林12.1万亩。实施草原禁牧355万亩、草畜平衡奖励717.8万亩、防沙治沙4.6万亩、草原鼠虫害治理45万亩,兑现草生态奖补资金4457万元。森林草原资源得到有效管护,连续35年无重大森林火灾发生。

强力推进环保督察问题整改,整改省反馈问题25个、州反馈问题8个,整改率达100%。打好空气、水、土壤污染防治"三大战役",切实开展黑臭水体治理、饮用水水源保护,集中式饮用水水质达标率100%;切实开展土壤污染防治排查,基本农田土壤环境质量保持相对稳定。

【就业创业成效明显】 2017年,阿坝县开展各类技能培训,培训人数1218人,"千人就业促进行动计划"开发就业岗位2282个,促进就业2121人。扶持459名城乡残疾人居家灵活就业。引领大学生创新创业48人,落实高校毕业生创业补贴6万元。发放返乡创业贷款193万元。农村劳动力转移输出5412人,实现劳务收入1.5亿元。

【主要领导人】 县委书记:苏均;县人大常委会主任:陈旭春;县长:陈宝华;县政协主席:措德;分管农业副县长:杨斌。

阿坝县编写组

若尔盖县

【基本情况】 2017年,若尔盖县辖4镇13乡2个牧场,辖区面积10620平方千米,其中耕地面积64311亩,与上年持平。年末总人口7.99万人,其中非农业人口1.32万人、农业人口6.67万人;人口出生率14.75‰,人口自然增长率8.51‰。全县耕地有效灌面和保证灌面分别达到耕地总面积的50.5%和12.5%;本地水资源总量达21.8亿立方米,人均占有水资源量27595立方米。有林地面积31.4万公顷,活立木总蓄积量3152.9万立方米,森林覆盖率9.9%。

2017年,全县GDP17.47亿元,增长5.5%,其中第一产业增加值7.75亿元,增长3.5%;第二产业增加值3.43亿元,增长8.3%;第三产业增加值6.29亿元,增长6.4%。三次产业结构比为44.4∶19.6∶36。劳务输出5613人,收入12600万元。

公路通车里程1260.8千米,其中乡村公路677.6千米。固定电话用户总数8817户,增长1.3%。社会消费品零售总额5.46亿元,增长8.3%。地方财政一般预算总收入完成0.61亿元,增长7.2%;财政一般预算总支出17.13亿元,增长11.6%。金融机构各项存款余额22.79亿元,比上年初增长0.8%;各项贷款余额11.12亿元,比年初增长14.9%。农业产业化龙头企业省级、州级分别为2个、1个。

有各类学校29所,在校学生13279人,教职工924人,其中普通中学5所,在校学生5542人;小学23所,在校学生13279人;学龄儿童入学率99.78%。有文化馆1个,公共图书馆1个。有卫生机构129个,病床位361张,卫生技术人员290人。新型农村合作医疗参合率99.4%;城乡居民养老保险参保人数23494人。

【年度农业和农村经济运行】 2017年,若尔盖县农林牧渔业总产值11.57亿元,增长3.8%,其中农业总产值0.38亿元、林业总产值0.1亿元、畜牧业总产值10.73亿元、渔业总产值0.09亿元、农林牧渔业服务业产值0.36亿元。农林牧渔业增加值达7.9亿元,增长3.8%,其中农业增加值0.25亿元、林业增加值0.06亿元、畜牧业增加值7.43亿元、渔业增加值67万元、农林牧渔业服务业0.16亿元。生猪、食用菌、伏季水果、蔬菜等特色优势农产品产量保持稳定增长。农民年人均可支配收入达11693元,增长9.7%。建成3个基层农业综合服务站。全县农业科技示范基地累计达3个。

2017年若尔盖县主要农产品产量

主要农产品	单位	产量	同比(%)
粮食	万吨	0.53	0.77
小麦	万吨	0.0238	35
油菜	万吨	2.1742	2.9
蔬菜	万吨	0.5328	-14
肉类	万吨	1.76	2.7
牛奶	万吨	3.38	0.9

【种植业】 2017年,若尔盖县农作物播种面积64311亩,其中粮食作物播种面积3万亩、经济作物播种面积2.72万亩、其他作物播种面积0.59万亩。全年调运各种作物良种9.35吨,其中青稞种子6.5吨、油菜种子1.5吨、蔬菜等其他种子1.35吨;调运农资103吨,其中地膜15吨、农药0.76吨、肥料80.5吨。全县粮食总产量5300吨,增加252吨,其中薯类3116吨,增长8.41%;青稞1590吨,增长0.006%;小麦238吨,增长200.01%;豌豆93吨,减少11.43%;胡豆263吨,减少5.21%。

【林业】 2017年,若尔盖县有林木种苗生产经营企业32家,为规范全县林木种苗生产经营活动,加强种苗生产经营主体的管理监督,全年依法换发林木种苗生产经营许可证4份,核发2份。全县建立林木种子资源圃(采穗圃、繁育圃)324.59亩,其中云杉197.39亩、高山柳111.5亩、油松14.7亩、侧柏1亩。完成全县2016年度天然林保护工程二期中央预算内投资公益林建设封山育林项目(总投资50万元)主体工程施工:若尔盖县综合林场阿西茸作业区,林班1个、小班4个,面积5000亩,已进入管护期。完成全县2016年中央财政第二批造林补贴资金项目(中央财政投资105万元,当地村民投工投劳277.27万元)的主体工程建设:对阿西茸乡卓藏村、甲尼村、夺巴村5000亩防护林植被进行恢复,其中卓藏村1246.4亩、甲尼村3551.9亩、夺巴村201.7亩。完成全县2017年度天然林保护工程二期中央预算内投资公益林建设封山育林项目(总投资50万元)主体工程施工,已进入管护期。完成全县环境保护和林业局生态建设项目前期工作(设计、清单、图审、地勘、监理),工程施工标段于9月14日在阿坝州公共资源交易中心开标。设立县、片区、乡、村四级森林防火机构72个,有工作人员472人,森林防火值班室14个、护林站6个、防火哨144个;层层签订森林防火责任书,强化宣传教育和检查督促,加强扑救队伍和设施建设,召开各级森林防火会议52场次,电视宣传8次、举办专栏3期,书写标语700余条,发放森林防火宣传资料2.49万份、入户通知书1.5万余份,全县受教育面90%以上。

【畜牧业】 2017年,若尔盖县各类牲畜存栏97.52万混合头,各类牲畜出栏33.42万混合头,肉产品总产量1.76万吨,产奶3.38万吨。强力推进牛(羊)畜种改良工作,以若尔盖县多玛麦洼牦牛选育场、若尔盖县高原牦牛种牛选育场、班佑乡求吉南哇村牦牛良种繁育选育场、麦溪合作社、辖曼种羊场等良种繁育基地为基础。辖曼种羊场建成基础母羊群10个,母羊群体规模2200只,每年为若尔盖县及周边地区提供优质种公羊600余只。通过引进"西黄""黑黄"种公牛与牦牛进行自然交配,进一步提高牲畜个体经济效益。

【统筹城乡与新型城镇化】 2017年,若尔盖县县城建成区面积3.5平方千米,有人口2600余户1.6万余人,各类房屋建筑45.6万平方米,人均拥有住房面积30.7平方米,住房用地53.2平方米,人均道路广场用地11平方米,人均市政设施用地8.7平方米,人均公共设施用地26.8平方米;县城建成区绿化覆盖面积103公顷,覆盖率达26.4%;绿地面积71公顷,人均公园绿地面积11.5平方米,人均绿化用地17平方米。全县城镇化率达到年初目标的31%。投入1150万元,完成县城路灯亮化提升改造工程,安装路灯290盏以及彩灯装饰。投入8400万元,完成若尔盖县族兴大道安康大街岭嘎多街市政道路一期工程。该项目新建道路7条,道路全长3785.678米。投资3000万元,实施若尔盖县族兴大道安康大街观景路岭嘎多街等市政道路二期工程,项目改造环城路365.22米,宽17米,新建西区广场1.3万平方米。城市化水平不断提高,人居环境不断改善,若尔盖县城初步建成了民族特色浓郁、环境优美、功能齐备、管理有序的"高原明珠县城"。

【扶贫攻坚】 2017年,若尔盖县投入帮扶资金1044万元,项目惠及贫困户1124户、贫困人口5137人。主要包括基础设施建设资金554万元,用于藏区新村配套设施建设,完善道路硬化及水电等配套设施及机耕道建设项目;文化教育资金450万元,用于完善中小学学校配套基础设施;扩大交流交往资金40万元,用于对口援建项目前期保障及双方的交流、交往。

【乡村旅游】 2017年,若尔盖县按照国家环保督查要求,协同各相关部门完成了花湖、西部牧场违规搭建旅游基础设施问题整改,扎实推进其他环保整治工作。加快旅游标准化建设步伐,提高旅游接待服务水平。抓好星级牧家乐的申报管理工作,申报阿西乡梅花鹿生态园为三星级藏家乐;加强其他星级藏家乐、乡村酒店日常管理工作。

【农村水利】 2017年,红原县对照饮水安全达标认定"水量""水质""方便程度""供水保证率"四项指标全面梳理排查,结合2018年农村饮水安全巩固提升项目建设和2018年县级涉农整合资金饮水项目建设,全面开展"回头看",查漏补缺。在农村安全饮水巩固提升中新增消毒设施,通过新建高位蓄水池、管网延伸等方式加大水量水压,保证冬季供水,解决了远牧点贫困人口的饮水问题。在县级涉农整合资金饮水项目中针对嫩哇乡下村水量少及冬季冷冻大的问题,采取新增机井及蓄水池保证下村供水,解决了400人饮水问题;安装254户防冻水龙头,解决冷冻问题。通过发传单和摆点宣传的方式,加大对村民宣传节约用水力度,积极维护饮用水取水点的安全卫生。

【农业机械化】 2017年,若尔盖县培训农业机械操作员135人次,受教群众300余人次。进一步强化农机安全源头管理,加强农机年检工作。全年共新上户46个,新办(换证)15个,完成农业机械年检51台(人)次,年检率较上年有所提高。

【农村科技】 2017年,若尔盖县"科技之春"科普活动月集中示范活动在求吉乡上黄寨村举行,县科学技术和知识产权局、县宣传部、县农业畜牧和水务局、县科协等相关单位联合举办了以"绿色发展脱贫奔康"为主题的活动。邀请农业畜牧和水务局科技专家在求吉乡上黄寨村现场开展科技宣传与咨询活动。新制作横幅2条、发放科普书籍200余册(本),发放科技宣传中药材种植技术图书400余册(本)。重点宣传与解答唐古特大黄种植和其他中药材等方面的种植技术,引导农民群众形成爱科学、学科学、用科学的良好氛围。

【农村文化】 2017年,若尔盖县开展"送文化下乡"、流动舞台、藏戏展演等系列活动180余场次,举办了藏棋、赛马锅庄农牧民篮球等文体活动,受益群众6万余人次。全面完成"两馆一场"建设,补充完善17个乡(镇)文化站专业设施设备。民族体育馆、县城数字影院正式投入使用,完成公益电影放映1152场次,免费开放体育馆,接待体育锻炼人员2.5万人次。

【农村卫生】 2017年,若尔盖县组织县、乡开展大型义诊巡诊活动,出动医务人员2533人次,诊治病人3.8万余人次,免费发放药品价值6万余元,健康体检2.3万余人次,发放各类宣传资料累计8万余份(本),缓解了广大农牧民群众看病难、看病贵的问题。

【农村法制建设】 2017年,若尔盖县结合各乡(镇)实际需求针对性开展法治宣传"一乡一策""一寺一策"工作;创新普法形式,手机普法

短信、微信公众号已成为重要普法渠道，以播放法治电影、微视频、法治文艺演出等方式做好法治宣传活动。积极开展“法律七进”活动，围绕法治县建设，广泛开展基层法治创建活动。全年创建州级学法用法示范机关（单位）16个、法治示范乡镇4个，若尔盖县被命名为“阿坝州法治示范县”。

【农村交通】 2017年，若尔盖县为继续提升若尔盖县农村道路等级、优化农村道路出行条件，结合全县扶贫工作，继续加大农村公路建设项目的争取力度，项目进展取得实效。投入养护资金180万元，对全县农村公路进行了重点整治。

【农村社会保障】 2017年，若尔盖县先后制定出台《若尔盖县城乡医疗救助办法》《若尔盖县城乡医疗救助实施细则》，进一步扩大救助范围，提高了救助标准，凡“五保”对象、大骨节病患者、城乡低保对象均可享受医疗救助。开展“尊老、敬老、助老”宣传教育活动，将贫困老人纳入城乡低保和医疗救助范围。每季度按时发放高龄津贴补助资金，兑现全县4837人次80周岁以上老龄津贴79.565万元；落实完善全县130名特殊困难老人意外伤害保险清单统计表。申报班佑乡求吉郎哇村基层“老龄协会”1个。

【农村留守儿童帮扶】 2017年，若尔盖县结合全县实际，在冻列乡然多村新建校外“留守儿童之家”1所，为“留守儿童之家”配置电脑、彩色电视机、DVD、书柜、电话、青少年书籍等价值2万余元的设施设备。25名大学生西部计划志愿者服务于若尔盖县17个单位，并投身于脱贫攻坚、大小型会议、环境卫生综合治理、抗震救灾志愿服务、关爱孤寡老人、留守儿童等重大活动30余次，参加人数达400余人次，共计服务1600小时。

【主要领导人】 县委书记：泽尔登；县人大常委会主任：陈万里；县长：余开勇；县政协主席：阿达；分管农业副县长：唐郁鑫。

若尔盖县编写组

红 原 县

【基本情况】 2017年，红原县辖6乡5镇，辖区面积8276.58平方千米，其中耕地面积0.1935万亩，与上年持平，人均耕地面积0.04亩。年末总人口4.8878万人（户籍人口），增长1.5%；人口出生率15.71‰，增加8.03个千分点；人口自然增长率13.58‰，增加6.38个千分点。本地水资源总量24.53亿立方米，人均占有水资源量51577.396立方米。有林业用地15.1224万公顷，有林地面积3.4621万公顷，活立木总蓄积量945.28万立方米，森林覆盖率8.39%。

2017年，全县GDP12.7155亿元，增长4.3%，其中第一产业增加值4.0519亿元，增长4.1%，农、林、牧、渔及农林牧渔服务业之比为9.4:0.7:87.4:0:2.3；第二产业增加值3.6874亿元，增长6.7%（工业产值2.673亿元，增长15.5%）；第三产业增加值4.9762亿元，增长2.8%。三次产业对经济增长的贡献率分别为20.9%、44.1%和35%。劳务输出3727人，收入12200万元。全年接待游客154万人次，实现旅游收入129400万元，其中乡村旅游收入77617万元。

公路通车里程1750千米（其中乡村公路1234千米），密度211米/平方千米，357千米/万人。社会消费品零售总额3.5162亿元，增长10.9%。地方公共财政预算总收入完成0.4662亿元，增长8.2%；公共财政预算总支出12.8676亿元，增长1.2%，其中农业投入25928万元，占支出的8.4%。金融机构各项存款余额15.0309亿元，比上年初减少10.2%；各项贷款余额5.1594亿元，比年初减少44.1%。全年农业保费收入0.54亿元，增长50%；处理各项赔款和给付金额4313万元，增长18.8%。完成农业产业化项目18个，完成投资13926万元。农业产业化龙头企业国家级、省级、州级、县级分别为1个、3个、1个、12个。

有各类学校16所，在校学生7998人，教职工746人，其中普通中学2所，在校学生2923人；小学14所，在校学生5075人；学龄儿童入学率99.7%。有艺术表演团体5个，文化馆1个，公共图书馆1个。有卫生机构59个，病床位221张，卫生技术人员339人。城乡居民基本医疗保险参保人数37680人，参保率99%；新型农村社会养老保险参保人数10131人，参保率73%。

【年度农业和农村经济运行】 2017年，红原县实现农林牧渔总产值6.188亿元，增长4.5%；农林牧渔增加值4.0519亿元，增长4.1%。农民年人均可支配收入达12196元，增长6.8%。全县农产品质量抽检合格率比年初提高5个百分点；建成11个基层农业综合服务站。全年补贴发放各类机具278台（套），其中拖拉机17台、旋耕机16台、背负式割草机245台。

2017年红原县主要农产品产量

主要农产品	单位	产量	同比(%)
蔬菜	万吨	1.5971	18.7
肉类	万吨	0.8069	4.8
牛肉	万吨	0.7765	4.6
羊肉	万吨	0.0238	6.3
牛奶	万吨	3.1369	6.3

农业产业化发展。全年新建家庭牧场16个、合作总社1个，农牧民合作社发展至47个。重点培育种草大户10户、草产业合作社2个，成立县级农机服务队1个。

农用地产权制度改革。全县在刷经寺镇完成7个村528户土地承包经营权确权登记工作，核实登记承包土地1011.09亩、自留地200.77亩，签订土地承包合同503份。

农产品品牌战略实施。全县加强畜产品质量和品牌认证，创办全国首家牦牛电商平台，绿色食品和有机产品认证个数达11个，有效提升产品的知名度和竞争力。“麦洼牦牛”“红原牦牛奶粉”“红原牦牛奶”获得国家地理标志保护产品认证。加快“红原牦牛酸奶”国家地理标志保护产品申报，积极创建省有机产品示范区。启动国家地标“麦洼牦牛”授权贴牌工作，加快打造质量、技术、标准、价格统一的产业联盟。

现代农业园区建设。全县以建设国家现代农业示范区、打造草原经济示范基地为抓手，扎实开展现代草原畜牧业试点示范县建设，稳步推进产业融合、科技创新、生态种植园等园区建设，推动初级产品向产加销一体化品牌化转变，一二三产业由平行互动向深度融合转变，牦牛乳业、新希望等17家企业入驻绿色产业园区。立足资源优势，打造“红原奶粉”“溜溜牛”“喀维央诺”牦牛肉、酸奶、手工艺产品等企业名优品牌。

【种植业】 2017年，红原县莴笋种植面积2298亩，产量11490吨，增加470吨，增长4.2%；大棚蔬菜种植面积450亩，产量711吨，增加65吨，增长10.06%；金针菇种植200万余袋，产量3755吨，增加2390吨。

【林业】 2017年，红原县继续深入实施天保二期工程，对全县森林管护面积149459公顷实行常年管护；完成2013年度川西藏区生态保护

与建设工程(二期)投资874万元,治理沙化土地1009公顷。红原县2016年度省级财政林业防沙治沙(川藏规配套转新增沙化治理)项目投资87万元,治理沙化面积72.67公顷。红原县2015年度省级防沙治沙试点示范成果巩固工程投资400万元,共巩固沙化面积2640.1公顷。继续巩固退耕还林成果,管护退耕还林面积4000亩。

【畜牧业】 2017年,红原县各类牲畜存栏377023混合头,其中牛存栏329458头,增长3.5%;羊存栏23048只,增长2.49%;马存栏24517匹,增长3%。牛出栏75383头,增长0.6%;羊出栏13184只,增长6.2%;猪出栏865头,增长6.7%。肉类总产量8069吨,增长4.8%,其中牛肉7765吨,增长4.6%;羊肉238吨,增长6.3%;猪肉66吨,增长6.5%。奶产量31369吨,增长6.3%。补助动物疫病防控经费200万元,开展强制免疫、强制扑杀和无害化处理等工作,发放重大动物疫病疫苗906.8万毫升。新建牧道16.25千米、牲畜暖棚500个、牲畜防疫巷道圈35个,新(改、扩)建标准化养殖小区(场)2个;采购挤奶桶1900个、运奶桶300个,设立牦牛冻精改良点41个。依托中央农业生产救灾资金补助60万元,购买青干草240吨,政策性牦牛保险理赔4200万元,草原火灾保险300余万亩,牛(羊)目标价格保险724头(只)。

【新村建设】 2017年,红原县幸福美丽新村建设惠及6个乡(镇)9个村,整合各类资金696万元(其中省级财政专项资金558万元,其他资金138万元)。将全年9个"摘帽"村全部纳为幸福美丽新村建设。新建垃圾池3个、厕所2座,新建村内水泥道路1000米,街面道路硬化200米,修建活动平台380平方米、平台背景墙380平方米,新建活动平台顶棚200平方米,新建通透式围墙1000米、隔离围墙261米,新建村委会大门1处、健身广场300平方米、室内活动场所1000平方米,河道回填350平方米,清理河道100米、排水沟359米,新建水渠752米,新建村委会库房90平方米、管理用房30平方米、院坝160平方米,维修会议室、卫生站、库房480.8平方米,铺设人行道地砖1800米,迁移路灯27座、电线杆9根;采购广场座椅安装10处、涵管6根、路灯79座。

【扶贫攻坚】 2017年,红原县级财政资金专项扶贫投入2161.25万元解决扶贫专项配套,充实教育、医疗救助基金各500万元,扶贫小额信贷分险基金400万元,贫困村产业扶持基金650万元,非贫困村产业扶持基金210万元。整合财政涉农资金7884万元,集中投向贫困村、贫困户,覆盖住房建设、产业发展、基础设施建设、大骨节病更换粮食、扶贫保等项目。持续加大金融扶贫支持力度,依托小额信贷分险基金,对326户贫困户发放扶贫小额贷款1149万元,支持发展特色种养殖、家庭简单加工业、零售业等创收项目。22个扶贫专项投入3.67亿元(其中基础扶贫1.44亿元、产业扶贫0.25亿元、政策扶贫1.22亿元、保障扶贫0.76亿元),采取整合"打包"方式,从幸福美丽新村建设、富民产业培育、乡村道路畅通、饮水安全工程、低保政策兜底、农村电网改造、信息网络覆盖、教育事业发展、基本医疗服务、生态环境保护、新风正气塑造等方面精准推进。

【乡村旅游】 2017年,红原县按照全域旅游发展思路,高起点、高标准编制《红原县全域旅游发展总体规划》,委托专业机构编制7个乡村旅游扶贫示范点(片区)规划、5个精品旅游村寨规划以及江茸乡、查尔玛乡旅游规划,编制完成《红原县导视系统方案设计》《红原县"三微三态"微景观设计方案》《红原县牧家乐(藏家乐)与自驾游营地旅游标识标牌设计方案》《红原县"全域旅游"大型户外公益广告牌设计方案》和《红原县旅游交通标识牌及地标景观设计方案》等。花海景区通过提升改造,于9月18日正式公布为国家4A级旅游景区;月亮湾景区顺利通过旅游资源和景观质量评估,于11月29日正式批准为国家4A级旅游景区;安多部落民俗风情村于12月14日通过州景评委审议批准为国家3A级旅游景区。根据乡村旅游各类创建标准,瓦切镇被评为乡村旅游特色乡镇,邛溪镇达格龙村被评为乡村旅游扶贫示范村;安多部落民俗风情村被评为五星级乡村酒店,宝来瑞意酒店被评为三星级乡村酒店,红原映象度假村被评为三星级农家乐,苦菜花农家乐和瑞祥聚宝林被评为农家乐园。完善旅游配套服务设施,加快推进澜峰酒店、罗布林卡酒店等项目建设;整合藏区专项资金、省旅游发展专项资金、绵阳市援建资金和县本级财政资金,推进九黄机场至红原机场世界旅游目的地落地自驾示范段和九红草原风光路观景平台和综合服务站建设,完善公路沿线和牧家乐标识标牌建设等基础设施建设。大力实施旅游"厕所革命",全年新建旅游厕所13座(其中含第三卫生间5个),制定《旅游厕所日常管理办法和操作规范》,完善旅游厕所文化,加大日常检查考核力度。扎实开展旅游扶贫工作,全年共争取到旅游扶贫发展资金580万元,其中旅游扶贫示范项目100万元、九黄机场至红原机场旅游目的地落地自驾游示范段项目400万元、花海4A级景区提升改造项目补助资金50万元、旅游厕所补助资金30万元。

【农村水利】 2017年,红原县白河邛溪·安曲堤防工程新建10.6千米堤防,清淤10.16千米,投资7000万元;瓦切镇集中供水示范工程投资620.5万元,解决6454人饮水安全问题;新铺设饮水管道35千米。

【农村科技】 2017年,红原县以科技培训项目为载体,以红原特色优势产业发展需求为导向,开展专业技术、科技创新管理、知识产权、疫病防控等领域的理论培训9期,累计培训学员2000人次;现场技术指导6次,大型现场观摩会2次,入户点对点技术帮扶50余次,累计指导1000余人次。编译发放各类技术手册10000余册。培训过程中创新培训方式,坚持以务实为主。一是在刷经寺镇开展的培训以高原蔬菜和中藏药为主,汉语讲解,课堂与现场相结合,务求实用,贴近生产。二是在牧区开展的培训以藏语讲解为主,采用通俗易懂的语言,以牧民产业发展中常见技术难题为重点。三是充分利用牧民开大会时机开展培训,扩大培训面,提升培训效果。四是突出重点人群,发挥带动作用。召集文化水平较高、有创业动力的牧民代表参加各类现场观摩会,展示现代化技术,宣传科技理念,发挥以点带面的示范带动作用。五是将产业技术需求落实到地面。不定期邀请专家深入牧区开展产业调研和入户指导工作。了解牧民真正需求,将技术送到田边,全年开展牧区产业指导帮扶活动20余次。坚持科技扶贫攻坚为宣传主题。深入开展"科技之春""知识产权日活动""科技活动周""全国科技工作者日""牧区专家行活动"等科普和科技扶贫宣传活动,发放各类专业技术资料10000余册,开展现场宣传培训活动4次,现场解答农牧民技术疑问200人次,深入企事业单位宣传10次以上。培训各企业、合作社负责人和技术骨干70余人。积极开展依法行权工作,及时录入行权信息。发放各类知识产权宣传资料500余册。已报申请专利15件,获得专利权5件,超额完成州局下达的年度目标任务。

【农村教育】 2017年,红原县基本扫除青壮年文盲工作主要是巩固"两基"成果,切实堵住新文盲产生,加大农村实用技术培训力度。由于红原县属纯牧业县,牧业生产的季节性强,夏秋季节生产繁忙,春冬季节相对空闲,根据生产季节性特点,主要在春冬季节举办巩固提高

班和开展实用技术培训,部分乡(镇)邀请专业技术人员讲课和现场指导,做到培训、生产两不误。全年共设置实用技术培训教学点32个,配备兼职教师124人,学校设教室17间,村委会提供临时教室15间,共举办实用技术培训班61期,参训学员3790人次;举办脱盲学员巩固提高班21期,参训学员1788人次;举办法律法规等培训52期,参训人次达6500人以上。

【农村文化】 2017年,红原县组织文艺活动和演出17次,带领红原县草原之心艺术团开展送文化下乡演出活动14站;举办2017红原大草原夏季雅克音乐季、首届藏羌彝原创音乐盛典暨第六届红原大草原牦牛文化节。举办规模较大的体育比赛4次,涉及篮球、藏棋、马术。全县文化市场共计开展季度大检查3次,文化市场综合执法大队针对文化市场的检查18次。收缴各类非法出版图书及音像制品300余件,收缴超范围经营教辅资料146本。全县相继建成全民健身活动中心、州级乡(镇)综合文化站各1个;建成乡(镇)综合文化站11个,村级(社区)文化活动室37个,农家书屋、社区书屋及寺院书屋47个;建成非物质文化传习基地2个。完成全县10个乡(镇)的农民体育健身工程修建工作,并安装了配套设施。全县建有县级数字影院1个,乡(镇)固定放映点、农村广播"村村响"各11个;完成县级广播电视台节目提升(演播室)建设和城区广播电视数字化改造建设项目,城区有线电视共架设"光纤"主干线25107米,支干线38723米;光接收机24个,刷经寺镇可同时传输节目24套。全年放映公益电影408场次,积极推进"国产优秀电影进校园、进养老院、进部队"。完成686户贫困户电视"户户通"设备发放及安装工作。组织实施5个贫困村广播"村村响"建设项目,已完成安装调试9个村"村村响"设备。组织实施9个贫困村村级文化室建设项目,为其购置文化配套设备。

【农村卫生】 2017年,红原县享受计划生育三项制度418人,享受扶助总金额118.98万元。全年共完成包虫病B超查病12997人,检出包虫病可疑病人5例,其中确诊2例;采集犬只粪便1320份,完成1036只小型哺乳动物包虫病监测,查出疑似病例26例;完成行为知识问卷调查550份,对既往50例包虫病病人进行了B超复查,疗效评估,累计病例共144例,药物治疗118例。以保障母婴安全为切入点,大力实施"一法两纲"和"三网监测"工作,实行人员蹲点联系指导制度,加强基层妇幼人员业务培训,提高其管理能力和业务水平。全年补助农村住院分娩孕产妇399人,补助资金达17.95万元。设立孕妇待产点2个,免费转运孕产妇10人,妇女保健637人次。对全县5镇6乡的8006名妇女群众实行免费体检,体检率为73.3%,共检查出患病妇女6216人,免费治疗5908人,普治率达95%,免费发放药品价值达3.3万余元。免费发放儿童营养包7313盒,共计14.6万包,新生儿疾病筛查289例。实施节育手术4434例,使用避孕药(具)4916人。

【农村法制建设】 2017年,红原县以"法律七进"为抓手,深入推进"法律进乡村"工作,切实加强农村法制建设,不断提高广大农牧民群众的法制意识,在广大农牧民间营造尊法学法守法用法的浓厚法治氛围;大力推进"法制宣传进乡村"活动,组织开展"以案说法""以调释法"等法治宣传活动;培养"乡村(社区)法律明白人"114人;做好"文化扶贫,法律惠民"助力脱贫攻坚工作,县司法局编印发放藏汉双语法制宣传书籍资料60350册(份),其中向全县贫困群众发放法制宣传书籍资料45000册(份);完成面向各乡(镇)、村(社区)开展"送法进乡村(社区)"活动255场次,举办各类法治讲座24场次。利用四川同心律师服务团德阳分团的资源优势,选派11名优秀律师义务担任38个行政村(社区)的法律顾问,建立"一村一寺一法律顾问"工作机制,免费为全县各乡村(社区)提供法律宣传、法律咨询、维护权益等法律服务,实现了村(社区)法律顾问全覆盖。

【农村交通】 2017年,红原县农村公路累计建成硬化路57.285千米、泥结碎石路156.325千米,新建61.08延米桥梁1座、钢结构桥梁1座;建成农村客运站2个、村级招呼站4个;安装波形梁钢护栏共5.261千米;完成辖区内所有农村公路的保通保畅及例行养护工作。

【涉农招商引资】 2017年,红原县有3000万元以上的农业招商引资重大项目1个,为内资项目,增长100%;项目总投资0.68亿元,增长100%。协议资金0.68亿元,增长100%。

【农村社会保障】 2017年,红原县完成农村低保月保障77141人,月人均补助达150元。救助城乡医疗困难群众4928人次,累计发放医疗救助资金119.82万元。

【农村生态建设及环境保护】 2017年,红原县对全县149459公顷森林管护面积实行常年管护。完成2017年重点生态功能区转移支付县城周边植被恢复项目(元宝山)投资700万元,实施植被恢复总面积714亩。实施四川省2017年度省级湿地生态效益补偿试点工作,完成还湿工程补偿9.4万亩,湿地管护补助300.5万亩,兑现湿地生态补偿资金1438.6万元,涉及6280户牧户,其中建档立卡贫困户696户。进一步加强巩固退耕还林成果,继续管护退耕还林面积4000亩。集体公益林生态效益补偿面积49290亩,兑现集体公益林补偿资金72.69万元。

【农产品质量安全监管】 2017年,红原县农产品质量安全监督检验检测站建设项目顺利通过省、州验收组考核验收,完成了1160个各类样品的快速检测,发放农产品追溯体系建设电脑、打印机配套设施13套,对邐遛牛等7家企业和合作社进行了程序安装和系统录入,建设了联合总社畜牧业质量追溯平台,将茸日玛合作社、园区企业等纳入管控范围,为实现全程可追溯奠定了基础。农业执法大队共开展了7次农资排查和农产品产地环境例行监测工作。

【农村留守儿童帮扶】 2017年,红原县完善进城务工人员随迁子女在公办学校平等接受义务教育政策措施。关爱留守儿童和进城务工人员随迁子女,建立了留守儿童关爱体系,成立了红原县关爱留守儿童行动领导小组,建立了工作联席会议制度。全县有留守儿童407人(小学285人、初中122人),进城务工人员随迁子女221人(小学102人、初中119人),将寄宿制学校创建成牧区孩子的"温馨的家园""健康家园"。

【劳务开发与返乡创业】 2017年,红原县按需进行职业技能培训2032人,其中中式烹饪培训1116人、乡村旅游服务技能培训244人、藏式服装制作培训252人、畜牧养殖培训420人。品牌培训230人,色地镇开展初级品牌培训(中式烹调)3个班、150人,麦洼乡开展中级品牌培训(中式烹调)1个班、40人,安曲镇开展唐卡中级培训1个班、40人。为29名有创业意愿的就业困难人员、未就业大学生等免费开展创业培训,12户创业个人和团体申请创业贷款,发放创业贷款275万元。

【主要领导人】 县委书记:廖敏;县人大常委会主任:拉旺建;县长:嘉央罗萨;县政协主席:李戎生;分管农业副县长:杨发礼。

红原县编写组

甘孜藏族自治州

【基本情况】 2017年,甘孜藏族自治州辖257乡66镇2个街道,辖区面积152629平方千米,其中耕地面积154.6万亩,与上年持平,人均耕地面积1.42亩;基本农田98.25万亩。年末总人口109.7682万人(户籍人口),减少0.47%;人口出生率17.14‰,增加3个千分点;人口自然增长率0.14‰,减少8个千分点。全州耕地有效灌面和保证灌面分别达到耕地总面积的24.77%和24.61%;本地水资源总量649.5亿立方米,人均占有水资源量55019立方米。有林地面积654.57万公顷,森林面积524.79万公顷,森林蓄积量48200万立方米,森林覆盖率34.3%。

2017年,全州GDP261.5亿元,增长9.1%,其中第一产业增加值61.29亿元,增长4.4%,农、林、牧、渔及农林牧渔服务业之比为42.23:4.62:52.11:0.1:0.94;第二产业增加值103.82亿元,增长16.1%(工业产值63.5亿元,增长18.5%);第三产业增加值96.39亿元,增长5.3%。三次产业对经济增长的贡献率分别为12%、65.4%和22.6%。劳务输出6493人,收入30907万元。全年接待游客1668.39万人次,实现旅游收入165.8亿元,其中乡村旅游收入66亿元。

公路通车里程38489.296千米(其中乡村公路4443.687千米),密度256.6米/平方千米,352.369千米/万人。社会消费品零售总额90.86亿元,增长11.4%。地方公共财政预算总收入完成27.37亿元,减少15.17%;公共财政预算总支出343.33亿元,增长14.26%,其中农业投入16.86万元,占支出的4.91%。金融机构各项存款余额617.7亿元,比上年初增长5.77%;各项贷款余额317.18亿元,比年初增长15.92%,其中支持农业产业化发展项目贷款279.4万元。完成林业产业化项目36个,完成投资3957.5万元。林业产业化龙头企业省级、州级分别为2个、5个。

有各类学校833所,在校学生198935人,教职工15525人,其中普通高校1所,在校本(专)科学生9480人,增长2.8%;普通中学51所,在校学生51897人;小学380所,在校学生100413人;学龄儿童入学率99.54%,提高0.4个百分点。完成省级以上科技成果9项,1项科技成果获得省级及以上科技进步奖。有艺术表演团体22个,文化馆19个,公共图书馆19个,博物馆6个。有卫生机构2719个,病床位4940张,卫生技术人员6360人。城乡合作医疗参合人数920097人,参合率100%;城乡居民养老保险参保人数436278人,参保率85%;被征地农民养老保险参保人数1634人,占总人数的0.37%。

【年度农业和农村经济运行】 2017年,甘孜藏族自治州实现农业总产值82.84亿元,增长4.4%;农业增加值61.29亿元,增长4.4%。农民年人均可支配收入达10444元,增长11.5%。在粮食、生猪、蔬菜生产中,科技投入的占比或科技贡献率23%。全州农产品质量安全监测总体合格率达99.63%;建成101个基层农业综合服务站。

2017年甘孜藏族自治州主要农产品产量

主要农产品	单位	产量	同比(%)
粮食	万吨	26.13	0.46
水稻	万吨	0.13	-27.78
小麦	万吨	2.38	-26.09
玉米	万吨	4.87	2.3
马铃薯	万吨	5.05	4.56
油菜籽	万吨	1.9	21.79
蔬菜	万吨	37.82	30.81
水果	万吨	2.83	57.22
肉类	万吨	7.4	4.22
猪肉	万吨	1.46	6.57
牛肉	万吨	5.44	7.94
羊肉	万吨	0.47	9.3
禽肉	万吨	0.03	4.45
兔肉	万吨	4	-20
禽蛋	万吨	0.03	16.6
水产品	万吨	150	与上年持平
牛奶	万吨	10.26	-2.29

农用地产权制度改革。全州开展土地确权登记工作,14个县农村土地确权登记通过省级检查验收,为深化农村集体产权制度改革奠

2017年甘孜藏族自治州省级农业产业化重点龙头企业名单

企业名称	注册资金(万元)	法人代表	示范等级	年度产值(万元)	主营产品
炉霍雪域俄色有限责任公司	200	土布	省级	1200	雪域俄色茶
甘孜州白玉察青松多生态旅游开发有限责任公司	205	柳孝林	省级	1100	藏香猪、藏鸡饲养、野生菌
甘孜州华康进出口有限责任公司	500	叶茂康	省级	500	蔬菜
甘孜州康定红葡萄酒业有限公司	3700	吕旻道	省级	1507.57	“康定红”干红系列葡萄酒
泸定县桑吉卓玛青稞酒业有限责任公司	1000	罗兵	省级	750	桑吉卓玛青稞酒
康定青藏谷地农牧业生物科技有限公司	2200	叶鑫林	省级	2888	肉制品、食用菌制品
四川扎西集团有限公司	10000	龙热	省级	10716	水泥、商品混凝土、物流、酒店、农副土特产
乡城县硕曲绿色食品开发有限责任公司	2715	曲真	省级	2984	松茸
乡城县雪松天然绿色食品开发有限责任公司	880	丁真	省级	1332	各类野生食用菌的鲜品、冻品、干片、冻干

2017年甘孜藏族自治州省级(及以上)示范农民专业合作经济组织名单

合作组织名称	注册资金(万元)	法人代表	示范等级	年度产值(万元)	主营产品
九龙县祥瑞种植养殖专业合作社	1000	谭共荣	国家级	500	核桃油、核桃乳
泸定安彬核桃种植专业合作社	160.22	蒋安彬	省级	104.56	核桃
丹巴县中纳顶村马铃薯优良薯种种植专业合作社	330	益西巴丹	省级	50	紫皮马铃薯
丹巴县沈洛村特色农产品种植专业合作社	56	德格阿太	省级	80	酿酒葡萄、大樱桃
道孚县协德青稞种植专业合作社	50	刘德全	省级	43.14	青稞、油菜
泸定藏香猪养殖专业合作社	323.6	罗文林	省级	135.7	藏香猪
九龙县野人部落种植养殖专业合作社	383	余泽清	省级	502.32	藏香猪、野生菌等
九龙县洪坝中藏药材种植专业合作社	1000	王万能	省级	198.58	大黄、红景天、重楼、酥药、羌活等
甘孜州康定市薄壳壳种植农民合作社	60	杨冬云	省级	50	核桃、花椒、苹果等
雅江县昆地生态农业开发合作社	212	石宝	省级	80	蔬菜、草梅、羊肚菌
泸定县助农种植专业合作社	68.3	姚在文	省级	57.58	核桃、红樱桃、蔬菜

2017年甘孜藏族自治州家庭农场经营情况统计表(前10位)

家庭农场名称	注册资金(万元)	法人代表	年度产值(万元)	主营产品
康定市姑咱镇枇杷林家庭农场	50	徐清驯	72	鸡养殖与销售
泸定县阳山家庭农场	50	黄远	70	鸡养殖、大樱桃种植
泸定县国乾家庭农场	150	祝国乾	61.7	肉牛
九龙县永发家庭农场	50	唐永花	55	蔬菜种植、生猪养殖
康定市时济乡双福家庭农场	60	雷锋军	53.4	甜樱桃、苹果、枇杷等
泸定县波霞家庭农场	50	冯天玉	42.04	牲牧、家禽、蔬菜水果、药材等
康定市麦崩乡棵林家庭农场	60	董晓兵	27.98	白芨、青脆李
康定市三合乡余老七种养殖家庭农场	30	余祖跃	27.19	猪、土鸡、水果
泸定县益丰家庭农场	30	何公全	24.58	蔬菜、中药材
九龙县月发家庭农场	100	潘月发	20	水果

定了坚实基础。全州流转土地面积5.66万亩,促进了农业适度规模经营。在康定市和泸定县各选择8个村,其他县各选择2个村开展农村集体资产股份制改革试点,不断积累农村产权制度改革的经验。在色达县塔子乡开展草原确权试点,完成草原确权743户,户确权比例为90.94%;草场确权面积58.03万亩,占全乡草原面积的80.06%。对有争议的74户、草场面积14.45万亩暂缓确权。

农产品品牌战略实施。打造"圣洁甘孜"区域公用品牌,实施"双品牌"战略,宣传和营销全州生态特色优质农产品。全州累计登记认证"三品一标"农产品175个,17个县完成无公害农产品产地整体认定115万亩。

现代农业园区建设。全州把园区建设与产业扶贫资金整合相结合,既注重产业扶贫的投入,又注重园区建设的保障,发改、财政、农牧部门多方争取,落实产业融合发展资金5000余万元;各县整合涉农资金、对口援建资金7000余万元大力支持园区建设;通过财政资金的引导,落实金融资金、社会资本3.5亿元投入现代农业产业融合园区建设。截至2017年年底,理塘、炉霍、雅江、甘孜等县率先整合资金,启动了炉霍飞地产业园区、甘孜康北农业科技园区、理塘高原现代农业园区、雅江松茸产业园区建设,通过财政扶贫资金入股形式,带动全州18个县、366个贫困村、3.1万名贫困人口通过产业发展、依靠园区建设实现脱贫。

【种植业】 2017年,甘孜藏族自治州粮食播种面积108.3万亩,产量达26.13万吨。建成特色农业产业基地71.67万亩,新增20.88万亩,其中水果17.03万亩、蔬菜20.14万亩、油菜12.16万亩、黑青稞10.3万亩、紫皮马铃薯4.54万亩、中药材5.64万亩、食用菌1.36万亩、茶叶花卉0.5万亩。3个脱贫奔康百千米绿色生态产业发展示范带建设初具规模,"三带三园两区一基地"的产业示范初见成效。在康定市、泸定县(含海管局)、丹巴县等3县1局落实羊肚菌种植面积12055亩。完成优质粮油基地建设4.71万亩、中药材产业基地建设0.8万亩;在理塘、炉霍开工建设冬暖式蔬菜大棚144座、设施育苗中心7000平方米,建设绿色蔬菜基地1700亩;完成炉霍县虾拉沱百合基地建设822.2亩;雅江县松茸产业园已生产菌袋60万袋;道孚、雅江、理塘、泸定种植黑木耳86万棒。

【林业】 2017年,甘孜藏族自治州17个县(市)(除石渠县外)完成特色林业产业基地建设131862亩(新建82222亩、改建49640亩),完成全年目标任务的100.45%。其中,核桃基地56351亩(新建19236亩、改建37115亩)、花椒基地30811亩(新建21286亩、改建9525亩)、俄色

茶原料林基地40800亩(新建37800亩、改建3000亩)、其他基地新建3900亩。

百千米绿色生态产业发展示范带建设。一是及时安排部署。落实分管领导牵头、专业技术人员全程参与的工作机制。二是强化任务落实。确定实施泸定生态林果产业带建设、巴塘核桃产业示范带建设及炉霍县俄色茶原料林示范带建设项目。完成泸定县冷碛、兴隆2个乡(镇)核桃、花椒示范基地建设11000亩,其中核桃示范基地3700亩(新建500亩、改建3200亩),花椒示范基地7300亩(新建500亩、改建6800亩);为了提升产业示范基地的基础设施等配套设施建设,采用村民"一事一议"方式,完成兴隆镇大坪村灌溉设施及生产便道建设。完成巴塘县核桃种植示范基地建设2000亩,其中甲英乡绒塔顶村低改500亩,夏邛镇扎金顶村低改600亩,苏哇龙乡王大龙村新建200亩、低改700亩。累计发放核桃种苗7万余株,自筹农家肥4500千克,涉及贫困户108户、贫困人口500余人。完成炉霍县俄色茶原料林示范基地建设2000亩,共发放变叶海棠(白哇多)种苗22万株,使用农家肥8吨。

新型经营主体开展林业产业研发情况。各县(市)林业部门及森工企业依托白玉县察青松多生态旅游开发公司、雅江县天路生态资源开发有限公司等林业产业龙头企业,以市场为导向,以林业资源为依托,围绕发展核桃、花椒、林下资源开发、森林生态旅游等五大特色产业,突出主体带动、深化产品研发,提升林产品加工转化率,提高林产品附加值。全州种植及收购、加工、销售秦艽、藏木香等中药材5吨,带动农户47户,增收126万元;收购加工核桃、花椒等特色林果业,加工生产核桃油60余吨、花椒油426吨,带动农户12500余户,增收2078万元;依托泸定得妥安彬核桃合作社、翁达镇熊登沟专合社等养殖藏香猪600余头。

【畜牧业】 2017年,甘孜藏族自治州出栏各类牲畜103.95万头(只)。加大草牧业试点,开展畜种改良工程,加强畜牧业基础设施建设。建成畜禽标准化养殖小区(场)24个,开展畜禽改良15.8万头(只)、本品种选育40076头(只),培育指导养蜂户225户;建成现代家庭牧场128个、牲畜暖棚3790户、多功能巷道圈129个,人工草地4.11万亩,天然草地改良40万亩,完成草产品加工试点18个。石渠县藏系绵羊保种扩繁基地已组建基础群3200只,引选种公羊40只,配套建设网围栏1.1万米。完成重大动物疫病免疫1174.97万头(只、羽)次,完成常规疫苗免疫656.8万头(只)次,重大动物疫病群体免疫密度常年保持在90%以上,应免畜禽的免疫密度达100%,免疫抗体合格率达70%以上。抓畜间包虫病防控,全州共免疫羊只213万只次、家犬驱虫140万只次,犬粪无害化处理713.16万只次。在石渠县开展草原鼠害灭治56万亩,灭效达95%以上。

【水产业】 2017年,甘孜藏族自治州水产品总产量达150吨。在大渡河流域春、秋两季开展增殖放流,共增殖放流冷水鱼类190万尾。

【统筹城乡与新型城镇化】 2017年,甘孜藏族自治州统筹推进具有甘孜特色的新型城镇化,切实做强县城、做优乡(镇)、做美村寨,逐步呈现出美丽、宜居、宜业、宜游的城乡一体化发展态势。全州"一核两中心,三轴三圈三群"城镇体系空间结构和"2326"城镇等级结构进一步巩固,常住人口城镇化率达31%,增加2个百分点;户籍人口城镇化率达17.5%,增加1.1个百分点。

发挥规划引领作用,城乡发展格局进一步优化。健全规划管理机制,组建规划技术审查委员会、建筑艺术审查委员会、公众评议委员会、镇乡规划执行委员会,规委会作用得到强化和发挥。编制出台《甘孜州城乡规划编制办法》《甘孜州乡村规划建设管理办法》并以政府令发布。纵深推进规划制定,完成各类规划编制任务53项,完成《州域城镇体系规划》修编、《州域新村建设总体规划(纲要)》编制。

推进项目建设,城镇功能进一步提升。结合全省"城市基础设施建设年行动",大力推进城市基础设施建设,年内投入资金12.99亿元,实施城市道路交通、供水、防洪排涝、垃圾污水处理、园林绿化、电力、通信、公共服务设施等州级重点基础设施项目54个。大力推进城市建设提升工程(风貌改造),着力推进城市修补,打造康定、泸定等9个独具康巴藏区特色的"魅力县城",制订出台《甘孜州城镇污水、城乡垃圾处理设施建设三年实施方案》,不断补齐环保基础设施建设短板。不断推进丹巴县"宜居县城建设"和巴塘、得荣新区建设。

坚持以点带面,乡(镇)发展后劲进一步增强。抢抓特色小镇创建机遇,争取特色小镇培育资金2000万元,创建香格里拉镇为全国第三批特色小镇。以"百镇建设行动"为抓手,全面实施"9+N"公共设施建设工程和特色产业提升工程,在姑咱镇、马尼干戈镇、洛须镇、洛若镇、磨西镇及八美镇7个百镇建设试点镇投入资金12.43亿元,启动招商引资、基础设施建设、社会管理与服务、产业经济管理4大类项目共计110项,切实增强了7个百镇建设试点镇的承载能力。有力带动全州95个乡(镇)完善基础设施建设项目34项、公共服务设施项目40项、风貌建设项目45项、产业建设项目4项,累计完成做优乡(镇)项目投资19.4亿元。结合幸福美丽新村建设,累计投资12.993亿元,完成366个村的基础设施建设任务,其中完成"五改三建"16551户,新建公厕186座,安装路灯12606盏,安装太阳能热水器7799台,新建生活垃圾填埋池253个、垃圾收集点125个、入户道路544.999千米、村内联户路294.19千米,村道硬化1113.13千米。

推进环境整治,人居环境明显改善。州委州政府出台了《关于深入推进城市执法体制改革改进城市管理工作的实施意见》,大力推进城镇综合执法改革。确定2017年为"城乡环境综合整治年"并制订《甘孜州2017年度城乡环境综合整治和城乡提升实施方案》,4条景观大道沿线多年沉积的垃圾得到清除,国道318沿线的公共厕所得到整治,城镇私搭乱建的建筑物得到拆除,经幡乱挂得到有效制止,施工扬尘得到改善。全州治理屋顶违章搭建3864处,治理公路、河道沿线乱搭乱建2952处,治理经幡乱挂2913处,清理违法用地11862宗、2119.7亩,土地违法案件移送司法17件。

【新村建设】 抓改革推动,发展产业。2017年,甘孜藏族自治州重点培养"三种人",管好"三块地",用好"三类钱",培育"三类主体",推进一二三产业融合发展。坚持"一圈一带一走廊"的区域布局和"山顶戴帽子、山腰挣票子、山下饱肚子"的立体格局相结合,强力推进2个百万亩特色产业基地、3个百千米脱贫攻坚绿色生态特色产业发展示范带建设,着力打造"一村一品""一乡一业",实现每村有1~2个主导产业、每户有1个以上增收产品,幸福美丽新村和"四好村"全部消除集体经济空壳村。全年连片发展种植业13.5万亩,培育养殖户1380户,扶持省级龙头企业1家、省级专业合作社2个。特别在破解牧区牲畜出栏难的问题上取得较大突破,全州集体牧场牲畜出栏率达24.5%。

抓党建引领,凝心聚力。采取"党建+产业、文化、旅游、治理"等模式,大力开展上党课、党员义工日活动,充分发挥基层党组织和村民自治组织积极作用,探索出了抓党建、强产业、促脱贫的发展之路。雅江县打造"国道318线雅江段党建示范带",组建了"党员服务队",强

化农(牧)民思想引领和技能培育;甘孜县以村党支部规范化建设为支点,助推高原现代农业科技示范园区建设。通过党建引领,农(牧)民创建积极性、主动性高涨,幸福美丽新村让31968户(其中贫困户10807户)受益,有效助推泸定县脱贫"摘帽"、全州366个贫困村退出、11787户48524人脱贫。

抓统筹结合,整体推进。结合实际制订了幸福美丽新村建设年度实施方案,编制了全州幸福美丽新村建设总体规划纲要。坚持幸福美丽新村建设与脱贫攻坚、"四好村"创建、产业发展、农村改革、民生改善、乡村治理、生态文明相结合,因地制宜,分类施策,统筹推进东南北路、城乡一体、贫困村与非贫困村建设。按照缺啥补啥的原则,在省安排35192万元基础上,全州整合藏区新居、彝家新寨、美丽乡村、民族团结新村、产业发展等项目资金近120993.219万元(其中社会投入1810万元、农户自筹7684.5万元)编制基础设施、公共服务、产业发展和乡村治理项目2773个,打造了一批既有民族文化传承又有现代元素点缀的幸福美丽新村。

抓乡风文明,添注魅力。以污水、垃圾处理为重点,实施"山植树、路种花、河变湖(湿地)工程",推进"厕所革命",强化了环境综合治理。理塘县濯桑镇汉戈村打造800余亩高原花海、稻城县色拉乡普尼村等培育3800余亩花海花卉园、道孚县建成万亩高原春油菜种植基地。扎实开展"送科技、送文化、送卫生、送法律下乡"活动,不断丰富人民群众文化生活。制定村规民约,以多种形式、多种途径推进社会主义核心价值观宣传教育,开展"新家园、新生活、新风尚"和道德模范评选、文明家庭创建等活动,倡导健康文明生产生活方式,树文明村风。加强法治宣传教育,形成自觉守法、办事依法、遇事找法、解决问题用法、化解矛盾靠法的良好环境。

抓督促检查,落实工作。建立了"县为主体、部门主抓、乡(镇)主推、村级联动"的工作机制,定期、不定期召开联席会议,总结经验、分析问题。经常深入一线走村入户开展调查研究,及时掌握第一手资料。开展大督导、大检查行动,根据重点工作和序时进度,列出任务清单、责任清单、问题清单、整改清单,倒排工期、顺排工序,加力推进幸福美丽新村建设。结合脱贫攻坚和幸福美丽新村建设,坚持做到了一季度一督导。严格按照《四川省省级财政幸福美丽新村建设专项资金管理办法》要求,采取"一事一议"、先建后补、以奖代补等方式,落实绩效评价、公示制度,按规定和程序管理使用资金。

【农村扶贫和移民工作】 2017年,甘孜藏族自治州脱贫攻坚工作围绕"一个目标、两个精准、三个机制、四个联动、五个关口、六个结合、七大短板"开展,实现了全州计划退出的366个村已达到退出水平,计划脱贫的11787户48524人已达到脱贫标准,计划"摘帽"的泸定县已满足"摘帽"要求。按照"起步于一季度、快上于二季度、大干于三季度、收官于四季度"的工作思路,将脱贫任务横向分解到州级领导干部和州级部门,纵向分解到县(市)、乡(镇)、村(组)、户头和人头;制订"1+22+N"的年度"作战方案",推行"挂图制+挂牌制""清单制+责任制"等"14制连+"推进工作,层层签订责任书、立下军令状;全覆盖落实贫困村"五个一"和非贫困村"三个一"帮扶力量,加大帮扶力度,扎实开展已脱贫村和脱贫户"回头看""回头帮",确保贫困户稳定脱贫、贫困村稳定退出;深入开展建档立卡贫困人口精准识别"回头看"和再识别,从村、乡、县、州逐级签订《承诺书》,保证识别对象不"错评"、不"漏评";制定倒排日程、倒排工序的"作战表""路线图",严格实行"日监测、周通报、月调度、季督查、年考核"制度,确保脱贫攻坚成果经得起"看、查、问、算、评、验";深化农业供给侧结构性改革,打造3个脱贫奔康百千米产业发展示范带,建成特色农业基地69.7万亩、林果基地95.6万亩、养殖小区44个,打造特色旅游乡(镇)26个、旅游扶贫村21个,建成县级电商综合服务中心5个、乡(镇)电商服务站97个、村级电商服务点391个,开发公益岗位安置贫困群众8270人,农村低保标准提高23元,实现"两线合一";完成191个村2602千米通村硬化路建设、283个村20933名贫困人口安全饮水巩固提升、61个村农网改造升级,建成111个村网络通信、12所乡(镇)卫生院、11个便民服务中心、11所标准中心学校。完成"不愁吃不愁穿"11787户、义务教育有保障45376人、基本医疗有保障22.0289万人,实现住房安全有保障、有安全饮用水、有生活用电、有广播电视均为11787户,完成率均为100%。

以工代赈。2017年实施易地扶贫搬迁3232户12654人,涉及17个县(市)。10月27日全面完工并全部实现搬迁入住,完成年度目标任务的100%。截至11月17日,已拨付28630.21万元,拨付率45%。统筹兼顾,力推随迁户住房建设。康定、雅江等14个县(市)计划搬迁非建档立卡人口1912户9796人。截至11月17日,累计开工建设627户3108人住房,建成住房154户747人,建成率7.6%;搬迁入住60户319人,入住率3.3%。申报以工代赈项目23个,争取资金4096万元,计划建设乡村道路79.9千米、桥梁8座419.5延米,水毁农田整治50亩,新建灌溉渠8千米、水塔1个、蓄水池200立方米。已完成新(改)建乡村道路42.62千米、桥梁3座96延米,水毁农田整治40亩,新建灌溉渠2千米。投资完成1647.6万元,拨付资金1005.659万元,其中发放劳务报酬97.26万元。

社会扶贫。大扶贫格局不断优化:有4家中央和国家机关帮扶全州5个扶贫开发重点县,中央国家机关对口支援全州项目达18个,总协议资金24514.33万元,已到位资金6150万元。广东省对口支援协议项目达330个,总协议资金40.36亿元,已到位资金4.24亿元,开工建设项目281个,已完成总投资2.94亿元。对接落实5名省级领导及53个省直部门联系指导全州18个县(市)19个贫困村工作。支援项目达119个,总协议资金1.89亿元,已到位资金1.45亿元,开工建设项目78个,已完成总投资0.89亿元。省内对口支援项目达61个,总协议资金1.57亿元,已全部到位,开工建设项目48个,已完成投资0.95亿元。落实42位州级领导、87个州级部门的183个州级机关党支部分别联系指导1个贫困村,15家金融机构分别帮扶1~3个贫困村。截至2017年年底,援助项目达173个,总协议资金1.41亿元,已到位资金1.33亿元,开工建设项目65个,完成总投资0.58亿元。全州各地开展以"扶贫济困,爱心帮扶"为主题的2017年"10·17"国家扶贫日甘孜活动,并利用2016年扶贫日募集资金,先后实施贫困大学生专项救助、贫困群众大病救助、贫困村青稞炒货机推广和"第一书记"产业扶持等爱心扶贫项目。

"两资"管理。精准选择帮扶对象和帮扶项目,争取并下达"两资"项目资金12525万元,其中支援不发达地区发展资金570万元;"三州"开发资金统筹整合使用资金4925万元;"小路"项目5个、305万元;"小桥"项目12个、505万元;"小水利"项目4个、192万元;"小能源"项目5个、198万元;"教育十年行动计划"寄宿制学生生活补助资金1000万元;小流域现代农牧业增收工程项目9个、1400万元;民族新村项目9个、3200万元;项目管理培训费230万元。截至2017年年底,2015年民族新村项目和现代农牧业增收工程项目已全部完成,并通过省交叉检查和验收;2016年下达的"两资"项目已基本完成,资金报账率达

90%;“四小工程”项目完成“小路”19条45.2千米、“小桥”11座197延米、小型水利设施4个,新增和保障灌面2000亩、“小能源”项目13个,推广太阳能热水器4710户。16个现代农牧业增收工程和13个民族团结进步新村基本完成建设任务。全年下达的“两资”项目已全面启动,截至2017年年底,已完成投资6495万元。完成“两资”项目“一年一查一审”督查。

水电移民。大渡河流域:泸定、大岗山、两河口等电站移民搬迁安置工作加快推进,全年累计完成水电移民安置4121人;建成九龙华一坪子、泸定伞岗坪、烹坝、沙湾、小沙湾安置点5个。大渡河泸定电站移民安置“收官”工作有序进行。康定市黄金坪、长河坝电站章古河坝安置点已全面复工,能够确保按期完成安置点建设和涉及移民的搬迁入住。雅砻江流域:两河口水电站移民安置工作稳步推进,累计已完成90%的自主分散移民搬迁安置任务。两河口水电站雅道、雅新以及苏洼龙水电站国道215线复建公路建设进展顺利,预计完成投资10.2亿元。金沙江流域:拉哇电站规划报告顺利完成编审,为电站核准创造了条件。金沙江流域苏洼龙、叶巴滩电站移民安置实施工作推进有力,巴塘、拉哇等电站移民前期工作进展顺利,奔子栏、旭龙电站可研阶段前期工作加快推进,为加快金沙江川藏、川滇段水电重点项目开发奠定了基础。

后期扶持。全州享受水电移民后期扶持人口达4628人,发放直发直补资金277.68万元。按照“当年核定、当年下达”要求,完成7217人的水电惠民补助人口核定登记工作,按时足额兑付2016年2484.5554万元和2017年2345.7144万元的水电开发惠民补助资金。

培训管理中心。计划以建档立卡贫困户为培训对象,实现建档立卡贫困户劳动力转移就业,培训全州建档立卡贫困人口中16~45周岁剩余劳动力2250人,实际完成培训班次46次,培训2314人,完成目标任务的102%。下达创业增收致富带头人培训任务1050人,实际完成培训1060人,完成目标任务的101%。针对库区移民发展需求,开设各种专业和技能培训,完成456人实用技术培训和474人转移就业培训。结合干部能力提升的相关要求,开办本系统各类脱贫攻坚层级培训,包括2017年脱贫攻坚业务层级培训、甘孜州扶贫对象动态调整工作培训会、甘孜州2017年脱贫攻坚志愿者培训会、2017年全州易地扶贫搬迁工作培训会、甘孜州扶贫移民局干部综合能力提升培训班等,共计培训378人次。对全州597名移民干部进行了现行移民法规政策、移民规划编制、移民后期扶持、项目申报、系统管理、财务审计等相关业务知识的培训。

【乡村旅游】 明确旅游扶贫工作任务。2017年,甘孜藏族自治州积极与省旅游发展委对接旅游扶贫工作,积极争取政策、项目和资金支持。经过反复确认和修改,完成《2018年旅游扶贫专项实施方案》的编制工作,并梳理制定脱贫攻坚战略旅游扶贫专项目标任务和序时进度。全年重点推进全州创建省级旅游扶贫示范区2个(康定市、稻城县),创建省级旅游扶贫示范村40个(涉及全州16个县/市和海螺沟景区管理局),协助完成20个旅游扶贫重点村的旅游扶贫规划编制工作,打造申报省级民宿达标户300户。同时与县做好衔接,及时传达目标任务和进行针对性指导。

进一步完善公共服务体系。加强旅游公共设施建设,大力完善提升旅游服务保障能力。计划完成63个综合服务站的建设、127座旅游厕所的建设提升任务,申报创建省级乡村旅游强县1个、特色乡(镇)2个、精品村寨3个,申报省级精品特色业态经营点和特色业态经营点19个,申报星级乡村酒店10家。进一步加大公共服务体系建设,完善旅游服务体系。

持续推进旅游人才培训。依托人才振兴工程和民族地区旅游人才培养引进五年行动计划,按照《2018甘孜州旅游服务质量提升年工作方案》积极推进全州旅游人才和从业人员培训工作,推进旅游服务提质升级。编制完成《甘孜州深度贫困县旅游人才振兴工程实施方案》和《甘孜州深度贫困县旅游领军人才和从业人员培训实施方案》,多渠道、多层次、分级分类开展各类培训,同时大力指导和支持各县(市)开展旅游从业人员培训工作,年内开展旅游高端、领军人才、经营管理人才、从业人员等多级培训共97期、10200人次;在丹巴县、道孚县先行开展“两师一员”(乡村旅游规划师、乡村旅游工程师、乡村旅游技术员)试点工作,培训打造本土乡村旅游技术性人才。

丰富旅游业态,发力营销宣传。以“旅游宣传营销年”为契机,以川西环线、大香格里拉、环贡嘎、环亚丁、康北格萨尔文化旅游带等精品旅游线路推广为重点,开发设计旅行社、自驾游、航空、骑游等不同类型的旅游线路产品。加速推进一批A级景区的创建和提升,大力发展研学游、康养游、亲子游、银发游等新业态,打响中国“最美景观大道”自驾骑行游、“最美乡村古寨”休闲度假游、“最美雪山湖泊”观光避暑游、“最美藏乡田园”农牧体验游“四大品牌”。以丰富的旅游业态搭建贫困群众增收平台。筹划办好“四川甘孜·山地旅游节”及系列配套活动,重点指导甘孜州理塘县第一届国道318产业联盟自驾游产业暨公路旅行IP活动、稻城县文化旅游节等节庆活动,以节促旅,同时积极组织参加各类旅游宣传营销推介活动,大力宣传甘孜旅游,提升甘孜旅游形象和知名度,为旅游扶贫提供保障。

【农村水利】 2017年,甘孜藏族自治州农村水利项目投资6.02亿元,其中上级投资4.77亿元,地方整合自筹1.25亿元。

稳步推进重点水利工程建设。一是加速推进13个骨干水利工程建设。自加压力、倒排工期、挂图作战,加速推进泸定顺河堰、巴塘巴楚河、道孚尼措、炉霍易日河、丹巴嘉绒、石渠洛须、康定力曲河水利、甘孜打火沟工程建设,全面加快稻城俄雅同、德格温拖、白玉赠科水利工程前期进度,强力开展得荣白松茨巫、乡城玛依河水利工程竣工验收,做到了“有进度、有形象”。完成年度投资2亿元,完成泸定顺河堰、巴塘巴楚河、道孚尼措水利工程主体工程建设。二是有序推动7个渠系配套工程建设。全面启动实施泸定顺河堰、炉霍易日河、巴塘巴楚河、石渠洛须、得荣白松茨巫、乡城玛依河、甘孜打火沟水利工程渠系配套项目建设,总投资5.01亿元。完成投资1.4966亿元,完成目标任务(1.37亿元)的109.2%。

深入实施水利扶贫攻坚。一是实施饮水安全巩固提升工程。紧紧围绕贫困户“有安全饮水”的脱贫攻坚目标,强化举措,扎实推进,对2017年283个“摘帽”贫困村农村安全饮水新建、改造和提升。累计完成投资1.285亿元,其中上级资金0.3543亿元,县级整合自筹0.9307亿元;工程受益人数5.8753万人,其中已解决建档立卡贫困户5057户、贫困人口2.206万人饮水安全问题,完成总目标任务(总建档立卡贫困人数)的107.8%。二是加快水利“产水配套”建设。有力助推产业发展,确保了“摘帽”村“有产业、稳得住、能脱贫”目标的实现。全年实施康定、丹巴、雅江、道孚、炉霍、甘孜、色达、理塘、乡城、稻城、得荣11县12个高效节水灌溉“产水配套”项目,完成投资0.72亿元。新增高效节水灌面2.0149万亩,占年度目标任务的100.75%。三是太阳能光伏提灌站项目。建设得荣、乡城、巴塘3县9座光伏提灌站工程,建设总

投资0.32亿元。有效解决了干热河谷地区农业生产用水难问题，助推农林产业转型升级。

着力提升防洪减灾能力。一是加快推进大江大河堤防建设。雅砻江德格县阿须乡真隆段、德格县五一桥色曲河、甘孜县雅砻江城区二期3个堤防工程建设，新建大江大河及中小河流治理堤防2千米，完成年度投资0.2亿元。二是加速推动22个灾后薄弱环节中小河流治理项目。争取全国灾后水利薄弱环节中小河流治理项目22个，覆盖18个县(市)，项目资金4.912亿元，占全省的10%。按照水利厅"成熟一个，安排一个"的工作要求，全州已完成复核上报工作，项目资金计划已经下达，各县(市)加快开展初步设计等前期工作。

【农业机械化】 2017年，甘孜藏族自治州完成机耕面积84.18万亩、机播面积29.12万亩、机收面积41.49万亩，主要农作物耕种收综合机械化水平达51.23%。全州新建和修复改造提灌站9座，推广各类机具3328台(套)，发放农机购置补贴资金343.74万元，全州农机总动力达100.52万千瓦。

【农村科技】 2017年，甘孜藏族自治州深化院州、校州科技合作，实施农牧业科研项目12个，"康青10号""康定灵芝"2个品种通过省品种审定委员会审定，并颁发证书；自育的玉米新品种——"康玉3号""隆瑞3869"的品种经营权签约转让给四川奥力星农业科技有限公司，是甘孜州首例科技创新成果转让。通过农业科技合作加快农业科技成果的转化应用，促进了羊肚菌、玉米、马铃薯、藏猪、藏鸡等产业的发展。开展农业、畜牧、农机实用技术培训33万人次，新型职业农民培训1703人，把各类技术送到生产一线。依托技术扶贫行动，大力开展新品种、新技术的示范，开展"粮、油、菜"高产高效创建30万亩，培育科技示范户4080户。全年推广地膜覆盖栽培面积10万亩，配方肥推广40万亩次，绿色植保防控技术41.3万亩次。全州良种覆盖率达93.2%，农业科技入户率达90%。推广九龙牦牛、藏猪、藏鸡、西藏黑山羊等优良畜种，完成畜禽改良16.3万头(只)，开展本品种选育4.2万头(只)。

【农村教育】 教育扶贫工作。2017年，甘孜藏族自治州全面落实县(市)长、局长、乡(镇)长、校长、村长、家长共同负责的"六长"责任制，在秋季开学时组织开展了控辍保学工作大排查。色达县、白玉县、甘孜县控辍保学工作进展有序，清理寺庙未成年僧尼数千人并安排就近入学。建立教育业务工作与教育扶贫工作"同安排、同落实、同检查"制度，与各县(市)签订了《甘孜州教育系统2017年教育脱贫攻坚工作责任书》，下发了《关于加力推进2017年教育扶贫工作的通知》《关于全州2017年1—5月教育扶贫专项工作督查情况通报》《关于扎实推进教育脱贫攻坚"回头看""回头帮"工作的通知》，对教育扶贫工作作了全面的安排部署。

义务教育均衡发展工作。3月，召开了雅江、稻城、得荣、道孚、白玉5县义务教育均衡发展工作推进会；6月，召开了5县前期工作汇报会，对5县推进工作作了全面的安排部署。州教育督导团组织专家组对5个县开展了州级过程督导5次，配合省政府教育督导团开展了对5县的省级过程督导，省、州督导组深入5县进行具体检查指导、核查，并召开意见反馈会和业务培训会。10月9日—13日，配合国家评估认定工作组对甘孜、色达、理塘、巴塘4县开展了"县域内义务教育基本均衡县"国家督导评估认定工作，4县顺利通过国检；10月24日—29日，配合省级督导评估工作组对雅江、道孚、白玉、稻城、得荣5县开展了"县域内义务教育基本均衡县"省级督导评估验收，5县顺利通过省检。

深化教育体制改革情况。加强优化教育资源配置方式，促进了县域内城乡一体化义务教育均衡发展；建立了教育信息化督导评估考核机制，强化了信息化运用；完善学校德育工作体系，经州深改领导小组和州政府常务会先后审议，通过并印发《甘孜州全面加强和改进学校美育工作实施意见》；实施订单定向培养计划，完成了167名订单定向学生的选送、招录工作；通过探索教师培训机制改革，启动了"教师大培训、素质大提高、能力大提升"工程，10月9日，首期小学校长培训班、小学语文和小学数学教师培训班开班，参训人员达135人。同时，严格管理和考核参训人员，并将考核结果作为年底目标考核依据。按照高中阶段教育管办评分离改革要求，启动了康定中学、州职业技术学校管办评改革试点工作。

教育信息化开展情况。为提高信息设备使用效率，制定印发了《甘孜州教育信息化2017年工作考核评估办法(试行)》《甘孜州教育信息化服务运营商考核办法》。完成了全州教师"每天一小时"远程网络培训两年计划。推进"一师一优课、一课一名师"活动，全州共有1178名教师报名"晒课"。完成了五省统编小学藏语文教材(下册)网络教学资源开发和"藏汉英三语教学"小学五、六年级上册40节课程资源的录制和编辑工作，征集优质的教学视频资源121个，填补了全州无藏文教学资源库的空白。引进"新东方"在线教育和"新东方"双师课堂资源，收集、整理、编辑优秀教学视频140个和优秀教学课件4000个。组织开展小学数学远程网络协同教研活动，参研教师56人，全州22所小学200余名数学教师参与观摩。7月10日，联合国与教育部在山东青岛召开了国际教育信息化大会，全州以中国民族地区教育信息化典型案例作了交流发言。全州教育信息化工作得到了教育部的肯定。

十五年免费教育政策落实情况。下发《关于对义务教育阶段辍学人口进行核实的紧急通知》，制定了《甘孜州关于加强义务教育阶段适龄儿童少年控辍保学工作的意见》，修改完善《中共甘孜州委甘孜州人民政府关于教育发展若干问题的意见》，进一步夯实十五年免费教育基础。全年投入4.36亿元，实施十五年免费教育政策，兑现落实教育保障和资助资金4.9亿元(含学前、义务教育保障资金)，5480余名家庭经济困难学生获得国家生源地信用助学贷款支持资金4265万元。整合扶贫、民政、工会、共青团、红会及社会各界教育助学资金，对家庭经济困难学生进行精准资助，共资助困难学生1600余人，发放助学资金320余万元。实施教育扶贫救助基金项目，基金规模由上年的2156万元增加到9102.52万元，累计救助建档立卡贫困家庭学生1.6万人，发放救助金1300余万元。

【农村文化】 2017年，甘孜藏族自治州组织开展各类"送文化下乡"活动1463场，观众达40万余人次；放映农村公益电影27695场次，观影群众突破70万人次；"两馆一站"全部免费开放，兑现免费开放资金2176.05万元；全州各大体育场馆免费开放235056人次；州文化馆开展各类文艺辅导人次近3700人次，州图书馆赠送书籍2630余册。

精准扶贫和文化惠民工作成效显著。全年共改建及新建村级文化活动室297个，完成347个村级农民体育健身工程建设任务。完成"村村响"建设256个，完成"户户通"建设9480个，完成新龙县县级应急广播项目1个。完成304个阅报栏建设和安装；为全州2679个农家书屋补充、更新图书20.28万册，启动了东路4县农家书屋数字化管理平台试点建设。

【农村卫生】 健康扶贫首战告捷。2017年,甘孜藏族自治州围绕"基本医疗有保障"这一目标,认真落实健康扶贫各项政策,全面推进健康扶贫"五大行动"。设立卫生扶贫救助基金18个,筹集资金9005万元,累计救助3.2万人次,救助金额968.09万元。经基本医保、大病保险、卫生扶贫基金救助等途径报销(救助),2017年贫困患者个人支付占比为5.8%,控制在10%目标范围内。完成"摘帽"县泸定贫困人群免费健康体检10455人。全州贫困孕产妇分娩通过各种渠道报销434.25万元,基本实现贫困孕产妇县域内住院分娩"零支付"。完成366个退出贫困村村卫生室建设和合格村医配备。持续推进生育秩序整治行动,10个重点县政策外多孩率为5.55%,减少1.36个百分点,首征当年违法生育户社会抚养费76.91万元。

包虫病综合防治成效明显。初步探索和总结出"两抓四管六结合"的包虫病综合防治"石渠模式",得到中央和省领导充分肯定,成为在全藏区可复制、可推广的经验。11月,顺利迎接国家和省对石渠县包虫病综合防治试点工作行政和技术中期评估。截至2017年年底,全州共筛查92.13万人,目标人群筛查覆盖率为81.21%,新发现病人923人,手术治疗1376人,临床治愈1286人,好转68人,累计治疗1.44万人。其中,石渠县共筛查8.49万人,目标人群筛查覆盖率约为95.16%;新发现病人340人,手术治疗680人,临床治愈630人,好转38人,现有病人5812人均给予免费药物治疗。全州举办专业人员培训206期,培训疾控人员1397人次、医疗人员5144人次、动物防疫人员2778人次,健康教育覆盖各类人群258.47万人次。

医药卫生体制改革纵深推进。一是分级诊疗制度持续巩固。发挥医保杠杆作用,自1月1日起,将县(市)人民医院、妇幼计生中心纳入门诊统筹范围。扎实推进家庭医生签约服务,制订印发《推进家庭医生签约服务实施方案(试行)》,18个县(市)100%开展家庭医生签约服务,常住人口签约服务率达51.05%,重点人群签约服务率达86.6%,建档立卡贫困人口签约服务率达100%。扎实推进医联体建设,州人民医院继续开展对新龙县和石渠县人民医院的托管帮扶;德格、得荣、色达县人民医院分别与成都市第一人民医院、第三人民医院、第五人民医院签订托管帮扶协议;道孚县人民医院与成都市363医院、郫都区人民医院签订战略合作协议;泸定县人民医院与雅安市人民医院签订战略合作协议。色达县人民医院启动深度托管翁达镇中心卫生院工作,推进建立全州首个县域医共体。二是公立医院改革稳步推进。制定出台《创新公立医院编制管理暂行办法》和《公益二类医疗机构员额制管理试行办法》,启动州人民医院700名员额备案管理招录工作,泸定、甘孜、康定等县(市)积极推进该项工作。三是医疗保障体系更加健全。2017年城乡居民基本医保参保率达99.35%,政府补助城乡居民基本医疗保险筹资标准提高至450元/人,全州城乡居民住院(含重大疾病门诊)11.45万人次,基本医保报销42234.6万元,政策范围内住院报销比例达75.02%。印发《甘孜州三甲医院按病种收费改革方案》,州人民医院全面启动实施含阑尾切除术在内的102个病种按病种收费改革工作。四是药械供应保障不断完善。坚持"五位一体"省级集中上网阳光采购机制,药品上网分类采购率达100%。2017年9月起,州人民医院、州藏医院和康定市、泸定县等12家州、县医疗机构全面实行药品采购"两票制"。五是加强全行业综合监管。州、县(市)均成立了"三医"监管工作领导小组和专家组,全面部署应用州、县(市)级医疗机构三医监管平台,逐步实现对医疗机构、医务人员、医疗服务行为的全面监管。

公共卫生服务不断强化。加强传染病管理和防治,截至2017年年底,全州无甲类传染病报告,乙丙类传染病共报告20种、6866例,报告发病率575.61/10万。做好人感染H7N9禽流感防控工作,全州未发现人感染H7N9禽流感病例。开展基本公共卫生服务,全州城乡居民规范化电子档案建档率92.91%,高血压规范管理率88.21%,糖尿病规范管理率72.61%。加力推进妇幼健康工作,全州孕产妇住院分娩率达92.21%,孕产妇死亡率控制在38.65/10万以下,婴儿死亡率和5岁以下儿童死亡率分别控制在4.73‰和5.99‰以下,为74314名农村妇女开展免费妇科病检查,对4415名农村孕产妇住院分娩进行补助。加强爱国卫生运动,白玉县、理塘县创建为省级卫生县城,康定市创建为省级卫生城市,泸定县创建省级卫生县城、炉霍县宜木乡创建国家卫生乡(镇)顺利通过暗访。

中藏医药事业持续发展。全州80%以上的乡(镇)卫生院、55%以上的村卫生室能够提供中藏医药服务,基层中藏医药服务量达36%。制定出台《甘孜州中藏医药事业"十三五"发展规划》。推进健康旅游产业,完成海螺沟"温泉+酵藏药浴体验馆建设"和藏医专家门诊建设任务。

卫生信息化建设加快推进。继续实施区域信息平台建设,门户网站、医卫通全面投入使用。16个县级民族医院机房项目和州、县医疗机构人口健康专线网络项目建设完成,23个县级远程医学平台和67个乡(镇)中心卫生院远程医学点项目完成招(投)标工作。启动包虫病综合防治信息管理系统和云医院建设项目。与农行签订"银医一卡通系统"项目战略合作协议,一期投入216万元,推进银行卡、社保卡、居民健康卡"三卡合一"。加强远程医疗系统运用,全年远程会诊1336例,占院外会诊比例达98%,远程教学5230人次。

【农村法制建设】 2017年,甘孜藏族自治州强化法制宣传教育,推进"七五"普法工作,深入开展"法律七进"活动。强化农业执法,加大涉农案件查办力度,全州办结农业综合执法案件23件。依法推进行政权力规范公开运行,全面完成涉农行政权力清单和责任清单的清理。深化行政审批制度改革,推进"放管服"工作,依法完善审批流程,规范行政审批行为,全年受理办结行政审批事项3501件,即办率、限时办结率、群众满意率均达100%。加强农机安全源头管理,落实安全生产责任制,积极开展农机安全隐患排查和督查,保障了农机安全零事故和零死亡。加强对草地生态环境的监管力度,逐步理顺草原征占用审核审批手续,依法处理草原违法案件6起,依法征收草原植被恢复费用2198.362万元。

【农村交通】 2017年,甘孜藏族自治州交通建设完成投资137.18亿元(其中高速公路17.3亿元、国省干线48.47亿元、农村公路66.42亿元、养护大中修及路侧护栏4.99亿元),增加20亿元,完成目标任务的137.2%,是实施甘推方案和交通攻坚以来完成投资最多的一年。有序开展全州营运"黄标车"淘汰工作,清理111辆退出道路运输市场。完成提升改造县级站13个,开工建设乡(镇)客运站38个、农村招呼站882个。全州新增通客车建制村840个,建制村通客车率67%。

新开工项目超计划完成。国道215线竹二路斯闸至二龙桥段、国道227线稻木路、国道549线乡得路、国道215线竹二路苏洼龙至斯闸段、国道248线(350线)道孚县八美过境段、国道318线康定折多山隧道、国道345线石渠宜牛至达日四川境段、国道549线九石路试验段、国道215线石渠满真至洛须试验段、国道248线刷丹路、省道434线康定市塔公至康定市区段等11个年内计划开工项目全部开工。同时,

目标外新增开工省道220线道孚至二嘎里段、省道217线甘孜到理塘君坝路新龙电站过坝段项目2个。续建项目关键节点工程取得突破。雅康高速等11个续建交通重点项目新增完成路面工程200千米(含雀儿山隧道工程12千米),完成目标任务190千米的105%。雅康高速二郎山隧道9月贯通,12月底通车泸定县,结束全州无高速公路的历史。国道317线雀儿山隧道、老折山隧道,省道455线甘白路卓达拉山隧道、阿色隧道等关键性控制节点全面完工通车。

重点项目加速推进。采取专人负责,加强与各要件审批单位对接,加快推进国道318线康定折多山隧道等10个新开工项目前期工作,全部获得工可批复。积极开展储备项目前期工作,国道318线康定市过境段工可已修编完成,并报省发展改革委、交通运输厅审查;国道215线白玉县城至巴塘县城和215线石渠洛须至德格柯洛洞段工可已通过交通部审查,待出具行业审查意见。省道457线石渠至洛须段工可已批复;省道458线白玉县城至赠科段和省道314线道孚扎拖至新龙县城段工可已通过州发改、交通部门联合审查。

交通扶贫攻坚。建成通乡油路1009千米,完成年度目标任务800千米的126.1%,新增32个乡(镇)通油路,实现除由国省干线、电站还建覆盖的17个乡(镇)外,乡乡通油路目标;建成通村硬化路7500千米,完成年度目标任务5000千米的150%,新增672个村通硬化路,其中366个脱贫"摘帽"村通硬化路建设任务全面完成。

【涉农招商引资】 2017年,甘孜藏族自治州3000万元以上的农业招商引资重大项目4个,其中外资项目1个、内资项目3个,分别增长100%、与上年持平;项目总投资6.67亿元,减少21%。协议资金6.67万元,减少21%。

【农村社会保障】 2017年,甘孜藏族自治州城乡居民养老保险覆盖人数43.63万人,完成目标任务的113.03%,其中完成参保缴费人数29.29万人,完成目标任务的162.72%;征缴城乡居民养老保险费4514.43万元。加强对60周岁以上人员的待遇领取申报审核工作,保证了养老金的正常社会化发放。截至2017年年底,城乡居民养老保险应发人数为11.01万人,实发人数9.82万人,发放基础养老金1.11亿元,发放个人账户1170.3万元。全年预拨中央财政补贴基础养老金9580.41万元,省级财政缴费补贴607.51万元,基础养老金补贴684.76万元,州级财政缴费补贴358.76万元,基础养老金补贴209.57万元,县级财政缴费补贴604.19万元,基础养老金补贴1735.68万元。

全面贯彻落实国家、省养老保险政策,下发各类文件、通知、方案等相关文件40余件。一是为切实推动城乡居民社会保险工作,引导和鼓励城乡居民长期持续参保,调高城乡居民基本养老保险基础养老金待遇,将城乡居民基本养老保险基础养老金提高至每人每月79元,即中央补助基础养老金70元、省补助5元、州补助4元。二是认真贯彻落实2017年养老保险待遇调整工作,为确保2017年养老保险待遇调整工作顺利进行,及时将文件贯彻落实下发各县并做好了退休人员养老金调整待遇的宣传工作,实时监控,及时处理出现的问题,在规定时间内完成2017年退休人员养老保险待遇调整工作。注重深改任务推动全民参保。甘孜州作为全省第三批全民参保登记工作启动地区,州委州政府将"全民参保登记工作"列入全年重要改革任务,为推进全州全民参保登记工作顺利实施,及时研究制订出台《甘孜藏族自治州全民参保登记工作实施方案》,全州18个县(市)社保经办机构完成信息比对、入户调查、数据集中管理和动态更新等工作。三是利用信息、报刊、有线电视、宣传栏、电子屏幕、微信等方式,大力宣传全面参保登记工作,设计制作藏、汉双语城乡居民养老、医疗保险连环画册,联合康定市在情歌广场开展全民参保登记大型宣传活动,稳步推进全民参保登记工作,完成深化改革任务。

全力推进脱贫攻坚低保兜底工作。一是全面开展低保兜底"回头看"工作。为更好地发挥低保兜底脱贫作用,确保实现"两线合一"目标,按照民政厅安排部署,印发全州《低保兜底"回头看"专项行动实施方案》,在全州开展低保兜底"回头看"专项行动;二是按照省脱贫办《关于建档立卡贫困人口中低保兜底对象复核认定工作的通知》要求,严格按照政策规定,对建档立卡贫困人口中的低保兜底对象进行复核

2017年甘孜藏族自治州3000万元以上招商引资项目表

项目	总投资(万元)	投资内容	投资方	项目进度
尼泊尔新伊萨国际进出口公司(甘孜)农业产业化暨民族手工艺开发项目	12000	农业产业化基地建设,民族民间特色手工艺产品开发加工	新伊萨国际进出口公司	投资方资金问题,项目停滞
九龙县西南地区东阿黑毛驴养殖基地项目	33700	投资规模3.37亿元,建立东阿胶集团在西南地区最大的原材料基地,主要集养殖毛驴、加工、销售为一体,在3年以后销售产值达0.3亿元,逐年按30%递增	九龙县海涛牧业有限公司、东阿黑毛驴科技有限公司	办理土地流转手续,未形成实际投资
四川思维生态牧业良种培育肉牛养殖基地	10000	乙方在甲方县域内投资建设良种牛培育基地和肉牛养殖基地(不含屠宰和加工),第一期建成牛品种改良基地和年出栏2000头肉牛养殖,该项目采取"公司+规模化农场+合作社+农户"的模式(企业向合作社及农户发放幼牛,待可出栏后,由企业按约定价回购,具体合作方式由企业和乡、镇协商),通过循环、绿色经济项目的建设,实现改良牛品种、改良土壤、带动农户增收致富的目的。建设时限从协议签订日起6个月内;二、三期分别在一期建成后24个月内建成	道孚县思维有限责任公司	项目前期工作有序开展
东俄洛二村农业综合示范园区项目	11000	建设以木雅文化为主题,以农旅融合为内涵,以产业扶贫为导向,集农业园区、旅游景区、集散中心于一体的高原特色现代农业综合示范园区,打造以农耕文化为主题的低碳旅游景区	康定市三千三农业有限公司	项目前期工作有序开展

确认,确认建档立卡贫困人口中低保对象为26678户92121人,全年发放兜底保障资金16907.94万元。三是进一步加强低保制度与扶贫政策有效衔接。按照《四川省人民政府办公厅转发省民政厅等部门关于做好农村最低生活保障制度与扶贫开发政策有效衔接实施方案的通知》精神,结合全州实际,会同扶贫等部门提出具体工作措施,指导各县(市)做好两项制度有效衔接工作。

提高低保标准和困难群众救助力度。全州农村低保标准由上年的3020元/年提高到3300元/年,实现"两线合一"。新标准从2017年1月1日起执行。截至2017年年底,全州保障农村低保对象81383户204188人,累计发放资金42468.55万元。

提高农村特困人员救助供养水平。按照上级民政部门统一部署,严格按照认定条件,全面开展特困人员认定工作,加大特困人员救助供养制度的落实力度,将失能和半失能的特困人员作为重点供养对象,切实做到按标施保、应救尽救、应养尽养,着力抓好特困人员救助供养,确保"吃得好""住得好"和"有关爱"。截至2017年年底,全州认定农村特困人员8724人。按照省发布的城乡特困人员救助供养标准调整全州特困人员救助供养基本生活标准,农村特困人员分散和集中供养月基本生活标准分别为400元和500元,2017年7月1日起执行。

城乡医疗救助工作方面。全力资助特困供养人员、孤儿、低保对象参加城乡居民基本医疗保险,对特困供养人员和孤儿参加基本医疗保险的个人缴费部分由政府给予全额资助,城乡低保对象给予60元/人/年定额补助。对符合救助条件的对象给予住院医疗救助,救助对象在定点医疗机构发生的住院费用经基本医疗保险、城乡居民大病保险等报销后的政策范围内住院自付费用在年度救助限额内给予救助,并加强医疗救助与慈善救助的良性互动。全州全年城乡医疗累计救助280078人次,累计支出资金7982.63万元(含农村医疗救助)。城乡困难群众医疗救助政策范围内住院自付费用救助占比达71%。重特大疾病医疗救助人次占直接救助人次比例预计达20%。

做好宗教活动财税监管工作。为贯彻落实《关于加强和改进新形势下宗教工作的意见》《关于在四川省开展宗教活动场所财税监督试点工作的通知》文件,积极做好公共服务社会保障,制订出台《甘孜州关于宗教活动场所财税监管试点工作方案》,加大对寺庙僧尼参加社会保险的宣传力度,设计制作藏、汉双语社会保险宣传手册,充分利用各种手段,使其认识到"老有所养""病有所医"的重要作用。全州寺庙僧尼参加医疗保险人数为38333人,其中参加城镇职工基本医疗保险人数21人,参加城乡居民基本医疗保险人数38312人。寺庙僧尼参加养老保险人数为19688人,其中参加城镇职工基本养老保险人数84人,参加城乡居民基本养老保险人数19604人。

【农村生态建设及环境保护】 2017年,甘孜藏族自治州全面贯彻落实国家生态文明建设的总体部署,践行"绿水青山就是金山银山"和"山水林田湖草是一个生命共同体"理念,大力推进草原生态保护建设。一是大力实施草原生态补奖政策。在全州实施草原禁牧补助4500万亩,草畜平衡奖励7963万亩。二是实施退牧还草工程。完成划区轮牧围栏建设71万亩,退化草原改良37.5万亩,人工饲草地建设8.5万亩,舍饲棚圈建设1040户,黑土滩治理2.6万亩,毒害草治理1.4万亩,完成草原鼠害虫防治560万亩。三是加强渔业资源保护。在大渡河流域春秋两季开展增殖放流,共增殖放流冷水鱼类190万尾。四是加强农业资源环境治理。紧紧围绕"一控两减三基本"的目标,全面推进农业面源污染治理,实施化肥、农药"零增长"行动,全州化肥使用量年度增长控制比例小于2%;积极推进绿色防控,实行秸秆农业资源化综合利用,加强规模养殖场粪污处理,减少农业环境污染。

【农产品质量安全监管】 2017年,甘孜藏族自治州农产品检测抽检样品共计7327个,农产品质量安全监测总体合格率达99.63%,无重大农产品质量安全事件发生,无农产品质量安全投诉举报案件。围绕农产品质量安全七项专项整治行动,全州累计出动农(牧)执法人员1207人次,检查生产经营企业(单位)533家次,清理整顿农资市场348个次,规模养殖场(户)2010个(户)次,查处违法案件10起,罚没金额达1.0611万元。围绕农产品质量安全宣传,全州共举办现场咨询活动及指导培训500余场次,指导培训人员4800余人次,发放宣传材料10.16万份。悬挂横幅361条次,展销农资产品1.8万千克,价值金额61.6万元。

【农村市场体系建设】 2017年,甘孜藏族自治州共发展助农取款服务点2503个,覆盖全州所有乡(镇)及2412个行政村,助农取款服务点行政村覆盖率达86.61%。

充分运用各项政策工具和手段,支持农村经济健康发展。一是积极运用各项货币政策工具,累计发放扶贫再贷款12.9亿元,余额5.6亿元,惠及建档立卡贫困户1.6万余户,建成各类扶贫再贷款示范基地20个。支持乐山商业银行运用支小再贷款,累计向13户扶贫带动小微企业贷款2600万元。对考核达标的11个农业银行县级三农金融事业部,下调2个百分点存款准备金率,增加金融机构可用资金2亿余元。二是发挥涉农信贷政策导向效果评估正向激励效应。健全完善涉农信贷政策导向效果评估体系,将评估结果与实施差别存款准备金等结合创新运用,引导金融机构盘活存量,用好增量,加大对"三农"领域信贷投入。三是发挥财政资金撬动作用。认真落实涉农贷款增量奖励、小微企业、首贷户和金融精准扶贫贷款等与金融相关的财政奖补政策,财政对金融的引导撬动作用不断加强。

加大涉农金融投入,支持农业结构调整。围绕"三个百千米产业带"建设,实施新型农业经营主体金融服务主办行制度,新型农业经营主体贷款余额2.43亿元,增长2.24倍。利用政策培训和融资对接,通过"公司+农户+信贷"、"企业+专业合作社+信贷"、专业大户贷款等融资模式,加大农林牧渔业贷款和农户贷款投入。联合州农委、金融办、财政局推出羊肚菌价格保险试点,降低农户种植风险。

畅通银政企沟通渠道,保障重点领域融资需求。与经信、扶贫、旅游、农牧等行业管理部门建立信息共享机制,对接地方产业发展规划,建立旅游和扶贫产业项目库,召开银企融资对接活动。全年开展融资对接、农村新型经营主体、产业扶贫等融资对接活动8次,统计融资需求39亿元,授信34亿元,签订贷款合同金额26亿元。

创新金融产品和服务方式支持农村经济发展。践行"公司+基地+农户"的小额农贷成熟经营模式、"风险补偿基金+农户"、"抵押+保险+农户"、"合作社+金融机构+农户联保"等贷款方式加大对家庭农场、专业大户、农民合作社、产业化龙头企业等的支持力度,进一步满足新型农业经营主体信贷资金需求。

加大农村支付体系建设力度,努力改善周边农村支付结算环境。一是探索渠道建设新模式。结合州内地广人稀和农村地区金融服务空白点多的实际,探索出"助农取款服务点+社保IC卡+转账电话或移动PO省道"的金融服务新模式,实现社保缴费方式由现金交易向网络结算的历史巨变。二是加大助农取款点的扩面提质,使全州助农取款

服务点的使用率得到明显提高。

金融支持脱贫攻坚有力。全州金融精准扶贫贷款余额145.21亿元，居全省第一位，增长25.56%，较各项贷款增速高6.94个百分点。其中，个人精准扶贫贷款余额15.88亿元，增长106.23%；1.86万户建档立卡贫困户直接获得基准利率贷款3.95亿元，增长126.67%；向对建档立卡贫困户具有帮扶带动作用的个人发放贷款2.48亿元，带动2.63万名建档立卡贫困人口增收；单位精准扶贫贷款余额129.33亿元，增长19.81%，带动5.6万名建档立卡贫困人口受益；新型农业经营主体贷款余额2.43亿元，增长2.24倍。

【名优特新农产品】 雪域俄色牌俄色茶。生产企业为炉霍雪域俄色有限责任公司，2017年3月获得"第十二届四川名牌产品"称号。公司主要从事雪域俄色种苗培育、原材料种植和雪域俄色系列产品开发与销售。自主研发上市了雪域俄色绿茶、雪域俄色——霍尔古藏茶等高、中、低档在内的2个系列四大品牌、13种产品，年生产能力达50余吨，实现年产值达2500万元，有俄色种源繁育基地380亩、采茶基地20208.2亩、野生采茶基地8000余亩、有机采茶基地6000亩。公司已经通过QS认证；注册了"雪域俄色"牌商标；通过了ISO9001:2008国际质量体系认证；通过了国家有机茶认证；炉霍雪域俄色茶通过了国家地理标志产品认证。

桑吉卓玛牌52%VOL桑吉卓玛青稞酒。生产企业为泸定县桑吉卓玛青稞酒业有限责任公司，2017年3月获得"第十二届四川名牌产品"称号。该公司是甘孜州唯一具有青稞白酒生产许可证企业，年产青稞酒5000吨。

大锅庄牌风干牦牛肉。生产企业为康定青藏谷地农牧业生物科技有限公司，2017年3月获得"第十二届四川名牌产品"称号。注册商标"大锅庄"。公司专业从事野生菌、牦牛、藏香猪、青稞等青藏高原特色农（牧）业资源的科研、开发、加工、销售。有生产基地6700平方米、生产车间7000平方米，牦牛肉、藏香猪加工生产线年加工产品2000吨。公司已经通过国家"质量与安全"QS认证、HACCP食品安全管理体系认证、ISO9001:2000质量管理体系认证。

【重点乡（镇）选介】 杵坭乡。位于泸定县城南，大渡河西岸，东与冷碛镇、兴隆镇隔河相望，南与德威乡相邻，距泸定县城19千米，距冰川海螺沟40千米。全乡辖区面积49.23平方千米，海拔1310米，年平均气温15.5℃，年降水量670毫米，无霜期280天，属于干热河谷地带。全乡总户数为1099户，总人口3264人。2011年5月，泸定县杵坭乡被中国果蔬产业品牌论坛组委会评为"中国红樱桃之乡"。2017年，全乡GDP3241.07万元，增长7%。农民年人均可支配收入达11200元，增长3.7%。

全乡加快推进项目实施，投资107万元实施杵坭村、松林村、金华村、瓦斯营盘4个幸福美丽新村建设项目，安装太阳能路灯70盏、旅游标识标牌20个、太阳能杀虫灯20盏、太阳能热水器96台，在建生态停车场1个、150平方米；投资150万元硬化邓油房扯蓑沟通组路5千米；投资17.4万元改（扩）建乡便民服务中心112平方米，完善7个行政村便民服务代办点；投资100万元建设瓦斯营盘村产业路10千米，投资15万元实施瓦斯营盘村下松林组安全饮水工程，投资3万元实施瓦斯营盘村垃圾处理项目，投资10万元实施瓦斯营盘村基层政权规范化建设项目，实施瓦斯营盘村108户、邓油房村91户"五改三建"，完成邓油房村、杵坭村农网改造工程。推进山水田林路综合治理和农村环境集中连片综合整治，全面实施扶贫解困、产业提升、旧村改造、环境整治、文化传承"五大行动"，完成40户藏区新居建设，建成杵坭村、松林村、金华村3个幸福美丽新村。

全乡主打"红色"名片，立足"绿色"资源，依托"中国红樱桃核心产地"资源，全力打造"赏花品果、修身养性到杵坭"的乡村旅游新品牌，农旅结合模式已初步成型，全乡农家乐注册34家。完成杵坭村、金鸡坝村乡村旅游规划编制，实施"山歌文化保护工程"项目，制作山歌MV、建立山歌博物馆、购买乐器以及民族服饰，杵坭旅游综合服务基础设施项目有序推进，举办第七届乡村旅游·红樱桃节，开展了厨艺比赛、文艺汇演、乐器大赛等系列活动；举办了第二届乡村旅游·彩桃节，拉动旅游消费，带动杵坭乡经济发展。全年接待游客6万人次，旅游收入超过600万元。率先开展"五星级文明户"创评工作，金华村入选省级"四好村"；邓油房村获评为四川省2017年度"文化扶贫示范村"。杵坭乡入选全省首批32个省级"森林小镇"。

【主要领导人】 州委书记：刘成鸣；州人大常委会主任：李康；州长：肖有才；州政协主席：向秋；分管农业副州长：何康林。

甘孜藏族自治州编写组

康定市

【基本情况】 2017年，康定市辖14乡5镇2个街道，辖区面积1.15万平方千米，其中耕地面积11.35万亩，比上年减少0.04%，人均耕地面积0.8亩；基本农田7.19万亩。年末总人口11.0673万人（户籍人口），减少0.7%；人口自然增长率4.5‰，减少0.76个千分点。有林业用地47.66万公顷，有林地面积34.16万公顷，活立木总蓄积量3637万立方米，森林覆盖率28.6%。

2017年，全市GDP69.77亿元，增长15.1%，其中第一产业增加值5.11亿元，增长4.8%，农、林、牧、渔及农林牧渔服务业之比为52.4:2.4:43.6:0.1:1.5；第二产业增加值36.31亿元，增长26.7%（工业产值增加值24.52亿元，增长9.9%）；第三产业增加值28.3亿元，增长11.3%。三次产业对经济增长的贡献率分别为1.7%、81.5%和16.9%。有从业人员18052人。全年接待游客321.7388万人，实现旅游收入328440万元，其中乡村旅游收入6900万元。

公路通车里程2210千米（其中乡村公路1612千米），密度19.05米/平方千米，170千米/万人。社会消费品零售总额20.85亿元，增长11%。地方公共财政预算总收入完成3.68亿元，减少32.9%；公共财政预算总支出20.46亿元，减少1%。金融机构各项存款余额234.36亿元，比上年初增长5.82%；各项贷款余额154.48亿元，比年初增长17.21%。

有各类学校94所，在校学生35155人，教职工2936人，其中普通高校1所，在校本（专）科学生9583人，增长2.67%；普通中学6所，在校学生9505人；小学25所，在校学生8185人；学龄儿童入学率100%。有艺术表演团体24个，文化馆1个，公共图书馆1个。有卫生机构307个，病床位1577张，卫生技术人员1537人。城乡居民医疗保险参保人数86361人，参保率97%；城乡居民养老保险参保人数34671人，参保率95%；被征地农民养老保险参保人数303人，占总数的100%。

【年度农业和农村经济运行】 2017年，康定市实现农业总产值7.02亿元，增长4.7%；农业增加值2.8亿元，增长17.9%。农村居民年人均可支配收入达12052元，增长10.8%。全市农产品质量抽检合格率比年初提高0.5个百分点。

2017年康定市主要农产品产量

主要农产品	单位	产量	同比(%)
粮食	吨	21602	-2.7
小麦	吨	1662	-0.17
玉米	吨	5572	-1.61
马铃薯	吨	3983	-20.04
油菜籽	吨	99	0
蔬菜	吨	5003	56.25
水果	吨	2443	13.52
肉类	吨	4800	-1
猪肉	吨	954	2.65
牛肉	吨	3703	-0.5
羊肉	吨	129	-5.1
禽肉	吨	14	-7.2
禽蛋	吨	10	25
水产品	吨	31	0
牛奶	吨	5423	5.46

农用地产权制度改革。全市农村土地承包经营权确权登记工作以颁证为重点，一是通过农业部质检软件检查，总体评分95分。二是再次复核，签订承包合同。再次打印了登记表在折东片区开展复核工作，暴露出历史纠纷3件。第一批土地承包合同即将打印完成，通过签订承包合同再一次核实内、外业数据进行查漏补缺，减少和避免误差；妥善处理历史遗留问题，确保应该确权土地全部确权颁证。三是完成确权前期档案整理。2017年已完成前期确权档案整理约1200卷。加快推进农村土地确权登记工作，实现所有权、承包权、经营权三权分设，为农村土地规范有序流转、开展适度规模经营和发展现代农业做好准备。全市土地流转面积5742亩，占全市耕地面积的4%，其中转包305亩、转让224亩、互换12亩、出租5201亩。流转30亩以上的均签订了书面合同，共计1843份、5506亩。

农产品品牌战略实施。全年组织开展“放心农资下乡”和食品安全宣传活动6场次，发放宣传资料900余份，接受群众咨询700人次。已完成2个农产品(康定芫根、康定红皮萝卜)地理标志证明商标的申报工作，获得工商总局颁发的证明商标。

【种植业】 2017年，康定市完成农作物播种面积128969亩，各类粮食作物播种面积98038亩，减少3962亩；产量21602吨，减少603吨。蔬菜播种完成25002亩，增加9002亩。大力推广农作物良种良法，完成良种推广面积96084亩，良种覆盖率达94.5%。全市完成春播农作物面积120260亩，完成大春粮食应播面积的100%；完成粮食作物播种面积96050亩，其中青稞播种面积36943亩、小麦播种面积8544亩、玉米播种面积22693亩、马铃薯播种面积16939亩、豆类面积10822亩(二季豆452亩、豌豆5511亩、胡豆665亩、大豆1001亩、雪山大豆3193亩)，其他杂粮播种面积109亩，其他蔬菜播种面积24210亩。全年建设特色农业产业基地6.98万亩，完成特色农业产业基地69910亩，完成目标任务的100.2%，其中水果26200亩、蔬菜25000亩、黑青稞10000亩、中药材5410亩、食用菌3300亩。

【林业】 2017年，康定市巩固退耕还林成果7.9万亩，森林资源有效管护470.63万亩，义务植树42.1万株，林业防沙治沙2.6万亩，建成折西花海10030亩。全年完成30个州级生态村创建工作，创建市级“最美庭院”16个。共聘请管护人员294人，对全市292.41万亩国有林进行常年管护。将全市1782388亩集体公益林森林生态效益补偿按每亩14.75元标准，兑现补偿金额26383271元，其中中央资金25243486元、省级资金10146737元、市局级资金93038元，100%兑现到林权所有者，圆满完成全年补偿资金兑现任务，让农牧民群众充分感受到了国家惠民政策带来的实惠，提高了广大农牧民管护森林资源的积极性。完成了新一轮退耕还林补造补植工作，共计兑现上一轮退耕还林面积2.4万亩，按照州财政局资金下拨计划，全市兑现粮改现资金324万元、退耕还林生活补助费48万元，共计372万元。治理沙化土地214.17公顷，其中治理露沙地209.67公顷，治理固定沙地4.5公顷，总投资257万元。扎实抓好生态建设扶贫工作，完成集体公益林管护责任书、承诺书和管护合同书的签订工作，兑现集体公益林森林生态效益补偿资金26383271元；开展生态管护员巡护培训工作，在全市范围内为贫困户提供公益性岗位337个，岗位工资标准为每人每月500元，并为岗位人员购买人身意外险100元，共计2055700元，资金已按月兑现。同时向贫困村发放核桃种苗4.29万株、花椒种苗2.59万株，受益户数227户、受益人口758人。

【畜牧业】 2017，康定市完成常规免疫91万头(只)次，完成重大动物疫病免疫117.6万头(只)次。牲畜口蹄疫免疫58万毫升(头份)，其中牛(羊)口蹄疫免疫36万毫升，猪口蹄疫免疫22万头份。牛(羊)免疫135.5万头(只)次，免疫密度100%；猪免疫61万头(只)次，免疫密度100%；鸡免疫12万羽份。其中，猪免疫高致病性猪蓝耳病18万毫升，免疫密度100%；猪瘟脾淋苗10万头份，免疫密度100%，猪O型口蹄疫合成肽疫苗22万头份，免疫密度100%；猪瘟耐热保护剂疫苗11万头份，免疫密度100%。鸡免疫“禽+新二联苗”10万羽份，免疫密度100%；重组禽流感2万羽份，免疫密度100%。牛(羊)免疫口蹄疫O型三价灭活疫苗36万毫升，免疫密度100%；包虫病基因工程8.5万头份，免疫密度100%；小反刍兽疫活疫苗2万头份，免疫密度100%；牛多杀70万毫升，免疫密度100%；牛羊炭疽13万毫升，免疫密度100%；牛副伤寒2万毫升，免疫密度100%；羊三联4万毫升，免疫密度100%。其他免疫为狂犬病0.4万只份；吡喹酮13.56万片，发放消毒液550千克，全县补免合计3.8万头(只、羽)次。动物流行病学调查和实验室监测。对全市21个行政村的规模养殖场和散养户开展了高致病性禽流感集中监测，检测血清学样品和病原学样品各2280份；对2760头奶牛布病和结核病进行监测，未检测出布病。在全市21个行政村开展了高致病性禽流感集中监测，检测血清学样品和病原学样品各710份；对300头奶牛布病和结核病进行监测，没有检测出阳性奶牛布病。

动物卫生监督。全市严禁无免疫标识、无规定检疫证明的畜禽进入流通领域和屠宰场，制定了检疫制度、报检程序、报检电话、收费标准、上岗检疫员名单等。全年共检疫生猪280头、鸡330只、牛112头。全市有生猪定点屠宰场和屠宰厂4家，全部派驻驻场检疫员实行24小时轮班制实施同步检疫。严把检疫关，并落实屠宰检疫制度，无标识和检疫证明的生猪一律不准入场屠宰。对检出的染疫动物和动物产品按规定进行无害化处理，有效杜绝检疫不合格的动物和动物产品出场上市。定期对屠宰场屠宰设备、污水排出、污物处理和各种检疫监督制度建立情况进行检查，有效地促进了屠宰检疫工作的进行。全年屠宰场共进场生猪30355头，检疫合格胴体30355具，其中无害化处理生猪90头，消毒车辆1200辆次。

养殖监督和瘦肉精监测。全年检查养殖场10次，规范了养殖档

案、免疫记录、养殖环境卫生，签订了动物卫生责任书；不定时到规模养殖场、生猪定点屠宰场、兽药和饲料门市开展瘦肉精监测。检测盐酸克伦特罗、莱克多巴胺、沙丁胺醇875份，未发现阳性样品。

兽药饲料专项整治。签订了《畜产品质量安全承诺书》《未使用瘦肉精保证书》《兽药饲料经营规范告知书》。发放《动物防疫条件审核管理办法》《兽药饲料经营许可条列》等宣传资料20余份。全市有兽药经营户1户，并通过了GSP认证。

电子出证。全市在姑咱产地、炉城产地、裕丰肉业有限责任公司、姑咱镇牲畜定点屠宰场、新都桥镇郭芝琼牲畜定点屠宰厂、沙德牲畜定点屠宰厂6个点开展了电子出证工作。

动物卫生监督信息和检疫证章票据的发放与审核。严格《动物防疫条件合格证》发放，全年办理和年检《动物防疫条件合格证》22份。

执法监督工作。全年深入辖区21个乡（镇）、5个集贸市场、4个生猪屠宰场，对各大养殖户进行监督检查，对各大农贸市场的督查每月平均达8次以上，共出动检疫人员50人次。

畜种改良及畜禽新品种新技术推广。按照上级主管部门的安排部署，开展了牦牛、藏猪本品种选育和牦牛、黄牛、山羊、生猪杂交改良工作。全年完成牦牛改良305头、黄牛改良1513头、山羊改良5009只、生猪杂交改良10012头，牦牛本品种选育519头、藏猪本品种选育3006头。全年引进与推广九龙牦牛60头、南江黄羊187只。

生猪标准化养殖。已完成藏猪规模养殖小区建设项目和牦牛规模养殖小区建设项目，主要畜禽适度规模养殖面提高2%。

草原监理。2017年上半年发生草原火灾1起，违反草原防火法律规章案件1起，已结案。开展了“增强保护草原意识 维护生态和谐发展”草原普法主题宣传活动，宣传了《中华人民共和国草原法》《农业部草原征占用审核审批管理办法》《四川省草原管理条例》《甘孜州草原管理条例实施细则》等相关法律法规，发放宣传资料18000份，发送手机短信1050条，出动宣传车24台次，张贴宣传横幅35条、普法宣传挂图100张，张贴标语85张。全市基本草原划定面积786.9813万亩，其中放牧场627.3311万亩、割草地7.034万亩、人工草地15.5万亩、改良草地133.5078万亩，具有特殊作用的草地3.6084万亩，基本草原划定面积达到草地总面积的81.8%，达到了国家规定的标准。

草原监督执法。征用草原和临时占用草原工作按照《甘孜州草原管理条例实施细则》《草原征占用审核审批管理办法》规范征用和临时使用草原审核审批程序，定期或不定期开展排查工作。禁休牧和草畜平衡工作，将禁牧和草畜平衡工作纳入各乡（镇）目标管理，层层签订责任书，年度考核实行一票否决制。草原监理工作坚持“实事求是，依法处理，限期解决，有利稳定”工作准则。上半年，接待草场纠纷案件1起，已结案；非法采挖虫蛹案1起，受理工作顺利开展。野生植物采集管理工作，各乡（镇）草管员在重点通道设置临时检查站，打击非法采集收购草原野生植物和破坏草原的违法行为。严格草原临时征占用审批制度，做好草原临时征占用后的草原植被恢复工作，催促“金宝路”缴纳征占用草原恢复费。

草原建设工作。全年完成草原禁畜113万亩、草畜平衡607万亩，发放草补资金2365万元，修建暖棚205个17500平方米、牲畜多功能圈5个，建草产品加工试验试点1个，人工种草2000亩，天然草地改良20000亩。完成草原资源与生态监测样方的监测163个。成立了草原生态保护补助奖励机制政策工作组，对工作人员进行了内业和外业分工。安排专人对草原生态保护补助奖励机制政策市级档案进行了规范整理，要求各乡（镇）对草原生态保护补助奖励机制政策档案专档专柜管理。

【水产业】 2017年，康定市积极开展禁渔工作，切实保护渔业资源。在春季禁渔工作中，利用电视媒体和报刊等方式广泛宣传，张贴《禁渔通告》6份，对城区的大酒店、市场，折西片区的餐馆进行了执法检查，发放宣传资料200余份，出动执法人员30人次（其中公安配合出警8人次）、执法车10台次，受理群众举报3次，及时查处2次，中止违法捕捞行为1次，查处毒鱼事件1起，实现了禁渔期间江中无捕捞作业渔船、船上无渔具、市场餐馆无野生鱼的目标。开展增殖放流活动6次，放流鱼苗72.6万尾。积极落实渔业资源补偿经费，弥补因修建猴子岩电站对大渡河水生生物造成的影响，与国电猴子岩协商，签订渔业资源补偿协议，落实渔业资源补偿经费55万元。全年完成水产品产量35吨。

【统筹城乡与新型城镇化】 2017年，康定市城乡提升战略工作按照做强县城、做优乡（镇）、做美村寨、规划编制、环境整治五大类工作内容，覆盖全市城区及5镇1乡2个街道和国道及北木路沿线43个村，共计实施城乡提升战略项目64项，项目总投资约25.8亿元，年度计划投资约11.5亿元。启动完成城区风貌整体打造、水井子节点打造、城市绿地系统建设，维护新城市政道路、人行道和亮化、绿化等市政基础设施建设项目已完成，建设巷、北二三巷延伸至子耳坡应急避难点城市四态试点打造项目。启动新都桥镇核心区市政道路、管网等基础设施建设项目，新都桥镇旅游基础设施建设项目，金汤镇市政基础设施建设项目，沙德镇市政道路、管网等基础设施建设项目、塔公镇、姑咱镇、瓦泽乡风貌整治工作。国道318线沿线农房风貌改造项目已完成大坪村至折多塘村沿线综合整治及风貌样板改造工程；启动154个村垃圾池建设项目，落实项目资金616万元。

【新村建设】 2017年，康定市建设完成藏区新居365户。投入资金1152万元，实施154个村的生活垃圾收集池建设及垃圾转运设备采购。按照四川省住建厅对农房安全性及脱贫攻坚政策要求，委托具有资质的检测公司对全市790户脱贫户房屋安全性开展鉴定工作。

【农村扶贫和移民工作】 移民安置前期工作。2017年，康定市完成了《雅砻江孟底沟水电站建设征地移民安置规划大纲》审查和《雅砻江孟底沟水电站建设征地移民安置规划设计报告》编制工作和州级审查。

移民过渡搬迁工作。全年完成三级大型水电站移民过渡搬迁626户3091人，其中黄金坪水电站195户939人、长河坝水电站389户1962人、猴子岩水电站42户190人。

移民后扶和惠民工作。完成三合乡大火地新村基础设施配套项目；麦崩乡含泥村基础设施项目、二道水产业扶贫种养殖项目、孔玉寸达花椒种植基地发展项目；孔玉乡俄日村村活动室建设项目已完成，待验收；姑咱镇日地村基础设施项目、金汤农贸市场等项目建设有序推进。完成后扶人口核定1266人，兑现后扶资金60.015万元。甘孜州水电移民惠民补助完成1481名惠民人口复核，兑现惠民资金492.5784万元。核定2018年惠民人口1642人，预测资金653.2844万元，完成年度目标任务的100%。结合黄金坪、长河坝、金平、金元水电站移民安置工作实施中的问题，共梳理规划设计变更事项7项，其中黄金坪、长河坝水电站5项，金平、金元水电站2项。经实施各方同意后，已上报州扶贫和移民工作局申请立项。根据黄金坪水电站建设征收耕（园）地情况，占地不占房生产安置人口共48人，经村集体和占地

户确认,生产安置人口已全部确认到人,并完成生产安置。委托长江工程监理咨询有限公司黄金坪水电站移民综合监理部启动了黄金坪水电站移民后扶规划报告编制工作。根据州扶贫和移民工作局工作安排和要求,制订了《2017年移民干部政策法规培训和移民技术技能培训方案》,6月开展移民干部政策法规培训工作2期,共培训涉水乡(镇)、村移民干部110人次;11月开展移民实用技术和就业技能培训工作3期,共培训移民120人次。

【乡村旅游】 2017年,康定市充分利用过境国省干道和旅游干线大力发展乡村旅游和民居接待,探索创新"支部+协会"和"村民入股、成果共享"等经营管理模式,制定乡村酒店、民居接待服务质量和等级评定等地方行业规范,推动乡村旅游标准化建设、规范化管理、精细化服务。全市有民居接待户680余户,乡村旅游从业人员1万人。创建省级旅游扶贫示范村1个、旅游精品村寨10个、星级乡村酒店14个、特色业态10个、主题酒店5个、民宿达标户15户。

【农村水利】 2017年,康定市共对全市16个贫困村的安全饮水工程进行了提升改造,解决了176户692名建档立卡贫困人口安全饮水问题,项目总投资968万元;对全市7个贫困村的饮水灌溉工程进行建设,共计新增灌溉面积3600亩,项目总投资1054.43万元,其中2017年省级水利发展专项补助资金840万元,其余资金均为投劳折资。

【农业机械化】 2017年,康定市推广大型联合收割机10台,大、中型拖拉机10台(套),微耕机2台,旋耕机2台,圆盘耙2台。完成了三合乡二村太阳能提灌站建设项目工程的设计、勘察,实施方案已上报州局。鱼通乡野坝村新建农机化生产道路4.8千米。认真开展"百日安全生产活动"和拖拉机牌证专项整治行动,抽派人员深入各乡(镇)开展法规宣传,并对农机安全生产工作、运输型拖拉机牌证进行检查。与21个乡(镇)签订《农机安全生产责任书》,并下发《关于开展拖拉机安全生产情况摸底调查工作的通知》,做到农机安全层层有人抓,形成齐抓共管的良好氛围。同时,监理站下乡进行农机安全宣传,通过发放资料、悬挂安全生产警示图片等形式宣传安全生产,为农机安全奠定了良好的基础,下乡期间向广大群众发放各类安全生产知识资料1200余份、《致广大农机手的安全倡议书》450余份,悬挂宣传横幅10余幅。

【农村科技】 2017年,康定市加强农民实用技术培训,提高农民科学种田水平。市农科供局抽调有一定工作经验的农业科技工作人员,邀请省、州专家深入生产第一线进行现场培训和指导,共计开展培训35期,完成农民实用技术培训19200人次,发放挂图、技术手册、宣传单等技术资料2万余份。同时根据农民群众的需求,制定出不同时期、不同生产季节的培训服务计划,逐步形成农民需求,适时培训指导的良性服务机制。落实农技土肥植保技术措施。玉米地膜覆盖栽培10000亩,蔬菜地膜覆盖栽培2000亩,地膜覆盖率达95%以上。完成绿色植保防控5000亩、测土配方施肥40000亩、机耕70000亩、机播31000亩。

深化科技扶贫,加强科技贫困示范村(户)的项目申报,促进贫困村经济发展,提高贫困户家庭经济收入。认真贯彻落实省、州、县扶贫开发会议精神,按照扶贫对象精准、扶贫项目精准、资金使用精准、扶贫措施精准、驻村帮扶精准、脱贫成效精准"六个精准"要求,以公平公开的形式组织企事业单位和专合社申报科技计划项目和科技扶贫项目。2017年,申报通过的科技扶贫项目4项、科技计划项目2项、专利促进与实施项目3项,下达资金370万元。

抓宣传、办培训,切实提高知识产权保护意识。一是积极组织开展知识产权保护培训1期、60余人次,二是开展"科技之春""科普宣传月""科技活动周"等集中宣传活动3次,免费发放创新创业、食品安全、健康卫生、环境保护、公共安全、防震减灾、地灾避险、森林(草原)防火、科学防汛、安全等科普知识读本、手册、环保袋、围裙等资料5000余本(册、个),科普咨询达300余人次,参与群众达4000余人次。三是做好知识产权执法维权,与多部门共同开展集中宣传活动,向过往群众发放《知识产权法》《国务院知识产权发展纲要》等法律法规,并就如何申报专利、识辨假冒商标和伪劣产品、拒绝盗版等发放知识产权读本、手册、画册、漫画等各类宣传资料。

聚重点、求突破,加快推动科技扶贫平台。一是依靠科技服务体系项目建设,加快推进科技扶贫相关政策措施,以康定市贫困村脱贫致富为目的,组织开展驻村农技员、"第一书记"、产业示范基地负责人及村"两委"的培训。已组织培训2期、150余人次。二是开展2017年科技扶贫在线平台建设项目申报及向科技厅申请开通"四川科技扶贫在线"康定市运管中心等工作。三是完善科技扶贫在线平台建设内业资料,完成示范村、示范户、专家员、信息员、分诊员等信息数据录入。

【农村教育】 以脱贫攻坚为契机,推动教育均衡发展。2017年,康定市加大控辍保学工作力度,确保适龄儿童不因贫辍学。全面兑现民族地区十五年免费教育计划,大力实施免费学前教育计划,落实义务教育阶段"三免一补"、公办入园幼儿"一免一补"等各项教育发展政策和惠民政策,累计兑现各类民生资金2723.8万元。全力抓好体育惠民工程,在促进全市体育事业健康快速发展的基础上,投入100万元完成20个贫困村体育场地、活动设施设备的建设、配备和完善。认真谋划学前教育,乡村学前教育有序推进。制定学前教育发展三年规划,全面完成改建和新建学前教育幼儿园15个;完善幼儿园设备设施;公开考试招聘学前教育双语辅导员389人,且已正常行课。学前教育覆盖全市200个行政村,学前教育覆盖率达85.47%。装备远程网络教学设备,"班班通"设备实现全覆盖。

以正风肃纪为保障,营造风清气正的教育环境。一是坚持依法治教,树教育良好行风。严格查处乱收费、乱招生、乱办班、乱补课等违纪违规行为,树立和维护良好的教育形象。二是强化品牌建设,打造教育名片。以建设"藏区一流教育强市"为目标,按照"抓亮点,聚特色"的方向,围绕"深化城区教育、扩大寄宿教育、提升双语教育、打造精品学校"的发展思路,以城区学校为引领,做实做细义务教育;以片区寄宿制学校为龙头,做大做强寄宿教育;以一类模式为主体,做好做优双语教育;以"6+3""3+3"精品学校为载体,推进小幼一体化教育。三是强化责任意识,确保安全稳定。强化各学校维护安全稳定的领导责任体系、突发事件应急处置和责任追究机制,建立反应灵敏、工作严谨、保障有力的安全稳定工作网络。坚持把安全稳定作为"一把手"工程,着力推进平安校园建设和周边环境综合治理,深入开展法制、交通、卫生等安全教育,认真排查和整改消防、食品卫生、传染疾病、校舍安全等方面的薄弱环节。

以提高教育质量为核心,促进教育全面发展。一是抓督导,提质量。有效管理与指导学校教导处、教研组、教师的备课、课堂教学、课后辅导、作业批改、检测等内容,不定期开展小学植入式教学,中学录播式教学,中小学(云班)教学督导。定期或不定期深入学校开展教学教研常规工作的调研、督查,指导学校进一步有效落实教学教研常规工作。二是抓课堂,促高效。以"聚焦课堂、有效课堂、关注课堂、提升

质量"为目标，全面落实"校长研习课堂、研训员打磨课堂、教师扎根课堂、学生乐在课堂"各项措施，大力开展"五课"活动，提高教育教学质量。全年兑现州、市教育教学质量奖90余万元。三是抓教研，重指导。加强"校际教研"活动，充分发挥示范校和骨干教师示范引领作用。四是抓体卫艺，促发展。按照"健康第一"的要求，认真贯彻学校体育、卫生、艺术相关条例，保证健康课、音体美课开齐、开足、开好，保证学生每天参加1小时体育锻炼，并以活动为载体，组织开展丰富多彩的艺体竞赛活动，形成特色。

【农村文化】 2017年，康定市以折多山分域的两种文化流别为入手点，以旅游经济为依托，把握地区民族文化内涵，吸纳农村闲散劳动力，发展有地区特色的文化创意项目，促进民族文化手工艺发展，在挖掘保护传承民间文化资源的同时，发展乡村文化创意产业，助推乡村文化振兴，带动乡村旅游发展。在举办特色节庆活动、"送文化下乡"中，表演木雅藏戏、鱼通锅庄等民间艺术和民俗项目，着力营造良好的非遗保护传承氛围，培育乡村特色文化活动品牌。组织舞狮、腰鼓等文艺演出发展乡村演艺团体，促进农牧民增收。通过广泛开展群众性文化活动，推动传统艺术"传下去、活起来"，成为农村文化的重要文化内容。在传承优秀传统文化的同时，极大地丰富了乡村百姓的精神文化生活。全市共组建服务基层文艺演出团队24支、藏戏团1支、川剧团1支、城区中老年协会文艺队7支。

【农村卫生】 2017年，康定市有村卫生室209个，计生专干258人，村医229人，其中合格村医117人；有贫困村59个，配备合格村医41人，已完成达标认定。村卫生室已配备基本的设施设备及常用药品。各乡（镇）卫生院负责村医管理及业务指导工作。按照深化医药卫生体制改革"保基本、强基层、建机制"的要求，明确乡村医生职责，科学规划和建设村卫生室，合理配置乡村医生，改善农村医疗卫生服务条件，力争到2020年实现村卫生室和乡村医生全覆盖。

【农村法制建设】 2017年，康定市认真组织实施第七个五年法制宣传教育规划，深入推进"法律七进"工作，确保在重点层面的宣传教育上有所突破。推进"法律进社区（村）"，切实加强对农民的法制宣传教育；开展"专项整治法宣先行"活动，采取"院坝法治讲堂""街头法治宣传"等方式，培养和增强群众的法治意识。全年共开展法治宣传25场次；举办"法律明白人"、法律骨干专题培训班2期，参加培训人数达80余人次；组织律师、法律服务工作者、司法助理员与村（社区）签订了法律顾问合同；发放各类普法宣传资料3000余份、法律书籍6000余册，解答群众法律咨询600余人次。

按照"调防结合，以防为主"的工作方针，积极指导全市各级调解组织开展矛盾纠纷排查调处工作。一是健全了矛盾纠纷排查化解机制。按照加强矛盾纠纷源头排查化解的工作要求，指导各司法所健全了定期排查与重点排查相结合的工作机制，各司法所每月对辖区内的矛盾纠纷进行一次全面的排查，村、社区调委会每半月进行1次排查，排查化解情况及时登记、上报，形成排查台账。二是深入开展矛盾纠纷排查化解专项活动。1—3月，开展了针对项目建设涉及的重大群体性纠纷以及可能引发"民转刑"的民间纠纷等五类纠纷的排查化解活动，各司法所按照工作部署，及时有效地排查隐患，化解纠纷。4—10月，开展了春耕大忙、虫草松茸采挖季节、中秋、国庆及党的十九大期间矛盾纠纷大排查、大化解专项活动。充分发挥人民调解员作用，成功调解案件达150件，有效预防和化解了矛盾纠纷。

始终坚持把法律援助作为党委、政府关心弱势群体、维护社会和谐稳定的民心工程、阳光工程、实事工程。全面履行法律援助职能，积极开展法律援助工作，努力为弱势群体提供高效的法律服务，切实维护了弱势群体的合法权益。一是为更好地畅通法律援助申请渠道，方便人民群众来访，在金汤镇完成规范化法律援助工作站建设，配齐了相关设施设备。二是做好来访咨询和法律服务热线群众的解答工作。对所有来人、来电咨询做到仔细倾听、耐心解答、详细记录，若对电话咨询有疑问者告知其携带相关资料到中心再次答疑解惑。三是加大办理法律援助案件的力度，不断满足贫弱群众的法律援助需求。为加强民生工程的服务，向广大群众提供优质、高效法律服务工作的实施精神，采取积极措施，把工作的重心和落脚点放在多办、办好法律援助案件上，在保证刑事指定辩护案件办理的基础上，加大了民工工资纠纷、劳动纠纷、未成年人纠纷及非诉讼法律援助案件的承办力度。四是落实法律援助与人民调解衔接工作。为及时化解民间矛盾纠纷，切实维护贫困群众的合法权益，法律援助中心建立法律援助与人民调解相衔接新机制，以法律援助为主导，调动和发挥基层司法所和法律援助站的力量，将法律援助工作渗透到基层，同人民调解工作有机融合，充分发挥人民调解的优势，不断丰富法律援助在化解矛盾纠纷、维护社会稳定中的作用。五是开展农民工讨薪专项法律援助活动，通过开辟绿色通道，延伸服务触角，搭建电话、网络服务平台等多种方式，为农民工提供方便快捷的法律援助服务，共向农民工开展法律援助咨询29人次，代写法律援助文书6件次。全年共提供法律援助481人次，包括受理法律援助案件15件30人次（其中受理刑事案件5件次、民事案件10件次），解答法律咨询、代写法律文书451件次，完成全年目标任务的133.61%。

【农村交通】 2017年，康定市结合精准脱贫"摘帽"和农村公路三年攻坚目标任务计划及创建四川省"四好农村路"示范县的要求，安排实施农村公路建设项目53个，其中村通畅项目30个村、208千米，乡通畅工程1个、55千米（白马桥至吉居乡通乡公路），覆盖普沙绒乡长草坪村、宋玉村、采玉村通畅工程。新建、维修桥梁9座、188延米，延伸线项目11个，里程25.723千米。完成通村通畅工程路基207千米、路面170千米，完成投资1.7亿元；新建维修桥梁工程完成所有下部结构，完成投资701.533万元；白马桥至吉居乡通乡公路建设项目，完成路基55千米、路面45千米，累计完成投资1.5亿元；甲根坝至贡嘎山乡联网公路工程，完成投资8000万元，完成路基10千米；已完成建设村级招呼站83个，完成投资166万元，。

退出贫困村通村硬化路建设情况。康定市2017年退出贫困村18个，退出贫困村通村硬化路建设在2017年以前实施16个，建设里程56.449千米，投入资金7303.71万元，其中企业实施2个（姑咱镇章古村、舍联乡舍联村），所有工程通过交通运输局及企业验收合格并交付使用；对2017年以前实施项目通过清理，完善建设3个（舍联舍联村、塔公乡鱼子二村及瓦泽乡居里村），建设里程2.28千米，投入资金314.96万元；全年建设退出贫困村通村硬化路项目2个（麦崩乡下火地村、捧塔乡三家寨村），建设里程10.85千米，投入资金1068.45万元。完善鱼子二村建设工程及居里村并通过交通运输局及相关部门验收，已交付使用。下火地村、三家寨村通村硬化路已建设完成。全市全年退出贫困村通村硬化路建设18个村，道路为硬化路（或黑化路），全部通达18个村村民活动室，通村硬化路达标率为100%。

完成安保工程130千米材料采购招投标工作，已完成安保工程40千米的安装任务，完成投资800余万元。

【农村社会保障】 2017年,康定市城乡居民养老保险参保人数34671人,筹集资金607.34万元,增长3.2%;待遇支出2364.16万元,增长11.84%;每月养老金支出197.01万元,增长8.64%。城乡居民医疗保险参保人数86361人,筹集资金5269.58万元,增长12%;待遇支出7553.29万元,增长14%;每月支出629.44万元,增长13%。与州内20家医院、州外359家医院建立了医疗费用联网结算机制。全年共为42575名城乡居民患者办理了医疗费用即时结算,增长21%。

【农村生态建设及环境保护】 2017年,康定市强化宣传,努力提升全市环保意识;组织开展"3·11"全州生态日、"6·5"世界环境日等一系列法制宣传教育活动。严把项目环境准入关,严格按照环境影响评价制度和环保"三同时"制度实施工作。加大对危险废物的监管力度,完成康定馨梦家具有限责任公司等10家企业挥发性有机污染物统计,及时填报"四川省大气挥发性有机物排放调查系统";加强生态环境监测,为国家重点生态功能区县域环境质量考核提供科学依据。

积极开展州级生态村创建工作,全年完成30个州级生态村创建工作,创建市级"最美庭院"16个。重拳整治环保督察反馈问题。安排专人配合省环保督察工作,省环保督察反馈问题14个,已办结销号12个,加紧整改2个。

开展集中式饮用水源保护区管理专项行动。一是加强饮用水水源地环境监管,建立了饮用水源保护区巡查台账,坚持定期对饮用水源环境进行现场检查,在汛期和枯水期加大巡查频次;二是定期对乡(镇)饮用水源进行监测;三是对饮用水源周边进行全面清理,及时清理周边垃圾,确保饮用水源安全。

【农产品质量安全监管】 2017年,康定市开展农贸市场、中大型商场、超市食用农产品检测控制工作,不定期对农贸市场和商场、超市食用农产品进行抽检。委托检验机构抽检蔬菜、水果类农产品130批次,自行开展快速检测68批次,合格率100%,其中农贸市场抽检100批次,合格率100%;商超抽检30批次、快检抽检15批次,合格率100%。同时,配合四川省食品药品检验检测院对果蔬类食用农产品农、兽药残留物开展监督抽检60批次。

全市加强综合执法力度,确保农产品质量安全。春耕期间整顿农资市场,检查农资销售户7户,检查肥料20种,未发现问题产品。发放宣传资料100份,培训经营人员12人。强化生产源头的安全监督检查,对无公害蔬菜生产基地实行重点监控,并实施监管指导记录、农业投入品使用记录、生产过程记录制度;加大联合监督检查力度,配合市食品安委会组织的联合监督检查活动,对果蔬批发市场,各大中超市、农贸商场的各类食用农产品进行检查和抽检;在春耕、备耕期间,组织力量开展农业投入品的监督检查和抽检工作,共组织开展执法检查4次。认真开展日常例行检测,全年共完成农产品抽检样品1600余个,检测品种达30余种,抽检合格率达98.5%。

开展创建省级农产品质量安全监管示范县项目。建立完善各类制度。发放"明白卡"和技术操作手册1000份,种养殖技术规程上墙20个,各类制度上墙50个。开展"放心农资下乡"活动。活动期间共出动农资监管和科技人员130人次,出动农业行政执法人员54人次,发放"明白卡"等宣传材料6000份;举办现场咨询3场次,接待咨询群众500人次,检查农资经营户9户,责令整改3家。发放"放心农资"10.2吨,其中地膜6吨、种子3吨、农药1.2吨。为20个乡(镇)站购置20台快速检测设备,已全部发放到位,并进行使用培训2次。采购追溯系统并在5家合作社和农业企业安装使用。

【主要领导人】 市委书记:邓立军;市人大常委会主任:訾正勇;市长:甲么;市政协主席:罗秀珍;分管农业副市长:沙康林。

康定市编写组

泸 定 县

【基本情况】 2017年,泸定县辖7镇5乡,辖区面积2165.35平方千米。

【大力建设生态宜居的乡村】 2017年,泸定县围绕"业兴、家富、人和、村美"目标和"弄干净、搞整齐"的要求,制定乡村环境整治实施细则,纵深开展乡村整理行动,实施改厨、改厕、改客房、整理院落"三改一整"工程,加快廉租房、棚户区改造消存工作,推进农村C级危房改造,提升乡村宜居环境;开展"厕所革命",扎实开展农村污水和生活垃圾治理,全力做好旅游厕所革命示范工程,国、省道沿线旅游综合服务区(站、点)建设。突出"建管治"相结合,完成县域旅游总体规划修编,着力打造一批"风情小镇",完成冷碛、兴隆、烹坝、得妥4个镇小城镇规划修编,积极争取冷碛特色小镇建设项目落地,完成冷碛镇重点乡镇基础设施项目建设。

【大力建设乡风文明的乡村】 2017年,泸定县健全自治、法治、德治相结合的乡村治理体系,持续开展村(居)民文明素养提升专项行动,制定完善村规民约,大力开展典型培树,促进形成"当守法公民、护社会良序、做道德模范"的好风尚;加强乡村治理模式创新,推广建立农村社区6个;修订完善《城乡农户自建房指导导则》,严格执行"双审双控",规范农村建房秩序;在20个村建设"雪亮工程"二期。积极开展城镇低效用地再开发工作,细化城镇低效用地认证标准,妥善解决闲置土地、不符合土地利用总规的历史遗留建设问题。

【大力建设美丽富裕的乡村】 2017年,泸定县深入推进农业供给侧结构性改革,落实承包地"三权分置"、农村集体股权改革、第二轮土地承包到期后再延长30年等政策;全面推进新村建设"五大行动",深入推进"四好村"创建,力争建成20个幸福美丽新村以及25个县级"四好村"、28个州级"四好村"、17个省级"四好村",幸福美丽新村覆盖率达58%以上。落实公益类岗位500个,开发公益性岗位50个,实施农民实用技术培训2.6万人次,新型职业农民培训100人次,实现农村劳动力转移就业960人。培育和完善集体经济组织,支持通过盘活资产资源、兴办实体经济、承接涉农项目、与新型经营主体联合协作等方式,多渠道壮大集体经济。

【全力推动城镇化建设】 2017年,泸定县以人的城镇化为核心,以提高质量为关键,坚持走以人为本、四化同步、优化布局、生态文明、文化传承的新型城镇化建设之路,确保到2017年年底实现城镇化率达43.8%。

着力加快新城建设。将四川民族学院新校区建设作为年度新城建设首要任务,辐射带动新城增值效益。引进社会资本参与新城城市基础设施开发建设,尽快完成协议签订;完善大坝教育园区、移民安置点、安心工程等城市化、社区化公共配套设施,完成大坝移民安置房等小区通信网络架设。进一步完善拆迁安置政策,实行县本级财政兜底,做好泸桥、田坝等乡(镇)因新城建设失地农民养老保险有关工作。

着力完善老城功能。完成瑞金路、成武路、丰碑街、红军路、开湘路等城市主干道风貌改造提升及城市绿地系统、城市家居小品建筑、景观文化改造提升项目建设;完成孙家沟立体停车场、康巴大桥停车场、后山生态停车场建设,泸园大桥2月上旬竣工通车;力争启动实施

城区船头、龙吟半岛、大坝段防洪堤工程。探索城镇市政管理考核激励新机制，发挥好城市综合执法局作用，提高城市精细化管理水平；出台《泸定县住宅小区管理办法》，促进小区物业管理规范化、制度化。严格按照“七个凡是、七个一律”，落实“片长+街长”要求，突出“六边、三顶、六线、三面”重点，重拳整治“乱搭乱建、未批先建、批少建多、批东建西”和土地违法交易等乱象。

着力提升城乡基础。继续配合做好川藏铁路雅康段建设相关工作；建成雅康高速泸定互通连接线，加快建设连接线南复线，积极争取并推进落地伞岗坪互通和连接线北线项目；开工建设泸石高速、泸荥路，完成投资1亿元；建成冷碛客运站和加郡、德威联合客运中心5级站；实施农村公路安保20千米，通村通畅公路完善15千米，积极创建省级“四好农村公路”示范县。实施4个贫困村安全饮水巩固提升工程；完成顺河堰水利工程建设并力争完成渠系配套，启动建设兴隆沟、羊儿槽防洪堤工程及长江上游干旱河谷水利生态治理产业脱贫工程。大力实施太阳能光伏提灌项目建设，切实解决产业发展用水问题。新增21个行政村通光纤、通宽带；州、县广播电视节目向“户户通”拓展，年内实现州、县节目100%全覆盖。推进小城镇电网改造升级，有序推进沙桃线延伸110千瓦线路建设，进一步优化城乡电力骨干网络。

【壮大发展旅游产业】 2017年，泸定县继续以“两桥三山一环线”为重点，开发各具特色的旅游资源，加力塑造“红城绿谷、康养泸定”品牌，构建县域经济新框架。把岚安古寨—贡嘎东湖项目列为年度旅游开发重点，完成项目签约并力争形成投资5亿元；全面加快牛背山、化林古寨—娘娘山、二郎山森林公园开发进程；争取海螺镜湖湿地公园获得省级批复；新（改、扩）建综合服务站3个、旅游生态厕所3座。全年接待游客140万人次，实现旅游综合收入13.9亿元。

【优先发展文教体事业】 2017年，泸定县持续推进泸定中学扩容、县四中教学综合楼和二郎山片区寄宿制学校、泸桥镇第二幼儿园等项目建设，建成教师周转房70套；落实“一村一幼”建设规划，完成村级幼儿园改造4所；继续落实十五年免费教育计划，全面落实教育“三包”政策，健全义务教育免试就近入学制度，缓解农村留守儿童和进城务工人员随迁子女教育问题。持续促进群众上好学、就好医等社会民生保障，着力缓解发展不平衡问题。完成“两馆”达标建设；整合闲置中小学校等资源，在2个乡（镇）、2个行政村（社区）统筹建设基层综合性文化服务中心。

【提升卫生计生服务水平】 2017年，泸定县继续推进省级卫生城市创建和县人民医院法人治理结构改革，巩固县级公立医院药品零差率销售机制，完善基本药物制度；继续实行分级诊疗，规范双向转诊，畅通患者转诊通道。完成15个拟脱贫村卫生室提档升级；持续做好包虫病综合防治工作，创建省级艾滋病综合防治示范县。强化全民健康教育，实施县妇计中心改（扩）建、县疾控中心实验室建设。开展基层卫生“四大行动”，提升医疗健康服务水平。

【主要领导人】 县委书记：陈廷全；县人大常委会主任：曾维勇；县长：祝邦文；县政协主席：徐俊；分管农业副县长：王顺苏。

泸定县编写组

丹巴县

【基本情况】 2017年，丹巴县辖15个乡（镇），辖区面积4721平方千米。

【乡村旅游】 2017年，丹巴县接待游客95.02万人次，实现门票收入835.54万元、旅游综合收入95110.2万元。有宾馆（饭店）69家，接待床位3352张。有实际参与旅游民居接待户170余户，床位3700余张，其中符合条件已挂牌的民居接待示范户87户、三星级乡村酒店7家、四星级乡村酒店4家、三星级农家乐1家。有旅游从业人员1700余人，其中宾馆饭店、民居接待人员650余人、景区讲解员41人。

梳理资源，积极吸引投资。全县重新清理全县旅游资源，切实保障全县旅游资源开发有序推进和旅游开发过程中全县利益得到保护。已梳理出党岭、长沙坝服务区、墨尔多山、布科、莫斯卡和牦牛谷等景区存在企业未落实责任情况，各项旅游资源开发无进展，县发改局和县文旅局根据《甘孜州招商引资项目退出管理办法》，拟定《丹巴县人民政府关于旅游资源开发项目清退工作实施方案》，启动退出机制前期准备工作。

基础设施建设。最美景观大道丹巴段旅游公共服务设施项目总投资696万元，完成了银厂沟、座佛山庄、宋达、溪河沟旅游综合服务区、太平桥标志性大门改造；新建巴旺乡聂拉旅游综合服务区、岳扎乡墨尔多寺旅游综合服务区、革什扎乡巴郎藏寨观景台等。丹巴县公路沿线节点打造项目总投资500万元，完成太平桥迎宾门、梭坡乡宋达村、新大桥、嘉绒大桥和索断桥5个节点打造。梭坡乡泽周村旅游基础设施建设项目总投资100万元，完善梭坡乡泽周村旅游基础设施建设，总建筑面积1340平方米，包括步游道、停车场和公厕等。对甲居、中路、梭坡等7个乡、12户建筑风貌完整、接待设施齐备的乡村民居户实施“民居接待示范户”授牌。

旅游资源开发。落实州长在甲居景区调研时提出的3个要求（环境整治、业态提升、管理模式），进行专项部署，其中环境优化和沿途绿化实施工作有序推进，业态提升完成项目包装，景区管理模式已正式形成。启动景区“智慧旅游”建设工作，提升景区管理效率；启动以提高游客体验为中心的景区建设工作，增强游客体验。

标准化建设。全县完成了“四川省乡村旅游强县”创建工作，完成了水子、东谷、巴底3个特色旅游乡镇和中路乡克格依村、聂呷乡甲居一村、巴底乡邛山一村、梭坡乡莫洛村、革什扎乡布科村、东谷乡东谷村6个精品村寨创建工作。创建乡村酒店1家、特色业态经营点2家。

宣传营销。丹巴县于5月12日—13日参加了“圣洁甘孜——美人谷走进厦门”旅游推介会，大力宣传全县“古碉—藏寨—美人谷”旅游品牌。印制了涵盖丹巴县自然、人文、风光的旅游宣传折页2.5万册，用于参加上级主管部门举办的各类旅游宣传活动及县内非遗馆、旅游咨询服务站等点位的宣传工作。县内设置旅游咨询点，开展各类旅游宣传活动。5月19日，举办了主题为“旅游让生活更幸福”的第7个“中国旅游日”宣传活动。全年累计发放旅游宣传资料1.5万份，接受现场咨询2.3万人次。在“五一”“七一”和丹巴县传统佳节期间举办各类文娱活动，丰富游客文娱选择，保障群众从旅游业中得到实惠。10月26日—28日，丹巴县举办了一年一届的嘉绒风情节活动。

【主要领导人】 县委书记：何文才；县人大常委会主任：阿根；县长：王俊；县政协主席：杨朋错；分管农业副县长：谢德刚。

丹巴县编写组

九龙县

【基本情况】 2017年，九龙县辖16乡2镇2个街道，辖区面积6770平

方千米,其中耕地面积5.7万亩,比上年增长0.1%,人均耕地面积0.85亩;基本农田0.334万亩。年末总人口6.7万人(户籍人口),减少1%;人口出生率8.41‰,减少1.55个千分点;人口自然增长率5.69‰,减少1.38个千分点。全县耕地有效灌面和保证灌面分别达到耕地总面积的33.3%和20.7%;本地水资源总量62.46亿立方米,人均占有水资源量94493立方米。有林业用地38万公顷,有林地面积25.5万公顷,活立木总蓄积量5159万立方米,森林覆盖率47.43%。

2017年,全县GDP23.93亿元,增长5%,其中第一产业增加值3.37亿元,增长4.6%,农、林、牧、渔及农林牧渔服务业之比为0.64:0.06:0.29:0:0.01;第二产业增加值15.12亿元,增长5%(工业增加值12.93亿元,增长2.1%);第三产业增加值5.46亿元,增长5.4%。三次产业对经济增长的贡献率分别为12.18%、63.87%和23.85%。乡(镇)中小企业增加值12.9亿元,增长2.1%;从业人员2200人。劳务输出7704人,收入8000万元。全年接待游客63.27万人次,实现旅游收入63000万元,其中乡村旅游收入20000万元。

公路通车里程1256.6千米(其中乡村公路1100千米),密度185米/平方千米,187.6千米/万人。社会消费品零售总额3.13亿元,增长10.6%。地方公共财政预算总收入完成2.03亿元,减少6.7%;公共财政预算总支出1.06亿元,减少6.5%,其中农业投入24076万元,占支出的22.5%。金融机构各项存款余额20.26亿元,比上年初减少1%;各项贷款余额22.63亿元,比年初增长2.3%,其中支持农业产业化发展项目贷款770万元。全年农业保费收入360.7亿元,增长90%;处理各项赔款和给付金额410.5万元,增长105%。完成农业产业化项目1个,完成投资100万元。农业产业化龙头企业国家级、省级、州级、县级分别为1个、6个、2个、50个。

有各类学校57所,在校学生13870人,教职工1169人,其中普通中学4所,在校学生5039人;小学33所,在校学生6671人;学龄儿童入学率99.22%,提高0.3个百分点。有艺术表演团体1个,文化馆1个,公共图书馆1个。有卫生机构86个,病床位252张,卫生技术人员290人。新型农村合作医疗参合人数58200人,参合率86.86%;新型农村社会养老保险参保人数27300人,参保率40.75%;被征地农民养老保险参保人数1165人,占总人数的32%。

【年度农业和农村经济运行】 2017年,九龙县出台了《九龙县加快农业产业发展意见》《九龙县扶持农业产业发展财政奖励办法》《九龙县农业产业发展分险基金管理办法》。实现农业总产值4.48亿元,增长5.99%;农业增加值3.37亿元,增长4.6%。农民年人均可支配收入达12587元,增长10.6%。在粮食、生猪、蔬菜生产中,科技投入的占比或科技贡献率为51%。全县农产品质量抽检合格率比年初提高0.2个百分点;建成18个基层农业综合服务站。

2017年九龙县主要农产品产量

主要农产品	单位	产量	同比(%)
粮食	万吨	1.9634	0.66
水稻	万吨	0.0252	0.8
小麦	万吨	0.1016	0.6
玉米	万吨	1.3268	4.3
马铃薯	万吨	0.4193	−7.61
油菜籽	万吨	0.0299	−13.09
蔬菜	万吨	4.2059	37.62
水果	万吨	0.185	2.78
肉类	万吨	0.35	8.09
猪肉	万吨	0.19	8.56
牛肉	万吨	0.13	8.92
羊肉	万吨	0.02	0.88
禽肉	万吨	0.006	5
禽蛋	万吨	0.006	−4.62
水产品	万吨	0.002	0.5
牛奶	万吨	0.28	2.15

农用地产权制度改革。全县18个乡(镇)61个村基本完成外业调绘任务,涉及承包耕地农户数16706户53759人,登记地块总数48173块;登记面积60637.89亩,外业调绘率达95%以上。矢量化61个村,矢量化面积57845亩;农业承包地流转面积达4877亩,其中规模流转面积4477亩。

农产品品牌战略实施。全县通过实施"圣洁甘孜"品牌战略,以质量求生存、以效益求发展,促进产业和产品提质增效。九龙天乡茶叶"藏红""藏雪""金迷""紫醉"等系列品牌连续多次获得四川国际茶博会金奖,矿泉水、花椒、核桃油等16项产品通过"三品一标"认证,其中九龙牦牛、九龙花椒获得国家地理标志认证;九龙魔芋获得国家农业部绿色食品认证,九龙牦牛肉、生猪、山羊、藏香猪、藏香鸡、核桃、马铃薯、玉米、魔芋、萝卜、辣椒等获得国建农业部无公害农产品认证。

现代农业园区建设。依托牦牛、花椒、核桃、魔芋、茶叶"五朵金花+"农牧业优势资源,遵循农、工、贸、旅"四位一体"产业立体发展理念,在九龙县汤古乡汤古村建立九龙县生态农业深加工园区。该园区已由成都经开区勘测信息工程院完成地勘工作,由县农牧局牵头指导,确定四川比尔投资咨询规划单位编制产业发展规划,已完成规划终稿。

【种植业】 2017年,九龙县完成大春农作物播种面积83736亩,实现连续九年增产增收。其中,粮食作物播种面积56703亩,粮食产量19634吨;蔬菜(包括魔芋)播种面积22006亩,产量42059吨;中药材播种面积3204亩,产量172吨;油菜播种面积1823亩,产量299吨。初步建成"呷尔—乃渠—乌拉溪—踏卡—斜卡—烟袋—魁多"百公里特色产业圈(带)。

【林业】 2017年,九龙县有国有森林资源403.5万亩、集体公益林37万亩,有林业管护站18个,落实森林管护人员189人(林业职工150人,聘请临时人员39人),完成兑付37万亩集体公益林森林生态效益补偿资金546万元,受益农户11366户;新建国有中幼龄林抚育1万亩,植被恢复公益林建设2500亩;建成林业产业基地6500亩,其中改造核桃基地4500亩,新建花椒基地2000亩。

【畜牧业】 2017年,九龙县各类牲畜存栏21万头(只、匹),出栏57500头(只、匹),其中生猪出栏34800头、牛出栏8700头、羊出栏14000只;出售商品数29840头(只、匹),牲畜总增率、出栏率、商品率分别达27.98%、27.94%、14.5%;肉类总产量3500吨,奶产量2800吨。畜牧业产值、增加值占农业总产值及增加值比重提高,农民牧业人均可支配收入占农民可支配收入的比重提高0.8个百分点,实现畜牧业生产持续稳步发展。

【统筹城乡与新型城镇化】 2017年,九龙县投入7026万元,完成文化路至查尔城区道路延伸工程、呷尔镇幼儿园及附属工程等8个市政项

目建设，启动县城风貌塑造二期工程。投入2422万元，完成烟袋镇上街街道改造，有序推进湾坝乡城镇危旧房改造配套基础设施建设。建立健全了覆盖城乡的规划管理体系，18个乡（镇）成立了规划执行委员会，编制完成《乌拉溪乡总体规划和控制性详细规划》《汤古乡总体规划和控制性详细规划》等规划6个。实施城乡拆违42处5310平方米；制止未批先建行为6起，清理河道沟渠293千米，查处占道经营行为1331起，处罚车辆乱停行为2150起，清理建渣68余吨、经幡673条、广告980条。全面实行县城环卫公共服务托管，变"政府包办"为"政府主导、市场运作"，九龙县创建为全国卫生城市和省级文明城市。全县城镇新增就业460人，城镇失业人员再就业25人，就业困难人员再就业15人，城镇登记失业率控制在4.2%以内。

【新村建设】 2017年，九龙县落实落地省级新农村示范县建设项目资金1100万元、省级财政幸福美丽新村建设资金248万元，将6个村确定为幸福美丽新村项目实施村寨，共完成新村民居建设1594户；新建村内断头路和牧道路10千米，硬化连户道路14.4千米，新建浆砌堡坎500立方米，新建混凝土河堤堡坎1000立方米，新建混凝土现浇板桥梁2座、木桥7座；新建集中安置点1个，安置居民22户，场坪12673平方米；提升改造村民活动中心1个，新建或提升文化广场及村小组组委室8个，安装太阳能路灯391盏，新建小型垃圾处理场1个，新建垃圾回收池53口，采购大垃圾箱6个、垃圾桶267个；新建生活排污沟渠或管道11.3千米；整治环境卫生及绿化19.5千米；创建省级"四好村"8个、州级"四好村"29个、县级"四好村"37个。

【扶贫攻坚】 2017年，九龙县对标"一超六有"和"一低五有"，全力推进"两不愁""三保障""四个好"，实现1427名建档立卡贫困人口脱贫。所有脱贫人口人均纯收入超过3300元，义务教育阶段适龄儿童入学率100%，住房安全率100%，减免建档立卡贫困人口住院医疗费338.39万元，个人支付占比1.42%，生活用电、安全饮水和广播电视实现全覆盖，实现7个贫困村脱贫"摘帽"。退出贫困村集体经济人均收入达16.66元；文化室、卫生室和幼儿园全部建成，配齐了室内设施设备并投入使用；通村道路全部硬化，通信网络全面覆盖。

【乡村旅游】 2017年，九龙县投入2500万元，建成猎塔湖、伍须海景区生态厕所、步游道和停车场等一批旅游基础设施并投入使用，培育民居接待户10户，打造旅游精品村2个，旅游综合服务接待能力进一步提升。举办第二届伍须海"游海节"和青白江区·九龙旅游资源推介活动，"藏彝走廊·秘境九龙"品牌更加响亮，高原森林休闲区、藏彝文化融合区、大香格里拉东南部集散中心形象深入人心。全年共接待游客63.27万人次，实现旅游收入6.3亿元，分别增长23%和21.3%。

【农村水利】 2017年，九龙县完成4个村99户305人饮水安全巩固提升，全面完成了农村小型水利设施确权、登记、颁证工作（共计确权颁证农村小型水利工程935处），印制四川省农村小型水利工程使用权证、所有权证5610本。全面推进河（湖）长制工作，完成县级《水资源综合规划》《水保规划》《水资源承载能力调查评价报告》编制工作。

【农业机械化】 2017年，九龙县机耕面积45200亩、机播面积6300亩、机收面积13200亩，农机总动力达76000千瓦；农机提水保灌面积达510亩，农机合作社机械化作业面积达720亩，农机提水灌溉作业量20万立方米，常年保灌面积达500亩。在八窝龙乡新建农机化生产道路4.3千米，购置农机具各级财政补贴80.038万元，培训农机操作人员68人。

【农村科技】 2017年，九龙县深入开展农牧业科技大推广、大培训、大示范，加大良种推广、农技推广和农机推广。全年开展农民实用技术培训27600人次，完成新型农民培训138人，在脱贫攻坚技术扶贫方面开展"手把手、面对面"技术指导8200人次；完成基层农牧技术人员知识更新培训30人，业务骨干培训80人次。强化良种良法推广应用，全县推广良种播面52504亩，良种覆盖率达92.6%；完成玉米地膜覆盖13000亩、测土配方30000亩、绿色植保防控20000亩。

【农村教育】 2017年，九龙县投资180万元新建贫困村幼儿园6所。全县18个乡（镇）共设小学32所、幼儿园20所，学前三年净入园率为67.25%，小学入学率为99.22%，初中入学率为97.08%，辍学率为0.28%，连续16年实现"普九巩固"目标。争取北京爱佑基金项目1个，覆盖全县20个村，为83名贫困学生发放资助金4.15万元。县财政注资500万元成立了教育扶贫救助基金，共为104名学生申报资助16.97万元。共为694名学生申报生源地信用助学贷款533万元，为88名建档立卡贫困学生申请2017年非义务教育阶段贫困学生资助金25.7万元。

【农村文化】 2017年，九龙县以文化惠民行动为契机，加大基层文化基础设施建设，完成了8个脱贫村文化室建设，配齐了相关文化设施设备，完成1297套"户户通"工程和11套广播"村村响"项目工程的安装调试，组织放映队深入63个行政村播放公益电影762场次。同时，为迎接党的十九大和省第十一次党代会胜利召开开展"送文化下乡"活动，编排农（牧）民群众喜闻乐见的歌舞、小品等节目，深入到乡（镇）、学校等开展文化惠民活动120余场次。筹办了"藏彝走廊民歌"大赛暨"星光大道·九龙初赛"选拔赛、"扶贫攻坚、情暖九龙"、乡（镇）舞蹈大赛和"我的家乡，我来拍"等专题文艺活动。

【农村卫生】 2017年，九龙县18个乡（镇）均建立了标准化卫生院，新建村级卫生室6个。对全县136名农村孕产妇住院分娩实施补助，补助金额达7.66万元，通过开展"送医送药下乡"活动共诊治各类病人23771人次。免费健康体检15831人，接受健康教育咨询人次达6200人次，培训乡（镇）医务人员共237人次，免费发放药品价值13200元。

【农村法制建设】 2017年，九龙县结合"七五"普法，深入开展"法律进乡村（社区）"211场次，发放宣传资料25800余份，受教育人数26690余人次，突出宣传社会治安防范、防盗窃、消防安全、禁毒、崇尚科学反对邪教、安全生产、妇女儿童权益保护、食品卫生等方面的法律法规。完成9个乡（镇）司法所的规范化创建工作和4个规范化乡（镇、街道）法律援助工作站建设工作，进一步健全和完善农村矛盾纠纷排查调处机制，共调解一般矛盾纠纷389件，调解成功率达97%；疑难矛盾纠纷37件，调解成功率达98%。

【农村交通】 2017年，九龙县完成小金乡、朵洛乡、俄尔乡3条通乡油路34.1千米；完成踏斜路、洋三路、魁多路、大洪路、古八路5条通乡公路提升改造工程111.8千米，建成乡（镇）客运站9个、村级招呼站23个。采取"一事一议"方式完成子耳乡杜公村、银厂湾村、麻窝村，三岩龙乡白杨坪村，斜卡乡雪洼村，上团乡放马坪村6条通村路132.9千米。

【农村社会保障】 2017年，九龙县居民医疗保险参保人数50133人，参保率达97.6%；城乡居民医保基金缴纳931.34万元（其中县级财政配套资金155.8万元，财政全额代缴精准扶贫人员参保费用105.33万元），全年住院报销6968人次，门诊报销33788人次，共计支出1941.58万元。城乡居民养老保险覆盖人数达20654人，其中参保缴费人数达14974人，征收城乡居民养老金410.3万元，为5724人发放城乡居民养老保险待遇827.59万元。全县供养孤儿148人，共计发放保障金

132.8万元。

【农村生态建设及环境保护】 2017年，九龙县完成草原确权和划定工作，对已承包草原进行了认真细致的清理、清查和复核，并逐村逐组进行统计和登记造册，明确承包草原的地块，逐乡逐村划清了夏秋草场、冬春草场，绘制了全县草场承包图，完成637个地块勾绘、图斑编号、面积测算、四至经纬坐标的测定及数据统计，完成了乡级公示、县级公示公告及标识标牌的设立。强化农业污染源面源督查整改，对具有一定规模的养殖场进行了畜禽养殖污染源专项检查，对畜禽养殖废弃物进行了无害化处理、资源化利用，实现了减量化排放，基本达标，未造成面源污染，规模化养殖场畜禽污染综合利用率达75%以上。合理利用秸秆，推广秸秆到园、到点、到田、到家"四到"综合利用模式，秸秆综合利用率达90%以上。督促各乡(镇)、村(组)抓住秋收后地膜捡拾的关键时期，切实抓好废旧农膜处理工作，推进残膜深埋处理，农膜回收利用率提高5%以上。

【农产品质量安全监管】 2017年，九龙县共例行检测果菜样品50批次、36个品种、548个样品，合格样品548个，合格率达100%；完成牲畜免疫76.06万头(只)次。全县产地检疫以乡(镇)为单位开展面达100%，规模养殖场出栏畜禽产地检疫率达100%，进入流通环节动物产地检疫持证率达100%；兽药规范化管理率达100%，饲料产品质量合格率达98%以上，动物源食品兽药残留抽检合格率达98%以上；农药生产经营单位检查率达85%以上；高毒限用农药销售管控措施覆盖率达95%以上，植物疫情防控处置率达100%；对种子苗木生产、经营、调入者检疫抽查率达30%以上，全年未发生重大农畜产品安全事故。

【农村市场体系建设】 2017年，九龙县结合农村产权制度改革，大力培育新型农业主体，着力构建新型农业经营体系，扶持农业开发公司(企业)8家，新成立农民专业合作社57个。在工商部门注册登记的家庭农场12家，培育种养殖大户282户。充分利用"互联网+"模式，加快农产品销售，全年农产品(茶叶、魔芋)初加工率增长1.5%以上，农产品网络销售额占农业总产值的比重在3%以上。利用山东阿胶集体、青白江区等招商引资平台和资源，引进农副产业加工龙头企业，以增加农副产品附加值为核心，开拓县内农产品市场6个(黑毛驴、花椒、野生菌、牦牛肉干、藏香猪、中药材)，大力开发具有九龙县传统特色、地域优势、高附加值的农牧业产品，带动农民致富增收。在全县网络覆盖的村级，建立了农产品销售村级信息服务站(点)，覆盖率达18%以上。

【劳务开发与返乡创业】 2017年，九龙县开展茶叶栽培种植培训、农村实用技术培训、劳务品牌培训、黑毛驴养殖培训等各类技能培训22期、871人；开展劳动力实名制登记入库工作15726人；新认定高校毕业生就业见习基地8个，总数达21个，促进10名高校毕业生实现自主创业。

【主要领导人】 县委书记：赵景强；县人大常委会主任：王德宏；县长：宋晓军；县政协主席：四郎汪堆；分管农业副县长：曹立慧。

九龙县编写组

雅 江 县

【基本情况】 2017年，雅江县辖13乡4镇，辖区面积7681.5平方千米。

【年度农业和农村经济运行】 2017年，雅江县粮食产量10702吨，各类牲畜存栏15万头(只)。支农惠农政策全面落实，兑现各类涉农补贴2370万元。大力推广农业科技，良种覆盖率达94.5%。申报创建省级"三品一标"无公害农特产品3个。全面完成5372户2.85万人农村土地承包经营权确权，流转农村承包土地1160亩。

农业产业化发展。全县新增农民专业合作社42个，累计达124个。以雅江生态食用菌产业园区为龙头，种植滑子菇60万袋，实现产值250万元。建设特色产业基地1.76万亩；整合29个贫困村产业扶持基金1000万元，着力打造食用菌"飞地"产业基地。昆地生态农业开发合作社入选第九批农民合作社省级示范社，天路生态资源开发有限公司被评为全州农业产业化龙头企业。

【统筹城乡与新型城镇化】 2017年，雅江县着力做强县城，投资近3亿元，强力推进城北和邮政片区旧城改造、市政道路改造、"五线下地"、天然气管道铺设等建设；注重城市文化内涵，围绕宜居宜业，打造休闲健身场所，提升建筑风貌，配套建设交通信号灯等基础设施，"雅砻古渡·悬崖江城"旧貌换新颜。着力做优乡(镇)，投资近1亿元，推进呷拉和日基新区、重点集镇基础建设，瓦多等移民集镇(点)建设有序推进，安置移民500人。恶古、德差、西俄洛3个乡(镇)更名通过州级评审。着力做美村寨，投资2736.26万元，建成幸福美丽新村13个，创建省级"四好村"5个。基础设施日臻完善。城乡住房保障更加有力，投资近6600万元，完成易地扶贫搬迁、无房户民房建设143户，实施农房"五改三建"1416户，干部周转房150套、藏区新居300户等建设有序推进，发放困难群众房屋租赁补贴20.23万元。

【旅游服务业快速发展】 2017年，雅江县投资8705万元，郭岗顶白狼国遗址风情园旅游基础设施建设如期完成，康巴汉子村旅游基础设施等项目有序推进，为康巴汉子村创建国家4A级景区奠定了坚实的基础。投资1250万元，大力实施"三大工程"，强力推进旅游综合服务站、观景台、公厕等配套设施建设，西俄洛镇、香格宗村分别创建为省级旅游特色乡镇、精品村寨，"中国最美景观大道"更加靓丽。加大行业服务技能培训力度，广泛宣传推介旅游品牌，旅游知名度不断提升。全年接待国内外游客16.4万人次，实现旅游收入8646万元。

【水利建设力度加大】 2017年，雅江县投资5203.03万元，建成俄洛河、额西沟等防洪工程4个；建成贫困村安全饮水巩固提升工程17个，受益群众7584人；完成水利灌溉工程2处，新增、恢复灌面580亩。

【交通条件持续改善】 2017年，雅江县投资5.59亿元，建成通乡油路108.9千米、硬化村道293.89千米，木绒乡通乡油路、12座便民钢架桥梁、2018年脱贫村道路等项目有序推进，改造提升客运站和招呼站23个。

【用电难问题有效解决】 2017年，雅江县投资7826万元，完成八角楼等3个乡(镇)电网改造，瓦多乡实现并网运行，启动牙衣河等3个乡(镇)35千伏输变电线路工程建设。

【通信覆盖面不断扩大】 2017年，雅江县投资1260万元，建成通讯基站16个、"电信普遍服务"项目83个，17个脱贫村均实现有线宽带网络到村。

【民族教育快速发展】 2017年，雅江县投资2.69亿元，建成柯拉乡、祝桑乡等学校软硬件项目72个。深入推进15年免费教育，兑现落实"三免一补"、教育救助等各类惠民资金2371.12万元。强化"三支"队伍建设，注重立德树人和素质教育，突出双语、藏单、寄宿制、远程等特色办学，教育教学质量全面提升，适龄儿童入学率达99.69%。选送"9+3"免费中职教育121人，县域内义务教育均衡发展各项指标均达

到省级要求。

【文化事业协调发展】 2017年，雅江县完成州级以上非物质文化遗产及传承人数据库建设。投资442万元，建成乡（镇）文化站17个、农家和寺庙书屋147个、“千村文化扶贫行动”和新村文化院坝24个，完成“村村响”“户户通”1308套，开展“送文化、送电影下乡”1600场次。

【健康卫生全面加强】 2017年，雅江县深入推进“健康雅江2020”行动，投资3041.2万元，实施县包虫病康复治疗中心、乡村卫生院（室）等项目22个。完善基本药物制度，各级医疗机构让利患者42.52万元。着力开展地方病、传染病防控，筛查包虫病1.74万人次，居民电子健康档案建档率达92%。医技人员服务能力和水平不断提升，持续开展送卫生下乡，义诊患者2.87万人次。积极落实国家人口生育政策，兑现各类扶助资金121.75万元。

【社会保障强劲有力】 2017年，雅江县开发协调公益性、务工性等各类就业岗位2122个，带动群众就业5546人次，广大贫困群众实现充分就业。城乡居民医保、养老保险参保率分别达98%、85%。高度重视困难群体，兑现5195人低保资金1396.66万元；兑现“五保”、“三无”、孤残等人员救助资金457.36万元；发放医疗救助资金346.95万元；落实救灾资金88万元。发放敬老爱心手机2000部，补助资费60万元；募集爱心慈善捐款54.26万元。严格依法治寺管僧，不断深化寺庙分类管理达标升级；大力开展关心关爱行动，投资1535万元，有效解决措俄寺、夺绕寺等15座寺庙“五通”设施建设，将682名僧尼纳入农村低保，33人纳入农村“五保”，1473名僧尼纳入医疗、养老保险范畴。

【生态保护强力推进】 2017年，雅江县全面落实森林生态效益补偿政策、草原生态保护补助奖励机制，兑现补助资金3169.64万元。投资2769.7万元，巩固退耕还林成果5.3万亩，完成退牧还草、封山育林、森林抚育等19.93万亩，有序推进植被恢复、生态保护等4个项目，大力实施“山植树、路种花、河变湖（湿地）”，人工造林0.38万亩、路种花20千米。严守耕地保护红线，加大土地卫片执法，耕地、林地、草地保有量分别达5.32万亩、603万亩、563.7万亩。启动编制河道采砂规划，规范整治砂石管理，关停违规采砂场21家。开展地质灾害防治工作，投资4100万元，治理城南滑坡、呷拉中学边坡等地灾隐患9处。严格执行环保“三同时”制度，强力推进防污治污“三大战役”，整改省、州环保督查反馈问题27件。全面落实河长制责任体系，设立县、乡、村三级河长253个，实现河长全覆盖、巡河常态化。加大城乡生态环境综合治理，投资1152万元，完成77个村农村生活垃圾收集设备规范化配置，清理各类垃圾1000余吨，2个镇8个村创建为省级卫生乡（镇）、村。

【主要领导人】 县委书记：刘宗建；县人大常委会主任：刘进顺；县长：旦灯；县政协主席：杨双寿；分管农业副县长：胡文辉。

雅江县编写组

道 孚 县

【基本情况】 2017年，道孚县辖2镇20乡（其中6个牧业乡）158个行政村2个居民委员会，辖区面积7053平方千米。

【农牧业多元化发展】 2017年，道孚县着力打造国道350线“百公里高原特色生态产业发展示范带”，建成春油菜基地2.5万亩，建成少乌中藏药种植示范基地250亩，辐射带动全县种植中药材0.6万亩；建成国家地理保护标志——道孚大葱种植核心示范区300亩；种植黑青稞、紫皮马铃薯等特色生态农作物2.4万亩，青杠黑木耳基地规模扩大至80万棒。引进润康、志华、广丰等龙头企业6家，打造规模化特色养殖基地。

【城乡建设提速加力】 2017年，道孚县总投资1.99亿元，完成鲜水东、西路市政道路改（扩）建，县城及八美镇棚户区改造和配套基础设施建设，县城自来水厂改（扩）建工程、污水处理厂及配套管网工程建设，鲜水河大桥下游左右岸防洪堤工程等项目12个。投资2288万元，完成1144户藏区新居项目建设。坚持“两必拆、一规范、一叫停、一补齐、一审批”和“整治、拆迁、规划、建设同步启动、同步推进”的工作原则，投入1000万元，开展城乡环境综合整治及旅游沿线“三大工程”。新建风貌围墙9700米、民居大门145处，排查整治各类乱象问题4395处，完成率100%。完成国道350线沿线8个乡（镇）、22个村村容村貌提档升级。瞄准“九子一线”和“九乱”问题，按照“四必拆、三必收、两征用、两规范、一登记”的整治要求，以八美镇为攻坚重点，开展城乡环境综合整治。整合城市执法管理、环卫保洁和园林养护3支队伍力量，将城市综合执法大队调整设置为城市综合执法局，成立了八美镇市政管理所和城市综合执法分局，将城市综合执法局和八美镇市政管理所级别调整为副科级单位。清理八美镇违建面积18644.24平方米，拆除彩钢棚等违规建筑125处，清理八美镇国有土地面积95.51亩，收回国有土地面积63.61亩；清理县城违建面积10431平方米，拆除彩钢棚等违规建筑158处。两河口库区移民、寺庙迁建和集镇建设有序推进，兑现移民补偿补助资金3412万元。完成甲宗、亚卓撤乡建镇工作和31个幸福美丽新村建设。

【脱贫攻坚加快推进】 2017年，道孚县完成23个贫困村退出、604户贫困户2826名贫困人口脱贫任务。整合财政涉农资金23499.72万元，实施贫困村公共服务、产业发展等项目610个。投资5603万元，完成257户1039人易地扶贫搬迁，建成率100%。建立贫困村和非贫困村产业扶持基金5507万元，落实东西协作、郫都区帮扶资金2581万元，建立成都市郫都区贫困学生扶持基金100万元。发放贫困户小额信贷1125户、5119万元，兑现贴息资金173.98万元。

【旅游业蓬勃发展】 2017年，道孚县八美墨石公园国家4A级景区正式授牌并开园营业，亚拉雪山景区完成景区规划环评、用地报建等前期工作，木雅嘎达·惠远寺景区完成可研报告编制、用地批复等前期工作。全年累计接待游客49.62万人次，实现旅游收入4.98亿元。

【文化事业繁荣发展】 2017年，道孚县举办了第三届安巴农耕文化旅游节等各类主题文化节庆活动30场次，完成18名省、州、县非遗传承人和6个省、州非遗传承项目申报工作，完成22个乡（镇）综合文化站建设，更新158个行政村农家书屋图书储量。

【基础建设稳步发力】 2017年，道孚县投资4060.05万元，完成通乡公路路面升级改造39.97千米。投资1.28亿元，完成通村水泥路建设178.6千米。投资228.1万元，建设道路波形梁护栏8.78千米。八美过境公路、道二路进场施工，累计完成投资5000万元。完成道雅路复建段主干线路基开挖，完成道雅路自建段可研编制。投资136万元，完成2个乡（镇）客运站、18个村级招呼站建设。投资1.19亿元，完成40.49千米尼措水利工程道孚干渠和约威干渠基础工程建设。投资391.5万元，完成22个贫困村饮水安全工程建设。投资840万元，完成高效节水灌溉项目建设2000亩。投资5334万元，完成110千米10千伏线路和142.2千米低压线路建设，改造提升变压器70台、户表1800户，农网改造升级项目全面完工，城网改造升级项目基本完工。投资

800万元,建成移动互联网点位127个、4G基站20个。投入1152万元,完成77个村级生活垃圾收集和转运设施设备建设。

【能源业规范发展】 2017年,道孚县全面完成县域大览村、牙村、甲斯孔、沙冲等7个水电站清理工作,格拉基电站实物指标调查、社会风险评估、搬迁意愿调查及移民规划安置大纲完成省级审核,加快推进拉曲河亚中水电站调规工作,编制完成并上报木茹河水电站环评复核资料。

【生态建设深入发展】 2017年,道孚县开展"大规模绿化全县"行动,大力实施"山植树、路种花、河变湖(湿地)"生态工程,构建"山顶戴帽子、山腰挣票子、山下饱肚子"的立体格局。完成新(旧)城区、八美镇、冻坡甲、沟尔普等区域庭院绿化1245亩。完成国道350线八美至孔色道路绿化110千米,在各卡乡建成400亩花海花湖,完成色卡、八美、协德沙化治理13500亩,组织义务植树16万株,清理各类垃圾42.5吨。严格落实森林资源管护,依法管护国有林133.25万亩,监管集体公益林86.69万亩。深入开展环境保护督察问题整改工作,清理灭失涉及自然保护区探矿权3宗,强力整改投资项目环保督查问题26个,整改完成率为96.15%。强力推进清河、护岸、净水、保湖"四项行动",投入325万元,全面开展河长制工作,共设置县、乡、村三级河长160人,建立"一河一册"制度。

【社会事业协调发展】 2017年,道孚县建立教育、卫生扶贫救助基金1000万元。完成教育园区第一、二期工程,实现县一中、县二完小和色卡中心校整体搬迁,全面启动扎坝库区学校建设。整合财政资金2995万元,完成县域24所学校维修维护及教育设施设备配置。义务教育"三个增长"经费落实到位并顺利通过义务教育均衡发展省级督导评估。完成国家义务教育质量监测工作。投资115万元,完成23个行政村村民健身工程。实施"健康道孚2020行动",落实"十免四补助",建档立卡贫困人口参合率达100%。完成包虫病B超筛查27737人次,发现包虫病146例,对116例进行追踪管理和治疗。完成4141只家犬登记和驱虫工作,捕杀染疫犬950只。落实低保、扶贫"两线合一"政策,全面清退城乡低保人员1489人。对519户1652人实行"兜底式"扶贫,向5389户15475名城乡低保户发放城乡低保金3091.43万元。兑现城乡医疗救助1002人次、341.54万元;兑现社会救助资金721.06万元、各类优抚双拥金281.05万元。完成120套公租房分配工作,收缴公租房历年欠缴租金54.72万元。县财政筹措资金600万元,兑现"安心工程"补助。

【灾后重建焕然一新】 2017年,道孚县完成城乡住房维修加固2647户、灾后重建363户,建成3个集中安置点,涉及城乡住房、公共服务、基础设施、宗教活动、地质灾害治理共五大类,91个灾后重建项目全面竣工,完成投资5.97亿元。"11·22"地震灾后重建工作全面完成。

【民族团结持续加固】 2017年,道孚县审批各类佛事活动51期,开展各类入寺宣讲120场次,教育引导僧尼7700人次。举办宗教人士培训会4期,向248名僧尼颁发教职证。清理非法宗教设施33处,清理、规范国、省干道沿线经幡乱挂现象550处。

【主要领导人】 县委书记:蒲永峰;县人大常委会主任:高林中;县长:杨国清;县政协主席:蔡景荣;分管农业副县长:闵晓春。

道孚县编写组

炉霍县

【基本情况】 2017年,炉霍县辖1镇15乡,辖区面积5796.64平方千米。

【农牧产业结构不断优化】 2017年,炉霍县投入资金4621.76万元,实施农牧基础项目10个。全年农作物播种面积6.9万亩,粮食产量1.3万吨。全年牲畜存栏23.2万头(只、匹),"三率"分别达18.5%、18.5%、11.5%,肉类总产量3505吨,奶产量6744吨。推广油菜、黑青稞等特色农业种植4.2万亩,成功申报原产地标识1个。全年流转土地面积4733.9亩,依托盛煌农业建设炉霍高原现代农业产业园;发展有机蔬菜大棚100座,建设百合花种植基地822.26亩。实施农村住房巨灾、农作物和牦牛保险,全年赔付金额3635.84万元。

【统筹城乡发展】 2017年,炉霍县完成县城改造提升规划修编工作,组建完成县、乡两级规划执行委员会,成立城乡提升联合执法队,大力整治"九子一线"的"九大乱象";新建停车场2个,规范城区停车秩序。投入6300万元,完成300套干部周转房建设。投入1亿元,开工建设郎卡杰路及望果大桥工程、鲜水源生态湿地公园(一期)、厂龙沟自来水厂提升改造工程等项目,加快推进望果大道东干段工程。累计投入1.7亿元,持续推进沿河西街片区旧城改造综合开发项目。投入1392万元,实施民居改造、基础设施以及旅游景观设施建设等,完成瓦达(上下街)新村二期项目建设和朱倭村、然柳村2个传统村落保护项目。投入1088万元,采取EPC模式,按照"一车一房三池五桶"的标准,完成73个村生活垃圾收集设施建设和转运设备配备项目。完成国道317线道路绿化35千米,国道317线、省道303线沿线4个乡(镇)16个村风貌改造以及环境、旅游秩序整治。

【扶贫攻坚】 2017年,炉霍县投入资金4.8亿元,实施项目47个,实现省定27个贫困村495户贫困户2071名贫困人口脱贫"摘帽",基本实现县级自加压力21个贫困村441户贫困户1839名贫困人口脱贫目标。投入产业扶持基金4287万元,建成集体经济专合组织81个,创新发展"飞地"扶贫产业,积极探索发展"资源变股权、资金变股金、农民变股民"模式,产业发展实现新突破。朱倭镇打造"鲜水源"卡色、酸菜等农特产品,助脱贫村实现收入近38万元;泥巴乡打造"泥曲""虎掌菌"等农副产品,助脱贫村实现收入30万元;卡娘乡成立杜瓦村农民专业合作社,出栏销售绵羊、藏香猪,打破农牧区"不杀生""不出栏"现状等,初步形成一批具有明显增收和带动作用的产业。全面完成155户641人易地扶贫搬迁,建成藏区新居46户,整合援建资金560万元,新建、改造265户贫困户住房或危房,示范建成下罗科马乡36户117人易地扶贫搬迁集中安置。全面完成48个村"一园三室"、111千米入户路、1476盏太阳能路灯、2122户"五改三建"建设任务;强力打造省级、州级、县级"四好村"74个,幸福美丽新村20个。完成建档立卡贫困户评级授信2012户,新增小额信贷分险基金1000万元,发放扶贫小额信贷1606.4万元,涉及建档立卡贫困户448户。

【乡村旅游】 2017年,炉霍县创建国家3A级景区1个,完成2个旅游精品村寨、2个旅游综合服务站、2个旅游厕所和24个旅游标识标牌建设。全年旅游接待游客24万人次,实现旅游总收入2.4亿元。

【农村水利】 2017年,炉霍县投入8150万元,继续推进易日河水利及渠系配套工程,积极推进工业园区二期堤防工程。投入183万元,完成安全饮水提质增效工程7个,实施1409亩"飞地"产业灌溉工程。全面推进河长制工作,建立县、乡、村三级河(段)长组织体系,完成全县28条主要河流名录的摸底、复核工作,设置公示牌55个,河长制工作顺利完成州级验收,28条主要河流的"一河一策"管理保护方案编制工作有序推进。

【农村教育】 2017年,炉霍县投入资金3625万元,实施新(续)建项目

7个，维修改建项目14个。落实兑现"四免一补"政策资金2824.5万元，发放贫困学生救助金（补贴）176.22万元。新招聘乡村幼儿教师342人，实现乡、村级幼儿园全覆盖。探索建立"校企、校地"合作办学新路子，创建炉霍唐卡艺术班和实训基地，首批招收学生50人。

【农村文化】 2017年，炉霍县完成48个贫困村"村村响"建设；放映农村公益电影2052场次，观影群众达8万余人次；开展"送文化下乡"活动93场次，观众达2.5万余人次。投入45万元完成数字化机房建设，实现高清互动网络电视节目传输。

【农村卫生】 2017年，炉霍县扎实推进"健康扶贫"工程，全面落实"十免四补助"政策，实现建档立卡贫困人口县内就诊个人自付占比不超过10%、县外不超过20%的目标。全面推进14类基本公共卫生服务，城乡居民健康档案建档率达97.8%，开展艾滋病、结核病、鼠疫等重大传染病防控，完成包虫病B超筛查1.8万人次，免费治疗178人次。全面完成16个乡（镇）18所乡（镇）卫生院标准化建设，完成2017年脱贫村28所合格村卫生室建设，县、乡、村三级医疗卫生服务体系日趋完善。完成182名贫困无户籍人员DNA鉴定工作。推进爱国卫生运动，申报创建国家卫生乡1个、省级卫生乡2个、省级卫生村8个。

【农村交通】 2017年，炉霍县投入资金2.51亿元，完成卡娘乡50千米通乡油路建设，启动实施罗宗片区71.75千米通乡油路路基工程；完成新都镇新都村等48条331.86千米通村通畅公路、11条143.86千米通村公路建设；完成68.34千米安保工程及泥巴乡旺达等2座桥梁建设。投入资金222万元，完成斯木、宗塔等3个乡级客运站、36个村级招呼站建设。

【能源与信息化建设】 2017年，炉霍县投入资金6219万元，完成16个乡（镇）59个农网改造升级项目；投资35万元，完成泥巴乡棒达村、卡娘乡卡娘村等3条10千瓦电力线路迁改及台区工程。推进城乡光网覆盖工程，实施171个村首批移动宽带普遍服务城市试点补偿项目。大力实施"互联网+"行动，积极发展电子商务，建成电子商务站（点）建设19个，覆盖16个乡（镇）。

【农村社会保障】 2017年，炉霍县严格落实"按户保障"和"按差额发放补助金"的基本要求，全面清除不符合规定的"低保人"，共清理3164人，对1144名特困人员进行认定并纳入保障范畴。全年发放城市低保金355.63万元、农村低保金1770.74万元、"五保户"供养金312.48万元、城乡医疗救助金346.88万元、临时救助金59.5万元；发放春荒粮、冬寒粮14.5万余千克，清油5000千克，面粉9500千克，茶叶400条。红十字会发放救助资金561500元，"10·17"扶贫日收到捐款501083元。投入190万元，完成殡仪馆附属工程及引水工程、中心敬老院维修改造、望果社区日间照料中心等工程建设。城乡居民医疗保险基金支出1813.66万元，实现"老有所养、病有所医、劳有所得"的社会保障网全覆盖。

【农村生态建设及环境保护】 2017年，炉霍县投入资金3900万元，实施鲜水河国家级湿地公园、3000亩湿地植被恢复和沙化土地治理建设项目。实施"山植树，路种花，河变湖"工程，完成人工造林1500亩、城乡庭院及节点绿化40亩、花海建设2000亩；有效管护集体公益林224.48万亩，兑现补偿资金3311.08万元；落实草原生态奖补政策，发放奖励资金1722.5万元。强化林政资源管理与保护，严厉打击乱砍滥伐、偷拉盗运等违法行为，查处违法人员74人，罚没木材500立方米，处罚36万元；招聘生态护林员683人，采取"网格化"模式强化林政资源及护林防火管理，确保全县生态安全。

【依法治寺管僧】 2017年，炉霍县健全"五二三"学教管理机制，深入寺庙开展各类宣讲75场次，受教育僧尼6190余人次，开展宗教界人士培训4期、255人。清退未成年入寺人员184人，妥善安置已劝返的喇荣寺五明佛学院僧尼。投入资金2599.04万元，实施寺庙"五通"和危房改造工程。

【返乡创业与就业】 2017年，炉霍县转移农村劳动力4613人次，实现劳务收入3500万元。全年开展劳务技能培训927人次。落实劳动保障政策，劳动争议结案率达98.9%以上；维护农民工合法权益，帮助120人清欠工资200万元。

【主要领导人】 县委书记：伍强；县人大常委会主任：康玲；县长：巴登；县政协主席：吴小平；分管农业副县长：熊永军。

炉霍县编写组

甘孜县

【基本情况】 2017年，甘孜县辖21乡1镇，辖区面积7358平方千米。

【全域旅游加快发展】 2017年，甘孜县围绕全州"两环一带"旅游发展格局，大力实施国道317线沿线植被恢复、风貌改造和环境整治工程，切实规范旅游市场秩序，推进旅游景区提档升级。投资2056万元，完成朱德总司令和五世格达活佛纪念馆景区旅游基础设施建设；投资900万元，实施雅砻湾、湿地公园等旅游综合服务中心建设；投资126.17万元，完成乡村旅游民居接待、标识标牌建设。规范提升餐饮、住宿等服务业。全年接待游客51万人次，实现旅游综合收入5亿元。

【主要领导人】 县委书记：雷建平；县人大常委会主任：仁孜；县长：龙明阿真；县政协主席：呷玛生龙；分管农业副县长：仁青彭措。

甘孜县编写组

新龙县

【基本情况】 2017年，新龙县辖19个乡（镇）96个村（居）委会198个村民小组，辖区面积8570平方千米，其中耕地面积4324公顷。年末农业人口4.5万人，人口自然增长率7.62‰。森林覆盖率51.11%。

2017年，全县GDP9.41亿元，增长9.8%，其中工业增加值2435万元，增长15.9%；服务业增加值4.11亿元，增长12.6%。全社会固定资产投资9.1亿元，减少12.3%。全年接待游客19.15万人次，实现旅游综合收入1.7亿元。

境内道路里程2200千米，其中国道227线169千米，县、乡道368千米，村道1663千米。有中小学校24所，教职工506人，在校学生4839人。有县级群众文化馆、公共图书馆、现代书吧及电影院各1个，乡（镇）综合文化站19个，村级文化室65个，流动电影放映队9个。有医疗卫生机构26个，病床位105张，卫生技术人员292人（其中执业/助理医师49人）。新型农村合作医疗参合人数43865人，参合率97%。

【年度农业和农村经济运行】 2017年，新龙县农林牧渔业总产值5.02亿元。农村居民年人均可支配收入达9811元，增长11.9%。有效灌面10公顷。建成农村电商服务站2个、电商服务点15个。新增农民专业合作社2个、家庭农场2个。有9个乡（镇）5934户农户参保青稞、油菜、马铃薯3个农险品种，投保面积2.98万亩，收取农户保费9.56万元，赔付支出5.55万元，赔付率83%。开展水产品市场、水产苗监管和

禁渔期宣传,保障水产品正常上市。

农用地产权制度改革。全县完成16个农业乡(镇)75个行政村5362户承包地、自留地确权登记及开荒地、机动地外业测绘和数据矢量化。农村土地流转面积0.12万亩,涉及农户180户。

【种植业】 2017年,新龙县农作物播种面积6.49万亩,其中粮食作物播种面积5.13万亩;粮食产量1.23万吨,蔬菜产量0.75万吨,油菜产量0.14万吨。

【林业】 2017年,新龙县兑现集体公益林森林生态效益补偿资金3853.92万元。签订国有林管护责任书及管护合同,完成2017年度国有新增重点公益林及森林管护实施方案和国有林森林抚育补助项目作业设计编制,实施退耕还林0.16万亩、封山育林0.5万亩,检查验收2016—2017年封山育林项目实施情况,完成国有林森林中幼龄林抚育补助项目1万亩。实施国道227线道路绿化工程93.5千米,义务植树11万株,庭院绿化工程0.16万亩,特色林业产业建设0.29万亩,协助宜宾市规划种植桃树、俄色茶、车厘子等0.84万株。开展乡(镇)林农培训2000余人次、专业技术员培训15人次,发放资料2000余份。造林用苗产地检疫苗木6种63.94万株。设踏查线路2条,随机调查面积200亩,未发现松材线虫病及疑似松树疫情。全年签订森林防火责任书2838份,开展沿路广播、张贴标语、发放通告等森林防火宣传,制作《长缨在手》宣传影视1部。完善森林防火信息平台建设,成立乡(镇)义务消防队,组建防火义务巡山小组1125个,建立快速响应机制。为专业扑火队配备接力水泵、扑火服、头盔、对讲机等设施设备。开展森林高压电线隐患排查,整改输电线路隐患27起,更换高压电磁瓶37个。全年办理林木采伐证4258立方米,入户检查木材42车,办理木材运输证42车;办理林业行政案件26起,扣押非法运输木材车辆35台,办理治安案件3起、刑事案件3起,治安拘留3人,收缴木材罚没款10.8万元。

【畜牧业】 2017年,新龙县牲畜存栏21.02万头,牲畜出栏4.44万头,"三率"分别为18.8%、21%、10.3%;肉类产量0.38万吨,奶产量0.94万吨。实施9个乡(镇)2805户禁牧94万亩,发放禁牧补助705万元;实施19个乡(镇)7531户草畜平衡奖励551万亩,发放草畜平衡奖励资金1377.5万元;中央绩效奖励资金552万元。在友谊乡新建牲畜暖棚100座,人工种草0.21万亩,天然草原改良2万亩,建设草产品加工试点1个;省级配套项目360万元,新建牲畜暖棚120座、多功能巷道圈10个。投资2537万元,建设围栏80.03万亩,完成2016年退牧还草工程建设;完成草种补播24万亩。测量全部退牧还草地块的"四至"经纬,完成《四川省新龙县2017年国家天然草原退牧还草工程项目实施方案》编报并通过省级评审。规范屠宰检疫程序,开展定点屠宰检疫,全年检疫生猪1572头、牦牛53头,禽屠宰监管率达100%,动物源食品残留抽检合格率达98%。完成羊免疫注射5.974万只,采集牛(羊)调运前包虫病、布病的血清样品300份,犬粪送检300份;完成2859只犬每月一次驱虫任务,驱虫3.43万只次;清除及无害化处理染疫犬或疑似染疫犬650只;完成乡(镇)无主犬密度监测和家畜检测,实行感染牲畜集中无害化处理;发放犬粪采集箱550个、牛(羊)包虫病监测卡100张,畜禽屠宰检疫和病变脏器无害化处理率达100%。引进优良品种"麦洼牦牛"70头,畜种改良800头,牦牛本品种选育700头。完成县草原防火库前期建设,购买风水灭火机、防火服、野外生存设备等设备;制定草原防火应急预案,签订防火责任书,各乡成立打火队,实行24小时值班制度;设定草原监测点2个,完成固定监测点围栏建设,形成"县有草原监理站、乡(镇)有分管领导和村有草原管护员"的工作格局。农产品质量安全抽检率达100%,饲料、添加剂抽检合格率达100%。办结农业综合执法案件1件,全年无重大畜产品质量安全事件发生。

【统筹城乡与新型城镇化】 2017年,新龙县编制完成大盖、通宵、尤拉西3个撤乡建镇规划,建设友谊、和平、乐安3个乡基层政权项目,将拉日马镇纳入《四川省"十三五"特色小镇发展规划》。新增城镇就业350人,下岗失业人员再就业10人,城镇登记失业率控制在4.2%以内。完成县城生活污水处理工程总量的69%,铺设截污干管2.6千米。

【新村建设】 2017年,新龙县建设幸福美丽新村16个。投资736万元,在乐安乡全域打造可复制"四好村",创建省级"四好村"2个、州级"四好村"7个;安装太阳能路灯1515盏。启动博美乡仁乃村和德麦巴村、色威乡谷日村、沙堆乡各中村、乐安乡卡娘村、大盖镇尺措村新村建设工作,实施色威乡谷日村、博美乡德麦巴村等3个旅游扶贫示范新村建设。投资约936万元,完成468户"藏区新居"改造。

【农村扶贫和移民工作】 2017年,新龙县完成1885人脱贫任务。扶持生产和就业发展一批977人。低保政策兜底一批2241人,并完成农村低保对象特殊生活补贴资金发放。医疗救助扶持一批,对建档立卡贫困人口落实"十免四补助",实现贫困患者在县域内住院治疗个人支付费用"零支付"。完成通村硬化路157.3千米。完成18个贫困村安全饮水提质增效,惠及155户725人。在如龙镇东格村、绕鲁乡相堆村、绕鲁乡学麦村、甲拉西乡达日村、色威乡克日多村、洛古乡亚所村实施农网改造升级项目;完成沙堆乡各中村2G、乐安乡娘恩村2G、色威乡谷日村4G、博美乡安古村4G、尤拉西乡洛依村4G基站建设覆盖。在4个退出村中建设核桃基地51亩、俄色茶原料林基地1506亩。已兑现2017年上半年低保金,贫困户参加农村医疗保险参保率达100%。县级财政年初预算安排财政专项扶贫资金用于脱贫攻坚,制订《财政专项扶贫资金绩效评价和监督检查方案》,制定《财政涉农资金统筹整合使用方案》和《新龙县统筹整合涉农资金使用管理办法》。发放贷款2254户487万元,其中农村信用合作联社347户1576万元、农行140户678万元。贫困家庭技能培训完成20个村580人。开展科技扶贫科普宣传1次、"送科技下乡"2次。旅游扶贫举办人才培训1期60人次。争取到位扶贫资金4181.36万元。完成易地扶贫搬迁233户1023人,建设住房25575平方米,涉及19个乡(镇)70个村;安装太阳能热水器400台。完善和办理新增人口及核减人员资料,提交申请人口数为42户125人,经初步界定,资料完整且符合条件的有87人,扣除迁出人口21人、死亡人口17人,新增49人。补偿兑现复建公路征收39.62亩耕(园)地,兑付补偿补助金129.3万元。完成淹没区耕(园)地分解工作。

【乡村旅游】 2017年,新龙县投资220万元,新建博美乡、乐安乡、麻日乡3个旅游综合服务站。编制完成《新龙县全域旅游总体规划》《新龙县全域旅游各景点运营详细控制性规划》《新龙县红山地质公园规划》《波日桥布鲁曼景区规划》。邀请国内知名藏汉双语旅游培训专家到县开展培训,共计培训100余人次。

【农业机械化】 2017年,新龙县有农业机械8640台(套),完成机耕面积4.57万亩、机播面积3.21万亩、机收面积3.18万亩,全县农机总动力达5.44千瓦。全年推广农机具166台(套),结算农机购置补贴100%,拖拉机年检率达20%,全县全年未发生农机事故、违规上牌及发证事件。

【农村科技】 2017年,新龙县完成粮食作物良种推广面积4.73万亩,

良种覆盖率约达92.3%;完成测土配方施肥1万亩次。开展农民实用技术培训14310人次,新型职业农民培训53人次,农机培训100人次。

【农村教育】 2017年,新龙县投入资金15053.26万元,建设校舍40643.51平方米、运动场4641平方米。完成雄龙西乡腰古小学教师周转房、和平乡幼儿园、友谊乡幼儿园等10个基础设施建设项目。投入资金363万元,建设县中学、城区二完小智慧中心,为乐安小学配置计算机教室及一体机。整合招商银行和广东援助金41.52万元,为城区二完小和大盖小学配置学生电脑、交互式一体机等信息化设备。开办录播式网课班6个、植入式网络教学班30个、观摩式教学班11个,启动河口小学教育装备试点改革(县级)。开展教师业务培训493人次,信息技术应用能力提升工程远程培训742人次。投入资金160.73万元为学生购买校方责任险、学校防雷设备检测、安全设备、后勤物资等;开展校园周边治安环境整治5次,督查指导12次。全面实施免除学前教育3年保教费,免除公办在园幼儿保教费103.22万元;继续实施义务教育"三免一补"政策;发放家庭经济困难寄宿制学生生活补助643.62万元,支付农村义务教育学生营养改善计划资金384.2万元;办理121名学生生源地信用助学贷款93.3万元,发放资助资金193.02万元,形成政府总揽、乡(镇)抓入学、乡(镇)学校共同抓巩固、学校抓质量的"控辍保学"工作格局。按照"四化联动"管理标准,继续实行寄宿制学校肉、蔬菜、营养餐等生活物资集中配送,规范操作流程,落实安全责任,开展食品安全专项大检查3次。

【农村文化】 2017年,新龙县完成19个乡(镇)综合文化站、40个贫困村农家书屋图书二维码申请和编目回溯建库工作;完成200套广播电视"户户通"、15个广播"村村响"、20个文化室文化设备配送,建设阅报栏24个、农家书屋96个,补充更新20个贫困村的出版物。开展春节等重要节点群众文化活动5场次、"送文化下乡"活动142场次;开展原生态锅庄舞、曲艺、小曼陀铃等文体辅导8次;乡(镇)利用农闲组织农牧民跳锅庄、唱山歌、赛马等文体活动9场次。开展农村公益电影标准化放映培训2次,放映1464场次,订购3110场次,兑现农村公益电影放映补助14.64万元。举办保护非遗宣传,完成新龙县国家、省、州三级非遗项目和非遗传承人11个视频数据录制;统计县级红色文物、不可移动文物"格日沟战役遗址"1处;完成银多胖翁比姆转经房、拉日马佛群塔、拉日马彩绘石刻参加第九批省级文物申报文本内容收集和上报。开展日常执法36次,出动执法人员325人次,累计检查文化经营场所175家,联合公安、工商、安监等部门开展执法行动6次、专项整治检查5次,清缴盗版光碟1256张。

【农村卫生】 2017年,新龙县22个乡(镇)卫生院实行药物集中网上采购,上网跟标采购率和资金集中支付比例为100%,基层医疗机构门(急)诊每次平均药费和住院药费同比下降15%以上;人均基本公共卫生服务经费标准提至50元。城乡居民规范化电子档案4.9万份,建档率达96%。投入8358万元,完成22个乡(镇)卫生院标准化建设并投入使用;建设完成村卫生室55所。完成16个村卫生室建设,新建"三室合一"13个、维修3个,新购设施设备16套。选派5名区、乡卫生临床专业人员参加全科医生转岗培训,抽调22名乡(镇)卫生院业务人员到县级医疗机构进修学习2个月。通过B超筛查20565人,新发现包虫病人7人,累计发现病人313人(其中失防33人、死亡20人),有病人260人,药物治疗208人,介绍到州医院手术治疗129例,对病人随访督导79人。开展示范点健康教育课242次。

【农村交通】 2017年,新龙县除特殊路段外,严格按照通乡油路6.5米宽度、通村公路4.5米宽度设计施工。投入5244万元,建成洛古、雄龙西、甲拉西3乡通乡油路21.2千米;投入47414.52万元,建成64个通村通畅项目,里程数459.152千米;建成乡(镇)客运站点6个、农村招呼站72个,完成11个"退出村"村内道路建设29.748千米、入户道路57.134千米;开通县城至沙堆乡、县城至和平乡农村客运班线,投入农村客运班车2辆。投入资金165万元,清理泥石流、滑坡、塌方约21万立方米,确保汛期主干线公路畅通。完成玻璃沟口至其特(复建)路的协调工作和库底清理。

【农村社会保障】 2017年,新龙县城乡低保覆盖13075人,发放低保金2935万元;特困供养109人,发放供养金159万元;发放救灾救济款20.4万元,发放优抚金169.76万元。完成350人次就业、创业、技能技术培训,成功举办就业扶贫招聘会,开发公益岗位1594个,实现转移就业3325人。为1200名困难家庭失能老人和80岁以上高龄老人提供居家养老服务。

【农村生态建设及环境保护】 2017年,新龙县安装红外相机40台,救助国家级保护动物黑熊和野生水鹿各1只。配合省林科院完成第九次森林资源一类清查。编制实施《水土保持规划》,制订出台59条河流"一河一策"管理保护方案,全面落实河长制。治理沙化草场4524亩、地质灾害7处,73个村级垃圾处理设施设备投入使用。完成《四川省雅砻江新龙县城区(三期)防洪堤工程实施方案》《新龙县河道采砂规划》等编制和新龙县乐安乡桑郎村小流域治理工程财评规范采砂管理,出动车辆30余台次、执法人员和管理人员共50余人次,打击违法采砂36起。

【主要领导人】 县委书记:泽仁汪堆;县人大常委会主任:洛绒;县长:董德洪;县政协主席:泽翁;分管农业副县长:多吉格西。

新龙县编写组

德格县

【基本情况】 2017年,德格县辖26个乡(镇),辖区面积11955.55平方千米。

【乡村旅游】 2017年,德格县接待游客39.754万人次,完成年度目标任务的104.62%,其中入境游客2.655万人次,国内游客37.099万人次。实现旅游总收入3.9744亿元,完成年度目标任务的104%,其中国内旅游收入3.32946亿元。乡村旅游接待游客5.612万人次,完成年度目标任务的102%;实现乡村旅游收入1122.4万元,完成年度目标任务的102%;乡村旅游从业人数在旅游旺季达到310人,完成年度目标任务的103%。完成省级旅游扶贫示范村——普马乡基足村的授牌挂牌。

标准化建设。9月,德格县完成1家旅游精品特色业态经营点、1家旅游特色业态经营点的创建及申报工作;10月,完成柯洛洞乡独木岭村2家省级民宿达标户的创建及申报工作,完成阿乡错通村1家三星级乡村旅游星级酒店的创建及申报工作;11月,完成州级休闲农业与乡村旅游示范村——独木岭村申报工作。

开展民居接待户评选工作。援助资金100万元在德格县乡村民宿发展较好较成熟的民居接待户中挑选10户,每户通过"以奖代补"的形式给予10万元的改造升级费用,并进行挂牌。

行业管理。全县加强旅游安全监管,突出抓好旅游安全生产,重点抓好节假日以及重要活动期间的安全检查工作。春节、端午节、中

秋节、"十一"等节假日期间,联合食品药品监察局、工商、安监、公安、消防等部门对全县旅游市场进行了全面的安全大检查,全年专项检查、综合执法检查共17次。对需要整改的公司提出整改意见,并定期进行检查。开展全县旅游旺季旅游市场综合治理活动、汛期旅游市场安全活动、安全生产专项整治等活动,并设立相关活动专卷。实行24小时值班制度,全天候接听、处理旅游投诉,认真回答各类旅游咨询,及时快速处置各类突发事件。对受到投诉的旅游企业、从业人员等做好惩戒名单登记。全年旅游投诉受理率、结案率、满意率均达100%,全县旅游行业做到了"零"重大安全责任事故。完成旅游从业人员、讲解员培训班1期,培训学员34人。

宣传营销。制订了《"5·19"中国旅游日活动宣传方案》,出台系列优惠政策,包括印经院景区门票半价、免费观看民俗表演、免费讲解等;制定"十一"期间旅游宣传资料,在各重点旅游乡(镇)及景区(点)设置旅游免费咨询点8处,共发放宣传资料1500余份,接受游客咨询4500余次;开展了国庆、中秋文艺表演,德格旅游知名度进一步提升。

【主要领导人】 县委书记:嘎绒拥忠;县人大常委会主任:吴忠贵;县长:黄杰;县政协主席:熊文华;分管农业副县长:李洪俊。

德格县编写组

白 玉 县

【基本情况】 2017年,白玉县辖15乡2镇,辖区面积10386平方千米,其中耕地面积8.3792万亩,增长0.03%,人均耕地面积1.47亩。年末总人口5.69万人(户籍人口),增长0.03%;人口自然增长率6.92‰,增加0.22个千分点。有林地面积50.7万公顷,活立木总蓄积量4057万立方米,森林覆盖率42.03%。

2017年,全县GDP12.45亿元,增长6.3%,其中第一产业增加值3.59亿元,增长4.3%;第二产业增加值6.09亿元,增长7.1%(工业产值6.93亿元,增长11%);第三产业增加值2.77亿元,增长7.5%。三次产业对经济增长的贡献率分别为8.2%、68.8%和23%。全年接待游客30万人次,实现旅游收入3亿元,其中乡村旅游收入3200万元。

公路通车里程2242千米。社会消费品零售总额3.01亿元,增长11.4%。地方公共财政预算总收入完成1.21亿元,减少24.9%;公共财政预算总支出15.65亿元,增长29.7%,其中农业投入3.41亿元,占支出的21.8%。金融机构各项存款余额21.37亿元,比上年初增长12.7%;各项贷款余额4.55亿元,比年初增长15.9%。有省级农业产业化龙头企业1个。

有各类学校37所,在校学生7552人,教职工607人,其中普通中学1所,在校学生908人;小学17所,在校学生5164人。有卫生机构178个,病床位455张,卫生技术人员251人。新型农村合作医疗参合人数46359人,参合率99%。

【年度农业和农村经济运行】 2017年,白玉县实现农业总产值1.11亿元,增长10.9%。农民年人均可支配收入达10273元,增长12%。全年兑现草原生态保护补助资金3895万元,兑现耕地地力保护补贴资金312.12万元。

2017年白玉县主要农产品产量

主要农产品	单位	产量	同比(%)
粮食	万吨	1.16	2.7
青稞	万吨	0.94	2.6
小麦	万吨	0.015	-25.6
马铃薯	万吨	0.1979	2
油菜籽	万吨	0.055	-9
蔬菜	万吨	0.6	33
肉类	万吨	0.4313	-2.4
猪肉	万吨	0.001	10
牛肉	万吨	0.397	-2.4
羊肉	万吨	0.034	-2.1
牛奶	万吨	0.7819	6.3

农用地产权制度改革。全县完成12个农业乡、133个村、7535户农村土地确权外业测绘及公示工作,确认地块数28799块,数据矢量化面积82317.64亩。引导农户完成农村土地流转面积1781.2亩,流转土地价格在500~1000元。通过土地流转,人均增收230元左右。

农产品品牌战略实施。沙马乡、盖玉乡、建设镇通过"无公害农产品产地整体认证",白玉县"察青松多"高原野生菌类产品获得首届"圣洁甘孜"十大类知名产品,启动昌台牦牛、牦牛肉产品及白玉黑山羊、羊肉产品地理标志认证申报工作。

【种植业】 2017年,白玉县完成农作物播种面积62000亩,其中主粮播种面积52000亩(青稞44837亩、小麦843亩、马铃薯6062亩、豆类258亩)。完成现代农业产业基地20000亩建设任务,其中黑青稞10000亩、油菜5000亩、中药材2000亩、蔬菜3000亩。完成粮食生产1.16万吨。

【林业】 2017年,白玉县大力实施天然林资源保护公益林建设工作,完成封山育林0.5万亩、国有林森林抚育任务1万亩。开展绿色通道植被恢复"路种花"工程整合建设,共完成植被恢复60千米、路种花58千米的建设任务,包括场地平整22万平方米、客土12万立方米,栽种青杨、旱柳1.2万株、紫叶李100株、大叶黄杨150球,花种947千克、草种2078千克,围栏1万米。新增林地面积22万平方米。

【畜牧业】 2017年,白玉县牲畜存栏29.75万头(只、匹),牲畜总增率、出栏率、商品率分别达18.1%、18.2%、16.1%。完成肉类产量4313吨、奶产量7819吨。牲畜品种改良1000头;开展本地品种选育3000头(只),其中牦牛2000头、山羊1000只,引进种公牛70头。开展口蹄疫、禽流感等重大动物疫病防控强制免疫56.8万头(只、羽)次,其中春季重大动物常规免疫29.6万头(只、羽)次、秋季重大动物常规免疫27.2万头(只、羽)次;动物重大疫病免疫抗体合格率达70%,全年无重大动物疫病发生。动物产地检疫率100%,屠宰检疫率100%,"瘦肉精"等违禁药品检出率为零,全年无畜产品安全事件发生;兽药规范化管理率90%;动物卫生及兽药监督执法违法案件查处率达100%。

【统筹城乡与新型城镇化】 2017年,白玉县坚持规划引领,紧扣"七管齐下、四态合一"思路,深入开展城乡提升工作,全面做好藏区新居建设、基础设施建设、廉租房建设、环境治理等各项工作。全年完成新建245户(非易地搬迁扶贫困户)、改建251户藏区新居建设任务;建设单体式洗澡间1339间、集中式洗澡间5间,采购安装太阳能热水器1365台、太阳能路灯1244盏、垃圾池10个,建设联户路22千米;投入2.38亿元,实施21个市政项目建设,完成河东后街道路改(扩)建等7个项目;投资1.5亿元,实施盖玉等5个乡(镇)便民服务中心等17个建设项目,完成投资8993.6万元,完工项目2个。投资1.27亿元,实施农

村农房风貌改造项目、传统村落保护等项目5个，均已开工建设，完成投资5072.9万元。开展“一镇四乡三线”城乡环境专项整治行动，共走访调查790户，其中违规搭建480户，已拆除395户，清理占道车辆60辆，清理占道经营7起，处罚垃圾乱倒13起，清理垃圾17吨。全年城镇新增就业332人，城镇失业人员再就业15人，城镇登记失业率控制在4.2%以内。

【新村建设】 2017年，白玉县按照“兴业、家富、人和、村美”的新村建设要求和“住上好房子、过上好日子、养成好习惯、形成好风气”的“四好村”创建标准，扎实开展新村建设和“四好村”创建活动。全年建设扶贫新村22个，其中幸福美丽新村20个(累计建设42个)。计划完成投资3608.17万元，其中省级投资2164万元(示范县资金800万元、扶贫新村资金1364万元)、县本级财政整合资金1444.17万元，实际完成投资3888.95万元。全年共创建完成县级“四好村”33个，累计达48个;州级“四好村”17个，累计达26个;省级“四好村”1个。

【扶贫攻坚】 2017年，白玉县完成22个贫困村退出，771户贫困户、3573名贫困人口脱贫;扶持生产和就业发展一批，1902名贫困人口脱贫;移民搬迁安置一批，204户贫困户、1080名贫困人口脱贫;低保政策兜底一批，134户贫困户、457名贫困人口脱贫;医疗救助扶持一批，对建档立卡贫困人口落实“十免四补助”，实现贫困患者在县城内住院治疗个人支付费用“零支付”。

紧盯“两不愁”，立足实际持续促进群众增收。紧紧围绕推动群众可持续增收，狠抓产业发展，大力扶持贫困户就业，落实各类社会保障政策，确保“过上好日子”。一是抓产业发展。立足地形走势和资源分布，按照“两轴四片六基地”产业发展思路，大力发展优势产业。2017年，12个已退出村和22个计划退出村在50万元产业发展扶持基金的扶持下，农户自筹100余万元用于产业发展，通过“政府+合作社+农户”等发展模式实现盈利近200万元，群众切实依托产业实现稳定增收。二是抓就业扶贫。按照“贫困户一户一就业”目标，为贫困户开发公益性和公益类岗位1125个，灵活就业1013人，纵深推动就业扶贫。三是抓社会保障。全面启动社会兜底对象复核工作，开展残疾人等级鉴定和贫困人口疾病筛查活动。将3168户、8762名农村低保人员，700名困难残疾人，197名孤儿纳入到社会兜底范畴，确保“一户不留、一人不漏”，实现“应兜尽兜”。

围绕“三保障”，精准施策不断推动民生改善。一是围绕“住房有保障”目标，2014年以来，共计投入资金20267万元，新建房屋712户，维修改造房屋689户，同步建成215套农(牧)区廉租房，确保为建不起房、改不起房的特困群众提供廉租房和过渡性住房，全县安全住房问题得到有效解决。二是围绕“义务教育有保障”目标，坚持“治贫先治愚、扶贫先扶智”，通过发展教育祛除群众思想上的顽疾和穷根，最终实现全面脱贫奔康。一方面狠抓控辍保学，严格落实“六长”责任制，确保在校学生达8220名，贫困户适龄儿童学生入学率达100%，无辍学现象发生;另一方面，围绕学校标准化和信息化建设，投入资金2.6亿元，实施县、乡、村三级学校提档升级项目45个，不断改善学校面貌，提升办学条件。三是围绕“基本医疗有保障”目标，全力解决贫困群众看病就医问题。落实贫困人口“十免四补助”政策，设立500万元卫生扶持基金用于医疗救助，累计救助1340人。县财政配套169.9万元，实现贫困人口参加城乡居民基本医疗保险全覆盖，参保率达100%。

聚焦“户三有、村五有”，均衡推进基础设施建设。“户三有”方面，在稳步推进贫困户“三保障”的基础上，全力完成安全用水、生活用电和广播电视等“三有”目标。投入资金328.6万元，解决8682名贫困人口的安全饮水问题;已解决1776户贫困户用电和广播电视户问题。“村五有”方面，在实现34个贫困村贫困发生率低于3%的基础上大力实施集体经济培育，村道硬化，网路覆盖，文化室、卫生室配套等项目，进一步夯实脱贫基础，全面实现“村五有”目标。

强化对口协作，充分运用对口帮扶资源促脱贫。全县高度重视与对口帮扶单位的深度合作，着重用好广东省中山市、成都市武侯区等省内外对口帮扶资源，从最初的对口支教到智力、财力、项目、党建援助全面推进，借智添力工程取得明显实效。按照《成都市武侯区对口帮扶甘孜州白玉县规划(2017—2021)》，计划5年投入援藏资金1.57亿元，主要用于贫困群众住房安全保障、义务教育保障、基本医疗保障、产业发展、人才培育和基层政权建设等6个方面。2014年以来，广东省对口援建涉及资金3380万元，涵盖9个民生项目，已完成5个项目并通过竣工验收。四川旅游学院投入资金50余万元，完成对全县338名县、乡、村三级干部培训3期，财务人员培训2期。积极对接，建立“联姻帮扶”长效机制，实现成都市武侯区29所名优学校与全县“1+21”所学校结对，四川发展控股有限公司每年为白玉县培养50名贫困中职学生并推荐就业。

【乡村旅游】 2017年，白玉县依托丰富的旅游资源和浓厚的民族文化底蕴，着力打造文化艺术和旅游精品，推进文化旅游产业发展;积极开展对外宣传，努力提高白玉县知名度。抓好旅游市场监管和旅游统计工作，改善旅游接待条件，积极申报察青松多主题宾馆。开展“5·19”旅游讲解大赛。在主要宾馆酒店、公路沿线等发放旅游《宣传折页》《白玉旅游指南》《盛德白玉》专辑等各类宣传资料3000余册。开展旅游摄影图片展，进行旅游推介。开发以河坡民族手工艺产品为主的旅游纪念产品3类、200件。探索户外运动旅游线路开发，开展察青松多徒步穿越行动线路考察工作。积极与旅游学院会商，初步达成开展山岩父系文化挖掘、A级景区创建、旅游纪念品开发、藏餐菜品研发、户外运动赛事引进等5项帮扶合作协议。全年实现接待游客30万人次、旅游收入3亿元的目标任务。

【农村水利】 2017年，白玉县投入资金328.6万元，解决了全县22个贫困村、805户3549人饮水安全问题。组织实施盖玉乡德沙孔村扶贫产业蔬菜大棚灌溉工程，新建取水设施1座，铺设各类PE管道2.305千米。新增有效灌面150亩，完成投资35万元。继续推进水土保持工作，按时录入四川省河湖名录基本信息动态系统，建立县、乡、村三级河(段)长组织体系，实现河长制组织体系全覆盖。

【农业机械化】 2017年，白玉县推广农机新机具210台(套)，开展农机具购置补贴国补、省补购机补贴，兑现购机补贴39.1万元，购机补贴进度完成90.9%。全年完成机耕36204亩、机播16190亩、机收7087亩、农机合作社机械化作业面积720亩，农机总动力达49200千瓦。与各乡(镇)签订《农机安全生产责任书》，落实安全生产责任制，加强牌照管理和路检路查工作，拖拉机年检率达20%。

【农村科技】 2017年，白玉县推广青稞、蔬菜、马铃薯、中药材等各类作物良种48360亩，良种覆盖率达93%。实施测土配方施肥10000亩。完成农村实用技术培训15400人次，完成新型职业农民培训72人次。出动车辆72台次，印发各类资料15300余份、挂图180张。全面开展技术走基层服务，集中开展蔬菜栽培技术培训、马铃薯栽培技术培训、青稞栽培技术培训等服务。

【农村教育】 2017年，白玉县累计争取各类专项资金和对口帮扶资

工作。汛期定期开展环境风险隐患排查,居民集中式饮用水水源地水质达Ⅱ类标准。完成沙化治理0.71万亩,总投入568万元。制订了《白玉县2017年大气污染防治方案实施计划》《白玉县2017年水污染防治方案实施计划》《白玉县2017年水污染防治方案实施计划》《白玉县2017年土壤污染防治行动计划实施方案》,积极推动落实方案,使全县大气、土壤、水环境质量得到持续改善。

【农产品质量安全监管】 2017年,白玉县重点抓好本地农产品产地环境监测和污染源治理,开展农资打假专项治理行动,做到到产地检疫、到市场抽检。全年共完成农产品抽检22批次,抽检果蔬样品236个,农产品质量安全抽检合格率100%。对全县蔬菜生产基地开展农药残留监测,经检测无农药残留超标。开展饲料产品质量安全检查1次,饲料产品质量合格率100%。完成县农产品质量安全监督检验检测中心站建设。

【农村市场体系建设】 2017年,白玉县加大对"三农"服务的投入力度,增强"三农"服务软硬实力。加大信贷投放力度,确保完成"两个不低于目标"。建立客户联系机制,及时收集和掌握相关信息,为贷款营销与发放奠定基础。以"惠农卡"为载体,以电子产品为渠道,向农户发放农户小额贷款,代发财政支农补贴、社保、医保等。继续推广和做好农户小额贷款、助业贷款;继续主动提供信贷、结算、代发工资、银行卡等金融服务,积极为加快民族地区教育事业发展提供金融服务。全年新增助农取款移动POS机6部,新发行惠农卡328张,累计发行惠农卡12839张;新发行社会保障卡3915张,累计发行社会保障卡12856张;新增特约商户4个,累计安置特约POS机具46个,安置银讯通8部。全年发放农村个人生产经营贷款1650万元,农户小额贷款378万元。

【劳务开发与返乡创业】 2017年,白玉县开发公益性岗位85个;全年开展劳务品牌培训182人,青年劳动者技能培训232人;新建3个高校毕业生见习基地;帮助4名高校毕业生成功创业,发放创业贷款45万元。

【发展特色产业,助力乡村振兴】 白玉县有耕地面积83792亩、草场800.4856万亩,县城距省会成都998千米、距州府康定622千米,属典型的偏远落后地区。各项经济指标总量小,在全州虽名列前茅,但在全省183个县(市、区)中排名垫底。在产业发展上,产业培育难成规模,除矿业外其他产业尚未形成规模,其拉动经济发展、带动农牧民增收效果差,特别是农牧产业化和商品化程度低,导致全县产业发展任务重、压力大,"造血"功能亟待增强。

举旗帜、明方向,构建产业发展新格局。白玉县始终坚持"一优先二有序三加快"的产业发展思路,围绕群众增收致富,加力推进特色农牧业和旅游业,加快发展中藏药业和特色文化产业。县委县政府提出在实施农副产品"进武侯、销沿海"和电商全覆盖战略基础上,在2020年以前着力构建白玉县"两轴四片六基地"产业发展新格局,助推群众稳定持续增收。"两轴",即以欧曲河、赠曲河沿线为轴,形成农副特产品种植和培养区域。"四片",即以赠科乡、热加乡为主,集中打造中藏药和高产农业产业片;以章都乡、麻绒乡、绒盖乡、建设镇4个乡(镇)为主,集中打造高原苗木、花卉培育科学种植实验产业片;以登龙乡为主,建立黑山羊、藏系绵羊养殖牧业产业片;以阿察镇、纳塔乡、安孜乡、辽西乡、麻邛乡、麻绒乡6个牧业乡(镇)为主,集中打造高品质牧业产业片。"六基地",即在建设镇麻通村建立河坡民族手工艺和民俗风情展示基地;在灯龙乡依托现有黑山羊种群建立高原黑山羊养殖基地;在赠科乡定布村、上比沙村和下比沙村流转土地5000亩建立中藏药材种植基地;以盖玉乡、沙马乡为主,附带麻绒乡、章都乡、绒盖乡5个乡(镇)建立野生黑木耳抚育和林下菌类加工基地;在昌台片区建立牲畜育肥、补饲、防疫的集中高产牲畜基地;在中区片区建立高原苗木、花卉培育科学种植实验基地。

抓落实、夯举措,探索产业发展新路径。一是大力发展旅游产业。抓住全州纳入国家全域旅游试点地区的机遇,白玉县以察青松多国家级自然保护区、拉龙措国家级湿地公园和河坡民族手工艺等优势资源为依托,打造阿察生态帐篷城、河坡乡普马藏族文化旅游风情村等旅游景点,加快完成过境公路沿线观景台及旅游标识标牌、公共厕所、综合服务站等旅游基础设施建设,依托格萨尔文化旅游圈,积极融入旅游大环线,深挖特色旅游线路,开发具有地方特色、物美价廉的旅游纪念品,全力打造生态文化旅游品牌,完善旅游综合服务体建设。已完成麻绒乡德来村乡村旅游示范村基础设施配套建设70%工程量,预计2018年5月底全面建设完成;积极申报察青松多主题宾馆,引导群众创办农家乐5家,将金沙乡八吉村户主根秋尼玛列入民居接待示范户建设,全县乡村旅游从业人员达200余人;大力发展特色旅游产品,开发出以河坡手工艺产品为主的旅游产品3类200件,取得初步市场效益。二是深入开展全域旅游示范区建设。深入开展现代农业产业融合示范区建设,组建县属农业产业投资开发有限责任公司,培育2家以上省级龙头企业。力争2020年前建成阿察镇、盖玉乡、河坡乡等特色旅游小镇,将普马村建成乡村旅游扶贫示范村。分步建设河坡乡、盖玉乡、建设镇、赠科乡现代农业产业融合示范区。全力申报电子商务进农村综合示范县。通过与高校和科研机构对接,拟在2018年在赠科乡开展特聘农技员试点建设,预计特聘农技员5人,帮助贫困农户发展特色产业,加强现有农技员培训培养,实现贫困村村村有农技员。三是大力发展特色农牧业。全县坚持"宜养则养、宜牧则牧、宜种则种"的指导思想,形成昌台片区以牦牛养殖为主,白玉片区、盖玉片区以无公害大棚蔬菜种植,藏香猪、藏鸡养殖为主,河坡片区以优质粮油生产基地为主的产业布局,提高农牧业组织化、市场化水平。一方面,借助对口支援平台将特色农牧产品推向内地市场,已将赠科乡八垭村紫皮蒜推向了成都市武侯区伊藤洋华堂超市;另一方面,不断完善全县农村电子商务公共服务平台、物流配送中心和农产品检测中心,将资源优势转化为群众直接收入,2017年完成2个电子商务服务站建设、1个电子商务服务中心建设和15个村级电子商务服务点的建设,力争到2020年完成45个电商服务站点建设。四是大力发展中藏药业和特色文化产业。全县计划到2020年之前在规范提升仲学村中藏药种植基地的基础上,在赠科乡定布村、上比沙村和下比沙村流转土地5000亩建立中藏药材种植基地。继续采取"院校+企业+基地"合作模式,大力发展南派藏医药,建立完善藏药制剂和康养中心,做优做强中藏药业。依托噶拖寺悠久历史、山岩父系部落、盖玉神秘树葬、古老沙马王朝、灯龙指舞锅庄等特色民族文化,加强文化遗产申请、保护、传承与开发,大力培育具有独特魅力的文化事业和文化产业。五是构建新型农业经营体系。探索完善"农户+合作社+加工流通""农户+基层供销社+合作社+加工""基地+农户+合作社+龙头企业"等融合模式,制定农村产业融合优惠政策,引导社会广泛参与。不断改善农业生产条件,积极培育农业生产、加工、流通型经营组织,提升数量和质量,推动农业产业化进程。按照每个贫困村有一个经营主体的要求,全县新增土地流转面积1157.24亩,涉及5乡7村201户,发展经营

主体15个。2017年新增农民专业合作社26个,累计发展农民专业合作社51个。按照"民办、民管、民受益"的原则,全县运用市场经济规律引导专业合作社自我管理、自我发展,指导、帮助各专业合作经济组织建立健全财务制度、风险保障制度、分配制度、社员奖励制度等,持续稳妥发展村集体经济。六是加快品牌创建。按照全州统一打造"川藏高原特色畜产品品牌"的要求,规范养殖条件,着力打造"昌台牦牛""白玉黑山羊""察青松多藏猪""察青松多藏鸡"特色品牌。全县沙马乡、盖玉乡、建设镇通过无公害农产品产地整体认证。白玉"察青松多"高原野生菌类产品获得入选"圣洁甘孜"十大类知名产品。七是深化东西扶贫协助和省内对口帮扶。借力广东对口就业项目支援、省旅游学院、川发展和州职校平台,每年开展职业培训和专业技术培训,培养了一批"留得住、带不走"的高素质本土人才队伍。充分利用对口援助和招商引资平台,拓展本土特色产业销售渠道,按照"互惠互利、合作共赢、共同发展"的原则,引进龙头企业到县研发营销高原特色农畜产品等,着力推动了白玉特色产业发展。

转方式、补短板,夯实产业发展基础。聚焦"水电路",补齐基础设施短板。全县针对还有4个乡未通油路、60条通村硬化路需建设、1个村未通公路、17个村和16座寺庙未通通信信号、289户未通电、群众行路难、用电难等民生问题,积极推进"水电路"三大工程"补短板、惠民生"行动。一是在村通畅方面,全县完成通村硬化路359.5千米(包含精准扶贫项目36个村250.5千米)。二是安全饮水建设方面,实施36个贫困村安全饮水巩固提升工作,共涉及贫困户262户1214人,非贫困村贫困户涉及17个乡(镇)543户2335人,完成投资142万元,共铺设各类PE管道239.24千米,解决805户3549人饮水不安全问题。三是电力设施建设方面,投资4000余万元,实施全县农网改造升级工作,已完成主体电网工程建设并投入使用,基本实现农村电网安全高效、稳定可靠的供电服务全覆盖。强化职业培训,补齐技能短板。全县以农业科技大示范、大推广、大培训为抓手,完成农村实用技术培训15400人次,完成新型职业农民培训72人次,印发各类宣传资料15300余份、挂图180张。全面开展了"技术走基层服务",集中开展蔬菜栽培、大蒜种植、马铃薯栽培、中藏药材种植等技术培训服务。2017年开发公益性岗位126个、公益类岗位398个,解决524名贫困人口就业问题;借力省旅游发展委、州中职学校、雅安技能培训学校,对563名农牧民群众进行了烹饪、汽修、旅游管理等实用技能培训,促进群众就业,促进短期脱贫。

【主要领导人】 县委书记:康光友;县人大常委会主任:周玉红;县长:阿央邓珠;县政协主席:何康雷;分管农业副县长:马春林。

白玉县编写组

石 渠 县

【基本情况】 2017年,石渠县辖22个乡(镇),辖区面积25191平方千米。

【农业产业稳步开展】 2017年,石渠县农作物播种面积4.78万亩,良种推广3.47万亩;粮食总产量8041吨,蔬菜总产量2371吨,油菜总产量481吨,中藏药材产量1.5吨,实现产值达1亿元。大力推广农业机械化,全年机耕面积3.3万亩,机械化率70%。落实农业惠民政策,全年发放惠民资金296万元;完成农村实用技术培训1.2万人次;完成洛须片区农村土地承包经营权确权登记、颁证工作;发放农户科学储粮"小粮仓"2万套。

【畜牧业持续发展】 2017年,石渠县各类牲畜存栏44.83万头(只、匹),增加8.05万头(只、匹);出栏牲畜8.05万头(只),出栏率18%;出售肉用畜6.26万头(只),商品率14%;肉类总产量0.55万吨,奶产量1.88万吨。稳步推进"一江一路"百公里绿色生态产业发展示范带,"藏系绵羊"申报为国家农产品地理标志并参加第十五届中国国际农产品交易会;色须达龙合作社肉牛、日扎合作社肉羊获得无公害畜产品产地认证。按照"全面保护、重点建设、有效治理、合理利用"的方针,严格执行《石渠县人民政府草原管理暂行规则》,促进草原可持续利用与生态、经济、社会协调发展;发放全年草原生态补助奖励资金1.4亿元。推进现代家庭牧场建设,配备多功能牲畜巷道圈、暖棚、敞圈等;投入1250万元,完成包虫病畜间防控中心项目;投入1050万元,建成牲畜集中屠宰场5个;改良天然草地10.3万亩,建设抗灾保畜打贮草基地和优质牧草基地3000亩;畜种改良2287头(只),牲畜参保7100头(只),强化动物生物免疫,切实提高防病抗病能力。

【城乡建设扎实有序】 2017年,石渠县进一步完善城乡规划体系,落实"三证一书"建设审批制度,深化"四区"管理、"五线"控制;严格按照"七管齐下""四态合一"要求,开展县城风貌提升、洛须唐蕃风情小镇规划和城乡环境综合治理各项工作。切实"做强县城",投入1.08亿元,完成后山路和胜康沟棚户区改造、供排水管网建设、尼呷镇农贸市场等7个项目建设;切实"做优乡镇",投入0.95亿元,完成色须、洛须市政道路改(扩)建、瓦须基层政权建设等8个项目;切实"做美村寨",投入500万元,完成阿日扎帮充村、蒙宜科龙村2个项目,投入2846万元实施幸福美丽新村建设。阿日扎撤乡建镇已获省批,全县已达1县7镇,位于全州前列,新建芒科乡工作有序推进;完成700套干部周转房建设;投入2200万元完成藏区新居建设1100户;投入493万元对乡(镇)办公用房进行维修加固。

【脱贫攻坚扎实推进】 2017年,石渠县持续深入推进"五大扶贫工程""22个专项",实现33个贫困村"摘帽"和1314户5358人脱贫,完成2017年年初制定的1307户5071人脱贫任务;制订贫困村退出"一村一品"及贫困户脱贫"一户一策"规划方案;完成色须、起坞等12个乡(镇)电商服务站点建设,完成宜牛、新荣等11个乡(镇)便民服务中心设施设备采购;投入1.78亿元,完成788户2763人易地扶贫搬迁;低保兜底9928人,向家庭年收入低于国定扶贫线的农村低保对象发放特殊生活补贴;在教育扶贫基金库中为4170名建档立卡贫困户子女资助学费476万元;向742户贫困户发放小额信贷基金3680万元。落实贫困户"十免四补助",实现贫困患者在县内住院治疗个人支出费用占比控制在10%以内;投入8.06亿元,建成贫困村、示范村通畅工程1151千米;投入2850万元,新建、改造贫困村安全饮水241处,惠及726户2829名脱贫群众;引导贫困村组建专业合作社113个,将"单打独斗"转变为"抱团取暖",多渠道促进特色产业发展;投入1120万元,完成垃圾转运设备、厕所等藏区新居配套设施建设;投入1645万元,建设33个"摘帽"村村级文化室、卫生室和活动室,筑牢基层政权堡垒;启动"新牧民养成计划",村集体经济实现可持续发展;投入1400万元,完成"摘帽"村通信基站建设;强化教育宣传,通过农牧民夜校、马背宣讲等形式,积极引导群众思想观念逐步从"要我脱贫"向"我要脱贫"转变,充分激发群众内生动力。

【交通建设全面深入】 2017年,石渠县投入9353万元,建成通乡通畅油路56.8千米;投入502万元,建成9个乡(镇)客运站主体及26个村级招呼站;投入264万元,完成长须贡玛翁西河、长须干玛俄曲河危桥

改造；建成西区麻木河大桥；国道345线石渠至青海达日段、省道457线石渠至洛须段开工建设。

【水利建设稳步提升】 2017年，石渠县投入1200万元实施温波三村、四村草原节水移动灌溉工程，新增、改善灌面1万亩；投入1.15亿元，继续实施包虫病综合防治村级安全饮水工程，解决118个村2272户1.3万余人安全饮水问题；投入2046万元，完成包虫病综合防治色须镇供水工程；全面推行河长制，建立县、乡、村三级河长制管理体系，对全县146条河流分级分段设立河长247人；金沙江洛须镇河段防洪工程完成初设工作，雅砻江干流扎麦片区中心镇防洪治理工程进入招（投）标阶段。

【电力建设不断强化】 2017年，石渠县完成"十三五"电网规划编制工作，计划总投资1.95亿元；投入1824万元，完成石渠县"中心村"农网工程，国家电网进一步覆盖；落实汛期、重要节假日、重大活动期间的保电工作，电力供给平稳运行。

【文旅事业持续推进】 2017年，石渠县大力实施"全域旅游"战略，强化打造"世界最美湿地、千年唐蕃古道、石刻艺术王国、吉祥太阳部落"石渠名片，全年接待游客35万人次，实现旅游收入3.5亿元。完成申报普公坝、色须等省级湿地公园4个，积极推动长沙贡玛国家级自然保护区申报国际重要湿地工作；投入1250万元，完成巴格嘛呢景区游客中心广场建设；完成真达至德荣玛、色须至巴格嘛呢68.6千米旅游道路建设；巴格嘛呢、邓玛湿地等4个景区通过省级创A资源评审，相关配套工作有序推进；投入2274万元，完成省道456线沿线风貌改造；完成省道457线旅游标识标牌、观景台、停车休息区前期设计。文化体育活动中心完成建设，"两馆一站"正常运行。深入推进"送文化下乡"、农村电影放映等文化活动；加大文物保护力度，积极申报3座寺庙为省级、州级文物保护单位，有序推进邓玛宫廷舞和真达锅庄非物质文化遗产传承人申报工作。石渠县游牧部落服饰参加北京国际时装周，真达锅庄参加"第六届成都国际非遗节"；举办了第二届石渠县"太阳部落"帐篷节。

【教育事业持续推进】 2017年，石渠县落实"控辍保学"，与各乡（镇）签订《控辍保学目标责任书》，全县在校学生13955人，增加1836人。注重教育均衡发展，投入4085万元，实施"三免一补"政策，做到"应免尽免、应补尽补"；投入810万元，用于学生营养改善计划；投入2.12亿元，实施第二完全寄宿制小学、村小教学及辅助用房等18个项目；选送142名学生就读"9+3"、定专定向；资助666名大（中）专学生学费142万元；发放生源地助学贷款54人，贷款金额42.7万元；制订《石渠县提升教育教学质量三年攻坚计划》，招录专职教师251人、村级幼儿园双语辅导员158人，有效缓解教师紧缺问题。举办了全省包虫病流行县中小学校包虫病防治宣传教育现场集中培训会。

【卫计服务得到提升】 2017年，石渠县建立健康电子档案9.2万份，建档率95%。投入卫生扶贫基金20.3万元，救助189人次。开展疫苗查漏补种及重大传染病监测等工作。医疗卫生体制改革有序推进，完成23个乡（镇）卫生院标准化建设。建成县城包虫病防治干部周转房和藏医院、洛须中心卫生院干部周转房，包虫病防控中心和国家级鼠疫站监测点项目已完成总工程量的90%。

【包虫病防治巩固深化】 2017年，石渠县完成89个定居点、56.7万亩鼠害治理；以购买社会服务方式招录基层专业人员、驱虫员等249人，发放流水洗手器9000套，牛粪铲、胶手套1.4万套，包虫病防治摩托车309辆，同时配备166套太阳能电视和69套健康教育设备；犬只登记限养、无害化处理和驱虫等工作有序推进，家犬"身份证"管理工作持续深入，传染源得到有效控制；强化人群查治，全县人群筛查达93254人，有病人5891人，免费药物治疗5888人，实施手术596例，临床治愈551人；6～12岁儿童新发现病人检出率仅为0.28%。全力营造包虫病防治良好氛围，包虫病防治知识总体知晓率提高到87.94%，群众总体支持率达98.33%，综合防治试点工作顺利通过国家中期验收评估。

【社会保障日趋有力】 2017年，石渠县依托贫困村专业合作社解决农牧民就业5058人，结合国家过渡性安置政策，开发公益性岗位89个，发放资金60.2万元；开发公益类岗位165个，发放资金59.4万元。投入184万元，对688人进行劳动技能培训。城乡居民社会养老保险参保人数达50263人，发放养老保险金823万元；城乡居民医疗保险参保人数88491人，参保率达99.9%，支付医疗保险费用1674万元。强化劳动权益保障，调解农民工工资纠纷12起，追回工资89万元。全年发放城乡医疗救助、临时救助、孤儿生活保障金等785万元，发放最低生活保障金7300万元、救济粮20.5万千克；投入430万元，完成温波镇敬老院建设项目，对高龄老人提供居家养老服务。

【生态建设切实加强】 2017年，石渠县强化生态保护与治理，实地调研长沙贡玛国家级自然保护区，藏区首个以地球为主题的野外科考基地挂牌；开展生态红线保护区划定工作，落实环保督查各项措施，整改县城垃圾填埋场、污水处理厂，整治砂场18个，关闭11个；取消保护区内矿场探矿权1宗，在全县推广使用车载垃圾箱。加大乡村环境综合治理，投入1136万元，完成乡村垃圾池建设并配备垃圾转运设备；进一步加大草原"三化"治理力度，全面完成2015年、2016年退牧还草90万亩围栏建设，投入6950万元，完成草地补播、鼠虫害治理面积5.4万亩；投入2126万元，完成防护林建设项目3个；对2011—2016年实施的沙化治理、湿地恢复项目进行巩固提升；大力实施"山植树、路种花（草）、河变湖（湿地）"工程，组建森林草原防火专业扑火队，有效管护森林面积262.2万亩；实施整地栽植、人工造林、义务植树26万余株，完成省道456线绿化151.25千米，实施色须俄通河"河变湖"项目。

【宗教领域工作有序推进】 2017年，石渠县巩固38座寺庙提档升级工作，建立"一寺一台账""一寺一方案"，加强寺庙管理针对性和精准性；开展法治教育宣传212场次，覆盖僧尼1.58万人次。健全寺庙法制联系点，培养"法律明白人"130人；完成7150名僧尼信息采集和"两证"颁证工作，依法清退未成年僧尼205人；建立僧尼健康档案5893份，完善2574名低保贫困僧尼档案信息。加强人员管理，落实重点人员管控措施，安排100万元用于解决86名色达喇荣寺劝退人员安置和临时生活问题；严控寺庙规模，规范用地审批手续，完成寺庙打桩定界；严格执行"佛事活动只减不增"原则，规范申报审批程序；投入1722万元，实施寺庙"五通"工程。

【主要领导人】 县委书记：袁明光；县人大常委会主任：刘泽；县长：罗林；县政协主席：达瓦绒波；分管农业副县长：尼克月哈。

石渠县编写组

色　达　县

【基本情况】 2017年，色达县辖2镇15乡，辖区面积9338.98平方千米。

【城乡基础设施加快完善】 2017年，色达县坚持科学规划引领城乡

建设,完成《城乡风貌规划》《翁达总体规划》编制工作。累计投资1.81亿元,完成县城农贸市场建设,实施姑约路、第二水厂、污水处理、牦牛广场等8个市政项目和援藏干部周转房建设,扎实推进县城美化、绿化、亮化和风貌改造工程,着力打造"精、美、雅、特、靓、净"的牧区新城。建立"政府主导、市场运作、多元投入"的城市建设经营模式,启动了粮食局、企业局、老菜市场3个片区旧城改造提升工程。围绕建设"藏文化特色旅游风情小镇",加速推进洛若撤乡建镇50个基础设施建设项目,37个项目竣工使用,已完成投资11.16亿元。投资3360万元,实施泥朵、大则、色柯3个定居点住房及配套设施建设;投资2350万元,实施20个幸福美丽新村建设,完成25个"四好村"创建工作。翁达村入选全国"保障基本示范村"。

【脱贫攻坚再战再胜】 2017年,色达县紧盯贫困村"一低五有"、贫困户"一超六有"目标,累计投资11.46亿元,建成通村公路237.8千米、饮水工程633处、通信基站25个、高低压输电线路14.8千米、村民活动中心32个。实施产业扶贫项目96个,培育集体经济组织25个;探索县域内"飞地扶贫""抱团发展"新模式,启动格萨尔文化商贸园区综合体建设,助推"扶贫+文化+旅游+商贸"发挥叠加效应。全年实现25个贫困村退出、965户贫困户3977名贫困人口脱贫,贫困发生率由22.1%下降至13.8%。全县提前启动剩余43个贫困村的道路、饮水、通信、住房、活动室和产业发展等扶贫项目104个。

【交通建设实现重大突破】 2017年,色达县交通建设累计投资18.99亿元,相当于全县"十二五"期间交通建设投资总和。老折山隧道建成通车,省道454线(色泥路)、省道455线(色锣路)建设加快推进,实施村道硬化工程494.3千米,新建乡(镇)客运站2个、村级招呼站45个,开通县城至年龙、县城至歌乐沱客运班线2条。全县行政村道路通达率达92.5%。

【电力通信建设进展迅速】 2017年,色达县投资7632万元,实施城乡电网改造工程,行政村通水电率达87%。投资1.53亿元,新建通信基站53个,完成31个基站扩容升级,行政村通信覆盖率达86%。

【民族教育加快发展】 2017年,色达县压实"七长"责任,落实"控辍保学",1627名流失学生重返校园,全县中小学生达7853人,增加1968人,基本实现"应读尽读"。累计投资3877.5万元,完成杨各、旭日教学楼及学生食堂和克果、县城小、县中学教师周转房建设,新建幼儿园5所,办学条件进一步改善。招聘色达籍编外幼儿保教人员161人。落实义务教育阶段学生"三包"、营养改善、取暖补助资金2108.42万元,兑现2489名贫困学生救助资金327万元,发放369名初中及以上毕业生奖励资金53.9万元,为172名贫困学生提供助学贷款130万元。义务教育均衡发展顺利通过国检。

【文体广电健康发展】 2017年,色达县加快乡村文化室、阅报栏、体育场等文化体育设施建设,发放"户户通"设备773套、电视机1117台,全县广播电视覆盖率达94%。开展"送文化下乡"活动102场次、"送电影下乡"活动1801场次,制作《色达新闻》128期、专题栏目13期、专题片17部。

【卫生计生稳步发展】 2017年,色达县累计投资2219万元,新建疾控中心业务大楼和包虫病康复治疗中心、包虫病防控实验室,完成84个村卫生室设备购置工作。深入推进乡(镇)卫生院标准化建设,大力推行公共卫生服务均等化,开展传染病、地方病预防控制工作,城乡居民健康档案建档率达93.18%,农(牧)区孕产妇住院分娩率达88.6%,儿童保健管理率达85.53%,免费药物治疗包虫病患者2463人,免费实施白内障复明手术117例;兑现卫生扶贫、医疗救助、大病救助资金644.88万元,累计救助贫困患者11324人次。

【社会保障更加有力】 2017年,色达县全面完成全民参保登记,有序推进"多险合一",城乡基本养老、基本医疗保险参保率分别达69%、99%,兑现城乡基本养老资金429.9万元,报销城乡基本医疗资金1097万元。将建档立卡贫困人员、重度残疾人、孤儿等特殊人群全部纳入参保范围,实现政府全额代缴。实现农村低保、扶贫救助"两线合一"。按照"动态管理、应保尽保"的原则,扎实开展城乡低保清理工作,清退364人,有效防止了"错保""漏保""人情保""关系保"等问题。城乡低保分别覆盖620人、13352人,累计兑现城乡低保金2902.81万元。兑现486名城乡特困人员、95名孤儿生活救助金548.57万元。为2113名困难群众发放临时救助金80.5万元。认真落实拥军优抚安置政策,发放各类优抚资金109.99万元。投资364.22万元,新建色曲敬老院。

【生态旅游优势凸显】 2017年,色达县深入开展旅游大安全、治安大保障、市场大监管、服务大提升行动,加快推进"全域旅游示范县"创建,累计投资2949万元,加快实施瓦须游牧风情体验区、色柯318自驾游营地、翁达格萨尔藏寨风貌改造等重点旅游项目和5个乡村旅游酒店建设,加快完善国道317线、国道548线沿线观景台、旅游公厕、旅游标牌等旅游服务设施,格艺中心顺利实现3A创建,全域旅游基础稳步提升。全年接待游客65.2万人次,实现旅游收入6.46亿元,增长68%。

【生态农牧发展态势良好】 2017年,色达县紧扣"振兴畜牧业"计划,完成《五七牧场产业园区总体规划》编制工作;投资6956.8万元,新建标准化牲畜棚圈610套、饲草基地2500亩,牲畜总增率、出栏率、商品率分别达18%、18%、14%,肉、奶产量分别达6000吨、12700吨。围绕"农业增效"计划,加快推进土地流转、结构调整、农技推广等工作,新建优质青稞基地2000亩、绿色蔬菜基地2000亩、紫皮大蒜基地300亩、紫皮马铃薯基地350亩、雪域俄色茶基地300亩。积极培育、大力扶持农牧业经营主体,成立农(牧)业专合组织39个。

【就业创业纵深推进】 2017年,色达县完成州级就业创业孵化基地"金马众创空间"建设。开发公益类岗位972个。开展各类就业创业和实用技术培训1543人次,实现1259名农(牧)区劳动力转移,人均增收2152元。实施劳动监察和民工维权,追缴民工工资1386.95万元。

【民族宗教事务规范有序】 2017年,色达县依法加强宗教事务管理,深入推进重点寺庙整治,15座寺庙实现达标升级,全县寺庙"四至"界限进一步明确,宗教干政扰法、"戒杀生"泛化等问题得到相对遏制,依法治寺管僧的长效机制初步建立,宗教领域和谐稳定的局面初步形成。坚持管理、服务并举,投资446万元,完成13座寺庙基础设施建设。

【主要领导人】 县委书记:何飚;县人大常委会主任:秋他;县长:王东升;县政协主席:所波;分管农业副县长:罗布。

色达县编写组

理塘县

【基本情况】 2017年,理塘县辖24个乡(镇),辖区面积1.43万平方

千米。

【乡村旅游】 宣传营销。2017年，理塘县举办了首届仓央嘉措诗歌节，不断推进文化旅游产业发展。创作完成《康藏之窗，圣地理塘》等形象宣传片15部，举办诗歌节、环城自行车赛，全方位宣传理塘“开放、包容、共享”的良好发展形象。2017年度中国自驾游路线评选，甘孜州理塘县“一山一寺一净土”路线获得短线禅修类路线设计金奖。推动“以节带势”，不断拓展理塘县八一国际赛马节、仓央嘉措诗歌节的知名度和影响力，并推出虫草节、美食节、音乐节等一系列节庆活动。“理塘古镇一日游”的推出，吸引了各大旅行社的目光。全县开展“思想大解放、能力大提升、工作大见效”大讨论活动以来，积极与各旅行社对接，并与成都中国青年旅行社等34家旅行社签约，将理塘旅游纳入旅行社线路。

景区提档升级。全县有序推进勒通古镇国家4A级景区创建工作，积极推进格聂景区开发前期工作；建成甲洼果蔬采摘园、汉戈花海、骑游之家等农旅融合乡村旅游示范点。

旅游扶贫。全县选准“特色优势产业+”模式，促进生态畜牧业、种植业、乡村旅游业共同发展。依托1400万亩草场和理塘牦牛、理塘黄脸藏系绵羊等优良畜种的比较优势，全县牦牛、绵羊养殖达到22万头（只）以上，人工种草和草地补播15万亩以上。通过科学种草、优化畜群结构、划区轮牧、半舍养殖等方式，缩短牦牛出栏时间，提升肉（奶）品质，广大牧民直接受益。依托10万亩耕地（包括轮歇地等），大力发展“蔬菜大棚+大田菜”和“订单农业”，建成高标准现代大棚45个和露天蔬菜基地4000亩，降低农民生产风险并实现增收。依托“康藏之窗·圣地理塘”旅游名片，抓住格聂景区开发、理塘古镇国家4A级景区申报的有利契机，新建旅游新村1个，旅游观景台、服务站4个，不断探索旅游扶贫新模式。

【主要领导人】 县委书记：格勒多吉；县人大常委会主任：曲批；县长：郑显峰；县政协主席：王健琼；分管农业副县长：向阳。

理塘县编写组

巴　塘　县

【基本情况】 2017年，巴塘县辖19个乡（镇），辖区面积7843.856平方千米。

【年度农业和农村经济运行】 2017年，巴塘县建成乡（镇）服务站3个、村级服务点20个，实现20余种农产品上线销售。建成幸福美丽新村16个，完成藏区新居、“五改三化”1312户，建成入户联户路119.6千米、公厕30座、垃圾收集处理池30个、村文化室17个。

【特色优势产业】 2017年，巴塘县不断优化“果蔬肉药蜜”特色产业布局，建成水果基地1.48万亩、蔬菜基地0.9万亩、中藏药材基地0.2万亩，养殖藏鸡8610只、藏猪9190头、中蜂715桶，实现人均增收1100余元。全力打造莫多至竹巴龙段百里产业带，建成州级核桃示范基地1.1万亩、苹果示范基地200亩。

【农产品品牌战略实施】 2017年，巴塘县夏邛镇绿色蔬菜、竹巴龙藏鸡藏猪藏鸡蛋、昌波黑山羊取得有机产品认证，注册了“巴塘核桃”“巴塘苹果”地理标志商标。

【乡村旅游】 2017年，巴塘县景区道路采取EPC建设模式获得特批，游客中心、环湖栈道等项目前期工作有序推进。协调推进格聂景区开发，同步争取布点、规划。投入650余万元，建成海子山、德达、莫多旅游综合服务站，设立旅游标识标牌26块。承办了“中国新歌声”“措普沟国际山地自行车越野赛”等活动，积极参加广东旅博会，全方位宣传推介县域旅游资源，大力提升巴塘县的知名度和关注度。全年接待游客50.78万人次，实现旅游收入5.05亿元，增长20%。

【农村教育】 2017年，巴塘县围绕“机会、资源、质量、保障”四个均衡，建成县同心幼儿园和村幼儿园3所，完成茶洛等3所中心校提升改造工程，解决了“有学上”的问题。投入580余万元，设立“助学解困”“格桑梅朵圆梦”等基金，实施优秀大学生、退休教师奖励政策，发放44万元奖励金。大力推进教育扶贫，无因贫辍学的现象发生，解决了“能上学”的问题。创新推进学校规范化管理，选好配强一批校长、班主任和名师队伍，补充“一村一幼”辅导员204人，促进优质教育内涵发展，解决了“上好学”的问题。义务教育均衡发展顺利通过国家检查验收。

【农村卫生】 2017年，巴塘县加强医疗卫生基础设施建设，除竹巴龙、拉哇因水电移民搬迁未实施外，全县所有乡（镇）完成了标准化卫生院建设全覆盖目标，配备村医43人，有效解决了“看病难”的问题。严格落实“十免四补助”惠民政策和基药制度，全面取消药品加成，为群众直接减负900余万元，个人就医支出有比例控制在10%以内，贫困群众支付比例控制在3%以内，有效解决了“看病贵”的问题。以“小病在基层、常见病不出乡（镇）、大病不出州、康复回乡（镇）”为目标，推进分级诊疗、远程会诊、专科建设，实现群众在家门口享受优质服务，全年门诊治疗11.5万人次、住院治疗3300余人次，转诊率下降30%，孕产妇住院分娩率达89.5%，有效解决了“看病远”的问题。继续加强重大传染病防控力度，投入1250万元，建设包虫病康复治疗中心和防控实验室，甲肝、麻疹强制免疫接种率分别达91%、97%，群众健康得到有效保障。

【农村社会保障】 2017年，巴塘县扎实推进扶贫与低保政策“两线合一”，兑现城乡低保、医疗救助、优抚等各类保障资金3129.34万元，城乡居民医疗保险、养老保险参保率分别达99%、76%。通过居家托养、集中供养等方式，“五保”救济金人均提标50元。加强孤儿关爱力度，实现“一对一”帮扶，6名孤儿入住州福利院。

【主要领导人】 县委书记：汪玉琼；县人大常委会主任：代龙；县长：张家志；县政协主席：格绒；分管农业副县长：泽仁多吉。

巴塘县编写组

乡　城　县

【基本情况】 2017年，乡城县辖1镇11乡，辖区面积5016平方千米。

【特色农业】 2017年，乡城县编制完成《乡城县特色农牧业发展规划》，出台了《全域产业富民行动计划纲要》（2017—2020年）。全年新植特色林果1.99万亩，启动采摘体验园区建设，建成仲古藏系绵羊基地和特色水果科技示范基地3个。乡城县先后获批为全省电子商务脱贫奔康示范县和全国电子商务进农村示范县项目。举办了第二届农特产品展销会，积极参加“走进上海”“走进佛山”“走进泸州”等推介会；启动“乡城菩提”“乡城藏猪”地标和“中国菩提之乡”申报，完成无公害农产品认证3个（提升了乡城产品的知名度）。先后引进金梅朵、藏青兰、亚丁阳光、藏香情、孜珠等企业开发系列产品，其中中藏药饮片厂、松稞茶生产线全面建成，白依藏猪基地建设

进展顺利;传统芫根、藏梨等产业通过企业引进,适度规模精深加工,将大幅提高产品附加值。设立了科技巡回指导组,积极推广良种良法,粮食继续实现丰收,特色产业增效明显,仅酿酒葡萄户均增收2177元,莒提户均增收5376元。

【统筹城乡发展】 2017年,乡城县按照"保护好田园藏乡,构建城在乡中、乡在城中"理念,强力推进城乡提升落地见效。加强规划引领。成立城乡规划委员会、监督委员会、艺术评审委员会和乡(镇)规划执行委员会,启动了《城市总规(2017—2040)》编制工作。加强风貌改造。启动《城乡提升战略风貌改造设计》编制,开展白藏房内部结构创新设计及应用试点工作。"两横五纵"路面改造、色尔宫阿央仲奶奶仲片区路改造、供水管网改造基本完成,康南儿童福利院、中心敬老院落成开院。

【精准脱贫】 2017年,乡城县全面落实扶贫工作党政"一把手"负责制,推行"五个一"联系工作制度,建立工作绩效、责任追究等5项制度,申报对接114个深度贫困县项目。全年整合涉农资金9129万元,专项扶贫资金2848万元用于改善贫困地区生产生活条件,完成325千米通村公路、53千米安保设施建设,率先在全州实现"乡通畅、村通达、村通畅"3个100%,率先在全州实现光网宽带和4G通信2个全覆盖。积极引导农村加快特色种养业和加工业发展,全年发展农村专合组织19个,总量达81个。扎实开展2014年以来脱贫群众"回头看",确保奔康路上"不落下一村一人"。全面开展城乡低保清理,剔除识别不准2644人,1998名贫困群众实现低保兜底,低保线和贫困线实现"两线合一";全面落实建档立卡贫困人口"十免四补助","卫生扶贫基金"补助541人,"教育扶贫基金"资助356人,投放金融信贷1414万元,441名贫困群众实现转移就业。制定了泸州市、佛山市对口帮扶新五年规划,26项援建项目在改善贫困条件上发挥了积极作用。全年完成12个幸福美丽新村建设,庭院改造737户,然乌乡克麦村、青德乡下坝村、豆改村,尼斯镇马色村、杠色村5个村创建为省级旅游扶贫示范村。大力开展"新时代、新生活、新风尚"活动,试点"劳动者奖励计划",进一步激发贫困群众内生动力。

【乡村旅游】 2017年,乡城县围绕打造国际休闲度假旅游目的地,大幅提升"田园白藏房·净土香巴拉"旅游形象。成立了旅游发展委员会;编制完成乡村旅游总规、田园藏乡景区总规及其修建性详规和村落、行业8个配套规划。国道549线桑堆至县城段、省道460线县城至然乌段建设有序推进,国道549线县城至得荣段开工。启动仲德国家4A级景区创建,完成克麦国家3A级景区创建,启动游客接待中心建设,两个"创A"景区旅游厕所、标识标牌等配套设施不断完善。加强政企合作,完成民宿改造30户;大力开展旅游线路沿线环境治理,整合包装精品旅游线路4条,"旅游+"业态不断延伸。新推出旅游形象宣传片、广告片、微电影,制作了形象LOGO、旅游宣传画册和旅游地图,开通了旅游网、旅游微博和微信公众号;大力开展旅游从业培训,全民旅游意识得到提高。

【农村教育】 2017年,乡城县积极探索"县管校聘"模式,新聘55名教师,中学、幼教等紧缺岗位师资问题得到缓解。大力开展"大练兵大评比""师德师风大整顿""师资轮岗交流"等活动,积极推进"青少年促进计划",试点"初中泸州班",进一步激发教与学的积极性。扎实开展十五年免费教育、"9+3"免费职业教育等惠民工程,全面完成寄宿制学校智慧教育中心、中学洞松定波学校薄改工程、县级智慧教育平台以及校级信息化建设。

【农村卫生】 2017年,乡城县持续深化医药卫生体制改革,在完成硬件标准化建设后着力推进行业管理科学化、医院管理现代化、公卫管理规范化、医院工作信息化、远程会诊常态化、远程教学培训制度化"六化"建设。全面完成健康扶贫、包虫病综合防治2场攻坚战,启动建设包虫病防控实验室和康南包虫病康复中心,完成17个脱贫村卫生室标准化建设。开展分批次集中培训,医技能力逐步提高。

【农村生态建设及环境保护】 2017年,乡城县为89个行政村配备了"一车一房三池五桶"环卫设施,农村及公路沿线"脏乱差"现象得到改观。压实森林、草原管护责任,充实护林防火专业队伍,405.6万亩森林、258万亩草原得到有效管护,连续3年未发生重大森林草原火灾;全年完成山植绿7300亩。扎实开展农业生产去大棚、去地膜、去化肥、去农药"四去"行动。娘拥、乡城电站生态植被恢复工程基本完成,佛珠峡县级自然保护区2宗探矿权实现退出。制止农村无序建房,继续巩固非法采砂整治成果,依法打击违法占用耕地、林地和未批先建等行为;启动正斗泥石流补强治理工程,完成尼斯土地开发整理和然乌上则木沟、下则木沟、青德热龚沟3处排危除险工程。全面建立"河长制",落实32条河流"一河一策"管理保护措施,全面完成玛依河渠系配套工程。

【主要领导人】 县委书记:曹建奎;县人大常委会主任:杨健;县长:黄进;县政协主席:丁淑琼;分管农业副县长:杨正才。

乡城县编写组

稻城县

【基本情况】 2017年,稻城县辖3镇11乡3个街道,辖区面积7323平方千米。

2017年,全县GDP73184万元,增长9.3%,增速排名全州第五位。地方公共财政一般预算收入完成11678万元,增长3.8%,增速排名全州第七位。全社会固定资产投资238580万元,增长16.4%,增速排名全州第九位。工业增加值2683万元,增长15.9%,增速排名全州第四位。社会消费品零售总额27889万元,增长13.8%,增速排名全州第一位。

【年度农业和农村经济运行】 2017年,稻城县农(牧)民年人均可支配收入10729元,首次突破"万元"大关,增长11.7%,增速排名全州第七位;城镇居民年人均可支配收入31068元,增长9.5%,增速排名全州第四位。生态文明建设位居全州第一,获得财政奖补资金500万元。

【农村教育】 2017年,稻城县强化学校精细化管理,加强师资队伍建设,研究制订教师激励方案,全面落实教育惠民政策,巩固提升教育信息化成果,将远程网络教育向农(牧)区学校延伸,深入推进教育均衡发展,通过国家评估认定。全力做好"一村一幼"建设。投入950余万元,完成金珠镇牧区重点寄宿制学校教师周转宿舍、省母乡中心学校教学楼及附属工程、各卡乡中心校学生宿舍等项目建设;投入1400余万元,启动建设香格里拉中心幼儿园。

【农村文化】 2017年,稻城县落实全民健身计划,深入开展"送文化下乡"等活动;向贫困户发放"户户通"1000套;举办了"龙腾亚丁国际越野赛"等文体活动。

【农村卫生】 2017年,稻城县推进县、乡、村三级医疗卫生服务体系

标准化建设，加快构建基本公共卫生均等化服务体系，县人民医院创建为二级甲等医院，妇保计生中心和疾控中心创建为二级乙等医院的。坚持预防为主，开展全民预防保健行动，确保免疫规划接种率达98%；加大农（牧）区违法生育管控力度，计划生育服务覆盖率达100%。全面完成亚丁景区急救站项目建设；投资1260万元，启动县人民医院综合楼改建项目；投资420万元，建设中藏医院老年病康复诊疗楼；投资900万元，建设香格里拉镇卫生院、东义中心卫生院周转房和香格里拉镇卫生院医技楼。

【农村社会保障】 2017年，稻城县投入99.36万元，为5520名贫困群众代缴医疗保险。扩大异地就医即时结算范围，完善大病保险制度，力争实现社会保险全覆盖。健全社会救助体系，做好生活无着人员生活保障工作，开展农（牧）区特困人员和孤儿集中供养，加强社会养老服务体系建设，实现自愿救助对象集中供养全覆盖。

【劳务开发与返乡创业】 2017年，稻城县实施开展各类就业培训16期，覆盖10乡4镇建档立卡贫困户；扶持自主创业15人，发放小额贷款150万元，城镇登记失业率控制在4.2%以内；按照“救急救难”原则，开发公益类岗位200个，动态消除“零就业”家庭。投资1200万元，建成基层就业和社会保障服务中心5个；投资1500万元，启动甘孜州大学生创业孵化基地建设。

【主要领导人】 县委书记：曾关和；县人大常委会主任：唐晓庆；县长：樊玉良；县政协主席：斯朗娜姆；分管农业副县长：思子热太。

稻城县编写组

得 荣 县

【基本情况】 2017年，得荣县辖4个片区工委3镇9乡127个行政村（村民委员会）2个居民委员会245个自然村，辖区面积2916平方千米。年末户籍人口25862人（其中男13105人、女12757人，男女比为1.03∶1），年末常住人口28376人（其中农村人口22014人）；人口出生率9.8‰，人口死亡率3‰，人口自然增长率6.8‰。

2017年，全县GDP81420万元，增长7.7%，其中第一产业增加值20684万元，增长4.1%；第二产业增加值33404万元，增长13.7%；第三产业增加值27332万元，增长4.5%。三次产业结构比为25.4∶41∶33.6。三次产业对地区生产总值增长的贡献率分别为5.4%、72.4%、22.2%。

全年实现邮电主营业务收入651万元，增长3%，其中电信业务总量550万元，增长3%；邮政业务总量101万元，增长3%。

有教育机构35个，其中中学1所，在校学生1002人；小学13所，在校学生1973人；幼儿园21所，在园幼儿656人；在岗职工427人，其中专任教师406人、副高级职称51人、中级职称123人。有卫生机构139个，其中县级医院2家，乡（镇）卫生院12家，村卫生室118个，诊所、医务室2个，疾病预防控制中心1个，妇幼保健院1家，卫生执法大队1个，急救中心站1个，其他卫生机构1个；病床位93张；在岗职工270人，其中卫生技术人员196人、执业（助理）医师46人、注册护士66人。

【年度农业和农村经济运行】 2017年，得荣县农林牧渔业总产值27961万元，增长2.33%。其中，农业总产值13264万元，减少1.14%；林业总产值2981万元，增长9.35%；牧业总产值11251万元，增长4.6%；农林牧渔服务业总产值465万元，增长10%。全年农村居民人均可支配收入10043元，增长11.3%。其中，工资性收入1040元，增长8%；经营净收入7259元，增长11.2%；财产净收入8元，增长20.4%；转移净收入1736元，增长14%。农村居民人均消费支出7825元，增长15.1%，其中食品烟酒支出4916元，增长13%。农村居民恩格尔系数62.8%。全年粮食作物播种面积41067亩，增长0.25%；粮食产量12128吨，增长1.2%。牲畜存栏69932头（只、匹），减少0.7%，其中生猪存栏23941头，增长0.8%；牛存栏28730头，羊存栏8462只；肉类总产量2028吨。全县有农用拖拉机76台、农用运输车（机）35台，农业机械总动力22104千瓦。

2017得荣县主要农产品产量

主要农产品	单位	产量	同比(%)
粮食	吨	12128	1.2
青稞	吨	1941	0.9
玉米	吨	5302	1.2
小麦	吨	2977	1
蔬菜	吨	5916	0.7
肉类	吨	2208	6.2
猪肉	吨	1451	9.4
牛肉	吨	707	0.8
羊肉	吨	31	3.3
禽蛋	吨	13	18
牛奶	吨	1598	-0.3
水果	吨	2109	1.3
花生	吨	110	2.8
马铃薯	吨	1575	2.8
油菜	吨	327	7.3

【林业】 2017年，得荣县有林业用地266.57万亩，占全县总面积的61.4%。全县湿地保有量8489公顷、森林保有量10.31万公顷。创建瓦卡镇瓦卡村、松麦镇冉绒村生态文明建设示范村2个。有效管护森林资源220万亩，完成森林抚育1.5万亩，实施封山育林0.5万亩，落实管护面积21.9万亩。巩固退耕还林2.8万亩，兑现资金434万元。实施草原禁牧39万亩、草畜平衡147万亩，兑现补助资金1388万元。开展农业面源污染治理，实施沙化治理1473公顷。天保森林抚育建设1.5万亩，建设核桃、毛桃、花椒产业基地6400亩。新育苗10万余株，城乡义务植树共计6万余株。投入资金250万元，建设瓦卡庭院及滨江步游道绿化项目500余亩。其中，瓦卡庭院绿化面积462亩，栽植树木3523株；滨江步游道绿化面积80亩，绿化道路长1026米，栽植树木949株，播花面积40亩。投入资金105万元，实施松麦镇鱼根村人工点（撒）播种子3500亩，点播高山松种子1260千克、白刺花种子840千克。实施因都坝绿化及节点绿化项目（含苗圃饮水管道）390亩。

【扶贫攻坚】 2017年，得荣县有贫困村64个、贫困户977户、贫困人口5270人。全年实现脱贫“摘帽”村18个，减贫229户1218人。投入救助金48.9万元；兑现140户163人次网上建卡申请特别资助金30.2万元。2017年建档立卡贫困户参加医疗保险人数5255人，已对建档立卡贫困人口3336人实施个人缴费全额代缴，代缴金额为51.7万元；已为建档立卡贫困人口902人次报销药费170.92万元；对602人次进行医疗补助报销，报销金额为27.56万元；已发放医疗救助基

金34.9万元;对49名建档立卡贫困人口实施大病保险报销,报销金额为7.71万元。在3乡4村实施完成易地扶贫搬迁5户28人,建设完成47户(其中有34户建档立卡贫困户)农户藏区新居项目建设,稳步推进奔都乡因真同、斯闸乡卡龚村、白松乡新州村、贡波乡木拥村4个集中搬迁安置点工作,累计安置群众50户327人。投入资金258.4963万元,为18个贫困村巩固提升安全饮水工程。共完成维修蓄水池8口、取水口1处,安装管道326千米,改善贫困人口1536人的安全饮水问题,受益人口4624人。在贡波乡木拥村、松麦镇扎顶村沙麦顶实施了农网改造升级项目,实现18个退出贫困村229户贫困户生活用电有保障。在17个(日龙乡日堆村已提前实施)2017年退出贫困村新建太阳能路灯803盏。为228户贫困户购置"户户通"广播电视228套,实现脱贫户"户户通"全覆盖。为22个脱贫村购置安装了"村村响"广播,实现脱贫村"村村响"全覆盖。培育新型经营主体、指导组建农业专业合作社17个,建设完成藏猪养殖小区6个,出栏藏猪946头,建设完成藏鸡养殖小区6个,出栏藏鸡4010只,实现退出贫困村集体经济全覆盖。投入资金8566.7215万元,实施完成脱贫村通村硬化路67.8千米,为17个2017年退出贫困村实施村内道路硬化47.72千米,全面实现脱贫"摘帽"的18个贫困村皆有硬化路。完成12个村卫生室新建任务,完成3个村卫生室巩固提升任务并配备了相关设施设备,实现18个"摘帽"村村村有卫生室,并为每个村落实1名乡(镇)医务人员开展柔性医疗服务工作。为贫困村新建文化活动室15个,为18个退出贫困村配备文体器材、广电"村村响"、农家书屋等设施设备。完成18个村电信FTTH网络建设,实现18个贫困村贫困户网络全覆盖。

投入产业项目资金1110.18万元,建设特色农业基地5767.85亩,指导养殖中蜂618群,引进日昇投资有限公司入驻瓦卡镇,注册成立得荣舞韵金沙生态酒庄有限公司,葡萄酒年产量预计达50吨;积极发展黑枸杞、花椒、油牡丹等产业,实现农民土地流转1000余亩,带动群众实现人均增收1000元以上。投入科技扶贫资金130万元,培育科技示范户192户,培养新型职业农民64人,建设科技示范基地64亩,建成科技服务平台1个,建立玛格山绵羊保种繁育基地1个,建立高原苦荞精深加工产业扶贫项目1个。对古学乡下拥村骡马队及瓦卡镇乡村旅游从业人员332人次进行接待服务等培训,对2户民宿达标户和1个特色业态经营点进行创建申报。为361户1672名低保兜底对象实施兜底保障,向家庭年收入低于国定扶贫线的农村低保对象发放特殊生活补贴,全年为低保兜底对象发放保障金394万元;提高困难残疾人生活补贴标准,全年为492名困难残疾人发放生活补贴41.33万元。整合财政涉农资金6214.16万元,成立"四项基金"4813万元,在64个贫困村每村投入50万元的产业扶持资金,发放小额信贷182笔、898.4万元;完成项目融资贷款3.6亿元。

广东省佛山市、住房城乡建设厅、成都中医药大学、成都市青羊区等帮扶单位投入各类帮扶资金5000余万元,实施市政基础、住房保障等扶贫项目14个,完工项目13个,完成投资4160万元。全县54个部门对口帮扶64个贫困村983户贫困户,选派"第一书记"64人、挂职干部(含农技员)125人驻村开展帮扶工作,培训农村劳动力1257人、致富带头人89人。

【乡村旅游】 2017年,得荣县与州投资集团有限公司合作开发下拥景区事宜获得州政府批复同意。以国道建设为契机,扎实推进国省主干道旅游综合体布局工作。加快打造瓦卡特色旅游乡(镇)和瓦卡村省级旅游示范村,培育特色主题酒店2家、民宿达标户2户,规范旅游标识标牌32块。积极开展旅游推广,"绿野峡谷·得荣莫木沟乡村深度体验游"活动取得良好成效。高度重视旅游从业人员素质提升,举办涉旅人员培训5期,受训人员435人次。全年接待游客39.3万人次,旅游综合收入达3.9亿元。

【农村水利】 2017年,得荣县制订了《全面落实"河长制"工作方案》《"一河一策"管理保护方案》,建立健全河长组织体系,设立县级河长10人、乡级河长30人、村级河长94人。投资258.4963万元,完成19条河流30块河(段)长公示牌安装,整改侵占河道等突出问题8件,解决21个脱贫"摘帽"村4624人安全饮水问题。新建河堤1872米,整治河道1000米。建成曲雅贡乡因都坝1#坝和绒学村太阳能光伏提灌站。

白松茨巫水利工程渠系配套二期项目。该工程新建灌溉输水管道工程21处,新建蓄水池15口、减压池24口、消力池4口、节制闸20座、放水洞20处,铺设干支管网99294米。城市河堤延伸工程。该工程整治堤防总长1872米,其中左岸长1200米、右岸长672米,堤防级别为4级,总投资2999.46万元。

【农村通信与电力】 2017年,得荣县新建光缆线路长度为39.42千米,新增接入有线宽带的行政村57个,行政村通光纤宽带率达89%。深入推进农网建设,完成贡波乡木拥村和松麦镇扎顶村农网改造,建成八日35千伏输变电站,改造提升冻谷等输变电工程4个。

【农村教育】 2017年,得荣县"9+3"招生61人,富民安康及切块招生22人。发放建卡贫困户189名在校学生教育扶贫救助资金48.9万元,发放精准扶贫建卡贫困户57名中职学生春季学期资助金2.85万元,发放2016年13名大学生基层就业学费奖补金23.42万元,为236人次办理助学贷款188万元。

【农村文化】 2017年,得荣县县级"两馆"顺利投入使用,接待群众1万余人次。建成村级文化活动室18个,完成"户户通"安装229套、行政村"村村响"安装22个。开展"送文化下乡"活动81场次,"送电影下乡"活动1582场次,举办了四川得荣首届"情舞节"暨第二届群众文化艺术节活动。着力非遗、文物保护,完成8名州级非遗传承人信息采集,建成国家级、省级非遗项目电子库。

【农村卫生】 2017年,得荣县计划生育奖励扶助410人、特别扶助47人、"少生快富"63人,共计发放资金75.02万元;实施眼科患者白内障复明手术81例,包虫病筛查6105人次,免费药物治疗1人,公立医院取消药品加成目标100%;居民健康档案建档率为93.2%。开展健康教育活动受益群众16500人次。全年共发放叶酸1650瓶。检查艾滋病、梅毒、乙肝479人,妇科"三查"2620人。

【农村交通】 2017年,得荣县通乡通畅率达100%。全年建成通村硬化路90.9千米,通村通畅率达96%;建成农村公路桥梁2座、农村公路侧护栏80千米,建成村级招呼站32个。

【农村社会保障】 2017年,得荣县城乡居民医疗保险参保人数21271人。全县拥有各种社会福利收养性单位4个,有床位145张,收养人数26人;城乡低保对象7021人,其中农村低保6672人,累计发放资金1626.73万元。特困救助供养人员161人,累计发放资金35.82万元。全县城乡医疗累计救助6334人次,累计支出资金233.8万元,城乡困难群众医疗救助政策范围内住院自付费用救助比例达70%。

【主要领导人】 县委书记:雷建新;县人大常委会主任:阿郎;县长:普呷;县政协主席:阿当扎西;分管农业副县长:降巴吉村。

得荣县编写组

凉山彝族自治州

【基本情况】 2017年，凉山彝族自治州辖459乡110镇8个街道，辖区面积6.04万平方千米，其中耕地保有量789.44万亩，基本农田631.55万亩。年末总人口521.29万人（户籍人口），增长1.71%。农田有效灌面17.1万公顷，增加0.33万公顷。森林覆盖率43%。

2017年，全州GDP1480.91亿元，增长5.3%，其中第一产业增加值293.52亿元，增长3.8%；第二产业增加值621.88亿元，增长5%；第三产业增加值562.51亿元，增长6.5%。三次产业对经济增长的贡献率分别为14.5%、39.1%和46.4%。劳务输出127.8万人，收入207.5亿元。全年接待游客4419.22万人，实现旅游收入361.08亿元。

公路通车里程27398千米，其中乡道5464.273千米、村道15560.724千米。社会消费品零售总额616.28亿元，增长11.8%。地方公共财政预算总收入完成134.5亿元，增长11.2%；公共财政预算总支出479.85亿元，增长4.3%。金融机构各项存款余额1847.95亿元，比上年初增长11.8%；各项贷款余额819.6亿元，比年初增长69.82%。农业产业化龙头企业国家级、省级、州级、县级分别为1个、24个、89个、91个。

有各类学校994所，在校学生85.87万人，教职工4.99万人，其中普通高校1所，在校本（专）科学生4870人；普通中学186所，在校学生26.47万人；小学792所，在校学生59.41万人；学龄儿童入学率99.72%，提高0.18个百分点。完成省级以上科技成果32项，11项科技成果获省级及以上科技进步奖。有艺术表演团体2个，文化馆18个，公共图书馆18个，博物馆7个。有卫生机构1040个，病床位26462张，卫生技术人员22995人。新型农村合作医疗参合人数430.52万人，参合率99.58%；新型农村社会养老保险参保人数241.07万人。

【年度农业和农村经济运行】 2017年，凉山彝族自治州实现农业总产值513.02亿元，增长3.9%；农业增加值296.52亿元，增长3.8%。农民年人均可支配收入达11415元，增长10.1%。

2017年凉山彝族自治州主要农产品产量

主要农产品	单位	产量	同比(%)
粮食	万吨	222.11	2.2
水稻	万吨	55.75	0.4
小麦	万吨	16.13	0.3
玉米	万吨	57.03	2.1
马铃薯	万吨	76.54	3.4
油菜籽	万吨	4.88	2.3
蔬菜及食用菌	万吨	302.17	5.8
水果	万吨	143.09	8
肉类	万吨	44.94	–2.1
猪肉	万吨	32.73	–3.2
牛肉	万吨	3.63	1.2
羊肉	万吨	5.5	1.9
禽肉	万吨	2.68	–1.3
禽蛋	万吨	2.79	1.5
水产品	万吨	4.02	43.2
牛奶	万吨	4.77	–0.1

农业产业化发展。一是基本建成国家重要的战略性优质烟叶基地。全州以“种植销售世界上最好的烟叶”为目标，积极探索符合凉山实际、具有凉山特色的现代烟草农业建设模式，扎实推进“一基四化”（“一基”即加强农田水利基本建设；“四化”即规模化种植、集约化经营、专业化分工、信息化管理）。引导农户组建具有农机、植保、烘烤、分级、运输等多种功能的社会化服务队伍，提高烟叶生产集约化水平，全年实现烤烟产量209.15万担。二是建成国家绿色食品标准化原料马铃薯基地。把马铃薯作为全州增产潜力最大的粮食作物推进，不断优化产业布局，提高种植技术水平，加快商品薯、加工薯基地建设，大力推进标准化生产和规模化经营。全年马铃薯鲜薯产量380万吨。三是建成“中国苦荞之都”。以“世界苦荞在中国，中国苦荞在凉山”为定位，彰显凉山苦荞麦资源最丰富、种类最多样、分布最集中、种植最广泛、品质最优良的主产区独特优势，种植苦荞100万亩，总产量14万吨，约占全国总产量的一半、世界总产量的1/3以上。培育苦荞深加工生产企业40余家，开发苦荞麦产品十大系列、上百个品种。四是建成“中国茧丝之都”。凉山茧丝干正茧上车率达95%以上、解舒率70%、粒茧丝长1150米、洁净度94分、生丝平均品位达5A+标准，质量好、市场竞争力强。全州桑园面积48万亩，产茧52.5万担，茧丝产量连续15年位居全省第一；果桑产量达36671吨，增加10676吨，增长41%。初步形成了蚕种生产、蚕种冷藏、蚕茧收烘、生丝加工及丝棉被、蚕沙枕、桑叶茶、冬桑凉茶、桑葚果汁加工等综合开发利用产业链。五是建设全国优质高原水果基地。立足资源优势，大力发展优质水果产业，初步形成优质石榴产业带、高山苹果产业带、优质甜橙产业带、优质早熟梨产业带和桃、樱桃、葡萄等优质特色小水果产业带，全州水果种植面积127.52万亩，产量156万吨，分别增加8.52万亩、16万吨。六是建设全国重要的优质花卉基地。以“种植销售世界上最好的花卉”为定位，以雅攀高速公路为轴线、安宁河流域河谷地带为主体，种植花卉2万亩，建成温室大棚136万平方米，年产鲜切花12000万枝、盆花600万盆、种苗3000万株、绿化苗木2000万株。初步形成了种苗、种球、切花、盆花、绿化苗木、工业花卉六大体系，花卉产品远销北京、广州、上海、哈尔滨、成都、重庆等大中型城市，出口新加坡、日本、韩国、荷兰等国家和地区。七是建设全国最大的油橄榄基地。优化区域布局，发展油橄榄50万亩，建成全国唯一的国家油橄榄良种基地、中国油橄榄种质资源库，油橄榄良种基地已收集保存油橄榄优良品种122个，油橄榄穗条采集达500万条。八是建设全国最大的华山松籽基地。会东县华山松面积和松籽产量均居全国第一位，是全国华山松籽第一大县，松籽基地规模60万亩，年产量3000吨，实现产值1.2亿元。九是建设“1+X”生态产业基地。规划到2018年建设以核桃为主的生态产业基地1500万亩，凉山核桃生长于大山深处，皮薄、脆，肉香、甜、饱满，是无污染纯天然的上等绿色食品，获得了四川优质森林食品黄金品牌“天府七珍”称号。截至2017年年底，产业基地建设完成461.66万亩，覆盖贫困村1666个、贫困户112599户。十是建成全省最大的草食畜生产基地。凉山州是全省三大牧区之一，畜牧业大州地位突出、优势明显，西昌板鹅、建昌板鸭、会理黑山羊、喜德阉鸡、美姑岩鹰鸡等已初现品牌效应。十一是大力培育新型农业经营主体，全州

种养大户突破10万户;新增家庭农场1562家,总数达6607家,增长31%;农民合作组织发展到6617个,农民合作社成员达13.95万人,带动农户19.62万户。创建国家级示范农民合作社15个、省级示范农民合作社71个、省级示范家庭农场31家、州级示范农民合作社189个、州级示范家庭农场99家;全州县、市级以上农业龙头企业发展到205个。

农用地产权制度改革。西昌市、德昌县启动省级深化农村产权制度改革,发展壮大集体经济试点。全州337个乡(镇)1875个村完成承包地确权登记,面积超过632万亩。加快土地流转交易平台建设,全州流转土地44.9万亩。

农产品品牌战略实施。全州实施"大凉山"特色农产品品牌创建战略,创建中国名牌1个、中国驰名商标7个、四川省名牌24个、四川省著名商标26个、国家地理标志保护产品41个、国家地理标志证明商标16个,全州获准统一使用"大凉山"特色农产品品牌标识和包装的产品达1540个。

现代农业园区建设。全州2017年拟新建现代农牧业产业园区10个,其中盐源县和宁南县被确定为省级一二三产融合示范园区建设项目。其余8个州级示范园区包括西昌市西乡乡现代农业产业融合示范园区、西昌市月华花卉产业园区、德昌县轻纺食品工业园区、德昌县高峰枇杷产业园区、会理县现代农业科技示范园等已全部通过评审。新建农业主题公园5个,分别为会理县鹿厂镇石榴主题公园、会东县鲹鱼河镇农业主题公园、冕宁县建设村"峡口生态农业观光园"和桃园村"红英湖田园综合体"主题公园、西昌市樟木箐乡农业主题公园、越西县中所镇农业主题公园。各主题公园分别依托当地石榴、花卉、樱桃等特色产业,建设集休闲观光、物流、储藏、冷链、加工于一体的主题公园,取得良好效果。

【种植业】 2017年,凉山彝族自治州粮食作物播种面积48.28万公顷,增长1.3%,占农作物总播种面积的67.9%;粮食总产量222.11万吨,增长2.2%,平均亩产306.73千克。主要经济作物中,油类作物产量4.88万吨,增长2.3%;烤烟产量12.33万吨,减少7.4%;蔬菜及食用菌产量302.17万吨,增长5.8%;园林水果产量143.09万吨,增长8%。

【林业】 2017年,凉山彝族自治州生态建设顺利推进。扎实推进"大规模绿化凉山行动",全面落实"绿水青山就是金山银山"理念,生态环境质量总体改善,绿色发展迈出坚实步伐。全年完成造林面积27.06万公顷,其中完成退耕还林造林面积4093公顷。森林保护工作继续巩固,森林火灾损失率控制在0.026‰以下,森林病虫害防治率达97.8%。

【畜牧业】 2017年,凉山彝族自治州出栏肉猪470.27万头,增长0.3%;羊出栏319.69万只,增长1.6%;牛出栏31.36万头,减少0.5%;家禽出栏1815.78万只,增长1.3%。全年肉类总产量44.94万吨,减少2.1%,其中猪肉产量32.73万吨,减少3.2%;羊肉产量5.5万吨,增长1.9%;牛肉产量3.63万吨,增长1.2%;家禽肉产量2.68万吨,减少1.3%;牛奶产量4.77万吨,减少0.1%;蚕茧产量2.61万吨,增长0.8%。实现畜牧业产值197.72亿元,增长1.3%。

【水产业】 2017年,凉山彝族自治州水产养殖面积达2.15万公顷,水产品产量4.02万吨,增加1.22万吨;实现产值7.08亿元,增加3.48亿元。有从业人员2.49万人。

【新型城镇化】 2017年,凉山彝族自治州加强县(市)总规修编、调整工作,《会理县城市总体规划》已经省政府批准实施,完成了喜德县城市总体规划修编、邛海螺髻山风景名胜区总规修编工作。全力推进《安宁河谷发展总体规划编制等服务项目》规划编制工作,完成《安宁河谷发展总体规划》《安宁河谷城镇体系规划》《安宁河谷产业发展规划》3个规划的中期规划成果评审。扎实推进"城市基础设施建设年行动",加快城市污水和垃圾处理设施建设,编制了《凉山州城乡污水垃圾处理设施建设三年推进实施方案》。全州启动建设城市生活垃圾填埋场15个,基本建成2个,已投入试运行。垃圾焚烧发电厂1个,6个县(市)建成污水处理厂。全年累计完成城镇基础设施投资6亿元以上,新增城镇建成区面积2.8平方千米。深化拓展"百镇建设行动",大力实施特色产业提升工程,西昌市安宁镇列入首批省级特色小镇。全年新增城镇就业人员2.34万人,年末城镇登记失业率3.78%。城镇纳入最低生活保障的人数5.65万人,保障金支出1.92亿元。

【新村建设】 2017年,凉山彝族自治州坚持把新村建设与脱贫攻坚相结合,规划到村、负责到人、现场推动。完成570个新村新寨、488个幸福美丽新村、500个扶贫新村建设,创建省级"四好村"81个、州级"四好村"833个、县级"四好村"868个。

【农村扶贫和移民工作】 2017年,凉山彝族自治州加快安宁河谷县(市)转型发展,聚力彝区藏区县脱贫攻坚,完成500个贫困村退出、13.67万名贫困人口脱贫任务。全年成功申报2016年新建水库工程3个,共有移民11250人。集中17个县(市)移民后扶管理人员培训3次,工作进展和成效是全省录入工作最好的5个市(州)之一;17个县(市)共培训生产生活技能及种养殖业水库移民3776人。完成对2016年以前全州后期扶持项目资金的清理工作,德昌县避险解困一、二期项目安置移民540户2828人,已基本完成。产业扶持完成芒果种植2090亩、核桃种植893亩、椪柑种植58亩,家畜养殖1986只(头)、家禽养殖11380羽,建设圈舍4126平方米。

【乡村旅游】 2017年,凉山彝族自治州实施乡村旅游示范提升工程。推进德昌县、冕宁县省级乡村旅游强县建设,德昌县小高镇安宁康养中心、和平彝寨原生态彝族文化观光、民俗体验及休闲度假,会理绿陶基地,德昌县大坪村乡村旅游提升项目4个省级示范提升项目建设,建成乡村旅游特色业态经营点57个、星级农家乐149家、星级乡村酒店43家。大力推进旅游扶贫工程,培育城镇、景区和乡村旅游带动三类旅游扶贫村,逐步形成"景区带村""能人带户""合作社+农户""公司+农户"等不同类型的旅游扶贫模式,丰富扶贫开发的形式内容,提升了农村经济的"造血"功能,发展乡村旅游行政村130余个,惠及农民群众14.61万人,直接带动8000余户群众增收和1200余户贫困户脱贫。

【农村水利】 2017年,凉山彝族自治州实现35.0075万名农村人口安全饮水巩固提升,其中贫困人口14.5875万人。整治病险水库13座,新增有效灌面6.59万亩,新增节水灌面4.28万亩,治理水土流失面积726平方千米,完成地方电力发电量62亿千瓦时。农田有效灌面累计达17.1万公顷,增加0.33万公顷。

【农业机械化】 2017年,凉山彝族自治州新建和改造提灌站120座、3022.9千瓦,机电灌溉保灌面积93.2万亩,农机合作社机械化作业面积增长率达6.01%,新建农机化生产道路279.1千米,完成机耕面积285万亩,完成机播面积55.5万亩,完成机收面积121万亩,主要农作物机械化综合作业水平达51%以上。实施农机购置机具748台(套),补贴受益农户达666户。全年农用化肥施用量(折纯)13.73万吨,减少0.6%。年末农业机械总动力达351.79万千瓦时。

【农村科技】 2017年，凉山彝族自治州建成州、县两级科技扶贫在线平台12个，组建了由1721名州、县农业专家，78名州、县平台管理员，5545名村级信息员组成的科技扶贫人才队伍，在线解决技术需求4687项，实现11个贫困县科技扶贫在线平台全覆盖。全州共争取到国家、省级科技扶贫扶持资金1710万元，其中11个贫困县争取到省级科技扶贫项目39个、1550万元，争取到"三区"科技人才80名、专项经费160万元。依托科技扶贫专项实施，西昌华宁公司形成了免费提供种苗、饲料、技术和保底价回购"三供一保"科技扶贫模式；省农科院、四川农业大学、州农科所等高校院所引进推广了新技术新品种40余项；39名"三区"科技人员在全州贫困地区创办领办科技组织（企业）6个（家），直接带动111户贫困群众脱贫，形成了企业带动、产业推动、校地联动、在线互动、创业拉动"五动"科技扶贫新格局。

【农村教育】 2017年，凉山彝族自治州大力实施"一村一幼"计划。全州开办村级幼教点3038个，开设班级3900个，招收幼儿11.64万人，聘用上岗辅导员7629人。全州在园（班）幼儿达24.34万人，学前三年毛入园率达83.35%。深入实施彝区、藏区"9+3"免费职业教育计划，招录4390名彝区"9+3"学生、464名藏区"9+3"学生到优质中职学校就读。州内中职学校达18所，在校学生3万人。认真实施十五年免费教育政策，对7.6万名普通高中学生免除学费并免费提供教科书，对24万名学前教育幼儿给予每生每年700元的保教费减免。认真实施城乡义务教育阶段"三免一补"政策，全部免除义务教育阶段学生学杂费、书费、作业本费76万名，对28.26万名义务教育阶段家庭经济困难寄宿生给予生活费补助。对全州14个县海拔在2500米以上的99019名义务教育学校学生给予每生每年200元的取暖补助，普通高中国家助学金资助学生25295名。国家生源地信用助学贷款2.9万人，家庭经济困难大学生入学路费资助958名。各贫困县均设立不低于300万元的教育扶贫救助基金，用于帮助解决贫困家庭子女上学困难问题。

【农村文化】 2017年，凉山彝族自治州有乡（镇）文化站548个。全州建成贫困村文化室500个，放映农村公益电影46460场次，完成广播电视"户户通"28941户、"村村响"250个，11个贫困县建成阅报栏450个，3745个农家书屋出版物实现补充更新，文化馆、图书馆、博物馆、纪念馆等公共文化场馆继续实行免费开放，不断丰富免费开放的内容和形式。开展"送文艺演出、送图书、送文化活动下乡"等惠民文化活动412场次，举办"大凉山惠民音乐会"50场。

【农村卫生】 2017年，凉山彝族自治州围绕让贫困群众"看得起病""看得好病""方便看病"和"少生病"的目标，统筹实施健康扶贫"六大行动"，没有发生因病致贫、因病返贫。全面落实建档立卡贫困人口"两保险、三救助、三基金"的医保扶持和"十免四补助""八个100%"政策，统筹推进大病集中救治、慢病签约服务管理、重病兜底保障"三个一批"行动计划。推进县、乡、村三级医疗卫生机构达标建设，加强卫生人才引进，强化公共卫生和重点传染病、地方病综合防控以及妇幼健康重大专项。88.9万名建档立卡贫困人口全部参加基本医保，5.66万人次享受新型农村合作医疗住院优惠政策，筹集卫生扶贫救助基金6210万元，减免医疗费用454万元，惠及贫困人口10338人次，贫困患者县域内就诊率达95%以上、县域内住院和慢性病门诊维持治疗费用个人支付占比为0.85%，贫困地区远程会诊系统覆盖率达67%。建成500个计划退贫村村卫生室，全州共计新进卫计人员700余人。免疫规划疫苗接种率达97.75%，法定传染病发病率连续六年"稳中有降"。

【农村法制建设】 2017年，凉山彝族自治州全面推行法治扶贫"253"工作模式，在17个县（市）全面建立"一县（市）一法律顾问团"，在贫困乡（镇）建立法治辅导站297个、调委会138个、法律援助站（点）118个，在贫困村新选派法律顾问416名、建立调委会535个，为贫困户新培养"法律明白人"818人。积极推进窗口、电话和网络"三位一体"公共法律服务体系建设，建立县（市）公共法律服务中心8个、乡（镇、街道）公共法律服务工作站90个、村（社区）公共法律服务点（工作室）19个。全面加强"1+17+N"法律援助网络建设，建成集法律援助、公证、司法鉴定为一体的州级公共法律服务中心，有序推进17县（市）法律援助受理大厅规范化建设，新建乡（镇）法律援助工作站10个，积极推进服务窗口向州外延伸，新建驻深圳市、佛山市、惠州市法律援助工作站3个。受理法律援助案件2278件，服务受援人群12831人次，完成全年省、州民生工程目标任务的214%。

【农村交通】 2017年，凉山彝族自治州农村公路通车里程达2.73万千米，其中乡道5464.273千米、村道15560.724千米，612个乡（镇）已实现578个乡（镇）通油路，乡（镇）通畅率达94.4%；3747个建制村中已实现3274个建制村通硬化路，通硬化路率达87.4%。

【涉农招商引资】 2017年，凉山彝族自治州立足各县（市）特色农业产业发展规划，结合脱贫攻坚实际，建立州、县（市）两级农业产业项目库，纳入农业产业投资促进项目146个，总投资额334.79亿元，引资额达322.97亿元。全年累计70余家州外农业企业到凉山州考察对接合作事宜，全州农业产业招商引资项目签约19个，涉及金额140.71亿元，其中签订意向协议13个，涉及金额72.71亿元；签订正式合同6个，涉及金额68亿元。

【农村社会保障】 2017年，凉山彝族自治州城乡居民基本养老保险参保人数194.63万人。社会福利与救助力度加大。农村纳入最低生活保障人数43.49万人，保障金支出9.04亿元。全州共有各类养老服务机构48个，床位8948张。

【农村生态建设及环境保护】 2017年，凉山彝族自治州农村生态建设稳步推进。一是大力推进天保工程。组织全州21个天保工程实施单位对3385.07万亩国有森林、1379.07万亩集体公益林开展常年有效管护。编制了《全州生态建设扶贫专项实施方案》，选聘生态护林员3835名，落实兑现补助资金1792万元，实施公益林建设2.6万亩。完成2016年度新一轮退耕还林任务11.47万亩，占计划任务的100%。二是退耕还林有序开展。实施2017年度退耕还林计划任务11.99万亩。三是营造林工作全面实施。全面开展"大规模绿化凉山行动"，完成营造林309.76万亩，实施2017年度中央财政森林抚育补贴23.54万亩。组织州、市机关职工在西昌市开展了雨季义务植树活动，全州完成义务植树1157.2万株。实施诺华碳汇造林项目，完成补植补造5.98万亩。

【农产品质量安全监管】 2017年，凉山彝族自治州进一步落实《凉山州质量对标提升行动实施方案》，协调经信、农牧、林业等部门，指导各县（市）开展主导产业和重点产品的质量对标提升行动；组织编制实施凉山州蚕茧先进指标体系；修订28项四川省（区域性）地方标准，指导企业采标1项，废止适用性不强、实施效率不高的标准66个，完成全州（区域性）地方标准修订清理工作；新制定发布《无公害肉羊生产技术规程》区域性地方标准；做好"雷波马湖莼菜"省级农业综合标准化示范区项目建设工作。有序推进出口食品农产品质量安全示范区共建工作。出口食品农产品质量安全示范区工作开展顺利，金阳县获得

"国家级出口青花椒白魔芋质量安全示范区"称号,启动西昌市创建出口洋葱质量安全示范区、会理县创建出口石榴质量安全示范区工作。

【农村市场体系建设】 2017年,凉山彝族自治州规范市场体系建设。一是升级改造城乡农(畜)产品交易市场。争取到省内贸流通专项资金500万元,安排15个县升级改造农(畜)产品交易市场17个。二是积极组织农产品对接展销活动。州商务和投资促进局与上海农产品中心批发市场签订《凉山州商务和投资促进局上海农产品中心批发市场合作框架协议》,达成意向性合作金额420万元。三是持续推进"两法衔接"和信息公开,推动跨区域、跨部门合作,广泛开展宣传教育活动。有关行政执法部门侵权假冒违法案件立案303件,办结273件;公安机关破获涉嫌犯罪案件3件;检察机关批捕3件3人,起诉6件6人;审判机关生效判决13件10人;行政案件信息应公开242件,已公开159件。

大力发展电子商务工作。一是将喜德、甘洛、普格3县纳入国家级电商进农村示范县,德昌、会东、美姑3县成功申报省级电商示范县,共争取国家、省级电商项目资金7600万元。新增乡(镇)、村级站点202个,全州共设有乡(镇)电商服务站213个、村级服务点452个。二是在凉山农村电商综合服务平台(集贸网)、京东中国特产凉山馆的基础上开发搭建了"以购代捐"电商精准扶贫专区,通过"以购代捐"扶贫实现销售大凉山特色产品近2亿元。三是深入实施"电子商务品牌拓展市场工程",打造"大凉山"网络品牌,积极参加2017电子商务峰会,组织动员50余家企业参加"天府网交会"网络购物活动,10家电商平台企业、供应链企业组织200余类大凉山农特产品、民族文化工艺品开展O2O线下体验活动,集中推介贫困地区农特产品,宣传推广"大凉山"品牌。四是实施精准电商培训。会理县、会东县等电商园区挂牌成立"创业创新园",大凉山电商园区定期开设公开课,山里淘公司建立网上商学院,全年普及培训5000余人。

【农村留守学生帮扶】 2017年,凉山彝族自治州累计投入各类帮扶资金8.579亿元,创新州"6+9"对口帮扶机制,协调支持扶贫项目建设周转贷款12.5亿元,实施彝家新寨、住房、交通、教育、卫生、社会事业等投入帮扶项目264个,实施援建项目21个,帮助引进项目66个,领导到定点扶贫地区考察调研2012人次,资助贫困学生5382人。全年募集资金近1亿元,开展项目44个。与中国社会福利基金会免费午餐基金合作开展免费午餐凉山州"一村一幼"项目,在布拖县建立中央厨房6个、小厨房1个,受益学生4000余人;与福慧教育基金会、新华爱心教育基金会、广东百蹊教育基金会等公益慈善机构合作,开办资助班和个案资助,受助贫困学生3000余人。

【劳务开发与返乡创业】 2017年,凉山彝族自治州全面落实更加积极的就业政策,积极探索经济发展和就业促进联动机制,坚持以培训促进就业、创业带动就业、服务保障就业、调控稳定就业,确保了全州就业局势稳定。全州失业人员实现就业4907人,完成目标任务2700人的181.74%,其中就业困难对象再就业1812人,完成目标任务600人的302%;促进大学生实现创业148人,完成目标任务110人的134.55%,兑现创业补贴148万元;为51人发放小额担保贷款360万元;为177名返乡创业者发放返乡创业贷款2001万元。

创新劳务输出对接机制,启动"佛山—凉山"东西部劳务协作,与佛山市人社局签订了劳务合作协议;加强与省内经济发达市、区的劳务对接,与成都市签订了劳务协作协议,美姑县与乐山市、盐源县与泸州市江阳区签订了友好劳务协作协议,为全州就业扶贫工作纵深推进打下了基础。全州全年累计转移输出农村剩余劳动力127.8万人,实现劳务收入207.5亿元。全州举办就业扶贫专场招聘会28场、"送岗位信息下乡入村"135场,组织企业525家,提供岗位20541个,贫困人口进场15510人,达成意向4396人。

【涉农节会会展】 2017年,凉山彝族自治州应成都市政府邀请,在新世纪会展中心搭建352平方米的"大凉山"特色展馆,35家州农业产业企业参展。活动现场累计销售额20余万元,签约项目总金额450万元。

按照省博览会事务局、省委农工委的安排部署,凉山州在中国西部国际博览城搭建1400平方米的"大凉山"特色展馆,85家农业产业化重点龙头企业到成都市参加展销活动,在展馆内设置"以购代捐"区,搭建17个多功能触摸显示屏,滚动播放和大力推介大凉山特色农业产业146个投资项目,涉及全州17个县(市)2072个贫困村100余种类特色农产品,连续4天累计点击率超过9000次,实现开幕式会场签约4项,涉及金额8.4亿元,连续4天现场销售额多达216万元,签约项目多达100余项,涉及金额1670万元。

【主要领导人】 州委书记:林书成;州人大常委会主任:达久木甲;州长:苏嘎尔布;州政协主席:杨文泉;分管农业副州长:何绍忠。

凉山彝族自治州编写组

西 昌 市

【基本情况】 2017年,西昌市辖32乡8镇6个街道,托管喜德县东河乡、昭觉县普诗乡、玛增依乌乡,辖区面积2651.38平方千米,其中耕地面积53万亩,人均耕地面积1.12亩;基本农田34.2万亩。年末总人口65.4万人(户籍人口)。全市耕地有效灌面和保证灌面分别达到耕地总面积的76.5%和89.9%。有林业用地16.88万公顷,有林地面积11.48万公顷,活立木总蓄积量1097.3万立方米,森林覆盖率55%。

2017年,全市GDP481.44亿元,增长5.3%,其中第一产业增加值46.57亿元,增长4.51%,农、林、牧、渔及农林牧渔服务业之比为28.5:1.62:12.91:1.62:1.24;第二产业增加值47.7亿元,增长4.5%(工业产值357.84亿元,增长5.93%);第三产业增加值208.7亿元,增长8.1%。三次产业对经济增长的贡献率分别为7.7%、4.77%和20.87%。劳务输出10.45万人,收入19.7亿元。全年接待游客744.78万人,实现旅游收入208.7亿元,其中乡村旅游收入10.25万元。

公路通车里程1893.584千米,其中高速公路71千米、国道175.959千米、省道120.51千米、县道56.35千米、乡道188.608千米、村道1314.4千米、专用道路23.895千米。农业产业化龙头企业省级、州级、市级分别为13个、44个、57个。

有各类学校223所,在校学生17.24万余人,教职工8323人,其中普通高校1所,在校本(专)科学生1.59万人;普通中学36所,在校学生54844人;小学120所,在校学生81788人;学龄儿童入学率100%。有艺术表演团体130个,文化馆2个,公共图书馆2个,博物馆3个。有卫生机构663个,病床位6195张,卫生技术人员7415人。新型农村合作医疗参合人数42.2万人,参合率99%。

【年度农业和农村经济运行】 2017年,西昌市实现农业总产值77.02亿元,增长3.78%;农业增加值46.57亿元,增长4.51%;粮食、特色水果、设施蔬菜等优势农产品产量保持稳定增长。农民年人均可支配收入达16323.11元,增长9.28%。

2017年西昌市主要农产品产量

主要农产品	单位	产量	同比(%)
粮食	万吨	29.725	0.74
水稻	万吨	18.89	0.05
小麦	万吨	4.25	0.71
玉米	万吨	2.59	—
马铃薯	万吨	2.34	—
油菜籽	万吨	0.29	3.57
蔬菜	万吨	58.1443	4.99
水果	万吨	8.464	4.75
肉类	万吨	5.832	1
禽蛋	万吨	0.7059	0.01
水产品	万吨	1.01	1
牛奶	万吨	4.1372	2.73

农业产业化发展。有农业产业化龙头企业60余家，其中省级龙头企业13家、州级龙头企业44家、市级龙头企业达57家，各级重点龙头企业资产总额达86.89亿元，固定资产43.95亿元，主营产品年销售收入达48.76亿元；年上缴税金2.49亿元，重复带动农户13万户，为农村剩余劳动力提供工作岗位3.2万个，实现每个产业至少有1家龙头企业带动。全市规范注册登记农村合作经济组织639个，安宁韭黄产销专业合作社被评为国家级示范社，小香葱合作社等13家合作社被评为省级示范社，冬阳草莓专业合作社等4家合作社被评为州级示范社。全市共有家庭农场97家。全市实施粮食、畜牧、蔬菜、花卉、水果、林业、蚕桑、烤烟八大支撑特色产业规模化、集约化建设，提升五大农业园区，产业增收3.4534亿元，全市农民人均增收769.13元。天喜现代农业科技示范园区新建成花卉温室大棚13400平方米，西昌花卉在第九届中国花卉博览会上夺得金奖3个、银奖23个、铜奖16个。西昌花卉年产高档盆花2480万盆，实现产值5.1亿元。

农用地产权制度改革。全市开展农村产权制度改革试点工作，选取了西郊乡瑶山村、小庙乡袁家山村、礼州镇田坝村、高草乡高草村、黄水乡书夫村、荞地乡九道村共六种类型的村进一步扩大试点。

农产品品牌战略实施。全市有农产品品牌(证书)82个、国家级农业标准化示范区3个，“大凉山”品牌使用率达98%以上。洋葱、小香葱、大兴蒜薹、钢鹅、建昌鸭、高山黑猪获得国家地理标志产品认证。

现代农业园区建设。以特色产业种养殖和加工为依托，建成裕隆现代农业园区、礼州花卉园区、食品加工业园区三大农业园区。礼州花卉园区种植面积5000余亩，花卉企业入驻30余家；天喜现代农业科技示范园区建设新增土地流转工作已完成，新建成花卉温室大棚13400平方米；在裕隆现代农业园区、中坝等乡(镇)建设施蔬菜基地面积4000余亩，在礼州镇、中坝乡等片区种植制种玉米面积7万余亩；食品加工业园区位于小庙乡，占地300余亩，入驻农产品加工企业10余家，其中正中食品等已投入运行。在成凉园区等三大园区中规划实施农产品物流中心、食品加工园区、标准化生产厂房建设工程。

【种植业】 2017年，西昌市粮食作物播种面积800325亩，产量297250吨，增加2179吨，增长0.74%。水果产量84640吨，增加3841吨，增长4.75%；实现产值40376万元(按上年价)，增加1929万元。蔬菜产量581443吨，增加27661万吨，增长4.99%。

【林业】 2017年，西昌市脱贫攻坚“1+X”生态产业基地建设计划任务为19.3万亩，其中新建核桃基地15万亩，青(红)花椒、华山松等其他树种4.3万亩。核桃丰产(嫁接)技术改造目标任务3万亩。截至2017年年底，全市共完成“1+X”生态产业种植面积19.4万亩，其中新栽核桃13.13万亩、青(红)花椒5.96万亩、油橄榄100亩、杨树1500亩、其他经果林1548亩。

【畜牧业】 2017年，西昌市生猪、牛、羊、家禽全年出栏量分别达564085头、24664头、187765只、6638962羽；肉、蛋、奶总产量分别达58320吨、7059吨、41372吨，分别增长1%、0.01%、2.73%。

【统筹城乡与新型城镇化】 2017年，西昌市制定了《西昌市现代生态田园区规划》，确定西昌市城市总体空间结构为“河谷盆地夹三山，一轴一带多组团。田园山水通绿廊，八河系海入城来”。在整体架构下，强化各片区特色，其中主城区定位为“文化名城、旅游基地、活力中心、宜居天堂”；城西区定位为“水网花都、活力商城”；安宁区定位为“开放西昌、高新基地、生态新城”；经久区定位为“依山钒钛绿都、傍水宜居家园”；川兴区定位为“高端旅游基地、活力绿色屏障、生态休闲田园”；太和生态区定位为“田园景色、商务休闲”；宁河东区定位为“现代农业，生态田园”；邛海泸山风景区定位为“川南山水胜境地，国际休闲度假区”。

【新村建设】 2017年，西昌市计划完成幸福美丽新村项目54个，实际完成幸福美丽新村项目56个。其中，旧村落民居改造及基础设施建设32个、安宁河谷地区新建新村聚居点4个、传统村落保护修缮2个、彝家新寨建设项目3个、扶贫新村建设项目15个；涉及8250户，其中建档立卡户397户1412人，重点实施住房建设、基础设施建设、环境建设、社会建设、产业发展等项目。创建州级“四好村”54个。

【农村扶贫和移民工作】 2017年，西昌市精准锁定223户877人减贫、1个贫困村退出任务，扎实开展“回头看”“回头帮”工作，全面巩固提升2014—2016年6698户25332人脱贫成果。一是聚焦目标任务抓脱贫。从贫困户脱贫、贫困村退出两方面入手开展脱贫攻坚工作。二是聚焦巩固提升抓脱贫。全年安排“回头看”“回头帮”资金1135万元，重点解决15个乡(镇)47个贫困村脱贫和2014—2015年已脱贫人口“两不愁”和查漏补缺、对标补短等问题。三是聚焦问题整改抓脱贫。针对省、州各级督查时反馈的问题，特别是精准识别省际交叉检查，第三轮全覆盖督导检查，2017年贫困退出验收，“回头看”“回头帮”验收考核评估，15个乡(镇)专项督查、州验收反馈问题，分类分层建立整改清单，明确整改时限、责任单位、责任人员和整改要求，确保所有问题整改到位。

移民工作。一是抓好溪洛渡水电站移民安置工作。采取大力推进移民安置点房屋建设收尾工作、统筹推进基础设施建设、合力推进移民安置项目变更等措施推进溪洛渡水电站移民安置工作；组织实施三峡公司金沙江基金项目，投入资金170万元；实施裕隆乡星宿村13组产业园建设项目，投入资金70万元(道路2千米、农电1千米)；实施兴胜乡小桥村产业道路1千米项目，投入资金30万元；采购路灯125盏，解决礼州镇同心村、兴胜乡小桥村和团结村、安宁镇顺河村和五堡村部分安置点的夜间照明问题。二是抓好金沙江白鹤滩水电站移民安置工作。积极与三峡公司、华东院沟通协调，解决《金沙江白鹤滩水电站建设征地移民安置规划大纲(四川部分)》的《金沙江白鹤滩水电站建设征地移民安置规划报告(四川部分)》的规划工作中存在的问题。加强宣传，做好准备接收白鹤滩移民。三是抓好官地水电站移民安置工作遗留问题处理、审计和移民安置验收工作。四是大桥水库灌区二期工程建设征地移民安置工作。完成大桥水库灌区二期工程建设征地移民安置红线范围内月华乡、琅环乡等9个乡(镇)的实物指标

调查、公示、汇总工作,并协助大桥公司、四川院完成《移民安置规划报告》的编写、审定工作。

【助农增收】 2017年,西昌市西昌邛海国际老年公寓、西昌观海湾阆悦苑国际颐养中心、安宁养老院、西昌市新月苑回族颐养中心等健康养老机构利用农民闲置安置房和农民自有闲置房屋改造建设,为全市及全州充分有效利用农村闲置资产、转移农村剩余劳动力、带动农民增收探索了一条新路。西昌市被评为"全省农民增收新产业新示范县(市)",6月获得省级财政新产业新业态奖补资金100万元,经层层申报评定,四个业态17家经营运作成效突出的实体分别得到1万~10万元奖补。

【乡村旅游】 2017年,西昌市休闲农业和乡村旅游接待游客744.78万人,增长6.52%;实现旅游收入10.25亿元,增长10.69%。全年投入资金100万元,配合樟木箐乡、西乡乡、马道镇、黄水乡、民胜乡、礼州镇的休闲农业和乡村旅游景点进行升级改造及乡村风貌整治;开展休闲农庄、星级农家乐提档升级投入36万元,完成休闲农庄、星级农家乐示范点的提档升级9家。每年举办桃花节、樱桃节等乡村旅游节庆活动18个,呈现"月月有节"的观光农业产业链。启动马道镇百花深沟、樟木箐乡茅坡樱红、西乡乡凤凰葡园、邛海国际老年公寓等创建国家A级旅游景区工作,启动安宁河谷农文旅生态长廊樟木至太和段规划建设。鼓励民间资本发展养老服务业,建成民办养老服务机构5个,有康养床位1260张,创造就业岗位265个,养老服务体系和康养产业发展初具规模。

【农业机械化】 2017年,西昌市拖拉机入籍挂牌353台,收割机挂牌28台,更新换代新型大中型农业机械120台;水稻机械化育插秧示范推广面积2000亩,玉米机收示范推广面积2000亩,玉米机械播种面积1000亩。

【农村科技】 2017年,西昌市开展科技示范户培育,印制发放主推品种及技术手册750册,印制科技示范户标牌700个。督促技术指导员对科技示范户开展多种形式指导服务,填写完成《科技示范户手册》700本、《指导员手册》50本;组织开展集中培训35期,累计培训人员达3600人次。玉米制种高峰面积达8.3万亩,年产量达2800万千克,年产值2.13亿元。

【农村教育】 2017年,西昌市构建"以法督学,以情劝学、以捐助学、以教保学"的"控辍保学"长效机制,坚持"七长"(市长、局长、乡/镇长、主任、校长、家长、师长)责任制,开展贫困户"义务教育有保障"达标认定,加强对"三残"儿童、困难儿童的入学帮扶,保障进城务工人员子女受教育权利,让适龄儿童全部入学。全市"控辍保学"指标达到国家规定标准。

【农村卫生】 2017年,西昌市基层医疗机构100%与县级公立医院签订双向转诊协议,100%加入市域内特色医疗联合体,按照"基层首诊、双向转诊、急慢分治、上下联动"分级诊疗模式的要求,进一步提高县域内就诊率,县域内就诊率达93.45%。通过建立医疗联合体,实现了让群众受益、基层医院综合能力提升、上级医院专注专业人员培养和专业技术提升的三方受益局面。做好城乡医疗对口支援工作,下乡活动派出医务人员21人,参与义诊3040人。

【农村法制建设】 2017年,西昌市积极推进农村法制建设各项工作,强力开展平安建设,开展"禁毒攻坚""黄赌专项治理"等系列社会治安集中整治,组织开展"法律十进"活动,累计开展法制宣传讲座1400余场次,发放各类法律法规宣传资料17万余册。

【涉农招商引资】 2017年,西昌市引进3000万元以上的农业招商引资重大项目3个,3个重大项目均在礼州镇花卉产业园区。

【农村社会保障】 2017年,西昌市城乡居民养老保险覆盖25.62万人,农村城乡低保标准提高至275元/月。新建社区日间照料中心12个,被征地农民社会保障工作有序推进。

【农村生态建设及环境保护】 2017年,西昌市推进农业废弃物综合利用,制定了《废弃物分类回收利用标准》,全市小春农膜重复使用量达388.1吨。为全市316家农药经销商免费发放分类回收桶标志,并在小庙乡小庙村八组的西昌市晋宇农药经营部建立农药包装废弃物仓库100平方米,为各乡(镇)免费提供贮存。优化种养业区域布局,结合西昌市脱贫攻坚工作要求,初步形成了以西昌现代草食畜发展为主体的"稳猪禽、兴牛羊"发展规划。积极推进畜禽粪污防治,编制了《西昌市畜禽养殖粪污综合利用规划》《西昌市畜禽养殖污染防治工作方案》,并到37个乡(镇)进行畜禽养殖污染督察,关闭生猪屠宰场2个,私屠乱宰屠宰户27户。排查梳理出全市需整改的养殖场1830个,已整治1720个,完成94%。牵头开展畜禽养殖禁养区划定工作,共划定禁养区24个,划定面积711.58平方千米,占全市辖区面积的26.9%。

【农产品质量安全监管】 2017年,西昌市开展农业投入品监管检查,以重要节日、重大活动期间为节点,出动执法人员1502人次,共检查投入品市场8个,检查投入品经营点(店)1118次;查处各种投入品违法违规行为51起,责令整改的违规案件36起,查处各类违法违规案件15起,办结10起,收缴罚款36572.6元。加强生产基地农产品检测力度,抽检蔬菜、水果64批次、1704个样品,合格率100%。对奶站生鲜乳进行三聚氰胺、黄曲霉素检测共17批次、20份,检测结果均为阴性;进行家畜血吸虫病检测7000份,发放吡喹酮6千克。加强肉产品安全检疫,产地检疫生猪21309头、牛10141头,屠宰检疫生猪155040头、牛8785头,检出并无害化处理不合格动物及其产品671头(羽)。经四川省兽药残留监控中心飞行检测猪肉兽药残留30份,检测结果均为阴性。加强农产品质量安全追溯系统建设,已完成25家新型农业生产经营主体的信息采集和22家新型农业生产经营主体追溯设备的发放及数据录入工作。开展植物检疫,重点通过产地检疫对全市34家玉米制种公司进行了产地检疫备案,并对调出的蔬菜、花卉葡萄和制种玉米开展调运检疫共计3000批次。对全市4个无公害农产品生产基地进行了重点检查,通过检查确定西昌市无公害农产品生产基地产地环境符合无公害农产品生产要求。加强"三品一标"产品的申报、续展工作,成功申报丰源公司生产的葡萄、草莓2个绿色A级农产品以及众益养殖场的猪肉1个无公害猪肉产品。

【农村市场体系建设】 2017年,西昌市新建庄稼医院10个,新建社区服务社10个,在城区及城周边乡(镇)建再生资源回收网点12个,完成乡(镇)、村级(社区)电子商务综合服务站(点)20个。共新建礼州镇田坝村、民胜乡麻棚村、月华乡、安宁镇、西乡乡、裕隆乡星宿村等电子商务点12个。依托已建立的彝家优品、大凉山优品汇农产品电商交易平台,各个电商点都在为当地群众的生产生活发挥作用。在2017年中国西昌西乡第十届凤凰葡萄采摘节上,四川省老邻居商贸连锁有限责任公司、四川省供销社微众电子商务有限责任公司和西昌市凤凰葡萄产销合作社三方成功签订《"电子商务+农超对接"战略合作协议》。三方共同打造"互联网+电子商务+超市+物流+合作社"农产品流通模式,促进葡萄合作社生产加工的农产品实现线上线下推广销售。完善再生资源回收分解中心相关工作并签订合作合同,投入股金

10万元，投入扶持资金22.5万元，建成网点4个。

【主要领导人】 市委书记：李俊；市人大常委会主任：罗开莲；市长：马廷贵；市政协主席：唐云；分管农业副市长：廖开成。

西昌市编写组

木里藏族自治县

【基本情况】 2017年，木里藏族自治县辖25乡4镇，辖区面积13252.7平方千米，其中耕地面积25.32万亩，比上年增长2%。年末总人口13.91万人（户籍人口），减少0.5%；人口自然增长率9‰。有林地面积98.14万公顷，森林覆盖率73.2%，林木绿化率71.9%。

2017年，全县GDP30.07亿元，增长2.2%，其中第一产业增加值5.99亿元，增长3.5%，对经济增长的贡献率为30.55%，拉动GDP增长0.7个百分点；第二产业增加值13.81亿元，增速与上年持平；第三产业增加值10.27亿元，增长4.8%，对经济增长的贡献率为69.5%，拉动GDP增长105个百分点。转移输出农村劳动力3.46万人，实现劳务收入3.46亿元。全年接待游客45万人次，增长38.5%；实现旅游总收入2.86亿元，增长14%。

社会消费零售总额完成7.96亿元，增长11.1%。公共财政预算总收入完成11.1亿元，增长5.5%；地方一般公共财政预算收入5.91亿元，增长5.41%。全社会固定资产投资66.47亿元。金融机构各项存款余额46.48亿元，减少0.2%；各项贷款余额26.26亿元，增长4.4%；城乡居民年末储蓄余额15.32亿元，增长10.9%。

有各类学校37所，在校学生23421人，其中少数民族学生21027人，增加1055人；学龄儿童入学率100%；有专任教师1467人，增加60人。有电视台1座，节目2套。有卫生机构34个，病床位603张，卫生技术人员499人（其中执业医生173人、护师护士121人）。新型农村合作医疗参合人数117311人，参合率99.8%。

【年度农业和农村经济运行】 2017年，木里藏族自治县实现农业总产值110141.9万元，增长3.8%，其中种植业产值43711.4万元，增长3.4%，占全县农林牧渔业总产值的39.67%。农村居民年人均可支配收入达8886元，增长11%。全面落实各项强农惠农富农政策，兑现各类补助资金2221万元。完成永久基本农田划定，启动5000亩高标准农田建设，俄亚等乡（镇）土地开发整理持续推进。粮食作物播种面积24.7万亩，产量5.25万吨。全县各类牲畜存栏52.7万头（只），出栏22.3万头（只）；肉类、奶类、禽蛋产量1.69万吨。

2017年木里藏族自治县主要农产品产量

主要农产品	单位	产量	同比(%)
粮食	万吨	5.25	1.4
稻谷	万吨	4.42	1.2
小麦	万吨	0.81	2.4
蔬菜	万吨	4.31	3.7
水果	万吨	0.95	5.6
肉类	万吨	1.09	-1.5
猪肉	万吨	0.64	2.2
核桃	万吨	0.46	5
花椒	万吨	0.15	5.1
水产品	万吨	0.02	-1.1

农业产业化发展。建立现代农业马铃薯产业示范基地5万亩，建成一批农民专业合作社、家庭农场等新型农业经营主体。皱皮柑、羊肚菌、黑木耳、藏香猪、藏香鸡等特色产业年产值达4639万元。持续推进良种核桃“三大基地”建设，新建核桃基地9.7万亩，嫁接低产林核桃8.2万亩。

【特色产业】 2017年，木里藏族自治县农牧业特色产业主要包括设施蔬菜、木里皱皮柑、仿野生羊肚菌、中药材种植、黑木耳、高原油菜。其中，羊肚菌鲜品产量64吨，新增种植面积850亩；白芨、重楼、金铁锁等中药材种植面积4455亩，产量229吨，实现产值160万元；木里皱皮柑种植面积3000亩，产量200吨，建设皱皮柑苗圃基地3个、面积11亩，出圃16.15万株。引种“川油36”高原油菜，在唐央乡和东朗乡种植1030亩，种植冬油菜800亩。

【林业】 2017年，木里藏族自治县着力打造生态文明示范区，兑现各类生态奖补资金1.27亿元。有效管护国有林和集体公益林717.85万亩，巩固退耕还林、封山育林、森林抚育9万亩。开展“绿化木里”大行动，实施绿化造林1.6万亩、公路绿化32千米。落实草原生态保护补助奖励机制政策，人工种植牧草8.3万亩，落实草畜平衡和禁牧草地452.2万亩，草原植被进一步恢复。完成低产林核桃嫁接8.2万亩、247万穗，计划完成率达82%、嫁接平均成活率达84%。实际完成投资2379.5万元，其中政府投资370.5万元、农户投劳折资2009万元。加快推进森林资源二类调查和全省第九次森林资源清查，林业有害生物成灾率控制在3‰以下，森林火灾损失率控制在1‰以下；完成国有林场改革。

【畜禽免疫及病虫害防治】 2017年，木里藏族自治县完成猪瘟免疫30.49万头、猪口蹄疫免疫30.49万头、猪蓝耳病免疫27.24万头，猪瘟、猪口蹄疫和猪蓝耳病免疫密度均达100%；牛（羊）免疫65.99万头（只），其中牛口蹄疫免疫23.66万头、羊口蹄疫免疫42.33万只、羊小反刍兽疫免疫25.62万只、羊包虫病免疫42.27万只；鸡新城疫、禽流感免疫50.53万羽，免疫密度均达100%。全年病虫害防治面积达种植总面积的90%以上。

【新村建设】 2017年，木里藏族自治县实施易地扶贫搬迁、幸福美丽新村、藏区新居“三房”建设，突出“七加六”房屋配套，实现6930户农户“安居梦”；实施19个村安全饮水巩固提升工程，改造10千伏主线4条、贫困村电网3个；完成27个村活动室、文化室、民俗文化坝子、通村硬化路和23个村卫生室、40个幼教点建设，113个村实现通信网络全覆盖；实施“三建四改五洗”，建成“四好家庭”10582户、州级“四好村”26个、县级“四好村”45个。

【农村交通】 2017年，木里藏族自治县全力推进“交通活县”战略，投资13.23亿元，建成国、省干线公路218千米，在建132千米，国、省干道“主动脉”逐步贯通。投资9.58亿元，建成通乡公路582.5千米，在建452.1千米。投资5.4亿元，建成85个村、829.81千米通村公路，在建24个村、367.98千米通畅项目和4个村、125.63千米通达项目，乡村支线“毛细管”逐步畅通。启动通用机场建设前期工作，实施县城客运站提升改造和锦屏库区农村客运渡口建设，完成34个村级招呼站建设和海事趸船主体打造。

【农村教育】 2017年，木里藏族自治县投入3.5亿元，用于义务教育发展基本均衡县创建。有序推进25所“一乡一园”、城关第二小学新建项目，不断加强办学条件。下拨“营养改善计划”“两免一补”等教育补助资金9794.77万元，惠及学生13.96万人次。织密织牢“控辍保学”

保障网,小学辍学率控制在0.6%以下、初中辍学率控制在1.7%以下。启动攀枝花市—木里县"藏区千人支教十年计划帮扶工作",完成各类教师、校长培训1138人次。选送4786名学生接受"9+3"免费职业教育,就业率达89%。

【农村文化】 2017年,木里藏族自治县组织"送文化下乡"、免费电影放映等文化惠民活动1820场次,惠及城乡居民3万余人。开展全民科学素质行动,成功举办首届非物质文化遗产展演。累计建成文化站23个,高标准建设农家、牧家、寺庙书屋52个,购置补充图书2.96万册。完成29个乡(镇)"村村响"工程建设和29个村体育健身器材发放及安装工作,发放"户户通"设备2510套。

【主要领导人】 县委书记:张振国;县人大常委会主任:杨克祖;县长:伍松;县政协主席:甘正友;分管农业副县长:沐年若。

木里藏族自治县编写组

盐 源 县

【基本情况】 2017年,盐源县辖31个乡(镇)252个村(社区),辖区面积8412平方千米,其中耕地面积94.24万亩(其中水田14.26万亩、旱地75.92万亩)、天然草场340万亩、林地710万亩、基本农田69.36万亩。总人口31.6万人。林业用地825.46万亩(占县域面积的65.5%),活立木蓄积量3466万立方米,森林覆盖率为61.66%,林地覆盖率为57.25%。盐源县是西南地区最大的优质高原苹果生产基地,全省最大的加工型辣椒生产基地,全州最大的马铃薯、生态核桃生产基地,有"四川核桃之乡"之称。

2017年,全县GDP84.5亿元,总量稳居全州第五位,增长9%。县级地方公共财政收入7.57亿元,增长7.3%。转移输出农村劳动力8.723万人,实现劳务收入13.05亿元。

【年度农业和农村经济运行】 2017年,盐源县实现农业总产值363400万元,增长4%;农业增加值225400万元,增长3.8%;高原苹果、优质马铃薯、蛋白玉米、绿色猪(牛、羊)、优质烤烟、巨星辣椒、果园生态鸡、良种核桃等特色林果、日光温室大棚蔬菜和食用菌等特色优势农产品产量保持稳定增长。农民年人均纯收入达10856元,增长10.96%。全县农产品质量抽检合格率比年初提高1个百分点,31个基层农业综合服务站运转良好。

2017年盐源县主要农产品产量

主要农产品	单位	产量(万吨)	同比(%)
粮食	万吨	18	2.09
稻谷	万吨	1.57	-9.24
小麦	万吨	0.85	0
油菜	万吨	0.0021	-4.76
蔬菜	万吨	1.18	1.72
水果	万吨	48.8	10.9
肉类	万吨	3.68	4.24
猪肉	万吨	2.42	0
禽蛋	万吨	0.08	9.89
水产品	万吨	0.21	-3.66
牛奶	万吨	0.036	12.5

农业产业化发展。重龙头牵引,培育了钰峰果汁加工、世富马铃薯加工、天味食品有限公司苹果片加工等农产品加工企业。全县有规模以上加工企业11家,其中省级龙头企业1家、州级龙头企业6家。新成立专合组织194个,总数达1311个,其中有省级示范专合组织6个、县级示范专合组织1238个;有种植类专合组织597个、养殖业专合组织617个、其他专合组织30个。专合组织种植业基地面积达287610亩,总收入20950万元,成员户均纯收入18560元,带动农户户均纯收入7660元,产品无公害认证3个。家庭农场总数达547个,其中种植业429个、养殖业115个、其他行业3个;家庭成员总数量2970人,常年雇工总数量为900余人,全县家庭农场总收入2600万元。

农产品品牌战略实施。全县创建省级以上农产品品牌7项,其中"大凉山盐源苹果"创建为中国驰名商标、四川省著名商标,"盐源苹果"品牌二维码获批;"盐源早核桃"创建为国家地理标志集体商标;"盐源辣椒"农产品地理标志经农业厅品鉴通过,"盐源红米"无公害农产品申报、"泸沽湖摩梭猪膘肉"商标注册工作加快推进,"润盐牌马铃薯淀粉"获得工商总局注册。高标准完成苹果、核桃等农特产品外包装设计,"大凉山盐源苹果"专用外包装箱获国家知识产权局授予外观设计专利,全县使用"大凉山"农产品包装的产品达18种。组团参加西博会、成博会等展示展销活动,全年参加展销活动9次,签订合作协议1.2亿元以上。

扎实发展村级集体经济,加快农村产业发展。盐源县在摸清全县村集体经济发展状况后,制定了《盐源县加快村集体经济发展的实施意见》,明确了发展村集体经济的总体要求、创新村集体经济发展模式,强化村级集体经济工作举措、健全组织保障机制;各乡(镇)及贫困村出台了发展村集体经济实施方案。农办将村级集体经济发展工作纳入重要的议事日程,全年对全县122个贫困村投入4880万元(每村40万元)用于扶持村级集体经济发展。重点以纳入年度脱贫计划退出的60个(省定任务47个、州定任务13个)贫困村为主战场,结合贫困村实际,立足资源、资金和区位特点等合理制定村级集体经济发展规划和年度计划,县脱贫攻坚领导小组下达了2017年退出贫困村集体经济收入目标任务。122个贫困村均成立了以村"两委"为主导的农民专业合作社并详细制定了完成村级集体经济收入目标任务的具体措施办法,122个贫困村中68个村集体经济收入已达标,2017年退出的47个贫困村累计实现村集体经济收入695423元,村集体经济收入人均达11.11元,圆满完成人均3元以上的村集体经济收入目标。

【种植业】 2017年,盐源县苹果种植面积37.6万亩(新种植2.5万亩),产量46万吨,实现产值13.21亿元;马铃薯(大小春)种植面积26.9万亩,产量34.3万吨,实现产值4.16亿元;辣椒种植面积6万亩,产量12万吨,实现产值2.2亿元;蛋白玉米种植面积21.9万亩,产量7.3万吨,实现产值1.5亿元;花椒种植面积59.82万亩,实现产量776.5万千克,实现产值6.03亿元;核桃种植面积114.69万亩,产量6640.54万千克,实现产值7.97亿元;烤烟种植面积7.77万亩,收购烟叶16.76万担,实现产值1.97亿元。

【林业】 2017年,凉山彝族自治州下达盐源县"1+X"重点林业产业发展目标任务是新种植核桃30万亩、花椒5万亩、速丰林2万亩,实际完成核桃种植30.5131万亩,是下达任务的101.7%;完成花椒种植6.4023万亩,是下达任务的128%;华山松("绿化凉山"行动)完成2.3万亩,是下达任务的115%。截至2017年年底,全县经果林面积达200万亩以上。全县户均22亩、人均5.8亩,已接近州委州政府下达的"到2020年

实现人均拥有6亩经果林"的目标,林业产业助农人均增收2825元。

【畜牧业】 2017年,盐源县"四畜"存栏113.78万头(只),出栏73.64万头(只);家禽存栏480万只,出栏160万只;生态鸡养殖400万只;肉类总产量3.68万吨,蛋产量800吨,奶产量360吨;实现畜牧业产值14.67亿元,完成畜牧业增加值0.12亿元。建设人工饲草地3675亩,实施草原生态奖补禁牧110.8万亩,推进草畜平衡273万亩,建设牲畜棚(圈)375户。

【统筹城乡发展】 2017年,盐源县棉桠乡塘泥湾村、双河乡五洞桥村、下海乡上海村等9个村土地开发整理项目有序推进,新增耕地3.52万亩,荣获凉山州2017年土地开发整理工作目标考核"先进集体"称号。双河乡潘家坝村、前所乡上村等3个城乡建设用地增减挂钩项目顺利通过省级验收,产生挂钩指标300亩。480亩易地扶贫搬迁增减挂钩项目上报省国土资源厅,获得"凉山州2017年城乡建设用地增减挂钩工作目标考核先进集体"称号。县城自来水厂取水枢纽改建工程总投资198.75万元,新建取水枢纽及引水管道1120米,10月20日完成竣工验收。

【新村建设】 2017年,盐源县按照"统筹安排、分期实施、有序推进"原则,卫城大堰沟生态田园民居建设二期工程已全部竣工,通过整合项目资金、财政补贴、协调贷款、农户自筹等方式,努力将卫城镇大堰沟村打造成新农村综合体样板村,带动全县新农村建设。严格按照省、州下达的计划任务数认真开展幸福美丽新村(新寨)建设,其中易地扶贫搬迁安置1393户5573人,涉及14个乡(镇)42个行政村48个安置点。彝家新寨主要用于实施33个村2306户的住房建设、基础设施建设、环境建设、社会建设等配套设施建设。1100万元幸福美丽新村建设资金主要用于3个贫困村186户易地扶贫搬迁集中安置及"四好村"创建工程建设。全年整合各类资金5.08亿元,完成易地扶贫搬迁1253户、彝家新寨建设2306户住房建设任务和幸福美丽新村建设任务。结合精准扶贫工作统筹推进幸福美丽新村建设,完成幸福美丽新村建设21个。

【农村扶贫和移民工作】 2017年,盐源县投资3664.5万元解决全县60个贫困村26317人的饮水安全问题。整合资金5亿余元,完成47个贫困退出村互联网全覆盖、文化室和民俗文化院坝建设、医疗设备和人员配备工作,完成47个退出贫困村通乡、通村道路硬化任务。盐井、梅雨、金河3个易地扶贫搬迁集中安置点即将竣工,2018年春节前集中安置贫困群众2094户9294人,1393户分散安置住房和2306户彝家新寨建设完成,贫困户陆续入住。坚持产业发展带动精准脱贫,继续推进"1+X"生态产业,积极引导群众大力发展以核桃、青红花椒为重点的特色产业,新种植核桃30.5万亩、花椒6.4万亩、苹果2.5万亩,覆盖81个贫困村,涉及贫困户3819户15968人。因地制宜推进"借羊还羊"等增收项目短平快增收工程,推进"以购代捐"活动,用好用活村集体经济发展基金4880万元。实现农民夜校全覆盖。开展"四好"创建授牌暨文化扶贫惠民演出2场,带动群众转变观念、移风易俗,举办培训班1000余期,培训群众5万余人次。共有23093户农村家庭被评为"四好家庭"。

【农村水利】 2017年,盐源县龙塘水库及灌区工程可研报告上报国家水利部,国土资源部已完成土地预审。马鹿塘水库前期工作全部完成;老沟水库跨沟引水工程总投资1.36亿元,5月开工建设。

以贫困村为重点,大力实施安全饮水工程。一是投资3664.5万元,实施全县2017年、2018年贫困村饮水安全项目,解决全县60个贫困村26317人饮水安全问题。二是投资364.72万元,实施全县2016年巩固提升工程白乌村供水站,解决白乌镇白乌村6840人饮水安全问题。三是投资57.2万元实施棉桠乡狐狸洞村安全饮水工程,采取钻深井找水源的方式,解决1021人饮水困难问题,主体工程已完工。四是金河乡管道引水工程。完成了工程前期设计、报批及招投标工作,主要解决扶贫搬迁集中安置2.5万人的饮水问题,项目预算总投资2353.53万元,于8月开工,已完成总工程量的70%。五是盐源县沃底乡先锋大堰灌区工程,主要解决搬迁人口251户1135人的生产生活用水,总投资671.43万元,新建取水枢纽1处、引水管道14500.9米、1000立方米蓄水池1口。工程于7月1日开工,已全部完成。

抓好防灾减灾工程建设。拟定全县防汛减灾应急预案并由县政府统一印发,明确了各乡(镇)、部门的工作职责,落实了水库等重要水利工程的行政、技术和管理责任人并备案。由县政府领导带队,抽调国土、安监等部门人员组成6个组,对全县31个乡(镇)开展3轮防汛工作督导检查,重点督导责任落实、隐患排查、应急演练和值班值守等工作。督促完成34个乡(镇)、56座水电站、14座小(1)型、48座小(2)型水库管理单位编制防汛抢险应急预案。实行24小时值班和领导带班制度。收集、监测重要天气、雨情、水情信息,及时准确传达到各乡(镇)。发送重要天气预警预报12000余条。督促乡(镇)、水电站开展应急避险演练78场720人次。一是盐源县2016年中小河流治理项目,总投资679.6万元(其中中央奖补资金349万元、整合项目结余资金330.3万元),新建堤防和护岸1.938千米,完成河道清淤0.81千米。工程已完工准备验收。二是防洪治理项目平川镇青天铺村阿达拉格防洪沟治理工程,总投资390.17万元,主要建设内容为清淤1万立方米,新建防洪沟354.1米。工程已完工,开展竣工验收准备工作。

推进农田水利项目建设。一是高效节水项目。全县2016年度高效节水灌溉试点项目总投资545万元,新建高效节水面积2038亩,新建600立方米蓄水池1口,新建装机18.5千瓦提水泵站1处。二是投资21.6万元,新建小(2)型水库放水闸门1座,改造小(2)型水库塔式放水闸门6座。

农村水电增效扩容改造项目。盐源县花鱼塘电站增效扩容改造项目总投资1238.82万元,其中中央奖励资金406.9万元。工程于4月开工,完成投资389.8万元,已完成总工程量的50%,预计2018年7月完工。工程完工后可增加装机1500千瓦。

地方电力安全管理。组织开展全县农村水电安全生产工作,与县境内所有在建、已建电站业主签订了《盐源县地方电力安全生产目标管理责任书》;与甘洛县开展了电力安全交叉检查活动,提升电力安全生产管理水平;组织开展"安全生产月"活动,发放宣传资料1150份。

保护水环境。一是加强河道管理。加强河道巡查,依法查处水事违法行为,及时消除河道行洪安全隐患,共发出《责令停止水事违法行为通知书》45份,关停非法采砂场77家,移送司法处理2家,刑拘5人。二是督导检查已建农村水电站13个,发现安全隐患7项,现场整改2项,限期整改5项。三是在县政府的统一安排下,开展电站、矿山企业安全专项整治3次,集中整治了西盐路、盐左路沿线的弃土弃渣及河道占用、不规范砂石开采等问题,发放各类整改通知书35份,查处水土保持违法案件4起。四是狠抓环保督查反馈问题整改。全县46家中小水电站未落实生态下泄流量,完成整改26家。主汛期全县河道禁止砂石开采。采取植树种草等措施,完成水电站渣场植被恢复3家。

【农村科技】 2017年,盐源县投入专项资金3000万元,新建标准示范苹果园2.58万余亩、现代苹果产业良种繁育温室6200平方米、示范区3.5万亩。改造、新建马铃薯标准化示范基地18.8万亩,建立健全良种繁育体系。建设6.18万亩辣椒示范种植区,引进优新品种20个,高厢垄作地膜覆盖推广面积达100%。完成整建制推进试点县粮棉油高产创建玉米示范片2万亩,平均亩产达650千克。实施新型农民科技培训、新农村实用人才培训等工程,开展苹果高产优质栽培、核桃良种嫁接、农村沼气管理使用等培训。投入900余万元,对4500名建档立卡贫困人口开展新型农民技能培训和素质提升培训。

【农村教育】 2017年,盐源县按照"美丽县城"和省、州义务教育均衡发展要求,全力推进盐源县教育重大项目建设工作,规划投入资金3.19亿元,新建盐源县盐中二校区,招生规模4000人;平川中学因地处地质灾害隐患点,需整体搬迁至金河集镇,拟投资1.28亿元,招生规模达2500人。为有效化解县城小学大班额现状,新建城西学校,招生规模达2500人,拟投入资金1.49亿元;为顺利通过盐源县义务教育均衡发展和化解县城大班额,扩建干海鱼脊小学,招生规模达2500人,拟投入资金0.79亿元;扩建干海中学,招生规模达2500人,拟投入资金0.52亿元;规划投资0.4273亿元,新建盐井镇城南幼儿园,计划于2018年9月投入使用。

推进教育信息化工程。全年投入7836万元,配置教学仪器设备347套、51万件,计算机网络教室102间、计算机4622台,图书32万册。配齐配足16个学科教学仪器设备、计算机、"班班通"设施设备、校园网建设、图书、课桌凳、学生用床。实施中小学现代远程教育工程,加快"三通两平台"和"村小数字教育资源全覆盖"项目建设,促进优质教育资源共享。

推进各类教育协调发展,学前教育取得新突破。全县已建成"一村一幼"教学点208个,共开设227个班,入园幼儿5870人,共聘辅导员438人。"入园难"问题得到基本解决,全面完成省、州下达任务。全年投入484.98万元,为辅导员购买"四险",解决其后顾之忧。全面启动建设29个"一乡一所"公办幼儿园,由州国投公司承建,各幼儿园按要求已完成"三通一平"前期工作。全县学前教育走在全州的先进行列。把"控辍保学"工作作为"一把手"工程,进一步健全"县长、局长、乡(镇)长、校长、村长、家长"共同负责的"控辍保学""六长"责任制和"县领导包片、教科局包校、乡(镇)干部包村、村干部包组、学校和教师包村小和班级"的"五包"措施,加大"控辍保学"宣传力度,认真落实义务教育"控辍保学"责任。进一步强化"控辍保学"责任体制,坚持依法控辍、管理控辍、教改控辍、扶贫惠民控辍。全年小学适龄儿童入学率99.9%,六年巩固率96.49%,毕业率99.97%;初中适龄人口入学率97.67%,三年巩固率93.81%,毕业率100%;九年义务教育巩固率达89.25%。深入实施彝区"9+3"免费职教计划,优先安排贫困学生就学。全年彝区"9+3"免费职教计划实施过程中,向内地职业学校输送学生752人。职业中学建立健全"工学结合,校企合作,校校联办,顶岗实习,推荐就业"的办学模式,在校学生达3403人,升学率达95%以上,就业率达99%。职业中学已被列入四川省民族地区重点发展的职业学校之一。

实施教育惠民工程学生营养改善计划。全年上期实施营养改善计划学校115所(包括村小、教学点),享受营养改善计划学生54277人(小学38264人、中学16013人),其中实施食堂供餐的学校有95所、学生48218人;实施企业供餐的学校20所、学生6059人。全年下期实施营养改善计划学校110所,享受营养改善计划学生54875人(小学96所、39147人,中学14所、15728人,特教62人),其中实施企业供餐的学校20所、学生7688人,实施食堂供餐的学校90所、学生47187人。全年投入中央资金2184万元、省级资金1468万元、州级资金560万元、县级资金703.2576万元,共投入4915.2576万元。享受营养改善计划学生数占全县义务教育阶段学生总人数的100%,覆盖率100%。高海拔地区义务教育阶段学生取暖补助投入省级以上资金450.52万元,按照每生每年200元补助标准,补助学生22526人。资金已下达海拔在2500米以上的学校,用于学生取暖设备购置和运行维护。十五年免费教育,全年上学期实施17140人学前教育保教费,下学期实施14877人学前教育保教费,按生均350元/人的标准,共计投入1120.595万元。全年义务教育阶段学生全面实施"三免一补",其中上学期54898人、下学期54757人。免除学杂费小学每生每年600元,初中每生每年800元,特教及随班就读学生每生每年6000元。提高寄宿制学生生均公用经费,每生每年200元,免教科书费、免作业本费,所需资金由省、州、县三级财政共同分担。义务教育阶段寄宿制学生生活补助每生每年1700元,首先保障农村建档立卡贫困户住校学生享受寄宿制生活补助,全年春季学期共有19327名(小学7895名、初中11432名)寄宿制学生享受生活补助;全年秋季学期共有20330名(小学8178名、初中12152名)寄宿制学生享受生活补助,共计投入资金3263.6746万元。普通高中教育阶段全面免除学费和教科书费,每生每年省级补助学费450元,县财政对盐源中学每生每年补助230元、对民族中学每生每年补助110元;免除教科书费,省财政按每生每年350元标准补助。职业技术培训工程,按每生每年2000元的标准(覆盖率40%),为普通高中家庭经济困难学生提供国家助学金,首先保障建档立卡贫困户普通高中学生享受国家助学金。全年享受国家助学金资助人数6293人(盐源中学3483人、民族中学2810人),合计金额472.6万元。职业教育从2016年秋季学期起,对全省建档立卡贫困家庭全日制学历教育正式学籍中职(含技工)学生在发放中职助学金的基础上再给予每生每学年1000元的生活补助(休学期间暂停享受资助),全年受助学生400人,资金20万元。2016年及以后被全国普通高等学校录取就读全日制本(专)科的建档立卡贫困家庭学生按照每生每学年4000元的标准给予资助,连续资助直到学业结束,2016—2017学年度,受助学生158人、资金63.2万元。全年开展教育扶贫救助基金工作,第一批次共救助贫困学生1007人,共计50万元;第二批次共救助贫困学生6160人,共计107.885万元。普通高中贫困学生助学金按每生每年2000元的标准(覆盖率40%),为普通高中家庭经济困难学生提供国家助学金,首先保障建档立卡贫困户普通高中学生享受国家助学金。全年享受国家助学金资助人数2363人(盐源中学1300人、民族中学1063人),合计金额472.6万元。

【农村卫生】 2017年,盐源县有村卫生室360个、乡村医生365人。共建立城乡居民健康纸质档案366703份,建档率97%。电子档案建档349755份,电子建档率92.9%。65岁以上老年人管理率64.9%;高血压规范化管理率6.5%,糖尿病患者管理率4.1%。辖区内登记在册的确诊严重精神障碍患者人数280人,其中按要求规范化管理人数261人。经上级医疗机构确诊的肺结核患者315人,已管理患者308人。免费补服叶酸225人,服用率98.66%,依从率94.35%;农村孕产妇住院分娩率达99.46%,孕产妇死亡率为零,婴儿死亡率为零。对全县范围内14739户贫困户中的64275名建档立卡贫困人口实施医疗救

助扶持。免费为贫困人口提供12类45项基本公共卫生服务64275人，覆盖率100%。34个乡（镇）卫生院和4个县级医疗机构建立艾滋病快速检测点，县疾控中心建立初筛实验室、确认实验室、CD4检测实验室；对252例艾滋病病毒感染者和病人发放了低保、缴纳新型农村合作医疗，对11名儿童发放了生活补助，对全家感染艾滋病病毒3家人进行生产生活救助，对6名感染学龄儿童进行免费入学。

【农村交通】 2017年，盐源县有通乡公路231.99千米，已实施通乡油路工程201千米，通乡通畅率为87%；村道公路实际里程1258.042千米。拟建成通乡油路7条，建设里程224.9933千米，其中田湾、藤桥、巴折、洼里和右所6条通乡油路已实现通畅，建设里程206.571千米，预计投资16333万元；官地镇加快建设，力争2018年1月底实现乡（镇）油路（硬化路）全面通畅。全县60个贫困村通硬化路，其中省下达47个、州下达13个，已全部实现通畅。Y038盐井至大河乡段改善提升工程，建设里程19.4千米，总投资1894万元，已完成路基工程，预计2018年4月底实现通畅。共组织水上交通安全巡逻检查600次，参加水上安全检查人员6100人次，出动海巡艇65艘次，深入码头渡口及重要场所进行相关法律法规及安全常识宣传，发放宣传资料3300余份，受教育群众达7000余人。散放和设置宣传标语和图片60幅，签订安全责任书18份。节假日和重要时段集中在重要流域和重点渡口码头值班，检查各类船舶3000艘次。对检查到的生产自用船非法载客、乘客未穿救生衣以及营运船舶船员无适任证书的船舶根据相关法律法规进行处罚，行政处罚案件共17起，拆除一个非法码头。检查码头渡口水运基础设施60余道，救生衣配备达200%，对通航水域的管理形成了常态化。

【农村电商】 2017年，盐源县加快推进国家级电子商务进农村综合示范项目建设，建成电子商务乡级服务站29个、电子商务村级服务点119个，构建了县、乡（镇）、村三级电商服务体系，初步完成县、乡（镇）、村三级物流体系建设，加快形成“一县一平台、一县多品牌”电子商务产业推进格局，引导苹果、核桃等农特产品等向互联网市场延伸、拓展。

【劳务开发】 2017年，盐源县强化品牌培训，提升农民主体素质，劳务经济效益显著。通过地方各种媒体公布务工信息，扩大信息发布途径和发布量。实施新型农民科技培训、新农村实用人才培训等工程，开展苹果高产优质栽培、核桃良种嫁接、农村沼气管理使用等培训。投入900余万元，对4500名建档立卡贫困户开展新型农民技能培训和素质提升培训。依靠县内2个工业园区和11家龙头企业，形成较好的县域劳务基地，采用就地转移农村剩余劳动力和外出务工相结合模式，全县累计输出转移农村劳动力8.723万人，实现劳务收入13.05亿元。农业经营主体带动全县75%以上的农户发展种养殖业。

【主要领导人】 县委书记：邓天友；县人大常委会主任：彭屹；县长：尹江涛；县政协主席：李呷补；分管农业副县长：张成武。

盐源县编写组

德　昌　县

【基本情况】 2017年，德昌县辖3乡16镇5个社区，辖区面积2284平方千米，其中耕地面积28.5万亩、基本农田17.6万亩。年末常住人口22.17万人，出生人口3338人，人口出生率16.07‰，人口自然增长率7.29‰。全县耕地有效灌面达到耕地总面积的79%；本地水资源总量14.98亿立方米。有林地面积13.9万公顷，活立木总蓄积量1300万立方米，森林覆盖率68.9%。

2017年，全县GDP71.2亿元，增长4.3%，其中第一产业增加值18.4万元，增长3.6%；第二产业增加值27.2万元，减少2.9%；第三产业增加值25.6万元，增长5.6%。三次产业占GDP的比重由上年的25.2∶44.7∶30.1调整为25.8∶38.3∶35.9。劳务输出6.51万人次。全年接待游客362.32万人次，增长30.9%；实现旅游收入147353万元，增长32.1%。

公路通车里程1500千米。社会消费品零售总额29.2亿元，增长11.3%。地方公共财政收入5.02亿元，增长1.3%；全年公共财政支出17.2亿元，增长8.3%。金融机构各项存款余额68.9亿元，比上年增长8.5%；各项贷款余额34.6亿元，比年初增长9.5%。省级、州级、县级重点龙头企业分别为4个、10个、6个。

有幼儿园35所、小学和初中25所、普通高中4所，教职工2447人；学前儿童毛入园率98.6%，小学、初中阶段适龄儿童（少年）入学率100%。

【年度农业和农村经济运行】 2017年，德昌县实现农林牧渔服务业总产值317507万元，增加18600万元，增长6.2%。其中，农业产值199711万元，增加18980万元，增长10.5%；林业产值7618万元，增加182万元，增长2.4%；畜牧业产值95154万元，减少2.6%；渔业产值8752万元，增加393万元，增长4.7%；农林牧渔服务业产值6273万元，增加1616万元，增长34.7%。

2017年德昌县主要农产品产量

主要农产品	单位	产量	同比（%）
粮食	万吨	9.6	1.1
稻谷	万吨	4.73	2.4
小麦	万吨	0.61	1.6
油料	万吨	0.1	1.7
蔬菜瓜果	万吨	24.1	8
肉类	万吨	2.435	−2.1
猪肉	万吨	1.71	−3.3
水产品	万吨	0.62	1
牛奶	万吨	0.0129	0

农业产业化发展。大力扶持新型农业经营主体，引入供港果蔬基地、万寿菊种植加工等农业项目。全县农户烤烟产业收入2.4亿元、蚕桑产业收入2.6亿元、蔬菜产业收入4.5亿元、林果产业收入9.8亿元；新建大棚5000亩，设施农业总面积超过1万亩。大凉山核桃科技产业园、永郎光伏农业园建设有序推进。全县发展农业龙头企业20家、农民专业合作社369家、家庭农场144家。

农产品品牌战略实施。全县紧紧围绕“三品一标”发展自有品牌，出台奖励政策，对获得驰名商标、著名商标和名牌产品称号的企业予以重点扶持、资金奖励，有效提升农产品知名度和市场竞争力。已创建国家地理标志保护产品2个（德昌桑葚、建昌板鸭），四川省名牌产品3个（鑫叶牌烟草专用复混肥、阳光味道牌原果汁系列、童耳朵系列肉制品），四川省著名商标3个（童耳朵、吉日、庄稼源），地理标志性商标3个（德昌水牛、德昌香米、德昌桑葚）。

【林业】 2017年，德昌县积极响应建设长江中上游生态屏障战略部署，开展大规模“绿化德昌”行动，加强“1+X”产业建设，经果林总面积达100万亩以上，其中核桃63万亩、板栗21万亩、花椒12万亩；管护公

益林164万亩,巩固退耕还林11万亩。

【畜牧业】 2017年,德昌县出栏肉猪25.99万头,增长0.5%;羊出栏7.84万只,增长2.6%;牛出栏1.39万头,增长7.2%;家禽出栏256.5万只,增长0.7%。全年肉类总产量24350吨,减少2.1%,其中猪肉产量17150吨,减少3.3%;羊肉产量1377吨,增长2.5%;牛肉产量1492吨,增长34.2%;家禽肉产量3848吨,减少9.6%;牛奶产量129吨,增速与上年持平。

【新村建设】 2017年,德昌县在继续推进2016年实施的47个新村新寨点内基础设施建设基础上,整合投入资金6000万元,结合成昆铁路复线搬迁工作积极推进新村新寨建设,在6个乡(镇)9个村建设新村新寨13个,为到2020年80%的村建成幸福美丽新村打下坚实基础。全县创建省级“四好村”14个、州级“四好村”30个、县级“四好村”32个。

【扶贫攻坚】 2017年,德昌县以“回头看”“回头帮”为契机,紧盯群众急难问题,全面精准识别、精准复核,防止脱贫人口返贫。投入资金7000万元,减贫6户20人;巩固提升新村点基础设施47个,配齐3579户贫困户“六件套”。以光伏扶贫、土地流转、产业扶持等为支撑,引导、鼓励、支持贫困村发展壮大集体经济。农民夜校实现行政村全覆盖,参训16.5万人次。开展盐源县、木里县、美姑县15个贫困村对口帮扶工作。

【农田水利建设成效显著】 2017年,德昌县农田有效灌溉面积10181公顷,增加18公顷,增长0.1%。全县农业机械总动力达23.7万千瓦,增长5.3%;农村用电量5320万千瓦时,增长13.6%。全年化肥施用量(折纯)8303吨;农用塑料薄膜使用量780吨,地膜覆盖面积11560公顷。

【农村教育】 2017年,德昌县实施教育惠民,推进十五年免费教育、义务教育“三免一补”,营养餐实现全覆盖;基本实现教育信息化,建成“三通两平台”和“未来教室”10个。教育基础条件逐步改善,实施“全面改薄”、农村教师周转房、“十年行动计划”、“一乡一园”、“学生直饮水”工程等项目。加强队伍建设,引进教师70人。

【主要领导人】 县委书记:瓦西亚夫;县人大常委会主任:吴仲海;县长:高峰;县政协主席:邱金华;分管农业副县长:陈东。

德昌县编写组

会 理 县

【基本情况】 2017年,会理县辖30个乡(镇、街道),辖区面积4572平方千米,有总人口46.5万人。

2017年,全县GDP224.04亿元,增长6.3%。其中,第一产业增加值42.64亿元,增长3.9%;第二产增加值118.91亿元,增长8.9%;第三产业增加值62.49亿元,增长3.3%。转移输出农村剩余劳动力9.45万人,实现劳务收入19.3亿元。

全年通过互联网实现商品零售额4274万元,增长3.4倍;乡村市场实现消费品零售额17.38亿元,增长13.3%。公共财政预算总收入完成12.34亿元,增长6.2%;地方公共财政预算总收入完成8.65亿元,增长10.2%;公共财政预算总支出23.42亿元,减少13%。金融机构各项存款余额142.91亿元,增长3.1%;各项贷款余额74.01亿元,减少9.2%;城乡居民储蓄存款余额98.59亿元,增长11%。农业产业化龙头企业省级、州级、县级分别为2个、8个、13个。

【年度农业和农村经济运行】 2017年,会理县实现农林牧渔业总产值76.8亿元,增长4.1%(按可比价计算);农林牧渔业增加值43.4亿元,增长3.9%(按可比价计算)。全县粮食总产量28.32万吨,增长1.4%,粮食生产实现“三连增”。完成农村户用沼气池235口建设任务,完成大型沼气池建设项目1个。会理县义务教育发展基本均衡县通过国家评估认定。建成县级农资配送中心1个、“三农”会计服务中心1个、农资连锁店74个、庄稼医院32个、农资电商3个,恢复6个供销基层社。

农业产业化发展。新型农业经营主体不断发展。加强示范家庭农场认定管理,重点发展以家庭成员为主要劳动力、以农业为主要收入来源、规模适度的农户家庭农场,全县家庭农场行政备案数量达1600家,登记注册农民专业合作社547个。新命名县级龙头企业10家,全县县级及以上农业龙头企业达23家。投入资金1.36亿元,全面开展粮食生产能力建设工程、现代农业千亿示范工程、现代畜牧业提质工程、农产品质量安全监管体系建设等项目50余个;整合资金,带动果农自主投入,建成集中连片石榴产业基地40万亩;建成绿色食品原料基地(石榴)15万亩、有机石榴基地3000亩、集中连片攀西晚熟芒果产业基地4.18万亩;建成省级“万亩亿元”示范区21个、“草—畜—沼—果”种养结合示范园3个;万亩以上集中连片优质芒果标准化生产示范园区1个、千亩以上集中连片优质芒果标准化生产示范园区6个。以占地1000余亩的东坝食品工业园为依托,引进和培育五粮液集团、果果果业等龙头企业23家,开发出石榴汁、石榴酒、石榴露、石榴面膜、石榴精华液等系列产品,形成年处理石榴鲜果3万余吨、年产石榴浓缩汁3000吨以上的石榴产业链。

农用地产权制度改革。按照中央、省、州、县各级“关于做好农村土地承包经营权确权登记颁证工作”的相关要求,对全县48个乡(镇、街道)、303个行政村、115929户农户的承包土地进行承包经营权确权登记。县、乡(镇、街道)、村(组)的宣传培训全部完成,召开培训会议615次;印发“致农户的一封信”等宣传资料23.2万余份。持续开展159.64万亩农村土地承包经营权确权登记颁证;5.2万亩农村土地经营权规范有序流转。水利体制改革迈出关键步伐,通过政府采购购买服务,完成了5426处水利工程测绘工作,确定“四至”,明确产权、完成产权颁证工作。

农产品品牌战略实施。把全面使用“大凉山”特色农产品区域公共品牌作为加快现代农业发展的重要抓手,巩固已有的35个“大凉山”品牌,新创“大凉山”品牌5个,储备“大凉山”品牌10个。已完成创建凯华糖业有限公司的古法红糖、百嘉农场的羊肚菌、天泽实业的薄皮核桃、会理黑松露、大凉山好高杏、通安裕隆石榴专业合作社的大凉山裕籽石榴、会理县玉荣园林景观工程有限公司的大凉山冬枣、金硕家庭农场的大凉山会理茭白、会理县信同锋种植养殖专业合作社的大凉山左樟河甜杏等10个品牌。引导开展“三品一标”认证,认证无公害农产品4个,认定绿色食品和有机农产品4个,登记地理标志产品2个,依托“大凉山”品牌创建特色农产品品牌35个。对被认定为“四川省优良品种”的“会理香酥核桃”“会理白龙1号核桃”“清香核桃”3个品种进行重点保护和推广;会理县“绿玥早食核桃”“茂甘丰产核桃”被中国林科院列为新品种保护范畴。

【特色产业发展】 2017年,会理县充分利用金沙江干热河谷到高寒山区的垂直立体气候资源优势,因地制宜规划特色产业布局,围绕“红黄黑绿蓝”五彩农业的“一乡一业”格局基本形成。“红”,即石榴。会理

县是“中国石榴之乡”，规模、产量均位居全国八大产区之首，种植面积达40万亩，遍布22个乡（镇），产量60万吨，实现产值达55亿元，果农收入43亿元，拉动相关产业实现产值12亿元。“黄”，即烤烟。会理烟叶素有“天府云烟”的美称，是四川最大的优质烤烟生产基地县，烤烟种植面积24万亩，收购烟叶63.2万担，烟农收入8.7亿元。“黑”，即猪、牛、羊。作为全国牛羊生产和生猪调出大县，以“国家地理标志产品”建昌黑山羊为特色的畜牧业分布全县乡（镇）；全年生猪、牛、羊等牲畜存栏167.63万头（只）、出栏139.91万头（只）。“绿”，即生态林果蔬。实施以核桃为主的“1+N”百亿级生态产业工程，核桃、华山松、油橄榄、亚热带果蔬种植面积达100万亩，实现产值达50亿元。“蓝”，即乡村旅游。依托国家历史文化名城、4A级旅游景区——会理古城，围绕古城文化、红色文化、石榴文化、川滇文化、民族风情文化促进“农文旅”深度融合，实现将蓝天白云变为资源优势、绿水青山成为金山银山目标。全县已建成星级农家乐50余家，10亿级乡村旅游初步形成。依托会理县电子商务园区，与各大型平台合作，网上销售农特产品2万吨，销售额1.5亿元。

【新村建设】 2017年，会理县先后下发《关于推进新农村“四好”创建工作的通知》《关于下达2017年创建“四好村”目标任务的通知》等文件7个，以12个省级“四好”示范村创建引领，全面开展县级“四好村”创建活动，全年创建县级“四好村”223个、州级“四好村”80个、省级“四好村”15个。倾力打造新村新寨58个，全力抓好8个水电移民新村建设工作，投入专项资金815万元，在鹿厂镇铜矿村，彰冠镇古桥村、万红村，鱼鲊乡鱼鲊村建设“一二三产融合互动重点新村”及州级“四好村”73个、“四好家庭”3.02万户。投入专项资金425万元，在白果湾乡双河村，城北街道沙坝村，南街街道热水村，城南街道南阁村，鹿厂镇铜矿村，彰冠镇万红村、古桥村，竹箐乡金玉村，太平镇小村村、沙坪村，鱼鲊乡河漂村，中厂乡毛菇坝村建设“四好创建示范村”12个。

【农村扶贫和移民工作】 2017年，会理县瞄准全县58个贫困村、1888户贫困户、6075名建档立卡贫困人口，按照“六个精准”要求，以实施基础扶贫、产业扶贫、新村扶贫、生态扶贫、能力扶贫“五大扶贫工程”为载体，扎实推进“七个一批”“十一个一批”扶贫攻坚行动计划和年度实施方案，全县脱贫攻坚工作取得了良好成效。94户贫困户301名贫困人口各项脱贫攻坚目标任务全面完成。

【乡村旅游】 2017年，会理县加快挖掘独特光热资源和沿江风光资源，建设特色农旅小院，打造会理金砂现代农业主题公园；持续推进占地1.2万亩的会理石榴王国主题公园建设，辐射带动区域内农民持续增收。以传统节日、名优特农产品展销、特色水果采摘、时令花卉观赏、地方文化活动为节庆活动主要内容，举办了新春文化节、泼水节、石榴花观赏节、杜鹃花观赏节、祭龙节、会理古城端午风情游、蜜芒采摘节、石垭口火把节和“相约古城·梦回榴乡”观光体验游活动等旅游节庆活动12个，吸引游客30余万人。

【农村水利】 2017年，会理县大海子水库、力马河水库进入试蓄水阶段，菜园子补水工程主体完工，红旗水库中型灌区项目和8座病险水库整治工作全面完成。投资9548.76万元的小农水重点县建设项目通过验收，新增灌溉面积1.26万亩；城河堤防（果元段）生态河堤全面完成，全县水利工程蓄水达9500万立方米。横山水库可研工作有序推进，红旗水库钻天坡补水工程通过国家烟草总局援建初评，魏家沟水库、城河堤防（南阁段）、益门河山洪治理工程和新民水库扩容增效工程前期工作有序推进。全年整治病险水库7座，修复水毁工程30处。节水型社会建设及农业水价综合改革稳步推进，投资3556.22万元项目实施方案已编制上报。设立县、乡、村三级河长共558名，上下联动梳理完成流域面积10平方千米以上河道103条；组织清理队伍120支、1.8万人次，完成河库清理139处，清理河道738千米，河长制工作成效显著。投入资金7208.59万元，新增灌面0.2万亩；新建水池、水窖174口，改造提灌站5处；完成渠道防渗21千米、清淤596千米。

【农村文化】 2017年，会理县303个行政村（包含58个贫困村）的村级文化活动室、农家书屋已建设完工，并全部实现开放使用。2016年启动158个村应急广播“村村响”建设项目，其中包含58个贫困村；截至2017年年底，全县203个行政村实现“村村响”工程全覆盖。开展农村公益电影放映，每年在303个行政村（包含58个贫困村）放映电影3636场次。组织开展“送文化下乡”活动等演出服务活动，全年不少于30场。

【主要领导人】 县委书记：李怀良；县人大常委会主任：刘光平；县长：陈方勇；县政协主席：张顺银；分管农业副县长：沙正才。

会理县编写组

会 东 县

【基本情况】 2017年，会东县辖7乡14镇7个社区，辖区面积3227平方千米，其中耕地面积5.87万亩，增长6.1%，人均耕地面积4.76亩。年末总人口427029人（户籍人口），人口出生率14‰，减少0.8个千分点；人口自然增长率8.9‰，减少1个千分点。全县耕地有效灌面达到耕地总面积的25%；有林业用地322402.37公顷，有林地面积205690.78公顷，活立木总蓄积量706万立方米，森林覆盖率45%。

2017年，全县GDP134.83亿元，增长8.1%，其中第一产业增加值41.38亿元，增长8%；第二产业增加值54.46亿元，增长11.8%；第三产业增加值38.99亿元，增长8%。劳务输出10.15万人，收入21.5亿元。全年接待游客44.52万人次，实现旅游收入36300万元，其中乡村旅游收入28000万元。

公路通车里程2609.764千米（其中乡村公路1650千米）。社会消费品零售总额54.39亿元，增长12.4%。公共财政预算总收入完成11.79亿元，增长14.76%；公共财政预算总支出24.82亿元，减少1.7%。金融机构各项存款余额90.36亿元，增长11.33%；各项贷款余额29.21亿元，减少2.53%。农业产业化龙头企业省级、州级、县级分别为2个、4个、17个。

有各类学校133所，在校学生55712人，教职工3937人，其中完全中学2所，在校学生6883人；职业高中1所，在校学生698人；小学49所，在校学生38754人；学龄儿童入学率100%，提高0.99个百分点。有公共图书馆1个，文化馆1个，群众文化活动广场3个、45868平方米。有县级医疗卫生机构5所，乡（镇）卫生院20所，片区乡级卫生院33所，学校医务室6所，村卫生站（室）468所。县级医疗卫生单位有在编专业技术人员425人，开放病床位520张；乡（镇）卫生院有在编专业技术人员526人，开放病床位675张；学校（医务室）有卫技人员8人，开放病床位11张；村卫生站（室）有从业人员495人，开放简易病床位468张。参加城乡居民基本医疗保险379909人（户），参保率99.5%。全年保费收入11190万元，报销医疗费用20528.6万元。

【年度农业和农村经济运行】 2017年,会东县实现农业总产值72.6848亿元,农业增加值达41.9661亿元。农民年人均可支配收入达15329元,增长9.36%。在粮食、生猪、蔬菜生产中,科技贡献率达71%。

2017年会东县主要农产品产量

主要农产品	单位	产量	同比(%)
粮食	吨	256440	1.92
水稻	吨	46654	0.2
小麦	吨	23532	0.6
玉米	吨	96437	1.32
马铃薯	吨	13454	2.45
油菜籽	吨	18337	0.72
蔬菜	吨	495480	5.12
水果	吨	141825	7.77
肉类	吨	49461	–1.7
猪肉	吨	32827	–1.5
牛肉	吨	5506	–7
羊肉	吨	8827	1.7
禽肉	吨	854	–10.9
兔肉	吨	28	3.7
禽蛋	吨	2604	0
水产品	吨	1155	1.2
牛奶	吨	16	–51.5

农业产业化发展。全县已培育出堵格牲畜交易市场、山松农业省级龙头企业2家,拉玛酒业、会东茧丝绸等州级龙头企业4家,县级龙头企业17家;农民专业合作社达1674个(工商注册347个),家庭农场达1369家(工商注册814家)。新增标准化适度规模养殖小区(场)和家庭牧场32个、养殖专业合作社11个,其中省级示范社4个、州级示范社4个;州级家庭农场4家、省级合作社1个。

农用地产权制度改革。全县土地农村承包经营权确权登记工作已通过省级验收,累计实测耕地876245块、面积986682.97亩,其中承包地643647块、面积649068.06亩,自留地85104块、面积39283.02亩,开荒地135715块、面积248436.58亩,机动地11779块、面积49895.32亩;涉及农户86536户,农户签字认可率达98%以上。全县已流转土地3.78万亩,占承包面积的12.19%,涉及农户6735户;共签订土地流转合同3913份,其中规范合同1018份。

【种植业】 2017年,会东县农作物播种面积134万亩,其中粮食作物播种面积71.47万亩,产量25.644万吨,增长1.92%;油菜播种面积10万亩,产量1.8337万吨;马铃薯播栽面积16.88万亩,产量13454吨;蔬菜播种面积13.76万亩,产量49.548万吨。

【林业】 2017年,会东县用于林业发展的土地面积205690.78公顷,占土地总面积的63.8%。森林面积139916.37公顷,其中乔木林地面积121810.21公顷,占森林面积的87.1%;竹林面积0.67公顷;国家特别规定灌木林地面积18105.49公顷。

【畜牧业】 2017年,会东县生猪出栏44.92万头,羊出栏53.78万只,肉牛出栏4.96万头;肉类总产量4.9461万吨,减少1.7%。全县生猪改杂面达98.85%,肉羊良种及改杂面达99.85%,分别增长2%、0.15%。重大动物疫病群体免疫密度为100%,重大动物疫病有效免疫抗体合格率为75%,产地检疫开展面、生猪定点屠宰检疫及肉品检验开展面、生猪规模养殖场和定点屠宰场病死猪无害化处理以及动物卫生及兽药监督执法案件查处率均为100%。全县未发生重大农产品安全事件。

【新村建设】 2017年,会东县幸福美丽新村建设涉及33个村90个点,惠及农户7279户29832人。制定出台了《会东县2017年幸福美丽新村建设工作实施意见》,全县农户房屋亮化改造提升工作已完成100%,房屋新建主体完工97%;"三建九改一绿化"基础设施建设及配套工作有序开展,全面完成验收准备工作。

【乡村旅游】 2017年,会东县已投入近450万元,邀请中景旅联(北京)国际旅游规划设计院、成都聚合旅游策划咨询有限公司、四川农业大学风景园林有限公司等先后完成了《会东县旅游发展规划(2015—2030)》《鲁南山国家4A景区总体规划》《姜州民权水库省级旅游度假区及国家3A景区总体规划》和《野租民俗文化生态旅游度假区总体规划》编制。启动了《老君峰景区总体规划》编制工作,拟订了《会东县县民权水库AAA景区创建工作方案》。加大对涉旅企业和从业人员的培训力度,累计培训200余人次。重点推进野租乡上野租村、下野租村、柏栎箐村的打造,淌塘镇老君洞村的外部交通建设及扶贫规划工作。在小坝乡举办首届油菜花旅游节,在野牛坪乡举办枇杷采摘节,在鲹鱼河镇举办"万人清明宴"、端午药膳节,通过乡村旅游节庆活动和乡村旅游建设发展乡村旅游扶贫示范户30户,打造旅游特色村2个,带动从事旅游配套产业农户260户,实现乡村旅游产值1000万元。鼓励农村专合组织依托产业优势发展乡村旅游,鼓励乡村旅游合作社与其他类型专合组织开展跨类型、跨区域合作、联合与兼并重组,形成一批有规模、竞争力强、影响力大的乡村旅游合作社和乡村旅游合作社联合社。

支持重点村在邻近的景区(点)、主要交通干道旅客集散点等设立农副产品销售专区。支持各大电商平台开展旅游电视扶贫行动,依托"阿里巴巴—农村淘宝"落户会东,加强和会东电商的合作,开展在线宣传推广、特产销售、旅游线路营销等活动。对全县范围内的旅游资源进行了普查登记,旅游普查工作已接近尾声,相关影像资料库不断充实和完善。已策划完成县内精品"一日游"线路2条。已组织专业人员深入研究挖掘彝族奥索布迪服饰艺术、傈僳族嘎且且撒勒舞、金江鼓乐、彝族燕麦酒古法酿造技艺、会东挑花等非物质文化遗产资源,切实找准其与具体旅游景点、项目的结合点,并做好包装策划和市场营销研究,为推动自然资源与文化内涵的深层次融合做好基础性工作。会东县首届金沙江文化旅游节期间,全县在成都市开展了相关的文化旅游推介活动;参加了凉山州旅游发展委组织到北京市开展的"大凉山风情文化周暨冬春阳光旅游推介"活动。已完成各类文化旅游推介营销活动9次。

加强旅游与工商、质监、卫生、消防、物价、安监等部门的联动协作,对景区、农家乐、宾馆酒店、旅行社等旅游经营场所开展旅游市场秩序整治和安全生产检查活动10次,现场查摆并整改问题6个,巩固、提升全县旅游服务质量。

【农村水利】 2017年,会东县完成水利投资8567万余元,完成投工197万个,完成土石方开挖206.97万立方米,完成渠道新建和整治23千米,修复水毁163处,河道清淤1998千米。全县新增有效灌面0.4万亩,新增节水灌面0.4万亩。

【农业机械化】 2017年,会东县农机拥有量增加至8.05万台(套),农机总动力34.2万千瓦,农机装备总值3.74亿元,主要农作物耕种收综合机械化水平达53%。

【农村科技】 2017年,会东县大梁矿业成功通过高新技术企业认定,

拉玛酒业、茧丝绸公司等9家企业获得省科技中小企业认定，会东松露产业园、华山松产业园获得省级创新创业园区认定，山松农业森林资源食品研发中心获得州级认定。会东县职业技术学校、阿里巴巴会东农商平台、生产力促进中心、科技信息服务中心、堵格畜牧交易市场等13家单位获得县级创新创业基地(平台)认定。全县有特色产业基地13家，其中烤烟产业基地、华山松产业基地、会东松露产业基地面积位居全国第一，蚕桑产业基地面积位居全国第三，畜牧产业基地面积为西南地区最大。

【农村教育】 2017年，会东县教育经费总投入71225万元，其中财政性教育拨款66474万元。生均教育经费为：学前教育1723.19元、小学7580.56元、初中8295.87元、高中8482.89元。办好乡(镇)中心小学、村级完全小学，有计划、有步骤地撤并一批教学点，地处偏远、交通不便的农村地区保留必要的教学点。学校服务半径应以"小学就近入学、方便学生就学"为原则，小学教学网点的服务半径一般为2000米左右。农村小学低年级走读生上学途中单程时间不超过30分钟，小学高年级走读生上学途中单程时间不超过45分钟为宜。在山区、偏远地区建设标准化寄宿制小学，对现有农村寄宿制学校加大建设和改造力度，尽快建成标准化寄宿制学校。在州上核定和县内调剂增加的中小学教职工编制总量内，统一城乡中小学教职工编制标准，建立每年重新核定编制的动态管理机制，探索推行岗编适度分离的教职工补充机制，多形式解决教师编制。实施好免费师范生培养计划，鼓励支持退休教师到农村学校支教，多途径补充学校专业教师。实行教师"县管校聘"管理改革，推动校长教师由"学校人"向"系统人"转变，重点引导优秀校长和骨干教师向农村学校、薄弱学校流动。建立县内教师对口帮扶机制和边远乡村教师定期轮换交流制度。到2020年教师轮岗交流比例每年达10%。加大教师周转房建设力度，探索建立教师保障性住房机制，改善农村学校教师生活条件。探索建立差别化待遇政策，设立骨干教师关爱基金和乡村教师长期从教奖励基金，吸引和留住优秀人才在贫困地区、农村长期从教。

【农村交通】 2017年，会东县完成县、乡公路建设任务6条(黑嘎、岩坝、文箐、新龙、新山、普咩)，建设里程106.5千米；全面启动95个村、734.083千米通村水泥路建设任务，计划2018年内全面完成；通社公路计划总开工280千米，建设完成225千米；建设农村公路安保工程(路侧护栏)236.6千米。

【涉农招商引资】 2017年，会东县3000万元以上的农业招商引资重大项目1个(为内资项目)；项目总投资7亿元，协议资金5万元。

【农产品质量安全监管】 2017年，会东县农牧渔综合执法大队挂牌成立，下设20个中队，核定编制40名。20个乡(镇)综合执法中队已经挂牌，执法中队人员全部到位。为加强农产品质量安全监管，严厉打击非法生产、销售、使用农业投入品和非法添加有毒有害物质的行为，共检查企业645家次，整顿市场157个次，出动执法人员548人，其中开展全县农资打假专项整治1次，检查市场20个，出动执法人员60余人。对全县农产品生产基地、种植专合社、农贸市场的农产品进行了19个批次共计1105个样品的农药残留快速检测，合格率达99.5%；各乡(镇)对其辖区内蔬菜进行随机抽样检测样品4171个，合格率达99.7%，已达到农产品质量安全标准。

【劳务开发与返乡创业】 2017年，会东县共转移输出劳动力10.15万人，其中有序输出4.25万人、自发输出5.9万人；组织农村劳动力参加引导性培训9000人和各种职业技能培训1902人，均取得培训合格证；取得职业技术等级证书1902人，其中返乡农民工职业技能培训150人、品牌培训40人、创新创业培训300人，实现劳务收入21.5亿元，圆满完成州农劳办下达的全县劳务输出各项指标任务。

【主要领导人】 县委书记：刘晓博；县人大常委会主任：刘晓博；县长：环江红；县政协主席：李晓娟；分管农业副县长：汤忠国。

会东县编写组

宁 南 县

【基本情况】 2017年，宁南县辖25个乡(镇)125个村819个村民小组，辖区面积1670平方千米，其中耕地面积24030.44公顷、基本农田面积17008.33公顷。年末总人口19.73万人，人口自然增长率6.2‰。全县森林覆盖率达55.1%，增加1.9个百分点。

2017年，全县GDP59.1亿元，增长6%，其中第一产业增加值17.62亿元，增长4%；第二产业增加值22.92亿元，增长5.5%；第三产业增加值18.56亿元，增长8.5%。完成全社会固定资产投资81.4亿元。规模以上工业增加值减少25%。

全县公路通车里程2643.37千米，其中国道93.8千米、省道17.6千米、县道174.4千米、乡道383.7千米、村(社)道1938.17千米、专用道35千米；等级公路989.5千米，等外公路1653.87千米；有路面里程1005.7千米，无路面里程1637.67千米；平均每百平方千米拥有公路158.57千米，平均每百人拥有公路1.43千米。社会消费品零售总额22.9亿元，增长12%。地方公共财政预算总收入完成4.01亿元，增长12.1%。金融机构各项存款余额48.65亿元，增长1.2%；各项贷款余额11.21亿元，增长15.7%；城乡居民储蓄存款余额31.83亿元，增长8.3%。

有州级示范性高中1所、职业技术学校1所、初级中学3所，小学103所(乡/镇中心校及直属小学27所、农村村级小学8所、教学点68个)，幼儿园22所(公办幼儿园3所、民办幼儿园19所)，"一村一幼"幼儿教学点97个；在园(班)幼儿7496人，义务教育阶段学生24843人(其中初中7539人、小学17304人)。有文化馆1个，乡(镇)文化站25个，公共图书馆1个，社区书屋8个，乡(镇)图书室25个、农家书屋125个。有卫生机构29个，卫生技术人员764人，病床位1132张。全年医疗卫生机构门诊总人数80.76万人次，住院人数5.5万人次，实现医疗业务总收入3.14亿元。

【年度农业和农村经济运行】 2017年，宁南县实现农林牧渔业总产值29.1亿元，增长3.74%，其中农业产值12.5亿元，增长2.27%；林业产值1.5亿元，增长3.86%；畜牧业产值14.4亿元，增长4.9%；渔业产值0.4亿元，增长5.08%；农林牧渔服务业产值0.3亿元，增长12.81%。农村居民年人均可支配收入14372元，增长10%。全年生猪出栏23.5万头，增长0.1%；牛出栏2万头，减少1.9%；肉类总产量2.2万吨，减少0.6%。

农业产业化发展。全县有1家家庭农场被农业厅命名为"四川省第三批家庭农场省级示范场"，6家家庭农场被州农牧局命名为"第二批家庭农场州级示范场"。截至2017年年底，全县注册家庭农场2071家，增加60家。新发展农民专业合作社19个。累计成立农民专业合作经济组织251个，其中农民专业合作社237个、农民专业技术协会14个；专合组织成员达14746户，带动农户25100户。合作社种植业基地面积达38000亩，实现经营总收入50200万元；合作经济组织成员户均纯收入达37855元，带动农户户均纯收入达20598元。合作经济

组织创建知名产品2个、著名商标1个、驰名商标1个,获得有机产品认证2个、无公害产品认证11个。全县有国家级示范专合组织1个、省级示范专合组织7个、州级示范专合组织10个,省级财政投入50万元支持专合组织发展。

农产品品牌战略实施。积极引导和鼓励全县农产品生产加工企业申请商标注册、开展品牌建设,组织农业产业化龙头企业、农民专合组织、家庭农场及农产品电子商务网店参加北京"大凉山"现代农业产业项目投资说明暨农特产品产销对接会、光彩事业凉山行"大凉山"农产品展览展示活动、凉山州"以购代捐"成都宣传对接会、第五届四川农业博览会和四川第三届森林康阳(冬季)年会,提升农产品品牌知名度和美誉度。截至2017年年底,全县共有11家企业及专业合作社、13种农产品获得"大凉山"标志使用权,16个农产品取得注册商标,11种农产品获得无公害农产品认证,"南丝路"获得中国驰名商标;有农产品产品包装47种,使用"大凉山"包装45种。

【种植业】 2017年,宁南县粮食作物播种面积26.6万亩,增长2.38%;产量8.3万吨,增长2.15%。其中,马铃薯播种面积10.9万亩,增长1.2%;产量3.1万吨,增长2.3%。烤烟播种面积5.7万亩,减少9.9%;产量0.6万吨,减少22.4%。

【林业富民工程】 2017年,宁南县按照"绿色崛起、产业强县、兴林富民"的总体思路,积极发展"1+X"林业生态产业。截至2017年年底,全县累计发展核桃面积102万亩,其中已嫁接改良面积38万亩、挂果面积25万亩;完成青花椒种植面积8.7万亩,新造杉树、华山松1万亩;新造油橄榄面积2500亩;新建核桃果材兼用核桃试验示范基地600亩;建成10万亩现代林业核桃科技示范基地2个、万亩核桃产业示范基地10个,建成首个省级现代林业产业示范园区——营盘产业园区。宁南县创建为四川省木本油料产业重点县,实现林业综合产值7.6亿元,林业产业已成为全县山区覆盖面最大、产业带动性最强、群众受益面最广的绿色产业和繁荣山区经济、建设生态文明的主导产业。

【统筹城乡与新型城镇化】 2017年,宁南县扎实推进新型城镇化,启动《宁南县城市总体规划(2005—2020)》修编工作,有序推进社会福利中心等一批重大项目建设,新增建筑面积7.27万平方米。新建城市道路1.1千米,实施金沙大桥至凯地里拉公路美化亮化工程;完成新城区雨污分流工程,城市污水处理厂正式运营;新建和改造A级以上厕所6座,新增停车位140个,开通公交线路2条。重拳治理"六乱"行为,非法营运得到有效遏制。完成10个乡(镇)总体规划,稳步推进农业人口城镇化,景星、幸福等9个乡撤乡建镇,城镇化率达34.09%,增加1.5个百分点。

【扶贫攻坚】 2017年,宁南县全面完成358户1524人的年度脱贫任务,巩固提升3250户14180人脱贫成果。金融扶贫初见成效,充分发挥扶贫分险基金作用,采用贫困户委托贷款方式,协调金融机构向茧丝龙头企业发放贷款1.04亿元。设立产业扶持基金1224万元和扶贫小额信贷分险基金1029万元,投入3460万元实施州、县财政配套扶贫资金项目19个,贫困村集体经济不断壮大,人均经营性收入达24.4元。易地搬迁成效显著,完成238套搬迁安置住房及配套设施建设,全县308户1499名易地搬迁人口全部入住新居。移风易俗持续推进,创建"四好村"90个,创建率达72%,"宁南经验"在全州推广。

【幸福美丽新村建设】 2017年,宁南县整合资金3.397亿元,深入推进全县村落民居、基础设施建设及以"四好"创建为目标的幸福美丽新村建设,全年建成幸福美丽新村26个、新村新寨点54个,改造和提升民居1042户,同步完善新村基础设施和公共服务设施。高标准推进"四好"创建工作,创建并命名县级"四好村"46个、州级"四好村"33个、省级"四好村"17个。

【农村水利】 2017年,宁南县有中小型水库17座、山坪塘341座、微型水池(窖)31825口、电力提灌14处、引水渠1099条;蓄引提水总量达9972万立方米,有效灌面达20.28万亩。全县已查明水能理论蕴藏量为53.6万千瓦(除金沙江外),经济技术可开发量为110处、31.62万千瓦(不含白鹤滩电站淹没线以下3处、12万千瓦);已建成小水电站64处、148台,装机容量111490千瓦。

【农村教育】 2017年,宁南县义务教育均衡高标准通过国家评估认定。全年为义务教育阶段全部学生提供免费教科书和补助公用经费2586.28万元,为9550名农村义务教育阶段家庭贫困的寄宿制学生提供寄宿制生活补助金1088.91万元。全县中小学生营养改善计划有序推进,共补助资金1957.52万元。全年办理助学贷款1433人(含续贷),发放贷款1086.5万元。

【农村卫生】 2017年,宁南县有中心卫生院4所、一般乡(镇)卫生院20所、社区卫生服务中心1所,在编在岗职工275人。全县所有乡(镇)卫生院均拥有B超、心电图、生化分析仪等必备设备,中心卫生院均配备了X光机、彩超、CR或DR设备。25家乡(镇)级医疗机构中有16家有救护车,拥有率达64%;拥有医用摩托车25台,拥有率达100%。有村卫生室125个、个体门诊6个、社区卫生服务站7个、学校医务室1个,村卫生室从业人员150人。实施15个乡村医疗卫生机构改善工程,对8.1万名群众开展家庭医生签约服务,为1.5万名贫困人口建立电子健康档案,免费提供公共卫生服务7.2万人次。开展生育秩序整治,人口自然增长率控制在6.5‰以内。

【农村社会保障】 2017年,宁南县开展低保清理清退工作,发放低保、特困救助、优抚等补助资金6413万元,实现"应保尽保"。发放租赁补贴502户,分配租赁房屋143套,改造农村危房55户。举办就业技能培训班121期,免费培训1.1万人次。

【农村生态建设及环境保护】 2017年,宁南县加强生态文明建设,做好中央环保督察迎检工作,办结中央环保督察转办件3件、其他环保信访转办及投诉件10件,办结率达100%;整改完成环保违法违规建设项目35个,超额完成节能减排目标任务。全面落实河长制,大力开展"清河行动",河域治理初见成效。深入实施"大规模绿化宁南"行动,宁南县入选"全省森林草原湿地生态屏障重点县"。全年治理水土流失面积15.2平方千米,石漠化综合治理面积38平方千米,退耕还林1.18万亩。

【劳务开发】 2017年,宁南县组织开展劳务品牌培训,开展凉山州(2017—2019年度)州级劳务培训暨输出基地推荐工作,宁南县职业技术学校被州农劳办评定为"州级劳务培训基地"。全年农村劳动力转移就业7.56万人。组织开展农民工返乡创业培训。在5个片区(直属片区、松新片区、竹寿片区、华弹片区、白鹤滩片区)开展以电子商务、创业意识、创办计划、评估市场、创办企业、市场营销、人员管理等重点内容为主的SIYB创业培训。举办劳务培训班86期次,培训8500人。

【主要领导人】 县委书记:黄玉超;县人大常委会主任:杜刚双;县长:马小宁;县政协主席:殷显国;分管农业副县长:杨正伟。

宁南县编写组

普格县

【基本情况】 2017年，普格县辖31乡3镇8个街道，辖区面积1918平方千米，其中耕地面积40.38万亩，增长0.0142%，人均耕地面积2.43亩；基本农田28.84万亩。年末总人口20.5257万人（户籍人口），增长8.68%；人口出生率11.14‰，增加0.03个千分点；人口自然增长率7.72‰，增加0.06个千分点。耕地有效灌面和保证灌面分别达到耕地总面积的16.63%和7.95%。

2017年，全县GDP25.53亿元，增长3%，其中第一产业增加值8.38亿元，增长1%；第三产业增加值9.55亿元，增长7%。三次产业比重调整为32.8∶29.8∶37.4。转移输出劳动力5.6万人次，收入5.32亿元。全年接待游客800万人次，增长16.6%；实现旅游综合收入22.59亿元，增长19.5%。

社会消费品零售总额10.03亿元，增长11%。公共财政总收入2.93亿元，增长2%。完成全社会固定资产投资25.1亿元，增长16.6%。各项存款余额29.26亿元，增长15.4%；各项贷款余额7.45亿元，增长17.2%。

全县开办小学56所（其中完小38所、村小18所），初级中学3所，高完中1所，职教中心1所，学前教育机构158个（其中公办幼儿园3所、民办幼儿园19所、村级幼教点136个）。在园幼儿11505人；中小学在校学生40683人，其中高中2559人、初中7292人、小学30832人；寄宿制学校38所，寄宿学生1.72万人。

【年度农业和农村经济运行】 2017年，普格县实现农业总产值13.92亿元，增长2.6%；农业增加值8.38亿元，增长1%。农民年人均可支配收入达9708元，增长17.8%。在粮食、生猪、蔬菜生产中，科技贡献率43.52%。全县农产品质量安全监测合格率达99%，种子质量抽检合格率达92%，饲料产品质量合格率达99%；建成12个基层农业综合服务站。

2017年普格县主要农产品产量

主要农产品	单位	产量	同比(%)
粮食	万吨	7.8	6.7
水稻	万吨	1.2	0.8
小麦	万吨	0.08	0.25
玉米	万吨	4.56	3.89
马铃薯	万吨	21.64	1.76
油菜籽	万吨	0.0075	0.02
蔬菜	万吨	4.4	7.72
水果	万吨	2.2165	2.05
肉类	万吨	1.1577	0.9
猪肉	万吨	0.63	0.6
牛肉	万吨	0.15	0.12
羊肉	万吨	0.2	0.1
禽肉	万吨	0.152	0.05
兔肉	万吨	0.0257	0.03
禽蛋	万吨	0.2	0.05
水产品	万吨	0.001	0.2

农业产业化发展。全县有龙头企业7家、农村专业合作社147个、农村家庭农场415家。“1+X”产业建设完成核桃基地建设18万亩（植苗13万亩、点播5万亩），其他经果林3万亩；嫁接清香核桃20万芽，改良10万株；畜牧产业年出栏23.71万头（只）。按照“一村一品、一乡一业”发展思路，23个乡（镇）47个村发展烤烟种植产业，种植面积6.3万亩；6个乡（镇）22个村发展蚕桑产业。

农用地产权制度改革。全年编制完成34个乡（镇）的乡级土地利用总体规划和永久性基本农田划定规划，落实全县耕地保有量23630.67公顷、基本农田19693.33公顷的目标任务。完成总投资21049.03万元，整理规模9784.17公顷的瓦洛乡、夹铁乡、洛乌乡等土地整理项目12个，新增耕地989.33公顷。实施普基镇、永安乡2个土地开发整理项目，总投资1739.88万元，建设规模815.35公顷，新增耕地60.53公顷。完成高标准基本农田建设任务13.67万亩；普基镇与甘天地乡城乡建设用地增减挂钩试点项目和普基镇与孟甘乡米尔村、特兹乡荷池村城乡建设用地增减挂钩试点项目批准立项，红莫依达乡与特补乡包装增减挂钩项目立项资料已上报至省厅地籍地政中心；公开拍卖出让普格县2014年1乡4-1、4-2、4-3号地块；农村集体土地确权登记发证工作已全面完成集体土地所有权1267宗（面积180688公顷）、集体建设用地使用权90宗（面积6.52公顷）。办理《不动产权证书》185宗、不动产登记证明31份、无房证明958份。

农产品品牌战略实施。全县以龙头企业、专业合作社生产的农产品为基础，实施“大凉山·普格××产品”为标识的特色农产品包装，全年完成1个，累计达到9个。

现代农业园区建设。全县以《普格县“十三五”发展规划》为指导，开展《螺髻山农业产业园区建设总体规划》的子规《普格县螺髻山农业产业园区荞窝镇东乡坝农产品加工园区建设规划》的筹备工作，依托扶贫攻坚政策着力推进特尔沟红米园区、五道箐蓝梅园区及5000亩设施蔬菜基地建设。

【种植业】 2017年，普格县粮食作物播种面积稳定在29万亩，粮食产量7.8万吨，人均占有粮食保持在400千克左右。新（改、扩）建粮食规模化经营园区面积0.08万亩，建设高标准农田0.44万亩。高山食用菜籽种植面积5000亩；水果种植面积1.445万亩，产量2.2165万吨，实现产值2240万元；蔬菜种植面积3.65万亩，产量4.4万吨，实现产值1.25亿元。统筹涉农资金300万元，配套州上的建设资金，在五道箐乡新建设施蔬菜面积100亩。马铃薯种植面积13.33万亩，产量21.64万吨，薯农现金收入1.1亿元以上，成为高山贫困农户脱贫增收的骨干产业。养蚕18386.1张，产茧14001.57担，实现总产值2227.29万元，成为全省少数民族产茧第一县和全省蚕桑产业基地县。整合涉农资金31万元，用于新品种的引进、搜集野生药材种子和人工驯化栽培。全县中药材种植面积达1000余亩。全县生产食用菌配料装袋1.5万袋，羊肚菌种植面积20亩，全年菌菇上市3吨。

【林业】 2017年，普格县完成天保工程人工造林0.2万亩，投入资金100万元。实施天然林资源保护工程国有林管护73.82万亩，其中有林地41.84万亩、灌木林地30.77万亩、其他林地1.21万亩，投入资金560.2万元。完成森林生态效益补偿基金兑付，其中国有1.7万亩、集体和个人60.2481万亩（国家级59.5829万亩、省级0.6652万亩），投入资金905.37万元（中央897.55万元、省级7.82万元）。完成2016年度0.72万亩退耕还林造林，投入资金100万元。完成2016年6.16万亩、2017年3.77万亩前一轮退耕还林完善政策补助资金2581.8万元的兑付工作。完成新一轮退耕还林2016年度第一次补助资金360万元、2015年度第二次补助资金258万元的兑付工作，全部通过“一卡通”兑

付到退耕农户。

【畜牧业】 2017年,普格县牲畜存栏40.67万头(只),出栏23.71万头(只),肉类总产量11577吨。全年新(改、扩)建畜牧科技示范园区17个,主要畜禽规模养殖面提高1.8%,农民人均畜牧业可支配收入增加80元。全县存栏生猪11.16万头,免疫口蹄疫10.8万头、猪瘟10.8万头、猪蓝耳病10.8万头,免疫密度达97%;牛存栏5.86万头,免疫牛口蹄疫5.7万头,免疫密度达98%;羊存栏22.73万只,免疫羊口蹄疫21.5万只,免疫小反刍兽疫10.7万只,免疫密度达96%;禽存栏25.82万只(羽),免疫高致病性禽流感和新城疫25.3万只(羽),免疫密度达96%;接种山羊痘疫苗4万余只,接种狂犬病疫苗3468只。重大动物疫病有效免疫抗体合格率达76%,畜禽屠宰规范化管理率达85%。在全县开展集中免疫注射的同时,对畜禽圈舍、养殖环境集中开展了一次全面、彻底的消毒灭源工作,消毒圈舍160万平方米,圈舍消毒面达100%。

【统筹城乡与新型城镇化】 2017年,普格县完成刘家坪乡长河扁村等10个美丽新村规划并交付实施;办理选址意见书17份,总面积202453平方米;办理建设用地规划许可证12份,总面积186940平方米;办理建设工程规划许可证15份,总面积151561平方米;办理乡村规划许可证11份,总面积54853平方米。发放《四川省建设行政处罚事先告知书》3份,查拆违法建(构)筑物32起,处罚违法办理相关规划许可证1起。保障性安居工程完成670户1877人公共租赁住房补贴发放工作,共计发放补贴168.93万元;调查、收集经济适用房资料895户,报送州规建局;摸底调查城市棚户区升级改造拆迁户487户;分配保障性住房569套,人员已全部入住。全覆盖落实"门前三包"制度,实现城镇生活垃圾日产日清。投入资金17.38万元,通过政府采购购买果皮箱200个,对县城内破损的垃圾桶、果皮箱进行更换。持续开展以整治城乡环境、乱搭乱建、城镇秩序等为重点的10项专项整治行动,配备城乡保洁人员733人,建立收取破坏环境卫生劳务费、乡村城乡环境整治划片包干等制度,规范集镇店招店牌,加快打造"美丽县城"。新增机动车停车场5个,新增环卫车辆16辆,新增污水处理能力92吨/日,规范店牌店招249块,拆除清理违章户外广告832块,清除"牛皮癣"4714处,查处抛洒建筑垃圾车辆358辆。"美丽县城"打造全面启动,火把文化中心、日都迪萨广场、沿街风貌改造、一河两岸景观打造等项目完成初设方案。升级改造县城街面人行道4.5千米,安装路灯264盏。

【新村建设】 2017年,普格县持续推进"四好"创建,科学制订工作方案,建立联席会议制度和工作考核办法,分解落实工作责任,规范村规民约153个,建立文明劝导队、红白理事会等群众组织,开展"小手牵大手"、"六乱治理"、"好家规家风"征集、周评月奖、流动挂旗等活动,组建专项工作督导组5个,开展工作督导54次,命名"四好村"73个、"四好家庭"7932户,发放彝家新生活"六件套"1991套。完成2016年彝家新寨基础设施建设,实施2017年10个村700户彝家新寨住房建设,发放建房补助2450万元,新建"1+N"村级党群服务中心15个、维修"1+N"村级党群服务中心1个。

【农村扶贫和移民工作】 2017年,普格县计划1815户7933名贫困人口脱贫、28个贫困村退出,实际完成1800户8143贫困人口稳定脱贫、28个贫困村退出,贫困人口脱贫超省州任务210人,完成目标任务的102.64%,贫困村退出完成目标任务的100%。截至2017年年底,全县共有贫困村56个(含12个极度贫困村)、贫困人口9563户43122人。组建乡(镇)脱贫攻坚指挥所34个、村指挥室103个,明确30名县级领导干部定点联系34个乡(镇)、103个贫困村,下派206名机关干部到贫困村任"第一书记"和驻村农技员,组建驻村工作组103个,实现103个贫困村"五个一"驻村帮扶全覆盖。建立乡(镇)扶贫工作站34个。推行"十户一体"抱团扶贫模式,实施贫困群众抱团脱贫、共同进步。脱贫产业逐步成型,完成经济林木种植21万亩,种植烤烟6.15万亩,产烟7.2万担,实现产值7958万元;播种马铃薯13.5万亩,产薯21.64万吨,实现产值1.1亿元;养蚕1.23万张,产茧9365担,实现产值1695万元。流转土地2.27万亩,注册农业企业12家,登记家庭农(牧)场406家、专业合作社106个、种粮大户18户、养殖大户27户,创建畜牧科技示范园区17个,完成肉类总产量1.16万吨,实现畜牧业增加值5.17亿元。大力推进"以购代捐"扶贫新模式,69个县级部门、学校、企业与2241户贫困户签订"以购代捐"协议协议资金284万余元。贫困劳动力输转1.25万人,实现劳务收入1.18亿元。安全住房扎实推进,统筹资金2.05亿元,建设安全住房4900户,其中彝家新寨700户、易地扶贫搬迁835户、D级危房改造3365户。投入资金1.2亿元,建设28个计划退出贫困村通村、通组、入户硬化路260.05千米;新建"1+N"党群服务中心15个;升级改造5991户26959人安全饮水管网。2017年退出的28个贫困村已实现通信网络、生活用电、广播电视全覆盖。全面落实"十免四补助"政策,贫困农户新型农村合作医疗参合率达100%,建立居民健康档案16.24万份,建档立卡贫困人口出院结算7668人次,6819人县内住院就诊实现"零支付"。利用农民夜校载体组织各类培训620期、21700余人次,发放培训资料10类7200册;举办新型农民素质提升工程培训4期、45个班、2329人次。建设设施蔬菜大棚700余亩,结合产业精准扶贫,开展了"公司+支部+建卡贫困农户"经营模式,全年实现村集体经济收入1万元以上,累计向建卡贫困农户发放效益分红66万元,贫困人口人均分红1000元以上。

资金监管规范有序,出台了《普格县财政专项扶贫资金县级财政报账制实施细则》,建立资金专户专账专调机制,加强资金监督审计,确保资金安全,提高资金效益,全年整合财政涉农资金19848.64万元。社会扶贫深入推进,对接广东省佛山市、泸州市龙马潭区等对口帮扶地区和省烟草专卖局、省卫生计生委、三峡集团、省能投集团、神华集团等帮扶部门(企业),累计投入援建资金5640.69万元,启动实施洛乌三峡新村、特兹佛山新村、哈力洛龙马潭新村、耶底能投新村等项目建设,为普格县脱贫攻坚注入强大动力;落实"6+11"对口帮扶贷款7700万元,与中国航天建设集团签订5亿元扶贫贴息贷款使用协议;"10·17"扶贫日活动各类捐赠折资111.62万元。"回头看""回头帮"工作全面落实。科学制订工作方案,及时组建专班,对2014年、2015年、2016年已退出的19个贫困村、已脱贫的3116户13483人进行"回头看""回头帮",梳理收入、安全住房和水电不达标贫困户209户,并严格按照"不掉一户、不落一人"要求,全面开展补差补短,已实现达标195户;14户48人不达标,纳入返贫处理。中国三峡集团2017年度捐赠普格县2000万元,根据资金规模和捐赠资金使用方向,拟建设夹铁乡为"三峡新村",锁定脱贫攻坚目标任务,重点抓好建卡贫困户住房建设、设立扶贫小额信贷风险补偿金,助推贫困村精准脱贫工作,实现"三峡新村""两不愁、三保障"和"四个好"目标。争取神华集团有限责任公司帮扶资金300万元,用于全县教育园区建设。省能投集团投资2000万元帮扶耶底乡赛果洛村、螺髻山镇两洛博村建设;扎实做好国家东西协作援建工作。佛山市对口援建资金1000万元,实施特兹乡长寿

村实施安全住房建设86户，完善集中点基础设施建设。省烟草（专卖局）公司捐资480.69万元，实施住房风貌提升98户、街道改造6500平方米、屋瓦改造7500平方米，改造卫生室、浴室251户。泸州市龙马潭区援助资金400万元，实施哈力洛乡四甘日村新村建设，选派28名优秀人才对口帮扶全县发展。"扶贫日"活动各类捐赠折资111.62万元。涉农资金整合，统筹整合涉农资金22750.98万元，安排用于4个大项、181个子项，其中中央资金10649.12万元、省级资金6564.1万元、州级资金373.3万元、县级资金5164.46万元，用于基础设施建设8511.98万元、产业发展4088.68万元、民生改善工程10000.32万元、脱贫攻坚"回头看"对标补短项目建设150万元。

易地扶贫搬迁。2017年计划下达易地扶贫搬迁工程734户3035人，涉及12个乡15个村。实施集中安置5个村136户679人，实施分散插花安置698户3226人。投入资金19217万元，其中中央预算内资金2428万元、省地方政府债务资金3649万元、中央专项建设资金1517.5万元、长期低息贷款1517.5万元、广东省佛山市援建资金1000万元。住房建设实际落实834户3905人，完成计划下达任务的128.7%，其中完成计划内734户3035人，提前实施100户870人。集中安置有5个乡5个村，分别是刘家坪乡长河扁村37户184人，辉隆乡洛莫村21户124人，特口乡特口村18户98人，特兹乡长寿村33户161人，夹铁乡洛博里村27户112人；分散安置11个乡14个村，共安置698户3226人。易地扶贫搬迁住房建设主体完成率100%。拟建面积52260平方米，附属设施建设27251平方米。基础设施建设新建集中供水站15座，新建蓄水池1000立方米，铺设饮水管道248.8千米。新建村内道路C25水泥路面67千米、入户道路C20水泥路面46.7千米。新建村级党群服务中心11个3300平方米。

【乡村旅游】 2017年，普格县乡村旅游接待游客210万人次，增长16.6%；实现旅游综合收入4.6亿元，增长10.2%。争取中央财政资金100万元完成红军树景区的观景台和梯步基础设施建设。全年螺髻山景区投入560万元用于旅游景区基础设施建设，大漕河景区投入200万元用于基础设施维修维护。确定耶底乡赛果洛村等5个村为旅游扶贫重点村。

【农村水利】 2017年，普格县哈力洛乡若地波西村实施了水利血防工程及普基镇新农村的幸家堰硬化工程，硬化渠道5条13千米，投资280万元，恢复和改善灌面2000亩，完成投资315万元；在"世界水日"和"中国水周"宣传活动期间，通过媒体、咨询、标语等形式积极开展宣传活动，活动期间共发放各种宣传资料3000余份，悬挂宣传标语14幅。全年开展水政执法28次，查处私挖乱采现象18起，责令停止水事违法行为19起；全面实行取水许可，截至2017年年底，征收水资源费185.38万元。农村饮水安全巩固提升工程共解决27个乡41个村5500户27733人（其中建档立卡贫困户11408人）的饮水困难问题，全年投资1302.28万元；在黎安乡实施了飞石洛达小流域水土流失治理工程，该项目治理水土流失面积10平方千米，坡改梯150亩，配套蓄水池3口，新建机耕道2.3千米、田间作业道150米，新修引排水渠300米，新建引水管3千米，完成投资170万元；防汛抗旱，落实县级非工程措施建设项目运行维护经费和维护单位并完成站点检查；储备铁丝15吨、编织袋4.37万条、麻袋2千条、挖掘机1台、铅比笼3000平方米。全县有山洪危险区82处、地质灾害隐患点183处，组织开展汛前"地毯"式检查工作，对全县82处山洪危险区、183处地质灾害隐患点进行排查；积极开展防汛减灾动员、宣传、教育工作，努力提高群众的避险意识。组织相关技术人员对乡（镇）、学校、电站、水库进行了汛前安全大检查，对河道私挖乱采现象进行了查处，对排查出来的问题及时进行了处理；落实安全生产责任制，扎实开展安全生产大检查。定期召开安全生产会议，专题研究安排水利安全生产工作；与各水电企业、水利工程施工单位签订了安全生产责任书，督促各水电企业、水利工程施工单位落实安全生产责任制；全年累计组织各类安全生产检查组25个、检查企业57家，排查隐患46项，已完成整治隐患45项；灾后重建，省财政下达救灾资金300万元用于养窝镇耿底村、大坪村的渠道修复，大槽河堰、鲁溪河堰的岁修，养窝镇耿底村、大坪村、城西村和花山乡建设村饮水工程的恢复。全县流域面积10平方千米以上的河流共56条。切实抓好河长制工作，明确各级河长责任制，成立河长制工作领导小组，按照河长制负责人确立原则，共设立县级河长17名、乡级河长68名、村级河长286名；出台了《推行河长制工作方案》和《普格县2017年清河行动实施方案》，明确了全县河长制工作的具体目标和操作办法，建立了河长制工作巡查督办制度、信息通报制度、会议制度等六项制度。开展清河行动，对非法采砂的23个砂场采取了断电停产措施、进行了强制拆除以及对非法排污、设障、采砂、围垦、侵占水域岸线等行为进行了清理整治；编制全县河流"一河一策"管理保护方案，15条50平方千米以上河流的"一河一策"管理保护方案送审稿已编制完成，并按照省、州河长办的时间节点安排，在10月30日之前完成了普格县河湖名录的录入及校核工作；安装完成则木河及黑水河22处公示牌；参加由州河长制办公室、州委宣传部及州广播电视台组织的"推行绿色发展，建设美丽凉山"最美河流（湖泊）摄影大赛评选及以"推行河长制，保护母亲河"为主题的征文活动。

在招商引资开发商开发建设的电源纷纷输向大网的情况下，按照普格县水电建设规划，通过股份制合资、参股等方式筹资1400万元建设白龙潭电站、唐家河电站、干河沟电站，共计装机容量4380千瓦，电站并于普格网内后，有效缓减了全县电力紧缺的局面；3月，公司将普格县源金电力开发有限责任公司修建的源金电站一期项目装机容量6400千瓦的电站并入县电力公司，为公司网内电源负荷的发展打下坚实的基础，对缓解全县电力紧张的局面起到了积极有效的作用。

【农村电网建设】 2017年，普格县启动农网改造升级工程，规划投资896万元，申报10千伏及以下项目一批。新建及改造10千伏线路16条8.733千米，改造变压器15台，容量1.025兆伏安，新建及改造低压线路48.377千米，改造智能电表1148户。该工程已全部完工，进行现场验收工作。农网改造升级工程共涉及21个乡（镇）49个行政村79个社1148户，受惠人口达4879人，全县通过2017年农网改造升级10千瓦及以下工程的建设与改造；投入资金1233.31万元用于烟电建设，完成新建10千伏线路36.55千米、低压线路102.461千米，新增或扩容配电台区变压器77台、4205千伏安，户表工程757户，解决了3166间烤房的用电问题，全县烤房通电率达100%。投资1224万元用于脱贫攻坚、D级危房改造、彝家新寨建设电力保障供应工程建设，工程涉及脱贫攻坚34个乡（镇）62个村；D级危房改造2609户11408人。截至2017年年底，全县已新建和改造10千伏线路26.99千米，安装配电变压器22台，新建和改造低压线路87.77千米，安装户表2609只。

【农业机械化】 2017年，普格县购置补贴机具共计50台（包括耕整地机械、收获机械、动力机械3大类），总补贴资金8.38万元，中央补贴资金结算进度95%。全县农作物耕种收综合机械化水平达49%，集中年检拖拉机81台，年检率为85%以上。办理补（换）驾驶证21本、行驶

证23本，新入户拖拉机3台。农机合作社数量3个，合作社作业面达0.4万亩。与安监、交通等部门联合开展农机安全检查87次，出动农机监理人员258人次；查处非法驾驶(操作)人21人，安全隐患整改21处；农机安全监管拖拉机年检率达50%，无较大农机事故发生，无违规上牌发证。

【农村能源建设】 2017年，普格县以脱贫攻坚规划为引导，以重点扶贫项目为平台，整合涉农资金60万元投入农村能源建设，在普格县洛乌乡火博村、刘家坪乡长河扁村、耶底乡各洛村建设户用沼气池120口，助推贫困村人居环境改善。

【农村科技】 2017年，普格县按人均0.5元标准划拨了科普经费9万元，全县农业电子商务覆盖率达22%。基层农技推广体系建设岗位，实际上岗人数占核定编制数的100%。拟写了《普格县2017年新型职业农民培育实施方案》《普格县2017年新型职业农民资格认定管理办法》《普格县农牧局关于申报认定2017年新型职业农民培育项目培训基地的通知》等相关材料。完成了新型职业农民培训下达任务数。完成全国基层农技推广体系信息系统、基层农技推广信息化平台、农技推广补助项目管理系统的录入工作及中国农技推广网报系统。组织实施万名科技人员进村开展技术扶贫帮扶工作，科技人员到位率100%。根据农业厅关于组织实施“万名农业科技人员进万村开展技术扶贫行动”的通知精神，调整了农业产业扶贫专家服务团，调整专家服务团总人数32人，组建了普乐片区、洛乌沟片区、螺髻山片区、西洛片区和小兴场片区服务组，为全县的贫困村提供技术指导服务及进村科技人员的知识更新培训等技术服务工作。开展技术巡回服务62次，解决技术瓶颈问题19个，建立了3个300亩科技示范基地。开展驻村农技人员培训2次，培训317人次，培训村“两会”负责人52人；贫困户集中培训32次，培训1598人次；走村入户83次，一对一指导78人次，发放技术资料1790份。农牧局选派了103名农业科技人员与州级下派的8名专家联系全县103个贫困村，驻村开展技术扶贫“五个一”行动。联系农业科技人员协助联系贫困村编制了农业产业扶贫规划，拟写了“因户施策入户”指导方案，开展种养殖业技术培训等技术帮扶工作。科技人员进村入户5584次，一对一技术指导贫困户6731人次，开展贫困户农业技术培训415期次，培训人数16322人次，发放资料17013份，培训致富带头人356人次；建立农业新品种示范点27个，示范新品种23个、面积5034.5亩，示范粮油新品种种子262180千克、种苗50500株；建立养殖新品种示范点27个，示范种畜新品种1334头，示范禽兔新品种100只，示范水产新品20360尾。全年共评出农村实用技术职称初级6人；建立乡(镇)科协组织，在全县34个乡(镇)153个村8个社区建立科协组织。

【农村教育】 2017年，普格县为义务教育阶段34584名家庭贫困学生免除学杂费、作业本费、教科书费，补助寄宿制生活费。为1363名贫困家庭大学生办理生源地助学贷款1033.5万元，增长122%；设立300万元教育救助基金，全年资助建档立卡户贫困学生32人、6.11万元；募集慈善资金92.2万元救助五道菁乡中心校、县民族中学等孤残学生；兑现边远艰苦地区就业大学生学费奖补83万元；落实资金2446万元，为36048名农村义务教育阶段学生提供营养改善计划；落实春节慰问金5000元，慰问退休困难教职工10人；协调上海国泰君安助教资金10万元，资助家庭困难教职工50人。投入9735万元，建成14所学校教学及教学辅助用房32660平方米，3所学校运动场14100平方米。投入经费3923.7万元，全力推进学前教育工程，建成“一村一幼”136个点、乡(镇)中心幼儿园5所。

【农村文化】 2017年，普格县文化惠民扶贫在34个乡(镇)文化站、153个农家书屋实施全年对全县群众免费开放，“送文化三下乡”47场，完成17个退出贫困村的村级文化室设备的配备。补充农家书屋出版物5612册，新建阅报栏27个，在3个中心书屋安装了触屏式一体点读借阅机。34个乡(镇)电子阅览室计算机软硬件设备完成了维护及系统更新；建成农村数字电视无线发射基站16座，已有农村用户9000余户。完成农村应急广播“村村响”行政村19个和直播卫星“户户通”建设工程2213户。积极恢复和发展农村有线电视，新增有线电视用户8000户；建设乡(镇)固定放映点3个，村级农村电影固定放映点12个，完成电影放映1863场，观众达21万余人次。

【农村卫生】 2017年，普格县新型农村合作医疗参合人数141194人，参合率99.4%。全县总筹资2212.29万元，将22种重大疾病纳入医疗保障。全县享受新农合补偿70641人，补偿金额5470.19万元(新农合门诊48524人次，报销336.55万元，费用报销比达77.72%；新农合住院22117人次，报销5133.64万元，政策范围内住院费用补偿比达78%，实际补偿比达73.67%)。全县34个乡(镇)卫生院和153个村卫生室100%实施基本药物制度得到有效巩固，严格执行基本药物统一配送及货款集中支付制度，实行药品统一上网集中采购和零差率销售，基本药物100%上网集中采购并全部实行零差率销售，县级医疗机构使用基本药物占药品总金额达51.81%，切实减轻了群众的就医经济负担，“看病难、看病贵”问题得到有效缓解。全面实施乡(镇)卫生院和村卫生室农村卫生签约服务工作，签约率达85%，贫困人口签约服务率达100%。全县共有10个乡(镇)卫生院和28个村卫生室项目，完成村卫生室项目达标建设26个，在建10个乡(镇)卫生院和2个村卫生室项目；每个脱贫村均配备1名合格村医，配备了价值1.5万元的设备和药品，乡(镇)卫生院达标率73.53%，村卫生室达标率92.8%。省卫生计生委资助67.6万元用于特补乡特补乃吾村举办精品夜校和建设户外大型健康宣传广告牌，已完成3幅；省中医药局承诺支持40万元用于五道箐乡卫生院设备及围墙附属工程建设，支持6250万元用于在螺髻山镇建设中彝族医院；省中医院华西附属医科大学已捐赠80万元用于支持县卫生事业，投资27万元用于向阳森科洛村卫生室建设；广东省佛山市禅城区卫计局捐赠10万元用于购买医疗设施设备。州卫生计生委已立项5000万元用于县重大疾病救治中心建设。西昌市援建普格县荞窝卫生院；县委县政府在城南片区、螺髻山镇辖区分别划拨35亩地用于县医院二期工程；通过“人才引进”项目引进24人，“三支一扶”引进6人；遣县级医疗单位5人次对乡(镇)卫生院开展对口帮扶和临床带教。认真组织乡、村两级医务人员开展理论学习和技能培训，开展各级各类培训14期，其中乡(镇)卫生院和村医生培训10期、艾滋病防治培训2期、血防培训2期、公共卫生服务技术3期、中医适宜技术培训1期；培训乡级医务人员120人次、村级医务人员459人次。完成12个血吸虫病乡(镇)的查灭螺工作，春季钉螺调查面积1571.66万平方米，药物灭螺782万平方米。对34个乡(镇)卫生院按季度开展督导考核1次。全县累计建立居民健康档案3216份，建档率达100%；规范化纸质档案和规范化电子档案分别为163436份、137539份，建档率分别为99.9%、84.2%。开展麻风病防治宣传，发放宣传单600余份，解答群众咨询8次。

【农村法制建设】 2017年，普格县巩固州级平安乡(镇)和单位61个，县级平安单位83个、平安村137个、平安学校33所、平安家庭户30578户；对普基镇城南、城北、温泉、螺髻山、花山乡5个社区划分网格13个，实行网格化管理，配备专(兼)职网管员、网格员26人，各类重点人员、特殊人群、关怀对象信息掌握精准；矛盾纠纷大调解工作，深入推进基层调解组织建设，构建完善人民调解、司法调解、行政调解相互依托、互相补充的矛盾纠纷多元化解机制。着力抓好交通事故、医疗纠纷、劳动争议、婚姻等重点领域专业调解机制建设，探索推进民间“德古+法律”等多元化纠纷化解机制，共化解群体性事件苗头2条，共排查化解各类矛盾纠纷1300余件，及时妥善化解了一批医患、交通事故、征地拆迁等矛盾纠纷。

【农村交通】 2017年，普格县有通乡油路26条，里程为347.1千米；通村公路77条，里程为523.9千米，实现了34个乡(镇)153个行政村全部通公路。建成县级客运站(三级)1个、农村客运站24个、招呼站80个，极大改善了人民群众的出行条件。

【农村社会保障】 2017年，普格县城乡居民养老保险参保人数62892人，其中参保缴费人数42151人，基金征缴559.28万元，城乡居民养老金待遇支出1320.73万元；城乡居民医疗保险参保147178人，征缴2199.59万元，上级补助7729.67万元，医疗待遇支出8446.69万元，上级支出1193.24万元，累计结余6663.13万元。全县141194人参加新型农村合作医疗(其中建档立卡贫困人口47496人，民政代缴10778人)，全县参合率99.4%，建档立卡贫困人口、低保户、“五保户”等特殊人群参合率100%；2017年新农合个人缴费150元/人/年，个人筹资总额2117.91万元(其中民政医疗救助111.1万元、县财政代缴712.44万元)，利息收入15.99万元；中央、省、州、县各级财政配套资金总额为450元/人/年。全县共有参合农民90157人次获得医疗补偿，其中住院补偿27773人次，住院补偿金额达6337.83万元；门诊统筹补偿61824人次，门诊统筹补偿金额255.23万元。全县新农合政策范围内住院费用补偿比达78%，实际补偿比达73.84%，贫困患者县域内政策范围内费用实现了全报销。

【农村生态建设及环境保护】 2017年，普格县落实国家重点生态功能区县域考核工作。根据《普格县2017年国家重点生态功能区县域生态环境质量考核工作方案》，开展县域内地表水、空气质量及集中式饮用水水源地的监测工作，严格按照资料报送要求，收集汇总相关单位报送的数据和指标证明材料，按期、按质报送4个季度的软件资料和纸质材料；推进生态红线划定和调整，普格县生态红线划定面积为601.67平方千米，总抠除面积为8.04平方千米，调整后红线划定面积占全县面积的31.57%；开展自然保护区整治各种违法开发建设活动。执行《自然保护区条例》等相关法律法规，每月对自然保护区内存在的违法违规开发建设活动进行全面排查，排查重点为自然保护区内开展的采矿、探矿、房地产、水(风)电开发、挖砂采石以及核心区、缓冲区内的旅游开发建设等其他破坏资源和环境的活动，责令关停整改7个小水电站(6个在风景名胜区内、1个在自然保护区内)，关闭采矿点2处。结合环境执法大练兵活动，对辖区内辉隆电站、螺髻山温泉瀑布等6家环境违法行为进行处罚，共计罚金31.8万元。全县规模化畜禽养殖场共5家，均存在干湿未分离、雨污未分流等问题，针对存在问题下达整改通知书，加大对无环评、无审批养殖企业的查处力度，加强对偷排、漏排、无环保处理设施、私设暗管的养殖场的监管工作，杜绝环境安全隐患、减少家禽养殖污染纠纷的发生。每半年对30个乡(镇)集中式生活饮用水水源地进行水质采样监测，所有监测点位均达到或优于规定的Ⅲ类水质，达标率为100%；对普格县现有31个乡(镇)饮用水水源地和1个县城饮用水水源地保护区进行规范化划定。利用赶集日在多个集镇设立环保知识宣传点，通过设立咨询台、悬挂宣传横幅、发放宣传资料等形式，向乡(镇)农民群众讲解环保知识，普及环境保护法律法规；在各类宣传活动中，全年共发放环保法律法规知识手册、生态文明建设宣传资料、绿色环保宣传资料、节能减排宣传资料等15000余份(册)，共有800余人次咨询环保事宜。

【农村市场体系建设】 2017年，普格县加大精准扶贫产业农户小额贷款的投放力度，助力农村产业发展，全县全年共投放产业扶贫农户小额贷款225户、金额1025万元。创新产业扶贫信贷模式，严格按照“户贷户还”原则，采取建档立卡贫困户委托产业带动主体“普格三阳畜牧公司”代养，购羊贷款资金受托支付方式，向全县1000户建档立卡贫困户提供5000万元产业扶贫信贷支持，用于发展小尾寒羊养殖项目，已与普格三阳畜牧公司、县政府、县扶贫移民局签订了四方合作协议。加快农户社保卡和学生社保卡的资料收集和办理进度，加大对农户和学生的金融服务力度；推进“民生金融”“惠农金融”，解决新农保、新农合缴费以及改善农村支付环境，打造升级“银讯通”服务店，提高农村金融服务质量和效率。开展特色农业烤烟保险，承保烤烟6.15万亩，收取保费307.5万元，保费支出达1300万元。开展“扶贫保”保险，承保贫困户7248户。全县新建县级电商服务中心1个、O2O农特产品体验店1个、乡(镇)电商服务站10个、村级电商服务配送点10个。

【农村留守儿童(老人)帮扶】 2017年，普格县有农村留守儿童3758人，其中学前儿童356人、在校学生2491人、失学儿童911人；有留守老人11452人。纳入扶贫帮扶的留守儿童3115人、留守老人1984人。

【劳务开发与返乡创业】 2017年，普格县累计输出农民工5.6万人次，实现劳务收入5.32亿元；返乡农民工43人，其中用劳务收入购买车辆从事乡村运输12人，开办家庭种植、养殖农场27人，在农村小集镇开办商店3人、从事农产品批发1人。

【主要领导人】 县委书记：刘若尘；县人大常委会主任：海来日古；县长：沙英；县政协主席：张凌；分管农业副县长：子尔日和。

普格县编写组

布拖县

【基本情况】 2017年，布拖县辖3镇27乡190个行政村2个社区，辖区面积1685平方千米。年末总人口20.93万人，符合政策生育率达88.03%；人口出生率17.51‰，人口自然增长率控制在5.89‰以内。

2017年，全县GDP24.1亿元，减少3.1%。地方一般公共预算收入1.03亿元，增长9.3%；地方一般公共预算支出17.3亿元，减少2.6%；

【年度农业和农村经济运行】 2017年，布拖县实现农业总产值7.61亿元，增长3.7%。农民年人均可支配收入达7849元，增长11.06%。兑现各类涉农政策性补贴5421.85万元。转移农村富余劳动力6.07万人次，收入8.01亿元。全年申报省级“四好村”2个、州级“四好村”41个，创建“四好家庭”12278户。

【种植业】 2017年，布拖县粮食作物播种面积28.69万亩，增长1.24%；产量7.89万吨，增长9.4%。马铃薯种植面积20.73万亩，产量

33.8万吨,商品率达65%。种植附子6750亩,产量1985吨,实现产值1191万元;种植核桃30万亩、青(红)花椒6.7万亩、华山松3万亩、白杨0.9万亩。新建大棚蔬菜基地80亩。

【畜牧业】 2017年,布拖县“四畜”存栏43.78万头(只)、出栏24.24万头(只);肉类总产量1.14万吨。全年人工种草22.8万亩。“布拖黑绵羊”“布拖黑猪”申报地理标志证明商标。

【统筹城乡发展】 2017年,布拖县制定《布拖县垃圾处理设施建设规划》《布拖县污水处理设施建设规划》。完成《布拖县城总体规划(2016—2030)》《布拖县城照明规划》和40个村《村级发展总体规划》。投入2700万元,建设污水处理厂;投资990万元,实施县城雨水污水管网改造;投入530万元建成新区政务广场;投资500万元的城区燃气罐装工程竣工。特困供养人员暨孤儿集中供养中心、龙潭镇新区主体工程全面完工,乡(镇)“安心工程”有序推进。国道356线县城至金阳界、省道464线县城至冯家坪公路完成项目前期工作。投入1.7亿元,建成14条通乡油路173千米;冯家坪“溜改桥”主体工程已完成。

【扶贫攻坚】 2017年,布拖县统筹整合涉农资金2.97亿元,累计投入“四项基金”1.24亿元,扎实推进建房修路、产业培育、公共服务设施建设等工作;精准退出贫困村22个,减贫1026户4737人。统筹安排易地扶贫搬迁、彝家新寨、危房改造等项目,新建农村安全住房4747套。投入1.53亿元,新建通村硬化路118.5千米、通组硬化路114.5千米、入户路87.7千米。新建和维修完善“1+N”活动中心22个。贫困群众安全饮水、生活用电保障能力不断提升。完成15个村农村应急广播“村村响”工程、2218套农村电视“户户通”工程建设。4G网络通信工程、农村宽带建设项目完成投资1533.67万元。新增贫困村产业扶持基金4374万元,退出村集体经济经营性收入人均达9.8元。投入2626万元,种植“青薯9号”13.5万亩,亩均增收700元。开发公益性岗位553个,发放补贴171万元。建成187个幼教点,开班314个,惠及幼儿1.21万人。“两线合一”政策全面落地,兜底保障贫困群众11245人,发放保障金2496.39万元。贫困户新型农村合作医疗参合率达100%;190个村14072户贫困户参加“扶贫保”。“三建四改五洗”工程、“小手牵大手”活动有序实施,累计发放“四件套”1862套、“四选二”3672套。

【农村水电】 2017年,布拖县中天新能源光伏发电步入正轨并完成入规;装机7500千瓦的耗子沟四级水电站建成投产;装机7500千瓦的耗子沟三级电站和装机6000千瓦的三岔河电站完成调试。投入1681.82万元实施安全饮水巩固提升工程;投入1832.83万元实施小型农田水利重点项目。投入5508万元新建和改造10千伏线路48.73千米、低压线路342.4千米。深入开展保护区内水电、矿山专项治理,关停水电站2个、矿山1个。全面落实河长制,推进水治理常态化、长效化。

【农村教育】 2017年,布拖县全面落实控辍保学“七长”责任制,构建“234”控辍保学工作体系。全面落实教育惠民政策,下拨寄宿制学生生活补助、营养改善计划补助等资金1.16亿元。开展城乡学校优化布局调整,完成22个教学点撤并任务。“江油·布拖班”“会理·布拖班”等异地办学模式取得新成效。“一村一幼”免费午餐项目落地落实,“中央厨房”供餐模式在全州率先实施。

【农村文化】 2017年,布拖县建成村级文化室37个,为190个行政村农家书屋增补图书3.8万余册。乡(镇)综合文化站免费开放;全年放映公益电影3005场。新建村级农民体育健身设施20个,“文化下乡”、全民健身文体活动扎实开展。

【农村卫生】 2017年,布拖县全人群健康体检启动实施。基本公共卫生服务均等化加快推进;家庭医生签约服务工作有序推进。村卫生员和计生员“二合一”率先在全州开展,打造村卫生室示范点20个。

【农村社会保障】 2017年,布拖县发放农村低保对象保障金7714.95万元。医疗救助4.09万人次,临时救助1351人;下拨救灾资金235.98万元。发放艾滋病病毒感染儿童生活补助、孤儿生活保障金等特殊困难群众救助金2117.67万元。新型农村合作医疗参合率99.78%。征收社会抚养费1328.25万元。

【农村生态建设及环境保护】 2017年,布拖县深入实施环境综合治理、地质灾害防治和“绿化布拖”行动,建立健全网格化环境监管机制。全面开展非法采砂专项治理,规范采砂点15处,取缔11处。县城扬尘污染治理、面源污染治理、乐安湿地保护等工作取得阶段性成效。完成特木里河、乐安湿地生态修复项目;西溪河流域、交际河源头生态修复项目启动实施,完成造林1.2万亩。启动新一轮退耕还林工程并完成2.8万亩的建设任务,植被恢复造林7136亩。

【主要领导人】 县委书记:沙文;县人大常委会主任:乃古科且;县长:罗古阿吉;县政协主席:王金秀;分管农业副县长:比布有打。

布拖县编写组

金阳县

【基本情况】 2017年,金阳县辖30乡4镇,辖区面积1588.23平方千米,其中耕地面积23.49万亩,与上年持平,人均耕地面积1.09亩;基本农田0.53万亩。年末总人口21.44万人(户籍人口),增长4.1%;人口出生率18.82‰,增加4.23个千分点;人口自然增长率12.76‰,增加0.76个千分点。森林覆盖率41.68%。

2017年,全县GDP30.33亿元,增长9%,其中第一产业增加值7.197亿元,增长4.1%;第二产业增加值14.51亿元,增长13.6%(工业产值7.69亿元,减少64.5%);第三产业增加值8.6189亿元,增长5%。三次产业对经济增长的贡献率分别为10.7%、73.6%和15.7%。劳务输出56267人,收入65.239万元。全年接待游客84.47万人次,实现旅游收入13607万元。

公路通车里程1564.674千米(其中乡村公路1196.712千米)。社会消费品零售总额7.61715亿元,增长11.2%。地方公共财政预算总收入完成41.716亿元,增长11.1%;公共财政预算总支出18.6063亿元,减少0.5%,其中农业投入51258万元,占支出的27.54%。金融机构各项存款余额29.3127亿元,比上年增长2.7%;各项贷款余额7.5173亿元,比上年增长26.6%。

有各类学校55所,在校学生49860人,教职工1471人,其中普通中学8所,在校学生7613人;小学38所,在校学生29066人;学龄儿童入学率98.8%。有文化馆1个,公共图书馆1个。有无线广播电台1座,电视台1座。有卫生机构41个,病床位818张,卫生技术人员526人。新型农村合作医疗参合人数145768人,参合率99.84%;新型农村社会养老保险参保人数74825人。

【年度农业和农村经济运行】 2017年,金阳县实现农业总产值13.8423亿元,增长3.78%;农业增加值7.7897亿元,增长5.05%。农村居民年人均可支配收入达7812.76元,增长11.26%。全年水产养殖面

积达212亩,水产品产量70吨。

2017年金阳县主要农产品产量

主要农产品	单位	产量	同比(%)
粮食	万吨	6.35	1.2
马铃薯	万吨	4.43	—
蔬菜	万吨	4.55	14.6
水果	万吨	0.62	1.1
肉类	万吨	1.32	-0.8
猪肉	万吨	0.84	-6
牛肉	万吨	0.13	41.4
羊肉	万吨	0.3	0.9
禽肉	万吨	0.05	2.2
禽蛋	万吨	0.075	-0.1

农业产业化发展。全年新增专业合作社20个、家庭农场22家,全县农民专合组织达364个、家庭农场357家,创建省级示范农民合作社4个、州级示范家庭农场4家。

农用地产权制度改革。全县完成农村土地承包经营权确权登记颁证的实施方案、代理公司的委托工作、财评等工作,组织实施野外测绘和信息平台建设。

农产品品牌战略实施。全县共完成"大凉山"品牌包装16种,使用新字体"大凉山"包装16种;共开展广告宣传20条,制作使用资金11.7万元,产品销售总额47万元。已签订销售合同及协议总金额95.5万元,主要销售地点在成都、北京、重庆、云南等地。经质检总局审查验收并公告金阳青花椒、白魔芋获得"国家级出口食品农产品质量安全出口示范区"。

现代农业园区建设。全县以金沙江流域万亩脐橙园区建设为重点,加强园区建设,科技管理、培训为主。新增香蕉基地200亩、芒果基地100亩。新建牛羊标准化养殖小区2个,新建成标准化羊圈舍2500平方米。

【种植业】 2017年,金阳县农作物播种面积44.16万亩,其中粮食作物播种面积31.54万亩。经济作物播种面积达77520亩,与上年持平;蔬菜种植面积7.63万亩,产量4.55万吨,实现产值16240万元,分别增加5.75万亩、16.32万吨、10640万元。水果种植面积3.06万亩,产量0.62万吨,实现产值5200万元,分别增加0.1万亩、0.03万吨、400万元。

【林业】 2017年,金阳县青花椒种植面积103.57万亩,产量9270吨,实现产值8.9亿元;核桃种植面积76.06万亩,产量3.31万吨,实现产值3.97亿元;华山松种植面积21.91万亩,产量0.233万吨,实现产值0.7亿元;全县农民人均林业产业收入达6626元。

【畜牧业】 2017年,金阳县出栏生猪13.552万头、牛1.1439万头、羊17.3098万只、禽33.9639万只,分别增长1.27%、1.6%、0.9%、4.1%;存栏生猪14.8516万头、牛4.7308万头、羊23.5261万只、禽57.1937万只,分别增长0.021%、0.023%、0.036%、0.019%。

【新村建设】 2017年,四川省、凉山州下达金阳县在15个贫困村中实施彝家新寨建设1050户,项目总投资9950万元,其中凉财农〔2017〕62号文件下达全县彝家新寨中央建设资金5751万元、省级建设资金1749万元;州级财政下达全县彝家新寨配套资金520万元,县级下达彝家新寨配套资金1930万元。主要用于住房建设2625万元,公共服务和村内道路建设资金4350万元,"四件套"(项目到县,资金不到县)资金525万元补助标准为户均补助住房建设资金3万元。协商县国投公司借款2000万元作为彝家新寨启动资金,提前将火砖、水泥、钢筋等建材采购、运输到位。对建筑坡度在30度以上的继续推广"错层式"模式,同步修建厨房、畜圈、卫生间等附属设施,经县组织验收组验收达到给予实施"错层式"建筑模式的建设户多补助0.5万元。彝家新寨主体已建设完成1050户,完工率100%。

【农村扶贫和移民工作】 2017年,金阳县脱贫任务为816户4313人。年初将任务分解到各乡(镇),各乡(镇)将任务分解落实到村及具体人头上;认真做好贫困人口的建档立卡工作,做到户有卡、村有薄、乡有册、县有档。严格按照贫困户"一超六有"脱贫标准全覆盖对标验收,即贫困人口退出以户为单位,主要衡量贫困户年人均纯收入稳定超过2017年国家扶贫标准3300元,且吃穿不愁,义务教育、基本医疗、住房安全有保障(即"两不愁、三保障"),在此基础上做到户户有安全饮用水、有生活用电、有广播电视。计划脱贫的816户4313人各方面指标均达到脱贫退出标准,县人民政府准予脱贫退出。

移民工作。一是完成向岭乡下寨村新增影响区外业调查及公示工作。根据三峡公司、成勘院的新增影响区界定处理意见,组织开展了新增影响区外业调查工作,涉及村民小组2个,调查土地124.68亩,其中耕地7.3亩、园地71.56亩、林地8.3亩、其他土地37.52亩。二是继续做好土地"两费"结余及集体财产分配指导工作。截至10月底,已完成分配方案待县政府批复村民小组1个,已基本完成分配方案制订村民小组2个,启动分配方案制订工作的有5个村民小组,其余10个村民小组分配方案有序推进。三是继续做好移民政策宣传及移民思想工作,完成移民安置协议签订工作7户。1—10月,共计发放溪洛渡移民后扶直补资金520.35万元;地洛电站移民后扶直接发放资金3.54万元。

【乡村旅游】 2017年,金阳县积极扶持基觉乡、则组乡、小银木乡每年定期举办富有当地文化民族特色的剪羊毛节、摔跤、斗牛、唱民歌等民俗活动,从而带动当地乡村旅游经济发展。组织做好所辖区域内智慧旅游平台专线、视频会议系统等平台建设相关工作,并负责组织协助县(市)移动分公司完成所辖区域内宾馆(酒店)、旅行社、农家乐、乡村酒店、旅游车公司、餐饮企业、旅游商品厂家商家等涉旅相关行业数据采集。抓好旅游统计报表,特别加强节庆期间的统计上报工作。

【农村水利】 2017年,金阳县民生水利工程建设方面完成21个乡(镇)、33个村、20104人安全饮水巩固提升工程项目,完成青松乡白银厂村及小银木乡新堰村实施的农田水利工程维修养护项目,整治小型渠堰3条、11.6千米,将改善灌面1610亩。5月完成产业引水灌溉项目,种植面积达10000亩;完成项目总投资2550.36万元的鲁甸地震灾后恢复重建项目。开展河长制工作,设立县级河长15名、乡(镇)级河长34名、村级河长112名,在全县范围内实行三级河长全覆盖。对全县范围内河道砂石场进行全面清理整顿,8月18日对违法开采机械设备、设施、车辆等工具全部予以拆除。组织具有相应资质的凉山州水利勘察设计院对依达河、金阳河、芦稿林河、对坪河进行河道采砂规划和编制实施方案,规范全县河道采砂工作。已完善饮用水水源地规划布局,完成对小水电无序开发和河道采砂破坏生态环境的整治,严格落实中小水电站生态下泄流量、渣场植被恢复的各项整改任务。

【农业机械化】 2017年,金阳县有农机2.58万余台(套),农机总动力达7万千瓦。建成投入使用39.2千瓦太阳能提灌站1座,机电灌溉保

灌面积0.08万亩,农机合作社机械化作业面积增长18.5%,新建农机化生产道路1千米。加快农机新技术新机具推广示范,完成水稻机插面积0.06万亩,马铃薯机收0.5万亩、机种0.5万亩。实施农机购置补贴18台(套),中央财政补贴7.98万元。完成变型拖拉机摸底调查登记318辆,确定真牌42辆,完成拖拉机年检162辆,年检率达55.1%;与驾驶员签订农机安全责任书408份,驾驶员持证率达99%,全年拖拉机安全事故零发生。

【农村科技】 2017年,金阳县投入4494万元,购买"青薯9号"一代薯种13973吨,在25个乡(镇)种植"青薯9号"6.9万亩。经测产,"青薯9号"马铃薯平均亩产达2130千克,产量13.85万吨,实现产值2.35亿元,比本地传统马铃薯品种亩增产近720千克,亩增收近1120元;带动全县马铃薯种植面积达15.75万亩,产量27.16万吨,实现产值4.35亿元。种植秋季露地蔬菜6.5万亩,新增设施蔬菜500亩。

【农村教育】 2017年,金阳县投入保教减免资金957.755万元,在园幼儿13149人。全县义务教育阶段中小学补助公用经费2779.22万元;为全县116所义务教育阶段学校35341名学生提供作业本费88.7323万元;补助家庭经济困难寄宿制学生36072人、4229.3496万元。共资助普通高中贫困学生助学金和普通高中贫困学生减免学费资金78.4万元,受惠贫困学生392人。投入91.76万元为高海拔地区义务教育阶段学校提供取暖补助。设立教育救助基金,初始启动资金100万元,县政府协调注入资金后规模达300万元。积极与国家开发银行合作开展大学生助学贷款项目,申请助学贷款学生776人,发放贷款620.8万元。中国工商银行、三峡集团、吉利集团、国家彩票公益基金、广州助学基金等爱心企业持续资助贫困学生,累计资助学生446人次,资金190余万元。

【农村文化】 2017年,金阳县按照"一村一院一坝一品牌"的建设要求,完成幸福美丽新村文化院坝建设20个、贫困村文化室建设34个。文化馆、图书馆、乡(镇)文化站免费开放,全年接待读者7500人次,借出图书1100余册。举办"脱贫奔康迎新年"文艺晚会、2017索玛花文化旅游宣传月启动仪式、"送文化下乡"巡回文艺汇演等活动;开展"送文化下乡"系列活动20余场、"送戏下乡"208场次。

【农村交通】 2017年,金阳县德谷沟特大桥及道路连接线工程开展勘察设计,高峰乡至谷德乡稳觉村产业路新建工程开展勘察设计。在建的14条通乡油路总长275.3千米;截至2017年年底,完成了芦底路、热水河乡、梗堡乡、土沟乡、红峰乡、向岭乡、小银木乡等7个乡(镇)通乡硬化路任务,建设里程142千米;尔觉西乡、木府乡等6条硬化路完成水稳层铺筑,部分铺筑了油面;高峰乡通乡油路受气候影响完成了一、二标水稳层铺筑。建成通村硬化路31条193.5千米,完成20个拟退出贫困村通村硬化路建设任务。启动对坪客运站改(扩)建项目,完成投资400万元。继续加快对坪镇一村西营组溜索改桥工程建设,累计完成投资9100万元,完成总工程量的81%。

【农村社会保障】 2017年,金阳县开展农村低保调研工作,由政府分管民政工作主要领导和民政局分管低保工作负责人分别带队深入全县5个片区和15个乡(镇)进行督查督导。及时足额向全县23908名农村低保对象发放低保金4332.1万元,人均月补助151元;及时足额向全县877名农村"五保"对象发放供养金420.9万元,人均月补助400元;向全县2018名低保残疾人发放补贴169.5万元,人均月补助70元。加强孤儿和特殊困难儿童动态管理。及时足额向全县585名孤儿发放2017年孤儿基本生活保障金525万元,人均月补助748元;向全县2388名特殊困难儿童发放2017年特殊困难儿童救助金1031.6万元,月人均补助360元。

及时兑付城乡医疗救助资金。巩固医疗救助"一站式"服务平台,督促检查有关医疗机构的医疗救助资金发放情况。为城乡低保、农村"五保"等对象群体代缴城乡医疗救助参保、参合金303.9万元;累计实施城乡医疗救助2500人次,支出医疗救助金216.6万元,发放城乡医疗自助门诊资金634.1万元。

【农产品质量安全监管】 2017年,金阳县重点加强对畜禽、蔬菜、水果、食用菌等农牧产品的农药(兽药、瘦肉精)残留检测力度,实现农产品质量安全"零事故"。突出抓好春、秋两季农资购销旺季"检打联动"行动,出动车辆62辆次、执法人员365人次,清理整顿农资、兽药市场34次,散发各种资料3600余份,处理简易案件2起。全县饲料产品抽检合格率达100%,种子质量抽检合格率达96%以上。深入开展农牧业安全生产宣传教育培训和安全隐患排查治理,全年农牧业生产安全事故零发生。

【劳务开发先进典型选介】 白伙日,男,彝族,1983年1月25日生,初中文化。18岁时,白伙日外出务工。通过10余年的外出务工学到了养殖方面的一些技术。2014年年初,白伙日回到老家,通过家禽家畜养殖业的市场调研发现商机。2015年,白伙日带着5户老乡筹集了200万元,建立了金阳县原生态专业养殖农民专业合作社。2017年,合作社每季度销售肉鸡2万余只,年利润达130万元,吸纳农民工就业28人。

【主要领导人】 县委书记:毛正文;县人大常委会主任:曲木阿呷;县长:李德强;县政协主席:谭福宣;分管农业副县长:毛勇。

金阳县编写组

昭觉县

【基本情况】 2017年,昭觉县辖46乡1镇268个行政村,辖区面积2700平方千米。有人口30.08万人(户籍人口),彝族人口占总人口的97.94%。森林覆盖率40.87%。

2017年,全县GDP30.39亿元,增长8.2%,其中第一产业增加值10.66亿元,增长4.4%;第二产业增加值8.99亿元,增长13.5%(规模以上工业增加值增长6.5%);第三产业增加值10.74亿元,增长9%。三次产业结构比由上年的39:29:32调整为35.1:29.6:35.3。

社会消费品零售总额8.15亿元,增长10.5%。社会固定资产投资35亿元,增长15.4%。地方财政一般公共预算收入1.28亿元。金融机构各项贷款余额8.98亿元,增长20.41%;各项存款余额45.72亿元,增长20%。

有学校201所,"一村一幼"幼教点282个,学生76768人,教师2245人;小学阶段入学率99.28%,初中阶段入学率95.29%,高考专科及以上上线率达94.3%。

【年度农业和农村经济运行】 2017年,昭觉县实现农牧渔业总产值17亿元,增长4.4%。全年农村居民年人均可支配收入达8200元,增长11%。全年集体经济收入44.4万元,所有村均已建立不同形式的集体经济,其中产生经营性收入的村有71个(收入在10万元以上的村1个、1万~5万元的村有6个、1万元以下的村有64个)。全面开展63.64万亩的农村土地承包经营权确权颁证工作。全县重点发展专业村13个,其中粮食类专业村7个、林业类专业村3个、畜牧类专业村3

个；专业村农户数3230户、人口数12505人，种植面积38279亩，经济总收入达24432.6万元。开展非法采砂、工矿区污染、城乡生活垃圾和污水、畜禽养殖污染、农业化肥和农药零增长等9项专项整治行动。

农业产业化发展。全县有农业产业化经营组织257个（家），其中县级农业产业化龙头企业6家、农民专业合作社100个、家庭农牧场151个；从业人数16665人，资产总值9150万元，其中，龙头企业固定资产总值5300万元；销售收入（含交易额）12588万元，带动农户从事农业产业化经营63203户。家庭农场中，种植业54家、养殖业97家，总收入1804万元。全年建成标准化畜禽养殖小区7个，全州最大的生猪养殖基地落户昭觉县。投资1.05亿元的良圆马铃薯种业公司采取“公司+基地+专业合作社+农户”种植模式，建成17.1万亩现代农业马铃薯示范基地。

农产品品牌战略实施。全县打造“大凉山”品牌农产品10类，其中使用“大凉山”字样包装39种、使用“大凉山”规定字体包装37种；宣传广告3条，投入资金54万元；产品销售总额10430万元，其中签订销售合同的有4040万元。“昭觉乌金猪”“昭觉玫瑰鸡”“昭觉玫瑰”“昭觉苦荞麦”等地理标志证明商标申报工作有序推进。申报1万亩苦荞麦和马铃薯有机基地认证。

【种植业】 2017年，昭觉县粮食生产10.69万吨，增长0.87%。马铃薯种植面积23.7万亩，补植玫瑰苗4000余亩，发展高山错季蔬菜3.1万亩，启动2500亩蔬菜大棚项目。

【畜牧业】 2017年，昭觉县“四畜”存栏82.19万头，增长2%；“四畜”出栏54.78万头，增长3.4%；肉类总产量2.31万吨，增长3.3%。实施189万亩草原生态补奖，完成发放农业“三项补贴”2231.49万元和农机补贴290万元。

【林业】 2017年，昭觉县按照“1+X”生态产业发展规划完成建设核桃基地33万亩，低改嫁接核桃4万亩，建设花椒基地0.5万亩。实施大规模“绿化昭觉行动”，完成4.1万亩华山松造林任务，栽植雪松9.6万株，补植补造落叶松、桤木、华山松百日苗203.5万株，兑现近四年退耕还林资金5370.7万元。兑现集体公益林生态效益补偿金3848.31万元。

【扶贫攻坚】 2017年，昭觉县实现贫困村退出26个、贫困人口脱贫4400人。整合涉农资金3.29亿元用于脱贫攻坚重点项目建设，实施86个贫困村易地扶贫搬迁1427户、彝家新寨1050户、整合资金项目1340个，已全部入住。投资8117.8万元的7条通乡油路和投资1820万元的26个退出贫困村通村硬化路全部完工；完成346千米通村通畅工程，通村通达率达93.7%。实现贫困村集体经济和卫生室、文化室、广播电视信号、通信网络全覆盖，完成生活用电、安全饮水工程建设。为贫困户拨付产业扶持资金2106万元发展种养殖业，提供3000吨“青薯9号”良种、“果蔬薯草药”种植，“四畜”养殖，集体经济等产业帮扶项目稳步推进。贫困户子女义务教育入学率达100%，为建档立卡家庭子女及贫困学生发放各类补助金758.5万元。农村贫困群众新型农村合作医疗参合率达100%，建卡户低保兜底2563户8399人；累计提供农村医疗救助16.9万人次，住院自费救助比例达70%以上。

充分发挥4450万元扶贫小额信贷风险补偿金作用，为贫困户发放贷款1.97亿元。在全州率先开展“以购代捐”扶贫活动，实现收入280.91万元，全年“以购代捐”工作涉及贫困村191个，完成各种农产品销售金额合计280.9057万元，带动贫困户3295户、贫困人口12522人。与对口帮扶的广东省佛山市、绵阳市涪城区、三峡集团和东电集团商定帮扶项目41个，帮扶资金9295.2万元；光彩事业凉山行签约金额43.4亿元。深入实施精准脱贫，稳步推进“5+12件实事”“四个好”创建，全面推广“579”工程模式，加快实施“七个一批”行动计划，全面推进社会扶贫。全县脱贫攻坚工作通过州级考核验收。

【乡村旅游】 2017年，昭觉县投资4000万元的洼里洛民俗旅游新村和6000万元的谷克德旅游环线公路全部竣工；投资6.3亿元的悬崖村景区开发项目全面启动；投资3.5亿元的谷克德景区开发项目已完成游客接待中心、牧云山庄酒店和汽车自驾游营地主体工程及滑雪场场地等一期工程建设，其中4万平方米的戏雪区和滑雪场预计2018年投入使用。举办了首届凉山谷克德传统彝族火把节，接待游客11.52万人次，实现旅游收入3134.4万元。

【农村水利】 2017年，昭觉县新增灌面0.85万亩，节水灌面0.15万亩，恢复灌面0.32万亩，改善灌面0.15万亩，受益人口1.2万人。投资650.74万元完成特布洛、龙恩等小流域水土保持综合治理项目；投资1040万元完成昭觉河、竹核河等4条河流及日哈洪涝灾害的水毁堤防修复；投资2434万元实施竹核乡乌坡河尼日村段防洪工程，已完成工程量的75%。

【农村教育】 2017年，昭觉县推荐103名优秀贫困生到绵阳市对口帮扶学校就读，另有830名学生到“9+3”职业教育学校就读。全面落实学生资助政策，编制完成《消除义务教育阶段“大班额”实施计划》。投入学校公用经费3248.8万元。投入4435.86万元改善147所义务教育阶段学校学生营养；发放义务教育阶段寄宿制学校学生生活补助金4018.63万元；发放农村义务教育薄改采购资金2382万元；拨付非义务教育寄宿制生活补助资金522.2万元、高中阶段学生免除学费和教科书费352万元、学前教育免保教费1730.15万元。为965名学生办理生源地助学贷款751.1万元，投入1.7亿元改（扩）建中小学和幼儿园硬件设施47所。万达爱心学校一期工程建设工作稳步推进，温州商会爱心学校建成并投入使用。

【农村文化】 2017年，昭觉县启动彝族土布制作技艺、彝族古建筑技艺、彝族羊骨卜3项州级非物质文化遗产申报工作，向群众免费开放“两馆一站”。投入资金625万元，全面启动公共体育场及相关项目建设工作。

【农村社会保障】 2017年，昭觉县农村低保标准实现“两线合一”，提高到国家扶贫线每年3300元，累计发放低保金9288.7万元。投资880万元建设四开敬老院，发放80岁以上老人高龄津贴112.8万元；投资1750万元建设县儿童福利院，发放特殊困难儿童基本生活补助金647.8万元。“十免四补助”政策惠及民众30.1万人次。投资840万元新建县级就业和社保服务中心、乡级就业和社保服务站4个，已完成工程量的40%。

【农村市场体系建设】 2017年，昭觉县推进凉山州涪昭现代商贸物流园区项目建设，扩建集仓储、冷链、运输于一体的现代物流项目昭觉晓川牧业，推进全冷链配送式农产品中央厨房建设完工。建成县级电子商务服务体验中心1个、乡（镇）级电子商务服务站7个、村级电子商务服务所7个，在世界互联网大会上与京东集团签订电商协议。

【劳务开发】 2017年，昭觉县转移输出农村劳动力8.65万人，实现劳务收入11.24亿元。建档立卡贫困户劳动力转移输出就业7500人，实现劳务收入1.18亿元。开展东西部劳务合作，输出佛山市劳务196人，劳务人员工资收入人均3500元以上；劳务培训7000人次，获证人数3502人，其中劳务品牌培训500人，34人获得中级职业资格证书；新型农民素质提升1198人次，农民工再就业培训1720人，农民工返乡

创业培训50人。

【主要领导人】 县委书记:子克拉格;县人大常委会主任:许世蓉;县长:赫绍洪;县政协主席:吉觉古史;分管农业副县长:王凉萍。

昭觉县编写组

喜 德 县

【基本情况】 2017年,喜德县辖24个乡(镇)170个行政村3个社区,辖区面积2206平方千米,其中耕地面积2.32万公顷。年末总户数67249户,总人口225813人,其中乡村人口194572人,占总人口的86.2%;彝族人口205970人,占总人口的91.2%;人口密度102.36人/平方千米。人口出生率17.52‰,人口死亡率6.06‰,人口自然增长率11.46‰,符合政策生育率89.07%。森林覆盖率39.47%。

2017年,全县GDP227778万元,增长10.1%,其中第一产业增加值73245万元,增长4%;第二产业增加值61258万元,增长22.3%(工业增加值32204万元,增长55.3%;建筑业增加值29054万元,下降3.2%);第三产业增加值93275万元,增长7.8%。人均GDP达13136元,增长1451元。三次产业结构比由上年的35.15∶27.89∶36.96调整为32.16∶26.89∶40.95。全年接待游客180万人次,实现旅游收入3.2亿元。

全县财政总收入19175万元,增长5.84%,其中一般预算收入完成13069万元,增长25.74%;税收收入完成5526万元,占公共财政预算收入的42.28%;非财政收入完成7543万元,占公共财政预算收入的57.72%;财政总支出192345万元,增长12.18%,其中一般预算支出187007万元,增长13.49%。全年保费收入1320万元,赔款及给付金额1043万元。全社会完成固定资产投资(500万元以上)170460万元,增长13.6%。年末全社会金融机构各项存款余额374908万元,增长15.8%;年末各项贷款余额102017万元,增长93%;城乡居民储蓄余额160735万元,增长6.3%,其中定期存款余额97857万元,增长3.8%。

公路通车里程达1342.7千米,其中国道61千米、省道113.4千米、县(乡)道166千米、村道825.3千米、旅游专用公路177千米。全年客运周转量5194万人千米,货运周转量16738万吨千米。年末国际互联网上网用户6755户,c网用户10287户;移动电话用户5.7万户,移动宽带用户0.42万户。

有各级各类学校82所,其中幼儿园24所,在校学生10510人,有教职工242人、专任教师154人;小学47所,在校学生28924人,有教职工1383人、专任教师1328人;初中8所,在校学生7363人,有专任教师410人;普通高中2所,在校学生2269人,有专任教师124人;中等职业中学1所,在校学生50人,毕(结)业生28人,有教职工8人、专任教师8人。有公共图书馆1个(馆藏书量1.7万册),文化馆1个,乡(镇)文化站24个。有卫生机构210个(其中政府办乡/镇卫生院24个、村卫生室177个),有病床位601张,有执业(助理)医师157人。

【年度农业和农村经济运行】 2017年,喜德县第一产业总产值120573万元,增加值73245万元,增长4%。全县居民人均可支配收入11342元,其中农村居民年人均可支配收入7816元,净增803元,增长11.16%。全年农用化肥施用量(折纯)3550吨,实现"零增长"。农膜回收利用率提高2%,秸秆综合利用率达72%。改造提灌站1座,完成计划任务的100%;机电提灌保灌面积达2.1万亩。农作物种子质量抽检率达93%。退耕还林1.8万亩,投入退耕还林资金1620万元。

【种植业】 2017年,喜德县粮食播种面积21266公顷,增长0.5%;粮食总产量79847吨,减少0.7%。花椒产量800吨,核桃产量1550吨,板栗63吨。新增粮食规模化经营面积2000亩,现代经作产业标准化基地建设完成1100亩,经饲作物种植面积达50000亩。

【畜牧业】 2017年,喜德县猪出栏141807头,增长1.5%;牛出栏8724头,增长0.1%;羊出栏129600只,增长1.7%。猪存栏129295头,增长1.5%;牛存栏50145头,增长1.7%;羊存栏266222只,增长1.8%。肉类总产量13489吨,增长2.6%。兑付禁牧补助和草畜平衡奖励资金258.5万元,受益农户涉及全县24个乡(镇)18100户农户。投资1.5亿元,新建存栏能繁母猪1.5万头规模生猪扩繁场1个,生猪扩繁场建成后,租给铁骑力士实业有限公司经营。将年生产21天断奶仔猪30万余头投放到县内代养场进行寄养,由公司提供物料、技术服务、回收产品,并签订《寄养和回收产品协议》。铁骑力士集团公司采取"贫困户单户建设""生猪养殖专业合作社+贫困户""企业+养殖大户+贫困户+村级集体经济"等多种模式,按照铁骑力士集团公司提供猪舍、粪污处理的设计图纸建设标准化生猪代养场,为全县脱贫攻坚奠定了坚实基础。

【扶贫开发】 2017年,喜德县投入22项专项扶贫资金7.8072亿元,其中中央财政扶贫资金3.9128亿元、省财政扶贫资金2.196亿元、州财政扶贫资金0.5108亿元、县财政扶贫资金1.1876亿元、社会其他扶贫资金3080万元。全县投入专项扶贫资金(不完全包含在22项专项资金里)12681.66万元,其中中央财政扶贫资金6999.5万元、省财政扶贫资金2967万元、州财政扶贫资金919.96万元、县财政扶贫资金1795.2万元。全县有精准扶贫村136个,2017年退出41个,还有贫困村81个。截至2017年年底,总扶贫建卡户16277户68024人,2017年本年脱贫2642户,脱贫人口10723人;截至2017年年底,全县脱贫建卡户8687户38623人。在贫困村新培育农民合作社26个、家庭农场30个。

【农业机械化】 2017年,喜德县有拖拉机1390台、拖拉机配套农具1025台、耕整机3837台,农业机械总动力达7.1万千瓦。全年完成机耕5987公顷、机播132公顷、机械化保倌4380公顷、机收3571公顷、机电灌溉2850公顷、机械化秸秆还田357公顷、机械脱粒粮食29000吨、粮食加工23996吨,主要农作物耕种收机械化水平达36%。检维修农业机械3995台次,农机化总投入203万元。

【农村科技】 2017年,喜德县推进基层农技推广体系建设,落实专业技术岗位46个。新型农民培训53人。全县主要农作物良种覆盖率达95%。驻村农技员到位率100%,专家服务团指导服务面100%。建立科学示范基地500亩,培育科学示范户246户。完成培训新型农业经营主体带头人生猪养殖技术员53人;开展农业产业技术培训,完成培训3203人次;全年共计培训贫困人口3.58万人次,发放技术资料3.42万份。

【农村交通】 2017年,喜德县建成县级客运站2个、农村招呼站71个。全县24个乡(镇)实现全部畅通。全县通村公路总里程为825.3千米,全县170个行政村全部通公路,通达率100%。

【农村社会保障】 2017年,喜德县有失地参保人员41人;城乡居民参保人数74794人,其中交费到账4834人。有60岁以上领取养老保险待遇人数16263人。养老金足额发放率和社会化发放率均为100%。有城乡低保对象15195户41118人,其中农村低保13189户36807人(农村低保兜底对象11725人)。全年累计发放城乡低保金9265万元,其中发放农村低保金7898万元。住院救助2527人次,其中农村住院救

助2329人次;发放城乡医疗救助金达285.2万元。农村医疗救助额达1044.2万元,救助比例在70%以上。资助32046人参保参合,其中农村低保对象参合27739人。有城乡特困供养人员901人,全年共计发放供养金358.44万元。城乡特困人员每人每月生活标准为500元和400元。有孤儿490人、特殊困难儿童697人,孤儿每人每月发放基本生活费810元。全年共计发放孤儿和特殊困难儿童生活救助资金596.6万元。解决12名重点优抚对象"三难"困难(生活、医疗、住房),共计发放补助金7.5万元;发放96名军人家属优待金54.72万元,优待面达100%,优待金标准为7030元/年。按政策对14名应征入伍大学生给予补助,发放补助金2.9万元。将24名符合政策要求的60周岁农村级退伍军人纳入2017年定期生活补助范围。设立了"军功奖"制度,全年奖励立功受奖人员21人,共发放奖金1.9万元。全县临时救助183人,发放临时救助资金69.6万元。开展"凉山慈善·福彩帮困助学公益活动",共计资助26名贫困大学生圆大学梦,资助金额9.2万元。社会救助福利中心共入住五保老人46人,集中供养五保老人每月生活费700元。

【救灾救助】 2017年,喜德县有24个乡(镇)102个村不同程度受灾,受灾9128户32576人,农作物受灾面积551公顷,其中绝收面积186公顷。灾害造成52户78间农房严重受损,受灾直接经济损失976.05万元,其中农业经济损失471.35万元。全年先后下拨救灾资金974万元,全县7358户25753名困难群众得到救助。

【主要领导人】 县委书记:曲木伍牛;县人大常委会主任:杨开华;县长:黎平;县政协主席:宋国平;分管农业副县长:龙里体。

喜德县编写组

冕宁县

【基本情况】 2017年,冕宁县辖25乡13镇8个社区,辖区面积4423平方千米。年末总人口404014人(户籍人口),其中乡村人口296603人;少数民族人口177340人,占总人口的43.9%。全年出生人口6025人,人口出生率15.73‰;死亡人口2197人,人口死亡率5.4‰;人口自然增长率10‰。城镇化率40.23%,高于全州平均水平5.93个百分点,提高1.21个百分点。本地水资源总量50亿立方米,人均占有水资源量13700立方米。有林业用地32647.92公顷,有林地面积204751.2公顷,活立木总蓄积量21134601立方米,森林覆盖率56.3%。

2017年,全县GDP116.57亿元,增长6.1%,其中第一产业增加值21.43亿元,增长3.9%,对经济增长的贡献率为12.18%;第二产业增加值60.97亿元,增长7.3%(规模以上工业增加值下降3.4%),对经济增长的贡献率为60.63%;第三产业增加值34.17亿元,增长5.6%,对经济增长的贡献率为27.19%。人均GDP达32508元。三次产业结构比由上年的19.2:55.6:25.2调整为18.4:52.3:29.3。全年接待游客236.63万人次,实现旅游总收入19.93亿元,增长19.5%。

完成全社会固定资产投资55.7亿元(含农户投资),减少8.2%。社会消费品零售总额457915.8万元,增长12.3%,其中,农村市场零售额148385.3万元,增长12.5%。一般公共预算总收入完成122894万元,增长31.6%;地方一般公共预算收入完成72043万元,增长15.75%;地方一般公共预算支出232663万元,减少0.07%。年末全社会金融机构各项存款余额916167万元,增加84601万元,增长10.2%;各项贷款余额377471万元,增加37451万元,增长11%。

公路通车里程1416千米,其中等级公路1341千米、高速公路88千米。全年完成公路货运周转量5293万吨千米,公路客运周转量1286万人千米。全县邮电主营业务收入19637.6万元,增加11.2%。年末固定电话用户37734户,增加4347户;移动电话用户289741户,增加21410户;互联网宽带接入用户58838户,增加9477户。

有各级各类学校214所,在校学生82033人;教职工4241人(含特岗教师)。其中,公办幼儿园9所、民办幼儿园71所、"一村一幼"1所、分设教学点124个;在园(班)幼儿19647人,增加63人。有小学校(点)120个(含特教中心1个),教学班923个,在校学生41910人,增加840人;小学适龄儿童净入学率99.95%,小学毛入学率115.95%。有普通初中学校(点)10个(初级中学8所、九年一贯制学校2所),教学班255个;在校学生13925人,减少709人。有完全中学2所,教学班69个,在校学生4847人,增加7人。有职业中学1所,教学班35个,在校学生1704人,增加250人。教师培训中心1个,乡(镇)农民文化技术教学点38个。

县级各部门全年共申报科研项目33个,其中省州共申请8个,受理8个,立项5个;县级申请25个,立项23个,全年专利申请33个。有公共图书馆1个(藏书35900册),农家书屋224个,文化馆1个,乡(镇)文化站38个,文物保护机构1个,文物保护单位28个(其中国家级1个、省级6个、县级21个)。有卫星地面接收站3.5万座(含农村),电视发射台和转播台1座,有线广播电视用户0.7万户,电视人口覆盖率60%,广播人口覆盖率95%。新型农村合作医疗参合人数330907人,参合率99.81%。有卫生、计生机构304个,乡(镇)卫生院38个,村级卫生室227个,病床位1197张,有卫生技术人员1418人(其中执业/助理医师410人)。

【年度农业和农村经济运行】 2017年,冕宁县全体居民年人均可支配收入18176元,增长10.35%。其中,城镇居民年人均可支配收入25832元,增长8.7%;人均消费支出15937元,增长5.1%。农村居民年人均可支配收入13393元,净增1158元,增长9.5%;农村居民年人均消费支出9427元,增加506元,增长5.7%。

农业产业化及农产品品牌建设。全县有县级龙头企业10家(其中州级龙头企业6家)、工商注册农民专业合作社652家、家庭农(牧)场108家、农业公司82家、种养殖场8个。全县有30余个品牌统一使用大凉山农特产品外包装,培育创建州级以上知名品牌7个。

【种植业】 2017年,冕宁县粮食作物播种面积33588公顷,增加804公顷,增长2.45%,占农作物总播种面积的比重为74%;全年粮食总产量184906吨,增长5.43%,平均亩产367千克。主要经济作物中,烤烟产量7810吨,减少9.97%;蔬菜产量282196吨,增长5.25%;水果产量48712吨,增长9.76%。

【畜牧业】 2017年,冕宁县肉猪出栏数量增长0.5%,羊出栏数量增长1.5%,家禽出栏数量增长2.4%。全年肉类总产量减少2%,其中猪肉产量减少2.3%,羊肉产量增长1.7%,牛肉产量减少4.1%,家禽肉产量增长1.1%,牛奶产量增长3.2%,蚕茧产量增长2.1%。

【新村建设】 2017年,冕宁县幸福美丽新村建设工作有序推进。州级财政下达全县的新村建设专项资金668万元,重点投放在规划基础设施配套较完善的新村和"四好村"。省级资金到位1240万元,重点投放在全县20个贫困村的基础设施和公共服务设施建设上。

"四好村"创建工作。为确保创建工作扎实有效推进,一是加强对"四好村"创建活动的组织领导,经县委县政府研究决定成立了以县委

副书记沙马古千为组长,县委常委、宣传部部长杨永秀,副县长赵支勇为副组长,相关部门负责人为成员的创建工作领导小组。建立"四好村"创建办公室,负责日常工作事务,落实4个领导、7个工作人员负责创建工作的开展和推进工作。拟定并下发了《冕宁县"四好村"创建活动实施方案》和《冕宁县新农村"四好家庭"评选标准和评选办法》。二是加强宣传发动,印制下发《培育和践行社会主义核心价值观》《冕宁县移风易俗和四个好家庭创建宣传手册》读本及《四好创建标准》海报;组织开展"六进彝家"宣讲活动;深入基层农村,尤其是彝区农村督导移风易俗工作进度。全年完成创建省级"四好村"9个、州级"四好村"54个、县级"四好村"49个。全县已完成创建省级"四好村"23个。

【扶贫攻坚】 2017年,冕宁县农村集体经济总收入415.1133万元,人均集体经济收入8元;41个贫困村集体经济总收入68万元,均达到人均3元以上的标准,达标率100%。承办了全省大小凉山彝区发展农村集体经济助推脱贫攻坚座谈会;复兴镇建设村被评为"四川省百强名村""集体经济十强村"。

【农村社会保障】 2017年,冕宁县最低生活保障"应保尽保",农村居民最低生活保障人数10246人,发放保障金3800.4万元。全年实施城乡医疗救助27255人次,发放救助金787.3万元,其中资助城乡低保、"五保"和一、二级残疾对象参保、参合资金343.7万元,国家抚恤补助各类优抚对象1130人。

【劳务开发与返乡创业】 2017年,冕宁县推行培训、输出、维权"三位一体"的劳务开发工作模式,结合劳务扶贫工作,把农民工技能培训和促进农民工、富余劳动力转移就业、自主创业作为加快劳务经济发展、实现农民增收的重要工作来抓。全年实现转移输出农村劳动力1059万人,增长2%以上;实现劳务总收入16.58亿元,增长3%以上,;劳务输出组织化率稳定在44.1%左右。共完成农村劳动力技能培训0.57万人次,其中完成27个贫困村种养殖技术培训0.27万人次、实用技术培训0.28万人次、劳务品牌培训50人次、创业培训150人次。

【主要领导人】 县委书记:刘俊文;县人大常委会主任:拉一哈古;县长:郭均;县政协主席:管军;分管农业副县长:赵支勇。

冕宁县编写组

越 西 县

【基本情况】 2017年,越西县辖28乡10镇5个居民委员会289个村,辖区面积2257平方千米。年末总人口36.49万人,增长2.33%;人口出生率42.59‰,增加19.47个千分点;人口自然增长率24.48‰,增加5.78个千分点。本地水资源总量26.71亿立方米,人均占有水资源量7100立方米。有林业用地14.57万公顷,有林地面积5.7万公顷,活立木总蓄积量488.8万立方米,森林覆盖率37.38%。

2017年,全县GDP36.61亿元,增长1.66%,其中第一产业增加值12.3亿元,增长4.11%,农、林、牧、渔及农林牧渔服务业之比为56.6:7.2:34.5:0.4:1.3;第二产业增加值8.77亿元,减少26.02%(工业产值4.58亿元,减少33.31%);第三产业增加值15.54亿元,增长25.96%。三次产业对经济增长的贡献率分别为33.59%、23.96%和42.45%。劳务输出9.015万人,收入10.18亿元。全年接待游客132.8万人,实现旅游收入53500万元,其中乡村旅游收入350万元。

公路通车里程1214.95千米(其中乡村公路923.59千米),密度538.4米/平方千米,37.15千米/万人。社会消费品零售总额完成184358.8万元,增长11.18%。批发零售业实现增加值134885.4万元,增长10.77%;住宿餐饮业实现增加值34942万元,增长12.97%。地方公共财政预算总收入完成24.24亿元,减少4.23%;公共财政预算总支出21.59亿元,减少5.14%,其中农业投入6794万元,占支出的3.15%。金融机构各项存款余额66.14亿元,比上年初增长14.3%;各项贷款余额20.65亿元,比年初增长17.3%,其中支持农业产业化发展项目贷款16797万元。

有各类学校181所,在校学生80861人,教职工2804人,其中普通中学10所,在校学生16659人;小学128所,在校学生48570人;学龄儿童入学率99.87%,提高0.1个百分点。有农村表演团体40个,文化馆1个,公共图书馆1个。有卫生机构57个,病床位840张,卫生技术人员1210人。新型农村合作医疗参合率100%。

【年度农业和农村经济运行】 2017年,越西县实现林业总产值11553万元,林业增加值8979万元;渔业总产值741万元,渔业增加值490万元;农林牧渔服务业总产值2201万元,农林牧渔服务业增加值1570万元。农村居民年人均可支配收入达8632元,增加875元,增长11.28%。

【种植业】 2017年,越西县种植业实现总产值102182.3万元,实现增加值70591.32万元。农作物播种面积42659公顷,其中粮食作物播种面积28042公顷,产量122598吨,分别增长1.35%、2.51%;油菜播种面积3254公顷,油菜籽产量8370吨,分别增长0.49%、3.23%;烤烟播种面积3280公顷,产量674吨;蔬菜播种面积3799公顷,产量90011吨,分别增长11.5%和39.3%。

【畜牧业】 2017年,越西县畜牧业实现总产值86963.26万元,实现增加值42904.26万元。"四畜"出栏705086头(只),减少0.17%。其中,生猪出栏280366头,增长0.1%;牛出栏14124头,减少1.4%;羊出栏123818只,增长0.5%;家禽出栏286778只,减少1.6%。"四畜"存栏820534头(只),减少184头(只),减少0.3%,其中生猪存栏199000头,减少0.1%;牛存栏52244头,减少0.1%;羊存栏217662只,减少0.1%;家禽存栏351628只,增长1.3%。肉类总产量23970吨,减少720吨,减少2.9%,其中猪肉产量19900吨,减少921吨,减少4.4%;牛肉产量1432吨;羊肉产量2208吨;禽肉产量430吨。

【农村文化】 2017年,越西县全面建成38个乡(镇)综合文化站并投入使用,建成农家书屋289个,实现村(社区)农家书屋全覆盖。全年实现农村电影放映行政村289个,共放映3468场次。完成59个行政村"村村响"和6427户"户户通"安装任务;维护无线数字基站43次,维修"村村通""户户通"设备647台,维修"村村响"应急广播设备26台。完成38个行政村农民体育健身工程建设、8个彝家新寨配套体育实施工程建设,投入20万元开展全民健身和体育活动。

【农村交通】 2017年,越西县通乡油路工作有序推进。一是XW42两裤路升级改造,全长31千米,总投资2842万元;二是瓦里觉乡通乡油路(团结桥—沙苦梁子段)改建工程,建设里程7千米,总投资1900万元,完成投资1330万元;三是四甘普乡通乡通畅工程,建设里程5.7千米,投资估算679.2万元;四是德吉乡通乡油路,总长6.78千米,投资估算813.6万元;五是拉普乡路面大修工程,建设里程3.2千米,总投资119.4万元;六是XW47比团路,该路线全长约30.19千米,总投资约5132.3万元。

通村通畅工程完成"摘帽"村任务61个、110.9千米,总投资5545

万元；完成通畅村59个、109.64千米，总投资5482万元。危桥改造3座（四甘普大桥、河东大桥、东门大桥），建设投资165万元。实施瓦岩大桥重建项目。瓦岩大桥在2016年"7·14"瓦岩乡特大山洪灾害中全毁，全长60米，建设标准3×20m预应力简支梁桥，桥面宽7.5米，该项目总投资300万元。

【农村饮水安全】 2017年，越西县投入资金2208.9万元，新建集中供水工程75处、蓄水池62口，解决38个乡（镇）69个贫困村25个减贫村5143户2.35万人饮水问题。2017年度高效节水灌溉工程实施地点分布在丁山乡、大屯乡、中所镇3个乡（镇）5个村，受益人数4578人，其中贫困人口625人；项目新建输水管86.165千米、滴灌管97.75千米、取水建筑物3座、调节池6口、机井1眼，新增高效节水灌面2005亩，改善灌面0.1万亩。总投资658.08万元。

【农村社会保障】 2017年，越西县有农村低保户13472户34379人，均纳入农村最低生活保障，月人均保障标准185.3元，全年累计支出低保金7632.8万元。全年养老保险参保人数100226人，待遇享受人员26203人，发放308756人次，累计发放金额2508.9万元。对重症一、二级残疾人实行最低档次100元的政府代缴，共代缴958人。对全县未参保的45688人进行全民参保登记。

【涉农招商引资】 2017年，越西县有3000万元以上的农业招商引资重大项目4个，增长50%；协议资金105000万元，增长16.66%。

【返乡创业】 2017年，越西县大力实施"回归工程"，落实创业贷款扶持政策，鼓励回乡大学生、下岗失业人员等创业贷款，已办理12户，贷款102万元。落实返乡创业分险担保贷款1户，贷款10万元。

【主要领导人】 县委书记：袁洪；县人大常委会主任：吉差阿木；县长：肖正权；县政协主席：谢宇光；分管农业副县长：代松。

越西县编写组

甘 洛 县

【基本情况】 2017年，甘洛县辖28个乡（镇）227个行政村，辖区面积2156平方千米，其中耕地面积20.83万亩，人均耕地面积1.66亩，基本农田25.28万亩。年末总人口22.77万人，增长1.58%；人口出生率17.94‰，增加2.37个千分点；人口自然增长率11.33‰，增加2.48个千分点。全县耕地有效灌溉面积8.415万亩，保证灌溉面积7.515万亩；本地水资源总量21.8亿立方米，人均水资源量9573立方米。有林业用地16.45万公顷，有林地面积9.34万公顷，活立木总蓄积量972.93万立方米，森林覆盖率38.67%。

2017年，全县GDP29.76亿元，增长7.6%，其中第一产业增加值0.38亿元，增长5.9%；第二产业增加值0.26亿元，增长2.6%，农、林、牧、渔及农林牧渔服务业之比为47.19∶1.45∶49.02∶1.82∶0.52；第三产业增加值2.43亿元，增长24.2%。

地方公共财政总收入完成2亿元，增长10%。规模以上工业增加值增长4.5%。全社会固定资产投资22.15亿元，增长16.1%。社会消费品零售总额10.9亿元，增长11.4%。全年劳务输出5.62万人（省内输出3.23万人、省外输出2.39万人），收入9.11亿元。

全县公路里程1085千米，其中国、省干线137.3千米，农村公路（县、乡、村道）947.7千米，密度0.5千米/平方千米，17.5千米/万人。

有各类学校109所，在校学生51927人，教职工1978人，其中普通中学9所（包括九年制学校3所），在校学生8501人；小学83所，在校学生27110人；学龄儿童入学率97.28%，提高3.8个百分点。完成省级以上科技成果2项。有艺术表演团体1个，文化馆1个，公共图书馆1个。有卫生机构33个，病床位822张，卫生技术人员647人。

【年度农业和农村经济运行】 2017年，甘洛县实现农业总产值11.67亿元，增长6.27%；农业增加值6.77亿元，增长5.9%；全年生猪、茶叶、猕猴桃、食用菌、水果、蔬菜等特色优势农产品产量保持稳定增长。农村居民年人均可支配收入达7714元，增长10.9%。农产品质量抽检合格率为100%。新建成农民专业合作社284个、家庭农场59家、村集体经济114个，争创省级农业龙头企业1家、州级农业龙头企业2家，成功创建为"国家电子商务进农村示范县"。依法关闭拆除大渡河瀑布沟库区（甘洛境内）水域养殖网箱。

2017年甘洛县主要农产品产量

主要农产品	单位	产量	同比(%)
粮食	万吨	8.3379	1.98
水稻	万吨	1.0801	0.68
小麦	万吨	0.5082	0.83
玉米	万吨	3.5378	2.18
马铃薯	万吨	2.793	2.35
油菜籽	万吨	0.1782	1.82
蔬菜	万吨	5.0386	2.45
水果	万吨	0.68	3.03
肉类	万吨	1.51	–2.6
猪肉	万吨	1.0669	–5.1
牛肉	万吨	0.1354	12.4
羊肉	万吨	0.1869	5.8
禽肉	万吨	0.0414	–13.9
禽蛋	万吨	0.114	0.2
水产品	万吨	0.111	0.9

农用地产权制度改革。全县完成普昌镇哈木足村（矮山）、玉田镇觉铁村（二半山）和海棠镇西桥村（高山）涉及10个村民小组878户3212人农用产权制度改革；完成第二轮承包面积3444亩及国土二调面积5510亩的土地承包经营权确权登记试点工作后期扫尾和结算总结工作，并于9月中旬完成技术服务采购项目的招标工作，全面进入村（组）开展入户调查和外业测绘。草原确权试点。根据《甘洛县草原确权承包试点工作实施方案》，在蓼坪乡清水村和腊岱村开展全省草原确权试点，完成蓼坪乡腊岱村2个组、清水村3个组共5个组的草原确权承包登记工作，落实地块14块，明确地块名称14个，登记"四至"界限地名56个，界限地理坐标612个，完成草原确权承包试点面积9510.8亩。

农产品品牌战略实施。加强"三品一标"证后管理，并根据国家对无公害农产品申报新的规定要求，完成全县梨、大白芸豆、荞粉的无公害农产品复查换证的网络系统申报工作；完成无公害大白芸豆、荞麦粉标识征订13万枚。

【种植业】 2017年，甘洛县粮食作物播种面积34.65万亩（其中小春7.05万亩、大春27.6万亩），产量8.3379万吨，增加0.16万吨，增长1%。油菜播种面积3万亩，产量0.1782万吨，增加0.0032万吨。马铃薯种

植面积11.02万亩(小春0.82万亩、大春9.7万亩、晚秋0.5万亩),其中"青薯9号"种植面积7.3万亩,产量13.96万吨,商品量8.8万吨,商品率达63%以上。投资643.5万元,栽植核桃15.16万亩;投资296.86万元,嫁接改造核桃验收合格3.2万亩,其中中央造林补贴资金120万元、现代林业产业发展资金100万元、森林植被恢复费48.86万元、省财政专项支持大小凉山脱贫攻坚发展特色产业和促进就业资金28万元;投资98万元,打造花椒基地1.15万亩。投资1000万元,营造速生丰产林基地2万亩,其中重点生态功能区转移支付资金800万元、省财政专项支持大小凉山脱贫攻坚发展特色产业和促进就业资金200万元。

全县经济作物产业发展结合脱贫村的产业发展,充分发挥驻村农技员的作用,努力推进产业扶贫工作,在全县新种植脆红李、凤凰李、青脆李、枇杷、杂柑等特色水果1.278万亩,并通过做好无公害梨子基地建设、李子科技示范园指导工作,实施病虫害综合防治等措施,全年水果种植面积达3.14万亩,产量0.68万吨;完成地膜蔬菜1万亩,进行高山蔬菜试验示范600亩,无公害蔬菜病虫害综合防治3000亩,新建蔬菜大棚40亩,其中前进乡基泥村完成15亩、拖沟村完成25亩。

种子管理。严格贯彻执行《种子法》《四川省种子管理条例》及《四川省打击侵犯品种权和制售假劣种子行为专项行动实施方案》,维护农民利益,加强对辖区内种子经营户上岗和知识更新培训,共出动执法人员50余人次,对县城范围内30余家种子、农药、肥料、饲料等农资经售商进行了拉网式排查,对新市坝镇、田坝镇、斯觉镇等重点乡(镇)农资市场进行了全面整治,共抽检农作物种子20余个,检查肥料3批次,检查农药品种36个。

植物保护。全县按照测报管理规范化、情报传递信息化、病虫可视化、基础设施现代化的要求,发布了《小麦锈病发生趋势预报》《甘洛县大春病虫发生趋势预报》《甘洛县马铃薯晚疫病发生趋势预报》等病虫害预报6期,共计开展植物病虫害综合防治面积11.76万亩,防治率为95.5%,挽回粮食损失3675吨(其中统防统治9.1万亩,统防率为77.3%;机防面积7.6万亩,绿色防控4万亩);开展农田灭鼠1.87万亩,挽回粮食损失496吨;实施农田化学除草3.7万亩,挽回粮食损失929吨,实现了"虫口夺粮,防病保粮"的目标任务。

【林业】 2017年,甘洛县完成28个乡(镇)生态公益林补偿兑现工作,完成兑现面积93.26万亩,兑现资金1375.61万元,兑现率99.3%。制订并完善全县《2017年度贫困人口中选聘生态护林员的方案》,重新审定、落实生态护林员635人;继续巩固上一轮退耕还林成果,加强管护新一轮退耕还林2014年的1.75万亩、2015年的1.37万亩任务,并严格按照政策兑现退耕还林补助,完成率100%;总投资1000万元(其中林业项目投资630万元),完成2016年7.06平方千米岩溶地区土地治理,完成率100%。

【畜牧业】 2017年,甘洛县肉类总产量1.51万吨,减少2.6%;禽蛋产量1140吨,增长0.2%。生猪出栏17.56万头,增长0.3%;存栏14.17万头,减少1.3%。牛出栏1.33万头,减少3.5%;存栏5.46万头,增长7.5%。羊出栏11.61只,增长7.2%;存栏16.24万只,增长5.6%。家禽出栏27.63万羽,增长3%。

动物疫病防治。全面加强动物疫病监测和流行病学调查,全年共送检血清180份(其中猪血清40份、牛血清40份、羊血清40份、禽血清60份),免疫抗体合格率均达到国家规定70%以上;送检马传贫血清100份,H7N9流感血清学和病原学样品200余份,羊血清和粪样品260份。加强动物免疫工作,全年免疫猪瘟28.36万头、高致病性猪蓝耳病28.36万头、猪(牛、羊)口蹄疫68.73万头(只)、禽流感免疫鸡55.65万羽,应免率达100%。

【统筹城乡与新型城镇化】 2017年,甘洛县城乡发展规划应按照抓重点、补短板、强弱项的要求,推动城镇公共服务体系向农村延伸。一是优先发展农村教育事业,推动建立以城带乡、整体推进、城乡一体、均衡发展的义务教育发展机制,全面改善薄弱学校基本办学条件。二是健全覆盖城乡的公共就业服务体系,大规模开展职业技能培训,大力发展文化、科技、旅游、生态等乡村特色产业,培育一批家庭工场、手工作坊、乡村车间,促进农民多渠道转移就业,提高就业质量。三是完善基本公共卫生服务项目补助政策,加强基层医疗卫生服务体系建设,推进健康乡村建设。

【农村扶贫和移民工作】 2017年,甘洛县整合各类项目资金12.85亿元,在住房建设、基础设施、产业培育、就业增收等方面取得了重大突破。完成10196人易地扶贫搬迁、4535户彝家新寨和1676户D级危房改造,让脱贫群众住上了"安居房"。同时,用好用活"四项基金",广泛开展"四好村"创建,用好用活对口帮扶资源,完成92个村退出、5291户24194人减贫任务,全县贫困发生率从22.67%下降到11.54%。

【农村水利】 2017年,甘洛县投入资金7082万元,共计实施各类水利工程158处。其中,投资589万元完成2016年易地扶贫搬迁项目,包括20个乡(镇)、30个村、56个集中安置点的饮水工程建设任务;投入资金3914万元组织实施2017年易地搬迁集中安置点饮水工程以及2017年巩固提升饮水安全项目,涉及全县28个乡(镇)97个村,受益人口6.52万人,全年脱贫村饮水问题全部得到解决;投入资金600万元,在前进乡玛麻堰灌区实施高效节水项目,涉及基尼村、跑马村、拖沟村、桥头村等村,新增高效节水灌溉面积0.2万亩;投资39万元,完成田坝镇兰池村农业发展基地灌溉用水工程;投资1200万元,实施并完成甘洛河阿嘎、吉米、阿尔、普昌防洪工程,新建堤防3574米;投资40万元,完成斯觉堰等水利工程春季维修,保障了农村春季插秧用水。

【农业机械化】 2017年,甘洛县共受理各类农业机械入户登记316台(套),其中拖拉机入户登记208台;受理农机驾驶证申请233人次(其中新办证152人次、换驾驶证81人次);过户72台次,办理各类农业机械年度检验563台;农机监理安全执法检查6次,出动监理车32台次、监理员113人次,检查农用车辆175台次。检查农机安全违章拖拉机36台次,对相关人员进行了纠正和教育。举办农机驾驶员安全教育培训活动2场次,参加培训机手154人次以上,发放安全宣传资料320余份。全年销售微耕机28台,补贴1.68万元;旋耕机1台,补贴0.117万元;大中型收割机28台,补贴75.6万元;大中型拖拉机154台,补贴191.721万元,其中CL280型拖拉机75台、悍沃400D型拖拉机24台、JT704型拖拉机36台、DF554型拖拉机18台,共计补贴资金269.118万元。

【农村科技】 2017年,甘洛县完成新市镇、田坝镇新型职业农民培训172人,完成省级青年农场主培训2人,并按照《四川省甘洛县"万名农业科技人员进万村"技术扶贫》要求,组织123名技术人员对全县208个村进行技术扶贫,发放相关技术资料4.7万份,开展州级专家培训4次,农技员扶贫技术培训3万余人次,入户13万余次,一对一技术指导3.3万次,集中培训班1606个,培训3万人次,开展专家巡回服务316次。

【农村教育】 2017年,甘洛县把教育扶贫作为治本之策,扎实推进年

度计划投资3.1亿元的27所中小学校基础设施建设、5所学校薄改建设、7所"一乡一所"幼儿园,改善了办学条件;全面落实十五年免费教育、"9+3"免费职业技术教育、营养改善计划、"一村一幼"等惠民政策,设立教育扶贫基金450万元,提供助学贷款775万元,确保了贫困建档立卡贫困户子女一个不少地接受教育。

【农村文化】 2017年,甘洛县坚持上下一心抓基础,推进全年预脱贫户、退出村涵盖村卫生室、文化室、党员活动室等的"1+N"村级综合服务中心。围绕农村水网、电网、信息网、广播电视网、土地整理等项目建设,落实资金1.296亿元,综合改善贫困村生产生活条件,不断提升广大群众的获得感和满意度;坚持扶贫与扶志、扶智相结合,落实专项资金300万元,开展新型农民素质提升培训1050人,创办227所农民夜校,组织群众学政策、学法律、学技术、学文化,大力开展"励志自强·脱贫奔康"等活动,充分激发脱贫攻坚内生动力。

【农村卫生】 2017年,甘洛县大力推进"健康甘洛"行动,严格落实"十免四补助"、"八个百分百"、分级诊疗等卫生惠民政策,贫困群众新农合参合率达100%,县级医院住院医疗费用个人支付占比控制在9%以内,乡(镇)卫生院住院实现零支付。设立卫生扶贫基金450万元,着力解决因病致贫返贫问题。实行美沙酮免费替代治疗,加大艾滋病人管控力度,坚决遏制新增艾滋病患者。

【农村交通】 2017年,甘洛县乐汉高速(甘洛段)启动征地拆迁工作,施工便道已达通车条件,结束了乌史大桥乡不通公路的历史;国道245线乌斯河至甘洛县城段公路改建工程全面完工,省道217线甘石路(甘洛段)改建工程完成投资1.34亿元,省道217线甘洛县城至阿嘎段(美姑界)改建工程初设工作有序推进;新建通乡油路9条62.3千米、通村硬化路74条288.11千米,完成8.9千米安保工程和5个港湾站、22个村级招呼站建设,"对外大通畅、对内大循环"的交通格局逐步形成。

【农村社会保障】 2017年,甘洛县强力推进十项民生工程,办好20件民生大事,将9830户24715名群众纳入农村低保兜底,其中建档立卡贫困户4028户10099人,发放救助金4253万元。

【农村市场体系建设】 农村金融。2017年,甘洛县完善县、乡、村三级部门与金融密切联系互动的工作机制,加强金融与财政、扶贫、农业等政策的协调和配合,加大部门间的信息交流和共享,下发了《关于印发甘洛县扶贫小额信贷分险基金使用管理实施细则的通知》及《关于成立甘洛县金融支持精准扶贫工作领导小组的通知》等相关文件,形成金融精准扶贫合力;聚焦金融扶贫,更加突出"精准"要求,优化金融资源配置,全面加强对建档立卡贫困户、扶贫项目、扶贫产业的融资支持,充分发挥特色产业发展对贫困户脱贫致富的带动作用。全县累计向3969户(农行1093户、农商行2876户)发放扶贫小额信贷12123.7万元(农行4773万元、农商行7350.7万元),其中为9个非贫困村50户发放扶贫小额信贷126万元(农行44万元、农商行82万元)。全县个人精准扶贫贷款覆盖率为25.83%,个人精准扶贫贷款余额为3.05万元/户。全年新增人口2822户(农行754户、农商行2068户),产业精准贷款新增5993万元(农行660万元、农商行5333万元),项目精准贷款新增2495万元。全县金融精准扶贫贷款质量良好(未有不良贷款率)。

特色农业保险。全县特色农业保费收入4.25亿元,为全县玉米、核桃、黑山羊等特色产品提供风险保障420万元;赔付政策性农业保险为181.2万元,政策性农业保险累计实现保费收入305万元,提供风险保障金59580万元。

【农产品质量安全监管】 2017年,甘洛县针对农贸市场等重点经营场所开展抽检监测,抽检蔬菜、畜禽肉及副产品、水果、蛋类、水产品、豆类等重点品种,共完成抽检151批次,完成检验113批次;完成2017年国转地标食品专项抽检工作23批次,合格率86.95%;完成省级各项抽检34批次,合格率91.17%;完成州级各项抽检15批次,合格率100%;完成县本级民生抽检46批次、营养餐抽检5批次。对全县农资市场进行清理,共开展监督检查10次,检查农资经营户221户次,发放资料500份。全年抽检样品325个,其中基地检测抽样91个、市场抽检样品234个,检测合格率为100%。

【农村留守儿童帮扶】 2017年,甘洛县有登记在册的留守儿童524人,建立了甘洛县农村留守儿童关爱保护工作联席会议制度,成立了工作领导小组,确定了各相关部门的工作职责和职能,建立了留守儿童工作机制,完成了留守儿童监护协议签订工作,并于2017年年底全面完成留守儿童系统的数据录入工作,要求每个乡(镇)明确儿童督导员1名、每个村落实儿童福利主任1名,负责做好政策宣传、监护指导、心理疏导、权益维护等日常工作。

【劳务开发与返乡创业】 2017年,甘洛县把扩大就业和农村富余劳动力转移作为着力点,全县各级各地深入开展劳务输出宣传活动,发放维护农民工合法权益手册、企业招募简章、用工信息等各类宣传资料2.4万余份,县上拨付100万元用于建档立卡贫困户外出务工报单边车费,在全社会营造了劳务输出的良好氛围。同时,采取"走出去"与"请进来"相结合的方法,做好广州、重庆等地区劳务输出工作和县域内、周边地区内劳务输出工作,加强与企业的交流与合作,定向、分批次地输出符合对接企业职位条件的生产技术人员;加强劳务经纪人管理,按照市场化运作模式,开展多层次、有组织的劳务输出,不断拓展定向输出渠道。6月18日,州农劳办组织广东省佛山市15家企业79个工种2256个岗位到甘洛县举办专场现场招聘会,2300余人参加了招聘会,初步达成招聘意向1100余人。11月27日,绵竹市组织15家企业18个工种248个岗位到甘洛县举办专场现场招聘会,1928人参加了招聘会,初步达成招聘意向217人。

【主要领导人】 县委书记:陈建生;县人大常委会主任:吉拖哈史;县长:陈华;县政协主席:曹怀香;分管农业副县长:阿西阿木。

甘洛县编写组

美姑县

【基本情况】 2017年,美姑县辖36个乡(镇)和3个居民委员会,辖区面积2573平方千米,其中基本农田31.2万亩。年末总人口27.07万人(户籍人口),增长2.25%;人口出生率21.15‰,减少3.25个千分点;人口自然增长率11.5‰,减少9.2个千分点。有林业用地15.58万公顷,有林地面积9.07万公顷,森林覆盖率38.06%。

2017年,全县GDP24.6亿元,增长9.1%,其中第一产业增加值96127万元,增长3.8%,拉动GDP增长1.6个百分点;第二产业增加值63837万元,增长29.1%,拉动GDP增长6.2个百分点;第三产业增加值86001万元,增长3.6%,拉动GDP增长1.3个百分点。三次产业结构比由上年的42.2∶24.3∶33.5调整为39.1∶25.9∶35,其中第三产业提高1.5个百分点。全年接待游客50.95万人次,增长8%;实现旅游收入1.18亿元,增长10%。

全社会消费品零售总额6.41亿元,增长11%。地方公共财政预算总收入完成0.83亿元,增长21.8%;公共财政预算总支出19.66亿元,减少5.4%。金融机构各项存款余额40.97亿元,比上年初增长19.05%;各项贷款余额9.53亿元,比年初增长16.58%。

公路客运周转量1302万人千米,增长3.2%;公路货运周转量5080万吨千米,增长4.37%。

有幼儿园4所(其中公办2所、民办2所),在园幼儿2247人;有幼教点291个,招收幼儿10366名;义务教育教学点165所(个)(其中小学54所、小学教学点105个、初级中学5所、普通高中1所),有小学生(含教学点)39919人、初中生7931人、高中生1149人,学龄儿童入学率、初中入学率、高中入学率分别为95.21%、91.71%、35.61%;有教师2811人,其中小学1613人、初中424人、高中101人、幼儿园51人、"一村一幼"辅导员622人。有镇(街道)综合文化站34个,村(社区)文化活动室223个、文化广场223个。有体育场地1个、面积0.5万平方米,体育协会3个,全民健身站(点)1个,业余体校1所。有医疗卫生保健机构40个,卫生机构在岗人员693人,卫生专业技术人员686人(其中执业(助理)医师130人,注册护士180人),有床位857张。

【年度农业和农村经济运行】 2017年,美姑县农林牧渔服务业总产值(现价)167915万元,增长4.05%,其中农业产值55157万元,增长5.26%;林业产值11934万元,增长15.15%;畜牧业产值98630万元,增长2.32%;渔业产值75万元,增长8.66%;农林牧渔服务业产值2120万元,增长8.2%。全县居民年人均可支配收入8997.72元,增长10.48%,其中农村居民年人均可支配收入7651.87元,增加762.78元,增长11.07%。人均消费性支出16095.75元,增长7.87%,其中农村居民人均生活消费支出6010.74元,增长9.79%;农村居民恩格尔系数45.08%。全县农田有效灌面1899公顷。农村用电量1893.67万千瓦时,减少25.74%。全年农用塑料薄膜使用量160吨,地膜覆盖面积3667公顷;化肥施用量(折纯)5241吨。

2017年美姑县主要农产品产量

主要农产品	单位	产量	同比(%)
粮食	万吨	8.77	7.22
水稻	万吨	0.16	-0.1
小麦	万吨	0.12	-6.8
玉米	万吨	2.31	0.2
马铃薯	万吨	5.3	11.1
油菜籽	万吨	0.0023	4.5
蔬菜	万吨	1.43	2.56
水果	万吨	0.69	5
肉类	万吨	2.26	2
猪肉	万吨	1.53	—
牛肉	万吨	0.24	—
羊肉	万吨	0.36	—
禽肉	万吨	0.13	—
兔肉	万吨	—	—
禽蛋	万吨	0.0676	2.7
水产品	万吨	—	—
牛奶	万吨	—	—

【种植业】 2017年,美姑县粮食作物播种面积27682公顷,增加389公顷;粮食总产量87650吨,增加5856吨,增长7.16%。油料作物产量31吨,增长6.9%。蔬菜瓜果产量14330吨,增长2.8%。

【林业】 2017年,美姑县完成核桃种植面积25万亩,改造核桃良种4万亩,种植花椒4万亩、华山松3.5万亩。截至2017年年底,全县核桃产业总面积65万亩,花椒种植总面积12.5万亩,林业总产值达4.08亿元。全年完成国有林常年管护面积71.95万亩、集体公益林有效管护面积90.43万亩;完成2012年度和2015年度重点功能区植被恢复项目人工造林初植1.4万亩,完成集体林抚育0.5万亩规划设计,完成天然林保护工程公益林建设0.5万亩、封山育林2万亩规划设计调查工作。完成2017年度全县200万亩森林保险投保工作。全面完成2011—2016年积压的集体公益林生态效益补偿金6846万元及2017年集体公益林生态效益补偿金1333.86万元兑现到户工作。

【畜牧业】 2017年,美姑县出栏肉猪237881万头,增长0.6%;羊出栏203065万只,增长0.9%;牛出栏22780万头,增长0.2%;家禽出栏937332万只,增长0.5%。全年肉类总产量22564吨,减少2%,其中猪肉产量15257吨,减少4.6%;羊肉产量3584吨,增长1%;牛肉产量2438吨,增长17.7%;家禽肉产量1285吨,减少8.6%。

【统筹城乡与新型城镇化】 2017年,美姑县城建成区面积3.48平方千米,居住用地126.76公顷,公共设施用地47.46公顷,公共绿地面积48.87公顷,城市人均公园绿地面积10.6平方米/人。全县有污水处理厂1座,垃圾处理厂1座,生活垃圾简单处理能力25吨/日。完成县生态保护红线划定上报工作。全年办理选址意见书13宗,办理建设工程规划许可证、用地规划许可证各13份。完成洛俄依甘乡、拉木阿觉乡、牛牛坝乡等11个乡(镇)1:500地形测绘、总规、控规编制及市政基础项目设计、科研;完成第二水厂建设项目水源地的水质化验;完成美姑县俄普机关加油站至毕摩文化村8.2千米市政道路建设可研、环评等前期工作和勘察、施工图设计及预算、"两评价一方案"的编制并申请财政厅PPP模式和入库工作;完成县城主街道两旁立面彝族特色风貌改造项目规划设计方案和17.2千米亮化工程;启动美姑县第二水厂可行性研究报告、选址、立项批复等项目前期工作;完成城市生活污水处理工程前期可研、环评等工作;完成新建开工工程的放线及涉密地理信息保密检查工作。已基本建成国道348线一期工程(戳豁觉至大桥段)并全线投入使用;完成省道466线毕摩园至雷波界段改造并投入使用;完成二级客运站主体工程,室内外装修和检修房等配套设施建设工作有序推进。开通2条城市公交线路(刨花板厂至农具厂线路、美姑县城至牛牛坝乡)。

【新村建设】 2017年,美姑县彝家新寨建设任务20个村,安全住房建设1400户;县内安排彝家新寨建设16个村,安全住房建设818户,共实施36个村、218户。投入资金547万元,用于15个基础设施项目建设;投入资金60万元,用于15个新型经营主体扶持;投入资金57万元,用于3个公共服务设施项目建设;投入资金244万元,用于"四好村"创建。总投资为856万元,其中幸福美丽新村专项资金800万元、群众自筹26万元、财政补助30万元。建设"1+N"村级多功能活动室28个。

【农村扶贫和移民工作】 2017年,美姑县减贫4813人,全县贫困村减少至217个,贫困人口减少至74409人,贫困发生率降至29.2%。全县累计新建安全住房12674户,新建通乡油路98.1千米、通村硬化路550.7千米,解决11.11万人安全饮水、12.11万人生活用电问题。申报

省级电子商务脱贫奔康示范县项目，争取省级财政资金600万元。主要用于柳洪、三峡、坪头电站移民的后扶管理并处理后扶管理中出现的各种问题，落实化解矛盾纠纷责任单位和责任人，把后扶资金按期如数发放给42名群众。

【乡村旅游】 2017年，美姑县完成洛俄依甘乡古候·曲涅支系寻祖旅游区前期选址及会盟纪念地项目建设前期初步规划；完成2座旅游厕所项目申报、选址、规划等工作，完成依果觉乡古拖村等7个旅游扶贫重点村的旅游发展项目申报；积极推动索玛花生态文明建设，完成《美姑县黄茅埂索玛花景区规划实施方案》编制工作。实施各类旅游节庆活动2次；与西昌学院合作规划洛俄依甘乡至依果觉乡文化旅游长廊；打造民俗文化品牌，举办了第三届"尼姆·约纱茨"民俗活动。

【农村科技】 2017年，美姑县录入平台信息员总数为273人、专家105人、贫困户20033人。全县以科技、文化、卫生、法律"四下乡"、知识产权宣传周、科技活动周、"科普知识进校园"等活动为载体广泛开展科技扶贫工作。全年累计发放《专利知识宣传册》、《防震减灾知识读本》、"科普知识进校园"等科普宣传资料20000余份，参与人数6800人次。在依果觉乡依德阿莫村、农作乡依色村开展以"绿色发展、脱贫奔康"为主题的"科技之春"科普活动。申报了2017年州级科技项目《培育高质花椒苗》和省级科技扶贫项目《美姑县食用菌种植技术开发及应用》；完成2018年27项科技储备项目上报工作，完成科技扶贫在线美姑县运管中心建设工作并组织开展科技扶贫在线美姑县运管中心专家信息员培训。全年共发布美姑县产业信息3项（黑山羊、苦荞、马铃薯），完成供销链接1项（美姑县电子商务服务中心），已完成州级任务目标。

【农村教育】 2017年，美姑县建成村级幼教点291个，开办311个班，配备辅导员622名，适龄幼儿入学10366人。全县除拉木阿觉乡哥勒阿门村外，其余各村均实现"一村一幼"目标。

【农村社会保障】 2017年，美姑县发放城乡医疗救助金1658人次、616万元，农村低保37668人、6797.62万元，困难残疾人生活补贴601人、50.5万元，特困人员供养金362.36万元；临时生活救助272户、784人、53.19万元。有孤儿814人，特殊困难儿童1464人。孤儿和特殊困难儿童以散居抚养为主。按每月每人810元保障标准发放孤儿生活保障金764.96万元并实行联社办卡代发。新建儿童福利院1所，建筑面积15890平方米，有床位350张，总投资3972.5万元。把1464名特殊困难儿童纳入城乡低保给予保障，分别在城镇低保一档345元和农村低保A类160元的基础上发放省、州、县生活补助金每月200元（省级55元、州级95元、县级50元），共发放资金344.88万元。同时，对孤儿和特殊困难儿童就医、就学均给予了相关政策的落实。

【农村生态建设及环境保护】 2017年，美姑县建设完成洛俄依甘乡阿居曲村农村面源污染治理项目并投入使用，建设完成彝家新寨环境建设公共排污设施和垃圾收集池建设工程、依果觉乡传统村落保护建设项目招投标并开始建设施工。完成18个乡（镇）集中式饮用水水源保护工程建设项目审计和2个乡（镇）集中式饮用水水源地立标工作。开展乡（镇）饮用水水源地保护区的核定、划定。

【农村市场体系建设】 2017年，美姑县升级改造县级电子商务服务中心（平台）1个、乡村电子商务服务站点50个。已确定将采红乡岩鹰鸡养殖基地作为溯源基地建设示范点，初步建立县、乡、村三级电子商务进农村服务体系；在大凉山农产品销售体验中心（成都）建成美姑农特产品O2O体验店1个并上架首批货品；完成蜂蜜品牌商标注册，完成提交苦荞、岩鹰鸡审核资料；完成规划4条乡（镇）主要物流运输线和县级仓储物流中心建设。

【劳务开发与返乡创业】 2017年，美姑县劳务输出6.94万人，其中建档立卡户输出0.25万人，完成全年目标任务的100.3%；劳务收入8.7亿元，完成全年目标任务的100.2%。农民参加各种技能培训6636人次，完成全年计划6000人的110%，其中劳务品牌培训430人，开班2期共100人，完成培训任务的23.2%。

【主要领导人】 县委书记：商拉批；县人大常委会主任：熊志华；县长：蔡光阳；县政协主席：沙明英；分管农业副县长：杜春虹。

美姑县编写组

雷波县

【基本情况】 2017年，雷波县辖43乡5镇，辖区面积2932平方千米，其中耕地面积16262公顷，人均耕地面积0.9511亩；基本农田28.57458万亩。年末总人口27.5983万人（户籍人口），比上年增长3.03%；人口出生率45.48‰，增加7.24个千分点；人口自然增长率34.47‰，增加7.68个千分点。全县耕地有效灌面和保证灌面分别达到耕地总面积的36%和17%；本地水资源总量43.5亿立方米，人均占有水资源量16700立方米。有林业用地20.59012万公顷，有林地面积11.295171万公顷，活立木总蓄积量1335.8031万立方米，森林覆盖率45.19%。

2017年，全县GDP62.43亿元，增长6.9%，其中第一产业增加值11.99亿元，增长4%，农、林、牧、渔及农林牧渔服务业之比为62.16∶5.71∶29.84∶2.11∶0.18；第二产业增加值34.68亿元，增长9%（工业增加值16.64亿元，减少0.6%）；第三产业增加值15.75亿元，增长4.4%。三次产业对经济增长的贡献率分别为10.84%、72.86%和16.3%。从业人员15114人。劳务输出76100人，收入136900万元。全年接待游客150.2万人次，实现旅游收入83400万元，其中乡村旅游收入2000万元。

公路通车里程2332千米（其中乡村公路1979千米），密度795.36米/平方千米，84.52千米/万人。社会消费品零售总额13.69亿元，增长10.5%。地方公共财政预算总收入完成14.41亿元，增长12%；公共财政预算总支出29.9亿元，增长2.45%，其中农业投入9.98亿元，占支出的33.36%。金融机构各项存款余额52.37亿元，比上年初增长8.3%；各项贷款余额14.2亿元，比年初增长12.2%。全年农业保费收入0.6亿元，增长11%；处理各项赔款和给付金额3163万元，增长51%。农业产业化龙头企业州级、县级分别为6个、10个。

有各类学校168所，在校学生63119人，教职工2396人，其中普通中学10所，在校学生13816人；小学53所，在校学生33120人；学龄儿童入学率99%，提高0.86个百分点。有艺术表演团体1个，文化馆1个，公共图书馆1个。有卫生机构356个，病床位1046张，卫生技术人员1607人。新型农村合作医疗参合人数228739人，参合率99.3%；新型农村社会养老保险参保人数5.5万人，参保率59.78%。

【年度农业和农村经济运行】 2017年，雷波县出台了《关于推进财政支农资金股权量化改革的实施方案（试行）》规划、政策。实现农业总产值20.3515亿元，增长6.4%；农业增加值11.99亿元，增长4%。农

民年人均可支配收入达8723元,增长10.9%。在粮食、生猪、蔬菜生产中,科技投入占比为30%,科技贡献率62%。全县农产品质量抽检合格率达100%;建成48个基层农业综合服务站。投资27858万元,修建通乡路9条106.4千米、通村通达公路39条174千米、通村通畅公路91条232.2千米。争取省儿童基金会基金10万元,建设"留守儿童之家"2个。

2017年雷波县主要农产品产量

主要农产品	单位	产量	同比(%)
粮食	万吨	9.1634	0.72
水稻	万吨	1.4428	0
小麦	万吨	0.491	5.86
玉米	万吨	4.005	0
马铃薯	万吨	2.508	1.6
油菜籽	万吨	0.1788	0
蔬菜	万吨	5.9108	0
水果	万吨	1.2191	8.95
肉类	万吨	1.6763	-1.63
猪肉	万吨	1.3076	-4.42
牛肉	万吨	0.0836	43.9
羊肉	万吨	0.243	4.4
禽肉	万吨	0.0421	-6.7
禽蛋	万吨	0.2061	3.15
水产品	万吨	0.4	400

农业产业化发展。全县有州级龙头企业6家、县级龙头企业10家、农民专业合作社234个、家庭农(牧)场324家。建成特种养殖基地3个、石蛙基地2个、雅鱼(西宁河鱼)基地1个。

农产品品牌战略实施。强力推进无公害农产品、绿色产品、有机食品和农产品地理标志等"三品一标"申报认证工作,大凉山雷波脐橙、马湖莼菜、雷波芭蕉芋猪获评农业部地理标志认证产品,雷波阿合哈洛有机牛羊获评省有机食品认证产品,雷波小凉山土鸡获得国家证明商标。

【种植业】 2017年,雷波县在顺河乡建设脐橙标准化示范园2500亩;种植"马铃薯9号"2万亩,发展大棚蔬菜75亩、秋冬蔬菜2.25万亩,新建莼菜基地300亩,种植山葵300亩。

【林业】 2017年,雷波县"1+X"核桃种植面积21.7万亩,投入资金2534.7万元;七叶树等其他经果林种植面积0.712万亩,投入资金141.87万元。全县林业产业种植面积达134.75万亩,其中核桃木本油料林95.9万亩,年产量8010吨,实现年产值16020万元;青花椒木本调料林21.7万亩(溪洛渡水电站淹没1.6万亩),年产量2180吨,实现年产值21800万元。完成核桃示范园肥料采购及施肥工作3000亩,完成"雷溪"良种核桃采穗圃建设工作。全年培训农户19600人次,发放《核桃栽培技术要点》与《核桃病虫害防治及栽培管理技术宣传手册》3万余册。与凉山州农业学校合作,对脱贫攻坚"123"基层林业技术人才进行核桃产业技术培训。

【畜牧业】 2017年,雷波县在溪洛米乡双龙村、谷米乡四方石村各建设芭蕉芋猪种养结合示范基地1个,改(扩)建芭蕉芋猪种养结合示范基地1个,每个基地年出栏芭蕉芋猪2000头以上。新建芭蕉芋猪基地7个,年出栏1.5万头。

【统筹城乡与新型城镇化】 2017年,雷波县投资约300万元实施城区步行街、西环路绿化美化工程,城北村委会等6个节点实施景点打造。贷款3.5亿元,完成749户棚改任务,主要对原国营旅社、乡(镇)企业局、日化厂、电影院、老车站、农资公司、石油公司等国有土地上危(旧)房进行改造,硅铁厂片区、农资公司片区共120套约13000平方米的棚改安置房已启动建设。

【农村扶贫和移民工作】 2017年,雷波县48个彝家新寨(村)共新建住房3300户,新建入户水泥路254.3千米,新建通组毛路106.7千米,硬化通村通组道路35.15千米,建设垃圾处理池192口、公共厕所83座,新建村委会43个、10251.35平方米,新建公共院坝42个、20802平方米,新建堡坎13749.8立方米等。发放"四件套"2817套、电视机1786台、太阳能热水器1854套、电冰柜1171台、双缸洗衣机624台、钢架床135张。对2014—2016年已脱贫的31个村5336户20399人启动"回头看"和"回头帮"工作。乐山市市中区4户10人已落实移民安置,丹棱县白塔镇20户85人已劝返回雷波县安置、双桥镇18户98人落实安置手续工作有序推进。核发移民后扶直补资金11268人、676万元;慰问移民435人,发放慰问资金34.8万元。收到移民群众来访信件22封,来访群众45批246人次,信访维稳工作总体保持平稳。

【乡村旅游】 2017年,雷波县乡村旅游接待游客7万人,实现乡村旅游收入2000万元,分别增长9.2%和9.6%。新建旅游扶贫项目1个。全年乡村旅游投入203万元。

【农村水利】 2017年,雷波县投入水利建设资金6356.59万元。投入资金2931.29万元,修复水毁工程87处,修复及新建堤防19处5.3千米,河道疏浚4条3.4千米;投入资金2800.3万元,新建农村安全饮水工程101处,解决和改善54个乡101个村6.9919万人饮水安全问题。计划投资625万元,其中中央预算500万元、地方配套125万元,到位资金中央预算500万元、州级配套10万元,完成坡耕地水土流失治理面积1.2平方千米,其中新建坡改梯1800亩、蓄水池17口、沉沙凼41个、截(排)水沟6.88千米,田间道路6.1千米,安装PE管4.1千米。

【农业机械化】 2017年,雷波县推广各种类型农业机械598台(套)、太阳能提灌站2座,各种类型农业机械农机运输作业13.2万吨千米。全年培训农机人员780人次。全县农机总动力达14.7万千瓦,机电灌溉作业面积1.2万亩。

【农村科技】 2017年,雷波县建成"四川科技扶贫在线"平台并成功运行,完成专家有效信息咨询2635条,兑现科技扶贫服务类信息补助费14.27万元;信息员有效信息咨询1640条,兑现科技扶贫服务类信息补助费5.675万元,挽回经济损失31.096万元。

【农村教育】 2017年,雷波县累计投入资金75500万元,其中新建金沙中学和锦屏小学投入资金37700万元;改(扩)建学校36所,投入资金15360万元;教育装备资金14124万元;学校风貌打造及文化建设等资金8316万元,基本实现义务教育均衡发展。

【农村文化】 2017年,雷波县按相关规定对全县281个农家书屋、52个社区书屋进行督导、检查,并对一部分书屋管理员进行书屋管理业务方面的培训。完成281个村的出版物补充配送及46个阅报栏的建设;按相关规定完成52个社区书屋补充出版物的采购及配送。完成69个村级综合文化室建设并按相关规定完成村级综合文化活动室设备、器材采购并进行配送安装。

【农村卫生】 2017年,雷波县有村卫生室281个,有合格乡村医生251人,其中具备医学背景63人、取得执业助理医师资格3人。全县已修建完成合格村卫生室152个。

【农村法制建设】 2017年,雷波县司法行政开展“法律七进”法治宣传活动55场次,法制宣传覆盖人群52100人次;依托“四下乡”等平台开展各类法治文艺演出10场次。选配“一村(社区)一法律顾问”74人,累计培养“法律明白人”155人。开展法律援助宣传、上门法律咨询和法律服务活动80场次,办理法律援助案件68件,其中民事案件62件、刑事案件6件,服务受援人群619人次,建立法律援助工作站20个。开展“岁末年初为农民工讨薪法律援助专项活动”,为28名农民工提供法律援助,挽回经济损失100余万元。

【涉农招商引资】 2017年,雷波县3000万元以上的农业招商引资重大项目2个(均为内资项目),增长50%;项目总投资11.2亿元,增长273%。协议资金112000万元,增长273%,完成全年任务的100%;到位资金14000万元,增长54%,完成年度任务的42%。

【农村社会保障】 2017年,雷波县农村居民参加基本医疗保险(新型农村合作医疗)人数为228739人,保费收入达4249.98万元(个人缴费3431.09万元、县级财政补助818.89万元),参合率达99.3%。县新农合大病保险报销人次4148人,报销金额288万元。全县贫困人口新农合参合率达100%,贫困建卡户患者就医47332人次(其中住院17845人次、门诊29487人次),新农合基金补偿支出4814.92万元(其中住院补偿支出4681.65万元、门诊补偿支出133.27万元),贫困人口县域内住院个人自付比例控制在10%以内(实际为9.8%)。城乡居民养老保险覆盖8.8万人,参保人数5.2万人,征收保费618万元。城乡居民养老金月均发放2万余人、170万元。

【农村生态建设及环境保护】 2017年,雷波县围绕“一控两减三基本”目标,开展化肥、农药“两减量”活动,强力推进农业面源污染治理,加快推广科学施肥、安全用药、绿色防控等清洁生产技术与装备,促进农业节本增效。实施畜禽养殖废弃物和秸秆资源化利用工程。完成畜禽粪污综合治理整改养殖场(户)33家(户),搬迁生猪定点屠宰场1个,完善全县规模养殖场环评登记42个,建立农业废弃物回收点60个,秸秆综合利用率达70%以上。

【农产品质量安全监管】 2017年,雷波县投入农产品检验检测资金30万元,对本县涉及的畜禽肉及副产品、水产品、蔬菜、水果等食用农产品全面抽检共计150批次,检测结果全部合格。完善信息通报制度和责任追究制度,建立检打联动和刑事衔接制度,完成畜禽免疫接种198.4963万针次、97.5488万头(只),快速抽检100个样品以上。

【劳务开发与返乡创业】 2017年,雷波县转移输出劳动力7.61万人,劳务总收入达13.69亿元,其中建档立卡贫困户转移输出3100人,劳务收入达5000万元。农民工人均工资水平达1499.1元,增长15%,对全年农民人均收入贡献959.5元,人均劳务收入占农民人均纯收入的11%。全县完成技能培训11187人,其中劳务品牌培训530人、就业技能培训6650人、新型农民素质提升培训4007人。协调资金100万元,扶持10户农民工返乡创业,带动332户农户955人发展,其中带动建档立卡贫困户233户701人。

【主要领导人】 县委书记:王荣华;县人大常委会主任:阿木布沙;县长:杨腾斌;县政协主席:陆青;分管农业副县长:陈日博。

雷波县编写组

调查与研究

服务企业发展，关爱青年职工成长，爱心回报社会

——四川省民营企业关工委工作情况调研报告

四川省关心下一代工作委员会

按照中国关工委部署，四川省关工委常务副主任曾清华、省关工委副主任李尚志、李生钰等一行组成调研组，到成都市、德阳市、遂宁市、眉山市等地，就民营企业关工委工作进行调研。通过统计数据、查阅资料、召开座谈会、到民营企业实地考察等形式，初步掌握全省民营企业关工委工作基本情况、主要做法经验和存在的问题。现将调研情况报告如下。

一、基本情况

随着民营经济的蓬勃发展，企业之间的竞争日趋激烈，企业要在市场经济中生存、发展，重要的是要有一支高素质的职工队伍作保证。青年职工是企业尤其是民营企业生产经营的主力军。从全省情况看，青年职工占民营企业职工总数的70%左右，其中外来青年职工又占青年职工总数的60%。这批青年职工思想、文化、业务、技术整体素质的提高，对于增强企业可持续发展、促进社会和谐稳定有着十分重要的作用，也是各级关工委一项十分重要的工作，是新形势下关工委工作的重要拓展和延伸。四川民营企业关工委工作于2005年起步，10余年来不断探索创新、稳步发展，取得了一定成效，为更好整合社会资源、服务企业和青少年健康发展做出了重要贡献。截至2017年2月底，四川省共有注册民营企业近20万家，成立民营企业关工委3147个，关爱帮扶青少年10万余人。全省已建的民营企业关工委工作大致可分为三类：一类是工作好的，即班子健全、队伍壮大、活动经常、成效明显的，约占25%；二类是工作较好的，即班子比较健全、有一定工作队伍、定期不定期开展活动，取得一定成效的，约占35.6%；三类是只有班子、五老人员缺乏、开展活动较少或没有、成效一般的，约占39.4%。

（一）四川民营企业建立关工委的四种模式

一是企业规模较大、经营良好、党组织健全，单独成立关工委组织，这类关工委组织完善，队伍比较稳定，有比较规范的制度和运行机制，开展关爱活动经常、有效。二是依靠党建带群建，在企业党组织带领下，与工、青、妇等组织共同开展关心下一代工作。三是在同一行业依托商会、协会建立民营企业系统关工委。四是在相对集中的区域内如经开区、工业园区依托管委会几家企业共同建立关工委、企业关工小组。

（二）组织机构情况

一般情况下，由企业党支部（党委或党总支）书记或董事长（总裁）任关工委主任，企业各部门或工会、共青团、妇联组织的负责人任副主任，班子成员多数为企业在职人员。一些地方关工委聘请当地人大代表、政协委员、老专家、老领导和知名企业董事长、总经理为关工委特聘委员，或者成立关工委企业工作团（组），有力推进企业关工委组织建设。

（三）制度经费情况

在建好机构的同时，注重建立健全制度机制，落实保障措施，真正做到“有机构管事、有地方办事、有人做事、有钱办事”。如四川瑞云集团、四川耐特阀门有限公司、四川回春堂药业等，将企业关工委统一纳入公司编制和人事部门管理，关工委各项工作统一纳入目标管理，与业务工作同部署、同安排、同考核、同奖惩，关工委经费纳入公司财务预算。瑞云集团以“解其困、增其能、励其志、力其行”为重点，以系统的“百年英才”“校企共建”“远山结亲”“手心翻转”等项目为牵引，发出专项经费，不断丰富关爱活动。齐全农牧集团股份有限公司把对青年职工及其子女的关心关爱作为企业管理制度，规定每年“六一”、高考期间，为相应的家长带薪放假陪伴子女，使关工委工作实现了制度化、规范化、常态化。眉山市水天花月、吉香居、幺麻子食品公司关工委在

关心下一代工作中做到组织落实、思想落实、措施落实、经费落实、活动落实。

(四)活动开展情况

企业成立关工委组织不是目的,关键是要开展活动,这也是民营企业关工委的活力所在。通过开展思想道德教育、参与社会治理、强化关爱帮扶、技能培训等活动,吸引广大青年职工踊跃参与。青年职工的思想素质、技术水平得到提高,职工队伍更加稳定,有利于提升企业的产品质量和经济效益,提高企业领导认识,增强企业凝聚力、向心力,拓展了企业市场,降低了成本。关工委的作用、地位凸显,做到了多赢。

强化企业青年职工的思想道德教育,树立和践行社会主义核心价值观。针对当前企业少数青年职工中出现的价值观扭曲、"一切向钱看"等现象,许多企业关工委积极协助党政领导加强对青年职工的思想道德教育,用社会主义核心价值观引导青年职工,开展了形式多样、内容丰富的教育和实践活动。遂宁市采取读书会、报告会、板报、简报、专栏和"绿色企业文化"演讲等形式,开展"爱我家乡、建设美好遂宁"等系列主题活动。许多民营企业组织青年职工和职工的未成年子女参观邓小平故居、历史博物馆、烈士陵园,开展"党史国史""、双百"英模故事和改革开放以来的成就等宣讲活动,从而激发了广大青年职工报效国家、建设美好家园的热情。许多民营企业组织青年职工积极参与"创先争优""安全劳动竞赛""青年职工技术比武""青年志愿者助万家"等活动。四汇集团、成都阳光铝制品有限公司等开展"学雷锋、心向党、讲品德、见行动"主题教育活动,丰富学雷锋活动的内容,激发了广大青年职工爱岗敬业、拼搏奉献的热情,为民营企业的发展打下了坚实的思想基础。

强化创新社会治理,履行企业社会担当。民营企业关工委协助企业把加强和创新社会治理,促进社会和谐稳定作为一项重要任务,主动协同有关部门,以关心帮助青少年中的特殊群体为重点,采取关口前移、源头治理、亲情抚慰、引导帮扶、重视苗头、化解矛盾等办法,营造了有利于青少年健康成长的社会环境。很多企业关工委组织青年职工在抗震救灾、捐资助学、扶贫济困、帮孤助残、帮扶帮教等方面,深入农村贫困村助推精准扶贫、脱贫攻坚,为全面小康做贡献,彰显了企业履行社会责任和社会担当的企业精神。

强化关爱帮扶,促进社会和谐。在社会转型时期,青少年在思想需求、文化需求、心理需求等方面呈现出许多不同的特点。民营企业关工委充分发挥"工、青、妇"等组织和"五老"志愿者的优势,通过教育引导、关心关爱、热情帮扶,从心理上疏导青年职工的困惑、从政治上关心青年职工的进步、从生活上帮助青年职工及职工子女排忧解难。许多地方关工委联合教育、妇联等部门在企业创办家长学校,受到企业和职工家长的普遍欢迎,取得了很好的效果。遂宁市组织22家驾校向市关心下一代基金会捐赠了30.9万元,并免费为50名特困青年培训驾驶技术。四川全泰堂药业公司关工委建立了《0~12周岁员工子女档案》《单亲家庭员工档案》《特困员工档案》等,切实把关心关爱落到实处。

强化技能培训,有效提高青年职工素质。许多民营企业为适应青年职工渴望成才这一特点和为满足企业生产经营的需要,关工委积极组织老职工、老专家传帮带,以老带新、以强带弱,聘请专家举办培训、讲座,开展现场示范,传精神、传技术、传品牌,让青年职工在实践中提高、在岗位上成长成才,为企业培养了一大批优秀员工。齐全农牧集团股份有限公司为新进青年职工举办培训班、企业出钱送青年职工到高等院校深造,并给取得文凭的青年职工发放岗位补贴。成都阳光铝业青年员工占70%以上,近年来公司关工委协助公司累计培训青年员工3.68万人次,投入培训经费达100余万元。大英县鑫亚纺织有限公司关工委,配合企业工会组织开展技术操作运动会,让青年职工在寓教于乐中学技术、学本领,既陶冶了职工情操,又提高了技术水平,增强了企业的发展后劲和产品的市场竞争力。

实践证明,民营企业关工委通过开展各种行之有效的活动,已经成为企业连接职工的桥梁和纽带,有力地增强了企业的凝聚力和感召力,进一步促进了企业的创新驱动和健康发展。

二、对民营企业关工委工作的几点体会

一是抓宣传,增强工作主动性。针对部分民营企业对于成立关工委存在"四怕"(即怕影响企业生产经营、怕降低企业经济效益、怕加大企业工作量、怕增加企业经费开支)等模糊认识,各地关工委充分利用会议、报刊、电视、简报和"阳光政务直播间答记者问"等平台,大力宣传企业建立关工委的重要性和必要性。各县(区)、园区关工委和企业工作团的同志深入企业宣传,取得了良好效果。

二是抓调研,探索弯道超车新路经。不少地方关工委通过调查研究,对企业做到情况明、任务清。在深入调研的基础上总结出了民营企业关工委工作的基本经验,具体体现为"四心(新)""四点"和"六个结合"。"四心(新)",即突出一个中心——围绕企业发展,提高经济效益这个中心;强化一个关心——关心企业青年职工和职工子女,突出对他们的教育引导、关心、关爱;抓住一个重心——每年为企业青年职工及职工子女做二件好事、实事,帮助其解决具体困难;落实一个创新——工作要突出特色性、实效性、影响性、可持续性,每年抓好一二项亮点工作,创新发展企业关工委工作品牌。"四点",即抓好企业关工委工作的结合点、着力点、自身特点和工作亮点。"六个结合",即企业关工委工作与企业生产经营相结合,与工作落实、活动开展相结合,与工、青、妇工作相结合,与提高企业社会形象、尽社会责任相结合,与关心职工子女和关心老职工相结合,与创新思路、发展企业文化、创建企业品牌相结合。

三是抓基金会建设,实现规范化、长效化发展。自2010年以来,四川省已建有省、市(州)、县(市、区)关心下一代基金会20家,总投资金额近3亿元,其中民营企业投资额占50%以上。通过党政重视、广泛动员、商会号召、项目吸引等方式,吸引了一大批民营企业捐资关心下一代基金会,用于关爱帮扶青少年。德阳市关心下一代基金会聘任四汇集团、四川耐特阀门公司、德阳中嘉实业公司等9家爱心企业成为理事单位,有效地引导了社会爱心资源进入公益事业领域。眉山市金府房地产公司多年来与关工委密切联系,承诺每销售1平方米,就向市关心下一代基金会捐款6元。2015年、2016年分别捐款37.2万元和48.12万元,树立了诚信大爱的社会形象。

三、当前民营企业关工委工作的主要困难和存在的问题

一是受经济形势影响比较明显。当前经济发展进入新常态,在激烈的市场竞争中,部分民营企业生产经营不景气,企业忙于应付日常管理,对关工委工作积极性有所下降。

二是工作稳定性较差。民营企业用工制度灵活,员工流动频繁,各阶段工作重心各异,给关心下一代工作的连续性和活动常态化造成困难。

三是“空架子”问题比较突出。民营企业中退休的“五老”较少，老同志作用发挥不明显；一些企业关工委成立后几乎没有开展活动；个别企业因为经营不善，破产倒闭，关工委组织自然消失。

四是工作发展不平衡。由于各地经济发展水平和党政重视程度不同等原因，导致民营企业关工委工作发展不平衡。一些上市公司、高科技企业与地方联系较少，关工委工作效果有限；部分民营企业关工委由于缺乏指导，不知道如何开展工作，部分民营企业不知道如何建立关工委组织。

四、进一步深化民营企业关工委工作的几点建议

一是坚持以党建带群建。先选择已建有党组织的规模以上的或经营良好的民营企业，依靠党组织建立关工委。目前，在民营企业建立党组织工作已取得成效，建立关工委组织要因势利导、循序渐进，灵活采用组建方式，不能只追求量的突破，坚持“先易后难、条块结合、典型引路、积极推进”的原则，做到成熟一个、发展一个、存活一个。继续推广眉山市委市政府办联合发文出台《关于加强机关和企事业单位关工委组织建设的意见》的经验，有条件的地方关工委可积极配合相关部门，在调研的基础上，制定关于推进民营企业关工委工作的实施意见。许多小型民营企业难以单独建立关工委组织，可依托行业协会、辖区管委会联合组建关工委，共同开展活动。

二是加大宣传动员力度。既要加大对企业的宣传动员力度，也要加大对工商局、商务局、工商联、经济和信息化委、国资委、业务主管部门等相关部门的宣传动员力度，共同提高认识，建好企业关工委，服务企业发展。加强对企业关爱活动的宣传，体现对企业参与社会关爱活动的认可。政府及有关部门应切实帮助爱心企业解决项目立项、融资贷款、税收减免等生产经营中的一些具体困难，帮助企业提升品牌效益。

三是加大支持互助联动。民营企业特别是许多新建的民营企业，没有退休人员，依靠“五老”开展工作有困难。市（州）、县（市、区）、乡（镇）关工委应动员“五老”参与、支持、帮助民营企业开展关工委工作，探索“五老”联动、活动联办、资源共享、品牌共创的长效机制。将关工委特色品牌家长学校、假日学校等向企业推广，由企业提供场地和必要经费支持，关工委发挥“五老”优势，既做好青少年关爱工作，又帮助企业职工解决子女无人看管的难题，使其全力投入工作。有条件的市（州）、县（市、区）关工委应建立企业工作专委会或成立企业工作团（组），根据需要可派联络员经常联系和指导相关工作。

四是企业关工委要按照“服务企业发展，关爱青年职工成长”的要求，开展思想道德教育进企业、国策教育进企业、法治教育进企业、家庭教育进企业、技能教育进企业、先进文化进企业、扶贫助学进企业等“七进”活动，提高青年职工的综合素质，促进青年职工及职工子女健康成长，推进企业更好发展。

五是发挥好基金会平台作用。依据已经实施的《慈善法》，关心下一代基金会为社会爱心企业、爱心人士搭建了回馈社会、奉献爱心的重要平台。要充分发挥“五老”的政治优势、经验优势、威望优势，打造民营企业参与脱贫攻坚、积极主动回报社会、参与关心下一代工作的桥梁纽带，进一步推动企业关工委工作规范化、常态化发展。

六是树立典型以点促面。注意培育和选树关心下一代工作发展好、服务企业生产经营效果好的先进典型，加大表彰推广力度，让民营企业关工委工作得到社会的广泛支持，发挥典型的示范带动作用。全省将适时召开四川省关工委推进民营企业关工委工作座谈会，传达贯彻中国关工委会议精神，交流经验、研讨问题、探索路径，进一步加强对民营企业关工委工作的指导原则、组织形式、运行模式、活动内容、工作方式、保障措施、宣传推广、激励机制等进行理论和实践探讨，宣传一批好典型，以促进全省民营企业关工委工作健康持续发展。

七是省主管部门应建立关工委，健全自上而下的企业关工委组织，加强指导下属企业关工委的工作，从而共同发展、共同提高，将民营企业关工委纳入科学、有序、规范的发展轨道，为服务青年职工、服务企业、服务社会做出新的贡献。

从具体事情抓起，推动具有内江特色的乡村振兴发展

中共内江市委书记　马　波

党的十九大作出实施乡村振兴战略重大决策部署开启了农业农村现代化的新征程。习近平总书记多次强调，要着力实施乡村振兴战略，把四川农业大省金字招牌擦亮。内江市深入贯彻习近平总书记关于实施乡村振兴战略的重要论述和对四川“三农”工作的重要指示精神，结合丘陵地区农业大市实际，围绕“五个振兴”，着力抓好“十二件事”，推动具有内江特色的乡村振兴发展，为四川擦亮农业大省金字招牌贡献内江力量。

一、抓党建引领，强化乡村振兴新保障

建立实施乡村振兴战略工作领导小组“双组长”制，严格落实市、县、乡、村四级书记抓乡村振兴工作要求。坚定把党建工作贯穿于农村经济社会发展各方面全过程。以党建为引领，把准方向，强化基层经济、基层民主、基层法治、基层文化、基层人才、基层社会、基层生态文明建设，为推进乡村振兴提供坚强政治保证。积极推进“党建+”。树立“党建+”理念，巩固在党建引领脱贫攻坚、党建电商双促拓展行动、“农村家庭能人”培养计划、千名“第一书记”选派计划等方面的优势，在“党建+产业”“党建+人才”“党建+环保”等各个方面下更多功夫，取得更大成效。建强农村基层党组织。深化“三分类三升级”管理，持续整顿软弱涣散农村基层党组织，更好地发挥好农村基层党组织战斗堡垒作用。围绕开展“基层党建质量提升年”活动，以提升组织力为重点，突出政治功能，选优配强农村基层党组织带头人，加强农村基层党组织带头人队伍和党员队伍建设，提高基层党员干部强化党建引领、推进乡村振兴的能力。开展实施乡村振兴战略工作先进县（市、区）、先进乡（镇）、示范村考评激励工作。

二、抓科学规划，描绘乡村振兴新篇章

加快规划编制。深入学习领会党中央和省乡村振兴战略规划，按照多规衔接、多规合一的原则，借鉴全国乡村振兴规划先行地区经验，加快编制全市乡村振兴战略规划，引导规划、建筑、园林、景观、艺术设计、文化策划等方面的设计大师、优秀团队下乡，发挥好乡村能工巧匠的作用，提升乡村规划建设水平。注重规划衔接。推进乡

村振兴规划与上位规划，与本级的城市总体规划、土地利用总体规划、产业发展规划、环境保护规划等实现无缝对接。强化规划执行。严格按照规划和设计进行建设，提高乡村振兴规划的约束力、执行力。引导农村群众在农房建设中把《农村通用图集》真正用起来，让农房真正美起来。

三、抓产业发展，壮大乡村振兴新业态

建设现代产业。以"12345"现代农业提升行动和"351"特色农业产业发展方案为抓手，重点推进国家农业科技园区、农产品加工园区、产业融合发展园区等园区建设，发展内江黑猪、资中血橙、威远无花果、特种水产四大特色产业，加快形成一批特色优势全产业链主导产业，打响"甜城味·大千故里优质农产品"市域公用品牌。每个县(市、区)都规划建设一批农业科技创新园、食品工业园，突出发展2～3个重点产业，实现集中连片、整体提升。推进产业融合发展。拓宽农业生产、生活、生态功能，着力构建产业体系、生产体系、经营体系，推动农业由单一产业向复合产业转变，由短链发展向全产业链发展转变，由供给低端向供给中高端转变。建设一批产业融合发展区，打造全省农村一二三产业融合发展示范区。持续推动电子商务进农村。实施电子商务产业集群网状发展三年行动计划，大力发展农村电商，配套发展物流业，打通农产品"最初一公里"和"最后一公里"，让更多农产品"走出去"。

四、抓新村建设，打造乡村振兴新家园

建设生态宜居"甜城新村"。坚持"小规模、组团式、微田园、生态化"，坚持先策划再规划、先规划再设计、先设计再建设，坚持党政、专业团队、当地群众共同参与，全域推进"美丽内江·宜居乡村"建设，力争到2020年全市80%以上的行政村建成幸福美丽新村。围绕"四个好"目标，加快创建一批省级、市级"四好村"。建设宜居宜业"甜城小镇"。按照环境"青而绿"、形态"小而美"、产业"特而优"、机制"新而活"的要求，推进"百镇建设试点行动"，力争到2020年全市省级特色试点小镇达到30个，同步建成一批独具特色的田园综合体。推进农村土坯房改造。采取政府引导、农户自筹、社会帮扶、金融扶持等多种形式，坚持"拆保改建"相结合，做到宜拆则拆、宜建则建、宜改则改，不搞大拆大建，确保如期完成改造任务。

五、抓家庭文明，激活乡村振兴新细胞

引导农村群众注重家庭。引导农村群众爱家庭，同时把爱家庭与爱党、爱国、爱内江、爱社会、爱自然等统一起来，建好"小家"、心向"大家"，汇聚强大正能量。引导农村群众注重家教。提倡重言传、重身教，教知识、育品德，把美好的道德观念传递给下一代。传递尊老爱幼、男女平等、夫妻和睦、勤俭持家、邻里团结的观念，引导家庭成员为家庭谋幸福、为他人送温暖、为社会做贡献。引导农村群众注重家风。深入开展"传家训、立家规、扬家风"活动，评选表扬一批"五好"家庭、星级文明户和"好媳妇""好公婆"，选树一批好家规、好家训，引导农村群众培塑、弘扬好家风，传承好家训，助推农村形成新风尚。

六、抓人才建设，培育乡村振兴新主体

建设好"三农"干部队伍。把到农村一线工作锻炼作为培育干部的重要途径，深入开展"3000名干部到农村"帮扶行动，建设一支懂农业、爱农村、爱农民的农村工作队伍，引导帮扶干部围绕政策宣传、精准脱贫、集体经济发展、基层治理等开展工作，提高帮扶质效。完善激励政策，关心关爱奋斗在基层一线的"三农"干部、"第一书记"、脱贫攻坚帮扶干部，引导干部人才在农村一线干事创业。大力培育新型职业农民。实施"大学生进农村计划"，5年内引导1万名大学生到农村干事创业，进一步筑牢乡村振兴人才支撑。按照"爱农业、懂技术、善经营"要求，建立新型职业农民教育培训体系，实施新型职业农民培育工程，积极挖掘培养"田秀才""土专家"，力争到2022年全市每个行政村培育5名以上新型职业农民。大力引进人才。打好"乡情牌""乡愁牌"，依托农村的热土，深入实施返乡创业"回家工程"，引导在外成功人士投身到乡村振兴中。激发群众内生动力。组织和引导乡亲们立志、提能、治坡、建家，依靠勤劳双手发家致富。

七、抓改革深化，激发乡村振兴新动能

巩固和完善农村基本经营制度。落实第二轮土地承包到期后再延长30年的政策，依法保护集体土地所有权、稳定承包权、放活经营权，推动土地规范有序流转。巩固农村土地承包经营权退出"三换"方式等改革成果，深入推进农村集体产权制度改革，增强集体经济发展活力。探索宅基地"三权分置"，扎实推进集体林权、水利设施产权等领域改革。统筹适度规模经营和家庭经营。积极发展土地流转型、土地入股型、服务带动型规模经营，大力培育专业大户、农民专业合作社、家庭农场和龙头企业等新型农业经营主体，增强新型农业经营主体参与市场竞争、抵御市场风险的能力。加强对小农家庭经营的科技、金融支持，实现精细化管理，不断提高其经营水平。创新推行"五统三分"利益联结机制，深化"农户+企业""农户+合作社"创新，让小农户分享产业链和价值链增值收益，实现长久持续增收。推进农业农村改革试点。积极探索开展城乡建设用地增减挂钩、供销合作社综合改革、农村集体建设用地使用权作价联营(入股)等试点，深化全国第二批农村改革试验区建设试点，在有条件的，注册农村集体经济股份合作社等，形成更多可推广的经验做法。强化农业农村投入保障。创新投(融)资机制，盘活开发农业农村资产资源。以县(市、区)为主体，加快建立涉农资金统筹整合长效机制。完善乡村发展用地保障机制，有效利用农村零星分散的存量建设用地。健全支持乡村基础设施建设的投资政策，不断完善市、县农业政策性担保体系，吸引和撬动国有资本、金融资本、民营资本等参与乡村振兴。

八、抓公共服务，提升乡村振兴新水平

促进基础设施向农村延伸。建设高标准农田，打通路网、水网、渠网、管网，确保能粮能经、能排能灌，实现永续利用。继续实施县、乡道改善提升工程，按照"四好农村路"的要求，加快通乡油路、通村硬化路工程建设，提升乡村通达能力。全面实施信息进村入户工程，同步推进太阳能、沼气等环保能源建设。促进农村教育卫生事业发展。加快建立以城带乡、整体推进、城乡一体、均衡发展的义务教育发展机制，让每一个农村孩子都能享受公平而有质量的教育。健全农村基层医疗卫生服务体系，推进健康乡村建设。促进城乡社会保障体系建设。完善城乡养老保险、最低生活保障制度和社会救助制度，健全农村"三留守"人员关爱服务体系。同时，积极推进符合条件农业转移人口市民化，加快实现基本公共服务常住人口全覆盖。

九、抓乡风文明，营造乡村振兴新风尚

弘扬社会主义核心价值观。深入开展"践行十爱·德耀甜城"主题活动，大力培育和践行社会主义核心价值观，搭建人民群众共同的价值坐标。持续开展"道德模范""身边好人""最美人物"评选表扬活动，把更多"凡人善举"挖掘、推广出来，使崇德向善、见贤思齐蔚然成风。传承优秀传统乡土文化。充分挖掘"大千文化""甜城文

化”等资源富矿，加大对古镇、古村落、古树等的保护力度，让“有形的乡村文化”留得住。深入挖掘非物质文化遗产，让“活态的乡土文化”传下去，展现魅力和风采。充分发挥村规民约作用。旗帜鲜明反对和抵制天价彩礼、铺张浪费、婚丧大操大办、封建迷信、聚众赌博等现象，推动移风易俗，树立文明乡风。深入开展文明村镇创建活动，培塑乡风文明新形象。

十、抓生态环保，扮靓乡村振兴新面貌

推进沱江流域水环境综合治理与可持续发展国家级试点，加快实施内江市沱江流域水环境综合治理和内江市城乡生活污水垃圾处理2个PPP项目。坚决有力治理污染。坚持问题导向，整改突出环境问题，做好秸秆禁烧等工作，全面推进河(库)长制，实施耕地质量保护与提升行动，切实打赢污染防治“三大战役”。持续加强生态保护。落实主体功能规划，严守生态红线。强化“一增一减一治”，加强自然风景区保护和天然林保护，统筹推进山水林田湖草系统治理，提升生态环境质量。积极构建以政府为主导、企业为主体、社会组织和公众共同参与的环境治理体系，健全环境信用评价、信息强制性披露等制度，对破坏生态环境行为严肃追责问责。有效改善人居环境。严格落实《农村人居环境整治三年行动方案》，学习借鉴浙江省、广西壮族自治区农村人居环境整治经验，持续开展农村垃圾、污水、厕所“三大革命”，深入开展“五清”行动和村民院落“摆顺、扫干净”行动，确保到2020年全面完成农村无害化卫生厕所改造、所有行政村垃圾处理率达100%，让绿色成为乡村人居环境的底色。

十一、抓脱贫攻坚，筑牢乡村振兴新支撑

突出精准。精准施策，靶向治疗，做到“因户施策”“一户一策”，积极探索丘陵地区“插花式”贫困精准扶贫、精准脱贫新路子、新机制。对于有劳动能力、有就业意愿的群众，强化产业发展带动；对于有劳动能力、因惰性思想无就业意愿的群众，强化精神扶贫；对于无劳动能力的群众，进行兜底扶贫。确保全年实现88个贫困村退出、25349名贫困群众脱贫。务求实效，不搞“花拳绣腿”、不做表面文章、不搞形式主义，不搞劳民伤财的“政绩工程”和“形象工程”，不搞短期行为。扎实做好22个扶贫专项行动，持续深入开展“农村家庭能人”培养计划，办好农民夜校，推动扶贫与扶志、扶智真正结合起来。强化脱贫攻坚资金支持，优化资金配置，提高使用效益。形成合力，深化惠民惠农财政补贴资金“一卡通”管理问题专项治理，整治扶贫领域作风问题，开展“扶贫日”“万企帮万村”“栋梁工程”等活动，引导更多的项目、资金、人才支持脱贫攻坚。发挥“第一书记”作用，鼓励引导各类非公企业、社会组织和个人参与脱贫攻坚，增强工作力量。

十二、抓乡村治理，形成乡村振兴新秩序

扩大农村基层民主。加强农村群众性自治组织建设，健全农村基层民主选举、民主决策、民主管理、民主监督机制，深入推进农村基层事务、党务和政务全面公开，提高群众主动参与管理的积极性。加强乡村依法治理。深入推进“法律七进”，引导广大农村干部、群众自觉遵法学法守法用法。深化网格化服务管理，建立多元矛盾纠纷化解机制，努力把矛盾化解在萌芽状态。深入开展扫黑除恶专项斗争，大力推进“雪亮工程”建设，依法打击和惩治“村霸”等各类违法犯罪行为，不断提升群众安全感。严管厚爱农村干部队伍，严肃查处侵犯农民利益的“微腐败”，营造良好的农村基层政治生态。探索农村德治体系。建立道德激励约束和评议机制，开办道德讲堂，开展德孝主题文化活动，引导农民群众爱党爱国、重义守信、勤俭持家，充分展现德孝农村新面貌。

实施“五大工程”　打好脱贫硬仗

阿坝藏族羌族自治州人民政府州长　杨克宁

阿坝州位于青藏高原东南缘，是四川省第二大藏区和我国羌族主要聚居区，也是典型的连片深度贫困地区。近年来，全州坚持以习近平总书记扶贫开发战略思想为指引，全面落实中央、省委决策部署，紧紧围绕“两不愁、三保障”目标，凝心聚力、精准发力、持续用力，深入实施“五大工程”，坚决打好脱贫硬仗，取得了重大阶段性成效。截至2017年年底，全州共有4个县(市)成功“摘帽”，239个贫困村顺利退出，30319名贫困人口摆脱贫困，贫困发生率下降至3.06%，走在了全省深度贫困地区前列。

一、实施“产业支撑”工程，实现“输血”向“造血”转变

全州把产业扶贫作为重中之重，立足独特的旅游资源、丰富的生态资源、厚重的文化资源，因地制宜发展特色产业，推动扶贫产业与区域规划、产业布局深度融合，促进“短期输血”向“长期造血”转变，全州依靠产业带动贫困人口2.4万余人。

一是做细一户一策。用好用活产业扶持基金，精心选培特色产业项目，大力推广“基地+扶贫”“景区+扶贫”“非遗+扶贫”“电商+扶贫”等模式，确保家家有主业、户户能增收。全州共新建、改造、提升特色农业基地6万余亩，新(扩)建标准化养殖场96个；创建省级旅游扶贫示范区2个、示范村14个；金融扶贫基地64个，形成了多维联动的良好格局。

二是做实利益联结。一方面，大力培育新型经营主体，增强基础承载力。全州发展农民专合社431家、种养大户316户、适度规模种养户316户。另一方面，健全利益联结机制，增强辐射带动力。以专合社为纽带，探索形成了信誉入伙、股金抱团、土地入股“三大模式”；以龙头企业为引领，建立了“龙头企业+专合组织+致富能人+贫困群众+金融保险”五方联盟，形成了风险共担、利益共享、滚动扶持长效机制，促进了贫困群众持续、稳定增收。

三是做大集体经济。充分考虑地域相似性、产业互补性和资源共享性，找准路子、甩开膀子、迈实步子，大力发展集体经济，基本实现了村村有“当家产业”，探索形成了“项目支撑型”“产业带动型”等模式。全州已有365个贫困村甩掉了“空壳村”帽子，基层组织的凝聚力、号召力明显增强。如小金县美兴镇大坝村在抓好“四小工程”(即小庭院、小养殖、小作坊、小买卖)的同时，通过实施光伏扶贫项目，村集体经济年收益达100余万元。同时，通过“442”分红方式，让贫困户得到了“二次分红”。

二、实施“就业带动”工程，实现“一元”向“多元”转变

把就业扶贫作为动力之源，坚持政府推动、市场主导、分类施策、因地制宜，帮助未就业贫困劳动力转移就业、已就业贫困劳动力稳定就业，千方百计增加劳务收入，实现“一元就业”向“多元支撑”转变，全

州共有7805名贫困农牧民依靠就业脱贫。

一是坚持“生态+”。自觉践行“绿水青山就是金山银山”理念，将生态文明建设与精准脱贫攻坚深度融合，通过统筹生态资金、开发公益岗位、创新建设模式、建立配套机制等措施，引导贫困群众参与生态建设，实现保护生态与脱贫奔康双赢。全州共整合生态扶贫资金1.76亿元，组建生态管护合作社906个、造林合作社75个，设置管护岗位2.51万个，2.27万名贫困人口就地就近上岗，管护生态林1819万亩、草原2535万亩、湿地845万亩、河道1.3万千米。

二是坚持“服务+”。立足需求实际，突出地域特色，广泛开展岗前培训、订单培训和特色技能培训，深入实施“送岗位下乡、送信息到户”“建就业基地、抓专场招聘”等专项行动，务实推进“个性服务”“权益维护”等配套工程，努力提高贫困劳动力就业能力和水平。全州共开发公益性岗位1.25万个，安置1.12万人；开展“送岗位下乡”270次，提供岗位17.1万个；组织扶贫专场招聘会139场，达成就业意向1.73万人；输出贫困劳动力1.65万人，实现务工收入2.5亿元。

三是坚持“创业+”。瞄准返乡农民工、高校毕业生等重点群体，通过建设“扶贫车间”、创业基地、孵化园区等方式，引导支持贫困农牧民深入参与“双创”，充分激发其创业活力。全州共收集整理微小型创业项目125个，建成返乡创业园(孵化园)4个，打造了九寨沟天堂口民俗文化街、天堂九寨奇胜罗依等一批创业基地；创办“扶贫车间”23个，带动1026名贫困农牧民在家门口就业，形成了“工厂建在农村、就业不出家门、农工两不误、脱贫早致富”的阿坝“扶贫车间”模式。

三、实施“基础提升”工程，实现“局部”向“全面”转变

把基础扶贫作为关键之举，紧紧围绕制约贫困村加快发展的瓶颈问题、贫困农牧民急难愁盼的民生问题，坚持生态、生产、生活并重，全面推进基础设施建设，不断改善农村发展条件，实现“局部改善”向“全面提升”转变。

一是在破解“行路难、用电难”上下功夫。坚持以项目为抓手，因地制宜、分类施策、重点突破，加快推进道路、电力基础设施建设。全州共建成农村公路1.09万千米、机耕道6680千米、通村硬化路696条，率先在全省民族地区实现通村通达两个100%；在黑水、小金、金川等县率先启动实施光伏扶贫项目，覆盖贫困户8680户。

二是在破解“饮水难、通信难”上下功夫。聚焦覆盖率、保证率、方便率、优质率、安全率等核心指标，坚持新建、改造、整合、配套、提升等“多管齐下”，加快推进水利、通信基础设施建设。全州巩固提升农村饮水安全工程326处，解决了1.7万建档立卡贫困人口饮水安全问题；共在280个村实施“宽带网络升级改造”工程，建成通信线路5600皮长千米、通信基站1693个，实现了“村村通宽带”。

三是在破解“看电视难、听广播难”上下功夫。围绕“电影月月放、广播村村响、电视户户通”目标，深入实施“直播卫星”“地面数字”“有线电视”等文化惠民工程，确保文化设施全免费开放、文化演出经常化开展。全州共实施“村村通”工程1.47万户；建成文化室1353个、图书室14个；开展惠民演出624场次，播放电影16248场次，贫困农牧民文化生活丰富多彩。

四、实施“保障升级”工程，实现“单向”向“综合”转变

把保障扶贫作为重要之举，在全面落实惠民政策的同时，突出重点区域、重点人群和重点环节，整合各方资源，加大保障力度，充分发挥政策“叠加”作用，切实提升综合保障水平，实现“单向保障”向“综合保障”转变。

一是强化住房保障。坚持集中力量、统筹协调、全面突破，大力整合易地扶贫搬迁、藏区新居建设、大中型水库移民、地质灾害避险搬迁安置等项目资金，统筹考虑九寨沟地震、茂县叠溪山体滑坡灾后农房恢复重建等现实需要，全面实施住房保障工程，努力改善贫困农牧民居住条件。全州累计投入安全住房建设资金8亿元，新(改)建贫困户住房8802户。

二是强化教育保障。深入实施十五年义务教育、藏区“9+3”免费教育，通过“结对帮扶”等方式，健全免、奖、助、贷、补“多位一体”的全覆盖、多层次资助体系，有效斩断了贫困代际传递。全州共减免学费、发放补助资金13.27亿元，受益学生达41.58万人次；建立教育扶贫救助基金13个，累计资助2.08万人；299所学校与内地建立了“结对帮扶”机制。

三是强化医疗保障。整合资金9726万元，完善了12个县级医疗机构、23个乡(镇)卫生院、187个村卫生室的设施设备。建立医疗机构服务能力提升循环基金，持续开展专业技术大练兵、设备使用率提升、健康管理全覆盖“三大行动”。优先落实“十免四补助”，严格执行“先诊疗、后结算”“一站式报销”等制度，贫困农牧民医保参保率达100%，贫困患者县域内住院费自付比例为4.32%。

四是强化社会保障。坚持严把标准、分类施策、动态管理、定期不定期开展走访调查，及时掌握农村低保家庭、建档立卡贫困家庭的人口、收入、财产变化等情况，应进则进、应退则退，全力保障困难群众基本生活，充分发挥最低生活保障在脱贫攻坚中的兜底作用。截至2017年年底，全州共有12263户35287名建档立卡贫困户纳入低保兜底，全年发放最低生活保障金5728.7万元。

五、实施“社会扶贫”工程，实现“单兵”向“抱团”转变

抢抓战略机遇、政策机遇和发展机遇，积极搭建多形式帮扶平台，大力培育多元化社会主体，不断完善针对性激励机制，努力形成“人人皆能为、人人皆愿为、人人皆可为”的良好氛围，实现“单兵作战”向“抱团出击”转变。

一是深化东西协作。将承接浙阿东西扶贫协作和对口支援，作为强化区域合作、优化产业布局、深化对外开放的重要抓手，围绕基础建设、产业发展、文化教育、医疗卫生等重点领域，主动对接、多方协调、深入沟通。同时，以此为契机，推进全方位、深层次、宽领域的交流合作，推动“单一援助”向“多元共赢”转变，探索形成了东西扶贫协作的“浙阿模式”。全州共争取援助资金1.5亿元，实施援建项目74个；培训各级干部及专业人才488人。

二是深化定点扶贫。主动加强与交通运输部、省级相关部门及高等院校定点帮扶单位的沟通对接，不断增强帮扶实效。全州共承接帮扶资金2亿元，实施帮扶项目43个，实现了省内“一对一”结对帮扶县(市)全覆盖；280名内地优秀干部和专业人才扎根高原、坚守一线，122名州干部职工和专业技术人员到内地挂职学习；举办各类培训74期，近万人参加培训。

三是深化社会帮扶。大力推进“百企帮百村”精准扶贫行动。全州共有122家民营企业、10个异地商会(行业商会)与139个贫困村建立了结对帮扶关系，落实产业帮扶资金1.95亿元，安置贫困村务工人员950余人，发放劳务工资和入股分红739万元。通过各类平台募集物资、资金1600余万元，广泛开展就业、助学、医疗等援助，覆盖贫困

群众2万余名。

下一步，全州将继续以习近平总书记扶贫开发重要论述为指引，全面落实中央、省委决策部署，尽锐出战、攻坚克难，坚决打赢、打好深度贫困地区脱贫攻坚这场硬仗，确保到2020年与全国全省同步全面建成小康社会，向中央、省委和全州94万各族人民交上一份满意的答卷。

农业科技支撑乡村振兴的十条建议

四川省农业科学院党委书记　吕火明

实施乡村振兴战略，对于解决人民日益增长的美好生活需要和不平衡不充分的发展之间的矛盾，让农业成为有奔头的产业、让农民成为有吸引力的职业、让农村成为安居乐业的美丽家园，具有十分重要的意义。乡村振兴是一项系统工程，要综合施策，而最重要的一方面就是要充分发挥农业科技在乡村振兴中的支撑作用，为此特提出以下建议。

一、提高对农业科技支撑乡村振兴作用的认识

历史和现实都已证明，农村农业的发展离不开农业科技的作用。"农业最终要靠科技解决问题"，乡村振兴必须依靠农业科技的支撑。各级党委和行政部门，尤其是五级书记抓乡村振兴中，要充分发挥农业科技的作用。基层人员包括普通老百姓都应认识到农业科技对乡村振兴的作用。这种认识不能仅仅停留在口头上，要落实在行动上、融化在血液中。

二、明确农业科技支撑乡村振兴的目标

中央大政方针已定，乡村振兴的总要求就是"产业兴旺、生态宜居、乡风文明、治理有效、生活富裕"。作为支撑乡村振兴的农业科技，必须按照这个总要求明确自身的目标，这就是要为产业兴旺提供科技支撑，引领农业转型升级，提高农产品品质。按照新产业新业态发展的要求，调整农业科技创新的方向和重点，实现藏粮于地与藏粮于技。加强农村资源保护和生态环境修复技术的研发应用，实现农业的绿色发展、高质量发展。依靠科技丰富治理手段，提升治理效率与效能。

三、搭建农业科技支撑乡村振兴的平台

农业科技支撑乡村振兴不可能是空中楼阁，必须有平台做基础，最重要的是要建设好现代农业园区和农业科技园区，这是农业科技支撑乡村振兴的集中点；建设好农业科技专家大院，这是农业科技支撑乡村振兴的结合点；建立好"互联网+"平台，这是农业科技支撑乡村振兴的发散点；建设好乡村讲习所，这是农业科技支撑乡村振兴的传播点；发挥好基层农技站、基层供销社的平台作用，这是农业科技支撑乡村振兴的供应点。

四、畅通农业科技支撑乡村振兴的渠道

目前，在农业科技支撑乡村振兴中，存在供需不配套、方向不明确、上下不适应、有劲儿使不上的情况，农业科技支撑乡村振兴的渠道不畅通。一方面是下面需要的农业科技，上面没有研究、没有储备；另一方面，科研单位研究开发的农业科技沉不下去，有的用不上。我们应当倡导四川省农业科学院提出的"创新转化一条线、专家农民面对面"的做法，畅通农业科技支撑乡村振兴的渠道。

五、构建农业科技支撑乡村振兴的机制

农业科技支撑乡村振兴必须要有机制做保障。应当有实在的投入机制，以此切实保障有足够的资金支持农业科技支撑乡村振兴，使农业科技支撑乡村振兴的资金投入力度和方向更加有效。应当有科学的评价机制，使评价机制更有利于科技人员投身和献身于乡村振兴。应当有正向的激励机制，激励农业科技研发者、推广者、使用者投身乡村振兴。应当有有力的保护机制，包括产权保护机制和容错纠错机制，要积极保护好知识产权，要允许科技人员在农业科技支撑乡村振兴中摸索做、试着干。

六、培育农业科技支撑乡村振兴的人才

人才是乡村振兴的第一资源。要加强农业职业经理人的培养，把农业职业经理人培养成未来"三农"工作的重要力量。要做好新型职业农民培训，以规范管理、教育培训、政策扶持和激励使用为主要内容，全面建立职业农民制度体系。要把培育本土人才与引进外来人才相结合，让愿意留在乡村、建设家乡的人留得安心、充满信心，落实好"岗编适度分离"政策。

七、聚焦农业科技支撑乡村振兴的重点

农业科技支撑乡村振兴要抓重点、重点抓。要抓核心攻关技术，引领未来乡村振兴发展的方向。要抓适用技术，搞好"短平快"，使绿色、特色、高效、优质的生产技术立竿见影，尽快确立起人们对农业科技支撑乡村振兴的信心。要尽快探索适应"三农"新产业新业态的新品种、新模式、新机制、新产品，为乡村振兴一二三产业融合发展提供科技支撑。

八、做好农业科技支撑乡村振兴的示范

榜样的力量是无穷的。乡村振兴是一项较长时期的工作，因此有必要做好示范。要分不同区域、不同类型，抓一些典型，尽快做出可复制、可推广的样本，使学有榜样、赶有目标。在产业基础好、代表性强、地方政府积极性高的区（县），先行融入现代生物技术、大数据技术、3S高新技术、信息技术及智慧农业与装备，为农业科技支撑乡村振兴提供样板。

九、加强农业科技支撑乡村振兴的宣传

要加强农业科技支撑乡村振兴重要性的宣传、重点工作的宣传、重要适用技术的宣传，拓宽宣传的受众面。要充分利用传统黑板报、橱窗、赶科技场会等接地气的中老年农民喜闻乐见的宣传渠道；要继续发挥好电视、报刊、广播、手机等传播媒体作用，特别是要发挥好微信、APP、电子商务平台等新媒体在农业科技支撑乡村振兴中的作用，打牢农业科技支撑乡村振兴的群众基础。

十、健全农业科技支撑乡村振兴的组织领导

在农业科技支撑乡村振兴领导中必须健全组织领导，坚持党对农业科技支撑乡村振兴的领导，五级书记一起抓。成立农业科技支撑乡村振兴领导小组，组长由分管农业和科技的领导担任，成员由科技厅、农业农村厅、财政厅、省发展改革委、农业科研院所和高校组成，推动跨部门协同合作，形成多部门联动机制。要做到工作年初有计划、年中有调整、年末有检查，工作前有准备、工作中有跟进、工作后有回复总结。

夯实基础 补齐短板 助推乡村振兴发展

——对泸州市实施乡村振兴战略的对策思考

中共泸州市委常委、泸州市委农村工作委员会主任 张文军

党的十九大提出的实施乡村振兴战略，是中国特色社会主义进入新时代做好“三农”工作的总抓手，对打好脱贫攻坚战、全面建成小康社会、实现“两个一百年”奋斗目标具有重大而深远的意义。在泸州这样一个经济欠发达、基础设施落后、贫困人口多的地区实施好乡村振兴战略，推动农业全面升级、农村全面进步、农民全面发展，是当前和今后较长时期“三农”工作的首要任务。

一、泸州农业农村发展现状

党的十八大以来，全市围绕“决胜全面小康，建成区域中心”目标，紧紧扭住脱贫攻坚和农业供给侧结构性改革这两个重点难点问题，以农民增收脱贫为核心，持续深化农村改革，奋力建设现代农业强市，全市农村经济社会发展取得了显著成效。

一是农业农村经济持续平稳发展。2012—2017年，全市农林牧渔及服务业增加值由143.6亿元增加到186.2亿元，年均增长4.1%；全市农民人均可支配收入由8115元增加到13670元，年均增长10.99%。2017年，全市农民人均可支配收入总量位列全省第十。

二是农业供给侧结构性改革加快推进。成功创建国家现代农业示范区，建成农业示范园区30个，其中4个园区被列入全国农村创业创新园区。精品水果、绿色蔬菜、特色经作、现代养殖业等八大特色优势产业加快发展。全市优质稻种植面积稳定在180万亩，酿酒高粱种植面积达62.46万亩，优质蔬菜种植面积120万亩，名优水果面积稳定在105万亩，竹林面积378万亩，茶叶面积达41.5万亩，中药材种植面积达5.77万亩；年出栏生猪334.12万头、肉牛8.01万头。粮食总产量达206.1万吨，实现“六连增”。新产业新业态蓬勃发展，新型农业经营主体加速发展，市级以上重点农业产业化龙头企业达315家，农民合作社达4165个，家庭农场达2107个。全市累计认证“三品一标”农产品219个，市级农业著名商标21个。泸州桂圆、江之阳蔬菜直销港澳，合江真龙柚、赤水河甜橙远销加拿大。

三是农村基础设施和公共服务显著改善。农村教育、医疗、文化、卫生等社会事业快速发展，农村水、电、路、房和信息化建设全面提速。2017年，全市农村集中式供水率达87.5%。农村公路总里程达12461千米，建制村公路通达率和乡(镇)通畅率均达到100%；96.8%的村通宽带互联网，92.5%的村安装了有线电视，建成乡(镇)综合文化站123个、村文化室1346个，79%的村实施了农网改造；城乡基本医疗和养老保险制度整合并轨，农村居民养老保险参保率达95.9%、医保参保率达98%；农村低保实现“应保尽保”。

四是脱贫攻坚取得阶段性成效。2014—2017年，全市总计精准脱贫30.6万人，全部达到“一超六有”标准；精准退出贫困村224个，全部达到“一低五有”标准；合江县顺利通过省级“摘帽”验收，“一低三有”目标全面实现。全市贫困发生率从11.2%下降至2.5%。贫困地区面貌发生深刻变化，叙古高速、叙宜高速等扶贫大动脉相继建成，贫困村农网改造全面完成，农村饮用水条件进一步改善，贫困地区公共服务水平进一步提升。

二、存在的主要问题

尽管近几年泸州市农村经济社会发展取得了显著成效，但基础差、底子薄、发展滞后的状况仍然没有得到根本性改变，还面临不少困难和问题。

(一)脱贫攻坚任务艰巨

截至2017年年底，全市尚有90801名建档立卡贫困人口尚未脱贫，100个贫困村尚未退出，古蔺、叙永两个国家贫困县未“摘帽”。特别是因病致贫人口、贫困残疾人、贫困老人等群体脱贫难度大。同时，已脱贫对象脱贫成果巩固难，产业“造血”功能支撑不够。

(二)农民持续增收乏力

一方面，农业农村经济增长速度逐年放缓，由2012年的4.9%下降到2017年的4%；另一方面，农民增收渠道少，增长乏力，主要靠工资性收入和经营性收入，其中工资性收入多年占农民收入的近50%。近几年由于受经济大环境、主导产业支撑不够等影响，农民工资性和经营性收入增速缓慢。2014—2017年，全市农民工资性收入增速由10.4%下降到7.59%，经营性收入增速由7.2%上升到9.75%，增长较缓。

(三)现代农业发展水平不高

一是特色农业产业基地规模小，设施不配套，标准化水平低。虽然全市精品果业、绿色蔬菜、特色经作、高效林竹、现代养殖等产业都具有一定规模和产量，但是集中连片上千亩、基础设施配套、标准化水平较高的基地很少。如古蔺、叙永的甜橙产业，总面积已近20万亩，分散在两县的近10个乡(镇)，集中连片上千亩的果园少，标准化水平低，产品质量参差不齐。又如，全市林竹产业面积已达378万亩，但由于林区道路薄弱，交通不便，采伐成本增加，资源变现难。二是农产品加工业发展不均衡。农产品保鲜、贮运、烘干、冷链物流等设施落后，除白酒酿造外，全市大宗农产品加工转化率不足20%，畜禽加工转化率仅有3%～4%。比如2017年全市蔬菜产量已达280万吨、桂圆产量达7万吨，除少数加工外大部分鲜销，集中上市，供大于求，时有烂市情况发生。三是缺少知名品牌带动。全市除泸州老窖、古蔺郎酒有较高知名度外无农业区域性公用品牌，注册的200余个农产品品牌呈现多、乱、杂、小的特点，市场知名度低。四是新型经营主体示范带动力不强。全市国家级农业产业化龙头企业仅泸州老窖1家，全市50%的专合组织名存实亡，70%的新型农业经营主体实力不强，真正与农民利益联结紧密的不足30%。

(四)农村基础设施“欠账”较多

交通方面，全市70%的乡(镇)缺少交通大动脉、干道等高等级公路，特别是叙永、古蔺两个贫困县道路标准低，通村公路多为4.5米宽、通社公路多为3.5米宽且部分未硬化、断头路多，未形成路网，通行能力低。水利方面，全市无大型水利工程支撑，中小型水利工程支撑不足。尚有187座病险水库待整治、2.6万建档立卡贫困人口饮水安全问题待解决，30%的农田灌溉缺乏有效的节水灌溉设施。电力供应方面，全市尚有283个村未实施第二轮农网改造，电压不稳、负荷差，群众用电质量和安全得不到保障。

(五)农村公共服务社会事业短板明显

教育方面，普遍存在农村学校校舍陈旧、教育装备差缺、师资力量

薄弱、聘请临代教师等问题。叙永县近几年招录的近600名教师中，非师范专业的占了较大比例。古蔺县龙山镇向田村小有6个班级，实有公办教师5人、临代教师3人；龙山镇双河村白沙小学有6个班级，实有公办教师4人、县聘教师2人、临代教师2人。医疗卫生方面，医疗设备陈旧、医务人员不足、医疗水平低。古蔺县乡（镇）卫生院在编在岗从业人员702人，其中执业医师187人，不到24%。椒园镇卫生院仅配有一台陈旧的DR机，无彩超等设备；江门镇卫生院新建的医技大楼无钱配备设备。医保缴费标准高报销比例低。医保缴费从开始时的10元/人提高到现在的180元/人和360元/人两个档次，但报销比例多年不变，在县（区）域外过低。据调查，西南医科大学附属医院综合报销比例约30%，市外、省外医院综合报销比例不足20%。公共文化服务方面，乡（镇）文化站无独立机构，乡（镇）、村均无专业、专职文化干部，导致乡（镇）文化站、村文化室免费开放流于形式，疏于管理。养老方面，养老设施严重不足，养老保险标准低。全市有农村老年人19.2万人，仅有农村互助养老幸福院298所；基础养老金发放标准仅75元/月，保障能力弱。

（六）“三农”人才匮乏

一是“三农”工作队伍严重不足。全市乡（镇）机关行政编制空编270名，乡（镇）卫生院空编939名，乡（镇）学校空编717名，乡（镇）农业技术推广服务中心空编111名，乡（镇）综合文化站（中心）空编21名。如古蔺县龙山镇双河村白沙小学有教师编制9名，实际只有正式教师4名。二是农村本土人才匮乏。据不完全统计，全市农村实用人才和新型职业农民分别为13.12万人、7600人，分别仅占农民总数的4%和2‰。三是农村党员干部队伍素质有待提高。农村党员干部队伍年龄老化、文化水平低、示范带头能力不强问题较突出。古蔺县1170名村干部，平均年龄在45岁左右，高中占42.3%、初中占41.5%；叙永县、纳溪区35岁及以下的村干部分别仅占14.2%、19.97%，初中及以下文化的分别占39%、33%。叙永县摩尼镇旗燕村42名党员中，50岁以上党员占83%，其中村支书60岁、文书65岁。

三、原因分析

造成上述问题的原因既有主观方面的又有客观方面的，归纳起来，主要有以下几个方面：

（一）农业比较效益低

近年来，农资价格上涨、劳动力成本攀升、农产品价格低造成农业比较效益低，“种十亩地不如打半年工”，致使青壮年劳动力大量外出务工，土地撂荒、乡村“空心化”现象日趋严重，导致城市工商资本不愿到乡村从事农业带领农民增收致富、改善农业农村生产生活条件。据估算，种一亩田的水稻（以单季稻作列）产量约600千克，按120元/50千克计算，收入1440元。除去种子、农药、化肥、农膜成本350元及请人耕田、插秧、打谷工钱550元左右，能余540元左右。

（二）农村工作条件艰苦、待遇低

乡村特别是边远乡村普遍存在交通条件差、医疗条件差、优质教育少，加上“上面千条线，下面一针牵”，事事都要由乡村一线去贯彻和落实，工作任务十分繁重，同时工资待遇又低，尤其是村干部人均待遇不足1500元/月，甚至有在乡村工作的年轻人连找对象都困难。由此导致很多大中专毕业生不愿到乡村工作，农村毕业的初高中毕业生不愿留在农村从事农业，乡村招引人才难，留住人才更难，支撑乡村振兴发展的“三农”人才越来越匮乏。2017年，全市农村教师流失731人，农村医疗卫生人员流失267人；2018年上半年全市事业单位招考中，叙永县乡（镇）卫生院因报名人数达不到开考比例，不得不取消14名临床医生及检验人员的招聘计划。

据不完全统计，全市在家从事农业生产的劳动力仅141.38万人，占农村劳动力总数的53%，特别是农村初高中毕业生，90%的人外出务工；到农村流转农民土地从事种养殖业的业主不足3000人，投资上百万元的业主不足500人。“谁来种地、谁来振兴乡村问题”将更加凸显。

（三）工业反哺农业、城市支持农村的体制机制尚未建立

长期以来，我国工业和城市经济发展主要是以牺牲农业农村换来的，大量农业农村资源要素向城市和工业单向流动。虽然近几年国家实行“多予、少取、放活”的政策，加大了对农业农村的反哺投入力度，但“工业反哺农业、城市支持农村”的体制机制尚未根本建立，要素配置仍然重工业轻农业，基础设施和社会事业建设仍然重城市轻农村。如现行投资政策中，金融资本投资农业设置了较高门槛，而农民的房屋、土地承包权、牲畜、农作物又不能作为担保抵押物，难以获取金融资金。2018年以来，全市通过保险保证发放贷款仅为240万元，通过支农融资发放贷款仅800万元。

（四）放松农业、忽视农村的思想不同程度的存在

由于农业对财政税收的贡献小（2017年仅占税收总额的0.1%）、农业增加值在GDP中的占比小（2017年仅占11.5%）、目标考核农业农村分值很少、农业农村工作不易出成绩等因素的影响，部分地方放松农业、忽视农村的思想不同程度的存在，没有摆正“重中之重”的位置，没有把农业农村始终放在优先发展的角度去思考、去谋划、去落实，导致农业农村工作口头上说得多、扶持支持政策少、落地落实少。如2017年全市农林水事务一般公共预算支出56.67亿元，仅占全年一般公共预算支出的15.36%。

四、对策及措施

乡村振兴是一项系统工程，涵盖了乡村经济、政治、文化、生态文明和党的建设方方面面；也是一个长期的历史性任务，时间跨度长、涉及面广、任务艰巨。泸州市必须进一步解放思想、转变观念，牢固树立农业农村优先发展的理念，坚持工业农业、城市农村一起抓，按照抓基础、补短板、求实效、看长远的要求，以开放的思维方式瞄准目标，突出工作重点，不急于求成，有计划、分步骤地推进。当前，要全力实施好“七大工程”。

（一）全力实施脱贫攻坚工程，夯实乡村振兴基础

贫困问题没有解决，乡村谈何振兴？如期打赢脱贫攻坚战是全面建成小康社会的底线任务，是实施乡村振兴战略的前提和基础。一要坚持精准脱贫标准。始终聚焦“两不愁三保障”，以增收为主线，加大扶持力度，对无劳动力、无“明白人”、无稳定生活来源的特殊群体，要保障前置、优先兜底，确保不落一户一人。对贫困村脱贫，要抓好硬化路、文化室、卫生室等刚性项目建设和村级集体经济发展。对贫困县“摘帽”，要以户脱贫、村退出为基础，统筹实施“三有”项目建设，按标准实施。二要推进产业扶贫。要因地制宜发展特色产业，打造一批“贫困村+非贫困村”跨区域脱贫特色产业园，确保每个纳入发展生产一批的贫困人口都融入到产业链条之中。要创新产业扶贫模式，积极推进资产收益扶贫、飞地扶贫、扶贫车间等新模式，探索资金资产资源“三权”分离新路子。用好用活产业扶持基金，推广“扶贫再贷款+扶贫小额信贷”模式，提升金融信贷对产业扶贫的支撑。要强化电商扶贫，积极打造省级电商脱贫奔康示范县，推动贫困地区农产品便捷入

市。同时做实就业扶贫。持续实施就业“春风行动”,开发公益性岗位,做好职业技能培训,提高劳务输出、就近就业和灵活就业的规模和质量。支持旅游扶贫示范区、示范村创建,以乡村旅游带动周边农民脱贫致富。三要狠抓项目攻坚。加快项目建设进度,做到“今年项目抓紧干、明年项目提前干”,力争在2018年年底前将“县摘帽、村退出、户脱贫”的刚性项目基本实施完毕,为2019年实现整体脱贫打好基础。要加快推进农村扶贫公路建设,建成赤水河环线公路古蔺段,确保脱贫村通硬化路;全面完成贫困村农网改造、年度饮水安全巩固提升工程,切实解决2.6万名建档立卡贫困人口饮水困难问题,让群众用上优质电、喝上放心水;加快推进通信网络建设,确保实现“组组通”宽带。四要扎实抓好“回头看”“回头帮”。要落实区(县)主体责任,对已退出村、已脱贫户全面排查摸底,存在短板缺项的,立即落实“回头帮”对标补短措施,确保按当年脱贫标准同步达标;对虽已达标但脱贫尚不稳定的,要一户一策落实巩固提升措施,做到政策不减、帮扶不断,确保稳定脱贫。五要着力激发贫困人口内生动力。要把扶贫与“扶志”“扶智”结合起来,深入开展感恩奋进教育。要树立脱贫一系列先进典型,让群众现身说法,用身边的人身边的事引导群众克服“等、靠、要”思想,激发贫困群众内生动力。要不断改进帮扶方式,采取生产奖补、劳务补助、以工代赈等方式,将帮扶政策与贫困群众主动参与挂钩,打破“贫困均衡”模式,促进形成自强自立、争先脱贫的精神风貌,不断提升贫困群众自我发展能力。

(二)全力实施规划编制工程,强化规划引领作用

实施乡村振兴战略,必须坚持规划先行,强化规划引领作用。要坚持多规合一,既要体现空间布局,又要有时间进度安排;既要包括产业发展、乡村建设,又要涵盖基础设施、社会管理、生态文明、人居环境等内容,形成城乡融合、区域一体、多规合一的规划体系。要科学把握未来乡村发展趋势,哪些村该保留、哪些村该整治、哪些村该缩减、哪些村该做大,都要科学论证。通过规划,体现差异化、个性化、特色化之美。要结合省上开展的“多规合一”乡村振兴规划编制试点,力争尽快完成《泸州市乡村振兴战略规划》编制工作,积极争取合江县和古蔺县二郎镇、泸县云龙镇纳入省上规划编制试点单位,并以此范本带动区(县)、乡(镇)做好规划编制工作。

(三)全力实施民生改善工程,加快补齐乡村振兴短板

当前城乡发展最大的不平衡就是城乡基础设施、公共服务的不平衡,制约乡村振兴的最大短板就是农村基础设施、公共服务落后。一要统筹推进农村基础设施建设。坚持以路、水、电、气、通信“五通”为重点,加快推进城乡基础设施建设管理运营一体化,改善乡村基础条件,提升乡村生活品质。新规划建设一批骨干水利工程,加快纳溪区云回水库、古蔺县石梁子水库等一批在建骨干水利工程和灌区渠系配套建设,切实解决泸州工程性缺水问题;大力发展高效节水灌溉,加强农村缺水地区饮用水源和供水设施建设,提高安全饮水标准。要加快推进“四好农村路”建设,大力实施通乡油路、通村硬化路工程建设和农村公路养护管理。到2019年,江阳区、龙马潭区、纳溪区和泸县实现建制村通公交,合江县、叙永县和古蔺县实现建制村通客运。要加快农村第二轮农网改造进度,因地制宜推动沼气工程建设和天然气进农村,切实解决农村能源短缺问题。大力推进高标准农田建设,实施农田水渠、道路、堤坝等配套基础设施建设,提高农田抗旱、防洪、除涝能力,增强土地产出率。全面实施“信息进村入户”工程,推进“宽带乡村”“光网泸州”“无线泸州”建设,提高农村地区信息服务能力。二要切实提升农村公共服务水平。统筹推进县域内城乡义务教育一体化改革,完善农村义务教育经费保障机制,加强农村校舍建设改造,统筹配置城乡师资,并向乡村倾斜,提升农村教育水平。完善农村卫生投入经费保障机制,加强设备设施配备,强化乡村卫生人才队伍建设,大力培养本土化人才。发展远程诊疗,提升基层医疗服务质量。推进基层综合性文化服务中心建设,实现乡、村两级公共文化服务全覆盖,打造农村“十里文化圈”。增加农村文化供给总量,有计划地开展全民阅读、经典诵读、文化科技卫生“三下乡”、“戏曲进乡村”等群众性文化活动。探索推广农民文化理事会机制,推进民办文化机构发展。三要着力提高农村社会保障能力。完善农村养老、医疗保险制度,适时提高农村居民基础养老金标准,逐步扩大县域外医疗保险报销标准。

(四)全力实施现代农业提升工程,做大做强产业支撑

乡村振兴,产业兴旺是重点。一要突出农业特色产业基地建设。认真实施《泸州市现代农业发展规划2014—2025》,进一步优化“一带三区”现代农业发展布局,着力基础设施配套建设,提升精品果业、高效林竹、绿色蔬菜等八大特色农业产业标准化水平。继续推进董允坝等30个现代农业示范园区扩面提档,展示农业新技术、新产品、新模式。到2020年,争取建成万亩以上连片产业基地15个,全国“一村一品”和“一乡一业”专业村镇10个。二要强化农业品牌建设。大力实施“泸字号”知名品牌创建行动,强力推动品牌建设“五大工程”,把“泸字号”知名品牌打造成享誉全球和畅销全国的金字招牌。当前要重点抓好市级农业区域公共品牌和企业(产品)品牌的打造工作。三要大力发展农产品加工业。大力实施农产品加工业壮大行动,加快发展农产品原产地初加工,积极发展蔬菜、荔枝、甜橙、茶叶、林竹等特色农产品精深加工。争取到2020年,培育10亿级的农业加工重点企业2个以上。四要大力发展新产业新业态。实施一批新产业新业态培育工程和农村产业融合发展重点项目,加快发展“农业+旅游/+康养/+文创/+电商”等新业态,推动多种业态互相融合、多元发展。坚持“宜农则农、宜工则工、宜商则商、宜旅则旅、宜文则文”,因地制宜推进“一村一品”“一乡一业”发展。五要加快推进绿色生产。落实“一控两减三基本”要求,实施化肥农药使用零增长行动计划,推广种养循环发展模式,推进农业清洁生产,发展绿色生态农业和绿色有机无公害农产品。

(五)全力实施幸福美丽新村建设工程,打造美丽宜居乡村

幸福美丽新村建设和“四好村”创建是实施乡村振兴战略的重要载体和抓手。一要全域推进幸福美丽新村建设。按照“四个好”和“业兴、家富、人和、村美”的要求,采取改造、保护、新建相结合的方式,推广“小规模、组团式、微田园、生态化”建设模式,加快建设一批具有特色优势的聚居点和幸福美丽新村。力争到2020年,全市基本实现幸福美丽新村全覆盖,全市70%的村建成省级“四好村”。二要全面实施“百镇建设行动”。以特色工业、商贸服务、旅游休闲镇为基础,深入推进产镇融合发展,促进宜业宜商宜居宜游环境建设,努力打造一批工业小镇、商贸小镇、文化小镇、旅游小镇、森林小镇等特色示范镇。三要大力实施农村环境整治。认真实施《农村人居环境整治三年行动方案》,探索完善乡村垃圾、污水、厕所运营管理体制机制,加强对镇村环境卫生治理经费保障,完善垃圾污水集中收集处理设施建设。力争到2020年,实现所有行政村垃圾处置100%、全面完成农村无害化卫生厕所改造;力争到2035年,全部实现农村污水有效处理。

(六)全力实施农村改革工程,激发乡村发展活力

实施乡村振兴战略,必须强化“人、地、钱”等要素供给,打通各类

要素留在农村、流向农村的制度通道。一要建立健全人才流向乡村的机制。要处理好“走出去”“留下来”和“引回来”的关系，大力实施“酒城人才新政”，认真落实市政府《关于人才助力脱贫攻坚和乡村振兴三年行动计划的意见》出台的一系列人才支持扶持政策，着力引进一批急需紧缺人才、支持一批返乡创业人才、互派一批优秀干部人才、遴选一批本土专业人才、培养一批乡村匠艺人才、建设一批智力帮扶平台，强化乡村振兴的人才支撑。二要深化农村土地制度和产权制度改革。建立健全土地要素城乡平等交换机制，盘活农业生产用地和建设用地，释放农村土地制度改革红利。深入推进城乡建设用地增减挂钩和工矿废弃地复垦利用试点，拓宽乡村建设用地保障渠道。探索宅基地所有权、资格权“三权分置”，落实宅基地集体所有权，保障宅基地农户资格权和农民房屋财产权。允许区（县）、乡（镇）多渠道筹集资金，用于村集体对进城落户农民自愿退出承包地和宅基地的补偿。三要健全“三农”投入保障制度。建立健全财政支农资金稳定投入机制，创新投融资机制，加快形成财政优先保障、金融重点倾斜、社会积极参与的多元投入格局。健全财政“三农”投入保障制度，调整完善土地出让收入使用范围，进一步提高农业农村投入比例。推进农村“两权”抵押贷款试点，全面推广农村土地流转收益保证贷款业务。完善支持乡村基础设施投资政策，吸引和撬动各种资本参与乡村建设运营，探索重大农业项目PPP模式及特许经营、参股控股等方式。探索设立乡村振兴专项发展基金。支持县（区）政府将上级政府转贷的一般债券用于支持乡村振兴、脱贫攻坚领域的公益性项目。建立完善各级融资担保体系，引导更多金融资源支持乡村振兴。完善市、县两级的农业政策性担保体系，支持农业政策性担保公司扩大规模和覆盖面。

（七）全力实施试点示范工程，探索乡村振兴泸州路径

实施乡村振兴战略是新任务、新课题，必须试点先行，找准泸州实施乡村振兴战略的有效路径。一要抓紧启动“十镇百村”试点示范工作。区分平坝、丘陵、山区等类型，每个类别选择2～3个基础条件较好的乡（镇），每个乡（镇）选择10个村，围绕“产业兴旺、生态宜居、乡风文明、治理有效、生活富裕”的总要求各有侧重开展试点示范，探索不同类区乡村振兴模式和路径，以点带面推动乡村振兴战略实施。当前要重点抓好试点乡（镇）、村的规划编制工作。二要加大对试点示范的资金、政策支持。市、区（县）都要安排资金支持试点乡（镇）、村开展规划编制，整合项目资金支持试点乡（镇）、村搞好基础设施、公共服务、幸福美丽新村、产业基地等建设。鼓励试点乡（镇）积极探索破解“人、地、钱”难题的有效办法。三要健全组织指挥体系。分级建立以各级党委书记任组长的乡村振兴工作领导组，明确党政“一把手”第一责任人责任，形成市、县（区）、乡（镇）、村四级书记抓乡村振兴的领导责任体系。建立党委农村工作综合部门牵头、涉农部门各司其职，协同配合、共建共管的工作推进体系。

以党的十九大精神为指引 奋力谱写新时代达川跨越发展新篇章

中共达州市委常委、达川区委书记 许国斌

党的十九大指明了党和国家事业前进方向，为新时代中国特色社会主义的航船破浪前进树立了新航标。近年来，习近平总书记多次对四川工作作出的重要指示，是习近平总书记为四川改革发展量身定做的“定星盘”，是习近平新时代中国特色社会主义思想的“四川篇”。学习贯彻落实党的十九大精神，全面把握习近平新时代中国特色社会主义思想“四川篇”的丰富内涵，是新时代达川区党员领导干部的首要政治任务。达州市达川区将坚持把打赢脱贫攻坚战、决胜全面建成小康社会作为重中之重，“”撸起袖子加油干，扑下身子抓落实”，奋力夺取新时代脱贫奔康、建成幸福美丽达川的伟大胜利，努力向全区人民交出一份满意答卷。

一、新时代立足新跨越

2013年9月，原达县撤县设立达川区。近五年来，达川区围绕全面建成小康社会建成幸福美丽达川“一个愿景”，紧扣全面从严治党和脱贫奔康“两个统领”，城市发展和产业发展“两大突破”，深入实施“一核两副三片多点支撑”战略、“两化”互动城乡统筹战略、改革开放创新促进战略“三大战略”，加快实现产业强区、城镇兴区、基础固区、文旅靓区、法治安区“五区目标”，治区兴区事业呈现出克难而进、负重崛起、勇争一流的良好发展态势。良好政治生态全面构建，鲜明重品行、重实干、重公认，跑官要官的不用、送钱行贿的不用、官商勾结陷入非法利益格局的不用“三重三不”用人导向，干部选拔任用公信力、干部队伍活力全面提升。财政因素分配法等一批改革创新机制出台实施，有效堵塞资金管理漏洞，扎紧了“不能腐”的制度笼子，乡（镇）活力有效激发。经济总量质量双提升，地区生产总值迈过200亿元大关，达到210亿元。三次产业结构持续调优，由2013年年底的25.4∶50.8∶23.8调整为23.5∶27.8∶48.7。城乡面貌发生深刻变化，城镇化率以每年2个百分点的速度增长，到2017年达到47%，城区建成区面积扩大到28平方千米，城市人口达30万人。建设村（社）道路10078千米，实现100%的乡（镇）、100%的建制村和100%的社通油（水泥）路，成功创建为四川省首批“四好农村路”示范区。人民群众幸福指数全面提升，五年建成城区中小学校7所，新增学位1.2万个，城区“大班额”问题得到有效解决。相继创建全国科技进步先进区、文化工作先进区。区人民医院、区中医院顺利迁建，城乡医疗条件显著提升。生态治理持续深入，河长制全面落实，突出环境问题整治实现全覆盖。解决36万农村人口饮水安全问题，开工建设保障性住房3403套，一系列重大民生问题得到有力解决。社会大局保持和谐稳定，创新实施“十大民生救助制度”，累计救助困难群众20万人。打造社会救助大平台，被评为全国十大社会救助创新实践成果。“平安建设”满意度位居全市前列。

二、新时代赋予新使命

习近平总书记指出，“从现在到2020年，是全面建成小康社会决胜期”，这赋予达川区各级党组织和广大党员干部脱贫攻坚的重大历史使命。完成这一使命，达川区存在两大“短板”。一方面，虽然贫困发生率由2014年的10.19%下降至2017年的1.5%，累计退出贫困村114个，脱贫贫困群众7.8万人，但仍有1.5万余名贫困人口、37个贫困村亟待脱贫。另一方面，区域经济社会发展不平衡。第二产业发展严重不足，其中煤炭、建材等传统产业比重较大，经济扩总量、调结构、转方式有较大提升空间。城乡基础设施和教育医疗等社会事业发展区域不平衡、城乡不协调，人民群众对出行、教育、医疗和民生等方面有

较高期望。达川区将坚持以人民群众为中心的发展思想，紧扣问题导向，在迈步新时代开启新征程中战胜挑战、补齐短板，提高脱贫质量，推动高质量发展。

三、新时代带来新机遇

党的十九大紧扣中国特色社会主义事业"五位一体"总体布局，对经济建设、政治建设、文化建设、社会建设和生态文明建设进行全面部署，达川区作为西部地区、革命老区、秦巴连片贫困地区面临一系列新机遇。国家大力实施乡村振兴战略，持续深化农村土地制度改革，积极促进农村一二三产业融合发展，有利于达川区发挥农业大区优势，释放广大农村发展活力，构建现代农业产业体系，加速向农业强区跨越。中央明确提出实施区域协调发展，大力度支持革命老区、贫困地区发展，积极推进西部大开发，实施川陕革命老区振兴发展规划，有利于达川区无缝对接支持政策，争取更多项目和资金，构建"后发也要高点起步"的发展态势。中央深化供给侧结构性改革，支持传统产业转型升级，加强水利、铁路、公路等基础设施网络建设，有利于达川区用好百万人口大区人口红利和资源优势，实现城市人口聚集、消费繁荣，产业做大做强、提档升级，加快建成川渝陕结合部区域中心城市核心极和川东北经济强区。达川区将牢牢把握好党的十九大后中央、省、市实施的一系列政策机遇，切实推动达川驶入加快发展的快车道。

四、新时代打响新战役

党的十九大指出，在全面建成小康社会的决胜期，紧扣我国社会主要矛盾变化，统筹推进各项建设、各项事业、各项工作，突出抓重点、补短板、强弱项，努力使全面建成小康社会得到人民认可，经得起历史检验。未来几年是达川区打赢脱贫攻坚战，决胜全面建成小康社会的关键几年，对照党的十九大精神，紧密结合新时代达川实际，达川区必须紧扣"建成达州中心城区核心极"和"川东北经济强区"两大定位，下大力气解决好发展不平衡不充分的问题，切实满足人民日益增长的美好生活需要，努力让党的十九大各项部署在达川实践落实、开花结果。着力打赢精准脱贫攻坚战，认真贯彻落实习近平总书记扶贫开发重要战略思想，扎实推进"乡村振兴战略"，大力实施"美丽乡村十大行动"，下足"绣花"功夫，深入实施精准扶贫、精准脱贫方略，突出抓好"一低三有"，积极促进贫困群众增收致富，确保在2018年如期摘掉省级贫困区"帽子"。着力构建现代化的产业体系，加快建设现代农业强区。突出工业强区战略，加快引进和发展战略性新兴产业，重点发展电子信息、节能环保、生物制药等，努力抢占产业高端和高端产业。依托"互联网+"，大力发展现代金融、电子商务等生产性服务业，促进现代制造业与服务业有机融合，不断提升和壮大第三产业。大力推进马家产业新城、达川商贸物流园区、秦巴物流园区三大产业园区建设，形成发展新动能。着力抓好重大项目建设，紧盯国家和省、市在水利、铁路、公路、水运、管道、电网、信息、物流等方面的新动向、新政策，着眼长远谋划储备包装和推进一批重大项目，以骨干项目驱动重点工作取得新进展。着力新型城镇化建设，重点规划建设好"六大城市新区"，积极完善城市功能，加快特色小城镇建设，到2020年建成40平方千米、40万人口的"双40"城市。着力深化改革开放创新，全面深化重点领域改革工作，切实增强发展动力活力。加大重大产业项目招商引资力度，深入推进"达商回引"工程，引进和落地一批重大招商引资项目。开展高新技术倍增行动，不断提升发展质量和效益。着力加强生态文明建设，践行绿水青山就是金山银山理念，加大生态系统保护力度，加快构建绿色发展方式和生活方式，建设美丽达川。着力改善和保证民生，切实解决好群众普遍关心的教育、医疗、文化、生态环保、社会保障等问题，让全区人民不断感到生活有新变化、新奔头，努力满足人民群众日益增长的美好生活需求。

五、新时代展现新气象

习近平总书记指出，打铁必须自身硬。党要团结带领人民进行伟大斗争、建设伟大工程、推进伟大事业、实现伟大梦想，必须毫不动摇坚持和完善党的领导，毫不动摇把党建设得更加坚强有力，这是新时代落实全面从严治党的政治要求。达川区坚决把党的政治建设摆在突出重要位置，牢固树立"四个意识"，坚定地团结在以习近平同志为核心的党中央周围，自觉用习近平新时代中国特色社会主义思想武装头脑、指导实践、推动工作。坚决贯彻全面从严治党永远在路上，牢牢把握新时代党的建设总要求，坚定不移推进全面从严治党，加强基层组织建设，不断提高党的执政能力和领导水平。坚决以风清气正的用人导向引领干部队伍建设，建设一支政治过硬、思想过硬、组织过硬、作风过硬、纪律过硬的党员干部队伍。坚决巩固中央八项规定精神成果，持之以恒推动正风肃纪，加大"四风"问题整治力度，切实把作风建设各项任务落到实处。纵深推进党风廉政建设，旗帜鲜明惩贫治腐，持续营造风清气正的良好政治生态，努力在全面建成小康社会、建成幸福美丽达川的征程中展现出新气象。

党建引领脱贫攻坚

甘孜藏族自治州人民政府副州长、中共白玉县委书记　康光友

白玉县地处四川省西北部，与西藏自治区隔江相望，全县基础设施建设滞后、农牧民群众增收致富渠道少，是四川省深度贫困县。脱贫攻坚工作中，全县立足"深度贫困"现实，聚焦"先锋白玉"建设，坚持"党建引领脱贫、党建保障攻坚"工作思路，以"党建+"助推"两不愁、三保障""四个好"和"两精准一满意"全面实现，确保2019年实现全面同步小康目标。

一、坚持"思想在一线凝聚"，让"想摘穷帽子"成为共识

以弘扬"精雕细琢、务实能干"的"锻刀"精神为主线，在加强思想政治建设的过程中精准引领，在干群同步提能增智的过程中立根铸魂。

紧抓"关键少数"示范带动。紧紧围绕习近平总书记扶贫开发重要战略思想以及中央和省、州脱贫攻坚决策部署，常态化制度化推进"两学一做"和"思想大解放、能力大提升、工作大见效"大讨论活动，大力培树"四个意识"，认真践行"四讲四有"，将围绕"脱贫奔康"以上率下化为主动。

紧抓"一线干部"提能增智。采取思想交流、培训培养、激励表彰"三位一体"模式，建立"第一书记"月学习观摩制、帮扶力量定期专题培训制、"四必谈四必访"跟踪落实制、推优树优群众参与制，将围绕"脱贫奔康"提能增智化为主动。

紧抓"贫困群众"观念转变。依托农民夜校等载体、"三大宣讲团"

等力量，结合“红色爱国主义教育基地”打造，突出社会主义核心价值观和“感党恩、爱祖国、守法制、奔小康”思想教育，创新开展“白玉党旗红”示范活动，进村、入户、到寺宣传党的方针及脱贫政策。同时，开展种植、养殖、手工艺等实用技术培训，将围绕“脱贫奔康”自力更生化为主动。

二、坚持“人才在一线汇集”，让“能摘穷帽子”成为现实

以践行“脱贫奔康关键在人”论断为重点，在多角度、多层面、多方位识别干部的过程中调兵遣将，在干部功能结构不断优化的过程中排兵布阵。

突出能力过硬，精选乡（镇）干部。有针对性地选配熟悉基层、善抓精准扶贫的干部担任乡（镇）党政正职；将熟悉“三农”、善抓产业发展的优秀干部充实到脱贫攻坚一线领导岗位。

突出政治过硬，精选村级干部。把政治过硬视为第一标准，明确“政治可靠、公道正派、能力较强、遵纪守法、执行力强、群众公认”六个要求，建强158个村（社区）“两委”班子，重点选配好81个省定贫困村党支部书记。

突出帮扶过硬，精选攻坚干部。围绕加强驻村帮扶力量，紧扣村情民情，精准选派县级联系领导、结对帮扶部门、驻村工作组、“第一书记”和农技员“五个一”帮扶力量，建立农业技术巡回小组，统筹发力、精准施策，切实构筑起脱贫攻坚县、乡、村三级联动工作体系。

三、坚持“作用在一线发挥”，让“善摘穷帽子”成为体系

以“3个+”模式示范带动全县脱贫攻坚，在推动党建与脱贫同频共振的过程中树立信心，在建设群众满意小康的过程中彰显党的先进性。

以“支部+”助推“两不愁”。采取“支部+公司+贫困户”，通过优先用工、土地流转等方式帮助贫困户实现长期脱贫；采取“支部+合作社+贫困户”，帮助贫困户搭上致富“快车”；采取“支部+致富带头人+贫困户”方式帮助有技能的贫困人口稳定增收；采取“支部+支部+贫困户”方式借力对口帮扶创新基层党组织跨区域结对共建模式，组织县内各乡（镇）与对口援藏地区街道、非公企业达成共建协议，提升基层党组织为民服务能力。

以“职能+”促进“三保障”。拓展区域内干部帮扶职能，由各乡（镇）实职干部按照“一对多”全覆盖原则，定点联系辖区新建（维修）房屋贫困户，加快推进脱贫户住房新建和改造。由乡、村两级班子成员联系学生和重大疾病贫困户，对考入高中、中职及以上院校的农牧民学生，由县财政给予助学金；对重大疾病患者全面落实医疗救助“十免四补助”，严防因病致贫返贫。

以“党员+”实现全帮扶。扩大党员干部帮扶范围，加力规划实施党员精准扶贫示范工程项目；创新建立“六个一”帮扶机制，由全县副科级以上党员干部联系帮扶2657户贫困户，逐一制定未脱贫户帮扶计划；对2014年至2016年已脱贫的贫困户和临界户进行“回头看、回头帮”，确保实现“两精准一满意”。

四、坚持“工作在一线考核”，让“快摘穷帽子”成为常态

以健全抓党建促脱贫攻坚推进和考评机制为基础，在压紧压实责任的过程中“挂图作战”，在层层传导压力的过程中“履职交账”。

正向激励增活力。严格落实干部正向激励机制，按照每村每年6000元标准落实驻村工作经费，每人每年200元标准为驻村干部购买人身意外伤害保险，每人每天60元标准发放驻村干部生活补助，并按任职村所在乡（镇）标准发放高海拔工作津贴，激发驻村干部干事热情。

言出纪随促动力。每月不定期深入乡村蹲点督导检查、把脉问诊，对工作不在状态、项目推进滞后、痕迹管理混乱的人和事严肃问责。结合“雪域清风”行动，大力查处侵害群众利益案件，加大对“微腐败”的查处力度，坚决维护群众利益。

定期交账加压力。按月选择乡（镇）召开现场会，聚焦突出问题召开“月推进会”，严格实行“月考评、季满意度测评”制度，对不适宜岗位要求、履职不到位的“第一书记”及时进行调整，不断提升党建引领脱贫实效，确保如期实现“不落下一村一户一人”的全面小康。

关于深度贫困地区加快发展集体经济的对策研究

凉山彝族自治州人民政府副州长　何绍忠

党的十九大报告指出：“深化农村产权制度改革，保障农民权益，壮大集体经济。”就贫困面大、贫困人口多、贫困程度深的凉山州来讲，发展集体经济是巩固党在农村执政基础的必然要求，是完善农村社会治理的重要举措，是实施乡村振兴战略、打赢脱贫攻坚战、实现共同富裕、全面建成小康社会的必然选择，是当前和今后一个时期亟待破解的难题和重要而紧迫的工作。

一、发展农村集体经济的现实需要

改革开放以来，全州农村家庭联产承包经营责任制的全面推行，极大地解放了农村生产力，农业农村取得了长足发展，有效解决了温饱问题。然而，随着市场化步伐的日益加快，工业化城镇化加快推进，农村经济社会结构发生深刻变化，农村双层经营体制“分得充分，统得不够”，集体经济进一步弱化，“空壳村”问题日益突出，不仅影响农业农村经济发展，还影响农村基层政权建设，这既是一个“经济问题”，又是一个“政治问题”，必须高度重视，深刻认识发展集体经济的重大意义和深刻内涵。

（一）发展农村集体经济是夯实党在农村执政基础的重要途径

党的基层组织是确保党的路线方针政策和决策部署贯彻落实的基础。发展集体经济，核心是巩固党在农村的执政基础。集体经济背后是政治概念，是所有制问题。农村集体经济是由农业合作化起步、集体化形成的一种所有制形态，以土地集体所有为基础的农村集体所有制和在土地集体所有基础上建立的农村集体经济组织制度，是中国特色社会主义农村经济的根本制度，与村民自治组织制度相交织，构成了中国农村治理的基本框架。实践证明，集体经济强的党组织号召力、影响力、凝聚力和战斗力就强，说话有人听、做事有人跟，农村经济社会发展就好，服务能力就强，群众就会把听党话、跟党走、感党恩内化于心、外化于行，就更能凝心聚力实施乡村振兴战略，打造幸福美丽新村升级版，住上好房子，过上好日子，养成好习惯，形成好风气。

（二）发展农村集体经济是巩固和完善农村基本经营制度的必然选择

早在1990年，邓小平同志就指出：“中国社会主义农业的改革和

发展,从长远的观点看,要有两个飞跃。第一个飞跃是废除人民公社,实行家庭联产承包为主的责任制。第二个飞跃是适应科学种田和生产社会化需要,发展适度规模经营,发展集体经济。""两个飞跃"思想从根本上指明了全国农村改革发展的道路和方向。当前,全州正处于转型跨越发展和决战脱贫攻坚的关键期,一方面,农村资源闲置、资金分散、农民老化制约农村经济社会进一步发展;另一方面,农村集体经济薄弱,"空壳村"大量存在,村集体服务村民的能力不足,农民增收难、现代农业发展难。要破解这一难题,必须巩固和完善农村基本经营制度,坚持农村土地集体所有,坚持家庭经营基础性地位,坚持稳定土地承包关系,建立符合市场经济要求的集体经济运行机制,盘活集体"三资",发展适度规模经营,推进农村一二三产业融合发展,实现集体资产保值增值、农民共同富裕。

(三)发展农村集体经济是坚决打赢脱贫攻坚战的迫切需求

村集体经济是农村经济的重要组成部分,也是促进贫困村增产增效、贫困群众脱贫增收的重要物质基础。贫困村退出标准中有一项重要指标,就是看集体经济是否达标。目前,全州仍有1118个贫困村,集体经济是否能按照贫困村退出时间节点达标,关系到2020年全州贫困村能否如期退出,贫困县能否如期"摘帽",全面小康社会能否如期建成,事关百万群众的切身利益,事关全国全省工作大局,是一项政治任务,必须以更大的决心、更超常的举措,一村一策,精准发力,狠抓落实落地,解决贫困村集体经济发展不充分不平衡问题,推动贫困地区由"输血"式扶贫向"造血"式扶贫转变,实现农业强、农村美、农民富。

二、发展农村集体经济的良好基础

近年来,全州认真贯彻落实中央、省委"三农"工作决策部署,以深化农村改革为动力,把贫困村集体经济发展作为深化农村改革的重要内容,统筹谋划,与"三农"和脱贫攻坚工作同安排、同部署、同推进,抓"两头"带"中间",集体经济从无到有、从小到大、从弱到强,取得了阶段性明显成效。目前,全州有集体经济的村3156个、占行政村总数的84.2%,其中贫困村1912个、占贫困村总数的92.2%;实现集体经济总收入6788万元,其中贫困村3835.2万元。集体经济收入在5万元以上的村有198个,占比6.3%;1万~5万元的村有826个,占比26.2%;1万元以下的村有2133个,占比67.5%,助推了954个贫困村退出、25.47万名贫困人口减贫。从全州情况看,发展集体经济主要用活了"三大优势",走出了"四条路子"。

用活"三大优势"。一是政策优势。中央、省委出台深化农村改革、发展集体经济的系列政策措施,指明了全州集体经济发展方向。省委、省政府出台《精准施策综合帮扶凉山州全面打赢脱贫攻坚战的意见》,在全州17个县(市)启动省级扶持村集体经济发展试点,进一步加大了对全州脱贫攻坚的支持力度。州委、州政府出台《强村富民发展村集体经济四年行动实施意见》,建立产业扶持基金7.3亿元,每个贫困村落实不低于30万元,支持贫困村发展村集体经济,为深度贫困地区打好发展集体经济"组合拳"提供了有力支撑。二是资源优势。全州有耕地874.2万亩、林地5444.7万亩、草原3617.3万亩,有未开发的宜农荒地430万亩,有农村劳动力283万人。近年来,随着新农村建设、现代农业发展和脱贫攻坚持续推进,建成一大批基础设施、公共服务设施,为深度贫困地区农村盘活"三资"发展集体经济提供了有利条件。三是产业优势。全州深入推进农业供给侧结构性改革,建基地、创品牌、搞加工,初步建成国家重要的战略性优质烟叶基地、绿色食品标准化原料马铃薯基地、"中国苦荞之都"、"中国茧丝之都"、全国优质高原水果基地、重要的优质花卉基地、最大的油橄榄基地、最大的华山松籽基地、全省最大的草食畜生产基地。培育农业龙头企业205家、农民合作社6617个、家庭农场6607个、种养大户10余万户。全州统一使用"大凉山"特色农产品品牌标识和包装产品达1550个,累计创建中国名牌1个、中国驰名商标7个、国家"三品一标"218个、四川省名牌产品24个、四川省著名商标26个,推动全州粮食生产"十五连增"、农民收入增收"十五连快",为贫困村适度规模经营、发展现代农业、壮大集体经济夯实了基础、提供了经验。

走出"四条路子"。总结推广西昌市小庙乡袁家山村省级集体资产股份合作制改革试点成功经验,聚焦贫困村,分类指导,精准施策,不断探索符合不同类型贫困村发展集体经济的有效组织形式、经营方式和发展路径,走出了"资源开发带动型、盘活资产带动型、盘活资金带动型和服务创收带动型"集体经济发展路子。

一是走出资源开发带动路子。金阳县丙底乡丙底洛村采取"龙头公司+村集体+农户+贫困户"模式,整合产业发展基金、财政资金和农户资金460万元,建成大棚蔬菜基地49.78亩,实行公司统一经营管理、农户以土地或资金入股分红、农民就地务工,盈利由农户、公司、村集体分别按40%、40%、20%的比例进行分配。2017年实现销售收入93.9万元,其中净收益60.9万元,83户入股农户户均分红2078元、人均增收450元,村集体经济累计实现收入105.89万元。

二是走出盘活资产带动路子。越西县南箐乡南林村采取"支部+集体经济+合作社+农户"模式,盘活村民俗活动广场和连体烤烟房资产,出租给好医生公司用于附子堆放和烘干,实现村集体年收益4000元。

三是走出盘活资金带动路子。盐源县甘塘乡海子村采取"集体经济组织+合作社+农户"模式,整合产业扶持基金、帮扶资金46万元,新建设施大棚13个、面积4000平方米,发展食用菌特色产业,2017年实现销售收入20余万元,集体经济年收益达4万余元。

四是走出服务创收带动路子。雷波县老街乡毛溪村以"村两委+村组干部+党员"模式组建红太阳家政服务队,实行统一培训、统一管理、订单输出方式,带动60户、132人务工就业,实现利润20万元,村集体按利润的3%提取公积金、公益金,实现收益6000元。

三、发展集体经济存在的困难

虽然全州村集体经济发展取得了阶段性明显成效,但总体仍存在自身条件差、模式单一、发展不平衡、同质化严重等问题,还面临较多瓶颈制约因素和困难问题。一是认识存在偏差。部分乡村干部在市场经济条件下,对"为什么发展村集体经济"认识不清,存在"过时论""回头路""无用论"等错误观念,不愿动真碰硬下深水,攻坚破难涉险滩,安心当"太平官"。二是素质能力不足。部分村干部文化程度不高、综合素质不强、思路眼界不宽,习惯于用计划经济的思维模式来考虑问题、开展工作,发展壮大村集体经济缺乏敢闯敢干的精神,迈不开"步子",找不到"路子"。三是发展质量不高。全州城镇化、工业化发展滞后,大多数贫困村远离城镇和工业园区,缺少经营性资产,发展集体经济主要靠种养业,风险大、见效慢、收入低。四是发展有失规范。部分村未成立村集体经济组织,一些成立了集体经济组织的村未取得市场主体地位,开展合作以"口头约定"代替书面协议,项目合作职责不明、责任不清、缺乏监督,集体资产、资源在经营管理过程中存在漏洞。部分村财务缺少痕迹化管理,集体经济收入多少"凭口说"。五是

工作落实不力。部分乡镇和贫困村对集体经济发展研究不深、分析不透，未制定发展规划，有些村虽然制定了发展规划，由于责任、压力未能层层传递到村和驻村工作组，措施执行不力，存在项目选择不准、实施效果不好等问题。

四、发展集体经济的对策建议

贯彻落实习近平总书记“全面建成小康社会，一个民族、一个家庭、一个人都不能少”要求，必须在五个方面着力，破除体制机制性障碍，理顺农村产权关系，做强农村集体经济，发挥集体经济强村富民作用，助推脱贫攻坚，加快同步全面建成小康社会步伐。

（一）深化农村产权制度改革，夯实发展基础

构建“归属清晰、权责明确、保护严格、流转顺畅”的现代农业产业体系是“还权赋能”、激活农村要素资源的基础性工作。一要抓紧确权颁证。要总结前期工作经验，查漏补缺，按时间进度和质量要求“多权同确”，扎实推进农村土地承包经营权、农村集体土地所有权、农村集体建设用地使用权、集体林权、草场、小型水利工程产权等确权颁证工作，实现“物有其主、主有其权、权有其证、证有其利、利有其责”。二要搞好清产核资。要组织专班，发挥村“两委”干部和农村老党员作用，重点清查核实用于经营的房屋、建筑物、机械设备等经营性资产，用于农村教育、文化、卫生等公益事业的非经营性资产，集体所有的耕地、林地、草地、山岭、荒地、滩涂等资源性资产及现金、债券、债务等，分类登记，摸清家底并公示，经村民大会或村民代表大会确认。要建立健全集体资产登记、保管、使用、处置等制度，台账管理，防止资产流失。三要加快产权市场建设。要按照“平台统一、资源共享、覆盖全州”要求，扎实推进州、县（市）、乡（镇）、村四级农村产权交易平台建设，完善交易规则、监管办法和服务方式，切实保障农村集体经济组织和农民对农村产权的占用、使用、收益等合法权益。

（二）建立农村集体经济组织，完善治理结构

明晰成员身份、明确市场主体地位是建立农村集体经济组织和相应治理结构、创新集体经济经营管理方式、实现集体资产增值保值的关键。一要明晰成员身份。要按照尊重历史、照顾现实、程序规范、群众认可的原则，召开村民大会或村民代表大会，充分讨论、征求意见，合理界定集体经济组织成员资格，颁发集体经济组织成员证书，并把清产核资后的农村集体资产的所有权确权到不同层级的农村集体经济组织成员集体。农村集体经济组织成员名单要报县农牧局和乡镇党委政府登记备案。二要建立集体经济组织。农村集体经济组织是集体资产管理的主体，是特殊的经济组织（经济合作社或股份经济合作社）。县农牧局要向农村集体经济组织发放组织登记证书，农村集体经济组织可据此到有关部门办理银行开户等相关手续，取得市场主体地位，开展经营管理活动。经济合作社要建立成员代表会议、理事会和监事会等治理结构，股份经济合作社要建立成员代表会议、董事会和监事会等治理结构，同时都要制定合作社章程，选举产生相应的工作机构和管理人员。三要完善管理制度。要建立健全村级集体经济财务管理和收入分配制度，加强内部管理，规范村级集体经济收益分配和使用，确保村集体成员共享增值收益。要建立健全村级集体经济积累机制，完善村集体公益金、公积金制度，增强村集体自我保障能力。要理顺村集体经济组织和村“两委”关系，防止集体经济被内部少数人侵占支配、被外部资本吞并控制，绝不能“把集体所有土地搞没了、把集体经济搞垮了”。要加强民主管理，实行财务公开，充分保障集体经济组织成员的参与权、决策权、监督权和权益不受侵害。

（三）创新集体经济发展路径，拓宽增收门路

各地要立足自身资产、资源、区位和其他条件，因地制宜选择适合的发展路径和经营方式，多渠道、多形式、宽领域增加集体经济收入。一要发展农业适度规模经营促增收。在土地资源丰富的村，集体经济组织要领办土地合作社，建立运行管理机制，合理确定土地流转价格和收益分成比例，引导不愿从事农业生产农户、外出务工农户、无力耕种农户等以土地承包经营权折股入社，统一经营管理，大力发展“果薯蔬草药”富民产业，增加集体经济和农民收入。二要发展农村服务业促增收。在特色主导产业、家庭农场、专业合作社发展有一定基础和龙头企业建有基地的村，集体经济组织要领办各类专业合作社、专业协会等合作组织，提供产前、产中、产后服务，增加集体经济收入。在“名优特稀”特色产业村，集体经济组织要按高质量发展要求，做好“三品一标”创建、农产品分拣分级包装、冷链物流和电商工作，延长产业链、提高附加值，增加集体经济收入。在新村新寨建成村，集体经济组织要利用村级活动中心创办综合服务社、便民服务店，利用农民夜校培训家政服务人员，搞好订单输出、务工就业服务。积极与相关业务主管部门衔接，落实专人开展金融、保险、广电、通信等代理服务，增加集体经济服务收入。在特色产业鲜明和生态、文化、旅游资源丰富的村，集体经济组织要发展观光农业、休闲农业、乡村旅游、森林康养等新产业新业态，增加集体经济和群众收入。三要发展物业经济促增收。在城镇周边、国省干线周边村，集体经济组织要按照土地利用总体规划和城乡建设规划要求，利用集体建设用地等土地，自主开发建设专业市场、农贸市场、商业门面、仓储中心等物业项目。远离城镇和交通干线的村，也可以异地兴建或购置物业项目。有闲置办公用房、学校等不动产的村，集体经济组织要盘活资产，开展租赁经营，增加集体经济收入。四要发展合作经营促增收。县（市）要科学规划“1+11+N”现代农业产业园区，招大引强，引进州内外农业投资企业入驻园区，建基地、创品牌、搞加工、促融合，发展现代农业产业，园区内集体经济组织要打包集体资产、资源、资金和农户房屋、土地等各种生产要素，通过协商或者评估折价后，入股经营主体，合理确定股份占比，变资源为资产、资金为股金、农民为股民，获得保息分红和收益分红。

（四）加大集体经济扶持力度，推进健康发展

全州集体经济发展刚刚起步，量小质弱，各相关部门要加大扶持力度。一要加强财政扶持。州、县财政要从预算入手，加大本级财政投入力度，整合相关项目资金，支持集体经济发展。要支持符合条件的村集体经济组织申报和实施省级财政支农项目。要加强“村财乡管”服务和指导，在“村财乡管”力量薄弱地方，要借鉴雷波县经验，采取政府购买服务的方式，聘请会计事务所规范管理贫困村集体经济财务。二要加强土地政策扶持。县（市）要在年度可用建设用地计划指标中，明确一定比例用于村集体经济发展。要支持村集体参与土地整理、农田水利、田间道路等工程建设，农村土地整治中新增的耕地由村集体经济组织管理和使用。土地增减挂钩项目节余的建设用地指标，优先满足农村各种发展建设用地。集体经济组织牵头组建的土地合作社、农民专业合作社等所需的农业生产和附属设施用地，按照设施农用地管理，依法办理农用地转用和集体建设用地使用权证，鼓励支持发展养殖场、冻库、市场、乡村酒店、农家乐等集体经济项目。三要落实税收优惠政策。税务部门要落实农村集体经济组织农业生产、加

工、流通、服务和其他涉农经济活动相应的税收优惠政策。落实贫困村集体投资兴建的物业项目，项目承租企业所交税收地方留存部分全部补助到村政策。相关职能部门要开通“绿色通道”，发改部门要优先办理发展集体经济需要办证审批的项目，工商部门对集体经济组织办理工商登记等各种证照免收工本费。城建、通信、广电等部门对村集体经济组织建设居住点、农村廉租房等要减免水电、通讯、广播电视等配套服务费。四要加大金融支持。金融部门要优化流程、简化手续，加大对符合条件的集体经济发展项目的信贷支持力度。要完善农业担保体系，稳妥开展农村集体产权融资试点和林权、土地承包经营权、农民住房财产权抵押贷款试点，释放农村产权改革红利。

（五）加强集体经济组织领导，提高发展质效

农村集体经济发展事关党在农村的执政基础，事关农村经济社会发展，事关脱贫攻坚大局，是一件大事要事，各级各相关部门必须一抓到底、抓出成效。一要加强组织领导。县（市）党委政府是深化农村集体产权制度改革发展集体经济的责任主体，乡（镇）党委、政府是直接责任主体，村党支部是具体实施主体，三级书记要牵头抓总，落实责任，传导压力，形成齐抓共管的强大合力。二要强化人才支撑。要选优配强村“两委”干部，按程序和章程选举村“两委”干部担任集体经济组织负责人，发展集体经济。要创造良好发展环境，吸引农村大（中）专毕业生、退伍军人、农民工、“新乡贤”回村创业，领办创办农民专业合作社、家庭农场和农业企业，与集体经济组织合作发展集体经济。要依托农民夜校、农民素质提升培训工程，培育新型农民，成为发展集体经济的生力军。三要搞好服务指导。要整合“五个一”联系力量，因村制宜，选准项目，帮助贫困村制定集体经济发展规划，运用市场经济的办法，推动项目落实落地。要整合“农、科、教”等力量，深入生产第一线，解决生产经营中遇到的困难问题。要整合社会力量，主动投入集体经济发展主战场，助推集体经济发展。四要严格考核问责。要把发展壮大集体经济作为乡（镇）、村“两委”班子、驻村“第一书记”和驻村工作队年度工作目标任务，严格督查考核，并把考核结果与评先选优、提拔任用挂钩，推动集体经济发展壮大。

凝心聚力　攻坚克难　助力农业供给侧结构性改革

四川省都江堰管理局局长、高级会计师　孙小铭
四川省都江堰管理局办公室副主任、文明办副主任　吴修杰

一、准确把握都江堰灌区水利发展新形势

水是生命之源、生产之要、生态之基，是民生福祉的重要保障。党的十八大以来，以习近平同志为核心的党中央提出了一系列治国理政新理念、新思想、新战略，形成以新发展理念为指导，以供给侧结构性改革为主线的政策框架，提出了新时期水利工作方针，开辟了中国特色社会主义新实践、新局面、新境界。四川省委省政府结合四川实际，做出了实施“三大战略”，实现“两大跨越”“全力脱贫攻坚”“推进绿色发展建设美丽四川”的重大决策部署。水利厅提出要将都江堰灌区打造成全国一流、世界领先的“智慧灌区”。因此，科学判断当前水利工作形势，统筹改革发展各项任务，始终保持专注发展、转型发展、绿色发展定力，给当前都江堰灌区水利工作提出了新要求。

（一）成都平原经济区领先发展对提升灌区水安全保障能力提出了更高要求

都江堰灌区涵盖成都平原经济区8个市中的7个市，属四川省政治、经济、文化核心地带。多年来，都江堰灌区通过加强水利建设和管理，强化水资源科学调度，有效保障了成都平原经济区城乡供水安全、防洪安全、粮食安全和水生态安全。但是，随着近年来成都平原经济区工业化、城镇化和城乡统筹发展快速推进，成都市建设国家中心城市和天府新区进程的加快，都江堰灌区经济总量不断扩大，经济结构不断升级，用水需求结构也在快速变化和增长，保障供水量的满足、质的要求、多元化多层次需求的压力也越来越大。据初步测算，到2020年，整个都江堰灌区需水将超过100亿立方米；2030年将达到123亿立方米。要实现成都平原经济区的领先发展，迫切需要都江堰灌区水管单位全方位提升服务水平、高标准提供水安全保障、高要求维护良好水生态。

（二）农业供给侧结构性改革对农业节水提出了更高要求

当前，四川省农业农村发展已进入新的历史阶段。2017年，四川省委“一号文件”提出，要深入推进农业供给侧结构性改革，加快培育农业农村发展新动能，开创农业现代化建设新局面。都江堰灌区内农业生产的水利根基还不太稳固，农业用水总量不足与效率不高并存，农业节水还有很大空间。推进农业供给侧结构性调整，必须适应农业由总量不足转变为结构性矛盾的阶段性变化，着力实施农业节水工程，加快补齐农田水利短板特别是农业节水这个突出短板，把农业节水作为方向性、战略性大事来抓，加快完善农业节水政策支持体系、农业节水技术和产品标准体系、农业节水激励机制，在灌区抓紧建设一批重大节水灌溉工程，着力解决农业用水粗放和缺水问题，进一步提升农田水利设施保障能力。

（三）绿色发展对水资源节约保护和严格管理提出了更高要求

当前，水安全领域新老问题相互交织，水资源短缺、水环境污染、水生态损害等新问题愈加凸显。都江堰管理局要全面贯彻落实绿色发展理念和要求，深刻理解绿水青山就是金山银山的实质与内涵，严守水资源消耗上限、水环境质量底线、水生态保护红线，加强灌区系统治理和保护修复，统筹推进水资源全面节约、合理开发、高效利用、综合治理、优化配置、有效保护和科学管理，推动灌区经济社会走上生产发展、生活富裕、生态良好的文明发展道路。

（四）推进现代化灌区建设对深化水管单位改革提出了新要求

今后一段时期是都江堰全面建设“世界一流、中国顶尖、四川特色”的现代化“智慧灌区”的关键阶段，这就迫切需要灌区强化供水价格、河渠管理保护、工程建设管理等重点领域改革，深化依法治水管水兴水，构建两手发力、创新驱动、法治保障的体制机制，探索“灌域”管理模式，统筹推进水利改革攻坚，不断提高水利改革的精准化、精细化、精深化水平，加快构建现代水治理体制机制。

二、理清水利，助力农业供给侧结构性改革思路

习近平总书记在2017年全国两会期间参加四川代表团审议时，就四川省如何推进农业供给侧结构性改革提出了明确要求，四川省委省政府就贯彻落实习总书记指示精神做出了具体部署。水利厅就贯

彻落实中央和四川对水利工作的要求并结合实际，对都江堰灌区水利工作提出“十个坚持”的要求。水利是推进农业供给侧结构性改革的重要内容，都江堰管理局要牢固树立“统筹、节约、绿色、共享”的发展原则，助推农业提质增效。

（一）灌区建设要以统筹为先导

都江堰引水总量占灌区水资源总量的37%，已经超过了全国24%的水平。引用岷江上游来水总量达68%，已经超过国际公认河流最大开发利用程度40%的警戒线。因此，要守住用水总量这条“红线”，在支持灌区经济社会发展的同时，必须严格实行灌区水资源统一管理调度，严格执行建设项目水资源论证制度和取水许可审批制度，严格地下水管理和保护，对都江堰水资源实行更加科学的“统筹”管理，减少水资源总量的利用。

（二）灌区建设要以节约为根本

根据《都江堰灌区续建配套与节水改造规划》，从1996—2016年，灌区共投资34.96亿元，新建、整治渠道3060.49千米，实现新增灌面65万亩，改善灌面360万亩，灌溉水利用系数由0.432提高到0.51。力争到2020年，实现灌溉水有效利用系数提高到0.55的目标，困难还相当大。为此，都江堰灌区要守住用水效率这条“红线”，必须强化节水监督管理，严格控制高耗水项目建设，落实建设项目节水设施与主体工程同时设计、同时施工、同时投产制度，全面加强节水宣传和节水管理，加快节水型社会建设，通过“节约”，让有限的水资源发挥最大的社会效益、经济效益和生态效益。

（三）灌区建设要以绿色为基础

目前，都江堰供水区辖区面积2.72万平方千米，占全省的5.6%，覆盖2300万人口，占全省人口的25.8%，其中城镇人口1060万人，占全省的32.8%，城市化率达45.6%；地区生产总值12194亿元，占全省的42.73%；工业总产值为13570亿元，占全省的39.17%；农业总产值为1538亿元，占全省的26.13%。虽然近年来都江堰管理局加强水政执法，严格水质监测，限制沿渠排污，但如2006年沱江水污染事件、2013年泥石流污染影响自来水制水等事件时有发生。经济社会发展带来的供水矛盾日益突出，人民群众对水环境的要求越来越高，“绿色发展”“绿色供水”已经成为都江堰管理局下一步关注的重点和追求的目标。

（四）灌区建设要以共享为目标

到2020年，我国要全面建成小康社会，都江堰灌区也不例外。但仅有“总值”和“人均”的小康并不是全面的小康，一部分人“被小康”会损害全面小康的价值底色、降低全面小康的实际成色。灌区各地全面建成小康社会，离不开水资源的保障和支撑。都江堰管理局不能把一部分人或地区的“获得感”建立在另一部分人或地区的“失落感”甚至“被剥夺感”的基础上。作为都江堰水资源的管理者和调配者，都江堰管理局必须科学精细配置水资源，推进灌区不同区域之间，生产、生活、生态等不同项目之间、上下游之间和左右岸之间在享受用水这一基本公共服务上实现均等化，使灌区均衡受益，使灌区群众和单位职工共享水利改革发展的成果。

三、夯实水利，助力农业供给侧结构性改革基础

第一，以农业节水为方向，补齐补强水利基础设施短板。一是把农业节水作为方向性、战略性大事来抓，加快完善灌区农业节水政策支持体系、农业节水技术和产品标准体系、农业节水激励机制，大规模实施农业节水工程，着力开发一批种类齐全、系列配套、性能可靠的农业节水技术和产品，全面提高水土资源利用效率和效益。二是进一步优化配置水资源。根据灌区水资源分布、岷江来水、灌区实际供需水等情况，实施水资源科学配置、优化调度，按“三条红线”实行最严格的水资源管理。三是大力推进灌区水利现代化建设，加快开展试点工作，以水利信息化带动灌区现代化，充分发挥信息化全面渗透、跨界融合、加速创新的催化作用，为现代化灌区建设立梁架柱，助力“智慧灌区”建设，提高城乡水安全保障水平。

第二，以科学规划为引领，完善灌区水利规划体系。一是制定《都江堰灌区现代化升级改造规划》。2020年后，灌区水利建设重点要紧跟水利部灌区建设发展思路，由续建配套向现代化升级改造转变，在总结现代化灌区试点建设经验的基础上，抓好《都江堰灌区现代化升级改造规划》制定。二是要制定《都江堰灌区省管河道综合治理规划》，构建内江四大干渠、外江两大干渠等灌区省管河道高标准防洪体系。三是要修订《都江堰灌区末级渠系节水改造规划》，为建设效益型灌区、节水型灌区解决好“最后一公里”问题。四是制定完善《都江堰灌区水资源综合利用规划》和相关专业规划，科学统筹安排都江堰灌区水资源可持续利用。五是制定《都江堰灌区水利信息化发展规划》，进一步提高都江堰灌区信息化和自动化水平。

第三，以改造提升为重点，筑牢完备的水利工程网络。一是全面完成灌区续建配套与节水改造。力争在2020年全面完成灌区续建配套与节水改造规划投资，新增年节水能力2亿立方米左右。二是提高管理水平，确保建设规范开展。加快推进水利工程划界确权工作，努力解决河道管理用地“一女二嫁”问题；认真执行项目法人责任制、招投标制、工程建设监理制、合同管理制和廉政责任制，确保水利建设的生产安全、质量安全、资金安全、干部安全。三是加大水利工程建设力度，进一步夯实工程基础。坚持“岁勤修、预防患”的历史传统，建立健全各级政府和水管单位岁修资金投入机制，加强都江堰水利工程维修养护，保障已建工程良性运行；加强灌区水毁工程修复和薄弱环节整治，大力消除工程隐患，确保灌区防汛和供水安全；加强支渠口以下渠系配套和末级渠系建设，进一步提高供水保证率和灌溉水利用率。

第四，以信息化建设为核心，促进“智慧灌区”建设。一是认真开展灌区现代化试点工作，积极争取成为水利部开展灌区现代化建设的首批试点单位。二是按照“四化同步”、现代农业发展、生态文明建设对灌区的新要求，科学编制符合灌区实际的现代化建设规划。从规划理念、技术标准、新技术应用、信息化建设、节水生态型改造措施以及体制创新、现代管理制度等方面全方位推进都江堰现代化灌区建设。三是大力提升灌区信息化水平，在全省水利云平台的基础上，通过建立“一个中心”——灌区水利云数据共享服务中心，完善“一张地图”——灌区水利地理信息GIS系统，构建“一套体系”——灌区信息传输网络与安全标准体系，搭建“一个平台”——智慧灌区应用管理运维一体化平台，实现信息化系统由网络化到云中枢化，灌区信息化由静态信息到动态体征，由被动方式到主动方式，由事后处理到事前预知，由具体事务到系统综合的创新发展，基本建成具有都江堰灌区特色、达到国内先进技术水平的“智慧灌区”。

第五，以改革创新为导向，逐步理顺体制机制。一是灌区内各管理单位要形成合力，探索“灌域”管理模式，逐步从水资源统一调配过渡到单位之间统一管理，有利于同各级地方政府和社会各界协调配合。二是按照《四川省都江堰水利工程管理条例》逐步统一水权，强化“三条红线”管理并开展都江堰水资源综合利用规划的编制。三是按

照国务院《农田水利条例》的总体要求，加快推动农业水价改革，提出水价调整方案的方式，建立水价动态调整机制，建立水价解缴考核办法。同时，鼓励先进耕作技术，奖励节水行为。四是继续推进灌区民主化管理，支持用水户协会的工作。目前，都江堰灌区已有农民用水户协会400余家，管理灌面300余万亩，不足有效灌面的1/3，发挥的作用还极其有限，需要通过政策扶持、管理创新、资金支持等办法措施来激励和加强。

第六，以人才建设为驱动，努力增强灌区发展内动力。水管单位作为传统的以基层和一线工作为主的老单位，普遍存在人员老化、人数超编、人才缺乏的情况。灌区大多数单位要达到定编方案的人数，需要持续的以职工退休为主的自然减员，长的需要近10年的过渡期。这样带来的问题是职工年龄结构不断老化，老职工成批退休却无人接替。水利管理工作需要理论知识，但更需要实践经验，上述现象造成水管单位人才断档，"青黄不接"，好的经验、方法、技能逐步失传。都江堰管理局必须通过外部引进和内部培训相结合，加快培养既懂管理又懂专业、既懂法律又通政策、既有理论基础又能实际操作的复合型人才，提倡"师带徒"和"传帮带"，鼓励工作创新和技术革新，建设起"老、中、青"相结合的人力资源配置合理的人才队伍。

推进新时期灌区水利改革发展，任务艰巨，使命光荣。让都江堰管理局更加紧密地团结在以习近平同志为核心的党中央周围，贯彻落实习近平新时代治水兴水思想，按照四川省委、省政府、水利厅要求，紧紧围绕"再造一个都江堰灌区"大提升行动，践行都江堰灌区发展新理念，锐意进取、扎实工作，为把都江堰灌区建设成为"具有都江堰特色、国内一流、世界领先"的现代化"智慧灌区"而努力奋斗！

崇州市："农业共营制"破解三大难题

中共崇州市委　崇州市人民政府

近年来，四川省崇州市围绕解决农村土地细碎化、农业兼业化、劳动力弱质化等问题，探索构建"土地股份合作社+农业职业经理人+农业综合服务"三位一体的"农业共营制"新型农业经营体系，有效破解"农业谁来经营、农村谁来种地、生产谁来服务"难题，着力转变农业发展方式，发展粮食适度规模经营，推动现代农业发展取得新成效。

一、问题倒逼：农业经营体系面临的问题与挑战

崇州市是四川省成都市下辖的县级市，位于成都平原西部，农业资源条件优越，素有"西蜀粮仓"美誉。随着工业化与城镇化深入推进、农村土地与劳动力快速流动，崇州市农业经营同全国其他地方一样，"弱者种地""差地种粮"等问题越来越突出，原有的农业经营体系已难以继续有效推动农业农村发展，面临着日益严峻的问题和挑战。

土地细碎、服务缺失问题。全市户均耕地3.5亩左右，平均分散5～7块，最大田块面积不超过2亩，经营规模小、土地细碎等问题难以适应现代农业发展，一家一户的传统分散经营，很难实现规模化集约化经营，极大地制约了农业现代装备水平的提高和新技术的推广。

无农愿耕、种粮断代问题。农村劳动力大规模流出，给农村经济特别是种植业的持续发展带来重大影响。崇州市农业人口46.2万人，转移就业13.6万人，占29.4%。"70后"不愿种地，"80后"不会种地，"90后"不谈种地，农村务农大多都是60岁以上的"高龄农民"。"农村谁来种地、农业谁来经营、生产谁来服务"等问题日益突出，特别是无农愿耕、种粮断代问题更为严峻。

传统经营、"懒人"农业问题。农业兼业化、劳动力弱质化、农业副业化、生产非粮化的趋势日益明显，尤其是农民举家进城居住、放弃种田，精耕细作逐渐被"懒人"农业所取代。过去种田"绿肥"铺底，农家肥当家，如今"绿肥"不见、省时省力的化肥当了家，田地越来越"瘦"。农业劳动力素质、农业经营规模等已不能满足现代农业发展的底线要求。

两个"天花板"、两道"紧箍咒"问题。崇州市与全国一样，近年来农业连续增产，提高价格、增加补贴这两个政策工具发挥了关键作用。但目前国内主要农产品价格已高于进口价格，继续提价遇到"天花板"；农业补贴收到世贸组织规则限制，部分补贴继续增加也遇到"天花板"。农业生产成本还处在上升通道，"地板"在提升。生态环境和资源条件这两道"紧箍咒"也严重束缚农业长远发展。泥土里一串串深层问号亟待求解。

二、路径探索：农业适度规模经营的初步尝试

围绕农业生产经营中"地碎、人少、钱散、缺服务"四个制约条件和"谁来经营、谁来种地、谁来服务"难题，崇州市进行了多种形式的探索实践，但成效都不是很理想。

土地流转。1998年，鼓励生产大户进行农地流转，由于生产大户缺乏资金、信息、服务等要素，流转进程缓慢。后来通过引进农业龙头企业租赁农地，进行粮食规模化经营，由于缺乏生产技术和管理经验，利益联结不紧密，经营发展步履艰难，有的农业企业向"非粮化""非农化"转型，甚至发生了租地企业毁约退租，农户不愿收回被退承包地，转而要求政府承担责任的现象。

订单农业。2003年，引进农业企业发展"农业企业+生产基地+农户"的订单种植模式，由于市场价格、生产成本等因素制约，当市场价格高于订单价格时，农业企业面临收不到加工原料的尴尬局面；而市场价格低于订单价格时，常常出现农民排长队销售农产品，企业出现压级压价甚至毁约退出的情况，最后农业企业和农户之间相互不信任。

农民专业合作社。2005年，探索实践发展农民专业合作社，由于缺乏紧密的利益联结机制，各个农户有着各自的利益诉求和行为选择，理事会和监事会无法统一社员的生产经营管理，农户仍然在自己的土地上耕作，各自为政，形不成规模经济，合作社的组织化程度仍然偏低。

三、改革破冰：构建"农业共营制"新型经营体系

2010年5月，崇州市隆兴镇黎坝村15组的30户农民以101.27亩土地承包地经营权入股，成立土地承包经营权股份合作社，聘请职业经理人负责合作社土地的生产经营管理，当年探索实践取得成功。

从2011年起，土地股份合作社在全市迅速推广，并带动农业职业经理人和农业综合服务的迅猛发展。通过实践探索，崇州市逐步形成了"农业共营制"的新型农业经营体系，即以农户为主体、自愿自主组建土地股份合作社推进农业规模化经营，以培养农业职业经理人队伍推进农业专业化生产，以强化现代农业服务体系推进农业专业化服务。

推进土地股份合作经营，破解农业谁来经营难题。运用农村土地

承包经营权确权登记颁证成果,成立土地承包经营权股份合作社,按照“入社自愿、退社自由,利益共享、风险共担”的原则,引导农户以土地承包经营权折资入股,工商注册成立土地股份合作社,并落实合作社理事长法人治理机制。探索形成“理事会+农业职业经理人+监事会”运行机制:理事会代表社员决策种什么,公开招聘农业职业经理人;农业职业经理人统一组织生产管理,负责怎样种、如何种,实行科学种田。切实保障入社农民利益,合作社采取按经营纯收入1:2:7(即10%作为公积金、20%作为农业职业经理人佣金、70%作为社员土地入股分红),辅以超产分成或二次分红等方式,保障入社社员收益。

推进职业经理人种田,破解农村谁来种地难题。搭建新型职业农民培育和服务体系,选择大学毕业生、返乡农民工、农机农技能手等作为培育对象,通过建立专家学者、农技推广人员互为补充的教学师资队伍,整合培训资源,建立职业农民“双培训”机制,培训生产经营型、专业技能型、社会服务型人才。建立农业职业经理人初、中、高级“三级贯通”的晋升评定制度、管理制度、考核制度等,对符合条件的经理人颁发证书,实行准入及退出动态管理,构建“农业职业经理人+职业农民”专业化生产经营管理团队。制定出台农业职业经理人享受粮食规模种植补贴、城镇职工养老保险补贴、信用贷款贴息扶持等办法,健全产业、社保、金融等扶持政策体系,成为全国新型职业农民培育试点县。

推进农业服务社会化,破解生产谁来服务难题。采取政府引导、市场参与、多元合作方式,构建农业科技、品牌、金融和社会化相结合的农业综合服务体系。一是农业科技服务体系。依托“一校两院”,建成农业专家大院2个,组建农业专家团队和科技推广团队225人,建成农业科技服务总部基地。二是农业综合服务体系。开展政府购买公议乡服务试点,提升基层公益性农业综合服务能力;引入社会资金参与,搭建“一站式”社会化服务超市;发展粮食烘储仓储、加工营销,全市建成农业服务超市10个、粮食烘储加工中心20个,实现农业生产“一条龙”服务。三是农业品牌服务体系。培育“崇耕”公共品牌+企业自主品牌,搭建“土而奇”公共电商+垂直电商平台,农业经营主体加盟农村电商120余家,优质粮油、肉蛋、蔬果等20余个农产品实现上线销售,促进农业产业链延伸和价值链延伸。四是农村金融服务体系。搭建“互联网+农村金融”“农贷通”平台,探索形成农村产权抵押融资交易服务、融资担保、价值评估、风险防控、金融服务、政策扶持等六大体系,全市开展农村产权创新贷款1062宗、贷款17亿元,畅通金融资本注入农业全产业链发展通道。

四、改革成果:共建、共营、共享、多赢

通过改革创新,崇州市“农业共营制”构建了集约化、专业化、组织化、社会化“四化”结合的新型农业经营体系,实现了经营主体的“共建共营”、经营收益的“共营共享”、经营目标的“共营多赢”,取得了明显成效。

粮食安全得到保障。“农业共营制”有效解决了当前农业发展面临的突出问题,促进了农业适度规模经营,提高了粮食安全保障水平。2016年,崇州市农民合作社带动农户面达72%、农业标准化服务覆盖率达88%、农业机械化综合水平达78.3%、农业保险覆盖面达68%,分别比2012年提高8.7、15、13.4、34.2个百分点。全市水稻单产达549千克、粮食生产能力达28万吨,分别比2012年增加16千克、5200吨,粮食适度规模经营率达到70%以上。

新型经营主体得到发展。“农业共营制”不仅提高了农业生产经营效率,还培育了农业企业家与新型职业农民群体,促进了农业专业化服务组织发展壮大,创造了新的农业生产力。2016年,全市现代农业产业工人达4.2万人,占全市从事农、林、牧、渔业劳动力16.11万人的26%,实现农业产业工人收入7.56亿元。共培育职业经理人1883人,为粮食增产和农民增收提供了新动力。

农民收入水平得到提升。“农业共营制”构建起了有效的利益分配机制,农业职业经理人通过创业增收,专业化服务组织通过服务增收,入社社员也能持续分享生产经营效率提升带来的好处。目前,全市土地股份合作社达246个,入社面积31.06万亩、入社农户9.2万户,均占全市耕地面积、总农户数的61%;土地股份合作社水稻单产达583千克,比未入社前每亩增产52千克。广大农民不仅土地股权能分红,也可以在土地股份合作社打工挣钱,还可以放心外出务工。2013—2016年,崇州市农村居民年人均可支配收年入年增长18.7%,达到17896元。

深入实施幸福美丽新村建设 助推大安乡村全面振兴发展

自贡市大安区人民政府区长 杨 斌

党的十九大报告指出,实施乡村振兴战略,加快推进农业农村现代化,构建现代农业产业体系、生产体系、经营体系,支持和鼓励农民就业创业,加强农村基层基础工作。这为做好大安区当前及今后一个时期的“三农”工作指明了方向,明确了新目标、新任务、新要求,对于打好脱贫攻坚战、全面建成小康社会、实现“两个一百年”奋斗目标具有重大而深远的意义。

一、充分肯定“三个显著”,全面夯实乡村振兴基础

党的十九大以来,大安区大力推进“业兴、家富、人和、村美”的幸福美丽新村建设,着力完善农村基础设施和公共服务,助推乡村产业蓬勃发展,促进农民增收致富,切实提高农业供给质量和竞争力,为乡村振兴奠定了良好基础。

(一)农业发展活力显著增强

持续推进县、乡道路改造提升工程,全面完成26个贫困村道路拓宽改造,实现村村通硬化道路,组道硬化率达90%以上,农村路网进一步完善。现代农业示范园区建设有序推进,万亩珍稀树木和万亩柑橘产业带建设项目、立华牧业一体化养鸡项目、皓禾种养殖观光旅游农业项目等相继落地投产,初步建成肉牛、生态猪、雪山草鸡、柑橘、核桃等产业基地14个。深入推进农村产权制度改革,创新“企政银+贫困户”四方联动等农业经营模式,新型农业经营主体较2015年增加140户,农业产业化经营体系日益完善,经营主体间利益联结机制更加紧密。

(二)农村经济实力显著提升

全区农业生产总值从2015年的9.11亿元增加到2017年的24.25亿元,年均增长63.16%;农业增加值从2015年的5.53亿元增加到2017年的14.69亿元,年均增长63%。乡村旅游、农产品加工业、农村电商等新产业、新业态快速发展。2017年,全区实现农村集体经济总

收入790.21万元；村均实现集体经济收入5.34万元，增长62.03%。2018年上半年，全区所有行政村实现集体经济收入1000元以上，全面消除集体经济"空壳村"。

（三）农民幸福指数显著提高

2017年，全区农民人均可支配收入14238.2元，增长8.9%。截至2017年年底，13795名贫困人口实现脱贫，18个贫困村成功"摘帽"。大力实施幸福美丽新村建设，累计建成功能齐备的中心村18个、特色聚居点66个，聚居农户1476户；实施易地扶贫搬迁5578人，完成农村危（旧）房改造1171户、旧村落改造提升1591户；建成"1+6"村民活动中心33个、活动广场36个，医疗卫生、文体活动等公共服务设施设备配套齐全，群众生活条件和居住条件得到明显改善。

二、深入剖析制约大安区乡村振兴发展的"三大痛点"

虽然全区"三农"工作取得一定成效，但仍然存在人才缺乏、土地制约、资金不足等制约大安区乡村振兴发展的重要问题，成为制约大安乡村振兴发展的瓶颈。

（一）乡村振兴人才缺乏

乡村振兴的主体是人，特别是乡村土生土长的农民群众。然而，农村"空心化"问题突出，基层干部老龄化严重，工作重、压力大、待遇低，这些问题在一定程度上制约了干部队伍的有效补充和良性发展。同时，农村劳动力资本严重缺乏，留守的老人、妇女、儿童难以满足乡村振兴所需的人力资源需求。

（二）乡村发展土地制约

土地是农业生产最基本的载体，实施乡村振兴战略、发展现代农业离不开土地要素的支撑保障。为留足城市发展空间，大安区农业产业用地被极大压缩，永久性基本农田约占耕地总面积的75%，远郊乡（镇）的永久性基本农田甚至达到90%以上，无法满足农业产业特别是二、三产业的用地需求。

（三）产业发展资金不足

长期以来，政府资金大都投向农村基础设施和公共服务建设，农村产业发展资金主要依靠经营业主自筹。然而，现有融资平台和融资渠道较窄，金融机构对农业农村支持力度不够，农业融资难、融资贵，缺乏抵押等问题突出，不足以支持农业产业持续发展，亟需创新融资方式、完善投融资平台、拓宽融资渠道。同时，也要进一步探索创新政府投资方式。

三、大力实施"六大工程"，激发乡村振兴发展动能

坚持把乡村振兴作为做好新时代"三农"工作的总抓手，积极主动融入省、市乡村振兴战略，抢抓发展机遇，以产业培育、新村建设、素质提升、乡村治理、生态改善、促进民生"六大工程"为载体，推动农业全面升级、农村全面进步、农民全面发展。

（一）始终坚持把产业培育作为首要任务

产业是经济的基础，是发展的命脉，农业产业发展水平决定着农村经济发展的现状和未来。因此，必须坚持把产业发展摆在突出位置。一是突出园区建设。聚力现代农业示范园区建设，大力发展"归雁经济"，引进一批关联度高、带动力强的二、三产业项目和"接二连三"农业项目，巩固肉鸡、肉牛、水产、核桃、花卉等特色农业基地。创新农业产业化经营方式，构建"新型农业经营主体+园区（基地）+农户"等多种利益联结机制，实现一二三产业良性互动。二是提升农业品质。深入实施品牌发展战略，推进"区域品牌+特色品牌+企业品牌"创建，培育和引进一批具有特色品牌的经营主体，提升牛佛烘肘、"长明火边子"牛肉、"陶外公"核桃等品牌的知名度、美誉度和影响力，发展"古寨梨花""江姐故里红色文化"等特色乡村旅游，创建一批具有大安特色的"三品一标"农产品和优势品牌。三是壮大加工流通。整合农产品加工资源，加快何市镇农产品加工基地建设，提升其承载能力。加强商品化处理、仓储运输、冷链物流等体系建设，加快牛佛重装产业园、盐味源紫坛发酵园等产业园区规划设计；将"长明火边子"牛肉、"盐味源"紫坛泡菜、国民食品等冷吃和调味品加工系列，培育成三次产业融合发展的典型代表。

（二）始终坚持把新村建设作为基础工程

新村建设有力地吸引了资源资本向镇、村聚集，促进了农村生产生活方式的转变，是发展生产、凝聚人心、便民利民的重要举措。一是强化镇、村规划管控。坚持因地制宜、尊重民意、科学布局，按照"多规衔接""镇村一体""产村相融"理念，完善镇、村规划布局，统筹乡村基础设施建设、产业发展、公共服务、社会管理和生态文明共同推进。坚持先规划、后建设，实行乡村规划严批严管机制，进一步提高乡村规划的约束力、执行力。二是分级推进镇、村建设。坚持"产、城、人、文"融合，组团发展联结城市、辐射乡村的特色镇、村，建设宜居、宜业、宜游的美丽家园。以深化增减挂钩、农村危（旧）房改造、土坯房改造等为抓手，坚持"建、改、保、拆"相结合，推广"小组微生"建设模式，突出川南民居特色，打造素墙黛瓦、前庭后院、山水掩映的"盐都新居"。三是完善公共基础设施配套。加强"四好农村路"建设，着力提升农村公路通达覆盖率、通行能力和服务保障水平，完善村道、组道和生产道等"毛细血管"，构建"干支相接、城乡贯通、通村达组"的农村道路网络。加快农村水利、电力等设施建设，着力完善乡（镇）供水管网，推进镇、村主要电网改造升级，确保农村群众饮水安全和生产、生活用电质量。加快建设高标准农田，强化耕地数量、质量、生态"三位一体"保护，全面提高农业综合生产能力。

（三）始终坚持把素质提升作为关键点

未来乡村振兴发展的核心将是人的发展，必须将农村人力资本的培育摆在重要位置，提高乡村人力资本质量。一是培养农村实用人才。发挥中（高）职院校、农民夜校等平台作用，强化技能培训、创业指导、政策扶持、跟踪服务。实施农村"百千"实用人才培养计划，采取"请进来、走出去"的方式，邀请涉农领域专家全面培训种养殖大户、家庭农场主等致富带头人和新型职业农民，实现"村村有技术能手、组组有致富带头人"。二是提升农民就业技能。统筹培训资源，完善教育培训网络，创新利用"互联网+"、产教融合、校企合作等方式，加大对农村劳动力、新生代农民工等群体的培训力度。开展"扶贫专班""农民工夜校""送培训下乡"等专项活动，通过"两后生"培训、园区培训、联合培训等方式，组织农村劳动力参加劳务品牌培训、"职业技能+创业"培训、岗位技能提升培训等各类技能技术培训，提升农村劳动力就业能力，促进就地就近稳定就业。三是提升农民文明素质。坚持教育引导、实践养成、制度保障"三管齐下"，深入推进群众性爱国卫生运动，广泛开展"新家园、新生活、新风尚""小手拉大手"等活动，大力提倡健康文明的生活方式。持续推进综合性文化服务中心（文化院坝）建设，深入开展基层群众性文化活动和文化结对帮扶活动，深入挖掘和传承优秀民俗文化和农耕文化，以多种载体继续推进"送文化下乡"活动，丰富群众精神生活。

（四）始终坚持把乡村治理作为突破点

乡村治理是国家治理体系的重要组成部分，健全的乡村治理体系

不仅需要以加强自治建设为核心，还需要法律和道德共同发挥作用。一是强化基层党组织建设。突出政治功能，健全以村党组织为核心，村民委员会、村务监督委员会、集体经济组织和共青团、妇联广泛参与的“一核多元”村级治理架构，提升基层党组织的组织能力。实施基层党组织书记、村级后备干部培养计划，每个村培养储备后备干部2名以上。二是大力推进村民自治。全面落实“五议两公开一监督”等民主机制，充分发挥新乡贤在矛盾纠纷化解、公共服务和公益事业建设中的积极作用。全面推行“政经分离”，依法厘清村党组织、自治组织、社会组织、集体经济组织的职责边界和事权划分，维护村民委员会、农村集体经济组织、农村合作经济组织的特别法人地位和权力。在村民小组内探索建立理事会、监事会，推行小组公约，不断完善村规民约。三是深入推进依法治村。加强农村法治建设，持续开展“法律进乡村”活动，加大涉农法律法规学习宣传力度，增强基层干部群众学法用法、知法守法、依法办事的法治意识。深入开展农村扫黑除恶专项斗争，维护农村良好社会秩序。四是提升乡村德治水平。建立道德激励约束机制，挖掘创新乡村熟人社会蕴含的道德规范。广泛开展“德、孝、诚”主题教育、“最美乡村教师、医生、村官”“寻找最美家庭”等先进典型评选表扬活动，引导农民向上向善、孝老爱亲、重义守信、勤俭持家，实现家庭和睦、邻里和谐、干群融洽。

（五）始终坚持把生态改善作为着力点

生态改善是农民群众的美好向往，在绿色发展理念指导下，大安区亟待提升乡村生态建设水平，提高生态环境带给广大农村居民的福祉。一是推行农业绿色生产行动。大力推进“质量兴农、绿色兴农、品牌强农、融合强农”，扩大测土培肥施肥、病虫绿色防控等绿色技术覆盖面。推广农业循环发展模式，提高农作物秸秆和畜禽粪污资源化利用水平，推进农产品质量安全追溯体系建设。二是开展乡村净化行动。坚持“铁腕治污”，大力实施流域环境综合治理，推进城乡生活污水处理设施建设运营一体化，开展农民集中居住区生活污水治理。扎实开展农村环境综合整治“四清四化五改”专项活动，巩固“户分类、村收集、乡（镇）运输、市（县）处理”模式。深入推进农村“厕所革命”，实施农村公共厕所和户用卫生厕所建改行动。三是实施乡村绿化行动。持续深入推进大规模绿化行动，推进“一江两河”绿色长廊工程建设。加快珍稀树木、“川早2号”核桃、优质柑橘等生态经济林发展，引导雁溪谷、玫瑰海、花语人间等乡村旅游景区特色化、差异化发展。坚持增林扩绿、林果并重，以房边、村边、路边、水边为重点，开展街道、庭院、隙地绿化。

（六）始终坚持把促进民生作为落脚点

随着时代发展，人民群众对过上更好生活有了新要求、新期待，民生领域的“短板”亟待填补。一是打赢打好脱贫攻坚战。始终坚持把脱贫攻坚作为最大的政治责任、最大的发展任务和最大的民生工程，聚焦“一低五有”“两不愁三保障”标准和“四个好”要求，因村精准施策，因户精准施策。创造性地推进产业扶贫、易地扶贫搬迁等重点工作，全面完成脱贫攻坚目标任务。二是大力实施民生工程。坚持把民生改善作为价值追求，围绕“补短板”和“托底线”做好农村民生工作。完善农村社会保障体系，加大社会救助力度，办好“五保”供养、大病医疗救助等民生实事，着力解决农村群众住房、就医、教育、饮水、出行和特困群体生活问题。三是推进社会事业发展。坚持多元化、开放式推动农村基础教育发展，进一步加强农村卫生院标准化、规范化建设，不断提升农村公共服务水平和品质，不断丰富人民群众的精神文化生活，努力让农民群众有更多获得感、更强幸福感。

以党的十九大精神为指引，建设幸福美丽新沿滩

中共自贡市沿滩区委书记　邹天才

党的十九大胜利召开，为沿滩区奋力跨越开启新征程指明了方向。站在新起点，朝着新目标，全区将坚定不移地以习近平新时代中国特色社会主义思想为指引，为全力推动沿滩区追赶跨越变貌升位、建设幸福美丽新沿滩而团结奋斗。

一、以全局眼光审视发展，站高看远深入谋划

沿滩区将全方位对接党中央“两步走”战略安排，积极融入“一带一路”“长江经济带”“成渝经济区”建设，抢抓省委支持川南经济区在全省率先实现次级突破、自贡市委加快推动老工业城市振兴发展等重大部署所带来的发展机遇，做好区域发展与中央和省、市部署的有机结合，以锐意进取、改革创新的精神，以跳起摸高的决战姿态，带领全区广大干部群众继续奋斗，踏上新的征程。

二、以新理念引领发展，做大做强县域经济

围绕产业升级，坚持“做实一产、优二兴三”，加快延链补链、改造提升进度，推动机械装备制造、化工新材料产业尽快形成500亿元规模。加快建设食品工业园、工业物流园，着力创建金银湖、仙市古镇两个国家4A级景区，促进一三产业深度融合发展。围绕创新引领，抓住全国老工业城市产业转型升级示范核心区和省级高新技术产业园区发展机遇，实施小微企业孵化计划，落实“盐都人才新政”，搭建并维护“政产学研”合作平台，大力培育高新技术企业，加快创建省级孵化器，打造川南地区自主创新战略高地。围绕全面开放，将招商区域重点定向为“巩固珠三角、紧盯长三角、拓展京津冀”，将合作范围逐步拓展到全域旅游、高铁装备、创新孵化等方面，深化委托招商、节会招商、回引招商等模式，千方百计聚集资源。围绕生态建设，坚定不移打好污染防治“三大战役”，下重拳整治环保督察中发现的问题，持续推进“大规模绿化沿滩”行动，建设幸福美丽新家园。

三、以城乡融合协调发展，全面推动乡村振兴

优化城乡融合总体布局。以国道348线为轴，拓展城市空间、丰富城市业态，辐射带动沿线5个乡（镇）发展，以金银湖休闲体验养老示范区和高铁产业基地为带动，联动推进东北、西南8个乡（镇）农村发展，努力实现更高层次的区域协调发展。推动“双核”城区提档升级。沿滩城区全面推进棚户区改造和城市复兴计划，全面提升公共服务供给水平，打造产城一体示范核心区。沿滩新城着力扩容提质，加快新城城市片区开发和卧龙湖东区规划建设。对接融入东部新城和国道348线产城融合发展带，有序推进高铁产业园和邓关—太源井片区综合开发。深入实施乡村振兴战略。全力打造柑橘、花椒两个10万亩现代农业园区，整体提升现代农业发展水平，加快建设一批特色

小城镇和新农村综合体、新村聚居点，打造一批省级“四好村”，确保80%以上的行政村建成幸福美丽新村。

四、以人民为中心推动发展，让群众更有获得感

抓牢脱贫攻坚头等大事。集中精力打好“三年巩固提升”战役，在精准扶贫、防止返贫、长效脱贫方面持续用力，切实做到“脱真贫、真脱贫”，确保2020年同步实现全面小康。办好民生“关键小事”。努力在幼有所育、学有所教、劳有所得、病有所医、老有所养、住有所居、弱有所扶等方面取得新进展，实施全民参保计划，完善社会救助福利制度，稳步提高社会保障水平。提升社会治理水平。加强社会治理制度建设，扎实开展国家文明城市、国家卫生城市、省级环保模范城市创建工作，提高社会治理社会化、法治化、智能化、专业化水平，坚决守住社会稳定、安全生产、食品药品安全“三条底线”。

综合施策“拉短腿” 创新思路补短板

——关于深入推进农村改革工作的几点思考

中共荣县县委书记 韩明祝

当前，传统农业已步入向现代农业加快转变的关键时期，多要素破解“地从何来、谁来种地、如何种地”等问题，是深入推进农村改革工作的关键。

一、赋权松绑，激活农村“沉睡”资本

（一）多权同确，厘清资产经营权

对农村的土地、房屋、小型水利设施等确权是农村产权制度改革的基础。一是摸清家底，明晰各类产权归属。在做好土地承包经营权确权登记颁证基础上，探索开展农业设施用房物权、农村小型水利工程所有权以及农村集体资产股权等多权同确，放大农村各类资产权属规模效益。二是规范流程，有序推进多权同确。严格按照动员培训、信息收集、农户申请、权属调查、审核、公示、勘误修正、结果确认、发证、资料归档等程序开展，做到确权流程严格，确权标准一致，确权过程和结果民主公开、合法规范。三是创新方式，化解权属不清问题。坚持农民群众自主协商原则，探索“确权确股不确地”“确权到户、户内共享、社内流转、长久不变”等有效实现方式，破解多权同确过程中存在的各类矛盾纠纷。

（二）股权量化，增加资产收益权

集体资产股权量化是激活农村各类要素潜能、赋予农民更多财产权利、增加农民获得感的重要举措。一是加快探索农村集体经济组织成员资格认定办法，赋予农民对集体资产按股占有、收益、有偿退出及抵押、担保、继承权等权能，确保农村集体经济发展成果首先惠及集体经济组织成员。二是全面核实农村集体经营性、非经营性和资源型资产，探索统一分类营运的有效管理机制，构建“产权明晰、政经分开、权责清楚、管理民主”的新型农村集体经济法人治理结构，推进农村集体资产股份制公司化改造。三是积极探索农村集体经济实现新模式，建立公开规范的农村产权交易市场，推进农村集体经营性资产流转进入产权交易平台，完善集体资产评估制度，确保集体资产保值增值。

（三）授权活用，规范资产自主权

农村资产的价值体现重点在于在授权的基础上自主活用。一是通过土地流转、入股、托管代耕等多种方式推动土地适度规模经营，破解“地从何来”难题。二是在农村财产总量受限的前提下，探索农村宅基地易地有偿取得机制，盘活房产收益权。三是在符合规划和用途管制前提下，探索农村经营性建设用地（含宅基地）进入城市建设用地市场，在机制、定价原则等方面实现与国有土地同等对待，盘活建设用地用益物权。

二、用权达变，培育农村新型业态

（一）吃透政策，加大支持力度

坚持“因地制宜，农民主体、创新探索、底线思维”原则，用好用活“六权”（经营权、宅基地使用权、集体建设用地使用权、水权、林权、农房所有权）改革成果。一是成立农业投资公司，集中财力办好农村改革发展大事，充分运用财政支农资金撬动社会资本，把整合起来的财政资金用于为农户和新型农业经营主体融资、贷款提供贴息担保，发挥放大效益和杠杆作用。二是加大政府支持力度，有效激活农村资源要素，鼓励农村三次产业融合发展，在引导社会资本积极参与、调整农户经营结构等方面创新，推动乡村旅游、美丽乡村等有机结合的新兴产业发展，培育一批新兴业态，做大产业规模，提升产业竞争力。三是加大金融对农业发展的支持力度。支持新型农业经营主体开展信用合作，发展农村合作金融组织。探索产权及农村流转土地上各类生产设施抵押贷款办法，加大银行对风险保证金的授信额度，建立健全抵押登记制度、资产评估制度、风险补偿制度和资产处置制度，丰富农村金融服务主体。引导保险业向农村纵深发展，发展特色农产品目标价格、农业巨灾保险品种，解决新型农业经营主体的后顾之忧。

（二）聚焦主体，培育职业农民

加快培育职业农民群体是推进农业现代化的突破口，培养职业农民是解决“如何种地”的关键。一是选准培育对象。按照新时期职业农民从业特点，有针对性地开展生产经营型、专业技能型和社会服务型职业农民培育。二是搭建教育平台。整合高校、科研院所专家教授、各级农口部门中级以上专业技术人员、乡村农业生产经营“土专家”等师资资源，分类选编培训教材，建好教育实践基地，用好农业科教网，结合农时农事，因地制宜开展“分阶段、重实训、参与式”培训。三是突出职业培养。把回乡务农创业的大学生、初高中毕业生、返乡务工的青壮年农民工和退役军人作为培养重点，纳入新型职业农民培育计划，有计划、分步聚地组织教育培训。

（三）完善机制，共享利益联结

坚守不能损害农民利益底线，以培育壮大新型农业经营主体为核心，依托农业区域优化布局，不断提升新型农业经营主体市场竞争力，不断完善与农户的利益联结机制。一是围绕产城融合、产村相融，综合分析地理位置、地势、气候条件以及农户种养习惯等，科学规划粮经复合现代农业及循环农业引领区，以打造种养循环、农产品精深加工以及乡村旅游、养老服务等新产业、新业态为重点，培育新型农业经营主体。二是推广股份制、股份合作制等方式，构建“公司+农户”“几提供一回收”“公司+合作社+农户”“互联网+合作社+农户”“合作社+农户”等模式，促进农民从新型业态发展中持续充分受益。三是全面推行保护价收购、利益兜底，利润返还、收益分成，采取“股份合作+保底

分红”等做法，让新型农业经营主体和农户共享新机制带来的新红利。

三、合权用力，构建农业服务体系

（一）革新体制，建立现代农业产业化经营体系

加强新型农业经营主体培育是解决“谁来种地”的关键。一是建立政策激励机制。落实新型农业经营主体培育奖励办法，加大涉农项目资金扶持补助力度，用活农村产权反担保和质押贷款、农村产权抵押融资、信用保证贷款等融资政策。二是完善土地流转机制。建立健全农村土地经营权流转市场，健全土地承包经营纠纷调解仲裁制度，有序推进土地向新型农业经营主体集中。三是完善风险保障机制。扩大农业政策保险的范围和额度，推广农产品价格指数保险试点，探索开展农业互助保险组织试点，将水果、土地经营权流转收入等纳入保险范围，提高新型主体应对自然风险和市场风险的能力。

（二）搭建平台，建立现代农业信息化网络体系

农业生产经营信息化与农业政务管理信息化是提升农业现代化水平的重要抓手。一是在农业生产经营信息化方面，要认真组织实施电子商务进农村项目，培育壮大农村电商中心，引导新型农村经营主体运用“大数据”，主动适应农业供给侧结构性改革需要。二是在农业政务管理信息化方面，要重点运用农业、畜牧、渔业、农机等信息监测与调度、农业经济与市场信息的监测与预警、农产品质量安全管理信息、农业应急指挥信息和农业信息服务等五大信息系统。三是积极提升农技推广网络及网络功能水平，运用现行的信息技术和移动互联网、传感器、物联网等新一代技术，快捷高效推广农业农村实用技术，增强新技术辐射带动作用。

（三）标本兼顾，建立农产品标准化和质监体系

加强农产品标准化和质监体系建设是实现农业可持续发展的“生命线”。一是分产前、产中、产后，强化农产品质量安全监测。建立质量安全追溯体系，加强对耕地、水源、空气等环境污染、农业投入品质量安全、农产品市场准入等环节的监控，健全农产品编码标准，确保全程质量控制信息的传递和可追溯。二是树立农产品品牌意识，实行农产品市场准入制度。突出生态地域特色，鼓励新型农业经营主体、农产品生产基地与农产品销售市场（超市）直接对接或签订产销合同。三是运用现代技术，严格农产品溯源保障。依托现代科技云计算、云服务和云处理技术，建成生产、加工、流通、销售农产品综合安全系统，实现质量在线一体化“管、防、控”。

坚持以人为本　建设人居城市

——浅谈小城市规划建设存在的问题及对策

荣县人民政府县长　郑小清

城市建设龙头在规划，城市规划核心在人。小城市发挥着辐射镇村、联系乡村发展的重要作用，是承接当地农民进城落户实现城镇化生活工作的桥头堡。小城市应坚持规划“一张图”、建设“可持续”、品牌“特色化”，要让老百姓安居乐业，让荣县成为真正的“人居城市”。

一、建设“人居城市”的现实意义

人居城市，核心是以人为本，内含宜居、宜业、宜游等多个标志。小城市建设不仅要耐看，更要耐用。目前，全国大多数小城市对土地财政过度依赖，在城市规划建设中对城市规模考虑得多，对城市细节考虑得少；楼宇地产修得多，园林绿化建得少；马路、街道整得过宽，市政设施搞得太少，小城市成为了大城市的侏儒版，城不像城、村不像村。有大城市之弊病，无大城市之繁荣；有乡村之落后，无乡村之生态。满足不了老百姓的需求，更不符合小城市发展的规律。

人们来到城市是为了生活，人们居住在城市是为了生活得更好。“人居城市”的建设，就是要在城市规划建设中凸显“城市为人而建”这一核心思想，统筹考虑城市交通系统、功能业态、生态环境、景观风貌、城市文化等方面的融合平衡，妥善处理好长远规划与近期建设、整体规划与局部建设的关系，变“水泥城市”为“绿色城市”，让小城市的特色在城市细节中得以体现，真正让市民生活得安心、省心、舒心。

二、走出小城市规划建设误区

在小城市规划建设过程中，由于历史遗留、政府财力、发展理念、执行能力等多方面原因，小城市建设在城市规划建设中大多存在以下三大误区。

一是规划侧重“填窟窿”。城市规划是十分重要的公共政策，具有社会性、全局性，必须积极服务当前社会经济发展的中心和大局。然而，在小城市规划建设管理中，重局部轻全局、重审批轻研究现象十分严重。小城市的规划建设委员会会议主要研究具体项目的规划方案评审，对有关城市发展的宏观性、全局性的城市总体规划、城市设计、城市控制性详细规划等研究不足。而在规划布局具体项目的时候，往往是“头痛医头，脚痛医脚”，简单地缺什么补什么，对怎么补得更长效、更科学、更实用，没做深入细致的研究，大大降低了城市规划和建设项目的效用。在规划执行过程中，存在为满足个别项目落地而调整规划的“铅笔绘蓝图”现象，规划的科学性、权威性得不到充分体现。

二是建设只顾“眼前利”。在小城市建设过程中，如何正确处理“找钱”与“花钱”的矛盾，是全县必须面对的问题。大多数小城市对土地财政的依赖较重，有的小城市在规划建设过程中“宁修一片楼宇，也不留一点绿地”，看重的是如何将仅有的土地资源实现最大的经济利益，以增加当前的财政收入；有的在公共设施配套上低投入、低覆盖，舍不得投入资金将工作做扎实；有的对旧城建设、棚户区改造只顾资金平衡，不顾品质提升。这些做法忽视了人的需求才是城市发展的根本动力，到最后就是“拆、补、重建”，投入的资金更多，付出的代价更沉重。

三是盲目追求“高大上”。由于小城市规划建设管理决策层在专业知识、工作经验、城市意识、规划理念等方面能力不足、水平不高，许多小城市在城市规划建设中没有遵循科学规划建设规律。许多小城市在城市规划建设中一味盲目模仿大城市、特大城市，盲目追求城市规划建设“高端大气上档次”，标志性建筑一味照抄照搬，忽视对城市的历史、内涵和文化保护。小城市与大城市在城市规模、城市职能、自然和人文环境等方面存在很多不同，盲目套用大城市做法，忽视对本土文化的传承和保护，将导致小城市规划建筑跟风、错搭、媚外等乱象的出现。

三、做精做优小城市建设规划

小城市建设规划，应该因地制宜，凸显小城市规划的“一张图”、小城市建设的“可持续”和小城市品牌的“特色化”，让“人居城市”建设更

加科学、更有实效，让小城市发展更有动力。

一是坚持小城市规划的"一张图"。城市规划在城市发展中起着战略引领和刚性控制的重要作用。小城市规划要按照地理区位、历史文化、自然条件、资源禀赋、交通环境等自身情况，顺应城市发展的客观规律，结合承接大、中型城市的部分功能转移，发挥对区域镇村的辐射、带动作用，科学进行发展定位；要把"以人为本、尊重自然、传承历史、绿色低碳"等理念融入城市规划全过程，找准小城市发展优势和方向，让城市规模与资源环境承载能力相适应。要严格依法执行规划，健全规划执行全域监督机制，实现"一张蓝图、全域监督、一干到底"，解决"填窟窿式规划"问题。

二是坚持小城市建设的"可持续"。小城市建设必然面临长期利益和短期利益的博弈，要树立"精明增长""紧凑城市"理念，将"可持续"融入公共设施建设、资源优质使用和城市环境改善等方面，真正实现小城市建设综合利益最大化。要以公共服务设施建设为突破口，优先建设道路、绿化、公园、学校、医院、车站、市场等设施，满足人们最基本的公共服务需求，长远带动周边土地最大限度地发挥价值，使城市建设进入良性循环。创新公共服务设施建设、融资和运营模式，鼓励社会资本参与，促进基础设施建设运营高效化。倡导土地混合利用，鼓励实施"居住+商业""交通用地+商业、办公、居住"等不同结合模式，提升城市配套设施覆盖面和土地利用效率。优化存量使用，加大对现有社区、棚户区的改造和利用，激发现有社区活力，提升建成设施效用。着力改善生态环境，加强对城市管网、城市园林、城市污水和垃圾处理设施等的建设和改良，提升环境质量，保障生活品质，打造"绿色小城市"。畅通交通体系，规划布局"窄路密网"，形成"行人+自行车+公共交通+小汽车"等公交优先的综合交通体系，创造良好出行条件，引导市民绿色出行。

三是坚持小城市品牌的"特色化"。没有将各自的城市特色传承好、发展好，就会出现"千城一面"的情况。小城市规划建设，应顺应自然的地理环境，传承自身历史文脉，保持独有的民俗特点，让城市更能彰显特色，让人们更能记住乡愁。城市规划要具有自然特色，要顺应自然文脉，突出小巧精致、绿色低碳、山水宜居，让山、水、田、园与人工环境和功能设施融为一体。让文化成为城市规划的灵魂，实现城市历史文化、人文因素和自然景观的相互融合；强化对文化遗产的保护，从城市整体规划着眼，确保文化遗产本身能够与周边环境和谐共生，与相关文化产业相互结合，为物质空间注入文化活力。要具有民俗特色，将城市的现代功能与民俗特色相融合，不断提升群众对当地民俗特色的认知和参与能力，实现传统生活与现代生活的结合。

综上所述，只有在规划建设中能紧紧抓住"坚持以人为本、建设人居城市"的主线，才能让小城市天人合一、特色鲜明、宜居宜业、充满活力，让人民享受到高品质的幸福生活。

"五着力"促"五突破"

——富顺县聚力推动"三农"工作高质量发展

中共富顺县委书记　邹登权

近年来，富顺县以推进农业供给侧结构性改革为主线，统筹实施园区建设、脱贫攻坚、领导抓点、农村改革等四大工程，切实加强"三农"保障，有力推进农业大县向农业强县转变，连续两年被省委省政府评为"全省'三农'工作先进县"。2017年实现农村居民人均可支配收入14350元，增长9.1%；完成农业增加值44.94亿元，增长4%。19个省定贫困村实现退出，省定5821名贫困人口达到脱贫标准；新建成幸福美丽新村43个，创建省级"四好村"20个、市级"四好村"88个。

一、着力园区建设，推动农业供给侧结构性改革实现新突破

坚持将现代农业园区建设作为推进农业供给侧结构性改革的孵化器。确定"532"现代农业发展思路，健全园区工作体系，完善"一规划、三办法"，现代农业园区建设取得突破性进展。一是健全推进体系。组建正科级园区建设促进中心，建立完善"现代农业园区管委会+园区建设促进中心+农业发展有限公司"工作体系，形成"行政性推动+市场化运作"建管体系，受到国务院农业发展研究中心的高度评价。二是创新"一规划、三办法"。与省农科院合作，制定出台《富顺县现代农业产业发展总体规划》等4个规划，用规划引领园区建设；制定《现代农业园区产业发展扶持办法》《现代农业园区项目资金整合管理办法》《现代农业园区建设考核办法》等3个办法，投入产业化扶持、重大招商等财政资金2000万元，整合交通、水利等资金超过4000万元，撬动园区企业投资超过2亿元。三是强力推进产业发展。引进海升集团、德康集团等龙头企业5家，建成海升1000亩标准化柑橘基地、德康4000头标准化养殖基地、世臻300亩产业融合发展贡醋产业园、川越1000亩休闲农业基地和圣果园滑草观光基地，带动全县新建标准化柑橘基地1万亩、德康标准化养殖场80个，融入种养循环、三产相接和园区景区化建设，有力促进新产业新业态发展。突出绿色稻粱基地建设，粮食总产量保持在50万吨以上，被评为第四批省级农产品质量监管安全示范县。苗仙湖园区先后接待国家部委、省、市、县各级领导和俄罗斯等外商考察团调研指导82批次、1200余人次，经验做法多次被人民网、中央电视台、《四川日报》等媒体采访报道。

二、着力机制创新，推动精准脱贫攻坚实现新突破

坚持将机制创新作为推进精准脱贫攻坚的有效路径。坚持管用的老机制，不断创新机制，抓牢"六大工程"，务实兜底保障，实现脱贫攻坚"再战再胜"。一是强化机制创新引领。创新"161"推进保障、易地搬迁联审、半月推进例会和冲刺迎检考核等4项机制，坚持"54321"双机制、社会扶贫、返乡创业、民生"五有"等行之有效的5项机制，有力破解"工作谁负责、事情如何办、钱从哪里来、违纪怎样纠"等问题。二是强化"六大工程"支撑。强力推进新居建设、产业培育、乡村道路、公共服务、技能培训、生态保护等"六大工程"，完成易地搬迁2198人、危房改造2620户；贫困户发展生猪2.4万余头、柑橘8000余亩、蔬菜1.6万余亩，将80%的贫困人口集聚在产业链上；新建成贫困村道路374千米；培训贫困人口2098人，转移就业740人。三是强化兜底政策保障。将符合条件的28977名贫困人口全部纳入兜底保障，发放兜底低保金2122万元；设立教育救助资金610万元，全年资助建档立卡贫困学生18937人次、资金1189万元；设立卫生救助基金627万元，实施免费体检21547人；建立930万元小额信贷基金，贷出资金6126万元，受益贫困户1500余户。省脱贫办《脱贫攻坚简报》（第181期），以

"富顺县立足幸福美丽新村建设助推脱贫攻坚"为题，对富顺县脱贫攻坚工作予以宣传。

三、着力抓点示范，推动幸福美丽新村建设实现新突破

坚持将生态宜居作为推进幸福美丽新村建设的核心要义。强力推进领导抓点示范，5名市领导、8名县领导率先垂范，通过抓思路、抓项目、抓保障，实现统筹规划、统筹建设、统筹配套，建成一批川南特色新村。一是优化布局建新村。强力推进产村相融、"三区同建"，整合新村、扶贫、增减挂钩等资金，突出小规模、组团式、微田园、生态化建设模式，凸显"青瓦出檐长、穿斗粉白墙"的川南田园风格，聚力打造特色新村。新建成集聚点58个，让5335户贫困户11784名贫困人口迁入新居。二是完善配套强基础。整合涉农项目资金4.7亿元，配套建设路、水、电、信息等基础设施，建成新村产业道230余千米、便民路370余千米；新建成"1+6"公共服务中心19个。三是创新举措美环境。开发公益性岗位吸引654名贫困人员组建村级卫生清扫队伍，开展"模范卫生家庭"创建活动改变卫生习惯，引导群众"养成好习惯，形成好风气"，打造了一批优美新型农村社区。创建县级"四好村"90个、市级"四好村"88个，申报省级"四好村"20个。童寺镇、琵琶镇土地村被评为全国文明镇(村)。

四、着力问题导向，推动深化农村改革实现新突破

坚持将农村改革作为推动农业农村转型升级发展的动力源泉。针对农村产权不清、集体经济不强、用地保障不力等问题，突出抓好农村产权制度改革等改革事项，持续激发农村发展内生动力。一是强力推进"七权同确"。完成12个乡(镇)204个村4477个村民小组集体土地确权登记发证工作；完成566宗农村集体建设用地确权登记发证工作，农村宅基地使用权确权率达96.89%；确权林地面积37万亩、小班32.2万个，颁发林权证19万余本。二是务实推进农村集体经济发展。成功申报为全省集体经济发展试点县，竞争确定狮市镇马安村等10个扶持集体经济发展试点村，制订试点方案23个，实施项目23个，试点村集体经济收入平均年收入将达到8万元，是非试点村的8倍。三是创新农村用地保障机制。实施耕地保护经济补偿机制改革试点，发放耕地保护补助资金200万元；完成骑龙镇、代寺镇2个深化"双挂钩"项目，拆旧规模856亩，节余挂钩周转指标650亩；建立城乡一体的不动产登记数据库，颁发《不动产权证书》29298本、《不动产权证明书》21015份；县农村产权交易服务中心挂牌成立，农村产权流转交易鉴证实现零的突破。

五、着力"三农"保障，推动农业强县建设实现新突破

坚持将"三农"工作作为强农惠农、固本强基的重中之重。一是强化组织保障。全面落实县委书记、县长农民增收负责制，坚持由县委副书记分管农业农村工作，始终将农业农村工作会作为年初"第一会"，县委常委会、县政府常务会坚持每年研究"三农"工作不少于4次，并以县委县政府名义出台了《关于推进乡村振兴战略的实施意见》。二是强化资金保障。坚持按照高于本级财政公共预算收入增幅安排"三农"资金，县财政安排下达农业专项资金6.6亿元，引导金融机构发放农业贷款10.1亿元，投入脱贫攻坚等农业农村发展。加大项目整合力度，提升资金使用效率。三是强化考核促动。将"三农"工作纳入年度目标绩效管理，实行农民增收工作"一把手"负责制，将脱贫攻坚工作列入单项目标考核，严格工作"预决算"，实行"一票否决"制；每季度定期召开现场会，组建专项督查组，深入一线督查工作开展情况，有效传导工作压力。高质量完成"三农"普查工作，被推荐为"全国农业普查先进集体"。

阳光花城　特色农业

——攀枝花国家现代农业示范区建设探索

攀枝花市农牧局局长　邱小平

一、市情概览，阳光花城

攀枝花市位于川西南、滇西北结合部，金沙江、雅砻江在此交汇，1965年建市，是新中国首个资源开发特区，是全国唯一以花命名的城市，是四川通往南亚、东南亚沿边、沿海口岸的最近点和万里长江上游第一城。下辖东区、西区、仁和区、米易县、盐边县，辖区面积7440平方千米，有人口123万人。全市城镇化率64.74%，居四川省第二位，其中98%的城镇人口由全国各地汇集而来，是一座名副其实的移民城市。资源禀赋得天独厚，尤其是钒、钛储量分别占全国的63%、93%和全球的11%、35%，分别居世界第三位和第一位。石墨储量居西部之首，工业化率68.4%，居四川省第一位。气候舒适宜人，夏无酷暑、冬无严寒，日温差大、年温差小，年日照时数2300～2700小时，年均气温20.3℃，是全国三大热作区之一，温度、湿度、海拔高度、优产度、洁静度、绿化度等指标十分适宜人居，发展现代特色农业和康养旅游产业的条件得天独厚。

二、现代农业，全域示范

攀枝花市属以南亚热带为基带的立体气候，年日照时数达2300～2700小时，无霜期300天以上，年均气温20.3℃，年降雨量800～1200毫米，年平均昼夜温差15℃左右，日温差大、年温差小，具有光照强、温度高、降雨集中等特点，全年无冬天，独特的立体气候孕育出享誉全国的优质特色农产品。攀枝花发展特色农业具有得天独厚的优势，特色农业表现出鲜明的热带、南亚热带特色，具有产品珍稀、品质优良、上市错季、效益突出等特点。

2012年1月，攀枝花全域被农业部认定为国家现代农业示范区，成为全国第二批国家现代农业示范区。攀枝花国家现代农业示范区确定了"三个转变、六个提升、八大样板"的总体目标，即以核心示范区为中心，重点建设稻菜轮作生产示范区、南亚热带水果生产示范区、畜牧水产标准化养殖示范区和农产品加工物流园"四板块"。计划用10年时间，将攀枝花建设成为西南山区生态农业科技试验示范基地、特色农业生产示范基地、新型农民培训示范基地，辐射带动攀西生态农业产业带和川滇黔"金三角"地区绿色农业产业快速发展。

三、特色产业，绿色发展

经过长期的探索和实践，攀枝花已建成特色水果、早春蔬菜、畜牧水产、优质烤烟和林业生物等五大特色农业产业体系。晚熟芒果、早春蔬菜、冬春枇杷是攀枝花特色农产品中的佼佼者，晚熟芒果8—11月成熟，全国最晚；冬春枇杷元旦春节期间上市，全国最早；早春蔬菜1—4月上市，填补了国内市场的空档期。特色产业的发展促进了农

民增收、村容整洁和乡风文明；打造了一批特色旅游新村，形成了独具攀枝花市特色的阳光休闲农业和乡村旅游产业，一三产业得到有机融合，为康养产业发展提供了有力的支撑。

（一）特色水果

芒果、枇杷、石榴、樱桃、脐橙、草莓、莲雾、释迦、杨桃等交错上市、百果争辉。全市水果种植总面积47.7万亩，产量22.8万吨，其中芒果已成为攀枝花市最大的水果产业，占了特色水果"半壁江山"，种植面积达35万亩，产量15万吨，芒果外销率达90%以上，已成为全国"纬度最北、海拔最高、品质最优、成熟最晚"的芒果主产区。

（二）早春蔬菜

全市种植蔬菜21万亩，其中早春蔬菜13万亩（设施蔬菜7万余亩）、夏秋蔬菜8万亩；产量70万吨，其中早春蔬菜产量42万吨、夏秋蔬菜产量28万吨，已建成全省最大的早春喜温蔬菜基地。

（三）畜牧水产

开展以牛、羊为主的草食性牲畜标准化养殖，推行"畜—沼—果""畜—沼—菜"循环生产模式，全市生猪出栏61万头、羊出栏27万只、牛出栏2.7万头，肉类总产量5.4万吨，水产品产量3万吨。已建成部级畜禽标准化养殖场5个、省级标准化示范场4个、国家级休闲渔业基地1家。

（四）优质烤烟

由于独特的气候条件，攀枝花市烤烟的外观品质、内在质量以及配伍性均得到国内烟草行业的好评。近年来，通过加大烤烟基地建设力度以及烟叶生产、烘烤先进科技的应用，已建成优质山地清甜香型烤烟基地12万亩，产量33万担。

（五）林业生物

攀枝花市重点发展干果、块菌、林下养殖等产业。攀枝花人工培植块菌技术在全国处于领先水平，块菌年常量占全国近一半，同时被命名为"中国块菌之乡"。全市核桃种植面积达40万亩。

四、产村相融，协调发展

随着攀枝花现代特色农业的快速发展，按照"围绕基地建新村，依托新村促相融"的思路，将特色农业与阳光花城紧密结合，在推进新村建设的同时，积极打造现代农业集成创新示范农庄，使产区变景区、田园变公园、产品变礼品，积极培育阳光康养休闲农业品牌，推动一二三产业融合互动。建成了全国休闲农业与乡村旅游点1个、省级新农村示范片2个、省级新农村示范县1个、市级示范片3个，全市共有40个乡（镇）131个村开展了新农村建设，着力打造4个现代农业集成创新示范农庄。

五、蓝图绘就，实干圆梦

国家现代农业示范区，是攀枝花"四区驱动"发展格局的重要组成部分。"十三五"时期，要全面建成国家现代农业示范区，必须抢抓发展机遇，着眼目标、立足当前、乘势而上，紧紧围绕市委市政府提出的打造"中国钒钛之都、中国阳光花城、四川南向门户"的战略部署，按照"十三五"攀枝花现代特色农业"12345"发展思路，破解难题，超常发展，百倍努力，力争将攀枝花国家现代农业示范区建成全国一流、特色鲜明的现代农业示范样板区，为内陆热作产业发展和全省乃至全国现代农业建设发挥积极的示范作用。

"十三五"期间，以规模化、规范化、标准化基地建设为重点，强化粮经复合、种养循环、产业互动，大力提升机械化、信息化、良种化、品牌化、标准化、生态化水平，做精做强优势特色产业，全面建成国家现代农业示范区。力争到2020年，全市农林牧渔业总产值达到65亿元，年均增长3.6%；主导产业产值占农业总产值比重达90%以上，农民人均可支配收入突破2万元，主要农作物耕种收综合机械化水平达63%以上，适度规模经营水平达70%，农产品质量安全抽检合格率达98%以上。

聚焦"四好村"　打造新家园

中共泸州市委农村工作委员会

2017年，泸州市紧紧围绕新村建设"四个好"目标，大力推行"1+2+3+4+5"建设模式，全力推进幸福美丽新村建设，全年新建幸福美丽新村250个，超省上下达目标任务的25个百分点；对标建设省级"四好村"140个，超省上下达目标任务的75个百分点；古蔺县双沙镇白马村成功入选"四川省十大幸福美丽新村"，农民群众生产生活条件得到极大改善。

一、"一步到位"抓新村规划编制

一是坚持高起点编制规划。成立由市委书记蒋辅义、市长刘强为组长，市委市政府分管领导为副组长，市级27个相关部门和7个县（区）主要领导为成员的新村建设规划编制领导小组，既站在全国全省高度定位泸州，不盲目好高骛远贪大求全，又注重从近期、中期、远期角度谋划泸州新村建设规划，防止只顾当前不顾长远。二是坚持高标准编制规划。编制小组组建上，坚持高水平理论专家与经验丰富基层"三农"工作干部相结合，聘请中国社科院专家8名，抽调市、县（区）、乡（镇）"三农"工作经验丰富基层干部26名，组成新村建设规划编制小组，深入全市120个乡（镇）、250个拟建村开展规划编制专项调研561人次，组织召开新村建设规划编制专项研讨会11次，反复修编、修订建设规划内容2000余处，最大限度确保了新村建设规划的前瞻性、适用性和操作性。三是坚持高效率编制规划。充分发挥工作主观能动性。2017年年初，省上建设目标任务下达前，泸州市便提前着手，超前准备，大量搜集相关素材，组织工作调研，提前开展建设规划编制。省上目标任务下达后，泸州结合省上要求作进一步修订完善后即可印发实施，为县（区）、乡（镇）编制本级建设规划预留了大量时间，确保全市各级新村建设按时间节点顺利推进。

二、"两手着力"抓扶贫新村建设

聚焦全市2017年实现149个贫困村退出、82989名贫困人口脱贫的年度目标任务，按"缺啥补啥原则"全力推进扶贫新村建设。一方面，坚持一手抓扶贫新村基础设施建设。大力统筹整合全市人力、物力、财力等资源，全力实施贫困村交通、水利、农田、用电、通信、公共服务中心等基础设施建设。全年新（改）建农村通村通乡公路1000千米，纳溪区云回水库、古蔺县石梁子水库等4项大型水利工程快速推进，新增高效节水灌溉面积8641亩，升级改造贫困地区农村电网896千米，新建贫困村通信基站164个，贫困村基础设施得到极大改善。另一方面，坚持一手抓贫困村危房改造工程。全力锁定贫困户住房安

全问题，按照“宜建则建、宜改则改、宜迁则迁”原则和“不漏一户，不掉一人”要求，大力实施贫困村危房改造工程。全年完成贫困村危房改造18506户，改造土坯房9096户，基本解决149个贫困村无房户、危房户、住房困难户的安全住房问题。

三、“三管齐下”抓农村人居环境整治

一是突出农村垃圾收集处理。全面实施农村垃圾“户分类、村收集、镇县转运、区域处理”城乡环卫一体化工程，因地制宜、分村施策，按需配备垃圾箱，每村配备保洁员，按人口数量比例建设农村垃圾收集站（点），构建完善“横向到边、纵向到底”的农村垃圾收集处理体系，全年新增农村垃圾收集点1028个，新建垃圾收集处理中转站134座，配备村级保洁员1873名，全市农村垃圾收集处理率达92%以上。二是突出污水处理设施建设。大力实施农村污水处理设施建设工程，结合推进河长制工作，编制完善农村生活污水处理专项建设规划，推广“以乡（镇）政府和人口规模较大的中心村为重点，分类确定排放标准”模式，全面启动农村聚居点污水处理站建设。先后投入资金8946万元，新建农村污水处理设施150个，关闭搬迁禁养区养殖场46家，新增河道水质监测站13处，全市排污企业污水处理设施配套率达100%。三是推进“农村厕所革命”。结合“三建四改”工程，大力推进农村户用厕所建设改造，同步推进人畜分离和粪污处理，大力推进农村公共厕所普及，改造提升农村公共厕所无害化处理水平，配套建设农村公共厕所48座，全市农村卫生厕所普及率达88%以上。

四、“四好齐推”抓“四好村”创建

好房子上，整合新村聚居点建设、农房“三建四改”、易地扶贫搬迁、土坯房改造行动等工程，大力实施风貌塑造，严格民房生产生活区分，注重结构功能完善，实施庭院绿化美化，农民群众住房安全、居住质量和村庄整体形象大幅改善。好日子上，大力推进产村相融，紧紧围绕“八大特色产业”，紧盯市场需求发展“一村一品”，持续加快现代农业产业基地建设，大力培育壮大农产品加工业，深入挖掘农业农村文化创意，着力发展特色乡村近郊旅游。全年新增连片产业基地3万亩，新发展农民合作社14家，新培育重点龙头企业5家，就近带动群众3万余人。好习惯好风气培养上，着力改善新村治理模式，建立健全村务联席会议制度，实施公民道德建设工程，制定村规民约，开展“四礼新风进万家”（“四礼”即成人礼、婚礼、寿礼、葬礼）、“治三乱”（乱搭乱建、乱堆乱放、乱吐乱扔）活动，组织“星级文明户”“泸州好人”等评选，全力推进“幸福美丽新村（社区）文化院坝”建设。同时，积极鼓励各级开展群众性文化活动，开办农村文化艺术节，大力发展社区文化、乡村文化、民俗文化。2017年，全市新组建各类村级文化队（小组）617支，举办各类群众性文化活动6481场次。

五、“五措并举”抓新村示范县建设

一是大抓助农增收。坚持走“特色、精品、高效”的现代农业发展道路，优化产业结构，加快发展优势特色产业，强力推进三产融合发展，促进农民增收。龙马潭区、古蔺县两个示范县全年累计实现土地流转21.9万余亩，帮助贫困群众就地就近解决就业岗位800余个，促进农户人均增收1500余元。二是大抓基础设施建设。全力推进农村灌溉、农村客运、农村供水、农村电网改造、农村通讯、农村污水处理“六个全覆盖”工程，实施“全面消除农村危房”行动，新增高效节水灌面4000余亩，新改造农村电网847千米，宽带进村率实现100%，群众安全饮水实现全覆盖，龙马潭区全面实现村村通公交。三是大抓点面突破。坚持以点带线、以线带面，充分发挥示范点、示范片示范带动引领作用，积极引导农民群众投工投劳，全域推进幸福美丽新村建设，全年新建成新村聚居点136个，风貌塑造29542户，农民群众投工投劳111463人次，两个示范县幸福美丽新村覆盖率均达80%以上。四是大抓公共服务完善。严格按照“4331”标准（“4”即多功能活动室、文化信息资源共享室、村级广播室、村卫生室4室；“3”即综合运动场、电影固定放映场、特色文化宣传场3场；“3”即管理人员队伍、文化志愿者队伍、文艺演出队伍3支队伍；“1”即管理制度、运行台账制度、经费保障制度和评估考核制度1套制度机制）强化村级阵地建设，新建设幸福美丽新村文化院坝76个，建成综合文化活动室、村卫生室、图书室、综合运动场、特色文化宣传场等各826间（个）。深入实施“文化惠民”行动。扎实开展“送文化下乡”和文化扶贫行动，全年累计下基层巡回播放电影3501场次，开展义务文化演出181场次，建成农家（社区）书屋“一卡通”基层站点301个，建设村民小组终端270个，建成农民健身工程94个、全民健身路径76条，所有行政村全部实现广播“村村响”。五是大抓村“两委”班子建设。创新建立村（社）干部“一诺一议一考核”适任度评价制度，推行“凡进必诺、凡诺必考、凡考必果”的村（社）干部廉洁考评机制。明确村（社）干部任前必须做出公开承诺，全程接受群众监督评议，凡群众对村“两委”干部的满意率均低于70%以下的一律进行调整，营造能者上、平者让、庸者下的良好氛围，让真正想干事、能干事的村干部更好带动群众发展致富。

制度统筹“闭合设计”　宅基地实现“调整入市”

中共泸县县委书记　薛学深

在农村土地制度改革三项试点统筹推进中，泸县按照“宅改”腾退“入市”指标、“入市”盘活“沉地”资产、“征改”获得“入市”补充的思路，统筹设计改革试点制度，依托宅基地有偿退出腾退节余建设用地指标，通过指标布局、规划调整、补偿安置、行政审批，赋予拟入市地块用途，颁发集体经营性建设用地使用权证，凭证入市交易。2016年12月20日，通过公开拍卖，将位于田坝村2社的由宅基地腾退节余建设用地指标转化而来的2.5亩集体经营性建设用地以每亩15.3万元价格成交，总价款37.6万元，出让年限50年，保障了私立幼儿园项目的成功落地。

一、找准问题，以问题为导向统筹宅改

（一）农村宅基地存在大量闲置

泸县田坝村辖区面积5平方千米，辖7个村民小组，有总户数786户、总人口2854人，有耕地面积1563亩，宅基地总面积742.8亩。全村有1012人外出务工，外出务工人口占劳动力的68.7%；一户多宅108户，进城购房户30户，闲置宅基地面积27.2亩。

（二）农村发展建设用地紧俏稀缺

全县农村存量经营性建设用地量小且分散，全县有157宗，面积仅0.3万亩。以前的乡村非农发展用地，保障周期长、合法性差。改革

前，田坝村中心村聚居住户39户，有学龄前儿童146人，由于幼儿园体量小，又地处农村，征地指标无法满足，且无位置适中的存量集体经营性建设用地，有的农户便利用自住房办幼儿园，消防安全等隐患较大。

（三）农民有偿退出宅基地的意愿强烈

农户视老宅为祖业，即使另有居所，没有激励政策则不愿自发拆房退地，导致了空闲老宅散而不均、闲而不退、破而不改的现象频现。经调查，全村有意愿（有偿）退出宅基地的有268户1386人，可腾退宅基地面积255.9亩，全县近期可腾退2.1万亩。

二、顺应需求，以需求为标杆设立制度

（一）宅基地有偿退出，复垦腾退建设用地指标

一是村编制退出方案，报经县政府批准后，在年度计划内有序退出。二是农户自愿申请退出，村（组）受理和审核申请，对符合条件的就退出安置意愿等签订有偿退出协议。三是村组织拆除复垦，通过公开招投标选择施工单位，统一拆除复垦退出的宅基地。四是联合验收发证，复垦地块经村级自查、镇级初验、县级终验，县土地整治中心抽查20%的终验地块。验收合格后，委托中介机构评定耕地等别，颁发合格证，载明复垦面积、中心村占地面积、腾退面积及耕地等别。田坝村已拆除复垦204户678人，复垦面积172.7亩。退出户中有42户进中心村、74户进城镇购房或投亲。

（二）宅基地指标转化，生存集体经营性建设用地

一是指标调用。村议定退出复垦的建设用地指标，扣除中心村占地和预留农民宅基地分配底线保障指标后，将剩余指标一部分交由县政府收储，一部分用于转化入市。二是调整规划。调整村级土地利用、村庄建设规划，对应规划赋予地块用途。三是指标布局。将建设用地指标布局到幼儿园规划地块。四是补偿安置。村集体公司对应所在地块按3.1万元/亩的标准进行补偿。五是行政审批。编制方案，报经县政府批准，核发集体经营性建设用地使用权证。同时注销该地块承包经营权证。

（三）按照经营性建设用地交易程序，凭证入市出让

村集体资产经营管理股份公司委托中介公司对地块价格进行评估。村民议事会参照评估价格，讨论入市相关事项，形成入市主体、入市方式、入市底价等决议。村集体资产经营管理股份公司按照决议，编制入市方案报村审核、镇审查、县审批，县政府批准后委托县公共交易中心挂网拍卖。拍卖成功后，村集体资产经营管理股份公司与竞得方签订意向书，15日内签订出让合同，拍卖价款竞得人按合同约定打入县财政专用账户，计提调节金后返还给村集体资产经营管理股份公司。办理不动产登记权证，权利人可享有国有地出让同等权利。田坝村幼儿园的2.5亩项目用地得到了便捷保障。

三、发展变化，以变化为参数评判成效

（一）闲置资源成功盘活

宅基地退出户户均获得直接经济补偿5万元；复垦耕地年产值增加13万元，户均每年增收600元；集体通过节余指标流转、入市等实现收益451余万元；政府收取入市调节金0.9万元，实现国家、集体、个人多方受益。

（二）发展用地得到保障

田坝村的私立幼儿园用地得到成功保障，村级预留的建设用地指标除满足宅基地再分配外，还可以满足农业向二、三产业和二、三产业向农业双向延伸的发展建设用地需求，有利于深化土地制度改革、实践乡村振兴战略。

（三）土地节约集约利用

通过零散宅基地复垦，田坝村新增耕地160余亩；通过土地集中整治，为土地的成片流转和农业的适度规模经营创造了条件，促成土地流转172.7亩，家庭农场、农民专业合作社、农业龙头企业顺势发展壮大；通过聚居点聚居，户均节约建设用地300平方米。

（四）撬动了农村现代化

在改革中，田坝村统规统建了中心村聚居点，建成住房42套，相对散居节余的指标，通过流转收入300余万元，投入统一配套了水、电、气、路、绿化、亮化、污水处理、文化广场等设施，呈现出基础设施逐步向户延伸和偏远农户逐步向聚居点集中的良好势头。聚居点发展起了幼儿园、餐厅、茶园、卫生室等业态。

坚决“干”字当头　打赢脱贫攻坚硬仗

中共合江县委书记　张季濒

合江县是乌蒙山片区县，境内地形复杂、沟壑纵横、交通不便，深丘和山区占全县一半以上。贫困人口多，有建档立卡贫困人口2.6万户8.2万人，贫困发生率10.8%；贫困面积广，64个贫困村零散分布在各个乡（镇）；贫困程度深，一些边远山区的基础设施薄弱，贫困群众缺乏长效产业支撑，扶贫任务十分艰巨。

近年来，合江县委县政府认真贯彻落实中央、省、市重大战略部署，将脱贫攻坚作为头等大事和底线任务，以脱贫攻坚统揽经济社会发展全局，强力推进脱贫攻坚。2014—2017年，贫困人口从8.2万人下降至9756人，贫困发生率从10.8%下降至1.28%。

党的十九大报告对脱贫攻坚工作提出了一系列新目标、新思路、新战略。学习贯彻党的十九大精神，关键是要学懂、弄通、做实，不折不扣贯彻落实党中央决策部署。

“群之所为事无不成，众之所举业无不胜”。人民是历史的创造者，是决定党和国家前途命运的根本力量。生活在和平时代的我们，有幸参与这场没有硝烟的战争，有幸见证这个举世瞩目的历史时刻，让合江县告别两千多年贫穷落后的历史，任务艰巨、使命光荣。

一、压实主体责任，拎着帽子干

坚持中央统筹省负总责市县抓落实的工作机制，强化党政一把手负总责的责任制，习近平总书记在党的十九大报告中明确了坚决打赢脱贫攻坚战的责任机制。在推进合江县脱贫攻坚工作实践中，全县成立了县委书记、县长任双组长的脱贫攻坚领导小组，建立“四大战区+26个专项推进组+27个乡（镇）推进组”指挥体系，下设脱贫办，统筹各类项目、政策、会议、督查等，确保全县“一盘棋”、合力攻坚。开展“万名干部帮万户”活动，实现贫困村“五个一”、非贫困村“三个一”帮扶力量全覆盖。出台了《脱贫攻坚关爱激励基层干部10条措施》，明确70%以上的科级干部在脱贫攻坚主战场选用，从培训培养、提拔任用、表扬激励等方面给予倾斜和关怀，最大限度地激发干部干事激情。启动最严督查考核，成立脱贫攻坚督查督办组，实

行“月考核”，对每月排名靠前或靠后的，分别发放流动红旗和警示黄牌。

二、扭住重点难点，撸起袖子干

“脱贫攻坚本来就是一场硬仗。”在难啃的“硬骨头”面前，如何主动作为、主动承担、创造性地开展工作，是县委县政府一直思考的问题。针对脱贫“摘帽”工作推进中的薄弱环节，合江县重点打好四场攻坚战。

打好脱贫攻坚持久战。打赢脱贫攻坚战，产业发展是关键。合江县因地制宜、因村施策，以“发展一片产业、脱贫一方百姓、带动一方发展”为目标，依托荔枝、真龙柚、金钗石斛三大特色产业，在64个贫困村实施1个脱贫奔康产业园、1个温氏家庭合作农场、1个扶贫车间的“三个一”工程，辐射带动周边非贫困村，实现了“村村有脱贫产业、户户有致富项目”。2017年，三大特色产业种植面积分别达30.6万亩、30.8万亩、5万亩，实现综合收入17.5亿元，带动农民人均增收1860元。全县还设立产业扶持、扶贫小额信贷、教育、卫生扶贫救助“四项基金”，通过创新基金“三变三带”模式，实现了由“输血式”扶贫向“造血式”扶贫的转变，惠及4.9万名贫困群众。

打好住房安全保卫战。统筹易地搬迁、农村危改、扶贫危改、地灾避险等类型，依托集镇、中心村、产业基地、乡村旅游区打造各具特色集中安置点14个。坚守底线，确定超面积、新增负债等“六不补助”原则；抢抓进度，建立《脱贫攻坚项目参建企业名录》，公开公正确定施工单位；严控成本，对大宗建材分片区询价采购，确保价格比市场低5%；注重质量，聘请专业技术人员对新建住房全过程质量监管。

打好基础设施攻坚战。通过实施PPP项目、争取浦发银行扶贫基金、整合涉农资金等方式，加大基础设施建设投入。以“交通大会战”为契机，实施通村通畅、农村公路改造提升等项目277.8千米，建设重点农村公路180千米，实现34个预脱贫村通客运。采取县属国企包材料、乡镇村社包施工、水务部门包技术的“三包”模式，完成自来水管网免费延伸入户工程，集中解决安全饮水问题。统筹村文化室、卫生室和村级代办站，建设“6+N”村级党群服务中心，最大限度方便人民群众。

打好社会民生巩固战。统筹教育扶贫和义务教育均衡发展两项目标，投入7.2亿元新(改)建校舍38.54万平方米，实现镇镇有标准中心校。严格落实“三免一补”等国家和地方教育扶贫政策，到位各类奖补资金1.87亿元，惠及10.78万名学生。实施“预防+治疗+兜底”一条龙服务，为6.23万名贫困人口免费体检，实现家庭医生签约服务7.29万人，落实“1名医卫人员+1名帮扶干部”贫困患者跟踪服务。实现县内住院治疗费用全额报销。在低保兜底上，按照“应保必保、应退必退”原则，将1.4万名贫困人口纳入低保救助范围，实现“两线合一、阳光施保”。

三、整合社会资源，齐心协力干

习近平总书记指出，要动员全党全国全社会力量，坚持精准扶贫、精准脱贫。合江县也充分认识到要打赢脱贫攻坚战，不但要发挥全县的体制优势，同时还需要动员全社会的力量，充分释放社会扶贫潜力。全县以政府为主导，构建政府、市场和社会协同推进的大扶贫格局，省、市对口帮扶，部门倾力帮助，社会各界广泛参与，慈善企业、社会团体和广大爱心人士纷纷慷慨解囊，大力支持合江县脱贫事业，主动参与“荔城汇爱心、社会扶贫十送”活动，向贫困群众送资金、送技术、送岗位等，用实际行动在全县传递了众志成城、守望相助的正能量。对口帮扶部门、社会各界累计捐资上亿元，提供就业岗位上万个，中国农工民主党四川省委员会在“健康扶贫合江行”活动中扶持了8470万元的医疗设备，泸州老窖集团捐资2586万元定点帮扶榕山镇回洞桥村。在全县开展“双联双扶助脱贫”活动，310个城镇党组织与284个村级党组织结对帮扶，指导、帮助结对村强班子、建阵地、选项目、谋发展。县商会组织29名企业家会员结对全县最边远、最困难的12个村97户贫困户，采取产业扶贫、就业扶贫、捐赠扶贫等多种形式参与帮扶，投入农业项目资金3129.68万元，捐款捐物、助学捐赠10万余元，形成“合江是我家、脱贫靠大家”的强大正能量。

四、注重精神引领，示范带着干

扶贫先扶志，致富先治心。让贫困群众思想脱贫是最难的，也是最关键的。针对部分群众“等、靠、要”思想严重，不愿意主动干的问题，全县立足实际，坚持物质与思想帮扶同部署、同落实，开展三大主题教育、“四好村”创建、“星级文明户”评选等活动，让贫困群众彻底“去穷志、摘穷帽”，实现既“富口袋”又“富脑袋”。充分发挥农民夜校、“坝坝讲坛”“群众例会”等平台作用，在27个乡(镇)分别组建由党员领导干部和模范代表、乡贤达人、“五老”人员等“土专家”组成脱贫攻坚宣讲团，开展党的十九大报告、脱贫攻坚专题宣讲，引导群众树立“自力更生、不等不靠”的思想，变“要我脱贫”为“我要脱贫”。

贫困群众对美好生活的向往，就是全县干部的使命和初心。对合江县而言，就是要“干”字当头，把党员、干部、群众的思想和行动统一到党的十九大精神上来，把力量凝聚到脱贫摘帽的最大实践上来，不仅要干成，而且要干好。

气象科技助力乡村振兴　推进城乡融合发展

德阳市气象局党组书记、局长　邓　勃

为全面深入贯彻习近平新时代中国特色社会主义思想和党的十九大精神，落实《中共中央、国务院关于实施乡村振兴战略的意见》部署和德阳市委市政府关于实施乡村振兴战略以及“大学习、大讨论、大调研”专题活动的总体要求，全力做好新时代气象为农服务工作，提升乡村振兴的气象服务保障能力和水平，充分发挥气象助推乡村振兴的积极作用，德阳市气象局围绕乡村振兴开展了专题调研，并形成了调研报告，主要有以下几个方面：

一、德阳气候复杂多变，常年旱涝灾害明显

德阳市地处四川盆地西北部边缘，位于成都平原腹心地带，辖旌阳区、罗江区、广汉市、什邡市、绵竹市、中江县，另有经开区和高新区，辖区面积近6000平方千米，人口约400万人，境内地形地貌落差大，地质构造复杂，气候复杂多变，干旱、洪涝、大风、冰雹等自然灾害易发多发，特别是“5·12”汶川地震后，气象灾害及其衍生灾害频发，也是全省自然灾害发生严重的地区之一。境内主要自然灾害有干旱、洪涝、大

风、冰雹、低温冷害、山体崩塌、滑坡、泥石流、地震等，以上自然灾害均对农业生产有不利影响，据民政部门2010—2017年数据统计，德阳气象灾害及其衍生灾害每年造成的直接经济损失均在亿元以上，年均经济损失20亿元，农业损失占比60%以上，其中气象灾害严重的年份由于其衍生灾害也较严重，造成的损失也十分巨大，比如2010年和2013年，直接经济损失分别为42.5亿元和93.6亿元，这两年均是由于暴雨成灾造成洪涝、泥石流灾害频发。干旱、洪涝每年均有发生，对农业生产影响较大，严重时还影响农村饮水安全，山体崩塌、滑坡、泥石流等灾害和气象灾害密切相关，如2010年8月13日绵竹清平特大山洪泥石流灾害就是由于短时强降水诱发，此类灾害严重威胁农村公共安全，对农民的生命安全构成巨大威胁。其他如低温冷害、大风、冰雹等主要对德阳市经济作物造成损失较大。

二、深刻认识新时代实施乡村振兴战略的重大意义和对气象工作的新要求

乡村振兴战略是以习近平同志为核心的党中央着眼党和国家事业全局，深刻把握现代化建设规律和城乡关系变化特征，顺应亿万农民对美好生活的期待，对"三农"工作作出的新的战略部署，是决胜全面建成小康社会、全面建设社会主义现代化国家的重大历史任务，实施乡村振兴战略是中国特色社会主义建设进入新时代的客观要求，是解决人民日益增长的美好生活需要和不平衡不充分发展之间矛盾的必然选择，是实现"两个一百年"奋斗目标、实现全体人民共同富裕的必然要求，对推动农业全面升级、农村全面进步、农民全面发展具有划时代的里程碑意义。

中央"一号文件"对气象工作提出了"提升气象为农服务能力"的要求，实现乡村"产业兴旺、生态宜居、乡风文明、治理有效、生活富裕"对气象工作的基础支撑和服务保障作用提出了新要求。调整和优化气象供给侧结构性改革，适应现代农业产业体系、生产体系、经营体系建设和率先实现农业现代化，智慧精准的服务要求更高；面向县域村庄设计、农业结构调整、乡村生态系统保护和资源开发利用、大气污染防治，推进乡村绿色发展的支撑要求更高；气象精准扶贫，农村基础设施提挡升级，实现公共气象服务均等化，提升趋利避害水平的保障要求更高；提高农村气象灾害监测预报精准性、扩大信息有效覆盖面，融入农村社区网格化管理，完善乡村综合防灾减灾体系，推进平安乡村建设的防范要求更高；传承发展优秀的农耕气象文化，融入乡村公共文化体系和乡风文明建设，提高农民科学文化素养，面向乡村科技知识的普及要求更高。

三、充分肯定气象现代化建设成绩，全面总结科技助力乡村振兴经验

（一）全力推进气象业务现代化，服务乡村振兴

气象综合观测网建设日臻完善。全市5个国家级地面气象观测站的主要观测要素已经全部实现自动化；建成区域自动气象观测站209个，农业小气候站11个，交通气象站12个，国家级农业气象观测站2个（中江、罗江），生态监测站2个（绵竹、罗江），风廓线雷达站1个（绵竹九龙），梯度风观测站1个（什邡），风云三号和四号地面卫星接收站各1个（罗江），大气电场仪3个，土壤水分自动观测站10个，车载式移动测雨雷达3部，移动气象观测站5个，全面实现了全市综合气象观测在时间、空间及观测要素上的加密。

建立完善气象业务支撑体系。逐步完成业务平台现代化建设，新建市、县级数据处理中心，实现了收集本区域内自动站数据及质量控制、数据上传和存储、服务产品加工制作等功能。完成综合业务平台改造，建成了以雷达、卫星、数值天气预报产品为基础的精细化预报业务，重点开展灾害性天气监测预警和短时临近预报订正和跟踪服务，完成了"德阳精细化预报平台"等一系列业务系统的开发和运用，大大提升了气象业务现代化水平。建立了完整的省、市、县三级暴雨诱发中小河流洪水和山洪地质灾害的气象预警服务业务体系。

气象预报预测能力得到提升。完成《德阳精细化预报系统》课题，实现制作可用时效达到7天的城镇精细化预报产品（0～72小时12小时间隔、72～168小时12小时间隔），增加风向、风速等要素的预报，24小时晴雨预报准确率达到81.4%，最高、最低气温预报准确率分别达到72.1%和72.3%；研究德阳分区域小气候环境，结合乡（镇）地理信息，建立《德阳乡镇预报系统》，实现制作预报可用时效达到1天的乡（镇）气象要素预报产品（0～24小时12小时间隔）。立足防灾减灾，开展中尺度天气分析业务，建立适应德阳中尺度灾害性天气特点的物理量指标体系及天气概念模型，完成了暴雨、高温、寒潮、大雾等概率预报技术研究，对可能出现的灾害性天气能够进行预警；建立德阳灾害性天气个例库，提供灾害性天气研究的数据基础；完成了德阳暴雨风险区划、暴雨强度公式项目研究，增强了德阳暴雨风险防范能力。

气象信息化水平稳步提升。建成了以双运营商电路为基础的全市气象广域网系统，基础网络和传输能力得到改善。建成信息保障系统，建成了30千伏安应急电源系统、9套会商系统、3套应急短波通讯系统、5套CAMCAST卫星接收系统、5套北斗传输系统及人影炮点实时监控系统；开发的"德阳气象"一键式发布系统、国家突发事件预警信息发布系统、德阳气象公共服务平台、"德阳气象"手机APP已正式投入运行。

（二）气象为农服务实现需求引领，主动服务

气象防灾减灾工作成效显著。德阳市气象局初步建立了"政府主导、部门联动、社会参与"的气象防灾减灾体系和多灾种气象灾害监测预警部门联动机制。成立了气象防灾减灾领导小组，出台了气象灾害政府应急预案。全市大部分乡（镇）建立了气象信息服务站，绵竹金花、清平被中国气象局评为"气象灾害防御标准化乡（镇）"；绵竹、广汉、什邡、罗江、中江被中国气象局和省气象局确定为"气象为'三农'服务示范点建设县"。全市气象信息员达2031人，建成气象预警电子显示屏122个；与水利、国土、农业、环保、国安、应急等部门实施战略合作。基本建立预警信息发布传播机制和"绿色通道"，气象预警信息社会单元覆盖率达80%以上。

提高人工干预天气能力，提升气象趋利避害措施。建立了市级人工影响天气指挥中心，完成1个培训基地和7个高炮作业基地标准化建设，配备7台新型移动式火箭，初步形成高炮、新型火箭和飞机联合作业的人工影响天气体系，推进人工影响天气由应急作业向主动防御作业转变，提高农业趋利避害的能力。

四、提升气象农业服务能力，助力乡村产业兴旺

按照"互联网+现代农业"的发展新需求，坚持质量兴农、绿色兴农，以气象供给侧改革为主线，服务现代农业"三大体系"为重点，大力推进农业气象监测自动化、业务集约化、产品信息化、服务精准化，构建全市农业气象业务"一张网、一张图"，打造精准、互动、共创的智慧农业气象服务体系，助力乡村产业兴旺。

（一）加强现代农业产业体系的气象有效供给

面向现代农业由增产转向提质的新要求，开展全市范围内精细化

农业气候资源、农业气象灾害普查和区划,围绕水稻、小麦、油菜等大宗粮油作物以及特色水果、茶叶、药材、花卉等优势特色农业开展精细化农业气候区划业务服务,建立5个平坝、浅丘、山区不同类别农区农业气候资源利用示范基地。

围绕特色粮经作物、特色园艺产品、特色畜产品、特色水产品等示范区和现代农业产业园,强化主导产业的农业气象灾害影响预报、气候品质评估溯源、农业气象指数保险等气象服务。以罗江贵妃枣、青花椒,中江玉米,什邡晒烟、川穹以及广汉樱桃、西红柿等特色农业产业为例,建立适宜生长的气象条件模型,开展农业气象指标体系建设。

(二)推进现代农业生产体系的智慧气象服务

气象信息网络全面升级提速。市级的网络带宽达到200兆,县级的网络带宽达到20兆,与各部门间的网络带宽达到40兆。打造数据采集自动化、传输网络化、监控智能化的农业气象和灾害监测系统。

推进农业气象观测和灾害监测自动化。对全市4个现代农业重点县(市、区)(中江、罗江、广汉、绵竹),结合农业气象观测站网布局和区域特色发展需求,建设全市自动化农业气象观测网,健全"一县一特色"自动化设施农业观测网,完善罗江、中江主要易旱区乡(镇)自动化土壤水分观测网。

建设省、市、县一体化的农业气象业务平台。建设涵盖农业气象条件诊断分析、气象灾害监测预报评估、特色作物气象服务、农产品气候品质认证、农业气象灾害保险服务、农业气象调查、农业气候区划、农业气象灾害风险区划等功能的综合业务分析平台,提高农业气象业务自动化、集约化、信息化、规范化的水平。

(三)构建现代农业经营体系的气象服务品牌

做好面向新型农业经营主体直通式服务。全面推广应用四川"E农"APP、德阳"天耕"系统,完善充实为农服务渠道,在推送精细农业气象信息的基础上,完善按需定制、按位置推送的个性化、分众式服务模式,创建微博、微信等新媒体直通服务载体,逐步建立基于用户需求分类的全媒体直通式服务网络,实现气象信息直通式服务覆盖90%以上农业经营大户和新型农业经营主体,为农业经营大户和新型农业经营主体提供高质量、精准的智慧农业气象信息服务支持,优化定位、定时、定量气象服务新模式,推动群体发展型规模经营,促进"一村一品、一乡一业"的兴村强乡新产业新业态。

推进特色农产品气候品质认证体系建设。主动融入农产品质量标准体系建设,推动地方农产品气候品质认证标准的建立,加强气候品质认证科学方法和指标体系的研究,设计气候品质认证的品质标识,建立有效的气候品质追溯体系,开展"绵竹大马士革玫瑰"等优质特色农产品气候品质试评,完善气候品质认证的气象业务规范,探索农产品发育期阶段性气候品质研究,积极打造和宣传德阳优质特色农产品,充分利用气象技术和资源,提升德阳农产品品牌的影响力和价值链。

五、提升气象生态保障能力,助力乡村绿色发展

开展乡村环境宜居气象服务。推进生态宜居乡村气象服务示范建设,提供能有效满足乡村生态宜居的个性化、专业化、精准化气象服务。开展绵竹市九龙镇、广汉市松林镇等农村地区宜居、宜业、宜游等区域的气候承载指标分析和评价,并将气候可行性论证纳入乡(镇)规划设计和管理体系。组织开展气候舒适度、花期、气象景观、宜居指数等乡村生态宜居指标研究,积极打造休闲避暑、冰雪旅游等的气候标志品牌。

推进乡村生态治理气象保障。继续完善农业气象观测站、区域观测站等地基气象生态监测站网,建立罗江风云三号和四号卫星遥感等地面监测业务体系,开展重污染天气过程解析,加强秸秆焚烧监测,做好重污染天气应对和大气环境治理气象保障服务,强化突发环境事件应急气象保障。研究建立与环境和资源保护有关的气象分析评价指标体系,做好乡村生态环境保护的气象服务保障。

发展生态修复型人工影响天气业务。做好全市空中云水资源潜力精细化评估,根据生态保护和修复需求,建立德阳地区生态修复型人工影响天气服务业务体系,开展以降低森林草原火险、水库等自然保护区水源涵养为重点的人工影响天气保障服务。

加大对老旧人影装备实施自动化更新改造力度。逐步引进新型装备,尽快完成所有炮点的标准化建设。针对频繁出现的强对流天气,利用全市5个县(市、区)的7个高炮固定作业点和7台新型移动式火箭,依托新一代天气雷达等开展人工防雹作业,避免和减轻冰雹灾害天气带来的危害,确保农作物增产增效。

六、提升气象扶贫支撑能力,助力乡村脱贫攻坚

坚持精准扶贫、精准脱贫方略,认真贯彻落实中央、省、市文件精神,将气象助力脱贫攻坚工作融入大扶贫格局,依托气象现代化和气象为农服务建设成果,坚持气象技术开发与服务支撑并举,发挥气象"趋利避害、减灾增收"的独特作用。

提升贫困地区人工影响天气作业能力。提升全市空地一体化人工影响天气作业能力,重点发展精准高效的人工影响天气飞机作业、高炮作业和探测能力,提高科学作业指挥水平,建设互联互通的人工影响天气作业指挥平台和装备物联网实时监控系统。加强新资料新技术应用,推动人工影响天气科技创新,加快研发人工增雨雪作业指标体系和识别技术、防雹等作业技术,优化作业效果评估。

推进贫困地区精准气象服务。推进贫困地区全民覆盖、普惠共享、城乡一体的基本公共气象服务,优先构建贫困地区乡(镇)全覆盖的气象灾害监测网和行政村全覆盖的气象预警信息发布与响应体系,开展精细化气象灾害预警服务,打造"一村一品、一乡一业"的气象服务模式,充分利用新媒体,对贫困地区设施农业新型经营主体开展"直通式"气象服务,扩大农业保险气象服务覆盖面,提升气象精准扶贫技术开发能力。

七、提升气象灾害的防范能力,助力平安乡村建设

构建基层气象防灾减灾新格局。充分发挥气象在乡村振兴战略中的基础性保障作用,构建以县级气象灾害防御指挥机构为主体,以乡(镇)气象工作站为单位,以气象灾害防御重点单位、气象次生灾害易发区等责任区为网格的基层气象防灾减灾救灾组织体系。积极推动将气象灾害防御纳入基层地方政府职责,实现职能法定化。

打造基层气象预警信息传播网。以突发预警信息发布系统向基层延伸为抓手,推动预警信息服务重心向基层下移,建立重大气象灾害预警信息由县级气象部门传播到乡(镇)协理员、村信息员以及入户的乡村气象预警信息传播网格,推进气象防灾减灾设施提档升级。

提升气象灾害风险防范水平。强化乡村气象灾害风险识别和预防,开展乡村气象灾害风险普查、区划和灾害调查,绘制乡村气象防灾减灾救灾风险地图,针对农村高敏感天气建立精细到乡(镇)的预报预警产品体系和中小河流洪水、山洪、地质灾害气象风险预警产品体系,提高乡村气象风险防控能力。加强气象防灾减灾的培训和演练,提高民众避险自救能力。

八、开展"气象科普宣传乡村行动",助力乡村文化发展

提升乡村气象科普宣传能力。建立"政府推动、媒体搭台、部门协作、社会参与"的乡村气象科普工作格局,积极推进科普融入科技周、"防灾减灾日"、"三下乡"等活动,深入乡村广泛开展气象科普主题活动,努力将气象科普纳入国民教育和中小学科学教育体系,联合建设示范校园气象站、基层防灾减灾社区,强化基层群众气象防灾减灾的科学普及。创新乡村气象科普作品和形式,利用新媒体、新技术提高气象科普在广大农村的覆盖面和影响力。

九、气象科技促进乡村振兴发展的制约因素

深入实施气象科技助力乡村振兴发展战略必须以问题为导向,找出乡村发展的差距所在,补齐短板,才能不断缩小城乡差距,逐个问题逐个环节地解决农村发展不平衡、不充分的矛盾。通过对制约气象促进农村农业发展的相关问题进行了深入了解,总的来说,面临的问题主要有以下几个方面:

(一)现代气象业务体系不够完善

气象业务能力特别是复杂地形下的乡(镇)预报预测准确率和精细化水平与业务现代化要求仍有很大差距。气象业务流程不尽科学合理、集约化程度不高、气象标准执行力不强等问题制约了气象科技促进乡村地区的发展,需要通过加快推进现代气象业务体系建设,特别是通过信息化建设加以解决。

(二)农村人口气象防灾减灾意识薄弱

受经济问题和文化问题制约,气象科普知识在农村普及率较低,农村人员中文化素质高的人都外出打工或经商,留守在农村的人员主要是老、幼、妇等,懂气象科学知识的人较少,农民解读不了气象信息,影响了气象信息的科学利用。

(三)气象科技人才支撑能力不足

全市人才队伍结构和科技创新能力与德阳气象现代化的要求不匹配,与发达地区还有较大差距,缺乏高层次、复合型人才,人才培养机制体制需要进一步健全。科技自主创新能力弱,科技成果业务转化利用率不高,对业务、服务的支撑作用仍需加强。

(四)财政预算保障能力有待加强

目前,德阳市气象事业发展建设和现有业务系统运行维持资金需求与实际投入尚存在一定差距,亟待建立完善财政资金投入机制,为气象事业持续发展提供支撑保障。

十、统筹气象助推乡村振兴的保障措施

(一)强化组织领导

全市各单位要高度重视乡村振兴气象保障工作,加强组织领导,健全工作机制,统筹谋划、制订贯彻落实的实施方案,强化责任、狠抓落实,确保各项任务有序、有效推进。

(二)强化队伍建设和科技支撑

强化德阳市气象为农服务团队建设,建立市级有专人或有机构,县级有固定人员、与涉农部门及社会力量人员共享的基层服务队伍。加大气象为农服务技术研发力度和科研支持,培养和选拔一批气象为农服务领军人才,完善协同创新和科技成果转化机制,推动科研成果的集成转化、示范和推广应用。

(三)统筹经费保障

统筹气象防灾减灾救灾、生态文明建设气象保障等重点工作,以中央财政"三农"服务专项、率先实现农业现代化气象保障工程等重点项目为依托,保障气象为农服务能力建设、工程项目建设、科技创新和人才队伍建设。统筹中央财政、地方财政、社会资金等多渠道资金,建立稳定的经费投入机制,保障业务运行资金需求。

(四)强化开放合作

加强与涉农涉灾等多部门的合作,建立完善数据、信息、设备等基础设施以及人员的共建共享机制,着眼于全市"三农"实际,制定气象为农服务相关标准和规范,联合开展调查、研究、服务,建立调动社会力量积极参与气象为农服务工作的有效途径。

加快中江农业产业高质量发展的思考

中江县人民政府县长　李　霞

党的十九大报告作出实施乡村振兴战略的重大决策部署,这是新时期"三农"工作的总抓手。习近平总书记在四川视察时指出"要把发展现代农业作为实施乡村振兴战略的重中之重"。而中江,一个拥有140万人口、以粮经复合产业为主导的传统农业丘区大县,如何发展适度规模现代农业,有效增强农业产业高质量发展,从而实现"产业兴旺、生态宜居、乡村文明、治理有效、生活富裕"的美丽乡村,是当前摆在中江面前的一个大课题。

一、中江县农业发展现状及存在的问题

中江县是全国粮食生产先进县、全国有机产品认证示范创建县,农业资源丰富,农业文化悠久且享有美誉,在全国、全省农业发展中占有重要位置。全县辖区面积2200平方千米,有耕地152万亩,两区划定106万亩,其中优质水稻43万亩、专用玉米35万亩、优质小麦25万亩、双低油菜28万亩。适度规模产业主要有:蔬菜19万亩、干果(核桃)19万亩、中药材10万亩、水果9万亩。

近年来,中江县农业产业发展取得了长足进展,土地流转面积逐年增加,新业主、新业态不断涌现,传统农业品牌得到一定发展。但中江县农业总的来讲是大而不强、多而不优,究其原因,主要有:一是优势产业不突出,未形成支撑区域发展的主导产业;二是集中成片的万亩基地少,现代农业发展缺乏适度规模;三是丘陵地形的制约,土地整理、土地利用的研究、试点不足,农业机械化发展缓慢;四是基础设施配套差,缺乏优惠的支持现代农业产业发展的政策,农业产业项目招商难;五是本地龙头企业的培育不足,帮扶不够,企业的行业地位不强,产品市场份额占有率不高;六是农副产品深加工企业、延长产业链企业的招商引资还不够,未形成"公司+订单农业"的良好格局,农民应对市场风险的能力还不足;七是一三产业融合不够,农业综合效益不高。

二、中江县农业产业高质量发展的思考

习近平总书记指出,发展现代农业要走质量兴农之路,要深化农业供给侧结构性改革,推动农业由增产导向转向提质导向。全县要认真贯彻落实习近平总书记的指示精神,加快推进丘区农业大县向农业强县跨越,为推动四川农业大省向农业强省跨越、擦亮四川农业大省这块金字招牌贡献中江力量。

一要突出地区主导产业发展，调优农业产业结构。坚持科学规划、引领发展。中江除发展粮油(蔬菜)产业、保粮食安全，创新推动传统产业蚕桑实现全产业链条发展外，最具优势的就是中药材产业。中江县地处龙泉山脉尾段，既是国家中药材主产区，也是闻名遐迩的中江白芍、中江丹参等川产药材的道地产区，是四川省现代农业(中药材)产业基地强县。中江独有的地理条件、自然资源和比较优势孕育着芍药、丹参、桔梗、菊花、瓜蒌、佛手等一大批中药材的发展。作为中江道地中药材的翘楚——中江白芍、中江丹参，其种植距今已有300余年的历史；县内又有逢春制药、同兴药业、神龙医药等一批龙头企业和经销企业的蓬勃发展，2017年全县医药行业实现主营收入42亿元；中药材基地发展好、市场支撑良好，加之白芍等药材花期长、花色艳，又是农旅观光、中医康养的好载体，这些为中江县中药材产业的进一步发展奠定了坚实的基础。中江县要抓住四川打造百亿中药材产业的机遇，乘势而上，加快扩大以中江白芍、中江丹参为主的中药材种植规模至50万亩，做大做强中药材产业，围绕食药同源创新产品开发，成为全国闻名的“白芍之乡”“丹参之乡”。

二要建设“2+N”，促进农业现代园区的示范带动。国家大力推进现代农业产业园建设，四川省规划建设1000个省级农业产业融合示范园。中江县要坚持高起点谋划、高标准建设，加强项目资金整合，集中力量推进中江现代农业产业园、中国芍药生态养生园两个园区创建国家、省级现代农业产业园区，突出中江的优势主导产业，即粮油(含蔬菜)、中药材、蚕桑，在现有各级农业园区的基础上，再打造一批现代农业产业园、一二三产业融合园、现代农业科技园、田园综合体、农业主题公园、现代林业园、休闲观光农牧渔场等特色农业园区，示范带动全县农业提档升级和农业农村经济发展。

三要创建“三品一标”，提升农业产业质量。中江县于2014年通过无公害农产品产地整体认定，2017年成功创建国家有机产品认证示范创建县，“三品一标”农产品累计达174个。要坚持以标准化为基础，加强产地环境治理和生态过程规范，严格农业投入品监管，完善农产品质量和食品安全标准体系，推进农业绿色化、优质化、特色化、品牌化互动发展，积极打造无公害、有机、绿色农产品生产基地，大力推进“三品一标”认证示范，完善“三品一标”认证登记保护政策，强化产品防伪标识使用和证后监管，促进“三品一标”质量品牌提升，将国家有机产品认证示范创建县建设为示范县。

四要打响“3+N”，树立中江特色农业品牌。品牌是信誉的凝结，是保证质量的有效举措。要加强品牌创建，让传统产业也能迈向“微笑曲线”两端。中江有中江丹参、中江白芍、中江挂面3个全国地理标志产品和商标。要用好用活地理标志商标，提倡各类农产品经营者注册地理标志证明商标，打响中江药、中江面等特色品牌，继续创建瓜蒌等中药材地标。要坚持质量标准、安全标准，大力推进农业标准化生产，巩固“四川省农产品质量安全监管示范县”创建成果，继续深化追溯体系建设，推行主体备案和二维码扫码交易制度，实现从田间到餐桌的全过程全链条信息化监管。要做好特色农产品包装、营销，依托“惠民购物全川行动”、“川货全国行”、“万企出国门”、四川农博会等平台，芍药花节、桃花节、水果采摘节等特色旅游节活动，打好“绿色牌”“生态牌”“错季牌”，借力“互联网+”，大力宣传推介中江名优特新农产品品牌、企业品牌和区域公共品牌，尽快扭转全县农产品“一流产品、二流包装、三流价格”的局面。

五要坚持“接二连三”，促进一二三产业深度融合。做强农产品加工业，重点围绕道地中药材、优质粮油、肉类食品、果蔬加工等产业，加快培育一批农产品精深加工领军企业，建设特色食品加工产业示范基地。推进农旅融合发展，着力打造中广路沿线道地中药健康养生带、成巴高速+中金快通沿线都市近郊农业观光带、中绵路沿线现代农业休闲体验带、成南高速+仓淮路沿线乡村自然人文旅游带和“成都三绕”沿线田园生态休闲带等5条农旅融合带。发展文化创意农业，打造一批特色文化小镇、生态文化小镇、特色微村落，建设以农耕文化、特色农产品为主题的农耕文化馆，开发一批具有农村特色的文化创意产品。健全农产品流通体系，规划建设农产品产地运输通道、冷链物流配送中心和配送站，建成一批鲜活农产品产地集配中心，推广“电商+冷链快递+智能菜柜”农产品直销模式，加快全县农产品“走出去”步伐。

六要深化农村改革，增强农民的获得感认同感。加快推进承包地“三权分置”改革，引导经营权有序流转，通过土地股份合作社、“大园区+多业主”、新型农业经营主体和社会化服务组织带动等多种方式实现规模经营。完善利益分享机制，加大新型农业经营主体发展支持力度，改善金融信贷服务，强化保险支持；推动新型经营主体与小农户融合发展，建立健全培育小农户、带动小农户参与全产业链开发的体制机制，推动小农户与现代农业发展有机衔接，实现资源变资产、资金变股金、农民变股东。强化科技支撑，支持以农业科技专家大院、农业产业技术服务中心、农村科技特派员等新型农村科技服务模式的创新发展，着力打造一批“星创天地”，支持龙头企业、农民专业合作社和家庭农场等规模化经营主体开展技术服务活动，着力推进农业科技成果转化应用；加强高标准农田建设，推进农业互联网、大数据应用；加强农业机械化建设，构建适应县情、立足产业、协同高效、支撑发展的农机装备产业体系。

昭化区：“一改四强五型”推进村集体经济破零脱壳

中共广元市昭化区委　广元市昭化区人民政府

2017年，广元市昭化区紧紧围绕脱贫攻坚主战场，积极采取“一改、四强、五型”措施消除空壳村、扶持薄弱村、壮大富裕村，推进村集体经济取得突破性发展。截至2017年年底，2017年拟退出的23个贫困村人均集体经营性收入实现30.49元，远超省、市退出验收标准；全区村级集体经济总收入达5170万元，村集体经济积累达554万元，短时间内实现了村集体经济从无到有，行政村年底人均实现村集体经营性收入16.2元，全面消除“空壳村”。

一、“一改”活源，推进村集体资产股份化

以贫困村为重点，全面开展农村集体资产股份制改革，让农民真正成为集体资产的拥有者。一是开展清产核资。全面清理村集体经营性、非经营性及资源性资产，明确集体资产资源权属，颁发农村集体资产产权证书，建立台账。二是落实成员资格。制定了《广元市昭化区农村集体经济组织成员资格认定办法》，以村(组)为单位召开会议宣传政策，明确村集体经济组织成员认定条件，严格成员申请、公示等

关键环节，落实成员资格，为其履行权利和义务提供依据。三是科学股权量化。将村集体经营性、资源性资产折算成股，平均量化到村集体经济组织成员；对投入村上的特色产业扶持周转金、生产性基础设施配套建设的支农资金和社会援助资金折算成股，向贫困户适当倾斜。同时，健全完善农村产权流转交易平台，组建了广元市农村产权流转交易昭化分中心和29个乡（镇）服务站，落实了村级信息员，推动农村产权规范交易。全区63个贫困村清理核实经营性资产9667万元、资源性资产12643亩、非经营性资产25285万元，确认集体经济组织成员53553人，并对经营性资产和资源性资产进行了股权量化。

二、"四强"聚力，夯实村集体经济发展支撑

坚持强化"三级联动"、主体培育、政策扶持、风险防范，统筹资源聚力发展。一是强化"三级联动"。建立健全"区级统一指导、部门分工协作、乡（镇）统一组织、村级具体实施"的村集体经济发展联动机制，落实县级领导联系指导、部门结对帮扶和村集体经济发展辅导制度，整合各类资源，为村集体经济发展创造条件、提供支持。将集体经济发展纳入脱贫攻坚、"三农"工作评价和党组织书记述职评议内容，坚持按月调度、季度推进、半年督查、年终问责等多项措施，并专门拿出10万元用于奖励集体经济发展成效显著的村。二是强化主体培育。按照现代企业制度组建"一司一社"新型集体经济组织，以贫困村和集体资产较多的非贫困村为重点，在工商管理部门登记注册"村集体资产经营管理有限责任公司"；对有集体资产且股份制改革彻底的村，由区农业局登记组建"股份经济合作社"，健全董事会、监事会、经理层及内设机构的权责，建立符合市场经济规律的法人治理结构。全区成立村集体资产经营管理公司83个、股份经济合作社127个，占村总数的100%。三是强化政策扶持。出台了《关于发展壮大农村集体经济助推脱贫奔康的实施意见》，从集体经济组织建立、项目扶持、税收减免等方面出台21项政策，结合区情制定了支持村集体参与土地整理、农田水利、田间道路等工程建设的实施办法，切实扶持集体经济发展。2016年以来，区财政安排了1260万元专项资金支持63个贫困村集体经济发展，并从2017年起用3年时间每年整合资金500万元用于147个非贫困村集体经济发展扶持，推动全区村集体经济均衡发展。通过政策激励，全区80%以上村集体闲置资产盘活，撬动企业、社会资本投入资金近3000万元合作发展村集体经济。四是强化风险防范。按照《村集体经济组织会计制度》健全财务预决算、货币资金管理、财务开支审批、票据管理、债权债务管理、承包合同管理等内控管理制度，落实"四议两公开一监督"和"村账乡（镇）管"制度，建立风险评估和防范制度，采取村民代表大会、董事会或聘请法律顾问对集体经济发展项目风险评估，对合同、协议审核把关等方式控制经营风险，确保集体资产保值增值。

三、"五型"并举，因村发展培育增收路径

立足资产、资源优势，坚持"一村一方案"，因地制宜选择发展路径和经营方式。一是资产运营型。通过优化资源盘活存量、挖掘资源做活增量，让"沉睡"的资产资源"活"起来。沙坝乡长梁村出租旧村委会、集体土地，年收入超过1.5万元；白果乡山溪村整合财政扶贫资金、集体经济发展资金、帮扶部门捐赠资金筹建标准化养殖场，采取竞拍的方式对外招租，当年全村人均分红50元。二是服务增收型。通过兴办农机专业服务组织、农业社会化服务超市，探索发展农村资金互助社和农村社区物业管理等，开展农资供应、农机耕作、农村劳务中介、农村电子商务、社区绿化管护、卫生保洁等农村专业化服务，增加集体收入。陈江乡紫金村组建耕艺农机专合社，为全乡及周边乡（镇）提供机耕、机收服务，年服务收入12万余元。三是产业经营型。依托贫困村产业扶持基金、贫困村集体经济发展补助等资金扶持，采取"公司+村集体经济组织+农户"等方式，通过土地入股统一经营、财政投入折股联营、返租倒包等多种方式，发展种植、养殖、加工等经济项目，增加集体收入。柳桥乡普子村采取"双股合作、折股联营"方式，发展核桃1200亩，套种中药材600亩，实现"长短结合、以短养长"，村集体年收入超过5万元。四是新型业态型。充分挖掘本村资源，利用政策、人脉、区位等优势，通过入股、参股、合资等形式，兴办休闲旅游型、加工增值型、网络营销型、新型能源等各类经济实体。朝阳乡灯杆村实施光伏发电项目，装机21.2千瓦，日均发电80～110度，年均增收2万余元，被群众誉为"屋顶印钞机"。五是集体自建型。积极承接村内小型公益性基础设施建设项目或将政府投入到村的财政支农资金、涉农项目资金采取"补改股"的方式，由村集体经济组织通过资本市场化运作，发展集体经济。射箭乡丁角村积极运用公司开展村内小型基础设施建设，为农村"六化"行动统一配送建筑材料，年收入超过10万元。

做好"优、绿、新"文章 深入推进农业供给侧结构性改革

广元市昭化区人民政府区长 龙兆学

经过多年不懈努力，我国农业农村发展不断迈上新台阶，已进入结构升级、方式转变、动力转换的平台期，矛盾交织、千头万绪，秦巴山区连片贫困地区推进农业供给侧结构性改革从何处发力？关键要做好"优、绿、新"三篇文章。

一、重"优"，实现由重数量到重质量的转变

（一）优化产业布局

哪些地方、哪个乡（镇）、哪个村种植猕猴桃、种植蔬菜、养羊，这是农业供给侧结构性改革的重要内容。调整区域布局，农业产业要积极推进连片规模发展，但前提是要具备适宜发展的土壤、海拔、气候等条件。比如，实践证明，红心猕猴桃在700米以上的高海拔区域不适宜生长，那么高于这个海拔高度的猕猴桃必须更换品种。优化产业布局，综合考虑不同自然条件、经济发展水平、市场需求等因素，以农业资源环境承载力为基准，因地制宜，合理布局稳定粮油产业、高效农业、休闲观光农业、工厂化设施农业。发展近郊休闲业，以城市近郊地区为重点，打造特色鲜明的休闲农业示范带，推动休闲农业上档次、上规模。

（二）优化产业结构

优化种养结构、粮经结构、一二三产业结构，是农业供给侧结构性改革的核心问题。优化三次产业结构，加快一二三产业融合，重点提高二三产业比重，加快二三产业发展，把农业变成农业加工业，把农业变成农业旅游业。优化种养结构，立足资源优势，调整优化种养结构，构建粮经饲统筹、农牧林结合、种养加一体的农牧业发展新格局，提高

农牧业综合效益和竞争力。优化粮经结构，推进农作物种植结构朝着农民增收、农业增效的方向调整，持续增加蔬菜、瓜果、药材等特色农业的种植面积，稳定粮食播种面积。

（三）扩大优质品种

随着消费快速升级，消费需求日益多元，个性化、多样化消费迅速增加，优质农产品需求潜力巨大。认清品种现状，消费者之所以宁愿买50余元/千克的美国樱桃，而不买5元/千克的本地樱桃，究其原因，都是品种不优的问题。推广优质品种，加快发展优质农产品，重点推广品质优、口感好的品种，实行错季节、差异化发展。畅通优质优价销路，鼓励产业化龙头企业与农户直接签订优质农产品的产销合同，加强优质农产品的产销衔接。引导协会和新型经营主体主动到超市、大中型城市农贸市场销售，实现优质优价。

（四）打造优良品牌

大力发展品牌农业，立足产业建品牌，立足主体建品牌，立足地区整合品牌。统一区域品牌，要树立“一盘棋”品牌意识，不能搞个人英雄主义，县（区）、乡（镇）都要主打省或市已经确定的品牌。统一品牌创建，深入挖掘地方自然特色资源，一方面要巩固现有特色产品品牌成果，另一方面要结合产业结构调整，加大新产业、新业态的品牌创建力度。统一品牌保护，大力举办地方节会活动，积极参加全国性展销活动，扩大地方农特产品知名度。积极向上争取品牌项目、政策倾斜和资金支持，规范品牌使用，加强品牌农产品生产质量管理，确保品牌农产品质量。

二、追“绿”，实现由依靠资源消耗到绿色可持续发展的转变

（一）坚持绿色发展路径

绿色即是大自然的底色，也是农业的本色，习近平总书记多次强调绿水青山和金山银山的关系，旨在要求要坚持绿色发展路径。一方面，必须坚持种养循环。通过以养带种、以种促养、种养结合、种养融合、种养互惠方式促进资源循环利用，降低成本，提高经济效益。另一方面，必须坚持清洁生产。紧紧围绕“一控两减三基本”目标，加强农业资源环境突出问题治理，努力实现农业用水总量控制、化肥农药使用总量减少，地膜、秸秆、畜禽粪便基本资源化利用。

（二）达到绿色食品目标

生产安全放心食品，要从源头保障食品安全，全力打造从田头到餐桌，联结三次产业的食品全产业链，重点做好农药、化肥、添加剂控制和农业面源污染治理等工作，为百姓提供健康、优质、安全、放心食品。实现可追溯，推进农业标准化生产，建立健全质量安全监管和追溯体系，严格控制“菜篮子”产品农（兽）药残留超标，加快建立以绿色生态为导向的农业补贴机制，推进农业绿色发展，让消费者吃得放心、安心、舒心。扩大绿色食品销量，大力推进农产品通过绿色食品认证，提升绿色食品生产能力，提高产品产量，拓展销售渠道，增加销售收入。

（三）推进绿色高效产出

大力推进立体高效农业，改变传统粗放型农业种植（简单依靠资源扩张）的模式，在有限的资源条件下，提高单位面积土地的利用率，达到优质高产高效。一方面，要大力发展立体高效农业。林下经济、田地套作、稻田养鱼等模式都是立体高效农业的有效载体，以稻田养鱼为例，稻田中既种稻又养鱼或低产鱼池塘既养鱼又种稻，使资源得到合理配置利用，提高资源的综合产出率，提升农产品质量，增加农民收入。另一方面要加大新模式推广，大力推广农村改革成功经验和做法，结合各自地域特色，不断总结经验，提高推广效率。

三、求“新”，实现由传统产业向新兴产业转变

（一）发展新产业

大力发展农产品加工业，合理布局初加工、精深加工、副产物综合利用以及传统食品加工业，推进冷链物流、智能物流等设施建设，实现一二产业融合。一方面，要与加工业融合。比如猕猴桃，通过冷链、储运、加工等方式实现错季销售，延长和增加农产品销售时间，提高了产品附加值。另一方面，要与第三产业融合。要以美丽田园为依托，以生态农业为基础，大力发展休闲农业，推进农业园区变景区、田园变公园、空气变人气、劳动变运动、农产品变旅游商品，实现一三产业融合。

（二）发展电商产业

一方面，要促进线上线下互动。将本地绿色优质农产品卖到全国各地，打通线上与线下供给渠道，减少农产品流通环节，解决农产品卖难买贵难题。另一方面，要形成倒逼优势。借电商产业发展推动农产品包装、商标注册、冷藏加工，进而倒逼二三产业快速发展。

（三）培育新主体

一是大力培育新型职业农民和家庭农场。这两者是新型经营主体中面最大也是农户受益最广的主体，同时两者都是小规模生产主体，在提高集约化水平和适度规模经营上成效最快。二是规范专合社管理。要全面开展专合社分级管理，专项清理整顿“空壳社”、单人社和没有运转的社，积极申报省级专合社，增强新型经营主体带动能力。三是充分发挥协会作用。大力支持和引导成立产业协会，将人才、项目、资金、资源、信息等要素向产业协会倾斜，真正发挥协会桥梁纽带作用，打造一支从田间地头到市场需求的中介队伍，将分散的农户、种养大户、家庭农场、合作社更好地联合起来，抱团发展，形成合力。

（四）运用新科技

科技农业是在传统农业的基础上，运用生物技术、信息技术、新能源技术、新材料技术等现代农业高新技术来武装农业、改造农业的技术体系。一是构建科技推广体系。大力推广农作物高效栽培、农机农艺融合、畜禽水产生态养殖、病虫害统防统治等成熟适用技术，推进传统农业向现代农业转变。二是构建人才体系。大力开展基层农技推广，培养一批农业创新人才、科技推广人才、科技管理人才和农村实用人才。三是构建科技培训体系。整合各类培训项目资金，强化现代新型职业农民、产业领军人和农村职业经纪人培训，提高生产者科技应用能力。

（五）建立新机制

健全“三金”利益联结机制，通过土地确权、土地流转、扶持资金入股、进园务工等方式，进一步深化流转土地收租金、入股企社分股金，进园务工挣薪金的“三金”增收模式，健全联结机制。构建代种代养机制，大力推行生猪代养、肉羊代养模式，推广以专合社为中介、以专合社为主体、以专业化服务为手段和社会化服务为方式的土地托管代种模式，实现贫困户与新型经营主体风险共担，切实解决养殖业投资大、养殖市场风险高和种植业劳动力不足、种植技术不高、市场风险大等问题。构建订单机制，“订单农业”是千家万户的农民与大市场联结的重要纽带。在国家惠农政策保护下，龙头企业和农民双方要共担风险、共享利益。要使龙头企业和农民在增进互信基础上，逐步形成利益共同体，增强抗风险能力。

特色产业成破解贫困密码

——特色产业助推群众脱贫致富的“朝天实践”

中共广元市朝天区委　广元市朝天区人民政府

素有“秦蜀锁钥”之称的广元市朝天区，群山重叠，山峦对峙，沟壑交错，在崇山峻岭中分散地居住着大量贫困人口，贫困程度之深、扶贫难度之大超乎想象。朝天区在精准脱贫攻坚战中，面对艰巨的脱贫任务，为摘掉“穷帽子”、过上好日子，大力发展特色产业，增强贫困群众“造血功能”，走出了一条靠山脱贫、靠山致富的产业扶贫之路。

一、发展特色产业的背景

朝天区位于川陕结合部，秦巴山南麓，四川盆地北部边缘，是集“老”“边”“穷”以及“5·12”地震重灾区为一体的贫困县。“山高摔死鸡，有马不能骑，滩大不养鱼，有病不能医，地无三尺平，十年九受灾。”一首顺口溜，道出了朝天人民曾经生活的艰辛与悲凉。据2014年精准识别统计数据显示，全区有建档立卡贫困村64个、贫困农户7421户、贫困人口22518人，占比分别高达30%、14.9%、13.5%。过去，由于不知道发展什么产业、缺钱发展产业、产品销售难、“单打独斗”等问题，很多贫困户难以从根本上摆脱贫困。近年来，朝天区牢牢把握“四年精准脱贫、两年巩固提升”的总体要求，紧扣贫困农户“一超过”退出标准，将产业扶贫作为精准扶贫的重中之重来抓，认真落实“六个精准”要求，坚持“四维同步”，着力解决四方面问题，不断增强贫困群众的“造血功能”。

二、主要做法

维度一，开处方：解决发展什么产业的问题。

过去，朝天区大多数村和农户在产业选择上一直感到很困惑，不知道发展什么产业，缺少增收门路。为此，朝天区委区政府在总结以往产业发展经验教训的基础上，根据地域特征、资源禀赋，充分尊重农户意愿，发挥优势，突出特色，因村施策，因户施策，量身定制产业发展规划，为贫困村规划一个特色产业示范园，为每户贫困农户规划一个特色产业小庭园（小种植园、小养殖园、小加工园、小服务园），从而实现特色产业的区域化、差异化发展。

素有“广元小西藏”之称的曾家山，平均海拔1000余米，土壤肥沃，生态优良，通过发展高山露地绿色蔬菜，成为全国绿色食品原料（蔬菜）标准化生产基地，基地乡（镇）人均蔬菜收入3000余元，贫困农户走上了脱贫致富之路。位于该区最偏远深山的花石乡梧桐村，充分利用青杠林资源种植香菇，成为远近闻名的香菇专业村。2017年，沙河镇唐家村三组贫困户王芝清，在该村“第一书记”和驻村农技员的指导下，利用房前屋后闲置的荒山和林地建起了养殖园，养起了跑山鸡，找到既切合实际又有市场前景的增收门路。朝天区形成了“山上蔬菜山下果，全区土鸡西北菌，因势利导稳蚕桑，长短结合促增收”的“5+N”农业特色产业发展格局。全区55%的村基本形成了“一村一品”专业村，其中有50%的贫困村建成了专业村，70%的贫困农户形成了“一户一园”的产业格局。

维度二，补气血：解决投入不足的问题。

朝天区采取政府补助、信贷支持、金融创新等措施，解决贫困户发展产业缺投入、“气血不足”的问题，逐步增强贫困农户自我“造血能力”。

为当年计划脱贫的每个贫困村安排了35万余元的产业发展周转金，为当年计划脱贫的每户贫困农户安排了4000元的产业发展个户补助资金和5万元以内的贴息扶贫小额信贷支持，解决贫困户发展产业缺“起火粮”“气血不足”的问题。朝天区创新开展经济林木（果）权抵押贷款改革试点，与中国邮政储蓄银行合作，探索出了核桃、藤椒等经济林木（果）权抵押贷款模式，实现了“资产→资本→资金”的蜕变，解决了核桃、藤椒等产业发展的融资难题。宣河乡核桃专业合作社通过核桃树抵押贷款，从中国邮储银行朝天支行获得贷款20万元用于扩大经营规模，核桃基地面积从560亩扩大到了1100余亩，带动贫困农户18户。截至目前，全区已完成经济林木（果）抵押贷款1660余万元，惠及贫困农户110余户、贫困人口410余人。

此外，朝天区还创新开展农村资金互助组织试点，建立了富珉农村资金互助社，为贫困农户社员产业发展提供资金互助。在政府支持下，社员可享受90%基准利率的贴息贷款，解决了部分贫困农户发展藤椒、核桃、蔬菜等产业的短期小额借款问题。

维度三，两线结合：解决销售难的问题。

2015年，四川省与澳门签订蔬菜供澳协议，朝天区借助这一平台，主动对接，曾家山被纳入四川省首批蔬菜供澳生产基地。2016年7月14日，曾家山蔬菜经珠海通关运抵澳门，“高山菜”从此变成了“高端菜”。

随着线下销售渠道的不断拓展，曾家山蔬菜“下山—进城—出海”，走向了高端市场。朝天区在10余个省20余个大中型城市建立了农特产品销售摊位、摊点和窗口40余个，通过线下销售方式把朝天区产农特产品销往全国各地。朝天区利用“互联网+”的优势，打造电商扶贫示范带，建成乡（镇）和村级电商服务站23家，引导上百家经营主体加入淘宝、天猫、京东、苏宁易购等电商平台，带动50余种农特产品实现线上销售。身处边远山村的贫困农户，实现“互联网+脱贫致富”的梦想。朝天区通过线上线下相结合的方式，不断打通农特产品进城通道，促进和带动60%的贫困户实现农特产品产销对接、转化增值，带动贫困农户增收致富。

维度四，抱团发展：解决利益联结不紧密的问题。

朝天区政府出台了《构建新型农业经营体系的实施意见》，大力扶持新型经营主体发展，引导新型农业经营主体与农户建立紧密的利益联结机制，共同发展，共享成果。一方面，朝天区支持和鼓励贫困农户领办农民专合组织，发展家庭农场，示范带动更多的贫困户抱团发展产业，走上脱贫致富之路。2017年3月，两河乡黄家村的贫困农户刘成国联合几户贫困农户，在产业发展补助资金的支持下，流转本村以及邻村农户140余亩撂荒地，并注册成立了黄二坝蔬菜专业合作社，合作社种植蔬菜纯收入达20万元。另一方面，朝天区大力促进农业企业、农民专合组织与贫困农户建立利益兜底、收入分成、入股分红、二次返利等利益联结机制，把贫困农户带入产业链，分享价值链延伸带来的利润。四川金田农业科技有限公司与农户签订魔芋种植订单，建立“土地租金保底+收益分成”的利益分配方式，为农户统一提供种芋、统一提供技术指导、统一回收农户生产的魔芋产品，带动3个贫困村、106户贫困农户，户均增收700余元。广元市朝天区裕鑫农业开发

有限公司，按照“公司+合作社+基地+农户”组织模式，采取“全托管”或“半托管”经营方式，带动10余个乡（镇）5362户发展藤椒3万亩，其中带动贫困村18个、贫困农户246户，带动贫困户户均增收800余元。小山窝藤椒种植专业合作社，把朝天镇三滩村九组、十组和烟灯村五组村民闲置和撂荒的土地集中统一有偿流转，打造3150余亩的藤椒产业园，带动100余名周边群众（含26名贫困户）长年在园内务工，人均增收2万余元。19户贫困户通过土地和扶贫小额信贷资金在合作社入股获得分红收入。朝天区培育农业企业17家，发展农民专合组织328家，登记注册农场253家，带动全部的贫困村、52%的贫困农户发展特色产业，带动贫困人口人均增收600余元。

三、启示

（一）产业扶贫必须以区域资源禀赋为基础

产业扶贫必须基于区域的资源禀赋特征，不能盲目照抄照搬，更不能强行移植。首先，要处理好贫困农户的能力提升与区域资源产业发展的有效对接，要考虑人力资源状况，为其提供就业岗位。其次，要在保护生态环境和提升人的能力的基础上，充分发挥资源优势，提高区域优势资源的增值空间，延伸产业链和提升产业附加值。再次，要力戒一哄而上形成的产业结构同质化，要在市场的细分上下功夫，避免成为脱贫负担。

（二）产业扶贫必须坚持市场需求导向

在产业扶贫过程中，一方面应围绕市场需求选择产业，生产适销对路的产品，避免因市场过剩导致贫困农户增产不增收问题，甚至让贫困农户背上新的债务；另一方面要大力开拓销售市场，不断拓展产品销路，让贫困农户生产的产品有销路才能实现增收。

（三）产业扶贫必须充分尊重贫困农户意愿

产业扶贫的主体和受益者是贫困农户，因此政府在产业扶贫过程中，要让贫困农户充分参与项目的选择决策，充分尊重贫困农户意愿，采纳贫困农户的意见，种植项目和种植总量都要由贫困农户自己决定。避免产业扶贫项目在执行过程中出现政府部门单方决策的倾向，出现项目内容和贫困农户需求难以对接、贫困农户不接受等问题。

坚持生态扶贫　实现“四大转变”

中共青川县委书记　罗　云

青川县坚持把绿色发展理念贯穿精准扶贫精准脱贫全过程，将脱贫攻坚与产业发展和环境保护同步推进，通过厚植生态优势，实现了让“常青树”变“摇钱树”、“生态水”变“致富水”、“不毛地”变“金土地”、“大氧吧”变“财富吧”的华丽转变，走出了一条“绿水青山就是金山银山”的生态扶贫之路。

一、向保护利用森林资源要收益，让“常青树”变为“摇钱树”

立足林业资源大县实际，积极探索护林、造林、用林等多渠道增收模式，使贫困群众在创造生态效益的同时获得经济收益。一是生态护林增收。建立健全生态护林机制，将生态护林岗位全部投向贫困户，把能胜任野外巡护工作的贫困群众聘用为生态护林员，让贫困群众在家门口实现就业增收。全县691名贫困群众通过生态护林实现年人均增收4800元。组建36个乡（镇）护林队，带动1100余名贫困户参与政府购买林业资源管护的社会服务，年人均增收800余元。二是植树造林增收。深入实施“绿化全川青川行动”，用好用活退耕还林等政策，引导群众“放下斧头少砍树、拿起锄头多栽树”，实现林农得利、政府得绿、社会得益。全县6965户贫困户实施退耕还林20412.98亩，户均获得政策补贴350元以上。三是科学用林增收。坚持在有效保护前提下合理开发利用林业资源，适度发展生态康养、林下药材、生态养殖、森林蔬菜等林业产业。创新推出“林+菜”“林+药”“林+禽”“林+旅”等立体循环农业发展模式，大力发展青川黑木耳、香菇、竹荪等森林蔬菜，生态产品畅销全国各大中城市及中国香港、中国台湾等地，带动5050户贫困户户均增收2000元以上。

二、向保护利用水资源要收益，让“生态水”变为“致富水”

按照“以水强农、以水富民”思路，着力把优质生态水变成“液体黄金”。一是保护水环境得收益。创新设立小流域水生态补偿基金，推行下游补偿上游的水生态“反哺”机制，让贫困群众在保护水环境的同时获得相应经济收入。县财政、流域下游企业（个体户、合作社）和下游村集体按3:5:2的比例共同组建小流域水生态补偿基金。建立水生态补偿资金200万元，乔庄镇张家村积极参与寨溪河水环境保护，使水质常年达到Ⅱ类标准，村集体2016年获得下游生态补偿4.8万元。二是利用水资源得收益。充分挖掘水资源潜力，探索推行水资源有偿转让、作价入股等增收模式，立足水资源优势开展招商引资，着力将“沉睡”资源变成流动资本。马鹿镇衡柏村利用优质山泉水资源引进企业开发饮用水，推行“村集体+公司+专合组织+农户（贫困户）”的“四位一体”深度利益联结机制，村集体以山泉水使用权和10万元产业扶持资金入股，实现年保底收入2.6万元。三是发展水产业得收益。全部取缔白龙湖网箱养殖，引导养殖户向发展乡村旅游、生态农业转变，白龙江出境断面水质常年保持在Ⅰ类标准。沙州镇幸福村位于白龙湖腹心地带，已建成国家3A级旅游景区，通过定期举办搏鱼大赛等宣传营销活动吸引了众多垂钓爱好者，带动库区乡（镇）发展农（渔）家乐200余家。

三、向保护利用土地资源要收益，让“不毛地”变为“金土地”

综合利用土地整理、生态治理、科学用肥等方式，实现了土地增效、产品提质、群众增收。一是土地整理提高产量增效。大力实施高标准农田建设行动，通过坡改梯、碎改整等方式累计建成高标准农田6万亩，直接带动农业增产12%。农业基础设施的完善让群众直接受益，土地流转费逐年提高，最高达到每年每亩1500元。建成8大现代农业园区和79个脱贫奔康产业园，辐射带动全县36个乡（镇）268个贫困村，引导1200余户高山群众通过“三资”入股方式参与园区产业发展，户均增收1万元以上，实现异地生财。二是科学用肥降低成本增效。全面实施化肥“零增长”行动，综合采取提高耕地质量、推广精准施肥、调整施肥结构、改进施肥方式、大力推广有机肥等方式实现化肥使用量增幅逐年降低0.2%以上。积极开展秸秆资源化利用，2017年小春作物秸秆综合利用率达85%以上，全县每亩耕地减少化肥用量约3千克，节约成本增收50元以上。三是因地制宜调整结构增效。通过产业结构调整，全县79个贫困村经济作物种植比例达80%以上，主要农产品商品化率达70%。大力发展电子商务，培育农村电商企业35家，村村建立电商服务站，推行“电商企业+贫困户”订单生产模式，有效畅通农产品进城渠道。

四、向保护利用蓝天白云要收益，让“大氧吧”变为“财富吧”

坚持全民共治、源头防治、综合施治，构建了“全域山水画，天然大氧吧”生态格局，为群众增收致富提供了最普惠资本。一是大力实施“增氧”行动。2011年以来，全县通过退耕还林、天保工程等项目造林面积达37万亩，全面禁止林木商品性采伐，森林覆盖率达72.99%，国土绿化率达85%。大力发展绿色经济作物，发展名优绿茶28万亩、木本油料41万亩、风景银杏19万亩、道地药材2万亩，在实现增收的同时又美化了环境。二是大力实施“净氧”行动。改善农村能源结构，3.49万户农户用上了清洁沼气，户均每年减少二氧化碳排放1.5吨。全县年优良空气天数持续保持在98%以上，负氧离子高达每立方厘米2万个左右，青川县城入选“全国百佳深呼吸小城”。好山好水好环境孕育出了原生态好食材，青川县被认定为四川省首个“国家级生态原产地产品保护示范区”。三是大力实施“营氧”行动。出台“建设中国生态康养旅游名县”的决定，建成国家4A旅游景区4个，带动全域发展生态康养旅游，建成全国文明村——阴平村、大沟村等一批旅游扶贫示范村。坚持以“旅游+”模式推进贫困村产业发展，着力将贫困村建成生态康养示范村，青川县入选全国首批国家全域旅游示范区创建单位。深入推进旅游扶贫工程，每年培训旅游从业人员3000余人次，带动8000余户贫困户参与优质旅游商品供给，20%的建卡贫困户通过旅游相关产业实现增收脱贫。

坚持以人民为中心　推动基层政务公开

——全国基层政务公开标准化规范化试点的青川实践

青川县人民政府县长　刘自强

自全国基层政务公开标准化规范化试点工作开展以来，青川县始终坚持“以人民为中心”的发展思想，把政务公开试点作为治理体系和治理能力现代化建设的重要内容，围绕“8+1”试点领域，全面贯穿“五公开”要求，在事项梳理、流程规范、标准编制和平台建设等方面进行了积极探索和实践，组织开展了试点工作。在浙江省宁波市召开的全国基层政务公开标准化规范化试点工作推进会上，青川县代表四川省在会上作了经验交流发言。

一、主要做法

（一）以群众需求为导向，厘清三级事项

把握“基层政务”的特点，通过“线上线下”问需、特邀监督员问效，向全县268个村（社区）发放6000余份政务公开事项目录征求意见表，收到群众反馈意见270余条，采纳97条。把涉及群众切身利益的相关事项、行政权力和公共服务运行过程作为公开的重点，形成县、乡（镇）、村（社区）“三级事项”目录，梳理形成县级公开事项520项、乡级公开事项120项、村级公开事项94项。以权力清单、责任清单为基础，通过试点部门会商、“两代表一委员”会诊，突破公共信息部门化、内部化的惯性思维，将以往许多可公开未公开的事项纳入目录，厘清行政权力运行过程中应该向公众提供和接受公众监督的事项。以公共服务事项目录为核心，推动事项办理的流程、结果信息即时可查可用，实现办事全过程公开透明、可追溯、可核查。

（二）以利企便民为宗旨，再造工作流程

推进公开工作和业务工作两个流程“同步再造”。一方面，以政务公开角度审视和促进政务流程再造，砍掉各类无谓证明和繁琐手续，最大限度简化优化群众办事流程，减少办事环节，缩短办事时限；另一方面，通过业务工作的实际操作，检验公开流程的科学性和便利性，积极探索发布、解读和回应的有效衔接，实现信息公开整体质效提升。截至目前，全县优化《户口登记迁移审批》等273个业务工作流程、《“五公开”工作流程》等17个公开工作流程。

（三）以科学实用为原则，编制公开标准

从政务公开组织、实施、运行、参与、监督等实际操作的关键环节出发，搭建政务公开通用基础标准；从各试点领域具体业务办理流程出发，进一步确定公开内容、主体、方式、时限、渠道等核心要素，形成具体业务公开工作标准。通过试点部门“拟标”、联席会议“议标”、主管部门“定标”，邀请第三方公司辅之以专业技术手段，实现标准体系的延伸构架，搭建了“通用基础标准子体系+服务保障子体系、服务提供子体系和监督评价子体系”的标准体系，形成了63项政务公开标准。

（四）以有效获取为目标，构建公开平台

按照群众“易获取、乐参与”原则，构建了“四主四辅”八大公开渠道（县政府门户网站、微信公众号、有线电视、“村村响”广播和部门查询点、固定公开栏、LED显示屏、手机短信）和“一厅两馆两中心”五大公开场所（县级政务服务中心大厅、图书馆、档案馆、乡/镇便民服务中心、村级党群活动中心），实现了信息公开由“政府配菜”向“群众点菜”的转变。整合资金3.6亿元全面推进“智慧城市”建设，投入资金2760万元全面完成县政务服务中心实体大厅信息化建设和全县36个乡（镇）便民服务中心标准化建设。采取“互联网+”的模式，整合广电网络互动V网和“雪亮工程”，创新开发电视政务公开平台。全县36个乡（镇）268个村（社区）均开通了政务微信公众号，开设了“精准扶贫”“救灾”“义务教育”“危房改造”等栏目，设置了“你呼我应”互动版块，还为特殊群体提供音频服务，满足了特殊人群的信息需求。

二、主要成效

（一）政务公开助推政务服务，奏响了质效提升“协奏曲”

通过探索政务公开标准化、规范化，不断优化政务服务流程和体验，大刀阔斧在要件上“减肥”、流程上“瘦身”，让群众少走“马路”、信息多走“网路”，公开与服务之间的正向反馈和良性互动逐步呈现，行政效率不断提升，营商环境不断改善，公众获得感和认同感不断增加。例如，在建设项目选址审批上，审批要件从10项减少到5项，流程上实现“最多跑一次”，办理时限从20个工作日缩短至6个工作日。在工业项目审批上，对符合条件的变“先批后建”为“先建后验”，办理时间不到原来的1/5。在证明事项清理上，村（社区）证明事项从310项“瘦身”到15项，并全面公开事项保留清单、办事指南和证明样本，努力把服务送到群众身边。

（二）政务公开助力灾后重建，铺筑了发展振兴“高速路”

灾后重建期间，面对资金大投入、项目大建设和群众大需求的实际，通过在群众安置点张贴公示、门户网站专栏公示等群众易获取的公开方式，及时公开项目规划、资金使用等信息，满足了群众对灾后重

建信息的需求，确保了特殊时期全县的和谐稳定。在征地拆迁方面，采取发布征拆公告、面对面宣讲、征拆户代表座谈、印发宣传资料等多种形式公开征拆政策，仅县城拆除面积达120万平方米，无一户采取强拆措施，实现了依法拆迁、阳光拆迁、和谐拆迁。在项目推进过程中，以清单形式公开审批程序，实行"边批边建""先建后批"，有力促进了"三年重建任务两年基本完成"。进入发展振兴时期，青川县扎实推进"放管服"改革和政务公开，不断优化发展环境，2014年获得"全省县域经济发展先进县"称号，2015年群众安全感满意度测评列全省第6位，2017年被评为"全省社会治安综合治理先进县"。2017年，全县生产总值比震前增长2.6倍，地方一般公共预算收入增长8.6倍，城乡居民人均可支配收入分别增长3.3倍、3.9倍，政务公开有力助推了全县经济高质量发展。

(三)政务公开助战脱贫攻坚，吹响了"摘帽"奔康"集结号"

脱贫攻坚战役打响以来，探索形成了"五步两公示一公告"精准识别程序，将326名识别不精准的对象及时进行了调整公示，使识别对象实现了从"比较精准"到"更加精准"。通过二维码、公示栏等阳光村务"明厨亮灶"平台，对扶贫政策、项目、资金等进行全流程公开、全过程监督，实现了"惠民政策户户公开、项目工程个个公开、财务收支张张公开、阳光村务天天公开"，保障了群众的知情权、参与权、决策权和监督权，激发了贫困群众脱贫奔康的内生动力，使脱贫政策更加透明。通过"挂图作战"定目标，"五针五线"下足绣花功夫，使脱贫过程更加扎实。2017年，青川县高标准通过东西部扶贫协作、省际脱贫成效交叉考核两场"国考"，全县贫困发生率由2014年年底的16.14%降至4.29%。

(四)政务公开助跑生态经济，绘就了绿水青山"新画卷"

牢固树立"绿水青山就是金山银山"理念，大力发展以生态旅游和生态电商为主的生态产业。以国家全域旅游示范区创建和中国生态康养旅游名县建设为契机，将生态旅游作为试点内容，推送关注"青川旅游"微信公众号的提示短信，对生态旅游六大类40项事项全面公开，初步建立起一套完整的信息公开标准体系。通过试点促公开、公开促发展，青川县先后建成4个国家4A级旅游景区，2016年、2017年连续两年被评为"中国国家旅游最佳生态旅游目的地"，境内的唐家河国家级自然保护区入选首批世界自然资源保护联盟(IUCN)绿色名录并居首位，2017年游客量达618.5万人次，是震前的6倍。全县建成商务部电子商务进农村综合示范县和供销总社电子商务进农村试点县，涌现出"全球十大网商"赵海伶、阿里巴巴美国上市敲钟女孩王淑娟等一批电商产业带头人，青川县被评为"2016四川电商十强县"。生态旅游和生态电商已成为青川县富民强县的支柱产业，走出了一条"绿水青山就是金山银山"的绿色发展之路。

三、主要经验

(一)"一项制度"筑牢政务公开"最先一公里"

建立公开事项与业务工作的"精准对接"制度，将公开事项覆盖除涉密事项及其他不宜公开信息外的所有业务内容，将业务工作流程按办理顺序进行分解，逐一对应确定公开节点，实现业务全流程按照"五公开"要求"精准控制"，建强了政务公开"最先一公里"。

(二)"双向互通"破解政务公开"最难一公里"

坚持推进政务公开和政务服务平台互联互通，在政务公开和政务服务平台之间"一键链接"，使政务公开平台成为政务服务平台的入口，政务服务平台又成为最直接有效的公开渠道和载体，实现了政务公开和政务服务"无缝衔接"，破解了政务公开"最难一公里"。

(三)"三级目录"打通政务公开"最后一公里"

从群众实际需求出发，制定了县、乡(镇)、村(社区)三级差异化的公开目录，厘清了"哪一层级该公开什么、什么内容该哪一层级公开"，真正实现了让群众看得到、易获取、能监督、乐参与，打通了政务公开"最后一公里"。

(四)"多方整合"建强政务公开"最弱一公里"

基层工作"上面千条线、下面一根针"，而力量不足、资源匮乏又是基层的普遍实际。面对这种情况，在试点过程中，青川县协同推进法治社会建设、"放管服"改革、基层社会治理、新农村建设等工作，对人、财、物等资源进行统筹管理和集约利用，实现了有人做事、有钱办事、事能办好，切实提升试点效果。

建设中国红心猕猴桃产业第一园　打造世界红肉猕猴桃之都

——苍溪县全力创建国家现代农业产业园

中共苍溪县委　苍溪县人民政府

苍溪县位于四川盆地北缘、秦巴山脉南麓、嘉陵江上游，辖区面积2330平方千米，辖39个乡(镇)805个村(社区)，有总人口80万人，其中农业人口66万人，是革命老区、贫困山区、基本实现现代化的国家现代农业示范区、全国猕猴桃特色农产品优势区、世界红心猕猴桃原产地。一直以来，历届县委县政府坚持"一个产业抓到底、一张蓝图绘到底、一届一届干到底"，持续推进红心猕猴桃产业发展。近几年来，县委县政府坚持以深化农业供给侧结构性改革为主线，以"大园区+小庭园"三次产业融合发展为路径，着力打造红心猕猴桃百亿产业，被誉为"中国红心猕猴桃第一县"，2017年，苍溪红心猕猴桃产业扶贫被评为"全国十大产业扶贫优秀范例"，全国产业扶贫(四川广元)现场观摩会在苍溪县召开。

2018年6月，苍溪县成功入围国家现代农业产业园创建县。县委县政府深入贯彻落实党的十九大精神，以推进农业供给侧结构性改革和产业引领乡村振兴为主线，按照产业园创建的总体要求，重点围绕建设中国红心猕猴桃产业兴旺引领区、现代技术与装备集成创新先行区、产业融合发展示范区、新型经营主体创新创业孵化区、特色产业转型升级示范基地，力争用2～3年时间，将产业园打造成集"生产+加工+科技+品牌+营销"于一体，全国领先、全球知名的"中国红心猕猴桃产业第一园"和"世界红肉猕猴桃之都"，努力打造"全国产业引领乡村振兴发展典范"。

一、立足资源特色，做强立县领军产业

(一)立足资源选产业，一张蓝图绘到底

苍溪县是世界红心猕猴桃原产地，自20世纪80年代选育出世界首个红心猕猴桃品种以来，立足独特的品种资源和适宜红心猕猴桃生长的气候、土壤条件，确立"一县一品种一产业""一户一产业一庭园"基本思路，科学规划布局红心猕猴桃产业，大力选育、扩繁种植红心猕

猕桃。经过近40年不懈努力与持续发展，全县红心猕猴桃产业已初步形成了产业集群化、生产标准化、经营合作化、技术集成化、服务社会化的现代产业发展格局。

（二）确立目标建产业，一个产业抓到底

坚持以打造红心猕猴桃百亿产业为目标，规划“十三五”期间全县每年新增猕猴桃种植面积3.5万亩以上，到2020年累计种植面积达50万亩，实现综合产值100亿元。2017年，全县新发展红心猕猴桃面积3.5万亩，覆盖214个建档立卡贫困村，累计种植面积已达38.5万亩。

（三）传承接力抓产业，一届一届干到底

历届县委县政府不忘初心，坚定不移地推进红心猕猴桃产业发展，从“五小”庭园经济起步探索，逐渐形成了集中连片规模化的猕猴桃种植园，成为“中国红心猕猴桃第一县”。一是种植规模大。全县种植面积已达38.5万亩，覆盖全县39个乡（镇）445个村，实现年综合产值70亿元，带动贫困户年人均增收5500元以上。二是果品质量优。苍溪红心猕猴桃获得国家无公害食品、绿色食品、有机食品认证，获得国家质量安全体系认证、生态原产地保护产品认证、出口基地认证和欧盟认证，果品富含钙、铁、钾等多种矿物质及17种氨基酸，每百克果肉维C含量达135毫克，被誉为“果中珍品”“猕猴桃之王”。三是产业效益好。2017年，鲜果产地收购价从2016年每千克16元上涨到每千克20元，比其他猕猴桃品种售价高3～5倍，每亩产值由1.6万元上升到2万元。

二、聚力“三产融合”，推动产业集群发展

（一）大园区带小庭园，构建种养循环产业链

按照“建一个万亩产业园、连片增收过亿元，一个户办产业庭园、人均脱贫超万元”工作思路，推行猕粮、猕蔬、猕药套作，种养循环，建设全域园区，实现园区连片发展与庭园精准增收互促共融。全县建成万亩以上红心猕猴桃种养循环产业园17个、千亩以上产业园66个、产业庭园3.8万个，实现种养循环产业产值22.5亿元。

（二）加工园联物流园，做强加工物流链

苍溪县建成红心猕猴桃加工园，入园企业6家，建有年产3万吨猕猴桃专用有机肥生产厂、年产值10亿元猕猴桃精深加工中心；新开发猕猴桃深加工产品32种，年加工猕猴桃15万吨，实现产值12.2亿元。建成冷链物流园，入园企业4家，引进国内首家红外线检测冷链分选万吨猕猴桃采后处理中心，年储运能力达15万吨。全县猕猴桃加工与冷链物流实现产值23.46亿元。

（三）种植园联旅游园，拓展互动服务产业链

苍溪县按照“一个红心猕猴桃种植园就是一个旅游景区”的思路，建成红心猕猴桃国家3A级旅游景区2个、休闲农庄187家，规划建设中国红心猕猴桃博览园、国际猕猴桃风情小镇、五星级猕猴桃主题酒店；成功举办全国红心猕猴桃研讨会和采摘节。建成全国首个红心猕猴桃交易中心和县级“京东馆”，建成村级电商合作点186个，发展电商368家。2017年，全县红心猕猴桃线上线下交易量达12万吨，实现旅游观光及服务业产值达14.7亿元。

三、创建知名品牌，打造产业带动引擎

苍溪县以品牌建设为抓手，开拓国际国内市场，进一步提升红心猕猴桃产业核心竞争力，实现产业提质增效，带动农民增收。

（一）打造区域公共品牌

全县整合涉农资金提升猕猴桃基地建设水平，推进“国家生态原产地保护产品”创建，成功创建“国家级出口猕猴桃质量安全示范区”。同时，强化品牌管理，出台了《商标管理办法》，对获得“中国驰名商标”“国家地理标志保护产品”“国家地理标志证明商标”和国家绿色食品有机产品认证的产品一次性给予10万元奖励，建成“苍溪红心猕猴桃”和企业自主商标为一体的母子商标体系。实施“双百”工程，制定扶持政策，鼓励企业在上海、广州等100个大中型城市建立30余家猕猴桃品牌旗舰店，构建苍溪红心猕猴桃直销网络；大力支持企业申请国际标准认证，培育四川华朴、苍溪日昇等一批出口企业。

（二）搭建品牌推介平台

苍溪县坚持“政府搭台、企业唱戏”理念，持续举办中国红心猕猴桃国际订货会、猕猴桃采摘节和研讨会，积极组织企业参加西博会、广交会、农博会等各类节会，依托节会推介促销，把红心猕猴桃产品推向国内外市场。

（三）依法保护产业品牌

全县依法打击损害苍溪红心猕猴桃生态原产地保护产品、国家驰名商标、国家级出口猕猴桃质量安全示范区等品牌的侵权行为。

四、创新发展模式，拓宽农民增收渠道

（一）农户自主创业“建庭园”

采取“以奖代补”的方式，强力支持“一户一园”庭园猕猴桃发展。对农户自建2亩以上产业园，除享受国家产业扶持政策外，县财政给予一定标准的产业奖补资金，其中贫困户奖补资金达6000元，县财政补贴参与产业保险的贫困户保费75%。全县建成庭园猕猴桃近2万户，户均增收7000余元。五龙镇双树村残疾人冯明武，2015年依托庭园种植红心猕猴桃45亩，套种雪莲果10亩，套养跑山鸡100只，养殖生猪120头，年均实现收入8万余元。

（二）农企利益联结“促三赢”

依托省级农业产业化龙头企业四川华朴现代农业有限公司，创新推行“四保三分红”农企利益联结机制，达到企业增效、财政增税、农民增收“三赢”效果。“四保”：一是保土地租金。新型经营主体按照土地流转合同，保证每年按时足额支付农户的土地流转资金。二是保贫困农民基地务工。合同保障流转土地农户优先务工权，新型主体在生产管理环节优先为当地贫困户提供就业岗位。三是保零投入创业。龙头企业将建设好的基地按25亩为一个单元，以优惠价格返租给当地贫困户，由公司统一供应物资、统一指导技术、统一销售产品，分户自行管理。四是保果品订单收购。新型主体与贫困农户签订《红心猕猴桃保底收购订单》，按预计产量的20%支付定金，果子成熟后由新型主体按合同订单收购。“三分红”：一是订单收购二次返利，新型主体按销售利润的10%给售果贫困户计算二次返利；二是投资经营保底分红。对无生产能力的贫困户，由龙头企业与农户协商并出面担保，农户将5万元小额扶贫贷款投入企业经营，企业按期还本付息，每年支付每户3000元的保底分红。三是果品存储增值分红。龙头企业与金融机构、农户三方合作，农户将鲜果存储在企业仓库，金融机构给予一定资金支持，企业对果子保存的质量和数量负责，农户果子增值销售后，归还金融机构本金、利息和支付企业仓储分选费用，其余利润归农户所有。

（三）深化产权改革“享红利”

以省级城乡融合发展综合改革试点为契机，着力资产收益扶持，让农户分享产权改革红利。一是盘活资金。积极探索财政支农资金股权量化改革，将财政支农资金量化折算股份，按1∶2∶7比例分配给

村(组)和农户,带动农户增收。永宁镇兰池村将144万元产业扶贫资金折股给127户贫困户,每名贫困群众不仅可享受到普通村民分配的股份,还额外享受扶贫股份。二是盘活资产。大力推进农村集体资产股份制改造,全县第一批、第二批开展股份制改造的试点村,盘活农村存量闲置资产超过1.1亿元,人均获利108元,其中,贫困户人均受益150元。五龙镇三会村将党群公共服务中心闲置房屋、山坪塘对外租赁,所得租金按村、组、居民1:2:7的比例分配。三是盘活资源。建立农村宅基地有偿退出机制,实施土地整理和土地增减挂钩项目,大力开发荒山、荒坡、荒地和闲置的农村宅基地,将新增土地流转租赁给新型经营主体或入股龙头企业种植红心猕猴桃。近三年来,全县开发"四荒"土地资源种植红心猕猴桃面积2.5万亩,农户人均增收115元。

(四)加强科技支撑"提质效"

一是深入开展县校合作、县院合作。与北京大学现代农学院建立院士(专家)工作站,与大专院校、科研机构建立产业技术联盟,建成全国最大的猕猴桃基因库和"科技扶贫在线"运营中心;选育红华、红美、红昇等一大批适应各类消费群体的新品种,开展红心猕猴桃溃疡病防治研究,创新猕猴桃与罗汉果"双链"交叉种植技术,破解猕猴桃挂果前期"高投入、低产出"难题,带动种植企业和农户前三年每亩增收800元。二是健全技术帮扶队伍。积极开展"万名农技人员进万村"活动,建强县级农技推广中心和39个乡(镇)农技站,落实一村一名农技帮扶人员,规模化种植基地配备22名专职技术员。三是推广实用技术和新品种。常年免费为种植户开展现场就诊、专家热线和远程视频会诊等,解答种植户在生产过程中面临的技术难题,第一时间到田间地头"把脉处方",解决种植技术需求;无偿对贫困户种植的猕猴桃进行大气监测和果品农残检测,确保贫困农户猕猴桃生产的质量安全。四是开展技术培训。县财政出资1000万元专项用于产业技术联盟、大专院校、科研单位合作以及科研成果转化和农民实用技术培训。

五、强化要素保障,构建发展长效机制

(一)强化党建引领

成立以县委书记、县长任组长的产业发展领导小组,统筹协调推进红心猕猴桃产业发展。选派3000余名机关干部,结对帮扶有条件发展产业的农户1.9万户。采取村村联建、村园联建等方式,创新建立产业咨询、合作经营、金融保险、新型职业农民培训等产业服务专项支部1653个,产业服务专项支部提供农资植保、技术培训指导、资金保险、产品营销、创业就业服务等五项服务,帮扶农户发展产业。

(二)强化政策支持

全县先后出台20余条推进红心猕猴桃产业发展的支持政策,对集中连片种植红心猕猴桃面积达500亩以上的经营主体按照生产性设施投资总额的20%进行补贴;对基地建设面积达5000亩以上的龙头企业,按每亩3000元标准实施奖补;对工商企业流转土地面积100亩以上、流转年限5年以上,一次性给予每亩100元的奖补;对投资5000万元以上的农产品加工企业,用地每亩挂牌出让价6.4万元,其中政府补贴3.4万元,行政事业性收费减半征收;对被评定为国家级、省级、市级产业化重点龙头企业的给予一次性奖励。

(三)强化资金保障

一是整合项目建基础。坚持"渠道不乱、用途不变"的原则,推行"1+N"涉农资金整合方式,全县每年统筹整合涉农项目资金2.5亿元,用于贫困村产业发展的道路、水利、电力、通信、土地治理、高标准农田建设等基础设施配套建设。目前,全县高标准农田建设面积已达28万亩,灌溉用水保证率达72%,农业耕种收综合机械化率达75%,电力、通信、广电"三网"综合改造率达90%。二是撬动资本兴产业。按产业发展投入总额1:1的比例实施"以奖代补、先建后补",撬动新型主体和农户投入10亿元以上发展红心猕猴桃产业;通过激励农业公司上市,撬动资本市场投入猕猴桃产业发展。2016年,华朴农业公司在新三板挂牌,成功发行全国第一支红心猕猴桃股票。三是金融创新促发展。通过设立猕猴桃产业贷款基金,采取公司担保、财政贴息等方式撬动金融企业发放小额贷款,探索建立"土地银行"和土地承包经营权流转风险基金,创新"经营权抵押贷款+扶贫再贷款""扶贫小额贷款+农村保险""债贷结合+拼盘整合"三大金融扶贫机制,初步构建了"债、贷、投、扶"相结合的金融扶持产业发展体系。苍溪县"三大金融扶贫"和"农地经营权资本转化"经验在全省推广。创新成立扶贫资金互助合作社31个,岳东镇益民资金互助合作社是全国首家经银监会批准成立的农民资金互助合作社,累计为社员提供信贷2000余万元,支持发展猕猴桃产业,新增猕猴桃种植面积2800余亩。

(四)强化风险防控

创新实施"订单+保单"双单保险,化解经营风险机制。全县红心猕猴桃订单生产率达95%,产业保险覆盖率达95%以上。

推动乡村振兴的苍溪实践与思考

苍溪县人民政府县长　杨祖斌

脱贫攻坚是乡村振兴的基础版,乡村振兴是脱贫攻坚的升级版。党的十九大报告提出实施乡村振兴战略,明确"二十字"总要求。中央农村工作会议明确提出"到2050年实现乡村振兴"目标任务。习近平总书记做出重要指示,强调"把实施乡村振兴战略摆在优先位置,让乡村振兴成为全党全社会的共同行动"。省委第十一届三次全会提出,认真贯彻习近平总书记关于"把四川农业大省这块金字招牌擦亮"等重要指示,大力实施乡村振兴战略,统筹推进乡村产业振兴、人才振兴、文化振兴、生态振兴、组织振兴。苍溪县是红四方面军长征出发地、世界红心猕猴桃原产地、中石油中石化天然气开发会战地,是国家贫困县、全国休闲农业与乡村旅游示范县、全国文化工作先进县,在推动乡村振兴的道路上有底气、有实践、有探索。

一、苍溪县推动乡村振兴发展的探索历程

改革开放以来,苍溪县通过大力实施土地改革、农业合作化、人民公社运动,圆满完成了农村社会主义改造。1958年,在运山镇建起全省第一个米丘林园艺场,成为全县特色农业的"产床"和产业振兴的"酵母"。60年间,历届县委县政府始终坚持"一村一品一产业、一户一业一庭院""一张蓝图绘到底、一个目标抓到底、一届一届干到底",探索社会主义新农村建设新路径,为乡村振兴奠定坚实基础。总体看来历经"四大阶段"。第一阶段:"五小庭院经济"拉开兴业序幕。鼓励农户对房前屋后土地进行"三规四改"(规划、规模、规范,坡改梯、零改

整、薄改厚、瘦改肥），建设小果园、小桑园、小药园、小鱼塘、小养殖特色产业“五小庭院”。在资金、信息、技术、人才等方面提供服务，助推农户庭院经济“头戴绿顶子、腰缠钱袋子、脚踩粮囤子”“一院三子”规模成型。第二阶段：“六个一+三配套”建设生态家园。大力实施“六个一”生态家园户办工程，即农民每户建成一个生态庭院、一个沼气池、一个防旱池、一口卫生井、一条进出硬化路、一套生态农居。推动“园—圈—气”生态循环建设、“退—改—调”生态环境建设、生态庭院经济与生态庭院文化建设“三配套”，带动农户实现“五有”（有科技明白人、有文化活动室、有固定信息通道、有生态居住环境、有“文明户”或“星级户”挂牌）。第三阶段：“大园区+小庭院”产业跨越提升。围绕猕猴桃、中药材、健康养殖“三个百亿产业”，同步推进规模园区和生态庭院建设。创新“企业+合作社+农户”发展模式和“四保三分红”（保土地租金、保就地务工、保零投入创业、保订单收购，订单收购二次返利、投资经营保底分红、农产品存储增值分红）企农利益联结机制，探索财政支农资金股权量化、宅基地“三权分置”等农村经济改革，实现园区连片扶贫与庭院精准脱贫互促共融。第四阶段：“产村一体、全域园区”融合发展突破。坚持党政引领全域规划，依托脱贫攻坚和乡村振兴战略，加快农村道路、水利、住房等基础设施建设，按照“一处生态庭园就是一个循环经济系统、一户生态农居就是一处农耕文化景观、一个幸福美丽新村就是一个主题文化公园”思路，融合农业、旅游、文化、乡风文明，促进农民变市民、新村变公园，实现产村一体化发展。

二、苍溪县推动乡村振兴发展的实践成效

通过长期的坚持和发展，苍溪县在脱贫攻坚和乡村振兴的道路上取得了一定成效。截至2017年年底，贫困人口从2014年的2.7万户、9.2万人下降到0.6万户、2.26万人，贫困发生率从13.9%下降至3.5%，农村居民年人均可支配收入达10929元。一是产业更具规模活力。建成万亩现代农业园区19个、千亩园区66个、户办庭园13.8万个，发展红心猕猴桃38.5万亩、中药材12.7万亩，年出栏生猪108万头、肉牛4.3万头、土鸡656万只，水产品总产量1.55万吨，3个“百亿产业”融合产值分别达到40亿元、35亿元、7亿元。被评定为国家农产品质量安全县、农业全产业链开发创新示范县、农业现代化基本实现阶段示范区、农村产业融合发展示范县和中国特色农产品优势区。二是新村更加美丽宜居。通村公路硬化率达100%，通组路硬化率达62.6%。启动国家新增千亿斤粮食生产能力田间工程，加快乐园水库建设，建成集中供水工程440处，94.5%以上群众实现安全饮水。农网改造覆盖面达72%。整理土地7.8万亩，建成高标准农田5.6万亩，主要粮食作物综合机械化率达65.1%。建成省级新农村示范片1个、新型农村社区38个、新村聚居点59个、幸福美丽新村492个，打造生态农居12.9万户，新村覆盖面达68.5%。三是环境更显绿色生态。实施农技推广项目17个，标准化种植覆盖率达95%。建成种养循环生态示范园区2个、示范基地10个、示范养殖场200个，生态农居比例达83%。加强农业面源污染防控，完善“户收村运乡处理”治理机制，建设废弃物收集处理池1200余个。建成沼气池13.5万口，户用沼气入户率达92%。实施“绿化全川”苍溪行动，森林覆盖率达48.7%，被评定为“全国绿色能源示范县”，生态文明村比例达85%。四是乡风更加和谐文明。结合生态民俗文化、农耕文化、现代农业园区旅游文化，建成村级文体中心718个、农家书屋7.2万个，培育文化大户534户；打造梨博园、药博园、寻乐书岩等文化体验园；培育星级农家乐275家，成功创建全国休闲农业与乡村旅游示范县。推行“一核三治五美”“一会六员”乡村治理模式，实现村规民约、农民夜校全覆盖，命名县级以上文明村191个，建成省级“四好村”53个、市级“四好村”167个。五是改革更添持久动力。基本完成“七权同确”。实施国家级农村承包土地的经营权抵押贷款试点，累计发放贷款2063笔、5.19亿元。实施省级激励农业科技人员创新创业试点，79名农业科技人员投身创业实践，被评为“全省农业科技创新先进集体”。成功争取到全省农村宅基地改革试点，先行先试经验得到省政协调研组的充分肯定。实施省级扶持村级集体经济试点，推广“一社两化三盘活”和“温氏集团+村集体+贫困户”三方合股模式，2017年退出的66个贫困村人均集体经济收入达21.3元。强化新型农业经营主体培育，累计发展龙头企业省级8家、市级15家、县级49家，农民专合社689个，家庭农场665个，农企利益联结面达70%。

三、苍溪县推动乡村振兴发展存在的问题

虽然苍溪县“三农”工作初见成效，但距乡村振兴目标还有很长的路要走，主要还存在以下问题。一是农村基础设施条件仍然薄弱。部分偏远乡（镇）村（组）道路尚未完全硬化；57个村未全面实现安全饮水；28%的农户电网改造未完成，部分内部电路需维护改造。高标准良田比例仅占42%，制约农业机械化发展。二是产业发展结构仍然不优。部分乡（镇）、村没有围绕市场价值趋向选择优势产业，存在产业单一化、同质化现象，生产效益容易受到自然灾害和市场波动影响。农业新型经营主体总体规模偏小、市场竞争力不强、辐射带动能力较弱。三是农村“空心化”现象仍较普遍。随着工业化、城镇化快速推进，部分村“空心化”现象日益严重。全县近30万人口外出就业，留在县内的多为“613899”群体，农民参与农村建设的主体性发挥不足，“谁来种田”“怎样种田”问题亟待解决。四是农村土地资源利用仍不充分。农村宅基地改革还未深入，因灾后重建等历史原因，部分农户存在“一户多宅”现象。部分宅基地所有权、使用权不明确，无法作为资产取得收益。宅基地相关金融产品支持较少，抵押贷款受限。土地增减挂钩节余指标交易输出渠道不宽。有的村低效林、撂荒园、“四荒地”没有深度开发，集体经济薄弱。五是农村发展资金仍然匮乏。受工业和商贸旅游服务发展限制，全县税收“增长点”较少，2017年财政收入仅4.91亿元。同时，受“防范重大风险”战役影响，“融资难”问题较突出，农村建设发展投入资金一定程度受限（这也是导致基础设施薄弱和产业发展动力不足的直接原因）。六是体制机制建设仍不完善。大多数年轻干部人才因条件差、待遇低等原因不愿下乡，农村基层组织带动能力不强，产业技术型干部存在“断档”。部分单位在干部使用上“随心所欲”，比如通过定岗考核或专岗引进的人才，存在“学农业却不搞农业，搞农业又没学农业”的现象。此外，城乡融合发展、农村集体资产股份制等重要领域改革还不深入。

四、关于苍溪县推动乡村振兴发展的几点思考

围绕习近平总书记新时代中国特色社会主义思想以及省委省政府、市委市政府关于乡村振兴战略部署，2018年，县委县政府明确提出苍溪县乡村振兴发展目标：坚持“全域乡村振兴发展”，集中用三年时间，围绕“一核（县城周边）四线（国道212线、苍剑线、苍巴线、亭子湖旅游线）多极（现代农业园区）”重点区域，扎实开展以“美丽庭院、精品村庄、特色小镇”为主要内容的农户、建制村、乡（镇）“三级联创”行动，力争到2020年，乡村振兴取得重要进展，城乡融合发展深入推进，“美丽乡村、幸福家园”基本实现，农村居民年人均可支配收入达到16000元，建成“美丽庭院”1.5万户、“精品村庄”100个、“特色小镇”10

个，建成“十乡百村乡村振兴示范带”，努力走在全国乡村振兴前列。为实现这一目标，结合问题分析，要着力解决“四大难题”。

（一）解决“人从哪里来”的问题

重点招引“五类人员”群体，培育一批“新乡贤”。一是返乡创业企业家群体。通过打“乡情牌、亲情牌”，采用“走出去、请回来”的方式，回引在外苍溪籍成功企业家返乡创业。二是优秀大学生群体。加强对大学生创业就业政策和金融贷款支持，吸引优秀大学生到苍溪，深入农村一线发挥“智力”带动作用。三是在外务工人员群体。通过“春风行动”等大型专场招聘会，吸纳在外农民工返乡就地就近就业。四是退伍军人群体。创新激励政策，回引退伍军人返乡发展产业。五是退休公职人员和农技人员群体。支持离（退）休公职人员创业，鼓励农业科技人员采用带薪离岗创业或兼职兼薪等多种形式投身农业农村创新。

（二）解决“地怎么盘活”的问题

重点从“四个方面”盘活土地，提高利用率。一是深入推进农村宅基地改革。整合地灾避险搬迁、易地扶贫搬迁、土地增减挂钩、D级危房改造“四类项目”，加快推进农村宅基地建设和“三权分置”改革试点。坚持“一户一宅”“建新必须拆旧”“建小拆大”“化零为整，集中安置”等原则，旧房拆除后全部复垦为耕地。二是加快推进土地增减挂钩项目实施。加快推进土地增减挂钩16个在建项目建设、20个项目申报入库和17个项目规划编制工作。充分运用浙川东西部扶贫协作机遇，积极争取上级政策支持，推动节余指标跨省交易。三是强化集体经济建设。大力实施低效林、撂荒园、“四荒地”改造，强化集体经济建设，充分发挥集体耕地、林地、宅基地效益。四是完善土地收储机制。探索建立农地收储和整治机构，提供“土地银行”中介服务，解决农业农村发展“用地难”问题。

（三）解决“钱从哪里来”的问题

重点从“五种渠道”拓展资金来源。一是整合涉农资金投入。按照“渠道不乱、用途不变、优势互补、各记其功、形成合力”原则，统筹整合涉农资金，全部用于脱贫攻坚和乡村振兴。二是打捆项目资金投入。打捆使用土地增减挂钩、土地整治、易地扶贫搬迁、D级危房改造项目资金，将退腾土地流转、土地增减挂钩节余指标交易等所得资金整合，用于农村基础设施建设和产业发展。三是创新农村金融投入。完善财政投入股权量化机制。持续推进“两权”抵押贷款试点，创新“扶贫小额贷款+农村保险”“债贷结合+拼盘整合”等模式，探索农村房屋产权、大型农机具等抵押融资试点。四是返乡创业资金投入。重点瞄准在外苍溪籍成功企业家群体，深入开展招商引资，引导和撬动社会资本投入。五是鼓励社会捐赠投入。树立一批返乡创业企业家榜样和典型，通过电视新闻、微信等媒体广泛宣传，引导社会各界捐赠和投入资金支持乡村振兴事业发展。

（四）解决“机制怎么建”的问题

重点建立“三大机制”强化乡村振兴保障。一是建立破解农村干部无人当的机制。一方面适度提高村（组）干部工资待遇，探索优秀村支部书记优先提拔任用的选人用人机制，鼓励年轻干部人才下乡，让愿意留在农村的干部留得安心。另一方面强化督查，严格执行专岗专用制度，农业岗位考核引进干部人才只能从事农业相关工作；探索目标、待遇“双提高”制度，量化农业生产年终考核指标，建立“系数”考核制度，比如完成100%目标，以1.2系数发放年终绩效奖。让技术型人才愿意留在农村引领发展。二是建立降低产业发展风险的机制。充分发挥龙头企业与专业合作社市场主体作用，探索构建政策性农业保险和商业性保险相结合，猕猴桃、中药材、土鸡、肉牛（羊）等特色产业全覆盖的农村保险市场体系，全面提升产业保险覆盖率。三是建立拓宽农民增收渠道的机制。持续推进农村集体资产股份制改造，盘活存量闲置资产。全面推广“四保三分红”（保土地租金，保农户就近务工，保贫困户零投入创业，保产品订单收购；销售利润二次返利分红，保底分红，果品保鲜存储增值分红）企农利益联结机制，有效带动农户增收致富。

精准“绣花” 小康路上不漏一户一人

中共南充市嘉陵区委 南充市嘉陵区人民政府

嘉陵区是南充市1993年撤地建市时成立的县级行政新区，辖区面积1278平方千米，辖40个乡（镇）6个街道，总人口70余万人，农业人口56.7万人，1994年被确定为国家扶贫开发重点县。建区以来，主要经历了“八七”扶贫攻坚、扶贫综合开发、连片开发、精准扶贫四个阶段。全区有建档立卡贫困村143个，贫困户20871户、贫困人口65350人，贫困发生率11.52%。近年来，嘉陵区坚持把脱贫“摘帽”作为最大的政治任务和最大的民生工程，念兹在兹、唯此为大，举全区之力合力攻坚。2017年退出贫困村59个，减贫13699人，贫困发生率下降至1.02%，剩余贫困村48个、贫困人口5810人。

一、突出“六个精准”，确保精准扶贫到村到户

新一轮精准扶贫以来，嘉陵区遵照习近平总书记“贵在精准，重在精准，成败之举在于精准”指示精神，在扶贫对象、扶贫措施、项目安排、资金使用、驻村帮扶和脱贫成效上下功夫、求实效。

（一）建档立卡“公开评”，确保扶贫对象精准

以农户收入为基本依据，综合考虑健康、教育、住房等情况，严格按照宣传发动、农户申请、村民代表大会民主评议、行业部门信息比对、村民代表大会再次评议、村“两委”审查公示、乡（镇）审核公示、区级部门审定公告的“八步骤、两评议、两公示、一比对、一公告”的识别流程，全程公开透明评选。同时，多轮次开展精准识别“回头看”工作，反复甄别核实，全力确保建档立卡“不错评一户、不漏评一人”。

（二）五个一批“全覆盖”，确保措施到户精准

在认真分析贫困户属性、劳动力和致贫原因等情况的基础上，结合贫困户意愿，按照全省统一安排，发展产业和扶持就业一批38266人，易地搬迁安置一批1523人，低保政策兜底一批20563人，医疗救助一批18917人。

（三）专项规划“精细化”，确保项目安排精准

围绕“2017年脱贫‘摘帽’，2018—2019年巩固提升，2020年全面小康”总目标，细化制订嘉陵区22个行业扶贫专项方案，列出资金清单、项目清单，把脱贫任务逐一项目化、实物化、具体化，精确到村到户到人，精准到路、到水、到房、到产业，逐项形成“挂帅出征、挂图作战、挂责问效”的“任务书”“时间表”，确保在脱贫任务推进上“一项不漏”、脱贫目标实现上“一步不迟”、扶贫对象覆盖上“一个不少”。

（四）资源要素"大整合"，确保资金使用精准

坚持资金围绕项目转，多元整合、精准投放，绝不搞"大水漫灌"。2014—2017年，全区累计投入扶贫资金43.39亿元，其中区本级财政投入16.44亿元、金融投入8.5亿元、社会扶贫投入18.45亿元。主要用于住房建设24.5亿元（含土地挂钩项目），交通建设8.34亿元，水利建设1.53亿元，产业发展6亿元，教育卫生、低保兜底等方面投入1.34亿元，文化建设、生态与环境保护等其他投入1.68亿元。在扶贫资金管理上，全区坚持把"一分一厘"都视作"良心钱""救命钱"，严格监管，绝不允许"跑冒滴漏"。

（五）结对帮扶"总动员"，确保因村派人精准

全面建立书记、区长第一责任，区级领导包干责任，乡（镇）主体责任，村"两委"和驻村工作队直接责任、帮扶单位帮扶责任的"五级责任体系"。全区31名区级领导、106个帮扶单位、472名"第一书记"、160名农技员、11个农业技术专家服务团和农业技术巡回服务小组、8900余名干部职工全覆盖帮扶所有贫困对象，长期驻扎在一线，营造了全员参与、全域作战的浓厚氛围。

（六）帮扶管理"痕迹化"，确保脱贫成效精准

统一制作和规范填写《帮扶手册》《算账明白卡》《达标认定书》《脱贫成果表》《佐证资料》，对贫困群众基本信息、帮扶过程、帮扶实效、脱贫退出实施纪实管理，全程可查询、可评估、可追溯、可追责，防止"假脱贫""被脱贫""数字脱贫"，确保精准脱贫得到群众认可、经得起历史检验。

二、锁定"六大关键"，确保贫困群众稳定脱贫

对标"两不愁、三保障"，锁定基础设施建设、稳定增收、住房保障、教育保障、医疗保障、精神扶贫等"六大关键"全力攻坚，确保贫困群众如期脱贫。

（一）"三大会战"，让脱贫退出无风险、发展有后劲

一是交通建设大会战。立足出境公路高速化、乡（镇）公路等级化、村道公路网络化、入户道路便民化，新（改）建过境高速50千米，国道78千米，省道45千米，县、乡公路342千米，村（社）道路3542千米，实现水泥路通村率100%，从根本上改变了群众出行难、运输难的状况。二是水利建设大会战。新建整治集中供水工程1045处、分散供水工程5445处，彻底解决了吃水难问题。依托升钟二期工程，启动实施长藤结瓜蓄水工程、田间渠系灌溉工程，新增灌面10.3万亩，基本结束了嘉陵农业靠天吃饭的历史。三是电力信息网络建设大会战。大力实施农村电网、广播电视网、通信网络"三网"建设，行政村通电率和广播电视网、通信网络覆盖率均达100%，群众生产生活条件明显改善。

（二）"三大举措"，让贫困群众致富有渠道、增收可持续

一是发展产业促增收。围绕"一江三河"，按照"大产业带动、小产业填充、微田园到户"的思路，实施"2211"工程，力争在2021年前新建20万头标准化生猪养殖基地，建成20万亩柑橘柠檬、10万亩茶（果）桑、10万亩花椒核桃基地。嘉陵区采取"政府+龙头企业+金融机构+专合组织+贫困户"的模式，建成标准化脱贫奔康产业园171个，发展柑橘、茶（果）桑、花椒、核桃等各类特色标准化产业基地近15万亩，带动1.6万户贫困户实现增收；采取金融扶贫贷款财政贴息的方式，鼓励引导1.2万户贫困对象借贷资金1.9亿元，实行跨村跨乡异地入股入园发展，户均保底分红1200元/年；坚持"一户一业、一户一策"，安排户均3000元的到户产业扶持资金，发展庭院经济17578户，确保户户都有增收项目。二是扶持就业促增收。建立贫困人口就业数据信息库，对务工有技术的18324人，鼓励劳务输出转移就业；对务工无技术的4574人，实施技能培训扶持就业；对务工不愿离乡的568人，协调区内企业，依托产业园及扶贫车间就近就业；对难以就业的1573人，开发公益岗位安置就业，基本实现了全区每个有劳动力的贫困家庭至少有1人就业。三是正向激励促增收。针对部分贫困户脱贫奔康内生动力不足，创新实施正向激励机制，对发展种养殖业增收1000元以上的，按年度实际收入的10%～15%、最高不超过2000元的标准给予奖补；对外出务工的，按年度实际收入的3%、最高不超过1500元的标准给予奖补，通过以奖代补，充分调动了贫困户勤劳致富的积极性。

（三）"三大提升"，让贫困学生上得起学、读得起书

一是提升办学条件。新（改、扩）建农村学校61所、幼儿园19所。2017年10月，高分通过义务教育均衡发展国检验收。二是提升师资队伍。实施国培、省培和乡村教师专项支持计划，补充农村学校教师407名，城乡交流轮岗优秀骨干教师1145名，保障农村孩子享受优质教育资源。三是提升帮扶成效。构建学前教育到大学教育全程帮扶体系，对10045名贫困家庭学生实行结对关爱精准到人、帮扶政策覆盖到人、帮扶资金滴灌到人。2017年，全区共发放教育资助资金1616万元，贫困家庭学生资助覆盖面达100%，全区义务教育阶段无一人因贫失学辍学。

（四）"三道防线"，让贫困群众小病看得好、大病不犯愁

一道防线提水平，防病先行。建成41个达标卫生院和143个标准卫生室，新聘262名卫技人员充实一线，基层医疗服务水平大幅提升。建立贫困人口健康档案，实现预防保健、家庭医生签约、免费健康体检全覆盖，确保疾病早发现、早预防、早治疗。二道防线保基本，有病治病。实现城乡居民医保财政代缴、大病救助、特殊门诊补偿、住院免起付线、先诊疗后结算等全覆盖，实现贫困人口区内住院个人支付不超过10%。三道防线解重困，特殊救助。设立"三项基金"，每年落实卫生扶贫救助基金300万元、医疗爱心救助资金100万元、民政慈善救助基金300万元，对享受一切医疗保障政策后，个人医疗费用支出仍较高的贫困患者给予特别救助，有效杜绝了因病返贫的现象。

（五）"五个一批"，让农村群众住上安全房、共享好生活

一是新建一批。按照"建筑面积不超标、自筹资金不超额、质量标准不降低"的原则，实施D级危房重建4780户、易地搬迁408户、土地增减挂钩项目新建6310户。二是改造一批。按照"排危除险、完善功能"的思路，C级危房改造配套"三建五改"8889户，实施改厨改厕为主的"三建五改"4405户，做到"屋顶不漏雨、四壁不透风、功能不混乱、人畜不混居"。三是拆除一批。按照"建新拆旧、危房拆除、群众自愿、奖补激励"的原则，拆除闲置危旧房屋22628户，农村面貌得到大幅改善。四是统筹一批。坚持"一个标准、一视同仁、一体推进"原则，对长期居住、存在安全隐患、且是唯一住房的45253户非贫困户的房屋进行排危除险、完善功能。五是保护一批。根据习近平总书记"农村要留得住绿水青山、系得住乡愁"的要求，全区按照"修旧如旧"的原则，对38处川东北特色民居、四合院落、祠堂进行了修缮完善。

（六）"五大教育"，让贫困群众养成好习惯、形成好风气

以评选"五星"示范农户和创建"四好村"为抓手，深入开展五大教

育。一是开展感恩教育。引导贫困群众知荣辱、懂感恩、思奋进,争当好村民。二是开展法纪教育。引导贫困群众遵纪守法,不打架、不赌博,争当好公民。三是开展习惯教育。引导贫困群众爱清洁、讲卫生、除陋习。四是开展孝善教育。引导贫困群众尊老爱幼、诚实守信、崇德向善,争当"孝星""善星"。五是开展励志教育。引导群众自力更生、勤劳致富,让好吃懒做的"真贫困户"克服"等靠要"的不良心态,让比穷装穷的"假贫困户"树立贫困可耻的自强思想,让非贫困户消除不平衡心理。

三、健全"三大机制",确保脱贫"摘帽"决战决胜

始终以高效务实、实用管用的机制,倒逼各级干部围绕脱贫攻坚转、围着脱贫攻坚干,确保脱贫"摘帽"攻坚战决战决胜。

(一)"八方同责"压紧压实责任

建立区级领导干部、行业部门负责人、帮扶单位负责人、乡(镇、街道)党政主要负责人、"第一书记"、村"两委"负责人、结对帮扶责任人、督查组"八个主体"考核同责机制,实行"有功同奖、有过同罚",层层传导压力,步步压实责任。

(二)"三项授权"强力督查督办

抽调84人组成21个督查组,授予区委对干部就地停职、启动问责、岗位调整"三项权力",采取业务督查、作风纪律督查、综合排位督查三种方式,实行"一日一通报、一周一排名、一月一拉练",倒逼工作落实落地。

(三)"三个一律"严肃追责问责

实行脱贫工作与绩效考核、评先评优、职务晋升相挂钩,对未完成任务或挪用、侵占扶贫资金的个人和单位,坚决实行"目标考核一律一票否决、有关领导一律就地免职、追责问责一律从重从严"。全年全区共立案查处干部29人,其中党内警告处分22人、严重警告5人、留党察看2人;给予组织处理4人,其中诫勉谈话2人、免职2人,以最强的纪律保障脱贫攻坚决战决胜。

四、做到"三个不变",确保如期实现全面小康

脱贫"摘帽"不是终点、全面小康才是目标。下一步,嘉陵区将继续坚定不移地贯彻落实习近平总书记扶贫开发战略思想,坚持"364"工作法,做到"三个不变",坚决确保已脱贫的59733人持续巩固提升,未脱贫的5810人如期稳定脱贫,70万名嘉陵人民与全国全省全市一道同步全面小康。

(一)帮扶力量不变

不论是否"摘帽",贫困村的"五个一"帮扶力量、非贫困村的"三个一"帮扶力量和已脱贫户、未脱贫户的帮扶干部保持人员不变、工作不断、力度不减,直至同步全面小康。

(二)帮扶政策不变

本着"扶上马、送一程"原则,继续在稳定增收、安全饮水、住房保障、教育保障、医疗保障和基础设施上持续用力,坚决防止政策"缩水",确保贫困群众能脱贫、不返贫、可致富。

(三)帮扶责任不变

始终把脱贫攻坚作为党委、政府的头等大事和第一民生工程,坚决克服畏难、厌战和麻痹情绪,以抓铁有痕、踏石留印的劲头,打赢这场不能输、也输不起的攻坚战。

"扶志"又"扶智" "授鱼"更"授渔"

——广安市聚力精神扶贫推动脱贫攻坚

广安市扶贫和移民工作局

广安市全域属秦巴山区扶贫开发特困区域,下辖6个县(市、区)中有国家级贫困县1个、省定贫困县5个。2014年精准识别建档立卡贫困村820个、贫困人口32.48万人,贫困发生率8.6%。广安市深入贯彻习近平总书记"坚持扶贫和扶志、扶智相结合,培育贫困群众依靠自力更生实现脱贫致富意识,培养贫困群众发展生产和务工经商技能,组织、引导、支持贫困群众用自己辛勤劳动实现脱贫致富"的重要指示精神,认真落实省委书记彭清华"扎实抓好精神扶贫,注重激发贫困群众内生动力"的工作要求,大力实施"扶志扶智行动",引导贫困群众更新思想观念,强化主观能动性,以精神脱贫带动物质脱贫,为全域高质量脱贫"摘帽"注入核心动力。截至2017年10月,全市建档立卡贫困人口已脱贫25.3万人,贫困村已退出411个,广安区、前锋区、华蓥市成功"摘帽"。2018年年底,力争完成余下岳池县、武胜县、邻水县3个贫困县"摘帽",在全省率先实现从整体贫困到整体"摘帽"的蜕变。

一、多方引领"植志气",培养自力更生的意识

(一)主题教育懂感恩

依托市、县、乡、村、户"五位一体"脱贫攻坚宣传教育体系,常态化宣讲党的十九大、省委十一届三次全会等精神,针对性宣传农村低保、医疗救助、危房改造等脱贫惠民政策,营造"人人知晓、人人支持、人人参与"的良好氛围。在《广安日报》、电视台等媒体和乡(镇)、村(组)政务公开栏、智慧党建平台开辟"小平故里红星闪耀"等专题专栏,系列报道贫困村的历史巨变、干部倾心帮扶等典型,用鲜明的对比、鲜活的事例,引导贫困群众听党话、跟党走、感党恩。截至2018年10月,已报道典型事例563起,引起贫困群众强烈共鸣。

(二)思想教育明事理

组织9300余名教师、6700余名医生,发挥教书育人、治病救人的职业优势,每月"集中帮扶周"与贫困户谈心谈话,了解思想情况,找准"志短"症结,引导其主动摒弃"等靠要"等错误思想。对因为赌博、酗酒甚至变卖帮扶物资挥霍享乐等致贫的反面典型,反复劝说屡教不改的,召开院坝会进行"群众说、大家议、榜上亮"曝光批评。2018年以来,累计曝光反面典型190人次。

(三)文化教育知荣辱

以626个贫困村综合文化服务中心、17个特色文化大院为平台,定期举办院坝演出、院坝红歌会和放映公益电影,传播社会主义核心价值观、中华优秀传统文化,宣扬身边好人好事、脱贫致富典型,引导贫困群众知荣辱、辨是非。积极开展"扶贫工作进校园活动",教育贫困学生从小树立自强自立的奋斗观,通过学生的成长向贫困家庭传递主动脱贫的正能量,实现"培养一名学生、改变一个家庭、影响一方群众"的社会效益。2018年以来,已开展院坝演出1080场,举办院坝红歌会88期,放映《十八洞村》等公益电影8300余场。

二、综合施策“强本领”，提升“思变思通”的能力

（一）村村人才提升

发挥四川大学、四川农业大学等高校对口帮扶优势，实施村干部学历提升行动，用三年时间实现每个村至少有1名大专以上学历村干部的目标。利用邓小平城乡发展学院、广安职业技术学院等本地院校资源，实施农村本土人才培养计划，优选后备村干部、农村党员分批次接受农村基层党建、村务管理、集体经济经营和农村电商等专项培训，提升贫困地区党员干部带动能力。截至2018年10月，已有大专及以上学历村干部1032名，占比12.6%；首期农村本土人才培养计划已培训后备村干部320名。

（二）户户增智提能

依托中国农业科技讲习所广安基地，制定《广安市“农民夜校”指导课程目录》，建立39大类98小类培训课程体系供全市各地按需选择。利用820余所农民夜校、382个农技巡回服务小组，灵活采取“课堂教学+现场指导、固定派单+群众点单、流动课堂+院坝课堂”等方式，开展种养技术和农产品加工、储存、销售等技能培训，确保有劳动能力、有培训需求的贫困户至少掌握1项实用技能。截至2018年10月，农民夜校开办培训3.2万余场次，培训群众48.2万余人次。

（三）层层递进培育

将培育农村“好苗子”作为脱贫攻坚的重要内容，在帮扶工作中发现人才、培养人才。对培养出的农村党员致富能手列为后备村干部重点培养，定期参加村务会议、参与村内事务，条件成熟推荐进入村“两委”班子。已先后将768名脱贫致富能手和种养大户培养为入党积极分子、党员，将1636名农村党员培养为脱贫致富能手，将970名理想信念强、干事能力足、群众基础好的贫困村党员致富能手培养为村干部。

三、分类帮扶“助脱贫”，创造“弱鸟先飞”的条件

（一）能人“归雁”带动一批

开展“感恩小平·回乡创业”等活动，回引在外企业家、大学生，以技术传输、理念传递、利益联结等方式回乡创业。出台《培育贫困村创业致富带头人实施办法》，明确在贫困村创业可享受的创业指导、税收、租金、金融支持等方面的优惠政策，将“归雁”更多地吸引在贫困村，带动贫困群众创业就业。岳池县回引杨小兰等790名返乡企业家，建成家庭农（牧）场、小微企业等经济组织630个，带动1809户贫困户增收致富。广安区恒升镇长征村在外企业家熊利平联合4名企业家，投资1.25亿元建成蓝梨葡生态农业发展园区，帮助周边130余户贫困户实现抱团发展。

（二）支持就业帮扶一批

针对有劳动能力但当地资源禀赋、生产条件较差的贫困群众，建立就业扶贫需求库和用工信息需求库，借助渝广、津广合作契机，定向举办“春风行动”招聘会，帮助贫困群众就业。抓住发展电子加工产业等机会，采取“送岗到户”“送技到人”等方式拓宽贫困群众转移就业空间。结合“工商资本下乡”“百企帮百村”等项目，建成“扶贫车间”67个，通过来料加工、订单加工等形式，让贫困劳动者足不出村实现就业增收。截至2018年10月，全市贫困劳动力实现对外劳务输出8.6万人、市内转移就业2.9万人、“扶贫车间”就业3800余人，年人均增收3.5万元。

（三）公益岗位兜底一批

按照“扶志扶弱扶难”原则，实施“互助扶贫千岗计划”，开发“河长制”巡管员、护林护草员、乡村导游、保洁保绿员等9类村级公益岗位1.3万个，每月给予300～400元/月的岗位补贴，用“以岗代补”的方式改变对贫困群众“纯慰问”的帮扶。建立绩效评估和动态进出机制，对工作完成好、群众评价好的给予50～100元/月的奖励，对工作懈怠、群众评价差的予以清退，确保实现公益岗位互助、救济、兜底目标。截至2018年10月，已安置贫困群众6800余人，按程序清退136人。

四、树好风气立标杆，厚植“择善而从”的土壤

（一）讲文明塑造好风尚

围绕“传承农耕文明、增强善治能力”的目标，通过修订完善村规民约、建立村史馆等方式，教育引导村民不忘勤劳质朴的优良传统。充分发挥农村老党员、老干部、老劳模、老战士、老教师作用，以“移风俗、除陋习、树新风”为主题，成立农村精准扶贫理事会、道德评议会、红白理事会，着力解决争当贫困户、让党委政府“代行孝”、大操大办等陋习，逐步形成自强自立、孝老爱亲、“婚事新办、丧事简办、小事不办”的风俗习惯。截至2018年10月，共修订村规民约1500余则。

（二）比家风弘扬真善美

以四川省首届“天府好家规”评选活动为契机，引导广大群众立家规、晒家训，营造见贤思齐、崇德向善的氛围，“不贪图功名利禄，为官者清正廉明，为农工商者勤俭节财，为富者乐善好施造福乡里”的邻水县包氏家族家规等3个家规成功入选“天府好家规”名单。以家庭好习惯银行、道德积分换商品、向幸福出发·寻找最美家庭等活动为载体，培育和评选诚信守法示范户、孝老爱亲示范家庭等农村示范家庭9700余户，弘扬求真向善尚美的好家风。

（三）学榜样传递正能量

以“励志脱贫·奋进有我”为主题，设立脱贫攻坚先锋榜，采取村（组）推荐、群众评议、乡（镇）审核的方式，评选脱贫标兵、励志标兵、致富标兵等先进典型。在市（县）电视台、政府网站、报刊等开辟专栏，广泛宣传脱贫榜样，深度报道身残志坚的“渐冰人”方建春、人穷志不穷的农村妇女邓树惠等主动脱贫奔康的先进事迹，激励贫困群众树立“弱鸟可望先飞，至贫可能先富”的奋进观。截至2018年10月，累计评选脱贫典型1.1万人，先后在新华网、凤凰网等主流媒体上刊载先进事迹12件。

找准切入点　打好攻坚战

——广安市新阶段脱贫攻坚工作的实践与思考

广安市人民政府副秘书长、广安市扶贫和移民工作局局长　王建玲

广安市是世纪伟人邓小平同志的家乡，市辖6个县（市、区）全部属于秦巴山区连片扶贫开发特困区域，共识别出建档立卡贫困村820个、贫困人口32.48万人，贫困发生率高达8.6%。脱贫攻坚以来，广安市始终坚持把脱贫攻坚作为最大的政治责任、最大的民生工程、最大的发展机遇，始终坚持聚力聚焦精准、持续攻坚作战，脱贫攻坚取得显著成效。全市已实现3个贫困县在全省率先“摘帽”、411个贫困村退

出、25.32万名贫困人口脱贫，贫困发生率下降至1.9%；广安市荣获“全省脱贫攻坚先进市”称号，广安区、前锋区、华蓥市荣获“全省脱贫攻坚先进县”称号。痕迹管理、脱贫对象分类监测、“十看五帮三机制”防止返贫等经验走在全省前列，成功打造出了脱贫攻坚广安样板。未来两年是广安市实现全域“摘帽”、整体脱贫的关键之年，广安市将在脱贫攻坚实践中不断总结探索，聚焦聚力推进，坚决夺取全面小康的最终胜利。

一、咬定目标不放松

全市高质量完成剩余3个贫困县“摘帽”、409个贫困村退出、7.3万名贫困人口脱贫任务（其中2018年完成3个贫困县“摘帽”、215个贫困村退出、4.4万名贫困人口脱贫；2019年完成194个贫困村退出、2.9万名贫困人口脱贫）；同步巩固3个已“摘帽”区（市）、411个已退出贫困村、25.32万名已脱贫群众的脱贫成效。

二、厘清思路不盲目

全市脱贫攻坚工作始终坚持以党的十九大精神和习近平新时代扶贫开发战略思想为指引，坚持“两个确保”的脱贫目标（确保现行标准下的农村贫困人口全部脱贫，消除绝对贫困；确保贫困县全部“摘帽”，解决区域性整体贫困），坚持“两个稳定”的脱贫标准（脱贫攻坚期内稳定实现贫困人口“两不愁、三保障”，稳定实现贫困地区基本公共服务领域主要指标接近全国平均水平），坚持“六个精准”的基本方法（扶持对象精准、项目安排精准、资金使用精准、措施到户精准、因村派人精准、脱贫成效精准），坚持“两个转变”的工作取向（从加快减贫速度转向提高脱贫质量，从完成目标任务转向提升群众获得感和满意度转变）。以扶贫项目为抓手，突出目标导向、问题导向、质量导向，优化政策供给，细化帮扶措施，强化保障投入，着力激发贫困人口内生动力，着力夯实贫困人口稳定脱贫基础，着力加强扶贫领域作风建设，确保到2020年全市贫困地区和贫困群众同全省全国一道进入全面小康社会。

三、认清形势不折腾

（一）全市脱贫攻坚取得决定性进展

截至2017年年底，广安区、前锋区、华蓥市3个贫困县在全省率先“摘帽”；退出贫困村411个，占比1/2；减贫25.32万人，占比3/4以上，全市贫困发生率降至1.9%。这表明，全市脱贫攻坚工作取得决定性进展，大势已定、大局在握。

（二）脱贫攻坚任务仍然艰巨

未退出的贫困村中，122个村集体经济不达标，占比29.8%；28个村硬化路不达标，占比6.8%；78个村文化室不达标，占比19.1%；64个村卫生室不达标，占比15.6%。剩下的贫困村大多地处偏远，生产生活条件差，基础设施和公共服务投入大。未脱贫的2.7万户7.3万名贫困人口中，50岁及以上占47.7%，因病因残致贫占81.2%；收入未达到3600元以上的8947户，占比33.1%；住房不安全5824户，占比21.6%；饮水不安全3084户，占比11.4%；不通生活用电1539户，占比5.7%；不通广播电视信号1925户，占比7.1%。剩下的贫困户大多文化程度低、无致富技能、无劳动能力，是贫中之贫、坚中之坚、困中之困，需要超常规措施加以扶持。

（三）成效巩固难度较大

全市已脱贫8.27万户25.32万人中，低保兜底户占32.6%；无劳动力人口占近1/2；从健康状况看，长期慢性病、大病、残疾人占41.3%。以上人群返贫风险较高，是成效巩固中难啃的“硬骨头”。

（四）发展极不平衡

已“摘帽”的3个区（市），仅余贫困人口0.99万人，贫困发生率基本下降至1%以下。未“摘帽”的3个县剩余贫困人口、贫困村分别占全市剩余贫困人口、贫困村的86%、67%，其中岳池县剩余贫困人口2.57万人、贫困村150个，占全市剩余贫困人口、贫困村的35%、37%。

四、明确重点不动摇

（一）攻克剩余贫困堡垒

始终牢记脱贫任务目标，对标脱贫标准，锁定目标任务，以项目建设为支撑，掀起基础设施建设、公共服务配套、居住条件改善“三大会战”，补齐硬件短板。逗硬兑现社会保障、健康扶贫、教育扶贫等政策，构建全阶段、全链条、全覆盖式的扶贫政策体系，让符合条件的贫困群众都能得到政策实惠，教育、医疗、生活都有保障。多措并举发展致富产业、拓宽就业渠道、激发内生动力，引导贫困群众克服“等、靠、要”思想，树立脱贫致富信心，提升生产就业基本技能，找准致富路子，实现贫困群众年人均纯收入稳定超过贫困线。

（二）着力巩固脱贫成果

一是扶贫政策不减。建立健全脱贫成效巩固动态监管机制，对已脱贫群众进行全面监测、动态管理；对新致贫、返贫的立即纳入扶持。脱贫攻坚期内，脱贫不脱政策，因户施策，分类扶持。二是资金投入不减。积极争取中、省扶贫资金，加强涉农资金整合，持续投入市（县）扶贫资金和行业扶贫资金，用好用活金融扶贫政策，畅通社会资本参与渠道，千方百计保障脱贫成效巩固资金。三是帮扶力度不减。深化“五个一”“三个一”帮扶，坚决做到脱贫不脱帮扶。

（三）持续强化作风建设

一是严肃执纪问责。坚持把作风建设贯彻脱贫攻坚全过程，持续开展扶贫领域作风问题专项治理，加大对执行“五个严禁”“四个一律”和村组“零接待”纪律要求的监督检查力度。建立完善举报追查制度、线索移交制度、通报曝光制度和责任追究制度。二是强化资金监管。加强资金监管和审计，广泛接受各方监督，坚决防止侵占、截留、挪用等行为，确保资金安全。注重闲置扶贫资金的清理，防止资金长时间“躺在账上”，努力使扶贫资金发挥最大效益。三是转变工作作风。落实脱贫攻坚“删繁就简”和“八不准”措施，最大程度精减会议、文件、填表、挂图等，严禁扶贫调研活动层层陪同、专门制作展板图册，切实减轻基层负担。

（四）全面提升脱贫质量

一是着力促农增收。聚焦“两不愁”，精细抓好产业扶贫，在基地建设、产品销售体系等方面下功夫，助力贫困群众稳定增收。用心抓好就业扶贫，重点加强与重庆、珠三角、长三角等地用工企业的劳务输出对接，支持有条件的贫困村兴办“扶贫车间”，促进贫困人口就业增收。二是强化政策保障。聚焦“三保障”，加快推进易地扶贫搬迁和贫困户危房改造，加强产业配套和就业安置。加强教育扶贫，落实控辍保学“六长负责制”，不让1个义务教育适龄孩子辍学；加强健康扶贫，综合实施大病集中救治、慢病健康管理、重病兜底保障，减轻贫困人口就医负担。三是坚持扶贫扶志、扶智。加大扶贫政策宣传力度，提升贫困群众政策知晓度和脱贫成效满意度。持续深化“感恩教育”，建好用好农民夜校，引导贫困群众崇尚科学文明，养成健康生活方式。建立健全群众参与机制，采用以奖代补、劳务补助、以工代赈等方法，防止政策养懒汉和福利主义。

五、健全机制不懈怠

（一）健全宣传引导机制

坚持正确的舆论导向，不断凝聚广大干群攻坚合力。系统总结提

炼脱贫“摘帽”中的好做法、好机制，以典型树标杆，着力培树一大批可复制可推广的实践经验。建立脱贫攻坚表扬奖励制度，每年表扬一批先进集体和个人。

（二）健全工作推进机制

市（县）特别是计划“摘帽”县每月召开一次现场推进会，每周研究一次脱贫攻坚，每日开展督查和通报推动脱贫攻坚各项工作落实。

（三）完善资产扶贫机制

探索资产收益扶贫模式，引导贫困村将集体资产、贫困户将承包土地和个人财产入股，采取委托经营、合作经营等方式，确保贫困村和贫困户多渠道增收。探索投资收益扶贫模式，将财政扶贫资金投入形成的资产量化给贫困户，将财政支农资金投入到村或农民合作社形成的资产划出一部分，采取优先股的方式量化到贫困户，实行贫困户收益保底、按股分红。

探索旅游扶贫新路　体验都市农业情怀

——达州市通川区旅游扶贫对策探讨

达州市通川区人民政府区长　张　杰

旅游扶贫是指通过开发贫困地区旅游资源、兴办旅游经济实体，使旅游业成为乡村脱贫的重要产业，实现贫困地区群众增收致富，走出一条“乡村旅游发展促进脱贫致富、扶贫开发助推乡村旅游发展”之路。旅游扶贫既使贫困地区农村增色、农业增效、农民增收，也使许多贫困地区旅游资源得到开发，为群众持续增收注入了新活力。

一、旅游扶贫原因分析

（一）改变贫困现状的需要

近年来，达州市通川区把脱贫攻坚作为头等大事，举全区之力向贫困宣战。全区共有建档立卡贫困人口25131人，2014—2016年已实现18630人脱贫，贫困率发生率下降至2.3%，但仍有贫困人口6501人，其中2017年计划脱贫4564人。作为2017年全省15个、全市首个计划脱贫“摘帽”县，面对时间紧、任务重等难题，按照常规、单一的手段将难以实现既定目标，亟需多种举措推动脱贫攻坚。

（二）推进精准扶贫的要求

2017年2月，省委办公厅、省政府办公厅印发了《四川省旅游扶贫专项2017年实施方案》，下达了旅游扶贫年度目标和“八大工程”重点措施；3月，省旅游发展委制定下发了《关于分解下达全省旅游扶贫目标任务的通知》，进一步细化量化目标任务，这些文件都为推进旅游扶贫指明了方向。

（三）乡村旅游市场的需求

近年来，随着经济社会发展和城镇化进程加快，旅游消费将更大众化、平民化、常态化，尤其是乡村旅游呈现出喷涌的发展态势更能拉动旅游消费。按照国际经验，一个地区人均GDP达到1000美元时，大众型观光旅游将出现高潮；人均GDP大约在3000～5000美元时，较高层次的休闲度假旅游形式将规模化启动。2016年，通川区人均GDP达32219元，表明现在通川区发展休闲度假旅游的重要机遇期（如下表所示）。

2014—2016年度达州市各县（市、区）人均GDP统计表

（单位：元）

年份＼县(市、区)	通川区	达川区	渠县	大竹县	宣汉县	开江县	万源县
2014年	31596	18763	18259	28642	24657	23268	28395
2015年	31500	18965	19307	29648	21877	23379	28513
2016年	32219	19985	20846	31889	23530	24867	30213

面对工作压力大、生活节奏快、时间不够用的综合环境，城市人常常选择近郊周末游、农事体验游等方式去舒缓压力、享受生活，在他们追寻儿时记忆、品味农耕文化、品尝农家美食的同时，也促进了通川旅游业发展。

二、旅游扶贫效益分析

（一）助农增收致富

根据通川区旅游发展现状，可采取“村+景区+贫困户”“村+合作社+贫困户”“村+公司+贫困户”等发展模式，构建旅游扶贫利益联结机制，使贫困村资源变资产、资金变资本、农民变股东，使贫困群众从旅游经营中拿薪金、收租金、分股份、获利金，真正实现农民就地就业、脱贫致富。组织旅游部门、旅游院校、旅游企业开展相关培训，提升贫困群众的生产生活技能水平，做到贫困群众在不拆房、不失地的情况下发展民宿获得经营收入，在不外出、不失业的情况下就近就业得到工资收入，实现贫困户快速增收、持久致富。

（二）改善人居环境

旅游业是一次性投入、持续产出的资源节约型、环境友好型产业。据统计，万元增加值能耗仅为工业的1/11，消耗低、污染少、可循环，对生态环境影响较小、具有天然的“亲和力”。发展旅游业有助于完善当地基础设施，改善当地群众人居环境，引导群众养成好习惯、形成好风气，使群众素养得到提高、乡风文明得到提升。

（三）优化产业结构

旅游业是一个综合性产业，具有较强的关联带动性。不仅直接给餐饮服务、商业网点、景区等带来了客源和市场，还间接地带动农村和城市建设、文化体育等行业发展。旅游业发展将增加旅游业在第三产业中的比重，有利于加快三次产业的结构调整。

（四）提升旅游品质

全区推出灯影牛肉、台湾牛奶草莓、聚家猕猴桃等一批名优土特产品；坚持把旅游扶贫变为“美丽战胜贫困”的事业，修缮保护金石镇樊家坪“状元大院”、金石镇金山村“张家大院”、磐石镇“肖家大院”等传统村落，深度挖掘乡村农事、婚嫁等民俗风情，加深旅游资源的文化底蕴；树立“以节兴旅、以节宣旅”的理念，创新营销方式，强化策划宣传，通过举办磐石镇草莓采摘、蒲家镇牡丹观赏、金石镇梯田摄影、新村乡梨花观赏等一系列特色节会，打造旅游新亮点。

三、旅游扶贫优势分析

（一）区位优势明显

通川区是达州市中心城区，素有“川东北门户”之称，地理位置特殊，

背靠城市，辖区6个乡镇办委位于达州主城区、6个乡镇办委位于环城经济带、10个乡镇办委位于巴达高速经济带，游客资源丰富。近年来，全区大力实施“交通三年攻坚计划”，实施交通项目38个，改造国省干线公路65千米，提升县、乡公路172千米，新建和提升通村通组道路627千米，磐石镇、东岳镇高速出入口相继建成通车，磐石镇旅游专线竣工投用，全域已实现“一小时经济圈”，乡村旅游基础条件得到大幅提升。

（二）旅游资源丰富

全区旅游资源丰富，凤凰翠岭、西圣翠竹、龙塔擎天、鹤舞莲湖等“通川八景”相映生辉，是休闲娱乐、放松身心的首选之地；犀牛山森林公园、千口岭地质公园、青宁空中草原风光秀丽，是寄情山水、度假养生的不二之选；元稹广场、北山诗歌之乡、江陵商驿古镇人文厚重，是忆古思今、修身养性的绝佳之地；磐石田园综合集聚区、蒲家蓝莓主题公园农旅融合，是旅游观光、农事体验的最佳之选；神剑园、英烈园、红三十军政治部旧址革命经典，是追忆先烈、催人奋进的红色殿堂，具有发展旅游业的良好基础。

（三）发展潜力巨大

通川区旅游刚刚起步，现有的旅游景区（点）和在建的旅游开发项目的设施建设投入力度有待加大、旅游产品的深度挖掘有待加强、服务品质有待提档升级。据不完全统计，全市旅游发展大会后，“五一”期间，磐石田园综合集聚区接待游客10万人次。双鱼湖及凤凰山景区旅游综合开发项目、泰诚十里水街城市文化旅游项目、金石云顶大型野生动物园、罗江密林养生谷综合开发等一批优质项目建设有序推进，旅游业发展潜力巨大。

四、旅游扶贫的对策措施

（一）明确发展方向

立足通川区发展优势，在充分调研的基础上，做到定位准确、规划科学、体系健全。一是坚持旅游扶贫战略定位。立足“服务全市、聚力发展”的工作取向，紧紧依托达州市“双百”城市建设，牢固树立“大旅游、大产业”理念，深度挖掘、开发和利用乡村旅游资源，对全区进行全面摸底调查，明确旅游扶贫目标定位、主导产品、功能设施、业态项目等，全力打造川东北及达州市重要的融观光、度假、休闲、娱乐于一体的乡村旅游胜地。二是坚持规划先行统筹布局。按照“全民参与、全产业链融合、全地域打造”的理念，破解旅游只打“生态牌”“绿色牌”的同质化瓶颈，因地制宜实施差异化的旅游扶贫站略，突出“文化主题游、休闲体验游、生态观光游”三大主题，大力实施《通川区“十三五”旅游规划》《通川区乡村旅游总体规划》，将扶贫产业发展全面纳入旅游规划体系，分年度制定旅游扶贫专项实施方案，实现旅游扶贫与农村土地利用、基础设施建设、生态文化保护的协调统一。三是坚持全域旅游体系塑造。将旅游扶贫作为全域旅游的重要载体，按照“旅游景观全域优化、旅游服务全域配套、旅游治理全域覆盖、旅游产业全域联动、旅游成果全民共享”的理念，着力实施凤凰山和莲花湖景区、神剑园、磐石田园综合集聚区、罗江宜居旅游休闲区、红三十军政治部旧址、犀牛山森林公园、千口岭地址公园、青宁空中草原等重点景区（点）建设，通过景区带动，连点成线、以线构面，让每个景区都成为“精准扶贫点”和脱贫致富的“龙头企业”。

（二）丰富旅游业态

坚持“政府主导、各方参与、多元投入、齐抓共推”的旅游扶贫机制，通过政府、市场两只“手”的调控，牢牢站稳脱贫攻坚、农村发展两大阵脚，推进旅游扶贫纵深发展。一是推进农、文、旅深度融合。积极创新旅游扶贫模式，大力推进“旅游+”战略，推动农、文、旅等深度融合，同步加入“商、养、学、闲、情、奇”等旅游新要素，在休闲体验中感悟乡愁“情怀”。以实施示范项目带动工程为抓手，突出成片、成带景观组团效果，加快推进神剑园二期、磐石田园综合集聚区、金石野生动物园、聚家猕猴桃产业基地等景点打造，完善景区（点）导览图、标识标牌、停车场、游步道等基础服务设施，真正为贫困群众带来美丽的生态、美丽的生产、美丽的生活。二是大力发展后备箱经济。以游客需求为导向，开发旅游产品，培育旅游品牌，增加旅游效益。鼓励引导群众根据不同地域、产品、季节和文化的特点，采用传统种植、养殖方式形成一批有特色、有质量的农副土特产品和工艺品生产体系，让游客不仅在当地消费，还能“带走”消费。三是探索发展民宿经济。坚持“以农为本、以乡为魂”理念，加大资金整合力度，加强基础配套设施建设，着力提升公共服务能力。探索发展庭院经济，大力促进清新空气、美丽风光、特色风情完美融合，实现“农区就是景区、田园就是公园、农房就是客房”。大力鼓励工商资本进农村，加快民宿经济发展，实现自用住宅空闲房屋创收，实现企业和农户“双赢”。

（三）凝聚发展合力

一是群众主体推进旅游发展。大力发扬自力更生、自强不息的奋斗精神，增强贫困群众、参与到乡村旅游发展的积极性，主动向游客提供旅游服务，出租出售房屋、土地、农副土特产品等自有资产，依法取得收益，公平获得报酬，真正走出“等、靠、要”越扶越贫的怪圈，在脱贫致富中不断增强幸福感和自尊自强的意识。二是完善基础设施拉动旅游发展。深入实施旅游业“三年攻坚”行动，大力推动“153”旅游发展工程，围绕景区布局，紧紧抓住脱贫攻坚机遇，整合投入资金，实施农村交通、医疗卫生、文体提升行动，着力打造“青安路”“宣汉马渡关—青宁—碑庙”等精品旅游环线，集中解决农村基础设施和公共服务能力欠缺、接待设施和接待能力不足等问题。三是招引企业加快旅游发展。按照“6+2”产业招商体系，将旅游招商作为主攻方向，围绕全域旅游产品策划项目，精准招商，与碧桂园、绿地博大绿泽等企业对接洽谈，力争引进青宁乡“云门天寨·牡丹花海”、复兴中医药健康产业园、秦巴智慧小镇等一批优质项目签约入驻。

（四）夯实基础保障

持续加大组织、人力、资金保障，推进乡村旅游大发展。一是强化组织保障。充分发挥旅游扶贫领导小组职能作用，将旅游扶贫与旅游产业发展同部署、同实施、同考核。旅游部门加大综合协调、行业指导、市场监管力度，责任部门各负其责、密切配合、整体联动，落实支持旅游业发展的各项政策措施，形成加快推进旅游业发展的强大合力。二是强化人力保障。深化“人才兴旅”战略，加大与知名旅游院校、旅游企业的合作力度，建立一批校地合作、教学实习一体化的旅游培训基地，打造一支素质高、结构优的旅游人才队伍。积极开展乡村旅游经营户、乡村旅游带头人、能工巧匠传承人、乡村旅游创客等各类实用人才培训，依靠人才支持和智力投入促进乡村旅游发展，提高贫困群众服务能力和水平。三是强化资金保障。结合全省乡村旅游文化节、全市旅游发展大会等，积极争取上级项目资金，拓宽乡村旅游发展筹资渠道。设立服务业发展专项资金，加大旅游项目资金整合力度，重点扶持乡村旅游发展，形成多元投入、齐抓共推的旅游扶贫机制。

旅游开发闯新路 山区突围奔小康

——宣汉县推进旅游扶贫的实践与探索

宣汉县人民政府县长 冯永刚

宣汉县作为国家扶贫开发工作重点县、秦巴连片特困地区和全省少数民族地区待遇县，近年来始终坚持把发展旅游产业作为转方式、调结构、促发展、惠民生的主攻方向，认真落实《达州市旅游业三年攻坚发展方案(2017—2019年)》，大力实施"开发扶贫"战略，走出了一条"以开发促产业助增收"的山区旅游脱贫新路子，成功入选第二批"国家全域旅游示范区"创建单位名录，被评为"四川省旅游十强县"。2017年，全县接待游客688万人次，旅游综合收入突破30亿元，分别增长36%、45%;旅游产业带动1.9万人脱贫。

一、坚持高点定位、多维考量，明晰旅游扶贫新思路

一是依托资源优势发展旅游产业。宣汉县生态基础良好，森林覆盖率达60%以上，境内有观音山、峨城竹海、五马归槽景区组成的国家级森林公园，特别是巴山大峡谷风光秀美，属典型的喀斯特地貌；宣汉县人文历史厚重，是巴文化的发源地，有全国最大的巴文化遗存——罗家坝遗址；土家民俗风情独具，"薅草锣鼓"入选第一批国家级非物质文化遗产名录；红色文化底蕴深厚，孕育了无产阶级革命家王维舟和新中国10位将军。对此，宣汉县聚焦文旅资源丰富与就地转化不足的矛盾，坚持"生态优先、绿色发展"的理念，着力把旅游产业培育成县域经济的战略性支柱产业，奋力打造全国知名旅游目的地。二是聚焦产业转型，做强旅游经济。近年来，宣汉县专注发展定力，县域经济保持良好发展态势，2017年GDP达266.7亿元，在川东北经济区34个县(市、区)中排名第四位；三次产业结构比调整为23.1∶39.7∶37.2，服务业发展仍然不足，占比分别低于省、市12.6、7.2个百分点。对此，宣汉县聚焦经济总量增大与产业结构不优的矛盾，把发展旅游业作为优化产业结构、推进转型升级的主要方式，着力打造县域经济发展新引擎。力争到2020年，全县旅游产业增加值占地区生产总值比重超过10%。三是紧扣全面小康推进旅游扶贫。宣汉县山区面积超过全县总面积70%，是国家级贫困县。2014年年底，有建档立卡贫困村211个、贫困人口17.94万人，是全省贫困人口最多的县，贫困发生率为16.4%；特别是贫困人口较为集中的东北部山区，涉及11个乡(镇)，区域面积占全县辖区总面积的27%，贫困人口近9万人，贫困发生率达19%以上。对此，宣汉县聚焦同步全面小康与贫困程度较深的矛盾，大力实施"开发扶贫"战略，重点推进巴山大峡谷片区旅游扶贫综合开发，通过旅游开发促进产业融合发展，带动区域整体脱贫，确保2020年全面建成小康社会。

二、坚持龙头引领、多点发力，构建旅游扶贫新格局

一是注重规划先行。高水平编制完成《宣汉县"十三五"旅游总体规划》《巴山大峡谷景区总体规划暨桃溪片区修建性详规》等规划，确立"1个5A级、3个以上4A级、15个以上3A级景区"目标，着力构建东部巴山大峡谷龙头景区、西部乡村休闲圈、南部康养度假圈、北部文化体验圈、中部生态观光圈的"一区四圈"全域旅游格局。同时，将80%以上的贫困村按景点标准进行规划打造，做到旅游与扶贫有机融合、整体推进。二是强化龙头支撑。针对东北部山区贫困人口多、贫困程度深的问题，投资130亿元实施巴山大峡谷旅游扶贫综合开发项目。该项目已被评为"全国旅游扶贫示范项目"，将于2020年建成国家5A级景区、国家旅游扶贫试验区，预计实现年接待游客100万人次以上、旅游收入20亿元以上，带动东北部山区近9万人脱贫。三是突出多点发力。将全县划分东北部、中部、西部、南部四大旅游扶贫片区，布局实施一批重大旅游项目、打造一批重要景点，全县已有巴山大峡谷、洋烈水乡、峨城山3个国家4A级景区，马渡关石林、庙安花果山、圣水桃园、香炉山、米岩花海5个国家3A级景区。同时，2018年拟创建马渡关石林国家4A级景区和3个国家3A级景区，2019—2020年拟创建观音山、五马归槽等10个以上国家3A级景区，逐步形成多点发力的旅游发展态势。

三、坚持集聚资源、多态融合，打造旅游扶贫新名片

一是基础配套拓功能。坚持"基础围绕旅游建、设施围绕旅游配"的发展思路，统筹规划景区道路、停车场等旅游设施与公共服务设施建设，重点推进达(州)宣(汉)快速通道和巴山大峡谷快速通道建设，建成通乡油路、通村水泥路5800余千米；创建宣汉县智慧旅游信息平台，为游客提供手机导游、导览等即时信息服务，实现景区智能化管理和服务。二是农旅结合兴产业。坚持"依托乡村建景区、围绕产业兴旅游"的发展思路，成功打造庙安花果山、双河蓝莓谷、毛坝山水田园风光综合体等一批农旅融合示范典型；在巴山大峡谷景区及快速通道沿线布局打造千亩花海、万亩茶园、万亩药田等产业园，同步推进景区建设和产业发展，真正实现"产业靓景区、旅游兴产业"。三是景城一体提品质。坚持以景区标准推进城乡建设，在县城布局实施"三路三片三园""一环一区两园两路"等重点工程，全面提升城市品位；协调推进"2+8"城镇体系建设，规划建设一批地标型城镇景观，着力把重点场镇建成旅游场镇；坚持"一个幸福美丽新村就是一个旅游景点"的思路，打造川东莲乡、茶河圣水等幸福美丽新村96个，龙泉土家族乡黄连村、鸡坪村成功纳入"全国乡村旅游扶贫试点村"，君塘镇洋烈新村被评为"全国乡村旅游模范村"。四是文旅互动增内涵。深度挖掘地域特色文化，聚力打造渡口风情小镇为"巴文化展示窗口"，与导演哈文团队合作，精心编排大型歌舞剧目《梦回巴国》，将于2019年5月隆重上演；大力开展穿巴人服、唱巴山歌、跳巴人舞等民俗活动，举办庙安李花节、洋烈龙舟大赛等旅游节会，不断丰富旅游文化内涵。

四、坚持利益联结、多元增收，探索旅游扶贫新模式

一是资源开发，"产品"变"商品"。坚持工旅互动、商旅结合，大力推进旅游景区(点)资源就地转化，加快建设天然气博物馆、新材料体验馆，鼓励开发工艺品、纪念品、土特产品等旅游产品；以国家电子商务综合示范县项目建设为契机，规划建设旅游商品集散、销售中心，大力推行"互联网+农特产品"，实行线下线上互动营销，变农特产品为旅游商品。二是产权入股，"资产"变"资本"。坚持"打造一个景区、活跃一带经济、带动一方脱贫"的发展思路，重点盘活景区土地、林地、房屋、宅基地等农村资产，采取协商认定、确权、入股等方式获得稳定收益。研究制定《巴山大峡谷旅游扶贫开发建设资源入股分红方案》《巴山大峡谷片区民宿发展规划》，创新实践"资产入股+收益分红"脱贫模式，将景区门票收入按一定比例分红。巴山大峡谷景区营业后，周边近9万名贫困群众将通过资产入股，实现"土地变资本、农民变股民、群众变主人"的转变。三是就业创业，"农民"变"工人"。突出旅游带动、推进就业创

业，在景区（点）基础设施建设中，优先吸纳贫困群众就地务工；依托已运营景区，优先为贫困家庭劳动力安排公益性岗位；加强贫困家庭劳动技能培训，鼓励扶持景区周边群众从事旅游相关配套产业，累计培育省级三星级以上农家乐、乡村酒店、民宿达标户109家（户），直接带动近7000余名群众转变为产业工人、三产经营者，间接带动近万名贫困群众增收致富。

五、坚持统筹联动、多方参与，凝聚旅游扶贫新合力

一是强化组织推动。推行“一个景区、一名县领导、一个指挥部、一套工作班子、一抓到底”的“五个一”机制，成立景区管理中心，对全县景区进行统一管理；健全“两办”督查室和10个专项工作督查组的“2+10”督查体系，倒逼工作高效落实。同时，加大项目投入力度，2017年整合旅游发展资金8亿元，专项用于巴山大峡谷等景区建设。二是突出群众主体。坚持政府主导、群众主体、社会参与，充分调动各方力量投身旅游扶贫。推广“专合组织+基地+农户”模式，成功打造茶河圣水山桃园、胡家田园综合体等典型，辐射带动乡村近万人脱贫；开展“诚信、守法、感恩”公民思想道德教育活动，激发群众脱贫内生动力；持续实施“能人培育”计划，实现“把党员培养成能人、把能人培养成党员村干部、把能人村干部培养成村党组织书记”，带领群众脱贫致富。三是争引外部促动。紧盯国家旅游发展政策和资金投向，加大资金、政策争取力度，巴山大峡谷旅游扶贫综合开发项目纳入2017年全省100个重点推进项目，宣汉县成功被列为全省旅游扶贫示范区；加大招商引资力度，推动巴山大峡谷索道、罗盘顶滑雪场等14个旅游项目招商落地，成功引进港中旅投资有限公司参与巴山大峡谷景区筹建指导和运营管理。

旅游扶贫是推进脱贫攻坚的崭新生力军，是一项长期性、系统性的工程，需要持续发力、久久为功。宣汉县虽然在推进旅游扶贫中作出了一些努力和探索，但仍存在一些短板和不足。要更好地推进旅游扶贫，实现山区群众脱贫奔康，全县应处理好几种关系：

“龙头引领”与“区域联动”的关系。推进旅游扶贫，既要集中力量打造核心龙头景区，又要注重区域内部、区域之间景区（点）的相融互动，串点成线、连线成面，实现由“单兵作战”向“联动发展”的转变。一是在旅游规划上，既要根据当地资源禀赋、交通区位等条件，规划发展带动性强、竞争力大、辐射面广的核心景区；又要综合考虑周边（沿线）景点的产业发展、基础建设、产品开发等因素，统筹规划布局景区（点），形成龙头引领、多点发力的旅游发展格局。二是在景区建设上，既要突出景点互动，开发类似旅游项目，融入当地人文风情、凸显各自特色，又要注重优势互补，梯次开发体验式、休闲式、观光式等多种旅游项目，实现错位发展。三是在线路打造上，既要推进区域交通道路建设，实现内联外通，构建立体旅游交通网络，又要谋划精品旅游线路，分类打造生态康养、红色旅游、蜀道文化等旅游线路，满足群众多层次、多样化的旅游需求。

“内力驱动”与“外力牵引”的关系。推进旅游扶贫，既要发挥政府主导、群众参与的“内力”作用，又要争取项目资金、社会资本等“外力”支持，实现相辅相成、合力共推。一是在内力驱动上，要坚持政府主推、部门主抓、干群互动，持续加大财政投入，创新体制机制，搭建融资平台；要广泛宣传教育，破除贫困群众“等、靠、要”思想，让群众有获得感与参与感；要强化贫困地区劳务就地转化、实用技能培训，提高贫困群众旅游增收水平。二是在外力牵引上，要强化向上争取，精心谋划储备包装一批重大旅游扶贫项目，主动衔接汇报，争取更多项目资金政策倾斜；要强化对外招引，实施能力培育、“乡友回引”等工程，制定出台优惠政策，吸引社会资本特别是上市公司，通过PPP等合作模式，共同开发旅游资源、兴建旅游项目、参股旅游企业，破解资金、市场、技术、人才等瓶颈制约。

“短期脱贫”与“长远致富”的关系。推进旅游扶贫，既要依托旅游业带动群众实现短期增收脱贫，又要建立旅游发展与群众长远致富的利益联结机制，持续稳定助农增收，开创旅游与扶贫“双赢”格局。一是在短期脱贫上，要紧盯游客市场，引导群众重点发展牛药果等短期见效快的特色产业，直接实现农产品销售增收；鼓励群众开办农家乐、经营乡村旅馆，提高群众经营性收入；优先吸纳贫困家庭劳动力就地务工，开辟景区建设管理公益性岗位，增加群众劳务性收入。二是在长远致富上，要引进农产品深加工企业，开发土特产、纪念品、工艺品等，建立商品集散、销售中心和电商站（点），实现农特产品向旅游商品转化，提高群众生产性收入；大力培育旅游合作社，引进旅游开发公司，通过发展民宿经济等形式，将群众土地、房屋等资源资产进行流转出租或入股分红，提高群众财产性收入；围绕旅游所需导游服务和商业演出，培养职业技能人才，提高群众工资性收入，实现旅游业大发展与群众真脱贫的“双丰收”。

“旅游开发”与“生态保护”的关系。推进旅游扶贫，环境保护是前提，开发扶贫是路径。良好的生态环境是旅游开发的最好品牌，坚守生态底线，将补齐贫困落后的“短板”与做好旅游生态的“长板”有机融合。一是在保护中开发，要高标准编制旅游开发规划，注重依山就势、因地制宜，避免在低水平、重复性建设；严格履行环境保护、地质勘探等评估，避免资源开发中造成环境破坏；科学测定景区游客接待人数和污染物净化能力，合理布局宾馆、餐饮等旅游服务设施方位和数量，避免超过环境承载能力。二是在开发中保护，要持续夯实环保基础，重点推进景区周边污水处理厂、垃圾填埋场等配套设施建设，有效遏制生产生活等源头污染；加大环保监管执法力度，严厉打击破坏生态环境的违法违规行为；聘请高端专业旅游公司，对景区进行托管服务，每年从经营收入中划拨一定比例资金，专项用于景区及周边生态环境治理与修复，实现经济效益和生态效益有机统一。

紧盯目标精准发力　打赢脱贫攻坚战

中共巴中市巴州区委

巴中市巴州区属典型山区，辖区面积1460平方千米，辖30个乡（镇、街道）477个村（社区），有总人口82万人，其中农业人口52.2万人。2014年，巴州区精准识别出贫困村114个、贫困户27768户85256人，贫困发生率17.6%，是2017年全省16个计划“摘帽”县（区）之一。

区委区政府把脱贫攻坚作为民生头等大事，在推进脱贫攻坚工作中，坚持“一村一个脱贫计划，一户一套脱贫措施”，在脱贫攻坚的路上不留“死角”，让脱贫攻坚工作稳步推进。截至2017年年底，全区累计减贫76977人，贫困发生率降至1.69%；农村居民人均纯收入达11011元，较2014年增长56.8%。2017年12月，顺利通过贫困县退出省级评估检查。

一、明确目标，精准发力

作为2017年全省16个计划“摘帽”县（区）之一，省下达任务是区“摘帽”、50个贫困村退出、31828名建档立卡贫困人口脱贫、贫困发生率低于3%。全区2017年预脱贫村是2016年的2倍，预脱贫人口是2016年的2.3倍，全年脱贫任务是2016年的3倍，全区还面临最后的“硬骨头”，精准脱贫的任务艰巨，面临的困难和问题复杂，而时间非常紧迫。区党政班子在2017年年初就赶往广安、南充等地学习考察脱贫攻坚的经验做法，在春节后的誓师大会上，区委区政府响亮提出“必须以更大的决心、更明确的思路、更精准的举措、超常规的力度，众志成城实现‘摘帽’目标”。同时自加压力，区委提出“退出贫困村68个，减少贫困人口31290人，2017年年底贫困发生率下降至1.42%”的更高工作目标。

通过紧锣密鼓的“问诊把脉”，全区围绕目标，借鉴已脱贫县（区）和外地的经验，按照“一本账、两不愁、三保障、四个好”的要求，着眼全局，以“整村实施、到户到人”为核心，推进“六个精准”“五个一批”落地落细，确保如期完成“摘帽”任务。

二、压实责任，众志成城

为“全方位、零盲区”推进脱贫攻坚工作，区委区政府专门启动了“万名党员干部挂包驻帮脱贫攻坚”行动，全区所有机关事业单位和部分区属国有企业的11249名党员干部职工全部分解安排到建档立卡贫困户开展挂包帮扶。为确保“万名党员干部挂包驻帮脱贫攻坚”行动落到实处，工作重心向攻坚一线下沉，区委就工作时间做了硬性规定：区级领导每周至少一次到贫困村进行实地调研指导；帮扶部门负责人每周至少一次到贫困村开展工作；机关事业挂包干部每周至少2天、每月不低于8天蹲点帮扶挂包贫困户。

2016年以来，全区新（改、扩）建48所乡（镇）中心校及附属设施，配置教学设备，配强师资力量；改（扩）建29个乡（镇）卫生院，设置标准化床位、科室，配置医疗设备，配强医护力量；改善29个乡（镇、街道）便民服务中心办公条件，确保乡乡有标准中心校、达标卫生院和符合条件的便民服务中心。“三有”项目计划投资2.1亿元。2017年11月，所有项目全面完工。

下大力气解决贫困村“一低七有”。按照标准，全年计划退出的68个贫困村中，通村硬化路、村卫生室、生活用电、通信网络四项指标在9月底已全面达标。村集体经济收入、村安全饮水、村文化室三项指标在10月底全面达标。按照“缺啥补啥”原则编制了“一村一案”，总投资5.7亿元，并实行倒排工期、挂图作战，2017年完成全部项目建设。

易地扶贫搬迁更注重“拔穷根”。按照“五个结合”原则，以易地扶贫搬迁项目为重点，整合国土三大项目、农村危房改造项目、工矿废弃地复垦利用项目等，坚持资金捆绑使用、项目统一规划建设，逗硬落实项目法人、招标投标、合同管理和工程监理等制度，实现打基础、建新居、兴产业、抓配套“四位一体”的脱贫攻坚新模式。

兜底扶贫“斩穷根”是必不可少的内容，按照不低于5%的比例配套建设农村廉租房，解决好特困无房户住居问题；实行“两线合一”，对丧失劳动能力、无法通过产业扶持和就业脱贫的贫困人口，全部纳入最低生活保障；坚持“保基本、救大病、管慢病”原则，实行先诊疗后结算制度，建档立卡贫困户区域内住院费用个人支付比例不超过10%。

此外，巴州区积极推动其他扶贫方式落地，为贫困户提供更好更多的脱贫路子。注资1.6亿元成立信贷支持产业发展“六大基金”，放贷近6亿元，1.1万贫困户获得信贷支持。大力培育龙头企业、专业合作社、种养大户、家庭农场等新型经营主体，引导社会资本发展道地巴药、乡村旅游、森林康养、农村电商等脱贫产业，完善利益联结机制，带动贫困群众增收致富。截至2017年9月底，全区培育新型经营主体1600余个，发展巴药23万亩、果蔬10万亩、标准化畜禽养殖小区380个、小加工业项目2050个，贫困群众参与产业发展面达70%。

三、创新机制，凝聚合力

打赢脱贫攻坚战，离不开制度保障；要做好脱贫攻坚工作，人是关键。在区级“四大班子”及部门的换届工作中，围绕抓发展和脱贫攻坚来选干部、配班子、调力量，“能者上、勇者上，庸者下、不为者下、乱为者下”成为班子换届中的一项重要参考指标。

按照区委区政府负总责、区级部门（单位）负主责、乡（镇、街道）负全责、村（组）抓落实的责任机制，将目标任务完成情况纳入乡（镇、街道）、部门绩效考核评价重要内容，确保攻坚压力传导到位、责任落实到位。各级领导干部既要“挂帅”又要“出征”，要敢抓敢管、亲力亲为，以上率下、示范带动。

创新建立了“脱贫攻坚巡回督察组”，纪委、目督办、扶贫移民局等部门每周深入各个乡村，形成“插花式”、全覆盖的常态化督查模式，并采取周报制，同时要求每月至少通报一起以上的反面典型，乡（镇、街道）和区级部门连续三次被通报，乡（镇、街道）党委书记、区级部门负责人就地免职。

建立“贫困村设立督查信息员、区脱贫办通报督查情况、区人大常委会区政协领导督导整改、区级挂包领导协调解决重大问题、区纪委负责具体责任追究”的督查督导工作机制，加大督查频次和深度，刚性促使责任主体思想不松、干劲不减、工作见效。

四、攻坚行动，持续发力

坚持多项行动协调推进、持续发力，跑出“加速度”。

产业就业再行动。实施万元增收工程，按照“70%以上的贫困家庭实施‘庭院经济万元增收工程’，确保庭院经济人均年纯收入达2000元以上；区上按1300元/人的标准安排庭院产业发展奖补资金，实施“万元田”“万元林”“万元水”“万元圈”“万元店”等多个家庭万元增收项目，全区贫困户15000户5.2万人已启动实施该项目，统筹非贫困户的产业增收。

安居建设加快行动。解决“三保障”的关键是有安全住居，集中建聚居点，实施土地增减挂钩、易地扶贫搬迁等项目，建设聚居点解决11840户贫困户的安居问题。全区2016年启动的612个聚居点建设全面建成，共聚居农户10万余人。

政策落实全面行动。积极落实好学前教育“三儿”补助、义务教育“三免一补”、贫困普高（中职）学生免学费和补助生活费等政策，确保无一名学生因贫失学。全面兑现医疗保障政策，落实好财政全额代缴农村建档立卡贫困人口基本医疗保险个人保费、贫困人口就医先诊疗后结算、“十免四补助”等政策。全年医疗救助建档立卡贫困群众15000人次，救助金额2000万元。

“四好村”创建行动。依托“四好村”创建重点抓精神脱贫，实施“党建+脱贫攻坚”工程，开展“干群一家亲、脱贫心连心”、“三会一课”到田间、法纪助力脱贫攻坚等活动，加强群众感恩奋进、脱贫光荣教育，收集并帮助贫困群众实现“微心愿”，密切党群干群关系。同时，制定村规民约，成立红白理事会等自治组织，开展“脱贫典型”“五星级文明户”等评选活动，推动形成新风尚。通过开展“送文化下乡”等活动，组织学政策、学法律、学技术，让贫困群众的脑袋“活起来、富起来”。

推进现代农业与脱贫产业融合发展

中共巴中市恩阳区委书记　梁津华

党的十九大报告提出,“构建现代农业产业体系、生产体系、经营体系”“促进农村一二三产业融合发展,支持和鼓励农民就业创业,拓宽增收渠道”,并要求动员全党全国全社会力量,“解决区域性整体贫困”。巴中市恩阳区是秦巴山区集中连片特困地区和川陕革命老区,扶贫攻坚任务艰巨繁重。这要求全区要将二者结合起来,实行现代农业与脱贫产业融合发展,使其成为推进精准扶贫精准脱贫、实施乡村振兴战略产业兴旺的有效途径。

多年的扶贫经验充分证明,产业扶贫是铲除穷根的根本之策。没有产业发展带动,很难根本脱贫;缺乏产业支撑,脱贫也难以持续。发展现代农业,是推进农业供给侧结构性改革的重要内容。就贫困地区而言,开展现代农业产业精准扶贫是全面建成小康社会的迫切需要,是创新扶贫方式的重要载体。只有真正将现代农业与脱贫产业深度融合,才能不断创造新的收入增长点,实现贫困地区可持续发展,带动贫困户持续增收、稳定脱贫。经过多年扶贫实践,我们深刻认识到,发挥产业扶贫优势,坚定走产业兴旺、绿色发展之路,才能从根本上推进精准脱贫,巩固脱贫成效。

抓规划,明晰产业发展定位。只有明晰了定位,才能站在全局谋发展,找到发展的最佳路径。坚持因地制宜,避免盲目跟风,把产业发展贯穿于县域经济发展全过程。优化产业布局,实施“农业+”工程,注重三产融合、景村融合、产城融合推进新型城镇化,发展乡村旅游,推进新型工业化,景区、园区、社区“三区”同建发展现代农业。在科学论证基础上,贫困山区围绕优质粮油、品质果蔬、特色养殖等产业,加大资金、技术、基建、服务投入,加快推进现代农业基础设施联网和公共服务配套建设,着力构建山区现代农业产业发展格局。

建基地,强化产业关联效应。以绿色、生态、有机为立足点,实行规模化、标准化生产,促进农产品初加工、乡村旅游、电子商务等新产业、新业态发展,实现农村脱贫从依靠低附加值的传统农业向依靠中高附加值的新型工业、现代农业、现代服务业转变。要坚持抓三产、促一产、带二产,注重农旅融合,多渠道促进贫困群众增收。全区部分地区相继引入重大农业项目,推动农产品加工企业蓬勃发展,使农业标准化基地建设持续发力,现代农业开始全面加速。

育主体,创新农业经营模式。培育新型经营主体是做强产业的基本经验。采取“龙头企业+贫困户”“专合组织+贫困户”“家庭农场(种养大户)+贫困户”的方式,引导村集体办好实体经济,促使贫困人口依托产业尽快脱贫致富。大力发展集体经济,完善与贫困户的利益联结机制。在脱贫攻坚中,可依托专合组织、龙头企业等经营主体,创新“农户返租、产值分成”“支部引领、分户经营”“土地入社、按股分配”“分户管理、联产分利”等经营模式。鼓励农户将宅基地、自留地、承包地和林地流转给业主或集体经济组织,推动农地、农房、林木、人才、闲钱、集体资产“六个盘活”,多渠道致富增收。

创品牌,提高区域经济实力。品牌就是市场,就是效益,就是影响力。以工业园、创业园为载体,引进农产品加工企业,逐渐形成农产品精深加工链条。依托综合性农产品区域公共品牌,做大做强绿色有机产品品牌,切实提高农产品优产度和品牌效益。恩阳区组团参加西博会、农博会等国家级、省级大型博览会,通过打造“恩阳绿芦笋”“红星猕猴桃”“西南村葡萄”等特色农产品品牌,全力开拓了成都、重庆、西安等地市场。品牌聚集的背后是综合实力的不断增强,更是区域经济发展的重要支撑。

实践证明,现代农业与脱贫产业深度融合,是推进农业农村现代化、探索城乡融合发展新机制、实施乡村振兴发展的重要抓手,更是打赢脱贫攻坚战、确保贫困地区与全国全省同步实现全面小康的有力举措。因此,恩阳区要深入推进农业供给侧结构性改革,以产业发展促进稳定脱贫,以稳定脱贫“反哺”产业发展,不断开创农业农村现代化建设新局面。

建设“四好”新村　带动脱贫攻坚

中共通江县委书记　孙　辉

通江县坚持把“四好村”作为幸福美丽新村的更高形态,以改善农村住房条件为基础、以提升农民生活质量为目标、以提高村民素养为抓手、以营造良好社会环境为方向,有力带动和纵深推进脱贫攻坚取得更坚实的成效。截至目前,全县已建成省级“四好村”21个、市级“四好村”34个、县级“四好村”107个。

一、改善居住环境,建设美丽新村

以“小规模、组团式、微田园、生态化”为发展方向,突出巴山农耕文化、地域风貌元素,依托巴山新居建设、田园生活体验、山水旅游观光、历史文化采风等“美丽乡村”精品线路,集中打造一批体现秦巴韵味、具有通江特色的“四好村”。坚持规划引领。修订完善《县域新村总体规划》《村镇体系规划》,形成全面覆盖、相互衔接的美丽新村建设规划体系,做到“全县有总规、镇村有详规、农户有设计”,使美丽新村建设有章可循、有据可依、有序推进、标准鲜明。统筹各类农村住房建设项目,对可以修缮加固的危旧房进行除险排危、改建提升,对农村D级危房按村配套城乡建设用地增减挂钩项目进行统一规划、拆旧建新,对兴隆乡紫荆村等9个传统村落实施保护性修缮,对设施配套艰难区、地质灾害频发区、重点工程建设区的农户住户全面启动易地扶贫搬迁安置。突出群众主体。把群众的需求和意愿放在首位,突出群众的主体地位、作用和责任,坚持新村类型群众选定、村庄布局群众商定、建设方式群众议定、价格核算群众审定、管理办法群众决定,组建业主委员会实施统规代建或统规联建,选举村民代表参与规划选址、工程预算、队伍选定、建设管理、质量监督、工程决算等全过程。文胜乡中坪村、诺水河镇柳林村等5个中心村、72个聚居点逐步建成,通过改、租、调、购等方式完成廉租房建设427套。注重环境打造。坚持生态优先,突出农家院落环境整治,持续推进“五改三建”。以农村垃圾和污水治理为重点,有序推进农村环卫设施建设,设置公益岗位负责环境清扫保洁、管护公用设

施。积极推广施用有机肥，力争农药“零使用”。全面落实河长制，集中开展清河清渠清沟行动，有效整治农村面源污染，打造农村“山清水秀好风光”。

二、拓展增收渠道，建设富裕新村

抓住农民增收这个关键核心，围绕“产业强、群众富”的要求，因地制宜发展优势产业，确保村有主导产业、户有当家产业，切实推动美丽新村向富裕新村迈进。发展“五园”经济，增加短期收益。按照“‘四好村’创建+特色产业+生态旅游”的大农业发展思路，通过庭园改土、房前屋后去杂去灌，依托农家院落，以通江银耳、木耳、香菇等食用菌和青花椒、魔芋等绿色蔬菜为主打造小菜园，以葡萄、猕猴桃、梨子、枇杷等鲜果和核桃、银杏等干果为主打造小果园，以枳壳、玄参、茯苓、天麻、大黄等道地中药材为主打造小药园，以巴山土猪、空山黄牛、山地梅花鸡、生态养鱼等为主打造小养殖园，以加工地方特色食品、生产生活用品和竹编、刺绣等手工艺品为主打造小加工园，鼓励有条件的企业发展观光采摘、文化体验、餐饮农家乐等服务经济。截至目前，已发展“五园”经济体10800个，建成当年即可带动农民户均增收5000元以上。做强现代农业，提升增收效益。立足资源优势，成立专项推进小组，全产业链研究、全产业链推进重点特色产业。出台《培育新型经营主体带动产业发展扶持办法》，积极引进、培育省级农业龙头企业8家、市级农业龙头企业21家，做大基地、做优园区，大幅提高农产品附加值。充分发挥有机产品认证示范区、省地理标志产品保护示范县优势，对地域相连、品种相同、形式相近的品牌进行资源整合，不断提升市场占有率。壮大集体经济，增强内生动能。以深化农村产权制度改革为抓手，大力推进农地、农房、林木、人力、农村闲钱、集体资产“六个盘活”，全县清查集体经济资金436万元、资产30.8亿元、资源101.5万亩，以股份形式与财政支农资金等投入到专业合作社、村办企业等各类农村集体经济组织，有效增加集体经营性收入，确保“村里的事村里有钱干”，增强了村级组织的凝聚力和话语权。

三、弘扬新风正气，建设文明新村

依托红色资源和宗祠文化，通过广播、电视、短信、网络、微信等多种途径，围绕“环境美、风尚美、人文美、秩序美”目标开展创“四美”活动，培育乡村文明新风，推进现代文明向农村渗透。强化核心价值观引领，提升村民素质。广泛利用村委会宣传活动阵地、文化墙、文化广场等场所，大力开展社会主义核心价值观宣传教育，常态化开展法律、卫生、科教等宣传教育，加强诚信建设和社会公德、家庭美德、个人品德教育，让思想道德建设在农村落细落小落实。强化民俗民风引导，养成好习惯。针对村民酒席滥办、脏话滥说、圈舍滥搭、农田滥弃，垃圾乱堆、废水乱排、礼花乱放、物品乱摆的“四滥四乱”现象，全县广泛开展“婚育新风进万家”“文明乡风进农家”“通江好儿媳”等主题活动，持续规范和完善村规民约，逐步引导村民养成文明健康、勤俭节约、自强致富等良好习惯。强化道德文化实践，弘扬正能量。挖掘整理富有地方特色和时代精神的乡贤文化，传承忠孝、感恩等传统文化，以“无名烈士守墓人”聂正远、义务消防员冯霖、“托举哥”陈杰等一批基层道德模范感染人、教育人。大力推进农村志愿服务制度化建设，广泛开展“邻里守望”志愿服务，成立通江爱心社、通江义工协会等20余支志愿者服务队伍，定期深入农村开展送温暖献爱心活动，积极帮助孤寡老人、残疾人和留守妇女、留守儿童。

四、夯实基层组织，建设和谐新村

以开展“两学一做”专题教育活动为契机，加强以村党支部为核心的农村基层组织建设，为“四好村”建设提供坚强后盾。建强基层堡垒。深入开展党组织“三分类三升级”，深化机关支部与农村支部、强村支部与弱村支部、先进支部与后进支部结对共建，整顿提升后进乡（镇）党委5个、后进党支部57个。采取区域跨村组建、依托产业联建、择优派驻促建、聚合网商群建等方式，打造出“河西三村”联合支部、健森葡萄种植专合社支部、中泰果润支部等一批基层党建典型。深入推进“党员精准扶贫示范工程”，在致富带头人和务工人员中发展党员，努力把党员培养成能人、把能人培养成党员，增强基层党组织的战斗力和带动力。狠抓村民自治。做实“阳光党务”“阳光村务”，引导村“两委”班子进一步做好相关事务公开，及时回应质疑、消除误解。采取党员评议、群众参与、支部回访等方式评定党员党性修养和表率作用，村支部组织建立以无职党员和群众代表为主体的劝导队、考评组，以户为单位比户容院貌看“美德”、比尊老爱幼看“孝道”、比致富兴业看“能力”、比言谈举止看“修养”、比律己守法看“民风”，通过集中评分、现场打分、公开晒分，真正让群众关心自己的事、管好自己的事。深化群众工作。常态开展“万名干部下基层”活动，要求每村每两个月集中召开一次群众大会，全面收集群众意见，分类建好民生诉求、和谐稳定、愿景规划、干部作风、疏导教育等五本台账，逐一化解、逐一销号，确保点对点解决问题、心贴心宣讲引导、实打实赢得认可。

唱响“认证戏” 打好“有机牌”

——通江县创建国家有机产品认证示范区的做法和成效

通江县人民政府县长 王 军

近年来，通江县坚持“生态支撑、绿色崛起”的发展理念，立足“绿色耳乡·红色通江”的有机产业发展定位，以开发有机产品、发展有机产业为抓手，推动全县有机农业和上下游产业加快发展，走出了一条经济发展与生态建设共赢的新路子。通江县被批准为“国家有机产品认证示范区”，是2017年度10个国家有机产品认证示范区之一，是巴中市第一家、全省第6家获此殊荣的县（区）。

一、政府主导，整体联动，创建机制保障有力

坚持把国家有机产品认证示范区创建作为推动农业供给侧结构性改革和脱贫攻坚的重要内容纳入县上的重点工作，周密安排、精心组织、全力推进。一是强化组织领导。成立以县委书记、县长任组长，县委副书记、分管副县长为副组长，农业、财政、环保、市场监管等部门和相关乡（镇）为成员的创建国家有机产品认证示范区工作领导小组，领导小组下设7个有机产业推进工作组，组建有10名正式编制的有机产业发展办公室，统筹协调指导全县创建工作和有机产业的发展。各乡（镇）和相关部门把创建工作作为“一把手”工程，相应建立工作机构，明确专人负责，做到主要领导全面负责、亲自过问，分管领导各负其职、一抓到底，形成了上下联动、分级负责、齐抓共管的工作体系。二是强化创建保障。制定出台了《通江县创建国家有机产品认证示范区实施方案》《通江县有机产业发展规划》《通江县有机产业发展实施意见》《通江县有机产品精准扶贫规划》等系列文件，进一步明确工作目标、创建内容、实施步骤、责任分工、保

障措施等，切实做到有规可依、有章可循、开展有序。同时，加大资金保障力度，统筹财政资金3亿元，争取省、市农担公司融资担保4亿元，对发展有机产业、带动脱贫攻坚成效明显的新型农业经营主体进行奖励扶持。三是强化督查考核。建立联席会议制度，定期召开创建工作推进会，通报工作开展情况，研究部署阶段工作，倒逼工作落实；采取"一月一督查、一季一通报、一年一考核"的方式，建立督查考核机制，年初签订目标责任书，实行一票否决，把示范区创建工作和有机产业发展纳入年度目标考核，有力推动示范区创建工作开展。

二、管控结合，技术推动，产业发展规范有序

坚持不断完善技术支撑、疫病防控、应急预警三大体系，普及推广有机产品新技术，规范有机产业各环节，维护了有机产品良好的质量信誉和市场形象。一是完善技术支撑体系。组建银耳科研所，成立茶叶中心、核桃中心，建成食用菌产品质量检验中心、农产品质量安全检验检测中心；健全上下沟通联系机制，主动加强与省、市主管部门沟通衔接，认真接受上级部门的工作指导；积极与四川农业大学、中国茶叶研究所等大专院校和科研机构深度合作，聘请种养殖、加工、检测等方面的技术顾问10名，邀请农业厅、省农科院等专家开展有机产业业务培训5000余人次，编印《通江县有机产业主导产品生产技术规程》《有机葡萄病虫害防治办法和措施》2万余份，为创建工作和产业发展提供技术支撑。二是完善疫病防控体系。按照"政府主管、部门联动、企业首责、行业自律"的原则，实行乡（镇）辖区负责制，创新疫情疫病防控模式，加强有害生物防控投入品管理，形成"政府监管有力、企业自律有度、社会监督有效"的氛围。全县新成立18个市场监管所，联合49个农业服务站，全面负责辖区内各类种植、养殖基地的指导和监管，定期不定期开展防控工作；设立疫情疫病监测点128个，县植保站根据病虫害监测情况，及时发布《植保情报》。三是完善预警应急体系。按照"环境有监测、操作有规程、生产有记录"的要求，成立了由有机办、农业、环保、市场监管、公安等相关部门组成的风险防范和处置领导小组，制定《有机产品质量安全突发事件应急预案》，建立质量安全标准化体系，加大对高毒高残留农药管控力度，狠抓有机企业诚信管理，完善扶优淘劣制度，实现农产品可追溯、不合格产品及时召回和退出认证机制，促进有机产业增强抗风险能力。

三、企业主体，市场驱动，发展规模不断壮大

始终从加强和引导企业规范管理入手，对企业重点关注、重点指导、重点支持，充分发挥企业在有机产业发展中的主体作用。一是鼓励企业做大基地。围绕主导产业重点打造茶叶、食用菌、青峪猪、猕猴桃等标准化示范基地，大力推行"公司+合作社+基地"等方式，鼓励龙头企业、专业合作社领办基地，并按照示范区创建和有机产业建设要求进行标准化种养殖。全县共认证有机生产基地19个（茶叶基地5个、银耳基地5个、木耳基地3个、马铃薯基地1个、果蔬基地5个），有机认证种植面积2万余亩，实现有机产品年产值3亿元，带动70余个贫困村6800余户贫困户25300余名贫困人口脱贫致富。二是扶持企业做强龙头。加快有机产业基地的水、电、路等基础设施配套建设，出台通江县政府质量奖、培育新型农业经营主体带动脱贫攻坚等一系列扶持办法，对首次通过有机产品认证的企业给予5万元奖励，对年审等其他相关费用适当贴补，通过贴息、以奖代补、设立专项奖金等方式，推行金融保障、农业保险、龙头保护、专合保证的"四方共保"机制，巴山牧业、裕德源公司、罗村茶业等12家有机企业不断发展壮大，其中巴山牧业成功上市，成为全市第一家上市的本土企业。三是引导企业做优品牌。依托"巴食巴适"区域品牌，整合县内已有的食用菌、茶叶、生态畜牧等品牌，实施"区域品牌+企业品牌+产品品牌"联动战略，培育一批具有通江特色和市场竞争力的特色农产品品牌。全县共获得有机证书13张，有机认证单品21个，创建"三品一标"产品47个，通江银耳、巴山土鸡、空山马铃薯等产品已打入广东、上海等沿海市场，青峪猪已取得欧盟认证，远销港澳地区及欧洲等国外市场。

四、示范引领，融合互动，综合效益显著提升

严格按照示范区创建标准，立足资源禀赋和产业基础，实施食用菌、茶药、核桃、生态养殖业等"4+X"产业工程，大大提升了人民群众的幸福指数和社会满意度。一是注重有机产业发展与脱贫攻坚融合互动。通过基地示范引领，通江县北部高山特色有机产业区、南部有机种养生态循环区错位发展格局已基本形成。全县已建成食用菌基地18.8万亩、茶叶基地16.6万亩、中药材基地10.5万亩、核桃基地15万亩、果蔬基地13万亩，建设规模化养殖场46个，实现食用菌年产值20亿元，茶叶年产值9亿元，空山黄牛、青峪猪、巴山土鸡等畜禽产品年产值28.2亿元，空山马铃薯年产值6亿元，农户户均增收1500元以上。二是注重有机产业发展与供给侧改革融合互动。立足生态资源优势，借助"国家森林公园""国家地质公园"和"中国红军之乡"3张"金字招牌"，深度融合生态旅游和有机产业，建成了"鹰歌"葡萄庄园、火天岗生态休闲观光茶园、元顶花海、东郡水乡、渠江水产科技园、空山康养基地等一批有机乡村旅游目的地。截至2017年10月，全县共接待游客576万人次，实现旅游收入47亿元，辐射带动11万人持续增收，成为农业供给侧结构性改革的新亮点，有力助推传统农业向现代农业转变，促进了三次产业融合发展。三是注重有机产业发展与生态环境保护融合互动。牢固树立"绿水青山就是金山银山"的发展理念，立足"重点生态功能区"定位，通过深入贯彻落实国家推进生态文明建设的战略部署，大力发展有机产业，既挖掘经济增长潜力，推动革命老区的振兴发展，又有效转变经济发展方式，巩固提升生态优势，转化资源优势，真正实现了经济效益和生态效益有机统一。

探索生态精品农业发展之路　助推乡村振兴战略落地落实

芦山县人民政府县长　周建华

党中央提出全面实施乡村振兴战略以来，芦山县认真贯彻中央和省、市委决策部署，坚持把培育壮大农业特色产业作为推动乡村振兴的头号工程来抓，以农业产业化为基础，鲜明提出走生态精品农业之路，力争到2022年，全县猕猴桃、茶叶、中药材、生态蔬菜、林下种养殖五大特色产业规模达25万亩以上，打造全省精品农业示范县，建成灾区绿色发展振兴示范县，努力把芦山县建成面向大都市的生态农产品供给地和生态文旅目的地。

一、注重总体统筹谋划，构建特色产业发展格局

一是强化研究抓农业。围绕中医药大健康产业发展，突出全市百公里百万亩果药产业核心区定位，县财政每年预算1000万元农业补助

资金，加强茶叶、中药材、猕猴桃等五大特色产业的生态环境、产品品牌、种植技术、行业走势、产业政策研究，绘制县、乡、村农业发展版图。二是扭住重点抓农业。坚持高线海拔、高位生态、高精加工、高端品质的发展思路，不断推进产业生态化、生态产业化，唱响“900米以下不言茶、没有标准不生产、未经检测不入市”的理念，真正实现“吃的人健康、种的人小康”。三是立足特色抓农业。按照“一乡一主导、一村一支撑、多线连片”思路，充分考虑地理环境、气候条件、垂直差异、地域资源等因素，推动县域北部山区“茶药菌”、南部坝区“茶果蔬”错位协同发展。四是建设品牌抓农业。实施农产品品牌发展计划，制定《芦山县“三品一标”认证奖补实施办法》，鼓励企业争创国家级、省级农业产品品牌和区域品牌。目前，全县已获得“三品一标”认证12个，建成全国有机农业（猕猴桃、茶叶）示范基地面积20500亩、全国绿色食品原料（猕猴桃）标准化生产基地面积11450亩。芦山康源猕猴桃已达到欧盟进口标准，并获得旅欧“护照”。

二、着力提升基地规模，打造特色产业发展示范

一是规模发展建基地。坚持走农旅结合、种养循环、产村相融现代农业发展之路，依托农业园区标准化基地建设，严格技术标准，强化引领示范，五大特色产业面积总规模近18万亩，培育农业专业合作组织232个、家庭农场72家，形成了“一园两区三带四线五大特色产业”的布局架构。二是招引龙头搞加工。围绕全国有机农产品认证示范县创建目标，瞄准市场产销所需，先后引进迅康药业、康源农业、钱记鸡业等农业龙头企业，延伸上下游产业链，同步建立农产品产地环境、品种特质、质量指标等安全溯源体系，力争在3～5年打造产值30亿元的中药材集农副产品加工产业体系，建成全省道地中药材生产基地、面向成都市的生态优质农产品供应基地。三是县校合作强支撑。持续拓展“院校+产业”“县+处共建共创”模式的内涵与外延，强化农业科技支撑，与四川农业大学达成合作协议，签订《芦山县人民政府与四川农业大学协同创新合作框架协议》，出台《芦山县县校合作项目申报指南》，制定了作业指导书，全面形成标准化种植、新技术推广、病虫害防治的科学指导体系。

三、建好用好农业园区，搭建特色产业发展平台

一是坚持规划引领。按照“农旅结合、产业集聚、产城一体”的建设思路，遵循“智慧农业、创意农业、休闲农业”的发展理念，着力建设覆盖雅安北部、连接成都、辐射康藏，集农产品加工、仓储物流、农业观光休闲于一体的现代生态农业综合示范区。已形成总面积达10平方千米的农副食品加工区、示范种植区、辐射带动区、综合服务中心“三区一中心”总体布局。二是强化园区建设。按照国家级产业示范园区标准建设，累计投入资金5.34亿元，完成水、路、气、电、通信“五网”基础建设，全面强化园区承载能力。不断完善园区科技创新和孵化功能，完成农村产权交易、“三农”金融服务、农技推广服务、农业产业化营销、仓储物流“五大平台”建设。已有入园企业15个，2018年实现产值11.5亿元。三是突出政策扶持。充分发挥政策撬动作用，先后制定《芦山县现代生态农业示范园招商引资优惠政策》《芦山县农业特色产业发展奖励办法》等扶持政策，在企业用地、“三通一平”以及产业发展、品牌创建等方面给予激励扶持。近年来，累计落实企业用地2230亩，帮助企业流转土地1.8万亩，兑现产业化扶持资金4788万元。

山区县乡村振兴的汉源实践

中共汉源县委书记　杨兴品

汉源县作为地震灾区、水库库区、贫困山区、革命老区、少数民族地区“五区”合一的典型山区农业县，通过持续不断的创新探索，取得了显著成效，冲破了一般山区农民“老龄化”、农村“空心化”、农业“边缘化”矛盾突出的怪圈，其产业兴旺、社会和谐、乡村繁荣的成果已经成为四川省山区乡村振兴方面具有广泛影响力的“汉源现象”。

一、汉源县乡村发展的显著特征

（一）稳得住人：主要劳动力留在农村务农增收

汉源县乡村繁荣的重要标志是农业劳动力外流比重显著低于全省平均水平，全县有农村人口300287人，外出务工劳动力仅为50356人，约为全部农村人口的16.8%。汉源相当数量的青壮年劳动力没有选择外出务工，并且不少农民工主动返乡务农和返乡创业，2017年，全县返乡农民工约有1.71万人，占全部外出劳动力的25%。这一现象的主要原因是全县特色产业的快速发展和务农收入水平的显著提升，形成了较强的吸引力，留住了人，创造了乡村的勃勃生机。

（二）种得好地：耕地实现应种尽种和精耕细作

汉源县耕地高效利用的成效十分显著。受地形地貌和土地细碎化影响，全县耕地面积26.1万亩流转率仅有7.2%，远低于全国、全省平均水平，大规模连片集中的经营模式相对较少。但是，全县耕地以小农户和合作社的小规模利用为主要方式，以水果、花椒、蔬菜等特色产业为依托，保持了精耕细作的优良农耕传统，做到了应种尽种、立体种植、复合利用，还实现了土地利用效率的持续提高。

（三）聚拢资本：多元整合形成农业农村发展的有效支撑

汉源县以本土农民为主体的多元投资，很大程度上破解了乡村发展的资金瓶颈，由此形成了与多数山区地方主要依靠外来业主流转土地、投资办厂带动农业发展和规模化水平提升完全不同的发展格局。

二、汉源县乡村振兴的实践创新

（一）乡村发展的创新性探索

一是以本土化核心农民为主体。汉源县始终坚持农民在乡村发展中的主体地位，壮大产业“留才”，出好政策“引才”，加强培训“育才”，将核心农民作为重点培育对象，形成了以本土化核心农民为主体的乡村振兴发展格局，有效地防止了传统农民被“边缘化”以及工商资本进入农村的“挤出效应”。二是以合作化生产经营为关键。汉源县针对本地山高坡陡、土地细碎化和分散化程度高、“蛙跳田”“斗笠田”多、难以实现机械化耕作的特征，重点引导小农走合作生产经营之路，有效地规避了小生产面对大市场的不足，走出了部分地区“分”有余而“统”不足、过分推崇大规模土地流转而经营不善的双重困境。三是以规模化小农服务为特色。汉源县将小农尤其是发展型小农作为重点服务对象，着力于构建政府支持引导、社会广泛参与、专业化服务组织为主体的农业社会化服务体系，走出了一条以服务型规模为主的适度规模发展路径。四是以特色化产业融合为突破。汉源县依托特色农

业产业和优势生态文化资源，在"大农业、大产业"的理念导向下，延一产、接二产、连三产，推动田园变公园、新村变景区、产品变商品；通过农村多元化产业协同发展，不断提高土地生产效率和农业综合效益，有效破解了农业弱质性、微利性的瓶颈制约。五是以精准化政策引导为支撑。汉源县整合有限的财政资金，精准化投入制约乡村发展的薄弱环节和关键领域，有效转变支农资金来源部门多、支持项目杂、单项额度小的格局，大幅度地提高了政策引导实效。

（二）主要绩效制度的探索

一是构建以本土农民培育为重点的多元主体参与机制。汉源县以本土农民为重点，通过"留才""引才""育才"的方式进行主体培育，形成了以传统农户、专业大户、返乡农民工和各类农民合作社为主的多元主体参与机制，既稳定了土地利用结构、优化了人地关系，又充分发挥了农民之间的互助合作优势、有效提高了农业生产效率。二是构建以特色优势农业为基础的产业融合发展机制。汉源县在充分利用梨、桃、大樱桃、黄果柑、花椒等特色优势产业的基础上，深度挖掘人文历史、自然景观和气候等资源，通过农旅融合发展实现了"农业景观化、景观生态化、生态效益化"，实现了山区农业由长期以来单一的生产功能向生态、社会和文化等多重复合型功能转变。三是建成以乡土人才"抱团"为核心的资源要素集聚机制。汉源县以农业生产经营"田秀才""土专家"和返乡创业农民工等乡村人才为主体，围绕特色优势产业，借助专业合作社、农业产业化龙头企业，通过合作经营、参股入股等方式构建了"抱团"发展机制。乡土人才的"抱团"，不仅有效破解了乡村振兴人才不足的困境，还因此带来了技术、资金、管理和市场渠道等发展资源要素的聚集；不仅有效克服了山区资源要素分散化的缺点，而且为农村闲置资金构建了更加高效的利用平台。四是构建以专业合作服务为路径的技术高效推广机制。汉源县创新基层农技服务模式，形成了利用财政奖补、购买服务等方式引导专业合作社进行技术示范、推广、服务的专业合作服务模式，提高了农业生产的效率，降低了成本，也有利于农药、化肥等农资投入品的管控，为农产品质量安全提供了保证。五是构建以产品优质优价为驱动的内生发展动力机制。汉源县正确处理了政府的作用边界关系，除了在交通、水利等具有极强公共属性的领域体现政府的主体建设作用外，在产业发展领域则重点在强化政策支持，发挥公共政策工具的产业引导作用。

三、"五个注重"引导乡村持续发展

（一）更加注重发展性小农的精准扶持

根据广大农村地区小农仍然占主体、新型农业经营主体快速发展的态势，走出以大企业集中性政策扶持和小农户普惠性政策扶持的两条路子，利用农户加速分化的趋势，完善新型职业农民培训体系，构建农民需求导向的新型农业技术服务体系，破解农业生产季节性资金等短缺困境，精准支持转型发展的小农做大做强，加大力度扶持种养大户、家庭农场、合作社等更具本土化特征和稳定性发展潜力的适度规模经营主体。

（二）更加注重特色化产业的优化提升

科学把握推进乡村振兴的目标任务和时间节点，有序推进乡村振兴各项任务，在把产业兴旺放在首要位置的基础上，更加注重突出区域特征的特色优势产业的优化提升，循序渐进推进产品结构、产业结构优化。对传统产业的结构调整中，要突出差异性和特色性，也要避免出现为了盲目超前、打造亮点而"一哄而上"现象，力避因大规模植入外部产业由于"水土不服"而收效甚微，甚至是形成新的产业同构和产能过剩的情况。

（三）更加注重产业链后端的短板弥补

在推进乡村产业发展的过程中，尤其是对于普遍远离城市消费市场、交通区位条件差的山区而言，要在围绕特色优势产业发展壮大生产基地的同时，更加注重弥补在商品化处理、加工、储运和功能拓展、品牌塑造、市场营销等产业链后端的短板；既要防范菜贱伤农、果贱伤农、粮贱伤农等现象，又要提高农产品的附加值和综合效益，从而增强乡村振兴的内在经济支撑。

（四）更加注重闲置资源的开发利用

随着农村人口结构和产业结构的深刻变化，农村耕地、农房、农村小学等闲置资源数量较大，面对这一问题，一方面要创新新农村建设、异地扶贫移民搬迁和土地综合整理模式，防止闲置资源持续增加；另一方面要在普遍提高农村资源开发利用效率的基础上，更加注重对闲置资源的整理和开发利用，通过代耕、托管、租赁、入股、合作经营等方式实现价值，并在农村产权确权颁证基础上深入推进退出、继承、担保和抵押等权能实现机制改革，促进农村各类"沉睡"资源变资产，为城乡要素的对接融合提供重要支撑。

（五）更加注重分散性要素的有效整合

乡村振兴是一项覆盖面广、影响长远的系统工程，在推进乡村振兴的过程中，要针对涉农资金投入分散、支农惠农政策缺乏连续性和各类主体间缺乏协作平台等问题加强发展资源要素整合。首先，要强化财政支农资金的整合，打破项目资金分散式的支农格局，以财政预算整合为引领、以绩效管理为导向，将不同层面、不同渠道的支农资金整合后统筹使用。其次，要强化多方政策资源的整合，通过项目整合人、地、钱等要素，强化乡村振兴的系统性政策支撑，力避多头政策因重复性或冲突性投入造成资源浪费和效率损失的情况。再次，要强化多元主体力量整合，政府要引导搭建乡村振兴平台，并以其为依托构建多元主体的对接和耦合机制。

彭山区：坚持以问题为导向，走活农村改革"一盘棋"

眉山市彭山区人民政府区长 郭 红

眉山市彭山区自2014年12月被确定为全国第二批农村改革试验区以来，先后承担了国家级改革试点任务7项。自承担改革试点任务以来，彭山区认真贯彻落实中央、省、市关于农村改革工作的总体部署，坚持以问题为导向，围绕农村经济社会发展的新形势、新需求，担当奋进、大胆突破，有力地激发现代农业发展中"人、地、钱"等生产要素自由流动、科学配置，全面催生农业农村发展新动能，在试验领域、试验成果及社会影响力等方面均获得了显著成效。

一、以"红色先锋"引领"绿色产业"为主题，创新新型党组织工作机制

（一）构建"一套组织"架构

顺应彭山区现代农业和新型农业经营主体的发展趋势，创新组织设置，把党组织建在产业链上，构建适应农业发展需要的组织体系。通

过向190余个新型农业经营主体选派党建指导员，采取单建、联建、挂建等方式，3名以上正式党员的单独组建；党员人数不足3人，暂不具备单独组建条件的，采取企社联建、场社联建、片区统建等形式联合组建党组织。全区共成立新型农业经营主体党支部69个、联建34个、单建35个，初步实现3人以上党员的新型农业经营主体党组织单独组建率达100%，有党员的新型农业经营主体党组织联建、挂建率达100%，30人以上新型农业经营主体党员或入党积极分子培养对象覆盖率达100%，所有新型农业经营主体党的工作覆盖率达100%的“四个百分百”目标。

按照“领域建党委、产业建总支、新型经营主体建支部”思路，区委成立了全区新型经营主体综合党委，由区委分管农业的常委担任综合党委书记，领导和推进全区新型农业经营主体党建工作。在综合党委的领导下，由农业、林业、畜牧部门和岷江现代农业园区牵头建立3个行业党委和1个农业园区党委，党委书记由部门和园区党员负责人担任。设置葡萄、蜜柚、柑橘、蔬菜、猕猴桃、中药材、水产等8个产业党总支，产业党总支书记由党员产业领军人才等担任，69个新型经营主体党支部按产业行业归口到相应的产业党总支或行业党委。

（二）实施“双重管理”模式

一方面，全区新型农业经营主体党组织按照产业行业归属，接受产业党总支、行业党委、园区党委的指导，归属综合党委管理。行业、产业党组织主要解决新型农业经营主体党组织在服务产业发展中涉及的项目资金、生产技术、品种研发、产品销售、人才培育等方面的难题。另一方面，新型农业经营主体党组织按照属地关系仍然接受乡（镇）党委、村级党组织的管理。成员主体不跨村组建的，党组织关系隶属村级党组织，村党组织适时升格为党总支；成员主体跨村组建的，党组织关系隶属乡（镇）党委。乡（镇）和村级党组织主要在党员发展、日常教育、管理考评以及经营主体发展所需的土地、劳务、矛盾调解等方面给予服务支持，形成了“党委牵头抓总+乡（镇）属地管理+部门行业指导”的党建工作架构。

（三）明确“三大功能”定位

明确产业链党组织在新型农业经营主体中发挥政治核心作用，突出“红色先锋引领绿色产业”主题，在农民合作社、家庭农场、农业龙头企业等生产经营发展中发挥三大功能。一是政治引领功能。产业链党组织要宣传贯彻党的政治路线、政治主张、产业政策、产业法规、惠民政策、富民举措，引导党员群众始终信党爱党、坚定跟党走的信心，引导农民合作社、家庭农场、农业龙头企业等经营主体依法经营、诚实经营、守信经营。二是产业服务功能。充分发挥党组织动员群众、集聚人才、整合资源等优势，在引进新品种、推广新技术、创建新品牌、搭建新平台等方面发挥服务职能，解决产业发展面临的资金、人才、技术等难题，实现产前、产中、产后一条龙服务。三是农村治理职能。产业链党组织带头并引导新型经营主体参与所在乡（镇）、村（组）的社会管理和乡村治理，积极承担法律宣传、矛盾化解、乡风文明、环境治理等职责任务，助推富裕美好和谐新村建设。

围绕“三大功能”定位，分类建立了产业链党组织权责清单，既明确党组织基本责任，也给予实打实的权力，真正让产业链党组织“说话有人听、办事有人跟”。

（四）落实“四化推进”机制

立足常态、长效，建立健全党组织标准化建设、集约化服务、规模化培育、同步化推进四大工作机制，推动产业链党组织充分发挥作用，引领服务农业产业发展和农村社会治理。

标准化建设。按照“四好”“四有”标准推进产业链党组织标准化建设，确保每一个行业党委、产业党总支、新型农业经营主体党支部都管理规范、运行有序、坚强有力。主要标准包括：选好书记，按照政治素质强、发展能力强、服务意识强的“三强”标准，采取村干部兼任、农口部门下派、经营主体内选等方式选配党组织书记。育好队伍，通过“三向培养”、积分管理，努力将百名生产经营能手发展成党员、把百名党员培养成生产经营能手；推行党员“五个带头”：带头推行新品种、带头运用新技术、带头生产放心产品、带头诚信守法经营、带头开展传帮带。建立大学生创业基地和回乡青年创业基地，培育乡土人才。定好权责，结合产业实际建立党组织权责清单，根据权责清单细化年度目标，依单履职、照单考核。建好阵地，依托新型农业经营主体经营场所、村（社区）活动阵地、机关办公场地落实党组织活动场所，依托集中产业带建设标准化的示范阵地。有制度，每个党组织建立健全议事决策、联席会议、党务公开、问题调处等党组织运行制度和监督新型农业经营主体依法经营、规范管理的工作制度。有规划，从综合党委到新型经营主体党支部，层层建立发展规划和年度工作任务清单，层层审核把关，确保党组织紧紧围绕发展需求开展工作。有活动，每月确定1天，围绕产业需求定期开展技术培训、品种研发、农资统筹、产品销售等活动。有考核，通过群众测评、党员评议、经营主体考评、党委考核等方式，对每个党组织进行评星定级、定期考核、动态管理，并与党组织活动经费、党组织及党组织书记评先选优等挂钩。

集约化服务。充分发挥党组织动员群众、集聚人才、整合资源等优势，搭建产业链党组织服务发展的措施载体，实现抱团式、集约化发展。一是要素保障服务。以产业链党组织体系为单位，整合农业、林业、畜牧、水利、交通等涉农项目，采取党支部申报、产业党总支推荐、行业党委统筹实施的形式，向新型经营主体提供土地流转、基础设施、项目资金、金融保险等发展要素的支持保障，确保党组织在引领服务产业发展中能始终发挥统筹各方、站位前台作用。二是产业全程服务。由产业链党组织牵头，区分不同行业、产业，统筹实施行业或产业内“标准、技术、农资、销售、品牌”五个统一，根据产业需求提供品种改良、技术培训、产品销售等服务，依托“互联网+”搭建信息发布、技术推广、电子商务等服务平台，实施产业升级、行业标杆、人才培育、电商服务、产业扶贫等“五大行动”，向新型农业经营主体提供产前、产中、产后全过程服务。三是矛盾协调服务。分新型农业经营主体党支部、产业党总支、行业党委建立三级问题收集调处机制，由产业链党组织主导、村（社区）和乡（镇）党委协助，及时解决全区新型经营主体在生产经营中的劳务用工、纠纷调解等问题。

规模化培育。由综合党委牵头、行业党委负责，切实加快农民合作社、家庭农场、农业龙头企业等新型农业经营主体的培育壮大，形成规模效应，做大做强农业产业。一是政策扶持。出台《彭山区培育壮大农民专业合作社和家庭农场九条措施》，积极争取优惠政策和上级扶持，支持新型农业经营主体做好产品商标注册、质量标准认证等工作，通过财政金融支持、优先设施用地、培育引进人才等方式帮助新型农业经营主体解决土地流转、场所建设、人才需求和税费减免、金融服务等问题。二是抱团发展。引导新型农业经营主体成立产业联盟、行业协会等，加强产业行业内部联合，共同开辟市场、共享市场信息、共同抵御风险，规模化、抱团式发展。三是品牌打造。制定统一的生产标准和监管制度，统筹保护葡萄国家地理标

志产品品牌，重点培育柑橘、猕猴桃、蜜柚、中药材等有机产品、绿色食品的品牌认证。

同步化推进。拓宽新型农业经营主体党组织建设影响力、辐射力，同步推进传统领域的村级党组织建设。一是同步加强村级班子。鼓励村级党组织和农民合作社党组织领导交叉任职，建立新型农业经营主体优秀党员骨干培养跟踪考核机制，从管理经营能手中培养后备干部，拓宽村"两委"干部选任渠道，提升村级班子服务发展功能。二是同步壮大集体经济。鼓励产业链党组织积极对接村级党组织，鼓励将村集体的土地、资金、资产、资源以融资、入股等方式对接参与农民合作社生产经营，并探索土地流转服务、财政投入项目有偿使用等方式，发展壮大村级集体经济，提升村级党组织服务实力。三是同步服务农村治理。通过组建党员志愿服务队、开展产业能人党员结对困难群众等形式建立产业链党组织参与村级事务工作机制，发挥党组织在培育新型农民、村庄治理转型、助推脱贫攻坚等方面的积极作用，在法律宣传、矛盾化解、乡风文明、环境治理等方面主动作为，加快推进富裕美好和谐新村建设。

二、放活土地经营权，催生农业农村发展新动能

（一）"三权"有效分置，奠定放活土地经营权的基础

习近平总书记指出，我们要在坚持农村土地集体所有的前提下，促使承包权和经营权分离，形成所有权、承包权、经营权三权分置，经营权流转的格局。"三权"如何分置，如何有效、切合实际地分置，彭山区在充分调查研究的基础上，以问题为导向，创新了"三权分置"方式，有效地解决了农户、业主、集体之间的关系。

农村土地"三权分置"实现形式不完全。农业部颁发给承包户的《农村土地承包经营权》包含了承包权和经营权两个方面的内容，实质上是"一证含两权"，在一定程度上影响了土地经营权的流转、抵押以及不动产登记等权能的实现。

当前彭山区按照实用性和先急后缓的原则，对已流转土地经营权的业主颁发了《农村土地经营权证》，认定农村土地经营权为用益物权。同时，对集体经济组织颁发《农村土地集体所有权证》，对于已流转的农户土地经营权，实行他项权变更后再颁证。既保证了集体所有权不动摇，农民承包权不变，土地经营权分离，又解决了下一步土地经营权的有效放活，是真正、有效地"三权分置"。

（二）规范土地流转，发展农业适度规模经营

在土地流转过程中，由于缺乏科学有效的流转和管控机制，农村长期出现"两难"（业主无地可种、农村无人种地）情况畸形并存，土地流转"三怕"（农民怕业主"跑路"、业主怕农民"难缠"、政府怕流转有风险）的现实难题。针对问题，彭山区在农村改革试验中，大胆探索，创新"三级土地预推——资质审查前置——平台公开交易——风险应急处理"土地流转四步机制，既让土地流转规范有序，又能更好地进行风险防控和处置，实现了土地流转"规范、便捷、高效、零风险"。

三级土地预推，高效整合流转信息。财政出资5000万元成立国有正兴农业发展投资有限公司，同时在全区范围内建立起12个乡（镇）子公司、88个村（社）服务站，零距离服务农民流转需要。公司运用市场化办法开展全区农村土地流转的信息收集、地块整合、包装推介和风险防控等业务。有流转意愿的农民只需通过村社服务站与乡（镇）子公司签订委托书，公司再将农民委托流转的土地进行整合、包装、挂牌流转。

资质审查前置，保证流转双方权益。针对工商资本下乡存在的经营风险和由此可能引发的社会矛盾，对投资业主按照不同的面积和用途由乡（镇）、区农业局、区政府分级对投资人的资金实力、农业经营能力和项目前景进行分类评估。

平台公开交易，有效配置供需资源。投资350万元建成区农村产权交易服务中心，与成都市农村产权交易所实现跨区域互联互通，免费为流转土地的农民及受委托的正兴农业发展投资有限公司提供信息发布、交易鉴证等服务，平台流转实现了土地流转程序的规范化和农民利益的最大化。

风险应急处理，全程化解流转风险。创新推行"风险评估——风险预防——风险处置"的风险防控机制，降低土地流转风险。正兴农业公司在签约时分类收取风险保障金，并由此建立全区土地流转风险处置专项基金，兜底处置风险，对业主退租的大宗土地，由正兴农业公司采取"垫付租金—自主经营—再次招商"的模式进行托管和二次流转。正兴农业公司已成功处置了2起因业主经营不善而退租的事件，涉及土地流转面积5100亩。

彭山区推行土地流转"四步机制"以来，吸引了大量工商资本下乡，推动了现代农业蓬勃发展。截至2018年6月，土地流转面积已达16.5万亩，土地流转率突破70%，其中岷江现代农业示范园区彭山区域土地流转率达到95%以上，其中流转面积在100亩以内的占40%，流转面积在100～500亩的占50%以上，分布合理，规模适中，与现有生产水平相适应。吸引了生产要素向农业农村"回流"，推动了现代农业蓬勃发展。

（三）"两权"抵押贷款，促进农村金融健康发展

彭山区是全国农村"两权"抵押贷款试点区，在农村土地经营权抵押融资方面积极创新，探索了五大制度体系"破冰"试点。为破解全省以及全国农业转型时期面临的资金难题积累了极具借鉴和推广价值的"彭山经验"。截至2018年6月，全区参与银行8家，推出产品16个，发放农村"两权"抵押贷款1086笔、4.76亿元。

构建顺畅的产权交易体系，让农村产权可流通、可变现。针对农村长期以来产权不清、交易市场缺乏等难题。全面推进农村土地经营权和农民住房财产权确权、登记、颁证工作，覆盖率达100%，按需确权率达100%。建成区农村产权流转交易服务中心，提供农村产权交易信息发布、交易组织、交易鉴证、产权抵押登记等"一站式"服务，与成都农交所实现业务平台互联互通、跨区域运营。

构建双线并行的产权评估体系，让农村产权有价值、可计算。针对农村产权价值不明，社会机构专业性不强，银行认可度不高等难题，彭山区坚持评估、评审双线并行，采取中介机构评估与区农村产权价值评审中心评审相结合的方式对所抵押的农村产权进行价值评估。组建了由"行业专家+乡土人才"140余人组成的农村产权价值评审专家库，有效地解决了农村产权价值认定的成本、效率和可靠性问题。截至2018年6月，全区已成功评审1200余笔，评审总金额达4.6亿元，银行认可度达90%以上。

构建多层次风险分担体系，让银行放贷有信心、更安全。农业靠天吃饭、市场变化大等因素令银行不敢"下水"。彭山通过建立"三层次风险防范"机制，在风险的防范上下狠功夫。多渠道筹资建立了2250万元的"两权"抵押融资风险补偿基金，构建起保障安全的"压舱石"；成立3亿元政府性融资担保公司，提供担保和增信服务（担保费率低至3年1.8%、2年1.5%、1年1%），筑牢改革试点的"防波堤"；联合

多家保险公司创新特色农业保险产品，增强农业生产环节抵抗自然、市场风险的能力。

构建有效的抵押物处置体系，让还款来源多渠道、有保障。农村产权处置难一直是试点工作推进的最大难题。在“银行依法处置”“与贷款对象协商处置”的违约抵押物处置方式基础上，建立以国有正兴农业公司为主体的农村“两权”贷款抵押物处置平台，成为第三种便捷处置渠道，确保抵押权的有效实现与银行贷款资金安全。对需要实现抵押权的农村承包土地的经营权，银行可以委托正兴农业公司进行再流转；对需要实现抵押权的农民住房财产权，银行可以委托正兴农业公司采取农村房屋及宅基地自愿有偿退出的方式进行处置。

构建开放的产品创新体系，让“两权”抵押有产品、接地气。彭山区创新产品“路演”等农村“两权”抵押贷款产品设计方式，组织试点银行与现代农业业主就拟推出的“两权”抵押贷款产品进行对话沟通，让银行推出的产品在抵押物范围、贷款额度、贷款期限等方面更符合全区实际，更贴近业主需求。全区已正式推出了接地气、受欢迎的“惠农产权贷”“安居如意贷”“金杏·福农”“金土地”等16个农村“两权”抵押贷款产品。

三、推进集体产权制度改革，全面释放农村发展活力

针对农村集体缺家底、缺理念、缺人才等因素造成的村级集体经济底子薄弱、质量不优、经营效益低等难题，全区多措并举，以“农民自愿、农民参与、农民满意”为原则，通过“亮家底、建组织、选人才、明思路、强经营”的改革思路，初步建立起“归属清晰、权责明确、保护严格、流转顺畅”的现代农村集体产权制度，推动实现“资源变资产、资金变股金、农民变股东”。截至2018年6月，全区88个村集体完成清产核资，完成率100%；全面消除“空壳村”现象，已完成69个村的集体资产股份合作制改革，占全区的78%。

（一）“七步工作法”稳步推进农改任务

一是制订方案。相继出台了《眉山市彭山区农村集体资产股份合作制改革试点工作方案》《关于推进农村集体产权制度改革发展壮大集体经济的实施意见》等工作方案。针对试点过程中遇到的问题，出台《关于规范完善农村新型集体经济组织形式的通知》。通过对集体资产股份合作制改革工作的指导思想、基本原则、工作步骤、工作要求总体作出原则规定，确保了改革工作规范进行。

二是宣传动员。区、乡(镇)、村(社)三级联动，通过召开村组干部会、党员会、村民代表会、村民会议等多种形式，深入宣传了集体资产股份合作制改革的目的意义、具体做法，营造了广大集体经济组织成员积极参与改革的良好氛围，为改革奠定了坚实的群众基础。

三是清产核资。试点村根据实际情况，确定清产核资截止时间点，由村工作小组对清产核资截止时间以前的集体资产，采取账内账外相结合的办法进行全面清查核实，编制清产核资截止时间点的《村集体资产负债表》，提交村民代表大会审议，全村范围内公示，锁定可股权量化集体资产总额。

四是成员界定。按照成员资格界定截止时间与清产核资截止时间一致的原则，确定成员资格界定截止时间点。通过“调查核实—农户签字—村民代表大会审议”的形式，形成村民代表大会关于村集体经济组织成员名单确认决议，建立村集体经济组织成员登记簿。

五是股权量化。村工作小组依据村民代表大会关于村集体资产清产核资结果决议确认的集体可股权量化净资产，按“一元一股”折算总股份。股权设置集体股和个人股两种股权形式，在量化比例上，集体股占总股份的20%~35%、个人股占总股份的65%~80%。个人股由区农业局统一监制的《农村集体资产股权证》予以确认，并作为今后集体经济收益分配的依据。

六是股份合作。在村集体资产折股量化到人、落实到户，明晰了集体经济组织成员集体资产股份占有权的基础上，占有集体资产股份的集体经济组织成员以家庭为单位作为投资人，以所持有的集体资产股份为入股出资方式开展股份合作，组建以股份合作制为特征的新型集体经济组织——村集体资产股份合作社。组建股东代表大会、理事会和监事会，确保了集体经济组织成员(股东)对集体经济资产运营的知情权、参与权、决策权和监督权。

七是建章立制。集体资产股份合作制改革后组建的村集体资产股份合作社，制订了资产经营计划，完善股东代表大会、理事会、监事会议事规则。经过股东代表大会制定了财务管理制度，实行民主公开，强化审计监督，确保集体资产运营安全高效。

（二）“三种模式”壮大集体经济

盘活存量，对于有一定资产存量但利用率不高的村集体，全区通过优化现有资源，引导社会资本投入。扩大增量，对已有经营性资产但不善于经营的村集体，通过阳光出租、聘请能人、举办会节等形式创收。“输血”引导，对于既没有存量资产又没有增量资产的村集体。通过整合财政资金投入基础设施、修建经济实体、引进项目资金注入资产等方式，引导集体利用资源创收。

（三）“四种经营模式”增强村集体经济发展活力

彭山区承担扶持村级集体经济发展试点以来，在用好省财政扶持壮大集体经济专项资金的基础上，立足实际，充分调动乡(镇)、村级干部群众积极性，探索发展农业适度规模经营、探索发展农村服务业、探索发展物业经济、探索发展合作经营“四种经营模式”增强村集体经济发展活力。

一是探索发展农业适度规模经营。采取村集体成员认可的经营方式，发展农业适度规模经营，提高劳动生产率和土地产出率，实现土地经营收益最大化。鼓励村集体流转或利用村集体机动地、荒地以及耕地和村庄整治、宅基地复垦等节余的土地及其他可利用的集体所有资源，发展现代特色农林业、品牌农业和生态循环农业。

二是探索发展农村服务业。支持村集体创办农业生产经营合作社、劳务合作社等服务实体，为各类市场主体尤其是粮食生产经营主体提供加工、流通、仓储、劳务等有偿服务，促进农业由生产环节向产前、产后延伸，在更高层次、更大范围内实现一二三产业融合发展。彭溪街道江渔村搭建村规划新型产业服务中心，在产业服务中心设电商平台、农资服务、劳务合作社，以有偿服务为盈利点；江口镇凯旋村建立绿色产业服务中心、经营农资配送站，与生产厂家合作，微利直销有机、生物、低残留农药和肥料。

三是探索发展物业经济。鼓励村集体按照土地利用总体规划和城乡建设规划的要求，开发利用集体经营性建设用地等土地，建设物业项目，发展物业经济。盘活村集体闲置办公用房、学校、仓库、礼堂等不动产，开展租赁经营。

四是探索发展合作经营。鼓励村集体以集体资产资源资金参股供销合作社、农民专业合作社和经营稳健的工商企业等经济实体。引导集体经济组织与农户、各类经济实体合作发展农产品生产、营销和加工。

以工业理念抓农业 实施“六大攻坚行动” 深入推进农业供给侧结构性改革在丘陵地区落地见效

中共仁寿县委书记 秦 彪

习近平总书记在参加十二届全国人大五次会议四川代表团审议时强调，必须深入推进农业供给侧结构性改革。中央、省委、市委把推进农业供给侧结构性改革作为“三农”工作主线，仁寿县作为百万人口传统农业大县，是全国粮食生产先进县、中国优质果品基地重点县、四川省现代畜牧业重点县，是中国枇杷、清见、柑橘之乡，全县粮食面积242万亩、水果种植66万亩、蔬菜种植40万亩、年出栏牲畜180万头（只），产业基础良好，农业大县的金字招牌不能丢，全县理应带头做好农业供给侧结构性改革这篇大文章。

面对农业大而不强的现实问题，仁寿县创新提出“用抓工业的理念抓农业”的思路，探索农业产业化发展新模式，发挥国有公司投资示范带动优势，引领全县通过建园区、搞加工、创品牌、育主体、重生态、促增收“六大攻坚行动”，深入推进农业供给侧结构性改革工作落地成效。力争到2021年，土地适度规模流转面积达可流转面积的80%，农业科技贡献率达到70%，耕种收综合机械化水平达65%，主要农产品商品化率达75%以上，农村居民年人均可支配收入达2万元，全力争创全省农业强县示范县。

一、实施产业园区示范攻坚行动

随着农业农村改革的深入推进，大量工商资本对现代农业发展投资兴趣渐浓，但苦于土地流转直面群众协商困难、难以规模流转、基础设施一次性投入成本高等一系列问题无法实施。对此，仁寿县创新采用公司化运作模式，引入国企铧锐公司打造现代农业产业示范样板。未来3年，将通过县、乡、村三级土地流转服务公司规范集中流转土地3万亩，整合散小涉农项目资金6亿元，由铧锐公司一条龙实施山水土林路等综合治理措施，同步规划建设管理用房、养殖场圈舍、粪污处理等附属设施，为工商资本提供“拎包入住”式便捷化服务。采用合作经营、招商经营、托管经营等方式，鼓励和吸引工商资本下乡。

通过这种开发模式，在保障粮食安全的前提下，在最适宜的地方发展最适宜的特色产业，集中打造标准化、融合性示范引领特色园5个，形成“北枇、南梨、中花椒、东柑橘”的产业格局。现代农业产业园核心区重点配套农副产品初深加工、冷链物流、技术研发中心、检验检测中心、推广培训中心、职业农民培训中心、有机肥厂等服务设施，充分利用产业链条优势和高端产业引领招商，最终形成3万亩的现代农业产业园核心区。目前，全县已招引了中柑所、褚橙、国开行、华夏衡态、中环集团、胜泽源等知名院所和企业参与投资合作；现代柑橘产业示范园与中国农科院柑桔研究所合作，建设晚熟柑橘研究中心，建立柑橘博物馆，利用仁寿县最适宜发展晚熟杂柑的地理条件优势，强化技术研发能力，引领晚熟杂柑发展趋势。与褚橙合作，建设10000亩褚橙基地；中华枇杷园集全国优质枇杷品种于一园，组建枇杷研究院，建成全球首个10000亩5A级优质枇杷示范园；青花椒产业园利用产业发展基金优势，推进花椒生产、加工、物流、服务一体化建设，打造50000亩“椒之海”青花椒综合产业园；梨产业园利用“仁寿曹家百年梨乡”品牌，加快5000亩标准化生产基地建设，打造花园、果园、乐园“三园一体”的一三产融合园。强化与阿里巴巴农村淘宝合作，力争到2021年实现网销优质金花梨40万千克。

二、实施农产品加工提升攻坚行动

农产品加工既是市场消费的需求侧，又是农业生产的供给侧，深入推进农业供给侧结构性改革就是要大力发展农产品加工业，做好“农头工尾、粮头食尾”文章。一是推进农产品产地初加工。开展农产品保鲜、贮藏、包装、清选分级、冷链配送等商品化处理，采用“基地+设施+冷链物流”“基地+设施+市场”“基地+设施+加工企业”等多种发展模式，提升产后处理技能和市场参与能力，实现农产品错季销售和均衡供应。力争到2021年新增果蔬储藏能力10万吨，主要农产品初加工率达65%以上。二是加快发展农产品精深加工。大力支持本地作坊式初级加工厂技改扩能提产，推动产品加工向规模速度和质量效益转变。粮油加工业重点以青花椒油、花椒精油为主；果蔬加工业以福仁缘公司为引领，将“药食同源、寓补于饮”等融入现代加工业，积极发展果蔬鲜榨汁、浓缩果浆、新型罐头、果酒酿造等深加工，探索果蔬皮渣等副产物梯次加工。引进一批加工水平高、市场开发和带动能力强、规模大的龙头企业进驻仁寿，发展粮油、畜禽、果蔬等深加工产业，将农产品增值收益更多地惠及农民。力争到2021年，建成粮食烘储加工中心5个、果蔬及畜产品加工厂25个。三是完善现代物流体系建设。完善农产品市场服务体系和农资配送体系，继续开展电子商务进农村工程，拓展农产品销售市场范围。重点推进华夏衡态气调保鲜库、物流中心、农副产品交易区、农副产品初加工区建设，有效促进区域生鲜农副产品形成原产地收购—初加工—存储—物流配送—销售的全产业链，拉近农副产品“从产地到餐桌”距离。2018年，全县农副产品交易量达30万吨、交易额达20亿元以上。

三、实施区域品牌创建攻坚行动

打造“名品名牌”既是扩大市场影响力的有效手段、确保产品销售后劲的强力保障，也是提高市场占有率的必然选择。针对地方特色优质农产品众多，但叫得上、喊得响的“名牌”较少或有名品无名牌的实际，加快实施品牌创建攻坚行动。一是运用科技提升品质。加快与中国农科院柑研所、西北农林科技大学、省林业科学院开展技术合作，研发推广农产品新品种、新技术。加快农业科技试验示范基地建设，认定新型职业农民示范培训基地4个，采用“教授+技术干部+土专家（田秀才）”三重技术指导模式，为新型农业业主提供技术支撑。因地制宜实施水肥药一体化灌溉、低压管道输水、喷灌、滴灌、微灌等高效节水灌溉技术。开展“三品一标”认证，积极创建国家级农产品地理标志示范样板。二是整合县域产品品牌。借力“文宫枇杷”“曹家梨”“仁寿芝麻糕”地标产品称号，整合枇杷、芝麻糕、柑橘、青花椒、梨子等具有知名度的老品牌，统一打造一批像“仁人优礼”“仁礼寿香”等有影响力、有带动性、有地域特点的县域公用品牌。三是创新品牌营销渠道。开展“县域特产全国行”活动，组织新型农业经营主体参加在北京、西安、成都、重庆等地开展的大型农产品展示展销活动。打通农产品进城“第一公里”，构建农产品网上展示和交易平台，鼓励发展在线预订、网订店取（送）和上门服务等业务，为消费者提供个性化、定制化产品和

服务。力争到2021年,培育农村电商人才1.2万人、电商品牌30个。

四、实施市场主体培育攻坚行动

激活农村市场主体是推进农业供给侧结构性改革的首要任务和关键环节。一是做大新型农业经营主体。建立职业农民培育体系,壮大职业农民队伍。鼓励返乡下乡人员创办、领办家庭农场、专合社等新型农业经营组织。完善农企、社企、村企等联盟功能,将分散的生产、经营力量组合起来,实现农业抱团发展。力争到2021年,培育市级以上家庭农场80家以上、农民专合社65个以上、龙头企业30个以上。二是做强农村集体经济组织。赋予农村集体经济组织完全市场主体资格,最大限度实现集体资产保值增值。积极开展省级村集体经济发展试点县建设,探索股份合作经营、农村服务业和物业经济等模式,发展壮大集体经济。力争到2021年,培育年收入达10万元以上的村集体经济组织100个。三是做优农业经营服务主体。鼓励新型农业经营主体成立专业服务公司、专业服务队、专业技术协会等农业经营性服务组织,通过政府购买服务、定向委托、奖励补助等方式,实施社会化服务。支持龙头企业、专合社与科研院所、大专院校等机构合作成立农业服务超市,提供"一站式"全程农业生产服务。力争到2021年,新培育农业社会化服务主体25个以上。

五、实施生态农业建设攻坚行动

习近平总书记指出:"绿水青山就是金山银山。"坚持生态、可持续发展理念,推进农业生态化、标准化发展,打造三次产业相互渗透融合的田园综合体是未来高端休闲农业的发展方向。一是推进基础设施建设。实施天然林资源保护、退耕还林等工程建设,提高森林覆盖率。大力实施山、水、田、路等基础设施建设提升行动,力争到2021年,新增和恢复水域面积56平方千米,完成土壤改良7.1万亩,建设良种繁育基地1000亩,建成高标准农田12.5万亩,新增粮食生产能力1.1万千克。二是实施农业清洁生产。全面加强农业面源污染防控和循环农业发展,强力推行"以种定养、以养定种"循环模式。制定柑橘、枇杷、梨等优势农产品《绿色食品生产技术规程》,实行标准化生产管理。推进农业投入品有效监管模式,从源头上保障农产品安全。加快搭建县农产品质量监管和追溯体系,逐步打造农产品生产产地标杆。力争到2021年,建成种养循环生态示范园区2个、种养循环发展示范基地15个、生态示范牧场20个,打造优势水产品健康养殖示范基地5个. 农产品质量安全抽检合格率达97%以上。三是探索建设田园综合体。深度挖掘仁寿浅丘农业产业内涵和文化,发展创意农业、体验农业,建成"一村一景、一村一韵"的美丽村庄、宜游宜养宜居的生态康养区和集手工艺制作、农耕文化于一体农业博览园。加快幸福美丽新村、"四好村"建设,实现特色农业加速发展、村容环境净化美化和休闲服务能力同步提升,建设一批省级乡村旅游乡镇、村庄。力争到2021年,60%以上的村建成省级"四好村",建成田园综合体5个。

六、实施农民利益保障攻坚行动

农村改革最终目的是农民致富奔康,通过利益联结机制,让农民成为现代农业发展的参与者,充分享受现代农业发展带来的红利。一是促进农民土地收益权。完善土地流转平台服务功能,通过土地股份合作、土地托管、代耕代种、土地流转等经营方式加快土地流转。着力完善土地流转"保底收入+收益分红""保底收入+收益分红+入股分红""支农资金量化分红"等措施,让农民共享发展成果。二是确保集体资产收益权。探索推广农村集体资源变资产、资金变股金、农民变股东"三变"改革模式,激活农村资源、存量资产。加快村集体资产、资源、资金等清理造册,开展农村集体经营性资产股份制改革,赋予农民集体资产股份权能,保障成员对集体资产股份的占有权、收益权。推行"拨改投"改革,财政投入形成的经营性资产,以股权形式量化为农户股份,让农民长期分享资产收益。三是构建脱贫长效机制。围绕"两不愁""三保障"和"四个好"目标,在保障贫困户教育、卫生和医疗救助等脱贫基础上,突出产业就业扶贫和金融扶贫,增加贫困户发展动力。推行新型农业"经营主体+贫困户"的利益联结机制,鼓励贫困户用活小额信贷资金、产业扶贫补助资金,与新型农业经营主体建立代种、代管、代养协作关系增加收入,或直接投资新型农业经营主体,享受固定分红,在同等条件下贫困户比普通农户多获得50%的分红收益。

发展牧区现代草原畜牧业的探索与思考

中共红原县委书记 廖 敏

随着牧区经济社会的进步,传统畜牧业发展余地小、经济效益差、受自然条件限制大、牧民生活条件简陋、社会公共事业发展缓慢等弊端日渐显现。同时,长期以来畜牧业原始粗放的发展方式,将脆弱的草原生态推向了危险的境地,产业发展、牧民增收与生态保护的矛盾日益尖锐。牧区要实现可持续发展,必须在注重经济效益的同时,优先考虑和实现生态效益,积极探索实践人、草、畜和谐共促的现代草原畜牧业发展路径。现以红原县为例,浅谈发展现代草原畜牧业的路径探索和工作思考。

一、背景介绍

红原县是红军长征走过的大草原,1960年由周恩来总理命名建县,辖区面积8400平方千米,平均海拔3600米,辖5镇6乡34个村4个社区,有人口4.8万人,其中藏族人口占84%,农(牧)民占78%。红原县地处四川省西北部、阿坝州中部,是川西北高原牧区的核心区,是国家重点生态功能区和长江、黄河上游重要水源涵养地,集革命老区、民族地区、贫困地区、生态保护区、大骨节病区于一身,是全州海拔最高、气候最恶劣、条件最艰苦的纯畜牧业县。

畜牧业是红原县的传统产业,也是基础产业和主导产业。20世纪80年代中期开始,红原县陆续实施了"草场公有、承包经营、牲畜折价归户、私有私养"生产责任制和草场承包到户等重大政策,有效冲破了旧体制对生产力的束缚,充分调动了牧民群众的生产积极性,极大促进了畜牧业发展,牧民生活得到了前所未有的改善。但由于产业基础薄弱、科技投入不足等原因,畜牧业靠天养畜、原始粗放的生产方式没有得到根本改变,牲畜"夏饱、秋肥、冬瘦、春死亡"问题突出,大力发展现代草原牲畜业是牧民群众应对自然灾害和疫病侵袭的唯一办法,在自然因素和人为因素的双重叠加作用下,草原植被退化、物种减少、雪线上升、草地退化沙化、湿地退化干涸等现象日益严重。

二、工作探索

为缓解人草畜矛盾,保护草原生态,红原县先后实施了人、草、畜

“三配套”、联户牧场、生态奖补、生态功能保护等生态保护建设项目，虽然取得了一定成效，但还不能从根本上解决畜牧产业发展与生态环境保护之间的矛盾，无法有效促进畜牧产业结构的优化和发展方式的转变。2012年10月，红原县由省政府确定为全省牧区唯一的现代草原畜牧业试点示范县，2015年被列为国家现代农业示范区。2017年7月，红原县被列为全省第二轮现代草原畜牧业试点示范县。全县坚持以“草原增绿、牧业增效、牧民增收”为目标，把试点示范建设与产业脱贫有机结合，扎实开展草原生态保护、基础设施建设、生产方式转变、牧民转产创业、经营机制创新5个方面、18个重点项目建设。推广了人草畜平衡、产业融合、专业化分工“三个模式”，制定了防疫巷道圈、家庭牧场、暖棚、牧道建设“四个标准”，探索了政策性牦牛保险、草原保险、疫病防控、病死牲畜无害化处理畜牧业风险防控“四个机制”，取得了明显成效。

（一）草原生态明显改善

在全省率先探索“以人定畜和以草定畜相结合”草畜平衡试点，在优先保护草原生态的前提下，坚持“生态、生产、生活”并重的内涵式发展路径，不断突破发展要素和瓶颈制约，努力把生态优势转化为经济优势、环境资源转化为生产资源。畜种结构不断优化。依托麦洼牦牛、藏系绵羊原种场建立本品种选育基地6个，设立牦牛冻精改良点42个，获得改良后代奶牛1966头，年增产鲜奶133吨，改良户年均增收1100元。基础设施有效提升。统一规划设计和建设标准，建成牧业生产性道路714千米、新型牲畜暖棚1951个、新型防疫巷道圈162个、抗灾保畜打贮草基地4个，草地围栏193万亩。架设生产点输电线路218千米、变压台区32个。草原环境持续向好。推广人草畜平衡发展模式，划定1007万亩基本草原、防治鼠虫害130万亩、治理沙化5.2万亩、种植优良牧草61万亩、落实草原生态补奖1119万亩、实施省级湿地生态补偿试点9.4万亩、湿地管护补助300.5万亩，2017年草原植被综合盖度85.2%，比2012年提高2.6个百分点，生态、生产、生活协调发展的格局基本形成。

（二）农（牧）民持续稳定增收

扎实推进畜牧业供给侧结构性改革，合理配置资源要素，不断健全利益联结机制，着力培育科技含量高、带动能力强、产业链条长、加工程度深、资源利用好、市场竞争力强的畜牧业新产业、新业态。培育新型经营主体。完善提升农牧民专业合作社43个，建成现代家庭示范牧场301个、联牧规模经营区4个、草产业经营大户8户、健康养殖基地9个、牦牛选育基地2个。成立红原县农（牧）民专业合作社联合总社，带动全县专合组织和牧户“抱团”发展。延伸产业发展链条。规划1700亩土地建设绿色产业园区，已入驻15家企业，全部投产后可实现年产值12亿～20亿元，税收超亿元，提供就业岗位2000余个。红原牦牛乳业公司发展成为国家农业产业化重点龙头企业。支持加工企业技术创新、产品开发及市场开拓，开展产地初加工，实现产品就地增值，增加农（牧）民收入。鼓励农（牧）民从事三产服务，发展乡村特色旅游，全县建成上规模的牧家乐18家，家庭旅游示范户170余家，600余户牧户近2000人剩余劳动力转产成为商户和经营者，户均增收1.5万元。塑造特色产业品牌。加强畜产品质量和品牌认证，创办全国首家“牦牛电商平台”，有效提升产品知名度和竞争力。“麦洼牦牛”“红原牦牛奶粉”“红原牦牛奶”获得国家地理标志保护产品认证，加快“红原牦牛酸奶”国家地理标志保护产品申报，积极创建省有机产品示范区。启动国家地标“麦洼牦牛”授权贴牌工作，加快打造质量、技术、标准、价格统一的产业联盟。完善风险保障体系。在全省率先推行政策性牦牛养殖保险、冬春草场火灾保险，累计赔付1.3亿元。试点推行牦牛活畜目标价格保险、畜产品质量安全保险和主营业务收入保险。建设标准化定点屠宰厂，规范活畜定点交易市场，建成藏区首家现代化病死牛羊无害化处理厂，初步构建起较为完善的现代草原畜牧业风险保障体系。

（三）产业脱贫效果显著

全县立足红原纯畜牧业县的实际，探索推广了龙头企业联带、集体经济联营、发展基金联扶、社会力量联合、金融保险联动产业脱贫“五联模式”，有力促进贫困群众增产增收。龙头企业联带模式。企业通过招聘贫困户就业、优先收购畜产品等方式带动贫困户增收。牦牛乳业、遛遛牛、花海公司等企业招聘了80余名建档立卡贫困人员入企就业，月收入均在2000元以上。牦牛乳业公司年均向贫困户支付售奶款200余万元，人均增收900余元。宇妥藏药公司组织收购200余户贫困户的甘松、秦艽等中藏药材，帮助贫困户户均增收500余元。集体经济联营模式。整合产业扶持资金860万元，支持各村盘活集体存量资产，发展壮大集体经济。全县13个建档立卡贫困村拥有集体经济项目18个。2017年，通过盈利反哺、轮换饲养和资源入股等方式，900余名贫困人口人均收益2160元。农牧民专业合作总社辐射11个乡（镇）7000余户农（牧）民，吸纳全县建档立卡贫困户通过政府扶贫资金、产业扶持资金等入股和入社务工等形式，实现直接受益、合作受益、综合受益。发展基金联扶模式。整合绵阳市援建、贫困村产业扶持资金3000万元，发挥资金“撬动”作用，支持吸纳人数多、带动能力强、扶贫效果好的产业项目、企业、集体经济发展畜牧养殖、畜副产品加工和旅游服务，确保贫困户“资产收益保底、量化股权分红”，惠及1420户贫困户，户均年增收720元。社会力量联合模式。广泛开展体制外帮扶，充分发挥统战、工商联等部门和帮扶部门桥梁纽带作用，引导社会各方资源向贫困人口汇聚，激发脱贫内生动力。整合省、州部门帮扶资金270万元，破解脱贫增收短板。成立“爱·红原”社会救助慈善基金，解决特困人员医疗、教育等困难。引导企业“牵手”贫困村、贫困户，建立利益共享运行机制，实现双赢双收益。金融保险联动模式。推动金融保险机构创新金融服务产品，通过政策性牦牛保险、冬春草场火灾保险等各类农业保险，减少贫困户因灾损失，累计为贫困户赔付1000余万元。依托小额信贷分险基金，支持有能力发展产业的贫困户申请贴息贷款购买生产资料，支持无产业发展条件的贫困户以贴息贷款入股企业、合作社，定期分红。

三、工作思考

发展现代草原畜牧业是一个长期而持续的过程，成效虽然明显，但仍需深入实施。一是基础设施覆盖率低（全县牧道、暖棚覆盖率分别仅为53%、33%，新型家庭示范牧场仅建266个），需要项目资金继续支持。二是产业发展尚处于初级阶段，经营主体培育有待加强，需要政策有力支撑。三是通过试点示范，红原县探索总结出了人草畜平衡发展、专业化分工、产业融合发展三种模式，明确了防疫巷道圈、牲畜暖棚、现代家庭牧场以及牧业生产性道路四个项目的建设标准，形成了较为完善的现代草原畜牧业风险防控机制。以上“三个模式、四个标准、一个机制”的推行才刚刚起步，其辐射、示范效应初步显现。2016年7月，四川省人民政府同意将红原县现代草原畜牧业试点示范期限再延长三年。红原县必须抓住这一难得机遇，用好用足用活特殊政策，加快发展以“布局区域化、养殖规模化、生产标准化、经营产业化、服务社会化”为特征的现代草原畜牧业。

（一）践行绿色发展理念，优先保护生态

草原既是畜牧业发展重要的生产资料，又承载着重要的生态功能。红原县地处长江、黄河上游重要水源涵养地，是国家和省确定的限制开发重点生态功能区。发展现代草原畜牧业，必须坚持生态保护建设优先这个前提，努力把生态优势转化为经济优势、环境资源转化为生产资源。要践行绿色发展理念，把生态文明建设作为民生大事，把环境保护作为重要责任，以构筑稳固的长江、黄河上游生态安全屏障为目标，全力做好退牧还草、退耕还林、草畜平衡、湿地保护、草原沙化治理、江河流域水资源综合治理等生态保护建设重点项目。按照建设资源节约型和环境友好型社会要求，引导和规范经济活动，着力培育科技含量高、资源消耗低、环境污染少的绿色生态特色产业，促进生态、生产、生活有机结合，草原经济与人口、资源、环境协调发展。

（二）践行创新发展理念，发展特色产业

以特色优势资源为支撑，以绿色产业园、特色种植园、牦牛文化园和科技创新园为依托，以畜副产品精深加工、中藏药研发、新型能源开发为突破，深入实施集群发展战略，有力推进工业绿色化，切实将资源优势转化为产业优势、经济优势和富民优势。把县域全境作为全域景区，全景打造、全民参与、全面提升，完善提升"环红原机场旅游经济圈"核心区规划，加快全域旅游景区建设，加快乡村旅游和藏家乐、牧家乐、自驾车营地、购物点、旅游公厕等标准化建设。加强对麦洼藏戏、麦洼锅庄、百旺弹唱、民间马术等非物质文化遗产的保护、传承、展示和发展。依托"红原大草原夏季雅克音乐季"，打造特色文化节庆、文化产品、文化演艺、文化街区等文旅融合业态，促进旅游产业向以国家4A级景区为支撑、以生态文化为主要内涵的全域旅游升级，有力推进文旅全域化。

（三）践行协调发展理念，做优城镇乡村

用景区规划建设理念把城镇建成景区，完善功能、突出特色、强化管理，着力建设宜居业、便商旅的城镇。加速推进幸福美丽新村建设，切实做强县城、做优乡镇、做美村社，实现城乡基础设施一体化和公共服务均等化，推动形成产城互动、节约集约、生态宜居、和谐发展的城镇化格局。

（四）践行开放发展理念，注重内引外联

把引资与引技、引智更好地结合起来，提高经济外向度和市场整体竞争力。不断完善与川、甘、青结合部县（市）的沟通协调机制，积极推动基础设施建设、旅游产业发展、生态环境保护、基层社会治理等协调发展。加强与对口援建省、市和部门的交流合作，借力、借势、借智，搭建平台、强化宣传、助推发展。提升招商引资水平，找准后发优势和比较优势，招强引优、招优引特，培育壮大特色优势产业，努力把知名度转化为美誉度、政治优势转化为发展优势、资源优势转化为经济优势、吸引力转化为生产力。

（五）践行共享发展理念，落实普惠政策

全面落实各项民生普惠政策，着力健全保障和改善民生的长效机制，量力而行、尽力而为，让发展成果更多更好地惠及人民群众。把上级部署与红原县实际、群众意愿结合起来，锁定脱贫奔康目标，强化政策运用、资金统筹、金融支持、主体作用、外力效应和考核评估等内容，确保2018年整县脱贫"摘帽"，与全国全省同步迈入全面小康社会。

"六个围绕"　扎实推进脱贫攻坚

中共康定市委　康定市人民政府

自脱贫攻坚工作启动以来，康定市坚持以脱贫攻坚为首要政治任务，全面落实中央治藏方略、省委藏区工作思路、省州第十一次党代会精神和深度贫困地区脱贫攻坚决策部署，围绕"两不愁、三保障""四个好"总体要求，按照"一年打基础、两年大变样、三年全脱贫、五年奔小康"思路，围绕户脱贫、村退出、扶真贫、扶好贫、真扶贫、八不扶、示范点七项重点，扎实推进脱贫攻坚工作，实现30个贫困村8531名贫困人口脱贫退出，贫困发生率从15.4%降至3.8%，为脱贫"摘帽"和全面奔康奠定了坚实基础。

一、围绕"户脱贫"，突出"三个狠抓"

一是狠抓"两不愁"工作。按照贫困户人均年收入超过3300元的标准，将低保标准提高至3300元，实行扶贫线与低保线"两线合一"，低保"兜底"576户1674人，发放低保金423.45万元；组织大型就业扶贫现场招聘会1次，促进贫困人口465人就业；贫困家庭劳动力实现转移就业2983人，开发公益性岗位解决贫困户就业856人；举办技能培训26期30个班，其中培训建档立卡贫困户292人；积极引进四川通发广进、四川红海2家劳动派遣公司落地康定，在折东、折西分别组建了康定市双翼劳务派遣有限公司、康定市勃发劳务派遣服务有限公司，以此为媒介，促使贫困劳动力在就地就近实现就业，并对企业按解决贫困户就业人数实行补助。二是狠抓"三保障"工作。住房安全保障方面，投入912万元实施藏区新居建设356户、广东援建农村危房改造100户，其中建档立卡贫困户101户；投入1307.5万元，实施易地扶贫搬迁建房84户。义务教育保障方面，继续落实十五年免费教育政策，不断改善基层教育教学条件，义务教育入学率稳固在100%；不断壮大非义务教育阶段助学金，向2276名建档立卡贫困家庭学生发放补助资金355.74万元。基本医疗保障方面，对建档立卡贫困人口落实"十免四补助"，为6475人完成健康体检，实现贫困患者在县域内住院治疗个人费用"零支付"。卫生扶贫基金救助3778人，兑现救助金97.78万元；医药爱心基金救助364人，兑现救助金82.02万元。三是狠抓"三有"工作。安全饮水方面，投入968万元，对16个贫困村实施安全饮水提升改造工程，解决2404人饮水困难，其中贫困人口692人；生活用电方面，投入1.27亿元，加快电网线路建设和农网改造，同时通过光伏发电、小型水电机保障生活用电，解决429户无电户用电困难，4662户用电质量得到提升；广播电视方面，动态保障广播电视全覆盖，更换"户户通"设备173套。全市顺利实现771户2910人贫困人口脱贫。

二、围绕"村退出"，实施"三大工程"

一是实施基础改善工程。实施扶贫项目616个，全力推进交通、饮水、用电、通信等建设，解决民生难题，顺利实现2017年退出贫困村通村硬化路、卫生室、文化室、通信网络达标。二是实施产业培育工程。立足康定资源优势，确定"西山东水"的产业发展思路，编制《康定市扶贫攻坚脱贫规划（2016—2020年）》、47个贫困村脱贫规划、22个扶贫专项计划，采取政策驱动、投入撬动、种养拉动、科技促动、示范带动、市场推动"六个联动"，投入资金7637万元，大力发展特色产业。

坚持农扶结合，开发酒、肉、菌、果、药、奶六大产品，建设特色农业产业基地7万余亩，打响“圣洁甘孜·康定礼好”品牌。坚持旅扶结合，启动贡嘎西坡旅游开发项目，实施新都桥风情旅游小镇建设；以瓦泽为试点，探索“内飞地”模式，由村组织取得土地并入股发展旅游业，通过旅游产业载体增加创业就业机会；开展培训13期1320人次，累计发展民居接待680户、民宿达标户68户、打造民居接待示范户15户。坚持电扶结合，组织水电移民参与水电开发，实现库区贫困家庭至少1人培训就业，户均增收3万元。采用建立农民专业合作社、流转土地、发展乡村旅游等方式不断增加集体经济收入。2017年18个退出贫困村农村集体经济总收入为137.2万元，人均202.1元，均达到人均3元的考核指标。三是实施阵地提升工程。按照“四好村”和“幸福美丽新村”创建标准，结合市情制定《康定市脱贫奔康示范村创建标准》，细化“四个好”，积极创建“四好村”，申报市级“四好村”44个、州级“四好村”40个、省级“四好村”12个。按照基层组织标准化建设要求，投入2000万元，实施村级活动室建设和风貌改造提升26个，夯实基层阵地基础；坚持扶贫要“扶志”和“扶智”的理念，办好234个“农民夜校”，并结合“八不扶”舆论宣传导向，教农民学政策、学技术、除陋习、树新风，激活“造血”功能，顺利实现18个贫困村退出的目标任务。

三、围绕“扶真贫”，坚持“三个精准”

一是坚持精准识别。建立精准识别机制，按照“四议两公开一监督”“一对一、面对面识别”等要求，乡村干部、驻村帮扶工作队扎实开展入户调查、民主评议等工作，综合考虑收入、住房、教育、医疗等因素，并经“八个比对”和“回头看”，对贫困户进行再核实、再调查、再识别，做到了“识别精准、应进则进、应扶则扶、应退则退”。经精准识别，全市共有贫困村59个、贫困人口2950户11244人，并实行动态管理。二是坚持精准帮扶。开展“千人驻村帮扶行动”，全市干部职工结对帮扶贫困户，做到了全覆盖，从项目安排、资金使用、措施到户、因村派人等方面精准帮扶，并建立帮扶台账、工作台账、收入台账、集体经济收支台账、项目资金台账“五本台账”。继续深入开展“回头看”“回头帮”工作，统筹处理好继续攻坚和防止返贫问题，确保扶贫路上不落一人。三是坚持精准退出。严格执行贫困户“确定目标、民主评议、审核公告、备案销号”的脱贫流程，以及贫困村“确定任务、退出申请、审核公告、备案销号”的退出程序，先后顺利通过国家、省、州各级督导检查以及第三方评估。同时，及时修正国扶系统和六有系统数据，做到国扶系统、六有系统、“明白卡”、帮扶手册、村表数据一致，并及时规范完善相关档案资料。

四、围绕“扶好贫”，用好“三股力量”

一是强化主责力量。落实工作推进机制和“一把手”责任制，在市、乡、村均建立脱贫攻坚指挥体系，完善县级“1+1+10”指挥体系（即1个指挥部、1个办公室和10个专项工作小组），各级各部门的指挥部、办公室，坚持问题导向，实行一周一碰头、一月一安排，一季一小结、一年一总结，发现问题，解决问题，推动工作，并坚持“一听二进三问四查五看六核”的“123456”工作法，督查、整治“假扶贫、作风漂浮、工作拖沓”等行为。二是用好帮扶力量。建立贫困村“五个一”帮扶机制和非贫困村“三个一”帮扶机制，32名市领导牵头抓总，50余个市直部门全程参与，配强59个贫困村和175个非贫困村“第一书记”；组建20人的农业专家服务队，派驻驻村农技员58名，派出农技服务小分队5个，经常性进村入户开展技术指导服务，解决技术瓶颈问题35个，帮扶力量充分发挥作用。三是借力社会力量。广东省对口援建学校3所、农村贫困户危旧房改造100户，到位援助资金807万元。都江堰市选派76名优秀干部人才倾情倾智倾力开展援藏工作，投入2000万元整村帮扶瓦泽乡水桥村、塔公镇各日马村、呷巴乡铁索村，助力医疗、教育、就业、住房、旅游、招商等面工作。省委统战部协调160万元用于呷巴乡俄达门巴奶站建设，协调20万元用于技能培训。四川民族学院、四川省社会主义学院、大唐、国电等帮扶单位结合各自优势和长处，从项目、资金、教育、人才、智力等方面广泛支持康定脱贫攻坚。2017年“扶贫日”社会各界捐赠资金356.7万元。

五、围绕“真扶贫”，做实“五项基金”

一是做实产业扶持基金。建立贫困村产业扶持基金，向59个贫困村各投入50万元，共计2950万元，实施产业项目220个；投入1827.5万元实施中药材养殖等项目33个；投入2600万元实施4000亩羊肚菌种植项目，帮助整村发展。二是做实扶贫小额信贷分险基金。筹集扶贫小额信贷分险基金1977元，发放扶贫小额信贷6288.7万元，涉及贫困户1387户4285人，帮助其发展种养殖业、加工业、旅游业等。三是做实教育扶贫救助基金。投入500万元设立教育扶贫救助基金，已使用355.74万元，覆盖2276名学生。四是做实卫生扶贫救助基金。投入500万元设立卫生扶贫救助基金，已使用97.78万元，覆盖3778人。五是做实龙头企业扶持分险基金。创新设立龙头企业扶持分险基金，落实资金200万元，以1:10放大贷款比例，向政策扶持对象担保信用贷款，促进企业和贫困户双赢。在做实基金的同时，不断完善基金使用、管理、监督、审计等办法，制定《关于进一步加强扶贫项目管理的通知》《康定市教育扶贫救助基金实施细则（暂行）》《卫生扶贫救助基金使用暂时实施细则》《康定市贫困村产业扶持基金使用管理实施细则》等，规范扶贫项目及资金管理，防止擅自改变扶贫项目资金的投向和用途，做到公开透明、阳光扶贫、公正扶贫、廉洁扶贫。

六、围绕“八不扶”，着力思想引导

贫困户安于现状，“等、靠、要”思想突出，是脱贫攻坚面临的一道难题。全市坚持问题导向，不断探索，形成了“不爱祖国者，不扶；不懂感恩者，不扶；不遵纪守法者，不扶；不孝敬和睦者，不扶；好吃懒做者，不扶；悬挂违禁画像者，不扶；弃学入寺者，不扶；不诚实守信者，不扶”的“八不扶”舆论导向，破除“等、靠、要”思想，激发贫困户主动作为。

八不扶”不是真不扶。“八不扶”只是手段，真帮扶才是目的。该市采取“八不扶”的宣传导向，是为了更好的扶、更有效的扶，目的是倒逼贫困户主动参与脱贫，有效激发脱贫内生动力，实现“要我脱贫”到“我要脱贫”的嬗变。

“八不扶”是暂时不扶。在具体操作过程中，严格规范程序，确保公开公正。即每月由驻村工作组对标“八不扶”，提出“不扶”建议名单，由村“两委”和“五个一”帮扶队伍研究后，经村民大会通过，确定暂时“不扶”人员名单和时限并进行公示。

“八不扶”是真帮扶。为保障暂时“不扶”人员能按期实现脱贫奔康，全市充分发挥“五个一”“三个一”力量，为暂时“不扶”人员制定“返扶”措施，组织其参加农民夜校，深入开展谈心谈话，细致宣传脱贫政策，确保政策帮扶暂停、情感帮扶加力，让贫困户在“不扶”期间主动改变不足，主动申请返扶，恢复其原有帮扶政策和帮扶力量，确保“一户都不落下、一人都不掉队”。

同步建成小康社会，不落下一乡一村一户一人，既是全市的使命和责任，也是贫困群众的期盼和重托，更是中国政府向世界做出的承诺。康定市将坚持把脱贫攻坚作为最大的政治责任、最大的民生工程、最大的发展机遇，进一步压实责任、紧扣目标、创新思路、推动工作，确保高质量脱贫“摘帽”。

实施"五创联动"建设　"五个康定"　建成全国藏区全面小康示范市

中共康定市委书记　邓立军

省委十一届三次全会创造性提出构建"一干多支、五区协同"区域发展新格局,形成"四向拓展、全域开放"的立体全面开放新态势,进一步确立了新时代"治蜀兴川"的总体谋划和战略布局,标定了当前和今后一个时期全省发展的"路线图""施工图"。康定市作为四川藏区第一个县级市,甘孜州首位城市,当前正处在迈向高质量发展的起步阶段,坚决维护长治久安的重大考验阶段,打赢脱贫攻坚战的决胜阶段,建成全面小康社会的关键阶段,贯彻落实好省委十一届三次全会精神,必须始终高举习近平新时代中国特色社会主义思想伟大旗帜,坚定不移地以"八个明确""十四个坚持""十个指明"为总指挥,准确把握"六个深刻阐明"根本要求,紧紧围绕州委"123456"总体工作布局,紧扣建成全国藏区全面小康示范市目标,把"五创联动"贯穿于康定实践的全过程和各个方面。

一、创建全国生态示范市,加快建设美丽康定

省委十一届三次全会明确了甘孜州作为川西北生态示范区重要组成部分的定位。康定市是长江上游重要生态屏障和国家重点生态功能区之一,要始终践行"绿水青山就是金山银山"理念,把生态文明建设摆在更加突出的战略位置,积极创建全国生态示范市,着力打造转型发展的绿色引擎,提升生态经济市场竞争力,力争到2020年生态经济在国民经济中的比重达到90%以上,实现生态屏障更加安全、生态经济快速增长、生态质量稳步向好、生态环境更加优美。

(一)筑牢生态安全屏障

要促进康定生态质量持续向好,需深入推进"绿化康定"行动,扎实推进"山植树、路种花、河变湖(湿地)"工程,加快推进力邱河百里湿地工程、格桑花谷等生态项目建设。强化生态治理,巩固天然林管护、退耕还林、退牧还草成果,深入推进植被恢复、饮用水水源地保护、水土流失综合治理、地灾治理等重点工程,加快实施资源开发和重大项目建设地生态恢复,完善污染防治设施体系,提升城区、集镇垃圾处理、供排水能力,集中开展城乡环境整治,全面加强农村面源污染治理,推动农牧区"厕所革命""垃圾革命""屋顶革命",着力解决"垃圾基本靠冲、粉尘基本靠风"等环保突出问题。力争到2020年全市空气质量优良率达到100%,城镇垃圾、污水集中处理率达到90%以上。

(二)打好污染防治战役

坚决打赢污染防治"八大战役",持续抓好环保督察反馈和信访举报问题整改工作。建立健全多部门联合执法制度,加大环保执法力度,贯彻落实环保"三同时"制度,实行"黄牌""红牌"警示处罚,定期公布负面清单,完善案件移送、受理、立案、通报等行政执法与刑事司法衔接机制,综合运用法律、经济、科技、行政等手段,加快治理群众身边突出的生态环境问题,以最坚决的态度、最有力的措施守护好绿水青山。

(三)建强生态能力体系

进一步强化生态建设"党政同责""一岗双责",建立健全森林草原火灾扑救、自然灾害应急救援、生态保护制度、生态保护能力、生态执法"五大体系";压紧压实市、乡、村、企四级责任,严格落实"1+4"资源管理机制,全面落实河长制、湖长制,推进山长制,配齐配足环保专业人才和专用设备,加快制度化、科学化、智能化建设,形成较为完整的大气、水、土壤、噪声监管体系,不断提高管护能力。积极引进、培育环保中介机构,广泛动员全民参与生态文明建设,发挥舆论监督、群众监督的作用,引导全社会关心环境、珍惜环境、保护环境,形成全社会齐心协力、齐抓共管、共同发力的生态文明工作大格局。

二、创建全国藏区县域经济强市,加快建设繁荣康定

高质量发展是解决藏区问题的总钥匙,要牢固树立新发展理念,把握引领经济发展新常态,主动融入全省发展新格局,坚持"投资拉动、资源开发、消费牵引、创新驱动"发展战略,加力推进"一园二谷三景四园五万"产业发展,积极创建全国藏区县域经济强市,力争到2020年率先在全省藏区县(市)实现GDP超过百亿元。

(一)培育旅游主导产业

坚持"西山东水"旅游产业布局,扎实推进木格措、木雅景区创5A工作,加快跑马山国家级森林公园"一园"打造,启动建设中谷温泉谷、大渡河康养谷"两谷"建设,贡嘎西坡、亚拉雪山、跑马山"三景"开发,建成3个国家5A级景区,大力发展康养旅游、山地旅游、民俗旅游,促进山旅、水旅、农旅、牧旅、文旅深度融合。主动顺应个性化旅游发展趋势,打造"吃住行游购娱""商养学闲情奇"旅游产业链,整治旅游环境,改善旅游基础设施,规范旅游市场管理,推行旅游精细化服务,把康定打造成世界级旅游目的地,力争到2020年实现旅游总收入80亿元,接待游客800万人次。

(二)建设高原特色农牧业基地

坚持"西大东精"产业布局,大力调整生态农牧产业结构,建设折西万亩高原有机蔬菜、万亩黑青稞、万亩格桑花,折东万亩羊肚菌、万亩小杂水果产业基地,培育龙头企业,延伸产业链条,打响"一瓶酒一杯奶"区域品牌,启动"一支烟一袋茶"品牌打造,擦亮"中国高原羊肚菌之乡"金字招牌,按照"一路一带一景观"发展思路,大力发展集休闲、观光、体验于一体的高原乡村旅游。力争到2020年农业生产总值达到7亿元。

(三)壮大电矿产业

积极对接政策参与直购电、富余电量、留存电量市场化交易,推动康定大数据中心建设,积极稳妥推进雅砻江流域水电开发。加力推进鸳鸯坝药业园区、甲基卡锂辉矿业园区、康定奶源区、金汤石膏工业园区"四区"建设,建成雅拉农产品加工园区、新都桥物流园区,实现工业园区绿色生态化,将园区打造为集生产销售、旅游观光、绿色生态于一体的综合体。力争到2020年工业增加值达到30亿元。

(四)深化改革开放

主动对接落实中央和省、州改革方案,扎实有序推进改革试点,重点推动农业农村、国资国企、行政审批、要素保障等重点领域和关键环节改革,大力破解体制机制障碍,充分释放发展活力,激发发展动能。坚持开放活市,建立"面向全国、川藏互动、成康融合、多向拓展"的开放合作格局,加快融入环成都经济圈。借力对口帮扶、东西协作等平台,着力引进一批大项目、好项目,力争到2020年实现招商引资到位资金50亿元。加快完善水、电、路、通信等基础设施,加快推进雅康高速、"四隧三绕一路"重大项目建设,加快川藏铁路前期工作,增加康定机场新航线,着力构建互联互通的交通网络体系,以大通道促进大开

放，变交通走廊为经济走廊。

三、创建全国民族团结进步示范市，加快建设和谐康定

加强民族团结是康定工作的生命线，创建全国民族团结进步示范市，持续巩固全市各民族和睦相处、和衷共济、和谐发展的良好局面，是践行中央20字西藏工作原则，落实省、州委决策部署，进一步凝聚人心、汇聚力量的有力举措，既是全市各民族群众之盼，也是康定现实所需。

（一）增进民族和睦

全面贯彻党的民族政策，牢牢把握“两个共同”主题，持续深化“中国梦”、社会主义核心价值观、民族团结进步教育，坚持精准“滴灌”，让群众自觉感党恩、听党话、跟党走，促进各民族人心向党、精神相依。深入开展民族团结进步典型评选表扬活动，积极培养、树立和推广先进典型。持续推进民族团结进步“八进”活动，深化各民族交往交流交融，让“两个共同、三个离不开、四个认同、五个维护”思想更加深入人心。坚决同破坏民族团结，煽动民族分裂的言行作斗争，让各民族紧密团结。

（二）弘扬民族文化

切实增强文化自信，大力发展社会主义先进文化，深入挖掘情歌文化、土司官寨文化、茶马古道文化、鱼通文化和木雅文化，切实办好国际情歌节、“四月八”等传统节庆活动，不断扩大康定市多元民族文化影响力。加强基层文化阵地建设，实现农牧区“一村一支文艺队伍，每月一次文娱活动”，广泛开展群众性文艺活动，创作有康定特色的文艺作品，不断丰富群众的精神文化生活。坚持文旅结合，以文为魂，大力发展民族文化产业，为全域旅游注入内涵、增强活力。

（三）强化县域治理

坚持稳是大局基调，坚定不移实施“依法治市”战略，旗帜鲜明反分维稳，坚决同分裂破坏势力作斗争，不断扩大扫黑除恶专项斗争，缉枪治爆、塔公整治、拆违治乱专项整治战果，健全公共安全和社会治安防控体系，不断提高依法治理社会化、法治化、智能化、专业化水平，切实维护社会大局和谐稳定。弘扬新时代“枫桥经验”，进一步完善矛盾纠纷多元化解联动工作机制，加强矛盾隐患排查化解和防范处置。坚定不移推进依法治寺管僧政策，强化寺庙僧尼“二尊从二坚决四不能四严管”工作要求，统筹推进法治工程、浸润工程、关爱工程，集中整治宗教领域九类突出问题，持续深化分类管理达标升级、文明和谐寺庙创建工作，把寺庙作为基本单元，把僧尼作为基本群众，全面落实惠寺惠僧政策。坚持走依法管理宗教事务之路，牢牢掌握寺庙管理领导权，持续巩固全国依法治理先进市成果。

四、创建全国藏区全面小康示范市，加快建设小康康定

康定市作为国家连片特困地区县（市），全省深度贫困县之一，要坚持把打赢脱贫攻坚硬仗作为当前最大的政治责任、最大的发展机遇、最大的民生工程，把实施乡村振兴战略作为全面建成小康社会的必然选择，积极创建全国藏区全面小康示范市，不断满足人民群众对美好生活的向往，力争到2020年农村居民人均可支配收入实现16590元。

（一）坚决打赢脱贫攻坚硬仗

锁定“两不愁、三保障”目标，强化“六个精准”，落实“五个一批”，坚持集中攻坚、工程攻坚，围绕“指挥体系、基础改善、产业培育、政策保障、新风培树、阵地建设、社会帮扶、督查问效”八项重点，扎实做好基础改善、产业发展、生态宜居、依法治理、就业增收等各方面工作。坚持扶贫同扶志、扶智相结合，深入实施“润育工程”，不断激发贫困群众内生动力。坚持开展全覆盖“回头看”“回头帮”工作，着力补齐短板，不断巩固脱贫成效。建立完善稳定脱贫长效机制，加大对计划生育、控辍保学、移风易俗等项目综合帮扶力度，尽锐出战、真抓实干，高质量确保29个贫困村2779人脱贫、整市“摘帽”退出。

（二）全力推进乡村全面振兴

按照“产业兴旺、生态宜居、乡风文明、治理有效、生活富裕”总要求，统筹抓好乡村“五大振兴”。深化农业农村改革，进一步激活农业农村活力；扎实开展农牧区人居环境美化、生产环境净化、生态环境绿化“三化行动”；强化“自治、法治、德治”三治结合，建立乡村治理新模式；大力培育与社会主义核心价值观相契合的优良家风、文明新风和“新乡贤”文化。健全城乡要素双向流动机制，促进优质资源向农村覆盖，坚持“七星拱月”“一星多点”空间布局，城区按照CCB模式，坚持山城一体，全力打造情歌城；折东围绕“成都后花园、康养加休闲”定位，突出“养老、养身、养心、养颜”，打造“一核七园”，建设大渡河康养谷，建成乡村振兴示范区；折西利用贡嘎西坡、亚拉雪山等名山和木雅文化，大力发展山地旅游、民俗旅游，带动群众脱贫奔康。力争到2020年把康定城打造成国家5A级历史文化名城，建成独具特色、功能完善、宜居宜业的小镇7个，打造高原藏寨村落50个，实现乡村全面振兴。

（三）均衡发展社会事业

大力推进“三名工程”，严格落实控辍保学“六长”责任制，加快高中阶段和学前教育发展，建成康定市第二中学，推行“一村一幼”，促进城乡教育均衡化，实施教育质量提升行动，确保入学率、巩固率、升学率均达100%。全面推进“健康康定”建设计划，提升三级医疗机构诊疗水平，确保市级公共卫生机构创等达标，卫生服务体系和三级卫生网络健全率达到100%。全面落实“两线合一”，统筹推进“五险合一”，建立完备的社会保障体系，积极开展职业技能培训，引导群众由“就业型”向“创业型”转变。全面建设公共法律服务体系，加快建设公共安全体系，深化“量体裁衣”式残疾人服务，加快养老服务体系建设。实施以“多主体供给、多渠道保障、租售并举”的住房保障制度，改善人居环境，扎实推动社会事业全面进步。

五、创建全国藏区基层党建示范市，加快建设堡垒康定

实现伟大复兴，必须推进伟大工程，肩负巩固藏区执政根基政治大责，提升党建能力水平，积极创建全国藏区基层党建示范市，必须全面推进康定市党的建设新的伟大工程。

（一）突出政治引领

始终坚持把政治建设摆在首位，坚决维护党中央权威和集中统一领导，维护习近平总书记核心领导地位，树牢“四个意识”、坚定“四个自信”。严肃党的政治纪律和政治规矩，加强整治“两面派”“两面人”，坚决查处双重信仰、对党不忠干部。加强和规范党内政治生活，突出抓好领导干部政德建设，引导党员干部明大德、守公德、严私德，培树积极健康的党内政治文化。

（二）抓牢思想建设

坚定以习近平新时代中国特色社会主义思想占领藏区思想高地，常态化、制度化开展“两学一做”学习教育，推进“不忘初心、牢记使命”主题教育活动，持续巩固“大学习、大讨论、大调研”活动成果。全面贯彻落实意识形态责任制，构筑地面、空中、网络“三位一体”反渗透防控体系，斩断不良思想和信息传输渠道，牢牢掌握意识形态工作主导权。

深入持久开展“感党恩、爱祖国、守法制、奔小康”主题教育，凝聚起建成全国藏区全面小康示范市的思想合力。

（三）夯实基层基础

大力实施“情歌故里党旗红”党建先锋工程，持续巩固基层组织“六个标准化”建设成果，强化基层组织政治、管理和服务“三大功能”，强力整顿软弱涣散基层组织，增强基层组织助推发展、改善民生、维护稳定的能力，切实把党的组织优势转化为引领群众、凝聚人心的工作优势。持续推进“灯塔”集中整治行动，着力解决机关党建“灯下黑”“两张皮”问题。

（四）建强班子队伍

突出选拔培养干部“五看四观察”政治标准，落实“三个特别”要求，坚持在“四个一线”选拔使用干部。深入实施干部能力素质提升工程和人才振兴工程，着力增强党员干部“八种能力”，做到“五个过硬”。大力培养使用中青年干部、少数民族干部、妇女干部。坚持“三个区分开来”，建立健全干部澄清保护和容错纠错机制，全力打造一支走正道、打硬仗、干实事的干部队伍。

（五）持续正风肃纪

全面落实党风廉政建设主体责任和“一岗双责”，深入开展党风廉政建设和反腐败斗争，对照中央八项规定和形式主义、官僚主义十种新表现，强力整治作风领域突出问题，坚决防止“四风”问题反弹回潮。坚定不移挺纪在前，坚持“老虎”“苍蝇”一起打，持续开展扶贫领域和作风问题专项治理行动，加大重大专项监督执纪力度。持续用力抓好中央省委巡视反馈问题的整改落实，做好做实巡视整改后半篇文章，以实际成效赢得群众满意。

全面深化农村改革　打造产业发展“九龙模式”

中共九龙县委　九龙县人民政府

近年来，在实施产业富民战略中，九龙县以农业供给侧结构性改革为主线，立足资源优势，深入对接市场，致力推动产业转型升级，强力推进特色农牧产业发展，逐步形成了具有九龙特色的农业产业发展新模式，2017年荣获了“四川省重大农村改革任务年度推进示范县”称号。

一、以市场需求为导向，优化产业布局

按照全州“一圈一带一走廊”农业区域发展布局和“山顶戴帽子、山腰挣票子、山下饱肚子”的立体生态格局要求，坚持生态优先绿色发展和“人无我有、人有我优”的思路，着力打造“名特精优”农牧产品。一是优化产业布局。坚持以市场为导向、规划为引领，先后制定和出台了《九龙县关于加快产业发展的意见》和《九龙县特色农业产业基地建设实施方案（2016—2020）》，针对不同区域海拔、气候等特点，形成了“高山牦牛、毛驴养殖，半高山花椒、核桃林果种植，矮山茶叶、魔芋、家禽种养殖”的“五朵金花+”立体产业发展格局。全县建成特色农业产业基地4.958万亩，2017年年底全县各类牲畜存栏21.05万头（只、匹），农业增加值3.35亿元，农村居民可支配收入达12587元，总量和增速连续五年稳居全州第一位。二是突出龙头带动。推广“企业（专合组织）+基地+农户”的产业发展模式，依托天乡茶叶、祥瑞合作社等龙头企业，在呷尔镇、汤古乡等14个乡（镇）发展牦牛5.8万头，在乃渠、子耳等10个乡（镇）培育花椒基地3.63万亩，在乌拉溪、踏卡等12个乡（镇）培育核桃基地2.76万亩，在烟袋、踏卡等11个乡（镇）培育魔芋基地7000亩，在魁多、子耳等4个乡（镇）培育茶叶基地2656亩。通过建强基地、完善配套、优化布局，全县特色产业专业村达26个，“一乡一业、一村一品”的产业化格局初步形成。三是注重特色发展。建成西南地区首个与东阿阿胶集团签订战略合作协议的黑毛驴养殖基地，在斜卡、踏卡等乡（镇）发展黑毛驴养殖1080头，未来五年规划建成国家级驴良种生产繁育基地、驴产品精深加工基地，全县毛驴存栏量达5万头，预计销售收入超过2亿元，带动2000人就业、3000户农户致富奔康。打造集特种养殖、体验旅游、商品销售于一体的全国最大的梅花鹿仿生态养殖基地，开发鹿茸片、鹿鞭、鹿胎膏、鹿茸酒等系列产品，已放养梅花鹿320头，累计实现销售收入30万元。探索休闲农业与创意农业发展模式，打造休闲农业示范园，在呷尔镇华丘村流转土地50亩，划分为210个小地块，面向城镇居民和干部职工出租，吸引其在周末和休息时间享受农业体验的乐趣，带动周边地区群众创办农家乐、从事特色种养业，为全县下步休闲观光农业发展奠定了基础。

二、以政策保障为引领，壮大市场规模

加大对涉农企业、农民合作组织、种养大户、家庭农（牧）场等经营主体的扶持力度，指导、帮助建立完善与农牧民的利益联结机制，使农业经营主体更好地发挥带动农民发展现代农业、促进持续稳定增收的作用。一是加大政策扶持。先后制定和出台了《统筹整合使用财政涉农资金的实施方案》《扶持产业发展财政奖励办法》《农业产业发展分险基金管理办法（暂行）》《扶持农业产业发展财政奖励管理责任分工及申报审核流程》等4个指导性文件，先后整合财政涉农资金1.55亿元集中用于农业农村工作，投入较上年增长60%。成立200万元产业发展扶持基金，对祥瑞合作社、天乡茶叶等18家专业合作社和龙头企业进行扶持和帮助；对县域内特色农牧产业发展项目的风险实行政府承担60%、金融部门承担30%、企业和农户承担10%的6∶3∶1的风险承担制度。2017年8月，先期向县信用联社注入分险基金820万元，以基金担保和政府增信的形式，让县信用联社放大对县域内龙头企业、专业合作组织和种养大户的项目资金贷款额度，当年就已经完成620万元的贷款发放，直接扶持了海涛牧业、岗景养殖、吉祥海野生资源、石山源、藏乡农产品销售和泰源祥诚等6家龙头企业和专业合作社。在2017年试点成功的基础上，又再次向农业银行九龙县支行注入1800万元的产业扶持基金和小额信贷风险基金，有效撬动了社会资金3.77亿元、金融资金1.2亿元投向农业农村，及时为全县的龙头企业和农民专业合作社等新型经营主体提供了有力的资金保障。同时，对经营主体做大做强、品牌创建等方面实行奖补，2018年3月，在农户和专业合作组织申报，乡（镇）推荐，县级相关职能部门组织专门的检查验收工作组实地察看、综合考核的基础上，县财政一次性整合565.93万元的资金；对2017年度特色农牧产业发展中做出突出成绩的89家龙头企业和专业合作组织、335户种养大户、3家电商企业给予0.5万～75万元不等的奖励和补助，有效调动了经营主体的积极性。二是优化发展环境。深入开展发展软环境专项整治、信访积案化解、矛盾纠纷大排查等专项行动，营造“人人关心软环境，事事关系软环

境，处处体现软环境，时时维护软环境”的良好氛围。强化政务服务，精简行政审批，通过并联审批、一站式服务、县级领导“一对一”对口联系经营主体等方式，提升服务质量和服务效率。三是创新利益联接。鼓励农牧民以土地、林权等资源以及贫困户金融贷款入股，与经营主体形成股份合作关系，既缓解经营主体的融资压力，也使农牧民、贫困群众获得分红收益。全县发展各类农业产业企业和专合组织466家，其中国家级示范社1家、省级示范社7家、州级师范社2家，注册资金7亿余元，专合组织农民成员达5000余户，占全县总农户的35%；家庭农（牧）场13家，其中省级示范农牧场1家；种养大户282户。打造“一村一品”示范乡（镇）1个、示范村6个，创建休闲农业与乡村旅游示范村2个。2017年，全县流转土地经营权4877亩，规模流转面积达4477亩（其中转包817亩、出租2610亩、土地入股1450亩），有效解决了当地龙头企业和专业合作组织发展的用地问题。

三、以品牌创建为突破，助农增收致富

按照“宜农则农、宜牧则牧、宜林则林、宜旅则旅”原则，做好效益比选分析，确定农牧业拳头产品，倾力打造“五朵金花+”特色品牌。一是强化品牌打造。通过实施“品牌战略”，以质量求生存，以效益求发展，促进产业和产品提质增效。九龙天乡茶叶“藏红”“藏雪”“金迷”等系列品牌连续多次荣获四川国际茶博会金奖，牦牛、花椒、矿泉水、核桃油等16项产品通过“三品一标”认证，其中培育省名牌产品1个、州知名商标1个、州知名品牌产品3个、无公害农畜产品4个、农产品地理标志登记2个，全县达到无公害农产品产地整体认定的生产基地面积54215亩，“三品一标”农作物种植面积93000亩；“三品一标”农产品产量中粮食19700吨、油料320吨、蔬菜及食用菌52000吨、水果1000吨；“三品一标”林业产品3200吨；“三品一标”出栏肉猪35600头、肉牛8700头、肉羊14000只、肉禽兔58200只。九龙牦牛肉、花椒等系列产品已在川渝两地“家福乐”超市上架，九龙天香茶叶系列产品已打入北京、上海等城市高端市场，九龙品牌收大众喜爱和欢迎。二是拓宽销售渠道。引进成都众合乐创网络科技有限公司、成都宜家食品有限公司等10家农产品营销企业、电商企业，与全县优势农业企业签署合作协议，包装打造销售松茸、牦牛肉、藏香猪、矿泉水、花椒、茶叶等系列本土特色农牧产品。买趣网与瑞祥合作社共同开发并由买趣网独家代理的“蓝瘦”牌山泉水已在川渝两地家乐福超市上架，年销售额预计突破2000万元，与郎呷合作社签订的跑山猪订单金额超过1200万元。同时，为更好解决全县高原特色产品销售问题，通过帮扶地区和单位，从成都引进优势电商企业到全县注册子公司，建设1个县级电子商务服务中心、1个冷链仓储物流配送中心、4个乡（镇）电子商务服务站和20个村级电商服务点，构建了较为完备的电商服务、配送和配套体系，并利用省内对口帮扶优势资源和招商引资平台，在农博会、樱花节、杏花节和“蓉欧”产品展销会上，展示展销特色农牧和旅游产品等，有效提升了全县特色农牧产品知名度。三是突出三产融合。围绕“五朵金花+”特色产业，开展农产品分拣、冷链、包装、营销等商品化处理及精深加工，整合资金2600万元在汤古乡启动高原生态农牧产品加工园区建设，打造高原绿色有机农牧产品精深加工产业集群。同时，加快农旅、农商相融互动进程，抓住全州“国家全域旅游示范区”创建机遇，加快发展“藏彝走廊、秘境九龙”“伍须海游海节”“藏彝走廊大峡谷”等民俗文化旅游景观及休闲观光农业、山地旅游、户外探险等旅游产品，切实促进农产品就地转化为旅游商品。

虽然九龙县在产业发展、产业扶贫方面取得了一些成效，但离州委州政府的要求和人民群众的期盼还有一定差距。在下一步工作中，九龙县将围绕既定的发展思路和工作目标，持续深化农业农村改革，加力推动特色产业发展再上新台阶，促进农牧民群众增收致富，全力确保实现如期脱贫奔康目标。

精准脱贫同步奔康　举全县之力打赢脱贫攻坚战

——对九龙县脱贫攻坚工作现状的思考

九龙县人民政府县长　宋晓军

九龙县位于四川省西部、青藏高原东南缘、甘孜州东南部，地处雅安、凉山、甘孜3市州结合部，是一个以藏、汉、彝等民族为主体的多民族聚居县。全县辖区面积6770平方千米，县城海拔2925米，辖16乡2镇63个行政村2个居委会，总人口6.7万人。作为深度贫困县，共有19个贫困村、80个贫困组，建档立卡贫困人口1905户7040人。

一、脱贫攻坚基本情况

2014年以来，九龙县在州委州政府的正确领导下，以习近平总书记系列重要讲话精神特别是在四川视察时的讲话精神为指导，认真贯彻落实中央和省委、州委关于脱贫攻坚工作的各项决策部署，九龙县委县政府确定了“113”脱贫攻坚思路，即1个总体目标：精准脱贫、率先奔康；1个具体思路：总体谋划，超前实施、补齐短板、聚焦增收；3个结合：重点帮扶与保持全县农（牧）民持续增收相结合、精准扶贫与产业扶持相结合、精准到户与精准到群体相结合。紧紧围绕贫困户“一超六有”、贫困村“一低五有”、贫困县“一低三有”目标，狠抓“六个精准”“五个一批”“六个一帮扶”和22个专项扶贫的落地落实，脱贫攻坚工作取得阶段性成效，已实现8个贫困村退出，减贫1271户、4668人，贫困发生率从2014年年初的10.3%下降至2017年年底的3.5%，全县农村居民年人均可支配收入从2014年的9198元提高到2017年的12587元，年均增长12.28%，交出了脱贫攻坚的九龙答卷。

二、脱贫攻坚主要做法

（一）强化顶层设计，挥好脱贫攻坚“指挥棒”

启动精准扶贫以来，九龙县不断强化顶层设计，做好科学谋划，把脱贫攻坚作为全县“一把手”工程、一号政治任务和最大的责任担当。一是加强组织领导。实行“三级书记”联动抓脱贫攻坚，成立了以县委书记为总指挥，县长为指挥长，县委副书记为常务副组长，各县级干部为副指挥长的脱贫攻坚指挥部，成立了以县委书记、县长为“双组长”的脱贫攻坚领导小组。各乡（镇）和村（社区）也相应成立了以乡（镇）党委书记和村支部书记为组长的领导班子和工作机构，形成了“一级抓一级，层层抓落实”的工作格局。二是科学编制方案。编制完成了《九龙县“十三五”脱贫攻坚规划》，明确了“十三五”工作任务、落实了保障措施，每年度编制了脱贫攻坚实施方案以及扶贫专项的工作计划和减贫计划，明确了年度工作目标任务；针对1905户贫困户实际发展

需求，结合脱贫硬性指标，编制了1905个脱贫方案，做到了“一户一策”。三是健全帮扶机制。37名省、州、县领导以“一对一”或者“多对一”的方式联系帮扶全县19个贫困村；5个省级单位、65个县级单位分别联系帮扶3个贫困村、80个贫困村民小组；选派“第一书记”63名，组建驻村工作组19个，成立农技巡回小组5个，全县1912名干部以“1+N”“N+1”的方式开展结对帮扶，落实了“领导包村、部门驻村、干部包户”的帮扶机制，构建了“横向到边，纵向到底”的脱贫攻坚帮扶体系。

（二）把控重点环节，稳掌脱贫攻坚“方向盘”

按照“一把尺子量到底”的原则，坚持用统一标准做好贫困户的识别和退出工作，不搞双重甚至多重标准，做到程序合理，公平公正，群众信服，社会满意。一是严把贫困入口关。结合省、州贫困户认定标准，全县统一制定了《建档立卡贫困户精准识别流程图》，严格按照农户申请、调查核实、民主评议、村级核实、乡（镇）审核、农户确认等流程认定贫困户，有效防止“富人戴帽、穷人落榜”，识别准确率达到了100%。同时，按照“一户一档”“一户一卡”的要求进行分类建档，做到了“户有卡、村有档、乡有册、县有库”，对扶贫信息系统实行精准动态管理。二是严把脱贫退出关。将国家“两不愁、三保障”标准细化量化为贫困户“一超六有”、贫困村“一低五有”、贫困县“一低三有”的退出标准。贫困户退出时严格按照村民代表大会民主评议、村“两委”和驻村工作组核实、贫困户确认、公示和乡（镇）党委会议研究等程序操作，使脱贫成效得到群众认可，有效防止出现“被脱贫、被退出”，退出准确率达100%。三是严把监督检查关。全县制定了财政涉农资金、扶贫资金管理办法、脱贫攻坚问责办法等一系列管理问责办法，组建了脱贫攻坚面上督导组、片区督导组、责任督查组，定期对各乡（镇）、各部门的脱贫攻坚工作开展情况进行专项督查。全面确保各项脱贫攻坚政策标准不人为扩大、缩水、流失和走样，使政策得到准确高效执行。共核实答复扶贫领域举报线索4件，查处基层微腐败3件。

（三）聚焦关键领域，抓牢脱贫攻坚“牛鼻子”

九龙县始终坚持“民生保障、产业导向、社会帮扶、政策兜底”的思路，因村施策、因户施法，全力推进脱贫攻坚系列措施的落实。一是“修好房子+建致富路”强基础。始终将住房安全作为帮助贫困群众摆脱贫困面貌的一项重要举措，强力推进易地扶贫搬迁、彝家新寨、藏区新居、幸福美丽新村建设，累计投入资金3.5925亿元，完成6973户彝家新寨、3452户藏区新居建设任务，已脱贫的1276户贫困户安全住房保障率达100%。统筹整合2.122亿元财政涉农资金，完成1276户贫困户退出硬件基础设施建设和8个贫困村村级活动室、村卫生室、村幼儿园、通信网络建设，建成通村公路340.8千米，完成无电地区电力建设488千米，解决了5.6万余人饮水安全问题，基础设施的不断完善，进一步破除了发展“瓶颈”，增强了发展后劲。二是“发展产业+培训就业”促增收。全县牢固树立“扶产业就是扶根本”的思路，坚持“输血”与“造血”并重，全面做好产业扶贫文章。大力推广“支部+农户+基地+企业（专合组织）+市场”的产业发展模式，积极引导各乡（镇）、贫困村因地制宜培育特色优势产业，全县建成特色农业产业基地4.2万亩，建成特色林（果）业基地13.21万亩，培育了牦牛、毛驴、花椒、魔芋、核桃、茶叶等一大批地方特色优势产业，“村村有产业”的发展格局逐渐形成。全县种植业覆盖贫困人口3725人，实现增收68.9万元；养殖业覆盖贫困人口3487人，实现增收73.2万元；坚持以特色产业为依托，大力开展茶叶栽培种植、农村实用技术、劳务品牌、黑毛驴养殖等各类技能培训，推动劳务扶贫，累计带动550余名贫困群众实现就业，月增收2500～4500元。同时，整合各类公益性资金490.66万元，在全州率先开发脱贫公益性岗位，帮助全县1312名贫困人口实现了就业脱贫。三是“公共服务+政策兜底”固保障。县财政将财政支出的1/3以上用于民生保障，进一步加大就业、养老、安居、教育、医疗等保障力度，力求给群众带来更多实惠和便利。在全州率先推行十五年免费义务教育，全面免除建档立卡贫困学生高中学杂费，设立了教育救助基金500万元，累计救助贫困学生159人。严格落实医疗保障体系，县财政为全县贫困户按最低档次全额代缴医保，参合（保）率达100%，建档立卡贫困人口在县域内住院，产生医疗费用个人支付比例仅占2.31%，设立了500万元卫生救助资金，受益贫困人口683人。同时，全面实行农村低保和扶贫标准“两线合一”，截至2017年年底，政策脱贫兜底达到1230人。四是“教育引导+建章立制”树新风。投入1800万元建成县、乡、村三级公共文化服务体系，基本实现了“电视村村通、广播村村响、电影月月放、书报天天读”的目标。结合创建国家卫生县城和省级文明城市等活动，定期在全县组织开展家庭清洁卫生评比、邻里团结评比、和睦示范家庭评选等活动，大力倡导移风易俗，摒弃落后观念、铺张浪费等陈规陋习。引导群众开展“三洗两打扫”活动，改变不良生活习惯，养成现代文明的生活方式。针对彝区婚姻彩礼高、丧葬铺张浪费等问题，引导各村把文明举办“婚丧嫁娶”的规定写进村规民约，帮助贫困群众形成“喜事新办、厚养薄葬”的新观念，在物质脱贫的同时实现精神脱贫。2017年，全县成功创建省级“四好村”7个、州级“四好村”19个、县级“四好村”12个。

（四）创新工作方法，巧用脱贫攻坚“助推器”

在不折不扣贯彻落实中央、省、州工作要求的基础上，全县结合实际，开拓思维，大胆创新，着力构建政府、市场、社会“三位一体”的大扶贫格局。一是党建工作助推脱贫攻坚。以整顿软弱涣散党组织为契机，累计选派110名干部到全县各村担任“第一书记”，选派18名干部到各乡（镇）挂任脱贫攻坚专职党委副书记，真正把基层党组织建设成为带领群众脱贫致富的坚强战斗堡垒。按照“鼓口袋先富脑袋”的原则，以63所农民夜校为重要载体，大力培训新时代“有文化、懂技术、会经营、守法纪、讲文明”的新型农民，累计培训群众19万人次。同时，通过在每个贫困村选定一名以上的党员带头人，与贫困党员群众结成帮扶对子，帮助贫困党员掌握实用技术、培育特色产业、提升致富能力，走出了“党员带党员、党员带群众”的脱贫攻坚新路子。二是电商企业助推脱贫攻坚。全县先后引进成都宜家食品有限公司、山东东阿集团、买趣网等10余家农产品营销企业、电商企业与全县优势农业企业签署合作协议，全面包装打造销售松茸、牦牛肉、藏香猪、花椒、茶叶等系列本土特色农（牧）产品，建成了西南第一家毛驴养殖基地和甘孜州第一家梅花鹿养殖基地。截至目前，“蓝瘦”牌山泉水已在川渝两地家乐福超市上架，年销售额预计突破2000万元；跑山猪订单金额超过1200万元，为促进全县农业产业发展、群众增收点燃了动力引擎。三是惠民政策助推脱贫攻坚。2017年出台《九龙县关于加快农业产业发展的意见》，发展各类涉农企业和专合组织近500家，注册资金达65065万元，有农民成员4549人。出台了《九龙县扶持农业产业发展财政奖励办法（暂行）》，累计扶持涉农企业25家、农（牧）民专业合作社414个、家庭农（牧）场12个、种养大户282户，兑现奖补资金580余万元。出台了《九龙县农业产业发展分险基金管理办法（暂行）》，整合1060万元建立农业产业发展分险基金，撬动小额信贷资金6129万元，带动贫困户1301户。四是对口帮扶助推脱贫攻坚。全面深化与东莞

市、成都市青白江区、省煤田地质局等10余家定点帮扶单位的交流合作，先后与西南油气田公司签订了两轮《对口定点扶贫（框架）协议》，与成都市青白江区签订了《对口帮扶五年规划（2017—2021年）》，与四川音乐学院签订《校地教育合作协议》，累计到位各类帮扶资金5000余万元，用于全县教育、卫生、医疗和产业发展等民生事业建设，并积极争取对口帮扶单位在人才、技术、项目上对九龙县的支持，为全县脱贫攻坚工作注入新活力、增添新力量。

三、脱贫攻坚存在的主要问题

在省委、州委的坚强领导下，在省内外帮扶单位的大力支持下，九龙县脱贫攻坚工作取得了一定成效，但也存在一些不容忽视和亟待解决的问题。

（一）群众增收问题突出

九龙县大多数村集体经济培育起步较晚、基础薄弱，合作社发展还处于初级阶段，加之受自然条件、市场需求、劳动力等因素的制约影响，农业产业尚未形成规模，产品品牌影响较小、竞争力不足，仍然处在“提篮小卖”的阶段，尚未体现经济效益，实现长期效益还需一个过程。目前，还不具备持续促进贫困群众增收致富的能力，“造血”功能亟待提升。

（二）县域条件限制

受地理位置、通信网络不发达的影响，与内地联系沟通不畅、信息不对称导致农副产品外运难度大，严重制约农（牧）产业发展。全县地处高山峡谷地带，灾多灾频灾重，基础设施损毁大、重建率高，卫生、教育人才缺乏，城镇化率低，公共服务覆盖难度大。

（三）项目资金缺口较大

一方面，贫困户产业发展资金紧缺，贫困户融资面临“银行贷款难、社会融资贵、政府补贴少”的困境；另一方面，九龙县地广人稀、村少组多，群众居住较为分散，基础设施建设相对周边其他区（县）需要投入更多资金，需要上级下达更多的项目，而现有的扶贫专项资金和项目无法满足全部基础设施建设，县财政面临巨大压力。

（四）脱贫奔康任务艰巨

截至目前，全县还有11个贫困村634户贫困户2372名贫困人口需要脱贫，部分贫困户“等、靠、要”思想仍然存在，自我脱贫的内生动力不足，不愿摘掉贫困“帽子”。同时，随着异地搬迁项目的全面实施，部分群众出现“房屋在山脚，土地在山腰”的情况，产业扶贫难衔接、生产生活难同步、安居乐业难统筹等问题依然存在，影响了扶贫效果。

四、下一步工作的对策措施

九龙县将继续坚持精准扶贫、精准脱贫基本方略，以实施乡村振兴战略为契机，做好“六个精准”“五个一批”“六个一帮扶”和22个专项扶贫项目的落地落实，着重做好以下几个方面的工作。

（一）在产业发展上下功夫

坚持“五朵金花+”特色种养殖业的立体产业发展格局，走现代、高科技、大农业之路，充分利用农业产业发展专项基金，将资金扶持、项目支持、政策扶持等方式相结合，扶优扶强县域龙头企业。采取技术指导、订单种养、保底包销等方式，示范带动“家庭式”特色农业产业。并大力推进多功能农业和三产融合发展，坚持系统化思维、全产业开发，形成一二三产业融合发展的新格局。

（二）在改善民生上下功夫

紧扣贫困户脱贫住房安全问题，按照“五有两分开”标准进行全面筛查，整合资金对不达标住房进行全面新建提升。全面落实“三免一补”惠民政策，用好教育扶贫救助基金，完善控辍保学机制，确保贫困家庭学生不因贫辍学，从根本上阻断贫困代际传递。深化健康扶贫“五大行动”，继续用好医疗扶贫救助基金，确保贫困户县域内就医自费费用不超过5%；大力整合教育、卫生等资源，加快完善公共服务体系，着力解决服务群众“最后一公里”问题。

（三）在促农增收上下功夫

坚持双向融入、共赢发展，完善“企业+贫困户”“专合社+贫困户”“种养殖大户+贫困户”等利益联结机制，引导贫困群众通过入社务工、股权量化、效益分成等渠道实现脱贫增收。扩大公益性岗位的覆盖面，确保有劳动能力贫困户户均拥有1个公益性岗位。大力实施“电商+扶贫”，借力众和乐创等电商平台积极开展销售推介活动，打开全县原生态农副产品向内地销售渠道，切实提高九龙县农产品对市场的辐射能力和渗透能力。

（四）在监督管理上下功夫

进一步加强对社会扶贫资金的统筹使用、监督指导、跟踪问效，提高扶贫资金使用效率。强化资金使用和监管主体责任，强化对驻村工作队、“第一书记”的监督。推行阳光公示制度，严格执纪问责，严肃查处违规违纪行为。加强脱贫攻坚一线干部队伍管理，进一步加强培训，提高“第一书记”、驻村工作队员的政策水平和工作能力，对不合格的“第一书记”、工作队员及时召回撤换。

下一步，全县将上下一心、众志成城、“撸起袖子加油干”，切实把中央和省委对藏区发展的深切关怀和巨大支持转化为推进脱贫攻坚的强大力量，举全县之力向剩余的634户贫困户2372名贫困人口11个贫困村发起脱贫总攻，确保实现全县整体“摘帽”目标。

加快县域经济发展　助力脱贫攻坚

白玉县人民政府县长　阿央邓珠

县域经济是统筹城乡经济社会发展的基本单位，是国民经济的重要基础，其强弱直接影响着脱贫攻坚的成败。近年来，白玉县在州委州政府的坚强领导下，深入贯彻党的十九大精神，不忘初心，牢记使命，紧紧围绕中央治藏方略、省委藏区工作思路和州委“1236”总布局，因地制宜，综合施策，攻坚克难，确保县域经济取得长足发展，民生民计得到大幅改善，社会局势持续和谐稳定。然而，在当前全州进入决战贫困、决胜小康的关键时期，白玉县现有经济发展水平和经济总量还难以满足脱贫攻坚的需要。对此，通过深入调研和分析研判，对全县经济发展现状、存在问题及对策建议形成以下专题调研报告。

一、认清“四重短板”，找准全县脱贫攻坚的难点

四川藏区是连接内地和西藏的桥梁纽带，历史上更是民族融合的走廊和稳藏治藏的依托。其地处川、甘、青3省交界地区，受地理位置和历史因素影响，社会发育滞后、公共服务不足、宗教氛围浓厚、矛盾纠纷突出、涉稳案件多发，是达赖集团渗透活动区、不稳定事件多发区、经济社会发展滞后区、生态环境脆弱区、基层工作薄弱区和反分裂斗争的关键区。白玉县作为其中地处极为偏远的边缘县之一，距州府

康定县622千米、省会成都市998千米，西隔金沙江与西藏自治区贡觉县、江达县两县相望，具有高原藏区深度贫困县典型的“四重特征”：

一是典型的经济弱县。受特殊的历史、区位、自然等因素影响，全县优势产业、支柱产业和特色产业培育壮大难度很大。特别是，工业基础薄弱，中小企业量小质弱，市场主体缺乏，除优势矿业拉动外，旅游、农牧、中藏药等产业发展成效不明显。全县地区生产总值完成11.04亿元，增速为6.2%，全州排名第五位；工业增加值完成4.25亿元，增速为4.2%，全州排名第五位；全社会固定资产投资完成13.28亿元，增速为31.5%，全州排名第十一位；地方公共财政收入完成1.76亿元，增速为22.1%，全州排名第四位；全社会消费品零售总额完成2.7亿元，增速为13%；城镇居民人均可支配收入完成24884元，增速为8.9%，全州排名第十三位；农村居民人均可支配收入完成9173元，增速为11.6%，全州排名第七位。全县经济总体虽排全州第五位，但在全省排名靠后。

二是典型的基础薄弱县。全县辖4区17乡（镇）1个寺庙管理局3个寺庙管理委员会156个行政村，辖区面积10591平方千米。以交通为主的基础设施条件较差，群众住房难、行路难、用电难、饮水难、通讯难、就医难、上学难、增收难等民生问题仍比较突出。截至目前，全县仍有5个乡不通油路，76个村不通硬化路；16个村465户用电困难，21个村不通通信信号；10个村无卫生室、96个村卫生室未达到标准化建设；143个村未建标准文化活动室，154个村接收不到州县电视节目；7所乡（镇）中心学校未达到标准化建设，5所学校未通宽带网络。

三是典型的贫困大县。由于受特殊的区位劣势和基础设施短板制约，广大群众与外界交流交往交融少，受传统观念、教育水平等因素影响，广大群众思发展、谋发展的意识不强，特别是藏区群众受宗教信仰影响，注重修来世、轻今生和小富即安的思想，脱贫奔康的内生动力不足。同时，因社会发育程度低、各类社会矛盾交织叠加，一定程度上影响经济发展，以致全县贫困点多、面广、程度深。目前，仍有69个贫困村1736户贫困户7426名建档立卡贫困人口亟待脱贫。

四是典型的维稳重县。白玉寺多僧众、纠纷多、隐患多，维稳任务繁重。全县有藏传佛教寺庙35座，众所周知，藏区的维稳重点在寺庙，寺庙稳则藏区稳。受地理位置、自然条件和历史因素影响，全县社会发育程度低、宗教氛围浓厚、维稳任务繁重，各类社会矛盾交织叠加，矛盾纠纷易发多发，群体利益诉求日趋多样化，征地拆迁问题等社会矛盾日益凸显；因民间借贷、民间调解、资源纠纷等问题引发的不稳定因素时有发生，一定程度上加大了社会治理难度，良好法治环境建设还需加力。

对此，全县准确把握党的十九大报告主题，自觉贯穿到推动改革发展和社会主义现代建设的各方面全过程。按照中央“依法治藏、富民兴藏、长期建藏、凝聚人心、夯实基础”的治藏方略，省委“标本兼治、长短结合、综合施策、凝聚人心、统筹抓好发展民生稳定三件大事”的藏区工作总体思路，以及州委“1236”总体布局，改善以上四个典型短板制约，始终坚持以脱贫攻坚为统揽，把县域经济发展作为解决白玉县一切问题和短板的核心，坚定不移地把经济建设摆在第一位，牢固树立科学发展意识，举全县之力推动经济社会发展，切实用发展来破解经济障碍、民生短板和稳定难题，促进社会和谐。

二、抓住“四大优势”，把握脱贫攻坚的经济发展支撑

白玉县人口密度极低，平均每平方千米仅5人，在广袤的土地上，有林有草、有水有矿、有农有牧、有人文历史、有神秘宗教，同时有以下四大优势：

一是生态文化资源丰富。县境内有森林面积25万公顷，森林覆盖率41.38%，活立木蓄积量4057万立方米，居全省第二位，全县有察青松多国家级自然保护区、拉扰措国家级湿地公园、沙鲁里山国家级森林公园、火龙沟省级自然保护区和博麦山省级森林公园，生态旅游资源十分丰富。同时，民族文化底蕴厚重，有国家级非物质文化遗产河坡民族手工艺、山岩父系氏族文化、手指锅庄、灯龙锅庄等独特文化旅游资源丰富多彩，境内还有嘎托寺、白玉寺和亚青寺等修行朝拜圣地，享誉中外。

二是电矿资源优势突出。全县有大小河流230条，总长达3609千米，其中金沙江上游川藏（白玉）段流经5个乡（镇），流长达181千米，水能理论蕴藏量470万千瓦以上，可开发利用量达383万千瓦，由中国华电集团投资开发的叶巴滩电站（装机228万千瓦）和波罗电站（装机96万千瓦）均在该河段，其中动态总投资达400亿元的叶巴滩水电站，已于2016年11月获得国家发展改革委核准，波罗电站取得国家发展改革委“路条”。县内探明以金、银、铜、铅、锌为主的矿类达36种，具有开发前景的矿点159处，因储量大、矿种多特征而被誉为金沙江、澜沧江和怒江三江成矿带上的“多金属王国”。其中，呷村银多金属矿储量较大，该矿于2007年投产，累计生产原矿285万吨，成为推动地方经济发展的重大支柱。

三是特色农牧业优势突出。在畜牧业方面，作为全州五大牧业县之一，畜牧资源丰富，全县牦牛存栏40余万头，昌台牦牛通过国家畜禽遗传资源委员会现场鉴定，有藏鸡、藏香猪、藏系绵羊、黑山羊等原生态特色畜牧品种。在农业方面，有耕地面积83792亩，主产高原生态青稞、芫根、萝卜、藏小麦、紫皮马铃薯等特色农副产品；在林下资源方面，有丰富的松茸、虎掌菌、白菌、灵芝等纯天然野生菌类以及虫草、贝母等名优野生中草药材640余种。

四是中藏药业优势突出。白玉县作为首批国家级非物质文化遗产南派藏医药的发祥地之一，有二甲级藏医院和藏药标准化制剂室。采取“公司+合作社+农户”模式，建立有波棱瓜、大黄、藏木香、俄色等中藏药材GMP种植基地420亩，仅2016年中藏药产业收益达600余万元，实现当地群众人均每年增收1000元。目前，正加快推进藏药产品临床应用基础研发、中藏医药传统古方与新药结合产品研发以及与院校合作临床试验，并积极申报胃舒胶囊国药准字号。

三、围绕“五大抓手”，切实加快经济发展助推脱贫攻坚

面对繁重的维稳任务、薄弱的发展基础、边远的区位劣势与丰富的资源禀赋之间的矛盾，要摘下“住在金山上的穷人”这顶帽子，把资源优势转变为产业优势，把政策优势转变为经济优势，需要始终坚持在认清形势中坚定发展方向，在以下六个方面齐发力。

（一）坚持以新发展理念为引领，坚定发展思路不动摇

深入贯彻落实党的十九大精神和习近平总书记新理念新思想，坚持稳中求进工作总基调，深化供给侧结构性改革，深入实施创新驱动发展战略，持续深化改革、扩大开放，着力破解发展难题、增强发展内生动力，努力实现更高质量、更有效率、更加公平、更可持续的发展。要抢抓机遇，用好用活中央和省委支持藏区经济社会发展和长治久安的系列政策，牢牢把握中央“四个全面”战略布局和“五大发展”理念，按照省委藏区工作思路，围绕州委州政府“1236”总布局，集众智、汇众策、聚众力，坚定“12384”经济社会发展思路不动摇，即紧扣脱贫攻坚“一条主线”，围绕同步全面建成小康社会和实现长治久安“两个目

标”,抓好发展、民生、稳定“三件大事”,大力实施脱贫攻坚、依法治县、交通先行、工业强县、产业富民、城乡提升、生态文明建设、教育优先发展“八大战略”,推进全州生态经济示范县、美丽城乡示范县、全省生态保护示范县、民族团结示范县“四个示范县建设”,全面构建美丽生态和谐小康新白玉。

(二)坚持以改革创新为先导,着力推动白玉加快发展

一要不断解放思想。要有海纳百川的胸襟,自我革命的勇气,清除封闭的思维定式和落后的行为习惯,发扬敢为人先的精神,敢于“跳出白玉看白玉”“跳出框框破禁锢”来谋划发展,闯出一条创新机制体制、激发动力活力的路子。二要全力改善发展基础,大力实施交通先行战略,紧抓“新一轮甘推”契机,加快岗白路提档升级,加快国道215线、省道458线、省道314线等过境干线前期工作进度,加快实现通乡油路、通村通寺硬化路全覆盖,切实构建安全通畅、便捷高效的县、乡、村、寺四级交通运输网络。同时,要加快推进水、电、通信、广播电视等基础设施建设,着力破解全县发展的瓶颈制约。三要创新产业发展新途径,深入挖掘中央、省支持深度贫困县脱贫攻坚系列政策机遇,探索“互联网+”“龙头企业+”“旅游+”等模式,将白玉县优势资源与内地大市场相融合,切实打造一批有市场化、前瞻性的持续助民增收的特色支柱产业。稳妥、环保推进叶巴滩水电站、拉哇电站、波罗电站和呷村矿、夏囊沟等资源开发,进一步巩固县域经济发展的核心支撑。四要扩大对外开放,加快推进农业农村、财税金融、社会事业等重点领域和关键环节改革,丰富政企合作方式,用好用活对口支援和东西扶贫协作政策,巩固深化对口支援成果,不断深化、拓展、释放改革红利。

(三)坚持以脱贫攻坚为统揽,着力普惠新时代改革发展成果

秉承“锻刀”精神,下足“绣花”功夫,大力实施脱贫攻坚战略,紧盯“两不愁、三保障”“四个好”和“两精准一满意”,促进民生改善、推动社会事业发展,在确保2019年实现81个贫困村退出、2657户贫困户、12438名贫困人口如期脱贫的前提下,使群众共享发展成果,切实增强群众获得感和幸福感。一要大力推进基础设施建设,围绕“一超六有”“一低五有”的标准,加快贫困村水、电、路、通信、“三室一园”等基础设施建设,大力推进住房新建、危房改造以及易地扶贫搬迁,真正让贫困群众“住上安全房、走上硬化路、喝上干净水、用上稳定电、搭上互联网”。二要大力推进产业扶贫,要立足各类优势资源,用好用活各村产业发展基金,通过建立种养殖合作社、民居接待示范点,发展电商产业等举措,确保扶持贫困村产业市场化、科学化、效益化。加强就业技能培训,实现“村村有集体经济、户户有增收渠道、人人有一技之长”。三要大力实施就业扶贫,加大财政投入,整合村级运行经费,开发“村五员”公益性岗位,持续开展贫困人口就业、创业技能培训,依托县内企业、施工单位加大劳务输出力度,确保每个贫困家庭至少有一人稳定就业,努力实现“就业一人、脱贫一户”的目标。四要大力实施教育扶贫,深入实施教育优先发展战略,全面落实“三免一补”、资助教育等惠民惠教政策,落实控辍保学责任,加大从农牧民子女中定向培养大中专学生工作力度,加快教育基础设施和师资队伍建设,全面提高教育水平,创建藏区一流教育,斩断贫困代际传递。五要大力实施健康扶贫,深入开展“健康白玉2030”行动,落实“十免四补助”、基本医疗卫生服务“8个100%”等政策措施,加快县、乡、村三级医疗基础设施提档升级,加大医疗卫生队伍招录、培养力度,努力为群众提供全面、高质量的卫生与健康服务。六要大力构筑社会保障体系,大力推进扶贫线与低保线“两线合一”,全面推进社会民生事业发展,逐步实现基本养老保险、基本医疗保险全覆盖,在幼有所育、学有所教、劳有所得、病有所医、老有所养、住有所居、弱有所扶等方面持续取得新进展,逐步建成覆盖全面、城乡统筹、权责清晰、保障适度、可持续的多层次社会保障体系,不断增强人民群众的幸福感、获得感、安全感。

(四)坚持以乡村振兴战略为引领,着力打造金沙江畔的璀璨明珠

解决“三农”问题是全党工作的重中之重。全县坚持农业农村优先发展,按照产业兴旺、生态宜居、乡风文明、治理有效、生活富裕的总体要求,围绕“雪山湖泊交相辉映、日光照耀洁白如玉”的城乡发展定位,大力实施乡村振兴战略和城乡提升战略,建设“全州最美”县城。一要围绕“产业兴旺、生活富裕”实施产业富民战略,着力构建“两轴四片六基地”产业格局,大力发展生态农牧业、中(藏)药产业、民族文化特色产业,争取引进龙头企业,提高产业规模化、市场化水平。着眼市场带动,打通内外产品输送营销链条,力争打响白玉品牌。二要围绕“生态宜居”实施城乡提升战略,要按照规划水平、配套能力、承载能力、吸附能力、风貌特色、城乡管理、文明素养“七个提升”和“七管齐下、四态合一”要求,不断优化城乡规划,提高建设水平,打造特色风貌,切实“做强县城、做优乡(镇)、做美村寨”。三要围绕“乡风文明、治理有效”提升乡村文明,以“推动移风易俗、树立文明乡风”为主题,持续深入实施“除陋习·树新风”活动,加快“四好村”创建工作,大力整治铺张浪费、炫富攀比、封建迷信等陋习,推动乡风民风逐步转变。全面落实乡村依法治理要求,不断完善乡村治理体系,培养群众法治观念,提升乡村治理水平。

(五)坚持以加强生态文明建设为引领,着力建设生态文明示范县

牢固树立“绿水青山就是金山银山”的发展理念,坚定不移走生态优先、绿色发展之路,大力实施生态文明建设战略,切实建设天蓝地绿、山青水清的绿色生态白玉。实现生态产业体系更加成熟、生态文明制度更加健全。一要加强生态环境保护,严格落实保护耕地、扩大轮作休耕试点、健全耕地草原森林河流湖泊休养制度,完成生态保护红线、永久基本农田、城镇开发边界三条控制线划定工作,建立市场化、多元化生态补偿机制;强化环保督查问题整改,全面落实河长制,持续加力依法推进砂石资源规范管理,切实打好大气、水、土壤污染防治“三大战役”,全力建设长江上游生态屏障。二要实施大规模绿化行动,有序推进“山植树、路种花(树、草)、河变湖(湿地)”工程,推进察青松多、沙鲁里、博麦山、火龙沟等自然保护区建设规范化、管理信息化,维护生物多样性保护功能。三要大力发展绿色生态经济,将生态理念贯穿产业发展始终,努力实现生态资源优势向生态产业、生态经济优势转化,打造高产生态农业示范带,加快形成“山顶戴帽子、山腰挣票子、山下饱肚子”的立体生态格局。

(六)坚持依法治县不动摇,着力构筑法制昌明的和谐白玉

大力实施依法治县战略,不断深化司法体制改革,切实提升依法治理能力和治理体系现代化水平,在将各方面工作纳入法治化轨道的进程中,推进严格执法、公正司法、全民守法,全力创建“法治白玉”。一要厉行法治,积极推动深入普法、严格执法、公正司法、全民守法,加快构建“办事依法、遇事找法、解决问题用法、化解矛盾靠法”的法治良序。二要深入普法,坚持“谁执法、谁普法”的原则,以“法律七进”活动为抓手,执法部门结合部门职能做好普法执法工作,确保实现普法教育全覆盖、普法实效常态化,实现家喻户晓、寺喻僧晓、人人皆知。各执法单位、公职人员要带头遵法学法守法用法,任何组织和个人都不得有超越宪法法律的特权,决不允许以言代法、以权压法、逐利违法、

徇私枉法。三要推进藏区依法常态化治理,全面深化“网格化”服务管理,健全完善社会治安防控体系,推进多元化矛盾纠纷调处化解,深化巩固“九项整治行动”成果,严厉打击各类违法犯罪活动;加强社会治理制度建设,提高社会治理社会化、法治化、智能化、专业化水平。四要依法加强宗教管理,全面贯彻党的宗教工作基本方针,始终把寺庙依法规范管理作为维稳工作的“牛鼻子”,深化寺庙分类管理达标升级,扎实抓好宗教界代表人士教育培养,积极引导宗教与社会主义社会相适应;依法依规开展亚青寺宣讲整治活动,确保2018年实现“留寺人员控制在5000人、僧房5500间,人房大体相当”的目标。

四、突出“三个支撑”,为县域经济发展强定力

(一)招商引资支撑是关键

立足资源优势,依托投资拉动、招商引资、对口支援等平台,加强与对口帮扶单位和援助地对接联系,坚持以援建项目建设为重点,以产业发展为关键,以市场培育和引进企业为核心,以智力帮扶和党建援助为保障,争取在市场、项目、技术、资金上得到更大的支持。

(二)社会环境支撑是基础

全面实施依法治县战略,深入开展反分维稳行动,全力确保社会和谐稳定。加强治安综合防控体系建设,强力开展打黑除恶、缉枪治爆、非法民间借贷等专项行动,严厉打击各类违法犯罪行为,切实维护人民群众生命财产安全,营造良好的投资发展环境。

(三)人才智力支撑是保障

依托对口帮扶平台,实施人才培养培训工程。按照“突出重点对象,拓宽培训渠道,提升培训层次,保证培训质量”的原则,五年内安排1550名党政、财务、卫生、教育等方面人才开展对口培训,有效提高综合能力和专业素质。优化全县人才结构,解决量小质弱现状。同时,大力推进义务教育均衡发展,改善本地群众文化程度,从长远培养人才。

大力实施乡村振兴战略　奋力开创凉山“三农”全面发展新局面

中共凉山彝族自治州农村工作领导小组办公室主任　熊帷茗

凉山州作为全国“三区三州”深度贫困地区之一,如何立足州情农情,抢抓历史机遇,以更大的决心、更明确的目标、更有力的举措实施乡村振兴战略,奋力开创凉山州“三农”全面发展新局面,是全州必须面对的重大课题。

一、认清形势,提高站位,切实增强实施乡村振兴战略的责任感、紧迫感、使命感

实施乡村振兴战略,凉山州具有坚实的基础。党的十八大以来,全州全面贯彻落实中央国务院、省委省政府决策部署,把“三农”工作作为重中之重,围绕农业增效、农民增收、农村增绿下功夫、求实效,全州农业农村改革发展取得重大成就。2017年,全州累计培育各类新型经营主体13429个,创建省级以上品牌商标276个,建成新村新寨3644个,创建县级及以上“四好村”3198个,全州粮食实现“十五连增”,农村居民收入实现“十五连快”,55万名贫困人口实现稳定脱贫,农业供给侧结构性改革成效明显,农村基本公共服务不断加强,农村社会保持和谐稳定,群众获得感、幸福感显著增强,为实施乡村振兴战略奠定了坚实基础。

实施乡村振兴战略,凉山州必须立足现实条件。全州农业农村发展虽然实现了长足进步,但基础差、底子薄的现状没有得到根本改变,发展不平衡不充分的问题尤为突出。农业基础薄弱、主体带动弱、产业链条短、经营效益低,农村社会事业发展滞后、基础设施历史欠账大、公共服务供给不足、人居环境还需持续改善,农民自身素质偏低、增收渠道狭窄、总体收入较低,尚有49.1万名贫困人口未脱贫、1118个贫困村未退出,脱贫奔康任务艰巨。凉山州实施乡村振兴战略,摆脱贫困是前提,实施安宁河流域6县(市)率先振兴,11个国家贫困县先脱贫奔康再加快赶超,确保到2050年全州同步实现乡村全面振兴。

实施乡村振兴战略,凉山州必须抢抓历史机遇。对于全州而言,全面建成小康社会、实现乡村全面振兴的突出短板、大头重头和基础关键都在“三农”。党的十九大提出实施乡村振兴战略,中央、省委、州委农村工作会议和“一号文件”进行了具体安排部署。春节前夕,中共中央总书记习近平到四川省视察调研时,就抓好凉山州精准脱贫攻坚、特色产业发展等作出一系列重要指示。4月2日—3日,省委书记彭清华到凉山州调研时,就凉山州发展现代特色农业和旅游业作出重要指示。这一系列重要指示和决策部署,为全州打赢深度贫困精准脱贫硬仗、改写长期贫穷落后历史、推动乡村振兴发展带来了千载难逢的战略机遇、指明了前进方向、提供了根本遵循、注入了强大动力,全州上下抢抓历史机遇,强力攻坚克难,大力实施乡村振兴战略,加快建设美丽幸福文明和谐新凉山。

二、聚焦关键,攻坚克难,奋力开创凉山“三农”全面发展新局面

(一)以摆脱贫困为前提,着力打好精准脱贫攻坚战

对凉山州来说,实施乡村振兴战略的第一场战役就是要全面打赢脱贫攻坚战。必须把产业扶贫摆在更加重要位置。大力发展“果薯蔬草药”“1+X”等富民产业,打造一批优质农产品品牌,建立扶贫产品销售专门渠道,大力实施“以购代捐”活动,加大贫困劳动力转移输出力度,实现贫困户户均有一项以上致富产业、一人以上务工就业。必须充分激发贫困群众内生动力。坚持扶贫与扶志扶智相结合,深化“四好”村、“四好”文明家庭创建,发挥好农民夜校作用,推进新型农民素质提升工程,完善脱贫奔康激励机制,教育引导群众依靠勤劳双手创造幸福美好生活。必须持续巩固提升脱贫成果。坚持治愚、治毒、治病治超生“四治”并举,扎实抓好脱贫攻坚“回头看”“回头帮”,建立健全稳定脱贫长效机制,切实巩固脱贫成效和质量,确保到2020年全面同步建成小康社会。

(二)以产业兴旺为重点,加快推进乡村经济建设

坚持质量兴农、绿色兴农,以建基地、创品牌、搞加工为重点,构建现代农业产业链,推动农村一二三产业融合发展,不断提升农业质量和效益。着力建基地。争取建立10亿元以上州级产业发展基金,坚持适度规模经营发展方向,进一步优化区域、品种和品质结构,抓好会理县、盐源县等一批现代农林牧业重点示范县以及昭觉县、布拖县百里产业扶贫示范带建设,巩固提升烟、桑、畜等传统优势产业,规模化发展“1+X”生态林业和“果薯蔬草药”农牧产业,加快建成全国重要的烟草、花卉、草食畜等10大特色优质农产品基地。着力创品牌。深入推进“大凉山”特色农产品品牌建设战略,按5万～100万元不等标准重奖创建国家、省级著名品牌经营主体,加强农产品质量追溯体系建

设，把凉烟、凉薯、凉荞、凉果、凉药、凉油、凉畜等知名品牌铸造成金字招牌，全力开展好西博会、四川农博会等展示展销活动，逐步拓展京津冀、长三角、珠三角、西南片区宣传体验推介展销渠道，力争将“大凉山”特色农产品品牌打造成为中国100个最具影响力的农业品牌之一，实现品牌价值达200亿元以上。着力搞加工。深入实施“龙头企业排头兵”工程，大力推广“龙头企业+合作社+家庭农场+农户”等发展模式，对示范带动强的新型经营主体加大奖补扶持力度，大力推进农产品初加工和精深加工，大力培育“农文旅”等新产业新业态，加快西昌县、昭觉县农产品加工冷链物流园区和12个现代农业产业融合示范园区建设，争取建成成都·大凉山农产品加工贸易园区，构建粮食、烟叶、茧丝、果蔬、畜禽等10大农产品加工产业集群，力争到2020年全州农产品综合加工率达75%以上，实现销售收入突破400亿元。

（三）以生态宜居为关键，加快推进乡村生态文明建设

大力推进乡村生产清洁、家园清洁、生态清洁建设，将乡村建成环境秀美、生态优美、乡村和美的幸福美丽家园。大力改善乡村生产环境。遵循乡村自身发展规律，优化发展空间布局，推广“小规模、组团式、微田园、生态化”建设模式，统筹推进“业兴、家富、人和、村美”新村建设，力争到2020年将全州60%以上的行政村建成幸福美丽新村。大力改善乡村生活环境。强力推进“三建四改五洗”，加快推进农村土坯房改造、入组入户路、道路安保工程、“厕所革命”、农业面源污染整治、乡村污水和垃圾处理设施建设，落实乡村清洁员、垃圾管理员，加快解决部分彝区藏区人畜混居、无厕所、环境脏乱差等问题，推动清洁乡村、美丽田园、幸福家园建设。大力改善乡村生态环境。统筹推进山水林田湖草综合治理，深入实施大规模“绿化凉山”行动，持续打好污染防治“三大战役”，全面推进州、县、乡、村四级河长制落实，扎实抓好12个国家重点生态功能区（县）建设，积极推进“生态细胞”创建工作，保护好绿水青山，实现“天蓝、水清、地绿、景美”。

（四）以乡风文明为保障，加快推进乡村文化建设

坚持物质文明、精神文明一起抓，提升群众精神风貌，提高乡村文明程度。弘扬社会主义核心价值观。启动新一轮全国、省级文明城市创建工作，深入开展感恩教育、文明乡村创建、“四好”创建、家风建设等活动，引导群众移风易俗，遏制高额彩礼、铺张浪费、封建迷信等陈规陋习，大力塑造文明乡风、良好家风、淳朴民风。传承农村优秀传统文化。加大对传统村落、乡土建筑、民族特色、民俗活动的传承保护力度，加快“藏羌彝文化产业走廊”、非遗传习基地、大凉山文化创意产业园、彝族服饰产业园建设，加大对摩梭家园等民族村寨的保护力度，打造提升文昌故里等特色文化产业聚集区，推动民族文化产业发展。增加农村优质文化供给。加快村文化室、民俗文化坝子等公共文化设施建设，深入实施“千村文化扶贫”行动，办好民族文化艺术节，积极推动科普和文化下乡，广泛开展群众性文化活动，切实增加农村优质文化供给。

（五）以治理有效为基础，着力加强农村基层基础

深化“筑底强基·凝聚民心”工程，全面强化农村基层党组织领导核心地位，不断推进乡村治理能力现代化，使农村社会既充满活力又和谐稳定。大力推进村民自治。探索开展村民自治试点，制定完善村规民约，探索建立理事会、监事会等自治组织载体，实行“四议两公开一监督”，不断健全农村基层民主选举、协商、决策、管理、监督机制，提升村民自治水平。深入推进依法治村。扎实推进“法律七进”，完善农村社会治安防控体系，加强网格化服务管理，推行村级小微权力清单制度，严厉打击农村黑恶势力、宗族恶势力和黄赌毒盗拐骗等违法犯罪行为，不断提升群众安全感。探索建立德治体系。深入实施公民道德建设工程，加强社会信用体系建设，建立联合激励和惩戒机制，开展建村标、立家风、讲家训等活动，推进乡村诚信文化建设，引导群众爱党爱国、向上向善、孝老爱亲、重义守信、勤俭持家。

（六）以生活富裕为根本，加快推进乡村社会建设

顺应人民对美好生活的新期待，着力解决群众最关心最直接最现实的利益问题。持续拓宽增收渠道。统筹推进农村各项改革，坚持和完善农村基本经营制度，加快推进集体经济“三变”发展模式，推进现代农业产业化发展，大力发展“农文旅”“农业+电商”“农业+文创”等农业新产业新业态，多渠道增加群众收入。持续提高务工收入。深化“佛山—凉山”东西部劳务协作，加强动员宣传、组织对接、技能培训、服务维权等工作，提升劳务品牌，扩大输出数量，力争到2020年实现转移人口、务工收入达“两个两百”目标，助推农村居民收入保持两位数以上增长，增幅高于全国全省平均水平、高于城镇居民收入。持续强化社会保障。加快推进城乡基础设施建设管理运营一体化，办好人民满意教育，提高医疗卫生服务水平，织牢织密兜底保障网，办好各项民生实事，实现城乡基本公共服务均等化，不断提升全州各族人民的获得感、幸福感、安全感。

三、加强领导，强化保障，聚合一切资源力量推动乡村振兴战略落地落实

（一）健全党对农村工作的领导体制机制

健全党委统一领导、政府负责、党委农村工作部门统筹协调的领导体制机制，实行州负总责、县（市）抓落实的乡村振兴战略工作机制，发挥县（市）委书记“一线总指挥”作用，压实党政一把手“第一责任人”责任，形成州、县、乡、村四级书记抓乡村振兴的工作格局，做好“三农”工作机构设置和职能优化配置，积极推行县级党委分管负责同志兼任同级党委农村工作部门负责人制度。

（二）科学编制乡村振兴战略规划

坚持规划先行、规划引领，州级统筹编制全州乡村振兴战略总体规划（2018—2022年），各县（市）统筹制定与《国民经济社会发展五年规划》相对应的县域、乡、村振兴规划，形成城乡融合、区域一体、多规合一的规划体系，着力在产业聚集、功能定位上形成错位发展、优势互补、分工协作、全面提升的发展格局。强化规划编制考核、审批、执行监管，以科学规划引领乡村振兴。坚持实事求是、因地制宜，探索建立乡村振兴试点乡（镇）、村的指标体系，分阶段、分步骤、分线分类推进乡村振兴，在平坝、丘陵、二半山、高山地区总结乡村振兴的不同模式，形成和推广一批典型先进模式，示范带动全州乡村振兴。

（三）强化资金等资源要素保障

加大统筹整合使用财政涉农资金力度，全面拓宽资金筹措渠道，加快形成财政优先保障、金融重点倾斜、社会积极参与、群众主动投入的乡村振兴多元投入格局。公共财政要向“三农”重点倾斜，逐步解决基础设施、公共服务等领域欠账问题；积极引导金融机构加大对“三农”工作重点领域和薄弱环节的支持力度；要激发民间投资活力，引导更多社会资本投向乡村振兴领域；要发挥好群众主体作用，引导群众自筹资金投入乡村振兴；争取设立州级乡村振兴专项基金，多措并举破解乡村振兴资金短缺问题。加大乡村振兴用地保障、新增建设用地计划指标争取、高标准农田建设、村庄整治、宅基地和农村空闲建设用地整理，优先满足农业农村发展用地需求。创新土地收益分配机制，

通过土地占补平衡、易地交易，实现集体建设用地入市同地同权同价，盘活闲置农房、宅基地和集体建设用地等资源要素。

（四）加强“三农”工作人才队伍建设

完善创业就业政策扶持体系，推进“千名英才·智汇凉山”行动，组织专家到乡村开展智力服务，积极引导教育、卫生、农业等专业人才向乡村振兴事业集聚，大力支持高校毕业生、退伍军人、农民工等人才返乡创业创新。大力培养新型职业农民，开展致富带头人培训，积极挖掘培养“土专家”“田秀才”。探索大专院校定向培养农技员及“乡管村用”统筹使用制度，逐步实现“一村一农技员”全覆盖，重点负责领办创办新型经营主体，作为农村新型经营主体、职业农民、发展致富带头人。不断拓宽县、乡、村“三农”干部来源渠道，加强“三农”干部队伍的培养、配备、管理和使用，全面提升各级“三农”干部工作能力，注重提拔使用实绩优秀的“三农”干部，形成人才向农村一线流动的导向，打造一支“规模大、留得住、能战斗、带不走”的乡村人才队伍。

聚焦“两不愁、三保障” 凝聚各方力量 确保木里藏区在脱贫攻坚工作中不掉队

中共木里藏族自治县委书记 张振国

按照“大学习大讨论大调研”活动要求，紧扣习近平新时代中国特色社会主义思想、习近平总书记对四川工作的“十个指明”，围绕省委书记彭清华提出的“六个重大问题”，聚焦木里藏区如何稳定实现“两不愁、三保障”、如期脱贫“摘帽”，在深入乔瓦片区、雅砻江片区14个乡（镇）42个村实地察看、与乡村干部群众深入交流、强化主观感受、掌握第一手资料的基础上，结合现有脱贫攻坚情况，5个典型乡（镇）和7个重点部门的调查问卷，省、州、县近期督导检查反馈问题，综合运用整体研判重点剖析法、纵向横向比较法、分类归类法、定性定量分析法，对当前木里县脱贫攻坚工作现状、面临的形势、存在的问题进行调查研究，找准问题痼疾、提出对策措施、优化工作思路，解决好“怎么看、怎么抓、怎么干”的问题，推动精准扶贫精准脱贫有力有序推进、取得高质量成效。

一、分析现状：成效明显，转型迫切

通过纵向比较研究，总体来看，全县脱贫攻坚是最大的政治任务、最大的民生、最大的发展机遇思想共识进一步增强，工作重心、资金资源、队伍力量最大程度向脱贫攻坚聚焦，“四梁八柱”制度机制基本建立，各项工作全速推进，攻坚形势由被动转为主动，已实现45个贫困村退出、3761户贫困户17187名贫困人口脱贫，工作力度强度、资金投入规模、影响广度深度均超过木里县历史水平，精准扶贫各项工作逐步实现零的突破。

工作运转机制不断优化。建立并实时调整充实囊括41名县级领导、46名部门主要负责人的脱贫攻坚领导小组、脱贫攻坚指挥部，健全覆盖综合协调、建房修路、督查检查等工作的指挥部办公室、27个工作组，具体分管县级领导增至5名，新增5名基层经验丰富的正科级干部参与精准扶贫，“谁指挥”进一步明确强化。选优配强“五个一”帮扶，累计派出帮扶力量759名，目前在岗459名，实现97个贫困村“五个一”全覆盖，16个非贫困村“第一书记”、农技员全覆盖，“五个一”帮扶力量与乡（镇）、村（组）并肩作战，在脱贫攻坚一线狠抓落实，“谁去扶”进一步明确强化。制定《关于聚焦聚力发动全县力量坚决打好脱贫攻坚战确保2019年如期完成州脱贫任务的决定》，以“六个全覆盖”、23项工程形式全面梳理细化脱贫攻坚各项工作任务、实现路径、进度安排，“怎么扶”进一步细化落实。

责任激励机制不断优化。制定《激励全县广大干部踊跃投身脱贫攻坚一线干事创业实施办法（试行）》《关于进一步规范目标绩效考核激励全县各级干部干事创业活力的指导意见》等制度政策，探索实行县脱贫攻坚指挥部统筹项目资金整合分配、县级联系领导统筹联系乡（镇）脱贫攻坚整体工作的“两个统筹”工作机制；探索县级联系领导、包乡单位、乡（镇）党政主要负责人、驻村工作组对“乡三有”“村七有”“户六有”“四个好”等达标负责和包户责任人对贫困户好习惯好风气、人均收入、满意度等达标负责的“五级包干”工作法；实行县级领导、部门、乡（镇）、村（组）、干部职工目标绩效奖与脱贫成效挂钩的“五级捆绑”考核办法。制定《木里县深入贯彻习近平总书记关于打好精准脱贫攻坚战重要讲话和指示精神进一步转变工作作风的若干规定》，明确细化县级领导干部、帮扶部门、乡（镇）的工作职责、工作方法、工作纪律、问责问效15条措施。

资金投入机制不断优化。通过加强涉农资金整合、强化县级财政支撑，充分发挥财政投入主体和主导作用，积极引导金融资金向脱贫攻坚投放，统筹整合各类援藏资金，形成脱贫攻坚资金多渠道、多样化、稳定性投入。按大口径统计测算，2014年以来，累计投入精准扶贫资金39.15亿元，其中2017年的投入量是2014年的3.43倍，占地方一般公共预算财政支出的比例从2014年的20.33%提高到2017年48.93%；县财政累计配套投入10.81亿元，其中2017年投入量是2014年的2.94倍，占地方一般公共预算财政收入的比例从2014年的22.37%提高到2017年的54.95%；用扶贫风险基金撬动小额扶贫贷款1.2亿元，整合使用攀枝花市、浙江省湖州市、广东省佛山市援助资金1.54亿元，脱贫攻坚资金支持力度不断加大。

纪律保障机制不断优化。围绕扶贫项目建设、扶贫资金使用，制定《木里县乡（镇）财政管理制度》《木里县强农惠农财政补贴政策情况告知书》《关于进一步加强乡（镇）财政管理工作的通知》等管理制度，组建29个乡（镇）财政所、配齐58名财务人员，补齐资金规范化管理短板，对29个乡（镇）、23个扶贫专项责任部门财务管理开展专项巡察，发现问题954个，完成扶贫专项部门负责人、乡（镇）负责人、出纳、会计等人员个别、集体约谈，扎实推进脱贫攻坚“三大一严”、扶贫领域“3+2”专项治理、涉农资金“清卡行动”，初步形成以完善制度、专项巡察、专项治理、约谈提醒、严肃查处相结合的扶贫领域纪律保障网络。

农村公路建设率先推进。保持破解瓶颈不松劲，2016年以来，实施通乡油路建设639.3千米，建成554.3千米，实施里程是2016年以前几十年的9倍多，通乡通畅率相对提高52.2个百分点。全覆盖113个村，建设硬化路1321.78千米，完成95个村938.447千米，其中97个贫困村1196.27千米，完成82个村864.883千米；16个非贫困村125.5千

米，完成13个村73.564千米，通村硬化路建设总里程是2016年以前几十年的37倍多，通村通畅率相对提高80个百分点。农村公路建设强度、速度前所未有，贫困村和非贫困村差距缩小，道路全覆盖目标加快实现，正从加快建设向充分利用、有效管理转变，有力改善群众生产条件、优化发展致富环境。

安全住房建设加快推进。保持建房不停态势，2016年以来，整合藏区新居、彝家新寨、幸福美丽新村、易地扶贫搬迁、地质灾害避险搬迁五类项目，按照“九个一”标准，累计实施农村住房新（改、扩）建18149户，完工10829户，完成主体工程建设2050户，近3年实施户数是此前近十年总户数的1.6倍，覆盖贫困户4636户、非贫困户13513户，并以贫困户每户3000元、非贫困户每户1000元的标准，以奖代补支持配齐“八件套”。安全住房建设力度空前、进度提速，全覆盖目标加快实现，正从改善群众生活条件向助推养成好习惯转变，最大限度体现普惠原则、避免“悬崖效应”，提高整体满意度。

产业就业工作稳步推进。加快补齐村集体经济短板，2016年以来，全覆盖成立村级专业合作社113个，发展冻库、野生菌加工等实体项目131个，消除“空壳村”110个，实现所有行政村有集体经济；整合97个贫困村8440万元县级集体经济发展资金，由国投公司、农投公司操盘入股3个主题酒店建设，年底按最低3%的比例分红，“旅游+扶贫”“实体项目+投资分红”的发展模式逐渐形成，集体经济有稳定收入的基础逐步夯实。大力支持贫困户发展产业，2016年以来，累计新种植核桃12.25万亩、花椒1.5万亩，改造低产核桃14.35万亩，核桃、花椒总种植面积达到69.3万亩，人均种植面积5.9亩，发展一批皱皮柑、羊肚菌、中药材等特色种植和养殖业；初步构建“贫困村和贫困户负责生产、小微企业负责加工包装、电商外销和向中小学食堂直供”促进销售的扶贫产业链。积极鼓励支持农村劳动力外出务工就业，加强与浙江省湖州市、广东省佛山市等对口支援地对接，整合农牧系统、就业系统、组织系统培训资源，面向劳务需求开展订单式技能培训，初步形成争取用工、宣传动员、技能培训、统一外送的贫困劳动力外出务工就业机制。2016年以来，累计转移输出农村劳动力8.79万人次，实现劳务收入8.55亿元。

教育医疗保障有序推进。着力加强教育保障，开办“一村一幼”154个点、158个班，农村幼儿教育实现“零”的突破，严格落实民族地区15年免费教育、藏区“9+3”职业教育等惠民政策，改（扩）建31所乡（镇）标准中心校、完工8所、加快建设9所、完成前期工作14所，25所“一乡一园”完成EPC招投标；着力加强医疗保障，完成攀枝花市中心医院托管县医院授牌，严格执行“十免四补助”“八百工程”“先诊疗后结算”“两保三救助三基金”“一站式报销服务”，贫困户县内住院个人医疗费用支付比例大幅降低，完成贫困人口免费健康体检，贫困户新农合参合率100%、公共卫生服务建档率99.5%，建成村卫生室79个，新建乡（镇）达标卫生院22所，其中完工2所，在建4所，开展前期工作16所。

当前，木里藏区脱贫攻坚取得了成效，但工作运转、责任激励、资金投入、纪律保障等制度机制作用需要进一步发挥，干部作风需要进一步转变，修路建房、产业就业、医疗教育等工作质量需要进一步提高，整体工作亟需从“有”向“好”转型。

二、查找不足：困难不小，问题不少

通过与其他贫困县横向比较研究、到现场定性调查分析、综合扶贫专项牵头部门所掌握数据开展定量分析，当前木里县脱贫攻坚有脱贫目标任务重与时间紧并存、制度机制执行不严格与作用欠发挥并存、工作推进不规范与不到位并存、硬件建设管理差与进度慢并存、产业发展整体薄弱与局部弱小并存等问题，提升脱贫质量、到2019年完成州级脱贫任务面临不小的挑战。

从脱贫目标看，任务重与时间紧并存。全县共有97个贫困村、7213户贫困户33183名贫困人口，虽然相对凉山州内其他贫困县脱贫任务较轻，但相对全省其他藏区贫困县存在贫困人口多、贫困面广、贫困程度深的明显劣势，例如木里县邻县稻城县只有55个贫困村、1266户贫困户、5520名贫困人口，木里县贫困人口是稻城县贫困人口的6倍多、比稻城县3.27万总人口还多。同时，木里县是州委州政府确定的全州2019年率先完成州级脱贫任务的4个县之一，尚有52个贫困村、3452户贫困户、15885名贫困人口减贫任务未完成，分别占总任务的53.6%、47.9%、47.8%。

从制度机制看，执行不严格与作用欠发挥并存。《木里县深入贯彻习近平总书记关于打好精准脱贫攻坚战重要讲话和指示精神进一步转变工作作风的若干规定》明确了县级领导干部、帮扶部门、乡（镇）工作职责、工作方法和“两个统筹”“五级包干”等制度规定，但脱贫攻坚一线执行力度不够。有的驻村干部没有严格按要求驻村甚至长期不在岗，有的驻村干部在岗不在状态，对帮扶对象情况不清、底数不明，帮扶效果不明显；乡（镇）、村组干部不学政策、不懂政策、不讲政策的现象普遍存在，易地扶贫搬迁政策测试55人中有8人答错简单问题，特别是村组干部在省、州、县督导检查政策抽查中一问三不知、乱说错说的情况较多，政策宣传效果不理想；县级层面督导检查存在弱化现象，过度依赖省、州督导，督促落实效果没有充分发挥。

从工作推进看，不规范与不到位并存。有的工作没有严格按照有关要求规范推进，存在政策风险。例如李子坪乡白草坪村等30户易地搬迁户建筑面积超标，克尔乡宣洼村等个别搬迁户存在原址重建或就近重建，有55户搬迁户拆旧复垦不彻底，已验收并入住的搬迁户普遍缺乏竣工验收资料。义务教育控辍保学落实不到位，全县2018年春季学期仍有97名学生辍学，幼儿入学率未达到80%；新农合政策调整以及“十免四补助”、卫生救助等政策未能有效衔接，当前贫困患者住院费用自付费用比例平均约为12%，未达到5%以内要求。有的工作落实不细、不到位，影响工作质量。例如集体经济管理制度、合同、交易记录、收支台账、银行流水账等资料缺项漏项或填写不规范现象较为普遍；少数藏区新居、幸福美丽新村等安全住房没有完全按照“九个一”标准建设，发挥“四好”创建基础作用不明显；乡村扶贫项目、资金等乡务、村务公开不及时、不到位现象普遍存在；列瓦乡列瓦村等部分贫困户告示牌、入户手册缺失或填写错误；农民夜校教学开展前紧后松，教学开展减少、效果不明显；对已退出的45个贫困村、已脱贫的3761户贫困户17187名贫困人口“回头看”、“回头帮”、持续巩固提升工作开展不到位。

从硬件建设看，管理差与进度慢并存。已建成的部分硬件设施管理较差、作用发挥不够。已建成的95个村、938.447千米通村硬化路没有建立长效管护机制，基本靠组织党员和村组干部开展运动式环境卫生清理；全县累计建成村文化室61个、民俗文化坝子60个，但文化室书籍长期无人阅览、民俗文化坝子长期闲置，管理不善、使用率低、发挥作用小。部分在建和计划建设的硬件设施推进慢。从2017年开始启动的31所乡（镇）中小学校、22所乡（镇）卫生院、29个乡（镇）便民服务中心新（改、扩）建工程仍有14所乡（镇）中心校、28个便民服务中

心未完成招(投)标,16所乡(镇)卫生院未完成前期工作,25所"一乡一园"未开工建设,博窝乡关机村通村硬化路一标段至今未复工建设,全县通组通达工程调查摸底等前期工作历时半年多还未开工建设,牦牛坪乡叶村易地扶贫集中安置和芽祖乡等部分乡(镇)插花安置推进慢,倮波乡陇东村等部分2018年计划退出村硬化路、卫生室、文化室和51个村的安全饮水工程等基础设施建设启动慢、推进慢,加之木里县受特殊气候、地理条件影响,工程施工期短、难度大,年内完成全县脱贫攻坚基础设施建设形势严峻。

从产业发展看,整体薄弱与局部弱小并存。农业产业发展整体薄弱。地形上属于典型的高山、峡谷地貌,山高坡陡,人均耕地面积仅1.8亩,整体气候寒冷干燥,不利于规模化、机械化,农业基础设施建设成本高、历史欠账大,加之木里县大部分农户经历过伐木等高利润行业,短期暴富心理强,缺乏精耕细作底蕴和耐心,农业产业整体薄弱。2017年第一产业增加值只占全县GDP的19.9%,人均可支配收入8908元,比全省平均水平低3319元,在全省37个低收入组中排第29位。扶贫产业发展小、散、弱问题突出。集体经济实体项目规模小、效益低、带动能力弱,全县131个实体项目中总资产最高的99万元、最低的不足3万元;村"两委"发展集体经济积极性创造性不足;投入产出不成正比;有产出的项目不同程度遇到销售难题。全县贫困户产业主要以常规种养殖为主,规模更小、更加分散、抗风险能力更弱,常规产业容易供过于求,整体利润偏低,价格存在周期性波动,贫困户收入受到不同程度影响。

三、对症下药:坚持精准,注重质量

深入贯彻落实习近平总书记扶贫开展战略思想及在打好精准脱贫攻坚战座谈会上的讲话精神、省委书记彭清华在省综合帮扶凉山州打赢脱贫攻坚战动员会上提出的总体要求和15条具体要求,扎实推动省委省政府出台的《关于精准施策综合帮扶凉山州全面打赢脱贫攻坚战的意见》12个方面34条措施落实落地落细,坚定把脱贫攻坚作为最大的政治责任、最大的民生工程、最大的发展机遇,力争2018年基本完成所有脱贫任务、2019年完成州级贫困县脱贫任务、2020年完成国家验收实现贫困县"摘帽"目标"三步走"战略定位,坚持"一张蓝图绘到底、重整行装再出发",坚守"稳步实现'两不愁、三保障',基础设施和基本公共服务达到或接近全国平均水平,在现行标准下全部脱贫'摘帽'"的底线要求,把握优势条件,着力发挥内外攻坚条件"两个优势"、推动基础硬件建设"三项工程"、开展产业就业提振"六项工作",统筹推进公共服务水平提升、制度政策执行、增强内生动力、工作作风建设等工作,实现补齐短板不足与推进整体工作"两不误、两促进",努力提升脱贫质量,确保如期实现脱贫奔康。

发挥外部、内部条件"两个优势"。充分借力政策支持、有效利用存量优势,确保脱贫攻坚高效推进。努力把外部政策优势转化为推动攻坚优势。牢牢把握省出台《关于精准施策综合帮扶凉山州全面打赢脱贫攻坚战的意见》《凉山州脱贫攻坚综合帮扶工作队选派管理实施方案》政策机遇,挖掘政策红利,细化承接措施,用好用活浙江省湖州市每年2500万元、广东省佛山市每年1200万元、攀枝花市每年3000万元的援助资金,发挥好省新派136名综合帮扶队员和已有43名援木干部尖兵作用,凝聚各方力量全力攻坚。努力把内部既有优势转化为后续攻坚优势。充分利用木里县脱贫攻坚"四梁八柱"制度机制,全覆盖贫困村非贫困村全域式修建硬化路、全覆盖贫困户非贫困户普惠式建设安全住房、全覆盖村集体以及全体农户共享式发展富民等特色做法和即将实现修路、建房、产业全覆盖等既有优势,进一步加强硬件设施管理,发挥基础设施推动脱贫攻坚的乘数效应,进一步利用水电路网不断改善的有利条件发展富民产业,进一步强化制度机制执行,提升脱贫质量。

推动基础硬件建设"三项工程"。把硬件设施作为消除外在贫困现象的标志性工程优先推进、作为提升脱贫质量的先决性条件率先完成。推动要素保障工程。通过整合上级资金、统筹援藏资金、县级财政配套等措施,解决14.62亿元硬件建设资金缺口,落实责任、加强协调,解决"一乡一园"工程、便民服务中心工程等要素保障,确保工程如期推进。推动提速保质工程。坚持建设进度与质量并重,加快剩余18个村、383.33千米硬化路建设;加快5720户安全住房特别是543户易地扶贫搬迁项目建设,确保年内实现安全住房全覆盖。坚持顺排工期、倒排工序,严格实行进度通报制、联系蹲点制、定期协调制,加快推进剩余171.94千米通组通达路、36个文化室、37个民俗文化坝子、31个通信基站、18个卫生室、34个幼教点、51个村安全饮水工程、28个便民服务中心、24个乡(镇)中心校、20个乡(镇)卫生院、25个"一乡一园"建设,确保如期完工、达标升级。推动后期管理工程。采取公益性岗位、集体经济收益开支定期管护等措施,推动通村硬化路管护从依靠党员干部运动式管护向制度化常态化管护转变,加强对已经建成61个村文化室、60个民俗文化坝子、79个卫生室的日常管理,创新方式提高使用率,使其真正发挥政策宣传、感恩教育等作用。

开展产业就业提振"七项工作"。把千方百计发展产业、扩大就业作为实现高质量脱贫的根本扎实推进。开展"固常""育特""扶强""稳户"优化产业布局工作。把握常规产业周期性波动规律,保持发展定力,巩固提升69.3万亩核桃花椒基地,加强核桃嫁接改造,增加花椒种植,稳步发展养殖业,巩固优化常规产能,确保农业产业"基本盘"稳中有进;培育打造一批羊肚菌、皱皮柑、中药材特色产业和藏香鸡、藏香猪特色养殖业及野生菌鲜品冷冻及烘干、松茸酒酿造特色项目等特色绿色拳头产业,提升优质产能,增强向县外拓展市场的能力;在集体经济实体项目中,优选30个左右类似俄亚乡卡瓦村高寒地区"菜篮子"、博窝乡坑古村高原仿野生反季节羊肚菌等有市场、有前景、效益好的项目和项脚乡项脚村土地流转等新模式新业态项目,重点扶持培育成有一定规模的示范项目,增强集体经济带动贫困村贫困户产业发展的能力;坚持"小而优、一户一策"思路,以"1+X"产业、种养殖业为主,稳步发展贫困户产业,发挥直接惠民富民作用。通过优化扶贫产业结构,努力构建以优势项目为带动、特色产业为拳头、优质产能提量、常规产能提质、高低端搭配的产业发展格局。开展新型农业经营主体培育工作。发展壮大县农投公司,发挥政府投入的杠杆作用,带动社会资本资源进入农业产业发展,继续支持252个专业合作社、90个家庭农场、310家电商微商加工包装企业,力争专业合作社及家庭农场、电商微商加工包装企业分别增加到400个,利用新型农业经营主体经营灵活多样、市场嗅觉灵敏等优势,助推农业产业生产、加工、销售全产业链发展。开展农产品分级、加工、包装能力提升工作。发挥农特产品创意产业园区加工包装的孵化平台作用和示范带动效应,支持鼓励小微企业开展农产品分级加工、分级包装、技术升级,提高农产品加工包装能力,稳步推进精深加工,提高产品附加值。开展农产品全方位销售体系构建工作。利用"向中小学食堂等内部直供+电商外销+农户自销"模式,完善质检等前置工作,推动猪肉、蔬菜等贫困村、贫困户常规农副产品重点向县内中小学食堂直供,加强天虎云商乡村站点建

设，打通乡村物流，引导小微电商微商下乡采购，推动特色绿色产品通过电商向外销售，努力实现贫困村、贫困户农产品零滞销。开展木里特色农产品品牌创建工作。立足木里县独有的特色林产品、中药材产品、畜牧产品、野生菌类产品资源，加强绿色特色产品品牌打造，按照“多产一品、统一包装、统一推介、统一上市”原则，争取在州内外市场上树立“木里品牌”形象，建成“木里专柜”，充分挖掘木里皱皮柑国际地理标志农产品保护标志等已有品牌价值，加快木里柠檬、木里牦牛等品牌创建，加快3个农产品“三品一标”认证，提高木里县农产品知名度、提高农产品附加价值、发挥品牌效应。开展旅游产业带动扶贫产业发展工作。加快三个旅游主题酒店建设，确保村集体每年稳定实现保底分红，加快打造香格里拉“四色钻石”路线、10个“木里旅游必购商品”名录，充分利用14个脱贫攻坚绿色特色农产品销售店、9个旅游综合休息区带动农特产品销售，加快建设自驾车营地1个、旅游休息区1个、旅游土特商品销售中心2个，发挥3个省级旅游扶贫示范村引领作用，推动扶贫产业搭上旅游产业快车、实现产业深度融合。开展促进就业制度机制优化工作。坚持把劳务输出作为脱贫致富的最有效途径，保持向湖州、佛山等支援地对接争取的就业岗位数量稳定，加强宣传动员力度，改变部分贫困群众宁肯受穷也不愿务工的思想，确保有劳动力的贫困户户均有1人外出务工。持续整合农牧系统、就业系统、组织系统培训资源，开展订单式技能培训，实行“9+3”毕业生、一般劳动力分类统计、分类输出，加强后期管理，确保上岗人员稳定务工。以每个贫困村不低于8个标准，针对有特殊困难的贫困户合理设置公益性岗位，及时足额兑现岗位补助。

做好公共服务水平“三个提升”。把提高公共服务水平作为提高脱贫质量的保障性举措全力推进。做好教育保障水平提升。坚持治穷先治愚，把普及教育作为阻断贫困代际传递的根本途径，推进城乡义务教育一体化发展，加大薄弱学校改造力度，深入推进“学前学普通话”项目、学前教育工程、民族地区15年免费教育、藏区“9+3”免费职业教育，严格落实“义务教育阶段营养改善计划”“两免一补”政策，开展“中小学校结对帮扶行动”，完善教育资助政策，严格落实义务教育控辍保学“六长”责任制，确保适龄儿童少年全部入学；有序实施乡村教师专项计划、藏区千人支教十年计划、急需人才引进计划、本土人才培养计划、教学质量大提升计划等5个软件提升工程，加大学校师资配置和免费定向培养力度，推进教师“县管校聘”，提升教师队伍整体素质，确保到2020年贫困县义务教育实现基本均衡发展。做好医疗保障水平提升。深刻认识因病致贫返贫是必须长期面对的问题，深入实施“健康木里”战略，加快县级医院、乡（镇）卫生院、村卫生室等医疗卫生基础设施工程建设，建好攀枝花市中心医院木里县医院半紧密医联体，带动全县医疗服务提档升级，全面实施卫生计生专业人员县、乡、村一体化管理，严格落实“十免四补助”“八百工程”“两保三救助三基金”“先诊疗后结算”，创新开展贫困户优质服务承诺行动，确保贫困户县内住院个人医疗费用支付比例控制在5%以内。做好低保养老保障水平提升。按照“两线合一”要求提高农村低保补助标准，提高低保兜底贫困群众质量，大力开展宣传动员工作，鼓励农村居民积极参加养老保险，提高农村居民参保率，按时足额兑现养老金。

用好增强内生动力“四个抓手”。坚持扶贫与扶志、扶智相结合，探索生产奖补、劳动补助等机制，树立“多干多得、早干先得”导向，增强贫困群众自我发展能力。用好“四好”创建抓手。加快4450户“四好家庭”、17个“四好村”创建，加快搭建文化墙、“光荣榜”、“曝光台”，举办孝老爱亲及自力更生勤劳致富优秀典型表彰活动、脱贫攻坚连心牵、群众代表现身说法等感恩奋进系列活动，着力转民风、树新风。用好农民夜校抓手。严格实行“一村一夜校”制度，选好配强夜校专（兼）职教师，针对性编印特色教材、教辅书籍，坚持讲农技、讲政策、讲感恩相结合，每月按时开展教学，努力提高群众生产技能、文化素养，引导群众懂感恩。用好素质提升抓手。充分整合农牧系统、就业系统、组织系统培训资源，错开农忙季节，灵活安排教学时间，将基本素质和专业技能培训相结合，实行“分散+集中+提升”的“三段式”培养模式，全覆盖贫困户、吸纳非贫困户开展培训，努力提升贫困群众基本素质、增长志气。用好“回头看”“回头帮”抓手。把防止返贫和继续攻坚摆在同等重要位置，逐步建立稳定脱贫长效机制，保持脱贫攻坚期内教育、医疗、产业等扶持政策不变，开展“回头看”基础信息摸底，及时将返贫的贫困村贫困户纳入年度攻坚任务。高度重视自主搬迁问题，针对354户1254名外迁户，加强与西昌、盐源等地沟通对接，落实6户22人迁入户帮扶措施，严格控制新的自主搬迁。

推进政策制度执行“两项行动”。树牢“制度的生命在于执行”“一分部署、九分落实”理念，推动各项工作落实落地落细。推进政策标准梳理学习行动。将易地扶贫搬迁政策、医疗教育政策、23个扶贫专项内容、农民夜校及“四好”创建要求、贫困村“一低七有”及贫困户“一超六有”详细指标、考核评估“三率一度”等上级层面“规定动作”政策就基层一线执行层面进行梳理，将《木里县深入贯彻习近平总书记关于打好精准脱贫攻坚战重要讲话和指示精神进一步转变工作作风的若干规定》等县级层面“自选动作”要求再进行梳理，形成简单、明了、实用、适合脱贫攻坚基层一线干部的政策“红宝书”，印发“五个一”帮扶23个专项单位职工、乡（镇）及村（组）干部职工并开展培训学习。推进政策执行到位督导检查行动。把制度政策执行情况纳入脱贫攻坚目标绩效加强年度考核，纳入脱贫攻坚全覆盖督导检查内容加强日常检查，定期矫正执行偏差，做好各项制度规定之间联动衔接执行，减少交叉冲突，提高执行效果，督促脱贫攻坚一线人员执行合一，做到不碰红线、不越底线、规范推进，确保易地扶贫搬迁“三条红线、三条底线、一条原则”、教育入学率“三条硬杠”、医疗报销“一条硬杠”、“三重一大”“四议两公开”等政策和规定在基层一线实际工作中执行到位，减少政策风险，确保各项工作落实到位。

抓实工作作风建设“四个逗硬”。以“行百里者半九十”的清醒认识，推动作风建设全面过硬，坚决防止“群众富起来，干部倒下去”。抓资金管理逗硬。充分发挥脱贫攻坚项目资金领导小组在项目确定、推进、验收和资金整合、拨付、使用、监管作用和29个乡（镇）财政所规范扶贫资金作用，深入实施脱贫攻坚财务规范管理行动，对29个乡（镇）、23个扶贫专项部门财务管理开展专项巡察，发现问题及时整改，扎实开展财政补贴资金“一卡通”管理问题专项治理，全面摸排“一卡通”，严肃查处资金整合不到位、拨付不及时、管理不规范等问题。抓专项整治逗硬。扎实开展脱贫攻坚“三大一严”行动和扶贫领域“3+2”专项治理，严格诫勉谈话、廉政约谈等措施，常态化开展23个扶贫专项部门主要负责人、出纳和会计进行集体约谈和29个乡（镇）一把手和财务人员个别、集体约谈。抓问题整改逗硬。坚持“查找补”专项行动查找问题、省纪委调研反馈问题、州委督导组反馈问题、省州考核评估和全覆盖督导反馈问题整改同部署、同落实、同检查，通过分系统、分领域、全方位开展自查，按照见人、见项目、见资金、见问题线索要求找问题，对查找出的问题分门别类建立县、乡、村、户四级台账，推

动问题整改到位、已改促干、提升质量。抓工作落实逗硬。严格执行中央、省委、州委狠抓落实要求，把省委《关于凝神聚力抓落实的通知》、县委《若干规定》作为脱贫攻坚工作抓落实的基本遵循，正确处理保持政令畅通和立足实际立足本职工作创造性开展的关系，以贯彻中央精神为前提，列出责任清单，逐项分解到部门乡（镇）、具体到项目、落实到岗位、量化到个人，做到责任主体、目标任务、工作标准、时限要求"四个明确"，推动资源向抓落实聚焦、力量向抓落实倾斜、工作向抓落实发力。深化"两个统筹"等脱贫攻坚机制落实，做好乡、村两级台账，县级联系领导挂账推动，定期对账办结销号，形成抓落实合力，确保中央、省委、州委和县委各项脱贫攻坚工作部署落地落实、取得实效。

木里藏区脱贫攻坚已进入全力冲刺的关键阶段。木里县将始终聚焦"两不愁、三保障"标准，落实精准、高质量要求，凝聚各方力量，夜以继日、苦干实干、齐心攻坚，坚决打好打赢脱贫攻坚战，确保木里藏区在脱贫攻坚中不掉队。

把握千载良机　坚定百倍信心
决战藏区深度贫困　同步迈向全面小康

木里藏族自治县人民政府县长　伍　松

木里县坚定地以习近平新时代中国特色社会主义思想为指导，全面贯彻落实党的十九大和十九届二中、三中全会精神以及习近平总书记来川视察重要讲话精神，把握千载良机，坚定百倍信心，直面贫困量大、面宽、程度深最大实际，聚焦聚力发动全县力量，攻坚克难，坚决打好深度贫困精准脱贫硬仗，决胜全面小康，让各族人民过上幸福美好生活的愿景早日变成现实，加快建设美丽幸福文明和谐新木里。

一、基本情况

木里县是全国仅有的两个藏族自治县之一，位于四川省西南边缘，与西藏自治区和康巴藏区联系紧密，在藏区中具有较大的影响力和较为鲜明的特点。全县辖区面积13252平方千米，占凉山彝族自治州总面积的22%，全县辖29个乡（镇）113个行政村603个村民小组9个牧场，居住着藏、彝、汉、蒙古、纳西等21个民族，总人口13.9万人，其中藏族人口4.52万人，占33%，是全国最稳定的藏区县之一。2017年，木里县被确定为全国334个深度贫困县之一，全县共有97个贫困村（含深度贫困村90个）、7213户贫困户、33183名贫困人口。经过奋力攻坚，减贫退出45个贫困村（含深度贫困村38个）、3761户贫困户（1户死亡、1户并户）、17297名贫困人口，贫困发生率由2014年的25.27%下降至12.7%，现有深度贫困村52个、贫困户3454户、贫困人口15886人。

二、主要做法及成效

木里县紧紧围绕"发展、稳定、民生"三件大事，大力实施"生态立县、旅游兴县、交通活县、农业稳县、工业强县"五大发展战略，打好"基础保障、机制创新、党建引领"三张牌，加速推进木里藏区脱贫奔康进程，让群众获得感、幸福感、安全感更加充实、更有保障、更可持续。2017年，全县实现地区生产总值30.07亿元，在全省183个区（县）中排名第149位；公共财政预算总收入11.1亿元；地方一般公共财政预算收入5.91亿元；全社会固定资产投资完成66亿元；规模以上工业增加值6.29亿元；社会消费零售总额完成7.96亿元，增长11.1%；城乡居民年人均可支配收入分别为25445元、8908元，分别增长8.45%、11.27%。

（一）打好"基础保障牌"

按照《关于聚焦聚力发动全县力量坚决打好脱贫攻坚战确保2019年如期完成州脱贫任务的决定》，木里县创新走普惠与特惠统筹兼顾的减贫之路，采取"1233111"扶贫工作法，推进"5121"工程和"23项重点工程"，全力实现"安全住房、道路通畅、产业发展、基础设施、政策兜底、素质提升"六个全覆盖。2017年投入扶贫资金10.99亿元，整合涉农资金4.56亿元，"四项基金"总规模达6148万元，发放扶贫小额信贷5078万元、产业扶持资金3428万元、产业周转金2900万元。党的十八大以来，木里藏区城乡面貌、基础建设、群众生产生活条件等在全县各族干部职工、群众的共同努力下，发生了天翻地覆的变化。特别是交通和农村面貌变化显著，2016年以来，木里县通乡油路和通村硬化路里程分别是木里县批复成立63年以来建设的14倍、44倍，通畅率分别提高41.8%、80%，"四好农村路"建设稳步推进。普惠性推进住房建设，创新实施土地增减挂钩工程，贫困户、非贫困户享有同等住房补贴政策，均达到住房"九个一、八件套"标准，人畜不分居成为历史，农村面貌发生彻底改变。

（二）打好"机制创新牌"

创新制定《深入贯彻习近平总书记关于打好精准脱贫攻坚战重要讲话和指示精神进一步转变工作作风的规定》《脱贫攻坚"五个一"帮扶力量管理办法》《进一步规范目标绩效管理激发全县干部干事创业活力的实施意见》等长效机制。推行县级联系领导、包乡单位和乡（镇）党政主要负责人、驻村工作组、帮扶责任人的"五包"责任制和"两个统筹"机制，形成"千斤重担万人挑、人人头上有指标"脱贫攻坚责任体系。坚持因村选派帮扶单位和帮扶干部机制，把最优帮扶资源优化配置到最急需的贫困村。深化利益联结机制，利用产业发展周转金实现投资分红；推进实施精准扶贫"以购代捐"活动，让贫困户共享发展成果。深化"对口帮扶"合作共赢机制，发挥先富地区优势，自对口帮扶以来，累计投入帮扶资金3亿余元，援建项目100余个；累计培养党政、医疗、教育等人才800余人，培育"田专家""农秀才"3200余人；累计劳务输出贫困群众2300余人，实现"就业一人，脱贫一户，幸福一家"。

（三）打好"党建引领牌"

坚持党建引领，切实打通联系服务群众"最后一公里"。在全县创新设立片区党工委3个，成立跨县域边界乡（镇）联合党组织32个，建立"勋鲁"（优秀青年人才）党支部29个、"若松"（老党员）党支部29个、"贡巴嘉德"（驻寺）党支部11个，设立流动党校教学站点142个，组建马背宣讲队7支、摩托车服务队29支。建立"支部+公司+合作社+能人+贫困户+非贫困户"产业发展机制，开展农村党员争创"创业示范户"活动，实施97个党员精准扶贫项目。推进"筑底强基·凝聚民心"工程，落实乡村"党建月会"制度，开展"党心连民心脱贫攻坚心连心"活动，结合"四好"（住上好房子、过上好日子、养成好习惯、形成好风

气)创建,开展“感党恩、听党话、跟党走”感恩奋进活动,建成“四好家庭”10582户、州级“四好村”26个、县级“四好村”45个。创新推行民族团结进步示范创建“十进”活动,开展创建“民族团结示范好家庭”“民族团结示范岗”等创建活动细胞工程,完善七项维稳长效工作机制,坚持“两真两严”寺庙管理办法,“木里经验”不断巩固,木里县持续成为全国最稳定和安全感最强的藏区县之一。

二、主要障碍和困难

(一)关于破除交通瓶颈助推脱贫奔康问题

木里县地处香格里拉生态旅游核心区,境内自然景观极其丰富,集雪山、湖泊、森林、草原、溪流等多种自然景观于一体,被外界称为“群山环抱的童话之地”“上帝浏览的花园”。木里县以“古喇嘛王国之都”为代表的藏传佛教文化、以俄亚纳西古寨为代表的纳西东巴文化、以最后的母系氏族部落利家嘴为代表的传统走婚习俗、以水洛一妻多夫或一夫多妻为代表的奇特婚俗文化大峡谷、以项脚明清汉遗民部落为代表的奇特服饰文化等丰富的人文资源。但是,木里县仅有2条出入境通道,且暂未全县贯通,旅游可进入性差,最后的香格里拉“养在闺中待人识”,群众望着绿水青山苦熬守穷的困境没有得到根本转变。为造福藏区各族群众,大力支持西香高速确定为G线走廊方案,入境木里,实现与省道220线(泸亚路)、省道463线(亚三路)等地方公路联网,成为“大香格里拉”地区核心通道,同时尽快地落实省道469线(原王顺友马班邮路)建设,发挥大香格里拉生态旅游核心区优势,将旅游产业打造成为木里藏区支柱产业。

(二)关于发挥生态优势助推脱贫奔康问题

木里县优势在林,后劲在旅。全县森林覆盖率59.66%,林业用地面积98.14万公顷,活立木蓄积量占全省的1/10、全国的1%,以县为单位居全国之首,是长江上游重要水源涵养林,是全国仅存不多的成片原始林区。2017年年初,国家发展改革委等六部委印发《生态扶贫工作方案》,明确提出“在贫困地区打造具有较高知名度的50处精品森林旅游地、20条精品旅游线路、30个森林特色小镇、10处全国森林体验和森林养生试点基地”,木里作为典型的深度贫困地区,拥有极其丰富的先天生态资源优势和发展森林旅游助推贫困群众增收的迫切现实需要,可以优先将木里藏区纳入精品森林旅游地、精品森林旅游线路、森林特色小镇、森林体验和森林养生试点基地建设范围,实现生态保护、旅游发展、脱贫奔康共享共赢。

三、下一步工作思路

木里县将沿着习近平总书记指引的方向奋力前进,紧扣“一超出、两不愁、三保障、四个好”目标,严格落实“五个一”帮扶、“六个精准”、“七个一批”,连续发动“春季攻势”“夏季战役”“秋季攻坚”“冬季冲刺”行动,立足地区实际,凝聚各方力量,采取力度更大、针对性更强、作用更直接、效果更持续的措施,抓实脱贫攻坚,抓活转型发展,抓好社会稳定,为如期实现脱贫“摘帽”、全面小康打下坚实基础。

(一)紧紧围绕如期全面建成小康社会目标,坚决打赢木里深度贫困精准脱贫攻坚战

紧紧扭住脱贫奔康头等大事不动摇,狠抓落实不瞎忙,不做脱贫无用功,做到脱贫工作务实、脱贫过程扎实、脱贫成果真实。坚定不移走普惠与特惠统筹兼顾的减贫之路,持续做好“回头看”“回头帮”工作,扎实推进“23项重点工程”,确保脱贫高质量可持续、公共服务相对均衡、贫困户与临界贫困户普遍满意。全面贯彻脱贫攻坚作风建设年部署,全面激发干部干事创业活力,全面抓好藏区扶贫资金审计,做到阳光扶贫,廉洁扶贫。坚持扶贫与扶志、扶智相结合,“四治并举”驱鬼除魔,因地制宜做好“特色菜”“招牌菜”,打造优势突出、特色鲜明、竞争力强的区域经济板块,推动自身发展,从根本上解决贫困问题。

(二)坚定不移走生态优先绿色发展之路,奋力开创木里长足发展新局面

坚定不移把发展作为第一要务,立足木里县生态最大优势,推动经济发展质量变革、效率变革、动力变革。积极推进绿色工业发展战略,有序有度开发水、风电等新能源。大力助推旅游发展,着力构建“景区全域优化、旅游全域营销”的发展新模式,营造“移步换景”的旅游新体验,打造“一点多极、众星拱月、产城融合”的香格里拉旅游核心区特色旅游城镇。抓实抓好乡村振兴,着眼农业现代化,念好“优、绿、特、强、新、实”六字经,大力建基地、创品牌、搞加工,积极培育农民专业合作社,发展订单农业,促进农业稳定发展和农民持续增收。奋力建设业兴、家富、人和、村美的幸福美丽新村,真正实现让农村成为安居乐业的美丽家园,让农民成为令人羡慕的职业,让农业成为有奔头的产业。

(三)坚定不移持续深化“木里经验”,奋力开创木里长治久安新境界

坚定不移举好“法治旗”,坚持民族团结和依法治理并举,努力推进藏区社会治理体系和治理能力现代化。全面落实民族宗教政策,做好宗教事务管理,积极引导宗教与社会主义社会相适应。深入实施“平安木里”行动,全力打好扫黑除恶专项斗争、社会治安综合管理、信访案件化解攻坚战,着力构建全民共建共享社会治理格局。全力创建国家民族团结进步示范县,加强各民族交往交流融合,在巩固稳定局面中深化“木里经验”,引导各民族团结奋斗、共同繁荣发展。

整合资源　创新举措　“绣好”甘洛脱贫攻坚民生之花

甘洛县人民政府县长　陈　华

2017年以来,甘洛县坚决贯彻落实中央、省、州系列脱贫攻坚部署要求,坚持“头等大事”战略定位,始终保持高强度、快节奏的工作态势,锁定92个预“摘帽”村、5303户贫困户、23542名减贫人口目标任务,瞄准贫困村退出“一低七有”、贫困户脱贫“一超六有”“两不愁、三保障”目标,聚全县之治,集全县之力,对标作业、精准施策,下足“绣花”功夫,绣好甘洛脱贫攻坚民生之花。

一、工作成效

围绕“狠抓全年目标任务、巩固往年脱贫成效、提前启动明后年项目”的总体思路,统筹全局、分线攻坚,打好住房新建改造、基础设施配套、富民产业发展、公共服务保障、新风文明培育“五大硬仗”,精准扶贫工作取得良好成效。

一是打好住房新建改造硬仗。突出“资金保障、质量安全、功能布局、项目进度”四个关键环节,强力推进安全住房建设。2017年下达的4469人易地扶贫搬迁、2520户彝家新寨建房任务已全部完成住房主体建设。提前实施6411人易地扶贫搬迁、2015户彝家新寨建设,自筹资金启动实施4144户D级危房改造,充分释放土地政策红利,开工

建设10个村、1012户土地增减挂钩项目。通过综合实施以上各类住房建设项目，全年预减贫贫困户以及预“摘帽”贫困村中的临界户，均能如期实现安全住房有保障。

二是打好基础设施配套硬仗。坚持质量、价格、工期、廉政、安全“五位一体”推进模式，加快通畅通达乡村公路项目建设。2017年，新建成通乡路1条，建成通村硬化路47条。同时，聚焦“村七有”“户六有”目标，坚持工期倒排、责任倒逼，全面推进农村水网、电网等基础设施建设及“1+N”村级公共服务设施配套工程。

三是打好富民产业发展硬仗。围绕资本、人力、组织等生产要素，以农业供给侧结构性改革为引领，精准推进富民产业到村到户。2017年，安排特色产业发展与就业促进资金6500万元，新增补产业扶持基金3522万元（总规模达6362万元），新栽种核桃15万亩，种植马铃薯、蔬菜等农产品13.4万亩，完成肉类总产量9957吨。强化就业扶贫，设立贫困村公益性岗位904个，输出务工人员5万余人、创收5.39亿元。推动组织化发展，成功创建“国家电子商务进农村示范县”，新成立专合社等新型经营组织150个，新发展村集体经济114个。同时，加强与四川大学、绵竹市等对口帮扶单位的联络对接，压紧压实县级联系帮扶单位责任，全面推进“以购代捐”，着力解决农副产品销售难问题。

四是打好公共服务保障硬仗。扎实推进年度计划投资2.2亿元的义务教育均衡发展项目、10个“一乡一所”幼儿园以及18个乡（镇）卫生院业务用房，全面落实十五年免费教育、“9+3”免费职教、“一村一幼”等教育惠民政策和“十免四补助”、分级诊疗等卫生惠民政策，设立教育扶贫基金、卫生扶贫基金各450万元，着力解决因学、因病致贫返贫问题。织牢社会保障底子，扎实开展“两线合一”，将9784户24809名群众纳入低保兜底（其中贫困建卡户10164人），2017年上半年发放农村低保资金2385.7万元。

五是打好新风文明培育硬仗。大力实施“125”工程（即“1个保障”：每户至少有1个住房有安全保障；“2个确保”：确保每村至少有1个支柱产业、每户至少有1人从事非传统种养业；“5化工程”：贫困村靓化、绿化、简化、文化及农户创建星化），加快推进3个省级“四好村”、50个州级“四好村”、3.5万余户“四好家庭”创建工作。坚持扶贫与扶智并举，落实专项资金300万元，开展首批新型农民素质提升培训1050人。持续打好禁毒人民战争，重拳打击外流贩毒、外流犯罪，破获毒品刑事案件65件，缴获各类毒品25.16千克。狠抓生育秩序整治行动，新增落实长效节育措施1797人。落实“四免一关怀”政策，坚决遏制新增艾滋病。

二、主要经验及启示

在省、州党委、政府的正确领导下，全县各级干部坚持守土有责、守土负责、守土尽责，牢固树立执政为民的宗旨理念，保持“五加二”“白加黑”的工作作风，以只争朝夕的劲头，系统推进精准扶贫、精准脱贫。2017年下达的92个预“摘帽”村、5303户贫困户、23542名减贫人口中，教育医疗保障、生活用电、广播电视、安全饮水基本实现达标，安全住房达标3729户，通村硬化路达标82条、文化室达标89个、卫生室达标86个、村集体经济收入达标71个、民俗文化坝子达标73个，通信网络和幼教点基本达标。通过一年来的拼搏苦干，得出以下经验：

只有不断筑牢攻坚阵地，才能有力推进脱贫攻坚。调整充实县委书记、县长任双组长（总指挥）的脱贫攻坚领导小组（指挥部）和12个专项扶贫攻坚组、4个工作保障组、28个乡（镇）指挥所，完善“县负主体责任、乡（镇）抓落实”的管理体制和“工作到村、扶贫到户”的工作机制，逐级建立战地指挥所、前沿作战室，立下“军令状”。完成22个专项扶贫实施方案，印发《关于进一步加强县级领导干部“五个一”联系点联系指导工作的通知》等指导性文件，靠实领导干部责任，营造了以上率下、齐抓共管的良好局面。同时，以抓党建促脱贫为抓手，发挥全县509个基层党组织、8000余名党员示范带动作用，以“打造脱贫攻坚最前沿最坚强战斗堡垒”为目标，以推进全面从严治党向基层延伸为重点，统筹整合组织优势、组织资源和组织力量，强化党的组织、思想、队伍、制度、作风“五大引领”，将抓党建促脱贫落地落实，推动脱贫攻坚取得实效。

只有坚决鲜明工作纪律，才能有序抓好脱贫攻坚。成立由8名县领导任组长的8个常设督查组，采取整体联动、点线结合、综合督查、包干负责办法，以“记账式”“发点球”“销号法”的方式将存在的问题点对点反馈责任部门，并对问题整改工作进行常态化跟踪随访。发挥目标考核“指挥棒”作用，将脱贫攻坚工作列入各级各部门实际考核内容，对责任落实、任务落实、措施落实、成效落实进行从严考核评估，鲜明“摘不了‘贫困帽’就摘‘官帽’”的工作实绩考核导向，突出问题导向，建立“黄红牌”制度，推进明察暗访、通报警示、问责追究常态化，推动脱贫攻坚责任上肩、落实到地。深入开展“三大一严”活动，持续加大正风肃纪力度，保持反腐高压态势，全力为脱贫攻坚保驾护航。

只有充分整合帮扶力量，才能有效凝聚攻坚合力。落实37名县级领导、76个县级单位联系帮扶28个乡（镇）227个村，安排18名县级领导联系帮扶20个极度贫困村，落实227个驻村工作组和151名农技员常驻村组实施精准帮扶。用好用活国家定点帮扶单位四川大学、东西协作帮扶单位广东省佛山市以及省内对口帮扶单位绵竹市和省冶金地勘局、省地矿局，州联系帮扶单位州人社局、州国资委等单位人力、物力、财力支援。大力推进“万企帮万村”活动，深化与9家帮扶企业跟进对接，为加快脱贫攻坚进程注入强劲动力。

只有强化资金投入监管，才能不断夯实攻坚基础。实行“项目跟着规划走，资金跟着项目走”的运行模式，县本级财政预算专项扶贫资金1000万元、整合各类涉农资金3.68亿元。深入推动金融扶贫，制订《扶贫小额信用贷款专项实施方案》《返乡创业信用贷款实施方案》《建档立卡贫困户住房建设贷款实施方案》，有效解决贫困群众产业发展、住房建设资金困难问题。同时，制定各个专项扶贫资金管理使用办法，坚持“专人、专户、专账、专款、专用”，加强资金监督审计，确保了扶贫资金安全。

只有更加注重宣传引导，才能有效激发内生动力。编制发放《精准扶贫宣传手册》《扶贫政策明白卡》等4万余份，组建脱贫攻坚宣讲团，进村入户深入宣传脱贫政策。充分利用网络、微信、短信等现代媒体，大力开展扶贫政策知识解答和感恩奋进教育活动。同时，开办农民夜校227所，组织开展各类培训2000余场次，教育引导群众树立“弱鸟先飞”观念，克服“等靠要”思想，实现由“站着看、等着扶”向“主动干、忙致富”转变，点燃群众参与热情，在全县上下形成了众志成城打赢脱贫攻坚战的思想共识。

三、几点意见和建议

总结回顾脱贫攻坚工作，甘洛县在推进脱贫攻坚工作中虽取得了较大成绩，但由于社会历史、自然条件、经济基础、劳动力素质等多种原因，脱贫攻坚仍然面临诸多困难和挑战。作为一个贫困地区要全面实现脱贫攻坚新突破，不仅要依靠群众自强不息、艰苦奋斗，充分发挥主体作用，实现自我发展、自我突破，更重要的是要依靠党和国家的扶持倾斜政策，通过加大项目、资金等各方面的支持力度，实现加快追

赶、脱贫奔康。为更好地推进新时期脱贫攻坚工作，应该做到以下几个方面：

一是加大政策扶持力度，提升贫困地区脱贫能力。贫困问题归根到底是发展落后的问题。建议坚持把发展作为解决贫困的根本之道，强化开发式扶贫方针，从统筹城乡发展、统筹区域协调发展的角度，围绕发展抓扶贫，跳出扶贫抓扶贫，切实加大对贫困地区优势资源开发、重点基础设施建设、重大产业布局、重点项目安排等特殊政策支持和倾斜力度，着力营造加快发展的大环境，加快贫困地区“自我造血”、富民强县和跨越式发展步伐，帮助贫困地区摆脱对政策和上级资金的依赖，解决贫困县(市)“吃饭财政”、群众“囊中羞涩”和县级扶贫资金不足的实际，培育贫困地区自主脱贫能力，为从根本上解决贫困问题打下坚实的物质基础。

二是加大教育扶贫扶智，阻断贫困代际传播。在基层脱贫攻坚实践中，社会事业滞后、思想观念陈旧、文化素质低下是困扰脱贫攻坚进程的重要内因和阻力。因此，加快推进新时期脱贫攻坚工作，必须把“扶贫、扶智、树人”放在更加突出的位置，加快推进义务教育均衡发展，加大教育投入力度，让山区学生接受良好教育，不断提高贫困人口的综合素质；大力发展职业教育和技能培训，不断提高群众的致富能力。同时，加快文化、卫生等社会事业发展，借力“四好”创建工作，综合治理禁毒防艾、社会治安、陈规陋习等社会问题，不断提升贫困地区社会发育程度和保障能力，不断优化民族地区发展环境，从而实现民族贫困地区的全面协调可持续发展。

三是加大基础设施巩固提升，着力夯实发展基础。从全县实际情况看，当前影响脱贫奔康进程的最大“瓶颈”仍是基础设施不完善的问题，特别是交通出行问题。虽然当前的扶贫政策在各贫困村全覆盖实施通村硬化路、卫生室等“村七有”建设，但只能满足县内群众日常的生产生活需求，还未达到出行方便、拉动经济的连锁效应。历经多年发展，甘洛县已有甘石(甘洛—石棉)公路连接成雅高速，国道245线和成昆线过境，但现有交通条件无法满足全县较大的客运、货运需求，无法全方位带动县域经济发展，县内诸多旅游、农牧资源无法有效开发，无法满足全面小康建设需求。因此，建议中央、省、州进一步加大投入力度，打通甘石公路快速通道，提前启动实施乐云高速乐山至泸沽段建设，完善公路运输网络，着力带动凉山州北三县经济社会全方位发展，为实现同步全面小康打下坚实基础。

四是加大上级财政资金投入力度，减轻贫困县财政负担。随着国家和省、州经济实力和财政收入的不断增长，为进一步加大脱贫攻坚投入力度奠定了坚实基础。建议根据贫困地区具体情况，建立扶贫资金投入逐步增长机制，加大上级财政对贫困县的投入力度，做大扶贫“蛋糕”，扩展覆盖范围。同时，考虑山区建设成本，提高贫困村通村硬化路、彝家新寨住房建设等基础设施建设补助标准，增加投入强度，降低和取消县级财政配套，尽量减少农民自筹，弱化对贫困人口自身财富积累的影响。

只有群众积极参与　脱贫致富才有希望

——关于激发群众内生动力的思考与探索

中共美姑县委

当前贫困地区最大的政治责任、最重要的工作目标是脱贫攻坚，但一些地方贫困群众缺乏脱贫内生动力，“等靠要”思想严重，对扶贫政策及近期利益的关注超过了对自身长远发展的关注。脱贫攻坚是为了让群众住上好房子、过上好日子、养成好习惯、形成好风气，既是一个改善基础条件、提升物质生活水平的过程，也是一个教育引导贫困群众转变观念、破除陋习、接受和追求现代文明的过程。只有引导群众在脱贫奔康进程中树立起不等不靠、自力更生的思想，激发群众脱贫奔康的内生动力，才确保贫困群众如期脱贫。现结合美姑县具体实际，就如何坚持群众主体、激发群众内生动力做作以下思考：

一、贫困群众脱贫能动性不足的主要表现

(一)苦熬受穷，不思进取

美姑县农村普遍贫穷，群众生活条件相差不大，境内缺少贫富悬殊过大的参照物，群众习惯于用自己的现状与过去比较而获得满足感。生产习惯于日出而作、日落而息，生活满足于吃饱穿暖、房屋能遮风避雨，沉湎于自给自足的小农经济。同时，由于许多群众居住在高山沟谷之中，交通闭塞、出山进城者少，未见过山外世界的精彩，因而思发展、抓发展、实干脱贫的劲头不足。部分群众“等靠要”的依赖思想比较严重，有些地方甚至出现了比穷不比富的现象，被动等待党委、政府送钱送物。在思想上缺乏依靠自己努力摆脱贫困的强烈愿望。

(二)畸型消费，安于现状

由于美姑县农村农副产品商品率低，收入中用于食物消费的恩格尔系数较高，当地群众几乎没有资金积累。生活中经常有因相互攀比而出现畸型消费现象。丧事大操大办、薄养厚葬的现象普遍存在，农村老年人去世，有的要宰杀牛、羊等几十头(只)，女子出嫁有的彩礼高达20余万元，有的家族几乎每年举办集体祭祖活动，造成铺张浪费。个别贫困群众存在财富积累意识差、自主发展能力弱等问题，对前途关心不多、信心不足，处于“今朝有酒今朝醉，明日愁来明日忧”的麻木状态，被描述为“蜷缩墙根晒太阳，睡在路边看风景，躺着政府来扶持，等着别人送小康”。

(三)急于求富，适得其反

部分群众有积极摆脱贫困的愿望和行动，尤其是读过书或是外出务工见过世面的年轻人。但由于部分人员急于求富，幻想“一夜暴富”等思想严重，导致违法犯罪行为的发生。如内外勾结贩毒吸毒、私挖盗采玛瑙资源、赌博放水等。脱贫致富的内生动力偏离了正道，容易使这部分年轻人沾染上不良习惯，甚至违法犯罪，结果不仅脱不了贫，而且很可能适得其反，导致其终生贫困。

二、贫困地区群众能动性不足的原因

从马克思主义唯物辩证法的角度分析，贫困地区群众的主观能动性不足，既有客观的原因，也有主观的问题，既有历史的落后，也有现实的困惑。其主要有以下三方面原因：

(一)自然环境的束缚

美姑县位于大凉山腹心地带，辖区面积2573平方千米，海拔640~4041米，相对高度大。贫困地区群众依山而居、沿河而行。距离州府西昌市较远，乡(镇)之间、乡与村之间公路通达率低、互通性极差，用

电不稳定、通信网络覆盖面不广。客观地看，严酷险峻的自然环境禁锢了人们的思想观念，形成了群众安于现状、自甘落后的心理。

（二）文化教育的滞后

美姑县是大凉山腹地彝族聚居区，与其他民族交往较少，农村人口全部为彝族，是从奴隶社会直接过渡到社会主义社会的“直过区”，社会发育程度低，群众思想文化观念保守落后，封建迷信、高价彩礼、大操大办、多子多福等陋习盛行。1956年民主改革后，在共产党领导的各民族大团结旗帜下，加强了先进文化教育，汉语教育普及取得了良好成效。改革开放后，农村主要开展规范彝文的普及工作，汉语教育和科技普及的范围和力度有所减弱。目前，在18～60岁的农村劳动力中平均受教育年限只有4年，劳动生产效率极低，外出务工人员只能从事粗放高危行业。文化落后、劳动力素质低下影响并制约了群众主观能动性的发挥。

（三）帮扶方式的偏差

反思全县以往的扶贫工作，也存在一些不当之处。如大包大揽修路、建房，逢年过节在比较广的范围向贫困群众发放物品、现金等，一方面养成部分不劳而获的懒人，另一方面也会挫伤部分群众的致富积极性。帮扶群众解困过程中，未充分征求群众意见，没让群众在自己的事上有足够的话语权，没有真正做到问政于民、问计于民、问需于民，因而群众也关心少、监督少。同时，由于个别基层干部在扶贫解困过程中存在优亲厚友甚至损害群众利益的现象，未能做到识真贫、扶真贫、解真贫，造成部分基层干部在群众中的威信大打折扣，挫伤了群众脱贫致富的积极性。

三、激发贫困地区群众的积极性和创造性的对策措施

只有拿出过硬的举措，充分激发贫困地区群众的积极性和创造性，才能走上内生式的发展道路。

（一）加强教育，增强群众的危机感和自信心

“思想决定行动，行动决定未来”。要教育引导群众认清新形势、树立新观念、掌握新知识（新技术），早日实现脱贫致富。一是安排驻村“第一书记”、村“两委”干部和乡（镇）干部通过走村入户、群众会、现场会等形式，向贫困群众讲解党和国家有关脱贫攻坚和全面建成小康社会的新部署新要求，真正激发群众参与的热情和主体意识；通过典型案例对比分析等方式，讲解贫困地区落后的生存状况和外面世界的较大差距，增强群众的忧患意识；讲透当地实施脱贫攻坚的总体目标、基本思路、主要任务和具体措施等，让干部群众明确未来的发展方向，积极投身到脱贫攻坚工作中，用勤劳的双手改变落后面貌，创造美好生活。二是要教育引导干部群众认识到摆脱贫困走向富裕要靠自己真正站起来、干下去，要明白扶贫不是慈善，坚决克服“等靠要”“躺着扶”的落后观念，增强自立自强意识，实现由“站着看、等着扶”向“主动干，忙致富”转变。三是深入实施“一村一幼”，从娃娃抓起，从小养成讲卫生、尚勤奋、爱节俭的好习惯；开展汉语扫盲和汉文推广教育，首先要从村组织干部中做起，选择曾经到上海等发达地区学习村干部现身说法，介绍懂汉语、能讲普通话的重要作用。在全县范围内全覆盖开展养山羊、种马铃薯、嫁接核桃、建房屋技术培训，着力培养美姑县本地“永久牌”技术人才。

（二）组织动员，充分激发群众的脱贫主体意识

“内因是决定事物发展变化的根本原因”，要充分调动贫困地区群众的积极性和主动性，实现扶贫开发由“输血型”向“造血性”、由“救济式”向“开发式”转变，推动贫困人口稳定脱贫。一是要求帮扶部门（单位）不再向贫困群众送钱送物，而是主要抓劳务技术培训，帮助建设学校、医院、路桥等公益基础设施。二是创新实施“三借三还”，让贫困群众承担种活养肥和归还到位的义务，构建扶与脱对等的权利义务体系。即县产业办和帮扶单位向建卡贫困户借出“美姑山羊”3～5只，满周年产羔后由农户归还同等数量和质量的基础母羊，再在其他乡村实行借还滚动式发展；借出马铃薯种子给农户种植，收成后归还同等数量的薯种；借出优质核桃枝条给农户嫁接低产核桃，第二年归还同等数量的优质核桃树树枝条用于其他农户嫁接，通过“三借三还”，先借后还，线性滚动，接力扶贫，实现扶贫资金效益最大化。三是组织群众参与议事干事，即把群众自己能办的事交由村“两委”组织群众实施，充分调动了群众的积极性和责任感。例如在彝家新寨即危房改造中，政府每户补助2.5万元、群众自筹6万元左右。过去实行政府有关部门统归统建，群众基本没参与。现交由村“两委会”组织实施，乡（镇）主要负责指导和监督检查质量等，缩短了建设时间、降低了投资成本，并能预防建设腐败问题。

（三）强化改革，着力开辟群众创业发展新空间

“当今世界唯一最巨大的力量是变革的力量”。改革是社会发展进步的重要动力，更是贫困地区发展产业和脱贫攻坚的根本动力。一是改革农业产业结构，深入实施“123+N”特色产业，即发展以苦荞为重点的粮食产业（包括马铃薯、玉米、燕麦等），以美姑山羊、岩鹰鸡为重点的养殖业（包括绵羊、黄牛、高山黑猪等），以白杨树、核桃、花椒为重点的生态经果林（包括竹子、桤木、苹果）产业，这些产业符合美姑县群众的生产习惯，适应市场需求，能增加群众的收入。二是改革生产经营方式，发展适度规模经营，积极培育农民合作社、家庭农场、龙头企业等新型农业主体，走规模化、集约化之路。有效拓宽便捷快速的农特产品销售渠道，增强产品抵御市场风险的能力。三是改革陈规陋习，深入移风易俗，要健全和完善村规民约，把婚丧嫁娶从简、卫生整洁治村、自觉拒毒防艾等基本要求形成具体细则；从学生抓起，从小养成良好生活习惯，培养自强不息的精神，在学校形成好风气；注重家庭、家教、家风建设，突出彝区党员干部家庭示范带动，推动养成健康文明、崇尚美德、勤劳致富新风，在家庭形成好风气。

（四）典型引领，让群众脱贫致富有目标有榜样

一是注重发现、培养和树立一批先进典型，要求每个乡（镇）有3～5个发展特色产业致富的典型户、外出务工致富的典型人、带领群众艰苦奋斗摆脱贫困的先进党支部等。二是按照“一村一品、一乡一业”的思路，全力打造马铃薯高产示范区、岩鹰鸡保种扩繁乡、核桃产业大乡、美姑山羊养殖大乡等，推进规模种养，带动群众致富。三是深入调研，全面总结成功经验和做法，在全县大会上交流发言并推广。同时，以组织现场会等方式，自由组织交流，相互学习借鉴。每年由县委县政府对各行各业的脱贫先进进行宣传表彰，营造“人人参与、人人尽力、人人共享”的竞先脱贫氛围。

（五）狠抓落实，以强烈的责任担当推进脱贫攻坚

面对前所未有的脱贫攻坚新机遇，各级党员领导干部所承担的使命和责任也前所未有，要切实增强责任感、使命感，自觉把脱贫攻坚任务扛在肩上、抓在手上、精心谋划、扎实推进。广大党员干部要认真践行“两学一做”和“三严三实”精神，勇于担当、奋发有为，用实实在在的行动换来贫困村发展新变化、贫困群众生活新改观、贫困面貌新改善。各级党组织、纪检监察等部门要动真碰硬、严格考核，对不能如期“摘帽”或造假“摘帽”的严肃问责，对在脱贫攻坚中滥用职权、私自挪用扶贫资金的要从严从重处理，同时要注重在脱贫攻坚一线考察识别干部，对成绩突出的干部给予表彰奖励、提拔重用。

雷波县：发扬“四苦”精神　奋力脱贫奔康

中共雷波县委书记　王荣华

雷波县山高坡陡谷深、悬崖峭壁路险，自然环境差、施工难度大、扶贫成本高，但雷波人民不比条件比干劲，不比困难比办法，发扬党政苦抓、部门苦帮、干部苦拼、群众苦干的“四苦”精神，百倍用心、千倍用力，强力推进脱贫攻坚工作。

一、党政苦抓，“五抓五强”促发展

一是抓组织领导，强督导问责。坚持党政“一把手”负总责，县、乡、村三级书记一起抓的工作格局。仅2017年，县委常委会26次研究脱贫攻坚工作，召开领导小组或指挥部会议32次，推动专项督促检查300余次。针对脱贫攻坚工作不力的干部，县纪委谈话提醒216人，约谈39人，问责处理10人，处分21人，对干部形成强烈震慑，有力地推动了各项工作的落实。

二是抓资金投入，强监督管理。多方面、多渠道争取政策、项目支持，千方百计强化资金保障。全县投入扶贫资金24.67亿元，23个专项扶贫资金到位13亿余元，整合涉农资金7.2亿元。大力开展土地增减挂钩，2016年节余指标904亩，通过省纪委协调天府新区购买904亩指标，获得出让金2.66亿元。2017年节约指标715亩，已取得国土资源厅立项批复，通过中央纪委协调，对接广东省佛山市购买，预计可获得出让金3亿元。积极开展金融扶贫，建房修路共贷款3.62亿元，发放小额无息贷款1.5亿元，教育总投入达7.75亿元。成立县扶贫资金监管中心，在全县286个村(社区)成立村务监督委员会，聘用342名扶贫资金义务监督员。出台专项资金管理办法，建立联席会议制度、扶贫资金“四级”公示制度，对重点项目实行每周一调度、每月一督查、每季度一总结。已登记备案662个扶贫项目、244个“一事一议”项目，监控资金10.16亿元。

三是抓项目建设，强质量监管。2017年，全县推进70个村硬化路建设，完成365.9千米通村硬化路建设；大力实施彝家新寨和易地扶贫搬迁项目，6160户安全住房及配套设施建设全部竣工，实现贫困群众住有所居；完成70个村安全饮水、生活用电、通信宽带和综合体建设，入户水泥路、通组路、垃圾处理池等基础设施建成并投入使用。强化工程质量监管，确保施工质量和安全。

四是抓产业培育，强就业增收。狠抓“短平快”项目，全县种植良种马铃薯4万亩、地膜玉米3万亩、秋菜2万亩，推进2个土鸡养殖基地、3个美人蕉生态猪养殖基地项目建设，投放土鸡2万羽、出栏芭蕉芋猪3000头。新栽植核桃29万亩，总面积达82万亩；新栽种青花椒3100亩、七叶树5000亩、华山松1.5万亩、石竹800亩、山葵400亩、莼菜600亩、其他经果林7000亩，已有部分产业产生经济效益。集体经济稳步发展，落实5500余万元产业周转金，帮助171个贫困村、有插花户的88个非贫困村发展集体经济，惠及贫困人口61207人，农村集体经济“空壳村”问题全面解决。落实各类公益性岗位350个，发放岗位补贴200余万元。

五是抓民生工程，强打击治理。全县为14867名贫困人口发放低保救助金1471.8万余元，发放困难残疾人生活补贴82.4万元。70个村卫生室设备和村医全部配齐，县财政出资1100余万元，帮助贫困建卡户“兜底”新农合。通过“两保险、三救助、三基金”救助贫困人口4.7余万人次，报销救助金4900万元。建立卫生扶贫救助基金300.7万元，为3450户贫困户发放救助基金69万余元。向1.3万余名贫困人口发放低保救助金3100余万元，实现低保“应扶尽扶”“应保尽保”，发放困难残疾人补贴160余万元。建立农民夜校323所，开办农民夜校1965期。强力打击吸(贩)毒和推进艾滋病防治工作，成功摘除“非法种植毒品原植物重点关注县帽子”，破获毒品刑事案件45起，缴获毒品65.19千克、毒资65万元，查处吸毒人员420人，强制隔离戒毒163人。

二、部门苦帮，倾力帮扶添动力

中央纪委和省、州纪委东西扶贫协作，三峡集团和宜宾市翠屏区等以高度的政治责任感，充分履行定点帮扶职责，给予人力、物力、财力和智力支持，为雷波县决胜脱贫奔康、转型跨越发展做出了巨大贡献。

中央纪委协调水利部、财政部增加1个国家级小型水库指标，协调解决麻柳湾水库建设项目6600万元，首批资金3300万元已到位；协调中旅集团3次来雷波考察旅游资源，双方就马湖开发达成初步合作意向；协调中粮集团将雷波脐橙打入全国中高端市场；协调120万元特色产业发展资金，引进紫山药、猕猴桃等农特产品在磨石村开展试点种植；协调北京师范大学教育培训中心，启动三年公益性教育帮扶方案；协调中国发展研究基金会为雷波县50个幼教点提供伙房设备，开展“儿童早期养育项目”；向雷波县纪委和47个贫困村捐赠150套执纪审查设备和282套廉政资料。

省纪委协调教育厅等省级部门解决项目58个，落实资金18亿余元；协调成都天府新区流转“增减挂钩”节余土地指标903亩，共计2.66亿元。协调财政厅将县城新区道路等4个项目纳入财政厅PPP项目库，总投资达20亿元。协调省农发行支持雷波县棚户区改造项目，低息贷款5.5亿元已到位；协调省人防办支持人防工作资金每年500万元，已到位500万元；协调五粮春集团捐资200万元，已到位。

州纪委协调资金1922余万元，解决汶水镇颜家湾和铜厂沟村安全饮用水、基础设施建设、产业发展等问题；单位及职工捐款120余万元，为颜家湾、铜厂沟村建卡户购置了沙发、“三件套”和床共计55套；为铜厂沟村协调民族发展资金，解决农村面源污染治理资金，为莫红乡马处哈村协调民族团结进步新村竞赛资金等500余万元。州纪委常委、纪委书记、州监委主任张力个人为贫困户杨六史、包体洗捐赠资金5000元。

广东省佛山市两年共投入帮扶资金2166.4万元，派驻1名医生和1名教师开展工作。三峡集团公司2017年投入雷波县专项扶贫资金5000万元，投入100余万元慰问贫困移民。宜宾市翠屏区近两年拨付1500.2万元扶贫协作资金，开展各种就业技能培训、专场招聘、扶贫技能培训专班等活动，推荐四川天府茶业集团等企业到雷波县考察投资，达成投资意向上亿元。州委农工委、州农牧局、州交通局、州环保局、凉山歌舞团、西昌职业技术学校、西运集团公司、州农科所、工行凉山分行、凉山联通公司、冕宁县、宁南县等州级部门，给予了人力、物力、财力和智力支持，积极开展定点帮扶工作。

三、干部苦拼，正向激励增活力

雷波县脱贫攻坚有多难，干部就有多拼。县委注重正向激励作用，充分调动广大干部投入脱贫攻坚的积极性；县委纪委、目督、组织等重点针对不作为、乱作为的干部和干部工作作风等进行全方面督

查，并严肃问责。

注重"实力+实干"，为能干事的干部"搭擂台"。一是突出基层的基础作用，坚持"人才到基层培养、干部从一线选拔"，形成制度化的双向通道。下派21名县、乡干部到弱村任职，为171个贫困村配备了"第一书记"。2016年，在村党支部书记、"第一书记"、乡（镇）事业人员等"四类人员"中遴选25名进入乡（镇）领导班子；2017年1月，在"第一书记"和乡（镇）事业干部中遴选23名进入乡（镇）领导班子。19名在脱贫攻坚一线的干部得到提拔重用。二是鲜明"以工作论英雄、靠发展比高低、凭实绩定升迁"的选人用人导向。把脱贫攻坚、征地拆迁等急难险重一线作为培养选拔干部的竞技场，让敢干事、能干事、会干事的干部在"比武打擂"中脱颖而出，实现项目推进与干部成长"双赢"。有针对性地对一线工作实绩突出的工作人员进行重点培养，在同等条件下，优先提拔重用，共有50名一线干部得到提拔重用。

强化结果运用，让干成事的干部登奖台。坚持将考核结果作为干部选拔任用、管理监督和激励约束的依据，真正体现"干与不干、干好干坏不一样"。一是不拘一格用人才。对脱贫攻坚工作中有贡献、项目建设有作为、维护稳定有本领的，大胆启用、大力褒奖，让他们各展所能、有为有位。交流调整了27名基层一线乡（镇）干部到县级机关单位任职，提拔重用35名表现突出的基层干部，让广大干部们看到了希望、备受鼓舞。二是开展全覆盖、常态化的谈心谈话，努力营造心齐气顺干劲足的良好氛围。关注干部深层次精神需求和价值追求，年均开展谈心谈话达3000余人次，为其排忧解难，让其舒缓压力、放下包袱，心情舒畅、动力十足地投入到工作中。三是以制度为保障，从工作上、生活上给予干部关爱和激励。制定出台了《关心激励干部干事创业十项措施》，让干部生活上有保障、工作上有舞台、政治上有希望、社会上有地位，干事创业更有激情。

严格管理约束，让不干事的干部没舞台。响亮喊出"以党性作保证、官帽作抵押、成绩当赎金"的口号，坚持激励和约束并举，让干部能上能下成为一种常态。建立调整不称职不胜任现职乡科级领导干部机制，对为官不为、欺上瞒下、消极懈怠的，及时采取教育提醒、诫勉谈话、岗位交流、降职、免职等"负激励"，达到了鞭策和约束后进的目的。处理违纪违法干部77名，消化超职数配备干部35人，降级2名乡党政"一把手"，撤职15名工作不在状态的干部，"昏官""太平官"被追责问责，对各级干部思想触动很大，现在在脱贫攻坚中"不求有功但求无过"的得过且过型干部少了，"想干事、会干事"成为干部的主旋律。

四、群众苦干，感恩奋进奔小康

推行劳动收入奖励计划，激发群众内生动力。在帕哈乡磨石村、千万贯乡水口坝村开展劳动收入奖励计划试点。143户试点项目为种养殖业和劳务收入项目，每户获得4000元以下不等的奖励金额，群众苦干、实干，积极投入脱贫攻坚。

实施"文明示范、典型引领"奖励计划，树立村民勤劳致富光荣、脱贫光荣的理念。开展"四进农家"活动，评出比文明、比勤劳、比致富、比卫生、比孝顺的精神风貌，让获奖人员成为乡村"明星"，打造群众身边看得见、摸得着、学得到的先进典型。

实施农村安全住房和完善厨房、厕所、畜圈、粪池等配套附属设施奖励计划，调动群众参与积极性。针对2014年以来所有建卡贫困户，除易地扶贫搬迁对象以外，在规定时间内完成安全住房建设任务并完善配套附属设施，且旧房复垦、新房达到国家要求的建卡户每户一次性奖励5000元。截至2017年年底，全县共有5613户享受到奖励政策，县财政共投入2800余万元。

开展"感恩奋进、脱贫光荣"教育活动，老百姓感党恩、跟党走，家家户户的客厅中都挂着一个感恩袋，袋中装着新旧房子对比的感恩照。溪洛米乡水落村建卡贫困户张远银在新房大门贴上对联："苦一天累一天天天思考，忙一年又一年年年更新"；横批：刻苦奋进。山棱岗中心乡泽拉瓦拖村3组村民沙特拉门、沙特黑格等在自家新房上刷上永久性标语："感谢共产党员让我们住上好房子，终身不忘！" "感谢共产党！感谢人民政府……"

2016年，雷波县脱贫攻坚首站告捷，成功退出贫困村31个，脱贫5233户21696人，位列全州第一；2017年，打赢了脱贫攻坚硬战，成功退出70个村，脱贫5301户24274人，超额完成615人。

雷波县："四产联动"　融合发展

雷波县人民政府县长　杨腾斌

产业是脱贫之基、强县之本、致富之源，产业扶贫是脱贫的必由之路。雷波县抓产业扶贫，坚持把建档立卡贫困群众固化在产业链上，注重引进和培育市场主体，构建利益联结机制，激发贫困户内生动力，全县形成产村相融、产城互动、产企合作、产户融合新格局，确保贫困群众通过产业发展实现长久稳定脱贫。

一、构建新业态，坚持四到户，产村相融促进大发展

多措并举推进农村一二三产业联动、融合发展，在第一产业上抓提升，在第二产业上挖潜力，在第三产业上增效益，在一二三产业融合上求聚变，构建了"农户种养、就地加工、休闲旅游、循环生态"的产业融合发展新业态，探索了配套式初级融合、合作式深度融合等利益联结新机制。

在农业内部融合方面，以农牧结合、农林结合、循环发展为导向，调整优化农业种养殖结构，促进了农业增效和价值链提升。按照"万亩林亿元钱"建设标准，积极推行"林—畜—药（粮、草）"循环经济发展模式，促进树上、林中、地下立体空间循环开发利用，促进了家禽、芭蕉芋猪等养殖业快速发展，提高了脐橙、核桃等品质，实现贫困户多层次、多渠道增收。

在产业链延伸方面，通过加快发展农产品加工和流通产业，完善农业产业链，增强了农业的竞争力和可持续发展能力。重点围绕莼菜、核桃、竹笋、青花椒、魔芋、中药材等特色优势产业，新建农产品产地初加工基地，仅雷波县小平特色农产品开发有限公司核桃分类、筛选、烘干达2500余吨，产值达2000余万元；黄琅竹笋和莼菜储存保鲜增值，分别达3000余吨和1000余吨，产值近5000万元。积极开展核桃精深加工产品的研发工作，加大鲜食核桃、核桃乳、核桃糖、核桃油等新产品以及核桃木材、核桃壳的加工和开发，加大专业市场建设，延伸产业发展链，提高产品附加值，促进农民增收。

以建设幸福美丽新村和"四好村"为抓手，新村建设既有跟乡村旅游结合发展的，也有激活农村资本要素的，产村相融发展，村民走出致

富新路。

把易地扶贫搬迁与幸福美丽新村建设相结合,坚持规划先行、产业优先,把产业、旅游、综合配套等融为一体,农民果园变景点,果农变导游,橙旅结合助农增收。

激活农村资本要素,树立“产村相融”理念,夯实“三带”经济,加快“一乡一业、一村一品”产业发展,围绕“1+11”优势产业,搭建集体经济发展平台,每一个村都同步培育了自己的富民增收产业。

选优产业,产业扶贫实现“靶向定位”。按照“长短结合”的原则,积极引导贫困户发展具有本地特色的产业或新型产业,确保贫困户发展短期产业能脱贫、发展长期产业保增收、发展特色产业能致富。仅核桃产业全县核桃种植面积从2014年34.7万亩跃升到目前的67万亩,产量、产值从2014年的7820吨、13294万元增长为7977吨、7977万元;农民人均林业收入从2014年的1565元增加至1688元。

发挥产业扶持基金的引导作用,抓好集体经济和贫困户共同发展,全县171个贫困村,每村都有30万元产业扶持基金,有贫困户的非贫困村设置10万元产业扶持基金,全县共投入产业扶持基金5500万元,确保贫困村集体经济人均达3元以上,避免了新农村建设的“空心化”。

瞄准对象,产业扶贫实现“对症下药”。按户明确产业扶贫项目,对有发展能力的贫困户逐户确定脱贫产业项目,对完全或部分丧失劳动能力的贫困户通过土地入股、土地流转等方式参与产业发展;按户确定扶持方式,就地就近依托新型经营主体,采取土地流转、订单生产、入股分红以及土地托管、果园托管、畜禽托管代养等形式,逐户确定产业扶持带动模式。资金扶持到户,在安排涉农产业项目时向贫困村倾斜,优先吸纳贫困户参与项目建设;服务指导到户,强化产、供、销各环节的服务,发挥农业、科技等部门的作用,根据生产需要对贫困户实行定期上门服务。

针对171个贫困村,按照“长短结合、远近兼顾”原则,投入3.83亿元,发展“1+X”生态产业和“果薯蔬草药”农牧富民产业。大力发展“短平快”项目,投入1280万元,发展良种马铃薯4万亩;投入217.5万元,发展地膜玉米3万亩,种植秋菜2万亩;推进2个土鸡养殖基地和5个芭蕉芋猪养殖基地建设,投放土鸡2万余只,出栏芭蕉芋猪2万余头。积极发展生态产业,投入8700万元,发展核桃29万亩、七叶树5000亩、石竹2.5万亩、莼菜5000亩、白茶2万亩、脐橙1.2万亩。

二、着眼以产带城,致力以城促产,产城互动激发新活力

围绕“城建亮县”发展战略,坚持“产城互动”理念,积极打造靠山面江、宜居宜游、宜业宜商的锦绣江城。

将县城新区定位为“新城区辐射中心、新产业服务中心、新生态宜居中心”,强调产业与城市的互动,带动传统产业转型升级,致力打造引领雷波产业和城市转型升级新引擎。充分利用县城磷化工产业园区、赶街电商孵化产业园区,县城周边脐橙、核桃产业园区,马湖莼菜产业园区等优势,通过PPP模式建设新城,实现生产生活和服务业的集聚。全力支持省上就雷马屏磷化工绿色特色园区建设的可行性论证,积极参与千亿级磷化工产业项目建设。

针对171个贫困村,通过一业带多业、一园聚多业,着力实现土地利用、产业效益、脱贫成效的成倍增加,高效产业园区已经成为全县脱贫攻坚战役中产业扶贫新样板。

雷波县的产业集聚区多数分布在县城及周边,具备“四集、一转”功能,企业集中布局、产业集群发展、资源集约利用、服务功能集合,构建农业劳动力向城镇转移,催生着产城互动的融合效应,也成为雷波发展城镇化的一大特色。

以全县集聚区为主阵地承接产业转移,使农民工昔日远距离的“候鸟”式迁徙变成了家门口上下班的“钟摆”式运动。产城互动,使有能力、有意愿的农民工开始在城镇安家落户,贫困户就近就业,实现了农民变市民。

雷波把产业集聚区建设与加快新型城镇化紧密结合,扎实推进安全住房建设,通过上级补助、土地增减挂钩、县级财政补贴等投入5亿余元,实施彝家新寨、易地扶贫搬迁项目,推进5000户安全住房及配套设施建设。在县城新区新建阳光新村,规划面积23359平方米,建筑面积38789平方米,可安置县域内最边远的大岩洞乡中南和半坡村、簸箕梁子乡特口村、小沟乡单场村等地易地扶贫搬迁276户1248人。完善基础设施配套,积极创造就业岗位,引导搬迁居民转户,促进集聚区就业人员市民化,产业发展与新型城镇化正朝着良性互动、融合发展的方向快速迈进。

注重产业集聚区建设与新型城镇化推进的有机结合,一手抓产业发展,一手抓新城镇建设,着力打造产业与城市融合发展、生态与社会功能集聚、群众宜居宜业的现代新城。在县城新区建设中解决贫困户务工就业问题,在小区物业、加油站、环保部门、停车场、产业园区等设置贫困户就业岗位,让贫困户在家门口就业。同时,创造条件让在家门口就业的贫困群众实现就近居住,提升了城镇人气,繁荣了县域经济,激发了发展活力。

着眼以产带城,致力以城促产,推进产城融合。实行老城区做“减法”、新城区做“加法”,依托县域发展实际和资源禀赋,高起点、多层次实施PPP项目。雷波县与咨询机构合作,完成了县城停车场设施建设等4个PPP项目实施方案的编制和物有所值评价以及财政承受能力论证。同时,在中央、省、州三级纪委的协调帮扶下,成功入库5个项目:教育均衡发展及学前教育基础设施PPP项目1个;县城停车场设施PPP建设项目,乐水湖旅游基础设施及滨湖路建设PPP项目,县城新区东西主干道建设、城市基础设施建设、东边沟填埋整治综合PPP项目,县城新区路网建设PPP项目等市政工程建设项目4个,5个项目总投资21亿元。县城新区路网建设项目已进入实施阶段,其余4个项目均已进入政府采购阶段,5年内将完成所有项目工程建设任务。

三、寻找契合点,构建利益链,产企深度合作实现共赢

优化环境、强化服务,营造“尊商安商、亲商爱商、重商护商”的良好环境,以一颗“公心”真心实意帮助企业解决行政审批、要素保障、公共服务等方面的困难问题,形成“引进一个龙头、带来一批项目、聚成一片产业”的发展格局,招商引资成为县域经济转型突破、加快发展的“助推器”,促进了群众的就业,增加了贫困户的收入,改变了城市的面貌。

大力实施创新驱动战略,推进经济转型发展。通过招商引资,“万企帮万村”活动,中央和省、州纪委及宜宾市翠屏区等帮扶单位推荐等方式,部分央企和一大批民营企业与雷波开展全方位、深层次战略合作,双方寻找契合点,拓宽合作广度和深度,为全县传统产业转型升级、经济转型发展发挥更大作用。

创优环境,“栽好梧桐引金凤”。雷波县委县政府响亮喊出:“企业是衣食父母,谁砸企业的饭碗,我们就砸谁的饭碗;依法严厉打击阻工扰工、敲诈勒索、坑蒙拐骗、破坏生产等违法行为,依法严厉打击乱收费、乱罚款、乱检查等现象,让企业放心投资、安心发展,切实保护正常

生产经营秩序，已建成全州投资兴业和谐稳定的地区”。

找准贫困村所需、所盼与企业所长的结合点，民营企业和商协会采取“1+1”或“1+N”方式与贫困村深度合作。有的贫困村，企业与群众签订土地流转协议，贫困群众通过土地流转入股分红并到企业务工获得劳务收入；有的贫困村，企业买羊、买牛发放给群众，采取代养模式，贫困户参与分红；有的贫困村，企业出七叶树、无患子和其他中药材的种苗和技术，贫困户以土地入股分红，参与种植管理获得劳务收入，企业实行保底分红。

雷波县还以成功申报国家级电子商务进农村综合示范县为契机，加快推进全县电子商务建设工作。建成雷波县电子商务公共服务平台，有效与省、州农产品电子商务综合服务平台对接。建设完善1个县级电商孵化中心，建立电子商务乡级服务站28个、电子商务村级服务点100个，建设人才培训基地1个，培育网商微商500家以上，培训电子商务人员5000余人。计划到2018年，力争全县农村电子商务交易额超过4亿元，其中网络零售额达到2亿元，物流快递乡（镇）配送率达到80%。

创新方式，主动出击招大商，形成命运共生、责任共担、利益共享的“三共”机制。坚持落实招商引资“一把手”工程，重大项目亲自谈、亲自抓；设立招商引资专项经费，列入县级财政预算；修订完善工作目标责任制和考核评价体系，并建立鲜明的激励导向；实行招商项目跟踪推进制度，对责任单位招商引资工作不力的进行通报问责，实现招商引资工作动态管理，成功达成合作意向。中国成达工程有限公司投资400万元，用于莫红乡莫红村产业发展等项目；四川国盛基业集团携手巴中天豪有限公司在全县19个贫困村实施无患子种植12000亩、青仁黑豆种植3000余亩；雷波惠康农业公司在雷波发展千亩水果示范片种植项目，已种植400余亩；兴达直属公司出资46万元为帮扶村发展黄牛养殖；四川省广东商会到位帮扶资金18万元，用于帮扶村发展藤椒产业；云南商会四川广阔农业公司万亩藤椒种植项目在2017年4月已启动实施，在雷池、巴姑、坪头、五官、箐口等地种植5000余亩。小微企业协会以“公司+专业合作社+农户”的运作模式，在所帮扶的4个贫困村发展特色养殖项目已达成共识。全县已有46家企业和商协会与54个贫困村进行深度合作，已落实帮扶项目23个，到位资金7230余万元，达成意向协议34亿余元。

四、对焦问题精准施策，激发群众内生动力，产户融合破瓶颈

在脱贫攻坚中，部分群众存在内生动力不足，仍未摆脱“养猪为过年，养牛为犁田”的思想束缚；有的群众“等靠要”思想严重，“靠着墙根晒太阳，等着别人送小康”“干部在做，群众在看”等现象客观存在，其不愿意参与到龙头公司或专合社，致使产业发展徘徊不前。为此，加大产权制度改革力度，创新农村土地流转模式和农民参与机制、政策激励机制、投入机制、管理机制，列出问题清单，对焦问题精准施策，分类解决，激发了群众参与的热情。

一是有产品没资金问题。针对群众想种植蔬菜、水果、中药材和养殖猪、羊、牛项目，但没有资金问题，采取在村级产业资金中借资金解决，每户协调5万元小额贷款来发展产业。积极开展金融扶贫，发放产业和基础设施贷款3.62亿元，教育均衡发展贷款5.7亿元，发放小额无息贷款1.5亿元。

二是有人力没技术问题，强化技能培训。全年开展新型农民素质提升工程，共培训4000人，在培训内容上增加了感恩教育、民族团结、安全生产及防汛减灾、移风易俗、精准扶贫政策、农村环境保护等内容；开展专项技能扶贫培训工作，培训1130人；开展劳务品牌培训290人，青年就业创业技能培训40人，新型农民培训500人，青年劳动者技能培训600人；组织开展6期330人电商基础培训，为残疾家庭和特困群众培训120人；开展了以无公害农产品栽培、马铃薯栽培、脐橙栽培等为主要内容的实用技术培训，共培训18000余人。通过技能培训，已带动3万余户贫困户增收。

三是有利益没机制问题。一些企业落户村里，农民确实受益，出租土地给企业获得出租费；承担种养殖工作，获得劳务收入。但企业和农民的利益机制还不完善，没有企业的贫困村农民各自为政；有企业的贫困村，企业与农户还是一种松散的买卖关系，签订合同也缺乏履行保证机制，农产品价高时农民不愿意出售、价低时企业违约压价收购，双方互不信任。“公司+农户”合同缺乏约束力，双方利益关系不稳定，少部分企业给农民提供技术、提供种羊，但有极少的农民过一段时间把羊养死了，或者把羊卖了，或者吃了，让企业受损。为此，雷波县探索农村产业融合发展利益联结机制，把贫困群众纳入专合社进行管理，通过试点示范、项目引导、政策指导等方式，创新发展订单农业，形成了最低保护收购价、股份合作、利润返还等多种紧密联结利益形式，总结推广了“公司+合作社+贫困户”“公司+基地+农民”“公司+党支部+贫困户”“农民入股+保底分红”等利益联结方式，转变了群众观念，增强了责任心，有效带动农民增收。

金堂县农产品质量安全的“加减乘除”

金堂县人民政府副县长　易志坚

金堂县牢固树立质量兴农理念，紧紧围绕农业供给侧结构性改革这条主线，把增加绿色优质农产品供给作为民生工程、民心工程来抓，做好农产品质量安全“加减乘除”，构建“产、管、销、追”四位一体监管模式，努力打造全国农产品质量安全监管样板区。

一、常做“加法”，健全农产品质量安全基础保障网

做“加”法，从质量安全监管的工作部署层面而言，农产品质量安全监管是一项错综复杂的系统工程，生产、监管、检测、执法等几大体系或基础条件缺一不可，加起来才能保障农产品质量安全监管工作落到实处。金堂县认真履行属地管理责任，通过将农产品质量安全工作纳入政府考核体系、每年安排县级财政预算资金980万元、狠抓监管体系建设，形成了“政府负总责、县（乡）有机构、监管到村（社）、经费有保障、检测全覆盖”的监管格局。

（一）构建全覆盖监管体系

按照“有场所、有设备、有人员、有制度、有经费”的五有标准健全完善县、镇、村三级监管网络。一是设立县级农产品质量安全生产监督管理科；二是在21个乡（镇、街道）建立农产品质量安全服务站；三是在全国率先实行村级协管员职业化，建立一支98人的职业村级监管员（动物卫生协检员7人）队伍，切实解决基层监管人员不足和监管“最后一公里”的问题。实施“网格化”监管，全县1728家农产品生产经营主体被纳入例行监管范围，分散经营农户种养殖情况被实时掌

握,农事活动期间田间地头巡查常态化开展,基本实现了横向到边、纵向到底的"全覆盖"监管。

(二)构建全过程监测体系

构建县、镇、村、企四级检测体系,为农产品消费安全提供强力支撑。县级农产品质量监督检验监测站通过"双认证",检测技术能力位居全省区(县)级前列;建成乡(镇)标准化农残快检室21个、村级检测室91个、企业自检室103个。县级定量检测1400批次/年、省级100批次/年、市级1000批次/年,合格率99.6%;县、镇、村三级农残快速检测15.96万批次/年,合格率99.73%。监测产品涵盖果蔬菌、肉蛋奶及部分粮油产品,抽检范围覆盖主要种养殖基地及所有村(组)的分散经营农户。检测合格的开具全县统一编号的《产地证明》。

(三)构建全方位执法体系

县级设立农业综合执法大队,下设种植、养殖、水产、农机4个执法中队,配置执法人员49人。落实"四个最严"要求,强化农业投入品生产经营使用和农产品生产、收储运、屠宰等环节执法检查,常态化开展农资和农产品质量安全专项整治,3460户农资生产经营单位、农产品生产经营单位被纳入例行执法监管范围。建立问题线索发现、移送、处置的部门联动机制,实行"检打联动",对检测过程中发现的不合格产品,及时按照程序移交执法大队处理。加强农业行政执法与刑事司法的有效衔接,依法严厉查处不合格产品及其生产经营单位,涉及犯罪的,坚决移送公安机关。近3年,累计查处行政处罚案件200余件、刑事处罚案件2件,立案查处结案率100%,营造打假维权的良好社会氛围。

监管体系、监测体系、执法体系三者相加,组成了金堂县农产品质量安全严密的基础保障网。

二、重做"减法",推进绿色生产

做"减"法,是从影响农产品质量安全的因素层面而论的。影响农产品质量安全监管的因素复杂多变,做好监管工作,要尽可能地从源头出发,减少在其他附属层面的无用功。金堂县重点突出绿色发展,聚力质量兴农,以源头控制和生产过程控制为主,通过技术创新和综合配套,持续提升绿色生产水平。

(一)优化生态环境

"十三五"期间,金堂县将以"两区三带、三湖十园、点网密布"为空间布局结构,严格保护原有森林生态植被、农田阡陌和河流湖库等生态资源,大力推动生态农林产业园建设,彻底改变龙泉山土壤保水保肥能力较差、生态脆弱、水土流失较严重的状况,着力培育成都平原东缘的"生态产业走廊",构建生态农业生产环境。

(二)严格产地环境治理

金堂县每年开展灌溉用水、土壤和大气的本底调查,设置水环境点位26个,水环境质量监测728个/年;空气质量监测点位13个,空气质量监测988个/年;土壤质量监测点位13个,土壤质量监测468个/年。围绕"一控两减三基本"目标,深入开展化肥农药零增长行动,强化畜禽粪便、秸秆、废旧农膜等农业废弃物综合利用,试点开展农药包装废弃物集中回收处置,创新开展菌渣循环利用,基本实现农业清洁生产。

(三)严格投入品管控

强化生产过程投入品管控力度,实施放心农资连锁配送管理,提高优质农资市场占有率。全县建设县级农资配送中心7家、乡(镇)标准农资放心店39家、连锁经营村级物资服务室9家,农业投入品连锁、统购、配送比例达83.5%。加快统防统治,大力推广安全用药,普及绿色防控、配方施肥、健康养殖技术,全县农作物常年绿色防控面积达70%以上,病虫害统防统治覆盖率达65%以上,测土配方80万亩。

三、善做"乘法",打造"金"字品牌

做"乘"法,主要是从提升监管效率层面而言。通过监管工作机制、手段的优化与创新,以达到事半功倍的效果。金堂县优化农业产业体系、生产体系、经营体系,进一步增加绿色优质安全和特色农产品供给。

(一)狠抓标准化生产

根据国际标准和进口国(地区)技术标准、规程,推广应用食用菌、桃、柑橘国家标准1个,农产品地理标志质量控制技术规范2个,建成标准化园区44家。通过财政补贴机制,引导支持新型经营主体申请"三品一标"认证,持续加大"三品一标"农产品面积,全县有"三品一标"产品91个,无公害、绿色、有机食品生产面积占全县耕地面积的68%,国家地理标志保护农产品5个,ISO、HACCP等质量管理体系认证8家,良好农业规范4家。

(二)开展农产品品质提升行动

建设柑橘母本园、"金堂黑山羊"保种场等科研基地,开展品种提纯复壮研究,保护"金堂脐橙""金堂姬菇""金堂黑山羊"等地理标志产品富有特色的种养殖技术和特殊加工工艺。2017年起,金堂县以优势特色主导产业柑橘、羊肚菌、油橄榄系列产品为主,开展品质鉴定分析,掌握产品内在品质特色指标及变化情况,分析产品独特品质的构成及成因,探索全县优势特色农产品品质保持与提升的路径和方法。

(三)狠抓品牌化营销

按照"一个标准、两个市场"要求,创建国家级出口食品农产品质量安全示范区、全国绿色食品原料标准化生产基地,推动实现优质农产品的全民共享,2016年全县农产品出口累计468.4万美元,金堂羊肚菌首次出口瑞士和西班牙。在北京、上海建立成都·金堂田岭涧优特农产品展示展销中心,扩大全县农产品品牌影响力。促进传统产业转型升级,建成市级农村电子商务试点村17个、农村电商服务站100余个,发展农业电商企业100余家(其中年销售额上千万的有4家)、微商1500余家,2016年实现农产品年销售量1.8亿元。

四、精做"除法",提升监管效率

做"除"法,主要是从生产经营主体层面而言。生产经营主体者是第一责任人,只有不安全生产经营的主体这个分母的数量减少了,农产品质量安全的分数值才能大大提高。金堂县以提升监管效率为抓手,通过创建制度和创新方法,积极推动生产主体责任的落实,从根源上解决当前"政府部门当保姆""农产品质量安全监管难"等问题。

(一)加强病虫害监测预警,降低用药风险

充分利用现有村级职业村级监管员队伍,狠抓植物病虫害调查、植保信息宣传、新型植保药械推广、动物疫病监测、流行病学调查工作,确保县级植保、防疫部门能够及时、全面掌控全县动植物病虫害发生情况和发展趋势,并通过职业村级监管员及时将植保、诊疗信息传递到村、到组、到户,提高了动植物病虫害防治的时效性、准确性和施药的精准性,降低农产品药物滥用风险。

(二)搭建信息共享平台,创新监管手段

充分运用互联网技术,搭建信息共享与服务平台。一是实施"智慧动监",全面开展动监天网、生猪屠宰门禁等2211系统建设,实现健康养殖智能监控、数据可查、畜产品可追溯、动物疫情科学管理、工作

方式根本转变。二是建立监管、检测、执法信息互联互通平台和问题线索发现、移送、处置快速反应机制，确保发现问题的查处率达100%。三是试点开发推广农产品溯源管理服务平台。引入第三方追溯系统运营商，建立财政补贴机制，市场化运作，将县域内农产品生产信息、质量安全信息、产品推广、企业信用信息等进行整合，强化准入准出，变"要我做"到"我要做"，切实改变当前农产品溯源难的现状，提升产品追溯能力。

（三）狠抓诚信建设，推动生产主体责任落实

金堂县每年投入资金30万元，开展农资和农产品生产经营环节信用等级评定，推动农业投入品、农产品生产、收储运环节信用体系建设，确保了农产品产地准出和市场准入衔接机制的有效运行。下一步，金堂县将以信息记录共享为基础，以数据标准化和应用标准化为原则，以农业投入品和农产品生产经营企业、农民专业合作社、种养大户为重点，以建立守信激励和失信惩戒机制为核心，把行政处罚、行政许可和监管情况作为信用信息的重点内容，围绕信用信息采集、动态管理、失信黑名单披露、市场禁入和退出、失信行为有奖举报、多部门跨地区信用联合奖惩等内容，完善规章制度，逐步实现信用体系运行规范化，大幅提升农产品质量安全水平和群众满意度。

广汉市农村改革综合试验区建设的探索与实践

广汉市人民政府副市长　梁筱萍

农村改革综合试验区建设是围绕稳定和完善农村基本经营制度、改革农村产权制度、完善农业支持保护制度、建立现代农村金融制度、建立促进城乡经济社会发展一体化制度和健全农村民主管理制度六大制度建设，承担相关改革试验任务，以改革促进农村农业经济发展的系统工作。

广汉市按照党的十九大报告"巩固和完善农村基本经营制度，深化农村土地制度改革，完善承包地'三权'分置制度。深化农村集体产权制度改革，保障农民财产权益，壮大集体经济"的相关精神，坚持以农业供给侧结构性改革为主线，着力提升农村改革的系统性、整体性、协同性，先行先试、多措并举，务实创新、稳妥推进，不断调整优化农村改革重点试验项目，为农村改革综合试验区建设探索出一条符合广汉地域特色的道路。

一、主要做法

（一）节约建设用地，加快推进三产融合发展

为节约出更多的建设用地，将西外乡楠林村确定为改革试点区，通过积极宣传发动，广泛争取试点乡（镇）、村（组）群众的认可和支持，在充分调查摸底的基础上，按照"先易后难、规范有序"的原则，拆除和整理宅基地上的建筑物、构筑物以及其他地上附着物。在实施过程中，坚持做到与农户充分协商搬迁补偿费用，制订拆迁补偿安置实施方案，妥善做好被安置人员的过渡保障。通过村庄整治、宅基地整理节约出的建设用地，按照探索入股、联营等方式，支持乡村休闲旅游养老等产业发展，有力地促进了农村三产融合发展。

（二）深化土地流转，大力发展土地股份合作社

积极探索农村土地流转新模式，解决"耕地谁来种"的问题，出台了《关于加快发展农村土地股份合作社的通知》，为全市创建农村土地股份合作社提供指导意见。2017年1月9日，全市首家土地股份合作社——广汉市耘丰土地股份合作社完成了工商注册登记。截至目前，全市已创建土地股份合作社17家，入社农户2448户，占全市承包农户的1.83%；入社面积7841亩，占全市耕地面积的2.28%。

（三）整合培训资金，积极培育新型职业农民

根据"分段式、重实训、参与式"的培育模式，广汉市新型职业农民培育工作在2016年已进入实训阶段，开展实作培训及外出观摩学习14期。广汉市积极开展新型职业农民培育、认定、服务机制试点，承担新型职业农民培育项目任务314人，计划认定100人。为确保培训质量，广汉市坚持早规划、早准备、早行动，在项目下达前制订本年度工作计划，整合相关部门培训资金，明确培训对象范围。在项目启动后迅速进入工作状态，已完成学员对象遴选，开展了《青年农场主》《首届职业经理人》等专业理论培训，其他专业的理论培训即将按照计划启动实施。

（四）创新投入方式，建立健全信贷担保体系

一是建立健全政府与涉农金融机构合作机制。省农担公司与广汉市政府、市农业局、广汉农商银行、广汉珠江村镇银行分别签订合作（协议）合同，开展业务合作。省农担公司在广汉市农业局设立办事处，逐步构建农业信贷担保体系。同时，研究出台以农业信贷担保体系经营风险补助、绩效考核制度等为重点的配套制度。这一担保贷款模式的建立，解决了独自建立担保机构面临的诸多难题，有效地节约了资源，缓解了地方财政压力。二是加大农业公益性社会化服务财政支持。三年来，广汉市财政补贴资金累计达6400余万元，由市本级财政出资400万元设立了种粮贷款风险基金，增强农户贷款意愿。截至目前，全市通过"财补贷"已发放贷款117笔、金额2832.5万元；由合作银行发放的贷款有345笔、10366.22万元，新型农业经营主体申请贷款满足率达95%以上；吸引社会资金累积投入农业超过10亿元。这些举措，对化解农业农村融资难、融资贵问题发挥了显著作用。

（五）加强政府引导，探索发展农村互助合作社

出台《广汉市农村资金互助合作社监管办法》，加强合作社成员学习培训，完善阵地建设和制度建设，探索开展农村资金互助合作社试点。2017年7月12日，德阳市首家农村资金互助合作社——广汉市永和农村资金互助社在全市正式成立并开业运行，已筹集股金375万元，并为15户合作社内部社员发放贷款290万元。

（六）引进社会资本，推进农田水利投融资体制改革

加快完善农田水利投融资机制创新体系，建立"机制先行、因地制宜、群众主体、多方共赢"的系统。积极开展引进社会资本参与农田水利建设改革试点，创新"先改后建、先建后补"小型农田水利民办公助建设机制，大力推广"规划引导、规模控制、定型设计、定额补助"建设新模式。启动高效节水项目建设，对农田水利投融资体制改革进行总结评估。新增农田水利投融资体制改革试点单位3家以上，进行招投标工作有序推进，待施工单位确定后，按照改革试点方案实施。

二、存在的问题

一是改革试点做法与国家现行政策法规相矛盾，影响改革试点进展和成效。宅基地有偿退出改革试点推进缓慢。整理节约出来的建

设用地指标用于项目建设时，没有相应法律法规依据作支撑。建设项目权证的认定和使用在目前现行政策下存在具体操作难、效果不明显的问题。

二是乡（镇）涉农干部队伍不稳定、年龄偏大、能力素质不高，影响改革进展和成效。全市乡（镇）农业服务中心工作人员特别是农经管理员队伍不稳定、专业人员少，乡（镇）没有专门的农村经济管理岗位和编制，虽然省上、德阳市出台了《关于加强乡镇农村经营管理体系建设的意见》，但文件未明确增加编制，基层执行困难。

三是农村改革综合实验区经费不足，影响改革进展和成效。农村改革需要对人力物力财力的需求量较大，但上级部门给予承担农村改革工作的地区的政策补助并不多。

三、下一步工作建议

下一步，广汉市将认真贯彻党的十九大会议精神，以实施乡村振兴战略为导向，深化农村改革释放要素活力，强化组织领导，突出工作重点，加强督促考核，确保改革试点工作规范有序、稳妥推进。

（一）突出先行先试

充分发挥基层首创精神，围绕当前和今后一个时期农村改革的主攻方向，力争在重点领域和关键环节早日破题，重点在土地承包经营权“长久不变”配套制度，土地承包经营权继承、赠与等流转方式的探索和实践，土地经营权流转指导价格及监管机制和农村集体经营性建设用地流转试点等方面大胆探索。

（二）聚焦制度创新

及时总结试点经验，加强制度建设，把行之有效的改革举措制度化法制化，为修改完善相关政策法规积累经验、探索路子。重点抓好农村土地集体所有权、农户承包权、土地经营权“三权分置”办法，农村宅基地有偿退出审查制度和补偿机制，土地股份合作社发展等制度完善工作。

（三）强化产业融合

以农业可持续发展和供给侧结构性改革为重点，以农村改革综合试验区建设为突破口，推动农村改革形成常态化机制，积极推广土地流转新模式，强化农村土地流转交易市场，健全农村土地流转管理服务体系，大力引进培育新型经营主体、建设农业废弃物综合利用体系，力争探索出一条以农村改革为引领，带动一二三产业互动发展，促进农民收入持续增收的新路子。

关于推动乐山市市中区农村产业振兴研究的调研报告

乐山市市中区人民政府党组成员　张晓明

近年来，乐山市市中区区委区政府坚持把“三农”工作摆在重中之重的位置，以深化农业供给侧结构性改革为主线，突出抓好“建基地、搞加工、创品牌、促融合”的重点任务，农村改革发展活力不断增强，农村新产业新业态蓬勃发展，农民收入增速连年快于城镇居民，农民获得感幸福感显著提升。但全区也清醒地看到，当前农业农村发展面临的形势依然严峻，随着城镇化、工业化、信息化的深入推进，农业仍是“四化”同步的短板，农村依然是全面小康的“短腿”；全区城乡发展不平衡，特别是农村发展不充分、农业发展效益不高、农民增收后劲不足等问题仍未根本解决。党的十九大报告首次提出实施乡村振兴战略，指出当前和今后一个时期是农业转型发展的关键时期，积极探索农村产业发展是实施乡村振兴战略的重要课题。

一、农村产业发展现状

（一）农业基础设施不断改善

稳步实施高标准农田建设、农业综合开发项目、现代农业生产发展项目等重大项目，完善耕地平整、田型调整、农田灌排渠、田间生产路等基础设施，提高农业生产能力。建成高标准农田7.45万亩，建成机耕道1270千米，现有机电提灌站396个，常年提水保灌面积达到10.5万亩，农业机械总动力达35.8万千瓦；建成各类水利工程1916处，形成蓄引提水能力326亿立方米，耕地有效灌面22.5万亩；建成农村公路652千米，其中县道110.7千米、乡道94.1千米、专用公路11.8千米、村道43.6千米，已实现每个乡（镇）通县道、通公交，每个村通水泥路，有效保障了农业发展和农民增收。积极推进农产品流通重点设施建设，建成布局合理、交易方式先进、功能齐全、信息灵敏、安全卫生的骨干批发市场2个。

（二）特色产业发展已成雏形

以蔬菜、水果、林业、水产、畜牧为主的五大主导产业取得初步成效。以培育“一村一品”示范村为载体，以标准化作为市中区特色产业提质升级的重要抓手，不断加强标准化种植、养殖示范工作。建成农业部畜禽标准化示范场1个，省级畜禽标准化示范场3个，主要畜禽规模养殖比重达50%左右。创建了标准化配方肥服务网点3个，发展水产标准化健康养殖基地6万亩左右，建立农业部荔枝标准化生产示范园2000亩，蔬菜标准园区3个、面积2300亩。悦来乡荔枝湾村（嘉州荔枝）、凌云乡凌云村（苦笋）被认定位为市级“一村一品”示范村。已培育创建特色产业15个。

（三）品牌创建实现新的突破

市中区是农业厅认定的无公害农产品基地县、全省渔业重点县。市中区共获证“三品一标”农产品90个；成功申报无公害畜产品生产基地15个（其中生猪生产基地7个、鸡蛋生产基地5个、肉兔2生产基地个、肉牛养殖场1个）；认证无公害水产品养殖基地2个，认证面积1.53万亩。

（四）新型经营组织取得长足发展

通过规范土地流转、优化发展环境等方式，发展市级以上农业龙头企业12个、农民合作社439个、家庭农场145家，农业产业化经营带动面达到72.5%。围绕特色优势水产业，建立区级水产业协会1个，会员达600余人，有效推动了水产业的进一步发展壮大。

（五）农业循环发展、农旅融合发展提上日程

近年来，市中区在循环农业发展、农旅融合发展方面做了积极有效的探索。采用“干湿分离、雨污分流、节水养殖”技术，对粪污进行无害化处理和发酵腐熟处理；推广以“生态养殖+沼气+绿色种植”为核心的种养循环经济发展模式，经济和社会效益显著提高，进一步促进农业的可持续发展。充分利用市中区自然资源，以农旅融合为手段，农耕文化和生态文化为灵魂的休闲农业正在逐步形成；由于以巨桉为主的工业原料林基地逐渐退化，木材生产能力逐渐下降，地力衰退严重，生物多样性减少，生态系统稳定性低，通过实施森林质量精准提

升,可以更好地营造混交林,增加森林储备,发展高端的森林康养和旅游资源得到有效探索。

(六)旅游资源类型丰富,地域特色突出

市中区旅游资源类型丰富多样,各乡(镇)都有各具特色的乡村旅游资源,具备发展"乡乡有特色,村村有品牌"全域乡村旅游的良好条件,并且初步形成以苏稽古镇美食游、平羌三峡诗境游、安谷库区休闲游、峨眉河田园风光游、剑峰乡村采摘游、平兴临江花海游等特色旅游产品组成的环城休闲度假旅游带。区境内共有A级景区5个、星级农家乐18家。其中,金鹰山庄为国家3A级旅游景区,潘家园、周老三全牛火锅、周村古食、御膳苑、大福庄园、尔雅园6家农家乐获得"中国乡村旅游金牌农家乐"称号。2017年,市中区悦来乡荔枝湾村被评为"乐山市十大美丽传统村落",苏稽古镇、平羌三峡、金鹰山庄3条线路入选全市十大乡村旅游线路。

二、存在的问题

(一)农业发展基础设施依然存在短板

虽然市中区已建成高标准农田7.54万亩,高标准农田占可耕作面积的比重仍然偏低;农田水利建设欠账较多,提灌设施带病运行的超过50%。全区农田排灌沟渠还没有得到全覆盖,中小型灌区渠系续建配套与节水改造工程滞后,全区灌溉用水有效利用系数仅0.45;村级道路建设宽度大多在3~3.5米,不能满足现代化农业发展的需要;农业基础设施建设"一事一议"难度大,群众"等、靠、要"思想严重,单靠财政资金的投入难以解决问题。

(二)农业产业化发展有待提升

农村劳动力短缺,市中区在家劳动力主要以50岁以上劳动力为主,对新技术、新知识的接受水平有限,影响现代农业的推进,依靠转型升级提高效益短期效果不明显;农业产业布局"小而散",规模化、连片化程度不高;新型农业经营主体培育不足,农业产业化发展受到一定限制;农业科技含量有待提高,先进农业技术、互联网等普及率低。

(三)农业服务体系不完善

市中区农产品流通主要依赖于农业集市,与现代农业发展不匹配,特别是在农产品电子商务的开发、冷链物流、农业产品信息平台建设等方面存在短板;农业生产性服务体系有待加强,农产品质量安全检测能力不足,全区23个乡(镇)中只有11个乡(镇)建立了农产品质量检测室,已建立的11个乡(镇)检测室后续服务费用欠缺,导致检测室运行困难。

(四)品牌竞争优势不明显

市中区特色产业较多,蔬菜、畜牧、水果等产业均有一定规模,有数十个"三品一标"产品,拥有"嘉州荔枝"国家级地理标志保护产品1个。但由于缺少对品牌产品的宣传和维护,这些产品很难成为"叫得响"的拳头产品和高知名度的农产品品牌。已有品牌的价值和社会认知度有待进一步提高,急需大力实施品牌战略,构建"知名品牌+区域品牌+产品品牌"为架构的农产品品牌体系,提升农产品的知名度。

(五)农产品产业链短,一二三产业融合不到位

市中区农业主要集中在种植和养殖两大领域,农产品加工转换率较低,缺乏农产品深加工的龙头企业,导致农业产业链短、附加值低、综合效益和竞争力不强。休闲农业和现代旅游业发展相对滞后,一三产业的融合提质增效还未得到体现,难以实现农业经济效益最大化。

(六)发展受土地、规划瓶颈制约

市中区在发展上受土地、规划瓶颈的制约,非中心城区乡(镇)基本农田保有量较高,可发展区域较少,阻碍了有投资愿望的业主发展相关产业。市中区在本轮土地规划中可支配的新增建设用地指标较少,后续发展空间不足。主城区范围内优质可发展的土地及其规划由市上直接管理,市中区无自主支配权。

(七)农村面源污染严重

市中区农业资源环境遭受外源性和内源性污染的双重压力,成为制约农业健康发展的瓶颈。一方面,工业和城市污染向农业农村转移排放,农产品产地环境质量堪忧;另一方面,由于环保意识不强,畜禽养殖面源污染,农民养成的化肥撒施、表施等施肥习惯,池塘老化水质恶化严重等现象严重影响农业面源污染防治。

(八)农林专业技术人才匮乏

受体制和机制的制约,基层农林专业技术人才紧缺,专业技术职称实行聘评分开,受岗位设置制约,高级技术职称人才匮乏,科技支撑力度不够。全区23个乡(镇)有在岗农技员17个,其中中级职称12个,无高级职称人员,现有农技人员大多混岗使用,文化层次偏低,年龄结构偏大,大多在45岁以上,农技员后备力量不足。乡(镇)林业员属混岗使用,没有单独的林业编制,现有林业员中,无林业专业技术人员,全部为兼职人员,且专业性不强,林业专业技术人才异常紧缺。全区林业系统没有一个高级技术职称岗位,全区有唯一一名2013年评定的高级林业工程师至今没有岗位,严重挫败了专业技术人员的进步,严重制约了林业事业的持续健康发展。基层农林专业技术人才匮乏,科技支撑力度不够,要实现乡村振兴、发展农村产业,急需大量农林专业技术人才支撑。

三、发展机遇

(一)农业农村发展空间更加广阔

西部大开发、"一带一路"、长江经济带和生态文明建设、城乡统筹等战略的深入实施,特别是乡村振兴战略的实施,承包地到期再延长30年政策的落实,将进一步拓展农业农村经济发展空间。

(二)强农惠农政策力度持续加大

中央、省、市高度重视,把实施乡村振兴战略作为新时代"三农"问题的总抓手,坚持农业农村优先发展,必将在政策、资金方面对乡村振兴予以大力支持,加大对农村路网、水网、电网、通信网以及幸福美丽村建设等农业基础设施、特色农业项目、农村民生工程等方面的投入,为农村产业发展提供了重要政策保障和资金保障。市中区在农业产业发展上也出台了相应的扶持政策,区政府印发了《乐山市市中区推进农业供给侧结构性改革加快都市现代农业发展的扶持奖励办法》,在主体培育、产业发展、科技支撑、财政支持方面给予了有力保障。

(三)区位优势明显

市中区位于成渝经济区范围内,地处乐山市"西部交通次级枢纽"城市核心。区境内路网完善,道路硬化率高,已实现"村村通"。中心城区常住人口超过50万人,随着交通条件的改善和消费能力的不断增长,为观光农业、体验农业、休闲农业、康养农业提供了巨大的消费市场。

(四)产业结构转型升级优势

根据全市"一总部三基地"产业布局,市中区重点发展以旅游产业为龙头的第三产业,这为市中区农村产业融合发展提供了重要契机,尤其是为乡村旅游的快速发展提供了重要机遇。

(五)农产品消费潜力巨大

城镇化和工业化"双加速",全面二孩政策落地,居民收入不断增

加，农产品需求持续刚性增长，特别是中高端农产品消费不断增长，有利于发挥市中区生态环境和绿色有机农产品开发等方面的优势，拓展优质农产品的发展空间。

（六）农业项目投入增大

2017年，全区农业及乡村旅游项目开工建设3个，完成投资1亿元。2018年，农业及乡村旅游项目开工建设6个，计划投资3.6亿元。苏稽文旅小镇综合开发、荔枝湾特色乡村建设、海棠香山项目等进展顺利。

四、推动农村产业振兴的举措

（一）立足市中区实际，科学制定产业发展和乡村旅游规划

服务于乡村振兴规划，按照"一乡一业、一村一品"的发展要求，以乡（镇）为单位，结合土壤地图，完善农业产业发展规划，以科技创新为动力，以农业新技术新品种为载体，以增加农民收入为目标，对全区特色产业发展进行科学规划，并有重点的进行政策倾斜，增加资金、人才、科技、信息等要素投入，集中打造粮食、果蔬、畜牧、水产等主导产业。同时，以市场为导向，大力发展附加值更高、抗风险能力更强、资源更加节约的特色农业，并立足市中区自然资源禀赋优良、类型丰富、开发价值大、资源密度大、地域组织好、文化底蕴深厚、地域特色突出、保护价值高、开发潜力大等特点，制定市中区乡村旅游规划。

（二）建设现代农业经济体系，促进乡村产业兴旺

坚持质量兴农、绿色兴农，以农业供给侧结构性改革为主线，加快构建现代农业产业体系、生产体系、经营体系，不断提高市中区农业综合效益和竞争力。突出抓好"建基地、搞加工、创品牌、促融合"。

抓好龙头企业培育，发展农业产业基地。一是坚持标准化、规模化生产，构建现代农业产业体系。围绕全市"一区六带"农业产业布局，用好用活"土壤地图"，科学分析、统筹规划各乡（镇）、涉农街道的主导产业，规划一批特色农业发展带，建成一批高质量、有发展前景的现代农业产业基地。以农业产业化龙头企业、合作社为重点，鼓励和引导龙头企业、合作社与基地农户签订订单，形成"公司+基地+农户、公司+合作社+农户"的发展模式，协调产销关系，发展订单农业。二是培育现代农业产业基地。巩固以童家、茅桥、剑峰、普仁、青平为重点的粮食种植基地；建设果蔬基地，逐步形成以牟子、关庙和杨湾、水口、临江为中心的万亩蔬菜核心示范片2个；重点打造白马、童家柑橘基地和以土主、杨湾为重点建设猕猴桃基地，形成8000亩的水果核心示范片；围绕水产标准化基地建设，优化区域布局，打造石龙、白马、童家、青平水产养殖基地，打造童家镇开化村、白马镇万湖村2个省级"美丽渔村"。三是推动畜牧业转型升级.大力实施"稳猪禽、兴牛羊"战略，优化养殖结构，加快转变发展方式，构建种养循环发展新格局，认真落实"压量提质"，推进畜牧业绿色发展，全面提升综合生产水平和市场竞争能力，进一步构建现代生态畜牧业产业发展体系，充分发挥山地畜牧合作社、金鸿牧业、天人农牧龙头企业、合作社等基地的示范带动作用，实现畜禽养殖提质增效。

创优农产品品牌，做大产业规模和效益。一是大力发展生态、有机、绿色品牌农业，以市场需求为导向，依托市中区蔬菜、畜牧、水产、花木等传统优势产业和嘉州荔枝、凌云苦笋等特色产品，加快培育一批具有较高知名度、美誉度和较强市场竞争力的农业品牌。二是重点发展、集中扶持产业集中度高、带动力强的优势特色产业，引导产业集中，实现规模经营，提高层次，不断提高农业质量效益和竞争力。三是主动适应消费需求变化，聚焦市场对优质农产品的需求，健全完善农产品质量标准、检验检测、质量监管体系，提升农产品质量和品质。四是加快市中区区域农业品牌创建，提高"三品一标"农产品比重，加大"三品一标"认证力度，实现"一村一品""一乡一业"，形成一批主导产业更加突出、品牌优势更加明显、农村经济更具活力和农民生活更加富裕的特色专业村。

搞好农产品深加工，延伸农业产业链。围绕市中区粮油、果疏、畜牧、水产、林业等主导产业，加大招商引资力度，引进农产品加工龙头企业进行产业链的延伸，进行新技术的引进和开发，提高农业科技含量，加快农产品及副产品的综合利用，提高农产品附加值。一是逐步配套完善农产品产地初加工政策支持，支持加强农产品产后分级、包装、营销，建设现代化农产品冷链物流、烘干仓储等服务体系，加大对保信集团冷链项目建设的支持力度。二是引导支持供销、邮政及各类企业将服务网店延伸至乡村，拓宽阿里巴巴农村淘宝辐射带动面，促进农产品就地消化，力争将更多的农产品加工企业发展成为规模以上工业企业；以延长产业链条为重点，大力实施农产品加工业壮大行动，统一建设农产品深加工园区，建成后园区农产品加工率达到70%以上。三是着力打造优质无公害稻米品牌，加快粮油产业化发展之路，扶持粮食加工企业发展；指导和发展一批具有高附加值的木材精深加工企业，提高综合效益。

加快产业融合发展，促进农旅互动。坚持以拓展农业功能为重点，依托市中区丰富的旅游资源，实施全域旅游，深入挖掘生态和文化资源，建设一批现代农业示范园区，打造一批特色各异、亮点纷呈的特色小镇，与旅游、教育、文化、健康、养老等产业深度融合。以白象谷、海棠香山、嘉州寨子、归园田居等涉旅项目建设为重点，加快培育休闲创意体验农业、乡村民俗酒店、森林康养、森林休闲中心等新业态，形成一批集一二三产业融合发展的休闲农业景区（点）。以荔枝湾旅游公路建设为契机，打造"半小时乡村旅游经济圈"，推动"农业农村+康养"，有效利用乡村良好生态环境。鼓励和支持社会资本参与森林公园、湿地公园的旅游资源开发，打造一批林业生态旅游名胜区精品，开展以"森林+旅游+康养+文化"为内涵的森林生态旅游新模式，提升康养产业发展品质。创新发展"农业+文创""农村+文创"，持续推进乡村记忆文化名录，深入挖掘特色农业农村文化元素，开展创意农产品、创意景观农业、创意农业活动，带动和发展一批特色小镇和特色村落。

（三）加快农村基础设施建设

持续夯实现代农业发展的基础条件保障，巩固和提升农业综合生产能力。一是夯实农业水利基础。加强农村水利工程建设，巩固提升农村引水安全工程，逐步建立"从源头到龙头"的农村引水工程建设和运行管护体系，大力实施高效节水灌溉和小型农田水利建设工程，因地制宜建设"五小水利"工程，加强农村河塘和病险水库的清淤整治。二是加快高标准农田建设。按照集中连片、良种良法、旱涝保收、稳产高产、生态友好的要求，坚持统一规划布局，统一建设标准，统一监管考核，加强项目整合，统筹区域布局，统筹项目安排，统筹资金投放，统筹组织实施。三是大力提升耕地质量。提高土壤有机质含量，改善土壤结构，提高耕地基础地力，坚持用地与养地结合的现代可持续发展理念，普及推广测土配方施肥、秸秆还田、微肥推广和有机肥应用四大技术，促进耕地地力基础地力提升。四是着力提高农业机械化水平。加大先进适用农机具推广应用力度，深入实施农机购置补贴政策，鼓励农户和新型农业经营主体购置农业机械，提高农机装备水平。五是不断完善农村公路、用电用气、农村集镇污水治理、农村生活垃圾、环

境卫生治理等基础设施建设。推动城乡基础设施互联互通，重点加快农村道路建设，着力完善路网、畅通路网；改造提升县道，加强对老乐井路、青关路、土剑路、青普路、峨眉河绿道等公路的改造提升建设，新建荔枝湾旅游公路，加快推进“四好农村路”建设，提升公路品质。实施“农村人居环境整治三年行动”，持续开展城乡环境综合治理，推进“厕所革命”，六是加大乡村基础设施建设投入力度。加大村级公益事业建设“一事一议”财政奖补、美丽乡村建设、扶贫、农业综合开发、现代农业、都市农业等资金的投入力度，实施农村亮化工程，逐步实现城乡基础设施一体化，对发展突出的企业在基地建设、技术更新改造、贷款贴息方面加大扶持力度并建立表彰奖励激励机制，促进产业做大做强，提升综合效益，带动产业扩张和升级。

（四）加强农业面源污染治理，实施农业绿色发展行动

进一步推进畜禽养殖业污染治理，实现农村污染标本兼治。积极推广测土配方施肥和农作物病虫害绿色防控等新技术，实施化肥农药使用量零增长行动。全面实施适度规模以上养鱼场清塘实现底管排污、干湿分离、淤泥污水集中处理。加强农作物秸秆禁烧和综合利用。

（五）加快农业信息化进程

推进信息服务进村入户，加快推进“宽带乡村”、4G移动通信、广播电视等信息化设施建设，不断探索信息进村入户新载体，降低“互联网+”使用成本，为“互联网+现代农业”发展提供有力保障。推进媒体媒介、电商平台与各类商家深度融合，积极打造农产品综合服务平台和农村电商平台，推进互联网、物联网、大数据、云计算、移动互联与现代农业结合，构建依托互联网的新型农业生产经营体系，大力推进设施农业、林业、畜禽、水产养殖等领域的农业物联网技术应用，推进农业产业在线化和数字化改造，积极跟进和探索发展“智慧农业”、精准农业。

（六）加大政策扶持力度，优化产业发展环境

建立“三农”资金稳定投入机制，区级财政支农资金投入每年按比例增长，更大力度向“三农”倾斜。一是出台相关支持政策，扶优扶良，鼓励先进，支持产业发展。落实国家、省、市有关扶持新型农业经营主体发展、“一村一品”发展的各项政策举措，对发展突出的企业，在基地建设、技术更新改造、贷款贴息方面加大扶持力度并建立表彰奖励激励机制，促进产业做大做强，提升综合效益，带动产业扩张和升级。二是要整合资金，集中财力，解决发展资金短缺问题。各级的扶持资金要集中使用，避免“撒胡椒面”，要补贴到先进实用农科技术的引进、试验、示范和推广等关键领域和核心环节，形成引领效果，发挥示范作用。

（七）落实土地保障

在符合土地利用总体规划和村庄规划前提下，积极推进村级土地利用规划的编制工作。在确保村域范围内耕地数量不减少、质量不降低的前提下，通过编制村土地利用规划，统筹安排农村各类土地利用，优化用地结构和布局，盘活农村建设用地。用活城乡建设用地增减挂钩、农村土地综合整治政策，积极保障乡村发展用地。支持返乡下乡人员按照相关用地政策，大力推动大众创业、万众创新。通过现代农业、农产品加工业、休闲农业和乡村旅游用地等方面政策，重点支持乡村休闲旅游养老等产业和农村一二三产业融合发展，促进乡村振兴。

（八）加强金融合作

实施《乐山市市中区人民政府与四川省农村信用社联合社乐山办事处共同推进实施乡村振兴战略合作协议》，加强农民合作组织、农业龙头企业与扶贫小额信贷的合作，积极开展农村资金互助社试点。支持农业项目通过PPP模式，引导社会资本投入农业农村建设。配合市级部门拓宽农业农村基础设施投融资渠道，支持社会资本以特许经营、参股控股等方式参与农村水利等项目建设运营。

五、对实施乡村振兴战略的建议

（一）健全工作机制

成立市中区实施乡村振兴战略的工作领导小组。根据重点任务分工落实到工作组，县级领导为组长，区级相关部门和乡（镇）为成员，明确职责和分工，明确任务和时限，建立职责清晰、分工明确的责任体系，确保工作定人、定岗落到实处。区级各部门、各乡（镇）要把推进乡村振兴战略工作摆在重要位置，切实加强组织领导，建立健全工作机制，制定落实配套政策，统筹协调推进，形成合力。

（二）完善方案编制

做好乡村振兴战略的总体规划，落实“产业兴旺、生态宜居、乡风文明、治理有效、生活富裕”5个子方案的编制工作。

（三）开展专题培训

结合实际，举办乡村振兴战略专题培训班，组织全区196个村党支部书记及产业负责带头人、乡（镇）村干部、涉农部门的相关人员等分期从“乡村振兴背景下乡村规划及建设路径”“农业产业化发展促进乡村振兴”“发展新型集体经济，助推乡村产业振兴”等开展专题培训。

（四）引进农林业专业人才投身基层发展

加大对基层农林专业人才的引进力度，并出台相应激励政策，在中、高级技术职称岗位上适当调高比例，鼓励并奖励专业人才投入到基层农村中开展工作，助推市中区农村产业发展。

深入推进“互联网+农业” 促进农村产业融合发展

西充县人民政府副县长　何德清

西充县地处四川盆地东北部，辖区面积1108平方千米，辖44个乡（镇）621个行政村（社区），有耕地面积74.8万亩，总人口68万人，其中农业人口52万人，是典型的丘区农业大县。近年来，西充县坚持以习近平新时代中国特色社会主义思想为指导，以建设国家电子商务进农村综合示范县为契机，依托“互联网+农业”模式，推动农村产业融合发展，形成了“一业为主、农工结合、三产互动”的乡村发展模式，成为首批国家农村产业融合发展示范园创建县，为实施乡村振兴战略夯实了产业基础。全县建成充国香桃、晚熟柑橘等三产融合示范基地20余万亩，带动16万群众人均增收2200余元。

一、发展“互联网+生产服务”

一是推进“互联网+农业生产”。围绕“有机粮油、有机畜禽、充国香桃、西凤脐橙、西充黄心苕、二荆条辣椒”“2+4”特色主导产业，推进物联网技术在农业生产产前、产中、产后各环节的应用。支持规模大、实力强的新型农业经营主体，建设农业物联网应用系统，实施节水、节药、节肥、节劳动力的成熟物联网应用模式。全县建成水肥一体化基地3万亩，10家农业龙头企业实现物联网服务。

二是推进"互联网+农业经营"。引导各类新型经营主体直接对接电子商务平台,发展农产品原产地直销、农产品预售、订单农业等模式。加快农业电子商务龙头企业培育,支持有条件的企业自建农业电子商务平台,开展农产品品牌化、标准化、规模化经营。成功培育电商龙头企业5家,创建"有田有家""川香土货"等农产品电商品牌40个,全县各类新型经营主体电商覆盖面达30%以上。推进"互联网+现代农业+旅游"、众筹农业、现代农庄等新型业态发展,建成"互联网+乡村旅游精品环线"2条、"互联网+休闲农业与乡村旅游景点"16个。

三是推进"互联网+农业管理"。充分发挥大数据应用在农业应急指挥调度、灾害预警预报、远程视频诊断、产权交易、耕地质量监测、重大疫情防控等方面的积极作用,建成全县智慧农业总控中心,可实现对全县35万亩现代农业基地的实时监测管理。编制5大类40个农畜品种标准化生产技术规程,发布40个农作物有机生产地方标准,推进农产品质量安全溯源系统建设,建立产地准出与市场准入衔接机制,"三品一标"产品全部纳入二维码追溯管理。

二、推广"互联网+市场营销"

一是创新O2O消费。线下体验,线上消费。指导企业通过互联网邀请、组织用户开展免费试吃、基地自驾游、实地考察等线下活动,深入了解农产品品质,感受农产品生产、采摘的各个环节对质量的严格要求,建立农产品的消费信心,继而通过互联网实现农产品的线上销售。西充元斗桃园,每年桃花节、品果节期间,邀请用户到桃园现场参观、试吃,见证有机生产过程,体验有机产品的高品质,有机香桃在网上销售价格为7.5元/千克,是普通香桃价格的5倍,并且供不应求,2017年,桃园网络销售额达到50余万元。

二是创新F2C生产。从农场到家庭消费终端,订单生产,省去中间所有环节。在用户对公司的品牌产生信任和信心后,所有的种养殖产品都可以通过网上订单预售的方式生产,并通过手机APP让用户随时在线查看产品生产的各个环节。金科有机种养殖公司,开发"有田有家"APP,用户可以通过APP自主选择所需产品并实时查看订单产品的生产过程,公司根据用户选择,及时调整种养殖品种,实现订单式生产,2017年,公司网上有机农产品销售额超过1000万元。

三是创新会员制服务。用户通过线下体验和线上消费与公司建立信任关系,成为公司的VIP会员,通过预充值消费金额、推荐好友消费等形式,可以享受产品的价格优惠和免费配送、新产品的免费体验、定期到基地观光旅游等服务,并且通过众筹参与企业发展。宏桥乡钰兰农场,将农业基地以每年4.98万元/亩的价格在深圳、广州等高端会员中发起认筹活动,让会员既成为农产品的消费者,又成为了农产品的经营者,有效缓解了企业生产的投入压力,扩大了产品的销售面。

三、强化"互联网+政策保障"

一是强化政策引导。出台发展"互联网+农业"的系列奖励扶持政策,对达到规定的新型经营主体、电商平台,分级给予2000～50000元奖补资金。采取财政贴息形式,对向金融机构申请贷款发展电子商务的新型经营主体给予2年内一定额度的贷款贴息,以此撬动更多金融资本投入"互联网+农业"。

二是强化技能提升。积极组织县级部门和乡(镇)分管领导、经办人员以及乡(镇)邮政机构和村级电商驿站负责人开展专题业务培训,重点培养软件操作、信息推送等电商技能。全面推进信息进村入户工程,依托益农信息社,全面开展农民手机应用技能培训,让有能力、有条件的农民都能通过互联网将田间农产品与线上用户连接起来。已建成村级益农信息社411个,2018年将实现村级益农信息社全覆盖。

三是强化物流保障。通过邮政网点、万村千乡农家店和村级活动室等资源,建成县级电商运营中心1个、乡(镇)电商服务中心44个、村级电商驿站388个,物流服务网点覆盖全县100%的乡(镇)和66%的行政村。占地近百亩的县级冷链物流中心已经竣工运行,每日可实现2000吨农产品物流中转,为西充县鲜活农产品走出四川、走进全国、走向世界奠定基础。

发挥比较优势　补齐劣势短板　擦亮农业大县金字招牌

岳池县人民政府副县长　刘永红

岳池县是传统农业大县,有"银岳池"之美誉。但近年来,岳池县现代化农业发展逐步滞后。通过对岳池县农业发展现状的调研,进一步理清发展重点、思路目标,明确工作举措,并做出如下思考。

一、比较优势

一是稻米产业。岳池县米文化历史悠久,年产水稻32万吨,又被称为"银岳池","黄龙贡米""岳池米粉"成功申报为国家地理标志商品,具有一定的知名度和美誉度。二是藤椒产业。全县花椒种植面积在9万亩左右,投产面积5万亩以上,产量达2.2万吨,种植规模和产量居广安市首位。三是中药材产业。全县中药材产业与经开区医药产业配套,种植面积5.2万亩,引进中药材加工企业5家,其中已建成投产2家,发展潜力较大。

二、存在的短板

一是农产品加工能力薄弱。全县规上农产品加工企业仅有18家,农业龙头企业数量少、链条短、附加值低,农产品精深加工能力不强。比如花椒、中药材的烘干、冷储、精选等设备不足需求的20%。二是农业经营主体培育不足。全县有省级农业龙头企业4家、农民专合社13家,市级农业龙头企业26家、农民专合社27家。三是缺乏叫得响的农业品牌。全县目前无驰名商标,农产品注册商标多而散,缺乏具有岳池特色的区域品牌。如花椒产业有"麻广广""长田香"等品牌,但其产品规模小、市场分散,没有形成叫得响的花椒区域品牌。四是水利基础设施薄弱。产业基地的水利配套不足,抵御自然灾害能力较弱,制约了农业产业的高质量发展。

三、思路目标

全县目标为"1345"("一主三特四平台五支撑")。"一主",即实施"黄龙贡米"振兴计划,做大做强稻米主导产业;"三特",即发挥岳池县自然禀赋优势,做优做特藤椒、中药材、川菜地道食材产业;"四平台",即重点培育以现代农业园区为核心的产业基地及川菜地道食材生产基地、农产品加工产业园、农产品现代物流园、农业发展公司;"五支撑",即强化政策、资金、人才、科技、改革保障,以擦亮岳池农业大县"金字招牌"为目标,推动岳池县农业高质量发展。

四、工作举措

全面落实中央、省委、市委关于实施乡村振兴战略决策部署,以发

展现代农业园区为重点，以创建农业强县为载体，念好优、绿、特、强、新、实"六字经"，加快建设现代农业示范基地，完善产业体系、生产体系、经营体系，推进岳池县由农业大县向农业强县跨越。

（一）规划引领

坚持"土""洋"结合，聘请国内外顶尖农业专家团队，明确主导产业、建设重点，科学规划现代农业产业基地并落实区域生产功能，进一步构建七大产业集聚区，即在黄龙、罗渡、中和、坪滩、顾县、苟角等乡（镇）建设粮油产业集聚区（300平方千米）；在顾县、双鄢、长田、东板等乡（镇）建设中药材产业集聚区（50平方千米）；在秦溪、北城、兴隆、平安、镇裕等17个乡（镇）利用坡地建设藤椒产业集聚区（200平方千米）；在九龙镇白塔村建设农产品加工和物流集聚区（1平方千米）；在朝阳、石垭、九龙、乔家、苟角、同兴等乡（镇）建设以川菜地道食材为主的蔬菜产业集聚区（100平方千米）；在全县适养区建设畜禽产业集聚区（50平方千米）；在现代农业园区、农家文化旅游园区建设农旅融合休闲农业集聚区（130平方千米）。

（二）搭建平台

一是尽快启动岳池农产品加工产业园建设，与粮食物流园项目统一规划建设，重点支持白酒、米粉、藤椒和中药材等精深加工产业发展，补齐农业产业链条短板。二是加快农产品冷链物流服务体系建设，推进信息化、自动化、智能化和标准化的农产品现代物流园和农产品批发交易中心建设。三是整合三安、粮食局等农口系统下属企业组建县委县政府直管的国有农业发展公司，公司业务覆盖农业基础设施建设、农业种养殖业、农产品加工业、物流超市等行业，培育国有农业龙头企业。

（三）质量兴农

一是以园区带动产业。以发展特色鲜明、要素聚集、链条完善、机制创新的园区为重点，科学制订规划建设方案，大力建设现代农业园区、现代林业园区，以国家4A级标准建设农家生态文化旅游园区，按照"全省典范、全国知名、打造川菜全国第一知名食料品牌"的目标定位建设顾县—苟角中国川菜地道食材生产基地，力争到2022年创建一批国家级现代农业产业园、科技园、创业园、省级现代农业园区。二是以标准引领生产。由相关行业主管部门牵头，统一制定"黄龙贡米""岳池米粉""藤椒""中药材""川菜地道食材"的生产、质量等标准，推进标准化生产，提高岳池县"一主三特"产业的影响力。三是以加工提升基地。通过对加工企业的扶持，倒逼企业提升产业基地的农产品结构及规模。如依托县经开区医药产业园，发展壮大中药饮片、制剂加工等产业，倒逼中药材生产基地建设提质扩面。推动成立米粉产业协会，统一米粉行业标准，开发方便米粉、米粉调味包等产品。四是以品牌占领市场。科学制定品牌培育规划，清晰品牌定位，积极创建驰名商标、地理标志产品、有机绿色无公害农产品等品牌重点，培育具有岳池特色的区域品牌，以优质农产品品牌占领市场，推动岳池县农产品"走出去"。如努力做强做响"岳池米粉"地理标志产品，对于在大、中、小型城市开设岳池米粉实体店的商家，分区域、分档次给予开业和经营1年以上两个节点进行奖励补助。

（四）保障支撑

一是优化政策体系。研究出台支持"一主三特"产业的基地建设、农产品加工、品牌培育、人才引进、科技成果转移等专项政策，形成岳池县农业发展的比较优势。二是完善基础配套。解决水源保障和灌溉"最后一公里"问题，推广节水灌溉技术，确保"旱能灌、涝能排"。三是加大资金投入。加大财政资金投入力度，鼓励工商资本进入农村发展农业，鼓励合作社开展内部成员资金互助融通服务，大力发展农村金融服务，为新型主体扩大生产提供强有力的金融支持。四是加强队伍建设。采取招硕引博、公务员招考、从"三支一扶"人员选聘等多渠道引进农业专业技术人才和农业职业经理人，借助四川大学、四川农业大学、西南大学等平台更新农业干部知识结构，建设一支懂农业、爱农村、爱农民的"三农"工作队伍。五是强化科技提升。设立岳池农业科技人才专家库，加强农业科技基础研究、资源创新与良种研发，加大农业科技成果推广，促进农业科技成果转化。六是深化农业农村改革。对照中央实施乡村振兴战略的部署要求，深化农村土地制度改革、农业经营制度改革、农村集体产权制度改革，着力扶持小农生产，提升新型农业经营主体发展质量，优化农村集体经济发展环境。深度融入重庆市、成都市，提高"岳字号"农产品市场占有率，建成川渝农业产业合作的"桥头堡"，打造川渝两地的"菜篮子""米袋子"。

关于推进"乡村振兴"战略实施的探索与思考

中共松潘县委常委　华尔白

松潘县位于四川省西北部、阿坝州东北部，地处川、甘、青三省交界处和四川省西部旅游黄金路线的中心位置，平均海拔3000米以上，是岷江和涪江发源地、长江上游的生态屏障。辖区面积8486平方千米，县城海拔2850米，辖25个乡（镇）143个行政村4个社区，总人口7.6万余人，农业人口5.7万余人。2017年，全县农牧民人均纯收入11746元，在全省41个中低收入组县（市、区）中居第18位，在全州13个县中居第5位，并被省委省政府评为全省县域经济发展先进县和"三农"工作先进县。

党的十九大和中央农村工作会议提出全面实施"乡村振兴"战略，并将其提升到战略高度、写入党章，把农业农村工作摆在更加重要的地位，为农业农村改革发展指明了放向。近年来，松潘县围绕"农业增效、农民增收"和全面脱贫奔小康目标，在新农村建设工作方面作了有益探索，取得了明显成效，但与其他先进地区以及乡村振兴战略的要求相比，仍有较大差距。

一、松潘县实施"乡村振兴"战略的现状分析

就松潘县农业农村发展现状而言，实施"乡村振兴"战略既具备了优势条件，也存在着短板和不足。从优势条件看，松潘县地处"大九寨"旅游圈枢纽位置，北上兰州、南下成都、东通绵阳、西连大草原，境内有九黄机场，成兰铁路即将通车，国道213线、省道301线四通八达，区域位置较优越。农牧业生产条件较好，土地草牧场资源丰富、土壤洁净、光照充足、水资源丰富，全县农耕土地面积约12.6万亩、天然草场面积517.89万亩、人工草地面积16万亩，农作物播种面积达到12.3万亩，粮食产量稳定在1.9万吨左右，理论载畜量64万个羊单位，牲畜存栏量稳定在18.9万头（只）以上，养殖牦牛、藏山（绵）羊12万余头

（只），肉、奶年产量分别达5748吨和7607吨；全县建成以莴笋等错季节蔬菜为主的优质无公害蔬菜基地3.5万亩，蓝莓、雪山梨、青脆李等优质特色水果基地0.3万亩，羌活、大黄等中药材基地3万亩。从短板和不足看，一是农牧业供给结构不合理，经济作物、饲草料比重小，农牧业生产经营方式组织化程度低，农畜产品加工转化率低，品牌化建设滞后。二是农牧业科技服务体系不健全，全县农牧业科技人员缺乏，仓储物流设施建设滞后，严重制约着农畜产品市场化进程。三是农村牧区发展动能不足，主要表现在龙头企业带动能力不强、农牧区居民老龄化问题突出、农牧民转移就业不充分。四是农牧区人居环境整治有待进一步加强，主要表现在环卫基础设施不完善、管护经费不足、长效机制不健全。五是农牧民群众普遍文化素质偏低，农村人才、资金、土地等各种要素单向流入城市，留在农村的多为老弱病残妇，造成农村严重“失血”“贫血”。

在决胜全面建成小康社会的背景下，松潘县只有进一步建立健全城乡融合发展的体制机制和政策体系，加快推进农业农村现代化，才能真正激发农村活力，坚持农业农村优先发展、巩固和完善农村基本经营制度、保持土地承包关系稳定并长久不变、深化农村集体产权制度改革、构建现代农业产业体系、促进农村一二三产融合发展，由此带动农民收入稳定增长，增强农村基层组织的凝聚力，让乡村成为人人向往的美丽家园，实现新时代乡村现代化，才能从根本上解决全县“农业不发达、农村不兴旺、农民不富裕”的“三农”问题，逐步实现“产业兴旺、生态宜居、乡风文明、治理有效、生活富裕”。

二、松潘县实施“乡村振兴”存在的问题和难点

（一）农村基础设施建设的历史欠账仍然较多

全县农业发展到今天仍然存在很大程度上靠天吃饭的问题，乡村道路虽然发展较快，但大多数开始进入修缮期。由于国家投入和社会各界支持力度有限，村集体经济实力薄弱，受现有政策和农村实际现状的影响，村民自主投资投劳建设家园的积极性不高，导致农村基础设施建设投入严重不足，管理服务水平滞后，作用难以发挥。部分村寨未通自来水，相当一部分村寨还没有硬化路面。存在农田水利工程等基础设施相对落后、技术装备水平低、信息基础设施薄弱、农村电商服务体系建设功能性配套不完善等问题。

（二）农业发展的外部环境仍需进一步改善

一是政策的综合效益不高。各乡（镇）普遍反映农村的各类优惠政策很多，但相对分散，缺乏统筹使用一盘棋的工作机制，资金使用效果不佳。二是政策扶持的方向需要进一步调整。适应市场经济的政策体系还没有建立起来，如农牧业特产业发展的补贴政策很少，人工种植的中药材、食用菌、小类经济作物等还没有相应的国家标准和农药使用登记目录。三是产业发展的软环境仍需进一步改善。据基层反映，农业项目小、散、多、杂成为近些年来检查的重点，一个农业项目往往要接受多个部门检查、审计、评估等，使基层应接不暇。

（三）农业发展的内部支撑因素仍需进一步加强

一是农业大而不强。一个重要原因是产业发展不足，产业链条短、产品附加值低，一二三产融合度不深。二是农业结构调整不到位。受传统观念的束缚，部分农民思想认识滞后，不敢调、不会调，从而导致不能调，制约了农业结构调整的整体进程，比如在种植业方面，依然还存在“莴笋一统天下”的格局，产业结构不优、区域集中度低、地方特色不明显、生产效益不高等问题仍然较为普遍。三是土地流转难度大。土地经营碎片化和小农户分散经营严重制约着农业规模化、机械化、标准化、产业化发展。四是缺少自主优良品种。除松潘贝母外，蔬菜、中草药、经济作物等其他农作物较少有自主品种，产品商品性状不优、品质效益不高、同质化严重等问题突出。五是缺少大型龙头企业带动。绝大多数农产品仍以原料销售为主，即使是简单分装、预冷、储藏、加工程序也缺乏，分散经营的大多数农产品可追溯体系难以建立，质量难以取信于众。六是品牌建设严重滞后。农业品牌培育力度不够，知名品牌总量少，销售渠道主要以线下为主。七是依靠农业自身积累发展产业的模式没有太大改观，融资手续繁杂、融资时间长、可抵押担保物少、贷款数额小、贷款周期短等问题仍然存在。八是农业专业技术队伍建设严重不足。农业技术人才、管理人才匮乏，一家一户经营与大市场信息不对称，农业技术指导、管理服务跟不上。

（四）农村青壮年劳动力流失的问题仍然没有缓解

镇坪乡满山红种养殖合作社雇佣当地208户农户发展花椒种植，男女劳动力年龄基本上为40～50岁。随着城镇化、工业化进程不断加快，农村劳动力大量转移，农村青壮年劳动力大多外出打工，在家务农的大多是年老体弱或多病者，素质偏低，农业兼业化、农民老龄化、农村空心化问题突出。据统计，全县直接从事农业生产的农民平均年龄超过47周岁，农村户口考入大学又返回农村就业创业的不足10%，即使没有考上大学的农村青年，结婚后基本选择外出务工或在城镇居住。

（五）农村环境整治的压力仍然很大

农村垃圾服务设施仍不完善，垃圾处理办法陈旧老套，村民环卫意识不强，环境整治资金缺乏，部分村寨环境仍存在“脏、乱、差”现象。燕云、大姓等乡（镇）畜禽粪便不能及时有效处理等问题非常突出。

（六）农村乡风文明建设任务仍然十分艰巨

党的十九大报告提出的20字方针与原有新农村建设的提法有一些新变化，要求今后工作着力点也应有所调整。与治理有效相对应的乡村民主议事制度应适合农村劳动力转移的现实，在议事程序、范围、参加人数等方面都要有新的制度安排。总的来讲，乡风文明建设任务还很重。一是少数基层党组织软弱涣散、无所作为的现象仍然存在，基层党组织作用发挥的不好，促进农村经济发展的意识不强，没能带领农民群众致富。二是由于农村文化硬件设施薄弱，基层干部对农村精神文明建设认识不够、投入精力不多，以及农民的整体素质不高等因素，导致农村精神文明建设水平不高，农民思想观念不新、意识水平较低，农村文体活动不多、精神生活贫乏，少数农民农闲季节沉迷于宗教信仰、打麻将、赌博等。三是农村封建迷信、腐朽思想、陈规陋习等不良现象仍然存在，红白喜事讲排场，大操大办，对老人厚葬薄养。据部分乡（镇）反映，农村随礼较多时候占农民全部收入的一半以上。

三、松潘县实施“乡村振兴”战略的意见建议

（一）加快特色小镇发展，发挥产镇功能辐射作用

产镇作为沟通农村和县城的中间结点，在物资流通、人力周转、信息交流等方面扮演着极为重要的角色。加强特色小镇建设，充分发挥特色小镇在促进区域经济发展中的辐射作用，将是一项长期而艰巨的任务。为实现这一目标，需要在以下几个方面投入更多精力。一是要科学规划特色小镇。要结合全县“十三五”规划和《松潘县“8·8”九寨沟地震灾后恢复重建规划项目表》，统筹川主寺镇、青云镇等特色小镇建设，中心镇建设及村庄建设，科学布局，形成有利发展、方便生活的合理网络。二是要打造核心产业。加强与国家级、省级和州级规划对接，根据现有产业资源基础和有利条件，科学修编规划，将农业产业规

划与城市规划、土地规划及园区规划等相结合，制定特色农产品优势区建设规划，对具有地方特色的优势产业进行认证布局，建设一批地理标志农产品和原产地保护基地。三是要抓好配套设施建设。重视全县市政基础设施的规划和建设，严格按照规划实施。构建全方位的便民服务体系，尤其要加强对与居民每日生活密切相关的公共服务设施的建设，如中小学、医院等，以提高特色小镇公共服务设施配置标准和服务水平，使特色小镇成为宜居宜业的重要区域，切实解决服务群众"最后一公里"的就业就学就医难等问题。

（二）加快供给侧结构性改革，促进农业产业化发展

农业产业化的根本出路在于供给侧结构性改革。要以乡村产业的重心为重点，以推进农业供给侧结构性改革为主线，聚焦抓重点、补弱项，加快农业农村的现代化。一是要打造一批龙头企业。要依托全县区域优势和产业资源优势，坚持"走出去"和"引进来"相结合，积极推进农业招商引资和产业化合作开发，要重点引进和培育扶持一批科技含量高、产品竞争力强、经济效益好、带动作用大的龙头企业，尤其是重点培育和发展特色养殖业、高原有机蔬菜、特色水果、道地中药材等产业链的龙头企业。强化龙头企业与农民合作社、家庭农（牧）场、种养大户等新型农业经营主体的有机整合，打造农业产业化联合体。二是要大力培育农业品牌。围绕"净土阿坝"区域农产品品牌，加大对地理标志农产品的挖掘、培育、登记和知识产权保护力度，加快地理标志农产品的品牌定位、技术革新和品种开发步伐。积极运用电视广告宣传、农业信息网络发布以及组织召开产品供销会等现代营销手段，树立全县农业品牌，扩大品牌农产品的知名度。三是要形成一批县域及乡（镇）特色产业。依托生态优势，在林下经济上做文章，围绕道地中药材、藏香猪、花椒等林下种养，发挥生态效益，推出特色生态农产品，形成一批特色生态产业，重点在组织专业化、规模化生产上进行培育和壮大，做好农特产品精深加工、包装、注册、宣传工作，提高农特产品附加值，使农民实现农特增收。四是要加快农业农村信息化水平建设。要加大培育运用互联网开展经营的农民和新型农业经营主体数量，加快农业电子商务发展，推动农业市场化、促进规模化、提升品牌化，加快发展农业生产资料、休闲农业电子商务，推动农产品批发市场信息化应用取得新进展。

（三）加强生态文明建设，实现乡村生态宜居

乡村振兴战略用"生态宜居"替代"村容整洁"，是乡村建设理念的升华，是一种质的提升。"生态宜居"四个字蕴含了人与自然之间和谐共生的关系。一是要妥善处理好经济和环保的关系。当前，全县只有红扎乡德苟村的冻库、毛儿盖镇阿藏村的红色农庄等小部分村集体经济做得比较好，大部分乡（镇）、行政村还没有稳定增收的集体经济收入来源，一些效益比较好的养殖场和企业因环保督查全部关停了，虽然对经济造成了影响，但"绿水青山就是金山银山"，乡村的生态环境正在逐步好转，旅游、绿色经济等还需加快发展。二是要加快幸福美丽新村和扶贫新村建设。调研中，大部分乡（镇）提到要继续打造幸福美丽新村和扶贫新村。因此，各乡（镇）、行政村要认真总结新村的建设经验，在新的基础上进一步探索幸福美丽新村和扶贫新村建设的可推广、可复制模式及办法。三是坚决打好农村环境污染整治攻坚战。高度重视生态保护基础设施建设，推进农村垃圾和污水的集中处理，关闭禁养区的畜禽养殖场，配置农村生活垃圾收储设备，基本实现农村生活垃圾集中处理全覆盖。在此基础上，把"堵"与"疏"结合起来，大力发展循环效益农业，把畜禽粪便的污染收集处理与发展绿色农业、有机农业结合起来。

（四）加强精神文明建设，推进乡风文明

乡风文明是加强文化建设的重要举措，在实施乡村振兴战略过程中，要特别注意避免过去的只抓经济不抓文化的问题。实现乡风文明主要突出以下几个方面：一是要加强农村的思想道德建设。立足传承中华优秀传统文化，增强发展软实力，更重要的是发掘继承、创新发展优秀乡土文化，这不仅是概念，还是产品产业。二是要加强文化基础设施建设。要逐步配套建设村（社区）文化活动室和群众文化广场，并在有条件的村（社区）新建篮球场，安装健身器材等文娱设施，丰富群众的业余文化生活。三是要加强农村移风易俗工作。把普及科学、移风易俗作为农村精神文明建设的重要内容。建设社会主义新农村，加强乡风文明建设，必须大力发展科学文化事业，加强科学知识、科学方法、科学思想、科学精神的宣传教育。开展送理论、政策法规、实用技术、文化、卫生、劳务服务、信息、先进典型、安全知识、温暖等活动。通过这些活动，大力宣传科教兴农，宣传科学知识、科学方法和科学思想，帮助群众解决生产生活中的科技难题，引导农牧民树立与现代文明相适应的思想观念和生活方式。

（五）加强农村民主政治建设，促进乡村治理有效

治理有效是加强农村政治建设的重要保障。一是要充分尊重农民主体地位。坚持以人民为中心的原则。始终把农民群众的利益放在首位，尊重农民群众的知情权、参与权、决策权和监督权。一方面要向农民群众广泛宣传党的各项农村政策，通过建立和完善农村民意表达机制，广泛征求农民群众对农村改革发展的意见和建议，并将其合理意愿和要求体现到决策中；另一方面，要充分尊重农民生产经营自主权，使其能够完全自主地根据市场情况从事生产经营活动。二要加强基层组织建设。坚持把基层党建与乡村治理结合起来，探索推进基层党建引领基层社会治理创新。重点是选好配强147个村（社区）的村主任，充分发挥村党支部的战斗堡垒作用。完善基层民主制度，发展农村协商民主，强化村务公开，保障农民的知情权、参与权、表达权和监督权。按照权利和义务对等原则，制定落实务实管用的村规民约，健全完善"一事一议"制度，把村级事务的决策权交给群众。三要加强农村法治建设。坚持全面依法治理，持续开展普法教育，提高农村干部群众的依法治事、依法管事、依法办事水平。健全依法决策机制，构建决策科学、执行坚决、监督有力的村级治理工作机制。健全依法维权和化解矛盾纠纷机制，引导和支持农民群众通过合法途径维护自身权益，理性表达合理诉求。

（六）夯实农村经济发展和农民增收基础，努力实现生活富裕

生活富裕是实现乡村振兴战略的最终目的，也是建立富强民主文明和谐美丽新松潘的根本要求。主要突出以下几个方面工作：一是要完善公共基础设施。继续坚定不移地贯彻落实中央惠农强农政策，加大对农业农村发展的投入力度。推动基础设施和医疗、卫生、教育等公共服务向乡（镇）、村延伸，逐步消除城乡之间基础设施差异，补齐乡村发展短板。加强农田水利基础设施建设，提高农业综合生产能力。以农村电网改造升级和推动农村用电公共服务均等化为重点，基本实现农村安全高效、稳定可靠的供电服务全覆盖。以"组组通硬化路"为目标，实施村民小组"通畅工程"，推动农村公路"通畅工程"向村寨、院落延伸，畅通交通"最后一公里"。二是要健全农业支撑体系。坚持把农业农村作为财政支出的优先保障领域，加大财政支持力度，带动金融和社会资本投向农业农村，发挥财政资金的引导和杠杆作用。不断

创新农村金融服务模式，加快建立适应全县农业生产特点的多层次、广覆盖、可持续、竞争适度、风险可控的现代农村金融体系。规范建立土地流转市场，加快土地流转，发展适度规模经营。在不具备龙头企业进入进行农业开发的地区，发展土地股份合作制，以土地入股、合作经营的方式进行土地经营，衔接小农户，构建小群体、大规模的土地规模经营模式。三是要提高农民综合素质。大力发展农村教育，加强农民培训，让农民掌握更多的文化知识、科学技术和经营技能，使农民成为有文化、懂技术、会经营的新型农民，增强他们在农村改革发展中发挥主体作用和首创精神以及建设社会主义新农村的能力和本领。四是要加强培育“三农”人才。要积极创造有利条件吸引外出发展的农村优质人才返乡创业，同时鼓励农村经济能人、大学生、退伍军人等“新乡贤”参与乡村振兴战略。通过举办培训班、外出学习考察、派驻优秀科技特派员等方式，指导和帮助新型农业主体提高技能，做大做强农业企业。要重视农业农村干部的培养、配备、使用，提高指导服务“三农”的本领，大力支持和引导高校、科研单位和涉农部门人员下乡支持乡村发展。要优化农村基层干部队伍结构，加大力度选派“第一书记”，借鉴脱贫攻坚经验选派驻村工作组，加大从优秀村干部中考录乡（镇）公务员、选任乡（镇）领导干部的力度。

深化农村集体产权制度改革　激发乡村发展新动能

成都市温江区统筹城乡和农村发展局

成都市温江区是全国第一批农村改革试验区，承担着农村集体资产股份权能、农村承包土地的经营权抵押贷款试点任务。试点以来，温江区针对农村生产要素流动不畅、集体经济发展缓慢、农民集体资产财产权利不足等问题，围绕“还权赋能”催生乡村发展新动能。经过探索实践，已基本建立起“归属清晰、权责明确、保护严格、流转顺畅”的现代农村集体产权制度，为实现乡村振兴和区域经济转型升级奠定了坚实的制度基础，总结形成的“3+3+3+3+N”改革经验先后得到中央、省委高度肯定。2017年全国全省农村集体产权制度改革试点工作部署推进会议先后在温江区召开。

一、以“三坚持”为前提，夯实改革试点基础

一是坚持制度先行。制定出台《成都市温江区积极发展农民股份合作赋予农民对集体资产股份权能改革试点实施方案》《成都市温江区农村集体经济组织成员身份界定办法》《成都市温江区农村集体经济组织管理办法》《成都市温江区农村集体资产股权抵押融资管理办法》等政策文件，对成员界定、股权设置、股权管理、产权权能等关键环节和重点领域的做法要求进行统一规定，确保改革依据合规。

二是坚持自主决策。在统一政策基础上，充分尊重农民主体地位，采取民主决策的方式妥善化解和解决改革过程中遇到的矛盾纠纷和历史遗留问题，并对股份合作制改革涉及的清产核资结果、成员界定结果、股份量化方案、股份量化清册、合作社章程、股东代表名册实施民主监督“六公开”。

三是坚持权利保护。将农村土地“三权分置”理论“移植”到集体资产股权，分离身份权和财产权，解决集体资产股权继承难题；以政策方式界定集体资产股权内涵与外延，为合法继承人财产权益的公平保护提供重要依据。

二、以“三固化”为核心，厘清集体产权逻辑

一是固化资产。按照“五个锁定”（锁定集体土地所有权面积、耕地总面积、农户的承包地面积、建设用地使用权面积、农户宅基地使用权面积）的要求，对确权到户的产权进行全面清理，锁定未确权到户的集体资产和资源，形成清产核资固化决议，开展资产资源的确权颁证工作。明确资产资源量化范围，对未确权到户的资产资源进行量化，允许已确权到户的农村产权持证入股，实现资产固化。

二是固化成员。按照“三种取得方式”全面开展人口清理核实，编制成员清册，颁发成员证书、成员界定清册和股份量化清册，经成员民主讨论通过后报镇（街道）人民政府和区农村发展局备案，实现集体经济组织成员固化。

三是固化股权。规范股权设置，不设集体股，统一设置资产股和资源股；明确量化标准，资产股以人民币1元为1股，资源股以土地面积1厘为1股；严格股权管理，实行“生不添、死不减”的静态管理，可以按规定继承、赠予和转让。由集体经济组织以户为单位向持股成员颁发记名股权证书，固化成员对集体资产股份的收益分配权，形成股权固化。

三、以“三健全”为支撑，重构基层治理体系

一是健全法人治理机制。根据《集体经济组织管理办法》的规定，对镇、村、组三级集体经济组织分别按照股份经济合作社联合总社、股份经济合作联社和股份经济合作社规范登记颁证，明确其法人地位，参照现代企业管理制度要求，通过选举建立股东（代表）大会、董事会、监事会分设的组织管理体系和机制，保障股东的知情权、管理权、决策权、监督权等。

二是健全信息化服务平台。围绕资产管理和产权交易，搭建集体“三资”监管的网络信息平台和集体产权交易的数字市场平台，健全区、镇、村三级机构，区、镇、村、组四级服务的农村产权管理服务体系和“一中心四机制”（农村产权流转交易服务中心、农村产权融资服务机制、农村产权价值评估机制、农村产权融资风险防范机制、农村产权抵贷资产收储机制）的农村产权交易服务体系，畅通农村集体资产资源市场交易渠道。

三是健全审计监督制度。结合开展农村集体“三资”经营管理中涉及的“四风”和腐败问题专项整治活动，在各镇（街道）建立审计站，完善审计监督程序，开展财务审计、效益审计、廉洁审计和专项资金审计，保障股东权益不受损。

四、以“三探索”为保障，确保股权价值实现

一是探索股权抵押融资。引导银行金融机构研发集体资产股权信贷产品，参与集体资产股权直接抵押担保贷款。由集体股权登记机构为抵押权人颁发《集体股权抵押登记证》，股东之间可用股权互相担保，与银行签订借款合同和担保合同，申请银行贷款，落实集体股权抵押和担保权能。已实现抵押和担保贷款4宗、金额29万元。

二是探索股权合法继承。合法继承人在村组干部的鉴证下签订《股权继承协议》，办理股权变更登记，落实集体股权继承权能。已办理集体资产股份继承20宗。

三是探索身份权与收益权分离。将附着在集体资产股权上的集体经济组织成员身份权和股权自身的财产收益权分离开来，为集体资

产股权真正向财产权转变提供现实路径，也为股权其他权能的实现提供了重要参考。

五、以"多模式"为载体，畅通资产经营渠道

一是"资产出租"模式。如天府街办原新坝村、前进村，柳城街办鱼凫路社区等将闲置渔塘、商铺、厂房出租，收取租金，每年给村集体增加收入300余万元。

二是"联动开发"模式。鼓励股份经济合作社（联社、总社）之间跨区域开展联合与合作，如万春镇幸福村4个股份经济合作社依托幸福田园二期项目，联合开发经营集体建设用地，已建成集体经营性用房3000余平方米，共计资产6000余万元。

三是"委托经营"模式。万春镇天乡路股份经济合作社采取租赁经营、BOT模式经营、委托经营等模式经营管理集体资产，拥有资产总额6200余万元，全年股东人均分配4000余元。

四是"科技引领"模式。集体经济组织通过领办农民合作社为村民提供农资供应、科技指导等服务，进而增加集体收入。寿安镇天星村花木编艺合作社带动农民每年实现人均可支配收入2200余元。

加快现代农业发展　大力推动乡村产业振兴

崇州市农村发展局

2017年，崇州市农发局认真贯彻落实党的十九大、四川省第十一次党代会、成都市第十三次党代会、崇州市第十三次党代会及中央、省委、成都市委农村工作会议精神，围绕成都市"西控"转型发展决策部署，紧扣成都市建设全面体现新发展理念的国家中心城市布局，以深入推进农业供给侧结构性改革为主线，以发展农产品冷链物流产业为引领，以培育稻田综合种养为主的优质粮油特色水产、以食用竹笋为主的优质林竹、以休闲农业为主的乡村旅游三大主导产业为抓手，加快培育农业农村发展新动能，大力推动乡村产业振兴取得成效。2017年，全市农林牧渔业总产值60.88亿元，比上年增长4.4%；农林牧渔业增加值36.5亿元，比上年增长5.2%；农村居民年人均可支配收入达19543元，比上年增长9.2%。

一、农业供给侧结构性改革取得成效

一是科学编制产业发展规划。编制完成《崇州市优质粮油产业生态圈研究及投资促进方案》《崇州市粮食生产功能区和重要农产品生产保护区建设规划》《崇州市北部十万亩粮经示范区综合发展实施规划》《崇州市渔业发展规划》等。二是突出发展主导产业。坚持以农产品冷链物流产业为引领，发展壮大以稻田综合种养为主的优质粮油特色水产、以食用竹笋为主的优质林竹、以"农业+乡村旅游"为主的产业融合的三大主导产业，培育优质粮油特色水产、现代林业、"农业+乡村旅游"三大百亿产业集群、农产品冷链物流千亿产业集群，初步形成"粮经复合、种养结合、产加销服、农工贸旅"融合发展的新产业、新业态、新格局。三是做大做强主导产业基地。建设优质粮油生产基地，做大稻田综合种养基地。全市建成高端种业基地5125亩、优质水稻基地21.35万亩、稻田综合种养基地2万亩，新建牛尾竹笋基地5000亩、现代林业基地3000亩。

二、现代农业园区建设取得成效

一是优化农业功能区布局。以国家4A级景区标准打造10万亩粮食高产稳产高效综合示范基地、北部10万亩粮经高效综合示范基地、10万亩粮菜（食用菌）轮作综合示范基地、10万亩花果山生态观光农业旅游综合示范基地、中高山区生态森林旅游综合示范基地。二是推进现代农业园区建设。制定出台优质粮油产业园基地建设、科技创新、用地扶持、企业发展、品牌培育、电子商务、设施建设扶持政策，促进产业园加快建设，崇州市优质粮油产业生态圈建设初见成效。完成"两区"划定工作，划定粮食生产功能区37万亩、油菜重要农产品生产保护区15万亩，推进粮食生产功能区、油菜等重要农产品保护区、崇庆枇杷茶和牛尾竹笋等特色农产品优势区、10万亩现代农业示范园、桤泉农业科技园、农业创业园建设，推动农业产能向"三区三园"转移集聚，四川省现代农业融合发展示范园建设取得成效。三是推进农业标准化示范创建。2017年被国家标准委列为创建全国农业综合标准化示范市，按照"无标制标，缺标补标"的要求，建立涵盖农业生产、管理、服务和产品安全的农业标准化体系，构建优质粮油、优质畜禽、优质水产、林下种植、特色经济、农产品加工、乡村旅游七大产业标准体系。实施农业品牌建设工程，依托成都市"天府源"公共品牌，推出"崇耕"区域品牌，特色培育"稻虾藕遇""天健君"等一批农业品牌，亮点培育陇海—圣沅、天府国际慢城等一批"林业+康养旅游""农业+乡村旅游"品牌，形成"市级公用品牌＋区域品牌＋企业自主品牌"的品牌体系。

三、农业招商引资项目建设取得成效

一是加大农业对外招商力度。全市引进农业项目20个，引进重大项目2个，引进到位省外资金15亿元。特别是引进四川发展集团投资100亿元建设天府国际慢城项目，引进江苏润恒集团投资150亿元建设"崇州润恒城"项目。二是加大农业重点项目建设力度。开工建设农业重点项目29个，完成农业项目投资12.5亿元。建成北部10万亩粮经旅综合示范基地42千米环线等一批重大项目。三是加大农业固定资产投资力度。全市完成农业固定资产投资18.28亿元，比上年增长46.4%。

四、农村产业融合发展取得成效

一是发展农产品加工业。发展农产品精深加工、初加工，全市农产品加工业产值达58.42亿元，比上年同期增长12%；农产品精深加工率达46.5%，比上年提高6.5个百分点；农产品初加工率达85%，比上年提高7个百分点。二是发展农村电子商务。推进"互联网+农业"行动，搭建农产品电商"公共平台＋企业平台"双平台，建成"土而奇"公共电商平台，全市建成农村电商"四站合一"231个，农村电商行政村覆盖率达100%。三是发展休闲观光农业。制定出台《关于加快提升"农业+乡村旅游"发展的实施意见》，推进现代农业产业基地景区化建设，建成省级桤木河湿地公园、凡朴家庭农场、缘道家庭农场等一批休闲农业景区，承办第五届"四川自驾赏花节"开幕式，举办油菜花节、樱花节、首届稻田小龙虾节、"稻虾藕遇·天府好米"推介会等活动。全市休闲农业与乡村旅游业接待游客950万人次，实现休闲农业与旅游收入26亿元，分别比上年增长5.6%、18.2%。崇州市被省委农工委、财政厅命名为"全省培育农民增收新产业新业态示范县"。

五、农业科技成果推广应用取得成效

一是农业科技成果转化应用加快。建成崇州市长江中下游水稻

新品种展示示范基地、蜀州水稻研究所。全市良种集中供给率达98%以上，种植业良种覆盖率达99%，养殖业良种及杂交改良面达98%以上。二是农业新技术推广应用加快。集成推广应用农业新技术11项、新品种18个，建成万亩水稻高产强化栽培示范。实施农业科技示范户441户，农业科技示范带动农户4410户。全市新技术覆盖率达98%以上。加快构建农业综合服务体系。提升基层农业综合服务站、林业综合服务站综合服务能力，开展政府购买公益性服务试点，实现农业生产“一条龙”服务，社会化、科技服务覆盖率90%以上。

六、农业基础设施装备建设取得成效

一是推进高标准农田建设。坚持农业生产集约发展、政策资金集成整合、机制创新集聚示范、产村相融集中成片，配套农业田网、水网、路网、观光网、服务网、信息化网、设施农业配套用地网，推进高标准农田建设，全市新建高标准农田3.44万亩。二是推进先进农机应用。集成推广稻麦油全程、农林牧副渔机具和农产品加工技术、工艺和装备。全市新增农机具201台(套)，农机总动力达41.51万千瓦时，设施农业面积达5.52万亩，农业综合机械化水平达86.16%。三是推进农业信息化建设。推进信息“进村入户”，益农信息社从无到有达到107个。运用互联网、大数据建成水稻、果蔬、药材等智能化、设施化、节水化、信息化农业示范基地10个，建成农业物联网信息化示范基地8个、农产品示范基地综合监控监管平台30个，农业科技化、机械化、信息化深度融合发展加快。

七、农林生态环境保护建设取得成效

一是推进农业面源污染治理。落实“一控两减三基本”措施，化肥、农药年施用量分别比上年减少2.5%、1.5%。开展秸秆综合利用，实现秸秆禁烧“不见烟雾、不见火光、不见黑斑”，秸秆综合利用率达99%以上。开展畜禽粪污综合利用，清理整顿养殖场267家、关闭养殖场255家，畜禽粪污综合利用率达92%，比上年提高7个百分点。二是推进种养循环农业发展。实施土壤改良培肥行动，推广稻田种养实现以水净土，扩大绿肥作物种植面积实现以绿色固土，增施农家肥实现以肥培土，全市建成稻田综合种养基地2万亩。三是推进生态环境保护建设。编制完成《崇州市现代林业发展规划》《大规模绿化全川成都行动崇州市实施方案(2016—2020年)》《李家岩环湖生态带现代林产业发展规划》。推进公园、滨水、城市道路、小区绿化与立体绿化、增花添彩、天府绿道、生态廊道、龙门山植被提升、生态管护与修复全域增绿工程建设，全市森林覆盖率达42.8%，森林蓄积量增长达4.2万立方米。

八、农业生产质量安全监管取得成效

一是强化农产品质量安全监管。抓好农产品质量安全省级例行监测，全年开展农产品质量安全省级例行监测100组，省级例行监测合格率达100%。规模化种养企业生产记录档案建档率达100%，屠宰企业规范化管理率达100%。二是强化农业行政执法。落实农产品质量监管属地管理责任制，创新工作机制，健全保障体系，强化源头监管，规范过程控制，全年无重大农产品质量安全事件和区域性、系统性重大农作物疫情发生。三是强化农业安全生产监管。全面落实安全生产“一岗双责”主体责任，深入开展“百日安全”、“安全生产月”、安全生产大检查等活动，强化农业、牧业、林业安全生产监管，全年无安全生产责任事故发生。

九、新村建设精准扶贫开发取得成效

一是全域推进幸福美丽新村建设。全市新建幸福美丽新村38个，建成幸福美丽新村231个，幸福美丽新村实现全市行政村全覆盖。二是大力开展“四好村”创建。全面开展以“住上好房子、过上好日子、养成好习惯、形成好风气”为主要内容的“四好村”创建活动，创建县级“四好村”54个、成都市级“四好村”54个、省级“四好村”19个。建成集贤乡徐家林盘、观胜镇严家弯湾林盘等川西林盘聚落，白头镇天府国际慢城等5个田园综合体，并被评为“成都市田园综合体示范单位”。三是推进农村精准扶贫开发。全市16个相对贫困村年人均可支配收入18000元以上，达到成都市同期水平70%以上。239户精准扶贫对象年人均可支配收入14000元以上，达到崇州市农民年人均可支配收入同期水平70%以上，实现精准脱贫“摘帽”。

十、深化农业农村改革取得成效

一是构建新型农业经营体系。深化“农业共营制”新型农业经营体系，开展土地经营权入股发展农业产业化经营试点，探索实践形成折股联营、入股经营、合作联营三种模式，全市开展“土地经营权+农业产业化企业”经营试点参与农业产业化企业4家、土地股份合作社23个，试点土地面积10946亩。发展企业、合作社、家庭农场经营，工商注册农民合作社812个，其中土地股份合作社259个，比上年增加66个。有国家级示范农民合作社3个、省级示范农民合作社11个、成都市级示范农民合作社28个。工商注册家庭农场599家，比上年增加136家。全市土地适度规模经营36.87万亩，土地适度规模经营率71%，比上年提高5.68个百分点。二是推进农村集体产权制度改革。制定出台《崇州市深化农村集体产权制度改革发展农村新型集体经济的实施意见的通知》，组建村级股份经济合作社50个，发展壮大集体经济。三是创新农村金融服务。开展农村产权多权同确，全市新增登记颁发《成都市农村土地经营权证》21宗、《成都市农业生产设施所有权证》28宗、《林地经营权证》2宗、《经济林木竹(果)权证》7宗、《农村养殖水面经营权》3宗。探索形成“1+3+7”农村金融服务模式，全市累计开展农村产权抵押融资1184笔、23.16亿元，其中开展农村土地经营权抵押贷款208笔，贷款3.02亿元。

十一、农业宣传和对外交流取得成效

2017年4月16日，全国人大常委会副委员长吉炳轩到崇州市开展调研，对崇州市“三农”工作给予了充分肯定。国家部委领导、国家级科研院校所到崇州市调研达100余批次。省(区、市)党政学习考察团、省(区、市)农业委厅等农业部门学习考察团近400批次到崇州市学习考察。2017年4月，《四川崇州：“农业共营制”破解三大难题》入刊中央改革办《改革案例选编(三)》。在2017年11月14日—15日举办的全国集体林业综合改革试验示范工作推进会上，崇州市做了题为“探索‘林业共营制’新型经营体系，助推小农生产融入现代林业加快发展”的交流发言。《崇州市探索实践“1+3+N”农村金融模式推进农村金融综合服务创新改革》被成都市人民政府办公厅《政务信息》专刊第27期采用转发。全国集体林业综合改革试验示范工作推进会、全省稻渔综合种养现场会等在崇州市召开，全国兽医工作大会、全省农业职业经理人培育现场会代表参观崇州市现场点位。2017年11月30日，《经济日报》报道《新农民播种新希望——探寻乡村振兴之路(下篇)》；2017年10月15日，《新华每日电讯》报道《成都“共营制”让林地“活”起来》；人民网以“央行专家：成都农村金融服务综合改革进入‘深水区’”为题报道崇州市农村金融改革的经验做法。

十二、农业农村工作获得多项表彰

2017年，《农民日报》授予崇州市“‘农业共营制’2017年中国‘三

农'十大创新榜样"称号，中共四川省委办公厅、四川省人民政府办公厅授予崇州市"2017年度全省'三农'工作先进县（市、区）""2017年度全省重大农村改革任务推进示范县（市、区）"称号，四川省人民政府授予"四川省建设长江上游生态屏障"先进集体称号，成都市人民政府办公厅授予"第五届成都国际都市现代农业博览会突出贡献'等表彰奖励。

基于乡村振兴战略下的产业兴旺路径思考

蒲江县农业和林业局

党的十九大报告指出："农业农村农民问题是关系国计民生的根本性问题，必须始终把解决好'三农'问题作为全党工作重中之重。要坚持农业农村优先发展，按照产业兴旺、生态宜居、乡风文明、治理有效、生活富裕的总要求，建立健全城乡融合发展体制机制和政策体系，加快推进农业农村现代化。"报告提出了"产业兴旺、生态宜居、乡风文明、治理有效、生活富裕"，用20个字系统概括了新时代农业农村发展总要求。

实施乡村振兴战略，是在中国特色社会主义进入新时代的历史背景下，以习近平同志为核心的党中央深刻把握国情、农情，在深刻认识全国城乡关系变化特征和现代化建设规律的基础上，着眼于党和国家事业全局，遵循以人民为中心的发展思想，对"三农"工作作出的新的战略部署、提出的新的目标要求。要振兴乡村，必须使农业兴旺、农村美丽、农民富裕，其中让农民富裕是关键。产业兴旺是乡村振兴的基础，也是首要任务，只有产业兴旺了，才能实现乡村振兴。

一、产业兴旺对乡村振兴战略的重要意义

产业兴旺，是乡村振兴的基本要求。在推进乡村振兴战略实施中，产业兴旺是重点。农业要强，产业必须要兴旺，发展才有动力；农村要美，产业必须要兴旺，美丽才有支撑；农民要富，产业必须要兴旺，增收才有保障。

产业兴旺，是乡村振兴的强力支撑。产业兴旺能直接推动生活富裕，同时促进生态宜居、乡风文明和乡村的有效治理。产业兴旺发展，农民收入提高，生活的富裕程度随之提高，人民对美好生活的向往也会日益增长，反馈的直接结果就是越来越重视生态环境问题和所生活乡村秩序的稳定，更注意生产与生态的协调，注意可持续发展，由被动保护转变为主动守护、维护乃至提升生态环境质量。

产业兴旺，是农民的迫切要求。农民既是乡村振兴的主体，也是乡村振兴的受益者，必须把农民群众的积极性、主动性、创造性调动起来，投入到"产业兴旺、生态宜居、乡风文明、治理有效、生活富裕"的农业农村现代化建设中去。对于农民来说，产业兴旺最大最直接的意义就是解决两大问题：就业和收入。

二、蒲江县农业农村产业发展现状

（一）农业农村产业发展情况

推进"三业两园"建设。经过多年努力，全县基本完成农业产业布局，茶叶、柑橘、猕猴桃三大主导产业规模化连片种植基地分别达10万亩、25万亩、10万亩。2017年以来，全县规划了以柑橘、猕猴桃为主导产业的特色水果现代农业产业园及以茶叶为主导产业的绿色有机绿茶产业园，着力推进"三业两园"建设。目前，两大园区分别正在创建国家级现代农业产业园和省级产业融合示范园区。

实施水土共治、面源污染治理、绿色有机生产"三大工程"，构建绿色生产体系。实施全域水环境治理，完成节水灌溉3万亩，完成耕地质量提升25万亩，推广绿色防控20万亩，获评为农业部果菜茶有机肥替代化肥示范县。实施畜禽粪污还田沃土13万立方米，开展农药包装物回收处理试点，秸秆、果袋等废弃物资源化利用率达98%，获评为全国畜牧业绿色发展示范县、国家循环经济示范县。制定《绿色有机生产技术导则》，引进南京国环、湖南欧格等国际互认认证机构，绿色有机认证面积达5.65万亩，获评为国家有机产品认证示范区。

实施主体壮大、品牌建设、市场拓展"三大提升"，着力构建新型经营体系。培育龙头企业、专合组织、家庭农场等新型经营主体3100家（个），构建"企业+基地+合作+品牌"产加销利益联结机制，实现多类新型经营主体经营面积达80%以上；构建"区域+企业+产品"品牌体系，搭建采茶节、猕猴桃节、有机论坛等品牌建设平台，打造"蒲江雀舌""蒲江丑柑""蒲江猕猴桃"三大地标产品，培育绿昌茗、阳光味道等企业品牌30个，孵化"柳桃""318雀舌"等产品品牌40个，获评为国家地理标志产品保护示范区；建成北京新发地、广州江南市场等农产品配送中心，培育出口备案企业33家，农产品年出口额2.6亿元，获评为全国出口食品农产品质量安全示范区。

（二）一、二产业融合发展情况

推进产地市场建设，发展产地初加工。建成农产品保鲜气调库75座，总库容达到8.5万吨，引进先进水果自动分选线35条，农产品商品化处理率达80%；建成全国肉类电子交易平台、西部茶都茶叶交易市场、阳光味道水果物流中心、新发地水果物流基地、蒲江电商产业园等产地交易市场，初步形成集冷链加工、分选包装、外贸出口于一体的农产品产业化企业集群，获评为全国农产品加工示范基地。

实施加工产品研发，发展精深加工。大力推进产品深加工和综合利用关键技术与装备攻关，支持鼓励应用先进的技术与装备发展农产品精深加工。与四川农业大学签订战略合作协议，共建特色水果现代农业产业园科研中心，针对蒲江产业开展精深加工产品研发；强化招商引资引智，引入从事农产品提取物研发企业8家，开展陈皮甙、茶多酚等提取及生物医药用品开发，年产值达6亿元。

推进生产服务型企业集聚，发展配套产业。立足产业发展需求，引进、培育从事农产品研发、原药生产合成、制剂加工复配、推广销售、技术服务的高新技术企业7家，支持嘉博文耕地质量提升、新朝阳健康植保8S、卫农庄稼医院等新型模式推广应用；发展豪洋印务、佳晟印务包装等水果印务包装企业5家，引进顺丰、圆通、韵达等物流企业20余家，为主导产业提供生产、加工、流通等配套服务。

（三）一、三产业融合发展情况

突出项目带动。以明月国际陶艺村、大溪谷旅游度假区、石象湖等重大旅游项目为龙头，加快全域景区化建设，建成成佳茶乡、石象湖4A级旅游景区2个，樱桃山国家3A级景区1个，省级乡村旅游示范乡（镇）3个（朝阳湖镇、成佳镇、光明乡）、特色乡（镇）2个（成佳镇、光明乡），培育了蓝莓谷、微耕农庄等一批"农旅融合""文旅融合"示范项

目,特色农庄和乡村酒店达105家。积极引入社会主体参与田园综合体建设,并做好田园综合体建设与各类资源的整合、与文化旅游的结合、与产业结构的契合、与生态环境的融合,让县域一二三产业融合发展,打造独具蒲江特色的田园综合体。

加快景观提升。实施大地景观和人文景观提升工程,建成茶文化园、樱桃观光园、柑橘观光园、成新蒲都市现代农业示范带等旅游景区(点),培育采茶节、猕猴桃节、丑柑节、郁金香(百合花)旅游节、樱桃节等一批节会品牌,全县实现"农区变景区、田园变公园、农房变客房、产品变礼品",获评为全国休闲农业与乡村旅游示范县。

三、蒲江县产业发展存在的不足

一是生产标准化程度不高,生产主体间标准贯彻执行不平衡,产品品质整体水平不能满足高端市场需求。从种植水平来看,虽建立了特色水果发展规划,但栽植的品种良莠不齐,柑橘还有少量被淘汰品种;从规模生产来看,尽管蒲江出台了特色水果的标准,但由于其以散户经营为主,很难通过对生产、采摘、包装等环节进行有效的监管来实施标准化生产。

二是农旅融合方式简单、传统,农业生产、生活、生态融合发展有效模式尚未建立。农旅融合方式仍主要依靠农家乐、石象湖景区、成佳景区发展,融合方式简单、传统,全县优质资源未得到充分利用,特色镇、田园综合体项目尚未成型。

三是农业发展后劲不足。全县现代农业通过不断的努力,虽然在有机、规模、标准等方面取得了一些成效,但从全产业链来看,优势农产品主要以鲜果销售和初加工为主,精深加工不足,未真正形成产业化链条;市场风险高、产品附加值较低等源头问题尚未解决,存在市场后期效益和"天花板"风险。现有加工企业不同程度的存在生产技术落后、生产方式粗放等问题,自我创新和抵御市场风险能力不足。

四、推进蒲江县产业兴旺的对策和建议

所谓产业兴旺,就是要形成现代农业生产体系、产业体系、经营体系,让农业成为规模化、集约化、产业化、组织化的有竞争力的产业。准确把握蒲江县新经济发展的战略目标和基本路径,以新技术为驱动、以新组织为主体、以新产业为支撑、以新业态为引擎、以新模式为突破,聚焦"六大形态"、构建"七大应用场景",共同构成集成、协调、系统的新经济发展路径。全面发展、高度融合乡村一二三产业,大力发展绿色农业、创意农业、数字农业、共享农业等新经济业态,激活乡村产业活力。

(一)找准定位发展绿色农业

农业的绿色发展是农业可持续发展的基础,发展绿色农业是全县重点工作之一。绿色农业以绿色环境、绿色技术、绿色产品为主体,促使过分依赖化肥、农药的化学农业向主要依靠生物内在机制的生态农业转变。

坚持生态优先,夯实绿色环境。坚持"绿水青山就是金山银山"发展理念不动摇,立足打造与国际接轨的有机农业基地,以《蒲江县有机事业发展规划(2013—2022)》"四区五中心"为目标,全面实施生态环境保护、生态污染防治、生态产业开发、生态文明培育"四大工程";通过推进秸秆、果袋和果树枝条、畜禽粪污资源化利用,实施有机肥替代化肥、绿色防控、耕地质量提升等项目,使全县土壤、水质、空气质量得到进一步提升,生态环境得到进一步改善。

坚持标准化生产,巩固绿色技术。对标国家标准,制定完善绿色、有机茶叶、柑橘、猕猴桃生产技术操作规程。开展绿色、有机生产技术培训,大力推广病虫害太阳能杀虫灯、黄板等物理防治和投放捕食螨、性诱剂等生物防治方法;全域推进耕地保护与质量提升工程,实现耕地有机质含量年均提高0.2个百分点;加快推进海越柑橘示范基地、橙海阳光水果基地、新朝阳出口备案基地等项目建设,强化项目示范、引领作用。

完善追溯体系,保障绿色产品。指导企业、专合社规范建立农事操作记录档案,完整记录投入品购买、使用、病虫草害防治情况等,强化认证前认证后监管,定期不定期对认证基地开展巡查执法检查,严格样品抽检,规范包装标识,对违规使用投入品的认证基地实行"一票否决"退出机制,做到数量和质量并重,认证和监管同步,实现"操作有规范、过程有记录、基地有监控、产品有标识、市场有监管、质量可追溯",保障农产品质量。

(二)理清思路发展创意农业

蒲江县发展创意农业应注重实行"差异化"与"多样化",根据自然资源、文化底蕴、区域特色等以创意为核心,依靠科技创新和文化创新,实现资源优化配置。

以旅游休闲为主题,打造观光体验型创意农业。以成佳、朝阳湖、甘溪、光明、白云等片区丰富的农业生产和农业资源为基础,以多彩的农村生活为特色,以优美的乡村生态环境为背景,着力建成一批集休闲度假、观光旅游、农事体验、生态康养于一体的综合性休闲观光农业园区和创意村落、创意乡(镇),联合周边邛崃市、雅安市名山区等旅游城市资源打造旅游康养休闲体验大环线。

以文化传承为切入点,打造文化艺术型创意农业。充分挖掘、展现和利用开发原汁原味、深邃厚重的民俗民间文化(如高脚狮灯、幺妹灯)、乡土文化(如蒲草编织、陶艺制作、绿茶制作)、农事节庆文化(樱桃节、蓝莓节、采茶节)、农产品文化(如茶文化、竹文化、酒文化)、古建筑文化(如甘溪箭塔)、遗址文化(如战国船棺文化遗址)等资源,以农业生产、生活、销售为载体,在传承与保护的基础上,融入创新和创意的元素,发展有特色、品质高、创意新的产品和产业,满足人们日益多样化的物质与文化需求。应着力于开发打造以农业文化为重点的农业旅游、庆典、会展以及以农业文化为依托的具有内涵、富有特色的地方农业品牌。

以优势农产品基地为载体,打造品牌型创意农业。以特色优势农产品基地为带动,在大力推进规模化、标准化、生态化、集群化生产的同时,更要树立起强大的品牌塑造与经营意识。丑柑、猕猴桃、雀舌等一批知名度较高的农业品牌,都必须在深化品牌建设内涵、拓展品牌产品范围、衍生品牌创意产品、创意品牌经营模式上狠下功夫,通过品牌特色延伸产业链条,通过产业链条资源整合提升打造区域品牌。利用成佳茶乡国家4A级风景名胜区这张名片,不仅可在产茶区兴建茶户、茶栈、茶馆、茶博园,弘扬茶歌、茶艺、茶道、茶经等文化,还可研发茶多酚、速溶茶粉、饼干、果脯等各种各样的茶类衍生品;利用"茶山竹海明月窑"的品牌引领,带动当地竹产业全面发展,衍生出竹工艺、笋食品等,提高产品附加值。

(三)创新方法发展数字农业

发展数字农业,围绕农业信息化建设,整合各类资源,以科技化、信息化为重点,构建"科技创新、智慧管理、资源共享、协作共赢"的现代数字农业体系。

以科技创新为支撑,打造科技数字农业。以院县合作为平台,以"产学研"结合为依托,以现代农业产业园为载体,以创意思维为引领,进一步加快技术创新和成果推广,充分利用现代化设备和高科技成

果，推进农业生产智能化，加快物联网、智能装备等现代信息技术和装备在农业生产全过程的广泛应用，积极推广遥感监测、智能识别、自动控制等设施，引导新型经营主体在设施农业、农产品加工流通、农机作业服务等方面探索信息化技术应用模式。以高标准管理水平，促进高品质农产品生产，以自动化、智能化生产方式节约劳动成本和投入成本，实现品质、效益双赢。

以农业大数据为依托，发展信息共享数字农业。构建"政府公共服务+企业专业服务+社会组织市场化服务"智慧共享服务体系，搭建"一站式"服务平台，完善镇、村两级"一站一室"服务机构，实现政府公共服务全覆盖。建设农业信息化应用中心，整合农业研发信息、行业信息、生产管理信息、市场信息、农业地理信息等，形成农业大数据库，对园区现代农业提供信息化服务；依托新朝阳、阳光味道等龙头企业，围绕智慧农业、加工物流、品牌营销，构建全产业链服务体系；组建多类型行业联盟和社会化服务组织，推广"基地托管""统产统销"等产业服务模式，保障产业科技、品质、销售等服务到位。

以农村电商为载体，发展供销数字农业。依托"互联网+"发展模式，整合农业综合服务中心资源，在现有电子商务产业园的基础上进行改造、提升，搭建农业电商平台，构建农业电商服务体系，建设西部农产品电商总部基地，形成现代农业电子商务产业园区；着力培育具有区域特色的农产品电商品牌，加强线上线下联动，拓宽国内国际渠道，以农村电子商务助推农业产业高效发展。

（四）借力网红经济发展共享农业

依托"互联网+农业"，把分散零碎的消费需求信息集聚起来，形成规模，实现与供给方精准对接，是发展共享农业的关键。以消费需求为导向，高度发挥流量经济、网红经济作用，利用互联网、物联网技术，为农业共享提供庞大的平台基础，使农业进入自动化、全民化、共参共管的新时代。

以农业社会化服务为依托，实现农业生产资料共享。统筹农业生产需求及资源，组建多类型社会化服务组织。支持民新植保、卫农庄稼医院等社会化服务组织做大做强，让劳动力、农机具、农业技术、农产品仓储、加工、保鲜等资源持有者和需求者信息对接、动态分享，从而提高农村生产生活资料利用率，延长产业链、提升价值链、拓展增收链，实现规模化效益。

以信息平台为载体，实现农村土地资源共享。运用农村土地三权分置成果，在落实集体所有权、稳定农户承包权的基础上，进一步放活土地经营权。建立"成都市农村产权交易所蒲江分公司—县农林局—乡镇土地流转服务中心"工作协调链接机制，引导土地经营权进入统一规范的农村产权交易平台，实现高效率土地流转，提高农村土地资源利用效率；搭建社区支持农业（CSA）共享平台，企业流转土地后，通过互联网应用平台将农民与消费者建立起合作关系。实现消费者在线挑选农民合作伙伴、指定种植方式、在线打理土地（远程安排农民翻地、施肥、播种、浇水、除虫、除草、治病、采摘等工作）、与其他消费者进行经验交流和食品交换、在线配送下单、查看土地及时照片和实时视频、追溯配送食品的生产和流通历史记录等，发展现实版"开心农场"和"QQ农场"，实现农产品生产全程可视化，促进农业新产业、新业态发展，提高农民收入，满足消费者对农产品质量安全和参与农业生产的需求。

创新农业发展模式　实现业兴民富村强

中共自贡市大安区委农村工作委员会

近年来，自贡市大安区不断深化农业农村改革，针对农村地区和贫困群众发展无方、创业无门、产业无力等问题，探索多种模式破解产业发展难题，采用多种措施把农村群众聚集到产业链上来，分享产业发展成果，有力促进了农业增效、农民增收、集体壮大。

一、探索土地托管服务，破解"种地"难题

针对当前农村"空心化"严重、农民职业化程度不高以及农业高成本、低效益、周期长、抗风险能力差等问题，全区成立大安区土地服务中心，引进农机服务企业2家，培育壮大农机植保专合社6个，通过机械化操作、科学化管理、规模化经营和标准化生产等方式，有效破解"谁来种地""怎么种地"等难题。推广环节式半托管模式，农民自主选择将农业生产中的机耕、机播、机收等某一个或者多个环节交由服务主体负责，服务主体根据不同托管环节收取服务费。全区半托管式土地面积1.7万余亩，实现农户人均增收200元以上。创新全程式托管模式，农民将农业生产从耕种到收割全程委托给服务主体，并按照约定支付服务费，"种什么"由农民决定，农产品及其收益归农民所有。全区全程式托管面积达到3000亩，农村劳动力从农业生产中解放出来，既可在托管企业就业，也可外出务工，人均增收350元以上。探索合作式土地托管模式，农民与服务主体签订合作协议，将农业生产从耕种到收割全程委托给服务主体，且"种什么"由服务主体决定，收获的农产品由服务主体按约定价格收购，农民与土地服务经营主体共担责任、共享利润，实现"双赢"。康径现代农业公司与牛佛镇群力村农户签订合作协议，托管200亩土地用于种植富硒水稻，采用现代有机农业生产管理模式，实现人均增收600元以上。

二、深化农村金融改革，破解"融资"难题

坚持以改革促发展，着力探索完善农村金融体制，拓宽农业融资渠道，破解农业农村发展资金瓶颈。探索推广农村产权抵押融资。深入开展农村各项产权确权登记颁证工作，鼓励和引导农业企业、专合社、家庭农场等新型经营主体以土地承包经营权、林权等产权抵押融资。建立农村产权抵押融资联席会议制度，经营主体申请产权抵押融资贷款，需经所在乡（镇）人民政府审核、区级主管部门调查核实、金融机构评级授信、联席会议审核表决通过后，由金融机构根据联席会议表决通过的额度发放贷款。截至目前，全区累计完成林权抵押贷款10380万元、农村产权抵押融资贷款776万元。稳步推进农村互助金融发展。按照"民办、民管、民受益、民担风险"的合作制原则，稳步推进大安区三绿农村资金互助合作社发展。坚持封闭运行，非社员不能申请贷款；社员申请贷款无须担保、抵押，通过审贷小组调查核实，经理事长、监事长审批后即可放款。将社员诚信度、社会评价度与利率挂钩，对于提前或按时还款的社员，最高给予利息总额10%的奖励，并在次年增加20%的借款额度；对于超期还款的社员，收取滞纳金外，降低次年10%的授信额度；对于多次逾期还款的社员，取消其借款资格。互助合作社成立以来，累计发放贷款98笔、贷款资金2424.1万元，按时还款率达100%。探索"产业扶贫"小额贷款入股试点。建

立大安区“产业扶贫”小额贷款联席会议制度，从农业产业化龙头企业、农民合作社、家庭农场、专业大户中选择生产经营状况良好、带动能力强的经营主体，建立“名录库”。符合条件的贫困户自愿申请扶贫小额信贷，委托村委会统一以村委会名义入股“名录库”中的经营主体，经营主体利用入股资金发展壮大产业，并于每年按不低于入股金额6%的比例向村委会支付当年分红，村委会按照贫困户入股资金比例将固定分红定期支付给贫困户。截至目前，全区通过该模式发放扶贫小额信贷2100余万元。

三、创新产业发展模式，破解“增收”难题

针对传统农业农户与经营主体联系不紧密、与市场脱节，集体经济发展乏力等问题，探索建立完善农户、集体经济组织与经营主体的利益联结机制，创新产业发展模式，促进农户稳定增收，发展壮大集体经济。创新“企政银+贫困户”四方联动模式。采取金融机构发放扶贫小额信用贷款，政府提供增信、周转金及全额贴息，公司免费提供养殖设备和一体化服务。其中，带动贫困户参与代养的“四方联动”产业扶贫模式，推进3500万羽一体化“黄羽肉鸡”养鸡项目建设。引进农业产业化龙头企业——江苏立华牧业有限公司，与有意愿、有劳动力的贫困户签订肉鸡“代养”合同，推行“七统一”“一处理”长效机制，提供肉鸡养殖产前、产中、产后一体化服务，并为贫困户无偿提供价值2万元的养殖设备；肉鸡成熟后，公司根据肉鸡成活率、料肉比、兽药使用量支付养殖户“代养”费用。区政府从财政扶贫资金中补助每户建棚养鸡贫困户2万元，借支3年免息产业扶持基金1万元，设立600万元扶贫小额信贷风险补偿基金。同时，为获得扶贫小额信贷的贫困户每户补贴200元，用于购买保额为5万元的“安贷保”保险产品，保证扶贫小额信贷资金安全。农商银行、邮政储蓄银行为每户养鸡贫困户提供扶贫小额信贷贷款5万元，并结合农村劳动力实际将贷款年龄放宽到65岁。贫困户按公司标准从事肉鸡“代养”，从每批次“代养”费中拿出20%用于偿还贷款。截至目前，全区共引导357户贫困户参与一体化养鸡“代养”，出栏肉鸡736万羽，平均代养费2.72元/羽，实现代养收入2002万元，参与直接代养的贫困户户均增收5.6万元，参与当年即可实现脱贫。创新“支部+专合社+贫困户”三方协力模式。由村“两委”牵头，在26个贫困村和68个非贫困村成立由贫困户组建的专合联社69个，成立村集体资产经营管理有限公司10家，发展优质杂柑、果蔬、核桃、水产、养殖等特色产业。将分散分布的16031名贫困人口聚集在产业链上，占全区总贫困人口的84.5%。投入财政扶贫资金1386万元，整合扶持村集体经济发展试点资金1000万元，通过折股量化到户，变扶贫资金为贫困户发展股金。同时，贫困户还以闲散资金、土地等入股专合社，实现有劳动力贫困户享受“分红+务工”收入、无劳动力贫困户享受分红收入、村党支部和村委会提供政策支持和管理服务，并根据集体公司和专合社当年收益，每年提留10%作为发展金和公益金，其中发展金用于后续生产经营、社员技术培训，公益金用于村民知识教育以及文化、福利事业等；每年提留20%作为村集体经济收入，实现集体经济收入稳定增加；剩余70%由入股贫困户按股本分红。截至目前，26个扶贫专合社实现盈利，年人均分红1200元左右。创新“支部+农业企业+贫困户”引领带动模式。贫困村党支部通过招商引资和土地流转等方式，积极引进有发展潜力、带动能力强的农业企业，主动对接盐味源蔬菜加工、雁溪谷生态园等“接二连三”企业，积极搭建“用工+就业”对接平台，发动企业采取优先用工、贷资入企等方式帮助贫困户脱贫。全区贫困村党支部引导846户贫困户将1500亩土地流转给6个农业企业，获得土地流转费用96万元、户均1063元；为贫困户提供就业岗位516个，解决了20%有劳动力贫困人口就近就业，年人均务工收入超过7000元。创新“示范户+贫困户”互帮互助模式。坚持能人带动、贫困户促动，通过产业嫁接、资金捆绑等方式组建“小康互助组”，引导示范户和贫困户参与产业发展，通过土地租金、劳务报酬、政策入股、产业分红等形式增加其收入，实现“示范户得发展、贫困户得收益”。鼓励“小康互助组”集中建设养殖小区，积极探索“捆绑式扶贫”模式，贫困户通过扶贫小额信贷、产业补助资金入股示范户发展一体化养鸡，每个养殖小区建设一体化养鸡棚5条以上，实现了土地、劳动力、资金、技术、扶贫政策等资源的优化配置，激发了贫困户脱贫致富的内生动力。截至目前，24个“小康互助组”已结对102对，建成16个养殖小区、145条棚，带动约240户贫困户脱贫，年户均增收1.2万元。

关于打好乡村振兴开局战建设“插花式”扶贫先行区的调研报告

中共自贡市沿滩区委农村工作委员会

党的十九大明确提出乡村振兴战略，这是决胜全面建成小康社会、全面建设社会主义现代化强国的一项重大战略部署，是新时代做好“三农”工作的总抓手。自贡市沿滩区在实施乡村振兴的大背景下，立足区情，围绕“三农”工作的差距和短板，重点研究近期实现产业振兴、人才振兴、文化振兴、生态振兴、组织振兴的具体目标、路径和举措，旨在调动各方积极性，迅速形成乡村振兴开局战战果，形成“插花式”扶贫先行区新亮点、新示范，为中远期乡村振兴积极探索沿滩模式和路径。

一、沿滩区“三农”工作现状

（一）基本情况

沿滩区地处川南，位于自贡市主城区南部，素有“十里水路连八街，千年盐运第一城”的美誉，是全国首批老工业城市转型升级示范核心区、全国农业综合开发县、全国科技工作先进区。全区辖11个乡（镇）2个乡170个村23个社区，辖区面积469平方千米，有人口39.16万人，其中农业人口26.37万人。地貌以丘陵为主，宜耕面积大，全区有耕地面积39.69万亩、林地面积6.16万亩、水域面积3.58万亩，属亚热带温润气候，四季分明，宜居宜业。

（二）发展成就

农业小而散的局面大幅改变。全区土地流转面积从2012年的2.85万亩增加到2017年的9.01万亩，省、市级农业龙头企业从18个增加到24个，新型经营主体从228个增加到449个。柑橘、花椒两个10万亩现代产业园从无到有，已建成面积8万亩，建成标准示范园2个，累计引进业主50个；建成标准化畜禽养殖场15个，水产健康养殖示范场从2个增加到6个。初步形成了“产业成片、基地相连、覆盖全区”的现代化农业新格局，被评为“国家农业综合开发县”。

农村人居环境得到大幅改善。自2012年以来，全区大力推广“四

级居住”模式，建成新村集聚点、新型农家大院等农民集中居住区142个，新（改）建农村公路1000千米以上、桥梁33座、饮用水管网延伸工程403千米，水、电、气、路、网等基础设施在集中居住区实现网格化全覆盖。大力开展农村环境整治，治理“散乱污”企业116家、畜禽养殖场337家。大力推行“生态化”建设模式，仙市镇百胜村在全省率先探索出生态田园特色新村建设路径，建成“二十千米新农村示范长廊”，两次被评为省级新农村建设示范县。

农民的获得感、幸福感得到大幅增强。社会保障体系持续完善，全民参保登记工作有序开展，城乡居民医疗保险和低保保障标准稳步提升，养老服务体系基本构建完成。教育事业健康发展，投入5000余万元改（扩）建一批农村薄弱学校，群众的教育获得感持续增强。医疗卫生服务供给不断增加，全面取消公立医疗卫生机构药品加成，城乡就医环境持续改善。计划生育政策全面落实。公共文化服务体系日趋完善，群众性文体活动蓬勃开展。脱贫奔康步伐加快，全面完成了“两年集中攻坚”任务。一二三产业融合发展，农民增收渠道拓宽。农村居民年人均可支配收入从2012年的7589元增长到2017年的14233元。

基层治理效果得到大幅提升。新（改）建村级“1+6”活动中心41个，基层党组织战斗堡垒作用得到强化；持续整顿软弱涣散村党组织，基层党组织战斗力和凝聚力进一步增强；推行“村干部逢场天集中办公”制度，为民服务质量显著提升；开展“道德红黄榜”“孝老之星”等评选活动，涌现出了韩天学、聂文静等一大批省、市道德模范；开展乡风文明治理，引导群众向上向善、孝老爱亲、重义守信、勤俭持家，农民文明素养和综合素质明显提高。

（三）发展机遇

一方面，中央提出实施乡村振兴战略，把实施乡村振兴战略作为新时代“三农”工作的新旗帜和总抓手，大力推进农业供给侧结构性改革，加快转变农业发展方式，建立健全城乡融合发展体制机制和政策体系，为农业农村经济发展注入了新动能。“一带一路”、创新驱动发展、实施脱贫攻坚、成渝经济区建设等国家战略的实施，有利于促进农业农村经济发展新的“增长极”形成。同时，自贡市被列为老工业城市转型升级示范园区，自贡市加大与川南各城市合作、协同发展，为沿滩区快速发展提供了有利契机；“互联网+”、生物技术、新材料、新能源等领域的科技创新引发新一轮产业革命，生态、文化、旅游等要素与农业农村加速融合，有力于推动农业产业转型升级、提升新村建设品质。另一方面，沿滩区地处“一带一路”和“长江经济带”的重要交汇处、成渝经济区腹地，是川滇黔渝综合交通枢纽的重要节点。内宜、自隆等4条高速公路交汇于区境，省道305线纵贯区境南北，境内已形成“三纵、三横、一环形”的城乡一体化公路网，区位、交通优势明显。农业结构不断优化，农民收入持续较快增长，为推进全区农村全面建成小康社会和农业现代化建设奠定了坚实的基础。同时，全区上下基本形成了朝向一致、共推发展的干事合力，你追我赶、竞相发展的工作态势，敢闯敢干、宽容失败的创业环境，遵纪守法、风清气正的政治生态。区委区政府高度重视“三农”工作，优先保障“三农”工作经费，优先从“三农”工作队伍中选拔任用“三情四有”干部，为“三农”发展提供了强有力的组织保障。

（四）存在的问题

一是农业发展质量还不够高。组织化程度低。青壮年劳动力流失严重，外出务工人员达98082人，占总人口的25%，土地撂荒现象普遍，土地流转率为36%，低于全省平均水平。标准不高。产业园建设工作需要进一步加强深耕细作，目前已投入资金15256万元，部分资金还属于粗放式投入，打造的柑橘、花椒等精品产业园规模较小、培育力度还不够高、配套设施还不够完善。融合不深，农业产业链功能还不够完善，还没有现代化农产品冷链仓储物流体系。

二是农业农村活力激发还不够充分。目前，农村人群受教育程度普遍较低，不少农户小农思想严重，农业人才培训力度还比较薄弱；全区从事农业工作人数45634人，但多数从事低效低质传统农业工作，掌握现代农业知识的人数还不多。一些干部特别是基层干部对低投入高产出的农业发展信心还不足，思想认识误区还需转变。农村社会事业建设资金与发展需求有差距，对上争取、对外协调、内部整合投入农业资金还相对不足，风险防控机制尚未完全建立。

三是在共同富裕上还有短板。脱贫攻坚成效虽显著，但还存在贫困人口和“临界人口”。全区尚有6个贫困村6713名贫困人口尚未脱贫，已“摘帽”的15个贫困村、已脱贫的1.6万户贫困户尚需巩固，脱贫任务依然艰巨。整村推进不平衡，项目资金更多安排于贫困村贫困户，造成非贫困村工作落后于贫困村，贫困户和非贫困户出现攀比、嫉妒心理。贫困户的约束监管存在“盲区”。对扶贫干部监管保持高压态势，对贫困户的有效约束机制缺乏，致使部分贫困户“等靠要懒赖”思想严重，自我发展动力不足。

二、沿滩区乡村振兴愿景

以习近平新时代中国特色社会主义思想为指导，深入贯彻落实党的十九大和中央、省、市农村工作会议和区第十二次党代会精神，按照产业兴旺、生态宜居、乡风文明、治理有效、生活富裕的总要求，坚持“跳起摸高、跑起拼高”工作基调，以“三个率先”为努力方向，统筹推进产业振兴、人才振兴、文化振兴、生态振兴、组织振兴，抓好规划编制和“人、地、钱”要素保障工作，努力让农业成为有奔头的产业，让农民成为有吸引力的职业，让农村成为安居乐业的美丽家园。

阶段目标：与全国、全省、全市于2020年同步实现全面小康，于2035年基本同步实现农业农村现代化，于2050年全面同步实现农业农村现代化。

近期目标：率先建成城乡一体繁荣幸福新自贡先行区、“插花式”扶贫先进区、产城一体示范区。

2018年目标：农业更强。新增柑橘、花椒产业各3万亩，推广种植、仓储、加工、销售标准化，提升“信步沿滩·美过周末”乡村旅游品牌，农业增加值增长4%。村镇更美。建成新村35个，建设特色小城镇4个，乡村公共服务设施、环保设施覆盖面和服务能力大幅提升，公共环境卫生和公共秩序大幅改善，水、气、土壤达到环保要求。乡风更淳。移风易俗、家风家训、文明创评、文化育民、志愿服务等活动常态化开展，打造沿滩家风馆，建成“四好村”30个以上，“三创联动”成效走在全市前列。治理更善。创新乡（镇）“一站式”综合服务群众模式，基层党组织组织群众、宣传群众、凝聚群众、服务群众的能力大幅提升，“微自治”“四微行动”等治理模式加快推广。生活更富。农村社会保障能力进一步提升，农民工资性、转移性、经营性和财产性增收渠道不断拓宽，农民人均可支配收入增长10%。

三、工作建议

（一）着力推进产业振兴

乡村振兴，产业是支柱。只有振兴乡村产业，才能激活乡村的“血脉”，乡村的发展才会有源源不断的动力。一是做大产业规模。坚持

合理规划产业布局，集中优势力量高标准、示范化推进“两个十万亩”现代农业产业园区建设，逐步构建“产业成片、基地相连、覆盖全区”的现代农业新格局，积极申创省级现代农业产业园。同时，结合缓坡低丘、缓坡中丘地貌特点，积极发展“优质稻+生态鱼”、大闸蟹、小龙虾、乌鱼、泥鳅等特色水产生态健康养殖，大力发展花椒、柑橘两大产业，探索发展经济林木，在全区形成“水中有鱼、山间有果、山上有林”的产业布局，规模达到40万亩以上。二是优化产业结构。以打造“两个十万亩”产业园区为主抓手，强化三次产业融合发展，以市场需求带动农业集约化、标准化、优质化。高标准、高效率推进自贡食品工业园建设，围绕全市主导产业和特色农产品，开展产业链招商，力争2018年实现企业签约入驻5家左右，2020年实现入驻企业15家以上。实施“互联网+”现代农业行动，建设现代化农产品冷链仓储物流体系，探索建立花椒、柑橘DIY加工体验馆，发展农产品生产、仓储、加工、销售一条龙产业链。三是做强产业品牌。大力实施“区域品牌+产品品牌+企业品牌”提升计划，以市场需求为导向，加大科技投入力度，做精做美创意设计，加快培育效益优、前景好、市场广的新兴产品，不断提高农产品品质，积极做好“三品一标”农产品推荐。支持本地企业参加农博会、川货全国行等展会活动，不断提高“沿滩造”品牌知名度。同时，依托现代农业园区、古镇盐运文化等资源，高品质建设釜溪河复合绿道（沿滩段），着力培育一批乡村旅游特色乡（镇）、精品村落，打造沿滩乡村旅游精品路线，不断提高“信步沿滩·美过周末”乡村旅游品牌影响力，推动形成“周末两日游”旅游环线。

（二）着力推进人才振兴

乡村振兴，人才是关键。实施乡村振兴战略，要培养大批懂农业、爱农村、爱农民的“三农”工作队伍。一是建强治理队伍。加强“三农”工作干部队伍培养、配备、管理、任用，实施村级后备干部培育工程，培养储备一批乡村青年人才，充分发挥“第一书记”的带头引领作用，全面提升村“两委”干部做好“三农”工作的能力水平。把有文化、有威信、有能力的乡贤纳入乡村治理人才队伍，充分发挥其在教化乡民、凝聚人心、促进和谐等方面的示范带动作用，推动基层管理的和谐发展。二是招引实用人才。利用农业农村优先发展的各类政策，建立“人才订制”机制，为各类人才提供良好的事业发展空间和人生价值实现平台，计划利用3年的时间，着重引进一批专业复合型实用人才；建立全区农村闲置资源库和全区在外能人信息库，以“乡情乡愁”为纽带，积极引导企业家、专家学者、大学生、退伍士兵、技能人才等投身乡村振兴，实现“梧桐引凤”“以才聚才”，不断强化人才“集聚效应”，力争每年招引“三农”人才100人以上。三是培育本土能人。着眼“干部专业化”目标，立足本地受教育程度较高、思维较为活跃的青年农民中的生产能手和经营能人，围绕农业和农村的现代化发展需要，实施定向精准培养，充分利用四川轻化工大学、职业技术学院、农民夜校等资源，举办科普知识讲座、实用技术培训班，力争每个村培育1名“土专家”，每个贫困村培育3名以上的致富带头人，充分发挥示范带动作用，让其成为脱贫奔康、振兴乡村的主力军。

（三）着力推进文化振兴

乡村振兴，文化是纽带。习近平总书记说过：振兴乡村不只要看群众的钱袋子。物质富裕不是真的富裕，物质和精神都富裕才是真的富裕。振兴乡村必须坚持精神文明和物质文明两手抓两手都要硬。一是传承发展优秀文化。加大对具有沿滩区地方特色的乡村优秀传统文化的保护力度，制定优秀文化保护发展规划，加强对仙市古镇、永安老街等传统村落和阁乐祠、王家大院、陈家祠堂等传统民居的保护和利用，传承沿滩版画、徐氏雕刻等民间技艺，发展刘山柳棍、九洪龙灯、黄市牛儿灯、邓关旱船秧歌等民俗活动。牢固树立“文化+”战略思维，将文化与旅游、农业、科技、生态、金融等相融合，支持中艺彩灯、黄市草编、太源井晒醋等文化产业发展，不断提升乡村文化的生命力和生产力，打造一批具有沿滩特色的乡村文化品牌。二是大力培育文明乡风。着力实施乡风文明建设“环境洁美、移风易俗、家风家训、文明创评、文化乐民、志愿服务、村规民约、道德银行、道德讲堂、乡风评议”十大项目，将文明村创建与“四好村”创建相结合，以好习惯好风气促进好乡风好民风。开展“德、孝、诚”教育和“好媳妇、好儿女、好公婆”等推选表彰活动。完善和引导村民自觉遵守村规民约，开展移风易俗活动，遏制大操大办、厚葬薄养、赌博攀比等陈规陋习，将违反公民道德等不文明行为纳入社会信用体系，进一步引导崇德向善的良好社会风气。三是加强公共文化建设。大力培养、扶持基层文艺骨干、业余文化队伍和民间文艺社团，依托基层乡土文化能人、中小学教师、文艺爱好者等组建乡村文化艺术团体、志愿者队伍，在乡（镇）、农村常态化开展文化活动，通过寓教于乐的形式，不断丰富群众精神文化生活。同时，利用现有的文化院坝等资源，用3年的时间在每个村建一个规模恰当的，集电影放映、活动开展等多功能于一体的村民文化广场，加快文化大礼堂、家风馆、村史博物馆等文化场所建设，打造一批沿滩文化“地标”。

（四）着力推进生态振兴

乡村振兴，生态是基础。必须牢牢守住生态和发展两条底线，只有留住乡村的蓝天白云、青山绿水、清新的空气和干净的泥土，乡村才能实现振兴并良性发展下去。一是树立绿色发展理念。坚持既要创造“金山银山”，又要守住“绿水青山”的协调发展理念，健全环境保护和农村协调发展机制，通过增加生态产品和服务供给，满足人民日益增长的优美生态环境需要。瞄准人们休闲旅游消费需求的新变化，探索推进农业与旅游、文化、康养、体育等产业融合发展新路径，让土地长出“金元宝”，生态变成“摇钱树”，田园风光成为“聚宝盆”。二是建设生态宜居家园。坚持适度聚居的基本原则和“建改保”相结合，在统筹兼顾地域条件、承载能力、自然肌理等各项要素的基础上，大力推行“生态化”建设模式，建设一批特色小城镇和幸福美丽新村。全面改善农村基础条件和公共服务，加快“四好”公路、农村电网、饮水管网等基础设施建设，着力提升农村水、电、气、通信供给质量，推动教育、医疗、文化等公共服务下沉农村，让农村更有吸附力。三是保护农村生态环境。结合农村人居环境整治三年行动计划，全面实施秸秆禁烧、畜禽养殖专项整治，实施乡（镇）污水处理设施提标改造和农民聚居点污水处理设施建设，大力推动“六改三清”、生活垃圾处理、“厕所革命”等工程，持续抓好农业面源污染治理、天然林保护、退耕还林、土地综合整治、水土保持、地质灾害治理等重点生态工程建设，深入推进“大规模绿化沿滩”行动，加快推进“一江两河”绿廊和碾子滩水库涵养林建设工程，新增植树造林5000亩，林地保有量和森林覆盖率大幅提升。

（五）着力推进组织振兴

乡村振兴，组织是保障。办好中国的事，关键在党，实施好乡村振兴战略，关键在基层党组织，基层党组织在乡村振兴中要发挥“战斗堡垒”作用。一是建强基层党组织。坚持把政治建设摆在首位，强化农村基层党组织领导核心地位，以服务乡村振兴为导向，选出廉洁守纪、敢于担当、群众认可的党员干部，组建起一支具有战斗力、创造力、凝

聚力的基层班子，培育一批基层党组织示范点，全面整顿软弱涣散村级党组织，为乡村振兴提供坚强的组织保障。制订基层干部培训计划，把乡村振兴设置为重要课程，邀请专家学者每年针对基层干部实行1轮以上全覆盖培训，切实发挥基层党组织推动乡村振兴的“主心骨”作用。二是创新基层治理方式。用好农民夜校、道德讲堂、道德银行等载体，推广“微自治”“四微行动”等治理模式，完善村民自治制度。探索实施基层“网格化”管理服务，健全人民调解、行政调解和司法调解有机衔接的矛盾纠纷调处化解机制，培育一批“司法村官”，教育引导群众学法用法、知法守法、依法办事、依法维权。充分发挥农村党员、能人、乡贤的示范带动作用，引导农民自我管理、自我教育、自我服务、自我提高，逐步构建“自治、法治、德治”相结合的治理体系。三是构建基层良好政治生态。紧扣2017年扶贫领域“作风建设年”的主题，结合作风问题专项治理工作方案，重点就“四个意识”等10个方面54种具体表现开展专项治理，加强对农村基层干部队伍的监督管理，定期组织开展基层涉农资金、扶贫资金等方面的专项督查，严肃查处优亲厚友、雁过拔毛、吃拿卡要、虚报冒领、截留挪用、贪污私分等侵犯农民利益的“微腐败”，坚决杜绝“亲戚执政”和“家族控权”现象，为推进乡村振兴营造良好的政治生态。

（六）着力发挥规划引领作用

推动乡村振兴，要谋定而后动，按照城乡融合理念和全域覆盖、多规合一、远近结合、分层分类的原则，加快编制《沿滩区乡村振兴规划（2018—2022年）》，科学确定发展方向和着力点，一张蓝图绘到底，做好“规划引领”文章。一是坚持摸清家底。深入开展调查研究，准确把握沿滩区地形地貌、自然资源、文化资源、人口资源、产业结构调整、产业布局变化、城乡居住形态演变等多重因素，因地制宜，特色化编制规划。二是坚持多规合一。按照功能定位导向、要素协调一致、综合集成实施的原则，实行城乡规划、土地利用总体规划、产业发展规划、环境保护规划、经济和社会发展规划等有机衔接，构建“城乡融合、区域一体、多规合一”的规划体系。三是坚持项目支撑。规划编制要明确具体的目标、工作重点和政策措施，实行“工作项目化、项目清单化、清单责任化”工作法，推动乡村振兴各项工作任务落地落实。四是坚持柔性规划。要渐进式、互动式、参与式地推进规划和建设，在坚持整体规划思想的前提下，需要根据农民需求发生的变化来修改完善、动态调整规划细节，最终与村民达成共识，提高规划的科学性。

（七）着力加强要素保障

推动乡村振兴发展，核心在于强化“人、地、钱”三要素的供给，抓住关键环节，推动城乡要素自由流动、平等交换，激活发展活力。“人”的方面，要提高农民的参与度，加大乡村振兴各项农村政策宣传力度，建立农村民意表达机制，引导群众投工投劳，拓宽农民参与、监督渠道，提高群众权利与义务相统一的意识；要提升农民的参与能力，制订农民培训五年行动计划，培育一批农业生产型、经营型、服务型和就业型的新型农民，力争用5年时间对全区农村劳动力进行全覆盖培训，提高农民参与发展的能力；要优化农村人口结构，制定出台返乡创业就业优惠政策，引导农民工、农村大学生、退伍军人等有知识、有技术的青壮年返乡创业就业，破解农村“空心化”、劳动力老龄化等问题。“地”的方面，要盘活土地存量，全面启动清产核资，摸清村集体所有的耕地、林地、“四荒四边”空闲地等土地资源，以自主经营、合作经营等模式发展林业、种植业、养殖业，实现集体经济有增长、闲置土地有利用；做大土地增量，大力推行增减挂钩，高标准实施土地整理项目，让零散的土地化零为整，适度做大地块，提高耕地质量和有效使用面积；提高土地使用质量，推动以放活土地经营权为核心的“三权分置”制度落地落实，积极引导农民以土地流转、土地入股等形式参与发展适度规模经营，引导土地向新型经营主体、主导产业、产业园区集中。“钱”的方面，要盘活农村闲置资源，在清产核资的基础上，大力开展扶持村级集体经济省级试点，通过成立村级集体资产管理公司，开展市场化运作，让资源变资本、变资金；要依托供销社综合改革，加快组建沿滩区新型供销经营管理有限公司，赋予其融资、市场化运作、产供销服务等职能，盘活全区社有资产；要撬动社会资本，制定出台农业招商引资政策，吸引更多效益好、带动强的产业项目落户沿滩，更多的社会资本投资沿滩；要用足金融资金，探索建立金融机构融资奖励和担保贷款奖励政策，提高金融机构和担保机构支持沿滩农业发展的积极性；探索建立5000万元的沿滩农业应急临时周转金，切实解决农业新型经营主体过桥资金缺乏等难题。

深化农业供给侧结构性改革　发展特色产业　助推乡村振兴

中共泸县县委农村工作委员会

2017年，泸县按照“增单产稳粮，夯基础增效，调结构增收，转型态发展”的工作思路，以“三产融合”“三权分置”“三农转型”“三项试点”为重点，全面推进农业供给侧结构性调整，全县农业综合效益和竞争力进一步提高，成功创建为全国水利文明单位、畜禽污染资源化利用重点县、全省县级农田水利基本建设先进单位、省级农产品安全监管示范县、绿色植保示范县、新产业新业态示范县。2017年，全县农业增加值49.89亿元，同比增长4.08%；农村人均可支配收入15146元，同比增长9.7%，被评为“全省2017年度‘三农’工作先进县”“农民增收工作先进县”。

一、基础设施不断完善

加快推进水利设施建设，三星桥小（1）型水库工程全面竣工；节水型社会建设、高效节水等项目建设全面投用；东风、王坳水库等8座病险水库整治完工。三溪口水库杨九灌区和艾大桥水库灌区渠系配套工程、沱江流域江河治理和濑溪河牛滩堤防工程加快建设，牛滩土公庙水库前期工作完成水库规划建设范围内的实物调查。九曲河河湖连通工程已纳入2018年度全省3个实施项目之一，九曲河系统治理工程已立项。不断提升农机化水平，全县农机总动力实现56.8万千瓦，新建、技改提灌站18座，检修提灌站360座；新建、整治机耕便民道300千米，实现机耕面积88万亩，机电提灌保灌面积36万亩，机插、机播面积14.3万亩，机收面积42.2万亩。

二、产业化结构不断优化

实施“四项粮食工程”，大力推进川粮产后服务工程、川粮放心粮油工程、川米优化工程和川粮三产融合示范工程，有效整合全县放心粮油网络资源，打造区域品牌，实现共赢发展。实施绿色高效模式，发

展“中稻+再生稻+秋菜(油菜)”水旱轮作2万亩,“中稻+再生稻”稻渔耦合5000亩,“中稻+再生稻”种养循环3000亩,“中稻+再生稻”产地加工2万吨,稻鳅、稻虾、稻蛙稻田立体种养面积2500亩。发展特色种植基地,依托国家级杂交水稻种子生产基地建设项目,发展1.8万亩杂交水稻种子生产基地;依托长江上游特色鲜果产业带项目,新建龙眼基地1.2万亩;大力发展名优水果基地,新发展柑橘、龙眼为主的水果3000亩;依托省级龙头企业泸州刘氏食品有限公司发展泡菜基地5000亩,示范带动发展订单农业或劳务就业。建设特色养殖基地,依托现代畜牧业重点县、巨星30万头生猪产业化项目、国家级优质商品猪战略保障基地项目等,建成生猪寄养场45个;大力推广稻田养鱼,新增特色水产养殖面积4000亩。构建新型经营主体,投入500万元扶持新型经营主体,新创建市级示范合作社5个,其中省级示范社2个;创建市级以上家庭农场示范场3个,其中省级示范场3个。强化“三品一标”认证,启动“三品一标”产品认证6个,其中泸州刘氏食品有限公司生产的“泸县刘氏泡菜”牌泡菜获得质检总局“生态原产地产品保护标志”。

三、重点项目有序推进

泸县现代农业融合发展示范园区投资1.62亿元,完成新村农房新建、风貌塑造、环境整治300户;建成康养中心、乐耕农场、村级产业园3个新型业态产业区;基本完成产业基地路、水、沟渠等基础设施配套建设。病死畜无害化处理中心建成,8个收集点投入使用。泸州鑫禾农业发展公司投资1000万元,日产200吨大米加工生产线已建成投产;泸县开元粮食有限责任公司投资825万元,完成4万吨粮食低温储备库项目建设。泸县电子商务产业园即将建成投运,泸州市龙城现代物流农产品冷链物流项目已完成一期工程,预计2018年年初建成投入运行。优化和完善1个放心粮油配送中心、34个“川粮便民店”、1770个放心粮油供应网点建设,强化粮油质量监管,努力打造“泸县放心粮油”品牌。土地整理项目有序推进,已验收土地整理项目新增耕地13329亩,改造完善高标准基本农田26085.9亩。实施征地项目36个,征地面积9623.0349亩,其中新启动征地项目15个,征地面积6979.0423亩。

四、农村改革稳步发展

狠抓农村产权制度改革,在喻寺镇谭坝村、天兴镇田坝村、玉蟾街道玉蟾村和龙桥社区启动农村集体经济股份改革试点工作,确认农村集体成员身份13032名,向集体经济组织成员发放股权证书3590本。2017年成功向农业部、农业厅汇交数据。完成了100个村档案资料整理工作,颁证21.86万本,颁证率达90.52%。2017年累计流转土地23.5万亩,新增土地流转面积2.17万亩,其中新增规模以上流转面积1.68万亩。启动村集体经济发展试点,争取省财政项目资金1000万元在天兴镇田坝村、喻寺镇谭坝村等10个村进行试点工作;创新农业社会化服务体系,培育9个农机服务合作社和12个植保服务合作社,基层农业公益性服务体系在全县20个镇(街道)实现全覆盖。狠抓土地制度三项改革试点,进一步梳理完善了三项改革的制度体系,研究制定和修订完善13个农村宅基地制度改革配套政策以及9个入市和征地制度改革配套政策;完成县、乡、村土地规划编制修改完善,已经农业厅评审通过;不动产登记有序推进,颁发不动产权证书25656本、不动产登记证明28580份;三项试点统筹推进,宅基地退出已签订协议17570户,已实施7500余户,复垦面积6000余亩,并通过验收。实现宅基地抵押贷款63笔,贷款金额1169万元,宅基地退出结余指标流转4宗、面积83亩;推进集体经营性建设用地入市,已入市4宗、面积36.1亩;缩小了征地范围,已选择3宗土地积极探索征地改革。狠抓供销综合改革,探索出“供销社+新型农业经营主体”的“1+N”发展模式,组建新型基层供销社6个。启动“三位一体”农合联改革试点,已出台实施意见。狠抓农田水利综合改革工作,积极推进农业水价试点改革,并在项目试点区进行了探索,成功承办全省农业水价综合改革现场会;全面启动河长制,编制了长江、沱江、濑溪河、龙溪河的“一河一策”管理保护方案;完成全国农田水利设施产权制度改革和创新运行管护机制试点县七个课题试点工作任务。

五、新村建设全面推进

坚持“业兴、家富、人和、村美”四大理念,以“住上好房子、过上好日子、养成好习惯、形成好风气”为目标,大力实施扶贫解困、产业提升、旧村改造、环境整治和文化传承“五大行动”,全面推进幸福美丽新村建设和“四好村”创建。目前,海潮镇流滩坝村、喻寺镇谭坝村等17个镇21个省级财政幸福美丽新村基础设施项目全面完成,成功创建太伏镇渔湾村、云龙镇朱梅滩村、石桥镇永定村等市级“四好村”36个,得胜镇接官坝村、喻寺镇谭坝村、玄滩镇刁河村等省级“四好村”13个。

六、脱贫攻坚强力推进

打响“三大战役”,先后开展“春季攻势”“夏季战役”和秋冬季“百日攻坚”,实施精准到户帮扶摸排,全力对标补短,确保年底脱贫退出验收决战告捷。实施保障政策兜底、医疗卫生保障、教育扶贫发展和就业创业促进“四大行动”,提升攻坚实效。狠抓安全住房、道路交通、安全饮水、电力通信和“四好村”建设、“五大项目”建设,最大范围覆盖贫困人口,确保攻坚成效。创新“五大模式”,探索扶贫产业园带动、龙头企业带动、新型主体带动、投资收益带动和集体经济带动五大增收驱动模式,增强“造血”功能,带动贫困户稳定长效增收致富。2017年年初计划实施农村危房改造2700户已全部完成建设,“回头看”新增1388户危房贫困户于10月底前完成;40个贫困村新建村(社)道路346千米,全面实现“社社通”水泥路;教育、医疗和兜底等扶贫政策已全部兑现;发放产业扶持金880万元,覆盖贫困户10118户;发放小额扶贫贷款710万元,惠及贫困户731户。

全力推进中江“三农”工作　助力四川丘区强县建设

中共中江县农村工作委员会

2017年,中江县认真贯彻落实省委省政府“三农”工作部署,坚持以推进农业供给侧结构性改革为主线,紧紧围绕建设四川丘区强县的奋斗目标,以农民增收为核心,认真落实农民增收县(市、区)委书记和县(市、区)长负责制,全面实施“三优两高”现代农业发展战略,农业和农村呈现出良好的发展态势,获评“四川省农产品质量安全监管示范县”和“国家有机产品认证创建示范县”称号。

一、县党委、政府高度重视“三农”工作

一是强化责任落实,建立长效机制。作为四川丘区农业大县,中

江县切实把“三农”工作作为经济社会发展全局的重中之重，县农业和农村工作领导小组实行“双组长制”，由县委书记、县长任组长，县委副书记、县政府分管副县长具体分管负责农业农村工作，同时以县委“一号文件”制定印发了《2017年“三农”工作意见》，建立了领导小组联席会议机制，完善了工作考核办法。

二是强化工作推进，确保措施到位。县委县政府多次召开有关农业农村工作会议安排部署工作，全年共召开各类涉农会议10余次。同时县委县政府领导多次深入一线开展调研，其中县委书记、县长每季度各安排10天时间深入农村开展调研，其余相关领导每季度安排15天以上的时间深入基层听取农户的述求，通过深入调研，及时发现工作中存在的问题并及时加以改正，确保了农业农村各项工作措施落到实处。

二、重点工作推进有力

一是脱贫攻坚工作年度目标任务全面完成。137个市级贫困村达标退出，7719名贫困人口稳定脱贫，全县贫困发生率由6.5%下降至1%。

二是农业农村基础不断完善。新建高标准农田9.11万亩，新建和技改提灌站108座，提水保灌面积达45万亩，极大地改善了农业发展条件，夯实了农业发展基础。

三是农业科技创新与推广不断加快。推广粮油新品种35个、新技术13项，主要农作物良种覆盖率达96%；农机总动力达68万千瓦，比上年提高2.5万千瓦，主要农作物耕种收综合机械化水平达64%，比上年提高9个百分点；培养科技示范户800户，培育新型职业农民335人。

四是农业发展方式有效转变。“互联网+农业”、乡村旅游等新业态蓬勃发展，全县网商达988家，培育农产品电子商务示范企业4家，农产品网络销售额达3.6亿元，占农产品销售总额的4.5%以上。成功举办“百万网红来中江”乡村旅游系列活动，全年旅游总收入达38亿元，增长68%。

五是幸福美丽新村建设顺利推进。完成169个幸福美丽新村建设，创建156个县级“四好村”，推荐62个省级、120个市级“四好村”。

三、“三农”投入力度加大

一是加大“三农”投入力度。全县在积极主动争取省、市上级部门在项目上支持、在资金上倾斜的同时，也不断增加自身对“三农”的投入，全年县本级对“三农”投入2.3亿元，比上年增长9.4%，截至11月底，全县支农投入达4.5亿元，占财政总支出比重的10.78%。政府土地出让收入用于农村建设的资金约1.1亿元。农业固定资产投资4.9亿元，占全县固定资产总投资的3.1%。

二是加大涉农项目资金整合力度。全县在不断加大各类涉农项目资金整合力度的同时，还积极引导金融和社会资本投入农业农村工作，尤其是在中江现代农业产业园和中国芍药生态养生园两个园区建设方面，全年整合项目资金约3亿元，引导社会资本投入约2.8亿元，共计投入约5.8亿元，园区内皇承记食品绿色蔬菜基地、“荷韵·南山”莲藕基地、东北韭菜基地、蚕桑示范园等几个重点建设项目取得了良好成效。

四、体制机制不断创新

积极制定工作措施，落实《贯彻<农村改革综合性实施方案>的意见》，不断推进农业农村体制创新，全面深化农村改革取得新成效。

一是扶持村集体经济发展试点成效初显。建立了德阳市首家集体资产管理公司，探索出了股份合作、产业配套、资源租赁等模式发展集体经济。

二是财政支农方式不断创新。全县在永太扶贫产业园创新财政支农方式，投入产业扶贫资金450万元，采用“企业+财政投入+社会捐助+集体经济+金融+贫困户”的模式，使贫困户通过流转土地收租金、务工就业挣薪金、入股分红获股金、委托经营拿酬金、集体反哺得现金的形式实现增收，也解决了贫困村集体经济薄弱、“空壳村”的问题。

三是新型农业经营体系不断完善。全县市级及以上农业产业化龙头企业累计达43家，其中包括德阳市唯一一家国家级农业产业化龙头企业，农民专合组织达808家，通过龙头企业和农民专合组织带动农户达30余万户。家庭农场、专业大户培育成效明显，全县家庭农场达39家，专业大户达3000户。

围绕产业布局农村路　形成“六纵三横一环”交通新体系

绵阳市安州区交通运输局

绵阳市安州区坚持以党的十九大精神为引领，认真贯彻落实习近平总书记“把农村公路建好、管好、护好、运营好”的重要指示，坚持“乡村振兴”战略，按照建设“四好农村路”的统一部署，大力实施交通建设攻坚“大会战”，不断深化“四好农村路”工作机制和考评体系。近年来，全区累计完成投资21.3亿元，农村公路里程达2034千米，乡(镇)通畅率达100%，行政村通畅率达100%，所有乡(镇)基本实现半小时直达城区。2017年被评为全省第一批“四好农村路”示范县。

一、主要工作举措

(一)党政支持，配套政策，农村公路保障不断完善

区委区政府高度重视农村公路建设，始终把其作为“民生工程”和“一把手”工程抓实抓好。成立了以区长为组长，常务副区长、分管副区长为副组长，交通、财政、发改等部门为成员的农村公路建设领导小组，下设规划建设、资金保障、质量安全、目标考核等工作小组。各乡(镇)也对照建立了相应管理机构，负责辖区内道路建设管理。相继出台了《村组道路建设管理暂行办法》《农村公路建设管理实施意见》《农村客运发展的规划和扶持政策实施意见》等系列文件，在农村公路材料、用地指标、发展农村客运等方面给予政策倾斜，促使“建管养运”规范良性发展。

(二)统筹资金，完善路网，农村公路建设成效显著

始终坚持“围绕产业布局农村公路”，探索形成“两支三减一推”模式，建成县、乡道路786千米，桥梁11座，有力推动安州魔芋、天池万亩中药材、花城果乡、乐兴猕猴桃等产业发展。一是筹措各方资金，破解安州腹地经济发展交通瓶颈。由区委区政府牵头整合交通、扶贫、农业等涉农资金1000余万元，将村(组)道路建设补助标准从5万元/千米提高至山区20万元/千米、丘陵平坝地区16万元/千米，并明确规范项目申报、验收、资金管理等程序。同时，积极创新融资模式，多方筹集社会资金，形成国家扶持引导、地方投资为主、社会参与为辅的资金投入体制。近年来，整合资金16.2亿元，先后完成辽安路二期、物流通

道、桑河路、茶北路等重点项目。二是创新建设模式，推广“两支三减一推”模式。在党委、政府积极支持下，群众理解并支持道路建设，自愿将青苗、拆迁赔付款作为公路建设资金；发动群众投资投劳，主动参与到道路建设中去；通过“一事一议”程序，让群众直接参与合同签订、质量监督等环节，减少建设时间、成本和中间环节。三是严格建设程序，确保农村公路建设规范有序。探索实施“由乡（镇）、村（组）负责征地拆迁并组织实施，交通部门予以补助和质量监管”的农村公路建设模式，严格落实“七公开”制度。同时，严控工程变更，5万元以下的变更，由区交通部门严格按照程序进行审定后实施；5万元以上的变更，由区交通部门组织相关部门进行现场核实，按程序报区政府根据相关变更管理规定进行审批后实施。

（三）管养并重，探索试点，农村公路管养水平提档升级

牢固树立“三分建设、七分管养”的工作理念，创新路政管理和道路养护，充分发挥农村公路效益。一是深入开展“双超治理”。全区在全省首创联合治超“安州模式”。党的十八大以来，全区共计检测货运车辆57.7585万车次，查处超限车辆1.0955万辆，卸载货物5.8544万吨，超载率从2013年的5%降至2017年的3%。全区每年组织开展道路安全“百日攻坚大行动”，将道路交通运输安全纳入对各乡（镇）、部门的年终目标考核，有力保证了全区公路的安全畅通。二是完善小修内审决算机制。200万元以内的农村公路养护小修项目由区交通运输局按程序进行审定，对20万元以下的单个小修项目由区交通部门内审组确定，20万元以上的项目统一验收后按审计程序审定为准。三是切实提升养护水平。将原交通部门养护队伍转制并轨到政府平台公司，实现由部门管养到购买社会服务的转变。狠抓日常养护，对破损公路“即烂即补”，区政府每年保障养护资金860万元。要求交通部门定期核查全区农村道路情况，发现破损路段，立即制订规划方案，并向区内国有养护公司购买社会服务进行及时修补。同时，在高川乡天池村试点推广“两委重视、党员带头、群众参与、分户包段”的乡村道路养护模式，村道维护管理效果提升明显。全区农村公路路况良好，县乡道公路技术状况指数达87，路面技术状况指数达85。四是整合社会管理资源。成立了18个乡（镇）交管站、51个村级劝导站，聘请劝导员272名；整合交通管理、治安巡逻、消防安全、城乡综治、社区网格和矫正等岗位，优化人力、部门、信息等资源，将通村公路日常养护纳入村级公共事务管理范畴，形成“六岗合一”模式。五是加强交通基础设施投入。按照交通运输厅公路局下达全区2017年机械化养护及应急保障中心建设项目要求，全区机械化养护中心征用土地38066.34平方米（已办土地使用证），已购买机械20台（套），修建房屋2148平方米（已建设生产用房300平方米，物质储备库、机械设备库房700平方米，已启动生产办公用房的修建），修建水稳拌合站1座，修建沥青拌合站1座，总计投资2575万元。

（四）统筹运营，便民服务，城乡客运公交一体化建设稳步，有序推进“交通+旅游”

构建以公交车为主，出租车、网约车、农村客运、公共自行车为辅的运力配置，初步形成了辐射周边、联接乡（镇）、通村达组的三级城乡运输网络。全区已开行各类农村客运班线71条、城乡公交7条，建成等级客运站13个、招呼站115个，乡（镇）通达率100%。推出农客行政许可办理“一站式”服务，开辟农客办理业务的“绿色通道”，简化农村客运车辆的审批程序。加强城乡客运智能化应用推广，通过大力投放自动售（取）票机，定期在公共网络平台公示客货服务信息，推行手机出行APP等智能方式，初步形成“智慧交通”便民服务平台。坚持“交通+物流”“交通+旅游”融合发展，以好农国际物流园为龙头，大力培育成兰铁路雎水客货两站物流园、成绵复线宝林出口站物流园，引进物流企业12家、乡（镇）配送网点84个。结合全区旅游资源布局，投入26台客运车辆，开行花荄至白水湖、花荄至花城果乡、花荄至罗浮山等旅游线路。

（五）推进“四好农村路”示范乡（镇）、示范村工作开展，大力开展路域环境整治

由区政府出台了推进“四好农村路”建设实施方案，开展示范乡（镇）、示范村评定，计划到2020年建成市级示范乡（镇）3个、区级示范乡（镇）3个、示范村24个，制定了激励机制，分别给予10万元、6万元、3万元的奖励补助。以打造示范乡（镇）、示范村为抓手，大力开展路域环境整治，前期下发了整治方案，将各项任务落实到人。全面落实日常养护，清理县乡道路边沟40余千米，完善规范交通标志标牌90余块，主要县道平交道口设置减速带3000米；进一步提升路域绿化效果，打造标美示范路65千米；出动执法人员300余人次对公路沿线违法经营和超限超载等违法行为进行整治，共计查处乱堆放维修企业1家，查处违法车辆60余辆，基本避免了车辆带泥、带水上路污染路面情况的发生。

（六）公路通畅，百业兴旺，有力助推精准脱贫

党的十八大以来，全区投资规模、建设里程、推进速度再创新高，“六纵三横一环”的交通体系基本形成。随着全区农村公路的通畅和管养能力的提升，花城果乡、幸福七里等休闲农业和乡村旅游产业基地蓬勃兴起，安州魔芋、天池万亩中药材、乐兴猕猴桃等种养基地竣工投产。随着农村运输条件和投资环境得到极大改善，有力带动了全域旅游的蓬勃发展，全区农副产品由“求销”变成了“争购”，农户收入大幅增加，有力促进了农民增收致富。随着农村道路的不断完善，农村城镇化进程得到加快，村级组织阵地服务功能不断完善，有力促进了社会和谐。全区累计建成省级“四好村”17个、市级“四好村”73个，退出省级贫困村10个，退出区级贫困村11个，减贫6165户17442人，贫困发生率从2014年的6.14%下降至2017年的1.63%。

（七）加强党风廉政建设，树立良好交通运输系统形象

为进一步落实“党委主体责任和纪委监督责任”的领导体制和工作机制，明确局党组主体责任和局纪检组的监督责任，细化分解全年的党风廉政建设和反腐败工作任务，区交通运输局党组书记与9名党组班子成员、分管领导与10名中层干部签订了党风廉政责任书，逐项落实了责任部门和人员，层层传导责任和压力，有力促进全局党风廉政建设责任制的全面落实。重点开展工程建设领域的专项治理。针对工程建设领域招投标以及设计变更、计量支付、工程分包、资金拨付、质量管理、实验检测、工程验收等容易产生腐败风险的标后管理环节，成立了专门的内审机构和财务审查，深入分析管理漏洞。

二、存在的问题

一是项目前期土地预审、征地拆迁、环评、水土保持等前期工作的审批权限分属不同职能部门，交通运输部门要耗费大量时间落实审批手续，造成部分项目进展滞后，影响项目建设进度。二是撤县改区后，社会各界对增加安州区（花荄）至绵阳主城区的城市公交线路呼声很高，按照区政府的要求，区交通运输局前期进行了大量走访调研，积极研究开通方案，并形成专题调研报告上报区政府和市交通运输局，但存在班线客运对开通城市公交影响较大，导致公交同城化工作推进较慢。

三、下一步工作措施

（一）加强组织领导，推进工作落实

继续坚持"政府主导、部门联动、社会参与"的工作思路，以市交通攻坚大会战为契机，积极协调各乡（镇）、各部门统筹推进项目建设。

（二）坚持问题导向，破解建设瓶颈

一是结合"大学习、大讨论、大调研"活动，主动走出去向国内、省内先进市、县（区）学习，主动积极探讨"四好农村路"的建设和长远发展。二是以问题为导向带着问题去调研、去探讨、去破解"四好农村路"的建设难题，从而使"四好农村路"更好地助推乡村振兴战略的实施。三是加大对上资金争取，围绕中央、省预算内投资、专项基金债券等重点领域，主动争取资金，积极申报项目，及时跟踪项目入库。同时用好用活各项政策，整合各类补助资金，切实加快交通基础设施建设。四是加强发改、国土、环保、水务等相关部门的与交通的密切协作，切实简化项目前期审批手续。五是主动对接市级相关部门大力发展城乡公交一体化，加快推进绵安公交同城化工作，继续强化乡村道路客运，继续完善城乡短途客运公司化经营和公交化改造，构建安州城区、城乡、乡村三级客运体系。

（三）继续抓好党风廉政建设

一是开展廉政三部曲，筑牢廉政基础工作。在交通运输系统内深入开展"讲廉政话，办廉政事，做廉政人"为主题的廉政三部曲。通过宣传、考核、督促、检查、典型示范引领作用，推动区交通运输局党风廉政建设工作再上新台阶。二是切实提高《内部管理制度》执行力。区交通运输局将逗硬执行《内部管理制度》，坚持制度面前人人平等，坚决维护制度的权威性和严肃性。三是认真解决群众反映的突出敏感问题和民生问题。安州区将按照"快捷、方便、务实、高效"的服务承诺，及时介入、迅速解决，切实解决一些实际问题，为群众服好务。四是继续深化"畅享交通、阳光交通"的廉政品牌。

交通建设铺坦途，道路通畅助发展。"十三五"期间，全区拟投资70.5亿元，里程突破3000千米，投资8亿余元的省道418线项目通过PPP融资模式已开工建设，必将带动一大批交通项目强力规划实施。安州区将认真贯彻落实习近平总书记关于"四好农村路"建设系列重要指示批示精神，积极主动学习兄弟县（市、区）的优秀做法和先进经验，进一步振奋精神、查漏补缺、再鼓干劲，努力构建"六纵三横一环"交通体系，为全区道路通畅便捷、农村产业蓬勃发展、群众增收致富努力奋斗。

乡村振兴发展　交通必须先行

剑阁县交通运输局

农村公路建设发展关乎民生改善和区域经济社会持续协调发展。党的十八大以来，习近平总书记多次对农村公路建设发展作出重要批示指示，要求以"建设好、管理好、养护好、运营好"为目标全面推进"四好农村路"建设，为广大农民致富奔小康、加快推进农业农村现代化提供更好保障。党的十九大提出乡村振兴发展战略，乡村振兴发展，交通必须先行，农村公路建设发展是乡村振兴发展的基础性工程。"十三五"是脱贫攻坚和全面同步建成小康社会的决战决胜时期，交通的先行引领作用和对经济社会发展的支撑作用不断彰显。按照交通运输厅公路局的安排，县交通运输局党组把"农村公路发展支撑乡村振兴战略实施和脱贫攻坚"作为专题调研课题，聚焦发展过程中的突出问题，深入乡（镇）、村（组）和群众开展调查研究，研究探索解决措施，助力脱贫攻坚和乡村振兴发展。

一、剑阁县县情及交通基本情况

剑阁县位于四川盆地北部边缘，是典型的山区农业大县，也是省级贫困县、革命老区县和秦巴山区县，分别与广元市的苍溪县、昭化区、利州区、青川县和绵阳市的梓潼县、江油市、盐亭县及南充市的阆中市、南部县等县（区）接壤，辖区面积3204平方千米，辖57个乡（镇）579个建制村（社区），总人口67万人。剑阁县交通区位优势明显，G5京昆高速、西成高铁、宝成铁路穿越剑阁县城，即将开工建设的绵万高速横穿剑阁南部地区，正在开展前期的绵广高速复线项目将横穿剑阁中部地区，剑阁县城距广元机场仅20千米。全县有国道144.006千米（国道108线、347线）、省道287千米（省道205线、208线、302线）、县道600.447千米、乡道439.023千米、专用公路13.122千米、村道6381.147千米、隧道4座4053延米、桥梁392座，公路总里程达7864.745千米，全县农村公路总里程达7433.739千米。

二、剑阁县农村公路建设发展现状

党的十八大以来，县委县政府以"改善民生、服务跨越发展"为目标，作出"三年交通大会战"战略部署，着力构建"内畅外联、布局合理、结构优化"的农村公路网络体系，全面加强交通建设发展，全县交通基础设施条件得到全面改善，2017年8月，剑阁县被省政府认定为第一批"四好农村路"省级示范县。截至2017年年底，全县累计县乡道提升改造44条832.1千米，建成通村水泥路3862千米、客运站49个（其中二级客运站2个）、公益性渡口码头53处、农村客运招呼站436个、农村桥梁39座、渡改人行桥14座、公路安保（路侧护栏）720.95千米，出租车达100辆，公交车达90辆（其中纯电动公交车50辆），货运车辆达1228台，客渡船舶达到30艘。全县57个乡（镇）全部通沥青混凝土路面或水泥路面公路，579个建制村（社区）通村水泥路建设实现全覆盖，国、省、县、乡道公路和通客运班线通村公路安保工程实现全覆盖，乡（镇）和建制村道路通畅率达100%，乡（镇）通客车率达100%，建制村通客车率达92%。

（一）组织保障

县委县政府成立县交通建设领导小组，出台了《关于加快农村交通建设意见的通知》《剑阁县农村公路管理养护暂行办法》《剑阁县创建"四好农村路"示范县实施方案》等规范性文件，明确了农村公路建设养护工作责任主体。建立农村公路建设养护责任考核机制，并持续推进"四好农村路"创建工作，积极开展"四好农村路"示范乡（镇）、示范村创建活动，促进农村公路建、管、养、运全面协调发展。

（二）资金保障

建立健全以财政投入为主、多渠道筹措建设资金的保障机制。统筹整合交通、财政、扶贫、以工代赈等部门建设项目和资金，向农村公路建设倾斜。村民"一事一议"筹资投劳，解决村道公路建设资金缺口，并通过鼓励社会资本、信用融资和在外成功人士募捐等方式筹集资金，保障农村公路建设投入。

（三）建设模式与管理

严格执行交通项目建设管理程序和规范要求，凡符合招投标条件

的项目严格执行公开招投标程序，对个别投资额度小的通村公路项目实行在县公共资源交易中心比选确定施工单位，保障公平、公正、公开。实行重点项目建设指挥部和通村公路乡（镇）作业主的“分级管理”机制，严格项目建设基础完工验收、开工审批、施工质量抽检以及竣（交）工验收等环节把关和设计变更会签审批，确保项目建设质量。

（四）路政管理

坚持分级负责、属地管理原则，县乡道由县级路政管理机构管理、村道由乡（镇）和乡（镇）交通管理站管理。在村道管理上，实行路政、运管行政执法和养护管理同步，分片、分段责任到人，严厉制止和打击侵占路权、损坏路产的违法行为。

（五）养护管理

按照“县道县养、乡道乡养、村道村养”的要求，健全县、乡、村三级管养责任体系，各乡（镇）成立乡（镇）交通管理站，明确了专（兼）职工作人员，落实了办公场所，配备了相应的设施设备，各村成立村道公路养护队伍，落实乡（镇）交管站和村养护队伍管养制度和职责，将乡（镇）交通管理站工作经费和养护补助资金全额纳入财政预算，保障管养投入，做到“机构、责任、人员、资金、制度”五落实。全县农村公路经常性管养率达100%。

（六）运营发展

健全了“以县城为中心、乡（镇）为节点、行政村为终端”的农村客运运营体系，推进农村客运片区经营模式试点工作，便捷群众安全出行，全县投入纯电动公交车50辆，低碳环保出行。建设普安物流园区，规范寄递物流企业和乡村代办经营网点的发展，完善了汽车客运站客车附搭小件快运“收寄验视+实名收寄+过机安检”三个100%安全保障措施。

（七）典型做法

农村公路建设发展坚持与脱贫攻坚、农村产业发展、旅游资源开发、新农村建设相结合；因地制宜，适度提高建设标准，确保农村公路建设发展与经济社会快速发展需求相适应；坚持安保工程、桥梁、招呼站点及标志标牌等配套设施与农村公路“同设计、同实施、同验收”，着力打造民生工程、优质工程和品质工程。

三、农村公路发展不平衡、不充分的主要表现

（一）受农村公路建设发展政策限制

按照部、省关于农村公路发展的政策和原则，通村公路为乡（镇）通往村委会、村小学或主要村民聚居点的道路；对村与村之间的新（改）建联网路和通组入户道路，由各地根据自身情况，衔接农口、住建等部门，结合新村建设进行统筹实施。剑阁县一些村民委员会位于国、省干线或县、乡道旁，但群众居住确远离主要干线公路，因无通村公路建设计划指标，且由于地方财力有限，无法根据实际情况实施通村公路项目建设，造成发展不平衡。全县尚有2519.147千米村道公路（主要是村与村之间的联网路）需硬化，农村公路断头路仍十分普遍，群众仍面临“出行难”问题。

（二）区域发展不平衡、不充分

受县委县政府产业发展布局影响，全县农村公路建设地区发展不充分不均衡。主要干线公路沿线发展较好，边远地区发展较差；农村产业发展较好的乡（镇）农村公路建设发展较好，农村产业发展较差的乡（镇）农村公路建设发展较差。

（三）贫困村与非贫困村发展差距不断加大

随着脱贫攻坚投入力度不断加大和步伐不断加快，按照县委县政府的统一部署，由交通部门在每个贫困村优选一条通村联网路进行建设，并由以工代赈、扶贫等部门在贫困村规划建设通组路和入户路，贫困村的交通出行条件得到全面改善，而非贫困村由于无建设计划和资金来源，无法建设联村路、通组路及村民入户路，造成非贫困村与贫困村交通出行条件差距进一步加大，民生矛盾十分突出。

（四）农村公路管养任务繁重，资金投入少

“5·12”汶川特大地震灾后重建的县乡道公路基本已达到设计使用年限，路基路面病害和安全隐患问题严重，管理养护任务十分繁重，但由于农村公路养护管理资金主要来源于县地方财政预算资金，农村公路管养投入单一，加之县财政财力紧张，预算投入少，主要用于养护管理主要干线公路，对其他农村公路仅能保通保畅，无法做到全面彻底维修整治。

（五）农村公路运营发展难度大

全县辖区面积广且为深丘山区地形，农村公路建设等级和标准低，通行能力和服务质量不高，已不适应经济社会发展需求，特别是通村公路项目多以原有路基为基础，坡陡、弯急、路面窄，已建通村公路路面宽度3.5米的占85%以上达3280余千米，无法满足开行农村客运班线车辆条件，农村群众安全便捷出行需求量大，但规范运营发展难度大，群众安全便捷出行仍较为困难。

四、农村公路支撑乡村振兴战略和脱贫攻坚的认识

（一）深刻认识农村公路与乡村振兴战略和脱贫攻坚的关系

农村公路建设发展对于民生改善和区域经济社会持续协调发展具有关键性作用，是乡村振兴发展和脱贫攻坚的基础性工程，乡村产业发展、面貌改善、群众安全便捷出行、农村物流快运以及区域经济社会的持续协调发展都必须依靠布局合理、内畅外联、安全便捷的农村公路交通，农村公路是农村群众脱贫奔康的致富路，是农村产业发展的产业路，是群众安全便捷出行的民心路，是群众与外界连接、交流的纽带，更是乡村振兴发展的助推剂。乡村振兴发展和脱贫攻坚交通必须先行，建好农村公路，全面发挥农村公路在乡村振兴和脱贫攻坚以及县域经济社会持续协调发展工作的支撑引领作用至关重要。

（二）农村公路在乡村振兴战略和脱贫攻坚中的角色定位和功能发挥

农村公路在乡村振兴战略和脱贫攻坚工作中的角色就是一项基础性工程，是先行军，离开农村公路的建设发展，乡村振兴和脱贫攻坚就无从谈起。农村公路在乡村振兴战略和脱贫攻坚工作中的主要功能就是带动、推动发展，提升区位优势，增强区域经济社会发展动力，惠及民生改善。

（三）农村公路如何在乡村振兴战略和脱贫攻坚中发挥更好作用

全面贯彻落实习近平总书记关于“四好农村路”建设的重要批示指示精神，以“建设好、管理好、养护好、运营好”为目标，持续推进“四好农村路”建设，扎实开展“四好农村路”示范乡（镇）、示范村活动，巩固“四好农村路”省级示范县创建成果，争取创建“四好农村路”国家级示范县。一是要建设好，结合产业发展、脱贫攻坚、新农村建设，科学规划，严格技术标准，保障资金投入，建设好农村公路。二是要管理好，强化建设质量监管和路政管理，切实保护路产路权，充分发挥农村公路建设的投资效益。三是要养护好，强化日常管理养护，坚持预防性养护和维修整治相结合，保通保畅，提高通行能力和服务水平。四是要运营好，因地制宜，适度提高建设标准，规范运营管理和发展，便捷群众安全出行和物流畅运，满足民生需求。

五、乡村振兴战略和脱贫攻坚对农村公路发展的需求

(一)建设计划指标需求

目前,全县通村公路建设已实现全覆盖,但农村公路断头路多,通达不通畅问题较为突出,全县仍有2519.147千米村道公路(主要是村与村之间的联网路)需硬化。按照交通运输厅关于通组道路电子地图信息采集要求,全县有3280余千米通组路需硬化,对1040千米县、乡道公路分年度下达提升改造计划和补助资金,提高通行能力和服务水平。

(二)村道窄路面加宽项目计划需求

全县已建成的4332.6千米通村水泥路中,有3280余千米路面宽度为3.5米,而且多利用原有路基建设,坡陡、弯急,临崖临水,不符合通客运班线车辆条件,需进行提升完善加宽至4.5米或5米。

(三)养护需求

全县地方财力紧张,农村公路养护管理预算投入有限,全县7433.739千米农村公路日常养护和大中修任务繁重,投资巨大。全县只有1处机养和应急保通中心,对全县国、省、县、乡公路进行全面养护维修难度大,增加1处机养和应急保通中心,提高机械化养护率和养护质量。

(四)交通重点项目建设需求

全县国道347线厚子铺至印盒嘴段公路新(改)建工程和省道205线、208线、302线剑阁段提升改造工程未能纳入部、省"十三五"国省干线提升改造方案,但因设计使用年限和地质灾害以及长期超负荷运营等因素影响,路基路面病害严重,且建设标准低,不适用社会发展需求,急需提升改造。

六、新形势下发展农村公路的对策和建议

(一)持续推进"四好农村路"等民生工程建设

持续推进"四好农村路"建设,巩固全县"四好农村路"省级示范县创建成果,积极争取创建"四好农村路"国家示范县。大力开展"四好农村路"示范乡(镇)、村创建活动,持续推进农村公路"建设、管理、养护、运营"协调发展。切实改善民生,服务跨越发展,为脱贫奔康和同步全面建成小康社会提供交通运输基础保障。

(二)将村道联网路、通组路纳入建设计划

一是围绕民生改善和全面建成小康社会目标,将需硬化的村道2519.147千米(村道联网路)纳入部、省农村公路建设项目指标库;二是将全县上报的3280余千米通组路纳入部、省项目建设计划指标库。

(三)据实核实村道窄路面加宽项目计划指标

由交通运输厅公路局农建处据实核实全县3.5米宽通村水泥路里程,并将未加宽里程全部纳入村道窄路面加宽项目计划指标库,分年度下达建设计划和补助资金,提高已建成通村水泥路的服务能力。

(四)将农村公路养护管理纳入省级补助范围

针对大多数贫困县(区),财政资金紧张,农村公路养护管理预算投入少,建议将县、乡道公路大中修工程纳入省级补助范围,解决县地方财政资金预算少、投入不足矛盾,做到"应养尽养",提升县、乡公路使用年限和通行能力。

(五)提高农村公路建设补助标准,缓解地方财政压力

交通项目建设实行上级补助和地方财政配套解决资金问题,但上级补助标准低,特别是县、乡公路提升改造工程补助标准低,建设资金缺口大,影响项目建设推进,建议适度提高农村公路建设补助标准。

(六)加快国、省干线提升改造工程建设

将国道347线和省道205线、208线、302线剑阁段提升改造工程纳入部、省"十三五"国省干线提升改造中调方案,并下达建设计划和补助资金,尽早启动建设。同时,由于国道347线穿越西河湿地保护区核心区,建议协调省级相关部门加快相关报批手续的审批。

关于开展农村公路发展支撑乡村振兴战略和脱贫攻坚课题调研的报告

南充市顺庆区交通运输局

一、农村公路发展现状

南充市顺庆区公路总里程为1591千米,其中高速公路2条、30千米,国道1条、18千米,县、乡道22条、238千米,村道1305千米。通乡公路硬化率达100%,建制村通硬化路率达100%。全区基本建成"井"字架、"米"字型的城乡交通骨架,城乡基本形成"半小时经济圈"交通路网,为全区现代农业、观光旅游产业、新农村建设和经济社会发展奠定了坚实的基础和保障。

(一)加强领导,保障到位

组织领导到位。区政府制定了《顺庆区"四好农村路"建设实施方案》,成立了以分管交通的副区长为组长、区交通运输局和各乡(镇)主要负责人为成员的领导小组,下设办公室于区交通运输局,局长任办公室主任,从区公路局、路政大队、运管分局、工程股抽调人员负责组织实施。

责任考核到位。区政府出台了《顺庆区农村公路建设和养护管理实施办法》《顺庆区村道公路养护管理检查考核办法》等系列规章制度,明确了区交通运输局是农村公路建设和管理养护的行业主管部门,区公路局是县、乡道的管理养护主体,乡(镇)是辖区内村道的管理养护主体,设立乡(镇)农村公路养护站4个,建立了区有路政员、乡(镇)有监管员、村有护路员的管理养护体系,并将农村公路建设、管理、养护纳入相关单位、乡(镇)目标考核内容,确保工作顺利完成。

(二)资金保障,专款专用

根据《顺庆区农村公路建设和养护管理实施办法》,建立了农村公路建设、管理、养护的财政资金保障机制。近三年来,区政府财政投入8亿元,主要用于农村道路建设,落实了管理、养护资金,财政给予县、乡道路每年每千米8000元,村道公路每年每千米2000元的补助费,将路政员、监管员、护路员等人员工资、经费纳入财政预算,予以保障。

(三)科学规划,分步建设

邀请西南交通大学对顺庆区交通建设进行规划设计,结合国家、省、市"十三五"交通发展规划,严格按照规划内容逐步、逐年推进。突出紧迫性。按照区委区政府的发展要求,结合各乡(镇)具体情况,重点打通偏远乡(镇)和行政村的交通脉络,充分发挥农村公路"舒经活络"功能,对急需修建的公路率先实施。突出功能性。对产业发展的

重点区域率先实施新(改)建任务,发挥交通助推产业发展的功能。突出观光性。注重生态保护和路景结合,贯彻绿色理念,凸显区域农村公路的生态特色,打造精品观光示范带,形成美丽经济交通走廊带。

(四)细化责任,严格管理

出台《南充市顺庆区人民政府关于进一步加强农村道路交通安全管理工作的通知》,成立区农村道路交通安全管理工作小组,由区政府区长任组长,统筹负责全区农村道路管理工作。各乡(镇、街道)成立农村道路交通安全管理办公室,配备交通安全管理人员3~5人,专职协管员1人,各村(社区)确立1~2名交通安全劝导员,工资待遇纳入财政预算,构建覆盖全区的区、乡、村三级道路管理网络。

设区治超办于区交通运输局,牵头统筹全区"治超"工作,从交警、公安、运政、路政等单位抽调人员组成联合执法队伍,路政大队长兼任联合执法大队长,牵头组织联合执法工作,在固定超限检测站、道路交通安全整治点、源头治理点以及路面常年开展联合执法,形成强大合力。全年共开展联合执法5200余人次,整改取缔改装车辆300余台,立案查处300余车次,处罚违法运输车辆1000余辆次。

(五)加强养护,提高水平

一分建设,九分养护。顺庆区根据县、乡道路管理养护特点,结合现代化的养护管理机制,成立巡逻队、绿化队、路面维护队、应急队、保洁队5个专业化队伍。实现集约管理、精细管理,便于技术力量、机械设备集中统一指挥,严格施工工艺检测标准,人员分工明确,各司其职,提升了道路养护水平。在专业化分工基础上因路施策,对抛石情况频发、路面破损情况严重、人工清扫养护困难的道路,集中机械力量,配以人工辅助养护。对路面整体状况较好、车辆通行量大的路段,派专人看护、定点定岗定责,发现问题及时处理,提高了养护效率,节约了养护成本。

(六)创新运营,惠及民生

着力率先开通农村公交。区政府拟投资6500万元,两年内开通城区至乡(镇)、乡(镇)至乡(镇)、乡(镇)至村、村至村公交线路,率先实现城乡公交一体化。2016年,区政府投资1800万元组建运营公司,目前已开通城北车站至搬罾镇、城北车站至芦溪镇等9条城区至乡(镇)公交线路。

农村物流发展迅速。随着农村交通环境的改善,两年前,阿里巴巴"村淘"入驻每个乡(镇)和街道,截至目前有30个乡(镇)"村淘"站,农村群众足不出户就可以将自己农产品"卖出去",也可以将生活生产用品"买进来",享受"村淘"市场及物流服务。截至目前,交易额已超过2300余万元,为农村经济注入勃勃生机。

二、对农村公路支撑乡村振兴战略和脱贫攻坚的认识

道路通,百业兴。农村公路的快速发展,增强了城乡互动、缩小了城乡差距、加快了城乡一体化进程,改善了农村居住和出行环境,还有效带动特色种养殖业、农村电商、乡村旅游等特色产业发展,为贫困地区群众打开脱贫致富的大门,把绿水青山变成了"金山银山"。

实施乡村振兴战略,必须把农村公路作为公共基础设施建设的重中之重。农村公路不仅是农民群众安全便捷出行、促进农村产业发展和经济增长的重要基础,也是农村居民享受教育、医疗等基本公共服务的前提,更是推进村容整洁、乡风文明、实现美丽乡村的内在要求。这就要求全区必须按照"产业兴旺、生态宜居、乡风文明、治理有效、生活富裕"的总要求,加快完善农村交通运输基础设施,逐步建立健全"全民覆盖、普惠共享、城乡一体"的基本公共体系。

打赢脱贫攻坚战,必须把农村公路作为先导和基础支撑。交通运输是扶贫开发和脱贫攻坚的基础性、先导性条件,加快实施交通扶贫脱贫攻坚,是实现精准扶贫脱贫的"先手棋",是破解贫困地区经济社会发展瓶颈的关键。这就要求全区必须坚持以实现好、维护好、发展好人民群众的根本利益为宗旨和导向,坚决打赢交通扶贫脱贫攻坚战,绝不让任何一个地方因交通而掉队。

推进路旅融合发展,必须把农村公路作为旅游业发展的风向标。随着大众旅游时代的到来和全域旅游的加速推进,交通运输作为旅游业的基础支撑和先决条件,对旅游业的带动和发展作用明显。这就要求全区必须采取"精细化、靶向化"的建设方式,形成"道路建设到哪里、产业就发展到哪里、文化旅游就走到哪里、绿色生态就保护到哪里"的大格局,逐步实现"交通+产业+文化旅游+绿色生态"的有机融合、互动双赢。

三、乡村振兴战略和脱贫攻坚对农村公路发展的需求

在农村公路建设重点上,应坚持"交通+精准脱贫+旅游"的总体思路,由解决百姓安全便捷出行向服务农村经济发展转变。农村公路建设要将青山绿水、历史人文和产业发展等因素融入,积极推动农村公路建设服务城乡经济发展,促进农村经济稳健发展。

在农村公路管理重点上,充分认清未来农村公路工作任务将从规模化建设逐步向精细化管理的发展方向上过渡,认真贯彻落实各级政策要求,按照"政府主导、部门负责、群众参与、综合治理"的原则,完善管理考核评价体系,采取力抓队伍建设、强化源头治理等管理措施,提高工作效率,实现农村公路的持久长效、健康运行。

在农村公路养护重点上,推进农村公路养护领域的市场化改革。运用"公益化+市场化"的创新养护机制,在重要节点的隐患排查上,通过投放公益性岗位的方式确立养护队伍,完成辖养道路中通车量小、飞石抛洒严重地段的清扫工作;在养护工作的日常保洁上,将由政府部门"直接提供"逐步转为向社会"服务购买",破解养护工作人手不足、工作量大的难题。

在农村公路运营重点上,加快城乡交通运输服务一体化。注重服务效率、质量效益、运营效能,着力提升人民群众获得感。客运方面,确保到2020年实现具备条件的建制村通客车,并创新运营组织模式,确保农村客运"开得通、留得住、有效益";物流方面,要加快县、乡、村三级物流网络体系建设步伐,按照"多站合一、资源共享"的原则,加快推进农村物流现代化。

四、新形势下发展农村公路的对策与建议

一是完善"四好农村路"建设综合考评机制。根据习近平总书记对"四好农村路"发展的指示批示精神,遵循"科学评价、突出重点、奖优罚劣"的原则,建立健全从上至下的综合考评机制,构建起责任明确、分工合作、协调有序、监管严格、奖惩有力的"四好农村路"建设体系,解决交通重点项目建设中土地、环保、规划等要素"统筹难"问题。

二是保障乡村交通建养资金投入。通过整合公路沿线土地开发、资本金注入、财政贴息、以奖代补、先建后补、无偿提供建筑材料等有效激励措施,将农村公路与农村产业基地、乡村旅游等产业项目组合开发,吸引社会资本投入,推动农村公路与产业项目同步建设、合力管护、互利共赢,解决"资金难"问题。

三是着力解决农村道路建设用地不足的矛盾。随着农村道路建设的推进,建设用地不足的情况已逐渐成为制约农村道路建设的瓶颈。对此,建议探索建立省、市牵头的统筹协调机制,综合调整土地利

用指标,保障交通重点项目建设用地,解决“用地难”问题。

四是加强基层交通人才队伍建设。加大人才引进力度,壮大交通人才队伍。通过交通干部驻村、挂职等方式,引导交通人才、技术下乡,为乡村振兴战略贡献力量;加强基层人才建设,改善一线工人生产生活条件,保障一线职工的合法权益,培养一批“用得了、留得住”的技术能手,解决“人手缺”问题。

“土地银行”解决耕地闲置问题探索

中共邻水县委农村工作委员会

近年来,邻水县按照“乡(镇)政府主导、村(社)农户自愿、市场化经营”模式,在观音桥镇试点建立土地专业合作社(俗称“乡镇土地银行”)以促进土地适度规模流转,趟出了一条解决耕地闲置问题的新路子。2018年,全县参加土地合作社的有2个村5个社157户农户,“存入”长期闲置耕地面积近400亩,总收益预计达44.3万元,人均增收800元以上,村(社)集体收入5000元,农户支持率达100%。

一、基本情况

近年来观音桥镇六合寨村、倒朝门村外出务工1663人,占劳动力的60%;60岁以上的留守老人达858人,占总人口的31%。有地无人种、有人无地种的人地矛盾突出,土地闲置现象严重,土地纠纷不断。为有效化解矛盾,提高土地的利用率和产出率,邻水县采取县级设立土地流转工作指导委员会、乡镇设立土地专业合作社、村或组适度集并土地后向“土地银行”流转集中的办法。“土地银行”对存入进行整理、包装、规划后的土地,再集中成片地面向市场“寻租”。有业主或公司承包经营开发的地块,采取“政府+银行+农户+公司”的模式运作;暂无业主经营开发的,采取“攻府+互助性专业合作组织+农户”的模式运作。

六合寨村、倒朝门村率先“存入”观音桥镇“土地银行”的耕地面积共376. 5亩(其中旱地201亩、旱田175亩),有5个生产组、157户农户、731人参加。面积近400亩的土地已被邻水县农投公司相中,实现了规模流转,土地增值200%以上,入社群众人均增收800元以上。

二、具体做法

(一)政府主导,广泛宣传动员,集并农户土地

一是加快转变经营理念。组织村民代表到广元市、陕西省咸阳市杨陵区等地参观学习土地集中规模经营先进典型,开阔视野,统一认识,变“要我流转”为“我要流转”。二是充分尊重村民意愿。召开村民大会10余次、院坝会20余次,收集农户意见或建议20余条,合理处置农民切身利益等具体问题,争取群众的理解和支持。三是广泛宣传动员。印发“明白纸”2000份,制作宣传专栏5期,使广大农户认识到加入由政府主导的土地专业合作社可以提高土地经营的效益,保证从土地上获得长久稳定的收益。动员农户将不愿种、种不了和效益不好的承包地以出租方式交由乡(镇)“土地银行”统一整合、集中开发。同时,对土质好、效益好但不利于成片集中的的小块农田,通过算账做工作、经营业主补偿等方式动员农户主动“存入”“土地银行”,解决了阻碍土地规模成片的问题。

(二)试点先行,明确工作重点,规范操作程序

一是坚持自愿原则。以稳定土地承包关系为基础,以农民自愿和依法用地为原则,以提高土地资源合理有效配置,促进产业发展和农业增效、农民增收为目标,确保土地流转公开、公平、公正。二是签订土地入社协议。村“两委”召开村民大会形成《决议书》、对自愿填写《入社申请书》《承诺书》和《入股协议书》的群众,上门详细登记农户的姓名、人口、承包地面积、委托经营面积等信息,建立土地流转登记台账,并优先对登记在册的入社农户和地块进行审核。三是设置办事机构。“土地银行”主要负责制定标准、提供服务,依靠发展加工、销售和创建品牌、打造电商平台销售获取收益,下设信息服务、销售、财务、技术培训等内部专业管理岗位,并明确具体工作职责。

(三)示范带动,选好产业项目,实现合作双赢

一是统一规划增值。观音桥镇“土地银行”结合产业规划布局,争取上级产业发展资金200余万元,对入社地块进行调型整理,建成村级公路、生产便道、水沟渠等基础设施,生产要素实现大聚集、大提升,入社土地增值实现2倍以上。二是选好合作项目增值。观音桥镇“土地银行”以地每亩250元、田每亩300元全部“贷”给邻水县农业投资有限公司发展产业,该公司通过规模化种植桃树,建立桃花基地,发展乡村旅游,实现了农旅结合增收。三是确定农户收益。入社土地按田每年每亩130元、地每年每亩100元的保底租金每年兑现给涉及农户。同时,观音桥镇“土地银行”采取“3655”模式,即净收益的30%分给农户,60%作为运营管理资金和产业风险基金,5%作为集体经济收入,5%作为贫困户帮扶金,每4年分红一次。同时,鼓励经营业主与劳动能力强的入社农户签订长期劳务合同,优先使用入社劳动力,解决一些年龄偏大又不愿外出务工的劳动力就业问题。经初步测算,该合作社除去农户存地本金外,土地亩均增收160元以上。

三、主要成效

邻水县试点“乡镇土地银行”是由政府介入发起成立,以农村土地流为核心,把土地经营承包权以货币形式进行存货,以土地存人合同、“存折”“利息”方式表现农民的土地经营权和土地收益的经营机构,为解决耕地闲置,撬动农业农村经济发展融资,推动高效集约农业服务,趟出了一条较有特色的新路径。

一是助推农村土地产权经营制度创新。中国土地是国家所有制,包括社会主义全民所有制和社会主义劳动群众集体所有制两种形式。农村土地的所有权、处分权归集体,农民只拥有土地的使用权和收益权,这种不完全的产权制度使农村土地产权边界不明晰,导致了农村土地作为生产要素无法直接进入市场,不能产生产权收益。“土地银行”在国家制度框架内,以部分产权即土地承包经营权的方式进行交易,有效破解了这一难题。

二是促进农民增收。土地收入是农民的基本经济利益,“土地银行”把农民不愿种或种不了的土地整合起来,以公平稳定的土地利息支付土地收益,解决了农民土地转包过程中的收入不确定性问题,把农民从土地中解放出来从事第二、第三产业的劳动,创造新的劳动价值,增加了收入。同时,承包大户从“土地银行”“贷出”土地,通过集中投入和机械化耕种,提高了土地的产出率,增加了耕地的规模效益,提高了经营者的收入。

三是保障国家粮食安全。建立“土地银行”,既可以鼓励农民将闲

置或不愿耕种的土地"存入银行",又可激发愿意种地的主体从"土地银行贷出"土地,解决了土地撂荒问题,促进土地规模种植。同时,"土地银行"有效平整复垦、整理荒地,优先摆入整合涉农项目,改善农业基础条件,提升农业种植现代化水平,实现了"种好地"和"多种地"的兼容。

四是促进农业现代化。"土地银行"通过土地流转规模经营,增加了土地数量,提升了土地质量,保障了土地规模化、集约化经营。同时,新型经营主体为了提高规模种植的竞争力,必然会带动农业产业结构的优化和科技创新的投入,驱动农业科技创新能力的提升。"土地银行"所建立的农业育秧育苗、田间服务、农资农具购销、信息服务等一体化服务平台,提高了农业综合服务的集约化水平。

五是推动城乡一体化。"土地银行"把农民产权货币化,实现土地承包经营权抵押融资,保障了农民的基本经济利益,让农民从土地的束缚中解放出来,进城务工或从事农村第二、第三产业经营,有利于农民由农村向城镇转移。城乡一体化的过程不单是城市和农村在物质条件上的接近,更是农民与市民在精神境界与生活方式上的同步;农民从事第二产业、第三产业劳动的过程,不仅是自我在外在条件上的变化,更是生产生活方式和思想观念上的转变。因此,"乡镇土地银行"有效推进了新农村建设从"物的新农村"到"人的新农村"的转变,加快推动了城乡一体化的进程。

关于乡村产业振兴的思考

达州市通川区农业局

一、现状与成效

达州市通川区位于四川省东北部,是达州市的政治、经济、文化中心。地貌以中低山、丘陵为主,地势东北高西南低,境内最高海拔1086米,最低海拔265米。属亚热带湿润性季风气候,年平均气温17℃,无霜期285天,四季分明。辖区面积886.4平方千米,其中耕地面积46.79亩(其中田26.72亩、土19.97亩);总人口60万人,其中农业人口31万人,劳动力资源20.6万人(在家劳动力5.1万人),是全国科技进步先进区、现代畜牧业重点县和四川省丘陵地区先进区、乡村旅游示范区。2017年,全区第一产业总产值22.73亿元,第二产业总产值71.19亿元,第三产业总产值133.36亿元,一二三产业结构比为10:31.3:58.7。

(一)产业发展有序推进

全区粮油作物播种面积62.56万亩,其中粮食作物播种面积51.24万亩,产量20.566万吨,产值达5.5亿元以上,以水稻和薯类为主;油料作物播种面积10.92万亩,产量1.847万吨,产值达1.06亿元以上,以油菜为主;水果种植面积5.56万亩,瓜果产量4.1万吨,产值达3.85亿元,主要以脆李、柑橘、草莓为主;蔬菜种植播面7.5万亩,产量15万吨,产值达3亿元,主要以叶菜类、茄果类、瓜类为主;食用菌种植6000万袋,生产量2.4万吨,产值达1.44亿元以上,主要以香菇、平菇、金针菇为主;中药材产业面积0.6万亩,主要以乌梅、川木瓜、栀子为主;水产品养殖面积3648亩,产量1460吨,产值达1800万元以上,主要以"四大家鱼"为主;全区生猪存栏51896头、肉牛存栏6230头、肉羊存栏5657只、家禽存栏20万只、肉兔存栏1500只左右,畜禽总产值达14.3亿元。

初步建成北部生态农业生产区、环城特色农业采摘区、磐石田园综合体集聚区为基础的产业发展新格局。创建了安云红辣椒、碑庙黑猪、金石高桐柚、保丰大米、绿珍大米、屈氏金园、聚家猕猴桃、巴山脆李等优势区域品牌。建立了秦巴现代农业示范园、磐石都市农业体验区、凤凰山环山脆李产业带、金石聚家猕猴桃基地、秦巴蓝莓基地、北部高山水稻种植基地等规模化、规范化基地。

(二)产品加工初具规模

通川区魏兴镇建立了通川农产品工业集中区,该集中区实行"市(区)共建、以区为主"进行打造。按照食品生产、卫生要求设计修建标准厂房,配套完善水、电、气、路、通信等基础设施。工业集中区已建成面积3平方千米,建成标准厂房6万平方米。建立园区利益共享机制,调动社会各界建设园区的积极性。设计完成园区循环经济总体规划,促进产业集群进行合理分工与合作,推动产业链间的配套和协调发展,降低企业生产成本。平台搭建日臻完善,先后与中国电信合作搭建了集中区信息平台;与西南大学等单位合作,搭建了集中区质量检测研发平台。自园区建设以来,先后被授予"全国农产品加工业示范基地""四川省知名品牌创建示范区""四川省小企业创业示范基地""四川省大学生创业园区"称号,省级经济技术开发区申报工作已通过省政府审核,已上报国家相关部委审核。

集中区有农产品精深加工企业35家,规模以上农产品加工企业11家,建成标准厂房6万平方米、热风烘干房25座、冷藏保鲜库8座;发展电商网点61家、电商平台4家。目前全区已发展源美、复兴农产品批发市场、毅恒明月三大冷链物流体系,仅源美冷链已形成10万吨冷冻仓储能力,冷链配送车10辆,有效形成集农产品生产、加工、流通与服务于一体的农业供应链体系,实现了"种养+产供销+内外贸"一体化现代农业发展。

(三)产品质量有效提升

全区获得农业厅无公害农产品产地认定规模15147.93公顷;申报认证农产品地理标志1个(达州脆李)、无公害农产品13个(其中大米1个、水产品3个、畜禽9个)、绿色农产品5个(食用菌产品4个、青脆李1个)、有机农产品1个(绿珍大米)等"三品一标"产品19个;申报认证生态原产地产品保护品种4个(保丰大米、环凤脆李、川汉子灯影牛肉、绿岛山下核桃),提高品牌影响力、公信力和市场占有率;农产品生产规模经营主体入驻省级追溯管理平台企业达17家,开展农产品质量安全例行监测各类农产品1500个以上,总体合格率达97.5%。

(四)基础设施大幅改善

近年来,通过农业综合开发、国土整治、高标准农田建设、农田水利建设、村道建设、农网改造等项目建设,农业产业基地田网、路网、水网、电网等基础设施和配套设施建设得到大幅度改善,基础设施配套性、适用性得到有效加强,土地资源利用率、产出率得到有效提升。截至目前,全区已建成农机生产化道路350千米、农机提灌站128座、高标准农田13.5万亩,完成土地整理9.5万亩、土地治理6.2万亩、大棚1.2万亩、阳光温室大棚3.1万平方米,建设现代果蔬标准示范园86个,改(扩)建标准化畜禽圈舍17.6万平方米。

(五)面源污染有效扼制

全区共关闭、搬迁禁养区畜禽养殖场187家，整治禁养区外粪污处理不达标畜禽养殖场202家。畜禽养殖年粪污排放量达12.9万吨，沼气、沤肥等无害化处理达9.68万吨，综合利用率达75%；粮油作物秸秆等资源可回收量达29.17万吨，资源化利用达24.04万吨，综合利用率达82%；经济作物(蔬菜、水果、花卉、中药材、食用菌)生产附属物达35万吨，沤肥及畜禽养殖等资源化利用达16.5万吨，综合利用率达47.14%；统一制作“农药包装废弃物回收”标识9000份，设立农药包装废弃物回收桶9000个；IPM绿色防控示范片18.3万亩次，化肥农药实现零增长；取缔了巴河、州河流域网箱养殖，实施了“渔民上岸”工程，水资源环境得到有效改善。

(六)农村改革稳步推进

全面完成209个村1631个组78168户农村土地承包经营权确权登记颁证工作，确权面积410708亩，顺利通过省专家组验收；区、乡两级农村土地承包管理信息局域网平台有效搭建，网络管理和成果运用日益完善；土地规模流转有序进行，土地互换并地先行先试，农村集体资产股份合作制改革全面推进；支持新型农业经营主体开展社会化服务工作有序推进，累计培育家庭农场234家，成功创建省级示范场6个、市级示范场14个，培育农民合作社396个，创建省级示范社9个，培育省、市级农业产业化龙头18家。

二、问题与分析

全区农业通过近年来的发展，在基地规模、产品质量、品牌创建上、市场开拓、精深加工等方面取得了一定的改善和提升，但仍存在一定的不足，特别是离乡村振兴产业发展尚有较大的差距，具体表现在以下几个方面。

(一)定位不准，产业发展错位

产业发展规划滞后。虽然全区在农业产业发展方面出台了《农业“十三五”规划》，但其中的产业规划较为笼统全面，没有将通川城郊性农业特点、休闲农业、观光农业等元素和内涵有机融合，导致部分产业项目盲目发展、同质化发展，缺乏特色性和竞争力，在乡村振兴战略缺乏指导性和操作性。

产业化发展层次低。全区多数农业产业发展仍为传统种养殖业，加之基础设施建设较为滞后，产业的规模化、标准化、良种化、机械化水平低，导致产业的农产品市场占有率低，品牌效应和产品的知名度不高。

产业融合程度低。“接二连三”产业融合不够，生产基地与加工基地脱节，一方面生产出的产品销售不畅，另一方面加工企业无产品收购尴尬现象；多数农产品加工仅为简单分拣和包装，农产品精深加工和产业链条延伸严重不足；农旅融合虽有发展，但范围较小，不具有规模性，加之附带的农副产品销售不具特色性。同时很多产业项目不在同一个产业链上，混合发展，定位不准，效益不佳。

品牌建设滞后。一是“三品一标”品牌认证相对较少，且存在政府大包大揽现象，没有及时将认证的品牌应用到生产、产品包装、销售上，不能有效体现“三品一标”品牌价值；二是品牌创建落后，全区没有一个拿得出、“唱得响”的优势区域品牌。

经营主体示范带动性差。家庭农场发展不充分，农民专业合作社“空壳村”“挂牌社”“家庭社”现象不同程度存在，农机合作社数量少、规模小，辐射带动作用不强。

社会化服务体系建设滞后。农资供应、土地托管、统防统治、春防、秋防、农村资金互助、农产品市场流通体系建设等社会化服务体系建设相对滞后。

(二)人才缺乏，产业发展乏力

乡村振兴人才机制与体制尚未建立完善，农村实用人才评定管理不规范，人才结构不合理；缺乏产业发展复合型人才、经营管理与乡村治理人才，其中技术人才缺失增加了产业发展技术风险的不确定性，管理人才缺位增加了产业发展生产成本的不确定性。大多数农业企业不愿意聘请管理人才，基地窝工、消极怠工等现象凸显，生产成本上升。经纪人缺乏增加了产业发展市场风险的不确定性。没有培育一数量的经纪人，不能及时了解和掌握产品市场最新动态和信息，不能及时调整产业结构生产出适销对路的优势农产品。新型职业农民培育滞后，产业发展劳动力紧缺。农村劳动力大量转移到城镇或到外地务工，从事农业生产大多为老、弱、病、残人员，俗称“386199”部队，一些偏远村几乎出现了“无人村”。人才回流激励机制缺失，没有制定和出台一系列有利于专业技术人才、“达商回引”、大学生创新创业等激励机制，一是难以留住人才，二是难以吸引人才。

(三)设施落后，制约发展瓶颈

土地治理相对较慢，土地资源利用率、转化率低，不利于机械化、标准化生产，特别是北部山区尤为突出，大多仍处于原始地貌状态。

基础设施建设滞后，且配套性相对较差。一是产业基地内水沟、路、渠、塘等基础设施建设整体进展缓慢；二是基础设施建设政出多门(财政、农业、国土、水利等多个部门)，相互衔接不够，基础设施的配套性差；三是建后利用率差，如磐石乡盐井村土地整理项目、安云乡落花村农业综合开发项目，项目实施后被用于水产养殖。

生产设施建设滞后，抵御自然灾害能力较差。一是设施大棚、养殖圈舍等生产性设施建设滞后，抗击自然灾害能力较差；二是种养殖废弃物无害化处理及资源化再利用等设施建设滞后，没有建立专门的种养殖废弃物无害化处理中心；三是疫病防治及绿色防控设施设备建设滞后，产品质量安全监管体系、农资市场监管体系不够健全；四是农业生产包装废弃物回收体系建设滞后，包装废弃回收易、处理难。

(四)投入不足，发展后劲缺失

基础设施建设投入不足。一是全区整体投入不足，基础设施建设和配套设施整体建设进度相对滞后；二是已建和在建基地建设投入不足，基础设施建设质量和配套性、完整性相对较差；三是建成后运营管理及维护管理缺失，使用寿命和年限大打折扣。

产业发展投入不足。一是对“三新技术”的引进、研发、推广支持力度不够，品种更新、技术升级、装备转型跟不上节奏；二是产业发展的种子种苗(畜禽、渔业新品种)、农药(疫苗)、生产物资等农资支持力度不够，统防统治、“春防”(“秋防”)、产品质量安全监测、农资市场监管等财政投入不足。

激励机制不够完善。一是没有统一制定有利于农业产业化发展的优惠政策和规范性文件，不能吸引农业产业化龙头企业入驻和规模化发展；二是制定的优惠政策透明度相对较差，大多停留在部门或乡(镇)一级，农业生产企业知晓度较差。

三、思考与建议

(一)膨胀基地规模，促进产业转型升级

大力实施“建基地、强加工、抓质量、创品牌”工程，按照“安全、优质、生态、健康”要求，建设优质粮油高产示范区、特色水果采摘区、生态环保养殖区。2018年，以蒲家、磐石、青宁等地为重点，提升打造农

业标准化基地，力争到2020年新建现代农业标准化基地10个，新(改)建规模化特色种植业基地10万亩以上。

修订《农业十三五规划》，提升产业化水平。将通川区城郊型农业特点、休闲农业、观光农业及乡村振兴战略元素融入通川农业规划，“接二连三”，三产融合；产品优质、生态、健康、安全，商品化、品牌化程度高，产品链条有效拓展，产品附加值高。2018年发展种植优质稻10万亩，改造提升磐石、蒲家等乡(镇)常年蔬菜基地1500亩，在青宁、北山、碑庙等乡(镇)新发展中药材6000亩，在磐石、蒲家、青宁等乡(镇)新发展特色水果产业3000亩，在青宁、安云、新村、龙滩等乡(镇)新建标准化畜禽养殖场10家，特种水产养殖面积占比提高5个百分点，建成磐石、安云2个现代渔业示范基地，建成油牡丹、花椒等林业产业基地1.5万亩。力争到2020年发展优质稻12万亩，巩固提升常年蔬菜基地1.5万亩，新建北部高山蔬菜基地2000亩、中药材1万亩，新发展水果产业7000亩，新建标准化畜禽养殖场20家，特种水产养殖面积占比提高7个百分点，建成渔业示范基地4个，建成油牡丹、花椒等林业产业10万亩。

“接二连三”，促进一二三产业深度融合。一是大力发展休闲农业。加快水果、蔬菜、中药材、花卉苗木等特色产业基地转型升级，融入休闲农业、观光农业及乡村振兴元素，2018年改造提升秦巴现代农业示范园、磐石田园综合体集聚区、青宁循环产业园等园区4个，建设休闲农庄3个，举办区级农业节庆活动5个以上，推出农业休闲产品10个以上，完成创建市级农业主题公园1个、市级产业融合园区1个、省级融合示范园区1个、省级休闲农庄2家。力争到2020年，新建农业示范园区10个、农业主题公园5个、休闲农庄10家，创建省级融合园区2个、省级农业主题公园1个、省级休闲农庄6家。二是大力推进智慧农业。大力支持“互(物)联网+现代农业”发展，加快生产领域智慧化，助推农业生产环境、生产过程及农产品的标准化，保障农产品质量安全；加快销售领域智慧化，打通生产与销售环节，实现供求对接；整合农业地理信息系统、农业“三资”管理等信息系统及各类视频监控平台资源，统一接入农业智慧云平台，集成发挥农业信息化综合作用；加大村级信息服务站整合电力、通信、保险、银行、物流、旅游等国有和民营企业的服务资源，为群众、产业业主办理代缴电费、网上代购商品、引进材料加工等服务。2018年新建益农信息社71个，新增智慧农业园区2个，积极推进“农商通”“天农网”等农产品电商平台发展，农产品电子商务销售额增长30%以上。力争到2020年，新增智慧农业园区5个，益农信息社实现全覆盖。三是提升农产品加工营销水平。鼓励现有农产品加工企业改造提升技术设备和管理水平，着力提升农产品加工能力和市场竞争力。积极引导工商资本和社会资本投资发展农产品加工企业、冷链物流企业和新产业新业态，力争在鲜活农产品加工上有突破。探索新型营销模式，推进“源美冷链”订单、电商微商直销等多种形式的农产品营销策略，减少中间环节，强化产销对接。实施“领头雁”工程，培育壮大现有农产品加工业企业。培育小微企业上规模，规模企业扩能提质，力争每年新增规上农产品加工企业1家以上。充分利用工业集中区的优势，支持组建通川米业、油料、肉类集团公司，实行统一品牌、统一质量标准、统一加工工艺、统一包装规格等级、统一市场营销，抱团合力发展，提升通川优势农产品整体竞争力。2018年，引导加工企业签订农产品订单合同1万吨以上，加工能力提升5个百分点，资源转化率，利用率提升3个百分点，节能降耗降低2个百分点。力争到2020年，引导加工企业签订农产品订单合同5万吨以上，加工能力提升7个百分点，资源转化率、利用率提升4个百分点，节能降耗降低3个百分点。

推行标准化生产，实施品牌战略。一是加大标准化示范基地建设，以点代面，整体提升标准化生产水平。2018年，以青宁为核心，辐射带动碑庙、安云、金石、龙滩等乡(镇)发展高山大米标准化示范基地1个，新建(改造)蒲家、磐石蔬菜育苗基地2个，新建蔬菜标准园1个，建立优质水果标准园2个，在青宁、安云、新村、龙滩等乡(镇)新建标准化畜禽养殖场10家，创建省级畜禽标准化示范场1家、市级畜禽标准化示范场2家，建成磐石、安云现代渔业示范基地2个，新发展标准化渔场户5个，建立油用牡丹、花椒示范基地2个。力争到2020年建立高山大米标准化示范基地5个，新建蔬菜标准园或标准化示范基地5个，建立优质水果标准园5个，新建标准化畜禽养殖场20家，创建省级畜禽标准化示范场2家、市级畜禽标准化示范场5家，建成磐石、安云现代渔业示范基地4个，建立油用牡丹、花椒示范基地6个。二是加大“三品一标”认证力度。严把农业投入品关、生产过程关、上市销售关三个关口，实施产地准出、市场准入及产品质量追溯体系，确保产品优质、生态、健康、安全；引导和鼓励农业产业化企业开展有机食品、绿色食品、无公害食品、地理标志等“三品一标”认证，以及原产地保护认证，并及时将认证的品牌应用到生产、产品包装、销售上，不能有效体现“三品一标”品牌价值。三是引导企业抢注商标，实施品牌战略。培育“绥定保存大米”“屈氏金园”“绿岛小镇”等优势区域品牌，力争到2020年创建有一定影响力、拿得出、“唱得响”的知名品牌2~3个，产品附加值有效提升3%以上；发挥通川区农旅公司作用，加大对“巴山脆李”“安云红辣椒”“高桐柚”等公共品牌创建和保护力度，提升通川农业优势区域品牌；引导企业参加农博会、西博会、菜博会等大型推介会，推介本地优势特色农产品。

培育新型经营主体，完善社会化服务体系。对全区新型农业经营主体产业发展情况、经营状况、规范化运行情况进行全方位、系统的调查摸底，取缔农民专业合作社“空壳村”“挂牌社”“家庭社”；培育产业发展意愿较强、积极性高、示范带动性强，与农户(贫困户)利益连接紧密的专合社、家庭农场，加大专合社、家庭农场评优晋级评定；加大植保专合社、农机专合社、动物疫病防治专合社、农技服务专合社等组建和培育力度，提升社会化服务水平；推行农资供应、土地托管、统防统治、春防、秋防、农村资金互助等社会化服务体系建设。力争到2020年，培育规范化运行程度高、示范带动性强的新型经营主体8~10个，组建社会化服务机构3~5个。

(二)加强人才培育，促进人才兴农强农

加大人才引进力度。通过实施“千名硕博进达州”、事业单位招录、“百名公务员进通川”等计划，吸纳农业领域优秀人才充实专业技术人才队伍；大力实施“引凤还巢工程”，吸引能干事、会干事、干成事的优秀乡贤，形成人才回乡、资金回流、项目回归的良好局面；鼓励农业科技人员、大学生、退伍军人创新创业，促进农业科技创新和成果转化。

强化人才培育力度。一是加大对农业系统专业技术人才的知识更新培训，提升农业专业技术人才的业务能力。二是邀请农业技术专家对全区乡村人才(包括新型职业农民、养殖大户和村级防疫员等)开展培训，培养一批懂农业、爱农村、爱农民的“三农”工作专业技术人才队伍。三是引进和培育农业管理人才、经纪人，充实到农业生产全产业链。

加强人才队伍建设力度。通过民主公开的方式将政治可靠、能力

出众、品质优良的致富能手、退伍军人吸收到村集体企业和班子中，不断优化村级组织结构，注入新鲜“血液”，为乡村振兴战略提供坚强的村级治理团队。加大对全区各村级组织派驻“第一书记”、大学生村干部、驻村工作组等人才资源力量，解决基层“引人难、留人难、人才匮乏”的实际问题，增强农村发展活力。

建立校地交流合作平台。与省农科院、四川农业大学、达州市农科院、达州市职业技术学院等科研院所开展全方位技术合作，广泛开展以乡村振兴为重点的学术研究，引进先进技术、先进成果和先进的治村兴业理念，在全区落地推广应用。

（三）加大设施建设，提升产业发展潜力

切实加大农村交通、水利、土地等农业生产基础设施建设，提高农业机械化水平，破解产业化发展瓶颈，增强产业发展后劲。

加快土地治理建设力度。整合农业综合开发、国土整治、高标准农田建设项目，根据乡村振兴战略布局，优先布置到试验示范区。2018年建设高标准农田6000亩，坡改梯57.03亩，格田整理345.68亩，水田整理1158.27亩，旱地整理125.48亩。力争到2020年，开展土地治理建设10000亩。

强化基础设施建设，完善设施功能配套。一是统筹基础设施建设前期规划，加强与财政、农业局、国土、水利等部门沟通衔接，根据乡村振兴产业布局要求而确定建设内容，尽量做到功能配套、设施完善、适用性强。二是整合区内涉农项目，集中用于农业产业基地等基础设施和配套设施建设，加快基础设施建设步伐，增强基地抵御自然风险能力。2018年，新建提灌站13座，建设农机化生产道路10千米，整治山坪塘17座，新建200立方米蓄水池5口，整治排灌渠3000米，配套建设沉砂池15口、人行便桥5座。力争到2020年，新建农村提灌站30座，节水灌溉基地5处，建设农机化生产道路50千米，整治山坪塘30座，新建200立方米蓄水池10口，整治排灌渠7000米。三是加强对基础设施建设后的维护、管理及生产综合利用，发挥基础设施建设应有功效。

加大生产设施建设，增强抗击自然风险能力。一是鼓励和支持种养殖企业加大养殖圈舍、大棚、避雨栽培、智能温室、苗床（产床）等生产性设施建设力度，提前或延后上市周期，提升产品品质，增强抵御自然风险、市场风险能力。二是启动农业污染源普查和禁养区划定工作，持续抓好规模畜禽养殖管控工作，实现投入品减量化、生产清洁化、废弃物资源化、产业模式生态化；抓好农作物秸秆综合利用和秸秆禁烧工作，减少大气污染来源；积极开展土壤污染治理与修复技术试点工作，加大土壤的监测面积和检测力度，开展农业生产包装废弃物回收及处理。2018年在檬双尚寺村新建有机肥加工厂1个，对全区所有畜禽粪污和农作物秸秆集中收集处理加工；在檬双、蒲家新建秸秆收储大棚2个、面积2000平方米，秸秆收储点4处，秸秆粉碎、压块、包装、专用运输车辆等配套设备8台（套），形成年收储运3000吨秸秆能力；农业生产包装废弃物处理回收处理达30%以上；开展重金属污染防治2000亩。力争到2020年，全面实现畜禽粪污无害化处理及资源化综合利用；建设秸秆收储大棚17个、面积16000平方米，秸秆收储点28处，配套设备68台（套），形成年收储运2万吨秸秆能力；开展重金属污染防治达6000亩；农业生产包装废弃物处理回收处理达70%以上。同时，在州河、巴河、莲花湖实施放流，改善河流湖泊生物的种群结构，维护河流生物多样性，改善水域水质和生态环境。三是建立健全农产品质量监管体系、农资（种子、农药、肥料）市场监管体系，配置动物疫病防治及绿色防控相关设施设备以及运行管理体系。力争到2020年，实现规模生产基地农产品质量监管、动物疫病防治及绿色防控全覆盖，农资市场管理规范、有序。

（四）加大资金投入，增强产业发展后劲

建立健全产业化激励机制。以政策为引领，制定出台一系列产业振兴的优惠政策和规范性，从基础设施、生产设施、土地利用、产业扶持、质量安全、绿色防控、冷链物流、“三新”技术引进、创新创业等方面予以支持，使乡村振兴发展制度化、科学化，增强产业发展后劲。

加大基础设施建设投入力度。一是加大本级财政资金投入力度。二是进一步有效整合涉农资金。结合产业振兴的重点乡（镇）、重点产业，实行统筹安排，真正实现集中财力办大事，提高涉农资金使用效益，促进主导产业发展和农民增收。三是加快建设农村基础设施，推进农村制度改革，创优产业发展环境，有力撬动和吸引更多工商资本进农村发展，集约高效利用农村土地、人力资源等。

发展壮大村集体经济。鼓励村集体与新型农业经营主体、城市工商资本、民营企业等开展股份合作，将农村土地、农民房屋、基础设施、自然资源、集体资产等量化股权，建立健全利益链接机制，助力产业发展、农民增收。

盘活扶贫产业。有效结合22个扶贫专项中的产业扶贫专项，针对已经实施和计划实施的扶贫产业，进行科学规划、合理布局、统筹指导；用好用活产业周转资金等政策扶持资金，发挥资金效益，盘活农村资源，带动产业高效发展。

大力推进“四好农村路”建设　夯实筑牢脱贫攻坚交通基础

达州市达川区交通运输局

达州市达川区位于四川东北部，辖区面积2245平方千米，总人口122万人，是全省人口最多、面积最大的市辖区。为深入贯彻习近平总书记关于“四好农村路”建设重要指示批示精神，达川区紧紧围绕“政府主导、上下联动、多方发动”的农村公路发展思路，全域推进农村公路建设，成功创建为全省首批“四好农村路”示范县。自创建成功以来，全区紧紧围绕构建农村公路“两个网络、四个体系”总体目标，抢抓机遇、再接再厉，大力推进“四好农村路”建设，奋力夯实筑牢脱贫攻坚交通基础。

一、坚持注重“三结合”，优化农村路网

按照“改革创新、民生优先、协调发展、安全绿色”的农村公路发展理念，将农村公路建设与脱贫攻坚、区域整体规划和地方产业发展深度融合，进一步优化农村路网结构，推进“四好农村路”建设再上新台阶。一是注重结合脱贫攻坚。坚持把脱贫攻坚作为交通工作的头等大事，坚持把贫困村道路提升改造作为农村公路建设的重中之重，紧紧围绕全区142个贫困村“七有”目标，2016年以来，全区投入资金1.89亿元，按照“四好农村路”建设标准，提升改造贫困村和通往贫困

村必经之路857千米，累计建成通组联网路7120千米，实现了100%的乡（镇）、100%的建制村和98.5%的组通硬化路，为群众脱贫致富奠定坚实的交通基础。二是注重结合区域整体规划。紧紧围绕省委将达州市打造成为“四川东出北上综合交通枢纽”的战略目标，加快建成“区镇一小时交通经济圈”，逐步构建以县、乡道为“主脉络”、村（组）道路为“毛细血管”、重要运输物流中心为节点的结构科学合理的农村公路网，全面服务地方经济社会快速健康发展。全区规划区域县、乡道改善提升357.1千米，已实施16条188千米；规划跨巴河、州河渡改桥6座，已开工2座，建成农村公路安保工程370千米，全面实现农村公路临水临崖高差3米及以上危险路段全覆盖。三是注重结合产业发展。结合全区东、西、南三大片资源、农旅产业发展规划，规划农村资源、产业路508千米，已实施12条191千米，助推乌梅产业基地、花椒产业基地、生猪产业基地等一批特色产业基地建设，为全区持续扩大“5+5”特色产业规模、建设农村产业强区奠定坚实的交通基础，促进区域农业生产总值年均增长5%以上。

二、持续强化“三保障”，提升管养水平

以巩固“四好农村路”建设成果为目标，切实履行农村公路发展主体责任，健全完善区、乡、村三级管养体系和管养投入体系，全力提升农村公路养护管理水平。一是强化资金保障。明确每年安排不少于8000万元的交通发展资金、不少于2000万元的管养资金，至少整合涉农资金1.8亿元用于农村公路建设。认真贯彻执行《关于加强公路养护的实施意见》，严格按国、省道每年15000元/千米，县道每年12000元/千米，乡道每年5000元/千米，村道每年1000元/千米的标准落实养护经费。同时，按照“财政因素分配法”规定，每个行政村60%～80%的公共运行服务费用于公路日常养护。二是强化体制保障。认真贯彻落实《四川省农村公路条例》，建立完善以公共财政为主的管养资金投入保障机制，构建“县有路政员、乡有监管员、村有护路员”的农村公路路政管理体系。建成运行达川区公路机械化养护中心、石桥超限检测站，进一步理顺道路养护管理体制。加强农村公路日常养护管理，认真开展预防性养护。落实乡（镇）管理职责，推进农村公路路政管理全覆盖。三是强化激励保障。持续将“四好农村路”推进纳入政府综合绩效考核，在三年（2015—2017年）评选表扬83人次“路书记”、71人次“路乡（镇）长”基础上，转变2018年度“路书记”“路乡（镇）长”考核评价标准，由“农村公路建设规模大小、质量好坏、速度快慢”变为“农村公路养护经费执行情况、责任落实情况、管养实效”，保障农村公路管理养护实效。

三、靶向聚力“三导向”，增强服务效益

充分发挥地方政府主导作用，完善落实农村客运优惠扶持政策，超前做好农村客货运输和物流发展统筹规划，推进旅游环线客运发展，加快推进县、乡、村三级客运物流和物流站点建设。一是聚力重民生导向。坚持“民生为先、民生为要”，推进全区农村客运延伸发展，解决农村群众出行问题。以“干支结合、区域联网、安全实用、服务升级”为发展原则，制订出台《达州市达川区农村客运发展实施方案（2018—2020年）》，计划三年投资818万元，新开行农村客运线路21条，优化调整和新增运力线路5条，新投放农村客车83台。二是聚力高品质导向。全面推行农村公路建设标准化、规范化施工，充分发挥区公路（水运）质量监督站作用，大力提升农村公路建设质量水平；积极推广农村客运片区经营和“电话预约、上门接送”响应式服务，积极培育集约化经营、规范化管理经营主体，推广农村运输、电商、邮政、客车附搭小件的农村物流发展模式，全面提升农村客运服务水平。三是聚力促发展导向。达川区始终坚持以“建好、管好、护好、运营好”农村公路为总目标，在农村公路服务脱贫攻坚和全面建成小康社会上持续用力，大力构建结构科学合理的农村公路网和便捷高效安全的农村运输网，努力把农村公路建成幸福小康路、生态品质路、安全畅通路和人民满意路，使达川交通走在全省先进行列。

抓实农村改革　助推乡村振兴

中共巴中市巴州区委农村工作委员会

作为全国和全省的农村改革综合试验区，巴中市巴州区围绕农业供给侧结构性改革主线，旗帜鲜明“七个更大突破”主攻方向，聚力推动农村集体产权制度、新型农业经营体系、农业支持保护体系、城乡发展一体化体制机制和农村社会治理五大领域20项改革试点，为加快脱贫攻坚、加速乡村振兴提供了动力源泉和动能支撑。

一、围绕“权”这个根本，夯实改革试验基础

全域推进农村确权颁证工作，力求“能确就确、应确尽确”，颁证种类达11个。一是夯实产权。按照“三权分置颁铁证”的思路，全面完成农村承包土地经营权确权颁证工作，60.9万亩耕地全部确权（股）给符合条件的10.95万农户，颁证率82%；发放12.58万本林权证，每宗林地均有了电子身份证；向全区10500处小型水利工程颁发所有权证3850本，向100余个用水户协会颁发农村小型水利工程使用权证11117本；积极探索农村承包土地经营权派生物权，探索发放土地流转经营权证355本、林地经营权流转证81本、农业特色所有权证203本、标准化基地用益物权证233本、经济林木（果）权证132本。全面完成农村宅基地使用权登记颁证，率先在全市试点“房地一体”不动产登记管理，在全市率先颁发农村不动产登记证355本，农村宅基地使用权和农户住房财产权得到有效保障。二是明确股权。出台《村集体股份制改革实施方案》等制度机制，在曾口镇等8个乡（镇）近80个村开展集体经济股份制改革试点，价值6.7亿元的农业资产全部移交给村集体经济组织并股权量化到人、颁证到户。三是强化参与权。引入城市社区治理的经验，结合农村社区实际，以“法治德治自治三结合”为抓手，深入推动以新型农村社区为基本单位的村民自治试点。形成了基层党组织和村民自治组织、新型社区管理组织、集体经济组织、新型经营主体“一核多元”农村社会治理模式，有效保障村民自治权、监督权。

二、围绕“能”这个关键，下足落地“绣花”功夫

紧扣“颁证为什么”“证能干什么”等问题，不断在放活土地经营权、盘活农房农地、保障集体收益分配和创新村民自治上下功夫。一是突出承包土地能生金。建好登记、评估、交易、风控四大平台，采取村级预收、委托流转、股份合作等方式，适度规模流转土地25万亩。完善“资质审查、项目跟踪、经营预警、清盘收储”等土地流转制度机制，设立信贷支持产业发展基金2000万元，落实农业基础设施配套政策，“一简二免三优惠”的承包土地经营权抵押贷款模式促动放贷5.6

亿元，财政为“产业贷”贴息170万元。通过建立土地流转风险保障金、开发土地流转保证保险产品、购买特色农业保证保险等方式降低产业风险。特色农业保险覆盖面达95%。二是突出农业产业能发展。把培育新型经营主体作为“谁来种地”的重点，培引龙头企业62家、农民专业合作社1188个、种养大户741户、家庭农场252个，发展道地巴药12万亩、有机果蔬2万亩、优质粮油6万亩、生态畜禽养殖小区218个。整合供销社社属企业资源建立巴州区现代农业综合服务公司，引导贫困户小额信贷资金1200余万元入股，开展“产、供、销”一体农业社会化服务，全年托管土地1万亩，带动100余个家庭农场和种养殖大户专业化生产，“投资收益扶贫”模式帮助贫困户人均实现增收4000元。区级层面初步形成“四大产业、六大基地”格局。三是突出集体经济能增收。按照“清产核资、身份界定、股权量化、建设平台、市场营运”五步走，将全区1.18亿元农村资金、26.61亿元农村资产、50.54万亩资源、1.23亿元债权、1.84亿元债务全部股权量化，培育或招引业主市场化经营，378个村集体凭借“权益股”解决了“无钱办事”难题，集体经济成员所持“基础股”人均分红达120元，贫困户还可依靠“优先股”多获得20%以上的收入。四是突出农房农地能变现。通过土地增减挂钩、占补平衡审慎试点宅基地自愿有偿退出，采取明确5类情形，设置8个条件，提供多种补偿等办法创新宅基地预收储，确保“地退得稳当、人活得幸福”。全年共退地1200余亩，异地交易“腾退”指标1100亩，解决了新村建设资金不足的大问题。突出新型社区能管好。以巴山新居聚居点为载体建立新型农村社区16个，在全面实现村“七有”的基础上，规范设置“五室两站两栏两中心、一厅一堂一场所”开展综合服务。817名“本地通”网格员全天参与网格管理。指导修订村规民约，健全村务决策监督机制，非户籍居民可同户籍居民一起参与民主选举、社区管理、协调议事。发挥乡贤、道德模范的带动作用，乡风民风文明风蔚然成风。

三、围绕“利”这个核心，提升农村繁荣程度

坚持好市场主体地位，配置好新产业新业态要素，实现好、维护好、发展好农民群众利益，让农民成为充满幸福的群体，让农村成为安居乐业的家园。一是保护好土地权益。自2014年开始，巴州区积极探索“三权分置”的有效实现形式，创新颁发土地流转经营权证、林地经营权流转证等，特别是对投资规模较大、生产周期较长的产业业主流转取得的土地，突破第二轮农村土地承包期限，将土地承包权、流转经营权期限确定为30年，对探索承包关系“长久不变”进行了有效实践，为修改完善《土地承包法》提供参考依据，契合党的十九大精神，符合客观实际，真正达到了让所有权固定好、承包权稳下去、经营权活起来。二是实现好财产权益。全区农村宅基地面积有11万亩，约占农村建设用地总量的76%。据测算，全区城镇化率或农民就地改危或聚居率每提高10个百分点，将可能产生近1.5万亩闲置宅基地(指标)。如何把这块地盘活，转变为农民城镇化或就地改变生产生活条件的资本，是巴州区推进农村土地管理制度创新的基本取向。实践中，巴州区聚焦农村宅基地的“腾、退、换”，依托在土地增减挂钩项目试点农村宅基地委托预收，省内异地交易节约指标，推动资产向资本转变，有效规避了涉法问题，显化了“集体所有、农民占有”的权益。三是维护好分配权益。巴州区用3年时间推动集体资产股份制改革，特别是综合考虑“初始取得、法定取得、申请取得”等因素，反复论证后出台《集体经济组织成员身份界定指导意见》，通过固化人口、固化地、固化股权“三固化”方式厘清成员身份，再将财政投入形成的经营性资产股权量化，设置集体权益股、成员基础股、贫困户优先股，通过建立农村集体经济合作社运营资产，所得收益按股分配。在充分保障农民分配权的基础上，解决了农村集体经济组织虚置问题，有效促进集体和农民持续增收。

通过一年多的努力，巴州区农村改革综合试验区呈现出三个特点：一是制度机制更加完善。围绕“四梁八柱”的各领域改革试点制度机制进一步健全。在已形成的55项制度机制的基础上，对9个领域19个方面的制度机制进行了深入探索，总结完善的制度机制达到63项，为全区各级各部门推进农村改革试点提供了制度遵循和工作指导。二是实践探索更加深入。由点到面、矩阵式推进效果明显。全区29个乡(镇、街道)50个试点村承担的19项全国全省改革试验任务72个具体课题，在7个先行先试提升点位、29个复制推广新建点位、14个实践探索试验点位稳步推进。三是改革经验更加系统。探索的“承包土地‘三权分置’”等8项试验成果转化为党中央、国务院和省委省政府重要文件，“集体经营性资产股权量化后市场化经营”的做法被中央深改办简报，实施宅基地预收储等5项实践入编《农村改革试验区改革实践案例集》，放活土地经营权、创新资金供给方式脱贫攻坚做法得到省委肯定，一批农村改革经验做法被央媒“走进改革试验区”专题报道。巴州区被省委深改办、省全创办授予“2016年四川十大改革转型发展案例提名奖”。

全力强化财政保障　助推经济快速发展

巴中市恩阳区财政局

建区五年来，巴中市恩阳区财政局主动适应经济发展新常态，坚持稳中求进工作总基调，紧紧围绕全区重点工作，着力打好“增收、民生、发展”三张牌，向全区人民交出了一份硕果累累、成就辉煌的答卷。主要经济指标增速保持全省、全市前列，为恩阳区2015—2016年连续两年被省委省政府表彰为“全省县域经济发展先进县”、2016年被省委省政府表彰为“全省脱贫攻坚先进县(区)”提供了坚实的财政支撑。

一、挖潜增收，综合财力显著增强

建区以来，恩阳财政持续增收压力巨大。面对困难的增收形势，恩阳区财政局积极协调配合国税、地税等部门，深挖增收潜力，加强税源管理，创新征管方式，财政收入实现连续5年高速增长，超额完成各年度预期计划。

一是财政收入快速增长。2017年，全区地方一般公共预算收入完成56183万元，较建区之初(2012年7053万元)增加近7倍，年均增长51.4%，增速连续5年居全省前茅，位居全市第一。地方一般公共预算收入占GDP的比重由2012年的1.9%提高至2017年的9.3%，与全市地方一般公共预算收入的占比由3.6%提高至12.3%。2013—2017年，全区政府性基金收入累计完成49.08亿元，年均增长290%，其中2015—2017年，连续三年超过10亿元。二是支出规模迅速壮大。2017年，全区一般公共预算支出实现42.49亿元，较建区之初(2012年15.72亿元)增长26.8亿元，年均增长22%，与全市一般公共预算支出

的占比由7.6%提高到15.1%。全区政府性基金预算支出实现127360万元,较建区之初增长近22倍,年均增长117.4%。三是保障能力显著增强。2017年,全区可用财力总额达18.52亿元,是建区之初(9.73亿元)近2倍;人均实际可用财力较建区之初(6.3万元)增加2.6万元,达到8.9万元。建区至今,累计完成教育、医疗、社保和住房保障等与民生相关支出115.3亿元,年均增长23.5%,占一般公共预算支出的75.3%。

一项项得力举措、一串串真实数据体现了财政收入与经济增长良性互动的发展态势,有力促进了恩阳经济社会持续健康发展。

二、落实措施,区域经济稳定增长

恩阳区财政局认真落实中央和省、市、区稳增长系列政策措施,通过降低企业成本、及时拨付财政资金、盘活财政存量资金、规范地方政府债务等多种举措,促进全区经济稳定增长和提质增效。

突出财政引导,促进经济增长。2017年到位上级财政转移支付补助295898万元,实际形成支出291380万元,资金使用率达98.5%。积极盘活财政存量资金5014万元,拨付用于民生和产业发展。严格落实减税降费优惠政策,累计为29306家次规上企业、经营困难企业减免税费1565万元。同时,争取到位新增政府债券45022万元、置换债券79300万元,为重大基础设施建设、民生改善等提供了资金保障。

保障项目推进,提升服务环境。五年来,恩阳区累计开工实施省、市、区重点项目254个,完成投资715.11亿元,竣工项目183个。恩阳区财政局利用各种渠道筹措资金支持新区发展,仅2017年就争取到位上级各类建设资金106000万元。

三、创新举措,改革红利不断释放

建区五年来,恩阳区实施的重大项目数量多、类型杂,要做好财政管理工作实属不易。为此,恩阳区财政局创新作为,深化各项财政改革,为全区扎紧了“钱袋子”。

持续深化财税体制改革。全面推行全口径财政预算管理。深化国库集中收付改革,进一步扩大公务卡结算范围。积极推进政府向社会力量购买服务改革,促进事业单位分类改革和转型发展。

不断转变支持发展方式。采取变资金为基金、变短期为长期、变资源为资本的方式,引导社会资本和银行资本支持经济社会发展。建立和充实精准扶贫小额信贷基金等“七项基金”,基金规模达19409万元。建立以“股权量化、按股分红、收益保底”为主的资产收益新模式,在青木镇平桥村等16个乡(镇)部分村实现村村有集体经济收入。

大力推行政府和社会资本合作。全区储备PPP项目11个,实质性启动PPP项目8个,恩阳区财政局被财政厅表彰为“全省PPP工作综合管理考核先进单位”,医养园建设项目被财政厅作为典型案例简报全省。

四、精准发力,脱贫攻坚首战告捷

恩阳区财政局大胆探索建立利益联结机制,整合多项涉农资金,让财政的“甘泉”精准滴灌在“穷根”上,改善农村环境,助推农业发展,帮助贫困百姓打通了致富路,过上好日子。围绕“五个一批”、24个扶贫专项方案,精准测算。2017年通过争取上级补助资金,投入扶贫资金18亿元,保障了脱贫攻坚年度规划任务圆满完成。近两年来,整合财政涉农资金9.63亿元,全区已实现91个贫困村退出、72177名贫困人口脱贫。

这五年是恩阳财政投入力度最大、民生改善最明显、群众得实惠最多的五年,在全区人民的辛勤耕耘下,一座产业新城、旅游新城、空港新城正在川东北地区快速崛起。

五、改进作风,干部形象整体提升

近年来,恩阳区财政局以机关效能建设为抓手大力改进工作作风,持续推进机关自身建设、文化建设、效能建设,树立财政干部良好形象。机关内部建立了行政问责制、首问负责制、服务承诺制、限时办结制等制度,形成了人人有职责、工作有程序、管理有制度、落实有措施的管理新局面。加强法治财政建设,成功创建市级“依法行政示范单位”。

恩阳区财政局累计为帮扶村协调争取落实项目8个、资金2000余万元,干部职工募集捐款3万余元,3个贫困村均顺利通过省、市各级的退出评估验收。区财政局连续五年综合目标考核名列区级单位前列。渔溪镇财政所获得“全省优秀乡镇财政管理奖”。

应用国土资源政策实施乡村振兴战略助推脱贫攻坚的探索

巴中市国土资源局恩阳分局

一、基本情况

恩阳区地处秦巴山南麓,辖区面积1156平方千米,属浅丘地貌,耕地坡台地多、质量等别差、分布零散,基础设施配备不完善,耕地产出效益低,农村尤其是贫困村居民生活贫困。全区下辖24个乡(镇)3个街道440个村(居),其中贫困村119个;总人口63万人,其中农业人口54万人。

恩阳区脱贫攻坚、经济发展挑战与机遇并存。近年来,党中央、国务院及省、市大力实施脱贫攻坚与乡村振兴战略,加大向贫困地区倾斜政策、项目、资金力度。优惠政策有巴中市内城乡建设增减挂钩城镇结余建新指标允许省域内留转、新增耕地占补平衡指标纳入全国统筹留转;此外,恩阳区集体建设用地盘活潜力巨大,经核实2017年土地利用变更调查数据,恩阳区现有存量集体建设用地0.76万公顷(不包含易地搬迁、二调时因图件不清晰原因漏统计面积),依据农业人口人均30平方米宅基地标准,恩阳区集体建设用地超出标准0.6万公顷,且大量农村建设用地因现行政策等原因闲置,不能参与经济活动,大量财富处于“沉睡”中。

为有效改变贫困村面貌,国土恩阳分局作好国土资源项目助推脱贫攻坚文章,实施增减挂钩、土地整理、地灾避险搬迁“三大国土资源项目”夯实农业农村基础设施,盘活“沉睡”建设用地资源,保障经济社会发展用地和资金需求,深化改革保障农村居民财产权,激发农业经济活力。

二、具体措施

(一)国土资源项目支撑农村基础设施建设

为有效改善贫困村农业生产条件,国土恩阳分局聚力实施好“三大国土资源项目”。一是顶层设计,项目全域覆盖。紧密衔接恩阳区扶贫连片开发规划、产业发展规划、“巴山新居”工程规划、土地综合整治规划等基础规划,编制形成以“总规”为统揽,增减挂钩、土地整理、地灾搬迁“三大国土资源项目”为核心,基本农田保护、废弃工业用地

复垦等5个专项规划为支撑的“1+8”全域国土资源项目助推脱贫攻坚规划体系，计划2016—2018年间，总投资34.16亿元，实施增减挂钩项目42个，实施土地整理项目64个，实施避让搬迁3585户，对全区119个贫困村实现“三大国土资源项目”全覆盖。二是机制创新，多元资金保障。坚持财政资金主体、市场导向、社会资金准入的项目投资运行机制，按照民主议定招商条件，公开上网选定投资人，项目村组业主委员会与意向投资人“双向选择”的投资模式，积极鼓励、引导社会资金投入国土资源项目助推脱贫攻坚领域。成区以来，争取省、市财政资金3.22亿元，已拨付3.11亿元；招商引资社会资金25.74亿元，到位资金8.68亿元，有力保障了项目实施的资金需求。三是聚力实施，夯实脱贫基础。对标脱贫摘帽“乡三有、村一低五有、户一超六有”，国土资源政策、项目、资金优先覆盖贫困村，并辐射邻村，成片实施、成片提升。成区以来，实施土地整理项目26个，建设总规模27.3万亩，覆盖129个村，惠及贫困村35个；实施增减挂钩项目27个，覆盖65个行政村，其中贫困村43个，建成农民集中居住区172个、房屋2345套，安置贫困户296户，货币化安置贫困户123户；搬迁安置受地灾威胁贫困户44户，有效提升了项目区群众生产生活条件，夯实了脱贫摘帽基础。

（二）深度盘活土地资源，突破发展资金瓶颈

土地资源是经济社会发展的重要基础。国土恩阳分局在土地资源运营方式上，坚持计划导向与市场调节相结合、土地利用与产业培育相结合，提升土地经营效益并保障新城新业发展需求；在征地补偿、开发供地、供后监管及金融保障等土地运营的各环节，严格依法依规管控，实现全区土地市场社会、生态、经济效益相统一。同时，充分释放深度贫困地区脱贫攻坚优惠政策红利，异地交易增减挂钩城镇建新结余周转指标、新增耕地占补平衡指标，强化脱贫攻坚与乡村振兴战略实施的资金保障。一是全力争取，做大用地增量。积极对接省、市国土资源部门，全力以赴争取国土空间规划指标和年度用地计划指标落实，坚持“保总量、盘存量、减增量”原则，聚力盘活存量建设用地。成区以来，上级国土资源部门下达全区年度计划指标6249.8亩，另追加和调剂使用指标5706.7亩，有力保障了全区发展用地需要；组卷报征各类建设用地共计27个批次、8565.9亩，区内自用新增耕地占补平衡指标1435亩，有力保障了全区各类重点项目用地报征需求。二是高效利用，优化土地供应。坚持“规划引导、总量控制、集中成片”原则，科学调配、统筹安排脱贫攻坚、新型工业、全域旅游、现代服务业、“6631”综合交通体系等新城新业发展项目用地指标。成区以来，完成基础设施、公共服务设施、重点项目、民生项目等领域用地预审83宗、面积5.2万余亩；出让国有建设用地土地84宗、5970.3亩，获土地出让收益67.03亿元，有力保障全区新城新业发展用地需要。三是深挖政策，增加指标收益。积极争取并落实增减挂钩结余指标省域内流转、新增耕地占补平衡指标纳入全国统筹流转政策，扩大指标交易极差收益，进一步盘活“沉睡”土地资源。成区以来，获新增耕地占补平衡指标4238亩，异地交易占补平衡指标2803亩，取得交易收益5325.7万元；获城镇建新区可使用节余指标1318.3亩，异地交易节余指标1318.3亩，取得交易收益3.3亿元。

（三）深化产权改革，激发区域经济增长活力

宅基地使用权及房屋所有权是农民的重要财产权。农村宅基地及农房统一确权登记是保护农民合法权益，增加农民财产性收益，盘活农民财产，促进社会主义新农村经济发展的重要举措。2017年4月，国土恩阳分局开展恩阳区农村宅基地及农房确权登记试点，在试点基础上，力争2018年内全面完成全区农村宅基地及农房统一确权登记。一是深化产权改革，抓好金融保障。加快实施城市不动产统一登记，积极推行“一套资料、一窗受理、同步联办”的受办模式，建立申报资料共享机制，成立不动产登记房产交易联办窗口。2016年至今，办理各类不动产权登记证书、证明10975本，抵押融资54.72亿元，为全区房产开发、基础设施及公共服务设施建设、工业经济发展壮大提供了强力的国土资源融资保障。二是房地一体登记，增加农民资产。2017年4月，在群乐镇新河社区开展农村房地一体登记工作试点，并在试点基础上，稳步启动柳林镇、玉山镇的农村房地一体登记工作。截至目前，共办理农村房地一体《不动产权证书》112本，切实为后续农业经济发展抵押贷款提供了物权保障。三是农村土地入市，壮大集体经济。农村集体建设用地入市流转在促进土地资源节约集约利用、进一步盘活建设用地资源、保障乡村振兴发展用地需求、增加农村集体经济组织财产性收入、激发农村经济活力等方面具有多重经济效益和社会效益。成区以来，在农村集体建设用地入市工作探索阶段，完成出让2宗、7.21亩集体经营性建设用地，获得土地出让价款收益470.9万元。

三、结论

自2013成区至2017年年底，在国土资源政策、项目、资金的中方保障下，恩阳区生产总值从55.8亿元增加到61.5亿元，年均增速10%；固定资产投资从98.8亿元增加到126.8亿元，年均增速25%；规模以上工业增加值从10.3亿元增加到20亿元，规模以上工业增加值年均增速13.2%；产业结构由成区之初的62.3∶22.2∶15.5优化为2017年年底的24.7∶30.6∶44.7。恩阳区在2016年、2017年连续两年被省委、省政府表彰为“县域经济模范县”。

（一）实施国土项目，改善农村生产生活条件

通过实施“三大国土资源项目”，平整土地，配套进行田水路林村综合土地整治，提高了耕地产出效益，切实改善农村生产条件。同时，盘活农村宅基地资源，用于建设水、电、气、通信、网络、交通等基础设施完善，医务室、活动室、广场、幼儿园等公共服务设施配套的新农村；一部分异地留转交易城镇建新结余指标，获得的指标收益投入进一步投入项目，加强项目的资金保障，推动项目连片实施。

（二）强化用地保障，保障区域经济社会发展

通过加强用地保障，切实为全区经济社会发展基础设施、民生工程、工农业经济、房地产开发等项目提供强力的国土资源保障。同时，经营土地的收入全额入库国家财政，增加了地方公共预算收入，为新区的开发建设、化解地方政府的债务风险提供了有力的资金保障。

（三）深化产权改革，增加农村居民财产收益

通过全域开展农村宅基地及农房统一确权登记工作，切实确立了社会主义市场经济的农村物权，保障了农村居民的合法权益，增加了农民及农村集体经济的财产性收益，为后续的农业经济发展所需的抵押贷款提供了合法的物权保障。农村集体建设用地入市试点工作的开展，对农村集体建设用地流转、促进土地资源节约集约利用、进一步盘活建设用地资源、保障乡村振兴发展用地需求、增加农村集体经济组织财产性收入等方面具有多重社会效益和经济效益。

四、展望

在下一步工作中，全区坚持以习近平新时代中国特色社会主义思

想和习近平总书记对四川省工作重要指示精神为指导,认真贯彻落实党的十九大、十九大二中全会、十九大三中全会及省、市相关会议精神,一是优化空间布局,适应未来发展。基于区域资源环境承载能力,以允许建设区和有条件建设区为基础,以完善恩阳区城区、乡镇土地利用总体规划和全面编制村级土地利用总体规划为抓手,衔接规划用地分类、规划用地标准,实现规划间衔接融合,优化恩阳区"中部片区"土地布局,促进城乡功能和空间融合发展。二是积极争取指标,全力要素保障。以增加用地规模为重点,抓主动服务、超前工作,预先对接各用地项目,梳理需求,抓专人跑办、抓全程对接,全力争取建设用地指标及时到位。此外,在用地报征、审批、供地、供后监管等各环节,依法依规从严保护山体、水系、自然生态板块和生态廊道等基础生态空间,切实践行"绿水青山就是金山银山"理念,走"绿色发展"的新路子。三用活国土政策,夯实发展基础。着眼恩阳区"北中南三大片区"功能分区,在项目实施上,向"北部山区""南部片区"倾斜土地整理、增减挂钩、地灾搬迁"三大国土资源项目",夯实"北部山区"生态涵养区、"南部片区"农业产业集中发展区建设基础。着眼恩阳区"中部片区"主体功能区建设,利用增减挂钩项目预留指标和新增耕地占补平衡指标,保障主体功能区重点项目用地报征需求。此外,不断探索完善以财政资金为主体,积极鼓励、引导社会资金投入的项目运行资金保障体系,有效保障参与群众权益和项目顺利实施。

全面建设"四好农村路" 强力助推新区振兴发展

巴中市恩阳区交通运输局

巴中市恩阳区是2013年经国务院批准设立的行政区,辖区面积1156平方千米,辖24个乡(镇)3个街道,总人口63万人,位于秦巴山片区集中特困核心区域,革命老区、贫困地区、秦巴山区"三区叠加"特征明显。在"起步晚、底子薄、基础差"的情况下,全区深刻领会习近平总书记农村公路发展的重要指示精神,坚持交通先行战略,依托机场、高铁、高速等交通优势,抢抓"四好农村公路"创建机遇,加快构建"川东北综合交通新枢纽",农村公路工作实现了跨越式发展。五年来,全区交通建设累计完成投资103亿元,农村公路通车总里程达2400千米,农村公路列养率达100%。

一、突出党政主导,强化创建保障

五年来,全区始终坚持"党政主导、交通主抓、部门配合、全民参与",着力"三个强化",保障农村公路工作健康有序开展。一是强化组织领导。成立由区委书记、区长任组长,常务副区长任副组长,交通、发改、财政等部门和乡(镇、街道)主要负责人为成员的农村公路工作领导小组,统筹、协调、指导"四好农村公路"建设。二是强化政策配套。制定《交通专项扶贫方案》,将农村公路建设纳入脱贫攻坚年度目标考核管理。出台《农村公路实施办法》《农村公路建管养运协调发展意见》和《"四好农村路"创建工作方案》等一系列文件,为"四好农村公路"建设提供强有力的政策支撑。三是强化资金保障。按照事权和支出责任对等原则,将交通所需经费纳入财政预算,并根据财力情况逐年递增,五年来区财政下发配套资金6.4亿元;积极争取国家、省级补助资金5.5亿元,发动受益群众集资3.8亿元;采取PPP模式和出让道路冠名权、广告权、相关资源开发权等方式,集聚市场投入资金16.3亿元参与农村公路建设。

二、突出全域联网,完善路网体系

一是坚持规划引领。按照"公路围着产业建,产业围着公路转"的发展思路,结合全区脱贫奔康、产业发展、乡村旅游发展状况,科学编制了《恩阳区综合交通发展规划》《恩阳区农村公路路网规划》,全面优化农村公路布局,将农村公路不断向农业产业基地、山地森林公园、乡村旅游景点延伸,加快建设产业路、旅游路、富民路。二是严格过程监管。严格遵循"先设计、后施工和先地下、后地上"的原则,全面落实农村公路建设"七公开"制度、工程建设"四制"和工程合同"三同时"制度,分片区成立巡查组,定期或不定期对项目建设质量、安全、进度等开展综合督查,同时邀请"两代表""一委员"和新闻媒体全程跟踪项目建设,确保农村公路建设的技术规范、质量标准。三是全力推进实施。实行正排工序、倒排工期、挂图作战,将目标任务细化到分管领导、责任单位、责任人和时间节点,采取驻地监管等措施,强力推进项目建设。全区新(改)建县、乡联网公路224千米,通村通畅公路1204千米,产业园区道路386千米,乡村旅游公路293千米,形成了城区外环线、城乡中环线和区域大环线3条环线,实现了县、乡道路全面升级,村(组)公路互联互通,区内农村公路全域联网。

三、突出改革创新,压实管养责任

针对农村公路点多、线长、面广,管养责任难以落到实处等问题,借鉴河长制做法,出台《恩阳区全面推行公路路长制工作方案》,促进农村公路管养责任落到实处。一是全域设置路长。按照"党政领导、多方参与、属地管理"的原则,由区级领导任联系乡(镇)内县道公路路长,乡(镇)党政主要负责人任辖区内乡、村道公路路长,共设路长87名,将6条县道、19条乡道、439条村道共2400余千米农村公路全部纳入"路长制"管理。二是明确工作职责。建立路长责任清单,明确路长定期巡查责任路段、督查公路管理养护责任落实情况、协调解决巡查发现问题等职责,在路段明显位置设立"路长"公示牌,公开路长姓名、职务、职责、举报热线等信息,接受社会监督。三是强化责任落实。路长每月必须对责任路段巡查2次以上,重点对"四级"(养护段、片区养护站、乡/镇养护班、村居养护队)"三员"(区级路政员、乡/镇监管员、村居护路员)管养责任落实情况进行常态化督查,促进农村公路管养实现反应快、效率高、覆盖广、质量好的目标。同时设立"路长"微信群,由区级领导、责任部门和乡(镇)负责人、护路员、热心群众等组成,一经发现公路方面问题,路长便根据上传的图片和视频主动认领,第一时间组织协调相关部门予以处置。

四、突出民生民心,发展农村运输

按照"立足需求、合理布局,政策引导、市场运作,集约经营、规范管理,安全经济、协调发展"的原则,着力构建高效率的农村综合运输体系,实现"客运零距离换乘、货运无缝化周转"。一是运输站(场)配套完善。依托空港物流园和汉巴南高铁站,建成城区客运中心、马鞍车站、公交总站和区配送中心,完成乡(镇)客运站升级改造和村级招呼站建设,全面完善农村运输配套设施建设。二是客运发展稳步推进。整合农村客运资源,推行"长线带短线""热线带冷线"的经营模式,采取"公司化经营+政府补贴"等方式发展农村客运。开通城区至

周边重点乡(镇)公交线路,组建农村客运公司,增设农村客运班线,切实解决“出行难”问题。三是农村物流全域覆盖。按照“以中心带园、以园带站、以站带点”的思路,结合全区农村经济发展需求,建立区、乡(镇)、村三级物流网络。已建立区级配送中心2个、乡(镇)物流场站27个、村级物流网点439个,推进了物流速度,降低了物流成本,增加了群众收入。

突出产业扶贫促增收　确保稳定脱贫不返贫

中共南江县委农村工作委员会

南江县把产业培育作为精准扶贫、精准脱贫的重要支撑和长远大计,强力推进农业产业扶贫,加快农业产业化步伐,做大做强县域支柱产业,大力发展到户增收项目,促进农民持续稳定增收,确保如期实现整县“摘帽”脱贫目标。

一、立足“四大优势”,优化产业空间布局

突出“生态、绿色、富硒、有机”特色优势,结合南江资源禀赋和发展现状,不断优化农业特色优势产业规划布局。一是科学规划县域主导产业。围绕建设五大百里特色产业长廊,完善南江县黄羊“两核四带”、核桃“三园五片”、茶叶“一核两带三中心”、银花“一核五线”和粮油“一园四带”产业发展规划,加快建成中国南江黄羊交易中心、中国富硒有机核桃基地、秦巴山区最大的有机富硒茶生产基地、中国道地银花基地、中国好粮油示范基地。二是大力发展“四小”扶贫增收产业。着眼南江县脱贫攻坚实际,坚持因地制宜、长短结合、以大带小、以小促大,鼓励引导农户依托五大主导产业大力发展以小种植、小养殖、小加工、小经营为主的“四小”产业,确保县有支柱产业、乡有主导产业、村有特色产业、户有增收项目。全县建成“四小”产业园7.5万个,占全县农户总数的57.3%。

二、扭住“四个关键”,推动产业链式发展

以提高农产品质量效益为目标,着力延伸产业链、提升价值链。一是规模化建基地。打破行政区域限制,强化区域联动发展,采取党建引领、龙头示范、大户带动建基地,全县特色产业基地达150万亩,其中规模发展富硒茶26.8万亩、核桃37万亩、金银花32万亩,南江黄羊年饲养量达83万只。二是精深化搞加工。实施“招大引强”工程,依托东榆工业园区,招引培育德健黄羊、良源食品、金枝玉叶等优质企业,大力发展农产品精深加工。实现年加工南江黄羊30万只、肉牛2万头、核桃6000吨、茶业2万千克、金银花10万千克。三是优质化创品牌。实施“品牌提升”战略,推行区域公共品牌和企业品牌“双管理”模式,扩大农产品的知名度和市场占有率。“南江大叶茶”获得国家工商总局证明商标,“南江黄羊”获得中国驰名商标,“长赤”牌翡翠米通过A级绿色食品认证,全县“三品一标”达到88个,无公害农产品生产基地认定45万亩。成功申报中国好粮油建设示范县,成功入围“国家有机食品生产基地示范县”创建名单。四是市场化促营销。实施“市场拓展”战略,构建线上线下多渠道协同营销体系。有序推进国家级电子商务进农村示范县建设,依托京东、淘宝等知名电商平台,发展本土电商企业32家,新建农村电商网点156个,建成县城、长赤镇等一批特色农产品交易市场。

三、探索“四种模式”,创新利益联结机制

积极探索农业产业化发展新模式,实现经营主体与农户利益共享,风险共担,共同发展。一是推行“多方合作”模式。将企业、银行、政府、农户等各方紧紧联结在一起,企业提供融资担保,银行负责发放贷款,农户作为承贷方与企业签订种养协议,政府负责协调服务。二是推行“订单种养”模式。依托益雅农业等订单企业,按照统一种苗(种畜)发放、技术指导、销售渠道和农户可分散销售的“三统一分”原则,保护价回收农产品。三是推行“借畜还畜”模式。依托龙头企业,将种畜借给专业合作社,由专业合作社借给有养殖意愿且适合养殖的农户,约定期限,按照等量或等价返还,实现滚动发展。四是推行“大户+贫困户”模式。依托专业大户(家庭农场)提供“包种苗、包技术、包收购”的“三包服务”,与贫困户建立利益联结机制,实现小农生产与现代农业有机衔接,带动贫困户增收。

四、强化“四项保障”,激活产业发展动能

出台《加快农业产业化发展助推脱贫攻坚的实施意见》和南江黄羊、“四小”产业等“1+5”系列扶持政策,激发农业产业化发展活力。一是强化组织领导。成立特色产业发展工作领导小组,分设南江黄羊、核桃、茶叶、金银花、“四小”产业推进办,各由1名县级领导主抓,抽调专人、组建专班、全力推进。二是强化资金保障。坚持以奖代补、增量奖补,每年设立产业发展基(资)金1.6亿元,重点对规模流转、品牌创建、基础配套、农业保险、贴息贷款等方面给予奖励,实现全产业链扶持。2017年兑现经营主体480个(家)、3200万元。三是强化科技支撑。与四川农业大学、四川省农业科学院、中国农业科学院茶叶研究所等科研院所签订合作协议,实现长期合作。县银花中心与省农科院合作研发的金银花“南银一号”被评为新品种并在全省推广。四是强化人才培引。成立巴中村政学院,依托职业学校培养“能人”,大力实施人才招引计划,充实黄羊科研所、核桃中心等专业技术人才12人,有效解决农技人员不足的难题。

深耕改革促发展　激活农村新动能

中共雅安市名山区委农村工作小组办公室

2017年,雅安市名山区主动适应经济新常态,始终把深化农村改革作为“三农”发展的内生动力,靠改革的力量推动农村生产力的解放,夯实农村和谐稳定的基石,探索出了一批有价值的改革成果,为农业农村发展注入了强大的动力。

一、党政主导明方向,工作落实有保障

区委区政府高度重视农村改革工作,切实加强对农村改革工作的领导,为深化改革提供坚强的政治保障。一是完善领导机制。成立由区委书记、区长任组长的农业和农村体制改革专项领导小组,区委区

政府分管领导为副组长，区级有关部门主要负责人为成员，负责统领农村改革发展工作。领导小组建立联席会议制度，定期研究解决农村改革重大事项。实行重大改革、重大工作台账制、清单制，每项改革任务明确一个牵头单位和一批协办单位，调动全区各方面力量，形成齐抓共管合力。二是改进调查研究。坚持区委常委会和政府常务会每季度定期研究农村改革工作，区委区政府主要领导每年深入基层开展重大农村改革、农民增收、新村建设等方面调研工作，调研时间不少于10天以上；区委副书记主抓农村改革工作，调研时间不少于15天以上，通过调研，及时了解、深入研究改革中出现的新情况、新问题，明确工作方向，确保取得改革成效。三是强化政策保障。制定出台《关于深化农村集体产权制度改革加快发展农村新型集体经济的意见》《关于贯彻中央〈深化农村改革综合性实施方案〉的意见》等政策文件，紧扣实际深化农村改革工作，着力构建务实管用的政策支撑体系，推进农村改革健康发展。

二、重大改革为主线，再创发展新局面

(一)改革主攻方向成果丰硕

一是农村土地确权登记有序推进。完成全区20个乡(镇)192个村1264个社的农村土地确权工作，完成确权登记农户数66467户、214757人，调绘地块总数525639块，调绘总面积315437.19亩。建立全区农村土地承包经营权确权登记数据库和管理信息系统，为推动农村土地“三权分置”“三变改革”和农村产权制度综合改革奠定了坚实基础。2017年7月确权登记成果通过省级验收，综合得分90.3分，获得优秀等次。二是新型农业经营体系逐步完善。通过宣传引导、示范带动、政策吸引等措施，加快培育新型农业经营主体。以家庭承包农户为基础，以龙头企业、专业大户、家庭农场、农民合作组织为骨干，以其他组织形式为补充的新型农业生产经营主体服务体系日趋完善。据不完全统计，2017年，全区在工商部门注册的家庭农场45家、农民专业合作社356个。新型农业经营主体积极开展农业社会化服务，完善农业社会化服务体系，促进了产业发展、农民增收。名山区蒙和源农村专业合作社通过示范种植引导、签订科学种管协议、建立二次分红等系列制度，合作社员从最初的200户发展到1500余户；茅河乡茶叶专业合作社抓住农业供给侧改革机遇，面向西南茶区销售良种茶苗，茶苗新品种价格最高达0.5元/株，最低价格为0.08元/株，经营利润增收20%以上。三是农村土地经营权有序流转。截至目前，全区农村耕地流转农户2371户，新流转耕地面积6326亩。其中，出租4914亩，占77.68%；转包415亩，占6.56%；入股66亩，占1.04%；互换313亩，占4.95%；转让406亩，占6.42%。在以上五种流转方式中出租为主要流转方式，多流向农业企业，期限多在10~30年。四是集体产权制度改革试点取得突破。启动农村集体资产股份合作制改革试点，以万古乡红草村6社为试点社启动农村集体资产股份合作制改革试点工作，方案详细，实施顺利，下一步将在全区推广。

(二)财政支农方式创新有成效

一是资产收益扶贫试点维稳推进。以蒙和源水果种植农民专业合作社和蒙峰茶叶种植农民专业合作社为资产收益扶贫试点的实施主体，规范建立专合社股权台账，将资产收益扶贫试点资金量化股份情况分别记入个人账户，并颁发股权证书，一张股权证记录着一户贫困户收益扶贫的增收路子，有力地促进了贫困户增收。二是拓展农村建设投入渠道。依托茶产业资源，创新政府投资支持方式，建立政府和社会资本合作机制，充分调动农民参与积极性，加大金融支持力度，吸附社会资本，新引进市内外投资促进农业和农村经济社会发展资金11亿元。

(三)供销合作社改革焕发生命力

制定《关于深化供销合作社综合改革的实施意见》(名委发〔2017〕7号)，将各项改革任务细化，明确改革的时间表和路线图，层层压实责任。一是强化体系建设，新建土地托管平台。争取了2017年农业综合开发项目，在车岭镇开展大田作物托管试点，投资共计880余万元，其中财政资金420万元、企业自筹资金460余万元，已开展的茶叶托管面积10万亩，采取统一技术培训、农资供应、配方施肥、回收鲜叶和建设配套基础设施等方式，有力推动了适度规模经营。二是联动茶旅经济，创新有效供给。区供销社参(控)股企业、合作社和加盟企业、加盟合作社积极推动茶旅融合发展，推动集生态茶园开发、茶叶生产、加工科研、茶艺培训、茶文化传播于一体的茶旅综合体建设，带动基地茶农开设星级茶家乐54家，有效促进农民增收。三是整合有效资源，打造为民服务平台。整合现有资源、盘活集体资产、聚合社会资本，恢复建设基层社6家。仅万古乡就划拨约300万元的资产用于恢复基层社，并投资80余万元探索现代供销服务新模式，进一步提高了基层社服务“三农”的能力，受到社会好评。

(四)农村用地保障机制逐步完善

大力开展土地确权工作，制定了系列确权登记发证的技术规范、流程、方法和制度以及宣传资料，明确了政策界线，让确权登记操作人员有章可循，极大地解决了全区新村聚居点及农村建房用地需求。截至目前，全区共办理设施农用地4宗、面积4.6159公顷，有力地保障了农村种植业及养殖业的发展，极大地支持了幸福美丽新村建设和“四好村”创建工作，赢得了群众的理解、支持并协助开展确权登记工作。

三、创新改革有载体，激活农村新动力

(一)农业供给侧改革领跑“三农”

2017年，根据名山区茶产业一业独大的实际，区委区政府紧紧围绕省委省政府提出的“由茶叶大省向茶叶强省转变”的战略部署，先后出台《名山区茶产业生态经济走廊提质扩面工作方案》《蒙顶山茶产业转型升级方案》《名山区茶业加工企业转型升级工作方案》《名山区茶业加工企业转型升级十八条措施》，深入推进茶产业经济走廊和茶产业转型升级工作。按照“政府主导，农民主体；依托优势，塑造特色；突出休闲，享受自然；产业升级，农民增收”的休闲产业发展思路，立足茶旅融合新思路，全面推进茶业转型升级，拓展“三农”发展新天地。坚持政府主导、农民主体，营造发展休闲农业浓厚氛围，抓好示范试点，用“隔壁子(邻居)”发展效果，带动广大农民参与休闲农业、乡村旅游，并通过龙头企业、新型社会服务组织把农民连接起来，号召鼓励农民成为休闲农业的参与主体，实现共建共享；坚持依托优势、打造特色，围绕蒙顶山深厚的茶文化优势和茶山伴青山、茶园如茶海产业优势，以35.2万亩优质生态茶园为美景，打造“茶中有花、花在茶中、梯次开放、四季辉映”的花香茶海，推动资源优势向经济优势转化；坚持突出休闲、享受自然，紧紧围绕茶产业生产过程，注入休闲农业的元素，营造古朴自然的农民劳动场景、原汁原味的农村风貌，让农村成为人们享受自然的天堂。据不完全统计，2017年财政投入农业农村资金达2.9亿元。

(二)农业科技创新优势明显

建成西南最大的茶叶基因库、四川最大的茶树良种繁育场(引进茶树良种230余个，收集种植茶树资源2500余个，选育省级以上良种

14个),院士工作站、专家大院、茶叶科学研究所科研体系正在形成。全面实施茶叶良好农业规范(GAP),发展巩固绿色食品原料基地27.1万亩;投资1.3亿元建设的以农业综合体为核心的现代农业园区综合产值增长率达11.5%,加工业产值增长8%,第三产业增长20%。

(三)脱贫攻坚成效显著

2017年,全区16个贫困村集体收入最高65.46元,最低12.15元,贫困村集体经济收入人均达20元以上;1191名贫困人口年人均可支配收入均在4000元以上,实现高收入脱贫。

(四)幸福美丽新村梯次推进

按照"业兴、家富、人和、村美"的要求,坚持传统村庄院落民居保护修复、旧村落改造提升、新村建设并重,着力打造体现耕读文明、田园风光、地域特色、乡村情趣、民俗风情的幸福美丽新村,建成区级幸福美丽新村127个,区级"四好村"达108个。以"感恩奋进"为主题,"学习技术重点、形成好风气"为目标的农民夜校有序开展,实现了让广大农村群众住上好房子、过上好日子、养成好习惯、形成好风气。坚持"茶业富区"思路,走好"茶园变公园、茶山变金山"之路,实现一二三产业融合发展,打破农民增收"天花板"效应,农民茶业综合收入增收达20%,实现农民增收人均可支配收入快速稳定增长。

四、深耕改革出成效,主导产业谋转型

深化农村改革是"三农"工作不解的动力。2017年,全区认真落实《贯彻〈农村改革综合性实施方案〉的意见》。在深入推进农业供给侧结构性改革基础上,以"茶"为核心的休闲农业与乡村旅游融合发展工作亮点纷呈。据不完全统计,《人民日报》、《四川日报》、中央电视台一套、中央电视台二套、中央电视台七套、四川卫视、《四川三农》、《县域经济》等媒体从不同角度对全区农村改革工作进行报道宣传,充分肯定了全区改革试验创新性成果。

(一)《四川三农》推荐登载案例

《四川三农》2017年第3期转载全区《一个产业再建一个新区》农村改革经验文章,充分肯定了全区以坚持绿色导向促进全区产业整体大发展、以坚持创新驱动促进产业基础大夯实、以坚持顶层设计促进蒙顶山品牌价值大提升、以坚持保障推进促进茶旅发展大融合等方面的工作。名山区走出了一条茶叶绿色发展道路,初步实现了"一个产业再建一个新区"的奋斗目标。

(二)《四川农村》推荐登载案例

《四川农村》2017年第1期转载全区《创建蒙顶山国家茶叶公园,实现茶旅融合发展》农村改革经验文章,充分展示了全区从创新理念,明确农业产业发展新思路、发挥优势,打造茶产业旅游业融合新载体、高标规划,布局创建蒙顶山国家茶叶公园、创新机制,培育现代新型农业经营主体、新村建设,打造农业产业转型升级落脚点、综合保障,推进建设工作取得六个方面的新成效,实现了全区产业与休闲农业无缝结合,实现产业转型、农村发展、农民增收、生态平衡的目标。

(三)《四川发展改革》推荐登载案例

《四川改革发展》转载全区《〈农村产业融合在四川系列经验案例〉之五:雅安市名山区"茶山"变"金山"》农村改革经典案例,从"定方向,完成一个顶层设计;明抓手,具化四条融合(推动茶区变景区、茶园变公园、劳动变运动、产品变商品)路径"等几个方面充分肯定了全区推进农村一二三产业融合发展的成果,指出全区的典型做法和相关经验值得推荐与推广。

绿色生态产业开发研究

中共资阳市雁江区委农村工作领导小组办公室

近年来,资阳市雁江区按照"引业主、建基地、壮规模、育品牌"的思路,以发展绿色生态、特色效益、休闲创意三大农业为抓手,以无公害为基础、绿色为主体、有机为方向,瞄准成渝都市、天府、空港三大市场,大力发展现代农业。2016年实现农业总产值86.28亿元,增长5.5%;农村居民人均可支配收入13609元,增长9.3%,总量居全省中高收入组第7位,被省委省政府授予"全省'三农'工作先进县"称号。

一、发展现状

按照"引业主、建基地、壮规模、育品牌"的思路,大力推行粮经复合、种养结合、农旅融合"三合"发展模式,产业组织化程度明显提升。

(一)依托新型主体建基地创品牌

依托新型主体新建成川中莲藕、东峰藤椒、新场泥鳅、中和大雅柑等现代农业园区25个,建成经济林木、特种养殖、精细果蔬等8类特色产业基地280余个,建成优质粮油基地63.5万亩、绿色果蔬基地30万亩。通过现代、佛乐等专合社,对沱西片区16万余亩传统蜜柑基地进行技术品种改良,推动了雁江蜜柑产业提质发展。围绕"资味"农业公用品牌建设,实施"区域品牌+企业品牌"双品牌战略,积极引导新型经营主体创建农业品牌,共创建元宝山鸡蛋等无公害品牌32个、宰山蔬菜等绿色食品认证24个、远山鸡等有机食品认证2个、宝莲酒业等四川名牌7个、四海实业中国名牌1个、雁江蜜柑等中国地理标志保护产品3个。

(二)精深加工延长农产品链条

推行"企业+合作社+基地+农户"的产业化经营模式,实现农产品产、供、销"一条龙",2016年实现农业产业化经营收入55亿元。生猪产品方面,在四川永鑫肉类食品公司等带动下,在资阳市区建立冷鲜肉连锁20家,成都人人乐、欧尚、沃尔玛等大型超市建立冷鲜肉连锁30余家,猪肉冻品销往广东、贵州、河南等10余个省市,并出口到新加坡、俄罗斯等国家和地区。蔬菜产品方面,以汇洋实业为主的8家蔬菜企业,年加工销售各类蔬菜40万吨,产品远销美国、日本、中国香港等国家和地区。粮食加工产业方面,若愚粮业公司每年收购稻谷9000余吨,加工销售大米6000吨,为全区水稻解决了销路问题。

(三)拓展农副产品营销渠道

依托区级电子商务服务中心、区域配送中心,充分整合乡(镇)商贸中心、"万村千乡"农家店等基础优势和服务功能,大力发展农村电子商务。截至目前,在城东新区建成电子商务孵化园1个,入驻粒创科技、万惠达等电商小微企业8家;在达高商业步行街建成电子商务一条街和雁江特色产品展示馆,实现农产品入驻电商平台和线上下单线下体验的便捷服务;深圳"易田"建成1个县级营运中心、19个镇级体验店、25个村级店;华农"田田圈"建成1个县级营运中心、19个镇级体验店,初步形成了县、乡、村三级农村电子商务综合服务网络。加强外宣力度,利用电视广告、平面媒体、互联网等多种媒体全方位展示品

牌形象，宣传推介本地品牌。充分结合农产品博览会、交易会、推介会等展销节会，支持鼓励有实力的龙头企业“走出去”，拓展营销窗口和渠道，树立良好的对外形象。

（四）一、三产业深度融合

抢抓“国家级旅游业改革创新先行区”建设机遇，围绕建设“具有丘陵特色的中国乡村旅游目的地”目标，按照“全域推进、重点突破”思路，依托幸福美丽新村、产村相融示范点为载体，推进农旅融合发展。建成保和生态旅游度假区国家3A级景区1个，建成佛山橘海旅游区、大高寺旅游区等乡村旅游景区5个，建成幸福谷、龙洞湾等乡村旅游景点26个，有富家山庄、生态龙家等农家乐168家（其中省级五星级农家乐1个，明苑湖度假酒店荣获“中国乡村旅游模范户”称号）。明苑湖、中和老龙潭分别被评为国家级、省级休闲农业与乡村旅游示范点，九曲禾川、梦筑原乡被评为省级农业主题公园。花溪河休闲旅游景区已完成整体策划，将进入实质性建设阶段。

二、主要做法

充分挖掘和利用区位资源、生态资源、人文资源，加快农业园区“景区化”建设，建设一批具有观光、品尝、体验、休闲、度假、教育等多种功能的休闲观光农业景区（点），推动雁江现代农业加快发展。

（一）坚持全域发展，规划管总

注重农业发展与乡村旅游同步规划、同步建设、同步推进，坚持“全域规划、精准布点、串点成线、连线成片”，初步形成了“一核三带多点”的农旅融合发展布局。“一核”即以80平方千米花溪河生态旅游度假区为核心；“三带”即依托国道321沿线、板永路沿线、资资路沿线产业基地建设，打造三条各具特色的乡村旅游带；“多点”即依托农业产业园区打造一批乡村旅游示范点。

（二）以片区农业为重点，推动农村全域发展

坚持把脱贫攻坚作为着力重点，突出抓好“三大片区”建设。一是抓好保和金竹湾幸福美丽新村建设。以引进和培育新型农业经营主体为抓手，集中成片发展柑橘、雷竹等产业2000亩。完成六石包村、洞子湾村2个新村聚居点建设，着力打造“望山见水记乡愁”的幸福美丽新村。二是抓好丹山川中莲藕基地片区建设。加快推进道路、水利、公共服务等基础设施建设，全力推进丹山虎峰、顺家2个新村聚居点建设。推动莲藕基地不断扩面，种植面积达6000亩，打造雁江农业新名片。三是抓好中和老龙潭现代农业示范区建设。推进明月精品柑橘、巨善绿色果蔬、钟家堰高端水果、龙嘴枇杷、老龙潭特色种养示范园和农旅融合示范点“五园一点”建设，发展大雅柑、中国晚血橙等特色水果5000亩，打造特色鲜明的农业综合示范片，夯实脱贫攻坚的产业基础。

（三）以科技园区为依托，增强示范带动作用

采取“业主带动、专业合作社引领、科技园区示范”等模式，在继续抓好河西“雁江蜜柑”、河东“川中莲藕”两大主导产业品质提升的同时，重点推进金竹湾扶贫开发、老龙潭特色种养、鑫峰泥鳅、远文林牧、滴水岩都市农业、黄添桃源、丹桂柑橘、老君优质水果八大特色农业示范园建设，巩固提升乡村旅游、长寿康养、特种养殖、健康水产、精细蔬菜、特色水果、花卉苗木、优质粮油等八类现代农业产业基地建设。加快珍稀苗木、特色林果等林业产业发展。拓展特色水产养殖基地，着力推进水产健康养殖。推广立体复合农业发展模式，提升种养基地立体综合效益。示范点覆盖全区，示范带动作用明显增强。

（四）以产业转型为方向，夯实农民增收基础

在产业发展上积极推行粮经复合、种养结合、农旅融合“三合”模式。提质发展雁江蔬菜、保和葡萄、宝台鹌鹑、中和榨菜、丹山莲藕、新场花生、南津泥鳅、临江韭黄、堪嘉红香椿、东峰核桃、伍隍枇杷、老君桃子、清水草莓、小院远山鸡、丰裕肉牛、迎接肉羊、石岭黄金梨、祥符蔬菜、回龙双季薯等特色种养基地280余个。打造了保和明苑湖休闲农庄、雾里水乡，宝台大洪宰牛场，临江幸福谷、斑竹印象，迎接龙洞湾等40余个乡村特色农家乐；培育蜜柑产地初加工、农村电商、新农村旅馆、乡村KTV、乡村养老产业、乡村腰鼓队等新兴产业，成功举办了晏家坝葡萄、草莓采摘节和雾里水乡钓鱼比赛等节庆活动，农村产业蓬勃发展，结构不断优化，效益进一步提升。

三、问题及困难

尽管雁江区在农业产业化经营加快发展过程中取得了一定成绩，同时也面临诸多困难和问题。一是投入保障不足。尽管区委区政府高度重视现代农业园区建设，同时加大财政投入及整合涉农项目，但离园区高标准建设所需投入差距尚大，短期内建设成效不明显。2016年，仅“三大片区”农业项目投入1.65亿元，预算缺口差近6000万元。二是发展要素制约较大。雁江区属丘陵地区，不利于机械化耕作，影响规模化生产。土地流转普遍存在“三不三难”现象。“三不”，即农户认为不值得流转，而不愿意流转，不敢于流转。“三难”，即农村空巢户增多，面商流转难；农户情况迥异，成片流转难；法制意识淡薄，规范流转难。三是经营主体管理水平较差。经营主体的管理者懂技术、会管理、善经营、开拓能力强的少之又少，经营管理水平相对较低，经营理念相对落后。内部管理制度不健全，管理秩序混乱，且存在跟政策凑热闹盲目注册、未经营，仅停留在登记注册层面等现象，造成运行质量不高。四是品牌意识不强。从目前看，雁江区新型农业经营主体品牌意识淡薄，绝大多数在田间地头直接销售农产品，无精深加工，技术含量高、品牌效应大、产品附加值高的产品屈指可数。宰山蔬菜、谊鑫泥鳅、元宝山鸡蛋等注册商标的合作社未很好地发挥商标价值，降低了其产品的品牌效应。

四、对策建议

按照农业“一区三带”总体布局，坚持农产品生产“区域化布局、标准化生产、产业化经营、市场化营销”的工作思路，依托新型农业经营主体广泛建立农产品原料生产基地和农产品加工集散地，促进农业产业化进一步提升。

（一）整合资源加大农业投入

投入问题一直以来都是制约农业农村发展的一个大问题，解决这些问题不能只靠上级支持，更需要从自身想办法、找路子。一是加强涉农项目资金整合。坚持“项目跟着规划走、资金跟着项目走”，对涉农项目打捆、资金进行整合，打破行业界限、部门分割，统筹安排项目资金，重点推进重点区域和重点项目建设，避免资金使用“条块化、碎片化”，促进整合的资源能够发挥最大的作用。二是加大区级财政投入。严格执行《资阳市雁江区农业供给侧结构性改革九条政策措施》，在特色产业扶持、土地整理及田型调整、配套基础设施建设、农业品牌创建、提升农业园区品质、发展乡村旅游、壮大新型经营主体、发展集体经济、建设农产品集散地等方面给予奖励支持。三是加大招商引资力度。针对市场需求，谋划、包装一批现代农业项目、农旅项目、康养项目，项目规划做到科学专业、真正透彻，有效吸引有实力、有眼光的投资人，推动农业大招商，寻求农业大投入。

（二）规范农村土地有序流转

一是强化指导服务。在注重市场配置资源的原则基础上，充分发挥区农村土地流转中心、镇农村土地流转服务站、村土地流转信息员的作用，管理、指导、服务土地规范有序流转。特别是在流转合同的订立、变更、解除、重订和经营权的确认工作上加大工作力度，保证流转土地符合园区总体规划。建立工商企业进入农村土地流转市场准入和监管机制，建立健全流转合同审查、备案制度，引导业主与农户建立合理的利益联结机制，及时调解和处理土地承包、流转合同纠纷，维护流转双方的权益。二是建立健全风险防范机制。有关部门加强协作，重点纠正和查处严重侵害农民土地承包权益和非法改变流转土地农业用途等问题。建立风险保障金制度。以土地流转租金为基数，向受让方提取一定比例的风险保证金（养殖业不得低于10%，种植业不得低于5%），实行专户储蓄、共同管理以防止挪用，合同期满如无违约如数退还本息。同时，建立耕地复耕保证金制度，对用于发展农业的管理和生活用房、道路硬化等占地，按一定标准缴纳耕地复耕保证金。三是制定土地流转政策。建立土地流转扶持资金，对于全部转出土地的农户给予一定的补助，扶持其进城务工创业；对于引导农户流转土地较多、增收效果显著的乡（镇）和行政村给予适当奖励；对于通过采取土地流转合作方式集中农户土地进行规模经营，并能切实带动农户增加收入的龙头企业和种养大户进行奖励，并从扶持资金、税收政策、技术指导等方面给予倾斜。

（三）培育壮大新型农业经营主体

积极培育壮大以农业产业化龙头企业、农民专业合作组织、家庭农场、种养大户等为主的新型经营主体，鼓励农民合作社自愿联合组建联合社，提高农民组织化程度。大力实施"三个一"工程，即每个组有1个家庭农场（种养大户）、每个村有1个示范专合社、每个镇有1家农业企业，每年新增土地适度规模流转100宗2万亩以上。鼓励和引导社会工商资本投入农业生产及生产服务、农产品收储、农产品加工以及农产品冷链物流和销售等，推动农业产业化经营发展多种形式。大力推进规模化、标准化、品牌化种养基地建设，农产品集散平台建设，农产品研发加工和物流配送等。依托农广校、职业学校等平台加快培育新型职业农民，把职业农民培养成建设现代农业的主导力量。鼓励有知识、有技能或经营能力的中高等学校毕业生、退役军人、返乡农民工创办家庭农场，领办农民合作社，创立农产品加工、营销企业和社会化服务组织。

（四）提升优势产业竞争力

一是做强粮油产业。优化区域布局，壮大区域优势产业。集中在保和、中和、丹山、小院、石岭、东峰等镇建设优质水稻基地，在伍隍、石岭、南津、中和、保和等镇建立优质专用玉米基地，在丹山、保和、伍隍、石岭、南津等镇建立优质专用小麦基地，在保和、老君、伍隍、小院、忠义等镇建立双低油菜基地。二是做优蔬菜产业。依托沱江沿线，建设10万亩商品蔬菜基地，重点推进以李家坝、董家坝、晏家坝、卓家坝为主的1万亩绿色商品蔬菜基地建设；依托区内加工企业，在临江、雁江、宝台、保和、老君、中和、南津、丰裕、迎接、祥符10个镇和"三线三片"所在区域建设以辣椒、榨菜等为主的加工原料基地15万亩，打造"四川泡菜之乡""豆瓣之乡""榨菜之乡"。三是提升蜜柑竞争力。以"八改"提质增效为抓手，持续提高雁江蜜柑品质，增加农民收入。调整柑橘品种结构，通过试验示范，引进特早熟、特晚熟柑橘新品种。稳步发展种植面积，以河东为核心，在保和、中和、丹山等乡（镇）发展5万亩甜橙，在东峰、南津、清水等乡（镇）发展2万亩杂柑。四是发展现代畜牧业。以龙头企业带动产业化和现代畜牧业提质增效为契机，大力发展现代设施畜牧业，深入开展畜禽养殖标准化示范创建，加大对生猪、肉牛、小家禽等标准化规模养殖场（小区）建设扶持力度，提高生产效率和市场竞争力。实施畜禽良种工程，加强动物疫病防控。立足品种资源优势，大力发展有比较优势和市场潜力的肉牛、肉羊和特色小家畜禽，进一步优化畜牧业产业结构。

（五）建设农产品精深加工集聚区

充分利用空港经济和交通枢纽带来的历史机遇，结合航空都市城镇群和空港经济区建设，坚持以临江寺豆瓣、宝莲酒、中和醋、力源粮油、旺鹭饮品等为龙头，打造农产品研发、精深加工、冷链加工、仓储物流、检验检疫、电子商务等商贸平台，构建西部绿色农副产品生产、加工、配送及交易中心，促进农业由粗放数量型向质量效益型转变，促进农产品初加工、精深加工及综合利用加工协调发展，提高农产品加工转化率和附加值，增强对农民增收的带动能力。

（六）多元化拓展营销渠道

一是强化品牌营销。加强品牌宣传力度，利用电视广告、平面媒体、互联网等多种媒体全方位展示品牌形象，宣传推介本地品牌。充分结合农产品博览会、交易会、推介会等展销节会，支持鼓励有实力的龙头企业"走出去"，拓展营销窗口和渠道，树立良好的对外形象。实施"区域品牌+企业品牌"行动，鼓励引导企业积极申报"三品一标"和国、省级商标、名牌，积极培育一批具有雁江标志的特色农产品品牌。二是加快农村电子商务发展。研究尽快出台《关于推进电子商务产业加快发展的实施意见》，建立电子商务产业基金，在电商企业的资金、用地、用人等方面进行补助，加快和指导区、镇、村三级电子商务服务网点的建设和营运，为农民提供网络代购服务和农产品销售服务，实现"工业品下乡"和"农产品进城"的双向流通。做好电子商务人才的引进和培养工作，尤其重视做好高端人才的引进工作，引进一批处于电子商务发展前沿、运行和管理经验丰富的优秀人才和团队，全方位培训电商从业人员，运用多种途径培养高级电子商务职业经理，打造一支高素质的电子商务专业人才队伍，为全区电子商务产业发展提供人才保障。三是注重产地市场培育。立足发展起来的规模优势，大力发展一批各具特色的产地市场，改变在供应与销售上由销售商一家定价的传统模式变为产地市场与销售商一起商量定价，形成"产地+市场"的主导权和话语权。

构建牦牛乳业发展机制 长效有序助推脱贫攻坚

中共红原县委农村工作领导小组办公室

近年来，红原县认真贯彻落实中央、省、州决策部署，依托特色优势资源，瞄准贫困村脱贫和贫困户稳定增收，紧紧围绕牦牛乳业，构建"2+N+2"改革牦牛乳业发展机制，大力实施龙头带动战略，积极培育引导红原牦牛乳业有限责任公司等龙头企业和农民专合组织发挥辐

射带动作用，有效推动产业扶贫，取得了明显的成效。

一、县域情况决定发展牦牛乳业是必然选择

红原县是阿坝州唯一的纯牧业县，有天然草场1200万亩、牦牛40余万头、奶牛12.8万头；售奶户1万余户，占牧户总数的75%，其中建档立卡贫困户744户，占贫困户总数的52%；年鲜奶产量2万余吨；有国家级乳业龙头企业红原牦牛乳业有限责任公司和29个乳业类农民专合社，年产乳制品1550余吨，辐射带动效果明显。发展和壮大牦牛乳业助推产业发展和脱贫攻坚成为全县的必然选择。

二、发展牦牛乳业助推扶贫攻坚的做法和成效

结合红原实际，紧抓国家现代农业综合示范区和全省现代草原畜牧业试点示范县建设机遇，积极推广"2+N+2"红原牦牛乳业产业发展助推脱贫攻坚机制，即推广牦牛乳业产业2个保障机制、乳业发展N个创新机制、2个乳业发展脱贫增收机制，大力发展以牦牛乳业为代表的特色优势产业，有力助推脱贫攻坚。

（一）牦牛乳业产业发展保障机制

完善牦牛乳业基础设施建设投入机制。依托现代草原畜牧业试点示范县建设，建立健全畜牧业基础设施建设持续投入机制。历年来，整合资金4亿元，从5大类18个项目着手，积极推进牧道、暖棚、巷道圈等畜牧产业基础设施建设，建成牧道761千米、暖棚2293个、防疫巷道圈193个、打贮草基地4个、草地围栏305万亩；建成新型家庭示范牧场266个、联牧规模经营区4个、草产业经营大户8户；设立牦牛冻精改良点42个，获得改良后代奶牛3636头，实现年增产鲜奶2454吨，畜牧业结构得到有效优化，牧业基础设施不断夯实。

拓展牦牛乳业发展风险保障机制。率先在全省推广政策性牦牛保险，鼓励贫困户积极投保参保，每头牦牛保费120元（财政为贫困户补贴96元）。全年实现牦牛保险参保牧户2565户、30.25万头，实现赔付8438头、1603.2万元。同时，启动冬春草原火灾保险，推广畜产品价格指数、产品质量、农牧民主营业务收入保险等。

（二）牦牛乳业产业发展创新机制

创新"牦牛乳业+N"产业发展机制助推脱贫攻坚。以牦牛乳业产业发展为契机，探索出"牦牛乳业+文化""牦牛乳业+旅游""牦牛乳业+科技""牦牛乳业+平台""牦牛乳业+品牌"等系列发展机制。一是"牦牛乳业+文化"机制。依托牦牛文化产业园区建设，建立完善集牦牛文化博物馆、演艺中心、游客接待中心、乳制品手工展示和销售区、特色牦牛奶乳餐饮区为一体的红原牦牛文化软实力核心区，通过收购贫困户鲜奶、提供就业、参与经营、入股分红等方式让贫困户增收致富。二是"牦牛乳业+旅游"机制。引导和带动贫困群众以草原观光、放牧、挤奶、骑马、品尝等为特色的牦牛乳业旅游作为依托，参与牧家乐、藏家乐、民食民宿等旅游服务业脱贫致富。实现618户牧民转产成为旅游经营户或商户，带动建档立卡贫困户228人实现就业。三是"牦牛乳业+科技"机制。通过冻精改良、草畜平衡、引入先进加工机械等科技支撑手段，延伸产业链条，不断改善提高奶质奶量和乳制品质量，近年来，奶产量提高了7%，鲜奶乳脂率提高到6.7%。四是"牦牛乳业+平台"机制。引导龙头企业和农民专合组织积极参与西博会、成都市农博会、全国专合组织信息平台进行产品推介，宣传营销红原奶粉、酸奶等乳制产品。五是"牦牛乳业+品牌"机制。高度重视产品开发和品牌建设，"麦洼牦牛""红原奶粉"先后获得"国家地理标志保护产品"称号，同时红原牦牛乳业还通过了严苛的欧盟与美国双重有机认证，为牦牛乳业产业提档升级提供有力支撑。

（三）"牦牛乳业+贫困户"脱贫增收机制

乳业龙头企业带动脱贫机制。依托龙头企业原材料收购和带动就业，切实增加贫困户收入。红原牦牛乳业有限责任公司始建于1956年，由已故著名藏族爱国人士贡唐·仓活佛（全国政协原常委、甘肃省政协副主席）投资创办。2000年西部牦牛产业集团收购后组建红原牦牛乳业有限责任公司。已发展成为西南地区工业设备先进、技术力量雄厚、产品质量优良的大型乳制品生产企业。2004年，公司先后被农业部等九部委授予"农业产业化国家重点龙头企业""四川农牧业产业化龙头企业""阿坝州农业产业化龙头企业"称号。主要生产奶粉、液态奶、酸奶、干酪素、奶油等，产品也已通过国家有机食品认证。2017年，收奶价格每千克7元，高于市场价3～4元，属全国最高收奶价。全年收购牦牛鲜奶7300吨，支付奶款5470万元，实现销售收入1.45亿元，实现利税3100万元。该公司优先收购贫困户鲜奶，并将贫困户售奶价格上涨10%，即7.7元/千克，支付建档立卡贫困户奶款510余万元，户均6800余元。公司招收建档立卡贫困户职工240人，年人均工资收入1.1万元。

涉乳合作社带动脱贫机制。发展壮大涉乳专合组织和合作总社，通过收购鲜奶、加工乳制品、招工等方式带动贫困户增收脱贫。一是探索了"涉乳合作社+牧户"模式。2017年，39个涉乳合作社以7元/千克的价格，年收购鲜奶580余吨，支付奶款140万元，其中支付建档立卡贫困户奶款85万元；带动牧户7400户，常年解决当地用工290人，其中建档立卡贫困户256人；支付贫困户工资135.6万元，人均5300元。二是探索了"龙头企业+合作总社+牧户，带动贫困户脱贫致富"的"3+1带"模式，成立红原更攀农牧民专业合作总社，下辖34个农民合作社，将全县全部建档立卡贫困户1420户、4973名贫困人员纳为社员，依托集体草场、政府扶贫资金帮扶入股、入社务工等方式获得红利和劳务收入，实现规模发展，让贫困户全面受益。

通过有力措施、有效机制、有序推进，2017年，红原县已实现11个村、839户、2952人脱贫"摘帽"；2018年计划完成2个贫困村退出，77户贫困户288名贫困人口脱贫，实现贫困发生率下降至3%。

三、未来工作计划

一是积极支持红原牦牛乳业公司发展壮大。红原牦牛乳业公司是阿坝州唯一的国家级龙头企业，拥有辐射四川、甘肃、青海的11个县，半径达300千米的鲜奶收购网络，辐射牧户4.7万户，产业带动脱贫示范效应明显，全县将积极争取国家、省、州资金和政策支持，切实提升其带动能力。

二是加快牦牛乳制品精深加工能力。被誉为"高原之宝"的牦牛奶，属半野生天然绿色食品，但受产品单一、研发滞后等因素影响，牦牛乳制品销售范围不广、销量不大、价格偏低，一定程度影响了牧民经济收入。全县将借鉴和学习国内外先进乳业企业先进工艺，深入研发和拓展符合不同人群口味的乳制品，做大做强牦牛乳业，进一步带动贫困户增收。

三是不断完善牦牛产业风险保障机制。全面拓展牧区特色畜牧业保险和补贴，在继续实施政策性牦牛保险的基础上，开展草原植被保险、启动牛羊目标价格保险试点、实现牛羊定点屠宰补贴和病死牲畜无害化处理等一系列措施，进一步保障贫困户脱贫增收。

会东县农业供给侧结构性改革践行实录

中共会东县委农村工作领导小组办公室

会东县重点从产业振兴、人才振兴、文化振兴、生态振兴、组织振兴"五篇文章"着手，按照乡村振兴"产业兴旺、生态宜居、乡风文明、治理有效、生活富裕"总要求，以农业供给侧结构性改革为主线，围绕"实现农业增效、农民增收、农村增绿"的目标，加快农业特色产业发展。农民收入稳步增加，农林牧副渔增加值预计达43.591亿元，增长4.51%；农村居民人均可支配收入预计达16887元，增长10.2%；城镇人均可支配收入达28206元，增长8.7%。

一、强规划，"三区"联动优化产业布局

会东县依托独特的高寒山区、二半山区、河谷地区"三带"区域立体气候优势、土地优势、光热优势，注重整体布局，大力推进产业基地建设，发展三大经济产业带，即金沙江干热河谷地区以粮食、蚕桑、特色水果、早市蔬菜为主的特色产业带；二半山区以粮食、烤烟、蚕桑、核桃为主的特色产业带；高二半山区及高寒山区以马铃薯、错季节蔬菜、中药材、林业、畜牧业为主的经济产业带。优化品种结构，加快农业特色产业开发步伐。

二、优结构，"八大产业"引领农村发展

全县重点打造粮食、烤烟、蚕桑、生猪、黑山羊、林业特色生态产业、沿江水果、乡村休闲旅游业八大主导产业，加快产业升级和农业产业结构调整步伐。2018年，在现代烟草产业上，采取整县推进、单元实施，深入实施基本烟田、烟水、烟路、农机具、基层站点、育苗工场、烘烤工场和防灾设施八大工程，建设专业化服务型合作社，大力推行专业化生产，实现规模化种植、集约化经营、专业化分工、信息化管理。全县种植烟叶26.6225万亩，收购烟叶70.714万担，实现烟农收入11.09亿元。烟叶收购量、烟农收入、均价、上等烟比例4项指标连续七年位居全省第一，烟叶产量实现全国"四连冠"，为建成全国烟叶生产一流强县迈出了坚实步伐。在蚕桑产业上，走区域规模、户营规模"双规模"的发展路子，按照"集中规划、统一建园、返租倒包"等模式，建设高标准桑园，修建工厂化养蚕设施，建立"公司+共育户+种养大户"的产业化经营机制，努力提高栽桑养蚕的科技含量，提高产业综合经济效益，增加蚕农收入。全年共养蚕117500张，产茧107216担，单产45.6千克，蚕农收入27313.1万元。在黑山羊产业上，深入开展"院县合作""校地合作"，成立了四川省草原科学研究院会东分院和会东黑山羊研究所，拟定了会东黑山羊培育计划，加大对黑山羊产业品牌的科技研发和技术推广力度。截至目前，黑山羊存栏68.38万只、出栏46.5万只，会东县已成为凉山黑山羊养殖第一大县，获得了国家地理标志产品认证和无公害产品认证，注册了"会东黑山羊"中国地理标志证明商标。在乡村旅游业上，完成老君峰景区、野租泉民俗生态度假区国家3A级旅游景区创建工作；成功举办了第二届金沙江文化旅游节、鲁南山民俗火把节暨风电音乐节、第三届"双黑"美食节，通过大量的乡村旅游节庆活动和乡村旅游建设，发展乡村旅游扶贫示范户40户，带动200余户农户从事旅游配套产业，实现乡村旅游产值3000万元，促进农民增收。

三、提质量，"六大行动"提升内生动力

一是建基地。近年来，会东县在持续改善农业基础设施前提下，在优势农牧产业上切实加强基地建设。优化烤烟产业布局，集中实施"两区"(东片区、西片区)、"三线"(小坝—会东、会东—淌塘、会东—铅锌镇)产业核心示范区带动战略；推进蚕桑三个产业带2万亩基地建设和22万头仔猪繁育场及生猪育肥单元建设；对黑山羊产业开展种羊场、牧草生产基地、种草养畜示范基地和2个单元标准化养殖示范小区的"一场两基地两单元"建设；建成姜州镇晶品石榴专业合作社2800亩现代特色农业项目；引进海升集团在姜州镇规划新建标准化蓝莓示范园2000亩；建设香菇基地70亩；和四川好医生攀西药业有限责任公司签订了订单种植合同，在全县发展"一枝黄花"1000亩、金银花30亩，试验种植木香，续断、虎杖等中药材；新建核桃基地0.7万亩、华山松基地6万亩、青红花椒基地2万亩。下一步，全县将按照"三带经济"模式，坚持稳定粮食生产基础地位不放松，着力建设优质粮食生产基地、全国重要优质烟叶战略基地、全省蚕桑生产基地、林业绿色生态产业基地、金沙江地区亚热带水果基地、优质肉羊生产基地、生猪产业基地和乡村休闲旅游基地。力争到2025年，建成现代农业产业基地138万亩、现代农业园区4.8万亩以上；建成基本烟田65万亩，稳定年种烟面积25万亩以上，收购烟叶70万担以上，烟农年收入稳定在10亿元以上，实现财政税收3亿元以上；桑园面积达到5万亩以上，年产茧量保持10万担以上，产值达2.5亿元；以铁骑力士22万头生猪现代化循环产业项目园区等为主要载体，扎实推进姜州镇、鲹鱼河镇等10个重点乡(镇)生猪产业发展，实现生猪存栏80万头以上，出栏100万头以上，生猪产业产值达35亿元；森林覆盖率达到52.9%，建成现代林业绿色生态产业基地200万亩，实现林业产值10亿元以上。

二是搞加工。招大引强，着力培育本土特色产业，推动农业产业向深加工、精细化发展。规划建设以畜禽、粮油、果蔬、酒和饮料等农特产品加工为主，兼顾展销、电商、研发、孵化、物流等为一体占地1000亩的现代农业产业加工园区；加快推进会东复烤厂技改扩能异地搬迁项目建设，形成"生产+加工"的烟草产业体系，形成60万担打叶复烤能力，满足国内烟草工业企业特色化、精品化加工要求，通过二产带动一产促三产。

三是创品牌。立足中华块菌、华山松、黑山羊、燕麦酒、中药材等特色产业资源，打造农产品名优品牌。全县已获得认证无公害农产品4个、绿色食品2个、有机食品2个、地理标志保护产品4个，创建省级著名商标3个、省级名牌产品1个。下一步，全县将持续推进无公害农产品、绿色食品、有机农产品和农产品地理标志"三品一标"创建，积极创建驰名商标、著名商标，力争到2025年，地理标志产品达5个以上，省级商标达5个以上。

四是补短板。推进高标准农田、土地整理等项目建设，不断完善农业生产基础设施。截至目前，全县建成高标准农田14.88万亩，新增有效灌面7.01万亩、节水灌面4.95万亩，解决农村12.1万人饮水安全问题；对157个村实施了农网改造和电力建设；建成通乡油路(水泥路)511.7千米、通村通畅公路1630.3千米、通村通达公路683.2千米，乡(镇)通畅率达100%、通村通畅率达100%。下一步，全县将进一步夯实农业基础，重点抓好新马灌区和马头山水库枢纽工程、乌东德水电站坪山姜州新马3个点土地开发整理、高效节水灌溉工程、高标准农田综合开发等工程建设，不断提升农业发展基础。

五是促融合。全县建成县级电商服务中心1个、村级服务站点42个，实现电商交易额约3亿元、零售额1.1亿元；培育电商企业13加、网店50余家，成功申报为省级电商产业发展示范县。在姜州、小坝、鲹鱼河建立由37个村参加，集农业种植、休闲、娱乐、康养一体的“田园综合体”实验示范区，创新农产品流通和销售模式，拓展农业功能，促进一三产业融合发展。下一步，全县将着重提高农业全产业链收益，推进农村一二三产业融合发展，协同推进农产品生产与加工业发展，完善农产品市场流通体系，推进土地流转，支持和规范农用设施用地，发展农业新业态，拓展农业多功能；加强与阿里巴巴“农村淘宝”合作，实施“互联网+农业”战略，开辟“农产品进城”新通道，打响会东华山松籽、会东松露等农产品品牌；以县城为中心，推动县域经济平衡发展，改造、拓展堵格牲畜市场、大崇香蕉市场等有影响力的专业市场，改造20个乡（镇）农村集镇市场，以阿里巴巴农村淘宝及其物流系统为依托，逐步形成联通全省，服务攀枝花、西昌、昆明经济圈，辐射全国的农产品市场物流体系。

六是育主体。加快构建新型农业经营主体，全县已形成以2家省级龙头企业、4家州级龙头企业带动，20余家县级企业跟进，275家农民专业合作社、628家家庭农场为补充的农产品实体经济载体。实施“集体经济”孵化行动，设立2380万元村集体经济发展基金，因地制宜选准增收项目，不断增强村集体“造血”功能。全县已开展10个省级扶持村级集体经济发展试点村建设，以点带面逐步发展壮大全县317个村村级集体经济。下一步，全县将加快构建现代农业经营体系，因地制宜发展多种形式适度规模经营，大力发展龙头企业，积极培育种养殖大户，鼓励引导农民创办家庭农场和专业合作社，打造“微田园”循环经济模式，培育“农庄经济”主体，力争到2025年，建成龙头企业50家、专业合作社370家、家庭农场3700家，打造省级示范社15家、省级示范家庭农场30家，努力实现农业支柱产业规模最大、结构最优、竞争力最强目标。

实施乡村振兴战略，是一场推动整个“三农”发生全方位转换的深刻变革，也是一项长期性、复杂性的系统工程，需要全县持续用力，久久为功。一是始终保持改革创新的活力。实施乡村振兴战略关系土地制度、集体产权制度、农村金融服务机制、人才流向乡村机制、职业农民制度、集体经济组织制度六大改革任务。全县将进一步加大重点领域和关键环节的改革力度，以更加有效的方式突破制度藩篱，释放改革红利，破解发展难题，为乡村振兴激发活力、增强动力。二是始终坚持规划先行。乡村振兴战略具有长远性和全局性，必须坚持规划先行，把规划放在首要位置，做到科学规划、注重质量、从容建设。结合中央、省、州规划，制定县域总规划和镇村详细规划，形成城乡融合、区域一体、多规合一全覆盖的规划体系，并在适宜区域现行新村综合体试点，推动乡村振兴战略推进。三是始终坚持“城乡共兴”走融合发展道路。坚定实施“城乡共兴”战略，坚持农村优先发展，在干部配备、要素配置、资金投入、公共服务上优先保障，致力打通城乡双向互通通道，为乡村振兴提供动力保障。

发展民族幼儿教育　补齐民族教育短板

——美姑县“一村一幼”教育工作调查

美姑县党史与地方志办公室

为了深入贯彻落实党的十九大精神，进一步探索民族幼儿教育工作，为发展民族幼儿教育事业，补齐民族教育短板，科学决策民族教育，促进民族教育均衡发展提供决策和资政服务，美姑县党史与地方志办公室通过查阅资料、实地考察、召开座谈会等方式，专题调研大凉山腹心彝族聚居县美姑县教育扶贫中“一村一幼”教育工作开展情况，在此基础上形成了该篇调查报告。

一、美姑县开展“一村一幼”工作前的幼儿教育情况回顾和“一村一幼”教育工作开展情况

1952年才建县的美姑县位于大凉山腹心地带，距离州府西昌170千米，四周分别被马边、峨边两个彝族自治县和雷波、昭觉、甘洛、越西等彝族聚居县包围。在1956年民主改革以前，这个地区还处在比较完整的黑暗的残酷的奴隶社会阶段，生产力水平和文明程度极端低下，刀耕火种、结绳记事、以物易物、买卖奴隶，没有一所学校，更没有专门的幼儿教育机构，整个教育仅靠有限的毕摩、家支活动和自然传承，非文盲率达97%以上。伟大的民主改革胜利以后美姑县才开始建小学，1966年开办初中教育，1972年发展高中，2002年完成普初教育，2009年才完成普及九年义务教育。在2015年大规模开展“一村一幼”教育工作前，全县仅有公办幼儿园1所、民办幼儿园1所，入园幼儿共有1462名，学前三年入学率远远低于全州平均水平。县域内绝大部分适龄幼儿无法公平地接受学前教育，一年级学生入学后听不懂、说不出、写不来现象在各乡（镇）学校普遍存在。美姑县学前教育的缺失和短板直接导致全县小学教育起步困难、初中教育举步维艰、高中教育难有突破、职业教育发展缓慢，严重制约全县教育事业全面发展和经济文化建设。为了推动教育“精准扶贫”，补齐彝区学前教育短板，振兴彝区民族教育，凉山州委州政府从2015年开始制订实施“一村一幼”教育计划。美姑县委县政府抢抓机遇，积极创新工作举措，因地制宜地在全县实施“一村一幼”教育计划。截至目前，全县共建成291个村级幼教点，开办311个幼教班，配备辅导员622名，有10364名适龄幼儿入学。全县除拉木阿觉乡哥勒阿门村外（因村址整体滑坡需异地搬迁），其余各村均实现“一村一幼”教育目标。“一村一幼”教育目标的实现，彻底结束了美姑县农村没有学前教育的历史，基本解决了农村学前幼儿从母语向普通话过渡问题，为从源头上打破贫困“积累循环效应”，从根本上阻断贫困代际传递，为农村孩子健康成长、全面发展和稳步成才奠定了坚实基础。

二、美姑县“一村一幼”教育工作主要做法

（一）充分利用闲置公共资源，解决“一村一幼”校舍短缺问题

全面兴办“一村一幼”教学点，首先面临的就是校舍问题，然而全县财政十分困难。为了有效解决财政投入不足问题，美姑县充分利用学校布局调整后闲置的村小和村级活动室、村“两委会”闲置房等公共资源开办幼教点。291个幼教点共搭建板房670平方米，利用村级活动场所8034平方米，租用民房3114平方米，利用学校空余校舍999平方米，基本解决了“一村一幼”校舍短缺问题。

（二）严格配备村幼教点辅导员，解决“一村一幼”师资短缺问题

按照“平等自愿、协商一致、合同管理”的原则，面向全县招聘村幼

教点辅导员。在招聘工作中严格做到以下几点：一是严格政治思想审核，努力招聘一批遵纪守法、品行端正、爱岗敬业的辅导员。二是严格体检、HIV和尿检检查，确保招聘的辅导员身体健康，能够正常履行招聘岗位职责。三是严格学历审查，拟聘人员必须具备高中（中专）毕业及以上学历，男性拟聘人员仅限幼儿教育、学前教育专业。四是严格聘用程序，坚持按照户籍、专业、学历、普通话水平等级依次优先聘用。全县291个幼教点、311个幼教班共配备辅导员622名，基本满足幼儿教育需要。

（三）加大经费投入，解决“一村一幼”开办经费问题

美姑县委县政府积极优化财政支出结构，盘活存量资金，用于“一村一幼”校舍维修改造、购置桌椅和教学用具等设备设施，确保每个幼教点安排不低于3万元的维修改造和设备购置费用，逐步为幼儿解决每天的营养午餐补助。同时，根据省财政要求，按聘用合同给予每人每月2000元的劳务报酬经费补助，按时足额发放。

（四）抓好辅导员培训工作，解决辅导员素质不高问题

针对招聘的辅导员大多没有经过系统学习、严格培训、实践锻炼、缺乏教学经验等问题，为了提升办学效率，严格组织对新聘的辅导员进行岗前统一培训，培训考试合格后方可上岗。同时，充分利用西南财经大学、乐山市教育局对口帮扶美姑县契机，以“送出去”和“请进来”等相结合的方式，对“一村一幼”辅导员进行多次能力提升培训。仅2016年，共选派30名辅导员到西南财经大学参加跟岗培训；邀请乐山市4名优秀幼儿教师到美姑县对90余名辅导员开展为期2天的教学能力培训。通过培训，辅导员职业行为有了一定规范，师德修养水平和业务素质有了一定提高。

（五）加强幼教点管理，解决“一村一幼”教育教学秩序和安全问题

全县制订出台了《美姑县“一村一幼”管理方案（试行）》，详细规划和安排“一村一幼”临时辅导员上岗要求和教学点管理工作；印发了《美姑县“一村一幼”幼儿一日生活安排》，细化幼教点每日活动时间、活动名称、活动要求及幼儿目标要求；制定出台了《美姑县“一村一幼”4～6岁学前教育主题活动设计（试用）》，明确春、秋两季教育教学的主题活动及要求。同时，要求辅导员因地制宜，将彝风彝俗、彝族礼仪、彝学经典等融入教学内容，让幼儿耳濡目染，热爱民族传统文化，传承民族优秀文化；把彝汉双语教育贯穿教学始终，重点解决彝区学前幼儿的“语言关”问题，培养良好的生活习惯和学习习惯，为进入义务教育阶段学习打下基础。

为了及时发现并消除各教学点安全隐患，切实维护师生生命财产安全，全县组织卫生、消防、城建、气象、安监等部门定期对各幼教点开展教室、玩具、电源线路、汛期、食堂（食品）、交通、消防等安全隐患大排查，对存在安全隐患的教学点及时下达整改通知书，排除安全隐患。坚持实施“月、周、日”检查制度，通过密集和不间断的排查监测，及时发现、消除各幼教点的安全隐患。幼儿在校期间进行封闭式管理，未经批准同意，一律不得外出。要求所有幼儿上学、放学必须由监护人接送，杜绝被不法分子诱拐等现象发生。同时，充分利用乡党委、政府，村“两委会”、驻村干部和家长会、专题讲座等形式，开展安全知识宣传教育工作，切实提升幼儿家长的安全防范意识、监护责任意识、法制纪律意识和文明道德意识。

三、美姑县“一村一幼”教育工作存在的困难和问题

（一）基础设施薄弱，教学活动环境差，辅导员和幼儿生活艰苦

事实上，美姑县的幼儿教育历史“欠账”太多，起步晚、起点低、条件差，多数幼教点使用的都是闲置教室、村民活动室或租用民房办学，条件十分简陋，设备设施严重不足，存在不规范、不规则，安全系数不高，很难适应正规正常教学需要。同时，相当一部分幼教点缺少必要的辅导员周转房、厕所和学生活动场地，给辅导员工作和辅导员、幼儿学习生活带来较大不便。

（二）辅导员队伍严重不稳定，素质参差不齐

正如前所述，根据工作实际需要，幼教点辅导员一般招聘的都是本地男、女青年。而事实上，一些边远村、贫困村由于路途遥远、交通不便、生活条件艰苦及当地人口素质低等问题，往往招不到合适的人选。多数辅导员在思想上都存在先找份工作，一边工作一边参加各种考试的思想认识参加招聘，一旦找到新的工作，就会离开幼教点岗位，造成辅导员队伍极不稳定。而签订的聘用合同也没有实质性的约束力，使得一些幼教点出现辅导员中途弃教现象。

（三）幼教点管理不规范，存在较大安全隐患，教学上存在“小学化”倾向

各幼教点管理不规范，因只配备2名辅导员，缺少必要的安保人员；部分学校条件简陋，无围墙、大门等必要的隔离带，存在较大安全隐患。自全县各幼教点实施营养午餐以来，还面临较大的食品安全问题。同时，全县各幼教点缺乏统一的教学规程，部分辅导员不是幼教专业毕业，甚至根本就没有学习过教育学、心理学、教学法等课程，缺乏幼教基本知识和专业技能。甚至个别辅导员完全按照小学标准给学生“开课”，违反幼儿教育教学规律。

（四）幼教点容纳量严重不足，无法满足全体幼儿入学需求

美姑县多数幼教点受限于校舍不足，只能开设一个幼教班，每个班仅能招收35名左右的幼儿，无法满足幼儿入学需求。目前，全县仍有2万余名4～6岁适龄幼儿尚未入园。若解决以上2万余名适龄幼儿入学问题，还需增设517个班，聘用辅导员1142名（注：按州委州政府要求，每个村只能聘用2名辅导员，不足部分由各县自行解决，因此新增的1142名辅导员的劳务费由县财政承担则困难重重）。

四、进一步提高认识，切实解决“一村一幼”工作中存在的困难和问题，促进民族教育均衡发展

（一）提高和统一思想认识，下定决心，补齐民族教育短板

“百年大计，教育为本”。习近平同志在党的十九大报告中指出：“建设教育强国是中华民族伟大复兴的基础工程，必须把教育事业放在优先位置，加快教育现代化，办好人民满意的教育……推动城乡义务教育一体化发展，高度重视农村义务教育，办好学前教育、特殊教育和网络教育，普及高中阶段教育，努力让每个孩子都能享有公平而有质量的教育。”实现伟大中国梦和中华民族的伟大复兴，让中华民族自立于世界民族之林，根本问题在于贯彻落实党的十九大精神，发展教育事业，培养各类人才。而学前教育乃是终身教育的开端，是人生真正的“起跑线”，是国民教育体系的重要组成部分，是重要的社会公益事业。办好学前教育，关系千千万万儿童的健康成长，关系千家万户的切身利益，关系国家的未来，关系民族的发展。要补齐民族教育短板，必须充分认识发展学前教育的重要性和紧迫性，下定决心，坚定不移地把大力发展学前教育作为贯彻落实教育规划纲要的突破口，作为推动教育事业科学发展、均衡发展、缩小地区差距的重要任务，作为建设社会主义和谐社会和精神文明的重大民生工程，抓紧抓好，抓出成效。

（二）加强学前教育研究，制定学前教育发展目标任务

学前教育是一门实实在在的科学。科学的问题，必须老老实实、

严肃认真地对待。要组织专门小组，根据党的十九大精神和中央、省、州关于“一村一幼”有关文件精神，认真分析和研究全县学前教育中存在的困难和问题，制定切实可行的《美姑县“一村一幼”教育发展规划》，明确学前教育工作目标任务，作为指导全县“一村一幼”教育发展的指南。

（三）加强硬件建设，为“一村一幼”发展提供物质保障和安全保障

正如前所述，美姑县的“一村一幼”校舍严重不足，完全不能满足发展需要。因此，必须严格执行《四川省大力实施“学前教育三年行动计划”》《凉山州人民政府关于实施十五年免费教育的意见》，借助“精准扶贫”大好机遇，按照“分阶段、先易后难、稳步推进”的原则，加强“一村一幼”硬件建设，为“一村一幼”发展提供安全、规范、适合教学活动的校舍和环境。同时，进一步整合教育资源，合理设置“一村一幼”教学点，对现有不具备办学条件、安全隐患大、办学效益不高的幼教点进行适当撤并，提高办学质量和效益。大力鼓励和支持社会力量创办幼儿教育，以补充政府办学资源不足。高度重视幼教点安全稳定工作，将安全工作的每个环节、每个要求纳入幼教点一日常规管理之中，推动幼教点各项安全工作常态化、规范化和制度化。积极开展幼教点安全隐患排查，切实消除安全隐患。进一步加强安全工作台账和资料建设，做到过程翔实、项目全面、分类清晰、归档有序。

（四）加强师资队伍建设，为“一村一幼”发展提供合格师资队伍

为了切实解决“一村一幼”师资队伍严重紧缺问题，可以鼓励全县的初高中毕业生填报学前教育专业。根据事业发展需要，对这批热爱民族幼教事业、专业合格的学前教育专业毕业生，经考试择优录用为“一村一幼”师资。同时，为了解决燃眉之急，对已经聘用的辅导员必须坚持“先培训后上岗、不培训不上岗”原则，对所有辅导员进行岗前保教专业基础知识和基本技能培训；充分利用寒、暑假的空隙，再次组织县教师进修校、县幼儿园资深教师对辅导员集中进行培训；继续采取“送出去”和“请进来”相结合的方式，选派辅导员到西南财经大学、乐山、德阳等地参加能力培训，并邀请专家到美姑县来讲课献课，不断提高“一村一幼”师资水平。

（五）加强教材建设，为“一村一幼”发展提供实用教材

组织一支专家队伍，开展教研工作，分析研究全县幼儿教育现状，结合彝区幼儿教学实际，结合民族传统文化，结合现代文明，编写、制作出一批具有民族特色的幼儿教材和光盘，培养幼儿传承民族传统文化，接受现代文明生活方式，养成热爱生活和读书学习的好习惯。

（六）进一步明确管理主体和职责，确保幼教点正常运转

按照州委州政府统一要求，“一村一幼”的管理主体为当地村“两委会”，负责幼教点实施和辅导员招聘及日常管理工作，县教科局和乡（镇）中心校负责业务指导。此外，根据《凉山州人民政府关于实施十五年免费教育的意见》精神，由村“两委会”为本村幼教点聘用的辅导员购买生育险、工伤险和医疗保险，切实解决辅导员教学过程中遇到的困难，稳定辅导员队伍。

（七）加强管理和考核，切实提高“一村一幼”办学水平

根据目前“一村一幼”管理和教学现状，必须进一步加强对“一村一幼”教学点的管理，把管理情况纳入对各乡（镇）党委、政府的目标考核。县教科局和各乡（镇）都要成立“一村一幼”工作督导组，加强对幼教点和辅导员的监督、管理和考核，严肃查处辅导员冒名顶岗、慵懒散浮、迟到早退、轮流换班等现象。各位被聘用的“一村一幼”辅导员也要提高认识，珍惜岗位，增强事业心、责任感，严肃师德师风，以高度的敬业精神、强烈的责任担当、优质的教学活动、优良的教学效果服务“一村一幼”工作。

全方位扶贫　多角度攻坚

——西华师范大学积极参与脱贫攻坚纪实

西华师范大学

西华师范大学是四川省属重点大学，创建于1946年。抗战初期，东北大学内迁至四川省三台县办学，抗战胜利后迁回沈阳市，部分东北大学的川籍师生在三台县原校址创建了私立川北农工学院，这就是西华师范大学的前身。后经多次合并、拆分、组建，定名为西华师范大学。经过70余年的发展，学校积淀形成了“勤奋、求实、敬业、创新”的校训，“铸魂励教、陶冶化育”的育人理念，“质量立校、人才强校、特色名校”的办学理念和“从严治校、严谨治学、艰苦奋斗、开拓进取”的校园精神。

站在新的历史起点上，西华师范大学以习近平新时代中国特色社会主义思想为指引，深入学习贯彻党的十九大精神和习近平新时代中国特色社会主义思想“四川篇”，积极参与四川省经济社会发展，特别是深入开展脱贫攻坚工作，取得了不菲的成绩。

一、脱贫攻坚重在落地

西华师范大学高度重视扶贫工作，党委书记王安平、党委副书记校长王元君多次召开会议研究部署精准扶贫工作，亲自带队前往对口帮扶县开展工作，并指示学校的扶贫工作一定要务实、接地气，发挥高校在“扶智”和“扶志”方面的优势，帮扶一定要帮在点子上、帮在工作实效上、帮在最需要的事情上。其余校领导也多次到县指导精准扶贫工作，看望驻校、驻村干部，实地查看学校投入的帮扶资金和项目落地落实情况。

全校上下统一认识，始终把做好对口帮扶县的脱贫攻坚工作作为最大的政治责任、最大的民生工程、最大的发展机遇。在学校扶贫办的牵头下，学校与对口帮扶的阆中市、喜德县签订《脱贫攻坚教育帮扶框架协议》，在教师教育培训、教育教学质量提升、民主政治建设、科研项目研究、干部人才培养培训等方面开展多层次交流与合作，助推对口帮扶县经济社会发展，提升教育质量和水平，实现如期脱贫目标。

学校选派学工部副部长张金平到喜德县挂职担任县委副书记；选派学工部学生管理科科长冯榛挂职西山乡党委副书记兼岳林垭村党支部副书记；选派附属巴中实验中学招生办主任杨平挂职担任喜德县瓦尔学校副校长；选派佐宏、谢春茂、冯中华、郑帅、周杨等5名教师驻村帮扶。

几年来，学校投入资金125万元，在阆中市西山乡岳林垭村7组、8组建设小微园区，配套修建村组路2.2千米。对口帮扶贫困户杨正发、李成富等8户村民，已如期实现脱贫。向阆中市西山乡中心校派出6

名支教教师，并捐赠双层床60套、棕垫200床、塑料凳200个、文体用具一批、价值2.5万元的电脑设备。向阆中市西山乡捐赠价值8000元的图书，开展关爱留守儿童、义诊、“送药下乡”、普法宣讲和法律咨询以及科普活动。在岳林垭村整村脱贫后，继续助力巩固提升，与岳林垭村的农产品种植专业合作社签订《西华师范大学学生餐厅物质采购合同》采买蔬菜并在学校教职工活动中心旁开设岳林垭农产品超市。出资10万元修建岳林垭村7社、8社11户村民的便民路。在已脱贫的阆中市天林乡五龙村建设乡村振兴发展研究实践基地，在乡村旅游、民居建设、基层治理等方面助力，巩固扶贫成效。同时，将五龙村作为美术、音乐、旅游等专业的实习基地和学校工会活动场所之一。

出资200万元用于教育帮扶喜德县。其中160万元用于喜德县瓦尔学校厨房改建和学生浴室太阳能设备安装，光明镇幼儿园设施设备建设，贺波洛乡中心校阶梯教室、幼儿园教学设备配套，拉克乡中心校食堂设备、思源实验学校多媒体设备配套等。在喜德县设立每年10万元共计40万元的专项助学金，已有70余名高中贫困生得到资助。资助苍溪县城郊中学30万元建设录课室。

二、爱心捐赠传递温暖

西华师范大学经常性开展爱心捐赠活动，当校友“援疆”干部师雨求助母校为当地困难群众捐助冬衣时，政治与行政学院师生立即行动起来，开展“衣旧情深，让爱暖冬，共助南疆”的爱心衣物捐赠活动，得到外国语学院、生命科学学院、新闻传播学院、公共外语学院等学院师生积极响应，共捐出冬衣900件、443千克。学校扶贫办将师生们捐赠的衣物打包寄往新疆克孜勒苏柯尔克孜自治州阿克陶县巴仁乡巴仁村贫困的民族老乡家中，师雨所在单位克州州委组织部写来了情真意切的感谢信。

2017年寒假期间，学校分别向喜德县教育局、苍溪县城郊中学捐赠2700余架、500余架学生公寓旧床（20余辆大卡车装运），为喜德县节约购买同类型学生用床经费约324万元，为苍溪县城郊中学节约购买同类型学生用床经费约60万元。

2018年6月，学校扶贫办、校团委联合师大附属小学、幼儿园举办“捐书留香，情满喜德”捐书活动，为喜德县送去全校师生的爱心与帮助，共捐赠适合小学、幼儿园学生使用的故事书、绘画读本、名言警句、自然科学常识、教材课本等各类书籍3000余册。

三、扶贫扶智长效机制

学校在助力脱贫攻坚的过程中，注重发挥高校人才和智力优势，从师资培训和干部培训入手，抓住教育扶贫“牛鼻子”，帮助贫困地区建起一支留得住的优秀教师队伍和干部队伍，建立长效机制，实现从“根”上扶贫。

喜德县是四川现代彝语标准语音所在地，彝族人口约占总人口的89.5%，普通话普及率较低。建设“一村一幼”，让彝区儿童在少儿阶段便掌握普通话，是提升彝区教育质量、实现彝区教育脱贫的必然之举和有效手段。2018年暑期，西华师范大学派出10余名师生组成的推普脱贫攻坚社会实践团队在喜德县开展了为期一周的普通话培训，该县近百名“一村一幼”教师接受了辅导。在培训中，西华师范大学师生因地制宜，通过对国家语言文字政策的解读，普通话声韵调的训练，汉语拼音方案应用、朗读和语调以及教师口语专业训练等方法，系统地为“一村一幼”教师提供普通话培训和宣讲，同时还设计了绕口令、诗词配乐等语言文字游戏，形象生动地开展培训工作，得到幼儿园教师的好评。

学校还通过“请进来、走出去”等方式对贫困地区中小学骨干教师分类集中培训。2016—2018年，分三期对喜德县300名中小学教师（包含小学语文、小学数学、初中语文、初中数学、初中英语等科目）进行培训。培训不仅让这些参与其中的教师得到了能力的提升，更发挥出了其的引领带动作用。接受培训的教师返校后，通过示范课、公开课、交流研讨等形式培育学生，取得了良好效果，达到了“培训一个教师、带动一所学校、影响整个地区”的目的。

学校争取资金741.6万元，专门用于喜德县国培项目。已完成对1360人的培训，经费支出370万元，对促进喜德县教师队伍的发展建设持续发力。

2015—2018年，学校与阆中市委组织部对接，为阆中市“精准扶贫”专项干部和第三批村（社区）主要负责人培养对象提供培训服务。培训针对学员的工作实际，以能力、素质提升为重点，邀请了经验丰富、功底深厚的专家、教授讲课，使扶贫干部提高认识，充分领会扎实做好精准扶贫工作的重要意义，增强推进精准扶贫工作的知识和才干，在以后的实际工作中站得更高、看得更远。

学校派出“研究生党员支教团”到西山乡中心校开展支教工作。研究生支教团的6名研究生先后承担了西山乡中心校初一数学、小学四年级外语、五年级外语和语文的教学任务。研究生们工作认真负责，将满腔热忱投入到支教工作中去，把新的教育教学理念和教学方法带到了支教点，同时也得到了很好的历练，更坚定、更热爱、更珍惜自己的生活和职业。

近几年，学校还重视精准扶贫理论研究，有多篇文章在相关媒体上发表。聂应德教授的《精准扶贫视域下农村治理体制机制创新研究》获准国家社科基金项目立项。

四、科学评估助力脱贫

根据省脱贫攻坚领导小组办公室的工作部署，西华师范大学作为省脱贫攻坚第三方评估机构之一，承担了阿坝州马尔康市，乐山市马边县、峨边县和巴中市平昌县、南江县等5个县2017年脱贫攻坚成效考核第三方评估工作任务。

接到任务后，学校组建了由党委副书记、工会主席聂应德任组长，扶贫办主任赵国强任副组长，扶贫办副主任肖红、党委教师工作部副部长冯棒任执行组长，政治与行政学院、管理学院、生命科学学院等14个部门，90余名优秀干部、教师和素质过硬的在读硕士研究生参与的评估工作团队。学校强调要把此项工作作为省委、省脱贫攻坚领导小组交办的一项重要政治任务，确保按照上级的相关要求如期完成。为了帮助参评师生尽快融入角色，把握评估工作要领，提升政策水平，校扶贫办邀请专家专门组织了多轮评估工作培训和考试，让参评师生领会党中央的脱贫攻坚各项政策，了解四川省的各项扶贫工作举措，熟悉调研问卷的各项指标及评估工具APP的使用，掌握评估指标体系的构成方式，清楚评估工作纪律和注意事项。学校评估工作组的师生深入5县1855个农户家庭进行抽样问卷调查，圆满完成了对5个县45个乡（镇）84个行政村的评估工作任务，撰写并提交了第三方评估工作报告。同时完成了对18家省直定点帮扶单位帮扶工作的考核评估。

近两年，在省政协、省军区的牵头下，还参与完成了对南充市高坪区、阆中市、越西县、木里县、喜德县、九龙县、威远县的脱贫攻坚成效交叉考核和督导。

情系民族地区　聚力脱贫攻坚

——西昌学院脱贫攻坚工作探索与实践

西昌学院

西昌学院地处凉山彝族自治州。凉山州是全国最大的彝族聚居区，也是党和国家重点帮扶的深度贫困地区，是脱贫攻坚的主战场之一。西昌学院立足凉山、依托凉山、服务凉山。从1995年参加凉山扶贫工作至今先后帮扶美姑、布拖、普格、雷波等县。目前，主要对口帮扶"两县三村"——布拖县延务村、合洛村和美姑县侯古莫乡沙溪洛村，这3个村均为彝族村，文盲半文盲占总人口的70%以上，有建卡立档贫困户276户1264人，脱贫任务艰巨，学校计划在2018年脱贫一个村（延务村），2019年脱贫2个村（合洛村、沙溪洛村）。西昌学院发挥自身教育资源丰富、高层次人才集中、科研紧贴凉山实际等优势，结合凉山高素质应用人才匮乏、科技支撑经济发展能力弱、民族文化继承创新以及健康卫生事业薄弱等实际，着力开展教育、科技、文化、卫生等方面扶贫，为凉山彝族群众与全国人民同步实现小康社会做出积极贡献。

一、致力扶智扶志，从根本上拔除"穷根"

（一）做凉山基础教育人才培养基地

扶贫先扶智，治穷先治愚。要彻底解决贫困问题，阻断贫困代际传递，教育是根本，而教育是恰恰凉山最大的短板。西昌学院在凉山州教育发展中发挥着重要作用，全州70%的中小学校长及骨干教师毕业于西昌学院，是凉山基础教育补充师资的主体。就业调查数据表明，近三年西昌学院在凉山地区就业的毕业生在教育系统占第一位，为20.29%，社会认可度达94%。

（二）持续开展志愿支教服务

凉山彝区的基础教育经过几十年的发展，已然发生翻天覆地的变化，但师资短缺问题仍然非常突出，尤其是学前教育。实施"一村一幼"以来，学校大力支持凉山州各县工作，遴选、培训数百名彝汉双语志愿者到昭觉、普格、甘洛、美姑、喜德、盐源、雷波等县140余个幼教点开展支教工作，受益学前儿童达到6000余人。该项目被教育部《高校定点扶贫典型案例集》收录。2018年，学校开展"一村一幼"辅导员培训，首期培训420人，其中义务为美姑县培训280人；每年应布拖、喜德、昭觉、普格、美姑等县教育部门要求，安排学生参加顶岗实习和支教活动，2018年选派学生近200名。

（三）实施在职人员和农民技能提升培训

先后承担国家级、省级培训任务，完成国家民委双语人才培训彝语培训（贵州班和云南班）、四川省民族地区双语教师彝语文应用能力特色培训、彝汉双语检察官能力培训。以农民夜校为平台，开展种养殖技术、健康卫生知识、禁毒防艾、计划生育等教育培训，提高农民脱贫致富能力，培养健康文明新风。2018年，"两县三村"开办农民夜校70余期，受教育群众达3000余人次。

二、着力科技扶贫，从经济上摘掉"穷帽"

（一）推动特色科研，助推产业发展

学校围绕马铃薯、苦荞麦、洋葱及草莓、葡萄等攀西特色作物研究，转化成果，推动民族地区产业发展。围绕马铃薯主粮化国家战略，建立专门科研平台；依托布江蜀丰现代农业科技示范园，开展马铃薯种质资源改良、加工、储藏等关键技术研究，选育马铃薯新品种6个，开发马铃薯系列深加工产品20余种，获得国家专利授权33项。学校培育的"原种超高产扩繁试验收获种薯"亩产达5575.2千克，打破西南地区记录。学校还义务为贫困县编制现代农业产业发展规划。

（二）科技服务，帮助农民增收

组织农林专家和畜牧专家到基层指导培训种养殖技术，实施大棚种植、特色养殖（鸡、羊、猪、牛等）、产品加工等项目，协助成立专业合作社，培养致富带头人，助力农民增收。完成编写彝汉双语《新农村实用技术掌中宝丛书》等多套科普读物及应用技术资料，供农民学习使用。

（三）培养专业技术人才

大力培养烟草、动物养殖、园林技术、食品安全、电子商务、旅游服务等方面专业人才，为相关产业发展提供人才支撑。

三、大力加强教育，从思想上转变观念

（一）构建"禁毒防艾"教育体系

学校创建了理论教学、能力培养、实践服务"三层次"教育体系，坚持教学工作、素质教育、社团活动、社会实践、师生科研、新媒体"六结合"，形成了全员参与、全面普及、全程育人、全域服务"四全特色"，其经验在教育部网站宣传推广。师生接受"禁毒防艾"健康教育面达95%以上，艾滋病防治知识知晓率达97%以上，被列为"四川省预防艾滋病教育试点高校"。

（二）组建红丝带青春志愿团

学校成立红丝带青春志愿团，彭丽媛大使亲自授旗。2018年，组织16支志愿服务队伍分别到昭觉、美姑、布拖、越西等县开展禁毒防艾宣传活动，举办讲座32场、宣讲16场，播放宣传影片15场，受教育群众达6600人次。同时，与303户受艾滋病和毒品影响的家庭建立"一对一"帮扶关系。

（三）引领彝区人民移风易俗

开展"凉山彝区'养成好习惯，形成好风气'"专题研究，形成民风民俗、生产生活方式、计生卫生、文化教育、禁毒防艾、和谐共荣等方面专题报告6篇和总报告1篇，为省委省政府决策和地方立法提供依据。积极引导彝族群众破陋习、除迷信、讲卫生、倡节俭，推进村"四好"创建评比活动，养成现代文明好习惯。大力推进法律法规进村、进组、进家庭行动，增强村民法律意识，使其知法、懂法、守法。

四、倾力继承传统，从文化上传承创新

（一）在研究中传承优秀民族文化

依托省人文社科重点研究基地——彝族文化研究中心等机构，开展彝族语言文化、民族团结与共同发展、民族教育与社区经济等领域的研究，抢救、保护和弘扬凉山彝族文化，开发彝族文化资源，发展彝族文化产业。主持国家社科基金项目3项、教育部人文社科研究项目1项、国家民委及省社科项目等54项，出版《凉山州国家级非物质文化遗产丛书》《中国彝学丛书》《凉山彝族漆器文化研究》等专著46部。获得全国少数民族文学"骏马奖"、中国民间文艺山花奖、省政府教学成果奖等奖项42项。指导完成凉山非物质文化遗产国家级、省级目录申报和彝族文化保护区规划、彝族文化建设保护项目成果转化等；举办以全国、省、州民族文化产业发展研究为主题的学术研讨会

10余次。

（二）在实践中创新民族优秀文化

积极开展彝族音乐、绘画等理论研究和艺术创作，出版了《凉山州少数民族音乐文化概论》《非遗视野下的凉山彝族民歌研究》《彝族北部方言区歌曲教程》《中国彝族声乐》等专著和画集10部；开展“情系布拖，你我同行”布拖县精准扶贫慰问演出活动。开展“‘非遗’进高校”系列活动，编写出版《凉山非物质文化遗产概论》，举办凉山非物质文化遗产传习班，共建凉山非物质文化遗产实践基地，培养凉山非物质文化遗产传承人等。组织编写《彝区健康文明知识读本》《彝语文通用读本》《彝族传统文化读本》，制作彝汉双语教育宣传影视片，以彝区群众喜闻乐见的方式对群众进行民族文化培训和宣传。

五、聚力资助帮扶，从物资上解决困难

（一）资助贫困学生

建立国家资助、学校奖助、社会捐助、学生自助“四位一体”的发展型资助体系，帮助在读贫困大学生完成学业。注重培养受助学生自立自强、诚实守信、感恩图报、勇于担当等好品质。每年六一儿童节，到帮扶乡村学校看望、慰问贫困学生、优秀学生和优秀教师。

（二）帮助改善办学条件

修建乡村中小学校和幼教点，修建蓄水池、太阳能和蔬菜大棚，解决学生饮用水、饮食和洗澡难等问题；修建文化墙，帮助排练文艺节目。2017年，捐资50万元为美姑县阿卓瓦乌村修建幼儿园；2018年，向美姑县牛牛坝初级中学和美姑中学西昌校区捐赠价值50余万元的太阳能设备，解决两校师生洗澡难问题。积极协调组织社会爱心企业和爱心人士，向帮扶乡中心校和幼儿园捐赠爱心物资。2018年，联系爱心人士向美姑县侯古莫中心校和巴普镇中心校捐赠价值16万元的防寒服和棉絮。

（三）开展结对帮扶活动

开展“千名干部职工结穷亲”帮扶活动，对“两县三村”276户建档立卡贫困户“一对一”结对帮扶，重点从送温暖、以购代捐、以购代奖、产业发展、就业帮助、教育资助、志愿服务等方面进行帮扶。2018年，学校大力开展结对帮扶和“暖冬行动”，300余人次干部职工到贫困户家中走访慰问，送去生产生活物资累计11万余元。学校筹集43万元为贫困户购买鸡苗、种猪等，帮助村民发展养殖，尽快脱贫致富。

（四）“以购代捐”活动

开展国家扶贫日系列活动。组织“以购代捐”和捐款捐物活动，共募集资金51600元；捐赠资金79265.46元，书籍、文具和衣物一批。积极参加凉山州“以购代捐”（2018—2020）集中认购帮扶活动，与对口帮扶的美姑县、布拖县签订了总额为340万元的认购协议。近年来，学校筹集扶贫资金1000余万元（含物资折算），参与扶贫人员1万余人次，帮扶乡（镇）7个、学校8所，直接受益农户达6000余户。

六、扶贫工作面临的挑战

学校的扶贫工作为凉山州的经济发展、民生改善及民族团结进步、社会和谐稳定做出了积极贡献，多次受州委州政府表彰，但也面临不少挑战。一是集体经济基础薄弱，缺乏支柱产业。二是基层干部整体素质偏低，政策理解不到位，执行力弱，党员老年化、文化偏低，带头致富和带领致富能力不强等问题突出。三是村民文化程度低，思想观念落后，法治观念弱。挥霍浪费、迷信、超生等现象时有发生，家支家族观念重。这些都导致脱贫的内生动力严重不足。

七、下一步工作计划

下一步，学校将紧紧围绕《关于打赢脱贫攻坚战三年行动的指导意见》，进一步贯彻落实习近平总书记、省委书记彭清华脱贫攻坚工作重要讲话精神以及省、州精准脱贫工作要求，加强精准扶贫工作领导，充实驻村帮扶队伍力量，主动对接地方，强化教育扶贫，着力培养党建带头人、致富带头人、移风易俗带头人和中小学师资；强化科技扶贫，加强科研成果转化；坚持办好农民夜校，培训劳动力技能技术；深入挖掘特色农牧业、民族文化旅游业等特色产业，发展集体经济；进一步激发脱贫内生动力及群众干事创业热情，“扶智”与“扶志”相结合，鼓励村民主动脱贫致富，以如期完成“摘帽”任务，为决胜凉山州脱贫攻坚战做出应有贡献。

八载春秋栉风沐雨　交投助力蜀道通途

四川省交通投资集团有限责任公司党委书记、董事长　雷洪金

经济发展，交通先行。路者，国之血脉，改革开放40年来，伴随社会、科技的卓然进步和飞跃发展，国民生活水平发生了质的飞跃。人们对美好生活向往的定义日益广泛，在出行方面，对交通基础设施的要求和交投服务的需求也日益增长。截至2017年年底，全省高速公路通车里程已超7000千米，其中省交投集团已建成营运高速公路总里程达4204千米，占四川省通车里程的62%，通达全省21个市（州）、115个县（市、区）。在建和新建的高速公路里程1529千米，全省占比49%，总投资超过3200亿元。

经年厚积，省交投集团坚持壮大交通主业优势、夯实多元发展基础，加快改革转型步伐，企业发展正式迈上新台阶。公司资产总额达3622亿元，雄踞四川省属国有企业之首，年营业收入超过400亿元。企业综合实力位列中国企业500强、服务业200强及四川企业100强前列，并逐步构建起以“路、水、空、铁”四大核心板块竞相发展的立体综合交通格局。省交投集团深入贯彻党的十九大精神，始终以习近平新时代中国特色社会主义思想和省委十一届三次全会精神为指引，牢牢把握“十三五”发展方略，朝着多元业态、高集成度的国内领先、行业一流综合性交通类国有资本投资公司转型升级，为全省聚力打造“一干多支、五区协同”的区域发展格局和“四向拓展、全域开放”的立体全面开放格局，为建设交通强省、经济强省战略不断贡献新的高质量发展动能。

1978年，中国改革开放拉开大幕，四川省迎来历史上第一条高速公路——成渝高速，作为“西南第一路”，也是国家“八五”重点公路工程。1995年，成渝高速全面建成通车，标志着国家改革开放，交通先行的战略步伐已坚实迈入巴蜀大地。从此，蜀道艰难变巴蜀坦途，川渝地区经济发展逐渐走向腾飞，天府之国的综合交通建设事业也一跃迈上新征程。

八载春秋励精图治，时光荏苒，四川交投这支庞大的建设主力军始终活跃在全省交通基础设施领域的最前沿，并成功打造了一系列标

志性工程和超级工程，多次荣获鲁班奖、詹天佑奖、国家优质工程奖等多项国家级殊荣，创造了中国高速公路建设史上的多项奇迹。公司承建了达渝、达万、达陕、丽攀、广陕、巴陕等多条横贯南北的出川大通道，为实现“十三五”目标，加快构建“四向八廊五枢纽”为主骨架的现代综合立体交通运输体系，构建西部综合交通枢纽持续贡献磅礴伟力；承建了四川省第一、国内第二、世界第三长的高速公路隧道——巴陕高速米仓山隧道，成功实现“一洞穿两省”的工程壮举。巴陕高速全线通车后，南江至汉中的路程将由3.5个小时缩短为1个小时。届时，巴陕高速和已通车的广陕高速、达陕高速将一同“三箭齐发”，共同构建起四川省北向出川的三条高速大通道，并进一步夯实巴中市成为川东北综合交通枢纽城市和川北门户城市，给川陕革命老区振兴发展、秦巴山区脱贫攻坚提供坚强的交通运输支撑，进一步带动巴中市及周边社会经济及旅游业发展，对改善和提高沿线人民生活水平具有重大意义。

深耕善铸，砥砺奋进，四川交投人始终秉承对品质工程的精益求精，坚定不移地推动“品质革命和品牌创建”，创造了一系列举世瞩目，蜚声中外的超级工程，镌刻了四川交通发展的靓丽名片。被誉为“中国最美高速”“云端上的高速”——雅西高速，是当今全世界自然环境最恶劣、工程难度最大、科技含量最高的山区高速公路，在建设过程中连续创造了4项世界第一，破解了一系列世界级技术难题，取得了40余项自主创新重大技术成果。雅西高速的通车，实现京昆高速四川境内全线贯通，是四川又一条北上南下的大通道，更是将成都平原和攀西裂谷紧紧联系在一起，极大地促进了川西地区的全面融合发展，为四川经济的又一次腾飞插上翅膀，为攀枝花、西昌等地的地方经济带来全新机遇和发展空间，吸引了更多的投资资源，向世人展示了攀西独特的人文风情和秀美河山。

雅康、汶马高速公路地处四川盆地向青藏高原攀升的横断山脉区，既是当前我国桥隧比最高、施工难度最大的高速公路之一，更是穿越地震灾区的生命大通道、促进川藏文化交融的民族大纽带。两条高速公路均面临极其复杂的地形、地质和气候施工条件，以及30余项世界性重大技术难题，被誉为高速公路界的“珠穆朗玛峰”。自四川交投成立以来，集团上下牢记历史使命，坚定传承“两路”精神，深入弘扬“大国工匠”精神，向这座高速公路建设史上的“珠穆朗玛峰”发起了全面攻坚，为实施交通强国战略以及脱贫攻坚战略做出了卓越贡献。截至2017年年底，提前近两年建设完成的雅康高速雅安至泸定段全面通车，结束了甘孜藏区不通高速公路的历史，实现全省21个市（州）高速公路的全面覆盖，极大地推动了乡村振兴战略的深入实施，彰显了四川交投强大的品质攻坚力量。雅康高速大渡河兴康特大桥迎来全面通车，中央电视台《新闻联播》栏目、人民网、新华网等国内主流媒体竞相聚焦报道了这一历史性时刻。大渡河兴康特大桥被列入全国超级工程，主跨1100米，在高海拔桥梁中排名全国第一位，被誉为“川藏第一桥”，大桥的通车将完善全省西向综合交通大通道路网，着力改善芦山地震灾区和青藏民族地区的交通条件、构筑起辐射川藏发展的“经济走廊”和稳藏安康的“政治走廊”，促进藏区经济社会跨越发展和长治久安。

风雨兼程，善道蜀途，引领发展，惠泽民生，健康的经济社会发展深深融入了条条浩瀚坦途的国之血脉。历时3年建成，穿越“5·12”地震震中第二生命线的映汶高速，是四川地震灾区恢复重建的标志性工程， 短短一百千米，承载无数人对生命的希望。2009年5月12日，都江堰至映秀高速公路建成通车，映汶路二级路实现双向通行。时任国家主席胡锦涛、国务院副总理李克强等国家领导人亲临庙子坪大桥为都映高速公路全线通车剪彩，四川交投辛勤的建设者们获得了交通建设的最高荣誉。公司还承建了曾经连“山鹰都飞不过”现为世界上海拔最高的超特长隧道，被誉为“川藏第一险”的雀儿山隧道（洞口海拔4378米），海拔达6168米，是全省连接起川藏公路北线317国道进藏必经之路。隧道贯通后，穿越雀儿山仅需5～10分钟，隧道将确保常年通行，不会因冰雪极端天气封路，过往车辆不必再绕行长达两个多小时的危险山路，完成了几代人的殷切期盼。千亿工程加快实施，沿江、乐西、久马等项目建设工作迅猛推进，作为重要的扶贫大道，在未来也将成为沿线人民通往小康社会的康庄大道。

近年来，在全省加快构建现代综合交通运输体系和“四江六港”水运发展规划的指引下，四川交投加快发展现代水务交通运输，在以嘉陵江航道渠化、岷江港航电综合开发为引擎，以泸州港、广安港、南充港为代表的现代港口枢纽建设中取得了突出成绩，得到了省委省政府、交通运输部和全国同行的高度肯定。

一江带水，百舸争鸣。四川交投聚力提升全省航道通航能力建设，实现流域集整开发。经过10年规划，近20年的攻坚锻造，嘉陵江川境段8级航电枢纽已全部建成投产，总装机达80.5万千瓦，总投资超过百亿元，全面实现了嘉陵江川境段全江渠化，江滩多流急的现状得到了根本改变。经过梯级开发后，通航能力大幅提升，防洪、灌溉和拦沙能力显著提高，有效缓解了区域用电紧张。同时，每年可为沿江主要城市增加税收近4亿元，提供就业岗位20000余个，极大地促进了地方就业和城市经济发展。岷江港航电综合开发项目，总投资近500亿元，总装机165.54万千瓦，是国家实施长江经济带和“一带一路”重要工程，是省委省政府贯彻落实长江经济带发展战略、构建长江经济带综合立体交通走廊的重要举措。项目建成后，乐山至宜宾162千米航道等级将提升为常年通行1000吨级船舶标准，有效降低综合物流成本，持续支撑全省东、南向水上交通经济运输，显著改善沿线城市水域环境和生态旅游环境，带动形成港口、沿江经济带，提高人民生活水平。老木孔航电枢纽建成后形成的库区水景观，将极大改善乐山市的旅游环境，形成稳定的水位，弥补乐山大佛景区枯水期出现的“河床排骨”现象，实现乐山大佛前江水清波浩渺的壮阔景观。

聚焦“四向拓展、全域开放”，助力高质量推动全省区域协调发展战略，互联互通是关键。集团所辖泸州港、广安港、南充港和乐山港，占全省“四江六港”规划的2/3。近年来，以建设运营的全省水路运输网络和高速公路运输网络等现代基础设施为支撑，充分发挥港口多式联运交通枢纽、开放性物流平台的天然优势，加快打造“21世纪世界海上丝绸之路”和长江经济带的国际物流大通道。泸州港作为四川唯一的全国内河二十八大主要港口之一，是全省唯一的百万标箱大港，承载着全省水运四向拓展立体开放发展的枢纽作用。向南，已正式开通至广州市黄埔区、广西壮族自治区钦州市的外贸铁海联运班列，正加快推进经海上丝绸之路至欧洲的铁海联运通道。向东，以江海联运为抓手，持续增开内外贸易班轮，至武汉、南京、上海及日本、韩国等地班轮已稳定开行，为川滇黔地区承接东部沿海地区、美日韩地区产业的转移提供了稳定的交通运输支撑。向西，

通过"蓉欧+泸州港"号，经中欧班列（蓉欧快铁）畅通对欧开放通道，在新疆霍尔果斯、法国杜尔日、匈牙利布达佩斯等口岸布局省外、海外物流基地，并持续整合海外"一带一路"沿线物流资源，与德国不莱梅港、杜伊斯堡港，法国勒阿佛尔港等地区的国际物流和贸易业务快速增长。向北，充分发挥泸州港辐射川滇黔的综合交通运输节点作用，依托木材、机械设备等国际贸易业务，加快打通俄罗斯托木斯克、海参崴、贵州赤水的公铁水联运通道，做大北向通道的国际物流和贸易业务。2017年至今，四川交投所属港口、综合物流企业平行进口汽车商贸业务共计完成近1500余台平行进口车业务，实现收入4亿余元，居全省第一位。

2001年，沐浴改革开放的春风，伴随着西部大开发的号角，九寨黄龙机场在海拔4500米的川西北高原雪山之巅正式筑基投建。3年规划建设、15载经营发展，交投人充分发扬"特别能吃苦、特别能战斗、特别能奉献"的时代精神，开通了一条条联通世界的高原航线，让世界自然遗产——九寨沟和黄龙走向世界，为西部地区民族经济的发展注入了新的活力。九寨黄龙机场的应运而生，打破了"交通阻碍阿坝州旅游发展"的瓶颈，成为促进阿坝州经济发展的快速引擎，推动了国家"稳藏必先安康"政策在当地的贯彻落实。机场通航后，客流量急速攀升，很快便突破机场80万人次/年设计目标，并持续以年平均12%的速度增长至航空运输量高峰175万人次，创造了"国内民航支线机场通航初期航空运输量最大、增长最快纪录"。为满足社会对机场日益增长的需求，九寨黄龙机场先后完成了两次扩建，最终发展成为能够满足2020年旅客吞吐量达250万人次、航班起降量25080架次、高峰小时起降量18架次运行需求的全国第二大高原支线机场，不断辐射包括华北、华东、中南等地区的各大中城市。安全、快捷、舒适的航空运输体验，提升了"大九寨"旅游品位，促进了地区旅游资源的综合开发，为当地旅游业和旅游经济的发展插上腾飞的翅膀。

截至目前，九黄机场已安全运行15年，累计安全保障航班17万架次，安全运输旅客1876万人次，奠定了九寨黄龙机场在民族区域旅游经济发展中的重要地位。阿坝州旅游收入从机场通航前2002年的15.88亿元增长到2016年的318.44亿元。同时，阿坝州地方特色产业的高速发展及国内物流业的迅速崛起，为阿坝州"空中丝绸之路"和经济的发展带来了巨大潜力。2014年，九寨黄龙机场顺应社会发展，积极开通航空货运业务，构建起方便快捷的航空货物运输网络，并积极对接阿坝州地方特色产业，主动肩负起实现阿坝州经济快速对外交流的重任。截至"8·8"九寨沟地震前，阿坝州的特色农牧产品借助九寨黄龙机场通过航空货运直达北京、上海、广州、昆明等17个城市，并中转至韩国、日本、泰国、新加坡等国家和地区，辐射了长江三角洲、珠江三角洲等经济区和东亚、东南亚等国家和地区，加快了民族经济区的货物往来，推动了以九寨黄龙机场为依托的阿坝州临空经济的发展。

九黄机场自建成通航以来，也成为应急救援的重要空中枢纽，在阿坝州历次自然灾害抢险救灾中发挥了不可或缺的重要作用。"5·12"汶川特大地震发生后，震中通往成都市的地面交通全部中断，九寨黄龙机场作为阿坝灾区通往外界的唯一空中要道，经过6天5夜的连续奋战，紧急疏运滞留旅客近1.5万人次、重灾区受灾群众2000余人次，运送救灾物资85吨。在"8·8"九寨沟地震抗震救灾保障中，机场连续6天持续实现旅客零滞留、救援保障零迟滞的"双零"目标，共计安全保障各类飞行172架次，转运滞留灾区旅客2784人次。2015年，九寨黄龙机场公司被省政府评为"四川省民族团结进步模范集体"。

近年来，为全面贯彻四川综合交通基础设施大通道、大枢纽建设，四川交投聚力投身轨道交通建设发展。由集团牵头建设的成都经南充至达州（万州）高铁项目是国家《中长期铁路网规划》中"八纵八横"高速铁路网沿江通道的重要组成部分，是落实国家战略，助力川渝两省积极融入"一带一路"、长江经济带的四川省重点项目，高铁线路全长约377千米，总投资约655亿元，设计时速350千米，对打通四川省直达京津冀、长三角、珠三角重要经济区高速铁路大通道，完善高速铁路路网结构，加快区域经济社会发展具有重要意义。项目建成后将促进西南地区与华中、华北、华东地区经济优势互补，带动沿线区域经济社会大发展，形成"四向拓展、全域开放"立体全面开放格局，奠定经济强省的坚实基础。积极投身乡村振兴和区域协同发展战略，更好地服务全省精准扶贫与精准脱贫大局，推动农村基础设施建设，改善沿线农村人居环境，促进城乡一体化发展。都江堰至四姑娘山山地轨道交通旅游扶贫项目应运而生，该项目逐步构建起"交通+扶贫"新模式，通过畅通阿坝州进出客货运通道、整合沿线旅游资源，带动旅游及相关特色产业发展，促进当地人民创业就业、脱贫致富。

昔日蜀道难于上青天，山连山、路弯弯。今朝巨龙穿越青山，为全川人民实现从"蜀道难"到"蜀道通"的历史夙愿做出了卓越贡献，为四川经济的快速发展注入了新活力。四川交投身处建设交通强国、经济强省的"黄金时代"，公司更将顺势而为、乘势而上，以全面构建现代综合交通基础设施建设体系的决心和担当，深入贯彻党的十九大精神和省委十一届三次全会精神，不忘初心，砥砺奋进，深耕善铸，风雨兼程，积极落实"一干多支，五区协同"的布局，全面走好"四向拓展、全域开放"的路子。奋力书写时代答卷，为做强做优做大国有资本企业、打造行业一流的综合性交通类国有资本投资公司、实现交通强省战略、助力"治蜀兴川"再上新台阶做出新的更大的贡献！

牦牛保险助力藏区牧民脱贫致富

中航安盟财产保险有限公司

一、基本情况

红原县地处青藏高原东南边缘、四川省西北部，平均海拔在3600米以上，年平均气温仅为1.4℃，是阿坝藏族羌族自治州海拔最高、气候最恶劣、条件最艰苦的县域。全县总人口4.4万人，其中牧业人口3.4万人，占总人口的77%。牦牛养殖是红原县的传统产业和支柱产业，也是全县农（牧）民收入的主要来源。受逐水草而居的原始粗放型生产方式和自然灾害多发频发的影响，全县牦牛养殖抵御自然灾害和

疫情风险的能力很低，牦牛养殖很难跳出“夏饱、秋肥、冬瘦、春死亡”的恶性循环，严重影响农（牧）民增收。

在四川省政府的争取下，自2010年起，牦牛就列入了中央财政补贴的险种范围。2013年，红原县人民政府联合中航安盟财产保险公司（以下简称“中航安盟”）在四川省率先启动首个高原特色险——红原县政策性牦牛养殖保险的试点工作。几年来，中航安盟通过牦牛保险，帮助农（牧）民减少了经济损失，实现对牧民的精准扶贫、精准脱贫。

二、多点落实，牦牛保险全力保障牧民脱贫致富

2013年6月，中航安盟与阿坝州州委州政府就在当地开办农业保险业务达成共识。公司专门成立牦牛保险领导小组，深入组织调研，并组建10余人工作组常驻红原县。从2013年6月—11月，先后走访政府部门、企业、社会团体30余次，召开座谈会20余次，走访和参与座谈的牧民达1000余人次。通过深入调研，形成了牦牛保险的“三条原则”，即经营牦牛保险不以盈利为目的；着眼建立以保险促牧业发展的长效机制，形成良性循环；形成一套适用于整个藏区牧业的新型保险模式。这三条原则，得到了各级政府和牧民的赞扬，也打消了牧民的顾虑，为牦牛保险顺利启动奠定了坚实基础。

针对藏区特点，完善保险产品。牦牛养殖保险是国家针对藏区推出的农业保险品种，属于大牲畜保险。在完善创新产品上，中航安盟制定切合实际的牦牛保险条款，在原有条款上增加“野兽侵害、火灾”等保险责任，并使用藏汉双语印发。在承保过程中，与牧民签订承诺书，进行诚信教育，并充分利用村规民约规范和约束双方行为。在实践操作中，对承保单证和理赔单证进行重新设计，使其贴近藏区特点方便牧民使用。

抓好政策宣传，强化保险意识。针对牧民对国家政策不了解、保险意识不强、信息渠道不畅等情况，组织开展多层次、多渠道的牦牛保险政策宣传活动，营造良好参保氛围。中航安盟多次组织乡村干部、基层联户组、保险协保员进行宣传培训，宣讲开办牦牛保险的意义、要求和具体措施。同时，邀请各联合发出倡议书，号召广大牧民遵纪守法，诚实守信参加牦牛保险。各乡（镇）通过完善村规民约、结合惠民政策对牧户进行引导，有有力地促进了工作的进行。

健全管理体系，确保服务到位。在高原地区开展养殖业保险业务，落实“五公开、三到户”，困难很多。牦牛保险启动之初，中航安盟的员工常常在零下十余度的低温环境下，白天指导打耳标，晚上加班录入承保清单，连续奋战40余天。各乡村在中航安盟的指导下，分别成立若干承保工作小组，在各乡村建立定损理赔点，挨家逐户上门宣传和开展承保工作。在全县聘请了27名专职协保员负责各乡（镇）牦牛保险业务的常态管理。同时，聘用了69名村级兼职协保员，负责信息核实、基础数据统计及协助专职协保员开展工作。每名协保员负责对口联系一个乡（镇），确保每个乡（镇）的耳标佩戴工作都有公司人员现场进行技术指导。

三、良好的效果成就保险扶贫的红原模式

牦牛保险实现了牧民精准脱贫致富。金融扶贫，保险先行。近年来，中航安盟通过牦牛保险，减少了牧民的经济损失，实现了对牧民精准扶贫、精准脱贫。2014年冬季，牧民得尕甲投保牦牛360头，自缴保费8640元，次年1月—9月份因疾疫病、野兽侵害导致牦牛死亡90头，获得赔款169000元。2015年，色地镇茸塔村牧民泽让投保牦牛520头，自缴保费12480元，次年1月—5月份因疾疫病、野兽侵害导致牦牛死亡169头，获得保险赔款296500元。2016年，中航安盟累计承保牦牛1537747头，为牧民提供风险保障资金30.76亿元；支付赔款约1.45亿元，共有77136户次牧民受益，户年均减少损失近万元。

开创了当地草原畜牧业保险的历史。红原县是四川草原现代畜牧业唯一的试点县，也是阿坝州唯一以藏族聚居为主的纯牧业县，素有“中国牦牛之乡”的美誉。2010年国务院将牦牛列为中央财政补贴的保险品种，但由于种种因素，牦牛保险一直没有开展起来。中航安盟积极响应省政府号召，投入大量人力、财力、物力着手拓展民族地区业务。在州、县政府的大力支持下，在2013年成功开办牦牛保险业务，红原县在全州率先建立了现代草原畜牧业风险保障机制，也成为四川省首个规模化开展牦牛保险的县。2014年，在经营出现大幅亏损的情况下，中航安盟又将经营牦牛保险区域扩大到若尔盖县。

探索出养殖保险新模式。近年来，公司按照“政府引导、市场运作、政策激励、牧民自愿”的原则，围绕当地畜牧业发展需要在工作机制、运行模式等方面大胆创新，推动建立“承保统计、养殖服务、查勘定损、理赔处理”一条龙服务机制，形成了“政府+保险公司+牦牛协会+乡村组+牧户”的工作模式。运营管理上充分考虑藏区特点，把现代保险技术与游牧文化、风险防范与宗教信仰、金融产业与地方产业有机结合起来。公司与政府合作完善防灾减灾措施，有效减少了牦牛饿死冻死现象。2015年年初，公司向牧民捐赠了共8000余件价值40万元的牦牛防寒背心。

产生了广泛的社会影响。藏区属敏感区域，社会情况复杂。牦牛保险开办后，藏民损失大大降低，矛盾纠纷少了，社会更加安定了。时任红原县委主要领导表示，数百年来，畜牧业始终是红原县的传统优势产业和支柱产业，始终是全县农牧民收入的主要来源。红原县与中航安盟在牦牛保险上的成功合作，率先在阿坝州建立起现代草原畜牧业生产风险保障机制，率先在全省藏区启动特色农牧业养殖保险，大大降低了农牧民牦牛养殖风险。

中航安盟保险在四川藏区开展牦牛保险等工作，为藏区农牧业风险保障体系建设做出了开创性的贡献，符合中央维护藏区社会稳定的精神，是保险业助推脱贫攻坚工作的典型。2014年，《中国保险报》、中保网和新浪财经共同主办的“年度保险产品评选”活动中，牦牛保险被评为“年度责任保险产品”。中航安盟保险公司与红原县人民政府于2017年4月26日在成都市举行了战略合作协议签字仪式，中航安盟将持续为红原县牧民增收保驾护航。

关于推进“七大共享平台”建设、服务全川乡村振兴实践的思考

成都市现代农业发展投资有限公司党委书记、董事长　陈　军

成都市第十三次党代会以来，成都市现代农业发展投资有限公司（以下简称“农发投公司”）按照省委省政府“一干多支、五区协同”的区

域发展新战略和市委市政府构建服务全川乡村振兴“七大共享平台”的部署要求，致力于“放大、引导、保障”三大功能性作用的发挥，通过普惠金融、项目投资、民生保障三大业务板块，对于如何立足成都、服务全省进行了积极探索。在这些实践中，农发投服务全川的具体举措落实的怎么样？重大项目、重点工作推进、实施的效果如何？在抢抓新的机遇，应对新的挑战下，还有什么短板？如何通过创新更好的为全省不同区域、不同类型涉农经营主体提供差异化服务？带着这些问题和课题，于2018年10月—11月通过座谈交流、实地走访等形式，对农发投各业务部门、下属公司、经营主体的运行管理情况进行了全面调研，与干部职工、服务对象交流探讨了下一步抓发展的思路、举措，并提出工作建议。

一、党代表对市委全会的评价反响

成都市委十三届三次全会为全市服务全川乡村振兴发展描绘了“路线图”、下达了“任务书”。成都市作为全国首批统筹城乡综合改革试验区、全国首个农村金融服务综合改革试点城市和全国农村改革试验区，在农业农村的产权、金融、品牌等领域先行先试，形成了可供全省共同参与建设、共同分享成果的“七大平台”，为农发投公司履行“专注金融惠农、服务‘三农’发展、推进城乡融合”职责，走出成都、服务全省、持续发展指明了新的方向、提供了新的机遇，同时为推动土地、金融、技术、市场等农村资源要素在全省五大片区加速流动、聚集聚合、携手共进搭建了平台。

二、贯彻落实全会精神的阶段成效

围绕全会部署要求，农发投公司已为成都、宜宾、雅安、凉山等19个市（州）、60余个县（市、区）的涉农经营主体提供了投资服务、推进了项目落地，有效缓解了全省农业农村发展“融资难、融资贵”的问题，引导都市现代农业规模化、集约化、品牌化发展。

创新普惠金融服务，着力解决全省乡村振兴发展的资金问题。一是普惠金融产品实现有效覆盖。通过与省、县两级担保机构和银行联合推出的6种联动担保产品，实现了三级互联、风险共担，并针对各市（州）不同类型涉农经营主体、产业化项目的融资需求，推出了以农村产权抵（质）押担保、龙头企业无抵押纯信用贷为代表的服务产品30余种。这些服务已辐射至“成德眉资”四市同城化、“八市”整体一体化以及“甘阿凉”等区域，为全省小微经营主体与农特产品贸易提供了金融支撑；发起设立的成都众惠保险经纪公司已于2018年10月成立，成为全省首家涉农保险经纪服务机构，将为全省提供专业化涉农保险经纪服务，推动保险公司针对市（州）需求因地制宜设计农险险种。二是金融模式创新实现有效覆盖。与四川省商投商业有限责任公司设立的10亿元省农产品流通基金已向南充市等地项目投放4亿元，为当地农贸体系建设提供了资金保障；与四川发展控股有限责任公司共同研究、设立的50亿元省PPP投资引导基金，将为全省新型城镇化与生态建设夯实资金保障；与四川省能源投资集团有限责任公司共同研究、设立的50亿元“一带一路”大健康产业基金，将为四川省乡村振兴、大健康领域项目推进提供资金支持；投资参股的全国性中垦租赁公司和泸州商业银行，引入优质资源服务全省，实现“当年入股当年分红”；发起设立的成都中际融资租赁股份有限公司已于2018年9月成立，成为全省首家涉农融资租赁机构，将极大缓解四川省农业生产设施设备购置的融资难题；积极推进产权收储和交易业务的省级载体建设，推动成都农村产权交易所与省内16个市（州）联网，累计流转农地面积240万余亩，担保、收储与交易总额达860亿元。三是多元融资服务实现有效覆盖。以成功发行国内首支10亿元涉农平台中票为契机，2018年计划的20亿元超短融已进入银行审批，15亿元的乡村振兴中票发行已经启动，力争成为全国首单，20亿元公司债券和龙泉山城市森林公园绿色债券研究工作有序推进，将为全省乡村振兴项目筹集渠道多元、期限较长、用途多样、成本合理的发展资金；积极研究全省涉农经营主体、涉农项目的发展周期与融资成本，出台了《委贷利率管理办法》，通过动态调整、发布投贷利率，不断满足全省范围内不同类型经营主体和项目的资金需求。

实施重点项目投资，着力解决全省乡村振兴发展的产业聚集问题。一是加快推进省、市重大项目。按照省委省政府关于大规模绿化全川的总体部署和市委市政府工作要求，全力推进龙泉山城市森林公园建设，开工建设了总投资130亿元，以旅游环线、丹景台为代表的重大基础设施项目，积极发挥全球最大城市森林公园“世界级城市绿心”和“高品质市民游憩乐园”的功能作用，努力构建“山水呼应、蓝绿相映、河湖环绕、清晰明亮”的公园城市空间印象，在最大限度保护城市赖以发展的山水资源和生态本底的同时，将为全省乃至全球搭建集生态保育、休闲旅游、体育健身、文化展示、对外交往等于一体的多元化服务载体，满足了人民群众回归自然的强烈愿望，成为全市贯彻落实习近平总书记关于成都建设公园城市重要指示精神和践行“绿水青山就是金山银山”的重大绿色发展举措；按照省委省政府《关于精准施策综合帮扶凉山州全面打赢脱贫攻坚战的意见》以及由成都市、凉山州两地共建“成都·大凉山农特产品加工贸易园区”的部署要求，会同市发展改革委、简阳市政府，派专人到凉山州对接并开展了“成都·大凉山农特产品加工贸易园区”产业规划、投资建设模式、农特产品认证、入园项目储备等前期研究工作，正配合市发展改革委形成园区概念策划思路，联合凉山州现代农业投资发展公司借鉴、参照成都市“管委会+投资公司”的园区运营模式，研究起草了《园区投资平台公司组建方案》；启动建设并按计划推进总投资52亿元的成都市100万亩高标准农田建设，仅2017年就带动全省建成高标准农田400万余亩。二是加快聚集产业化中高端。培育扶持了以金忠、微牧等为代表的都市现代农业与民生保供产业化中高端项目；四川微牧食品有限公司坚持保种养殖，成为省级地方优良品种“雅南猪”的全国唯一原种场，扶持的两家省级屠宰龙头企业屠宰量占成都市屠宰量的一半以上，保障了机关、学校等市场需求，维持了供需稳定，确保了食品安全；实施“蓉酒振兴”的天府源酒业运营机构正有序筹建，将联合五粮液等优势酒企，围绕“文君”等白酒品牌的再造与重塑，打造老百姓“喝得起”的优质白酒；投资1.4亿元、正在建设的中外合资企业——正大温江食品厂投产后，每年将为全省提供6个品种、1万吨以上的方便熟食，并打造成为集食品研发、生产、科普于一体的都市现代农业“工厂游”观光基地。

搭建多元服务载体，着力解决全省乡村振兴发展的综合保障问题。一是以品牌运营和孵化推广助推全省交易博览。立足省级品牌的发展定位和建设标准，积极构建“天府源”品牌的“价值、生产、产品、认证、溯源、营销、商业”七大体系，研究制定了以田间到餐桌的“36道工序”为核心的西部地区首个品牌农产品准入体系，确保了食品安全；围绕全省特优农产品产销体系建设，主动对接乐山、凉山等市（州），为当地提供品牌规划、设计等咨询服务；打造的“天府龙

芽”品牌，已成为省、市两级政府的茶叶类公用品牌，推动全省茶叶品牌“抱团”发展；积极构建品牌宣传渠道，在公益广告的投放实现了公共交通、核心商圈全覆盖；以“成都味·九宝”为代表的四川省农特产品于国庆参加天安门地铁站《辉煌的中国》主题展，极大提升了“川字号”农业品牌的影响力和知名度；组织四川省100余家农企参加美国夏季食品展、西博会等国内外重大农博盛会，实现项目签约30亿元；“天府源”特优农产品——“蓉欧快铁”的首发，推动了以猕猴桃为代表的四川省特优农产品批量化进入欧洲市场；依托海外侨胞资源，加快构建全省农产品品牌海外推广运营平台，计划率先在墨西哥等国开展“天府源”海外专场推介会。二是以园区建设和博览服务打造全省农博品牌。为加快将农博园建设成为四川农博会永久会址，打造成为“在田间地头永不落幕的农博会”和展示四川农业大省“金字招牌”的博览平台，农发投公司以省、市、县“三级联动”的形式发起组建了农博投公司，有效保障园区重大工程项目的资金需求，推动制定农博园策划规划方案和核心区规划设计方案；下属天府源公司自2017年起就独家冠名、全程参与了四川国际菜博会的策划、布展工作，为博览活动夯实了资金支持，丰富了办展元素。作为全省唯一的部省共建农博品牌，四川菜博会已成为全国蔬菜产业名副其实的“绿色峰会”。通过“天府源”品牌的资金支持、深度参展与多维推广，仅本届展会就实现项目签约近60亿元，达成蔬菜购销协议超过90万吨。三是以产研联动和信息平台推动农业科技转化。农发投公司联合四川农业大学发起组建了成都都市现代农业产业研究院公司，成为全省首个按市场化机制运行的新型农业产业研究院，已完成川内30余家农企孵化平台的前期搭建工作，正在推动项目落地实施；作为组建成都市农业农村领域首家专业化信息服务机构的牵头单位，农发投公司主动对接并获得农业农村部信息中心的大力支持，已确定合作伙伴，将成为全省首家涉农信息服务机构，已储备成都农业农村大数据中心工程、智慧龙泉山等多个领域的涉农信息化项目。

三、存在的问题

在推进“七大平台”建设、服务全川乡村振兴的探索实践中，农发投公司在产品创新、开放合作、项目推进等方面还有短板，必须攻坚克难，重点突破。

产品创新的覆盖面和适应性还需进一步加强。产品创新是实现集群化、差异化产品覆盖全川的前提条件。在产品的覆盖面上，农发投公司3大业务体系的50余种产品已服务省内大部分市（州）的涉农经营主体，但面对全省21个市（州）、129个县超过10万家涉农经营主体的投（融）资需求，农发投公司现有的产品和服务还远远不够，亟需扩大产品创新的覆盖面，丰富产品种类，弥补服务空白。在产品的适应性上，农发投公司在委贷、担保、基金、投资、品牌等领域推出了多个系列、品类的服务产品，但全省地域广阔，各地农业农村的发展情况各异，特别是在经济下行压力增大的形势下，不同区域、不同成长阶段的涉农经营主体出现了新的特点、面临着新的问题，客观上为公司产品创新增添了难度，特别是针对差异化需求，产品设计的匹配度还不强，亟需提高创新的适应性，优化产品结构，提高服务水平。

开放合作的全域化和结构性还需进一步优化。开放合作是实现互利共赢、协同发展的必由之路。在合作的区域上，公司已与全省部分市（州）实现了业务合作，但县域的覆盖范围尚不足全省半数，业务入县、服务到乡做得还不够，仍有大量的“合作盲区”，亟需提高合作的全域化，加快推动市、县区域服务全覆盖。在合作的结构上，农发投公司与各地的合作主要集中在涉农委贷、担保等领域，更多的是相互学习、交流服务农业农村发展的经验做法，未能充分、有效利用各市（州）农业农村的发展政策、资源禀赋开展深入、全面的合作，特别是在对接、引进全球范围内的产业项目、金融资本、先进技术、高端人才等要素以及促成产业化中高端项目落地实施上还不够，亟需优化与各市（州）的合作结构，整合优质资源，推进全面发展。

项目投资的多渠道和联动性还需进一步提升。项目投资是为全省乡村振兴提供有效服务的关键环节。在投资的渠道上，农发投公司主要依托业主申报和第三方推荐，虽然采取了主动营销等形式的市场拓展，但投资渠道仍相对单一，亟需拓宽项目范围，丰富项目来源。在投资的联动上，农发投公司主要通过产品的“组合拳”方式，重点针对项目本身开展多元化服务，但系统化挖掘项目潜力的理念还不强，在同片区、同行业，跨片区、跨行业整合利用产业链资源上研究还不够，亟需加强项目投资中的资源联动，着力引导产业化项目集群发展。

四、意见与建议

针对上述情况，农发投公司要在服务全川的新机遇、新挑战中更好地发挥三大功能性作用，必须在服务创新、开放合作、项目投资上加大力度，扎实推进“七大平台”建设，努力担当乡村振兴“主干”责任。

加强服务创新，为“七大共享平台”更好地服务全川苦练“内功”。在业务创新上，要全面、深入地研判各市（州）农业农村、城乡融合与涉农经营主体发展的阶段性特点，面临的投（融）资难题，亟需的普惠性服务，结合相关业务的做法和经验，建立健全业务体系，创新设计产品品类，确保产品与服务不断满足差异化的全川市场需求。在管理创新上，要立足业务拓展的全省布局，以资源利用、优势互补、共谋发展为核心，在合作方式、运行机制、资金链接、利益分享等方面实现重点突破，确保企业的运营能力促进各地资源共享，推动区域共同发展。

加强开放合作，为“七大共享平台”更好地服务全川聚合各方资源。在“走出去”方面，要充分利用资本优势，在业务拓展上进一步“走出”成都市，主动与各市（州）、央企省企、世界500强及行业知名企业开展交流合作，努力服务全省不同地区、不同类型涉农经营主体的融资需求，着力在全省范围内推进一批优势互补、互惠互利的农业农村项目落地实施。在“引进来”方面，要充分利用各市（州）在农业农村发展政策、自然禀赋等方面的区域优势，积极对接、引进全球范围内的产业项目、金融资本、先进技术、高端人才等要素，促成产业化中高端项目在各地落地实施，并引导各方力量参与重大项目的投（融）资、建设和运营。

加强项目投资，为“七大共享平台”更好地服务全川筑牢载体支撑。在项目挖掘上，要按照全省五大区域错位发展的总体部署，与各市（州）密切合作，寻找、筛选一批，策划、包装一批适合当地农业农村发展实际的都市现代农业与民生保供产业化项目，不断挖掘当地优势特色产业资源。在项目实施上，要按照产业化中高端项目规模化、集约化、品牌化发展的客观要求，为项目发展不同阶段培育期制定差异化投融资方案，着力引导地方优势特色产业集群化发展。

突出空港引领 聚力乡村振兴 高质量建设城乡融合发展示范区

中共成都市双流区委 成都市双流区人民政府

党的十九大提出实施乡村振兴战略以来，成都市双流区在市委市政府的坚强领导下，坚持以习近平新时代中国特色社会主义思想为指导，认真贯彻落实习近平总书记来川视察重要讲话精神和省委十一届三次全会、市委十三届三次全会精神，按照"全面落实年"工作要求，全力推进实施乡村振兴战略"十大重点工程"和"五项重点改革"落地落实，统筹推动城乡在规划布局、要素配置、产业发展、公共服务、生态保护等方面相互协调、联动发展，持续推进生态、产业、人才、文化、组织振兴。习近平总书记在长江经济带建设座谈会上对黄龙溪国控断面水质改善作出充分肯定；"双流永安葡萄"获得国家农产品地理标志保护产品认证；"党建融合幸福美丽新村振兴"模式入选中国民生发展论坛发布的"2018民生示范工程"；永安天府红提园深化"大园区+小业主"模式荣获"四川十佳农业供给侧结构性改革示范基地"称号；永安社区教育学校探索创新"讲给农民听、做给农民看、带领农民干"的农民技能培训模式被《成都市乡村振兴典型案例集》收录。

一、突出抓好生态优先、绿色发展，彰显绿满双流、花重广都的城乡绿韵

围绕生态振兴，强化规划引领，构建"园中建城、城中有园、城园相融、人城和谐"空港公园城市之美。

一是重构城乡融合的空间形态。按照"生态优先、多规合一、上下衔接、全域覆盖"理念，编制完成《双流区生态绿隔区暨村镇体系规划2017—2030》，启动编制《双流区乡村振兴战略发展规划2018—2022》和2个特色镇、5个特色村规划。建立以双流国际航空港为带动，以杨柳湖、怡心湖、永安湖三大城市中心为支撑，以空港商务组团、智慧新城组团、高端制造组团、健康文旅组团为重点的"一港三心四组团"区域协同发展公园城市格局。

二是建设蜀风雅韵的大地景观。推进全域乡村景观化景区化发展，坚持"景区化、景观化、可进入、可参与"，统筹实施森林公园、湿地公园、空港中央公园等生态项目。完成1.3万亩"空港花田"景观打造，建成郊野型绿道50余千米，建设"小游园、微绿地"10个。加快川西林盘修复保护，编制完成《双流区川西林盘保护修复总体规划》，启动黄龙溪镇周家粉房等4个精品林盘保护修复工作。

三是营造舒适优美的人居环境。深入推进农村"环境革命"，扎实开展"三治一增"和"百镇千村"景观化建设行动，突出抓好农村垃圾收集处置和黑臭水体整治，新建景观化垃圾池35座，设置废弃农药包装物回收点33个，完成河渠黑臭水体整治20条，启动农村户厕改造1402座；启动黄龙溪镇、金桥镇2个特色镇、彭镇人民路等3条特色街区建设，完成金桥镇临江村、黄龙溪镇川江村2个村容村貌薄弱村环境整治。全域组团式建成幸福美丽新村12个。

二、突出抓好创新驱动、融合发展，培育精品高端、多元支撑的临空农业

围绕产业振兴，大力培育"农业+互联网/文创/旅游/生态"等新业态新模式，加快建设创意农业博览园、智慧农业精品园、临空农业文创园，打造临空都市现代农业生态圈。

一是提档升级精品农业。以扩大绿色、有机农产品供给为重点，推广应用绿色防控、水肥一体化等新技术，大力推行设施化、标准化种植，发展草莓、牧山香梨、蓝莓等果蔬标准化生产5.88万亩次，建成双流冬草莓、双流永安葡萄等精品种植园20个。大力培育市场经营主体，新增农民专业合作社11户、家庭农场42户、农商文旅体新型经营主体129家，全区共培育省级以上示范合作社9家、农业龙头企业6家、市级以上家庭农场3家。

二是深入推进跨界融合。深入实施"农业+旅游""农业+文创""农业+会展"等行动，建成天府红提园等产业融合园10个、"双创"孵化园2个。推进华侨城农创园、胜利镇白塔社区产村相融等产业化项目有序建设，统筹规划"金马乡韵""水墨田园"等田园综合体，成功举办首届农民丰收节等农事节会10余场，组织参加西博会、农博会等各类会展营销推介活动4场。发挥自贸口岸和通关优势，利用国际空港和蓉欧快铁直供农产品至港澳、欧洲等1.2万吨以上。农村电子商务销售额突破2.5亿元。

三是做大做强农业品牌。推进农业科技创新，组建创新团队5个，建成"科技顾问团+区级专家+乡村土专家"农业科技创新智库。建立区、镇、村和生产基地四级农产品质量安全检测体系，80个经营主体纳入农产品质量溯源管理。打造空港农业知名品牌，创建"双流冬草莓""双流二荆条辣椒""双流永安葡萄""双流黄甲麻羊"地标产品4个，"三品一标"认证达90个，品高等6个企业品牌进入"天府源"目录，构建了"区域品牌+自主品牌"体系。

三、突出抓好制度改革、人才开放，形成资源重组、要素集聚的发展动能

以农业供给侧结构性改革为主线，加强机制创新，推动生产要素无障碍自由流动，不断增强城乡融合发展活力。

一是持续深化农村集体产权制度改革。全面完成12个镇（街道）农村集体资产清产核资工作，并在西航港街道和胜利镇启动开展集体资产股份合作制改革试点。推进农村产权"三权分置"，累计颁发农村土地经营权258宗、农业生产设施所有权85宗、农村养殖水面经营权632宗。依法开展经营性集体建设用地入市，完成幸福美丽新村建设"小证换大证"220余亩，推进黄龙溪镇366.6亩节余集体建设用地指标落地流转，实现收益3.59亿元。

二是持续深化农村金融服务综合改革。持续引导金融机构向农村延伸网点服务，新建惠农"微银行"5个。完善"农贷通"综合金融服务平台，建成镇级"三合一"服务中心12个和村级"三合一"服务站86个，发布涉农特色金融产品81个，发放贷款95笔、1.9亿元。积极推进农村产权交易，完成农村土地经营权、林权办理交易鉴证9宗，交易金额约6325万元。积极推行"新五权"抵质押融资，实现农村产权抵押贷款33宗、4.18亿元。

三是引育协同构建人才培育体系。围绕人才振兴，实施"空港英才"计划，健全完善人才安居、创业服务、教育医疗等配套政策，开辟海外人才来双发展绿色通道，开展政产学研用联合培养人才试点。组织开展返乡农民工创业技能培训102人、农村就业培训4200人，培育新型职业农民370人。建强基层干部队伍，印发了《双流区村级后备干部选拔培养方案》，共选拔村级后备干部548名，新招募"村大"

服务基层志愿者80人，不断充实壮大懂农业、爱农村、爱农民的农村工作队伍。

四、突出抓好文脉传承、文化惠民，焕发人文厚重、向善向美的文明乡风

围绕文化振兴，坚持"塑形"与"铸魂"并举，大力推进农村文化现代化建设，不断筑牢乡村振兴的文化根脉和文明根基。

一是推进乡村文明创建。大力推进乡村文明建设，深入践行社会主义核心价值观，促进好家风、好家训在农村得以传承和发扬，深入开展"道德入心""文化入村""清洁入院"等为内容的和谐农村建设，深入推进评选"新乡贤"、弘扬"好家风好家训"等活动，5人入选"成都榜样"，成功创建市级"三美"示范村51个、省级"四好"示范村20个、省级"妈妈家"阵地2个。

二是扩大公共文化供给。加快推进乡村文化基础设施提升和建设，建成区级文化馆、图书馆、区级文化分馆、图书分馆各8个、镇(街道)综合文化站(活动中心)11个、村级文化活动室134个，实现城乡全覆盖。建成乡村学校少年宫34所，形成"一校一特色、一宫一品牌"的未成年人思想道德教育格局。基本实现"15分钟公共文化服务圈"。

三是弘扬地域特色文化。深度挖掘用好古蜀农耕文化、三国蜀汉文化、古镇文化、槐轩文化等本土文化资源，全面开展文化资源普查，共采集并录入4169条文化资源条目，编制完成《双流区历史文化保护规划》。开展剪纸、火龙等非物质文化遗产保护传承，新建金桥镇汉轩民间博物馆，开展对黄龙溪古镇、彭镇老街、川齿厂厂区等格局肌理保护，启动打造彭镇人民路等特色文化街区3条，启动建设双流"新八景"，打造一批"广都味、蜀都情、国际范"的文化品牌。

五、突出抓好党建引领、"三治"联动，深化"一核多元"、智慧和谐的社区治理

围绕组织振兴，发挥党建引领作用，构建全面体现新发展理念的城乡社区发展治理机制，加快建设高品质和谐宜居生活社区。

一是健全组织领导体制。大力实施党建引领攻坚行动，健全城乡社区党组织建设体制机制，开展党的组织有效覆盖行动，深化幸福美丽新村、农民合作社等新领域党组织建设，成立牧山香梨党支部、八角水寨党支部等新型领域党组织15个。选好用好管好农村基层党组织"带头人"，选派40名干部任"第一书记"，覆盖率为30%。

二是完善"三治联动"机制。深入推进共建共治共享，构建党组织领导、议事会决策、村委会执行、监委会监督、群团组织参与，自治、德治、法治相结合的"一核三治、合作共治"机制，落实每月"议事日"制度，召开议事会1362次，开展"双示范"行动和党员志愿者服务活动3.1万余人次。持续开展城乡社区可持续发展总体营造行动，建成区级集社会组织培育、孵化、服务多功能于一体的基地1个，新培育孵化社会组织30家。探索建立幸福美丽新村"五自主""五转变"自治组织架构和管理体制机制。

三是推进智慧社区建设。大力实施"互联网+社区"行动，综合运用大数据、物联网、云服务等科技手段，推进便民服务与社区商业一体化发展，全面推广使用"天府市民云"，集成打造智能政务、智能安防、智能生活"三大平台"，群众网上办事、信息咨询、物业缴费、生活消费等更加便捷。加快构建"15分钟社区生活服务圈"，推动驻区单位与社区信息共通、阵地共用、文化共融、服务共享，向居民开放文化、教育、体育等服务设施。

实践产村融合新模式　开辟乡村振兴新路径

成都市双流区统筹城乡和农村发展局

近年来，成都市双流区农发局按照"产业兴旺、生态宜居、乡风文明、治理有效、生活富裕"总要求，充分发挥临空、近郊和旅游资源富足等独特优势，坚持乡村带产业、产业促乡村，以发展临空都市现代农业为基础，统筹谋划幸福美丽新村、现代农业园区、农业产业化项目等建设，加快推动产村融合发展。经过不断实践，成功探索出新村建设和产业融合发展、园区建设和乡村联动发展、农业产业化项目建设与乡村同步发展等乡村振兴新路径，打造了一批特色鲜明的乡村振兴示范点。

一、工作措施

(一)创新"支部+合作社+农户"模式

发挥支部引领作用，成立农民股份合作社，引导农民入社，全员参与新村建设、发展特色产业，建设业兴、家富、人和、村美的美丽宜居乡村。

一是高标准建设幸福美丽新村，丰富完善"五自"模式，结合地域文化和特色，建成云华、白塔和花龙3个各具特色的幸福美丽新村，惠及1271人，预计节余集体建设用地指标848.6亩。二是高质量发展特色优势产业，依托土地股份合作社、牧山香梨合作社，大力发展双流"二荆条"辣椒、牧山香梨、胭脂脆桃、牧山薯芋等特色优势产业，建成国家地标产品保护园和特色产业基地1200余亩。三是高水平发展新产业新业态，发挥云华旅游合作社引领作用，带动农户用好牧马山生态本底优势和古蜀农耕文化、三国文化、九倒拐等历史人文资源，联动楠柏弯等知名餐饮企业，加快发展康养休闲、乡村美食、特色民宿等新产业新业态。

(二)创新"大园区+合作社+小业主"模式

坚持政府引导，合作社"搭台"，业主"唱戏"，以现代农业园区建设为抓手，突出发展"小庭院"经济，建成3500余亩主导产业突出、乡村业态融合的天府红提园。

一是大力培育农村市场经营主体，发挥新型职业农民的带动作用，引导组建富民葡萄等3家农民专合组织，吸收386户农户、38家业主入社，入社率达100%，实现"小业主""大园区"有机联合。二是突出发展特色优势产业，合作社坚持投入品、技术标准、产品认证、农业品牌"四统一"，引进葡萄品种106个，建设种质资源圃165亩，建成避雨栽培和水肥一体化设施3500余亩，有机、良好农业规范(GAP)认证面积达1400余亩，实现好又多、家乐福等"农超对接"，产业联盟式发展成效明显。三是深入推进产村融合发展，依托古镇旅游资源优势，坚持产区变景区、产品变礼品、果园变公园、品种变品牌、农场变市场"五变"理念，在做大做强产业的同时，注重生态保护、风貌改造和乡风文明建设，大力发展采摘体验、休闲观光、农事节会等，不断塑造"三生"融合的乡村发展新形态。

（三）创新“项目+合作社+农户”模式

依托华侨城·黄龙溪农创园项目，创新“项目+合作社+农户”产业联盟发展模式，加快推动项目和乡村联动发展。

一是加快推进项目建设，以农创园项目为依托，从村民小组流转366.6亩新村建设节余集体建设用地，按照“一核两轴五园多节点”的规划布局建设多项目为一体的黄龙溪农创园。目前，已完成西蜀村落、餐厅、北入口建筑群、绿道等建设。二是突出发展创意农业，围绕“认识农业”“探索农业”“享受农业”三大主题，从农民土地股份合作社流转农用地、林地，高品质打造2500亩川江草海、锦城花岛、古佛花溪、大河梯田、鹿溪牧场等多元主题融合的创意农业体验区。三是持续推进乡村发展，农民以土地入股，参与项目经营管理，享受股权收益分红，并联动黄龙溪古镇旅游，带动周边区域积极发展田园生活体验、乡村旅游观光，拓展农民增收渠道。

二、主要成效

（一）临空都市农业多元融合发展

着眼绿色安全、高端优质、临空休闲，大力发展特色优势产业。建成牧山香梨合作社、嘉林蓝莓农场等水果标准化生产示范基地20个、5.88万余亩次，“双流永安葡萄”成功创建为国家地理标志保护产品。培育雨瑞蓝精灵农场、逸田生态园、欣悦、百安等一批集精品种植、休闲观光、采摘体验等为一体的新型经营主体，建成临江桃园、汇众农场、嘉林蓝莓等10个产业融合发展示范园。

（二）美丽宜居乡村“四好”同步提升

围绕“住上好房子、过上好日子、养成好习惯、形成好风气”目标，以幸福美丽新村建设“五大行动”和文明村镇创建为抓手，从2016年全面开展“四好村”创建活动以来，全区已建成省级“四好村”20个、市级“四好村”51个、区级“四好村”51个。通过“四好村”创建活动，重塑村落民居优美形态，改善农村人居环境，拓展群众增收渠道，不断增强群众的获得感、幸福感、安全感，农业农村现代化步伐进一步加快。2018年3月，黄甲街道八角水寨“四好村”好家风被光明网半月谈宣传报道。

（三）产村融合示范带动农民增收

立足临空近郊等优势，突出生产、生活、生态“三生融合”，倾力打造胜利白塔、黄龙溪农创园、永安红提园等乡村振兴示范点。以建设全域化、连片式“幸福美丽新村”为主线，借势林盘果园、塘堰湿地、古镇人文等特色资源和草莓、葡萄等优势产业，强化补齐短板、融合发展。全区以幸福美丽新村为基础，以都市现代农业新产业新业态融合发展为特征的乡村振兴示范点不断涌现。永安红提园被评为“2018年四川省十佳农业供给侧结构性改革示范基地示范基地”，胜利镇白塔新村“党建融合幸福美丽新村振兴”模式入选2018年民生示范工程，中央电视台《新闻联播》栏目、《人民日报》深度聚焦双流，向全国推广双流幸福美丽新村建设经验。产村融合示范助农增收成效显著，连续三年获得“全省农民增收先进县”称号。

附 录

新任(变动)省级领导

尧斯丹,男,藏族,1962年6月生,四川省金川县人。1982年6月加入中国共产党,1983年7月参加工作,四川省委党校行政管理专业毕业,四川省委党校研究生学历。1980年9月—1983年7月在阿坝师范专科学校中文系汉语言文学专业学习。1983年7月—1985年3月任阿坝师范专科学校辅导员、校团委副书记。1985年3月—1985年9月任阿坝师范专科学校团委书记。1985年9月—1989年10月任共青团四川省阿坝州委书记、党组书记。1989年10月—1992年8月任四川省松潘县委副书记、县长,共青团阿坝州委书记。1992年8月—2000年8月任共青团四川省委副书记、党组副书。1995年9月—1998年7月在四川省委党校行政管理专业研究生班在职学习。2000年8月—2002年11月任共青团四川省委书记、党组书记。2002年11月—2002年12月任四川省甘孜州委副书记、代州长。2002年12月—2006年2月任四川省甘孜州委副书记、州长。2006年2月—2007年1月任四川省甘孜州委书记、州长。2007年1月—7月任四川省甘孜州委书记。2007年7月—2013年1月任四川省委统战部常务副部长、省委藏区工作领导小组办公室主任。2008年1月兼任十届四川省政协副秘书长。2013年1月—2014年1月兼任十一届四川省政协副秘书长。2013年1月—2017年9月任四川省林业厅厅长、党组书记。2017年9月—11月任四川省政府副省长,林业厅厅长、党组书记。2017年11月任四川省政府副省长、党组成员,林业厅厅长、党组书记。为中共十七大、十九大代表,十届全国人大代表,八届、九届、十届、十一届省委委员,省九届人大常委会委员,省十届、十三届人大代表,七届、十届、十一届省政协常委。

王铭晖,男,汉族,1960年2月生,四川省资阳市人。1977年12月参加工作,1980年10月加入中国共产党,四川省委党校现代管理专业毕业,四川省委党校研究生学历。1977年12月—1981年4月为四川省资阳县明阳乡水利员。1981年4月—11月为四川省资阳县人事局办事员。1981年11月—1982年6月任四川省资阳县迎接乡党委副书记。1982年6月—1983年8月任共青团四川省资阳县委副书记。1983年8月—1988年7月任四川省资阳县伍隍区委副书记、书记。1988年7月—1990年3月任四川省资阳县农贸办副主任(正科级)。1990年3月—1992年12月任四川省资阳县委副书记。1992年12月—1995年6月任四川省乐至县委副书记。1995年6月—1998年4月任四川省乐至县委书记。1998年4月—2000年12月任四川省资阳地委副书记。2000年12月—2005年7月任四川省资阳市委副书记。2001年3月—2003年7月在四川省委党校现代管理专业研究生班学习,2002年5月—11月挂职任中国工商银行个人金融业务部副总经理。2005年7月—8月任四川省内江市委副书记。2005年8月—2007年6月任四川省内江市委副书记、市长。2007年6月—2013年1月任四川省委副秘书长、办公厅主任。2013年1月—2016年6月任四川省宜宾市委书记。2016年6月—2017年3月任四川省政府副省长、党组成员。2017年3月—5月任四川省政府副省长、党组成员,省委秘书长、省委改革办主任、省直机关工委书记、省委保密委主任。2017年5月—9月任四川省委常委、秘书长,省政府副省长、党组成员,省委改革办主任、省直机关工委书记、省委保密委主任。2017年9月任四川省委常委、秘书长、省委改革办主任、省直机关工委书记、省委保密委主任。为党的十九大代表,第十一届、十二届全国人大代表,四川省十二届人大代表,十一届四川省委委员。

表　彰

农业部第一批畜牧业绿色发展示范县名单(四川省)

苍溪县、蒲江县、南江县

2017年农业部畜禽养殖标准化示范场名单(四川省)

一、生猪(10个)

邛崃市嘉林生态农场
新希望公司永明猪场
德阳市洪国种养殖有限公司
成都市藤严养殖有限公司
绵阳宝华生猪养殖有限公司
仪陇温氏畜牧有限公司双胜生猪养殖场
广安德康生猪养殖有限公司凤凰山种猪场
邻水县正优养殖场
宁南县长运牧业有限公司
资阳市盛美农业有限公司

二、蛋鸡(2个)

平昌县玉鹿农业发展有限公司
乐山市明仕农业发展有限公司

三、肉牛(3个)

泸州东牛牧场科技有限公司
四川民森农业开发有限公司
万源市同泰专业合作社

四、肉羊(3个)

广元市天一投资有限公司
四川星科农业发展有限公司金泉肉羊养殖场
隆昌县李市镇多宝山合顺黑山羊养殖基地

五、兔(1个)

蓬溪发联养兔专业合作社发联农牧公司华莲村兔场

六、蜜蜂(1个)

达州市亚平蜜蜂养殖专合社(通川区亚平蜂场)

第三批国家林业重点龙头企业名单(四川省)

四川省青神县云华竹旅有限公司
成都千川木业有限公司
四川威腾家具有限公司
四川发荣林业产业有限公司
宜宾川红茶业集团有限公司
万源市花萼绿色食品有限公司
四川天盛竹业有限公司

全国休闲农业和乡村旅游示范县(市、区)名单(四川省)

绵阳市罗江区、高县、遂宁市船山区

2017年中国美丽休闲乡村(四川省)

武胜县观音桥村、平昌县龙尾村、平武县桅杆村、阿坝县神座村、彭州市宝山村、雅安市名山区红草村

第四批美丽宜居小镇、美丽宜居村庄示范名单(四川省)

一、美丽宜居小镇

成都市温江区万春镇
德阳市罗江区白马关镇
洪雅县柳江镇
泸州市纳溪区大渡口镇
绵阳市安州区桑枣镇

二、美丽宜居村庄

成都市新都区新繁镇高院村
古蔺县太平镇平丰村
绵阳市游仙区白蝉镇王家寨子村
万源市白沙镇青龙嘴村
武胜县白坪镇高洞村
西充县莲池镇观音堂村
新津县永商镇烽火村
绵阳市游仙区街子镇岳家村
新津县兴义镇张河村
开江县普安镇宝塔坝村
洪雅县瓦屋山镇复兴村
德阳市旌阳区东湖乡镇高槐村
资阳市雁江区保和镇晏家坝村
德阳市罗江区白马关镇凤雏村
泸州市龙马潭区双加镇大冲头村
绵阳市游仙区新桥镇玉泉村
眉山市东坡区三苏乡望苏村
宜宾县高场镇大明村
新津县安西镇月花村
泸县玉蟾街道龙华村

第十七批国家水利风景区名单（四川省）

雅安陇西河上里古镇水利风景区
南江玉湖水利风景区
遂宁观音湖水利风景区

2017年全国综合减灾示范社区名单（四川省）

成都市武侯区华兴街道南桥社区
金堂县转龙镇红豆村社区
成都市新都区石板滩镇土城村社区
成都市青羊区府南街道石人北路社区
成都市华阳街道将军碑社区
成都市合作街道独柏社区
成都市温江区柳城街道光华社区
自贡市贡井区建设镇固胜村社区
自贡市自流井区东兴寺街道解放桥社区
自贡市沿滩区沿滩新城区龙湖远达社区
富顺县富世镇沙山社区
攀枝花市东区弄弄坪街道冶金街社区
攀枝花市西区玉泉街道河石坝社区
米易县草场乡杨柳湾社区
攀枝花市仁和区仁和镇弯庄社区
泸县牛滩镇金牛社区
泸州市江阳区南城街道白招牌社区
广汉市雒城镇火车站社区
绵竹市剑南镇天河社区
绵竹市剑南镇回澜社区
绵阳市游仙区小枧沟镇紫阳社区
绵阳市安州区沸水镇白驹泉社区
梓潼县文昌镇翠云社区
剑阁县白龙镇鲁班社区
广元市利州区雪峰街道芸香社区
旺苍县英萃镇方家坝社区
青川县观音店乡太平社区
遂宁市安居区拦江镇会元社区
蓬溪县赤城镇顺东街社区
射洪县平安街道蟠龙社区
内江市东兴区西林街道五星社区
内江市市中区玉溪街道翔龙社区
资中县鱼溪镇鱼溪场社区
乐山市沙湾区牛石镇牛石社区
乐山市五通桥区杨柳镇翻身社区
井研县研城镇城南社区
西充县多扶镇西南社区
南充市嘉陵区方南湖街道泥溪口社区
南充市顺庆区中城街道稻香路社区
洪雅县槽渔滩镇兴盛社区
眉山市彭山区谢家镇谢家场社区
青神县白果乡官厅坝村社区
眉山市东坡区复盛乡观盛村社区
仁寿县高家镇花园社区
兴文县周家镇云龙社区
宜宾市南溪区南溪街道天泰社区
筠连县筠连镇玉壶社区
珙县底洞镇圣浦社区
广安市前锋区广兴镇广龙社区
华蓥市观音溪镇金光社区
邻水县袁市镇团结社区
达州市通川区西城牌楼社区
渠县三汇镇西坪社区
开江县普安镇宝塔坝社区
雅安市雨城区上里镇治安村社区
天全县乐英乡盐店社区
芦山县芦阳镇城北社区
平昌县同州街道双星社区
通江县杨柏乡街道社区
南江县光雾山镇桃园社区
资阳市雁江区三贤祠街道凤岭社区
安岳县石桥铺镇石兴社区
乐至县天池镇文庙沟社区
汶川县威州镇桑坪社区
松潘县进安镇金坑坝社区
色达县色柯镇团结社区
新龙县如龙镇如龙社区
白玉县建设镇河东社区
金阳县天地坝镇城北社区
喜德县光明镇商业街社区
美姑县巴普镇城北社区

2017年度全国“平安农机”示范县名单（四川省）

绵阳市安州区、剑阁县、射洪县

全国农机合作社示范社名单（四川省）

成都市温江区开志农机服务专业合作社
成都市新都区宏亮农机作业专业合作社
广汉市隆丰农机专业合作社
绵阳市安州区龙腾农机服务专业合作社
江油市维农农机专业合作社
苍溪县金永丰农机服务专业合作社

仪陇县帅爽农机农民专业合作社
宣汉县丰收农机专业合作社

第四批中国重要农业文化遗产名单（四川省）

四川盐亭嫘祖蚕桑生产系统
四川名山蒙顶山茶文化系统

第二批国家农产品质量安全市、县创建试点单位（四川省）

广元市、德阳市旌阳区、射洪县、峨眉山市、华蓥市、岳池县、达州市达川区、宣汉县、渠县、通江县、洪雅县、理县

2017年电子商务进农村示范县（市）名单（四川省）

南部县、蓬安县、九寨沟县、沐川县、巴中市巴州区、马尔康市、泸定县、茂县、南充市嘉陵区、马边彝族自治县、松潘县、阆中市、广元市昭化区、乡城县、大竹县、理塘县、金川县、喜德县、旺苍县、黑水县、普格县、南江县、甘孜县、甘洛县、丹巴县

2017年度四川省“三农”工作先进县（市、区）名单

成都市：崇州市、温江区、蒲江县、新津县
自贡市：富顺县
攀枝花市：米易县
泸州市：泸县
德阳市：中江县
绵阳市：三台县、江油市
广元市：利州区
遂宁市：船山区
内江市：隆昌市
乐山市：井研县、夹江县
南充市：仪陇县、南部县
宜宾市：翠屏区、宜宾县
广安市：邻水县
达州市：大竹县
巴中市：平昌县
雅安市：汉源县
眉山市：东坡区
资阳市：雁江区
阿坝藏族羌族自治州：松潘县、金川县
甘孜藏族自治州：泸定县、道孚县
凉山彝族自治州：西昌市、盐源县

2017年重大农村改革任务年度推进示范县（市、区）名单

成都市：郫都区、崇州市
自贡市：沿滩区
攀枝花市：盐边县
泸州市：纳溪区
德阳市：广汉市
绵阳市：游仙区
广元市：昭化区
遂宁市：蓬溪县
内江市：市中区
乐山市：夹江县
南充市：西充县
宜宾市：兴文县
广安市：武胜县
达州市：宣汉县
巴中市：南江县
雅安市：名山区
眉山市：彭山区
资阳市：安岳县
阿坝藏族羌族自治州：汶川县
甘孜藏族自治州：九龙县
凉山彝族自治州：德昌县

2017年度四川省粮食生产“丰收杯”单位名单

一、市（州）

凉山彝族自治州人民政府
达州市人民政府

二、县（市、区）

达州市达川区人民政府
富顺县人民政府
冕宁县人民政府
渠县人民政府
隆昌市人民政府
荣县人民政府
安岳县人民政府
平昌县人民政府
仪陇县人民政府
蓬溪县人民政府
中江县人民政府
营山县人民政府
宜宾县人民政府
邛崃市人民政府
广汉市人民政府

兴文县人民政府
巴中市巴州区人民政府
三台县人民政府
岳池县人民政府
井研县人民政府

2017年四川省百强名村及集体经济十强村名单

一、2017年四川省百强名村名单

1. 彭州市龙门山镇宝山村
2. 成都市郫都区唐昌镇战旗村
3. 江油市大康镇星火村
4. 广汉市三水镇友谊村
5. 攀枝花市东区银江镇阿署达村
6. 射洪县瞿河乡金龟寺村
7. 金堂县赵家镇平水桥村
8. 筠连县腾达镇春风村
9. 冕宁县复兴镇建设村
10. 成都市郫都区友爱镇农科村
11. 成都市龙泉驿区同安街道阳光村
12. 成都市温江区金马镇温泉社区
13. 泸州市纳溪区大渡口镇平桥村
14. 隆昌市古湖街道古宇村
15. 成都市郫都区三道堰镇青杠树村
16. 西昌市西乡乡凤凰村
17. 丹棱县双桥镇梅湾村
18. 蓬安县相如镇油房沟村
19. 华蓥市高兴镇高兴村
20. 成都市龙泉驿区洛带镇宝胜村
21. 成都市新都区新繁镇高院村
22. 青川县青溪镇阴平村
23. 崇州市桤泉镇群安村
24. 绵阳市涪城区石塘镇瓦店村
25. 雅安市名山区中峰乡海棠村
26. 崇州市白头镇五星村
27. 荣县来牟镇来牟村
28. 攀枝花市仁和区大田镇片那立村
29. 稻城县香格里拉镇亚丁村
30. 眉山市彭山区观音镇果园村
31. 成都市青白江区城厢镇十八湾村
32. 成都市温江区和盛镇友庆社区
33. 资阳市雁江区保和镇晏家坝村
34. 中江县集凤镇石垭子村
35. 蒲江县西来镇两河村
36. 汉源县九襄镇三强村
37. 成都市新都区军屯镇静平村
38. 彭州市小鱼洞镇大楠村
39. 泸州市江阳区分水岭镇董允坝村
40. 珙县上罗镇代家村
41. 成都市青白江区福洪镇杏花村
42. 犍为县舞雩乡高龙村
43. 内江市市中区永安镇尚腾新村
44. 成都市温江区万春镇幸福村
45. 蒲江县甘溪镇明月村
46. 宣汉县庙安乡八庙村
47. 巴中市巴州区玉堂街道办事处苏山村
48. 小金县老营乡下马厂村
49. 三台县花园镇涪城村
50. 安岳县龙台镇花果村
51. 德阳市旌阳区孝泉镇涌泉村
52. 富顺县琵琶镇金竹村
53. 泸州市龙马潭区特兴镇走马村
54. 芦山县龙门乡青龙场村
55. 石棉县安顺彝族乡安顺村
56. 绵阳市安州区塔水镇七里村
57. 蓬溪县常乐镇拱市村
58. 西充县凤鸣镇新书房村
59. 仪陇县新政镇安溪潮村
60. 成都市郫都区唐元镇锦宁村
61. 广安市广安区龙安乡群策村
62. 平昌县江口镇大运村
63. 青神县南城镇兰沟村
64. 什邡市马祖镇马祖村
65. 峨眉山市绥山镇天全村
66. 黑水县沙石多乡羊茸村
67. 邻水县柳塘乡大河坝村
68. 邛崃市羊安镇仁和社区
69. 苍溪县云峰镇狮岭村
70. 古蔺县双沙镇白马村
71. 大邑县韩场镇兰田社区
72. 屏山县锦屏镇锦屏村
73. 米易县攀莲镇贤家村
74. 德昌县小高镇高丰村
75. 茂县凤仪镇坪头村
76. 南江县正直镇长滩村
77. 旺苍县木门镇三合村
78. 遂宁市安居区玉丰镇鸡头寺村
79. 江安县怡乐镇麻衣村
80. 新津县永商镇烽火村
81. 遂宁市船山区唐家乡东山村
82. 南部县南隆镇望月村
83. 广元市利州区白朝乡月坝村
84. 大邑县董场镇祥和村
85. 武胜县飞龙镇卢山村
86. 成都市天府新区合江街道南天寺村
87. 大竹县庙坝镇长乐村
88. 威远县新店镇民富村

89. 仁寿县文宫镇石家社区
90. 自贡市大安区大山铺镇江姐村
91. 沐川县沐溪镇三溪村
92. 汶川县威州镇双河村
93. 万源市八台镇天池坝村
94. 巴中市恩阳区关公镇西南村
95. 乐至县高寺镇清水村
96. 康定市呷巴乡俄达门巴村
97. 资中县兴隆街镇双桥村
98. 达州市通川区北外镇田家塝村
99. 马边彝族自治县民主乡光华村
100. 炉霍县宜木乡虾拉沱村

二、2017年四川省集体经济十强村名单

1. 彭州市龙门山镇宝山村
2. 成都市龙泉驿区大面街道东洪社区
3. 成都市温江区万春镇天乡路社区
4. 泸州市江阳区分水岭镇董允坝村
5. 洪雅县高庙镇七里村
6. 冕宁县复兴镇建设村
7. 广汉市三水镇友谊村
8. 成都市郫都区唐昌镇战旗村
9. 射洪县玉太乡木孔坝村
10. 九寨沟县漳扎镇漳扎村

2017年度四川省旅游扶贫示范区、村名单

一、2017年度四川省旅游扶贫示范区名单(15个)

阿坝藏族羌族自治州:理县、九寨沟县
甘孜藏族自治州:乡城县、泸定县
乐山市:峨边彝族自治县、马边彝族自治县
凉山彝族自治州:雷波县
广元市:利州区、青川县
南充市:高坪区、蓬安县
广安市:华蓥市
达州市:渠县
巴中市:南江县
泸州市:古蔺县

二、2017年度四川省旅游扶贫示范村名单(194个)

市(州)	县(市、区)	旅游扶贫示范村村名
广元市(21个)	青川县(4个)	瓦砾乡乌龙村、沙州镇大湾村、乔庄茶树村、白家乡侯家村
	苍溪县(4个)	白桥镇宝珠村、黄猫乡高台村、东青镇东林村、东溪镇大龙村
	利州区(5个)	龙潭乡官山村、金洞乡站湾村、荣山镇中口村、三堆镇小河村、白朝乡魏子村
	昭化区(2个)	朝阳乡柏杨村、红岩镇坪林村
	朝天区(3个)	蒲家乡罗圈岩村、中子镇印坪村、沙河镇唐家村
	旺苍县(1个)	东河镇凤阳村
	剑阁县(2个)	姚家乡银溪村、汉阳镇顺风村
绵阳市(11个)	北川羌族自治县(4个)	坝底乡通坪村、陈家坝乡平沟村、小坝乡上沟村、白什乡七星村
	三台县(2个)	建平镇芝麻村、潼川镇解放村
	盐亭县(1个)	安家镇鹅溪村
	安州区(2个)	晓坝镇两河村、晓坝镇齐心村
	平武县 (2个)	大印镇立堡村、土城乡枫香村
南充市(15个)	高坪区(1个)	擦耳镇新拱桥村
	嘉陵区(3个)	一立镇三溪口村、大通镇芝麻湾村、一立镇塘湾村
	西充县(3个)	晋城镇白鹤观村、双洛乡老家湾村、同德乡九头湾村
	仪陇县(2个)	日兴镇黎明村、马鞍镇险岩村
	营山县(4个)	丰产乡龙坝村
	蓬安县(2个)	利溪镇花房子村、锦屏镇西拱桥村
	阆中市(2个)	天林乡五龙村、枣碧乡杨家河村
	顺庆区(1个)	新复乡长远沟村
广安市(17个)	广安区(3个)	恒升镇长征村、兴平镇龙孔村、崇望乡双胜村
	前锋区(1个)	光辉乡岭村
	华蓥市(2个)	永兴镇大佛山村、红岩乡茶园村
	岳池县(3个)	北城乡千佛寺村、粽粑乡姚石桥村、花园镇龙华山村。
	武胜县(2个)	飞龙镇五家岩村、白坪乡凤鸣村
	邻水县(6个)	柑子镇桅子村、甘坝乡联合村、丰禾镇林果村、观音桥镇香炉村、凉山乡跳沟村、牟家镇金凤村

续表1

达州市(21个)	通川区(3个)	碑庙镇陡坑村、安云乡二龙村、金石镇高兴村
	达川区(3个)	福善镇莲花村、木子乡水口村、双庙镇塔子梁村
	宣汉县(4个)	茶河镇圣水村、马渡关镇浪洋村、三墩土家族乡大窝村、天生镇关门石村
	万源市(2个)	花萼乡苟坝子村、白羊乡三清庙村
	大竹县(4个)	天城镇李子村、李家乡大湾村、庙坝镇黑水村、石桥铺镇指挥村
	渠县(3个)	中滩镇寨坪村、新市乡三拱村、定远乡团寨村
	开江县(2个)	沙坝场乡石埡口村、宝石镇程家沟村
巴中市(45个)	巴州区(10个)	凌云乡方山雁村、光辉镇白羊坝村、白庙乡百花村、鼎山镇康民村、枣林镇清溪沟村、梓潼庙镇三儿河、曾口镇书台村、寺岭镇天南村、羊凤乡香樟树村、梁永镇宏福
	恩阳区(6个)	下八庙镇石鼓梁村、下八庙普济宫村、渔溪镇槐树村、上八庙镇窑埡村、上八庙镇来凤村、群乐镇新河村
	南江县(10个)	光雾山镇大营村、正直镇柳树村、关坝镇五郎沟村、八庙镇普照寺村、元潭镇五梁村、贵民乡铧厂村、仁和乡中坝村、仁和乡钟家湾村、双流镇面罗溪村、寨坡乡溪口村
	平昌县(10)	灵山镇元柏村、岩口乡穿柏村、西兴镇五童村、青凤镇赵埡村、马鞍乡黄梁村、鹿鸣镇嘶峰村、六门乡五马村、涵水镇禅林村、黑水乡鸣高村、板庙镇大石村
	通江县(8个)	新场镇巴州沟村,兴隆乡渔池村、兴隆乡紫荆村,毛浴镇干溪村、诺江镇新华村、瓦室镇鹿鸣村、陈河乡老鹰嘴村、青浴乡文昌村
	经开区(1个)	兴文街道办事处中营村
泸州市(9个)	古蔺县(4个)	桂花乡香楠村、水口镇怀场村、箭竹乡蔓岭村、双沙镇东山村
	合江县(3个)	合江镇石堰村、石龙镇太平村、锁口乡赵岩村
	叙永县(1个)	石厢子彝族乡堰塘村
	纳溪区(1个)	打古镇普照村
宜宾市(9个)	屏山县(2个)	鸭池乡越红村、大乘镇双峰村
	高县(2个)	落润乡振武村、沙河镇上古村
	珙县(1个)	巡场镇田坝村
	筠连县(1个)	塘坝乡双田村
	宜宾县(1个)	喜捷镇五桂村
	江安县(1个)	江安镇红岩村
	兴文县(1个)	僰王山镇永寿村
阿坝藏族羌族自治州(14个)	马尔康市(1个)	大藏乡打扒村
	阿坝县(2个)	各莫乡雄哇村、安羌乡安羌村
	红原县(2个)	阿木乡卡口村、邛溪镇热坤村
	汶川县(2个)	水磨镇牛塘沟村、克枯乡大寺村
	理县(3个)	薛城镇塔子村、薛城镇甲米村、通化乡西山村
	茂县(2个)	雅都镇九龙村、松坪沟乡二八溪村
	九寨沟县(2个)	勿角乡甲勿村、草地乡上草地村
甘孜藏族自治州(12个)	道孚县(1个)	葛卡乡冻坡甲村
	稻城县(2个)	桑堆镇吉乙一村、桑堆镇所冲二村
	理塘县(1个)	濯桑乡汉戈村
	泸定县(1个)	得妥镇湾东村
	色达县(2个)	色柯镇解放二村、旭日乡旭日村
	乡城县(4个)	尼斯镇杠色村、然乌乡克麦村、尼斯镇马色村、青德镇下坝村
	雅江县(1个)	西俄洛乡杰珠村
凉山彝族自治州(4个)	木里藏族自治县(2个)	水洛乡其拉村、屋脚乡屋脚村
	雷波县(1个)	箐口乡罗汉沟村
	昭觉县(1个)	尼地乡署觉洼五村

续表 2

乐山市（12个）	金口河区（1个）	金河镇曙光村
	马边彝族自治县（4个）	莜坝乡龙桥村、莜坝乡会步村、劳动乡福来村、劳动乡柏香村
	峨边彝族自治县（3个）	新场乡星星村、黑竹沟镇古井村、白杨乡瓦洛村
	沐川县（1个）	箭板镇五星村
	井研县（3个）	高凤乡双埝村、天云乡两河村、周坡镇石马村
成都市（1个）	简阳市（1个）	贾家镇快乐村
内江市（2个）	资中县（1个）	兴隆街镇兴松村
	东兴区（1个）	新店乡双流村
遂宁市（1个）	大英县（1个）	通仙乡高山村

2017年四川省“水美新村”名单

成都市崇州市白头镇五星村、成都市彭州市龙门山镇宝山村、德阳市广汉市三水镇友谊村、遂宁市蓬溪县天福镇狮山村、遂宁市射洪县玉太乡木孔坝村、内江市资中县银山镇平安寨社区、乐山市沐川县沐溪镇三溪村、乐山市夹江县黄土镇凤桥社区、南充市仪陇县新政镇安溪潮村、南充市南部县大堰乡纯阳山村、宜宾市翠屏区明威镇燕山村、广安市华蓥市阳和镇偏岩子村、广安市岳池县白庙镇瞿家店村、达州市宣汉县君堂镇洋烈社区、巴中平昌县白衣镇白衣庵居委会、巴中市通江县大兴乡东郡村、资阳市安岳县文化镇燕桥村、资阳市雁江区中和镇明月村、阿坝州汶川县水磨镇老人村、甘孜州德格县达马镇贡空村

2017年度四川省旅游强县名单

崇州市、彭州市、古蔺县、绵阳市游仙区、通江县、遂宁市船山区、宝兴县、石棉县

2017年四川省乡村旅游强县名单

邛崃市、广元市昭化区、新津县、宝兴县、丹棱县、洪雅县、茂县、大竹县、冕宁县、黑水县、高县、德昌县

2017年四川省生态旅游示范区名单

曾家山景区、柏林湖生态旅游区、宣汉国家森林公园峨城山景区、僰王山景区、金秋湖生态旅游区、达古冰山景区、灵山景区

2017年四川省乡村旅游创客示范基地名单

中国·青川孔溪旅游电子商务创客基地、资阳市雁江区幸福谷度假小镇、汶川县水磨古镇

2016—2017年度四川省“平安农机”示范县、乡（镇）名单

一、2016—2017年度四川省示范县名单（5个）

广元市剑阁县、遂宁市射洪县、眉山市洪雅县、绵阳市游仙区、泸州市合江县

二、2016—2017年度四川省示范乡（镇）（39个）

洪雅县（3个）：余坪镇、三宝镇、将军乡

渠县（1个）：定远乡

游仙区（6个）：柏林镇、徐家镇、观太镇、石板镇、朝真乡、梓棉镇

绵阳市安州区（3个）：界牌镇、兴仁乡、迎新乡

三台县（1个）：景福镇

江油市（2个）：大堰镇、同星乡

合江县（5个）：白鹿镇、参宝镇、九支镇、石龙镇、望龙镇

剑阁县（18个）：白龙镇、城北镇、高观乡、下寺镇、柳沟镇、普安镇、汉阳镇、北庙乡、武连镇、木马镇、元山镇、开封镇、姚家乡、鹤龄镇、龙源镇、剑门关镇、江口镇、公兴镇

2017年四川省乡村旅游特色乡镇、精品村寨名单

序号	市（州）	特色乡镇（39个）	精品村寨（61个）
1	成都市	邛崃市天台山镇 青白江区福洪镇 崇州市白头镇 简阳市贾家镇 大邑县花水湾镇	彭州市小鱼洞镇大楠村 龙泉驿区洛带镇宝胜村 蒲江县甘溪镇明月村 郫都区三道堰镇青杠树村 简阳市贾家镇菠萝村
2	自贡市	富顺县赵化镇 沿滩区永安镇	大安区大山铺镇江姐村 贡井区长土镇三台村 自流井区荣边镇尖山村 荣县来牟镇一洞桥村

续表

3	攀枝花市	盐边县箐河乡	米易县新山傈僳族乡新山村 盐边县和爱彝族乡团结村
4	泸州市	纳溪区大渡口镇 古蔺县太平镇	古蔺县大寨乡富民村 古蔺县黄荆乡原林村 泸县玉蟾街道龙桥社区
5	德阳市	绵竹市土门镇 罗江区白马关镇	绵竹市九龙镇清泉村 广汉市西外乡楠林村 罗江区鄢家镇星光村
6	绵阳市	安州区塔水镇 游仙区街子镇	安州区花荄镇红花村 游仙区街子镇岳家村
7	广元市	青川县沙州镇 利州区宝轮镇 朝天区曾家镇	苍溪县东青镇东林村 苍溪县五龙镇三会村 青川县乔庄镇大沟村 利州区宝轮镇苍溪村 利州区赤化镇泥窝村 昭化区红岩镇广吉村
8	遂宁市	射洪县太和镇 蓬溪县赤城镇 大英县卓筒井镇	射洪县太和镇磨嘴村
9	内江市	隆昌市普润镇	资中县兴隆街镇双桥村(兴松村) 隆昌市普润镇汪家村
10	乐山市	金口河区永和镇	市中区悦来乡荔枝湾村 沙湾区碧山乡柏林村 马边县民主乡玛瑙村 峨边县哈曲乡解放村
11	南充市	南部县大堰乡	南部县西河乡高峰村 蓬安县相如镇油坊沟村 西充县古楼镇赵家庙村
12	宜宾市	翠屏区明威镇	
13	广安市	华蓥市天池镇 武胜县白坪乡	华蓥市华龙街道柏木山村 邻水县甘坝乡联合村 武胜县宝箴塞镇方家沟村 协兴园区协兴镇佛手山新村
14	达州市	宣汉县龙泉土家族乡	渠县万寿乡灵感村 宣汉县下八镇米岩村 大竹县柏林镇观音村
15	巴中市	通江县民胜镇 平昌县灵山镇	恩阳区观音井镇万寿村 恩阳区清江镇巾字村
16	雅安市	名山区城东乡 汉源县清溪镇	汉源县申沟村 石棉县松林村 宝兴县夹拉村
17	眉山市	洪雅县柳江镇 青神县汉阳镇	东坡区广济乡鸭池村 仁寿县曹家镇梨树社区 丹棱县顺龙乡幸福古村
18	资阳市	雁江区保和镇	安岳县文化镇燕桥村
19	阿坝藏族羌族自治州	理县上孟乡 汶川县映秀镇	茂县凤仪镇坪头村 茂县南新镇牟托村 茂县太平乡沙湾村 理县古尔沟镇丘地村 九寨沟县勿角乡英各村 九寨沟县漳扎镇漳扎村
20	甘孜藏族自治州	泸定县磨西镇 雅江县西俄洛镇	雅江县河口镇香格宗村 稻城县吉乙一村
21	凉山彝族自治州	冕宁县漫水湾镇	会理县小黑箐乡白沙村 西昌市西乡乡凤凰村

第四批四川省农产品质量安全监管示范市、县名单

一、四川省农产品质量安全监管示范市

达州市

二、四川省农产品质量安全监管示范县

开江县、宁南县、叙永县、大竹县、三台县、达州市通川区、自贡市沿滩区、中江县、富顺县、蓬溪县、天全县、夹江县、安岳县、会东县、万源市、威远县、江安县、康定市、隆昌县、丹巴县

2017年度四川省级畜禽养殖标准化示范场名单

一、成都市

生猪成都旺江农牧科技有限公司牟礼养殖基地

蛋鸡四川宏硕生态农业有限公司(更名为崇州市道明周文革养殖场)

奶牛四川新希望华西牧业有限公司青白江牧场

蛋鸡大邑县众和蛋鸡养殖专业合作社

生猪崇州市卫世养殖有限公司

生猪彭州市群发生态养殖有限公司

生猪简阳市万家乐牧业有限公司

生猪彭州市大海祥生猪养殖家庭农场

生猪蒲江县马南猪业专业合作社

生猪大邑县昌盛农民养猪专业合作社

生猪成都远大牧业发展有限公司

蛋鸡成都鸣耀农牧科技有限公司

生猪蒲江县顺源养殖场

生猪成都市绿态兴豕猪业有限责任公司

生猪新都区兴华猪业合作社养殖场

蛋鸡成都惠丰生态农业科技有限公司

中蜂成都众鑫种蜂场

生猪崇州市同益养猪专业合作社隆兴猪场(更名为崇州市丰裕家庭农场)

二、自贡市

生猪富顺县德康生猪养殖公司

肉牛自贡市福兴农牧科技有限公司

蛋鸡荣县凤之源蛋鸡养殖家庭农场

生猪自贡市焱平农业有限公司

生猪富顺县清风苑种养殖家庭农场

生猪大安区永贵家庭农场

肉羊荣县兴明畜禽养殖专业合作社

肉羊富顺县桑园牧歌养殖家庭农场

肉羊富顺县富海养殖家庭农场

三、泸州市

生猪泸州川雅牧业有限公司

中蜂黄荆乡龙爪蜜蜂养殖专合社

肉羊叙岭关黑山羊生态养殖场

生猪彝家宝黑猪生态养殖场

西蜂四川省泸州特兴养蜂场

四、德阳市

生猪绵竹市祈祥家庭农场有限公司

肉牛广汉市年森养殖场(申报名称:富森养殖场)

肉牛四川秦汉牧业有限公司(申报名称:罗江县秦汉牧业有限公司)

什邡市肉牛什邡市九里埂肉牛养殖场(申报名称:什邡市李杨肉牛养殖场)

肉鸡绵竹市创兴养殖合作社

肉鸡罗江县邓昌虎家庭农场

蛋鸡德阳市野原生态种养殖专业合作社

生猪中江县绿环养殖有限公司

五、绵阳市

生猪梓潼县恒丰养殖发展有限公司

生猪四川省五好农牧有限责任公司

生猪梓潼县富邦养殖有限责任公司

生猪盐亭县大里生猪养殖场

生猪三台县美点养殖场

蛋鸡绵阳市欣牧发展有限公司

肉鸡绵阳达冠源养殖有限公司

中蜂平武县坝子乡伏龙村中蜂产业园

六、广元市

生猪广元市福泰农牧有限公司

生猪四川康源畜牧养殖有限公司

生猪旺苍县顺水兴琼家庭农场

生猪春友农业开发有限责任公司

生猪竹林生态养猪专业合作社

生猪苍溪县双利生猪养殖专业合作社

生猪广元市富诚种养殖专业合作社

肉牛广元市隆瑞养殖专业合作社

肉羊青川县竹园镇榕森肉羊养殖家庭农场

肉鸡青川县建峰乡旭明土鸡养殖家庭农场

中蜂青川县蜜园蜂业养殖专业合作社石玉越冬场

七、遂宁市

生猪蓬溪县鸿琼养殖专业合作社

生猪射洪县峻原农业有限责任公司金华野山猪种猪场

生猪遂宁市安居区旖旎家庭农场

生猪射洪康众生态养殖有限公司

肉牛四川万成农业开发有限公司

肉羊蓬溪县福苑养殖家庭农场

八、内江市

生猪四川威杰牧业有限公司养殖场

蛋鸡隆昌县土桥河养殖场

生猪威远县凤凰养殖场

生猪内江市东兴区康华养猪场

生猪四川鸿济生态养殖有限公司

九、乐山市

肉羊乐山市新农兴农牧专业合作社飞水岩种羊场

生猪荣轩牧业有限公司

生猪峨眉山市中旺养猪专业合作社川主养殖场

十、南充市

生猪南充麦伦农业有限公司碧溪生猪养殖场

生猪西充县金科种养殖有限公司义兴生猪养殖场

肉牛南部县田丰农牧业发展有限公司四龙肉牛养殖场

肉牛四川省芷蓝青河农牧开发有限责任公司新政肉牛养殖场

肉牛蓬安县群海牛羊养殖农民专业合作社金溪肉牛养殖场

肉牛阆中市龙溪肉牛养殖专业合作社贾松贵养牛场

肉羊营山小村黑山羊养殖专业合作社新店肉羊养殖场

十一、宜宾市

蛋鸡宜宾兰特农业科技开发有限公司宗场蛋鸡养殖场

生猪宜宾茶缘牧业有限公司明威生猪养殖场

肉羊宜宾市江安县美羊羊养殖专业合作社养羊场

肉牛宜宾市南溪区百草苑农业开发有限公司养牛场

肉牛筠连县尖峰山种养专业合作社川南黄牛养殖场

十二、广安市

生猪广安市广安区宏云生猪养殖专业合作社

蛋鸡广安市高垭口生态农业有限责任公司粽粑乡皂角树村蛋鸡养殖基地

生猪广安旺发猪业有限公司

生猪武胜县佳主豪生猪养殖家庭农场

生猪武胜县飞虎种养殖专业合作社

肉牛武胜县龙兴肉牛养殖专业合作社

生猪邻水县正灵养殖场

十三、达州市

肉牛渠县裕泰丰农牧业发展有限公司

肉牛渠县大明辉肉牛养殖有限公司

肉牛宣汉县鸿运肉牛养殖场

生猪达州市天王创意农牧有限公司

开江县生猪开江县鸿发家庭农场

渠 县生猪渠县羚骅家庭农场

大竹县肉羊大竹县宏景牧业发展有限公司

万源市中蜂万源市蜜之源农业有限公司

十四、巴中市

巴州区生猪巴中市巴州区领创种养殖专业合作社

巴州区生猪巴中巴国农业科技有限公司

恩阳区生猪巴中市恩阳区拾豪生猪养殖农民专业合作社

通江县肉牛四川省利伟农牧科技有限公司牛场

恩阳区肉牛巴中市恩阳区生之源种养殖农民专业合作社

南江县肉牛四川亿顺牧业有限公司

平昌县肉兔平昌县金鑫养殖专业合作社

十五、眉山市

仁寿县肉羊仁寿县玛瑙畜禽养殖专业合作社

彭山区生猪彭山区天蓬种猪场

丹棱县肉羊丹棱县总岗山养羊专业合作社

洪雅县生猪洪雅县东风生猪养殖专业合作社

十六、资阳市

乐至县肉羊乐至县万隆现代农业科技有限公司羊场

政策法规选编

四川省人民政府关于建立粮食生产功能区和重要农产品生产保护区的实施意见

川府发〔2017〕48号

有关市（州）、县（市、区）人民政府，省政府有关部门、有关直属机构，有关单位：

为贯彻落实《国务院关于建立粮食生产功能区和重要农产品生产保护区的指导意见》（国发〔2017〕24号）精神，稳步提升全省粮食综合生产能力，有力保障粮食等重要农产品有效供给，现结合我省实际提出以下实施意见。

一、主要目标

力争2020年完成4620万亩粮食生产功能区和重要农产品保护区（以下简称“两区”）地块的划定任务，做到全部建档立卡、上图入库，实现信息化和精准化管理；力争到2022年基本完成“两区”建设任务，形成布局合理、数量充足、设施完善、产能提升、管护到位、生产现代化的“两区”，全省粮食生产能力稳步提升，重要农产品供给水平保持稳定，农业产业安全显著增强。

（一）粮食生产功能区

以90个粮食主产县为重点，划定粮食生产功能区5920万亩。其中，水稻生产功能区2770万亩，小麦生产功能区1300万亩，玉米生产功能区1850万亩（其中，水稻和小麦复种区500万亩，玉米和小麦复种区800万亩）。

（二）重要农产品生产保护区

划定油菜籽生产保护区1000万亩（与粮食生产功能区全部重叠）。有关县（市、区）根据具体任务，结合本地耕作模式划定。

二、科学合理划定“两区”

（三）明确“两区”划定标准

“两区”划定应同时具备以下条件：水土资源条件较好，坡度在15度以下的永久基本农田；相对集中连片，原则上平原地区连片面积不低于500亩，丘陵地区连片面积不低于50亩，盆周山区连片面积不低于10亩；农田灌排工程等农业基础设施比较完备，农业机械化水平较高，生态环境良好，未列入退耕还林还草、还湖还湿、耕地休耕试点等范围；具有粮食和重要农产品的种植传统，近3年播种面积基本稳定，光、热、水、土质量好的优质地块，产粮（油）大县耕地，已建成的高标准农田，具有较大生产潜力的地块。

（四）细化分解目标任务

根据全省“两区”划定总规模和各县（市、区）现有永久基本农田保护面积、粮食和油菜种植面积等因素，突出90个粮食主产县和46个产油大县，综合考虑资源禀赋、发展潜力、产销平衡等情况，确定县（市、区）具体目标任务（详见附件）。

（五）有序推进“两区”划定

全省“两区”划定采取第1年试点探索、第2年总结推广、第3年全面完成的步骤进行。2017年，全省在都江堰灌区7个市、30个县（市、区）开展“两区”划定百日行动，阿坝州、甘孜州以外的其他12个市（州）各选择1个县（市、区）试点推进“两区”划定工作。各试点县（市、区）要按照统一标准和分解下达的目标任务，做好土地利用、农业发展、城乡建设、高标准农田建设、基本农田保护等相关规划衔接，结合农村土地承包经营权确权颁证和永久基本农田划定工作，周密制定实施方案，确保“两区”划定工作精准落地。都江堰灌区试点县（市、区）要按照百日行动工作方案要求，有序推进“两区”划定工作，其他12个试点县（市、区）要在2017年9月底前编制完成“两区”划定规划。划定的具体地块要建档立卡、登记造册，建立电子地图和数据库，并统一编号，标明“四至”及拐点坐标、面积以及灌排工程设施、作物类型、承包经营主体、土地流转情况等相关信息。

（六）审核汇总划定成果

各市（州）人民政府要根据目标任务，及时组织开展“两区”划定成果的核查验收工作，在公告公示无异议后，将有关情况报送农业厅、省发展改革委、国土资源厅，同时抄送财政厅、住房城乡建设厅、水利厅。农业厅、国土资源厅要指导各市（州）、县（区、市）依托国土资源遥感监测，建立“两区”电子地图和数据库，形成全省“两区”布局“一张图”。

三、大力推进“两区”建设

（七）突出生产能力建设

各地要按照统筹规划、因地制宜、集中连片、旱涝保收、稳产高产、生态友好的要求，切实加强“两区”综合生产能力建设。要以高标准农田建设和土地整治为依托，加大“两区”范围内的骨干水利工程和小型农田水利设施建设力度，因地制宜兴建“五小水利”工程，大力发展节水灌溉，打通农田水利“最后一公里”，“两区”实现田成方、渠相连、路相通、涝能排、旱能灌，地力等级较高，适合大中型农业机具作业，成为稳定提升全省粮食产能和保障油菜籽等重要农产品供给的有力支撑。

（八）突出发展规模经营

以“两区”为平台，大力培育种粮大户、家庭农场、农民合作社、产业化龙头企业等新型经营主体，健全农村经营管理体系，加强对土地经营权流转和适度规模经营的管理服务，鼓励采用土地股份合作、土地托管、代耕代种等多种方式发展适度规模经营。支持新型农业经营主体按项目管理规定申报和实施财政支农项目，优化生产结构，增加绿色优质农产品供给。力争5年内“两区”适度规模经营率比全省平均水平高5个百分点以上，成为粮油规模经营新机制、新模式创新发展的重要动力。

（九）突出服务综合配套

以发展粮油适度规模经营为突破，着力深化“两区”范围内的基层农技推广机构改革，大力发展农业经营性社会化服务主体，抓紧构建

覆盖全程、综合配套、便捷高效的农业社会化服务体系，提升农技推广和综合服务能力。重点加强育秧中心、粮食收储中心、加工中心和社会化服务主体建设，提高粮油产前、产中、产后综合社会化服务水平，推动粮油产业向前端延伸推进规模经营、结构调整，向后端延伸配套烘干、物流仓储等设施，走精品路线、高端路线、品牌路线，将“两区”建设成为引领全省现代农业全产业链发展和转变农业发展方式的驱动引擎。

（十）突出产业结构调整

根据市场需求，加快“两区”粮油结构调整，不断优化粮油产品供给结构和质量，满足城乡居民消费升级和加工转化需求。水稻生产功能区应加大国标Ⅱ级以上优质稻推广，力争到2020年国标Ⅱ级优质稻种植面积达到1000万亩以上；小麦生产功能区要大力发展用于加工馒头、面条的中筋或中强筋小麦，在适宜优势区适当发展优质弱筋小麦，稳定川西平原优质中筋麦区、盆地丘陵优质中筋麦区和攀西优质弱筋麦区；玉米生产功能区要以盆周山区、盆中丘陵区为重点，调整品种结构，适度调减普通籽粒玉米，以养定种、以种促养、种养结合，因地制宜发展青贮饲用玉米和甜糯玉米，示范推广饲草玉米等新型饲用作物，到2020年青贮饲用玉米种植面积达到350万亩。油菜籽生产保护区要大力推广双低油菜品种，提高油菜种植机械化水平，改善油菜籽品质。通过“两区”建设，有力改善川粮结构矛盾，为全省农业供给侧结构性改革树立示范标杆。

（十一）突出绿色高效发展

深入开展绿色高产高效创建，加大增产技术模式攻关集成力度，推广使用绿色发展机械化技术，提升粮油生产全程机械化水平，推动“一控两减”和农业废弃物资源化循环利用，实现永续健康发展。积极推广“互联网+”、物联网、云计算、大数据等现代信息技术，为全省现代农业绿色发展和推进“互联网+”打造典型样板。

四、切实强化“两区”监管

（十二）依法保护“两区”

各地要根据农业法、土地管理法、基本农田保护条例、农田水利条例等法律法规要求，完善“两区”保护相关制度，将宝贵的水土资源保护起来。严格永久基本农田管理，确保“两区”范围内耕地数量不减少、质量不降低。“两区”范围内的耕地原则上不得占用，因重大项目确需征占的耕地，必须按“占优补优、先补后占、占补平衡”的要求执行。

（十三）落实管护责任

各地要严格落实“两区”农业基础设施保护责任，积极创新农田水利工程建管模式，鼓励农民、农村集体经济组织、各类新型经营主体等按照“谁使用、谁受益、谁管护”原则，参与建设、管理和运营。加强资产管护制度建设，依法依规推进资产管护工作。管护经费原则上由管护主体负责筹集，政府按规定给予适当补助。建立激励约束机制，将各地资产管护情况作为分配财政支农相关专项资金的重要依据，激励各地切实做好资产管护工作。

（十四）加强动态监测和信息共享

综合运用现代信息技术，建立“两区”监测监管体系，定期对“两区”范围内农作物品种和种植面积等进行动态监测，深入分析相关情况，实行精细化管理。要建立“两区”信息报送制度，及时更新“两区”电子地图和数据库。要建立健全数据安全保障机制，落实责任主体，在保证信息安全前提下开放“两区”电子地图和数据库接口，实现信息互通、资源共享。

五、加大对“两区”的政策支持

（十五）增加基础设施建设投入

把“两区”作为农业固定资产投资安排的重点领域，现有的高标准农田、土地整治、新增千亿斤粮食生产能力田间工程、农业综合开发、现代农业生产发展资金、产粮（油）大县奖励资金、水利发展资金、大中型灌区续建配套及节水改造等农业基础设施建设投资要积极向“两区”倾斜。各地要积极探索政府和社会资本合作（PPP）模式等“两区”建设投融资新机制，吸引金融资本、社会资本投入，加快建设步伐。

（十六）完善财政支持政策

完善均衡性转移支付机制，健全粮食主产区利益补偿机制，逐步提高产粮大县人均财力保障水平。进一步优化财政支农结构，创新资金投入方式和运行机制，支持“两区”按规定开展涉农资金整合和统筹使用。推进“两区”围绕农业供给侧结构性改革部署，扎实开展以绿色生态为导向的农业补贴制度改革，确保粮食安全和农民收入稳定增长。

（十七）创新金融支持政策

鼓励金融机构完善信贷管理机制，创新金融支农产品和服务，充分利用农村产权制度改革成果，拓宽抵质押物范围，在符合条件的“两区”范围内探索开展粮食生产规模经营主体营销贷款试点，加大信贷支持力度。完善政府、银行、保险公司、担保机构联动机制，深化小额贷款保证保险试点，推动“两区”农业保险全覆盖，健全大灾风险分散机制。

六、强化组织保障

（十八）加强组织领导

各地各有关部门要高度重视“两区”建设，将其作为保障粮食安全和稳定重要农产品有效供给的一项重要任务来抓。省政府建立“两区”划定工作协调机制，统筹协调全省“两区”划定、建设相关工作。各市（州）、县（市、区）要对行政区域内“两区”划定、建设和管护工作负总责，成立由政府主要负责同志为组长的领导小组，建立完善“两区”划定、建设和管护协调机制。省政府将与各地逐级签订责任书，确保“两区”划得准、建得好、管得住。

（十九）明确责任分工

省直有关部门要各司其职、加强协作，将相关政策资金集中投入“两区”建设，切实形成工作合力。省发展改革委要加强统筹协调，做好政策谋划和项目支持，会同有关部门适时组织开展第三方评估。财政厅要会同省直有关部门扎实开展支农资金分配管理改革，建立健全支持“两区”建设的支农项目资金供给保障机制。农业厅、国土资源厅要负责指导有关地区做好“两区”划定规划，会同有关部门制定“两区”划定、验收、评价考核操作规程和管理办法，做好“两区”划定上图入库工作。金融部门要创新和完善“两区”建设金融支持政策。

（二十）强化监督考核

建立健全“两区”建设工作的绩效考核和责任追究制度。农业厅、省发展改革委要会同国土资源厅等部门结合贯彻落实粮食安全省长责任制，对有关市（州）、县（市、区）“两区”划定、建设和管护工作进行评价考核。评价考核结果与“两区”扶持政策、相关涉农资金项目挂钩。

附件：四川省“两区”划定建设任务表（略）

四川省人民政府

2017年8月18日

四川省人民政府办公厅关于印发四川省推进农业水价综合改革实施方案的通知

川办发〔2017〕5号

各市(州)人民政府,省政府各部门、各直属机构:

《四川省推进农业水价综合改革实施方案》已经省政府同意,现印发给你们,请认真组织实施。

四川省人民政府办公厅

2017年1月13日

四川省推进农业水价综合改革实施方案

为贯彻落实《国务院办公厅关于推进农业水价综合改革的意见》(国办发〔2016〕2号)要求,建立健全农业水价形成机制,促进农业节水和农业可持续发展,结合我省实际,制定本实施方案。

一、总体目标及实施步骤

(一)总体目标。

根据国务院总体部署和省委省政府生态文明建设总体要求,用10年左右时间,通过配套完善灌排和供水计量工程体系,深化农田水利工程管理体制改革,构建可持续的精准补贴和节水奖励机制,分灌区、分区域、分步骤稳步推进农业水价综合改革,建立健全科学合理的农业水价形成机制,大力提升农业用水效率,优化农业种植结构,促进农业用水方式由粗放式向集约化转变。到2020年,农田水利设施相对完善的大型灌区和部分重点中型灌区实现改革目标,到2025年全省基本完成改革任务。

(二)实施步骤。

第一阶段(2016—2020年)。在大中型灌区农田水利工程设施状况良好、地方资金投入和项目整合能力相对较强的县(市、区),以及部分小型灌区率先推进农业水价综合改革。实施范围为:

成都经济区,包括区域内水利设施相对完善、综合需水量大的成都、德阳、绵阳、遂宁、乐山、眉山、雅安、资阳8市,改革重点涉及都江堰灌区、武都引水灌区、玉溪河灌区、通济堰灌区、青衣江乐山灌区、九龙滩提水灌区及重点中型灌区(灌溉面积5万亩以上,下同)所在区域。

川南经济区,包括区域内资源性、工程性、水质性缺水并存的自贡、内江、泸州、宜宾4市,改革重点涉及长葫水库灌区、石盘滩提水灌区及重点中型灌区所在区域。

川东北经济区,包括区域内洪旱灾害严重、水利建设欠账较多的广元、南充、巴中、达州、广安5市,改革重点涉及升钟水库灌区及重点中型灌区所在区域。

攀西经济区,包括区域内季节性缺水严重的攀枝花、凉山2市(州),改革重点涉及节水高效灌溉所在区域。

第二阶段(2020—2025年)。总结第一阶段经验,全面推进农业水价综合改革,确保到2025年底全省基本完成各项改革任务。

二、重点任务

(一)加快工程配套设施建设。

以农田水利建设规划为依据,切实加大灌区末级渠系节水改造和计量设施建设投入力度,建立健全工程完好、配套齐全的灌排工程体系。新建、改扩建农田水利渠系工程同步配套建设计量设施,尚未配备计量设施的已建工程按照整合连片的原则加快计量设施建设和改造;小型灌区和末级渠系根据需要细化计量单元,合理设置计量设施,有条件的地方实现计量到户。加快推进小型水利工程管理体制改革,明晰农田水利设施产权,颁发产权证书,落实管护责任。加快完善大中小微并举的农田水利工程体系,提高农业供水效率和效益。

(二)建立农业水权制度。

以县级行政区域用水总量控制指标为基础,结合灌溉用水定额,逐步把指标细化分解到农村集体经济组织、农民用水合作组织、农户等用水主体,落实到具体水源,根据用水总量和结构实际需求,探索建立农业用水水权回购和转让机制。鼓励用户转让节水量,政府或其授权的水行政主管部门、灌区管理单位可予以回购。在满足区域内农业用水的前提下,推行节水量跨区域、跨行业转让。

(三)创新终端用水管理方式。

鼓励发展农民用水自治、专业化服务、水利工程管理单位和用户共同参与等多种形式的终端用水管理模式,推行"计量供水、配水到户、收费到户、开票到户"的水费计收办法,健全水价、水量、水费"三公开"制度。支持农民用水合作组织规范发展,充分发挥其在末级渠系管护、用水管理、水费计收等方面的作用。

(四)建立健全农业水价形成机制。

探索实行分类水价,区别粮油作物、经济作物和养殖业用水等用水类型并制定不同价格,用水量大或附加值高的经济作物、养殖业用水价格适当高于其他用水类型价格。逐步推行分档水价,适时实行农业用水定额管理及超定额累进加价制度,因地制宜探索两部制水价和季节水价制度。

农业水价按照价格管理权限实行分级管理。大中型灌区骨干工程农业水价原则上执行政府定价,具备条件的可由供需双方在平等自愿的基础上,按照有利于促进节水、保障工程良性运行和农业生产发展的原则协商定价;大中型灌区末级渠系和小型灌区农业水价,可实行政府定价,也可实行协商定价。加强政府定价成本监审,综合考虑供水成本、水资源稀缺程度以及用户承受能力等,按照逐步达到运行维护成本的原则,合理制定供水工程骨干工程、末级渠系各环节水价并适时调整。总体上不增加农民负担。

(五)建立精准补贴和节水奖励机制。

在完善水价形成机制的基础上,建立与节水成效、调价幅度、财力状况相匹配的农业用水精准补贴机制。明确对象、方式、环节、标准、

…民定额内用水，补贴标准
…额确定。建立农业用水节
…结构节水的规模经营主体、农
…渠道筹集精准补贴和节水奖励
…人员基本支出和工程公益性部
…行管理费、农田水利工程设施维修
…水电贯补助、有关农业奖补资金等
…实行财政全额补贴农业水费的地区，
…移支付政策。

…的基础上，因地制宜调整优化种植结构。适
…育推广需水少的耐旱节水作物，建立与区域
…的农业种植结构与种植制度。大力推广高
…发展水肥一体化、水肥药一体化技术，积极推广
…松整地、覆盖保墒等措施，提升天然降水利用效率。
…示范和技术培训，提高农民科学用水技术水平。

…组织领导。农业水价综合改革实行统一领导、综合协
…工作机制。省农业水价综合改革试点工作领导小组统一
…农业水价综合改革工作，统筹协调解决改革推进过程中
…市（州）、县（市、区）政府是农业水价综合改革的实施主体和责任主体，按照省政府统一部署安排负责落实推进本行政区域农业水价综合改革。

二是强化协调配合。各级发展改革、财政、水利、农业部门要认真履职，强化协调配合。发展改革部门负责核定供水价格、制定差别水价政策等，财政部门负责研究落实农业水价财政补贴政策和资金管理，水利部门负责末级渠系和配套计量设施建设、农田水利工程产权制度改革、明晰农业水权、用水合作组织建设等，农业部门负责种植结构调整、推广农业节水措施等。

三是建立考核机制。建立健全农业水价综合改革监督检查和绩效考核机制，省直相关部门定期或不定期进行专项督导，通报各地工作进展情况。各级财政农田水利建设资金投入要向农业水价综合改革积极性高、工作有成效的地区倾斜。

四是创新投入机制。鼓励以县级农田水利建设规划为依据，依法依规开展涉农项目资金整合，多方面、多形式筹集资金，加快末级渠系节水改造和计量设施建设，完善灌排工程体系建设，为推进农业水价综合改革创造良好的工程基础条件。鼓励社会资本参与农田水利工程建设和管护。鼓励和引导村民通过“一事一议”筹劳筹资等方式参与农田水利建设。

五是强化宣传引导。做好农业水价综合改革政策解读，加强宣传和舆论引导，引导用水农户树立节水观念、增强节水意识，保障农业水价综合改革平稳顺利实施。

四川省人民政府办公厅关于印发四川省推动农业转移人口和其他常住人口在城镇落户方案的通知

川办发〔2017〕27号

各市（州）、县（市、区）人民政府，省政府各部门、各直属机构，有关单位：

《四川省推动农业转移人口和其他常住人口在城镇落户方案》已经省政府同意，现印发给你们，请认真贯彻执行。

四川省人民政府办公厅

2017年4月5日

四川省推动农业转移人口和其他常住人口在城镇落户方案

为贯彻落实《国务院办公厅关于印发推动1亿非户籍人口在城市落户方案的通知》（国办发〔2016〕72号，以下简称《国办落户方案》）精神，推动我省农业转移人口和其他常住人口在城镇落户，特制定本方案。

一、总体要求

（一）主要目标。“十三五”期间，城乡区域间户籍迁移壁垒加速破除，配套政策体系进一步健全，户籍人口城镇化率年均提高1.3个百分点以上，年均落户120万人以上。到2020年，全省户籍人口城镇化率达到38%左右，各地区户籍人口城镇化率与常住人口城镇化率差距比2013年缩小2个百分点以上。

（二）基本原则。

坚持以人民为中心。积极为农业转移人口和其他常住人口提供城镇基本公共服务，稳步推进教育、就业、养老、医疗卫生、住房保障等城镇基本公共服务全覆盖，促进人的全面发展，使全体居民有更多的获得感。

坚持统筹推进。加强部门间政策制定和实施的协调配合，形成推进合力。以户籍制度改革为龙头，统筹推进相关配套制度改革。统一本地和外地非户籍人口在城镇落户的条件和标准。完善农业转移人口市民化政策体系，推动城镇新老居民同城同待遇。

坚持化存量带增量。优先解决进城时间长、就业能力强、能够适应城镇生产生活的非户籍人口，特别是新生代农民工、已办理居住证的进城务工人员和失地农民举家进城落户，逐步带动新增农村转移人口在城镇落户。

坚持分类施策。充分尊重群众自主定居落户的意愿，防止损害农民利益，防止人为造成农民“被落户”。充分考虑城镇综合承载能力、就业支撑能力、公共财政保障能力，实施差别化落户政策，赋予各地更多探索空间。

坚持以地方为主体。各市（州）、县（市、区）政府做好方案编制和

组织实施等工作。省直相关部门强化对地方的指导和监督考核。

二、落户政策

（三）深化户籍制度改革。完善户籍制度配套保障措施，不断增强城镇户籍吸引力，积极引导农村人口有序在城镇落户。完善大中专院校、机关、团体、企事业单位、社区和市、县人才交流中心集体户管理制度，方便各类符合条件的外来人口落户。进一步简化落户程序，缩短审批时限，畅通迁移通道。完善居住证管理办法，鼓励非城镇户籍的居住证持有人落户城镇。（责任单位：公安厅）

（四）全面放开放宽重点群体落户限制。除成都外，全面放宽农业转移人口落户条件。以农村学生升学和参军进入城镇的人口、在城镇就业居住5年以上和举家迁徙的农业转移人口、失地农民、城中村居民、异地搬迁进城人员、新生代农民工、集中供养自愿转户的农村特困人员为重点，促进有能力在城镇稳定就业和生活的农业转移人口举家进城落户。制定细化措施，吸引高校、职业院校毕业生、留学归国人员和技术工人在工作生活地落户。全面实行农村籍高校学生来去自由的落户政策，省内高校录取的农村籍学生可根据本人意愿，将户口迁至高校所在地；毕业后可根据本人意愿，将户口迁回原籍地或迁入就（创）业地。（责任单位：公安厅）

（五）调整完善城镇落户政策。成都市要进一步放宽外来人口落户指标控制，以具有合法稳定就业和合法稳定住所（含租赁）、参加城镇社会保险年限、连续居住年限等为主要依据，实行居住证积分入户和条件准入双轨并行的落户政策，根据综合承载能力和功能定位，合理引导人口向四川天府新区成都片区等重点区域转移，重点解决符合条件的普通劳动者和已经购买房屋（含二手房）的外地户籍人员的落户问题，加快提高户籍人口城镇化率。其他城镇均不得采取购买房屋、就业年限、投资纳税等方式设置落户限制，不得采取积分落户方式。（责任单位：公安厅）

三、配套政策

（六）加大对农业转移人口市民化的财政支持力度。省级财政建立省对市、县农业转移人口市民化奖励机制，适当分担农业转移人口市民化成本，引导和调动市、县级政府加快推动农业转移人口市民化的积极性。完善省对下均衡性转移支付、县级基本财力保障奖补资金等转移支付办法，考虑人口流入地为农业转移人口提供基本公共服务的支出需求，给予相应支持。根据不同时期农业转移人口数量规模、不同地区和城乡之间农业人口流动变化、大中小城市农业转移人口市民化成本差异等，对转移支付规模、结构以及保障标准等进行动态调整。人口流入地要切实承担农业转移人口市民化的主体责任，合理安排预算，调整支出结构，为农业转移人口提供与当地户籍人口相同的基本公共服务。（责任单位：财政厅）

（七）加大对农业转移人口城市市民化的财政支持力度。建立省级财政性建设资金安排与农业转移人口市民化挂钩机制，省直有关部门在安排城市基础设施和公共服务设施、保障性住房建设运行和维护等相关专项资金时，对吸纳农业转移人口较多的地区给予适当支持。加大对危旧房棚户区改造项目配套基础设施建设投入，完善危旧房棚户区改造三年滚动投资计划和年度投资计划。（责任单位：省发展改革委、财政厅，排在第一位的为牵头单位，下同）

（八）建立城镇建设用地增加规模与吸纳农业转移人口落户数量挂钩的机制。坚持以人定地、人地和谐原则，通过实行差别化用地标准、实施规划统筹调控、改进用地计划安排、优化土地供应结构、提高农村土地利用效率，满[illegible]城镇化用地需求，促进城乡建设协调、就业转移和人口集聚相统[illegible]一步深化城乡建设用地增减挂钩试点改革。开展对城市和开[illegible]用地利用效率评价工作。对闲置土地分类推进处置，形成遏[illegible]低效用地再开发，促进城镇土地的长效机制。深入推进城镇[illegible]结构，提升城镇建设用地人[illegible]和产业转型升级，优化土地利用[illegible]能力，提高土地集约利用水平。（责任单位：国土资源厅）

（九）建立多元化可持续的[illegible]综合运用发行地方政府债券、推动股权和债权融资、[illegible]性金融贷款等多种举措，鼓励采用PPP（政府和社会资[illegible]府引导基金、贴息、补助等方式，拓宽城市基础设施[illegible]政府在债券资金安排上，要向吸纳农业转移人口较[illegible]区改造、地下综合管廊和停车场建设、海绵城市[illegible]基础设施建设项目予以倾斜。编制城市基础设[illegible]融机构创新信贷模式和产品，针对不同项目设[illegible]债机制。规范PPP项目实施，优化工作流程，提[illegible]宜宾、岳池等市县开展PPP工作创新试[illegible]德阳、构，对吸纳农业转移人口较多的城镇基础[illegible]进城市基础设施领域市场化改革，建立健[illegible]营制度、价格形成机制、财政补贴方式和政[illegible]参与城市公用设施建设运营，提高城市基[illegible]位：省发展改革委、财政厅、住房城乡建设厅[illegible]分行、四川银监局）

（十）维护进城落户农民在农村的合法权[illegible]体产权“多权同确”，按时间进度和质量要求完[illegible]登记颁证，2019年前基本完成农村各类产权确权登[illegible]展农村集体产权制度改革，加快推进集体资产清产核[illegible]农村集体经济组织成员资格，保障农民集体经济组织成员[illegible]全完善农村产权流转交易市场体系，加强农村产权流转交易服[illegible]监督管理。维护进城落户农民土地承包权、宅基地使用权、集体收益分配权，支持引导其依法自愿有偿转让上述权益，但现阶段要严格限定在本集体经济组织内部实施。探索多渠道多方式筹集资金，用于村集体对落户农民自愿退出宅基地、承包地的补偿。农业转移人口落户城镇后，按政策规定享有相关惠农补贴政策。落户城镇农业转移人口自落户之日起3年内入伍的，其学历执行农村应征青年标准。凡取得城镇户籍的农业转移人口，符合救助条件的，纳入城镇救助范围。（责任单位：省委农工委、农业厅、国土资源厅、民政厅、公安厅）

（十一）建立完善的住房保障机制。以满足新市民住房需求为主要出发点，建立购房与租房并举、市场配置与政府保障相结合的住房制度。积极推进住房保障制度改革，扩大公租房对农业转移人口和其他常住人口的覆盖范围，将进城落户农民完全纳入城镇住房保障体系。住房保障采取实物与租赁补贴相结合并逐步转向租赁补贴为主，促进公租房货币化，对城镇低收入住房困难家庭、创业大学生、新就业无房职工和在城镇稳定就业的外来务工人员，通过公共租赁住房或发放租赁补贴等措施，保障其基本住房需求。落实国家促进住房合理消费的差别化信贷政策，发展个人住房贷款保险业务，提高对农民工等中低收入群体的住房金融服务水平。鼓励新建租赁住房，将新建租赁住房纳入住房发展规划；允许将商业用房等按规定改建为租赁住房；

允许将现有住房按照国家和地方住宅设计的有关规定改造后出租。推进扩大住房公积金缴存面，将农业转移人口纳入覆盖范围，鼓励个体工商户和自由职业者缴存。落实放宽住房公积金提取条件等政策，用好全国住房公积金转移接续平台，支持缴存人异地使用。(责任单位：住房城乡建设厅)

（十二）落实进城落户农民参加基本医疗保险政策。进城落户农民，可按规定接续城镇职工基本医疗保险和城乡居民基本医疗保险，享受相应待遇和异地就医服务。其中，在城镇就业的人员，可按统筹地区规定，随用人单位参加城镇职工基本医疗保险；灵活就业人员，可按统筹地区灵活就业人员参保规定，参加城镇职工基本医疗保险或城乡居民基本医疗保险；非就业人员，可按统筹地区规定，参加城乡居民基本医疗保险。各统筹地区要切实加强医保关系转移接续管理服务，确保进城落户农民跨制度、跨地区参保转移接续。推进城乡居民基本医疗保险制度整合，实现制度覆盖范围、筹资政策、保障待遇、医保目录、定点管理和基金管理"六统一"，确保城乡居民公平享受基本医疗保险待遇。到2020年，城镇常住人口基本医疗保险覆盖率达到98%。(责任单位：人力资源社会保障厅、省卫生计生委)

（十三）落实进城落户农民参加城镇养老保险等政策。进一步扩大基本养老保险覆盖范围，符合条件的进城落户并就业的农民，可自愿选择在户籍所在地或就业地参加企业职工基本养老保险，按规定享有养老保险待遇。完善农民工和被征地农民参保政策，鼓励农民工参保。参保人员可按照基本养老保险转移接续办法的相关规定，办理基本养老保险关系转移接续。确保进城落户农民与当地城镇居民同等享有最低生活保障的权利。对共同生活的家庭成员人均收入低于当地最低生活保障标准，且符合当地最低生活保障家庭财产状况规定的进城落户农民家庭，给予最低生活保障。最低生活保障标准，按照当地居民生活必需的费用确定、公布，并根据当地经济社会发展水平和物价变动情况适时调整。对批准获得最低生活保障的进城落户农民家庭，以户为单位，按照共同生活的家庭成员人均收入低于当地城市最低生活保障标准的差额，按标施保，应补尽补，按月发给最低生活保障金。(责任单位：人力资源社会保障厅、民政厅)

（十四）保障进城落户农民子女平等享有受教育权利。各地要将进城落户农民子女义务教育工作纳入公共财政保障范围，以流入地公办学校为主接受义务教育，以公办幼儿园和普惠性民办幼儿园为主接受学前教育。充分利用全国中小学生学籍信息管理系统，为进城落户居民子女转学升学提供便利。确保进城落户农民子女在落户地报名参加高考，并在户籍和学籍年限符合要求后享受当地的有关录取政策。按照户籍制度改革和转移人口目标要求，科学合理配置教育资源，实现城乡学校合理布局，县域内教师交流实现制度化和常态化。(责任单位：教育厅)

（十五）建立完善农业转移人口培训机制。分类开展转户居民教育培训，以提高农民工就业能力为目标，对劳动年龄段的转户居民进行技能培训，使转户居民由农业向非农产业转移，推动农民工稳定有序融入城镇。组织农村劳动力参加职业技能培训，提高其转移就业能力，促使其在城镇稳定就业。对新招用的农民工，用工企业应根据岗位需求，针对性开展岗前培训，同时，可将其纳入新型学徒制培训，使农民工尽快上岗和稳定就业。对农村劳动力参加职业技能培训和新型学徒制培训的，按规定享受培训补贴。提升教育培训基础能力，建设一批省级劳务培训基地。加强农民工培训基地建设，办好一批适宜转户居民学习、方便转户居民就业的特色专业。到2020年，有培训意愿的城镇失业人员、农民工、新成长劳动力免费接受1次基本职业技能培训。(责任单位：人力资源社会保障厅、教育厅、财政厅)

（十六）积极推进行政区划调整。优化行政区划设置，合理调整增设中小城市和城镇建制，优化大中城市市辖区结构，着力解决城镇规模和空间结构不合理的问题。积极支持符合条件的县撤县设市(区)，壮大城区规模，拓展城市发展空间。加快区域副中心建设。积极推进撤乡设镇、乡镇合并，加大撤镇设街道办事处力度，扩大县(市)城区规模，增强人口集聚能力。积极探索城镇管理体制改革，适时将条件成熟的城市和县城规划区内的镇改设街道办事处。全面梳理镇一级享有的各项政策，对今后改街道办事处的镇，继续保留原有优惠政策。(责任单位：民政厅、住房城乡建设厅、省编办)

（十七）转变农村、社区管理模式。对符合改居民委员会标准、条件成熟的城中村和城边村，实行"村改居"。建立健全社区民主管理制度，加强财政保障，大力推行社区党组织领导和社区居委会、业主委员会、物业服务企业等参与的综合管理模式。强化农村新型社区物业管理，研究制定切实可行的物业管理办法、服务标准，提高管理效益和服务质量。稳妥推进农村政企分开、政府公共服务和居民自治管理分开，加快推进农村社区建设试点和农村集体经济组织股份制改革，实现集体资产管理与社会事务管理相分离。对经济和就业非农化水平超过70%的农村新型社区，纳入城镇化管理；有条件的地方，可新设镇或街道办事处。(责任单位：民政厅、住房城乡建设厅)

四、保障机制

（十八）加强组织领导。省加快推进新型城镇化工作领导小组办公室(以下简称"省推进办"，设在住房城乡建设厅)，负责牵头组织实施此方案。省直相关部门要密切配合、形成合力，积极推进各自领域重点任务落实。各市(州)、县(市、区)政府作为此项工作的责任主体，要结合工作实际，制定统筹推进的实施意见，加快基础设施和公共服务设施建设，完善公共服务体系，确保完成省政府确定的目标任务。(责任单位：省推进办)

（十九）强化政策支撑。建立农业转移人口和其他常住人口在城镇落户"1+N"政策体系，以本《方案》为"1"，以户籍制度改革、农业转移人口权益保障、土地制度改革和农村集体资产处置等若干政策为"N"，深化政策研究，制定完善配套措施。省发展改革委、住房城乡建设厅负责制定农业转移人口市民化专项规划；教育厅负责制定保障进城落户农民子女受教育权利的实施办法；公安厅负责指导各地完善户籍迁移政策，规范户口登记管理，牵头组织开展户籍人口城镇化率统计工作；民政厅负责做好城市社区管理、社会救助和福利服务设施规划建设；财政厅负责指导各地完善农业转移人口市民化的财政配套政策；人力资源社会保障厅负责完善包括社会保险转移接续办法在内的各项社会保险制度，督促企业依法为农业转移人口缴纳各项社会保险，完善转户居民和农民工的教育培训；国土资源厅负责制定城镇建设用地增加规模同吸纳农业转移人口落户数量挂钩办法；住房城乡建设厅负责指导各地出台解决落户农业转移人口住房保障的实施办法；农业厅负责指导各地制定农村集体经济组织成员资格认定办法，指导各地探索制定农业转移人口农村权益依法自愿退出机制；省卫生计生委负责卫生服务机构的规划设置；

省统计局负责对农业转移人口市民化信息统计，收集各方数据，实现数据的集中共享。

（二十）建立完善农业转移人口落户信息管理系统。以县级为单元，健全农业转移人口统计制度，按照“分类采集、统一管理”的原则，定期统计外来务工人员数据，逐步建立完善农业转移人口信息管理系统。积极推进人口统计、教育、劳动就业、社会保障、计划生育、房屋租赁、救助抚恤等信息系统互联互通，实现跨部门跨地区数据资源共享，为推进基本公共服务均等化和建立农业转移人口市民化相关挂钩机制提供数据保障。公安、人力资源社会保障、统计等部门要加强沟通联系，做好常住人口、户籍人口、流动人口、农民工等相关数据的衔接。建立人口基础信息库和个人公共信用信息数据库，探索构建诚信积分管理机制。（责任单位：省统计局、公安厅、省发展改革委）

（二十一）强化检查考核和审计监管。开展非户籍人口特别是进城农民落户年度动态监测和跟踪分析，通过采取专项督查、自我评估和第三方评估相结合的方式，对相关配套政策实施情况进行跟踪分析，动态调整完善政策，强化政策实施效果。将农业转移人口和其他常住人口在城镇落户纳入新型城镇化工作考核，调整优化考核指标，科学反映各地农业转移人口和其他常住人口在城镇落户工作水平。健全工作督促检查机制，对农业转移人口和其他常住人口在城镇落户有关工作进展情况进行督促检查，特别是户籍、土地、教育、财政、社会保险等群众关注度高的政策，要建立台账清单，明确完成时限，定期督导，确保各级各部门按计划推进各项重点工作。强化审计监督，将农业转移人口和其他常住人口在城镇落户情况和相关配套政策实施情况，纳入全省重大政策措施落实情况跟踪审计范围，重点关注各相关部门、地方政府的具体部署、执行进度、实际效果，及时研究提出解决问题的对策建议。将审计结果及整改情况作为有关部门考核、任免、奖惩领导干部的重要依据。（责任单位：省推进办）

（二十二）加大宣传引导。采取多种方式和渠道，广泛宣传农业转移人口市民化政策内容，提高政策的群众知晓率和社会影响力。及时总结提炼城镇化综合试点及各地经验做法，利用报纸、广播、电视、网络等媒体，广泛宣传工作中涌现出的先进典型，营造全社会关心、支持、参与农业转移人口市民化的良好环境。（责任单位：省推进办）

四川省人民政府办公厅关于支持返乡下乡人员创业创新促进农村一二三产业融合发展的实施意见

川办发〔2017〕32号

各市（州）人民政府，省政府各部门、各直属机构，有关单位：

为贯彻落实《国务院办公厅关于支持返乡下乡人员创业创新促进农村一二三产业融合发展的意见》（国办发〔2016〕84号）精神，鼓励和支持我省返乡下乡人员创业创新，加快推进我省农村一二三产业融合发展，经省政府领导同志同意，现提出如下实施意见。

一、支持返乡下乡人员创业创新

（一）突出创业创新领域。发展优势特色产业，鼓励返乡下乡人员充分利用地方资源优势，瞄准市场需求，科学规划种养业项目，合理布局规模化养殖场，大力发展优质粮油、蔬菜、水果、茶叶、中药材、蚕桑等特色产业，引导发展牛、羊等草食牲畜、特色小家禽、水产业。推动农产品加工提档升级，鼓励发展农产品产地初加工，开展产地清洗、筛选、分级、烘干、储藏、包装、贴牌等商品化处理。发展农产品精深加工，通过产业链纵向和横向延伸，提升农业价值链。发展休闲农业、创意农业和乡村旅游、林业生态旅游、民族风情旅游、传统手工艺、农业博物馆、养生养老、森林康养、中央厨房，支持打造农业景区景点、农业主题公园、森林公园、森林（花卉）专类公园、休闲农庄、休闲农业专业村、以文化为主的特色风情小镇等。（农业厅、省旅游发展委、省经济和信息化委、省发展改革委、文化厅、林业厅等负责）

（二）搭建创业创新平台。依托国家现代农业示范区、农业科技园区、省级现代农业产业融合示范园区以及专业市场、农民合作社、农业规模种养基地等，试点探索政府与社会资本合作（PPP）模式建设返乡下乡人员创业创新公益性孵化园区（基地），培育打造命名一批布局合理、种养结合、链条完整、功能多样、业态丰富、要素聚集、保障有力的省级示范农村创业创新园区（基地），引导返乡下乡人员向园区集中。鼓励产业园区、小企业创业示范基地、众创空间、创新创业孵化器等开辟专门区域，为返乡下乡人员提供创业创新空间。引导返乡下乡人员成立农业社会化服务组织，开展农资配送、病虫害统防统治、托管服务、代耕代种、农机作业服务、农业废弃物处理、农业信息咨询等多元有偿服务。实施“互联网+”现代农业行动计划，推进移动互联网、物联网、云计算、大数据等与现代农业结合，建立新型农业信息综合服务平台，促进智慧农业、精准农业发展。大力发展农村电子商务，促进电商与农村经营主体有效结合。（农业厅、省发展改革委、科技厅、省经济和信息化委、财政厅、人力资源社会保障厅、商务厅、文化厅、林业厅、团省委等负责）

（三）培育创业创新主体。鼓励和支持农民工、农民企业家、大中专毕业生、未计划安置军人（含军官、士官、士兵）、科技人员、留学回国人员、青年、妇女等返乡下乡人员到农村创业创新，充分利用自身优势和特长，创办领办家庭农场、农民合作社、农业企业、农业社会化服务组织等新型农业经营主体，并与实力强的精深加工企业联合与合作，组建行业组织或联盟。针对返乡下乡人员创办的家庭农场，达到农业适度规模经营标准后，可纳入政策支持范围。鼓励返乡下乡人员创办领办的农民合作社申报、实施和承接财政支农和政府购买服务项目，相关扶持政策向规范化、示范性农民合作社倾斜，实行财政补助形成资产转交农民合作社持有和管护。鼓励返乡下乡人员采取直接投资或参股经营组建合作制、股份合作制和股份制企业，发展壮大农业企业。鼓励农业企业吸纳农民特别是贫困农民就业，带动农户和农民合作社发展适度规模生产和产业化经营。（农业厅、人力资源社会保障厅、林业厅、科技厅、财政厅、省经济和信息化委、团省委、省妇联等负责）

二、完善支持创业创新政策措施

（四）优化市场准入制度。全面实施“先照后证”改革，严格执行前置审批事项指导目录，对法律法规规定不需要办理行政许可的一般经营项目，企业可向工商部门直接申请登记经营。开展企业“三证合一”“五证合一”登记改革，除法律、行政法规另有规定外，取消有限责任公司最低注册资本3万元、一人有限责任公司最低注册资本10万元、股份有限公司最低注册资本500万元的限制。放宽无产权证明房屋作为经营性用房的企业住所或经营场所登记限制，对利用家庭住宅或租用居民住宅申请从事电子商务、设计等不影响居民正常生活的创新型企业，经利害关系人同意，允许将其住宅登记为经营场所。优化返乡下乡人员个体经营注册登记服务，推进个体工商户“三证整合”，对个体工商户转型为企业的，原则上准予保留原字号名称。允许具有农民身份的返乡下乡人员以土地承包经营权的收益权出资组建专业合作社。（省工商局等负责）

（五）创新农村金融服务。鼓励开发符合返乡下乡人员需求的信贷产品和服务模式，落实财政贴息、融资担保、扩大抵（质）押物范围和涉农信贷投放等综合措施，加强返乡下乡人员的农村基础金融支付结算服务。优先支持金融机构到县域及乡镇布网设点，落实涉农贷款增量奖励政策。稳妥推进农村承包土地经营权、农民住房财产权抵押贷款试点，积极开展土地流转收益保证贷款和林权抵押贷款业务，探索权属清晰的农业设施、大中型农业机械等动产和不动产抵押贷款业务，有效服务返乡下乡人员创业创新。加大特色农业保险支持力度，鼓励探索开展价格指数保险、收入保险、信贷保证保险、农产品质量安全保证保险、农业社会化服务保险等创新试点。推动符合条件的农业企业对接多层次资本市场，银行间直接债务融资市场，通过多种方式实现融资。支持贫困地区用好用足《中国证监会关于发挥资本市场作用服务国家脱贫攻坚战略的意见》（证监会公告〔2016〕19号）。（人行成都分行、四川银监局、四川证监局、四川保监局、财政厅、农业厅、林业厅等负责）

（六）加大财政支持力度。将符合条件的返乡下乡人员创业创新项目纳入强农惠农富农政策支持范围。新型职业农民培育、农村一二三产业融合发展、农业生产全程社会化服务、政府购买服务、农产品加工、农村信息化建设等各类财政支农项目，要将符合条件的返乡下乡人员纳入扶持范围。符合支持条件的创新政策，要向返乡下乡人员创业创新延伸覆盖。改革财政资金使用方式，整合用好全省各类产业发展资金，各级政府设立的中小企业发展基金、产业发展引导基金，要将符合投资方向的返乡下乡人员创业创新项目纳入基金项目库。对于进入省级小企业创业示范基地的科技型小微企业，给予企业50%的厂房租金补助。切实落实好对小微企业等的税收优惠政策和普遍性降费政策。（财政厅、省国税局、省地税局、教育厅、科技厅、省经济和信息化委、人力资源社会保障厅、农业厅、林业厅、团省委、省妇联等负责）

（七）完善用地用电支持措施。在符合土地利用总体规划和县域乡村建设规划的前提下，积极采取多种措施为返乡下乡人员农村产业融合发展提供用地支持。农村集体经济组织可以依法使用建设用地自办或以土地使用权入股、联营等方式与返乡下乡人员共同举办住宿、餐饮、停车场等旅游接待服务企业。返乡下乡人员可以利用自有住宅或者其他条件依法从事旅游经营。农林牧渔业产品初加工项目，在确定土地出让底价时，可按不低于所在地土地等别相对应工业用地出让最低价标准的70%执行。返乡下乡人员发展农业、林业培育和种植、畜牧业、渔业生产、农业排灌用电以及农业服务业中的农产品初加工用电，均执行农业生产电价。（国土资源厅、省发展改革委、住房城乡建设厅、农业厅、林业厅、省旅游发展委、国网四川电力等负责）

（八）支持创业创新培训。实施农民工等人员返乡创业培训五年行动计划和新型职业农民培育工程、农村青年创业致富“领头雁”计划、贫困村创业致富带头人培训工程、农村青年电商培育工程、大学生返乡创业行动、“千乡万村送林技”行动，开展农村妇女创业创新培训。统筹用好各类培训资金，支持开展返乡下乡人员创业创新培训。鼓励高等学校、科研院所等科技人员和返乡创业大学生、农民工、乡土人才等人员参与农村科技创业，并可认定为创业型科技特派员。鼓励各类培训资源参与返乡下乡人员培训，支持各类园区、农业经营主体、星创天地、中高等院校等建立创业创新实训基地，开辟培训新渠道。加强创业辅导培训和科技服务平台建设，遴选一批专业创业辅导师，为返乡下乡人员提供技术指导和跟踪服务。（人力资源社会保障厅、农业厅、教育厅、科技厅、民政厅、林业厅、省扶贫移民局、团省委、省妇联等负责）

（九）健全社会保障机制。返乡下乡人员可在创业地按相关规定参加各项社会保险，按规定将其子女纳入城镇（城乡）居民基本医疗保险参保范围。各市（州）公积金中心要积极研究细化住房公积金支持返乡下乡人员在创业地缴存住房公积金的政策措施，经当地政府批准执行。对返乡下乡创业创新的就业困难人员、离校未就业高校毕业生以灵活就业方式参加社会保险的，可按规定给予一定社会保险补贴。对返乡下乡人员创办的企业，招用就业困难人员的按规定给予社会保险补贴和岗位补贴，对返乡下乡人员创办的小微企业，招用毕业年度高校毕业生的，按规定给予最长一年的社会保险补贴。对返乡下乡人员初始创业失败后生活困难的，可按规定享受社会救助。持有居住证的返乡下乡人员的子女可在创业地接受义务教育，依地方相关规定接受普惠性学前教育。（人力资源社会保障厅、财政厅、民政厅、住房城乡建设厅、教育厅等负责）

（十）强化信息技术支撑。大力实施“宽带乡村”试点工程，推进农村地区宽带基础设施优化升级。发挥电信网、互联网、广播电视网在助推创业创新中的作用，加快“互联网+”政务服务、益民服务、现代农业、电子商务、普惠金融等向农村地区延伸。鼓励信息服务、电子商务提供商面向返乡下乡人员开发信息应用软件，开展农业生产技术培训和信息技术技能培训，提供农资配送、农机作业等农业社会化服务。按规定落实政策措施，支持返乡下乡人员利用新一代信息技术开展创业创新，支持投资入股参与电子商务进村综合示范项目、电子商务精准扶贫项目建设。（省经济和信息化委、省发展改革委、财政厅、商务厅、科技厅、农业厅、林业厅、省国税局、省地税局等负责）

三、加强农村创业创新组织领导

（十一）健全组织领导机制。各级人民政府要强化主体责任，充分认识返乡下乡人员创业创新的重要意义，建立推进农村创业创新部门联席会议制度，把有关工作纳入经济社会发展的重点任务和年度计划，协调解决农村创业创新过程中的重点和难点问题。省直部门要贯彻落实全省返乡下乡人员创新创业联席会议制度的各项部署，加强协调配合，细化配套措施。探索建立领导干部定点联系返乡下乡人员创

业创新制度，深入了解情况，帮助解决实际问题。〔各市(州)人民政府、农业厅、人力资源社会保障厅、林业厅等负责〕

(十二)提升公共服务能力。面向返乡下乡人员，开放县域电商公共服务平台、电商聚集区服务平台，开通政策咨询、市场信息等公共服务通道，详尽介绍当地自然资源和优势条件，以及主要粮油作物和特色经济作物、鲜食品种和加工品种的最佳适宜种植区域，为返乡下乡人员筛选确定种植基地或加工基地提供高效便捷服务。开展返乡下乡人员创业创新的土地流转、项目选择、科技推广、法律法规等方面的专业服务。完善创业服务平台，开展致富带头人考察交流活动，组织科研院所介绍我省农产品加工技术现状及科技成果状况，包括已有的专利、尚未转化的成果、急需的科研成果和技术难题等，促进创业要素有效对接。结合各级农业行业展会和农产品博览会，开展致富带头人产品展示展销推介活动。搭建组织交流平台，建立返乡下乡青年创业协会，团结凝聚农村青年致富带头人。加强返乡下乡人员创业创新统计工作，完善统计指标体系，夯实工作基础。(农业厅、省发展改革委、民政厅、人力资源社会保障厅、商务厅、统计局、林业厅、团省委等负责)

(十三)加强宣传引导。坚持正确的舆论导向，大力弘扬创业创新精神，树立返乡下乡人员先进典型，培育、命名一批省级示范农村创业创新优秀带头人。采取编制手册、制定明白卡、编发短信微信微博等方式，宣传解读支持返乡下乡人员创业创新的政策措施。充分利用广播、电视、报刊以及网站、移动客户端等媒体，大力宣传返乡下乡人员创业创新典型事迹、优秀带头人，分享创业经验，展示创业项目，交流创业信息，发挥示范带动作用。充分调动社会各界支持返乡下乡人员创业创新的积极性、主动性，举办各级涉农产业创业创富大赛、互联网创业大赛、农村电商大赛、创业大讲堂等活动，大力营造创业、兴业、乐业的良好氛围。(农业厅、团省委、林业厅等负责)

四川省人民政府办公厅

2017年4月17日

四川省人民政府办公厅关于加强农产品品牌建设的意见

川办发〔2017〕53号

各市(州)人民政府，省政府各部门、各直属机构，有关单位：

品牌化是农业现代化的重要标志，是建设农业强省的重要驱动力。加强农产品品牌建设，有利于促进传统农业向现代农业转变，有利于提高农产品质量安全水平和市场竞争力，有利于实现农业增效和农民增收。为深入贯彻落实党中央国务院推进农业供给侧结构性改革的决策部署，更好发挥品牌农业的引领作用，提升四川农业产业效益和核心竞争力，助力精准脱贫、全面奔康，推动我省向农业强省跨越，经省政府领导同志同意，现提出如下意见。

一、总体要求

(一)指导思想。积极践行创新、协调、绿色、开放、共享发展理念，以推进农业供给侧结构性改革为主线，以农业标准化、规模化、组织化生产为基础，以市场需求为导向，全面实施农产品品牌"孵化、提升、创新、整合、信息"工程，培育壮大"川"字号农产品品牌体系，提升农业核心竞争力，促进农业提质增效、农民增收奔康，实现四川向农业强省、品牌大省跨越。

(二)基本原则。

坚持市场导向。主动适应市场和消费升级需求，有效开展农产品品牌创建、形象塑造和传播推广，提升全省农产品的市场影响力和竞争力。

坚持质量至上。认真落实"四个最严"要求，坚持产管并重，全程全员全面提升质量，保障和维护品牌农产品"绿色健康、有机生态"的品牌公信力和质量安全。

坚持企业主体。发挥农业企业、农民合作社等新型农业经营主体在农产品品牌建设中的主力军作用，通过标准化生产、规模化经营、规范化管理、文化挖掘和科技创新等手段，创建知名品牌，拓宽推广渠道，提升品牌价值。

坚持政府引导。发挥政府在顶层设计、规划布局、政策支持、标准制定、评选认定、监督管理等方面的引导作用，营造有利于培育和发展农产品品牌的良好环境。

坚持协作共建。整合资源要素，充分发挥政府部门的推动作用、行业协会的组织协调作用、专家的指导作用、媒体的传播作用、社会公众的监督作用，构建各方参与、共建共赢的农产品品牌建设机制。

(三)主要目标。到2020年，全省培育发展农产品省级区域公用品牌5个以上、市县级区域公用品牌100个以上、优质品牌农产品200个以上、"三品一标"产品5600个以上；积极引导新型农业经营主体申报中国驰名商标、地理标志商标、四川省著名商标、国家地理标志保护产品、国家生态原产地保护产品，争创中国质量奖及提名奖、四川天府质量奖及提名奖，创建国家级生态原产地保护示范区、国家有机产品认证示范区等；农产品品牌发展环境明显优化，质量基础有效改善，新型农业经营主体品牌意识不断增强，农产品品牌体系不断壮大，知名度和影响力明显提升，市场消费信心大幅提振，"川"字号农产品唱响国内外市场。

二、重点工作

(四)提升农业标准化生产能力。按照"无标制标，缺标补标"原则，依据国际、国家和行业等标准要求，修改、完善、提升与品牌建设配套的农业产业基地标准、生产技术规程、产品质量标准等，形成一整套品牌农产品"从田间到餐桌"的全程质量控制标准体系。鼓励各类品牌创建主体开展合作，联合开发企业联盟标准。加大已制定标准的宣传贯彻、推广实施，大力组织新型农业经营主体推行标准化生产，加强农产品标准化基地建设，保障农产品优良品质与质量安全。引导和鼓励新型农业经营主体开展良好农业规范(GAP)、"三品一标"产品质量认证和环境认证管理体系(ISO14000)、食品安全管理体系(ISO22000)、食品安全体系规范(HACCP)等标准认证，创建一批国家级、省级有机农产品认证示范区和出口食品农产品质量安全示范区，加强出口备案种植、养殖场监管，大力实施出口食品农产品企业内外销"同线、同标、同质"(以下简称"三同")工程，全面提高农产品标准化生产能力。(农业厅，省质监局、省食品药品监管局、四川出入境检验检疫局，列首的为牵头单位，下同。)

(五)强化农产品质量安全监管。加强农业产地环境监测，统一对品牌农产品开展定期抽检，加强出口农产品质量安全风险检测，建立

健全监测结果通报制度和质量诚信体系。加大农业投入品行政执法监管力度，严厉查处违禁农药生产、销售、使用和非法添加等违法行为。强化省、市、县、乡四级质量追溯管理，搭建品牌农产品质量追溯管理平台，引导农产品品牌企业利用电子信息技术建立物联网质量追溯系统，实现生产记录可存储、产品流向可追踪、储运信息可查询。落实商品质量惩罚性赔偿制度，对违法企业、责任人依法实行市场禁入。（农业厅，省经济和信息化委、省工商局、省质监局、省食品药品监管局、四川出入境检验检疫局）

（六）实施品牌建设"五大工程"。把品牌建设放在突出位置，大力实施农产品品牌"孵化、提升、创新、整合、信息"工程，培育壮大农产品品牌体系。一是实施品牌孵化工程，新增一批新品牌。要做大增量，引导新型农业经营主体，结合当地资源禀赋和特色优势，开展农产品商标和地理标志商标注册工作，大力发展无公害农产品、绿色食品、有机农产品、"三同"产品、生态原产地保护产品和地理标志农产品。选择具有一定规模、知名度和产业基础的企业发展企业自主品牌和产品品牌，新增一批在消费者中有质量信誉、有市场优势的拳头产品。二是实施品牌提升工程，做强一批老品牌。要做优存量，引导已有一定知名度的老品牌，积极争创中国驰名商标、中国质量奖等更高含金量的知名品牌，扶持出口食品农产品质量安全示范区企业实施品牌国际化战略，加大四川品牌农产品生产企业对外官方注册力度，充分发挥出口食品农产品质量安全示范区和"三同"工程品牌的示范带动作用，扩大国内国际影响力和竞争力，促进老品牌做大做强。三是实施品牌创新工程，弘扬一批特色品牌。要强化传统工艺传承和保护，推动产地粗加工和精深加工，增强企业自主创新能力，延伸农产品产业链条，打造特色品牌聚集区（项目），促进农产品品牌消费，激活老字号、焕发新活力。四是实施品牌整合工程，打造一批旗舰品牌。要坚持发展本土品牌与引进品牌相结合，支持中小品牌抱团发展，通过融资、兼并、重组等方式，组建大品牌、大企业、大集团，持续做大做强川茶、川菜、川猪、川果、川药、川丝等具有四川特色产业优势的省级区域公用品牌，依法开展商标注册、证明商标注册和版权登记，获得知识产权保护，打造旗舰品牌，构建产业集群，形成规模效应。五是实施品牌信息工程，培育一批电商品牌。要大力实施"互联网+"四川农产品行动，瞄准电商大市场，抢占新生代消费市场，重点培育扶持一批专业化、本土化的省级农业电子商务平台，着力支持壮大一批有潜力、有亮点的省、市、县三级农业电商企业，支持在各大电商平台设立"川"字号农产品特色馆、精品店，打造一批四川农产品电商品牌，促进线上线下互动融合发展。（农业厅，省发展改革委、省经济和信息化委、商务厅、省工商局、省质监局、省食品药品监管局、省供销社）

（七）创新品牌宣传营销。围绕扩大四川农产品社会影响力、公信度和市场竞争力，着力构建农业品牌宣传、展示、交流、交易平台。挖掘农产品品牌的历史文化内涵，大力发展创意农业，增加农产品文化含量，注重产品包装形象设计，规范产品包装标识，促进产品深度开发和增值。举办四川国际茶业博览会、四川眉山泡菜博览会、中国·四川（彭州）蔬菜博览会等"川"字号农业展会，参加"惠民购物全川行动""川货全国行""万企出国门"等市场拓展活动，向社会集中宣传推介优质品牌农产品，亮好"川"字名片。鼓励农产品品牌企业加强与商贸流通主渠道的对接，推动"川"字号农产品进市场、进商超、进餐企、进网络；支持企业到境内外重点城市开设品牌农产品专营店、设立品牌销售专区。构筑四川品牌农产品宣传网络，支持"川"字农产品品牌在中央电视台、人民日报、四川电视台、华西都市报等国内主流媒体开展专题宣传推介。（农业厅，省发展改革委、省经济和信息化委、财政厅、商务厅、文化厅、省新闻出版广电局、省扶贫移民局、省政府新闻办、四川博览局、省供销社、四川出入境检验检疫局）

（八）做大做强品牌企业。鼓励农产品品牌企业加强科技创新，开展技术研发和技术改造，引进先进设备和技术，提高加工能力，为品牌发展提供持续动力。支持开展主要农产品生产、加工与综合利用关键技术的研究与示范，形成一批推动农业产业拓展和农产品价值提升的关键技术和特色产品。鼓励品牌企业兼并重组和品牌整合，引进国内外知名品牌企业通过股权投资等方式，参与兼并重组，组建大型企业集团，形成规模效应，构建集群发展格局。支持有基础、有条件、有意愿的农产品品牌企业上市融资，改善资本结构，做大做强。（省经济和信息化委，省发展改革委、财政厅、农业厅、省金融工作局）

（九）完善品牌服务体系。坚持主体多元化、服务专业化、运行市场化的方向，构建公益性服务与经营性服务相结合、专项服务与综合服务相协调的新型农产品品牌建设服务体系。强化人才支撑，建设门类齐全、结构合理、梯次发展的农产品品牌专业人才队伍，培养造就一批具有国际视野、品牌意识的企业家。鼓励发展一批农业品牌建设中介服务组织和服务平台，提供农业品牌设计、营销、咨询等专业服务。注重发挥行业协会、商会等社会组织在品牌整合、市场策划、行业自律等方面的积极作用。支持品牌主体之间开展生产、销售、信用等多形式、多内容、多层次合作，实现多主体联合发展。引进新兴业态和新型商业模式，促进品牌产业融合，延伸产业链、提升价值链。发挥农产品品牌专家的智库作用，对品牌建设给予指导，为品牌培育和发展工作"把脉""会诊"及开展跟踪式服务，助推农产品品牌健康发展。（农业厅，省发展改革委、省经济和信息化委、教育厅、民政厅、财政厅、人力资源社会保障厅、省工商局、省质监局）

（十）加强品牌保护监管。建立严谨公正评价体系，科学设置与量化考核我省农产品品牌的真正价值和真实竞争力。通过品牌评价，将认定的具有较大影响力和较强品牌价值的农产品品牌纳入四川省知名产品品牌目录。完善品牌认证登记保护、产品防伪标识使用和证后监管，对认定的品牌农产品实行动态监管，构建能上能下、优胜劣汰的准入和退出机制。破除地方保护和行业壁垒，有效预防和制止各类垄断行为和不正当竞争行为，维护公平竞争的市场秩序。加强商标管理，防止商标恶意抢注和侵权行为。建立产品质量、知识产权等领域失信联合惩戒机制，严厉打击侵犯知识产权和制售假冒伪劣商品行为，健全失信黑名单制度，提高失信成本，切实保护农产品品牌形象。（省工商局，农业厅、商务厅、省质监局、省食品药品监管局）

三、保障措施

（十一）加强组织领导。各市（州）人民政府要将农产品品牌建设纳入重要议事日程，明确目标任务，加强督促考核，形成上下联动、多方配合的工作格局。各地要加强品牌发展工作的顶层设计和统筹规划，突出地方资源特色、品质特色、功能特色、历史沿革和文化内涵，引导品牌发展合理布局，制定并实施农产品品牌建设规划，把品牌战略落到实处。省直有关部门（单位）要统一思想，各司其职，密切协作配合，共同推动农产品品牌建设。各级农业部门要强化管理服务和技术

指导，加强农产品品牌经济研究，落实专门机构和人员从事农产品品牌建设工作。

（十二）加大政策支持。各地要建立品牌发展的政策激励机制，大力支持品牌创建、品牌认证、质量提升、技术创新、品牌宣传推广等。依托实施现代农业发展工程、农业改革科技创新示范奖补等项目，支持原生地品种保护开发、农业品牌科技创新等品牌农业生产重点环节；支持优势区域公用品牌、重要产品品牌、重点企业品牌开展宣传推广、营销推介、电子商务；支持科研院校等智库开展农业品牌研究服务；支持政府购买农业品牌研发成果；支持开展农产品品牌培训。

（十三）营造良好氛围。大力宣传农产品品牌建设的典型经验和扶持政策，推广普及农产品商标注册、“三品一标”、区域公用品牌等相关知识，提高全社会品牌意识。发动社会各界力量，关注“川”字号农产品品牌成长，讲好“川”字号农产品品牌故事，营造良好社会氛围。

四川省人民政府办公厅

2017年5月31日

四川省人民政府办公厅关于支持新型农业经营主体开展农业社会化服务的指导意见

川办发〔2017〕55号

各市（州）、县（市、区）人民政府，省政府各部门、各直属机构：

为健全农业社会化服务体系，推进我省现代农业加快发展，经省政府领导同志同意，现就支持新型农业经营主体开展农业社会化服务提出如下意见。

一、总体要求

（一）指导思想。牢固树立绿色发展理念，以发展现代农业为目标，以组织创新、制度创新、管理创新为主线，搭建服务平台，拓宽服务领域，完善扶持政策，支持新型农业经营主体开展农业社会化服务，为发展现代农业提供强有力支撑。

（二）目标任务。力争到2020年，在全省基本建成以公共服务机构为依托、新型农业经营主体为骨干、其他社会力量为补充、公益性服务和经营性服务相结合的新型农业社会化服务体系；新型农业经营主体引领带动农户占农户总数50%以上，开展农业社会化服务的新型农业经营主体占总数40%以上；主要农作物耕种收综合机械化水平达到63%以上，耕地适度规模经营率达到25%以上。

二、强化主体培育

（三）鼓励发展种养大户。鼓励新型职业农民、农村经纪人、高校毕业生、退役军人、返乡创业农民工以及农业科技人员从事农业创业，采取流转土地、投资入股、合作经营等多种方式扩大种养规模，发展规模种养大户。

（四）大力培育家庭农场。鼓励和支持有一定生产规模、有较高管理能力的种养大户成立家庭农场，发展农业适度规模经营，引导符合条件的家庭农场进行工商登记。开展示范性家庭农场创建活动，培育一批特色鲜明、优势突出、效益良好的示范场，引领家庭农场健康发展。

（五）加强农民合作社建设。大力发展专业合作、股份合作、社区合作等多种形式的农民合作社，推动区域合作和同业联合发展，培育壮大农民合作社。规范农民合作社会计核算和财务管理，健全民主决策和盈余分配制度。深入开展农民合作社示范社创建行动，实施动态监测，着力提高农民合作社发展质量。以有完善的装备设施、良好的运行机制、健全的管理制度、较大的服务规模、特色主导产业、自主商标品牌、显著的综合效益为目标，深入开展全国农机合作社示范社创建行动，引导农机合作社建立育秧中心、农事服务超市、加工中心、烘干中心、培训中心，为农业生产提供全面、全程农机化服务。

（六）做大做强农业企业。鼓励农业企业通过强强联合、兼并重组等方式，建立农业产业化经营集团，推动农业企业做大做强。支持农业企业建立原料生产基地，发展农产品加工业，建设仓储物流设施，实施品牌发展战略，着力提升市场竞争能力。加强农业企业与其他农业经营主体的联合与协作，着力完善利益联结机制，让农户分享产品销售、加工、储藏、物流等环节的收益。培育农业高新技术企业，发展农业高新技术产业。鼓励国有农场、国有林场、国有林业局与农户、新型农业经营主体开展股份合作、联合经营。

（七）深化供销合作社改革。加快建设县级农村综合服务指导中心、乡镇农村综合服务站、村级综合服务社，大力实施基层示范社建设工程，积极发展生产合作、供销合作、消费合作、信用合作，探索开展新型农村合作经济组织联合会试点。大力推广土地托管、土地股份合作经营等规模化服务，依托特色农业产业，加快农产品生产基地、品牌、冷链物流体系建设。稳步开展农村合作金融服务，发展农村资金互助合作服务，建设优质农产品交易供销体系。做强经营服务体系，做大做强社有企业，重组省级供销企业集团，探索供销社助力脱贫攻坚新模式新机制。

三、拓宽服务领域

（八）农资采供服务。支持新型农业经营主体建立健全农资配送中心、连锁超市、便利店等服务网络，集中采购和供给农业投入品，开展进村入户推介活动，提高集中采供率，减少流通环节。

（九）产品营销服务。支持新型农业经营主体建立完善农产品营销网络，开展农超、农社、农校、农企对接，促进产销有效对接。鼓励新型农业经营主体参加中国国际农产品交易会、中国西部国际博览会等各类展示展销活动，支持有条件的农业企业、农民合作社赴省外、国外参加农产品博览会，拓展国内外市场。

（十）农业科技服务。支持新型农业经营主体开展农业新品种、新技术的示范和推广，提升农产品科技含量。鼓励农业科研院校、技术专家、基层农技人员与新型农业经营主体开展科技对接，加快农业科技成果转化。建设科技特派员站点、“星创天地”等新型科技服务体系。支持新型农业经营主体承接农机化生产试验示范、政府购买社会化服务等各类涉农财政项目，积极推广先进适用的农机化技术和装备，为主要农作物生产开展耕整、播种、植保、收获、烘干、秸秆处理提供全程机械化服务，实现节本增效。

（十一）统防统治服务。支持新型农业经营主体开展农作物、林业有害生物和家畜禽病虫害统防统治，降低防治成本，提高防治效果。支持有条件的新型农业经营主体承担公益性服务，利用公益性服务设施提供专业化服务。支持新型农业经营主体开展养殖业废弃物、农作物秸秆、农膜等废弃物资源化利用，减少农业面源污染，改善农业农村生态环境。

（十二）农业信息服务。支持新型农业经营主体加强农业信息化建设，提供电子商务、市场需求、产品价格、物流支撑等信息服务，推进物联网、云计算、移动互联等现代信息技术和农业智能装备在农业生产经营领域应用。

（十三）产品质量监测服务。支持新型农业经营主体购置农产品质量检验检测设施设备，建立农产品质量追溯管理制度和自检制度，推进产品检测、质量追溯信息化管理。

（十四）法律政策咨询服务。支持新型农业经营主体围绕农业生产、产品营销、市场经营、物流配送等各个环节，提供政策咨询、种养技术、市场信息等服务，满足新型农业经营主体和农民群众实际需要。

四、创新服务方式

（十五）推行合作式服务。鼓励新型农业经营主体与服务对象采取共营共管、入股分红、技术承包、利益返还等服务模式，在农业生产、产品销售、冷藏保鲜、产品加工、市场营销等环节开展联合与合作，形成经济利益共同体，共享经营成果。

（十六）推行订单式服务。鼓励新型农业经营主体根据服务对象和消费者的个性化需求，在双方自愿选择、协商一致的基础上，签订服务合同，约定服务内容、服务质量、服务费用、权利义务以及违约责任，提供一对一的精细化服务。

（十七）推行托管式服务。鼓励服务对象就耕、种、管、收等生产环节，烘干、储藏、保鲜等加工环节，以及动植物保护、疫病防治等服务环节中的一个或多个环节，签订托管协议，委托新型农业经营主体生产、经营和管理。

（十八）推行对接式服务。鼓励新型农业经营主体根据自身服务能力，主动与服务对象互动对接，开展机械作业、产品营销、人才培养、农业科技等服务，满足服务对象特定需求。

（十九）推行全程式服务。鼓励新型农业经营主体利用其技术、人才、资金、设备、管理以及产品品牌、电子商务、营销网络、物流设施等优势，向服务对象提供产前、产中、产后全程化、保姆式服务。

五、加大政策扶持

（二十）加强公共财政扶持。鼓励和支持各地用好现有农业社会化服务建设方面资金，积极整合新型农业经营主体培育、农民培训等方面支持政策，不断培育和壮大农业生产经营主体。鼓励各地通过购买服务等方式，支持新型农业经营主体参与农业社会化服务、承担农业公益性服务项目。允许财政支农项目直接投向符合条件的新型农业生产经营主体，深入推进财政支农项目资金形成资产股权量化改革。

（二十一）加强用地用电扶持。按照国土资源部和农业部《关于进一步支持设施农业健康发展的通知》（国土资发〔2014〕127号）的规定，依法保障新型农业经营主体开展生产经营和社会化服务的设施农业、辅助设施、配套设施用地以及服务设施用地；符合按农用地管理规定的，不再办理农用地转用审批手续；涉及林地占用的，按林地占用相关法律法规办理审核审批手续。市、县两级要统筹安排使用年度建设用地指标，积极保障新型农业经营主体进行农产品加工、仓储物流、产地批发市场、机（具）库棚、烘干车间、粮油仓储、维修车间等设施建设合理用地需求。新型农业经营主体开展农业生产和农产品初加工用电，按农业生产用电价格执行。

（二十二）加强税收政策扶持。落实农产品初加工所得税优惠政策。开展农业社会化服务的新型农业经营主体，符合西部大开发税收优惠政策条件的，减按15%的税率征收企业所得税。符合小微条件的新型农业经营主体开展生产经营和社会化服务，按规定享受国家对小微企业的税收优惠政策。

（二十三）加强金融保险支持。金融机构要加强新型农业经营主体信用体系建设，推行主办行制度，简化贷款流程，对信誉较好的新型农业经营主体推行“一次授信，随借随还”；开发适合新型农业经营主体的金融产品和服务，开展应收账款质押、仓单质押、经营（服务）合同质押和动产抵（质）押贷款；全面推行农村土地流转收益保证贷款，按国家有关规定开展农村承包土地经营权和农民住房财产权抵押贷款试点，推进“两证一社”林权贷款改革试点；有条件的地方，按规定对符合支持政策的新型农业经营主体贷款给予财政贴息。建立涉农贷款风险分担机制，农业担保公司要积极为符合条件的新型农业经营主体开展社会化服务提供贷款担保服务。保险机构要开发适合新型农业经营主体生产经营和服务业务的商业保险产品，对从业人员提供人身意外伤害保险。

（二十四）加强人才培养支持。开展新型职业农民认定，以新型农业经营主体带头人为重点培训对象，大力培养新型职业农民、农村实用人才，着力培育一批懂技术、会经营、善管理的农业经营管理人才，着力培育一批耕、育、插、防、收等各环节农机熟练操作手。坚持分类别、分层次、分行业培训，每年开展新型农业经营主体骨干管理人员专题培训。

六、强化组织保障

（二十五）加强组织领导。各级人民政府要进一步提高思想认识，高度重视农业社会化服务工作，将农业社会化服务体系建设作为深化农村改革的重要内容，制定配套政策，落实推进措施，为新型农业经营主体开展农业社会化服务提供强有力的组织保障。

（二十六）明确部门分工。各级农业行政主管部门负责农业社会化服务体系建设工作，认真做好综合协调、业务指导、检查督促和组织实施；各级发展改革、财政、国土资源、税务、工商、科技、金融、保险、电力、供销等相关部门（单位）要按照各自职责，加强配合，通力协作，共同推进农业社会化服务工作。

（二十七）坚持示范带动。在全省组织开展农业社会化服务示范县和示范主体创建行动，扩大农业全程社会化服务试点范围，加大政府购买公益性服务补助力度，总结典型经验，推广创新做法，不断提升农业社会化服务水平。

（二十八）建立奖惩机制。建立和完善新型农业经营主体承担农业社会化服务项目绩效考评办法，每年开展一次绩效考评。考评工作由各级农业行政主管部门牵头组织实施，对服务质量好、社会效益高、诚实守信的新型农业经营主体给予一定资金奖励，对服务质量差、服务时效不及时、弄虚作假的新型农业经营主体予以通报批评并取消其承担农业公益性服务项目的资格。

四川省人民政府办公厅
2017年6月8日

四川省人民政府办公厅关于加强建制村联网路和村内通组路建设工作的指导意见

川办发〔2017〕62号

各市(州)、县(市、区)人民政府,省政府各部门、各直属机构,有关单位:

为深入贯彻落实《国务院办公厅关于创新农村基础设施投融资体制机制的指导意见》(国办发〔2017〕17号),加强农村交通基础设施建设,经省政府领导同志同意,现就加强我省建制村联网路和村内通组路建设工作提出如下意见。

一、总体要求

(一)指导思想。牢固树立和贯彻落实创新、协调、绿色、开放、共享的发展理念,坚持政府引导、科学规划、多措并举,在确保实现"乡乡通油(水泥)路,村村通硬化路"目标的基础上,引导具备条件的地区积极推进建制村联网路和村内通组路建设,进一步完善农村交通网络,切实增强农村道路通行保障和服务发展能力,提升交通基本公共服务水平,为巩固脱贫攻坚成果和全面建成小康社会提供有力的交通支撑。

(二)主要目标。以构建和完善外通内联、通村畅乡的农村交通网络为目标,以服务农村重要聚居点出行及农业产业、乡村旅游发展需要为重点,着力推进建制村联网路和村内通组路建设。到2025年,农村主要居民聚居点、重要农业产业园区、乡村旅游景点实现道路基本覆盖,具备条件的建制村联网路基本打通、村内通组路不断延伸,农村交通网络进一步完善,服务"三农"能力明显增强,基本适应幸福美丽新村建设和农业产业发展需要。

二、主要措施

(三)科学编制道路规划。合理布局建制村联网路和村内通组路网络,紧密衔接精准扶贫及农业产业布局、乡村旅游发展、幸福美丽新村建设等规划,促进道路与农业产业和人居环境融合发展。

(四)突出重点有序推进。基本实现乡镇和建制村通硬化路的地区,可根据经济发展水平和群众出行需求,以人为本,因地制宜,科学合理确定建设目标和建设时序,有序推动建制村联网路和村内通组路建设。

(五)明确项目实施方式。各县(市、区)要建立合法规范的管理流程,公开公平处理好建设管理相关事宜,可采取县(市、区)、乡(镇)打捆或村民委员会"一事一议"决策等多种方式组织项目实施。

(六)加强引导广泛参与。尊重农民主体地位,加强宣传教育,调动农民作为直接受益主体的积极性,发挥其在建制村联网路和村内通组路决策、投入、建设、管护等方面的作用,鼓励企业、社会组织、个人通过捐助、结对帮扶、包村包项目等形式,支持项目建设和养护管理。尊重村民意愿,严格执行有关规定,不得向农民强行集资和摊派。

(七)合理确定技术标准。各地要根据道路功能定位、自然地理条件和经济发展水平,科学确定技术标准和建设规模。建制村联网路和村内通组路可参照执行村道公路建设标准。尽可能利用原路改造、少占用耕地,减少对生态环境的影响。鼓励因地制宜、就地取材,确保道路建得成、易维护。

(八)规范建设养护管理。县(市、区)人民政府要出台建制村联网路和村内通组路管理办法,完善建设养护机制,规范项目实施程序和建设养护管理。整合力量强化政府对工程建设的监管,推行项目建设"七公开"制度,主动接受社会监督,全面提升工程质量水平。建立村规民约、"建养一体化"、政府购买服务等多形式的养护管理制度,合理确定养护资金补助标准,保障道路长期发挥效益。

三、组织保障

(九)落实县级主体责任。县(市、区)人民政府是建制村联网路和村内通组路建设、管理、养护和安全监管的责任主体,要参照农村公路"建好、管好、养好、运营好"的总体要求,充分发挥组织领导、统筹协调作用,科学编制建设规划,实事求是确定建设目标,做好要素保障。进一步完善农村道路交通安全监管工作机制,落实乡(镇)人民政府农村客运安全监管责任,强化交通安全管理。

(十)建立联动推进机制。市(州)人民政府要制定工作方案,完善相关配套措施,督促指导县(市、区)人民政府有序推进项目建设、养护工作,确保各项措施落到实处。各级农业、发展改革、财政、国土资源、住房城乡建设、交通运输、水利、扶贫等部门加大指导协调和支持力度,协同推进、形成合力,支持建制村联网路和村内通组路建设。

(十一)强化政策资金支持。县(市、区)人民政府要积极增加本级财政预算投入,有条件的县(市、区)可按照国务院和省政府相关规定,结合农业产业发展和农村基础设施建设项目,统筹规划、整合资金,加快推进建制村联网路和村内通组路建设。各级各有关部门要积极创新资金筹措方式,争取中央资金和政策性金融机构支持。支持通过政府和社会资本合作模式,引导社会资本投入,鼓励采取出让道路冠名权、广告权、相关资源开发权等方式拓宽资金渠道。

四川省人民政府办公厅

2017年6月29日

四川省人民政府办公厅关于加快农产品加工业发展的实施意见

川办发〔2017〕78号

各市(州)人民政府,省政府各部门、各直属机构,有关单位:

为贯彻落实《国务院办公厅关于进一步促进农产品加工业发展的意见》(国办发〔2016〕93号)精神,推进农业供给侧结构性改革,推动全省农产品加工业转型升级,提高发展质量和效益,助力脱贫攻坚,结合我省实际,现提出以下实施意见。

一、总体要求

(一)指导思想。

深入学习贯彻习近平总书记系列重要讲话精神,全面贯彻落实党

中央、国务院和省委、省政府的决策部署，紧紧围绕统筹推进“五位一体”总体布局和协调推进“四个全面”战略布局，牢固树立“五大发展理念”，以创新驱动为引领，深入推进农业供给侧结构性改革，以满足人民群众日益增长的中高端消费需求为目标，以提高发展质量和效益为中心，加快农业产业结构调整和转型升级步伐，着力培育食品饮料万亿产业，全力构建技术先进、安全健康、供给充足的现代农产品加工业体系，为实施“三大发展战略”，实现“两个跨越”奋斗目标，提供坚实有力的增长动力和产业保障。

（二）基本原则。

夯实产业基础，着力转化增值。坚持以农为本，大力发展优质、高效的现代农业，夯实农产品加工业发展基础。坚持新型工业化导向，发展深加工，提高利用率，延伸产业链，完善产品链，提升价值链，提高农产品附加值。

坚持创新驱动，促进提质增效。汇聚国内外农产品加工科教资源，培养创新人才和团队，增强持续创新能力。强化农产品加工科技创新转化平台建设，协同创新共性关键技术，促进成果转化应用，提高企业技术、产品的科技含量和质量。

坚持绿色发展，保障质量安全。按照资源节约、环境友好的要求，采用先进工艺和技术，推进节能减排、清洁生产、绿色加工。大力推进质量标准化建设，发展优质安全、营养健康、绿色生态的加工产品，建立产品质量追溯体系。

坚持市场导向，强化政策支持。发挥市场在资源配置中的决定性作用，以市场需求为导向，促进企业转型发展。完善机制体制，创设并落实财税金融政策，提升政府服务效能，保障产业健康发展。

（三）主要目标。

到2022年，全省规模以上农产品加工企业工业总产值达到2万亿元，年均增长10%左右。产业结构不断优化，形成以食品饮料为支柱，轻工纺织、现代中医药为支撑的产业体系。企业自主创新能力不断提高，新技术、新产品、新业态不断涌现。产品质量明显提升，对企业形象塑造和品牌传播形成有力支撑，“四川造”农产品加工产品在全国的市场占有率大幅提升。产业带动能力显著增强，农产品初加工率达到60%，农产品加工业总产值与农业总产值比达到2.6∶1。

二、重点工作

（四）优化产业结构。

培育食品饮料万亿产业。巩固提升行业优势，重点发展名优白酒、粮油食品和肉食品3个千亿元产值产业。支持产品创新，将泡菜和复合调味品、名优茶、新型果蔬饮料等分别培育成500亿元产值的特色产业。顺应消费升级，大力推进主食工业化、乳制品、功能性膳食纤维、特殊人群营养保健食品和药食同源食品等新产业加快发展。推进地方特产食品、传统“老字号”产品创新，满足消费新需求。加快实施马铃薯主粮化战略，引导马铃薯由副食消费向主食消费转变。（责任单位：省经济和信息化委、省发展改革委、农业厅、商务厅、省食品药品监管局。列首位的为牵头单位，下同）

推动轻纺产业转型升级。以日用生活消费品个性化需求为导向，强化研发设计，实施个性定制和柔性生产。开展“产品+文化”活动，引导纺织、服装、制革、家居行业与文化创意设计结合，推进轻纺产业向高端和服务化转型。大力发展丝绸、苎麻、竹纤维深加工，创新织造工艺技术，融入现代设计理念，向消费者提供物美价廉、实用性强的天然面料服装和工艺美术系列产品。（责任单位：省经济和信息化委、农业厅、林业厅、商务厅、文化厅）

推进循环利用产业发展。大力发展精深加工，以农产品及其加工副产物食用、药用功能性成分提取为重点，提高原料高值化利用率。加快推进秸秆、米糠、麦麸、油粕、糟渣、果皮、蚕茧、动物内脏和骨血深度开发，生产食用性蛋白、生物基纤维、生物制品等高附加值产品，提升农产品加工业增值空间。（责任单位：省经济和信息化委、省发展改革委、农业厅、林业厅、省卫生计生委、省食品药品监管局）

（五）培育经营主体。

培育重点龙头企业。深入实施大企业大集团战略，强化核心竞争力培育，在食品饮料产业培育10个主业突出、技术先进、产值超百亿元的大企业大集团。把大项目推进作为加快培育龙头企业的重要途径，以重大项目为载体，鼓励企业加大有效投入，增强经营实力。引导龙头企业通过收购、兼并、参股、品牌联盟等多种形式推动行业整合；鼓励优势行业的龙头企业到省外、境外投资建设加工基地。（责任单位：省经济和信息化委、省发展改革委、农业厅、林业厅、商务厅、省投资促进局）

促进中小微企业成长。加快农产品加工中小微企业梯度培育，鼓励创办新企业，扶持骨干型企业跨阶成长，夯实产业递进发展基础。实施专精特新工程，加快培育一批有优势产品、有品牌价值、有稳定市场的中小企业。推动上下游关联企业开展产业协作，增强特色中小型企业为龙头企业服务配套和抗风险能力，实现产业链协同发展。（责任单位：省经济和信息化委、农业厅）

提升经营管理水平。推进建立现代企业制度，规范企业法人治理结构，加快经营、管理模式创新。组织开展与同行业标杆企业对标活动，逐步缩小与国内外同行先进水平的差距。加强企业家队伍，核心人才梯队建设和技能型人才培养，形成一批创新意识和领导能力强、专业化的管理人才团队和职业素养高的职工群体。（责任单位：省经济和信息化委、省发展改革委、人力资源社会保障厅、农业厅）

（六）优化产业布局。

集中发展产地初加工。依据我省现代农业发展规划，引导农村经营主体集中发展农产品产地初加工。支持新建、改建清选分级、储藏、保鲜、烘干、包装等设施、设备，提高农产品商品化处理率。加快初加工适用技术推广和产地配套项目实施，提高农产品优质、保量向市场和加工企业供应能力。（责任单位：农业厅、省发展改革委、财政厅、林业厅、省粮食局）

推进园区和食品基地建设。不断调整优化生产力布局，依法开展规划环评，引导农产品加工企业新增产能和投资引进项目向工业园区集中，在全省形成10个特色鲜明、主业突出的农产品加工产业园。选择一批基础设施完善、社会化服务体系健全的农产品加工产业园，开展现代食品工业示范基地建设，促进产业集聚、功能配套、资源共享。（责任单位：省发展改革委、省经济和信息化委、环境保护厅、农业厅、林业厅）

（七）强化创新驱动。

构建自主创新体系。大力推进全面创新改革试验，建立政产学研用协同创新机制，优化资源配置，促进科技创新，加快成果转化。强化企业创新主体地位，鼓励企业加大投入，牵头建立农产品加工产业技术研究院、制造业创新中心、企业技术中心、农产品加工重点实验室、工程试验室、工程（技术）研究中心等创新平台。贯彻落实激励科技人员创新创业的政策，优化创新创业环境，激发创新创业活力。（责任单位：科技厅、省发展改革委、省经济和信息化委、教育厅、农业厅）

加快企业技术改造。全面对接国家实施的新一轮技术改造升级工程。围绕增加效益、创新产品、提升质量、节能环保等要求,鼓励企业加大技改投入。通过自主研发和引进消化相结合,推广运用新工艺、新技术、新装备,淘汰落后产能,提高集成化、自动化、智能化装备水平,建设一批现代化的农产品加工企业。(责任单位:省经济和信息化委、省发展改革委、科技厅、农业厅、林业厅)

推进"两化"深度融合。推进移动互联网、物联网、大数据、云计算等新一代信息技术在农产品加工全产业链各领域应用。实施"互联网+四川制造"行动,以协同制造推动农产品加工业个性化、定制化新业态发展。在食品、纺织、家具等行业推行"信息化和工业化深度融合"试点和管理体系贯标。支持企业建设数字化车间,开展智能工厂示范,提高智能制造水平。(责任单位:省经济和信息化委、省发展改革委、科技厅、农业厅、林业厅、商务厅)

(八)推进融合发展。

推进农村产业融合发展。鼓励农产品加工企业通过直接投资、参股经营、签订长期合同等方式,建设标准化、规模化的原料生产基地,带动农村新型经营主体发展适度规模经营。支持茶叶、花卉、林果、水产养殖、丝绸等加工企业以原料基地为依托,结合村落、古镇人文资源,发展工业旅游、农耕文化、健康养老等体验式业态。支持农产品加工企业加强产业链建设和供应链管理,帮助农村建设现代物流体系。着力推进新型城镇化,以农产品加工园区为依托,培育一批农产品加工专业特色小镇。(责任单位:省发展改革委、省经济和信息化委、农业厅、林业厅、商务厅、省旅游发展委)

推动农产品加工业跨界融合。鼓励技术跨界、交叉和渗透,依托高新技术推动企业创新发展,开发新产品,开辟新行业、新模式,延伸产业链,促进行业级"微融合"。以转型升级和内生发展需求为动力,引导农产品加工企业与生物、医药、机械制造业及金融、商贸、物流、旅游、文化创意设计等现代服务业跨界融合,拓展发展空间,聚合多种市场要素组建产业联盟。(责任单位:省发展改革委、省经济和信息化委、科技厅、农业厅)

(九)提高产品质量。

加强农业生产源头管理。推广良好农业规范,推进食用农产品质量安全源头治理,规范农业投入品使用。建立以农、兽药物残留为主的农产品监控体系和质量安全信息发布制度,实施农残检测产地准出和市场准入制度。健全食用农产品产地环境质量监测和评价机制,推动出口食品农产品质量安全示范区建设,守住食品饮料产业健康发展第一道防线。(责任单位:农业厅、省食品药品监管局、四川出入境检验检疫局)

推进企业质量管理标准化。鼓励农产品加工企业实行标准化生产,广泛推行危害分析和关键控制点、质量管理、诚信管理等体系认证。继续支持企业、农村经营主体开展无公害、绿色、有机食品认证。依法推动食品企业建立产品质量安全追溯制度。加快行业标准修订,推进食品出口企业实施"同线同标同质"工程,促进食品饮料产业发展质量迈上新台阶。(责任单位:省质监局、省经济和信息化委、农业厅、林业厅、省卫生计生委、省食品药品监管局、四川出入境检验检疫局)

提高产品质量检测水平。发挥现有各级各类农产品、食品、药品等公益类检验机构作用,构建网格化的综合质检体系。改善基层检验机构的软硬件条件,培养专业人才,稳定质检队伍。稳步开放检验检测市场,支持社会化第三方检测机构发展,全面提高我省农产品加工业质检能力和产品质量保障水平。(责任单位:省食品药品监管局、省经济和信息化委、农业厅、省卫生计生委、省质监局、四川出入境检验检疫局)

(十)拓展市场空间。

强化品牌建设。全面实施消费品"三品"(增品种、提品质、创品牌)战略,引导农产品加工企业发扬工匠精神,提高产品质量,争创品牌企业,打造名牌产品。重点打造安全食品品牌,明显提升企业信誉和"川"字号产品声誉。深入实施商标品牌战略,认定一批农产品加工产品商标品牌为四川省著名商标,推动地理标志商标注册工作有新突破。(责任单位:省经济和信息化委、农业厅、林业厅、商务厅、省工商局、省质监局、省食品药品监管局)

完善产品营销网络。全面提升拓展市场,支持农产品加工企业参加境内外知名展会及其他经贸促进活动,拓展流通主渠道。支持企业发展专卖连锁店、电子商务等新型流通业态,不断扩大"四川造"农产品加工产品在国内外市场的知名度和占有率。支持国内大型电商企业、第三方物流企业与我省农产品加工企业、农民合作社深化互利合作,扩大网络销售市场,扩大品牌影响力。(责任单位:商务厅、省经济和信息化委、农业厅、林业厅、四川博览局)

(十一)扩大对外开放。

提高"引进来"水平。鼓励引进世界500强企业、全国食品工业百强企业和发达地区产业转移资本投资四川农产品加工业。支持企业引进国外食品工业智能化、集约化绿色制造技术和装备、出口农产品物理及绿色防控体系,鼓励外资进入营养健康食品制造、天然食品添加剂开发、高档纺织面料生产、农产品副产物综合利用等领域,合作研发新技术、新产品、新装备。(责任单位:省发展改革委、省经济和信息化委、农业厅、商务厅、省投资促进局)

增强"走出去"能力。推进中国(四川)自由贸易试验区建设,鼓励农产品企业到自贸试验区或境外注册,设立办事机构、技术中心、海外仓、展销中心,开展标准化认证。加强国外技术性贸易壁垒应对和出口目的国家(地区)法律及标准研究,为扩大加工品出口创造条件。支持企业积极参与"一带一路"建设,通过绿地投资、跨国并购、股权置换、共建园区等多种方式,到境外投资建设原料生产基地、生产工厂、物流设施、购销网络。借助中欧班列(蓉欧快铁)运输通道,实现国外原料和国内优质产品双向流通,促进我省农产品加工业全面融入全球贸易体系。(责任单位:商务厅、省发展改革委、省经济和信息化委、农业厅、林业厅、四川出入境检验检疫局、成都铁路局)

三、政策措施

(十二)加大财政支持。

统筹用好省级工业发展资金,加大对农产品加工业的支持力度,重点支持农产品加工企业技术改造、智能制造、质量认证、市场拓展、品牌建设、产业融合发展和流动资金周转担保等领域。按照"渠道不变、用途不变、各负其责"原则,发展改革、科技、农业、商务、环境保护等部门管理的相关扶持资金向农产品加工业倾斜。(责任单位:财政厅、省发展改革委、省经济和信息化委、科技厅、环境保护厅、农业厅、林业厅、商务厅)

(十三)落实税收政策。

结合我省优势产业,选择部分行业,扩大农产品增值税进项税额核定扣除试点行业范围,积极推进试点工作。农产品加工企业可凭收购发票按规定抵扣增值税。落实西部大开发税收优惠政策,促进结构性减税政策广泛惠及农产品加工小微企业。落实农产品初加工企业所得税优惠政策。在实施与农产品加工有关的国家鼓励类项目中,进

口国内不能生产的所需先进设备，所缴纳进口环节增值税可按规定予以抵扣。农产品加工企业符合国家税收政策规定条件的新技术、新产品、新工艺研究开发费用支出，可在计算应纳税所得额时加计扣除。(责任单位：省国税局、省发展改革委、省经济和信息化委、科技厅、财政厅、省地税局、成都海关)

(十四)创新金融支持。

落实财政支持农业信贷担保等政策，引导金融机构加大对企业收购农产品的流动资金贷款支持。发挥各地工业、农业投融资平台的引导示范作用，加大对农产品加工园区、企业项目建设的参股投资、间接融资支持。探索对农产品加工业开展农业保险业务，提高企业抗风险能力。引导银行业金融机构积极创新贷款产品，加大对农产品加工企业、农村新型经营主体信贷支持。支持农产品加工企业利用境内外资本市场直接融资，发行票据、债券以及在天府(四川)联合股权交易中心挂牌等方式提高融资能力。完善政企银保联动协调机制，增进产融合作，支持实体经济。(责任单位：省金融工作局、省发展改革委、财政厅、农业厅、林业厅、人行成都分行、四川银监局、四川证监局、四川保监局)

(十五)改善投资贸易条件。

支持社会资本依照相关规定从事农产品加工、流通。鼓励引导符合条件的农产品加工企业、农民合作社开展对外合作，加大对其出口信用保险、出口信贷的支持，强化在融资和通关等方面的便利化服务。支持企业申请国际认证、专利、商标、品牌、标准等，鼓励使用人民币计价结算和收付资金。(责任单位：商务厅、省发展改革委、省工商局、省质监局、成都海关、人行成都分行、四川银监局、四川保监局)

(十六)加强生产要素保障。

积极保障农产品加工项目合理用地需求，加大对龙头企业建设用地保障力度；支持农村集体经济组织盘活存量集体建设用地，以使用权入股、联营等形式与其他单位、个人共同兴办农产品加工企业；在符合规划、不改变用途的前提下，对农产品加工企业通过厂房加层、老厂改造、内部整理等途径提高工业用地利用率的，不再增收土地价款；落实农产品初加工用电执行农业生产用电价格的政策；有留存电量实施条件的地区，应积极支持本地农产品加工企业享受留存电量政策，保用电，降成本。(责任单位：国土资源厅、省发展改革委、省经济和信息化委、农业厅、林业厅、省能源局)

四、服务保障

(十七)强化公共服务。

深化商事制度改革，简化新设农产品加工企业登记和行政审批服务流程，提高农产品加工业投资项目备案效率。减轻企业负担，对行政事业性收费、纳入政府定价管理的经营服务性收费、政府性基金、国家职业资格，实行目录清单管理并加强"清费治乱"监督检查。加强农产品加工业运行监测分析，建立统计调查和数据传递发布制度，为政府宏观决策和企业生产运行提供参考。推动信用监管信息公开。加快农产品加工领域信用体系建设，健全企业信用信息征集、记录和共享机制，依托省社会信用信息平台，国家企业信用信息公示系统(四川)和行业部门监管平台等载体依法披露。强化社会共治，对严重失信企业和个人进行联合惩戒，维护产业发展秩序。(责任单位：省发展改革委、省经济和信息化委、财政厅、农业厅、林业厅、省工商局、省统计局)

(十八)加强组织领导。

各市(州)人民政府、各有关部门要加强组织领导，建立统筹推进的工作机制。省经济和信息化委发挥牵头作用，履行规划、指导、管理、服务等职能，督促各项工作落实。省直相关部门和单位按照职责职能分工，加强对农产品加工业的服务指导，落实相关支持政策。(责任单位：省经济和信息化委等省直相关部门和单位)

四川省人民政府办公厅

2017年8月7日

四川省人民政府办公厅
关于加快推进现代农业产业融合示范园区建设的意见

川办发〔2017〕80号

各市(州)、县(市、区)人民政府，省政府有关部门、有关直属机构，有关单位：

为深入贯彻落实《中共中央国务院关于深入推进农业供给侧结构性改革加快培育农业农村发展新动能的若干意见》(中发〔2017〕1号)、《中共四川省委四川省人民政府关于以绿色发展理念引领农业供给侧结构性改革切实增强农业农村发展新动力的意见》(川委发〔2017〕1号)和省第十一次党代会精神，充分发挥现代农业产业融合示范园区在转方式、调结构、补短板、促融合、提效益、助增收等方面的重要作用，经省政府领导同志同意，现就加快我省现代农业产业融合示范园区建设提出如下意见。

一、充分认识建设现代农业产业融合示范园区的重大意义

(一)现代农业产业融合示范园区是推动农业发展农村繁荣的重要途径，有利于吸引资本、科技、人才、信息等现代要素集聚，促进产业融合、企业集群，促进农业向多功能、多业态、多空间延伸，为农民就地就近就业提供新机会，为农民工、大学生等群体返乡下乡创新创业搭建新平台，提高农业综合效益，有效解决农村空心化问题。

(二)现代农业产业融合示范园区是推进农业供给侧结构性改革的重要载体，有利于改善基础设施和物质装备条件，提高农业生产能力，促进产业结构调整优化，增加有效供给，补齐加工和品牌等短板，培育壮大新产业新业态，实现全环节升级、全链条增值，把我省资源优势转化为产品优势、市场优势和竞争优势。

(三)现代农业产业融合示范园区是建设农业强省的重要抓手，有利于打造现代农业示范市县、现代农业畜牧业重点县和"四区四基地"试验田、样板区，加快改革创新举措落地，发挥政策引领、技术集成和示范带动作用，构建现代农业产业体系、生产体系、经营体系，以点带面、梯次推进全省现代农业转型升级，为实现四川由农业大省向农业强省跨越提供有力支撑。

二、总体要求

(四)建设思路。围绕农业供给侧结构性改革主线，以提高农业质量效益和竞争力为中心任务，以培育壮大新型经营主体、推进农村一

二三产业融合为重点，立足优势特色产业，建设规模化种养基地，发展产业化龙头企业，形成现代农业产业集群，构建集生产、加工、收储、物流、销售于一体的农业全产业链，为“四区四基地”建设提供新支撑新引领，为农业农村经济持续健康发展注入新动能新活力。

（五）基本原则。

政府引导，企业主体。政府加强园区建设管理，科学制定园区建设规划，改善基础设施条件，提升公共服务能力。企业主营产业发展，自主决策产品开发、企业经营、产品营销。

以农为本，做强产业。以农民为核心，完善利益联结机制，让农民分享产业增值收益。以农业为基础，集聚现代生产要素，做大做强农业产业，提高农业发展质量和效益。

改革创新，激发活力。创新体制机制，推进农村产权制度、金融保险等多项改革，引导社会投入，促进科技、人才、资金等现代生产要素集聚，激发业主自身动力，激发园区发展活力。

绿色发展，生态友好。突出绿色生态、优质安全导向，发展绿色农业产业，推广生态循环农业模式，推行农业清洁化、标准化生产，建立绿色、低碳、循环发展长效机制，提高农产品质量安全水平。

（六）任务目标。到2022年，全省建设1000个省、市、县三级现代农业产业融合示范园区，积极创建一批国家现代农业产业园。园区综合产值达5亿元以上，主导产业产值占园区总产值的比例达70%以上。休闲农业、农产品电商和农业服务业发展良好；基础设施完善，良种良法良机配套，农业信息进村入户全覆盖；农产品初加工率达60%以上，市场流通、冷链储运设施完备；生产方式绿色环保，率先实现“一控两减三基本”，畜禽粪污综合利用率、规模养殖场粪污处理设施装备配套率均达到100%；建立农产品质量安全追溯管理信息平台，“三品一标”比重高，其中无公害农产品生产实现全覆盖；土地适度规模经营率比全省平均水平高10%以上，经营主体多元化，利益联结机制完善，园区农户可支配收入高于当地平均水平20%以上。

三、重点工作

（七）科学规划园区布局。因地制宜、科学确定园区建设数量、层级、规模。优化区域布局，合理确定地理界限和区域范围，注重与国家现代农业示范区、全国农村产业融合发展试点示范县、省级现代农业示范市县、现代农业畜牧业重点县建设结合，依托县级农田水利综合规划等相关规划，省、市、县分层分级规划建设一批融合示范园区，重点在优势特色产业集中发展区和产业带规划园区建设，避免重复建设，形成布局合理、功能齐全、水平较高、要素集聚、链条完整、产业集群、机制完善的园区。优化园区功能板块布局，根据产业潜力、经济区位、环境容量和承载能力，推动实现资源有效整合。

（八）优化园区产业结构。立足当地资源条件，发挥区域优势，大力发展优势特色产业，选择1～2个特色产业作为园区主导产业。推广“以种定养、以养定种”模式，在园区种植业集中生产区域和有机肥需求量大的蔬菜、水果等基地配套建设规模适度的养殖场或粪污利用管网池等设施。促进粮经饲统筹、农牧渔结合发展，优化园区品种结构，引进推广名特优新、加工专用品种，做好品种熟期搭配，积极发展中高端、个性化农产品，实现错季上市和集中上市有机结合。建设良种繁育体系，助推园区特色产业发展壮大。

（九）推进园区标准化生产。加强园区高标准农田建设，水、田、路、电、管等多网配套。加强物联网应用，推进农机装备更新升级，推广设施棚架、水肥一体化、温湿调控等先进适用设施，提升园区生产能力。实施生产、采收、储藏、运输全程标准化，建设粮油、经济作物标准化基地和畜禽、水产标准化养殖场，创建农产品出口备案基地。加强园区信息化建设，推进信息进村入户，推动互联网与现代农业结合，整合园区农业信息服务资源，促进智慧农业、精准农业发展。推进有机肥替代化肥行动，开展绿色防控，实施化肥农药零增长、畜禽养殖废弃物资源化利用、秸秆综合利用、农膜回收。健全农产品质量安全追溯体系，园区经营主体和农产品率先全部纳入省级农产品质量安全追溯管理信息平台，实现全程可追溯，确保园区农产品质量安全。

（十）发展园区农产品加工。围绕优势特色产业，建设筛选分级、清洗烘干、包装贴牌等产地初加工设施，提高商品化处理能力。稳定发展粮油、肉食品和名优白酒产业。大力提升精致茶、泡菜、川菜复合调味品、新型果蔬饮料和道地中药材等特色行业市场竞争力。积极培育和引进农产品加工龙头企业，鼓励农民合作社与龙头企业以股份合作等形式发展精深加工，发挥大企业大集团的领军示范带动作用，形成紧密产业链，壮大产业集群。加快现有农产品加工企业技术改造，淘汰落后生产装备，促进农产品深加工产品向多元、优质、功能化方向发展。

（十一）培育园区新产业新业态。充分挖掘乡土人文、青山绿水等资源，推进农业与旅游、文化、科技、养生等产业的深度融合。推进园区产业基地景区化建设，打造休闲农业景区景点、农业主题公园，培育休闲农庄、休闲农业专业村。科学设置农耕文化展示区、农事体验区、科普教育区等功能区，打造集循环农业、创意农业、农事体验为一体的田园综合体。培育产前、产中、产后各环节的专业化服务组织，培养农业服务专业化人才，围绕农产品生产、加工、营销等环节，开展公益性和经营性农业社会化服务。

（十二）加强园区品牌营销。统筹运用区域公用品牌，创立企业品牌、产品品牌，塑造园区品牌。推行“三品一标”认证，实现无公害农产品认证全覆盖，发展绿色食品、有机食品、农产品地理标志和健康养生功能农产品。推动园区农业龙头企业、农民合作社、家庭农场面向市场做好营销，开展农超、农社、农商、农产品直销等产销对接。完善冷链物流体系，建成一批依托园区的物流配送中心，大型园区配套建设综合性现代化农产品交易市场。实施“互联网+现代农业”行动计划，依托园区开展电子商务，打造省级农产品电商平台，建立园区（基地经合组织）到消费终端的直供模式。开展线上营销和线下体验一体化经营。建设村级电商服务站点，推动“工业品下乡”和“农产品进城”。积极参加“惠民购物全川行动”，举办农特产品展销活动，带动区域农产品贸易流通。

（十三）强化园区科技支撑。创新园区科技合作模式，组织推动园区与科研院所、高校建立稳定合作关系，支持有条件的园区设立产业技术研究机构、星创天地、专家大院等创新创业孵化平台，深入推进科技特派员工作，促进创新要素向园区聚集。提升农产品全链条、全流程的科技研发与应用集成，生产环节突出高效种养、品质提升等科技创新，加工环节突出工艺改进、产品研发等科技攻关，提升园区科技水平。推广应用新技术、新机具、新模式。

（十四）培育园区多元经营主体。搭建园区土地流转交易平台，采取出租、托管、农机作业服务、股份合作等形式，加快园区土地向农业龙头企业、农民合作社、家庭农场和种养大户等新型经营主体流转，重点支持土地股份合作社发展，发挥农村集体经济组织的重要作用。培育农业生产、农产品加工、农业综合服务、市场营销等多层次、多环节的新型经营主体，支持返乡下乡农民工、大中专毕业生、复退转军人、城镇居民、企业家等群体到园区创业创新，就地培育一批爱农业、懂技

术、善经营的新型职业农民。

（十五）完善园区利益联结机制。构建园区各类主体之间“利益共享、风险共担”的稳定利益联结机制。鼓励各类主体与农户之间通过订单合同、股份合作、保底分红等联农带农方式，形成农民直接受益、股份受益、综合受益等受益模式。园区企业之间分工协作，抱团发展，产生集群效应。企业与农民合作社、家庭农场之间稳定供求关系，科研、服务组织与各类主体之间稳定合作关系，建立互为促进、互惠互利的共赢机制。构建农民深度参与二三产业发展，充分分享二三产业增值收益的机制。

（十六）健全园区管理机制。完善园区管理体制，经批准成立的园区可依托同级农业部门开展相关工作，实行合署办公或加挂园区管理机构牌子，统筹协调落实政策措施，做好园区经济管理和投资服务。创新管理方式，建立适应发展要求的开发运营机制。优化营商环境，推进“放管服”改革，精简行政审批流程。加强园区风险管控，针对园区土地流转、经营主体利益分配等纠纷易发风险点，建立矛盾化解、纠纷调解机制，确保园区稳定发展。

四、保障措施

（十七）加强组织领导。农业厅会同省直相关部门负责全省现代农业产业融合示范园区建设工作的组织实施，加强对各地工作的督促、指导和服务。各市（州）人民政府负责本行政区域内园区建设工作的统筹协调，推动各项工作落实。各县（市、区）人民政府加强组织管理，编制园区建设中长期发展规划和年度实施方案，有效整合各类资源，大力推动园区建设。省、市、县农业部门要分别牵头制定本级现代农业产业融合示范园区认定管理办法，加大对园区建设工作的考核力度，及时总结园区建设好做法、好经验、好模式，充分发挥园区示范作用，引领现代农业发展。

（十八）强化政策支持。各地各有关部门要加大园区建设投入力度，积极争取中央、省级专项政策支持现代农业产业融合示范园区建设。统筹省级农业产业发展资金，市（州）、县（市、区）设立农村产业融合发展投资引导基金、农业产业发展融资风险基金，统筹当地财政资金，整合各类涉农资金，集中投向园区建设。创新政府涉农资金使用和管理方式，通过设立基金、融资担保、贷款贴息、保费补贴等方式，撬动社会资本投入。对公益性工程和项目，采取购买服务、政府与社会资本合作等方式，引导企业和社会组织参与建设、管护和运营。进一步落实用地、用水、用电、人才、科技等优惠政策，吸引多方力量参与园区建设。

（十九）创新金融服务。加强园区信贷、担保、保险等金融服务网点建设，对现代农业全产业链的生产、加工、仓储、物流、销售、研发等提供综合金融服务，开发适合园区各类新型经营主体的信贷产品，开展特色信贷服务。推动涉农抵质押担保方式创新，审慎稳妥推进农村承包土地经营权和农民住房财产权抵押贷款，探索建立农业信贷、土地流转风险保障机制。鼓励符合条件的园区农业企业到天府（四川）联合股权交易中心挂牌、融资培育，支持符合条件的企业到境内外上市融资。鼓励符合条件的园区农业企业通过银行间市场、交易场所市场和国家发展改革委发行各种债务融资工具融资。鼓励保险公司开发特色农业保险产品，探索开展农产品价格指数等综合收入保险。

（二十）加强监督管理。坚持高起点规划、高标准建设，对有加工能力无规模生产基地、有规模生产基地无加工能力、一家企业独大未形成产业集群、园区范围过大或过小、工作部署推进不力的园区，一律不纳入有关政策支持范围，不认定为省级现代农业产业融合示范园区。坚决防止园区建设非农异化，禁止违法违规开发房地产或建私人庄园会所。

四川省人民政府办公厅

2017年8月14日

四川省人民政府办公厅关于推进畜牧业转型升级绿色发展的意见

川办发〔2017〕97号

各市（州）、县（市、区）人民政府，省政府各部门、各直属机构，有关单位：

为深入贯彻落实习近平总书记对四川农业农村工作的重要指示精神和省第十一次党代会对农业供给侧结构性改革的战略部署，破解畜牧生产效能不高、养殖布局结构不合理、农牧结合不紧密、养殖废弃物资源化利用水平低等突出问题，推进畜牧业转型升级绿色发展，经省政府同意，现提出如下意见。

一、总体要求

（一）指导思想。牢固树立和贯彻落实创新、协调、绿色、开放、共享的发展理念，坚持产出高效、产品安全、资源节约、环境友好的发展思路，以推进畜牧业供给侧结构性改革为主线，以补短板、优供给、增效益、保安全、保生态为目标，突出绿色发展、结构调整、质量效益、机制创新，不断增强畜牧业综合生产能力、市场竞争能力和可持续发展能力，推动我省由畜牧大省向畜牧强省跨越。

（二）目标任务。

产值目标：到2020年，全省畜牧业产值、增加值占农业总产值、增加值比重分别提高3%，非猪产值占畜牧业总产值比重提高5%，农民牧业人均可支配收入在农民可支配收入中的比重提高2%以上。

生产目标：到2020年，全省年出栏生猪达到并稳定在7000万头左右，生猪规模养殖场出栏率、能繁母猪年均提供肉猪头数、人均饲养量等效率指标均超过全国平均水平，四川成为全国最重要的优质商品猪战略保障基地，初步实现生猪大省向生猪强省转变；牛、羊、家禽和兔出栏分别达到340万头、1953万只、7.9亿羽和2.5亿只；全省奶、蜂蜜产量分别达到71万吨、6万吨，蜂王浆产量550吨，四川成为全国最具影响力的优质蜂产品生产供应基地。

生态目标：到2020年，全省建立健全科学规范、权责清晰、约束有力的畜禽养殖废弃物资源化利用制度，构建种养循环发展机制，畜禽规模养殖场粪污处理设施装备配套率达到95%以上，粪污综合利用率达到75%以上，畜禽产品质量安全例行监测合格率高于全国平均水平。

二、重点工作

（三）优化完善规划布局。坚持绿色发展导向，根据土地利用总体规划、生态功能区划、现代种植业发展规划，结合禁养区划定和各级河长制工作方案，统筹考虑环境承载能力、畜禽养殖污染防治以及种植业发展需要，以资源环境承载力为基准，突出主导优势产业，因地制宜发展适应性畜牧业，宜牧则牧、宜草则草。调整完善县域畜牧业发展规划和区域布局，明确养殖总量和具体区域位置并向社会公开，高寒

牧区草地(湿地)要重点引导调控畜牧业生产量,逐步消除超载过牧,提高畜牧生产发展与资源环境的匹配度。畜牧业发展规划要统筹兼顾种畜禽场、养殖场、饲料兽药生产、畜产品及副产物加工、交易市场、物流企业及粪污第三方处理利用等社会化服务体系布局。禁养区外的种畜禽场、养殖场要明确养殖品种、规模、总量以及畜禽养殖污染防治、废弃物综合利用配套设施设备等建设标准和运行要求。

(四)调整优化畜禽结构。加大品种结构调整力度,加强良种繁育和推广体系建设,引进优质高产畜禽品种,推广地方特色优势品种,推进畜禽良种繁育专业化生产,增强生产能力,形成品种优势,推进畜禽种业大省建设。加大畜种结构调整力度,推进优质商品猪战略保障基地建设,提高生猪养殖效益和市场竞争力。扩大"粮改饲"试点,推进"以草换肉""以秸秆换肉奶"工程实施,大力发展牛、羊和小家畜禽,稳步提高除生猪以外的其他畜禽产业比重,形成特色鲜明、优势突出、效益良好的畜种结构。加大畜群结构调整力度,根据不同畜种的繁育特性,合理确定基础母畜、后备母畜和种公畜比例,形成出栏多、周转快的可持续发展畜群结构。

(五)推进生产方式转型升级。根据产业规划布局,以多种形式的土地适度规模经营为基础,采取产业化龙头企业带动、专业合作社组织、养殖户合作等方式,引导养殖专业户、散养户共建联建规模养殖场(小区),配套建设粪污处理利用设施,持续提升畜禽养殖规模化水平。全面开展畜禽养殖标准化创建,引导规模养殖场新(改、扩)建全环控、低耗能、环保型的高标准圈舍,配套建设机械化、自动化的高效生产设施,推广产业化龙头企业成熟高效适用的生产防疫、饲养管理和养殖废弃物处理利用技术,支持规模养殖场配置完善的粪污收集、处理、储存、利用设施,提高符合畜禽良种化、养殖设施化、生产规范化、防疫制度化和粪污减量化排放、无害化处理、资源化利用等条件的畜禽标准化养殖比重。围绕生态循环绿色发展方式、种养循环绿色发展机制、废弃物综合利用产业形态的构建目标,大力发展生态畜牧业、清洁畜牧业、循环畜牧业。以现代农业示范县、现代畜牧业重点县、畜牧大县为重点,依托畜禽粪污资源化利用整县推进等项目,每年创建一批省级畜牧业绿色发展示范县,有条件的市(州)可以整市(州)推进创建工作。大力推行"生态养殖+沼气+绿色种植"、畜禽养殖废弃物处理利用、第三方集中处理等模式,加强沼气池、沼液配送、滴灌管网等配套设施建设,鼓励在畜产品优势产区配套发展沼气集中供气、沼气发电、有机肥加工等新兴产业,提高畜禽养殖废弃物无害化处理、资源化利用水平。

(六)推进经营方式转型升级。大力引进培育一批整体实力强、市场占有率高、行业排位靠前的重点龙头企业,带动基地建设全产业链发展,提升我省畜牧业集约化、产业化、品牌化水平。鼓励和支持种畜禽场、养殖大户、营销大户牵头组织适度规模养殖户,规范发展农民专业合作社,带动中小养殖农户融入现代畜牧业生产体系,构建统分结合经营机制,打牢产业化经营组织基础。整合畜牧兽医队伍科技力量,实施新型职业农民培育工程,开展标准化生产技术规程、防疫技术等教育培训,探索开展政府购买农民工创业培训公益性服务试点,推动养殖农户向懂技术、会经营、善管理的新型职业农民转型。发挥龙头企业带动作用,创新推广利益联结机制和合作生产模式,构建由龙头企业统一提供种源、饲料兽药、生产标准、技术指导、屠宰加工、市场开拓、品牌打造、融资担保,养殖农户按合同规定和企业标准建设圈舍、育肥养殖、废弃物处理利用,专业合作社协调监督,多方资源优势互补、利益共享、风险共担、合作共赢的合作机制,促进农户增收、企业增效、产业增值,全面提升产业发展质量和水平。加快发展动物保健、饲料兽药产品直供、畜产品批发市场和专业市场、肉食品冷链物流和冷鲜肉直销点、养殖废弃物专业化处理利用等生产性服务业,积极发展与现代畜牧业相关的咨询、管理、融资、一体化服务等新兴服务业,鼓励发展"家庭农场+社会化服务"的经营模式。

(七)推进畜产品品牌化创建。充分挖掘地方品种资源优良特性和优异基因,培育具有自主知识产权的"川系"种猪品牌和优势特色畜禽新品种(配套系),大力推广川藏黑猪、蜀宣花牛、南江黄羊、大恒肉鸡、天府肉鹅、川白獭兔、阿坝中蜂等地方优质特色品种,分别制定科学统一具体的生产规程、产品质量标准和经营管理办法,打造品种品牌。鼓励产业化龙头企业发展特色优势畜禽标准化可控养殖基地,健全产品标准生产体系和产品质量追溯体系,开展"三品一标"(无公害农产品、绿色食品、有机农产品和农产品地理标志)认定和畜产品商标注册、名牌畜产品评选,培育打造一批特色鲜明、质量稳定、信誉良好、市场占有率高的企业畜产品品牌。发挥原产地品种资源优势,加强地理标志认定,推进川中丘陵地区和大巴山区特色畜产品区域品牌创建。依托凉山半细毛羊、建昌黑山羊、美姑山羊、金阳丝毛鸡、乌金猪、峨边花牛、建昌鸭、钢鹅等品种资源,打造大小凉山区域品牌。依托麦洼牦牛、九龙牦牛、金川牦牛、昌台牦牛、木里牦牛和藏猪、藏羊、阿坝中蜂品种资源,打造川藏高原区域品牌。

三、保障措施

(八)强化组织保障。各地要高度重视推进畜牧业转型升级绿色发展工作,加强组织领导、科学制定方案、分解工作任务、落实推进措施,建立完善农业、环境保护、发展改革、财政、国土资源、林业等多部门协调联动机制,形成合力、协同推进。有关市(州)、县(市、区)要加大现代农业示范县、现代畜牧业重点县、国家畜牧业绿色发展示范创建县和畜禽粪污资源化利用整县推进项目、数字农业建设等示范试点工作推进力度,及时研究解决突出矛盾和问题,总结推广一批经验成果。

(九)强化政策引导。国家相关农业项目的申报和省级现代农业发展工程、农产品公共安全及农业资源保护利用工程的安排,要将符合管理规定的国家优质商品猪战略保障基地县纳入重要因素考虑,有关市(州)、县(市、区)要加强政策配套,重点支持现代养殖设施设备和粪污处理利用基础设施设备的配套建设,支持中小养殖户(含养殖专业户)和规模养殖场开展标准化升级。各地要在优质饲草饲料基地建设、有机肥加工、沼液集中处理配送等方面,支持节粮型草食牲畜等特色优势畜禽养殖。各地要对"两个带动"(带动农民发展现代畜牧业、带动农民持续稳定增收)作用发挥突出,以及品牌创建成效明显的农业产业化龙头企业在用地、融资、项目安排等方面予以支持。

(十)加大财政金融支持。各地要统筹用好现有支持畜牧业发展资金渠道,建立健全定向财力转移支付管理方式,支持各地提升现代畜牧业发展水平。建立省级财政支农资金整合激励奖补机制,支持县(市、区)发挥整合统筹主体作用,围绕畜牧业发展规划,突出重点区域、紧盯关键环节、狠抓重大项目,建立健全统筹安排、集中投入、使用高效的整合机制。实施财政奖补政策,对命名的现代农业示范园区给予财政奖补,支持各地加快打造"产供销"一体化的农业特色产业链条。发挥财政资金的引导作用,采取分险、担保、基金、PPP(政府和社会资本合作)模式等多种手段,引导金融资本和社会投资主体投向畜牧业发展领域,支持畜牧业转变发展方式。鼓励建立融资担保平台,采取政府贴

息、畜禽活物抵押、保单订单抵押等方式，解决畜牧业发展融资难题。支持市（州）、县（市、区）按规定将牛羊禽兔蜂等纳入无害化处理补贴和特色农业保险政策性保险范围，在试点的基础上，加快推进生猪等畜禽目标价格指数保险，积极推进生猪期货交易，保障畜牧业稳定发展。

（十一）强化用地保障。按照《国土资源部农业部关于进一步支持设施农业健康发展的通知》（国土资发〔2014〕127号）要求，各县（市、区）要将畜牧业设施用地纳入当地乡镇土地利用总体规划，科学确定畜禽养殖用地选址和规模，有效保障新（扩）建畜禽标准化规模养殖场和废弃物处理利用的设施用地。禁养区外的土地整理、高标准农田建设和新农村建设，要根据土地承载消纳能力和种植业对畜禽粪污的需求，预留规模化畜禽养殖用地。要保障禁养区种植业发展需要，配置粪污储存、稀释、还田等设施用地。经环境保护、农业、国土资源部门验收合格的规模养殖场，因规划调整确需关停或拆除的，原则上要按照“拆一补一”进行异地新建，确保县域养殖用地总体平衡。各地要按照发展生态循环农业的要求，支持在田间地头建设与种植业对接的沼液贮存池（罐）、配套管网、堆肥场以及粪污集中处理场，所需土地作为附属设施用地纳入农用地管理。在坚持生态优先及不采伐林木和不硬化地面的前提下，发展适度规模的林下养殖，积极培育林牧结合生态循环产业。依照相关法律法规，符合办理农用地转用审批手续的畜牧业养殖及配套设施用地，可以使用Ⅱ级及以下保护林地。各地要鼓励和支持农村散养户移栏出村，利用村集体土地组织散养农户集中建设畜禽养殖小区，实行畜禽生态养殖和废弃物统一处理利用。各地在规划畜牧业用地时，应当按照新农村建设要求和实际情况，适当预留建立农村散养畜禽集中养殖小区用地，以满足农户散养畜禽的传统习惯和生态循环农业生产需要。

四川省人民政府办公厅

2017年10月14日

四川省人民政府办公厅关于加快推进畜禽养殖废弃物资源化利用的实施意见

川办发〔2017〕99号

各市（州）人民政府，省政府各部门、各直属机构：

为贯彻落实《国务院办公厅关于加快推进畜禽养殖废弃物资源化利用的意见》（国办发〔2017〕48号）精神，大力推进全省畜禽养殖废弃物资源化利用，改善农村居民生产生活环境，构建生态文明建设新格局，促进农业可持续发展，经省政府同意，现提出以下意见。

一、总体要求

（一）指导思想。牢固树立和贯彻落实创新、协调、绿色、开放、共享的发展理念，坚持保供给与保环境并重，坚持就地消纳、能量循环、综合利用的原则，坚持政府支持、企业主体、市场运作、社会参与的方针，坚持源头减量、过程控制、末端利用的治理路径，以畜牧大县和规模养殖场为重点，以沼气和生物天然气为主要处理方向，以农用有机肥和农村能源为主要利用方向，健全制度体系，强化责任落实，完善扶持政策，加强科技支撑，扎实有序推进畜禽养殖废弃物资源化利用工作，加快构建种养结合、农牧循环的可持续发展新格局，推动我省由畜牧大省向畜牧强省跨越。

（二）基本原则。

政策引导，统筹兼顾。积极采取财政、金融、税收等措施，引导社会资本参与畜禽废弃物综合利用，鼓励发展畜牧业环保社会化服务组织。以畜牧业生产方式转变为突破口，突出抓好畜禽粪污综合利用和病死畜禽无害化处理，稳定主要畜产品市场供给，实现畜禽养殖污染治理和畜牧业生产发展“双赢”。

科技支撑，产业驱动。加快提升科技支撑能力，围绕重点问题和关键环节，加强技术攻关和成果转化，加快培育新主体、新业态、新产业，创新推进畜禽养殖废弃物资源化利用产业发展。

机制创新，循环发展。积极发展生态循环畜牧业，科学合理布局畜禽规模养殖场，鼓励粪肥还田利用，推进种养循环发展。探索建立第三方治理机制，形成多路径、多形式、多层次推进畜禽养殖种养结合的新格局。

（三）工作目标。到2020年，建立科学规范、权责清晰、约束有力的畜禽养殖废弃物资源化利用制度，构建种养结合循环发展机制。全省创建10个国家畜牧业绿色发展示范县，每年创建部省级标准化示范场100个，每年选择10个县（市、区）开展省级畜禽粪污资源化利用重点县项目整县推进试点。全省畜禽粪污综合利用率达到75%以上，规模养殖场粪污处理设施装备配套率达到95%以上，大型规模养殖场粪污处理设施装备配套率提前1年达到100%，畜禽粪污基本实现资源化利用。病死畜禽全面实现集中收集、统一无害化处理。畜牧大县、国家现代农业示范区、农业可持续发展试验示范区、畜禽养殖废弃物资源化利用试点县、现代农业产业园、现代农业示范县、现代农业畜牧业重点县、省级现代农业产业融合示范园区和全省“四区四基地”率先实现上述目标。

二、工作措施

（四）落实畜禽规模养殖环评制度。畜禽规模养殖相关规划及建设项目应依法依规开展环境影响评价。畜禽养殖项目应严格按照《建设项目环境影响分类管理目录》分类开展项目环评工作。设有固定排污口的畜禽规模养殖场应依法申请排污许可证。对未依法进行环境影响评价的畜禽规模养殖场，环保部门予以处罚。（环境保护厅、农业厅牵头）

（五）强化畜禽养殖污染监管。加强畜禽养殖信息化管理，完善监管体系，建立畜禽规模养殖场直联直报信息系统。建立畜禽规模养殖场废弃物减排核算制度，制定畜禽养殖粪污土地承载能力测算方法，改革完善畜禽粪污产生、排放统计核算方法，对畜禽粪污全部还田利用的畜禽规模养殖场，将无害化还田利用量作为统计污染物削减量的重要依据。对畜禽养殖中产生的废弃物种类、数量、综合利用、无害化处理以及向环境直接排放的情况实行定期登记备案。（农业厅、环境保护厅牵头，财政厅参与）

（六）推进种养循环发展。科学编制种养循环发展规划，大力发展种养循环农业，推广农牧结合生态治理模式，精准引导畜牧业和种植业发展。按照“以种带养、以养促种、种养结合、循环利用”的原则，重点支持在种养配套工程、粪污高效处理、有机肥高效利用、生物饲料和有机微量元素等方面开展研发与推广应用，建立种养循环技术支撑体

系。鼓励养殖场(小区)通过自身流转承包周边农田林地方式,采取"养殖场(小区)→种植基地(农户)"模式,实现畜禽粪污就近还田利用。对不能就近还田消纳的,养殖场(小区)应通过与第三方签订协议的方式,采取"养殖场(小区)→第三方主体→种植基地(农户)"模式,实现畜禽养殖粪污的异地还田利用。鼓励建立受益者付费机制,保障第三方主体合理收益。畜禽粪污资源化利用重点县要探索规模化、专业化、社会化运营机制,建立健全畜禽粪污等农业有机废弃物收集、转化、利用体系,形成畜禽粪污资源化利用路线图,初步建立畜禽粪污"从哪里来,到哪里去"的追溯机制。(农业厅、环境保护厅牵头,省发展改革委、财政厅参与)

(七)加快畜禽粪污资源化利用。

深入推进畜禽粪污沼气转化利用,科学规划、布局建设各类沼气工程,推进畜禽养殖沼气工程建设,不断提高养殖场(小区)沼气工程配套率。积极推进规模化大型沼气工程建设,综合考虑沼气工程沼渣沼液产量和种植业基地消纳能力,做到生产消纳平衡,沼渣沼液高质利用。积极推进新农村综合体和新村聚居点的沼气集中供气工程建设,解决农户清洁能源使用问题,为种植基地提供优质的有机肥。深入推进沼气高值高效深度开发利用,因地制宜推进沼气发电上网,开展规模化生物天然气项目试点示范。(农业厅、科技厅牵头,省发展改革委、财政厅参与)

深入推进固体粪便肥料化利用,大力推广工厂化堆肥处理和商品化有机肥生产技术,根据畜禽饲养量和固体粪便产生量,科学布局、建设配套有机肥加工厂和堆肥场。支持发展以畜禽粪便为原料的商品有机肥产业,鼓励现有有机肥企业扩大生产规模,提高畜禽粪污深度加工和利用水平。加强畜禽干粪加工、有机肥生产管理,从源头保证商品有机肥质量。加强商品有机肥生产证后监管,进一步规范有机肥生产和经营行为。(农业厅牵头,省发展改革委、省经济和信息化委、科技厅、财政厅、省工商局、省质监局参与)

(八)强化属地管理责任。地方各级人民政府对本行政区域内的畜禽养殖废弃物资源化利用工作负总责,要结合本地实际,依法明确部门职责,细化任务分工,加强协作配合,健全工作机制,指导督促其行政区域内全面开展畜禽养殖废弃物资源化利用工作,建立完善的畜禽养殖废弃物资源化利用制度,确保各项任务落实到位。落实"菜篮子"市长负责制,统筹兼顾畜禽产品供给和畜禽污染治理之间的关系,推进农牧结合、资源化利用,因势利导推动解决畜牧业养殖污染问题。各市(州)人民政府应于2017年底前制定并公布畜禽养殖废弃物资源化利用工作方案,细化分年度的重点任务和工作清单,并抄送农业厅备案。(农业厅牵头,环境保护厅参与)

(九)强化规模养殖场主体责任。督促畜禽规模养殖场切实履行环境保护主体责任,按要求建设污染防治配套设施并保持正常运行,或者委托第三方进行粪污处理。新建或改(扩)建畜禽规模养殖场,必须配套与养殖规模和处理工艺相适应的粪污消纳用地,配备废弃物收集、贮存、处理、利用设施,已经委托他人对畜禽养殖废弃物代为综合利用和无害化处理的,可不再自行建设综合利用和无害化处理设施。(农业厅、环境保护厅牵头)

(十)强化绩效考核。以规模养殖场粪污处理、有机肥还田利用、沼气和生物天然气使用等指标为重点,建立畜禽养殖废弃物资源化利用绩效评价考核制度,纳入地方政府绩效评价考核体系。根据农业部、环境保护部联合制定的考核办法,农业厅、环境保护厅要联合制定四川省具体考核办法,对各市(州)人民政府开展考核。各市(州)人民政府要对本行政区域内畜禽养殖废弃物资源化利用工作开展考核,定期通报工作进展,层层传导压力。强化考核结果应用,把履行环境保护、安全生产职责情况作为重要参考,纳入干部工作调研、领导班子综合研判、干部考察的重要内容。(农业厅、环境保护厅牵头,省委组织部参与)

三、保障措施

(十一)强化组织领导。各地各有关部门要按照职责分工,加大养殖废弃物污染治理工作力度,抓紧制定和完善具体政策措施。农业厅要会同省直有关部门对本方案实施情况进行定期督查和跟踪评估,并向省政府报告。(农业厅牵头)

(十二)加强财税政策支持。鼓励地方政府利用中央财政农机购置补贴资金,对畜禽养殖废弃物资源化利用装备实行敞开补贴。落实《财政部 国家税务总局关于印发〈资源综合利用产品和劳务增值税优惠目录〉的通知》(财税〔2015〕78号)规定,纳税人利用畜禽粪便生产的沼气,以及利用畜禽粪便发酵产生的沼气生产的电力,可以享受增值税即征即退100%的优惠政策。支持规模养殖场、第三方处理企业、社会化服务组织建设粪污处理设施,积极推广使用有机肥。鼓励地方政府和社会资本设立投资基金,创新粪污资源化利用设施建设和运营模式。(财政厅、省发展改革委、农业厅、环境保护厅、省国税局等负责)

(十三)加强用电用地政策支持。落实规模养殖场内养殖相关活动农业用电政策,对规模养殖场内为获得各种畜禽产品而从事的动物饲养活动用电执行农业生产电价。落实《中华人民共和国可再生能源法》《四川省可再生能源发电全额保障性收购管理实施细则》,督促电网公司对生物质发电实行全额保障性收购。降低单机发电功率门槛,沼气发电项目实行属地备案管理,接收符合入网技术标准的生物天然气入网城市燃气管网。将符合要求的规模化养殖设施、规模养殖场粪污资源化和有机肥生产积造设施纳入设施农用地管理,将以畜禽养殖废弃物为主要原料的规模化生物天然气工程、大型沼气工程、有机肥厂、集中处理中心建设用地纳入土地利用总体规划,积极保障合理用地要求。(财政厅、省发展改革委、国土资源厅、农业厅、环境保护厅、住房城乡建设厅、国网四川电力等负责)

(十四)强化科技支撑。开展各类规模养殖粪便、沼液处理利用模式研究,规范养殖企业的粪便处理行为。开展包括对水果、经济作物、蔬菜及牧草等的有机肥使用和施肥方法研究。健全畜禽粪污还田利用和检测标准体系,制定有机肥使用技术指南,科学利用和促进有机肥产业发展,推进饲料中有机矿物元素替代无机矿物元素。结合农业部发布的畜禽粪污资源化利用模式,因地制宜确定本地主推模式,细化工艺技术并加以创新推广。深入开展畜禽粪污处理工艺、安全利用途径研究以及粪污处理模式技术经济效果评价,建立畜禽粪污资源化综合利用创新示范基地,形成具有四川特色的畜禽粪污资源化利用方式。(农业厅牵头、科技厅参与)

(十五)加快畜牧业转型升级。围绕供给侧结构性改革,提升畜牧产业结构特色化水平。大力开展畜牧业绿色发展示范县创建,加快畜禽粪污资源化利用重点县项目整县推进,做好畜禽粪污综合利用和病死畜禽无害化处理,促进畜牧业生产和生态环境保护协调发展。(农业厅牵头,省发展改革委、财政厅参与)

附件:四川省畜禽养殖废弃物资源化利用重点工作任务清单

四川省人民政府办公厅

2017年11月2日

编 写 组

《四川农村年鉴》省级部门编写组

单位名称	编写组组长	成 员
四川省高级人民法院	王树江	胡显志 贺 林 曾凡平 刘将来
四川省人民检察院	梁 勇	鲜 婷 陈楠茜
中共四川省委宣传部	李晓骏	王 军 吴勇刚 朱晓轩
中共四川省委政法委员会	曹代学	吕 翔 邓一村 王 凯
中共四川省委台湾工作办公室	杨志学	朱文生 林 萍 曾利娟
中共四川省委农村工作委员会	杨秀彬	陈孟坤 王晓勇 雷 磊 曾世忠 李 林 罗一鸣
四川省发展和改革委员会	邓长金	黄建军 宋汶庭
四川省经济和信息化委员会	何开华	庄 艳
四川省教育厅	张澜涛	蔡存明 谢凤山 王 羽 苏宇明 吴岳蓬 廖志勇
四川省科学技术厅	景世刚	吴 彬 游晓峰 王永志 汪继红 谢世娟
四川省民族宗教事务委员会	周发成	吴 军
四川省公安厅	张 颖	方万云 徐 韬 周 妤 胡小军
四川省民政厅	廖永康	王绪恩 何晓明 杨成文 冉敬军 龙 梅 邱 陵 崔 卫 陈开磊
四川省司法厅	李贵洪	严 军 贾 飞
四川省人力资源和社会保障厅	田 杰	黄学宁 李一漫 蒋维毅
四川省国土资源厅	王 平	谢安军 阮礼军
四川省环境保护厅	于会文	李岳东 雷 毅 芮永峰 王 忠 康 宁 吴 畏 王 蒙 瞿建林 常 青
四川省住房和城乡建设厅	张正红	陈 涛 蒋 勇 林 东 王建欣
四川省交通运输厅	黄 丽	王 谦
四川省水利厅	朱光荣	钟晨晨 廖 莉 谢东星 何 鹏 李 莉 张 颖 王 萍 范家惠 陈旭东 王 茜 李永丽
四川省农业厅	杜志仁	张 熙 胡 强 陈开勇 刘代银 肖祥贵 伍修强 马 晖 赵 勇 陈雩帧 刘基敏
四川省林业厅	李 剑	陈宗迁 张革成 雷付彬 杜 刚
四川省商务厅	杨春轩	龙 涛 罗汝奎 尹佳慧 范 军 程君佳 陈雯洁
四川省文化厅	王 琼	范远泰 刘朝禄 向仕富
四川省卫生健康委员会	赵汝鹏	王锦强 雷 激 韦棠康
四川省审计厅	康东进	易 洪 汪孝竹 陈良龙
四川省工商行政管理局	李 明	罗 丽 刘 芸
四川省质量技术监督局	罗凉清	苟小兰 蒋 玫 郭宝灿 牟 宇
四川省食品药品监督管理局	张海峰	许 钟 柏 松 田 晶
四川省新闻出版广电局（省版权局）	彭 佳	李 铁 张 莉 董 林 吴蕾蕾 袁方明 潘美四 曾 瑜 文礼成
四川省统计局	李兴怀	余学英 马 克

续表

单位名称	编写组组长	成　员
四川省旅游发展委员会	吕志军	占凤琪　代宗奇　陈竞飞
四川省扶贫和移民工作局	唐　义	吴　勇　白　楠
四川省信访局	杨　实	冯广宇　叶旭聪
四川省档案局	张辉华	刘　君　张　蔷　官　明
四川省投资促进局	王君臣	刘　军　蒲　璐
四川博览事务局	杨庆龙	宁方伟　秦　勇　闫　欢
四川省粮食局	张书冬	王青年　付　丹　胥　镤　柳　易　张杰刚　徐小乐　黄　勋
四川省监狱管理局	肖乾华	苏虎彪　余智明
四川省金融工作局	张少鹿	张　弛　尹　涛　蒲宇程　刘银明　王　然　于泓婷
四川省供销合作社联合社	王　强	杨　韬　何玮玮
四川省气象局	陈忠明	上官昌贵　金　垚　李纯仪　章尔震　杨何著　王志熙
四川省通信管理局	邢海英	贺宏亮　王　康
四川省烟草专卖局(中国烟草总公司四川省公司)	肖　瑞	宋纪江　张羽翔　伍仁军　林　佳　吴　迪　步　克　成本喜 郭明全　徐忠良　杨　宇　罗柱石　何成伟　蒲　适　刘兴红
四川出入境检验检疫局	孙颖杰	陈洪波　郭　静　郭　萍　刘洋洋
成都海关	张　炬	刘　强
国家统计局四川调查总队	罗学文	李　洋
共青团四川省委	赵　龙	何效林　张　驰
四川省妇女联合会	吴咏梅	胡　慧　包雪梅
四川省科学技术协会	赖　静	郑　俊　杨小丽
四川省残疾人联合会	马小平	宋满宏
四川省关心下一代工作委员会	杜　江	杨　顺　杨　华　王文军　黄晨希　王　超
中国银行业监督管理委员会四川监管局	童　梦	弓　灿　程　涛　喻晓凤　唐俊杰
中国保险监督管理委员会四川监管局	赵衍亮	刘　勇　杨立旺　李　弘　肖　振　毛　明
中国农业发展银行四川省分行	高　胜	王　锋　李　燃　姚　曜
中国农业银行股份有限公司四川省分行	湛东升	李强松　郭燠霖　李小江
四川省农村信用社联合社	徐太平	邓一戈　肖春林
国网四川省电力公司	王永平	李梓玮　冯　晋　罗子玉　徐　兴　孙　滔
中国邮政集团公司四川省分公司	童文君	程　伟　金　堰　钟　劲　周　蓉
四川省农业科学院	任光俊	刘雅琴

编 写 组

《四川农村年鉴》市(州)编写组

城　市	编写组组长	成　员
成都市	张俊国	李晓东　郭　凯　王雅莉
自贡市	李雍麟	李　勇　曾宏伟　张维纲　刘　军　温静姝　钟飞燕　李宗跃
攀枝花市	李仁杰	陈计全　邱小平　杨明勇　罗启武　谢　军　张孝铭　魏渠河　魏胜利　李　恒　詹晓东
泸州市	张文军	李仁军　李支勇　李禄超
德阳市	杨　震	毛文华　杨方清　张国际　许安林　周　骅　罗跃奎　谭德明　邓　勃　刘泽球　马泽万　杨庆富　王　锋　邓昌荣　杨文龙　周李峰　周　洪　周录学　周　睿　钟阿帆
绵阳市	周志强	陈　伟　邹大世　王志尧　王长兵　文晓林　刘　强　王葵花　周　杨　郭康康
广元市	杨　浩	任守铭　王　治　李仲明　石　涛
遂宁市	邓　为	朱俊华　徐建军　勾中进　罗腾亮　李　勇　吴新春　张晓梅
内江市	田文平	曾红军　林　锋　熊朝平　郭　英　肖　峰
乐山市	陈长明	广　兵　缪　骏　罗　宁　杨登廷　甘　麟　张　羽
南充市	王玉龙	魏　毅
宜宾市	张　平	李廷根　赵兵兵　李　亚　刘志刚
广安市	陈　伟	尹黎明　王建玲　李　婧　龚显军　袁　强
达州市	陈中华	王全兴　李晓波　于正万　熊明霜　王世杰　张明宏　李冰雪　张　雁　夏华勇　韩鹏程　李传平　郭渠梅　周秋萍
巴中市	克　克	杨　毅　邹　理　冯金光　李煜
雅安市	白　云	李文峰　陈　武　高　凯　曾　毅　吴洪江　杨茂雄　于冀川　郑尚堃　潘素华　赵　敏　王　华　李志强　何　勇　罗顺祥　谭　林
眉山市	肖忠良	杨大兴　邓　川　陈明芳　罗　敏　张　刚　朱蜀骥　曾　涛　牟德明　杨　忠　熊　英　郭才文　尹　鸿　李晓萍　严　军　毛　林　张自学　魏积分　冯志宏　蔡卫东　游方全　郭　红　杨红兵　张　锐　肖　琳　杨德志　李　俊　管　韬
资阳市	周月霞	陆明辉　唐致朋　李析芮
阿坝藏族羌族自治州	金吉昌	王树云　周　云　乔　凤
甘孜藏族自治州	王昌荣	罗永红　马国忠　钮　志　李　霞　杜　峰　许　成　王彤彤　左　莉　杨尚志
凉山彝族自治州	熊帷茗	马小合　杨洪斌　杨昌林　王永贵　崔亚波　魏国彬　屈　勇　王维平　吕庆昆　李世明　杨光灿

《四川农村年鉴》县(市、区)编写组

城市	单位名称	编写组组长	成员
成都市	锦江区	王乾	张松 王庆 王敏
	青羊区	詹庆	赵艳艳 张宇 王林先 徐宝清
	金牛区	贾迎霜	王旻轩 张蓉
	武侯区	黎焰飚	杨青林 徐敬国 伍三雄
	成华区	刘建昌	马智 郭伟 梁力强 刘均 王卉 曾俊茜
	龙泉驿区	杜海波	曾勇达 冯小勤 陈建伟 汪治宏
	青白江区	冉晓晞	邱方林 赖世久 王睿 汤仕芬
	新都区	李云	张文豪 王亮 薛明 冯敏
	温江区	刘宇彤	景仁志 胡良万 刘金红
	双流区	徐刚	王毅 刘伟 张瑞琴 余涛 苏强 樊明建
	郫都区	张怀东	陈志蓉 舒东 王成富 钟信蓉 薛娟
	都江堰市	陈丽娜	张文斗 陕燕 贺泽勇
	彭州市	徐苒鑫	朱丽萍 徐伟 袁贤松
	邛崃市	肖庆	曾毅
	崇州市	欧昭	王成龙 文国洪 姜德尧 李建强 杨成伦
	简阳市	罗胤	施亮 曾继元 唐远君 张静 黄丽
	金堂县	黄朔	张炳耀 吴孝敬 申浩 甯超 邓纯柱 钟拥军 黄蓉 王良艳 杨林 黄梅 董玲 何晓维 王勇齐 沈霞 周建
	大邑县	廖暾	王谚 李建康 陶永刚 周宇 石建坤
	蒲江县	赵武斌	刘富程 周燕武 刘犁 陈力 曾强 罗承 徐卫东 钟锐 徐安金 吕文 何敏 杨锦刚 杨忠云 陈春涛 杨艳君 黄建清 高瑶 李翼
	新津县	高翔	高超 郑友治
自贡市	自流井区	杨华贵	王旭 赖斌 刘盛
	贡井区	吴正刚	但小文 高学礼 曾光银 罗定源 刘永红 母丹 张毅 王安平 胡建权 胡红宇 刘蔡武 李洁 刘锐 肖体洪 闵建
	大安区	刘勇	杨普化 漆红敏 陈平 邹政友 刘严明 陈平 董顺 王捷 廖军
	沿滩区	徐浩泳	张力平 苟从军 张庭建 陈利 黄伟 郑斌 周正宇 李天容
	荣县	刘纯忠	吴伯光 余洋 朱和能 虞继凯 罗凌 黄珉 刘忠诚 卿安元 但立娟
	富顺县	兰陵	邝秀萍 文敏 刘波 郑家玉
攀枝花市	东区	汪雪林	刘明芳 宋世义 韩林霖
	西区	张林	张鹏 杨雄
	仁和区	罗雪明	赵春贵 张桦 起繁强 周萍 车东峻
	米易县	罗文跃	熊玉兰 李维华 徐绍鑫
	盐边县	朱林光	李德福 袁野

续表1

城　市	单位名称	编写组组长	成　员
泸州市	江阳区	朱蔺坚	徐玉龙　陈　亮　古梦雅
	龙马潭区	袁　瑞	唐栋良　刘　靖
	纳溪区	邓小军	雍　涛　王寿海　唐廷俊　杨铁森　刘跃先
	泸　县	罗万宣	邱清海　张　蕾　刘晓萍
	合江县	陈益良	程焕超　赵光勇　张发远　刘君达　梁启书　詹吉伦　殷光兴　陈以华　周希平　侯正清
	叙永县	叶继东	杨志友　聂洪财　郑廷聪
	古蔺县	兰　杰	李文功　谢　刚　上德洪　董维服　罗　庆　罗国勇　何光明　王　庆　赵　剑
德阳市	旌阳区	袁　敏	杨　净　杨　帆　何木刚　唐克斌　杨昌平　熊华斌　罗海先　李　丹　李国金　廖启钧　胡凤斌　唐　春　黄海燕
	罗江区	胡　勇	郑文斌　沈旭东
	广汉市	梁筱萍	曾洪波　胡　智　郭邦富　李天祥　韩道建　周继龙　李明惠　周　健　刘春梅　罗进银
	什邡市	赖　朋	安跃斌　黄再顺　李顺良　尚　海　邹声福　廖模强　李　鉴　熊兴勇　李俊嫦
	绵竹市	张丽珂	田　竞　鲜宇清　赵开君　朱　婷
	中江县	唐　静	谭亚西　房郁胜　杨　勇　邓　勇　蒋　艳
绵阳市	涪城区	姚永红	秦亚辉　衡　敏　牟满涛
	游仙区	肖龙明	林　檬　陈　良　胥晓敏　钟加兵　董光明　杨秀俊　王　玲　王长路　刘　军　任财明　段海燕　刘绍彪
	安州区	李昊天	王绍雄　刘云相　蒋　波　向云刚
	江油市	柳　江	钟　培　李　海　任　俊　王宗荣
	梓潼县	贺　旺	汪　敏　白　涛　魏永国
	平武县	黄　骏	孟松林　任海波　韩　波
	北川羌族自治县	瞿永安	李光辉　李桂炳　邓　勇　王　辉　林　川　曾秀军　何浩宇
	三台县	周正英	敬　勇　何　毅　丁德伟　张　军
	盐亭县	向　赟	罗建明　衡洪志　黄世勇　胥　雄
广元市	利州区	唐文辉	张　磊　向坤道　姚志斌　母文德
	昭化区	龙兆学	杜　非　孙　健　付　健　申华锋　张文茂　王振江　王正功　陆登锦
	朝天区	吴　卿	张久蓉　李义文
	旺苍县	余飞宇	王尔敏　谭　江　杨光辉　李　季　鲜　勇
	剑阁县	张世忠	张晓军　花泽松　杨光强　孙明望
	青川县	刘自强	李彦江　仲满成　罗建中　李忠猛　盛明伟　向国宏　韩保文　陈文雨　赵普军　母克强　张祥伟　袁发德　刘会方　雍天雄　刘福昌　张　强　杜建平　朱吉宝　王维锋　谭光堂
	苍溪县	杨祖斌	安宗明　谢龙飞　任湘涛　丰　猛　赵　斌　向　剑　吴　勇　范毅邦　徐进波　王晓东　任　斌　张多品

续表2

城 市	单位名称	编写组组长	成 员
遂宁市	船山区	黄 钰	聂 华 姜 木 刘 勇 唐 欣 陈洪敏 向福连 姜 黎
	安居区	余 雷	焦永平 王 龙
	射洪县	张朝平	李 青
	蓬溪县	唐志强	邓世洪 朱义平 李春林 何菊蓉
	大英县	杜 锐	李小龙 黄霁阳 李永顺 刘春燕 杨鹏飞 骆跃华 肖圣全 黄 建 许六星 刘文志
内江市	市中区	李了了	柳永胜 刘崇伟 粟学书 陈 杰 王自章 曹希异 魏新征
	东兴区	李万勇	张述文 杨宗远 吴 俊 杨安抱 刘 斌 甘代学 林 波
	隆昌市	梁 虹	杨 诚 黄体元 肖前宏 黄 勇 王 珠
	资中县	蒋学飞	邱 刚 曹 权 宋道锐 邹道忠 邹 君 王春华 钟文超 曾宗军
	威远县	马 炬	刘学兵 蔡虎城 蒋远辉 罗 杰 谢奎天
乐山市	市中区	邓清清	赵 亮 唐雯佼 肖 拉 侯 静
	五通桥区	李 良	陈德全 张志鸿
	沙湾区	左小林	王旭东 罗 勇
	金口河区	段俊辉	石广超 杨秀英 时天云 王树琴 常 杰
	峨眉山市	吴小怡	谢建平 张永剑
	犍为县	熊建新	施 强 王晓桃 刘 超 杨 君 官塘钦
	井研县	刘 勇	罗 卉 李学良
	夹江县	袁 月	胡 超 李晓英
	沐川县	余 斌	张 强 伍 刚
	峨边彝族自治县	栗那针尔	谢世华 马文富
	马边彝族自治县	沙万强	曲别曲一 立克浩茂
南充市	顺庆区	尹成平	李献丰 何 平 陈 斌
	高坪区	寇兴奎	袁 军 唐 灏
	嘉陵区	申庆超	张应海 杜颖鉴 唐福荣 蒲祥兴 满永德 唐永强 冯身表 罗 彤 韩荣武 姚 春 陶 刚 文海燕 袁和平 蒋川龙 曾 爽 谢东晓 唐一兴 陈 焱 苟会平 杜如先 任 益 李 果 杨丽波 蒲 实 严 军
	阆中市	杨德宇	刘 勇 杨劲松 郑长春
	南部县	杜 彬	易登科 何平儒 汪国安 王 洪 刘 洋
	西充县	何德清	陈忠良 马志远
	仪陇县	郭宗海	陈 智 饶又铭 侯太平
	营山县	段 斌	邓全明 李开武
	蓬安县	崔竹君	陈 崛 曹 昕

续表3

城 市	单位名称	编写组组长	成 员
宜宾市	翠屏区	张艳丽	祝 科 杨 帆 孙瑞君 廖悦言 南 岚 赵学峰 胡关永 李 刚 何 锐 向庆明 刘坝茂 葛伟杰 周家宾 赵康君 王祖桥 薛 梅 辛 宾 柴 军 屠朝华 聂家芮 罗 涛 彭传红 陈 利
	南溪区	谢明春	韩仕奎 杨绍宇 许 刚 刘 军
	宜宾县	陈良云	王小莉 杨 伟
	江安县	朱 莉	王文华 李 林
	长宁县	贾利华	王志刚 万 江
	高 县	黄修国	何 彬 詹 彬
	筠连县	刘朝平	徐劲松 郭 刚
	珙 县	徐创军	李 智 文玉川
	兴文县	石 进	赵仲康 申晓川
	屏山县	李 川	沈蜀华 彭 超
广安市	广安区	吴永川	周立伟 李梦西
	前锋区	陈爱兵	陈功全 吴嘉明 陈 灿 肖 通 李 涛 刘建东
	华蓥市	彭晓军	卿 堃 王 军 贺大军 王东宁
	岳池县	陈高林	赵 毅 范昭东 罗小萍 陈富威 胡秦华 郑克虎 粟四海 王太益 唐开蓉
	武胜县	文 阁	李良全 李青松 刘 勇 夏杰才
	邻水县	黄永鸿	杨 成 赵宏剑 张兴照 兰加云 卢彦吾
达州市	通川区	何恩源	周 军 李小龙 刘 航 王 柳 叶胜松
	达川区	王 剑	马朝胜 杨礼钦 王 兰
	万源市	倪 欣	李 秋 胡孝刚
	宣汉县	潘传勤	曾 鑫 刘春芹
	大竹县	李志超	刘 杰 刘高鹏
	渠 县	王飞虎	牟 军 贺翔云
	开江县	周建平	余学海 熊 涛
巴中市	巴州区	余 斌	何青松 刘 江 付玉阶 周永红 唐 忆 罗 平 冯 钰 吴圣明 何大文 蒋双全 詹雯众 刘兆江 周 进 陈 垠 苟中良 罗友军 樊克俭 张双德 李 彬 杨 磊 李 祥 邓先成 向 禹 李孟芝 蒲艳平
	恩阳区	程 秋	邓洪昆 包晓鹰 张 钰 彭钦龙 张 瑾 岳 鹏 王正智 岳春和 阳振辉 李 云 李永果 任 鲜 杜映平 王洪福 张 宁 赵敏男 王 娟 李 娜
	南江县	赵燕飞	何其泷 杨清山 张 德
	通江县	万学成	张忠建 王青松 张熙富 张 炜 张 松 吴歆勇 陈尚诗 李玲安 张 平 陈明春 赵云成 郭修才 黄 维 杨 文 向 晖 吴华智 龚继荣 屈天海 文显成
	平昌县	张 华	石长平 周勇华 唐 均 周大军 李云峰 周 钰 叶 勇 何修德 白能国 何光明 周士吉 李明聪 赵贤德 吴彩堂 冯辽平 杜 平 余定军 张光宇 陈雨珍 丁光敏

续表 4

城 市	单位名称	编写组组长	成 员
雅安市	雨城区	胥爱华	白成林 李 政 凌 毅 范雅忠 伍双琳 张 茜
	名山区	韦燕伟	蒲丹会 罗 虎 李 静
	天全县	高格力	柳中国 魏太红
	芦山县	刘照辉	宋加平
	宝兴县	杨 斌	苏 磊 杨维芳
	荥经县	高福强	陈德全 张顺昌 李 蓉 周万平 姜 伟
	汉源县	谢 欙	李树敏 陈茂显 王 跃 李福忠 张琼英 曹 翔
	石棉县	冯俊涛	王 骞 倪 虹 李云洁 潘锡健 荣 华
眉山市	东坡区	游方全	何 波 李明德 豆成杰 李 卫 谢华伟 王正喜 赵 微 梁利勇 彭 刚 张睿眉 唐晓黎 毛晓麟 陈 丽 王智军 杜贵林 窦海生
	彭山区	伍建国	高洪水 杨 强 晏瑶珈
	仁寿县	杨红兵	毛超英 钟超文 黄健康 张敏红 袁 吉
	洪雅县	宋良勇	张 锐 刘联欣 刘明华 底 莹 张静雅 刘 威
	丹棱县	李祝才	肖 琳 徐卫斌 锻 炼 宋 伟 鲁 华 刘 兵 严忠池 何新文 易玉琴 罗朝俊 徐 毅 宋诗利 谌德友 顾剑锋 赵 进 叶晓梅 叶 斌 李水泉 彭建华 代贵兵 李光兰 周 英 周洪明 兰文庆 杨义军 黄建军 宋进宁 黄艳萍
	青神县	余成昆	李春晖 胡晗雨
资阳市	雁江区	欧阳建	童利锋 卢瑞明 邹守德
	安岳县	邹武超	游 军 蒋玉林 龙林文 周勤富 黄 彦
	乐至县	李 杰	唐 勐 赵建光 管昌平 蔡丰建 陈吉军 朱派燮 宋 阳 杨秀武 唐 义 夏文义 蔡 华 岳 丹 姚书银
阿坝藏族羌族自治州	马尔康市	杨成才	吴 均 杜朝云 张志伦 克尔基 李联明 谢小波 杨 坤
	汶川县	岳洪春	苏兴珂 唐琼芳
	理 县	岳云刚	王小芳 顾晓红
	茂 县	周 耀	钟 宇 李 宾 周顺友 刘维刚 刘光华 谭 平 邓 艳 王聪清 梁敬萍 周 斌 万力基 任国华 张成定 谭先伟
	松潘县	华尔白	曹林志 何 雲
	九寨沟县	龚学文	尤志强 陶 琪 马 斌
	金川县	卢永波	覃 旭 贺菡松 张红军 赵明垚 蒋承岑
	小金县	黄 敏	黄仁炎 吴品俊 马兴武 张 伟 王崇安 黄 河 薛劲松 袁兴露 牛显文 杨 成
	黑水县	汪 明	胥德平 董平居 任青云 何 军 王维东 方 毅 梁栎彬
	壤塘县	谭昌林	王志蓉 唐 琼
	阿坝县	杨 斌	温朝平 王昌建 范文辉 马顺兴 赵 林 吴 麟
	若尔盖县	孙玉波	徐绍勇 朱小琴 蒋祖建 夺吉机 殷 伟
	红原县	蒋明平	袁友兴 贡波华清 蒲娟娟 唐月华 冯忠武 冯 澜 鲍 莉 邓仕强

续表5

城　市	单位名称	编写组组长	成　员
甘孜藏族自治州	康定市	薛　鳗	安德强　邓雪丰　陈永平　张　璟
	泸定县	祝邦文	王顺苏　万俊蓉　周永峰
	丹巴县	谢德刚	杨　犀　杨聂芳　陆支涛　冉国巧
	九龙县	宋晓军	黄德勇　赵旭华　吕健康　马文才　王孝康　李世阳　黄开云　毛远祥　王顺明　献志华　蔡丹昭　杨鹏程
	雅江县	盛向东	胡文辉　杨　盛　王星玉　罗　利
	道孚县	杨国清	闵晓春　曾　浩　杨曙光　巴登益西　邓孜罗布　韦　红　黄连芳　胡文炳　杨安澜　程　斌
	炉霍县	熊永军	杜　梅　黄　琳
	甘孜县	仁青彭措	郑富明　刘春柳　余兰英
	新龙县	多吉格西	银　虹　杨　梅
	德格县	黄　杰	李洪俊　毕代刚　游　科
	白玉县	马春林	毛　舵　张　杰　童强勇　马　涛
	石渠县	罗　林	尼克月哈　马传勇　孙　伟　廖远华
	色达县	罗　布	殷志勇　志　玛　郑　燕　李勇强
	理塘县	郑显峰	夏进孟　高茂盛　洛绒曲吉　杨正康　李建军
	巴塘县	张家志	王朝杰　格桑梅朵
	乡城县	黄　进	杨正才　谢红军　周乾琼　拥　初
	稻城县	曾关和	思子热太　曾晓平　何明剑　李华竹
	得荣县	佐致军	曾明友　斯郎拉错　阿　车　阿　姆　次仁拉错
凉山彝族自治州	西昌市	刘远清	黄春华　罗　英
	木里藏族自治县	沐年若	蒲治斌　马文祥　董建中　田尚春　沈龙华　张　洋　彭　琳
	盐源县	张成武	张棋明　鄢世忠
	德昌县	李悬古	杨　晓　周　洁　陈　星
	会理县	周礼云	刘丽萍　李诗明
	会东县	李秀清	郑国亮　代启兰　王贵发
	宁南县	杨正伟	焦道未　梅显跃　朱正英　邹　英
	普格县	比补子日	里　什　王　刚　贾　勇　阿库里夫　阿凉色都　黎友强　陈庆华
	布拖县	向国华	姚仲华
	金阳县	李德强	毛　勇　布尔首努　阿力色堵
	昭觉县	土比阿依	吉尔史博　雷　艳　李　燕　尔古拉洛
	喜德县	龙里体	阿于木果　赵生亮　阿别如火　苏育翠　孙　凡
	冕宁县	刘建伟	谢绚菊
	越西县	代　松	孙木呷　陈光平　田科先　王玉婷　李　超
	甘洛县	阿西阿木	阿候曲胡　赵元强　阿衣子扎　蒋　烨　马海格祝
	美姑县	孙学元	洁　松　廖加伟　阿比阿曲　阿苦鲁请　普　云
	雷波县	杨腾斌	陈日博　杨　文　陈　昕　周　峰　杨忠华　吴俊杰　文宏军

索 引

说 明

一、本索引按内容主题性质分类，以关键词首字按英文字母排序排列，页码后的a，b分别表示页码的左右栏。

二、本索引收录词条字体，字号设定和疏密安排均以方便读者查阅检索为要，欢迎读者提出宝贵意见。

A

B

C

D

M

N

P

Q

R

S

T

首都师范大学附属中学组织学生到乐山市五通桥区冠英镇尚村小学开展联谊帮扶活动

洪雅县洪川镇新庙中心小学向精准扶贫贫困学生捐赠衣服

巴中市“扶贫助学千人工程”通江现场结对帮扶活动

南江县教科体局组织骨干教师到赶场镇白马村开展精准扶贫“送教下乡”活动

乐山市“名师送教活动”走进马边县

四川省农业科学院

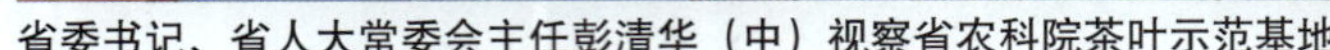

省委书记、省人大常委会主任彭清华（中）视察省农科院茶叶示范基地

省委副书记、省长尹力（左一）视察省农科院茶叶基地

四川省农业科学院前身是1938年成立的四川省农业改进所，1950年4月整合中央农业试验所成都工作站、经济部华西推广繁殖站等4个农业科研机构，建立西南军政委员会农林部四川农业试验所，1952年更名为四川省农业科学研究所，1964年5月正式成立四川省农业科学院。

经过几代科技人员的不懈努力和艰苦创业，全院现已发展成为科研体系日臻完善，科研条件较为完备，科技人才力量雄厚，研发和转化能力强，整体科研水平全省领先，科技创新能力跃居全国先进行列、部分达到国际领先水平，拥有14个专业研究所、1个所级服务机构、5个共建分院、50余个学科专业的省级农业科研机构。

2018年是改革开放40周年、省农科院建院80周年，在省委省政府的坚强领导下，全院坚持以习近平新时代中国特色社会主

农业农村部党组成员、中国工程院院士唐华俊，四川省委常委曲木史哈、副省长尧斯丹等领导出席建院80周年庆祝大会

副省长尧斯丹（中）到省农科院调研指导工作

四川省农业科学院现代农业科技创新示范园新都基地

义思想为指导，全面贯彻落实党中央大政方针和省委省政府决策部署，围绕建院80周年省委书记彭清华贺信、省长尹力到院调研提出的建设“国内一流、国际知名”农业科学院的发展要求，按照院党委提出的政治、社会、业务“三大目标”，以“五个三”发展战略为核心，即坚持“三个面向”（坚持面向世界农业科技前沿、面向国家重大需求、面向现代农业建设主战场）、聚焦“三个中心”（聚焦乡村振兴、聚焦脱贫攻坚、聚焦农业高质量发展）、建设“三个一流”（建设全国一流农业科研院所、全国一流创新平台、全国一流科研队伍）、提升“三个能力”（增强凝聚力、激发创造力、提升影响力）、推进“三大工程”（推进四川农业科研实验大楼工程、院办公大楼安全加固及适应性改造工程、四川省海南南繁育种工程中心），弘扬“求实创新、兴农利民”院训和“人才为基、科研为本、成果为要、转化为重”的新理念，坚持“创新转化一条线，专家农民面对面”方针，深入开展对标管理，坚持改革创新，坚持开放合作，围绕中心、服务大局，聚焦年初制定的工作任务，扎实推进各项工作，开拓创新、锐意进取、善作善成，各项工作取得显著成效。

科研产出成果丰硕。获得22项省科技成果奖，其中四川省科技进步一等奖4项、二等奖6项、三等奖11项，西藏自治区科技进步二等奖1项，是“十三五”以来以第一完成单位获得省科技进步一等奖数量最多的一年。推荐羊肚菌、蚕桑2项成果申报2019年国家科技奖并通过了公示。育成59个农作物新品种并通过国、省两级审定（鉴定、认定或登记），增长34.1%。撰写论文453篇，其中在SCI/EI收录刊物上发表85篇，最高影响因子6.305（PLANT BIOTECHNOLOGY JOURNAL，《植物生物技术杂志》）。全院申请专利153件，其中国家发明专利106件、实用新型专利47件。

2018年，全院自主创新的“四新五良”成果推广7600万亩，其中新品种应用5000余万亩，主要粮油作物新品种覆盖率达45%以上，科技成果转化率稳定在85%，新增粮食产量21亿千克，新增产值38

创新实验大楼

澳大利亚国家科学院院士罗伯特·亚历山大·麦金托什（左三）到院交流和访问

CIMMYT杰出伙伴奖

亿元。在全省主要生态区建立成都平原（广汉）现代粮食规模生产（小麦、水稻）、成都平原（崇州）高效特色农业、川中（简阳）抗旱节水、川东北（宣汉）现代粮油、川北（中江）生态循环农业、川西平原（旌阳）蔬菜新品种新技术、川西（蒲江）绿色防控、川南（泸县）水稻高粱新品种新技术共8个综合型中试熟化基地。在主要农区建立特色产业示范基地、专家大院24个，探索出“农旅融合带动全产业链发展”的互动模式；与18个市（州）政府74个县（市、区）政府签订了院地科技合作协议，探索出“实体化合作、制度化运行、无缝化对接”的院地合作“三化”模式；在四大片区的农业科技产业扶贫，探索出破解科技扶贫“五大难题”的“四步工作法”。成果转化工作通过“三个转变”取得重要进展。

助力脱贫攻坚。充分依托全院人才和技术优势，积极组织26名专家参加深度贫困县“科技扶贫万里行”活动。6名专家分别任水产养殖、中药材、食用菌、蔬菜、水果、茶叶专家服务团的首席专家，另有6名专家分别任各专家服务团省级成员专家。院土肥所副所长黄忠乾作为专家代表，接受了省委组织部副部长陈冠松的授旗。专家团队深入凉山、甘孜、乐山等市（州）深度贫困县开展科技扶贫活动，结合当地资源禀赋和产业基础，因地制宜、因类施策，有力助推了地方农业产业转型升级和农民增收。

制定发布《关于深入推进农业科技进贫困和民族地区行动计划（2018—2020年）的实施意见》，进一步深化推进“四大片区”农业科技进贫困和民族地区行动计划，特别是落实对深度贫困地区的科技帮扶行动。全院定点帮扶工作成效突出，在省直机关工委对全院的定点帮扶集中考核中，获资金实、措施实、项目实、人员实、成效实的“五个实”好评，在全省125个省直部门（单

2018年成立院乡村振兴研究中心

组织专家到木里县依吉乡培训皱皮柑病虫害绿色防控技术

脱贫攻坚大会

院地合作

位）的定点扶贫工作集中考核中获得满分50分。

致力于乡村振兴和精准扶贫人才培训工作。依托农业农村部现代农业培训基地，切实做好新型职业农民培育和基层（骨干）农技人员培训工作。举办培训班30余期（场），培训学员2270人，学员覆盖19个市（州）100余个县（市、区），开设课程100门以上，涉及40余个学科领域，参训考试考核合格率100%。培养了一大批"懂农业、爱农村、爱农民"的新型农业人才队伍，为助推全省精准扶贫、乡村振兴、农业高质量发展夯实基础。

积极开展国际合作。面对"一带一路"新形势，积极调动全院国际合作资源，深入开展交流，开拓新的合作区域、领域，拓展合作的深度、广度。国际农发基金（IFAD）四川项目顺利实施，完成《国际农发基金贷款项目四川项目区苍溪县优势特色农业产业发展对策研究》《国际农发基金贷款项目四川项目区宜宾县优势特色农业产业发展对策研究》，成功举办国际（中国·四川）山地现代农业与减贫研讨会。参加四川省人民政府副省长尧斯丹率团赴美国、墨西哥、哥斯达黎加执行国家公园建设和农林科技产业合作交流任务，并在副省长尧斯丹的见证下，农科院在墨西哥与国际玉米小麦改良中心主任签署《四川省农业科学院与国际玉米小麦改良中心科学技术合作备忘录》，双方同意在玉米和小麦研究领域深入开展生物技术、品种改良、作物栽培和生理以及技术培训等方面的合作。按照省委"四向拓展、全域开放"战略部署，突出"南向"。组织赴泰国参加川泰科技创新合作交流会，重点推介彩色花生与蔬菜抗病育种等研发项目；参加第二届南亚东南亚农业科技创新联盟研讨会及有关专题研讨分会，为今后进一步加强合作与交流奠定了基础。合作的内涵和外延，合作交流的方式、水平和效益等都发生了深刻变化，逐步形成了以美、欧、日发达国家和重要国际组织为主体，学术交流、学习进修、争取外资项目、合作研究并举，由一般数量发展型转变为全方位、多渠道、分层次的国际农业科技交流与合作。

大力加强文化建设。以建院80周年为契机，成功举办建院80年职工书画摄影展、科技成就展以及文艺演出，评选出80位"突出贡献人物"和"先进模范人物"。建院80周年庆祝大会顺利举行，省委书记彭清华发来贺信，省长尹力于院庆前专程来院调研，省委常委曲木史哈和副省长尧斯丹出席大会。系列庆祝活动的成功举办，全面展示了四川省农业科学院建院80周年特别是改革开放40周年以来的精神风貌、科技创新成果、服务"三农"成效和合作发展成就。

定点帮扶

专家组一行在炉霍县斯木镇扎交村座谈交流

德阳科研基地

航拍泸州科研基地

简阳丘区旱地节水农业科研基地

海南南繁科研基地

大田作物水稻实验区

中航安盟财产保险有限公司

中航安盟财险完成全国“中蜂保险”首笔理赔

中航安盟保险牦牛养殖险现场赔付会

中航安盟财产保险有限公司是由两家跨国企业——中航工业集团和法国安盟集团共同出资建立的中外合资综合性财产保险公司，在农险、企财险、家财险、车险、货运险、健康险、意外险等方面为客户提供全面的服务。从成立起就注定是一家不平凡的公司，它历经两届中法两国元首见证，为增进中法两国友谊孜孜不倦、锲而不舍，成为中法两国企业合作典范。秉承中航工业集团“敬业 诚信 创新 超越”的践行理念，借鉴法国安盟集团百年农业保险发展经验，公司不断开展模式创新、渠道创新、产品创新和服务创新，业绩逐年稳步增长；肩负中航工业“工业反哺农业”重任，引进法国安盟集团百年农业保险经验，继承股东双方优秀企业文化精髓，从成立之初就定位为一线保险品牌，走专业化发展道路，打造国际一流专业农业保险公司；立足服务“三农”，为我国新一轮农业保险创新试点做出自己的贡献，研发许多农业保险新产品填补国内空白，在历次自然灾害中均积极抢险救灾，组织社会捐赠，获得社会各界好评。公司将遵循“凝聚、服务、精耕、共赢”的宗旨，贯彻落实农商并举、平衡发展的战略，赢得更美好的未来！

中航安盟保险公司工作人员到现场核查牦牛

牦牛保险实现了牧民精准脱贫致富

上了保险的牦牛打着耳标

四川省水产局

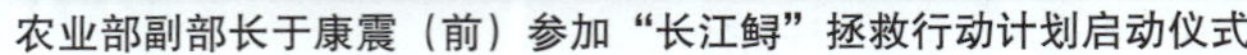
农业部副部长于康震（前）参加“长江鲟”拯救行动计划启动仪式

长江鲟放流现场

2017年，全省水产以新发展理念为引领，深入推进供给侧结构性改革，大力转方式调结构，狠抓惠渔政策落实，保持了水产经济平稳发展势头。省政府办公厅出台了《加快发展全省现代水产产业意见》，以“建基地、搞加工、创品牌”为导向，大力发展稻渔综合种养基地和一、三产业融合示范基地，努力推进渔业生态环保工作，确保水域生态环境安全，水产行业“四大安全”监管成效显著。全年水产品总产量达150.74万吨，增长6.04%；实现渔业经济总产值407.49亿元，增长8.9%；全省农民人均渔业收入664元，比上年增加54元，增长8.85%。

2018年，全省水产发展要以习近平新时代中国特色社会主义思想为指导，以实施乡村振兴战略为总抓手，以水产产业供给侧结构性改革为主线，坚持“质量兴渔、绿色兴渔、效益优先”，深入开展“一五六三”行动，加快建设现代水产产业强省。力争水产养殖面积达到343万亩，水产品总量达到161万吨，渔业经济总产值达到440亿元，全省农民人均渔业收入达到695元。

绵阳市游仙区川仙渔村

广汉市三水镇友谊村美丽渔村

天全县恩经乡团结村美丽渔村冷水鱼养殖基地

平昌县白衣渔村

四川省交通运输厅高速公路管理局

交通运输部部长李小鹏（左二）调研高速公路行业保障服务工作

交通运输厅厅长汪洋（前排右二）检查指导高速公路运营管理工作

省交通运输厅高管局局长刘洁梅（左四）、副局长雷健（右二）到达陕高速公路达州管理处七里收费站调研

全省高速公路管理工作会议在成都市召开

全省高速公路管理暨交通执法系统安排部署2017年纪检监察工作

省交通运输厅高管局（交通执法总队）开展2017年新进公务员警示教育活动

全省高速公路管理暨交通执法系统2017年党建工作会议在成都市召开

全省高速公路管理系统狠抓党风廉政暨政风行风工作

2017年是全省高速公路行业深化改革的攻坚之年、转型发展的关键之年、质量效益的提升之年。一年来，在厅党组的坚强领导下，全省高速公路管理以习近平新时代中国特色社会主义思想为指引，抢抓交通运输发展黄金机遇期，主动适应新形势下的群众需求变化，深刻把握高速公路发展规律，稳步推动高速公路管理由路段向路网转变，由人工式向智能化转变，由重执法向执法与行业监管并重转变，由单纯事前审批或事后评价向事前指导、事中监督、事后考核转变，实现了高速公路管理水平、服务能力、行业形象、群众满意度四个提升。

省交通运输厅高管局与翔云通用航空有限公司签约仪式

482个高速公路入口治超检测点严禁超限货车驶入高速公路

高速公路交通执法人员规范施工管理

高速公路交通执法人员严查违法超限运输

高速公路交通执法人员迅速清除路障，确保高速公路安全畅通

坚持战斗在严寒一线的高速公路交通执法人员

全国公路路政管理研究班现场考察绵阳绕城高速公路入口治超工作

交通运输部工作组调研高速公路治超工作

交通运输部执法评议组检查高速公路交通执法大队执法工作

高速公路交通执法人员强化服务区监管

全省高速公路管理暨交通执法系统精准扶贫工作获好评

高速公路管理暨交通执法工作人员深入精准扶贫对象家里交心谈心

省交通运输厅高管局开展高速公路收费政策与突发事件应急处置培训

省交通运输厅高管局（交通执法总队）组织开展行业监管培训

“弘扬行业文化、助推转型发展”活动

高速公路服务区实现信息查询服务覆盖，74对高速公路服务区实现免费WIFI服务覆盖

四川省交通运输厅公路局

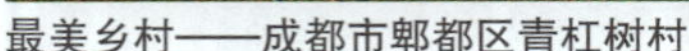
最美乡村——成都市郫都区青杠树村

康定市农村公路

2018年，四川省交通运输厅公路局在省委省政府的坚强领导下，坚持目标导向，全力推进交通脱贫攻坚、基础设施补短板、"四好农村路"建设等重点工作，各项目标任务均全面或超额完成，为推动农村公路高质量发展奠定扎实基础。

一是交通脱贫攻坚取得重大突破。狠下"绣花"功夫，做足"精准"文章。全省新增50个乡（镇）通油路、1356个建制村通硬化路，分别占同期全国完成个数的58.1%和31.9%；全面完成30个脱贫"摘帽"县、3500个退出贫困村交通脱贫攻坚建设任务。截至目前，全省乡（镇）和建制村通硬化路比例均达99%。整治完成通乡通村破损路面9425千米，占已排查发现总量的80%以上。交通运输部定点帮扶色达县新增56个建制村通硬化路，交通运输部定点扶贫4县已全面完成交通脱贫攻坚"兜底"任务。建成最后3座特殊结构溜索改桥，全面结束"溜索时代"，受到了中央电视台、《人民日报》等主流媒体的广泛宣传。

二是农村公路建设保持高位运行。强化项目管理，狠抓工程进度。累计完成投资274.6亿元，新（改）建农村公路2.6万千米，年投资额和新（改）建里程连续5年超过200亿元、2万千米。完成村道加宽改造6452千米、改善提升工程3714千米，新增417个撤并建制村通硬化路，路网结构持续优化；实施安保工程12174.3千米，建成渡改公路桥59座，整治危桥298座，安全保障水平稳步提升；建成资源路（产业路、旅游路）820千米，农村公路助推乡村振兴效果初显。

三是示范创建走在全国前列。坚持"优中选优"，严格督导考评。2018年成功创建第二批省级示范县14个、全国示范县3个，

青川县白家乡马村道路

笔直向前的通乡油路（甘扎路）

乡村公路网

累计创建省级示范县28个、全国示范县6个，四川省是创建全国示范县最多的省份之一。在全国“四好农村路”建设督导考评中得分居全国前列，并连续3年在全国“四好农村路”现场会上作经验交流发言，受到交通运输部、国务院扶贫办等领导高度肯定。推动省政府在乐山市召开“四好农村路”建设现场会，强力推进示范创建纵深发展，成功创建示范乡（镇）173个、示范村1452个、示范路10158千米，省评示范县，市、县评示范乡（镇）、示范村、示范路的“四好农村路”建设格局基本形成。

四是行业治理能力稳步提升。加快制度建设，补齐工作短板，稳步提升行业治理能力。开展农村公路发展支撑乡村振兴战略和脱贫攻坚课题研究，完成交通运输部交办的《农村公路工程技术标准》《农村公路养护定额》《农村公路质量管理办法》等重点章节编制任务，印发农村公路与乡村旅游融合发展指导意见、路域环境整治、示范创建、交叉路口整治等文件，农村公路政策保障体系不断完善。制订《交通扶贫领域反腐败和作风问题专项治理工作方案》，深入推进交通扶贫领域反腐败和作风治理工作，农村公路的

天堑变通途

天路

青川县姚渡镇至营盘乡通乡公路

乡村旅游路——彭州市葛仙山

中里—碧峰峡段鸟瞰图

内生发展能力稳步增强。扎实推进政风行风建设农村公路惠民行动，突出交通脱贫攻坚、“四好农村路”建设等重点，每月考核排名向市（州）党委、政府通报，推动政风行风持续好转，农村公路发展环境进一步优化。完成溜索改桥、脱贫攻坚、“四好农村路”的宣传工作，农村公路发展成效得到各方肯定。

五是创新推动发展能力进一步增强。转变发展理念，创新管理模式，高质量推动农村公路发展。逐地区梳理锁定建设任务，建立项目台账，明确项目计划的下达、审批、招标、开工、完工等时间节点和责任单位，实现管理精细化。加强项目建设跟踪，通过采用农村公路建设管理平台、卫星遥感技术、APP运用终端等现代化手段，及时跟踪重点监管项目，准确掌握项目推进情况，全年印发相关整改通知和通报50余份，实现过程监管高效化。推广代建制和打捆招标，引进有实力、重信誉的大型国有企业参与农村公路建设；通过购买服务方式委托第三方机构定期开展质量抽查，实现项目质量监督全覆盖。对重点地区农村公路建设实行专项督导和蹲点督导，制订《交通脱贫攻坚专项督导工作方案》，每季度开展一次全覆盖督导，及时帮助各地协调解决项目推进中的具体问题，全年开展督导274人次，实现督导帮扶常态化。

“黑腰带”——南江

“时空隧道”

金川县农村公路

会东县农村公路

脱贫路

牧民定居点增收致富路

交通运输部定点扶贫县——小金县“四好农村路”服务葡萄标准化种植基地发展

北川县农村入户路

广安市农村公路

一路春色

盐亭县玉龙镇公路养护人员

稻城县俄牙同乡通乡公路

巴中市恩阳区柳林镇钟家坝新村道路

乐山市五通桥区辉山镇争鸣村茶山路网

遂宁市船山区河沙镇凤凰嘴村葡萄基地产业道路

“金色狂舞曲”——旺苍县国华镇至天星乡通乡公路夜景

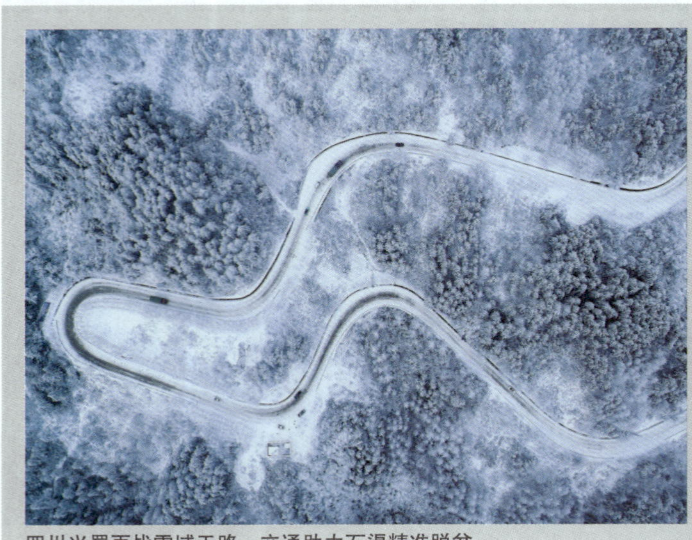

四川兴蜀再战雪域天路，交通助力石渠精准脱贫

冕宁县健美乡溜索改桥——新旧桥对比

仙境之路——理亚路稻城段

广元市朝天区三百里乡村旅游示范线（转马路—转斗镇）

绵竹市月季大道鸟瞰图

穿越夹金山

高原通途

“长龙”

尕力台大桥

玉皇观渡改公路桥

四川省地质调查院

省人大常委会副主任彭渝（左二）、省地矿局局长王建明（左三）检查调研工作

副省长尧斯丹（右三）、省地矿局局长王建明（右二）检查指导工作

四川省地质调查院1999年经四川省编委批准成立，以承担基础性、公益性和战略性地质勘查工作为主，是具有独立法人资格的事业单位。目前有在职职工146名，其中各类专业技术人员129名；拥有教授级高级工程师12名，高级工程师68名，工程师34名。具有国家自然科学基金依托单位资格，拥有稀土稀有战略资源评价与利用四川省重点实验室、中国地质科学院矿产资源研究所四川博士后研究站、国土资源卫星应用四川中心、南京大学地球科学与工程学院地学研究基地等科研、学术交流、人才培养平台。

建院以来，全院取得了一大批具有国内先进水平的创新性地质调查研究成果和找矿成果。先后获得各类省、部级及以上科技成果奖33项，其中《青藏高原地质理论创新与找矿重大突破》获国家科学技术进步特等奖，《西部严重缺水地区人畜饮用地下水勘查示范工程》《汶川地震地质灾害综合调查与减灾关键支撑技术研究》等4个项目获国土资源部科学技术一等奖，《四川省成都经济区生态地球化学调查》和《扬子地台西南缘成矿规律及找矿方向综合研究》获得四川省人民政府科学技术一等奖，《汶川地震地质灾害调查与研究》等5个项目获得中国地质调查局地质调查成果一等奖；出版专著27部，发表学术论文400余篇；已提交各类成果报告200余份，报告优良率100%；成为中国地质调查局首批授予的省级公益性地质调查队伍能力建设评估A级单位。获得"国土资源系统

中国地质调查局副局长李金发（中）到川西锂矿基地检查指导工作

环境保护部土壤司副司长刘晓文（右二）检查指导工作

国土资源厅厅长杨冬生（中）视察工作

省地矿局局长王建明（左二）到蒲江县督导地质灾害巡排查工作

院长赵春（中）在海拔4600米的川西锂辉石基地检查工作

院党委书记左乾华（左一）检查四川省农用地土壤污染状况详查项目

功勋集体”“抗震救灾重建家园工人先锋号”“全国模范地勘单位”“青藏高原地质理论创新与找矿突破先进单位”“四川省五一劳动奖状”“省地矿局双文明单位”“省地矿局四好领导班子”“省地矿局文明单位”等荣誉称号。

四川省地质调查院以其拥有的专业地质技术优势和建立的遥感、无人机和地面调查的“空-天-地”一体化地质灾害调查技术，先后在西南地质调查、“5·12”汶川特大地震、“4·20”芦山强烈地震、“8·8”九寨沟地震地质灾害遥感应急解译、重大地质灾害隐患早期识别以及遥感调查评价等方面开展应用研究工作，为西南地质找矿和地质灾害的快速评估、震后重建规划的制定提供了有力的专业技术支撑。

近年来，四川省地质调查院紧扣“土地工程科技”创新战略目标需求，研究创新土地质量地球化学调查工作技术方法，形成了一整套技术体系，其成果运用不仅助力四川摸清全省土地家底，更通过对土壤中多种元素进行分析，指导农业产业升级，助推四川省实现由农业大省向农业强省的跨越转变迈出了可喜的步伐。

在前期土地调查工作的基础上，四川省地质调查院充分发挥技术优势，努力探索研究元素的分布分配特征、生态效应以及对人体健康的影响，积极推进四川省1：25万～1：1万土地质量地球化学调查工作，全面摸清土地质量家底，为优良土地保护、基本农田划分、生态农业发展、土地整理选区以及生态环境保护等提供科学依据，为四川省大力开发富硒等特色耕地、发展富硒农产品、打造高效生态特色农业品牌提供技术支持，助推四川省发展优质特色农业、观光农业、康养产业等特色产业，实现乡村振兴。

大力拓展农业地质，使四川省地质调查院在实施四川省地矿局党委提出的“地质+农业”战略中，步伐更加坚定有力、道路更加宽广。

院办公大楼

宜宾市土地质量地球化学调查成果汇报及发布会

驻村“第一书记”王俊（中）在扶贫村开展绿色蔬菜基地发展培训

屏山县人民政府、省地质调查院签订进一步促进屏山县富硒产业发展战略协议签约仪式

屏山县龙溪乡富硒水稻种植试验示范实验田

四川省典型土壤改良试验田

富硒水稻种植试验田

钝化剂修复实验——水稻大田试验

扶贫村土壤质量调查助推脱贫攻坚

四川省农用地土壤污染状况详查项目野外培训

土壤改良试验田

采集农作物样品分析农作物化学元素分布情况

采集植物样品调查农用地土壤污染情况

采集土壤样品，分析土壤元素，找准大骨节病发病原因

采集土壤样品调查农用地土壤污染状况

成　都　市

2017年，成都市坚持以习近平新时代中国特色社会主义思想为引领，以“十大重点工程”和“五项重点改革”为着力点，大力实施乡村振兴战略。调整产业结构，全市“三品一标”认证累计达1327个；推进品牌创造、品牌输出和品牌营销，全市累计获得中国驰名商标30个。延伸产业链条，2017年全市农产品加工产值突破1400亿元；乡村旅游接待游客1.08亿人次，实现旅游总收入328亿元；实现农产品电子商务销售收入60亿元。构建经营体系，农业产业化经营带动农户面达90%以上。提升绿色引领水平，累计建成种养循环示范点79个，辐射种植业基地近100万亩，发展稻渔综合种养20余万亩。优化要素供给，开办政策性农业保险22种，为农业生产提供1773亿元风险保障。全市全年实现农业增加值519.01亿元，同比增长3.9%；农村居民人均可支配收入20298元，同比增长9.1%。

一、乡村振兴战略推进城乡融合发展

成都市于2017年11月13日召开实施乡村振兴战略推进城乡融合发展大会，对实施乡村振兴战略进行全面部署，开启了实现乡村全面振兴的新航程。2017年12月4日，市委市政府出台《关于实施乡村振兴战略建立健全城乡融合发展体制机制加快推进农业农村现代化的意见》（成委发〔2017〕34号），提出用五年左右的时间，努力实现农村产业兴旺发达、美丽乡村宜居宜业、天府文化充分彰显、基层治理有序有效、农民生活富足美好，让农业成为有奔头的产业，让农民成为体面的职业，让农村成为安居乐业的美好家园。

二、“十大重点工程”和“五项重点改革”

2017年12月29日，市委办公厅、市政府办公厅印发《成都市实施乡村振兴战略若干政策措施（试行）》和《成都市实施乡村振兴战略推进城乡融合发展“十大重点工程”和“五项重点改革”总体方案》（成委厅〔2017〕179号），出台了创新财政支持方式、

都江堰市天马镇金华村

促进城乡空间形态重塑等十个方面32条乡村振兴支持政策，明确了未来五年实施全域乡村规划提升工程、特色镇（街区）建设工程等"十大重点工程"和"五项重点改革"的具体举措。"十大重点工程"包括全域乡村规划提升工程、特色镇（街区）建设工程、川西林盘保护修护工程、大地景观再造工程、农村人居环境整治工程、农业品牌建设工程、乡村人才培育集聚工程、农民增收促进工程、农村文化现代化建设工程、城乡社区发展治理工程，"五项重点改革"包括深化农业供给侧结构性改革、深化农村集体产权制度改革、深化农村金融服务综合改革、深化公共产品服务生产供给机制改革、深化农村行政管理体制改革。

成都市实施乡村振兴战略推进城乡融合发展大会

三、农业和农村经济发展"十三五"规划实施

2017年是实施"十三五"规划的重要一年，是农业供给侧结构性改革的深化之年，紧紧围绕乡村振兴战略的部署，市委市政府乡村振兴会议和加快推进专项规划编制工作的总体要求，优化农业产业布局。按照"东进"区域突出生态休闲和高效农业，"南拓"区域突出科技创新和农博会展，"西控"区域突出绿色高端农业和农商文旅体融合，"北改"区域突出农业商贸和农产品物流，"中优"区域突出城市生态和景观农业的总体思路，编制了《成都市"西控"五年行动计划》《成都市"东进"战略农业产业专项规划》《"南拓"区域都市现代农业产业发展规划》《"西控"区域都市现代农业产业发展规划》《"北改"区域都市现代农业产业发展规划》和《成都市环城生态区天府绿道一农田景观总体规划》等区域都市现代农业发展行动计划和专项规划，并结合各县（市、区）实际，指导其完成适合当地发展的现代农业规划，以便更好地实现各级规划有衔接、乡村建设发展有目标的四级规划体系。

四、全国统筹城乡综合配套改革试验区建设

成都市2007年获批为全国统筹城乡综合配套改革试验区，根据统筹城乡综合配套改革试验的要求，以健全城乡发展一体化体制机制为核心，系统性、综合性、整体性推进统筹城乡改革发展。2017年，深化集体产权制度改革，扩大农村集体资产股份合作制改革试点范围，盘活农村集体资产，构建集体经济治理体系，建立符合市场经济要求的农村集体经济运营新机制。完善农村产权交易

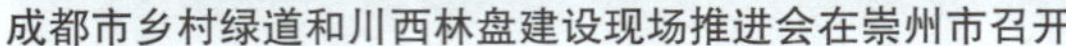
成都市乡村绿道和川西林盘建设现场推进会在崇州市召开

第七届四川国际茶业博览会

服务体系，推动县（市、区）分（子）公司开展农村产权交易业务，增强成都农交所辐射带动作用，与省内10个市（州）和99个县（市、区）正式联网运行，实现交易1.5万余宗，交易额达763亿元。推广“农业共营制”“生产全托管、服务大包干”“大园区+小农场”等适度规模经营模式，规模经营率达60.8%。深入推进郫都区集体经营性建设用地入市试点，探索出就地入市、调整入市、零星整理集中入市等途径，入市宗地33宗、399亩，成交总额达2.54亿元。深化农村金融改革，创新建立“农贷通”金融综合服务平台，整体提升农业融资能力。建立健全幸福美丽新村规划、民主决策、产村融合、投融资、建设管理、公共服务、乡村治理“七大机制”，累计建成“小组微生”幸福美丽新村217个。推进城乡社区发展治理体制机制创新，健全法治德治自治相结合的城乡社区治理体系。

五、新农村建设、“四好村”创建、幸福美丽新村规划实施

2017年，成都市认真贯彻落实党的十九大精神，按照省第十一次党代会和全省幸福美丽新村建设带动脱贫攻坚暨“四好村”创建工作电视电话会议精神，结合市第十三次党代会和《成都市实施乡村振兴战略推进城乡融合发展“十大重点工程”和“五项重点改革”总体方案》要求，以“四个好”为目标，围绕“扶贫解困、产业提升、旧村改造、环境整治、文化传承”五大行动，坚持省定幸福美丽新村建设6条标准，以行政村为单位扎实推进幸福美丽新村建设和省、市、县级“四好村”创建。截至2017年年底，全市累计建成幸福美丽新村2772个，占应建行政村（涉农社区）的87.22%，提前三年完成省上确定的到2020年80%以上行政村建成幸福美丽新村的目标任务。

“四好村”创建。围绕“住上好房子、过上好日子、养成好习惯、形成好风气”，对照创建标准，按照“村为主体、乡（镇）实施”的原则，组织开展省、市、县级“四好村”创建活动。2017年，全市创建省级“四好村”252个、市级“四好村”795个、县级“四好村”887个，截至2017年年底，累计创建省级“四好村”510个，占应建行政村的16.2%；市级“四好村”1301个，占应建行政村的41.4%；县级“四好村”1630个，占应建行政村的52%。

幸福美丽新村规划实施。2017年，全市新建成幸福美丽新村793个。除高新区（代管简阳市的12个乡镇）和简阳市外，其他15个二、三圈层县（市、区）（含天府新区）全域建成省定标准幸福美丽新村。

农产品·成都造·海外行

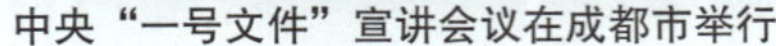
中央“一号文件”宣讲会议在成都市举行

市委农村工作会议

六、农商文旅体融合发展

2017年，围绕党的十九大会议精神，落实乡村振兴战略部署，成都市大力发展农产品精深加工，促进精深加工向优势产区和关键物流节点集中，支持农村特色加工业发展，大幅提升农产品附加值。实施“农业+旅游”行动，着力推进农商文旅体融合发展，建设沿龙门山、环龙泉山、环都市区3条乡村休闲旅游带和“三环七带”天府绿道骑游带，打造都江堰精华灌区休闲旅游群和龙门山、邛崃山系山地旅游区，提升建设风貌特色化、功能现代化、服务标准化的特色主题民俗和文化酒店。按照“小组微生”新农村综合体建设相结合的原则，推动休闲农业产业与美丽新村建设融合发展。通过科学编制园区建设规划、创新农业生产经营体制机制、完善农业科技推广和社会化服务体系、提高农业装备设施水平、强化市场开拓与品牌建设、积极发展休闲观光农业等措施推进农村一二三产业融合发展。其中，彭州市濛阳镇现代农业产业园区与邛崃市冉义镇高端粮油规模经营示范园区被评为“2017年四川省现代农业（林业）示范园区”。成都都市现代农业高新技术产业园、成都蒲江特色水果现代农业产业园、四川农业博览园、成都龙泉山“梦里桃乡”水蜜桃产业园、成都崇州优质粮油产业园、成都邛崃现代农业种业产业园被列入成都市产业发展白皮书。

七、农业区域经济合作对外多领域互动交流

2017年，成都市加快了农业国际化发展的步伐，各项工作均取得了突出成效。农业对外合作与交流进一步深化，农业项目投资促进工作稳步推进，第五届成都国际都市现代农业博览会、第八届中国·四川（彭州）蔬菜博览会等展会工作圆满完成。

第五届中国·成都国际都市现代农业博览会在成都世纪城新国际会展中心拉开帷幕

对外合作多领域互动交流，搭建成都农业企业与非洲、欧州、西亚、南美洲等地的交流平台。组织农业产业化重点龙头企业参加非洲国家驻华大使巡讲企业交流会、澳大利亚农业投资考察团来蓉交流会、意大利西西里成都农业交流研讨会、欧洽会投资论坛等活动，进一步增进“一带一路”沿线国家、地区和成都相互了解双方的投资环境和招商政策。以向南发展为重点，大力开展“两区”创建，在农业厅首批农业对外开放“两区”认定工作中，组织青白江区、蒲江县成功申报省级农业对外开放合作试验区，安吉瑞公司投资建设的缅甸—中国粮食产业示范区、八益家具投资建设的八益（柬埔寨）农业合作示范区成功申报为省级境外农业合作示范区。

都江堰市现代农业示范区粮油生产基地

蒲江县茶叶基地

新都区马家镇马铃薯原种基地

彭州市三界丰碑蔬菜产销专业合作社生产基地

崇州市10万亩高产高效粮经产业示范区

大邑县韩场镇万亩葡萄生产基地

郫都区唐昌镇战旗村蔬菜生产基地

崇州市道明镇竹艺村天府新林盘“竹里∞建筑”获得“艾特奖”建筑设计奖，成为天府新林盘名片

道明镇竹里

大邑县苏家镇香林村民居

郫都区三道堰镇青杠树村

崇州市白头镇五星村

成都市推进农业供给侧结构性改革理论培训会

农业职业经理人培训

全省农业行业技能竞赛总决赛

实训基地

信息化智慧监管成果展

简阳市胡萝卜现代机械化种植示范基地胡萝卜播种

成都市温江区

农业部部长韩长赋（左二）到温江区调研

全国政协农委副主任陈晓华（前排左二）在全国农村产改推进工作会参观花交所

成都市温江区辖区面积277平方千米，辖10个镇（街道）116个村（社区）1552个组，其中涉农村（社区）107个（涉农村32个、涉农社区75个），村（居）民小组1405个；有农村人口18.86万人，其中农村劳动力11.73万人，从事第一产业劳动力6.5万人。

通过多年持续发展和不断优化，初步形成以现代花木产业为主导、有机农业和休闲农业为拓展的都市现代农业产业体系。全区现有耕地面积20.48万亩。花卉种植面积约17.3万亩，在地资产160亿元，花木品种1300余个；水稻种植面积约1.4万亩；蔬菜和大蒜种植面积约2.46万亩。"温江大蒜""温江酱油"成为国家地理标志保护产品。

近年来，全区以北部167平方千米区域作为发展都市现代农业的主战场，以深化农业供给侧结构性改革为主线，全面助推

成都金温江·健康花园城

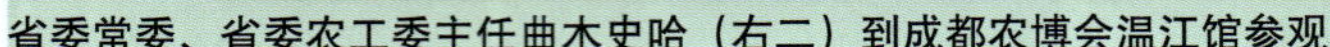

省委常委、省委农工委主任曲木史哈（右二）到成都农博会温江馆参观

省政协副主席祝春秀（中）参观编艺公园

区域农业增效、农民增收、农村增彩。一是都市农业融合发展有力。成功打造"原乡和林产村相融现代农业精品园区""植物编艺公园""川派盆景村""紫薇田园综合体"等精品园区，以万春镇幸福村、和林村为核心，成功创建全省首家中国农业公园。

2017年，全区休闲农业与乡村旅游接待游客达1100万人次，实现综合收入12亿元。二是产权制度改革措施有方。以富农增收为目标，系统推进"2+6"农村改革工作，作为全国农村集体资产股份权能改革试点区，承办全省农村集体产权制度改革动员部署会、全国农村集体产权制度改革现场会。全区已建立镇、村、组三级股份经济合作组织1224个，完成股份量化集体资产3.8亿元，有集体土地面积3.29万亩；设立500万元农村产权抵押融资风险基金，积极推进农村承包土地的经营权直接抵押融资工作，办理农村土地经营权抵押融资315笔、金额10.51亿元，先后获批全国农村集体"三资"管理示范区、全省增加农民财产性收入试点、全省农村土地流转收益保证贷款试点、全省农村产权抵押融资改革试点。三是幸福美丽新村建设有序。依托区内各具特色、错落有致、功能互补的川西林盘聚落，形成了原乡和林农耕体验型、紫薇田园生态观光型、连二里市乡村旅游型等特色川西林盘，幸福田园、原乡和林、植物编艺公园被评为市级首批田园综合体示范单位。全区涉农村（社区）实现省定标准幸福美丽新村全覆盖，累计创建省级"四好村"19个、市级"四好村"49个、区级"四好村"78个。深化"全域禁养"工作，抓好畜禽养殖污染治理，创建村（社区）畜禽禁养面达100%。四是精准脱贫工作推进有序。坚持精准识别、精准帮扶、精准管理、精准脱贫，深入开展"六个一批""九大行动"扶贫攻坚计划，全区207户562名相对贫困人口（其中城市34户77人、农村173户485人）于2017年年底全部达到脱贫标准，并通过验收。定点帮扶金堂县和崇州市的7个相对贫困村（社区）于2017年顺利通过成都市的脱贫验收。定点帮扶简阳市禾丰镇、三合镇的8个村于2018年1月全部退出省定贫困村系列。近年来，全区先后荣获"全国休闲农业与乡村旅游示范区""中国美丽新村建设示范县（区）""全省'三农'工作先进区""全省农民增收工作先进（区）""全省农民增收工作先进区""全省农产品质量安全监管示范区""全市重大农村改革任务推进示范区"等称号，被确定为成都创建国家农业高新技术产业示范区的核心区。

成都市委常委谢瑞武（右一）陪同省政协副主席祝春秀（前排右二）到温江区调研股份合作制改革试点

农业厅副厅长朱万权（中）到温江区调研土地流转情况

●**农村产权制度改革** 成都市温江区是全国第一批农村改革试验区，经过探索实践，基本建立起“归属清晰、权责明确、保护严格、流转顺畅”的现代农村集体产权制度，为乡村振兴和区域经济转型升级奠定了坚实的制度基础，总结形成的“3+3+3+3+N”改革经验先后得到中央、省委高度肯定。

全省农村产改动员布署会参观天乡路社区

温江区农村承包土地经营权抵押贷款市场化处置签约仪式

温江区农村土地经营权抵押融资签约仪式

温江区永宁镇农村产权管理服务中心

农户贷款担保合作协议签约仪式

永安红提葡萄基地

梨种植基地

永安红提葡萄

胭脂脆桃

绿色发展，打造美丽成都引领区

邛 崃 市

邛崃市交通规划图（2017—2030年）

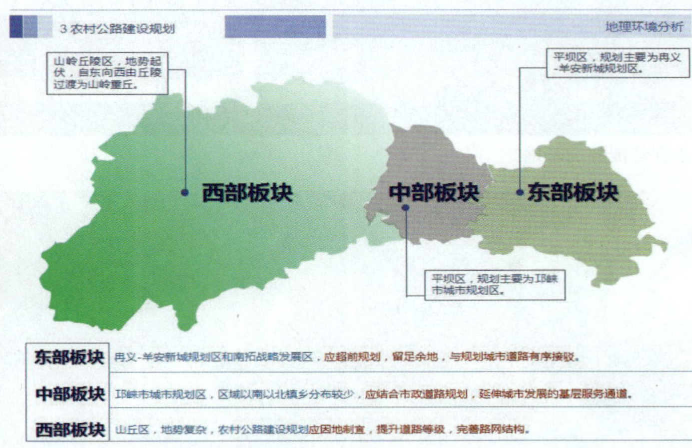

为全面开展“四好农村路”示范县创建工作，根据省政府办公厅印发的《四川省创建“四好农村路”示范县评定办法》（川办发〔2016〕70号）和交通运输厅制定的《四川省创建“四好农村路”示范县评定实施细则》（川交发〔2016〕59号），邛崃市高度重视，对照评定内容和评分标准，认真对全市“四好农村路”建设工作进行了全面梳理和自查。

一、基本情况

邛崃古称临邛，位于成都平原西部，川滇、川藏公路要塞，距成都市区75千米，是四川省首批命名的历史文化名城、中国最大白酒原酒基地。近年来，全市以习近平总书记对“四好农村路”的重要指示精神为根本遵循，以建设成都西部综合交通门户枢纽为抓手，以服务乡村振兴战略、加快农村农业现代化为重点，着力优化农村公路路网结构，完善农村公路管理体制，全面提升农村公路服务能力和品质。

截至2017年年底，邛崃市公路里程2513.6千米，路网密度2.42千米/平方千米。其中，国道33.3千米、省道59.9千米、县道

2018年邛崃市第一批村组道路提档升级培训会

镇西山隧道完成掘进

水口—金山—花水湾道路建设工程

286.8千米、乡道806.4千米、村道1326.5千米、专用公路0.6千米。等级公路占比达89.1%，高等级铺装公路占比达88.9%；全市24个乡（镇、街道）、242个建制村均已实现了通油路（水泥路），道路通畅率达100%。以县城为中心、以乡（镇）为节点、以建制村为网点的农村公路交通网络已初步形成，具备条件的建制村通客车比例达100%，城乡运输一体化水平达3A级。

二、"四好农村路"建设主要工作举措

为切实把农村公路"建好、管好、护好、运营好"，全市积极作为，充分发挥农村公路在乡村振兴、脱贫攻坚中的"先行官"作用，加快推进农村公路"建、管、养、运"协调可持续发展，推动全市"四好农村路"建设迈向高质量发展。

（一）高度重视，多管齐下，推进建设工作有序开展

一是强化组织领导。成立以市政府主要领导为组长，市政府分管领导为常务副组长，发改、交运、公安、财政等相关部门和乡（镇、街道）为成员单位的"四好农村路"建设领导小组。邛崃市交通运输局也相应成立建设领导小组办公室，负责统筹协调和组织指导建设工作，先后组织召开工作专题会12次，切实做到任务清晰、落实有力、责任明确。

二是政策保障到位。邛崃市政府印发涉及农村公路"建、管、养、运"方面的政策文件19个，出台《邛崃市创建"四好农村路"示范县实施方案》（邛府办〔2018〕22号）、《邛崃市"四好农村路"建设实施方案》（邛府函〔2018〕174号），进一步落实政府工作职责，推动"四好农村路"建设各项工作由行业行为转变为政府行为；制定《邛崃市农村公路养护与管理实施细则》（邛府函〔2018〕175号）、《关于加快推进我市城乡道路客运一体化发展的实施意见》（邛府办发〔2017〕58号），积极推进全市农村县、乡、村道改善提升，大力提升农村公路管养水平，全面提升农村运输通达性。

三是资金投入力度大。在成都市级财政加大投入的基础上，建立县乡整合、社会支持、村级"一事一议"等多形式、多渠道的资金融集方式。在建设方面，对统筹城乡村（组）道路建设给予每千米10万元、20万元、30万元、50万元不等的资金补助；对"4·20"灾后恢复重建项目设立专项资金，全力保障新邛路、油玉路等27个灾后重建交通项目建设；将交通建设与全域旅游相结合，设立文旅专项资金，完成水花路、平乐绕场路等13个文旅交通建设项目。2015年以来，省级累计投入资金0.57亿元，成都市级累计投入资金2.13亿元。全市在农村公路建设方面，自2015年以来给予资金支持超过9.75亿元，全力支持各乡（镇）农村公路建设，为实现乡村振兴提供了交通保障。在养护方面，全市积极争取成都市级财政每年1232万元成品油税费改革收入补助资金用于农村公路养护。同时，邛崃市本级财政按不低于市级补助标准进行等额配套，有力地保障了全市农村公路养护资金需求。在运输方面，近三年来，成都市级财政按成品油价格与税费改革资金对公交、出租车、农村客运的补助标准给予全市637.94万元补助，同时，邛

邛芦路

平乐绕场路建设工程现场

执法人员检查客运车辆

执法人员检查货运车辆

执法人员在邛芦路检查农村客运车辆

峡市本级财政安排预算资金772万元，全力支持城乡道路客运一体化示范县建设。

四是督导考核逗硬。邛崃市政府将“四好农村路”基础设施提档升级工程纳入“2018邛崃市政府投资项目”，同时将“四好农村路”建设纳入市政府年度目标考核和邛崃市民生工程考核范围，实行每月督查通报，确保建设任务有序推进。邛崃市交通运输局由局分管领导带队，从规划科、建管科、交管所、养护段、执法大队等科室抽调精干力量组建了4个“四好农村路”建设督促指导工作小组，定期对各乡（镇）进行实地督导，充分调动各方面力量为“四好农村路”建设提供服务和技术帮扶。

（二）规划引领，融合发展，实现农村公路互联互通

一是编制“四好农村路”建设规划。将农村公路建设与特色小镇、产业园区、林盘院落和乡村旅游发展结合，注重既有高速公路，国、省干线和农村公路的有机衔接，提升农村公路通达深度和通行能力。编制完成《邛崃市2018—2020年“四好农村公路”建设计划》，计划未来3年新（改）建农村公路16条、总里程151.5千米，估算投资4.1亿元，实现特色小镇、产业园区至高（快）速路网10分钟内快速转换。

二是完善“四好农村路”基础设施建设。2018年，全市计划实施“四好农村路”基础设施建设项目共计12个，总投资约5.2亿元，新（改）建村（组）道路84千米，实施安保工程65千米、生命防护工程275千米，整治危（旧）桥梁44座，进一步完善内部“毛细血管”，全市道路基础设施不断完善，交通综合承载能力进一步提升。

三是推进“路旅融合”发展项目。结合邛崃市旅游、文化和产业资源，积极推进“路旅融合”发展，按照“一路一特色、一路一品牌”方式，因地制宜地优化提升公路沿线景观和公路服务能力，打造“安全、绿色、智慧、融合”的幸福美丽乡村路，实施至少120千米“四好农村路”示范路建设，构建冉义高标准农田环线、临济邛茶产业环线、平乐古镇旅游环线、夹关四季花语环线、南宝山旅游环线、天台山旅游环线，真正使农村公路成为“产业路、致富路、幸福路”。

（三）全面建设好，补齐短板，切实发挥“先行官”作用。

一是有序推进农村公路新（改）建工作。2017年以来，全市新（改）建农村公路287.6千米，其中2017年统筹城乡、村（组）道路建设203.6千米、新建147.2千米、改建56.4千米，总投资3.5亿元。2018年，第一批乡村公路提档升级总里程84.04千米，其中新建14.95千米、改建66.09千米，总投资4731万元，有效解决了全市24个乡（镇）快速通达城区、242个建制村道路加宽的问题。

二是强化农村公路建设激励考核。2018年，全市将农村公路建设列入邛崃市政府投资项目并纳入年度目标考核，制定《邛崃市农村公路提档升级“以奖代补”办法（试行）》（邛府办发〔2018〕18号），按照“432”标准（2018年补助标准为40万元/千米，2019年补助标准为30万元/千米，2020年补助标准为20万元/千米），计划2018—2020年提升改造农村公路约355千米，补助资金约1.115亿元，平均每年安排补助资金约3717万元，基本建立“乡（镇）主体、市上统筹、财政激励”的乡村公路建设机制。

联合公安交警严查非法营运

开展路政宣传

在镇西山隧道开展执法

三是完善农村公路建设质量管理体系。全市成立农村公路质量监督机构，对农村公路建设项目进行监督管理，实现县、乡、村道质量监督全覆盖；全面落实设计、施工、监理和业主责任制，做到分层管理、逐级负责；认真落实农村公路建设项目“七公开”“三同时”制度，工程实体一次性交工验收合格率达100%。

（四）全面管理好，规范运行，切实做到权责一致

一是按照“政府主导、部门负责、群众参与、综合治理”的原则，建立市有路政员、乡（镇）有监管员、村有护路员的三级路政管理体系，基本形成了统一管理、分级负责的农村公路管理工作机制。二是大力开展路域环境整治工作，依托“城乡环境综合治理”“五大行动”等专项行动，开展道路清洁治理、公路扬尘治理、道路环境美化治理等行动，会同公安、交警、城管等部门联合执法，严厉打击非法超限超载运输车辆，开通24小时举报热线、官方微信、微博等举报平台，积极动员群众参与交通运输违法违规车辆监督举报。2018年，共出动执法人员800余人次、执法车200余台次，制止路边摆摊设点、打场晒粮行为100余起，营造了“畅、安、舒、美”的行车条件和运营环境。

（五）全面养护好，有路必养，切实做到专群结合

一是完善农村公路养护机制，大力推进县有养护与应急中心、乡（镇）有交通管理站、村（社区）有稳定的养护队伍三级养护管理体系建设。截至目前，全市24个乡（镇、街道）均已成立农村公路管理站，共有专（兼）职农村公路养护人员601人，管养农村公路2420.368千米，农村公路列养率基本达到100%；

二是全面推进实施危（旧）桥改造、大中修养护工程和安全生命防护工程。全市管养桥梁433座，其中县道95座、乡道112座、村道226座，严格落实养护责任，强化监督和考核力度，优、良、中等路率达75%以上，县、乡道好路率达90%以上，养护考核成绩在成都市名列前茅。

三是强化维修及应急抢险，运用桥梁监控系统、危桥观测系统对桥梁进行实时监控，2019年将建成道火路机械化养护与应急中心，配备信息化养护系统，对全线道路地灾、养护、管理进行全方位监控，进一步提升公路、桥梁和隧道的管养水平及道路应急抢险、保通保畅能力。

（六）全面运营好，提升完善，切实服务城乡经济社会发展

一是着力提升出行服务水平，编制完成《邛崃市城乡公共交通发展专项规划》《邛崃市城乡公共交通场站专项规划》，积极开展农村客运公交化改造，推行智能交通建设，开通了“互联网+微信”的24小时购票模式。

二是着力保障运营安全，加强农村公路运营安全监管，建立了由多部门共同参与的农村道路交通安全监管工作机制和农村客运班线联合审核机制，乡（镇）、具备条件的建制村通客车比例达100%。

三是积极开展农村物流网络节点建设。结合实际，编制完成《邛崃市农村物流发展规划》，加快推进县、乡、村三级物流网络建设，形成“一园、三心、两区、三通道、多节点”的物流网络体系，覆盖重点乡（镇）的农村物流网络基本建成。目前，全市有客运站6个（二级客运站1个），城乡公交线路14条，公交车120辆；城乡客运线路66条，

养护人员清洗波形护栏

完善水花路交通安全设施

火井绕场路安装减速带

临邛镇东乡村关山边桥危（旧）桥整治

邛崃市客运站

天台山游客中心

运营里程9379千米，客运车辆275辆，覆盖全市所有乡（镇）。

三、存在的问题

目前，全市在“四好农村路”建设方面主要存在以下问题：

一是农村公路等级较低。乡道、村道道路等级低，四级及以下公路里程达2091.86千米，其中路基宽6米以下的乡道里程达647.824千米，路基4.5米以下的村道里程达1198.96千米。此外，尚有等级外公路（碎石或土路路面）367.91千米，路面也是简易铺装，部分村道的安保设施和排水配套设施还不够完善。

二是农村公路管养机制还需进一步提升。全市已实现农村公路全覆盖管养，但由于道路既有状况整体水平一般，个别镇、村两级还需加强“四好农村路”养护宣传，积极发动群众参与农村公路管养；县道田路分家、路宅分家等路产路权保护有待加强，乡村道路路域环境有待整治提升。

三是运输服务体系有待进一步完善。城乡公共交通线网规模不足，未能实现全域覆盖。农村物流发展尚处于起步阶段，农村客运和物流场（站）建设滞后，经营主体多、小、散、弱，统筹整合力度不够，支持政策落实还不到位，安全监管薄弱，县、乡、村三级农村物流网体系尚未完全建立。

四、下一步工作举措

加强组织领导。一是充分发挥政府主导作用，制订切实可行、符合本地区实际的实施方案，做到任务清晰、责任明确、落实有力，为工作开展营造良好的政策环境，各乡（镇）成立相应的组织机构，制订工作方案，抓好组织落实。二是强化部门联动，以联席会议的形式与财政、公安、国土、规划、农林、安监等部门形成合力，在涉农资金、路网规划、土地流转、农村交通安全治理等方面争取资源支持。

桑园镇黑虎农庄电子商务

县级快递物流网点

道明镇竹里

锦江乡乌尤村

政村全覆盖。全面开展以“住上好房子、过上好日子、养成好习惯、形成好风气”为主要内容的“四好村”创建活动，全市创建县级“四好村”54个、成都市级“四好村”54个、省级“四好村”19个。建成集贤乡徐家林盘、观胜镇严家湾林盘等川西林盘聚落，白头镇天府国际慢城等5个田园综合体被命名为“成都市田园综合体示范单位”。

八、农业宣传和对外交流

2017年4月16日，全国人大常委会副委员长吉炳轩到崇州市调研，对崇州市“三农”工作给予充分肯定。国家部委领导、国家级科研院校（所）到崇州市调研达100余批次。省（区、市）党政学习考察团、省（区、市）农业委（厅）等农业部门学习考察团近400批次到崇州市学习考察。2017年4月，《四川崇州：“农业共营制”破解三大难题》入刊中央改革办《改革案例选编（三）》。2017年11月14日—15日，全国集体林业综合改革试验示范工作推进会上，崇州市作了题为“探索‘林业共营制’新型经营体系，助推小农生产融入现代林业加快发展”的交流发言。《崇州市探索实践“1+3+N”农村金融模式推进农村金融综合服务创新改革》被成都市人民政府办公厅《政务信息》专刊第27期采用转发。全国集体林业综合改革试验示范工作推进会、全省稻渔综合种养现场会等在崇州市召开，全国兽医工作大会、全省农业职业经理人培育现场会代表参观崇州市现场点位。2017年11月30日，《经济日报》报道《新农民播种新希望——探寻乡村振兴之路（下篇）》；2017年10月15日，《新华每日电讯》报道《成都“共营制”让林地“活”起来》；人民网以《央行专家：成都农村金融服务综合改革进入“深水区”》为题报道崇州市农村金融改革的经验做法。

集贤乡徐家渡林盘

桤泉镇红提产业基地

国家现代农业示范区——崇州市10万亩粮食高产稳产高效综合示范基地

现代林业示范基地

杨柳土地股份合作社烘储中心

杨柳土地股份合作社新址

农业产业基地

四川农业大学现代农业研发基地

幸福美丽新村——白头镇五星村

崇州绿道

湿地公园

乡村旅游节会

崇州市优质粮油产业园——稻田养蟹示范基地

简 阳 市

省委农工委常务副主任杨秀彬（中）到简阳市调研

2017年，简阳市辖21乡21镇4个街道，辖区面积1739.747平方千米，其中耕地面积146.77万亩，比上年增长44.59%，人均耕地面积1.49亩。人口出生率11.75‰，减少0.11个千分点；人口自然增长率4.35‰，增加0.22个千分点。本地水资源总量3.4084亿立方米，人均占有水资源量227.37立方米。有林地面积3.54万公顷，活立木总蓄积量244.2万立方米，森林覆盖率35.6%。

2017年，全市GDP413.68亿元，增长8%，其中第一产业增加值6.22亿元，增长4%，农、林、牧、渔及农林牧渔服务业之比为0.43：0.03：0.49：0.03：0.02；第二产业增加值225.73亿元，增长7.4%（工业产值743.36亿元，增长3.8%）；第三产业增加值125.73亿元，增长11.3%。三次产业对经济增长的贡献率分别为7.6%、52.7%和39.7%。劳务输出40.81万人，收入64.87万元。全年接待游客1212.63万人，实现旅游收入50.7亿元，其中乡村旅游收入27.54亿元。

地方公共财政预算总收入完成21.44亿元，增长14.5%；公共财政预算总支出50.29亿元，增长11.93%，其中农业投入76377万元，占支出的15.19%。农业产业化龙头企业国家级、省级、市级分别为1个、7个、18个。

有艺术表演团体3个，文化馆1个，公共图书馆1个，文物陈列室1个。有卫生机构981个，病床位6637张，卫生技术人员5743人。城乡居民医疗保险参保人数892261人，参合率98%；城乡居民养老保险参保人数437081人，参保率96.5%；被征地农民参加企业职工基本养老保险28393人，占全市企业职工基本养老保险覆盖人数的22.62%。

2017年，简阳市实现农业总产值107.37亿元，增长4.7%；农业增加值63亿元，增长4%；实现农业投资17.97亿元，超过成都市下达任务2.86亿元。农民年人均可支配收入达14884元，增长10%，收入增幅在成都市县（市、区）中位居第一，增幅及增量列全省类区县第一位。全市农产品质量抽检合格率达98%以上。

"新青年·学习社"助力脱贫攻坚

聘请专家为青年骨干农民开展农业专题培训

平息乡民和村易地搬迁安置点

五合乡龙潭村易地搬迁安置点

平泉镇黄岭村“安居工程”聚居点（原贫困村）

简阳市幸福美丽新村项目——平武镇尤安新居开工仪式

2017年，简阳市扎实推进农村“884工程”，全市乡（镇）就业服务中心提前完成5年任务，新建县、乡道路121千米、硬化村（组）道路1022千米，新增村级就业服务站331个、“村村通”光纤宽带440个村和4G基站建设397个；新建村级党群服务中心100个和村文化卫生室95个、污水处理厂15个，“消除土坯房”4036户。农村道路、水利、通信、住房等基础条件显著改善，公共服务水平全面提升。幸福美丽新村建设成效明显，成功创建成都市级“四好村”66个、省级“四好村”25个，成都市级“三美示范村”3个、简阳市级“三美示范村”26个。

2017年，简阳市全面完成“两年脱贫攻坚”任务，顺利实现77个省定贫困村退出、8179户23498名贫困人口脱贫，简阳市被省委省政府表彰为“片区外脱贫攻坚工作先进县”。一是全力推进基础建设。建成扶贫路638千米，新建菜粮基地高标准农田9.73万

贾家镇菠萝村农民新村

平泉镇荷桥村易地扶贫搬迁安置点

平泉镇荷桥村扶贫新村

飞龙乡协议村扶贫新村

鳌山绿道

武庙乡团堡村（2017年贫困村）农村"四好路"

简城街道大葫村

简阳市电子商务公共服务中心

德青源项目云龙镇蛋鸡饲养场、有机肥厂、饲料加工厂总体鸟瞰图

亩，完成土地整治5.5万亩，整治渠道390千米、山坪塘656口、河道10千米，新打机井1186口；高标准建设贫困村党群服务中心95个；投入资金5.39亿元，将7375户危房户和无房户全部纳入住房安全保障项目，全面实现贫困户住房安全有保障。二是有效实施产业扶贫。推进5000亩农业产业园区规划建设，建成农业产业基地13.2万亩；发展壮大贫困村集体经济，实现收入159.7万元，人均10.69元。指导105个贫困村发展优质水果5.04万亩，优质蔬菜2.13万亩，优质粮油9.18万亩。三是全面落实政策保障。全面落实各项兜底政策，有效实施贫困户医疗、教育、就业和社会保障扶贫。移民后扶工作。全面实施2016年移民后期扶持整体脱困国家补助资金2881万元项目，完成2017年移民后期扶持专项国家补助资金200万元项目。协助业主单位超额完成毗河一期工程移民征地拆迁工作。全年发放直补资金202897人次、1012.85万元，动态管理核减直补到人移民395人；拨付到乡（镇）指标项目资金7779个、金额466.74万元。

（简阳）唯品会（中国）西部总基地

简阳市污水处理厂平武厂区

义教均衡——简阳市标准化建设学校施工

五合乡护民村金秋砂糖桔产业

禾丰镇丙灵村产业基地

周家乡晚白桃产业

贾家镇桃园

乡村旅游——贾家镇东来桃源

五星乡太阳村千亩荷塘

东溪镇建政村高标准农田建设

金 堂 县

时任副省长王铭晖（中）到金堂县调研成都市人民政府与四川省农业科学院合作项目

成都市副市长、市森林防火指挥部指挥长刘宏葆（右三）到金堂县检查森林防火工作

金堂县位于成都平原东北部，东靠中江县，西邻成都市龙泉驿区、青白江区，南接简阳市、乐至县，北壤广汉市；县政府驻赵镇，距成都市城区30千米。2017年，全县辖区面积1156平方千米，其中建成区面积22.44平方千米、耕地面积558.93平方千米；辖1个街道2个乡18个镇68个社区164个行政村，有省级开发区2个——四川金堂工业集中发展区（成都工业战略前沿区）、成都—阿坝工业集中发展区。年末有常住人口70.1万人，户籍户数34.5万户，户籍人口90.3万人，其中农业人口60.9万人；人口出生率11.4‰，人口自然增长率4.35‰，人口密度606人/平方千米。金堂县曾获“中国人居环境范例奖”“国家生态示范县”“中国书法之乡”“中国龙舟之乡”“全国旅游创新发展示范地”等殊荣。

金堂历史悠久，汉高祖六年（公元前201年），割巴、蜀两郡部分地区建广汉郡，郡府就设在今金堂县赵镇。因为水运发达，县城赵镇成为古蜀名镇之一。县城居千里沱江之首，地处成都平原经济圈中心，享有“天府花园水城”“成都十大魅力城镇”等美誉。

2017年，金堂县抢抓“东进”机遇，深入实施工业强县、农业固本、文旅兴城“三大战略”，全力推进“富美金堂”建设，加快打造成都东北门户和东成都主城区。全县“一号工程”——淮州新城建设加快推进，淮州新城政务服务中心投入运行。成功举办

乌干达农牧渔业部领导率乌干达国家农业能力建设代表团到金堂县考察现代农业发展工作

金堂县2017年第一批现代农业项目集中签约仪式

金堂县2017年第二批现代农业项目集中签约仪式

2017四川花卉（果类）生态旅游节分会场暨“天府源”成都第二届油橄榄节

龙泉山城市森林公园建设金堂启动仪式

“中国青年哲学论坛（2017）暨首届贺麟青年哲学奖评审会议”在金堂县开幕

2017中国国际节能环保技术装备展示交易会暨中国（成都）国际绿色产业博览会、中国（成都）节能环保产业博览会。获得“中国（成都）海外人才离岸创新创业基地节能环保产业工作站”授牌，被省委省政府评为“全省县域经济发展先进县”，被评为“四川省工业强县示范县”。金堂羊肚菌获国家地理标志产品保护认证，开发出金堂明参、金堂橄榄油、橄榄茶等名优产品。成功举办了“天府源”成都第二届油橄榄节，荣获全省粮食生产“丰收杯”。金堂县万达广场建成投运，港中旅海泉湾温泉度假区一期工程主体封顶，五凤古镇二期等项目加快建设。玉皇养生谷被评为“全国森林康养基地建设试点”和“全省森林康养基地”，金海岸·耍都获批“成都市特色商业街”。成功举办了铁三世界杯赛、中国龙舟公开赛暨第六届非遗节、全球华语爱情诗会、国内首次全国性青年哲学论坛等文体旅活动。被评为“全国旅游创新发展示范地”“全国群众体育先进单位”“四川省乡村旅游强县”“全市服务业重大项目推进工作先进单位”。全面完成2017年空气质量目标任务，顺利通过中央、省、市环保督察。土地集约节约利用工作得到国务院表扬。金堂中学顺利通过“四川省一级示范性普通高中”专家组现场督导评估。四川大学华西医院金堂医院·金堂县第一人民医院、金堂县妇幼保健院成功创建为国家三级乙等医院。县图书馆、县档案馆、文化中心、体育中心、全民健身活动中心建成投用。

三溪镇油菜花

春见

沃柑

脐橙

不知火

红心蜜柚

油橄榄

金堂黑山羊

羊肚菌

姬菇

蔬菜大棚

福兴镇高山反季节蔬菜种植基地

隆盛镇特色花卉产业园

福兴镇芍药花基地

广兴镇中草药产业园

有机葛根

金堂明参

铁皮石斛

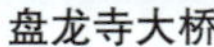
盘龙寺大桥

金堂大道汤家沟隧道

金堂县以“统筹城乡一体化建设、服务金堂农业农村经济社会发展”为目标，高站位布局农村公路路网规划，在全省率先实现交通管理职能向乡（镇）延伸，部门联勤联动机制健全，农村公路管理体系更加完善；在全市率先成立工程质量监督管理机构，高质量建设农村公路，农村出行条件明显改善。推行养护体制改革，探索创新管养模式，大力推行新材料新工艺的应用，增强公路桥梁维修和应急抢险能力，公路建设成果得到有效巩固。优先发展公共交通，基本形成城乡一体公路客运网络，电子商务、物流网点实现乡（镇）、社区全覆盖，农村群众生产生活更加便利，被省政府认定为“第二批四川省‘四好农村路’示范县”。

坚持规划引领抓好建设。研究对接省、市交通规划，立足服务金堂经济发展，坚持与现代产业、乡村旅游等发展相结合，高站位、高标准规划设计全县交通建设项目，“重大交通建设项目由政府统筹、乡村公路‘以群众铺底子、政府盖面子’”的建设模式加快推动，并同步设计、建设安全防护设施、标识标牌、公交港湾式站点等。近年来，金堂县投入资金129亿元，启动实施了通乡通村通组硬化、路网结构提升、配套设施完善、安全生命保障、“交通+旅游+产业”融合发展等项目，先后建成金堂大道、中金快速、成金大道、盘龙寺大桥等一批品质工程，疏通加密乡村道路2430千米，实施县、乡、村道安保工程560千米，建设里程连续5年居成都市各县（市、区）第一位。

白果大桥

乡村道路

村组道路

龚家林盘

五凤镇贺麟故居林盘

赵家镇刘家院子林盘

坚持短板突破抓好管理。在全县21个乡（镇、街道）设立了交通管理服务站，将交通“建、管、养、运”职能全面向乡（镇）延伸，实施专职人员片区“承包式”管理，有效弥补了乡（镇）交通管理专业技术力量不足的问题。成立了全省第三家、全市第一家公路水运工程质量监督管理站，建立五级质量安全监管体系，全县交通建设项目质量安全监督覆盖率达100%。建立交通、公安、城管联勤联动机制，整合力量加大对公路违法行为的查处力度，公路路产路权得到有力保障。

坚持探索创新抓好养护。实行农村公路养护管理三级联动工作机制，积极引进市场化管养模式，实现农村公路管理养护全覆盖。大力推行预防性养护，采取裂缝填封、薄层罩面等方式有效延长道路使用寿命。试验推广公路节能低碳环保新材料新工艺的应用，后续养护成本大幅降低，日常养护工作遵循就地热再生和场拌热再生的原则，废旧材料利用率达100%，实现了资源回收、环保再生、绿色低碳。已在淮州新城建成公路养护和应急保通中心1个，2018年还将在县城建设1个公路养护和应急保通中心，形成“双中心”，进一步提升公路、桥梁和隧道管理养护水平及道路应急抢险、保通保畅能力。

坚持民生优先抓好营运。大力推动公共交通网络发展，实现100%的乡（镇）通公交、99.5%的建制村（社区）通客车，城乡道路客运车辆公交化比率达75%，基本形成了城乡一体的公路客运网络。5家主流快递企业共同成立集寄递物流、电子商务于一体的本土电商平台公司，建设镇、村级电商综合服务站，开展代缴、代购、代卖等贴心服务。制定了全县物流战略规划，依托县内交通资源优势，在县城范围内形成“四港两中心N个配送站”物流系统，支撑多式联运的物流大通道。

西南航空文化旅游景区

云顶山慈云寺

龙泉山城市森林公园登山健身步道

竹篙镇樱花节

转龙镇鲜花山谷

中国地质科学院矿产综合利用研究所

所长、党委书记胡泽松（左三）走访慰问贫困户

中国地质科学院矿产综合利用研究所积极响应党中央、国务院精准扶贫号召，于2015年年底开始对口帮扶旺苍县化龙乡石川村。单位选派优秀科技青年骨干龙运波作为驻村干部。所党委书记、所长胡泽松带领所班子成员率先垂范，多次深入石川村指导驻村帮扶工作。两年多来，单位充分发挥行业优势，立足村情实际，着眼长远发展，争取了一系列项目在石川村启动实施。

通过实施乌蒙山区地质矿产综合调查项目，开展土地质量地球化学调查，查明了当地土壤类型、元素指标等情况，为开展生态农业、环境保护、提高合理利用土地资源水平找到了科学依据。通过实施大巴山区城镇地质灾害调查项目，在化龙乡开展找水打井2口并成功出水，直接解决当地100余名缺水群众的饮水困难问题。

在石川村实施猕猴桃科技示范种植项目，成立了旺苍县绿丰猕猴桃专业合作社，涵盖村民42户（其中贫困户27户），建成猕猴桃核心示范园区80亩，于2018年投产。实施旺苍县化龙乡黄茶高效栽培技术示范项目，项目实施区域覆盖贫困户15户、非贫困户20户，涉及贫困人口60余人。项目实施后，每年可提供就业2000余人次，带动户均增收1000余元。实施农业灌溉用蓄水池项目，先后为贫困家庭援建农业灌溉用蓄水池24口，已全部建成并投入使用，解决了100亩以上缺水山地的灌溉用水困难问题。为阻断石川村贫困户贫困的代际传递，单位每年出资2万余元，为石川村13户贫困家庭学生按月发放生活补助，确保这些贫困家庭的孩子顺利完成学业。同时，积极向科技厅争取50万元资金，采用"分散式"建设模式，在石川村实施光伏发电项目。15户贫困户和村集体光伏发电装置已经全部并网发电，每年可为每户带来约2800元的收入，每年可为村集体带来23000余元的收入。

在中国地质科学院矿产综合利用研究所的精准帮扶下，石川村的面貌正在发生着前所未有的变化，水泥路通村入社到户，地里种植的黄茶、猕猴桃等种苗茁壮生长，光伏发电项目源源不断地创造着效益；"省级文明村"、市级"四好村"、"科技扶贫示范村"、"党建扶贫示范村"等荣誉接踵而至。石川村于2018年1月顺利通过了国家第三方和省级检查验收评估，实现了脱贫"摘帽"。

援建的旺苍县化龙乡石川村黄茶园区

旺苍县化龙乡石川村村集体分红大会

自贡市自流井区

健康田园农业主题公园

乡村振兴水果采摘园

荣边镇尖山村“1+6”公共服务基地

改造后的伍富路

乡村振兴学院

自贡市自流井区地处川南经济区腹心，是自贡市政治、经济、商贸、文化中心。近年来，全区深入学习贯彻党的十九大精神，认真落实省委、市委决策部署，紧紧围绕“统筹城乡示范区绿色发展典范区”建设目标，以乡村振兴战略为统揽，充分发挥“大城市带小农村”和农村与城市“零距离”以及具有全市独特的自然生态条件等优势，努力推进农村全域振兴和农村经济高质量发展。

建设乡村振兴示范区，探索城乡融合发展新路径。立足尖山国家4A级风景区资源优势，于2018年2月启动13.26平方千米尖山乡村振兴示范区建设，大力推进农旅、文旅融合，竭力打造省级乡村振兴示范区和诗意尖山休闲度假区。

扩大全域对外开放合作，全域布局现代产业，推进产业振兴。坚持扩大对外开放，2018年引进产业项目15个，计划总投资120亿元。启动建设以尖山风景区为依托，高标准建设现代农业园区的农旅、文旅导向型；以实施舒坪镇蓝城春风·桃源，农团乡台湾风情园、森林养心谷康养小镇，漆树乡颐养小镇等康养项目为依托的康养导向型；以仲权彩灯小镇为依托的特色文化导向型三大主导产业，逐步形成“特色小镇+现代农业园区”为主的乡村特色园区经济模式。

创办乡村振兴学院，聚力“三农”人才培养，推进乡村人才振兴。自贡尖山乡村振兴学院于2018年6月揭牌，配套建设科学技术部、教育部、四川农业大学新农村发展研究院自流井区乡村振兴示范基地，四川农业大学教学科研实习基地，自流井区振兴乡村人才培育基地。学院统筹利用区内外智力资源，为产业振兴聚集人才、信息、技术以及资本，厚植可持续发展和全域奔康人才支撑。

尖山国家4A级风景区

自贡市大安区

2016年，自贡市大安区被确定为四川省第三轮幸福美丽新村建设示范县，全区上下坚持以脱贫攻坚为重点，以深化农村改革为动力，深入实施“五大行动”，统筹做好基础设施建设、公共服务配套和社会管理创新，经过两年的努力，成功打造一批“业兴、家富、人和、村美”的幸福美丽新村和“四好村”。2017年，大安区幸福美丽新村示范县建设获评优秀示范县，大山铺镇江姐村被评为“2017年度四川百强名村”。

省委常委、时任省委组织部部长范锐平（前排右二）在自贡市委书记李刚（前排左一）的陪同下调研大安区脱贫攻坚工作

美丽新村——何市镇黄桷村

自贡市委书记李刚（前排左二）调研大安区脱贫攻坚工作

自贡市人大常委会主任谭豹(右二)、副主任詹勇(左一)调研大安区脱贫攻坚工作

自贡市委副书记李国贵（中）调研大安区脱贫攻坚及农村产业发展情况

省扶贫移民局副局长唐义（右四）调研大安区脱贫攻坚工作

区委书记张昭国（中）调研大安区现代农业示范园区工作

区长杨斌（左一）到牛佛镇关刀村易地扶贫搬迁聚居区调研

永嘉乡瓦高村新农村综合体

永嘉乡瓦高村易地扶贫搬迁集中居住区

三多寨镇联合村农家大院

持续推进新村建设。扎实推进农村"四级居住"，结合易地扶贫搬迁、土地增减挂钩项目等，累计建成功能齐备的中心村18个、特色聚居点66个，聚居农户1476户；实施农村危房改造1171户同，旧村落改造提升1591户，配套微田园建设和环境整治。深入实施山、水、田、林、路综合治理，新建村（组）道路197千米、便民路95.4千米，完成贫困村道路改造提升81.1千米；实施坡改梯和高标准基本农田建设6.53万亩，建成山坪塘94座、蓄水池134口、提灌站14座，配套渠系47.5千米。围绕新村建成"1+6"村民活动中心33个、活动广场36个。累计建成幸福美丽新村76个，建成省级"四好村"12个、市级"四好村"48个、区级"四好村"68个。

牛佛沱江二桥

新店镇何院村全景

三多寨镇同春村农民集中居住区

何市镇阮家村党群服务中心

三多寨镇梨花节

首届康乃馨生态旅游节

自贡·中国玫瑰海

何市镇高庙村雁溪谷

高标准基本农田格田整理工程

基本农田保护片

永嘉乡瓦高村丹参种植基地

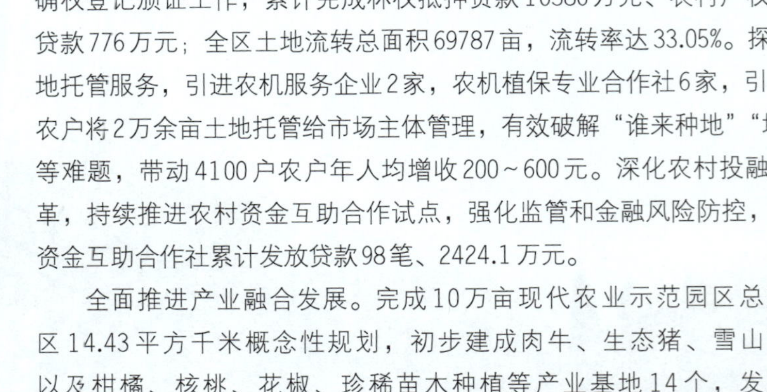
深入推进农村改革。全面完成全区12个乡（镇）农村土地承包经营权等确权登记颁证工作，累计完成林权抵押贷款10380万元、农村产权抵押融资贷款776万元；全区土地流转总面积69787亩，流转率达33.05%。探索推进土地托管服务，引进农机服务企业2家，农机植保专业合作社6家，引导7560户农户将2万余亩土地托管给市场主体管理，有效破解"谁来种地""地怎么种"等难题，带动4100户农户年人均增收200~600元。深化农村投融资体制改革，持续推进农村资金互助合作试点，强化监管和金融风险防控，三绿农村资金互助合作社累计发放贷款98笔、2424.1万元。

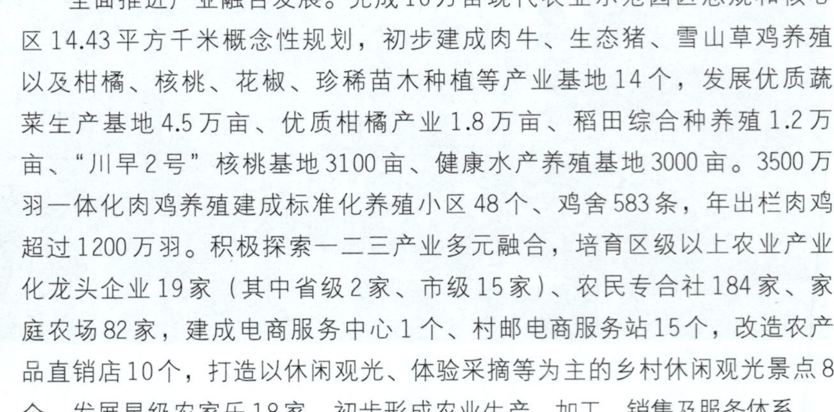
全面推进产业融合发展。完成10万亩现代农业示范园区总规和核心区14.43平方千米概念性规划，初步建成肉牛、生态猪、雪山草鸡养殖以及柑橘、核桃、花椒、珍稀苗木种植等产业基地14个，发展优质蔬菜生产基地4.5万亩、优质柑橘产业1.8万亩、稻田综合种养殖1.2万亩、"川早2号"核桃基地3100亩、健康水产养殖基地3000亩。3500万羽一体化肉鸡养殖建成标准化养殖小区48个、鸡舍583条，年出栏肉鸡超过1200万羽。积极探索一二三产业多元融合，培育区级以上农业产业化龙头企业19家（其中省级2家、市级15家）、农民专合社184家、家庭农场82家，建成电商服务中心1个、村邮电商服务站15个，改造农产品直销店10个，打造以休闲观光、体验采摘等为主的乡村休闲观光景点8个，发展星级农家乐18家，初步形成农业生产、加工、销售及服务体系。

永嘉乡核桃种植基地

基本农田丰产片

庙坝镇肉牛养殖场

永嘉乡瓦高村年出栏3500万羽一体化肉鸡养殖小区

年出栏3500万羽一体化肉鸡养殖小区

牛佛镇年出栏3500万羽一体化肉鸡养殖小区

自贡市沿滩区

▲省委副书记邓小刚（前排右二）视察彩灯之乡

▲自贡市委书记李刚（左一）在区委书记邹天才（右二）的陪同下到黄市镇调研脱贫攻坚工作

自贡市沿滩区以习近平新时代中国特色社会主义思想和党的十九大精神为指导，认真贯彻落实中央、省、市农村工作会议精神，抢抓省委支持川南经济区在全省率先实现次级突破的发展机遇，大力实施乡村振兴战略，扎实推进幸福美丽新村建设，全力打好脱贫攻坚战。大力推进重大农村改革和农业供给侧结构性改革，不断优化产品结构、生产结构、产业结构和生产力布局，全力推进现代农业发展，全区农村经济持续发展，创新驱动取得了可喜成就。荣获“2017年度全省重大农村改革任务推进示范县”称号。

▶自贡市副市长鲜光鹏（中）到沿滩区调研

2018"花满沿滩·携手振兴"专题招商推介会

沿滩区2018年脱贫攻坚第五次会议现场会

2017年，全区实现农业增加值17.17亿元，同比增长4%。农村居民年人均可支配收入达14288元，同比增长9.3%。全面完成省定11个贫困村2766名贫困人口年度"摘帽脱贫"任务，整合实施项目（政策）80个，完成投资4.5亿元。撬动社会资本4亿元以上。发展新型农民经营主体15个，新增绿色农产品5个、无公害农产品15个。完成20个幸福美丽新村、12个省级"四好村"、47个市级"四好村"创建申报工作任务。成立21个村集体资产管理经营有限公司，村均实现集体收入1.5万元以上。举办乡村文化旅游节等系列活动21场，全区全年累计接待游客322.3万人次，实现旅游综合收入29.61亿元。

沿滩区脱贫攻坚领导小组第五次会议暨乡村振兴工作会

"扶贫日"捐款现场

仙市镇百胜新村

永安镇云龙新村

刘山乡云丰新村

瓦市镇合星新村

黄市镇群英新村

永安镇新元村圆觉寺产村一体建设

仙市镇百胜村风貌

九洪西瓜

仙市镇草莓产业

富全镇标准化葡萄园

永安镇前进村花椒产业园

沿滩镇玫瑰产业园

黄市镇柑橘产业

花椒产业基地

永安镇标准化蛋鸡养殖

太源井的醋坛

仙市镇箭口村特色水产养殖园区珍珠蚌养殖池

王井镇林下鸡产业

荣　县

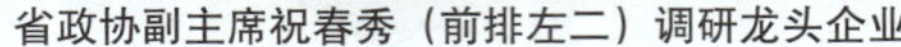
省政协副主席祝春秀（前排左二）调研龙头企业

自贡市委书记李刚（左三）到度佳镇果子塘村移民安置点调研

2017年，荣县农业农村工作取得较好成果。一是经济指标稳步增长，农业增加值较上年增加1.92亿元，达45.68亿元，增长4.2%；农村居民年人均可支配收入较上年增加1163.7元，达14240.8元，增长8.9%；粮食产量达43.2万吨，增长1.4%；茶叶产量1.13万吨，水果、蔬菜产量80万吨，稳居全市第一。二是创先争优取得新突破，成功创建省级农民增收新产业新业态示范县，成功列入全省新型职业农民制度试点县，代表四川跻身国家首批农业可持续发展试验示范区，生物资产抵押融资经验被省办专刊印发并上报国办，全年先后3次在省上作改革经验交流。三是脱贫攻坚成效显著。全县坚持把脱贫攻坚作为"第一民生工程"，整合资金8.2亿元，扎实推进22个专项扶贫计划，实现16个贫困村退出、4335名贫困人口脱贫，实现了脱贫攻坚工作的再战再胜。四是农村改革逐步深入，扎实推进全省农村改革综合试验区建设，农村集体产权制度改革稳步推进，成立了全市第一个工商注册土地股份合作社，开启土地股份化经营新模式。

自贡市长何树平（中）到旭阳镇马石村讲党课

县委书记韩明祝（前排右一）调研农业农村工作

县长郑小清（右三）到长山镇调研移民安置房建设情况

荣县第十四次代表大会第二次会议

荣县2017年春节联欢晚会

荣县集中收看党的十九大开幕式

田园荣州、美丽乡约——双古茶艺表演

双石镇花漫金台乡村旅游

度佳镇樱桃节

高石梯森林公园

双溪水库美景

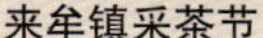
来牟镇采茶节

双古镇采茶大赛

茶叶种植技术培训

柑橘种植技术现场指导

度佳镇果子塘村移民安置点

留佳镇凤龙村移民集中安置点

保华镇旭湾村新村建设

内威荣高速荣县东出口

省级龙头企业——四川龙都茶业（集团）有限公司生产车间

乐德红土地粮经复合种植基地

20万亩茶叶产业园新建茶园

河口镇标准化蚕棚

水稻机械化收割

农产品加工园区

富顺县

省政协副主席高烽（中）在县委书记邹登权（左二）的陪同下到狮子镇马鞍村调研

自贡市委书记李刚（前排右三）在县委书记邹登权（前排右二）的陪同下到狮子镇马鞍村调研脱贫攻坚工作

2017年，富顺县以推进农业供给侧结构性改革为主线，统筹实施园区建设、脱贫攻坚、抓点示范、农村改革“四大工程”，切实加强“三农”保障，有力推进农业大县向农业强县转变。全年实现现价农林牧渔业总产值71.39亿元，比上年增长4.2%；实现农业增加值44.32亿元，增长4.2%。农村常住居民年人均可支配收入14350元，增长9.1%。全年粮食总产量51.84万吨，增收1.16万吨，增长2.3%。全县森林面积3.15万公顷，森林覆盖率35.8%，提高0.4个百分点。全年新增农田有效灌溉面积200公顷，有效灌溉面积达2.27万公顷。全县农业机械总动力30.55万千瓦，增长6.7%。农村用电总量1.26亿千瓦时，增长14.5%。19个省定贫困村实现退出，省定5821名贫困人口达到脱贫标准；新建成幸福美丽新村43个，创建县级“四好村”90个、市级“四好村”88个、省级“四好村”20个。荣获“2017年度全省‘三农’工作先进县”称号。

县委书记邹登权（右四）调研古城复兴项目建设情况

县长曹友良（左三）到狮子镇马鞍村指导农产品展销工作

回澜塔

富顺文庙

西区新城一景

2017年12月，自隆高速公路富顺连接线正式通车

体育馆

富顺新貌

怀德镇万亩桂圆丰收

金竹花田

狮子镇马鞍村2000亩集中连片柑橘种植基地

赵化镇现代农业

兜山镇共赢新村

中国豆花村

幸福美丽新村——狮市镇马鞍村

骑龙镇龙须村

板桥镇石龙新村

东湖镇卷坝新农村

攀枝花市

市委书记李建勤（前一）调研芒果产业发展情况

攀枝花市属以南亚热带为基带的立体气候，年日照时数达2300～2700小时，无霜期300天以上，年平均气温20.3℃，年平均降水量800～1200毫米，年平均昼夜温差15℃左右，日温差大、年温差小，具有光照强、温度高、降雨集中等特点，全年无冬，独特的立体气候孕育出享誉全国的优质特色农产品。攀枝花市发展特色农业具有得天独厚的优势，特色农业表现出鲜明的热带、南亚热带特色，具有产品珍稀、品质优良、上市错季、效益突出等特点。2012年1月，攀枝花市全域被农业部认定为国家现代农业示范区，成为全国第二批国家现代农业示范区。

经过长期的探索和实践，攀枝花市已建成特色水果、早春蔬菜、畜牧水产、优质烤烟和林业生物五大特色农业产业体系。晚熟芒果、早春蔬菜、冬春枇杷是攀枝花市特色农产品中的佼佼者，晚熟芒果8—11月成熟，全国最晚；冬春枇杷元旦、春节期间上市，全国最早；早春蔬菜1—4月上市，填补了国内市场空档期。特色产业的发展促进了农民增收、村容整洁和乡风文明；打造了一批特色旅游新村，形成了独具攀枝花市特色的阳光休闲农业和乡村旅游产业，一、三产业得到有机融合，为康养产业发展提供了有力的支撑。全市建成全国休闲农业与乡村旅游点1个、省级新农村示范片2个、省级新农村示范县1个、市级示范片3个，全市共有40个乡（镇）131个村开展了新农村建设，着力打造4个现代农业集成创新示范农庄。

米易县垭口镇安全村农田水利建设示范区

攀枝花早春枇杷

攀枝花芒果

烤烟种植基地

米易县“益满达”休闲渔庄

拆除网箱后的盐边县渔门岛

米易县普威农业旅游新村

攀枝花市仁和区

区委农村工作会议

攀枝花市仁和区地处攀西大裂谷，全区辖8镇6乡1个街道，辖区面积1727.07平方千米，有耕地面积15.3万亩，总人口27.09万人，其中农业人口14.36万人，是攀枝花最宜居城区和省级生态区。近年来，仁和区以农业供给侧结构性改革为主线，以农民增收为核心，夯实农业生产能力基础，持续推动"三品一标"建设，"康养+农业"蓬勃发展，现代特色农业建设卓有成效。2017年，全区GDP246.8亿元，增长8.1%；实现农业总产值18.9亿元，增长4.3%。农村居民年人均可支配收入达16032元，增长9.3%。被评为"2017年度四川省农民增收先进县（区）"。

现代特色农业示范区建设稳步推进。以项目为抓手，着力打造"山区型"特色现代农业示范区，2017年争取省级财政现代农业发展工程专项资金试点项目，总投资3691.36万元，实施试点项目20个。全区已建成粮食生产基地8万亩、蔬菜基地5万亩、水果基地16万亩、畜禽标准化养殖场10个。多方筹措资金，投入资金1254.36万元，全面完成"9·19"灾后重建任务，恢复农田2859.07亩，恢复机耕道13条，修复提灌站20座。积极推广标准化生产技术，依托农产品生产经营企业、农民专业合作社带动作用，在主要生产基地推广农作物病虫害绿色防控技术、动物疫病综合防控技术及测土配方施肥技术；攀西大地红火龙果基地、二十六度果园享誉市外。

布德镇莲藕种植基地

火龙果种植基地

泸县玉蟾街道黄金新村

纳溪区大渡口镇平桥村

纳溪区龙车镇塘口村沃柑产业园

合江县白米镇荔枝种植基地

合江县真龙镇真龙柚种植基地

叙永县江门镇大元村桃花坞

江阳区分水岭镇董允坝村夜景

泸州市纳溪区

时任中央农办一局副局长杨尚勤（前排右三）到纳溪区调研“三农”工作

省委农工委副主任毛业雄（右三）到纳溪区调研

2017年，在泸州市委市政府和纳溪区委的坚强领导下，在纳溪区人大、区政协的监督和支持下，纳溪区政府团结和带领全区干部群众，全面贯彻“3343”发展战略，认真落实“四比四导向”要求，扎实做好稳增长、促改革、调结构、惠民生、防风险等工作，实现全区经济社会可持续发展。全年生产总值完成145.01亿元，增长8.4%；规模以上工业增加值增长9.7%；地方一般公共预算收入完成11.01亿元，同口径增长10.9%；全社会固定资产投资完成236.4亿元，增长16.3%；社会消费品零售总额完成82.2亿元，增长13.2%；城镇、农村居民年人均可支配收入分别达32395元、15136元，分别增长8.6%、9.5%。

区委书记徐利（右二）督导脱贫攻坚工作

区长谭荣兵（前排右二）带队督导脱贫攻坚项目推进情况

古 蔺 县

省委常委、省委农工委主任曲木史哈（前排左四）到古蔺县调研

泸州市委书记蒋辅义（前排右三）、市长刘强（前排右二）到古蔺县易地搬迁集中安置点调研

古蔺县是典型农业县，辖26个乡（镇、街道），有农业人口63.11万人。有耕地面积133.07万亩，基本农田35.32万亩。2017年，全县实现农业总产值38亿元，增长3.8%；农业增加值22.7亿元，增长3.8%。农民年人均可支配收入11554元，增长9.9%。农业产品中粮食作物以水稻、小麦、玉米、高粱、红薯为主，经济作物以烤烟、油菜为主。全县盛产中药材，主要品种有赶黄草、金银花、杜仲、黄柏、木瓜、吴芋、天麻、天冬等。畜产品有丫叉猪、马头羊、川南黄牛等，均为地方优良畜种。古蔺县地方名优产品有中国名酒——郎酒，用优质山泉水酿造、天然岩洞储存，香味细腻、醇和浓郁、清香可口、回甜味长，誉满全国。古蔺手工面、麻辣鸡、蔺州三台土鸡、马蹄柑柑等山地生态特色产品颇负盛名。

箭竹苗族乡富强村休闲垂钓基地

新村一隅

泸　　县

副省长杨洪波（右一）到玉蟾街道建设社区调研沱江河长工作

泸州市委书记蒋辅义（前排左二）、市长刘强（右四）指导改革工作

泸县隶属中国酒城——泸州市，位于长江、沱江交汇区，地处成渝经济区环渝腹地，西南出海大通道桥头节点。泸县亦称“龙城”，公元前135年设立县制，有着“中国龙文化之乡”的美誉。全县辖区面积1532平方千米，辖19个镇1个街道，人口109万人，是四川省首批扩权县、西部百强县、全国平安建设先进县、国家卫生县城、全国不动产统一登记试点县、全国农村土地改革试点县。作为农业大县，泸县是“国家级制种基地”“全国知名晚熟龙眼之乡”“国家出口猪肉质量安全示范区”“川南花木之乡”“全国粮食生产先进县”。2016年、2017年连续两年获评为全省“三农”工作先进县、全省农民增收先进县。

县委书记薛学深（右二）率队督导问题整改工作

县长肖刚（右一）走访群众

县委常委、副县长赵斌（左二）督查创建省级农产品质量安全监管示范县工作

副县长杜作文（左一）开展春节慰问

太伏镇沙田坝新村

云龙镇百年荔枝园新村

太伏镇涪溪口康养社区

得胜镇橙香园全景

扶贫日义演

龙桥文化生态园荷花园

千岛水乡玉龙湖

山清水秀的道林沟

高标准农田建设基地

得胜镇马溪河防洪治理工程

乡村道路建设

合 江 县

省委常委、省委农工委主任曲木史哈（左三）带队督查尧坝镇脱贫攻坚工作

千年荔城，甜美合江。2017年，合江县GDP189.9亿元，增长8.6%，其中第一产业增加值35.8亿元，增长3.9%，农、林、牧、渔及农林牧渔服务业之比为57.2：4.8：31.8：4.4：1.7；第二产业增加值73.6亿元，增长10.2%（工业增加值59亿元，增长8.6%）；第三产业增加值80.4亿元，增长9.2%。三次产业对经济增长的贡献率分别为9%、47.4%和43.6%。全年劳务输出27.8万人，实现劳务收入46.31亿元。全年接待游客665.3万人，实现旅游收入55.8亿元，均为乡村旅游收入。

泸州市委书记蒋辅义（右五）、县委书记张季颟（右一）、县长胥兴贵（左一）等领导出席合江县重点扶贫农村公路项目甘自路开工仪式

县委常委陈益良（中）到白鹿镇江合村督导脱贫攻坚工作

种养结合新业态

旌阳区金兴农机制造有限责任公司生产车间

油菜机收技术培训现场会

东升农场自动喷灌系统

广汉市

省委副书记、省长尹力（左三）到广汉市调研沱江流域河长制工作

广汉市地处"天府之国"成都平原腹心地带，辖区面积538平方千米，辖18个乡（镇）221个村（社区）。总人口61万人，是中华文明发祥地、农村改革起源地、"中国民航飞行员的摇篮"，素有"川西明珠"的美誉，连续3年被评为全省县域经济平原地区先进县第1名。从产业分布看，有着鲜明特点："一产"全省样板。在全国率先实行家庭联产承包责任制，第一个摘掉人民公社的牌子，拉开了第一轮中国农村改革的序幕。作为全省农村改革综合试验区，承担了9项国家级及省级改革试点。是全省现代农业示范县，水稻、油菜产量屡创全省单产纪录，金龙鱼、米老头等品牌驰名中外。"二产"基础雄厚。拥有川油宏华等规上企业313家，形成了油气装备、医药、食品和通用航空、新材料、新能源"3+3"产业体系，工业总产值迈入"千亿俱乐部"，是中国最大的油气装备产业集群区、西南地区最大的食用油加工基地、全省最大的县级医药产业聚集区，被评为中国产业集群经济示范市、全省首批工业强县示范市。"三产"潜力巨大。境内有被誉为"世界第九大奇迹"的三星堆古文化遗址，投资150亿元的三星堆文化产业园建设工作正在加快推进。举办首届四川国际航展，吸引游客30余万人次。

德阳市长赵辉（前排右二）调研易家河坝美丽新村建设

德阳市委副书记何礼（中）调研"四好新村"示范带建设情况

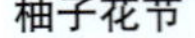
柚子花节

2017 西高首届西部油菜花旅游文化季

第十六届桃花节

大祭祀

小龙虾节

中 江 县

集凤镇拱桥村“微村落”

2017年，中江县辖16乡29镇，辖区面积2200平方千米，其中耕地面积103万亩，减少0.08%，人均耕地面积0.73亩；基本农田138万亩。年末总人口139.92万人（户籍人口），减少1.36%。全县耕地有效灌面和保证灌面分别达到耕地总面积的62.8%和53.8%。本地水资源总量4.8亿立方米，人均占有水资源量365立方米。有林业用地5.96万公顷，有林地面积5.89万公顷，活立木总蓄积量420.55万立方米，森林覆盖率28.88%。

2017年，全县GDP344.1亿元，增长9%，其中第一产业增加值82.9亿元，增长3.9%，农、林、牧、渔及农林牧渔服务业之比为45：4.5：47.3：1：2.2；第二产业增加值128.8亿元，增长10.7%（工业产值112.9亿元，增长10.5%）；第三产业增加值132.4亿元，增长10.7%。三次产业对经济增长的贡献率分别为11.3%、46.1%和42.6%。农村劳动力转移就业49.76万人，实现劳务收入106200万

新农村建设风貌

元。全年接待游客530万人次，实现旅游收入40万元，其中乡村旅游收入20万元。

公路通车里程2752.364千米（其中乡村公路2213.488千米），密度133.416米/平方千米，19.22千米/万人。社会消费品零售总额173.4亿元，增长13.5%。地方一般公共预算收入10.0158亿元，增长14.11%；一般公共预算支出47.1122亿元，增长4.8%，其中农业投入70002万元，占支出的14.9%。金融机构各项存款余额388亿元，比上年初增长9.6%；各项贷款余额126亿元，比年初增长11.5%。全年农业保费收入0.5037亿元，增长26.7%；处理各项赔款和给付金额3601.2万元，增长25.5%。完成农业产业化项目1个，完成投资90万元。农业产业化龙头企业国家级、省级、市级分别为1个、6个、36个。

有各类学校376所，在校学生155386人，教职工12468人，其中普通中学57所，在校学生43787人；小学196所，在校学生67789人；学龄儿童入学率100%。有艺术表演团体2个，文化馆1个，公共图书馆1个，博物馆1个。有卫生机构1029个，病床位4820张，卫生技术人员3031人。新型农村合作医疗参合人数107.3万人，参合率98.3%；城乡居民养老保险参保人数56.85万人，参保率90.01%；被征地农民养老保险参保人数82258人，占被征地总人数的57%。

2017年，中江县实现农业总产值147.2亿元，增长3.6%；农业增加值84.7亿元，增长4%。农民年人均可支配收入达13011元，增长8.9%。全县农产品质量抽检合格率99%；建成44个基层农业综合服务站。

美丽乡村——荷塘南山

中国芍药谷

“荷韵·南山”3000亩荷花休闲农业基地

丰产高效技术集成示范基地

阳平梯田

东北镇万亩韭菜种植基地

粮经复合高产高效示范基地

四川省绵阳
武都引水工程建设管理局

武引取水枢纽

错峰泄洪

武引二期灌区二洞渡槽

武引工程建设者

武都引水工程，被邓小平同志誉为“第二个都江堰”，是四川省“西水东调”总体规划的大型骨干水利工程、绵阳水利“一号工程”，具有防洪、灌溉、生态环保、城乡供水、旅游及发电等综合功能。工程灌区覆盖绵阳、遂宁、广元和南充4个市、11个县（市、区）、330余万亩农田，受益人口近700万人。

工程分三期建设。一期工程，主要包括拦河闸、37千米总干渠、67千米涪梓干渠和库容0.98亿立方米的沉抗水库，涉及绵阳、遂宁2市6县，于2000年建成，总投资21亿元，灌溉面积127万亩。二期工程，包括武都水库和二期灌区工程，其中武都水库库容量5.72亿立方米，坝后式电站装机15万千瓦，于2004年开工，2013年建成，投资35.25亿元；二期灌区工程设计灌面105.32万亩，概算投资49.13亿元，批准工期47个月，2013年6月开工建设。工程涉及绵阳、遂宁、广元、南充4市6县，主要建设武都水库直灌区取水工程、西梓干渠（108千米）、金峰水库（库容0.98亿立方米）、灌区中小渠系（333.33千米）及配套建筑物，涉及征地面积19931.31亩，搬迁4076人。三期工程，为蓬（溪）船（山）灌区工程，设计灌面94万亩，估算投资近40亿元，以遂宁市为主体，已于2016年8月开工建设。

绵阳市游仙区

省委常委、省委农工委主任曲木史哈（中）到魏城镇一站式农业服务中心调研

时任农业厅厅长祝春秀（前排左二）到魏城镇一站式农业服务中心调研

绵阳市委副书记付康（中）调研循环生态农业工作

绵阳市副市长经大忠（前排左二）到现代循环农业产业示范园调研

游仙，三国故地，古绵治所，位于巴蜀腹地、涪江以东，因东汉高士李意期仙游此地而得名。游仙区于1993年1月经国务院批准为县级行政区，是中国科技城核心区、绵阳市主城区，是中国西部唯一的绿色产业示范区，是四川省乡村旅游示范区，是"四川黄金旅游九环线"和"川陕三国精品旅游线路"的重要节点，辖区面积1018平方千米，辖1个经济开发区1个经济试验区2个街道22个乡（镇）55个社区226个村，总人口56.83万人。

2017年，游仙区实现区属地区生产总值（GDP）219.54亿元，增长9.3%，增速位居全市县（市、区）第一；服务业增加值110.84亿元，增长10.9%，增速位居全市县（市、区）第二；第一产业增加值24.88亿元，增长3.9%，增速位居全市县（市、区）第五；规模工业增加值增长11.3%，增速位居全市县（市、区）第一；全社会固定资产投资168.64亿元，增长17.3%，增速位居全市县（市、区）第三；社会消费品零售总额88.7亿元，增长12.4%，增速位居全市县（市、区）第三；地方一般公共预算收入完成8.46亿元，增长9%，

北川羌族自治县

省委常委、省委农工委主任曲木史哈（前排右一）在县委书记赖俊（前排左一）的陪同下调研北川县循环农业工作

时任绵阳市委书记彭宇行（前排右二）到桂溪镇渭沟村督导防汛减灾和地质灾害防范工作

2008年5月12日14时28分，突如其来的"5·12"汶川特大地震给北川人民带来了深重灾难,全县16.2万人全面受灾，15645人遇难，26916人受伤，4413人失踪，1725人致残，直接经济损失超过600亿元，北川成为全省受灾最重、遇难失踪人员最多、财产损失最大的极重灾区。在党中央、国务院的亲切关怀下，在省委省政府、市委市政府的坚强领导下，在山东省的倾力援助下，在社会各界的支持帮助下，全县干部群众万众一心、众志成城，创造了抗震救灾、灾后恢复重建和大灾之后加快发展的奇迹。特别是党的十八大以来，北川县委县政府坚定以习近平新时代中国特色社会主义思想为指导，贯彻落实中央、省委、市委决策部署，统筹推进"五位一体"总体布局，协调推进"四个全面"战略布局，把脱贫攻坚作为首要目标，把永续发展作为关键目标，把民生改善作为终极目标，专注科学发展、跨越发展基本取向，大力实施"品牌先导、绿色崛起、双创驱动、开放粘和"战略，着力打造文旅发展引领区、精品农业示范区、通航经济创新区、应急产业先行区，攻坚克难、感恩奋进，推动全县各项事业发展取得重大成就，开启了建设"大美羌城、生态强县、小康北川"的崭新篇章。

一、灾后恢复全面完成，重建取得显著成效

坚持科学重建、和谐重建、务实重建、艰苦重建、廉洁重建，统筹推进住房重建、设施重建、产业重建、城镇重建、文化重建和生态重建，完成总投资283.54亿元，实施重建项目754个，其中规划内项目747个，总投资218.99亿元。公共服务能力远超地震前水平，实现了"家家有住房、户户有就业、人人有保障、设施有提高、经济有发展、生态有改善"的目标，实现了"从废墟走向新生、从悲壮走向豪迈"的跨越。

二、经济总量不断跃升，综合实力显著增强

始终专注发展定力，变困难为机遇，化压力为动力，统筹做好稳增长、促改革、调结构、惠民生、防风险各项工作，经济发展既有“高颜值”，又有“好气质”。

经济总量稳步扩大。2017年，全县地区生产总值（GDP）超预期突破50亿元大关，达到50.19亿元，增长9.1%，增速居全市县（市、区）第三位，是2007年的3.81倍，成功摘取“全省少数民族十强县”桂冠，获评“全省县域经济发展先进县”“全省县域经济发展模范县”等殊荣。

城乡居民收入不断提高。2017年，全县人均GDP达22618元，是2007年的2.63倍，人均GDP年均增长10.2%。农村居民年人均可支配收入达11814元，增长10.6%，增速居全市县（市、区）第一位，是2007的4.17倍，年均增长15.4%。两项收入连续9年领跑全市，连续2年获评“全省农民增收工作先进县”。

三、三次产业加快发展，实体经济基础更加巩固

狠抓产业发展，推动农业农村经济稳定发展，推动工业转型发展，大力促进服务业加快发展，实体经济发展基础进一步巩固提升，建成中羌药材、高山蔬菜、魔芋、茶叶、果品等五大特色基地75万亩。北川白山羊被农业部列入国家畜禽遗传资源目录，“北川苔子茶”“北川花魔芋”获得国家地理标志产品保护，荣获“全国魔芋产业基地县”“全省农产品质量安全示范县”“四川马铃薯种薯基地县”等称号。

四、经济结构优化升级，转型发展成效明显

10年来，面对经济下行压力、灾后重建红利消失等严峻复杂挑战，北川始终保持定力、精准发力，在“加快赶”中“抓紧转”，推动产业上档升级、经济提质增效。

产业结构明显优化。10年间，全县三次产业结构由32.8∶42.1∶25.1优化为21.5∶33.4∶45.1，产业结构从“二一三”调整为“三二一”，第一产业增加值、第二产业增加值占GDP的比重分别较2007年降低11.3个、8.7个百分点，第三产业增加值占比提高20个百分点，新动能对经济的支撑作用不断增强。

县委书记赖俊（前）深入小坝乡大华村、大包村和开坪乡马头村督导调研脱贫攻坚工作

县长瞿永安（中）在现场督察黄江大桥工程建设进度情况

县委常委、县委统战部部长李光辉（右一）到漩坪乡督导脱贫攻坚工作

五、重大项目建设扎实推进，投资规模稳步扩大

大力实施“项目年”，加大项目谋划储备，加快项目开工建设，推进一大批重点项目落地实施，投资增速保持较快增长，投资规模稳步扩大，投资结构进一步改善。

副县长李桂炳（右二）深入省道105线桑永路段、香泉黄江大桥等重建工程项目现场督查施工进度、安保设施和工程质量

县委农办主任林川（右一）到帮扶村督导脱贫攻坚工作

坝底乡通坪村马铃薯种植基地

北川高山花园

维斯特农产品中心

六、大力实施开放粘合，发展空间扩展延伸

坚持“服务科技城、粘合主战场”，围绕文化旅游、通航、应急等重点产业，不断开拓消费品市场，推动消费需求转型升级；抓住“一带一路”、西部大开发、乡村振兴、长江经济带、成德绵协同推进国家全面创新改革试验区、科技城建设以及省委支持藏羌地区同步脱贫奔康等战略机遇，深化与山东省对口合作，提高对外开放水平。

七、全面深化改革蹄疾步稳，创新创业蓬勃发展

主动融入全面创新改革试验区，坚定不移实施创新驱动发展战略，深入推进供给侧结构性改革，“三去一降一补”取得明显成效，“大众创业、万众创新”蓬勃发展。

八、生态文明建设稳步推进，绿色崛起全面提速

认真践行绿色发展理念，坚持节约资源和保护环境的基本国策，加快推进生态文明建设和节能降耗工作，扎实推进涪江上游生态屏障建设，实施天然林资源保护、退耕还林等重点生态工程保护，全县生态环境日益改善

九、专注首要政治任务，脱贫攻坚连战连胜

2008年“5·12”汶川特大地震中，全县1725人致残，11823户、30484名农业人口因灾失地，占全县总人口的13%以上，群众生产生活十分困难。同时，受行政区划调整影响，全县增加38820名农业人口。2014年，全县共有建档立卡贫困村93个、建档立卡贫困人口6929户20384人，贫困发生率为12.8%。截至目前，累计减贫19135人（其中2014年减贫4745人、2015年减贫5024人、2016年减贫4962人、2017年减贫4404人），66个贫困村退出，全县贫困发生率下降至1%以下，全面达到四川省贫困县退出“一低三有”标准，顺利通过市初审和省验收考核。社会组织扶贫及村级财务“互联网+精准扶贫代理记账”得到中央政治局常委、国务院分管领导肯定性批示。

十、全力推进民生事业，群众幸福感不断增强

始终坚持民生优先，大力实施十大民生工程和20件民生大事，不断加大文化、教育、体育、卫生等领域的投入，各项事业全面发展，群众获得感、幸福感、安全感显著提升。

曲山镇沙坝村恩达羌寨

羌绣

广元市昭化区

广元市副市长、区委书记陈正永（中）实地查看近郊现代农业产业融合园规划布局

区人大常委会主任贾小玲（左一）到石井铺镇实地调研肖家寨村金魔芋产业园

2017年，广元市昭化区认真贯彻落实中央和省、市深化农村改革的总体部署，以改革破解发展难题，厚植农业农村发展优势，持续有力推进农村各项改革落地落实，全区农村改革工作进展有序，被表彰为"2017年度全省重大农村改革任务年度推进示范县（区）"。

一、以放活土地经营权为重点深化产权制度改革

坚持以放活土地经营权为重点，按照"清单制+责任制"要求，编制印发了《2017年农村改革工作台账》，将3类31项农村改革任务落实到12个区级涉农部门，把改革任务具体化、项目化。一是农村"七权同确"加快推进。全面完成了农村土地承包经营权确权登记和农村承包土地信息平台建设，颁证6.22万户、45.71万亩，颁证率100%。二是农村产权流转交易体系基本建立。挂牌成立了区级农村产权综合交易服务中心和29个乡（镇、街道）农村产权交易服务站，建立了村级农村产权交易信息员队伍210个，出台了《昭化区农村产权交易管理办法》。全区累计流转土地15.27万亩。三是新型农业经营体系逐步构建。持续推进"壮大户、户改场、场入社、社联企"新型农业经营机制创新，引进亿元以上龙头企业1家，新发展和规范发展农民合作组织69个，新发展家庭农

区长龙兆学（中）到红岩镇坪林村查看贫困户脱贫软件资料

区政协主席石含玖（前排右三）到王家镇调研扶贫攻坚工作

翠云廊驿道古柏

翠云廊骑游

广下快速通道剑雄大桥顺利通车

西成高铁开通

12328交通监督客运站点

公交

青　川　县

省委常委、省委农工委主任曲木史哈（前排左四）调研青川县“飞地扶贫”模式

副省长尧斯丹（前右）调研青川县生态旅游扶贫工作

青川县地处四川盆地北部边缘，秦岭南麓，白龙江下游，川、陕、甘3省接合部，素有“鸡鸣三省”之称。全县辖区面积3216平方千米，辖11镇25乡268个行政村，总人口23万人。

历史文化底蕴厚重。青川县已有2300余年历史，西汉置郡县，因“其水清美”，始名于唐代天宝元年。青川县有着光辉灿烂的木牍文化、三国文化、红色文化和民俗文化，中原文明和巴蜀文明在此交融。川北薅草锣鼓列入第一批国家级非物质文化遗产名录。青川木牍上的三行墨书古隶为中国最早的古隶标本。金牛道、马鸣阁道、景谷道、阴平道4条古栈道穿境而过。1935年4月，徐向前率红四方面军在青川县建立苏维埃政权。

旅游资源得天独厚。青川县最高海拔3837米、最低海拔491米，春迟、夏短、秋凉、冬长，立体气候明显。森林覆盖率达72.99%，有银杏、珙桐等珍稀植物1900余种，大熊猫、金丝猴、扭角羚等珍稀动物440余种。年空气质量优良天数达360天以上，每立方厘米负氧离子达2.5万个，是国家卫生县城、省级文明城市、省级生态县和省环境优美示范县。境内有唐家河、东河口地震遗址公园、青溪古城、县城战国木牍文化生态园4个国家4A级景区和国家级风景名胜区白龙湖，是全国最具魅力生态旅游县、国家生态旅游示范区和首批国家全域旅游示范县创建单位。

特色山珍享誉中外。青川县盛产黑木耳、香菇、竹荪等山珍，茶叶、核桃、油橄榄等有机食品及天麻、乌药、青贝等名贵中药材，有青川黑木耳、青川天麻、青川竹荪、七佛贡茶、白龙湖银鱼、青竹江娃娃鱼、唐家河蜂蜜7个国家地理标志保护产品，是国家有机产品认证示范县、国家农业产业化示范基地、国家生态农业试点县、中国名茶之乡、全国绿色食品原料标准化生产基地和四川省唯一的国家生态原产地产品保护示范区。

生态青川前景广阔。青川县属国家重点生态功能区，是川陕革命老区、秦巴山区连片扶贫开发重点县和“5·12”地震极重灾区县。青川县始终坚持聚焦聚力脱贫攻坚主战场，坚决打赢脱贫攻坚战。成功创建为国家商务部电子商务进农村综合示范县、国家供销总社电子商务进农村试点县。随着西成客专、兰渝铁路、广平高速的建成，青川县区位优势日益凸显。青川县将继续坚持“以人为本、生态立县、绿色崛起、富民强县”发展思路，举生态旗、打生态牌、走生态路，大力发展绿色产业，努力建设成为生态旅游目的地、生态经济先行区、生态文明示范县和“生态青川、美丽家园”，与全国全省同步全面建成小康社会。

毛寨省级自然保护区

青溪古镇

山间雾起马帮来

唐家河雪景

白龙湖幸福岛

苍　溪　县

全国产业扶贫四川广元现场观摩会在苍溪县举行

苍溪县位于四川盆地北缘、秦巴山脉南麓、嘉陵江上游，辖区面积2330平方千米，辖39个乡（镇）805个村（社区），总人口80万人，其中农业人口66万人，是革命老区、贫困山区、基本实现现代化的国家现代农业示范区、全国猕猴桃特色农产品优势区、世界红心猕猴桃原产地。2017年，全县深入实施"2344"发展方略，攻坚克难，奋力前行，实现地区生产总值139.61亿元，增长8.7%；全社会固定资产投资104.57亿元（不含亭子口），增长19.3%；地方一般公共预算收入完成4.91亿元，同口径增长11.6%；规模以上工业增加值增长12.5%；社会消费品零售总额63.5亿元，增长11.9%；城乡居民年人均可支配收入分别达27231元、10929元，分别增长9.4%、10%，较好地完成了县十七届人大二次会议确定的目标任务。

县委书记张寿于（右二）带队调研重点项目建设推进情况

县长杨祖斌（右三）一行深入东溪镇等地调研督导脱贫攻坚工作

脱贫攻坚再战再捷。全县66个贫困村高标准退出、16491名贫困人口高质量脱贫，贫困发生率从6%下降至3.5%，顺利通过省、市考核评估。

产业质效加速提升。启动实施中小企业孵化园项目，承接产业转移取得重大成效。新签约制鞋、眼镜生产等项目40个，眼镜产业园入驻企业13家。盘活大通燃气、九龙制药厂。完成工业投资33.6亿元、技改投资17.8亿元，新进规模以上工业企业5家。建成寻乐书岩、三会现代农业园区，启动建设黄猫垭现代农业园区。完成低效林改造3万亩。猕猴桃、中药材、健康养殖“三个百亿产业”分别实现综合产值40亿元、7亿元、39.5亿元。入选首批中国特色农产品优势区、农业现代化基本实现阶段示范区，创建成为国家畜牧业绿色发展示范县、国家农产品质量安全县，并纳入国家农业全产业链开发创新示范县、国家农村产业融合发展示范园创建县。

民生事业加快发展。投资19.85亿元，完成省、市83项民生工程和20项民生实事。成功争取西成高铁苍溪—成都—峨眉山城际列车开通和“苍溪号”高铁冠名权，率先实现“高铁公交化”，让兰渝铁路上的苍溪人坐上了西成高铁，分享了高铁时代的红利，续了动车梦，圆了高铁梦。

创新改革稳步推进。“三权”确权登记覆盖面达100%，农村“两权”抵押贷款试点通过省级评估。农业供给侧结构性改革经验7个月内两次登上中央电视台《新闻联播》栏目。

城乡面貌焕然一新。基本完成县城总体规划和火车站、红军渡·西武当山、江北老城区一期控制性详规编制。数字化城管平台建设有序推进，省级园林县城创建通过评审验收。歧坪镇入选全省首批特色小镇。改造农村危（旧）房3797户，新建新村聚居点59个，建成省级“四好村”53个，新农村覆盖面达60%。

一直以来，历届县委县政府坚持“一个产业抓到底、一张蓝图绘到底、一届一届干到底”，持续推进红心猕猴桃产业发展。特别是近几年来，县委县政府坚持以深化农业供给侧结构性改革为主线，以“大园区+小庭园”三次产业融合发展为路径，着力打造红心猕猴桃百亿产业，苍溪县被誉为“中国红心猕猴桃第一县”。2017年，苍溪县红心猕猴桃产业扶贫入选“全国十大产业扶贫优秀范例”，全国产业扶贫（四川广元）现场观摩会在苍溪县召开。

县委常委、政法委书记安宗明（右三）带队调研现代农业园区建设情况

副县长谢龙飞（左一）到元坝镇西溪村走访联系帮扶贫困户

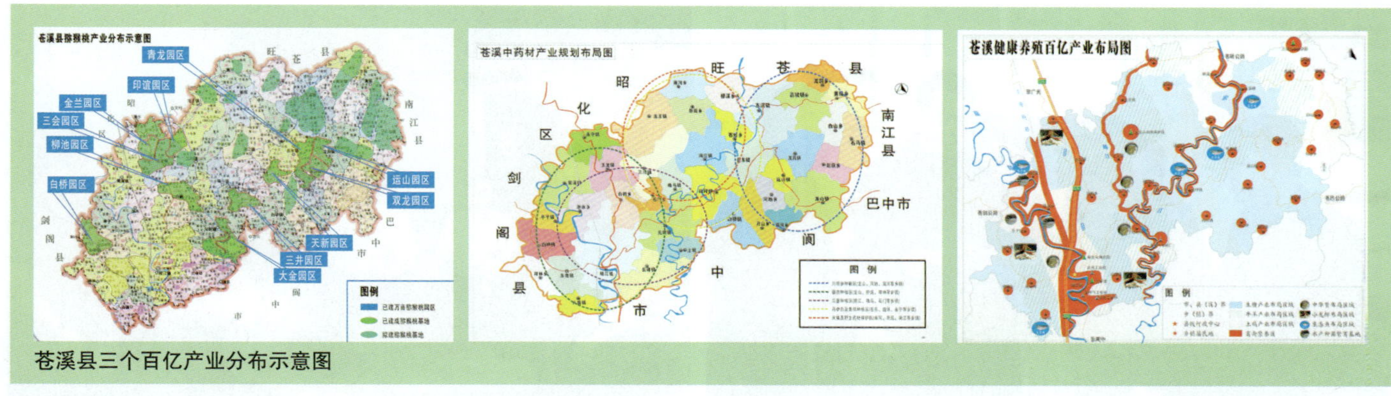

苍溪县三个百亿产业分布示意图

苍溪红心猕猴桃走进意大利驻中国大使馆

2018年6月，苍溪县成功入围国家现代农业产业园创建县。县委县政府深入贯彻落实党的十九大精神，以推进农业供给侧结构性改革和产业引领乡村振兴为主线，按照产业园创建的总体要求，重点围绕建设中国红心猕猴桃产业兴旺引领区、现代技术与装备集成创新先行区、产业融合发展示范区、新型经营主体创新创业孵化区、特色产业转型升级示范基地，力争用2~3年时间，将产业园打造成集生产、加工、科技、品牌、营销于一体，全国领先、全球知名的“中国红心猕猴桃产业第一园”和“世界红肉猕猴桃之都”，努力打造“全国产业引领乡村振兴发展典范”。

第六届全国猕猴桃研讨会暨第二届中国苍溪红心猕猴桃采摘节

元坝镇三井中药材种植基地

苍溪县三井现代农业园区

苍溪县红心猕猴桃连片种植基地

云峰镇大获村航拍

苍溪县天新万亩现代猕猴桃产业园区

苍溪县红心猕猴桃产业园区使用无人机施肥作业

苍溪县青龙红心猕猴桃科技示范基地智慧管理中心

四川华朴现代农业股份有限公司引进的红心猕猴桃红外线自动分选线

省级龙头企业——四川华朴现代农业股份有限公司

射洪县瞿河乡

射洪县瞿河乡距县城10千米，辖区面积37平方千米。有林地面积1.2万亩，森林覆盖率为43%，由17个自然村合并为9个中心村176个居民小组，耕地面积17149亩，其中农田4624亩，总户数6314户、总人口23291人，是省级新农村核心示范片、市级新农村环境综合整治示范点、县级新农村综合示范乡。

2017年，瞿河乡党委、政府深入学习贯彻习近平总书记新时代中国特色社会主义新思想，紧紧围绕进一步深化农村综合改革这一主题，进一步统一思想，转变工作作风，大力抓好农村经济发展，强力推进脱贫攻坚；加大环保力度，促进河长制实施，进一步加快农村基础设施建设步伐；推进基层组织政治建设，较好地完成了全年既定的目标任务，社会经济发展呈现良好态势。

全乡固定资产投资完成1.1亿元，完成计划的100%；招商引资完成6500万元，完成计划的100%。工农业总产值完成77.69亿元，较上年增长20.9%。实现人均纯收入18830元，较上年增长12.9%；人均可支配收入再次突破万元大关，较上年增长10%以上。

2017年，高家沟村被评为“全国文明村”，瞿河乡被评为“省级卫生场镇”，金龟寺村被评为“省级幸福美丽新村”和“省级经济百强村”；板板桥村成功创建为省级“四好村”，桅杆村、新华村成功创建为市级“四好村”，瞿河乡成功创建为市级“民主法治示范乡镇”。五斗米公司获发明专利1件，并荣获国家级“知识产权优势培育企业”称号；金柠公司“蜀珍”商标荣获四川著名商标。

高家村沟甜橙喜获丰收

中立生物杏鲍菇

林下养殖

万亩粮油示范基地

蓬 溪 县

2017年，蓬溪县辖15乡16镇30个街道，辖区面积1251平方千米，其中耕地面积89.4925万亩。年末总人口692657人（户籍人口），人口出生率10.19‰，人口自然增长率4.37‰。森林覆盖率32.94%。是“中国革命老区”、丘区产粮大县、优质油料基地县、生猪调出大县、全省现代农业产业（食用菌）基地强县，是省级文化先进县和省级平安县、全省第二批扩权强县试点县，有“中国书画之乡”“五史之乡”“古壁画艺术之乡”等美誉。

2017年，全县GDP147.57亿元，增长7.5%，其中第一产业增加值27.17亿元，增长3.5%；第二产业增加值65.29亿元，增长8.5%；第三产业增加值55.11亿元，增长9.1%。一二三产业对全县经济增长的贡献率分别为18.4%、44.2%、37.4%。劳务输出25.7万人，收入36.03亿元。

社会消费品零售总额67.58亿元，增长11.1%。公共财政预算收入完成5.099亿元，增长14.4%；公共财政预算支出38.47亿元，增长21.8%。金融机构各项存款余额190.15亿元，增长6.4%；各项贷款余额95.11亿元，增长8.2%。

2017年，蓬溪县实现农业总产值54.79亿元，增长3.5%，其中种植业实现产值24.41亿元，增长4.4%；林业实现产值2.34亿元，增长4.8%；畜牧业实现产值24.47亿元，增长1.7%；渔业实现产值2.32亿元，增长6.6%；农林牧渔服务业实现产值1.25亿元，增长13.5%。生猪、食用菌、伏季水果、蔬菜等特色优势农产品产量保持稳定增长。全县农村居民年人均可支配收入达13175元，增长9.5%。全县农产品质量抽检合格率比年初提高3个百分点；建成31个基层农业综合服务站。出栏生猪55.8万头，减少0.4%；肉类总产量5.05万吨，减少4.1%。全县全年出栏肉牛9968头、肉羊21万只、禽兔480万只。

万亩仙桃产业示范园

新村蔬菜产业基地

设施农业示范基地

天福镇狮山村幸福美丽新村

天福镇现代农业产业园

大 英 县

大英县位于川中腹地涪江中游以西，巴蜀四大古镇之一的蓬莱镇距省会成都市101千米，涪江、郪江贯穿全境。全县辖区面积703平方千米，辖11个乡（镇）299个行政村37个居民委员会2862个农业合作社。全县有户籍人口54.4万人，常住人口48.45万人，城镇化率38.35%。丘陵占总面积的86%，平均海拔400米，相对高差266米，属典型的丘区农业县。2017年，全县实现地区生产总值159.66亿元，增长8.3%；地方一般公共预算收入完成6.3亿元，增长12.5%；全社会固定资产投资200.11亿元，增长9%；城乡居民年人均可支配收入分别为26859元、13450元，分别增长8.8%、9.3%。

产联式合作社经营管理人员专题培训会

乡村旅游——桃花节

绿色蔬菜种植基地

回马镇温氏种猪场

大英县属亚热带润湿季风气候区，四季分明，雨热同季，年平均降水量1010毫米，农业基础良好，是全国粮食生产先进县、全国生猪调出大县、国家级生猪养殖标准化示范区，优质蔬菜、油桃、生猪、肉鹅、奶牛、兔禽等远销省内外，河边白柠檬获全国农产品地理标志认证，天保文旦柚、九叶青花椒等享誉蜀中。

大英旅游产业从无到有、由弱到强，已跻身四川首批十大旅游强县。依托地下盐卤资源打造的中国死海先后获得首批“国家旅游名片”、首批“省级旅游度假区”、“中国十大特色休闲基地”等荣誉。正在建设的浪漫地中海景区入选全国100个优选旅游项目，原比例复制的泰坦尼克邮轮、人造天空、沙滩海滨浴场备受世人瞩目，是联合国环境规划基金会“杰出创意环保项目”、四川省最具潜力十大旅游景区。力争到2020年，全县旅游总收入突破100亿元。

柑橘IPM绿色防控示范园区

柠檬种植基地

万亩甜橙种植基地

内江市

2017年，内江市辖14个街道107个乡（镇）1609个村346个社区，辖区面积5384.72平方千米，其中耕地面积273.6602万亩。年末总人口420.06万人（户籍人口），其中乡村人口304.63万人；人口出生率10.67‰；人口自然增长率-0.26‰，减少2.98个千分点。耕地有效灌面和保证灌面分别达到耕地总面积的67%和41%；本地水资源总量13.71亿立方米，人均占有水资源量367立方米。有林业用地10.55万公顷，有林地面积17.47万公顷，活立木总蓄积量825万立方米，森林覆盖率34.13%。

全市脱贫攻坚总结推进会

2017年，全市GDP1332.09亿元，增长7.1%，其中第一产业增加值209.6亿元，增长2.8%，农、林、牧、渔及农林牧渔服务业之比为55.8：4.1：30.7：7.7：1.7；第二产业增加值660.67亿元，增长7.2%（工业增加值589.95亿元，增长7.1%）；第三产业增加值461.82亿元，增长9%。三次产业结构比为15.7：49.6：34.7。三次产业对经济增长的贡献率分别为15.7%、49.6%和34.7%。劳务输出118.21万人，收入197.03亿元。全年接待游客2043.24万人次，实现旅游收入263.87亿元，增长22.13%，其中乡村旅游收入95亿元，增长17.3%。

隆昌市莲峰公园举办民俗舞龙展演

内江市“践行十爱·德耀甜城”主题活动2017年第三季度典型人物发布仪式在隆昌市双凤镇万安村举行

内江市“四下乡”活动暨四好万安村启动仪式在隆昌市双凤镇万安村集体企业院坝举行

市中区永安镇石板村举行群众文艺表演活动

市中区永安镇石板村举行“浑水摸鱼过端午”主题活动

东兴区“学习贯彻党的十九大·文艺颂歌新时代”文化惠民巡演活动

义务植树活动

全国文明村——威远县向义镇四方村

全国第二批农村改革试验区示范村——市中区尚腾新村

威远县向义镇四方村社会主义核心价值观墙体宣传

全国文明村——市中区永安镇马家寺村社会主义核心价值观宣传长廊

市中区全安镇狮湾村党建宣传栏

东兴区杨家镇柏梨村

七家滩

资中县重龙镇杨柳滩村新农村综合体远景

资中县银山镇平安寨村新农村综合体

公路通车里程11393.247千米（其中农村公路10755.779千米），密度2107.8米/平方千米，27.1千米/万人。社会消费品零售总额511.87亿元，增长11.1%。地方公共财政预算总收入完成56.1亿元，增长9.1%；公共财政预算总支出217.51亿元，增长8.6%。有农业产业化龙头企业国家级、省级、市级分别为1个、32个、98个。工商注册农民专业合作社2280个（其中国家级19个、省级101个），工商注册家庭农场1252个。

有各类学校1161所，在校学生56.5万人，教职工3.75万人，其中普通高校4所，在校本（专）科学生4.23万人，增长0.28%；普通高中38所，在校学生5.66万人；小学273所，在校学生22.41万人；学龄儿童入学率100%。4项科技成果获省级及以上科技进步奖。城乡居民基本养老保险参保人数136.77万人，参保率92.98%；参保缴费人数62.54万人，待遇领取人数为60.81万人。城乡居民基本养老保险征收9.34亿元，支出养老金0.44亿元，月平均养老金水平达75.1元。被征地农民养老保险参保人数44782人，占总人数的95.93%，其中已领取待遇人数16101人，平均养老金达1173.29元。

2017年，内江市实现农业总产值361.5308亿元，增长2.9%；农业增加值213.32亿元，增长2.9%。农民年人均可支配收入达13639.75元，增长9.2%。在粮食、生猪、蔬菜生产中，科技投入的占比或科技贡献率为56%。农产品质量抽检合格率达99.4%；建有103个基层农业综合服务站。

内江国家农业科技园区

隆昌市龙市镇双龙桥村稻渔产业基地

隆昌市现代粮食产业核心示范区

隆昌市胡家镇盘石村蔬菜合作社

标准农田建设

大棚蔬菜基地

西瓜种植大棚

无花果产业园

红提种植基地

威远复立茶叶种植基地

德福隆生猪养殖场

保育猪

黑猪生态放养

东兴区范长江文化旅游园区

威远县骑龙坳日出

隆昌市古宇湖

东兴区高梁镇杨岭村荷花谷

东兴区荷花谷乡村旅游区

川南大草原

资中花芊谷

隆昌市白庙子湿地公园

湿地之光

隆昌市蝶恋花

资中县响水滩

威远县花朝门生态园

全国垂钓基地

隆昌市界牌山

天荷旅游度假区

隆 昌 市

2017年，隆昌市辖17镇2个街道，辖区面积794平方千米，其中耕地面积69.5万亩，比上年增长2.5%，人均耕地面积0.9亩；基本农田51.56万亩。年末总人口77.35万人（户籍人口），减少8.1%；人口出生率11.83‰，增加1.66个千分点；人口自然增长率5.19‰，增加0.92个千分点。全市耕地有效灌面和保证灌面分别达到耕地总面积的41.27%和33.1%；本地水资源总量2.7278亿立方米，人均占有水资源量380立方米。有林业用地1.19万公顷，有林地面积1.01万公顷，活立木总蓄积量36.6万立方米，森林覆盖率29.04%。4月，隆昌成为国家解冻“县改市”审批后全国首批、全省首个县级市。获得全国卫生县城、全国城市基层党建示范市、中国农产品加工业示范基地、全省“三农”工作先进县等称号。

隆昌市

2017年度

全省“三农”工作先进县

中共四川省委办公厅 四川省人民政府办公厅

二〇一八年一月

2017年，全市GDP265.94亿元，增长8.2%，其中第一产业产值33.44亿元，增长3.8%，农、林、牧、渔及农林牧渔服务业之比为49.5∶3.8∶32.8∶10.5∶3.4；第二产业增加值148.22亿元，增长7.9%（工业增加值129.41亿元，增长7.2%）；第三产业增加值85.43亿元，增长10.5%。三次产业对经济增长的贡献率分别为5.5%、54.2%和40.3%。劳务输出24.04万人，收入34.27亿元。全年接待游客822.91万人次，实现旅游收入62.22亿元，其中乡村旅游收入17.58亿元。

李市镇首届十大孝子颁奖典礼

送文化下乡

“扶贫日”免费体检

发放宣传册

古湖街道古宇村公证法律知识讲座

双凤镇紫云村法律顾问进村宣讲活动

公路通车里程1812千米（其中乡村公路1575千米），密度2282.12米/平方千米，23.47千米/万人。社会消费品零售总额99.66亿元，增长12.6%。地方公共财政预算总收入完成8.2亿元，增长9.1%；公共财政预算总支出33.8亿元，增长8.8%，其中农业投入8.09亿元，占支出的23.93%。金融机构各项存款余额256.6亿元，比上年初增长9.8%；各项贷款余额122.36亿元，比年初增长17.03%。农业产业化龙头企业省级、市级、县级分别为5个、16个、18个。

石碾镇桂花村电子商务服务站

农业产业化龙头企业——四川兵牌农业有限公司展厅

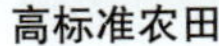
高标准农田

小农水项目新建的蓄水池

大型灌区项目新建的渠道

有各类学校258所，在校学生106400人，教职工6555人，其中普通高校1所，在校本（专）科学生7640人，增长4%；普通中学30所，在校学生32652人；小学56所，在校学生46087人；学龄儿童入学率100%。有艺术表演团体16个，文化馆1个，公共图书馆1个。有无线广播电台1座，节目1套；电视台1座，节目1套。有卫生机构816个，病床位3500张，卫生技术人员3394人。新型农村合作医疗参合人数565665人，参合率99.42%；新型农村社会养老保险参保人数236262人，参保率99.88%；被征地农民养老保险参保人数6011人，占总人数的25.44%。

2017年，隆昌市实现农业总产值56.74亿元，增长3.8%；农业增加值33.44亿元，增长3.8%。农民年人均纯收入达13658元，增长9.5%。全市农产品质量抽检合格率比年初提高0.5个百分点；建成19个基层农业综合服务中心。完成地方发电量5169万度。

2017年，隆昌市投入各类资金8533万元，建成幸福美丽新村39个，其中扶贫新村17个。成功创建省级"四好村"16个、市级"四好村"73个、县级"四好村"122个。古湖街道古宇村被评为"四川省百强名村"。

2017年，隆昌市帮助贫困户发展种植业1155亩、小家禽32.25万只（头），帮助建档立卡贫困户实现就业147人，向全市所有建档立卡贫困户发放《就医优惠证》；实施易地扶贫搬迁416户、997人，实现了低保线和扶贫线"两线合一"。全市贫困村产业扶持、特殊困难家庭救助、教育救助、卫生扶贫救助、扶贫小额信贷分险"五支基金"，发放总量达3851.26万元。全年实现12个贫困村退出、5829名贫困人口脱贫，全市贫困发生率下降至1.7%。

金鹅街道星星村柑橘园

金鹅街道柑橘小镇

大棚蔬菜

蔬菜育苗大棚

迎祥镇万亩核桃基地

核桃栽培管理技术培训

核桃挂果

石燕桥镇油茶基地

云顶镇板栗村油茶

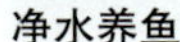

净水养鱼

胡家镇合兴村水产养殖

甜城味“隆鲤”

甜城味“隆虾”

优质稻

圣灯镇三台村稻渔产业基地

古宇湖植物园

古宇湖

云顶镇青睦村云顶生态旅游区

石燕桥镇尖子山森林公园

普润镇高山村蝶恋花乡村旅游区

南牌坊

内江市市中区

2017年，市中区辖11镇6个街道，辖区面积386平方千米，其中耕地面积26.06万亩，人均耕地面积0.94亩。年末总人口52万人（户籍人口），减少1.8%。

2017年，全区GDP265.16亿元，增长7.6%，其中第一产业增加值16.81亿元，增长3.8%，农、林、牧、渔及农林牧渔服务业之比为46.5：1.5：40.5：6.4：5.1；第二产业增加值148.11亿元，增长6.7%；第三产业增加值100.24亿元，增长9.7%。三次产业对经济增长的贡献率分别为3%、49.9%和47.1%。全年实现旅游收入48.19亿元。

公路通车里程1069.53千米，其中乡村公路965.34千米。社会消费品零售总额69.09亿元，增长12.7%。地方公共财政预算总收入完成5.51亿元，公共财政预算总支出22.71亿元。

有各类学校113所，在校学生50710人，教职工3830人，其中普通中学16所，在校学生11392人；小学27所，在校学生27763人；学龄儿童入学率88.85%，提高0.02个百分点。

高标准农田

永安镇尚腾新村一角

2017年，市中区实现农业总产值31.13亿元，增长4%；农业增加值达17.71亿元，增长3.9%。农村居民人均可支配收入达14008元，增长9.4%。

2017年，市中区建成幸福美丽新村17个，惠及农户1906户4384人，完成投资5286万元，占计划总投资的123.5%。创建省

游客络绎不绝

永安镇尚腾新村

产业相融

八师广场

级"四好村"7个、市级"四好村"30个、区级"四好村"46个。

2017年，市中区计划贫困户脱贫575户1679人、贫困村退出6个，经过市、区两级验收，实际完成贫困户脱贫579户1685人、贫困村退出6个，顺利完成年度脱贫任务。全区（含经开区）还保有在册的大中型水库移民2891人，其中三峡移民89人，其余大多数为黄河镇水库移民；移民主要分布在朝阳镇、永安镇、凤鸣镇、全安镇等14个乡（镇）的113个村。全年市局下达全区移民后期扶持项目资金投入目标任务350万元，移民培训263人，移民直补资金175.785万元。全区及时将目标任务分解到各移民后扶项目，按照实施方案全面推进各项目的实施，总计完成投资470.77万元，完成目标任务的134.5%，其中2015年第二批移民后扶项目完成470.77万元，2016年移民后扶整体脱困资金项目10万元，移民培训完成投入1.89万元，黄河镇水库"600元"后扶资金项目完成投入101.28万元；兑现移民直发直补资金175.785万元，占目标任务的100%；完成移民培训300人，占目标任务的114%。

凤鸣乡龙洞村

新村风貌

美丽新村

龚家乡黄连村

凌家镇潘家坝新村

烙画

伏龙镇烙画培训班

农家乐推荐“汉安莲荷宴”

汉安夏布绣基地

内江土特产品“一品德”酱豆腐

葡萄种植基地

垂钓基地

观赏鱼养殖基地

黄河湖

资 中 县

文庙全景

罗泉古镇之盐神庙

2017年，资中县辖33镇，辖区面积1734平方千米，其中耕地面积84527公顷，比上年增长0.2%。年末总人口125.56万人（户籍人口），减少1.8%；人口出生率10.1‰，减少2.8个千分点；人口自然增长率0.57‰，减少2.95个千分点。活立木总蓄积量2641382万立方米，森林覆盖率35.2%。

2017年，全县GDP256.69亿元，增长4.6%，其中第一产业增加值63.61亿元，增长0.6%，农、林、牧、渔及农林牧渔服务业之比为57.6∶4.7∶29.4∶7.2∶1.1；第二产业增加值98.17亿元，增长5.2%（工业产值91.99亿元，减少11%）；第三产业增加值94.91亿元，增长6.8%。三次产业对经济增长的贡献率分别为3.4%、43%和53.6%。全年接待游客877.89万人次，实现旅游收入476000万元。

社会消费品零售总额95.91亿元，增长5%。地方公共财政预算总收入完成8.89亿元，增长5.4%；公共财政预算总支出48.69亿元，增长9.1%。金融机构各项存款余额332.18亿元，比年初增长13.2%；各项贷款余额142.42亿元，比年初增长10.5%，其中支持农业产业化发展项目贷款21356万元。完成农业产业化项目18个，完成投资12652万元。农业产业化龙头企业国家级、省级、市级、县级分别为1个、10个、10个、34个。

2017年，资中县出台了1项规划、政策。全年农业增加值达63.61亿元，增长0.6%。农民年人均可支配收入达13405元，增长9.1%。

农业产业化发展。全县以“资中血橙”种植优势，培育发展了以资中县通顺多果业农民专业合作社、资中县蜀溪种植农民专业

武庙

文庙武庙

合作社等为代表的血橙种植专合社；利用“内江黑猪”品种优势，培育发展了以资中县三块石养猪农民专业合作社为代表的生猪养殖合作社。全县工商登记农民合作社528个，新增81个；工商登记家庭农场705个，新增169个。有农业产业化龙头企业55家，新增2家，其中国家级1家、省级10家、市级10家、县级34家。全年实现产业化经营销售收入56.37亿元，实现利润2.64亿元，上缴税金0.77亿元，出口创汇50万美元，带动农户25.3万户，带动面达76.7%，助农人均增收712元。

农用地产权制度改革。全面开展农村产权确权登记成果纠错工作。重点围绕省、市检查验收反馈的问题，全面收集前期确权登记过程中群众反映存在权属错误、面积不准等，逐级收集、落实责任、明确时限逐项整改，全年各权属累计纠错35万余宗，完成土地承包经营权确权登记324077户、农村集体建设用地使用权（含宅基地）确权登记392916宗、农村房屋所有权确权登记319199户、林权确权登记413725.03亩、小型水利设施权属确权登记21062处，全县农村产权“一张图”更加明晰、完善。积极引导土地规范流转，提高农户财产性收入。内江农村产权交易网上挂牌交易农村集体土地经营权流转面积4781.21亩，交易金额达2727.84万元。新流转标的额5万元以上的农村集体产权进入公开市场流转率达80%。推进农村产权抵押融资，金融支持力度持续加大。县邮储银行资中支行积极开展农村产权抵押贷款，全年发放贷款1160万元，较市级保证目标要求的新增贷款700万元的任务超出40%。县供销社龙江镇开展了土地托管试点，共实施大田托管1529.95亩，其中半托管785亩、全托管744.95亩。

农产品品牌战略实施。全县在成渝高速、成自泸高速设立广告牌5块，将“甜城味”“资中血橙品牌”明显标著，扩大市区域公用品牌和全县特色品牌的推广宣传。举办了电商品牌包装设计大赛；开展网货包装文化创意设计大赛，对六类产品分别评选了一、二、三等奖各1个、2个、3个，共给予50万元奖励。“资中血橙”包装设计获得新鲜水果类一等奖。制作了印有“资中血橙”标识的包装箱110万个，并指定给符合条件的新型农业经营主体使用。全县共有“三品一标”产品97个，其中地理标志产品5个（资中冬尖、资中鲶鱼、资中血橙、资中枇杷、罗泉豆腐）；有机农产品5个，新增3个；绿色农产品20个，新增2个；无公害农产品67个，新增6个。成立了资中县“甜城味”区域公用品牌推进工作领导小组，第一批已签约使用“甜城味”标志企业7家；“资中血橙”

罗泉保路运动会址

罗泉绣楼

重龙阁

状元街

重龙镇杨柳滩新村

获得“四川省优质农产品品牌”称号；工商总局正式受理“资中血橙”地理标志产品申报，“三品一标”品牌农产品创建稳居全市前列。全县追溯企业总数达41家，位居全市第一。

现代农业园区建设。内江国家农业科技园区核心区建设。园区建设秉承“三路一带、三片相连、三园互动、城园一体、融合发展”的总体思路，结合旅游产业、以水美城等内容，紧紧围绕全市总体战略部署和“12345”现代农业提升行动要求，着力推进园区农业供给侧结构性改革，大力发展现代农业，各项工作有序推进。截至2017年年底，园区（含示范区）累计完成项目投资4.6亿元，实现销售收入65亿元。核心区已入驻中建材凯盛科技、永辉、好口碑、市农科院等业主15户，打造研发及技术支撑平台1个（智慧型创意循环农业平台项目），引进推广新品种2个（果蔗甜城99、资中血橙4号），开展技术示范4个（项）（果蔗甜城99高产栽培技术、资中血橙标准化管理（丰产）技术、葡萄高产栽培技术、中华寿桃丰产管理技术）。核心区带动农民年人均可支配收入1.5万元，示范区带动年人均可支配收入1.2万元。完成大环线加错车道6.7千米，新建小环线4.67千米。光辉“好口碑”公司全面完成4000平方米血橙广场、400平方米血橙综合体建设。主导产业发展。一是推动银山田园综合体项目建设。通过招商引资，与四川智奥农业股份有限公司合作，拟投资36亿元打造独具特色的田园综合体。项目引进国内外顶尖咨询策划公司、演艺公司伙伴，确保项目品位和质量。二是以永辉公司为龙头，通过保种选育和技术推广，进一步促进内江黑猪的规范化养殖，形成年出栏30万头的产业规模。全年存栏生猪1.3万头，出栏生猪0.8万头。引入华西希望·德康集团建设黑猪祖代场、3000头种猪场、万头黑猪育肥场。三是光辉“好口碑”公司资中血橙标准化种植基地项目建设稳步实施。累计完成土地流转3000亩，通过“基地培育、园区孵化、全域推广”三位一体的发展模式，带动全园区完成标准化种植面积6000亩，全县血橙种植面积16万亩。四是完成大千种植园项目建设，其中葡萄园100亩、血橙园260亩、草莓园20亩、樱桃园50亩、桃园120亩。五是天府智慧农业生态园项目已破土动工。拟投资1.2亿元建光伏大棚，棚内种植有机富硒农产品，将农产品种植与光伏发电相结合，让土地、空间和阳光立体高效利用，获得农业和发电双收益。六是“渔网天下”水产养殖项目已初步确定选址。项目拟投资3000万元，流转土地100亩，分三期实施“对对虾”恒温养殖。该项目将采用“生物絮团”去设备、工厂化养殖模式，实现养殖全过程“零换水、零用药、零排放、零污染”。七是将“玫瑰园、百合花基地、益寿山庄、万亩血橙基地、水舞花谷”串联，着力打造特色乡村旅游。八是争取省上现代农业奖补资金500万元，分别在好口碑、翠溪血橙、市农科院银山基地、兴资公司等实施一批现代农业提升项目。九是争取市人才发展基金，实施资中血橙研发平台建设，开展血橙新品种培育、新技术推广等，全面提升资中血橙品质。万亩血橙产业示范片建设。一是已建成标准化血橙基地1.02万亩，已建成“两心两园”（科技研发中心、血橙种苗繁育中心、血橙鲜食采摘园、血橙标准种植园），并分别设立标识标牌。二是核心基地新建一套导视系统，包括十字路口导视牌、6个大区导视牌、品种说明宣传牌；在成渝高速公路上设立万亩血橙产业示范片招商引资宣传牌1块。三是已建成10吨烘干房1座、1500立方米气调库1个；建成4000平方米血橙广场和400平方米配套用房，血橙广场配套用房内设立科技研发中心、产品检验中心、技术培训中心、电商中心等，示范片银山

资中县梨园蔬菜农民专业合作社蔬菜种植基地

孟塘镇梨园村加工型蔬菜种植基地

资中县绿之源生态农业开发有限公司蔬菜种植基地

鱼溪镇国华果业农民专业合作社血橙种植基地

高楼不知火种植基地

蚕桑基地

甘露镇枇杷种植基地

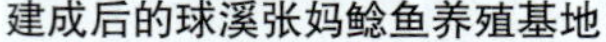
建成后的球溪张妈鲶鱼养殖基地

发轮镇

镇满江红水库4.5千米环线公路已完成拓宽改建，新建1条5千米供生产、参观、采摘的道路，整合266万元新村基础设施建设项目资金到示范片用于银山镇双塘坊村3.5米宽1.5千米、4.5米宽1.8千米的公路建设。四是示范区内已建成集会议、餐饮、休闲于一体的农家庄园和集垂钓、休闲、餐饮于一体的农家乐各1个。

以资中冬尖为主导产品的汇源系列产品

2017年，资中县按照内江市农业和农村体制改革专项小组工作要求，积极申报资中县铁佛镇柏龙村成为资中县2017年统筹城乡综合示范项目。通过实施统筹城乡综合示范项目，建设农业生产所需塘、池、堰、渠、路基础公共设施，为群众提供社保、医保、培训等服务，实现了全村900余户村民本地就业，解决了农村留守老人、儿童问题，原有建档立卡贫困户176户、481人全部脱贫。建成电子商务体验点1个，实现200余人就地就近就业。血橙产业发展促进人均增收2000元；发展壮大集体经济组织，全年集体经济收入达7.26万元。辐射带动周边区域农村土地流转、土地入股合作社和农村产业发展，发挥较好的经济效益和社会效益。

放养的“黑溜宝”生态猪

鹏达猪场智能养殖区

四川省福元肉类食品有限公司技术人员检查生产情况

国际智能化、生态养殖鹏达托佩克原种场全景

资中永辉生态农业有限公司生猪养殖基地

威 远 县

高石镇禾丰村文化墙

高石镇禾丰村农房风貌改造

2017年，威远县辖20镇313个村61个居民委员会，辖区面积1289.6平方千米，其中耕地面积55441.7公顷。年末总人口75万人，人口出生率9.6‰，比上年减少2.6个千分点。全县有效灌面32220公顷，保证灌面19900公顷，综合治理水土流失面积49910公顷。本地水资源总量4.688亿立方米，人均占有水资源量625立方米。有林业用地4.15万公顷，有林地面积4万公顷，活立木总蓄积量387万立方米，森林覆盖率40.22%。

2017年，全县GDP331.9亿元，增长7.6%，其中第一产业产值47.4亿元，增长3.8%；第二产业产值202.8亿元，增长7.8%（工业总产值529.6亿元，增长13.6%）；第三产业产值81.8亿元，增长8.9%。劳务输出18.75万人，收入25.45亿元。

公路通车里程4556千米（其中村道3382千米），密度3534米/平方千米，60.74千米/万人。社会消费品零售总额95.7亿元，增长12.6%。地方公共财政预算一般收入完成7.4亿元，增长8.1%；地方公共一般预算支出32.2亿元，增长3.9%，其中农业投入3.9亿元，占支出的12%。金融机构各项存款余额233.4亿元，增长10.7%；各项贷款余额150.6亿元，减少0.9%。农业产业化龙头企业省级、市级、县级分别为8个、12个、96个。

向义镇四方新村全貌

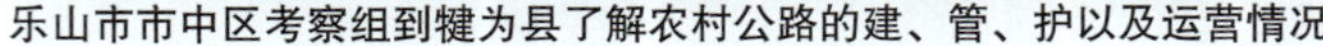

乐山市市中区考察组到犍为县了解农村公路的建、管、护以及运营情况

县交通局局长施强（左二）接受媒体采访

立足于构建城乡一体化格局，全面发力“四好农村路”。一是高质量建设。全面推进以县乡道达标、村道拓宽改造、渡改桥为主要内容的提档升级工程，健全完善五级质量管理体系，全面落实农村公路建设“七公开”制度，确保建一条、成一条、群众满意一条，在全省率先实现乡、村、组通硬化路率“三个100%”。二是高水平管养。创新实施农村公路“路长制”，由县委、政府主要领导担任总路长，并设置微信二维码，实现农村公路管养政策落地、职责落实、工作见效。在全省率先开展固定治超与流动治超、科技治超与传统治超、源头监管与综合执法、重点治超与全域治超、政府治理与村民自治“五结合”工作机制，有效保护路产路权。创新建立维修整治专业化、日常养护市场化、村道养护群众化、监督考核常态化“四化”养护机制，农村公路列养率达100%、优良路率达78%。三是高品质运营。在全省创新实施“城市公交一元通、城乡客运公交化、便民小客到农家”三大交通惠民工程，开通城市公交线路11条、城乡公交线路24条、便民小客线路145条，城乡公交覆盖率、建制村通客车率实现“两个100%”，每年为群众节约出行费用5000余万元。同时，深入开展物流网络工程建设，建成县级物流中心1个、乡级综合服务站30个、村级便民服务代办点409个，县、乡、村三级农村物流网络覆盖率达100%，实现了城乡物流无缝衔接。

立足于提升公路品质和内涵，全面加力“四好农村路”。一是强化安全管理。牢固树立以人民为中心的发展理念，大力推进安全保障工程建设。近年来，建成安保工程569千米，实现县乡道路侧危险路段波形护栏全覆盖；在全省率先建成交通运输安全监控中心，对所有客运车船、车站码头、重点路段实行24小时在线监控，连续8年未发生水陆交通安全责任事故。二是增强服务能力。拓展服务功能，完善配套设施，提升品质内涵，大力实施交通运输综合服务区、便民六个一、道路绿化美化“三大工程”。2014年以来，建成集片区养护管理、交通安全管理、超载超限治理、停车休息如厕、特色农产品展销、交通文化展示“六大功能”于一体的服务区8个；开展县、乡、村道平面交叉路口“六个一”整治，因地制宜设置指路警示牌2464套、养护公示牌792个、道口桩4880根、减速带564处、凸镜126面、小景点小广场268个；四旁植树240万株，绿化美化道路115千米。三是助力乡村振兴。结合脱贫攻坚、产业和旅游发展、田园综合体打造，把农业供给侧结构性改革的路修到“家门口”。2014年以来，建成乡、村、组联网路1872千米、特色产业和旅游环线3201千米，全县贫困发生率由7.2%下降到1.6%，发展茉莉花、茶叶、犍为姜43.7万亩，创建国家4A级景区3个，实现了产业成片、旅游成链，农业更强、农村更美、农民更富。

成贵高铁犍为段

清溪至大马旅游公路

乐宜高速公路犍为段

犍为县自（贡）犍（为）农村公路

犍为县犍（为）罗（城）农村公路

罗城镇至纪家乡农村公路

乡村公路

犍为县安全监控（指挥）中心

犍为舞雩茶产业公路

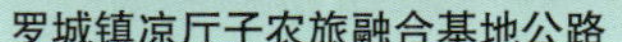

罗城镇凉厅子农旅融合基地公路

清溪茉莉花基地产业环线

犍为寿保茶产业环线

犍为岷江大桥

帅家沟渡改公路桥

犍为岷江二桥

玉皇观渡改公路桥

南岸沱渡改公路桥

犍为县下渡交通运输综合服务区

南充市顺庆区

交通运输厅厅长汪洋（前排右四）到顺庆区调研乡村公路建设情况

区委书记陈泽斌（中）到乡村公路施工现场调研

顺庆区位于南充市中心城区，是南充市的政治、经济和文化中心，辖区面积555.5平方千米，辖18个乡（镇）11个街道，总人口80万人。近年来，在交通运输厅的倾情关怀和悉心指导下，顺庆区交通建设贯彻执行交通运输厅"全面建设现代综合交通运输体系"的要求，以开展"四好农村路"建设为统揽，以省交通项目"南推"为契机，开展交通建设大会战。2017年，获省政府表彰"四好农村路"省级示范县，顺庆区决心进一步加大农村道路建设力度，提档升级，争创全国"四好农村路"示范县。

综合枢纽核心地位形成。顺庆区现有火车客运站2处（达成铁路南充站、兰渝铁路南充北站），客运企业7家，客运站点26个，客运班线632条，公交线路42条、340千米；嘉陵江港口码头2处；货运企业53家，物流公司81家，物流园区1个。"十二五"期间，全区累计完成各种运输方式旅客周转量55亿人次千米，货运周转量39亿吨千米，是南充市重要的人流、物流集散区，交通枢纽核心地位明显。

区长蒲鹏程（右二）调研乡村公路规划建设情况

时任区长刘松（中）调研乡村交通建设情况

区委副书记尹成平（右一）到现场了解公路建设情况

副区长李献丰（左二）到施工现场了解工程情况

外联内畅集疏功能增强。辖区内已建高速公路2条（广南高速、绕城高速）、国道1条（国道212线）；在建高速1条（绵西高速）、一级公路1条（省道206线顺蓬营一级公路）；即将建设高速公路2条（第二绕城高速、南潼高速），一级公路3条（省道207线顺仪、西顺嘉、西蓬一级公路）。建成后，辖区内高速公路、国道、省道等干线总里程达177千米。同时，区域内县、乡道22条、238千米，村道1305千米。全区基本建成"井"字架、"米"字型的城乡交通骨架，"半小时交通经济圈"基本建成，初步形成了以高速公路，国、省干线为主骨架，县、乡、村道为网络，铁路运输为动脉，航空和水运为辅助的现代水、陆、空立体交通体系，为全区现代农业、观光旅游产业、新农村建设和经济社会发展奠定了坚实的基础和保障。

交通助农增收成效显著。顺庆区致力于探索如何激发贫困群众脱贫的主观能动性，把外部"输血"与内部"造血"相结合，通过自身"造血"巩固"输血"的成果，从根本上拔除穷根、消除贫困，重在"志""智"双扶。大力推动路旅融合发展，改善了农村居住和出行环境，有效带动特色产业发展，为贫困地区群众打开脱贫致富的大门，把绿水青山变成了"金山银山"。搬罾镇锦绣田园景区、青山湖景区、农耕种植园、自由采摘园等每年吸引游客30余万人次。全区吸引农业龙头企业26家、6万余人回乡创业，发展乡村旅游农家乐337家，发展花卉苗木、有机蔬菜、有机葡萄等经济作物产业园，带动了农村经济的快速发展，农村居民年人均可支配收入达14463元。

近年来，顺庆区始终将农村公路建设作为助力农民致富、推动农村繁荣、促进农业发展的重要抓手，在推进农村道路建设的同时，注重创新机制，强化资源整合，扎实抓好道路管理工作，走出了一条具有时代特征、区域特点、顺庆特色的农村道路精细化管护之路。

南充市交通运输局副局长蒲五才（右二）现场指导公路建设

区交通运输局局长黄俊（右一）调研"四好公路"建设情况

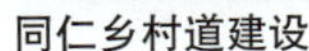
同仁乡村道建设

项目施工现场

注重源头"管"

抓出口严控。针对全区农村道路货运以砂石为主的实际，在每个砂石码头、砂石堆码场运输出口处，固定设置源头整治点，安装固定计重设备，配置相关执法装备，整合路政、交警、交管力量，实行24小时值班值守，确保货运从源头就规范装载。抓点位防控。在国道、省道沿线设置固定超限检测站，在县道、乡道安排执法部门设卡，重点抓好主要交通干线、重要交通节点的超限、超载违法行为，重点查处冲站逃检的违法行为，保障了执法过程的准确高效。抓沿途巡控。坚持日常巡察与重点巡察相结合，加大路政沿途巡逻的强度和密度，注重常态化、长效化检查，提高重点时段、重点节点、重点区域见警率，做到了"全年无休、全面覆盖"，织密了"横向到边、纵向到底"的巡控网络。

农村公交开通仪式

农村公交开通

顺庆区搬金路美化打造

整合力量“管”

突出协同配合。在区交通运输局成立专门的超限超载治理工作领导小组办公室，统筹全区治超工作。由区路政大队牵头，协调交警、公安、运政等单位组成联合执法大队，在固定超限检测站、交通安全整治点、货运源头治理点常年开展联合执法。全年开展联合执法5200余人次，整改、取缔改装车辆100余台，立案查处300余车次，整合了执法力量，形成了威慑震慑。突出集中查处。坚持力量向重点集中、职能向节点集中，有效整合“一站式”执法力量，做到“一站式”执法、“一站式”处罚、“一站式”治理，避免了多头执法，杜绝了重复处罚，形成了高压态势。突出精准管理。在管理中充分运用远程监控、移动终端、实时互联等科技手段，将固定整治点、超限检测站、设卡监控点的监控视频与手机移动终端、电脑监控终端绑定互联，做到了实时监控、实况监督，实现了远程监管“精准化”、管理工作“指尖化”。

疏堵结合“管”

注重“疏”。根据区域道路特点，结合途经地域实际，进一步优化砂石运输道路体系。通过采取客货车分流的方式，规划设置4条砂石运输专用通道，避免了客货混行，保障了人民群众的生命财产安全，全年分流路段交通事故发生率同比下降70%。狠抓“堵”。在砂石码头、砂石堆码场通往集镇道路全部安装限高设施，在等级较低的村道出入口全部设置限高、限宽设施，在桥梁、涵洞等关键节点位置全部安装限重、限速标识，保护了农村道路，堵住了治超漏点。强调“活”。采取分时段通行、分区域限行、分路段禁行的方式，妥善解决群众反映强烈的噪音扰民、扬尘污染、深夜通行等问题，避免了矛盾激化，在保障工程建设进度的同时，确保了群众满意。

搬罾镇村道

梵顺路

华新路

顺蓬营快速通道

上下联动“管”

构建“一张网”。进一步健全综合管理制度机制，研究出台《农村道路交通安全管理办法》；成立区农村道路交通安全管理工作小组，统筹负责全区农村道路管理工作；成立乡（镇）农村道路交通安全管理办公室，具体负责辖区道路管理；成立村交通安全劝导小组，负责日常疏导劝导，构建了覆盖区、乡、村三级的道路管理网络。打通“一条线”。按照精细化管理工作的要求，重点抓好分工细化、信息上报、反馈落实等工作，着力强化在损毁路产、路面保洁、监控管理、案件处置等方面的上下联动，强化信息上报、指令下达、责任落实，形成“人人有责任、层层有职责、个个抓落实”的工作格局。下好“一盘棋”。在日常工作中，除辖区内路政、公安、交警、海事、水务、运管等部门的内部联动外，注重加强与周边相邻县（市、区）的跨区域互动，在相邻行政边界位置会商设置限宽、限高设施，加强联合执法，有效制止了区外过境车辆逃避站点检测的违法行为，确保了辖区道路运输秩序井然有序。

搬金路

村村通

新复乡产业路

七坪寨景区旅游路

青山湖景区村道

金梵路

南充市嘉陵区

工业和信息化部部长苗圩（前排右三）到新庙乡合兴嘴村调研产业发展情况

省人大常委会副主任刘道平（中）到创业小镇调研

南充市长吴群刚（中）到一立镇塘湾村看望慰问困难群众

南充市委常委、区委书记廖伦志（后排中）出席南充市嘉陵区招商项目集中签约仪式

区人大常委会主任戚辉(右一）调研脱贫攻坚产业发展情况

区长史燚（左一）调研脱贫攻坚工作

区政协主席白青云（中）调研脱贫攻坚工作

区委副书记王洪波（右）调研脱贫攻坚工作

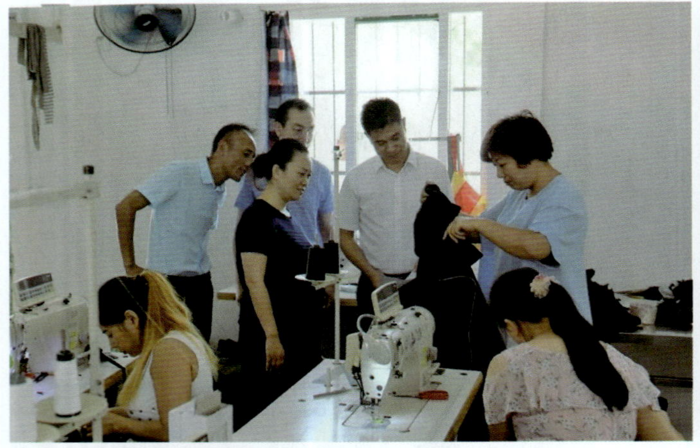
区委常委、区委统战部部长郭红英（左三）到扶贫车间调研

副区长申庆超（右一）与贫困户亲切交谈

南充市嘉陵区是南充1993年撤地建市时成立的县级行政新区，辖区面积1278平方千米，辖40个乡（镇）6个街道，有总人口70余万人，其中农业人口56.7万人，1994年被确定为国家扶贫开发重点县。建区以来，主要经历了“八七”扶贫攻坚、扶贫综合开发、连片开发、精准扶贫四个阶段。全区有建档立卡贫困村143个、贫困户20871户、贫困人口65350人，贫困发生率11.52%。近年来，嘉陵区坚持把脱贫“摘帽”作为最大的政治任务和最大的民生工程，念兹在兹、唯此为大，举全区之力合力攻坚。2014—2018年，退出贫困村133个，减贫20552户64413人，贫困发生率下降至0.2%，剩余贫困村10个、贫困户449户、贫困人口1196人。

双桂镇桑茶基地

粮油种植基地

万亩农业循环经济产业园

西 充 县

省委副书记、省长尹力（左三）在南充市委书记宋朝华（左二）的陪同下视察西充县产业发展情况

甘肃省委副书记、省长唐仁建（前排左二）在省委常委、省委农工委主任曲木史哈（前排右二）的陪同下到西充县参观学习

县委书记孙骏（前排右一）到金太线万亩晚熟柑橘产业园调研

县长张光全（左一）调研乡村振兴工作

2017年，在以习近平总书记为核心的党中央坚强领导下，西充县委县政府组织带领全县人民，坚定以习近平新时代中国特色社会主义思想为指导，全面贯彻落实党中央决策部署，统筹推进"五位一体"总体布局、协调推进"四个全面"战略布局，认真践行新发展理念，牢牢把握稳中求进工作总基调，始终保持专注发展转型发展战略定力，深入实施"533 战略规划"，坚定推进供给侧结构性改革，统筹推进稳增长、促改革、调结构、惠民生、防风险各项工作，经济运行稳中有进、稳中向好、好于预期，经济社会保持平稳健康发展。

近年来，西充县将发展产业、培育项目作为农业农村工作的着力点，努力做大做强做优乡村产业，为乡村振兴提供不竭动力。截至目前，全县有4.5万户农户参与现代农业发展，户均年增收2万元；建成现代农业示范基地35万亩、"万亩亿元"现代循环农业示范园12个，招引培育农业龙头企业105家、农民专业合作社931个、家庭农场和专业大户1600余家（户）。

在实施乡村振兴战略过程中，西充县坚持把农业供给侧结构性改革作为主线，把发展现代农业作为产业兴旺的突破口。西充县金（泉）太（平）线万亩柑橘产业园是全县实施乡村振兴战略、大力发展乡村产业的匠心之作。园区覆盖金泉、太平等15个乡（镇）的103个村（含32个贫困村），规划面积5.6万亩；加工园占地面积4500亩，一期占地面积2000亩，主要建设农产品精深加工区、农副产品仓储物流区、有机农产品研发展示区。计划到2020年底，基本建成川东北一流的农产品精深加工中心、全国知名的农产品加工研发中心。

全县已建成有机农产品生产基地100个、面积17.3 万亩。其中，11.3万亩基地、五大类100个品种通过有机认证，有机农业及其关联产业年产值增至30亿元，有机农业规模稳居中国西部第一位，惠及全县近10万人吃起了“有机饭”。

全县按照“三网配套、生态修复、循环利用、质量提升、环境保护”的绿色示范要求，加强农业基础设施建设，引进节水灌溉、肥水一体化、喷滴灌设施、生猪智喂系统及丘区适应性农机先进装备等，建成智慧农业示范基地5万亩，全县农机普及率达65%以上、农村道路畅通率达90%、农田灌溉率达80%以上，农村生产生活条件显著改善。创立“好充食”农产品区域公用品牌，“充国香桃”“西凤脐橙”“西充黄心苕”成为国家地理标志保护产品。西充县坚持“三产融合”，以现代农业为引领，联动推进以主导产业为重点的种养殖业、以农产品精深加工为重点的新型工业、以休闲观光为重点的乡村旅游业融合发展。

“航粒香”种植基地

10万亩西凤脐橙种植基地

双龙农牧现代农业观光园

古楼镇油菜花

晋城镇杨家桥村龙西葡萄种植基地

义兴镇百科园内的鲜花

古楼镇十六村桃花

现代农业观光园

香桃种植基地

凤鸣镇佛归寺村

古楼镇赵家庙村新农村

凤鸣新村

嘉和兴农业开发有限责任公司产业基地

农业产业基地

古楼镇过江楼村

田成方、路成网

双龙桥景区公共服务中心

凤鸣镇双龙桥村示范点

凤鸣镇高陛寨

莲花湖

青龙湖

金华山风光

龙舟赛

广 安 市

市委书记侯晓春（左）接受人民网专访，详解广安脱贫攻坚的基本特色和经验

市长曾卿（右三）带队到岳池县调研医药产业示范园建设、脱贫攻坚推进工作

2017年，广安市辖79乡91镇12个街道，辖区面积6339.2平方千米，其中耕地面积461.67万亩，比上年增长3.249%，人均耕地面积0.994亩；基本农田215.13万亩。年末总人口464.65万人（户籍人口），减少0.554%。本地水资源总量38.41亿立方米，人均占有水资源量664立方米。有林业用地19.65万公顷，有林地面积18.13万公顷，活立木总蓄积量801万立方米，森林覆盖率37.82%。

2017年，全市GDP1173.8亿元，增长8.1%，其中第一产业增加值169.8亿元，增长3.4%，农、林、牧、渔及农林牧渔服务业之比为56.5∶3.2∶34.2∶4∶2.1；第二产业增加值546亿元，增长7.8%（工业产值411.2亿元，增长8.3%）；第三产业增加值457.9亿元，增长10.3%。三次产业对经济增长的贡献率分别为6.6%、43.7%和49.7%。劳务输出155.96万人，收入246.22亿元。全年接待游客3800万人次，实现旅游收入350亿元，其中乡村旅游收入70亿元。

公路通车里程12389.311千米（其中乡村公路11910.69千米），密度195.292米/百平方千米，26.6千米/万人。社会消费品零售总额525亿元，增长12%。地方公共财政预算总收入完成71.2亿元，增长15.9%；公共财政预算总支出266.1亿元，增长8.9%，其中农业投入40.0462亿元，占支出的15.05%。金融机构各项存款余额1829.84亿元，比年初增长9.9%；各项贷款余额725.93亿元，比年初增长14%。全年农业保费收入1.333亿元，增长13.056%；处理各项赔款和给付金额5400万元，增长31%。农业产业化龙头企业省级、市级、县级分别为20个、61个、8个。

副市长尹黎明（前排右二）检查重点工程建设情况

有各类学校1212所，在校学生615032人，教职工41604人，其中普通高校1所，在校本（专）科学生10136

广安市农村产权抵押融资试点工作座谈会

广安市农村商业银行股份有限公司开业大会暨银证银企战略合作协议签订仪式

岳池县举行经济林木（果）权证颁证仪式

邻水县再就业招聘会现场

思源广场“青春助力、脱贫攻坚”活动启动仪式

在武胜中滩工业园区农副产品加工园就业的贫困户

邻水县义务工作者协会走进邻水县石永镇关爱留守儿童

广安市第二届残疾人运动会文艺晚会

人，增长10.595%；普通中学271所，在校学生206135人；小学198所，在校学生242309人；学龄儿童入学率99.54%，提高0.03个百分点。完成省级以上科技成果10项。有艺术表演团体27个，文化馆7个，公共图书馆7个，博物馆4个。有卫生机构2939个，病床位4954张，卫生技术人员3923人。新型农村合作医疗参合人数3440878人，参合率99.88%；新型农村社会养老保险参保人数141.19万人，参保率88%；被征地农民养老保险参保人数15.34万人，占总人数的3.26%。

2017年，广安市实现农业总产值293.9亿元，增长3.4%；农业增加值173.4亿元，增长3.5%。农民年人均可支配收入达13655元，增长9.42%。在粮食、生猪、蔬菜生产中，科技投入的占比或科技贡献率56%。建成2221个基层农业综合服务站。

2017年，广安市坚持"业兴、家富、人和、村美"的发展目标，整体推进幸福美丽新村建设。向上争取省级财政幸福美丽新村建设专项资金、第三轮幸福美丽新村建设示范县基准额度财政专项资金共17292万元，增长22.5%。整合新村基础配套设施、美丽乡

农民夜校

武胜县猛山乡双河村文化室

前锋区龙塘街道办事处黄锋村农家书屋

前锋区光辉乡高岭村文化室

群众在新建成的贫困村文化室阅读

四川省第八届乡村文化旅游节（春季）暨武胜县第三届乡村旅游文化节开幕式

四川省第二届农民艺术节“群星奖”决赛

农村电影放映

安装电视“户户通”

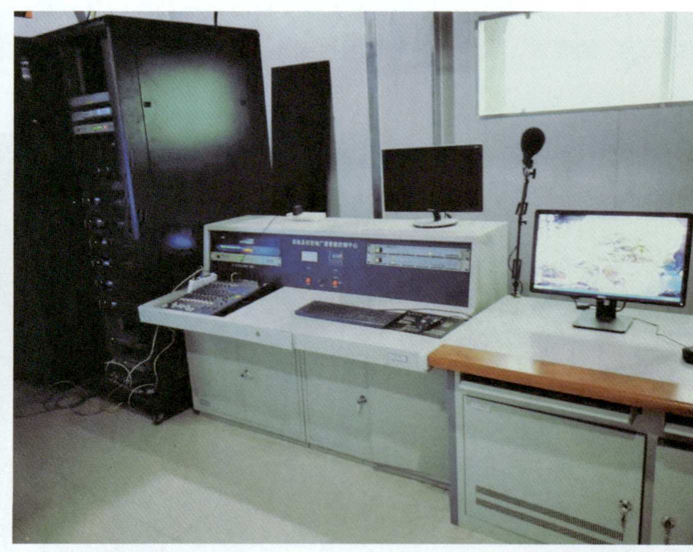

岳池县应急广播平台

传统文化

岳池被单戏

村、易地扶贫、危房改造等各级项目资金95928万元，建成幸福美丽新村409个（其中扶贫新村266个），保护传统村落6个，保护传统民居159户，建成“1+6”村级公共服务活动中心174个。加大优化资源配置力度，创新完善体制机制，推进幸福美丽新村示范县（前锋区）建设，全年前锋区共投入幸福美丽新村建设示范县建设资金共11742万元，其中省级财政幸福美丽新村建设专项资金800万元，整合涉农项目资金9942万元，区财政投入1000万元。围绕全面建成小康社会和脱贫攻坚目标任务，以“住上好房子、过上好日子、养成好习惯、形成好风气”为目标，深入开展“四好村”创建工作，建成省级“四好村”102个、市级“四好村”226个、县级“四好村”509个。

四川省乡村旅游扶贫示范区——武胜县白坪—飞龙新农村示范区

2017年，广安市深入贯彻落实中央精准扶贫精准脱贫战略、党的十九大、省委历次全会精神，按照“在全省树旗帜、立标杆、做示范”的要求，锁定266个贫困村退出、48164人脱贫目标，巩固提升3个“摘帽”县和145个退出贫困村。全年共投入扶贫资金

广安区兴平镇九石村易地搬迁集中安置点

广安区彭家乡观音村易地搬迁集中安置点

华蓥市阳和镇祝家坝新村

大石乡银城花海

体验采摘、观光休闲等功能于一体的乡村旅游景区。以农旅结合为重点的旅游扶贫示范带项目成功纳入国家旅游局2017年优选招商项目，并获得省农业发展行2亿元的全省首笔旅游扶贫中长期贷款。瞿家店乡愁园景区创建为国家3A级旅游景区，并被评为“四川省级乡村旅游提升示范项目”。全年共培育星级农家乐2家、精品村寨1个、精品特色业态1家、特色业态2家、民宿达标户5户，创建省级乡村旅游扶贫示范村3个，举办了白庙樱花节、排楼李花节等节庆活动8次，实现乡村旅游收入15.68亿元，有效带动7660名贫困群众增收致富。

大石乡鳄鱼谷景区

武　胜　县

广安市委书记侯晓春（左二）调研飞龙镇梅托村艾草产业

县委书记毛加庆（中）调研万隆镇马道村产业扶贫工作

武胜，隶属伟人邓小平故里广安市，是秦巴山区34个省级贫困县之一。2014年，武胜县识别贫困村133个，有建档立卡贫困户24223户、贫困人口63730人，贫困发生率为8.9%。

近年来，武胜县深入贯彻落实习近平总书记“四个全面”战略布局，坚持把脱贫攻坚放在事关全面小康的高度来谋划推进，以脱贫攻坚统揽经济社会发展全局，按照“六个精准、五个一批”工作要求，创新实施“五大举措”、强化“五大保障”，推进“五项创新”，着力在精准施策上出实招、在精准推进上下实功、在精准落地上见实效，不断推动脱贫攻坚工作取得新成效。2014—2018年，全县实现117个贫困村退出、20550户56950名贫困人口脱贫，贫困发生率下降至0.9%，其中2018年完成44个贫困村退出、4657户11898名贫困人口脱贫，全面达到“摘帽”退出条件。

县长文阁（左一）调研胜利镇桥亭寺村脱贫攻坚工作

武胜县脱贫攻坚帮扶干部培训会

武胜县2018年贫困退出验收培训会

全国“村长”论坛第十四次执委会议

武胜县脱贫摘帽达标考核暨乡风文明集中攻坚动员会

武胜县“五帮四包”业务能力培训会

武胜县脱贫攻坚第一书记、驻村工作队队员培训会

猛山乡双河村村民跳起了坝坝舞

猛山乡双河村组建腰鼓队开展表演

烈面镇红花坝村脱贫攻坚暨乡风文明建设宣传文艺演出

高石乡碑垭口村贫困户穿戴假肢下地为晚熟柑橘幼苗剪枝

龙庭乡新牌坊村贫困户在蚕房劳作

中心镇狮子口村开展乡风文明宣传

农产品产地农药残留快速检测

春耕生产

农业投入品监管平台

脐橙基地农产品质量监管平台

天鸿肉牛养殖场

农产品加工园区辣椒加工生产线

观音桥镇瓜蒌种植基地

邻水脐橙

轻工园区“鼎红橙”果酒生产车间

“鼎红橙”果酒

邻水县
2017 年度
全省农民增收工作先进县
中共四川省委办公厅 四川省人民政府办公厅
二〇一八年三月

邻水县
2017 年度
全省“三农”工作先进县
中共四川省委办公厅 四川省人民政府办公厅
二〇一八年一月

万亩李子园

荣誉表彰

大河坝脐橙园区

观音桥镇中药材种植基地

明月山产业扶贫基地

城北高山蔬菜基地

贵人槽产业扶贫蔬菜生产基地

铜锣花海

两河乡庙堡村林下养殖

优质稻种植基地

冷家乡汤巴丘村古韵

缪氏庄园全景

丰禾镇泥汉坪村

达州市通川区

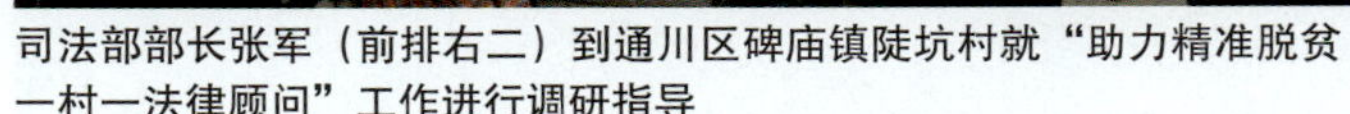

司法部部长张军（前排右二）到通川区碑庙镇陡坑村就"助力精准脱贫·一村一法律顾问"工作进行调研指导

省委常委、省委组织部部长黄建发（前排右三）到马房坝社区调研

达州市通川区位于四川省东北部、达州市中部，东北与宣汉县相邻，西南与达州市达川区毗邻，西北与平昌县接壤，距省会成都市375千米，历为州府所在地，是达州市的政治、经济、文化中心。辖19个乡（镇）3个街道1个旅游风景区管委会192个行政村81个社区，辖区面积900平方千米，总人口73万人，是全国计划生育优质服务先进区、全国科普示范区、全国和谐社区建设示范城区、四川省丘陵地区先进县、四川省乡村旅游示范区。

区委区政府确立"加快建设新通川、率先全面达小康"的奋斗目标，以"服务大市、借力发展，多点多极、突围发展，城乡一体、统筹发展"为工作取向，以加快建设"活力、繁荣、美丽、幸福、和谐新通川"为着力点，大力实施"双核双带六区"发展战略，全区团结一心抓发展、群策群力促跨越，呈现出经济较快增长、民生持续改善、社会稳定和谐的良好局面。2017年实现地区生产总值227亿元，增长8.2%；全社会固定资产投资213亿元，增长17.2%；辖区规模以上工业增加值50亿元，增长10.8%；服务业增加值134亿元，增长10.5%；社会消费品零售总额189亿元，增长13%；地方一般公共预算收入7.7亿元，增长9.6%；城镇居民年人均可支配收入31360元，增长9.1%；农村居民年人均可支配收入15870元，增长10.1%。

历史悠久。古属巴地，夏时称作梁州，东汉和帝时分宕渠县之东置宣汉县，西魏改为石城县，隋改为通州县，明为达州，清改为达县。1950年隶川北行署区达县区，1952年隶四川省达县专区，1968年达县专区改地区，1976年由达县地区析出设立达县市，1993年更名为达川市，1999年更名为通川区。历史上有元稹、唐甄、李长祥等著名思想家、文学家，徐向前、李先念等老一辈无产阶级革命家曾在此生活和战斗，孕育了张爱萍、魏传统、李中权等共和国著名将军，有"将军故乡"之美称。

交通发达。素有"川东北门户"之称，是川东北交通枢纽和川、渝、鄂、陕物资集散地。境内有襄渝铁路、达成铁路、达万铁路和达渝、达陕、达万、巴达4条高速公路，以国道210线和省道201线、202线为主体的国家级、省级、县级公路网络四通八达；州河航运直通重庆、上海。

山川秀美。属亚热带湿润性季风气候，年平均降水量1211毫米，州河、巴河流经境内，森林覆盖率36%。犀牛山森林公园属省级风景名胜区，神剑园、红军文化陈列馆、红卅军政治部旧址等人文红色旅游资源丰富，莲花湖风景区、千口岭森林公园、青宁"空中草原"、江陵玉龙峡等生态景点星罗棋布，"将军故里、山水通川"旅游品牌闻名遐迩。

产业鲜明。一是农业特色突出。城郊采摘、观光、休闲、体验农业蓬勃发展，远郊优质农（牧）产品极大丰富，磐石草莓和西

省人大常委会副主任李向志（右四）视察通川区脱贫攻坚工作

省人大常委会副主任、达州市委书记包惠（右二）调研磐石镇脱贫攻坚工作

达州市副市长、区委书记杜海洋（左一）看望魏兴镇贫困户

区长张杰（中）调研农建示范区青宁碑庙金石路

瓜、北外青脆李、新村黄金梨、檬双黄龙飞鸡、北山肉羊、碑庙肉牛、安云红辣椒、金石高洞柚、青宁保丰大米等向规模化、品牌化、标准化方向发展。二是工业优势明显。形成以冶金、建材、电力、煤炭、食品、医药为主的六大产业体系，重点规划了食品加工、药品加工、建材等产业集群，达州市农产品加工集中区向百亿产业园区迈进。三是商业繁荣兴旺。现有商业网点2万余个，建成好一新商贸、亚鑫建材、通锦美食等一批综合市场、专业市场和特色街区，培育交易额超亿元市场4个、商场3个、全国“双百”市场1个、省示范菜市场4个。新世纪、沃尔玛、摩尔百货、苏宁、国美等国际国内500强企业以及阿里巴巴、瀚歌世纪等知名电子商务企业竞相入驻。

金石镇

脱贫攻坚。强化"念兹在兹、唯此为大"的责任担当，累计整合投入资金18.3亿元，实施到村到户扶贫项目18815个，"五个一批"和22个扶贫专项全面完成。完成易地扶贫搬迁5677人、地灾避让搬迁530户、危房改造7420户、"五改三建一治理"9694户，新（改、扩）建农村学校23所、乡（镇）便民服务中心13个、乡（镇）卫生院6所，为贫困人口支出医疗保障资金8500万元，农村住房安全、义务教育、基本医疗全面达标。新建、提升道路1200千米，整治农田水利工程683处，建成安全饮水工程846处，改造农村电网430千米，建成宽带乡村142个，新建村级文化服务中心45个，广播电视"村村响、户户通"实现全覆盖。安排涉农产业分险基金3500万元，发放扶贫小额信贷资金8850万元，扶贫保险实现全覆盖。发展特色产业面积8.5万亩，培育特色养殖基地25个，磐石镇、蒲家镇"脱贫攻坚引领区"高标准建成。创新推行"五金模式"，向村集体注入产业发展资金4817万元，利益联结机制有效建立，防返贫扶持基金不断完善，群众收入持续增长。"5+2+3"帮扶机制深化拓展，结对帮扶30万人次，全覆盖开展农村社情民意大走访活动，一批群众关心关注的积难问题得到妥善解决。"三大教育"深入开展，创建省级、市级"四好村"71个，回引新乡贤创办经营实体121个，感召成渝知青反哺创业，引导台湾农业专家扎根通川。累计实现24894人精准脱贫、45个贫困村成功退出，在全市率先实现建档立卡贫困人口清零目标，脱贫"摘帽"顺利通过省级考核验收评估。2018年7月，四川省政府批准通川区正式退出贫困县序列，并被表彰为"2017年度四川省摘帽工作先进县（区）"。

达州市通川区脱贫摘帽推进大会

巴文化研讨会通川论道启动仪式

四川省第八届乡村文化旅游节（春季）分会场暨达州市第六届旅游发展大会开幕式

青宁乡天断村"5+1+3"帮扶力量联谊活动暨"星级文明户"颁奖大会

达州非物质文化遗产传承学校揭牌仪式

2018·达州市通川区首届"秦巴国际杯"迎新春健身跑活动

乡村振兴。通川区作为四川省首批、达州市唯一乡村振兴规划试点县（区），坚持将实施乡村振兴战略与巩固提升脱贫攻坚成效统筹推进，大力实施“乡村振兴开局年”活动。多维度找点子，高标准绘好一张蓝图，投入资金3000万元，已完成1个总体规划、7个专项规划、2个特色镇和3个特色村规划，预计2020年前完成“1+7+N”规划体系编制。全方位抓结合，高质量打造示范先导。采取“重点镇+中心村”分层分类模式，全力推进乡村振兴与脱贫攻坚成果巩固提升、产业项目实施、村庄地域特色打造相结合，高质量打造磐石、青宁先导区，推动乡村振兴开好局、起好步。长效化建机制，高层次凝聚推进合力。出台《促进农业适度规模经营暂行奖补办法》《发展水产养殖业实施意见》等激励政策，新组建农旅发展公司，财政预算乡村振兴专项资金2000万元，安排涉农产业风险基金3500万元，向村集体注入产业发展资金5000万元，撬动社会资本20余亿元，努力探索可复制、可推广的乡村振兴路子，为乡村振兴插上腾飞的翅膀，全力推动乡村高质量发展。

第六届全国新农村文化艺术展演

陡坑村电商扶贫

秦巴农耕文化博览馆

红军文化陈列馆

青宁乡万亩油牡丹种植基地

魏兴镇高速交通枢纽

达州市达川区

交通运输部副部长戴东昌（右二）到达川区调研农村公路建设及扶贫攻坚工作

达州市委常委、区委书记许国斌（右一）在全区农村公路建设现场推进会现场点评

村道公路

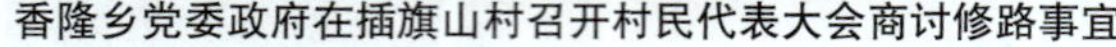
香隆乡党委政府在插旗山村召开村民代表大会商讨修路事宜

达川区农村公路建设工作现场会

达州市达川区位于四川省东北部，辖区面积2245平方千米，辖54个乡（镇）（含2个街道）683个行政村（社区），总人口122万人，是秦巴重镇、革命老区，是全国产粮、产油、生猪大区和省级贫困县（区），是中国乌梅之乡、四川孝善之乡，素有“川东绣壤、秦巴明珠”之美誉。达川区交通区位优势明显，是川、渝、陕3省（市）接合部区域中心城市和四川省东出北上综合交通枢纽。

境内有襄渝、达成、达万、达巴4条铁路，西渝高铁、成南达万高铁确定过境并交汇达川区，达州河市机场开通直达北京、上海、广州等地航线9条，百节新机场正加快建设。辖区有高速公路4条，其中国道2条、省道4条，县道349.9千米、乡道439.9千米、村道1847.5千米。截至2018年年底，实现了100%的乡（镇）、100%的行政村和98.5%的社通水泥（油）路，2017年8月成功创建成为四川省首批达州市唯一的“四好农村路”示范县。

国道210线新改造的马家段

县道江木路罐子段

达川区按照“改革创新、民生优先、协调发展、安全绿色”的农村公路发展理念，大力推进农村公路建设。

强化政府主导——建好农村路。通过建立健全农村公路发展机制，大力开辟资金来源渠道，创新干部激励机制，全面推进公路建设。

坚持依法治理——管好农村路。严格按照《公路法》《四川省农村公路条例》等法律法规，不断健全农村公路体系，延伸管理触角，保障农村公路建设质量等措施，全面加强农村公路管理。

大力改革创新——养好农村路。加大农村公路养护投入，明确道路养护经费执行标准，启动公路机械化养护及应急抢险中心建设。

突出民生导向——营运好农村路。出台政策措施，实施乡村客运经营补贴，强化农村政策扶持；率先在山区试点农村公交，建立乡村物流寄递网点，便捷农村物资来往，促进地方经济社会发展。

村道

双庙乡二东村1社社道

农村公交蓬勃发展

百节镇乌梅产业道路

宣 汉 县

全国政协提案委工作组到庙安乡调研脱贫攻坚工作

国家发展改革委工作组到宣汉县检查易地移民搬迁情况

宣汉，东汉和帝二年（公元90年）始置县，取名寓“宣扬汉王朝德威”之意。全县辖区面积4271平方千米，辖54个乡（镇）492个村78个社区，总人口132万人（土家族人口近7万人），是国家扶贫开发工作重点县、全国革命老区县、全省扩权强县试点县和少数民族地区待遇县。宣汉县人文厚重。巴风土韵源远流长，拥有全国规模最大、年代最久远、规制等级最高的巴文化遗址——罗家坝遗址，是巴文化的发源地；土家民俗风情独具，薅草锣鼓入选第一批国家级非物质文化遗产名录，是四川省唯一的土家族聚居地；红色文化底蕴深厚，创造了“一县成军（红三十三军）”的传奇，孕育了老一辈无产阶级革命家王维舟和新中国10位将军。

峨城竹海

宣汉县资源富饶。矿产资源富集，天然气预计储量1.5万亿立方米，普光气田是全国最大的海相整装气田，境内有中石化普光净化厂、中石油南坝净化厂2个脱硫厂，年拥有150亿立方米的天然气产能和285万吨的硫磺产量；煤炭储量1.6亿吨，富锂钾卤水储量20.9亿立方米。农副产品资源丰富，是全国黄牛、木本药材、速丰林、茶叶生产基地和蜀宣花牛种源基地。旅游资源优厚，森林覆盖率达60%，有国家4A级旅游景区3个，巴山大峡谷正在创建国家5A级景区，是川东观光旅游、休闲避暑的首选地。宣汉县发展潜力巨大。近年来，宣汉县紧扣“全面建成繁荣美丽新宣汉”总体目标，大力实施兴工强县、开发扶贫、全域旅游“三大战略”，经济社会保持良好发展态势，先后三次获得“四川省县域经济发展先进县”称号。2017年，全县完成地区生产总值266.7亿元、地方公共财政收入17亿元。在省委十一届三次全会和市委四届六次全会精神指引下，宣汉县全力推进县域经济社会高质量发展，努力向全国新能源新材料基地、全国知名旅游目的地、全国巴文化高地的建设目标阔步前进。

省人大常委会副主任、达州市委书记包惠（中）巡视达州展馆

时任省高级人民法院院长王海萍（左四）到宣汉县调研督导学习党的十九大精神推动当前重点工作情况

达州市委副书记罗冬灵（左四）到峰城镇寨扁社区调研易地扶贫搬迁工作

县委书记唐廷教（右二）到胡家镇调研农业生产情况

县委领导会见桑德集团有限公司副总裁董智明（左三）

县委书记唐廷教（右四）、县长冯永刚（前排左一）到烈士陵园调研建设情况

四川省总工会“送文化到基层”暨宣汉县“最美职工”颁奖晚会

宣汉县公民思想道德建设“模范户”灯笼颁发仪式

宣汉县机关单位巴人舞大赛

洋烈龙舟赛

巴山大峡谷等景区从业人员技能培训开班典礼

农艺师实地讲解果树栽培技术

高校毕业生创办专业合作社吸纳30余名贫困人员就近就业

桃花镇白堰沟村小农水建设项目

“千吨万人”规模水厂——宣汉县南昆水厂

中药材加工企业——四川琦云药业有限责任公司

茶叶种植基地

脆李种植基地

三墩土家族乡大窝村中药材（厚朴+木香）产业基地

茶河镇圣水村千亩猕猴桃种植基地

巴中市巴州区

2017年，巴州区以脱贫攻坚为统揽，大力夯实农村基础，聚力发展特色产业，不断深化农村改革，农村面貌不断改善，农民生活水平持续提高。全面建成聚居点676个，集中安置3万户12万人。建成中药材种植基地20.4万亩，猕猴桃、食用菌等果蔬基地19万亩。新（改）建、改造国、省、县、乡、村五级公路和通村联网路、聚居点联结路、产业园区路1832千米。新建215处集中供水工程，解决23万农村居民饮水安全问题。新建（改造）高低压线路4400千米。铺设天然气管网500余千米，3.2万户农户用上了天然气。投入1.66亿元设立贫困村产业扶持等六大基金，撬动银行信贷资金5.12亿元投入农业产业发展。完成48所乡（镇）中心校和147所村校、3所区级医疗机构、24个乡（镇）卫生院、412个村卫生室的达标建设。持续推进全国农村改革试验区建设，在农村产权制度、农村土地制度和乡村治理三个领域九个专项19个方面形成69项制度成果，探索的“承包土地‘三权分置’”等8项试验成果转化为党中央、国务院和省委省政府重要文件。区委农工委驻点指导化成镇长滩河村的“党建引领‘1+3+N’基层治理”模式得到人大副委员长蔡达峰的高度肯定，并纳入全国农村改革试点内容。

2017年脱贫摘帽誓师大会

立体交通内畅外达（东兴场互通）

区委书记张平阳（中）、区长杨波（前排左一）到重点项目建设现场调研

区委书记张平阳（中）到三江镇龙门村督导脱贫攻坚工作

全国易地扶贫搬迁现场会在梁永镇宏福村召开

区长杨波（前排右二）到化成镇调研特色小镇建设情况

花溪乡新庙村

曾口镇书台村

水宁寺镇三皇村猕猴桃产业园

巴州区现代农业示范园（清江镇巾字村）

化成镇清风景区

凌云乡寨子包村

花溪乡明山村

党建扶贫示范点（曾口镇秧田沟村）

全省农民增收工作先进县　全省脱贫攻坚先进县

巴中市恩阳区

省委常委、省委农工委主任曲木史哈（前排右二）到恩阳区调研易地扶贫搬迁工作

2017年，巴中市恩阳区坚定以习近平新时代中国特色社会主义思想为指导，认真贯彻落实中央、省、市决策部署，把新时代"三农"工作作为区委区政府头号工程来抓，按照"四新恩阳"发展定位，重点围绕农民增收致富奔康、三产融合发展、幸福美丽新村建设、农业供给侧改革、集体经济发展等领域，不断激活农村发展动力，推进全域脱贫攻坚，全区农村经济社会总体保持持续健康稳定发展。2017年被省委省政府表彰为"全省农民增收工作先进县（区）""脱贫攻坚先进县（区）""摘帽工作先进县（区）"。

巴中市委书记罗增斌（左一）到恩阳区调研脱贫攻坚工作

巴中市长何平（中）到恩阳区督导脱贫攻坚工作

巴中市委副书记余先河（前排左四）、副市长克克（前排左三）到恩阳区督导黄石盘水库移民安置、防洪抗汛、脱贫攻坚等工作

区委书记梁津华（中）到群乐镇督导脱贫攻坚工作

农业基础建设设施完善，生产生活条件大大改善。结合全域脱贫，加快农村山、水、田、林、路、电、网等基础设施建设。改造乡（镇）联网路42千米、村道131千米。建成集中供水125处，改造散户饮水井3099口，解决14万人饮水安全问题。新建、改造10千伏线路56.25千米，实施搬迁安置点电力配套174处。新建4G基站102个，新增通宽带行政村43个，推动电信网、广电网、互联网“三网融合”。在全区439个行政村（居）按照“1+6”模式建好村级组织、便民服务、农民培训、文化体育、卫生计生、综合调解、农家购物等公共服务中心。推进薄弱学校改造，通过义务教育发展基本均衡县（区）国家评估认定，农村教师队伍建设被中央电视台《新闻联播》栏目报道。建档立卡贫困群众区内就医个人支付比例控制在10%以内，“先诊疗后结算”“一站式服务”模式被《新闻联播》栏目报道。新完成农村广播“村村响”74个、“户户通”8098户安装工作，新建成村级文化活动室128个、幸福美丽新村文化院坝55个。

区长王清平（中）督查重点项目建设情况

全区脱贫攻坚暨农村工作会

区委副书记程秋（右二）向乐山市金口河区考察团介绍恩阳区易地扶贫安置情况

新村建设加速，脱贫攻坚扎实推进。编制完成《2017—2020年巴中市恩阳区幸福美丽新村建设规划》，建成统筹城乡示范片2个，新建中心村3个、聚居点72个和幸福美丽新村73个，完成2个连片扶贫开发片区贫困村的巴山新村建设。新改造完成农村危（旧）房（土坯房）1.54万户。易地扶贫搬迁大力助推了巴山新居建设，完成易地扶贫搬迁8709户32184人。成功创建区级"四好村"79个、市级"四好村"37个、省级"四好村"15个。发动"春季攻势""夏季战役""百日冲刺决胜战"，增派164名"第一书记"、2580名教师挂联9191户贫困户。

农村改革深入，农村发展动力增强。以被列为"全省第二批农村综合改革试验区"和"2017年省级扶持村级集体经济发展试点区"为契机，不断深化"三权分置"、村级集体经济股份合作制及以绿色生态为导向的农业补贴制度改革，探索"一清二固三制四流程"的集体经济股份合作制改革经验，总结"盘资生财、入股增财、服务得财、兴办创财"做法发展村集体经济，完成94个贫困村集体资产股份制改革，贫困村人均集体经济收入达到10元以上。全区流转土（林）地面积5万亩，农村产权交易抵押融资2亿元，土地确权颁证率达90%以上，办理用益物权证和特色产权证101宗，建立了运转高效有序的投资、融资、抵押"三大平台"，实现了农地、农房、林木、人才、闲钱、集体资产"六个盘活"。建立产业扶持基金入股分红"136"利益分配机制，创新"235"利益联结机制，恢复重建基层供销合作社8家，新培育农民专业合作社156家、家庭农场49家、专业大户230户。4家农民专业合作社被评为省级示范社，5家家庭农场被评为省级示范场。

社区医务室

农民夜校

幸福美丽新村——柳林镇钟家坝村

三合院、四合院新村——上八庙镇来凤村

幸福美丽新村——茶坝镇朱家营村

全国文明新村——明阳镇高店子社区

省级"四好村"——观音井镇万寿村

特色产业发展加快，农民收入持续增加。围绕优质粮油、品质果蔬、特色养殖，发展适度规模经营，优化产业结构，不断增强综合生产能力。发展优质粮油基地24.57万亩，新发展以芦笋为主的特色蔬菜10万亩、蜜柚1万亩，新种植以川明参为主的草本药材3万亩，新建标准化畜禽养殖场9个，培育万寿生态康养园、原乡有机农场等现代农业园区8个。全区实现牧业收入2.0163亿元，人均增收174.75元；实现林业产值17.3亿元，农村居民林业收入6.6亿元。全面推广"稻（藕）渔"模式，发展水产养殖面积2111公顷。新增线上商贸流通企业4家、规模以上服务企业6家，建成柳林区域配送中心及电商基地，新增乡（镇）电商服务站2个、村级电商服务点30个；新建成绿阳科技泡菜等深加工厂4家，建成万寿养生谷景区、醉美花苞葡萄产业园、罐子沟康养产业园等现代观光农业园和产业融合园区3个，新（改）建千壑湖等休闲农庄80余个。成功举办"翰墨古镇"书画展、"章怀山万人读书节"、荷花节、葡萄采摘节等节会活动近10次，实现旅游经济收入21.06亿元。成功申报"恩阳芦笋"地理标志，全区共成功申报认证"三品一标"农产品品牌57个。派驻119名驻村农技员，组建6个专家服务团、46个非贫困村巡回服务小组，深入开展"送科技下乡""新型职业农民培育"等活动，培育新型职业农民2200人，其中生产经营型900人、专业技能型500人、专业服务型800人，颁发《新型职业农民证书》380本。2017年，共回引返乡创业635人，开发卫生保洁员、村级设施维护员等公益性岗位559个。

渔溪镇五岭村猕猴桃产业基地

青木镇花包村有机葡萄产业基地

产村相融

下八庙镇普济宫村秦川生态牧业养殖基地

双胜镇天良村芦笋产业基地

石城乡青洲坝村商品蔬菜种植示范基地

莲藕种植基地

巴中市恩阳区财政局

专题会议

建区五年来，巴中市恩阳区财政局主动适应经济发展新常态，坚持稳中求进工作总基调，紧紧围绕全区重点工作，认真落实中央和省、市、区稳增长系列政策措施，着力打好“增收、民生、发展”三张牌，持续深化财税体制改革，不断转变支持发展方式，大力推行政府和社会资本合作，大胆探索建立利益联结机制，整合多项涉农资金，让财政的“甘泉”精准滴灌在“穷根”上，向全区人民交出了一份硕果累累、成就辉煌的答卷。主要经济指标增速保持全省、全市前列，为恩阳区荣获“全省县域经济发展先进县”“全省脱贫攻坚先进县（区）”提供了坚实的财政支撑，有力促进了恩阳经济社会持续健康发展。

2017年，全区地方一般公共预算收入完成56183万元，较建区之初增加近7倍，年均增长51.4%，增速连续5年居全省前列、全市第一。一般公共预算支出实现42.49亿元，较建区之初增长26.8亿元，年均增长22%。2017年，全区可用财力总额达18.52亿元，是建区之初的近2倍。建区至今，累计完成教育、医疗、社保和住房保障等与民生相关的支出115.3亿元，年均增长23.5%，占一般公共预算支出的75.3%。

五年来，恩阳区累计开工实施省、市、区重点项目254个，完成投资715.11亿元，竣工项目183个。恩阳区财政局利用各种渠道筹措资金支持新区发展，仅2017年争取到位上级各类建设资金106000万元。建立和充实精准扶贫小额信贷基金等“七项基金”，基金规模达19409万元。

2017年，围绕“五个一批”、24个扶贫专项方案，通过争取上级补助资金，投入扶贫资金18亿元，整合财政涉农资金9.63亿元，全区已实现91个贫困村退出、72177名贫困人口脱贫，确保了脱贫攻坚年度规划任务圆满完成。

特色产业

乡村旅游

产村相融

畅通恩阳

巴恩快速通道恩阳段

恩阳新区日新月异

柳林镇钟家坝新农村

巴中市国土资源局恩阳分局

局长陈军（中）在增减挂钩项目现场调研

巴中市国土资源局恩阳分局立足恩阳区情，深研土地政策，充分释放政策红利。通过实施增减挂钩、土地整理、地灾避险搬迁三大国土资源项目，夯实农业农村基础设施，盘活“沉睡”建设用地资源，保障经济社会发展用地和资金需求，保障农村居民财产权，改善了群众生产生活条件，夯实了脱贫“摘帽”基础，激发农业农村经济活力，探索出了一条以实施项目强基础、盘活资源破瓶颈、深化改革激活力的国土资源工作助推脱贫攻坚和乡村振兴的发展新路子。

巴中市国土资源局恩阳分局驻玉井乡断垭村开展贫困户猕猴桃产业种植技术培训

土地整理

下八庙镇安居村产村相融

巴中市恩阳区交通运输局

关公镇西南村葡萄园区致富路

国道244线柳林段

恩玉路

巴中市恩阳区交通运输局紧紧围绕“党政主导、交通主抓、部门配合、全民参与”的交通建设理念，按照“公路围着产业建，产业围着公路转”的发展思路，结合全区脱贫奔康、产业发展、乡村旅游发展，全面优化农村公路布局，将农村公路不断向农业产业基地、山地森林公园、乡村旅游景点延伸，扎实推进“四好农村公路”建设，有力助推乡村振兴。截至目前，全区新（改）建县、乡联网路224千米、通村通畅公路1204千米、产业园区道路386千米、乡村旅游公路293千米，形成了“城区外环线、城乡中环线和区域大环线”交通格局，实现了“县乡道全面升级、村（组）公路互联互通、区内农村公路全域联网”。农村公路管养机制不断创新，区、乡（镇）、村三级物流网络全域覆盖。

柳林镇钟家坝新村小康路

观音井镇万寿村幸福路

下八庙镇安居新村产业路

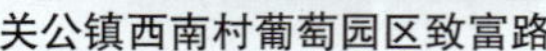

南 江 县

巴中市副市长、县委书记刘凯（中）带领县级领导和部门调研新居建设情况

县长李善君（右一）调研新村建设情况

县委副书记陈槟（左二）调研脱贫攻坚工作

副县长赵燕飞（左二）调研核桃产业发展情况

南江县认真贯彻落实党的十九大和中央、省、市农村工作会议精神，不断深化农村改革，全面实施扶贫解困、产业提升、旧村改造、环境整治、文化传承“五大行动”，把产业培育作为精准扶贫、精准脱贫的重要支撑和长远大计，加快建设巴山新居，大力实施“农业+”计划，充分挖掘农业农村多种功能和形态，为产业转型发展铺设“高速路”，促进一二三次产业深度融合，实现全产业链发展，实现农民持续稳定增收，确保如期实现县“摘帽”脱贫目标。

统筹城乡迈大步。光雾山镇入选“全国最美森林小镇100例”“首批省级森林小镇”。红叶之旅·桥亭特色小镇人气上升。赛坡森林康养特色小镇项目成功签约，正直、长赤“百镇建设试点”和沙河、下两、大河重点镇建设持续深化。48个乡（镇）公共设施加快完善。仁和、和平、侯家、桥亭获批“撤乡建镇”。新增城镇人口1.95万人，常住人口城镇化率达37.3%。城乡居民年人均可支配收入分别达28519元、11052元，分别增长9.5%、11%。

新村建设上新阶。整县推进农村危（旧）房改造，1.5万余户农户人居环境得到大幅改善。新建幸福美丽新村70个、聚居点75个。创建了一批“四好村”，长赤镇青杠村入选“全省十大幸福美丽新村”，正直镇长滩村入选“全省百强名村”，关坝镇小田村、八庙乡普照寺村入选“全省文化扶贫示范村”，兴马乡木罗村等20个村申报省级传统村落，南江镇金碑村建立了村史馆和农耕文化博物馆。

村、新场镇清江村等26个省级“四好村”。

不断强化三产融合，全面促进农业转型升级。立足资源优势，走绿色、生态、有机发展的崛起之路，大力实施“4个百亿”产业工程，加快培育新产业新业态。新建优质粮油基地1.2万亩、优质青贮玉米基地6000亩，粮油播种面积111.67万亩，产量40.52万吨，实现“十一连增”。食用菌种植面积6.5万亩，马铃薯种植面积23万亩；新建干果基地5万亩，新建茶叶万亩示范区1个，新（改）建茶园5万亩，新建巴药基地2万亩，新建100万只山地梅花鸡扩繁场等畜禽标准化养殖场9个、生态农业基地等水产养殖园区2个。建成农村电商服务点129个，共接待游客550万人次，实现旅游收入44亿元。新培育农业产业化企业34家、专合社306个、家庭农场369个、种养大户1500余户，新增省级示范专业合作社12家、市级龙头企业4家。巴山牧业在“新三板”成功上市，成为巴中市第一家上市的本土企业；共获得有机产业证书13张、有机认证单品21个、有机企业12家，创建“三品一标”产品47个，成功创建全国有机产品认证示范县。

持续深化农村改革，不断激活发展内生动力。着力盘活农村资源资产，大力发展农村集体经济，不断完善流转交易体系。完成49个乡（镇）的航测，外业调查，一、二次公示，签订《土地承包合同》10万余户，制证6.7万本，颁证4.2万户，新增耕地流转面积3.75万亩、林地2.2万亩。2017年，35个预脱贫“摘帽”村和10个省级集体经济全部达标，其中空山乡青龙村人均收入达71.3元。通江县被农业部认定为“第三批全国农村集体‘三资’管理示范县”。组建现代农业担保公司，担保发放贷款1.8亿元，有效破解了新型农业经营主体“融资难”的问题。

中峰洞

唱歌石林

诺水河国家地质公园

民胜镇方山新村

诺水河镇玉皇坝新村

空山乡龙池村

瓦室镇鹿鸣村易地搬迁聚居点

空山乡中坝村

大兴乡东郡水产园

空山马铃薯产业园

葡萄产业园

食用菌产业

茶叶产业

全省“三农”工作先进县

平 昌 县

县委书记蒲开文（中）调研扶贫攻坚工作

县长李余良（中）调研扶贫攻坚工作

平昌县紧盯年度脱贫目标，坚持把旧村改造与新村建设、脱贫攻坚有机结合，大力实施“五改五建五规范”（“五改”即改厨、改厕、改圈、改院、改布局，“五建”即建房、建路、建水、建园、建网络，“五规范”即规范环境卫生、规范建筑风貌、规范建设机制、规范村落管理、规范村风民俗），取得了初步成效。截至目前，全县新建安全住房9942户，改造农村危房1.2万户，累计完成农村旧房改造5.4万户；硬化村（组）道路1220千米，解决3.6万人安全饮水问题，完成67个村电网升级改造。2017年，全县有35个贫困村退出、13570名贫困人口脱贫。易地扶贫搬迁建成率100%。

驷马河国家湿地公园

青凤镇龙井村芍药花海

第三届巴中云顶茶文化旅游节

全县坚持创新驱动，多点发力，全面激活农业发展新动能。以创建全省现代农业产业融合示范园区为契机，依托现有产业园区（基地），着力打造创新高地和创业基地。充分发挥示范引领作用，助推农业转型升级。坚持以放活土地经营权为重点，建立健全土地流转机制，大胆探索土地入市、量化入股、农户反包等多种模式，盘活农村闲置土地，激发"人、地、钱"等生产要素回流，催生农业农村发展新动能，实现农业增效、农民持续增收。

全县以农业供给侧结构性改革为主线，纵深推进农村产业转型升级，在加快乡村产业振兴中，实施"品牌兴农"战略助力脱贫攻坚。注重农产品品牌打造，着力优化口感、质感、品相，让老品牌焕发新活力；引进全国、区域、行业知名农业产业化龙头企业落户平昌，集中培育打造一批立得起、叫得响、效益好的新品牌。目前已培育康坪香米、碧峰蕊芽、皇山雀舌等13个绿色品牌，创立平昌青花椒、江口醇酒、江口青鳙、镇龙山瓦灰鸡4个国家地理标志保护产品，荣获"全国十大魅力茶乡""全国有机产品认证示范县"等称号。

全县坚持"全域旅游"的理念，以"田园风光、水乡平昌"为主题，文旅融合发展乡村旅游，助力乡村振兴，让"百姓口袋丰、群众生活好"。在平昌县3条乡村旅游环线上，有农民开办的农家乐、小卖部、小卖摊1800余家(个)，节假日家家生意爆棚。在推进乡村旅游发展中，全县注重"龙头"带动，培育打造出国家4A级旅游景区7个。2017年，全县旅游综合收入突破40亿元。

海升产业扶贫园

土兴镇铧山村水产养殖园区

土兴镇铁城村青花椒种植基地

灵山镇莲藕种植基地

鹿鸣镇万亩生态有机茶园

青凤镇枫香村产村相融

青凤镇凤山村土地整理坡改梯项目

国家4A级旅游景区——三十二梁

雅 安 市

农业部部长韩长赋（中）到芦山县调研现代农业发展情况

雅安市认真贯彻落实中央、省委、市委"一号文件"和党的十九大精神，以建设"美丽雅安、生态强市"为总揽，以推进农业供给侧结构性改革为主线，围绕"决战脱贫攻坚、决胜全面小康"双攻坚目标，坚定不移走"绿而美、绿变金"的特色发展道路，大力推进3条百公里百万亩乡村振兴产业带建设，努力促进农村一二三产业融合发展。农业底座支撑进一步夯实，农村生产生活条件进一步改善，农民获得感、幸福感、安全感进一步增强。

"蒙顶山茶"荣获"中国十大茶叶区域公用品牌"称号，与西湖龙井、信阳毛尖、安化黑茶共同进入前四强，成为四川省唯一进入全国十强的区域公用品牌。这一殊荣对于雅茶产业和川茶产业发展具有重要的里程碑式意义。全年建成幸福美丽新村300个，创建省级"四好村"63个、市级"四好村"304个，创建绿美新村100个。完成"建改保"的村426个，保护传统村落19个。芦山县、荥经县、宝兴县3个省级幸福美丽新村示范县建设加快推进。

国土资源部党组成员、副部长王广华（前排左二）到雅安市调研督导工作

水利部副部长田学斌（前排左二）到名山区调研督导工作

市委书记兰开驰（左三）到芦山县龙门乡红星村与贫困户交流

芦山县思延乡侨爱新村

芦山县龙门古镇

干净整洁、绿树成荫的美丽新村

石棉县蟹螺乡农民新居

名山区中峰乡海棠村游客中心

中国蒙顶山派茶艺

中国十大茶叶区域公用品牌——蒙顶山茶

名山区中峰乡海棠村有机茶园

汉源花椒

芦山县果药基地

汉源大樱桃种植基地

石棉县宰羊乡阳坪村果园

芦山县现代农业

天全县始阳镇大棚种植

蜿蜒的绿道通向最美的湿地公园

雅安市雨城区

2017年，雨城区辖18个乡（镇）1个新区管委会4个街道，辖区面积1067.31平方千米。城镇化率达60.3%。全区GDP165.2亿元，增长8.6%，实现农林牧渔业总产值27.2亿元，增长4%。农村经济呈稳定发展态势。农民年人均可支配收入达13428元，增加1117元，增长9.1%。农村居民人均生活消费支出10435元，增加626元。

省政协副主席祝春秀（前排左一）一行督查周公河省级珍稀鱼类自然保护区工作

农业产业化发展。2017年，全区加快培育"百亿茶叶产业"，新建高标准茶园2万亩，托管茶园土地5.5万亩，雅安藏茶、康砖、金尖入选中国茶叶博物馆名茶样库，7个乡（镇）入选"川茶名镇·名乡"60强，实现茶叶综合产值31.5亿元。新增绿色有机示范基地12个，绿色认证产品12个，雨城猕猴桃被评为全国名特优新农产品。加快培育"百亿林竹产业"，新增竹片加工厂13家、林下种植面积

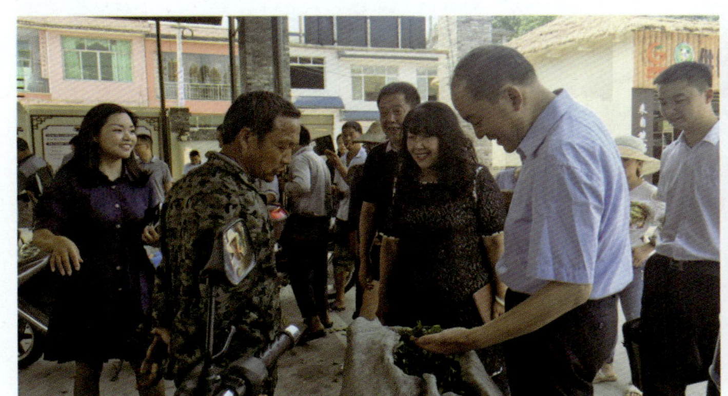
雅安市委书记兰开驰（前排右一）调研合江镇茶叶交易市场

雅安市副市长衡彤（右一）到雨城区调研藏茶产业发展情况

农业厅调研组到孔坪乡调研周公河珍稀鱼类省级自然保护区孔坪管理站建设情况

四川农业大学专家团队指导晏场镇赵沟村白芨产业扩繁工作

上里镇庙圷村

中里镇联合新村

1500亩，林竹总产值42亿元。新发展农民专业合作组织40家，产业化企业销售收入增长12%。在提升百公里百万亩生态茶产业生态文化旅游经济走廊的基础上，规划建设特色产业精品环线4条。积极培育主体，新增农民专业合作社40个、家庭农场6家、家庭林场4家、"森林人家"20家；成功创建省级示范家庭农场1家、省级示范农民专业合作社3个、市级三星级"森林人家"4家、二星级"森林人家"7家；合江镇创建现代农业产业融合示范园区，在全市率先建成雨城区农业社会化服务中心。农业产业化龙头企业省级、市级分别有8个、30个。

新村建设。2017年，完成凤鸣、多营、合江、碧峰峡等4个乡（镇）规划、5个重点村村庄规划编制；启动实施上里镇五家村、望鱼乡望鱼村传统村落保护项目。创建省级"四好村"9个、市级"四好村"49个、"绿美新村"17个。多营镇入选"第二批全国特色小镇""全省首批特色小镇"，碧峰峡镇后盐村、观化乡麻柳村入选"第三批四川传统村落名录"，碧峰峡镇七老村在第二届美丽乡村论坛暨第五届村政论坛上被评为"农村基层十大创新案例"。

南郊乡余家村公共服务中心

新区道路

周公山下的南郊乡余家村区位优势明显

中里镇草莓园

蔬菜大棚

雅鱼

农旅融合发展。2017年，雨城区按照“一村一品、一乡一业”的思路，深入推进特色优势产业发展，加快构建“农旅+文旅”模式，全年完成投资2亿元。结合茶文化、康养休闲主题，完善旅游标识标牌和基础设施建设，打造一批新兴业态，成为乡村旅游新增长点。完成合江丝茶小镇、凤鸣花香小镇、陇西茶香小镇、上里万森康养、观化九龙山农场、八步蓝莓酒庄、蜀中驿特色民宿、西康往事精品民宿、雅露植物园等建设。积极推动一三产业深度融合，碧峰峡镇黄龙村、上里镇白马村被评为省级旅游扶贫示范村。全年申报特色乡镇1个、精品村寨1个、特色业态7家、民宿达标户3户、星级农家乐7家。

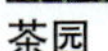
茶园

丰收的喜悦（鲜茶交易）

碧峰峡

周公山温泉

廊桥夜景

年猪节

茶马古道

上里古镇

雅安市名山区

全国人大农业与农村委员会主任委员陈建国（前排左三）一行到名山区开展执法检查

中华全国供销合作总社党组书记、理事会主任王侠（前排左一）到名山区调研

民政部副部长宫蒲光（前排左一）调研名山区居家养老服务工作

国土资源部党组成员、副部长王广华（前排右二）深入名山区督导调研国土资源管理工作

水利部副部长田学斌（前排右二）深入名山区调研农村水利工作

中国扶贫基金会会长郑文凯（前排左二）深入名山区调研产业转型和电商扶贫工作

省人大常委会副主任、时任阿坝州委书记刘作明（左二）率队考察名山区灾后重建工作

全国人大法律委员会调研组到名山区开展农民专业合作社法修订草案调研

雅安市名山区位于四川盆地西隅，为雅安市东部门户。东临蒲江县，南连丹陵县、洪雅县，西靠雅安市雨城区，北接邛崃市。城区东距成都市110千米，西距雅安市雨城区15千米，海拔557～1456米。全区辖9镇11乡192个村17个社区居民委员会1264个村民小组。2017年，全区有总户数94219户，总人口27.91万人；年末常住人口26.81万人，其中乡村人口16.14万人。全年人口出生率11.51‰，人口死亡率6.33‰，人口自然增长率5.19‰。农村居民年人均可支配收入13087元，增长9%；人均生活消费支出9506元。2017年，名山区创建幸福美丽新村77个，累计建成幸福美丽新村127个；以“培育好产业、营造好环境、养成好习惯”三个不同载体为抓手，创建区级“四好村”75个，累计创建区级“四好村”108个；新成功创建省级“四好村”10个、市级“四好村”50个，累计创建市级“四好村”83个。

精准扶贫医疗下乡——华西第二医院超声科到名山区开展现场教学

雅安市新村聚居点管理条例宣传栏

茶产业发展

全区有茶园35.04万亩，其中投产30.9万亩；全年产量4.92万吨，实现鲜叶产值18.73亿元，分别较上年增长3.1%、5.2%。其中，名优茶产值15.69亿元，同比增长5.9%；综合产值达58亿

名山区被农业部授予第一批区域性良种（茶叶）繁育基地称号

蒙顶山茶品牌获得2017中国茶叶区域公用品牌价值排行榜十强

中国十大茶叶区域公用品牌——蒙顶山茶

中峰乡牛碾坪万亩观光茶园茶艺表演

元。据农业局23户定点调查统计，茶园每亩平均收入10157元、纯收入8630元。蒙顶山茶与西湖龙井、信阳毛尖、安化黑茶等被评为“中国十大茶叶区域公用品牌”，是继1959年蒙顶山茶获“中国十大名茶”后又一殊荣。浙江大学农业品牌研究中心举行的茶叶区域公用品牌价值评估，“蒙顶山茶”品牌价值上升至30.72亿元，并被评为“最具品牌经营力”品牌，全国排名第八，位列全省第一。2017年6月下旬，蒙顶山茶文化系统入选农业部“第四批中国重要农业文化遗产名录”。7月底，“蒙顶山茶”公用品牌中，蒙顶黄芽、蒙顶甘露及企业残剑飞雪、早春甘露等9款产品进入中国茶叶博物馆茶萃厅，与全国筛选的190余款名茶一并收藏陈列并展出。11月，名山区蒙阳、城东、万古、中峰、茅河、双河、红岩等乡（镇）入选“全省川茶名镇名乡60强”。

茶旅融合

走廊建设扩面提质，完成新店—建山旅游小环线10千米提升改造和32千米茶园绿道绿化美化工作。投资3700万元的婚纱摄影走廊和垂钓之乡、投资5600万元的中峰—百丈12千米新建精品旅游小环线和龙滩子茶乡综合体抓紧建设。建山—

蒙顶山茶园

中峰乡牛碾坪万亩生态观光茶园

雅安市现代茶业科技中心

茶园丰收

美丽新村

茶叶观光基地

休闲茶家乐

群众文化广场

城东猕猴桃产业走廊、百丈—红星家禽家畜养殖产业走廊、马岭—前进脆红李产业走廊建设工作稳步推进。推进茶业由农业资源向文化、旅游、康养、平台、招商“五大资源”转化，讲好蒙顶山茶的“中国故事”，蒙顶山茶品牌价值大幅提升。万古乡红草村被农业部评为“中国美丽休闲乡村”。蒙顶山国家茶叶公园成为全国唯一以茶叶为主题的休闲农业公园。成功举办了第十三届蒙顶山茶文化旅游节暨首届蒙顶山禅茶大会、首届梯田茶园风光暨彩色文化旅游节等活动。深入挖掘茶源文化、茶祖文化、茶马司文化，出版了《千秋蒙顶》《名山记忆》《名山茶业志》等一批茶文化书籍；蒙顶山茶文化系统获农业部第四批中国重要农业文化遗产认定，名山区被授予“中国茶文化之乡”“四川省蒙顶山茶文化普及基地”称号。以牛碾坪、红草坪为代表的茶旅融合发展态势良好，中峰乡海棠村上榜“四川百强名村”；国庆、中秋节假日期间，牛碾坪旅游收入破亿元，并成为中央电视台《传奇中国节·中秋节》栏目全国8个直播点之一，通过中央电视台一套、中央电视台四套面向全国直播。2017年，全区接待游客452万人次，实现旅游综合收入38.13亿元，同比增长36.18%。

汉 源 县

汉源县位于雅安市西南部，地处横断山脉北段东缘，为川西高原与四川盆地之间的过渡地带。地势周高中低，地理坐标在东经102° 16′ ~103° 01′ 与北纬29° 05′ ~29° 43′ 之间，县城距省会成都市310千米。东西长71.45千米、南北宽70.1千米，辖区面积2388平方千米。全县辖10镇20乡，总人口31.9319万人，其中城镇人口12.06万人，城镇化率37.8%。2017年，全县实现地区生产总值768546万元，同比增长7.9%。

新村建设。按照中央、省、市、县委、县政府对幸福美丽新村建设的要求，投入财政专项资金1550万元，在2017年退出的25个贫困村实施了幸福美丽新村建设项目。其中，重点实施道路基础设施项目27个，硬化通组公路、联户路、耕作道等农村各类道路约71千米，新建耕作道约41千米；实施人居环境整治类项目4个，安装路灯及节能灶144盏（个），新建、硬化院坝、广场等活动场所约6045平方米，建设垃圾池、垃圾箱及垃圾填埋场28处，新建公共卫生厕所约60平方米，极大地改善了贫困村生产生活环境；实施公共服务场所设施类项目10个，新建公共服务管理用房320平方米，安装安保护栏近1千米，休闲亭4处、广告宣传牌及文化墙共计约560平方米，极大地丰富了群众文化生活。广泛开展"四好村"创建活动。完成省级"四好村"创建2个，新申报8个；市

全国人大常委会委员、全国人大民族委员会副主任委员买买提明·牙生（前排右二）率全国人大常委会调研组到汉源县调研经济社会发展、民族工作情况

省委常委、省委宣传部部长甘霖（中）到汉源县污水处理厂听取情况汇报

雅安市委书记兰开驰（中）到汉源县调研

住房城乡建设厅总规划师陈涛（前排中）一行调研万里工业园区污水处理厂、网箱养鱼治理情况

双溪乡申沟村桃子

汉源大樱桃

汉源花椒采摘

级"四好村"创建27个，新申报27个；县级"四好村"创建60个。申报市级"绿美新村"15个、市级幸福美丽新村70个。在63个贫困村中开办农民夜校1512期，引导农民感恩奋进、自力更生，促进养成好习惯、形成好风气。全县多个乡村先后获得了国家级、省级、市级表彰，大田乡新堰村被评为"第五届全国文明村镇"，位于河南乡大湾村的四川省铜锣房森林康养基地被评为"第二批四川省森林康养基地"，马烈乡团宝山的"汉源县皇木林场"、后域乡全新村的"汉源县鸡冠山"被评为"雅安市森林人家"。

汉源黄果柑

宜东镇苹果喜获丰收

蒜薹喜获丰收

大渡河峡谷

轿顶山云海

清溪文庙

金钟山

汉源湖

防洪堤

塔山塘

蓄水池

乡村旅游。大力实施“农业景观化、景观生态化、生态效益化”发展战略，乡村旅游实现跨越式发展。汉源县成功创建为四川省乡村旅游示范县，花海果乡成功创建为国家4A级旅游景区。九襄、大田、清溪、双溪、前域5个乡（镇）创建为示范乡（镇）；清溪镇新黎村、片马乡片马村和富银村、小堡乡丁家社区、前域乡前域社区、大田乡新堰村等8个村（社区）被评为“四川省乡村旅游示范镇和示范村”；花海果乡被评为“四川省十大最美花卉观赏地”“四川省100个最美观景点”；九襄镇三强村和幸福村被评为“四川省2012年度环境优美示范村”；双溪乡被农业部认定为“第三批全国一村一品示范村镇”“中国乡村旅游模范村”和“中国最美乡村示范点”。指导九襄镇、唐家镇完善设施，按照标准成功创建为市级休闲农业与乡村旅游示范乡（镇），前域乡前域社区、九襄镇三强村、双溪乡申沟村、大田乡新堰村等15个村成功创建为“市级休闲农业和乡村旅游示范村”。汉源华新苑度假村成功创建为“中国乡村旅游模范户”“中国乡村旅游金牌农家乐”。8名农家乐业主和村支部书记获得“中国乡村旅游致富带头人”称号。

甜樱桃种植基地

九襄花海果都

芦　山　县

省政协副主席祝春秀（左三）到芦山县调研

省委统战部常务副部长钟家霖（左四）到芦山县调研猕猴桃产业发展情况

党中央提出全面实施乡村振兴战略以来，芦山县认真贯彻中央和省委、市委决策部署，坚持把培育壮大农业特色产业作为推动乡村振兴的"头号工程"来抓，以农业产业化为基础，鲜明提出走生态精品农业之路，力争到2022年，全县猕猴桃、茶叶、中药材、生态蔬菜、林下种养殖"五大特色产业"规模达到25万亩以上，打造全省精品农业示范县，建成灾区绿色发展振兴示范县，努力把芦山建成面向大都市的生态农产品供给地和生态文旅目的地。

2017年，芦山县辖2乡6镇1个街道，辖区面积1166平方千米，其中耕地面积12.57万亩，基本农田8.7万亩。年末总人口11.9886万人（户籍人口），减少0.93%；人口出生率12.7‰，减少1.01个千分点；人口自然增长率-4.1‰，减少6.42个千分点。全县耕地有效灌面和保证灌面分别达到耕地总面积的28.3%和15.56%；本地水资源总量7.3亿立方米，人均占有水资源量6088.41立方米。有林业用地10.3万公顷，有林地面积9.09万公顷，活立木总蓄积量860.6万立方米，森林覆盖率76.76%。

雅安市委常委、县委书记宋开慧（中）到康源公司猕猴桃基地调研

县长周建华（左二）与招商引资企业签约

县委副书记陈翔飞（中）在芦阳街道吕村坝调研农业产业发展情况

副县长尹清（右二）在双石镇调研茶叶种植情况

飞仙关镇飞仙新村古道木韵

芦阳街道火炬村

龙门古镇

芦阳镇黎明新村

龙门乡白伙新村

双石镇纱帽山茶园

马牛山茶园

思延乡铜头村山药种植基地

钱记鸡业

康源果蔬种植专业合作社示范基地

宜宾国家农业科技园区

省政府督查组领导到园区调研

党工委副书记、管委会副主任万真华（中）陪同以色列客人到园区调研

宜宾国家农业科技园区于2013年9月由科技部批准，正式成为国家级农业科技园区，于2017年12月完成国家验收。园区以“西部一流、以茶为特色、带动其他产业发展”为总体定位，坚持“科技创新、文化再现、生态再造、功能重构”的发展理念，明确“全力推进园区三产融合和绿色发展”的发展思路，通过三年努力，达到“一年初见成效、两年显著成效、三年大见成效”。为实现三年建设“百亿农业科技园区”的目标，目前园区正在积极争创“国家农业高新技术产业示范区”。

翠屏区金坪镇义兴农业早茶雾灌系统

油茶产业

蔬菜示范基地

风铃谷

眉山市彭山区

区委书记梁磊（左一）到北京参加全国农村改革试验区工作交流汇报会

区长罗万东（右一）、副区长王松（右三）参加全省现代林业产业园区现场会

眉山市彭山区于2014年12月被确定为全国第二批农村改革试验区以来，先后承担了国家级改革试点任务7项：农民合作社、家庭农场等农村基层党组织建设，农村“两权”抵押贷款，农村产权交易标准化建设，农村土地承包经营权有偿退出，农民集体收益分配权退出，农业农村发展用地支持保障，新型职业农民专项激励计划；省级改革试点任务5项：农村集体资产股份合作制改革，农村“两地一房”自愿有偿退出，供销社“四位一体”综合改革，新型职业农民制度试点，城乡融合发展综合改革试点。自承担改革任务以来，彭山区认真贯彻落实中央、省、市关于农村改革工作的总体部署，坚持以问题为导向，围绕农村经济社会发展的新形势、新需求，担当奋进、大胆突破，有力地激发现代农业发展中“人、地、钱”等生产要素自由流动、科学配置，全面催生农业农村发展新动能，在试验领域、试验成果及社会影响力等方面均获得了显著成效。

区委副书记郭红（中）主持召开眉山市彭山区农村“两权”抵押融资产品路演

2017年春季义务植树活动

洪 雅 县

时任省人大常委会副主任、党组副书记黄彦蓉（中）到洪雅县调研工业电能替代项目

副省长朱鹤新（前排左二）在眉山市委书记慕新海（前排左一）的陪同下到洪雅县开展环境保护等专项督导工作

洪雅县地处四川盆地西南，位于眉山、乐山、雅安腹心地带，辖区面积1896平方千米，辖11镇4乡138个行政村、21个社区，总人口35万人。

洪雅是生态大县，森林覆盖率达70.5%，负氧离子平均浓度达到国家6级标准，是国家生态县、全国生态文明示范工程试点县、中国最佳投资旅游典范县，荣获四川唯一、全国仅19个的“中国生态文明奖”。洪雅是旅游大县，以洪雅为重要组成部分的“大峨眉”旅游区上升为省级发展战略，拥有全国首个“抗衰老健康产业试验区”七里坪、国家森林公园瓦屋山、4A级景区柳江古镇、“全国首批森林康养体验基地”玉屏山、“千塔佛国”槽渔滩等旅游名胜，成功获批为2016年全省6个旅游强县之一。洪雅是农业大县，茶叶、牛奶、林

洪雅县城

眉山市长罗佳明（中）调研瓦屋山快速通道项目情况

县委书记阳运良（右二）在第五届四川农业博览会眉山馆洪雅展区查看瓦屋山药业展台

县长宋良勇（左二）一行在第四届旅游博览会旅游商品展区巡视洪雅县旅游商品——幺麻子系列名优特产展销情况

洪雅县获得“全国森林旅游示范县”“全省林业生态旅游示范县”称号

竹三大特色农产品领跑全省第一方阵。成功获批全市首个国家级有机产品认证示范创建区，认证无公害、绿色、有机农产品46个，是国家农业循环经济发展示范县、全省现代农业建设重点县。

在省委、市委的坚强领导下，洪雅县紧紧围绕省第十一次党代会和市四届二次党代会安排部署，坚定推进生态优先绿色发展，以吃得放心、玩得开心、住得舒心、购得称心“四心工程”为主抓手，强力推进天府花园·国际休闲度假体验旅游目的地、健康养生产业示范区、绿色有机农产品示范区、生态工业示范区“一地三区”建设，大力发展康养旅游产业，打造川内生态康养旅游重要支撑极，让“要想身体好，常往洪雅跑”实至名归。全县GDP实现108.5亿元，增长8.4%；社会固定资产投资115.9亿元，增长13%；地方一般公共预算收入完成9亿元，增长11.5%；城乡居民年人均可支配收入分别达27777元、14501元，分别增长8.2%、8.9%。全年接待游客818.6万人次，旅游总收入超过64.5亿元。

洪雅县与中国投资协会城镇化投资专业委员会签署战略合作协议

2016年第13届中国旅游发展北京对话·眉山七里坪峰会聘任仪式

瓦屋山国家森林公园玉屏森林度假区

2017峨眉半山七里坪避暑康养季开幕式现场

七里坪抗衰老研究基地授牌仪式现场

专家组在玉屏山森林康养基地进行实地调研

七里坪康养小镇

七里坪温泉

止戈镇展望村电商服务站

中保蓝翔养殖专业合作社的猕猴桃种植基地

四川新希望乳业有限公司阳平分公司的乳制品生产线

洪雅峨眉雪芽茶业有限公司生产车间一角

葡萄种植基地

非洲菊种植基地

农业示范园区

半山有机农业

桑果园一角

2017洪雅县元宵民俗文化巡展现场

新建成的老年活动中心

宁静的风情小镇

洪雅县度假区游人如织

油菜花田风景如画

柳江古镇

眉山市东坡区

区委书记孙剑（中）参观东坡区首届晚熟柑橘节

眉山市东坡区古称眉州，为州郡治所1000余年，因北宋大文豪苏东坡而得名，是我国历史上著名的"进士之乡"，享有"千载诗书城"的美誉。

东坡区作为全省最年轻城市——眉山市的主城区，地处成都平原经济圈腹地，是天府新区全域辐射带动区。北融成都、联动川南，区位优势明显，发展潜力巨大。近年来，东坡区确立了以"泡菜、晚熟柑橘、生猪"为主导、"水产繁育、蜜蜂养殖"为特色的"3+2"现代农业产业体系，从四个方面着力农业供给侧结构性改革和乡村振兴战略。

东坡区先后获得国家现代农业示范区、国家农业产业化示范区、中国泡菜之乡、中国脐橙之乡、中国优质稻米之乡、中国黄金蜜柚之乡、中国晚熟柑橘之乡、全国生猪调出大县（区）、国家绿色食品标准化生产基地县（区）等多项荣誉。2017年，东坡区申报国家现代农业产业园，并成功入选31个创建名单的第一批第一名。全区经济社会实现持续健康发展，连续3年被省委省政府表彰为全省县域经济发展先进区（县），荣获"全省县域经济发展模范区（县）"称号。

全省唯一的首批国家现代农业示范区——东坡区

高标准农田

"2017四川十大农业供给侧结构性改革案例"——眉山"中国泡菜城"

"3+2"现代农业产业化基地

生猪养殖场

泡菜加工车间

资阳市扶贫和移民工作局

市委书记陈吉明（中）到安岳县督导脱贫攻坚工作

市长吴旭（右二）到雁江区保和镇走访慰问贫困户

资阳市深入贯彻中央、省委、市委脱贫攻坚决策部署，聚焦“两不愁、三保障”，坚持把脱贫攻坚作为最大的政治责任、最大的民生工程、最大的发展机遇，下足“绣花”功夫，2018年实现了81个贫困村退出、4.4万名贫困人口脱贫任务，成效显著。

一是特色产业带动增收脱贫。探索“十大产业扶贫”模式，培育壮大现代农业、主导产业和新型经营主体，脱贫基础明显夯实，完善利益联结和益贫带贫机制，引进和培育经营主体429个，有效带动贫困户增收脱贫。二是基础设施建设推动民生改善。81个贫困村的村级阵地、文化室、卫生室等高质量建成；1005人易地搬迁、3228户危房改造全面完成；水、路、电、气等基础设施建设加快推进。三是惠民惠农政策落地落实。将28种特殊疾病门诊治疗纳入报销范畴，贫困户住院及特殊门诊报销个人自付比例控制在10%以内，对贫困人口全覆盖体检并建立健康档案。落实保障性扶贫政策，将符合条件的贫困人口纳入低保政策范围。落实教育扶贫，全市无一例因贫辍学、因学返贫现象发生。四是社会扶贫工作取得重大突破。优化选派驻村工作队全覆盖帮扶贫困村；推进“就业援助行动”“金秋助学延伸行动”等系列特色扶贫活动；创新开展“幸福基金”“幸福超市”活动，表扬一批脱贫攻坚奖和脱贫攻坚优秀个人、先进集体，集中开展“国家扶贫日”集中募捐活动。

乐至县宝林镇万斤沟村幸福超市

对贫困户开展免费义诊活动

安岳县偏岩乡轿顶村农房新貌

雁江区中和镇干沟村柑橘产业及基础设施

资阳市雁江区

区委书记姜鸿飞主持区委农村工作会议

2017年，雁江区辖2乡20镇4个街道，辖区面积1633平方千米，其中耕地面积130.5万亩，比上年增长35%，人均耕地面积1.41亩；基本农田93.06万亩。年末总人口108.46万人（户籍人口），减少1.7%；人口出生率10.37‰，减少0.33个千分点；人口自然增长率4.76‰，增加0.79个千分点。全区耕地有效灌面达到耕地总面积的76.91%；本地水资源总量4.1亿立方米，人均占有水资源量378立方米。有林业用地4.65万公顷，有林地面积2.3万公顷，活立木总蓄积量202万立方米，森林覆盖率41.36%。

2017年，全区GDP484.81亿元，增长8.3%，其中第一产业增加值49.46亿元，增长3.8%，农、林、牧、渔及农林牧渔服务业之比为48.32：4.9：34.1：3.1：5.7；第二产业增加值278.53亿元，增长8.5%（工业产值251.38亿元，增长9.2%）；第三产业增加值156.82亿元，增长9.4%。三次产业对经济增长的贡献率分别为4.7%、59.7%和35.6%。劳务输出31.3万人，收入47.5亿元。全年接待游客581.15万人，实现旅游收入33.5万元。

公路通车里程3888千米，密度2382米/平方千米，35.84千米/万人。社会消费品零售总额133.32亿元，增长12.3%。地方公共财政预算总收入完成14.19亿元，增长8.7%；公共财政预算总支出40.51亿元，增长5%，其中农业投入6.5亿元，占支出的16.05%。金融机构各项存款余额739.36亿元，比上年初增长35.9%；各项贷款余额346.51亿元，比年初增长16.3%。全年农业保费收入0.43亿元。完成农业产业化项目5个，完成投资756.9万元。农业产业化龙头企业国家级、省级、市级、区级分别为2个、3个、23个、25个。

有各类学校443所，在校学生14.82万人，教职工9739人，其中普通中学63所，在校学生44371人；小学80所，在校学生63372人；学龄儿童入学率100%。有艺术表演团体40个，文化馆1个，公共图书馆1个。有卫生机构1121个，病床位7433张，卫生技术人员5795人。新型农村合作医疗参合人数84.43万人，参合率98.25%。

东峰镇大田村新村建设第一聚居点

东峰镇大田村新村建设第二聚居点

保和镇文龙寺新村

2017年，雁江区出台了供给侧结构改革政策。实现农业总产值89.8亿元，增长5.7%；农业增加值49.46亿元，增长3.8%；生猪、粮油、伏季水果、蔬菜等特色优势农产品产量保持稳定增长。农民年人均可支配收入达14894元，增长9.4%。全区有3000万元以上的农业招商引资重大项目5个，项目总投资37.5亿元。

2017年，雁江区城东新区实施项目98个，完成投资152亿元。占地800余亩的字库山公园全面开放，14千米的滨江路堤景观带全线贯通，高铁站前广场竣工并投用，城市水体公园春节前开园迎宾；建成城市生态绿地400万平方米并获得全省"绿色生态城市"奖。区中医医院门急诊医技楼、城东污水处理厂建成并投入使用；雷音花园和朝阳花园一期、二期等60余万平方米安置小区顺利返迁；资阳天立国际旗舰学校、绵阳中学资阳育才学校二期、城东变电站及线路迁改工程等17个民生公益项目有序实施。主动服务背街小巷、占道经营等影响市容市貌"十大专项治理行动"，协同推进城市道路黑化、建筑立面美化等"七位一体"改造工程，启动主城区道路交通综合整治工作，实施苌弘广场、刘家湾街等综合治理项目20余个，完成背街小巷整治点位70个；依法开展临空经济区、中国牙谷等重点区域防违治违和房屋征收工作，城北棚户区改造建设项目稳步实施，文明城市、卫生城市创建工作同步推进。全年实施小城镇建设项目82个，完成投资8.4亿元。中和、小院等国家级、省级重点小城镇建设项目有序实施，古驿南津、花溪保和、文化丹山等特色小镇创建启动规划。

2017年，雁江区实现17个贫困村达到贫困村退出"一低五有"标准，5538户14043人贫困人口达到贫困人口脱贫"一超六有"标准，其中易地扶贫搬迁214户627人；农村危旧房改造662户。统筹整合各级各类资金4.9亿元，区级财政预算安排财政扶贫专项资金7150万元，增加2494万元，区级扶贫资金投入增幅53.6%；并补充教育救助、卫生救助、产业扶持和小额信贷"四项基金"2316万元。

大棚蔬菜种植基地

丹山镇莲藕种植基地

丹山镇顺家村产村相融

区农广校组织学员参观设施农业

区农广校组织学员现场教学

石岭镇蔬菜种植培训会

新型职业农民培训

中和镇干沟村大雅柑种植基地

佛山橘海旅游区

"中国晚红血橙"种植园区

保和镇晏家坝明苑湖

卓家坝

晏家坝

碑记镇半月村半月山大佛

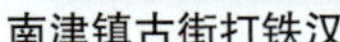

南津镇古街打铁汉

南津镇古街的竹编

中和镇首届小龙虾美食节

首届蜀人源乡—绿色水果采摘节

四川省农业产业化重点龙头企业——四川省牧旺农牧有限公司

林下草鸡

四川省牧旺农牧有限公司生产的天马山老坛腊肉和养殖的白乌鱼

四川省农业产业化重点龙头企业——四川省通世达生产的护肤品

资阳市农业产业化重点龙头企业——四川省川龙酿造食品有限公司生产的小米椒和红油豆瓣

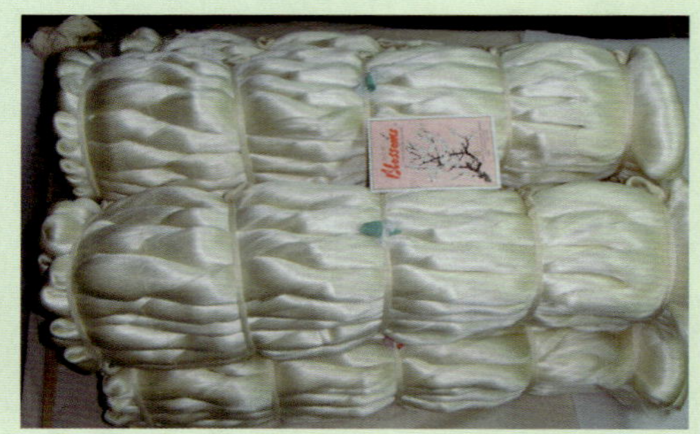

四川省农业产业化重点龙头企业——四川省红旗丝绸有限公司生产的乐至县优质蚕丝

阿坝藏族羌族自治州

省委副书记、省长尹力（中）在州委书记刘坪（左一）、州长杨克宁（左二）的陪同下到阿坝州调研

州委书记刘坪（前排右三）调研汶马高速汶川段建设情况

2017年，阿坝藏族羌族自治州辖13县2219个乡（镇）1354个行政村，辖区面积84.242平方千米，人均耕地面积1.36亩，基本农田120.3万亩。年末总人口91.5万人（户籍人口）。全州耕地有效灌面和保证灌面分别达到耕地总面积的23%和35%。有林业用地422.19万公顷，森林覆盖率24.2%。

2017年，全州GDP295.16亿元，增长3.3%，其中第一产业增加值48.2亿元，增长3.3%，农、林、牧、渔及农林牧渔服务业之比为28.76：6.57：59.5：0.07：5.1；第二产业增加值114.05亿元，增长6.3%；第三产业增加值235.72亿元，减少26%。三次产业对经济增长的贡献率分别为12%、80.8%和7.2%。全年接待游客2909.58万人次，实现旅游收入235.72亿元。

公路通车里程13246.806千米，其中乡村公路336.468千米。社会消费品零售总额85.81亿元，增长2.3%。地方公共财政预算总收入完成26.81亿元，减少17.7%。全年农业保费收入6.33亿元，增长20%；处理各项赔款和给付金额23000万元，减少8.9%。完成农业产业化项目4个，完成投资289323万元。农业产业化龙头企业国家级、省级、州级、县级分别为1个、12个、20个、9个。

有各类学校189所，在校学生117846人，教职工11335人，其中普通高校1所，在校本（专）科学生8080人，增长2%；普通

州长杨克宁（前排左一）到黑水县参加生态扶贫现场会

"净土阿坝"品牌宣传

浙阿东西部扶贫协作和对口支援工作推进会

红原县龙头企业四川红原遛遛牛食品有限责任公司助力脱贫攻坚

茂县六月红花椒专业合作社助农增收

小金县达维镇冒水村玫瑰园助力脱贫攻坚

中学55所，在校学生43334人；小学243所，在校学生629111人；学龄儿童入学率99.75%，提高0.3个百分点。完成省级以上科技成果2项，2项科技成果获得省级及以上科技进步奖。有艺术表演团体1个，文化馆14个，公共图书馆14个，博物馆8个。有卫生机构1656个，病床位4551张，卫生技术人员6316人。新型农村合作医疗参合人数67万人。

2017年，阿坝藏族羌族自治州出台了乡村振兴规划、政策。实现农业总产值72.48亿元，增长3.3%；农业增加值48.17亿元，增长3.3%。农（牧）民年人均可支配收入4059元，其中种植业实现人均可支配收入1844元，畜牧业实现人均可支配收入2215元。在粮食、生猪、蔬菜生产中，科技投入的占比为12%。全州农产品质量抽检合格率比年初提高8个百分点；建成496个基层农业综合服务站。全年水产品产量150吨，增殖放流各类鱼苗103万尾。继续推进农村电网的改造和建设，基本解决农村低电压问题。

农用地产权制度改革。全州农村土地承包经营权确权登记颁证基本完成，共实测承包地62.74万块、108.45万亩。完善基本草原划定工作，在阿坝县和黑水县开展了草原确权承包登记颁证试点。统筹政策、项目、技术等要素加强对新型经营主体的扶持培育，积极推进特色产业基地串点成线、连线成片、集聚成块。积极推进农村土地所有权、承包权、经营权“三权”分置，基本完成农村土地承包经营权确权登记颁证和草原确权承包颁证试点工作，土地经营权逐步向现代农业示范园、新型经营主体集中。积极探索“土地入股、保底收益、市场分红、返租倒包”利益联结机制，大力发展专业合作社和家庭农场（牧场），“龙头企业+专合组织+基地+农户”产业体系不断深化。全州1354个行政村，建成农村集体经济组织541个，实现经营性收入1748万元。

农产品品牌战略实施。“净土阿坝”品牌获得“2017年全省十大优秀农产品公共品牌”称号，全州13个县整体通过无公害农产品基地认证，3个县创建为农产品安全监管示范县。全年举办县级以上农旅活动近20个。推动三次产业融合发展，打造“净土阿坝”品牌，坚持请进来与走出去相结合，召开旅游推介会，组织参加西博会、农博会，充分利用媒体平台宣传推介“净土阿坝”品牌，切实提高知名度和美誉度。理县积极构建以州级“净土阿坝”公共品牌为核心的农产品品牌，有69个专合组织建立了农产品质量追溯体系。积极开展“三品一标”认证，理县甜樱桃、红富士苹果2个产品获得绿色农产品认证，松茸、羊肚菌等8个农产品获得无公害农产品认证，理县大白菜、卡子核桃获得国家地理标志认证。汶川县无公害、绿色、有机、地理标志、地理证明商标农（畜）产品达14个，种植业“三品一标”生产面积占食用农产品生产总面积的68%，汶川品牌影响力不断提升。

现代农业园区建设。全州以“三微”“三态”建设为统领，把“三区十二大八配套”产业基地建设与产业扶贫工作有机整合起来，着力加强产业结构调整和扶持力度，大力推进产业提质增效、强基固本。加强产业示范园区建设，促进建立涉农项目资金县级

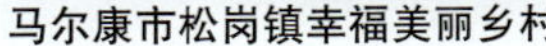
马尔康市松岗镇幸福美丽乡村

汶川县雁门乡扎山村宜居宜旅乡村

茂县凤仪镇坪头村农旅相融

统筹整合平台，推动特色产业基地连片集中发展；加强技术创新，促进产业基地提质增效；加强“微田园”建设，建成标准化养殖小区（场）21个、农（牧）业标准化示范基地4个、现代家庭牧场55家；加强地方优良农畜品种资源的保护和开发利用，指导25个保种场、繁育场做好标准化示范。重点推进黑水、理县、汶川、阿坝果蔬间套作标准化种植连片示范区、甜樱桃规模化种植连片示范区、猕猴桃标准化种植万亩示范区、蔬菜标准化种植及食用菌规模化生产为一体的全省现代农业示范园区等4个万亩连线成片的现代农业示范区建设。建成水果、蔬菜、菌类、酿酒葡萄等单一产业型标准化基地64个，面积5000亩；果菜套作复合种植型核心示范基地12个，面积1.2万亩；农旅结合型休闲农业示范基地14个，面积1万余亩；建成粮油高产示范展示区10.1万亩。

全州进一步树立“绿水青山就是金山银山”的发展理念，认真实施退耕还林等重大生态保护建设工程。全年实施草原生态奖补政策管护草原5765万亩，治理草原沙化18万亩，牲畜超载率下降至10%。基本形成了耕地地力评价体系，建立产地环境监测预警点109个，病虫害绿色防控推广面达20%以上。

全州出栏各类畜禽264.5万头（只、羽），肉类总产量9.2万吨，增长4.5%；奶产量12.4万吨，增长2.1%。

全州完成马尔康、小金等9个县（市）第三轮幸福美丽新村示范县建设任务，累计建成幸福美丽新村683个，建成省级“四好村”34个、州级“四好村”256个、县级“四好村”397个。《阿坝州乡村振兴战略发展规划》制定工作有序推进，计划用3年时间构建起全州乡村振兴战略的工作格局。

马尔康市、汶川县、理县、茂县实现脱贫“摘帽”，239个贫困村退出，30311名贫困人口稳定脱贫。截至2017年年底，全州贫困人口从2013年年底的10.4万人减少到2017年年底的2.19万人，贫困村从2013年年底的606个减少到2017年年底的241个，贫困发生率从14.5%下降至3.06%。全州在全国率先启动了生态扶贫工程，统筹整合资金1.76亿元，大力开发生态公益性岗位，确保所有建档立卡贫困户每户至少有1名符合条件的劳动力通过生态公益性岗位就业，使贫困人口从生态保护中得到更多实惠。

全州围绕全州丰富的生态文化旅游资源，以知名景区、景点和主干公路沿线为依托，大力推进生态、业态、文态和微景观、微田园、微环境的“三态”“三微”建设，广泛举办不同规模的乡村旅游节庆活动，推进田园变公园、农房变客房、农畜产品变旅游商品，实现农旅融合、“三产”联动。截至2017年年底，发展休闲农业园200余个、农（牧）家乐2000余家，实现休闲农牧业综合收入10亿元以上，带动兴起了一大批农（畜）产品包装储运、物流配送、线上线下经销店等。

全州加强绿色防控，实现农药消耗负增长，开展实蜂、果蝇、夜蛾、小菜蛾等病虫害绿色防控和统防统治试验示范推广。实施土壤改良有机质提升工程，试验推广微生物改良土壤有机质提升技术。强化草原生态保护，确保草原生态平衡，全面推行草原划区轮牧休牧、草畜平衡、基本草原保护制度。加强养殖粪污处理，科学划定禁养区域，推进农牧业种养循环，推行林下种养殖等畜禽粪便综合利用、农作物秸秆综合利用等绿色生态生产技术。严格生产流通监管，确保农产品质量安全，加强农产品质量安全监管，严格农作物产地检疫，严格畜禽屠宰检疫及兽药饲料管理，加强农药抽检及动物疫病防控。

马尔康市脚木足乡青脆李种植基地

汶川县特色水果香杏子

若尔盖县牦牛养殖

九寨沟县

省人大常委会委员、省民族宗教委主任委员邓顺贵（中）率省第七执法检查组到九寨沟县开展检查工作

副省长朱鹤新（中）到九寨沟县指导抗震救灾过渡安置和灾后恢复重建工作

2017年，九寨沟县辖3镇12乡，辖区面积5286平方千米，其中耕地面积56524亩，人均耕地面积1.03亩。年末总人口6.76万人，人口出生率11.29‰，人口自然增长率8‰。本地水资源总量15.75亿立方米，人均占有水资源量19030立方米。有林业用地39.93万公顷，森林覆盖率58.34%，森林植被覆盖率73.78%。

2017年，全县实现GDP24.675亿元，减少7%，其中第一产业增加值2.0526亿元，增长1.9%；第二产业增加值7.8115亿元，减少9.4%（工业产值6.2亿元，减少36.6%）；第三产业增加值14.8109亿元，减少6.8%。三次产业对经济增长的贡献率分别为8.32%、31.66%和60.02%。全年接待游客481万人次，实现旅游收入60.7亿元，其中乡村旅游收入126984万元。

公路通车里程879千米，密度102千米/万人。社会消费品零售总额12.2056亿元，减少10.1%。县级一般公共预算收入1.3931亿元，减少38.1%；一般公共预算支出18.1487亿元，增长33.8%。

有各类学校24所，在校学生10259人，教职工1045人，其中普通中学3所，在校学生3414人；小学18所，在校学生4563人，学龄儿童入学率100%。有艺术表演团体10个，文化馆1个，公共图书馆1个。有卫生机构137个，病床位343张，卫生技术人员565人。新型农村合作医疗参合人数50375人，参合率99%；新型农村社会养老保险参保人数25661人，参保率97%。

2017年，九寨沟县实现农业总产值34223万元，增长3.7%，其中种植业产值11513万元，增长6.8%；苹果、樱桃、核桃、蜂蜜等特色优势农产品产量保持稳定增长。农民年人均纯收入达11725元，增长8.7%。在粮食、生猪、蔬菜生产中，科技投入的占比或科技贡献率30%。全县农产品质量抽检合格率比年初提高8.7个百分点；建成9个基层农业综合服务站。

"8·8"九寨沟地震后安全有序地转移游客及务工人员

"九寨刀党"参加新加坡2016亚洲国家食品节

2017年九寨沟县精准扶贫技能培训结业大赛

保华乡云顶项目

集体经济房

“8·8”九寨沟地震后的景区美景

罗依乡生态旅游度假区特色民宿

马家乡香菇喜获丰收

特色中药材灵芝种植基地

保华乡甜樱桃种植基地

藏香猪养殖初具规模

壤 塘 县

省人大常委会副主任、时任阿坝州委书记刘作明（前排右二）到壤塘县视察调研

省卫生计生委党组书记、主任沈骥（前排左一）到壤塘县看望联系户

阿坝州长杨克宁（中）到壤塘县一线现场指挥抢险救灾

壤塘县位于青藏高原东南边缘、大渡河上游、四川省阿坝藏族羌族自治州西部，东和东北与马尔康市、阿坝县接壤，东南与金川县毗邻，南和西南与甘孜藏族自治州道孚县、炉霍县、色达县交界，西和西北与甘孜藏族自治州色达县毗邻，北与青海省班玛县相邻。壤塘县辖12个乡（镇），有1个居委会60个行政村131个村民小组。全县户籍人口总数44950人，其中男性22726人、女性22224人。有农业人口37246人，非农业人口7704人；常住人口41900人，城镇化率为23.78%，比上年提高1.22个百分点。全年人口出生率11.97‰，人口死亡率4.47‰，人口自然增长率7.5‰。2017年，壤塘县辖区面积664022.29公顷，其中耕地面积3475.73公顷；有园地面积2.23公顷、林地面积302892.83公顷、草地面积300944.63公顷，城镇村及工矿用地990.44公顷，交通用地823.33公顷，水域及水利设施用地4214.17公顷，其他土地50678.93公顷。

地方公共财政收入完成2187万元，同比减少2.2%，其中各项税收收入925万元；地方公共财政支出134402万元，同比增长12.5%，其中教育支出15183万元、医疗卫生支出9956万元、科学技术支出284万元、农林水事务支出22340万元。

2017年，经州统计局审定，全县实现地区生产总值82363万元，按可比价计算，同比增长5%。其中，第一产业增加值26078万元，同比增长2.8%；第二产业增加值16946万元，同比增长22.6%；第三产业增加值39339万元，同比增长0.3%；三次产业对经济增长的贡献率分别为18.2%、78.7%和3.1%，分别拉动经济增长0.9、3.9和0.2个百分点。全年民营经济实现增加值32802万元，同比增长5.8%，其中第一产业增加值18324万元，增长3.8%；第二产业增加值7422万元，增长16.5%；第三产业增加值7056万元，增长0.9%。民营经济对GDP增长的贡献率为45.2%，占GDP的39.8%。全年农作物播种面积28500亩，比上年增加361亩。实

阿坝州副州长、县委书记严华（前排左一）到石里乡开展巡河检查

县长张德发（中）到南木达镇开展综合调研

现农林牧渔业总产值39781万元。双低油菜种植面积近3000亩，良种青稞、脱毒马铃薯播种面积分别在12000亩、6000亩以上。特色蔬菜种植面积1678亩，种植袋料香菇近50万袋、棒料木耳1.5万棒，推广10余种果蔬新品种试验近300亩。年末农业机械总动力3.89万千瓦。全年农村用电量556万度，同比下降5.8%。乡村从业人员23665人，同比增长2.4%。

全年牲畜存栏222198头（匹、只），同比增长2.3%；牲畜出栏55468头（匹、只），同比增长4.7%；出栏率25%。肉类总产量5896吨，同比增长2.7%。奶产量11204吨，同比增长13.5%。落实草原禁牧193万亩，草畜平衡314075万亩。完成人工草地建植0.3

壤塘县在南木达片区开展寺庙“法律明白人”暨财务管理人员培训会

壤塘县在尕多乡开展妇女维权暨卫计知识讲座

壤巴拉节篝火晚会

《大众摄影》60年60地项目启动仪式

石里乡中大石沟村集体牧场现场验收

畜牧良种补贴购买种公牛

万亩，天然草原改良5万亩；建设现代家庭牧场示范20户、畜牧暖棚333户，建设多功能牧畜巷道圈示范6个；新建牧道266千米，维修牧道40千米；足额兑现2015年草原生态奖补资金2234.375万元，推进农作物保险663.2亩。全年完成农村安全饮水、农田水利维修养护、堤防、水土保持工程等项目建设任务，完成投资4516.12万元。

2017年，全县农村专业合作经济组织累计达43个，参与农户536户，其中农民专业合作社41个、农民专业协会2个。全县有各级各类学校53所，其中幼儿园37所、小学12所、普通中学4所；小学在校学生5178人，普通中学在校学生1454人；小学专任教师

尕多乡热不卡新村

上杜柯乡日柯村幸福美丽新村（扶贫新村）

产业结构调整——优质脱毒薯

丰收的喜悦

浙江省援建壤塘县高原生态野生菌产供销一体化建设基地——吾依乡壤古村

2017年绵阳市对口帮扶壤塘县就业扶贫专场招聘会

311人，普通中学专任教师169人。完成2016年省属高校毕业生艰苦边远地区基层单位就业学费奖补工作，退学费27人，金额达33.17万元；完成2017年省属高校毕业生艰苦边远地区基层单位就业学费奖补申报工作7人。完成了由残联组织的残疾儿童教育补助金发放，补助35人次，补助金额4.9万元。实施特殊群体关爱资助，引进“周日拍拍”爱心人士团队为全县资助40名单亲家庭学生，捐赠金额8万元。完成2017年中职、普通高中新生助学首贷工作及普通高中在校生续贷工作，贷款金额达168.7万元。初步建立县、乡、村三级公共文化服务网络，12个乡（镇）综合文化站全部建成，县城公共文化广场、体育馆、图书馆、文化馆、电影院、舞蹈排练厅、开放式阅览室、展览馆常年对外开放，更好地满足全县人民文化需要。逐步建立14个非遗传习所，其中省级传习基地1个、州级传习基地2个；觉囊唐卡、梵音古乐、时轮藏香、雕刻艺术、壤巴拉川西北民歌、藏茶、石刻、藏医药等9个非遗项目在上海市成立传习基地。开展各类群众性文艺活动。成功举办2017年四川省首届湿地生态旅游节暨壤塘南莫且湿地生态旅游节和壤巴拉锅庄比赛，进一步丰富了壤巴拉文化内涵和壤塘县人民文化生活。壤巴拉川西北民歌歌手参加以“文脉相续·和谐家园”为主题的2017年阿坝州民族民间文化和非物质文化遗产展示系列活动，荣获州级特别组织奖；壤塘县编创的《情满壤巴拉》入围四川省第十六届戏剧小品决赛榜单。

南莫且湿地保护区

壤塘县开展"利剑行动"，严厉打击盗伐林木行为

退耕还林成果

退牧种草

公共厕所改造提升

民宿接待

红 原 县

2017年，红原县辖6乡5镇，辖区面积8276.58平方千米，其中耕地面积0.1935万亩，与上年持平，人均耕地面积0.04亩。年末总人口4.8878万人（户籍人口），增长1.5%；人口出生率15.71‰，增加8.03个千分点；人口自然增长率13.58‰，增加6.38个千分点。本地水资源总量24.53亿立方米，人均占有水资源量51577.396立方米。有林业用地15.1224万公顷，有林地面积3.4621万公顷，活立木总蓄积量945.28万立方米，森林覆盖率8.39%。

新村聚居点配套设施完善

2017年，全县GDP12.7155亿元，增长4.3%，其中第一产业增加值4.0519亿元，增长4.1%，农、林、牧、渔及农林牧渔服务业之比为9.4：0.7：87.4：0：2.3；第二产业增加值3.6874亿元，增长6.7%（工业产值2.673亿元，增长15.5%）；第三产业增加值4.9762亿元，增长2.8%。三次产业对经济增长的贡献率分别为20.9%、44.1%和35%。劳务输出3727人，收入12200万元。全年接待游客154万人，实现旅游收入129400万元，其中乡村旅游收入77617万元。

公路通车里程1750千米（其中乡村公路1234千米），密度211米/平方千米，357千米/万人。社会消费品零售总额3.5162亿元，增长10.9%。地方公共财政预算总收入完成0.4662亿元，增长8.2%；公共财政预算总支出12.8676亿元，增长1.2%，其中农业投入25928万元，占支出的8.4%。金融机构各项存款余额15.0309亿元，比上年初减少10.2%；各项贷款余额5.1594亿元，比年初减少44.1%。全年农业保费收入0.54亿元，增长50%；处理各项赔款和给付金额4313万元，增长18.8%。完成农业产业化项目18个，完成投资13926万元。农业产业化龙头企业国家级、省级、州级、县级分别为1个、3个、1个、12个。

有各类学校16所，在校学生7998人，教职工746人，其中普通中学2所，在校学生2923人；小学14所，在校学生5075人；学龄儿童入学率99.7%。有艺术表演团体5个，文化馆1个，公共图书馆1个。有卫生机构59个，病床位221张，卫生技术人员339人。城乡居民基本医疗保险参保人数37680人，参保率99%；新型农村社会养老保险参保人数10131人，参保率73%。

2017年，红原县实现农林牧渔总产值6.188亿元，增长4.5%；全县全年农林牧渔增加值达4.0519亿元，增长4.1%。农民年人均可支配收入达12196元，增长6.8%。全县农产品质量抽检合格率比年初提高5个百分点；建成11个基层农业综合服务站。全年补贴发放各类机具278台（套），其中拖拉机17台、旋耕机16台、背负式割草机245台。

县城全景

甘孜藏族自治州

中央农办主任韩俊（前排左一）一行到甘孜州调研

2017年，甘孜藏族自治州辖257乡66镇2个街道，年末总人口109.7682万人。辖区面积152629平方千米，其中耕地面积154.6万亩，人均耕地面积1.42亩；基本农田98.25万亩。全州GDP261.5亿元，增长9.1%。全年接待游客1668.39万人次，实现旅游收入165.8亿元，其中乡村旅游收入66亿元。公路通车里程38489.296千米（其中乡村公路4443.687千米），有各类学校833所，在校学生198935人，教职工15525人，城乡合作医疗参合人数920097人，参合率100%；城乡居民养老保险参保人数436278人，参保率85%；被征地农民养老保险参保人数1634人，实现农业总产值82.84亿元，特色优势农产品产量保持稳定增长。农民年人均可支配收入达10444元，增长11.5%。在粮食、生猪、蔬菜生产中，科技投入的占比或科技贡献率23%。农产品质量安全监测合格率总体合格率达99.63%；建成101个基层农业综合服务站。按照“一圈一带一走廊”产业区域布局，坚持“宜农则农、宜牧则牧”的原则，建基地、扩规模，加快产业结构调整。稳定粮食生产。坚持青稞、玉米、马铃薯等主

州委书记刘成鸣（左一）到贫困户家中走访

州长肖友才（中）到康定市新都桥镇调研

州委常委、州委农工委主任舒大春（右三）陪同中央农办主任韩俊（右二）一行到甘孜州调研

副州长何康林（中）到泸定县调研农业产业发展情况

粮生产，努力提高单产，增加总产，全州粮食播种面积稳定在108.3万亩，产量达到26.25万吨，确保了粮食安全。推进农业产业基地建设。重点发展优质粮、油、菜、果、药、菌、茶等优势特色产业，建成特色农业产业基地71.67万亩，增20.88万亩。稳定发展特色畜牧业。全州按照“稳牛限马发展羊和猪鸡”的思路，加大畜牧业基础设施建设，加快畜群结构调整，开展牲畜改良，提高标准化养殖水平，促进草原畜牧业发展。为全面贯彻落实中央、省州关于城市建设规划建设管理系列精神。紧紧围绕州委“123456”工作格局，坚持以人为本、城乡统筹，以城乡提升战略为抓手，统筹推进具有甘孜特色的新型城镇化，切实做强县城、做优乡镇、做美村寨，坚持“七管齐下”，努力实现“七个提升”，甘孜藏区逐步呈现出美丽、宜居、宜业、宜游的城乡一体化发展态势。

人工种植草地——甘孜县红豆草基地

道孚县百里春油菜产业带风景如画

甘孜州“脱贫奔康百公里绿色生态产业发展示范带”

道孚县百里春油菜产业带

巴塘县优质核桃良种繁育基地

康定市姑咱镇浸水村羊肚菌生产基地

九龙县乃渠乡七日村成片花椒林

新兴产业——海螺沟香水玫瑰园

甘孜州双创中心

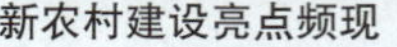
新农村建设亮点频现

牧民新居

农村新貌

塔公镇江巴村牧民定居点

雅拉乡三道桥民族新村全貌

塔公镇夺拉嘎姆牧民定居点新貌

折多山之夜

亚拉雪山

木格措之秋

贡嘎山乡玉龙西村泉华滩景观

雅加埂云海

四川省都江堰东风渠管理处

党委书记王世容（中）察看东风渠管理处扶贫援建的德格县柯洛洞乡独木岭村小学学生食堂建设现场

处长万忠海（右八）慰问德格县柯洛洞乡独木岭村小学并赠送教学仪器

四川省都江堰东风渠管理处是水利厅直属大型水利工程管理单位，是全国特大型灌区都江堰灌区的重要组成部分。东风渠灌区位于成都平原腹地，承担着成都、眉山、乐山和资阳4个市22个县（市、区）及成都市天府新区的生活、生产和生态供水以及成都市中心城区及有关县（市、区）的防汛任务，还承担着黑龙滩、龙泉山灌区水库输水，灌区内丘陵塘库蓄水的任务。东风渠灌区直灌面积291.72万亩，加之正在开工建设的毗河灌区330万亩，控灌面积将达862.9万亩，占都江堰灌面的57.5%，常年从都江堰引水45亿～50亿m^3，管理干渠16条，总里程816千米。

东风渠管理处有在职职工362人、离退休职工336人，处辖14个职能科室、11个水利站、3个经济实体、23个党支部、254名党员、5个团支部、1个女工委员会、14个基层工会。管理处1998年荣获“省级文明单位”称号，2004年荣获“省级最佳文明单位”称号，2005年荣获“全国精神文明创建工作先进单位”称号，2009年荣获“全国水利系统先进单位”称号，2017年荣获“全国水利文明单位”称号。

东风渠管理处将牢固树立“创新、协调、绿色、开放、共享”五大发展理念，坚持把服务和管理放在更加突出的位置，为成都市打造国家级中心城市提供水利支撑，实现生活、生产、工业和环境供水的协调良性发展，努力把东风渠灌区打造成为都江堰灌区信息化、现代化、节水型示范区，实现灌区“和谐、共赢、共享”的奋斗目标。

成都市中心城区防洪屏障——毗河节制泄洪闸晨景

九 龙 县

省委常委、省委农工委主任曲木史哈（前排右二）到九龙县视察脱贫攻坚工作

九龙县位于四川省西部、青藏高原东南缘、甘孜藏族自治州东南部，地处雅安、凉山、甘孜3市（州）接合部，东北、东南、西南、北面分别与石棉县、冕宁县、木里县和康定市毗邻。全县辖区面积6770平方千米，县城海拔2925米，辖16乡2镇，总人口6.7万人。九龙县经济发展迅猛，综合实力显著增强，正处于实现经济社会跨越式发展、与全国全州同步建成小康社会的关键时期。2017年，全县完成地区生产总值23.93亿元，实现工业增加值12.93亿元，全社会固定资产投资13.22亿元，地方一般公共预算收入完成2.03亿元，社会消费品零售总额3.13亿元，城镇居民年人均可支配收入30758元，农村居民年人均可支配收入12587元，综合经济实力稳居甘孜州第一方阵。九龙县推进跨越式发展的热潮孕育着无限商机，为广大客商投资兴业提供了广阔的舞台，投资发展前景十分广阔。九龙县区位优势明显，是甘孜州的东南门户，是川、滇、藏黄金旅游环线的重要组成部分，也是融入"攀西经济圈"

甘孜州委书记刘成鸣（中）到九龙县视察"三农"工作

凉山州委副书记陈忠义（前排右二）率队到九龙县考察"三农"工作

的“桥头堡”。距康定机场2.5小时车程，距雅康高速和雅西高速4小时车程，“5小时交通圈”覆盖雅安、西昌等城市，“7小时交通圈”覆盖成都、乐山、眉山、攀枝花等城市，特别是随着“三纵三横一网络”交通体系建设，国道248线(兰州—马关）纵穿南北，国道549线(石棉—得荣）横贯东西，省道469线(九龙县烟袋镇文家坪—木里县)、九稻路（九龙县—稻城县）即将开工建设，九龙县在“环贡嘎山2小时旅游圈”和“金沙江流域大香格里拉国际精品旅游核心区”中的区位优势将得到充分发挥，在川西北生态经济区和攀西工业经济区中的节点作用将更加明显。先后获得“全国民族团结进步模范集体”“四川省县域经济发展先进县”“四川省绿色模范示范县”“四川省城乡环境治理环境优美示范县”“国家卫生县城”“省级文明城市”“全省重大农村改革任务推进示范县”“幸福美丽新村建设示范县”等荣誉称号。

县委书记赵景强（中）指导彝家新寨工作

县人大常委会主任王德宏（左一）在子耳乡调研产业发展情况

县长宋晓军（中）到魁多乡甲坝村集中建设点调研

县政协主席四郎汪堆（左一）深入呷尔镇调研农业产业发展情况

副县长曹立慧（左一）到汤古乡调研幸福美丽新村建设情况

新居内景

新村建设。2017年，全县落实落地省级新农村示范县建设项目资金共计1100万元，省级财政幸福美丽新村建设资金248万元，通过藏区新居、幸福美丽新村、彝家新寨等建设项目实施5个村城乡提升最美村寨建设项目，将6个村确定为幸福美丽新村项目实施村寨，共完成新村民居建设1594户；新建村内断头路和牧道路10千米，硬化连户道路14.4千米；新建浆砌堡坎500立方米，新建混凝土河堤堡坎1000立方米，新建混凝土现浇板桥梁2座、木桥7座；新建集中安置点1个，安置居民22户，场坪面积12673平方米；提升改造村民活动中心1个，新建或提升文化广场及村小组组委室8个；安装太阳能路灯391盏；新建小型垃圾处理场1个，新建垃圾回收池53口，采购大垃圾箱6个、垃圾桶267个，新建生活排污沟渠（管道）11.3千米；整治环境卫生及绿化19.5千米。创建省级“四好村”8个、州级“四好村”29个、县级“四好村”37个。

乌拉溪乡大火山移民新村

踏卡乡耳朵村彝家新寨一角

绿树掩映的乃渠乡七日村

三垭乡新村

子耳乡万年新村

呷尔镇华丘新村

汤古乡牧民定居点

暮色中的烟袋镇

梅花鹿养殖基地

牦牛养殖产业

按照全州"一圈一带一走廊"农业区域发展布局和"山顶戴帽子、山腰挣票子、山下饱肚子"的立体生态格局要求，坚持生态优先绿色发展和"人无我有、人有我优"的思路，着力打造"名特精优"农牧产品。针对不同区域海拔、气候等特点，形成了"高山牦牛、毛驴养殖，半高山花椒、核桃林果种植，矮山茶叶、魔芋、家禽种养殖"的"五朵金花+"立体产业发展格局。依托天乡茶叶、祥瑞合作社等龙头企业,在呷尔、汤古等4个乡（镇）发展牦牛5.8万头，在乃渠、子耳等10个乡（镇）培育花椒基地3.63万亩，在乌拉溪、踏卡等12个乡（镇）培育核桃基地2.76万亩，在烟袋、踏卡等11个乡（镇）培育魔芋基地7000亩，在魁多、子耳等4个乡（镇）培育茶叶基地2656亩。通过建强基地、完善配套、优化布局，全县特色产业专业村达到26个，"一乡一业、一村一品"的产业化格局初步形成。

茶叶产业园

大红袍花椒

毛驴养殖场

九龙县文化底蕴深厚。九龙县人文历史悠久，汉、晋、隋代为羌地，三国时期为诸葛亮向孟获借“三箭”之地，唐宋为吐蕃，清代初期正式将九龙定县。历史上藏族南下、彝族北上、汉族西进在九龙交汇繁衍，使九龙成为全国唯一的藏、汉、彝3个民族各占1/3的民族杂居区。长期以来，各民族相互交融，共同发展，形成了独具特色的藏彝民俗文化，既有藏区特有风貌，又有彝区独有的原始与古朴，形成了绚丽多彩的“藏彝文化走廊”。九龙县旅游资源独特，拥有十分丰富的自然及人文旅游资源，县境内属大陆性高原山地季风气候，年平均气温9.1℃，冬季较长，无霜期较短，年均无霜期为182.2天，干雨季分明，年平均降水量922.6毫米，光照强度大，日照丰富，年均日照时数1979.9小时，气候具有日温差大、年温差小和冬无严寒、夏无酷暑的特点。境内既有雪山、湖泊、原始森林、高山草甸牧场、雅砻江大峡谷等自然景观，又有古庙壁画、茶马古道等人文景观，被誉为“藏彝走廊·秘境九龙”。其中，“贡嘎翡翠”伍须海、“神秘水怪”猎塔湖、“洛克小道”猛董等景区和藏彝文化开发潜力巨大。九龙县生物资源多样，自然植被众多，群落多样，有省级自然保护区3处，森林覆盖率为47.43%，是长江中上游重要的生态屏障。原始森林内有珍稀野生动物大熊猫、金钱豹、牛羚、白唇鹿等近百种，特别是九龙牦牛以其体型硕大、肉质鲜美等特点被命名为“中国牦牛——世界之最”。此外，九龙县还盛产松茸、羊肚菌、猴头菇等20余种珍稀菌类，盛产虫草、贝母、天麻、黄芩等360余种名贵中药材。其中，花椒、核桃、茶叶、魔芋、牦牛“五朵金花”名扬海内外，被中国花卉食品工业协会冠名为“中国花椒之乡”，被农业厅授予“无公害蔬菜基地”，九龙天乡茶叶“藏红”“藏雪”“金迷”获中国（四川）国际茶博会金奖，特色农产品开发前景光明。

猎塔湖景区

日鲁库景区

伍须海景区

县城夜景

县城休闲长廊

白 玉 县

省政协副主席高烽（右二）陪同全国政协领导到白玉县开展脱贫攻坚监督性调研

甘孜州委书记刘成鸣（右一）在甘孜州副州长、县委书记康光友（右二）的陪同下视察白玉县抓党建促脱贫攻坚工作

白玉，系藏语音译，意为吉祥盛德之地。地处川藏接合部、横断山脉北段、金沙江上游东岸，与西藏自治区昌都地区隔江相望，是连接甘孜藏族自治州南北交通的枢纽，系甘孜州五大牧业县之一。全县辖17个乡（镇）158个行政村（社区），有人口5.7万人，其中藏族人口占95%。全县辖区面积10591平方千米，东西跨越128.8千米，南北纵横143.4千米，距甘孜州府康定市622千米、距四川省会成都市998千米。全县平均海拔3500米以上。2017年，全县完成地区生产总值12.45亿元；农村居民年人均可支配收入首次突破万元大关，达10273元。白玉县森林资源丰富，原始状态保持良好，是四川省西南高山原始林区的重要组成部分，更是长江上游生态保护屏障，全县森林面积25万公顷，森林覆盖率达42.03％；以松、杉、柏、桦等树种为主的活立木蓄积量达4057万立方米，居全省第二位，富饶的森林资源抚育了丰富的林下资源，虎掌菌、松茸等高原特色菌类资源丰富。据初步统计，白玉县各类野生真菌达几百种，大型经济菌类有几十种，其中最为突出的属松茸、虎掌菌和灵芝。据统计，白玉县年产松茸280吨、羊肚菌25吨、虎掌菌（獐子菌）750吨、其他食用菌350吨，市场价总值可达13580万元。

甘孜州长肖友才（中）到白玉县调研

甘孜州政协主席向秋（中）在县政协主席何康雷（右一）的陪同下到白玉县督察河长制落实情况

甘孜州委常委、州委宣传部部长相洛（中）率州委督查组一行到登龙乡督导检查迎党的十九大工作部署落实情况和脱贫攻坚工作

甘孜州人大常委会副主任李致民（中）到白玉县开展“脱贫攻坚——人大代表再行动”及代表履职情况调研

甘孜州副州长、县委书记康光友（右一）到河东、河西社区检查指导工作

县人大常委会主任周玉红（中）在县第二完全寄宿制小学督查义务教育均衡发展情况

县长阿央邓珠（前排左一）到河坡片区开展精准扶贫、河长制等工作调研

县政协主席何康雷（后排左三）带领政协委员走访建档立卡贫困户

拉龙措国家级湿地公园

白玉县文化灿烂，在这片广袤的土地上，镶嵌着中国最后的原始父系部落文化——山岩戈巴文化，始建于公元1263年的萨玛王朝古遗址，独具特色的土司宫廷舞蹈——灯龙锅庄和手指锅庄。国家级非物质文化遗产——河坡藏族金属手工锻造技艺，所锻造的手工艺品造型精美、色泽古朴、工艺精湛，融实用性和艺术性于一体，为白玉县赢得了“藏民族手工艺之乡”的美誉。宗教文化源远流长，有开放性寺庙35座，其中有距今800余年历史的康巴地区第一座宁玛派寺庙——嘎陀寺，有中国第二大红教寺庙——亚青寺，有藏密气功发源地——安章寺等，实为“灵鹫莲花院、人间明镜台”！

巴巴沟

休闲帐篷村

新村建设——牧民聚居点

灯龙乡黑山羊保种繁育基地

藏香猪养殖基地

麻绒乡德来村高原藏菊抚育基地（建设中）

金沙乡八吉村马铃薯种植基地

青稞种植基地

农户自结式蔬菜大棚

绒盖乡仲学村中藏药材种植基地

凉山彝族自治州

省政协副主席、州委书记林书成（右一）到盐源县巫木乡巫木河村村民家中了解情况

全州“四好”创建工作现场推进会

州委农村工作会议

2018年火把节昭觉县谷克德狂欢夜

凉山彝族自治州是全国最大的彝族聚居区，也是四川省民族类别最多、少数民族人口最多的地区。全州辖区面积6.04万平方千米，总人口515万人，辖17个县（市）。境内有彝、汉、藏、回、蒙等14个世居民族，州府所在地西昌市海拔1500米，冬无严寒，夏无酷暑，素有“月城”之雅称，是中外闻名的航天城。2017年，全州实现地区生产总值1480.9亿元，全社会固定资产投资1134亿元，社会消费品零售总额达616.3亿元，地方一般公共预算收入达134.5亿元。

凉山州资源富集、得天独厚，开发潜力巨大。一是水能资源富甲天下。境内水能资源可开发量6387万千瓦，占全国的15%、全省的57%，位居全国第一，是国家“西电东送”的重要基地和骨干电源点。二是矿产资源富集。凉山州地处攀西裂谷成矿带，是全国乃至世界罕见的“聚宝盆”，被誉为“中国乌拉尔”。现已探明矿种84种，有相当储量的矿产60种，其中特大型、大型矿床30处，中型矿床63处。钒钛磁铁矿保有储量居全省第二位，轻稀土储量居全省第一位。三是农业资源极为丰富。全州光热丰富，日照充足，雨量充沛，立体气候特征明显，是各类动植物的“基因库”，也是全国第二大优质烟叶生产基地，同时是四川省三大林区、三大牧区之一。境内安宁河平原是全省第二大平原，被誉为“川南粮仓”。四是旅游资源绚丽多彩。有代表性的景区（点）160余个，国家和省级风景名胜区、自然保护区7个，国家4A级景区4个，是集观光、会议、休闲、度假功能于一体的最佳旅游目的地。五是民族文化极具魅力。有全国唯一的彝族奴隶社会博物馆，“彝族火把节”被列为中国十大民俗节日和中国非物质文化遗产，彝族歌舞、泸沽湖摩梭文化等异彩纷呈，极具开发价值。

新村产业发展——甘洛县团结乡双河村核桃产业

德昌县角半樱桃

规模化马铃薯原种种植基地

会东县肉牛养殖基地

会理县建昌黑山羊养殖基地

成片桑园种植基地

冕宁县漫水湾镇彝家新寨

首批省级园林新村——盐源县卫城镇大堰沟村

凉山彝族自治州发展和改革委员会

省委书记、省人大常委会主任彭清华（左一）到凉山州调研

党的十九大以来，凉山彝族自治州发展和改革委员会全面贯彻党的十九大和习近平总书记来川视察重要指示精神，认真贯彻落实州委八届四次全会各项安排部署，牢牢把握“五位一体”总体布局和“四个全面”战略布局，紧紧围绕州委州政府中心工作，始终保持专注发展、转型发展定力，坚持稳中求进工作总基调，以脱贫攻坚为统领，坚持服务农业和农村工作大局，着力抓好稳增长、调结构、促改革、惠民生各项政策措施落实，全州改革发展工作不断取得新进展。

在不断加强经济形势研判分析和重大问题研究，为州委州政府提供决策依据的同时，全力以赴抓项目、促投资，担负起重点项目工作责任。截至目前，166个州级重点项目预计完成投资350亿元，其中农业重点项目19个，年度预计完成投资95.7亿元，在西昌市、冕宁县分别组织举行项目集中开工仪式，农林水利、交通、工业和能源、服务业和城镇建设、民生和社会事业项目等五大类项目273个，总投资544亿元。脱贫攻坚作为凉山州的“头等大事”，州发展改革委坚定不移地以易地扶贫搬迁为重点，扎实推进安全住房建设。积极争取易地扶贫搬迁、以工代赈项目64个，已开工住房建设24030户，完成8152户，搬迁入住1292户；建成饮水管道148.8千米，完成电网建设62.62千米、道路硬化130.96千米；开工建设学校30所、幼儿园38所、卫生院（所）38个、活动室及其他公共服务设施70余个，8670户脱贫户生活用电质量达标，达标率为56.68%。在深化改革方面，州发展改革委持续推进“放管服”改革，着力开展行政许可、公共服务事项清理工作。加快推进攀西战略资源创新开发试验区建设，指导西昌钒钛产业园区、德昌特色产业园区、会理有色产业经济开发区、冕宁稀土经济开发区4个园区编制完成《开发区发展规划（2018-2022）》。积极做好省上下放事项的承接工作，大力推进重点生态功能区建设，建立凉山州生态保护补偿工作联席会议制度，积极研究生态保护补偿工作中的重大问题，落实联席会议议定事项。州内10个新纳入国家重点生态功能区的县编制完成《四川省重点生态功能区产业准入负面清单（第二批）（试行）》并经省发展改革委印发实施。基础设施建设方面，大桥水库灌区二期工程开工建设，推动盐源县龙塘水库《可行性研究报告》办理审批，加快推进东河、横山、两岔河、竹寿水库等骨干水利工程前期工作，构建完善农田水利建设体制。

下一步，州发展改革委将主动适应经济发展新常态，进一步密切关注经济发展趋势，加强经济运行监测分析，围绕州委州政府提出的战略目标，着重开展乡村振兴战略规划、固定资产投资形势分析、区域经济、文化产业和综合扶贫开发、生态文明建设等重大经济社会问题的调研，掌握发展变化趋势，发现经济运行中出现的倾向性、苗头性问题，及时提供有针对性和可操作性的对策建议。

凉山州易地扶贫搬迁新村

凉山州易地扶贫搬迁集中安置点建设

德昌县和平水库

凉山彝族自治州扶贫和移民工作局

凉山彝族自治州扶贫和移民工作局于2014年年底分别由原州扶贫办和州移民局合并成立，内设办公室、政策法规科、信访科、扶贫规划和开发指导科、督查考核科、信息统计科、社会扶贫科、移民规划安置科、移民后期扶持科、计划财务科、审计稽查科11个科室。有行政编制46个（局领导职数7个、调研员职数1个、副调研员职数1个、科级干部职数20个），有行政人员42人，其中局领导11人（含1人挂职、1人保留副县职）、科职干部8人。凉山彝族自治州扶贫和移民工作局下属扶贫开发中心和移民开发中心2个事业单位，共有事业编制9个。

盐源县大草乡乡卫生院到麦架坪村免费义诊

盐源县大草乡麦架坪村彝家新寨建设

盐源县大草乡麦架坪村土鸡销售现场

金阳县青花椒种植大户采摘青花椒

越西县河东乡新普村烤烟种植基地

凉山彝族自治州水务局

水利部副部长田学斌（中）到西昌市月华乡小型农田水利重点县项目区检查指导工作

水利厅厅长胡云（中）到昭觉县火普村调研水土保持工作

“世界水日·中国水周”宣传活动中，州总河长办向“五老”志愿者授旗

2018年以来，凉山水务系统深入贯彻习近平总书记新时期治水思想，紧紧围绕脱贫攻坚、河（湖）长制、骨干水利工程、环保督察整改等重点工作，坚持规划引领，强化项目支撑，加快基础设施建设，大力发展民生水利，为全州经济社会发展提供了坚强有力的水利支撑。

一是重大水利工程前期工作有序推进。大桥水库灌区二期工程可行性研究报告获国家发展改革委批复，已于2018年6月底启动开工。龙塘水库及灌区工程可研已经报批。米市水库工程项目前期工作加快推进。宁南县竹寿水库、西昌市东河水库、会理县横山水库等中型水利工程持续推进。盐源县马鹿塘水库工程、会理县红旗水库钻天坡补水工程、会理县新民水库扩容工程等小型水利工程管理有序进行。二是民生水利建设成效显著。编制完成《凉山州深度贫困县农村饮水安全巩固提升工程规划》和《凉山州深度贫困县“五小”水利工程规划》。深入实施11个深度贫困县农村饮水安全巩固提升工程，将解决17.6万名贫困建卡人口安全饮水问题；9个县（市）实施高效节水灌溉工程；盐源、雷波、金阳等5个县26座小型病险水库被纳入整治范围；水土流失治理面积270平方千米。三是水生态文明建设稳步推进。全面贯彻落实最严格水资源管理制度，积极推进全州2016—2018年国家水资源监控能力建设项目。指导德昌、会理两县编报节水型社会重点县建设实施方案，督导组织德昌、会理等县开展节水型社会项目建设工作。四是深化水利改革取得实效。农业综合水价改革逐次铺开。2018年将完成西昌、会理、德昌、会东、宁南和冕宁6个县（市）20.484万亩农业水价综合改革任务。五是河（湖）长制全面推行落实。印发实施省管4条江河（金沙江、雅砻江、大渡河、安宁河）及11条州管重要河湖“一河一策”管理保护方案，“河（湖）长+河（湖）警长+‘五老’+青年志愿者”的全社会多元参与河湖治理保护新模式作用明显。深入实施凉山版“清河行动”，围绕“六大任务”，10项专项行动纵深推进。

凉山州商业银行股份有限公司

凉山州商业银行党委书记裴玉生（中）调研营业网点优质文明服务工作

凉山州商业银行行长王大清（左二）深入农户家中了解情况

凉山州商业银行股份有限公司（以下简称“凉山州商业银行”）成立于2007年5月，现有员工474人、分支机构37个，业务覆盖凉山州17个县（市）。

凉山州商业银行自成立以来始终把握“乘势而进、加快发展”的主题，不断加大业务优化创新，提升服务质量水平，扩大经营规模和市场占比。截至2017年年底，资产总额达299.78亿元，存款余额196.5亿元，贷款余额102.49亿元，存贷款规模在全州银行同业中排名第3位。凉山州商业银行充分发挥“高效、快捷”的决策机制优势，不断加强银政、银企合作，持续加大对涉农贷款、重点项目、民生领域、小微企业、地方基础设施建设的金融支持力度，累计向凉山地区投放信贷资金超过500亿元，累计缴纳税收12.59亿元，有力地支持了地方经济建设和社会繁荣进步。

凉山州商业银行扎实推进金融精准扶贫工作，创新推广“扶贫资金+信贷资金”“银政合作+扶贫项目”等金融扶贫模式，率先在凉山州金融行业中推出“土地综合整治贷款”和“扶贫搭桥贷款”业务，发放扶贫贷款26.58亿元，重点支持全州教育、卫生、农业产业、交通、旅游等扶贫项目。通过“凉山州6+11对口帮扶贫困县扶贫贷款项目”，向凉山州11个贫困县发放专项扶贫贷款12.5亿元，惠及贫困户2万余户，共8万余人脱贫。

凉山州商业银行积极履行社会责任，累计为公益事业捐款捐物合计价值达500余万元，先后荣获“全国支持中小微企业发展十佳银行”“四川服务业100强”“全省百家文明规范服务示范单位”等诸多殊荣。

未来，凉山州商业银行将认真贯彻落实党的十九大及中央金融工作会议精神，全面实施“跨越式赶超”战略规划，立足凉山，着眼成凉联动，坚持稳中求进、改革创新，努力成为资本充足、内控严密、运营安全、服务优质、效益良好的区域性股份制商业银行。

凉山州商业银行副行长卢宁远（左二）向客户宣传金融知识

凉山州商业银行向少数民族同胞宣传“金融精准扶贫”政策

西 昌 市

省委农工委副主任杨波（前排右一）、凉山州委副书记陈忠义（前排右二）等参观西昌市正中食品公司

西昌市位于四川省西南部，是攀西地区的政治、经济、文化及交通中心，川滇结合处的重要城市，是四川省打造的攀西城市群中的核心力量，是凉山州州府所在地。市境内交通方便，成昆铁路、国道108线和雅攀高速公路贯穿境内，乡村公路呈网状分布，青山机场民航已开通至成都、重庆、上海、广州等地航线。

西昌是一座春城，每年酷暑和寒冷时间较短，夏季绝对最高气温35℃，冬季绝对最低气温零下2℃。年温差小，日温差较大，盛夏不热，春秋凉爽湿润，冬季温暖，常年平均气温17.2℃。

西昌市开展村支部换届选举

西昌市位于川西高原（海拔1500～2500米）的安宁河平原（四川第二大平原）腹地，东经101°46′～102°25′、北纬27°32′～28°10′之间，东西最宽约20千米，南北最长约43千米，辖区面积2651平方千米。全市辖6个街道39个社区8个镇32个乡（其中15个彝族乡、2个回族乡）244个行政村1823个村民小组。

年末户籍总人口为65.4万人，有汉族、彝族、藏族、羌族、苗族、回族、蒙古族、土家族、傈僳族、满族、瑶族、侗族、纳西族、布依族、白族、壮族、傣族等民族分布，以汉族人口居多，少数民族人口占总人口的22.49%。

农村法制建设

西昌市开展脱贫攻坚，慰问建档立卡贫困户

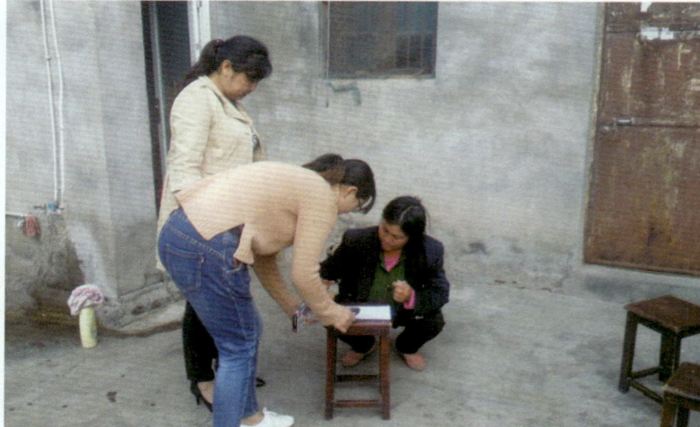
西昌市开展脱贫攻坚慰问贫困户

西昌市召开“三农”工作推进会议

酿酒葡萄产业

标准化、专业化红掌生产大棚

月华乡优质桑园基地

万亩鸭稻共作项目示范基地

水稻种植基地

生态广场

“微田园”新农村

幸福美丽新村

经久乡新村建设点

开元乡彝家新寨

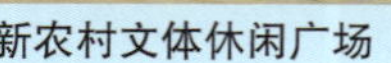
新农村文体休闲广场

木里藏族自治县

省政协副主席高烽（中）到列瓦乡羊棚子村幼教点调研

省政协副主席、凉山州委书记林书成（右二）到木里县调研脱贫攻坚工作

县委书记张振国（右三）到脱贫攻坚一线指导工作

木里藏族自治县是一个以藏族为自治民族，包括彝、汉、蒙古、纳西等21个民族的自治县，是全国仅有的两个藏族自治县之一，是四川省唯一的藏族自治县。1994年被确定为国定贫困县，2001年被确定为国家扶贫工作重点县。全县辖区面积13252平方千米，占凉山州总面积的22%，是四川辖区面积最大的县之一。全县辖3个片区党工委29个乡（镇）113个行政村603个村民小组9个牧场，有人口13.9万人，其中藏族人口4.52万人，占总人口的33%，是藏区人口大县。

木里藏族自治县是藏区大县、资源大县，具有非常明显的资源优势。一是森林资源。木里县有林地面积98.14万公顷，森林覆盖率为73.2%，林木绿化率为71.9%，活立木蓄积量1.17亿立方米，占全省的1/10、全国的1%，以县为单位居全国之首，是长江上游重要的水源涵养林，是全国仅存不多的成片原始林区。二是水能资源。县内天然径流量为58.13亿立方米，国家规划在凉山境内雅砻江段滚动开发的6座特大型水电站中有5座在木里县境内或边境上，总装机1272万千瓦。除雅砻江流域水电资源外，木里县境内的木里河、水洛河、鸭嘴河等河流总水能理论蕴藏量达467万千瓦，技术可开发量为380万千瓦。截至目前，全县共规划水电站70余座，总装机1664.83万千瓦；建成或部分投产发电水电站14座（含锦屏一级、二级水电站），总装机1020.12万千瓦。三是旅游资源。木里县位于香格里拉生态旅游核心区，境内自然景观极其丰富，集雪山、湖泊、森林、草原、溪流等多种自然景观于一体，美籍奥地利科学家约瑟夫·埃弗·洛克称之为“上帝浏览的花园”，被外界称为“群山环抱的童话之地”。由于木里县独特的自然景观与人文习俗，具有很高的旅游品位，开发生态旅游和休闲度假旅游的潜力很大。国家发展改革委、旅游局编制的《中国香格里拉生态旅游区总体规划》中将木里县确定为核心区进行定位规划。四是文化资源。木里县境内多民族、多宗教和谐相融的特殊文化环境造就了奇特的人文文化资源。以“古喇嘛王国之都”为代表的藏传佛教文化、以俄亚纳西古寨为代表的纳西东巴文化、以最后的母系氏族部落利家嘴为代表的传统走婚习俗、以水洛一妻多夫或一夫多妻为代表的奇特婚俗文化大峡谷、以项脚明清汉遗民部落为代表的奇特服饰文化等人文资源极为丰富。

木里县护林防火暨脱贫攻坚工作推进会

木里县本地企业融入脱贫攻坚产业发展座谈会

寺庙僧人收看党的十九大

三八妇女节“洁美家庭”叠衣叠被活动

党心连民心，脱贫攻坚心连心文艺汇演活动

农村土地流转现场协商会

凉山州第四季度集中开工项目木里分会场固增水电站建设动员大会

改造后的藏区新居

建设完成的后所乡易地扶贫移民集中安置点

美丽新村建设

寸冬海

大棚蔬菜种植培训

后所乡重楼种植基地

羊肚菌种植产业

项脚蒙古族乡现代农业产业园区

项脚蒙古族乡巴音农牧专业合作社

放养藏香猪

土鸡饲养

会 东 县

县委书记刘晓博（右一）到农户家调研新村建设工作

会东县地处四川省西南端，位于川滇2省5县1区接合部。全县辖区面积3227平方千米，辖7乡13镇318个村7个社区，有总人口42.29万人，是攀枝花市、西昌市、贵州省六盘水市西南“金三角”的腹地，素有“川滇高原明珠”之美誉。境内水系发达，主要河流有过境河金沙江等共计45条，河流总里程315.9千米，水能资源理论总蕴藏量达1064.5万千瓦；可开发利用太阳能资源369万千瓦，风电总装机容量96.1万千瓦。会东县素有“攀西聚宝盆”“攀西矿产资源博物馆”之美誉，已探明矿产共50余种、矿产地334处，铁矿石资源储量超过1.47亿吨；铜矿储量37.62万吨；铅锌储量超过250万金属吨，位居全国第二位；钛矿远景储量3000万吨以上；磷矿储量达2亿吨。旅游资源主要以“一山两水三风情”为核心，彝族奥索布迪高帽、傈僳族蹦脚舞、金江鼓乐等非遗项目，龙灯、花灯、清明宴、端午药膳，红军长征过会东遗址等共同构成了会东的自然生态和历史人文风情。会东县老君峰、野租泉民俗生态度假区2个景区被批准成为国家3A级旅游景区，实现了全县A级景区零的突破。全县高质量组织开展金沙江文化旅游节、黑山羊黑松露美食节和乡村杜鹃花节、国际松露节华山松采摘节、马头山音乐烧烤露营节等节庆活动，通过举办节庆活动带动农业农村产业发展，扩大全县农特产品的影响力。未来五年，会东县将围绕“一个愿景、四大目标、六轮驱动”发展思路，以经济提质增效为中心，以“加快发展、转型升级”为主线，着力打造“实力会东、开放会东、幸福会东、生态会东、法治会东、廉洁会东”，把会东县建设成为金沙江经济带的重要城市节点、攀西实验区转型创新发展的先行县、川滇文化旅游康养目的地、民族地区小康建设示范县和宜人宜居宜业文明和谐美丽的“川滇明珠”。

贫困村“第一书记”座谈会

2017健康知识宣传文艺下基层活动

凉山州学前学会普通话行动启动仪式

“涪城—昭觉”精准帮扶劳务协作专场招聘会

特布洛乡谷莫新村

彝家儿女新生活

解放乡火普村

冕　宁　县

凉山—津巴布韦烟草合作园区KRK26种植区

宏模镇油橄榄

冕宁县位于四川省西南部，凉山彝族自治州北部，东邻越西县、喜德县，南接西昌市、盐源县，西连九龙县、木里藏族自治县，北毗石棉县。安宁河、雅砻江纵贯全境，南垭河源于北境。北距省会成都市470千米，南距州府西昌市80千米。辖12镇26乡，辖区面积4420平方千米。

冕宁县是一个多民族杂居县，全县有汉、彝、藏、回等20余个民族，少数民族以彝族人口居多，境内民族风情浓郁，其节庆、婚丧习俗因民族的不同而各具特色。旅游景区分布自成环线，境内有清秀苍翠、象征民族团结光辉典范的高原明珠彝海；林壑幽深、古木葱笼的灵山寺及高原五彩池连三海；危峭林立、千姿百态的林里玉林和石龙土林，“西南形胜、山水奇观”泸沽峡；还有壮美似三峡的雅砻江河谷，省级自然保护区冶勒等自然景观。还有举世闻名的卫星发射基地、红军长征纪念馆、宗教圣地灵山寺、高原出平湖的大型水利工程大桥水库等人文景观。

冕宁县水资源丰富，水能富集；林业优质建材云杉居多，有国家保护的珍稀树种10余种。有大熊猫、牛羚等国家一、二级保护动物13种。已知的矿藏有稀土、金、铁、钛、水晶、滑石、石灰石等十大类30余个品种。冕宁县的土特产以天然药材和野生食用菌较为出名。天然药材中羌活、大黄、虫草、贝母、天麻等质优量大。野生食用菌鸡枞、松茸等较丰富。还有冕宁火腿、冕宁花椒、冕宁粳米、冕宁水晶、刺梨、樱桃等。

水果番茄

农产品展示

越西县扶贫和移民工作局

幸福生活

彝家新寨风貌

整洁靓丽的新居

2016—2018年，越西县通过彝家新寨建设，共计完成11253户安全住房、115个村基础及公共服务设施建设任务。彝家新寨项目的有序实施，促进了彝区群众生产生活方式和观念转变，一座座依山就势、错落、富有浓郁民族特色的彝家新寨拔地而起，在“文昌故里”大地上形成了一道道靓丽的风景线。

2018年，省、州下达全县31个村、1493户彝家新寨建设任务。为全面推进越西县脱贫攻坚项目建设进程，经县委县政府统筹安排，提前实施2019年、2020年安全住房和基础设施项目建设，将全县彝家新寨建设任务扩面至2874户安全住房和51个村基础设施及公共服务设施建设，项目计划投资25796万元（已到位资金15036.4545万元）。截至目前，住房建设采取统规自建的方式组织实施，已完成主体建设2647户，剩余227户为大屯乡大营盘村、大花乡斯觉村集中安置点建房，建设工作有序推进；已完成住房补助资金拨付7503万元。51个村基础设施及公共服务设施实施EPC建设模式，各项工作有序开展。

功能齐全的民风民俗场所

甘 洛 县

省委副书记、省长尹力（中）到海棠镇徐家山村养殖基地调研

省政协副主席、凉山州委书记林书成（中）到阿尔乡眉山村核桃种植基地调研

甘洛县位于四川省西南部，凉山彝族自治州北部，素有凉山州"北大门"之称，于1956年建县。2017年，全县辖区面积2156平方千米，辖28个乡（镇）227个行政村3个社区居委会，有彝、汉、藏、回、苗等多个民族，总人口22.77万人，其中彝族人口占76.98%，是一个以彝族为主的少数民族聚居县。全县有出入境公路3条，成昆铁路由北向南纵贯县境62.5千米。县人民政府驻地新市坝镇，北距省会成都市320千米，南距州府西昌市237千米。城镇化率20.19%，森林覆盖率38.67%。县境内最高海拔4288米、最低海拔570米。有耕地面积20.83万亩，森林面积124.76万亩，草场面积86.5万亩。是国家扶贫开发工作重点县、"中国黑苦荞之乡"和"四川省核桃产业十大扶持县"。

2017年，全县栽种核桃15.16万亩，种植马铃薯11.02万亩、苦荞5.36万亩、水果3.14万亩、中药材0.85万亩、油菜3万亩、花椒1.15万亩；出栏草食畜13.17万头（只）。全年落实资金370万元，开展技能培训1888人，转移输出农村劳动力5.6万人，实现劳务收入9.11亿元；发放创业贷款183万元，落实资金747万元，设立生态护林员岗位和公益性岗位1539个，促进特殊困难群众就地就近就业。加快新型农业经营主体培育，新建农民专业合作社284个、家庭农场59个、村集体经济114个，争创省级农业龙头企业1家、州级业龙头企业2家，成功创建为"国家电子商务进农村示范县"。

县委书记陈建生（中）到吉米镇色达村调研

县长陈华（中）到斯觉镇哈布村调研

县境内天然乔木树种有50余个科、150余个种和亚种。珍稀树种有连香、银杏、珙桐等，均集中在大风顶国家级自然保护区内。野生动物有187种，分属62科。受国家保护的动物有32种（其中一类保护动物有大熊猫、牛羚、豹、云豹、四川山鹧鸪）。名贵中药材有天麻、虫草、贝母、杜仲等。

1988年，美姑县被列为第一批国家重点扶持贫困县。2000年，美姑县再次被列入国家扶贫开发工作重点县。自2015年开展脱贫攻坚工作以来，美姑县委县政府把脱贫攻坚作为重点工作，在全县272个贫困村均派驻“第一书记”，大规模开展“三借三还”（借羊还羊、借薯还薯、借枝还枝）、科技扶贫、社会扶贫、基础设施建设等一系列扶贫措施，增加贫困户收入及改善生产生活环境等。截至2017年年底，全县已退出55个村，脱贫22750人，还有未退出贫困村217个，未脱贫贫困人口74409人。

劳务品牌免费培训班开班典礼

新型气象自动站建设完成

“借薯还薯”种薯发放现场

马铃薯标准化种植技术培训

万亩荞麦高产示范片

辣椒种植技术培训

龙窝乡维黑洛村苗圃云杉

美姑苦荞

巴普镇三河村大棚蔬菜

龙门乡核桃嫁接苗圃地

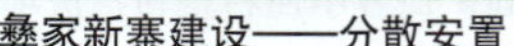
彝家新寨建设——分散安置

新村建设

彝家新寨建设——集中安置

美丽乡村

雷　波　县

省委常委、省委秘书长王铭晖（前排右二）到汶水镇铜厂沟村调研

省政协副主席、凉山州委书记林书成（右二）在县委书记王荣华（前排左二）和代理县长杨腾斌（右一）的陪同下到箐口乡小海村整村推进项目区调研

雷波县位于四川省西南边缘、凉山彝族自治州东部、金沙江下游北岸，辖47个乡（镇）279个村9个社区，有人口27万人，其中以彝族为主体的少数民族人口占59%。辖区面积2932平方千米，山高坡陡谷深、悬崖峭壁路险，最高海拔4076米，最低海拔380米，年平均气温14℃，山地面积占84%，是国家扶贫开发工作重点县，有171个贫困村、17057户贫困户76296名贫困人口，贫困发生率为32%，贫困量大、面宽、程度深，是中央纪委、四川省纪委、凉山州纪委三级纪委定点帮扶的深度贫困县。雷波县享有“孟获故里”“中国彝族民歌之乡”“中国优质脐橙第一县”等美誉。

历史悠久。雷波古为西南夷地，商、周及秦国时就有少数民族散居，汉武帝建元六年(公元前135年)置螳螂县，汉末改为潜街县，隶属于犍为郡，蜀汉建兴三年，改置马湖县，是三国诸葛亮南征之地，有许多与三国有关的遗存和传说。元、明时期，在今黄琅及周边设马湖府治，清代在今县城处设雷波厅(卫)，民国三年(1914年)改厅为县，置雷波县知事公署，1950年8月置雷波县，隶属四川省乐山专区，1956年从乐山专区划属凉山彝族自治州。

“大小凉山·千年彝风”特色节目在深圳市印象剧场上演

广安区彭家乡白阳新村

前锋区代市镇群模新村

广安区龙安乡勇敢村易地搬迁集中安置点

广安区兴平镇九石村易地搬迁集中安置点航拍

广安区龙安乡文林村产村相融

华蓥市禄市镇小驴山村精修田园

广安区杨坪乡仙鱼新村村民对美好生活充满向往

华蓥市庆华镇邱家嘴村村干部利用劳作歇息时间走进果园向果农宣传党的十九大精神

邻水县王家镇会龙村宣讲习近平总书记扶贫开发战略思想、脱贫攻坚相关惠民政策等

广安区广罗乡月台村易地扶贫搬迁工程集中安置点村民和机关干部通过趣味运动方式庆祝乔迁新居过新年

志愿者给广安区方坪乡贫困户贴春联

广安区兴平镇丁坝村易地扶贫搬迁安置点

华蓥市明月镇刘家庙村农民运动会

邻水县石永镇高峰寨村"迎国庆话脱贫感党恩活动"拔河比赛

华蓥市庆华镇黄桷村农创养殖专业合作社举办首届黄桷“土鸡”文化节

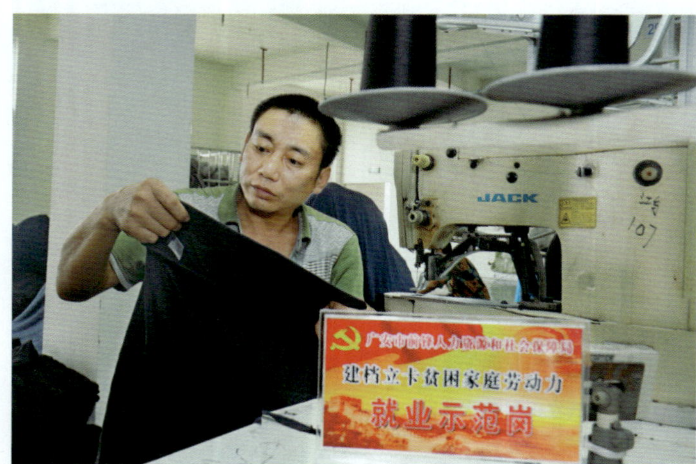

前锋区观塘镇新院村“扶贫车间”

广安区龙台镇玉城村“扶贫车间”

邻水县关河乡太阳红村贫困户在邻村专业养鸡合作社从事捡蛋、喂鸡工作

通过电商平台为广安区龙安乡群策村一组农户发布龙安柚销售信息

广安区悦来镇现代农业产业基地

广安区崇望乡产业扶贫基地

岳池县高标准农田绿色示范区

岳池县白庙镇瞿家店村莲藕种植基地

民建四川省委捐建的武胜县飞龙镇五家岩村光伏发电站

华蓥市禄市镇“百万玫瑰·梦幻花海”旅游园

邻水县城南镇芭蕉村旅游扶贫项目——铜锣山花卉观光园

岳池县农家生态文化旅游园区

简阳市扶贫和移民工作办公室

平泉镇荷桥村安居工程

云龙镇送岗下乡招聘会

简阳市共有省定贫困村116个（含高新区11个）、建档立卡贫困人口25336户76813人（含高新区11650人），其中2014年减贫5342户16967人；2015年减贫4769户14238人；2016年退出贫困村31个，减贫4892户15730人；2017年退出贫困村85个，减贫10333户29878人，彻底消除绝对贫困。2016年和2017年连续两年被省委省政府表彰为“脱贫攻坚先进县”。

2018年以来，在省委省政府和成都市委市政府的坚强领导下，在省脱贫攻坚领导小组和成都市农村扶贫开发领导小组的关心指导下，简阳市委市政府认真贯彻落实中央、省、市脱贫攻坚系列战略部署，深入学习贯彻党的十九大精神和习近平精准扶贫思想，紧紧围绕成都市“两年脱贫攻坚、三年巩固提升、五年高标准全面小康”战略目标，在实现全部贫困户脱贫、贫困村退出基础上，全面融入成都市农村扶贫开发进程，扎实开展巩固提升行动，统筹推进高标准扶贫开发，脱贫攻坚取得明显成效。

禾丰镇香乐村脱贫攻坚项目实施沙盘

禾丰镇响水村村干部向贫困户宣传扶贫政策

飞龙乡协议村易地扶贫搬迁聚集点

望水乡望水寺村党群服务中心

平泉镇荷桥村安居工程聚居点

三合镇利丰家庭农场

禾丰镇大棚蔬菜

望水乡黑水寺村大棚蔬菜

飞龙乡龙王村胡萝卜生产示范基地

五合乡金秋砂糖橘产业种植技术培训

禾丰镇丙灵村黄金柚产业园

禾丰镇丙灵村碑垭口黄金柚种植专业合作社

江源镇五洞村柑橘产业

石钟镇园林苗木专业合作社

平泉镇龙溪村柠檬专业合作社

甘露镇枇杷丰收

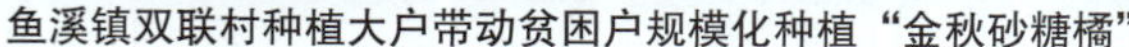

鱼溪镇双联村种植大户带动贫困户规模化种植“金秋砂糖橘”

配龙镇柑橘林

鱼溪镇双联村通过土地流转发展农业观光旅游

岳池县扶贫和移民工作局

省委副书记、省长尹力（左一）到岳池县调研

生态环境部副部长、九三学社中央副主席、九三学社四川省委主委黄润秋（中）到岳池县调研

岳池县是一个千年历史老县、百万人口大县，是秦巴山区连片扶贫开发省定贫困县。全县辖区面积1479平方千米，辖43个乡（镇）825个行政村，总人口117万人。2014年，全县识别出贫困村280个、贫困人口26857户89968人，贫困发生率8.9%。2018年，全县聚焦高质量脱贫“摘帽”，坚持目标导向、问题导向、发展导向，围绕“135”工作思路，全力打好“春季攻势”“夏季战役”“秋季攻坚”“冬季冲刺”四大战役，深入开展“百日攻坚”“奋力冲刺60天，高质量‘摘帽’再攻坚”两大行动，圆满完成75个贫困村退出、16450名贫困人口脱贫年度任务，贫困发生率从8.9%下降至0.9%，56所乡（镇）中心校、43所乡（镇）卫生院、43个乡（镇）便民服务中心全部达标，全面达到县“摘帽”标准。

锁定“一标”。全力攻坚75个贫困村退出、16450名贫困人口脱贫任务；持续巩固提升130个已退出村、65486名已脱贫人口脱

省委常委、省委宣传部部长甘霖（中）到岳池县调研

省人大常委会副主任、党组副书记黄新初（前排中）到岳池县调研

岳池县脱贫攻坚工作推进会

岳池县传达学习省市关于打赢脱贫攻坚战三年行动电视电话会议精神

驻村干部进村入户开展帮扶

花板乡狮子宝村农民夜校

黄龙乡小白岩村开展学习全国两会精神暨脱贫攻坚政策有奖知识问答活动

贫成效；统筹推进全县825个村、37万户农户基础配套、产业发展。

聚焦“三率”。紧盯漏评率、错退率和群众满意率，扎实开展县、乡、村三级书记遍访活动，组建150人督导指导队伍，全力以赴查问题、补短板、转作风、提质量，建立“清单制+责任制”问题整改机制，发现并整改问题1.3万余个，漏评率、错退率动态归零；将每周三、周四定为集中帮扶日，每月最后一周定为集中帮扶周，所有帮扶力量进村入户开展帮扶，及时化解矛盾纠纷，帮助群众解决困难问题2.4万余件；持续加强感恩奋进教育，加快人居环境改善，办好农民夜校，开好村“两委”干部会、贫困户会、非贫困户会、党员会、群众会，群众满意度、认可度稳步提升。

狠抓“五子”。坚持走基础扶贫、产业扶贫发展道路，盖好房子，实施易地扶贫搬迁513户、危房改造17343户、“五改三建”12136户、地质灾害避险搬迁30户；修好路子，修建通村硬化路129千米、窄道加宽和产业联网路361.84千米、入户便民路1925千米；建好园子，加快建设脱贫攻坚六大产业示范带，建成奔康产业园100个、新型经营主体127个；管好票子，筹集脱贫攻坚资金12.75亿元，“四项基金”总规模达2.3亿元；结好对子，落实县委常委包战区、包专项部门，县级领导包乡（镇），部门和乡（镇）主要负责人包村，村干部包社，乡村干部和帮扶干部包户“五包”责任制，全县33名县级领导、166个帮扶单位、1.5万名公职人员全面参与联系帮扶，实现贫困村“五个一”、20户以上贫困户的非贫困村“三个一”帮扶力量全覆盖。

农家生态文化旅游园区——白庙镇郑家村

产业联网公路

西华师范大学

西华师范大学党委书记王安平（右一）到阆中市慰问贫困户

西华师范大学党委副书记、校长王元君（后排左六）到喜德县开展教育扶贫

西华师范大学是四川省属重点大学。学校创建于1946年，发轫于抗日战争时期的国立东北大学。抗战初期，东北大学内迁至四川省三台县办学。抗战胜利后，东北大学迁回沈阳，在川北三十六县十盐场及各界有识之士的支持下，部分东北大学的川籍师生在三台县原校址创建了私立川北农工学院。1949年，私立川北农工学院与著名墨学专家伍非百先生创立的西山书院合并组建私立川北大学。1950年，学校迁至南充市，与川北文学院合并组建公立川北大学。1952年，学校合并川东教育学院(原乡村建设学院)、四川大学和华西大学部分专业组建四川师范学院。1956年，学校一分为二，留在南充的部分为南充师范专科学校。1958年，学校升格为南充师范学院。1989年，学校恢复“四川师范学院”校名。2003年，学校更名为“西华师范大学”。经过70余年的发展，学校积淀形成了“勤奋、求实、敬业、创新”的校训，“铸魂励教、陶冶化育”的育人理念，“质量立校、人才强校、特色名校”的办学理念和“从严治校、严谨治学、艰苦奋斗、开拓进取”的校园精神。目前已经发展成为一所学科门类齐全、办学条件优良、师资力量雄

西华师范大学留守儿童之家挂牌仪式

西华师范大学乡村振兴发展研究示范基地授牌仪式

西华师范大学党委副书记刘利才（中）到喜德县开展教育扶贫调研

西华师范大学在喜德县开展精准扶贫工作

厚、教学科研成果丰硕的综合性大学，是四川省基础教育教师培养基地、在职教师培训基地、基础教育和高等教育研究基地，被誉为“读书的好地方、选才的好去处”。

西华师范大学深入学习贯彻习近平总书记关于扶贫的重要论述，认真落实中央和省委省政府脱贫攻坚决策部署，把做好定点扶贫阆中市和对口帮扶喜德县的脱贫攻坚工作作为最大的政治责任、最大的民生工程、最大的发展机遇。学校高规格成立校扶贫办，统筹开展帮扶工作，分别与阆中市、喜德县签订《脱贫攻坚教育帮扶框架协议》，助推受扶县（市）经济社会发展，在脱贫攻坚主战场建功立业，展现西华师范大学的新担当、新作为。

西华师范大学慰问贫困户

西华师范大学暑期文化、科技、卫生“三下乡”社会实践活动

一、精准施策真帮扶

一是精心选派帮扶力量。精心选派德才兼备、年富力强的业务骨干到帮扶县挂职，近年来，先后选派1人挂职喜德县县委副书记、1人挂职阆中市西山乡党委副书记兼岳林垭村党支部副书记、1人挂职喜德县瓦尔学校副校长，选派4名教师到喜德县贫困村担任驻村扶贫工作队队员、1名教师到布拖县瓦都乡先锋村担任综合帮扶队队员。二是扎实开展对口帮扶。出资200万元用于喜德县教育扶贫，其中160万元用于瓦尔学校厨房改建和学生浴室太阳能设备安装、光明镇幼儿园设施设备建设以及贺波洛乡中心校阶梯教室、幼儿园教学设备，拉克乡食堂设备、思源实验学校多媒体设备建设等。在喜德县设立每年10万元共计40万元的专项助学金，目前已有70余名高中贫困生得到资助。三是扎实开展定点扶贫。几年来，投入资金125万元，在阆中市西山乡岳林垭村7组、8组建设小微园区，配套修建村（组）路2.2千米。对口帮扶贫困户杨正发、李成富等8户村民，已如期脱贫。向阆中市西山乡中心校派出6名支教教师并捐赠双层床60套、棕垫200床、塑料凳200个、文体用具一批和价值2.5万元的电脑设备；向阆中市西山乡捐赠价值8000元的图书，开展关爱留守儿童、义诊、“送药下乡”、普法宣讲和法律咨询以及科普活动。

二、扶贫扶智斩穷根

一是大力支持“一村一幼”建设。建设“一村一幼”，让彝区儿童在少儿阶段便掌握普通话，是提升彝区教育质量、实现彝区教育脱贫的必然之举和有效手段。2018年，学校派出推普脱贫攻坚社会实践团队10余名师生在喜德县开展了为期一周的普通话培训，

西华师范大学赴喜德县瓦尔学校召开教育扶贫会议

西华师范大学为喜德县瓦尔学校捐建的学生食堂

西华师范大学向喜德县教育局捐赠的学生床

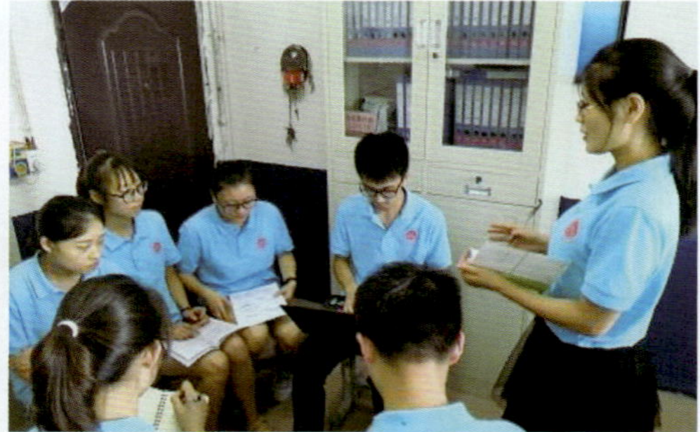

西华师范大学学子赴广元市调研革命老区红色资源保护与开发现状

该县近百名“一村一幼”教师接受了辅导。二是分类开展教师培训。争取到741.6万元专门用于喜德县的国培项目，目前完成培训1360人，经费支出370万元。通过“请进来、走出去”等方式对贫困地区中小学骨干教师进行分类集中培训。2016—2018年，分3期对喜德县300名中小学教师（包含小学语文、小学数学、初中语文、初中数学、初中英语等科目）进行培训。三是扎实开展支教工作。派出“研究生党员支教团”教师在西山乡中心校开展支教工作。派出6名研究生先后承担了西山乡中心校初一数学、小学四年级外语、五年级外语和语文的教学任务。

三、爱心捐赠送温暖

一是向贫困地区送去关怀温暖。分别向喜德县教育局、苍溪县城郊中学捐赠2700余架、500余架学生公寓旧床。为喜德县节约购买同类型学生用床经费约324万元，为苍溪县城郊中学节约购买同类型学生用床经费约60万元。二是开展爱心捐赠活动。校扶贫办、校团委联合西华师大附属小学、幼儿园举办“捐书留香，情满喜德”捐书活动，为喜德县送去全校师生的爱心与帮助，共捐赠适合小学、幼儿园学生使用的故事会、绘画读本、名言警句、自然科学常识等课外读物近3000册。

西华师范大学在喜德县开展中小学教师培训

西华师范大学在喜德县开展“一村一幼”普通话培训

西华师范大学对阆中市扶贫干部进行培训

西昌学院

西昌学院地处凉山彝族自治州。学校办学历史悠久，肇始于1939年北洋工学院内迁西昌创建的国立西康技艺专科学校。后几经易名，但始终坚持在凉山办学。改革开放后，国家重视民族地区经济社会发展所需人才培养，先后建立西昌农专、西昌师专、凉山大学、凉山教育学院。2003年经教育部批准，四校合并组建西昌学院。2010年通过教育部本科教学合格评估，2015年被列为四川省首批整体转型发展改革试点单位，2017年被列入国家教育现代化推进工程100所应用型本科高校建设单位。

凉山州是全国最大的彝族聚居区和四川省少数民族人口最多的地区，总人口521万人，其中彝族人口占52.98%。凉山彝区“一步跨千年”，深度贫困与恶劣的自然条件、薄弱的基础设施、落后的思想观念、突出的社会问题相互交织，脱贫攻坚形势复杂、任务艰巨繁重。截至2018年3月，全州11个民族聚居县均为深度贫困县，占全省总数的1/3，贫困发生率达11.9%，远高于同期全省2.7%和全国3.1%，是全国贫困问题最突出、致贫原因最复杂、脱贫难度最大的地区，是中央重点支持的“三区三州”深度贫困地区之一，更是习近平总书记深情牵挂的地方。凉山脱贫攻坚长期得到党和国家高度重视，成效明显，但深度贫困的状况尚未得到根本改变，是全省脱贫攻坚决战决胜的主战场之一。

党委书记彭正松（后排右一），党委副书记、纪委书记彭徐（后排中），副院长陈小虎（后排左一）等到美姑县洛俄依甘乡阿卓瓦乌村调研幼教工作

院长贺盛瑜（前排左一）慰问帮扶户

副书记杜正聪（后排右一）看望布拖县采哈乡中心校小学生

副院长曲木伍各（左二）到布拖县采哈乡中心校慰问师生

副院长徐静（右二）代表学校向布拖县采哈乡延务村村民赠送鸡苗

学院捐建的美姑县洛俄依甘乡阿卓瓦乌村幼儿园

蔬菜专家现场指导育苗

工作队员指导村民种植中草药

双语宣讲党的十九大精神

综合帮扶队员田间走访

工作人员向村民讲授作物栽培种植技术

驻村工作队的“清卡行动”

支教的欢乐

美化小学校园

作为凉山州唯一一所省属本科院校，西昌学院以其高层次人才聚集、应用人才培养以及科研紧贴地方等优势，主动担负起助力凉山扶贫攻坚的重任。

西昌学院参与凉山州扶贫工作，始于1995年参加“百乡千村”扶贫，至今已有20余年。现在学校的帮扶点涉及2个县3个村：一是凉山州委州政府安排的布拖县采哈乡延务村、合洛村；二是省教育工委、教育厅安排对口帮扶的美姑县侯古莫乡沙溪洛村。

学校历届党委、行政高度重视扶贫工作，投入了大量人力、物力、财力。学校成立精准扶贫工作领导小组，校党委书记亲自挂帅，校党委副书记、纪委书记具体分管。特别是习近平总书记来川视察和看望慰问凉山彝族群众之后，学校党委以高度的政治责任自觉担当服务社会的使命，认真贯彻习近平总书记重要讲话精神，举全校之力参与凉山脱贫攻坚战役，从组织领导、干部选派、经费保障等方面全力支持脱贫攻坚工作。

2015年9月，在全省高校中率先成立处级专职扶贫机构——精准扶贫办公室。

2017年年底至2018年年底，学校班子成员先后10余次到美姑县侯古莫乡沙溪洛村、布拖县采哈乡延务村和合洛村开展“走基层、送温暖”活动，慰问困难群众，调研帮扶工作措施。

2018年起，派出驻村专职扶贫干部15人，其中到美姑县挂职3人、布拖县采哈乡10人、扶贫联络员2人。

学校先后投入扶贫资金1000余万元，派出扶贫人员1万余人次，帮扶乡（镇）7个、学校8所、农户6000余户。

学校与州政府定向培养核桃产业发展专业人

姚基金希望小学篮球季全国赛冠军

“一村一幼”辅导员培训

表彰慰问帮扶点学校师生

才，实施以各种专业技能提升为主的培训，先后承办国家民委、教育厅培训项目，为地方培训各类专业技术人员1.2万余人次。

学校重点围绕攀西农作物、畜牧品种等开展特色研究。依托布拖县布江蜀丰现代农业科技示范园开展马铃薯原种繁育、种薯生产、马铃薯贮藏等研究，选育的马铃薯新品种亩产打破西南地区记录；建立科研平台，开展马铃薯主食化系列产品的研究，获国家专利授权33项，研发产品20余种，其成果已经转化为经济效益。

学校精准扶贫工作成效显著，扶贫经验被各级媒体宣传报道，多次获得上级部门的表彰奖励。"一村一幼"志愿支教服务被教育部《高校定点扶贫典型案例集》收录；创建的禁毒防艾"理论教学、能力培养、实践服务""与教学工作、与素质教育、与社团活动、与社会实践、与师生科研、与新媒体相结合""全员参与、全面普及、全程育人、全域服务"的"三层次、六结合、四全"特色教育模式在教育部网站宣传推广。驻村"第一书记"获得"四川省民族团结进步模范个人"称号1人，获"凉山州优秀驻村第一书记"称号1人；同心服务团成员蔡光泽、张万明被省委统战部评为"四川同心·服务团活动先进个人"。学校连续几年被州委州政府"挂包帮"活动领导小组评为"'走基层''挂包帮'活动先进集体"和"帮扶工作先进集体"。

顶岗实习与志愿支教

四川省交通投资集团有限责任公司

省委副书记、省长尹力（中）调研汶马高速公路

副省长杨洪波（前排左一）调研雅康高速公路

省交投集团公司党委书记、董事长雷洪金（中）检查雅康高速公路泸康段建设进度和安全生产工作

省交投集团公司党委副书记、副董事长、总经理冯文生（前排右一）考察仁沐新高速公路施工情况

四川省交通投资集团有限责任公司是2010年4月经四川省政府批准成立的省属特大型重要骨干企业，注册资本350亿元，是四川省重大交通基础设施投资建设、营运管理主力军，省交投集团公司坚持“壮大交通主业、相关多元发展”，形成了涵盖高速公路、港口航电、机场经营、轨道交通、交通服务、工程建设、现代物流和交通地产、交通金融的业务布局。集团下辖直属企业11家，旗下公司131家，有员工2.5万人。截至目前，企业资产总额超过3700亿元，净资产达1361亿元，居四川省国有企业首位、中国企业500强第393位，中国企业服务业200强第151位。其中，四川成渝高速公司是A+H股上市公司，是2016年《财富》杂志“中国上市企业500强”。省交投集团公司管理运营高速公路4204千米，里程超过中国12个省份；有港口4个，建成投运的集装箱吞吐量220万标箱；建成投运的九寨黄龙机场年旅客吞吐能力达250万人次。

被誉为"川藏第一桥"的雅康高速大渡河兴康特大桥（入选央视超级工程）

全省在建高速公路里程3140千米，省交投集团公司建设的有1529千米，占总里程的49%，特别是承担了全省"三州"地区、连片扶贫"四大片区"（秦巴山区、乌蒙山区、大小凉山彝区、高原藏区）大部分高速公路建设任务，为四川省精准扶贫做出了贡献。在建设中，打造了一批标志性工程，获得了鲁班奖、詹天佑奖等多项国家级奖项。雅西高速和雅康高速入选央视纪录片《超级工程2》，雅西高速被誉为"中国最美高速""云端上的高速"。同时，在建设中省交投集团公司创造了干海子大桥最长全钢管混凝土桁架梁桥，最高的钢管混凝土结构桥墩、组合桥墩、混合桥桥墩，同类结构中每联最长的连续结构，第一次全面采用钢纤维钢管混凝土施工等4个世界第一；破解了一系列世界级技术难题，取得了40余项自主创新重大技术成果。雅康高速大渡河兴康特大桥主跨1100米，在高海拔桥梁中排名全国第一，被誉为"川藏第一桥"。

省交投集团公司坚持壮大交通主业优势，夯实多元发展基础，实施"全链交投、全域交投、价值交投、品质交投、幸福交投"发展战略，围绕"综合交通投资运营、综合交通服务、综合交通资源经营"布局，建成集高速公路、港口航电、机场通航、轨道交通、现代交通服务等若干专业化平台支撑、行业一流的综合性交通类国有资本投资公司。到2020年，省交投集团公司资产总额将达5000亿元，高速公路通车里程将超过5000千米，营业收入将突破700亿元，进入"中国企业200强"行列。

被誉为"中国最美高速"和"云端上的高速"的雅西高速（入选央视超级工程）

被誉为“穿行水云最美桥”的雅西高速苏村坝大桥

被誉为“川藏第一险”的雀儿山隧道（入选央视超级工程）

雅西高速干海子和铁寨子大桥

全国内河二十八大主要港口之一、四川省唯一的百万标箱大港——泸州港

全国第二大高原藏区机场——九黄机场

成南达万高铁项目

都江堰—四姑娘山山地轨道交通扶贫项目

遂广遂西高速公路双江互通

雅康高速大杠山施工便道

国内单跨最长临时民用索道桥——汶马高速公路狮子坪隧道群施工便桥

雅康高速公路泸定连接线

广元市朝天区沙河白虎山俯瞰高速公路全景图

广陕高速公路沿嘉陵江段

金银台航电枢纽

岷江犍为航电枢纽工程启动2017年汛前围堰拆除工作

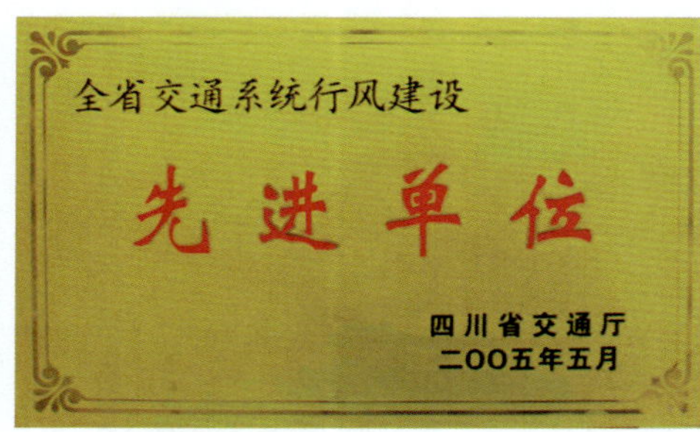

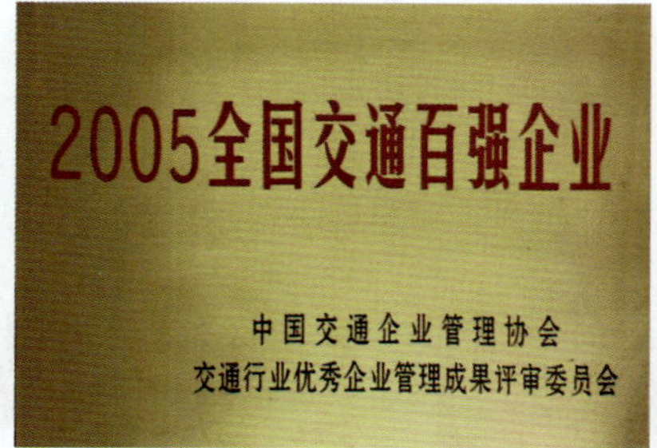

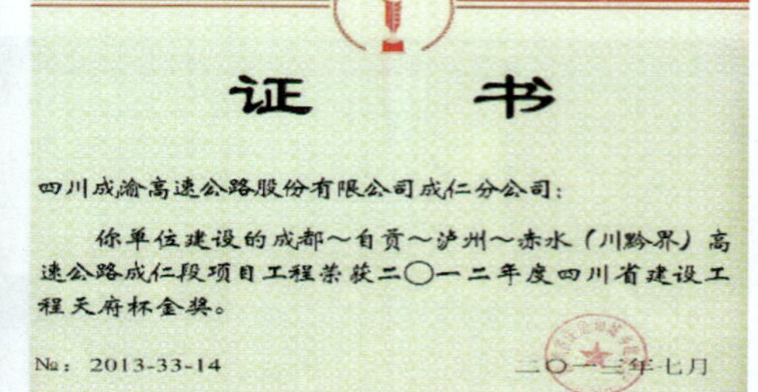

荣誉证书

四川省农村专业技术协会

中国农技协专委会组织建设调研座谈会

雅安市雨城区合江镇茶叶协会举办手工茶制作技能大赛

中国农技中心调研四川农技协

四川省高度重视农村专业技术协会（简称“农技协”）建设和发展，积极培育组织机构健全、民主管理规范、服务能力和可持续发展能力强的农技协，不断完善农技协组织体系建设。在全面建成小康社会的决胜期和深入实施乡村振兴战略的关键期，也是农技协发展转型升级的历史时期，四川省农技协综合自身产业经营特色，不断探索转型升级的新思想和新道路，取得了一定成效。

一、农技协发展概况

2017年，全省农技协总数达7599个，会员总数260万户，带动农户680万户。全省有农技协联合会1045个，其中市级农技协联合会12个、县级农技协联合会485个、乡（镇）级农技协联合会548个。县、乡级农技协联合会较上年增长超过10倍。全省农技协实现总产值606亿元，实现销售收入513亿元；其中销售收入2亿元以上的农技协有33个，1亿~2亿元的农技协有86个；“公司+协会”的有2251个，“协会+合作社”的有3619个，协会建支部的1722个；有经济技术实体类3357个、技术服务类2874个、技术交流类1182个、其他类型186个。

2017年，农技协数量和会员总数比上年下降7%，在带动农户和经济效益上与上年基本持平，但是农技协联合会的数量，尤其是县、乡一级农技协联合会的数量却比上年增长近10倍。减少的农技协主要是技术服务类和技术交流类型的协会，而“公司+协会”“协会+合作社”的实体化农技协数量进一步增长。在当前农业转型发展、创新发展、绿色发展的大背景下，在农业发展的各种现行政策与环境条件交互影响下，农技协数量虽然下降，但正在经历着由独立经营到联合发展、由技术服务到经济实体、由重数量到重质量的转型过程。

二、农技协转型升级方向探索

农技协转型升级要围绕乡村振兴战略，深入农业供给侧结构性改革，探索开展农技社会化服务，往进一步提升服务效能和水平方向发展，推动农技协做大做强。

转变农技协发展理念。把认识和观念农技协是单纯的科技群团转变到农技协已发展成农村中的技术经济合作组织上来，构建“产权清晰、权责明确、风险共担、利益共享”的长效机制，不断加强农技协规范化建设，推动农技协联合会组建，支持农技协开展农技社会化服务，运用“互联网+农技协”模式加快农技协转型发展。

全面深化“银会合作”。全面推进“银会合作”，坚持需求导向、行业导向，积极创新农村金融产品和服务方式，试点探索农村

产权等新的抵押方式，不断扩大“银会合作”的深度、广度和效度，全面深化“科技+金融”联合支农模式，积极引导金融资本支持农技协持续健康发展。

持续加大教育培训力度。按照需求导向、分级分类培训的原则，组织专家学者采用“互联网+”“订单式”等方式，围绕重点产业发展、技术推广等开展实用培训，着力培育一批高素质的农民科技人才，并组织编印一批农技协相关书籍和农业科普读物，全面提升广大农民的种养殖技术水平和科学素质。

推动项目化和信息化建设。推动建好科普惠农项目库，持续抓好惠农项目评审前的动员，评审中先进典型的认定，评审后的宣传报道、激励等工作，完善项目申报、审核、实施、评估等流程。同时，加快运用微博、微信等新媒体技术来提升和改进农技协工作，指导农户发展“电商”，对接超市，不断提升工作的项目化和信息化水平。

三、农技协转型升级实践之路

（一）创新农技协组织建设，成立省农技协专委会

省农技协下属的专业技术委员会定性为省农技协分类指导农户创业致富的行业性分支机构，对行业发展提出并建立专业标准，统领整个行业的发展方向。继续加强对2016年建立的首个专委会——鹌鹑专委会的指导服务和关注追踪。该专委会紧扣产业发展要求，联络同行、整合资源，制定切实可行的工作目标，在养殖技术标准制定、延长产业链及精准扶贫方面开展了卓有成效的探索。2017年7月3日，省农技协第二个专委会——柠檬专委会在安岳县成立，这是全国第一个关于柠檬的专委会，以安岳县为中心，整合全省柠檬种植户、生产加工企业及科研力量，共同促进柠檬的标准化生产。组建省农技协专委会是农技协转型升级在组织建设上的探索。2018年，省农技协将成立柑桔专委会，进一步扩大四川柑橘在全国的影响力和竞争力。

（二）围绕区域产业发展，重点打造示范农技协

2017年，为支持农技协、科普示范基地和优秀农技协领办人发展，四川省继续实施“基层科普行动计划”，66个农村专业技术协会、42个农村科普示范基地、28个科普示范社区、20名农村科普带头人获得中央财政奖补；100个农村专业技术协会、40个农村科普示范基地、50个科普示范社区和50名农村科普带头人获得省级财政奖补。2018年，为进一步发挥优秀农技协及其骨干的示范带头作用，提高农业科技水平，助力乡村振兴战略实施，四川省将围绕农业供给侧结构性改革开展农技协转型升级试点，支持10个一流的省级科普示范基地建设和20个优秀农技协加快转型升级发展。围绕地方主导产业集中力量打造一批重点农技协和农村科普示范基地，用于新品种、新技术的试验示范、推广普及。

（三）理论实践双管齐下，多形式培养职业农民

2017年以前，四川省农技协通过积极承办科协系统扶贫暨全省农技协培训，围绕农民关心的转型升级、农业供给侧结构性改革、“互联网+”、精准扶贫“4+1”等关键问题，对基层科协负责人和农技协领班人等开展专题培训。为了更有针对性地对不同需求的人群开展精准培训，2018年6月12日，四川省科协和德阳市政府、绵竹市政府共同成立四川乡村振兴农民大学，省农技协依托四川乡村振兴农民大学对全省基层农技协领办人和其他涉农人员开展专业技术培训，针对水果、蔬菜、养猪、养鸡、加工、销售等不同产业进行分类对口培训，并通过理论教学和实践教学相结合的方式深入讲授知识难点，提升教学效果，最终对通过考核的学员颁发证书。首期培训针对四川民族地区的45个深度贫困县开展乡村旅游产业培训，结合了课堂理论教学和绵竹市乡村旅游实地教学，取得了良好效果。

（四）举办乡土人才大赛，搭建人才交流平台

四川省农技协承办了四川省第一届、第二届农村乡土人才创新创业大赛的组织工作，并负责其中的评审环节。大赛以激发农村乡土人才创新创业热情为核心，以竞赛活动为抓手，以项目推介为途径，以成果展示为载体，搭建展示交流、资源对接和项目孵化平台，发掘出一大批在创新创业和脱贫攻坚方面卓有成效的农村乡土人才，培育出“农村种养大户、农产品加工企业、农村销售（电商）”三大主体，不仅打通了行业领域交流合作渠道，还实现了专家、技术、品种等资源的最大化利用。大赛为基层农技协带头人崭露头角提供了更大的舞台，也为“乡村振兴战略”的实施奠定了人才基础。两届农村乡土人才创新创业大赛共有232位选手进入省级决赛，共决出了金奖20名、银奖40名、铜奖60名、“脱贫攻坚特别奖”15名。第三届农村乡土人才创新创业大赛将在2018年7月启动，并在前两届的基础上增加项目推介环节，促进人才之间、人才与企业之间、企业之间的交流合作。

（五）构建农产品网络服务平台，推动农技协社会化服务

四川省农技协、四川科技报、成都顺点科技共建“四川农产品网络服务平台”，完善四川省农技协数据库建设，建立标准化生产服务体系和质量追溯体系，推进农技协工作信息化和农村科普精准化，全面实施农技协“触网工程”。

全省农技协转型升级发展取得了显著成效，但面临加快现代农业发展的新要求、适应新型经营主体不断涌现并快速发展的新情况，农技协发展还存在一些不足和问题，主要表现在：一是自身建设有待加强，个别农技协经济实力不足、管理不够规范、带动能力相对有限；二是技术骨干和经营人才培育有待进一步强化；三是创新能力有待强化，与“互联网+”等新形势不完全适应，对接市场功能有所欠缺等等。

成都市现代农业发展投资有限公司

天府源公司携“成都味·九宝”系列礼包参加四川省2018·市（州）长农产品品牌推介活动，副省长尧斯丹（中）等参观天府源展位

董事长陈军（左二）向成都市长罗强（前排右一）汇报天府源品牌建设情况

成都市现代农业发展投资有限公司是在成都市委市政府深入推进统筹城乡发展、加大现代农业投入的战略背景下于2007年6月组建的国有独资公司，为市级乡村振兴发展投融资平台。公司注册资本50亿元，资产总额超过140亿元。本部共设12个职能部门，下属全资、参控股子公司共计25家，其中全资子公司4家、控股子公司4家、参股公司17家（含有限合伙公司3家）。截至2018年10月，公司（含下属全资、控股公司）共有在职职工350余人。

一、功能定位。围绕农业农村、民生保供、城乡融合发展的全领域、全产业链，坚定发挥“放大、引导、保障”三大功能性作用，解决好资金投入、产业聚集和民生保障三个薄弱环节，着力破解“融资难、融资贵”问题，切实引导都市现代农业与民生保供产业规模化、集约化、品牌化发展，形成与农业农村与城乡融合发展相适应，农商文旅体融合发展的社会化服务体系。

二、战略目标。以“专注金融惠农、服务‘三农’发展、推进城乡融合”为使命，以“建设‘西部一流、全国领先’的农业农村与城乡融合发展投融资创新服务品牌”为愿景，以“勇于创新、诚于服务、敢于担当”为价值观。到2022年年底，成都农发投公司将成为以普惠金融、项目投资、民生保障为主业，以资源为核心载体，以资本为主要手段，通过涉农普惠金融产品和服务的不断

成都市政府副秘书长严静（中）参观天府源展位

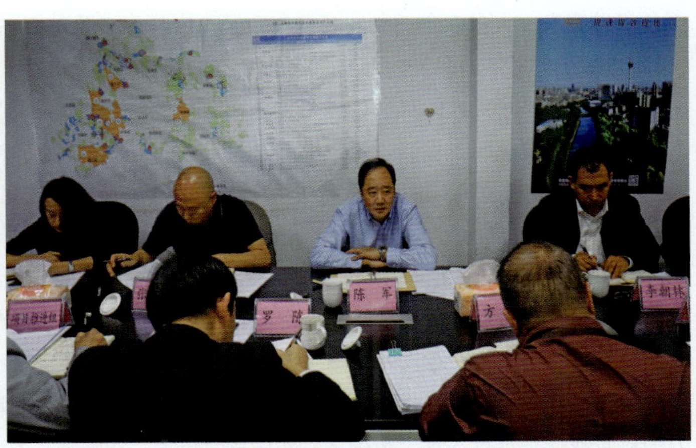

董事长陈军（中）率队到百万亩高标准农田推进办调研重大项目推进工作

成都味九宝宣传图

球”平台作用。依托“成都味·九宝”为代表的成都特优系列农产品全球推广和专场推介，夯实“天府源”品牌从田间到餐桌的“36道工序”，推动构建农产品品牌孵化服务平台、农产品交易服务平台与农业博览综合服务平台，确保食品从物料源头到销售终端的全产业链安全，切实保障绿色、安全、放心食品的有效供应。

四、经营情况。成立11年来，成都农发投公司始终致力于“放大、引导、保障”三大功能性作用的发挥，通过普惠金融、项目投资、民生保障三大业务体系，已累计利用财政资金78.31亿元，为成都、宜宾、雅安、凉山等19个市（州）、60余个县（市、区），超过1000家涉农经营主体与农户个体、2000余个农业农村项目提供了投资总规模超过1700亿元（其中成都农发投公司投资逾400亿元、撬动社会资本逾1300亿元）、农险保障总额超过3200亿元，受益农户总数达2700万户次的投融资综合保障服务，财政资金放大累计达21倍以上。

五、创新突破。“十三五”以来，成都农发投公司通过模式创新、产品创新与服务创新，积极发挥政府和市场“两只手”作用，在全国、全省、全市“三农”领域取得多项创新突破：在商业模式创设上，组建全国首家农村产权收储机构；发起设立全国唯一农业系统跨区域金融租赁平台——中垦融资租赁公司；组建全省首个新型农业产业研究院——成都都市农业产研院；组建全省首家涉农融资租赁机构——成都中际融资租赁公司；组建全省首家涉农保险经纪服务机构——成都众惠农业保险经纪公司；研究组建首个实施“蓉酒振兴”的酒业运营机构，将打造“老百姓喝得起”的优质白酒。在金融产品设计上，推出全国首个生猪价格指数保险等20余个农险品种；推出以农村产权抵质押担保、龙头企业无抵押纯信用贷为代表的30余种服务产品；与省、县担保机构联合推出联动担保产品，实现了三级互联和风险共担。在重点项目推进上，以省、市、县三级联动形式发起组建四川天府农博园投资公司，有效保障中国天府农博园建设资金需求；启动打造全球最大的城市中央公园——龙泉山城市森林公园，并创新采用“融资+施工总承包”建设模式，确保了“东进”重大工程项目启动建设；创新投融资模式，统筹推进成都市100万亩高标准农田建设。在融资渠道拓展上，完成全国首支涉农投融资平台中期票据发行10亿元；启动了全国首单15亿元的乡村振兴中票发行。在农业品牌运营上，创建全国首个副省级城市农业公用品牌——“天府源”，首次提出构建品牌的“七大体系”并实现特优农产品蓉欧快铁首发；积极打造“成都味·九宝”特优农产品系列礼包，并亮相天安门地铁站《辉煌的中国》主题展。在风险管控措施上，建立起以计量风险指标为核心的额度利率动态管理新机制。

天府源·成都农产品中欧班列（蓉欧快铁）

天府源“三色猴”品牌猕猴桃首发广州市江南市场

四川省都江堰管理局

人民渠渠首枢纽拦河闸

2017年，四川省都江堰管理局在厅党组的坚强领导下，灌区治水兴水高潮迭起，水利事业健康平稳发展。

一、以人为本，水利服务和水资源保障能力得到提升

按照“保障生活用水，提供工农业生产用水，支持生态环境用水”的供水原则，2017年完成灌溉面积1065万亩，共向丘陵灌区输水14.86亿立方米；科学配置、优化调度，确保了春灌用水工作有序推进，圆满完成春灌各项工作任务。全年共实行应急供水4次，反应迅速，措施得当，应急供水成效显著，为全省粮食安全和经济社会发展做出突出贡献。

二、夯实基础，水利工程体系得到筑牢

2017年，启动了灌区共计12条省管河道以及都江堰渠首的综合治理规划编制工作，规划长度达660千米，使灌区水利规划进一步完善；强化管理，顺利完成了去冬今春灌区岁修工作；在完成2016年度灌区续建配套节水改造建设扫尾工作的基础上，大力推进2017年灌区续建配套节水改造工作。

三、加强建设，灌区信息化进程加快推进

《都江堰灌区水利现代化试点实施方案》已编制完成并通过省发展改革委咨询院审查，试点工作有序推进；启动了四川省科技重点项目——“都江堰灌渠岸堤病害无人机巡检与动态监测技术研究及应用示范”项目；与电子科技大学等单位于2016年联合申报的“都江堰水利工程信息化建设的关键技术及应用”科技成果荣获四川省科学技术进步三等奖。

四、强化执法，治水能力得到提升

坚持执法巡查常态化，全年先后深入灌区开展巡查指导工作42次，对水事违法行为发挥了有力的震慑作用。根据灌区实际情况，建立了灌区卷案评查制度，积极开展案卷评查活动，推动灌区全面开展执法办案工作；充分利用“世界水日”和“中国水周”，采取多种形式，在灌区大力宣传水利政策法规，为灌区水利改革与发展营造了良好的社会氛围。

五、狠抓管理，水利经济稳步发展

2017年，局机关供水收入及综合经营收入等各项经济指标稳定增长。都江堰水利产业集团公司与广安农发总公司签订《广安协兴自来水公司委托经营协议》，创新了对外投资理念。完成了平坝和丘陵灌区供水成本初步测算工作，农业水价综合改革进展顺利。

六、履行责任制，维护单位安全生产和谐稳定

积极落实“党政同责、一岗双责”的要求，全局安全生产、反恐防突、治安消防形势持续稳定。通过开展安全生产反恐防突、治安消防检查、各类应急演练活动和“安全生产月”系列活动，不断提高干部职工的安全生产意识，筑牢了安全生产、反恐防突、治安消防的防线，确保了单位安全稳定。

七、从严治党，党建和党风廉政建设持续加强

以“两学一做”学习教育常态化为重点，进一步加强党的政治建设、思想建设、组织建设、作风建设、反腐倡廉建设和制度建设；压紧压实“两个责任”，筑牢拒腐防变的思想防线，为都江堰水利事业健康发展提供坚强的纪律保障；切实组织好党的十九大精神的学习、宣传、贯彻落实，确保了抓党建、促发展。

成都市李家岩开发有限公司

一、项目建设任务

四川省李家岩水库工程位于崇州市怀远镇，为大（2）型水库工程，工程建设任务以城乡供水为主，为成都市提供应急备用水源，兼顾灌溉、发电等综合利用。

二、项目建设内容

工程由砼面板堆石坝、溢洪道、泄洪放空洞、城乡供水隧洞、灌溉及生态引水隧洞、坝后电站和供水电站等组成，其中城乡供水隧洞和灌溉及生态引水隧洞共用取水口。大坝等主要建筑物设计洪水标准采用500年一遇，校核洪水标准采用5000年一遇，地震基本烈度7度设防。大坝为1级建筑物，最大坝高123米，坝顶长373米。李家岩水库总库容1.73亿立方米，兴利库容1.16亿立方米，应急备用库容0.42亿立方米，水库正常蓄水位763米，正常运行死水位727米，电站装机容量1.8万千瓦。工程建成后，多年平均供水2.68亿立方米，其中成都市中心城区供水1.41亿立方米，崇州市主城区供水0.7亿立方米，乡（镇）及农村社区供水0.21亿立方米，农业灌溉供水0.36亿立方米。

三、项目征地移民

工程永久征收土地面积8087亩，临时征用土地面积1159亩，搬迁人口1069户、3469人，拆迁各类房屋30.43万平方米。工程建设还涉及公路、桥梁、电力、通信、天然气管道、水电设施、文物古迹等专项设施和企事业单位。

四、项目投资规模

工程施工总工期54个月，静态总投资45.8亿元，总投资48.1亿元，其中，工程部分投资20.8亿元，建设征地移民补偿投资22.4亿元，环境保护工程投资1.2亿元，水土保持工程投资1.44亿元，建设期融资利息2.34亿元。

什邡昊阳农业发展有限公司

公司大楼

公司全景

什邡昊阳农业发展有限公司(http://www.hkhyny.com)成立于2015年9月，注册资金3000万元人民币，注册地址位于中国黄背木耳之乡——湔氐镇。自成立以来，公司深入贯彻国家大力支持农业产业化建设、提高农民生活水平的宏观政策，秉承“正心、诚信、严谨、精进”的企业宗旨，实行“人才为本、科技创新、客户至上”的经营理念，坚持以科技发展为核心竞争力，立足食用菌培育和人工种植工厂化、产业化开发，引领本地黄背木耳产业升级改造，实现黄背木耳有机种植，开展黄背木耳精深加工，提升黄背木耳附加值，打造国家级品牌，将什邡市黄背木耳产业做大做强。

昊阳农业工厂化技术的推广示范将改变什邡市食用菌传统的生产经营方式，以“公司+合作社+农户+市场”的组织形式，工厂化生产优质菌包，农户也将通过合作社，统一规划、统一种植、统一价格，向更规范化的方向发展。项目的推广示范将带动当地群众改变传统的种植方式，进行标准化生产，带动什邡市黄背木耳产业升级。

2018年5月，公司选育的新菌株“昊阳黄背1号”和“昊阳黄背2号”通过了四川省农业科学院土壤肥料研究所的田间技术鉴定。6月，公司科研团队研发的富硒木耳已取得成功，公司已完全掌握了富硒木耳的生产技术，能够满足广大消费者对富硒食品的需求。公司将通过对黄背木耳的精深加工，延长黄背木耳产业链，增加黄背木耳附加值。公司积极尝试开发以黄背木耳为原料的速食品和酵素果冻产品，截至目前，已取得可喜的成绩，特别是“昊享瘦”木耳酵素果冻受到消费者的青睐，已供不应求。

公司副董事长吴小玲

雪耳

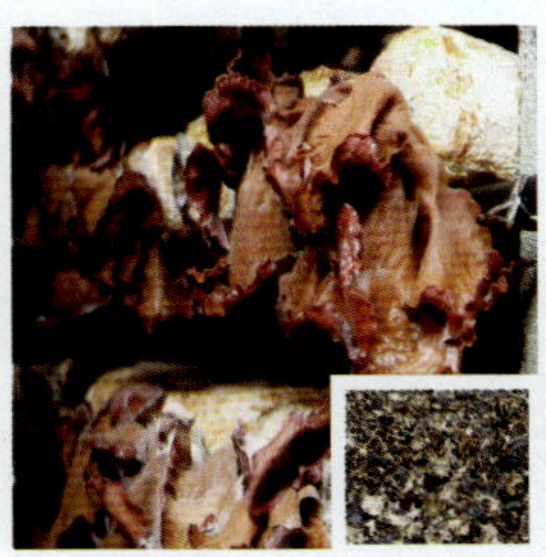
黄背木耳

酵素果冻

礼盒装系列产品

四川省农村发展促进会

省农发会秘书长刘洁

使命：为促进四川农民增收、农业增效、农村繁荣，早日实现乡村振兴做贡献

四川省农村发展促进会（简称“省农发会”）成立于1995年5月，是由四川省民政厅批准、四川省委农办主管的省级社会团体，2014年7月变更为四川省农业厅主管。省农发会是省委、省政府联系全省农村基层的桥梁和纽带，是各级党委、政府决策“三农”的参谋和助手，是我省加强农村对内、对外交流与合作的平台和窗口。省农发会成立23年来，通过调查研究、实地走访、举办涉农论坛、编辑出版涉农出版物等形式开展各类研学活动，在政策解读、产业孵化、农产品品牌打造、农村专业技术人才培养、农业科技推广、脱贫攻坚等方面开展了一系列卓有成效的工作，先后被评为四川省“5·12”抗震救灾先进社会组织，四川省先进学会，多人多次荣获“先进个人”称号，经省民政厅评估为AAA社会组织。

2015年9月，省农发会组建了专家指导委员会，主要成员由省社科院、省农科院、川农大、西南财大、四川旅游学院、农发行四川省分行的相关专家、学者，以及各涉农厅局单位主要负责人组成，共有76名专家，涉及专业34个。迄今为止，共计举办国家级论坛2次、省级学术交流活动及论坛10次，撰写调研报告、学术报告共计72篇，服务于全省21个市（州）、124个县（市、区），被誉为“‘三农’民间智库”。

省农发会以习近平新时代中国特色社会主义思想为指导，紧紧围绕乡村振兴战略的各项部署，牢记党的十九大报告指出的“农业农村农民问题是关系国计民生的根本性问题，必须始终把解决好‘三农’问题作为全党工作重中之重”，充分发挥社团组织的桥梁和纽带作用，努力加强课题调研和宣传报道，为各级地方政府构建现代农业产业体系出谋划策，推动“互联网+农业”以及农村一二三产业融合发展；配合地方政府培育家庭农场、专业大户、农民合作社、农业产业化龙头企业，促进各经营主体开展多种形式的农业适度规模经营；举办培训与交流活动，培育新型职业农民和农业职业经理人，辅助地方加快补齐农业农村短板；助推休闲农业和乡村旅游发展，促进贫困地区农民脱贫增收。

新时代、新征程，省农发会将不忘初心、牢记使命，全面致力于促进和提升四川农业农村经济社会发展的质量和效益，为早日实现乡村振兴而努力奋进！

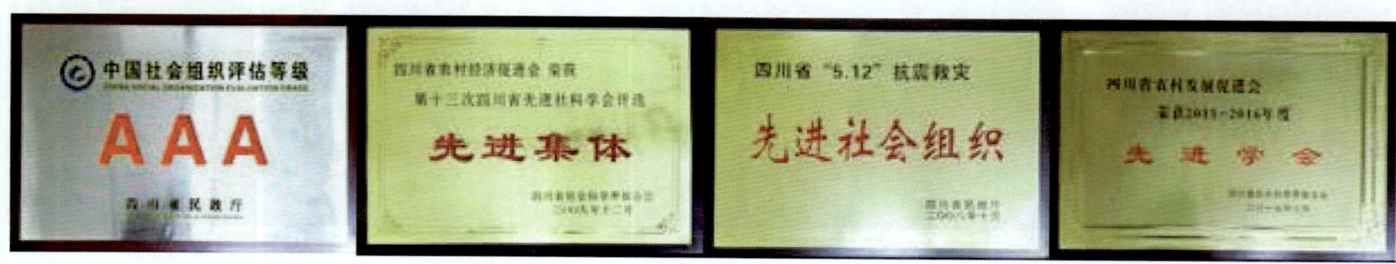

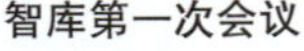
智库第一次会议

当代农业发展讲坛

乡村振兴战略务实培训会

省委农工委原巡视员、省农发会专家杨忠好（前右）到省农发会基地调研指导

成都市农委原主任、省农发会专家郭金安（前排左二）到省农发会基地调研指导

省农科院副院长、省农发会专家刘建军（右二）到省农发会基地调研指导

团队学习与交流

四川天翔农业科技咨询有限公司由省农发会独资注册成立，公司自成立以来，举协会智库专家集体智慧之力，为涉农企业和基层政府提供农业政策咨询、农业产业规划、观光休闲农业打造、幸福美丽新村建设及县、乡镇、村旅游策划、规划、设计等综合服务，先后为会东奶牛养殖有限公司、遂宁大英鑫燕养殖合作社、成都纳雅农业山庄、叙永黄荆山野生动物驯化养殖场、成都莲花山庄、四川瑞坤集团漫水湾农业特色小镇等提供了策划、规划、融资和管理服务，承担了《自贡市乡村振兴战略规划（2018—2022）》《理县乡村振兴战略规划（2018—2022）》《汶川县乡村振兴1+10+9+3规划》等省、市（州）、县（市、区）党委、政府委托项目10余个，赢得了广泛赞誉。

四川逢春制药有限公司

四川逢春制药有限公司始创于1973年。目前，逢春制药及其全资子公司、参股公司共有27家企业，已形成集科研、生产、销售、种植业、养殖业、林业、项目投资为一体的现代化大型企业。企业及其全资子公司、参股公司自有资产20亿余元，工业用地900余亩，工业建筑面积20余万平方米，GAP种植用地、林业、养殖用地共23万余亩，并已建成亚洲最大、世界闻名的林麝、马麝养殖基地。

2011—2013年，公司已投资2亿元，建成年产胶囊剂20亿粒、片剂100亿片，提取处理中药12000吨，生产中药配方颗粒1500吨项目工程。2014年1月，公司所有剂型一次性率先通过国家新版GMP认证并取得认证证书。目前，公司拥有专利77项，其中发明专利8项；取得新药证书3个、生产批文128个。

2014年，逢春制药全资收购九寨沟天然药业集团有限责任公司及其旗下3家全资子公司、1家分公司。2015年4月，经国家林业局评审，九寨沟药业8个品种获批使用天然麝香，成为国内获批使用天然麝香企业中拥有最多品种的企业。

逢春制药历经数十年发展，已具备良好的信誉和声誉，2007—2010年被省政府评为“省级重点龙头企业”；2007—2010年被省经济和信息化委评为“四川省小巨人企业”；2009年被省政府评定为“四川省企业技术中心”；2011年被农业部授予“全国农产品加工业示范基地”荣誉称号；被中国医药协会评定为“全国医药行业百佳百姓放心品牌企业”；2012年被农业部、国家发展改革委等八部委联合授予“农业产业化国家重点龙头企业”（第五批）荣誉称号；2012年9月被中国食品药品监督理事会授予副理事长单位，公司董事长被聘为副会长；2013年1月，被省质监局评定为“四川省企业质量信用等级AAA级企业”；2015年7月，逢春制药、九寨沟天然药业再次获得科技部评定，并由科技厅、财政厅、省国税局、省地税局联合颁发“国家高新技术企业”证书；2015年6月被国家工商总局评定为“中国驰名商标”；2016年10月，再次获评“农业产业化国家重点龙头企业”。

在未来的竞争中，逢春人将秉承“健康改变生活、逢春创造未来”的企业宗旨，努力开拓国内外医药市场，积极推进人才培养和企业技术创新，时刻铭记以质量求生存、靠品牌求发展，努力打造中国一流的医药企业！

九寨沟天然药业中江分厂

遂宁市交通运输局

交通运输部副部长戴东昌（右五）、交通运输厅厅长汪洋（右六）调研农环线

市委书记邵革军（前排右三）调研农环线

遂宁市地处成渝经济区腹地、四川盆地中部、涪江中游，是成渝经济区和成都平原城镇群的重要组成部分，辖3县2区1个国家级经济技术开发区105个乡（镇）18个街道，辖区面积5325平方千米，有总人口380万人。市委市政府高度重视并充分发挥交通运输稳增长的先导作用，先后提出"中通战略""突围战略""枢纽拓展""枢纽提升"，坚定不移推进"四川省次级交通枢纽""成渝经济区综合交通枢纽"建设。截至2018年，建成铁路"3向7线"237千米（密度是全国平均水平的4倍），建成高速公路"一环八射"359千米（密度是全国平均水平的6倍），构建了遂宁至成渝、周边城市"90分钟交通圈"，实现了所有县（区）通高速，市域内"四环四射"路网8983千米（密度居全省第5位）。遂宁市实现了从"区位优势"到"通道优势""物流优势"、开放实现了从"内陆盆地"到"开放前沿"、城市实现了从"川中丘陵小城"到"生态花园城"、产业实现了从"切薯片"到"切芯片"再到"造芯片"的跨越升级，GDP每年跨百亿元，物流营业收入突破500亿元。

习近平总书记多次作出重要指示，要求从实施乡村振兴战略、打赢脱贫攻坚战高度，进一步深化对建设农村公路重要意义的认识，既要把农村公路建好，更要管好、护好、运营好。省委十一届三次全会提出，继续加强全省通村通乡公路建设，在主干道规划

市委常委、政法委书记、市总工会主席周霖临（左五）调研农环线建设

副市长罗孝廉（左三）调研"四好路"建设

市交运局局长夏海荣（左六）调研“四好路”建设

省公路局总工梁正钦（右四），市交运局党组成员、市公路局局长袁仕平（右三）检查指导示范县创建工作

全市交通工作会议

“四好路”建设推进会

建设过程中，同步推进支线和“毛细血管”建设，全面消除“断头路”、打通“最后一公里”。市委市政府全面贯彻落实习近平总书记关于“四好农村路”系列重要指示批示精神，站在实施乡村振兴战略、打赢脱贫攻坚战的高度，将农村公路工作确立为“三农”工作的重要领域、农业供给侧结构性改革的重要先导、脱贫攻坚的重要保障、改善民生的重要内容，提出了农村公路建设“整体规划、分步实施、点面结合、重点突破”的工作思路，以“四好农村路”建设为抓手，以现代农业产业一体化大环线（简称农环线）为大平台、大载体，统筹连片推进“四好农村路”全域示范建设，农村公路迈进“建管养运”协调发展、“五位一体”融合发展的新阶段。安居区、船山区相继成功创建为“四好农村路”示范县。2016—2018年，遂宁市交通项目建设连续三年获得四川省农田水利基本建设绩效考核二等奖。遂宁市交通运输局荣获2018年四川省农田水利基本建设“李冰杯”竞赛先进集体。

安居区“四好路”建设现场会

农业一体化大环线田家渡大桥开工仪式

农村公路建设项目集中开工动员大会

“品质工程”建设

积极开展养护作业、坑凼修补，护好农村路

实施道路配套工程，建设温馨驿站

绿化与安防同步实施的乡道安三路

绿化与道路同步实施的永河产业园道路

玉分路

美丽的大吉路

开展绿化养护作业

天福农业产业园路旅融合促发展

新村路，致富路